Niebling

AnwaltKommentar AGB-Recht

AnwaltKommentar

AGB-Recht

2. Auflage 2014

herausgegeben von

Rechtsanwalt
Dr. Jürgen Niebling, Olching (bei München)

Zitiervorschlag:
AnwK AGB-Recht/*Bearbeiter*, § 305 Rn 1

Hinweis
Die Ausführungen und Formulierungsbeispiele in diesem Buch wurden mit Sorgfalt und nach bestem Wissen erstellt. Sie stellen jedoch lediglich Arbeitshilfen und Anregungen für die Lösung typischer Fallgestaltungen dar. Die Eigenverantwortung für die Formulierung von Verträgen, Verfügungen und Schriftsätzen trägt der Benutzer. Autoren und Verlag übernehmen keinerlei Haftung für die Richtigkeit und Vollständigkeit der in dem Buch enthaltenen Ausführungen und Formulierungsbeispiele.

Anregungen und Kritik zu diesem Werk senden Sie bitte an
kontakt@anwaltverlag.de
Autoren und Verlag freuen sich auf Ihre Rückmeldung.

Copyright 2015 by Deutscher Anwaltverlag, Bonn
Satz: Reemers publishing services, Krefeld
Druck: Hans Soldan Druck GmbH, Essen
Umschlaggestaltung: gentura, Holger Neumann, Bochum
ISBN 978-3-8240-1340-1

Bibliografische Information der Deutschen Nationalbibliothek
Die Deutsche Nationalbibliothek verzeichnet diese Publikation in der Deutschen Nationalbibliografie; detaillierte bibliografische Daten sind im Internet über http://dnb.d-nb.de abrufbar.

Vorwort zur 2. Auflage

Die Neuauflage verarbeitet über 200 neue Urteile und eine große Flut von Beiträgen und Fachbüchern, soweit dies für die Praxis von Bedeutung ist. Ebenso wurden neue Stichworte aufgenommen und viele Einzelfragen vertieft.

Auch bei den Autoren gab es Änderungen: Ausgeschieden ist Herr Rechtsanwalt Fabian Novara. Der Verlag und der Herausgeber danken ihm für die bisherige hervorragende Kommentierung. Neu hinzugetreten sind Frau Rechtsanwältin Mareike Kloster, Herr Rechtsanwalt Dr. Niklas Korff, Herr Rechtsanwalt Peter Poleacov und Frau Rechtsanwältin Dr. Julia Reinsch.

Die Ziele der ersten Auflage sind geblieben: Wir wollen einen Praktikerkommentar schaffen und stetig verbessern, der sich nicht scheut, auch einmal kritisch Stellung zu nehmen.

Die Neuauflage konnte die Literatur und Rechtsprechung bis Mai 2014, teilweise auch darüber hinaus, und die Gesetzgebung bis einschließlich Juli 2014 berücksichtigen.

Dr. Jürgen Niebling *Olching, im Juli 2014*

Vorwort zur 1. Auflage

Bald ist das AGB-Recht 35 Jahre in Kraft und trotzdem reißt die Flut an Entscheidungen zu AGB-rechtlichen Fragen nicht ab. Diese sind vielfach keine „Einzelfallentscheidungen", denn zumeist wird über das AGB-Recht die Natur des Vertrages hinterfragt und einzelne Vertragstypen werden näher umrissen. *Damit wird die Entwicklung des Verbraucherschutz- wie auch des Wirtschaftsrechts maßgeblich vom AGB-Recht beeinflusst. Das AGB-Recht ist der Schlüssel des modernen Vertragsrechts.* Obwohl die Rechtsprechung ein solides Fundament zu den wesentlichen Fragen des AGB-Rechts geschaffen hat, sind viele Unternehmer wie auch Verbraucher und deren Berater verunsichert, wenn Fragen der Gestaltung und Überprüfung von AGB aufgeworfen werden.

Der vorliegende Kommentar versucht hier einen neuen Weg zu gehen: Im Umfang deutlich mehr als die ein- oder zweibändigen BGB-Kommentare und ebenso deutlich unter dem Umfang der beiden Großkommentare. Im Inhalt, ein ausgewogenes Verhältnis von grundsätzlichen Fragen zum Verständnis der Normen und Sachverhalte einerseits und umfangreiche Literatur- und Rechtsprechungsnachweise zur Vertiefung und dem Aufbau einer eigenen Argumentation andererseits. Es gilt für alle Autoren der Grundsatz *so wenig wie möglich, so viel wie nötig*. Insoweit ist unser AnwaltKommentar ein *Praktikerkommentar*. Gerade in der Praxis muss der „Kampf um richtiges Recht" sehr ernst genommen werden. Diese Verantwortung wird keinem Wissenschaftler und keinem Praktiker durch Hinweise auf die Rechtsprechung oder eine „h.M." abgenommen. Der Kommentar scheut daher nicht davor zurück, an vielen Stellen eigene Standpunkte zu vertreten und sich kritisch mit Judikaten auseinanderzusetzen, soweit dies der Verfasser für notwendig hält. *Insoweit lebt Recht von der Kommunikation und dem „aufrechten Gang".* Die Rechtsprechung kann sich irren aber auch wir als Autoren. Das Ziel einer richtigen Entscheidung wiegt daher schwerer als falsch erkannte (auch eigene) Standpunkte.

Um die Rechtsprechung und den Stand der Diskussion zu wesentlichen Themenkomplexen deutlich und für Praktiker mit wenig Zeitaufwand nutzbar zu machen, hat unser Kommentar eine klare Unterteilung in den §§-Teil und den Teil, der einzelne Vertragstypen und Stichworte behandelt. Hierbei muss nicht notwendig das Grundlagenwissen im 1. Teil und das Detailwissen im 2. Teil stecken, es kann sich vielmehr anbieten „das Allgemeine am Besonderen zu messen" und umgekehrt. Stand der Kommentierung ist im Wesentlichen September 2011. *Viele Urteile sind* – anders als bei traditionellen Kommentaren – *nach Datum und Aktenzeichen zitiert*. Hiermit soll ein schnelles Auffinden im Internet ermöglicht werden. So sind die Urteile des BGH seit 2000 vollständig im Internet abrufbar.

Das größte Kapital eines Kommentars sind seine Autoren. Mein besonderer Dank gilt daher meinen Mitautoren, die hier neben ihrer ausgefüllten Arbeit noch viel Zeit geopfert und durch ihre sorgfältige Arbeit zum Gelingen unseres neuen Kommentars beigetragen haben. Alle Autoren sind als Praktiker und Experten seit Jahren mit dem AGB-Recht befasst; sie können eine Brücke zwischen Wissenschaft und Praxis schlagen und neue Impulse für die Weiterentwicklung dieses so zentralen Rechtsgebietes geben. Dank auch dem Anwaltverlag, der mit diesem Werk Neuland betritt, insbesondere auch Frau Rechtsanwältin Karina Kienast, die mit großer Sorgfalt und großem Engagement zum Gelingen wesentlich beigetragen hat. Danken möchte ich auch meinem Lehrer Herrn Professor Walter Löwe, bei dessen AGB-Vorlesungen „der Funke zum AGB-Recht" übergesprungen ist. Dank gebührt vor allem unseren Lesern und den Nutzern dieses Kommentars, für die wir die Arbeit gemacht haben. *Wir hoffen, Sie haben den größtmöglichen Nutzen mit dem Kommentar.* Deshalb sind wir auch für Anregungen, Lob und Kritik jederzeit offen.

Dr. Jürgen Niebling *Im September 2011*

Inhaltsübersicht

		Seite
Autoren- und Bearbeiterverzeichnis		XI
Literaturverzeichnis		XIII
Teil 1	**Kommentar**	1
Vor §§ 305 bis 310		3
§ 305	Einbeziehung Allgemeiner Geschäftsbedingungen in den Vertrag	5
§ 305a	Einbeziehung in besonderen Fällen	14
§ 305b	Vorrang der Individualabrede	16
§ 305c	Überraschende und mehrdeutige Klauseln	23
§ 306	Rechtsfolgen bei Nichteinbeziehung und Unwirksamkeit	28
§ 306a	Umgehungsverbot	37
Vor § 307		40
§ 307	Inhaltskontrolle	47
§ 308	Klauselverbote mit Wertungsmöglichkeit	55
	Nr. 1, 1a, 1b	55
	Nr. 2	61
	Nr. 3	63
	Nr. 4	68
	Nr. 5	73
	Nr. 6	77
	Nr. 7	80
	Nr. 8	82
§ 309	Klauselverbote ohne Wertungsmöglichkeit	84
	Nr. 1	84
	Nr. 2	89
	Nr. 3	95
	Nr. 4	98
	Nr. 5	102
	Nr. 6	109
	Nr. 7	112
	Nr. 8a	120
	Nr. 8b	121
	Nr. 9	127

	Nr. 10	130
	Nr. 11	132
	Nr. 12	135
	Nr. 13	142
Vor § 310		144
§ 310	Anwendungsbereich	144
	Abs. 1	144
	Abs. 2	147
	Abs. 3	149
	Abs. 4	154
UKlaG	Gesetz über Unterlassungsklagen bei Verbraucherrechts- und anderen Verstößen (Unterlassungsklagengesetz – UKlaG)	157
AGB-Richtlinie	Richtlinie 93/13/EWG des Rates vom 5.4.1993 über mißbräuchliche Klauseln in Verbraucherverträgen	171
Teil 2	**AGB-Lexikon (Vertragstypen und Einzelklauseln)**	179
Lexikon		181
	Ambulanter Pflegedienst-Verträge	183
	Arbeitsverträge	183
	Architektenverträge	225
	Arzt- und Krankenhaus-AGB	232
	Aufrechnungsverbote	233
	Auktionsbedingungen	235
	Automatenaufstellverträge	235
	Autowaschanlagen	246
	Banken	246
	Bausparkassen	263
	Bauträgerverträge	264
	Bauverträge	269
	Berufsausbildungsverträge	277
	Bewachungsverträge	278
	Bier- und Getränkelieferungsverträge	278
	Bürgschaft	305
	Eigentumsvorbehalt	321
	Einkaufsbedingungen	323
	Einwilligungserklärungen: Opt in/Opt out	327

Erfüllungsort-Klauseln	327
Franchise	328
Freizeichnungsklauseln	337
Garantie	342
Gerichtsstandsklauseln	349
Geschäftsraummiete	354
Grundschulddarlehen	362
Handelsvertreter	370
„Höhere Gewalt"-Klausel	385
IATA-Beförderungsbedingungen	386
IT- und EDV-Verträge	390
Kfz-Miete	396
Kfz-Verkauf	397
Kita- und Betreuungsverträge	400
Kreditkarten- und Zahlungsdiensteverträge	402
Laufzeit	404
Leasing	406
Leistungsbestimmungsrechte und Leistungsvorbehalt	410
Leistungsverweigerungsrechte	419
Maklerverträge	421
Mängelhaftung	426
Mehrwertsteuer/Umsatzsteuer	427
Mietverträge	428
Möbel-AGB	430
Partnerschafts- und Heiratsvermittlung	432
Pauschalierter Schadensersatz	432
Prämien- und Preisanpassung	433
Preisargument	434
Qualitätssicherungsvereinbarungen	434
Rechtsanwalts-AGB	436
Rechtswahl-AGB	439
Reinigung	442
Reiseverträge	443
Reparaturbedingungen	446
Rücktrittsvorbehalte	447

Salvatorische Klauseln	450
Schiedsabreden	450
Schönheitsreparaturen	451
Schriftformklauseln	458
Schufa-Klauseln	460
Schwarzfahrer	460
Ski- und Pistenverträge	460
Skonto und Rabatt	461
Sportverträge	461
Steuerberater-AGB	466
Subunternehmerverträge	469
Tankstellenstationärverträge	472
Transparenzgebot	477
Transportrecht	480
UN-Kaufrecht (CISG)	495
Unterrichtsverträge	500
Verfallklauseln	501
Verjährung	501
Verlagsverträge	504
Versicherungsverträge	505
Vertragshändlerverträge	513
Vertragsstrafen	520
VOB	527
Vollmachtsklauseln	535
Wertsicherungs- und Preisklauseln	537
Wertstellungsklauseln	538
Wohnraummiete	538
Wohn- und Betreuungsverträge	543
Zins- und Zinsberechnungsklauseln	547
Zugangserfordernisse	549
Stichwortverzeichnis	551

Autoren- und Bearbeiterverzeichnis

Roland Bornhofen
Rechtsanwalt, Düsseldorf
§ 308 Nr. 4, § 309 Nr. 5, 6, 7
Einkaufsbedingungen, Freizeichnungsklauseln, Pauschalierter Schadensersatz, Vertragsstrafen

Prof. Dr. Udo Bühler
Rechtsanwalt, Kerpen, Professor für Wirtschaftsrecht an der Fachhochschule Mainz
Automatenaufstellverträge, Bier- und Getränkelieferungsverträge

Lars Eckhoff, LL.M.
Rechtsanwalt, Köln
§ 308 Nr. 5, 7, 8, § 309 Nr. 8a, 8b
Eigentumsvorbehalt, Leasing, Mängelhaftung

Dr. Claire Feldhusen
Institut für Finanzdienstleistungen e.V., Hamburg
Bürgschaft, Grundschulddarlehen

Dr. Gerald Gräfe
Rechtsanwalt, Stuttgart
Handelsvertreter, Tankstellenstationärverträge

Prof. Niko Härting
Rechtsanwalt, Berlin
IT- und EDV-Verträge

Dr. Annegret Harz
Rechtsanwältin, Fachanwältin für Miet- und Wohnungseigentumsrecht, München
Geschäftsraummiete, Mietverträge, Schönheitsreparaturen, Wohnraummiete

Dr. Thomas Jilg
Rechtsanwalt, Berlin
§ 308 Nr. 6, § 309 Nr. 1, 2, 3, 4, 12
Aufrechnungsverbote, Gerichtsstandsklauseln, „Höhere Gewalt"-Klausel, Rechtsanwalts-AGB, Steuerberater-AGB, Verjährung, Vollmachtsklauseln

Dr. Katrin Klodt-Bußmann
Professorin für Wirtschaftsrecht, Hochschule Konstanz
Rechtswahl-AGB

Mareike Kloster
Rechtsanwältin, München
Geschäftsraummiete, Mietverträge, Schönheitsreparaturen, Wohnraummiete

Dr. Hans-Clemens Köhne
Rechtsanwalt, Köln
Franchise

Dr. Niklas Korff, LL.M.
Rechtsanwalt, Wedel, Dozent für Wirtschafts- und Arbeitsrecht an der Universität Hamburg
Sportverträge

Dr. Joachim Kummer
Rechtsanwalt beim BGH, Ettlingen
§ 305b, § 306, § 308 Nr. 1, 1a, 1b, 2, 3, § 309 Nr. 10, 11, Vorbemerkung zu § 310, § 310
Transportrecht

Dr. Jutta C. Möller
Rechtsanwältin, Düsseldorf
Architektenverträge, Bauträgerverträge, Bauverträge, Subunternehmerverträge, VOB

Dr. Wendt Nassall
Rechtsanwalt beim BGH, Karlsruhe
§ 306a

Dr. Jürgen Niebling
Rechtsanwalt, Olching (bei München)
Vorbemerkung zu §§ 305 bis 310, §§ 305, 305a, 305c, Vorbemerkung zu § 307, § 307, § 309 Nr. 9, § 309 Nr. 13, UKlaG, AGB-Richtlinie
Ambulanter Pflegedienst-Verträge, Arzt- und Krankenhaus-AGB, Auktionsbedingungen, Autowaschanlagen, Banken, Bausparkassen, Berufsausbildungsverträge, Bewachungsverträge, Einwilligungserklärungen: Opt in/Opt out, Erfüllungsort-Klauseln, Garantie, IATA-Beförderungsbedingungen, Kfz-Miete, Kfz-Verkauf, Kita- und Betreuungsverträge, Kreditkarten- und Zahlungsdiensteverträge, Laufzeit, Maklerverträge, Mehrwertsteuer/Umsatzsteuer, Möbel-AGB, Partnerschafts- und Heiratsvermittlung, Prämien- und Preisanpassung, Preisargument, Qualitätssicherungsvereinbarungen, Reinigung, Reiseverträge, Reparaturbedingungen, Salvatorische Klauseln, Schiedsabreden, Schriftformklauseln, Schufa-Klauseln, Schwarzfahrer, Ski- und Pistenverträge, Skonto und Rabatt, Transparenzgebot, Unterrichtsverträge, Verfallklauseln, Verlagsverträge, Versicherungsverträge, Vertragshändlerverträge, Wertsicherungs- und Preisklauseln, Wertstellungsklauseln, Wohn- und Betreuungsverträge, Zins- und Zinsberechnungsklauseln, Zugangserfordernisse

Peter Poleacov
Rechtsanwalt, Düsseldorf
UN-Kaufrecht (CISG)

Dr. Julia Reinsch
Rechtsanwältin, Düsseldorf
Arbeitsverträge

Autoren- und Bearbeiterverzeichnis

Christoph Schmitt
Rechtsanwalt, Düsseldorf
Arbeitsverträge, Leistungsbestimmungsrechte und Leistungsvorbehalt, Leistungsverweigerungsrechte, Rücktrittsvorbehalte

Prof. Dr. Franz-Jörg Semler
Rechtsanwalt, Stuttgart
Handelsvertreter

Martin Stange
Rechtsanwalt, Düsseldorf
Leistungsbestimmungsrechte und Leistungsvorbehalt, Leistungsverweigerungsrechte, Rücktrittsvorbehalte

Literaturverzeichnis

AnwaltKommentar zum BGB, Hrsg.: Dauner-Lieb/Heidel/Ring, Band 2, 2005 (zit.: AK/*Bearbeiter*)
Bamberger/Roth, BGB, 3. Auflage 2012 (zit.: Bamberger/Roth/*Bearbeiter*)
Baumbach/Hopt, HGB, 36. Auflage 2014 (zit.: *Baumbach/Hopt*)
Bühler, Brauerei- und Gaststättenrecht, Höchst- und obergerichtliche Rechtsprechung, RWS-Verlag, 14. Auflage 2014 (zit.: *Bühler*)
Clemenz/Kreft/Krause, AGB-Arbeitsrecht, 2013
Emde, Vertriebsrecht, §§ 84 bis 92c HGB, 2. Auflage 2011 (zit.: *Emde*, VertriebsR)
Erman, BGB, 13. Auflage 2011 (zit.: Erman/*Bearbeiter*)
Giesler, Praxishandbuch Vertriebsrecht, 2. Auflage 2011 (zit.: *Giesler*, VertriebsR)
Giesler/Güntzel, Vermarktungs- und Vertriebsverträge, 2014
Graf von Westphalen (Hrsg.), Vertragsrecht und AGB Klauselwerke, Loseblatt (zit.: v. Westphalen/*Bearbeiter*)
Heidel/Schall, HGB, 2011 (zit.: Heidel/Schall/*Bearbeiter*)
v. Hoyningen-Huene, Die Inhaltskontrolle nach § 9 AGBG, 1991 (zit.: *v. Hoyningen-Huene*)
Jauernig, BGB, 15. Auflage 2014 (zit.: Jauernig/*Bearbeiter*)
Juris PraxisKommentar BGB, Hrsg.: Herberger/Martinek/Rüßmann/Weth, 5. Auflage 2010/2011 (zit.: jurisPK-BGB/*Bearbeiter*)
Köhler/Bornkamm, UWG, 32. Auflage 2014 (zit.: Köhler/Bornkamm/*Bearbeiter*, UWG)
Koller/Roth/Morck, HGB, 7. Auflage 2011 (zit.: Koller/Roth/Morck/*Bearbeiter*)
Martinek/Semler/Habermeier/Flohr, Handbuch des Vertriebsrechts, 3. Auflage 2010 (zit.: Martinek/Semler/Habermeier/Flohr/*Bearbeiter*, Handbuch VertriebsR)
Münchener Kommentar zum BGB, 6. Auflage 2012 ff. (zit.: MüKo/*Bearbeiter*)
Musielak, ZPO, 11. Auflage 2014 (zit.: Musielak-ZPO/*Bearbeiter*)
Niebling, Vertragshändlerrecht im Automobilvertrieb, 4. Auflage 2009 (zit.: *Niebling*, Vertragshändlerrecht)
Niebling, Allgemeine Geschäftsbedingungen, 9. Auflage 2014 (zit.: *Niebling*, AGB)
Nomos Kommentar zum BGB, Hrsg: Dauner-Lieb/Heidel/Ring, Band 2, 2011 (zit.: NK/*Bearbeiter*)
Palandt, BGB, 73. Auflage 2014 (zit.: Palandt/*Bearbeiter*)
Prütting/Wegen/Weinreich, BGB, 9. Auflage 2014 (zit.: PWW/*Bearbeiter*)
Prütting/Gehrlein, ZPO, 6. Auflage 2014 (zit.: PG/*Bearbeiter*)
Ring/Klingelhöfer, AGB-Recht in der anwaltlichen Praxis, 3. Auflage 2014 (zit.: Ring/Klingelhöfer/*Bearbeiter*)
Röhricht/Graf von Westphalen/Haas (Hrsg.), HGB, 4. Auflage 2014 (zit.: Röhricht-HGB/*Bearbeiter*)
Saenger, ZPO, 5. Auflage 2013 (zit.: Saenger/*Bearbeiter*)
Schulze/Dörner/Ebert u.a, BGB, 8. Auflage 2014 (zit.: HK/*Bearbeiter*)
Soergel, BGB, 13. Auflage 2000 ff., Band 4, §§ 305–310 (zit.: Soergel/*Bearbeiter*)
Staudinger, BGB, §§ 305–310, 2013 (zit.: Staudinger/*Bearbeiter*)
Staudinger, Eckpfeiler des Zivilrechts, 2011 (zit.: *Bearbeiter* in: Staudinger, Eckpfeiler)
Stoffels, AGB-Recht, 2. Auflage 2009 (zit.: *Stoffels*, AGB)
Thomas/Putzo, ZPO, 35. Auflage 2014 (zit.: Thomas/Putzo/*Bearbeiter*)
Ulmer/Brandner/Hensen, AGB-Recht, 11. Auflage 2011 (zit.: UBH/*Bearbeiter*)
Wolf/Lindacher/Pfeifer, AGB-Recht, 6. Auflage 2013 (zit.: WLP/*Bearbeiter*)
Zöller, ZPO, 30. Auflage 2014 (zit.: Zöller/*Bearbeiter*)

Teil 1:
Kommentar

Vorbemerkung zu §§ 305 bis 310

Literatur zu Vorbemerkung zu §§ 305 bis 310: *Niebling*, Aktuelle Entwicklungen im AGB-Recht, MDR 2012, 886 und MDR 2014, 636 und 696; *Niebling*, Aktuelle Fragen des UKlaG im AGB-Recht, MDR 2012, 1071

A. Privatautonomie und AGB-Recht 1	D. Verhältnis zu anderen Vorschriften 20
B. Historie 14	E. Analogie des AGB-Rechts 21
C. Einbeziehungs- und Inhaltskontrolle 19	

A. Privatautonomie und AGB-Recht

Eine Einbeziehungs- und Inhaltskontrolle ist notwendig, weil der Verwender Allgemeiner Geschäftsbedingungen den Vertrag nicht mit seinem Partner aushandelt, sondern diesem einseitig und oft nur die eigenen Interessen betonende Regelungen auferlegen (unterschieben) möchte. Das Recht versucht daher eine verlorengegangene Balance zwischen den Parteien, die den Interessen beider Vertragsparteien Rechnung trägt, zu korrigieren und soweit möglich, gesetzliche Bewertungsmaßstäbe an die Stelle einseitiger Inanspruchnahme der Vertragsfreiheit zu setzen. **1**

Auch soll der Rechtsverkehr vor unangemessenen Bedingungen geschützt werden, die unmittelbar oder mittelbar eine freiheitliche Vertragskultur zerstören würden. **2**

Die durch Gesetz und Recht geschaffenen Freiräume, über Vertragsschluss und Inhalt frei zu bestimmen können daher für die einseitige Verwendung Allgemeiner Geschäftsbedingungen nicht im gleichen Umfang gelten wie für Individualabsprachen.[1] **3**

Andererseits ist die Verwendung von AGB nicht von vorneherein verwerflich. Gerade in Fällen, in denen das Gesetz einen (neuen) Vertragstyp nicht oder nur sehr ungenau regelt, kann es im Interesse beider Parteien liegen, die Zusammenarbeit möglichst präzise zu regeln und bewährte Inhalte möglichst bei gleichem Sachverhalt erneut zu verwenden. Dieser Rationalisierungseffekt kann durchaus beiden Parteien von Nutzen sein. **4**

Die Vertragsgerechtigkeit kennt daher verschiedene Stufen, die ihr inhärent sind oder die sie begrenzen: die Strafbarkeit, die Schranken des Gesetzes selber, die für einen bestimmten Vertragstypus aufgestellt wurden, die allgemeinen Grenzen nach Treu und Glauben und der Sittenwidrigkeit und schließlich für die Verwendung Allgemeiner Geschäftsbedingungen der engste Spielraum, den zu nutzen nur berechtigt ist, wer die Wertungen des Rechts für einen angemessenen Interessenausgleich angemessen beachtet. **5**

Das AGB-Recht schützt daher nicht in erster Linie den schwächeren, sondern stellt Regeln für eine Vertragskultur auf, die nach den Maßstäben des Rechts freiheitlich und ausgewogen sind. Es geht daher nicht um die Frage wie mündig ist der Bürger, sondern wann verlässt der Verwender essentielle gesetzliche Wertungen. Privatautonomie kann es daher nur in dem Umfang geben, der eine Entwicklung zum Wettbewerb und zur Entfaltung möglichst Vieler zulässt. Ebenso wie im Großen soziale Marktwirtschaft Missbräuche ausschließen muss. **6**

Wie der BGH formuliert:

„Das Gesetzt bezweckt nicht nur einen Schutz des schwächeren Vertragspartners und einen Ausgleich wirtschaftlichen Machtgefälles, sondern will die einseitige Ausnutzung der vom Verwender der Allgemeinen Geschäftsbedingungen in Anspruch genommenen Vertragsgestaltungsfreiheit verhindern. Deshalb kommt es nicht darauf an, ob der Vertragspartner des Verwenders aufgrund seiner Verhandlungsmacht die Möglichkeit hätte, für ihn günstigere, der Gesetzeslage entsprechende Vereinbarungen zu treffen."[2]

Der Vertrag ist die Keimzelle wirtschaftlicher Betätigung. Auch bei Verwendung Allgemeiner Geschäftsbedingungen darf daher das Wertesystem eines angemessenen Interessenausgleichs nicht verlassen werden. **7**

Eine besondere Form der Ausnutzung von Marktmacht kann mangelnde Transparenz sein; die Einbeziehung von AGB muss daher nach klaren Regeln erfolgen. Aber auch die Regelungen selber müssen transparent sein. **8**

Klauseln, die es dem Verwender ermöglichen, den Kunden von der Geltendmachung seiner berechtigten Ansprüche abzuhalten sind unwirksam.[3] **9**

Das AGB-Recht ist auch kein Verbraucherschutzgesetz; da der Blickwinkel die Angemessenheit der Klausel für bestimmte vertragliche Konstellationen ist, kann auch der unternehmerische Geschäftsverkehr nicht freigestellt werden: **10**

„Fällt eine Klausel in Allgemeinen Geschäftsbedingungen bei ihrer Verwendung gegenüber Verbrauchern unter eine Verbotsnorm des § 309 BGB, so ist dies ein Indiz dafür, dass sie auch im Falle der Verwendung gegenüber Unternehmern zu einer unangemessenen Benachteiligung führt, es sei denn, sie kann wegen der besonderen Interessen und Bedürfnisse des unternehmerischen Geschäftsverkehrs ausnahmsweise als angemessen angesehen werden."[4]

---

1 Übersicht auch bei Staudinger/*Coester*, Eckpunkte E Rn 1 ff.; *v. Westphalen*, NJW 2012, 2243; *Niebling*, NJ 2013, 89 und NJ 2014, 89.

2 So BGH v. 10.10.2013 – VII ZR 19/12 Rn 27 (im B2B).

3 BGH NJW 1988, 1727, 1728.

4 BGH v. 19.9.2007 – VIII ZR 141/06; BGHZ 90, 273, 278.

11 Dies zeigt, dass der unternehmensbezogene Geschäftsverkehr (B2B) Teil des AGB-Rechtsschutzes ist und auch bleiben muss. Andernfalls gerät das System in „Schieflage" und in einer Lieferantenkette verbleiben alle Risiken bei dem Unternehmer, der den Kontakt zum Kunden und Verbraucher herstellt.

12 Sachlich angreifbar ist dagegen der Ansatz, dass AGB für eine Vielzahl von Verträgen Verwendung finden sollen, was der Fall ist, wenn eine Verwendung in drei Fällen beabsichtigt ist.[5]

13 Zum einen wird dies bereits durchbrochen, wenn Dritte die Bedingungen stellen;[6] hier reicht es aus, wenn diese nur einmal verwendet werden sollen. Zum anderen gilt § 310 Abs. 3 Nr. 2 BGB, wonach auch „Einmalklausel(n)" der Einbeziehungs- und Inhaltskontrolle unterliegen.

B. Historie

14 Bereits das Reichsgericht hatte einen richtigen Ansatzpunkt: Wurde eine Monopolstellung eines Unternehmens durch die Verwendung einseitiger AGB ausgenutzt, so konnte dies nicht schrankenlos bleiben.[7] Dies war jedoch nur ein Aspekt unter dem Blickwinkel von § 138 BGB. Der BGH hat demgegenüber auf § 242 BGB abgestellt und hierüber versucht, Grenzen des Missbrauchs von Vertragsfreiheit aufzuzeigen.[8] Weitergehend unerheblich war es hiernach, ob der Verwender ein wirtschaftliches oder intellektuelles Übergewicht hatte und der Kunde besonders schutzwürdig erschien.[9] Auch die Unklarheitenregelung entwickelte die Rechtsprechung.[10]

15 Nachdem die Rechtsprechung zwar als berechtigt angesehen wurde, jedoch Rechtssicherheit und Vorhersehbarkeit beanstandet wurden, hatte sich der 50. DJT 1974 für klare gesetzliche Regelungen ausgesprochen. Im August 1975 wurde ein Entwurf zum AGB-Gesetz in den Bundestag eingebracht; der endgültige Text wurde im November 1976 verabschiedet und trat am 1.4.1977 in Kraft.

16 Am 5.4.1993 verabschiedete der Rat der EU nach Art. 95 EGV (später Art. 91 EGV, nunmehr Art. 101 AEUV) eine Richtlinie über missbräuchliche Klauseln in Verbraucherverträgen, die von den Mitgliedstaaten bis 31.12.1994 umzusetzen war. Dies erfolgte durch das Gesetz zur Änderung des AGB-Gesetzes am 25.7.1996. Die Richtline bezog sich jedoch nur auf den Verbraucherschutz, nicht auf den unternehmensbezogenen Geschäftsverkehr. Insoweit kam es auch zur Aufnahme der „Einmalklauseln" (jetzt § 310 Abs. 3 Nr. 2 BGB) und des „Fremdkörpers", dass die Umstände des Vertragsschlusses berücksichtigt werden konnten (jetzt § 310 Abs. 3 Nr. 3 BGB).

17 Mit Wirkung zum 1.1.2002 wurden dann die Regelungen des AGB-Gesetzes in das BGB in die §§ 305 bis 310 integriert. Das Verfahrensrecht der §§ 13 ff. AGB-Gesetz wurde Teil des Unterlassungsklagengesetzes. Entgegen der vielfach hiergegen geäußerten Kritik[11] überwiegen doch die Vorteile der BGB-internen Lösung.

18 Das neue Schuldrecht hat vielfältige Änderungen des AGB-Rechts verursacht; ebenso wurde das Transparenzgebot in § 307 Abs. 1 S. 1, Abs. 3 S. 2 BGB verankert. Wichtig ist neben den vielfältigen Änderungen, dass auch das Arbeitsrecht der Inhaltskontrolle nach AGB-Grundsätzen unterworfen wurde.[12]

C. Einbeziehungs- und Inhaltskontrolle

19 Zum Teil wird von einer dreigliedrigen Kontrolle ausgegangen: Einbeziehungskontrolle (§§ 305, 305a, 305c Abs. 1 BGB), Inhaltskontrolle (§§ 307 Abs. 1 S. 1, 308, 309 BGB) und Transparenzkontrolle (§ 307 Abs. 1 S. 2, Abs. 3 S. 2 BGB).[13] Dies ist abzulehnen. Zum einen gibt es nur zwei Rechtsfolgen: die Klausel wird nicht einbezogen oder sie entfällt. Zum anderen ist Transparenz ein inhaltliches Thema. Schließlich sagt § 307 Abs. 1 S. 2 BGB, dass ein Verstoß gegen das Transparenzgebot eine unangemessene Benachteiligung i.S.v. Abs. 1 S. 1 ist. Die Transparenzkontrolle ist daher Teil der Inhaltskontrolle; eines vergleichbaren Gerechtigkeitsgehalts der gesetzlichen Regelung, der in § 307 Abs. 2 BGB in Bezug genommen wird, bedarf es hier nicht, da Transparenz der vertraglichen Regelung selber Vergleichsmaßstab ist. Es liegt daher ein zweigliedriges System vor, das wertungsgemäß jedoch Verbindungen aufweist. Die Aufnahme des Transparenzgebots mit der Schuldrechtsreform hatte daher eine Klarstellungsfunktion und hat nicht etwa aus dem bisherigen zweigliedrigen System ein dreigliedriges gemacht.

---

[5] BGH NJW 2002, 138.
[6] BGH NJW 1987, 2373; BGH NJW 1991, 843; BGH WM 2006, 247.
[7] RGZ 20, 115; 62, 264; 99, 107; 103, 82; 143, 24.
[8] BGHZ 22, 90; BGHZ 60, 243.
[9] BGH NJW 1976, 2345.
[10] RGZ 120, 18; BGHZ 5, 111; BGHZ 62, 83.
[11] *Ulmer*, JZ 2001, 491; Erman/*Roloff*, vor § 305 Rn 9; UBH/*Ulmer/Habersack*, Einl. Rn 28 ff.
[12] Zur Historie vgl. auch die Übersicht bei Staudinger/*Coester*, Eckpunkte E Rn 6 ff.
[13] HK/*Schulte-Nölke*, Vor 305 Rn 9.

D. Verhältnis zu anderen Vorschriften

- § 138 BGB: kommt grundsätzlich vorrangig zur Anwendung, wenn der Vertrag insgesamt sittenwidrig ist. **20**
- § 242 BGB: Hiernach kann die Berufung auf eine (noch) wirksame AGB treuwidrig sein, umgekehrt kann sich der andere Teil auf eine (unwirksame oder wirksame) AGB berufen und der Verwender muss diese gegen sich gelten lassen.
- § 280 BGB: Die Verwendung unwirksamer AGB kann zu Schadensersatzansprüchen führen.
- § 823 Abs. 2 BGB: Das Thema wird zumeist nicht diskutiert; es ist jedoch kein Grund ersichtlich, die Verbotskataloge des AGB-Rechts nicht als Schutzgesetze anzusehen.
- UWG: Die Verwendung unwirksamer AGB kann grundsätzlich auch nach Wettbewerbsrecht abgemahnt werden.[14]
- Kartellrecht: Die Missbrauchsaufsicht der Kartellbehörden bleibt unangetastet.[15] Verwenden marktbeherrschende Unternehmen AGB, so kann § 19 GWB verletzt sein.[16]
- RiL: Hier gilt vor allem der Grundsatz, dass das nationale Recht richtlinienkonform auszulegen ist.[17]
- Art. 3 GG: Eine allgemeine Pflicht zur Gleichbehandlung, insbesondere zur Verwendung gleicher AGB, besteht nicht.[18]

E. Analogie des AGB-Rechts

Soweit in § 310 Abs. 4 BGB die Anwendung des AGB-Rechts auf bestimmte Vertragstypen ausgeschlossen ist, **21** kommt keine Analogie in Betracht. Soweit jedoch nicht etwa das Gesellschaftsrecht im engen Sinne betroffen ist, kann AGB-Recht (entsprechende) Anwendung finden, etwa bei der Beteiligung an Schiffsfonds.[19]

---

§ 305 Einbeziehung Allgemeiner Geschäftsbedingungen in den Vertrag

(1) ¹Allgemeine Geschäftsbedingungen sind alle für eine Vielzahl von Verträgen vorformulierten Vertragsbedingungen, die eine Vertragspartei (Verwender) der anderen Vertragspartei bei Abschluss eines Vertrags stellt. ²Gleichgültig ist, ob die Bestimmungen einen äußerlich gesonderten Bestandteil des Vertrags bilden oder in die Vertragsurkunde selbst aufgenommen werden, welchen Umfang sie haben, in welcher Schriftart sie verfasst sind und welche Form der Vertrag hat. ³Allgemeine Geschäftsbedingungen liegen nicht vor, soweit die Vertragsbedingungen zwischen den Vertragsparteien im Einzelnen ausgehandelt sind.

(2) Allgemeine Geschäftsbedingungen werden nur dann Bestandteil eines Vertrags, wenn der Verwender bei Vertragsschluss

1. die andere Vertragspartei ausdrücklich oder, wenn ein ausdrücklicher Hinweis wegen der Art des Vertragsschlusses nur unter unverhältnismäßigen Schwierigkeiten möglich ist, durch deutlich sichtbaren Aushang am Orte des Vertragsschlusses auf sie hinweist und
2. der anderen Vertragspartei die Möglichkeit verschafft, in zumutbarer Weise, die auch eine für den Verwender erkennbare körperliche Behinderung der anderen Vertragspartei angemessen berücksichtigt, von ihrem Inhalt Kenntnis zu nehmen,

und wenn die andere Vertragspartei mit ihrer Geltung einverstanden ist.

(3) Die Vertragsparteien können für eine bestimmte Art von Rechtsgeschäften die Geltung bestimmter Allgemeiner Geschäftsbedingungen unter Beachtung der in Absatz 2 bezeichneten Erfordernisse im Voraus vereinbaren.

A. Überblick	1	VIII.	Weitergehende Transparenzerfordernisse	77
B. Persönlicher Anwendungsbereich	4	IX.	Fernmündlicher Vertragsschluss	84
C. Sachlicher Anwendungsbereich	5	X.	Rechtsgeschäfte mit Ausländern	85
D. Einzelfragen	10	XI.	Besondere Transparenzerfordernisse	86
I. Vertragsbedingungen	10	XII.	Einverständnis des Kunden	94
II. Vorformulierte Bedingungen	33	XIII.	Einbeziehung durch kaufmännisches Bestätigungsschreiben	97
III. Vielzahl und Einmalklauseln	37			
IV. Stellen	42	XIV.	Laufende Geschäftsbeziehung	100
V. Aushandeln	65	XV.	Darlegungs- und Beweislast	101
VI. Handelsbrauch	71	XVI.	Urheberrechtsschutz von AGB	104
VII. Darlegungs- und Beweislast	72			

---

14 *Niebling*, IPRB 2010, 212.
15 BGH v. 17.10.2012 – VIII ZR 292/11 Rn 24 (Fernwärme).
16 BGH v. 6.11.2013 – KZR 58/11 (Versorgungsanstalt des Bundes) wie KZR 61/11.
17 Übersicht auch bei Staudinger/*Coester*, Eckpunkte E Rn 10 ff.; das nationale Recht kann jedoch durchaus strenger sein als die Richtlinie: EuGH v. 3.6.2010 – C 484/08 und Schlussantrag NJ 2010, 421 m. Anm. *Niebling*.
18 BGH v. 15.1.2013 – XI ZR 22/12.
19 BGH v. 25.6.2013 – II ZR 73/11; BGH v. 12.3.2013 – II ZR 74/11.

A. Überblick

1 Der Anwendungsbereich der §§ 305 ff. BGB wird durch die Eingangsnorm und die Legaldefinition in § 305 Abs. 1 BGB bestimmt. Abs. 2 stellt hohe Anforderungen an die Einbeziehung bei Verwendung von AGB im kaufmännischen Geschäftsverkehr, § 310 Abs. 1 S. 1 BGB. Abs. 3 bezieht sich auf Rahmenvereinbarungen, in denen die Einbeziehung von AGB auch für den oder die daraufhin vereinbarten Abrufe und Einzelverträge vereinbart werden kann.

2 Zu unterscheiden ist hierbei der persönliche und der sachliche Anwendungsbereich.

3 Damit ist § 305 BGB eine wesentliche Schaltstelle, über die in der Praxis oft erbittert gestritten wird.

B. Persönlicher Anwendungsbereich

4 Grundmodell ist die Verwendung von AGB gegenüber einem Verbraucher[1] i.S.v. § 13 BGB. Unerheblich ist insoweit, ob der Verwender Verbraucher oder Unternehmer ist. Ist der andere Teil Unternehmer, juristische Person des öffentlichen Rechts oder öffentlich-rechtliches Sondervermögen, so nimmt § 310 Abs. 1 S. 1 BGB § 305 Abs. 2 und 3 BGB aus und erklärt diese für nicht anwendbar. Anwendbar ist in diesen Fällen die allgemeine Rechtsgeschäftslehre.

C. Sachlicher Anwendungsbereich

5 Für das **Arbeitsrecht** erklärt § 310 Abs. 4 S. 2 Hs. 2 BGB § 305 Abs. 2 und 3 BGB für nicht anwendbar. Auch insoweit gilt die allgemeine Rechtsgeschäftslehre unter Berücksichtigung der im Arbeitsrecht geltenden Besonderheiten, § 310 Abs. 4 S. 2 BGB. Hierdurch soll nicht der Status Quo eingefroren, sondern inhaltlich soll Wesensmerkmalen des Arbeitsrechts Rechnung getragen werden.

6 Eine weitere sachliche Besonderheit ergibt sich aus § 310 Abs. 3 Nr. 1 BGB. Bei **Verbraucherverträgen** gelten AGB als gestellt, es sei denn, der Verbraucher hat diese in den Vertrag eingeführt.

7 Zudem gelten für **Einmalklauseln** Besonderheiten: Diese sind an sich keine AGB, da sie nicht für eine Vielzahl von Verträgen gestellt werden sollen. Trotzdem fallen sie in den sachlichen Anwendungsbereich, wenn die Voraussetzungen des § 310 Abs. 3 Nr. 2 BGB vorliegen, insbesondere, wenn ein Verbrauchervertrag vorliegt und die Einmalklauseln vorformuliert sind.

8 Bereits dies zeigt, dass verschiedene Kompromisse den persönlichen und sachlichen Anwendungsbereich bestimmen und nicht ein die Privatautonomie bestimmender und kennzeichnender Gedanke.

9 Nachdem auch bestimmte **einseitige Erklärungen** wie Vertragsbedingungen erfasst werden,[2] ist die Grundnorm für den AGB-Rechtsschutz einerseits das Zusammenspiel der §§ 305 und 310 BGB, andererseits aber bereits die Vernetzung der Bereiche einer Inhaltskontrolle, insbesondere auch die Klauselkataloge, die ja in den sachlichen Anwendungsbereich passen mussten, um der Inhaltskontrolle zu unterfallen. Was unter die Klauselkataloge fällt, ist daher von vorneherein der Inhaltskontrolle zu unterwerfen.

D. Einzelfragen

I. Vertragsbedingungen

10 Vertragsbedingungen liegen vor, wenn durch eine oder eine Mehrzahl von Klauseln das Vertragsverhältnis zwischen Verwender und Kunde näher ausformuliert und gestaltet werden soll.[3]

11 Erfasst werden auch Regelungen, die das vorvertragliche Stadium erfassen.[4]

12 Die Klausel „**Änderungen und Irrtümer vorbehalten**" besitzt keinen eigenständigen Regelungsgehalt und fällt deshalb nach Auffassung des BGH nicht in den sachlichen Anwendungsbereich.[5]

13 Wenn der Verwender dem Kunden später nach Vertragsschluss entgegenhalten könnte, zwischen Katalogerstellung und Kauf musste das Produkt geändert werden, deshalb müsse er das Produkt so nehmen wie es ist, oder die Angabe einer Eigenschaft beruhe auf einem Irrtum und der Kunde könne das Produkt deshalb nicht beanstanden, dann kommt

---

[1] BGH v 25.1.2011 – XI ZR351/08: Allgemeiner Hinweis auf eine „selbstständige" Tätigkeit dieser Kläger bzw. der Tätigkeit der Kläger als „Installateur" bzw. „Handwerker" stehen einer Verbrauchereigenschaft schon deswegen nicht entgegen, weil Bank- und Börsengeschäfte, die der Pflege des eigenen Vermögens dienen, grundsätzlich nicht als berufliche oder gewerbliche Tätigkeit gelten (vgl. Senatsurteile vom 23.10.2001 – XI ZR 63/01; BGHZ 149, 80, 86 und BGH v. 8.6.2010 – XI ZR 349/08, WM 2010, 2025 Rn 34; OLG Frankfurt WM 2009, 718, 719; Reithmann/Martiny/Mankowski, Internationales Vertragsrecht, 7. Aufl., Rn 2351; Staudinger/Magnus, BGB [2002], Art. 29 EGBGB Rn 33).

[2] Zuletzt BGH v. 23.1.2013 – VIII ZR 143/12 (Einverständniserklärung zur Kautionsübertragung).

[3] BGHZ 99, 374; BGH WM 1987, 1202; BGH NJW 2005, 1645; Übersicht: Niebling, NJ 2011, 177.

[4] BGH NJW 1996, 2574.

[5] BGH v. 4.2.2009 – VIII ZR 32/08, NJW 2009, 1337 = MDR 2009, 556 m. im Ergebnis zust. Anm. Niebling.

einer solchen einseitigen Bedingung mehr als nur deklaratorische Bedeutung zu. Denn Klauseln, die geeignet sind, den Kunden von der Geltendmachung seiner Rechte abzuhalten, sind unwirksam.

Entscheidend ist, ob die Klausel nach objektiver Auslegung zu einer Verkürzung der Rechte des Vertragspartners geeignet ist. **14**

Dies ist hier nicht der Fall, denn ohne diesen Hinweis im Katalog könnte der Anbieter jederzeit die Produkte ändern und Irrtümer korrigieren. Grenze ist ausschließlich das UWG, das hier nicht verletzt ist. In der Sache ändert sich durch den Hinweis im Prospekt nicht die Rechtslage. **15**

Wenn aber eine AGB-Bestimmung mit den gesetzlichen Bestimmungen übereinstimmt, somit deklaratorisch ist, so scheidet eine Inhaltskontrolle nach § 307 Abs. 3 BGB aus. Dies gilt erst recht für einseitige Hinweise und Erklärungen. Es ist sachgerecht, einseitige deklaratorische Bedingungen bereits aus dem sachlichen Anwendungsbereich zu nehmen. Eine AGB liegt deshalb nicht vor. **16**

Einseitige deklaratorische Bedingungen sind daher keine AGB;[6] vertragliche deklaratorische Bedingungen sind nach h.M. AGB,[7] nach der hier vertretenen Auffassung ebenfalls keine AGB.[8] **17**

Unerheblich ist, ob die Klausel Vertragsinhalt wird[9] oder der Vertrag wirksam ist oder wird. **18**

Neben schuldrechtlichen Verträgen fallen auch **sachenrechtliche Verträge** in den Anwendungsbereich. **19**

Auch Klauseln, die nach § 307 Abs. 3 BGB von der Inhaltskontrolle ausgenommen sind, unterliegen einer Einbeziehungs- und Transparenzkontrolle. Deshalb kommt es auf die Unterscheidung Hauptleistungsklauseln zu Nebenleistungsklauseln (auch hier) nicht an. **20**

Tatsachenbestätigungen, die Einfluss auf die Beweislast haben sollen, werden Vertragsbedingungen gleichgestellt. Gleiches gilt für die Klausel, die AGB erhalten oder gelesen zu haben, die Mietsache eingehend besichtigt zu haben, keinerlei Mängel festgestellt zu haben u.a. **21**

Wichtig und der Einbeziehungs- (wie auch der Inhalts-)Kontrolle unterworfen sind **Preis- und Leistungsbestimmungsrechte**. **22**

Auch **Bestätigungen, vom Arzt aufgeklärt worden zu sein**, auf die Risiken des Eingriffs hingewiesen worden zu sein, und Arzt- und Krankenhausbedingungen unterfallen § 305 BGB und auch der Inhaltskontrolle.[10] Gleiches gilt für die Einwilligung in die Obduktion[11] oder die Entbindung von der ärztlichen Schweigepflicht.[12] **23**

Relevant ist auch die (unwirksame) Bestätigungsklausel „Mündliche Nebenabreden bestehen nicht".[13] **24**

Interne **unternehmerische Anweisungen** sind keine AGB.[14] **25**

Auch **Handbücher** können zu AGB werden: „Vertragsbestandteil sind auch … das Handbuch (durch einheitliches Auftreten zum Erfolg)", soweit hierin ein Regelungscharakter enthalten ist (so bei bestimmten Vertriebsverträgen). **26**

Prozessuale Vereinbarungen über den Gerichtsstand, das anwendbare Recht, die Durchführung eines Schiedsverfahrens etc. können AGB sein. **27**

Gleiches gilt für die **sofortige Unterwerfung unter die Zwangsvollstreckung**.[15] **28**

Behördliche Genehmigungen oder Empfehlungen sind unerheblich und schließen den AGB-Charakter nicht aus. Haben Verbände oder Vereine bestimmte Musterbedingungen entwickelt, so unterstreicht dies den Charakter von AGB. Die VOB/B ist ein AGB-Klauselwerk,[16] ebenso die ADSp[17] und IATA Bedingungen für den Luftverkehr.[18] **29**

Soweit die **öffentliche Hand** Bezugs- oder Benutzungsverhältnisse privatrechtlich ausgestaltet und hierbei Bedingungen verwendet, etwa die Haftung ausschließt, ist § 305 BGB anwendbar.[19] Für Satzungen öffentlich-rechtlicher Nutzungsverhältnisse kommt jedoch eine analoge Anwendung in Betracht.[20] **30**

Vorformulierte Teilungserklärungen nach **§ 8 WEG** und einseitig gesetzte Gemeinschaftsordnungen nach **§ 10 WEG** sind keine AGB, sondern gesellschaftsrechtliche und vertragsunabhängige Sondernormen, die nach § 242 BGB einer Inhaltskontrolle unterfallen können.[21] **31**

Preisausschreiben sind einseitige Rechtsgeschäfte,[22] die eine schuldrechtliche Sonderbeziehung u.U. auch gegenüber Dritten begründen; **Allgemeine Bestimmungen der Turnierausschreibung** unterliegen der Kontrolle nach **32**

---

6 Anders Erman/*Roloff*, § 305 Rn 4.
7 Offenlassend Palandt/*Grüneberg*, § 307 Rn 63.
8 *Niebling*, WM 1992, 845.
9 BGHZ 99, 381.
10 *Niebling*, MDR 1982, 193, *ders.*, MedR 1985, 262; *Gounalakis*, NJW 1990, 752.
11 BGH NJW 1990, 2313.
12 *Hollmann*, NJW 1979, 1923; anders *Schütte*, NJW 1979, 592.
13 BGH NJW 2000, 207.
14 BGH NJW 2005, 1645.
15 BGH NJW 2002, 138.
16 BGH NJW 1983, 169.
17 BGH NJW 1982, 1820.
18 BGHZ 86, 284.
19 Erman/*Roloff*, § 305 Rn 8.
20 Palandt/*Grüneberg*, § 307 Rn 4; *Heintzen*, NVwZ 1992, 857; LG Köln NJW-RR 1988, 430.
21 Im Ergebnis BGH NJW 1994, 2950; offenlassend bezüglicher analoger Anwendung des AGB Rechts: BGH NJW 2002, 3240; zur Inhaltskontrolle im Gesellschaftsrecht: *Bieder*, ZHR 2010, 704; BGH v. 23.4.2012 – II ZR 75/10.
22 BGH v. 23.9.2010 – III ZR 246/09.

§ 305 ff.,[23] nicht jedoch die Regelung über den Ablauf des Turniers. Wird hierin die Haftung für die Verletzung der Rechtsgüter der Teilnehmer geregelt oder in den Schutzbereich einbezogener Dritter, so findet eine AGB-Einbeziehungs- und Inhaltskontrolle statt.

II. Vorformulierte Bedingungen

33 **Vorformuliert** sind Vertragsbedingungen, wenn diese vom Verwender oder einem Dritten[24] (Formularbuch, Musterbedingungen) entworfen wurden und schriftlich oder im Kopf des Verwenders[25] gespeichert sind.

34 Wird eine Regelung auch handschriftlich oder per Stempel mit der Absicht mehrfacher Verwendung in einen Vertragstext eingefügt, so liegt eine AGB vor.[26]

35 Werden Leerräume in einem Formular ausgefüllt oder müssen für Alternativen bestimmte Kästchen angekreuzt werden, so ändert dies den AGB-Charakter nicht. Wird die Ankreuzoption nicht ausgeübt, greift die hierin vorgesehene Regelung von vornherein nicht ein.[27] Stellt der Verwender dagegen hierdurch die Klausel oder einen wesentlichen Regelungsgehalt ernsthaft zur Disposition, so greift schon nach allgemeinen Regelungen das Merkmal des „Stellens" nicht mehr.[28] Die Wahl zwischen zwei vom Verwender vorgegebenen Möglichkeiten lässt die Vorformulierung nicht entfallen, so bei der Wahl zwischen einer fünf- und einer zehnjährigen Laufzeit.[29]

36 Beweisrechtlich steht ein „lückenhaftes" Bedingungswerk einem vollständigen Formularvertrag gleich. Der Verwender muss also im Bestreitensfalle nachweisen, dass er den wesentlichen Regelungsgehalt ernsthaft zur Disposition gestellt hat.

III. Vielzahl und Einmalklauseln

37 Bei dem Merkmal der **Vielzahl** kommt es nicht darauf an, ob tatsächlich schon drei Verträge abgeschlossen wurden, sondern darauf, dass eine Verwendung in drei Fällen beabsichtigt ist.[30]

38 Für Einmalklauseln eröffnet nur § 310 Abs. 3 Nr. 2 BGB den Anwendungsbereich für Verbraucherverträge; im Übrigen gibt es hier nur eine Inhaltskontrolle nach § 242 BGB.
Diese Differenzierung ist an sich nicht (mehr) sachgerecht (siehe Rn 41).

39 Unerheblich ist, ob die Verwendung gegenüber dem gleichen Partner oder anderen Partnern beabsichtigt ist.[31] § 305 BGB gilt dann bereits bei der ersten (beabsichtigten) Verwendung.

40 Einen etwas anderen Blickwinkel hat das Unterlassungsklagengesetz (UKlaG): Hiernach reicht das Inverkehrbringen einer oder der Klausel(n) aus.[32] Allerdings wird hier eine Wiederholungsgefahr gefordert.[33] Auch insoweit genügt jedoch die drohende erstmalige Verwendung.

41 Es wäre zu begrüßen, wenn sich die Voraussetzungen nach materiellem Recht des § 305 BGB und nach dem UKlaG stärker annähern könnten.[34] Beabsichtigt der Verwender nur zwei Verwendungsfälle, so liegen keine AGB vor, anders nach UKlaG – hier könnte eine Abmahnung erfolgen. Gleiches gilt nach Wettbewerbsrecht.[35]

IV. Stellen

42 Problematisch kann auch das Merkmal des „**Stellens**" sein. Die Bedingungen müssen dem anderen Teil (Kunde) gestellt werden. Hierin kommt die ursprüngliche Rechtfertigung einer strengen AGB-rechtlichen Kontrolle zum Ausdruck: Die Richtigkeitsgewähr durch gemeinsames Aushandeln ist nicht gegeben, wenn eine Partei der anderen ein fertiges Bedingungswerk vorlegt.

43 Der Gedanke ist nicht ganz präzise, denn sonst müssten auch Einmalklauseln generell der Einbeziehungs- und Inhaltskontrolle unterfallen.

44 Das Moment der Einseitigkeit rechtfertigt jedoch die Festlegung des Verwenders. Dies ist also nicht der Begünstigte oder der Urheber der Bedingungen, sondern derjenige, der dem Kunden die Bedingungen auferlegen will.

45 Damit ergeben sich folgende Konsequenzen: Verlangen beide (kaufmännisch erfahrenen Teile) die Geltung der VOB/B, so kann diese nicht (mehr) als einseitig gestellt und damit nicht mehr als AGB angesehen werden.[36]

---

23 BGH v. 23.9.2010 – III ZR 246/09.
24 BGH NJW 1984, 360.
25 BGH WM 2005, 1373.
26 BGHZ 115, 391, 394.
27 BGH v. 20.6.2013 – VII ZR 82/12 (Vertragsstrafe).
28 Demgegenüber stellt der BGH (etwa BGH NJW 1989, 2815) darauf ab, ob eine unselbstständige, konkretisierende Ergänzung vorliegt, dann AGB; dies ist richtig, die Fälle gehen jedoch über diese Fallkonstellation hinaus.
29 BGH NJW 1996, 1676.
30 BGH NJW 1989, 2683; BGH NJW 2002, 138.
31 BGH NJW 2004, 1454.
32 BGH NJW 1987, 2867.
33 Palandt/*Bassenge*, § 1 UKlaG Rn 8.
34 Ebenso Jauernig/*Stadler*, § 305 Rn 4.
35 *Niebling*, IPRB 2010, 213.
36 Bereits *Niebling*, BauR 1981, 227; *ders.*, ZMR 2010, 509; *Miethaner*, NJW 2010, 3121, 3123; vgl. auch *v. Westphalen*, ZIP 2010, 1110; *Kaufhold*, ZIP 2010, 631.

Übertragbar ist dieser Gedanke jedoch nicht auf Konstellationen, in denen sich Privatparteien (C2C) (lapidar) auf ein Formular des Vermieters/Verkäufers einigen, das diesem gerade bei der Hand ist.[37] **46**

Nach dem Sachverhalt haben die Parteien, beide keine Unternehmer, telefonisch die Verwendung eines bestimmten Formulars vereinbart, das der beklagte Pkw-Verkäufer bereits griffbereit hatte. Dieses war von einem Dritten (hier einer Versicherung) erstellt. Es enthielt Regelungen, die an sich gegen AGB Recht verstießen. **47**

Bei Verträgen zwischen Privatleuten kann ein Formular vereinbart werden, das von einem Dritten erstellt wurde. Einigen sich die Parteien vorab auf dieses Formular, so sind die hierin enthaltenen Regelungen nach Auffassung des VIII. Senats keine AGB, da es am Merkmal des „Stellens" fehle. Voraussetzung ist jedoch, dass eine freie Entscheidung vorliegt, d.h. der andere Vertragsteil (hier der Erwerber) muss in der Auswahl der in Betracht kommenden Texte frei sein und eine effektive Möglichkeit haben, den eigenen alternativen Text in die Verhandlungen einzubringen. **48**

Die Rechtsprechung hat einen richtigen Ansatz: Vereinbaren zwei erfahrene Parteien z.B. in Kenntnis der VOB/B unabhängig voneinander deren Anwendung, so fehlt es am Merkmal des Stellens und die Bedingungen (z.B. VOB/B) unterliegen nicht der Inhaltskontrolle.[38] **49**

Gleichwohl ist diese Rechtsprechung des VIII. Senats zu pauschal: **50**

Das Merkmal des **Stellens** in § 305 BGB ist im Zusammenhang zu sehen mit dem Erfordernis, dass der andere Teil mit den AGB **einverstanden** sein muss, 305 Abs. 2 BGB. **51**

Kommt der Kaufinteressent also zum Verkäufer, der ihm das Formular über einen Pkw-Kaufvertrag vorlegt, und erklärt, er sei hiermit einverstanden, so dürfte niemand den AGB-Charakter des Formulars in Frage stellen. **52**

Auch bei einzelnen Klauseln reicht es nicht, wenn diese besprochen werden und der Mietinteressent erklärt: „Ich bin hiermit einverstanden". Für ein Aushandeln muss vielmehr Abänderungsbereitschaft erkennbar sein, der Verwender muss den **gesetzesfremden Kerngehalt ernsthaft zur Disposition** stellen.[39] Und auch hier ist es nicht ausreichend, wenn die Wahl zwischen zwei Alternativen angeboten wird, die beide gegen AGB-Recht verstoßen würden. **53**

Das Merkmal des Stellens ist erfüllt, wenn eine Seite AGB in den Vertrag einbeziehen will. Dies reicht für die Einseitigkeit aus. **54**

Dies ist auch erfüllt, wenn der Verwender AGB einbeziehen möchte, unabhängig davon, ob diese selber erstellt wurden oder ein Dritter diese entworfen hat[40] (was bei Privatleuten fast immer der Fall sein wird). **55**

Das Merkmal des Stellens entfällt nur dann, **56**
- wenn der andere Teil die Bedingungen auch kennt und
- unabhängig vom Vorschlag des Verwenders deren Einbeziehung wünscht.

Beide Bedingungen lagen hier (soweit erkennbar) nicht vor. **57**

Das Einverständnis des Kunden ist nicht anders zu beurteilen als ein vor Unterzeichnung erklärtes Einverständnis mit den AGB, ja sogar mit einer vorformulierten Einverständniserklärung „Ich habe die AGB gelesen und bin hiermit einverstanden". **58**

Das Merkmal des Stellens wird hierdurch nicht beseitigt[41] und die Inhaltskontrolle ist weiterhin möglich.[42] **59**

Nachdem im Verbrauchergeschäft der andere Teil auch darzulegen und notfalls zu beweisen hat, dass die Bedingungen gestellt wurden, wird er vielfach ohne Schutz bleiben. Der Vertragspartner, dem die Rolle des Verwenders zukommen soll, braucht dann nur vorzutragen, der andere Teil habe gewünscht, diese Bedingungen zu verwenden. Insoweit werden die Instanzgerichte auch abschließend entscheiden und eine Korrektur durch den BGH ist bei den Sachfragen nicht mehr möglich. **60**

Trotz neuer BGH-Rechtsprechung vermag das „Telefonat am Vortag" und die Einigung auf ein bestimmtes Formular unwirksame AGB nicht zu retten: **61**

Es wäre wenig nachvollziehbar, könnten unwirksame Klauseln in einem Mustervertrag Bestand haben, wenn sich die Parteien vorab telefonisch (zudem: ohne die Klauseln zu kennen) auf das Formular einigen würden. Soll hierdurch tatsächlich der Käuferschutz entfallen? Grundsätzlich muss auch im Geschäft unter Privaten das AGB-Recht eingehalten werden. **62**

---

[37] Leider zu weitgehend BGH v. 17.2.2010 – VIII ZR 67/09, NJW 2010,1131, ablehnend *Niebling*, ZMR 2010, 509 und zfs 2010, 482.

[38] Palandt/*Grüneberg*, § 305 Rn 13; *Niebling*, BauR 1981, 227; jurisPK-BGB/*Lapp*, § 305 Rn 22; Bamberger/Roth/*Becker*, § 305 Rn 25; Staudinger/*Schlosser*, § 305 Rn 31.

[39] BGH v. 22.12.2012 – VII ZR 222/12; Palandt/*Grüneberg*, § 305 Rn 21; PWW/*Berger*, § 305 Rn 7; WLP/*Pfeiffer*, § 305 Rn 32; AK/*Kollmann*, § 305 Rn 11; HK/*Schulte-Nölke*, § 305 Rn 5: Verlangen beide *unabhängig voneinander* die Einbeziehung derselben AGB, so sind die §§ 305 ff. BGB nicht anwendbar.

[40] Bamberger/Roth/*Becker*, § 305 Rn 25: „Unerheblich ist, ob der Verwender die Vertragsbedingungen selber entworfen hat."

[41] Palandt/*Grüneberg*, § 305 Rn 19.

[42] Richtig jurisPK-BGB/*Lapp*, § 305 Rn 15: Auch kopierte Formularbücher können gestellt werden.

63 Geradezu unerträglich wäre diese Rechtsprechung für das Mietrecht. Würde hier der Mietinteressent sich bereit erklären, das Formular des Haus- und Grundbesitzervereins zugrunde zu legen, so wird hierdurch keinesfalls das AGB-Recht verlassen.[43]

64 Auch formelhafte Erklärungen in notariellen Verträgen können der Einbeziehungs- und Inhaltskontrolle unterliegen; eines Rückgriffs auf § 242 BGB[44] bedarf es hier nicht, da sich i.d.R. der Verkäufer (auch wenn er kein Unternehmer ist) die notariellen Vertragsmuster oder Einzelklauseln zu eigen macht. Bei Verbraucherverträgen gilt ohnehin § 310 Abs. 3 Nr. 1 BGB; auch notarielle Muster gelten hier vom Unternehmer gestellt, ebenso vom Makler vorgelegte Formularmietverträge, denn der Makler ist dann Abschlussgehilfe (§ 278 BGB) des Vermieters.[45]

V. Aushandeln

65 Das **Aushandeln** vorformulierter Vertragsbedingungen setzt voraus, dass der Verwender ernsthaft und unzweideutig seine Bereitschaft erklärt, über die von ihm gestellten Vertragsbedingungen zu verhandeln und diese ggf. zu ändern.[46] Aushandeln setzt mehr voraus als bloßes Verhandeln.[47] Der Verwender muss den gesetzesfremden Kerngehalt der Vertragsbedingungen inhaltlich zur Disposition stellen. Das sind diejenigen Bedingungen, die eine kraft Gesetzes bestehende Rechtslage ändern oder ergänzen i.S.v. § 307 Abs. 3 S. 1 BGB. Dem Kunden muss eine aktive Einflussnahme auf diese Klauseln ermöglicht werden.

66 Ein Aushandeln muss sich nicht in einer Änderung der Klausel niederschlagen,[48] wenn dies auch der Regelfall sein wird. Eine allgemeine Erklärung des Verwenders, zu einem Preisnachlass von 10 % bereit zu sein bei Akzeptanz der AGB durch den Kunden, reicht jedoch nicht aus, da eine Kompensation nur in der betreffenden Klausel oder in einer im inneren Zusammenhang mit der Klausel stehenden Bestimmung erfolgen kann.[49] Kompensationen in Bereichen, die einer Inhaltskontrolle nach § 307 Abs. 3 S. 1 BGB entzogen sind, sind rechtlich unbeachtlich, da hiermit keine Verschiebung der zu berücksichtigenden Werteordnung verbunden ist.

67 Ein Aushandeln bezieht sich stets auf eine bestimmte Klausel und muss auch für jede Klausel nachgewiesen sein. Wird allerdings die Laufzeit auf fünf Jahre ausgehandelt, so kann der Kündigungsausschluss innerhalb dieser Zeit mit ausgehandelt worden sein (dann keine AGB) oder gar nicht angesprochen worden sein (dann weiterhin AGB), da Laufzeit und Kündigung keine deckungsgleichen Themen sind.[50]

68 Das Gesetz spricht selber von einem „**soweit**" (AGB liegen nicht vor, soweit die Vertragsbedingungen ... ausgehandelt sind).

69 Ein Aushandeln hat grundsätzlich zwischen den Parteien zu erfolgen. Diese können sich hierzu auch bevollmächtigter Personen (Rechtsanwälte, Notar etc.) bedienen. Haben verschiedene Händler einen Beirat gegründet und diesen gebeten, mit dem Hersteller bestimmte Bedingungen auszuhandeln, so kann eine einzelne Klausel oder auch das Bedingungswerk als Ganzes Ergebnis des Aushandelns sein. Kollektiv ausgehandelte Bedingungen wie die VOB/B verlieren ihren Charakter als AGB nicht, zumal es hier an einer Vollmacht zur Verhandlung fehlt.

Werden die AGB nach Vertragsschluss geändert, so ändert dies am AGB-Charakter nichts.[51]

70 Die vorstehenden Grundsätze und Voraussetzungen eines Aushandelns gelten auch im unternehmerischen Rechtsverkehr (B2B).[52] Allerdings ist zu beachten, dass bei B2B-Geschäften AGB auch **branchenüblich** sein können. Diese werden dann nach der Rechtsprechung Vertragsinhalt, ohne dass es eines Hinweises bedarf.[53] Dies ist jedenfalls auf Ausnahmegeschäfte zu begrenzen, etwa Verträgen zwischen Banken,[54] im Transportgewerbe[55] und im Textilbereich,[56] nicht jedoch bei der Fernwärme.[57]

VI. Handelsbrauch

71 Richtig ist, zwischen Üblichkeit und Einbeziehung zu unterscheiden. Auch im unternehmerischen Geschäftsverkehr gilt die Rechtsgeschäftslehre. Was Vertragsinhalt ist, sollte daher nach allgemeinen Grundsätzen ermittelt werden. Gerade die massenweise Verwendung von AGB hat in einigen Bereichen zu einer „Üblichkeit" von Regelungen geführt, die keinesfalls einer Inhaltskontrolle standhielten. Warum diese Bedingungen ein Privileg erhalten sollen, kraft

---

43 Ausführlich *Niebling*, ZMR 2010, 509.
44 BGHZ 101, 350; BGHZ 108, 164; BGH NJW 2005, 1115.
45 BGH v. 14.12.2010 – VIII ZR 143/10.
46 BGH NJW 1983, 1603.
47 BGH NJW 1991, 1679.
48 BGH NJW 2000, 1110; UBH/*Ulmer*/*Habersack*, § 305 Rn 48.
49 *Niebling*, BB 1992, 717.
50 BGH BB 1982, 1750; BGH BB 1986, 21.
51 BGH v 7.3.2013 – VII ZR 162/12.
52 BGHZ 143, 103; BGH NJW 2003, 1805; vgl. auch *v. Westphalen*, ZIP 2007, 149 einerseits, *Berger*, ZIP 2006, 2149 und *Lischek*/*Mahnken*, ZIP 2007, 158 andererseits; vgl. auch UBH/*Ulmer*/*Habersack*, § 305 Rn 169 ff.; anders: PWW/*Berger*, § 305 Rn 13 – Verhandeln genügt.
53 BGHZ 108,348; Palandt/*Grüneberg*, § 305 Rn 57; Erman/*Roloff*, § 305 Rn 49.
54 BGH NJW 1990, 513; BGH WM 2004, 1177.
55 BGH NJW 1985, 2411; BGH NJW-RR 1996, 1313; BGH NJW 2003, 1397.
56 LG Marburg NJW-RR 1993, 1505.
57 BGH v. 15.1.2014 – VIII ZR 111/13.

Gesetzes Vertragsinhalt zu werden, ist nicht nachvollziehbar. Erforderlich ist es, dass ein **Handelsbrauch** vorliegt, denn dieser ist gesetzlich wie eine Vertragsabrede privilegiert, § 346 HGB, Handelsbräuche gelten kraft Gesetzes. Soweit die Grundsätze des kaufmännischen Bestätigungsschreibens als Handelsbrauch angesehen werden, ändert dies nichts daran, dass die Wertungen des AGB-Rechts beachtet werden müssen.[58]

VII. Darlegungs- und Beweislast

Die **Beweislast** für das Aushandeln trägt bei Formularen und Musterverträgen der Verwender.[59] Eine schriftliche oder gar vorformulierte Erklärung des Kunden, einzelne Klauseln oder der gesamte Text sei ausgehandelt worden, erfüllt weder die Darlegungs- noch die Beweislast.[60] Dies gilt auch, wenn der Vertrag Lücken aufweist, die ausgefüllt wurden.[61] Unerheblich für die Beweislast ist auch, ob der Kunde Verbraucher oder Unternehmer ist.[62]

Die **Einbeziehungsvoraussetzungen** nach § 305 Abs. 2 BGB stellen besondere Schutzbestimmungen zugunsten von Verbrauchern als Kunden dar. Für Unternehmer findet Abs. 2 keine Anwendung, § 310 Abs. 1 BGB.

Der Vertrag setzt eine Einigung über alle Essentialia wie auch Nebenbestimmungen voraus, die nach dem Willen einer Seite geregelt werden sollen. Ein Antrag **ohne AGB** kann nicht **mit AGB** angenommen werden, insoweit liegt ein Fall von § 150 Abs. 2 BGB vor. Das Einverständnis der Parteien muss sich daher auch auf die Geltung der AGB beziehen; dies wird in § 305 Abs. 2 BGB näher ausformuliert.

Ausgangspunkt ist, dass die Geschäftsbedingungen auch dann gelten sollen, wenn diese nicht im Einzelnen ausgehandelt wurden (arg. e contrario: dann lägen ja keine AGB vor), sondern schon dann, wenn diese nicht einmal gelesen wurden, wenn nur der äußere Rahmen nach § 305 Abs. 2 BGB eingehalten wurde und **Einbeziehungstransparenz** vorlag.

Hierbei handelt es sich nicht um Formvorschriften i.S.v. § 125 BGB,[63] sondern um eine spezialgesetzliche Ausformulierung der Einbeziehungstransparenz als rechtlicher Rahmen.

VIII. Weitergehende Transparenzerfordernisse

Weitergehende Einbeziehungstransparenz erfordern z.B. §§ 312c und 312e BGB im Bereich Fernabsatz,[64] elektronischer Geschäftsverkehr, Fernunterricht und Bankgeschäfte.

Auch für Versicherungsverträge gelten Sonderregelungen, § 5a VVG. Für Reiseverträge gilt zudem § 6 Abs. 3 und 4 BGB-InfoVO.

Voraussetzung der Einbeziehung ist nach § 305 Abs. 2 BGB zunächst ein **ausdrücklicher Hinweis** auf die AGB. Es darf kein Zweifel bestehen, dass der Verwender AGB verwendet und auch vorliegend zugrunde legen möchte.

In einem Antragsformular muss der Hinweis auf die Geltung der AGB so gestaltet sein, dass auch ein flüchtiger Betrachter diesen Hinweis oder die AGB zur Kenntnis nehmen würde.[65] Der bloße Hinweis auf der Rückseite reicht nicht aus.[66]

Der Abdruck in einem Katalog (Reise-, Möbel-, Ottokatalog, etc.) ist nicht ausreichend, auch wenn hierauf in dem unterschriebenen Vertragsformular Bezug genommen wird.[67]

Ein Hinweis muss klar, unmissverständlich und auffällig[68] sein, es gilt hier das **Transparenzgebot der Einbeziehung**. Der Hinweis kann jedoch mündlich oder schriftlich erfolgen[69] und ist auch bei branchenüblichen AGB erforderlich.

Eine **Mehrfachverweisung** (in den AGB wird wiederum auf ein anderes Klauselwerk verwiesen, dieses verweist wiederum auf ein drittes Klauselwerk, etc.) ist grundsätzlich nicht möglich. Oft ist in diesen Fällen auch das Rangverhältnis nicht geklärt[70] und es greifen, eine Einbeziehung unterstellt, die Unklarheitenregelung § 305c Abs. 2 BGB oder das materielle Transparenzgebot.

IX. Fernmündlicher Vertragsschluss

Bei einem **fernmündlichen Vertragsschluss** muss ebenfalls auf die AGB (mündlich) hingewiesen werden. Hier kann der Kunde Zusendung der AGB verlangen und erst dann den Vertrag schließen oder er verzichtet individualvertraglich auf die Kenntnisnahme vor Vertragsschluss.[71]

---

58 *Niebling*, NZBau 2012, 410; vgl. auch *Kollrus*, BB 2014, 779.
59 BGHZ 83, 58; BGH NJW 1998, 2600; Palandt/*Grüneberg*, § 305 Rn 25; UBH/*Ulmer/Habersack*, § 305 Rn 60 ff.
60 BGH NJW 1977, 624.
61 Anders wohl BGH NJW 1992, 2285.
62 Zutreffend Palandt/*Grüneberg*, § 305 Rn 24; a.A. *Leuschner*, AcP 2007, 491.
63 Anders Staudinger/*Schlosser*, § 305 Rn 102.
64 Hierzu BGH v. 29.4.2010 – I ZR 66/08 (eBay).
65 BGH ZIP 1981, 1221; BGH NJW-RR 1987, 113.
66 BGH WM 1983, 269; BGH ZIP 1986, 1126.
67 BGH v. 26.2.2009 – Xa ZR 141/07.
68 BGH ZIP 1981, 1221.
69 BGH NJW 1983, 816.
70 BGHZ 111, 388; BGH WM 1988, 460.
71 Ebenso Palandt/*Grüneberg* § 305 Rn 37; Erman/*Roloff*, § 305 Rn 36; UBH/*Ulmer/Habersack*, § 305 Rn 135.

X. Rechtsgeschäfte mit Ausländern

85 Bei **Rechtsgeschäften mit Ausländern** im Inland tragen diese die Sprachprobleme. Ist die Verhandlungssprache deutsch, so geht das Verständnisrisiko zu ihren Lasten.[72] Hinweise in deutscher Sprache sind hier ausreichend. Nebenpflichten aus dem Vertrag oder der Vertragsanbahnung können jedoch dazu führen, dem Kunden eine Übersetzung zu empfehlen. In vielen Fällen besteht sonst auch die Möglichkeit der Anfechtung. Werden die Verhandlungen einvernehmlich z.B. in Englisch geführt – bei Anwendung deutschen Rechts – so sind die AGB auch in Englisch vorzulegen und der Hinweis hat in englisch zu erfolgen,[73] es sei denn die Verhandlungsführer und Parteien sprechen deutsch und verstehen die AGB.

XI. Besondere Transparenzerfordernisse

86 Eine **Aushändigung der AGB** ist grundsätzlich nicht erforderlich, es sei denn, nur so kann sich der Kunde in zumutbarer Weise von dem Inhalt der Bedingungen Kenntnis verschaffen.[74]

87 Auch wenn der Kunde den Vertragsantrag macht, muss der Verwender den Hinweis nach § 305 Abs. 2 BGB geben.[75]

88 Bei Vertragsschluss über **Internet** gelten die gleichen Grundsätze wie beim schriftlichen Vertragsschluss. Auf dem Bildschirm muss ein nicht zu übersehender Link über die AGB enthalten sein.[76] Die AGB müssen nach AGB-Recht nicht übersandt werden. Strengere Anforderungen können sich jedoch nach Spezialnormen ergeben, so der BGB-InfoV und dem Fernabsatzrecht.[77]

89 In zumutbarer Weise kann sich der Kunde vom Inhalt der AGB Kenntnis verschaffen, wenn diese mühelos lesbar sind. Kleiner als die **Schrift im Palandt** ist hierbei nicht möglich. Nachdem der BGH entschieden hat: „Eine Grundpreisangabe für in Supermärkten angebotene Waren kann auch dann noch als deutlich lesbar i.S.v. § 1 Abs. 6 S. 2 PAngV anzusehen sein, wenn die dabei verwendete Schriftgröße nur 2 Millimeter beträgt",[78] sollte dies auch für AGB gelten. Auch der Umfang muss vertretbar sein.

90 § 305 Abs. 2 Nr. 2 BGB enthält ein **Transparenzgebot**, was von der Transparenz als Bestandteil der Inhaltskontrolle nach § 307 Abs. 1 S. 2 BGB zu unterscheiden ist.

91 Hier geht es nur um die Transparenz im Sinne einer Verständlichkeit im Kernbereich. Liegt dies vor (Intransparenz im Kernbereich), so werden die Bedingungen nicht Vertragsbestandteil (formale Transparenz). Für Transparenz im Randbereich, bei missverständlichen, mehrdeutigen und widersprüchlichen AGB greift zunächst die Unklarheitenregelung nach § 305c Abs. 2 BGB und schließlich, für Klauseln, die geeignet sind, Kunden von der Geltendmachung der ihnen zustehenden Rechte abzuhalten, weil sie materiell intransparent sind, greift § 307 Abs. 1 S. 2 BGB (materielle Transparenz). Die Übergänge sind jedoch wenig scharf und viele durch die Instanzgerichte entschiedene Fälle ließen sich auch anders entscheiden.[79]

92 Liegt formale Transparenz vor, so kommt es auf die Wirksamkeit der Klausel nicht an, weil diese nicht Vertragsinhalt wird.

93 Die Klausel, **für nicht ausdrücklich geregelte Fragen gelte die VOB**, ist wohl schon im Kernbereich unklar und wird daher nicht Vertragsbestandteil. Die VOB/B wird daher nicht einbezogen.[80]

XII. Einverständnis des Kunden

94 Das **Einverständnis des Kunden** mit den AGB wird i.d.R. schlüssig durch Vertragsschluss oder Vertragsdurchführung erklärt werden. Nicht jedes Einverständnis mit dem Vertrag bedeutet jedoch auch ein Einverständnis mit den AGB. So werden die AGB von Fernwärmeunternehmen nur Vertragsbestandteil aufgrund einer rechtsgeschäftlichen Einbeziehungsvereinbarung.[81] Dies gilt auch im B2B-Bereich.

95 Wird jedoch erst nach Vertragsschluss oder in einer Auftragsbestätigung auf AGB hingewiesen, so bedeutet das Schweigen des Kunden kein Einverständnis mit den AGB.[82]

Werden die AGB nach Vertragsschluss geändert, so ändert dies am AGB-Charakter nichts.[83]

---

[72] Palandt/*Grüneberg*, § 305 Rn 42; BGH NJW 1995, 190; *Stoffels*, AGB, Rn 282; PWW/*Berger*, § 305 Rn 24; ausführlich UBH/*Ulmer*/*Habersack*, Anh § 305, zum CISG dort Rn 8, zum Sprachproblem dort Rn 13.
[73] BGHZ 87, 114.
[74] Anders im Fernabsatz für die Widerrufsbelehrung: BGH v. 29.4.2010 – I ZR 66/08 (eBay).
[75] BGH WM 1988, 607.
[76] BGH NJW 2006, 2976; Palandt/*Grüneberg*, § 305 Rn 38; UBH/*Ulmer*/*Habersack*, § 305 Rn 135 und 149a; PWW/*Berger*, § 305 Rn 22.
[77] Hierzu BGH v. 29.4.2010 – I ZR 66/08 (eBay – Widerrufsbelehrung).
[78] So der Leitsatz BGH v. 7.3.2013 – I ZR 30/12.
[79] Nachweise bei Palandt/*Grüneberg*, § 305 Rn 41.
[80] Vgl. OLG Stuttgart, NJW-RR 1986, 924.
[81] BGH v. 15.1.2014 – VIII 111/13.
[82] BGHZ 61, 287; BGH NJW 1988, 2106; Erman/*Roloff*, § 305 Rn 41; Palandt/*Grüneberg*, § 305 Rn 43.
[83] BGH v. 7.3.2013 – VII ZR 162/12.

Eine Auftragsbestätigung mit erstmaligem Hinweis auf die AGB stellt einen Fall von § 150 Abs. 2 BGB dar, somit ein neues Angebot. Wird nun mit der Vertragsdurchführung begonnen, so kann hierin die Annahme der AGB liegen, zumeist wird jedoch wie bei der **Kollision von AGB** der Kunde, der keine oder andere AGB verwendet, hiermit zum Ausdruck bringen, das etwa im BGB gesetzlich Geregelte solle zur Anwendung kommen. Es gelten daher die AGB[84] nur, soweit diesen eine Entsprechung in den AGB des Vertragspartners gegenübersteht. Insoweit gilt das **Prinzip der Kongruenzgeltung**.[85]

96

XIII. Einbeziehung durch kaufmännisches Bestätigungsschreiben

Die Rechtsprechung nimmt im unternehmerischen Geschäftsverkehr demgegenüber an, dass sich die Klauseln einer Auftragsbestätigung durchsetzen, wenn der Kunde keine **Abwehrklausel** verwendet.[86] Dies ist jedoch nur richtig, wenn die AGB im Rahmen eines **kaufmännischen Bestätigungsschreibens** einbezogen werden sollen.[87] Im Übrigen gilt für den unternehmerischen Geschäftsverkehr die Rechtsgeschäftslehre gleichermaßen.

97

Fragen im Zusammenhang von kollidierenden Vertragsbedingungen stellen sich ja ohnehin nur im B2B-Bereich. Verwenden also beide Vertragsparteien ihre eigenen AGB und wird der „Dissens" nicht beigelegt, so gilt bei Vertragsdurchführung der Grundsatz, dass die Parteien den Vertragsschluss nicht an einem Dissens über die Geltung der AGB haben scheitern lassen wollen. Es wäre hierbei jedoch nicht sachgerecht, denjenigen zu begünstigen, der zuletzt auf seine AGB hinweist, § 150 Abs. 2 BGB, und denjenigen, der dann nicht (mehr) widerspricht und den Vertrag ausführt oder mit der Vertragsausführung fortsetzt, an die AGB des Letztverweisenden zu binden. Diese **Theorie des letzten Wortes** wird zu Recht zumindest in der Literatur aufgegeben[88] und durch den Grundsatz ersetzt, dass die AGB insoweit gelten, als diese sich entsprechen (**Prinzip der Kongruenzgeltung**). Damit sind die Schwierigkeiten jedoch noch keinesfalls gelöst: Wann stimmen Bedingungen, etwa zum **(verlängerten) Eigentumsvorbehalt** überein? Hierbei ist zu beachten, dass der einfache Eigentumsvorbehalt einseitig erklärt werden kann (dann jedoch möglicherweise vertragswidrig); die sachenrechtlichen Wirkungen greifen ein, ohne dass es eines Vertrages bedarf, bereits durch einseitige Erklärung. Bei einem verlängerten Eigentumsvorbehalt muss nach h.M. eine Abwehrklausel verwendet werden, um diesen auszuschließen.[89] Richtigerweise ist das Nichtverwenden einer Abwehrklausel nicht anders zu beurteilen als deren Verwendung, in beiden Fällen will der Kunde im Zweifel das Gesetz zur Anwendung bringen. Scheitert demnach die Einbeziehung des verlängerten Eigentumsvorbehalts, so besteht keine Ermächtigung zum Weiterverkauf.[90] Den Parteien ist daher anzuraten, diese wesentlichen Fragen zu besprechen und sich hierüber zu einigen.

98

Geschäftsbedingungen sind **bei Vertragsschluss** und nicht **nach Vertragsschluss** einzubeziehen; die Kenntnisnahmemöglichkeit wie auch die Hinweise sind daher vor Vertragsschluss erforderlich.[91] AGB auf Lieferscheinen sind bis auf den einfachen Eigentumsvorbehalt, der sachenrechtliche Wirkungen entfalten kann, nicht relevant. Eine nachträgliche Einbeziehung kann vor diesem Hintergrund nur durch ausdrückliche Individualabrede erfolgen.

99

XIV. Laufende Geschäftsbeziehung

Bei **laufender Geschäftsbeziehung** wird im B2B-Verkehr vielfach davon ausgegangen, dass die bisher vereinbarten Geschäftsbedingungen auch für weitere Geschäfte gelten sollen.[92] Nachdem sich Geschäftsbedingungen jedoch ständig ändern und an die Rechtsprechung angepasst werden müssen, gibt es keinen Erfahrungssatz, dass eine ursprüngliche Zustimmung auch für weitere Verträge aufrechterhalten wird. Nur wenn nach allgemeinen Grundsätzen bei laufender Geschäftsbeziehung Schweigen als Zustimmung angesehen wird und zusätzlich auf die (ggf. geänderten) Bedingungen hingewiesen wird, kann eine Einbeziehung erfolgen, sofern der andere Teil nicht möglichst unverzüglich widerspricht. Auch § 305 Abs. 3 BGB zeigt, dass eine Rahmenvereinbarung für zukünftige Verträge abgeschlossen werden muss, um diese Bedingungen dann als die AGB einbeziehen zu können. Zwar gilt dies nicht im unternehmensbezogenen Geschäftsverkehr, wie bei Abs. 2 bleibt es aber auch hier bei dem Erfordernis übereinstimmender Willenserklärungen nach der Rechtsgeschäftslehre. Auch der mehrmalige Abschluss von Verträgen unter Einbeziehung von (jeweils geänderten?) AGB in der Vergangenheit lässt keinen Schluss für zukünftige Geschäfte zu.[93]

100

XV. Darlegungs- und Beweislast

Hinsichtlich der **Beweislast** ist zwischen Individualprozess und Verbandsverfahren nach dem UKlaG zu unterscheiden.

101

---

84 An sich führt der Hinweis beider Parteien auf die gleiche Regelung dazu, dass keine Seite die Bedingung stellt, sodass auch keine AGB vorliegt.
85 UBH/*Ulmer/Habersack*, § 305 Rn 182.
86 BGHZ 61, 287; Palandt/*Grüneberg*, § 305 Rn 53; Erman/*Roloff*, § 305 Rn 54.
87 UBH/*Ulmer/Habersack*, § 305 Rn 177; *Niebling*, NZBau 2012, 410.

88 Palandt/*Grüneberg*, § 305 Rn 55; Erman/*Roloff* § 305 Rn 54; *Stoffels*, AGB, Rn 320.
89 Palandt/*Grüneberg*, § 305 Rn 56.
90 v. *Lambsdorff*, ZIP 1987, 1370.
91 UBH/*Ulmer/Habersack*, § 305 Rn 155.
92 BGH NJW-RR 2002, 1027; UBH/*Ulmer/Habersack*, § 305 Rn 146 und 201.
93 Im Ergebnis ebenso Erman/*Roloff*, § 305 Rn 51, 52.

102 Im Individualverfahren hat der Kunde darzulegen und im Bestreitensfalle zu beweisen, dass AGB vorliegen.[94] Werden jedoch Formularverträge oder gedruckte Bedingungen verwendet, so ist dies ein Indiz für die Verwendung von AGB, die dann der Verwender entkräften muss.[95] Gleiches gilt für die Verwendung formelhafter Klauseln.[96] Formelhafte Klauseln, die der Kunde unterschreibt, die AGB seien im Einzelnen ausgehandelt worden, verstoßen auch bei gesonderter Verwendung gegen § 309 Nr. 12b BGB. Einfügungen und Ergänzungen im Text begründen nach h.M. ein Indiz dafür, dass die geänderte Vertragsklausel ausgehandelt wurde.[97] Richtigerweise kann sich hierdurch grundsätzlich die Indizwirkung/Beweislast nicht ändern. Die Beweislast für die Einbeziehung der AGB trifft denjenigen, der sich auf ihre Geltung beruft.[98] Steht jedoch fest, dass Geschäftsbedingungen vorliegen, so hat das Gericht die Unwirksamkeit von Amts wegen zu berücksichtigen. Bestätigungsklauseln, die AGB seien zur Kenntnis genommen worden und der Kunde sei mit ihrer Geltung einverstanden, sind unbeachtlich, soweit diese in den allgemeinen AGB enthalten sind. Bei gesonderter Unterzeichnung ist hiermit ein Indiz für diese Voraussetzungen von § 305 Abs. 2 BGB verbunden.[99] Bestätigungsklauseln, auf die AGB hingewiesen worden zu sein und die Möglichkeit gehabt zu haben, von diesen Kenntnis zu nehmen, verstoßen dagegen gegen § 309 Nr. 12b BGB, da sie geeignet sind, die Rechtsposition des Kunden zu verschlechtern.[100]

103 Im Verbandsverfahren gelten dagegen vielfältige Besonderheiten (siehe dazu die Kommentierung zum UKlaG).

XVI. Urheberrechtsschutz von AGB

104 AGB können **Urheberrechtsschutz** genießen; insbesondere längere Klauselwerke sind oft eine geistige Leistung mit Schöpfungshöhe. Dies gilt auch für Musterformulare in Formularbüchern. Hier wird jedoch oft konkludent oder ausdrücklich die Zustimmung zu einer Verwendung durch Dritte erteilt.

§ 305a Einbeziehung in besonderen Fällen

Auch ohne Einhaltung der in § 305 Abs. 2 Nr. 1 und 2 bezeichneten Erfordernisse werden einbezogen, wenn die andere Vertragspartei mit ihrer Geltung einverstanden ist,
1. die mit Genehmigung der zuständigen Verkehrsbehörde oder auf Grund von internationalen Übereinkommen erlassenen Tarife und Ausführungsbestimmungen der Eisenbahnen und die nach Maßgabe des Personenbeförderungsgesetzes genehmigten Beförderungsbedingungen der Straßenbahnen, Obusse und Kraftfahrzeuge im Linienverkehr in den Beförderungsvertrag,
2. die im Amtsblatt der Bundesnetzagentur für Elektrizität, Gas, Telekommunikation, Post und Eisenbahnen veröffentlichten und in den Geschäftsstellen des Verwenders bereitgehaltenen Allgemeinen Geschäftsbedingungen
   a) in Beförderungsverträge, die außerhalb von Geschäftsräumen durch den Einwurf von Postsendungen in Briefkästen abgeschlossen werden,
   b) in Verträge über Telekommunikations-, Informations- und andere Dienstleistungen, die unmittelbar durch Einsatz von Fernkommunikationsmitteln und während der Erbringung einer Telekommunikationsdienstleistung in einem Mal erbracht werden, wenn die Allgemeinen Geschäftsbedingungen der anderen Vertragspartei nur unter unverhältnismäßigen Schwierigkeiten vor dem Vertragsschluss zugänglich gemacht werden können.

1 § 305a BGB befreit von der Einhaltung der in § 305 Abs. 2 Nr. 1 und Nr. 2 BGB enthaltenen zusätzlichen Einbeziehungserfordernisse in den genannten Fällen. Damit sind Verbraucherverträge gemeint (§ 310 Abs. 1 BGB), die andernfalls nur ohne Einbeziehung von AGB geschlossen werden könnten.

2 Die **historisch** in § 23 Abs. 2 Nr. 1, 1a, 1b und Abs. 3 AGBG enthaltenen Regelungen wurden bezüglich Verkehrstarife und Beförderungsbedingungen übernommen, hinsichtlich einer Privilegierung von Post und Telekommunikationsunternehmen eingeschränkt und hinsichtlich Bauspar-, Versicherungs-, und Kapitalanlagebedingungen gestrichen. Versicherungsbedingungen müssen auch heute nicht mehr genehmigt werden.

3 Für Versicherungen gilt nicht mehr § 5a VVG (alte Fassung) sondern **§ 49 VVG**:

§ 49 – Inhalt des Vertrags
(1) Bei einem Versicherungsvertrag, dessen wesentlicher Inhalt die Gewährung einer vorläufigen Deckung durch den Versicherer ist, kann vereinbart werden, dass dem Versicherungsnehmer die Vertragsbestimmungen und die Informa-

---

94 BGH NJW 1992, 2160; BGH WM 1996, 2025.
95 BGHZ 143, 103; BGH NJW 1992, 2160.
96 BGH NJW 2004, 502.
97 BGH NJW 1992, 2283.
98 BGH NJW-RR 1987, 112.
99 BGH NJW 1990, 761.
100 BGH NJW 1987, 2012; BGH NJW 1990, 761; vgl. auch BGH NJW 1988, 2106 zum Erhalt der AGB.

tionen nach § 7 Abs. 1 in Verbindung mit einer Rechtsverordnung nach § 7 Abs. 2 nur auf Anforderung und spätestens mit dem Versicherungsschein vom Versicherer zu übermitteln sind. Auf einen Fernabsatzvertrag im Sinn des § 312b Abs. 1 und 2 des Bürgerlichen Gesetzbuchs ist Satz 1 nicht anzuwenden.

(2) Werden die Allgemeinen Versicherungsbedingungen dem Versicherungsnehmer bei Vertragsschluss nicht übermittelt, werden die vom Versicherer zu diesem Zeitpunkt für den vorläufigen Versicherungsschutz üblicherweise verwendeten Bedingungen, bei Fehlen solcher Bedingungen die für den Hauptvertrag vom Versicherer verwendeten Bedingungen auch ohne ausdrücklichen Hinweis hierauf Vertragsbestandteil. Bestehen Zweifel, welche Bedingungen für den Vertrag gelten sollen, werden die zum Zeitpunkt des Vertragsschlusses vom Versicherer verwendeten Bedingungen, die für den Versicherungsnehmer am günstigsten sind, Vertragsbestandteil.

Nach § 305a BGB entfällt der unter Verbrauchern notwendige Hinweis auf die AGB wie auch die Möglichkeit zumutbarer Kenntnisnahme. 4

Gleichwohl gilt die Rechtsgeschäftslehre nach § 145 ff. BGB und das Erfordernis des Einverständnisses auch mit den AGB! Damit bedarf es zumindest einer konkludenten Einigung über die Einbeziehung der AGB. Letztlich führt hier Schweigen zu einer Zustimmung, was als vertretbar angesehen wird, da jedermann weiß, dass in den Fallgruppen des § 305a BGB AGB verwendet werden. Positive Kenntnis der AGB ist daher nicht erforderlich.[1] 5

Genehmigte Verkehrstarife und Beförderungsbedingungen: Nachdem die Tarife, Ausfuhrbestimmungen und Beförderungsbedingungen veröffentlicht werden müssen und zudem Massengeschäfte vorliegen, die nur zu einheitlichen Bedingungen abgeschlossen werden können, sollen diese nach dem gesetzlichen Willen privilegiert werden. Dies gilt auch für Beförderungsbedingungen der U-Bahn. Liegen dagegen öffentlich-rechtliche Rechtsnormen vor, so greift weder eine Einbeziehungs- noch eine Inhaltskontrolle nach § 307 BGB. Ist etwa das **„erhöhte Beförderungsentgelt"** für Schwarzfahrer zivilrechtlich geregelt, so bleibt die Inhaltskontrolle nach § 307 BGB möglich. Eine Einbeziehung scheitert dann bei Minderjährigen. 6

Die Haftungsregelung für Zugverspätung und Ausfall der Zugverbindung findet sich in **§ 17 EVO** und ist öffentlich-rechtlicher Natur. Eine Inhaltskontrolle findet daher nicht statt: 7

§ 17 EVO – Verspätung im Schienenpersonennahverkehr

(1) Besitzt der Reisende einen Fahrausweis, der ausschließlich für den öffentlichen Personennahverkehr gilt, so hat er, sofern vernünftigerweise davon ausgegangen werden muss, dass er wegen eines Ausfalls oder einer Unpünktlichkeit des von ihm gemäß dem Beförderungsvertrag gewählten Zuges eines Eisenbahnverkehrsunternehmens verspätet am Zielort ankommen wird, neben den in der Verordnung (EG) Nr. 1371/2007 genannten Rechten und Ansprüchen die folgenden Rechte: 1. Der Reisende kann die Fahrt zum vertragsgemäßen Zielort mit einem anderen Zug durchführen, sofern vernünftigerweise davon ausgegangen werden muss, dass der Reisende mindestens 20 Minuten verspätet am Zielort ankommen wird. Der Reisende kann die Benutzung des anderen Zuges jedoch nicht verlangen, wenn für diesen eine Reservierungspflicht besteht oder der Zug eine Sonderfahrt durchführt. 2. Der Reisende kann die Fahrt zum vertragsgemäßen Zielort mit einem anderen Verkehrsmittel durchführen, sofern die vertragsgemäße Ankunftszeit in den Zeitraum zwischen 0.00 Uhr und 5.00 Uhr fällt und vernünftigerweise davon ausgegangen werden muss, dass der Reisende mindestens 60 Minuten verspätet am Zielort ankommen wird, oder sofern es sich bei dem vom Reisenden gewählten Zug um die letzte fahrplanmäßige Verbindung des Tages handelt und der Reisende wegen des Ausfalls dieses Zuges den vertragsgemäßen Zielort ohne die Nutzung des anderen Verkehrsmittels nicht mehr bis um 24.00 Uhr erreichen kann.

(2) Macht der Reisende von seinem Recht nach Absatz 1 Gebrauch, so kann er von demjenigen, mit dem er den Beförderungsvertrag geschlossen hat, Ersatz der erforderlichen Aufwendungen verlangen, für eine Beförderung nach Absatz 1 Nr. 2 jedoch nur die erforderlichen Aufwendungen bis zu einem Höchstbetrag von 80 EUR.

(3) Dem Reisenden steht der Anspruch nach Absatz 2 nicht zu, wenn der Ausfall oder die Unpünktlichkeit des Zuges auf eine der folgenden Ursachen zurückzuführen ist: 1. betriebsfremde Umstände, die das Eisenbahnverkehrsunternehmen, das den Zug betreibt, trotz Anwendung der nach Lage des Falles gebotenen Sorgfalt nicht vermeiden und deren Folgen es nicht abwenden konnte; 2. Verschulden des Reisenden; 3. Verhalten eines Dritten, das das Eisenbahnverkehrsunternehmen, das den Zug betreibt, trotz Anwendung der nach Lage des Falles gebotenen Sorgfalt nicht vermeiden und dessen Folgen es nicht abwenden konnte. Liegt eine der in Satz 1 Nr. 1 oder Nr. 3 genannten Ursachen vor, so kann sich derjenige, mit dem der Reisende den Beförderungsvertrag geschlossen hat, hierauf nur berufen, wenn der Reisende über die Ursache rechtzeitig unterrichtet wurde oder wenn die Ursache offensichtlich war. Der Betreiber der Eisenbahninfrastruktur, auf die die Beförderung erfolgt, ist im Verhältnis zum Eisenbahnverkehrsunternehmen nicht als Dritter anzusehen.

---

1 Anders wohl *v. Westphalen*, NJW 2002, 12.

8 Bei **Post- und Telekommunikationsdienstleistungen** kann wegen des Massencharakters und dem Umstand, dass nicht wirklich Einbußen beim Verbraucherschutz hiermit verbunden sind, auf § 305 Abs. 2 BGB verzichtet werden: Eine Briefsendung wird in den Briefkasten **außerhalb** der Post eingeworfen und eine Telefonverbindung kommt durch Call by call zustande oder Informationsdienste (Auskunft) werden in Anspruch genommen.

9 Die Regelung gilt nicht analog für Bausparkassen, nachdem der Gesetzgeber diese bewusst aus dem Anwendungsbereich herausgenommen hat. Insoweit gelten die allgemeinen Einbeziehungsvoraussetzungen.

10 Die gesetzliche Regelung scheint wenig überzeugend: Wenn der Kunde seinen Widerspruch mit den AGB erklärt, so dürfte dies nach allgemeinen Grundsätzen dazu führen, dass die AGB Bahn oder Post nicht gelten. Auch die Inanspruchnahme der Leistung kann nicht ohne Weiteres als Einverständnis mit den AGB gewertet werden. Dies zeigt, dass richtiger Standort der in § 305a BGB geregelten Fragen § 310 BGB ist und besser hier rechtlich begründete vertretbare Ausnahmen geregelt werden sollten.

§ 305b Vorrang der Individualabrede

Individuelle Vertragsabreden haben Vorrang vor Allgemeinen Geschäftsbedingungen.

Literatur zu § 305b: *Baumann*, Schriftformklauseln und Individualabrede, BB 1980, 551; *Bloching/Ortolf*, Schriftformklauseln in der Rechtsprechung von BGH und BAG, NJW 2009, 3393; *Coester*, Bestätigungsschreiben und AGB: Zum Vorrang der Individualabrede nach § 4 AGBG, DB 1982, 1551; *Lindacher*, Zur Vertretungsbegrenzung durch formularmäßige Schriftform- und Bestätigungsvorbehaltsklauseln, JR 1982, 1; *Lindacher*, Zur Einbeziehung Allgemeiner Geschäftsbedingungen durch kaufmännisches Bestätigungsschreiben, WM 1981, 702; *Lingemann/Gotham*, Doppelte Schriftformklausel – gar nicht einfach, NJW 2009, 268; *Lode*, Formfreie Abweichungen vom notariellen Treuhandvertrag?, BB 1986, 84; *Michalski*, Schriftformklauseln in Individual- und Formularverträgen, DStR 1998, 751; *Teske*, Schriftformklauseln in Allgemeinen Geschäftsbedingungen, 1990; *Weigel*, Schriftformklauseln in AGB, Frankfurter Dissertation 1989; *Wolf*, Preisanpassungsklauseln in Allgemeinen Geschäftsbedingungen unter Kaufleuten, ZIP 1987, 341; *Zoller*, Dogmatik, Anwendungsprobleme und die ungewisse Zukunft des Vorrangs individueller Vertragsvereinbarungen vor Allgemeinen Geschäftsbedingungen (§ 4 AGBG), JZ 1991, 85

A. Allgemeines ... 1	d) Lieferfristen ... 31
I. Inhalt der Regelung ... 1	e) Haftung ... 32
II. Sinn und Zweck (gesetzgeberische Rechtfertigung) ... 6	f) Verjährung ... 33
B. Anwendungsbereich ... 7	g) Sonstiges ... 34
I. Nach der Art der Beteiligten ... 7	2. Entgelte ... 35
II. Nach der Art der betroffenen AGB ... 8	3. Nebenleistungen ... 38
III. Nach der Art der betroffenen individuellen Erklärung ... 9	4. Sonstiges ... 39
	E. Sonderprobleme ... 40
IV. Verhältnis zu anderen Vorschriften ... 12	I. Schriftformklausel und ähnliche Klauseln ... 40
C. Individuelle Abrede ... 13	1. Einfache Schriftformklausel ... 40
I. Allgemeines ... 13	2. Doppelte Schriftformklausel ... 42
II. Zusätze und Streichungen auf dem Formular ... 17	3. Vollständigkeitsklauseln ... 45
III. Kaufmännisches Bestätigungsschreiben ... 19	4. Bestätigungsklauseln ... 46
D. Widersprüche in den Regelungen ... 20	II. Besonderheiten im Versicherungsrecht ... 47
I. Widerspruch anhand der Auslegung ... 22	III. Abweichungen zugunsten des Verwenders ... 48
II. Unerhebliche Faktoren ... 25	IV. Verbandsklage ... 49
III. Beispiele ... 26	**F. Beweislast** ... 50
1. Leistungspflichten des Verwenders ... 26	**G. Richtlinie 93/13/EWG (des Rates vom 5.4.1993 über missbräuchliche Klauseln in Verbraucherverträgen)** ... 51
a) Lösungsklauseln ... 26	
b) Änderung der Hauptleistungspflicht ... 27	
c) Eigenschaften der Kauf- oder Mietsache ... 29	

A. Allgemeines

I. Inhalt der Regelung

1 Die Vorschrift regelt das Verhältnis zwischen individuellen Vereinbarungen und vorformulierten Bedingungen, die eine Partei der anderen bei Vertragsabschluss stellt. Sie räumt Ersteren den Vorrang ein. Sie bewirkt auch, dass der Anwendungsbereich der AGB von der Reichweite und der Auslegung der individuellen Vereinbarung abhängt und nicht umgekehrt.[1]

2 Die Vorschrift entspricht wörtlich § 4 AGBG. Schon vor dem AGBG war aber in der Rechtsprechung anerkannt, dass individuelle Vereinbarungen durch AGB nicht geändert oder gar ausgehöhlt werden dürfen.[2]

---

1 BGH NJW 2013, 2745 Rn 22.   2 BGHZ 50, 200, 207.

Die Vorschrift greift im Allgemeinen ein, wenn die Auslegung der individuellen Vereinbarung und die der AGB einen Widerspruch ergeben. Zusätzliche Bestimmungen zum Schutz der individuellen Vereinbarungen finden sich in den §§ 308 und 309 BGB, etwa § 308 Nr. 4 BGB und § 309 Nr. 1 BGB. **3**

Es wird aber vertreten, dass es AGB gibt, die die individuellen Vereinbarungen konkretisieren, insbesondere Anhaltspunkte für deren Auslegung mit der Folge liefern, dass ihnen der Inhalt zuerkannt wird, wie er mit der Regelung in den AGB in Einklang steht.[3] Dann sind beide nebeneinander gültig. **4**

Die Vorschrift wird als Auslegungsregel,[4] als gesetzliche Begründung eines Rangverhältnisses[5] oder als gesetzliche Voraussetzung für die Einbeziehung von AGB in den Vertrag[6] angesehen. Der Streit hierüber ist ohne praktische Konsequenzen. **5**

II. Sinn und Zweck (gesetzgeberische Rechtfertigung)

Individuelle Vereinbarungen haben wegen ihres Bezugs auf den Einzelfall einen stärkeren Geltungsanspruch.[7] Es widerspricht dem realen oder hypothetischen Parteiwillen, AGB zum Vertragsbestandteil werden zu lassen, wenn sie im Gegensatz zu einer individuell getroffenen Vereinbarung stehen.[8] Im Übrigen sind abstrakt vorformulierte Verträge von vorneherein auf Ergänzung durch individuelle Vereinbarung angelegt und sollen deshalb nur gelten, soweit Letztere dafür noch Raum lassen.[9] **6**

B. Anwendungsbereich

I. Nach der Art der Beteiligten

Die Vorschrift gilt auch für AGB, die gegenüber einem Unternehmer,[10] einer juristischen Person des öffentlichen Rechts oder einem öffentlich-rechtlichen Sondervermögen verwendet werden. Dies folgt schon aus § 310 Abs. 1 S. 1 BGB, der § 305b BGB nicht nennt. **7**

II. Nach der Art der betroffenen AGB

Die Vorschrift gilt nicht für sog. Einmalklauseln i.S.v. § 310 Abs. 3 Nr. 2 BGB. Hier treten an ihre Stelle die allgemeinen Grundsätze der Rechtsgeschäftslehre über Vertragsschluss und Vertragsauslegung.[11] **8**

III. Nach der Art der betroffenen individuellen Erklärung

Die Vorschrift gilt auch für Vertragsangebote. Dies ist insbesondere für AGB wichtig, wonach Angebote des Verwenders unverbindlich sein sollen. Eine derartige Klausel ist ohne Weiteres unwirksam.[12] **9**

Die Vorschrift gilt auch für sonstige einseitige Willenserklärungen oder Rechtshandlungen des Verwenders. Demgemäß haben individuelle Erklärungen im Vertragsangebot über das Zustandekommen des Vertrags Vorrang vor Abschlussklauseln in den AGB des Antragenden.[13] Ebenso ist die mündliche Einschränkung einer formularmäßig uneingeschränkt erteilten Vollmacht wirksam.[14] **10**

Indessen können nicht nur einseitige individuelle Rechtshandlungen des Verwenders zum Inhalt seiner AGB in Widerspruch stehen. Vielmehr kann auch sein Verhalten im Rahmen von Vertragsverhandlungen beim Kunden bestimmte Vorstellungen hervorrufen, die vom objektiven Inhalt der AGB abweichen.[15] Bringen etwa die Parteien bei den Vertragsverhandlungen zum Ausdruck, dass sie eine bestimmte Klausel anders verstehen, als es deren objektivem Sinn entspricht, so wird man eine von den AGB abweichende stillschweigende Individualvereinbarung annehmen müssen.[16] Auch kann aus dem Geschehensablauf bis zur Annahme des Angebots eine konkludente Individualabrede mit Vorrang vor AGB abgeleitet werden.[17] **11**

IV. Verhältnis zu anderen Vorschriften

Es wird vertreten, dass § 305b BGB gegenüber § 305 Abs. 2, Abs. 3 BGB und § 305c Abs. 1 BGB nachrangig ist, denn wenn eine Klausel nicht wirksam in den Vertrag einbezogen wurde, könne auch kein Widerspruch zu einer individu- **12**

---

3 WLP/*Lindacher*, § 305b Rn 10.
4 UBH/*Ulmer/Schäfer*, § 305b Rn 7.
5 *Zoller*, JZ 1991, 850.
6 WLP/*Lindacher*, § 305b Rn 2.
7 *Zoller*, JZ 1991, 850; BGH NJW 2013, 2745 Rn 22.
8 WLP/*Lindacher*, § 305b Rn 2.
9 MüKo/*Basedow*, § 305b Rn 1.
10 BGH NJW-RR 1990, 613; unstreitig.
11 UBH/*Ulmer/Schäfer*, § 310 Rn 91; Staudinger/*Schlosser*, § 305b Rn 1 und § 310 Rn 67.
12 WLP/*Lindacher*, § 305b Rn 7; Erman/*Roloff*, § 305b Rn 4.
13 UBH/*Ulmer/Schäfer*, § 305b Rn 10a.
14 BGH WM 1987, 646, 647.
15 UBH/*Ulmer/Schäfer*, § 305b Rn 10a.
16 BGH NJW 1983, 2638.
17 BGH NJW 2011, 3438 Rn 17.

ellen Vereinbarung entstehen.[18] Für das Verhältnis zur Inhaltskontrolle gemäß §§ 307 bis 309 BGB ist dies offengeblieben.[19] Diese Vorschriften regeln aber auch einige typische Fälle, in denen ein Widerspruch zwischen AGB und individuellen Vereinbarungen auftreten kann (insb. §§ 308 Nr. 4 und 309 Nr. 1 BGB). Nach anderer Auffassung steht § 305b BGB im Gleichrang mit den genannten Vorschriften,[20] sodass der Richter die Nichtanwendung einer Klausel so oder so begründen kann. Der Streit ist rein akademisch.

C. Individuelle Abrede
I. Allgemeines

13 Individuell vereinbart i.S.v. § 305b BGB ist alles, aber auch nur das, was nicht vorformuliert i.S.v. § 305 Abs. 1 BGB ist.[21]

14 Die individuelle Vereinbarung kann gleichzeitig mit dem Vertrag, der die AGB einbezieht, oder erst später geschlossen werden.[22] Es kommt auch immer wieder vor, dass die Vertragsparteien bei Durchführung des Vertrags einverständlich von den ursprünglich getroffenen vertraglichen Vereinbarungen abweichen.

15 Unter § 305b BGB fallen schriftliche sowie mündliche Individualabreden. Die einfache Schriftformklausel steht der nachträglichen mündlichen,[23] aber auch der gleichzeitig getroffenen[24] mündlichen Individualabrede nicht entgegen (hierzu und zur doppelten Schriftformklausel siehe unten Rn 40 ff.). Unabhängig von der Schriftformklausel kann sich aber bei Prüfung der mündlichen Abrede die Frage stellen, ob die Vollständigkeitsvermutung widerlegt ist, die der schriftliche Vertrag in sich trägt und die auch in den AGB bestätigt sein kann (zu Vollständigkeitsklauseln, etwa: „Mündliche Nebenabreden sind nicht getroffen." siehe unten Rn 45).

16 Die abweichende Individualvereinbarung kann ausdrücklich oder konkludent getroffen werden[25] und ebenso ausdrücklich oder konkludent zum Nachrang der Formularklausel führen.

II. Zusätze und Streichungen auf dem Formular

17 In Zusätzen und Streichungen kann eine individuelle Vereinbarung liegen. Dies ist bei handschriftlichen Zusätzen die Regel,[26] aber nicht ohne Ausnahmen. Da der Begriff der AGB keine Schriftform voraussetzt,[27] kann es sich auch um vorformulierte Klauseln, also AGB handeln, wenn sie ausgearbeitet sind und üblicherweise „aus dem Gedächtnis" oder bei einer Mehrzahl von Kunden in den Vertrag eingefügt werden,[28] etwa nach Art eines vorgegebenen Textbausteins.[29] Weniger nahe liegt die Annahme einer individuellen Vereinbarung bei maschinenschriftlichen Zusätzen. Bei aufgestempelten Zusätzen ist sie äußerst fraglich, denn unter dem Gesichtspunkt einer beabsichtigten mehrfachen Verwendung wird es sich dabei wiederum um AGB handeln. Keine individuelle Abrede liegt vor, soweit die Parteien eine Änderung der AGB vereinbaren, die sich im Rahmen einer unselbstständigen Ergänzung hält, also keine Änderung des wesentlichen Klauselinhalts bewirkt.[30]

18 In jedem Fall ist zu verlangen, dass der Zusatz augenfällig angebracht wird.[31] Bei Streichungen muss verlangt werden, dass dadurch die Übersichtlichkeit des Formulars nicht leidet.[32] Zusätze und Streichungen in der Annahmeerklärung zu einem Vertragsangebot lösen die Rechtsfolge des § 150 Abs. 1 BGB aus.

III. Kaufmännisches Bestätigungsschreiben

19 Der Inhalt der individuellen Vereinbarung mit einem Unternehmer kann sich auch aus einem kaufmännischen Bestätigungsschreiben ergeben, nach Auffassung des Bundesgerichtshofs[33] jedenfalls dann, wenn es den mündlich geschlossenen Vertrag „individuell" zusammenfasst. Wie stets beim kaufmännischen Bestätigungsschreiben ist jedoch der Nachweis nicht ausgeschlossen, dass es dazu weitere ergänzende (nicht aber: ihm widersprechende) Vereinbarungen gibt.[34]

Natürlich gilt umgekehrt § 305b BGB auch gegenüber AGB, die erst durch ein kaufmännisches Bestätigungsschreiben Vertragsinhalt geworden sind.[35]

---

18 Erman/*Roloff*, § 305b Rn 2.
19 BGH NJW 1984, 48.
20 WLP/*Lindacher*, § 305b Rn 3 f.
21 WLP/*Lindacher*, § 305b Rn 6.
22 BGH NJW-RR 1995, 179, 180.
23 BGHZ 164, 133, 136.
24 BGH NJW-RR 1995, 179, 180.
25 BGH NJW 1983, 2638; BGH NJW 1986, 1807; BGH WM 1988, 1222; BGHZ 164, 133, 137.
26 BT-Drucks 7/3919, 20; BGHZ 49, 84, 87; BGH DB 1971, 2208.
27 BGH NJW 1988, 410 (trotz § 1 Abs. 1 S. 2 AGBG = § 305 Abs. 1 S. 2 BGB).
28 BGHZ 141, 108, 110 f.
29 BGH NJW 2005, 2543, 2544.
30 BGH NJW 2013, 1668.
31 Staudinger/*Schlosser*, § 305b Rn 35; WLP/*Lindacher*, § 305b Rn 8.
32 Staudinger/*Schlosser*, § 305b Rn 35; WLP/*Lindacher*, § 305b Rn 8.
33 BGH NJW-RR 1995, 179.
34 BGHZ 67, 378.
35 WLP/*Lindacher*, § 305b Rn 52.

D. Widersprüche in den Regelungen

Ein offener Widerspruch zwischen individueller Vereinbarung und AGB wird nicht verlangt; vielmehr reicht jede inhaltliche Abweichung.[36] **20**

Vielfach wird zwischen einem unmittelbaren (logischen) und einem mittelbaren (wirtschaftlichen) Widerspruch unterschieden. Die Unterscheidung bringt aber wenig.[37] **21**

I. Widerspruch anhand der Auslegung

Ein solcher Widerspruch muss sich anhand der Auslegung von formularmäßiger und individueller Vereinbarung ergeben. **22**

Letztere muss folglich wirksam sein. Sie darf also nicht etwa nach §§ 134, 138 oder § 142 Abs. 1 BGB nichtig sein, muss die gehörige Form wahren und darf nicht durch einen Vertreter ohne Vertretungsmacht abgeschlossen sein. Sie darf auch nicht wegen des sog. Summierungseffekts unwirksam sein. Einen solchen können formularmäßige und individuelle Vereinbarung, obwohl beide für sich unbedenklich sind, mit der Folge bewirken, dass wegen § 139 BGB auch die individuelle Vereinbarung unwirksam ist.[38] Allerdings gilt dies nur, wenn beide gleichzeitig getroffen worden sind, nicht auch, wenn die individuelle Vereinbarung nachfolgt.[39]

Die Rechtsfolgen aus der Nichtigkeit der individuellen Vereinbarung sind umstritten. Es wird vertreten, dass nach § 305b BGB die AGB, soweit ihrerseits wirksam, an deren Stelle treten, sofern nicht die Individualvereinbarung ergibt, dass bei ihrer Nichtigkeit keinesfalls AGB gelten sollen; im letzten Fall gilt das dispositive Recht.[40] Nach anderer Auffassung entscheidet grundsätzlich der Parteiwille über die subsidiäre Geltung der AGB.[41] **23**

Die AGB müssen in den Vertrag einbezogen und wirksam sein, denn sonst stellt sich das Problem nicht (siehe hierzu auch Rn 12). Wie auch bei der Inhaltskontrolle muss ihre Auslegung am Anfang stehen, denn generell kann man mit AGB nur arbeiten, wenn man zuvor deren Inhalt exakt festgestellt hat, der auch vom Wortlaut abweichen kann. **24**

II. Unerhebliche Faktoren

Unerheblich ist, ob dispositives Recht zu der Frage existiert, die AGB und individuelle Vereinbarung regeln wollen.[42] **25**

Unerheblich ist auch, ob die Parteien eine Änderung der AGB beabsichtigt haben oder sich der Kollision zwischen individueller Vereinbarung und AGB zumindest bewusst gewesen sind.[43]

III. Beispiele

1. Leistungspflichten des Verwenders

a) Lösungsklauseln. Individualvertraglich beschriebene Lieferfristen haben Vorrang vor AGB mit dem Inhalt „Lieferung freibleibend" oder „Selbstbelieferung vorbehalten".[44] In solchen Klauseln liegt der größte Verstoß gegen die individuell vereinbarte Bindung an den Vertrag.[45] **26**

b) Änderung der Hauptleistungspflicht. Die individuelle (auch stillschweigend getroffene) Vereinbarung, wonach nur Markenware bestimmter Hersteller geliefert werden darf, hat Vorrang vor AGB, wonach auch gleichwertige Markenware eines anderen Herstellers geliefert werden darf.[46] Dasselbe gilt für sonstige Änderungs- oder Ersetzungsvorbehalte bezüglich der Hauptleistungen und für abweichende Beschreibungen der Hauptleistung.[47] Unwirksam sind auch Freiwilligkeitsvorbehalte, soweit sie bereits laufende Leistungen einbeziehen.[48] **27**

Risikoausschlüsse, die im individuellen Versicherungsvertrag vereinbart sind, haben Vorrang vor denjenigen in den AVB, und zwar auch dann, wenn erstere weiter gehen als letztere, die individuelle Vereinbarung also zum Nachteil des Versicherungsnehmers getroffen ist.[49] **28**

---

36 WLP/*Lindacher*, § 305b Rn 52.
37 Staudinger/*Schlosser*, § 305b Rn 16; WLP/*Lindacher*, § 305b Rn 9.
38 BGH NJW 2006, 2116.
39 BGH NJW 2009, 1075.
40 UBH/*Ulmer/Schäfer*, § 305b Rn 11a, 46.
41 WLP/*Lindacher*, § 305b Rn 31.
42 UBH/*Ulmer/Schäfer*, § 305b Rn 10.
43 BGHZ 164, 133, 136.
44 BGH NJW 1983, 1320 sub II 2a; anders: BGH NJW 1985, 738 für den Verkehr zwischen Unternehmern, weil die Klausel dahin zu verstehen ist, dass der Verwender ein kongruentes Deckungsgeschäft abgeschlossen haben muss, bei welchem er von seinem eigenen Lieferanten im Stich gelassen wird, und die Klausel mit diesem Inhalt handelsüblich ist.
45 Staudinger/*Schlosser*, § 305b Rn 5.
46 BGH NJW 1970, 992.
47 WLP/*Lindacher*, § 305b Rn 12.
48 BAG ZIP 2012, 385 Rn 32.
49 OLG Karlsruhe VersR 1984, 829.

29 **c) Eigenschaften der Kauf- oder Mietsache.** Umstritten ist, inwieweit individuelle Beschaffenheitsvereinbarungen (früher: Zusicherung von Eigenschaften) Vorrang vor formularmäßigen Haftungsausschlüssen mit der Folge haben, dass der Verwender für die Beschaffenheit einstehen muss.

30 Der Bundesgerichtshof hat bislang der individualvertraglichen Zusicherung von Eigenschaften den Vorrang vor Freizeichnungsklauseln nur eingeräumt, sofern die Zusicherung bezweckte, den Käufer vor Mangelfolgeschäden abzusichern.[50] Er hat dazu in erster Linie die Überlegung angestellt, dass der Verwender dem Käufer die Rechte aus der Zusicherung mit der Klausel in den AGB wieder wegnehmen würde. Er hat weiter angenommen, dass eine individuell vereinbarte Verpflichtung des Verkäufers zur Beseitigung bestimmter Mängel beim Gebrauchtwagen den AGB vorgeht, wonach er für Mängel nicht haften soll.[51] Es wird auch angenommen, dass eine Formularklausel, die eine Mietminderung wegen eines Mangels der Mietsache beschränkt, auf Mängel unanwendbar ist, die eine zugesicherte Eigenschaft betreffen.[52] In der Literatur wird eine individuelle Beschaffenheitsvereinbarung mit einer AGB für vereinbar angesehen, wonach sich die Haftung des Verwenders auf den Fall des Verschuldens beschränkt.[53] Nur bei einer Beschaffenheitsgarantie gemäß § 444 BGB sei keinerlei Haftungsbeschränkung möglich.[54] Sicher unzulässig ist der Ausschluss jeglicher Haftung in den AGB für die Eigenschaften der Kauf- oder Mietsache, weil damit das Versprechen der Hauptleistung faktisch zur Naturalobligation wird.

31 **d) Lieferfristen.** Individuell vereinbarte Lieferfristen und Liefertermine haben Vorrang vor AGB, wonach Fristen und Termine unverbindlich sein sollen,[55] der Verwender Lieferfristen überziehen,[56] Liefertermine verschieben[57] oder keine Fixgeschäfte abschließen darf.[58] Sie verwehren es dem Verwender auch, sich bei Lieferverzug auf seine AGB zu berufen, nach denen ihn im Verzugsfall keine Haftung für leichte Fahrlässigkeit trifft.[59]

32 **e) Haftung.** Individuelle Haftungsregeln haben Vorrang vor Haftungsbeschränkungen in AGB.[60]

Erteilt eine Sparkasse telefonische Auskünfte zur sofortigen Verwertung durch den Auskunftsempfänger, so kann sie sich nicht auf AGB berufen, wonach mündliche Auskünfte nur vorbehaltlich schriftlicher Bestätigung gültig sind.[61]

33 **f) Verjährung.** Eine individuelle Vereinbarung geht Verjährungsbestimmungen in AGB dann vor, wenn sie die Verjährung abschließend regelt.[62] Ob individuell eine abschließende Regelung angestrebt war, wird sich jedoch regelmäßig nur im Wege der Auslegung ergeben können.

34 **g) Sonstiges.** Die vorangehende Darstellung (siehe oben Rn 26 ff.) zeigt, dass die Rechtsprechung den Regelungsbereich von AGB sehr weit zu ziehen geneigt ist, was auch dort zu der Annahme eines Widerspruchs führen kann, wo man dies auf den ersten Blick nicht vermutet. Irgendwo sind aber Grenzen. So ist etwa eine formularmäßige Sicherungsklausel nicht konträr zu einem individuellen Vertrag, es sei denn, dass dieser eine solche Sicherung ausdrücklich oder konkludent ausschließt.[63]

2. Entgelte

35 Eine individuelle Festpreisabrede hat Vorrang gegenüber Preisgleitklauseln in AGB[64] und gegenüber einem Kostenvoranschlag, auf den AGB Bezug nehmen.[65] Ebenso haben individuelle Entgeltvereinbarungen Vorrang vor AGB, die dem Verwender die Korrektur von Rechen- und Kalkulationsfehlern erlauben.[66]

36 Die individuelle Abrede „ohne Skonto" hat Vorrang gegenüber AGB, die dem Käufer einen Skontoabzug einräumen.[67]

37 AGB zu Fracht-, Transport- und Verpackungskosten stehen hingegen grundsätzlich nicht im Widerspruch zu individuell getroffenen Preisabreden; sie ergänzen diese nur und bleiben damit wirksam.[68] Anders ist dies dann, wenn bestimmte Leistungen bereits durch das individuell vereinbarte Entgelt als abgedeckt anzusehen sind. Solche Vereinbarungen setzen sich gegenüber AGB durch, die Zuschläge für solche Leistungen statuieren.[69]

Die individuelle Vereinbarung, dass der Maklerkunde das Objekt auch über einen anderen Makler verkaufen darf, setzt sich gegenüber einer formularmäßigen Provisionsklausel durch, die nur den Alleinauftrag vorsieht.[70]

---

50 BGHZ 50, 200, 207; BGH NJW 1976, 43, 44.
51 BGH DB 1971, 2208.
52 OLG Dresden NJW-RR 1997, 395 (ausdrücklich wegen des Vorrangs der Individualabrede).
53 Staudinger/*Schlosser*, § 305b Rn 29.
54 Staudinger/*Schlosser*, § 305b Rn 29; WLP/*Lindacher*, § 305b Rn 16.
55 BGH WM 2007, 903.
56 BGH NJW 1983, 1320; BGH NJW 1984, 48.
57 BGH NJW 1984, 2468.
58 BGH ZIP 1982, 1444.
59 OLG Köln ZIP 1982, 1094.
60 BGH VersR 1977, 516 (zu den ADSp).
61 BGHZ 49, 167, 170 f.
62 BGH NJW-RR 1990, 371 (zur GOI).
63 WLP/*Lindacher*, § 305b Rn 29.
64 WLP/*Lindacher*, § 305b Rn 21; PWW/*Berger*, § 305b Rn 3.
65 PWW/*Berger*, § 305b Rn 3.
66 WLP/*Lindacher*, § 305b Rn 20.
67 WLP/*Lindacher*, § 305b Rn 23; PWW/*Berger*, § 305b Rn 3.
68 WLP/*Lindacher*, § 305b Rn 22; Erman/*Roloff*, § 305b Rn 8.
69 WLP/*Lindacher*, § 305b Rn 20.
70 BGHZ 49, 84.

3. Nebenleistungen

Individuelle Montagevereinbarungen haben Vorrang vor AGB, wonach der Verkäufer mit Ablieferung der Ware seine Verpflichtungen erfüllt hat.[71] **38**

4. Sonstiges

Sind in den AGB Vollmachten des Kunden vorformuliert, so gehen dessen individuelle Erklärungen vor.[72] **39**
Eine individuell getroffene Schiedsvereinbarung hat Vorrang vor einer Gerichtsstandsklausel in AGB.[73]

E. Sonderprobleme

I. Schriftformklausel und ähnliche Klauseln

1. Einfache Schriftformklausel

Die einfache Schriftformklausel besagt, dass mündliche Vereinbarungen bzw. Willenserklärungen unwirksam sind **40**
oder dass bestimmte Vereinbarungen bzw. Willenserklärungen der Schriftform bedürfen. In AGB tritt die einfache Schriftformklausel gegenüber einem deutlich geäußerten Parteiwillen zurück, wonach die mündliche Abrede gleichwohl gelten soll.[74] Die Rechtsprechung verwirklicht damit im Individualprozess den Vorrang der Individualabrede. Ob etwas anderes gilt, wenn das Gesetz die Schriftform verlangt, ist offen.[75]

Im Verbandsprozess sieht der Bundesgerichtshof die Schriftformklausel nicht schlechthin als nach § 307 BGB unwirksam an.[76] Vielmehr hängt danach ihre Wirksamkeit von der Ausgestaltung und dem Anwendungsbereich der **41**
konkreten Klausel ab.[77] Sie ist aber jedenfalls dann unwirksam, wenn danach mündliche Vereinbarungen unwirksam sein sollen, die nach Vertragsschluss getroffen werden.[78] Sie ist auch dann unwirksam, wenn sie beim Gegner den Eindruck erweckt, mündliche Abreden seien entgegen allgemeinen Rechtsgrundsätzen, zu denen auch der Vorrang der Individualabrede gehört, unwirksam, und sie deshalb geeignet ist, ihn davon abzuhalten, sich auf seine Rechte aus der mündlichen Vereinbarung zu berufen. Dies nimmt der Bundesgerichtshof immer häufiger an,[79] zuletzt schon allein aufgrund der gebieterischen Formulierung, dass sämtliche Vereinbarungen „schriftlich niederzulegen sind".[80] Demgegenüber kann sich der Verwender im Verbandsprozess nicht darauf berufen, dass eine potentielle Individualvereinbarung ohnehin vorgehe.[81]

2. Doppelte Schriftformklausel

Sie besagt, dass die Schriftformklausel ihrerseits nur in Schriftform abbedungen werden kann. Der Bundesgerichtshof **42**
hat sie im kaufmännischen Verkehr gebilligt[82] und ihre Zulässigkeit gegenüber Nichtkaufleuten offengelassen.[83]

Das Bundesarbeitsgericht hat die Klausel zunächst grundsätzlich – vorbehaltlich einer Treuwidrigkeit im Einzelfall – **43**
anerkannt. § 305b BGB war insoweit nicht zu prüfen, da keine individuelle Abrede, sondern eine betriebliche Übung entgegengehalten wurde.[84] In späteren Entscheidungen[85] hat das Gericht aber seine Rechtsprechung modifiziert. Zwar hält es die doppelte Schriftformklausel nach wie vor nicht für generell unwirksam.[86] Sie benachteiligt den Vertragspartner aber unangemessen i.S.v. § 307 BGB, wenn(!) sie entgegen der wahren Rechtslage (§ 305b BGB) den Eindruck erweckt, dass jede spätere vom Vertrag abweichende mündliche Abrede gemäß § 125 S. 2 BGB formnichtig sei.[87] Eventuell(!) sei sie auch deshalb unwirksam, weil ein generelles Schriftformerfordernis mit § 305b BGB nicht vereinbar ist und deshalb erst recht nicht ein erhöhter Bestandsschutz für einen solchen Formzwang, den aber die Verdoppelung der Klausel herbeiführt.[88] Im Übrigen erfasse der Vorrang der individuellen Abrede gemäß § 305b BGB zwar nicht die betriebliche Übung; ist aber die doppelte Schriftformklausel wegen § 307 BGB insgesamt nichtig, so sei sie dies auch gegenüber betrieblichen Übungen.[89]

Das OLG Rostock[90] folgt dem Bundesarbeitsgericht und hält die Klausel nach § 307 BGB mit dreifacher Begründung **44**
für unwirksam: sie sei intransparent, sie begründe einen generellen Formzwang für individuell vereinbarte Vertrags-

---

71 Staudinger/Schlosser, § 305b Rn 6.
72 BGH NJW 1987, 2011 (für eine Bankvollmacht, die formularmäßig auch zur Kreditaufnahme ermächtigen sollte).
73 BGHZ 52, 30, 35.
74 BGH NJW 1986, 3131, 3132; BGH NJW-RR 1995, 179; BGHZ 164, 133.
75 BGHZ 164, 133, 135.
76 BGH NJW 1986, 1809, 1810.
77 BGH NJW 1986, 1809, 1810.
78 BGH NJW 1986, 1809, 1810.
79 BGH NJW 1995, 1488, 1489; BGH NJW 2001, 292; auch BGH NJW 1991, 1750 für die Schriftform bei Erlaubnis zur Untervermietung.
80 BGH NJW 2001, 292.
81 BGH NJW 1982, 1389, 1391; BGH NJW 1985, 320, 321 sub II 2 a.
82 BGHZ 66, 378.
83 BGH NJW-RR 1991, 1289, 1290.
84 BAG NJW 2003, 3725.
85 Insb. BAG NJW 2009, 316; dazu Bloching/Ortolf, NJW 2009, 3393.
86 BAG NJW 2009, 316 Rn 33 f.
87 BAG NJW 2009, 316 Rn 39.
88 BAG NJW 2009, 316 Rn 40.
89 BAG NJW 2009, 316 Rn 42 (Verbot der geltungserhaltenden Reduktion).
90 NJW 2009, 3376.

änderungen und sie benachteilige den Kunden unangemessen, weil sie den Eindruck erweckt, dass mündliche Abreden unwirksam sind, was wiederum geeignet ist, den Kunden von der Durchsetzung seiner Rechte abzuhalten.

3. Vollständigkeitsklauseln

45 Sie lauten in der Regel dahin, dass mündliche Nebenabreden nicht getroffen sind. Sie sind grundsätzlich wirksam,[91] da sie nur die Vermutung der Vollständigkeit des schriftlichen Vertrags bestätigen, die ohnehin gilt (siehe oben Rn 15), und dem Kunden den Gegenbeweis offenlassen. Die Gefahr, dass der Kunde es gar nicht wagt, den Gegenbeweis anzutreten, sieht der Bundesgerichtshof nicht für signifikant größer an als bei jedem Vertragswerk, das – auch ohne die Klausel – den Eindruck erweckt, die getroffenen Abreden abschließend und erschöpfend wiederzugeben.[92] Es stellt danach einen Ausnahmefall dar, dass die Klausel als unwiderlegliche Feststellung des Vertragsinhalts zu verstehen ist, womit sie unwirksam wäre.[93]

4. Bestätigungsklauseln

46 Sie lauten etwa dahin, dass die Außendienstmitarbeiter nicht berechtigt sind, ohne Bestätigung der Zentrale Abreden zu treffen; vielfach werden sie mit Schriftformklauseln verquickt. Soweit es sich nicht hierum, sondern um die Vertretungsmacht handelt, sind sie in der Regel wirksam. Voraussetzung dafür ist aber, dass der Kunde ausreichend deutlich auf die Beschränkung der Vertretungsmacht[94] hingewiesen wird, beispielsweise durch einen unübersehbaren Aushang in den Geschäftsräumen[95] oder durch einen Vermerk in der Vertragsurkunde vor der Unterschriftszeile.[96] Unwirksam sind sie, wenn sie sich auf den Verwender selbst, Organe, Prokuristen und Generalbevollmächtigte beziehen,[97] und dies womöglich noch bei einem Ein-Mann-Betrieb.[98] Ist der Vertreter subaltern, so darf schon nach allgemeinen Grundsätzen nicht von der Wirksamkeit seiner Erklärung ausgegangen werden.[99] Das Verbot trifft also eine Mittelschicht im Betrieb des Verwenders. Gleichwohl hat der Bundesgerichtshof[100] eine Klausel durchgehen lassen, wonach der Bauleiter keine Änderungen, Erweiterungen oder Ergänzungen des Auftrags anordnen darf. Dies ist freilich mit dem Ziel geschehen, einer Duldungs- oder Anscheinsvollmacht des Bauleiters in diesem Bereich vorzubeugen.[101]

II. Besonderheiten im Versicherungsrecht

47 Nach § 5 Abs. 1 und Abs. 2 VVG n.F. (nur unwesentlich anders als § 5 Abs. 1 und Abs. 2 VVG a.F.) gelten Abweichungen des Versicherungsscheins von den getroffenen Vereinbarungen unter zwei Voraussetzungen als genehmigt. Zum einen darf der Versicherungsnehmer nicht binnen eines Monats ab Zugang des Versicherungsscheins widersprochen haben. Zum anderen muss er auf sein Widerspruchsrecht und außerdem durch einen auffälligen Hinweis im Versicherungsschein auf jede Abweichung und die hiermit verbundenen Rechtsfolgen aufmerksam gemacht worden sein. Das bedeutet aus dem Blickwinkel des § 305b BGB, dass die individuelle Vereinbarung ihre Wirkung verliert, wenn sie nicht in den Versicherungsschein aufgenommen wird und der Versicherungsnehmer sich trotz ausreichender Hinweise einen Monat lang nicht rührt. Andererseits ist im Versicherungsbereich die Gefahr solcher Kollisionen, wie sie § 305b BGB regelt, besonders groß, da die AVB eine Leistungsbeschreibung zum Versicherungsschutz zu enthalten pflegen.[102]

§ 305b BGB bewirkt auch, dass Zusicherungen des Versicherungsagenten zum Vertragsbestandteil werden können, selbst wenn sie den AVB widersprechen.[103]

III. Abweichungen zugunsten des Verwenders

48 Auch der Verwender kann sich auf § 305b BGB berufen.[104] Ein Beispiel hierfür ist die Erweiterung der formularmäßigen Risikoausschlüsse bei Versicherungsverträgen durch individuelle Vereinbarung (siehe auch Rn 28).[105]

IV. Verbandsklage

49 Der Bundesgerichtshof[106] hat die Verbandsklage gegen eine Schriftformklausel zugelassen, welche eine vollständige und gezielte Verdrängung des Vorrangprinzips aus § 305b bezweckte. Dies beruhte darauf, dass es sich letztlich um

---

91 BGH NJW 1985, 623, 630 sub X 2a; BGH NJW 1985, 2329 (speziell für den nicht kaufmännischen Verkehr); BGH NJW 2000, 207.
92 BGH NJW 2000, 207, 208.
93 MüKo/*Basedow*, § 305b Rn 13.
94 Erman/*Roloff*, § 305b Rn 12.
95 BGH NJW 1982, 1389, 1390.
96 BGH ZIP 1986, 714, 716; BGH ZIP 1991, 1054.
97 BGH NJW 1982, 1389.
98 BGH NJW 1983, 1853.
99 MüKo/*Basedow*, § 305b Rn 14.
100 NJW-RR 1995, 80, 81.
101 MüKo/*Basedow*, § 305b Rn 14.
102 UBH/*Ulmer/Schäfer*, § 305b Rn 18.
103 BGH NJW 1983, 2638.
104 BGH NJW-RR 1990, 613, 614; BGH NJW-RR 1995, 179, 180; BGH NJW 1995, 1494, 1496.
105 OLG Karlsruhe VersR 1984, 829.
106 NJW 1985, 320 sub II.

eine unangemessene Klausel i.S.v. § 307 Abs. 2 Nr. 1 BGB gehandelt hat, deren inhaltliche Unangemessenheit sich aus der Verdrängung des § 305b BGB ergab.

F. Beweislast

Die Beweislast für den Bestand der individuellen Abrede trägt derjenige, den diese begünstigt,[107] in der Regel also der Kunde.   50

Bei mündlichen individuellen Abreden muss der Beweisführer die Vermutung der Vollständigkeit der Vertragsurkunde widerlegen.[108]

G. Richtlinie 93/13/EWG (des Rates vom 5.4.1993 über missbräuchliche Klauseln in Verbraucherverträgen)

Ihre Auswirkungen auf § 305b BGB sind in der Literatur noch nicht richtig ausgeleuchtet. Jedenfalls ergibt sich der Vorrang der individuellen Abrede aus der Richtlinie nur mittelbar.[109] Nach Ziffer 1n des Anhangs zu Art. 3 Abs. 3 der Richtlinie sind zwei Klauseln potentiell(!) missbräuchlich, die mit dem Vertreterhandeln bei Gewerbetreibenden zusammenhängen und dessen Pflicht zur Einhaltung der von den Vertretern eingegangenen Verpflichtungen einschränken oder von der Einhaltung einer besonderen Formvorschrift abhängig machen. Diese beiden Petita entsprechen aber weitgehend der bisherigen Praxis zu §§ 4 und 9 AGBG.[110]   51

Diese Richtlinie ist durch die Richtlinie 2011/83/EU des Europäischen Parlaments und des Rates vom 25.10.2011 über die Rechte der Verbraucher (Verbraucherrechterichtlinie) grundsätzlich aufrechterhalten und nur in einem Punkt (Berichtspflicht der nationalen Regierungen) ergänzt worden.[111] Letztere enthält indessen auch eine Harmonisierung der Widerrufsrechte der Verbraucher.[112] Ihrer Umsetzung dient das Gesetz vom 20.9.2013,[113] in Kraft seit 13.6.2014.[114] Auf Art. 9 ff. dieser Richtlinie beruht die Streichung der Verweisung auf § 355 Abs. 3 und § 356 in § 308 Nr. 1 BGB.   52

§ 305c — Überraschende und mehrdeutige Klauseln

(1) Bestimmungen in Allgemeinen Geschäftsbedingungen, die nach den Umständen, insbesondere nach dem äußeren Erscheinungsbild des Vertrags, so ungewöhnlich sind, dass der Vertragspartner des Verwenders mit ihnen nicht zu rechnen braucht, werden nicht Vertragsbestandteil.

(2) Zweifel bei der Auslegung Allgemeiner Geschäftsbedingungen gehen zu Lasten des Verwenders.

A. Allgemeines	1	I. Abs. 1	2
B. Regelungsgehalt	2	II. Abs. 2	34

A. Allgemeines

§ 305c BGB enthält **zwei weitgehend getrennte Sachverhalte**, so dass an sich zwei unterschiedliche Paragrafen sachgerecht wären:[1] In Abs. 1 die Zentralnorm für **überraschende Klauseln**, in Abs. 2 die Auslegungsregelung für mehrdeutige Klauseln, kurz die **Unklarheitenregelung**.   1

B. Regelungsgehalt

I. Abs. 1

Abs. 1 wird vielfach als negative Einbeziehungsvoraussetzung angesehen.[2] Die Norm setze voraus, dass auch die überraschende Klausel Vertragsbestandteil geworden sei.[3] Dem ist nicht zu folgen. Die Anwendung des § 305c Abs. 1 BGB setzt nicht voraus, dass eine wirksame Einbeziehung erfolgt ist. Der Richter muss also nicht etwa eine Beweisaufnahme hierüber durchführen, wenn kein Zweifel an dem Vorliegen einer überraschenden Klausel besteht. Er kann die Einbeziehung offenlassen. Es ist wohl auch nicht richtig, eine überraschende Klausel als einbezogen an-   2

---

107 BGH NJW 1987, 2011.
108 BGH NJW 1987, 2012, 2014.
109 UBH/*Ulmer/Schäfer*, § 305b Rn 3a; Erman/*Roloff*, § 305b Rn 2.
110 UBH/*Ulmer/Schäfer*, § 305b Rn 3a; Erman/*Roloff*, § 305b Rn 13.
111 Art. 32 der Richtlinie 2011/83/EU und Erwägungsgrund 60 hierzu.
112 Art. 9 ff. der Richtlinie 2011/83/EU.
113 BGBl I 2013, 3642.
114 Dazu *Förster*, ZIP 2014, 1569.
1 Im AGBG zu Recht noch getrennt als §§ 3 und 5 AGBG.
2 UBH/*Ulmer/Schäfer*, § 305c Rn 4; PWW/*Berger*, § 305c Rn 1.
3 PWW/*Berger*, § 305c Rn 1.

zusehen, um in einem nächsten gedanklichen Schritt zu erklären, diese sei wegen Überraschung nicht Vertragsbestandteil geworden. Überraschende Klauseln werden von vornherein nicht Vertragsbestandteil.

3 Nachdem AGB im Regelfall nicht gelesen werden, bezieht sich das Einverständnis des Kunden nur auf Klauseln mit denen zu rechnen war, nicht jedoch auf Klauseln, die so ungewöhnlich sind, dass der Kunde hiermit nicht zu rechnen brauchte. Derartig überraschende Klauseln werden nicht Vertragsbestandteil.

4 Die Ungewöhnlichkeit der Klausel kann sich aus verschiedenen Umständen ergeben: Sie kann objektiv inhaltlich ungewöhnlich sein; sie kann für den Kunden subjektiv ungewöhnlich sein und schließlich, ein Überraschungseffekt kann sich aus der Stellung der Klausel im Gesamtwerk der AGB ergeben. Dies ist etwa der Fall, wenn sie in einem systematischen Zusammenhang steht, in dem der Vertragspartner sie nicht zu erwarten braucht.[4]

5 Überraschend in den überwiegenden Fällen ist eine Klausel, wenn zwischen dem Klauselinhalt und den berechtigten Erwartungen des Kunden eine erhebliche Diskrepanz besteht und der Klausel ein Überraschungseffekt (Überrumpelungseffekt) anhaftet.[5] Der Kunde braucht mit der Klausel nicht zu rechnen, sei es dass diese objektiv ungewöhnlich ist, im Hinblick auf die Kundenerwartungen ungewöhnlich ist oder in der Systematik des Vertrags an völlig unerwarteter Stelle steht.

6 Zugunsten des Kunden sind hier auch **Umstände** außerhalb der Klausel zu berücksichtigen, wie Werbung, Gang der Verhandlung, autonom gesetzter Vertragszweck u.v.m. Dies ergibt sich hier aus dem klaren Wortlaut der Bestimmung und der Systematik, dass für Konsens und Dissens nach der Rechtsgeschäftslehre nach §§ 145 ff. BGB ebenfalls die Umstände außerhalb der Klausel relevant sind. Gerade dies ist ja Ausgangspunkt für § 305c Abs. 1 BGB. Das äußere Erscheinungsbild des Vertrags schließt etwa aus – nicht Vertragsbestandteil daher: zu kleine Klauseln (kleiner als die Schriftgröße im *Palandt*; siehe § 305 Rn 89), ein Verstecken der Klausel an systematisch falscher und unerwarteter Stelle,[6] helle graue Klauseln, die kaum zu lesen sind, ein Klauselteil in einer Fremdsprache (die nicht Verhandlungssprache ist); eine Schrifttype, die im Kleindruck nur mit Mühe gelesen werden kann, etc.

7 Die Prüfungsschritte sind hierbei **zweigleisig**:
– untypisch und überraschend im Hinblick auf den Empfängerhorizont des für derartige Verträge typischerweise zu erwartenden Durchschnittskunden[7]
oder
– untypisch und überraschend im Hinblick auf die konkrete Kundenerwartung, die sich durch die individuellen Umstände des konkreten Falles bei Vertragsschluss stützt.[8]

8 Dies bedeutet umgekehrt, dass besondere Belehrungen, Hinweise oder Vereinbarungen den Überraschungseffekt nehmen können. Insoweit ist es auch nicht möglich, sich auf eine generelle Überraschung zu berufen, dies wäre zumeist auch widersprüchlich.

9 Überraschende Klauseln können nach h.M. auch solche sein, die nicht von Rechtsvorschriften abweichen; § 307 Abs. 3 S. 1 BGB.[9] Preise und Leistungen sind jedoch nicht in AGB anzutreffen und Modifizierungen hierzu unterliegen der Inhaltskontrolle. Echte deklaratorische Bedingungen sind niemals überraschend, denn diese gelten kraft Gesetzes. Insoweit ist dieser Auffassung nicht zu folgen.

10 Dagegen können Einmalklauseln i.S.v. § 310 Abs. 3 BGB überraschend sein.

11 Überraschende Klauseln kommen bei Verbraucherverträgen, aber auch im unternehmerischen Verkehr vor; die Erfahrungen eines Unternehmers können jedoch zu engeren Beurteilungsmaßstäben führen.[10]

12 Im **Unterlassungsverfahren** nach UKlaG ist § 305c Abs. 1 BGB nicht anwendbar.[11] Liegt in einer überraschenden Klausel jedoch zugleich eine unangemessene Klausel i.S.v. § 307 BGB, so greift das Verbandsverfahren ein. Eine analoge Anwendung auf stets und generell überraschende Klauseln sollte jedoch nicht ausgeschlossen werden, ebenso wenn Klauseln bewusst außerhalb des systematischen Zusammenhangs verwendet werden[12] oder generell zu klein gedruckt sind.

13 **Beweislast:** Wer sich auf den überraschenden Charakter beruft, hat diesen auch nachzuweisen; dies ist bei generell überraschenden Klauseln oft leicht und durch Vorlage der Bedingungen möglich; soweit es dagegen auf subjektive Umstände ankommt wesentlich schwieriger. Behauptet umgekehrt der Verwender, der Überraschungseffekt greife konkret nicht ein, weil auf die Klausel gesondert hingewiesen wurde, etc., so trägt der Verwender hierfür die Beweislast.[13]

---

4 BGH v. 16.1.2013 – IV ZR 94/11 (Versicherung); BGH v. 21.7.2010 – XII ZR 189/08; deshalb nicht richtig PWW/*Berger*, § 305c Rn 4 (verlangt objektiv ungewöhnlich **und** subjektiv überraschend) anders auch UBH/*Ulmer/Schäfer*, § 305c Rn 11; wie hier *Stoffels*, AGB, Rn 334.
5 BGH NJW-RR 2002, 458; PWW/*Berger*, § 305c Rn 6.
6 BGH v. 16.1.2013 – IV ZR 94/11 (Versicherung).
7 BGHZ 121, 113.
8 BGHZ 102, 159.
9 PWW/*Berger*, § 305c Rn 2; Bamberger/Roth/*Schmidt*, § 305c Rn 3.
10 BGHZ 102, 162; BGH NJW 1990, 576; PWW/*Berger*, § 305c Rn 2.
11 BGH NJW 2001, 635.
12 Wie in BGH v. 21.7.2010 – XII ZR 189/08.
13 BGHZ 109, 203; BGH NJW 1992, 1823.

Einzelfälle: Siehe hierzu die jeweiligen Stichworte in Teil 2 (AGB-Lexikon).[14]

14

Zuletzt: Keine Einbeziehung von „versteckten" Klauseln, wenn eine Klausel nach der drucktechnischen Gestaltung so unauffällig in das Gesamtbild eingefügt wird, dass sie vom Vertragspartner des Verwenders dort nicht vermutet wird.[15]

15

Wird eine Leistung (hier: Grundeintrag in ein Branchenverzeichnis im Internet) in einer Vielzahl von Fällen unentgeltlich angeboten, so wird eine Entgeltklausel, die nach der drucktechnischen Gestaltung des Antragsformulars so unauffällig in das Gesamtbild eingefügt ist, dass sie von dem Vertragspartner des Klauselverwenders dort nicht vermutet wird, gemäß § 305c Abs. 1 BGB nicht Vertragsbestandteil.

16

Problem: Bekanntlich unterscheidet das AGB-Recht zwischen der Frage, ob eine Klausel Vertragsbestandteil geworden ist (der wirksamen Einbeziehung) und der Frage, ob eine Klausel unangemessen ist (dem Thema der Inhaltskontrolle).

17

Gerade Entgeltklauseln können wegen § 307 Abs. 3 S. 1 BGB der Inhaltskontrolle entzogen sein. Deshalb ist die Frage, ob diese Vertragsbestandteil geworden sind, von besonderer Bedeutung und essentiell für den Rechtsstreit.

18

Im Einzelfall ist die Abgrenzung oft schwierig; wann ist eine Klausel überraschend, wann versteckt, wann zu klein gedruckt etc.?

19

Sachverhalt: Der Kläger unterhält ein Branchenverzeichnis und übersendet an Gewerbetreibende ein Formular „Eintragung Gewerbedatenbank", das zwar viele Hinweise fett herausstellt, die Entgeltlichkeit jedoch nur in einem kleinen Kasten im Fließtext mit Angaben zu Veröffentlichung, Datenschutz u.v.m. nur am Rande und beiläufig, insbesondere auch ohne Fettdruck, erwähnt. Der Kläger verlangt nun 773 EUR Eintragungskosten.

20

Entscheidungsgründe: Der BGH folgt dem Berufungsgericht, das die Klausel als überraschend angesehen hatte. Überraschenden Inhalt habe eine Klausel (auch gegenüber Kaufleuten) dann, wenn sie von den Erwartungen des Vertragspartners deutlich abweicht und dieser mit ihr nach den Umständen vernünftigerweise nicht zu rechnen braucht. Hierbei kommt es nicht auf den konkreten Vertragspartner an, sondern auf die Erkenntnismöglichkeiten des für derartige Verträge in Betracht kommenden Personenkreises. Auch ein ungewöhnlicher äußerer Zuschnitt einer Klausel und ihre Unterbringung an unerwarteter Stelle können eine Klausel zu einer ungewöhnlichen und damit überraschenden Klausel machen. Der BGH bejaht dies für den konkreten Fall. Auch der Hinweis auf die Entgeltlichkeit in der Überschrift gehe hier in den Gesamtumständen unter. Ein durchschnittlich aufmerksamer Adressat würde dies nicht zur Kenntnis nehmen.

21

Kommentar: Dem Urteil ist beizupflichten. Gerade die Entgeltlichkeit ist hier ein wesentlicher Umstand, auf den unmissverständlich hinzuweisen war. Zu beachten ist jedoch, dass jeder Fall eigenständig zu beurteilen ist. So kann eine fehlende Überschrift oder Hinweise, die nur in entferntem Sinn zu einer Überschrift stehen, einer wirksamen Einbeziehung im Einzelfall nicht entgegenstehen.

22

Dementsprechend hat der IV. Senat den Überraschungscharakter einer AUB-Klausel verneint, obwohl das Inhaltsverzeichnis wenig aussagekräftig war.[16] Gleichwohl kann im Einzelfall auch eine nicht überraschende Klausel gegen das Transparenzgebot des § 307 BGB verstoßen;[17] eine Billigung der Einbeziehung nach § 305c Abs. 1 BGB führt daher nicht notwendig zu einer Billigung des Transparenzgebotes nach § 307 Abs. 1 S. 2 BGB. Beides untersteht eigenständigen Regeln.

Der Fall macht zudem deutlich, dass unklare Klauseln allenfalls dann mit der Unterlassungsklage nach dem UKlaG angegriffen werden können, wenn sich die Überraschung aus der Klausel selber ergibt. Im Übrigen kommt nur ein Vorgehen nach Wettbewerbsrecht in Betracht, was durch das UKlaG nicht ausgeschlossen wird.

Die **Auslegung von AGB** weist vielfältige Besonderheiten aus. Zunächst ist zu berücksichtigen, dass sich AGB an eine Vielzahl von Kunden richten und nicht nur den Einzelfall, sondern bestimmte Sachverhalte einheitlich regeln und zu regeln beabsichtigen. Die hat eine **generell typisierende Auslegung** zur Folge. AGB sind ausgehend von den Verständnismöglichkeiten eines rechtlich nicht vorgebildeten Durchschnittskunden einheitlich so auszulegen, wie ihr Wortlaut von einem verständigen und redlichen Vertragspartner unter Abwägung der Interessen der normalerweise beteiligten Kreise verstanden wird.[18] Dieser Grundsatz objektiver Auslegung schließt es aus, individuelle und einzelfallbezogene Umstände zu berücksichtigen, auch wenn sich diese zugunsten des Kunden auswirken würden.

23

Legen die Parteien jedoch abweichend vom objektiven Sinn der Klausel eine andere Bedeutung zu, so kommt es auf eine generell typisierende Auslegung nicht an und der gemeinte (individuelle[19]) Wille der Parteien setzt sich durch.[20]

24

---

14 Sowie Palandt/*Grüneberg*, § 305c Rn 5 ff.
15 BGH v. 26.7.2012 – VII ZR 262/11, NJ 2012, 433 m. Anm. Niebling.
16 BGH v. 20.6.2012 – IV ZR 39/11.
17 BGH v. 11.7.2012 – IV ZR 151/11.
18 So BGH NJW 2006, 1056; BGH WM 2009, 1180; BGH v. 17.2.2011 – III ZR 36/10 und III ZR 35/10 (Mobilfunk);

BGH v. 5.5.2011 – VII ZR 181/10; BAG NZA 2009, 896; Palandt/*Grüneberg*, § 305c Rn 15; UBH/*Ulmer/Schäfer*, § 305c Rn 73.
19 BGH WM 2008, 1350.
20 BGHZ 113, 259; BGH WM 2009, 1643; UBH/*Ulmer/Schäfer*, § 305c Rn 84.

§ 305c

25 Würde man dieser Auffassung nicht folgen, so müsste man den Parteien verwehren, sich auf die objektive Auslegung zu berufen, da dies ein widersprüchliches Verhalten wäre.

26 Auch bei der Auslegung der **AVB** kommt es auf die Sicht eines objektiven durchschnittlichen Versicherungsnehmers ohne versicherungsrechtliche Spezialkenntnisse an und es ist zu fragen, wie ein solcher fiktiver Vertragspartner bei verständiger Würdigung und aufmerksamer Durchsicht der Bedingungen diese verstehen muss.[21] Die Auslegung von Versicherungsbedingungen hat nach ständiger Rechtsprechung aus sich heraus zu erfolgen ohne vergleichbare Betrachtung zu anderen Versicherungsbedingungen, die dem Versicherungsnehmer regelmäßig auch gar nicht bekannt sind. Ebenso hat die Entstehungsgeschichte der Bedingungen unberücksichtigt zu bleiben.[22] Nach gefestigter Rechtsprechung des IV. Senats sind Allgemeine Versicherungsbedingungen so auszulegen, „wie ein durchschnittlicher Versicherungsnehmer sie bei verständiger Würdigung, aufmerksamer Durchsicht und Berücksichtigung des erkennbaren Sinnzusammenhangs verstehen muss." Dabei komme es auf die Verständnismöglichkeiten eines Versicherungsnehmers ohne versicherungsrechtliche Spezialkenntnisse und damit auch auf seine Interessen an.[23] Ob dies mit dem Grundsatz der kundenfeindlichsten Auslegung im AGB-Recht in Übereinstimmung steht, erscheint jedoch zweifelhaft. Vorrang hat die dem Kunden günstigere Auslegung. Bei mehrdeutigen Klauseln ist von den möglichen Auslegungen diejenige zugrunde zu legen, die zur Unwirksamkeit der Klausel führt. Damit ist die scheinbar kundenfeindlichste Auslegung im Ergebnis regelmäßig die dem Kunden günstigste. Außer Betracht bleiben nur solche Verständnismöglichkeiten, die zwar theoretisch denkbar, praktisch aber fern liegend und nicht ernsthaft in Betracht zu ziehen sind.[24]

27 Eine Einbeziehung von „versteckten" Klauseln, wenn eine Klausel nach der drucktechnischen Gestaltung so unauffällig in das Gesamtbild eingefügt wird, dass sie vom Vertragspartner des Verwenders dort nicht vermutet wird, lehnt der BGH zu Recht ab:[25]

„*Überraschend ist eine Klausel nur, wenn sie eine Regelung enthält, die von den Erwartungen des typischerweise damit konfrontierten Versicherungsnehmers in einer Art und Weise deutlich abweicht, mit der er nach den Umständen vernünftigerweise nicht zu rechnen braucht (Senatsurteile vom 21.7.2011 – IV ZR 42/10, VersR 2011, 1257 Rn 16; vom 30.9.2009 – IV ZR 47/09, VersR 2009, 1622 Rn 13 m.w.N.). Der ungewöhnliche äußere Zuschnitt einer Klausel und ihre Unterbringung an unerwarteter Stelle können die Bestimmung zu einer ungewöhnlichen und damit überraschenden Klausel machen (BGH, Urteile vom 26.7.2012 – VII ZR 262/11, NJW-RR 2012, 1261 Rn 10; vom 21.7.2010 – XII ZR 189/08, NJW 2010, 3152 Rn 27; vom 17.5.1982 – VII ZR 316/81, BGHZ 84, 109 unter 2 a). Dabei kommt es allerdings nicht darauf an, an welcher Stelle des Klauselwerks die entsprechende Klausel steht, weil alle Bestimmungen grundsätzlich gleich bedeutsam sind und nicht durch die Platzierung einer Vorschrift im Klauselwerk auf deren Bedeutung geschlossen werden kann. Aus der Stellung der Klausel kann sich ein Überraschungseffekt vielmehr dann ergeben, wenn diese in einem systematischen Zusammenhang steht, in dem der Vertragspartner nicht mit ihr zu erwarten braucht (BGH, Urteile vom 21.7.2010 a.a.O.; vom 9.12.2009 – XII ZR 109/08, BGHZ 183, 299 Rn 16 f.).*"[26]

28 Dies wird man vorliegend beides i.d.R. verneinen können, allerdings wird dem Versicherten zugemutet, erkennen zu können, wann der Internist an der hausärztlichen Versorgung teilnimmt. Nachdem sich dies ändern kann und zudem unklar ist, ob die faktische Teilnahme oder die generelle Bereitschaft hierzu zählt, greift insoweit die Auslegung, die den Kunden am wenigsten belastet.[27]

29 Das in § 5 (1) a) S. 1 ARB 94 enthaltene Leistungsversprechen des Rechtsschutzversicherers erfasst so auch die Rechtsanwaltsvergütung, die durch die Selbstvertretung eines versicherten Rechtsanwalts in einem Zivilrechtsstreit entsteht.[28]

30 In der Kraftfahrzeug-Teileversicherung sind Schäden nicht ersatzpflichtig, die nach einem missglückten Entwendungsversuch mutwillig, etwa aus Enttäuschung oder Verärgerung, verursacht worden sind.[29] Hier fehlt es eindeutig an einer Kausalität von Diebstahl und Schaden.

31 **Versicherungsbedingungen** sind aus sich heraus zu interpretieren. Andere Versicherungsbedingungen, die dem Versicherungsnehmer regelmäßig auch nicht bekannt sind, haben hierbei unberücksichtigt zu bleiben. Eine bedingungsübergreifende Würdigung der Bedingungen findet daher nicht statt. Unberücksichtigt bleibt auch die Entstehungsgeschichte der Bedingungen. Es geht alleine darum, wie ein durchschnittlicher Versicherungsnehmer die Klausel (ggf. i.V.m. einer Zusatzklausel) bei verständiger Würdigung, aufmerksamer Durchsicht und Berücksichtigung des erkennbaren Sinnzusammenhangs verstehen muss.[30] Hierbei sind die Verständnismöglichkeiten eines Versicherungsnehmers ohne versicherungsrechtliche Spezialkenntnisse unter Berücksichtigung seiner Interessen maßgeblich.[31]

---

21 BGHZ 123, 83; BGH NJW-RR 1999, 1473.
22 BGH v. 15.12.2010 – IV ZR 24/10.
23 Zuletzt BGH v. 22.1.2014 – IV ZR 233/12 (Anrechnungsklausel); BGH v. 22.1.2014 – IV ZR 201/13; BGH v. 22.1.2014 – IV ZR 127/12.
24 So wörtlich BGH v. 16.7.2013 – XI ZR 260/12 (P-Konto).
25 BGH v. 26.7.2012 – VII ZR 262/11, NJ 2012, 433 m. Anm. *Niebling.*
26 BGH v. 5.12.2012 – IV ZR 110/10 und IV ZR 111/10.
27 Offengelassen in BGH v. 18.2.2009 – IV ZR 11/07.
28 BGH v. 10.11.2010 – IV ZR 188/08.
29 BGH v. 24.11.2010 – IV ZR 248/08 zu AKB a.F. § 12 (1) I b.
30 BGH v. 15.12.2010 – IV ZR 24/10 (AVB UnfallVers).
31 BGH v. 15.12.2010 – IV ZR 24/10; UBH/*Ulmer/Schäfer*, § 305c Rn 94a.

Juristische Rechtsbegriffe sind jedoch entsprechend der gesetzlichen Regelung auszulegen,[32] es sei denn, die Parteien haben hiermit übereinstimmend etwas (ganz) anderes gemeint.

Auch kann der richtlinienkonformen Auslegung eine wesentliche Rolle zukommen.[33]

II. Abs. 2

Die **Unklarheitenregelung des Abs. 2** knüpft an diese vorstehenden Auslegungsregeln an und sanktioniert die Obliegenheit des Verwenders, sich übersichtlich, klar und unmissverständlich auszudrücken. Dies gilt für Einmalklauseln, für den unternehmerischen Rechtsverkehr wie auch den Rechtsverkehr mit Verbrauchern.

Der unbestimmte Rechtsbegriff der Unklarheit ist abzugrenzen mit Unklarheiten im Kern (dann werden die Klauseln gar nicht Vertragsbestandteil nach § 305 BGB; siehe § 305 Rn 91), bei der Auslegung i.S.v. Auslegungsvarianten[34] (dies ist der Anwendungsfall des Abs. 2) und einem Verstoß gegen das Transparenzgebot nach § 307 BGB (materielle Transparenz, die geeignet ist, den Kunden von der Geltendmachung begründeter Ansprüche abzuhalten).

Eine **Auslegung zu Lasten des Verwenders** bedeutet, dass die **kundenfeindlichste Auslegung** heranzuziehen ist, wenn hierdurch die Klausel im Rahmen der Inhaltskontrolle entfallen würde.[35] Dies gilt gleichermaßen im Individual- wie im Verbandsprozess. Führt diese Auslegung nicht zum Entfall der Klausel, so greift im Individualprozess diejenige Auslegungsvariante, die für den Kunden am günstigsten ist.

Die Klausel, der Mieter habe die Schönheitsreparaturen „ausführen zu lassen" ist nach der Unklarheitenregelung so zu verstehen, dass Eigenarbeiten ausgeschlossen sind; dies ist aber nach § 307 BGB unangemessen.[36]

Zu weiteren **Einzelfällen** siehe die jeweiligen Stichworte in Teil 2 (AGB-Lexikon).[37]

Im Grundsatz gilt diese Auslegung zu Lasten des Verwenders auch für die **ergänzende Vertragsauslegung**; im Zweifel ist daher der Entfall der Klausel die kundenfreundlichste Auslegung; nur in Ausnahmefällen kann **zugunsten des Kunden** eine ergänzende Vertragsauslegung erfolgen (siehe § 306).[38] Insbesondere bei **Dauerschuldverhältnissen** wie dem Stromlieferungsvertrag können differenzierende Lösungen sachgerecht sein.[39]

Eine **Abwahl des CISG** durch AGB ist nicht überraschend; diese entspricht sogar überwiegend der Rechtspraxis.[40]

Sind nämlich zwei Auslegungsmöglichkeiten rechtlich vertretbar, so kommt die Unklarheitenregel § 305c Abs. 2 BGB zur Anwendung.[41]

Bei einem Stromlieferungsvertrag kann ein „Aktionsbonus" bereits nach einem Jahr bestehen.[42]

Die Verwendung mehrerer Klauselwerke kann dazu führen, dass unklar bleibt, welche der konkurrierenden Regelungen Anwendung finden. In diesem Fall gelten die gesetzlichen Vorschriften.[43]

Formularmäßige Schiedsabreden sind zunächst sorgfältig auch nach der Unklarheitenregelung des § 305c Abs. 2 BGB auszulegen.[44] Auch eine Schiedsabrede zwischen einem gewerblichen Terminsoptionsvermittler und einem Anleger muss nicht die streitgegenständlichen Ansprüche erfassen.[45]

Haftungsbegrenzungen beim **Fahrertraining** sind überraschend, wenn hierin auch die Haftung der Teilnehmer untereinander geregelt werden soll.[46]

Laufzeitklauseln schließen nicht das Kündigungsrecht nach § 649 S. 1 BGB aus.[47]

---

32 Palandt/*Grüneberg*, § 305c Rn 16.
33 BGH v. 21.12.2011 – VIII ZR 70/08 zu § 439 Abs. 1 BGB.
34 BGHZ 112, 65; BGH WM 2009, 1180.
35 BGH NJW 2008, 2172; BGH v. 23.9.2010 – III ZR 246/09 (Turnierausschreibung).
36 BGH v. 9.6.2010 – VIII ZR 294/09.
37 Ferner Palandt/*Grüneberg*, § 305c Rn 21.
38 BGH DB 2009, 2657; Palandt/*Grüneberg*, § 306 Rn 6; weitergehend: PWW/*Berger*, § 305c Rn 20; Bamberger/Roth/*Schmidt*, § 305c Rn 45; zuletzt BGH v. 11.12.2013 – VIII ZR 235/12, der BGH hätte jedoch nur die Berufung auf die Klausel versagen müssen; kritisch *Uffmann*, NJW 2012, 2225.
39 BGH v. 15.1.2014 – VIII ZR 80/13.
40 Offenlassend: Koller/Roth/Morck/*Roth*, HGB, § 373 Rn 6; Röhricht-HGB/*Krümmel*, Intern. VertragsR Rn 293.
41 BGH v. 29.6.2010 – XI ZR 104/08; BGHZ 112, 65, 68 f.; Senatsurteil v. 28.4.2009 – XI ZR 86/08, WM 2009, 1180, Tz. 19; BGH v. 15.11.2006 – VIII ZR 166/06, WM 2007, 1142, Tz. 23 und v. 5.5.2010 – III ZR 209/09, WM 2010, 1161, Tz. 14, jeweils m.w.N. Danach gehen die dargelegten Zweifel, ob mit der Ausweisung der beiden Vertriebsprovisionen in dem Objekt- und Finanzierungsvermittlungsauftrag die Gesamtprovisionen, die an die Vermittlungsgesellschaften fließen sollten, oder die allein vom Käufer unmittelbar an sie zu zahlenden Provisionen gemeint sind, zu Lasten der Verwender des formularmäßigen Objekt- und Finanzierungsvermittlungsauftrags. Es ist das für sie ungünstigere Verständnis der ausgewiesenen Provisionen zugrunde zu legen mit der Folge, dass die in dem Objekt- und Finanzierungsvermittlungsauftrag als Finanzierungsvermittlungsgebühr und als Courtage bezeichneten Provisionen dahin zu verstehen sind, dass sie abschließend die Provisionen bezeichnen, die die Vermittlungsgesellschaften für das Geschäft insgesamt vereinnahmen sollten.
42 BGH v. 17.4.2013 – VIII ZR 225/12 und VIII ZR 246/12.
43 BGH v. 22.7.2010 – I ZR 194/08 (Luftfrachtführer).
44 BGH v. 8.2.2011 – XI 168/08.
45 Ausführlich und lesenswert: BGH v. 8.2.2011 – XI 168/08.
46 OLG Koblenz v. 14.3.2011 – 12 U 1529/09; OLG Stuttgart NVZ 2009, 233.
47 BGH v. 24.3.2011 – VII ZR 111/10 (gleichlautend mit VII ZR 134/10, 135/10, 146/10, 167/10 v. 24.3.2011).

47 Bei der gewerblichen Miete ist die **Umlegung der Kosten für die kaufmännische und technische Hausverwaltung** der Mietsache nicht überraschend und verstößt auch nicht gegen das Transparenzprinzip.[48] Das allgemeine Wirtschaftlichkeitsgebot wird hierdurch nicht verdrängt.

Formularmäßige Vollstreckungsunterwerfungen wurden vom XI. Senat nach der Unklarheitenregelung dahingehend ausgelegt, dass sie sich nur auf Ansprüche aus einer treuhänderisch gebundenen Sicherungsgrundschuld erstrecken.[49] Dem ist der VII. Senat nicht gefolgt. Ohne weitere Anhaltspunkte könne der Notar die Auslegung des XI. Senats nicht zugrunde legen.[50] Eine Vollstreckungsbedingung i.S.v. § 726 Abs. 1 ZPO muss hiernach klar aus der Urkunde hervorgehen.

§ 306 Rechtsfolgen bei Nichteinbeziehung und Unwirksamkeit

(1) Sind Allgemeine Geschäftsbedingungen ganz oder teilweise nicht Vertragsbestandteil geworden oder unwirksam, so bleibt der Vertrag im Übrigen wirksam.

(2) Soweit die Bestimmungen nicht Vertragsbestandteil geworden oder unwirksam sind, richtet sich der Inhalt des Vertrags nach den gesetzlichen Vorschriften.

(3) Der Vertrag ist unwirksam, wenn das Festhalten an ihm auch unter Berücksichtigung der nach Absatz 2 vorgesehenen Änderung eine unzumutbare Härte für eine Vertragspartei darstellen würde.

Literatur zu § 306: *Altvater*, Zur Zulässigkeit der geltungserhaltenden Reduktion formularmäßiger Sicherungsabreden, WiB 1996, 374; *J. F. Baur*, Salvatorische Klauseln, FS Vieregge 1995 S. 31; *von Bernuth*, Die Bindung des AGB-Verwenders an unwirksame Klauseln – Grund und Grenzen, BB 1999, 1284; *Boemke-Albrecht*, Rechtsfolgen unangemessener Bestimmungen in allgemeinen Geschäftsbedingungen 1989; *Canaris*, Die Unanwendbarkeit des Verbots der geltungserhaltenden Reduktion, ergänzenden Auslegung oder Umdeutung von AGB bei den Kunden begünstigenden Klauseln, NJW 1988, 1243; *Fell*, Hintereinandergeschaltete Allgemeine Geschäftsbedingungen, ZIP 1987, 690; *Hager*, Der lange Abschied vom Verbot der geltungserhaltenden Reduktion, JZ 1996, 175; *Häsemeyer*, Geltungserhaltende oder geltungszerstörende Reduktion, FS Ulmer 2003 S. 1097; *Heinrichs*, Gesamtunwirksamkeit oder Teilaufrechterhaltung von Formularklauseln in Mietverträgen unter besonderer Berücksichtigung der aktuellen Rechtsprechung zu Schönheitsreparatur- und Kautionsklauseln, NZM 2005, 201; *Kreikenbohm/Niederstetter*, Qualifizierte Schriftformklauseln in Mietverträgen, NJW 2009, 406; *Lass*, Zum Lösungsrecht bei arglistiger Verwendung unwirksamer AGB, JZ 1997, 67; *Lecheler*, Vertrauensschutz für „Altverträge" bei Unwirksamerklärung von AGB-Klauseln, WM 1994, 2094; *Medicus,*, Rechtsfolgen für den Vertrag bei Unwirksamkeit von Allgemeinen Geschäftsbedingungen in: Heinrichs/Löwe/Ulmer (Herausgeber), Zehn Jahre AGB-Gesetz, 1987, S. 83 ff.; *Medicus*, Über die Rückwirkung von Rechtsprechung, NJW 1995, 2577; *von Mettenheim*, Methodologische Gedanken zur geltungserhaltenden Reduktion im Recht der allgemeinen Geschäftsbedingungen, FS Piper, 1996 S. 937; *Michalski/Römermann*, Die Wirksamkeit salvatorischer Klauseln, NJW 1987, 886; *Neumann*, Geltungserhaltende Reduktion und ergänzende Auslegung von Allgemeinen Geschäftsbedingungen, 1988; *Pauly*, Zur „Lückenfüllung" bei unwirksamen AVB, VersR 1996, 287; *Roth*, Geltungserhaltende Reduktion im Privatrecht, JZ 1989, 411; *Roth*, Vertragsfolgen bei fehlgeschlagener Verwendung von Allgemeinen Geschäftsbedingungen, 1993; *H. Schmidt*, Vertragsfolgen der Nichteinbeziehung und Unwirksamkeit von Allgemeinen Geschäftsbedingungen, 1986; *Schulze-Hagen*, Übermäßige AGB-Klauseln: Kassation oder Reduktion?, BauR 2003, 985; *Uffmann*, Das Verbot der geltungserhaltenden Reduktion 2010; *Uffmann*, Richtungswechsel des BGH bei der ergänzenden Vertragsauslegung, NJW 2011, 1313

A. Allgemeines 1	V. Salvatorische Klauseln 27
I. Inhalt 1	**E. Vertrauensschutz** 32
II. Gesetzgeberische Überlegungen 3	**F. Rechtsfolgen** 33
B. Anwendungsbereich 5	I. Grundsatz 33
C. Regelungsgehalt 7	II. Lückenfüllung 34
I. Lücken aus der Nichteinbeziehung von AGB 7	III. Ersatzlose Streichung 37
II. Nichteinbeziehung einzelner Klauseln 12	IV. Ergänzende Vertragsauslegung 39
D. Geltungserhaltende Reduktion 14	V. Ausnahmsweise: Unwirksamkeit des gesamten Vertrags 46
I. Regelfall: Keine geltungserhaltende Reduktion ... 14	1. Unwirksamkeit bei unzumutbarer Härte des nach § 306 Abs. 2 BGB ergänzten Vertrags (§ 306 Abs. 3 BGB) 46
II. Ausnahme: abtrennbare Klauselteile 16	
1. Trennung, keine Umformulierung 17	
2. Verständlicher und sinnvoller Klauselrest 19	2. Vertragstorso 51
3. Beispiele 21	**G. Verbandsklage** 52
III. Weitere Ausnahmen 23	**H. EG-Verbraucherrichtlinie** 53
IV. Ersetzung der Klausel 26	

---

48 BGH v. 4.5.2011 – XII ZR 112/09; BGHZ 183, 299 = NJW 2010, 671; BGH v. 24.2.2010 – XII ZR 69/08, NJW RR 2010, 739.

49 BGH v. 30.3.2010 – XI ZR 200/09, BGHZ 185, 133.
50 BGH v. 29.6.2011 – VII ZB 89/10.

A. Allgemeines
I. Inhalt

Die Vorschrift entspricht wörtlich § 6 AGBG. Sie regelt die Rechtsfolgen, wenn AGB ganz oder teilweise nicht Vertragsbestandteil geworden oder unwirksam sind. Es bleibt dann grundsätzlich der Vertrag im Übrigen wirksam (Abs. 1). Die Lücke wird grundsätzlich durch das dispositive Recht ausgefüllt (Abs. 2), hilfsweise nach den Grundsätzen der ergänzenden Vertragsauslegung (siehe unten Rn 39 ff.).

Abs. 3 enthält eine Regelung für den Fall, dass der dergestalt geänderte Vertrag eine unzumutbare Härte für eine Vertragspartei darstellen würde; der Vertrag ist dann unwirksam. Er ist überdies auch dann unwirksam, wenn die Schließung der Lücke auf dem vorbezeichneten Wege nicht möglich ist und der Vertragstorso nicht ausreicht (siehe unten Rn 51).

II. Gesetzgeberische Überlegungen

§ 306 Abs. 1 BGB weicht von § 139 BGB ab. Dies kann als lex specialis dazu[1] oder schlicht als die Umkehr des dortigen Grundsatzes aufgefasst werden. Dies wurde schon vor dem AGBG so gesehen.[2]

Indem die Vorschrift die aus der Unwirksamkeit der AGB resultierenden Rechtsfolgen beschränkt, erfüllt sie eine Schutzfunktion für den Kunden.[3] Der Kunde soll nicht den Bestand des ganzen Vertrags riskieren, wenn er sich gegen eine Formularklausel wendet.[4] Regelmäßig ist aber auch der Verwender an der Fortgeltung des Restvertrags interessiert,[5] was sich etwa aus den verbreiteten Rettungsklauseln in den AGB erschließt.[6] Insgesamt soll den Parteien nicht ein anderes Rechtsgeschäft aufgedrängt werden als das, das sie abgeschlossen haben.[7] Allen diesen Anliegen wird am ehesten Rechnung getragen, wenn sich die Rechtsfolgen aus der AGB-Kontrolle und den sonstigen irregulären Erscheinungen (siehe unten Rn 8, 9, 12) auf die Nichteinbeziehung der AGB in den Vertrag beschränken.

B. Anwendungsbereich

Die Vorschrift gilt auch im Verkehr mit Unternehmern. Sie gilt auch bei voll standardisierten Verbraucherverträgen i.S.v. § 310 Abs. 3 Nr. 1 BGB und für Einzelvertragsklauseln i.S.v. § 310 Abs. 3 Nr. 2 BGB.

Eine Besonderheit besteht bei der Lebens- und der[8] privaten Krankenversicherung (§§ 164, 203 Abs. 4 VVG n.F.). Diese Vorschriften gestatten es dem Versicherer für den Fall, dass eine Klausel in seinen AVB durch höchstrichterliche Entscheidung oder bestandskräftigen Verwaltungsakt für unwirksam erklärt worden ist, sie durch eine neue Regelung zu ersetzen, wenn dies zur Fortführung des Vertrags notwendig ist oder wenn das Festhalten an dem Vertrag ohne neue Regelung für eine Vertragspartei auch unter Berücksichtigung der Interessen der anderen Vertragspartei eine unzumutbare Härte darstellen würde. Ein Treuhänder muss dabei anders als nach §§ 172 Abs. 2 und 178g VVG a.F.[9] nicht mehr mitwirken. § 306 Abs. 2 BGB behält hier aber in zweifacher Hinsicht Bedeutung: Zum einen gilt er für die Zeit bis zur Neuregelung[10] und ist deshalb bereits in dem Individualprozess anzuwenden, in dem eine Klausel in AVB letztinstanzlich für unwirksam erklärt wird. Zum anderen soll sich die Neuregelung am Maßstab des § 306 Abs. 2 BGB orientieren. Das bedeutet, dass vorrangig gesetzliche Vorschriften im Sinne einer konkreten Ersatzregelung in Betracht zu ziehen sind, hilfsweise ein ersatzloser Wegfall der Klausel zu erwägen und weiter hilfsweise zu prüfen ist, ob die Ersatzregelung nach den anerkannten Grundsätzen der ergänzenden Vertragsauslegung zulässiger Inhalt einer richterlichen ergänzenden Vertragsauslegung wäre.[11] Zusätzlich[12] verlangt § 164 Abs. 1 S. 2 VVG für die Wirksamkeit der neuen Regelung, dass sie unter Wahrung des Vertragsziels die Belange der Versicherungsnehmer angemessen berücksichtigt. Das bedeutet etwa, dass eine inhaltsgleiche Ersetzung der unwirksamen Klausel regelmäßig unzulässig ist.[13] Eine Unangemessenheit wird regelmäßig anzunehmen sein, wenn die Neuregelung gegenüber der bei Vertragsschluss bestehenden Rechtslage zu einer Schlechterstellung führt; dagegen spricht es für die Wahrung der Belange der Versicherungsnehmer, wenn durch die neue Regelung das bei Vertragsschluss vorhandene und aufgrund der Unwirksamkeit der Klausel entfallene Äquivalenzverhältnis wiederhergestellt wird.[14] Eine Pflicht des Versicherers zur Ersetzung der unwirksamen Klausel besteht auch nach § 164 VVG nicht („kann" in § 164 Abs. 1 S. 1 VVG).

---

1 BGH NJW 1992, 896, 897; BGH NJW 1995, 2553, 2556; BGH NJW 2007, 3568, 3569.
2 Etwa BGHZ 22, 90, 92 f.
3 BGH WM 1992, 391, 392; BGH WM 1996, 436, 438; BGH WM 1996, 2018, 2020.
4 BGH WM 1996, 2018, 2019 f.; WLP/*Lindacher*, § 306 Rn 1; Erman/*Roloff*, § 306 Rn 1.
5 Erman/*Roloff*, § 306 Rn 1.
6 MüKo/*Basedow*, § 306 Rn 2.
7 Erman/*Roloff*, § 306 Rn 1.
8 Der = jeder: MüKo/*Boetius*, § 203 VVG n.F. Rn 994 f.
9 Hierzu BGHZ 164, 297.
10 BGHZ 164, 297.
11 BGHZ 164, 297, 312 f.
12 Prölss/Martin/*Schneider*, 28. Aufl., § 164 VVG n.F. Rn 18 f.
13 BGHZ 90, 69, 78; auch bei Unwirksamkeit wegen Intransparenz: BGHZ 164, 291, 315.
14 Prölss/Martin/*Schneider*, § 164 VVG n.F. Rn 19 m.w.N.

C. Regelungsgehalt

I. Lücken aus der Nichteinbeziehung von AGB

7 Die Vorschrift gilt, wenn ein ganzes Klauselwerk nicht einbezogen ist.

8 Eine solche Einbeziehung kann an § 305 Abs. 2 BGB scheitern oder auch daran, dass die Vereinbarung über die Einbeziehung formnichtig ist. Die Unwirksamkeit der Einbeziehung kann auch auf Kartellrecht beruhen.[15] In Betracht kommt ferner ein versteckter Dissens, etwa zwei sich kreuzende Schreiben, welche unterschiedliche AGB in den Vertrag einbeziehen wollen.[16]

9 Die Vereinbarung über die Einbeziehung kann auch nach §§ 123, 119 BGB erfolgreich angefochten sein.[17] Teile der Literatur wollen freilich § 139 BGB mit der Folge der Gesamtnichtigkeit des Vertrags anwenden, wenn der Anfechtungsgrund nicht in der Sphäre des Verwenders liegt.[18] § 123 BGB kommt in Betracht, wenn der Kunde über den Inhalt der AGB arglistig getäuscht worden ist. § 119 BGB kommt in Betracht, wenn eine Vertragspartei darüber geirrt hat, dass überhaupt AGB einbezogen werden, oder wenn der Kunde keine Kenntnis von einer kürzlichen Änderung der ihm ansonsten schon länger bekannten AGB gehabt hat.[19] Im letzten Fall kann nur die Einbeziehung der neuen Klauseln angefochten werden. Dies ist allerdings etwas anderes als eine überraschende Klausel in AGB.

10 Davon zu trennen ist die Situation, die eintritt, wenn der Vertrag insgesamt nichtig[20] oder insgesamt wirksam angefochten ist. In die Beurteilung, ob ein Formularvertrag nach § 138 Abs. 1 BGB nichtig ist, sind die aufgrund der Inhaltskontrolle unwirksamen Abreden einzubeziehen.[21]

11 Logischerweise kommt die Vorschrift nicht in Betracht, wenn die AGB deshalb nicht in den Vertrag einbezogen sind, weil individuelle Vereinbarungen gemäß § 305b BGB vorgehen. Dann entsteht keine Lücke, denn dieser Fall ist in § 305b BGB geregelt.

II. Nichteinbeziehung einzelner Klauseln

12 Dieser Fall kann insbesondere eintreten, wenn die Klausel der Inhaltskontrolle nach §§ 307–309 BGB nicht standhält (Hauptanwendungsfall), auch unter dem Aspekt fehlender Transparenz.[22]

Die Nichteinbeziehung kann auch darauf beruhen, dass die einzelne Klausel gegen Vorschriften zwingenden Rechts verstößt, etwa gegen §§ 38, 39 ZPO,[23] gegen §§ 651h Abs. 2 und 651k BGB,[24] gegen ein gesetzliches Verbot (§ 134 BGB) oder gegen die guten Sitten (§ 138 BGB). Auch ein Verstoß gegen Unionsrecht kommt in Betracht.[25]

13 Die Unwirksamkeit von AGB erfasst den Individualvertrag grundsätzlich nicht.[26] Anders kann dies wegen § 139 BGB hinsichtlich einzelner Bestimmungen des Individualvertrags sein, wenn diese dergestalt von der unwirksamen formularmäßigen Klausel abhängen, dass die Unwirksamkeit der letzteren zwangsläufig auch die Unwirksamkeit der ersteren zur Folge hat.[27]

D. Geltungserhaltende Reduktion

I. Regelfall: Keine geltungserhaltende Reduktion

14 Die Lücke kann in der Regel nicht durch eine sog. geltungserhaltende Reduktion vermieden werden, also dadurch, dass das Gericht den Inhalt der Klausel auf den gerade noch zulässigen Umfang reduziert. Dies gilt insbesondere auch für Fristen, die Gegenstand von AGB sind. Dieser Grundsatz ist in der Rechtsprechung vielfach statuiert worden.[28] Er gilt auch für den unternehmerischen Geschäftsverkehr[29] und für das Arbeitsrecht.[30] Die Gründe hierfür werden in BGHZ 84, 109, 116 klar ausgesprochen: Das Gericht müsste zugunsten des Verwenders, der insoweit kein Risiko trüge, die günstigste, aber gerade noch zulässige Klausel ermitteln; der Kunde würde hingegen den Umfang seiner Rechte und Pflichten erst in einem Prozess zuverlässig erfahren, obwohl nach dem Gesetzeszweck der Rechtsverkehr von unwirksamen AGB freigehalten werden soll.

---

15 BGH WRP 2005, 1535, 1538 wegen Art. 81 Abs. 2 EG.
16 Staudinger/*Schlosser*, § 306 Rn 4.
17 Erman/*Roloff*, § 306 Rn 4.
18 WLP/*Lindacher*, § 306 Rn 9; UBH/*Schmidt*, § 306 Rn 18.
19 UBH/*Schmidt*, § 306 Rn 18.
20 Etwa aus §§ 125 S. 2, 134, 138 BGB; BGH NJW 1997, 3372.
21 BGH NJW 1997, 3372.
22 BGHZ 164, 297, 315; BGH NJW 2009, 578.
23 BGH BB 1983, 524.
24 BGH NJW 1983, 1612.
25 BGH NJW 2007, 3568 Rn 12 ff.

26 BGH NJW 2009, 1075.
27 BGH NJW 2006, 2116 Rn 20.
28 Grundlegend BGHZ 84, 109, 114 ff.; ferner etwa BGH NJW 2000, 1110, 1113; BGH NJW 2006, 996 Rn 32; a.A. Staudinger/*Schlosser*, § 306 Rn 22 ff., wo eine Aufrechterhaltung in angemessenem Umfang vertreten wird; nach MüKo/*Basedow*, § 306 Rn 14 zulässig im Individualprozess.
29 BGHZ 92, 312, 315; BGH NJW 1993, 1786, 1787; BGH NJW-RR 2004, 1898.
30 BAG NJW 2005, 3305, 3307 f.; BAG NJW 2006, 795, 798 f.; BAG NJW 2013, 329 Rn 30.

Ebenso wenig ist anstelle der geltungserhaltenden Reduktion eine ergänzende Vertragsauslegung zulässig.[31] Diese kommt vielmehr nur in Betracht, wenn bei eintretender Unwirksamkeit der genannten Klausel dispositives Gesetzesrecht nicht zur Verfügung steht (siehe unten Rn 39 ff.). **15**

II. Ausnahme: abtrennbare Klauselteile

Eine Ausnahme gilt für sachlich und sprachlich abtrennbare Teile der Klausel, wenn diese sich nach ihrem Wortlaut aus sich heraus verständlich und sinnvoll in einen unzulässigen und in einen inhaltlich zulässigen Regelungsteil trennen lässt.[32] **16**

1. Trennung, keine Umformulierung

Die Reduktion muss aber dergestalt geschehen, dass einzelne Teile der Klausel weggelassen werden. Unzulässig ist eine Reduktion durch Umformulierung, wenn auch nur in geringem Umfang. **17**

Hiervon wiederum macht der Bundesgerichtshof eine Ausnahme, wenn die Aufrechterhaltung des Vertrags nach Wegfall der unbilligen Abreden dem beiderseitigen Interesse entspricht. Dies gilt insbesondere für Sicherungsabreden und dabei für die Reduktion der gesicherten Forderungen auf diejenigen, die bei Abschluss der Sicherungsvereinbarung bestehen.[33] Dieses Ergebnis entspricht in der Regel dem beiderseitigen Interesse, denn es deckt sich mit den Vorstellungen des Kunden bei Abgabe seiner Willenserklärung.[34] Zudem ist dem Verwender eine Sicherheit für zumindest einen Teil seiner Forderungen lieber als gar keine. **18**

2. Verständlicher und sinnvoller Klauselrest

Es muss aber ein Klauselrest verbleiben, der aus sich heraus verständlich ist und für sich allein eine sinnvolle Regelung enthält.[35] Nicht mehr sinnvoll ist etwa eine Zinsklausel, bei der die Worte gestrichen werden sollen, die den Beginn der Zinspflicht definieren.[36] Ebenso wenig sinnvoll ist die Streichung eines Hinweises auf den „durch Aushang bekannt gemachten Zinssatz", wenn der Rest der Klausel zur Geltung eines Festzinses führen würde, obwohl die Parteien wirksam einen variablen Zins vereinbart haben.[37] **19**

Die geltungserhaltende Reduktion scheidet auch dann aus, wenn der als unwirksam beanstandete Klauselteil von so einschneidender Bedeutung ist, dass bei dessen Streichung von einer gänzlich neuen Vertragsgestaltung gesprochen werden müsste.[38] **20**

3. Beispiele

Eine sinnvolle Restklausel kommt etwa in Betracht, wenn eine Klausel mehrere Kündigungs- oder Rücktrittsgründe zusammenfasst und sie nur bei einigen von ihnen unwirksam ist. Die Rechtsprechung hat sinnvolle Restklauseln etwa angenommen, wenn gleichzeitig Folgendes geregelt war: Rückforderung von Darlehen bei ganzem oder teilweisem Verzug mit zwei Monatsraten;[39] Zuweisung der Verlustgefahr und Rechtsfolgen aus dem Verlust der Leasingsache;[40] Beginn und Länge einer Frist;[41] Haftung einer Grundschuld auf den ideellen Miteigentums-Hälfteanteilen eines Ehepaares an einem Grundstück für die jeweils eigenen Verbindlichkeiten und die des jeweils anderen Ehegatten;[42] Ausschluss des Zurückbehaltungsrechts und der Aufrechnung;[43] Ausführung von Schönheits- und anderen Reparaturen durch den Mieter;[44] Vollmacht zur Abgabe und zum Empfang von Willenserklärungen;[45] Kündigungsrecht für den Leasingnehmer bei Beschädigung und Abhandenkommen der Leasingsache;[46] Nichteinhaltung von verschiedenen Ausführungsfristen beim Bau;[47] Fälligkeit des Kaufpreises bei Übergabe der Kaufsache, spätestens aber acht Tage **21**

---

31 BGH NJW 2000, 1110, 1114.
32 Grundlegend BGH NJW 1984, 2816, 2817; ferner etwa BGH NJW 1997, 3437, 3439; BGH NJW 2001, 292, 294; BGH NJW 2006, 996 Rn 32; BGH NJW 2006, 1059 Rn 22.
33 Sog. Anlass-Rechtsprechung: BGHZ 109, 197, 201; BGHZ 131, 55, 60 zur Grundschuld; BGHZ 130, 19, 35 f. zur Bürgschaft; BGHZ 137, 153, 157 f. ebenso auch aufgrund ergänzender Vertragsauslegung.
34 BGHZ 130, 19, 35 f.
35 Zu Letzterem BGH NJW 1994, 1532, 1533.
36 BGH NJW 1994, 1532, 1533.
37 BGH NJW 2008, 3422.
38 BGH NJW 1984, 2816; BGHZ 107, 185, 191; BGH NJW 1992, 896, 897; doch ist in keinem dieser Fälle die Gesamtnichtigkeit angenommen worden.
39 Letzteres unwirksam: BGH NJW 1986, 46, 48 sub III 2 b.
40 Letztere Regelung unwirksam: BGH NJW 1988, 198, 200.
41 Bezüglich des Fristbeginns unwirksam, da Ereignis für den Kunden nicht ersichtlich: BGH NJW 1988, 2106.
42 Aufrechterhalten für die jeweils eigenen Verbindlichkeiten: BGHZ 106, 19.
43 Letzterer wirksam im kaufmännischen Verkehr auch bei bestrittener Gegenforderung, Ersterer offen: BGH NJW 1989, 3215.
44 Letzteres unwirksam, insb. mangels Höchstgrenze: BayObLG NJW-RR 1997, 1371.
45 Nur Letztere Gegenstand der Prüfung im konkreten Fall; BGH NJW 1997, 3437, 3439.
46 Ersteres unwirksam, da Kündigung davon abhängig, dass die Beschädigung 80 % des Zeitwerts übersteigt: BGH NJW 1998, 2284.
47 Vertragsstrafe wirksam bezüglich der Frist für die Gesamtfertigstellung, bedenklich bei Ausführungsfristen für Teile des Gesamtgewerks wegen Kumulierungsgefahr: BGH NJW 1999, 1108.

nach Zugang der schriftlichen Bereitstellungsanzeige;[48] Überbürdung verschiedener Kosten auf den Mieter;[49] Intransparenz nur eines eingeklammerten Zusatzes zur Klausel;[50] Aufteilung einer Zinsänderungsklausel in eine kontrollfreie, wirksame Vereinbarung von Zinsvariabilität und eine der Inhaltskontrolle unterliegende, unwirksame Bestimmung über die Art und Weise der Zinsanpassung.[51]

22 Abgelehnt wurde die geltungserhaltende Reduktion, wo eine Farbwahlklausel hinsichtlich der Schönheitsreparaturen unwirksam war, weil sie sich nicht auf den Anstrich bei Rückgabe der Mietsache beschränkte. Dieser Mangel beeinträchtigt die Abwälzung der Schönheitsreparaturen auf den Mieter insgesamt, führt also zur Gesamtnichtigkeit der Klausel, die die Schönheitsreparaturen betrifft.[52]

III. Weitere Ausnahmen

23 In der Literatur wird außerdem vertreten, dass zu weit gefasste Klauseln „gerettet" werden können, indem ihre Geltung im Wege der Auslegung auf typische Regelungssituationen zurückgeführt wird, mithin die seltenen atypischen Fälle, in denen die Klausel unwirksam wäre, von vornherein nicht von ihr erfasst werden.[53] Ein Beispiel hierfür bildet eine Klausel, wonach der Werkunternehmer „für den Fall der Kündigung durch den Besteller" von diesem einen Pauschbetrag verlangen kann. Dies wird auf die freie Kündigung des Bestellers nach § 649 S. 1 BGB beschränkt, die Anwendung der Klausel dagegen ausgeschlossen für den Fall, dass dieser wegen eines Verhaltens des Unternehmers, welches den Vertragszweck gefährdet, kündigt.[54] Man kann dieses Phänomen aber einfach als Bestätigung der Notwendigkeit ansehen, zunächst den Inhalt der Klausel, ggf. im Wege der Auslegung, festzustellen, bevor man sich ihr mit dem Instrumentarium des § 306 BGB oder der §§ 307 ff. BGB nähert.

24 Unstreitig möglich ist die Reduktion der Unwirksamkeit auf einen bestimmten Personenkreis. In erster Linie kommt hierfür der Kunde im Gegensatz zum Verwender in Betracht. Dies ist sogar regelmäßig anzunehmen, denn es besteht kein Grund, den Verwender vor seinen eigenen AGB zu schützen.[55] Demgemäß ist etwa der Unternehmer als Verwender an eine Klausel über die pauschale Berücksichtigung ersparter Aufwendungen im Falle des § 649 S. 2 BGB gebunden, auch wenn die Klausel zugunsten des Kunden unwirksam ist, weil sie den Gegenbeweis ausschließt.[56] Denkbar ist aber auch, die Unwirksamkeit auf einen bestimmten Kundenkreis, etwa auf die Verbraucher,[57] oder auf bestimmte Vertragstypen[58] zu reduzieren. Dies beruht darauf, dass die Abwägung nach § 307 Abs. 1 Nr. 1 BGB zu gruppen- oder falltypisch unterschiedlichen Ergebnissen führen kann.

25 Eine weitere Ausnahme wurde früher für „fertig bereitliegende Rechtsordnungen" gemacht, die unter Mitwirkung von Repräsentanten der beteiligten Verkehrskreise ausgearbeitet waren, wie etwa die ADSp und die AGNB.[59] Der Bundesgerichtshof hat diese Rechtsprechung aber nach der Transportrechtsreform von 1998 nicht mehr fortgeführt (siehe Stichwort „Transportrecht", Rn 1954, 1958 f.).

IV. Ersetzung der Klausel

26 Es ist unzulässig, die unwirksame Klausel im Wege inhaltlicher Änderung durch eine andere mit ähnlichem wirtschaftlichen Effekt zu ersetzen. Deshalb kann eine AGB zum Sicherungseinbehalt des Auftraggebers beim Werkvertrag, die eine Bürgschaft auf erstes Anfordern verlangt, nicht durch die Pflicht zur Stellung einer einfachen Bürgschaft abgelöst werden.[60]

V. Salvatorische Klauseln

27 Solche Klauseln helfen regelmäßig nicht. Auch darin läge nämlich eine geltungserhaltende Reduktion.[61] Sie verstoßen zudem gegen das Verständlichkeitsgebot in § 305 Abs. 2 Nr. 2 BGB,[62] oft ist auch die Transparenz beeinträchtigt.[63]

28 Unwirksam ist insbesondere eine Ersatzklausel, wonach im Falle der Unwirksamkeit eine Regelung gelten soll, die der unwirksamen Klausel so weit wie möglich entspricht, insbesondere „dem wirtschaftlich Gewollten in zulässiger Weise am nächsten kommt".[64] Auch eine solche Klausel wäre intransparent.[65] Ebenso unwirksam ist deshalb eine

---

48 Letzteres unwirksam, da dadurch Vorleistungspflicht des Kunden begründet werden kann: BGH NJW 2001, 292, 294 sub II 4.
49 Einige Kostenarten zu pauschal definiert: BGH WM 2005, 2153, 2155 sub II 6.
50 „Entsprechend den derzeitigen wirtschaftlichen Gegebenheiten" beim Pachtzins für eine Tankstellenpacht: BGH NJW-RR 2007, 1286 Rn 42 ff.
51 BGH NJW 2008, 3422 Rn 17.
52 BGH NJW 2008, 2499.
53 WLP/*Lindacher*, § 305c Rn 120; MüKo/*Basedow*, § 306 Rn 15.
54 BGH NJW 1983, 1491, 1492.
55 UBH/*Schmidt*, § 306 Rn 16; Erman/*Roloff*, § 306 Rn 15.
56 BGH WM 1998, 767.
57 BGHZ 110, 241, 244.
58 BGHZ 110, 241, 244; BGHZ 139, 190, 194.
59 BGHZ 129, 323, 326 ff.
60 BGH NJW 2002, 894.
61 BGHZ 93, 29, 48.
62 WLP/*Lindacher*, § 306 Rn 44.
63 BAG ZIP 2005, 1699, 1703 sub IV 8 c.
64 BGH NJW 2005, 2225; BAG ZIP 2005, 1699, 1703 sub IV 8 c.
65 BAG ZIP 2005, 1699, 1703 sub IV 8 c.

Klausel, wonach die AGB gelten sollen, „soweit gesetzlich zulässig".[66] Unwirksam sind auch Ersatz-AGB, die hilfsweise gelten sollen,[67] denn diese würden dem Verwender das Risiko ebenso abnehmen wie die geltungserhaltende Reduktion. Alle diese Rettungsmaßnahmen können nur durch individuelle Abrede vereinbart werden.[68]

Anpassungsklauseln, wonach der Verwender unwirksame AGB durch eine Neufassung ersetzen darf, begegnen vor allem im Versicherungswesen. Soweit es sich um die Lebens- und die private Krankenversicherung handelt, sind sie schon dann unwirksam, wenn sie die Eingriffsschwelle zugunsten des Versicherers gegenüber der gesetzlichen Regelung in §§ 164 und 203 Abs. 4 VVG n.F. (vgl. oben Rn 6) herabsetzen.[69] In den anderen Versicherungszweigen wird ihre Zulässigkeit zwar nicht dadurch in Frage gestellt, dass der Gesetzgeber seine Regelung auf die Lebens- und die private Krankenversicherung beschränkt hat.[70] Alle Anpassungsklauseln benachteiligen aber den Versicherungsnehmer unangemessen, wenn weder eine Vertragslücke noch eine Störung des Äquivalenzverhältnisses vorliegt,[71] wenn das Gesetz eine ausgleichende Regelung bereithält[72] oder wenn nach dem Wortlaut der Klausel auch bloße Bedenken des Versicherers selbst gegen die Wirksamkeit einer AGB genügen sollen.[73]   **29**

Sog. Erhaltungsklauseln, wonach die Unwirksamkeit einer AGB den Rest des Vertrags nicht berührt, sieht der Bundesgerichtshof[74] als wirksam an, da dies § 306 Abs. 2 BGB entspreche. Dies ist indessen fraglich, wenn nicht ausdrücklich auf dispositives Recht verwiesen wird.   **30**

Auch die Rechtsfolge des § 306 Abs. 3 BGB soll durch individuelle Vereinbarung abdingbar sein.[75]   **31**

E. Vertrauensschutz

Ein solcher besteht für den Verwender grundsätzlich nicht,[76] denn er trägt immer das Risiko für seine AGB. Auch für den Fall einer Änderung der Gesetzgebung (Einbeziehung des Arbeitsrechts in die §§ 305 ff. BGB durch die Schuldrechtsmodernisierung) hat das Bundesarbeitsgericht dies abgelehnt; es hat nur die Schonfrist aus Art. 229 § 5 EGBGB gewährt.[77] Der Grundsatz gilt auch für den Fall einer Änderung der höchstrichterlichen Rechtsprechung.[78] Hier werden jedoch allgemeine Ausnahmen zugelassen, soweit die Grundsätze von Treu und Glauben einer Rückwirkung der geänderten Rechtsprechung entgegenstehen, und im Übrigen dann, wenn die von der Rückwirkung betroffene Partei auf die Fortgeltung der bisherigen Rechtsprechung vertrauen durfte und die Anwendung der geänderten Auffassung wegen ihrer Rechtsfolgen im Streitfall oder der Wirkung auf andere vergleichbar gelagerte Rechtsbeziehungen auch unter Berücksichtigung der berechtigten Interessen des Prozessgegners eine unzumutbare Härte bedeuten würde.[79] Konkrete Ausnahmen hat der VII. Zivilsenat des Bundesgerichtshofs in zwei Fällen gemacht. Der erste Fall betrifft die Ersetzung der in AGB des Bestellers enthaltenen Verpflichtung für den Bauunternehmer zur Gestellung einer Bürgschaft auf erstes Anfordern durch die Pflicht zur Gestellung einer gewöhnlichen unbefristeten und selbstschuldnerischen Bürgschaft.[80] Eine solche Ersetzung ist im Wege der ergänzenden Vertragsauslegung für Verträge zugelassen worden, die bis zum Bekanntwerden jener Entscheidung geschlossen waren. Der andere Fall betrifft die zulässigen Obergrenzen für formularmäßig durch den Besteller bedungene Vertragsstrafen. Der Bundesgerichtshof hat sie nur für Verträge herabgesetzt, die nach dem Bekanntwerden seiner Entscheidung abgeschlossen wurden.[81]   **32**

F. Rechtsfolgen

I. Grundsatz

Grundsätzlich bleibt der Restvertrag wirksam.[82] Dies ist nur dann anders, wenn kein sinnvoller Rest verbleibt und sich der Rest auch nicht mit Hilfe des dispositiven Rechts und der ergänzenden Vertragsauslegung zu einer sinnvollen Regelung gestalten lässt (vgl. unten Rn 51).   **33**

II. Lückenfüllung

Sie geschieht primär mit Hilfe des dispositiven Rechts (§ 306 Abs. 2 BGB).   **34**

---

66 BGH NJW 1987, 1815, 1818; BGH NJW 1990, 716, 718; BGH NJW-RR 1996, 789; BGH NJW 1996, 1407, 1408; BGH NJW-RR 2003, 51, 53.
67 BGH BB 1986, 222 für die hilfsweise Geltung der VOB/B; OLG München NJW-RR 1988, 796; offen bei BGH NJW 1990, 716, 718.
68 Erman/*Roloff*, § 306 Rn 20.
69 BGH NJW-RR 2008, 834 Rn 8, 10.
70 BGHZ 141, 153, 155 f.
71 BGHZ 141, 153, 155 f.
72 BGHZ 141, 153, 157.
73 BGHZ 141, 153, 157.
74 NJW 2005, 2225.
75 Erman/*Roloff*, § 306 Rn 20; PWW/*Berger*, § 306 Rn 19.
76 BGHZ 132, 6; BGH NJW 2008, 1438.
77 BAG NJW 2005, 1820.
78 BGHZ 132, 6; BGH NJW 2008, 1438.
79 BGHZ 132, 19.
80 BGH NJW 2002, 3098.
81 BGHZ 153, 311 = NJW 2003, 1805.
82 Erman/*Roloff*, § 306 Rn 5.

§ 306

Heranzuziehen sind das dispositive Recht und die Rechtsprechung[83] dazu, unter Kaufleuten auch die Handelsbräuche.[84] Die VOB/B gehört in diesem Zusammenhang nicht zum dispositiven Recht.[85] Indessen gehören die sog. halbzwingenden Normen im VVG dazu.[86]

35 Schulbeispiel ist die gesetzliche Haftung, wenn Haftungsbeschränkungen oder Haftungsausschlüsse unwirksam sind.[87] Weiterhin gelten die §§ 377, 378 HGB bei widersprüchlichen AGB der Kaufvertragsparteien zur Untersuchungs- und Rügepflicht.[88] Ebenso gilt das gesetzliche Werkvertragsrecht, wenn die AGB die Gewährleistungsansprüche unangemessen regeln.[89]

36 Sehen die AVB ein Treuhänderverfahren vor (§§ 172, 178g VVG a.F.), so kann das dispositive Recht nach § 306 Abs. 2 BGB erst herangezogen werden, wenn die in diesem Verfahren getroffene Ersatzregelung unangemessen ist.[90]

III. Ersatzlose Streichung

37 Fehlt dispositives Recht, so soll die Klausel ersatzlos entfallen können.[91] Dies ist etwa dann der Fall, wenn der betreffende Vertragstyp gesetzlich nicht geregelt ist oder wenn er zwar geregelt ist, aber die Klausel eine Frage betrifft, die ihrerseits nicht geregelt ist.

Ein völliger Wegfall wird weiter für überraschende Klauseln vertreten,[92] denn in der Regel passen sie nicht zu dem Vertragstyp.

38 Nicht anzuerkennen wäre eine These, wonach unwirksame Klauseln stets ersatzlos gestrichen werden müssten, wo sie dem Verwender einen unangemessenen Vorteil einräumen.[93] Auch sie können nur mit der Folge gestrichen werden, dass dispositives Recht gilt, wo es denn zur Verfügung steht. Dieses wiederum räumt grundsätzlich keiner der beiden Parteien unangemessene Vorteile ein. Nichts anderes ergibt sich aus den Entscheidungen, die in diesem Zusammenhang zitiert werden. In NJW 1996, 1408 (BSK-Bedingungen) war die Haftungsbeschränkung des Kranunternehmers mit der Folge unwirksam, dass die gesetzlichen Haftungsregeln galten. In NJW 1985, 852 (Vorleistungen des Bauherrn an den Bauträger) und BGHZ 143, 103 (Verlängerungsoption in einem Tankstellenvertrag) stand dispositives Recht nicht zur Verfügung, was in der letzteren Entscheidung auch ausdrücklich festgehalten ist.[94]

IV. Ergänzende Vertragsauslegung

39 Ihre Anwendbarkeit zwecks Lückenfüllung ist kaum fraglich,[95] wenn auch nicht ausdrücklich im Gesetz geregelt. Die Mehrheit in der Literatur bejaht sie,[96] ebenso der Bundesgerichtshof in ständiger Rechtsprechung[97] sowie das Bundesarbeitsgericht.[98] Neuerdings wird ihre Zulässigkeit aus §§ 133 und 157 BGB als Teilen des dispositiven Rechts abgeleitet.[99]

40 Zu den Voraussetzungen ihrer Zulässigkeit gibt es beim Bundesgerichtshof zwei Auffassungen. Die ältere, mildere geht dahin, dass dispositives Recht fehlen muss und der ersatzlose Wegfall der Klausel nicht zu einer sachgerechten Lösung führen darf.[100] Eine Regelung im dispositiven Recht kann fehlen, wenn ein Vertragstyp gesetzlich nicht geregelt ist oder wenn das Gesetz ihn zwar regelt, nicht aber die konkrete Frage.[101] Dispositives Recht fehlt im Allgemeinen im Versicherungsrecht, so dass dort gleich eine ergänzende Vertragsauslegung stattfinden kann.[102] Daran hält der XI. Zivilsenat des Bundesgerichtshofs[103] nach wie vor fest.

41 Der VIII. Zivilsenat hat seine Rechtsprechung indessen tendenziell verschärft.[104] Danach soll eine ergänzende Vertragsauslegung nur geboten sein, wenn sich die Lücke nicht durch das dispositive Gesetzesrecht füllen lässt und da-

---

83 BGHZ 124, 380, 391; BGH NJW 1996, 2092, 2093.
84 Die nach BGH BB 1973, 635 an die Stelle des dispositiven Rechts treten.
85 BGHZ 142, 46.
86 BGH VersR 2009, 769 Rn 9.
87 BGHZ 96, 16, 26 zu §§ 7, 18 StVG; BGH NJW-RR 2003, 1060 zu §§ 320 ff. BGB.
88 BGH NJW 1991, 2633, 2634.
89 BGH WM 1986, 328.
90 BGH NJW 2005, 3559 Rn 36 f.
91 BGHZ 143, 103, 118.
92 UBH/*Schmidt*, § 306 Rn 25.
93 So anscheinend Erman/*Roloff*, § 306 Rn 7.
94 BGHZ 143, 103, 118.
95 A.A. Niebling, MDR 2010, 962 m.w.N. in Fn 20.
96 UBH/*Schmidt*, § 306 Rn 31 ff.; WLP/*Lindacher*, § 306 Rn 15 ff.; Staudinger/*Schlosser*, § 306 Rn 12 ff.; MüKo/*Basedow*, § 306 Rn 22 ff.; Erman/*Roloff*, § 306 Rn 13 ff.
97 Grundlegend BGHZ 90, 69, 75 ff. zur Tagespreisklausel; ferner etwa BGHZ 137, 153, 157; BGH NJW 2008, 2172 Rn 32.
98 BAG NZA 2009, 66.
99 BGH NJW 2008, 2172 Rn 32; BGH NJW 2009, 578 Rn 25; BGH NJW-RR 2010, 1202 Rn 27; BGH NJW 2011, 50 Rn 50; BGH NJW 2011, 1342 Rn 38.
100 BGHZ 90, 69; BGHZ 92, 363, 370 ff.; BGHZ 96, 18, 26; BGHZ 117, 92, 99; BGH NJW 2002, 3098; BGH NJW 2012, 2501 Rn 25.
101 Beispiele etwa bei BGH ZIP 1989, 1196, 1198; BGH WM 2005, 2279, 2284.
102 Erman/*Roloff*, § 306 Rn 14.
103 BGH NJW 2009, 3422 Rn 38.
104 BGH NJW 2008, 2172 Rn 32; BGH NJW 2009, 578 Rn 25; BGH NJW 2009, 2662 Rn 36; BGH NJW 2010, 993 Rn 44; BGH NJW-RR 2010, 1202 Rn 27; BGH NJW 2011, 50 Rn 50; BGH NJW 2011, 1342 Rn 38; BGH NJW 2013, 3240 Rn 14; zu alledem v. Westphalen, NJW 2009, 2355, 2357; *ders.*, NJW 2010, 2254, 2257; Uffmann, NJW 2011, 1313.

durch ein Ergebnis entsteht, das den beiderseitigen Interessen nicht mehr in vertretbarer Weise Rechnung trägt, sondern das Vertragsgefüge einseitig[105] zugunsten des Kunden verschiebt.

Des Weiteren kommt die ergänzende Vertragsauslegung in Betracht, wenn das dispositive Recht zu einem unangemessenen Ergebnis führen würde, weil im konkreten Fall die Interessenlage Sonderlösungen erfordert und das dispositive Recht hierfür nicht konzipiert ist.[106] Dies ist also der Sonderfall, bei dem entgegen dem oben (siehe Rn 38) Gesagten das dispositive Recht zu einem unangemessenen Ergebnis führen kann.

Jedenfalls ist in der Rechtsprechung des Bundesgerichtshofs bislang die Anwendung des dispositiven Gesetzesrechts als vorrangig angesehen worden.[107] Unvereinbar damit ist BGH NJW-RR 2010, 200 Rn 29, wonach bei Wegfall der „nichtigen" Klausel die gesetzliche Regelung gelte, „da eine ergänzende Vertragsauslegung vorliegend nicht in Betracht" komme. **42**

Anwendungsfälle der ergänzenden Vertragsauslegung ergaben sich etwa aus der Unwirksamkeit folgender Klauseln: Kündigungsausschluss in Unterrichts- oder Internetverträgen,[108] Garantien,[109] Zinsanpassungsklauseln,[110] Preisanpassungsklauseln,[111] Regelung der Abschlusszahlung beim Leasing,[112] Zuzahlungsklausel im Einheimischenmodell,[113] Allgemeine Versicherungsbedingungen,[114] Tagespreisklauseln,[115] Zweckerklärungen für Grundschulden,[116] Verpflichtung zur Gestellung einer Bürgschaft auf erstes Anfordern.[117]

Maßstab für die ergänzende Vertragsauslegung sind nicht der Wille der konkreten Vertragsparteien und die Umstände des konkreten Einzelfalls, sondern der Wille und das Interesse der an solchen Rechtsgeschäften typischerweise beteiligten Verkehrskreise.[118] Es handelt sich um einen objektiv-generalisierenden Maßstab.[119] Dieser Umstand führt auch dazu, dass das Ergebnis einer solchen ergänzenden Vertragsauslegung revisionsgerichtlich voll nachprüfbar ist; im Interesse der Rechtssicherheit ist eine allgemein verbindliche hypothetische Auslegung unabhängig von den konkreten Parteiinteressen erforderlich.[120] **43**

Eine ergänzende Vertragsauslegung ist ausgeschlossen, wenn die in der Klausel enthaltene Regelung als vom Verwender bewusst abschließend gewählt anzusehen ist, denn dann ist eine Vertragslücke nicht anzunehmen. So verhält es sich, wenn er die Klausel in Kenntnis entgegenstehender Rechtsprechung weiterverwendet.[121] Die ergänzende Vertragsauslegung ist auch dann ausgeschlossen, wenn der Verwender die Anwendung der §§ 307–309 BGB und damit die Lücke ohne Weiteres voraussehen konnte.[122] **44**

Nach ständiger Rechtsprechung des Bundesgerichtshofs scheidet eine ergänzende Vertragsauslegung auch dann aus, wenn zur Ausfüllung der Lücke verschiedene Gestaltungsmöglichkeiten in Betracht kommen, aber kein Anhaltspunkt dafür besteht, welche Regelung die Parteien getroffen hätten.[123] Indessen werden viele denkbare Möglichkeiten hierbei als rein theoretisch ausscheiden, wenn man den oben beschriebenen objektiv-generalisierenden Maßstab und redliche Vertragsparteien zugrunde legt.[124] Auch sind Massenverträge „auf einer höheren Abstraktionsebene" ohne Rücksicht auf Anhaltspunkte für eine bestimmte Lösung zu ergänzen.[125] **45**

V. Ausnahmsweise: Unwirksamkeit des gesamten Vertrags

1. Unwirksamkeit bei unzumutbarer Härte des nach § 306 Abs. 2 BGB ergänzten Vertrags (§ 306 Abs. 3 BGB)

Es handelt sich um eine eng auszulegende Ausnahmevorschrift. Wegen der zulässigen, aber in § 306 Abs. 2 BGB nicht genannten ergänzenden Vertragsauslegung hat sie zudem von vornherein einen engen Anwendungsbereich.[126] Weiterhin wird eine einschränkende Auslegung der Vorschrift dahin vertreten, dass die Unwirksamkeit nicht kraft Geset- **46**

---

105 Nach BGH NJW 2008, 2172 Rn 32; BGH NJW 2009, 2662 Rn 36; BGH NJW-RR 2010, 1202 Rn 37; BGH NJW 2011, 50 Rn 50 sogar „völlig einseitig".
106 BGHZ 96, 18, 26 f., dort für den konkreten Fall abgelehnt; MüKo/*Basedow*, § 306 Rn 27.
107 BGH NJW 1998, 440; BGH NJW 2008, 2172 Rn 32; BGH NJW 2008, 2840 Rn 18; BGH NJW 2009, 578 Rn 25; BGH NJW 2009, 3422 Rn 38.
108 BGHZ 120, 108, 122; BGH NJW 1985, 2585.
109 BGH NJW 1988, 1726, 1728.
110 BGH NJW 2008, 3422.
111 BGH NJW 1990, 115, 116: Mietvertrag über Telefonanlage.
112 BGHZ 82, 121, 131.
113 BGH ZfIR 2010, 462.
114 BGHZ 117, 92, 99; besonders wichtig, da hier häufig dispositive Bestimmungen im VVG fehlen.
115 BGHZ 90, 69, 78; BGH NJW 1985, 621.
116 BGHZ 131, 55, 60.
117 BGH NJW 2002, 3098: Aufrechterhaltung als Verpflichtung zur Gestellung einer selbstschuldnerischen Bürgschaft zwecks Vermeidung der beiderseits unerwünschten Gesamtnichtigkeit des Bauvertrags.
118 BGHZ 107, 273, 276 f.; BGH NJW 1989, 3010, 3011.
119 BGHZ 107, 273, 277; BGH NJW 2005, 3559 Rn 47.
120 BGH NJW 2010, 1742 Rn 20.
121 BGH NJW 2002, 3098, 3099.
122 WLP/*Lindacher*, § 306 BGB Rn 20; OLG Karlsruhe MDR 1985, 57.
123 BGH 90, 69, 80; BGH WM 2005, 268, 270; BGH NJW 2006, 996 Rn 37.
124 BGH 90, 69, 80 f.
125 BGH NJW 2005, 3559 Rn 47 für die private Krankenversicherung.
126 WLP/*Lindacher*, § 306 Rn 59.

47 Die unzumutbare Härte trifft in der Regel den Verwender.[128] Sie muss sich aus einer Interessenabwägung ergeben. Entscheidend ist hierfür der Zeitpunkt, zu dem die Ansprüche aus dem Vertrag geltend gemacht werden.[129] Das folgt aus dem Wort „festhalten"[130] und ist insbesondere wichtig, wenn der Vertrag bereits weitgehend durchgeführt ist. Zu berücksichtigen sind nicht nur nachteilige Veränderungen der Vertragsbedingungen für den Verwender, sondern auch das berechtigte Interesse des anderen Teils an der Aufrechterhaltung des Vertrags und die Vorhersehbarkeit der Unwirksamkeit für den Verwender.[131]

48 Aus der Sicht des Verwenders kommen grundlegende Störungen des Vertragsgleichgewichts durch Unwirksamkeit einer Klausel in Betracht, wenn diese auch nicht durch ergänzende Vertragsauslegung abzuwenden sind,[132] etwa bei einer wettbewerbsbeschränkenden Klausel im Kfz-Händlervertrag.[133] Die Rechtsprechung ist aber hier sehr streng, denn grundsätzlich trägt der Verwender das Risiko der Unwirksamkeit seines Klauselwerks.[134] Deshalb reicht es nicht, dass der Verwender auf die Wirksamkeit der Klausel vertraut hat,[135] wohl aber, dass er den Vertrag erwiesenermaßen ohne die Klausel nicht geschlossen hätte und deren Unwirksamkeit oder Nichteinbeziehung in den Vertrag nicht ohne Weiteres vorhersehen konnte.[136] Ebenso wenig reicht es, wenn der Verwender eine erhebliche Kostensteigerung erleidet[137] oder im Vertrag ein bloßes Ungleichgewicht entstanden ist.[138] Verlangt wird vielmehr eine grundlegende Störung der Äquivalenz,[139] die das Vertragsgefüge völlig einseitig zu seinen Lasten verschiebt.[140] In der Literatur wird eine Gesamtnichtigkeit vertreten, wenn der Vertrag im Falle seiner Aufrechterhaltung in seinem Wesensgehalt verändert wäre.[141] Ein Beispiel hierfür ist ein unwirksamer Haftungsausschluss für Gebrauchtfahrzeuge mit der Rechtsfolge der gesetzlichen Mängelhaftung.

49 Aus der Sicht des Kunden kommt eine Unwirksamkeit des gesamten Vertrags in Betracht, wenn der Vertragstyp gesetzlich nicht geregelt und die Mehrzahl der AGB im Klauselwerk unwirksam ist, so dass völlige Unklarheit über die beiderseitigen Rechte und Pflichten besteht.[142] Bei der Bürgschaft ist dies nicht der Fall, denn für sie reicht das dispositive Recht aus.[143]

50 Bei Dauerschuldverhältnissen ist das Recht zur außerordentlichen Kündigung vorrangig. Die Partei muss es in Anspruch nehmen,[144] insbesondere wenn Klauseln über ein Lösungsrecht unwirksam sind.[145] Dieses Recht zur außerordentlichen Kündigung ist ja auch unabdingbar.

2. Vertragstorso

51 § 306 BGB setzt voraus, dass ein ergänzungsfähiger Restvertrag verbleibt.[146] Deshalb tritt Gesamtnichtigkeit ein, wenn dispositives Recht fehlt und eine ergänzende Vertragsauslegung nicht möglich ist, weil sich nicht feststellen lässt, welche Regelung die Parteien in Kenntnis der Unwirksamkeit getroffen hätten. Dies kann man dahin definieren, dass die Lücke auch sonst nicht sinnvoll geschlossen werden kann.[147] Zumindest die sog. essentialia negotii müssen feststehen.[148]

G. Verbandsklage

52 § 306 Abs. 2 BGB ist kein Thema für eine solche.[149]

H. EG-Verbraucherrichtlinie

53 § 306 Abs. 1 und Abs. 2 BGB sind damit vereinbar,[150] Abs. 2 deshalb, weil die Richtlinie offenlässt, wie die Lücke zu schließen ist.

54 Bezüglich § 306 Abs. 3 BGB ist die Vereinbarkeit fraglich, da nach der Richtlinie Gesamtunwirksamkeit nur eintritt, wenn der Vertrag wegen der unwirksamen Klauseln „nicht bestehen kann", aber nicht schon, wenn ihr Wegfall für den Verwen-

---

127 Erman/*Roloff*, § 306 Rn 19; UBH/*Schmidt*, § 306 Rn 48; Staudinger/*Schlosser*, § 306 Rn 32.
128 BGH NJW-RR 1996, 1009, 1010.
129 BGHZ 130, 115; BGH NJW 1996, 2092, 2094.
130 Erman/*Roloff*, § 306 Rn 18.
131 BGH NJW-RR 2002, 1136, 1137.
132 BGH NJW-RR 2002, 1136.
133 BGH NJW 2007, 3568 Rn 21 ff., 25: ungeordnete Verhältnisse im Vertriebsnetz eines Autoherstellers durch Existenz zweier Händlergruppen mit unterschiedlicher Wettbewerbsbeschränkung.
134 BGH NJW 2008, 2040 Rn 20.
135 BGHZ 81, 21, 28.
136 BGH NJW-RR 2002, 1136, 1137; UBH/*Schmidt*, § 306 Rn 45.
137 BGHZ 81, 21, 27 f.
138 BGH NJW-RR 1996, 1009, 1010.
139 BGH NJW-RR 1996, 1009, 1010.
140 BGH NJW-RR 2002, 1136, 1137.
141 UBH/*Schmidt*, § 306 Rn 51.
142 BGH NJW 1985, 53, 54; abgelehnt in BGH NJW-RR 2003, 1056, 1060.
143 BGH NJW 1986, 928.
144 Erman/*Roloff*, § 306 Rn 16.
145 WLP/*Lindacher*, § 306 Rn 63.
146 BGH NJW 1983, 159.
147 BGHZ 130, 150, 155 f.; BGH NJW 2007, 3568 Rn 21 ff.
148 BGHZ 130, 151, 156.
149 PWW/*Berger*, § 306 Rn 15.
150 Erman/*Roloff*, § 306 Rn 3; UBH/*Schmidt*, § 306 Rn 4c.

der unzumutbar ist. Daraus dürfte eine Pflicht zur Vorlage beim EuGH resultieren, wenn das nationale Gericht zu Lasten des Verbrauchers die Unwirksamkeit des Vertrags wegen unzumutbarer Härte für den Verwender annehmen will.[151]

Die Verbraucherrichtlinie ist in der Verbraucherrechterichtlinie (2011/83/EU vom 25.10.2011) grundsätzlich aufrechterhalten worden (siehe § 305b Rn 52). **55**

§ 306a   Umgehungsverbot

Die Vorschriften dieses Abschnitts finden auch Anwendung, wenn sie durch anderweitige Gestaltungen umgangen werden.

A. Entstehungsgeschichte ... 1	III. „Umgangen werden" ... 10
B. Zweck der Vorschrift ... 3	1. Keine Umgehungsabsicht ... 11
C. Praktische Bedeutung ... 4	2. Handlungen Dritter ... 12
D. Tatbestandsvoraussetzungen ... 5	E. Praktische Konsequenzen ... 13
I. „Gestaltungen" ... 5	I. Individualprozesse ... 13
II. „Die Vorschriften dieses Abschnittes" ... 9	II. Verbandsprozess ... 16

A. Entstehungsgeschichte

Der Gesetzentwurf der Bundesregierung zur Regelung des Rechts der Allgemeinen Geschäftsbedingungen enthielt kein Umgehungsverbot. Demgegenüber forderte der Bundesrat in seiner Stellungnahme zu diesem Entwurf die Einfügung einer solchen Vorschrift. Dabei verwies er insbesondere auf die Bedeutung, die das Umgehungsverbot in § 6 AbzG für die Entwicklung der Rechtsprechung – vor allem zum finanzierten Abzahlungskauf – erlangt habe.[1] Die Bundesregierung widersprach dem in ihrer Gegenäußerung mit der Begründung, die allgemeinen Vorschriften des Entwurfs ließen genügend Raum für eine sachgerechte Interpretation; Versuchen, die in den Klauselkatalogen enthaltenen Verbote zu umgehen, könne ohne Schwierigkeit mithilfe der Generalklausel entgegengetreten werden. Den wenigen theoretisch noch verbleibenden Umgehungsmöglichkeiten dürfte unter dem Gesichtspunkt der unzulässigen Rechtsausübung (§ 242 BGB) der Erfolg zu versagen sein.[2] Der Rechtsausschuss des Bundestags empfahl jedoch einmütig, der Anregung des Bundesrates zu folgen und ein allgemeines Umgehungsverbot einzufügen. Dabei hatte er insbesondere die Bereichsausnahmen des Vereins- und Gesellschaftsrechts (§ 23 Abs. 2 AGBG; nunmehr § 310 Abs. 4 S. 1 BGB) im Auge: Die Abnehmer von Waren könnten in Vereinen oder Gesellschaften organisiert und die Pflichten ihrer Mitglieder als Beiträge oder Ähnliches dargestellt werden, um Verboten wie beispielsweise der Laufzeitbeschränkung (§ 11 Nr. 12 AGBG; nunmehr § 309 Nr. 9 BGB) zu entgehen.[3] So gelangte das Umgehungsverbot des § 7 in das AGBG. Bei der Übernahme des AGB-Rechts in das BGB im Wege der Schuldrechtsreform wurde auch diese Regelung unverändert – eben in § 306a BGB – übernommen.[4] **1**

Vergleichbare Regelungen finden sich in § 312g S. 2 BGB, § 475 Abs. 1 S. 2 BGB, § 511 S. 2 BGB. **2**

B. Zweck der Vorschrift

Nach ihrem Wortlaut sowie nach ihrer Entstehungsgeschichte zielt das Umgehungsverbot auf **jegliche** Umgehung der Vorschriften des AGB-Rechts durch anderweitige Gestaltungen. Demgegenüber hatte der Bundesgerichtshof den Anwendungsbereich des § 7 AGBG zunächst einmal nur auf die Kontrollnormen der §§ 9–11 AGBG (nunmehr §§ 307–309 BGB) bezogen, für die §§ 1–6 AGBG (nunmehr §§ 305–306 BGB) dagegen als bedeutungslos erachtet: Wer in rechtlich zulässiger Weise vermeide, unwirksame Klauseln zu verwenden, könne nicht auf Unterlassung ihrer Verwendung in Anspruch genommen werden.[5] In einer späteren Entscheidung hat er sich dagegen von dieser beschränkten Sichtweise gelöst.[6] **3**

C. Praktische Bedeutung

Die Vorschrift hat in der Rechtsprechung nur geringe Bedeutung erlangt. Es gibt wenige Entscheidungen des Bundesgerichtshofs, die sich auf sie stützen; bei näherer Analyse dieser Judikatur bleibt allein eine Entscheidung übrig, die sich ausschließlich mit dem Umgehungsverbot des § 306a BGB und nicht etwa mit der Generalklausel des § 307 BGB begründen lässt.[7] Darauf wird im Folgenden noch zurückzukommen sein. **4**

---

151 MüKo/*Basedow*, § 306 Rn 6; Erman/*Roloff*, § 306 Rn 3; Staudinger/*Schlosser*, § 306 Rn 1.
1 BT-Drucks 7/3919, 48 f.
2 BT-Drucks 7/3919, 60 f.
3 Beschlussempfehlung des Rechtsausschusses des Deutschen Bundestages, BT-Drucks 7/5412, 5 f.
4 Begründung des Regierungsentwurfs zur Modernisierung des Schuldrechts, BT-Drucks 14/6040, 153.
5 BGHZ 112, 204, 217 = NJW 1991, 36, 39.
6 BGHZ 162, 294 = NJW 2005, 1645, 1646.
7 BGHZ 162, 294 = NJW 2005, 1645, 1646.

D. Tatbestandsvoraussetzungen

I. „Gestaltungen"

5 In Anbetracht des mit der Vorschrift bezweckten „Rundumschutzes" des AGB-Rechts ist dieses Tatbestandsmerkmal grundsätzlich weit zu verstehen. Erfasst werden von ihm zunächst einmal Rechtsgeschäfte jeder Art, insbesondere vertragliche Gestaltungen.

6 Es betrifft darüber hinaus aber auch Rechtshandlungen wie beispielsweise das Stellen von Forderungen: Durch eine Forderungsberührung wird die Rechtslage zwar nicht verändert, wohl aber gegenüber dem Adressaten das Bestehen einer Rechtslage suggeriert. Die Suggestion von Rechtslagen ist nun aber gerade ein AGB-spezifisches Regelungsanliegen: Durch Verwendung Allgemeiner Geschäftsbedingungen darf nicht der unzutreffende Eindruck einer bestimmten Rechtslage geschaffen werden.[8] Gegen die Kontrollnormen des AGB-Rechts verstoßende Gestaltungen sind deshalb nicht nur unwirksam (§ 306 Abs. 1 BGB), sondern haben überhaupt zu unterbleiben (§ 2 Abs. 1 S. 1 i.V.m. Abs. 2 Nr. 1 UKlaG: Im Ergebnis zu Recht hat deshalb der Bundesgerichtshof einer Bank im Verbandsprozess untersagt, ihre Mitarbeiter generell anzuweisen, von ihren Kunden bei Scheck- und Lastschriftretouren auch ohne AGB-Regelung Schadensersatz in Höhe von 15,00 DM zu fordern, ohne den Schaden jeweils einzelfallbezogen zu berechnen und zu begründen.[9] Ähnlich verhält es sich, wenn in einem Katalog Hinweise – wie beispielsweise auf mögliche Schwankungen des Leistungsinhaltes – erteilt werden, die es dem Verwender ermöglichen sollen, sich gegenüber Verbrauchern auf Allgemeine Geschäftsbedingungen berufen zu können, etwa um eine nachträgliche Änderung oder Abweichung von der versprochenen Leistung einseitig durchzusetzen.[10]

7 Rein tatsächliche Handlungen – wie beispielsweise die Ausstattung von Kassen an Supermärkten mit Süßigkeiten- und Zigarettenregalen (von denen ja auf einzelne der an den Kassen Wartenden je nach deren Nervenkostüm mittelbarer Kaufzwang ausgehen kann) – werden von dem Tatbestandsmerkmal „Gestaltungen" dagegen nicht erfasst, weil sie sich eben in rein tatsächlichem Bereich bewegen und keinerlei rechtlichen Bezug haben. Ihnen – unter Umständen – zu begegnen, ist Sache des Wettbewerbsrechts (§§ 1 S. 1, 3 Abs. 1, 4 Nr. 1 UWG).

8 Eine „Gestaltung" i.S.d. § 306a BGB stellt es demgegenüber dar, wenn kontrollfähige Nebenabreden mit kontrollfreien Hauptabreden in einer Klausel zusammengefasst sind.[11]

II. „Die Vorschriften dieses Abschnittes"

9 Das Erfordernis eines – wie auch immer gearteten – rechtlichen Bezugs der zu beurteilenden Gestaltung ergibt sich aus ihrem Objekt: Sie müssen einen AGB-rechtlichen Bezug haben. Das bedeutet zweierlei: Zum einen geht es um den im vorigen Abschnitt angesprochenen rechtlichen Bezug der Gestaltung. Zum anderen steht der für Allgemeine Geschäftsbedingungen typische Rationalisierungseffekt in Rede. Die zu beurteilende Handlung muss also auf eine Vielzahl von Fällen abzielen (§ 305 Abs. 1 S. 1 BGB). Deshalb kann auch eine interne Anweisung eines Unternehmens an seine Mitarbeiter, gegenüber den Kunden in einer bestimmten Weise zu verfahren, von § 306a BGB erfasst werden.[12]

III. „Umgangen werden"

10 Aus der Verbform des Nebensatzes ergibt sich zweierlei:

1. Keine Umgehungsabsicht

11 Angesprochen ist der rein objektive Tatbestand der Umgehung. Umgehungsabsicht setzt die Vorschrift deshalb nicht voraus. So, nämlich rein objektiv, wurde auch schon die Umgehungsnorm des § 6 AbzG verstanden.[13]

2. Handlungen Dritter

12 Wie beim Passiv üblich, bleibt das Subjekt dessen, der umgeht, offen. Es kommt deshalb nicht darauf an, ob die zu beurteilende Gestaltung unmittelbar von demjenigen veranlasst worden ist, der als Verwender Allgemeiner Geschäftsbedingungen i.S.d. § 305 Abs. 1 BGB in Betracht kommen könnte. Die Gestaltung muss ihm freilich wenigstens so zuzurechnen sein, wie es eine in das konkrete Rechtsverhältnis eingeflossene AGB-Bestimmung wäre. Rechtshandlungen Dritter aus eigenem Antrieb werden von § 306a BGB deshalb nicht erfasst.[14]

---

8 BGH WM 2000, 1967, 1970.
9 BGHZ 162, 294 = NJW 2005, 1645, 1646.
10 BGH v. 4.2.2009 – VIII ZR 32/08, NJW 2009, 1337, 1339.
11 BGH v. 13.11.2012 – XI ZR 500/11, NJW 2013, 995, 999.
12 BGHZ 162, 294 = NJW 2005, 1645, 1646.
13 RGRK-BGB/*Kessler*, § 6 AbzG Rn 1; KG JW 1931, 75.

14 BGH NJW 2009, 1337, 1339 (soweit in dem Urteil etwas anderes anklingt, beruht dies auf einer missverständlichen Formulierung, letztendlich hat der Bundesgerichtshof auch dort entscheidend auf das objektive Verhalten des AGB-Normadressaten abgestellt; Rn 20, 2. Hälfte).

E. Praktische Konsequenzen

I. Individualprozesse

Der Bundesgerichtshof hat in seiner Rechtsprechung im ersten Jahrzehnt nach Inkrafttreten des AGBG zum 1.4.1977 die Vorgängervorschrift des § 306a BGB, nämlich § 7 AGBG vor allem bei der Beurteilung von Zahlungs- und Sicherungsregelungen in Bauverträgen herangezogen. Es handelte sich um Fälle, in denen der Besteller auf Veranlassung des Unternehmers bei der mit diesem zusammenarbeitenden Bank unwiderrufliche Überweisungsaufträge hatte erteilen müssen[15] oder die Verpflichtung übernommen hatte, bestimmte Geldbeträge zu hinterlegen[16] oder eine Bankgarantie gestellt hatte.[17] Durch derartige Gestaltungen wurde das Leistungsverweigerungsrecht des Bestellers (§ 11 Nr. 2 AGBG; nunmehr § 309 Nr. 2 BGB) ausgehebelt. Neben Entscheidungen, die derartige Regelungen über § 7 AGBG der Unwirksamkeitssanktion des § 11 Nr. 2 AGBG zuführten[18] oder dies jedenfalls erwogen,[19] gab es aber schon damals andere, die ihre Unwirksamkeit unmittelbar mit § 9 AGBG (nunmehr § 307 BGB) begründeten.[20] Heute werden derartige Regelungen durchweg gemäß § 307 BGB kontrolliert.[21]

Für den Individualrechtsstreit bleiben als Anwendungsfälle des § 306a BGB deshalb allenfalls Vertragsgestaltungen, bei denen über die Festlegung der vertraglichen Leistungsgegenstände, also des Preisleistungsverhältnisses, Regelungen getroffen werden, die zwar bei Vermeidung einer intransparenten Gestaltung gemäß § 307 Abs. 3 BGB kontrollresistent sind, aber über ihren eigentlichen Regelungsgegenstand hinaus Rechte des Vertragspartners des Klauselverwenders beeinträchtigen.

So hat der Bundesgerichtshof § 306a BGB auf einen Partnerschaftsvermittlungsvertrag angewandt, in dem der Klauselverwender für die verschiedenen von ihm zu erbringenden Leistungen verschiedene Preise festgelegt hatte, wobei die Preisfestlegung dergestalt erfolgt war, dass der Großteil der Gesamtvergütung zu Beginn des Vertragsverhältnisses zu entrichten war – mit der Folge der Entwertung des Kündigungsrechts des Vertragspartners nach § 627 BGB. Es fragt sich indes auch hier, ob es des Rückgriffs auf § 306a BGB bedarf: Richtigerweise ist in solch einem Fall zwar nicht die Preisfestlegung insgesamt, wohl aber die Aufspaltung der geschuldeten Gesamtvergütung auf die einzelnen der zu erbringenden Leistungen nicht nach § 307 Abs. 3 BGB kontrollfrei. Entsprechendes gilt in Ansehung der oben (siehe Rn 6, 8) zitierten BGH-Entscheidungen;[22] Hinweise in einem Katalog, denen Rechtswirkungen beikommen sollen, sind Allgemeine Geschäftsbedingungen mit der Folge der unmittelbaren Anwendung der §§ 305 f. BGB. Und der kontrollfähige Teil einer Klausel mit nicht kontrollfähigem Inhalt schlägt entweder auf die gesamte Klausel durch oder den Zielen der §§ 305 f. BGB wird dadurch genügt, dass der kontrollfähige Teil der Klausel einer Inhaltskontrolle unterzogen wird.

II. Verbandsprozess

Bedeutung hat – und behält trotz des zwischenzeitlich erreichten Stands der Auslegung des § 307 BGB – der § 306a BGB im Verbandsprozess. Die Bestimmung kann hier Rechtshandlungen sanktionieren, die im Individualstreit nicht erfasst werden können, weil sie dort keine rechtlichen Wirkungen zeitigen. Typisches Beispiel hierfür ist der Fall, dass ein Unternehmen seine Mitarbeiter anweist, gegenüber seinen Kunden generell auch ohne vertragliche oder rechtliche Grundlage bestimmte Forderungen zu erheben: Im Individualprozess erledigt sich ein derartiges Forderungsberühmen bei gehöriger Rechtsanwendung von selbst – aber eben nur dann, wenn es zum Individualrechtsstreit kommt, weil sich der Kunde gegen die Zumutung seines Vertragspartners zur Wehr setzt. Im Verbandsprozess eröffnet § 306a BGB in solchen Fällen die Möglichkeit generalpräventiven Eingreifens. Für den Fall einer Weisung der vorerwähnten Art ist das bereits entschieden.[23]

Damit ist freilich nicht gesagt, dass es in diesen Fällen überhaupt des Rückgriffs auf § 306a BGB bedarf: Die systematische unrichtige Forderungsberühmung erfüllt auch den Tatbestand wettbewerbswidrigen Verhaltens i.S.d. §§ 1 S. 1, 3 Abs. 1, 4 Nr. 2, 5 Abs. 1 Nr. 7 UWG, weshalb sie schon auf wettbewerbsrechtlicher Grundlage durch einen Unterlassungsanspruch sanktioniert werden kann.[24] Auch hieran zeigt sich die geringe – oder möglicherweise gänzlich fehlende – praktische Bedeutung der Vorschrift.

---

15 BGH NJW 1984, 2816.
16 BGH NJW 1985, 852, 853.
17 BGH WM 1986, 784, 785.
18 BGH NJW 1988, 2106 2108.
19 BGH WM 1986, 784, 785; BGH NJW 1984, 852, 853.
20 BGH NJW 1986, 46, 47.
21 Vgl. nur BGH WM 2010, 1215, 1217.
22 BGH NJW 2009, 1337, 1339; BGH NJW 2013, 995, 999.
23 BGHZ 162, 294 = NJW 2005, 1645, 1646.
24 BGH NJW 2009, 1337, 1339.

Vorbemerkung zu § 307

- A. Systematik 1
- B. Historie 14
- C. Verhältnis zu anderen Rechtsnormen 16
  - I. Klauselkataloge §§ 308 und 309 BGB 16
  - II. § 134 BGB 17
  - III. § 138 BGB 18
  - IV. § 242 BGB 19
  - V. Anfechtung 23
  - VI. UWG 24
- VII. Kartellrecht 25
- D. Rechtsfolgen 27
- E. Würdigung des Gesamtvertrags oder nur der Einzelklausel 46
- F. Würdigung der Einzelumstände 47
- G. Salvatorische Klauseln 52
- H. Schadensersatzpflicht bei Verwendung unwirksamer AGB 53
- I. Unterlassungsanspruch nach dem UKlaG 58

A. Systematik

1 § 307 BGB ist das Kernstück des AGB-Rechts und hat zu einer Flut von Urteilen (anknüpfend an die Urteile zu § 9 AGBG) geführt, die im Einzelnen unter den Stichworten dargestellt werden. Zum Teil wird davon ausgegangen, dass die Norm drei Regelungskomplexe umfasse, die Generalklausel für die Inhaltskontrolle (Abs. 1 und 2), die Schranken der Inhaltskontrolle (Abs. 3) und das Transparenzgebot (Abs. 1 S. 2, Abs. 3 S. 2).[1] Hiermit oder mit einer Aufspaltung auf vier Komplexe (indem die Abs. 1 und 2 noch getrennt werden) ist jedoch wenig gewonnen. § 307 BGB dient vielmehr einheitlich dazu, einseitig in Anspruch genommene und unangemessene oder missverständliche Vertragsgestaltungsfreiheit zu begrenzen und den Verwender wieder in die Werteordnung des Rechts zurückzuführen, indem unwirksame und intransparente Klauseln entfallen, damit an deren Stelle die gesetzliche Regelung tritt.

2 Kurzum: der Rechtsverkehr soll von unangemessenen und intransparenten Klauseln freigehalten werden (siehe auch Vor § 305 Rn 2).[2]

3 Hierfür stellt das Gesetz die Inhaltskontrolle nach § 307 Abs. 1 BGB als Generalklausel in den Vordergrund. Diese wird konkretisiert in Abs. 2 und weiterhin konkretisiert im Transparenzgebot. Sodann folgt der Katalog des § 308 BGB (Klauseln mit Wertungsmöglichkeiten) und § 309 BGB (Klauseln ohne Wertungsmöglichkeiten), ebenfalls Konkretisierungen der Generalklausel für den Rechtsverkehr mit Verbrauchern, § 310 Abs. 1 BGB. Die Systematik vom Generellen zum Besonderen ist in der Praxis zumeist umzukehren: Zunächst sind die Klauselkataloge zu prüfen, sodann § 307 Abs. 2 BGB und schließlich § 307 Abs. 1 BGB, wobei das Transparenzgebot eine gewisse übergeordnete Funktion besitzt und ggf. sogar in der Prüfung vorangestellt werden muss.

4 Wird eine Klausel von den Klauselkatalogen nicht erfasst, so schließt dies eine Inhaltskontrolle nach § 307 nicht aus.[3]

5 Umgekehrt: Im kaufmännischen Verkehr kann die Anwendung des § 307 Abs. 1 und Abs. 2 BGB dazu führen, dass eine Unwirksamkeit von Klauseln nach dem Klauselkatalog erfolgt, § 310 Abs. 1 S. 2 BGB.

6 Fällt eine Klausel bei Verwendung gegenüber Verbrauchern unter § 309 BGB, so ist dies ein **Indiz** dafür, dass sie auch im Falle der Verwendung gegenüber Unternehmern zu einer unangemessenen Benachteiligung führt, es sei denn, sie kann wegen der besonderen Interessen und Bedürfnisse des unternehmerischen Geschäftsverkehrs ausnahmsweise als angemessen angesehen werden.[4]

7 Freizeichnungen für die Verletzung des Lebens, des Körpers und der Gesundheit sind auch im unternehmerischen Geschäftsverkehr unwirksam. Auch die Haftung für Vorsatz und grobe Fahrlässigkeit kann nicht ausgeschlossen werden.[5]

8 Nunmehr hat der BGH klargestellt, wann ein Selbstständiger als Unternehmer und wann als Verbraucher anzusehen ist. Kann ein Freiberufler, etwa ein Rechtsanwalt, sowohl als Unternehmer wie auch als Verbraucher am Rechtsverkehr teilnehmen, so ist dieser nur dann nicht als Verbraucher anzusehen, wenn dieses Handeln eindeutig und zweifelsfrei der gewerblichen Tätigkeit zuzurechnen ist. Dies ist dann der Fall, wenn das Rechtsgeschäft objektiv in Ausübung der selbstständigen oder gewerblichen Tätigkeit abgeschlossen wird, § 14 BGB, oder wenn dies dem Vertragspartner zweifelsfrei zu erkennen gegeben wird.[6] Kauft eine Rechtsanwältin Lampen für die Privatwohnung, so kann auch bei Lieferung an die Kanzleiadresse ein Verbrauchergeschäft vorliegen, sofern die Bestellerin nicht als Rechtsanwältin auftritt, denn sie kann ja in der angegebenen Kanzlei auch als Bürokraft oder Kanzleiangestellte tätig sein.

9 Hinzuweisen ist ergänzend darauf, dass die steuerrechtliche Anerkennung als Betriebsausgabe nicht deckungsgleich sein muss zur zivilrechtlichen Beurteilung.

---

1 HK/*Schulte-Nölke*, § 307 Rn 1.
2 Übersicht: *Niebling*, NJ 2011, 177.
3 BGH NJW 1984, 1531; BGH NJW 1988, 2465; Staudinger/*Coester*, vor § 307 Rn 11 ff.; Erman/*Roloff*, vor § 307 Rn 2.
4 BGH v. 19.9.2007 – VIII ZR 141/06 und BGHZ 90, 273, 278.
5 BGH v. 19.9.2007 – VIII ZR 141/06.
6 BGH v. 30.9.2009 – VIII ZR 7/09 = NJ 2010, 162 m. Anm. *Glasow*; *Schürnbrand*, JZ 2009, 133.

Zum Teil wurde eine Reform (Liberalisierung) des AGB-Rechts im Unternehmensverkehr gefordert.[7] Dies ist abzulehnen, weil dann die Schere zum Verbraucher noch weiter aufklafft und der Vertragspartner eines Verbrauchers auf allen Kosten sitzen bleibt.

Das **Transparenzgebot** ist bereits vor dem Schuldrechtsmodernisierungsgesetz als Bestandteil des § 9 AGBG angesehen worden und wurde erst durch dieses ausdrücklich in § 307 Abs. 1 S. 2 BGB aufgenommen. Es wird bereits vom Wortlaut als Ausprägung der Unangemessenheit benannt („Eine unangemessene Benachteiligung kann sich auch daraus ergeben …"). Ist eine Klausel etwa so gestaltet, dass diese geeignet ist, den Kunden von der Geltendmachung seiner berechtigten Ansprüche abzuhalten, so wird deutlich, dass die fehlende Transparenz eine Ausprägung der Unangemessenheit ist; Gleiches gilt jedoch auch, wenn Preise und Leistungen nicht klar und präzise geregelt sind. Das Abweichen von der gesetzlichen Regelung ergibt sich hier aus der Rechtsgeschäftslehre. §§ 145 ff. BGB verlangen im Grundsatz eine unmissverständliche und zweifelsfreie Regelung. Preisanpassungsklauseln etwa in Fernwärmelieferverträgen[8] sind ebenfalls am Transparenzgebot zu messen. Das Transparenzgebot nach § 307 Abs. 1 S. 2 BGB verlangt, dass der Kunde den Umfang der auf ihn zukommenden Preissteigerungen aus der Formulierung der Klausel erkennen und die Berechtigung einer vom Klauselverwender vorgenommenen Erhöhung an der Klausel selber messen kann. Es gilt auch im B2B-Bereich.[9]

Schließlich sind auch die **„Schranken der Inhaltskontrolle"**, der Begriff stammt aus § 8 AGBG, kein „Fremdkörper". Wenn die Inhaltskontrolle dazu dient, den Verwender wieder in die Werteordnung des Rechts zurückzuführen, setzt die Beurteilung im Rahmen der Inhaltskontrolle immer einen Vergleich der Rechtslagen voraus. Was regelt die Klausel und was regelt das Gesetz, wenn die Klausel hinweggedacht wird.[10]

Gibt es keinen vergleichbaren Gerechtigkeitsgehalt der gesetzlichen Normen, so kann auch keine Inhaltskontrolle erfolgen. Die Schranken der Inhaltskontrolle sind genau genommen Teil der Inhaltskontrolle selber, sodass diese „Beschränkung" an sich eine inhärente Schranke beschreibt. Die Inhaltskontrolle steht daher im untrennbaren Zusammenhang mit den Wertungen des Gesetzes. Damit wird über das AGB-Recht die Natur des Vertrags hinterfragt und einzelne Vertragstypen werden strukturiert und beleuchtet. So wurde die Entwicklung des Verbraucherschutzes – wie auch des Wirtschaftsrechts insgesamt – maßgeblich vom AGB-Recht beeinflusst.

B. Historie

Vor dem Hintergrund einzelner zudem wenig vorhersehbarer Urteile des RG und des BGH zu Allgemeinen Geschäftsbedingungen (siehe Vor § 305 Rn 14 ff.) führte die Geltung des AGBG zum 1.4.1977 zu einer überfälligen Bereinigung unbilliger Klauseln und einer Klärung vieler offener Grundsatzfragen. Bis zur Änderung durch das Schuldrechtsmodernisierungsgesetz zum 1.1.2002 lagen etwa 20.000 Urteile mit AGB zu rechtlichen Fragen vor. Aber auch die §§ 305 ff. BGB haben gezeigt, dass bis heute noch viele Fragen offen sind und gerade moderne Vertragstypen noch genauer erfasst werden müssen. Zudem sind gesetzliche Änderungen etwa zum Mängelrecht, zur Verjährung, zum Fernabsatz u.v.m. zu berücksichtigen. Wesentlich war vor allem die Erweiterung der Inhaltskontrolle auf das Arbeitsrecht (siehe Stichwort „Arbeitsverträge"). Die Rechtsentwicklung ist daher keinesfalls abgeschlossen, sondern weiterhin ungebremst im Fluss.

Zu beachten ist nunmehr auch die **EG-Klauselrichtlinie**, die zum Schutz des Verbrauchers greift.[11] Nationales Recht darf hierbei über das in der Richtlinie vorgesehene Verbraucherschutzniveau hinausgehen.[12] Die **Verbraucherrechterichtlinie** ist im Zusammenhang mit Fragen der Fernabsatzrichtlinie und von Haustürgeschäften bereits 2006 hervorgegangen und wurde als Vorschlag einer Richtlinie des Europäischen Parlaments und des Rates über die Rechte der Verbraucher von der EU-Kommission bereits am 8.10.2008 angenommen. Lange wird die Frage einer Vollharmonisierung im Verhältnis zu einer Minimalharmonisierung diskutiert. Im Juni 2010 gab es die Tendenz, nur den Bereich Lieferung und Gefahrübergang vollständig zu harmonisieren. Derzeit besteht die Tendenz einer Mindestharmonisierung auf hohem Niveau und eine vollständige Harmonisierung nur im Bereich des Widerrufsrechts. Ob und in welchem Umfang das AGB-Recht hierdurch geändert werden soll, steht noch nicht fest. Denkbar sind weitere Transparenzerfordernisse bei der Einbeziehung (Aushändigung etc.) und ein geänderter bzw. erweiterter Klauselkatalog für Verbrauchergeschäfte.[13] Das Europäische Parlament hat am 24.3.2011 die Einführung neuer Regeln zum Verbraucherschutz unterstützt, durch die Onlinekäufer besser geschützt werden und das Konsumentenvertrauen bei Käufen im Ausland gestärkt werden soll. Die Umsetzung in nationales Recht ist bereits erfolgt.

---

7 *Berger*, NJW 2010, 465; *Dauner-Lieb/Axer*, ZIP 2010, 309; *Müller/Griebler/Pfeil*, BB 2009, 2658; *Kessler/Stomps*, BB 2009, 2666.
8 BGH v. 6.4.2011 – VIII ZR 66/09 unter Ziffer 33.
9 BGH v. 3.8.2011 – XII ZR 205/09.
10 Zuletzt auch BGH v. 13.1.2011 – III ZR 78/10 (Platzmietpauschale).
11 Hierzu *Schulze*, EuZW 2011, 569.
12 EuGH, Schlussantrag des Generalanwalts vom 29.10.2009 – C-484/08, NJ 2010, 421 und Urt. v. 3.6.2010, RIW 2010, 873 (bearb. v. *Niebling*), bestätigt durch Urt. v. 3.6.2010 = EuZW 2010, 500.
13 Hierzu auch Staudinger/*Martinek*, Eckpfeiler A Rn 95 ff.; Staudinger/*Gsell*, Eckpfeiler L Rn 2.

C. Verhältnis zu anderen Rechtsnormen
I. Klauselkataloge §§ 308 und 309 BGB

16 Für Kaufleute und Unternehmer sind die §§ 308 und 309 BGB nicht anwendbar; insoweit bleibt jedoch eine Prüfung an § 307 BGB möglich, § 310 Abs. 1 BGB.

Beispiel
Der Arzt mietet eine Praxis und in den AGB ist das Zurückbehaltungsrecht ausgeschlossen und nur wegen unstreitiger oder rechtskräftig festgestellter Forderungen zugelassen – zulässig nach einer Prüfung von § 307 BGB.[14]

II. § 134 BGB

17 Die §§ 305 ff. BGB haben für Einbeziehung und Inhaltskontrolle als lex specialis Vorrang; dies gilt auch, wenn Klauseln gegen ein gesetzliches Verbot verstoßen, das auch für Individualabreden gilt, etwa § 651h BGB.[15] Die Klausel verstößt dann gegen § 307 Abs. 1 Nr. 1 i.V.m. § 651h BGB. Damit lässt sich auch das Verbandsverfahren gegen derartige Klauseln rechtfertigen.[16] Damit kommt es auch nicht darauf an, ob die §§ 307, 308 und 309 BGB gesetzliche Verbote i.S.v. § 134 BGB darstellen;[17] die §§ 305 ff. BGB sind jedenfalls lex specialis. Ein Verstoß gegen zwingendes Recht stellt zugleich einen Verstoß gegen § 307 BGB dar.[18]

III. § 138 BGB

18 Hier gilt grundsätzlich Gleiches. Bei Benachteiligung von Drittinteressen wird hier vielfach statt auf § 307 BGB auf § 138 BGB abgestellt.[19] Dies ist nicht unproblematisch, da § 138 BGB von Amts wegen anzuwenden ist. Der Richter müsste dann die Klausel wegen § 307 BGB billigen und wegen § 138 BGB verwerfen. Vorzugswürdig dürfte es daher sein, § 307 BGB auch bei Verletzung von Drittinteressen, die unter § 138 BGB fallen würden, anzuwenden. Der Vertrag bliebe dann auch im Zweifel wirksam und nur die unwirksame Klausel würde entfallen: § 306 Abs. 1 BGB. Ebenso wäre die Anwendung des UKlaG sinnvoll, da es hier ohnehin nicht auf ein konkretes Vertragsverhältnis ankommt und das Ziel, den Rechtsverkehr vor unwirksamen Klauseln freizuhalten, besser erreicht wird als eine bloße Anwendung von § 138 BGB. Auch ein Formularvertrag, der durch eine Vielzahl unwirksamer Klauseln geprägt wird, muss nicht unter § 138 BGB fallen; vielmehr greift § 306 Abs. 1 bzw. Abs. 3 BGB ein und ermöglicht so eine sachgerechte differenzierte Lösung. Für die vorliegende Lösung spricht auch, dass Dritte in den Schutzbereich einzelner Formularklauseln fallen und ihnen Schadensersatzansprüche gegen den Verwender zustehen können.

IV. § 242 BGB

19 Die Berufung auf eine wirksame Klausel kann insbesondere ein widersprüchliches Verhalten sein, für das § 242 BGB als Ausübungskontrolle eingreift.[20] Wirkt sich eine unwirksame Klausel zugunsten des Kunden aus, so kann sich dieser umgekehrt auf die Klausel berufen und insoweit deren Einhaltung fordern.[21] Der Verwender würde widersprüchlich handeln, wollte er den Einwand des Kunden, der Verwender habe sich so behandeln zu lassen, wie er dies in seinen AGB zum Ausdruck bringt, nicht zulassen. Auch greift § 242 BGB ein, soweit die §§ 305 ff. BGB nicht anwendbar sind, etwa auf dem Gebiet des Familien- und Erbrechts sowie des Gesellschaftsrechts, § 310 Abs. 4 BGB. Grundsätzlich hat jedoch die Inhaltskontrolle Vorrang vor der Anwendung des § 242 BGB und der Ausübungskontrolle. Die Abgrenzung ist jedoch nicht immer einfach. Die Berufung auf ein wirksames Aufrechnungsverbot kann nach der Rechtsprechung unwirksam sein, wenn sich der Verwender in Vermögensverfall befindet.[22] Denkbar wäre es auch, den Verwender zu dieser Ausnahme in der Klausel zu verpflichten, da es sich um eine typische Fallkonstellation handelt und die Klausel ohne diesen Zusatz als Verstoß gegen § 307 BGB anzusehen ist. Der Begriff „Vermögensverfall" müsste dann natürlich klarere Konturen bekommen, etwa durch den Begriff „zahlungsunfähig". Ebenso könnte bei einem Haftungsausschluss der Umstand, dass dieser nicht gelten solle bei einem eigenen Verschulden des Verwenders am Schaden, verlangt werden, dass die Klausel dies bereits klarstellt.[23]

20 Mit gleicher Begründung müsste ein Kunstauktionator in einem Haftungsausschluss in Versteigerungsbedingungen eine Ausnahme für das Fälschungsrisiko machen. Lediglich die Berufung auf den Haftungsausschluss nach Treu und Glauben zu verwehren, ist bei einer derart typischen Konstellation verfehlt.[24]

---

14 BGH v. 15.12.2010 – XII ZR 132/09 (Arzt als Unternehmer i.S.v. § 14 BGB).
15 Vgl. BGH NJW 1983, 1612.
16 Im Ergebnis wohl auch BGH NJW 2003, 290.
17 So aber unzutreffend Erman/*Roloff*, vor § 307 Rn 10.
18 BGH v. 21.10.2009 – VIII ZR 286/07 zu § 87a Abs. 3, 5 HGB.
19 So Erman/*Roloff*, vor § 307 Rn 11; Palandt/*Grüneberg*, vor § 307 Rn 16, § 307 Rn 7.
20 BGH ZIP 2000, 78.
21 *Bernuth*, BB 1999, 1284; BGH v. 4.12.1986 – VII ZR 354/85; BGHZ 99, 160, 161; BGH WM 1991, 88; BGH v. 31.8.2010 – VIII ZR 28/10 (Hinweisbeschluss Schönheitsreparaturen preisgebundener Wohnraum).
22 BGH NJW-RR 1987, 883. Zum Aufrechnungsverbot im Mietrecht: *Niebling*, ZMR 2011, 620 und 708.
23 So Erman/*Roloff*, vor § 307 Rn 12.
24 Anders BGH NJW 1980, 1619; wie hier Erman/*Roloff*, vor § 307 Rn 12.

Allgemein lässt sich sagen, dass typische Fallkonstellationen bereits in der Klausel berücksichtigt werden müssen. Ohne diese Klarstellung ist die zu weit gefasste Klausel insgesamt unwirksam (soweit keine Teilbarkeit vorliegt) und kann **nicht geltungserhaltend reduziert** werden.

Ebenso der Bundesgerichtshof in der „Kaltwasserentscheidung": Auch wenn der Mieter nach § 242 BGB einen Anspruch darauf hat, dass der Umlagemaßstab zu ändern ist, wenn der bisherige Maßstab zu einer krassen Ungerechtigkeit führt, führt dies alleine noch nicht zur Wirksamkeit einer Klausel, wenn es dem Vermieter (faktisch) ermöglicht, das Leerstandsrisiko durch die Umlageklausel auf den Mieter weitgehend abzuwälzen.[25] Die Klausel muss vielmehr selber einen derartigen Vorbehalt enthalten; dies ist nicht der Fall, da die Umlegung der Grundgebühr nach erfasstem Wasserverbrauch zwingend angeordnet wird.

V. Anfechtung

Eine Anfechtung nach § 119 BGB scheidet aus, wenn sich der Kunde keine Vorstellungen von den AGB gemacht hat. Eine Anfechtung nach § 123 BGB ist möglich und wird durch die Inhaltskontrolle nicht eingeschränkt.[26] Eine Anfechtung durch den Verwender, seine AGB seien nicht einbezogen worden, scheidet wegen des Schutzzwecks des AGB-Rechts aus.[27]

VI. UWG

Die AGB-Verwendung kann auch nach dem UWG abgemahnt werden, da die Klauselverwendung eine Marktverhaltensregelung nach § 4 Nr. 11 UWG darstellt.[28] Das UKlaG besitzt auch keinen Vorrang gegenüber dem UWG.[29] Neben Verbänden können damit auch Mitbewerber gegen die Verwendung unwirksamer Klauseln vorgehen.

VII. Kartellrecht

Hat der Vertrag unter Verwendung (unwirksamer) AGB wettbewerbsbeschränkende Auswirkungen und fällt er unter nationales oder EU-Kartellrecht, so kann er insgesamt nichtig sein, wenn er hierdurch geprägt wird. Sind dagegen nur einzelne Klauseln unwirksam, so bleibt es bei der AGB-Inhaltskontrolle.

Auch der Verstoß gegen **Gruppenfreistellungsverordnungen** kann einen Verstoß gegen die Werteordnung des positiven Rechts darstellen und dazu führen, dass eine hiergegen verstoßende Klausel nach § 307 BGB unwirksam ist.[30] Die kartellrechtliche und die AGB-rechtliche Überprüfung haben unterschiedliche Schutzzwecke und können durchaus im Ergebnis auseinanderfallen i.S.v. kartellrechtlich zulässig, AGB-rechtlich unzulässig. Ein „kartellrechtlich unzulässig" führt dagegen auch zu einem Verstoß gegen § 307 BGB, wenn der Vertrag nicht ohnehin nichtig ist (siehe oben Rn 25). Auch das Nichtbeanstanden von Klauseln durch die Kartellbehörden ist für die Inhaltskontrolle unbeachtlich; es ist noch nicht einmal ein Indiz für die Wirksamkeit der Klausel.[31] Auch Konditionenempfehlungen können unwirksam sein; auf die Anmeldung kommt es nicht an.[32] Nunmehr gilt ohnehin das System der Legalausnahmen.[33]

D. Rechtsfolgen

Verstößt eine Klausel oder verstoßen mehrere Klauseln gegen § 307 ff. BGB, so entfallen diese Klauseln grundsätzlich ersatzlos und der Vertrag bleibt i.Ü. wirksam, § 306 BGB. Diese Nichtigkeit der Klauseln ist von Amts wegen zu beachten.[34] Auch das Grundbuchamt[35] oder das Vollstreckungsgericht haben die Nichtigkeit von Amts wegen zu beachten.

Geltungserhaltende Reduktion: Verstößt eine Klausel teilweise gegen die § 307 ff. BGB, so ist diese nicht etwa auf einen zulässigen Bereich zu reduzieren, sondern entfällt ersatzlos im Ganzen. Eine geltungserhaltende Reduktion ist unzulässig.[36] Im Einzelfall hat der BGH jedoch Ausnahmen zugelassen. So soll bei einer kartellrechtlich unzulässigen Abgrenzungsvereinbarung das Verbot nicht gelten.[37]

---

25 BGH v. 6.10.2010 – VIII ZR 183/09.
26 *Laaz*, JZ 1997, 67.
27 *Stoffels*, AGB, Rn 398.
28 Jedenfalls für § 475 BGB auch BGH vom 31.3.2010 – I ZR 34/08 (eBay); *Köhler/Bornkamm*, UWG, § 3 Rn 53 und § 4 Rn 11.156; *Köhler*, NJW 2008, 177; *ders.*, GRUR 2010, 1047; *Tünger/Ruess*, WRP 2009, 1336; *Niebling*, IPRB 2010, 213; *Holtz*, AGB im Wettbewerbsrecht, 2010.
29 BGH v. 31.3.2010 – I ZR 34/08.
30 *Niebling*, MDR 2010, 961, 966; *ders.*, WRP 2010, 1454, 1455.
31 OLG Hamm ZIP 1980, 1102: Palandt/*Grüneberg*, vor § 307 Rn 22.
32 BGH NJW 2001, 292.
33 *Niebling*, WRP 2010, 81.
34 EUGH NJW 2000, 2571; EUGH EuZW 2003, 27.
35 Palandt/*Grüneberg*, vor § 307 Rn 7.
36 BGHZ 86, 297; BGHZ 114, 342; BGHZ 120, 122; ständige Rechtsprechung.
37 BGH v. 7.12.2010 – KZR 71/08, jedoch ohne sich mit dem AGB-Recht auseinanderzusetzen.

29 Dies gilt sowohl im Verkehr mit Verbrauchern wie auch im unternehmerischen Geschäftsverkehr; ebenso im Arbeitsrecht[38] und bei Einmalklauseln i.S.v. § 310 Abs. 3 Nr. 2 BGB und privilegierten Klauseln nach § 310 Abs. 2 BGB. Ohne diesen Schutzzweck würde das Ziel, den Rechtsverkehr von unwirksamen Klauseln freizuhalten, nicht erreicht und der Verwender könnte sanktionslos überzogene Klauseln verwenden. Zunächst muss eine Differenzierung erfolgen, für welche Vertragstypen und Konstellationen die Klausel gelten soll. Ist die Klausel nach den AGB (und auch der Überschrift) gleichermaßen für den B2B wie den B2C-Verkehr ausgelegt und nach dem Wortlaut hierfür anwendbar, so kann eine im letzten Fall unwirksame Klausel nicht für den unternehmerischen Geschäftsverkehr aufrechterhalten bleiben.[39] Gleichwohl sollte nach dem UKlaG hier nur beantragt werden, die Unwirksamkeit für den Verkehr mit Verbrauchern festzustellen.

30 Auch bei **preisgebundenem Wohnraum** gilt das Verbot der geltungserhaltenden Reduktion, selbst wenn der Vermieter hierdurch (bei Entfall der unwirksamen Klausel über Schönheitsreparaturen) die Miete erhöhen kann.[40] Der Zuschlag nach § 28 Abs. 4 II. BV beruht nicht auf einer (unzulässigen) Umgestaltung der unwirksamen Klausel über Schönheitsreparaturen, sondern ergibt sich unmittelbar aus dem dispositiven Gesetzesrecht.

31 Das **Verbot der Aufrechnung** mit Ausnahme von unbestrittenen oder rechtskräftig festgestellten Forderungen würde dazu führen, dass in einem Abrechnungsverhältnis eines Werkvertrags auch mangelhafte oder unfertige Leistungen im vollen Umfang vergütet werden müssten, obwohl Gegenansprüche in Höhe der Mängelbeseitigungsansprüche oder Fertigstellungskosten bestehen. Insoweit ist die Klausel **insgesamt** unwirksam.[41]

32 Eine **ergänzende Vertragsauslegung** kann bei der Unwirksamkeit von AGB grundsätzlich nicht erfolgen, da hierdurch das Risiko der Verwendung ähnlich einer verbotenen geltungserhaltenden Reduktion teilweise auf den Vertragspartner verlagert würde (siehe auch Stichwort „Banken").[42] Das BAG zieht die ergänzende Vertragsauslegung bei der Unwirksamkeit von Widerrufsklauseln, wonach Zusagen (ohne Angabe von Gründen) widerrufen werden können, heran, soweit die Klauseln vor dem 1.1.2002 vereinbart wurden.[43]

Nach der Rechtsprechung des VIII. Senats kommt eine ergänzende Vertragsauslegung nur dann in Betracht, wenn sich die mit dem Wegfall einer unwirksamen Klausel entstehende Lücke nicht durch dispositives Gesetzesrecht füllen lässt und dies zu einem Ergebnis führt, das den beiderseitigen Interessen nicht mehr in vertretbarer Weise Rechnung trägt, sondern das Vertragsgefüge völlig einseitig zugunsten des Kunden verschiebt.[44]

33 Ebenso sind **typische Konstellationen und Fallgruppen in der Klausel zu berücksichtigen**, Haftungsausschlüsse oder Einschränkungen wieder freizugeben, sofern eine Fallkonstellation vorliegt, die nicht beschränkt werden kann.

34 Auslegungsalternativen, selbstständige und eigenständige Sachverhalte und untypische Ausnahmefälle müssen jedoch nicht in der Klausel bedacht werden.[45]

35 Bei einem Ausschluss der Sachmängelhaftung muss die Garantie nicht besonders freigestellt werden.[46]

36 Laufzeitregelungen und Kündigungsverzichte müssen nach dem BGH die Möglichkeit der Kündigung aus wichtigem Grund nicht besonders erwähnen.[47]

37 Dies ist wenig überzeugend, da gerade im Verkehr mit Verbrauchern dem Kunden erklärt werden kann, er könne hier (generell) nicht kündigen. Die Klausel ist daher geeignet, den Kunden von der Geltendmachung berechtigter Ansprüche abzuhalten.

38 Die Rechtsprechung ist auch widersprüchlich, wenn ein Hinweis auf § 627 BGB verlangt wird.[48]

39 Eine Einschränkung „Dies gilt nicht, wenn der Verwender selber den Mangel, den Schaden etc. zu vertreten hat" ist dagegen nicht erforderlich.[49]

40 Ebenso der Bundesgerichtshof in der „Kaltwasserentscheidung":[50] Auch wenn der Mieter nach § 242 BGB einen Anspruch darauf hat, dass der Umlagemaßstab zu ändern ist, wenn der bisherige Maßstab zu einer krassen Ungerechtigkeit führt, führt dies alleine noch nicht zur Wirksamkeit einer Klausel, wenn es diese ermöglicht, das Leerstandsrisiko durch die Umlageklausel auf den Mieter weitgehend abzuwälzen. Die Klausel muss vielmehr selber einen derartigen

---

38 BAG NJW 2005, 3305; BAG NJW 2006, 795.
39 BGHZ 110, 244.
40 BGH v. 31.8.2010 – VIII ZR 28/10 (Hinweisbeschluss); BGH v. 24.3.2010 – VIII ZR 177/09, NJW 2010, 1590.
41 BGH v. 7.4.2011 – VII ZR 209/07; der Sache nach ist dies eine Weiterführung des Rechtsgedankens aus § 320 Abs. 1 BGB, der auch in AGB nicht umgangen werden kann: § 309 Nr. 2 BGB.
42 Keine ergänzende Vertragsauslegung auch bei Preiserhöhungsklauseln: BGH v. 29.4.2008 – KZR 2/07 (Gassondervertrag); zu Preiserhöhungsklauseln in Dauerschuldverhältnissen auch: BGH v. 21.9.2005 – VIII ZR 38/05, NJW-RR 2005, 1717; BGH v. 13.12.2006 – VIII ZR 25/06, NJW 2007, 1054; BGH v. 15.11.2007 – III ZR 247/06; hierzu zu Unrecht kritisch *v. Westphalen*, MDR 2008, 424; siehe auch *Erm*, JR 2013, 543.
43 BAG v. 20.4.2011 – 5 AZR 191/10.
44 BGH v. 9.2.2011 – VIII ZR 295/09; BGH v. 13.1.2010 – VIII ZR 81/08; BGH v. 7.6.2011 – VIII ZR 333/10.
45 Palandt/*Grüneberg*, vor § 307 Rn 9.
46 BGH NJW 1993, 658.
47 So BGH NJW 2006, 1056.
48 Palandt/*Grüneberg*, vor § 309 Rn 9; vgl. BGHZ 106, 346.
49 BGH NJW 1983, 1492; vgl. aber auch BGH NJW 1983, 3121.
50 BGH v. 6.10.2010 – VIII ZR 183/09.

Vorbehalt enthalten; dies ist nicht der Fall, da die Umlegung der Grundgebühr nach erfasstem Wasserverbrauch zwingend angeordnet wird.

Ein Vertrauensschutz kommt auch bei Änderung der Gesetzgebung wie auch der Rechtsprechung nicht in Betracht.[51] Der Verwender muss insbesondere damit rechnen, dass sich die Rechtsprechung ändern kann. Die Gesetzgebung greift dagegen von sich aus nicht in abgeschlossene Sachverhalte ein. **41**

Von dem Verbot der geltungserhaltenden Reduktion ist die Frage der **Teilbarkeit** zu trennen. Enthält die Klausel neben dem unwirksamen Teil auch einen wirksamen, der sprachlich und inhaltlich abtrennbar ist, so entfällt nur der abtrennbare unwirksame Teil und die Klausel bleibt i.Ü. wirksam;[52] so, wenn eine Vertragsstrafenregelung auf eine weitere Klausel verweist,[53] ebenso, wenn die Einverständniserklärung eines Zahnarztes die Datenweitergabe an zwei Rechtsträger gestatten soll.[54] **42**

Voraussetzung hierfür ist es jedoch, dass der restliche Teil für sich verständlich bleibt.[55] **43**

Wird der zulässige Gegenstandsbereich von Schönheitsreparaturen überschritten, kann jedoch nicht nur dieser „Teil" entfallen, da hierin eine unzulässige geltungserhaltende Reduktion liegen würde.[56] **44**

Die Unwirksamkeit einer Fälligkeitsklausel hat nicht notwendig den Entfall auch der Kautionsklausel zur Folge. Liegt eine sprachlich und inhaltlich selbstständige Regelung zur Kaution vor, so entfällt nur die Fälligkeitsklausel (vgl. § 551 Abs. 2 BGB).[57] **45**

E. Würdigung des Gesamtvertrags oder nur der Einzelklausel

Generell zielt die Inhaltskontrolle auf die Frage, ob eine **bestimmte** Klausel wirksam ist. Hierbei kann es jedoch keinen Unterschied machen, ob eine sachlich zusammengehörige Klausel aufgespalten wird. In diesem Fall sind beide Bestandteile des Komplexes als eine Klausel aufzufassen, die sich damit auch zur Unwirksamkeit „aufsummieren" können.[58] Klauseln, die für sich betrachtet noch zulässig sind, können im Zusammenhang mit anderen Klauseln unzulässig sein.[59] Die Gesamtwirkung zweier für sich noch zulässiger Klauseln kann dazu führen, dass beide Klauseln unwirksam sind.[60] Auch bei zwei Sicherungsklauseln, von denen eine nur Bestand haben kann, wenn die andere unwirksam ist, entfallen beide Klauseln.[61] Umgekehrt: Langfristige Laufzeitklauseln können bei ausreichender Kompensation noch wirksam sein: Bei einer Kaufpreisverbilligung von 50 % kann eine 20-jährige Verpflichtung, das Grundstück zu nutzen, noch wirksam sein.[62] **46**

F. Würdigung der Einzelumstände

Selbstverständlich kann danach differenziert werden, ob eine Klausel gegenüber einem Verbraucher oder einem Unternehmer verwendet wird. Weitergehende Umstände, etwa **Vermietung gegenüber einem Studenten**,[63] werden von der Rechtsprechung bei der Wirksamkeitsbeurteilung herangezogen. Dies ist nicht unproblematisch. Nachdem AGB generalisierend auszulegen sind, sollten auch bei der Inhaltskontrolle nur begrenzt individuelle Umstände berücksichtigt werden. Auch § 310 Abs. 3 Nr. 3 BGB bezieht sich nur auf begleitende Umstände, soweit der Verbraucherverkehr berührt ist. Zulässig ist sicherlich eine Differenzierung nach **Vertragstypen** (... in Fitnessverträgen), die sich eigenständig herausgebildet haben. Eine Differenzierung gegenüber **alten Menschen** ist dagegen nicht möglich. Hier hilft nur § 242 BGB. Besondere Vertragsarten und Kundengruppen können berücksichtigt werden, wenn das Gesetz Anhaltspunkte für eine Differenzierung gibt.[64] **47**

Der Bundesgerichtshof hält weitergehend generell eine Differenzierung hinsichtlich der Art des Rechtsgeschäfts und der verschiedenen Verkehrskreise, deren Interessen, Verhältnisse und Schutzbedürfnisse unterschiedlich gelagert **48**

---

51 Anders BGHZ 137, 153 für die Gesetzgebung; BAG NJW 2005, 1820; Palandt/*Grüneberg*, vor § 307 Rn 10; für die Rechtsprechung jedoch wie hier.
52 BGH NJW 2006, 1059; BGH v. 10.2.2010 – VIII ZR 222/09; Palandt/*Grüneberg*, vor § 307 Rn 11.
53 BGH v. 27.11.2013 – VII ZR 371/12.
54 BGH v. 10.10.2013 – III ZR 325/12.
55 BAG NZA 2009, 783; PWW/*Berger*, § 306 Rn 6 und 11.
56 BGH v. 10.2.2010 – VIII ZR 222/09 (Schönheitsreparaturen auch für Fenster und Türen).
57 BGH v. 13.10.2010 – VIII ZR 98/10 (insolvenzfestes Konto bei der Kaution).
58 *Niebling*, BB 1992, 717; *Heinrichs*, NZM 2005, 201; Palandt/*Grüneberg*, § 307 Rn 10.
59 BGH v. 9.12.2010 – VII ZR 7/10: (Vertragserfüllungsbürgschaft von 10 % der Auftragssumme plus Abschlagszahlungen müssen nur zu 90 % bezahlt werden); OLG Köln v. 22.7.2008 – 15 U 229/07; *Niebling*, BB 1992, 717.
60 BGH v. 5.5.2011 – VII ZR 179/10: es sei nicht Aufgabe des Gerichts, auszusuchen, welche der Klauseln bestehen bleiben soll.
61 Der BGH v. 5.5.2011 – VII ZR 179/10 verwehrt dem Verwender, sich auf die Unwirksamkeit der einen Klausel zu berufen.
62 BGH v. 16.4.2010 – V ZR 175/09, hierzu *Niebling*, MDR 2011, 141.
63 Zu BGH v. 15.7.2009 – VIII 307/09; kritisch *Niebling*, ZMR 2010, 94.
64 Für einen einheitlichen Maßstab gegenüber Verbrauchern und für eine mögliche Differenzierung freie Berufe/große Unternehmen WLP/*Wolf*, § 307 Rn 83; zu widersprechen ist der Differenzierung kleine/große Unternehmen, zulässig jedoch die Differenzierung freie Berufe/Unternehmen.

49 Auch nach dem Bundesgerichtshof muss sich jedoch eine eigene Fallgruppe rechtfertigen lassen.[67]

50 Die Unwirksamkeit einer Klausel wird auch nicht in Frage gestellt, wenn der Kunde/Mieter nach § 242 BGB eine Ausnahme verlangen kann: Ebenso der BGH in der „Kaltwasserentscheidung": Auch wenn der Mieter nach § 242 BGB einen Anspruch darauf hat, dass der Umlagemaßstab zu ändern ist, wenn der bisherige Maßstab zu einer krassen Ungerechtigkeit führt, führt dies alleine noch nicht zur Wirksamkeit einer Klausel, wenn es diese ermöglicht, das Leerstandsrisiko durch die Umlageklausel auf den Mieter weitgehend abzuwälzen.[68] Die Klausel muss vielmehr selber einen derartigen Vorbehalt enthalten; dies ist nicht der Fall, da die Umlegung der Grundgebühr nach erfasstem Wasserverbrauch zwingend angeordnet wird.

Sind, für möglich.[65] Generell ist jedoch nicht auf die konkreten Umstände des Einzelfalles abzustellen, sondern auf eine überindividuell generalisierende und typisierende Betrachtungsweise.[66]

51 Ein (angeblich) günstiger Preis führt nicht zur Wirksamkeit der Klausel. Das **Preisargument** ist unbeachtlich,[69] weil selbst ein geringer Preis kein Freibrief für unangemessene Klauseln sein kann, entbindet jedoch nicht von der Frage, ob ggf. einzelne Klauseln ausgehandelt wurden. Genauso wenig ist ein **Leistungs- oder Qualitätsargument** beachtlich. An sich unzulässige langfristige Laufzeitklauseln können bei ausreichender Kompensation noch wirksam sein: Bei einer Kaufpreisverbilligung von 50 % kann eine 20-jährige Verpflichtung, das Grundstück zu nutzen, noch wirksam sein;[70] dies ist jedoch eine Ausnahme, der öffentlich-rechtliche Wertungen zugrunde liegen.

G. Salvatorische Klauseln

52 Klauseln wie etwa „Schadensersatzansprüche sind ausgeschlossen, soweit dies gesetzlich zulässig ist" werden nicht Vertragsbestandteil (es fehlt bereits an einer Regelung im Kernbereich nach § 305 Abs. 2 BGB) und sind jedenfalls unwirksam nach § 307 Abs. 1 S. 2 BGB.[71] Es bleibt aus Sicht des Kunden unklar, ob und in welchem Umfang Schadensersatzansprüche bestehen. Derartige Klauseln sind insgesamt (jedenfalls) unwirksam, sodass keine Beschränkung des Anspruchs besteht, auch nicht in einem Umfang, der zulässigerweise hätte in AGB vereinbart werden können. Auch insoweit gilt das Verbot der geltungserhaltenden Reduktion. Eine Regelung, es solle „bei Unwirksamkeit der Klausel eine Regelung maßgeblich sein, die der Klausel möglichst weitgehend entspricht", verstößt gegen § 306 Abs. 2 BGB.[72] Diese „Umgehung" ist auch nicht durch eine „individuelle Abrede" zu billigen.[73]

H. Schadensersatzpflicht bei Verwendung unwirksamer AGB

53 Die Verwendung unwirksamer Klauseln kann zu Schadensersatzansprüchen aus § 311 Abs. 2 BGB (vormals c.i.c.) führen, denn der Verwender verletzt die dem Kunden und ggf. einem in den Schutzbereich des Vertrags einbezogenen Dritten[74] gegenüber bestehende Pflicht zur Loyalität und Rücksichtnahme.[75] Inhaltlich kann Rückgabe/Rückzahlung des aufgrund einer unwirksamen Klausel Geleisteten verlangt werden sowie Erstattung der Rechtsanwaltskosten. Die Verwendung unwirksamer AGB kann zugleich einen **Wettbewerbsverstoß** darstellen und abgemahnt werden.[76] Erforderlich ist hierfür ein Verschulden des Verwenders. Hieran kann es ausnahmsweise fehlen, wenn der weitaus überwiegende Teil der Instanzrechtsprechung eine Klausel für wirksam angesehen hat (bis zu einer Entscheidung des Bundesgerichtshofs).[77] Auch eine Haftung des Notars bei Verwendung unklarer oder unwirksamer AGB kommt in Betracht.[78]

54 Der Schaden ist jedoch nach dem Schutzzweck der Norm beschränkt: Ein Verstoß gegen 308 Nr. 1 BGB erfasst nur solche Schäden, die gerade und lediglich durch die überlange Bindung des Vertragspartners verursacht worden sind.[79]

---

65 BGH v. 9.2.1990 – V ZR 200/88; BGHZ 110, 241, BGH v. 31.8.2010 – VIII ZR 28/10 (Hinweisbeschluss Schönheitsreparaturen preisgebundenen Wohnraum).
66 BGH v. 10.10.2013 – VII ZR 19/12 Rn 25.
67 BGH v. 1.7.1987 – VIII ARZ 9/86; BGHZ 101, 253; BGH v. 31.8.2010 – VIII ZR 28/10.
68 BGH v. 6.10.2010 – VIII ZR 183/09.
69 BGHZ 120, 226; Palandt/*Grüneberg*, § 307 Rn 14.
70 BGH v. 16.4.2010 – V ZR 175/09.
71 BGH NJW 1993, 658; BAG NZA 2005, 1111; hierzu *Schlewing* in Clemenz/Kreft/Krause, AGB-ArbeitsR, § 306 Rn 77 ff.
72 BGH NJW-RR 1996, 786; BGH NJW 1999, 1865.
73 Anders HK/*Schulte-Nölke*, § 306 Rn 7.
74 BGH v. 11.6.2010 – V ZR 85/09; BGH v. 21.7.2010 – XII ZR 189/08; Palandt/*Grüneberg*, § 307 Rn 14; PWW/*Berger*, § 306 Rn 21; Erman/*Roloff*, § 306 Rn 19: Der Schadensersatzanspruch umfasst die Rückabwicklung erbrachter Leistungen wie auch die Aufwendungen für Beraterkosten; das schadensersatzpflichtige Verhalten könne auch darin liegen, dass der Verwender es pflichtwidrig unterlasse, über den Inhalt bestimmter AGB hinreichend aufzuklären; BGH NJW 1994, 2754; ähnlich PWW/*Berger*, § 306 Rn 23: Schadensersatz nach §§ 280, 311 Abs. 2 BGB unter Hinweis auf BGH NJW 1994, 2754.
75 BGH NJW 1984, 2816; BGH NJW 1994, 2754; BGH NJW 2009, 2590; Erman/*Roloff*, vor § 307 Rn 19; Palandt/*Grüneberg*, vor § 307 Rn 14; HK/*Schulte-Nölke*, § 307 Rn 22 a.E.: Verletzung § 241 Abs. 2 BGB und Schadensersatz nach § 280 Abs. 1 BGB.
76 *Köhler*, NJW 2008, 177; OLG Frankfurt v. 4.7.2008 – 6 W 54/08.
77 BGH v. 14.7.2010 – IV ZR 208/09 (Lebensversicherungsvertrag).
78 BGH v. 28.1.2014 – III ZR 32/13.
79 BGH v. 11.6.2010 – V ZR 85/09.

Zudem hat das nationale Gericht von Amts wegen missbräuchliche Klauseln in Verbraucherverträgen unberücksichtigt zu lassen.[80] Im Klauselerinnerungsverfahren findet dagegen keine AGB-Kontrolle statt.[81] 55

Zu Schadensersatzansprüchen bei Verwendung unwirksamer Mietvertragsklauseln: Eine unwirksame Klausel über Schönheitsreparaturen hindert bei preisgebundenem Wohnraum eine Mieterhöhung nicht.[82] Bereicherungs- und Ersatzansprüche wegen durchgeführter Schönheitsreparaturen aufgrund einer unwirksamen Klausel zur Durchführung von Schönheitsreparaturen unterliegen jedoch der Verjährung nach § 548 Abs. 2 BGB.[83] 56

Auch bei Unwirksamkeit einer Preisanpassungsklausel bleibt der Vertrag i.Ü. wirksam.[84] 57

I. Unterlassungsanspruch nach dem UKlaG

Die Verwendung unwirksamer Klauseln führt auch zu Ansprüchen nach § 1 UKlaG und ggf. dem UWG (siehe oben Rn 53). 58

§ 307 Inhaltskontrolle

(1) ¹Bestimmungen in Allgemeinen Geschäftsbedingungen sind unwirksam, wenn sie den Vertragspartner des Verwenders entgegen den Geboten von Treu und Glauben unangemessen benachteiligen. ²Eine unangemessene Benachteiligung kann sich auch daraus ergeben, dass die Bestimmung nicht klar und verständlich ist.

(2) Eine unangemessene Benachteiligung ist im Zweifel anzunehmen, wenn eine Bestimmung

1. mit wesentlichen Grundgedanken der gesetzlichen Regelung, von der abgewichen wird, nicht zu vereinbaren ist oder
2. wesentliche Rechte oder Pflichten, die sich aus der Natur des Vertrags ergeben, so einschränkt, dass die Erreichung des Vertragszwecks gefährdet ist.

(3) ¹Die Absätze 1 und 2 sowie die §§ 308 und 309 gelten nur für Bestimmungen in Allgemeinen Geschäftsbedingungen, durch die von Rechtsvorschriften abweichende oder diese ergänzende Regelungen vereinbart werden. ²Andere Bestimmungen können nach Absatz 1 Satz 2 in Verbindung mit Absatz 1 Satz 1 unwirksam sein.

A. Generalklausel als Kernstück der Inhaltskontrolle 1	F. Gerechtigkeitsgehalt der Grundnorm 21
B. Beurteilungszeitpunkt 3	G. Schranken der Inhaltskontrolle 26
C. Schutz des Vertragspartners 4	H. Deklaratorische Klauseln 31
D. Prüfungsreihenfolge 5	I. Scheinbar deklaratorische Klauseln 33
E. Rechtslagenvergleich 7	J. Erlaubnisnormen 35
	K. Einzelfälle 40

A. Generalklausel als Kernstück der Inhaltskontrolle

§ 307 BGB ist die Generalklausel und das Kernstück der Inhaltskontrolle (vgl. auch Vor § 307 Rn 1 ff.). Unwirksam ist hiernach, was entgegen Treu und Glauben unangemessen benachteiligt. Geschützt wird der Vertragspartner des Verwenders, nicht dieser und grundsätzlich auch nicht ein Dritter. Das Transparenzgebot ist eine (negative) Ausprägung unangemessener Benachteiligung. Verstöße gegen Abs. 2 stellen an sich nur eine Vermutung unangemessener Benachteiligung dar, eine Entkräftung ist praktisch nur durch Kompensation möglich. Eine Benachteiligung ist durch Interessenabwägung unter einem objektiven gesetzlichen Maßstab festzustellen. Die Risikoverteilung unter den Parteien darf nicht einseitig gestört werden. Dies ist anzunehmen, wenn berechtigte Interessen des anderen Teils nicht angemessen berücksichtigt werden. Erforderlich ist eine Benachteiligung von Gewicht, eine erhebliche und spürbare Benachteiligung.[1] Der **Beurteilungsmaßstab** hierfür ist ein genereller. Dies gilt gleichermaßen im Individual- wie im Verbandsverfahren. Bei der Verwendung von AGB gegenüber Verbrauchern und gegenüber Unternehmen ändert § 310 Abs. 3 Nr. 3 BGB für den B2C-Verkehr nichts. Hierdurch werden jedoch zugunsten des Verbrauchers zusätzliche Umstände berücksichtigt, sodass die Schwelle auf § 242 BGB zurückzugreifen erhöht wird. Diese individuellen Aspekte werden hier in einem zweiten Prüfungsschritt zugunsten des Verbrauchers berücksichtigt. Die generelle Interessenbewertung hat darauf abzustellen, welche Interessen typischerweise an einem derartigen Vertragstyp Beteiligte haben. Weder im Verbands- noch im Individualverfahren steht der individuelle Konflikt im Zentrum der Überprüfung. Der Rechtsverkehr soll ja generell von unwirksamen Klauseln befreit werden; es würde befremden, wenn im Individualverfahren die Klausel gebilligt würde, im Verbandsverfahren dagegen nicht und umgekehrt. 1

---

80 EuGH v. 6.10.2009 – C-40/08 und v. 4.6.2009 – C-243/08 m. Anm. *Pfeiffer*, NJW 2009, 2369; EuGH v. 9.11.2010 – C-137/08, EuZW 2011, 27.
81 BGH v. 16.4.2009 – VII ZB 62/08.
82 BGH v. 12.1.2011 – VIII ZR 6/10.
83 BGH v. 4.5.2011 – VIII ZR 195/10.
84 BGH v. 13.1.2010 – VIII ZR 81/08.
1 WLP/*Pfeiffer*, § 307 Rn 76.

2 Eine Haftungsklausel ist deshalb unwirksam, wenn sie typische Konstellationen nicht berücksichtigt, in denen die Haftung nicht ausgeschlossen werden darf. Es kommt also nicht darauf an, ob eine solche Konstellation im konkreten Fall vorliegt. Besondere Vertragsarten und Kundengruppen können berücksichtigt werden, wenn das Gesetz Anhaltspunkte für eine Differenzierung gibt (siehe Vor § 307 Rn 47). Darüber hinaus zeigen die §§ 308 und 309 BGB Beispiele möglicher Differenzierungen und der Berücksichtigung individueller Umstände. Eine Berücksichtigung des Gesichtspunkts besonderer Geschäftserfahrung ist jedoch auch hiernach nicht möglich.[2] Klauseln, die für sich betrachtet noch zulässig sind, können im Zusammenhang mit anderen Klauseln unzulässig sein.[3]

B. Beurteilungszeitpunkt

3 **Beurteilungszeitpunkt** ist der Vertragsschluss;[4] im Verbandsverfahren grundsätzlich die (letzte) mündliche Verhandlung bzw. der Entscheidungstermin. Wegen des Grundsatzes generell abstrakter Prüfung, wird es hierauf ohnehin kaum ankommen. Allerdings ist insbesondere eine Änderung der gesetzlichen Interessenbewertung denkbar. Hierbei ist zu fragen, ab wann das neue Gesetz gilt und ob dieses nur klarstellenden Charakter hat. Fragen der ex post- und ex ante-Betrachtung führen am Thema vorbei.[5]

C. Schutz des Vertragspartners

4 Der **Schutz des Vertragspartners** ist nach dem Wortlaut das primäre Ziel der Inhaltskontrolle, **Dritte** und der Verwender werden damit grundsätzlich nicht geschützt.[6] Wird der Dritte jedoch mittelbar über den Vertragspartner betroffen, finden seine Interessen Eingang in die Interessenabwägung (siehe § 305 Rn 14).[7] Eine analoge Anwendung von § 307 BGB bei Verletzung von Drittinteressen ist denkbar in Fällen, in denen sonst auf § 242 BGB zurückgegriffen werden müsste.

D. Prüfungsreihenfolge

5 § 307 Abs. 2 BGB ist getrennt in Nr. 1 und 2 und das Verhältnis der Spezialität. Prüfungsreihenfolge ist: § 307 Abs. 1 S. 2 (Transparenzgebot), § 307 Abs. 2 Nr. 2, § 307 Abs. 2 Nr. 1, § 307 Abs. 1 S. 1, wobei viele Übergänge fließend sind. Wird Abs. 2 bejaht, so ist Abs. 1 nicht mehr zu prüfen; dagegen sind Kompensationsmöglichkeiten zu prüfen, falls diese aufgeworfen werden. Die Tatbestände von Abs. 2 Nr. 1 und 2 sind verschiedene Aspekte einer Bewertung.[8] Hier besteht keine zwingende Prüfungsreihenfolge.[9] Bei Anwendung von Abs. 2 trägt nicht etwa der Verwender die Beweislast der (dennoch bestehenden) Angemessenheit.[10] Vielmehr ist unter Anwendung der generell abstrakten Beurteilung von Amts wegen zu fragen, ob etwa eine Kompensation erfolgen kann.

6 Die Vermutung der unangemessenen Benachteiligung stellt zugleich eine Vermutung für einen Verstoß gegen Treu und Glauben dar.[11] Die Üblichkeit einer Klausel stellt keine Widerlegung der Vermutung der unangemessenen Benachteiligung dar.[12] Unerheblich ist auch, ob der Kunde nachträglich der Klausel zustimmt.[13] Nur durch eine Individualvereinbarung kann eine Klausel nachträglich aus der Inhaltskontrolle genommen werden.

E. Rechtslagenvergleich

7 Eine Unvereinbarkeit mit **wesentlichen Grundgedanken der gesetzlichen Regelung** – Abs. 2 Nr. 1 setzt zunächst voraus zu bestimmen was ohne die zu überprüfende Klausel gilt. Es ist daher ein Rechtslagenvergleich erforderlich, die Rechtslage mit der Klausel wird mit der Rechtslage ohne die Klausel verglichen. Dieser **Rechtslagenvergleich**[14] ist sowohl bei der Inhaltskontrolle wie auch bei der Frage, ob eine Klausel der Inhaltskontrolle unterworfen ist – § 307 Abs. 3 S. 1 BGB – notwendig. Dieser Betrachtung hat sich auch der Bundesgerichtshof angeschlossen.[15] Hierbei ist das dispositive Gesetzesrecht heranzuziehen, aber auch ein Regelungsgehalt, der aus §§ 157, 242 BGB gewonnen

---

2 *Niebling*, BB 1992, 717; *Heinrichs*, NZM 2005, 201; Palandt/*Grüneberg*, § 307 Rn 10; anders wohl WLP/*Wolf*, § 307 Rn 91 und 183.
3 BGH v. 9.12.2010 – VII ZR 7/10 (Vertragserfüllungsbürgschaft); OLG Köln v. 22.7.2008 – 15 U 229/07; *Niebling*, BB 1992, 717.
4 WLP/*Pfeiffer*, § 307 Rn 93.
5 *Löwe*, BB 1982, 648; WLP/*Wolf*, § 307 Rn 94.
6 Zu eBay BGH v. 11.5.2011 – VIII ZR 289/09: keine Haftung des Kontoinhabers gegenüber den Auktionsteilnehmern.
7 BGH v. 21.7.2010 – XII ZR 189/08.
8 WLP/*Pfeiffer*, § 307 Rn 97.
9 Staudinger/*Coester*, § 307 Rn 263; vgl. auch BGH NJW-RR 2005, 1135; NJW 2005, 1275.
10 So aber WLP/*Pfeiffer*, § 307 Rn 100.
11 Zutreffend Soergel/*Stein*, § 307 Rn 31; anders WLP/*Pfeiffer*, § 307 Rn 101.
12 BGH NJW 1991, 2414.
13 Anders WLP/*Pfeiffer*, § 307 Rn 103 zu Unrecht unter Hinweis auf § 38 Abs. 3 Nr. 1 ZPO.
14 *Niebling*, BB 1984, 1713; *Niebling*, Die Schranken der Inhaltskontrolle nach § 8 AGBG, 1988, S. 22; *Niebling*, WM 1992, 845, 848; der Begriff wurde später vielfach übernommen; etwa Staudinger/*Coester*, Eckpfeiler E Rn 62; zuletzt auch BGH v. 13.1.2011 – III ZR 78/10 (Platzmietpauschale).
15 BGHZ 93, 358 = NJW 1985, 3013 (Zusatzwasser).

werden könnte.[16] Unter Rechtsvorschriften sind daher nicht nur Gesetzesvorschriften im materiellen Sinne zu verstehen, sondern auch die Natur des Vertrags und sonst allgemein anerkannte Rechtsgrundsätze.

Soll mit einer Klausel eine Verbesserung gegenüber der gesetzlichen Regelung erzielt werden, etwa indem diese einen „Erziehungseffekt" beinhaltet, so reicht dies für die Durchführung einer Inhaltskontrolle aus.[17] Damit erschließt sich in dieser Frage sowohl das Ob einer Inhaltskontrolle (§ 307 Abs. 3 S. 1 BGB) wie auch das Kriterium für die Durchführung der Inhaltskontrolle nach Abs. 2 wie auch Abs. 1, einschließlich dem Transparenzgebot. Die Inhaltskontrolle soll daher den von der AGB-Klausel abweichenden Gerechtigkeitsgehalt der dispositiven Norm zur Geltung bringen und der Verwender soll zurück in die Werteordnung von Gesetz und Recht geführt werden. Vertragsklauseln sind daher an den normativen Wertungen der gesetzlichen Interessenbewertung zu messen. Damit kann der Vertrag wie auch Vertragsklauseln nicht darauf überprüft werden, ob dieser sinnvoll ist oder die Klauseln sinnvoll oder sachgerecht sind. Auch können die normativen Maßstäbe der Interessenbewertung nicht aus der Vereinbarung zwischen den Parteien entnommen werden, denn hierdurch hätten es die Parteien selber in der Hand, die normativen Bewertungsgrundsätze ihrer Vereinbarung zu bestimmen.[18] Entscheidend ist nicht, ob für den konkreten Vertrag eine gesetzliche Regelung im dispositiven Recht vorhanden ist, die passt, vielmehr kommt es im **Verbands- wie im Individualverfahren** darauf an, welche Qualität **Rechtsvorschriften**[19] haben müssen, um eine Inhaltskontrolle durchzuführen. Gemeint sind zwar nicht primär **zwingende Normen**, denn bei einem Verstoß hiergegen kann offenbleiben, ob AGB oder Individualvereinbarungen vorliegen. Zwingende Normen eröffnen jedoch in jedem Fall eine Rechtslagendivergenz. Der Verstoß gegen zwingendes Recht, etwa § 651h BGB, stellt sogar einen besonders intensiven Rechtslagenvergleich dar und das Unterlassungsverfahren wie auch das Vorgehen von Wettbewerbern nach dem UWG steht hier offen. Nicht fern liegt auch der Gedanke, das **Transparenzgebot** selber als zwingende Norm in diesem Sinne zu begreifen; es wurde ja ursprünglich aus allgemeinen Rechtsgrundsätzen i.V.m. § 9 AGBG und § 11 Nr. 10b AGBG abgeleitet und ist sachlich nur zur Klarstellung in § 307 Abs. 1 S. 2 BGB übernommen worden. Sie erklärt, weshalb hier stets von einer Rechtslagendivergenz bei Verstoß gegen das Transparenzgebot auszugehen ist. **Dispositive Normen**, die nicht nur auf Zweckmäßigkeitserwägungen beruhen, stehen im Vordergrund des erforderlichen Rechtslagenvergleichs, sie sind die primär gemeinten Bezugsnormen und der eigentliche Anwendungsbereich der Inhaltskontrolle. Dies bedeutet umgekehrt: Werden Preise und Leistungen durch das Gesetz geregelt, so sind Abweichungen hierzu, auch soweit Mindest- oder Höchstsätze über- oder unterschritten werden, kontrollfähig. Maßstab einer Inhaltskontrolle können auch **analog anwendbare Rechtsnormen** sein. Soweit etwa Handelsvertreterrecht auf Vertragshändler analog anzuwenden ist, so bei § 89b HGB, liegt auch eine Rechtslagendivergenz bei einer abweichenden Regelung in Vertragshändlerverträgen vor.[20] Auch der Bundesgerichtshof hat schon sehr früh erkannt, dass eine Inhaltskontrolle nicht nur gegenüber solchen Klauseln stattfinde, „durch die eine von den nachgiebigen Rechtsvorschriften abweichende Regelung getroffen" werde, sondern auch gegenüber solchen, „die eine vom Gesetzgeber bewusst oder unbewusst gelassene Lücke ausfüllen".[21] Nicht entscheidend ist hierbei jedoch die Lücke, sondern dass es **ungeschriebene Rechtsgrundsätze** gibt, die eingreifen.^

Es kommt also nicht darauf an, ob der vergleichbare Gerechtigkeitsgehalt aus einer (ausdrücklichen) gesetzlichen Bestimmung folgt oder aber der **Natur des Vertrags** oder dem **Vertragszweck**; beides wird ausdrücklich in § 307 Abs. 2 Nr. 2 BGB als Gerechtigkeitsgehalt benannt und bestätigt.[22] **Derartige ungeschriebene Grundsätze sind etwa** (Beispiele aus der Rechtsprechung):

– Recht des Käufers, über Art und Menge der zu liefernden Ware zu bestimmen;[23]
– Leistungs- und Schutzpflichten aus § 242 BGB, sofern diese nur im Hinblick auf den Vertrag so wesentlich sind, dass eine Freizeichnung des AGB-Verwenders eine angemessene Risikoverteilung empfindlich stören würde;[24]
– Rechtsgrundsätze, die von Rechtsprechung und Rechtslehre durch Auslegung, Analogie oder Rechtsfortbildung aus den gesetzlichen Vorschriften abgeleitet werden;[25]
– allgemein anerkannte Rechtsgrundsätze;[26]
– allgemeine, am Gerechtigkeitsgedanken ausgerichtete und auf das betreffende Rechtsgebiet anwendbare Grundsätze, wie Äquivalenz von Leistung und Gegenleistung;[27]
– die geschriebenen und ungeschriebenen Normen des Vertragsrechts.[28]

---

16 BGHZ 93, 358 = NJW 1985, 3013, 3014 (Zusatzwasser).
17 BGHZ 93, 358 = NJW 1985, 3013, 3014 (Zusatzwasser); Niebling, BB 1984, 1717.
18 Niebling, WM 1992, 845.
19 Die Begriffe „gesetzliche Regelung" (307 Abs. 2 Nr. 1 BGB) und „gesetzliche Vorschriften" (§ 306 Abs. 2 BGB) sind hierzu gleichbedeutend.
20 Hierzu Niebling, WRP 2011, 909 und 1269.
21 BGH NJW 1983, 1671; Niebling, WM 1992, 845, 846.
22 Zuletzt auch BGH v. 13.1.2011 – III ZR 78/10 (Platzmietpauschale).
23 BGH WM 1983, 757 = NJW 1983, 1671.
24 BGHZ 83, 301 = WM 1982, 658.
25 BGH NJW 1983, 1671; BGHZ 100, 157 = WM 1987, 652.
26 BGHZ 89, 206 = WM 1984, 314; BGHZ 93, 358 = WM 1985, 576 = NJW 1985, 3013, 3014 (Zusatzwasser).
27 BGHZ 96, 103 = WM 1995, 1447.
28 BGH WM 85, 780 = NJW 1985, 2585.

§ 307

Beispiel:
Erhält ein gewerblicher Autohändler für den Vermittlungsauftrag eine Provision, so kann er nicht zusätzlich eine Platzmietpauschale verlangen.[29]

10 Derartige Grundsätze können nicht mit **Richterrecht** gleichgesetzt werden.[30] Zunächst bestehen Bedenken, Richterrecht als Rechtsquelle anzusehen; der Begriff ist auch problematisch, weil er zu der unrichtigen Annahme verleitet, dass jeder Richterspruch derartiges Richterrecht verkörpern könne und eine einmal eingeschlagene Rechtsprechung als Vergleichsmaßstab im Rahmen von § 307 BGB herangezogen werden muss.[31] Dagegen ist **Gewohnheitsrecht** ein Vergleichsmaßstab.[32] **Handelsbräuche** können nur herangezogen werden, soweit diese dem Maßstab von Treu und Glauben standhalten. Die Üblichkeit selber ist noch kein Vergleichsmaßstab.[33] Auch die **ergänzende Vertragsauslegung** kann Vergleichsmaßstab sein, wenn der Vertrag von vornherein eine Lücke aufweist, da diese Lücke nach dem Vertragszweck, also einem normativen Element, geschlossen wird. Hiervon zu trennen ist die Frage, ob bei Entfall der Klausel eine ergänzende Vertragsauslegung möglich ist oder dem Sinn und Zweck der Inhaltskontrolle widerspricht (siehe hierzu Vor § 307 Rn 32). Allgemein kann der **Vertragsinhalt** nicht zum Vergleichsmaßstab herangezogen werden. So hängt die Inhaltskontrolle nicht davon ab, ob die Bausparer mit der Abschlussgebühr eine vertraglich geschuldete Gegenleistung abgelten (so der Bundesgerichtshof[34]). Was vertraglich, d.h. durch Vertrag, geschuldet ist, ist nicht der Vergleichsmaßstab nach § 307 Abs. 3 S. 1 BGB; Vergleichsmaßstab ist, was kraft Gesetzes geschuldet ist.

11 Das **Äquivalenzprinzip** kann nicht allgemein zum Instrument richterlicher Preis- und Leistungskontrolle gemacht werden.[35] Klauseln, die jedoch nicht nur die Höhe der Vergütung sondern in abstrakter Weise auch die Voraussetzungen ihres Entstehens regeln und einen „versteckten Sanktionscharakter" haben, führen aus dem Bereich der bloßen Entgeltregelung heraus und unterliegen der Inhaltskontrolle.[36] Gegen das Äquivalenzprinzip verstößt es auch, wenn die Klausel dem Verwender das volle Entgelt auch für den Fall zuspricht, dass der Verwender noch gar keine oder eine nur ganz geringfügige Tätigkeit entfaltet hat.[37] Formularmäßige **Preisänderungs- und Preisanpassungsrechte** dürfen grundsätzlich die bei Vertragsschluss vorausgesetzte Gleichwertigkeit von Leistung und Gegenleistung nicht verschieben;[38] sie dürfen dem Verwender auch nicht jede einseitige Änderung oder Anhebung ermöglichen.[39] Dies gilt auch bei Preisanpassungsklauseln bei der **Strom- und Gasversorgung** und – soweit eine Inhaltskontrolle überhaupt erfolgen kann – bei der **Fernwärme** in Fällen von § 1 Abs. 3 S. 1 AVB FernwärmeV und bei der Belieferung von Industriekunden.[40]

12 Eine **Nachbewertungsklausel der Treuhandanstalt** wurde vom Bundesgerichtshof zu Unrecht der Inhaltskontrolle entzogen.[41]

13 **Überziehungsentgelte der Banken** können gegen das Äquivalenzprinzip verstoßen und unterliegen der Inhaltskontrolle (siehe auch Stichwort „Banken").[42] Auch im Zusammenhang mit dem P-Konto haben Klauseln gegen das Äquivalenzprinzip verstoßen (siehe auch Stichwort „Banken").[43]

14 **Preisanpassungsklauseln in Gaslieferverträgen** müssen transparent sein und den Verbraucher über das Maß möglicher Anpassung möglichst präzise informieren.[44]

15 Dies hat der Bundesgerichtshof nun mehrfach entschieden.[45] Auch eine Spannungsklausel in einem Erdgassondervertrag, wonach der Preis an den Preis von Heizöl anknüpft, ist unangemessen.[46] Bei **Zinsänderungsklauseln** gelten die

---

29 Zuletzt auch BGH v. 13.1.2011 – III ZR 78/10 (Platzmietpauschale).
30 Anders WLP/*Pfeiffer*, § 307 Rn 108.
31 Bereits *Niebling*, WM 1992, 845, 846; im Ergebnis auch v. *Hoyningen-Huene*, Rn 249.
32 *Niebling*, WM 1992, 845, 846; WLP/*Pfeiffer*, § 307 Rn 108.
33 *Niebling*, WM 1992, 845, 847; BGHZ 91, 316 = WM 1984, 999 (Fahrtzeiten).
34 BGH v. 7.12.2010 – XI ZR 3/10.
35 BGHZ 93, 358 = WM 1985, 576 = NJW 1985, 3013, 3014 (Zusatzwasser); BGH NJW 1981, 1749 (Leasing); ein Verstoß gegen Verfassungsrecht kommt gleichwohl nicht in Betracht: BVerfG v. 7.9.2010 – 1 BvR 2160/09.
36 BGHZ 93, 358 = WM 1985, 576 = NJW 1985, 3013, 3014 (Zusatzwasser).
37 BGH WM 1984, 898 = NJW 1984, 2162.
38 *Paulusch* in: 10 Jahre AGBG, RWS Forum 2 S. 70; BGH v. 22.2.2002 – V ZR 251/00 (Treuhandanstalt) (abzulehnen).
39 BGHZ 82, 21; BGHZ 93, 252 = BB 1985, 1223; BGH NJW 1990, 115; BGH v. 14.7.2010 – VIII ZR 246/08 (Erdgas).
40 BGH v. 6.4.2011 – VIII ZR 273/09; BGH v. 24.10.2010 – VIII ZR 178/08; BGHZ 185, 96; BGHZ 178, 362; BGH v. 15.1.2014 – VIII ZR 80/13.
41 BGH v. 22.2.2002 – V ZR 251/00 (Treuhandanstalt); *Niebling*, WM 1992, 845.
42 *Niebling*, VuR 2011, 283; a.A. *Cahn*, WM 2010, 1197.
43 BGH v. 16.7.2013 – XI ZR 260/12 Rn 37.
44 BGH v. 15.7.2009 – VIII ZR 225/07, NJ 2009, 509 m. Anm. *Niebling*, Anm. *Zabel*, BB 2009, 2282; Anm. *Büdenbender*, NJW 2009, 3125; *Kessler/Schwedler*, BB 2010, 585; OLG Frankfurt v. 5.5.2009 – 11 U 61/07 (Kart); BGH v. 29.4.2008 – KZR 2/07; BGH v. 17.12.2008 – VIII ZR 274/06, WM 2009, 321; BGH v. 28.10.2009 – VIII ZR 320/07; BGH v. 26.1.2010 – VIII ZR 312/08; BGH v. 13.1.2010 – VIII ZR 81/08 (Vertrag bleibt i.Ü. wirksam); OLG Oldenburg v. 12.2.2010 – 6 U 164/09: kein einseitiges Preisanpassungsrecht bei Normsonderkundenverträgen; BGH v. 18.10.2009 – VIII ZR 320/07, MDR 2010, 67; BGH v. 14.7.2010 – VIII ZR 246/08 (Erdgas); BGH v. 9.2.2011 – VIII ZR 162/09 (Vorlage an den EuGH).
45 BGH v. 24.3.2010 – VIII ZR 178/08 (HEL), MDR 2010, 681; BGH v. 24.3.2010 – VIII ZR 307/08, MDR 2010, 681, hier auch zur Einstellung der Gasversorgung bei Zahlungsverzug; BGH v. 27.1.2010 – VIII ZR 326/08, MDR 2010, 685; hierzu auch *Makert*, ZMR 2009, 898.
46 BGH v. 24.4.2010 – VIII ZR 178/08.

gleichen Grundsätze. Zum Prämiensparvertrag hat der Bundesgerichtshof eine ergänzende Vertragsauslegung zugunsten des Kunden vorgenommen,[47] soweit die Zinsänderungsklausel unwirksam ist.

Eine **Zeittaktklausel** in Rechtsanwalts-AGB, wonach auch bei kurzen Tätigkeiten jeweils 15 Minuten angesetzt werden, ist unwirksam.[48] **16**

Auch **Verfallklauseln** können gegen das Äquivalenzprinzip verstoßen, so wenn beim Finanzierungsleasing für den Fall der Kündigung des Leasinggebers (etwa bei Verzug des Leasingnehmers) die gesamten rückständigen wie auch künftigen Leasingraten fällig werden sollen.[49] Das Äquivalenzprinzip ist auch gestört, wenn infolge Nichtbeschaffung der Leasingsache und damit zugleich Nichterfüllung der dem Leasinggeber obliegenden Hauptpflicht der Gebrauchsüberlassung zwar der Leasinggeber von allen Verpflichtungen befreit wird, der Leasingnehmer im praktischen Ergebnis aber einen Teil seiner Gegenleistung, die Leasingrate, aufbringen muss.[50] Auch **Vorkasseklauseln** können gegen das Äquivalenzprinzip verstoßen.[51] **Wertstellungsklauseln** verstoßen im Einzelfall gegen das Äquivalenzprinzip, da dem Kunden eine Zinspflicht für einen in Wahrheit nicht bestehenden Schuldsaldo auferlegt wird.[52] **Vertragstypische Erwartungen des Kunden** können in die Beurteilung einfließen.[53] Die Unwirksamkeit der Kautionsklausel in Reise-AGB begründete der Bundesgerichtshof damit, dass diese geeignet sei, die Leistung, „die der Reisende nach dem Gegenstand und Zweck des Vertrages erwarten darf, in unangemessener Weise zu beeinträchtigen".[54] Ebenso ist zu beanstanden, dass bei Befristung der Telefonkarte das Restguthaben nicht gutgeschrieben wird.[55] Ebenso widerspricht es dem Vertragszweck, wenn im Rahmen eines Tank-Scheck-Systems die besondere Verpflichtung zur ordnungsgemäßen Abrechnung übernommen, gleichzeitig aber deren charakteristischer Inhalt, die Haftung bei nicht ordnungsgemäßer Abrechnung, ausgeschlossen wird.[56] Bei Internatsverträgen gehört hierzu ein Recht zur ordentlichen Kündigung in der Probezeit.[57] **Leistungsvorbehalte** sind am **Grundsatz** zu messen, **dass der Kunde bei Vertragsschluss über die Reichweite seiner Rechte aufzuklären ist**.[58] Auch Erklärungen vor dem eigentlichen Vertrag können unwirksam sein, etwa zu lange vorformulierte Bindungsfristen.[59] **17**

Die **Rechtsunsicherheit** ist dagegen im Rahmen des **Transparenzgebots** zu berücksichtigen. Klauseln, die geeignet sind, den Kunden von der Geltendmachung seiner Rechte abzuhalten, da sie Rechtspositionen verschleiern, sind kontrollfähig (siehe Vor § 305 Rn 9).[60] **18**

Auch **§ 242 BGB** kann im Rahmen der Konkretisierung ungeschriebener Rechtsgrundsätze herangezogen werden und ist insoweit Rechtsvorschrift i.S.v. § 307 BGB.[61] So war die Möglichkeit des Einwendungsdurchgriffs beim finanzierten Anzahlungskauf aus § 242 BGB herzuleiten und insoweit Maßstab für die Beurteilung von Trennungsklauseln, wonach der Kreditnehmer den Kredit voll zurückzuzahlen hatte, unabhängig davon, ob er die Waren nicht oder nur mangelhaft erhalten hat, und unabhängig davon, ob der Kaufvertrag aufgelöst worden ist oder die auf den Kaufvertrag gerichtete Willenserklärung widerrufen wurde.[62] **19**

Unerheblich ist, **aus welchem Rechtsgebiet** die Vergleichsnorm resultiert, entscheidend ist, ob dieser ein Gerechtigkeitsgehalt zukommt, der dem AGB-Recht unterfallen soll.[63] **20**

F. Gerechtigkeitsgehalt der Grundnorm

Wesentliche Grundgedanken der gesetzlichen Regelung sind nach der Rechtsprechung solche, die nicht nur auf Zweckmäßigkeitserwägungen beruhen, sondern eine Ausprägung des Gerechtigkeitsgebots darstellen.[64] Dies wird vielfach kritisiert.[65] Gemeint ist, dass der **Bezugsnorm ein Gerechtigkeitsgehalt** zukommen muss. Nur dann kann in einem zweiten Schritt die Interessenabwägung erfolgen. Hier reicht das Spektrum von einer Missachtung des Vertragszwecks bis zu einer nicht ausreichenden Berücksichtigung der Interessen des anderen Teils. Zulässig ist dagegen eine unerhebliche Beeinträchtigung der Interessen des Kunden oder eine ausreichende Kompensation im Rahmen zusammengehöriger Regelungssachverhalte (siehe Vor § 307 Rn 46).[66] Auch ein überwiegendes oder gleichwertiges Interesse des Verwenders kann eine Klausel rechtfertigen.[67] Das Rationalisierungsinteresse ist hierbei **21**

---

47 BGH v. 13.4.2010 – XI ZR 197/09, VuR 2010, 267 m. Anm. *Niebling* = BGH WM 2010, 933.
48 OLG Düsseldorf v. 18.2.2010 – 24 U 183/05.
49 BGH WM 1984, 933 = NJW 1984, 2687; BGH NJW 1982, 870.
50 BGHZ 96, 103 = WM 1985, 1447; BGH BB 1987, 1972.
51 So im Reisevertrag: BGHZ 100, 157 = NJW 1987, 1931.
52 BGHZ 106, 259 = NJW 1989, 582 m. Anm. *Niebling*.
53 *Niebling*, WM 1992, 845, 848; *ders.*, VuR 2011, 283 zu Banken-AGB.
54 BGH NJW 1990, 317, 319.
55 BGH NJW 2001, 2635.
56 BGH NJW 1995, 914, 916.
57 BGH NJW 1985, 2585.
58 *Niebling*, WM 1992, 845, 848.
59 BGH v. 17.1.2014 – V ZR 5/12 (Bauträgervertrag).
60 BGH NJW 2006, 996; Bamberger/Roth/*Schmidt*, § 307 Rn 42.
61 *Niebling*, WM 1992, 845, 848.
62 BGHZ 95, 350 = NJW 1986, 43.
63 WLP/*Pfeiffer*, § 307 Rn 109; hierbei können sozialrechtliche Normen ausscheiden: BGH NJW-RR 2005, 1189.
64 BGH NJW-RR 1996, 1009.
65 WLP/*Pfeiffer*, § 307 Rn 117; Staudinger/*Coester*, § 307 Rn 249; Bamberger/Roth/*Schmidt*, § 307 Rn 53.
66 Auch WLP/*Pfeiffer* § 307 Rn 127.
67 BGH NJW 1991, 1886, 1888; auch WLP/*Pfeiffer*, § 307 Rn 129.

nicht zugunsten des Verwenders zu berücksichtigen,[68] da die gesetzliche Regelung gleichermaßen den typischen Regelfall im Auge hat.

22 **Abs. 2 Nr. 2** stellt auf eine **den Vertragszweck gefährdende Einschränkung wesentlicher Rechte und Pflichten** ab. Hierdurch wird kein Gegensatz zu Nr. 1 aufgezeigt, sondern lediglich ein besonderer Aspekt in den Vordergrund gerückt: die Kardinalpflicht. Unerheblich ist, ob eine Hauptleistungspflicht oder eine Nebenpflicht vorliegt oder der Kernbereich der Interessen wenig oder der Randbereich stark beeinträchtigt wird, ob ein geregelter Vertragstyp vorliegt oder ein ungeregelter. Vielfach wird hier der Gedanke einer Aushöhlung vorliegen, eines abstrakt widersprüchlichen Verhaltens.

23 **Natur des Vertrags, wesentliche Rechte und Pflichten und Vertragszweck** kennzeichnen einen Gerechtigkeitsgehalt der Bezugsnorm ohne materielle Unterscheidungskraft.[69] Da diese Beurteilung das Gericht von Amts wegen zu treffen hat, sind Fragen der Beweislast nicht aufgeworfen.[70]

24 Der **Grundtatbestand des § 307 Abs. 1 S. 1 BGB** ist sinnvollerweise nach einer Prüfung des (scheinbar) spezielleren Abs. 2 heranzuziehen. Eine Benachteiligung entgegen den Geboten von Treu und Glauben, die nicht unter Abs. 2 fällt, ist kaum vorstellbar. Insoweit kommt Abs. 1 S. 1 eine klarstellende Funktion zu. Die „im Zweifel"-Regelung in Abs. 2 ist damit keine enumerative und abschließende Aufzählung, sondern eine nähere Ausformulierung des Grundtatbestandes. Dass in Abs. 1 „die Einschränkung" „im Zweifel" fehlt, hat materiell-rechtlich keine Bedeutung. Abs. 2 ist auch insoweit nur eine nähere Ausformulierung einer durchzuführenden Interessenabwägung an den Maßstäben gesetzlicher Interessenbewertung.

25 Das **Transparenzgebot**[71] in § 307 Abs. 1 S. 2 BGB ist ebenfalls nur ein Beispielsfall der Unangemessenheit (vgl. hierzu Stichworte „Transparenzgebot", „Salvatorische Klauseln; siehe auch Vor § 307 Rn 37). Dies zeigt sich auch im Wortlaut: „...kann sich **auch** daraus ergeben". Da bei Verstoß gegen das Transparenzgebot automatisch eine Rechtslagendivergenz vorliegt, denn nach den Grundpfeilern des Vertragsrechts sind Rechte und Pflichten klar und übersichtlich zu vereinbaren, gibt es auch eine Beschränkung der Inhaltskontrolle. § 307 Abs. 3 S. 2 BGB hat daher eine klarstellende Funktion.

G. Schranken der Inhaltskontrolle

26 Gegenstand zahlreicher Abhandlungen sind dagegen die **Schranken der Inhaltskontrolle**[72] in § 307 Abs. 3 S. 1 BGB. Eine Inhaltskontrolle soll nur erfolgen, wenn in AGB von Rechtsvorschriften abgewichen wird. Hierdurch wird der entscheidende Grundsatz des AGB-Rechts ausformuliert: Wer sich zu weit von den Wertungen des Rechts entfernt, wird im Rahmen der Inhaltskontrolle wieder in die Wertordnung der gesetzlichen Regelungen geführt. Es ist daher ein Rechtslagenvergleich erforderlich; die Rechtslage mit der Klausel wird mit der Rechtslage ohne die Klausel vergleichen. Dieser **Rechtslagenvergleich**[73] ist sowohl bei der Inhaltskontrolle wie auch bei der Frage, ob eine Klausel der Inhaltskontrolle unterworfen ist (§ 307 Abs. 3 S. 1 BGB), notwendig. Dieser Betrachtung hat sich auch der Bundesgerichtshof angeschlossen.[74] Hierbei ist das dispositive Gesetzesrecht heranzuziehen, aber auch ein Regelungsgehalt, der aus §§ 157, 242 BGB gewonnen werden könnte.[75] Unter Rechtsvorschriften sind daher nicht nur Gesetzesvorschriften im materiellen Sinne zu verstehen, sondern auch die Natur des Vertrags und sonst allgemein anerkannte Rechtsgrundsätze (siehe oben Rn 23, Vor § 307 Rn 13). Zumeist muss jedoch erst ermittelt werden, was kraft Gesetzes gilt. Gilt etwa die Verjährungsfrist des § 548 Abs. 1 BGB auch für Ansprüche des Vermieters auf Erfüllung der vom Mieter vertraglich übernommenen Instandsetzungs- und Instandhaltungspflicht sowie auf Schadensersatz wegen deren Nichterfüllung,[76] so weicht eine Klausel hiervon ab, wenn sie dem nicht Rechnung trägt.

27 Für die Wirksamkeit von AGB können nicht die gleichen Freiräume gelten, wie dies für Individualvereinbarungen selbstverständlich ist.

---

68 Anders WLP/*Pfeiffer*, § 307 Rn 129.
69 Zuletzt auch BGH v. 13.1.2011 – III ZR 78/10 (Platzmietpauschale).
70 Anders WLP/*Pfeiffer*, § 307 Rn 153: Der Vertragspartner des Verwenders trage die Beweislast für eine Gefährdung des Vertragszwecks.
71 Vgl. WLP/*Pfeiffer*, § 307 Rn 235; Bamberger/Roth/ *Schmidt*, § 307 Rn 40.
72 *Niebling*, Die Schranken der Inhaltskontrolle nach § 8 AGBG, 1977; *ders.*, BB 1984, 1713; *ders.*, WM 1992, 845; *Dylla-Krebs*, Schranken der Inhaltskontrolle Allgemeiner Geschäftsbedingungen, 1990; *Billing*, Die Bedeutung von § 307 Abs. 3 Satz 1 BGB im System der AGB-rechtlichen Inhaltskontrolle, 2006; *Stoffels*, JZ 2001, 843.

73 *Niebling*, BB 1984, 1713; *ders.*, Die Schranken der Inhaltskontrolle nach § 8 AGBG, 1988, S. 22; *ders.*, WM 1992, 845, 848; der Begriff wurde später vielfach übernommen; sachlich auch zuletzt BGH v. 13.1.2011 – III ZR 78/10 (Platzmietpauschale).
74 BGHZ 93, 358 = NJW 1985, 3013 (Zusatzwasser).
75 BGHZ 93, 358 = NJW 1985, 3013, 3014 (Zusatzwasser); BGHZ 137, 27; BGH v. 12.5.2010 – I ZR 37/09: In § 412 Abs. 3 HGB liege ein rechtlicher Maßstab, an dem die Klausel (Ausschluss des Standgeldes) gemessen werden kann.
76 Zutreffend BGH v. 8.1.2014 – XII ZR 12/13.

Damit lässt sich umgekehrt abgrenzen: 28
- Es ist nicht entscheidend, ob die Klausel den Bereich der Hauptleistung oder der Nebenleistung betrifft.[77] Auch Erwägungen, ob „unmittelbar" der Preis geregelt werde,[78] führen nicht zu sachgerechten Ergebnissen und verkennen das Wesen der Inhaltskontrolle und deren Schranken.
- Wenig griffig ist die Formulierung, eine nicht der Inhaltskontrolle unterliegende Leistungsbeschreibung liege vor bei Bestimmungen, die Art, Umfang und Güte der geschuldeten Leistung festlegen.[79]
- Vertragsklauseln können nicht generell daraufhin überprüft werden, ob diese wirtschaftlich sinnvoll und sachgerecht sind.
- Der normative Maßstab der Interessenbewertung kann grundsätzlich nicht aus der Vereinbarung der Parteien entnommen werden, denn hierdurch hätten es die Parteien selber in der Hand, die normativen Bewertungsgrundsätze ihrer Vereinbarung zu bestimmen.
- Die Zulässigkeit der Inhaltskontrolle hängt auch nicht davon ab, ob dem Kunden das Entgelt bereits zum Zeitpunkt des Vertrags hinreichend klar vor Augen geführt wird.[80] Hierdurch wird nur das Transparenzgebot erfüllt, dessen Einhaltung bekanntlich nicht den Ausschluss der Inhaltskontrolle bewirkt!

Welche Rechtsvorschriften gemeint sind, ist vorstehend bereits ausgeführt (siehe oben Rn 8 ff.). Im Vordergrund stehen das dispositive Recht und ungeschriebene Rechtsgrundsätze. 29

Abweichungen oder Ergänzungen sind zunächst einheitlich als Feststellung einer Abweichung bei der Durchführung eines Rechtslagenvergleichs zu verstehen.[81] Da keine Unterschiede der Kontrollfähigkeit bestehen, kommt es auf die Unterscheidung auch nicht an. Richtig ist es wohl, die Ergänzung als einen Unterfall des Abweichens aufzufassen. 30

H. Deklaratorische Klauseln

Klauseln, bei deren Wegfall die gleiche Rechtslage kraft Gesetzes eintreten würde, die wort- oder inhaltsgleich wiedergeben, was ohnehin gilt, sind **deklaratorische Klauseln**. Insoweit liegt **keine Rechtslagendivergenz** vor. Würde eine Inhaltskontrolle zur Geltung der gleichen Regelung führen, so zeigt dies, dass eine Inhaltskontrolle nicht möglich ist. § 306 Abs. 2 BGB macht im Übrigen keinen Unterschied zwischen der Einbeziehung und der Inhaltskontrolle; in beiden Fällen wird der Verwender in die gesetzliche Werteordnung zurückverwiesen. Dies spricht dafür, deklaratorische Klauseln insgesamt auch aus der Einbeziehung zu nehmen; diese sind nicht einseitig auferlegt „gestellt", wenn sie ohnehin gelten. Deklaratorische Klauseln sind daher keine AGB. 31

Ebenso hat der BGH in der „Kaltwasserentscheidung"[82] erklärt, dass die geprüfte Umlageklausel nicht lediglich deklaratorisch das Gesetz wiedergebe und so der Inhaltskontrolle unterliege. Die Klausel enthalte „keine bloß deklaratorische Wiedergabe des Gesetzesinhaltes. Es handelt sich vielmehr um eine konkretisierende Ausgestaltung der gesetzlichen Regelung …, die der Inhaltskontrolle unterliegt". 32

I. Scheinbar deklaratorische Klauseln

Scheinbar deklaratorische Klauseln liegen vor, wenn nicht einschlägige Gesetzesvorschriften wiederholt werden oder dispositive Bestimmungen für anwendbar erklärt werden, die im Zusammenhang des Vertrags konstitutiv wirken.[83] Auch kann die Verletzung von **Transparenzgeboten** hierunter fallen.[84] 33

Insbesondere kann eine Klauselgestaltung, die dem Verwender die Möglichkeit eröffnet, begründete Ansprüche unter Hinweis auf eine in der Sache nicht – stets – zutreffende Darstellung der Rechtslage in seinen AGB abzuwehren, nicht mehr als deklaratorisch angesehen werden.[85] 34

---

77 Anders z.T. noch die Rechtsprechung: BGH v. 23.9.2010 – III ZR 21/10: Tätigkeitsentgelt für die Reservierung einer Immobilie, anders zu Recht: BGH v. 6.10.2010 – VIII ZR 183/09, einen Rechtslagenvergleich, und BGH v. 12.5.2010 – I ZR 37/09: in § 412 Abs. 3 HGB liege ein rechtlicher Maßstab, an dem die Klausel (Ausschluss des Standgeldes) gemessen werden kann.
78 So aber BGH v. 7.12.2010 – XI ZR 3/10.
79 So aber BGH v. 23.9.2010 – III ZR 21/10.
80 So aber Stoffels, BKR 2010, 359; Habersack, WM 2008, 1857, 1860.
81 Sachlich zustimmend auch Westermann, Zehn Jahre AGB-Gesetz, RWS Forum 2, 1987, S. 135.
82 BGH v. 6.10.2010 – VIII ZR 183/09: Auch wenn der Mieter nach § 242 BGB einen Anspruch darauf hat, dass der Umlagemaßstab zu ändern ist, wenn der bisherige Maßstab zu einer krassen Ungerechtigkeit führt, führt dies alleine noch nicht zur Wirksamkeit der Grundgebühr nach erfasstem Wasserverbrauch. Die Klausel muss vielmehr selber einen derartigen Vorbehalt enthalten; dies ist nicht der Fall, da es die Klausel ermöglicht, das Leerstandsrisiko weitgehend auf den Mieter abzuwälzen.
83 BGHZ 91, 55 = NJW 1984, 2161.
84 So war die Verwendung der Begriffe „Wandlung" und „Minderung" nicht ausreichend: BGHZ 79, 117 = ZIP 1981, 285; BGHZ 80, 21 = NJW 1982, 31.
85 BGH WM 1985, 24 = NJW 1985, 1886; BGHZ 104, 82 = NJW 1988, 1780; Niebling, WM 1992, 845, 849.

J. Erlaubnisnormen

35 **Erlaubnisnormen**: Das Gesetz sieht vielfach (ausdrücklich) die Möglichkeit vor, eine bestimmte Vereinbarung zu treffen. Da diese Vereinbarung jedoch nicht bereits kraft Gesetzes gilt, unterliegen AGB, die von Erlaubnisnormen Gebrauch machen, der Inhaltskontrolle.[86]

36 **Gesetzliche Regelungen zur üblichen Vergütung**, wie § 612 Abs. 2 und § 632 Abs. 2 BGB haben nur den Schutzzweck, einen Vertragsschluss nicht von der fehlenden Einigung oder dem Nachweis der Vergütungsvereinbarung abhängig zu machen; ein Gerechtigkeitsgehalt zur Höhe der Vergütung liegt der Vergleichsnorm daher nicht zugrunde.[87] Die formularmäßige Preisabsprache kann daher auch nicht an der üblichen Vergütung nach § 612 Abs. 2 und § 632 Abs. 2 BGB gemessen werden. Anders, wenn das Gesetz ausdrücklich ein Honorar festschreibt oder durch AGB von einem gesetzlichen Honorarrahmen abgewichen wird.[88]

37 Auch **einseitige Erklärungen** können der Inhaltskontrolle unterfallen, insbesondere, wenn die Beweissituation des Kunden hierdurch verschlechtert werden soll.

38 Die **Klauselrichtlinie** enthält eine im Wortlaut etwas abweichende Regelung in Art. 4 Abs. 2; Änderungen für die vorstehende Auslegung sind hiermit jedoch nicht verbunden. Nationales Recht darf hierbei über das in der Richtlinie vorgesehene Verbraucherschutzniveau hinausgehen.[89]

39 **Einzelfragen**: **Garantieregelungen** können den Eindruck erwecken, auch in vertragliche Rechte des Kunden einzugreifen,[90] oder die berechtigte Kundenerwartung aushöhlen.[91] **Laufzeitregelungen** sind kontrollfähig, weil ohne diese kein Dauerschuldverhältnis oder ein solches mit bestimmten Kündigungsfristen bestehen würde (siehe auch Stichwort „Laufzeit").[92] Risikobeschreibungen in Versicherungsbedingungen unterliegen dann der Inhaltskontrolle, wenn sie das Leistungsversprechen einschränken und verändern oder mit der berechtigten Kundenerwartung nicht zu vereinbaren sind.[93]

K. Einzelfälle

40 **Kontrollfähig** sind auch Fälligkeitsklauseln, Vorleistungsklauseln, es sei denn, es besteht eine Vorleistungspflicht, Wertstellungsklauseln (siehe auch Stichwort „Banken"), Tilgungsverrechnungsklauseln, Zusatzboni-Klauseln, Rabatte, Übertragung der Schönheitsreparaturen und Instandsetzungskosten auf den Mieter, Preisberechnungsklauseln, Preis- und Zinsänderungsklauseln,[94] Preis- und Leistungsbestimmungsrechte für Dritte, Abschlusskosten von 1 % beim Bausparvertrag;[95] gesonderte Kosten für die Anfahrt,[96] Zeittaktklauseln (bei 5 Minuten werden 15 Minuten berechnet),[97] Kosten für den Abschluss eines Vertriebsvertrages[98] oder eines Mietvertrages, Deaktivierungsgebühren für Telekom Leistungen,[99] Kosten für Freistellungserklärungen und die Bearbeitung von Pfändungs- und Überweisungsbeschlüssen,[100] zusätzliche Gebühren für Kartenzahlungen,[101] Nachbewertungsklauseln der Treuhand,[102] Leistungsvorbehalte und Leistungsänderungsvorbehalte, Preisvorbehalte und Preisänderungsvorbehalte,[103] ein Tätigkeitsentgelt für eine Reservierung in Maklerverträgen,[104] ein Tätigkeitsentgelt für die Reservierung einer Immobilie,[105] Verlängerungsklauseln (für Mietverhältnisse),[106] Verfallklauseln,[107] Schätzgebühren in Darlehens-

---

86 *Niebling*, WM 1992, 845, 849.
87 *Niebling*, WM 1992, 845, 849.
88 HOAI, GOÄ, RVG: Palandt/*Grüneberg*, § 307 Rn 59.
89 EuGH, Schlussantrag des Generalanwalts vom 29.10.2009 – C-484/08, NJ 2010, Heft 10 und Urt. v. 3.6.2010, RIW 2010, 873 (bearb. v. *Niebling*), bestätigt durch Urt. v. 3.6.2010 = EuZW 2010, 500.
90 BGHZ 104, 82.
91 BGH NJW RR 1991, 1013; *Niebling*, DAR 2008, 141; *ders.*, DAR 2008, 478; *ders.*, NZV 11/2011 zu BGH v. 6.7.2011 – VIII ZR 293/10 (Saab).
92 BGHZ 127, 41; BGH NJW 1997, 1849; BGH ZIP 2003, 407; KG v. 20.3.2009 – 9 W 49/09 (Privatschule); *Niebling*, MDR 2008, 841
93 BGH NJW 2001, 2014; BGH NJW-RR 2008, 189; Palandt/*Grüneberg*, § 307 Rn 58.
94 *Niebling*, WM 1982, 845, 850, *ders.*, ZIP 1987, 1433; *Kessel*, BB 2010, 585; BGH v. 9.2.2011 – VIII ZR 162/09 (Gaslieferungsvertrag: Vorlage an den EuGH) m. Anm. *Zabel*, BB 2011, 719; BGH v. 6.4.2011 – VIII ZR 273/09 und BGH v. 6.4.2011 – VIII ZR 66/09 (Preisanpassung in Fernwärmeverträgen).
95 BGH v. 7.12.2010 – XI ZR 3/10 (Bausparbedingungen); *Niebling*, VuR 2011, 93; *ders.*, MDR 2013, 1012; a.A. noch *Lentz*, BB 2010, 598; *Pieroth/Hartmann*, WM 2009,

677; OLG Hamm v. 1.2.2010 – 31 U 130/09; OLG Stuttgart ZIP 2010, 74.
96 Anders BGHZ 116, 119.
97 OLG Düsseldorf v. 18.2.2010 – 24 U 183/05 (unwirksam beim Anwaltsvertrag).
98 Anders BGH NJW-RR 1993, 375.
99 BGH NJW 2002, 2386.
100 BGHZ 136, 261; BGHZ 138, 380; BGH NJW 1999, 2276; damit sind auch Zusatzkosten für ein P-Konto kontrollfähig.
101 BGH v. 20.5.2010 – Xa ZR 68/09 (Ryanair).
102 Anders BGH v. 22.2.2002 – V ZR 251/00.
103 BGH v. 9.2.2011 – VIII ZR 162/09 (Vorlage an den EuGH); BGH v. 13.6.2007 – VIII ZR 36/06; BGHZ 172, 315; BGH v. 19.11.2008 – VIII ZR 138/07; BGHZ 178, 362; BGH v. 15.7.2009 – VIII ZR 56/08; BGHZ 182, 41; BGH v. 29.4.2008 – KZR 2/07; BGHZ 176, 244; BGH v. 9.2.2011 – VIII ZR 295/09 (Erdgas); *Niebling*, NJ 2009, 509.
104 BGH v. 23.9.2010 – III ZR 21/10.
105 BGH v. 23.9.2010 – III ZR 21/10.
106 BGH v. 23.6.2010 – VIII ZR 230/09.
107 BGH v. 28.1.2010 – Xa ZR 37/09 (Bonusmeilen).

verträgen,[108] Umlageklauseln in Mietverträgen, soweit diese von § 556a BGB abweichen,[109] Standzeitenklauseln in Transportverträgen,[110] Platzmietpauschalen bei einem Pkw-Vermittlungsauftrag zugunsten eines gewerblichen Autohändlers,[111] Entgeltklauseln in Banken-AGB für ein Darlehenskonto (siehe auch Stichwort „Banken"),[112] Regelungen zum Preis- und Leistungsverzeichnis hinsichtlich des P-Kontos (siehe auch Stichwort „Banken"),[113] Regelungen über Genussscheinbedingungen (Verlustteilnahme).[114] Klauseln eines Reiseveranstalters über die Festlegung von Flugzeiten und die Unverbindlichkeit von Informationen über Flugzeiten des Reisebüros unterliegen der Inhaltskontrolle.[115]

Kontrollfrei ist ein Entgelt für die Inanspruchnahme von Geldautomaten der Banken,[116] Kosten für den Auslandseinsatz der Kreditkarte,[117] das Ausstellen eines neuen Sparbuchs,[118] die Zuteilungsbedingungen der Bausparkassen, soweit nicht berechtigte Kundenerwartungen ausgehöhlt werden, Parkgebühren, auch wenn der Parkplatz zur Gaststätte gehört, da es einen Grundsatz „Wer isst (und Leistungen der Gaststätte in Anspruch nimmt), muss auch kostenlos parken dürfen" nicht gibt. Deklaratorisch ist auch eine Regelung in Mietverträgen, wonach ein Zurückbehaltungsrecht erst an Mieten geltend gemacht werden kann, die fällig werden, nachdem der Mieter dem Vermieter den Mangel angezeigt hat.[119]

Preisanpassungsklauseln in Fernwärmverträgen sind u.U. nur an der FernwärmeV (§ 24 Abs. 4) und nicht an § 307 BGB zu messen.[120] Eine Inhaltskontrolle findet jedoch statt in Fällen von § 1 Abs. 3 S. 1 AVB FernwärmeV und bei der Belieferung von Industriekunden.[121] Leistungsbeschreibungen in **Einspeiseverträgen über erneuerbare Energien** („Blindarbeitsentgelt") sind von der Inhaltskontrolle ausgenommen, da ein gesetzlicher Vergleichsmaßstab fehlt.[122] Anders bei Klauseln von **Gasversorgern**, insoweit unterliegen Preisanpassungsklausel der Inhaltskontrolle.[123] Auch bei **Erdgas-Sonderkunden** findet hinsichtlich der Preisanpassungsklauseln die Inhaltskontrolle statt.[124]

Satzungsbestimmungen der Versorgungsanstalt des Bundes sind kontrollfrei, wenn die Satzung auf einer Entscheidung der Tarifpartner beruht;[125] was der BGH für § 65 VBLS bejaht.

Die Schranken der Inhaltskontrolle gelten gleichermaßen im B2B wie auch im B2C, jedoch kann es beim Rechtslagenvergleich Unterschiede geben. Der Indizrechtsprechung[126] kommt jedoch auch insoweit Bedeutung zu.

§ 308 Nr. 1, 1a, 1b Klauselverbote mit Wertungsmöglichkeit

In Allgemeinen Geschäftsbedingungen ist insbesondere unwirksam

1. (Annahme- und Leistungsfrist)

    eine Bestimmung, durch die sich der Verwender unangemessen lange oder nicht hinreichend bestimmte Fristen für die Annahme oder Ablehnung eines Angebots oder die Erbringung einer Leistung vorbehält; ausgenommen hiervon ist der Vorbehalt, erst nach Ablauf der Widerrufsfrist nach § 355 Absatz 1 und 2 zu leisten;

1a. (Zahlungsfrist)

    eine Bestimmung, durch die sich der Verwender eine unangemessen lange Zeit für die Erfüllung einer Entgeltforderung des Vertragspartners vorbehält; ist der Verwender kein Verbraucher, ist im Zweifel anzunehmen, dass eine Zeit von mehr als 30 Tagen nach Empfang der Gegenleistung oder, wenn dem Schuldner nach Empfang der Gegenleistung eine Rechnung oder gleichwertige Zahlungsaufstellung zugeht, von mehr als 30 Tagen nach Zugang dieser Rechnung oder Zahlungsaufstellung unangemessen lang ist;

---

108 OLG Düsseldorf v. 5.11.2009 – I-6 U 17/09 (unzulässig).
109 BGH v. 6.10.2010 – VIII ZR 183/09 (Kaltwasser).
110 BGH v. 12.5.2010 – I ZR 37/09: in § 412 Abs. 3 HGB liege ein rechtlicher Maßstab, an dem die Klausel (Ausschluss des Standgeldes) gemessen werden kann (der Ausschluss des Standgeldes ist unwirksam).
111 BGH v. 13.1.2011 – III ZR 78/10 (Platzmietpauschale).
112 BGH v. 7.6.2011 – XI ZR 388/10.
113 BGH v. 16.7.2013 – XI ZR 260/12.
114 LG München I v. 16.6.2011 – 5 HKO 20632/10, WM 2011, 1601.
115 BGH v.10.12.2013 – X ZR 24/13.
116 BGH NJW 1996, 2032; zweifelhaft bei der eigenen Bank: BGH v. 20.5.2010 – Xa ZR 68/09 (Ryanair).
117 BGHZ 137, 27.
118 BGH NJW-RR 98, 1661.
119 BGH v. 3.11.2010 – VIII ZR 330/09.
120 BGH v. 6.4.2011 – VIII ZR 273/09; BGH v. 13.7.2011 – VIII ZR 339/10; BGH v. 6.7.2011 – VIII ZR 37/10: für die Auslegung gelten aber die Grundsätze der AGB-Auslegung.
121 BGH v. 6.4.2011 – VIII ZR 273/09.
122 BGH v. 6.4.2011 – VIII ZR 31/09 Rn 26.
123 BGH v. 14.5.2014 – VIII ZR 114/13; LG Itzehoe ZMR 2011, 389; OLG Celle v. 19.5.2011 – 13 U 6/10 (Erdgas Sondervertrag – Preisanpassungsklausel unwirksam).
124 BGH v. 9.2.2011 – VIII ZR 295/09, NJW 2011, 1342; vgl. auch BVerfG NJW 2011, 1339; hierzu auch *Uffmann*, NJW 2011, 1313.
125 BGH v. 20.7.2011 – IV ZR 76/09 Rn 50.
126 Etwa BGH v. 10.10.2013 – VII ZR 19/12 Rn 21; vgl. auch BGH v. 19.6.2013 – VIII ZR 183/12 (Gebrauchtwagenkauf im B2B).

§ 308 Nr. 1–1b

1b. (Überprüfungs- und Abnahmefrist)
eine Bestimmung, durch die sich der Verwender vorbehält, eine Entgeltforderung des Vertragspartners erst nach unangemessen langer Zeit für die Überprüfung oder Abnahme der Gegenleistung zu erfüllen; ist der Verwender kein Verbraucher, ist im Zweifel anzunehmen, dass eine Zeit von mehr als 15 Tagen nach Empfang der Gegenleistung unangemessen lang ist;

Literatur zu § 308 Nr. 1, 1a, 1b: *Grunewald*, Die Anwendbarkeit des AGB-Gesetzes auf Bestimmungen über den Vertragsabschluss, ZIP 1987, 353; *Liese*, Vereinbarungen über vorvertragliche Rechtspflichten, 1993; *Walchshöfer*, Annahmefristen in Allgemeinen Geschäftsbedingungen, WM 1986, 1041; *Walchshöfer*, Leistungsfristen in Allgemeinen Geschäftsbedingungen, WM 1986, 1541

A. Allgemeines 1	**D. Wertung** 15
I. Allgemein zum Klauselkatalog des § 308 BGB ... 1	I. Annahmefristen 15
II. Allgemein zu § 308 Nr. 1, 1a, 1b BGB 2	1. Unangemessen lange Annahmefrist 15
1. Inhalt der gesetzlichen Regelung 2	2. Nicht hinreichend bestimmte Annahmefrist ... 19
2. Gesetzgeberische Erwägungen 3	3. Rechtsfolge bei Unwirksamkeit 22
B. Geltungsbereich 4	II. Leistungsfristen 23
I. Nach den Kriterien des § 310 BGB 4	1. Unangemessen lange Leistungsfristen 23
II. Nach Vertragsarten 6	2. Nicht hinreichend bestimmte Leistungsfristen ... 27
C. Betroffene Fristen 7	3. Sonderfall: Bauverträge mit Subunternehmern ... 30
I. Annahmefristen 7	4. Rechtsfolge bei Unwirksamkeit 32
1. Allgemeines 7	**E. Ausnahme zu § 355 Abs. 1 und 2 BGB** 33
2. Problem der Unterwerfung vor Vertragsschluss 11	**F. Sonderfall: Zu kurze Fristen** 36
II. Leistungsfristen 12	**G. EG-Richtlinien** 37

A. Allgemeines

I. Allgemein zum Klauselkatalog des § 308 BGB

1 Der Katalog konkretisiert Rechtsgedanken aus § 307 BGB. § 308 BGB verwendet im Gegensatz zu § 309 BGB unbestimmte Rechtsbegriffe, die zu einer weiteren Konkretisierung im Einzelfall nötigen.

II. Allgemein zu § 308 Nr. 1, 1a, 1b BGB

1. Inhalt der gesetzlichen Regelung

2 Die Vorschrift in Nr. 1 entspricht in ihrem ersten Halbsatz § 10 Nr. 1 AGBG. Im zweiten Halbsatz ist die auf § 355 Abs. 1 und 2 BGB bezogene Ausnahme hinzugekommen. Die Vorschrift erfasst Fristen für die Annahme oder Ablehnung eines Angebots oder die Erbringung einer Leistung. Sie erklärt Bestimmungen für unwirksam, worin sich der Verwender der AGB unangemessen lange oder nicht hinreichend bestimmte Fristen dieser Art vorbehält.

Nr. 1a und 1b erfassen Fristen für die Erfüllung einer Geldforderung des Vertragspartners, ebenso für die Überprüfung und Abnahme seiner Leistung, falls die Fälligkeit seiner Geldforderung davon abhängt.

2. Gesetzgeberische Erwägungen

3 Unangemessen lange oder unbestimmte Leistungsfristen bewirken, dass der Kunde über die Fälligkeit der Leistung in unzumutbarer Weise im Ungewissen bleibt. Der Kunde kann dann den Verwender nicht zur Leistung (Vertragserfüllung) zwingen und auch keine Sekundäransprüche (§ 280 Abs. 1 BGB; § 280 Abs. 2 i.V.m. § 286 BGB; § 280 Abs. 3 i.V.m. § 281 BGB; § 323 Abs. 2 BGB) geltend machen. Demgemäß schützt auch diese Vorschrift die Dispositionsmöglichkeiten des Kunden, zudem die Effektivität seiner gesetzlichen Sekundäransprüche.[1] Dazu gehört auch das Rücktrittsrecht. Demgemäß ist § 308 Nr. 1 BGB auch im Zusammenhang mit § 309 Nr. 8a BGB zu sehen.[2]

Mit der Unwirksamkeit unangemessen langer Zahlungs-, Überprüfungs- und Abnahmefristen wollen der europäische Richtliniengeber und der nationale Gesetzgeber die Zahlungen im geschäftlichen Verkehr beschleunigen.

B. Geltungsbereich

I. Nach den Kriterien des § 310 BGB

4 Nr. 1 gilt im Ergebnis auch im unternehmerischen Bereich, denn bei der Inhaltskontrolle nach § 307 BGB ist die Vorschrift analog heranzuziehen. Das folgt aus der übereinstimmenden Interessenlage. Auch der Unternehmer benötigt Schutz gegen Einschränkungen seiner Dispositionsfreiheit und ist auf die baldige Kenntnis angewiesen, ob der Vertrag zustande kommt. Allerdings sind hier Handelsbräuche zu beachten, die aber eher zu einer Verkürzung der Fristen

---

1 BGH NJW 1984, 2469.
2 BGH NJW 1984, 2469.

führen.³ Andererseits wird vertreten,⁴ dass bei Leistungsfristen im unternehmerischen Bereich unter dem Gesichtspunkt einer angemessenen Risikoabsicherung großzügiger zu verfahren sei.

Nr. 1a und 1b gelten im unternehmerischen Bereich unmittelbar, denn sie sind in § 310 Abs. 1 S. 1 BGB bewusst nicht genannt; dies entspricht dem Willen von Richtlinien- und Gesetzgeber, Zahlungen auch im unternehmerischen Bereich zu beschleunigen.

Die Vorschriften erfassen auch sog. Einmalklauseln i.S.v. § 310 Abs. 3 Nr. 2 BGB.⁵ Dagegen gelten sie nicht im Bereich des § 310 Abs. 2 BGB (Energie- und Wasserversorgung, Entsorgung von Abwasser).

II. Nach Vertragsarten

Nr. 1 gilt für alle Vertragsarten, eingeschlossen sind auch dingliche Verträge.⁶ Sie gilt auch für Arbeitsverträge (§ 310 Abs. 4 BGB). Für Versicherungsverträge gilt die Vorschrift grundsätzlich ebenfalls.⁷ Mit Bezug auf die Fälligkeit von Geldleistungen des Versicherers ist sie jedoch an der Sondernorm in § 14 Abs. 1 VVG n.F. = § 11 Abs. 1 VVG a.F. zu messen, wonach sie erst eintritt, wenn er die zur Feststellung des Versicherungsfalls und des Umfangs seiner Leistung erforderlichen Erhebungen abgeschlossen hat.

C. Betroffene Fristen
I. Annahmefristen
1. Allgemeines

Nr. 1 betrifft alle Fristen für die Annahme von Angeboten, wenn der Verwender der AGB der Empfänger des Antrags ist. Erfasst ist also die Dauer der Bindung der antragenden Partei, die dem Verwender gegenübersteht, sodass eine Verlängerung oder eine Unsicherheit hinsichtlich der Frist zu Lasten der antragenden Partei ginge. Betroffen sind auch Annahmefristen, die sich der Verwender zugunsten eines erst noch zu benennenden Dritten vorbehält.⁸ Nicht betroffen sind Fristen, innerhalb deren die Partei, die dem Verwender gegenübersteht, ein Angebot anzunehmen hat.

Annahmefrist ist die Zeit von der Abgabe des Angebots (§ 147 Abs. 2 BGB), also nicht vom Zugang des Angebots beim Verwender,⁹ bis zum Zugang der Annahmeerklärung.¹⁰

Nr. 1 ist auch auf aufschiebende Bedingungen anwendbar, wenn das Zustandekommen des Vertrags davon abhängig gemacht wird,¹¹ etwa von der Übergabe oder Verwendung des Leistungsgegenstands oder einer Bestätigung des Zulieferers des Verwenders. Die Vorschrift gilt auch für Optionen des Verwenders, teils in unmittelbarer, teils in analoger Anwendung.¹²

Nr. 1 erfasst keine Klauseln, die sich hinsichtlich der Annahmefrist darauf beschränken, den Regelungsgehalt des § 147 Abs. 2 BGB wiederzugeben.¹³ Sie erfasst auch keine Klauseln, wonach ein Antrag nach Ablauf einer angemessenen Frist als durch den Verwender angenommen oder abgelehnt gilt.¹⁴ Erstere Klausel enthält nur den formularmäßigen Verzicht auf den Zugang der Annahmeerklärung (§ 151 BGB), letztere entspricht § 146 BGB. § 308 Nr. 1 BGB ist aber tangiert, wenn sich der Verwender hier keine angemessene, sondern eine zu lange Frist vorbehält.¹⁵

2. Problem der Unterwerfung vor Vertragsschluss

Diesen Widerspruch überbrückt die überwiegende Auffassung damit, dass es sich „streng genommen" nicht um AGB handele, sondern um Abschlussklauseln, die das Gesetz aber den AGB gleichstelle.¹⁶ Dies könne nicht anders sein, weil sonst § 308 Nr. 1 BGB leer liefe.

II. Leistungsfristen

Leistungsfristen i.S.v. Nr. 1 sind grundsätzlich alle Fristen, die verstrichen sein müssen, damit die Leistung fällig wird.¹⁷ Gemeint sind damit jedenfalls die Hauptleistungen, zu denen nach bisheriger Rspr. auch die Abnahme beim Werkvertrag als Voraussetzung für die Fälligkeit des Werklohns gehört,¹⁸ ferner wichtige Nebenleistungen. Die Vorschrift betrifft aber nur Fristen für die vom Verwender geschuldeten Leistungen. Zahlungs-, Überprüfungs- und Abnahmefristen sind nunmehr in Nr. 1a und 1b speziell geregelt.

---

3 PWW/*Berger*, § 308 Rn 14.
4 Staudinger/*Coester-Waltjen*, § 308 Nr. 1 Rn 22.
5 BGH NJW 2008, 2873 Rn 7.
6 PWW/*Berger*, § 308 Rn 2.
7 OLG Hamm NJW-RR 1986, 388.
8 Staudinger/*Coester-Waltjen*, § 308 Nr. 1 Rn 8, z.B. beim Bauträgervertrag.
9 Erman/*Roloff*, § 308 Rn 3.
10 PWW/*Berger*, § 308 Rn 4.
11 OLG Karlsruhe NJW-RR 1995, 504.
12 WLP/*Dammann*, § 308 Nr. 1 Rn 3; Staudinger/*Coester-Waltjen*, § 308 Nr. 1 Rn 9; PWW/*Berger*, § 308 Rn 3.
13 BGH NJW 2013, 291; BGH NJW 2013, 926 Rn 14.
14 Erman/*Roloff*, § 308 Rn 2.
15 Staudinger/*Coester-Waltjen*, § 308 Nr. 1 Rn 6 Abs. 2.
16 BGH NJW 2010, 2873 Rn 7; WLP/*Dammann*, § 308 Nr. 1 Rn 8; Palandt/*Grüneberg*, § 308 Rn 2.
17 PWW/*Berger*, § 308 Rn 8.
18 BGH NJW 1989, 1602, 1603; BGH NJW 1997, 394.

13 Beispiele für Nr. 1 sind der Aufschub für den Beginn der Leistungsfrist[19] und deren Unterbrechung. Nachfristen fallen an sich unter § 308 Nr. 2 BGB. Man muss aber prüfen, ob eine Nachfrist in Wirklichkeit Teil der Leistungsfrist ist.[20] Dies ist dann der Fall, wenn die Folgen aus Leistungsstörung und Verzug erst mit Ablauf der Nachfrist eintreten sollen. Die Verlängerung solcher Nachfristen fällt unter § 308 Nr. 1 BGB.[21]

14 Ein großer Teil der einschlägigen Klauseln regelt sog. Überziehungsfristen, also Fristen, die die Überziehung individualvertraglich festgelegter verbindlicher Leistungstermine erlauben. Für sie gilt grundsätzlich § 308 Nr. 1 BGB. Indessen können sie unabhängig von ihrer Länge auch unter § 305b i.V.m. § 307 BGB fallen. Der Bundesgerichtshof hat dies in einem Fall angenommen, wo die Überziehungsfrist bezweckt hatte, die Bindung des Verwenders an jegliche Terminzusage aufzuheben.[22] In der Literatur wird vertreten, jegliche Überziehungsfrist wegen Täuschung über den Liefertermin nach dem engeren Maßstab der §§ 305b, 307 BGB zu prüfen.[23]

D. Wertung
I. Annahmefristen
1. Unangemessen lange Annahmefrist

15 Unangemessen lang ist die Annahmefrist, wenn sie über den in § 147 Abs. 2 BGB definierten Zeitraum einschließlich einer sachlich gebotenen Überlegungszeit erheblich hinausgeht und der Verwender daran kein schutzwürdiges Interesse hat, hinter dem das Interesse des Kunden am baldigen Wegfall seiner Bindung zurückstehen müsste.[24]

Die hiernach erforderliche Interessenabwägung muss sich grundsätzlich an den Umständen orientieren, die für den Vertragsgegenstand typisch sind.[25] Im Ergebnis führt dies zu einer branchenspezifischen Konkretisierung.[26] Bei Verbraucherverträgen (§ 310 Abs. 3 Nr. 3 BGB) ist auch die individuelle Situation bei Vertragsschluss zu berücksichtigen; dies schreibt die EG-Verbraucherrichtlinie vor.[27] Dazu gehört beispielsweise beim Gebrauchtwagenkauf der Umstand, dass das konkrete Fahrzeug dem Händler zur Verfügung steht und der konkrete Kunde bar zahlen will. Dann ist eine Annahmefrist von 10 Tagen zu lang.[28]

16 Zugunsten des Verwenders sind bei der Abwägung folgende Interessen zu berücksichtigen:[29] notwendige Verhandlungen mit Dritten, notwendige Nachforschungen, notwendige Kalkulation, notwendige Terminsabstimmung mit Dritten, Sicherstellung der Lieferung durch Vorlieferanten, Prüfung der Kreditwürdigkeit des Kunden, Aufbau einer Eigenfinanzierung, Abstimmung mit Behörden (insb. Einholung erforderlicher Genehmigungen), Prüfung von Steuerfragen. Bei Alltagsgeschäften wird all dies jedoch nur selten in Betracht kommen. Nicht schutzwürdig ist ein Spekulationsinteresse des Verwenders, also die Offenhaltung der Möglichkeit, in der verlängerten Annahmefrist ein günstigeres Geschäft abzuschließen.[30]

17 Beispiele nicht unangemessen langer Bindungsfristen für den Kunden sind: vier Wochen bzw. ein Monat beim Darlehensvertrag mit einer Hypothekenbank,[31] beim Kauf eines Neuwagens,[32] außer wenn das Fahrzeug dem Händler bereits zur Verfügung steht und beiderseits nichts mehr zu klären ist,[33] oder beim Kauf eines hochwertigen technischen Geräts,[34] sechs Wochen beim Abschluss eines Lebensversicherungsvertrags,[35] 52 Werktage bei der Ausschreibung von Bauleistungen durch eine Gemeinde.[36]

18 Unangemessen lang sind etwa mehr als 14 Tage bei Geschäften des täglichen Lebens,[37] drei Wochen beim Kauf von Möbeln, die der Verwender bereits vorrätig hat,[38] sechs Wochen beim Darlehensvertrag mit einer Hypothekenbank,[39] zwei Monate beim Leasingvertrag,[40] 99 Jahre beim Grundstückskauf, auch in einem Erbbaurechtsvertrag mit einem Unternehmer.[41] Beim Bauträgervertrag sind regelmäßig vier Wochen angemessen, drei Monate jedenfalls unangemessen,[42] und sechs Wochen nur angemessen, wenn hierfür ein schutzwürdiges und vorrangiges Interesse des Verwenders besteht.[43] Unangemessen lang ist es auch, wenn eine Messegesellschaft als Vermieterin die Annahme eines

---

19 PWW/*Berger*, § 308 Rn 8.
20 Sog. unechte Nachfrist, BGH NJW 1982, 331, 333 sub IV; BGH NJW 2001, 292, 294 sub III 2 a.
21 Eingehend BGH NJW 1983, 1320 sub II 2.
22 BGH NJW 1984, 2468.
23 MüKo/*Wurmnest*, § 308 Nr. 1 Rn 20.
24 BGH NJW 1986, 1807, 1808; BGH NJW 2001, 303.
25 BGH NJW 1990, 1784, 1785 zu Sonderheiten beim Neuwagenkauf; BGH NJW 2001, 303 zu solchen im Möbelhandel.
26 PWW/*Berger*, § 308 Rn 4.
27 MüKo/*Wurmnest*, § 308 Nr. 1 Rn 6.
28 MüKo/*Wurmnest*, § 308 Nr. 1 Rn 6.
29 WLP/*Dammann*, § 308 Nr. 1 Rn 12.
30 MüKo/*Wurmnest*, § 308 Nr. 1 Rn 5.
31 BGH NJW 1988, 2107.
32 BGH NJW 1990, 1784.
33 OLG Frankfurt am Main NJW-RR 1998, 566.
34 OLG Düsseldorf NJW 2005, 1515.
35 OLG Frankfurt am Main VersR 1983, 528; OLG Hamm NJW-RR 1986, 388.
36 BGHZ 116, 149.
37 OLG Düsseldorf NJW 2005, 1515, 1516; Erman/*Roloff*, § 308 Rn 4.
38 BGH NJW 2001, 303.
39 BGH NJW 1986, 1807.
40 OLG Hamm NJW-RR 1986, 927, 928.
41 BGH NJW 2013, 1028 Rn 53.
42 BGH NJW 2014, 854.
43 BGH NJW 2014, 857.

Angebots über die Miete eines Messestands bis zur Eröffnung der Messe hinausschiebt.[44] Unwirksam sind schließlich Klauseln, wonach das Angebot des anderen Teils – auch wenn widerruflich – unbefristet fortbesteht und vom Verwender der AGB jederzeit angenommen werden kann.[45]

2. Nicht hinreichend bestimmte Annahmefrist

Bestimmt ist die Annahmefrist, wenn der Durchschnittskunde sie ohne Schwierigkeiten nach Beginn, Dauer und Ende berechnen[46] und somit ohne Schwierigkeiten und ohne Rechtsberatung feststellen kann, wie lange er an sein Angebot gebunden ist.

Unbestimmt sind hiernach „ca.-Fristen", eine „gewerbübliche Frist" u.Ä.

Nicht hinreichend bestimmt sind Fristen in Klauseln, welche auf ein Ereignis abstellen, das sich in der Sphäre des Verwenders abspielt oder von dem nur der Verwender Kenntnis hat,[47] etwa der Zugang des Angebots beim Verwender,[48] der Eingang der Kreditauskunft oder der Eingang weiterer Unterlagen.[49] Dasselbe gilt, wenn die Frist durch einen Umstand verlängert werden soll, dessen Eintritt vom Willensentschluss des Verwenders abhängt.[50]

Zulässig sind Fristen, die auf ein Ereignis in der Sphäre des Kunden abstellen.[51]

Insgesamt kommt es nur auf die hinreichende Bestimmtheit der Frist aus der Sicht des Kunden an. Eine weitere Abwägung wird nicht gefordert.

3. Rechtsfolge bei Unwirksamkeit

Es gilt § 147 Abs. 2 BGB.[52]

Unzulässig ist die Verkürzung der in den AGB vorgesehenen unangemessenen auf eine angemessene Frist durch das Gericht; darin läge eine geltungserhaltende Reduktion.[53] Ist die Länge der Frist nicht zu beanstanden, aber ihr Beginn unbestimmt, so ist eine Teilung der Klausel möglich, sodass es bei der bedungenen Länge der Frist bleibt.[54]

II. Leistungsfristen

1. Unangemessen lange Leistungsfristen

Die Entscheidung über die Angemessenheit nach Nr. 1 ist wiederum aufgrund einer Abwägung zu treffen. Zu berücksichtigen sind dabei die Art der geschuldeten Leistung und die branchenüblichen Beschaffungs- und Herstellungszeiten einschließlich einer Sicherheitsmarge, aber auch das Interesse des Kunden an alsbaldiger bzw. fristgerechter Leistung.[55] Letzteres hat aber regelmäßig Vorrang, denn das Beschaffungs- und das Herstellungsrisiko liegen grundsätzlich beim Verwender.[56] Nur in engen Grenzen kann also zugunsten des Verwenders berücksichtigt werden, dass er nur ein kleines Lager unterhalten kann und deshalb auf seine eigene Belieferung durch Zulieferer ad hoc angewiesen ist. Keinesfalls kann er sich auf Leistungsstörungen berufen, die er selbst vertreten muss. In Betracht kommt eine Verlängerung der Leistungsfristen bei Streiks.[57] Eventuell ist zu seinen Gunsten auch ein Verzug des Kunden mit der Gegenleistung zu berücksichtigen.[58]

Als nicht unangemessen wurden etwa folgende unechte Nachfristen angesehen: vier Wochen beim Kauf von Einbauküchen[59] und sechs Wochen beim Kauf von Neuwagen.[60]

Offengeblieben ist die Angemessenheit einer unechten Nachfrist von sechs Wochen für die Auslieferung eines Fertighauses.[61] Die Klausel wurde für unwirksam angesehen, weil sie eine Verschiebung des fest zugesagten Liefertermins in das freie Belieben des Verwenders stellt (siehe hierzu § 305b Rn 31).

Als unangemessen lang wurden im Möbelhandel unechte Nachfristen von sechs Wochen[62] und von drei Monaten[63] angesehen.

Nr. 1a und 1b enthalten widerlegbare Vermutungen für die Unangemessenheit von Zahlungs-, Überprüfungs- und Abnahmefristen in AGB von Unternehmern.

---

44 BGH NJW 2008, 1148.
45 BGH NJW 2013, 3434.
46 PWW/*Berger*, § 308 Rn 6.
47 BGH NJW 1985, 855, 856 sub II 2.
48 OLG München ZIP 2005, 161.
49 OLG Naumburg MDR 1998, 854.
50 OLG Hamm NJW-RR 1992, 1075: Nachforderung von Unterlagen.
51 BGH NJW 1985, 855, 856 sub II 2.
52 BGH NJW 1986, 1807, 1808 f.
53 BGH NJW 1986, 1807, 1808.
54 BGH NJW 1988, 2106, 2107.
55 BGH NJW 1984, 2468, 2469.
56 Erman/*Roloff*, § 308 Rn 8.
57 WLP/*Dammann*, § 308 Nr. 1 Rn 43.
58 Staudinger/*Coester-Waltjen*, § 308 Nr. 1 Rn 16 Abs. 3.
59 BGH WM 2007, 703.
60 BGH NJW 1982, 331, 333 sub IV 2; BGH NJW 2001, 292.
61 BGH NJW 1984, 2468, 2469.
62 OLG Hamm NJW-RR 1987, 315.
63 BGH NJW 1984, 48.

2. Nicht hinreichend bestimmte Leistungsfristen

27 Nicht hinreichend bestimmt sind sie, wenn sie der Kunde zum Zeitpunkt der Leistung durch den Verwender nicht ohne besondere Mühe und besonderen Aufwand berechnen kann. Hier gelten grundsätzlich die obigen Ausführungen (siehe Rn 19 ff.).

Nicht hinreichend bestimmt sind etwa Leistungsfristen „so bald wie möglich", „in der Regel"[64] oder „gewerbeübliche Lieferfristen".[65]

28 Nicht zulässig sind Fristen in Klauseln, die auf Ereignisse abstellen, welche sich in der Sphäre des Verwenders abspielen oder nur dem Verwender bekannt sind, so etwa die Klausel „ab schriftlicher Bestätigung der Maße durch den Hersteller".[66] Ungeeignete Ereignisse sind weiter etwa der Beginn der Bearbeitung oder der Eingang der Zulieferung.[67]

29 Zulässig sind Klauseln, die auf Handlungen des Kunden abstellen,[68] etwa „nach Abnahme" oder „ab Abruf" oder „ab Mitteilung der Maße durch den Kunden".

3. Sonderfall: Bauverträge mit Subunternehmern

30 Hier wird § 308 Nr. 1 BGB im Hinblick auf die Abnahme der Leistungen des Subunternehmers und deren Regelung in AGB seines Auftraggebers relevant. Damit befasst sich BGH NJW 1989, 1602.

Danach wird der Zeitpunkt der Abnahme unangemessen lange i.S.v. § 308 Nr. 1 BGB hinausgeschoben, wenn die Leistung des Subunternehmers aufgrund der Klausel erst erhebliche Zeit nach ihrer Fertigstellung abgenommen werden soll. Dies ist der Fall, wenn die zwischen Fertigstellung und Abnahme vorgesehene Frist so bemessen ist, dass sie nur dem Generalunternehmer Vorteile bietet, auf die Interessen des Subunternehmers, der das von ihm hergestellte Werk abgenommen haben will, jedoch zu wenig Rücksicht nimmt. Dies ist der Fall, wenn die Frist zwei Monate oder länger betragen soll.

31 Ungewiss i.S.v. § 308 Nr. 1 BGB ist der Zeitpunkt der Abnahme dann, wenn der Subunternehmer ihn nicht herbeiführen oder ihn nicht berechnen kann. Dies ist der Fall, wenn die Abnahmewirkung an den Eingang einer Mängelfreiheitsbescheinigung (etwa des Erwerbers) oder an die vorgeschriebene Abnahme durch eine Behörde geknüpft wird. Gleiches gilt, wenn die Abnahme der Subunternehmerleistung ohne zeitliche Festlegung erst bei vollständiger Erstellung oder Abnahme des gesamten Bauwerks (durch den Generalunternehmer oder den Bauherrn) oder Bezugsfertigkeit der letzten Wohneinheit in Aussicht gestellt wird. Eine spätere Entscheidung des Bundesgerichtshofs[69] nennt zusätzlich die Übergabe an den Kunden oder den Verkauf einer bestimmten Anzahl von Wohnungen. In allen diesen Fällen wird die Abnahmewirkung von den Handlungen Dritter abhängig gemacht, deren Vornahme der Subunternehmer weder abschätzen noch – mangels vertraglicher Beziehungen zu ihnen – beeinflussen kann.

4. Rechtsfolge bei Unwirksamkeit

32 Es gilt § 271 Abs. 1 BGB. Eine Zurückführung der unangemessen langen auf eine angemessen lange Leistungsfrist durch das Gericht ist unzulässig, denn darin läge eine geltungserhaltende Reduktion.[70]

E. Ausnahme zu § 355 Abs. 1 und 2 BGB

33 Zulässig ist der Vorbehalt, erst nach Ablauf der dort geregelten Widerrufsfrist zu leisten.

34 Die §§ 355 und 356 BGB sind aufgrund der EU-Verbraucherrechterichtlinie vom 25.10.2011 neu gefasst worden. Dem entspricht eine redaktionelle Änderung bei § 308 Nr. 1 BGB, der jetzt nicht mehr auf §§ 355 Abs. 1–3 und 356, sondern nur noch auf § 355 Abs. 1 und 2 BGB verweist (siehe § 305b Rn 52). Beides gilt für Verbraucherverträge, die ab dem 13.6.2014 abgeschlossen sind (Art. 229 § 32 EGBGB).

35 § 355 Abs. 2 bis 4 BGB waren schon aufgrund der EG-Verbraucherkreditrichtlinie vom 29.7.2009 neu gefasst worden. Dem entsprach eine redaktionelle Änderung bei § 308 Nr. 1 BGB, der nun nicht mehr auf § 355 Abs. 1 und 2, sondern auf § 355 Abs. 1 bis 3 BGB verwies. Beides galt für Schuldverhältnisse, die ab 11.6.2010 entstanden waren (Art. 229 § 22 Abs. 2 EGBGB).

Die Vorschrift war sinnlos, soweit sie § 356 BGB einbezog.[71] Begann die Widerrufsfrist erst mit Erbringung der Leistung, wie etwa nach § 312d BGB oder § 4 Abs. 1 S. 2 FernUSG in der vor dem 13.6.2014 geltenden Fassung, so fiel die Klausel unter § 307 BGB.[72]

---

64 KG NJW 2007, 2266.
65 OLG Köln BB 1982, 638.
66 BGH NJW 1985, 855.
67 Erman/*Roloff*, § 308 Rn 6.
68 Erman/*Roloff*, § 308 Rn 9.
69 NJW 1997, 394, 395.
70 BGH NJW 1983, 1320.
71 MüKo/*Wurmnest*, § 308 Nr. 1 Rn 24.
72 PWW/*Berger*, § 308 Rn 13.

F. Sonderfall: Zu kurze Fristen

Hier gilt § 307 Abs. 1 und 2 BGB. Der Fall tritt häufig im Bauwesen gegenüber Subunternehmern ein.[73] **36**

G. EG-Richtlinien

Die Einfügung der Nrn. 1a und 1b beruht auf der Richtlinie 2011/7/EU vom 16.2.2011 zur Bekämpfung von Zahlungsverzug im Geschäftsverkehr, die durch Gesetz vom 22.7.2014[74] umgesetzt worden ist. Beide Vorschriften gelten für Schuldverhältnisse, die ab dem 29.7.2014 entstanden sind (Art. 229 § 34 EGBGB). **37**

Diese Richtlinie hat die Richtlinie 2000/35/EG zur Bekämpfung von Zahlungsverzug im Geschäftsverkehr (sog. Verzugsrichtlinie)[75] abgelöst. Danach war ein Zahlungsziel von 90 Tagen in AGB des Auftraggebers im Bauwesen unwirksam gewesen.[76] **38**

§ 308 Nr. 2

2. (Nachfrist)
eine Bestimmung, durch die sich der Verwender für die von ihm zu bewirkende Leistung abweichend von Rechtsvorschriften eine unangemessen lange oder nicht hinreichend bestimmte Nachfrist vorbehält;

Literatur § 308 Nr. 2: *Thamm*, Die Dauer einer angemessenen Nachfrist für Lieferung und Mängelbeseitigung, BB 1982, 2018

A. Allgemeines 1	E. Unangemessen lange Nachfrist 11
I. Inhalt 1	I. Definition der Unangemessenheit 11
II. Gesetzgeberisches Anliegen 3	II. Abwägung 13
B. Geltungsbereich 4	III. Beispiele 14
C. In Betracht kommende Nachfristen 5	F. Nicht hinreichend bestimmte Nachfrist 16
I. In Betracht kommende Rechtsvorschriften 5	G. Rechtsfolgen 17
II. In Betracht kommende Klauseln 6	H. EG-Verbraucherrichtlinie 18
D. Typische Klauseln 10	

A. Allgemeines

I. Inhalt

Hier erklärt das Gesetz Klauseln für unwirksam, durch die sich der Verwender eine unangemessen lange oder nicht hinreichend bestimmte Nachfrist vorbehält. **1**

Die Vorschrift entspricht § 10 Nr. 2 AGBG. Seit der Schuldrechtsmodernisierung muss die betroffene Klausel allerdings eine Nachfrist nicht mehr „entgegen § 326 Abs. 1 BGB", sondern „abweichend von Rechtsvorschriften" vorsehen. **2**

II. Gesetzgeberisches Anliegen

Die Bestimmung ergänzt § 308 Nr. 1 BGB. Die dortige Regelung könnte insbesondere im Hinblick auf die Erbringung einer Leistung leichter unterlaufen werden, wenn sich der Verwender unangemessen lange oder nicht hinreichend bestimmte Nachfristen vorbehalten dürfte. Mithin geht es auch hier um die Gefährdung der Sekundärrechte des Kunden,[1] denn die hier in Rede stehenden Klauseln schließen zwar nicht den Verzug als solchen aus (vgl. hierzu Rn 7), schieben aber die Ausübung des Rücktrittsrechts (insb. aus § 323 Abs. 1 BGB) und die Entstehung von Schadensersatzansprüchen (insb. aus § 281 Abs. 1 BGB) hinaus.[2] **3**

B. Geltungsbereich

Gemäß § 310 Abs. 1 BGB ist die Vorschrift auf den unternehmerischen Geschäftsverkehr nicht unmittelbar anzuwenden. Gleichwohl hat sie in diesem Bereich Indizwirkung; was darüber hinausgeht, ist regelmäßig auch im unternehmerischen Verkehr nicht tragbar. Hier müssen eher noch kürzere Fristen gelten als gegenüber Verbrauchern,[3] insbesondere im Rahmen von § 281 Abs. 1 BGB, woran die AGB wiederum zu messen sind. Allerdings sind Handelsbräuche zu beachten.[4] **4**

---

73 Staudinger/*Coester-Waltjen*, § 308 Nr. 1 Rn 19.
74 BGBl I 2014, 1218.
75 Vgl. dazu MüKo/*Wurmnest*, § 308 Nr. 1 Rn 15.
76 OLG Köln NJW-RR 2006, 670.

1 PWW/*Berger*, § 308 Rn 15.
2 Staudinger/*Coester-Waltjen*, § 308 Nr. 2 Rn 4.
3 Staudinger/*Coester-Waltjen*, § 308 Nr. 2 Rn 11.
4 MüKo/*Wurmnest*, § 308 Nr. 2 Rn 8.

C. In Betracht kommende Nachfristen

I. In Betracht kommende Rechtsvorschriften

5 Nach § 308 Nr. 2 BGB sind nur solche Klauseln unwirksam, durch die sich der Verwender „abweichend von Rechtsvorschriften" eine unangemessen lange oder nicht hinreichend bestimmte Nachfrist vorbehält. Gemeint sind alle Vorschriften, die die Geltendmachung von Rechten durch den Kunden von einer Nachfrist abhängig machen. Betroffen sind also nur Nachfristen, die der Verwender für seine eigene Leistung vorbestimmt. Insbesondere sind dies die Fristen in §§ 281 Abs. 1, 321 Abs. 2, 323 Abs. 1 und 3, 437 Nr. 2, 634, 637, 651c Abs. 3, 651e Abs. 2 BGB.[5] Ohne praktische Bedeutung ist der Streit darüber, inwieweit § 308 Nr. 2 BGB auf diese Vorschriften unmittelbar oder nur analog anwendbar ist.

II. In Betracht kommende Klauseln

6 Der Verwender der AGB muss Schuldner sein, d.h. die Fristen müssen ihn als Schuldner treffen. Die Abweichung vom dispositiven Recht liegt darin, dass nicht der Gläubiger, sondern der Schuldner die Nachfrist bemisst. Es bleibt aber dabei, dass der Gläubiger (Kunde) die Nachfrist setzen muss, wenn auch mit der Dauer, die sich aus den AGB ergibt.[6]

7 In Betracht kommen nur echte Nachfristen. Dazu gehören nicht zusätzliche Lieferfristen (unechte Nachfristen), die dadurch gekennzeichnet sind, dass sie die Leistungszeit und damit die Fälligkeit und den Verzug hinausschieben;[7] sie fallen unter § 308 Nr. 1 BGB (siehe Rn 13). Die bei § 308 Nr. 2 BGB in Rede stehenden Fristen tangieren den Verzug und die Verzugsfolgen (§§ 286 bis 290 BGB) nicht.[8] Sie sollen es aber dem Verwender ermöglichen, seine bereits fällige Leistung folgenlos zu erbringen, also Rücktritt und weitere Schadensersatzansprüche des Kunden auszuschließen.[9]

8 Klauseln, die vom Kunden die Setzung einer Nachfrist verlangen, wo das Gesetz dies nicht verlangt, fallen erst recht unter § 308 Nr. 2 BGB, denn nach dem Gesetz ist dann die Frist gleich null.[10]

9 Bestimmen AGB (häufig Einkaufsbedingungen), dass der Verwender seinerseits – also hinsichtlich der Leistung des Kunden – keine Nachfrist setzen muss, so fällt dies unter § 307 Abs. 2 Nr. 1 BGB.[11] Dasselbe gilt für unangemessen kurze Nachfristen hinsichtlich der Leistung des Kunden in solchen Fällen.[12]

D. Typische Klauseln

10 Solche sind etwa:[13] „Als angemessen gilt eine Nachfrist von mindestens acht Wochen"; „Für Lieferschwierigkeiten wird eine einmalige Nachfrist von 60 Tagen vereinbart"; „Eine Nachlieferungsfrist von sechs Wochen nach schriftlicher Inverzugsetzung gilt als vereinbart".

E. Unangemessen lange Nachfrist

I. Definition der Unangemessenheit

11 Maßgebend ist die Zeit von der Fälligkeit bis zum Ende der Nachfrist gemäß AGB.[14] Sie ist der Nachfrist gegenüberzustellen, die ohne die Klausel maßgebend wäre; dies ist die angemessene Nachfrist gemäß § 281 Abs. 1 S. 1 BGB. Sie ist insbesondere dadurch gekennzeichnet, dass der Schuldner nur Gelegenheit erhalten soll, die bereits in Angriff genommene Leistung zu vollenden, nicht aber, sie erst in Angriff zu nehmen.[15] Sie ist deshalb regelmäßig wesentlich kürzer als die vereinbarte Lieferfrist.[16] Unangemessen sind jedenfalls Nachfristen, die so lange sind wie die ursprüngliche Lieferfrist.[17]

12 Von der nach dem Gesetz angemessenen Nachfrist sind nur maßvolle Abweichungen zulässig.[18]

II. Abwägung

13 Entscheidend ist, ob die weitere Bindung des Kunden an den Vertrag unter Ausschluss seiner Sekundärrechte angemessen ist.[19] Im Übrigen besteht eine Korrelation zur Lieferfrist: je länger diese ist, umso knapper ist die angemessene

---

5 Erman/*Roloff*, § 308 Rn 13; PWW/*Berger*, § 308 Rn 15.
6 MüKo/*Wurmnest*, § 308 Nr. 2 Rn 1.
7 Erman/*Roloff*, § 308 Rn 13.
8 Staudinger/*Coester-Waltjen*, § 308 Nr. 2 Rn 4.
9 Staudinger/*Coester-Waltjen*, § 308 Nr. 2 Rn 3.
10 WLP/*Dammann*, § 308 Nr. 2 Rn 5.
11 BGH NJW 1986, 843; OLG Köln WM 1989, 526.
12 WLP/*Dammann*, § 308 Nr. 2 Rn 7; MüKo/*Wurmnest*, § 308 Nr. 2 Rn 3.
13 UBH/*Schmidt*, § 308 Nr. 2 Rn 5.
14 WLP/*Dammann*, § 308 Nr. 2 Rn 16.
15 Palandt/*Grüneberg*, § 281 Rn 10.
16 BGH WM 1973, 1020, 1021; BGH NJW 1982, 1279, 1280.
17 Sog. Ersatzleistungsfristen, BGH NJW 1985, 855, 857 sub II 3.
18 BGH NJW 1985, 857 sub II 3.
19 Staudinger/*Coester-Waltjen*, § 308 Nr. 2 Rn 4.

Nachfrist.[20] Unvereinbar ist damit die in der Literatur[21] vorgeschlagene Leitlinie eines Zuschlags von 25 % auf die gemäß § 281 Abs. 1 S. 1 BGB angemessene Nachfrist.

III. Beispiele

Als angemessen angesehen wurde eine Nachfrist von zwei Wochen bei normalen Verbrauchergeschäften[22] und vier Wochen bei Maßanfertigungen in kleinen Betrieben.[23] **14**

Unangemessen sind vier Wochen pauschal im Möbelhandel[24] und sechs Wochen bei der Lieferung von Fenstern[25] sowie im Fassadenbau.[26] **15**

F. Nicht hinreichend bestimmte Nachfrist

Hier gilt dasselbe wie für die Annahmefristen bei § 308 Nr. 1 BGB (siehe Rn 19 ff.). Die Nachfrist muss nach Beginn, Dauer und Ende hinreichend bestimmt sein. Der Kunde muss das Fristende ohne Mühe und ohne besondere Erkundigungen errechnen können. **16**

G. Rechtsfolgen

Ist die Klausel unwirksam, so gelten gemäß § 306 Abs. 2 BGB die gesetzlichen Vorschriften. Der Kunde kann also die angemessene Nachfrist (insb. nach § 281 Abs. 1 S. 1 oder nach § 323 Abs. 1 BGB) setzen. Eine Verkürzung der unangemessenen auf eine angemessene Nachfrist durch das Gericht kommt nicht in Betracht, denn dies würde eine geltungserhaltende Reduktion darstellen. **17**

H. EG-Verbraucherrichtlinie

Sie sagt unmittelbar nichts zu solchen Klauseln. Mittelbar fallen sie unter Ziffer 1b des Anhangs,[27] wonach Klauseln missbräuchlich sind, sofern sie darauf abzielen oder zur Folge haben, dass die Ansprüche des Verbrauchers gegenüber dem Gewerbetreibenden ausgeschlossen oder ungebührlich eingeschränkt werden, wenn der Gewerbetreibende eine der vertraglichen Verpflichtungen ganz oder teilweise nicht oder mangelhaft erfüllt. Diese Richtlinie ist in der Verbraucherrechterichtlinie (2011/83/EU vom 25.10.2011) grundsätzlich aufrechterhalten worden (siehe § 305b Rn 52). **18**

§ 308 Nr. 3

3. (Rücktrittsvorbehalt)
die Vereinbarung eines Rechts des Verwenders, sich ohne sachlich gerechtfertigten und im Vertrag angegebenen Grund von seiner Leistungspflicht zu lösen; dies gilt nicht für Dauerschuldverhältnisse;

Literatur zu § 308 Nr. 3: *Salger*, Der Selbstbelieferungsvorbehalt, WM 1985, 625

A. Allgemeines ... 1	**E. Sonderfälle** ... 21
I. Inhalt ... 1	I. Modifikation von gesetzlichen Lösungsrechten ... 21
II. Gesetzgeberische Überlegungen ... 2	II. Erschwernisse für den Kunden hinsichtlich seiner Lösung vom Vertrag ... 22
B. Lösungsrechte ... 3	III. Lösung wegen Nichtverfügbarkeit der Leistung ... 23
C. Sachlich gerechtfertigter Grund ... 7	IV. Verhältnis zu § 305b BGB ... 24
I. Interessenabwägung ... 7	**F. Ausnahme für Dauerschuldverhältnisse** ... 25
II. Erster Hauptfall: Leistungshindernisse beim Verwender ... 10	I. Gesetzgeberischer Grund ... 25
III. Zweiter Hauptfall: Vertragswidriges Verhalten des Kunden ... 13	II. Anwendungsfälle ... 26
IV. Dritter Hauptfall: Kreditunwürdigkeit des Kunden ... 15	**G. Rechtsfolgen** ... 28
D. Angabe im Vertrag ... 19	**H. Beweislast** ... 30
I. Allgemeines ... 19	**I. EG-Verbraucherrichtlinie** ... 31
II. Bestimmtheitsgebot ... 20	**J. Unternehmerischer Bereich** ... 32

---

20 BGH 1985, 320, 323 sub V 2 a.
21 WLP/*Dammann*, § 308 Nr. 2 Rn 8.
22 BGH NJW 1985, 323; jedoch noch kürzer, wenn vorher eine unechte Nachfrist gelaufen ist, Palandt/*Grüneberg*, § 308 Rn 13.
23 OLG Frankfurt am Main DB 1981, 884.
24 BGH NJW 1985, 323.
25 BGH NJW 1985, 855, 857 sub II 3.
26 OLG Stuttgart NJW-RR 1988, 786, 788.
27 MüKo/*Wurmnest*, § 308 Nr. 2 Rn 2.

§ 308 Nr. 3

A. Allgemeines

I. Inhalt

1 Die Vorschrift erklärt Klauseln für unwirksam, wonach sich der Verwender ohne sachlich gerechtfertigten und im Vertrag angegebenen Grund von seiner Leistungspflicht soll lösen können. Sie macht eine Ausnahme für Dauerschuldverhältnisse. Die Wertungsmöglichkeit liegt bei der sachlichen Rechtfertigung für den Lösungsgrund. Die Vorschrift entspricht wörtlich § 10 Nr. 3 AGBG.

II. Gesetzgeberische Überlegungen

2 Die Vorschrift soll die Bindung des Verwenders an den Vertrag sicherstellen;[1] sie dient dem Grundsatz „pacta sunt servanda".[2] Sie verhindert einen Leerlauf von § 309 Nr. 4,[3] Nr. 7 und Nr. 8[4] sowie Nr. 9 BGB.[5] Sie wird ergänzt durch § 308 Nr. 4[6] und § 309 Nr. 10 BGB.[7]

B. Lösungsrechte

3 Die Vorschrift bezieht sich auf Verträge aller Art. Ausgenommen sind nur Dauerschuldverhältnisse (siehe hierzu Rn 25 ff.) und die in § 310 Abs. 2 und 4 BGB genannten Verträge. Zur Anwendung im unternehmerischen Bereich siehe unten (siehe Rn 32 ff.).

4 Die Vorschrift betrifft nur Lösungsrechte, die dem Verwender eingeräumt sind. Sie greift immer dann ein, wenn die Rechtsausübung durch den Verwender zum Wegfall seiner vertraglichen Leistungspflicht führen soll. Gemeint ist damit die vertragliche Hauptleistungspflicht des Verwenders, nicht erfasst sind Nebenpflichten.[8] Die Vorschrift greift auch, wenn sich das Lösungsrecht auf einen Teil des Vertrags beschränkt,[9] jedenfalls dann, wenn dieser Teil für die Leistungspflicht des Verwenders entscheidend ist.[10]

Der Begriff „Lösungsrecht" ist umfassend zu verstehen, nämlich im Sinne jeder vertragstechnisch gegebenen Lösungsmöglichkeit,[11] die mit oder ohne zusätzliche Willenserklärung des Verwenders zum nachträglichen Wegfall der Vertragsbindung führt.[12] Die Vorschrift erfasst alles, was über die gesetzlich gegebenen Lösungsmöglichkeiten hinausgeht.[13]

5 Primär zielt die Vorschrift auf Kündigung, Widerruf, Rücktritt und Anfechtung. Sie erfasst insbesondere Klauseln, die dem Verwender solche Rechte einräumen, wo sie das Gesetz überhaupt nicht oder nur unter engeren Voraussetzungen gewährt. Sie erfasst weiterhin die Abstandnahme vom Vertrag (ein Begriff, der im Gesetz nicht, aber in AGB häufig vorkommt) und Verfallklauseln.[14] Sie erfasst schließlich Änderungen des Leistungsumfangs im Wege der einseitigen Herausnahme einzelner Leistungen aus dem Leistungsverzeichnis durch den Verwender,[15] schuldrechtliche Ansprüche auf Vertragsaufhebung[16] und auflösende Bedingungen.[17] Nicht betroffen sind aufschiebende Bedingungen.[18]

6 Kein Lösungsrecht in diesem Sinne enthalten der Rückkauf[19] und die aufschiebende Bedingung.[20] Unter § 307 Abs. 1 und 2 BGB soll es fallen, wenn statt des gesetzlichen Lösungsrechts unter gleichen Voraussetzungen ein anderes gegeben wird.[21]

C. Sachlich gerechtfertigter Grund

I. Interessenabwägung

7 Das Lösungsrecht für den Verwender ist sachlich gerechtfertigt, wenn eine Abwägung ergibt, dass sein Interesse an der Auflösung des Vertrags schwerer wiegt als das Interesse des Kunden an dessen Fortbestand[22] oder zumindest ein

---

1 PWW/*Berger*, § 308 Rn 20.
2 Staudinger/*Coester-Waltjen*, § 308 Nr. 3 Rn 12.
3 Staudinger/*Coester-Waltjen*, § 308 Nr. 3 Rn 1.
4 Erman/*Roloff*, § 308 Rn 17, Haftungsausschlüsse.
5 MüKo/*Wurmnest*, § 308 Nr. 3 Rn 1, Laufzeit von Dauerschuldverhältnissen.
6 Staudinger/*Coester-Waltjen*, § 308 Nr. 3 Rn 1, Änderung der Leistungspflichten des Verwenders.
7 Staudinger/*Coester-Waltjen*, § 308 Nr. 3 Rn 1, willkürliche Abwälzung der Leistungspflichten des Verwenders auf Dritte.
8 WLP/*Dammann*, § 308 Nr. 3 Rn 12, bestritten.
9 Palandt/*Grüneberg*, § 308 Rn 16, bestritten; a.A. WLP/*Dammann*, § 308 Nr. 3 Rn 20.
10 Staudinger/*Coester-Waltjen*, § 308 Nr. 3 Rn 25.
11 Staudinger/*Coester-Waltjen*, § 308 Nr. 3 Rn 2.
12 BGH NJW 2011, 1215 Rn 14.
13 UBH/*Schmidt*, § 308 Nr. 3 Rn 3.
14 Staudinger/*Coester-Waltjen*, § 308 Nr. 3 Rn 2.
15 OLG München BB 1984, 1386, 1387 sub 2; MüKo/*Wurmnest*, § 308 Nr. 3 Rn 4.
16 UBH/*Schmidt*, § 308 Nr. 3 Rn 1; PWW/*Berger*, § 308 Rn 20.
17 UBH/*Schmidt*, § 308 Nr. 3 Rn 1; PWW/*Berger*, § 308 Rn 20.
18 BGH NJW 2011, 1215.
19 BGH NJW 2005, 3641, 3644, da ein neuer Vertrag begründet wird.
20 BGH NJW 2011, 1215.
21 Staudinger/*Coester-Waltjen*, § 308 Nr. 3 Rn 3.
22 BGH NJW 1987, 831, 833.

anerkennenswertes Interesse des Verwenders an der Vertragsauflösung besteht.[23] Die Abwägung muss auf der Grundlage der Wertungen vorgenommen werden, die in den gesetzlichen Lösungsrechten zum Ausdruck kommen.[24] Dies sind für den Rücktritt die §§ 275, 281, 323 BGB ggf. i.V.m. §§ 321, 437 Nr. 2, 634 Nr. 3 und 637 BGB, für die Kündigung die §§ 643, 649, 651e und 651j BGB, für die Anfechtung die §§ 119 und 123 BGB.

In der Literatur wird vertreten, dass das Interesse des Verwenders an der Vertragsauflösung nur dort anerkennenswert ist, wo der Kunde es aus Treu und Glauben respektieren muss, dass der Verwender sein Risiko über das gesetzlich Vorgesehene hinaus beschränkt.[25] Deshalb sollen grundsätzlich keine Bedenken gegen Lösungsrechte bestehen, wenn der Umstand, auf dem die Nichtleistung entscheidend beruht, nicht vom Verwender zu vertreten ist. 8

Das Lösungsrecht (konkret: die Ausübung eines vorbehaltenen Rücktritts) ist nicht gerechtfertigt, wenn der Verwender unter Anwendung gebotener Sorgfalt schon bei Vertragsschluss hätte erkennen können, dass der hierfür bedungene Grund vorliegt, denn insoweit erscheint er nicht schutzwürdig.[26] Dies führt allerdings nicht zur Unwirksamkeit der Klausel insgesamt, sondern nur zu ihrer Nichtanwendung im konkreten Fall, zur Unwirksamkeit des darauf gestützten Rücktritts und zu Schadensersatzansprüchen des anderen Teils. 9

II. Erster Hauptfall: Leistungshindernisse beim Verwender

Hier begegnet vor allem der Vorbehalt der Selbstbelieferung. Solche Klauseln sind nur gerechtfertigt, wenn der Verwender ein konkretes Deckungsgeschäft abgeschlossen hat, dieses aus Gründen scheitert, die sein Vertragspartner (bei diesem Deckungsgeschäft) zu vertreten hat, und er dies seinem Kunden sofort anzeigt.[27] Die Klausel muss all dies ergeben und ferner, dass sie nur bei unverschuldeter Nichtbelieferung eingreift.[28] Erforderlich ist die Kongruenz beider Verträge.[29] Auch dies muss sich aus der Klausel ergeben, wofür aber die übliche Formulierung „richtige und rechtzeitige Selbstbelieferung vorbehalten" ausreicht. Unwirksam ist ein genereller Vorbehalt der Selbstbelieferung.[30] 10

Von vornherein nicht als Lösungsgrund tauglich sind kurzfristige Betriebsstörungen und sonstige nur vorübergehende Leistungshindernisse[31] bzw. Leistungsverzögerungen,[32] ferner Leistungshindernisse, die der Verwender schuldhaft herbeigeführt hat.[33] Mithin sind Lösungsklauseln unwirksam, die diese Fälle unterschiedslos in die Lösungsgründe einbeziehen, etwa auf Betriebsstörungen und Arbeitskämpfe generell abstellen, ohne nach der Dauer der Störung oder Behinderung zu differenzieren.[34] Des Weiteren sind hiernach unwirksam die Klauseln „solange Vorrat reicht"[35] und „Liefermöglichkeit vorbehalten".[36] 11

Kein gerechtfertigter Lösungsgrund liegt in einer erheblichen Verteuerung der Lieferung.[37] Damit könnte die Opfergrenze für den Verwender verschoben und § 309 Nr. 1 BGB umgangen werden.

Ein sachlich gerechtfertigter Grund liegt in höherer Gewalt, soweit damit unvorhersehbare und nicht in zumutbarer Weise abwendbare Ereignisse gemeint sind. Die Klausel muss klarstellen, dass ein vom Verwender zu vertretendes Hindernis nicht zur Lösung berechtigt.[38] 12

III. Zweiter Hauptfall: Vertragswidriges Verhalten des Kunden

Gemeint sind insbesondere Leistungsstörungen bei dem Kunden. 13

Als sachlich gerechtfertigter Grund wurden angesehen: Nichtbeachtung des Eigentumsvorbehalts im Möbelhandel,[39] Verstoß des Neuwagenkäufers gegen das Verbot der Weiterveräußerung noch vor Übergabe des Fahrzeugs,[40] Unterlassung einer dem Kunden obliegenden Mitwirkungshandlung.[41] Wegen § 309 Nr. 4 BGB kann die Nachfristsetzung

---

23 BGH NJW 1987, 831, 833.
24 BGH NJW 1983, 1320, 1321 sub II 3a.
25 Staudinger/*Coester-Waltjen*, § 308 Nr. 3 Rn 12 f.
26 BGH NJW 1987, 831 = BGHZ 99, 182.
27 BGHZ 92, 396; BGH NJW 1983, 1320, 1321 sub II 4 a; BGH NJW 1985, 855, 857 sub II 4 b; BGH DB 1995, 1557, 1558.
28 BGH NJW 1983, 1320, 1321 sub II 4 a.
29 BGH DB 1995, 1557.
30 BGHZ 92, 396; BGH NJW 1985, 855, 856 sub II 4 a.
31 BGH NJW 1983, 1320, 1321 sub II 3 a; a.A. MüKo/*Wurmnest*, § 308 Nr. 3 Rn 7 für Fixgeschäfte.
32 Staudinger/*Coester-Waltjen*, § 308 Nr. 3 Rn 13 Abs. 7.
33 BGH NJW 1983, 1320, 1321 sub II 4 a.
34 BGH NJW 1983, 1320, 1321 sub II 3 a; BGH NJW 1985, 855, 857 sub II 4 a.
35 Staudinger/*Coester-Waltjen*, § 308 Nr. 3 Rn 22; PWW/*Berger*, § 308 Rn 24.
36 A.A. Staudinger/*Coester-Waltjen*, § 308 Nr. 3 Rn 21 für den Fall, dass die Klausel dahin auszulegen ist, der Verwender müsse alles Zumutbare unternehmen, um die Lieferung doch noch zu bewirken.
37 BGH NJW 1983, 1320, 1321 sub II 3 a.
38 BGH NJW 1983, 1320, 1321 sub II 4 a.
39 BGH NJW 1985, 325.
40 BGH NJW 1982, 178, 180, zwecks Austrocknung des grauen Markts; kritisch MüKo/*Wurmnest*, § 308 Nr. 3 Rn 11.
41 BGH NJW 1992, 1629: Nichtabholung des gefertigten Schlüssels.

nicht abbedungen werden.⁴² Zulässig ist dagegen eine Klausel, wonach der Vertrag bei fruchtlosem Ablauf der Nachfrist für die Leistung des Kunden automatisch aufgelöst wird.⁴³

14 Unwirksam ist eine Lösungsklausel zugunsten des Leasinggebers für den Fall einer „wesentlichen Gefährdung oder Verschlechterung der Vermögensverhältnisse beim Leasingnehmer", da nicht feststeht, dass dadurch stets der Anspruch des Verwenders (Leasinggebers) auf die Gegenleistung gefährdet wird.⁴⁴ Nicht gerechtfertigt ist weiterhin ein Lösungsrecht für den Fall des bloßen Verdachts einer Pflichtverletzung durch den Kunden. Nicht gerechtfertigt ist es auch für den Fall einer falschen Selbstauskunft bezüglich unerheblicher Tatsachen, etwa in der großen Mehrzahl der Fälle bei Angabe eines falschen Geburtsdatums oder Berufs.⁴⁵ Die Klausel muss ausdrücklich die falsche Selbstauskunft als Lösungsgrund auf erhebliche Tatsachen beschränken, insbesondere Tatsachen, die die Kreditwürdigkeit des Kunden berühren.

IV. Dritter Hauptfall: Kreditunwürdigkeit des Kunden

15 Ob eine objektiv fehlende Kreditwürdigkeit schon ohne konkrete Gefährdung des Vertragsanspruchs des Verwenders einen sachlich gerechtfertigten Grund darstellt, ist bestritten.⁴⁶

16 Nach der Rechtsprechung des Bundesgerichtshofs besteht eine sachliche Rechtfertigung, wenn der Leistungsanspruch des Verwenders gefährdet wird.⁴⁷ Sie besteht weiterhin grundsätzlich bei Eröffnung des Insolvenzverfahrens über das Vermögen des Kunden,⁴⁸ ferner bei einzelnen Zwangsvollstreckungsmaßnahmen gegen ihn,⁴⁹ insbesondere der Abgabe der eidesstattlichen Versicherung,⁵⁰ zumal einer falschen.

17 Sachlich gerechtfertigter Grund sind falsche Angaben des Käufers über seine Kreditwürdigkeit, insbesondere seine Vermögensverhältnisse,⁵¹ allerdings nur, wenn die falschen Angaben für die Beurteilung seiner Kreditwürdigkeit von entscheidender Bedeutung sind, nicht aber bei unerheblichen Angaben oder unbeabsichtigten und geringfügigen Fehlern (siehe auch Rn 14).⁵² Die entsprechenden Einschränkungen muss die Klausel enthalten, etwa dahin, dass schuldhaft falsche Angaben des Kunden, welche den Vergütungsanspruch des Verwenders gefährden, diesen zur Lösung vom Vertrag berechtigen.⁵³ Jedenfalls ist eine Klausel unwirksam, die dem Verwender generell bei falschen Angaben zu Person oder Vermögensverhältnissen des Kunden ein Lösungsrecht einräumt.⁵⁴

18 Nicht hinreichend gerechtfertigt sind Lösungsklauseln für den Fall „ungünstiger Kreditauskünfte",⁵⁵ auch wegen ihrer Unbestimmtheit, oder einer „erheblichen Verschlechterung der Vermögensverhältnisse" beim Kunden, auch wegen Abweichung vom gesetzlichen Leitbild in den §§ 320 ff.⁵⁶

D. Angabe im Vertrag
I. Allgemeines

19 Diese Vorgabe konkretisiert das Transparenzgebot⁵⁷ und soll der Nachprüfung der sachlichen Rechtfertigung dienen.⁵⁸ Ist kein Grund für das Lösungsrecht angegeben, so ist die Klausel unwirksam.⁵⁹

II. Bestimmtheitsgebot

20 Der Lösungsgrund muss so genau angegeben werden, dass der Durchschnittskunde ohne Schwierigkeiten feststellen kann, wann der Verwender vom Vertrag Abstand nehmen darf.⁶⁰

Nicht hinreichend bestimmt ist ein Lösungsrecht bei „Betriebsstörungen jeder Art",⁶¹ „Erkrankungen",⁶² „zwingenden Gründen"⁶³ oder „wenn es die Umstände erfordern".⁶⁴

---

42 BGH NJW 1986, 842; nach § 307 auch nicht im unternehmerischen Verkehr.
43 Staudinger/*Coester-Waltjen*, § 308 Nr. 3 Rn 16 Abs. 4.
44 BGH NJW 1991, 102.
45 BGH NJW 1985, 320, 325 sub XI 2 a; NJW 1985, 2271, 2272.
46 Grundsätzlich ja: OLG Koblenz ZIP 1981, 510, 512 sub 6; grundsätzlich nein: OLG Hamm BB 1983, 1304, 1305 sub II 2; Erman/*Roloff*, § 308 Rn 20, weil hierfür § 321 ausreicht.
47 BGH NJW 2001, 292, 298 sub VIII.
48 BGH WM 1984, 1217, 1219 sub IV 2 b.
49 BGH WM 1984, 163.
50 BGH NJW 2001, 292, 298 sub VIII 2.
51 BGH NJW 1985, 320, 325 sub XI 2 b.
52 OLG Hamm BB 1983, 1304; BGH NJW 1985, 320, 325 sub XI 2 b.
53 BGH NJW 1985, 2271.
54 BGH NJW 1985, 320; BGH NJW 1985, 2271.
55 PWW/*Berger*, § 308 Rn 27.
56 OLG Düsseldorf ZIP 1984, 719.
57 Staudinger/*Coester-Waltjen*, § 308 Nr. 3 Rn 3.
58 WLP/*Dammann*, § 308 Nr. 3 Rn 86 bis 88.
59 UBH/*Schmidt*, § 308 Nr. 3 Rn 10; MüKo/*Wurmnest*, § 308 Nr. 3 Rn 5.
60 BGH NJW 1983, 1320, 1321 sub II 3 b.
61 BGH NJW 1983, 1320, 1321 sub II 3 b.
62 OLG Hamm BB 1983, 1305.
63 OLG Köln NJW-RR 1998, 926.
64 BGH NJW 1983, 1304, 1322, 1325 sub II 2 c, für die Absage einer Personenbeförderung.

E. Sonderfälle
I. Modifikation von gesetzlichen Lösungsrechten

Solche Klauseln fallen ebenfalls unter § 308 Nr. 3 BGB. Dies gilt etwa für die Vereinbarung einer Fixschuld[65] oder die Anfechtung wegen Kalkulationsirrtümern aller Art (die § 119 BGB nicht zulässt). 21

II. Erschwernisse für den Kunden hinsichtlich seiner Lösung vom Vertrag

Hier vertritt die Literatur eine spiegelbildliche Anwendung des § 308 Nr. 3 BGB, soweit § 309 Nr. 8a BGB nicht greift.[66] 22

III. Lösung wegen Nichtverfügbarkeit der Leistung

Hierfür gilt § 308 Nr. 8 BGB (seit 2000). 23

IV. Verhältnis zu § 305b BGB

Die Problematik taucht bei Klauseln auf, die die Verpflichtung des Verwenders insgesamt in Frage stellen, etwa „freibleibend", „ohne Obligo", „unverbindlich" oder „jederzeit kündbar". Hier soll § 305b BGB gelten, wenn die individuellen Vertragsbestandteile den Vorbehalt überhaupt nicht kennen, hingegen § 308 Nr. 3 BGB, wenn das Lösungsrecht formularmäßig unter Bedingungen gewährt wird, die im Sinne dieser Bestimmung sachlich nicht gerechtfertigt sind.[67] 24

F. Ausnahme für Dauerschuldverhältnisse
I. Gesetzgeberischer Grund

Bei Klauseln, die die Kündigung von Dauerschuldverhältnissen regeln, ist keine Sanktion erforderlich, da sie oftmals ordentlich kündbar sind.[68] § 307 BGB gilt, soweit AGB ihrerseits die ordentliche Kündigung zum Nachteil des Kunden abweichend vom dispositiven Recht regeln, etwa die Kündigungsfrist verkürzen[69] oder bestimmte Umstände nach den AGB den Verwender zur fristlosen Kündigung berechtigen sollen[70] oder wenn ausdrücklich eine fristlose Kündigung durch den Verwender auch ohne wichtigen Grund zugelassen wird.[71] 25

II. Anwendungsfälle

Dauerschuldverhältnisse in diesem Sinn sind Miete, Pacht, Leihe, Verwahrung, Dienstvertrag, Arbeitsvertrag, Geschäftsbesorgung und Franchise, ferner der Gesellschaftsvertrag.[72] Kaufverträge gehören dazu, soweit es sich um Sukzessivlieferungsverträge und Wiederkehrschuldverhältnisse[73] handelt, nicht aber Ratenlieferungsverträge.[74] Als Dauerschuldverhältnisse in diesem Sinne kommen Betriebsvereinbarungen und Tarifverträge (§ 310 Abs. 4 S. 1 BGB) nicht in Betracht. 26

Soweit die Verträge hiernach als Dauerschuldverhältnisse zu qualifizieren sind, ist die Sanktion des § 308 Nr. 3 BGB darauf nicht anzuwenden, solange die Vertragsabwicklung noch nicht begonnen hat,[75] etwa beim Mietvertrag vor Übergabe der Mietsache. Es handelt sich um eine teleologische Reduktion, die verhindern soll, dass das Lösungsrecht zur Beseitigung jeglicher Vertragsbindung missbraucht wird.[76] 27

G. Rechtsfolgen

Die Lösungsklausel ist grundsätzlich insgesamt unwirksam.[77] Ist sie wegen Unbestimmtheit unwirksam, so kann sich der Verwender auch dann nicht vom Vertrag lösen, wenn sich der tatsächlich eingetretene Grund darunter subsumieren ließe;[78] es gelten dann nur die gesetzlichen Lösungsgründe. Ein Rücktritt, der aufgrund der unwirksamen Klausel erklärt wird, beendet den Vertrag nicht. 28

---

65 Staudinger/*Coester-Waltjen*, § 308 Nr. 3 Rn 2 Abs. 2, weil damit dem Verwender der sofortige Rücktritt ohne Fristsetzung ermöglicht wird; demgegenüber stellt BGHZ 110, 88, 97 f. auf das Überraschungsmoment und die Unvereinbarkeit mit wesentlichen Grundgedanken der gesetzlichen Regelung – nunmehr § 307 Abs. 2 Nr. 1 – ab.
66 Staudinger/*Coester-Waltjen*, § 308 Nr. 3 Rn 5, 27.
67 Staudinger/*Schlosser*, § 305b Rn 5.
68 Staudinger/*Coester-Waltjen*, § 308 Nr. 3 Rn 29.
69 Staudinger/*Coester-Waltjen*, § 308 Nr. 3 Rn 14.
70 BGH NJW-RR 2004, 2498.
71 BGH DB 2003, 2424, aufgrund § 314.
72 BGH NJW 2005, 3641, 3644.
73 MüKo/*Wurmnest*, § 308 Nr. 3 Rn 13, aufgrund der BT-Drucks 7/5422, 7.
74 UBH/*Schmidt*, § 308 Nr. 3 Rn 17.
75 BGHZ 99, 182, 193; BGH NJW 2009, 575 Rn 26.
76 WLP/*Dammann*, § 308 Nr. 3 Rn 10.
77 Erman/*Roloff*, § 308 Nr. 3 Rn 28.
78 Staudinger/*Coester-Waltjen*, § 308 Nr. 3 Rn 26 Abs. 2.

29 Sind mehrere Lösungsgründe in einer Klausel zusammengefasst, so kommt eine Teilunwirksamkeit in Betracht, wenn die Lösungsgründe trennbar und die verbleibenden (sachlich berechtigten) Lösungsgründe aus sich heraus verständlich sind.[79]

H. Beweislast

30 Nach allgemeinen Regeln muss derjenige, der sich auf die Unwirksamkeit der Klausel beruft, die Voraussetzungen des § 308 Nr. 3 BGB beweisen; dies ist in der großen Mehrzahl der Fälle der Kunde. Soweit es sich um das Fehlen eines rechtfertigenden Grundes handelt, soll es unter dem Gesichtspunkt des Negativbeweises ausreichen, dass er Zweifel an der sachlichen Rechtfertigung darlegt.[80]

I. EG-Verbraucherrichtlinie

31 Einschlägig sind nur die Ziffern 1c, 1f und 1g im Anhang zur Richtlinie. § 308 Nr. 3 BGB bleibt hinter deren Schutzbereich nicht zurück.[81] Die Verbraucherrechterichtlinie (2011/83/EU vom 25.10.2011) hat daran nichts geändert (siehe § 305b Rn 52).

J. Unternehmerischer Bereich

32 § 308 Nr. 3 BGB ist darauf wegen § 310 Abs. 1 BGB nicht unmittelbar anzuwenden. Indessen setzt auch hier das formularmäßige Lösungsrecht einen sachlich gerechtfertigten Grund voraus.[82] Es besteht aber Einigkeit darüber, dass in diesem Bereich der sachlich gerechtfertigte Grund weiter zu fassen ist, d.h. dass auch Gründe zu einer sachlichen Rechtfertigung führen können, die dies im Verhältnis zum Verbraucher nicht vermögen.[83] Nach überwiegender Meinung sind auch an die Angabe des Lösungsgrunds in der Klausel geringere Anforderungen zu stellen.[84]

33 Auch gegenüber Unternehmern muss das Rücktrittsrecht auf einen sachlich gerechtfertigten Grund abstellen.[85] Unwirksam ist ein Rücktrittsrecht, das jederzeit und ohne Grund ausgeübt werden können soll. Dasselbe gilt grundsätzlich für ein Lösungsrecht ohne ausreichende Konkretisierung, da es die Bindung des Verwenders an den Vertrag negiert.[86] Die Rechtsprechung hilft hier aber mit einer einschränkenden Auslegung der Lösungsgründe.[87]

34 Auch im unternehmerischen Verkehr (Leasing) stellt es keinen sachlich gerechtfertigten Grund für den Rücktritt des Verwenders (Leasinggebers) dar, wenn ihm die Klausel dies auch für den Fall gestattet, dass er oder sein Lieferant, der ja sein Erfüllungsgehilfe ist,[88] die Verzögerung der Herstellung oder der Abnahme des Leasinggegenstands über den vertraglich bestimmten Zeitpunkt zu vertreten haben.[89] Unwirksam ist deshalb eine Klausel, wonach der Verwender zum Rücktritt berechtigt sein soll, wenn die Erstellung des Leasinggegenstands durch den Lieferanten gänzlich scheitert oder sich über einen bestimmten Zeitpunkt hinaus verzögert. Für die Klauseln, die auf die Selbstbelieferung des Verwenders oder auf höhere Gewalt abstellen, gilt grundsätzlich nichts anderes als im Verkehr mit Verbrauchern (vgl. hierzu Rn 10 ff.), denn insoweit hat die Rechtsprechung ihre Grundsätze gerade auch unter Berücksichtigung des kaufmännischen Verkehrs aufgestellt.[90]

§ 308 Nr. 4

4. (Änderungsvorbehalt)
die Vereinbarung eines Rechts des Verwenders, die versprochene Leistung zu ändern oder von ihr abzuweichen, wenn nicht die Vereinbarung der Änderung oder Abweichung unter Berücksichtigung der Interessen des Verwenders für den anderen Vertragsteil zumutbar ist;

A. Allgemeines	1	**B. Anwendungsbereich**	6
I. Ausgangslage/Zweck	1	**C. Zumutbarkeit**	13
II. Rechtsfolge	5	**D. Verkehr zwischen Unternehmen**	21

---

79 BGH NJW 1985, 320, 325 sub XI 2 c; BGH NJW 1985, 2270, 2272.
80 WLP/*Dammann*, § 308 Nr. 3 Rn 85.
81 UBH/*Schmidt*, § 308 Nr. 3 Rn 2a bis 2c.
82 BGH NJW 2009, 575 Rn 27.
83 BGHZ 124, 351, 358 f.; Staudinger/*Coester-Waltjen*, § 308 Nr. 3 Rn 31 ff.; WLP/*Dammann*, § 308 Nr. 3 Rn 110; PWW/*Berger*, § 308 Rn 29.
84 PWW/*Berger*, § 308 Rn 29; Palandt/*Grüneberg*, § 308 Rn 23.
85 BGH NJW 2000, 1191, 1192; BGH NJW 2009, 575 Rn 27.
86 BGH NJW 1985, 623, 629 sub VII 3 b bb.
87 OLG München WM 1985, 362, 363.
88 BGH NJW 2005, 365, 366.
89 BGH NJW 2009, 575 Rn 29.
90 Staudinger/*Coester-Waltjen*, § 308 Nr. 3 Rn 33.

A. Allgemeines

I. Ausgangslage/Zweck

§ 308 Nr. 4 BGB ist im Gesamtzusammenhang mit § 308 Nr. 3, Nr. 5 BGB sowie mit § 309 Nr. 1, Nr. 7, Nr. 8 und Nr. 10 BGB zu sehen.[1] Die Vorschrift sichert die Einhaltung des grundlegenden Prinzips des **pacta sunt servanda**.[2]

Gemäß § 362 BGB wird der Schuldner von seiner Leistungspflicht nur frei, wenn er die **geschuldete Leistung** erbringt. Die Leistung ist am rechten Ort (§ 269 BGB) zur rechten Zeit (§ 271 BGB) und auf die rechte Art und Weise zu erbringen (§§ 242, 243 Abs. 1, 266 BGB). Weicht der Schuldner einseitig von dem ab, was bei Vertragsschluss vereinbart wurde, greifen zugunsten des Gläubigers Sekundäransprüche.

Behält sich der Schuldner vor, sich von dem Vertrag im Ganzen lösen zu können (vgl. § 308 Nr. 3 BGB), kann er sich seiner Leistungspflicht ganz entziehen und damit auch etwaige Sekundäransprüche des Gläubigers abwenden. Allerdings ist der Gläubiger im Gegenzug von der Pflicht zur Gegenleistung befreit. Versetzt sich der Schuldner dagegen durch die Verwendung von AGB in die Lage, sein Leistungsversprechen einseitig für den Vertragspartner ungünstig zu verändern (§ 308 Nr. 4 BGB), müsste der Gläubiger die geänderte Leistung trotz allem annehmen und bezahlen. Gleichzeitig liefen die Gewährleistungs- und Nichterfüllungsansprüche leer, jedenfalls soweit die tatsächliche Leistung dem geänderten Leistungsversprechen genügt.[3] Dadurch kann die ursprünglich vereinbarte Äquivalenz von Leistung und Gegenleistung zu Lasten des Vertragspartners erheblich gestört sein.[4]

Indes muss es dem Verwender im Rahmen des für den Vertragspartner Zumutbaren erlaubt sein, legitime Leistungsänderungen vorzunehmen, ohne gleich einen Änderungsvertrag (§ 311 Abs. 1 BGB) schließen zu müssen. Bereits das dispositive Recht schafft entsprechende Spielräume (siehe §§ 242, 243 Abs. 1 BGB; § 346 HGB). § 308 Nr. 4 BGB steht somit im Spannungsverhältnis zwischen dem Bedürfnis des modernen Handelsverkehrs nach flexibler Leistungserbringung einerseits und dem Schutz des Vertragspartners vor nachträglichen Störungen des Äquivalenzverhältnisses – Erhalt seiner möglichen Ansprüche wegen Pflichtverletzungen des Verwenders – andererseits. Vor diesem Hintergrund steckt die Vorschrift das Feld für wirksame AGB-Leistungsänderungsvorbehalte ab.

II. Rechtsfolge

Ist ein formulärmäßig vereinbarter Änderungsvorbehalt wegen Verstoßes gegen § 308 Nr. 4 BGB unwirksam, bleibt die ursprünglich vereinbarte Leistung geschuldet. Nimmt der andere Vertragsteil dennoch vorbehaltlos die geänderte Leistung an, so trifft ihn gemäß § 363 BGB die Beweislast für die Änderung oder Unvollständigkeit. Insofern gelten die allgemeinen Grundsätze des Verbots der geltungserhaltenden Reduktion und der Möglichkeit der Aufrechterhaltung eines sprachlich und inhaltlich sinnvoll abtrennbaren wirksamen Teils einer Klausel.[5]

B. Anwendungsbereich

§ 308 Nr. 4 BGB findet auf Verträge aller Art Anwendung. Er gilt im Gegensatz zu § 308 Nr. 3 BGB auch für Dauerschuldverhältnisse, da die Interessenlage insoweit derjenigen im Falle sonstiger Schuldverhältnisse entspricht.[6] Überdies kann gerade im Fall von langfristigen Vertragsverhältnissen wegen bei Vertragsschluss nur schwer abzusehenden Risikoveränderungen ein gesteigerter Anpassungsbedarf bestehen.[7] Unter Berücksichtigung der im Arbeitsrecht geltenden Besonderheiten ist § 308 Nr. 4 BGB (jetzt) auch auf Formulararbeitsverträge anwendbar (vgl. § 310 Abs. 4 S. 2 BGB).

Der AGB-Verwender muss sich die Änderung einer Leistung vorbehalten. § 308 Nr. 4 BGB erfasst nach seinem Wortlaut („Änderung der versprochenen Leistung") nicht nur Änderungen der Hauptleistung, sondern gleichfalls die Änderung von Nebenleistungen sowie Leistungs- oder Erfüllungsmodalitäten.[8] Daher ist § 308 Nr. 4 BGB zum Beispiel bei der Verlegung der Räume eines Sportcenters,[9] bei der Änderung von Öffnungszeiten eines Fitnessstudios,[10] bei

---

1 Staudinger/*Coester-Waltjen*, § 308 Nr. 4 Rn 2.
2 Bamberger/Roth/*Becker*, § 308 Nr. 4 Rn 2.
3 BGH, Urt. v. 30.6.2009 – XI ZR 364/08, NJW-RR 2009, 1641, 1643.
4 MüKo/*Wurmnest*, § 308 Nr. 4 Rn 1.
5 Vgl. BGH, Urt. v. 15.4.2010 – III ZR 258/09, BeckRS 2010, 11847 zu einem sprachlich und inhaltlich abtrennbaren Änderungsvorbehalt i.S.d. § 308 Nr. 4 BGB (hier: Anwendung des Rechtsgedankens zwischen Unternehmern – an Vorinstanz zurückverwiesen); Staudinger/*Coester-Waltjen*, § 308 Nr. 4 Rn 9.
6 Staudinger/*Coester-Waltjen*, § 308 Nr. 4 Rn 5 unter c); *Stoffels*, AGB, Rn 795; Palandt/*Grüneberg*, § 308 Rn 24.
7 Siehe z.B. BGH, Urt. v. 21.4.2009 – XI ZR 78/08, NJW 2009, 2051, 2052 f. Rn 13 (Verträge mit Kreditinstituten); BGH, Urt. v. 17.3.1999 – IV ZR 191/97, NJW 1999, 1865, 1865 (langfristige Versicherungsverträge).
8 UBH/*Schmidt*, § 308 Nr. 4 Rn 4; WLP/*Dammann*, § 308 Nr. 4 Rn 7 ff.; *Stoffels*, AGB, Rn 795; Bamberger/Roth/*Becker*, § 308 Nr. 4 Rn 6; Staudinger/*Coester-Waltjen*, § 308 Nr. 4 Rn 5 unter b).
9 OLG Hamm, Urt. v. 16.12.1991 – 17 U 109/91, NJW-RR 1992, 444, 445.
10 LG Frankfurt, Urt. v. 17.7.1997 – 2/2 O 132/96, VuR 1998, 205, 207.

§ 308 Nr. 4

der nachträglichen Einräumung einer Teilleistungsmöglichkeit[11] oder bei der Änderung des Agios für ein Bauspardarlehen[12] einschlägig. Dabei spielt es für die Inhaltskontrolle nach § 308 Nr. 4 BGB keine Rolle, ob die zu ändernde Leistungspflicht ausdrücklich vereinbart ist, ob sie sich erst durch Vertragsauslegung (§§ 133, 157, 242 BGB) ergibt oder ob sie aus dispositivem Recht folgt.[13] AGB-Änderungsklauseln, mit denen sich der Verwender die Änderung seiner AGB vorbehält, müssen sich an § 308 Nr. 4 BGB nur messen lassen, soweit sich der Verwender (auch) die Änderung solcher AGB-Klauseln vorbehält, die seine Leistungspflichten regeln.[14]

8 Weiter muss sich der Änderungsvorbehalt auf eine Leistung des Verwenders beziehen. Änderungsvorbehalte, die die Gegenleistung des Vertragspartners betreffen, unterfallen nicht § 308 Nr. 4 BGB, sondern sind an § 309 Nr. 1 BGB und § 307 BGB zu messen.[15] Danach werden Zinsänderungsklauseln in Banken-AGB von § 308 Nr. 4 BGB erfasst, wenn es sich um einen Sparvertrag handelt, die Zinsen also von der Bank dem Sparer versprochen sind, nicht dagegen bei Kreditverträgen, bei denen die Zinsen vom Kreditnehmer an die Bank zu zahlen sind.[16] Schließlich muss es sich auch um eine dem Vertragspartner versprochene und damit regelmäßig (mit Ausnahme von Verträgen nach § 328 BGB) an den Vertragspartner zu erbringende Leistung handeln.[17] So betreffen von einem Hersteller gegenüber seinen Endkunden versprochene Garantieleistungen nicht die vertragliche Beziehung zwischen Hersteller und Vertragshändler, wenn der Vertragshändler die auf Wunsch des Endkunden in Erfüllung der Garantie erbrachten Arbeiten vom Hersteller vergütet erhält.[18]

9 Der Verwender muss sich eine Änderung oder Abweichung vom ursprünglichen Leistungsversprechen vorbehalten. Während eine Änderung der Leistung bei anderer Quantität oder Qualität der ursprünglich vereinbarten Leistung gegeben ist, liegt eine Abweichung vor, wenn die ursprüngliche vereinbarte Leistung nach Art und Charakter modifiziert wird. Letzteres meint also eine andere Leistung an sich. Beide Merkmale sind nicht trennscharf abzugrenzen, was jedoch für die Praxis irrelevant ist, da § 308 Nr. 4 BGB beides gleich behandelt.[19] Unerheblich ist auch, ob die Leistung unmittelbar geändert werden soll oder sich die Leistungsänderung mittelbar daraus ergibt, dass Sekundärrechte des Vertragspartners bei Änderungen der versprochenen Leistung ausgeschlossen sein sollen.[20] Denn es macht im Ergebnis für den Vertragspartner keinen Unterschied, ob der Verwender zur einseitigen Änderung ermächtigt wird oder Sekundäransprüche des Vertragspartners für den Fall einer Änderung ausschließt. Dabei kann auch der Ausschluss von Sekundärrechten direkter Art sein, wie etwa Gewährleistungsausschlüsse („keine Gewährleistung bei unbedeutenden Abweichungen in Farbe, Form oder Material") oder Ausschlüsse von Kündigungsrechten („berechtigt nicht zur vorzeitigen Kündigung"),[21] oder sich indirekt ergeben, so bei Irrtumsklauseln („Bei Irrtümern ist der Verwender berechtigt, diese zu berichtigen")[22] oder Fiktionsklauseln (z.B. „fabrikationsbedingte Abweichungen gelten nicht als Mängel"). Schließlich kommt es für den Änderungsbegriff auch nicht darauf an, ob eine vorbehaltene Änderung nur geringfügig ist, oder es sich um eine inhaltliche/ Verbesserung des Leistungsversprechens handelt. Beides wirkt sich auf das Äquivalenzverhältnis aus und kann dem Vertragspartner nicht zumutbar sein.

10 Konkretisiert eine Klausel im Rahmen einer Leistungsbeschreibung eine Hauptleistungspflicht und nutzt sie dabei nur den durch dispositives Recht (§ 243 Abs. 1 BGB, § 360 HGB) gegebenen Spielraum aus, findet nach § 307 Abs. 3 S. 1 BGB eine Inhaltskontrolle nicht statt.[23] Eine solche kontrollfreie Leistungsbeschreibung nimmt der BGH jedoch nur dann an, wenn ohne deren Vorliegen mangels Bestimmtheit oder Bestimmbarkeit des wesentlichen Vertragsinhalts ein wirksamer Vertrag nicht mehr angenommen werden kann.[24]

---

11 OLG Stuttgart, Urt. v. 6.5.1994 – 2 U 275/93, NJW-RR 1995, 116; ebenso Staudinger/*Coester-Waltjen*, § 308 Nr. 4 Rn 5 unter b); *Stoffels*, AGB, Rn 795; UBH/*Schmidt*, § 308 Nr. 4 Rn 4; a.A. OLG Koblenz, Urt. v. 19.2.1993 – 2 U 527/91, NJW-RR 1993, 1078, 1079.

12 KG, Urt. v. 10.1.1990 – 23 U 5932/88, NJW-RR 1990, 544, 558.

13 Bamberger/Roth/*Becker*, § 308 Nr. 4 Rn 7; WLP/*Dammann*, § 308 Nr. 4 Rn 10.

14 BGH, Urt. v. 11.10.2007 – III ZR 63/07, NJW-RR 2008, 134, 135; MüKo/*Wurmnest*, § 308 Nr. 4 Rn 3.

15 Ebenso MüKo/*Wurmnest*, § 308 Nr. 4 Rn 6; Bamberger/ Roth/*Becker*, § 308 Nr. 4 Rn 5; UBH/*Schmidt*, § 308 Nr. 4 Rn 4; WLP/*Dammann*, § 308 Nr. 4 Rn 6 unter a); *Stoffels*, AGB, Rn 792; a.A. Staudinger/*Coester-Waltjen*, § 308 Nr. 4 Rn 5 unter c).

16 Vgl. einerseits (Sparvertrag) BGH, Urt. v. 13.4.2010 – XI ZR 197/09, NJW 2010, 1742; BGH, Urt. v. 10.6.2008 – XI ZR 211/07, NJW 2008, 3422; BGH, Urt. v. 17.2.2004 – XI ZR 140/03, NJW 2004, 1588, 1589; andererseits (Kreditvertrag) BGH, Urt. v. 21.4.2009 – XI ZR 78/08, NJW 2009, 2051, 2053.

17 Siehe auch Staudinger/*Coester-Waltjen*, § 308 Nr. 4 Rn 5 unter b).

18 BGH, Urt. v. 26.11.1984 – VIII ZR 214/83, NJW 1985, 623, 626 ff.; anders noch in der Vorinstanz OLG Frankfurt, Urt. v. 30.6.1983 – 6 U 167/82, BB 1983, 1435, 1436.

19 UBH/*Schmidt*, § 308 Nr. 4 Rn 4; WLP/*Dammann*, § 308 Nr. 4 Rn 11.

20 Siehe (auch zum Folgenden) MüKo/*Wurmnest*, § 308 Nr. 4 Rn 4; Palandt/*Grüneberg*, § 308 Rn 24. UBH/*Schmidt*, § 308 Nr. 4 Rn 4; WLP/*Dammann*, § 308 Nr. 4 Rn 19–21; Bamberger/Roth/*Becker*, § 308 Nr. 4 Rn 12; Staudinger/*Coester-Waltjen*, § 308 Nr. 4 Rn 5 m.w.N.

21 So in OLG Hamm, Urt. v. 16.12.1991 – 17 U 109/91, NJW-RR 1992, 444, 445.

22 Siehe auch BGH, Urt. v. 30.6.2009 – XI ZR 364/08, NJW-RR 2009, 1641, 1642 f.

23 Staudinger/*Coester-Waltjen*, § 308 Nr. 4 Rn 5 unter a); WLP/*Dammann*, § 308 Nr. 4 Rn 15 ff.

24 BGH, Urt. v. 15.11.2007 – III ZR 247/06, NJW 2008, 360, 362 Rn 18.

Als Änderung der versprochenen Leistung kommt nur die nachträgliche, also die für die Zeit nach Vertragsschluss vorbehaltene Änderung der im Vertrag als geschuldet bestimmten Leistung in Betracht. Behält sich der Verwender dagegen lediglich die erstmalige Festlegung seiner Leistung im Sinne eines einseitigen Leistungsbestimmungsrechts (§ 315 BGB) vor, ist der Anwendungsbereich des § 308 Nr. 4 BGB nicht eröffnet.[25] Daran fehlt es aber z.B., wenn in einem Sparvertrag der Anfangszinssatz bestimmt ist und lediglich spätere einseitige Anpassungen ermöglicht werden sollen, sodass dieser Änderungsvorbehalt an § 308 Nr. 4 BGB zu messen ist.[26] Gleiches gilt für Änderungsvorbehalte in den Baubeschreibungen von Bauträgern[27] und regelmäßig für Ersatzlieferungsklauseln im Versandhandel.[28] In den früher auf Überweisungsvordrucken der Kreditinstitute verbreiteten Fakultativklauseln, nach denen Kreditinstituten die Befugnis eingeräumt war, den Überweisungsbetrag einem anderen Konto des Empfängers als dem angegebenen gutzuschreiben, sah der BGH dagegen (**obiter**) keine Änderung der versprochenen Leistung.[29]

Schließlich muss der Änderungsvorbehalt einseitig („Recht des Verwenders") sein. Daher können Änderungsvorbehalte, die von der Zustimmung des Vertragspartners abhängen, nicht anhand von § 308 Nr. 4 BGB kontrolliert werden.[30] Im Fall der Zustimmungsfiktion muss die Klausel freilich den Anforderungen des § 308 Nr. 5 BGB genügen.

C. Zumutbarkeit

Ein Änderungsvorbehalt ist nur wirksam, wenn die vorgesehene Änderung unter Berücksichtigung der Interessen des Verwenders für seinen Vertragspartner zumutbar ist. Daraus folgt, dass für die Beurteilung der Zumutbarkeit das Interesse des Vertragspartners an der ursprünglich versprochenen Leistung mit dem Änderungsinteresse des Verwenders abgewogen werden muss.

Die Interessenabwägung erfolgt nicht anhand der Umstände des Einzelfalls, sondern anhand einer generalisierenden Berücksichtigung der typischen Interessen der Vertragsparteien.[31] Ist zum Beispiel typischerweise ausschließlich eine höchstpersönliche Leistungserbringung im Interesse des Vertragspartners – etwa bei einer sog. Chefarztbehandlung durch einen besonderen Spezialisten – ist eine entsprechende Vertreterklausel unwirksam.[32]

Ein zumutbarer Änderungsvorbehalt muss überdies das Transparenzgebot (§ 307 Abs. 1 S. 2 BGB) beachten. Die Voraussetzungen einer möglichen Leistungsänderung müssen in der Klausel hinreichend bestimmt genannt werden, sodass für den anderen Vertragsteil bereits bei Vertragsschluss einschätzbar ist, unter welchen Umständen er konkret mit einer Leistungsänderung zu rechnen hat, welche Maßstäbe in diesem Zusammenhang gelten und wo die Grenzen für eine Leistungsänderung liegen.[33] Je einschneidender die Änderung ist, desto konkreter und kalkulierbarer müssen die Voraussetzungen und der Umfang der Änderung bezeichnet werden.[34]

Dies bedeutet zugleich, dass es dem Verwender verwehrt ist, den Änderungsvorbehalt so offen zu fassen, dass unbegrenzte Leistungsänderungen gerechtfertigt werden können.[35] Die Nachprüfung der Einhaltung dieser Grenzen muss dem Durchschnittskunden möglich sein. Deshalb muss der Änderungsgrund richtigerweise genannt werden.[36] Der Vorbehalt in den AGB eines Reiseveranstalters, die vereinbarten Flugzeiten ohne weitere Begründung ändern zu können, verstößt daher gegen § 308 Nr. 4 BGB.[37] Als Änderungsgrund darf keine bloße Hohlformel gewählt werden, die

---

25 BGH, Urt. v. 17.2.2004 – XI ZR 140/03, NJW 2004, 1588; WLP/*Dammann*, § 308 Nr. 4 Rn 16; Staudinger/*Coester-Waltjen*, § 308 Nr. 4 Rn 5 unter a).

26 So in BGH, Urt. v. 17.2.2004 – XI ZR 140/03, NJW 2004, 1588.

27 BGH, Urt. v. 23.6.2005 – VII ZR 200/04, NJW 2005, 3420, 3421.

28 BGH, Urt. v. 21.9.2005 – VIII ZR 284/04, NJW 2005, 3567, 3568 f.

29 BGH, Urt. v. 5.5.1986 – II ZR 150/85, NJW 1986, 2428, 2429.

30 Vgl. BGH, Urt. v. 11.10.2007 – III ZR 63/07, NJW-RR 2008, 134, 136.

31 BGH, Urt. v. 15.11.2007 – III ZR 247/06, NJW 2008, 360, 362; UBH/*Schmidt*, § 308 Nr. 4 Rn 9; WLP/*Dammann*, § 308 Nr. 4 Rn 24; *Stoffels*, AGB, Rn 797.

32 Jedenfalls dann, wenn der Eintritt eines Vertreters des Wahlarztes nicht auf die Fälle beschränkt ist, in denen die Verhinderung des Wahlarztes im Zeitpunkt des Abschlusses der Wahlleistungsvereinbarung nicht bereits feststeht (Krankheit etc.). Zudem muss der Vertreter i.S.d. GoÄ bestimmt sein und namentlich genannt werden, siehe BGH, Urt. v. 20.12.2007 – III ZR 144/07, NJW 2008, 987, 988 Rn 9 ff.

33 BGH, Urt. v. 13.4.2010 – XI ZR 197/09, NJW 2010, 1742 zur unwirksamen Ausgestaltung der Variabilität eines Zinssatzes in einem Sparvertrag wegen Fehlens eines Mindestmaßes an Kalkulierbarkeit; BGH, Urt. v. 17.2.2004 – XI ZR 140/03, NJW 2004, 1588; dazu auch Bamberger/Roth/*Becker*, § 308 Nr. 4 Rn 16 m.w.N.

34 Palandt/*Grüneberg*, § 308 Rn 25 m.w.N.

35 BGH, Urt. v. 15.11.2007 – III ZR 247/06, NJW 2008, 360, 362; BGH, Urt. v. 21.9.2005 – VIII ZR 284/04, NJW 2005, 3567, 3569; BGH, Urt. v. 12.1.1994 – VIII ZR 165/92, NJW 1994, 1060.

36 Auch wenn dies im Gegensatz zu § 308 Nr. 3 BGB nicht ausdrücklich verlangt wird; Nr. 1k des Anhangs der RL 93/13/EWG des Rates vom 5.4.1993 fordert einen „triftigen Grund"; so auch BGH, Urt. v. 11.10.2007 – III ZR 63/07, NJW-RR 2008, 134, 135 Rn 15; BGH, Urt. v. 23.6.2005 – VII ZR 200/04, NJW 2005, 3420, 3421; WLP/*Dammann*, § 308 Nr. 4 Rn 33; etwas weniger streng wohl Staudinger/*Coester-Waltjen*, § 308 Nr. 4 Rn 6 m. Hinw. auf die Rechtsprechung zu „handelsüblichen Abweichungen".

37 OLG Düsseldorf, Urt. v. 2.5.2013 – I-6 U 123/12, NJW-RR 2013, 1391, 1392.

vollkommen wertungsoffen ist[38] oder schlicht den Gesetzestext wiedergibt. Nicht nachvollziehbar ist insoweit das Urteil des OLG Köln vom 8.1.2013,[39] nach dem die in den Teilnahmebedingungen eines Prämienprogramms enthaltende Klausel, dass die Prämien, die Prämienstaffeln oder sonstige in den Programmunterlagen beschriebenen Abläufe jederzeit geändert oder ergänzt werden können, sofern dies notwendig erscheint und der Teilnehmer hierdurch nicht wider Treu und Glauben benachteiligt wird, einer AGB-rechtlichen Inhaltskontrolle standhalten soll.[40]

17 Der Änderungsgrund muss vielmehr nach dem sog. Grundsatz der Erforderlichkeit rechtfertigen, warum eine Leistungsänderung für den Verwender unvermeidlich ist.[41] Dies ist nach weniger strenger Rechtsprechung bereits der Fall, wenn das Änderungsinteresse des Verwenders das Interesse des anderen Vertragsteils an der Unveränderlichkeit der vereinbarten Leistungserbringung überwiegt oder zumindest gleichwertig ist.[42]

18 Die Grenzen eines wirksamen formularmäßigen Änderungsvorbehalts sind aber dort erreicht, wo durch die Abweichung das Äquivalenzverhältnis der beiderseitigen Leistungen zum Nachteil des Kunden nicht nur ganz unerheblich gestört wird.[43] Besonders nachteilig für den anderen Vertragsteil ist ein Änderungsvorbehalt, der sich nicht nur auf die Umstände der Leistungserbringung oder auf Nebenpflichten bezieht, sondern auch Inhalt und Umfang der Hauptleistung betrifft.[44] Dementsprechend ist beispielsweise die formularmäßige Einwilligung zu einer automatischen Installation von Updates in einem App-Vertrag ebenso wie der Vorbehalt des Verwenders, seine Leistungen ganz oder teilweise einzustellen, als Verstoß gegen § 308 Nr. 4 BGB zu werten.[45]

19 Eine unzumutbare Leistungsänderung kann schließlich auch nicht dadurch kompensiert werden, dass dem Kunden die Möglichkeit gegeben wird, sich vom Vertrag zu lösen.[46]

20 Vor dem Hintergrund des Grundsatzes „**pacta sunt servanda**" ist grundsätzlich davon auszugehen, dass der Vertragsinhalt beibehalten wird. Deshalb muss der Verwender die Zumutbarkeit seiner Änderung für den anderen Teil beweisen, wie sich bereits aus dem Wortlaut der Vorschrift ergibt.[47]

D. Verkehr zwischen Unternehmern

21 Nach h.M. ist der Rechtsgedanke der Vorschrift über §§ 307 Abs. 2 Nr. 1, 310 Abs. 1 S. 2 BGB auch in AGB anzuwenden, die gegenüber einem Unternehmer verwendet werden.[48] Folglich sind auch im unternehmerischen Geschäftsverkehr einseitige Änderungsrechte nicht uneingeschränkt durchsetzbar, da der Grundsatz „**pacta sunt ser-**

---

38 Beispielsweise unwirksam: „aus zwingenden betrieblichen Gründen", „wenn nach den Umständen nötig", „aus sonstigen Gründen" oder auch „zum Vorteil des Abonnenten" (BGH, Urt. v. 15.11.2007 – III ZR 247/06, NJW 2008, 360, 362 Rn 24 im Falle der AGB eines Pay-TV-Abonnements), „Änderung der Bauausführung, der Material- bzw. Baustoffauswahl, soweit sie gleichwertig sind" (BGH, Urt. v. 23.6.2005 – VII ZR 200/04, NJW 2005, 3420, 3421 zu AGB im Bauträgervertrag), Änderung der Abflugzeit „bei Erforderlichkeit" (OLG Frankfurt, Urt. v. 28.2.2013 – 16 U 680/12, NJW-RR 2013, 829, 830) oder aus „flugbetrieblichen Gründen" (KG, Beschl. v. 4.10.2012 – 23 U 47/12, BeckRS 2012, 21951 zu den Allgemeinen Beförderungsbedingungen eines Luftfahrtunternehmens). Das Abstellen auf „handelsübliche Abweichungen" soll hingegen zulässig sein, wenn Art der Abweichung (hier: in Struktur und Farbe) und Ursache der Abweichung (hier: materialbedingt) die Reichweite der Klausel begrenzen: BGH, Urt. v. 11.3.1987 – VIII ZR 203/86, NJW 1987, 1886.
39 OLG Köln, Urt. v. 8.1.2013 – 15 U 45/12, NJW 2013, 1454.
40 Kritisch daher auch *Lehmann-Richter*, NJW 2013, 1457, 1458.
41 Offensichtliche Irrtümer in Produktbedingungen können beispielsweise nach BGH, Urt. v. 30.6.2009 – XI ZR 364/08, NJW-RR 2009, 1641, 1643 Rn 26 bei sorgfältiger Kontrolle bereits vor Vertragsschluss erkannt werden und stellen deshalb keinen rechtfertigenden Änderungsgrund dar; WLP/*Dammann*, § 308 Nr. 4 Rn 24.
42 BGH, Urt. v. 15.11.2007 – III ZR 247/06, NJW 2008, 360, 362 Rn 21; BGH, Urt. v. 11.10.2007 – III ZR 63/07, NJW-RR 2008, 134, 135 Rn 15 fordert einen „triftigen Grund"; ebenso BGH, Urt. v. 23.6.2005 – VII ZR 200/04, NJW 2005, 3420, 3421 m.w.N.
43 BGH, Urt. v. 11.3.1987 – VIII ZR 203/86, NJW 1987, 1886; „Indiz für die Unzumutbarkeit" nach BGH, Urt. v. 30.6.2009 – XI ZR 364/08, NJW-RR 2009, 1641 Rn 24. Ähnlich: Staudinger/*Coester-Waltjen*, § 308 Nr. 4 Rn 7 „Besondere Vorsicht ist geboten [...]".
44 BGH, Urt. v. 30.6.2009 – XI ZR 364/08, NJW-RR 2009, 1641, 1643 Rn 24 (Emissionsbedingungen); BGH, Urt. v. 15.11.2007 – III ZR 247/06, NJW 2008, 360, 362 Rn 21 (Pay-TV Abonnement); BGH, Urt. v. 14.7.1987 – X ZR 38/86, NJW 1987, 2818 (Berechtigung, „notwendige" KfZ Reparaturarbeiten ohne Zustimmung des Kunden vorzunehmen).
45 LG Frankfurt a.M., Urt. v. 6.6.2013 – 2-24 O 246/12, MMR 2013, 645, 646.
46 BGH, Urt. v. 21.9.2005 – VIII ZR 284/04, NJW 2005, 3567, 3569 zur Zusendung eines gleichwertigen Ersatzartikels im Versandhandel, der bei Nichtgefallen auch innerhalb von 14 Tagen zurückgegeben werden kann; vgl. auch WLP/*Dammann*, § 308 Nr. 4 Rn 28.
47 Insofern gilt die Vermutung der Unwirksamkeit, vgl. BGH, Urt. v. 15.11.2007 – III ZR 247/06, NJW 2008, 360, 362 Rn 21; BGH, Urt. v. 17.2.2004 – XI ZR 140/03, NJW 2004, 1588 m.w.N.; UBH/*Schmidt*, § 308 Nr. 4 Rn 9; WLP/*Dammann*, § 308 Nr. 4 Rn 32; Bamberger/Roth/*Becker*, § 308 Nr. 4 Rn 37.
48 Statt vieler BGH, Urt. v. 30.6.2009 – XI ZR 364/08, NJW-RR 2009, 1641, 1643 Rn 29; Palandt/*Grüneberg*, § 308 Rn 26; PWW/*Berger*, § 308 Nr. 4 Rn 35; UBH/*Schmidt*, § 308 Nr. 4 Rn 12; wobei aber keine Indizwirkung besteht: WLP/*Dammann*, § 308 Nr. 4 Rn 70.

vanda" in diesem Bereich gleichermaßen gilt.⁴⁹ Vielmehr kann gerade der kaufmännische Geschäftsverkehr auf eine exakte Leistungseinhaltung angewiesen sein.⁵⁰

Rabatte und Boni können deshalb nicht frei angepasst werden. Eine entsprechende Klausel muss, um angemessen zu sein, schwerwiegende Änderungsgründe nennen und in ihren Voraussetzungen und Folgen die Interessen des Vertragspartners angemessen berücksichtigen.⁵¹ **22**

Zulässig sind dagegen Änderungsvorbehalte, soweit es sich um handelsübliche Mengen und Qualitätstoleranzen handelt.⁵² **23**

§ 308 Nr. 5

5. (Fingierte Erklärungen)
eine Bestimmung, wonach eine Erklärung des Vertragspartners des Verwenders bei Vornahme oder Unterlassung einer bestimmten Handlung als von ihm abgegeben oder nicht abgegeben gilt, es sei denn, dass
a) dem Vertragspartner eine angemessene Frist zur Abgabe einer ausdrücklichen Erklärung eingeräumt ist und
b) der Verwender sich verpflichtet, den Vertragspartner bei Beginn der Frist auf die vorgesehene Bedeutung seines Verhaltens besonders hinzuweisen;

A. Allgemeines 1	IV. Rechtsfolge 18
I. Anwendungsbereich und -voraussetzungen 2	V. Geltung gegenüber Unternehmern 19
II. Wirksamkeitsvoraussetzungen 10	B. Einzelfälle 20
III. Verhältnis zu anderen Vorschriften 16	

A. Allgemeines

Schweigen ist im Rechtsverkehr regelmäßig nicht als Willenserklärung zu werten (mit Ausnahme des „kaufmännischen Bestätigungsschreibens").¹ Daher kann hiervon in AGB nur unter den strengen Voraussetzungen des § 308 Nr. 5 BGB abgewichen werden. Die Vorschrift legt Voraussetzungen für die Wirksamkeit von Klauseln fest, wonach die Vornahme oder das Unterlassen einer Handlung automatisch zur Abgabe einer Willenserklärung führen soll, ohne dass sich der Vertragspartner des Verwenders ausdrücklich äußert. Sie bezieht sich nur auf fingierte Erklärungen des Vertragspartners des Verwenders; Schweigen des Verwenders darf z.B. als Zustimmung fingiert werden.² Durch die Regelung soll der Verwendungsgegner vor überraschenden oder ungewollten Rechtsfolgen einer Erklärungsfiktion geschützt werden.³ Trotzdem soll es den Parteien jedoch möglich sein, einem bestimmten Verhalten die Bedeutung der Abgabe oder Nichtabgabe von Willenserklärungen beizumessen.⁴ Eine solche Fiktion kann in AGB vereinbart werden, wenn hierfür ein berechtigtes Interesse besteht.⁵ Voraussetzung ist, dass der Verwendungsgegner in Bezug auf die in der Klausel enthaltene Fiktion sich „[…] ihrer Bedeutung im entscheidenden Zeitpunkt bewusst ist, sich darauf einstellen und ihren Eintritt verhindern kann".⁶ § 308 Nr. 5 BGB stellt für die Wirksamkeit einer Fiktion strenge Voraussetzungen auf: Dem Vertragspartner muss eine angemessene Frist für die Abgabe einer ausdrücklichen Erklärung eingeräumt werden und der Verwender muss sich bereits in der Klausel verpflichten, den Vertragspartner bei Beginn der Frist auf die Folgen seines Verhaltens hinzuweisen. Ob die an das Verhalten des Vertragspartners geknüpfte Folge angemessen ist, richtet **1**

---

49 Vgl. OLG Köln, Urt. v. 7.6.1990 – 1 U 56/89, NJW-RR 1990, 1232, 1233 zum unwirksamen Vorbehalt, dem Mieter eines Messestandplatzes andere Standplätze als den zugesagten zuzuweisen.
50 BGH, Urt. v. 30.6.2009 – XI ZR 364/08, NJW-RR 2009, 1641, 1643 Rn 29; Staudinger/*Coester-Waltjen*, § 308 Nr. 4 Rn 11.
51 BGH, Urt. v. 12.1.1994 – VIII ZR 165/92, NJW 1994, 1060, 1063 zum Vertragshändlervertrag. Entsprechend bei Provisionssatzänderungen: LG Darmstadt, Urt. v. 23.9.2009 – 7 S 62/09, BeckRS 2010, 11902 (zwar aufgehoben durch BGH, Urt. v. 15.4.2010 – III ZR 258/09, BeckRS 2010, 11847, dies aber nur, weil der Änderungsvorbehalt sprachlich und inhaltlich abtrennbar war und es

für den in Rede stehenden Anspruch nicht auf seine Wirksamkeit ankam).
52 Erman/*Roloff*, § 308 Rn 37; Palandt/*Grüneberg*, § 308 Rn 26; Staudinger/*Coester-Waltjen*, § 308 Nr. 4 Rn 11.
1 MüKo-HGB/*Welter*, § 362 Rn 4.
2 OLG Düsseldorf NJW 2005, 1515; Palandt/*Grüneberg*, § 308 Rn 28.
3 WLP/*Dammann*, § 308 Nr. 5 Rn 1.
4 BGH NJW-RR 2005, 1555, 1556; BGH NJW-RR 2005, 1557, 1558.
5 WLP/*Dammann*, § 308 Nr. 5 Rn 1; vgl. auch BGH NJW 1985, 617, 618.
6 BGH NJW 1985, 617, 618 (zu § 10 Nr. 5 AGBG und einer Annahmefiktion in einem Darlehensvertrag).

§ 308 Nr. 5

sich dagegen nicht nach § 308 Nr. 5 BGB, sondern wird im Rahmen von §§ 134, 138 und § 307 BGB geprüft[7] und setzt insbesondere ein berechtigtes Interesse des Verwenders voraus.[8]

I. Anwendungsbereich und -voraussetzungen

2 § 308 Nr. 5 BGB ist nur auf fingierte Erklärungen des Vertragspartners anzuwenden. Wird eine Erklärung des Verwenders durch die Klausel fingiert, findet – bei deren Nachteiligkeit für den Vertragspartner – eine Überprüfung nach § 307 BGB statt.[9] Nicht erfasst werden außerdem **antizipierte Erklärungen**, also solche die bereits bei Vertragsabschluss abgegeben werden, sich aber auf einen späteren Zeitpunkt und den Eintritt bestimmter Voraussetzungen beziehen.[10] Dazu gehören unter anderem **Verlängerungsklauseln, Änderungsklauseln, antizipierte Verfügungserklärungen und Erklärungsverpflichtungen**. Verlängerungsklauseln sind z.B. solche, die einen Vertrag bei unterbliebener Kündigung automatisch verlängern;[11] zu messen sind sie an §§ 309 Nr. 9 b, 307 BGB. Änderungsklauseln bewirken, dass sich der Vertragsinhalt bei Eintritt bestimmter Umstände verändert; sie sind an § 307 BGB zu messen.[12] Antizipierte Verfügungserklärungen, durch die der Verwendungsgegner sich mit der zukünftigen Schuld- oder Vertragsübernahme einverstanden erklärt oder eine antizipierte dingliche Einigung für die Bestellung von Pfand- oder Sicherungsrechten abgibt, sind nicht an § 308 Nr. 5 BGB zu messen, sondern an §§ 305c Abs. 1, 307 BGB.[13] Erklärungsverpflichtungen sind Klauseln, die den Vertragspartner dazu verpflichten, zu einem späteren Zeitpunkt eine bestimmte Erklärung abzugeben. Sie unterliegen wegen der fehlenden Fiktion ebenfalls nicht § 308 Nr. 5 BGB.[14]

3 Erfasst wird die Fiktion von **Willenserklärungen**, ob eine Klausel eine solche enthält, ist durch Auslegung zu ermitteln.[15]

4 **Beispiele:**
Bei **Nichtausübung des Widerrufsrechts** soll der Vertrag als zustande gekommen gelten;[16] eine **Vertragsänderung** soll als Rücktritt zu behandeln sein;[17] die **fehlende Geltendmachung von Einwänden** gegen Rechnungsabschlüsse einer Bank nach Nr. 7 II AGB-Banken soll als Schuldanerkenntnis nach § 781 BGB zu werten sein;[18] die Nebenkostenabrechnung im Rahmen eines Mietvertrags soll nach einer **bestimmten Frist ohne Einwendungen** als anerkannt gelten;[19] **keine Erklärungsfiktion** dürfte dagegen anzunehmen sein, wenn bestimmt wird, dass Einwendungen gegen die Rechnung des Verwenders innerhalb eines Monats geltend zu machen sind.[20]

5 Auch die Fiktion **rechtsgeschäftsähnlicher Erklärungen** wie Fristsetzungen (z.B. § 323 Abs. 1 BGB), **Anzeigen** (z.B. § 170 BGB) und **Mitteilungen** (z.B. § 171 Abs. 1 BGB) fällt in den Anwendungsbereich. An rechtsgeschäftsähnliche Erklärungen knüpft das Gesetz unabhängig von einem Rechtsbindungswillen eine Rechtsfolge.[21] Gleiches gilt für rein **tatsächliche Erklärungen**.[22] Nicht erfasst wird hingegen die Fiktion eines **mutmaßlichen Willens**. Bei solchen Klauseln greift § 309 Nr. 12 BGB. Ebenfalls unter § 308 Nr. 5 BGB fallen **Erklärungen bestimmter Dritter**, wenn sich der Verwender diese zurechnen lassen muss.[23]

6 Eine Fiktion i.S.d. § 308 Nr. 5 BGB liegt vor, wenn nach Vertragsschluss abhängig von einem bestimmten Verhalten eine Erklärung als abgegeben gelten soll. Dem Vertragspartner wird keine Möglichkeit eingeräumt, den Nachweis zu erbringen, dass er die Erklärung tatsächlich nicht abgegeben hat. § 308 Nr. 5 BGB greift bei **Fiktionen im engeren Sinne** und bei **unwiderleglichen Vermutungen** ein. Zur Abgrenzung muss die Klausel ausgelegt werden.[24] Von einer Fiktion ist etwa bei folgenden **Formulierungsbeispielen** auszugehen: „gilt als genehmigt", „gilt als abgegeben", „gilt als nicht abgegeben", „wird fingiert". Erfasst sind auch Klauseln wie „wird unwiderleglich vermutet", „wird ohne Möglichkeit des Gegenbeweises vermutet".[25]

7 Auch die **widerlegliche Vermutung** stellt einen Fall des § 308 Nr. 5 BGB dar, da es kaum zu rechtfertigen ist, entsprechende Klauseln dem strengeren Maßstab des § 309 Nr. 12 BGB zu unterwerfen, obwohl sie den Verwendungsgegner weit weniger belasten als Fiktionen.[26]

---

7 WLP/*Dammann*, § 308 Nr. 5 Rn 1.
8 OLG Düsseldorf NJW-RR 1988, 884, 886 (zu § 9 AGBG); UBH/*Schmidt*, § 308 Nr. 5 Rn 7; WLP/*Dammann*, § 308 Nr. 5 Rn 1.
9 Staudinger/*Coester-Waltjen*, § 308 Nr. 5 Rn 10; UBH/*Schmidt*, § 308 Nr. 5 Rn 6.
10 BGH NJW-RR 2001, 1242, 1243; BGH NJW 2001, 292, 299 (beide zu § 10 Nr. 5 AGBG).
11 BGH NJW 1987, 2012, 2014 (zu § 10 Nr. 5 AGBG).
12 BGH NJW-RR 2001, 1242, 1243 (zu § 10 Nr. 5 AGBG).
13 WLP/*Dammann*, § 308 Nr. 5 Rn 19.
14 OLG Hamm MMR 2001, 105, 108 (zu § 10 Nr. 5 AGBG).
15 WLP/*Dammann*, § 308 Nr. 5 Rn 11.
16 AG Bergisch-Gladbach NJW-RR 1988, 956.
17 BGH NJW 1992, 3158, 3161 (zu § 10 Nr. 5 AGBG).
18 BGH NJW-RR 1999, 844.
19 OLG Düsseldorf NZM 2001, 48, 49 (zu § 308 Nr. 5 AGBG).
20 A.A. OLG Schleswig NJW-RR 1998, 54, 55.
21 WLP/*Dammann*, § 308 Nr. 5 Rn 12.
22 WLP/*Dammann*, § 308 Nr. 5 Rn 13.
23 WLP/*Dammann*, § 308 Nr. 5 Rn 24; Erman/*Roloff*, § 308 Rn 40.
24 UBH/*Schmidt*, § 308 Nr. 5 Rn 2.
25 UBH/*Schmidt*, § 308 Nr. 5 Rn 2; WLP/*Dammann*, § 308 Nr. 5 Rn 27.
26 UBH/*Schmidt*, § 308 Nr. 5 Rn 6a; WLP/*Dammann*, § 308 Nr. 5 Rn 28.

Die Handlung oder Unterlassung muss vom Verwendungsgegner ausgehen.[27] Unabhängig vom Wortlaut ist aus dogmatischen Gründen für den **Zeitpunkt der Fiktion** an ein Handeln oder Unterlassen anzuknüpfen, das zeitlich **nach der AGB-Einbeziehung** in den Vertrag liegt.[28] Die AGB gehören zum Vertrag und sind daher von der auf Abschluss gerichteten Willenserklärung des Verwendungsgegners erfasst. Demnach sind in den AGB enthaltene Erklärungsinhalte, soweit sie nicht an ein nach dem Vertragsschluss liegendes Verhalten anknüpfen, keine Fiktionen. Die Abgabe einer Erklärung wird also nach Einbeziehung der AGB fingiert.[29]

Eine Anwendung des § 308 Nr. 5 BGB auf Fiktionen, die an **Handlungen oder Unterlassungen des Verwenders oder Dritter** anknüpfen, ist wegen der Privilegierung des § 308 Nr. 5 BGB gegenüber § 309 Nr. 12 BGB abzulehnen.[30] Handlungen in diesem Sinne können etwa die Benutzung oder Entgegennahme einer Leistung oder Sache sein, die Übernahme oder Ingebrauchnahme einer Mietsache,[31] Nichtabholung von beim Verwender zurückgelassenen Gegenständen,[32] Nichtablehnung bzw. Nichtzurücksendung einer Ware[33] oder die Ingebrauchnahme einer Werkleistung.[34]

II. Wirksamkeitsvoraussetzungen

Die Wirksamkeit einer Erklärungsfiktion erfordert die Einräumung der Möglichkeit zur Abgabe einer Erklärung durch den Verwendungsgegner innerhalb einer angemessenen Frist und die Übernahme einer Hinweispflicht durch den Verwender.[35] Dass die inhaltliche Angemessenheit nicht dem Maßstab des § 308 Nr. 5 BGB, sondern den allgemeinen Regeln der §§ 307, 138 BGB unterliegt, wurde bereits erwähnt (siehe oben Rn 1). Die **Angemessenheit der Frist** soll dem Verwendungsgegner ausreichende Zeit für eine ausdrückliche Willenserklärung geben, um die Fiktion einer Erklärung oder Nichterklärung zu verhindern.[36] Die Angemessenheit richtet sich nach einer objektiven Interessenabwägung[37] und ist **einzelfallabhängig**. Zu berücksichtigen ist jedoch, dass die Fiktionswirkung in der Regel dem Interesse des Verwenders zugute kommen wird. Daher ist eine **Mindestfrist** von ein bis zwei Wochen zu beachten.[38] Bei dringenden Geschäften kann unter Umständen eine kürzere Frist zulässig sein. Hierfür muss die Verkehrssitte sprechen und das entsprechende Interesse des Verwenders an einer umgehenden Erklärung vorliegen.[39] Verlangt eine Klausel eine unverzügliche oder sofortige Erklärung, ist in der Regel von ihrer Unwirksamkeit auszugehen.[40] Die Fristenregelung muss in den AGB enthalten sein. Die Frist muss noch nicht bestimmt sein; es reicht, wenn auf eine „angemessene Frist" abgestellt und diese dann später mit Fristsetzung konkretisiert wird.[41]

Die Angemessenheit der Frist bezieht sich auch auf ihre **Ausgestaltung**. Fristbeginn und Fristende müssen so beschaffen sein, dass die an die Vornahme oder Unterlassung der Handlung geknüpfte Fiktion bewusst und gewollt vom Vertragspartner angenommen oder abgewendet werden kann.[42] Versäumt der Vertragspartner die Frist schuldlos, wird der Verwender nach Treu und Glauben eine nachträgliche Erklärung des Vertragspartners als wirksam akzeptieren müssen.[43]

Beispiele:

Zwei-Wochen-Frist für Zinsanpassung ist zu kurz;[44] Ein-Monats-Frist für die Genehmigung einer Kontokorrentabrechnung ist ausreichend;[45] Sechs-Wochen-Frist für die Genehmigung einer Rechnung eines Mobilfunkanbieters ist ausreichend;[46] Zwei-Wochen-Frist reicht für die Umschuldung eines Darlehens mit erheblicher Höhe, welches üblicherweise eine grundbuchmäßige Absicherung erfordert, im Allgemeinen nicht aus;[47] Ein-Monats-Frist für die Genehmigung von Änderungen der geltenden Versicherungsbedingungen ist zu kurz;[48] Acht-Wochen-Frist zur Beanstandung von Rechnungsabschlüssen bei Telefonverträgen ist ausreichend.[49]

Entscheidend für die Wirksamkeit einer Klausel über eine Erklärungsfiktion ist die klauselmäßige **Verpflichtung des Verwenders zum Hinweis**[50] gegenüber dem Verwendungsgegner. Dieser muss **bei Fristbeginn vorliegen**, im

---

27 UBH/*Schmidt*, § 308 Nr. 5 Rn 8; WLP/*Dammann*, § 308 Nr. 5 Rn 34–36.
28 OLG Koblenz NJW 1989, 2950, 2951 (zu § 10 Nr. 5 AGBG).
29 Staudinger/*Coester-Waltjen*, § 308 Nr. 5 Rn 6; WLP/*Dammann*, § 308 Nr. 5 Rn 15.
30 WLP/*Dammann*, § 308 Nr. 5 Rn 34–36.
31 BGH DB 1967, 118 (für Mietfahrzeuge).
32 BGH NJW 1990, 761, 763; OLG Düsseldorf NJW-RR 1988, 884, 886.
33 UBH/*Schmidt*, § 308 Nr. 5 Rn 8.
34 UBH/*Schmidt*, § 308 Nr. 5 Rn 8; BGH NJW 1984, 725, 726.
35 WLP/*Dammann*, § 308 Nr. 5 Rn 38.
36 UBH/*Schmidt*, § 308 Nr. 5 Rn 11; MüKo/*Wurmnest*, § 308 Nr. 5 Rn 12.
37 UBH/*Schmidt*, § 308 Nr. 5 Rn 11.
38 Palandt/*Grüneberg*, § 308 Rn 29; UBH/*Schmidt*, § 308 Nr. 5 Rn 11.
39 WLP/*Dammann*, § 308 Nr. 5 Rn 41.
40 WLP/*Dammann*, § 308 Nr. 5 Rn 41; Staudinger/*Coester-Waltjen*, § 308 Nr. 5 Rn 13.
41 UBH/*Schmidt*, § 308 Nr. 5 Rn 11.
42 WLP/*Dammann*, § 308 Nr. 5 Rn 41.
43 UBH/*Schmidt*, § 308 Nr. 5 Rn 11; so auch Staudinger/*Coester-Waltjen*, § 308 Nr. 5 Rn 13.
44 LG Dortmund NJW-RR 1986, 1170, 1171.
45 LG Frankfurt a.M. VersR 1998, 1238.
46 OLG Köln VersR 1997, 1109; Palandt/*Grüneberg*, § 308 Nr. 5 Rn 29.
47 LG Dortmund NJW-RR 1986, 1170, 1171 (zu § 10 Nr. 5 AGBG).
48 BGH NJW 1999, 1865, 1866.
49 LG Schwerin NJW-RR 2000, 585 (zu § 10 Nr. 5 AGBG).
50 Erman/*Roloff*, § 308 Rn 46.

Zweifel soll die Frist mit dem Hinweis beginnen, §§ 133, 157, 305c Abs. 2 BGB.[51] Der Verpflichtung muss auch ein tatsächlicher Hinweis folgen. Nicht ausreichend ist der Hinweis, wenn der Verwender sich von vornherein nicht durch eine entsprechende Klausel verpflichtet hat.[52] Die **Beweislast für den Zugang** des besonderen Hinweises liegt grundsätzlich beim Verwender.[53] Der Einwand rechtsmissbräuchlichen Verhaltens geht fehl, wenn sich der Verwendungsgegner trotz erfolgtem Hinweis durch den Verwender auf die Unwirksamkeit der Klausel wegen fehlender Festsetzung der Hinweispflicht beruft. Gerade eine solche Verpflichtung im Vertrag ist gesetzlich vorausgesetzt.[54]

14 Die Verpflichtung muss sich zudem auf einen **besonderen Hinweis** beziehen. Ausreichend ist dabei die Wiedergabe des Gesetzestextes.[55] Bei einer vom Gesetzeswortlaut abweichenden Formulierung ist folgendes zu beachten: der Hinweis hat in einer Art und Weise zu erfolgen, die unter normalen Umständen die Kenntnisnahme sichert[56] und geeignet ist, die Aufmerksamkeit des Verwendungsgegners zu erwecken.[57] Dies ist nicht der Fall, wenn der Hinweis „in einer größeren Summe von Einzelmitteilungen, die üblicherweise nicht allesamt aufmerksam gelesen werden, versteckt" ist oder ohne weitere optische Hervorhebung in einem besonderen Absatz mitgeteilt wird.[58] Erst mit wirksamer Verpflichtung und nach erfolgtem **Hinweis** bei Beginn der Erklärungsfrist durch den Verwender wird die Frist in Gang gesetzt.[59] Liegt eine wirksame Verpflichtung vor, reicht für den Eintritt der Fiktion auch der Hinweis gegenüber einem Vertreter des Verwendungsgegners oder im Todesfall gegenüber dem Erben.[60] Inhaltlich muss die Klausel die mit der Erklärungsfiktion eintretenden Rechtsfolgen dem Verwendungsgegner und das Widerspruchsrecht aufzeigen.[61] Für den Verwender muss klar sein, welche Erklärung als abgegeben oder nicht abgegeben gilt.[62] Der Hinweis darf aber nicht in anderen Mitteilungen optisch aufgehen.[63]

15 Der Klauselverwender ist dafür beweispflichtig, dass er gegenüber dem Verwendungsgegner eine angemessene Erklärungsfrist gesetzt und die Verpflichtung zum Hinweis in ordentlicher Weise übernommen hat, genauso wie für den ordnungsgemäßen Hinweis selbst.[64]

III. Verhältnis zu anderen Vorschriften

16 Die praktische Relevanz einer Abgrenzung der Fälle des § 308 Nr. 5 BGB zu **§ 309 Nr. 12 BGB** hält sich in Grenzen. Jedenfalls muss eine **Tatsachenbestätigung** den Anforderungen des § 308 Nr. 5 BGB genügen und ein berechtigtes Interesse des Verwenders aufweisen.[65]

17 Eine Inhaltskontrolle nach **§ 307 BGB** ist trotz Einhaltung der vorstehenden Wirksamkeitsvoraussetzungen nicht ausgeschlossen.[66] Denn § 308 Nr. 5 BGB selbst enthält keine Maßstäbe zur inhaltlichen Überprüfung der fingierten Erklärung. Die Inhaltskontrolle einer Erklärungsfiktion im Hinblick auf die vom Verwender beabsichtigten Wirkungen ist daher an §§ 307 ff. BGB vorzunehmen.[67] Maßgeblich hierbei ist, dass an der Verwendung einer Klausel, die eine Erklärungsfiktion zum Inhalt hat, ein **berechtigtes Interesse** des Verwenders besteht.[68] Ein solches liegt jedenfalls dann vor, wenn es nach der Sachlage erforderlich ist, das Rechtsverhältnis in einer bestimmten Situation seiner Abwicklung möglichst einfach zu klären oder anzupassen und die dem Verwendungsgegner zugerechnete Erklärung diesem keinen unangemessenen Nachteil zufügt.[69] Dieses Interesse kann sich im Massenverkehr aus den organisatorischen Bedürfnissen wiederkehrender Geschäftsvorgänge ergeben,[70] so z.B. bei Stromlieferverträgen oder im Bereich der Telekommunikationswirtschaft.[71]

IV. Rechtsfolge

18 Erklärt der Verwendungsgegner innerhalb einer angemessenen Frist seinen Widerspruch hinsichtlich des Eintritts der Erklärungsfiktion, gilt die tatsächlich abgegebene und **wirksame Erklärung**.[72] Die Erklärungsfiktion greift jedoch, wenn die tatsächlich abgegebene **Erklärung unwirksam** ist. Bei inhaltlicher Nichtigkeit der tatsächlich abgegebenen Erklärung nach §§ 134, 138 BGB ist der Inhalt der Erklärungsfiktion zu beachten. Stimmt dieser nämlich mit demjenigen der tatsächlich abgegebenen, aber nichtigen Erklärung überein, trifft die Nichtigkeit nach §§ 134, 138

---

51 WLP/*Dammann*, § 308 Nr. 5 Rn 49.
52 OLG Köln NJW-RR 1988, 1459 (zu § 10 Nr. 5 AGBG).
53 Palandt/*Grüneberg*, § 308 Rn 30.
54 WLP/*Dammann*, § 308 Nr. 5 Rn 45.
55 WLP/*Dammann*, § 308 Nr. 5 Rn 50; a.A. Erman/*Roloff*, § 308 Rn 45.
56 BGH NJW 1985, 617, 619 (zu § 10 Nr. 5 AGBG).
57 BGH NJW 1985, 617, 619 (zu § 10 Nr. 5 AGBG).
58 BGH NJW 1985, 617, 619 (zu § 10 Nr. 5 AGBG).
59 UBH/*Schmidt*, § 308 Nr. 5 Rn 12.
60 WLP/*Dammann*, § 308 Nr. 5 Rn 48 m.w.N.
61 WLP/*Dammann*, § 308 Nr. 5 Rn 51; Erman/*Roloff*, § 308 Rn 46.
62 UBH/*Schmidt*, § 308 Nr. 5 Rn 12.
63 BGH NJW 1985, 617, 619.
64 WLP/*Dammann*, § 308 Nr. 5 Rn 52.
65 UBH/*Schmidt*, § 308 Nr. 5 Rn 9.
66 BGH NJW-RR 2008, 134, 136; MüKo/*Wurmnest*, § 308 Nr. 5 Rn 11.
67 Staudinger/*Coester-Waltjen*, § 308 Nr. 5 Rn 2.
68 OLG Düsseldorf NJW-RR 1988, 884, 886; OLG Köln MMR 1998, 106.
69 UBH/*Schmidt*, § 308 Nr. 5 Rn 7.
70 Palandt/*Grüneberg*, § 308 Nr. 5 Rn 31; BGH NJW 1990, 761, 763 (zu § 10 Nr. 5 AGBG).
71 v. Westphalen/*Schöne*, Stromlieferverträge Rn 49 f.
72 WLP/*Dammann*, § 308 Nr. 5 Rn 55; Erman/*Roloff*, § 308 Rn 50.

V. Geltung gegenüber Unternehmern

Die Anwendung des § 308 Nr. 5 BGB ist nach § 310 Abs. 1 S. 1 BGB gegenüber Unternehmern ausgeschlossen, sodass § 307 BGB heranzuziehen ist.[74] Der Rechtsgedanke des § 308 Nr. 5 BGB findet grundsätzlich auch bei formularmäßigen Fiktionsklauseln im Handelsverkehr Anwendung.[75] Die Hinweisobliegenheit kann entfallen, wenn etwa die Fiktion an ein Verhalten des Verwendungsgegners anknüpft und ein berechtigtes Interesse an schnellstmöglicher Herbeiführung klarer Verhältnisse besteht.[76] Berücksichtigt werden aber die unternehmerische Geschäftserfahrung der Parteien sowie Verkehrssitte und Handelsbräuche.[77]

B. Einzelfälle

Ein Verstoß gegen § 308 Nr. 5 BGB liegt vor, wenn eine Bank in ihren Geschäftsbedingungen eine Regelung aufweist, wonach **Kontoauszüge und Kontoabschlüsse dem Kunden postalisch zugeschickt** und hierfür ein **Entgelt** (anders, wenn die Klausel von Portoerstattung sprechen würde) in Rechnung gestellt werden kann, wenn der Kunde diese nicht innerhalb von 30 Bankarbeitstagen abholt.[78] Eine 3-Monatsfrist für einen Widerspruch, um die Genehmigungsfiktion für periodische Abrechnungen in einem **Handelsvertretervertrag** nicht eintreten zu lassen, ist hingegen grundsätzlich wirksam.[79] Eine Klausel, wonach die Ausführung von Nachtragsangeboten ohne schriftlichen Auftrag im Rahmen eines laufenden Werkvertrags, z.B. mit Bauhandwerkern, einen Verzicht auf Entschädigung enthält, ist unwirksam.[80] Unwirksam ist eine Klausel, nach der sich ein Auftrag zur Veröffentlichung einer Anzeige mangels schriftlichen Widerspruchs innerhalb von drei Wochen auf insgesamt sechs weitere Anzeigen erstreckt.[81] Eine Klausel im Preisverzeichnis eines Mobilfunkunternehmens ist unwirksam, wenn bei Sperrung des Anschlusses wegen Zahlungsverzugs ein Pauschalbetrag fällig sein soll, ohne dass dem Kunden die Möglichkeit zum Nachweis eines fehlenden oder eines geringeren Schadens eingeräumt wird.[82] Bei einer Erklärung eines Arbeitgebers, dass die bisherige betriebliche Übung einer vorbehaltlosen Weihnachtsgeldzahlung beendet wird und durch eine Leistung ersetzt werden soll, auf die in Zukunft kein Anspruch mehr besteht, kann nach § 308 Nr. 5 BGB eine dreimalige widerspruchslose Entgegennahme der Zahlung durch den Arbeitnehmer dem Verlust des Anspruchs auf das Weihnachtsgeld entgegenwirken.[83]

§ 308 Nr. 6

6. (Fiktion des Zugangs)
eine Bestimmung, die vorsieht, dass eine Erklärung des Verwenders von besonderer Bedeutung dem anderen Vertragsteil als zugegangen gilt;

A. Anwendungsbereich	1	2. Ausnahmen	12
B. Inhalt	6	III. Besondere Bedeutung der Erklärung	15
I. Erklärung des Verwenders	7	C. Rechtsfolgen eines Verstoßes	18
II. Fiktion des Zugangs	8	D. Unternehmerischer Geschäftsverkehr	19
1. Grundsätze	9		

A. Anwendungsbereich

Eine Willenserklärung, die einem anderen gegenüber abzugeben ist, wird, wenn sie in dessen Abwesenheit abgegeben wird, in dem Zeitpunkt wirksam, in welchem sie ihm zugeht (§ 130 Abs. 1 S. 1 BGB). Nach ständiger Rechtsprechung ist eine Willenserklärung gemäß § 130 Abs. 1 S. 1 BGB zugegangen, wenn sie so in den Bereich des Empfängers gelangt ist, dass dieser unter normalen Verhältnissen die Möglichkeit hat, vom Inhalt der Erklärung Kenntnis zu nehmen.[1] Im Streitfall ist daher nicht die tatsächliche Kenntnisnahme durch den Empfänger zu beweisen, sondern lediglich

---

73 WLP/*Dammann*, § 308 Nr. 5 Rn 56.
74 BGH NJW 1989, 2124(zu § 9 AGBG).
75 MüKo/*Wurmnest*, § 308 Nr. 5 Rn 16.
76 Palandt/*Grüneberg*, § 308 Rn 34.
77 WLP/*Dammann*, § 308 Nr. 5 Rn 70.
78 LG Frankfurt a.M. v. 8.4.2011 – 2–25 O 260/10.
79 OLG Oldenburg NJW-RR 1989, 1081, 1082 (zu § 9 AGBG).
80 LG Konstanz BB 1981, 1420, 1422 (zu § 9 AGBG).
81 LG Köln NJW-RR 2006, 1430.
82 AG Meldorf MMR 2008, 356, 357.
83 BAG NZG 2009, 1360.
1 BGHZ 67, 271; BGH NJW 1980, 990; BGH NJW 2004, 1320.

die Möglichkeit der Kenntnisnahme gemäß den genannten Vorgaben der Rechtsprechung. Die Beweislast für den Zugang der Willenserklärung beim Empfänger trägt dabei nach allgemeinen Grundsätzen derjenige, der sich darauf beruft;[2] dies ist in der Regel der Erklärende.

2 In Ausnahmefällen gewährt das Gesetz Beweiserleichterungen, indem es den Zugang beim Vorliegen bestimmter Voraussetzungen fingiert. So gilt eine Willenserklärung gemäß § 132 BGB als zugegangen, wenn sie durch Vermittlung eines Gerichtsvollziehers oder im Wege der öffentlichen Zustellung zugestellt worden ist. Sofern ein Versicherungsnehmer eine Änderung seiner Anschrift dem Versicherer nicht mitgeteilt hat, genügt gemäß § 13 VVG für den Zugang von empfangsbedürftigen Willenserklärungen die Versendung durch einen eingeschriebenen Brief an die letzte dem Versicherer bekannte Anschrift des Versicherungsnehmers.

3 Von der ober- und höchstrichterlichen Rechtsprechung werden hinsichtlich des Zugangs von Willenserklärungen keine Beweiserleichterungen eingeräumt.[3] So besteht für Postsendungen kein Anscheinsbeweis, dass sie zugegangen sind.[4] Dies gilt auch für Standard-Einschreibesendungen,[5] Faxsendungen[6] oder E-Mails.[7] Auch der „OK-Vermerk" eines Sendeberichtes von Faxübermittlungen ist nach ständiger Rechtsprechung zwar kein Anscheinsbeweis, wohl aber bestätigt dieser Vermerk das Zustandekommen einer Verbindung mit der in der Faxbestätigung genannten Nummer.[8] Daher hat der Empfänger in einem Prozess im Rahmen seiner sekundären Beweislast sich unter anderem darüber zu äußern, welches Gerät er betreibt, ob die Verbindung im Speicher enthalten ist und ob ein Journal geführt wird, das ggf. vorzulegen ist etc.[9] Bei Einwurfeinschreiben nehmen die Untergerichte jedoch teilweise schon einen Zugang an, sofern der Briefkasteneinwurf ordnungsgemäß dokumentiert worden ist.[10] Davon unabhängig ist in solchen Fällen zu beachten, dass nicht nur der Zugang des Briefes zu beweisen ist, sondern dass der Brief auch einen bestimmten Inhalt hatte.[11]

4 Angesichts dieser Beweislastverteilung ist es naheliegend, dass der Verwender mit Allgemeinen Geschäftsbedingungen versucht, den ihm obliegenden Nachweis des Zugangs seiner Willensklärungen durch eine Zugangsfiktion zu erleichtern. Der Empfänger wird so dem Risiko ausgesetzt, dass durch den fingierten Zugang von Willenserklärungen für ihn nachteilige Rechtsfolgen ausgelöst werden können, von denen er keine Kenntnis hat. Andererseits besteht im modernen Wirtschaftsleben, insbesondere im Massengeschäft, das unverkennbare Bedürfnis, bei einer Vielzahl von Versendungen den organisatorischen und finanziellen Aufwand hierfür in einem vertretbaren Rahmen zu halten. Dieser unterschiedlichen Interessenlage will § 308 Nr. 6 BGB Rechnung tragen. Nach dieser Norm sind lediglich Bestimmungen unwirksam, die vorsehen, dass eine Erklärung des Verwenders von **besonderer Bedeutung** dem anderen Vertragsteil als zugegangen gilt. Für Erklärungen des Verwenders ohne besondere Bedeutung gilt dieses Verbot nicht; für sie sind Zugangsfiktionen grundsätzlich zulässig. § 308 Nr. 6 BGB stellt eine Ausnahme von § 309 Nr. 12a BGB dar, der in umfassendes Verbot von Beweiserleichterungen in AGB-Klauseln statuiert. Im Rahmen von § 308 Nr. 6 BGB zulässige Zugangsfiktionen sind daher nicht § 309 Nr. 12a BGB unwirksam; sie werden lediglich daran gemessen, ob sie dem Angemessenheitsgebot des § 307 BGB entsprechen.

5 § 308 Nr. 6 BGB findet lediglich auf Zugangsfiktionen und Zugangsvermutungen Anwendung. Für Erklärungsfiktionen gilt § 308 Nr. 5 BGB, für sonstige Tatsachenfiktionen § 309 Nr. 12b BGB. Werden hingegen in Allgemeinen Geschäftsbedingungen Zugangserschwernisse durch besondere Zugangserfordernisse aufgestellt, welche von den gesetzlichen Vorschriften abweichen, ist § 309 Nr. 13 BGB einschlägig. § 308 Nr. 6 BGB stimmt mit dem außer Kraft getretenen § 10 Nr. 6 AGBG überein.

B. Inhalt

6 Gemäß § 308 Nr. 6 BGB ist in Allgemeinen Geschäftsbedingungen eine Bestimmung unwirksam, die vorsieht, dass eine Erklärung des Verwenders von besonderer Bedeutung dem anderen Vertragsteil als zugegangen gilt. Es sind folgende Voraussetzungen zu unterscheiden:

I. Erklärung des Verwenders

7 Bei den Erklärungen des Verwenders i.S.d. § 308 Nr. 6 BGB handelt es sich nach der herrschenden Meinung nicht nur um rechtsgeschäftliche Erklärungen, sondern auch um geschäftsähnliche Erklärungen (etwa Mahnungen, Fristsetzungen) und tatsächliche Erklärungen.[12]

---

[2] OLG Saarbrücken NJW 2004, 2908.
[3] Vgl. UBH/*Schmidt*, § 308 Nr. 6 Rn 3.
[4] BGH NJW 1964, 1176.
[5] BGH NJW 1996, 2033.
[6] BGH NJW 1995, 665.
[7] Ebenso *Stoffels*, AGB, Rn 659; der allerdings mit *Mankowski*, NJW 2004, 1897 Zugang annimmt, wenn Zugangs- und Lesebestätigungen vorgelegt werden können.
[8] BGH DB 2014, 594; BGH NJW-RR 2014, 179.
[9] BGH DB 2014, 594.
[10] AG Paderborn NJW 2000, 3722; LG Potsdam NJW 2000, 3722; ausführlich hierzu: *Reichert*, NJW 2001, 2523.
[11] Zutreffend Palandt/*Ellenberger*, § 130 Rn 21.
[12] UBH/*Schmidt*, § 308 Nr. 6 Rn 4; WLP/*Dammann*, § 308 Nr. 6 Rn 2.

II. Fiktion des Zugangs

Weitere Voraussetzung für die Anwendung des § 308 Nr. 6 BGB ist, dass nach der Bestimmung in den Allgemeinen Geschäftsbedingungen eine Erklärung des Verwenders als zugegangen gilt.

1. Grundsätze

Für gewöhnlich wird insoweit geregelt, dass eine Erklärung des Verwenders als zugegangen gilt, wenn ein bestimmtes Ereignis eingetreten ist, etwa wenn der Verwender ein in der Klausel umschriebenes bestimmtes Verhalten erfüllt hat. So statuieren diverse Klauseln den Zugang beim Empfänger mit Übergabe bei der Post durch den Verwender oder mit Versendung an die letzte bekannte Adresse des Erklärungsempfängers, selbst wenn die Erklärung als unzustellbar zurückkommt.

Zur Vermeidung von Widersprüchen sind von § 308 Nr. 6 BGB auch solche Bestimmungen erfasst, welche lediglich eine **Zugangsvermutung** aufstellen.[13] Im Gegensatz zu der Fiktion des Zugangs, welche einen Gegenbeweis des Empfängers völlig ausschließt, lässt die Zugangsvermutung dem Empfänger die Möglichkeit des Gegenbeweises offen. Die Zugangsvermutung stellt damit gegenüber der Zugangsfiktion eine mildere Regelung dar. Wäre diese nicht vom Anwendungsbereich des § 308 Nr. 6 BGB betroffen, so stünde sie als mildere Regelung unter dem umfassenden Verbot des § 309 Nr. 12 BGB, wohingegen die strengere Regelung einer Zugangsfiktion unter den Grenzen des § 308 Nr. 6 BGB sogar zulässig ist. Dies kann jedoch nicht dem Willen des Gesetzgebers entsprechen.

Ebenfalls vom Verbot des § 308 Nr. 6 BGB erfasst sind Klauseln, in denen der jeweilige **Zeitpunkt des Zugangs** mit fingiert wird,[14] so zum Beispiel bei einer Bestimmung, welche den Zugang der Erklärung drei Tage nach Übergabe bei der Post vorsieht.

2. Ausnahmen

Nicht erfasst von § 308 Nr. 6 BGB sind jedoch **Kenntnisfiktionen** und **Abgabefiktionen**,[15] da § 308 Nr. 6 BGB schon dem Wortlaut nach nur bei der Fiktion des Zugangs einer Erklärung eingreift. Für die Fiktion der Abgabe von Erklärungen ist § 308 Nr. 5 BGB einschlägig. Die Wirksamkeit von Kenntnisfiktionen ist an §§ 309 Nr. 12, 307 BGB zu messen.

Ebenfalls nicht der Anwendung von § 308 Nr. 6 BGB unterliegen nach herrschender Meinung[16] und neuerer Rechtsprechung solche Bestimmungen, welche einen vollständigen **Zugangsverzicht** regeln, indem sie zum Beispiel bestimmen, dass eine Erklärung schon durch ihre Absendung wirksam wird. Diese unterliegen einer Kontrolle durch § 307 Abs. 1 BGB in Verbindung mit dem Rechtsgedanken des § 308 Nr. 6 BGB;[17] in der Regel dürften diese Bestimmungen unwirksam sein.

Schließlich sind nach herrschender Meinung[18] formularmäßige **Empfangsbevollmächtigungen** keine Zugangsfiktionen und daher nicht anhand § 308 Nr. 6 BGB, sondern anhand § 307 Abs. 1 BGB in Verbindung mit dem Rechtsgedanken des § 308 Nr. 6 BGB[19] zu messen. In Wohnraummietverträgen sind Empfangsvollmachten der Mieter wirksam.[20]

III. Besondere Bedeutung der Erklärung

Das Verbot der Fiktion des Zugangs von Erklärungen in § 308 Nr. 6 BGB greift nur hinsichtlich solcher Erklärungen des Verwenders, die von besonderer Bedeutung sind. Ob eine Erklärung von besonderer Bedeutung ist, unterliegt einer im Einzelfall vorzunehmenden rechtlichen Wertung.[21] Nach der herrschenden Meinung in Literatur und Rechtsprechung fallen darunter jedenfalls alle rechtsgeschäftlichen Erklärungen und Mitteilungen des Verwenders, die für den Vertragspartner mit **nachteiligen Rechtsfolgen verbunden sind**.[22] Dies sind nicht nur Erklärungen, die die vertragliche Beziehung zwischen den Vertragsparteien unmittelbar ändern, wie Kündigungen,[23] Anfechtungs- und Rücktrittserklärungen (Gestaltungserklärungen), sondern auch solche, die die Rechtsposition allgemein verschlechtern, wie etwa Mahnungen,[24] Fristsetzungen oder die Androhung von Pfandverkauf.[25]

---

13 UBH/*Schmidt*, § 308 Nr. 6 Rn 5; Erman/*Roloff*, § 308 Rn 64; MüKo/*Wurmnest*, § 308 Nr. 6 Rn 3.
14 WLP/*Dammann*, § 308 Nr. 6 Rn 7.
15 WLP/*Dammann*, § 308 Nr. 6 Rn 8; UBH/*Schmidt*, § 308 Nr. 6 Rn 6; Bamberger/Roth/*Becker*, § 308 Nr. 6 Rn 13.
16 MüKo/*Wurmnest*, § 308 Nr. 6 Rn 4; Jauernig/*Stadler*, § 308 Rn 8; a.A. Palandt/*Grüneberg*, § 308 Rn 36.
17 OLG Düsseldorf NJW-RR 2003, 126; LG München NJW-RR 1992, 244.
18 MüKo/*Wurmnest*, § 308 Nr. 6 Rn 4; Jauernig/*Stadler*, § 308 Rn 8; Staudinger/*Coester-Waltjen*, § 308 Nr. 6 Rn 1; a.A. Palandt/*Grüneberg*, § 308 Rn 36.
19 BGHZ 108, 98 = BGH NJW 1989, 2383; BGH NJW 97, 3437; OLG Celle WuM 1990, 103.
20 BGH NJW 97, 3437.
21 BayObLG NJW 1980, 2818.
22 OLG Oldenburg NJW 1992, 1840; UBH/*Schmidt*, § 308 Nr. 6 Rn 7; MüKo/*Wurmnest*, § 308 Nr. 6 Rn 5; Palandt/*Grüneberg*, § 308 Rn 37; einschränkend WLP/*Dammann*, § 308 Nr. 6 Rn 4: nicht bei nur unwesentlichen Nachteilen.
23 OLG Hamburg VersR 1981, 125; BayObLG NJW 1980, 2818.
24 OLG Hamburg VersR 1981, 125; OLG Stuttgart BB 1979, 908.
25 LG Stuttgart AGBE I Nr. 56.

16 Die Definition der herrschenden Meinung genügt jedoch nicht, da von besonderer Bedeutung auch an sich neutrale Erklärungen sind, sofern sie **nachteilige Rechtsfolgen auslösen können**, wenn etwa durch ihre Mitteilung Fristen ausgelöst oder wahrzunehmende Termine genannt werden. So ist etwa die Einladung zu einer Eigentümerversammlung von besonderer Bedeutung.[26] Dies gilt auch für Rechnungsabschlüsse und Wertpapieraufstellungen von Banken,[27] da sie als genehmigt gelten, wenn ihnen nicht innerhalb einer bestimmten Frist widersprochen wird, sowie bei Genehmigungen von vollmachtlosem Vertreterhandeln gemäß §§ 177, 182 BGB.[28]

17 Lediglich Tagesauszüge von Banken[29] oder sonstige Mitteilungen und Anzeigen des Verwenders gelten als Erklärungen **ohne besondere Bedeutung**. Für sie kann gemäß § 308 Abs. 6 BGB in Allgemeinen Geschäftsbedingungen der Zugang fingiert werden.

C. Rechtsfolgen eines Verstoßes

18 Fingiert eine Bestimmung allgemein den Zugang von Willenserklärungen, d.h. unterscheidet die Klausel nicht zwischen Erklärungen von besonderer Bedeutung und solchen ohne besondere Bedeutung, ist sie grundsätzlich insgesamt unwirksam, es sei denn die Auslegung der Klausel kommt zu dem Ergebnis, dass Erklärungen von besonderer Bedeutung nicht umfasst waren. Dies dürfte aber nur selten der Fall sein. Enthalten Allgemeine Geschäftsbedingungen eine sog. allgemeine Ausnahmeklausel für alle „Erklärungen von besonderer Bedeutung", so genügt dies für die Wirksamkeit der allgemeinen Zugangsfiktion von Erklärungen, insbesondere wenn der Gesetzeswortlaut des § 308 Nr. 6 BGB verwendet wird.[30] Ist die Klausel mit der Fiktion des Zugangs unwirksam, hat der Verwender nach den allgemeinen Beweislastregelungen den Zugang seiner Erklärung beim Vertragspartner zu beweisen.

D. Unternehmerischer Geschäftsverkehr

19 Für Verträge zwischen Verwender und Unternehmer gelten nach Auffassung der Rechtsprechung grundsätzlich dieselben Wertungen wie im nichtunternehmerischen Verkehr; sie sind im Rahmen des § 307 Abs. 1 und 2 BGB zu berücksichtigen.[31] Da jedoch gemäß § 310 Abs. 1 S. 2 BGB auf die im Handelsverkehr geltenden Gewohnheiten und Gebräuche angemessen Rücksicht zu nehmen ist, wird teilweise in der Literatur unter Betonung der Notwendigkeit einer schnellen Vertragsabwicklung und raschen Herstellung klarer Verhältnisse im geschäftlichen Verkehr dafür plädiert, Ausnahmen für ein Verbot der Zugangsfiktion für Erklärungen von besonderer Bedeutung zuzulassen[32] oder die Schwelle für die Annahme der besonderen Bedeutung heraufzusetzen.[33] Als Beleg für eine insoweit bestehende gesetzgeberische Berücksichtigung der besonderen Schnelligkeit des unternehmerischen Geschäftsverkehrs wird etwa § 377 Abs. 4 HGB herangezogen, wonach die Absendung der Mängelanzeige genüge, um dem Handelskäufer die Rechte zu erhalten. Dieser Verweis geht fehl, da die Norm nicht von dem Zugang der Mängelanzeige entbindet, sondern lediglich die Fristwahrung bei rechtzeitiger Absendung regelt; die Mängelanzeige muss zugehen.[34] Auch die für eine eingeschränkte Anwendung des Verbots von Zugangsfiktionen angeführten Fallbeispiele sind wenig überzeugend. So besteht im unternehmerischen Geschäftsverkehr kein anerkennenswertes Bedürfnis für die Fiktion des Zugangs von Mahnungen.[35] Auch für widerlegbare Zugangsvermutungen besteht im unternehmerischen Geschäftsverkehr kein Bedürfnis,[36] zumal der Beweis des Nichtzugangs einer Erklärung kaum zu führen sein wird.

§ 308 Nr. 7

7. (Abwicklung von Verträgen)
eine Bestimmung, nach der der Verwender für den Fall, dass eine Vertragspartei vom Vertrag zurücktritt oder den Vertrag kündigt,
a) eine unangemessen hohe Vergütung für die Nutzung oder den Gebrauch einer Sache oder eines Rechts oder für erbrachte Leistungen oder
b) einen unangemessen hohen Ersatz von Aufwendungen verlangen kann;

---

26 OLG München NJW-RR 2008, 1182.
27 OLG Oldenburg NJW 1992, 1839; OLG Düsseldorf NJW-RR 1988, 104; wohl auch, letztlich aber offengelassen BGH NJW 1985, 2699; a.A. OLG Hamburg WM 1986, 383.
28 LG Koblenz DNotZ 1988, 496 m. abl. Anm. *Kanzleiter*.
29 BGH NJW 1985, 2699.
30 UBH/*Schmidt*, § 308 Nr. 6 Rn 8; WLP/*Dammann*, § 308 Nr. 6 Rn 14; Erman/*Roloff*, § 308 Rn 57; a.A. MüKo/*Wurmnest*, § 308 Nr. 6 Rn 5; Bamberger/Roth/*Becker*, § 308 Nr. 6 Rn 20.
31 OLG Hamburg WM 1986, 383, 385.

32 MüKo/*Wurmnest*, § 308 Nr. 6 Rn 6; UBH/*Schmidt*, § 308 Nr. 6 Rn 9; WLP/*Dammann*, § 308 Nr. 6 Rn 31; *Stoffels*, AGB, Rn 671; abl. Bamberger/Roth/*Becker*, § 308 Nr. 6 Rn 24; Staudinger/*Coester-Waltjen*, § 308 Nr. 6 Rn 9.
33 Erman/*Roloff*, § 308 Nr. 6 Rn 57.
34 Koller/*Roth*, § 377 Rn 18; Bamberger/Roth/*Becker*, § 308 Nr. 6 Rn 24.
35 So aber UBH/*Schmidt*, § 308 Nr. 6 Rn 9; wie hier Bamberger/Roth/*Becker*, § 308 Nr. 6 Rn 24; Staudinger/*Coester-Waltjen*, § 308 Nr. 6 Rn 9.
36 Dafür WLP/*Dammann*, § 308 Nr. 6 Rn 31.

A. Allgemeines

A. Allgemeines	1	II. Geltung gegenüber Unternehmern	6	
I. Anwendungsbereich und -voraussetzungen	2	**B. Einzelfälle**	7	

A. Allgemeines

§ 308 Nr. 7 BGB wurde geschaffen, um für den Verwender die Rückabwicklung eines Vertrags durch Vereinbarung eines Vergütungs- oder Aufwendungsersatzanspruches nicht günstiger zu machen als dessen Durchführung. Er soll nicht durch Vorteile zur Rückabwicklung verleitet werden. Ebenso soll der Verwendungsgegner nicht durch etwaige Nachteile einer Rückabwicklung unangemessen benachteiligt oder sogar von einer solchen abgehalten werden.[1]   **1**

I. Anwendungsbereich und -voraussetzungen

Der Gesetzestext zählt als Tatbestände **Rücktritt** und **Kündigung** auf, jedoch werden auch ähnliche Arten der Vertragsauflösung analog erfasst.[2] § 308 Nr. 7 BGB ist daher auch anwendbar auf Anfechtung und Widerruf eines Vertrags, einen Rückruf nach §§ 41, 42 UrhG oder den Eintritt einer auflösenden Bedingung.[3] Ebenso analog anwendbar ist § 308 Nr. 7 BGB auf einen schuldrechtlichen Anspruch auf Vertragsaufhebung.[4] Von welcher Partei die Vertragsauflösung ausgeht ist unerheblich.[5] Erfasst werden daher auch Vergütungs- und Aufwendungsersatzregelungen für den Fall einer **einvernehmlichen Vertragsbeendigung**.[6] Entscheidend ist, ob es sich der Sache nach um einen Rücktritt oder eine Kündigung handelt und ob hierfür eine entsprechende Leistung erbracht werden muss.[7] Daher sind **anderslautende Formulierungen**, die das Rücktritts- oder Kündigungsrecht etwa als Stornierung, Annullierung, Auflösung oder Widerruf bezeichnen, zu vernachlässigen. Unanwendbar ist § 308 Nr. 7 BGB, wenn eine Klausel vereinbart wird, wonach ein Vertrag mit dem Tod einer Person endet.[8]   **2**

§ 308 Nr. 7 BGB findet keine Anwendung, wenn der Vergütungs- oder Aufwendungsersatzanspruch anders als durch Vertragsbeendigung oder -rückabwicklung entsteht.[9] Die Norm behandelt nur Ansprüche des Verwenders und gibt bezüglich der Anspruchshöhe eine Kontrollmöglichkeit. Anspruchsbeschränkungen oder -ausschlüsse des Vertragspartners können gemäß § 307 BGB unwirksam sein. Auch an § 307 BGB werden Klauseln geprüft, die für den Fall des Nichtzustandekommens des Vertrags Aufwendungsersatzansprüche gegen den Verwendungsgegner festsetzen.[10]   **3**

Die **Abgrenzung zwischen Vergütungsanspruch und Aufwendungsersatz** erfolgt durch Auslegung, die Bezeichnung ist irrelevant.[11] Um einen **Vergütungsanspruch** handelt es sich, wenn Entgelte für in Anspruch genommene Nutzungen oder den Gebrauch von Sachen oder Rechten vereinbart werden. Erfasst werden auch erbrachte Leistungen infolge eines Vertrags, sogar Vorbereitungsarbeiten. Werden freiwillig übernommene Kosten erstattet, handelt es sich um einen **Aufwendungsersatz**.[12] Davon ist im Zweifel auch bei der Bezeichnung als Bearbeitungsgebühr auszugehen.[13]   **4**

Ein Verstoß gegen § 308 Nr. 7 BGB liegt vor, wenn die Höhe der Vergütung oder des Aufwendungsersatzes unangemessen ist. Maßstab für die Unangemessenheit sind die gesetzlichen Vorgaben, also was der Verwendungsgegner nach dem Gesetz leisten müsste (z.B. § 628 BGB oder § 649 BGB), wenn die Klausel nicht existieren würde.[14] Ausgehend von dem, was der Verwendungsgegner ohne die Bestimmung schulden würde, ist eine Angemessenheitsprüfung vorzunehmen, wobei auf die typischen Umstände abzustellen ist.[15] Nur eine **wesentliche Abweichung** von der gesetzlichen Vorgabe ist schädlich.[16] Wird in einer Klausel eine pauschale Berechnung des Anspruchs zugrunde gelegt, ist § 309 Nr. 5b BGB analog anzuwenden.[17] Dann muss die Klausel dem Verwendungsgegner die **Möglichkeit zum Gegenbeweis einer niedrigeren Vergütung oder Aufwendung** entsprechend § 309 Nr. 5b BGB ausdrücklich gewähren.[18]   **5**

II. Geltung gegenüber Unternehmern

Der Rechtsgedanke des § 308 Nr. 7 BGB ist über § 307 BGB auch im Rechtsverkehr zwischen Unternehmern zu berücksichtigen.[19] Wie im Verhältnis zu Verbrauchern ist auch im unternehmerischen Verkehr die Möglichkeit eines   **6**

---

1 WLP/*Dammann*, § 308 Nr. 7 Rn 1; Staudinger/*Coester-Waltjen*, § 308 Nr. 7 Rn 1.
2 WLP/*Dammann*, § 308 Nr. 7 Rn 7.
3 Erman/*Roloff*, § 308 Rn 59; Staudinger/*Coester-Waltjen*, § 308 Nr. 7 Rn 14.
4 WLP/*Dammann*, § 308 Nr. 7 Rn 12.
5 WLP/*Dammann*, § 308 Nr. 7 Rn 7; Erman/*Roloff*, § 308 Rn 59.
6 UBH/*Schmidt*, § 308 Nr. 7 Rn 1; MüKo/*Wurmnest*, § 308 Nr. 7 Rn 4.
7 UBH/*Schmidt*, § 308 Nr. 7 Rn 6.
8 WLP/*Dammann*, § 308 Nr. 7 Rn 15.
9 Staudinger/*Coester-Waltjen*, § 308 Nr. 7 Rn 3.
10 UBH/*Schmidt*, § 308 Nr. 7 Rn 1.
11 WLP/*Dammann*, § 308 Nr. 7 Rn 23.
12 WLP/*Dammann*, § 308 Nr. 7 Rn 27.
13 BGH NJW 1983, 1491, 1492 (zu § 10 Nr. 7 AGBG).
14 BGH NJW-RR 2005, 642, 643 (zu § 10 Nr. 7 AGBG); UBH/*Schmidt*, § 308 Nr. 7 Rn 1.
15 BGH NJW 1991, 2763, 2764 (zu § 10 Nr. 7 AGBG).
16 WLP/*Dammann*, § 308 Nr. 7 Rn 31.
17 BGH NJW-RR 2001, 385, 386 (zu §§ 10 Nr. 7, 5b AGBG).
18 UBH/*Schmidt*, § 308 Nr. 7 Rn 16.
19 Staudinger/*Coester-Waltjen*, § 308 Nr. 7 Rn 21; Erman/*Roloff*, § 308 Rn 68.

Gegenbeweises nach § 309 Nr. 5b BGB analog erforderlich, mit dem Unterschied, dass es keines ausdrücklichen Vorbehalts bedarf.[20]

B. Einzelfälle

7 Sieht eine Klausel eines Inkassoauftrags vor, dass eine Kündigung des Vertrags die Zahlung der gesamten Vergütung als Bearbeitungsgebühr nach sich zieht, verstößt sie gegen § 308 Nr. 7 BGB und ist unwirksam.[21] Bestimmt eine Klausel eine Zahlungsverpflichtung des vollen Jahresbeitrags für einen Kreditvertrag im Falle einer Kündigung trotz vierteljährlicher Kündigungsmöglichkeit, ist diese als unwirksam einzustufen.[22] Wirksam ist eine Klausel in einem Reisevertrag, die eine Entschädigungspauschale i.H.v. 80 % bei kurzfristiger Kündigung durch den Kunden vorsieht,[23] eine Stornopauschale i.H.v. 100 % in einem Reisevertrag ist hingegen unwirksam.[24] Unwirksam ist eine Klausel in einem Mobilfunkvertrag, die bei Nichtzahlung der Rechnung zur Anschlusssperrung und zur Erhebung einer pauschalen Deaktivierungsgebühr berechtigt, wenn dem Verwendungsgegner nicht nach § 309 Nr. 5b BGB der Gegenbeweis ermöglicht wird.[25] Eine Bestimmung, die den Verwendungsgegner zur Zahlung der vereinbarten Vergütung in voller Höhe ohne Berücksichtigung der vom Verwender bis zur Vertragsauflösung erbrachten Dienstleistung verpflichtet, ist unwirksam.[26] Bei Unwirksamkeit der Klausel gilt die gesetzliche Höhe für die Vergütung oder den Aufwendungsersatz.[27]

§ 308 Nr. 8

8. (Nichtverfügbarkeit der Leistung)
die nach Nummer 3 zulässige Vereinbarung eines Vorbehalts des Verwenders, sich von der Verpflichtung zur Erfüllung des Vertrags bei Nichtverfügbarkeit der Leistung zu lösen, wenn sich der Verwender nicht verpflichtet,
a) den Vertragspartner unverzüglich über die Nichtverfügbarkeit zu informieren und
b) Gegenleistungen des Vertragspartners unverzüglich zu erstatten.

A. Allgemeines 1	III. Geltung gegenüber Unternehmern 7
I. Anwendungsbereich und -voraussetzungen 2	B. Einzelfälle 8
II. Verhältnis zu anderen Vorschriften 5	

A. Allgemeines

1 § 308 Nr. 8 BGB ist im Zusammenhang mit § 308 Nr. 3 BGB zu lesen. Danach ist ein Lösungsvorbehalt des Verwenders bei Nichtverfügbarkeit der Leistung nur zulässig, wenn neben den Voraussetzungen des § 308 Nr. 3 BGB auch die zusätzlichen Voraussetzungen des § 308 Nr. 8 BGB beachtet werden.[1] Der Verbraucher soll bei Nichtverfügbarkeit der Leistung unverzüglich unterrichtet werden und sich seine Gegenleistung möglichst bald, in jedem Fall innerhalb von 30 Tagen, erstatten lassen können.[2]

I. Anwendungsbereich und -voraussetzungen

2 Der Lösungsvorbehalt soll dem Verwender die Möglichkeit geben, über das gesetzliche Rücktrittsrecht hinaus von seiner Vertragspflicht loszukommen, ohne hierfür eine Entschädigung an den Vertragspartner zahlen zu müssen. Erfasst werden alle Lösungsrechte, die eine endgültige und ersatzlose Lösung von seiner Erfüllungspflicht ermöglichen, ohne dass es der Mitwirkung des Verwendungsgegners bedarf.[3]

3 Die Klausel muss sich zumindest auch auf den Fall der Nichtverfügbarkeit der Leistung beziehen; nicht erforderlich ist, dass dieser Fall als ausschließlicher geregelt wird. Die Bestimmung muss den Begriff der Nichtverfügbarkeit weder explizit benennen noch umschreiben, sondern nur inhaltlich umfassen.[4] Kein Anwendungsfall des § 308 Nr. 8 BGB ist es, wenn lediglich die Möglichkeit besteht, dass eine Lösungsklausel auch in solchen Fällen Anwendung fin-

---

20 BGH NJW 1994, 1060, 1067 (zu § 10 Nr. 7 AGBG); WLP/*Dammann*, § 308 Nr. 7 80.
21 BGH NJW-RR 2005, 642, 643 (zu § 10 Nr. 7 AGBG).
22 OLG Frankfurt NJW-RR 2001, 1269, 1270 (zu § 10 Nr. 7 AGBG).
23 LG Köln NJW-RR 2001, 1064, 1066 (zu § 10 Nr. 7 AGBG).
24 OLG Nürnberg NJW 1999, 3128 (zu § 10 Nr. 7 AGBG).
25 LG München MMR 2000, 568.
26 BGH WM 2005, 699, 701 (zu § 10 Nr. 7 AGBG).
27 MüKo/*Wurmnest*, § 308 Nr. 7 Rn 13; WLP/*Dammann*, § 308 Nr. 7 Rn 40–49.
1 UBH/*Schmidt*, § 308 Nr. 8 Rn 1.
2 BT-Drucks 14/2658, 51.
3 WLP/*Dammann*, § 308 Nr. 8 Rn 4.
4 UBH/*Schmidt*, § 308 Nr. 8 Rn 4.

den wird, in denen die Leistung nicht verfügbar ist. Dies ist etwa der Fall, wenn die Bestimmung ein Rücktrittsrecht für den Fall vorsieht, dass der Verwendungsgegner falsche Angaben zu seinem Vermögen macht. Ein solches Rücktrittsrecht kann zwar auch bei Nichtverfügbarkeit der Leistung genutzt werden, dies gehört hier aber nicht zu den Umständen, die den Tatbestand der genannten Bestimmung erfüllen.[5]

Damit der Lösungsvorbehalt wirksam ist, muss die Klausel ausdrücklich die Verpflichtung des Verwenders vorsehen, den Vertragspartner über die Nichtverfügbarkeit unverzüglich (d.h. ohne schuldhaftes Zögern, vgl. § 121 Abs. 1 S. 1 BGB) zu informieren und bereits empfangene Gegenleistungen unverzüglich zu erstatten. Die Informationspflicht muss an den **Zeitpunkt** der Nichtverfügbarkeit der Leistung anknüpfen, nicht an den Zeitpunkt der Ausübung des Lösungsrechts.[6] Verletzt der Verwender seine in der Klausel enthaltenen Informations- oder Rückerstattungspflicht, führt dies nicht zur Unwirksamkeit der Klausel. Im Falle einer schuldhaften Verletzung seiner Pflichten kommt jedoch ein Schadensersatzanspruch nach § 280 Abs. 1 S. 1 BGB in Betracht. Ersatzfähig ist dann der Verzugsschaden[7] bzw. der durch die nicht rechtzeitige Information entstandene Schaden.[8] Ohne den in der Klausel enthaltenen ausdrücklichen Hinweis dagegen bleibt die Klausel selbst dann unwirksam, wenn ein entsprechender Hinweis tatsächlich erfolgt.[9] Auch für die Selbstverpflichtung des Verwenders, dem Verwendungsgegner seine Gegenleistungen zu erstatten, gilt, dass die in der Klausel enthaltene ausdrückliche Verpflichtung für die Wirksamkeit der Klausel maßgeblich ist, nicht die tatsächliche Vornahme der Erstattung. Eine unverzüglich erfolgte Erstattung kann eine fehlende oder fehlerhafte Verpflichtung daher nicht heilen.[10]

II. Verhältnis zu anderen Vorschriften

§ 308 Nr. 8 BGB und **§ 308 Nr. 3 BGB** sind nebeneinander anwendbar,[11] sodass die Überprüfung eines Lösungsrechts bei Nichtverfügbarkeit der Leistung an beiden Vorschriften vorzunehmen ist.[12]

Neben § 308 Nr. 8 BGB anwendbar ist auch **§ 312c Abs. 2 BGB i.V.m. Art. 246 § 1 Nr. 6 EGBGB**. Nach Art. 246 § 1 Nr. 6 EGBGB muss der Unternehmer den Verbraucher über einen Vorbehalt, die geschuldete Leistung für den Fall der Nichtverfügbarkeit nicht zu erbringen, informieren. Jedoch ist der unterschiedliche Anknüpfungspunkt für den Informationshinweis zu beachten. § 308 Nr. 8 BGB knüpft an die Nichtverfügbarkeit der Leistung an, Art. 246 § 1 Nr. 6 EGBGB an den Vorbehalt selbst. Zudem ist Rechtsfolge der Missachtung dieser Norm neben Schadensersatz nach § 280 Abs. 1 S. 1 BGB gem. § 312d Abs. 2 BGB ein späterer Beginn der Widerrufsfrist und nicht wie bei § 308 Nr. 8 BGB die Unwirksamkeit der Bestimmung.[13]

III. Geltung gegenüber Unternehmern

Vorbehaltsklauseln sind gerade im unternehmerischen Verkehr üblich. Hier ergibt sich die Informations- und Rückerstattungspflicht eines Lieferanten bei Nichtverfügbarkeit der Leistung aus § 242 BGB. Die Umstände des Einzelfalls entscheiden im Falle einer wirksamen Vorbehaltsklausel darüber, ob die Erstattung nach § 346 Abs. 1 BGB oder nach § 812 Abs. 1 S. 1 Alt. 2 BGB erfolgt. Hiervon abweichende Regelungen sind regelmäßig gem. § 307 BGB unwirksam. Allenfalls wäre in Bezug auf die Erstattung der Gegenleistung eine Modifikation möglich, wonach stattdessen Wertersatz geschuldet wäre.[14] Für eine im unternehmerischen Verkehr verwendete Klausel müssen aber nicht die strengen Voraussetzungen des § 308 Nr. 8 BGB eingehalten werden.[15]

B. Einzelfälle

Hauptanwendungsfälle des § 308 Nr. 8 BGB sind **Vorrats- und Selbstbelieferungsklauseln**.[16] Unter Vorratsklauseln wird die automatische oder vom Willen des Verwenders abhängige Befreiung von der Leistungspflicht verstanden, wenn die Leistung nicht mehr aus dem Vorrat des Verwenders erbracht werden kann. Selbstbelieferungsvorbehalte sehen einen automatischen oder vom Willen des Verwenders abhängigen Wegfall der Leistungspflicht vor, falls der Verwender seinerseits von seinen Lieferanten keine, falsche oder nicht pünktliche Lieferungen erhalten hat.[17] Der Selbstbelieferungsvorbehalt muss im Verkehr mit Verbrauchern ausdrücklich vorsehen, dass der Verwender im Zeitpunkt des Vertragsschlusses schon ein kongruentes Deckungsgeschäft mit seinem Lieferanten abgeschlossen hat.[18]

---

5 WLP/*Dammann*, § 308 Nr. 8 Rn 5.
6 WLP/*Dammann*, § 308 Nr. 8 Rn 14.
7 WLP/*Dammann*, § 308 Nr. 8 Rn 28.
8 MüKo/*Wurmnest*, § 308 Nr. 8 Rn 4.
9 UBH/*Schmidt*, § 308 Nr. 8 Rn 7.
10 Palandt/*Grüneberg*, § 308 Rn 46.
11 MüKo/*Wurmnest*, § 308 Nr. 8 Rn 3.
12 WLP/*Dammann*, § 308 Nr. 8 Rn 24.
13 WLP/*Dammann*, § 308 Nr. 8 Rn 26.
14 WLP/*Dammann*, § 308 Nr. 8 Rn 29.
15 BT-Drucks 14/2658, 51; MüKo/*Wurmnest*, § 308 Nr. 8 Rn 5.
16 BT-Drucks 14/2658, 51; WLP/*Dammann*, § 308 Nr. 8 Rn 6.
17 WLP/*Dammann*, § 308 Nr. 8 Rn 7.
18 BGHZ 92, 397.

§ 309 Nr. 1 | Klauselverbote ohne Wertungsmöglichkeit

Auch soweit eine Abweichung von den gesetzlichen Vorschriften zulässig ist, ist in Allgemeinen Geschäftsbedingungen unwirksam

1. (Kurzfristige Preiserhöhungen)
eine Bestimmung, welche die Erhöhung des Entgelts für Waren oder Leistungen vorsieht, die innerhalb von vier Monaten nach Vertragsschluss geliefert oder erbracht werden sollen; dies gilt nicht bei Waren oder Leistungen, die im Rahmen von Dauerschuldverhältnissen geliefert oder erbracht werden;

A. Vorbemerkung 1	V. Dauerschuldverhältnisse 13
B. Bedeutung des § 309 Nr. 1 BGB 3	VI. Rechtsfolgen eines Verstoßes 15
C. Inhalt 7	VII. Inhaltskontrolle bei Preiserhöhungsklauseln, insbesondere bei längerfristigen Verträgen mit Verbrauchern 16
I. Entgeltlicher Vertrag 8	
II. Waren oder Leistungen 9	
III. Bestimmung einer Entgelterhöhung 10	VIII. Unternehmer 22
IV. Viermonatsfrist 12	

A. Vorbemerkung

1 Die Vorschrift des § 309 BGB entspricht im Wesentlichen dem früheren § 11 AGBG. Anpassungsbedarf bei einigen Stellen ergab sich insbesondere aufgrund des durch die Schuldrechtsreform strukturell geänderten Leistungsstörungsrechts. Zum Teil ergab sich Änderungsbedarf auch durch die Klauselrichtlinie und die Weiterentwicklung der Rechtsmaterie durch die Rechtsprechung.[1] Inhaltlich geändert wurden insbesondere § 309 Nr. 5b (Pauschalierung von Schadensersatzansprüchen), § 309 Nr. 7 (Haftungsausschluss bei Verletzung von Leben, Körper und Gesundheit) und § 309 Nr. 8 BGB (Sonstige Haftungsausschlüsse). Auch der Einleitungssatz zu § 309 BGB ist anders gefasst worden. Hieß es in § 11 AGBG noch einleitend: „In Allgemeinen Geschäftsbedingungen ist unwirksam …", so beginnt § 309 Nr. 1 BGB mit den Worten: „Auch soweit eine Abweichung von den gesetzlichen Vorschriften zulässig ist, ist in Allgemeinen Geschäftsbedingungen unwirksam...". Der Gesetzgeber wollte damit zum Ausdruck bringen, dass Allgemeine Geschäftsbedingungen nur auf ihre Wirksamkeit geprüft werden können, wenn sie lediglich dispositives Recht betreffen. Klarer und lesbarer ist die Regelung dadurch indes nicht geworden, zumal diese Aussage auch für §§ 307, 308 BGB gilt.

2 § 309 enthält Klauselverbote, die wegen ihrer besonders benachteiligenden Wirkung für den Vertragspartner des Verwenders „ohne Wertungsmöglichkeit" zur Unwirksamkeit führen. Im Gegensatz zu den Regelungen in § 308 BGB werden daher **unbestimmte Rechtsbegriffe** grundsätzlich vermieden. Vollständig durchgehalten hat der Gesetzgeber dieses Prinzip nicht, da etwa die § 309 Nr. 5b BGB und § 309 Nr. 8b BGB die Begriffe „wesentlich" bzw. „unverhältnismäßig" verwenden.

B. Bedeutung des § 309 Nr. 1 BGB

3 Die Regelung des § 309 Nr. 1 BGB ist im Wortlaut identisch mit der früheren Regelung des § 11 Nr. 1 AGBG. Verboten sind danach Klauseln jeder Art, welche die Erhöhung des Entgelts für Waren oder Lieferungen vorsehen, die innerhalb von vier Monaten nach Vertragsschluss geliefert oder erbracht werden sollen; dies gilt nicht bei Waren oder Dienstleistungen, die im Rahmen von Dauerschuldverhältnissen geliefert oder erbracht werden. Dieses Verbot dient nicht nur dem Schutz der Vertragspartner, sondern auch der Gewährleistung von Transparenz und Funktionsfähigkeit des Wettbewerbs.

4 Klauseln, die eine Erhöhung des Entgelts für **bereits gelieferte Waren** oder erbrachte Leistungen vorsehen, sind von § 309 Nr. 1 BGB nicht erfasst.[2] Derartige Klauseln dürften jedoch regelmäßig wegen Unangemessenheit gemäß § 307 BGB unwirksam sein.[3]

5 § 309 Nr. 1 BGB ist das zivilrechtliche Pendant zu § 1 Abs. 1 und Abs. 5 PAngV (**Preisangabenverordnung**) i.d.F. der Bekanntmachung vom 18.10.2002 (BGBl I S. 4197), zuletzt geändert durch Art. 7 des Gesetzes vom 20.9.2013 (BGBl I. S. 3642). § 1 Abs. 1 PAngV regelt die Verpflichtung des gewerbs- oder geschäftsmäßigen Anbieters von Waren oder Leistungen, die entsprechenden Preise einschließlich Umsatzsteuer und sonstiger Preisbestandteile (Endpreis) anzugeben. § 1 Abs. 5 PAngV regelt als Sonderbestimmung hierzu die Angabe von Preisen mit Änderungsvorbehalt. Die Vorschrift hat folgenden Wortlaut:

---

1 BT-Drucks 14/6040, 154.
2 UBH/*Fuchs*, § 309 Nr. 1 Rn 14.
3 WLP/*Dammann*, § 309 Nr. 1 Rn 34–39.

(5) Die Angabe von Preisen mit einem Änderungsvorbehalt ist abweichend von Absatz 1 Satz 1 nur zulässig,
1. *bei Waren oder Leistungen, für die Liefer- oder Leistungsfristen von mehr als vier Monaten bestehen, soweit zugleich die voraussichtlichen Liefer- und Leistungsfristen angegeben werden,*
2. *bei Waren oder Leistungen, die im Rahmen von Dauerschuldverhältnissen erbracht werden, oder*
3. *in Prospekten eines Reiseveranstalters über die von ihm veranstalteten Reisen, soweit der Reiseveranstalter gemäß § 4 Absatz 2 der BGB-Informationspflichten-Verordnung in der Fassung der Bekanntmachung vom 5.8.2002 (BGBl I S. 3002), die zuletzt durch die Verordnung vom 23.10.2008 (BGBl I S. 2069) geändert worden ist, den Vorbehalt einer Preisanpassung in den Prospekt aufnehmen darf und er sich eine entsprechende Anpassung im Prospekt vorbehalten hat.*

Während § 309 Nr. 1 BGB und § 1 Abs. 5 Nr. 1 und 2 PAngV nur einen geringfügig anderen Inhalt haben, liegt der wesentliche Unterschied in der Rechtsfolge von Verstößen. Zuwiderhandlungen gegen Regelungen der Preisangabenverordnung stellen gemäß § 10 Ordnungswidrigkeiten dar, die gemäß § 4 Wirtschaftsstrafgesetz (i.d.F. vom 3.6.1975 (BGBl I S. 1313), zuletzt geändert durch Gesetz vom 8.12.2010 (BGBl I S. 1864)) mit einer Geldbuße von bis zu 25.000,00 EUR geahndet werden können. Demgegenüber führt eine formularmäßige Nichtbeachtung des § 309 Nr. 1 BGB zivilrechtlich zur Unwirksamkeit der entsprechenden Klausel.

Eine inhaltliche Preiskontrolle hinsichtlich der materiellen Äquivalenz zwischen Preis und Leistung wird vom Anwendungsbereich des § 309 Nr. 1 BGB nicht umfasst. Auf Reiseverträge sind zusätzlich die Vorschriften des § 651a Abs. 4 und 5 BGB anzuwenden. 6

C. Inhalt

Im Einzelnen setzt § 309 Nr. 1 BGB Folgendes voraus: 7

I. Entgeltlicher Vertrag

Zwischen den Parteien muss ein **entgeltlicher Vertrag** bestehen. § 309 Nr. 1 BGB stellt dabei keine Anforderungen an eine bestimmte Art von Verträgen; die Norm gilt grundsätzlich für alle entgeltliche Verträge. **Entgelt** meint die **Gegenleistung** in gegenseitigen Verträgen und umfasst alles, was der Vertragspartner für den Erwerb finanziell erbringen muss, einschließlich eventueller Nebenleistungen und der Umsatzsteuer. Entgegen einer verbreiteten Meinung in der Literatur erfasst die Vorschrift nur **finanzielle Gegenleistungen**,[4] nicht jedoch auch Gegenleistungen, die in Form von Sachleistungen erbracht werden (Bartergeschäfte).[5] Die Schaffung der Vorgängernorm § 11 Nr. 1 AGBG verfolgte das Ziel, die durch die Preisauszeichnungsverordnung vom 18.9.1969 (Vorgängerin der Preisangabenverordnung) gelassene zivilrechtliche Lücke im Verbraucherschutz hinsichtlich formularmäßiger Preiserhöhungsvorbehalte zu schließen. Es liegt daher nahe, beide Bestimmungen, § 309 Nr. 1 BGB und § 1 PAngV – jedenfalls in diesem Punkt – gleich auszulegen.[6] Der **Aufwendungsersatz** zählt nicht zur Gegenleistung; derartige Klauseln sind daher nicht an § 309 Nr. 1 BGB zu messen, auch wenn sie eine Erhöhungsabrede beinhalten.[7] 8

II. Waren oder Leistungen

Gegenstand der Entgelterhöhung müssen Waren oder Leistungen sein, die noch geliefert oder erbracht werden sollen. Unter **Waren** sind gemäß § 1 Abs. 2 Nr. 1 HGB a.F. bewegliche Sachen zu verstehen. Grundstücke sind keine Waren i.S.d. § 309 Nr. 1 BGB.[8] Auf Verträge über Grundstücke ist die Vorschrift auch nicht analog anzuwenden;[9] hierfür fehlt es schon an einer planwidrigen Unvollständigkeit des Gesetzes. Eine Überprüfung der Wirksamkeit derartiger Klauseln in Grundstückskaufverträgen erfolgt jedoch nach § 307 BGB.[10] Mit dem Begriff **Leistungen** sind die vereinbarten Vertragsleistungen gemeint, die keine Waren oder Grundstücke sind; erfasst sind demnach etwa auch Werk- und Dienstleistungen sowie Geschäftsbesorgungen.[11] 9

III. Bestimmung einer Entgelterhöhung

Weitere Voraussetzung für die Anwendung des § 309 Nr. 1 BGB ist, dass die Bestimmung eine Erhöhung des Entgelts vorsieht. Eine Erhöhung setzt dabei eine **Veränderung** einer vorher zwischen den Parteien getroffenen individualvertraglichen oder formularmäßigen **Vereinbarung eines Entgelts** voraus.[12] Ist als Entgelt lediglich die taxmäßige oder übliche Vergütung vereinbart, bleibt § 309 Nr. 1 BGB anwendbar, da sich in diesen Fällen die anfängliche Ver- 10

---

4 BGH NJW 1980, 2133.
5 So aber *Stoffels*, AGB, Rn 811; MüKo/*Wurmnest*, § 309 Nr. 1 Rn 11; WLP/*Dammann*, § 309 Nr. 1 Rn 30.
6 BGH NJW 1980, 2133.
7 MüKo/*Wurmnest*, § 309 Nr. 1 Rn 11; a.A. WLP/*Dammann*, § 309 Nr. 1 Rn 30.
8 OLG Dresden VIZ 2000, 380; *Stoffels*, AGB, Rn 814; WLP/*Dammann*, § 309 Nr. 1 Rn 32.
9 A.A. UBH/*Fuchs*, § 309 Nr. 1 Rn 17; Staudinger/*Coester-Waltjen*, § 309 Nr. 1 Rn 9.
10 *Stoffels*, AGB, Rn 814.
11 WLP/*Dammann*, § 309 Nr. 1 Rn 33.
12 Staudinger/*Coester-Waltjen*, § 309 Nr. 1 Rn 17.

gütungshöhe bestimmen lässt.[13] Wenn zwischen Verwender und Vertragspartner eine Vereinbarung über das Entgelt bzw. eine eindeutige Bezifferung hierüber gänzlich fehlt, ist die anfängliche Vergütungshöhe nicht bestimmbar. Somit scheitert auch eine Anwendung des § 309 Nr. 1 BGB auf derartige Verträge.[14] Auch wenn die Parteien den Preis ausdrücklich offengelassen haben, fehlt es an einer Entgeltvereinbarung.[15] In den vorstehenden Fällen verbleibt lediglich Raum für eine inhaltliche Kontrolle der jeweiligen Bestimmung nach § 307 BGB.

11 Inhaltlich erfasst der Verbotstatbestand des § 309 Nr. 1 BGB **Erhöhungsklauseln jeder Art**. Hierzu zählen **automatische Anpassungsklauseln** wie Gleitklauseln, bei denen die Preiserhöhung von einer vertragsfremden Bezugsgröße (z.B. statistischer Index) abhängt, oder Spannungsklauseln, bei denen die Preiserhöhung an den künftigen Wert gleichartiger Güter anknüpft, und **Kostenelementeklauseln**, nach denen eine Preiserhöhung an das Steigen von Lohn- oder Rohstoffkosten anknüpft. Abzugrenzen sind die Kostenelementeklauseln von Bestimmungen, die nur die Erstattung von Aufwendungen für bestimmte Nebenleistungen des Verwenders, wie den Versand der Ware oder ähnliches vorsehen; letztere sind nicht von § 309 Nr. 1 BGB erfasst.[16] Zu den Kostenelementeklauseln gehören auch Klauseln, die eine Preisanpassung im Fall der Erhöhung der Umsatzsteuer vorsehen. Diese unterliegen dem Verbot vom § 309 Nr. 1 BGB,[17] da die Umsatzsteuer zum vertraglich vereinbarten Entgelt gehört.[18] Eine Regelung, nach welcher der Preis zuzüglich der jeweiligen Umsatzsteuer zu zahlen ist, ist bereits nach § 306a BGB unwirksam.[19] Auch eine Klausel, die bei Eintritt bestimmter Umstände eine Neuverhandlungspflicht (sog. **Neuverhandlungsklausel**) regelt, kann unter den Anwendungsbereich des § 309 Nr. 1 BGB fallen.[20] Schwerpunktmäßig gehören zu den Erhöhungsklauseln jedoch die sog. Leistungs- und Änderungsvorbehaltsklauseln[21] wie **Tagespreis- oder Listenklauseln**. Bei ihnen ist zu unterscheiden, was die Parteien hinsichtlich des zu bezahlenden Entgelts vereinbart haben. Haben sie einen festen Betrag beziffert, stellt eine Preiserhöhungsklausel eine an den Voraussetzungen des § 309 Nr. 1 BGB zu messende Bestimmung dar. Haben die Parteien den Preis formularmäßig als „**freibleibend**" oder „**unverbindlich**" erklärt, unterliegt dieser Zusatz ebenfalls der Kontrolle des § 309 Nr. 1 BGB.[22] Fehlt es jedoch an einer Bezifferung eines Preises und haben die Parteien diesen lediglich formularmäßig von der Liste bzw. dem Tagespreis abhängig gemacht, liegt in dieser Tagespreis- oder Listenpreisklausel schon gar keine „Erhöhung". Die Bestimmung unterliegt damit nicht einer Kontrolle nach § 309 Nr. 1 BGB, jedoch einer solchen nach § 307 BGB.[23] Obliegt in einem solchen Fall dem Verwender die Festlegung der Liste, handelt es sich um die Einräumung eines einseitigen Leistungsbestimmungsrechts; dies ist formularmäßig nur bei Vorliegen schwerwiegender Gründe gerechtfertigt.[24] Dem Anwendungsbereich von § 309 Nr. 1 BGB unterliegen auch sog. verdeckte Erhöhungsklauseln wie **Irrtumsklauseln**, soweit diese dem Verwender weitere Befugnisse als die gesetzlichen einräumen, etwa wenn sie ohne Einschränkung eine jederzeitige Berichtigung von Preisirrtümern erlauben.[25]

IV. Viermonatsfrist

12 Der Verbotstatbestand des § 309 Nr. 1 BGB greift ferner nur dann ein, wenn der Verwender die **Leistung** innerhalb einer Zeit von **vier Monaten** nach **Zustandekommen** des Vertrags erbringen soll. Maßgeblicher Bezugspunkt für den Beginn der Frist ist das Zustandekommen des Vertrags, nicht die Unterzeichnung des Angebots.[26] Die Vereinbarung eines Liefertermins ist nicht erforderlich; § 309 Nr. 1 BGB greift auch bei fehlenden Vereinbarungen über die Leistungszeit und sonstiger Umstände, da die Leistung dann gemäß § 271 Abs. 1 BGB sofort fällig ist. Ist zwischen den Parteien ein fester Leistungszeitpunkt (z.B. „Lieferung am 15.6.") vereinbart, so ist dieser der Berechnung des Fristablaufs zugrunde zu legen.[27] Haben die Parteien einen Leistungszeitraum (z.B. „Lieferung 15.4. bis 15.6.") vereinbart, ist das Ende des Zeitraums zur Berechnung des Fristablaufs heranzuziehen.[28] Maßgeblich ist in diesen Fällen allein, ob der vereinbarte Leistungszeitpunkt bzw. das Ende des vereinbarten Leistungszeitraums innerhalb der Viermonatsfrist liegt. Dass tatsächlich später geleistet wird, hat auf die Anwendung des § 309 Nr. 1 BGB keinen Einfluss;[29] die Klausel bleibt unwirksam, wenn sie eine Entgelterhöhung vorsieht. Differenziert die Klausel nicht zwischen vereinbarten Lieferfristen von mehr als vier Monaten und kürzeren Lieferfristen, ist sie insgesamt unwirksam.[30]

---

13 UBH/*Fuchs*, § 309 Nr. 1 Rn 15; Palandt/*Grüneberg*, § 309 Nr. 1 Rn 3.
14 Bamberger/Roth/*Becker*, § 309 Nr. 1 Rn 8.
15 Staudinger/*Coester-Waltjen*, § 309 Nr. 1 Rn 17.
16 So auch Jauernig/*Stadler*, § 309 Rn 2.
17 BGHZ 77, 84.
18 BGHZ 115, 47, 50.
19 BGH NJW 1981, 979; Palandt/*Grüneberg*, § 309 Rn 5.
20 *Horn*, NJW 1985, 1118, 1123.
21 BGH NJW 1985, 856.
22 BGH NJW 1985, 855, 856; Erman/*Roloff*, § 309 Rn 2.
23 BGH NJW-RR 2005, 1496, 1500.
24 BGH NJW-RR 2005, 1496, 1500.
25 Palandt/*Grüneberg*, § 309 Rn 5; UBH/*Fuchs*, § 309 Nr. 1 Rn 15.
26 OLG Frankfurt a.M. DB 1981, 884; Palandt/*Grüneberg*, § 309 Rn 4.
27 Staudinger/*Coester-Waltjen*, § 309 Nr. 1 Rn 11.
28 OLG Frankfurt a.M. NJW 1983, 946.
29 *Stoffels*, AGB, Rn 815.
30 BGH NJW 1985, 855, 856.

V. Dauerschuldverhältnisse

Dauerschuldverhältnisse werden ausdrücklich aus dem Anwendungsbereich des § 309 Nr. 1 BGB **ausgenommen**. Dies rechtfertigt der Gesetzgeber mit einem erhöhten anerkennenswerten Bedürfnis nach der Anpassung von Preisen an veränderte Umstände bei einer mehrjährigen Vertragslaufzeit.[31] Im Rahmen von Dauerschuldverhältnissen einbezogene formularmäßige Preiserhöhungsklauseln unterliegen damit nicht dem strikten Verbotstatbestand des § 309 Nr. 1 BGB, ihre Wirksamkeit bemisst sich indes nach § 307 BGB.[32] Dauerschuldverhältnisse sind durch die Erbringung einer dauernden oder wiederkehrenden Leistung gekennzeichnet, wobei der Gesamtumfang der Leistungen von der Dauer der Rechtsbeziehung abhängt.[33] Beispiele hierfür sind etwa Miet- und Pachtverträge, Versicherungsverträge, Bausparverträge und Darlehensverträge. Sukzessivlieferungsverträge und Wiederkehrschuldverhältnisse werden nach der herrschenden Meinung in Literatur und Rechtsprechung ebenfalls hierzu gezählt.[34]

Bei Dauerschuldverhältnissen, die für eine Zeit von weniger als vier Monaten vereinbart worden sind, findet § 309 Nr. 1 BGB keine Anwendung.[35] Tritt jedoch bei einem Vertrag die Eigenschaft als Dauerschuldverhältnis völlig in den Hintergrund, etwa bei einem Mietvertrag über ein Hotelzimmer für einen Tag oder bei einem Kraftfahrzeug-Versicherungsvertrag für einen einzelnen Transport, kann ausnahmsweise § 309 Nr. 1 BGB anzuwenden sein.[36] Davon unabhängig können Preiserhöhungsklauseln bei Dauerschuldverhältnissen, die den Zeitraum von vier Monaten nicht überschreiten, gemäß § 307 BGB unter Berücksichtigung der Wertung des § 309 Nr. 1 BGB unwirksam sein.[37] Dies entspricht auch der gesetzgeberischen Wertung.[38] Raten- oder Teillieferungsverträge sind keine Dauerschuldverhältnisse,[39] sodass auf diese Vertragsarten § 309 Nr. 1 BGB anzuwenden ist.

VI. Rechtsfolgen eines Verstoßes

Ein Verstoß gegen § 309 Nr. 1 BGB führt zur Unwirksamkeit der Klausel. An die Stelle der formularmäßigen Bestimmung tritt der ursprünglich vereinbarte oder der zu dem Zeitpunkt des Vertragschlusses bestimmbare Preis.[40] Eine ergänzende Vertragsauslegung kommt nicht in Betracht.[41] Ist dagegen bei einem Liefervertrag mit einer den Zeitraum von vier Monaten übersteigenden Lieferzeit die Preisänderungsklausel wegen Verstoßes gegen § 307 BGB unwirksam, kann die entstandene Lücke im Wege der ergänzenden Vertragsauslegung geschlossen werden, wenn konkrete gesetzliche Regelungen zur Ausfüllung der Lücke nicht zur Verfügung stehen und die ersatzlose Streichung der unwirksamen Klausel zu einem nicht angemessenen, die typischen Interessen des Klauselverwenders und des Kunden tragenden Lösung führt.[42] In einem derartigen Fall hatte der Bundesgerichtshof im Wege der ergänzenden Vertragsauslegung die durch die Unwirksamkeit der Tagespreisklausel entstandene Vertragslücke dadurch geschlossen, dass er dem Verkäufer ein Preisänderungsrecht zugestanden hatte, dem Käufer aber im Gegenzug unter bestimmten Voraussetzungen ein Rücktrittsrecht.[43]

VII. Inhaltskontrolle bei Preiserhöhungsklauseln, insbesondere bei längerfristigen Verträgen mit Verbrauchern

Fällt eine Preisanpassungsklausel schon nicht in den Anwendungsbereich des § 309 Nr. 1 BGB, weil etwa der zugrundeliegende Vertrag eine längere Leistungszeit als vier Monate nach Vertragschluss ausweist oder es sich um ein Dauerschuldverhältnis handelt, kann sie bei Verträgen insbesondere mit Verbrauchern jedoch wegen **§ 307 BGB** unwirksam sein.

Im Allgemeinen gilt hierbei, dass dem Verwender zwar ein gewisses Anpassungsbedürfnis des Preises gerade bei längeren Austauschverträgen zuzusprechen ist.[44] So dienen Preisanpassungsklauseln einerseits dazu, dem Verwender das Risiko langfristiger Kalkulation abzunehmen und ihm seine Gewinnspanne trotz nachträglicher, ihn belastender Kostensteigerungen zu sichern; andererseits können Preisanpassungsklauseln den Vertragspartner davor bewahren, dass der Verwender mögliche künftige Kostenerhöhungen vorsorglich schon bei Vertragsschluss durch Risikozuschläge aufzufangen versucht.[45] Dies darf aber nicht dazu führen, dass die vom Verwender einbezogene Preis-

---

31 BT-Drucks 7/3919, 27.
32 BGHZ 93, 252, 256 (zu § 9 AGBG).
33 Palandt/*Grüneberg*, § 314 Rn 2.
34 BGH NJW-RR 1986, 211, 212; UBH/*Fuchs*, § 309 Nr. 1 Rn 27. Die dogmatische Abgrenzung der Wiederkehrschuldverhältnisse von Sukzessivlieferverträgen war insbesondere dem seinerzeitigen Konkursrecht geschuldet. Mit der Insolvenzordnung hat diese Frage an Bedeutung verloren. Für Aufgabe des Begriffs „Wiederkehrschuldverhältnis" WLP/*Dammann*, § 309 Rn 23.
35 UBH/*Fuchs*, § 309 Nr. 1 Rn 27; für eine analoge Anwendung des § 309 Nr. 1 BGB auf Dauerschuldverhältnisse von weniger als vier Monaten dagegen Staudinger/*Coester-Waltjen*, § 309 Nr. 1 Rn 3.
36 Hansen, VersR 1988, 1110, 1112; Palandt/*Grüneberg*, § 309 Rn 6; abl. WLP/*Dammann*, § 309 Rn 26.
37 Vgl. WLP/*Dammann*, § 309 Rn 26.
38 BT-Drucks 7/3919, 27 f.
39 Staudinger/*Coester-Waltjen*, § 309 Nr. 1 Rn 3.
40 UBH/*Fuchs*, § 309 Nr. 1 Rn 51; *Stoffels*, AGB, Rn 824.
41 UBH/*Fuchs*, § 309 Nr. 1 Rn 51.
42 BGH NJW 1984, 1177.
43 BGH NJW 1984, 1177, 1178.
44 BGH NJW 2010, 2789.
45 BGH NJW-RR 2008, 134; BGH NJW 2008, 360, 361.

anpassungsklausel ausschließlich oder überwiegend nur seine eigenen Interessen wahrt, indem sie etwa nicht nur eine Gewinnschmälerung auf Seiten des Verwenders verhindert, sondern ihm einen zusätzlichen Gewinn ermöglicht.[46] Bei der Überprüfung der Wirksamkeit von Preisanpassungsklauseln nach § 307 BGB werden von der Rechtsprechung insbesondere **drei Kriterien**[47] herangezogen: das Äquivalenzprinzip, das Gebot der Transparenz und die Einräumung eines Lösungsrechts vom Vertrag.

17 Nach dem bei Preisanpassungsklauseln zu beachtenden **Äquivalenzprinzip** müssen in der entsprechenden Regelung die Vorstellungen der Parteien von der Gleichwertigkeit der von ihnen zu erbringenden Leistungen erhalten bleiben.[48] So darf der Verwender bei Kaufverträgen nicht Kostensteigerungen ohne jede Begrenzung einseitig bestimmen, sei es um unvorhergesehenen Kostensteigerungen zu begegnen oder um einen zusätzlichen Gewinn zu erzielen.[49]

18 Aus dem **Transparenzgebot** ergibt sich, dass für den Vertragspartner schon aus der Formulierung der Klausel heraus bei Vertragsschluss erkennbar sein muss, unter welchen Voraussetzungen und in welchem Umfang ihn höhere Preise bzw. Gebühren treffen können,[50] sodass er die Berechtigung einer vom Verwender vorgenommenen Erhöhung anhand der Anpassungsklausel selbst prüfen kann.[51]

19 Ferner muss die Klausel der Verwendergegenseite im Einzelfall bei wesentlichen Preiserhöhungen – das sind solche, in denen der Preis deutlich stärker steigt als die Lebenshaltungskosten – grundsätzlich ein **Lösungsrecht** vom Vertrag in Form eines Rücktritts- bzw. Kündigungsrechts gewähren.[52] Bei Bauverträgen spielt dagegen die Einräumung eines Lösungsrechts vom Vertrag, etwa in Form eines Rücktrittsrechts, keine Rolle. Denn bei Ausübung des Rücktrittsrechts wäre der Vertragspartner, wenn bereits – wie im Regelfall – Bauleistungen erbracht worden sind, erheblichen Vergütungsansprüchen des Klauselverwenders ausgesetzt.[53]

20 Als wirksam wurden hiernach in der Rechtsprechung Preisanpassungsklauseln anerkannt, die Preiserhöhungen nur im Rahmen von Preis- und Kostensteigerungen vorsehen.[54] Als unwirksam sieht die Rechtsprechung Klauseln an, die die Preiserhöhung an die Entwicklung betriebsinterner Rechnungsgrößen koppeln, wenn diese dem Kunden nicht bekannt sind.[55] Ist die Konkretisierung nicht möglich, bedarf es zur Wirksamkeit der Klausel der Regelung eines Gegenrechts für den Vertragspartner in Form des Lösungsrechts vom Vertrag.[56] Bestimmt eine **Tagespreisklausel** beim Kfz-Neuwagenkauf, dass Preisänderungen zulässig sind, wenn zwischen Vertragsschluss und vereinbartem Liefertermin mehr als vier Monate liegen und der am Tag der Lieferung gültige Preis gelten solle, ist die Klausel unwirksam, weil bei dieser Regelung jede beliebige Preiserhöhung ermöglicht wird, auch soweit sie durch zwischenzeitlichen Kostenanstieg nicht gedeckt ist.[57]

21 Preisanpassungsklauseln, die **Energieversorgungsunternehmen** in Verträgen mit Sonderkunden verwenden, sind nicht gemäß § 310 Abs. 2 BGB der Inhaltskontrolle gemäß § 307 BGB entzogen; sie unterliegen gemäß § 307 Abs. 3 BGB als Preisnebenabrede der Inhaltskontrolle nach § 307 Abs. 1 und 2 BGB.[58] Für die Preisanpassungsklauseln der Energieversorgungsunternehmen gelten grundsätzlich die oben dargestellten allgemeinen Regelungen und Prinzipien der Rechtsprechung.[59] So darf mit derartigen Klauseln nicht über die Vermeidung einer Gewinnschmälerung hinaus ein zusätzlicher Gewinn erzielt werden (Äquivalenzprinzip).[60] Unwirksam ist daher eine Klausel, die den Gasversorger berechtigt, die Gaspreise zu ändern, wenn eine Preisänderung durch seinen Vorlieferanten erfolgt, sofern sie keine Verpflichtung enthält, bei gesunkenen Gaseinkaufspreisen die Preise zu senken.[61] Auch soweit eine derartige Preisanpassungsklausel den Zusatz enthält: „Die Preisänderungen schließen sowohl Erhöhung als auch Absenkung ein," ist sie unwirksam, weil nach Auffassung des Bundesgerichtshofs der Verwender aufgrund der Bindung des Allgemeinen Tarifs an billiges Ermessen die Pflicht hat, Kostensenkungen ebenso zu berücksichtigen wie Kostenerhöhungen und diese nach denselben Maßstäben weiterzugeben, und diese Formulierung jedoch die Auslegung zulässt, dass das Gasversorgungsunternehmen zur Preisreduzierung zwar berechtigt, jedoch nicht verpflichtet ist.[62] Bezieht sich die dargestellte Rechtsprechung vornehmlich auf sog. **Leistungsvorbehalts-** und **Kostenelementeklauseln** gemäß § 1 Abs. 2 Nr. 1 und 3 PrKG, hat der Bundesgerichtshof in der jüngeren Rechtsprechung die Anwendung der vorgenannten Grundsätze auch für Klauseln in Erdgassonderverträgen bestätigt, bei denen sich der zu zahlende Arbeitspreis ausschließlich in Ab-

---

46 BGH NJW 2008, 360, 361.
47 Vgl. insbesondere BGHZ 82, 21, 25; BGHZ 94, 335.
48 BGHZ 82, 21, 25.
49 BGHZ 94, 335, 340; BGH NJW-RR 2005, 1717; BGH NJW-RR 2008, 134; BGH NJW 2008, 360, 361.
50 BGH NJW 2000, 651, 652.
51 BGHZ 94, 335, 340; BGH WM 2011, 1042 = BB 2011, 1421.
52 OLG Düsseldorf NJW-RR 2002, 1716, 1717; BGH NJW 1982, 331, 332.
53 BGHZ 94, 335, 342 = BGH NJW 1985, 2270.
54 BGH NJW-RR 1986, 211, 213; Vorschläge für eine gesetzeskonforme Ausgestaltung von Preiserhöhungsklauseln finden sich in der Begründung zum Gesetzentwurf BT-Drucks 7/3919, 28, in der vorgeschlagen wird, „Preiserhöhungen nur für den Fall einer Änderung der bei Vertragsschluss vorliegenden Verhältnisse vorzusehen, ihr Ausmaß in ein angemessenes Verhältnis zu der eingetretenen Änderung zu stellen und die maßgebenden Umstände nach Möglichkeit im Voraus genau zu bezeichnen".
55 BGH NJW-RR 2005, 1717, 1718.
56 MüKo/*Wurmnest*, § 309 Nr. 1 Rn 25.
57 BGH NJW 1982, 331, 332.
58 St. Rspr.: BGH NJW-RR 1985, 1717; BGH NJW 2009, 578; BGH NJW 2010, 993.
59 *Stoffels*, AGB, Rn 823; UBH/*Fuchs*, § 309 Nr. 1 Rn 39 ff.
60 BGH NJW 2008, 2172; BGH NJW 2009, 2662; BGH NJW 2009, 2667; BGH NJW 2010, 993, 994.
61 BGH NJW 2008, 2172.
62 BGH NJW 2009, 2662, 2665.

hängigkeit von der Preisentwicklung für eine bestimmte Heizölsorte ändert (sog. **Spannungsklauseln** i.S.v. § 1 Abs. 2 Nr. 2 PrKG).[63] Mit Rücksicht auf die strengere Rechtsprechung des Europäischen Gerichtshofes zu Preisanpassungsklauseln in Sonderkundenverträgen[64] hat der Bundesgerichtshof Klauseln eines Energieversorgungsunternehmens, die für das Vertragsverhältnis mit Sonderkunden eine Preisanpassung dergestalt regeln, dass das für Tarifkunden vorgesehene Änderungsrecht des § 4 AVBGasV gelte, für unwirksam erklärt.[65]

VIII. Unternehmer

Im **geschäftlichen Verkehr zwischen Unternehmern** lassen sich die starren Regelungen des § 309 Nr. 1 BGB nicht übertragen.[66] Hierzu sind die einzelnen Branchen, ihre Vertragsgegenstände und Geschäftstypen zu unterschiedlich. Es gelten die **Grundsätze des § 307 BGB**. Danach darf auch im unternehmerischen Geschäftsverkehr die Preiserhöhungsklausel nicht zu einer Gewinnerhöhung des Verwenders zu Lasten seines Vertragspartners führen. Jedoch berücksichtigt die Rechtsprechung in diesem Zusammenhang, ob sich der Vertragspartner in anderer Weise hiervon befreien kann. So ist eine Preisanpassungsklausel wirksam, wenn der Vertragspartner die Preiserhöhung an einen Dritten weitergeben kann.[67] Rechtsprechung und Literatur stellen auch im geschäftlichen Verkehr hohe Anforderungen an die **Transparenz** der Klausel.[68] Die formularmäßige Einräumung eines Lösungsrechts der Verwendergegenseite vom Vertrag ist nach herrschender Auffassung in der Literatur zwar nicht generell entbehrlich,[69] jedoch kommt ihr im geschäftlichen Verkehr im Vergleich zu den Geschäften mit Verbrauchern nur eine untergeordnete Bedeutung zu. So lässt die Rechtsprechung eine im Übrigen angemessene Klausel in der Regel nicht deshalb an den Anforderungen des § 307 BGB scheitern, nur weil sie dem Vertragspartner kein Lösungsrecht einräumt.[70] Tagespreisklauseln sind im geschäftlichen Verkehr nicht generell unwirksam.[71] Auch Umsatzsteuergleitklauseln sind grundsätzlich zulässig, da sie die Unternehmen im Ergebnis nicht belasten.[72] Der Unternehmer kann gemäß § 15 UStG die ihm von anderen Unternehmern gesondert in Rechnung gestellte Umsatzsteuer von der eigenen Umsatzsteuerschuld im Rahmen des Vorsteuerabzugs vor Abführung an das Finanzamt abziehen. Ggf. zuviel bezahlte Umsatzsteuer wird erstattet.

22

§ 309 Nr. 2

2. (Leistungsverweigerungsrechte)
eine Bestimmung, durch die
a) das Leistungsverweigerungsrecht, das dem Vertragspartner des Verwenders nach § 320 zusteht, ausgeschlossen oder eingeschränkt wird oder
b) ein dem Vertragspartner des Verwenders zustehendes Zurückbehaltungsrecht, soweit es auf demselben Vertragsverhältnis beruht, ausgeschlossen oder eingeschränkt, insbesondere von der Anerkennung von Mängeln durch den Verwender abhängig gemacht wird;

A. Übersicht	1	III. Ausschluss oder Einschränkung	16
B. Verhältnis zu anderen Vorschriften	5	D. Vorleistungsklauseln	17
I. § 309 Nr. 3 BGB	5	I. Anwendbarkeit des § 309 Nr. 2 BGB auf Vorleistungsklauseln	18
II. § 309 Nr. 8b dd BGB	8	II. Wirksamkeit von Vorleistungsklauseln	20
C. Das Klauselverbot des § 309 Nr. 2a BGB	9	E. Klauselverbot des § 309 Nr. 2b BGB	23
I. Leistungsverweigerungsrecht gemäß § 320 BGB	10	I. Zurückbehaltungsrecht aus § 273 BGB	24
1. Gegenseitiger Vertrag	11	II. Zurückbehaltungsrecht des Kunden	25
2. Gegenseitigkeitsverhältnis	12	III. Ausschluss oder Einschränkung	26
3. Vollwirksame und fällige Gegenforderung	13	F. Rechtsfolgen eines Verstoßes	27
4. Eigene Vertragstreue	14	G. Unternehmer	28
II. Leistungsverweigerungsrecht des Vertragspartners des Verwenders	15		

A. Übersicht

Die in §§ 273, 320 BGB gesetzlich geregelten Leistungsverweigerungsrechte dienen der Sicherung des Vertragspartners. Er soll davor bewahrt werden, seine vertragliche Leistung erbringen zu müssen, ohne seinerseits die vereinbarte

1

---

63 BGH NJW 2010, 2789, 2792; BGH NJW 2010, 2793.
64 EuGH v. 21.3.2013 – C-92/11, NJW 2013, 2253.
65 BGHZ 198, 111 = BGH NJW 2013, 3647.
66 MüKo/*Wurmnest*, § 309 Rn 32.
67 BGHZ 93, 252, 261 = BGH NJW 1985, 853.
68 MüKo/*Wurmnest*, § 309 Nr. 1 Rn 32.
69 Staudinger/*Coester-Waltjen*, § 309 Nr. 1 Rn 28; Bamberger/Roth/*Becker*, § 309 Nr. 1 Rn 38; a.A. WLP/*Dammann*, § 309 Nr. 1 Rn 175.
70 BGHZ 93, 252, 257.
71 UBH/*Fuchs*, § 309 Nr. 1 Rn 47.
72 MüKo/*Wurmnest*, § 309 Nr. 1 Rn 32.

§ 309 Nr. 2

Leistung des Vertragspartners zu erhalten. Diese Vorschriften entsprechen damit dem Gebot der **vertraglichen Abwicklungsgerechtigkeit**.[1]

2 Die in § 320 BGB bestimmte Einrede des nichterfüllten Vertrags gilt nur bei gegenseitigen Verträgen. Wer aus einem solchen Vertrag verpflichtet ist, kann die ihm obliegende Leistung bis zur Bewirkung der Gegenleistung verweigern, es sei denn, dass er vorzuleisten verpflichtet ist. Ein formularmäßiger Ausschluss oder eine Beschränkung des § 320 BGB ist gemäß § 309 Nr. 2a BGB generell unwirksam.

3 Die Einrede des Zurückbehaltungsrechts gemäß § 273 BGB gilt grundsätzlich in jedem privatrechtlichen Rechtsverhältnis. Nach dieser Norm kann der Schuldner, der aus demselben rechtlichen Verhältnis, auf dem seine Verpflichtung beruht, einen fälligen Anspruch gegen den Gläubiger hat, die geschuldete Leistung verweigern, bis die ihm gebührende Leistung bewirkt wird, sofern sich nicht aus dem Schuldverhältnis ein anderes ergibt. Die Rechtsprechung legt den Begriff des rechtlichen Verhältnisses weit aus: Derselbe Vertrag oder dasselbe Schuldverhältnis ist nicht Voraussetzung für die Anwendung des § 273 BGB; es genügt, dass ein innerlich zusammenhängendes einheitliches Lebensverhältnis vorliegt (**Konnexität**). Dies wird dann angenommen, wenn zwischen Anspruch und Gegenanspruch ein „innerer natürlicher und wirtschaftlicher Zusammenhang" in der Weise besteht, dass es gegen Treu und Glauben verstoßen würde, wenn der eine Anspruch ohne Rücksicht auf den anderen geltend gemacht und durchgesetzt werden könnte.[2] Das Verbot des § 309 Nr. 2b BGB bezieht sich indes nicht auf sämtliche aus § 273 BGB sich ergebende Zurückbehaltungsrechte, sondern nur auf solche, die auf **demselben Vertragsverhältnis** beruhen. Ein Ausschluss des Zurückbehaltungsrechts aus anderen Vertragsverhältnissen der Parteien ist daher zulässig.

4 Erhebt der Beklagte im Prozess gegen den geltend gemachten Anspruch die Einrede des nicht erfüllten Vertrags nach § 320 BGB oder des Zurückbehaltungsrechts nach § 273 BGB, verurteilt ihn das Gericht zwar zur Leistung, jedoch mit der Maßgabe, dass gemäß §§ 274, 322 BGB die jeweiligen Leistungen Zug-um-Zug erbracht werden.

B. Verhältnis zu anderen Vorschriften
I. § 309 Nr. 3 BGB

5 § 309 Nr. 2 BGB bezieht sich auf die formularmäßige Regelung des Leistungsverweigerungsrechtes des Vertragspartners (Kunden). § 309 Nr. 3 BGB ist hingegen anzuwenden, wenn der Verwender formularmäßig ein Aufrechnungsverbot regelt.

6 Die Anwendungsbereiche von §§ 309 Nr. 2 und 3 BGB können sich überschneiden, etwa wenn zwischen Verwender und Vertragspartner gleichartige (Geld-)Forderungen gegenüberstehen und der Vertragspartner ein Zurückbehaltungsrecht geltend macht. Ist die Aufrechnung vertraglich ausgeschlossen, gilt dies nicht für Zurückbehaltungsrechte aus §§ 320, 273 BGB. So kann im Zusammenhang mit einem bestehenden Zurückbehaltungsrecht die Berufung auf ein Aufrechnungsverbot unzulässig sein. Diskutiert wird dies in der Literatur für die Fälle, in denen der Kunde gegenüber dem Vergütungsanspruch des Werkunternehmers aufgrund Mängelansprüchen ein nicht ausschließbares Zurückbehaltungsrecht geltend machen konnte. Beseitigt etwa der Werkunternehmer den Mangel nicht oder schlecht, kann der Kunde gemäß §§ 634 Nr. 2, 637 BGB den Ersatz der Aufwendungen für die von ihm selbst vorgenommene Mangelbeseitigung verlangen. Hier stehen sich **konnexe Ansprüche** gegenüber. Das OLG Düsseldorf hat in einem derartigen Fall entschieden, dass das Aufrechnungsverbot unwirksam sei.[3] Praktikabler ist es jedoch, dass in solchen Fällen lediglich die Berufung auf ein Aufrechnungsverbot wegen § 242 BGB verboten wird. Die Annahme der Unwirksamkeit in diesem speziellen Fall würde nur unnötig die Anzahl der Aufrechnungsverbote erhöhen und damit zur Unübersichtlichkeit führen.[4]

7 Andererseits kann nach Auffassung des Bundesgerichtshofs die Geltendmachung eines Zurückbehaltungsrechts dann unzulässig sein, wenn sie einen der Aufrechnung gleichkommenden Erfolg hat. Dies wurde für einen Fall entschieden, in dem ein Architekt gegen einen Bauherrn Vergütungsansprüche einklagte und der Bauherr dem Schadensersatzansprüche wegen Baumängeln entgegensetzte. Die Besonderheit des Falles lag darin, dass die Ansprüche **nicht konnex** waren, da der Architekt nicht zur Beseitigung der Mängel verpflichtet war, er also seine Hauptleistungspflichten (Planung etc.) erfüllt hatte. Da bei beiderseits fälligen Geldforderungen die Geltendmachung eines Zurückbehaltungsrechts die Verurteilung des Gläubigers Zug-um-Zug zur Folge hätte (§ 274 BGB), würde die Zurückbehaltung zu dem gleichen Erfolg führen wie die vertraglich ausgeschlossene Aufrechnung. In derartigen Fällen (bei nicht konnexen Gegenforderungen) kann nach Auffassung des Bundesgerichtshofs das Zurückbehaltungsrecht nicht ausgeübt werden.[5]

---

1 BT-Drucks 7/3919, 28.
2 BGHZ 47, 157, 167; BGHZ 115, 99, 103; BGH NJW 1997, 2944, 2945; st. Rspr.
3 OLG Düsseldorf NJW-RR 1997, 628; zustimmend Palandt/*Grüneberg*, § 309 Rn 20; Erman/*Roloff*, § 309 Rn 31.
4 Vgl. WLP/*Dammann*, § 309 Nr. 2 Rn 55; *Stoffels*, AGB, Rn 838; offengelassen OLG Hamm NJW-RR 1993, 710.
5 BGH NJW 1974, 367; BGH JZ 1978, 799.

II. § 309 Nr. 8b dd BGB

Werden in Allgemeinen Geschäftsbedingungen Leistungsverweigerungsrechte des Verwenders aufgestellt, werden diese ebenfalls nicht von § 309 Nr. 2 BGB erfasst. § 309 Nr. 8b dd BGB ist in diesem Zusammenhang anzuwenden, wenn Allgemeine Geschäftsbedingungen dem Verwender dahingehend ein Leistungsverweigerungsrecht gestatten, dass dieser die Nacherfüllung von der vorherigen Zahlung des vollständigen Entgelts oder eines unter Berücksichtigung des Mangels unverhältnismäßig hohen Teils des Entgelts abhängig macht. 8

C. Das Klauselverbot des § 309 Nr. 2a BGB

Gemäß § 309 Nr. 2a BGB ist eine Bestimmung unwirksam, wenn durch sie das Leistungsverweigerungsrecht, das dem Vertragspartner des Verwenders nach § 320 BGB zusteht, ausgeschlossen oder eingeschränkt wird. 9

I. Leistungsverweigerungsrecht gemäß § 320 BGB

Die Anwendbarkeit von § 309 Nr. 2a BGB erfordert zunächst, dass die **Voraussetzungen** des **§ 320 BGB vollständig** vorliegen; der Vertragspartner muss also gegen den Verwender das Leistungsverweigerungsrecht aus § 320 BGB erfolgreich einwenden können und nur verpflichtet sein, seine Leistung Zug-um-Zug gegen die vom Verwender geschuldete Gegenleistung zu erbringen. Der Überprüfung einer Bestimmung auf ihre Wirksamkeit bedarf es daher nicht, wenn dem Vertragspartner schon nach dispositivem Recht gar kein Leistungsverweigerungsrecht nach § 320 BGB zusteht.[6] Haben Verwender und Vertragspartner in Abweichung zu § 266 BGB formularmäßig vereinbart, dass der Verwender zu Teilleistungen berechtigt ist, richtet sich die Geltendmachung des Leistungsverweigerungsrechts durch den Vertragspartner nach § 320 Abs. 2 BGB. 10

1. Gegenseitiger Vertrag

Die Gegenforderung, auf die das Leistungsverweigerungsrecht gestützt wird, muss auf einem **gegenseitigen Vertrag** beruhen. Gegenseitige Verträge sind Verträge, bei denen jede Partei zu Hauptleistungspflichten verpflichtet ist; jede Leistung wird um der anderen willen geschuldet (do ut des). Dies sind in der Regel Austauschverträge (Kauf, Miete, Werkvertrag etc.). § 320 BGB ist nicht nur auf das Durchführungsstadium anwendbar, sondern auch im Abwicklungsstadium bei Rücktritt[7] und bei Leistungsstörungen.[8] 11

2. Gegenseitigkeitsverhältnis

Die Gegenforderung muss zudem mit der Hauptforderung in einem **Gegenseitigkeitsverhältnis**, also in einem synallagmatischen Abhängigkeitsverhältnis stehen. Hierzu zählen in der Regel nur Hauptleistungspflichten sowie alle Pflichten, die für die Erfüllung des Vertrags von wesentlicher Bedeutung sind.[9] Ausgenommen vom Anwendungsbereich des § 320 BGB sind in der Regel Nebenleistungspflichten und Schutzpflichten. 12

3. Vollwirksame und fällige Gegenforderung

Die Gegenforderung muss des Weiteren vollwirksam und fällig sein. Bei einer Vorleistungspflicht des Schuldners besteht daher kein Zurückbehaltungsrecht. Vorleistungspflichten können in einem bestimmten Maße durch Allgemeine Geschäftsbedingungen vereinbart werden (vgl. hierzu Rn 17 ff.). 13

4. Eigene Vertragstreue

Ungeschriebene Voraussetzung für die Geltendmachung des Zurückbehaltungsrechts ist die eigene Vertragstreue. Der Schuldner kann sich nur dann auf ein Zurückbehaltungsrecht berufen, wenn er selbst am Vertrag festhält. Lehnt er dagegen die Erfüllung des Vertrags vor Erhebung der Einrede grundlos und endgültig ab, so ist ihm die Berufung auf § 320 BGB versagt.[10] 14

II. Leistungsverweigerungsrecht des Vertragspartners des Verwenders

Die Bestimmung muss das Leistungsverweigerungsrecht vom **Vertragspartner** des Verwenders (Kunden/Verwendergegenseite) regeln; eine formularmäßige Erweiterung des Leistungsverweigerungsrechts des Verwenders unterliegt nicht der Kontrolle des § 309 Nr. 2a BGB, sondern der des § 307 BGB. Die Erweiterung des Leistungsverweigerungsrechts des Verwenders auf bedingte oder befristete Ansprüche ist gemäß § 307 BGB nicht wirksam.[11] Zulässig ist jedoch die Erweiterung auf nicht konnexe Forderungen des Verwenders.[12] 15

---

6 Ebenso MüKo/*Wurmnest*, § 309 Nr. 2 Rn 9.
7 BGH NJW 1980, 1631, 1632.
8 Jauernig/*Vollkommer*, § 320 Rn 4.
9 Palandt/*Grüneberg*, § 320 Rn 4.
10 BGHZ 50, 175, 177.

11 BGH NJW 1991, 2559, 2563; WLP/*Dammann*, § 309 Nr. 2 Rn 42.
12 BGH NJW 1991, 2559, 2563; WLP/*Dammann*, § 309 Nr. 2 Rn 42.

III. Ausschluss oder Einschränkung

16 Weitere Voraussetzung für die Anwendung des § 309 Nr. 2 BGB ist, dass die Regelung in den Allgemeinen Geschäftsbedingungen das Leistungsverweigerungsrecht des Vertragspartners ausschließt oder einschränkt. Ein **Ausschluss** bedeutet, dass der Vertragspartner das Leistungsverweigerungsrecht gar nicht mehr geltend machen kann; eine **Beschränkung** des Leistungsverweigerungsrechts liegt bereits dann vor, wenn die Voraussetzungen des § 320 BGB in Allgemeinen Geschäftsbedingungen verschärft werden.[13] Letzteres ist beispielsweise der Fall, wenn die Geltendmachung von Leistungsverweigerungsrechten von der Einhaltung von **Anzeigefristen** oder der **Form** der Anzeige[14] abhängig gemacht wird. Unwirksam ist eine Klausel, die Leistungsverweigerungsrechte darauf beschränkt, dass sie nur wegen anerkannter oder rechtskräftig festgestellter Forderungen geltend gemacht werden können.[15] Wird dem Kunden formularmäßig untersagt, bei Fehllieferungen **Schecksperrungen** vorzunehmen, ist dies unwirksam.[16] Eine Abbedingung des § 266 BGB durch die Klausel „**Teillieferungen** und **Teilabrechnungen** sind zulässig" ist gegenüber Verbrauchern unwirksam, da ihnen die Einrede des nicht erfüllten Vertrags gemäß § 320 BGB hinsichtlich der ausstehenden (Gesamt-)Lieferung genommen würde.[17] Da die bei Verbrauchergeschäften häufig verwendeten Klauseln „**zahlbar sofort rein netto/ohne Abzug/ohne Garantienachweis**" auf eine sofortige Zahlungspflicht des Vertragspartners schließen lassen und ihn daher davon abhalten könnten, seine ihm an sich zustehenden Rechte geltend zu machen, sind sie unwirksam.[18] Die Klausel „**zahlbar netto Kasse Zug-um-Zug**" wiederholt hingegen die in § 322 BGB zum Ausdruck kommende gesetzliche Wertung für Zug-um-Zug-Leistungen und stellt keine Beschränkung der Geltendmachung von Leistungsverweigerungsrechten dar.[19] Sehen derartige Klauseln jedoch Barzahlung vor, unterfallen sie dem Anwendungsbereich des § 309 Nr. 3 BGB, da sie die Aufrechnungsbefugnis unzulässig beschränken können.[20]

D. Vorleistungsklauseln

17 Die aus §§ 273, 320 BGB folgenden Zurückbehaltungsrechte sind schon von ihrem Wortlaut her nur anwendbar, wenn keine Vorleistungspflicht besteht. Nicht zuletzt aus diesem Grunde wird in der Praxis vielfach versucht, die Anwendung des § 309 Nr. 2 BGB durch eine formularmäßige Begründung von **Vorleistungspflichten** des Vertragspartners zu vermeiden.

I. Anwendbarkeit des § 309 Nr. 2 BGB auf Vorleistungsklauseln

18 Die Rechtsprechung des Bundesgerichtshofs ist hinsichtlich der Frage, nach welchen Bestimmungen die Wirksamkeit dieser Vorleistungsklauseln zu prüfen ist, nicht einheitlich. So bestimmte der X. Senat des Bundesgerichtshofs in seinem Urt. v. 20.6.2006, dass Klauseln, durch die eine Vorleistungspflicht – etwa durch die Vereinbarung von Anzahlungen auf den Reisepreis bei Pauschalreisen – begründet wird, nicht der Vorschrift des § 309 Nr. 2a BGB unterfallen, sondern der Inhaltskontrolle nach § 307 BGB unterliegen.[21] Dagegen bestimmte der III. Senat des Bundesgerichtshofs in seinem Urt. v. 4.3.2010, dass sich die Überprüfung der Wirksamkeit von Vorleistungsklauseln „in aller Regel" nach den Maßgaben des § 307 BGB richte.[22] Nach einem im Jahr 2002 ergangenen Urteil des VIII. Senat des Bundesgerichtshofs ist, sofern Anhaltspunkte dafür vorliegen, dass mit einer Vorleistungspflicht das Klauselverbot des § 11 Nr. 2 AGBG (§ 309 Nr. 2 BGB) umgangen werden soll, die Wirksamkeit einer derartigen Regelung nach dieser Vorschrift zu überprüfen, in den übrigen Fällen nach § 9 AGBG (§ 307 BGB).[23]

19 Nach der herrschenden Meinung in der Literatur ist nicht § 309 Nr. 2 BGB, sondern allein § 307 BGB der Überprüfungsmaßstab für die Wirksamkeit von Vorleistungsklauseln.[24] Die Begründung hierfür ist jedoch zu formal: § 309 Nr. 2a BGB sei nicht einschlägig, da § 320 BGB voraussetze, dass eine Vorleistungspflicht nicht bestehe.[25] Es ist zwar zutreffend, dass der Gesetzgeber Vorleistungsvereinbarungen in Allgemeinen Geschäftsbedingungen grundsätzlich nicht hat ausschließen wollen.[26] Dennoch ist zu berücksichtigen, dass § 306a BGB ausdrücklich bestimmt, dass die Vorschriften über die Allgemeinen Geschäftsbedingungen auch Anwendung finden, wenn sie durch anderweitige Ge-

---

[13] BGH NJW 1992, 2160, 2163.
[14] Palandt/*Grüneberg*, § 309 Rn 12; Staudinger/*Coester-Waltjen*, § 309 Nr. 2 Rn 6; Erman/*Roloff*, § 309 Rn 20; MüKo/*Wurmnest*, § 309 Nr. 2 Rn 20; WLP/*Dammann*, § 309 Nr. 2 Rn 24; a.A. Bamberger/Roth/*Becker*, § 309 Nr. 2 Rn 15; UBH/*Schäfer*, § 309 Nr. 2 Rn 11.
[15] BGH NJW 1992, 2160, 2163.
[16] BGH NJW 1985, 885, 857.
[17] KG BB 2008, 341.
[18] LG Frankfurt a.M. NJW-RR 1987, 1003; zustimmend WLP/*Dammann*, § 309 Nr. 2 Rn 24. A.A. MüKo/*Wurmnest*, § 309 Nr. 2 Rn 20; Bamberger/Roth/*Becker*, § 309 Nr. 2 Rn 15 mit dem wenig überzeugenden Hinweis, dass auch für einen nicht juristisch erfahrenen Durchschnittskunden erkennbar nur Skontoabzüge ausgeschlossen sein sollen, nicht aber Gegenrechte des Vertragspartners.
[19] Stoffels, AGB, Rn 324; WLP/*Dammann*, § 309 Nr. 2 Rn 25.
[20] Zutreffend WLP/*Dammann*, § 309 Nr. 2 Rn 25.
[21] BGH NJW 2006, 3134 m.w.N.
[22] BGH BB 2010, 1047.
[23] BGH NJW 2001, 292, 294.
[24] Palandt/*Grüneberg* § 309 Rn 13; WLP/*Dammann*, § 309 Nr. 2 Rn 11; UBH/*Schäfer*, § 309 Nr. 2 Rn 13; Staudinger/Coester-Waltjen, § 309 Nr. 2 Rn 7.
[25] UBH/*Schäfer*, § 309 Nr. 2 Rn 13.
[26] Vgl. BT-Drucks 7/3919, 28.

staltungen umgangen werden (Umgehungsverbot). Wenn daher bei Vorleistungsklauseln der Zweck im Vordergrund steht, die Regelung des § 309 Nr. 2 BGB zu umgehen, ist Prüfungsmaßstab hierfür auch § 309 Nr. 2 BGB.[27]

II. Wirksamkeit von Vorleistungsklauseln

Vorleistungsklauseln sind nach der herrschenden Meinung in Rechtsprechung und Literatur zulässig, sofern für sie ein **sachlich gerechtfertigter Grund vorliegt und die berechtigten Interessen des Kunden gewahrt werden**.[28]

20

Die Rechtsprechung hat nach diesen Grundsätzen Vorleistungsklauseln im Rahmen von **Kaufverträgen über Küchenmöbel** und Elektrogeräte für unwirksam erklärt, die eine Sicherheitsanzahlung des Käufers in Höhe von 20 % vorsahen, wenn keine Sonderanfertigung geschuldet ist.[29] Unwirksam ist eine in einem **Neuwagenkaufvertrag** enthaltene Klausel, die bestimmt, dass der Kaufpreis bei Übergabe – spätestens jedoch acht Tage nach Zugang der schriftlichen Bereitstellungsanzeige – und Aushändigung oder Übersendung der Rechnung fällig ist.[30] In **Bauverträgen** sind Vorleistungsklauseln unwirksam, die einen unwiderruflichen Überweisungsauftrag oder eine Bankgarantie für die einzelnen Raten vorsehen.[31] Bei einem **Werkvertrag** kann der vorleistungsverpflichtete Unternehmer zwar gemäß § 632a BGB von seinem Vertragspartner Abschlagszahlungen verlangen, jedoch darf er seine eigene Vorleistungspflicht nicht dadurch aushöhlen, indem er formularmäßig übermäßig hohe Abschlagszahlungen verlangt und somit durch die Hintertür entgegen der gesetzlichen Wertung eine Vorleistungspflicht des Vertragspartners regelt. So ist eine Klausel unwirksam in einem Vertrag über die Montage von Fenstern, nach der die Bezahlung des Warenwerts der Fenster (95 % des Werklohns) bei Anlieferung und damit noch vor der Montage zu erbringen war.[32] Unwirksam ist auch eine Klausel in einem **Fertighausvertrag**, nach der 14 Tage nach der (Roh-)Montage des Hauses 90 % des Werklohns ohne Rücksicht auf den Umfang der tatsächlich erbrachten Bauleistungen zur Zahlung fällig sind.[33] Die in einem Formularvertrag über die Errichtung eines Bauwerks enthaltene Klausel, wonach der Bauunternehmer verlangen kann, dass der Erwerber ohne Rücksicht auf vorhandene Baumängel vor Übergabe des bezugsfertigen Bauwerks dann noch nicht fällige Teile des Erwerbspreises von insgesamt 14 % nach Anweisung des Verkäufers **hinterlegt**, ist als eine Umgehung des § 309 Nr. 2 BGB dienende Begründung einer Vorleistungspflicht anzusehen und daher unwirksam.[34] Eine Vorleistungsklausel in einem **Schneebeseitigungsvertrag**, die die Zahlung von Halbjahresbeträgen vorsieht, ist nach Auffassung des Kammergerichts durch Vorleistungsaufwand des Unternehmers gerechtfertigt und unwirksam, da dem Kunden für den Fall von unpünktlicher Leistung oder Schlechtleistung jegliches Druckmittel zur ordnungsgemäßen Leistung fehlt.[35] Bei einem **Reisevertrag** gilt § 651k Abs. 4 BGB; Vorleistungsklauseln, die eine Bezahlung oder Anzahlung vor Übergabe des Sicherungsscheins vorsehen, sind bereits wegen § 651m BGB unwirksam. Klauseln, die eine Bezahlung bei Übergabe des Sicherungsscheins vorsehen, werden von der Rechtsprechung demgegenüber grundsätzlich als wirksam angesehen, wenn sie keine höhere Anzahlung als 20 % vorsehen.[36]

21

Ein sachlicher Grund für die Vereinbarung von Vorleistungspflichten besteht nach der Auffassung des Gesetzgebers bei dem Verkauf von **Eintrittskarten** und **Fahrtickets**, da sie der vereinfachten Vertragsdurchführung und Abrechnung dienen.[37] Auch in **Heiratsvermittlerverträgen**[38] und **Versteigererverträgen**[39] sind Vorleistungsklauseln grundsätzlich angemessen. Nach Auffassung des Bundesgerichtshofs besteht in einem Vertrag über den Druck eines **Telefonbucheintrags** für die Festlegung einer Vorleistungspflicht ein sachlicher Grund, weil der Verlag nach Herstellung des Telefonbuchs im Falle der Nichtzahlung über keinerlei Druckmittel mehr verfüge.[40] Auch bei **ebay-Kaufverträgen** ist die Vereinbarung einer Vorleistungspflicht zulässig, da bei Fernabsatzgeschäften eine Leistung Zug-um-Zug ausscheidet. Da der Verkäufer im Vergleich zum Käufer wegen der Versendung letztlich einen höheren Aufwand habe, ist die Vorleistungspflicht des Käufers gerechtfertigt.[41] Bei der **Miete** ist die Vorleistungspflicht des Mieters für die Zahlung des Mietzinses gemäß § 556b Abs. 1 BGB gesetzlich verankert.

22

---

27 Ebenso BGH NJW 1985, 852, 855; BGH NJW 1985, 855, 857; BGH NJW-RR 1986; 959; Bamberger/Roth/*Becker*, § 309 Nr. 2 Rn 8; *Tonner*, NJW 1985, 111; v. Westphalen/*Thüsing*, Vorleistungsklauseln Rn 1.
28 BGH NJW 1985, 850; BGHZ 141, 108 = NJW 1999, 2180; BGH NJW 2001, 292, 294; BGH NJW-RR 2003, 834; zustimmend MüKo/*Wurmnest*, § 309 Nr. 2 Rn 14; Palandt/*Grüneberg*, § 309 Rn 13; UBH/*Schäfer*, § 309 Nr. 2 Rn 13; Erman/*Roloff*, § 309 Rn 21; Bamberger/Roth/*Becker*, § 309 Rn 9.
29 OLG Dresden NJW-RR 1998, 1524.
30 BGH NJW 2001, 292, 294; der Bundesgerichtshof hat nur in Parenthese gesetzte Teilbestimmung für unwirksam erklärt und die Fälligkeitsklausel im Übrigen für wirksam angesehen.
31 BGH NJW 1984, 2816.
32 OLG Köln NJW-RR 1992, 1047.
33 BGH NJW 1986, 3199, 3200.
34 BGH NJW 1985, 852.
35 KG NJW-RR 1994, 1266.
36 BGH NJW 2006, 3134.
37 BT-Drucks 7/3919, 28.
38 BGH NJW 1986, 927.
39 BGH NJW 1985, 850.
40 BGH NJW-RR 2003, 834. Ob allerdings eine Fälligkeit der Vergütung von bis zu acht Monaten vor Erscheinen des Telefonbuchs wirksam vereinbart werden kann, hat der Bundesgerichtshof offengelassen. Derartige Klauseln dürften unwirksam sein. Ebenso WLP/*Dammann*, V 515.
41 OLG Hamburg MMR 2007, 324, 325.

E. Klauselverbot des § 309 Nr. 2b BGB

23 Gemäß § 309 Nr. 2b BGB ist eine Bestimmung unwirksam, wenn durch sie ein dem Vertragspartner des Verwenders zustehendes Zurückbehaltungsrecht, soweit es auf demselben Vertragsverhältnis beruht, ausgeschlossen oder eingeschränkt, insbesondere von der Anerkennung von Mängeln durch den Verwender abhängig gemacht wird.

I. Zurückbehaltungsrecht aus § 273 BGB

24 § 309 Nr. 2b BGB erfasst dabei nur eine Regelung des Verwenders über ein Zurückbehaltungsrecht nach § 273 BGB; andere Zurückbehaltungsrechte unterliegen nicht der Kontrolle des Verbotstatbestands. § 309 Nr. 2b BGB erfasst nicht sämtliche sich aus § 273 BGB ergebenden Leistungsverweigerungsrechte. § 273 BGB erfordert grundsätzlich eine Konnexität zwischen Anspruch und Gegenanspruch im Rahmen eines rechtlichen Verhältnisses. Dies bedeutet, dass etwa auch Gegenrechte aus anderen Vertragsverhältnissen zu einem Zurückbehaltungsrecht führen können. Demgegenüber schützt § 309 Nr. 2b BGB nur solche Zurückbehaltungsrechte des § 273 BGB, die auf **demselben vertraglichen Verhältnis** beruhen. Schließt der Verwender demnach formularmäßig Zurückbehaltungsrechte des Vertragspartners aus anderen Verträgen aus, unterliegt die Klausel nicht der Kontrolle des § 309 Nr. 2b BGB. Auch in § 309 Nr. 2b BGB müssen die Voraussetzungen des § 273 BGB vollständig erfüllt sein; einer Kontrolle der Bestimmung bedarf es mithin nicht, wenn der Vertragspartner das Zurückbehaltungsrecht gar nicht geltend machen kann.

II. Zurückbehaltungsrecht des Kunden

25 Gegenstand der Klausel muss das Zurückbehaltungsrecht der **Verwendergegenseite** sein.

III. Ausschluss oder Einschränkung

26 Das vertragliche Zurückbehaltungsrecht ist ausgeschlossen, wenn es dem Verwender völlig abgeschnitten wird; eine Beschränkung liegt bei jeder Einschränkung der gesetzlichen Anforderungen vor, welche die Geltendmachung des Zurückbehaltungsrechts erschwert. Beispielhaft hat der Gesetzgeber in § 309 Nr. 2b Hs. 2 BGB selbst den Fall geregelt, dass eine Klausel das Zurückbehaltungsrecht von der Anerkennung von Mängeln durch den Verwender abhängig macht. Im Übrigen gilt das bereits zu § 309 Nr. 2a BGB Gesagte entsprechend.

F. Rechtsfolgen eines Verstoßes

27 Schneidet der Verwender seinem Vertragspartner formularmäßig die Geltendmachung der Einrede nach § 320 BGB oder diejenige des Zurückbehaltungsrechts nach § 273 BGB für denselben Vertrag ab oder stellt er eine die gesetzlichen Anforderungen übersteigende Regelung auf, ist die Klausel unabhängig von einer richterlichen Wertung insgesamt unwirksam, eine geltungserhaltende Reduktion kommt nicht in Betracht.[42] Lässt sich jedoch eine Formularklausel nach ihrem Wortlaut aus sich heraus verständlich und sinnvoll in einen inhaltlich zulässigen und in einen unzulässigen Regelungsteil trennen, so ist die Aufrechterhaltung des zulässigen Teils nach ständiger Rechtsprechung des Bundesgerichtshofs rechtlich unbedenklich.[43] Dies war etwa bei einem vom Bundesgerichtshof entschiedenen Fall möglich, weil in einer an sich wirksamen Klausel, wonach die Fälligkeit des Kaufpreises bei Übergabe eintritt, in Parenthese die unwirksame Regelung eingefügt war, nach der spätestens Fälligkeit eintreten sollte, „acht Tage nach Zugang der schriftlichen Bereitstellungsanzeige".[44]

G. Unternehmer

28 § 309 Nr. 2 BGB gilt wegen § 310 Abs. 1 S. 1 BGB nicht im Geschäftsverkehr zwischen Unternehmern. Daher ist der formularmäßige Ausschluss der in §§ 273, 320 BGB geregelten Leistungsverweigerungsrechte im geschäftlichen Verkehr zwischen Unternehmern grundsätzlich zulässig.[45] Derartige Klauseln unterliegen jedoch der Angemessenheitskontrolle des § 307 BGB. Nachdem der Bundesgerichtshof diese Frage lange offengelassen hatte, hat er mittlerweile bestätigt, dass auch im unternehmerischen Geschäftsverkehr die formularmäßige Verwendung von Vorleistungsklauseln eines **sachlichen Grundes** bedarf.[46] Nach der Rechtsprechung ist ein formularmäßiger Ausschluss der Leistungsverweigerungsrechte aus § 320 BGB oder § 273 BGB auch für unbestrittene oder rechtskräftig festgestellte Forderungen unangemessen.[47] Nimmt die Klausel nicht ausdrücklich unbestrittene oder rechtskräftig festgestellte Forderung aus, ist sie insgesamt unwirksam; eine geltungserhaltene Reduktion lehnt der Bundesgerichtshof ab.[48] Fällt dem Verwender eine grobe Vertragsverletzung zur Last, kann er aus der (wirksam vereinbarten) Klausel

---

42 BGH NJW 1986, 3199; zustimmend *Stoffels*, AGB, Rn 839.
43 BGH NJW 2001, 292.
44 BGH NJW 2001, 292.
45 BGHZ 115, 327; OLG Hamburg NJW 1998, 586.

46 BGH NJW 2010, 1449, 1450; zustimmend Palandt/*Grüneberg*, § 309 Rn 16.
47 BGHZ 115, 327; BGH NJW-RR 1986, 1110 (Leasingvertrag); BGH NJW-RR 2005, 919, 920 (Bauvertrag).
48 BGHZ 92, 312; BGHZ 115, 327.

keine Rechte herleiten.⁴⁹ Eine in einem Tankstellenverwaltervertrag enthaltene Klausel, die den Tankstellenverwalter zur Teilnahme am Lastschriftverfahren in Form des **Abbuchungsverfahrens** verpflichtet, verstößt nach Auffassung des Bundesgerichtshofs zwar nicht gegen § 309 Nr. 2 BGB, weil das Mineralölunternehmen seinerseits nicht vorleistungspflichtig sei und sich daher selbst auf § 320 BGB berufen könne. Die Verpflichtung zur Teilnahme an einem Abbuchungsverfahren stelle jedoch einen schwerwiegenden Eingriff in die wirtschaftliche Dispositionsfreiheit des Tankstellenverwalters dar, insbesondere weil eingelöste Lastschriften nicht mehr rückgängig gemacht werden können. Wegen der mit dem Abbuchungsverfahren verbundenen Gefahren sei dies eine unangemessene Benachteiligung des Kunden, was zur Unwirksamkeit der Klausel gemäß § 307 BGB führe.⁵⁰

§ 309 Nr. 3

3. (Aufrechnungsverbot)
eine Bestimmung, durch die dem Vertragspartner des Verwenders die Befugnis genommen wird, mit einer unbestrittenen oder rechtskräftig festgestellten Forderung aufzurechnen;

A. Bedeutung 1	II. Unbestrittene oder rechtskräftig festgestellte
I. Allgemeines 1	Forderung 8
II. Verhältnis zu anderen Vorschriften 2	III. Ausschluss der Aufrechnungsbefugnis 13
B. Inhalt 4	**C. Rechtsfolgen eines Verstoßes** 15
I. Aufrechnungsbefugnis des Vertragspartners 5	**D. Unternehmer** 16

A. Bedeutung
I. Allgemeines

Gemäß § 362 BGB erlischt eine Forderung, wenn die geschuldete Leistung an den Gläubiger bewirkt wird. Durch eine gemäß § 387 BGB erklärte Aufrechnung mit einer Gegenforderung kann eine (Haupt-)Forderung ebenfalls zum Erlöschen gebracht werden. Die Aufrechnung ist ein Erfüllungssurrogat. Ein Verbot der Aufrechnung kann den Kunden erheblich belasten, weil sie ihm Liquidität entzieht und ihn in die Klägerrolle mit allen Risiken der Verzögerung und Vollstreckung drängt.¹ Andererseits hat der Verwender, etwa als Gläubiger einer vertraglich vereinbarten Vergütungsforderung, ein berechtigtes Interesse an der Durchsetzung seiner Forderung und daran, dass dies nicht durch Aufrechnungserklärungen verzögert oder verhindert wird. Der Gesetzgeber hat diesen Interessenkonflikt gelöst, indem er in § 309 Nr. 3 BGB, der vom Wortlaut her dem ehemaligen § 11 Nr. 3 AGBG entspricht, **kein generelles Verbot** für den formularmäßigen Ausschluss der Aufrechnung bestimmt hat, sondern nur ein **Verbot für den Ausschluss der Aufrechnung mit unbestrittenen oder rechtskräftig festgestellten Forderungen** der Verwendergegenseite. In diesen Fällen überwiegt das Interesse des Vertragspartners, mit einer ohnehin unstrittigen Gegenforderung die Hauptforderung durch Aufrechnung zum Erlöschen zu bringen. Ist die Gegenforderung dagegen bestritten, ist es legitim, den Vertragspartner auf den Weg der Widerklage zu verweisen, da der Verwender nach der Rechtsprechung grundsätzlich ein berechtigtes Interesse hat, durch einen Aufrechnungsausschluss zu verhindern, dass ihm die Erfüllung seiner Forderung durch ungeklärte oder unbegründete Einwendungen vorenthalten wird.² 1

II. Verhältnis zu anderen Vorschriften

Unabhängig von der Frage der Wirksamkeit eines formularmäßigen Aufrechnungsausschlusses nach der Vorschrift des § 309 Nr. 3 BGB kann schon die Berufung auf einen Aufrechnungsausschluss gegen das Gebot von Treu und Glauben gemäß **§ 242 BGB** verstoßen. Dies gilt auch bei individualvertraglicher Vereinbarung des Aufrechnungsausschlusses. Nach der Rechtsprechung kann dies der Fall sein, wenn sich der Verwender auf ein Aufrechnungsverbot beruft, obwohl die Gegenforderung des Vertragspartners aus einer vorsätzlichen unerlaubten Handlung oder Vertragsverletzung³ herrührt. Dasselbe muss gelten, wenn das Aufrechnungsverbot in eine Insolvenz des Verwenders hineinwirken würde,⁴ weil dieser in Vermögensverfall geraten ist oder das Insolvenzverfahren eröffnet wurde, sofern man nicht – was vorzugswürdig ist – die Ausschlussklausel von vornherein so auslegt, dass sie für den Fall der Insolvenz nicht gelten solle.⁵ Aus dem 2

---

49 OLG Frankfurt a.M. NJW-RR 1988, 1458.
50 BGH NJW 2010, 1275.
1 Jauernig/*Stadler*, § 309 Rn 4.
2 BGH NJW 1975, 442; BGH NJW 1966, 1452.

3 BGH NJW 1966, 1452; zustimmend MüKo/*Wurmnest*, § 309 Nr. 3 Rn 5; WLP/*Dammann*, § 309 Nr. 3 Rn 60.
4 BGH NJW 1975, 442; BGH NJW 1984, 357.
5 Zutreffend BGH NJW 1975, 442; BGH NJW 1984, 357; ebenso WLP/*Dammann*, § 309 Nr. 3 Rn 60.

Gesichtspunkt von Treu und Glauben ergibt sich auch, dass ein formularmäßiger Ausschluss der Aufrechnung dann nicht gilt, wenn der Verwendungsgegner einen verjährten Schadensersatzspruch geltend macht.[6]

3   Die Anwendungsbereiche der Vorschriften § 309 Nr. 3 BGB und § 309 Nr. 2 BGB sind nicht widerspruchsfrei: **§ 309 Nr. 2 BGB** enthält allein ein Verbot des formularmäßigen Ausschlusses von Leistungsverweigerungsrechten der Verwendergegenseite und lässt damit den in § 309 Nr. 3 BGB geregelten Aufrechnungsausschluss unberührt. Dabei findet das Verbot des § 309 Nr. 2 BGB generell für sämtliche Fälle Anwendung, in denen der Verwender seinem Vertragspartner formularmäßig die Geltendmachung der Einreden aus § 320 BGB oder § 273 BGB entziehen oder erschweren möchte. § 309 Nr. 3 BGB greift dagegen nur beim formularmäßigen Ausschluss der Aufrechnung mit unbestrittenen oder rechtskräftig festgestellten Forderungen und beinhaltet somit gerade keinen generellen Verbotstatbestand für sämtliche Aufrechnungen. Allerdings überschneiden sich die Normen, wenn sich zwei gleichartige (Geld-)Forderungen gegenüberstehen und der Vertragspartner des Verwenders ein Zurückbehaltungsrecht geltend macht. Wandelt sich die dem Leistungsverweigerungsrecht zugrunde liegende Sachleistungsforderung in einen Schadenersatzanspruch, muss das Aufrechnungsverbot bei derartigen konnexen Gegenforderungen zurücktreten.[7] Dies ergänzend hat der Bundesgerichtshof die von einem Architekten verwandte Klausel, „Eine Aufrechnung gegen den Honoraranspruch ist nur mit einer unbestrittenen oder rechtskräftig festgestellten Forderung zulässig." als unwirksam eingestuft, weil das Aufrechnungsverbot auch die in einem engen synallagmatischen Verhältnis zur Werklohnforderung stehenden Ersatzansprüche wegen Mängelbeseitigungskosten und Fertigstellungsmehrkosten umfasse.[8] Zu dem umgekehrten Fall, in dem das Zurückbehaltungsrecht zurücktreten muss, vgl. die Kommentierung zu § 309 Nr. 2 (siehe § 309 Nr. 2 Rn 7).

B. Inhalt

4   Gemäß § 309 Nr. 3 BGB ist eine formularmäßige Bestimmung unwirksam, die dem Vertragspartner die Befugnis nimmt, mit einer unbestrittenen oder rechtskräftig festgestellten Forderung aufzurechnen.

I. Aufrechnungsbefugnis des Vertragspartners

5   § 309 Nr. 3 BGB betrifft nur den formularmäßigen Ausschluss der **Aufrechnung** durch den **Vertragspartner**. Wird dagegen durch Allgemeine Geschäftsbedingungen die Aufrechnungsbefugnis des Verwenders erweitert, ist deren Wirksamkeit allein an den Voraussetzungen des § 307 BGB zu messen.[9]

6   Das Verbot des § 309 Nr. 3 BGB greift nicht in den Fällen ein, in denen die Aufrechnung auch ohne die Ausschlussklausel nicht möglich wäre. Gemäß § 387 BGB ist die Aufrechnung nur zulässig, wenn sich zwei Personen einander Leistungen schulden, die ihrem Gegenstand nach gleichartig sind und der Aufrechnende die ihm gebührende Leistung fordern und die ihm obliegende Leistung bewirken kann. Die Schlagworte sind: Gegenseitigkeit, Gleichartigkeit und Vollwirksamkeit der Gegenforderung. Eine Gleichartigkeit der Leistungen ist nicht gegeben, sofern sich Geldschulden in verschiedenen Währungen gegenüberstehen.[10] Eine Beschränkung der Aufrechnungsbefugnis auf Verbindlichkeiten derselben Währung verstößt daher weder gegen § 309 Nr. 3 BGB noch gegen § 307 BGB.[11]

7   Die Aufrechnung ist in einigen Fällen von Gesetzes wegen ausgeschlossen. So ist die Aufrechnung nicht zulässig, wenn die Hauptforderung beschlagnahmt worden ist und der Aufrechnende die Gegenforderung danach erworben hat (§ 392 BGB), wenn die Hauptforderung durch eine vorsätzlich unerlaubte Handlung entstanden ist (§ 393 BGB) oder wenn die Hauptforderung einer öffentlich-rechtlichen Körperschaft zusteht und die Gegenforderung nicht aus derselben Kasse zu berichtigen ist (§ 395 BGB). Auch durch andere Gesetze ist die Aufrechnung begrenzt oder ausgeschlossen, etwa in § 19 Abs. 2 GmbHG und § 66 AktG.

II. Unbestrittene oder rechtskräftig festgestellte Forderung

8   Das Verbot greift nur dann, wenn Gegenstand der Ausschlussklausel eine Aufrechnung mit einer unbestrittenen oder rechtskräftig festgestellten Forderung (Gegenforderung) der Verwendergegenseite ist.

9   **Unbestritten** ist eine Forderung, wenn weder Grund noch Höhe angegriffen werden.[12] Dies gilt auch dann, wenn gegen diese Forderung mit einer unschlüssigen Forderung aufgerechnet wird. Andernfalls hätte es der Aufrech-

---

6 OLG Hamm NJW-RR 1993, 1082; WLP/*Dammann*, § 309 Nr. 3 Rn 41; Palandt/*Grüneberg*, § 309 Rn 18; a.A. Bamberger/Roth/*Becker*, § 309 Nr. 3 Rn 13.
7 OLG Düsseldorf NJW-RR 1997, 628; Palandt/*Grüneberg*, § 309 Rn 20; UBH/*Schäfer*, § 309 Nr. 3 Rn 7; Erman/*Roloff*, § 309 Rn 31.
8 BGH NJW 2011, 1729.
9 *Stoffels*, AGB, Rn 855.
10 KG NJW 1988, 2181.
11 Vgl. BGH NJW 1986, 1757; WLP/*Dammann*, § 309 Nr. 3 Rn 12.
12 Vgl. BGH NJW 1978, 2244.

nungsgegner in der Hand, jede Aufrechnungsforderung durch Anmaßung ganz ungerechtfertigter Ansprüche zu einer bestrittenen zu machen.[13]

Die tatbestandliche Alternative der **rechtskräftigen Feststellung** der Forderung setzt das Vorliegen der formellen und materiellen Rechtskraft voraus. Diese Alternative wird zu Recht als Unterfall einer unbestrittenen Forderung angesehen, da in Rechtskraft erwachsene Forderungen einem Bestreiten ohnehin nicht mehr zugänglich sind.[14] Daher erfasst eine Bestimmung in Allgemeinen Geschäftsbedingungen, die nach ihrem Wortlaut nur die Aufrechnung mit unbestrittenen Forderungen zulässt, sinngemäß auch die Zulässigkeit der Aufrechnung mit rechtskräftigen Forderungen; sie ist daher wirksam.[15] Umgekehrt gilt dies entgegen einer verbreiteten Meinung[16] nur eingeschränkt: Klauseln, die ihrem Wortlaut nach lediglich die Aufrechnung mit rechtskräftigen Forderungen zulassen, sind nur in besonderen Fällen so auszulegen, dass sie auch die Aufrechnung mit unstrittigen Forderungen erlauben. Der Bundesgerichtshof hatte dies in einem Kaufleute betreffenden Fall ausnahmsweise bejaht, in dem der Verzicht des Kunden auf die Aufrechnung zusätzlich unter den Vorbehalt gestellt war, „soweit dies gesetzlich zulässig ist".[17] Ohne diese besondere Formulierung erfasst die Zulässigkeit der Aufrechnung mit rechtskräftigen Forderungen nicht auch die Aufrechnung mit unbestrittenen Forderungen.[18]

Streitig ist die Frage, ob die bloße **Entscheidungsreife** der Forderung in der Gestalt, dass diese begründet ist, für die Anwendung des Verbotstatbestands § 309 Nr. 3 BGB genügt. Entscheidungsreif ist eine Forderung, wenn sie ohne Beweiserhebung zugesprochen werden kann.[19] Es genügt hierbei nicht, dass nur der vermeintliche Anspruchsinhaber seine Forderung als begründet und entscheidungsreif ansieht. Steht in einem Gerichtsverfahren durch Beweisaufnahme nach der Überzeugung des Gerichts fest, dass ein schlüssig vorgetragener Anspruch gegeben ist, so kann es nach Auffassung des Bundesgerichtshofs unter Beachtung der Grundsätze von Treu und Glauben geboten sein, die Aufrechnungsbeschränkung unbeachtet zu lassen.[20] Denn bei dieser Sachlage ist die Aufrechnungsforderung nicht bestreitbar.[21] Ist die zur Aufrechnung gestellte Gegenforderung indes noch zu wenig substantiiert oder muss ihr Bestehen erst durch eine Beweisaufnahme geklärt werden, ist es dem Verwender nicht gemäß Treu und Glauben versagt, sich auf das Aufrechnungsverbot zu berufen. Ein damit befasstes Gericht darf in einem solchen Fall hinsichtlich der Aufrechnungsforderungen nicht entscheiden, dass sie sachlich nicht begründet sind, sondern die Aufrechnung muss als unzulässig zurückgewiesen werden.[22]

Bei der Gestaltung der Allgemeinen Geschäftsbedingungen ist es nicht erforderlich, den Fall der entscheidungsreifen Gegenforderungen als Ausnahme ausdrücklich in die Klausel über das Aufrechnungsverbot aufzunehmen; es genügt, wenn lediglich die in § 309 Nr. 3 BGB genannten unbestrittenen und rechtskräftig festgestellten Gegenforderungen ausgenommen werden.[23]

III. Ausschluss der Aufrechnungsbefugnis

Dem Vertragspartner wird durch die Klausel die Befugnis zur Aufrechnung genommen, wenn sie einen **Ausschluss** der Geltendmachung der Aufrechnung begründet, etwa bei einem generellen **ausdrücklichen Aufrechnungsverbot**, ohne dass sie unbestrittene und rechtskräftig festgestellte Forderungen herausnimmt.[24]

Weist die Bestimmung keinen ausdrücklichen Ausschluss der Aufrechnung aus, ist anhand des Einzelfalls zu prüfen, ob die Bestimmung **faktisch** ihre Geltendmachung verhindert. Bloße **Erschwerungen** der Aufrechnung sind nicht an § 309 Nr. 3 BGB, sondern an den Voraussetzungen des § 307 BGB zu messen.[25] So dürfte das Erfordernis einer schriftlichen Aufrechnungserklärung zulässig sein. Wesentliche Erschwerungen, die faktisch zu einem Aufrechnungsausschluss führen, etwa wenn die Erklärung der Aufrechnung in der Form der notariellen Beurkundung oder öffentlichen Beglaubigung zu erfolgen hat, sind gemäß § 309 Nr. 3 BGB unzulässig.[26] Ein faktischer Aufrechnungsausschluss liegt insbesondere vor, wenn die Klausel die Aufrechnung von der Zustimmung des Verwenders abhängig macht.[27] Auch die gegenüber Verbrauchern verwendete Klausel „Zusendung erfolgt gegen Nachnahme" (Nachnahmeklausel) bein-

---

13 BGH NJW 1985, 1556, 1558; UBH/*Schäfer*, § 309 Nr. 3 Rn 3; WLP/*Dammann*, § 309 Rn 31; Staudinger/*Coester-Waltjen*, § 309 Nr. 3 Rn 5. Enger MüKo/*Wurmnest*, § 309 Nr. 3 Rn 7, der lediglich im Extremfall das Bestreiten als treuwidrig einordnet.
14 BGHZ 107, 185, 189 = NJW 1989, 3215, 3216.
15 BGHZ 107, 185, 189 = NJW 1989, 3215, 3216.
16 Etwa WLP/*Dammann*, § 309 Nr. 3 Rn 31.
17 BGH NJW-RR 1993, 519.
18 BGH NJW 2007, 3421, 3422.
19 WLP/*Dammann*, § 309 Nr. 3 Rn 33.
20 BGH NJW 1986, 1757; BGH NJW 2002, 2779; zustimmend WLP/*Dammann*, § 309 Nr. 3 Rn 33; UBH/*Schäfer*, § 309 Nr. 3 Rn 4; Palandt/*Grüneberg*, § 309 Rn 17; Bamberger/Roth/*Becker*, § 309 Nr. 3 Rn 10; *Stoffels*, AGB, Rn 851; Erman/*Roloff*, § 309 Rn 29; einschränkend Staudinger/*Coester-Waltjen*, § 309 Nr. 3 Rn 6 (Berufung auf Aufrechnungsverbot kann gegen § 242 BGB verstoßen); abl. MüKo/*Wurmnest*, § 309 Nr. 3 Rn 7.
21 BGH NJW 1986, 1757.
22 BGH NJW 1986, 1757.
23 Ebenso WLP/*Dammann*, § 309 Nr. 3 Rn 33; vgl. auch BGH NJW 2002, 2779.
24 BGHZ 92, 312, 316 = NJW 1985, 319.
25 Bamberger/Roth/*Becker*, § 309 Nr. 3 Rn 6; Erman/*Roloff*, § 309 Rn 29.
26 WLP/*Dammann*, § 309 Nr. 3 Rn 18.
27 BGH NJW 1994, 657; BGH NJW 2007, 3421.

haltet nach der Rechtsprechung des Bundesgerichtshofs einen Aufrechnungsausschluss.[28] Barzahlungsklauseln wie „Zahlung Netto-Kasse", „Netto-Kasse Zug-um-Zug" oder „Sofortige Bezahlung" enthalten nach der Rechtsprechung des Bundesgerichtshofs ebenfalls einen Aufrechnungsausschluss.[29] Auch Dokumentenklauseln wie „Kasse gegen Dokumente" schließen die Aufrechnung aus.[30]

C. Rechtsfolgen eines Verstoßes

15 Nimmt eine Klausel dem Vertragspartner nach den vorstehenden Kriterien entgegen § 309 Nr. 3 BGB die Befugnis zur Aufrechnung mit einer unbestrittenen oder rechtskräftig festgestellten Forderung, ist sie **unwirksam**, ohne dass eine richterliche Wertungsmöglichkeit eröffnet ist.[31] Dies gilt nicht, sofern sich die Klausel sprachlich in einen wirksamen und unwirksamen Teil trennen lässt; dann ist nach ständiger Rechtsprechung die Aufrechterhaltung des zulässigen Teiles rechtlich unbedenklich.[32]

D. Unternehmer

16 Schließt der Verwender die Aufrechnung mit unbestrittenen oder rechtskräftig festgestellten Forderungen formularmäßig im geschäftlichen Verkehr zwischen Unternehmern aus, bemisst sich die Wirksamkeit der Klausel nach §§ 307, 310 Abs. 1 S. 1 BGB; dabei ist die **Wertung des § 309 Nr. 3 BGB**, die auf grundlegenden Gerechtigkeitsvorstellungen beruht, auf § 307 Abs. 1 BGB weitestgehend **übertragbar**.[33] Allerdings ist bei der Auslegung der Klausel den verschiedenen Handelsbräuchen Rechnung zu tragen. So werden in der Literatur vereinzelt Aufrechnungsverbote, insbesondere in Form von Nachnahme-, Barzahlungs- und Dokumentenklauseln, als handelstypisch und wirksam angesehen, weil sie unter dem Gesichtspunkt von Treu und Glauben unbestrittene oder rechtskräftig festgestellte Forderungen nicht erfassen sollen;[34] einer derart weiten Auslegung folgt die Rechtsprechung indes nicht.[35]

§ 309 Nr. 4

4. (Mahnung, Fristsetzung)
eine Bestimmung, durch die der Verwender von der gesetzlichen Obliegenheit freigestellt wird, den anderen Vertragsteil zu mahnen oder ihm eine Frist für die Leistung oder Nacherfüllung zu setzen;

A. Bedeutung ... 1	III. Rechtsfolgen ... 11
B. Inhalt der Vorschrift ... 5	C. Verträge mit Unternehmern ... 12
I. Obliegenheit zur Mahnung ... 6	I. Mahnungsobliegenheit ... 13
II. Obliegenheit zur Fristsetzung ... 10	II. Fristsetzungsobliegenheit ... 14

A. Bedeutung

1 Gemäß § 309 Nr. 4 BGB sind Bestimmungen in Allgemeinen Geschäftsbedingungen unwirksam, durch die der Verwender von gesetzlichen Obliegenheit[1] freigestellt wird, den anderen Vertragsteil zu mahnen oder ihm eine Frist für die Leistung oder Nacherfüllung zu setzen.

---

28 BGHZ 139, 190, 194 = NJW 1998, 3119; Palandt/*Grüneberg*, § 309 Rn 17; WLP/*Dammann*, § 309 Nr. 3 Rn 16; *Stoffels*, AGB, Rn 847; a.A. Staudinger/*Coester-Waltjen*, § 309 Nr. 3 Rn 9.
29 BGH NJW 1985, 550; OLG Düsseldorf NJW-RR 1996, 115, 116; ebenso Bamberger/Roth/*Becker*, § 309 Nr. 3 Rn 6; *Stoffels*, AGB, Rn 847; a.A. Staudinger/*Coester-Waltjen*, § 309 Nr. 3 Rn 11: ein Aufrechnungsausschluss sei nur bei besonderen Anhaltspunkten gemeint.
30 BGH NJW 1985, 550; v. Westphalen/*v. Westphalen*, Aufrechnungsklauseln Rn 27; Staudinger/*Coester-Waltjen*, § 309 Nr. 3 Rn 11.
31 BGHZ 139, 190, 194 = NJW 1998, 3119.
32 Vgl. BGHZ 92, 312 = NJW 1985, 319; BGHZ 139, 190, 194 = NJW 1998, 3119.
33 BGH NJW-RR 1986, 1110, 1111; BGH NJW 1994, 657, 658; BGH NJW 2007, 3421.
34 Staudinger/*Coester-Waltjen*, § 309 Nr. 3 Rn 14; Erman/ *Roloff*, § 309 Rn 33.
35 Vgl. BGH NJW 1985, 550.
1 Gesetzliche Obliegenheiten stellen keine rechtlichen Verpflichtungen dar; ihre Befolgung ist lediglich ein Gebot des eigenen Interesses, das der insoweit Belastete bei Nichtbefolgung einen Rechtsverlust oder rechtliche Nachteile erleidet, vgl. Palandt/*Grüneberg*, Einl. vor § 241 Rn 13. Beispiele für gesetzliche Obliegenheiten sind etwa die Bestimmungen in § 149 BGB (Anzeigepflicht), § 254 Abs. 2 BGB (Schadensminderungspflicht), § 300 BGB (Annahmepflicht) und § 377 HGB (Untersuchungs- und Rügepflicht). Nach der vorstehenden Definition handelt es sich bei der Mahnung strenggenommen nicht um eine gesetzliche Obliegenheit im klassischen Sinne: Sie ist zwar im Interesse des Mahnenden; der Betreffende erleidet jedoch im Falle der Nichtmahnung keinen Rechtsverlust, sondern er vermag lediglich seine Rechtsposition nicht zu verbessern. Die Mahnung ist daher lediglich eine Voraussetzung für die Geltendmachung von weiteren Rechten des Mahnenden.

Die gesetzliche Obliegenheit, den anderen Vertragsteil zu **mahnen**, enthält § 286 Abs. 1 BGB. Nach dieser Norm kommt der Schuldner, der auf eine Mahnung des Gläubigers nicht leistet, die nach dem Eintritt der Fälligkeit erfolgt, durch die Mahnung in Verzug. Mit Verzugsbeginn verschlechtert sich die Rechtsposition des anderen Vertragsteils deutlich: Gemäß § 287 BGB haftet der Schuldner während des Verzugs für jede Fahrlässigkeit; er haftet sogar für Zufall, sofern nicht der Schaden auch bei rechtzeitiger Leistung eingetreten sein würde. Für Geldschulden sind gemäß § 288 Abs. 1 BGB Verzugszinsen in Höhe von fünf Prozentpunkten über dem Basiszinssatz zu zahlen. Bei Rechtsgeschäften, an denen kein Verbraucher beteiligt ist, beträgt der Verzugszins acht Prozentpunkte über dem Basiszinssatz (§ 288 Abs. 2 BGB).

Gesetzliche Obliegenheiten, dem anderen Vertragsteil eine **Frist für die Leistung oder Nacherfüllung** zu setzen, führen bei Nichteinhaltung der Frist ebenfalls zu schwerwiegenden Rechtsnachteilen des Schuldners. So kann der Gläubiger gemäß § 281 Abs. 1 S. 1 BGB unter den Voraussetzungen des § 280 BGB Schadenersatz statt der Leistung verlangen, wenn er dem Schuldner erfolglos eine angemessene Frist zur Leistung oder Nacherfüllung bestimmt hat. § 323 Abs. 1 BGB gewährt dem Gläubiger bei gegenseitigen Verträgen ein Rücktrittsrecht, wenn der Schuldner eine fällige Leistung nicht oder nicht vertragsgemäß erbringt und der Gläubiger dem Schuldner erfolglos eine angemessene Frist zur Leistung oder Nacherfüllung bestimmt hat. Weitere Rechte und Ansprüche des Gläubigers im Falle der erfolglosen Bestimmung einer angemessenen Frist zur Leistung oder Nacherfüllung gewähren etwa § 250 S. 1 BGB (Schadenersatz in Geld bei Nichtherstellung der Naturalrestitution), § 637 Abs. 1 S. 1 BGB (Ersatz von Aufwendungen für die Beseitigung von Mängeln beim Werkvertrag durch den Besteller). § 651c Abs. 3 S. 1 BGB (Ersatz von Aufwendungen beim Reisevertrag für die Abhilfe von Mängeln durch den Kunden) und § 651e Abs. 2 S. 1 BGB (Kündigung des Reisevertrags bei Nichtabhilfe von Mängeln durch den Reiseveranstalter) enthalten zwar ebenfalls ein Erfordernis der Fristsetzung als Voraussetzung für die Geltendmachung von weiteren Rechten; für diese Vorschriften dürfte die Regelung des § 309 Nr. 4 BGB jedoch keine praktische Auswirkung haben, weil sie Rechte des Kunden des Reiseveranstalters regeln und diese in der Regel keine eigenen Allgemeinen Geschäftsbedingungen verwenden.[2]

Die geschilderten Rechtsfolgen wie Rücktritt oder Schadenersatz können für den Schuldner sehr nachteilig sein. Der Gesetzgeber hat daher zum Schutz der Schuldner bestimmt, dass sie erst nach erfolgloser Mahnung oder Fristsetzung eintreten dürfen. Schuldrechtliche Bestimmungen sind jedoch in der Regel abdingbar. Es versteht sich, dass der Verwender von Allgemeinen Geschäftsbedingungen versucht ist zu bestimmen, dass diese gravierenden Rechtsfolgen zum Nachteil des Schuldners eintreten können, ohne dass eine Mahnung oder Fristsetzung für die Leistung hierfür erforderlich wäre. Aus diesem Grunde wird § 309 Nr. 4 BGB, der derartige Regelungen in Allgemeinen Geschäftsbedingungen für unwirksam erklärt, als bedeutsamer Beitrag des Gesetzgebers zur „Wiederherstellung der gesetzlichen Ordnung innerhalb des Rechts der Leistungsstörungen" angesehen.[3] § 309 Nr. 4 BGB entspricht dem im Zuge der Schuldrechtsmodernisierung außer Kraft getretenen § 11 Nr. 4 AGBG. Anstelle der in § 11 Nr. 4 AGBG erwähnten Nachfristsetzung ist zwar in § 309 Nr. 4 BGB nunmehr die Rede von einer „Frist für die Leistung oder Nacherfüllung". Sachliche Änderungen waren hierdurch jedoch nicht beabsichtigt.[4]

B. Inhalt der Vorschrift

§ 309 Nr. 4 BGB verbietet Klauseln in Allgemeinen Geschäftsbedingungen, die den Verwender von der gesetzlichen Obliegenheit zur Mahnung oder Setzung einer Frist für die Leistung oder Nacherfüllung freistellen. Dagegen sind Klauseln, die den Vertragspartner des Verwenders von der Obliegenheit zur Mahnung oder Setzung einer Nachfrist freistellen, von § 309 Nr. 4 BGB nicht betroffen. Werden beide Parteien insoweit freigestellt, ist diese Klausel allerdings gemäß § 309 Nr. 4 BGB unwirksam.[5] Erschwernisse, die dem Vertragspartner des Verwenders im Zusammenhang mit Mahnungen oder Fristsetzungen auferlegt werden, sind nicht an § 309 Nr. 4 BGB zu messen, sondern an § 307 BGB.[6]

I. Obliegenheit zur Mahnung

Die gesetzliche Obliegenheit zur Mahnung ist in § 286 Abs. 1 BGB geregelt. Der Schuldner kommt nur dann in Verzug, wenn er trotz Fälligkeit und Mahnung nicht leistet. Bestimmt daher der Verwender in Allgemeinen Geschäftsbedingungen, dass sein Vertragspartner durch bloßes Überschreiten von Leistungsfristen in Verzug kommt, ist dies gemäß § 309 Nr. 4 BGB unwirksam.

Die Mahnung muss nicht ausdrücklich abbedungen werden. Es genügt für die Anwendung des § 309 Nr. 4 BGB auch ein **konkludentes** Abbedingen der Mahnung, etwa wenn der Verwender in Allgemeinen Geschäftsbedingungen be-

---

2 Ebenso WLP/*Dammann*, § 309 Nr. 4 Rn 20; Staudinger/*Coester-Waltjen*, § 309 Nr. 4 Rn 9. Die Regelungen in § 651c Abs. 3 und § 651e Abs. 2 BGB dienen dem Verbraucherschutz; daher hat der Gesetzgeber in § 651m BGB bestimmt, dass sie auch durch Individualvereinbarungen nicht zum Nachteil des Schuldners (Reisenden) abgeändert werden dürfen.
3 Staudinger/*Coester-Waltjen*, § 309 Nr. 4 Rn 1.
4 BT-Drucks 14/6040, 155.
5 WLP/*Dammann*, § 309 Nr. 4 Rn 13.
6 Vgl. Staudinger/*Coester-Waltjen*, § 309 Nr. 4 Rn 3.

stimmt, dass zu seinen Gunsten eine Rechtsfolge des Verzugs eintritt, die nach dem Gesetz erst aufgrund der Mahnung eintritt.[7] Unwirksam sind daher Klauseln, die eine Kostentragungspflicht für die erste Mahnung vorsehen, die den Verzug erst begründen soll,[8] oder Klauseln, nach denen Verzugszinsen bereits ab Fälligkeit anfallen sollen.[9] Klauseln, die bestimmen, dass „unabhängig vom Vorliegen der förmlichen Verzugsvoraussetzungen" der Kaufpreis mit 12 % jährlich zu verzinsen ist, scheitern nicht nur an § 309 Nr. 4 BGB, sondern auch an § 309 Nr. 5b BGB.[10]

8 Unwirksam sind auch Klauseln, die dem Verwendungsgegner die Verpflichtung zur Zahlung von „**verkappten**" Verzugszinsen auferlegen, wie „Zahlung bei Lieferung. Bei Fristüberschreitung werden banküblich Zinsen berechnet."[11] Dagegen sind Klauseln, die ausdrücklich den Anfall von **Fälligkeitszinsen** begründen sollen, nicht an § 309 Nr. 4 BGB zu messen, sondern an § 307 BGB.[12] Im nichtkaufmännischen Geschäftsverkehr weichen Klauseln, die Fälligkeitszinsen begründen sollen, von wesentlichen Grundgedanken der gesetzlichen Regelungen (§§ 280, 286, 288 BGB) ab; sie können daher nicht durch Allgemeine Geschäftsbedingungen vereinbart werden.[13] Die formularmäßige Vereinbarung von **Nutzungszinsen** für den Fall der vor vollständiger Kaufpreiszahlung eingeräumten Nutzung des Kaufgegenstands unterliegt nicht dem Verbot des § 309 Nr. 4 BGB, sondern ist lediglich an § 307 BGB zu messen.[14]

9 Die Anwendung des § 309 Nr. 4 BGB setzt die **Freistellung** von der Mahnung voraus. Gemäß § 286 Abs. 2 und 3 BGB kommt der Schuldner in bestimmten Fällen auch ohne Mahnung in Verzug, etwa wenn für die Leistung eine Zeit nach dem Kalender bestimmt oder bestimmbar ist (§ 286 Abs. 2 Nr. 1 und 2 BGB), der Schuldner die Leistung ernsthaft und endgültig verweigert (§ 286 Abs. 2 Nr. 3 BGB) oder wenn der Schuldner einer Entgeltforderung nicht innerhalb von 30 Tagen nach Fälligkeit und Zugang einer Rechnung oder gleichwertigen Zahlungsaufforderung leistet (§ 286 Abs. 3 BGB). Klauseln, die diese Ausnahmen lediglich wiederholen, sind wirksam, da insoweit keine Freistellung durch Allgemeine Geschäftsbedingungen von der Mahnungsobliegenheit vorliegt.[15] Eine Klausel, nach der der Verzug „14 Tage nach Rechnungsdatum" eintritt, ist jedoch unwirksam.[16] Zwar kann der Verwender und Rechnungssteller die Zeit nach dem Kalender berechnen, sodass § 286 Abs. 2 Nr. 2 BGB dem Wortlaut nach anwendbar wäre. Es kommt jedoch darauf an, ob der Schuldner in diesem Falle die Leistungszeit nach dem Kalender berechnen könnte. Dies ist nicht der Fall. Dem Schuldner ist nicht bekannt, wann die Rechnung ausgestellt wird; unter Umständen erhält er die Rechnung verspätet oder gar nicht. In diesem Fall ist es nicht gerechtfertigt, gemäß § 286 Abs. 2 Nr. 2 BGB vom Erfordernis der Mahnung abzusehen. Die nach § 286 Abs. 1 BGB für den Verzugseintritt erforderliche Mahnung dient dem Schutz des Schuldners. Mit dem Erhalt der Mahnung weiß der Schuldner, dass er in Verzug kommt, wenn er weiterhin nicht leistet. Von diesem Grundsatz regelt § 286 Abs. 2 BGB Ausnahmen, in denen eine Mahnung nicht erforderlich ist, weil der Schuldner ohnehin gewarnt ist oder eine Warnung zwecklos wäre. Dies sind die Fälle, in denen die Leistung nach dem Kalender bestimmt oder bestimmbar ist (Nr. 1 und 2) oder der Schuldner die Leistung ohnehin endgültig und dauerhaft verweigert (Nr. 3) oder der sofortige Verzugseintritt aus besonderen Gründen gerechtfertigt ist (Nr. 4), etwa im Falle der Selbstmahnung oder wenn sich die besondere Dringlichkeit der Leistung bereits aus dem Vertrag selbst ergibt, beispielsweise bei der Zusage einer beschleunigten Reparatur in einem dringlichen Fall.[17] Auch § 286 Abs. 3 BGB trägt der Warnfunktion der Mahnung Rechnung, da der Schuldner nicht schon 30 Tage nach Fälligkeit einer Forderung in Verzug kommt, sondern nur, wenn ihm darüber hinaus eine entsprechende Rechnung zugegangen ist. Dieselbe Wertung lag auch der enger gefassten Regelung des § 284 Abs. 2 S. 2 BGB a.F. zugrunde: Danach kam der Schuldner ohne Mahnung in Verzug, wenn der Leistung eine Kündigung vorauszugehen hatte und die Zeit für die Leistung in der Weise bestimmt war, dass sie sich von der Kündigung ab nach dem Kalender berechnen ließ. Eine Kündigung ist nur wirksam, wenn sie dem Schuldner zugeht. So konnte der Schuldner die Leistungszeit aufgrund des Zugangs der Kündigung selbst berechnen. Der Verzugseintritt gemäß § 286 Abs. 2 Nr. 2 BGB setzt daher voraus, dass der Schuldner selbst die Leistungszeit berechnen kann. Eine Regelung in Allgemeinen Geschäftsbedingungen, nach der der Schuldner 14 Tage nach Rechnungsdatum in Verzug gerät, entspricht nicht dieser Regelung und ist daher unwirksam. Gemäß dem auf der Zahlungsverzugsrichtlinie beruhenden **§ 286 Abs. 3 BGB** kommt der Schuldner einer Entgeltforderung spätestens in Verzug, wenn er nicht innerhalb von 30 Tagen nach Fälligkeit und Zugang einer Rechnung oder gleichwertigen Zahlungsaufstellung leistet. Bei Verbrauchern ist die Einschränkung zu beachten, dass sie auf diese Folgen in der Rechnung oder Zahlungsaufforderung besonders hingewiesen werden müssen. Diese Regelung hat nach der Begründung zum Regierungsentwurf ausdrücklich das Ziel, dass der Gläubiger den Verzug früher als die in der Norm genannten 30 Tage

---

[7] BGH NJW 1988, 258; MüKo/*Wurmnest*, § 309 Nr. 4 Rn 7.
[8] BGH NJW 1985 320, 324.
[9] KG WM 1984, 428, 430.
[10] OLG Köln VersR 2000, 730.
[11] UBH/*Schäfer*, § 309 Nr. 4 Rn 5.
[12] BGH NJW 1998, 991, 992; BGH NJW-RR 2000, 1077, 1078; Palandt/*Grüneberg*, § 309 Nr. 4 Rn 22; a.A. WLP/*Dammann*, § 309 Nr. 4 Rn 23–29.
[13] BGH NJW 1998, 991, 992; Bamberger/Roth/*Becker*, § 309 Nr. 4 Rn 7.
[14] BGH NJW-RR 2000, 1077, 1078 (Kaufgegenstand war ein Unternehmen mit Grundbesitz und aufstehendem Gebäude); Staudinger/*Coester-Waltjen*, § 309 Nr. 4 Rn 4; *Stoffels*, AGB, Rn 882; Palandt/*Grüneberg*, § 309 Nr. 4 Rn 22; vgl. auch Bamberger/Roth/*Becker*, § 309 Nr. 4 Rn 7; MüKo/*Wurmnest*, § 309 Nr. 4 Rn 6.
[15] UBH/*Schäfer*, § 309 Nr. 4 Rn 5.
[16] OLG Stuttgart NJW RR 1988, 786, 788; UBH/*Schäfer*, § 309 Nr. 4 Rn 5; Bamberger/Roth/*Becker*, § 309 Nr. 4 Rn 5; a.A. WLP/*Dammann*, § 309 Nr. 4 Rn 32.
[17] BGH NJW 1963, 1823; Palandt/*Grüneberg*, § 286 Rn 25.

nach Fälligkeit und Rechnungszugang herbeiführen kann.[18] Die Frist ist daher ohne Verstoß gegen § 309 Nr. 4 BGB abkürzbar, wobei allerdings eine Frist von 14 Tagen als untere Grenze gilt.[19]

II. Obliegenheit zur Fristsetzung

§ 309 Nr. 4 BGB verbietet nicht nur die formularmäßige Freistellung von der Mahnungsobliegenheit, sondern auch von der Obliegenheit, dem anderen Vertragsteil eine Frist zur Leistung oder Nacherfüllung zu setzen. Obwohl die Gesetzesbegründung zum ABGB nur auf § 326 BGB a.F. verweist,[20] der hinsichtlich des Rücktrittsrechts dem heutigen § 323 BGB entspricht, ist die Regelung des § 309 Nr. 4 BGB nach der herrschenden Meinung auf jede gesetzliche Obliegenheit zur Setzung einer Frist für die Leistung oder Nacherfüllung anzuwenden, also nicht nur auf §§ 281 Abs. 1 S. 1, 323 Abs. 1 BGB, sondern auch auf §§ 250 S. 1, 321 Abs. 2, 637, 651c Abs. 3, 651e Abs. 2 BGB anwendbar,[21] weil diese Vorschriften dem gleichen Zweck dienen. Die Obliegenheit zur Fristsetzung muss nicht ausdrücklich abbedungen werden. Wie bei der Mahnung genügt es, wenn der Verwender für sich eine Rechtsfolge in Anspruch nimmt, die nach dem Gesetz erst aufgrund der Fristsetzung eintritt,[22] etwa wenn er sich ein Rücktrittsrecht einräumen lässt für den Fall der nicht ordnungsgemäßen Erfüllung der Zahlungsverpflichtungen.[23] Eine Klausel, mit der sich der Verwender das Recht einräumt, vom Vertrag zurückzutreten, wenn der Käufer ohne rechtlichen Grund zurücktritt, ist unwirksam.[24] Tritt der Käufer ohne rechtlichen Grund zurück, bedeutet dies nicht automatisch eine ernsthafte und dauerhafte Erfüllungsverweigerung. Der in der Klausel liegende Ausschluss der Nachfristsetzung führt zu ihrer Unwirksamkeit.[25] In den Fällen der Entbehrlichkeit der Fristsetzung kraft Gesetzes – etwa bei den §§ 281 Abs. 2, 323 Abs. 2, 637 Abs. 2 BGB – sind Klauseln, die diese gesetzlichen Regelungen nur wiedergeben, unproblematisch. Anders verhält es sich jedoch dann, wenn der Anwendungsbereich dieser Klauseln über das gesetzlich vorgesehene Maß hinaus erweitert wird; dies führt zur Unwirksamkeit.[26]

III. Rechtsfolgen

Bei einem Verstoß gegen § 309 Nr. 4 BGB ist die Klausel unwirksam. Damit bleibt es bei der gesetzlichen Regelung, dass eine Mahnung für den Eintritt des Verzugs grundsätzlich erforderlich ist (§ 286 Abs. 1 BGB) und die Fristsetzung für die Leistung oder Nacherfüllung Voraussetzung ist für die Geltendmachung von Schadensersatz gemäß §§ 281, 280 BGB oder die Erklärung des Rücktritts gemäß § 323 BGB.

C. Verträge mit Unternehmern

Nach der Regelung in § 310 Abs. 1 BGB findet § 309 BGB auf Allgemeine Geschäftsbedingungen, die gegenüber Unternehmern verwandt werden, keine direkte, sondern nur – vermittelt über § 307 Abs. 1 und 2 BGB – mittelbare Anwendung, wobei auf die im Handelsverkehr geltenden Gewohnheiten und Gebräuche angemessen Rücksicht zu nehmen ist. Hinsichtlich der Anwendung des § 309 BGB bei der Verwendung von Allgemeinen Geschäftsbedingungen gegenüber Unternehmern hat der Bundesgerichtshof die sog. „Gleichschritt"-Rechtsprechung entwickelt: Fällt danach eine Klausel in Allgemeinen Geschäftsbedingungen bei ihrer Verwendung gegenüber Verbrauchern unter eine Verbotsnorm des § 309 BGB, so ist dies ein Indiz dafür, dass sie im Falle der Verwendung gegenüber Unternehmern zu einer unangemessenen Benachteiligung führt, es sei denn, sie kann wegen der besonderen Interessen und Bedürfnisse des unternehmerischen Geschäftsverkehrs ausnahmsweise als angemessen gelten.[27] Angesichts dieser gesetzgeberischen und richterlichen Bewertung wird man nicht umhin können, § 309 Nr. 4 BGB im unternehmerischen Geschäftsverkehr grundsätzlich entsprechend anzuwenden, unter Berücksichtigung seiner besonderen Interessen und Bedürfnisse.[28]

I. Mahnungsobliegenheit

Der Unternehmer weiß mehr noch als der Verbraucher um die Bedeutung der Einhaltung von Zahlungsfristen und um die Folgen verspäteter Leistungen. Gemäß § 353 HGB sind im unternehmerischen Geschäftsverkehr Fälligkeitszinsen von fünf Prozent zulässig. Der Verzugszinssatz liegt gemäß § 288 BGB bei acht Prozentpunkten über dem Basiszinssatz. Es ist daher naheliegend, im unternehmerischen Geschäftsverkehr den Verzugseintritt zu erleichtern und die Folgen des Verzugs für den Geschäftsgegner nachteiliger zu gestalten. Angesichts der detaillierten Freistellungsregelung des § 286 BGB bleibt indes kein großer Gestaltungsspielraum.[29] Zulässig wäre es etwa, den Fälligkeits- oder **Ver-**

---

18 BT-Drucks 14/6040, 146.
19 UBH/*Schäfer*, § 309 Nr. 4 Rn 6.
20 BT-Drucks 7/3919, 29.
21 UBH/*Schäfer*, § 309 Nr. 4 Rn 7; WLP/*Dammann*, § 309 Nr. 4 Rn 20; Staudinger/*Coester-Waltjen*, § 309 Nr. 4 Rn 9; Bamberger/Roth/*Becker*, § 309 Nr. 4 Rn 3.
22 BGH NJW 1988, 258.
23 BGH NJW 1983, 1320, 1322.
24 BGH NJW 1986, 842, 843.
25 BGH NJW 1986, 842.
26 WLP/*Dammann*, § 309 Nr. 4 Rn 21.
27 BGH NJW 2007, 3774.
28 Ebenso Palandt/*Grüneberg*, § 309 Nr. 4 Rn 23; UBH/*Schäfer*, § 309 Nr. 4 Rn 11; a.A. WLP/*Dammann*, § 309 Nr. 4 Rn 60, der eine Indizwirkung des § 309 Nr. 4 ablehnt und für eine „weitgehend selbstständige Bewertung" des unternehmerischen Verkehrs plädiert.
29 Zutreffend Staudinger/*Coester-Waltjen*, § 309 Nr. 4 Rn 11.

zugszins moderat zu erhöhen.[30] Entgegen einer in der Literatur verbreiteten Auffassung kann jedoch grundsätzlich – über die in § 286 Abs. 2 BGB geregelten Fälle hinaus – nicht vom Erfordernis der Mahnung abgesehen werden.[31] Das hierzu als Beispiel der Rechtsprechung herangezogene Urteil des Bundesgerichtshofs[32] trägt diese Auffassung nicht. Der Bundesgerichtshof hatte in dem Fall (noch zu altem Recht) entschieden, dass eine Klausel, in der geregelt ist, dass ein Geschäftspartner 28 Tage nach Erhalt der Rechnung in Verzug kommt, nicht unangemessen i.S.d. § 307 BGB (§ 9 AGBG a.F.) ist. Diese richterliche Wertung hat der Gesetzgeber in der Schuldrechtsreform berücksichtigt: Nach § 286 Abs. 2 Nr. 2 BGB ist in einem derartigen Fall keine Mahnung erforderlich, sodass eine die Mahnung abbedingende Klausel auch heute aufgrund der gesetzlichen Regelung wirksam wäre.

II. Fristsetzungsobliegenheit

14 Anders als bei der Frage, ob und in welcher Höhe zusätzlich zur Hauptleistung Verzugszinsen geschuldet sind, stellen ein **Rücktritt** oder die Forderung nach **Schadensersatz** statt der Leistung so gravierende Änderungen der Rechts- und Vertragslage dar, dass auf das Erfordernis der Fristsetzung auch im unternehmerischen Geschäftsverkehr nicht verzichtet werden kann.[33] Ist der Vertrag ausnahmsweise als relatives[34] **Fixgeschäft** (bürgerlichrechtliches gemäß § 323 Abs. 2 Nr. 2 BGB oder handelsrechtliches gemäß § 376 HGB – Fixhandelskauf) ausgestaltet, ist der Rücktritt auch ohne Mahnung zulässig, sofern die Leistungszeit nicht eingehalten wird.[35] Bei einem relativen Fixgeschäft ist nicht nur die Leistungszeit genau bestimmt, sondern das Geschäft soll nach dem Willen der Parteien mit der Einhaltung der Leistungszeit „stehen und fallen". Bestimmte Klauseln wie „fix", „präzis" und „genau" können Indizwirkung für das Vorliegen eines relativen Fixgeschäfts haben; entscheidend sind jedoch letztlich Vereinbarung, Vertragszweck und Handelsbrauch.[36] Ein Rücktrittsrecht kann indes nicht auf dem Wege vereinbart werden, indem der abgeschlossene Vertrag formularmäßig als Fixgeschäft deklariert wird, ohne dass ein solches vorläge. Eine derartige Klausel ist unwirksam.[37] Für den Vertragspartner des Verwenders, der sich mit diesem nicht darauf geeinigt hat, dass mit der Fristeinhaltung das Geschäft steht und fällt, wäre eine Klausel nicht nur überraschend gemäß § 305c Abs. 1 BGB; sie ist auch unangemessen i.S.d. § 307 BGB, weil sie vom Erfordernis der Fristsetzung freistellt.[38]

§ 309 Nr. 5

5. (Pauschalierung von Schadensersatzansprüchen)
die Vereinbarung eines pauschalierten Anspruchs des Verwenders auf Schadensersatz oder Ersatz einer Wertminderung, wenn
a) die Pauschale den in den geregelten Fällen nach dem gewöhnlichen Lauf der Dinge zu erwartenden Schaden oder die gewöhnlich eintretende Wertminderung übersteigt oder
b) dem anderen Vertragsteil nicht ausdrücklich der Nachweis gestattet wird, ein Schaden oder eine Wertminderung sei überhaupt nicht entstanden oder wesentlich niedriger als die Pauschale;

Literatur zu § 309 Nr. 5: *Albert/Holthusen,* BB-Kommentar zum Urteil des AG Haßfurt vom 21.8.2006, BB 2007, 2706

A. Allgemeines 1	I. Pauschalierung von Schadensersatz und
I. Zweck 1	Wertminderung 13
II. Verhältnis zu anderen Vorschriften 4	II. Überhöhte Pauschalen (§ 309 Nr. 5a BGB) 15
1. § 308 Nr. 7 BGB (Unangemessen hohe Vergütungen) 4	1. Schadenspauschalen 15
2. § 309 Nr. 6 BGB (Vertragsstrafen) 6	2. Wertminderungspauschalen 19
3. § 309 Nr. 12 BGB (Beweislastumkehr) 12	3. Einzelfälle 20
B. Anwendungsbereich 13	4. Darlegungs- und Beweislast 30
	III. Abschneiden des Nachweises (§ 309 Nr. 5b BGB) 33
	C. Verkehr zwischen Unternehmern 35

---

30 Vgl. Staudinger/*Coester-Waltjen,* § 309 Nr. 4 Rn 11; UBH/*Schäfer,* § 309 Nr. 4 Rn 11.
31 Palandt/*Grüneberg,* § 309 Nr. 4 Rn 23; UBH/*Schäfer,* § 309 Nr. 4 Rn 11; a.A. Staudinger/*Coester-Waltjen,* § 309 Nr. 4 Rn 11; Erman/*Roloff,* § 309 Rn 40; Bamberger/Roth/*Becker,* § 309 Nr. 4 Rn 9; MüKo/*Wurmnest,* § 309 Nr. 4 Rn 14; WLP/*Dammann,* § 309 Nr. 4 Rn 61.
32 BGH NJW-RR 1991, 995.
33 BGH NJW 1986, 842; OLG Köln NJW 1991, 301; UBH/*Schäfer,* § 309 Nr. 4 Rn 11; WLP/*Dammann,* § 309 Nr. 4 Rn 62.
34 Bei absoluten Fixgeschäften tritt mit Fristablauf sogleich Unmöglichkeit ein.
35 Im Gegensatz zum bürgerlichrechtlichen Fixgeschäft gemäß § 323 Abs. 2 Nr. 2 HGB kann bei einem handelsrechtlichen Fixgeschäft gemäß § 376 Abs. 1 S. 2 HGB nur dann Erfüllung verlangt werden, wenn der Gläubiger dies nach Ablauf der Frist sofort anzeigt.
36 *Baumbach/Hopt,* § 376 Rn 8.
37 BGH NJW 1990, 2065.
38 BGH NJW 1990, 2065; vgl. auch Staudinger/*Coester-Waltjen,* § 309 Nr. 4 Rn 14.

A. Allgemeines
I. Zweck

AGB-Klauseln, in denen der Verwender seine Schadensersatzansprüche für bestimmte Pflichtverletzungen des anderen Vertragsteils (Verzug, Nichtabnahme etc.) pauschaliert, sind unter Rationalisierungsgesichtspunkten ausgesprochen sinnvoll. Zum einen erleichtern sie dem Verwender den Nachweis, dass ihm durch die Pflichtverletzung ein Schaden entstanden ist. Als Geschädigtem ist ihm diese Beweiserleichterung auch zuzubilligen.[1] Zum anderen können Schadenspauschalen dazu beitragen, Auseinandersetzungen über die Schadenshöhe zu vermeiden[2] oder zumindest die Schadensregulierung zu beschleunigen und zu verbilligen.[3] 1

Mit Schadenspauschalen in AGB ist jedoch stets auch das Risiko verbunden, dass sie mit dem Ziel eingesetzt werden, einen überhöhten Schaden zu liquidieren oder dem Kunden die Möglichkeit des Gegenbeweises zu verwehren.[4] Vor diesem Hintergrund verbietet § 309 Nr. 5 BGB die überhöhte Pauschalierung von Ansprüchen auf Schadensersatz oder auf Ersatz von Wertminderungen (Nr. 5a) und verlangt vom Verwender außerdem, dem Schuldner ausdrücklich den Nachweis zu gestatten, ein Schaden sei überhaupt nicht oder nur in geringerer Höhe entstanden (Nr. 5b). 2

Verstöße gegen § 309 Nr. 5a BGB oder § 309 Nr. 5b BGB führen unabhängig voneinander zur Unwirksamkeit der Klausel. Scheitert eine Klausel bereits an § 309 Nr. 5b BGB, erübrigt sich der Streit darüber, ob die angegriffene Pauschale überhöht i.S.d. § 309 Nr. 5a BGB ist.[5] 3

II. Verhältnis zu anderen Vorschriften

1. § 308 Nr. 7 BGB (Unangemessen hohe Vergütungen)

Nach § 308 Nr. 7 BGB sind AGB-Klauseln unwirksam, durch die sich der Verwender für den Fall des Rücktritts oder der Kündigung des Vertrags durch seinen Vertragspartner eine unangemessen hohe Vergütung für die Nutzung oder den Gebrauch einer Sache oder eines Rechts oder für erbrachte Leistungen oder einen unangemessen hohen Ersatz von Aufwendungen ausbedingt. Diese Vorschrift lässt sich von § 309 Nr. 5 BGB dadurch abgrenzen, dass die Ausübung eines vertraglichen Kündigungs- oder Rücktrittsrechts keine Pflichtverletzung darstellt und somit auch keine Schadensersatzansprüche des AGB-Verwenders begründet.[6] Dem Verwender können aber in einem solchen Fall die von § 308 Nr. 7 BGB erfassten Entgeltansprüche kraft Gesetzes oder aufgrund einer vertraglichen Regelung zustehen. Erfolgt die Kündigung des Vertrags oder der Rücktritt dagegen wegen einer Pflichtverletzung des Vertragspartners, so fallen daraus resultierende Schadensersatzansprüche des Verwenders – sofern sie in AGB pauschaliert sind – in den Anwendungsbereich des § 309 Nr. 5 BGB. 4

Allerdings muss auch bei Klauseln i.S.v. 308 Nr. 7 BGB der Gegenbeweis gemäß § 309 Nr. 5b BGB ausdrücklich zugelassen werden, da die letztgenannte Vorschrift auf Vergütungs- und Aufwendungsersatzpauschalen entsprechend anwendbar ist (siehe auch § 308 Nr. 7 Rn 5).[7] 5

2. § 309 Nr. 6 BGB (Vertragsstrafen)

Die Unterscheidung zwischen pauschaliertem Schadensersatz und Vertragsstrafe kann sich als ausgesprochen schwierig erweisen. Sie ist für die AGB-rechtliche Inhaltskontrolle jedoch insofern von grundlegender Bedeutung, als dass für die beiden Rechtsinstitute höchst unterschiedliche Klauselverbote gelten. § 309 Nr. 5a BGB verbietet unangemessen hohe Schadenspauschalen und § 309 Nr. 5b BGB soll sicherstellen, dass dem Vertragspartner des AGB-Verwenders die Möglichkeit des Gegenbeweises erhalten bleibt. Im Gegensatz dazu beurteilt sich die Wirksamkeit von Vertragsstrafeklauseln gemäß § 309 Nr. 6 BGB danach, unter welchen Voraussetzungen die Vertragsstrafe verwirkt wird. Dies kann dazu führen, dass eine Klausel, die einer Inhaltskontrolle nach § 309 Nr. 5 BGB standhalten würde, von einem Gericht wegen Verstoßes gegen § 309 Nr. 6 BGB für unwirksam erklärt wird, sofern das Gericht eine Schadenspauschale als Vertragsstrafe einstuft.[8] 6

Nach einer in Rechtsprechung und Schrifttum weit verbreiteten Auffassung ist bei der Abgrenzung zwischen Schadenpauschalierungen und Vertragsstrafen auf die Funktion des jeweiligen Rechtsinstituts abzustellen.[9] Der BGH ver- 7

---

1 BGH, Urt. v. 8.10.1969 – VIII ZR 20/68, NJW 1970, 29, 32; BGH, Urt. v. 16.6.1982 – VIII ZR 89/81, NJW 1982, 2316, 2317.
2 UBH/*Fuchs*, § 309 Nr. 5 Rn 3; WLP/*Dammann*, § 309 Nr. 5 Rn 1.
3 BGH, Urt. v. 16.6.1982 – VIII ZR 89/81, NJW 1982, 2316, 2317; Bamberger/Roth/*Becker*, § 309 Nr. 5 Rn 2; Erman/*Roloff*, § 309 Nr. 5 Rn 41; MüKo/*Wurmnest*, § 309 Nr. 5 Rn 1.
4 Staudinger/*Coester-Waltjen*, § 309 Nr. 5 Rn 2; UBH/*Fuchs*, § 309 Nr. 5 Rn 4.
5 Erman/*Roloff*, § 309 Rn 41; Staudinger/*Coester-Waltjen*, § 309 Nr. 5 Rn 9; UBH/*Fuchs*, § 309 Nr. 5 Rn 30.
6 Ebenso Erman/*Roloff*, § 309 Rn 43; Bamberger/Roth/*Becker*, § 309 Nr. 5 Rn 11.
7 BGH, Urt. v. 9.7.1992 – VII ZR 6/92, NJW 1992, 3163; BGH, Urt. v. 25.10.1984 – VII ZR 11/84, NJW 1985, 633, 634; MüKo/*Wurmnest*, § 309 Nr. 5 Rn 4; Erman/*Roloff*, § 308 Nr. 7 Rn 60; Palandt/*Grüneberg*, § 308 Rn 42.
8 Dazu Ring/Klingelhöfer/*Klingelhöfer*, § 5 Rn 69.
9 BGH, Urt. v. 25.11.1982 – III ZR 92/81, NJW 1983, 1542; BGH, Urt. v. 16.11.1967 – VIII ZR 81/65, NJW 1968, 149, 150; Erman/*Roloff*, § 309 Rn 42; Palandt/*Grüneberg*, § 276 Rn 26; UBH/*Fuchs*, § 309 Nr. 5 Rn 11; v. Westphalen/*Thüsing*, Vertragsstrafe Rn 1 ff.

tritt in diesem Zusammenhang die Ansicht, dass von einer Schadenspauschalierung auszugehen ist, wenn die zu beurteilende Regelung der vereinfachenden Durchsetzung eines als bestehend vorausgesetzten Schadensersatzanspruchs dient. Verfolgt die Regelung dagegen vorrangig den Zweck, Druck auf den Vertragspartner auszuüben, um die Erfüllung der vertraglich geschuldeten Leistung zu sichern, soll eine Vertragsstrafe gegeben sein.[10] Bei einer Beurteilung von AGB-Klauseln nach diesen Kriterien ist Vorsicht geboten, da die Vertragsstrafe eine Doppelfunktion aufweist. Zwar werden Vertragsstrafen zum einen als Druckmittel eingesetzt, um den Schuldner zur ordnungsgemäßen Erfüllung seiner Vertragspflichten anzuhalten, zum anderen sollen sie dem Gläubiger im Verletzungsfall aber auch eine erleichterte Schadloshaltung ohne Einzelnachweis ermöglichen.[11] Insofern bietet es sich scheinbar an, zwischen Vertragsstrafen und Schadenpauschalierungen danach zu differenzieren, ob eine Klausel diese Doppelfunktion erfüllt (falls ja, soll eine Vertragsstrafe vorliegen) oder nur der vereinfachenden Durchsetzung des Schadensersatzanspruches dient.[12] Letzteres wird jedoch ebenfalls nicht immer eindeutig zu identifizieren sein, da auch die drohende Schadenspauschale Druck auf den Schuldner ausüben kann.[13]

8 Soweit vorgeschlagen wird, stattdessen auf die Höhe der von der Verwendergegenseite zu leistenden Zahlung abzustellen und bei deren Unangemessenheit eine Vertragsstrafe anzunehmen,[14] trägt dies nicht dem Umstand Rechnung, dass unangemessen hohe Schadenspauschalen dem Klauselverbot des § 309 Nr. 5 BGB unterliegen. Die unangemessene Höhe einer Zahlungsverpflichtung stellt daher kein geeignetes Abgrenzungskriterium dar.[15] Auch die vom Klauselverwender gewählte Bezeichnung der Zahlungsverpflichtung ist wenig hilfreich.[16] Da der Verwender die Bedingungen einseitig vorgibt, kann er bewusst Formulierungen wählen, die unabhängig von der tatsächlichen Zielsetzung der Regelung eine für ihn jeweils günstige rechtliche Einordnung der Klausel bewirken.

9 Trotz der damit verbundenen Schwierigkeiten ist deshalb der Auffassung der Vorzug zu geben, sich bei der Abgrenzung vorrangig an der Funktion der Klausel zu orientieren. Ist erkennbar, dass die Regelung in erster Linie als Druckmittel eingesetzt wird, kann im Einklang mit der BGH-Rechtsprechung von einer Vertragsstrafe ausgegangen werden. Dies trifft beispielsweise dann zu, wenn die von der Verwendergegenseite zu leistende (Straf-)Zahlung durch Faktoren bestimmt wird, die in keiner Beziehung zu einem möglichen Schaden des Klauselverwenders stehen (etwa die Bemessung der Strafzahlung nach Prozenten des der Verwendergegenseite geschuldeten Kaufpreises für den Fall, dass sich die Verwendergegenseite in Lieferverzug befindet).

10 Lässt sich diese Feststellung nicht zweifelsfrei treffen, müssen weitere Kriterien zur Beurteilung der Klausel herangezogen werden. So setzt eine Schadenspauschale zwingend voraus, dass ein Schadensersatzanspruch dem Grunde nach gegeben ist.[17] Ist dies zu verneinen und die Klausel soll einen neuen (zusätzlichen) Anspruch begründen, liegt eine Vertragsstrafe vor.[18] Gleiches trifft auf Zahlungsverpflichtungen zu, die neben einem Schadensersatzanspruch bestehen sollen.[19] Im Gegensatz dazu wird eine Schadenspauschalierung zu bejahen sein, wenn der Gegenbeweis gemäß den Anforderungen des § 309 Nr. 5b BGB durch die Klausel ausdrücklich zugelassen wird.[20]

11 Scheitert eine erfolgreiche Abgrenzung an der Mehrdeutigkeit der Klauselgestaltung, so geht diese Unklarheit gemäß § 305c Abs. 2 BGB zu Lasten des Verwenders. Das bedeutet, die Klausel fällt so auszulegen, dass sie in den Anwendungsbereich desjenigen Klauselverbots (§ 309 Nr. 5 oder Nr. 6 BGB) fällt, das zu ihrer Unwirksamkeit führt.[21]

3. § 309 Nr. 12 BGB (Beweislastumkehr)

12 § 309 Nr. 12 BGB verbietet dem AGB-Verwender Regelungen zur Beweislast, durch welche die Beweislastlage zum Nachteil des Vertragspartners geändert wird. Da derjenige, der einen Schaden geltend macht, auch dessen Höhe be-

---

10 BGH, Urt. v. 25.11.1982 – III ZR 92/81, NJW 1983, 1542; BGH, Urt. v. 16.11.1967 – VIII ZR 81/65, NJW 1968, 149, 150; zustimmend UBH/*Fuchs*, § 309 Nr. 5 Rn 11; v. Westphalen/*Thüsing*, Vertragsstrafe Rn 3.
11 Ständige BGH-Rechtsprechung: BGH, Urt. v. 27.11.1974 – VIII ZR 9/73, NJW 1975, 163, 164; BGH, Urt. v. 18.11.1982 – VII ZR 305/81, NJW 1983, 385, 387; BGH, Urt. v. 23.6.1988 – VII ZR 117/87, NJW 1988, 2536; BGH, Urt. v. 28.1.1993 – I ZR 294/90, NJW 1993, 1786, 1787 f.; siehe auch OLG Nürnberg, Urt. v. 5.2.2002 – 1 U 2314/01, NJW-RR 2002, 917; Erman/*Roloff*, § 309 Rn 42; Palandt/*Grüneberg*, § 276 Rn 26; Staudinger/*Coester-Waltjen*, § 309 Nr. 5 Rn 3 unter a); UBH/*Fuchs*, § 309 Nr. 5 Rn 11; v. Westphalen/*Thüsing*, Vertragsstrafe Rn 1.
12 So z.B. Palandt/*Grüneberg*, § 276 Rn 26.
13 MüKo/*Wurmnest*, § 309 Nr. 5 Rn 6; Staudinger/*Coester-Waltjen*, § 309 Nr. 5 Rn 3 unter a); dies wird auch von UBH/*Fuchs*, § 309 Nr. 5 Rn 11 eingeräumt, der aber meint, der Rationalisierungszweck stehe bei Schadenspauschalen im Vordergrund.
14 MüKo/*Wurmnest*, § 309 Nr. 5 Rn 6.
15 Ebenso WLP/*Dammann*, § 309 Nr. 5 Rn 39.
16 So aber Bamberger/Roth/*Becker*, § 309 Nr. 5 Rn 7.
17 BGH, Urt. v. 8.3.2005 – XI ZR 154/04, NJW 2005, 1645, 1647.
18 Erman/*Roloff*, § 309 Rn 42; WLP/*Dammann*, § 309 Nr. 5 Rn 36.
19 WLP/*Dammann*, § 309 Nr. 5 Rn 37.
20 UBH/*Fuchs*, § 309 Nr. 5 Rn 12; v. Westphalen/*Thüsing*, Vertragsstrafe Rn 3.
21 WLP/*Dammann*, § 309 Nr. 5 Rn 38; so wohl auch OLG Nürnberg, Urt. v. 5.2.2002 – 1 U 2314/01, NJW-RR 2002, 917; a.A. Staudinger/*Coester-Waltjen*, § 309 Nr. 5 Rn 3 unter a) (im Zweifelsfall Schadenspauschalierung).

weisen muss, bewirkt eine Pauschalierung des Schadens oder der Wertminderung eine Beweislastumkehr. § 309 Nr. 5 BGB geht jedoch als die speziellere Regelung dem Klauselverbot des § 309 Nr. 12 BGB vor.[22]

B. Anwendungsbereich

I. Pauschalierung von Schadensersatz und Wertminderung

Das Klauselverbot betrifft sowohl Schadensersatz- als auch Wertminderungspauschalen. Es erfasst jegliche Art von Schadensersatzansprüchen, wobei das Bestehen eines Schadensersatzanspruchs dem Grunde nach Voraussetzung für dessen Pauschalierung ist.[23] Die Inhaltskontrolle nach § 309 Nr. 5 BGB bezieht sich ausschließlich auf die Höhe der Schadenspauschale und die Zulassung des Gegenbeweises. **13**

Wertminderungsansprüche des Verwenders können sich z.B. im Fall des Rücktritts aus § 346 Abs. 2 Nr. 3 BGB oder bei Ausübung des Widerrufs- und Rücktrittsrechts bei Verbraucherverträgen aus § 357 Abs. 3 BGB ergeben. Der Pauschalierung von Wertminderungsansprüchen in AGB ist in der Praxis jedoch kaum Relevanz beizumessen.[24] **14**

II. Überhöhte Pauschalen (§ 309 Nr. 5a BGB)

1. Schadenspauschalen

Die vereinbarte Schadenspauschale darf den nach dem gewöhnlichen Lauf der Dinge zu erwartenden Schaden nicht überschreiten. Selbst eine unwesentliche Überschreitung führt zur Unwirksamkeit der Schadenspauschale.[25] Es ist ein generalisierender, am Durchschnitt orientierter Maßstab anzulegen. Die Umstände des konkreten Falles bleiben – anders als bei § 252 S. 2 BGB – außer Betracht. Pauschalierbar ist danach höchstens der branchentypische Durchschnittsschaden.[26] Dabei dürfen nur diejenigen Schadenspositionen, die der Verwender dem Vertragspartner auch ohne die Klausel auferlegen könnte, in den pauschalierten Schadensersatz einbezogen werden.[27] In Arbeitsverträgen wird eine wirksame Pauschalierung wegen der zu beachtenden Grundsätze der beschränkten Arbeitnehmerhaftung praktisch allenfalls für vom Arbeitnehmer vorsätzlich verursachte Schäden möglich sein. **15**

Soll mit dem Pauschalbetrag ein wegen Nichterfüllung des Vertrags entgangener Gewinn abgegolten werden, ist die branchenübliche Gewinnspanne (Bruttogewinn einschließlich Umsatzsteuer[28]) zugrunde zu legen.[29] In der Rechtsprechung als angemessen anerkannt sind z.B. Gewinnspannen von 15 % im Kfz-Neuwagenhandel[30] (nicht jedoch beim Gebrauchtwagengeschäft des Neuwagenhändlers[31]), 30 % im Möbelversandhandel,[32] 30 % bei Bierlieferungsverträgen mit Bezugsverpflichtung[33] (nicht aber 50 %[34]), je nach Darlehenskonditionen 4,5 % oder 3 % bei Nichtabnahme eines Darlehen.[35] Ist die Pauschale als Anteil eines bestimmten Betrags (z.B. Darlehenssumme, Kaufpreis, Werklohn) vereinbart, muss zwischen der Bezugsgröße und dem typischen Schaden ein entsprechender Zusammenhang bestehen.[36] **16**

Der Verwender kann aus Rationalisierungsgründen branchenübliche Durchschnittsschäden unterschiedlicher, von ihm bedienter Geschäftssparten in einer einheitlichen Pauschale zusammenfassen. Auch eine nicht nach den unterschiedlichen schadenstiftenden Ereignissen oder Schadenstypen differenzierende Pauschale ist zulässig. Doch muss die einheitliche Pauschale dann so bemessen sein, dass sie auch für die Geschäftssparte oder den Schadenstyp mit der geringsten Schadenshöhe noch angemessen ist.[37] **17**

---

22 BGH, Urt. v. 8.10.1987 – VII ZR 185/86, NJW 1988, 258; MüKo/*Wurmnest*, § 309 Nr. 5 Rn 7; UBH/*Fuchs*, § 309 Nr. 5 Rn 13.
23 BGH, Urt. v. 8. 3. 2005 – XI ZR 154/04, NJW 2005, 1645, 1647; Erman/*Roloff*, § 309 Rn 44.
24 Dazu UBH/*Fuchs*, § 309 Nr. 5 Rn 19.
25 OLG Frankfurt, Urt. v. 15.6.1982 – 11 U 1/82, NJW 1982, 2564; zustimmend Erman/*Roloff*, § 309 Rn 46; WLP/*Dammann*, § 309 Nr. 5 BGB Rn 68–69.
26 BGH, Urt. v. 16.1.1984 – II ZR 100/83, NJW 1984, 2093; MüKo/*Wurmnest*, § 309 Nr. 5 Rn 11.
27 BGH, Urt. v. 17.9.2009 – Xa ZR 40/08, NJW 2009, 3570; MüKo/*Wurmnest*, § 309 Nr. 5 Rn 14.
28 OLG Jena, Urt. v. 26.4.2005 – 8 U 702/04, DAR 2005, 399.
29 BGH, Urt. v. 8.10.1969 – VIII ZR 20/68, NJW 1970, 29.
30 BGH, Hinweisbeschl. v. 27.6.2012 – VIII ZR 165/11, NJW 2012, 3230, 3231; BGH, Urt. v. 16.6.1982 – VIII ZR 89/81, NJW 1982, 2316; OLG Jena, Urt. v. 26.4.2005 – 8 U 702/04, DAR 2005, 399.
31 OLG Köln, Urt. v. 27.5.1993 – 12 U 141/92, NJW-RR 1993, 1404; LG Oldenburg, Urt. v. 7.11.1997 – 2 S 895/97, NZV 1998, 508.
32 OLG Frankfurt, Urt. v. 15.6.1982 – 11 U 1/82, NJW 1982, 2564.
33 OLG Nürnberg, Urt. v. 5.2.2002 – 1 U 2314/01, NJW-RR 2002, 917; siehe aber auch OLG Karlsruhe, Urt. v. 18.10.2001 – 19 U 97/01, MDR 2002, 445.
34 OLG Frankfurt, Urt. v. 13.11.2007 – 11 U 24/07, BeckRS 2007, 19024.
35 BGH, Urt. v. 12.12.1985 – III ZR 184/84, NJW-RR 1986, 467; OLG Stuttgart, Urt. v. 2.10.1985 – 13 U 32/85, NJW 1986, 436; siehe aber auch OLG Hamm, Urt. v. 16.2.1983 – 11 U 177/82, NJW 1983, 1503.
36 Staudinger/*Coester-Waltjen*, § 309 Nr. 5 Rn 14. Beispiele untauglicher Bezugsgrößen bei OLG Karlsruhe, Urt. v. 18.10.2001 – 19 U 97/01, MDR 2002, 445; OLG Hamm, Urt. v. 13.6.1986 – 20 U 285/85, NJW-RR 1987, 311.
37 Bamberger/Roth/*Becker*, § 309 Nr. 5 Rn 20 ff.; Staudinger/*Coester-Waltjen*, § 309 Nr. 5 Rn 16; a.A. (für Wahrscheinlichkeitsgewichtungen) WLP/*Dammann*, § 309 Nr. 5 BGB Rn 63.

18 Nach Ansicht des BGH liegt ein Verstoß gegen § 309 Nr. 5a BGB auch dann vor, wenn sich der Klauselverwender das Recht ausbedingt, Mahnkosten bei Verzug des Kunden pauschal zu berechnen, und aus der Klausel nicht ersichtlich ist, dass der Verwender bei Festlegung der Pauschale an den nach dem gewöhnlichen Lauf der Dinge zu erwartenden Schaden gebunden sein soll und die Pauschale diesen nicht überschreiten darf.[38]

2. Wertminderungspauschalen

19 Die Wertminderungspauschale darf nicht über der gewöhnlichen – d.h. der durch den geplanten, vertragsmäßigen oder mangels entsprechender Vertragsregelung den üblichen Gebrauch – im Normalfall zu erwartenden Wertminderung liegen. Dabei kann der Wert vor allem durch die Abnutzung einer Sache gemindert werden, aber auch durch ihren Neuheitsverlust. Auch ein totaler Wertverlust ist unter Umständen möglich, so dass der gesamte Wert einer Sache als Wertminderungspauschale angesetzt werden kann (z.B. wenn im Möbelhandel Matratzen aus Hygienegründen nicht „zurückgenommen" werden[39]). Soweit die Pauschale als Anteil eines bestimmten[40] Betrags (z.B. des Kaufpreises) vereinbart wird, muss zwischen der Bezugsgröße und dem Wert ein entsprechender Zusammenhang bestehen. Soll die Pauschale neben der Wertminderung auch die Gebrauchsüberlassung abgelten, bedarf es bei ihrer Bemessung keiner Differenzierung zwischen den Fällen der Wertminderung und der Gebrauchsüberlassung.[41]

3. Einzelfälle

20 Soweit in Gerichtsentscheidungen, die vor den Finanzkrisen der letzten Jahre ergangen sind, konkrete Aussagen zur Angemessenheit von Schadenspauschalen getroffen worden sind, sollte stets geprüft werden, inwieweit diese Aussagen heutzutage noch Gültigkeit besitzen. Für viele Branchen haben sich die Rahmenbedingungen grundlegend verändert. Ursache hierfür ist neben den Finanzkrisen auch die zunehmende Globalisierung der letzten Jahre. Dementsprechend darf bezweifelt werden, dass Feststellungen zu Gewinnspannen und Kostenstrukturen aus den 80er und 90er Jahren nach wie vor aktuell sind. Da der branchentypische Durchschnittsschaden Maßstab für eine wirksame Pauschalierung ist (siehe oben Rn 15), muss bei Heranziehung der Rechtsprechung zu § 309 Nr. 5a BGB stets berücksichtigt werden, welchen Veränderungen die jeweils betroffene Branche zwischenzeitlich unterworfen war. Die nachstehenden Gerichtsentscheidungen können daher nur als Anhaltspunkte dafür dienen, in welchen Einzelfällen Schadenspauschalen als wirksam oder unwirksam eingestuft worden sind.

21 **Baubranche:** 3 % der Auftragssumme bei kartellrechtswidrigen Preisabsprachen sind wirksam.[42]

22 **Darlehensverträge:** Es ist zulässig, in AGB Bereitstellungszinsen als Ausgleich dafür zu verlangen, dass die Bank die Darlehensmittel zur Verfügung des Darlehensnehmers vorhält. Auf diese Zinsen, die je nach Darlehenskonditionen 4,5 % oder 3 % betragen können (siehe oben Rn 16), hat die Bank auch bei Nichtabnahme des Darlehens Anspruch.[43] Die Pauschalierung einer Vorfälligkeitsentschädigung „von jährlich 1 % des fälligen Darlehensbetrages" einer Hypothekenbank, deren Nettozinsmarge 0,63 % beträgt, ist dagegen unwirksam.[44]

23 **Kfz-Handel:** Bei Nichtabnahme des bestellten Fahrzeugs sind 15 % des Kaufpreises im Kfz-Neuwagengeschäft wirksam, nicht jedoch im Gebrauchtwagengeschäft eines Neuwagenhändlers (siehe oben Rn 16). Die frühere Rechtsprechung des Bundesgerichtshofes, dass die Gewinnspanne im Gebrauchtwagenhandel 15 % bis 20 % beträgt,[45] ist zwischenzeitlich überholt.[46] Zulässig ist insoweit jedenfalls eine Pauschale von 10 %.[47]

24 **Mahnkosten:** Die meisten der einschlägigen Entscheidungen zu pauschalierten Mahnkosten betreffen Fälle aus der Zeit vor Einführung des EUR am 1.1.1999 und können daher lediglich als grobe Richtschnur dienen. Gleichwohl wird eine Mahnpauschale von 15,00 EUR in jedem Fall unwirksam sein.[48] In der Rechtsprechung der Oberlandesgerichte war umstritten, ob Mahnkosten mit einem Betrag von 5,00 DM pauschaliert werden können.[49] Nach dem Urteil des

---

38 BGH, Urt. v. 18.7.2012 – VIII ZR 337/11, NJW 2013, 291, 295; zugleich verstieß die Klausel nach Meinung des BGH gegen § 309 Nr. 5b BGB, da sie dem Kunden auch nicht ausdrücklich den Nachweis gestattet habe, dass ein Schaden überhaupt nicht entstanden oder wesentlich niedriger als die lediglich noch betragsmäßig festzulegende Pauschale sei.
39 Beispiel von Staudinger/*Coester-Waltjen*, § 309 Nr. 5 Rn 17; kritisch v. Westphalen/*v. Westphalen*, Möbelkauf Rn 53. Siehe auch OLG Koblenz, Urt. v. 19.2.1993 – 2 U 527/91, NJW-RR 1993, 1078.
40 Für einen Fall der Mehrdeutigkeit der Bezugsgröße siehe OLG Koblenz, Urt. v. 19.2.1993 – 2 U 527/91, NJW-RR 1993, 1078.
41 So OLG Köln, Urt. v. 21.5.1999 – 6 U 122/98, NJW-RR 2001, 198; a.A. (vorinstanzlich) LG Köln, Urt. v. 29.7.1998 – 26 O 36/97, VuR 1999, 62.
42 BGH, Urt. v. 21.12.1995 – VII ZR 286/94, NJW 1996, 1209.
43 BGH, Urt. v. 12.12.1985 – III ZR 184/84, NJW-RR 1986, 467, 468.
44 BGH, Urt. v. 11.11.1997 – XI ZR 13/97, NJW 1998, 592, 593.
45 BGH, Urt. v. 8.10.1969 – VIII ZR 20/68, NJW 1970, 29, 32.
46 Bamberger/Roth/*Becker*, § 309 Nr. 5 Rn 28; kritisch auch OLG Köln, Urt. v. 27.5.1993 – 12 U 141/92, NJW-RR 1993, 1404, 1405; offengelassen für 15 % von BGH, Urt. v. 29.6.1994 – VIII ZR 317/93, NJW 1994, 2478, 2479.
47 BGH, Urt. v. 14.4.2010 – VIII ZR 123/09, NJW 2010, 2122, 2123.
48 BGH, Urt. v. 3.11.1999 – VIII ZR 35/99, NJW-RR 2000, 719, 720 sieht eine Schadenspauschale von 30,00 DM je Mahnung als „ungewöhnlich hoch" an; wie hier Bamberger/Roth/*Becker*, § 309 Nr. 5 Rn 29; Palandt/*Grüneberg*, § 309 Rn 28; WLP/*Dammann*, § 309 Nr. 5 Rn 81.
49 Siehe nur die Nachweise bei BGH, Urt. v. 3.11.1999 – VIII ZR 35/99, NJW-RR 2000, 719, 720.

OLG München vom 28.7.2011 soll eine Mahnpauschale bereits dann unwirksam sein, wenn sie einen Betrag von 1,20 EUR übersteigt.[50] Die h.M. geht hingegen davon aus, dass eine Mahnpauschale von 2,50 EUR nach heutigen Maßstäben nicht mehr zu beanstanden ist.[51] Im Hinblick auf § 309 Nr. 4 BGB sollte allerdings in der Klausel klargestellt werden, dass für die erste Mahnung keine Mahnkosten erhoben werden.[52]

Maklervertrag: Ein verkaufswilliger Grundstückseigentümer kann durch AGB nicht dazu verpflichtet werden, für den Fall des Eigenverkaufs eine Entschädigung von 5 % des Kaufpreises zu zahlen.[53] 25

Mietfahrzeug: Die Pauschalierung von Mietausfallkosten bei Beschädigung des Fahrzeugs durch den Mieter in voller Höhe des vereinbarten Mietzinses ist unzulässig.[54] 26

Möbelhandel: Für den Fall der Nichtabnahme ist eine Schadensersatzpauschale in Höhe von 30 % des Kaufpreises im Möbelversandhandel als wirksam angesehen worden (siehe oben Rn 16). Im Übrigen wird nach wie vor auf die Entscheidung des Bundesgerichtshofes vom 16.9.1970[55] – also auch vor Inkrafttreten des AGB-Gesetzes – verwiesen, nach der eine Schadenspauschale von 25 % bei Nichtabnahme fabrikneuer Möbel wirksam ist.[56] Ein pauschalierter Schadensersatz von 1 % des Kaufpreises bei Annahmeverzug ist dagegen unwirksam, wenn die Schadenspauschale unabhängig von der Verzugsdauer gelten soll.[57] 27

Rücklastschriften: Als überhöht sind von der Rechtsprechung Kostenpauschalen für Rücklastschriften zwischen 25,00 EUR (50,00 DM)[58] und 9,60 EUR[59] beanstandet worden. 28

Verzugszinsen: Mit den Regelungen in § 288 Abs. 1 und 2 BGB hat der Gesetzgeber einen relativ hohen Verzugszins festgelegt. Die Pauschalierung von Verzugszinsen, die über den gesetzlichen Rahmen hinausgehen, wird daher im Regelfall unwirksam sein.[60] 29

4. Darlegungs- und Beweislast

Umstritten ist, wer die Darlegungs- und Beweislast dafür trägt, dass eine Schadens- oder Wertminderungspauschale dem gewöhnlichen Lauf der Dinge entspricht oder überhöht ist.[61] Der BGH hat diese Frage bislang offengelassen.[62] Im vergleichbaren Fall der Abwicklungspauschale nach § 308 Nr. 7 BGB (siehe oben Rn 4) sieht die Rechtsprechung die Darlegungs- und Beweislast auf der Verwendergegenseite.[63] 30

Für eine Darlegungs- und Beweislast der Verwendergegenseite könnte der Wortlaut des § 309 Nr. 5a BGB (und seiner identischen Vorgängerregelung in § 11 Nr. 5a ABG-Gesetz) sprechen. Während die Darlegungs- und Beweislast im Referentenentwurf zum AGB-Gesetz noch eindeutig dem Verwender auferlegt war („es sei denn, dass die Pauschale nicht 31

---

50 OLG München, Urt. v. 28.7.2011 – 29 U 634/11, BeckRS 2012, 16062, wobei eine Mahnkostenpauschale von 5,00 EUR (umsatzsteuerfrei) in den AGB eines Energieversorgungsunternehmens zu beurteilen war.
51 Bamberger/Roth/*Becker*, § 309 Nr. 5 Rn 29; MüKo/*Wurmnest*, § 309 Nr. 5 Rn 20; Palandt/*Grüneberg*, § 309 Rn 28; so auch diverse Amtsgerichte, wie z.B. AG Siegen, Urt. v. 3.3.2014 – 14 C 38/14; AG Schorndorf, Urt. v. 30.1.2014 – 6 C 417/13; a.A. OLG Hamm, Urt. v. 10.10.1991, NJW-RR 1992, 242; OLG Stuttgart, Urt. v. 22.4.1988 – 2 U 219/87, NJW-RR 1988, 1082.
52 BGH, Urt. v. 31.10.1984 – VIII ZR 226/83, BGH NJW 1985, 320, 324.
53 LG Limburg, Urt. v. 3.11.1998 – 4 O 301–98, NJW-RR 1999, 847.
54 OLG Saarbrücken, Urt. v. 30.11.1990 – 4 U 90/89, NJW-RR 1991, 313.
55 BGH, Urt. v. 16.9.1970 – VIII ZR 239/68, NJW 1970, 2017.
56 Bamberger/Roth/*Becker*, § 309 Nr. 5 Rn 30; Palandt/*Grüneberg*, § 309 Rn 28; UBH/*Fuchs*, § 309 Nr. 5 Rn 36; so inzwischen aber auch OLG Koblenz, Urt. v. 13.10.2011 – 5 U 767/11, BeckRS 2012, 08719.
57 OLG Koblenz, Urt. v. 19.2.1993 – 2 U 527/91, NJW-RR 1993, 1078, 1081; siehe auch OLG Hamm, Urt. v. 13.6.1986 – 20 U 285/85, NJW-RR 1987, 311, 313 gegen eine monatliche Lagergebühr von 2,5 % des Kaufpreises.
58 BGH, Urt. v. 3.11.1999 – VIII ZR 35/99, NJW-RR 2000, 719; Palandt/*Grüneberg*, § 309 Rn 28; siehe auch LG Dortmund, Urt. v. 25.5.2007 – 8 O 55/06, WM 2007, 1883 gegen eine Bearbeitungsgebühr von 50,00 EUR bei Rücklastschriften.
59 OLG Koblenz, Urt. v. 30.9.2010 – 2 U 1388/09, MMR 2010, 815, 816; siehe ferner OLG Schleswig, Urt. v. 26.3.2013 – 2 U 7/12, MMR 2013, 579, 581 gegen eine Rücklastschriftpauschale von 10,00 EUR; OLG Brandenburg, Beschl. v. 24.2.2012 – 7 W 92/11, BeckRS 2012, 06167 gegen eine Schadenspauschale von 15,00 EUR.
60 MüKo/*Wurmnest*, § 309 Nr. 5 Rn 18; MüKo/*Ernst*, § 288 Rn 29; Ring/Klingelhöfer/*Klingelhöfer*, § 5 Rn 75.
61 Für Darlegungs- und Beweislast des Verwenders: OLG Schleswig, Urt. v. 26.3.2013 – 2 U 7/12, MMR 2013, 579, 581; OLG Brandenburg, Beschl. v. 24.2.2012 – 7 W 92/11, BeckRS 2012, 06167; OLG Jena, Urt. v. 26.4.2005 – 8 U 702/04, DAR 2005, 399; Staudinger/*Coester-Waltjen*, § 309 Nr. 5 Rn 18; MüKo/*Wurmnest*, § 309 Nr. 5 Rn 16; Palandt/*Grüneberg*, § 309 Rn 29; Jauernig/*Stadler*, § 309 BGB Rn 6; Ring/Klingelhöfer/*Klingelhöfer*, § 5 Rn 76; für Darlegungs- und Beweislast der Verwendergegenseite OLG Koblenz, Urt. v. 19.2.1993 – 2 U 527/91, NJW-RR 1993, 1078, 1080; vom Grundsatz her ebenso UBH/*Fuchs*, § 309 Nr. 5 BGB Rn 22 f.; WLP/*Dammann*, § 309 Nr. 5 Rn 84 ff.
62 BGH, Urt. v. 3.11.1999 – VIII ZR 35/99, NJW-RR 2000, 719; letztlich auch offengelassen – noch vor Inkrafttreten des AGB-Gesetzes – in BGH, Urt. v. 10.11.1976 – VIII ZR 115/75, BGHZ 67, 312 = NJW 1977, 381, wenngleich der letztgenannten Entscheidung eine Tendenz dafür entnommen werden kann, die Beweislast dem AGB-Verwender aufzuerlegen; siehe auch OLG Frankfurt, Urt. v. 15.6.1982 – 11 U 1/82, NJW 1982, 2564.
63 BGH, Urt. v. 29.5.1991 – IV ZR 187/90, NJW 1991, 2763; OLG Celle, Urt. v. 3.7.2008 – 13 U 68/08, BauR 2009, 103.

höher ist, als der in den geregelten Fällen nach dem gewöhnlichen Lauf der Dinge zu erwartende Schaden"),[64] verzichtete der anschließende Regierungsentwurf auf diese Formulierung und sie wurde schlussendlich auch nicht Gesetz. Freilich ist zuzugeben, dass der Begründung des Regierungsentwurfes zum AGB-Gesetz kein Anhaltspunkt dafür zu entnehmen ist, dass die Darlegungs- und Beweislast nunmehr auf Kunden- bzw. Verwendergegenseite liegen soll.[65]

32 Entscheidend ist vielmehr, dass die Verwendergegenseite eine Einwendung gegen das auf die Schadens- oder Wertminderungspauschale gestützte Anspruchsbegehren des Klauselverwenders erhebt und somit bereits nach den allgemeinen Regeln für diese Einwendung darlegungs- und beweispflichtig ist.[66] Zwar dürfen an die Darlegungs- und Beweislast der Verwendergegenseite keine zu hohen Anforderungen gestellt werden,[67] da die Verwendergegenseite häufig keine Kenntnis darüber haben wird, wie hoch der branchentypische Durchschnittsschaden tatsächlich ist. Doch können mögliche praktische Schwierigkeiten hinsichtlich der Darlegungs- und Beweislast nicht von vornherein eine Beweislastumkehr zu Lasten des Klauselverwenders rechtfertigen.[68] Diesbezüglich muss auf den jeweiligen Einzelfall abgestellt werden.

III. Abschneiden des Nachweises (§ 309 Nr. 5b BGB)

33 Mit dem Schuldrechtsmodernisierungsgesetz wurde der Wortlaut des § 11 Nr. 5b AGB-Gesetz zum Schutz der Verbraucher neu gefasst. Bis zu diesem Zeitpunkt verbot § 11 Nr. 5b AGB-Gesetz dem AGB-Verwender, seinen Vertragspartnern den Nachweis abzuschneiden, dass kein Schaden oder ein wesentlich geringerer Schaden entstanden ist. Diese Vorschrift führte zu einer erheblichen Rechtsunsicherheit, da ihr Wortlaut vermuten ließ, dass eine Schadenspauschale nur dann unwirksam sei, wenn dem anderen Vertragsteil der Nachweis eines niedrigeren Schadens ausdrücklich abgeschnitten wird.[69] Die daraus resultierende Einzelfallrechtsprechung war wenig berechenbar und veranlasste den Gesetzgeber zu einer Neuregelung in Form des § 309 Nr. 5b BGB.[70] Danach muss der AGB-Verwender dem anderen Vertragsteil nunmehr ausdrücklich den Nachweis gestatten, dass ein Schaden oder eine Wertminderung überhaupt nicht entstanden oder wesentlich niedriger als die festgesetzte Pauschale ausgefallen ist. Das bedeutet, der AGB-Verwender muss seinen Vertragspartner in der Klausel klar und verständlich darauf hinweisen, dass ihm die Möglichkeit offensteht, einen fehlenden oder niedrigen Schaden bzw. eine fehlende oder niedrigere Wertminderung nachzuweisen.[71]

34 Daraus folgt aber nicht, dass der Verwender in seiner Klausel den Gesetzeswortlaut übernehmen muss.[72] Es genügt, wenn dem Vertragspartner ausdrücklich der Nachweis gestattet wird, es sei ein geringerer Schaden als die vorgesehene Pauschale entstanden. Diese Formulierung deckt nämlich „denklogisch notwendig" gleichermaßen den Fall ab, dass überhaupt kein Schaden entstanden ist.[73] Nach zutreffender Ansicht des Bundesgerichtshofes wird selbst einem rechtsunkundigen Vertragspartner bei einer derartigen Gestaltung des Klauseltextes deutlich, dass sich die Möglichkeit des Gegenbeweises auch auf den Nachweis erstreckt, ein Schaden sei überhaupt nicht entstanden.[74]

C. Verkehr zwischen Unternehmern

35 Im Geschäftsverkehr zwischen Unternehmern ist das Klauselverbot des § 309 Nr. 5 BGB über §§ 307, 310 Abs. 1 BGB grundsätzlich anzuwenden.[75] Abweichend von § 309b BGB ist es im unternehmerischen Geschäftsverkehr aber nicht erforderlich, dass der andere Vertragsteil ausdrücklich darauf hingewiesen wird, dass er den Gegenbeweis bezüglich eines entstandenen oder wesentlich niedrigeren Schadens führen kann. Es ist insoweit ausreichend, dass ihm der Gegenbeweis durch die Klauselgestaltung nicht abgeschnitten wird.[76]

---

64 Vgl. § 8 Nr. 5a AGB-Gesetz i.d.F. des 1. Teilberichts der Arbeitsgruppe beim Bundesminister der Justiz und des insoweit gleichlautenden Referentenentwurfs, abgedr. in DB 1974, Beilage 18, S. 3 und zur Begründung S. 14.
65 Vgl. Regierungsentwurf, BT-Drucks 7/3919, S. 30.
66 Zutreffend WLP/*Dammann*, § 309 Nr. 5 Rn 84; UBH/*Fuchs*, § 309 Nr. 5 Rn 23.
67 OLG Koblenz, Urt. v. 19.2.1993 – 2 U 527/91, NJW-RR 1993, 1078, 1080; UBH/*Fuchs*, § 309 Nr. 5 Rn 23.
68 So aber Staudinger/*Coester-Waltjen*, § 309 Nr. 5 Rn 18; MüKo/*Wurmnest*, § 309 Nr. 5 Rn 16; Ring/Klingelhöfer/*Klingelhöfer*, § 309 Nr. 5 Rn 76.
69 Siehe Gesetzesentwurf der Fraktionen von SPD und BÜNDNIS 90/DIE GRÜNEN, BT-Drucks 14/6040, S. 155.
70 Siehe Gesetzesentwurf BT-Drucks 14/6040, S. 155; siehe dazu auch *Albert/Holthusen*, BB 2007, 2706, 2707; UBH/*Fuchs*, § 309 Nr. 5 Rn 24.
71 Ring/Klingelhöfer/*Klingelhöfer*, § 5 Rn 77 m.w.N.
72 BGH, Urt. v. 14.4.2010 – VIII ZR 123/09, NJW 2010, 2122, 2123; Bamberger/Roth/*Becker*, § 309 Nr. 5 Rn 36; WLP/*Dammann*, § 309 Nr. 5 Rn 91.
73 Vgl. *Albert/Holthusen*, BB 2007, 2706, 2707.
74 BGH, Urt. v. 14.4.2010 – VIII ZR 123/09, NJW 2010, 2122, 2123; *Albert/Holthusen*, BB 2007, 2706, 2707; Bamberger/Roth/*Becker*, § 309 Nr. 5 Rn 36.
75 BGH, Urt. v. 12.1.1994 – VIII ZR 165/92, NJW 1994, 1060, 1068; Bamberger/Roth/*Becker*, § 309 Nr. 5 Rn 39f.; Erman/*Roloff*, § 309 Rn 51; MüKo/*Wurmnest*, § 309 Nr. 5 Rn 27; Palandt/*Grüneberg*, § 309 Rn 32; jeweils m.w.N.
76 BGH, Urt. v. 20.3.2003 – I ZR 225/00, NJW-RR 2003, 1056, 1059; Bamberger/Roth/*Becker*, § 309 Nr. 5 Rn 41; Palandt/*Grüneberg*, § 309 Rn 32; Staudinger/*Coester-Waltjen*, § 309 Nr. 5 Rn 26 m.w.N.

§ 309 Nr. 6

6. (Vertragsstrafe)
eine Bestimmung, durch die dem Verwender für den Fall der Nichtabnahme oder verspäteten Abnahme der Leistung, des Zahlungsverzugs oder für den Fall, dass der andere Vertragsteil sich vom Vertrag löst, Zahlung einer Vertragsstrafe versprochen wird;

Literatur zu § 309 Nr. 6: Staudinger, BGB, §§ 328 bis 345, Neubearbeitung 2009

A. Allgemeines 1	3. Garantieversprechen 9
I. Bedeutung des Klauselverbots 1	II. Arbeitsverträge 10
II. Abgrenzung zu § 309 Nr. 5 BGB 2	III. Fallgruppen des § 309 Nr. 6 BGB 11
B. Anwendungsbereich 5	1. Nichtabnahme oder verspätete Annahme der Leistung 11
I. Vertragsstrafen und verwandte Erscheinungsformen 5	2. Zahlungsverzug 12
1. Unselbstständige und selbstständige Strafversprechen 5	3. Lösung vom Vertrag 14
	C. Inhaltskontrolle nach § 307 BGB 15
2. Verfall- und Verwirkungsklauseln 8	D. Verkehr zwischen Unternehmern 16

A. Allgemeines

I. Bedeutung des Klauselverbots

Die Verwendung formularmäßiger Vertragsstrafeklauseln im Geschäftsverkehr mit Verbrauchern begegnet immer wieder schwerwiegenden Bedenken, da mit ihnen die Gefahr verbunden ist, dass der AGB-Verwender seine Vertragspartner in unangemessener Weise benachteiligt.[1] Zum einen können Vertragsstrafen unabhängig vom Eintritt eines tatsächlichen Schadens geltend gemacht werden und beinhalten dadurch das Risiko, dass sich der Klauselverwender auf Kosten seiner Vertragspartner ungerechtfertigt bereichert.[2] Zum anderen können Vertragsstrafeversprechen bewirken, dass der Vertragspartner zu unwirtschaftlichen Handlungen veranlasst wird, um die Zahlung der Vertragsstrafe zu vermeiden.[3] Die Forderung nach einem generellen Verbot von Vertragsstrafeklauseln im Geschäftsverkehr mit Verbrauchern ist daher berechtigt, konnte sich aber im Gesetzgebungsverfahren nicht durchsetzen.[4] § 309 Nr. 6 BGB verbietet die Verwendung von Vertragsstrafeklauseln gegenüber Verbrauchern nur für die im Gesetz ausdrücklich genannten Fallkonstellationen. Diese Fallkonstellationen betreffen ausschließlich Pflichtverletzungen des Verbrauchers, bei denen dem Klauselverwender ohnehin Schadensersatzansprüche nach den gesetzlichen Vorschriften zustehen, die er gegebenenfalls auch mit Hilfe einer Schadenspauschale i.S.v. § 309 Nr. 5 BGB geltend machen kann.[5]

II. Abgrenzung zu § 309 Nr. 5 BGB

Während sich die Wirksamkeit von Vertragsstrafeklauseln gemäß § 309 Nr. 6 BGB danach beurteilt, unter welchen Voraussetzungen die Vertragsstrafe verwirkt wird, verbietet § 309 Nr. 5 BGB unangemessen hohe Schadenspauschalen und verlangt vom AGB-Verwender, gegenüber seinem Vertragspartner die Möglichkeit des Gegenbeweises ausdrücklich zuzulassen. Aufgrund dieser unterschiedlichen Klauselverbote ist der Abgrenzung zwischen pauschaliertem Schadensersatz und Vertragsstrafen grundlegende Bedeutung zuzumessen. Insbesondere kann nicht ausgeschlossen werden, dass ein Gericht eine Schadenspauschale, die einer Inhaltskontrolle nach § 309 Nr. 5 BGB standhalten würde, wegen Verstoßes gegen § 309 Nr. 6 BGB für unwirksam erklärt, weil es die Regelung als Vertragsstrafe einstuft.[6]

Umstritten ist, wie Vertragsstrafen und pauschalierter Schadensersatz voneinander abzugrenzen sind (vgl. hierzu § 309 Nr. 5 Rn 6 ff.) Mit der h.M. ist hierfür vorrangig auf die Funktion der jeweils zu beurteilenden Klausel abzustellen.[7] Wird die Regelung in erster Linie als Druckmittel eingesetzt, um den Vertragspartner anzuhalten, seine Vertragspflichten zu erfüllen, ist von einer Vertragsstrafe auszugehen. Dabei ist allerdings zu beachten, dass Vertragsstrafen aufgrund ihrer Doppelfunktion (siehe hierzu Stichwort „Vertragsstrafen", Rn 2137) nicht nur ein Druckmittel darstellen, sondern dem

---

1 Siehe nur UBH/*Fuchs*, § 309 Nr. 6 Rn 2 f.; MüKo/*Wurmnest*, § 309 Nr. 6 Rn 1; Palandt/*Grüneberg*, § 309 Rn 33.
2 Erman/*Roloff*, § 309 Rn 53.
3 MüKo/*Wurmnest*, § 309 Nr. 6 Rn 1; zust. UBH/*Fuchs*, § 309 Nr. 6 Rn 2.
4 Dazu UBH/*Fuchs*, § 309 Nr. 6 Rn 3; siehe auch WLP/*Dammann*, § 309 Nr. 6 Rn 1–9.
5 Erman/*Roloff*, § 309 Rn 53; MüKo/*Wurmnest*, § 309 Nr. 6 Rn 2; WLP/*Dammann*, § 309 Nr. 6 Rn 1–9.
6 So bereits Ring/Klingelhöfer/*Klingelhöfer*, § 5 Rn 69.
7 BGH, Urt. v. 25.11.1982 – III ZR 92/81, NJW 1983, 1542; BGH, Urt. v. 16.11.1967 – VIII ZR 81/65, NJW 1968, 149, 150; Erman/*Roloff*, § 309 Rn 42; Palandt/*Grüneberg*, § 276 Rn 26; UBH/*Fuchs*, § 309 Nr. 5 Rn 11.

Gläubiger im Verletzungsfall auch eine erleichterte Schadloshaltung ohne Einzelnachweis ermöglichen sollen.[8] Ebenso kann auch eine drohende Schadenspauschale Druck auf den Schuldner ausüben.[9] Insofern müssen im Zweifelsfall weitere Kriterien zur Abgrenzung herangezogen werden (siehe § 309 Nr. 5 Rn 10).

4   Scheitert eine erfolgreiche Abgrenzung an der Mehrdeutigkeit der Klauselgestaltung, so geht diese Unklarheit gemäß § 305c Abs. 2 BGB zu Lasten des Verwenders. Das bedeutet, die Klausel ist so auszulegen, dass sie in den Anwendungsbereich desjenigen Klauselverbots (§ 309 Nr. 5 oder Nr. 6 BGB) fällt, das zu ihrer Unwirksamkeit führt.[10]

B. Anwendungsbereich
I. Vertragsstrafen und verwandte Erscheinungsformen
1. Unselbstständige und selbstständige Strafversprechen

5   Das Klauselverbot des § 309 Nr. 6 BGB gilt sowohl für unselbstständige als auch für selbstständige Strafversprechen.

6   Die §§ 339 ff. BGB regeln das unselbstständige Strafversprechen. Es dient der Sicherung einer Hauptverbindlichkeit und ist von ihr abhängig (akzessorisch).[11] Als Hauptverbindlichkeit kommen auch vertragliche Nebenpflichten oder gesetzliche Pflichten in Betracht.[12]

7   Vom unselbstständigen Strafversprechen unterscheidet sich das selbstständige Strafversprechen nach § 343 Abs. 2 BGB, das für den Fall versprochen wird, dass der Schuldner eine von ihm an sich nicht geschuldete Handlung vornimmt oder dass er eine Handlung unterlässt, zu der er nicht verpflichtet ist.[13] Im Gegensatz zum unselbstständigen Strafversprechen ist das selbstständige Strafversprechen nicht akzessorisch.

2. Verfall- und Verwirkungsklauseln

8   Von Verfall- oder Verwirkungsklauseln ist die Rede, wenn Bestimmungen vorsehen, dass eine Vertragspartei aufgrund einer Pflichtverletzung Rechte oder Ansprüche verliert, die ihr an sich zustehen.[14] Die Vorschriften der §§ 339 ff. BGB und somit auch § 309 Nr. 6 BGB sind auf Verfall- oder Verwirkungsklauseln zumindest entsprechend anwendbar.[15] Etwas anderes gilt für sog. „Vorfälligkeitsklauseln", durch die insbesondere bei Darlehensverträgen oder ähnlichen, langfristigen Dauerschuldverhältnissen Forderungen bei einem Verzug des Schuldners vorzeitig fällig gestellt werden. Auf Vorfälligkeitsklauseln finden die §§ 339 ff. BGB keine Anwendung.[16]

3. Garantieversprechen

9   Mit dem Garantieversprechen soll ein bestimmtes Verhalten in der Vergangenheit oder der Eintritt eines zukünftigen Erfolgs gewährleistet werden.[17] Der Garant verspricht dem Gläubiger eine Leistung für den Fall, dass ein bestimmter, vom bisherigen (eigenen oder fremden) Verhalten abhängiger Erfolg entweder eintritt oder ausbleibt. Damit kann das Garantieversprechen – anders als das Strafversprechen – nicht als Druckmittel dienen, um den Garanten zu einem vertragsgemäßen Verhalten zu veranlassen.[18] Auch zielt die für den Garantiefall versprochene Leistung vorrangig darauf ab, den bestimmten Erfolg herbeizuführen bzw. zu beseitigen, und soll den Gläubiger nicht vom Nachweis eines et-

---

8   BGH, Urt. v. 27. 11. 1974 – VIII ZR 9/73, NJW 1975, 163, 164; BGH, Urt. v. 18.11.1982 – VII ZR 305/81, NJW 1983, 385, 387; BGH, Urt. v. 23.6.1988 – VII ZR 117/87, NJW 1988, 2536; BGH, Urt. v. 28.1.1993 – I ZR 294/90, NJW 1993, 1786, 1787 f.; siehe auch OLG Nürnberg, Urt. v. 5.2.2002 – 1 U 2314/01, NJW-RR 2002, 917; Erman/*Roloff*, § 309 Rn 42; Palandt/*Grüneberg*, § 276 Rn 26; Staudinger/*Coester-Waltjen*, § 309 Nr. 5 Rn 3; UBH/*Fuchs*, § 309 Nr. 5 Rn 11; v. Westphalen/*Thüsing*, Vertragsstrafe Rn 1.

9   MüKo/*Wurmnest*, § 309 Nr. 5 Rn 6; Staudinger/*Coester-Waltjen*, § 309 Nr. 5 Rn 3.

10 WLP/*Dammann*, § 309 Nr. 5 Rn 38; so wohl auch OLG Nürnberg, Urt. v. 5.2.2002 – 1 U 2314/01, NJW-RR 2002, 917; a.A. Staudinger/*Coester-Waltjen*, § 309 Nr. 5 Rn 3 (im Zweifelsfall Schadenspauschalierung).

11 Bamberger/Roth/*Janoschek*, § 339 Rn 3; Palandt/*Grüneberg*, § 339 Rn 1.

12 BGH, Urt. v. 28.1.1993 – I ZR 294/90, NJW 1993, 1786, 1787; Bamberger/Roth/*Janoschek*, § 339 Rn 3 m.w.N.

13 Dazu MüKo/*Gottwald*, § 343 Rn 24; v. Westphalen/*Thüsing*, Vertragsstrafe Rn 2 m.w.N.

14 BGH, Urt. v. 24.4.1991 – VIII ZR 180/90, NJW-RR 1991, 1013, 1015; BGH, Urt. v. 29.6.1972 – II ZR 101/70, NJW 1972, 1893, 1894; MüKo/*Gottwald*, vor § 339 Rn 36.

15 So bereits BGH, Urt. v. 27.6.1960 – VII ZR 101/59, NJW 1960, 1568; BGH, Urt. v. 8.12.1992 – IX ZR 98/91, NJW-RR 1993, 243, 246; KG, Beschl. v. 20.3.2009 – 9 W 49/09, NJW-RR 2009, 1212, 1213; Staudinger/*Coester-Waltjen*, § 309 Nr. 6 Rn 8; v. Westphalen/*Thüsing*, Vertragsstrafe Rn 4 m.w.N.; einschränkend UBH/*Fuchs*, § 309 Nr. 6 Rn 19.

16 BGH, Urt. v. 19.9.1985 – III ZR 213/83, NJW 1986, 46, 48; KG, Beschl. v. 20.3.2009 – 9 W 49/09, NJW-RR 2009, 1212, 1213; Palandt/*Grüneberg*, § 339 Rn 4; Erman/*Schaub*, vor §§ 339–345 Rn 7 m.w.N.

17 BGH, Urt. v. 23.6.1988 – VII ZR 117/87, BGHZ 105, 24, 27 = NJW 1988, 2536, 2537; MüKo/*Gottwald*, vor § 339 Rn 44 ff. m.w.N.

18 Siehe einerseits BGH, Urt. v. 23.6.1988 – VII ZR 117/87, BGHZ 105, 24, 27 = NJW 1988, 2536, 2537 (Garantieversprechen) und andererseits BGH, Urt. v. 18.12.1981 – V ZR 233/80, BGHZ 82, 398, 401 = NJW 1982, 759, 760 (Strafversprechen).

waigen Schadens befreien. Garantieversprechen unterliegen nicht der Inhaltskontrolle nach § 309 Nr. 6 BGB, sondern sind an § 307 BGB zu messen.[19]

II. Arbeitsverträge

Keine Bedeutung hat das Klauselverbot des § 309 Nr. 6 BGB für Arbeitsverträge. Das BAG beurteilt Vertragsstrafeklauseln in Arbeitsverträgen wegen der im Arbeitsrecht geltenden Besonderheiten (§ 310 Abs. 4 S. 2 BGB) nach § 307 BGB (vgl. hierzu Stichwort „Vertragsstrafen", Rn 2156).[20]

III. Fallgruppen des § 309 Nr. 6 BGB

1. Nichtabnahme oder verspätete Annahme der Leistung

§ 309 Nr. 6 BGB findet zunächst in denjenigen Fällen Anwendung, in welchen dem Schuldner eine Vertragsstrafenverpflichtung auferlegt werden soll, wenn er eine vom Gläubiger und Klauselverwender zu erbringende Geld-, Sach- oder Dienstleistung nicht oder verspätet abnimmt.[21] Unter den Begriff „Abnahme" im Sinne dieser Vorschrift fallen nicht nur die gesetzlichen Abnahmetatbestände (§§ 433 Abs. 2, 640, 641, 641a BGB). Der Begriff ist weit auszulegen und erfasst jede Art der Abnahme einer Leistung, gleichgültig, ob es sich bei dieser um eine vertragliche Haupt- oder Nebenpflicht oder lediglich um eine Obliegenheit handelt.[22]

2. Zahlungsverzug

Die Vorschrift greift bei Vertragsstrafen ein, deren Verwirkung durch einen Zahlungsverzug des Schuldners (§ 286 BGB) ausgelöst wird. Der Begriff des Zahlungsverzugs ist ebenfalls weit auszulegen. Eine Vertragsstrafenklausel, die an eine nicht fristgemäße Zahlung des Schuldners anknüpft, ist nach § 309 Nr. 6 BGB unwirksam.[23] Auch ein Vertragsstrafeversprechen für das Ausbleiben einer Zahlung des Schuldners schlechthin wird von der Vorschrift erfasst.[24] Für die Unwirksamkeit einer Klausel nach § 309 Nr. 6 BGB reicht es aus, wenn die Vertragsstrafe bei weiter Auslegung der gewählten Formulierungen zumindest auch einen Zahlungsverzug des Schuldners erfasst. Dies ist beispielsweise bei der Wahl der Formulierung „Nichteinhaltung des Vertrages" der Fall.[25]

Den Hintergrund dieses Klauselverbots bildet das fehlende Bedürfnis des Gläubigers sich im Verzugsfall durch eine Vertragsstrafe schadlos halten zu müssen, da ihm gesetzliche Schadensersatzansprüche (§§ 280, 286, 288 BGB) gegenüber dem Schuldner zustehen.[26] § 309 Nr. 6 BGB ist nach h.M. auf einen Verzug des Schuldners mit der Erfüllung anderer vertraglicher Leistungspflichten als Zahlungspflichten nicht entsprechend anwendbar, so dass bei einer solchen Klauselgestaltung eine Inhaltskontrolle nach § 307 BGB erfolgen muss.[27]

3. Lösung vom Vertrag

§ 309 Nr. 6 BGB erfasst schließlich alle Fälle von Vertragsstrafeklauseln, die bei einer Lösung des Schuldners vom Vertrag eingreifen sollen. Hierbei bedeutet die Lösung vom Vertrag jede ausdrückliche Rechtshandlung (Rücktritt, Kündigung, Widerruf, endgültige Erfüllungs- oder Abnahmeverweigerung, Aufhebungsverlangen) oder die konkludente Bekundung eines nicht mehr bestehenden vertraglichen Bindungswillens.[28] Im Rahmen dessen ist unbeachtlich, ob der Schuldner sein Lösungsrecht auf gesetzlicher oder vertraglicher Grundlage ausübt.[29] Selbst wenn der Schuldner zu einer Lösung vom Vertrag überhaupt nicht berechtigt sein sollte, besteht kein Bedürfnis nach einer Vertragsstrafe, da der Gläubiger in solchen Fällen Schadensersatzansprüche nach Maßgabe der §§ 280 ff. BGB gegenüber dem Schuldner geltend machen kann.[30] Demnach greift § 309 Nr. 6 BGB auch bei Klauseln ein, die eine Vertragsstrafe bei nichtberechtigter Lösung des Schuldners vom Vertrag vorsehen.[31]

---

19 Erman/*Roloff*, § 309 Rn 54; WLP/*Dammann*, § 309 Nr. 6 Rn 21–29.
20 BAG, Urt. v. 4.3.2004 – 8 AZR 196/03, NZA 2004, 727; BAG, Urt. v. 28.5.2009 – 8 AZR 896/07, AP Nr. 6 zu § 306 BGB.
21 WLP/*Dammann*, § 309 Nr. 6 Rn 31–35.
22 MüKo/*Wurmnest*, § 309 Nr. 6 Rn 9; UBH/*Fuchs,* § 309 Nr. 6 Rn 21.
23 BGH, Urt. v. 29.3.1994 – XI ZR 69/93, NJW 1994, 1532, 1533.
24 Palandt/*Grüneberg*, § 309 Rn 35.
25 UBH/*Fuchs*, § 309 Nr. 6 Rn 27.
26 UBH/*Fuchs*, § 309 Nr. 6 Rn 13.
27 Staudinger/*Coester-Waltjen*, § 309 Nr. 6 Rn 13; Erman/ *Roloff*, § 309 Rn 55 zu Vertragsstrafen bei Beförderungserschleichung/„Schwarzfahren"; ebenso MüKo/*Wurmnest*, § 309 Nr. 6 Rn 13; WLP/*Dammann*, § 309 Nr. 6 Rn 39–40.
28 UBH/*Fuchs*, § 309 Nr. 6 Rn 24; Palandt/*Grüneberg*, § 309 Nr. 6 Rn 36.
29 WLP/*Dammann*, § 309 Nr. 6 Rn 42.
30 WLP/*Dammann*, § 309 Nr. 6 Rn 44–49 mit dem folgerichtigen Hinweis auf die Möglichkeit des Gläubigers zur Schadenspauschalierung in den Grenzen des § 309 Nr. 5 BGB.
31 Staudinger/*Coester-Waltjen*, § 309 Nr. 6 Rn 14, allerdings unter Beschränkung der Anwendung auf die Fälle der unberechtigten Erfüllungsverweigerung oder der die Unmöglichkeit der Vertragserfüllung verursachenden Vertragsverletzung des Schuldners.

§ 309 Nr. 7

C. Inhaltskontrolle nach § 307 BGB

15 Soweit formularmäßige Vertragsstrafeversprechen nicht dem Anwendungsbereich des § 309 Nr. 6 BGB unterfallen, erfolgt die Inhaltskontrolle von Vertragsstrafeklauseln nach § 307 BGB. Dabei stellt die Rechtsprechung u.a. darauf ab, ob die Höhe der Vertragsstrafe angemessen ist,[32] der Inhalt einer Vertragsstrafeklausel hinreichend bestimmt ist,[33] der Schuldner nicht zu einer verschuldensunabhängigen Zahlung der Vertragsstrafe verpflichtet wird[34] und das Kumulationsverbot, nach dem eine vom Schuldner verwirkte Vertragsstrafe gemäß §§ 340 Abs. 2, 341 Abs. 2 BGB auf Schadensersatzansprüche des Gläubigers anzurechnen ist, beachtet wird.[35] (zu Einzelheiten siehe Stichwort „Vertragsstrafen, Rn 2146 ff.)

D. Verkehr zwischen Unternehmern

16 Das Klauselverbot des § 309 Nr. 6 BGB findet keine Anwendung, wenn Vertragsstrafeklauseln gegenüber Unternehmern verwendet werden.[36] Vielmehr stellen Vertragsstrafeversprechen im unternehmerischen Geschäftsverkehr häufig ein wirksames Mittel dar, den Vertragspartner zur Erfüllung seiner Vertragspflichten anzuhalten und dem AGB-Verwender den Schadensnachweis zu ersparen.[37] Vertragsstrafeklauseln in diesem Bereich sind aber nach § 307 BGB zu prüfen.[38]

17 Kriterien für die Inhaltskontrolle von Vertragsstrafeklauseln im unternehmerischen Geschäftsverkehr nach § 307 BGB sind insbesondere die Angemessenheit der Vertragsstrafenhöhe,[39] die Beachtung des Kumulationsverbots[40] sowie die Einhaltung des Verschuldensprinzips (sofern nicht ausnahmsweise besondere Umstände vorliegen, die eine Abkehr von diesem Prinzip rechtfertigen).[41] Vgl. hierzu Stichwort „Vertragsstrafen", Rn 2160.

§ 309 Nr. 7

7. (Haftungsausschluss bei Verletzung von Leben, Körper, Gesundheit und bei grobem Verschulden)

a) (Verletzung von Leben, Körper, Gesundheit)

ein Ausschluss oder eine Begrenzung der Haftung für Schäden aus der Verletzung des Lebens, des Körpers oder der Gesundheit, die auf einer fahrlässigen Pflichtverletzung des Verwenders oder einer vorsätzlichen oder fahrlässigen Pflichtverletzung eines gesetzlichen Vertreters oder Erfüllungsgehilfen des Verwenders beruhen;

b) (Grobes Verschulden)

ein Ausschluss oder eine Begrenzung der Haftung für sonstige Schäden, die auf einer grob fahrlässigen Pflichtverletzung des Verwenders oder auf einer vorsätzlichen oder grob fahrlässigen Pflichtverletzung eines gesetzlichen Vertreters oder Erfüllungsgehilfen des Verwenders beruhen;

die Buchstaben a und b gelten nicht für Haftungsbeschränkungen in den nach Maßgabe des Personenbeförderungsgesetzes genehmigten Beförderungsbedingungen und Tarifvorschriften der Straßenbahnen, Obusse und Kraftfahrzeuge im Linienverkehr, soweit sie nicht zum Nachteil des Fahrgastes von der Verordnung über die Allgemeinen Beförderungsbedingungen für den Straßenbahn- und Obusverkehr sowie den Linien-

---

32 OLG Hamburg, Urt. v. 29.7.1999 – 3 U 171/98, ZUM-RD 1999, 497, 499 f.

33 Staudinger/*Coester-Waltjen*, § 309 Nr. 6 Rn 25; WLP/*Dammann*, § 309 Nr. 6 Rn 63; UBH/*Fuchs*, § 309 Nr. 6 Rn 27.

34 BGH, Urt. v. 24.4.1991 – VIII ZR 180/90, NJW-RR 1991, 1013, 1015. Ebenso – ausdrücklich für Endverbraucher – v. Westphalen/*Thüsing*, Vertragsstrafe Rn 23; – einschränkend – Staudinger/*Coester-Waltjen*, § 309 Nr. 6 Rn 26: „zumindest beim Nichtkaufmann". Zum Verschuldensprinzip bei der Vertragsstrafe grundsätzlich Staudinger/*Rieble*, § 339 Rn 313 ff.; siehe im Übrigen Staudinger/*Coester-Waltjen*, § 309 Nr. 6 Rn 26 m.w.N.

35 WLP/*Dammann*, § 309 Nr. 6 Rn 64; Staudinger/*Coester-Waltjen*, § 309 Nr. 6 Rn 23; v. Westphalen/*Thüsing*, Vertragsstrafe Rn 29.

36 Ebenroth/Boujong/Joost/Strohn/*Joost*, § 348 HGB Rn 27; Palandt/*Grüneberg*, § 309 Rn 38; UBH/*Fuchs*, § 309 Nr. 6 Rn 35; WLP/*Dammann*, § 309 Nr. 6 Rn 100.

37 *Baumbach/Hopt*, § 348 HGB Rn 5; MüKo/*Wurmnest*, § 309 Nr. 6 Rn 19; WLP/*Dammann*, § 309 Nr. 6 Rn 101.

38 BGH, Urt. v. 29.2.1984 – VIII ZR 350/82, NJW 1985, 53, 56; Ebenroth/Boujong/Joost/Strohn/*Joost*, § 348 HGB Rn 7 m.w.N.

39 BGH, Urt. v. 23.1.2003 – VII ZR 210/01, NJW 2003, 1805, 1808; BGH, Urt. v. 12.1.1994 – VIII ZR 165/92, NJW 1994, 1060, 1064; BGH, Urt. v. 18.11.1982 – VII ZR 305/81, BGHZ, 85, 305, 312 f. = NJW 1983, 385, 387.

40 Grundlegend BGHZ 63, 256, 258, 260 = NJW 1975, 163, 164 f.; zuletzt etwa BGH, Urt. v. 24.6.2009 – VIII ZR 332/07, NJW-RR 2009, 1404, 1405. Ebenso Staudinger/*Coester-Waltjen*, § 309 Nr. 6 Rn 28; v. Westphalen/*Thüsing*, Vertragsstrafe Rn 29; jeweils m.w.N.

41 Siehe z.B. BGH, Urt. v. 20.3.2003 – I ZR 225/00, NJW-RR 2003, 1056, 1060; OLG Oldenburg, Urt. v. 30.9.2004 – 8 U 86/01, NJOZ 2005, 897, 901 (allerdings unter verfehlter Berufung auf BGH, Urt. v. 16.7.1998 – VII ZR 9/97, NJW 1998, 3488, 3489); ebenso v. Westphalen/*Thüsing*, Vertragsstrafe Rn 23.

verkehr mit Kraftfahrzeugen vom 27. Februar 1970 abweichen; Buchstabe b gilt nicht für Haftungsbeschränkungen für staatlich genehmigte Lotterie- oder Ausspielverträge;

Literatur zu § 309 Nr. 7: *Berger/Kleine*, AGB-Gestaltung und Transparenzgebot – Beispiele aus der jüngeren BGH-Rechtsprechung zum unternehmerischen Geschäftsverkehr, NJW 2007, 3526; *Kappus*, BGH „succurit ignoranti" – Transparenz des „Kardinalpflichten"-Begriffs im Unternehmerverkehr, NJW 2006, 15; *Kessel*, Haftungsklauseln im Geschäftsverkehr zwischen Unternehmern – Plädoyer für eine Änderung der Rechtsprechung, BB 2009, 2666; *Koch*, Auswirkungen der Schuldrechtsreform auf die Gestaltung Allgemeiner Geschäftsbedingungen, WM 2002, 2173; *Kollmann*, AGB – Nicht nur theoretische Probleme (in) der Praxis, NJOZ 2011, 625; *Matthiesen*, Arbeitsvertragliche Ausschlussfristen und das Klauselverbot des § 309 Nr. 7 BGB, NZA 2007, 361; *Ostendorf*, Zur Wirksamkeit von Haftungsbeschränkungen in Standardverträgen nach der jüngeren Rechtsprechung des BGH – Auswirkungen auf die Vertragsgestaltung, ZGS 2006, 222; *v. Westphalen*, AGB-Recht im Jahr 2005, NJW 2006, 2228

A. Allgemeines 1	D. Haftungsfreizeichnung für einfache Fahrlässigkeit 23
B. Anwendungsbereich 3	E. Verkehr zwischen Unternehmen 27
C. Die Klauselverbote im Einzelnen 7	I. Indizwirkung des § 309 BGB 27
I. Körperschäden (§ 309 Nr. 7a BGB) 7	II. Körperschäden (§ 309 Nr. 7a BGB) ... 29
II. Grobes Verschulden (§ 309 Nr. 7b BGB) 9	III. Grobes Verschulden (§ 309 Nr. 7b BGB) ... 31
III. Gesetzliche Vertreter und Erfüllungsgehilfen 10	1. Haftungsausschluss 31
IV. Haftungsausschlüsse und -begrenzungen 12	2. Haftungsbegrenzung 33
V. Ausnahmen 19	IV. Einfache Fahrlässigkeit (§ 307 BGB) ... 38
1. Beförderungsbedingungen 19	
2. Lotterie- oder Ausspielverträge ... 22	

A. Allgemeines

§ 309 Nr. 7 BGB schränkt die Möglichkeiten des Verwenders ein, seine Haftung für Pflichtverletzungen in AGB auszuschließen oder zu begrenzen. § 309 Nr. 7a BGB verbietet jegliche Haftungsfreizeichnung für sog. „Körperschäden" (Verletzung des Lebens, des Körpers oder der Gesundheit), die auf einer schuldhaften Pflichtverletzung des Verwenders, seiner gesetzlichen Vertreter oder Erfüllungsgehilfen beruhen. Ebenso wie in § 309 Nr. 7b BGB werden vorsätzliche Pflichtverletzungen durch den Verwender selbst im Klauselverbot nicht ausdrücklich genannt. Die diesbezügliche Haftung des Verwenders kann bereits nach § 276 Abs. 3 BGB nicht abbedungen werden. **1**

Abweichend von § 309 Nr. 7a BGB sind Haftungsausschlüsse und -begrenzungen bezüglich sonstiger Schäden nach § 309 Nr. 7b BGB nur in den Fällen unwirksam, in denen sich der Verwender von seinem eigenen groben Verschulden (Vorsatz oder grobe Fahrlässigkeit) oder dem groben Verschulden seiner gesetzlichen Vertreter oder Erfüllungsgehilfen freizeichnen will. Formularmäßige Haftungsfreizeichnungen für einfache Fahrlässigkeit fallen daher nicht in den Anwendungsbereich des § 309 Nr. 7b BGB. Sie unterliegen jedoch einer Inhaltskontrolle nach § 307 BGB und sind nur in engen Grenzen zulässig (siehe Rn 23 ff.). **2**

B. Anwendungsbereich

Die Klauselverbote des § 309 Nr. 7 BGB gelten grundsätzlich für Verträge jeglicher Art.[1] Die Vorschrift ist auch auf Arbeitsverträge anwendbar, da der Arbeitnehmer als Verbraucher i.s.v. § 13 BGB anzusehen ist.[2] Allerdings sind bei Arbeitsverträgen die im Arbeitsrecht geltenden Besonderheiten angemessen zu berücksichtigen (§ 310 Abs. 4 S. 2 BGB). Selbst bei Sportveranstaltungen, bei denen das „sportliche Regelwerk" nicht der Inhaltskontrolle nach §§ 305 ff. BGB unterliegt, findet § 309 Nr. 7 BGB auf diejenigen vorformulierten Bedingungen des Veranstalters Anwendung, die Ausschlüsse oder Beschränkungen der Haftung für Verletzungen von Rechtsgütern der Teilnehmer enthalten.[3] **3**

§ 309 Nr. 7 BGB erfasst jede Art der Pflichtverletzung, „unabhängig davon, ob es sich um die Verletzung einer Hauptleistungspflicht, einer Nebenpflicht oder um die Lieferung einer mangelhaften Sache handelt".[4] In seinen Erläuterungen zum Gesetzentwurf hat der Gesetzgeber ausdrücklich klargestellt, dass sich die Vorschrift auch auf Haftungsfreizeichnungen für Ansprüche wegen Verschuldens bei den Vertragsverhandlungen (c.i.c.) erstreckt und in diesem Zusammenhang auf § 311 Abs. 2 Nr. 1 BGB verwiesen.[5] Nach dieser Vorschrift entsteht ein Schuldverhältnis mit Pflichten bereits durch die Aufnahme von Vertragsverhandlungen. Dementsprechend stellt eine Verletzung dieser Pflichten eine Pflichtverletzung i.S.v. § 280 BGB dar, von der sich der AGB-Verwender im Rahmen des § 309 Nr. 7 BGB nicht freizeichnen kann. Zu Recht wird allerdings darauf hingewiesen, dass die Bedeutung der Klausel- **4**

---

[1] Siehe nur Bamberger/Roth/*Becker*, § 309 Nr. 7 Rn 3; Palandt/*Grüneberg*, § 309 Rn 40 m.w.N.
[2] BAG, Urt. v. 25.5.2005 – 5 AZR 572/04, NJW 2005, 3305.
[3] BGH, Urt. v. 23.9.2010 – III ZR 246/09, NJW 2011, 139, 141.
[4] So bereits die Erläuterungen zum Gesetzentwurf der Fraktionen von SPD und BÜNDNIS 90/DIE GRÜNEN, vgl. BT-Drucks 14/6040, S. 156 f.; siehe auch Bamberger/Roth/*Becker*, § 309 Nr. 7 Rn 3; Staudinger/*Coester-Waltjen*, § 309 Nr. 7 Rn 4 m.w.N.
[5] Gesetzentwurf, BT-Drucks 14/6040, S. 156.

verbote für die Freizeichnung von vorvertraglichen Schadensersatzansprüchen in der Praxis gering ist.[6] Kommt ein Vertrag nämlich nicht zustande, finden die AGB des Klauselverwenders und darin enthaltene Haftungsausschlüsse oder -begrenzungen keine Anwendung.[7]

5 Nach h.M. ist § 309 Nr. 7 BGB auf Ansprüche aus unerlaubter Handlung zumindest entsprechend anwendbar.[8] Allerdings differenziert der BGH insoweit zwischen unerlaubten Handlungen, die im Rahmen der Vertragsdurchführung begangen werden, und solchen unerlaubten Handlungen, die der Schädiger außerhalb und unabhängig von einem Vertragsverhältnis begeht. Auf die letztgenannte Fallgruppe soll § 309 Nr. 7 BGB keine Anwendung finden.[9] Dies entspricht auch dem Willen des Gesetzgebers, der zwar den Begriff der „Vertragsverletzung" in § 11 Nr. 7 AGB-Gesetz im Rahmen der Schuldrechtsmodernisierung durch „Pflichtverletzung" ersetzte, dabei aber betonte, dass mit dieser redaktionellen Änderung keine inhaltliche Änderung verbunden sei.[10] Es stellt sich jedoch auch in diesem Zusammenhang die Frage, wie eine Freizeichnungsklausel in AGB überhaupt zur Anwendung kommen soll, wenn zwischen dem Schädiger und dem Geschädigten kein Vertragsverhältnis besteht und somit auch die AGB des Schädigers keine Wirkung entfalten können.

6 Werden im Rahmen eines bestehenden Vertragsverhältnisses Gefälligkeitsleistungen erbracht, ist § 309 Nr. 7 BGB nach Ansicht des BGH ebenfalls anwendbar.[11]

C. Die Klauselverbote im Einzelnen
I. Körperschäden (§ 309 Nr. 7a BGB)

7 § 309 Nr. 7a BGB setzt die Verpflichtung aus Nr. 1a des Anhangs der Richtlinie 93/13/EWG um.[12] Durch das Klauselverbot wird der AGB-Verwender daran gehindert, seine Haftung für schuldhaft verursachte Körperschäden auszuschließen oder zu begrenzen. Dies gilt bereits für einfache Fahrlässigkeit.

8 Die Begriffe Leben, Körper und Gesundheit entsprechen der Terminologie des § 823 Abs. 1 BGB und sind im Sinne dieser Vorschrift auszulegen.[13] Auch Haftungsfreizeichnungen für Schmerzensgeldansprüche (§ 253 Abs. 2 BGB) werden von § 309 Nr. 7a BGB erfasst.[14]

II. Grobes Verschulden (§ 309 Nr. 7b BGB)

9 Hinsichtlich sonstiger Schäden – also aller Schäden außer Körperschäden – verbietet § 309 Nr. 7b BGB die formularmäßige Haftungsfreizeichnung für grobe Fahrlässigkeit und Vorsatz. Vorsatz ist gegeben, wenn der Handelnde einen rechtswidrigen Erfolg wissentlich und willentlich herbeiführt, obwohl ihm zugemutet werden kann, rechtmäßig zu handeln.[15] Die Annahme grober Fahrlässigkeit setzt voraus, dass die im Verkehr erforderliche Sorgfalt nach den gesamten Umständen in ungewöhnlich hohem Maße verletzt wird und der Handelnde unbeachtet lässt, was im konkreten Fall jedem einleuchten müsste.[16]

III. Gesetzliche Vertreter und Erfüllungsgehilfen

10 Die Klauselverbote des § 309 Nr. 7 BGB stellen auf Pflichtverletzungen des Verwenders, seiner gesetzlichen Vertreter oder Erfüllungsgehilfen (§ 278 BGB) ab. Dabei müssen die Begriffe „gesetzlicher Vertreter" oder „Erfüllungsgehilfe" in der Freizeichnungsklausel nicht ausdrücklich verwendet werden. § 309 Nr. 7 BGB findet auch dann Anwendung, wenn sich die Haftungsfreizeichnung auf solche Personen erstreckt, die unabhängig von der gewählten Bezeichnung

---

6 Erman/*Roloff*, § 309 Rn 64; WLP/*Dammann*, § 309 Nr. 7 Rn 13.

7 BGH, Urt. v. 13.9.2004 – II ZR 276/02, NJW 2004, 3706, 3708 m.w.N.

8 BGH, Urt. v. 12.3.1987 – VII ZR 37/86, NJW 1987, 1931, 1938; BGH, Urt. v. 15.2.1995 – VIII ZR 93/94, NJW 1995, 1488, 1489; Erman/*Roloff*, § 309 Rn 64; MüKo/*Wurmnest*, § 309 Nr. 7 Rn 9; für eine direkte Anwendbarkeit der Vorschrift Bamberger/Roth/*Becker*, § 309 Nr. 7 Rn 4; WLP/*Dammann*, § 309 Nr. 7 Rn 14 ff.; Palandt/*Grüneberg*, § 309 Rn 40; Staudinger/*Coester-Waltjen*, § 309 Nr. 7 Rn 4; a.A. Ring/Klinghöfer/*Klinghöfer*, § 5 Rn 104.

9 BGH, Urt. v. 15.2.1995 – VIII ZR 93/94, NJW 1995, 1488, 1489 f.; für eine uneingeschränkte Anwendbarkeit des § 309 Nr. 7 BGB auf Ansprüche aus unerlaubter Handlung WLP/*Dammann*, § 309 Nr. 7 Rn 16–19.

10 Gesetzentwurf, BT-Drucks 14/6040, S. 156.

11 BGH, Urt. v. 15.2.1995 – VIII ZR 93/94, NJW 1995, 1488, 1489.

12 Gesetzentwurf, BT-Drucks 14/6040, S. 156; siehe dazu auch MüKo/*Wurmnest*, § 309 Nr. 7 Rn 3.

13 Staudinger/*Coester-Waltjen*, § 309 Nr. 7 Rn 9; UBH/*Christensen*, § 309 Nr. 7 Rn 23.

14 MüKo/*Wurmnest*, § 309 Nr. 7 Rn 19; Staudinger/*Coester-Waltjen*, § 309 Nr. 7 Rn 8.

15 BGH, Urt. v. 8.2.1965 – III ZR 170/63, NJW 1965, 962, 963 m.w.N.

16 BGH, Urt. v. 11.7.2007 – XII ZR 197/05, NJW 2007, 2988, 2989; siehe dazu auch Palandt/*Grüneberg*, § 277 Rn 5 m.w.N.

als gesetzliche Vertreter oder Erfüllungsgehilfen i.S.v. § 278 BGB anzusehen sind.[17] Unerheblich ist, welche Funktion der Erfüllungsgehilfe wahrnimmt, ob es sich bei ihm um einen Angestellten des Klauselverwenders oder um einen selbstständigen Subunternehmer handelt.[18]

Auf die Haftungsfreizeichnung für Verrichtungsgehilfen (§ 831 BGB) finden die Klauselverbote des § 309 Nr. 7 BGB dagegen keine Anwendung, es sei denn, der Verwender will sich von seinem Auswahl- und Überwachungsverschulden freizeichnen.[19] Überträgt der Verwender einen Auftrag vollständig auf einen Dritten (Substitution), so fällt die Haftungsfreizeichnung für ein Verschulden des Substituten ebenfalls nicht in den Anwendungsbereich des § 309 Nr. 7 BGB.[20] Der Verwender haftet jedoch gemäß § 664 Abs. 1 S. 2 BGB für die ordnungsgemäße Auswahl und Unterweisung des Substituten.[21]

IV. Haftungsausschlüsse und -begrenzungen

Ein Haftungsausschluss i.S.v. § 309 Nr. 7 BGB liegt vor, wenn der Anspruchsgrund ausgeschlossen und somit die Entstehung des Anspruchs verhindert wird.[22] Dagegen lässt eine Haftungsbegrenzung die Entstehung des Anspruchs dem Grunde nach unberührt und beschränkt lediglich den Umfang der Haftung.[23] § 309 Nr. 7 BGB verbietet jegliche Art von Haftungsausschlüssen oder -begrenzungen.[24] Dementsprechend sind neben vollständigen Haftungsausschlüssen betragsmäßige Begrenzungen ebenso unzulässig wie der Ausschluss der Schadensersatzpflicht für bestimmte Schäden. Daran scheitern die in der Praxis gelegentlich anzutreffenden Klauseln, die einen Ausschluss der Haftung für Folgeschäden oder entgangenen Gewinn vorsehen. Derartige Klauseln werden allerdings regelmäßig auch nach § 307 BGB unwirksam sein, selbst wenn sie nicht in den Anwendungsbereich des § 309 Nr. 7 BGB fallen (siehe hierzu Stichwort „Freizeichnungsklauseln", Rn 930 ff.).

Verweist eine AGB-Klausel die Verwendergegenseite in Bezug auf Schadensersatzansprüche wegen groben Verschuldens zunächst auf Dritte, die gegebenenfalls mit dem Verwender mithaften, stellt dies ebenfalls eine Haftungsbegrenzung dar, die nach § 309 Nr. 7b BGB unzulässig ist.[25]

Neben AGB-Klauseln, mit denen der Verwender seine Haftung ausdrücklich ausschließen oder begrenzen will, unterliegen auch solche Klauseln einer Inhaltskontrolle nach § 309 Nr. 7 BGB, die aufgrund ihres Regelungsgehalts eine indirekte Haftungsfreizeichnung bewirken (sog. „mittelbare Haftungsbegrenzungen").[26] Dies ist zum Beispiel der Fall, wenn vertragliche Leistungspflichten in AGB beschränkt oder ausgeschlossen werden.[27] Klauseln von Kreditinstituten, nach denen das Institut für aus technischen und betrieblichen Gründen bedingte, zeitweilige Beschränkungen und Unterbrechungen des Zugangs zum Online-Service auch bei grobem Verschulden nicht haftet, sind deshalb wegen Verstoßes gegen § 309 Nr. 7b BGB unwirksam.[28]

Da das Klauselverbot des § 309 Nr. 7 BGB auch auf Verschulden beruhende Schadenersatzansprüche aus Mängelhaftung (z.B. § 437 Nr. 3 BGB) erfasst (siehe oben Rn 4), ist in AGB, durch die die Mängelansprüche des Vertragspartners beschränkt werden sollen, eine Klarstellung erforderlich, dass die Haftung des Verwenders für schuldhaft verursachte Körperschäden sowie für Vorsatz und grobe Fahrlässigkeit von der Beschränkung unberührt bleibt. Die Klausel in einem Kaufvertrag über einen Gebrauchtwagen, dass „das Fahrzeug unter Ausschluss der Sachmängelhaftung verkauft wird, soweit nicht nachfolgend eine Garantie übernommen wird", ist wegen des Fehlens einer derartigen Klarstellung mit § 309 Nr. 7 BGB unvereinbar.[29]

In Rechtsprechung und Lehre wird zu Recht überwiegend anerkannt, dass die Verkürzung von Verjährungsfristen sowie die Festlegung von Ausschlussfristen für die Geltendmachung von Schadensersatzansprüchen als Haftungs-

---

17 BGH, Urt. v. 20.1.1983 – VII ZR 105/81, NJW 1983, 1322, 1325 (zum Erfüllungsgehilfen); Bamberger/Roth/*Becker*, § 309 Nr. 7 Rn 9 (Erfüllungsgehilfe); generell WLP/*Dammann*, § 309 Nr. 7 Rn 20.
18 Erman/*Roloff*, § 309 Rn 65; MüKo/*Wurmnest*, § 309 Nr. 7 Rn 21; Palandt/*Grüneberg*, § 309 Rn 44.
19 So zutreffend Bamberger/Roth/*Becker*, § 309 Nr. 7 Rn 10; a.A. anscheinend UBH/*Christensen*, § 309 Nr. 7 Rn 25; WLP/*Dammann*, § 309 Nr. 7 Rn 22–29.
20 Erman/*Roloff*, § 309 Rn 65; Palandt/*Grüneberg*, § 309 Rn 44; UBH/*Christensen*, § 309 Nr. 7 Rn 25, der allerdings darauf hinweist, dass die Substitution in AGB i.d.R. unzulässig ist; WLP/*Dammann*, § 309 Nr. 7 Rn 21.
21 Bamberger/Roth/*Becker*, § 309 Nr. 7 Rn 11.
22 Palandt/*Grüneberg*, § 309 Rn 41; *Matthiesen*, NZA 2007, 361, 362 m.w.N.
23 Palandt/*Grüneberg*, § 309 Rn 42.
24 Siehe nur BGH, Urt. v. 14.7.1987 – X ZR 38/86, NJW 1987, 2818, 2820: Das Gesetz erklärt eine Begrenzung der Haftung „schlechthin für unwirksam".
25 BGH, Urt. v. 19.11.2009 – III ZR 108/08, NJW 2010, 1277, 1278; Palandt/*Grüneberg*, § 309 Rn 45.
26 Staudinger/*Coester*, § 307 Rn 435; Ring/Klinghöfer/*Klinghöfer*, § 5 Rn 111.
27 v. Westphalen/v. *Westphalen*, Freizeichnungs- und Haftungsbegrenzungsklauseln Rn 114.
28 BGH, Urt. v. 12.12.2000 – XI ZR 138/00, NJW 2001, 751.
29 OLG Hamm, Urt. v. 10.2.2005 – 28 U 147/04, NJW-RR 2005, 1220; siehe auch BGH, Urt. v. 22.11.2006 – VIII ZR 72/06, NJW 2007, 759.

begrenzungen i.S.v. § 309 Nr. 7 BGB anzusehen sind.[30] Im Hinblick auf die Verkürzung von Verjährungsfristen entspricht dies auch dem ausdrücklichen Willen des Gesetzgebers.[31] Klauseln, nach denen „die Ansprüche des Käufers aus Mängelhaftung" – ohne Ausnahme – innerhalb von zwölf Monaten ab Gefahrübergang verjähren bzw. denen zufolge Ansprüche aus Mängeln innerhalb einer bestimmten Ausschlussfrist geltend zu machen sind, verstoßen daher gegen § 309 Nr. 7 BGB.[32] Denn sie erfassen auch die Schadensersatzansprüche des Käufers aus Mängelhaftung, die wegen Ersatz eines Körperschadens oder wegen groben Verschuldens des Verkäufers oder seiner Erfüllungsgehilfen geltend gemacht werden können.

17 Im Gegensatz zum BGH vertritt das BAG allerdings die Auffassung, dass Ausschluss- oder Verfallfristen in Formulararbeitsverträgen, die auch für die Geltendmachung von Schadenersatzansprüchen wegen Körperschäden oder groben Verschuldens gelten, keine Haftungsbegrenzungen i.S.d. § 309 Nr. 7 BGB darstellen.[33] Die Obliegenheit zur schriftlichen Geltendmachung enthalte keinen Haftungsausschluss und keine Haftungsbegrenzung, denn der Anspruch entstehe uneingeschränkt und werde lediglich für den Fall fehlender Geltendmachung befristet.[34]

18 Eine nähere Begründung für diese Ansicht ist den Entscheidungen des BAG bedauerlicherweise nicht zu entnehmen.[35] Insbesondere beruft sich das BAG zur Begründung seiner Auffassung auch nicht auf die im Arbeitsrecht geltenden Besonderheiten (§ 310 Abs. 4 S. 2 BGB),[36] die eine abweichende Beurteilung von Ausschlussfristen in Arbeitsverträgen rechtfertigen könnten.[37]

V. Ausnahmen

1. Beförderungsbedingungen

19 Unter bestimmten Voraussetzungen sind Beförderungsbedingungen von den Klauselverboten des § 309 Nr. 7a und 7b BGB ausgenommen.

20 Die Verordnung über die Allgemeinen Beförderungsbedingungen für den Straßenbahn- und Obusverkehr sowie den Linienverkehr mit Kraftfahrzeugen (BefBedV) vom 27.2.1970[38] enthält in den §§ 14 und 16 Haftungsbeschränkungen. Die BefBedV unterliegt jedoch keiner AGB-rechtlichen Inhaltskontrolle, da sie keine Vertragsnatur hat.[39] Insofern finden die §§ 305 ff. BGB nur auf die besonderen Bedingungen im Linienverkehr (Beförderungsbedingungen und Tarifvorschriften der Straßenbahnen, Obusse und Kraftfahrzeuge im Linienverkehr) Anwendung, deren Verwendung einer Zustimmung der Genehmigungsbehörde nach dem PBefG bedarf. Soweit in den besonderen Beförderungsbedingungen Haftungsbeschränkungen enthalten sind, die nicht zum Nachteil des Fahrgastes von den Vorschriften der §§ 14 und 16 BefBedV abweichen, gelten die Klauselverbote des § 309 Nr. 7 BGB nicht. Dies beruht darauf, dass die Beförderungsunternehmen in die Lage versetzt werden sollen, unter dem Gesichtspunkt der Wettbewerbsgleichheit die in den §§ 14 und 16 BefBedV vorgesehenen Haftungsbeschränkungen in ihre besonderen Beförderungsbedingungen zu übernehmen.[40]

21 Die Ausnahmeregelung des § 309 Nr. 7 S. 3 BGB ist restriktiv auszulegen. Sie ist auf Beförderungsbedingungen von Luftfahrtunternehmen nicht entsprechend anwendbar.[41]

2. Lotterie- oder Ausspielverträge

Eine weitere Ausnahme besteht für Haftungsbeschränkungen in staatlich genehmigten Lotterie- oder Ausspielverträgen. § 309 Nr. 7b BGB gilt für diese Haftungsbeschränkungen nicht, wohl aber § 309 Nr. 7a BGB. Die Ausnahmeregelung dient dem Zweck, die Lotterie- und Ausspielunternehmen sowie die Mitspieler vor betrügerischen Manipulationen beim Vertragsschluss zu schützen.[42] Da der Wortlaut der Vorschrift eine Auslegung zulässt, die weit über diesen Zweck hinausgeht, soll die Ausnahmeregelung nach dem ausdrücklichen Willen des Gesetzgebers teleologisch reduziert werden mit der Folge, dass Haftungsbeschränkungen nur im Rahmen ihrer Zweckrichtung zulässig sind.[43]

D. Haftungsfreizeichnung für einfache Fahrlässigkeit

Haftungsfreizeichnungen für Pflichtverletzungen, die auf einfacher Fahrlässigkeit beruhen, werden – mit Ausnahme der Freizeichnung für die schuldhafte Verursachung von Körperschäden – nicht vom Klauselverbot des § 309 Nr. 7 BGB erfasst. Allerdings ist unabhängig von der Anwendbarkeit des § 309 Nr. 7 BGB zu prüfen, ob eine Haftungsfreizeichnung für einfache Fahrlässigkeit die Verwendergegenseite entgegen den Geboten von Treu und Glauben unangemessen benachteiligt und somit nach § 307 BGB unwirksam ist.

Nach ständiger Rechtsprechung des BGH ist von einer unangemessenen Benachteiligung der Verwendergegenseite dann auszugehen, wenn der Klauselverwender seine Haftung für die schuldhafte Verletzung wesentlicher Vertragspflichten (sog. „Kardinalpflichten"[44]) ausschließt oder dergestalt beschränkt, dass dadurch die Erreichung des Vertragszwecks gefährdet wird.[45] Der BGH stellt insoweit auf den Wortlaut des § 307 Abs. 2 Nr. 2 BGB ab. Als wesentliche Vertragspflichten sieht der BGH solche Pflichten an, deren Erfüllung die ordnungsgemäße Vertragsdurchführung erst ermöglicht und auf deren Einhaltung der Vertragspartner vertraut und auch vertrauen darf[46] (siehe dazu Stichwort „Freizeichnungsklauseln", Rn 926).

Aus dem vorstehend Gesagten ergibt sich, dass ein vollständiger Ausschluss der Haftung für die Verletzung wesentlicher Vertragspflichten bereits bei einfacher Fahrlässigkeit gegen § 307 Abs. 2 Nr. 2 BGB verstößt. Auch eine Begrenzung der Haftung ist nur in begrenztem Maße möglich. Für eine Verletzung wesentlicher Vertragspflichten, die auf einfacher Fahrlässigkeit beruht, kann der Verwender seine Ersatzpflicht nur auf den vertragstypisch vorhersehbaren Schaden begrenzen.[47] Hierzu zählen im Regelfall sämtliche Schadenspositionen, es sei denn, es verwirklichen sich nicht vorhersehbare Exzessrisiken[48] bzw. ungewöhnliche Schadenskonstellationen.[49] Weitere Einzelheiten hierzu siehe Stichwort „Freizeichnungsklauseln", Rn 928 ff.)

Festzuhalten bleibt, dass ein vollständiger Ausschluss der Haftung für einfache Fahrlässigkeit in AGB nur wirksam vorgenommen werden kann, wenn keine wesentlichen Vertragspflichten betroffen sind. In diesem Fall können auch Haftungsbegrenzungen wirksam vereinbart werden.

E. Verkehr zwischen Unternehmern
I. Indizwirkung des § 309 BGB

Im Geschäftsverkehr mit Unternehmern finden die Klauselverbote des § 309 Nr. 7 BGB keine unmittelbare Anwendung (§ 310 Abs. 1 S. 1 BGB). Haftungsklauseln unterliegen lediglich der Inhaltskontrolle nach § 307 BGB. Dabei ist auf die im Handelsverkehr geltenden Gewohnheiten und Bräuche angemessen Rücksicht zu nehmen (§ 310 Abs. 1 S. 2 BGB).

Fällt eine Klausel bei ihrer Verwendung gegenüber Verbrauchern jedoch unter eine Verbotsnorm des § 309 BGB (Klauselverbote ohne Wertungsmöglichkeit), so ist dies nach der Rechtsprechung des BGH ein Indiz dafür, dass sie auch im Falle der Verwendung gegenüber Unternehmern zu einer unangemessenen Benachteiligung nach

---

42 Gesetzentwurf der Fraktionen von SPD und BÜNDNIS 90/DIE GRÜNEN, BT-Drucks 14/6040, S. 156.
43 Gesetzentwurf, BT-Drucks 14/6040, S. 156; ausführlich dazu MüKo/*Wurmnest*, § 309 Nr. 7 Rn 15 ff.
44 Der Begriff „Kardinalpflichten" ist seit BGH, Urt. v. 20.7.2005 – VIII ZR 121/04, BGHZ 164, 11 = NJW-RR 2005, 1496 („Honda-Urteil") Gegenstand einer lebhaften Kontroverse im Schrifttum: siehe nur *Berger/Kleine*, NJW 2007, 3526, 3527; *Kappus*, NJW 2006, 15; *Kollmann*, NJOZ 2011, 625, 626 f.; *Ostendorf*, ZGS 2006, 222; *v. Westphalen*, NJW 2006, 2228, 2232.
45 BGH, Urt. v. 11.11.1992 – VIII ZR 238/91, NJW 1993, 335; BGH, Urt. v. 9.11.1989 – IX ZR 269/87, NJW 1990, 761, 764; BGH, Urt. v. 23.2.1984 – VII ZR 274/82, NJW 1985, 3016, 3017; BGH, Urt. v. 19.4.1978 – VIII ZR 39/77, NJW 1978, 1430, 1431.
46 Siehe nur BGH, Urt. v. 20.7.2005 – VIII ZR 121/04, BGHZ 164, 11, 36 = NJW-RR 2005, 1496, 1505 m.w.N.
47 BGH, Urt. v. 27.9.2000 – VIII ZR 155/99, NJW 2001, 292, 302; BGH, Urt. v. 23.2.1994 – VII ZR 274/82, NJW 1985, 3016, 3018.
48 v. Westphalen/*Westphalen*, Freizeichnungs- und Haftungsbegrenzungsklauseln Rn 124.
49 UBH/*Christensen*, § 309 Nr. 7 Rn 39.

§ 309 Nr. 7

§ 307 BGB führt, es sei denn, sie kann wegen der besonderen Interessen und Bedürfnisse des unternehmerischen Geschäftsverkehrs ausnahmsweise als angemessen angesehen werden.[50]

II. Körperschäden (§ 309 Nr. 7a BGB)

29 Ausgehend von der Indizwirkung des § 309 Nr. 7 BGB (siehe oben Rn 28) vertritt der BGH die Auffassung, dass ein umfassender Haftungsausschluss für Körperschäden (§ 309 Nr. 7a BGB) auch im Geschäftsverkehr zwischen Unternehmern wegen unangemessener Benachteiligung der Verwendergegenseite unwirksam ist (§ 307 Abs. 1 i.V.m. Abs. 2 Nr. 2 BGB).[51] Hinsichtlich des von § 309 Nr. 7a BGB bezweckten Schutzes besonders wichtiger persönlicher Rechtsgüter bestehe kein Raum für eine Differenzierung zwischen Unternehmern und Verbrauchern. Aus den im Handelsverkehr geltenden Gewohnheiten und Gebräuchen (§ 310 Abs. 1 S. 2 Hs. 2 BGB) ergebe sich nichts anderes.[52]

30 Diesem Maßstab zufolge dürfte nicht nur eine umfassende Haftungsfreizeichnung, sondern auch eine Begrenzung der Haftung für Körper- und Gesundheitsschäden ausscheiden.[53] Im Ergebnis findet damit der Rechtsgedanke des § 309 Nr. 7a BGB zumindest mittelbar über § 307 BGB uneingeschränkte Anwendung im unternehmerischen Geschäftsverkehr.

III. Grobes Verschulden (§ 309 Nr. 7b BGB)

1. Haftungsausschluss

31 Dem Klauselverbot des § 309 Nr. 7b BGB misst der BGH im unternehmerischen Geschäftsverkehr ebenfalls grundlegende Bedeutung bei. Seiner Meinung nach ist ein vollständiger Ausschluss der Haftung für Vorsatz und grobe Fahrlässigkeit für sonstige Schäden auch gegenüber einem Unternehmer unzulässig.[54] Der BGH verweist auch in diesem Zusammenhang auf seine Rechtsprechung zur Haftung für wesentliche Vertragspflichten, indem er betont, dass eine Haftungsbeschränkung nicht dazu führen dürfe, „dass der Klauselverwender von Verpflichtungen befreit wird, deren Erfüllung die ordnungsgemäße Durchführung des Vertrags überhaupt erst ermöglicht und auf deren Einhaltung der Vertragspartner regelmäßig vertraut und vertrauen darf"[55] (siehe oben Rn 24). Nach Ansicht des BGH darf ein Unternehmer ebenso wie ein Verbraucher darauf vertrauen, dass sein Vertragspartner ihn nicht grob fahrlässig oder gar vorsätzlich schädigt. Deshalb besteht auch im unternehmerischen Geschäftsverkehr – unabhängig vom handelnden Personenkreis und der Art der Pflichtverletzung – ein grundsätzliches Haftungsfreizeichnungsverbot für grobe Fahrlässigkeit und Vorsatz.[56]

32 Zwar hat der BGH in der Vergangenheit Haftungsausschlüsse des Verwenders für grob fahrlässige Pflichtverletzungen seiner Erfüllungsgehilfen in Werft-[57] und Frachtverträgen[58] im Einzelfall als zulässig angesehen. Sowohl nach Ansicht der Judikatur als auch nach verbreiteter Auffassung im Schrifttum handelt es dabei aber um nicht verallgemeinerungsfähige Ausnahmen, deren Grundsätze nicht pauschal auf andere Vertragstypen oder Fallkonstellationen übertragbar sind.[59] Die Wirksamkeit der dortigen Haftungsklauseln wurde mit Rücksicht auf die in den Werft- bzw. Frachtverträgen herrschenden branchentypischen Besonderheiten und Handelsübungen begründet. Dabei spielten

---

50 BGH, Urt. v. 19.9.2007 – VIII ZR 141/06, NJW 2007, 3774, 3775; BGH, Urt. v. 3.3.1988 – X ZR 54/86, NJW 1988, 1785, 1788; zust. Bamberger/Roth/*Becker*, § 309 Nr. 7 Rn 46; UBH/*Christensen*, § 309 Nr. 7 Rn 43; differenzierend WLP/*Dammann*, § 309 Nr. 7 Rn 135.

51 BGH, Urt. v. 19.9.2007 – VIII ZR 141/06, NJW 2007, 3774, 3775.

52 BGH, Urt. v. 19.9.2007 – VIII ZR 141/06, NJW 2007, 3774, 3775; zustimmend Bamberger/Roth/*Becker*, § 309 Nr. 7 Rn 46; UBH/*Christensen*, § 309 Nr. 7 Rn 43; vom Ergebnis her ebenso MüKo/*Wurmnest*, § 309 Nr. 7 Rn 33, Palandt/*Grüneberg*, § 309 Rn 55; a.A. *Kessel/Stomps*, BB 2009, 2666, 2668.

53 Im Ergebnis ebenso v. Westphalen/*v. Westphalen*, Freizeichnungs- und Haftungsbegrenzungsklauseln Rn 34.

54 BGH, Urt. v. 19.9.2007 – VIII ZR 141/06, NJW 2007, 3774, 3775; so bereits OLG Hamm, Urt. v. 17.2.1999 – 30 U 77/98, NZM 1999, 804, 806.

55 Vgl. BGH, Urt. v. 19.9.2007 – VIII ZR 141/06, NJW 2007, 3774, 3775 m.w.N.

56 BGH, Urt. v. 19.9.2007 – VIII ZR 141/06, NJW 2007, 3774, 3775; zustimmend Palandt/*Grüneberg*, § 309 Rn 55; UBH/*Christensen*, § 309 Nr. 7 Rn 43; v. Westphalen/*v. Westphalen*, Freizeichnungs- und Haftungsbegrenzungsklauseln Rn 38.

57 BGH, Urt. v. 3.3.1988 – X ZR 54/86, NJW 1988, 1785, 1788 (Haftungsausschluss in Dock- und Reparaturbedingungen einer Seeschiffswerft).

58 BGH, Urt. v. 14.4.1988 – I ZR 8/86, NJW-RR 1988, 1437 (§ 41a ADSp a.F.); BGH, Urt. v. 10.10.1985 – I ZR 124/83, NJW 1986, 1434 (§ 41a ADSp a.F.). Nach den alten ADSp schloss der Spediteur regelmäßig auf Kosten des Versenders eine Speditionsversicherung ab (§ 39a ADSp a.F.). Dies führte zu einer vollständigen Haftungsbefreiung des Spediteurs (§ 41a ADSp a.F.) und zu einem unbegrenzten Direktanspruch des Versenders gegen den Speditionsversicherer. Der Spediteur konnte sich auch auf den Haftungsausschluss berufen, wenn der Schaden durch den Spediteur oder seine leitenden oder nicht leitenden Angestellten grob fahrlässig verursacht wurde.

59 So ausdrücklich unter Bezugnahme auf die Entscheidung des BGH, Urt. v. 3.3.1988 – X ZR 54/86, NJW 1988, 1785, 1788 (Haftungsausschluss in Dock- und Reparaturbedingungen einer Seeschiffswerft) BGH, Urt. v. 14.11.2000 – X ZR 211/98, NJW-RR 2001, 342, 343; zustimmend Bamberger/Roth/*Becker*, § 309 Nr. 7 Rn 49; UBH/*Christensen*, § 309 Nr. 7 Rn 44; keine Übertragung dieser Maßstäbe auf andere Vertragstypen, Staudinger/*Coester*, § 307 Rn 446.

vor allem die Möglichkeit der eigenen Schadensabwendung durch den Vertragspartner und/oder der bestehende vollumfängliche Versicherungsschutz durch die Kasko- bzw. Speditionsversicherung eine maßgebliche, aber nicht alleinige Rolle bei der Angemessenheitsprüfung nach § 307 BGB.[60]

2. Haftungsbegrenzung

Obwohl der BGH § 309 Nr. 7b BGB im unternehmerischen Geschäftsverkehr Indizwirkung beimisst und er insoweit einen vollständigen Ausschluss der Haftung für Vorsatz und grobe Fahrlässigkeit als unwirksam erachtet (siehe oben Rn 31), hat er in seiner Entscheidung vom 19.9.2007 ausdrücklich offengelassen, inwieweit eine Haftungsbegrenzung für grobe Fahrlässigkeit zulässig ist.[61] Die höchstrichterliche Rechtsprechung bewertete jedoch bereits vor dem Urt. v. 19.9.2007 formularmäßige Haftungsbegrenzungen für vorsätzliches oder grob fahrlässiges Verhalten des Verwenders, seiner Organe oder leitenden Angestellten als unwirksam.[62] Insofern reduziert sich die Frage darauf, in welchem Umfang die Haftung für einfache, nicht leitende Erfüllungsgehilfen begrenzt werden kann. 33

Das Schrifttum beurteilt diese Frage uneinheitlich. Verschiedentlich wird die Ansicht vertreten, eine Haftungsbegrenzung der Höhe nach für vorsätzlich oder grob fahrlässig begangene Pflichtverletzungen durch einfache, nicht leitende Erfüllungsgehilfen sei auch im Unternehmerverkehr unwirksam.[63] Eine andere Meinung geht davon aus, dass die Haftung zumindest für grob fahrlässige Pflichtverletzungen einfacher, nicht leitender Erfüllungsgehilfen auf den vertragstypisch vorhersehbaren Schaden begrenzt werden könne.[64] Teilweise wird eine entsprechende Haftungsbegrenzung sogar bei vorsätzlichem Verhalten für zulässig erachtet.[65] 34

Der letztgenannten Ansicht ist zuzustimmen. Weder zwingende gesetzliche Regelungen noch Vorgaben der bisherigen Rechtsprechung sprechen gegen die Wirksamkeit einer Haftungsbegrenzung auf den vertragstypisch vorhersehbaren Schaden für vorsätzlich oder grob fahrlässig begangene Pflichtverletzungen durch einfache, nicht leitende Erfüllungsgehilfen. § 276 Abs. 3 BGB, wonach die Haftung des Schuldners für Vorsatz nicht im Voraus erlassen werden kann, ist hinsichtlich der Haftung für Erfüllungsgehilfen nicht einschlägig (§ 278 S. 2 BGB).[66] Ebenso findet das Klauselverbot des § 309 Nr. 7b BGB im unternehmerischen Geschäftsverkehr keine unmittelbare Anwendung (§ 310 Abs. 1 S. 1 BGB). 35

Soweit dem Verbotstatbestand des § 309 Nr. 7b BGB im Rahmen der Klauselkontrolle nach § 307 BGB Indizwirkung beizumessen ist, räumt der BGH selbst ein, dass die besonderen Interessen und Bedürfnisse des unternehmerischen Geschäftsverkehrs eine abweichende Beurteilung ausnahmsweise rechtfertigen können.[67] Dem ist lediglich insoweit zu widersprechen, als dass die abweichende Beurteilung nicht nur im Ausnahmefall gerechtfertigt sein dürfte. Anders als im Verkehr mit Verbrauchern drohen im unternehmerischen Geschäftsverkehr ungewöhnlich hohe und unkalkulierbare Folgeschäden, die im Einzelfall sogar existenzgefährdende Auswirkungen haben können, wenn der Schuldner auch für solche Schäden haften soll, die nicht vertragstypisch vorhersehbar sind und auf Exzessrisiken bzw. ungewöhnlichen Schadenskonstellationen beruhen (siehe oben Rn 25). Vor diesem Hintergrund besteht ein besonderes Interesse und Bedürfnis des Klauselverwenders, die Haftung gegenüber Unternehmern für seine einfachen, nicht leitenden Erfüllungsgehilfen zumindest auf den vertragstypisch vorhersehbaren Schaden begrenzen zu können. Durch eine entsprechende Haftungsbegrenzung wird der Vertragspartner auch nicht unangemessen benachteiligt (§ 307 BGB), denn seine Interessen werden ausreichend berücksichtigt, insbesondere wird er nicht rechtlos gestellt. Der Vertragspartner kann den vertragstypisch vorhersehbaren Schaden verlangen. Lediglich unvorhersehbare Exzessrisiken sind von der Haftung ausgenommen. 36

Auch der Ansatz des BGH, dass formularmäßige Haftungsbegrenzungen für vorsätzliches oder grob fahrlässiges Verhalten des Klauselverwenders selbst, seiner Organe oder leitenden Angestellten den Vertragspartner entgegen den Geboten von Treu und Glauben unangemessen benachteiligen (siehe oben Rn 33), ist auf einfache, nicht leitende Erfüllungsgehilfen nicht übertragbar. Eine Gleichstellung der Organe bzw. leitenden Angestellten mit dem Klauselverwender rechtfertigt sich aus der Überlegung, dass diese ebenfalls Unternehmerfunktionen übernehmen und somit auf 37

---

60 Als weitere Gründe führt der BGH, Urt. v. 10.10.1985 – I ZR 124/83, NJW 1986, 1434 insbesondere an, dass der Speditionsversicherer weitergehend haftet als der Spediteur haften würde und der Speditionsversicherer auf die dem Spediteur zustehenden Einwendungen über den Ausschluss oder die Minderung der gesetzlichen Haftung verzichtete. Ferner war zu berücksichtigen, dass die Spitzenverbände der Wirtschaft die Neufassung der ADSp (1978) und damit dem tragenden Gedanken, der Ersetzung der Haftung des Spediteurs durch den Speditionsversicherer, zugestimmt haben, einer Regelung, die so seit über 50 Jahren gegolten und die Anerkennung der beteiligten Verkehrskreise gefunden hatte.
61 BGH, Urt. v. 19.9.2007 – VIII ZR 141/06, NJW 2007, 3774, 3775.
62 BGH, Urt. v. 21.1.1999 – III ZR 289/97, NJW 1999, 1031, 1032; BGH, Urt. v. 4.6.1987 – I ZR 159/86, NJW-RR 1987, 1252, 1253; BGH, Urt. v. 2.12.1977 – I ZR 29/76, NJW 1978, 1918.
63 *Koch*, WM 2002, 2173, 2178; UBH/*Christensen*, § 309 Nr. 7 Rn 46; so wohl auch MüKo/*Wurmnest*, § 309 Nr. 7 Rn 36.
64 Palandt/*Grüneberg*, § 309 Rn 56; v. Westphalen/*v. Westphalen*, Freizeichnungs- und Haftungsbegrenzungsklauseln Rn 39; WLP/*Dammann*, § 309 Nr. 7 Rn 164.
65 So Erman/*Roloff*, § 309 Rn 78.
66 Bamberger/Roth/*Unberath*, § 278 Rn 49; Palandt/*Grüneberg*, § 278 Rn 42.
67 BGH, Urt. v. 19.9.2007 – VIII ZR 141/06, NJW 2007, 3774, 3775.

der Ebene des Geschäftsinhabers bzw. Klauselverwenders stehen.[68] Dieser Gedanke trifft auf einfache, nicht leitende Erfüllungsgehilfen gerade nicht zu.

IV. Einfache Fahrlässigkeit (§ 307 BGB)

38 Für Haftungsklauseln außerhalb des Anwendungsbereichs des § 309 Nr. 7 BGB – also für die Haftungsfreizeichnung für einfache Fahrlässigkeit, soweit keine Körperschäden betroffen sind – gelten im unternehmerischen Geschäftsverkehr im Prinzip die gleichen Anforderungen und Einschränkungen, die bei Freizeichnungsklauseln im Verkehr mit Verbrauchern zu beachten sind.

39 Die Klauseln unterliegen einer Inhaltskontrolle nach § 307 BGB. Nach höchstrichterlicher Rechtsprechung kann der Verwender seine Haftung für die Verletzung wesentlicher Vertragspflichten nicht ausschließen.[69] Eine Haftungsbegrenzung ist auch insoweit nur auf den vertragstypisch vorhersehbaren Schaden zulässig.[70] Zu weiteren Einzelheiten siehe Stichwort „Freizeichnungsklauseln", Rn 944.

§ 309 Nr. 8a

8. (Sonstige Haftungsausschlüsse bei Pflichtverletzung)
   a) (Ausschluss des Rechts, sich vom Vertrag zu lösen)
      eine Bestimmung, die bei einer vom Verwender zu vertretenden, nicht in einem Mangel der Kaufsache oder des Werkes bestehenden Pflichtverletzung das Recht des anderen Vertragsteils, sich vom Vertrag zu lösen, ausschließt oder einschränkt; dies gilt nicht für die in der Nummer 7 bezeichneten Beförderungsbedingungen und Tarifvorschriften unter den dort genannten Voraussetzungen;

A. Allgemeines	1	III. Geltung gegenüber Unternehmern	8
I. Anwendungsbereich und -voraussetzungen	2	**B. Einzelfälle**	9
II. Verhältnis zu anderen Vorschriften	5		

A. Allgemeines

1 § 309 Nr. 8a BGB dient dazu, dem Verwendungsgegner die Rücktrittsrechte aus §§ 323 Abs. 1, 324, 326 Abs. 5 BGB bei einer vom Verwender zu vertretenden Pflichtverletzung zu erhalten.[1] Der Verwendungsgegner soll nicht an einen Vertrag mit einem schuldhaften und daher unzuverlässigen Vertragspartner gebunden werden.[2]

I. Anwendungsbereich und -voraussetzungen

2 Voraussetzung für die Anwendbarkeit ist eine **Pflichtverletzung** des Verwenders, welche nicht einen Mangel der Sache oder des Werks darstellt.[3] Die Regelung betrifft nur schuldhafte Pflichtverletzungen. Ein Ausschluss des Lösungsrechts für Pflichtverletzungen, die der Verwender nicht zu vertreten hat, stellt keinen Verstoß gegen § 309 Nr. 8a BGB dar; möglich bleibt aber ein Verstoß gegen § 307 BGB.[4]

3 Mit den in § 309 Nr. 8a BGB erwähnten **Lösungsrechten** sind vor allem die §§ 323 Abs. 1, 324, 326 Abs. 5 BGB gemeint, aber auch die Kündigung aus wichtigem Grund nach §§ 314, 543, 626, 723 BGB.[5] Das Recht des Vertragspartners, sich vom Vertrag zu lösen, muss gerade infolge der Pflichtverletzung bestehen.[6] Ohne das **Kausalitätserfordernis** würde es sich inhaltlich um die Frage nach dem Lösungsrecht bei Dauerschuldverhältnissen ohne Pflichtverletzung handeln; deren Ausschlussmöglichkeit ist in § 309 Nr. 9 BGB geregelt.

4 § 309 Nr. 8a BGB findet nur dann Anwendung, wenn das Recht, sich vom Vertrag zu lösen, entweder **ausgeschlossen oder beschränkt** wird. Ein Ausschluss ist etwa auch dann anzunehmen, wenn das Lösungsrecht nur für den Fall hö-

---

68 BGH, Urt. v. 13.3.1956 – I ZR 132/54, NJW 1956, 1065, 1067.
69 BGH, Urt. v. 20.7.2005 – VIII ZR 121/04, BGHZ 164, 11, 36 = NJW-RR 2005, 1496, 1505; BGH, Urt. v. 5.12.1995 – X ZR 14/93, NJW-RR 1996, 1783, 1788; BGH, Urt. v. 11.11.1992 – VIII ZR 238/91, NJW 1993, 335 m.w.N.
70 BGH, Urt. v. 5.12.1995 – X ZR 14/93, NJW-RR 1996, 1783, 1788; dies wird im Schrifttum zu Recht, insbesondere auch unter vergleichender Betrachtung mit anderen Rechtsordnungen, als unzureichend erachtet: Berger/Kleine, BB 2007, 2137, 2138; Ostendorf, ZGS 2006, 222, 226; Brachert/Dietzel, ZGS 2005, 441.

1 UBH/*Christensen*, § 309 Nr. 8 Rn 4.
2 WLP/*Dammann*, § 309 Nr. 8a Rn 11.
3 v. Westphalen/*v. Westphalen*, Freizeichnungs- und Haftungsbegrenzungsklauseln Rn 63.
4 WLP/*Dammann*, § 309 Nr. 8a Rn 17; Palandt/*Grüneberg*, § 309 Rn 59.
5 UBH/*Christensen*, § 309 Nr. 8 Rn 11.
6 WLP/*Dammann*, § 309 Nr. 8a Rn 21; Staudinger/*Coester-Waltjen*, § 309 Nr. 8 Rn 5; MüKo/*Wurmnest*, § 309 Nr. 8 Rn 7.

herer Gewalt gelten[7] oder wenn das Lösungsrecht einer im dispositiven Recht nicht vorgesehenen Befristung unterliegen soll.[8] Von einer Einschränkung ist auszugehen, wenn die Ausübung des Lösungsrechts erschwert wird,[9] z.B. indem der Verwender dem Verwendungsgegner eine Nachfristsetzung auch in den Fällen vorschreibt, in denen sie nach § 323 Abs. 2 BGB entbehrlich ist.[10] Dies ist etwa durch Aufstellen zusätzlicher Voraussetzungen der Fall, wodurch die Ausübung des Lösungsrechts etwa verzögert wird oder mit einem erhöhten Aufwand verbunden ist.[11]

II. Verhältnis zu anderen Vorschriften

§ 307 BGB findet neben § 309 Nr. 8a BGB uneingeschränkt Anwendung, z.B. wenn eine Bestimmung vorliegt, nach der das Lösungsrecht des Verwendungsgegners eingeschränkt oder ausgeschlossen werden soll und die Pflichtverletzung nicht vom Verwender zu vertreten ist.[12]

Eine Überschneidung zwischen § 309 Nr. 5 BGB und § 309 Nr. 8a BGB kann dann angenommen werden, wenn die Vereinbarung einer Schadens- oder Wertminderungspauschale eine mittelbare Einschränkung gesetzlicher Lösungsrechte darstellt. Dann gilt bereits auf Tatbestandsseite ein Vorrang des § 309 Nr. 5 BGB, da entsprechende Bestimmungen in dessen Kernbereich fallen.[13]

Auch § 309 Nr. 13 BGB ist gegenüber § 309 Nr. 8a BGB vorrangig. Eine Bestimmung, die für Erklärungen des Vertragspartners die Schriftform vorsieht und dieses Schriftformerfordernis für den Fall der Ausübung eines Lösungsrechts auf die entsprechend abzugebende Willenserklärung ausweitet, ist daher nach § 309 Nr. 13 BGB unwirksam.[14]

III. Geltung gegenüber Unternehmern

Über die Generalklausel des § 307 BGB findet der Rechtsgedanke des § 309 Nr. 8a BGB auch auf den unternehmerischen Geschäftsverkehr Anwendung und führt – jedenfalls bei dem Ausschluss oder der Beschränkung von Lösungsrechten bei einem Verstoß gegen wesentliche Vertragspflichten – zur Unwirksamkeit der Klausel.[15] Der kumulierte Ausschluss von Vertragslösungsrechten und Schadensersatzansprüchen bei zu vertretenden Vertragsverletzungen ist auch im unternehmerischen Verkehr unangemessen und unwirksam.[16] Zulässig sind Klauseln, die eine Frist für die Ausübung des Rücktrittsrechts durch den Verwendungsgegner bestimmen und einen Rücktritt nach Fristablauf von einer weiteren Nachfristsetzung abhängig machen.[17]

B. Einzelfälle

Unwirksam ist eine Klausel, wenn die Rechtsfolgen einer Kündigung erst mit Ablauf einer im Gesetz nicht vorgesehenen Frist eintreten sollen.[18] Eine von einem Online-Versandhändler genutzte Klausel, wonach die Angaben über Lieferzeiten unverbindlich sind, wodurch mangels Fälligkeit der Leistung die Kunden davon abgehalten werden, Erfüllungs- oder Verzugsansprüche geltend zu machen, ist unzulässig.[19] Kein Verstoß gegen § 309 Nr. 8a BGB liegt dagegen bei einer Klausel vor, wonach der Verwender sich das Recht einräumt, für den Fall, dass der geschuldete Gegenstand nicht fristgemäß erstellt und vom Kunden abgenommen wird oder zuvor – gleich aus welchen Gründen – gescheitert ist, vom Vertrag zurückzutreten.[20]

§ 309 Nr. 8b

b) (Mängel)
eine Bestimmung, durch die bei Verträgen über Lieferungen neu hergestellter Sachen und über Werkleistungen
  aa) (Ausschluss und Verweisung auf Dritte)
    die Ansprüche gegen den Verwender wegen eines Mangels insgesamt oder bezüglich einzelner Teile ausgeschlossen, auf die Einräumung von Ansprüchen gegen Dritte beschränkt oder von der vorherigen gerichtlichen Inanspruchnahme Dritter abhängig gemacht werden;

---

7 WLP/*Dammann*, § 309 Nr. 8a Rn 31.
8 BGH NJW-RR 1989, 625; Staudinger/*Coester-Waltjen*, § 309 Nr. 8 Rn 10.
9 UBH/*Christensen*, § 309 Nr. 8 Rn 12.
10 OLG Stuttgart BB 1979, 1468; OLG Stuttgart ZIP 1981, 875, 876.
11 WLP/*Dammann*, § 309 Nr. 8a Rn 33.
12 Palandt/*Grüneberg*, § 309 Rn 59.
13 WLP/*Dammann*, § 309 Nr. 8a Rn 45.
14 WLP/*Dammann*, § 309 Nr. 8a Rn 48–54; für die Anwendbarkeit von § 309 Nr. 13 auf diese Fälle BGH NJW-RR 1989, 625, 626 (zu § 11 Nr. 8a AGBG).
15 BGH NJW-RR 2003, 1056, 1060 (zu §§ 9, 11 Nr. 8a AGBG).
16 WLP/*Dammann*, § 309 Nr. 8a Rn 61; UBH/*Christensen*, § 309 Nr. 8 Rn 16.
17 UBH/*Christensen*, § 309 Nr. 8a Rn 16.
18 BGH NJW-RR 1990, 156, 157.
19 OLG Frankfurt a.M. MMR 2006, 325.
20 BGH NZM 2009, 213, 214.

bb) (Beschränkung auf Nacherfüllung)
die Ansprüche gegen den Verwender insgesamt oder bezüglich einzelner Teile auf ein Recht auf Nacherfüllung beschränkt werden, sofern dem anderen Vertragsteil nicht ausdrücklich das Recht vorbehalten wird, bei Fehlschlagen der Nacherfüllung zu mindern oder, wenn nicht eine Bauleistung Gegenstand der Mängelhaftung ist, nach seiner Wahl vom Vertrag zurückzutreten;

cc) (Aufwendungen bei Nacherfüllung)
die Verpflichtung des Verwenders ausgeschlossen oder beschränkt wird, die zum Zwecke der Nacherfüllung erforderlichen Aufwendungen, insbesondere Transport-, Wege-, Arbeits- und Materialkosten, zu tragen;

dd) (Vorenthalten der Nacherfüllung)
der Verwender die Nacherfüllung von der vorherigen Zahlung des vollständigen Entgelts oder eines unter Berücksichtigung des Mangels unverhältnismäßig hohen Teils des Entgelts abhängig macht;

ee) (Ausschlussfrist für Mängelanzeige)
der Verwender dem anderen Vertragsteil für die Anzeige nicht offensichtlicher Mängel eine Ausschlussfrist setzt, die kürzer ist als die nach dem Doppelbuchstaben ff zulässige Frist;

ff) (Erleichterung der Verjährung)
die Verjährung von Ansprüchen gegen den Verwender wegen eines Mangels in den Fällen des § 438 Abs. 1 Nr. 2 und des § 634a Abs. 1 Nr. 2 erleichtert oder in den sonstigen Fällen eine weniger als ein Jahr betragende Verjährungsfrist ab dem gesetzlichen Verjährungsbeginn erreicht wird;

A. Allgemeines 1	IV. § 309 Nr. 8b dd BGB 16
B. Einzelfälle 6	1. Allgemeines 16
I. § 309 Nr. 8b aa BGB 6	2. Geltung gegenüber Unternehmern 18
1. Allgemeines 6	V. § 309 Nr. 8b ee BGB 19
2. Geltung gegenüber Unternehmern 10	1. Allgemeines 19
II. § 309 Nr. 8b bb BGB 11	2. Geltung gegenüber Unternehmern 22
1. Allgemeines 11	VI. § 309 Nr. 8b ff BGB 23
2. Geltung gegenüber Unternehmern 12	1. Allgemeines 23
III. § 309 Nr. 8b cc BGB 13	2. Beispiele 24
1. Allgemeines 13	3. Geltung gegenüber Unternehmern 25
2. Geltung gegenüber Unternehmern 15	

A. Allgemeines

1 Durch die Umsetzung der Richtlinie über den Verbrauchsgüterkauf und der für den Verbrauchsgüterkauf geltenden Regelung in § 475 BGB ist § 309 Nr. 8b BGB insgesamt nur noch für Verträge zwischen Verbrauchern ohne Beteiligung eines Unternehmers, Verträge zwischen Verbrauchern und Unternehmern, bei denen die AGB vom Verbraucher gestellt werden und für Verträge über neu hergestellte unbewegliche Sachen bzw. Werkleistungen, die nicht die Lieferung einer Sache zum Gegenstand haben, relevant.

2 Für die Anwendung des § 309 Nr. 8b BGB ist die **Lieferung neu hergestellter Sachen oder Werkleistungen** erforderlich, unabhängig davon, ob der Vertrag daneben noch andere Leistungen umfasst.[1]

3 Als **Sache** gelten neben den körperlichen Gegenständen gem. § 90 BGB auch Grundstücke, soweit es um auf diesen errichtete Bauwerke und Anlagen geht. Neu hergestellte Sachen liegen dann vor, wenn das errichtete Bauwerk oder die Anlage nach §§ 93, 94 BGB wesentlicher Bestandteil des Grundstücks wird.[2]

4 Als **hergestellt** gelten nicht nur solche Sachen, die durch industrielle oder handwerkliche Produktion erstellt wurden, sondern etwa auch der natürliche Wachstumsprozess bei pflanzlichen Produkten. Bei Tieren wird statt von der Herstellung vom natürlichen Wachstum gesprochen.[3]

5 Unter einer neu hergestellten Sache ist eine solche zu verstehen, die bisher noch nicht in ihren bestimmungsgemäßen oder vom Vertrag vorausgesetzten Gebrauch genommen worden ist.[4] Es muss bei den Beteiligten das berechtigte Vertrauen auf eine mangelfreie Herstellung ausgelöst werden.[5] Gehört zum Herstellungsprozess die Alterung der Sache, können auch alte Sachen als neu hergestellt anzusehen sein; dies ist etwa bei Wein der Fall.[6] Sollte der Verkäufer durch seine AGB versuchen zu bestimmen, dass es sich bei dem Kaufgegenstand um eine gebrauchte oder alte Sache handelt, ist § 309 Nr. 8b BGB anwendbar, da ansonsten der Verwender durch seine Klauseln über die Anwendbarkeit

---

1 WLP/*Dammann*, vor § 309 Nr. 8b Rn 4; Staudinger/*Coester-Waltjen*, § 309 Nr. 8 Rn 17.
2 UBH/*Christensen*, § 309 Nr. 8 Rn 24; WLP/*Dammann*, vor § 309 Nr. 8b Rn 5.
3 WLP/*Dammann*, vor § 309 Nr. 8b Rn 6.
4 WLP/*Dammann*, vor § 309 Nr. 8b Rn 8.
5 UBH/*Christensen*, § 309 Nr. 8 Rn 24.
6 Staudinger/*Coester-Waltjen*, § 309 Nr. 8 Rn 24; UBH/*Christensen*, § 309 Nr. 8 Rn 24.

des § 309 Nr. 8b BGB entscheiden könnte.[7] Neben der Lieferung neu hergestellter Sachen erfasst § 309 Nr. 8b BGB auch **Werkleistungen**. Bei Werkleistungen ist zwischen Bauverträgen und Bauträgerverträgen zu differenzieren. Wird im Rahmen eines Bauvertrags kein Grundstück veräußert, ist der Vertragsgegenstand eine Werkleistung. Beim Bauträgervertrag wird der Grundstücksverkauf mit der Verpflichtung zur Erbringung der Werkleistung kombiniert.[8] Hinsichtlich des Bauwerks als Werkleistung greift § 309 Nr. 8b BGB, das **Grundstück** stellt regelmäßig keine neu hergestellte Sache dar.[9] Eine Ausnahme liegt vor, wenn es bei Grundstücken um Landgewinnung geht.[10] Auf **Reiseverträge** findet § 309 Nr. 8b BGB entsprechende Anwendung, da der Reisevertrag aus dem Werkvertrag entwickelt wurde.[11]

B. Einzelfälle
I. § 309 Nr. 8b aa BGB
1. Allgemeines

§ 309 Nr. 8b aa BGB erfasst Ansprüche wegen eines **Mangels gem. §§ 437, 634 BGB**. Unwirksam ist lediglich der vollständige Ausschluss der Mängelrechte. Der **Ausschluss einzelner Rechte** aus den §§ 437, 634 BGB ist grundsätzlich möglich. Soweit kein Verbrauchsgüterkauf vorliegt, ist eine Beschränkung auf Rücktritt[12] oder Nacherfüllung[13] zulässig. Unzulässig ist dagegen die Beschränkung auf Minderung.[14] Soll der Vertragspartner nur Nacherfüllung verlangen können, darf dieser Anspruch nicht noch weiter eingeschränkt oder von Bedingungen abhängig gemacht werden. Außerdem muss für den Fall eines Fehlschlagens der Nachbesserung dem Vertragspartner das Recht eingeräumt sein, zu mindern oder vom Vertrag zurückzutreten.[15]

Soll der Vertragspartner anstelle anderer Ansprüche nur Schadensersatz gem. §§ 437 Nr. 3, 634 Nr. 4 BGB fordern können, stellt dies eine unzulässige Beschränkung dar, da bei einem fehlenden Verschulden des Verwenders und deshalb wegfallenden Schadensersatzanspruchs dem Vertragspartner keinerlei Rechte aus den §§ 437, 634 BGB zustünden.[16] Dem Vertragspartner muss in jeder Situation, in der ihm das Gesetz ein Mängelrecht einräumt, mindestens ein Mängelrecht in seinem vom Gesetz vorgesehenen Umfang zur Verfügung stehen. Eine inhaltliche Modifikation zu Lasten des Vertragspartners ist unzulässig.[17] Ein Ausschluss ist auch dann unzulässig, wenn er lediglich auf einzelne Mängel begrenzt wird.[18]

Auch wenn dem Vertragspartner im Gegenzug für die Beschränkung seiner Ansprüche gegen den Verwender von diesem **Ansprüche gegen Dritte eingeräumt** werden, ist die Klausel unwirksam. Hierdurch soll der Ausschluss von Rechten gegen den Verwender verhindert werden.[19] Dem Vertragspartner muss es möglich sein, jedenfalls für den Fall der erfolglosen Geltendmachung der eingeräumten Ansprüche gegen den Dritten, auf den Verwender zurückgreifen zu können.[20]

Gem. § 309 Nr. 8b aa BGB ist außerdem eine Bestimmung unwirksam, wenn Ansprüche gegen den Verwender wegen eines Mangels von der vorherigen **gerichtlichen Inanspruchnahme Dritter** abhängig gemacht werden, sei es durch Klageverfahren, Mahnverfahren oder die Anrufung eines Schiedsgerichts. Ausreichend hierfür ist bereits eine Ausgestaltung, die die Gefahr begründet, dass der Vertragspartner die Bestimmung in diesem Sinne versteht.[21] Verlangt eine Klausel vorher die **außergerichtliche** Inanspruchnahme eines Dritten, ist § 309 Nr. 8b aa BGB nicht anwendbar.[22]

2. Geltung gegenüber Unternehmern

Die Beschränkung von Mängelrechten ist an § 307 BGB zu messen, ohne dass § 309 Nr. 8b aa BGB hierbei Indizwirkung zukommen würde.[23] Im unternehmerischen Verkehr ist ein gänzlicher Ausschluss der Rechte aus §§ 437, 634 BGB unzulässig,[24] ebenso eine Bestimmung, die diese Rechte von einem Verschulden des Unternehmers abhängig macht.[25] Auch die Einräumung von Rechten gegen Dritte kann nicht dazu führen, dass der Verwender sich

---

7 BGH NJW 2007, 674, 677; UBH/*Christensen*, § 309 Nr. 8 Rn 26.
8 BGH NJW 2001, 70, 72.
9 WLP/*Dammann*, vor § 309 Nr. 8b Rn 13.
10 WLP/*Dammann*, vor § 309 Nr. 8b Rn 14–16.
11 WLP/*Dammann*, vor § 309 Nr. 8b Rn 20; a.A. UBH/*Christensen*, § 309 Nr. 8 Rn 27, danach sind §§ 651 ff. BGB leges speciales.
12 OLG München NJW 1994, 1661 (zu § 11 Nr. 10a AGBG); a.A. Staudinger/*Coester-Waltjen*, § 309 Nr. 8 Rn 34.
13 BGH NJW 1980, 831, 832 (zu § 11 Nr. 10a AGBG).
14 Staudinger/*Coester-Waltjen*, § 309 Nr. 8 Rn 34; v. Westphalen/*Lehmann-Richter*, Mängelrechte in Kauf- und Werkverträgen Rn 35; a.A. WLP/*Dammann*, § 309 Nr. 8b aa Rn 20.
15 Erman/*Roloff*, § 309 Nr. 8 Rn 91.
16 WLP/*Dammann*, § 309 Nr. 8b aa Rn 16.
17 WLP/*Dammann*, § 309 Nr. 8b aa Rn 18.
18 OLG Karlsruhe ZIP 1983, 1091; Palandt/*Grüneberg*, § 309 Rn 66.
19 WLP/*Dammann*, § 309 Nr. 8b aa Rn 32.
20 WLP/*Dammann*, § 309 Nr. 8b aa Rn 31; MüKo/*Wurmnest*, § 309 Nr. 8 Rn 30.
21 BGH NJW 1995, 1675, 1676 (zu § 11 Nr. 10a AGBG); a.A. WLP/*Dammann*, § 309 Nr. 8b aa Rn 34.
22 MüKo/*Wurmnest*, § 309 Nr. 8 Rn 28.
23 WLP/*Dammann*, § 309 Nr. 8b aa Rn 71 f.
24 UBH/*Christensen*, § 309 Nr. 8 Rn 46.
25 BGH NJW-RR 1990, 856; WLP/*Dammann*, § 309 Nr. 8b aa Rn 76–78.

seiner Haftung entzieht, wenn die erfolglose Inanspruchnahme des Dritten die Haftung des Verwenders nicht wieder aufleben lässt.[26]

II. § 309 Nr. 8b bb BGB

1. Allgemeines

11 Nach § 309 Nr. 8b bb BGB soll dem Vertragspartner bei Beschränkung seiner Mängelrechte auf Nacherfüllung im Falle des Fehlschlagens der Nacherfüllung das Minderungs- und Rücktrittsrecht erhalten werden. Die Regelung ist nur anwendbar, wenn die gesetzlichen Mängelrechte des Vertragspartners auf das Nacherfüllungsrecht beschränkt werden.[27] Grundsätzlich muss dem Vertragspartner nach seiner Wahl das Recht zur Minderung oder zum Rücktritt eingeräumt werden. Eine Ausnahme gilt jedoch ausdrücklich für Bauleistungen; für diese kann das Rücktrittsrecht vollständig ausgeschlossen und der Vertragspartner auf die Minderung verwiesen werden.[28] Der Vorbehalt von Minderungs- und Rücktrittsrecht ist **ausdrücklich** zu formulieren, dafür ist ein **erkennbarer** und **verständlicher** Hinweis in der Klausel erforderlich.[29]

2. Geltung gegenüber Unternehmern

12 Über § 307 BGB ist auch zwischen Unternehmern das Gleichgewicht von Leistung und Gegenleistung aufrecht zu erhalten.[30] Daher gilt auch hier, dass der Ausschluss von Minderungs- und Rücktrittsrecht für den Fall der fehlgeschlagenen Nacherfüllung unwirksam ist.[31] Der Ausschluss allein des Rücktrittsrechts ist unzulässig.[32] Wird hingegen nur das Minderungsrecht ausgeschlossen, bestehen dagegen wohl keine Bedenken.[33] Der Vorbehalt muss auch im unternehmerischen Geschäftsverkehr ausdrücklich erklärt werden.[34]

III. § 309 Nr. 8b cc BGB

1. Allgemeines

13 § 309 Nr. 8b cc BGB verbietet jede **Beschränkung** der Pflicht des Verwenders zur Kostentragung bei der Nacherfüllung, sei es durch eine Selbstbeteiligung oder die Übernahme nur bestimmter Kosten durch den Vertragspartner.[35] Die Praxisrelevanz ist aufgrund der Regelungen zum Verbrauchsgüterkauf im Hinblick auf die §§ 439 Abs. 2, 475 Abs. 1 und 478 Abs. 2, 4 BGB insgesamt gering.

14 Die Aufwendungen müssen zum **Zwecke der Nacherfüllung erforderlich** gewesen sein. Entstehen dem Vertragspartner nur gelegentlich Kosten, sind diese nicht von § 309 Nr. 8b cc BGB erfasst.[36] Darunter fallen z.B. Nutzungsausfall,[37] frustrierte Aufwendungen[38] und Kosten der Mängelanzeige.[39] Unter **erforderlichen** Aufwendungen sind solche zu verstehen, deren Vermeidung für den Vertragspartner unmöglich oder jedenfalls nicht zumutbar ist und daher nicht zu erwarten war. Nur Aufwendungen, bei denen ein Durchschnittskunde annehmen darf, dass sie für eine erfolgreiche Nacherfüllung nötig erachten, sind erforderlich.[40] Überhöhte Aufwendungen dürfen nicht beansprucht werden.[41] Unwirksam ist beispielsweise der Ausschluss von zusätzlichen Aufwendungen, welche durch Verbringung der Ware an einen anderen Ort entstanden sind.[42] Von der Tragung solcher Kosten ist der Verwender nur dann befreit, wenn sie zu unverhältnismäßig hohen Kosten der Nacherfüllung führen, §§ 439 Abs. 3, 635 Abs. 3 BGB.

2. Geltung gegenüber Unternehmern

15 Bei Geschäften zwischen Unternehmern haben die Regelungen über den Lieferantenregress gem. § 478 BGB Vorrang.[43] Die **Ausstrahlungswirkung** des § 309 Nr. 8b cc BGB ist jedoch über § 307 BGB auch im unternehmerischen Rechtsverkehr zu berücksichtigen, da der Verwender sonst bei Abwälzung der Nacherfüllungskosten auf seinen Ver-

---

26 Palandt/*Grüneberg*, § 309 Rn 67; WLP/*Dammann*, § 309 Nr. 8b aa Rn 79.
27 UBH/*Christensen*, § 309 Nr. 8 Rn 52.
28 UBH/*Christensen*, § 309 Nr. 8 Rn 56; Staudinger/*Coester-Waltjen*, § 309 Nr. 8 Rn 65.
29 WLP/*Dammann*, § 309 Nr. 8b bb Rn 40–43; MüKo/*Wurmnest*, § 309 Nr. 8 Rn 36; v. Westphalen/*v. Westphalen*, Mangelbeseitigung Rn 68 (32. EL 2012).
30 v. Westphalen/*Lehmann-Richter*, Mängelrechte in Kauf- und Werkverträgen Rn 33.
31 BGH NJW 1991, 2630, 2632 (zu § 9 AGBG); Staudinger/*Coester-Waltjen*, § 309 Nr. 8 Rn 67.
32 UBH/*Christensen*, § 309 Nr. 8 Rn 70.
33 WLP/*Dammann*, § 309 Nr. 8b bb Rn 54 f.

34 Staudinger/*Coester-Waltjen*, § 309 Nr. 8 Rn 67; UBH/*Christensen*, § 309 Nr. 8 Rn 70; a.A. WLP/*Dammann*, § 309 Nr. 8b bb Rn 56.
35 MüKo/*Wurmnest*, § 309 Nr. 8 Rn 51; v. *Lehmann-Richter*, Mängelrechte in Kauf- und Werkvertrag Rn 62.
36 UBH/*Christensen*, § 309 Nr. 8 Rn 75; v. Westphalen/*v. Westphalen*, Mangelbeseitigung Rn 31 (32. EL 2012).
37 Staudinger/*Coester-Waltjen*, § 309 Nr. 8 Rn 69.
38 UBH/*Christensen*, § 309 Nr. 8 Rn 75.
39 MüKo/*Wurmnest*, § 309 Nr. 8 Rn 53; WLP/*Dammann*, § 309 Nr. 8b cc Rn 15.
40 WLP/*Dammann*, § 309 Nr. 8b cc Rn 16.
41 UBH/*Christensen*, § 309 Nr. 8 Rn 75.
42 MüKo/*Wurmnest*, § 309 Nr. 8 Rn 52.
43 UBH/*Christensen*, § 309 Nr. 8 Rn 79.

tragspartner den Anreiz hat, mangelhaft zu leisten, um an der Mängelbeseitigung zusätzlich zu verdienen.[44] Diese Wertung muss auch im unternehmerischen Bereich berücksichtigt werden, da sonst das Äquivalenzverhältnis nachträglich verschoben werden könnte.[45] Unwirksam ist damit eine Klausel, die einen Unternehmer-Kunden verpflichtet, den Großteil der anfallenden Nachbesserungskosten zu tragen.[46] Dies liegt z.B. bei einer Klausel vor, die den Kunden verpflichtet, die hohen Arbeitskosten der Nacherfüllung zu tragen und dem Verwender nur die niedrigen Materialkosten auferlegt.[47] Bei im Vergleich zum Vertragspreis unerheblichen Aufwendungen für die Nacherfüllung oder einer ausreichenden Kompensation für die Kostentragungspflicht des Käufers soll nach der Rechtsprechung jedoch eine Ausnahme von der Unwirksamkeit einer solchen Klausel möglich sein.[48] In der Literatur ist hingegen umstritten, ob die Wirksamkeit einer Beschränkung der Nacherfüllungspflicht des Verwenders von der Höhe der Kostentragungspflicht abhängig sein soll[49] oder grundsätzlich Unwirksamkeit anzunehmen ist.[50]

IV. § 309 Nr. 8b dd BGB

1. Allgemeines

Nach § 309 Nr. 8b dd BGB ist eine Klausel unwirksam, nach der der Verwender die Nacherfüllung von der vorherigen Zahlung des vollständigen Entgelts oder eines unter Berücksichtigung des Mangels unverhältnismäßig hohen Teils des Entgelts abhängig macht. Dies gilt allerdings nicht, wenn der Vertrag von vornherein eine Vorleistungspflicht des Vertragspartners vorsah.[51] **16**

Ausreichend für die Unwirksamkeit ist bereits die Möglichkeit der Unverhältnismäßigkeit, z.B. wenn eine Klausel die Nacherfüllung von der Zahlung eines bestimmten prozentualen oder absoluten Teil des Entgelts abhängig macht und bei Vertragsschluss zumindest die Möglichkeit besteht, dass ein Mangel auftritt.[52] Mit Blick auf die Unverhältnismäßigkeit ist zu beachten, dass der Teil des Entgelts, der vor der Mängelbeseitigung gezahlt werden soll, in einem angemessenen Verhältnis zum Wert der bereits erbrachten, aber mangelhaften Leistung steht. Diese Summe darf denjenigen Betrag nicht übersteigen, der dem Verwender bei einer Minderung verbleiben würde.[53] **17**

2. Geltung gegenüber Unternehmern

Auch im unternehmerischen Geschäftsverkehr darf der Nacherfüllungsanspruch des Vertragspartners nicht von einer Pflicht zur Vorleistung des vollen oder teilweisen Entgelts abhängig gemacht werden, insoweit findet die Vorschrift über § 307 BGB mittelbare Anwendung.[54] **18**

V. § 309 Nr. 8b ee BGB

1. Allgemeines

§ 309 Nr. 8b ee BGB lässt die Mängelrüge- und Ausschlussfristen in AGB bei offensichtlichen Mängeln grundsätzlich zu, verbietet sie aber bei nicht offensichtlichen Mängeln. Erfasst sind alle Klauseln, die den Vertragspartner zur **Mängelanzeige** verpflichten. Als Anzeige ist hierbei jeder Umstand zu verstehen, der den Vertragspartner zur Mitteilung über das Vorliegen eines Mangels an den Verwender verpflichtet. Auch die Pflicht zur Weitergabe von Informationen über den Mangel selbst ist erfasst.[55] Unzulässig ist eine inhaltliche Ausgestaltung, nach der die Klausel vom Vertragspartner eine „genaue Mängelbezeichnung" verlangt.[56] **19**

Neben Klauseln, die eine Frist für die Anzeige **nicht offensichtlicher Mängel** setzen, werden auch Klauseln erfasst, die Mängel im Allgemeinen betreffen, ohne zwischen offensichtlichen und nicht offensichtlichen zu unterscheiden.[57] Der **Mangelbegriff** richtet sich dabei nach dem der §§ 434, 435, 633 BGB, weshalb sowohl Sach- als auch Rechtsmängel im Sinne des Kauf- und Werkvertragsrechts erfasst sind.[58] **20**

Neben § 309 Nr. 8b ee BGB findet § 307 BGB Anwendung. Hieran zu prüfen sind insbesondere Fälle, in denen eine Ausschlussfrist für offensichtliche Mängel geregelt wird. Insbesondere hinsichtlich der Dauer der Ausschlussfrist hat § 307 BGB Bedeutung.[59] **21**

---

44 MüKo/*Wurmnest*, § 309 Nr. 8 Rn 56.
45 Staudinger/*Coester-Waltjen*, § 309 Nr. 8 Rn 72.
46 BGH, NJW 1981, 1510.
47 BGH, NJW 1981, 1510.
48 BGH NJW 1996, 389 (die Kompensation war im zitierten Fall jedoch nicht ausreichend).
49 So UBH/*Christensen*, § 309 Nr. 8 Rn 80, der sich für eine Einzelfallentscheidung ausspricht.
50 So MüKo/*Wurmnest*, § 309 Nr. 8 Rn 56.
51 UBH/*Christensen*, § 309 Nr. 8 Rn 81.
52 WLP/*Dammann*, § 309 Nr. 8b dd Rn 17.
53 Staudinger/*Coester-Waltjen*, § 309 Nr. 8 Rn 75.
54 UBH/*Christensen*, § 309 Nr. 8 Rn 87; Palandt/*Grüneberg*, § 309 Rn 71.
55 WLP/*Dammann*, § 309 Nr. 8b ee Rn 20, 21.
56 BGH ZIP 1987, 989, 994.
57 BGH NJW 2001, 292, 300.
58 WLP/*Dammann*, § 309 Nr. 8b ee Rn 12.
59 BGH NJW 1998, 3119, 3120; WLP/*Dammann*, § 309 Nr. 8b ee Rn 46 f.; UBH/*Christensen*, § 309 Nr. 8 Rn 93.

§ 309 Nr. 8b

2. Geltung gegenüber Unternehmern

22 Im unternehmerischen Bereich sind die Beteiligten grundsätzlich auf Mängelrügefristen angewiesen, z.B. bei verderblicher Ware, was gegen eine Anwendung des § 309 Nr. 8b ee BGB über § 307 BGB spricht.[60] Dafür spricht auch die Vorschrift des § 377 HGB.[61] Jedenfalls kann eine unangemessene Gestaltung der Klausel zur Unwirksamkeit gem. § 307 BGB führen. Dies ist z.B. der Fall bei zu kurzen Ausschlussfristen,[62] sodass eine Klausel, die eine Ausschlussfrist von drei Tagen vorsieht, unwirksam ist, da dadurch die Rügemöglichkeit praktisch leerläuft.[63] Dies gilt erst Recht für eine Klausel, die eine Rüge nur bei Ablieferung der Ware zulässt.[64] Ob für verdeckte Mängel eine Rügefrist gesetzt werden kann, ist umstritten. Zum Teil wird dies im Hinblick auf die schnelle und effektive Abwicklung der Verträge generell bejaht,[65] zum Teil völlig abgelehnt.[66] Es ist ein vermittelnder Ansatz vorzuziehen, der einen Ausschlusszeitpunkt festlegt, bei dem die verdeckten Mängel typischerweise auftreten.[67] Hierbei muss in AGB dann im Einzelfall für die jeweils möglichen Mängel eine detaillierte Regelung getroffen werden.[68]

VI. § 309 Nr. 8b ff BGB

1. Allgemeines

23 § 309 Nr. 8b ff BGB ist im Zusammenhang mit § 202 Abs. 1 BGB zu lesen, wonach die Verjährung bei Haftung wegen Vorsatzes nicht im Voraus erleichtert werden kann. Hiervon weicht § 309 Nr. 8b ff BGB ab, da in den Fällen der §§ 438 Abs. 1 Nr. 2, 634a Abs. 1 Nr. 2 BGB jede Verjährungserleichterung und in allen sonstigen Fällen eine weniger als ein Jahr betragende Verjährungsfrist ab dem gesetzlichen Verjährungsbeginn unwirksam ist.[69] Es soll ein faktischer Haftungsausschluss durch zeitliche Beschränkung der Mängelrechte verhindert werden, da ansonsten viele Mängel bei Erkennbarkeit bereits verjährt wären.[70] Beim Verbrauchsgüterkauf beweglicher Sachen ist § 475 Abs. 2 BGB zu beachten, der den Anwendungsbereich des § 309 Nr. 8b ff BGB verkleinert.[71] Neben Bestimmungen, die die Verjährung unmittelbar regeln, werden auch solche erfasst, die die **Verjährungslänge nur mittelbar betreffen**, z.B. den erstmaligen Beginn der Verjährungsfrist vorverlegen,[72] den Neubeginn der Verjährung gemäß § 212 BGB oder die Hemmung der Verjährung nach den §§ 203 ff. BGB regeln.[73]

2. Beispiele

24 Unzulässig sind beispielsweise **Architekten-AGB**, die nicht auf die Abnahme der Architektenleistung, sondern auf den meist vorangehenden Zeitpunkt der Fertigstellung oder Abnahme des Bauwerks abstellen;[74] zulässig ist die Verkürzung der zweijährigen Verjährungsfrist des **§ 438 Abs. 1 Nr. 3 BGB** auf drei Monate, wenn dies vom Vertragspartner so gewollt ist und der Verwender nicht in Ausübung einer gewerblichen oder selbstständigen beruflichen Tätigkeit, sondern als Privatperson handelte.[75] Unwirksam ist eine Klausel, die den Verjährungslauf nicht an zeit-, sondern benutzungsbezogene Kriterien wie die **Fahrleistung bei Kraftfahrzeugen** anknüpft und dies bei typischer Benutzung zu einer wesentlichen Verkürzung der Verjährungsfristen führt;[76] unzulässig ist auch eine Verkürzung der fünfjährigen Verjährungsfrist für Mängel bei **Bauwerken** auf zwei Jahre;[77] unwirksam ist auch eine Klausel, nach welcher der Verwender die Mängelhaftung für von ihm gelieferte **Baumaterialien** (Fertigelemente bzw. Teilfertigelemente wie Fenster und Türen), die der Käufer entsprechend der üblichen Vorgehensweise für ein Bauwerk verwendet, von fünf Jahren auf sechs Monate bzw. zwei Jahre verkürzen will;[78] bei einer Verjährungsverlängerung ist zu prüfen, ob der Verwender ein rechtliches Interesse an der Verlängerung hat, was in der Regel der Fall ist, wenn der Käufer befürchten muss, seinerseits von seinen Kunden in Regress genommen zu werden.[79] Eine Verjährungsfrist von sieben Jahren ist bei **Bauwerken** unangemessen lang;[80] für **Arbeiten an Flachdächern** ist eine Verjährungsfrist von zehn Jahren und einem Monat wirksam.[81] Eine Klausel, wonach der Beginn der Verjährungsfrist ohne zeitliche Begrenzung in die Zukunft verlegt wird, ist unwirksam.[82] Wirksam ist eine Einkaufsbedingung eines Händlers gegen-

---

60 UBH/*Christensen*, § 309 Nr. 8 Rn 97.
61 Dennoch hat der BGH § 309 Nr. 8b ee BGB eine gewisse Indizwirkung im unternehmerischen Verkehr zugesprochen, falls kein besonderes Bedürfnis nach zügiger Abwicklung besteht, BGH NJW-RR 2005, 247, 248 (zu § 11 Nr. 10e AGBG).
62 UBH/*Christensen*, § 309 Nr. 8 Rn 97; v. Westphalen/*Lehmann-Richter*, Mängelrechte in Kauf- und Werkverträgen Rn 46.
63 BGH NJW 1992, 575, 576 f. (zu § 9 AGBG).
64 BGH NJW-RR 1986, 52, 53 (zu § 9 AGBG).
65 MüKo/*Wurmnest*, § 309 Nr. 8 Rn 68.
66 Staudinger/*Coester-Waltjen*, § 309 Nr. 8 Rn 86.
67 So BGH NJW 1977, 1150 für verdeckte Mängel bei § 377 HGB.
68 UBH/*Christensen*, § 309 Nr. 8 Rn 97.
69 WLP/*Dammann*, § 309 Nr. 8b ff Rn 1–8.
70 UBH/*Christensen*, § 309 Nr. 8 Rn 98; Staudinger/*Coester-Waltjen*, § 309 Nr. 8 Rn 91.
71 WLP/*Dammann*, § 309 Nr. 8b ff Rn 10; MüKo/*Wurmnest*, § 309 Nr. 8 Rn 72.
72 BGH NJW-RR 1987, 144, 146.
73 WLP/*Dammann*, § 309 Nr. 8b ff Rn 15.
74 OLG Düsseldorf NJW-RR 1992, 1174.
75 OLG Koblenz RuS 2007, 121.
76 BGH NJW 1993, 2054.
77 BGH NJW 1984, 1750, 1751.
78 OLG Naumburg, Urt. v. 21.5.2010 – 10 U 60/08.
79 BGH NJW 2006, 47.
80 OLG München NJW-RR 1987, 661, 663 f.; a.A. WLP/*Dammann*, § 309 Nr. 8b ff Rn 56.
81 BGH NJW 1996, 2155.
82 OLG Karlsruhe BB 1983, 725, 728 f.

über seinem Lieferanten, nach der die Verjährungsfrist für **Mängelrechte 36 Monate** beträgt.[83] Eine Klausel, der zufolge die Verjährungsfrist für Mangelansprüche wegen **Rechtsmängeln zehn Jahre** betragen soll, ist unwirksam;[84] ebenso unwirksam ist eine Regelung, die vorsieht, dass die Verjährungsfrist für aufgrund der Nachlieferung neu gelieferte oder nachgebesserte Teile neu zu laufen beginn soll.[85]

3. Geltung gegenüber Unternehmern

In der Rechtsprechung ist bereits während der Geltung des AGBG mehrfach entschieden worden, dass die Grundsätze zum Verbot der Verjährungsverkürzung auch auf den unternehmerischen Geschäftsverkehr übertragbar seien.[86] Daran anknüpfend entschied das OLG Naumburg, dass § 309 Nr. 8b ff BGB auch im Geschäftsverkehr zwischen Unternehmern Anwendung finde, da § 309 BGB Konkretisierungen des § 307 Abs. 2 Nr. 1, 2 BGB beinhalte, sodass dessen Wertungen innerhalb der Inhaltskontrolle nach §§ 310 Abs. 1 S. 2, 307 Abs. 2 Nr. 1, 2 BGB auch für den unternehmerischen Verkehr gelten.[87] Zu beachten sind aber auch Sondervorschriften wie § 439 Abs. 4 HGB im Bereich des Transportrechts oder die §§ 478 Abs. 4, 479 BGB beim Lieferantenregress.[88]

25

§ 309 Nr. 9

9. (Laufzeit bei Dauerschuldverhältnissen)
bei einem Vertragsverhältnis, das die regelmäßige Lieferung von Waren oder die regelmäßige Erbringung von Dienst- oder Werkleistungen durch den Verwender zum Gegenstand hat,
a) eine den anderen Vertragsteil länger als zwei Jahre bindende Laufzeit des Vertrags,
b) eine den anderen Vertragsteil bindende stillschweigende Verlängerung des Vertragsverhältnisses um jeweils mehr als ein Jahr oder
c) zu Lasten des anderen Vertragsteils eine längere Kündigungsfrist als drei Monate vor Ablauf der zunächst vorgesehenen oder stillschweigend verlängerten Vertragsdauer;
dies gilt nicht für Verträge über die Lieferung als zusammengehörig verkaufter Sachen, für Versicherungsverträge sowie für Verträge zwischen den Inhabern urheberrechtlicher Rechte und Ansprüche und Verwertungsgesellschaften im Sinne des Gesetzes über die Wahrnehmung von Urheberrechten und verwandten Schutzrechten;

A. Allgemeines	1	I. B2C-Dauerschuldverhältnisse	3
B. Regelungsgehalt	3	II. B2B-Dauerschuldverhältnisse	10

A. Allgemeines

Klauseln über die Laufzeit, aber auch die Laufzeitverlängerung, kommen in Verträgen mit Verbrauchern (B2C), aber auch im geschäftlichen Bereich (B2B) sehr häufig vor.

1

Die Rechtslage hierzu ist etwas undurchsichtig und oft Gegenstand gerichtlicher Auseinandersetzungen, zuletzt in der **BahnCard-Entscheidung** des BGH.[1]

2

B. Regelungsgehalt

I. B2C-Dauerschuldverhältnisse

Zunächst bestimmt § 314 BGB, dass Dauerschuldverhältnisse **aus wichtigem Grund** kündbar sind. Dies hatte die Rechtsprechung schon vor Übernahme dieses Grundsatzes ins Gesetz herausgearbeitet.[2] Beschränkungen in AGB sind nicht möglich. AGB sind zudem so zu gestalten, dass nicht der Anschein erweckt wird, auch aus wichtigem Grund sei eine Kündigung nicht möglich.

3

Oft bestehen **gesetzliche Grenzen** für Laufzeiten: Etwa im Mietrecht sind Verträge über 30 Jahre bereits individualvertraglich nicht möglich (§ 544 BGB).

4

---

83 BGH NJW 2006, 47.
84 BGH NJW 2006, 47, 50.
85 BGH NJW 2006, 47, 48.
86 BGH NJW 1992, 1236; BGHZ 122, 241, 245.
87 OLG Naumburg NJOZ 2010, 2412, 2413.
88 UBH/*Christensen*, § 309 Nr. 8 Rn 106.
1 BGH v. 15.4.2010 – Xa ZR 89/09.
2 Palandt/*Grüneberg* § 314 Rn 1 ff.

5 In Formularverträgen und **AGB** bestehen enge Grenzen für die Vereinbarung von Laufzeiten: Ausgangspunkt hierfür sind die §§ 308 Nr. 3 und 309 Nr. 1 und Nr. 9 BGB. Hier wird auf **einige** Dauerschuldverhältnisse Bezug genommen: Bei vereinbarter regelmäßiger Lieferung von Waren oder der regelmäßigen Erbringung von Dienst- und Werkleistungen ist **eine längere Laufzeit als zwei Jahre unzulässig**.

6 Auch der Zeitschriftenbezug[3] fällt hierunter, ebenso der Bierliefervertrag[4] sowie analog der Sukzessivliefervertrag.[5] Der DSL-Anschluss-Vertrag kann ebenfalls auf die Dauer von zwei Jahren geschlossen werden; ein Umzug des Kunden führt nicht zu einem Kündigungsrecht des Kunden vor Ablauf der Frist.[6]

7 Dauerschuldverhältnisse sind darüber hinaus Miete, Pacht, Leihe, Darlehen, Dienstverträge, Verwahrung, Gesellschaft, Versicherungsvertrag, Franchise, Handelsvertretervertrag, Vertragshändlervertrag, Geschäftsbesorgungsvertrag u.v.m.[7] Wesentlich ist, dass sich Leistungspflichten nicht in einem einmaligen Austausch erschöpfen, sondern Vertragspflichten über einen Zeitraum hinweg bestehen und wiederkehren.

8 Leasing, Automatenaufstellverträge[8] und Franchiseverträge sollen nicht unter § 309 Nr. 9 BGB fallen.[9] Es ist daher erforderlich, gerade für den Verkehr mit Verbrauchern die Art des Vertragsverhältnisses zu ermitteln und eine Vergleichbarkeit zu den aufgeführten Vertragsverhältnissen zu überprüfen.

9 **Rabattberechtigungen** nach der/auf die BahnCard fallen hiernach nicht unter § 309 Nr. 9 BGB und sind wirksam.[10] Auch bei einem Abschluss derartiger Verträge für drei Monate und Verlängerung um jeweils ein Jahr liegt kein Verstoß gegen § 309 Nr. 9 BGB oder § 308 Nr. 5 BGB vor. Der BahnCard-Vertrag verpflichtet nicht zu fortwährenden Beförderungsleistungen, sondern gewährt den Kunden einen Rabatt. Auch eine über die Erstlaufzeit hinausgehende Verlängerungszeit ist jedenfalls außerhalb § 309 Nr. 9 BGB nicht von vorneherein unangemessen i.S.v. § 307 Abs. 1 und 2 BGB.

II. B2B-Dauerschuldverhältnisse

10 Im kaufmännischen Verkehr können Laufzeitbeschränkungen gegen § 307 BGB verstoßen. § 309 Nr. 9 BGB hat insoweit keine Ausstrahlungswirkung[11] mit der Folge, dass auch im kaufmännischen Verkehr i.d.R. derartige Klauseln unwirksam sind. Die neuere Rechtsprechung des BGH,[12] dass die Wertungen unter Verbrauchern auch auf Kaufleute zu übertragen sind, schließt jedoch eine Prüfung im Einzelfall nicht aus.

11 Dagegen kommt den **Gruppenfreistellungsverordnungen** (GVOs) ein derartiger Gerechtigkeitsgehalt zu;[13] sie können als wesentlicher Inhalt einer gesetzlichen Regelung angesehen werden.

12 Diese GVOs sind auf den kaufmännischen Rechtsverkehr zugeschnitten und beinhalten bei Fragen der Laufzeit die **Wertung, dass nur bis zu fünf Jahren** (so in der Schirm-GVO) die **Freiheit des Wettbewerbs gebunden werden kann**. Dies ist keine abstrakte Aussage, sondern auch eine Aussage für den konkreten Vertragspartner.

---

3 Palandt/*Grüneberg*, § 309 Rn 80; nicht dagegen der Erwerb einer Buchreihe, zeitlich gestreckt: BGH NJW 1993, 2053, oder des „Münchener Kommentars".
4 Palandt/*Grüneberg*, § 309 Rn 80; OLG Frankfurt NJW-RR1988, 177.
5 Palandt/*Grüneberg*, § 309 Rn 80 für direkte Anwendung, was wenig stimmig ist, wenn man den echten Sukzessivliefervertrag nicht als Dauerschuldverhältnis anerkennt (s.o.); vgl. OLG Stuttgart NJW-RR 1992, 888; auch *Niebling*, MDR 2008, 841.
6 BGH v 11.11.2010 – III ZR 57/10; der Mobilfunk- und Internet Provider-Vertrag wird dagegen erfasst: UBH/*Ulmer/Christensen*, § 309 Nr. 9 Rn 11 und 14.
7 Palandt/*Grüneberg*, § 314 Rn 2, 4; UBH/*Ulmer/Christensen*, § 309 Nr. 9 Rn 5 – nicht erfasst; Staudinger/*Coester-Waltjen*, § 309 Nr. 9 Rn 4 ff.
8 Palandt/*Grüneberg*, § 307 Rn 75: ohne Darlehensgewährung zulässig nur bis zu einer Laufzeit von drei Jahren; m.E. ist die Darlehensgewährung grundsätzlich als „Preisargument" ohne Bedeutung; zur Kompensation unangemessener Klauseln durch andere Klauseln *Niebling*, BB 1992, 717; Erman/*Roloff*, § 307 Rn 11, zum „Preisargument" Rn 17.
9 Palandt/*Grüneberg*, § 309 Rn 79 unter Hinw. auf BGH NJW 1985, 2328; NJW 1993, 1134; anders MüKo/*Wurmnest*, § 309 Nr. 9 Rn 8 (scheitert i.d.R. an § 310 Abs. 1 BGB); m.E. ist darauf abzustellen, welchen Schwerpunkt der Franchisevertrag hat.
10 BGH v. 15.4.2010 – Xa ZR 89/09.
11 Etwa Bamberger/Roth/*Becker*, § 309 Nr. 9 Rn 34.
12 BGH v. 19.9.2007 – VIII 141/06.
13 Zutreffend Palandt/*Grüneberg*, § 309 Rn 89; offenlassend BGH NJW 2000, 1110; Erman/*Roloff*, Vor §§ 307–309 Rn 14, weist zu Recht darauf hin, dass die kartellrechtliche Kontrolle neben der AGB-Kontrolle steht (so etwa auch bei den Kfz-Neuwagenbedingungen: BGH NJW 2001, 292); anders UBH/*Fuchs*, § 307 Rn 209: nur „wichtige Anhaltspunkte" für eine Unangemessenheit.

Bei Bezugsverträgen sieht die Schirm-GVO[14] (kartellrechtlich) eine Höchstfrist von fünf Jahren vor. Dies gilt etwa für Produkte des Franchise, für Kraftfahrzeuge, für Öle und Schmierstoffen und alle Lieferprodukte im Vertikalverhältnis.

Damit sind auch formularmäßige Bierlieferungsverträge über fünf Jahre hinaus nach § 307 BGB unwirksam.[15]

Verstößt in einem Bezugsvertrag die Laufzeitregelung gegen die Schirm-GVO, weil sie über fünf Jahre hinausgeht, so ist diese Klausel grundsätzlich unwirksam und erfasst den gesamten Vertrag nach den Grundsätzen von § 139 BGB. Eine **geltungserhaltende Reduktion auf einen Fünf-Jahres-Vertrag kommt nicht in Betracht**, weil so die Sanktion aus Art. 101 Abs. 1 AEUV leerliefe.

Wird hiergegen verstoßen, entfällt nach § 306 Abs. 1 BGB die unwirksame Klausel und der Vertrag bleibt im Übrigen wirksam. Gesamtnichtigkeit tritt nur nach Maßgabe von § 306 Abs. 3 BGB ein: Der Vertrag ist dann nur insgesamt unwirksam, wenn das Festhalten an ihm eine unzumutbare Härte für den Vertragspartner wäre, § 306 BGB. Insoweit wird ein Vertrag mit einer Laufzeit von über fünf Jahren nicht durch geltungserhaltende Reduktion auf das zulässige Maß reduziert.[16]

Der Vertrag wäre daher insgesamt nichtig. Ausnahme: **Zugunsten** des Kunden kommt eine ergänzende Vertragsauslegung in Betracht:[17] Eine ergänzende Vertragsauslegung kann bei der Unwirksamkeit von AGB jedoch grundsätzlich nicht erfolgen, da hierdurch das Risiko der Verwendung ähnlich einer verbotenen geltungserhaltenden Reduktion teilweise auf den Vertragspartner verlängert würde.[18]

Die Einräumung von Kündigungsmöglichkeiten[19] sieht das dispositive Recht nur im Falle von § 620 Abs. 2 BGB beim Dienstvertrag vor. Dies ist mangels vergleichbarer Rechtslage nicht (auch nicht analog) anwendbar bei Bezugsverträgen. Der Rumpfvertrag ist letztlich hier nicht ergänzbar. Es bleibt beim ersatzlosen Wegfall des Vertrags.[20] Da in der Verwendung unwirksamer AGB jedoch die Verletzung von Nebenpflichten zum Vertrag liegt, haftet der Verwender bei der Verwendung unwirksamer AGB nach den Grundsätzen der Verletzung von Nebenpflichten, c.i.c. bzw. pVV.[21] Damit kann der Verwender nicht etwas (Zahlung) verlangen, was dieser umgehend wieder zurückzahlen müsste.[22]

Damit werden Laufzeit-Vereinbarungen nicht etwa nach § 307 Abs. 3 S. 1 BGB von der Inhaltskontrolle ausgenommen; sie sind vielmehr über den eigentlichen Anwendungsbereich in § 309 Nr. 9 BGB hinaus oft unwirksam, weil sie der Natur des Vertrags widersprechen. Auch die Zwei-Jahres-Frist kann nach § 307 BGB unwirksam sein, wenn das jeweilige Vertragsverhältnis dies erfordert.[23]

---

14 Zu beachten ist die Neufassung: 330/2010 ersetzt 2790/1999 – hierzu: *Lettl*, WRP 2010, 807; zur bisherigen GVO: *Bauer/Bronett*, Die EU-GruppenfreistellungsVO für vertikale Wettbewerbsbeschränkungen, 2001, Rn 158; *Langen/Bunte-Nolte*, EU KartellR, 11. Aufl. 2010, Art. 81 Rn D 394; *Loewenheim/Meesen/Riesenkampf*, KartellR, 2. Aufl. 2009, S. 627 (B nach Art. 86 EG); diese GVO gilt für Kfz-Vertrieb ab dem 1.6.2013
Wortlaut: Artikel 5
„Nicht freigestellte Beschränkungen
(1) Die Freistellung nach Artikel 2 gilt nicht für die folgenden, in vertikalen Vereinbarungen enthaltenen Verpflichtungen:
a) unmittelbare oder mittelbare Wettbewerbsverbote, die für eine unbestimmte Dauer oder für eine Dauer von mehr als fünf Jahren vereinbart werden."

15 Zutreffend Palandt/*Grüneberg*, § 307 Rn 91; anders Bamberger/Roth/*Becker*, § 309 Nr. 9 Rn 38.

16 BGH NJW 2000, 1110 = BB 2000, 323; zutreffend Palandt/*Grüneberg*, § 309 Rn 89; AK/*Kollmann*, § 309 Rn 187; anders die bisherige Rechtsprechung zu Individualvereinbarungen: AK/*Faust*, § 139 Rn 27 zu Bierlieferungsverträgen; Staudinger/*Coester-Waltjen*, § 309 Nr. 9 Rn 23.

17 Die ergänzende Vertragsauslegung zugunsten des Kunden zieht auch der BGH heran: BGH v. 13.4.2010 – XI ZR 197/09, VuR 2010, 267 m. Anm. *Niebling*.

18 Keine ergänzende Vertragsauslegung auch bei Preiserhöhungsklauseln: BGH v. 29.4.2008, KZR 2/07 (Gassondervertrag); zu Preiserhöhungsklauseln in Dauerschuldverhältnissen auch: BGH v. 21.9.2005 – VIII ZR 38/05, NJW-RR 2005,1717; BGH v. 13.12.2006 – VIII ZR 25/06, NJW 2007, 1054; BGH v. 15.11.2007 – III ZR 247/06; hierzu zu Unrecht kritisch *v. Westphalen*, MDR 2008, 424; *Niebling*, MDR 2008, 841; für weitergehende Anwendung der ergänzenden Vertragsauslegung: Bamberger/Roth/*Becker*, § 309 Nr. 9 Rn 27.

19 So etwa Erman/*Roloff*, § 309 Rn 131: Das Dauerschuldverhältnis sei als unbefristet anzusehen und durch ergänzende Vertragsauslegung wird ein ordentliches Kündigungsrecht angenommen, ähnlich PWW/*Berger*, § 309 Rn 84.

20 BGH BB 2000, 326.

21 Zuletzt BGH v. 11.6.2010 – V ZR 85/09; siehe auch Palandt/*Grüneberg*, § 307 Rn 14; PWW/*Berger*, § 306 Rn 21; Erman/*Roloff*, § 306 Rn 19: Der Schadensersatzanspruch umfasst die Rückabwicklung erbrachter Leistungen wie auch die Aufwendungen für Beraterkosten, das schadensersatzpflichtige Verhalten könne auch darin liegen, dass der Verwender es pflichtwidrig unterlasse, über den Inhalt bestimmter AGB hinreichend aufzuklären; BGH NJW 1994, 2754; ähnlich PWW/*Berger*, § 306 Rn 23: Schadensersatz nach §§ 280, 311 Abs. 2 BGB unter Hinw. auf BGH NJW 1994, 2754.

22 Ein Leistungsverweigerungsrecht gewähren: HK/*Schulze*, § 311 Rn 26; Jauernig/*Stadler*, § 311 Rn 56 unter Hinw. auf BGHZ 47, 214; BGH NJW 1979, 1983; Erman/*Kindl*, § 311 Rn 25; Erman/*Roloff*, vor §§ 307–309 Rn 1: Das im Wege der unwirksamen AGB Geleistete kann im Wege des Schadensersatzes zurückverlangt werden; ebenso UBH/*Fuchs*, vor § 307 Rn 104; Palandt/*Grüneberg*, § 311 Rn 38: Verwendung von unwirksamen AGB als c.i.c., unter Hinweis auf OLG Dresden NJW 2002, 523; OLG Hamm NJW-RR 2002, 129.

23 BGHZ 100, 373 = NJW 1987, 2012; BGH NJW 1997, 739; weitergehend: UBH/*Ulmer/Christensen*, § 309 Nr. 9 Rn 3 und 14.

§ 309 Nr. 10

10. (Wechsel des Vertragspartners)
eine Bestimmung, wonach bei Kauf-, Darlehens-, Dienst- oder Werkverträgen ein Dritter anstelle des Verwenders in die sich aus dem Vertrag ergebenden Rechte und Pflichten eintritt oder eintreten kann, es sei denn, in der Bestimmung wird
a) der Dritte namentlich bezeichnet oder
b) dem anderen Vertragsteil das Recht eingeräumt, sich vom Vertrag zu lösen;

A. Allgemeines	1	D. Ausnahmen	14
I. Inhalt	1	I. Angabe des Dritten	15
II. Gesetzgeberische Überlegungen	2	II. Lösungsrecht für den Kunden	16
B. Anwendungsbereich	5	E. Rechtsfolgen bei Unwirksamkeit der Klausel	17
I. Nach der Art der Kunden	5	F. Beweislast	18
II. Nach der Art der Verträge	8	G. EG-Verbraucherrichtlinie	19
C. Eintritt in den Vertrag	11		

A. Allgemeines

I. Inhalt

1 Die Vorschrift entspricht § 11 Nr. 13 AGBG, jedoch hat das Risikobegrenzungsgesetz vom 12.8.2008[1] ihre Geltung auf Darlehensverträge erstreckt, die ab dem 19.8.2008 abgeschlossen werden.[2]

Die Vorschrift lässt eine Klausel, wonach ein Dritter anstelle des Verwenders in den Vertrag eintreten soll oder eintreten kann, nur wirksam sein, wenn alternativ zwei Voraussetzungen vorliegen. Dies sind die namentliche Bezeichnung des Dritten in der Klausel oder die Einräumung eines Lösungsrechts für den Kunden. Das Gericht hat keine Wertungsmöglichkeit.

II. Gesetzgeberische Überlegungen

2 Dem Kunden soll kein neuer Vertragspartner aufgezwungen werden.[3] Dies gilt aus denselben Gründen, die etwa auch eine befreiende Schuldübernahme von der Zustimmung des Gläubigers abhängig machen: Zuverlässigkeit und Leistungsfähigkeit des Dritten sind ungewiss; eventuell hat der Gläubiger mit ihm schon in einem früheren Vertragsverhältnis schlechte Erfahrungen gemacht.[4] Hinzu mögen Turbulenzen bei der Durchführung des Vertrags kommen, die aus dem Wechsel der Vertragspartei herrühren. Diese Überlegungen rechtfertigen auch die Ausnahmen für den Fall, dass der Dritte bekannt ist oder dem Kunden die Lösung vom Vertrag ermöglicht wird.

3 Die Einbeziehung der Darlehensverträge beruht auf dem Risikobegrenzungsgesetz vom 12.8.2008. Dieses regelt generell die Zulässigkeit des Verkaufs und der Abtretung von Darlehensforderungen und will in diesen Situationen den Schutz des Darlehensnehmers verstärken. Dies geschieht für den ersten Fall durch Ausdehnung des § 309 Nr. 10 BGB auf Darlehensverträge.[5]

4 Anwendungsfälle der Vorschrift sind praktisch selten. Dies beruht auf der Beschränkung der hierunter fallenden Verträge und der geringen Verbreitung solcher Klauseln.

B. Anwendungsbereich

I. Nach der Art der Kunden

5 Die Vorschrift gilt nicht für Verträge im Bereich der Energie- und Wasserversorgung sowie der Abwasserentsorgung (§ 310 Abs. 2 BGB).

6 Verbraucherverträge (§ 310 Abs. 3 BGB) fallen generell, also auch, wenn es sich um Kauf-, Darlehens-, Dienst- oder Werkverträge handelt, unter Ziffer 1p der Anlage zur Verbraucherrichtlinie. Demnach können Klauseln für missbräuchlich erklärt werden, welche die Möglichkeit vorsehen, dass der Vertrag ohne Zustimmung des Verbrauchers vom Gewerbetreibenden „abgetreten" wird, wenn dies möglicherweise eine Verringerung der Sicherheiten für den Verbraucher bewirkt. Die Richtlinie geht damit weit über § 309 Nr. 10 BGB hinaus, nötigt aber – wenig praktikabel

---

1 BGBl I 2008, 1666.
2 Übergangsvorschrift in Art. 229 § 18 Abs. 1 S. 1 EGBGB.
3 PWW/*Berger*, § 309 Rn 87.
4 Staudinger/*Coester-Waltjen*, § 309 Nr. 10 Rn 1; Erman/*Roloff*, § 309 Rn 134; BT-Drucks 7/3919, 38.
5 *Langenbucher*, NJW 2008, 3169, 3170 li. Sp.

– im Einzelfall zum Vergleich der Leistungsfähigkeit des alten und des neuen Vertragspartners.[6] Dagegen ist es unerheblich, ob der Verwender eine der beiden in § 309 Nr. 10 BGB gemachten Ausnahmen vorsieht.

Im unternehmerischen Bereich ist die Vorschrift nicht unmittelbar anzuwenden. Die Inhaltskontrolle nach § 307 BGB führt bei formularmäßigen Übertragungsklauseln nicht generell zur Unwirksamkeit.[7] Eine unangemessene Benachteiligung kommt aber in Betracht, wenn dem Kunden nach der Art des geschlossenen Vertrags die Person seines Vertragspartners typischerweise nicht gleichgültig sein kann, er vielmehr daran interessiert sein muss, sich Gewissheit über die Zuverlässigkeit und Solvenz des Dritten zu verschaffen, auf den der Vertrag übertragen werden soll.[8] Dies wird in der Regel der Fall sein, wenn der Vertrag einen personalen Einschlag[9] oder eine lange Restlaufzeit[10] aufweist. Am Ende steht eine Interessenabwägung,[11] in die von Verwenderseite dessen Interesse am beabsichtigten Wechsel eingeht. Fehlt beim Vertrag der personale Einschlag, so geht von Seiten des Kunden nur das allgemeine Interesse an ordnungsgemäßer Vertragserfüllung ein, was regelmäßig die Klausel nicht unangemessen macht.[12]

II. Nach der Art der Verträge

Die Vorschrift bezieht sich auf Kauf-, Darlehens-, Dienst- und Werkverträge. Zu letzteren gehören auch Werklieferungs- und Geschäftsbesorgungsverträge.[13]

Nicht dazu gehören Mietverträge,[14] Leasingverträge[15] und sonstige Gebrauchsüberlassungsverträge.[16] Für sie gilt nur § 307 BGB.

Die Vorschrift gilt auch nicht für Verträge auf dem Gebiet des Erb-, Familien- und Gesellschaftsrechts sowie für Tarifverträge, Betriebs- und Dienstvereinbarungen (§ 310 Abs. 4 S. 1 BGB). Für Arbeitsverträge gilt sie, doch sind dabei die im Arbeitsrecht geltenden Besonderheiten angemessen zu berücksichtigen (§ 310 Abs. 4 S. 2 BGB). Anwendungsfall ist etwa der Eintritt eines anderen Konzernunternehmens auf Verwenderseite in den Arbeitsvertrag.[17] Indessen hat § 613a Abs. 6 BGB (Widerspruch des Arbeitnehmers gegen den Übergang des Arbeitsverhältnisses binnen eines Monats) die Situation weitgehend entschärft. Dazu wird vertreten, dass Klauseln, die den Wechsel des Arbeitgebers gegenüber § 613a BGB erleichtern oder den Arbeitnehmer in diesem Fall schlechter stellen als § 613a BGB, grundsätzlich unangemessen i.S.v. § 307 BGB sind.[18]

C. Eintritt in den Vertrag

Gemeint ist, dass anstelle des Verwenders ein Dritter in den Vertrag eintreten soll. Die Vorschrift umfasst nicht einen Wechsel auf Seiten des Kunden.

Gemeint ist ferner, dass der Dritte die Vertragspflichten übernehmen und der Verwender aus dem Vertrag ausscheiden soll, ihn also keine Vertragspflichten mehr treffen sollen. Dies folgt aus dem Wort „anstelle".

Die Worte „eintritt oder eintreten kann" sind weit auszulegen. Es sollen alle Fälle erfasst werden, in denen die Einwilligung des Kunden zum Wechsel der Vertragspartei auf Verwenderseite erforderlich ist. Die Klauseln wollen ja diese Einwilligung ersetzen; wo eine solche Einwilligung nicht erforderlich ist, ist das Interesse des Kunden nicht tangiert.

Hauptfall ist die Vertragsübernahme. Ihr gleichzustellen ist nach den Überlegungen im vorigen Absatz die befreiende Schuldübernahme.[19] Nicht erfasst wird die Erfüllungsübernahme, weil dem Gläubiger sein ursprünglicher Schuldner erhalten bleibt (§ 329 BGB) und auch sonst die Erfüllungsübernahme nicht die Zustimmung des Gläubigers verlangt. Nicht erfasst ist aus demselben Grund der Schuldbeitritt. Nicht erfasst ist ferner der Einsatz von Erfüllungsgehilfen.[20] Nicht erfasst ist schließlich die Abtretung.[21]

Nicht erfasst sind Universalsukzessionen (Fusion, Spaltung, Erbschaft) und erst recht nicht Umwandlungen. Des Weiteren nicht erfasst ist die Unternehmensnachfolge, also der Fall, dass der Betrieb im Ganzen durch Vertrag auf einen anderen Rechtsträger übergeht, denn dessen Eintritt in die laufenden Verträge beruht nicht auf Vertragsklauseln. Dagegen soll die Auslagerung einzelner oder auch einer Gruppe von Verträgen auf eine Tochtergesellschaft (etwa eine

---

6 UBH/*Habersack*, § 309 Nr. 10 Rn 3.
7 BGH NJW 2010, 3708 Rn 21.
8 BGH NJW 1985, 53, 54 sub II 2 b; BGH NJW 2010, 3708 Rn 22.
9 BGH NJW 2010, 3708 Rn 26.
10 MüKo/*Wurmnest*, § 309 Nr. 10 Rn 9.
11 BGH NJW 2010, 3708 Rn 25.
12 BGH NJW 2010, 3708 Rn 28.
13 OLG Saarbrücken NJW-RR 1999, 1397, für einen Baubetreuungsvertrag.
14 BGH NJW 2010, 3708 Rn 18.
15 Teilweise bestritten, vgl. Staudinger/*Coester-Waltjen*, § 309 Nr. 10 Rn 9.
16 PWW/*Berger*, § 309 Rn 87.
17 WLP/*Dammann*, § 309 Nr. 10 Rn 50.
18 WLP/*Dammann*, § 309 Nr. 10 Rn 50.
19 PWW/*Berger*, § 309 Rn 88; Staudinger/*Coester-Waltjen*, § 309 Nr. 10 Rn 12.
20 Bis zur Grenze der Substitution, UBH/*Habersack*, § 309 Nr. 10 Rn 6; Staudinger/*Coester-Waltjen*, § 309 Nr. 10 Rn 2; MüKo/*Wurmnest*, § 309 Nr. 10 Rn 6.
21 PWW/*Berger*, § 309 Rn 88 und Palandt/*Grüneberg*, § 309 Rn 98, mit Begründung aus der BT-Drucks 16/9821, 19 zum Risikobegrenzungsgesetz; eine weitere Begründung ist darin zu finden, dass grundsätzlich der Schuldner einer Abtretung nicht zustimmen muss.

§ 309 Nr. 11

Bad Bank oder ein anderes Versicherungsunternehmen desselben Konzerns) unter die Vorschrift fallen. Nicht erfasst sind Klauseln, die die Vertragsübernahme kraft Gesetzes, etwa aus §§ 566, 578, 613a BGB, nachzeichnen.[22]

D. Ausnahmen

14 Die beiden folgenden Ausnahmen sind alternativ zu verstehen.

I. Angabe des Dritten

15 Dieser muss mit Namen und Anschrift angegeben werden.[23]

Handelt es sich um höchstpersönliche Verpflichtungen des Verwenders, so dürfte dies indessen nicht ausreichen, da dann mit der Auswechslung des Schuldners zugleich eine Vertragsänderung verbunden ist, welche unter § 308 Nr. 4 BGB fällt.[24]

II. Lösungsrecht für den Kunden

16 Der Kunde kann das Lösungsrecht erst ausüben, wenn es wirklich auf Verwenderseite zum Eintritt eines Dritten kommt.[25] Die Ausübung des Lösungsrechts darf nicht erschwert und auch nicht mit Nachteilen für den Kunden verbunden sein.[26] Deshalb ist die Klausel unwirksam, wenn eine Kündigungsfrist für den Kunden vorgesehen ist.[27]

E. Rechtsfolgen bei Unwirksamkeit der Klausel

17 Der Eintritt des Dritten in den Vertrag ist unwirksam, wenn der Kunde nicht ausdrücklich zustimmt.[28]

F. Beweislast

18 Wer sich auf die Unwirksamkeit beruft, also in der Regel der Kunde, muss das Eintrittsrecht des Dritten beweisen. Der Verwender hat die Beweislast für die oben (siehe Rn 15, 16) genannten Ausnahmen.[29]

G. EG-Verbraucherrichtlinie

19 Wesentlich ist Ziffer 1p im Anhang (vgl. oben Rn 6). Die Verbraucherrechterichtlinie (2011/83/EU vom 25.10.2011) hat daran nichts geändert (siehe § 305b Rn 52).

§ 309 Nr. 11

11. (Haftung des Abschlussvertreters)
   eine Bestimmung, durch die der Verwender einem Vertreter, der den Vertrag für den anderen Vertragsteil abschließt,
   a) ohne hierauf gerichtete ausdrückliche und gesonderte Erklärung eine eigene Haftung oder Einstandspflicht oder
   b) im Falle vollmachtsloser Vertretung eine über § 179 hinausgehende Haftung
   auferlegt;

A. Allgemeines ... 1	III. Ausnahme bei ausdrücklicher und gesonderter Erklärung ... 11
I. Inhalt ... 1	IV. Rechtsfolge ... 15
II. Gesetzgeberische Überlegungen ... 4	V. Unternehmerischer Geschäftsverkehr ... 16
B. Eigene Haftung oder Einstandspflicht (§ 309 Nr. 11a BGB) ... 5	C. Vertreter ohne Vertretungsmacht (§ 309 Nr. 11b BGB) ... 17
I. Vertreter ... 5	D. EG-Verbraucherrichtlinie ... 22
II. Eigene Haftung oder Einstandspflicht ... 9	

---

[22] Staudinger/*Coester-Waltjen*, § 309 Nr. 10 Rn 10; MüKo/*Wurmnest*, § 309 Nr. 10 Rn 5.
[23] BGH NJW 1980, 2518.
[24] Staudinger/*Coester-Waltjen*, § 309 Nr. 10 Rn 4.
[25] Erman/*Roloff*, § 309 Rn 136.
[26] BGH NJW 1985, 53, 5 f. sub II 2 b.
[27] UBH/*Habersack*, § 309 Nr. 10 Rn 11.
[28] Erman/*Roloff*, § 309 Rn 137.
[29] WLP/*Dammann*, § 309 Nr. 10 Rn 36–39.

A. Allgemeines
I. Inhalt

Die Vorschrift verbietet es, dem Vertreter, der den Vertrag für den Kunden abschließt (Abschlussvertreter), formularmäßig eine Haftung aufzuerlegen, die einen bestimmten Umfang überschreitet. Ein solcher Vertreter darf nicht mit einer eigenen Haftung oder Einstandspflicht belastet werden, soweit er keine ausdrückliche und gesonderte Erklärung dieses Inhalts abgibt. Dem Vertreter ohne Vertretungsmacht darf keine Haftung auferlegt werden, die über § 179 BGB hinausgeht. 1

Die Vorschrift entspricht fast wörtlich § 11 Nr. 14 AGBG. 2

Das Gericht hat keine Wertungsmöglichkeit. 3

II. Gesetzgeberische Überlegungen

Die Vorschrift bezweckt den Schutz des Vertreters des Kunden vor einer – nach Grund oder Umfang – überraschenden und unangemessenen persönlichen Inanspruchnahme durch den Verwender.[1] 4

B. Eigene Haftung oder Einstandspflicht (§ 309 Nr. 11a BGB)
I. Vertreter

Gemeint sind rechtsgeschäftliche und gesetzliche Vertreter.[2] Erfasst werden jedenfalls Vertreter mit Vertretungsmacht, nach einer in der Literatur vertretenen Auffassung auch solche ohne Vertretungsmacht.[3] Nicht erfasst werden mittelbare Stellvertreter (Treuhänder, Kommissionäre). Nicht erfasst wird auch das Handeln unter fremdem Namen. 5

Typische Klauseln sind solche, wonach Eltern für ihre Kinder haften sollen,[4] der Geschäftsführer die gesamtschuldnerische Mithaftung neben der GmbH übernimmt,[5] der Anmelder, der Dritte zur gemeinsamen Reise anmeldet,[6] der Sammelbesteller[7] oder die Begleitperson bei Einlieferung eines Notfallpatienten in ein Krankenhaus[8] für die Verpflichtungen des Dritten aufkommen soll. 6

Nach ständiger Rechtsprechung des Bundesgerichtshofs haftet der Vertreter persönlich unter dem Gesichtspunkt des Verschuldens bei Vertragsverhandlungen, wenn er entweder in besonderem Maße persönliches Vertrauen in Anspruch genommen hat, namentlich mit Hinweis auf seine außergewöhnliche Sachkunde oder seine besondere persönliche Zuverlässigkeit eine zusätzliche, von ihm persönlich ausgehende Gewähr für das Gelingen des Rechtsgeschäfts bietet,[9] oder aber, wenn er die Vertragsverhandlungen maßgeblich beeinflusst und aus dem Geschäftsabschluss eigenen wirtschaftlichen Nutzen erstrebt hat.[10] Diese Rechtsprechung hat sich bei der Schuldrechtsmodernisierung in § 311 Abs. 3 BGB niedergeschlagen und ist inzwischen stark ausgeufert.[11] Eine solche Haftung des Vertreters beruht auf Gesetz und wird von der Vorschrift nicht berührt. Unter § 309 Nr. 11 BGB fiele jedoch eine Klausel, die diese Haftung über die Grenzen, die Gesetz und Rechtsprechung ihr setzen, hinaus ausdehnen wollte, insbesondere sie an geringere Voraussetzungen knüpfen würde. 7

Die Vorschrift betrifft auch nicht die Haftung eines Boten. Eine solche fiele aber unter § 307 BGB.[12] 8

II. Eigene Haftung oder Einstandspflicht

Gemeint ist jede eigene Verpflichtung des Vertreters, gleichgültig ob gesamtschuldnerisch oder subsidiär. Mithin erfasst die Vorschrift auch Bürgschaft[13] und Schuldbeitritt sowie Garantien.[14] 9

Die Vorschrift erfasst nicht Fälle, in denen ein Dritter von vornherein den Vertrag als Mithaftender mit unterzeichnet.[15] Ein solcher haftet dann schon nach allgemeinen Grundsätzen. Macht die Klausel ihn aber erst zur weiteren Vertragspartei (etwa als Gesellschafter einer GmbH), so ist sie kontrollfähig und oft auch überraschend i.S.v. § 305c Abs. 1 BGB.[16] 10

---

1 WLP/*Dammann*, § 309 Nr. 11 Rn 1.
2 Palandt/*Grüneberg*, § 309 Rn 101.
3 Staudinger/*Coester-Waltjen*, § 309 Nr. 11 Rn 5.
4 UBH/*Habersack*, § 309 Nr. 11 Rn 5.
5 BGH ZIP 1996, 1209.
6 OLG Frankfurt a.M. NJW 1986, 1941.
7 UBH/*Habersack*, § 309 Nr. 11 Rn 7: „Der Vertreter haftet als Mitbesteller".
8 OLG Köln NJW-RR 1999, 733; vgl. auch OLG Düsseldorf NJW 1991, 2352; die Klausel ist zudem überraschend i.S.v. § 305c Abs. 1, WLP/*Dammann*, § 309 Nr. 11 Rn 53.
9 BGH NJW 1990, 506.
10 BGH NJW 1983, 676, 677; NJW 1984, 2284, 2286.
11 Palandt/*Grüneberg*, § 311 Rn 60–64.
12 WLP/*Dammann*, § 309 Nr. 11 Rn 15.
13 BGH NJW 2001, 3186.
14 Erman/*Roloff*, § 309 Rn 142.
15 BGH WM 1988, 874 = BGHZ 104, 95, 100; BGH NJW 2006, 996.
16 BGH NJW 2006, 996.

III. Ausnahme bei ausdrücklicher und gesonderter Erklärung

11 Diese wird regelmäßig schriftlich sein müssen.[17] Sie kann auch formularmäßig abgegeben werden. Die Rechtsprechung hat dies zwar nicht ausdrücklich zugelassen, aber solche Klauseln nicht an formularmäßig abgegebenen Erklärungen des Vertreters scheitern lassen.[18] Allerdings bleibt zur formularmäßigen Erklärung des Vertreters die Inhaltskontrolle gemäß § 307 BGB möglich; auch kann sie überraschend i.S.v. § 305c Abs. 1 BGB sein.[19]

12 Ausdrücklich ist eine Erklärung, wenn sie unzweideutig und deutlich erkennbar die Eigenhaftung oder Einstandspflicht des Vertreters vorsieht. Ausreichend ist in der Regel die „gesamtschuldnerische Mithaftung" oder auch die „Übernahme der Bürgschaft".[20]

13 Gesondert ist eine Erklärung, die von anderen Willenserklärungen klar abgegrenzt ist; sie darf nicht nach dem äußeren Erscheinungsbild der Urkunde in den Text des Hauptvertrags eingegliedert sein.[21] Eine völlige Trennung vom Hauptvertrag ist jedoch nicht erforderlich,[22] ebenso wenig eine drucktechnische Hervorhebung.[23] Allerdings muss der Doppelcharakter der Verpflichtung für den Vertreter klar hervortreten.[24] Deshalb muss der Vertreter auch zweimal unterschreiben,[25] nämlich einmal den Vertrag für die Hauptpartei und zum anderen die Erklärung über seine persönliche Haftung. Es reicht mithin regelmäßig nicht aus, dass der Vertreter nur den Hauptvertrag als Vertreter der Hauptpartei unterzeichnet.[26] Das Erfordernis der gesonderten Erklärung ist deshalb dem der gesonderten Unterschrift i.S.v. § 309 Nr. 12 BGB und § 355 Abs. 2 S. 2 BGB a.F. gleichzusetzen.[27]

14 Die genannten Voraussetzungen müssen nicht im Verhältnis zur Hauptpartei, sondern gegenüber dem Vertreter beachtet werden. Die Erklärung des Vertreters muss erkennbar auf den Hauptvertrag Bezug nehmen.[28]

IV. Rechtsfolge

15 Ist die Klausel unwirksam, so gelten die gesetzlichen Vorschriften (§ 306 Abs. 2 S. 2 BGB). Dies bedeutet, dass der Vertreter nur nach den Rechtsprechungsgrundsätzen und § 311 Abs. 3 BGB (siehe oben Rn 7) haftet, sonst nicht.

V. Unternehmerischer Geschäftsverkehr

16 Damit ist die Haftung des Unternehmers angesprochen, der den Vertrag für den Kunden des Verwenders abschließt. Hier gilt grundsätzlich dasselbe.[29] Der oft genannte Fall des Geschäftsführers, der persönlich haften soll, zählt nicht zum unternehmerischen Geschäftsverkehr, sondern ist ein Fall unmittelbarer Anwendung der Vorschriften; der Geschäftsführer ist als solcher kein Unternehmer.[30] Ob der vertretene Kunde Verbraucher oder Unternehmer ist, ist unerheblich.

C. Vertreter ohne Vertretungsmacht (§ 309 Nr. 11b BGB)

17 Die Vorschrift spricht nur vom vollmachtlosen Vertreter. Sie meint aber alle Vertreter ohne Vertretungsmacht,[31] mithin auch denjenigen, der gesetzlicher Vertreter zu sein glaubt, es aber nicht ist.[32]

18 Die Vorschrift zielt auf jede Haftung, die über diejenige aus § 179 BGB hinausgeht. Hauptbeispiele sind die Haftung über das negative Interesse hinaus, wenn der Vertreter den Mangel seiner Vertretungsmacht nicht gekannt hat (§ 179 Abs. 2 BGB) oder die Haftung auch dann, wenn der Verwender den Mangel der Vertretungsmacht gekannt hat oder kennen musste (§ 179 Abs. 3 S. 1 BGB).

19 Der Verwender kann die Vorschrift nicht unterlaufen, indem er sich den Bestand einer Vollmacht formularmäßig versichern lässt.[33] Im Fall der Genehmigung (§ 177 BGB) haftet der Vertreter niemals nach § 309 Nr. 11b, sondern allenfalls nach § 309 Nr. 11a BGB.[34] Es soll aber möglich sein, durch ausdrückliche Erklärung analog § 309 Nr. 11a BGB eine Haftung über § 179 BGB hinaus zu begründen.[35]

20 Die Unwirksamkeit der Klausel bewirkt, dass es bei der Haftung des Vertreters ohne Vertretungsmacht so bleibt, wie § 179 BGB sie vorsieht.

---

17 UBH/*Habersack*, § 309 Nr. 11 Rn 10; MüKo/*Wurmnest*, § 309 Nr. 11 Rn 7.
18 Staudinger/*Coester-Waltjen*, § 309 Nr. 11 Rn 10, mit Hinw. auf BGH ZIP 1996, 1209.
19 BGH WM 1988, 979, 981 f.
20 WLP/*Dammann*, § 309 Nr. 11 Rn 22.
21 BGH NJW 2001, 3186, 3187.
22 BGHZ WM 1989, 979, 981; BGH NJW 2001, 3186.
23 BGH NJW 2001, 3186.
24 BGH NJW 2001, 3186; BGH NJW 2002, 3464.
25 OLG Frankfurt a.M. NJW 1986, 1941, 1943; OLG Köln VersR 1995, 418.
26 Staudinger/*Coester-Waltjen*, § 309 Nr. 11 Rn 3.
27 BGHZ 148, 302, 304.
28 BGH WM 1988, 982.
29 PWW/*Berger*, § 309 Rn 93.
30 BGH NJW 1988, 2465; MüKo/*Wurmnest*, § 309 Nr. 11 Rn 9.
31 Palandt/*Grüneberg*, § 309 Rn 104.
32 WLP/*Dammann*, § 309 Nr. 11 Rn 40.
33 Erman/*Roloff*, § 309 Rn 143.
34 MüKo/*Wurmnest*, § 309 Nr. 11 Rn 3.
35 WLP/*Dammann*, § 309 Nr. 11 Rn 44–49.

Die Vorschrift ist auf den unternehmerischen Geschäftsverkehr, also einen als Vertreter ohne Vertretungsmacht handelnden Unternehmer, übertragbar (§ 307 Abs. 2 S. 1 BGB).[36] **21**

D. EG-Verbraucherrichtlinie

Die Richtlinie sagt zu dieser Problematik nichts,[37] ebenso wenig die Verbraucherrechterichtlinie (2011/83/EU vom 25.10.2011; siehe § 305b Rn 52). **22**

§ 309 Nr. 12

12. (Beweislast)
eine Bestimmung, durch die der Verwender die Beweislast zum Nachteil des anderen Vertragsteils ändert, insbesondere indem er
a) diesem die Beweislast für Umstände auferlegt, die im Verantwortungsbereich des Verwenders liegen, oder
b) den anderen Vertragsteil bestimmte Tatsachen bestätigen lässt;
Buchstabe b gilt nicht für Empfangsbekenntnisse, die gesondert unterschrieben oder mit einer gesonderten qualifizierten elektronischen Signatur versehen sind;

A. Bedeutung 1	5. Zur teleologischen Reduktion des § 309 Nr. 12 BGB 18
B. Abgrenzung zu anderen Vorschriften 4	II. Regelbeispiel des § 309 Nr. 12a BGB 19
C. Regelungsgehalt des § 309 Nr. 12 BGB 7	III. Regelbeispiel des § 309 Nr. 12b BGB 21
I. Änderung der Beweislast 7	IV. Empfangsbekenntnisse als Ausnahme 25
1. Begriff 8	D. Verträge mit Unternehmern 27
2. Beweislastverteilung 9	E. Rechtsfolge 28
3. Änderung der Beweislastverteilung 13	
4. Zum Nachteil des anderen Vertragsteils 16	

A. Bedeutung

§ 309 Nr. 12 BGB entspricht dem seinerzeitigen § 11 Nr. 15 AGBG und verbietet Beweislaständerungen zum Nachteil **1**
des Vertragspartners des Verwenders. Bedeutung hat diese Klausel daher vornehmlich in Gerichtsprozessen und im Schiedsverfahren. Der für derartige Verfahren zu beachtende **allgemeine Grundsatz der Beweislastverteilung** lautet: Jede Partei, die den Eintritt einer Rechtsfolge geltend macht, hat die Voraussetzungen des ihr günstigen Rechtssatzes zu beweisen. Der Anspruchsteller trägt somit die Beweislast für die rechtsbegründenden Tatsachen, der Anspruchsgegner trägt sie für die rechtsvernichtenden, rechtshindernden und rechtshemmenden Tatsachen.[1] Darüber hinaus gibt es zahlreiche vom Gesetz oder der Rechtsprechung aufgestellte Beweislastregeln, etwa die Verteilung der Beweislast nach Verantwortungs- und Risikobereichen. Sie sind nicht nur Ausdruck von formellen Zweckmäßigkeitsregelungen, sondern **Ausprägungen des Gerechtigkeitsgebots**.[2] Für den Ausgang von Gerichtsentscheidungen sind Beweislastregeln von großer Bedeutung. Eine Änderung der Beweislast wird stets die Rechtsverfolgung für eine Partei erschweren oder verhindern. Daher verbietet § 309 Nr. 12 BGB formularmäßige Änderungen der Beweislast zum Nachteil des Vertragspartners des Verwenders.[3]

Auf europäischer Ebene regelt die Richtlinie 93/13/EWG in ihrem Anhang Nr. 1q auch Fragen der Beweislastregelun- **2**
gen durch Allgemeine Geschäftsbedingungen. Die europäische Regelung ist indes nicht deckungsgleich mit § 309 Nr. 12 AGB.[4] Nach Nr. 1q des Anhangs der Richtlinie 93/13/EWG können im nationalen Recht Klauseln für missbräuchlich erklärt werden, mit denen dem Verbraucher die Möglichkeit, Rechtsbehelfe einzulegen oder sonstige Beschwerdemittel zu ergreifen, genommen oder erschwert wird, und zwar insbesondere dadurch, dass er ausschließlich auf ein nicht unter die rechtlichen Bestimmungen fallendes Schiedsgerichtsverfahren verwiesen wird, die ihm zur Verfügung stehenden Beweismittel ungebührlich eingeschränkt werden oder ihm die Beweislast auferlegt wird, die nach dem geltenden Recht einer anderen Vertragspartei oblag. Die ersten beiden Regelungsbereiche dürften im deutschen Recht nicht relevant sein. Die Beschränkung oder der Ausschluss der Möglichkeit, Rechtsbehelfe einzulegen, insbesondere durch Verweis auf die ausschließliche Zuständigkeit von Schiedsgerichten, die nicht unter die rechtlichen Bestimmungen fallen, ist bei der Verwendung von Allgemeinen Geschäftsbedingungen gegenüber Verbrauchern bisher nicht bekannt geworden, zumal das Schiedsverfahren in §§ 1025 ff. ZPO gesetzlich geregelt ist.

---

36 Fraglich: PWW/*Berger*, § 309 Rn 93.
37 MüKo/*Wurmnest*, § 309 Nr. 11 Rn 2.
1 BGH NJW 1991, 1052; Zöller/*Greger*, Vor § 284 Rn 17a.

2 BT-Drucks 7/3919, 39.
3 BT-Drucks 7/3919, 39.
4 Vgl. UBH/*Habersack*, § 309 Nr. 12 Rn 6.

Auch die Einschränkung der Beweismittel vor Gericht, also Zeugenbeweis, Sachverständigenbeweis, Inaugenscheinnahme, Urkundsbeweis und Parteivernehmung (vgl. §§ 371 bis 455 ZPO), kommt in Deutschland nicht vor.[5] Nr. 1q des Anhangs der Richtlinie 93/13/EWG regelt in seinem dritten Beispiel den Fall, dass dem Verbraucher die Beweislast auferlegt wird, die nach dem geltenden Recht einer anderen Vertragspartei oblige. Betroffen von dieser Vorschrift sind indes nicht nur der Fall der Beweislastumkehr, sondern auch andere Fälle der Beweislaständerungen zum Nachteil des Verbrauchers. § 309 Nr. 12 BGB entspricht daher dem Nr. 1q des Anhangs der Richtlinie 93/13/EWG.[6] Insoweit kann § 309 Nr. 12 BGB als Umsetzung des Nr. 1q des Anhangs der Richtlinie gesehen werden.[7]

3 Schon mit der Kodifizierung des AGBG im Jahre 1977 und der Einführung des § 11 Nr. 15 AGBG entschied sich der Gesetzgeber für ein generelles Verbot von Beweislaständerungen zum Nachteil des Vertragspartners des Verwenders. Aber bereits zuvor hatte der Bundesgerichtshof in einer Leitentscheidung von 1964 AGB-Beweislastregelungen als unangemessen und damit unwirksam angesehen, die dem Kunden unter Abweichung der gesetzlichen Vorschriften die Beweislast für Umstände auferlegen, die im Verantwortungsbereich des Verwenders liegen.[8]

B. Abgrenzung zu anderen Vorschriften

4 Aufgrund des weiten Anwendungsbereichs des § 309 Nr. 12 BGB kann es zu vielfältigen Überschneidungen mit anderen AGB-Regelungen kommen; die Frage der Konkurrenzen zwischen den einzelnen Regelungen gewinnt daher insoweit an Bedeutung.

5 Vorrangig im Verhältnis zu § 309 Nr. 12 BGB sind **§ 308 Nr. 5 und Nr. 6 BGB**. In engen Grenzen erlauben diese der richterlichen Wertung unterliegenden Vorschriften, dass formularmäßig Erklärungen des Vertragspartners des Verwenders fingiert werden (§ 308 Nr. 5 BGB) oder der Zugang von Erklärungen (§ 308 Nr. 6 BGB). Sofern einschlägige Klauseln, die nach § 308 Nr. 5 und Nr. 6 BGB wirksam sind, gleichzeitig auch die Beweislast verändern sollten, können sie nicht unter Berufung auf § 309 Nr. 12 BGB als unwirksam angesehen werden.[9]

6 **§ 309 Nr. 5 BGB** regelt die formularmäßige Pauschalierung von Schadensersatzansprüchen. Soweit mit einer solchen Pauschalierung eine Beweislastumkehr verbunden ist, ist § 309 Nr. 5 BGB lex specialis zu § 309 Nr. 12 BGB. Dadurch wird dem legitimen Bedürfnis des Verwenders, zur Erleichterung der Schadensabwicklung Schadenspauschalen vorzusehen, Rechnung getragen.[10] Sofern indes derartige Klauseln nicht nur die Beweislast zum Nachteil des Vertragspartners ändern, sondern den **Beweis gänzlich ausschließen**, etwa dadurch, dass sie Nutzungen in Form eines bestimmten Zinssatzes pauschalieren und dies dem Vertragspartner des Verwenders ohne Gelegenheit des Gegenbeweises eines niedrigeren Betrags oder der Nichtnutzung aufgeben, ist das Verbot der Beweislaständerung durch Allgemeine Geschäftsbedingungen von vornherein nicht einschlägig.[11]

C. Regelungsgehalt des § 309 Nr. 12 BGB

I. Änderung der Beweislast

7 § 309 Nr. 12 BGB verbietet formularmäßige Änderungen der Beweislast zum Nachteil des anderen Vertragsteils und nennt hierbei zwei Regelbeispiele als Anwendungsfälle: Gemäß § 309 Nr. 12a BGB ist es unzulässig, dem anderen Vertragsteil die Beweislast für Umstände aufzuerlegen, die im Verantwortungsbereich des Verwenders liegen und gemäß § 309 Nr. 12b BGB ist es unzulässig, den anderen Vertragsteil formularmäßig bestimmte Tatsachen bestätigen zu lassen.

1. Begriff

8 Die Beweislast regelt die Frage, wie der Richter zu entscheiden hat, wenn entscheidungsrelevante Tatsachen – etwa in einem Zivilprozess – streitig sind. Insoweit werden gemeinhin die subjektive und die objektive Beweislast unterschieden; letztlich handelt es sich jedoch nur um zwei verschiedene Sichtweisen derselben Sache.[12] Bei der **subjektiven Beweislast** geht es um die Frage, welche Partei den Beweis zu führen hat (Beweisführungslast). Die subjektive Beweislast korrespondiert mit der Darlegungslast. In einem Zivilprozess muss die beweisbelastete Partei die entsprechenden entscheidungsrelevanten Tatsachen zunächst substantiiert behaupten (darlegen), damit sie vom Gericht überhaupt als prozessrelevant berücksichtigt werden können. Erst wenn die andere Partei eine dieser Tatsachen bestreitet, wird die Frage des Beweises relevant. Bietet die beweisbelastete Partei insoweit keinen Beweis an, ist zu ihren Ungunsten von der Nichterweislichkeit der behaupteten Tatsache auszugehen. Bei der **objektiven Beweislast** handelt

---

5 UBH/*Habersack*, § 309 Nr. 12 Rn 6.
6 MüKo/*Wurmnest*, § 309 Nr. 12 Rn 3; UBH/*Habersack*, § 309 Nr. 12 Rn 6; Bamberger/Roth/*Becker*, § 309 Nr. 12 Rn 14; enger Staudinger/*Coester-Waltjen*, § 309 § 12 Rn 8: § 309 Nr. 12 BGB erfasse nur den Fall der Beweislastumkehr.
7 *Stoffels*, AGB, Rn 1034.
8 BGHZ 41, 151 = NJW 1964, 1123.
9 Staudinger/*Coester-Waltjen*, § 309 Nr. 12 Rn 2; *Stoffels*, AGB, Rn 1047; WLP/*Dammann*, § 309 Nr. 12 Rn 73.
10 Staudinger/*Coester-Waltjen*, § 309 Nr. 12 Rn 3; MüKo/*Wurmnest*, § 309 Nr. 12, Rn 5.
11 BGH NJW 1988, 258; Staudinger/*Coester-Waltjen*, § 309 Nr. 12 Rn 4; *Stoffels*, AGB, Rn 1039; MüKo/*Wurmnest*, § 309 Nr. 12 Rn 5.
12 Zöller/*Greger*, Vor § 284 Rn 18.

es sich um die Frage, welche Partei die Folgen zu tragen hat, wenn die behauptete Tatsache nicht mit der erforderlichen Sicherheit durch das Gericht festgestellt werden kann. § 309 Nr. 12 BGB verbietet jegliche Beweislaständerungen zum Nachteil des Vertragspartners des Verwenders, unabhängig von der Einordnung als subjektive oder objektive Beweislast. Allerdings dürfte ein Eingriff in die Beweisführungslast ohne Berührung der objektiven Beweislast kaum vorkommen.[13]

2. Beweislastverteilung

Neben dem allgemeinen Grundsatz der Beweislastverteilung (jede Partei, die den Eintritt einer Rechtsfolge geltend macht, hat die Voraussetzungen des ihr günstigen Rechtssatzes zu beweisen), gibt es zahlreiche **gesetzliche** oder **richterrechtlich** entwickelte **Beweislastregelungen**. So bestimmt etwa § 280 Abs. 1 S. 1 BGB, dass, wenn der Schuldner eine Pflicht aus dem Schuldverhältnis verletzt, der Gläubiger Ersatz des hierdurch entstehenden Schadens verlangen kann. § 280 Abs. 1 S. 2 BGB bestimmt jedoch in diesem Zusammenhang, dass S. 1 des § 280 Abs. 1 BGB nicht gilt, wenn der Schuldner die Pflichtverletzung nicht zu vertreten hat. Der Gesetzgeber verwendet hier konstruktiv die Regel-Ausnahme-Technik, um deutlich zu machen, dass es sich bei § 280 Abs. 1 S. 2 BGB um eine Beweislastregel handelt. Nach der allgemeinen Beweislastregel muss der Gläubiger die Pflichtverletzung durch den Schuldner gemäß § 280 Abs. 1 BGB beweisen. Der Beweis des Nichtvertretens obliegt dagegen dem Schuldner. In gleicher Weise regelt der Gesetzgeber den Verzugseintritt. So bestimmt § 286 Abs. 1 BGB, dass der Schuldner durch Nichtleistung trotz Fälligkeit und Mahnung in Verzug kommt. Diese Voraussetzungen hat der Gläubiger nach allgemeinen Grundsätzen zu beweisen. § 286 Abs. 4 BGB bestimmt demgegenüber als Ausnahme von diesem Grundsatz, dass der Schuldner dann nicht in Verzug kommt, wenn er die Nichtleistung nicht zu vertreten hat. Aus der Verwendung der Regel-Ausnahme-Technik ergibt sich auch hier, dass es sich bei § 286 Abs. 4 BGB um eine Beweislastregel handelt. Der Beweis, dass der Schuldner den Verzug nicht zu vertreten hat, obliegt dem Schuldner.[14]

Die Regel-Ausnahme-Technik zur Bestimmung der Beweislast verwendet der Gesetzgeber auch in anderer Form, etwa durch die Verwendung des Nebensatzes beginnend mit „es sei denn, (...)". So kann gemäß § 178 S. 1 BGB bei einem Vertragsschluss ohne Vertretungsmacht der andere Vertragsteil den Vertrag widerrufen, es sei denn, dass er den Mangel der Vertretungsmacht bei Abschluss des Vertrages kannte. Den Mangel der Vertretungsmacht muss der andere Vertragsteil beweisen, um seine Widerrufsberechtigung zu erlangen. Die Kenntnis vom Mangel der Vertretungsmacht, die die Widerrufsberechtigung ausschließt, muss im Streitfall dagegen der Vertretene (bzw. dessen Vertreter) beweisen.[15]

Beweislastregelungen stellen auch **gesetzliche Vermutungen** dar, nach denen beim Vorliegen bestimmter Tatsachen auf andere Tatsachen geschlossen wird. So wird etwa gemäß § 891 Abs. 1 BGB vermutet, dass die im Grundbuch zugunsten einer Person eingetragenen Rechte dieser zustehen. Nach § 1006 Abs. 1 S. 1 BGB wird vermutet, dass der Besitzer einer beweglichen Sache Eigentümer ist. Auch die Vermutung der Richtigkeit und Vollständigkeit von Urkunden gehört hierzu und wird von dem Verbot des § 309 Nr. 12 BGB erfasst.[16]

Ebenso ist eine Abweichung von den Grundsätzen über den **Beweis des ersten Anscheins** (prima facie) gemäß § 309 Nr. 12 BGB unzulässig.[17] Hiernach kann bei einem nach der Lebenserfahrung typischen Geschehensablauf von einer feststehenden Ursache auf einen bestimmten Erfolg geschlossen werden oder umgekehrt von einem feststehenden Erfolg auf eine bestimmte Ursache.[18] So gilt etwa bei einem Sturz eines Fußgängers an einer Gefahrenstelle diese als Sturzursache.[19] Bei dem Beweis des ersten Anscheins handelt es sich nicht um eine Beweislastumkehr, sondern um eine Beweiserleichterung. Gelingt es dem Gegner, die ernsthafte Möglichkeit eines abweichenden Verlaufs zu behaupten und ggf. zu beweisen, muss der Beweisführer hinsichtlich dieser Tatsache wieder den vollen Beweis erbringen.[20]

3. Änderung der Beweislastverteilung

Individualverträge über die Beweislast (Beweislastverträge) sind grundsätzlich zulässig,[21] sie sind vom Anwendungsbereich des § 309 Nr. 12 BGB nicht erfasst. Dies gilt auch für formularmäßige Beweislaständerungen, die sich nicht zum Nachteil des Vertragspartners des Verwenders auswirken. § 309 Nr. 12 BGB verbietet jedoch die formularmäßige Änderung der Beweislast zum Nachteil des anderen Vertragsteils, unabhängig davon, ob es sich um eine gesetzliche oder richterrechtliche Beweislastregelung handelt.[22] Ob eine derartige Änderung der Beweislast vorliegt, ist wie folgt zu ermitteln: Zunächst ist im Hinblick auf die beweisbedürftige Tatsache festzustellen, wem die Beweislast nach den gesetzlichen und richterlich entwickelten Beweislastregelungen obliegt. In einem zweiten Schritt ist zu

---

13 WLP/*Dammann*, § 309 Nr. 12 Rn 12.
14 Palandt/*Grüneberg*, § 286 Rn 49.
15 Vgl. MüKo/*Schramm*, § 178 Rn 12.
16 *Stoffels*, AGB, Rn 1037.
17 BGH NJW 1988, 258, *Stoffels*, AGB, Rn 1037; Palandt/ *Grüneberg*, § 309 Nr. 107; Erman/*Roloff*, § 309 Rn 147; Bamberger/Roth/*Becker*, § 309 Nr. 12 Rn 2; a.A. MüKo/ *Wurmnest*, § 309 Nr. 12 Rn 5; Staudinger/*Coester-Waltjen*, § 309 Nr. 12 Rn 8.
18 Vgl. Thomas/Putzo/*Reichold*, § 286 Rn 12 ff.
19 BGH NJW 2006, 2454; Thomas/Putzo/*Reichold*, § 286 Rn 14.
20 Thomas/Putzo/*Reichold*, § 286 Rn 13.
21 Musielak-ZPO/*Foerste*, § 286 Rn 61.
22 Palandt/*Grüneberg*, § 309 Rn 107.

prüfen, ob die Beweislast formularmäßig geändert worden ist. Sodann ist zu untersuchen, ob eine Änderung zum Nachteil des Vertragspartners des Verwenders vorliegt.[23]

14 Ergibt sich, dass die formularmäßige Regelung der Beweislast der gesetzlichen oder richterrechtlichen Beweislastregelung entspricht, verstößt sie nicht gegen § 309 Nr. 12 BGB.[24] Ist dagegen eine formularmäßige Beweislaständerung zum Nachteil des Vertragspartners des Verwenders festgestellt, ist nicht entscheidend, wie schwer die Veränderung wiegt. Dabei ist vom Verbot nicht nur eine Beweislastumkehr erfasst, sondern jede Änderung der Beweissituation zugunsten des Verwenders, beispielsweise wenn die **Beweisführung** des Verwenders erleichtert oder die des Vertragspartners erschwert wird.[25] Dies kann beispielsweise dadurch geschehen, dass bestimmte Beweismittel ausgeschlossen werden oder der Beweis von der Benutzung bestimmter Beweismittel abhängig gemacht wird. Ebenso liegt eine Beweislaständerung vor, wenn das **Beweismaß** zugunsten des Verwenders geändert wird.[26] Bei dem Beweismaß handelt es sich um den Maßstab für die richterliche Überzeugungsbildung hinsichtlich der Feststellung einer Tatsache. Nach der grundsätzlich geltenden Regelung des § 286 ZPO ist eine Behauptung bewiesen, wenn das Gericht von ihrer Wahrheit überzeugt ist, wobei ein für das praktische Leben brauchbarer Grad von Gewissheit ausreicht.[27] Eine unzulässige Änderung des Beweismaßes würde etwa vorliegen, wenn sich der Verwender bei bestimmten von ihm zu beweisenden Tatsachen formularmäßig einräumen lässt, dass für die Beweisführung abweichend von § 286 ZPO nur eine Glaubhaftmachung gemäß § 294 ZPO erforderlich ist. Einschlägig ist § 309 Nr. 12 BGB auch, wenn AGB einen für den Vertragspartner günstigeren Tatsachenvortrag ausschließen, etwa wie – in Verträgen, die vor Inkrafttreten des Schuldrechtsmodernisierungsgesetzes geschlossen wurden – geregelt wird, dass bestimmte Angaben des Verwenders keine zugesicherten Eigenschaften seien, da dadurch dem Vertragspartner bereits der Zugang zum Beweis unmöglich gemacht wird.[28] Eine Beweislaständerung i.S.d. § 309 Nr. 12 BGB liegt auch bei der Klausel „Rückgabe nur gegen Vorlage des Abholausweises" vor, da eine derartige Klausel dem Vertragspartner die Möglichkeit nimmt, den Beweis seines Eigentums durch andere Mittel als durch den Abholausweis zu führen.[29]

15 Keine Änderung der Beweislast liegt vor, wenn lediglich die gesetzlichen Voraussetzungen eines Anspruchs abweichend geregelt werden. § 309 Nr. 12 BGB ist keine materiell-rechtliche, sondern eine beweisrechtliche Generalklausel.[30] Bei Vereinbarungen über ein **abstraktes Schuldversprechen** oder **Schuldanerkenntnis (§§ 780, 781 BGB)** handelt es sich nicht um Beweislaständerungen; sie sind nicht an § 309 Nr. 12 BGB zu messen. Dies nicht nur deshalb, weil es gesetzlich vorgesehene Rechtsinstitute sind. So ist das abstrakte Schuldversprechen ein Vertrag, der eine neue Anspruchsgrundlage schafft; es stellt keine Vertragsbedingung nach § 305 ff. BGB dar. Die Beweissituation im Grundverhältnis wird davon nicht berührt.[31] Gleiches gilt für **deklaratorische Schuldanerkenntnisse** mit Vergleichscharakter, da dadurch keine Beweisverlagerungen eintreten, sondern lediglich Beweisfragen des Grundverhältnisses durch das materielle Recht beseitigt werden.[32] Bloße **Vollstreckungsunterwerfungsklauseln** unterfallen ebenfalls nicht dem § 309 Nr. 12 BGB, weil sie keinen Einfluss auf die Beweislastverteilung haben;[33] sie erleichtern lediglich die prozessuale Durchsetzung der Ansprüche des Darlehensgläubigers. Wird in diesem Zusammenhang formularmäßig vereinbart, dass der Gläubiger berechtigt ist, sich ohne weitere Nachweise eine vollstreckbare Ausfertigung der Urkunde erteilen zu lassen, ist dies gemäß § 309 Nr. 12 BGB als Beweislaständerung unwirksam.[34] Denn der Gläubiger, der die Zwangsvollstreckung betreiben will, muss im Regelfall die Fälligkeit der Forderung gemäß §§ 795, 726 ZPO nachweisen. Der Verzicht auf weitere Nachweise ist eine Beweislaständerung zum Nachteil des Schuldners. Die gegenteilige Auffassung argumentiert dagegen, dass mit dem völligen Nachweisverzicht ein Titel geschaffen werden soll, der gerade nicht vom Nachweis der Fälligkeit abhängt, sodass § 726 ZPO in einem derartigen Fall gar nicht zur Anwendung komme.[35] Dies ist wenig überzeugend, da im Vergleich zu einer dem Verwender eingeräumten Erleichterung des Fälligkeitsnachweises der Fortfall des Fälligkeitsnachweises noch schwerer wiegt. Diejenigen, die eine Anwendung des § 309 Nr. 12 BGB ablehnen, halten eine Nachweisverzichtsklausel in der Regel für unangemessen i.S.d. § 307 BGB und folgern daraus ihre Unwirksamkeit.[36]

---

23 MüKo/*Wurmnest*, § 309 Nr. 12 Rn 6; UBH/*Habersack*, § 309 Nr. 12 Rn 7.
24 BGH NJW-RR 2005, 1496.
25 BGH NJW 1987, 1634, 1635; OLG Brandenburg OLG-NL 2006, 51.
26 WLP/*Dammann*, § 309 Nr. 12 Rn 14.
27 Thomas/Putzo/*Reichold*, § 286 Rn 2.
28 UBH/*Habersack*, § 309 Nr. 12 Rn 8.
29 OLG Nürnberg NJW-RR 2000, 436, 437.
30 WLP/*Dammann*, § 309 Nr. 12 Rn 22.
31 Staudinger/*Coester-Waltjen*, § 309 Nr. 12 Rn 5; *Stoffels*, AGB, Rn 1042; UBH/*Habersack*, § 309 Nr. 12 Rn 13; Palandt/*Grüneberg*, § 309 Nr. 12 Rn 107.
32 BGH NJW 2003, 2386, 2387; Bamberger/Roth/*Becker*, § 309 Nr. 12 Rn 5; MüKo/*Wurmnest*, § 309 Nr. 12 Rn 8; WLP/*Dammann*, § 309 Nr. 12 Rn 26.
33 BGH NJW 1987, 904, 907; BGH NJW 2001, 2096; BGH NJW 2002, 138, 139; Staudinger/*Coester-Waltjen*, § 309 Nr. 12 Rn 5; Palandt/*Grüneberg*, § 309 Nr. 12 Rn 107; WLP/*Dammann*, § 309 Nr. 12 Rn 28; *Stoffels*, AGB, Rn 1042.
34 OLG Düsseldorf NJW-RR 1996, 148; OLG Stuttgart NJW-RR 1993, 1535; OLG Nürnberg NJW-RR 1990, 1467; OLG München NJW-RR 2001, 130, 131; Staudinger/*Coester-Waltjen*, § 309 Nr. 12 Rn 6; wohl auch UBH/*Habersack*, § 309 Nr. 12 Rn 14; offengelassen in OLG Hamm NJW-RR 1991, 1151.
35 BGH NJW 2002, 138, 139; WLP/*Dammann*, § 309 Nr. 12 Rn 32; Bamberger/Roth/*Becker*, § 309 Nr. 12 Rn 6.
36 BGH NJW 2002, 138, 139; WLP/*Dammann*, § 309 Nr. 12 Rn 32; Bamberger/Roth/*Becker*, § 309 Nr. 12 Rn 6.

4. Zum Nachteil des anderen Vertragsteils

Die Klausel muss nachteilig für den Verwendungsgegner sein. Dabei reicht schon ein potentieller Nachteil, also der **Versuch**, die **Beweisposition** des Verwendungsgegners zu **verschlechtern**.[37] Nicht selten sind dies Bestimmungen, mit denen sich der Verwender formularmäßig bestätigen lässt, dass die Vertragsparteien bestimmte Klauseln „**ausführlich ausgehandelt**" hätten. Zwar liegt die Beweislast für das Vorliegen von Allgemeinen Geschäftsbedingungen bei dem, der sich auf ihren Schutz beruft; jedoch obliegt bei formulierten Vertragstexten die Beweislast für eine Individualabrede dem Verwender.[38] Da die Frage des Aushandelns gemäß § 286 ZPO der rechtlichen Würdigung des Richters obliegt, kann sich durch eine entsprechende formularmäßige Bestätigung die Beweisposition des Vertragspartners verschlechtern. Hierbei kann es im Interesse der Rechtssicherheit nicht darauf ankommen, ob sich der mit dieser Frage befasste Richter bei seiner Beweiswürdigung von der Tatsachenbestätigung beeinflussen lässt. Tatsachenbestätigungen, die die Beweisposition des Verwendungsgegners verschlechtern können, sind daher unabhängig vom Ergebnis der richterlichen Würdigung unwirksam.[39] Dies entspricht auch der Absicht des Gesetzgebers, der Klauseln verbieten wollte, mit deren Hilfe ein späteres gegenteiliges Vorbringen des Kunden „erschwert oder unmöglich gemacht" werden soll.[40]

16

Nicht unter § 309 Nr. 12 BGB fällt die **Schiedsgutachterabrede**. Eine derartige Abrede wirkt sich zwar auf die Beweissituation aus, weil sie den Kunden auf den Einwand der offenbaren Unbilligkeit gemäß § 319 Abs. 1 BGB beschränkt. Diese Klausel wirkt allerdings nicht einseitig zulasten des Vertragspartners, sodass sie nicht gemäß § 309 Nr. 12 BGB unwirksam ist.[41] Derartige Klauseln können jedoch nach § 307 BGB unwirksam sein, insbesondere wenn sie nicht deutlich auf die Schiedsabrede hinweisen[42] oder wenn die Auswahl des Schiedsgutachters allein dem Verwender obliegt.[43]

17

5. Zur teleologischen Reduktion des § 309 Nr. 12 BGB

Vereinzelt wird angenommen, dass § 309 Nr. 12 BGB in den Fällen nicht eingreifen könne, nachteilige Beweislaständerungen also zulässig seien, in denen die Rechte des anderen Vertragsteils ganz hätten abbedungen werden können, etwa bei Haftungsfreizeichnungen.[44] Dies wird in der Literatur zu Recht überwiegend abgelehnt.[45] Die Prüfung der Zulässigkeit etwa von Haftungsausschlüssen durch AGB kann kompliziert und aufwendig sein. Die Anwendung des § 309 Nr. 12 BGB von dem Ergebnis dieser komplizierten Prüfung abhängig zu machen, würde die Intransparenz derartiger Klauseln stark erhöhen.[46] Zudem wird Beweislastklauseln in der Praxis nicht die gleiche Aufmerksamkeit gewidmet wie Haftungsfreizeichnungen, obwohl sie sich im Ergebnis gleich auswirken können. Der andere Vertragsteil ist daher der Gefahr der Fehlbeurteilung ausgesetzt.[47]

18

II. Regelbeispiel des § 309 Nr. 12a BGB

§ 309 Nr. 12 BGB verbietet generell Beweislaständerungen zum Nachteil des anderen Vertragsteils. Als Regelbeispiel führt § 309 Nr. 12a BGB das Verbot auf, dem anderen Vertragsteil die Beweislast für Umstände aufzuerlegen, die im Verantwortungsbereich des Verwenders liegen. Stets muss jedoch durch eine derartige Klausel auch eine Änderung der sich aus dem dispositiven Recht ergebenden Beweislast zum Nachteil des anderen Vertragsteils herbeigeführt werden. Von § 309 Nr. 12a BGB angesprochene Beweislaständerungen sind besonders nachteilig für den anderen Vertragsteil, weil er regelmäßig keinen Einblick in die Verhältnisse des Verwenders hat und ihm daher die Beweisführung für Umstände, die in dem Verantwortungsbereich des Verwenders liegen, erheblich erschwert oder gar unmöglich gemacht wird. Wegen dieser Beweisschwierigkeiten hat die Rechtsprechung den Grundsatz entwickelt, dass sich die Beweislastverteilung auch an den Verantwortungsbereichen von Schuldner und Gläubiger zu orientieren hat.[48] So obliegt dem Mieter, der einen Schadensersatzanspruch gegen den Vermieter geltend macht, grundsätzlich die Beweislast dafür, dass der Vermieter eine Pflichtverletzung begangen hat und diese kausal für den Schaden war. Steht indes fest, dass als Schadensursache nur eine solche aus dem Obhut- und Gefahrenbereich des Vermieters in Betracht kommt, muss sich dieser hinsichtlich der objektiven Pflichtwidrigkeit seines Verhaltens entlasten.[49] Auch das Gesetz trägt verschiedentlich der Verteilung der Beweislast nach Verantwortungsbereichen Rechnung, etwa in § 280 Abs. 1 S. 2 BGB (Vertretenmüssen der Pflichtverletzung) und § 831 Abs. 1 S. 2 BGB (sorgfältige Auswahl des Verrichtungsgehilfen).

19

---

37 BGH NJW 1987, 1634, 1635; WLP/*Dammann*, § 309 Nr. 12 Rn 40.
38 BGH NJW 1998, 2600; Palandt/*Grüneberg*, § 305 Rn 23.
39 WLP/*Dammann*, § 309 Nr. 12 Rn 40.
40 BT-Drucks 7/3919, 39.
41 Staudinger/*Coester-Waltjen*, § 309 Nr. 12 Rn 4; UBH/*Habersack*, § 309 Nr. 12 Rn 11.
42 Vgl. BGH NJW 1983, 1854; UBH/*Schmidt*, Schiedsgutachtenklauseln, Rn 1.
43 Vgl. LG Frankfurt NJW-RR 1988, 1132.
44 Staudinger/*Coester-Waltjen*, § 309 Nr. 12 Rn 7.
45 *Stoffels*, AGB, Rn 1045; Erman/*Roloff*, § 309 Rn 148; Bamberger/Roth/*Becker*, § 309 Nr. 12 Rn 7; UBH/*Habersack*, § 309 Nr. 12 Rn 9; WLP/*Dammann*, § 309 Nr. 12 Rn 21.
46 *Stoffels*, AGB, Rn 1045.
47 Bamberger/Roth/*Becker*, § 309 Nr. 12 Rn 7.
48 BGH NJW 1994, 2019; BGH NJW 2009, 142, 143; Palandt/*Grüneberg*, § 280 Rn 37.
49 BGH NJW 2009, 142, 143.

§ 309 Nr. 12

20 Für die Anwendung des Verbots des § 309 Nr. 12a BGB spielt es keine Rolle, ob die Beweislast ausdrücklich durch gesetzliche oder richterrechtlich entwickelte Regeln nach Verantwortungsbereichen verteilt wird oder ob dem Verwender nur im Ergebnis die Beweislast für solche Umstände auferlegt wird, die in seinem Verantwortungsbereich liegen.[50] Stets muss jedoch eine nachteilige Beweislastveränderung durch Allgemeine Geschäftsbedingungen vorliegen. Unter § 309 Nr. 12a BGB fallen insbesondere Klauseln, die bei zulässiger Begrenzung des Haftungsmaßstabs auf grobes Verschulden des Verwenders, dem Vertragspartner die Beweislast für das Verschulden in solchen Fällen auferlegen, in denen die Schadensquelle eindeutig im Herrschaftsbereich des Verwenders liegt.[51] Unzulässig ist etwa auch eine Klausel in Flugbeförderungsbedingungen, wonach der Luftfrachtführer nur zum Schadensersatz verpflichtet ist, wenn ihm nachweislich Fahrlässigkeit zur Last fällt.[52] Unwirksam ist eine Klausel in einem Kaufvertrag, die die Haftung für Mangelfolgeschäden ausschließt, „es sei denn, dass dem Verwender oder seinem Erfüllungsgehilfen Vorsatz oder grobe Fahrlässigkeit zur Last fallen". Diese Bestimmung enthält nicht nur eine Einschränkung der Haftung des Verwenders auf Vorsatz oder grobe Fahrlässigkeit; sie bürdet durch die Verwendung der Regel-Ausnahme-Technik „(...) wird ausgeschlossen, es sei denn, dass (...)" zugleich dem Vertragspartner die Beweislast für Vorgänge auf, die sich im Verantwortungsbereich des Verwenders abgespielt haben.[53] Als unwirksam gemäß § 309 Nr. 12a BGB wurde auch eine solche Klausel gesehen, bei der die Beweislast dafür, dass Werbeprospekte tatsächlich verteilt worden sind, dadurch geändert wurde, dass der Kunde die Nichterfüllung des Verteilerauftrags zu beweisen habe. Der Verwendungsgegner müsste nämlich anderenfalls zur Beweisführung die Verteilerkolonnen begleiten.[54] In einem Werkvertrag über Textilveredelung ist eine Klausel unwirksam, nach der Beanstandungen der Ware, die be- oder verarbeitet worden ist, durch den Auftraggeber nicht mehr erhoben werden können, „es sei denn, dass verborgene Fehler vorliegen, die nachweislich auf einem Verschulden des Veredlers beruhen". Für diese Beweislastumkehr liegen auch im kaufmännischen Verkehr keine rechtfertigenden Gründe vor.[55]

III. Regelbeispiel des § 309 Nr. 12b BGB

21 Im Rahmen des Verbots von Beweislaständerungen zum Nachteil des anderen Vertragsteils führt § 309 Nr. 12b BGB als Regelbeispiel das Verbot auf, den anderen Vertragsteil formularmäßig bestimmte Tatsachen bestätigen zu lassen. Die Vorschrift soll den Vertragspartner davor schützen, mit der Unterschrift zugleich unbemerkt eine Tatsache zu bestätigen, die die Beweislast zu seinen Lasten abändert.[56] Durch die beweislaständernde Bestätigung von Tatsachen erhält der Verwender ein Beweismittel, das so lange gilt, bis der andere Vertragsteil die Unrichtigkeit seiner Erklärung nachgewiesen hat.[57] Das Verbot des § 309 Nr. 12b BGB hat große praktische Bedeutung, da die formularmäßige Tatsachenbestätigung ein einfaches und häufig genutztes Mittel von Verwendern ist, die materielle Rechtslage zu ihren Gunsten zu verbessern. Von dem Verbot sind nicht nur Beweislastverschiebungen durch Tatsachenbestätigungen erfasst,[58] sondern auch Beweiserleichterungen zugunsten des Verwenders oder Beweiserschwerungen zuungunsten des Vertragspartners.[59]

22 Der Tatsachenbegriff ist weit zu verstehen.[60] Tatsachenbestätigungen i.S.d. § 309 Nr. 12b BGB sind sowohl Erklärungen über tatsächliche Vorgänge oder Zustände, über rechtlich relevante Umstände, wertende Bestätigungen und Wissenserklärungen.[61] Das Klauselverbot gilt für widerlegbare Tatsachen, aber erst Recht für Tatsachenfiktionen, nach denen die vom Verwendungsgegner bestätigten Tatsachen unwiderleglich gelten sollen.[62]

23 Unwirksam sind daher solche Klauseln, die rechtlich relevante Umstände bestätigen, wie etwa, dass bestimmte Klauseln **ausgehandelt** wurden,[63] dass die Verwendergegenseite die Allgemeinen Geschäftsbedingungen **gelesen und verstanden** hat[64] oder dass die Allgemeinen Geschäftsbedingungen dem Kunden **ausgehändigt** wurden oder vom Ladenpersonal auf sie hingewiesen worden ist und diese vom Kunden zur Kenntnis genommen worden sind,[65] dass ein Kaufvertrag in die Landessprache übersetzt wurde und auf alle Rechte der Verwendergegenseite hingewiesen wurde.[66] Genauso unwirksam ist die Bestätigung, über das Recht zum **Widerruf belehrt** worden zu sein, wenn ein gesetzliches Widerrufsrecht besteht oder über die wesentlichen Risiken und Besonderheiten eines Darlehensvertrags schon vor Vertragsschluss aufgeklärt worden zu sein[67] sowie die Patientenbestätigung über eine erfolgte ärztliche Aufklärung.[68] Als verkappte „**Aushandelnsbestätigung**" wurde ein Stempelaufdruck gesehen, der die Kenntnis

---

50 WLP/*Dammann*, § 309 Nr. 12 Rn 43.
51 Staudinger/*Coester-Waltjen*, § 309 Nr. 12 Rn 10.
52 BGH NJW 1983, 1322, 1325; UBH/*Habersack*, § 309 Nr. 12 Rn 17.
53 BGH NJW 1996, 1357, 1358.
54 LG Karlsruhe NJW-RR 1991, 124.
55 BGH NJW 1985, 3016, 3017; MüKo/*Wurmnest*, § 309 Nr. 12 Rn 13.
56 BGH NJW 1988, 2106; Bamberger/Roth/*Becker*, § 309 Nr. 12 Rn 8.
57 BGH NJW 1988, 2106; Bamberger/Roth/*Becker*, § 309 Nr. 12 Rn 8; UBH/*Habersack*, § 309 Nr. 12 Rn 18.
58 So aber Staudinger/*Coester-Waltjen*, § 309 Nr. 12 Rn 11.
59 BGH NJW 1987, 1634; *Stoffels*, AGB, Rn 684.
60 Bamberger/Roth/*Becker*, § 309 Nr. 12 Rn 8.
61 UBH/*Habersack*, § 309 Nr. 12 Rn 18; *Stoffels*, AGB, Rn 685.
62 WLP/*Dammann*, § 309 Nr. 12 Rn 55.
63 BGH NJW 1987, 1634, 1635.
64 BGH NJW 1996, 1819.
65 BGH NJW 1990, 761.
66 OLG Koblenz NJW-RR 1994, 58, 59; UBH/*Habersack*, § 309 Nr. 12 Rn 20.
67 UBH/*Habersack*, § 309 Nr. 12 Rn 20.
68 UBH/*Habersack*, § 309 Nr. 12 Rn 22.

von einer länger als 24 Monate währenden Vertragslaufzeit und somit eine innere Tatsache bestätigt.[69] Die formularmäßige Bestätigung, dass **„mündliche Nebenabreden nicht bestehen"**, hält die Rechtsprechung für wirksam. Die Klausel entspreche lediglich der gesetzlichen Vermutung der Vollständigkeit der Vertragsurkunde und lasse dem Kunden den Gegenbeweis offen.[70] Diese Argumentation greift indes zu kurz. Nicht ohne Grund wird diese Klausel in der Praxis häufig verwendet. Sie ist darauf angelegt, die andere Vertragspartei davon abzuhalten, dass sie sich auf die getroffene Nebenabrede überhaupt beruft.[71] Darüber hinaus kann die Abgabe einer Tatsachenbestätigung als Indiztatsache zu Lasten des Bestätigenden berücksichtigt werden, was die Erbringung des ihm obliegenden Beweises einer Nebenabrede erschwert.[72] Da § 309 Nr. 12 BGB auch die Erschwerung der Beweisführung verhindern soll,[73] sind derartige Klauseln über das Nichtbestehen von mündlichen Nebenabreden unzulässig.[74] Unwirksam sind auch solche Klauseln, die die Vollständigkeit, Geeignetheit oder andere Eigenschaften von Sachen oder Leistungen quittieren,[75] z.B. im Handel mit Einbaumöbeln die Bestätigung, dass die vom Verwender gefertigte Skizze und die dabei zugrunde gelegten Maße richtig seien[76] oder auch, dass ein „Auftrag ordnungsgemäß erledigt" wurde oder, dass man **„die Ware in einwandfreiem Zustand erhalten"** hätte.[77] Dies gilt auch für Klauseln bezüglich einer Übergabe der Mietwohnung, durch die der Mieter die beanstandungsfreie Übergabe in renoviertem Zustand anerkennt.[78]

Nach § 309 Nr. 12b BGB unwirksam sind auch Wissenserklärungen, die sich auf Kenntnisse und Einstellungen der Vertragspartei oder Dritter beziehen und sich im Streitfall zuungunsten des Kunden auswirken können.[79] Dazu zählen Klauseln aus Subunternehmerbauverträgen, wonach der Bauunternehmer die Örtlichkeiten und Gegebenheiten der Baustelle kennt[80] oder auch die Vorkenntnisklauseln aus Maklerverträgen.[81] Nicht unter § 309 Nr. 12b BGB fallen jedoch Erklärungen über Vorerkrankungen oder Vorschäden im Rahmen von Versicherungsverträgen, solange die Kundenerklärung nicht bereits vollständig vorformuliert ist.[82] Abzugrenzen von § 309 Nr. 12b BGB sind auch zulässige rechtsgeschäftliche Willenserklärungen des Verwendungsgegners, etwa die Erklärung, mit der Geltung der Allgemeinen Geschäftsbedingungen einverstanden zu sein.[83]

24

IV. Empfangsbekenntnisse als Ausnahme

Eine besondere Art der Tatsachenbestätigung stellt das Empfangsbekenntnis dar. Mit ihm bestätigt der andere Vertragsteil, dass er die geschuldete Leistung empfangen habe. Der Begriff deckt sich mit der Legaldefinition der **Quittung** in § 368 BGB und betrifft damit nicht nur den Empfang von Geldzahlungen, sondern auch andere Liefer- und Leistungsbestätigungen.[84] Formularmäßig formulierte Empfangsbekenntnisse sind als beweislaständernde Tatsachenbestätigungen grundsätzlich unwirksam. § 309 Nr. 12 a.E. BGB nimmt hiervon ausdrücklich gesondert abgegebene Empfangsbekenntnisse aus. Die Regelung trägt dem anerkennenswerten Bedürfnis des Verwenders Rechnung, sich den Empfang der Ware bestätigen zu lassen; der Verwendungsgegner ist insoweit weniger schutzbedürftig, weil er durch das gesonderte Empfangsbekenntnis auf die Bedeutung der Erklärung besonders hingewiesen wird.[85] Um dem Gesetzeszweck zu entsprechen, muss das Empfangsbekenntnis räumlich oder drucktechnisch vom sonstigen Vertragstext **deutlich abgesetzt** sein und außerdem vom Kunden gesondert unterschrieben oder qualifiziert elektronisch signiert werden, wobei mit der Erklärung keine weiteren Äußerungen verbunden sein dürfen.[86] Formularmäßige Empfangsbekenntnisse sind daher unwirksam, wenn sich die Unterschrift zugleich auf die Vertragserklärungen bezieht.[87] Das § 309 Nr. 12 a.E. BGB entsprechende Empfangsbekenntnis muss vom übrigen Vertragsinhalt so deutlich abgesetzt werden, dass sich die Unterschrift erkennbar nur auf das Empfangsbekenntnis bezieht. Eine gesonderte Urkunde ist indes nicht erforderlich. Die elektronische Signatur unterliegt denselben Anforderungen. Nur auf diese Weise kann der vom Gesetz beabsichtigte Warn- und Hinweiszweck erfüllt werden.[88]

25

Nicht selten lässt sich der Verwender die **Abnahme beim Werkvertrag** formularmäßig bestätigen. Die Bestätigung der Abnahme geht indes über ein bloßes Empfangsbekenntnis hinaus, denn mit der Abnahme wird gleichzeitig erklärt, dass das Werk als im Wesentlichen vertragsgemäß anerkannt wird.[89] Es mag zwar ein praktisches Bedürfnis für die Verwendung von vorformulierten Abnahmebestätigungen für Werkunternehmer bestehen,[90] gleichwohl sind an die

26

---

69 OLG Karlsruhe, Urt. v. 13.7.2007, VuR 2007, 399.
70 BGH NJW 1981, 922; BGH NJW 1985, 2329, 2331; BGH NJW 2000, 207, 208.
71 Zutreffend UBH/*Habersack*, § 309 Nr. 12 Rn 23.
72 WLP/*Dammann*, § 309 Nr. 12 Rn 10.
73 BT-Drucks 7/3919, 39.
74 Ebenso WLP/*Dammann*, § 309 Nr. 12 Rn 10; UBH/*Habersack*, § 309 Nr. 12 Rn 23; *Stoffels*, AGB, Rn 683.
75 Bamberger/Roth/*Becker*, § 309 Nr. 12 Rn 11.
76 BGH NJW 1986, 2574.
77 OLG Koblenz NJW 1995, 3392.
78 LG Freiburg, Urt. v. 9.10.2007, WuM 2008, 334.
79 UBH/*Habersack*, § 309 Nr. 12 Rn 21.
80 OLG Frankfurt NJW-RR 1986, 245.
81 UBH/*Habersack*, § 309 Nr. 12 Rn 21.
82 Vgl. UBH/*Habersack*, § 309 Nr. 12 Rn 21.
83 BGH NJW 1990, 761, 765; WLP/*Dammann*, § 309 Nr. 12 Rn 53.
84 WLP/*Dammann*, § 309 Nr. 12 Rn 61.
85 Staudinger/*Coester-Waltjen*, § 309 Nr. 12 Rn 13.
86 UBH/*Habersack*, § 309 Nr. 12 Rn 24.
87 BGH NJW 1988, 2106.
88 WLP/*Dammann*, § 309 Nr. 12 Rn 62.
89 Palandt/*Sprau*, § 640 Rn 3; WLP/*Dammann*, § 309 Nr. 12 Rn 61.
90 WLP/*Dammann*, § 309 Nr. 12 Rn 61.

Erklärung der Abnahme beim Werkvertrag so weitreichende Folgen geknüpft, die sich erheblich zum Nachteil des anderen Vertragsteils auswirken können, wie etwa Erlöschen des Erfüllungsanspruchs, Beginn der Verjährung, Gefahrübergang, Fälligkeit der Vergütung, Änderung der Beweislast bei Mängeln, dass derartige Klauseln mit bloßen Empfangsbekenntnissen nicht mehr vergleichbar und daher gemäß § 309 Nr. 12 BGB unzulässig sind.[91]

D. Verträge mit Unternehmern

27 § 309 Nr. 12 BGB gilt gemäß § 310 Abs. 1 S. 1 BGB nicht unmittelbar für Allgemeine Geschäftsbedingungen, die gegenüber Unternehmern verwendet werden, entfaltet aber Indizwirkung im hohen Maße. Beweislastregeln sind in besonderem Maße „**Ausprägungen des Gerechtigkeitsgebots**", so dass Klauseln, die zulasten des Verwendungsgegners von den gesetzlichen Beweislastregeln abweichen, grundsätzlich auch im unternehmerischen Verkehr unwirksam sind.[92] Formularmäßige Bestimmungen, die einem Unternehmer die Beweislast für Umstände im Verantwortungsbereich des Verwenders auferlegen (§ 309 Nr. 12a BGB) sind generell unwirksam.[93] Wie Verbraucher sind auch Unternehmer regelmäßig nicht in der Lage, Umstände aus dem Machtbereich des Verwenders aufzuklären, sodass eine dahingehende Beweislaständerung eine unangemessene Benachteiligung i.S.d. § 307 Abs. 1 BGB darstellt. Hinreichend gewichtige Gründe, Ausnahmen von diesem Grundsatz zuzulassen, dürften kaum je vorliegen. Unwirksam sind demnach Klauseln in einem Bauvertrag, die den am Bau tätigen Firmen die Beweislast für Schäden am Bau auferlegen[94] oder solche in Einkaufsbedingungen, denen zufolge vermutet wird, dass ein Mangel bereits bei Gefahrübergang vorhanden war.[95] Klauseln i.S.d. § 309 Nr. 12b BGB, die Tatsachenbestätigungen enthalten, sind auch im unternehmerischen Verkehr grundsätzlich unwirksam. Es mag sein, dass Unternehmer sich von Tatsachenbestätigungen nicht so leicht wie Verbraucher beeinflussen lassen. Dennoch gibt es kein anerkennenswertes Bedürfnis für derartige Klauseln unter Unternehmern, etwa hinsichtlich der Bestätigung von rein tatsächlichen Vorgängen oder Zuständen.[96] Unwirksam ist etwa die Klausel, dass dem Bauunternehmer die örtlichen Verhältnisse der Baustelle bekannt sind.[97] Ebenso unwirksam sind Aushandelnsbestätigungen, da der Begriff des Aushandelns einer juristischen Auslegung bedarf, die nur wenigen Kaufleuten geläufig ist.[98]

E. Rechtsfolge

28 Ist eine Klausel nach § 309 Nr. 12 BGB unwirksam, gelten hinsichtlich der Beweislast die gesetzlichen Regelungen. Als Beweisindiz zu Lasten des anderen Vertragsteils dürfen unwirksame Klauseln nicht verwendet werden.[99]

§ 309 Nr. 13

13. (Form von Anzeigen und Erklärungen)
eine Bestimmung, durch die Anzeigen oder Erklärungen, die dem Verwender oder einem Dritten gegenüber abzugeben sind, an eine strengere Form als die Schriftform oder an besondere Zugangserfordernisse gebunden werden.

A. Allgemeines 1	D. Zugangserfordernisse 12
B. Schriftformklauseln 2	E. Kaufmännischer Rechtsverkehr 15
C. Form von Anzeigen und Erklärungen 11	

A. Allgemeines

1 § 309 Nr. 13 BGB sieht für den nicht kaufmännischen Rechtsverkehr zwei Fallgruppen: die formularmäßige Vereinbarung einer strengeren Form als Schriftform sowie die Festlegung besonderer Zugangserfordernisse.

---

91 OLG Koblenz NJW 1995, 3392; UBH/*Habersack*, § 309 Nr. 12 Rn 24; a.A. WLP/*Dammann*, § 309 Nr. 12 Rn 61.
92 BGH NJW 2006, 47, 49; WLP/*Dammann*, § 309 Nr. 12 Rn 90, Bamberger/Roth/*Becker*, § 309 Nr. 12 Rn 12.
93 BGH NJW 1985, 3016, 3017; BGH NJW 1996, 1537, 1538; BGH NJW 2006, 47, 49; MüKo/*Wurmnest*, § 309 Nr. 12 Rn 21; UBH/*Habersack*, § 309 Nr. 12 Rn 26; Bamberger/Roth/*Becker*, § 309 Nr. 12 Rn 12.
94 OLG Karlsruhe BB 1983, 725.
95 BGH NJW 2006, 47, 49.
96 So aber Bamberger/Roth/*Becker*, § 309 Nr. 12 Rn 13. Weitergehend auch *Stoffels*, AGB, Rn 691; UBH/*Habersack*, § 309 Nr. 12 Rn 27. Wie hier WLP/*Dammann*, § 309 Nr. 12 Rn 92.
97 OLG Frankfurt NJW-RR 1996, 245.
98 UBH/*Habersack*, § 309 Nr. 12 Rn 27.
99 Staudinger/*Coester-Waltjen*, § 309 Nr. 12 Rn 14.

B. Schriftformklauseln

Formularbedingungen sehen oft vor, dass alle mündlichen Nebenabreden der **Schriftform** bedürfen. Kommt es dann zum Streit über ergänzende oder abändernde mündliche Vereinbarungen, verweist eine Seite auf die Schriftformklauseln, die andere auf die mündliche Vereinbarung.

Genauer betrachtet gibt es verschiedene Sachverhalte:

– Die Schriftformklausel soll nachträgliche mündliche Vereinbarungen ausschließen.
– Es sollen generell mündliche Vereinbarungen ausgeschlossen werden, auch wenn sie den Vertrag nur ergänzen.
– Zusagen des Verwenders sollen nur wirksam sein, wenn diese schriftlich bestätigt werden (Bestätigungsklauseln).
– Änderungen der formularmäßig vereinbarten Schriftformklausel sollen nur schriftlich möglich sein (doppelte Schriftformklausel).

Der Bundesgerichtshof ist in ständiger Rechtsprechung der Auffassung, dass derartige Schriftformklauseln unwirksam sind und den Vorrang einer individuell getroffenen Abrede nicht aushöhlen können.[1]

Ist also mündlich etwas Bestimmtes vereinbart worden, so hat dieses auch dann Bestand, wenn eine Schriftformklausel in den AGB enthalten ist. Die Parteien sind autonom, auch diese Klausel mündlich abzuändern.

Dies gilt auch bei einer doppelten Schriftformklausel,[2] also selbst dann, wenn in AGB vereinbart wurde, dass Änderungen der Schriftformklausel wiederum nur schriftlich möglich sind.

Gleichwohl ist Vorsicht geboten: Wer Ansprüche aus einer mündlichen Vereinbarung herleiten möchte, muss dies im Regelfall auch beweisen. Im Streitfall zeigt die Erfahrung, dass mündliche Abreden oft bestritten werden oder erklärt wird, man habe genau das Gegenteil besprochen. Hier hilft nur, eine mündliche Vereinbarung kurz durch sog. kaufmännisches Bestätigungsschreiben möglichst umgehend zu bestätigen („Hiermit bestätige ich unsere Besprechung von gestern. Wir haben uns darauf geeinigt, dass ..."). Wird dem dann nicht kurzfristig widersprochen, gilt der Inhalt des Bestätigungsschreibens als richtig.

Die Grundsätze der Schriftformklauseln gelten gleichermaßen **im kaufmännischen Verkehr**. Auch hier kann daher der Vertragspartner, dem die AGB auferlegt wurden, einwenden, man habe sich mündlich geeinigt, unabhängig, ob dies nun im Widerspruch zum Vertrag steht oder diesen nur ergänzt.

Relevant ist dies insbesondere bei Fragen

– der Vertragsverlängerung,
– der Übernahme zusätzlicher Kosten,
– der Feststellung und Beanstandung von Mängeln,
– einer Neufestlegung der Ausführungsfristen,
– der Festlegung der Verantwortung.

Schriftformklauseln sind zwar rechtlich unwirksam, der Beweis einer bestimmten mündlichen Absprache muss jedoch trotzdem geführt werden.

C. Form von Anzeigen und Erklärungen

Durch AGB kann bestimmt werden, dass besondere Erklärungen wie Kündigung, Abmahnung, Mängelanzeige u.a. schriftlich zu erfolgen hat. Darüber hinausgehende Erfordernisse, wie die Benutzung eines bestimmten Formulars oder nur per E-Mail, kann formularmäßig nicht vorgeschrieben werden.

D. Zugangserfordernisse

Klauseln, die eine Übermittlung per Einschreiben,[3] durch persönliche Abgabe, durch Empfangsquittung, durch E-Brief u.a. vorsehen, verstoßen gegen § 309 Nr. 13 BGB.

Die Ausgestaltung der Empfangsvollmacht darf nicht zu einer Umgehung der Bestimmung führen. Der Versicherer kann jedoch grundsätzlich die Vollmacht seiner Vertreter zur Entgegennahme bestimmter schriftlicher Mitteilungen beschränken.[4]

Die Benennung einer besonderen Zugangsstelle darf den Zugang beim Vertragspartner nicht ausschließen.[5]

---

1 BGH NJW 2006, 138; BAG NJW 2009, 316.
2 OLG Rostock v. 19.5.2009 – 3 U 16/09.
3 Palandt/*Grüneberg*, § 309 Rn 106; WLP/*Dammann*, § 309 Nr. 13 Rn 70; Bamberger/Roth/*Becker*, § 309 Rn 12.
4 BGH NJW 1999, 1633.
5 Anders und differenzierend: Bamberger/Roth/*Becker*, § 309 Rn 7.

E. Kaufmännischer Rechtsverkehr

15 Eine entsprechende Anwendung im kaufmännischen Verkehr wird überwiegend abgelehnt.[6] Hierfür ist jedoch kein Grund ersichtlich; auch im B2B-Verkehr muss ein einfaches Schreiben ausreichen, ein Grund, ein Einschreiben zu verlangen, besteht nicht.[7] Auch kann nicht verlangt werden, dass besonders eilige Erklärungen per Telefax zu erfolgen haben, denn durch Vorabanruf und Brief oder durch E-Mail kann dem genauso gut Rechnung getragen werden.[8] Es kann auch nicht verlangt werden, dass eine Kündigung (zu ihrer Wirksamkeit) zugleich dem deutschen Vertragspartner, aber auch der ausländischen Muttergesellschaft, zugehen muss. Auch das Vorschreiben eines bestimmten Formulars muss umgekehrt sachlich gerechtfertigt sein, soll es nach § 307 BGB Bestand haben.[9]

Vorbemerkung zu § 310

1 Die Vorschrift regelt den Anwendungsbereich der §§ 305 bis 309 BGB.

2 § 310 Abs. 1 BGB regelt den persönlichen Anwendungsbereich, indem er die Anwendung bestimmter Vorschriften zur Einbeziehung und Inhaltskontrolle, nunmehr auch die Einzelkontrolle der Bestimmungen der VOB/B, ausschließt, wenn der Verwender einem Unternehmer, einer juristischen Person des öffentlichen Rechts oder einem öffentlich-rechtlichen Sondervermögen gegenübersteht.

3 § 310 Abs. 2 BGB regelt den persönlichen und den sachlichen Anwendungsbereich, indem er die Anwendung der §§ 308 und 309 BGB für den Bereich der Energie- und Wasserversorgung sowie der Abwasserentsorgung auf Verträge mit Sonderabnehmern ausschließt, soweit die Versorgungsbedingungen nicht zu deren Nachteil von denen für die Tarifkunden abweichen.

4 § 310 Abs. 3 BGB erweitert den Anwendungsbereich der Vorschriften bei Verbraucherverträgen. Dies sind Verträge zwischen einem Unternehmer als Verwender der AGB und einem Verbraucher.

5 § 310 Abs. 4 BGB enthält sachliche Einschränkungen für die Anwendung der §§ 305 bis 309 BGB auf erbrechtliche, familienrechtliche, gesellschaftsrechtliche und arbeitsrechtliche Verträge.

§ 310 Abs. 1 Anwendungsbereich

(1) [1]§ 305 Absatz 2 und 3, § 308 Nummer 1, 2 bis 8 und § 309 finden keine Anwendung auf Allgemeine Geschäftsbedingungen, die gegenüber einem Unternehmer, einer juristischen Person des öffentlichen Rechts oder einem öffentlich-rechtlichen Sondervermögen verwendet werden. [2]§ 307 Abs. 1 und 2 findet in den Fällen des Satzes 1 auch insoweit Anwendung, als dies zur Unwirksamkeit von in § 308 Nummer 1, 2 bis 8 und § 309 genannten Vertragsbestimmungen führt; auf die im Handelsverkehr geltenden Gewohnheiten und Gebräuche ist angemessen Rücksicht zu nehmen. [3]In den Fällen des Satzes 1 finden § 307 Absatz 1 und 2 sowie § 308 Nummer 1a und 1b auf Verträge, in die die Vergabe- und Vertragsordnung für Bauleistungen Teil B (VOB/B) in der jeweils zum Zeitpunkt des Vertragsschlusses geltenden Fassung ohne inhaltliche Abweichungen insgesamt einbezogen ist, in Bezug auf eine Inhaltskontrolle einzelner Bestimmungen keine Anwendung.

Literatur zu § 310 Abs. 1: *Basedow*, Handelsbräuche und AGB-Gesetz, ZHR 150 (1986) 469; *Becker*, Die Reichweite der AGB-Kontrolle im unternehmerischen Geschäftsverkehr aus teleologischer Sicht, JZ 2010, 1098; *Berger*, Für eine Reform des AGB-Rechts im Unternehmerverkehr, NJW 2010, 465; *Dauner-Lieb/Axer*, Quo Vadis AGB-Kontrolle im unternehmerischen Geschäftsverkehr, ZIP 2010, 309; *Eberstein*, Die zweckmäßige Ausgestaltung von Allgemeinen Geschäftsbedingungen im kaufmännischen Geschäftsverkehr, 1997; *Fischer*, Praktische Probleme der Einbeziehung von AGB unter Kaufleuten, BB 1995, 2491; *Hensen*, Die Auswirkungen des AGB-Gesetzes auf den kaufmännischen Verkehr, NJW 1987, 1986; *Hommelhoff/Wiedenmann*, AGB gegenüber Kaufleuten und unausgehandelte Klauseln in Verbraucherverträgen, ZIP 1993, 562; *Leuschner*, AGB-Kontrolle im unternehmerischen Verkehr, JZ 2010, 875; *Lutz*, AGB-Kontrolle im Handelsverkehr unter Berücksichtigung der Klauselverbote, Münchener Dissertation 1991; *Pfeiffer*, Vom kaufmännischen Verkehr zum Unternehmensverkehr, NJW 1999, 169; *Quack*, Die gesetzliche „Privilegierung" der VOB/B im neuen Forderungssicherungsgesetz, ZfBR 2009, 211; *Wackerbarth*, Unternehmer, Verbraucher und die Rechtfertigung der Inhaltskontrolle, AcP 200 (2000), 45; *Wellenhofer-Klein*, Strukturell ungleiche Verhandlungsmacht und Inhaltskontrolle von Verträgen, ZIP 1997, 774; *v. Westphalen*, Wider einen Reformbedarf beim AGB-Recht im Unternehmerverkehr, NJW 2009, 2977; *Wolf*, Preisanpassungsklauseln in AGB unter Kaufleuten, ZIP 1987, 341

---

[6] Palandt/*Grüneberg*, § 309 Rn 107; PWW/*Berger*, § 309 Rn 103; MüKo/*Wurmnest*, § 309 Rn 6; Bamberger/Roth/*Becker*, 1. Aufl., § 309 Rn 11 (der nur „Auswüchse" über § 307 BGB steuern will), anders die 3. Aufl., § 309 Nr. 11 Rn 11, für grundsätzlich entsprechende Anwendung im kaufmännischen Verkehr („Indizwirkung"); anders AK/*Kollmann*, § 309 Rn 230 („Keine Indizwirkung").

[7] Ebenso Staudinger/*Coester-Waltjen*, § 309 Nr. 13 Rn 9; anders AK/*Kollmann*, Rn 230.

[8] A.A. Erman/*Roloff*, § 309 Rn 159.

[9] Wohl für generelle Wirksamkeit: WLP/*Dammann*, § 309 Rn 71.

Anwendungsbereich **§ 310 Abs. 1**

A. Allgemeines	1	D. Anwendbarkeit der §§ 305 bis 309 BGB im unternehmerischen Verkehr	9
I. Inhalt	1	I. Unanwendbare Vorschriften	9
II. Gesetzgeberische Überlegungen	4	II. Anwendbare Vorschriften	12
B. Unternehmer	5	III. Handelsbräuche	13
C. Juristische Personen des öffentlichen Rechts und öffentlich-rechtliche Sondervermögen	8	E. VOB/B	14

A. Allgemeines

I. Inhalt

Nach § 310 Abs. 1 S. 1 BGB sind § 305 Abs. 2 und 3 BGB sowie die §§ 308 (ohne Nr. 1a und 1b) und 309 BGB auf AGB (richtigerweise: auf vorformulierte Vertragsbedingungen, siehe § 310 Abs. 3 Rn 13) unanwendbar, die gegenüber einem Unternehmer, einer juristischen Person des öffentlichen Rechts oder einem öffentlich-rechtlichen Sondervermögen verwendet werden. Statt der beiden letztgenannten Vorschriften sieht § 310 Abs. 1 S. 2 BGB die Inhaltskontrolle gemäß § 307 Abs. 1 und 2 BGB unter Berücksichtigung der im Handelsverkehr geltenden Gewohnheiten und Gebräuche vor. Dies alles entspricht dem früheren § 24 AGBG. **1**

Die EG-Verbraucherrichtlinie und die EU-Verbraucherrechterichtlinie spielen dabei keine Rolle, da sie nur für die Verwendung gegenüber dem Verbraucher gelten und sich § 310 Abs. 1 und 3 BGB gegenseitig ausschließen. **2**

§ 310 Abs. 1 S. 3 BGB enthält eine Sonderbestimmung zur VOB/B. Danach sind die einzelnen Klauseln nicht der Inhaltskontrolle unterworfen, wenn die VOB/B als Ganzes in den Vertrag mit einem Unternehmer, einer juristischen Person des öffentlichen Rechts oder einem öffentlich-rechtlichen Sondervermögen einbezogen ist. **3**

II. Gesetzgeberische Überlegungen

Die Einbeziehung der Kaufleute bzw. Unternehmer in den Schutz des Gesetzes war ein wesentlicher Streitpunkt vor Schaffung des AGBG. Der Gesetzgeber hat sich schließlich für eine Lösung entschieden, die im kaufmännischen (unternehmerischen) Geschäftsverkehr flexibel zu handhaben ist; dies bei annähernd gleichem Schutzniveau.[1] **4**

B. Unternehmer

Die Definition in § 14 BGB gilt auch hier. Unternehmer ist, wer im Rahmen seiner gewerblichen oder selbstständigen beruflichen Tätigkeit handelt. Hierzu zählt auch der Abschluss von Verträgen zur Vorbereitung oder Abwicklung einer unternehmerischen Tätigkeit.[2] Der Begriff des Unternehmers schließt Kaufleute ein, ist aber weiter gefasst. Der Scheinunternehmer wird als Unternehmer behandelt.[3] Eine Klausel, worin der Kunde versicherte, Unternehmer zu sein, hat der Bundesgerichtshof als überraschend angesehen.[4] **5**

Kann jemand sowohl als Unternehmer (Freiberufler) als auch als Verbraucher am Rechtsverkehr teilnehmen, so ist er nur dann nicht als Verbraucher anzusehen, wenn sein Handeln eindeutig und zweifelsfrei der unternehmerischen Tätigkeit zuzuordnen ist. Dies ist dann der Fall, wenn das Rechtsgeschäft objektiv in Ausübung der selbstständigen Tätigkeit abgeschlossen wird oder wenn dies dem Vertragspartner eindeutig zu erkennen gegeben wird.[5] § 344 HGB dürfte deshalb unanwendbar sein.[6] **6**

Im Gegensatz zu § 310 Abs. 3 BGB kann Verwender der Klausel auch ein Verbraucher sein.[7] Für § 310 Abs. 1 S. 1 BGB kommt es nur darauf an, ob der Kunde Unternehmer oder Verbraucher ist. **7**

Die Beweislast für die Unternehmereigenschaft des Kunden hat der Verwender.[8]

C. Juristische Personen des öffentlichen Rechts und öffentlich-rechtliche Sondervermögen

Juristische Personen des öffentlichen Rechts sind Körperschaften (insb. die Gebietskörperschaften), Anstalten und öffentlich-rechtliche Stiftungen. **8**

Ein öffentlich-rechtliches Sondervermögen ist etwa das Bundeseisenbahnvermögen,[9] aber nicht mehr Bahn und Post.

---

1 UBH/*Ulmer/Schäfer*, § 310 Rn 6.
2 BGH NJW 2005, 1273: Erwerb eines Anteils an einer freiberuflichen Gemeinschaftspraxis; Abschluss eines Franchisevertrags.
3 BGH NJW 2005, 1045.
4 BGH NJW 1982, 2309.
5 BGH NJW 2009, 3780, 3781; a.A. EuGH NJW 2005, 653 Rn 32 bis 37 zu Art. 13 EuGVÜ, betreffend einen Kaufvertrag über Dachziegel; danach handelt es sich beim Kauf von Sachen, die unternehmerisch wie privat genutzt werden können, regelmäßig um einen Unternehmervertrag, es sei denn, der beruflich-gewerbliche Zweck wäre völlig untergeordnet.
6 UBH/*Ulmer/Schäfer*, § 310 Rn 22.
7 BGH NJW 1981, 1509.
8 Erman/*Roloff*, § 310 Rn 37.
9 Erman/*Roloff*, § 310 Rn 6.

D. Anwendbarkeit der §§ 305 bis 309 BGB im unternehmerischen Verkehr
I. Unanwendbare Vorschriften

9 Unanwendbar ist § 305 Abs. 2 BGB (Möglichkeit der Kenntnisnahme von den AGB). Folglich gelten allgemeine rechtsgeschäftliche Grundsätze.[10] Danach müssen nur die allgemeinen Voraussetzungen für die Einbeziehung der AGB in den Vertrag erfüllt, ihre Geltung also ausdrücklich oder stillschweigend rechtsgeschäftlich vereinbart sein.[11]

10 Unanwendbar ist § 305 Abs. 3 BGB, wonach die Geltung bestimmter AGB im Voraus für bestimmte Arten von Rechtsgeschäften vereinbart werden kann. Auch insoweit besteht die Rechtsfolge darin, dass die allgemeinen rechtsgeschäftlichen Grundsätze für die Einbeziehung der AGB in den Vertrag gelten.[12]

11 Unanwendbar sind die §§ 308 (außer Nr. 1a und 1b) und 309 BGB (Unwirksamkeit bestimmter Klauseln mit und ohne Wertungsmöglichkeit). Diese Klauseln sind aber keineswegs jeder Inhaltskontrolle entzogen. § 310 Abs. 1 S. 2 BGB ordnet vielmehr an, dass eine solche nach § 307 BGB stattfindet, wenn auch unter angemessener Berücksichtigung der im Handelsverkehr bestehenden Gewohnheiten und Gebräuche. Dabei kann § 309 BGB als Indiz für die Unwirksamkeit der Klausel gelten, es sei denn, die Klausel könnte wegen der besonderen Interessen und Bedürfnisse des unternehmerischen Geschäftsverkehrs ausnahmsweise als angemessen angesehen werden.[13] Für § 308 BGB wird sogar die analoge Anwendbarkeit als Grundsatz vertreten,[14] zumal die Unternehmereigenschaft in den dort gegebenen Wertungsspielraum eingehen kann.[15]

II. Anwendbare Vorschriften

12 Anwendbar bleiben § 305 Abs. 1 BGB (Definition der AGB), § 305b BGB (Vorrang der Individualabrede), § 305c BGB (überraschende und mehrdeutige Klauseln), § 306 BGB (Rechtsfolgen bei Nichteinbeziehung und Unwirksamkeit), § 306a BGB (Umgehungsverbot) sowie § 308 Nr. 1a und 1b BGB (unangemessene Zahlungs-, Überprüfungs- und Abnahmefristen).

Anwendbar bleibt auch die Inhaltskontrolle gemäß § 307 BGB. Dies gilt jedoch nur im Grundsatz, insbesondere auch für das Transparenzgebot.[16] Zu den Einzelheiten bestehen eine vielfältige Rechtsprechung und sehr differenzierte Auffassungen in der Literatur. Richtigerweise verlangt *Basedow* eine Parallelwertung in der Unternehmersphäre.[17]

III. Handelsbräuche

13 § 310 Abs. 1 S. 2 BGB verlangt ausdrücklich, auf die im Handelsverkehr geltenden Gewohnheiten und Gebräuche angemessen Rücksicht zu nehmen. Darin liegt eine Korrektur zu § 307 BGB.[18] Ein gleichlaufender Handelsbrauch indiziert die Wirksamkeit der Klausel; die Beweislast hat, wer sich auf den Handelsbrauch beruft.[19] Außer Handelsbräuchen ist auch eine branchenübliche Praxis (Klauselgestaltung) unterhalb der Schwelle des Handelsbrauchs zu berücksichtigen.[20]

E. VOB/B

14 Die Vorschrift des § 310 Abs. 1 S. 3 BGB wurde durch das Forderungssicherungsgesetz vom 22.10.2008[21] eingeführt. Das Gesetz gilt seit 1.1.2009; eine Übergangsvorschrift fehlt.

15 Die VOB/B enthält vorformulierte Vertragsbedingungen.[22] § 310 Abs. 1 S. 3 BGB schreibt die allgemeine Privilegierung der VOB/B fest; dies jedoch nur für den Rechtsverkehr mit Unternehmern und der öffentlichen Hand, indessen unabhängig davon, ob sie Auftraggeber oder Auftragnehmer sind. Die Privilegierung besteht darin, dass einzelne Klauseln der Inhaltskontrolle entzogen sind, sofern die VOB/B insgesamt in den Vertrag einbezogen ist. Diese Privilegierung beruht darauf, dass bei Ausarbeitung der VOB/B Interessengruppen der Besteller wie der Unternehmer beteiligt waren, und zwar auch die öffentliche Hand; sie beruht weiter darauf, dass die VOB/B einen auf die Besonderheiten des Bauvertragsrechts abgestimmten, im Ganzen einigermaßen ausgewogenen Ausgleich der beteiligten Interessen enthält.[23] Möglich bleibt insoweit aber eine Inhaltskontrolle hinsichtlich der VOB/B als Ganzes.[24] Werden Abweichungen vertraglich vereinbart, so führt dies zu einer Inhaltskontrolle sowohl hinsichtlich der einzelnen aufrecht erhaltenen Bestimmungen der VOB/B als auch hinsichtlich der Zusatzklauseln, sofern diese vorformuliert sind.

---

10 PWW/*Berger*, § 305 Rn 30.
11 BGH NJW 1985, 1838.
12 PWW/*Berger*, § 305 Rn 30.
13 BGH NJW 2007, 3774.
14 UBH/*Ulmer/Schäfer*, § 307 Rn 383.
15 UBH/*Ulmer/Schäfer*, § 307 Rn 381.
16 BGH NJW 2012, 54 Rn 16; BGH NJW 2013, 41 Rn 11.
17 MüKo/*Basedow*, § 310 Rn 8.
18 MüKo/*Basedow*, § 310 Rn 9 bis 11.
19 Palandt/*Grüneberg*, § 310 Rn 8.
20 Staudinger/*Schlosser*, § 310 Rn 13.
21 BGBl I 2008, 2022.
22 St. Rspr. seit BGHZ 55, 198, 200; zuletzt BGHZ 178, 1 Rn 10.
23 BGHZ 86, 135, 141.
24 *Kuffer*, NZBau 2009, 73; PWW/*Berger*, § 310 Rn 4; BT-Drucks 16/511, 32; BT-Drucks 16/9787, 24.

| Anwendungsbereich | § 310 Abs. 2 |

Wird die VOB/B in einen Vertrag mit einem Verbraucher einbezogen, so sind ihre Klauseln weiterhin einzeln der Inhaltskontrolle zugänglich[25] und eine Reihe davon auch zu beanstanden.[26] Hier kann das obige Privileg nicht gelten, da die Verbraucher an der Ausarbeitung der VOB/B nicht beteiligt waren und somit ihre typischen Interessen nicht darin haben einbringen können. **16**

Die Vorschrift bezieht sich nicht auf die VOB/A, die VOL und ähnliche Regelwerke. **17**

§ 310 Abs. 2

(2) ¹Die §§ 308 und 309 finden keine Anwendung auf Verträge der Elektrizitäts-, Gas-, Fernwärme- und Wasserversorgungsunternehmen über die Versorgung von Sonderabnehmern mit elektrischer Energie, Gas, Fernwärme und Wasser aus dem Versorgungsnetz, soweit die Versorgungsbedingungen nicht zum Nachteil der Abnehmer von Verordnungen über Allgemeine Bedingungen für die Versorgung von Tarifkunden mit elektrischer Energie, Gas, Fernwärme und Wasser abweichen. ²Satz 1 gilt entsprechend für Verträge über die Entsorgung von Abwasser.

Literatur zu § 310 Abs. 2: *Büdenbender*, Die neue Rechtsprechung des BGH zu Preisanpassungsklauseln in Energielieferungsverträgen, NJW 2009, 3125

A. Allgemeines	1	I. Sachlicher Anwendungsbereich	4
I. Inhalt	1	II. Sonderabnehmer als Kunden	5
II. Gesetzgeberische Überlegungen	2	III. Inhaltskontrolle bei Konformität der Bedingungen	6
B. Anwendungsbereich	4	IV. Inhaltskontrolle bei Divergenz	9

A. Allgemeines
I. Inhalt

Die Vorschrift betrifft vorformulierte Klauseln in Versorgungsverträgen der Energie- und Wasserwirtschaft sowie in Entsorgungsverträgen für Abwasser. **1**

Sie erklärt §§ 308 und 309 BGB für unanwendbar, soweit sie die Versorgung von Sonderabnehmern regeln und nicht zu deren Nachteil von den Versorgungsbedingungen für Tarifkunden abweichen. Dies entspricht § 23 Abs. 2 Nr. 2 AGBG.

II. Gesetzgeberische Überlegungen

Für die Tarifkunden gelten die Verordnungen der jeweiligen Branche. Dies sind für Wasser die AVBWasserV und für Fernwärme die ABVFernwärmeV. Für Strom und Gas waren dies bis Ende 2006 die AVBEltV und die AVBGasV. Seither sind für die Grundversorgung die NDV (Strom) und die NDAV (Gas) einschlägig, für den Netzbetrieb die StromGVV und die GasGVV. Dies beruht auf der Trennung von Versorgung und Netzbetrieb in diesen Branchen.[1] Eine Verordnung für die Abwasserbeseitigung liegt bislang nur im Entwurf vor.[2] Der Inhalt dieser Verordnungen unterliegt nicht der Inhaltskontrolle nach §§ 305 ff. BGB[3] und wäre unter deren Gesichtspunkten auch nicht zu beanstanden. Er unterliegt aber einer Kontrolle darauf, ob die Verordnung den Rahmen der gesetzlichen Ermächtigungsgrundlage nicht überschreitet, damit letztlich auf ihre Angemessenheit.[4] **2**

Nach der Vorstellung des Gesetzgebers brauchen Sonderkunden keinen stärkeren Schutz als Tarifkunden.[5] Dies eröffnet eine vollständige Inhaltskontrolle nur, soweit die AGB zum Nachteil der Sonderkunden von denen für die Tarifkunden abweichen, und schränkt sie ein, soweit sie übereinstimmen. **3**

B. Anwendungsbereich
I. Sachlicher Anwendungsbereich

Hinsichtlich des sachlichen Anwendungsbereichs betrifft die Vorschrift die Versorgung mit elektrischer Energie, Gas, Fernwärme und Wasser sowie die Entsorgung von Abwasser. **4**

---

25 BGHZ 178, 1.
26 BGHZ 178, 1.
1 UBH/*Ulmer*/*Schäfer*, § 310 Rn 98.
2 UBH/*Ulmer*/*Schäfer*, § 310 Rn 96.
3 MüKo/*Basedow*, § 310 Rn 21 zu den AVB-Verordnungen.
4 Palandt/*Grüneberg*, § 310 Rn 6.
5 BGH NJW 2011, 50 Rn 34 aufgrund BT-Drucks 14/6040, 160.

II. Sonderabnehmer als Kunden

5 Sonderabnehmer ist, wer außerhalb der allgemeinen Versorgungspflicht im Rahmen der allgemeinen Vertragsfreiheit beliefert wird.[6] Damit sind frühere Definitionen überholt, etwa dahin, dass Sonderabnehmer ist, wer nicht nach allgemeinen Tarifen beliefert wird.[7] Die danach verbleibenden Sonderkunden fallen häufig schon unter § 310 Abs. 1 S. 1 BGB. § 310 Abs. 2 BGB entfaltet also seine Wirkungen nur gegenüber Verbrauchern. Dass auch solche zu den Sonderkunden gehören, ist bei der Versorgung mit Strom und Gas keine Seltenheit. Der Fall konnte nach der früheren Definition insbesondere eintreten, wenn das Versorgungsunternehmen nicht sein gesamtes Versorgungsgebiet einem Tarif unterstellt hatte bzw. hat.[8] Nach der neuen Definition begegnen Verbraucher etwa als Sonderabnehmer, wenn das Versorgungsunternehmen mehrere Tarife zur Wahl anbietet und der Verbraucher einen Tarif wählt, der einem als „Allgemeiner Tarif" bezeichneten gegenübersteht. Bei der Fernwärme ist eine Differenzierung zwischen Tarif- und Sonderkunden nach dem Willen des Verordnungsgebers unerwünscht; Verbraucher können hier nur Sonderkunden sein, wenn der Versorger einen Abschluss zu abweichenden Bedingungen angeboten und sich der Kunde ausdrücklich damit einverstanden erklärt hat.[9]

III. Inhaltskontrolle bei Konformität der Bedingungen

6 Soweit die Verträge für Sonderkunden nicht zu deren Nachteil von denen für die Tarifkunden abweichen, sind die §§ 308 und 309 BGB unanwendbar. § 307 BGB bleibt anwendbar.[10] Die Inhaltskontrolle nach dieser Vorschrift ermöglicht die Kontrolle von Preisanpassungsregeln als Preisnebenabreden.[11] Sie ermöglicht es weiter, Unterschiede zwischen Tarif- und Sonderkunden zu berücksichtigen, die zur Folge haben, dass die gleiche Regelung für Letztere ungleich nachteiliger auswirkt als für Erstere.[12]

7 Der Spielraum für eine solche Inhaltskontrolle zugunsten der Sonderkunden ist indessen gering. Der Bundesgerichtshof erkennt nämlich den oben genannten Verordnungen (siehe Rn 2) weitgehend eine Leitbildfunktion im Sinne eines gewichtigen Hinweises auf das zu, was auch im Vertragsverhältnis zu Sonderkunden als angemessen zu betrachten ist.[13] Allerdings besteht diese Leitbildfunktion nicht pauschal, sondern ist für jede einzelne in Rede stehende Bestimmung zu prüfen.[14] Für das Preisänderungsrecht nach § 4 Abs. 1 und 2 AVBGasV ist sie gegeben,[15] ebenso für § 5 Abs. 2 GasGVV.[16] Jedoch steht Sonder- und Tarifkunden eine Überprüfung einseitiger Preisänderungen nach § 315 BGB offen.[17] Für die Stromversorgung kann nichts anderes gelten. Bei Fernwärme führt die geringe Zahl der Sonderkunden (siehe oben Rn 5) dazu, dass der Bundesgerichtshof formularmäßige Lieferverträge grundsätzlich von der Inhaltskontrolle auch nach § 307 BGB ausnimmt; Preiserhöhungen unterliegen einer Überprüfung nach der Sondernorm in § 24 Abs. 3 AVBFernwärmeV a.F. = § 24 Abs. 4 n.F.[18]

8 Im Zusammenhang mit Preiserhöhungsklauseln für Gas ist die Behandlung des Transparenzgebots streitig geworden, wenn die Klauseln für die Sonderkunden wörtlich mit einer intransparenten Bestimmung in der AVBGasV übereinstimmen. Ob und welche Voraussetzungen nach der Verbraucherrichtlinie (93/13 EWG) und der Gasrichtlinie (2003/55/EG) an die Transparenz von Preisänderungsklauseln in Erdgaslieferungsverträgen mit Sonderkunden zu stellen sind, ist Gegenstand eines Vorlagebeschlusses des Bundesgerichtshofs vom 9.2.2011 an den EuGH[19] zur AVBGasV. Der Bundesgerichtshof hat gleichzeitig dem EuGH auch die Frage vorgelegt, ob solche Klauseln überhaupt den Bestimmungen der Verbraucherrichtlinie unterliegen, wenn sie unverändert aus der Verordnung in den Vertrag mit den Sonderkunden übernommen worden sind. Dies ist im Hinblick auf Art. 1 Abs. 2 der Richtlinie fraglich, wonach ihr keine Vertragsklauseln unterliegen, die auf bindenden Rechtsvorschriften beruhen.
Nach der Antwort des EuGH[20] hat der Bundesgerichtshof entschieden, dass das Transparenzgebot nicht durch § 310 Abs. 2 BGB verkürzt wird[21] und die Verbraucherrichtlinie uneingeschränkt auch für Sonderkundenverträge im Rahmen der leitungsgebundenen Versorgung mit Gas gilt.[22]

---

6 BGH ZIP 2011, 962 Rn 12; vgl. auch BGH NJW 2009, 2662.
7 Erman/*Roloff*, § 310 Rn 9; UBH/*Ulmer/Schäfer*, § 310 Rn 100.
8 Vgl. auch hierzu BGH ZIP 2011, 962 Rn 2 f.
9 BGH ZIP 2011, 1515 Rn 23.
10 BGH ZIP 2011, 1515 Rn 21; BGH NJW 2009, 578 Rn 13.
11 BGH NJW 2011, 50 Rn 29.
12 BGH NJW 1998, 1640, 1641; BGH NJW 2011, 50 Rn 34.
13 BGH NJW 1998, 1640 (für AVBEltV); BGH NJW 2009, 2662 Rn 20 (für AVBGasV und GasVV).
14 BGH NJW 2008, 2172 Rn 25; BGH NJW 2009, 2662 Rn 21.
15 BGH NJW 2009, 2662 Rn 20 ff.; BGH NJW 2011, 50 Rn 34; missverständlich demgegenüber BGH NJW 2008, 2172 Rn 26.
16 BGH NJW 2009, 2667, Rn 25.
17 BGH NJW 2009, 2667 Rn 27; BGH NJW 2011, 50 Rn 36.
18 BGH ZIP 2011, 1515 m. Anm. *Derleder*, EWiR 2011, 583.
19 BGH ZIP 2011, 962.
20 NJW 2013, 2253.
21 NJW 2013, 3361 Rn 56 ff.
22 NJW 2013, 3361 Rn 59.

IV. Inhaltskontrolle bei Divergenz

Ins Positive gewendet bedeutet all dies, dass außer § 307 BGB auch die §§ 308 und 309 BGB gelten, soweit die Bedingungen für Sonderkunden zu deren Nachteil von den oben genannten Verordnungen (siehe Rn 2) abweichen. Die Geltung der §§ 308 und 309 BGB wird aber durch § 310 Abs. 1 S. 1 BGB wiederum gegenüber Unternehmern, juristischen Personen des öffentlichen Rechts und öffentlich-rechtlichen Sondervermögen aufgehoben. Es verbleibt als kontrollfähiger Bereich wiederum nur der der Sonderkunden, die zugleich Verbraucher sind. In diesem Bereich sind nur die abweichenden Klauseln auch nach §§ 308 und 309 BGB kontrollfähig, nicht etwa das gesamte Klauselwerk bei einzelnen Abweichungen.[23] Die Inhaltskontrolle soll indessen auch den Unterschied zwischen Tarif- und Sonderkunden berücksichtigen.

Ob und in welchem Umfang eine Abweichung vorliegt, ist aufgrund kundenfeindlichster Auslegung der Klausel festzustellen, und zwar auch im Individualprozess.[24] Dies kann dazu führen, dass erst diese kundenfeindliche Auslegung der Klausel, der die oben genannten Verordnungen (siehe Rn 2) nicht in gleicher Weise unterliegen, zur Divergenz zwischen beiden und zur uneingeschränkten Kontrollfähigkeit der Ersteren führt.[25] Es wird vertreten, dass nach 2006 eine Abweichung auch insoweit vorliegt, als die Sonderkundenverträge für Gas und Strom noch auf die AVBGasV und die AVBEltV abstellen, während für die Tarifkunden bereits die neuen Verordnungen gelten, die oben (siehe Rn 2) genannt sind.[26]

Der Bundesgerichtshof nimmt jedenfalls eine Abweichung an, wenn das Preisänderungsrecht aus § 4 Abs. 1 und 2 AVBGasV ohne das Sonderkündigungsrecht aus § 32 Abs. 2 AVBGasV oder das Preisänderungsrecht aus § 5 Abs. 2 GasGVV ohne das Sonderkündigungsrecht aus § 20 GasGVV in den Vertrag mit dem Sonderkunden übernommen wird.[27]

§ 310 Abs. 3

(3) Bei Verträgen zwischen einem Unternehmer und einem Verbraucher (Verbraucherverträge) finden die Vorschriften dieses Abschnitts mit folgenden Maßgaben Anwendung:
1. Allgemeine Geschäftsbedingungen gelten als vom Unternehmer gestellt, es sei denn, dass sie durch den Verbraucher in den Vertrag eingeführt wurden;
2. § 305c Abs. 2 und die §§ 306 und 307 bis 309 dieses Gesetzes sowie Artikel 46b des Einführungsgesetzes zum Bürgerlichen Gesetzbuche finden auf vorformulierte Vertragsbedingungen auch dann Anwendung, wenn diese nur zur einmaligen Verwendung bestimmt sind und soweit der Verbraucher auf Grund der Vorformulierung auf ihren Inhalt keinen Einfluss nehmen konnte;
3. bei der Beurteilung der unangemessenen Benachteiligung nach § 307 Abs. 1 und 2 sind auch die den Vertragsschluss begleitenden Umstände zu berücksichtigen.

Literatur zu § 310 Abs. 3: *Brambring*, Notariell beurkundete Verbraucherverträge nach § 24a AGBG, FS Heinrichs 1998 S. 39; *Brandner*, Maßstab und Schranken der Inhaltskontrolle bei Verbraucherverträgen, MDR 1997, 312; *Braunfels*, Der neue § 24a AGBG und seine Auswirkungen auf die Inhaltskontrolle notarieller Verträge, DNotZ 1997, 356; *Eckert*, Das neue Recht der Allgemeinen Geschäftsbedingungen, ZIP 1996, 1238; *Heinrichs*, Die EG-Richtlinie über mißbräuchliche Klauseln in Verbraucherverträgen, NJW 1993, 1817; *Heinrichs*, Umsetzung der EG-Richtlinie über mißbräuchliche Klauseln in Verbraucherverträgen durch Auslegung, NJW 1995, 153; *Heinrichs*, Transparenzgebot und die EG-Richtlinie über mißbräuchliche Klauseln in Verbraucherverträgen, FS Trinkner 1995, S. 102 ff.; *Hommelhoff/Wiedenmann*, Allgemeine Geschäftsbedingungen gegenüber Kaufleuten und unausgehandelte Klauseln in Verbraucherverträgen, ZIP 1993, 562; *Klaas*, Zur Umsetzung der EG-Richtlinie über mißbräuchliche Klauseln in Verbraucherverträgen, „Stellen von AGB", insbesondere Inhaltskontrolle notarieller Verbraucherverträge, FS Brandner 1996 S. 247; *Koch*, Der Anwendungsbereich AGB-Kontrolle bei Geschäften zwischen Verbrauchern, ZGS 2011, 62; *Lerch*, Die richterliche Inhaltskontrolle von notariell beurkundeten Bauverträgen, BauR 1996, 155; *Locher*, Die Richtlinie 93/13 EWG des Rates über mißbräuchliche Klauseln in Verbraucherverträgen und ihre Bedeutung für das Baurecht, BauR 1993, 379; *E.Lorenz* (Herausgeber), Das Recht der Allgemeinen Geschäftsbedingungen nach der Umsetzung der EG-Richtlinie über mißbräuchliche Klauseln in Verbraucherverträgen, 1998; *Michalski*, Änderung des AGB-Gesetzes durch die EG-Richtlinie über mißbräuchliche Klauseln in Verbraucherverträgen, DB 1994, 665; *Michalski*, Die Berücksichtigung von vertragsabschlußbegleitenden Umständen nach § 24a Nr. 3 AGB-Gesetz, DB 1999, 677; *Niebling*, Haftungsbeschränkung für Rechtsanwälte trotz AGB-Richtlinie, AnwBl 1992, 20; *Reich*, Zur Umsetzung der EG-Richtlinie über mißbräuchliche Klauseln in Verbraucherverträgen 93/13/EWG vom 5.4.1993 in deutsches Recht, VuR 1995, 1; *Schmidt-Salzer*, Transformation der EG-Richtlinie über mißbräuchliche Klauseln in Verbraucherverträgen vom 5.4.1995 in deutsches Recht und AGB-Gesetz, BB 1995, 733; *Schmidt-Salzer*, Transformation der EG-Richtlinie über mißbräuchliche Klauseln in Verbraucherverträgen vom 5.4.1995 in deutsches Recht und AGB-Gesetz: Einzelfragen, BB 1995, 1493; *Schmidt-Salzer*, Recht der AGB und der mißbräuchlichen Klauseln: Grundfragen, JZ 1995, 223; *Schmidt-Salzer*, Das textliche Zusatz-Instrumentarium des AGB-Gesetzes gegenüber der EG-Richtlinie

---

23 WLP/*Dammann*, § 310 Rn 11, wegen des Wortes „soweit".
24 BGH NJW 2011, 1342 Rn 29.
25 BGH NJW-RR 2010, 1205 Rn 36.
26 UBH/*Ulmer/Schäfer*, § 310 Rn 102.
27 BGH NJW 2011, 1342 Rn 31 ff.

über mißbräuchliche Klauseln in Verbraucherverträgen, NJW 1995, 1641; *Schünemann/Blomeyer*, Existenzgründer: Unternehmer oder Verbraucher?, JZ 2010, 1156; *Ulmer*, Zur Anpassung des AGB-Gesetzes an die EG-Richtlinie über mißbräuchliche Klauseln in Verbraucherverträgen, EuZW 1993, 337

A. Allgemeines 1	I. Keine Absicht mehrfacher Verwendung 18
B. Verbraucherverträge 4	II. Kein Einfluss des Verbrauchers auf den Inhalt 21
C. Stellen der Vertragsklausel (§ 310 Abs. 3 Nr. 1 BGB) 7	III. Rechtsfolge 25
I. AGB gelten als vom Unternehmer gestellt 7	E. Berücksichtigung der Begleitumstände zum Vertragsschluss (§ 310 Abs. 3 Nr. 3 BGB) 26
II. Ausnahme: Einführung in den Vertrag durch den Verbraucher 14	I. Inhalt 26
III. Aushandeln 16	II. Zweistufige Prüfung 28
D. Einmalbedingungen (vorformulierte Einzelverträge, § 310 Abs. 3 Nr. 2 BGB) 18	III. Beispiele für die zu berücksichtigenden konkreten Umstände 29

A. Allgemeines

1 Die Vorschrift enthält die Änderungen, die im deutschen Recht zwecks Umsetzung der EG-Verbraucherrichtlinie erforderlich geworden sind. Die beiden Konzeptionen zum Verbraucherschutz decken sich nämlich nicht.[1] Der Gesetzgeber wollte damals aber kein Spezial-AGBG für Verbraucher schaffen. Die Vorschrift entspricht im Grundsatz § 24a AGBG, eingefügt durch Gesetz vom 19.7.1996,[2] in Kraft ab 25.7.1996.

2 Die Vorschrift setzt die Richtlinie um. Sie gilt für alle Arten von Verträgen des Schuld- und Sachenrechts.[3] Grundsätzlich ausgenommen sind die in § 310 Abs. 4 BGB genannten Verträge.[4] Allerdings sieht das Bundesarbeitsgericht auch Einzelarbeitsverträge als Verbraucherverträge an,[5] was in der Folge auch für den Dienstvertrag des GmbH-Geschäftsführers gilt[6] und vom Bundesverfassungsgericht gebilligt wird.[7] Auch Gesellschaftsverträge sind entgegen § 310 Abs. 4 S. 1 BGB als Verbraucherverträge angesehen worden, sofern sie nur zwecks privater Vermögensanlage abgeschlossen worden sind.[8] Jedenfalls beschränkt sich § 310 Abs. 3 BGB nicht auf Verträge über Waren und Dienstleistungen, was man Art. 4 der Richtlinie entnehmen könnte.[9]

3 Der Anhang zur Richtlinie führt in Ziffer 1a bis 1q missbilligte Klauseln auf. Der EuGH versteht die Liste dahin, dass sie als Hinweis dient, aber die Klauseln, die für missbräuchlich erklärt werden können, nicht erschöpfend aufzählt (Art. 3 Abs. 3 der Richtlinie). Folglich ist eine in der Liste aufgeführte Klausel nicht zwangsläufig als missbräuchlich anzusehen, wogegen eine nicht darin aufgeführte Klausel gleichwohl für missbräuchlich erklärt werden kann.[10] Die Literatur schreibt der Liste folglich zwar keine Vermutungs-, wohl aber Indizwirkung zu.[11]

B. Verbraucherverträge

4 Dies sind Verträge zwischen einem Unternehmer als Verwender einerseits und einem Verbraucher andererseits. Der Begriff ist enger als in den §§ 305 bis 309, wo Verwender auch ein Verbraucher sein kann (siehe § 310 Abs. 1 Rn 7). Unternehmerin in diesem Sinne ist auch die öffentliche Hand, wenn sie privatrechtliche Verträge abschließt.[12]

5 Der Verbraucher ist in § 13 BGB definiert. Es handelt sich um eine natürliche Person, die zu privaten Zwecken, also weder zu gewerblichen noch zu selbstständigen beruflichen Zwecken, einen Vertrag abschließt. Nicht hierzu gehören Personengesellschaften.[13] § 310 Abs. 1 und 3 BGB schließen sich folglich gegenseitig aus. Die Beweislast für seine Verbrauchereigenschaft liegt beim Verbraucher; er muss ferner beweisen, dass sein Gegner Unternehmer ist.[14]

6 Die Art der betroffenen Verträge ist oben bereits ausgeführt (siehe Rn 2).

C. Stellen der Vertragsklausel (§ 310 Abs. 3 Nr. 1 BGB)
I. AGB gelten als vom Unternehmer gestellt

7 Die Vorschrift war zur Umsetzung der Richtlinie erforderlich. Nach § 305 Abs. 1 S. 1 BGB sind AGB alle für eine Vielzahl von Verträgen vorformulierten Vertragsbedingungen, die eine Vertragspartei (Verwender) der anderen Ver-

---

1 Staudinger/*Schlosser*, § 310 Rn 24 ff.
2 BGBl I 1996, 1013.
3 UBH/*Ulmer/Schäfer*, § 310 Rn 45 ff.
4 UBH/*Ulmer/Schäfer*, § 310 Rn 92, 109.
5 BAG NJW 2005, 3305.
6 BAG NJW 2010, 2827.
7 BVerfG NJW 2007, 286, 287.
8 KG WM 1999, 731, 733; OLG Frankfurt a.M. NJW-RR 2004, 991: Beteiligung an einer Publikumsgesellschaft, die einen geschlossenen Immobilienfonds betreibt; offen in BGH NJW 2001, 1270.
9 UBH/*Ulmer/Schäfer*, § 310 Rn 45; Staudinger/*Schlosser*, § 310 Rn 23 Abs. 3.
10 EuGH v. 7.5.2002 – Rs. C-478/99, EuZW 2002, 465 Rn 20.
11 *Pfeiffer* in Anm., EuZW 2002, 467, 468.
12 UBH/*Ulmer/Schäfer*, § 310 Rn 53; PWW/*Berger*, § 310 Rn 6.
13 MüKo/*Basedow*, § 310 Rn 42 f.
14 Erman/*Roloff*, § 310 Rn 37.

tragspartei bei Abschluss eines Vertrages stellt. Nach Art. 3 Abs. 1 der Richtlinie ist eine Vertragsklausel, die nicht im Einzelnen ausgehandelt wurde, als missbräuchlich anzusehen, wenn sie entgegen dem Gebot von Treu und Glauben zum Nachteil des Verbrauchers ein erhebliches und ungerechtfertigtes Missverhältnis der vertraglichen Rechte und Pflichten der Vertragspartner verursacht. Wann eine Vertragsklausel als nicht im Einzelnen ausgehandelt zu betrachten ist, definiert Art. 3 Abs. 2 Unterabs. 1 der Richtlinie. Dies ist dann der Fall, wenn sie im Voraus abgefasst wurde und der Verbraucher deshalb, insbesondere im Rahmen eines vorformulierten Standardvertrags, keinen Einfluss auf ihren Inhalt nehmen konnte. Die Richtlinie stellt also darauf ab, dass die Klausel vorformuliert ist und der Verbraucher keinen Einfluss auf ihre Einführung in den Vertrag gehabt hat. Sie stellt nicht darauf ab, dass die Vertragsbedingung „gestellt" ist, und erst recht nicht darauf, dass sie vom Verwender gestellt ist. Die Umsetzung der Richtlinie gelingt also rechtstechnisch am besten, wenn die Vertragsbedingung als vom Unternehmer gestellt gilt.

Indessen herrscht Streit darüber, was unter dem „Stellen" der Klausel zu verstehen ist, worauf also die Richtlinie verzichtet und was § 310 Abs. 3 Nr. 1 BGB zwecks Umsetzung unterstellt. Überwiegend wird vertreten, dass damit die Rolle des Verwenders der Partei zugewiesen werden soll, auf deren Veranlassung die Einbeziehung der vorformulierten Bedingungen in den Vertrag zurückgeht; die Ausübung einseitigen Drucks durch den Verwender wird dabei nicht vorausgesetzt.[15]

8

Die Vorschrift erfasst auch Bedingungen, die von beiden Seiten gestellt worden sind.[16] In erster Linie zielt sie aber auf sog. Drittbedingungen.[17] Dies sind etwa Klauseln, die der Notar seiner Mustersammlung entnimmt und verwendet,[18] Bedingungen, die der Makler in den Vertrag einführt, oder auch handelsübliche Vertragsmuster, soweit sie nicht der Verbraucher zur Vertragsgrundlage macht.[19]

9

Stets muss es sich aber bei § 310 Abs. 3 Nr. 1 BGB (anders als nach Nr. 2) um eine Klausel handeln, deren mehrfache Verwendung im Sinne unseres nationalen AGB-Begriffs bezweckt ist.

10

Unter den dargestellten Voraussetzungen „gelten" Allgemeine Geschäftsbedingungen grundsätzlich als vom Unternehmer gestellt. Nach überwiegender Meinung handelt es sich dabei um eine Fiktion.[20] Richtigerweise handelt es sich um eine Vermutung.[21] Der Meinungsstreit ist unbedeutend, denn wenn es sich um eine Vermutung handelt, ist sie unwiderleglich. Es ist kaum anzunehmen, dass die Richtlinie dem Unternehmer gestatten wollte, hinsichtlich des Stellens der Klausel bzw. deren Einführung in den Vertrag durch ihn den Gegenbeweis führen zu lassen.

11

Keine Vermutung dafür, dass die vorformulierten Vertragsbedingungen von einer Vertragspartei gestellt worden sind und welche Partei sie gestellt hat, gibt es bei Verträgen zwischen zwei Verbrauchern.[22] Dies ist logisch, denn dann handelt es sich auch nicht um einen Verbrauchervertrag i.S.d. § 310 Abs. 3 BGB. Es entscheiden dann die Umstände des Einzelfalls, wobei die Verwendereigenschaft grundsätzlich beweisen muss, wer sich im Individualprozess auf den Schutz der §§ 305 ff. BGB beruft.[23]

12

Terminologisch korrekt wäre in § 310 Abs. 3 Nr. 1 BGB nicht von AGB, sondern von vorformulierten Vertragsbedingungen zu sprechen,[24] denn nach § 305 Abs. 1 S. 1 BGB werden diese erst zu AGB, indem sie gestellt werden.

13

II. Ausnahme: Einführung in den Vertrag durch den Verbraucher

Der Verbraucher führt die Klausel in den Vertrag etwa ein, wenn er das handelsübliche Formular dafür mitbringt. Dem steht gleich, wenn ein Dritter im Auftrag des Verbrauchers[25] die Klausel einführt. Im Sinne eines umfassenden Verbraucherschutzes greift Ziffer 1 aber, wenn die Klausel von beiden Vertragspartnern übereinstimmend und unabhängig voneinander in den Vertrag eingeführt worden ist, etwa wenn beide den Notar beauftragt haben, den Vertragsentwurf auszuarbeiten.[26]

14

Die Beweislast für die Einführung der Klausel durch den Verbraucher liegt beim Unternehmer.[27]

15

III. Aushandeln

Die Richtlinie verzichtet nicht auf das Merkmal der Vorformulierung.[28] Sie und damit § 310 Abs. 3 Nr. 1 BGB greifen deshalb nicht, wenn die Klausel ausgehandelt worden ist. Das Aushandeln ist im Zweifel ebenso zu definieren wie bei

16

---

15 UBH/*Ulmer/Schäfer*, § 310 Rn 26 f. m.w.N.; Erman/*Roloff*, § 305 Rn 12.
16 UBH/*Ulmer/Schäfer*, § 310 Rn 76.
17 Erman/*Roloff*, § 310 Rn 13 bis 17; MüKo/*Basedow*, § 310 Rn 8 ff.
18 PWW/*Berger*, § 310 Rn 8; Palandt/*Grüneberg*, § 310 Rn 12.
19 PWW/*Berger*, § 310 Rn 8.
20 MüKo/*Basedow*, § 310 Rn 59 ff.; PWW/*Berger*, § 310 Rn 8.
21 Staudinger/*Schlosser*, § 310 Rn 60; UBH/*Ulmer/Schäfer*, § 310 Rn 71 f.: vermutungsähnliche Fiktion, da der unterstellte Tatbestand i.d.R. vorliegt.
22 BGH NJW 2010, 1131 Rn 11.
23 BGH NJW 2010, 1131 Rn 10.
24 Staudinger/*Schlosser*, § 310 Rn 39, 55.
25 Etwa der Notar auf Veranlassung des Verbrauchers, MüKo/*Basedow*, § 310 Rn 62; PWW/*Berger*, § 310 Rn 9.
26 Erman/*Roloff*, § 310 Rn 16; MüKo/*Basedow*, § 310 Rn 63.
27 MüKo/*Basedow*, § 310 Rn 60; PWW/*Berger*, § 310 Rn 9.
28 Staudinger/*Schlosser*, § 310 Rn 54.

§ 305 Abs. 1 S. 1 BGB, wo es die Qualifikation der Regelung als AGB ausschließt. Jedenfalls reicht dazu nicht die rein theoretisch jederzeit mögliche Einflussnahme des Verbrauchers auf den Vertrag.

17 Die Beweislast für das Aushandeln liegt beim Unternehmer.[29]

D. Einmalbedingungen (vorformulierte Einzelverträge, § 310 Abs. 3 Nr. 2 BGB)
I. Keine Absicht mehrfacher Verwendung

18 § 310 Abs. 3 Nr. 2 BGB ist ebenfalls zur Umsetzung der Richtlinie erforderlich. Nach § 305 Abs. 1 S. 1 BGB sind AGB alle für eine Vielzahl von Verträgen vorformulierten Vertragsbedingungen, die eine Vertragspartei (Verwender) der anderen bei Abschluss eines Vertrages stellt. Die Vielzahl von Verträgen definiert die Rechtsprechung dahin, dass die Absicht einer zweifachen Verwendung nicht genügt,[30] erst recht nicht die erneute spätere Verwendung einer zunächst nur für einen bestimmten Vertrag individuell vereinbarten Klausel,[31] wohl aber in der Regel eine beabsichtigte dreimalige Verwendung.[32] Die Richtlinie stellt hingegen nur auf die Vorformulierung und den fehlenden Einfluss des Verbrauchers hierauf ab (siehe oben Rn 7), nicht auf die Bestimmung einer nicht im Einzelnen ausgehandelten Klausel zur mehrfachen Verwendung.

19 Demgemäß bestimmt § 310 Abs. 3 Nr. 2 BGB, dass § 305c Abs. 2 BGB (Unklarheitenregel), § 306 BGB (Rechtsfolgen bei Nichteinbeziehung und Unwirksamkeit) sowie die §§ 307 bis 309 BGB (Inhaltskontrolle) auf vorformulierte Vertragsbedingungen auch dann anzuwenden sind, wenn diese nur zur einmaligen Verwendung bestimmt sind. Die Vorschrift erfasst auch notarielle Einzelverträge,[33] insbesondere solche aus Textbausteinen.[34]

20 Die Vorformulierung bleibt aber erforderlich; sie ist dahin definiert, dass die Vertragsklausel „im Voraus abgefasst wurde" (so Art. 3 Abs. 2 Unterabs. 1 der Richtlinie). Danach muss der Wortlaut der Vertragsbestimmung richtigerweise schon vor den Vertragsverhandlungen feststehen, sodass darüber gar nicht mehr verhandelt wird.[35] Es wird aber auch vertreten, dass die Vorformulierung bei einem Einzelvertrag überhaupt nicht aussagekräftig sei.[36] Deshalb sei der Anwendungsbereich der Vorschrift auch auf Fälle zu erstrecken, wo aus anderen Gründen als wegen Vorformulierung eine Vertragsbestimmung nicht ausgehandelt wird, so z.B. bei besonderer Eile oder bei einem umfangreichen Vertragswerk (wo dies an einer Stelle übersehen wird) oder bei einer Zwangslage unterhalb der Schwelle des § 123 BGB.[37] Dies dürfte aber gegen Richtlinie und Gesetz verstoßen, die beide verlangen, dass der Verbraucher deshalb keinen Einfluss auf ihren Inhalt nehmen konnte, weil sie im Voraus abgefasst wurde („deshalb" in Art. 3 Abs. 2 Unterabs. 1 der Richtlinie; „aufgrund der Vorformulierung" in § 310 Abs. 3 Nr. 2 BGB).

II. Kein Einfluss des Verbrauchers auf den Inhalt

21 Nach überwiegender Meinung bedeutet dies, dass die Vertragsklausel nicht i.S.v. § 305 Abs. 1 S. 3 BGB ausgehandelt worden ist,[38] und zwar deshalb, weil sie vorformuliert war.

22 Unerheblich ist, wer die Einmalklausel vorformuliert hat, denn auch die Richtlinie unterscheidet insoweit nicht.[39] Damit werden auch notarielle Einzelverträge erfasst.[40] Es wird aber auch vertreten, § 310 Abs. 3 Nr. 2 BGB nur auf Vorformulierungen anzuwenden, die dem Unternehmer zurechenbar sind, weil sie von ihm selbst stammen oder auf seine Veranlassung von Dritten bewirkt worden sind.[41] Es wird weiter vertreten, notarielle Verträge auszunehmen, weil schon aus Respekt vor dem Amt des Notars die Inhaltskontrolle bei den Einmalverträgen unterbleiben sollte.[42]

23 Indizien für eine fehlende Einflussmöglichkeit des Verbrauchers können sein: Art und Weise beim Vorgehen des Unternehmers (Verhandlungsführung); Aufbau und Inhalt der vorformulierten Vertragsklausel (etwa enge Verbindung mit Klauseln, die einwandfrei vorformuliert, da ihrerseits nicht ausgehandelt sind); wirtschaftliches oder intellektuelles Gefälle zwischen den Vertragsparteien; Marktpositionen usw.[43] Kein Indiz ist die Vorformulierung als solche, denn sie ist bei § 310 Abs. 3 Nr. 2 BGB ein weiteres Tatbestandsmerkmal.[44]

24 Die Beweislast dafür, dass es sich bei einer Klausel um eine vorformulierte Vertragsklausel handelt und der Verbraucher wegen der Vorformulierung keinen Einfluss auf ihren Inhalt nehmen konnte, liegt beim Verbraucher.[45] Dieser legt hierzu zweckmäßigerweise den Gang der Verhandlungen dar.[46]

---

29 MüKo/*Basedow*, § 310 Rn 66; PWW/*Berger*, § 310 Rn 9.
30 BGH NJW 1997, 135.
31 BGH WM 1994, 1136, 1137.
32 BGH NJW 2002, 138.
33 UBH/*Ulmer/Schäfer*, § 310 Rn 82; Erman/*Roloff*, § 310 Rn 18.
34 Staudinger/*Schlosser*, § 310 Rn 65.
35 Erman/*Roloff*, § 310 Rn 19.
36 WLP/*Pfeiffer*, § 310 Rn 20.
37 WLP/*Pfeiffer*, § 310 Rn 20.
38 Staudinger/*Schlosser*, § 310 Rn 64.
39 Erman/*Roloff*, § 310 Rn 18.
40 MüKo/*Basedow*, § 310 Rn 70; Erman/*Roloff*, § 310 Rn 18.
41 UBH/*Ulmer/Schäfer*, § 310 Rn 81, wegen des Unterschieds im Wortlaut gegenüber § 310 Abs. 3 Nr. 1.
42 UBH/*Ulmer/Schäfer*, § 310 Rn 82.
43 UBH/*Ulmer/Schäfer*, § 310 Rn 87.
44 UBH/*Ulmer/Schäfer*, § 310 Rn 86.
45 BGH NJW 2008, 2250.
46 Erman/*Roloff*, § 310 Rn 37.

III. Rechtsfolge

Die Vorschrift durchbricht ein Prinzip des nationalen Rechts, wonach AGB nur vorliegen, wenn die Klauseln zur Verwendung in einer Vielzahl von Verträgen bestimmt sind.

Nach ihrem ausdrücklichen Inhalt führt die Vorschrift zur Geltung der §§ 305c Abs. 2 (Unklarheitenregel), 306 (Rechtsfolgen bei Nichteinbeziehung und Unwirksamkeit), 307 bis 309 BGB (Inhaltskontrolle). Sie führt aber auch zur Anwendbarkeit von § 305 Abs. 2 BGB[47] und von § 305c Abs. 1 BGB.[48]

Die Vorschrift führt zwar nicht zur Geltung des §§ 305b BGB (Vorrang der Individualabrede). Dies ist aber auch nicht nötig, denn bei Einzelverträgen werden Individualvereinbarungen typischerweise in den Vertragstext aufgenommen.[49]

E. Berücksichtigung der Begleitumstände zum Vertragsschluss (§ 310 Abs. 3 Nr. 3 BGB)

I. Inhalt

Auch diese Vorschrift war zur Umsetzung der Richtlinie erforderlich. Nach ständiger deutscher Rechtsprechung[50] war nämlich für die Inhaltskontrolle nicht nur im Verbands-, sondern auch im Individualprozess maßgeblich, ob der Inhalt der Formularklausel bei einer überindividuell generalisierenden Betrachtung eine unangemessene Benachteiligung des Kunden von vornherein ausschloss; auf die Verhältnisse des konkreten Einzelfalls kam es nicht an.[51] Nach Art. 4 Abs. 1 der Richtlinie wird die Missbräuchlichkeit der Vertragsklausel hingegen unter Berücksichtigung einer Vielzahl von Kriterien ermittelt, zu denen auch alle den Vertragsabschluss begleitenden Umstände gehören. § 310 Abs. 3 Nr. 3 BGB sieht dies nunmehr auch für die Inhaltskontrolle bei Verbraucherverträgen vor, also zwecks Beurteilung der unangemessenen Benachteiligung gemäß § 307 Abs. 1 und 2 BGB.

Sie lässt sich indessen im Verfahren nach dem UKlaG nicht durchsetzen.[52] Demgemäß beschränkt sich die praktische Anwendung der Vorschrift auf die Inhaltskontrolle im Individualprozess; insbesondere Einmalbedingungen (§ 310 Abs. 3 Nr. 2 BGB) können naturgemäß nur anhand der konkreten Begleitumstände geprüft werden.[53] Auch im Individualprozess gilt die Vorschrift aber nicht für die Prüfung nach §§ 308 und 309 BGB; bei letzterer Vorschrift wäre die Anwendung eines individualisierenden Maßstabs schon deshalb unmöglich, weil dort keine Wertung möglich ist.[54]

II. Zweistufige Prüfung

Im Anwendungsbereich der Vorschrift tritt an die Stelle des grundsätzlich generalisierenden, ein individualisierter Maßstab. Nach überwiegender Auffassung sollen die Klauseln hiernach zunächst abstrakt-generell und alsdann in einer zweiten Stufe anhand der konkreten Umstände des Einzelfalls geprüft werden.[55] Eine einstufige Prüfung kommt aber bei den Einmalverträgen gemäß § 310 Abs. 3 Nr. 2 BGB in Betracht.

III. Beispiele für die zu berücksichtigenden konkreten Umstände

In Betracht kommen die Kräfteverhältnisse am Markt, die Verhandlungsstärke der Parteien (16. Erwägungsgrund zur Richtlinie), besondere Kenntnisse und Erfahrungen des Verbrauchers (Rechtskunde), besondere Einwirkungen des Unternehmers auf den Verbraucher,[56] etwa ein Überraschungsmoment oder Druck unterhalb der Schwelle des § 123 BGB oder die Bagatellisierung des Klauselinhalts durch den Verwender.[57] In der Literatur wird vertreten, dass der 16. Erwägungsgrund zur Richtlinie sieben ausdrückliche Prüfungskriterien liefert;[58] auch soll aus dem 19. Erwägungsgrund das Preis-Leistungs-Verhältnis selbst außerhalb von Versicherungsverträgen herangezogen werden können.[59]

Jede Vertragspartei trägt die Beweislast für die ihr günstigen Begleitumstände.[60]

---

47 Transparenzgebot, UBH/*Ulmer/Schäfer*, § 310 Rn 91; Erman/*Roloff*, § 310 Rn 21.
48 Überraschungsverbot, PWW/*Berger*, § 310 Rn 11; hilfsweise aus § 307 BGB herzuleiten, MüKo/*Basedow*, § 310 Rn 69.
49 Erman/*Roloff*, § 310 Rn 21; WLP/*Pfeiffer*, § 310 Rn 28.
50 Insbesondere BGH NJW 1992, 2626.
51 BGH NJW 1992, 2626.
52 BGH NJW 1999, 2180, 2182; NJW 2001, 2971, 2973.
53 PWW/*Berger*, § 310 Rn 13.
54 WLP/*Pfeiffer*, § 310 Rn 32; PWW/*Berger*, § 310 Rn 12.
55 Erman/*Roloff*, § 310 Rn 24; a.A. MüKo/*Basedow*, § 310 Rn 80 f.
56 Staudinger/*Schlosser*, § 310 Rn 72; Erman/*Roloff*, § 310 Rn 23; 16. Erwägungsgrund zur Richtlinie.
57 PWW/*Berger*, § 310 Rn 12.
58 MüKo/*Basedow*, § 310 Rn 78.
59 Staudinger/*Schlosser*, § 310 Rn 72.
60 Erman/*Roloff*, § 310 Rn 37.

§ 310 Abs. 4

(4) ¹Dieser Abschnitt findet keine Anwendung bei Verträgen auf dem Gebiet des Erb-, Familien- und Gesellschaftsrechts sowie auf Tarifverträge, Betriebs- und Dienstvereinbarungen. ²Bei der Anwendung auf Arbeitsverträge sind die im Arbeitsrecht geltenden Besonderheiten angemessen zu berücksichtigen; § 305 Abs. 2 und 3 ist nicht anzuwenden. ³Tarifverträge, Betriebs- und Dienstvereinbarungen stehen Rechtsvorschriften im Sinne von § 307 Abs. 3 gleich.

Literatur zu § 310 Abs. 4: *Annuß*, AGB-Kontrolle im Arbeitsrecht: wo geht die Reise hin?, BB 2002, 458; *Bayreuther*, Die Rolle des Tarifvertrags bei der AGB-Kontrolle von Arbeitsverträgen, RdA 2003, 81; *Coester-Waltjen*, Die Inhaltskontrolle von Verträgen außerhalb des AGBG, AcP 190 (1990), 1; *Däubler/Dorndorf*, AGB-Kontrolle im Arbeitsrecht, 2004; *Dauner-Lieb/Henssler/Preis* (Herausgeber), Inhaltskontrolle im Arbeitsrecht, 2005; *Drygalla*, Anwendbarkeit des AGB-Gesetzes auch auf Gesellschaftsverträge – eine Nebenwirkung der Richtlinie über mißbräuchliche Klauseln in Verbraucherverträgen?, ZIP 1997, 968; *Hromadka*, Schuldrechtsmodernisierung und Vertragskontrolle im Arbeitsrecht, NJW 2002, 2523; *Konzen*, Die AGB-Kontrolle im Arbeitsvertragsrecht, FS Hadding 2004 S. 145; *Lingemann*, Allgemeine Geschäftsbedingungen und Arbeitsvertrag, NZA 2002, 181; *Preis/Stoffels*, Die Inhaltskontrolle der Verträge selbstständiger und unselbstständiger Handelsvertreter, ZHR 160 (1996), 442; *Richardi*, Gestaltung der Arbeitsverträge durch Allgemeine Geschäftsbedingungen nach dem Schuldrechtsmodernisierungsgesetz NZA 2002, 1057; *H. Schmidt*, Stille Gesellschaft und AGB-Gesetz, ZHR 159 (1995) 734; *Schrader/Schubert*, AGB-Kontrolle von Arbeitsverträgen, NZA-RR 2005, 225; *Thüsing*, Inhaltskontrolle von Formulararbeitsverträgen nach neuem Recht, BB 2002, 2666; *Tödtmann/Kaluza*, Anforderungen an AGB in arbeitsrechtlichen Verträgen, DB 2011, 114; *Ziemann*, AGB-Kontrolle von Arbeitsverträgen, 2003; *Zöllner*, Inhaltsfreiheit bei Gesellschaftsverträgen, Festschrift 100 Jahre GmbH-Gesetz 1992, S. 85

A. Allgemeines 1	D. Einzelarbeitsverträge 14
B. Erb-, Familien- und Gesellschaftsrecht 4	I. Allgemeines 14
I. Erbrechtliche Verträge 4	II. Angemessene Berücksichtigung der im Arbeitsrecht geltenden Besonderheiten 16
II. Familienrechtliche Verträge 6	
III. Gesellschaftsrechtliche Verträge 7	III. Geltung und Nichtgeltung von Vorschriften 17
C. Tarifverträge, Betriebs- und Dienstvereinbarungen 10	

A. Allgemeines

1 Es handelt sich um Bereichsausnahmen. Vorbild ist § 23 Abs. 1 AGBG, doch sind Änderungen eingetreten.

2 Die in der Vorschrift genannten Bereiche werden von der EG-Verbraucherrichtlinie nicht tangiert (10. Erwägungsgrund). Im Übrigen sieht die Richtlinie Arbeitnehmer nicht als Verbraucher an, so wie überhaupt das Unionsrecht zwischen Verbraucherschutz und Arbeitnehmerschutz unterscheidet.[1] Die Verbraucherrechterichtlinie (2011/83/EU vom 25.10.2011) hat daran nichts geändert (siehe § 305b Rn 52).

3 Unerheblich ist, ob der Kunde Unternehmer oder Verbraucher ist.

B. Erb-, Familien- und Gesellschaftsrecht

I. Erbrechtliche Verträge

4 Beispiele sind der Erbvertrag (§§ 2274 ff. BGB), der Erbverzichtsvertrag (§§ 2346 ff. BGB) und der Erbauseinandersetzungsvertrag unter Miterben (§§ 2042 ff. BGB). Zweifelhaft ist die Behandlung des Erbschaftskaufs.[2]

5 Nicht von der Inhaltskontrolle ausgenommen sind Verträge, wenn das schuldrechtliche Element überwiegt.[3] Nicht ausgenommen sind auch Verträge unter Lebenden auf den Todesfall.[4]

II. Familienrechtliche Verträge

6 Hier gilt grundsätzlich dasselbe. Familienrechtliche Verträge sind etwa Eheverträge oder Verträge, die sich auf die Regelung des Zugewinnausgleichs, der Unterhaltsansprüche oder des Versorgungsausgleichs beschränken. Bei Eheverträgen findet ersatzweise eine Kontrolle gemäß §§ 138, 242 BGB statt.[5]

---

1 Staudinger/*Schlosser*, § 310 Rn 73.
2 UBH/*Fuchs*, § 310 Rn 113.
3 MüKo/*Basedow*, § 310 Rn 85.
4 PWW/*Berger*, § 310 Rn 15.
5 Grundlegend BGH FamRZ 2004, 601.

III. Gesellschaftsrechtliche Verträge

Von der Inhaltskontrolle ausgenommen sind alle Verträge zur Begründung einer Gesellschaft. Gesellschaften in diesem Sinne sind Handelsgesellschaften, die stille Gesellschaft und die BGB-Gesellschaft;[6] man wird auch Genossenschaften und eingetragene Vereine hierzu rechnen müssen.

Von der Inhaltskontrolle ausgenommen ist weiter der Erwerb von Beteiligungen an solchen Gesellschaften. Dies gilt grundsätzlich auch, wenn der Erwerb eine private Vermögensanlage bezweckt. Indessen findet sich Rechtsprechung, wonach für den Vertrag zum Erwerb einer Beteiligung an einer Publikumsgesellschaft die §§ 307 ff. BGB gelten sollen.[7] Im Übrigen findet bei Gesellschaftsverträgen (Satzungen) von Publikumsgesellschaften auf der Grundlage von § 242 BGB eine ähnliche Inhaltskontrolle wie bei AGB statt.[8]

Die Vorschrift gilt nicht für Austauschverträge,[9] insbesondere die Anstellungsverträge der Gesellschaftsorgane. Diese Verträge unterliegen also der Inhaltskontrolle.

C. Tarifverträge, Betriebs- und Dienstvereinbarungen

Sie sind nach § 310 Abs. 4 S. 1 Hs. 2 BGB von der Inhaltskontrolle völlig ausgenommen. Als Gründe werden die Tarifhoheit angeführt[10] oder ihre Gleichstellung mit Rechtsvorschriften in § 310 Abs. 4 S. 3 BGB.

Rechtlich selbstständige Verträge zwischen Arbeitgeber und Arbeitnehmer, die ihre Grundlage in den Bestimmungen über andere Verträge als über Arbeitsverträge haben, fallen von vornherein nicht unter § 310 Abs. 4 BGB; vielmehr gelten hierfür die §§ 305 bis 309 BGB unmittelbar,[11] so etwa für Miet-, Kauf- und Darlehensverträge mit Arbeitnehmern[12] sowie von diesen erklärte abstrakte Schuldversprechen und Schuldanerkenntnisse.[13] Die Vorschrift gilt auch nicht für die kirchlichen Arbeitsvertragsrichtlinien.[14]

Tarifverträge, Betriebs- und Dienstvereinbarungen sind auch dann von der Inhaltskontrolle ausgenommen, wenn sie durch Bezugnahme vollständig in den Einzelarbeitsvertrag inkorporiert worden sind.[15] Dies folgt aus § 310 Abs. 4 S. 3 BGB und rechtfertigt sich durch die Vermutung der inhaltlichen Angemessenheit der kollektivvertraglich ausgehandelten Regelungen.[16] Die Bezugnahmeklausel ist aber ihrerseits kontrollfähig, insbesondere im Hinblick auf ihre Transparenz.[17]

Kontrollfähig bleiben dagegen einzelne Bestimmungen aus Tarifverträgen, wenn sie in den Arbeitsvertrag übernommen werden.[18] Die Vermutung der inhaltlichen Angemessenheit kann in diesem Fall nicht bestehen. Kommt es zur Inhaltskontrolle, so folgt aus § 310 Abs. 4 S. 3 BGB nicht, dass der Tarifvertrag den Maßstab dafür abgäbe.[19]

D. Einzelarbeitsverträge

I. Allgemeines

Bei der Schuldrechtsmodernisierung wurde zur Regelung der Einzelarbeitsverträge § 310 Abs. 4 S. 2 BGB in das Gesetz eingefügt. Die Vorschrift gilt für alle Arbeitsverträge, die ab 1.1.2002 abgeschlossen worden sind.[20] Für früher abgeschlossene Arbeitsverträge gilt sie ab 1.1.2003;[21] dies entspricht Art. 170 EGBGB.

Danach sind bei der Inhaltskontrolle in Bezug auf Arbeitsverträge die im Arbeitsrecht geltenden Besonderheiten angemessen zu berücksichtigen; § 305 Abs. 2 und 3 BGB sind nicht anzuwenden.

II. Angemessene Berücksichtigung der im Arbeitsrecht geltenden Besonderheiten

Gemeint sind nicht nur die besonderen Rechtsnormen, sondern auch tatsächliche Besonderheiten des Arbeitslebens.[22] Beispielsweise können diese Besonderheiten Klauseln ohne Wertungsmöglichkeit (§ 309 BGB) zu Klauseln mit einer solchen machen.[23]

---

6 BGHZ 127, 176.
7 KG WM 1999, 731, 733; OLG Frankfurt a.M. NJW-RR 2004, 991, wenn dies zwecks privater Kapitalanlage geschieht.
8 BGHZ 102, 172, 177; BGHZ 104, 50, 53; BGH NJW 2001, 1270, 1271; BGH ZIP 2009, 1008 Rn 6.
9 MüKo/*Basedow*, § 310 Rn 90; Erman/*Roloff*, § 310 Rn 28; PWW/*Berger*, § 310 Rn 17.
10 Erman/*Roloff*, § 310 Rn 33.
11 BAG NJW 2005, 3164, 3165.
12 BAG NJW 1994, 213.
13 BAG NJW 2005, 3164.
14 BAG ständig, zuletzt NZA 2010, 583.
15 BAG NZA 2006, 40, 46; BAG NZA 2007, 1049 Rn 22.
16 UBH/*Fuchs*, § 310 Rn 158.
17 Palandt/*Grüneberg*, § 307 Rn 22.
18 BAG NJW 2007, 2279.
19 ErfK/*Preis*, §§ 305–310 BGB Rn 38a m.w.N.
20 Staudinger/*Krause*, Anh zu § 310 Rn 279.
21 Staudinger/*Krause*, Anh zu § 310 Rn 280.
22 BAG NZA 2004, 727; BAG NJW 2005, 3305, 3306; BAG NJW 2006, 795, 798.
23 PWW/*Berger*, § 310 Rn 22.

§ 310 Abs. 4

III. Geltung und Nichtgeltung von Vorschriften

17 Unanwendbar sind § 305 Abs. 2 BGB (Möglichkeit der Kenntnisnahme von AGB) und § 305 Abs. 3 BGB (Möglichkeit, die Geltung bestimmter Klauseln für alle Rechtsgeschäfte eines bestimmten Typs zu vereinbaren). Diese Bestimmungen sind nicht nötig, weil in diesem Bereich die Arbeitnehmer durch das Nachweisgesetz gesichert sind.[24] Im Ergebnis gelten deshalb unter den Parteien des Arbeitsvertrags für die Einbeziehung der AGB die gleichen Grundsätze wie im unternehmerischen Bereich.[25]

18 Anwendbar sind die anderen Vorschriften zur Inhaltskontrolle aus §§ 305 bis 309 BGB, insbesondere § 307 Abs. 1 S. 1 BGB.[26] Anwendbar ist auch § 310 Abs. 3 Nr. 2 BGB,[27] ebenso § 310 Abs. 3 Nr. 1 und 3 BGB. Die Rechtsprechung betrachtet die Arbeitsverträge als Verbraucherverträge, was der Richtlinie (siehe oben Rn 2) nicht widerspricht, da sie sich auf Arbeitsverträge nicht bezieht und zugunsten der Verbraucher auch strengere Bestimmungen des nationalen Gesetzgebers erlauben würde (Art. 8 der Richtlinie).

---

[24] Erman/*Roloff*, § 310 Rn 34; PWW/*Berger*, § 310 Rn 19.
[25] Staudinger/*Krause*, Anh zu § 310 Rn 153.
[26] BAG NJW 2011, 428 Rn 21.
[27] BAG NJW 2005, 3305, 3308; BVerfG NJW 2007, 286.

Gesetz über Unterlassungsklagen bei Verbraucherrechts- und anderen Verstößen (Unterlassungsklagengesetz – UKlaG)

Vom 26.11.2001 (BGBl. I 2001, 3138)

Zuletzt geändert durch Gesetz zur Bekämpfung von Zahlungsverzug im Geschäftsverkehr und zur Änderung des Erneuerbare-Energien-Gesetzes vom 22.7.2014 (BGBl I 2014, 1218)

Abschnitt 1: Ansprüche bei Verbraucherrechts- und anderen Verstößen

§ 1 Unterlassungs- und Widerrufsanspruch bei Allgemeinen Geschäftsbedingungen

Wer in Allgemeinen Geschäftsbedingungen Bestimmungen, die nach den §§ 307 bis 309 des Bürgerlichen Gesetzbuchs unwirksam sind, verwendet oder für den rechtsgeschäftlichen Verkehr empfiehlt, kann auf Unterlassung und im Fall des Empfehlens auch auf Widerruf in Anspruch genommen werden.

§ 1a Unterlassungsanspruch wegen der Beschränkung der Haftung bei Zahlungsverzug

Wer in anderer Weise als durch Verwendung oder Empfehlung von Allgemeinen Geschäftsbedingungen den Vorschriften des § 271a Absatz 1 bis 3, des § 286 Absatz 5 oder des § 288 Absatz 6 des Bürgerlichen Gesetzbuchs zuwiderhandelt, kann auf Unterlassung in Anspruch genommen werden.

§ 2 Unterlassungsanspruch bei verbraucherschutzgesetzwidrigen Praktiken

(1) ¹Wer in anderer Weise als durch Verwendung oder Empfehlung von Allgemeinen Geschäftsbedingungen Vorschriften zuwiderhandelt, die dem Schutz der Verbraucher dienen (Verbraucherschutzgesetze), kann im Interesse des Verbraucherschutzes auf Unterlassung in Anspruch genommen werden. ²Werden die Zuwiderhandlungen in einem geschäftlichen Betrieb von einem Angestellten oder einem Beauftragten begangen, so ist der Unterlassungsanspruch auch gegen den Inhaber des Betriebs begründet.

(2) Verbraucherschutzgesetze im Sinne dieser Vorschrift sind insbesondere
1. die Vorschriften des Bürgerlichen Rechts, die für
   a) außerhalb von Geschäftsräumen geschlossene Verträge,
   b) Fernabsatzverträge,
   c) Verbrauchsgüterkäufe,
   d) Teilzeit-Wohnrechteverträge, Verträge über langfristige Urlaubsprodukte sowie Vermittlungsverträge und Tauschsystemverträge,
   e) Verbraucherdarlehensverträge, Finanzierungshilfen und Ratenlieferungsverträge,
   f) Reiseverträge,
   g) Darlehensvermittlungsverträge sowie
   h) Zahlungsdiensteverträge
   zwischen einem Unternehmer und einem Verbraucher gelten,
2. die Vorschriften zur Umsetzung der Artikel 5, 10 und 11 der Richtlinie 2000/31/EG des Europäischen Parlaments und des Rates vom 8. Juni 2000 über bestimmte rechtliche Aspekte der Dienste der Informationsgesellschaft, insbesondere des elektronischen Geschäftsverkehrs, im Binnenmarkt („Richtlinie über den elektronischen Geschäftsverkehr", ABl. EG Nr. L 178 S. 1),
3. das Fernunterrichtsschutzgesetz,
4. die Vorschriften des Bundes- und Landesrechts zur Umsetzung der Artikel 10 bis 21 der Richtlinie 89/552/EWG des Rates vom 3. Oktober 1989 zur Koordinierung bestimmter Rechts- und Verwaltungsvorschriften der Mitgliedstaaten über die Ausübung der Fernsehtätigkeit (ABl. EG Nr. L 298 S. 23), geändert durch die Richtlinie 97/36/EG des Europäischen Parlaments und des Rates vom 30. Juni 1997 zur Änderung der Richtlinie 89/552/EWG des Rates zur Koordinierung bestimmter Rechts- und Verwaltungsvorschriften der Mitgliedstaaten über die Ausübung der Fernsehtätigkeit (ABl. EG Nr. L 202 S. 60),

5. die entsprechenden Vorschriften des Arzneimittelgesetzes sowie Artikel 1 §§ 3 bis 13 des Gesetzes über die Werbung auf dem Gebiete des Heilwesens,
6. § 126 des Investmentgesetzes oder § 305 des Kapitalanlagegesetzbuchs,
7. die Vorschriften des Abschnitts 6 des Wertpapierhandelsgesetzes, die das Verhältnis zwischen einem Wertpapierdienstleistungsunternehmen und einem Kunden regeln,
8. das Rechtsdienstleistungsgesetz,
9. die §§ 59 und 60 Absatz 1, die §§ 78, 79 Absatz 2 und 3 sowie § 80 des Erneuerbare-Energien-Gesetzes,
10. das Wohn- und Betreuungsvertragsgesetz.

(3) Der Anspruch auf Unterlassung kann nicht geltend gemacht werden, wenn die Geltendmachung unter Berücksichtigung der gesamten Umstände missbräuchlich ist, insbesondere wenn sie vorwiegend dazu dient, gegen den Zuwiderhandelnden einen Anspruch auf Ersatz von Aufwendungen oder Kosten der Rechtsverfolgung entstehen zu lassen.

§ 2a Unterlassungsanspruch nach dem Urheberrechtsgesetz

(1) Wer gegen § 95b Abs. 1 des Urheberrechtsgesetzes verstößt, kann auf Unterlassung in Anspruch genommen werden.

(2) Absatz 1 gilt nicht, soweit Werke und sonstige Schutzgegenstände der Öffentlichkeit auf Grund einer vertraglichen Vereinbarung in einer Weise zugänglich gemacht werden, dass sie Mitgliedern der Öffentlichkeit von Orten und zu Zeiten ihrer Wahl zugänglich sind.

(3) § 2 Abs. 3 gilt entsprechend.

§ 3 Anspruchsberechtigte Stellen

(1) ¹Die in den §§ 1 bis 2 bezeichneten Ansprüche auf Unterlassung und auf Widerruf stehen zu:
1. qualifizierten Einrichtungen, die nachweisen, dass sie in die Liste qualifizierter Einrichtungen nach § 4 oder in dem Verzeichnis der Kommission der Europäischen Gemeinschaften nach Artikel 4 der Richtlinie 98/27/EG des Europäischen Parlaments und des Rates vom 19. Mai 1998 über Unterlassungsklagen zum Schutz der Verbraucherinteressen (ABl. EG Nr. L 166 S. 51) in der jeweils geltenden Fassung eingetragen sind,
2. rechtsfähigen Verbänden zur Förderung gewerblicher oder selbständiger beruflicher Interessen, soweit sie insbesondere nach ihrer personellen, sachlichen und finanziellen Ausstattung imstande sind, ihre satzungsgemäßen Aufgaben der Verfolgung gewerblicher oder selbständiger beruflicher Interessen tatsächlich wahrzunehmen, und, bei Klagen nach § 2, soweit ihnen eine erhebliche Zahl von Unternehmern angehört, die Waren oder Dienstleistungen gleicher oder verwandter Art auf demselben Markt vertreiben und der Anspruch eine Handlung betrifft, die die Interessen ihrer Mitglieder berührt und die geeignet ist, den Wettbewerb nicht unerheblich zu verfälschen;
3. den Industrie- und Handelskammern oder den Handwerkskammern.

²Der Anspruch kann nur an Stellen im Sinne des Satzes 1 abgetreten werden.

(2) Die in Absatz 1 Satz 1 Nummer 1 bezeichneten Stellen können die folgenden Ansprüche nicht geltend machen:
1. Ansprüche nach § 1, wenn Allgemeine Geschäftsbedingungen gegenüber einem Unternehmer (§ 14 des Bürgerlichen Gesetzbuchs) oder einem öffentlichen Auftraggeber (§ 98 Nummer 1 bis 3 des Gesetzes gegen Wettbewerbsbeschränkungen) verwendet oder wenn Allgemeine Geschäftsbedingungen zur ausschließlichen Verwendung zwischen Unternehmern oder zwischen Unternehmern und öffentlichen Auftraggebern empfohlen werden,
2. Ansprüche nach § 1a, es sei denn, eine Zuwiderhandlung gegen § 288 Absatz 6 des Bürgerlichen Gesetzbuchs betrifft einen Anspruch eines Verbrauchers.

§ 3a Anspruchsberechtigte Verbände nach § 2a

¹Der in § 2a Abs. 1 bezeichnete Anspruch auf Unterlassung steht rechtsfähigen Verbänden zur nicht gewerbsmäßigen und nicht nur vorübergehenden Forderung der Interessen derjenigen zu, die durch § 95b Abs. 1 Satz 1 des Urheberrechtsgesetzes begünstigt werden. ²Der Anspruch kann nur an Verbände im Sinne des Satzes 1 abgetreten werden.

§ 4 Qualifizierte Einrichtungen

(1) ¹Das Bundesamt für Justiz führt eine Liste qualifizierter Einrichtungen. ²Diese Liste wird mit dem Stand zum 1. Januar eines jeden Jahres im Bundesanzeiger bekannt gemacht und der Kommission der Europäischen Gemeinschaften unter Hinweis auf Artikel 4 Abs. 2 der Richtlinie 98/27/EG des Europäischen Parlaments und des Rates vom 19. Mai 1998 über Unterlassungsklagen zum Schutz der Verbraucherinteressen (ABl. EG Nr. L 166 S. 51) zugeleitet.

(2) ¹In die Liste werden auf Antrag rechtsfähige Verbände eingetragen, zu deren satzungsmäßigen Aufgaben es gehört, die Interessen der Verbraucher durch Aufklärung und Beratung nicht gewerbsmäßig und nicht nur vorübergehend wahrzunehmen, wenn sie in diesem Aufgabenbereich tätige Verbände oder mindestens 75 natürliche Personen als Mitglieder haben, seit mindestens einem Jahr bestehen und auf Grund ihrer bisherigen Tätigkeit Gewähr für eine sachgerechte Aufgabenerfüllung bieten. ²Es wird unwiderleglich vermutet, dass Verbraucherzentralen und andere Verbraucherverbände, die mit öffentlichen Mitteln gefördert werden, diese Voraussetzungen erfüllen. ³Die Eintragung in die Liste erfolgt unter Angabe von Namen, Anschrift, Registergericht, Registernummer und satzungsmäßigem Zweck. ⁴Sie ist mit Wirkung für die Zukunft aufzuheben, wenn
1. der Verband dies beantragt oder
2. die Voraussetzungen für die Eintragung nicht vorlagen oder weggefallen sind.

⁵Ist auf Grund tatsächlicher Anhaltspunkte damit zu rechnen, dass die Eintragung nach Satz 4 zurückzunehmen oder zu widerrufen ist, so soll das Bundesamt für Justiz das Ruhen der Eintragung für einen bestimmten Zeitraum von längstens drei Monaten anordnen. ⁶Widerspruch und Anfechtungsklage haben im Fall des Satzes 5 keine aufschiebende Wirkung.

(3) ¹Entscheidungen über Eintragungen erfolgen durch einen Bescheid, der dem Antragsteller zuzustellen ist. ²Das Bundesamt für Justiz erteilt den Verbänden auf Antrag eine Bescheinigung über ihre Eintragung in die Liste. ³Es bescheinigt auf Antrag Dritten, die daran ein rechtliches Interesse haben, dass die Eintragung eines Verbands in die Liste aufgehoben worden ist.

(4) Ergeben sich in einem Rechtsstreit begründete Zweifel an dem Vorliegen der Voraussetzungen nach Absatz 2 bei einer eingetragenen Einrichtung, so kann das Gericht das Bundesamt für Justiz zur Überprüfung der Eintragung auffordern und die Verhandlung bis zu dessen Entscheidung aussetzen.

(5) Das Bundesministerium der Justiz wird ermächtigt, durch Rechtsverordnung, die der Zustimmung des Bundesrates nicht bedarf, die Einzelheiten des Eintragungsverfahrens, insbesondere die zur Prüfung der Eintragungsvoraussetzungen erforderlichen Ermittlungen, sowie die Einzelheiten der Führung der Liste zu regeln.

§ 4a Unterlassungsanspruch bei innergemeinschaftlichen Verstößen

(1) ¹Wer innergemeinschaftlich gegen Gesetze zum Schutz der Verbraucherinteressen im Sinne von Artikel 3 Buchstabe b der Verordnung (EG) Nr. 2006/2004 des Europäischen Parlaments und des Rates vom 27. Oktober 2004 über die Zusammenarbeit zwischen den für die Durchsetzung der Verbraucherschutzgesetze zuständigen nationalen Behörden (ABl. EU Nr. L 364 S. 1), geändert durch Artikel 16 Nr. 2 der Richtlinie 2005/29/EG des Europäischen Parlaments und des Rates vom 11. Mai 2005 (ABl. EU Nr. L 149 S. 22), verstößt, kann auf Unterlassung in Anspruch genommen werden. ²§ 2 Absatz 3 ist entsprechend anzuwenden.

(2) ¹Die Ansprüche stehen den Stellen nach § 3 Absatz 1 Satz 1 zu. ²Es wird unwiderleglich vermutet, dass ein nach § 7 Absatz 1 des EG-Verbraucherschutzdurchsetzungsgesetzes beauftragter Dritter eine Stelle nach Satz 1 ist. ³§ 3 Absatz 1 Satz 2 ist entsprechend anzuwenden.

Abschnitt 2: Verfahrensvorschriften

Unterabschnitt 1: Allgemeine Vorschriften

§ 5 Anwendung der Zivilprozessordnung und anderer Vorschriften

Auf das Verfahren sind die Vorschriften der Zivilprozessordnung und § 12 Absatz 1, 2, 4 und 5 des Gesetzes gegen den unlauteren Wettbewerb anzuwenden, soweit sich aus diesem Gesetz nicht etwas anderes ergibt.

§ 6 Zuständigkeit

(1) ¹Für Klagen nach diesem Gesetz ist das Landgericht ausschließlich zuständig, in dessen Bezirk der Beklagte seine gewerbliche Niederlassung oder in Ermangelung einer solchen seinen Wohnsitz hat. ²Hat der Beklagte im Inland weder eine gewerbliche Niederlassung noch einen Wohnsitz, so ist das Gericht des inländischen Aufenthaltsorts zuständig, in Ermangelung eines solchen das Gericht, in dessen Bezirk
1. die nach den §§ 307 bis 309 des Bürgerlichen Gesetzbuchs unwirksamen Bestimmungen in Allgemeinen Geschäftsbedingungen verwendet wurden,
2. gegen Verbraucherschutzgesetze verstoßen wurde oder
3. gegen § 95b Abs. 1 des Urheberrechtsgesetzes verstoßen wurde.

(2) ¹Die Landesregierungen werden ermächtigt, zur sachdienlichen Förderung oder schnelleren Erledigung der Verfahren durch Rechtsverordnung einem Landgericht für die Bezirke mehrerer Landgerichte Rechtsstreitigkeiten nach diesem Gesetz zuzuweisen. ²Die Landesregierungen können die Ermächtigung durch Rechtsverordnung auf die Landesjustizverwaltungen übertragen.

(3) Die vorstehenden Absätze gelten nicht für Klagen, die einen Anspruch der in § 13 bezeichneten Art zum Gegenstand haben.

§ 7 Veröffentlichungsbefugnis

¹Wird der Klage stattgegeben, so kann dem Kläger auf Antrag die Befugnis zugesprochen werden, die Urteilsformel mit der Bezeichnung des verurteilten Beklagten auf dessen Kosten im Bundesanzeiger, im Übrigen auf eigene Kosten bekannt zu machen. ²Das Gericht kann die Befugnis zeitlich begrenzen.

Unterabschnitt 2: Besondere Vorschriften für Klagen nach § 1

§ 8 Klageantrag und Anhörung

(1) Der Klageantrag muss bei Klagen nach § 1 auch enthalten:
1. den Wortlaut der beanstandeten Bestimmungen in Allgemeinen Geschäftsbedingungen,
2. die Bezeichnung der Art der Rechtsgeschäfte, für die die Bestimmungen beanstandet werden.

(2) Das Gericht hat vor der Entscheidung über eine Klage nach § 1 die Bundesanstalt für Finanzdienstleistungsaufsicht (Bundesanstalt) zu hören, wenn Gegenstand der Klage
1. Bestimmungen in Allgemeinen Versicherungsbedingungen sind oder
2. Bestimmungen in Allgemeinen Geschäftsbedingungen sind, für die nach dem Bausparkassengesetz oder dem Kapitalanlagegesetzbuch eine Genehmigung vorgesehen ist.

§ 9 Besonderheiten der Urteilsformel

Erachtet das Gericht die Klage nach § 1 für begründet, so enthält die Urteilsformel auch:
1. die beanstandeten Bestimmungen der Allgemeinen Geschäftsbedingungen im Wortlaut,
2. die Bezeichnung der Art der Rechtsgeschäfte, für welche die den Unterlassungsanspruch begründenden Bestimmungen der Allgemeinen Geschäftsbedingungen nicht verwendet oder empfohlen werden dürfen,
3. das Gebot, die Verwendung oder Empfehlung inhaltsgleicher Bestimmungen in Allgemeinen Geschäftsbedingungen zu unterlassen,
4. für den Fall der Verurteilung zum Widerruf das Gebot, das Urteil in gleicher Weise bekannt zu geben, wie die Empfehlung verbreitet wurde.

§ 10 Einwendung wegen abweichender Entscheidung

Der Verwender, dem die Verwendung einer Bestimmung untersagt worden ist, kann im Wege der Klage nach § 767 der Zivilprozessordnung einwenden, dass nachträglich eine Entscheidung des Bundesgerichtshofs oder des Gemeinsamen Senats der Obersten Gerichtshöfe des Bundes ergangen ist, welche die Verwendung dieser Bestimmung für dieselbe Art von Rechtsgeschäften nicht untersagt, und dass die Zwangsvollstreckung aus dem Urteil gegen ihn in unzumutbarer Weise seinen Geschäftsbetrieb beeinträchtigen würde.

§ 11 Wirkungen des Urteils

[1]Handelt der verurteilte Verwender einem auf § 1 beruhenden Unterlassungsgebot zuwider, so ist die Bestimmung in den Allgemeinen Geschäftsbedingungen als unwirksam anzusehen, soweit sich der betroffene Vertragsteil auf die Wirkung des Unterlassungsurteils beruft. [2]Er kann sich jedoch auf die Wirkung des Unterlassungsurteils nicht berufen, wenn der verurteilte Verwender gegen das Urteil die Klage nach § 10 erheben könnte.

Unterabschnitt 3: Besondere Vorschriften für Klagen nach § 2

§ 12 Einigungsstelle

Für Klagen nach § 2 gelten § 15 des Gesetzes gegen den unlauteren Wettbewerb und die darin enthaltene Verordnungsermächtigung entsprechend.

Abschnitt 3: Auskunft zur Durchführung von Unterlassungsklagen

§ 13 Auskunftsanspruch der anspruchsberechtigten Stellen

(1) Wer geschäftsmäßig Post-, Telekommunikations- oder Telemediendienste erbringt oder an der Erbringung solcher Dienste mitwirkt, hat
1. qualifizierten Einrichtungen, die nachweisen, dass sie in die Liste gemäß § 4 oder in das Verzeichnis der Kommission der Europäischen Gemeinschaften gemäß Artikel 4 der Richtlinie 98/27/EG eingetragen sind,
2. rechtsfähigen Verbänden zur Förderung gewerblicher oder selbständiger beruflicher Interessen und
3. Industrie- und Handelskammern oder den Handwerkskammern

auf deren Verlangen den Namen und die zustellungsfähige Anschrift eines Beteiligten an Post-, Telekommunikations- oder Telemediendiensten mitzuteilen, wenn diese Stellen schriftlich versichern, dass sie die Angaben zur Durchsetzung ihrer Ansprüche gemäß § 1 oder § 2 benötigen und nicht anderweitig beschaffen können.

(2) ¹Der Anspruch besteht nur, soweit die Auskunft ausschließlich anhand der bei dem Auskunftspflichtigen vorhandenen Bestandsdaten erteilt werden kann. ²Die Auskunft darf nicht deshalb verweigert werden, weil der Beteiligte, dessen Angaben mitgeteilt werden sollen, in die Übermittlung nicht einwilligt.
(3) (aufgehoben)
(3) ¹Der Auskunftspflichtige kann von dem Anspruchsberechtigten einen angemessenen Ausgleich für die Erteilung der Auskunft verlangen. ²Der Beteiligte hat, wenn der gegen ihn geltend gemachte Anspruch nach § 1 oder § 2 begründet ist, dem Anspruchsberechtigten den gezahlten Ausgleich zu erstatten.
(5) (aufgehoben)

§ 13a Auskunftsanspruch sonstiger Betroffener

Wer von einem anderen Unterlassung der Lieferung unbestellter Sachen, der Erbringung unbestellter sonstiger Leistungen oder der Zusendung oder sonstiger Übermittlung unverlangter Werbung verlangen kann, hat die Ansprüche gemäß § 13 mit der Maßgabe, dass an die Stelle des Anspruchs nach § 1 oder § 2 sein Anspruch auf Unterlassung nach allgemeinen Vorschriften tritt.

Abschnitt 4: Außergerichtliche Schlichtung

§ 14 Schlichtungsverfahren

(1) Bei Streitigkeiten aus der Anwendung
1. der Vorschriften des Bürgerlichen Gesetzbuchs betreffend Fernabsatzverträge über Finanzdienstleistungen,
2. der §§ 491 bis 509 des Bürgerlichen Gesetzbuchs,
3. der Vorschriften betreffend Zahlungsdiensteverträge in
   a) den §§ 675c bis 676c des Bürgerlichen Gesetzbuchs,
   b) der Verordnung (EG) Nr. 924/2009 des Europäischen Parlaments und des Rates vom 16. September 2009 über grenzüberschreitende Zahlungen in der Gemeinschaft und zur Aufhebung der Verordnung (EG) Nr. 2560/2001 (ABl. L 226 vom 9.10.2009, S. 11), die durch Artikel 17 der Verordnung (EU) Nr. 260/2012 des Europäischen Parlaments und des Rates vom 14. März 2012 zur Festlegung der technischen Vorschriften und der Geschäftsanforderungen für Überweisungen und Lastschriften in Euro und zur Änderung der Verordnung (EG) Nr. 924/2009 (ABl. L 94 vom 30.3.2012, S. 22) geändert worden ist, und
   c) der Verordnung (EU) Nr. 260/2012 des Europäischen Parlaments und des Rates vom 14. März 2012 zur Festlegung der technischen Vorschriften und der Geschäftsanforderungen für Überweisungen und Lastschriften in Euro und zur Änderung der Verordnung (EG) Nr. 924/2009 (ABl. L 94 vom 30.3.2012, S. 22) oder
4. des § 2 Absatz 1a Satz 3 und des § 23b des Zahlungsdiensteaufsichtsgesetzes zwischen E-Geld-Emittenten und ihren Kunden.
können die Beteiligten unbeschadet ihres Rechts, die Gerichte anzurufen, die Schlichtungsstelle anrufen, die bei der Deutschen Bundesbank einzurichten ist.
(2) ¹Das Bundesministerium der Justiz regelt durch Rechtsverordnung, die nicht der Zustimmung des Bundesrates bedarf, die näheren Einzelheiten des Verfahrens der Schlichtungsstelle nach Absatz 1 und die Zusammenarbeit mit vergleichbaren Stellen zur außergerichtlichen Streitbeilegung in anderen Vertragsstaaten des Abkommens über den Europäischen Wirtschaftsraum. ²Das Verfahren ist auf die Verwirklichung des Rechts auszurichten und es muss gewährleisten, dass
1. die Schlichtungsstelle unabhängig ist und unparteiisch handelt,
2. ihre Verfahrensregelungen für Interessierte zugänglich sind und
3. die Beteiligten des Schlichtungsverfahrens rechtliches Gehör erhalten, insbesondere Tatsachen und Bewertungen vorbringen können.
³Die Rechtsverordnung regelt auch die Pflicht der Unternehmen, sich nach Maßgabe eines geeigneten Verteilungsschlüssels an den Kosten des Verfahrens zu beteiligen; das Nähere, insbesondere zu diesem Verteilungsschlüssel, regelt die Rechtsverordnung.

(3) Das Bundesministerium der Justiz wird ermächtigt, im Einvernehmen mit den Bundesministerien der Finanzen und für Wirtschaft und Technologie durch Rechtsverordnung mit Zustimmung des Bundesrates die Streitschlichtungsaufgaben nach Absatz 1 auf eine oder mehrere geeignete private Stellen zu übertragen, wenn die Aufgaben dort zweckmäßiger erledigt werden können.

Abschnitt 5: Anwendungsbereich

§ 15 Ausnahme für das Arbeitsrecht

Dieses Gesetz findet auf das Arbeitsrecht keine Anwendung.

Abschnitt 6: Überleitungsvorschriften

§ 16 Überleitungsvorschrift zur Aufhebung des AGB-Gesetzes

(1) Soweit am 1. Januar 2002 Verfahren nach dem AGB-Gesetz in der Fassung der Bekanntmachung vom 29. Juni 2000 (BGBl. I S. 946) anhängig sind, werden diese nach den Vorschriften dieses Gesetzes abgeschlossen.
(2) ¹Das beim Bundeskartellamt geführte Entscheidungsregister nach § 20 des AGB-Gesetzes steht bis zum Ablauf des 31. Dezember 2004 unter den bis zum Ablauf des 31. Dezember 2001 geltenden Voraussetzungen zur Einsicht offen. ²Die in dem Register eingetragenen Entscheidungen werden 20 Jahre nach ihrer Eintragung in das Register, spätestens mit dem Ablauf des 31. Dezember 2004 gelöscht.
(3) Schlichtungsstellen im Sinne von § 14 Abs. 1 sind auch die auf Grund des bisherigen § 29 Abs. 1 des AGB-Gesetzes eingerichteten Stellen.
(4) ¹Die nach § 22a des AGB-Gesetzes eingerichtete Liste qualifizierter Einrichtungen wird nach § 4 fortgeführt. ²Mit Ablauf des 31. Dezember 2001 eingetragene Verbände brauchen die Jahresfrist des § 4 Abs. 2 Satz 1 nicht einzuhalten.

A. Allgemeines	1	IV. Zuständiges Gericht	31
B. Unterlassung und Widerruf	9	V. Streitverkündung	35
I. Unterlassungsanspruch	9	VI. Urteilsformel und Wirkung	36
1. Wiederholungsgefahr	15	1. Urteilsformel	38
2. Reduktion auf zulässigen Inhalt	18	2. Wirkungen des Urteils	41
3. Anders lautende Individualabrede	20	VII. Streitwert	45
4. Verjährung	21	VIII. Veröffentlichung	46
II. Klagebefugnis	23	IX. Registrierung	49
III. Verfahren und Klageantrag	26		

A. Allgemeines

Der verfahrensmäßige Teil des bisherigen AGB-Rechts war im AGBG in den §§ 13 ff. enthalten. **1**

Mit Wegfall des AGBG durch die Schuldrechtsnovelle ist der verfahrensmäßige Teil gesondert geregelt, also nicht, **2**
wie der materielle Teil des AGBG, Bestandteil des BGB geworden. In Art. 3 des Schuldrechtsmodernisierungsgesetzes ist ein über den Bereich von AGB hinausgehendes Unterlassungsklagengesetz (UKlaG)[1] verkündet worden, das sich in § 1 auf AGB, in § 2 jedoch auch auf Verstöße gegen sonstige Verbraucherschutzgesetze bezieht. Hierdurch ist das AGB-Recht leider in zwei Teile gespalten worden, wodurch die Übersichtlichkeit leidet, inhaltlich aber keinerlei Vorteile für das AGB-Recht geschaffen worden sind.

Hintergrund ist folgender: Das Europäische Parlament und der Europäische Rat haben die Richtlinie 98/27/EG[2] ver- **3**
abschiedet, wonach europaweit eine Unterlassungsklage zum Schutz der Verbraucherinteressen durch „qualifizierte

---

1 Kommentierungen bei UBH/*Witt*; Köhler/Bornkamm/ *Köhler*; WLP/*Lindacher*; Prütting/Gehrlein, ZPO; Palandt/*Bassenge;* Erman/*Roloff*; Staudinger/*Schlosser*; AK/ *Walker*; Übersicht bei *Niebling*, MDR 2012, 1071.

2 Vom 19.5.1998, ABl Nr. L 166 vom 11.6.1998, S. 51 ff.; Abdruck auch in EWS 1998, 447.

Einrichtungen" ermöglicht werden muss. Inwieweit dem durch das deutsche AGBG bereits Rechnung getragen wurde, war lange Gegenstand der Diskussion; nunmehr sollten im Rahmen der Schuldrechtsmodernisierung die Möglichkeiten nach dem Verbandsverfahren ausgedehnt und gesondert geregelt werden.

4 Das AGB-Verbandsverfahren findet sich nun im Unterlassungsklagengesetz, das nicht nur bei Verwendung unwirksamer allgemeiner Geschäftsbedingungen gilt, sondern auch sonstige verbraucherschützende Normen einer Verbandsklage unterwirft. Wesentliche inhaltliche Änderungen sind gegenüber dem AGB-Recht nach §§ 13 ff. AGBG nicht eingetreten.

5 Ein Verbandsklagerecht, das über das Unterlassungsklagengesetz hinausgeht, ist verfassungsrechtlich nicht zwingend geboten.[3]

6 Die Klagebefugnis ist nunmehr in § 3 UKlaG geregelt, die Zuständigkeit ist nunmehr in § 6 UKlaG geregelt. Der Klageantrag ist nunmehr in § 8 UKlaG, die Urteilsformel in § 9 UKlaG und Einwendungen wegen abweichender Entscheidungen sind in § 9 UKlaG geregelt.

7 Nach § 16 Abs. 2 UKlaG ist die Registrierung beim Bundeskartellamt entfallen und eine Einsicht nur bis 31.12.2001 gewährleistet. Zum 31.12.2004 werden alle Eintragungen gelöscht:

8 Damit ergibt sich Folgendes: Die Kernpunkte des verfahrensrechtlichen Teils des AGB-Gesetzes können wie folgt zusammengefasst werden:
– Verwendet ein Kaufmann in seinen AGB eine oder mehrere unzulässige Klauseln, kann gegen ihn Unterlassungsklage erhoben werden. Gleiches gilt bei Empfehlung von unwirksamen AGB für den rechtsgeschäftlichen Verkehr.
– Klagebefugt sind nur qualifizierte Einrichtungen, rechtsfähige Verbände, nicht aber der einzelne Vertragspartner.
– Zu den klageberechtigten Verbänden gehören Verbraucherzentralen, öffentlich geförderte Verbraucherverbände, Verbände zur Förderung gewerblicher Interessen, Industrie- und Handelskammern sowie Handwerkskammern.
– Klagegegner ist in erster Linie der AGB-Verwender. Es kann aber auch derjenige auf Widerruf in Anspruch genommen werden, der für den rechtsgeschäftlichen Verkehr unwirksame Klauseln empfiehlt.
– Auf das Verfahren finden mit wenigen Ausnahmen die Vorschriften der Zivilprozessordnung Anwendung. Ausschließlich zuständig ist das Landgericht.
– Das Urteil erfasst nicht nur die beanstandete Klausel in bestimmten AGB, sondern verbietet dem Beklagten auch die Verwendung inhaltsgleicher Bestimmungen in anderen AGB.
– Beim Bundesverwaltungsamt wird eine Liste der qualifizierten Einrichtungen geführt, die mit Stand 1. Januar im Bundesanzeiger bekannt gemacht wird.

B. Unterlassung und Widerruf

I. Unterlassungsanspruch

9 Wenn AGB-Klauseln unwirksam sind, kann der AGB-Verwender auf Unterlassung und der AGB-Empfehler auf Widerruf in Anspruch genommen werden. Die Ansprüche verjähren in drei Jahren vom Zeitpunkt der Kenntnis an (§ 195 BGB; § 13 Abs. 4 AGBG – Verjährungsfrist zwei Jahre – ist entfallen). AGB-Empfehler sind vor allem Wirtschaftsverbände und Berufsvereinigungen, die für ihre Mitglieder einheitliche und auf deren Bedürfnisse zugeschnittene AGB aufstellen und zur Verwendung empfehlen. Solche sog. Konditionen-Empfehlungen bedürfen keiner Genehmigung des Bundeskartellamts.[4]

10 Die Incoterms sind in diesem Sinne keine Konditionenempfehlung, da sie nicht ein bestimmtes Vertragsmuster empfehlen.[5] Anders z.B. die Konditionenempfehlung der Arbeitsgemeinschaft Zulieferindustrie oder die Neuwagen-Verbandsbedingungen.[6]

11 In § 1 UKlaG ist bestimmt, dass derjenige, der in AGB Bestimmungen verwendet oder der AGB für den rechtsgeschäftlichen Verkehr empfiehlt, die unter die §§ 307–309 BGB fallen, auf Unterlassung, im Falle des Empfehlens auch auf Widerruf, in Anspruch genommen werden kann. Die Konstruktion der Unterlassungsklage ist nicht neu; sie findet eine Parallele in § 8 UWG, wo ebenfalls bestimmten Verbänden – allerdings neben einzelnen betroffenen Gewerbetreibenden – die Befugnis zur Geltendmachung von Unterlassungsansprüchen eingeräumt wird.[7]

12 Eine Verwendung ist nicht erst dann zu bejahen, wenn die AGB mindestens einem Rechtsgeschäft zugrunde gelegt wurden. Schutzobjekt ist nicht der einzelne Kunde, sondern der Rechtsverkehr, der von unzulässigen Klauselwerken

---

3 BGH v. 30.3.2011, KVZ 100/10; BVerfG NVwZ 2001, 1148.
4 Zum alten Recht: vgl. hierzu *Paetow*, DB 1978, 2349; *Jarre*, DB 1980, 1429; *Bunte*, BB 1980, 325. Allgemeines zur Verbandsklage: *Greger*, NJW 2000, 2457.
5 Zu den Incoterms 2000: *Piltz*, RIW 2000, 485.
6 *Küppers*, BB 2000, 1310.
7 Auch nach dem UWG können AGB-Klauseln abgemahnt und gerichtlich beanstandet werden: *Köhler*, NJW 2008, 177; *Palandt/Bassenge*, § 3 UKlaG Rn 1; *Niebling*, RdW 240, S. 55 ff.

freigehalten werden soll.[8] Schutzobjekt ist weiter der Grundsatz der Vertragsfreiheit, der sich nicht in der bloßen Abschlussfreiheit erschöpfen soll. Demzufolge ist ein Verwenden schon dann zu bejahen, wenn die betreffenden Klauseln in Verbindung mit Angeboten oder der Aufforderung zur Abgabe von Angeboten im rechtsgeschäftlichen Verkehr gebraucht werden. Daher ist auch das nachträgliche Übersenden von AGB auf einem Rechnungsformular im Rahmen eines bestehenden Vertragsverhältnisses eine Verwendung i.S.v. § 1 UKlaG, auch wenn sie für dieses konkrete Vertragsverhältnis mangels vorheriger Vereinbarung nicht rechtswirksam werden können.[9] Verwender ist auch der Vertreter eines anderen, der im eigenen Interesse Verträge vermittelt.[10] Auch wer zur Abfassung von Verträgen ein vorgedrucktes, von einem Verlag vertriebenes Formular benutzt, ist „Verwender" des Vertragsformulars i.S.v. § 1 UKlaG; es kommt nicht darauf an, wer das Formular entworfen hat.[11]

Der Widerrufsanspruch soll dazu dienen, dass unwirksame Klauseln schon im Stadium der Empfehlung und nicht erst nach ihrer Verwendung eliminiert werden. Es muss sich jedoch um eine Empfehlung für den rechtsgeschäftlichen Verkehr handeln. Stellungnahmen zu AGB im nicht-rechtsgeschäftlichen Bereich, z.B. in einer wissenschaftlichen Abhandlung, sind nicht angesprochen; sie sollen nach der Gesetzesbegründung nicht erschwert werden. Allerdings sollen nach der Begründung[12] die Verfasser von Formularbüchern erfasst werden; neben den Verbandsempfehlern spielen diese Autoren für die Ausgestaltung des Rechtsverkehrs mit AGB, besonders im gewerblichen Bereich, eine nicht unerhebliche Rolle.

Folgende Probleme sind hervorzuheben:

1. Wiederholungsgefahr

Im Verfahren nach dem UKlaG besteht regelmäßig nur dann eine Veranlassung zur Inanspruchnahme gerichtlicher Hilfe, wenn eine vorherige außergerichtliche Abmahnung innerhalb angemessener Frist erfolglos geblieben ist.[13] Verlangt ein Verbraucherverband in seinem Abmahnschreiben, die Verwendung der beanstandeten Klauseln gegenüber allen Kunden zu unterlassen, so liegt insoweit keine ordnungsgemäße Abmahnung vor, als ein solcher Verband für AGB gegenüber Unternehmern keine Zuständigkeit hat.[14] Die Wiederholungsgefahr ist grundsätzlich nur bei Abgabe einer strafbewehrten Unterlassungsverpflichtung ausgeräumt; sie muss daher bei einer nur vagen Unterlassungserklärung des Verwenders bejaht werden.[15] Der Unterlassungsanspruch setzt also stets das Bestehen einer Wiederholungsgefahr voraus.[16] In der erwähnten Entscheidung lässt der BGH auch Ausnahmen von der Forderung nach einer strafbewehrten Unterlassungserklärung zu. Maßgeblich sei, ob der Verwender nach seinem gesamten Verhalten hinreichende Gewähr dafür biete und auch genügend dafür getan habe, dass es zu weiterer Verwendung der beanstandeten unzulässigen AGB nicht mehr komme. An die Beseitigung der Wiederholungsgefahr sind jedoch strenge Anforderungen zu stellen.[17] Eine bestehende Wiederholungsgefahr kann nicht durch die Erklärung des Verwenders beseitigt werden, seine AGB in Zukunft nur mit dem Stempel „Gilt nicht für den Endverbraucher" zu verwenden. Denn zum einen ist die Beschränkung auf Endverbraucher nicht ausreichend, und zum anderen ist mangels Vertragsstrafeversprechen keine Gewähr dafür gegeben, dass der Verwender seine Zusage einhält.[18]

Gibt der Verwender rechtswidriger AGB-Klauseln eine Unterlassungserklärung nur unter Vorbehalt einer aufschiebenden Zeitbestimmung ab (Inanspruchnahme einer sog. Aufbrauchfrist für die bisher verwendeten Formulare), wird die für einen Unterlassungsanspruch erforderliche Wiederholungsgefahr dadurch nicht beseitigt.

Eine vom Verwender abgegebene Unterlassungserklärung kann die Wiederholungsgefahr nur beseitigen, wenn sie nach ihrem Wortlaut nicht von Einschränkungen oder Bedingungen abhängig gemacht wird.[19]

2. Reduktion auf zulässigen Inhalt

Auch im Verfahren nach dem UKlaG ist es nicht möglich, Klauseln, die nur zum Teil gegen das AGB-Recht verstoßen, mit eingeschränktem Inhalt aufrechtzuerhalten.[20] Im Unterlassungsverfahren § 1 ff. UKlaG ist bei der Auslegung der beanstandeten Klausel davon auszugehen, wie ein rechtlich nicht vorgebildeter Durchschnittskunde die Klausel verstehen muss oder zumindest kann.[21] Bei Mehrdeutigkeit einer Klausel ist die dem Verwender ungünstigste Auslegung zugrunde zu legen.[22] Im Verfahren kann sich der Verwender also nicht auf eine einschränkende Auslegung

---

8 BGH, Urt. v. 28.1.1981, NJW 1981, 979.
9 LG München, Urt. v. 31.5.1979, BB 1979, 1789.
10 BGH, Urt. v. 9.7.1981, BGHZ 81, 229.
11 BGH, Urt. v. 2.11.1983, BGHZ 88, 368.
12 BT-Drucks 7/5422, S. 10.
13 *Niebling*, RDW 240: Abmahnung, Einstweilige Verfügung und neues Wettbewerbsrecht, 2009, S. 11 ff.
14 OLG München, Urt. v. 24.11.1977, *Bunte*, I zu § 13 Nr. 3.
15 BGH, Urt. v. 10.12.1980, NJW 1981, 867; BGH ZIP 1996, 462 (Einzugsermächtigung); vgl. auch BGH NJW-RR 2001, 485.

16 BGH, Urt. v. 9.7.1981, NJW 1981, 2412 = BGHZ 81, 222; OLG Karlsruhe NJW-RR 2003, 778; OLG Brandenburg ZMR 2004, 743; Palandt/*Bassenge*, § 1 UKlaG Rn 6.
17 OLG Hamm, Urt. v. 8.1.1982, *Bunte*, III zu § 13 Nr. 4; BGH, Urt. v. 27.1.1983, NJW 1983, 2026 = BB 1983, 1120.
18 OLG Stuttgart, Urt. v. 29.5.1985, *Bunte*, VI zu § 13 Nr. 3.
19 BGH, Urt. v. 7.6.1982, DB 1982, 1981.
20 BGH, Urt. v. 20.1.1983, NJW 1983, 1322 = BB 1983, 527.
21 BGH, Urt. v. 28.4.1983, NJW 1983, 1671 = BB 1983, 1877.
22 BGH, Urt. v. 6.12.1984, NJW 1985, 855.

einer Klausel berufen. Dies würde dem mit der Verbandsklage geltend gemachten Zweck widersprechen.[23] Für die Auslegung im Rahmen des UKlaG ist von der Auslegung auszugehen, die zur Unwirksamkeit der Klausel führt (sog. kundenfeindlichste Auslegung).

19 Wer verurteilt ist, eine Bestimmung in seinen AGB nicht mehr zu verwenden, darf sich auch bei der Abwicklung bereits abgeschlossener Verträge nicht mehr auf diese Bestimmung berufen.[24] Wer im Geschäftsverkehr Briefbögen mit dem Aufdruck „Gerichtsstand X" (X = Ortsangabe) benutzt, verwendet i.S.d. § 1 UKlaG eine unwirksame Gerichtsstandsklausel, weil die Klausel nicht zwischen Aktiv- und Passivprozessen unterscheidet.[25]

3. Anders lautende Individualabrede

20 Wer in AGB eine unwirksame Klausel verwendet, kann auch insoweit auf Unterlassung in Anspruch genommen werden, als im Einzelfall dieser Klausel wegen einer anders lautenden Individualabrede keine Bedeutung zukommt.[26] Für das Verfahren nach dem UKlaG ist unerheblich, ob eine beanstandete Klausel im Einzelfall Vertragsinhalt geworden ist. Für ein solches Verfahren ist zu unterstellen, dass die beanstandete Klausel Vertragsbestandteil geworden ist.[27] Schutzobjekt im Verfahren ist nämlich nicht der einzelne Verbraucher, sondern der Rechtsverkehr, der allgemein von der Verwendung unzulässiger Klauseln freigehalten werden soll.[28]

4. Verjährung

21 Nachdem das UKlaG keine Regelung der Verjährung enthält, gilt grundsätzlich § 195 BGB. Eine Verwirkung findet nicht statt, da die Ansprüche auch im öffentlichen Interesse bestehen.[29]

22 Mit dem (Versuch der Einbeziehung) Vertragslauf beginnt die Verjährungsfrist zu laufen. Bei Empfehlung ist grundsätzlich auf die Kenntnis abzustellen, bei Weiterverwendung – oder Empfehlung – kommt es jedoch nicht zu einer Verjährung. Wegen des öffentlichen Interesses, die Störung des Rechtsverkehrs zu beseitigen, unterliegt der Anspruch nicht der Verwirkung.

II. Klagebefugnis

23 Der Gesetzgeber hat in § 3 UKlaG entschieden, dass nur qualifizierte Einrichtungen, die in eine Liste nach § 4 UKlaG oder in einem bestimmten Verzeichnis der Europäischen Kommission eingetragen sind, oder rechtsfähige Verbände, nicht aber einzelne Verbraucher zur Erhebung einer AGB-Klage befugt sind. Zu den klagebefugten Verbänden gehören zum einen Verbraucherschutzverbände, zum anderen Verbände zur Förderung gewerblicher Interessen.[30] Dem einzelnen Vertragspartner eines AGB-Verwenders bleibt es jedoch unbenommen, sich in einem normalen Zivilrechtsstreit auf die Unwirksamkeit einer Klausel wegen Verstoßes gegen die §§ 305 ff. BGB zu berufen. Hier kann er sogar Feststellungsklage erheben.[31] Der EuGH hat jetzt sogar klargestellt, dass missbräuchliche Klauseln von Amts wegen in Rechtsstreitigkeiten zu berücksichtigen sind, es ist hiernach nicht erforderlich, das sich der Verbraucher auf die Unwirksamkeit beruft. Das nationale Gericht ist verpflichtet, die Missbräuchlichkeit einer Klausel von Amts wegen zu prüfen, sobald es über die hierzu erforderlichen tatsächlichen und rechtlichen Grundlagen verfügt. Ist es der Auffassung, die Klausel verstoße gegen AGB-Recht, so bleibt die Klausel unangewendet, sofern der Verbraucher dem nicht widerspricht.[32]

24 Unter Verbraucherschutzverbänden sind solche Verbände zu verstehen, zu deren satzungsmäßigen Aufgaben es gehört, die Interessen der Verbraucher durch Aufklärung und Beratung wahrzunehmen. Dazu zählen von Gesetzes wegen die Verbraucherzentralen (§ 4 Abs. 2 UKlaG) sowie andere öffentlich geförderte Verbraucherverbände. Die bloße Verankerung dieser Aufgaben in der Satzung allein genügt jedoch nicht; deren tatsächliche Wahrnehmung ist darzulegen und glaubhaft zu machen.[33] Darüber hinaus muss ein solcher Verband entweder weitere in diesem Bereich tätige Verbände oder mindestens 75 natürliche Personen als Mitglieder haben. Zu den Verbänden zur Förderung gewerblicher Interessen gehören auch die in § 3 Abs. 1 Nr. 3 UKlaG angeführten Industrie- und Handelskammern und Handwerkskammern sowie die Architektenkammern, soweit die Voraussetzungen der §§ 3 und 4 UKlaG eingehalten werden.[34]

25 In § 3 Abs. 2 UKlaG wird die Befugnis der Verbraucherverbände nach Abs. 1 Nr. 1 für bestimmte Bereiche ausgeschlossen. Werden unwirksame AGB gegenüber einem Unternehmer verwendet, so kann der Unterlassungs-

---

23 BGH, Urt. v. 28.11.1979, NJW 1980, 831.
24 BGH, Urt. v. 11.2.1981, BB 1981, 934 = NJW 1981, 1511; zur europarechtlichen Wirksamkeit: *v. Westphalen*, ZIP 2012, 2469; *Lindacher*, EWiR 2012, 678; Jauernig/*Stadler*, Vor 307 Rn 1; hier: unter Rn 44.
25 BGH, Urt. v. 2.7.1987, BB 1987, 1908.
26 BGH, Urt. v. 28.1.1981, BB 1981, 520.
27 BGH, Urt. v. 25.2.1982, NJW 1982, 1389.
28 BGH, Urt. v. 26.1.1983, NJW 1983, 130 = BB 1983, 524 und BGH, Urt. v. 28.4.1983, NJW 1983, 1853.
29 Etwa PWW/*Kessler*, § 194 ff.
30 Z.B. Architektenkammer, BGH, Urt. v. 9.7.1981, BGHZ 81, 229.
31 OLG Karlsruhe, Urt. v. 21.5.1980, WRP 1980, 640.
32 EuGH v. 4.6.2009 – C-243/08.
33 BGH GRUR 1973, 78, 79.
34 OLG Stuttgart, Urt. v. 14.3.1980, NJW 1980, 1583. Auch mehrere Stellen können die Ansprüche weiterverfolgen: *Lindacher*, ZZP 103, 407.

anspruch wie der Widerrufsanspruch im Falle der Empfehlung zur ausschließlichen Verwendung zwischen Unternehmen von Verbraucherverbänden nicht geltend gemacht werden. Das Recht zur Geltendmachung der Ansprüche steht insoweit nur den Verbänden zur Förderung gewerblicher Interessen sowie den in Abs. 1 Nr. 3 besonders erwähnten Kammern zu, da Verbraucherinteressen hier nicht im Vordergrund stehen.[35]

Im Amtsblatt der EU wurde eine Liste der Einrichtungen veröffentlicht, die europaweit Unterlassungsklagen zum Schutz der Verbraucher erheben können.[36]

III. Verfahren und Klageantrag

Auf das AGB-Verfahren sind mit wenigen Ausnahmen die Vorschriften der Zivilprozessordnung und des UWG (§§ 12–14 UWG) anzuwenden (vgl. § 5 UKlaG). Dies gilt sowohl für das Erkenntnis- als auch für das Zwangsvollstreckungsverfahren.[37] Somit ist auch das einstweilige Verfügungsverfahren zur Durchsetzung von Unterlassungsansprüchen nach dem UKlaG zulässig.[38] **26**

Eine dieser Ausnahmen ist die inhaltliche Gestaltung des Klageantrags. Er muss gem. § 8 UKlaG die beanstandeten Bestimmungen in AGB im Wortlaut enthalten und die Art der Geschäfte bezeichnen, für die die Bestimmungen beanstandet werden. Die Bezeichnung der Art der Rechtsgeschäfte, für die die Bestimmungen in AGB beanstandet werden, ist erforderlich, weil durch abstrakt formulierte AGB verschiedenartige Sachverhalte geregelt werden können und eine einzelne Bestimmung nicht für jeden Sachverhalt unangemessen zu sein braucht. Der Klageantrag kann dabei so gestaltet sein, dass die Unterlassung der Verwendung von Bestimmungen in AGB überhaupt oder nur für eine bestimmte Art von Geschäften des Beklagten begehrt wird. Nach welchen Kriterien die Einschränkung zu bestimmen ist, hängt vom Einzelfall ab. So können Bestimmungen in AGB für bestimmte Geschäftszweige des beklagten Verwenders oder für Verträge über bestimmte Leistungen und Produkte unangemessen sein, während sie für andere Zweige oder Verträge desselben Verwenders nicht zu beanstanden sind. Bei der rechtlichen Beurteilung einer angegriffenen Klausel im Verfahren nach dem UKlaG erfolgt eine Konkretisierung lediglich hinsichtlich der Art des Rechtsgeschäfts, für die die Klausel beanstandet wird; nur in diesem Rahmen ist die Zulässigkeit zu prüfen.[39] Das Bestimmtheitserfordernis nach § 253 Abs. 2 Nr. 2, § 308 Abs. 1 ZPO gilt aber auch hier.[40] **27**

Weitere Verfahrensvorschriften: Das Gericht hat vor der Entscheidung über eine Klage nach § 1 UKlaG die Aufsichtsbehörden für das Versicherungswesen oder das Kreditwesen zu hören, wenn deren Branchen-AGB am AGB-Recht zu messen sind (§ 8 Abs. 2 UKlaG). Entscheidet der Bundesgerichtshof oder der Gemeinsame Senat der Obersten Gerichtshöfe des Bundes entgegen dem Urteile anderer Gerichte, so kann der AGB-Verwender dies im Wege der Klage nach § 767 ZPO geltend machen (§ 10 UKlaG). **28**

Für den Kläger ist es ein Gebot des eigenen Interesses, den Beklagten vor Klageerhebung abzumahnen.[41] Das ergibt sich insbesondere aus § 93 ZPO, wonach der Kläger die Kosten des Rechtsstreits zu tragen hat, wenn der Beklagte keine Veranlassung zur Klage gegeben und den Anspruch sofort anerkannt hat. Das ergibt sich weiter aus den satzungsgemäßen Zwecken der Verbände und Kammern. Die Kosten einer berechtigten Abmahnung kann der Kläger nach den Grundsätzen der Geschäftsführung ohne Auftrag vom Verwender bzw. Empfehler bzw. § 12 Abs. 1 S. 2 UWG ersetzt verlangen.[42] **29**

Das UKlaG eröffnet kein Verbandsverfahren gegen „Einmalklauseln". **30**

IV. Zuständiges Gericht

Das Landgericht ist für Klagen aufgrund des § 1 UKlaG ausschließlich zuständig (vgl. § 6 Abs. 1 UKlaG). **31**

Zuständig ist gem. § 6 Abs. 1 UKlaG dasjenige Landgericht, in dessen Bezirk der Beklagte seine gewerbliche Niederlassung hat. Besitzt er kein Gewerbe, so ist sein Wohnsitz maßgebend. Dieser Regelung liegt der Gedanke zugrunde, dass das Gericht des Bezirks zuständig sein soll, in dem die AGB aufgestellt worden sind oder verwendet werden. Dementsprechend ist auch eine ausschließliche Zuständigkeit vorgesehen. Die Parteien können diese Zuständigkeit nicht durch eine besondere Vereinbarung ändern. Diese ausschließliche Zuständigkeit des Landgerichts wurde auch deshalb vorgesehen, weil AGB-Streitigkeiten vielfach überörtliche und allgemeine sachliche Bedeutung haben und bereits im ersten Rechtszug eine besonders qualifizierte Richterbank zur Verfügung stehen sollte.[43] **32**

Erwähnenswert ist noch, dass gem. § 6 Abs. 2 UKlaG die Landesregierungen ermächtigt werden, zur sachdienlichen Förderung oder schnelleren Erledigung der Verfahren durch Rechtsverordnung einem Landgericht für die Bezirke **33**

---

35 OLG München, Beschl. v. 9.2.1978, BB 1978, 1183 = WRP 1978, 401; allgemein *Greger*, NJW 2000, 2457.
36 ABl v. 27.5.2011; für Deutschland sind 77 Einrichtungen aufgeführt.
37 *Hensen*, DB 1978, 2207; *Drettmann*, WRP 1979, 846.
38 *Niebling*, AGB, S. 66, OLG Hamburg, Urt. v. 10.6.1981, NJW 1981, 2420.
39 BGH, Urt. v. 27.1.1983, NJW 1983, 2026 = BB 1983, 1120.
40 BGH v. 4.11.2010 – I ZR 118/09.
41 OLG Frankfurt, Urt. v. 8.10.1979, WRP 1980, 84.
42 OLG Nürnberg, Urt. v. 25.9.1979, BB 1980, 179; *Bunte*, DB 1980, 482; Palandt/*Bassenge*, § 5 UKlaG Rn 6.
43 Vgl. BT-Drucks 7/3919, S. 57.

mehrerer Landgerichte Rechtsstreitigkeiten nach dem UKlaG zuzuweisen. Die Landesregierungen können die Ermächtigung durch Rechtsverordnung auf die Landesjustizverwaltungen übertragen.

So ist für Bayern das LG München I, für Hessen das LG Frankfurt, für Mecklenburg-Vorpommern das LG Rostock, für NRW die LG Düsseldorf, Dortmund und Köln und für Sachsen das LG Leipzig zuständig.

34 Auch eine Vorlage an den Europäischen Gerichtshof ist denkbar.[44]

V. Streitverkündung

35 Grundsätzlich ist die Streitverkündung nach § 66 ZPO auch nach § 5 UKlaG möglich. Eine zulässige Nebenintervention ist jedoch nicht schon dann möglich, wenn ähnliche oder auch inhaltsgleiche AGB verwendet werden.[45] Eine faktische Präzedenzwirkung ist nicht ausreichend.[46] Der Empfehler kann jedoch bei Klage gegen den Verwender zulässiger Nebenintervenient sein.[47]

VI. Urteilsformel und Wirkung

36 Das Gericht bezeichnet in einem AGB-Urteil neben der für unwirksam erklärten AGB-Klausel auch die Art der Rechtsgeschäfte, für die diese Klausel nicht mehr verwendet werden darf. Darüber hinaus enthält das Urteil das Gebot, inhaltsgleiche Bestimmungen in AGB zu unterlassen. Der Verbraucher kann sich in anderen Prozessen auf dieses Urteil berufen (vgl. §§ 9 und 11 UKlaG).[48]

37 Das nationale Gericht ist zudem verpflichtet, die Missbräuchlichkeit einer Klausel von Amts wegen zu prüfen, sobald es über die hierzu erforderlichen tatsächlichen und rechtlichen Grundlagen verfügt. Ist es der Auffassung, die Klausel verstoße gegen AGB-Recht, so bleibt die Klausel unangewendet, sofern der Verbraucher dem nicht widerspricht.[49]

1. Urteilsformel

38 Das Urteil in einem AGB-Verfahren muss gem. § 9 UKlaG folgenden Inhalt haben:
- Wortlaut der beanstandeten Bestimmungen (Nr. 1),
- Art der Rechtsgeschäfte, für die die unzulässig erklärten Klauseln nicht verwendet werden dürfen (Nr. 2),
- das Gebot, die Verwendung inhaltsgleicher Bestimmungen in AGB zu unterlassen (Nr. 3).

39 Mit dem Gebot, die Verwendung inhaltsgleicher Bestimmungen in AGB zu unterlassen, wird auf eine ähnliche Rechtsprechung zu § 12 UWG (13 UWG a.F.) zurückgegriffen (Stichwort: Kerntheorie). Die Zwangsvollstreckung aus dem Unterlassungsurteil ist damit nicht nur dann möglich, wenn der verurteilte Verwender die beanstandeten Bestimmungen weiter verwendet. Auch die Verwendung inhaltsgleicher Bestimmungen für die gleiche Art von Rechtsgeschäften soll Zwangsvollstreckungsmaßnahmen gegen den verurteilten Verwender ermöglichen. Im Gebot, die Verwendung der beanstandeten und inhaltsgleichen Bestimmungen in AGB zu unterlassen, ist die Feststellung der Unwirksamkeit dieser Bestimmungen enthalten. Ein Verfahren, bei dem das Gericht zur Einschränkung des Anwendungsbereichs teilweise unwirksame Klauseln durch Zusätze den Wortlaut und Sinn der Klausel verändert, ist nicht mit § 9 UKlaG vereinbar.[50] Die Verwendung einer Klausel, die ihrem Wortlaut nach für verschiedene Arten von Geschäften gilt, ist nur für solche Geschäfte zu untersagen, für die die Bestimmung beanstandet wird.[51] Eine Aufbrauchfrist für vorhandene Flugscheine, die auf unwirksame Flugförderungsbedingungen verweisen, kann einem Luftfahrtunternehmen nicht gewährt werden.[52] Ausnahmsweise kann eine Aufbrauchfrist bei Rahmenverträgen gewährt werden, mit denen einheitliche, auf Dauer gerichtete Vertragsverhältnisse begründet werden sollen.[53]

40 In § 9 Nr. 4 UKlaG findet sich eine Regelung der Urteilsfassung für den Fall, dass der Beklagte zum Widerruf seiner Empfehlung verurteilt wird. In diesem Fall hat das Gericht in der Urteilsformel zu bestimmen, in welcher Weise der Widerruf vom Beklagten zu vollziehen ist.

2. Wirkungen des Urteils

41 Der Kunde eines rechtskräftig verurteilten Verwenders kann sich diesem gegenüber in einem mit ihm geführten Individualprozess auf das Unterlassungsurteil berufen (§ 11 UKlaG).

42 Voraussetzung ist, dass der Verwender dem Unterlassungsgebot zuwiderhandelt. Dies ist dann der Fall, wenn er die dem Urteil zugrunde liegenden oder inhaltsgleichen Bestimmungen für die im Urteil genannte Art von Rechtsgeschäften gegenüber einem Kunden nach dem Unterlassungsurteil bei Abschluss eines Vertrags verwendet hat. Beruft sich

---

44 Vgl. BGH v. 11.9.2013 – IV ZRB 19/12, Art. 267 Abs. 3 AEUV.
45 BGH v. 10.2.2011 – I ZB 63/09.
46 BGH v. 10.2.2011 – I ZB 63/09; anders UBH/*Witt*, § 5 UKlaG Rn 22.
47 UBH/*Witt*, § 5 UKlaG Rn 22; WLP/*Lindacher*, § 5 UKlaG Rn 74.
48 Einzelheiten bei Palandt/*Bassenge*, § 11 UKlaG Rn 4.
49 EuGH v. 4.6.2009 – C-243/08; EuGH v. 26.4.2012 – C-472/10.
50 BGH, Urt. v. 7.6.1982, NJW 1982, 2311 = BB 1982, 1752.
51 BGH, Urt. v. 31.10.1984, NJW 1985, 320 = BB 1985, 689.
52 BGH, Urt. v. 20.1.1983, NJW 1983, 1322 = BB 1983, 527.
53 OLG Frankfurt, Urt. v. 30.6.1983, BB 1983, 1435.

der davon betroffene Vertragsteil auf das Zuwiderhandeln des Verwenders gegen das Unterlassungsgebot, so ist die Bestimmung in den AGB ohne Weiteres als unwirksam anzusehen; eine Überprüfung der Wirksamkeit durch das Gericht findet nicht mehr statt.

Die Breitenwirkung beschränkt sich auf Individualprozesse mit einem verurteilten Verwender. In allen anderen Fällen bleibt es bei dem allgemeinen Grundsatz, dass das Gericht die Wirksamkeit von Bestimmungen in AGB zu prüfen hat. 43

§ 11 S. 2 UKlaG korrespondiert mit § 10 UKlaG. Für den Fall, dass der verurteilte Verwender die Vollstreckungsgegenklage erheben könnte, kann sich der betroffene Vertragsteil in seinem Individualprozess mit dem verurteilten Verwender nicht auf die Wirkung des Unterlassungsurteils berufen. Damit wird die Parallele zu § 10 UKlaG gezogen. Liegen die dort genannten Voraussetzungen vor (Änderung der Rechtsprechung des BGH), soll der verurteilte Verwender weder durch die drohende Zwangsvollstreckung noch durch die Breitenwirkung des § 11 UKlaG an der Wiederverwendung der Bestimmung gehindert werden.[54] 44

Tatsächlich hat das nationale Gericht unwirksame AGB von Amts wegen unberücksichtigt zu lassen. Die Regelung ist daher tatsächlich europarechtswidrig.[55]

VII. Streitwert

Im Verbandsverfahren bemisst sich der Streitwert nicht nach der wirtschaftlichen Bedeutung des Verbots sondern nach dem Interesse der Allgemeinheit an der Beseitigung der gesetzeswidrigen AGB-Klausel.[56] Hierbei kann auf vertretbare Angaben des klagendes Verbandes zurückgegriffen werden.[57] Bei Klagen von Verbraucherschutzverbänden, die im öffentlichen Interesse tätig und auf die Finanzierung durch die öffentliche Hand angewiesen sind, kann eine Herabsetzung des Streitwertes nach § 12 Abs. 4 UWG häufiger und in stärkerem Maße in Betracht kommen als bei Klagen von Wettbewerbsverbänden.[58] 45

Allgemein ist von einem Regelstreitwert von 2.500 EUR pro Klausel auszugehen.[59] Bei besonders bedeutsamen Klauseln kann auch ein Streitwert von 25.000 EUR angemessen sein.[60]

VIII. Veröffentlichung

Der Kläger darf das obsiegende Urteil auf Kosten des Beklagten im Bundesanzeiger veröffentlichen (§ 7 UKlaG). Voraussetzung ist ein entsprechender Antrag beim Gericht, das die Befugnis zeitlich begrenzen kann. § 7 UKlaG ist eine Kann-Bestimmung, sodass die Entscheidung über die Veröffentlichungsbefugnis scheinbar im Ermessen des Gerichts liegt. Tatsächlich ist für Ermessen im Sinne des Verwaltungsrechts hier kein Raum. Entscheidend ist, ob sachliche Kriterien für eine Veröffentlichung bestehen, insbesondere ob eine Veröffentlichung die Störung beseitigt.[61] Ist der Beklagte ein Empfehler, wird dem Antrag wegen des Multiplikationsfaktors solcher Empfehlungen stets stattzugeben sein. Ist der Beklagte ein Verwender, muss er immerhin einen größeren Kundenkreis haben, wenn die Veröffentlichung zugelassen werden soll. Ein Empfehler von AGB kann zur Bekanntmachung des Urteils im Bundesanzeiger auch dann verurteilt werden, wenn nicht er, sondern das Bundeskartellamt die Konditionenempfehlung im Bundesanzeiger veröffentlicht hat.[62] Die Veröffentlichungsbefugnis ist zu versagen, wenn zur Beseitigung der eingetretenen Störung eine interne Mitteilung des Klägers an seine Mitglieder über den Ausgang des Verfahrens ausreicht.[63] Eine Veröffentlichungsbefugnis ist zu gestatten, wenn in Anbetracht des großen Kundenkreises und der bundesweiten Geschäftsaktivitäten des Verwenders nur auf diese Weise die erforderliche Breitenwirkung zu erzielen ist.[64] Veröffentlicht werden die Urteilsformel und die namentliche Bezeichnung des Verwenders oder Empfehlers. 46

Das Bekanntwerden der Entscheidung ist ein wesentliches Erfordernis für die wirksame Bekämpfung unwirksamer Bestimmungen in AGB. Andernfalls bestünde die Gefahr, dass die mit dem Prüfungsverfahren angestrebte Breitenwirkung nicht erreicht würde. Durch die Bekanntmachung wird die Möglichkeit geschaffen, dass die interessierte Öffentlichkeit von den Entscheidungen Kenntnis erlangt. Beratungsstellen der Verbraucher werden dadurch in die Lage versetzt, die Verbraucher besser zu informieren. Wirtschaftsverbände können mit Auszügen aus dieser Veröffentlichung ihre Mitglieder vor dem Gebrauch dieser oder ähnlicher Klauseln warnen. Künftige Kunden des verurteilten Verwenders können leichter prüfen, ob in ihren Verträgen die beanstandete Klausel nicht mehr vorhanden ist. Da nur eine Veröffentlichung im Bundesanzeiger auf Kosten des Unterlegenen vorgesehen ist, geht § 7 UKlaG weitgehend ins Leere, weil dieses Blatt bei den Verbrauchern kaum bekannt ist, insoweit also eine minimale Breitenwirkung hat. 47

---

54 Zur europarechtlichen Wirksamkeit: v. *Westphalen*, ZIP 2012, 2469; *Lindacher*, EWiR 2012, 678; Jauernig/*Stadler*, Vor 307 Rn 1 und hier Rn 47.
55 *Niebling*, MDR 2012, 1071; PG/*Halfmeier*, § 11 UKlaG Rn 2a.
56 BGH v. 26.9.2012 – IV ZR 204/11; BGH v. 8.2.2011 – XI ZR 3/10.
57 Ferner: NK/*Walker*, § 5 UKlaG Rn 8, 9.
58 So der Leitsatz aus BGH v. 17.3.2011 – I ZR 183/09.
59 BGH v. 26.9.2012 – IV ZR 204/11.
60 BGH v. 10.12.2013 – XI ZR 405/12.
61 BGH NJW-RR 2007, 1286.
62 OLG Köln, Urt. v. 3.7.1981, BB 1982, 638.
63 LG München, Urt. v. 7.6.1983, *Bunte*, IV zu § 18 Nr. 1.
64 LG Oldenburg, Urt. v. 2.9.1983, *Bunte*, IV zu § 18 Nr. 2.

Daher hat die Rechtsprechung die Veröffentlichungsbefugnis nur in Ausnahmefällen gestattet.[65] Bei nur lokaler oder regionaler Bedeutung der AGB des Verwenders ist die Veröffentlichung der Urteilsformel im Bundesanzeiger überzogen, die Veröffentlichung kann in anderer Weise sachgerecht sein.[66]

48 Die Veröffentlichungsbefugnis nach § 7 UKlaG bezieht sich auf ein Klageverfahren. Bei einer einstweiligen Verfügung ergeht keine rechtskräftige Entscheidung, sodass hier eine analoge Anwendung ausscheidet; zudem wäre ein Antrag nach § 7 UKlaG keine vorläufige Regelung sondern bereits eine Vorwegnahme der Hauptsache.[67]

IX. Registrierung

49 Sämtliche Klagen, Urteile und sonstigen Erledigungen der Klage wurden bisher beim Bundeskartellamt registriert. Aus diesem Register erhielt jedermann auf Antrag Auskunft (vgl. **§ 20 AGBG**). Für den Antrag auf Löschung einer Eintragung war der Rechtsweg nach §§ 23 ff. EGGVG gegeben.[68] Der Nutzen des Registers ist äußerst fragwürdig, weil die aus dem Register abrufbaren Informationen zu spärlich sind. Nach § 16 Abs. 2 UKlaG ist die Registrierung beim Bundeskartellamt entfallen und eine Einsicht nur bis 31.12.2001 gewährleistet worden. Zum 31.12.2004 wurden alle Eintragungen gelöscht. Das alte Recht ist jedoch noch für Verfahren anzuwenden, die zum 1.1.2002 nach dem AGBG anhängig waren, § 16 Abs. 1 UKlaG.

---

65 LG München, Urt. v. 7.6.1983 und LG Oldenburg, Urt. v. 2.9.1983; beide veröffentlicht in *Bunte*, IV zu § 18 Nr. 1 u. 2.
66 LG Saarbrücken, Urt. v. 11.2.1981, *Bunte*, II zu § 18 Nr. 1.
67 Wie hier: Erman/*Roloff*, Rn 1; Palandt/*Bassenge*, Rn 1; anders Köhler/Bornkamm/*Köhler*, Rn 1; AK/*Walker*, Rn 4, jeweils zu § 7 UKlaG; bei Abgabe einer Abschlusserklärung auch WLP/*Lindacher*, § 7 UKlaG Rn 6, abzulehnen, weil auch in diesem Fall der Tenor nur vorläufiger Natur sein darf.
68 KG, Urt. v. 4.3.1980, DB 1980, 1062 = WRP 1980, 332.

AGB-Richtlinie (RL)

Literatur zur AGB-Richtlinie: *Brandner*, ZIP 1992, 1590; *Damm*, JZ 1994, 161; *Eckert*, WM 1993, 1070; *Heinrichs*, NJW 1993, 1817; *Nassall*, JZ 1995, 689; *Nassall* in: *Gebauer/Wiedmann*, Zivilrecht unter europ. Einfluss, 2. Aufl. 2010, S. 261; *Niebling*, EWS 1995, 185; *Ulmer*, EuZW 1993, 337; *Graf v. Westphalen*, EWS 1993, 161

A. Bedeutung

Im Gegensatz zu Verordnungen sind Richtlinien nicht unmittelbar in den Mitgliedsländern der Gemeinschaft geltendes Recht, Art. 288 AEUV.[1] Sie sind vielmehr in nationales Recht umzusetzen. **1**

Dies ist durch das deutsche AGB-Recht erfolgt. **2**

B. Hinweise

Hinzuweisen ist jedoch auf Folgendes: **3**

Die Richtlinie gilt nur für Verbraucherverträge.[2] Auch insoweit stellt diese nur einen Mindestschutz sicher, Art. 8 RL.

Eine richtlinienkonforme Auslegung kommt nur in Betracht, soweit diese Richtlinie den Verkehr mit Verbrauchern (B2C) betrifft, nicht dagegen im Rechtsverkehr unter Kaufleuten und Unternehmern und zwischen Verbrauchern (B2B und C2C).[3] **4**

Nur in diesem Umfang kann das nationale Gericht eine Vorab-Entscheidung des EuGH nachsuchen.[4] Wegen der Verpflichtung zur richtlinienkonformen Auslegung kann auch eine Vorlage an den EuGH erforderlich sei (Vorlagepflicht).[5] Dies ist jedoch nur bei einem Verbrauchervertrag der Fall. **5**

Die Vorlagepflicht betrifft nur letztinstanzliche Gerichte, Instanzgerichte haben nur die Möglichkeit (nicht die Pflicht) zur Vorlage an den EuGH. Auch eine Vorlage zur Klärung der Frage, ob das Transparenzgebot verletzt ist, ist denkbar. Auch eine Vorlage an den EuGH ist im Verbandsverfahren denkbar.[6] Versicherungsverträge sind hiervon jedoch ausgenommen.[7] **6**

Der EuGH überprüft einzelne Klauseln nicht darauf, ob diese missbräuchlich sind. Aufgabe des EuGH ist ausschließlich die Auslegung der Richtlinie.[8] So wurde Art. 3 Abs. 1 der RL dahin ausgelegt: **7**

Art. 3 Abs. 1 der Richtlinie 93/13/EWG des Rates vom 5.4.1993 über missbräuchliche Klauseln in Verbraucherverträgen ist dahin auszulegen, dass

– *das Vorliegen eines „erheblichen Missverhältnisses" nicht unbedingt voraussetzt, dass die Kosten, die dem Verbraucher durch eine Vertragsklausel auferlegt werden, für diesen gemessen an dem Betrag des betreffenden Rechtsgeschäfts eine erhebliche wirtschaftliche Auswirkung haben, sondern sich bereits aus einer hinreichend schwerwiegenden Beeinträchtigung der rechtlichen Stellung, die der Verbraucher als Vertragspartei nach den anwendbaren nationalen Rechtsvorschriften innehat, ergeben kann, sei es in Gestalt einer inhaltlichen Beschränkung der Rechte, die er nach diesen Vorschriften aus dem Vertrag herleitet, oder einer Beeinträchtigung der Ausübung dieser Rechte oder der Auferlegung einer zusätzlichen, nach den nationalen Vorschriften nicht vorgesehenen Verpflichtung;*

– *das vorlegende Gericht bei der Beurteilung, ob ein erhebliches Missverhältnis vorliegt, die Art der Güter oder Dienstleistungen, die Gegenstand des Vertrags sind, zu berücksichtigen und dabei alle den Vertragsabschluss begleitenden Umstände sowie alle anderen Klauseln desselben Vertrags heranzuziehen hat.*[9]

Auch die nationalen Gerichte können „richtlinienkonform" auslegen.[10]

---

1 *Artikel 288*
(ex-Artikel 249 EGV)
Für die Ausübung der Zuständigkeiten der Union nehmen die Organe Verordnungen, Richtlinien, Beschlüsse, Empfehlungen und Stellungnahmen an.
Die Verordnung hat allgemeine Geltung. Sie ist in allen ihren Teilen verbindlich und gilt unmittelbar in jedem Mitgliedstaat.
Die Richtlinie ist für jeden Mitgliedstaat, an den sie gerichtet wird, hinsichtlich des zu erreichenden Ziels verbindlich, überlässt jedoch den innerstaatlichen Stellen die Wahl der Form und der Mittel.
Beschlüsse sind in allen ihren Teilen verbindlich. Sind sie an bestimmte Adressaten gerichtet, so sind sie nur für diese verbindlich.
Die Empfehlungen und Stellungnahmen sind nicht verbindlich.

2 Hierzu WLP/*Pfeiffer*, Art. 1 Rn 22 und Art. 2 Rn 3 RL.
3 Palandt/*Grüneberg*, Vor § 305 Rn 13.
4 Palandt/*Grüneberg*, § 310 Rn 23; EuGH v. 9.11.2010 – C-137/08, EuZW 2011, 27 (Schneider).
5 EuGH NJW 1964, 2371; EuGH EuZW 2002, 476.
6 Vgl. BGH v. 11.9.2013 – IV ZRB 19/12, Art. 267 Abs. 3 AEUV.
7 BGH v. 11.9.2013 – IV ZRB 19/12.
8 EuGH NJW 2004, 1647; EuGH NJW 2007, 135; EuGH NJW 2009, 2367; EuGH v. 9.11.2010 – C-137/08, EuZW 2011, 27 (Schneider); BGH NZM 2004, 734; Palandt/*Grüneberg*, § 310 Rn 25.
9 EuGH v. 16.1.2014 – C-226/12.
10 BGH v. 21.12.2011 – VIII ZR 70/08 zu § 439 Abs. 1 BGB.

AGB-Richtlinie (RL)

8 Ausnahmsweise kann der EuGH in Fällen, in denen die Klausel unabhängig von weiteren Umständen und dem Vertragstyp unwirksam ist, dies feststellen.[11]

9 Der Richtlinienanhang ist eine Liste von Klauseln, die als missbräuchlich erklärt werden können und ist nicht verpflichtend für die Mitgliedstaaten.[12]

10 Weder muss hiernach der deutsche Klauselkatalog richtlinienkonform ausgelegt werden, noch ist gar der Richter verpflichtet, gegen den Klauselkatalog der Richtlinie verstoßende Klauseln als unwirksam anzusehen.[13]

11 Die Gerichte haben von Amts wegen unwirksame AGB unberücksichtigt zu lassen. Insoweit hat der EuGH entschieden:[14]

1. Die Richtlinie 93/13/EWG des Rates vom 5.4.1993 über missbräuchliche Klauseln in Verbraucherverträgen ist dahin auszulegen, dass sie – vorbehaltlich missbräuchlicher Klauseln, die auf bindenden Rechtsvorschriften des nationalen Rechts beruhen, was zu prüfen Sache des nationalen Gerichts ist – auf einen Vertrag über die Vermietung von Wohnraum anwendbar ist, der zwischen einem Vermieter, der im Rahmen seiner gewerblichen oder beruflichen Tätigkeit handelt, und einem Mieter, der zu einem Zweck handelt, der nicht seiner gewerblichen oder beruflichen Tätigkeit zugerechnet werden kann, geschlossen wird.

2. Die Richtlinie 93/13 ist dahin auszulegen, dass

– *das mit der Klage eines Gewerbetreibenden gegen einen Verbraucher wegen Vertragserfüllung befasste nationale Gericht, wenn es nach innerstaatlichem Prozessrecht befugt ist, von Amts wegen zu prüfen, ob die Klausel, auf die der Antrag gestützt ist, gegen zwingende nationale Bestimmungen verstößt, auf die gleiche Weise von Amts wegen anhand der in der Richtlinie aufgestellten Kriterien zu prüfen hat, ob die Klausel missbräuchlich ist, wenn es festgestellt hat, dass sie in den Anwendungsbereich der Richtlinie fällt;*

– *das nationale Gericht, wenn es nach innerstaatlichem Prozessrecht befugt ist, von Amts wegen eine Klausel für nichtig zu erklären, die gegen die öffentliche Ordnung oder eine zwingende gesetzliche Bestimmung, die ihrer Bedeutung nach eine solche Sanktion rechtfertigt, verstößt, eine Vertragsklausel, deren Missbräuchlichkeit es anhand der in der Richtlinie aufgestellten Kriterien festgestellt hat, grundsätzlich – nachdem es den Parteien Gelegenheit zu einer kontradiktorischen Erörterung gegeben hat – von Amts wegen für nichtig erklären muss.*

3. Art. 6 Abs. 1 der Richtlinie 93/13 ist dahin auszulegen, dass er einem nationalen Gericht, wenn es die Missbräuchlichkeit einer Vertragsstrafeklausel in einem Vertrag zwischen einem Gewerbetreibenden und einem Verbraucher festgestellt hat, nicht erlaubt, die in dieser Klausel dem Verbraucher auferlegte Vertragsstrafe, wie es nach dem betreffenden nationalen Recht zulässig ist, lediglich herabzusetzen, sondern es verpflichtet, die Klausel gegenüber dem Verbraucher schlicht unangewendet zu lassen.

12 Die Kriterien der Richtlinie (und damit des AGB-Rechts) sind von Amts wegen heranzuziehen wie bei einer Prüfung, ob gegen zwingendes Recht verstoßen wird.

Vertragsklauseln sind daher von Amts wegen für nichtig zu erklären. Auch eine Vertragsstrafe sei, sofern AGB-widrig, unbeachtet zu lassen und dürfe nicht auf ein erträgliches Maß reduziert werden.

Hinweise des Gerichts, die Unwirksamkeit einer Klausel sei nicht gerügt worden oder zu spät gerügt worden, sind daher verfehlt.

Der Kläger hat weiterhin vor dem nationalen Gericht vorzutragen, dass es sich um eine Allgemeine Geschäftsbedingung handelt. Es empfiehlt sich jedoch weiterhin, auch zur Unwirksamkeit Ausführungen zu machen, auch wenn dies nicht zwingend erforderlich ist.

13 Die Bedeutung der Richtlinie bei Einzelfragen ist jeweils bei den Paragrafen bzw. den Stichworten dargestellt.[15]

RICHTLINIE 93/13/EWG DES RATES
vom 5.4.1993
über mißbräuchliche Klauseln in Verbraucherverträgen

DER RAT DER EUROPÄISCHEN GEMEINSCHAFTEN –

gestützt auf den Vertrag zur Gründung der Europäischen Wirtschaftsgemeinschaft, insbesondere auf Artikel 100a,

auf Vorschlag der Kommission (1),

in Zusammenarbeit mit dem Europäischen Parlament (2),

nach Stellungnahme des Wirtschafts- und Sozialausschusses (3),

---

11 EuGH NJW 2009, 2367.
12 EuGH EuZW 2002, 465; EuGH NJW 2009, 2367; Palandt/Grüneberg, § 310 Rn 28.
13 EuGH EuZW 2002, 465; EuGH NJW 2004, 1647; EuGH NJW 2009, 2367; EuGH v. 9.11.2010 – C-137/08, EuZW 2011, 27 (Schneider); Palandt/Grüneberg, § 310 Rn 28 ff.
14 EuGH v. 30.5.2013 – C-488/11.
15 Ferner: UBH/Ulmer/Habersack, Einl. Rn 87 ff.

AGB-Richtlinie (RL)

in Erwägung nachstehender Gründe:

Es müssen Maßnahmen zur schrittweisen Errichtung des Binnenmarktes bis zum 31. Dezember 1992 getroffen werden. Der Binnenmarkt umfasst einen Raum ohne Binnengrenzen, in dem der freie Verkehr von Waren, Personen, Dienstleistungen und Kapital gewährleistet ist.

Die Rechtsvorschriften der Mitgliedstaaten über Vertragsklauseln zwischen dem Verkäufer von Waren oder dem Dienstleistungserbringer einerseits und dem Verbraucher andererseits weisen viele Unterschiede auf, wodurch die einzelnen Märkte für den Verkauf von Waren und die Erbringung von Dienstleistungen an den Verbraucher uneinheitlich sind; dadurch wiederum können Wettbewerbsverzerrungen bei den Verkäufern und den Erbringern von Dienstleistungen, besonders bei der Vermarktung in anderen Mitgliedstaaten, eintreten.

Namentlich die Rechtsvorschriften der Mitgliedstaaten über mißbräuchliche Klauseln in Verträgen mit Verbrauchern weisen beträchtliche Unterschiede auf.

Die Mitgliedstaaten müssen dafür Sorge tragen, daß die mit den Verbrauchern abgeschlossenen Verträge keine mißbräuchlichen Klauseln enthalten.

Die Verbraucher kennen im allgemeinen nicht die Rechtsvorschriften, die in anderen Mitgliedstaaten für Verträge über den Kauf von Waren oder das Angebot von Dienstleistungen gelten. Diese Unkenntnis kann sie davon abhalten, Waren und Dienstleistungen direkt in anderen Mitgliedstaaten zu ordern.

Um die Errichtung des Binnenmarktes zu erleichtern und den Bürger in seiner Rolle als Verbraucher beim Kauf von Waren und Dienstleistungen mittels Verträgen zu schützen, für die die Rechtsvorschriften anderer Mitgliedstaaten gelten, ist es von Bedeutung, mißbräuchliche Klauseln aus diesen Verträgen zu entfernen.

Den Verkäufern von Waren und Dienstleistungsbringern wird dadurch ihre Verkaufstätigkeit sowohl im eigenen Land als auch im gesamten Binnenmarkt erleichtert. Damit wird der Wettbewerb gefördert und den Bürgern der Gemeinschaft in ihrer Eigenschaft als Verbraucher eine größere Auswahl zur Verfügung gestellt.

In den beiden Programmen der Gemeinschaft für eine Politik zum Schutz und zur Unterrichtung der Verbraucher (4) wird die Bedeutung des Verbraucherschutzes auf dem Gebiet mißbräuchlicher Vertragsklauseln hervorgehoben. Dieser Schutz sollte durch Rechtsvorschriften gewährleistet werden, die gemeinschaftsweit harmonisiert sind oder unmittelbar auf dieser Ebene erlassen werden.

Gemäß dem unter dem Abschnitt „Schutz der wirtschaftlichen Interessen der Verbraucher" festgelegten Prinzip sind entsprechend diesen Programmen Käufer von Waren oder Dienstleistungen vor Machtmißbrauch des Verkäufers oder des Dienstleistungserbringers, insbesondere vor vom Verkäufer einseitig festgelegten Standardverträgen und vor dem mißbräuchlichen Ausschluß von Rechten in Verträgen zu schützen. Durch die Aufstellung einheitlicher Rechtsvorschriften auf dem Gebiet mißbräuchlicher Klauseln kann der Verbraucher besser geschützt werden. Diese Vorschriften sollten für alle Verträge zwischen Gewerbetreibenden und Verbrauchern gelten. Von dieser Richtlinie ausgenommen sind daher insbesondere Arbeitsverträge sowie Verträge auf dem Gebiet des Erb-, Familien- und Gesellschaftsrechts.

Der Verbraucher muß bei mündlichen und bei schriftlichen Verträgen – bei letzteren unabhängig davon, ob die Klauseln in einem oder in mehreren Dokumenten enthalten sind – den gleichen Schutz genießen.

Beim derzeitigen Stand der einzelstaatlichen Rechtsvorschriften kommt allerdings nur eine teilweise Harmonisierung in Betracht. So gilt diese Richtlinie insbesondere nur für Vertragsklauseln, die nicht einzeln ausgehandelt wurden. Den Mitgliedstaaten muß es freigestellt sein, dem Verbraucher unter Beachtung des Vertrags einen besseren Schutz durch strengere einzelstaatliche Vorschriften als den in dieser Richtlinie enthaltenen Vorschriften zu gewähren.

Bei Rechtsvorschriften der Mitgliedstaaten, in denen direkt oder indirekt die Klauseln für Verbraucherverträge festgelegt werden, wird davon ausgegangen, daß sie keine mißbräuchlichen Klauseln enthalten. Daher sind Klauseln, die auf bindenden Rechtsvorschriften oder auf Grundsätzen oder Bestimmungen internationaler Übereinkommen beruhen, bei denen die Mitgliedstaaten oder die Gemeinschaft Vertragsparteien sind, nicht dieser Richtlinie zu unterwerfen; der Begriff „bindende Rechtsvorschriften" in Artikel 1 Absatz 2 umfaßt auch Regeln, die nach dem Gesetz zwischen den Vertragsparteien gelten, wenn nichts anderes vereinbart wurde.

Die Mitgliedstaaten müssen jedoch dafür sorgen, daß darin keine mißbräuchlichen Klauseln enthalten sind, zumal diese Richtlinie auch für die gewerbliche Tätigkeit im öffentlichrechtlichen Rahmen gilt.

Die Kriterien für die Beurteilung der Mißbräuchlichkeit von Vertragsklauseln müssen generell festgelegt werden.

Die nach den generell festgelegten Kriterien erfolgende Beurteilung der Mißbräuchlichkeit von Klauseln, insbesondere bei beruflichen Tätigkeiten des öffentlich-rechtlichen Bereichs, die ausgehend von einer Solidargemeinschaft der Dienstleistungsnehmer kollektive Dienste erbringen, muß durch die Möglichkeit einer globalen Bewertung der Interessenlagen der Parteien ergänzt werden. Diese stellt das Gebot von Treu und Glauben dar. Bei der Beurteilung von Treu und Glauben ist besonders zu berücksichtigen, welches Kräfteverhältnis zwischen den Verhandlungspositionen der Parteien bestand, ob auf den Verbraucher in irgendeiner Weise eingewirkt wurde, seine Zustimmung zu der Klausel zu geben, und ob die Güter oder Dienstleistungen auf eine Sonderbestellung des Verbrauchers hin verkauft bzw. erbracht wurden.

AGB-Richtlinie (RL)

Dem Gebot von Treu und Glauben kann durch den Gewerbetreibenden Genüge getan werden, indem er sich gegenüber der anderen Partei, deren berechtigten Interessen er Rechnung tragen muß, loyal und billig verhält.

Die Liste der Klauseln im Anhang kann für die Zwecke dieser Richtlinie nur Beispiele geben; infolge dieses Minimalcharakters kann sie von den Mitgliedstaaten im Rahmen ihrer einzelstaatlichen Rechtsvorschriften, insbesondere hinsichtlich des Geltungsbereichs dieser Klauseln, ergänzt oder restriktiver formuliert werden.

Bei der Beurteilung der Mißbräuchlichkeit von Vertragsklauseln ist der Art der Güter bzw. Dienstleistungen Rechnung zu tragen.

Für die Zwecke dieser Richtlinie dürfen Klauseln, die den Hauptgegenstand eines Vertrages oder das Preis-/Leistungsverhältnis der Lieferung bzw. der Dienstleistung beschreiben, nicht als mißbräuchlich beurteilt werden. Jedoch können der Hauptgegenstand des Vertrages und das Preis-/Leistungsverhältnis bei der Beurteilung der Mißbräuchlichkeit anderer Klauseln berücksichtigt werden. Daraus folgt unter anderem, daß bei Versicherungsverträgen die Klauseln, in denen das versicherte Risiko und die Verpflichtung des Versicherers deutlich festgelegt oder abgegrenzt werden, nicht als mißbräuchlich beurteilt werden, sofern diese Einschränkungen bei der Berechnung der vom Verbraucher gezahlten Prämie Berücksichtigung finden.

Die Verträge müssen in klarer und verständlicher Sprache abgefasst sein. Der Verbraucher muß tatsächlich die Möglichkeit haben, von allen Vertragsklauseln Kenntnis zu nehmen. Im Zweifelsfall ist die für den Verbraucher günstigste Auslegung anzuwenden.

Die Mitgliedstaaten müssen sicherstellen, daß in von einem Gewerbetreibenden mit Verbrauchern abgeschlossenen Verträgen keine mißbräuchlichen Klauseln verwendet werden.

Wenn derartige Klauseln trotzdem verwendet werden, müssen sie für den Verbraucher unverbindlich sein; die verbleibenden Klauseln müssen jedoch weiterhin gelten und der Vertrag im übrigen auf der Grundlage dieser Klauseln für beide Teile verbindlich sein, sofern ein solches Fortbestehen ohne die mißbräuchlichen Klauseln möglich ist.

In bestimmten Fällen besteht die Gefahr, daß dem Verbraucher der in dieser Richtlinie aufgestellte Schutz entzogen wird, indem das Recht eines Drittlands zum anwendbaren Recht erklärt wird. Es sollten daher in dieser Richtlinie Bestimmungen vorgesehen werden, die dies ausschließen.

Personen und Organisationen, die nach dem Recht eines Mitgliedstaats ein berechtigtes Interesse geltend machen können, den Verbraucher zu schützen, müssen Verfahren, die Vertragsklauseln im Hinblick auf eine allgemeine Verwendung in Verbraucherverträgen, insbesondere mißbräuchliche Klauseln, zum Gegenstand haben, bei Gerichten oder Verwaltungsbehörden, die für die Entscheidung über Klagen bzw. Beschwerden oder die Eröffnung von Gerichtsverfahren zuständig sind, einleiten können. Diese Möglichkeit bedeutet jedoch keine Vorabkontrolle der in einem beliebigen Wirtschaftssektor verwendeten allgemeinen Bedingungen.

Die Gerichte oder Verwaltungsbehörden der Mitgliedstaaten müssen über angemessene und wirksame Mittel verfügen, damit der Verwendung mißbräuchlicher Klauseln in Verbraucherverträgen ein Ende gesetzt wird – HAT FOLGENDE RICHTLINIE ERLASSEN:

Artikel 1

(1) Zweck dieser Richtlinie ist die Angleichung der Rechts- und Verwaltungsvorschriften der Mitgliedstaaten über mißbräuchliche Klauseln in Verträgen zwischen Gewerbetreibenden und Verbrauchern.

(2) Vertragsklauseln, die auf bindenden Rechtsvorschriften oder auf Bestimmungen oder Grundsätzen internationaler Übereinkommen beruhen, bei denen die Mitgliedstaaten oder die Gemeinschaft – insbesondere im Verkehrsbereich – Vertragsparteien sind, unterliegen nicht den Bestimmungen dieser Richtlinie.

Artikel 2

Im Sinne dieser Richtlinie bedeuten:

a) mißbräuchliche Klauseln: Vertragsklauseln, wie sie in Artikel 3 definiert sind;
b) Verbraucher: eine natürliche Person, die bei Verträgen, die unter diese Richtlinie fallen, zu einem Zweck handelt, der nicht ihrer gewerblichen oder beruflichen Tätigkeit zugerechnet werden kann;
c) Gewerbetreibender: eine natürliche oder juristische Person, die bei Verträgen, die unter diese Richtlinie fallen, im Rahmen ihrer gewerblichen oder beruflichen Tätigkeit handelt, auch wenn diese dem öffentlich-rechtlichen Bereich zuzurechnen ist.

Artikel 3

(1) Eine Vertragsklausel, die nicht im einzelnen ausgehandelt wurde, ist als mißbräuchlich anzusehen, wenn sie entgegen dem Gebot von Treu und Glauben zum Nachteil des Verbrauchers ein erhebliches und ungerechtfertigtes Mißverhältnis der vertraglichen Rechte und Pflichten der Vertragspartner verursacht.

(2) Eine Vertragsklausel ist immer dann als nicht im einzelnen ausgehandelt zu betrachten, wenn sie im voraus abgefasst wurde und der Verbraucher deshalb, insbesondere im Rahmen eines vorformulierten Standardvertrags, keinen

Einfluß auf ihren Inhalt nehmen konnte. Die Tatsache, daß bestimmte Elemente einer Vertragsklausel oder eine einzelne Klausel im einzelnen ausgehandelt worden sind, schließt die Anwendung dieses Artikels auf den übrigen Vertrag nicht aus, sofern es sich nach der Gesamtwertung dennoch um einen vorformulierten Standardvertrag handelt. Behauptet ein Gewerbetreibender, daß eine Standardvertragsklausel im einzelnen ausgehandelt wurde, so obliegt ihm die Beweislast.

(3) Der Anhang enthält eine als Hinweis dienende und nicht erschöpfende Liste der Klauseln, die für mißbräuchlich erklärt werden können.

Artikel 4

(1) Die Mißbräuchlichkeit einer Vertragsklausel wird unbeschadet des Artikels 7 unter Berücksichtigung der Art der Güter oder Dienstleistungen, die Gegenstand des Vertrages sind, aller den Vertragsabschluß begleitenden Umstände sowie aller anderen Klauseln desselben Vertrages oder eines anderen Vertrages, von dem die Klausel abhängt, zum Zeitpunkt des Vertragsabschlusses beurteilt.

(2) Die Beurteilung der Mißbräuchlichkeit der Klauseln betrifft weder den Hauptgegenstand des Vertrages noch die Angemessenheit zwischen dem Preis bzw. dem Entgelt und den Dienstleistungen bzw. den Gütern, die die Gegenleistung darstellen, sofern diese Klauseln klar und verständlich abgefaßt sind.

Artikel 5

Sind alle dem Verbraucher in Verträgen unterbreiteten Klauseln oder einige dieser Klauseln schriftlich niedergelegt, so müssen sie stets klar und verständlich abgefaßt sein. Bei Zweifeln über die Bedeutung einer Klausel gilt die für den Verbraucher günstigste Auslegung. Diese Auslegungsregel gilt nicht im Rahmen der in Artikel 7 Absatz 2 vorgesehenen Verfahren.

Artikel 6

(1) Die Mitgliedstaaten sehen vor, daß mißbräuchliche Klauseln in Verträgen, die ein Gewerbetreibender mit einem Verbraucher geschlossen hat, für den Verbraucher unverbindlich sind, und legen die Bedingungen hierfür in ihren innerstaatlichen Rechtsvorschriften fest; sie sehen ferner vor, daß der Vertrag für beide Parteien auf derselben Grundlage bindend bleibt, wenn er ohne die mißbräuchlichen Klauseln bestehen kann.

(2) Die Mitgliedstaaten treffen die erforderlichen Maßnahmen, damit der Verbraucher den durch diese Richtlinie gewährten Schutz nicht verliert, wenn das Recht eines Drittlands als das auf den Vertrag anzuwendende Recht gewählt wurde und der Vertrag einen engen Zusammenhang mit dem Gebiet der Mitgliedstaaten aufweist.

Artikel 7

(1) Die Mitgliedstaaten sorgen dafür, daß im Interesse der Verbraucher und der gewerbetreibenden Wettbewerber angemessene und wirksame Mittel vorhanden sind, damit der Verwendung mißbräuchlicher Klauseln durch einen Gewerbetreibenden in den Verträgen, die er mit Verbrauchern schließt, ein Ende gesetzt wird.

(2) Die in Absatz 1 genannten Mittel müssen auch Rechtsvorschriften einschließen, wonach Personen oder Organisationen, die nach dem innerstaatlichen Recht ein berechtigtes Interesse am Schutz der Verbraucher haben, im Einklang mit den einzelstaatlichen Rechtsvorschriften die Gerichte oder die zuständigen Verwaltungsbehörden anrufen können, damit diese darüber entscheiden, ob Vertragsklauseln, die im Hinblick auf eine allgemeine Verwendung abgefaßt wurden, mißbräuchlich sind, und angemessene und wirksame Mittel anwenden, um der Verwendung solcher Klauseln ein Ende zu setzen.

(3) Die in Absatz 2 genannten Rechtsmittel können sich unter Beachtung der einzelstaatlichen Rechtsvorschriften getrennt oder gemeinsam gegen mehrere Gewerbetreibende desselben Wirtschaftssektors oder ihre Verbände richten, die gleiche allgemeine Vertragsklauseln oder ähnliche Klauseln verwenden oder deren Verwendung empfehlen.

Artikel 8

Die Mitgliedstaaten können auf dem durch diese Richtlinie geregelten Gebiet mit dem Vertrag vereinbare strengere Bestimmungen erlassen, um ein höheres Schutzniveau für die Verbraucher zu gewährleisten.

Artikel 9

Die Kommission legt dem Europäischen Parlament und dem Rat spätestens fünf Jahre nach dem in Artikel 10 Absatz 1 genannten Zeitpunkt einen Bericht über die Anwendung dieser Richtlinie vor.

Artikel 10

(1) Die Mitgliedstaaten erlassen die erforderlichen Rechts- und Verwaltungsvorschriften, um dieser Richtlinie spätestens am 31.12.1994 nachzukommen. Sie setzen die Kommission unverzüglich davon in Kenntnis. Diese Vorschriften gelten für alle Verträge, die nach dem 31.12.1994 abgeschlossen werden.

(2) Wenn die Mitgliedstaaten diese Vorschriften erlassen, nehmen sie in den Vorschriften selbst oder durch einen Hinweis bei der amtlichen Veröffentlichung auf diese Richtlinie Bezug. Die Mitgliedstaaten regeln die Einzelheiten der Bezugnahme.

(3) Die Mitgliedstaaten teilen der Kommission den Wortlaut der wichtigsten innerstaatlichen Rechtsvorschriften mit, die sie auf dem unter diese Richtlinie fallenden Gebiet erlassen.

Artikel 11

Diese Richtlinie ist an die Mitgliedstaaten gerichtet.

Geschehen zu Luxemburg am 5.4.1993.

Im Namen des Rates Der Präsident

N. HELVEG PETERSEN

(1) ABl Nr. C 73 vom 24. 3. 1992, S. 7.

(2) ABl Nr. C 326 vom 16. 12. 1991, S. 108, und ABl Nr. C 21 vom 25. 1. 1993.

(3) ABl Nr. C 159 vom 17. 6. 1991, S. 34.

(4) ABl Nr. C 92 vom 25. 4. 1975, S. 1, und ABl Nr. C 133 vom 3. 6. 1981, S. 1.

ANHANG

KLAUSELN GEMÄSS ARTIKEL 3 ABSATZ 3

1. Klauseln, die darauf abzielen oder zur Folge haben, daß
   a) die gesetzliche Haftung des Gewerbetreibenden ausgeschlossen oder eingeschränkt wird, wenn der Verbraucher aufgrund einer Handlung oder Unterlassung des Gewerbetreibenden sein Leben verliert oder einen Körperschaden erleidet;
   b) die Ansprüche des Verbrauchers gegenüber dem Gewerbetreibenden oder einer anderen Partei, einschließlich der Möglichkeit, eine Verbindlichkeit gegenüber dem Gewerbetreibenden durch eine etwaige Forderung gegen ihn auszugleichen, ausgeschlossen oder ungebührlich eingeschränkt werden, wenn der Gewerbetreibende eine der vertraglichen Verpflichtungen ganz oder teilweise nicht erfüllt oder mangelhaft erfüllt;
   c) der Verbraucher eine verbindliche Verpflichtung eingeht, während der Gewerbetreibende die Erbringung der Leistungen an eine Bedingung knüpft, deren Eintritt nur von ihm abhängt;
   d) es dem Gewerbetreibenden gestattet wird, vom Verbraucher gezahlte Beträge einzubehalten, wenn dieser darauf verzichtet, den Vertrag abzuschließen oder zu erfüllen, ohne daß für den Verbraucher ein Anspruch auf eine Entschädigung in entsprechender Höhe seitens des Gewerbetreibenden vorgesehen wird, wenn dieser selbst es unterlässt;
   e) dem Verbraucher, der seinen Verpflichtungen nicht nachkommt, ein unverhältnismäßig hoher Entschädigungsbetrag auferlegt wird;
   f) es dem Gewerbetreibenden gestattet wird, nach freiem Ermessen den Vertrag zu kündigen, wenn das gleiche Recht nicht auch dem Verbraucher eingeräumt wird, und es dem Gewerbetreibenden für den Fall, daß er selbst den Vertrag kündigt, gestattet wird, die Beträge einzubehalten, die für von ihm noch nicht erbrachte Leistungen gezahlt wurden;
   g) es dem Gewerbetreibenden – außer bei Vorliegen schwerwiegender Gründe – gestattet ist, einen unbefristeten Vertrag ohne angemessene Frist zu kündigen;
   h) ein befristeter Vertrag automatisch verlängert wird, wenn der Verbraucher sich nicht gegenteilig geäußert hat und als Termin für diese Äußerung des Willens des Verbrauchers, den Vertrag nicht zu verlängern, ein vom Ablaufzeitpunkt des Vertrages ungebührlich weit entferntes Datum festgelegt wurde;
   i) die Zustimmung des Verbrauchers zu Klauseln unwiderlegbar festgestellt wird, von denen er vor Vertragsabschluß nicht tatsächlich Kenntnis nehmen konnte;
   j) der Gewerbetreibende die Vertragsklauseln einseitig ohne triftigen und im Vertrag aufgeführten Grund ändern kann;
   k) der Gewerbetreibende die Merkmale des zu liefernden Erzeugnisses oder der zu erbringenden Dienstleistung einseitig ohne triftigen Grund ändern kann;
   l) der Verkäufer einer Ware oder der Erbringer einer Dienstleistung den Preis zum Zeitpunkt der Lieferung festsetzen oder erhöhen kann, ohne daß der Verbraucher in beiden Fällen ein entsprechendes Recht hat, vom Vertrag zurückzutreten, wenn der Endpreis im Verhältnis zu dem Preis, der bei Vertragsabschluß vereinbart wurde, zu hoch ist;
   m) dem Gewerbetreibenden das Recht eingeräumt ist zu bestimmen, ob die gelieferte Ware oder erbrachte Dienstleistung den Vertragsbestimmungen entspricht, oder ihm das ausschließliche Recht zugestanden wird, die Auslegung einer Vertragsklausel vorzunehmen;
   n) die Verpflichtung des Gewerbetreibenden zur Einhaltung der von seinen Vertretern eingegangenen Verpflichtungen eingeschränkt wird oder diese Verpflichtung von der Einhaltung einer besonderen Formvorschrift abhängig gemacht wird;

o) der Verbraucher allen seinen Verpflichtungen nachkommen muß, obwohl der Gewerbetreibende seine Verpflichtungen nicht erfüllt;
p) die Möglichkeit vorgesehen wird, daß der Vertrag ohne Zustimmung des Verbrauchers vom Gewerbetreibenden abgetreten wird, wenn dies möglicherweise eine Verringerung der Sicherheiten für den Verbraucher bewirkt;
q) dem Verbraucher die Möglichkeit, Rechtsbehelfe bei Gericht einzulegen oder sonstige Beschwerdemittel zu ergreifen, genommen oder erschwert wird, und zwar insbesondere dadurch, daß er ausschließlich auf ein nicht unter die rechtlichen Bestimmungen fallenden Schiedsgerichtsverfahren verwiesen wird, die ihm zur Verfügung stehenden Beweismittel ungebührlich eingeschränkt werden oder ihm die Beweislast auferlegt wird, die nach dem geltenden Recht einer anderen Vertragspartei obläge.

2. Tragweite der Buchstaben g), j) und l)
a) Buchstabe g) steht Klauseln nicht entgegen, durch die sich der Erbringer von Finanzdienstleistungen das Recht vorbehält, einen unbefristeten Vertrag einseitig und – bei Vorliegen eines triftigen Grundes – fristlos zu kündigen, sofern der Gewerbetreibende die Pflicht hat, die andere Vertragspartei oder die anderen Vertragsparteien alsbald davon zu unterrichten.
b) Buchstabe j) steht Klauseln nicht entgegen, durch die sich der Erbringer von Finanzdienstleistungen das Recht vorbehält, den von dem Verbraucher oder an den Verbraucher zu zahlenden Zinssatz oder die Höhe anderer Kosten für Finanzdienstleistungen in begründeten Fällen ohne Vorankündigung zu ändern, sofern der Gewerbetreibende die Pflicht hat, die andere Vertragspartei oder die anderen Vertragsparteien unverzüglich davon zu unterrichten, und es dieser oder diesen freisteht, den Vertrag alsbald zu kündigen. Buchstabe j) steht ferner Klauseln nicht entgegen, durch die sich der Gewerbetreibende das Recht vorbehält, einseitig die Bedingungen eines unbefristeten Vertrages zu ändern, sofern es ihm obliegt, den Verbraucher hiervon rechtzeitig in Kenntnis zu setzen, und es diesem freisteht, den Vertrag zu kündigen.
c) Die Buchstaben g), j) und l) finden keine Anwendung auf
   – Geschäfte mit Wertpapieren, Finanzpapieren und anderen Erzeugnissen oder Dienstleistungen, bei denen der Preis von den Veränderungen einer Notierung oder eines Börsenindex oder von Kursschwankungen auf dem Kapitalmarkt abhängt, auf die der Gewerbetreibende keinen Einfluß hat;
   – Verträge zum Kauf oder Verkauf von Fremdwährungen, Reiseschecks oder internationalen Postanweisungen in Fremdwährung.
d) Buchstabe l) steht Preisindexierungsklauseln nicht entgegen, wenn diese rechtmäßig sind und der Modus der Preisänderung darin ausdrücklich beschrieben wird.

Teil 2:
AGB-Lexikon (Vertragstypen und Einzelklauseln)

Lexikon

Ambulanter Pflegedienst-Verträge *(Dr. Jürgen Niebling)* 1

Arbeitsverträge *(Christoph Schmitt/Dr. Julia Reinsch)* 6

Architektenverträge *(Dr. Jutta C. Möller)* 191

Arzt- und Krankenhaus-AGB *(Dr. Jürgen Niebling)* . 233

Aufrechnungsverbote *(Dr. Thomas Jilg)* 246

Auktionsbedingungen *(Dr. Jürgen Niebling)* 255

Automatenaufstellverträge *(Prof. Dr. Udo Bühler)* ... 259

Autowaschanlagen *(Dr. Jürgen Niebling)* 340

Banken *(Dr. Jürgen Niebling)* 342

Bausparkassen *(Dr. Jürgen Niebling)* 468

Bauträgerverträge *(Dr. Jutta C. Möller)* 471

Bauverträge *(Dr. Jutta C. Möller)* 513

Berufsausbildungsverträge *(Dr. Jürgen Niebling)* 554

Bewachungsverträge *(Dr. Jürgen Niebling)* 562

Bier- und Getränkelieferungsverträge *(Prof. Dr. Udo Bühler)* 564

Bürgschaft *(Dr. Claire Feldhusen)* 755

Eigentumsvorbehalt *(Lars Eckhoff, LL.M.)* 825

Einkaufsbedingungen *(Roland Bornhofen)* 840

Einwilligungserklärungen: Opt in/Opt out *(Dr. Jürgen Niebling)* 856

Erfüllungsort-Klauseln *(Dr. Jürgen Niebling)* 858

Franchise *(Dr. Hans-Clemens Köhne)* 862

Freizeichnungsklauseln *(Roland Bornhofen)* 919

Garantie *(Dr. Jürgen Niebling)* 945

Gerichtsstandsklauseln *(Dr. Thomas Jilg)* 1001

Geschäftsraummiete *(Dr. Annegret Harz/Mareike Kloster)* 1024

Grundschulddarlehen *(Dr. Claire Feldhusen)* 1096

Handelsvertreter *(Prof. Dr. Franz-Jörg Semler/ Dr. Gerald Gräfe)* 1126

„Höhere Gewalt"-Klausel *(Dr. Thomas Jilg)* 1204

IATA-Beförderungsbedingungen *(Dr. Jürgen Niebling)* 1208

IT- und EDV-Verträge *(Prof. Niko Härting)* 1236

Kfz-Miete *(Dr. Jürgen Niebling)* 1281

Kfz-Verkauf *(Dr. Jürgen Niebling)* 1285

Kita- und Betreuungsverträge *(Dr. Jürgen Niebling)* . 1317

Kreditkarten- und Zahlungsdiensteverträge *(Dr. Jürgen Niebling)* 1334

Laufzeit *(Dr. Jürgen Niebling)* 1339

Leasing *(Lars Eckhoff, LL.M.)* 1363

Leistungsbestimmungsrechte und Leistungsvorbehalt *(Christoph Schmitt/Martin Stange)* 1382

Leistungsverweigerungsrechte *(Christoph Schmitt/ Martin Stange)* 1430

Maklerverträge *(Dr. Jürgen Niebling)* 1450

Mängelhaftung *(Lars Eckhoff, LL.M.)* 1483

Mehrwertsteuer/Umsatzsteuer *(Dr. Jürgen Niebling)* 1489

Mietverträge *(Dr. Annegret Harz/Mareike Kloster)* ... 1492

Möbel-AGB *(Dr. Jürgen Niebling)* 1519

Partnerschafts- und Heiratsvermittlung *(Dr. Jürgen Niebling)* 1528

Pauschalierter Schadensersatz *(Roland Bornhofen)* .. 1538

Prämien- und Preisanpassung *(Dr. Jürgen Niebling)* . 1540

Preisargument *(Dr. Jürgen Niebling)* 1555

Qualitätssicherungsvereinbarungen *(Dr. Jürgen Niebling)* 1559

Rechtsanwalts-AGB *(Dr. Thomas Jilg)* 1576

Rechtswahl-AGB *(Dr. Katrin Klodt-Bußmann)* 1585

Reinigung *(Dr. Jürgen Niebling)* 1599

Reiseverträge *(Dr. Jürgen Niebling)* 1605

Reparaturbedingungen *(Dr. Jürgen Niebling)* 1628

Rücktrittsvorbehalte *(Christoph Schmitt/Martin Stange)* 1642

Salvatorische Klauseln *(Dr. Jürgen Niebling)* 1662

Schiedsabreden *(Dr. Jürgen Niebling)* 1664

Schönheitsreparaturen *(Dr. Annegret Harz/Mareike Kloster)* 1666

Schriftformklauseln *(Dr. Jürgen Niebling)* 1734

Schufa-Klauseln *(Dr. Jürgen Niebling)* 1746

Schwarzfahrer *(Dr. Jürgen Niebling)* 1747

Ski- und Pistenverträge *(Dr. Jürgen Niebling)* 1748

Lexikon

Skonto und Rabatt *(Dr. Jürgen Niebling)* 1751	**Versicherungsverträge** *(Dr. Jürgen Niebling)* 2033
Sportverträge *(Dr. Niklas Korff, LL.M.)* 1752	**Vertragshändlerverträge** *(Dr. Jürgen Niebling)* 2084
Steuerberater-AGB *(Dr. Thomas Jilg)* 1783	**Vertragsstrafen** *(Roland Bornhofen)* 2135
Subunternehmerverträge *(Dr. Jutta C. Möller)* 1791	**VOB** *(Dr. Jutta C. Möller)* 2169
Tankstellenstationärverträge *(Dr. Gerald Gräfe)* 1816	**Vollmachtsklauseln** *(Dr. Thomas Jilg)* 2228
Transparenzgebot *(Dr. Jürgen Niebling)* 1837	**Wertsicherungs- und Preisklauseln** *(Dr. Jürgen Niebling)* 2233
Transportrecht *(Dr. Joachim Kummer)* 1876	**Wertstellungsklauseln** *(Dr. Jürgen Niebling)* 2243
UN-Kaufrecht (CISG) *(Peter Poleacov)* 1973	**Wohnraummiete** *(Dr. Annegret Harz/Mareike Kloster)* 2245
Unterrichtsverträge *(Dr. Jürgen Niebling)* 2001	**Wohn- und Betreuungsverträge** *(Dr. Jürgen Niebling)* 2284
Verfallklauseln *(Dr. Jürgen Niebling)* 2012	**Zins- und Zinsberechnungsklauseln** *(Dr. Jürgen Niebling)* 2300
Verjährung *(Dr. Thomas Jilg)* 2013	
Verlagsverträge *(Dr. Jürgen Niebling)* 2022	**Zugangserfordernisse** *(Dr. Jürgen Niebling)* 2315

Ambulanter Pflegedienst-Verträge

In den AGB des ambulanten Pflegedienstes enthaltene Bestimmungen, der Vertrag könne mit einer Frist von 14 Tagen ordentlich gekündigt werden, verstoßen gegen § 307 BGB.[1] Dieser Vertrag ist ein Vertrag über Dienste höherer Art und muss jederzeit beendet werden können.

Zwar sind die in § 621 BGB geregelten Kündigungsfristen, auch die jederzeitige Kündigungsmöglichkeit des § 621 Nr. 5 BGB dispositiv und können durch eine Vereinbarung der Parteien abbedungen werden. Geschieht dies – wie hier – durch vorformulierte Vertragsbedingungen, die die Klägerin der Pflegebedürftigen gestellt hat, so unterliegen diese jedoch der Inhaltskontrolle nach § 307 BGB.

Zu Recht sieht der BGH in der 14-tägigen Kündigungsfrist eine erhebliche Abweichung von der jederzeitigen Kündigungsmöglichkeit nach § 621 Nr. 5 BGB,

„... die in Bezug auf das hier in Rede stehende Vertragsverhältnis zu einer Schwerstpflegebedürftigen mit Nachteilen verbunden ist, die ein erhebliches Gewicht haben. Aus der Sicht des Pflegebedürftigen handelt es sich um ein Vertragsverhältnis, das in besonderer Weise – siehe nur die im Einzelnen in § 14 Abs. 4 Nr. 1 SGB XI aufgeführten gewöhnlichen und regelmäßig wiederkehrenden Verrichtungen im Bereich der Körperpflege – die Intimsphäre des Betroffenen berührt und mit einer großen persönlichen Nähe zu der die Pflege gewährenden Person verbunden ist. Auch wenn man berücksichtigt, dass der Pflegebedürftige auf diese Pflegeverrichtungen ständig angewiesen ist, handelt es sich doch in den Bereichen der Körperpflege, der Ernährung und der Mobilität um Dienste, die – ähnlich wie in § 627 Abs. 1 BGB vorausgesetzt – aufgrund besonderen Vertrauens übertragen zu werden pflegen. Das ist nicht etwa deshalb anders, weil der Pflegebedürftige keinen Einfluss darauf hat, welcher Mitarbeiter des Pflegedienstes ihn zu unterstützen hat. Entscheidend ist insoweit vielmehr, dass der Pflegebedürftige, der sich nach Maßgabe des § 37 SGB XI mit Hilfe von Pflegegeld die erforderliche Grundpflege und hauswirtschaftliche Versorgung selbst beschaffen könnte, sich einer zugelassenen Pflegeeinrichtung anvertraut, die ihre pflegerischen Leistungen nach § 71 Abs. 1 SGB XI unter der ständigen Verantwortung einer ausgebildeten Pflegefachkraft zu erbringen hat."

Ob die vertragliche Kündigungsregelung auch von der Norm des § 627 Abs. 1 BGB abweicht, hängt davon ab, ob die übernommenen Verrichtungen als Dienste höherer Art im Sinne dieser Bestimmung anzusehen sind.[2] Der BGH tritt der Auffassung des OLG Stuttgart bei, dass es bei der allgemeinen Pflege, die nicht Krankenpflege ist, „keine ins Gewicht fallenden Unterschiede gibt, die eine andere rechtliche Einordnung rechtfertigen würden. An sich sind Hilfen in der hauswirtschaftlichen Versorgung für sich genommen keine Dienste höherer Art. Für die Beurteilung einer zugelassenen Pflegeeinrichtung ist der Hilfebedarf jedoch als Ganzes zu betrachten." Der Umgang mit pflegebedürftigen Menschen, der neben Fachwissen auch den persönlichen Lebensbereich in einer vertraulichen bis intimen Form betrifft, darf nicht hinter der Betreuung durch einen Inkassobeauftragten,[3] einen Partnerschaftsvermittler[4] oder Angehörige anderer Berufe im Gesundheitsbereich zurückbleiben.[5]

Eine andere Beurteilung ergibt sich nicht aus der Bestimmung des § 120 Abs. 2 S. 2 SGB XI, nach der der Pflegebedürftige den Pflegevertrag innerhalb von zwei Wochen nach dem ersten Pflegeeinsatz ohne Angabe von Gründen und ohne Einhaltung einer Frist kündigen kann. Die Bestimmung wurde durch Art. 1 Nr. 23 des Pflege-Qualitätssicherungsgesetzes vom 9.9.2001 (BGBl I S. 2320) in das SGB XI eingefügt.[6]

Arbeitsverträge

Literatur zum Stichwort Arbeitsverträge: *Annuß*, Grundstrukturen der AGB-Kontrolle von Arbeitsverträgen, BB 2006, 1333; *ders.*, AGB-Kontrolle im Arbeitsrecht: Wo geht die Reise hin?, BB 2002, 458; *Ascheid/Preis/Schmidt*, Kündigungsrecht, 4. Aufl. 2012 (zit.: APS/*Bearbeiter*); *Bachner*, Die Mitbestimmung des Betriebsrats nach § 87 BetrVG bei der Gestaltung von Formulararbeitsverträgen, NZA 2007, 536; *Bayreuther*, Vorbehalte in der arbeitsrechtlichen Vertragsgestaltung – Wie viel Flexibilität soll das AGB-Recht zulassen?, ZfA 2011, 45; *ders.*, Vertragskontrolle im Arbeitsrecht nach der Entscheidung des BAG zur Zulässigkeit zweistufiger Ausschlussfristen, NZA 2005, 1337; *ders.*, Das Verbot der geltungserhaltenden Reduktion im Arbeitsrecht, NZA 2004, 953; *ders.*, Die Rolle des Tarifvertrags bei der AGB-Kontrolle von Arbeitsverträgen, RdA 2003, 81; *Becker/Hillebrecht* (Begr.), Gemeinschaftskom-

---

1 BGH v. 9.6.2011 – III ZR 203/10.
2 Das OLG Hamburg (OLGR 1999, 125, 126), das in einer Kündigungsfrist von einer Woche eine nach § 9 AGBG unwirksame Abweichung von § 621 Nr. 5 BGB gesehen hat, hat diese Frage verneint (ähnlich AG Bad Schwartau, Urt. v. 9.7.2009 – 7 C 210/09, juris Rn 16), weil Berufstätigkeiten wie die ambulante Kranken-, Alten- und Behindertenpflege mit den Vertrauensberufen der Rechtsanwälte, Steuerberater, Wirtschaftsprüfer und Ärzte nicht zu vergleichen seien und häufig von nur angelernten Personen erbracht werden könnten. Sie erforderten zwar persönliche Einsatzbereitschaft und Zuverlässigkeit; dies seien aber keine gerade den Inhalt des hier strittigen Dienstvertrags prägenden Merkmale wie die Pflicht zur Verschwiegenheit beim Anwaltsvertrag. Demgegenüber hat das OLG Stuttgart (Sozialrecht aktuell 2010, 228, 230 f.) die Leistungen ambulanter Pflegedienste als Dienste höherer Art eingeordnet.
3 BGH v. 29.4.2004 – III ZR 279/03, NJW-RR 2004, 989.
4 BGH v. 1.2.1989 – IVa ZR 354/87, BGHZ 106, 341, 345 f.
5 Vgl. zum Krankengymnasten AG Andernach NJW-RR 1994, 121; zum Heilpraktiker LG Kassel NJW-RR 1999, 1281; Palandt/*Weidenkaff*, § 630a Rn 11 ff.
6 So wörtlich der BGH.

mentar zum Kündigungsschutzgesetz und zu sonstigen kündigungsschutzrechtlichen Vorschriften, 10. Aufl. 2013 (zit.: KR/*Bearbeiter*); *Benecke/Pils*, Der Arbeitsvertrag als Verbrauchervertrag, ZIP 2005, 1956; *Benedict*, Der Maßstab der AGB-Kontrolle – oder die Suche nach dem „indispositiven Leitbild" im Arbeitsvertragsrecht, JZ 2012, 172; *Bieder*, Richterliche Vertragshilfe durch ergänzende Auslegung vorformulierter Arbeitsvertragsbestimmungen, NZA-Beil. 2011, 142; *Birnbaum*, Was sind die „im Arbeitsrecht geltenden Besonderheiten"?, NZA 2003, 944; *Brachmann/Diepold*, Stolperfallen im Arbeitsvertrag, AuA 2009, 504; *Coester*, Das AGB-Recht in den Händen des BAG, FS Löwisch, 2007, S. 57; *ders.*, Inhaltskontrolle von Arbeitsverträgen, Jura 2005, 251; *Crisolli/Zaumseil*, BB-Rechtsprechungsreport zum arbeitsrechtlichen AGB-Recht, BB 2012, 1281; *Däubler*, AGB-Kontrolle im Arbeitsrecht – Bilanz nach zehn Jahren, ZTR 2012, 543; *ders.*, Aktuelle Fragen der AGB-Kontrolle im Arbeitsrecht, NZA-Beil. 3/2006, 133; *Däubler/Bonin/Deinert*, AGB-Kontrolle im Arbeitsrecht, 3. Aufl. 2010 (zit.: DBD/*Bearbeiter*); *Däubler/Hjort/Schubert/Wolmerath*, Arbeitsrecht Handkommentar, 3. Aufl. 2013 (zit.: HK/ArbR/*Bearbeiter*); *Deinert*, Fünf Jahre AGB-Kontrolle im Arbeitsrecht, AiB 2008, 217; *Dorndorf*, Besonderheiten des Arbeitsrechts nach § 310 Abs. 4 BGB, FS 50 Jahre Bundesarbeitsgericht, 2004, S. 19; Erfurter Kommentar zum Arbeitsrecht, 14. Aufl. 2014 (zit.: ErfK/*Bearbeiter*); *Ernst/Seichter*, Zur Wettbewerbswidrigkeit von Verstößen gegen das AGB-Recht, DB 2007, 1573; *Franzen*, Inhaltskontrolle von Änderungsvorbehalten in Arbeitsverträgen, FS Zachert, 2010, S. 286; *Gaul/Mückl*, 5 Jahre AGB-Kontrolle von Altarbeitsverträgen – Abschied vom Vertrauensschutz?, NZA 2009, 1233; *Gotthardt*, Arbeitsrecht nach der Schuldrechtsreform, 2. Aufl. 2003; *ders.*, Der Arbeitsvertrag auf dem AGB-rechtlichen Prüfstand, ZIP 2002, 277; *Grobys*, AGB-Kontrolle von Arbeits- und Dienstverträgen nach dem Schuldrechtsmodernisierungsgesetz, DStR 2002, 1002; *Haas/Fabritius*, Auslegung von unwirksamen Formularklauseln, FA 2009, 130; *Hamann/Rudnik*, Formulararbeitsverträge auf dem Prüfstand, Jura 2009, 335 und 486; *Hanau*, Die Rechtsprechung zu den arbeitsrechtlichen Besonderheiten im Sinne des § 310 IV BGB, FS Konzen, 2006, S. 249; *Henssler*, Arbeitsrecht und Schuldrechtsreform, RdA 2002, 129; *Henssler/Moll*, AGB-Kontrolle vorformulierter Arbeitsbedingungen, 1. Aufl. 2011; *Henssler/Willemsen/Kalb*, Arbeitsrecht Kommentar, 5. Aufl. 2012 (zit.: HWK/*Bearbeiter*); *Herbert/Oberrath*, Arbeitsrecht nach der Schuldrechtsreform – eine Zwischenbilanz, NJW 2005, 3745; *Hönn*, Zu den „Besonderheiten" des Arbeitsrechts, ZfA 2003, 325; *v. Hoyningen-Huene*, Inhaltskontrolle von kirchlichen Arbeitsvertragsbedingungen, FS Richardi, 2007, S. 909; *Hromadka*, Änderungen von Arbeitsbedingungen und Schutz vor Änderungen – Klauseln in Allgemeinen Arbeitsbedingungen, FS Richardi, 2007, S. 257; *ders.*, Schuldrechtsmodernisierung und Vertragskontrolle im Arbeitsrecht, NJW 2002, 2523; *Hümmerich*, Gestaltung von Arbeitsverträgen nach der Schuldrechtsreform, NZA 2003, 753; *Hümmerich/Boecken/Düwell*, Arbeitsrecht Kommentar, 2. Aufl. 2010 (zit.: HBD/*Bearbeiter*); *Hümmerich/Reufels*, Gestaltung von Arbeitsverträgen, 2. Aufl. 2011 (zit.: Hümmerich/Reufels/*Bearbeiter*); *Hunold*, Die aktuelle Rechtsprechung zur Inhaltskontrolle arbeitsrechtlicher Absprachen – AGB-Kontrolle, NZA-RR 2008, 449; *ders.*, Kontrolle arbeitsrechtlicher Absprachen nach der Schuldrechtsreform, NZA-RR 2006, 113; *ders.*, Ausgewählte Rechtsprechung zur Vertragskontrolle im Arbeitsverhältnis, NZA-RR 2002, 225; *Jensen*, Arbeitsvertragsklauseln gegen betriebliche Übungen – was geht noch?, NZA-RR 2011, 225; *Jesgarzewski*, Inhaltskontrolle von Arbeitsverträgen nach dem AGB-Recht, ArbuR 2011, 9; *Joost*, Betrachtungen zur Inhaltskontrolle vorformulierter Arbeitsverträge, FS 50 Jahre Bundesarbeitsgericht, 2004, S. 49; *ders.*, Allgemeine Geschäftsbedingungen und Arbeitsvertrag, FS Ulmer, 2003, S. 1199; *Junker*, Grundlegende Weichenstellungen der AGB-Kontrolle von Arbeitsverträgen, FS Buchner, 2009, S. 369; *ders.*, AGB-Kontrolle von Arbeitsvertragsklauseln in der neueren Rechtsprechung des Bundesarbeitsgerichts, BB 2007, 1274; Kasseler Kommentar zum Sozialversicherungsrecht, Stand: 79. Ergänzungslieferung 2013 (zit.: KassKomm/*Bearbeiter*); *Konzen*, Die AGB-Kontrolle im Arbeitsvertragsrecht, FS Hadding, 2004, S. 145; *Küttner*, Personalbuch 2011, 20. Aufl. 2013 (zit.: Küttner/*Bearbeiter*); *Lakies*, AGB im Arbeitsrecht, 2. Aufl. 2011; *Lelley/Kaufmann*, AGB-Kontrolle von Arbeitsverträgen, FA 2006, 7; *Lembke*, Grundzüge der AGB-Kontrolle arbeitsvertraglicher Regelungen, FA 2009, 336; *Lieb*, Grundfragen der arbeitsrechtlichen Angemessenheitskontrolle gemäß §§ 305 ff. BGB nach Aufhebung der Bereichsausnahme, FS Konzen, 2006, S. 501; *ders.*, AGB-Recht und Arbeitsrecht nach der Schuldrechtsmodernisierung, FS Ulmer, 2003, S. 1231; *Linck*, Rechtsfolgen unwirksamer Allgemeiner Geschäftsbedingungen in Arbeitsverträgen, FS Bauer, 2010, S. 645; *Lingemann*, Allgemeine Geschäftsbedingungen und Arbeitsvertrag, NZA 2002, 181; *Löwisch*, Bundesarbeitsgericht und Recht der Allgemeinen Geschäftsbedingungen, FS Canaris, 2007, S. 1403; *ders.*, Auswirkungen der Schuldrechtsreform auf das Recht des Arbeitsverhältnisses, FS Wiedemann, 2002, S. 311; *Moll*, Münchener Anwaltshandbuch Arbeitsrecht, 4. Aufl. 2012 (zit. Moll/*Bearbeiter*); Münchener Handbuch zum Arbeitsrecht, 3. Aufl. 2009 (zit. MünchArbR/*Bearbeiter*); *Niebling*, Formularmäßige Freiwilligkeitsvorbehalte im Arbeitsrecht – Kernfragen der AGB-Kontrolle im Arbeitsrecht, NJW 2013, 3011; *Ohlendorf/Salamon*, Die Aufrechterhaltung unwirksamer Formulararbeitsbedingungen – das Verhältnis des Verbots geltungserhaltender Reduktion zur ergänzenden Vertragsauslegung im Arbeitsrecht, RdA 2006, 281; *Preis*, Der Arbeitsvertrag, 4. Aufl. 2011 (zit.: Preis-AV/*Bearbeiter*); *ders.*, Privatautonomie und das Recht der Allgemeinen Geschäftsbedingungen, FS Richardi, 2007, S. 339; *ders.*, AGB-Recht und Arbeitsrecht – Eine Zwischenbilanz, NZA-Beil. 3/2006, 115; *Preis/Roloff*, Die neueste Entwicklung der Vertragsinhaltskontrolle im Arbeitsrecht – Zwischenbilanz und Ausblick, ZfA 2007, 43; *Reichold*, Inhaltskontrolle als „Begleitumstandskontrolle": keine Einbahnstraße zu Lasten des Arbeitgebers, SAE 2007, 233; *ders.*, Arbeitnehmerschutz und/oder Verbraucherschutz bei der Inhaltskontrolle des Arbeitsvertrags?, FS 50 Jahre Bundesarbeitsgericht, 2004, S. 153; *Reim*, Wirksamkeit von Vertragsklauseln in Formulararbeitsverträgen, JuS 2006, 120; *Reinecke*, AGB und kollektives Arbeitsrecht, ArbuR 2012, 245; *ders.*, Vertragskontrolle nach dem Schuldrechtsmodernisierungsgesetz in der Rechtsprechung des Bundesarbeitsgerichts, JbArbR 43 (2006), 23; *ders.*, Arbeitnehmerfreundlichste oder arbeitnehmerfeindlichste Auslegung Allgemeiner Arbeitsbedingungen?, ArbuR 2003, 414; *ders.*, Kontrolle Allgemeiner Arbeitsbedingungen nach dem Schuldrechtsmodernisierungsgesetz, DB 2002, 583; *Reuter*, Inhaltskontrolle im Arbeitsrecht (§ 310 Abs. 4 BGB), FS 50 Jahre Bundesarbeitsgericht, 2004, S. 177; *Richardi*, BetrVG, 13. Aufl. 2012 (zit.: Richardi/*Bearbeiter*); *ders.*, Inhaltskontrolle kirchlicher Arbeitsvertragsregelungen, RdA 2011, 119; *ders.*, Gestaltung von Arbeitsverträge durch Allgemeine Geschäftsbedingungen nach dem Schuldrechtsmodernisierungsgesetz, NZA 2002, 1057; *Ricken*, Betriebliche Übung und Vertragskontrolle im Arbeitsrecht, DB 2006, 1372; *Ritter*, AGB-Kontrolle kirchlicher Arbeitsvertragsrichtlinien?, NZA 2005, 447; *Rolfs*, Fehlentwicklungen in der arbeitsrechtlichen AGB-Kontrolle, Individuelle Freiheit und kollektive Interessenwahrnehmung im deutschen und europäischen Arbeitsrecht 2012, 1; *ders.*, Die Inhaltskontrolle arbeitsrechtlicher Beendigungsvereinbarungen, FS Reuter, 2010, S. 825; *ders.*, Die Inhaltskontrolle arbeitsrechtlicher Individual- und Betriebsvereinbarungen, RdA 2006, 349; *ders.*, Das Verbot geltungserhaltender Reduktion im Arbeitsrecht, FS Schwerdtner, 2003, S. 151; *Salamon/Hoppe*, Was ist noch regelbar? – Freiwilligkeitsvorbehalte, Schriftformklauseln, Ausschlussfristen, AuA 2012, 667; *Schaub* (Begr.), Arbeitsrechts-Handbuch, 15. Aufl. 2013 (zit.: Schaub/*Bearbeiter*); *Schlewing*, Geltungserhaltende Reduktion und/oder ergänzende Vertragsauslegung im Rahmen der AGB-Kontrolle arbeitsvertraglicher Abreden?,

RdA 2011, 92; *dies.*, Die AGB-Kontrolle arbeitsvertraglicher Abreden und das Rechtsfolgenkonzept des § 306 BGB in der Rechtsprechung des Bundesarbeitsgerichts, JbArbR 47 (2010), 47; *Schmidt*, Arbeitsrecht als Verbraucherrecht?, FS Konzen, 2006, S. 863; *Schnitker/Grau*, Klauselkontrolle im Arbeitsvertrag, BB 2002, 2120; *Schrader/Schubert*, AGB-Kontrolle von Arbeitsverträgen, NZA-RR 2005, 169 und 225; *Singer*, Arbeitsvertragsgestaltung nach der Reform des BGB, RdA 2003, 194; *Soine*, Die AGB-Kontrolle von Gesamtzusagen und betrieblichen Übungen, ZTR 2006, 465; *Söllner*, Zur Anwendung der gesetzlichen Vorschriften über Allgemeine Geschäftsbedingungen im Arbeitsrecht, ZfA 2003, 145; *Stöhr*, Die Inhaltskontrolle von Arbeitsverträgen auf dem Prüfstand, ZfA 2013, 213; *Stoffels*, Grundfragen der Inhaltskontrolle von Arbeitsverträgen, ZfA 2009, 861; *ders.*, Vertragsgestaltung nach der Schuldrechtsreform – eine Zwischenbilanz, NZA-Beil. 1/2004, 19; *Suckow/Striegel/Niemann*, Der vorformulierte Arbeitsvertrag, 1. Aufl. 2011 (zit. SSN/*Bearbeiter*); *Tamm*, AGB-Kontrolle im Arbeitsrecht: Veränderungen der Rechtslage durch die Schuldrechtsreform und die neue Rechtsprechung, PersV 2008, 209; *Thüsing*, AGB-Kontrolle im Arbeitsrecht, 1. Aufl. 2007 (zit.: Thüsing, AGB-ArbR); *ders.*, Unwirksamkeit und Teilbarkeit unangemessener AGB, BB 2006, 661; *ders.*, Inhaltskontrolle kirchlicher Arbeitsvertragsrichtlinien, ZTR 2005, 507; *ders.*, Inhaltskontrolle von Formulararbeitsverträgen nach neuem Recht, BB 2002, 2666; *ders.*, Was sind die Besonderheiten des Arbeitsrechts?, NZA 2002, 591; *Thüsing/Leder*, Gestaltungsspielräume bei der Verwendung vorformulierter Arbeitsvertragsbedingungen – Besondere Klauseln, BB 2005, 1563; *dies.*, Gestaltungsspielräume bei der Verwendung vorformulierter Arbeitsvertragsbedingungen – Allgemeine Grundsätze, BB 2005, 938; *dies.*, Neues zur Inhaltskontrolle von Formulararbeitsverträgen, BB 2004, 42; *Tödtmann/Kaluza*, Anforderungen an allgemeine Geschäftsbedingungen in arbeitsrechtlichen Verträgen, DB 2011, 114; *Uffmann*, Die Unzumutbarkeitsschwelle als neue Voraussetzung einer ergänzenden Vertragsauslegung im Arbeitsrecht?, RdA 2011, 154; *Ulrici*, Betriebliche Übung und AGB-Kontrolle, BB 2005, 1902; *Weinmann/Schild*, Das Arbeitnehmermandat, 1. Aufl. 2008; *Willemsen/Grau*, Geltungserhaltende Reduktion und „Besonderheiten des Arbeitsrechts", RdA 2003, 321; *Willemsen/Mehrens*, Rechtsqualität und Kontrolle kirchlicher Arbeitsrechtsregelungen, Arbeitsgerichtsbarkeit und Wissenschaft 2012, 619; *Wisskirchen/Stühm*, Anspruch des Arbeitgebers auf Änderung von unwirksamen Klauseln in alten Arbeitsverträgen?, DB 2003, 2225; *Witt*, Keine AGB-Kontrolle tariflicher Regelungen?, NZA 2004, 135; *Worzalla*, Die Wirksamkeit einzelner Arbeitsvertragsklauseln nach der Schuldrechtsreform, NZA 2006, Beil. 3/2006, 122; *Zimmermann*, Rechtsfolgen unwirksamer Allgemeiner Geschäftsbedingungen in Arbeitsverträgen, ArbR 2012, 105; *Zöllner*, Kritische Grundsatzüberlegungen zum AGB-Recht als arbeitsrechtlichem Kontrollinstrument, ZfA 2011, 637; *ders.*, Vertragskontrolle und Gerechtigkeit, NZA-Beil. 3/2006, 99; *Zundel*, Wirksamkeit arbeitsvertraglicher Klauseln insbesondere unter dem Aspekt der AGB-Kontrolle, NJW 2006, 1237

A. Einleitung	6	
I. Das AGB-Recht als arbeitsrechtliches Neuland	6	
II. Übergangsregelungen für Altverträge	11	
III. Bereichsausschluss für Tarifverträge, Betriebsvereinbarungen und Dienstvereinbarungen	13	
IV. Der Arbeitsvertrag als Verbrauchervertrag	14	
V. Arbeitsrechtliche Besonderheiten, § 310 Abs. 4 S. 2 BGB	16	
VI. Rechtsfolgen der Unwirksamkeit	19	
1. Geltungserhaltende Reduktion	19	
2. Blue-Pencil-Test	20	
3. Ergänzende Vertragsauslegung	21	
4. Geltendmachung der Unwirksamkeit	23	
B. Klauselkatalog	24	
I. Anrechnungsvorbehalte	24	
II. Arbeitnehmerhaftung	27	
1. Abweichung von den Grundsätzen der beschränkten Arbeitnehmerhaftung	28	
2. Schadensersatzpauschalierungen	29	
3. Mankohaftung	30	
III. Ausgleichs- und Abgeltungsklauseln, Klageverzicht	32	
1. Ausgleichs- und Abgeltungsklauseln	33	
2. Verzicht auf Erhebung der Kündigungsschutzklage	36	
IV. Ausschlussfristen	38	
1. Einfache Ausschlussfristen	44	
2. Zweistufige Ausschlussfristen	46	
V. Befristung des Arbeitsverhältnisses, Altersgrenze	49	
VI. Befristung von Arbeitsbedingungen	55	
VII. Bezugnahmeklauseln	60	
1. Globalverweisung auf Tarifverträge	62	
2. Verweisung auf beamtenrechtliche Bestimmungen	71	
3. Verweis auf einzelne tarifvertragliche Bestimmungen	72	
4. Dynamische Verweisung auf vom Arbeitgeber formulierte Bestimmungen	74	
5. Verweisung auf Betriebsvereinbarungen	77	
VIII. Bindungsklauseln (Stichtags- und Rückzahlungsklauseln)	80	
1. Sonderzahlungen mit Vergütungscharakter	82	
2. Sonderzahlungen ohne Vergütungscharakter	85	
3. Aktienoptionen	89	
IX. Freistellung	90	
1. Vor Ausspruch einer Kündigung	92	
2. Nach Ausspruch einer Kündigung	93	
X. Freiwilligkeitsvorbehalte	94	
XI. Geheimhaltungspflichten	103	
XII. Kündigungsfristen	107	
XIII. Leistungsbestimmungsrechte bei Sonderzuwendungen	110	
XIV. Nachvertragliches Wettbewerbsverbot	113	
XV. Nebentätigkeit	114	
XVI. Pauschalierungsabreden	117	
1. Überstundenvergütung	117	
2. Anlassbezogene Zuschläge	119	
XVII. Rückzahlung von Fortbildungskosten	120	
XVIII. Salvatorische Klauseln	130	
XIX. Schriftformklauseln	134	
XX. Überstundenanordnung/Arbeit auf Abruf	138	
1. Anordnung von Überstunden	138	
2. Arbeit auf Abruf	141	
XXI. Urlaub	146	
XXII. Versetzungen	149	
1. Arbeitsort	156	
2. Tätigkeit	162	
3. Lage der Arbeitszeit	164	
4. Konzernversetzung	167	
XXIII. Vertragsstrafen	168	
1. Verwirkungstatbestand	170	
2. Höhe der Vertragsstrafe	174	
XXIV. Widerrufsvorbehalte	178	
XXV. Zugangsfiktionen/Tatsachenerklärungen/fingierte Erklärungen	186	
1. Zugangsfiktionen	186	
2. Tatsachenerklärungen	187	
3. Fingierte Erklärungen	188	

Lexikon

A. Einleitung

I. Das AGB-Recht als arbeitsrechtliches Neuland

6 Die AGB-Kontrolle im Arbeitsrecht feierte am 1.1.2012 ihren zehnten Geburtstag. Bis zum 31.12.2001 waren vorformulierte arbeitsrechtliche Vertragswerke nach § 23 Abs. 1 AGBG vom Anwendungsbereich des AGB-Rechts ausgenommen. Erst im Zuge der **Schuldrechtsreform**, die zum 1.1.2002 in Kraft getreten und mit der die Regelungen des AGBG in das BGB aufgenommen wurden, fiel die umfassende Bereichsausnahme weg. An ihre Stelle trat der heutige § 310 Abs. 4 BGB, der den Anwendungsausschluss im Bereich des Arbeitsrechts nur noch für Tarifverträge und Betriebs- und Dienstvereinbarungen aufrecht erhält. Bei der Anwendung des Rechts der Allgemeinen Geschäftsbedingungen auf Arbeitsverträge sind allerdings „die **im Arbeitsrecht geltenden Besonderheiten** angemessen zu berücksichtigen", § 310 Abs. 4 S. 2 BGB. Mit der weitgehenden Beseitigung der Bereichsausnahme sollte das Arbeitsrecht wieder näher an das übrige Zivilrecht herangeführt und damit sichergestellt werden, dass das Schutzniveau der Inhaltskontrolle im Arbeitsrecht nicht hinter demjenigen des Zivilrechts zurückbleibt.[7]

7 Bis zum 31.12.2001 fand eine Inhaltskontrolle von Arbeitsverträgen ausschließlich nach Maßgabe der allgemeinen Bestimmungen des BGB als **Billigkeitskontrolle** statt.[8] Wurden einzelne Vertragsklauseln als unbillig bewertet, wurde die dadurch entstandene Lücke regelmäßig im Wege der ergänzenden Vertragsauslegung gefüllt und damit letztlich eine **geltungserhaltende Reduktion** durchgeführt. Dies führte beispielsweise bei unbilligen Rückzahlungsklauseln für vom Arbeitgeber übernommene Fortbildungskosten dazu, dass der Rückzahlungsbetrag auf das gerade noch zulässige Maß gekürzt wurde, nicht aber die Rückzahlungsvereinbarung insgesamt entfiel. Klauseln, die faktisch eine Gesetzesumgehung implizierten (so z.B. die Vereinbarung einer auflösenden Bedingung als Umgehung des KSchG)[9] entfielen ersatzlos, wobei in aller Regel der übrige Arbeitsvertrag als wirksam angesehen wurde.[10]

8 Nach neuer Rechtslage ist dieser langjährigen und in der arbeitsgerichtlichen Praxis tief verwurzelten Handhabung die Grundlage entzogen.[11] Arbeitgeber stehen nunmehr vor der Herausforderung, Formularverträge AGB-konform zu gestalten oder das Risiko einzugehen, dass statt der unwirksamen Klausel die gesetzliche (oder tarifliche bzw. in einer Betriebs- oder Dienstvereinbarung enthaltene, vgl. § 310 Abs. 4 S. 3 BGB) Regelung greift. Besteht keine solche Regelung, entfällt die Klausel insgesamt. Damit gilt auch in der Praxis der Arbeitsvertragsgestaltung weitgehend der AGB-rechtlich bekannte Grundsatz des **„Alles oder Nichts"-Prinzips**.[12]

9 Sowohl die arbeitsgerichtliche Praxis als auch weite Teile der Literatur haben von Beginn an ein eigenes arbeitsrechtliches Profil bei der Anwendung der §§ 305 ff. BGB entwickelt. Auf die von den **Zivilgerichten aufgestellten Grundsätze der AGB-Kontrolle** wurde nur zurückhaltend zurückgegriffen. Die vom Gesetzgeber gebaute Brücke der „Berücksichtigung arbeitsrechtlicher Besonderheiten" tat und tut dazu ihr Übriges. So orientiert sich die Angemessenheitskontrolle arbeitsrechtlicher Klauseln nach den §§ 307 bis 309 BGB im Arbeitsrecht fast ausschließlich an der Generalklausel des § 307 Abs. 1 BGB, während im übrigen Zivilrecht die Klauselverbote der §§ 308, 309 eine deutlich stärkere Rolle spielen. Noch heute können die vom Bundesgerichtshof entwickelten Grundsätze nicht ohne Vorbehalt auf arbeitsrechtliche Sachverhalte übertragen werden. Auf die Rechtsprechung der Zivilgerichte sollte man bei der Bewertung arbeitsrechtlicher Streitfragen deshalb ebenso wenig vertrauen wie auf Entscheidungen, die das BAG zur alten Rechtslage, also im Rahmen der „Billigkeitsprüfung" getroffen hat.

10 Zwischenzeitlich liegt eine Fülle von Einzelentscheidungen des BAG und der Instanzgerichte vor, die die praktisch bedeutsamsten, mit der Schuldrechtsreform neu aufgeworfenen Fragen beantwortet haben. Sie geben dem Rechtsanwender überwiegend ausreichende Hinweise, um Klauseln rechtssicher zu formulieren. Die arbeitsrechtliche Literatur bemüht sich fortwährend, die verbliebenen Lücken zu schließen.

II. Übergangsregelungen für Altverträge

11 Vertragsmuster, die vor dem 1.1.2002 nicht zu beanstanden waren, genügen in den meisten Fällen nicht den verschärften Anforderungen des AGB-Rechts. Durch die aus Praxissicht ungenügende Übergangsbestimmung des Art. 229 § 5 S. 2 EGBGB gilt für Dauerschuldverhältnisse, die vor der Schuldrechtsreform begründet wurden, **ab dem 1.1.2003**

---

7 *Gotthardt*, Rn 233 f.
8 Vgl. hierzu krit. *Thüsing*, AGB-ArbR, Rn 31, der zutreffend auf die mit dieser Rechtsprechung verbundenen Wertungswidersprüche und Systembrüche hinweist; ähnlich *Gotthardt*, Rn 230, der kritisiert, die Rechtsprechung sei aufgrund der fehlenden gesetzgeberischen Grundentscheidung veranlasst worden, die erforderliche Inhaltskontrolle unter „Überdehnung anderer Rechtsinstitute", namentlich der Billigkeitskontrolle, vorzunehmen.
9 BAG, Urt. v. 13.12.1984 – 2 AZR 294/83, NZA 1985, 324; BAG, Urt. v. 19.12.1974 – 2 AZR 565/73, NJW 1975, 1531.
10 Der eigentliche Auslegungsgrundsatz des § 139 BGB, nach dem im Fall einer Nichtigkeit einzelner Klauseln von der Gesamtnichtigkeit des Vertrags auszugehen ist, soll nach ständiger Rechtsprechung des BAG nicht anwendbar sein, wenn arbeitsvertragliche Regelungen zum Schutz des Arbeitnehmers korrigiert werden müssen. Bei Arbeitsverträgen entspreche dem Schutzzweck des Gesetzes eine Teilnichtigkeit i.d.R. besser als die Gesamtnichtigkeit des Arbeitsvertrages, BAG, Urt. v. 9.9.1981 – 5 AZR 1182/79, NJW 1982, 461; vgl. auch MüKo/*Busche*, § 139 BGB Rn 11; HK/ArbR/*Boemke/Ulrici*, § 306 BGB Rn 20 f. zur Gesamtunwirksamkeit nach § 306 Abs. 3 BGB.
11 BAG, Urt. v. 25.5.2005 – 5 AZR 572/04, NZA 2005, 1111.
12 BAG, Urt. v. 18.12.2008 – 8 AZR 81/08, NZA-RR 2009, 519.

nur noch das neue Recht. Altverträge, die nicht den Anforderungen des AGB-Rechts entsprechend formuliert waren, werden seitdem an der neuen Gesetzeslage gemessen.[13] Dabei hat der Gesetzgeber nicht angemessen berücksichtigt, dass die Änderung eines Arbeitsvertrags während des laufenden Arbeitsverhältnisses ein ungewöhnliches und deshalb schwieriges Unterfangen ist. Kann die Zustimmung des Arbeitnehmers zum Abschluss eines neuen, AGB-konformen Arbeitsvertrags nicht erreicht werden, steht dem Arbeitgeber nur der Ausspruch einer Änderungskündigung offen, die allerdings praktisch keine Aussicht auf Erfolg hat.[14] Das Problem der Altverträge ist durch die Entscheidung des Gesetzgebers, auf Bestands- und Vertrauensschutzregelungen zu verzichten, allein das der Arbeitgeber. Arbeitnehmer sind dadurch in der komfortablen Situation, dass weite Teile ihres Arbeitsvertrags der AGB-Kontrolle nicht genügen werden und damit – und das stets zu ihren Gunsten – unwirksam sind.

In einigen Fällen erscheint der nach neuem Recht zwangsläufige Wegfall einer nun unwirksamen Altklausel auch dem BAG unangemessen. Es hat deshalb mehrfach entschieden, die so entstandene Schieflage durch eine **ergänzende Vertragsauslegung** zu beseitigen und anstelle der unwirksamen Regelung eine Vereinbarung unterstellt, wie sie die Arbeitsvertragsparteien in Kenntnis der Anwendbarkeit des AGB-Rechts wohl geschlossen hätten.[15] Der 9. und 10. Senat des BAG haben dies an die Voraussetzung geknüpft, dass der Arbeitgeber innerhalb der Übergangsfrist bis zum 1.1.2003 versucht hat, die unwirksame Klausel durch eine wirksame zu ersetzen, z.B. im Rahmen eines **Änderungsangebots zum Arbeitsvertrag**. Ein solches Angebot hätte vom Arbeitnehmer redlicherweise angenommen werden müssen.[16] Hat der Arbeitgeber hingegen keine Anstrengungen unternommen, unwirksame Klauseln zu ersetzen, könne nicht ohne weiteres auf einen hypothetischen zeitlich zurückliegenden Willen zur Ergänzung geschlossen werden.[17] Dem ist der 5. Senat des BAG entgegengetreten und hat entschieden, dass ein solcher Änderungsversuch nicht erforderlich sein soll. Eine Möglichkeit der einseitigen Durchsetzung gesetzeskonformer Verträge nach Inkrafttreten der §§ 305 ff. BGB habe es für Altverträge nicht gegeben. Änderungskündigungen hätten dem Gebot der Verhältnismäßigkeit nicht standhalten können. Ohne konkreten Anlass unterbreitete Angebote des Arbeitgebers zum Zwecke der Anpassung der Altverträge an die neue Rechtslage hätten zur Verunsicherung ganzer Belegschaften geführt und diese um den ungefährdeten Bestand ihrer Arbeitsverhältnisse fürchten lassen. Zudem wäre die Formulierung gesetzeskonformer Verträge im Jahre 2002 auf erhebliche Schwierigkeiten gestoßen, weil die Entwicklung der Rechtsprechung noch nicht abzusehen war.[18] Trotz der divergierenden Entscheidungen hat der 5. Senat davon abgesehen, die Streitfrage durch den Großen Senat des BAG klären zu lassen, weil sie für die vorangegangenen Entscheidungen der anderen Senate nicht entscheidungserheblich gewesen seien. Bislang ist offen, wie die übrigen Senate des BAG die Entscheidung des 5. Senats aufnehmen.

III. Bereichsausschluss für Tarifverträge, Betriebsvereinbarungen und Dienstvereinbarungen

Betriebs- und Dienstvereinbarungen sowie Tarifverträge fallen nicht in den Anwendungsbereich des AGB-Rechts. Dies gilt auch für den Fall, dass sie ausschließlich kraft arbeitsvertraglicher Bezugnahme Anwendung auf das Arbeitsverhältnis finden.[19] Aufgrund der Bereichsausnahme des § 310 Abs. 4 S. 2 BGB ist es nicht erforderlich, dem Arbeitnehmer die in Bezug genommenen Regelungen bei Vertragsschluss zugänglich zu machen.[20] Hintergrund dieser aus AGB-rechtlicher Sicht ungewöhnlichen Ausnahme ist der Ausgangspunkt des Gesetzgebers, dass die zwischen den Tarif- bzw. Betriebsparteien ausgehandelten Vereinbarungen die **Vermutung der Ausgewogenheit** in sich tragen und deshalb per se den Arbeitnehmer nicht unangemessen benachteiligen können.[21] Dieser Grundsatz gilt indes uneingeschränkt nur für den Globalverweis auf einschlägige Tarifverträge oder Betriebs- oder Dienstvereinbarungen als Ganzes, nicht aber im Falle eines Teil- oder Einzelverweises (zu Bezugnahmeklauseln siehe Rn 66, 72 f.).

IV. Der Arbeitsvertrag als Verbrauchervertrag

Arbeitnehmer als Partei des Arbeitsvertrags sind Verbraucher i.S.d. § 13 BGB,[22] Arbeitgeber Unternehmer i.S.d. § 14 Abs. 1 BGB. Der Arbeitsvertrag ist deshalb stets **Verbrauchervertrag** i.S.d. § 310 Abs. 3 BGB.[23] Vorformulierte

---

13 Vgl. zuletzt BAG, Urt. v. 16.2.2010 – 3 AZR 118/08, NZA 2011, 104.
14 BAG, Urt. v. 20.4.2011 – 5 AZR 191/10, NJW 2011, 2011; ebenso *Lakies*, Kap. 1 Rn 37.
15 BAG, Urt. v. 20.4.2011 – 5 AZR 191/10, NJW 2011, 2153; BAG, Urt. v. 11.2.2009 – 10 AZR 222/08, NZA 2009, 428; BAG, Urt. v. 12.1.2005 – 5 AZR 364/04, NZA 2005, 465; krit. hierzu *Lakies*, Kap. 1 Rn 40.
16 BAG, Urt. v. 10.12.2008 – 10 AZR 1/08, NZA-RR 2009, 576; BAG, Urt. v. 19.12.2006 – 9 AZR 294/06, NZA 2007, 809.
17 BAG, Urt. v. 11.2.2009 – 10 AZR 222/08, NZA 2009, 428.
18 BAG, Urt. v. 20.4.2011 – 5 AZR 191/10, NJW 2011, 2153; in diesem Sinne bereits *Linck*, FS Bauer, S. 645, 657 f.
19 BAG, Urt. v. 28.6.2007 – 6 AZR 750/06, NZA 2007, 1049.
20 BAG, Urt. v. 6.5.2009 – 10 AZR 390/08, NZA-RR 2009, 593; BAG, Urt. v. 24.9.2008 – 6 AZR 76/07, NZA 2009, 154; BAG, Urt. v. 14.3.2007 – 5 AZR 630/06, NZA 2008, 45.
21 Dies hat das BAG im Ergebnis ebenso für kirchliche Arbeitsvertragsregelungen angenommen, die von einer paritätisch besetzten „Arbeitsrechtlichen Kommission" vereinbart worden waren, vgl. BAG, Urt. v. 22.7.2010 – 6 AZR 847/07, BB 2011, 186.
22 BAG, Urt. v. 18.3.2008 – 9 AZR 186/07, NZA 2008, 1004; BAG, Urt. v. 14.8.2007 – 8 AZR 973/06, NZA 2008, 170; BAG, Urt. v. 25.5.2005 – 5 AZR 572/04, NZA 2005, 1111.
23 BAG, Urt. v. 28.5.2009 – 8 AZR 896/07, SAE 2010, 167; BAG, Urt. v. 18.12.2008 – 8 AZR 81/08, NZA-RR 2009, 519; BAG, Urt. v. 18.3.2008 – 9 AZR 186/07, NZA 2008, 1004; BAG, Urt. v. 14.8.2007 – 8 AZR 973/06, NZA 2008, 170; BAG, Urt. v. 25.5.2005 – 5 AZR 572/04, NZA 2005, 1111.

Arbeitsverträge gelten deshalb als vom Arbeitgeber gestellt, soweit sie nicht nachweisbar auf Initiative des Arbeitnehmers verwendet wurden, § 310 Abs. 3 Nr. 1 BGB. Zudem genügt zur Qualifikation eines vorformulierten Arbeitsvertrags als AGB dessen einmalige Verwendung durch den Arbeitgeber, soweit der Arbeitnehmer aufgrund der Vorformulierung auf dessen Inhalt keinen Einfluss nehmen konnte, § 310 Abs. 3 Nr. 2 BGB.

15 Als weitere Sonderbestimmung für Verbraucherverträge bestimmt § 310 Abs. 3 Nr. 3 BGB, dass bei der Beurteilung der Klauseln nach § 307 Abs. 1 und 2 BGB („unangemessene Benachteiligung") auch die den **Vertragsschluss begleitenden Umstände** berücksichtigt werden müssen. Das BAG hat hierzu beispielhaft die persönlichen Eigenschaften der individuellen Vertragsparteien, die konkrete Situation des Vertragsschlusses (z.b. Überrumpelung) sowie untypische Sonderinteressen der Vertragsparteien aufgeführt.[24] Die Umstände können den Prüfungsmaßstab des § 307 Abs. 1 und 2 BGB nicht nur verschärfen, sondern auch mildern, wenn sich aus der konkreten Situation beispielsweise ergibt, dass eine abstrakt als intransparent zu wertende Klausel aufgrund der konkreten Situation des Vertragsschlusses als verständlich erscheint, weil der beabsichtigte Regelungsgehalt dem Arbeitnehmer ausführlich erläutert wurde.[25]

V. Arbeitsrechtliche Besonderheiten, § 310 Abs. 4 S. 2 BGB

16 Mit der gesetzlichen Vorgabe, bei der Anwendung des AGB-Rechts die „**arbeitsrechtlichen Besonderheiten**" zu berücksichtigen, hat der Gesetzgeber der Rechtsprechung die Möglichkeit eröffnet, abweichend von den durch die zivilgerichtliche Rechtsprechung entwickelten Grundsätzen ebenso wie von den „starren" Klauselverboten der §§ 308, 309 BGB[26] zu entscheiden, wenn dies sachlich geboten erscheint. Das BAG bezieht den Anwendungsbereich des § 310 Abs. 4 S. 2 BGB auf alle Normen des AGB-Rechts, nicht nur auf den Bereich der Inhaltskontrolle.[27]

17 Besonderheiten in diesem Sinne können rechtlicher wie tatsächlicher Natur sein. Zur ersten Kategorie zählen beispielsweise arbeitsgesetzliche Abweichungen vom Zivilrecht in materieller wie prozessualer Hinsicht.[28] Tatsächliche Abweichungen können nach der neueren Rechtsprechung des BAG beispielsweise in einer **langjährig allgemein praktizierten Praxis der Vertragsgestaltung** begründet sein.[29] So argumentiert das BAG beispielhaft: „Anrechnungsvorbehalte sind in arbeitsvertraglichen Vergütungsabreden seit Jahrzehnten gang und gäbe. Sie stellen eine Besonderheit des Arbeitsrechts dar, die gem. § 310 Abs. 4 S. 2 BGB angemessen zu berücksichtigen ist." Auch „**tatsächliche Besonderheiten des Arbeitslebens**" genügten dem BAG als Argument, die Zulässigkeit einer dreimonatigen Ausschlussfrist unter AGB-rechtlichen Gesichtspunkten zu bejahen.[30] Die Großzügigkeit, die das Bundesarbeitsgericht bei der Interpretation des Begriffs „arbeitsrechtliche Besonderheiten" praktiziert, sichert danach einige bewährte, weil als ausgewogen und praxistauglich erkannte Vertragsgestaltungen, die in Formularverträgen außerhalb des Arbeitsrechts sicherlich strenger beurteilt würden. Dies führt einerseits zu praktisch meist zufriedenstellenden Ergebnissen,[31] lässt allerdings die Prognose, wie eine bislang nicht gerichtlich überprüfte Klausel vom BAG bewertet wird, insbesondere aus Arbeitnehmersicht nur sehr schwer zu.[32]

18 Der Anwendungsbereich der AGB-Kontrolle soll sich nach Ansicht des BAG auch auf „mündliche oder durch betriebliche Übung begründete Vertragsbedingungen, die der Arbeitgeber für eine Vielzahl von Arbeitsverhältnissen verwendet", erstrecken.[33] Eine **betriebliche Übung** stellt keine Individualabrede i.S.d. § 305 Abs. 1 S. 3 BGB dar, die Vorrang vor AGB genießen würde. Denn der Inhalt der betrieblichen Übung wird nicht – wie für eine Individualabrede erforderlich – ausgehandelt, sondern einseitig durch das Verhalten des Arbeitgebers bestimmt und somit gestellt.[34]

VI. Rechtsfolgen der Unwirksamkeit

19 **1. Geltungserhaltende Reduktion.** Grundsätzlich gilt auch im Arbeitsrecht das **Verbot der geltungserhaltenden Reduktion**, § 306 Abs. 2 BGB.[35] Eine gesetzliche Ausnahme zu diesem Prinzip wird aus § 110 GewO i.V.m. § 74a Abs. 1 HGB für Wettbewerbsverbote hergeleitet, die auch dann auf ein angemessenes Maß reduziert werden

---

24 BAG, Urt. v. 18.12.2008 – 8 AZR 81/08, NZA-RR 2009, 519; BAG, Urt. v. 31.8.2005 – 5 AZR 545/04, NZA 2006, 324.
25 BAG, Urt. v. 18.12.2008 – 8 AZR 81/08, NZA-RR 2009, 519; BAG, Urt. v. 14.8.2007 – 8 AZR 973/06, NZA 2008, 170; BAG, Urt. v. 31.8.2005 – 5 AZR 545/04, NZA 2006, 324.
26 So die Gesetzesbegründung der Bundesregierung, BT-Drucks 14/6857, 54; s. hierzu auch *Thüsing*, AGB-ArbR, Rn 105 ff.
27 BAG, Urt. v. 4.3.2004 – 8 AZR 344/03, AuA 2004, 45.
28 BAG, Urt. v. 4.3.2004 – 8 AZR 344/03, AuA 2004, 45.
29 BAG, Urt. v. 1.3.2006 – 5 AZR 363/05, NZA 2006, 746.
30 BAG, Urt. v. 28.9.2005 – 5 AZR 52/05, NZA 2006, 795.
31 Zum Meinungsstand der arbeitsrechtlichen Literatur vgl. DBD/*Deinert*, § 310 Rn 59 ff.; *Thüsing*, AGB-ArbR, Rn 104 m.w.N. (dort Fn 230).
32 Vgl. SSN/*Suckow/Striegel/Niemann*, Vorwort, S. V: „Die Flexibilität, welche die Bestimmung dem Arbeitsvertragsrecht sichert, erkaufte der Gesetzgeber mit einem gerüttelt Maß an Rechtsunsicherheit teuer."
33 BAG, Urt. v. 16.2.2010 – 3 AZR 181/08, NZA 2011, 42; BAG, Urt. v. 5.8.2009 – 10 AZR 483/08, NZA 2009, 1105.
34 BAG, Urt. v. 20.5.2008 – 9 AZR 382/07, NZA 2008, 1233.
35 Ausführlich BAG, Urt. v. 13.4.2010 – 9 AZR 113/09, NZA-RR 2010, 457; krit. hierzu *Schlewing*, RdA 2011, 92 ff.

können, wenn sie nur formularvertraglich vereinbart wurden.[36] Eine weitere Ausnahme vom Verbot der geltungserhaltenden Reduktion, dogmatisch erklärt als ergänzende Vertragsauslegung, wird vom BAG unter bestimmten Voraussetzungen für **Altverträge** angenommen, wenn die betreffende Klausel vor dem 1.1.2002 zulässig gewesen wäre und der durch die unwirksame Klausel geregelte Aspekt durch die Anwendung des an die Stelle einer unwirksamen Klausel tretenden Gesetzesrechts nicht sachgerecht gelöst werden kann (siehe Rn 11 f.).[37]

2. Blue-Pencil-Test. Enthält eine Klausel einen wirksamen und einen unwirksamen Teil, ist stets zu prüfen, ob sie ohne den unwirksamen Teil noch einen eigenständigen, sinnvollen Regelungsgegenstand enthält. Davon abhängig ist entweder die gesamte Klausel oder nur der unwirksame Teil nicht Vertragsbestandteil geworden (sog. „Blue-Pencil-Test").[38] Eine Trennbarkeit hat das BAG beispielsweise angenommen bei zweistufigen Ausschlussfristen. Auch bei Unwirksamkeit der zweiten Stufe einer Ausschlussfrist (Erfordernis der gerichtlichen Geltendmachung) bleibe die erste Stufe (schriftliche Geltendmachung gegenüber dem Anspruchsgegner) bestehen, wenn beide Stufen so voneinander getrennt sind, dass die zweite Stufe vollständig gestrichen werden kann, die verbleibende Regelung aber weiterhin verständlich und inhaltlich unverändert bleibt.[39] Die Aufrechterhaltung des zulässigen Teils einer Klausel ist jedoch ausgeschlossen, wenn gerade aus der Kombination zweier Klauselteile deren Intransparenz und damit ihre Unwirksamkeit gemäß § 307 Abs. 1 BGB folgt. In diesem Fall käme die teilweise Aufrechterhaltung der Klausel einer unzulässigen geltungserhaltenden Reduktion gleich.[40] Das BAG hat seine Rechtsprechung zur Teilbarkeit einer Stichtagsklausel für Sonderzahlungen, die an den Bestand eines ungekündigten Arbeitsverhältnisses zum Ende des Geschäftsjahres anknüpfte,[41] beispielsweise mittlerweile ausdrücklich aufgegeben.[42]

3. Ergänzende Vertragsauslegung. Durch den Wegfall unwirksamer Klauseln entstandene Regelungslücken können unter bestimmten Umständen durch eine **ergänzende Vertragsauslegung** gefüllt werden, wenn für den betroffenen Regelungsgegenstand keine gesetzliche Vorschrift besteht und der ersatzlose Wegfall der Klausel unter Abwägung der Interessen beider Arbeitsvertragsparteien unangemessen erscheint.[43] Während die ergänzende Vertragsauslegung hauptsächlich im Fall der **intransparenten Gestaltung von Hauptleistungspflichten** Anwendung findet,[44] hat das BAG eine ergänzende Vertragsauslegung auch im Falle einer unwirksamen Rückzahlungsvereinbarung über Ausbildungskosten erwogen[45] und in mehreren Altfällen (Vertragsschluss vor dem 1.1.2002) Widerrufsvorbehalten, die keine ausreichende Angabe der Widerrufsgründe enthielten, im Wege der ergänzenden Vertragsauslegung zur Wirksamkeit verholfen.[46]

Die durch die unwirksame Klausel entstandene Lücke ist, kommt eine ergänzende Vertragsauslegung in Betracht, mit einer Regelung zu füllen, wie sie die Parteien redlicherweise vereinbart hätten, wenn ihnen die Unwirksamkeit der verwendeten Klausel bei Vertragsschluss bekannt gewesen wäre.[47] Dies kommt im Ergebnis einer geltungserhaltenden Reduktion auf das noch zulässige Maß einer Klausel bedenklich nahe.[48] Das BAG fordert deshalb als Voraussetzung einer ergänzenden Vertragsauslegung, dass der ersatzlose Wegfall der unwirksamen Klausel eine **unzumutbare Härte für den Arbeitgeber** darstellen müsse.[49] Dies wird von Teilen der arbeitsrechtlichen Literatur als zu weitgehend kritisiert.[50] In der jüngsten Entscheidung des BAG wird diese Voraussetzung auch nicht mehr erörtert; ins-

---

36 LAG Hamm, Urt. v. 14.4.2003 – 7 Sa 1881/02, NZA-RR 2003, 513; HK/ArbR/*Boemke/Ulrici*, § 306 BGB Rn 14 m.w.N.
37 BAG, Urt. v. 20.4.2011 – 5 AZR 191/10, NJW 2011, 2153; BAG, Urt. v. 30.7.2008 – 10 AZR 606/07, NZA 2008, 1173; BAG, Urt. v. 11.10.2006 – 5 AZR 721/05, NZA 2007, 87; BAG, Urt. v. 12.1.2005 – 5 AZR 364/04, NZA 2005, 465.
38 Vgl. BAG, Urt. v. 13.4.2010 – 9 AZR 36/09, DB 2010, 2805 (Versetzungsklausel); BAG, Urt. v. 12.3.2008 – 10 AZR 152/07, NZA 2008, 699; BAG, Urt. v. 21.4.2005 – 8 AZR 425/04, NZA 2005, 1053.
39 BAG, Urt. v. 12.3.2008 – 10 AZR 152/07, NZA 2008, 699; vgl. zur Konstellation der Unwirksamkeit der ersten Stufe BAG, Urt. v. 16.5.2012 – 5 AZR 251/11, NZA 2012, 971.
40 BAG, Urt. v. 14.9.2011 – 10 AZR 526/10, NZA 2012, 81.
41 BAG, Urt. v. 6.5.2009 – 10 AZR 443/08, NZA 2009, 783.
42 BAG, Urt. v. 13.11.2013 – 10 AZR 848/12.
43 BAG, Urt. v. 11.2.2009 – 10 AZR 222/08, NZA 2009, 428; BAG, Urt. v. 1.3.2006 – 5 AZR 511/05, NZA 2006, 783; BAG, Urt. v. 25.5.2005 – 5 AZR 572/04, NZA 2005, 1111; BAG, Urt. v. 12.1.2005 – 5 AZR 364/04, NZA 2005, 465; vgl. auch *Bieder*, NZA-Beil. 2011, 142.

44 Z.B. BAG, Urt. v. 7.12.2005 – 5 AZR 535/04, NZA 2006, 423 (Umfang der Arbeitszeit); HK/ArbR/*Boemke/Ulrici*, § 306 BGB Rn 15.
45 BAG, Urt. v. 14.1.2009 – 3 AZR 900/07, NZA 2009, 666.
46 BAG, Urt. v. 20.4.2011 – 5 AZR 191/10, NJW 2011, 2153; BAG, Urt. v. 11.10.2006 – 5 AZR 721/05, NZA 2007, 87; BAG, Urt. v. 12.1.2005 – 5 AZR 364/04, NZA 2005, 465; zur teilweisen Aufrechterhaltung einer AGB-widrigen Versetzungsklausel in einem Altvertrag vgl. Hessisches LAG, Urt. v. 31.10.2008 – 10 Sa 2096/06, BB 2009, 1242.
47 BAG, Urt. v. 14.1.2009 – 3 AZR 900/07, NZA 2009, 666; BAG, Urt. v. 7.12.2005 – 5 AZR 535/04, NZA 2006, 423.
48 *Bieder*, jurisPR-ArbR 28/2011 Anm. 2; a.A. SSN/*Suckow*, Rn 20; zur Abgrenzung der ergänzenden Vertragsauslegung von einer geltungserhaltenden Reduktion vgl. *Ohlendorf/Salamon*, RdA 2006, 281 ff.
49 BAG, Urt. v. 13.4.2010 – 9 AZR 113/09, NZA-RR 2010, 457; BAG, Urt. v. 11.2.2009 – 10 AZR 222/08, NZA 2009, 7; BAG, Urt. v. 14.1.2009 – 3 AZR 900/07, NZA 2009, 666; BAG, Urt. v. 19.12.2006 – 9 AZR 294/06, NZA 2007, 809.
50 *Linck*, FS Bauer, S. 645, 657; *Schlewing*, RdA 2011, 92, 97 f.; *Uffmann*, RdA 2011, 154, 162.

besondere bei der Behandlung von Altfällen entscheidet es im Interesse des Vertrauensschutzes großzügiger zugunsten einer ergänzenden Vertragsauslegung.[51]

23 **4. Geltendmachung der Unwirksamkeit.** Die Feststellung der AGB-rechtlichen Unwirksamkeit erfolgt grundsätzlich nur zugunsten des Arbeitnehmers als Vertragspartner des Verwenders. Der Arbeitgeber hingegen kann sich auf die **Unwirksamkeit** der von ihm verwendeten Allgemeinen Geschäftsbedingungen in aller Regel nicht **berufen**. Die Klauselkontrolle dient nicht dem Schutz des Klauselverwenders vor den von ihm selbst eingeführten Formularbestimmungen.[52] Ist beispielsweise eine Schriftformklausel im Arbeitsvertrag vereinbart, kann sich der auf Zahlung einer Karenzentschädigung aufgrund eines nachvertraglichen Wettbewerbsverbots in Anspruch genommene Arbeitgeber auch dann nicht erfolgreich auf eine mündliche Aufhebung des Wettbewerbsverbots stützen, wenn die Schriftformklausel der AGB-Kontrolle nicht standhält.[53]

B. Klauselkatalog

I. Anrechnungsvorbehalte

Literatur zu Anrechnungsvorbehalten: *Bayreuther*, Widerrufs-, Freiwilligkeits- und Anrechnungsvorbehalte – geklärte und ungeklärte Fragen der aktuellen Rechtsprechung des BAG zu arbeitsvertraglichen Vorbehalten, ZIP 2007, 2009; *Bonanni/Koehler*, Anrechnung übertariflicher Zulagen, ArbRB 2009, 24; *Franke*, Anrechnung von Tariferhöhungen auf übertarifliche Zulagen, NZA 2009, 245; *Gaul/Naumann*, Widerrufs- und Anrechnungsvorbehalte im Lichte der AGB-Kontrolle, ArbRB 2005, 146; *Kleinebrink*, Vertragliche Flexibilisierung der Höhe des Arbeitsentgelts durch Anrechnung von Tariferhöhungen, ArbRB 2005, 122; *Moll*, AGB-Kontrolle von Änderungs- und Bestimmungsklauseln in Entgeltregelungen, FS ARGE Arbeitsrecht im DAV, 2006, S. 91; *Reinecke*, Zur AGB-Kontrolle von Arbeitsentgeltvereinbarungen, BB 2008, 554; *Reiter*, Anrechnung tariflicher Einmalzahlungen auf übertarifliche Zulagen, DB 2006, 2686; *Schmitt-Rolfes*, Neues Altes vom BAG: Tariferhöhungen ohne weiteres anrechenbar, AuA 2006, 447; *Schrader/Müller*, Flexible Vergütungsvereinbarungen, RdA 2007, 145; *Seel*, (Sonder-)Vergütung an Arbeitnehmer – Außer- vs. übertarifliche Zulagen und Gestaltungsfragen, öAT 2013, 51

24 Anrechnungsvorbehalte sollen dem Arbeitgeber ermöglichen, **übertarifliche Leistungen mit späteren Tariferhöhungen zu verrechnen.** Mit der Zahlung einer übertariflichen Vergütung müssen dann tarifliche Lohnerhöhungen solange nicht umgesetzt werden, wie die gezahlte Vergütung tatsächlich den Tariflohn übersteigt.

25 Der Arbeitgeber kann nach ständiger Rechtsprechung des BAG eine übertarifliche Zulage mangels anderweitiger Abrede bei Tariflohnerhöhungen – auch rückwirkend – verrechnen.[54] Dies gilt entsprechend für tarifliche Einmalzahlungen, die zusätzlich zu oder anstelle von Tariflohnerhöhungen gewährt werden.[55] Allein in der tatsächlichen Zahlung einer übertariflichen Zulage liegt nach Auffassung des BAG keine Zusage, die Zulage auch nach einer Tariflohnerhöhung als selbstständigen Lohnbestandteil neben dem jeweiligen Tariflohn weiter zu zahlen. Das gilt auch, wenn die Zulage über einen längeren Zeitraum vorbehaltlos gezahlt und nicht mit der Tariflohnerhöhung verrechnet worden ist.[56] Erhöht sich die tarifliche Vergütung, entspreche die Zulässigkeit der Anrechnung regelmäßig dem Parteiwillen, weil sich die Gesamtvergütung nicht verringert.[57]

26 Dies gilt freilich nur, solange nicht die Gewährung einer **Zulage zusätzlich zum jeweiligen Tariflohn** vereinbart ist. Zur Klarstellung empfiehlt sich deshalb, Zulagen nur verbunden mit einem ausdrücklichen Anrechnungsvorbehalt zu gewähren. Dem BAG genügt allerdings, wenn die Zulage als „übertariflich" bezeichnet wird.[58]

II. Arbeitnehmerhaftung

Literatur zur Arbeitnehmerhaftung: *Burkard/Lambrecht*, Haftung von Arbeitnehmern bei Firmenkreditkarten, NZI 2011, 96; *Fornasier/Werner*, Formularmäßige Anerkenntnisse und Schuldversprechen nach Haftpflichtfällen: AGB-rechtliche und arbeitsrechtsspezifische Wirksamkeitsschranken, RdA 2007, 235; *Krause*, Die Haftung des Arbeitnehmers für Mankoschäden – Bilanz und Perspektiven, RdA 2013, 129; *Oberthür*, Vertragliche Ausgestaltung der Mankohaftung – nichts geht mehr?, ArbRB 2007, 369; *Richardi*, Leistungsstörung und Haftung im Arbeitsverhältnis nach dem Schuldrechtsmodernisierungsgesetz, NZA 2002, 1004; *Schreiber*, Beschränkte Arbeitnehmerhaftung, Jura 2009, 26; *Schwab*, Die Haftung des Arbeitnehmers – Eine systematische Darstellung anhand der Rechtsprechung, AiB 2012, 391; *ders.*, Die Schadenshaftung im Arbeitsverhältnis – Eine Übersicht, NZA-RR 2006, 449; *Schwirtzek*, Mankoabreden nach der Schuldrechtsreform – Zurück in die Zukunft!, NZA 2005, 437; *ders.*, Arbeitnehmerhaftung für Fehlbeträge und Fehlbestände, AuA 2003, 20; *Walker*, Haftungsvereinbarungen im Arbeitsrecht unter besonderer Berücksichtigung der Schuldrechtsreform, FS Canaris, 2007, S. 1503; *ders.*, Die eingeschränkte Haftung des Arbeitnehmers unter Berücksichtigung der Schuldrechtsmodernisierung, JuS 2002, 736

---

51 Vgl. etwa BAG, Urt. v. 20.4.2011 – 5 AZR 191/10, NJW 2011, 2153.
52 BAG, Urt. v. 27.10.2005 – 8 AZR 3/05, NZA 2006, 257.
53 LAG Köln, Urt. v. 21.8.2013 – 11 Sa 171/13, AMK 2014, Nr. 1, 12.
54 BAG, Urt. v. 1.3.2006 – 5 AZR 363/05, NZA 2006, 746.
55 BAG, Urt. v. 1.3.2006 – 5 AZR 540/05, NZA 2006, 688.
56 BAG, Urt. v. 23.9.2009 – 5 AZR 973/08, NZA 2010, 360.
57 BAG, Urt. v. 23.9.2009 – 5 AZR 973/08, NZA 2010, 360; BAG, Urt. v. 27.8.2008 – 5 AZR 820/07, NZA 2009, 49.
58 BAG, Urt. v. 18.5.2011 – 10 AZR 206/10, NZA 2011, 1289; BAG, Urt. v. 23.9.2009 – 5 AZR 973/08, NZA 2010, 360; BAG, Urt. v. 27.8.2008 – 5 AZR 820/07, NZA 2009, 49; krit. in Bezug auf die damit verbundene „Absenkung der Transparenzanforderungen" SSN/*Suckow*, Rn 289; *Franke*, NZA 2009, 245 f.

Die Arbeitnehmerhaftung ist durch das richterrechtlich entwickelte Konzept der **Haftungsprivilegierung des Arbeitnehmers** bestimmt. Danach haftet der Arbeitnehmer eingeschränkt nach dem Grad seines Verschuldens, wobei die Rechtsprechung drei Verschuldensgrade voneinander abgrenzt:[59] Bei **Vorsatz und grober Fahrlässigkeit** haftet der Arbeitnehmer grundsätzlich vollumfänglich. Bei **mittlerer Fahrlässigkeit** tragen Arbeitgeber und Arbeitnehmer den Schaden anteilig nach den Grundsätzen des innerbetrieblichen Schadensausgleichs. Dabei wird die Haftung des Arbeitnehmers regelmäßig betragsmäßig begrenzt.[60] Bei **leichter Fahrlässigkeit** ist eine Haftung des Arbeitnehmers generell ausgeschlossen.

27

1. Abweichung von den Grundsätzen der beschränkten Arbeitnehmerhaftung. Die aus einer entsprechenden Anwendung von § 254 BGB folgenden Regeln über die Haftung im Arbeitsverhältnis sind einseitig zwingendes Arbeitnehmerschutzrecht, von dem nicht zulasten des Arbeitnehmers abgewichen werden kann.[61] Entsprechende Vertragsklauseln sind deshalb unwirksam.[62] Dies galt bereits vor der Schuldrechtsreform.[63] Gleiches gilt für Klauseln, die die Beweislast abweichend von § 619a BGB auf den Arbeitnehmer verlagern.[64]

28

2. Schadensersatzpauschalierungen. Ist der Arbeitnehmer dem Grunde nach zum Schadensersatz verpflichtet, kann für bestimmte Fälle im Vorhinein eine Schadensersatzpauschale vereinbart werden, um dem Arbeitgeber den Nachweis des konkreten Schadens zu erleichtern. Allerdings muss dem Arbeitnehmer in der Klausel ausdrücklich die Möglichkeit eingeräumt werden, den **Nachweis eines geringeren Schadens** zu führen. Zudem darf die vereinbarte Pauschale den in den geregelten Fällen nach **dem gewöhnlichen Lauf der Dinge zu erwartenden Schaden** nicht übersteigen, § 309 Nr. 5 BGB.[65] Eine wirksame Schadensersatzpauschalierung kann dabei wohl nur für eine grob fahrlässige oder vorsätzliche Verursachung gelingen. Denn während die Ersatzpflicht bei leichter Fahrlässigkeit schlechterdings nicht vereinbart werden darf, wird es für die Vereinbarung einer Haftung bei mittlerer Fahrlässigkeit an der praktisch kaum vorwegzunehmenden Abwägung der Gesamtumstände mangeln, die aber für den Haftungsumfang nach den Grundsätzen der BAG-Rechtsprechung zwingend erforderlich ist.[66] Es wird deshalb schwerfallen, den „nach dem gewöhnlichen Lauf der Dinge zu erwartenden Schaden" vorherzusagen, was aber Voraussetzung einer wirksam formulierten Klausel wäre.[67]

29

3. Mankohaftung. Mit der Hilfe von Mankoabreden will der Arbeitgeber das Risiko von Kassen- oder Warenfehlbeständen wenigstens teilweise auf den Arbeitnehmer übertragen. Dies liegt insbesondere nahe, wenn Arbeitnehmer besondere Verantwortung für Ihnen anvertraute Werte tragen und eine Überwachung schwer möglich ist. Auch in einer solchen Konstellation sind die Grundsätze der privilegierten Arbeitnehmerhaftung zu beachten.[68] Es ist danach unzulässig, dem Arbeitnehmer eine verschuldensunabhängige Garantiehaftung für den Kassen- oder Warenbestand aufzuerlegen.

30

Das BAG hat allerdings vor der Schuldrechtsreform Vereinbarungen als wirksam anerkannt, mit denen Arbeitnehmern ein finanzieller Vorteil für eine korrekte Kassenführung zuerkannt wurde. Danach kann neben der Grundvergütung ein Mankogeld gezahlt werden, wobei auf das Letztere mögliche Kassenfehlbestände angerechnet werden können. Die Grundvergütung wird dabei unabhängig von einem etwaigen Manko gezahlt.[69] Eine solche Vereinbarung dürfte auch AGB-rechtlich grundsätzlich zulässig sein.[70] Allerdings sollte, angelehnt an die Rechtsprechung des BAG zur Höhe widerruflicher Entgeltbestandteile, das Mankogeld einen Anteil von 25 % der Gesamtvergütung nicht übersteigen. Mankogeld und Mankohaftung können dabei über einen Ausgleichszeitraum von bis zu einem Jahr miteinander verrechnet werden.[71]

31

III. Ausgleichs- und Abgeltungsklauseln, Klageverzicht

Literatur zu Ausgleichs- und Abgeltungsklauseln, Klageverzicht: *Bauer,* Chancen und Risiken von Ausgleichsklauseln in arbeitsrechtlichen Aufhebungs- und Abwicklungsverträgen, FS Bartenbach, 2005, S. 607; *ders.,* Neue Spielregeln für Aufhebungs- und Abwicklungsverträge durch das geänderte BGB?, NZA 2002, 169; *Bauer/Günther,* Neue Spielregeln für Klageverzichtsvereinbarungen, NJW 2008, 1617; *Böhm,* Aus für Ausgleichsquittung/Ausgleichsklausel?, NZA 2008, 919; *Hilgenstock,* Das Arbeitszeugnis als kom-

---

59 Grundlegend BAG, Beschl. v. 25.9.1957 – GS 4/56, NJW 1959, 2194.
60 Siehe hierzu MünchArbR/*Reichold,* § 51 Rn 44 m.w.N.
61 Zur Rechtslage nach der Schuldrechtsreform vgl. *Walker,* JuS 2002, 736, 737 f.; a.A. *Schwirtzek,* NZA 2005, 437, 439.
62 LAG Köln, Urt. v. 25.1.2011 – 5 Sa 1291/10; *Lakies,* Kap. 5 Rn 273; ErfK/*Preis,* §§ 305–310 BGB Rn 85; *Oberthür,* ArbRB 2007, 369, 370; *Schaub/Linck,* § 35 Rn 73.
63 BAG, Urt. v. 2.12.1999 – 8 AZR 386/98, NZA 2000, 715.
64 *Henssler/Moll,* S. 95; *Lakies,* Kap. 5 Rn 193; *Oberthür,* ArbRB 2007, 369, 372.
65 Vgl. zum ähnlichen Fall einer Aufwendungsersatzpauschale BAG, Urt. v. 27.7.2010 – 3 AZR 777/08, NZA 2010, 1237.
66 Zu den dabei zu berücksichtigenden umfangreichen Kriterien vgl. MünchArbR/*Reichold,* § 51 Rn 44 m.w.N.
67 *Lakies,* Kap. 5 Rn 397.
68 BAG, Urt. v. 2.12.1999 – 8 AZR 386/98, NZA 2000, 715.
69 BAG, Urt. v. 2.12.1999 – 8 AZR 386/98, NZA 2000, 715.
70 *Henssler/Moll,* S. 95; *Lakies,* Kap. 5 Rn 295; *Schwab,* NZA-RR 2006, 449, 455; *Walker,* JuS 2002, 736, 741; *Krause,* RdA 2013, 129, 138 f.; weitergehend *Schwirtzek,* NZA 2005, 437, 443.
71 BAG, Urt. v. 17.9.1998 – 8 AZR 175/97, NZA 1999, 141; zur Rechtslage nach der Schuldrechtsreform *Oberthür,* ArbRB 2007, 369, 370 f.

pensatorische Gegenleistung im Abwicklungsvertrag, ArbR 2013, 254; *Kleinebrink*, Grundsätze der inhaltlichen Gestaltung außergerichtlicher Aufhebungsverträge, ArbRB 2008, 121; *Krets*, Klageverzichts- und Abwicklungsverträge ohne Abfindung, FS Bauer, 2010, S. 601; *Kroeschell*, Die neuen Regeln bei Aufhebungs- und Abwicklungsvereinbarungen, NZA 2008, 560; *Linck*, Die neuere Rechtsprechung des Bundesarbeitsgerichts zu arbeitsrechtlichen Aufhebungsverträgen, JbArbR 45 (2008), 73; *Müller*, Klageverzicht und Abwicklungsvereinbarung, BB 2011, 1653; *Preis/Bleser/Rauf*, Die Inhaltskontrolle von Ausgleichsquittungen und Verzichtserklärungen, DB 2006, 2812; *Reinecke*, Zur Kontrolle von Aufhebungsverträgen nach der Schuldrechtsreform, FS Küttner, 2006, S. 327; *Rolfs*, Die Inhaltskontrolle arbeitsrechtlicher Beendigungsvereinbarungen, FS Reuter, 2010, S. 825; *Schewiola*, Ausgleichsklauseln – Vorsicht ist geboten, ArbRB 2009, 55; *Schwarz*, Klageverzicht gegen eine Abfindung?, AuA 2007, 424; *Seel*, Beendigung von Arbeitsverhältnissen durch Aufhebungsverträge – typische Klauseln und rechtliche Risiken, JA 2006, 366; *Worzalla*, Der Verzicht auf die Erhebung der Kündigungsschutzklage – eine unangemessene Benachteiligung des Arbeitnehmers?, SAE 2009, 31

32 Ausgleichs- und Abgeltungsklauseln und die ihnen ähnliche Klageverzichtserklärung sind regelmäßiger Bestandteil von Aufhebungsvereinbarungen. Soweit diese nicht individuell ausgehandelt werden, unterfallen solche Vereinbarungen dem Anwendungsbereich des AGB-Rechts. Ausgleichs- und Abgeltungsklauseln in Aufhebungs- und Abwicklungsvereinbarungen sind nicht überraschend oder ungewöhnlich i.S.d. § 305c BGB, sondern die Regel.[72] Solche Vereinbarungen sollen die Rechtsbeziehung der Parteien abschließend regeln und drücken dies normalerweise in einer generellen Erledigungsklausel aus.

33 **1. Ausgleichs- und Abgeltungsklauseln.** Welche Rechtsqualität und welchen Umfang die in einer **Ausgleichs- oder Abgeltungsvereinbarung** abgegebenen Erklärungen haben, ist nach den Regeln der §§ 133, 157 BGB durch Auslegung zu ermitteln. Als rechtstechnische Mittel für den Willen der Parteien, ihre Rechtsbeziehung zu bereinigen, kommen insbesondere der Erlassvertrag, das konstitutive und das deklaratorische Schuldanerkenntnis in Betracht. Ein **Erlassvertrag** (§ 397 Abs. 1 BGB) ist dann anzunehmen, wenn die Parteien vom Bestehen einer bestimmten Schuld ausgehen, diese aber übereinstimmend als nicht mehr zu erfüllen betrachten. Ein **konstitutives negatives Schuldanerkenntnis** i.S.v. § 397 Abs. 2 BGB liegt vor, wenn der Wille der Parteien darauf gerichtet ist, alle oder eine bestimmte Gruppe von bekannten oder unbekannten Ansprüchen zum Erlöschen zu bringen. Ein **deklaratorisches negatives Schuldanerkenntnis** ist anzunehmen, wenn die Parteien nur die von ihnen angenommene Rechtslage eindeutig dokumentieren und damit fixieren wollen.[73] Unterzeichnet ein Arbeitnehmer außerhalb eines Aufhebungsvertrags oder eines (Prozess-)Vergleichs vorformulierte „Ausgleichsquittung", wonach sich die Parteien darüber „einig" sind, dass „sämtliche gegenseitigen Ansprüche erledigt sind", kommt dieser allenfalls die Bedeutung eines deklaratorischen negativen Schuldanerkenntnisses zu.[74]

34 In der Regel ist davon auszugehen, dass die Arbeitsvertragsparteien das Arbeitsverhältnis abschließend bereinigen und alle Ansprüche erledigen wollen, gleichgültig ob sie bei Abschluss der Vereinbarung an diese dachten oder nicht. Entsprechende Vereinbarungen sind deshalb weit auszulegen.[75] Eine Ausgleichsklausel, wonach sämtliche Ansprüche aus dem Arbeitsverhältnis und anlässlich seiner Beendigung abgegolten sind, erfasst grundsätzlich auch Ansprüche aus **Aktienoptionen**, wenn die Bezugsrechte vom Arbeitgeber eingeräumt wurden.[76] Von Ausgleichsklauseln werden allerdings solche Forderungen nicht erfasst, die objektiv außerhalb des von den Parteien Vorgestellten liegen und bei Abschluss des Aufhebungsvertrags subjektiv unvorstellbar waren.[77] Dasselbe gilt für Ansprüche, die in der Regel nach dem beiderseitigen Parteiwillen nicht Gegenstand der Ausgleichsklausel sein sollen, insbesondere Betriebsrentenansprüche,[78] den Zeugniserteilungsanspruch,[79] Ansprüche auf Rückgabe des Dienstwagens[80] oder von Geschäftsunterlagen[81] sowie unter Umständen Pflichten aus einem nachvertraglichen Wettbewerbsverbot.[82]

35 Eine Inhaltskontrolle solcher Klauseln erfolgt nur, soweit sie ihrer Natur nach keine Hauptleistungspflicht betreffen. Keine Inhaltskontrolle findet deshalb statt, wenn als Gegenleistung für die Ausgleichs- oder Abgeltungserklärung eine Abfindung gezahlt wird oder die Gegenseite ebenfalls auf Ansprüche verzichtet, die tatsächlich bestehen.[83] Ausgleichsklauseln, die im Zusammenhang mit der Beendigung des Arbeitsverhältnisses vereinbart werden, insbesondere im Rahmen eines Aufhebungsvertrags, beinhalten hingegen regelmäßig nur Nebenbestimmungen und sind damit nicht gemäß § 307 Abs. 3 S. 1 BGB kontrollfrei.[84] Vereinbarungen, die allein den Verzicht auf Ansprüche des Arbeitnehmers vorsehen (z.B. sog. einseitige **Ausgleichsquittungen**), ohne hierfür eine kompensatorische Gegenleistung zu gewähren, sind in der Regel unangemessen benachteiligend und deshalb unwirksam.[85] Aber auch Vereinbarungen,

---

72 BAG, Urt. v. 19.11.2008 – 10 AZR 671/07, NZA 2009, 318.
73 BAG, Urt. v. 23.10.2013 – 5 AZR 135/12, juris; BAG, Urt. v. 28.5.2008 – 10 AZR 351/07, NZA 2008, 1066.
74 BAG, Urt. v. 23.10.2013 – 5 AZR 135/12, juris.
75 BAG, Urt. v. 19.3.2009 – 6 AZR 557/07, NZA 2009, 896; BAG, Urt. v. 22.10.2008 – 10 AZR 617/07, NZA 2009, 139.
76 BAG, Urt. v. 28.5.2008 – 10 AZR 351/07, NZA 2008, 1066.
77 BAG, Urt. v. 28.5.2008 – 10 AZR 351/07, NZA 2008, 1066.
78 BAG, Urt. v. 17.10.2000 – 3 AZR 69/99, NZA 2001, 203.
79 BAG, Urt. v. 16.9.1974 – 5 AZR 255/74, NJW 1975, 407; ErfK/*Preis*, § 611 BGB Rn 403; a.A. LAG Berlin-Brandenburg, Urt. v. 6.12.2011 – 3 Sa 1300/11, BB 2012, 380.
80 ArbG Trier, Urt. v. 17.10.2012 – 4 Ca 487/12, juris; zust. *Fischer*, jurisPR-ArbR 48/2012, Anm. 6.
81 BAG, Urt. v. 14.12.2011 – 10 AZR 283/10, NZA 2012, 501.
82 BAG, Urt. v. 22.10.2008 – 10 AZR 617/07, NZA 2009, 139; BAG, Urt. v. 19.11.2003 – 10 AZR 174/03, NZA 2004, 554.
83 Vgl. hierzu ausführlich SSN/*Niemann*, Rn 404; ErfK/*Preis*, §§ 305–310 BGB Rn 77; *Preis/Bleser/Rauf*, DB 2006, 2812, 2816; *Bauer/Günther*, NJW 2008, 1617, 1620 f.
84 BAG, Urt. v. 21.6.2011 – 9 AZR 203/10, NZA 2011, 1338.
85 BAG, Urt. v. 21.6.2011 – 9 AZR 203/10, NZA 2011, 1338; ErfK/*Preis*, §§ 305–310 BGB Rn 77.

die einen umfassenden **beiderseitigen Verzicht** auf bekannte und unbekannte Ansprüche gleich welcher Art vorsehen, bewirken nach in der Rechtsprechung zunehmend verbreiteter Auffassung regelmäßig eine unangemessene Benachteiligung des Arbeitnehmers, weil das Risiko des Anspruchsverlustes auf Seiten des Arbeitnehmers typischerweise höher sei als auf Seiten des Arbeitgebers.[86] Bis eine anderslautende Entscheidung des BAG vorliegt, ist davon auszugehen, dass Ausgleichsklauseln nur wirksam sind, wenn für den Anspruchsverzicht des Arbeitnehmers eine über den Anspruchsverzicht des Arbeitgebers hinausgehende, angemessene Gegenleistung vereinbart wird.

2. Verzicht auf Erhebung der Kündigungsschutzklage. Ein **ohne Gegenleistung** erklärter, formularmäßiger Verzicht des Arbeitnehmers auf die Erhebung einer Kündigungsschutzklage stellt eine unangemessene Benachteiligung i.S.v. § 307 Abs. 1 S. 1 BGB dar, auch wenn der Verzicht nach Ausspruch der Kündigung erklärt wurde.[87] Ein formularmäßiger Verzicht auf eine Kündigungsschutzklage ist nach § 307 Abs. 1 S. 1 BGB voll überprüfbar.[88] Es handelt sich bei dem Klageverzicht nicht um die Hauptabrede eines selbstständigen Vertrags, die nach § 307 Abs. 1 S. 2, Abs. 3 BGB nur auf Transparenz kontrollierbar wäre. Der bloße Verzicht des Arbeitnehmers auf eine Kündigungsschutzklage ohne kompensatorische Gegenleistung stellt lediglich eine Nebenabrede zu dem ursprünglichen Arbeitsvertrag dar, nicht aber die Hauptleistung aus einem gesondert abgeschlossenen Vertrag.[89] Ein wirksamer Klageverzicht setzt demnach eine **arbeitgeberseitige Kompensation** voraus, etwa in Bezug auf den Beendigungszeitpunkt, die Beendigungsart, die Zahlung einer Entlassungsentschädigung, den Verzicht auf eigene Ersatzansprüche oder Ähnliches.[90]

Uneingeschränkt unzulässig sind nach wie vor Vereinbarungen, die Arbeitnehmerrechte aus dem Kündigungsschutzgesetz bereits während des Arbeitsverhältnisses einschränken.[91]

IV. Ausschlussfristen

Literatur zu Ausschlussfristen: *Bayreuther*, Vertragskontrolle im Arbeitsrecht nach der Entscheidung des BAG zur Zulässigkeit zweistufiger Ausschlussfristen, NZA 2005, 1337; *Betz*, Verfallsklauseln im Arbeitsrecht und deren Auswirkungen auf Equal Pay-Klagen nach Feststellung der Tariffähigkeit der CGZP, NZA 2013, 350; *Brecht-Heitzmann*, Verfassungsrechtliche Neubewertung zweistufiger Ausschlussfristen, DB 2011, 1523; *Hunold*, Arbeitsvertragliche Ausschlussfristen, AuA 2006, 22; *Husemann*, Ausschlussfristen im Arbeitsrecht, NZA-RR 2011, 337; *ders.*, Bestandsschutz wird billiger!, BB 2013, 2615; *Kortstock*, Zulässige Länge von einzelvertraglichen Ausschlussfristen, NZA 2010, 311; *Kraushaar*, Noch einmal: Zulässigkeit und Länge einzelvertraglicher Ausschlussfristen nach der Reform des Schuldrechts, ArbuR 2006, 386; *ders.*, Zulässigkeit und Länge einzelvertraglicher Ausschlussfristen nach der Reform des Schuldrechts, ArbuR 2004, 374; *Laber/Goetzmann*, Wirksame Vereinbarung von Ausschlussfristen in Formulararbeitsverträgen, ArbRB 2005, 219; *Lakies*, AGB-Kontrolle von Ausschlussfristen, ArbR 2013, 318; *ders.*, AGB-Kontrolle: Ausschlussfristen vor dem Aus?, NZA 2004, 569; *Matthiessen*, Klageweise Geltendmachung von Ansprüchen zur Wahrung einer zweistufigen Ausschlussfrist durch Kündigungsschutzklage, NZA 2008, 1165; *ders.*, Arbeitsvertragliche Ausschlussfristen und das Klauselverbot des § 309 Nr. 7 BGB, NZA 2007, 361; *Mohr*, Neue Rechtsprechung des BAG zur AGB-Kontrolle von Ausschlussfristen in Formulararbeitsverträgen, SAE 2006, 136; *Müller*, Noch einmal: AGB-Kontrolle von vertraglichen Ausschlussfristen nach der Schuldrechtsreform, BB 2005, 1333; *Nägele/Chwalisz*, Schuldrechtsreform – Das Ende arbeitsvertraglicher Ausschlussfristen, MDR 2002, 1341; *Nägele/Gertler*, Tarifliche Ausschlussfristen auf dem Prüfstand des Verfassungsrechts, NZA 2011, 442; *Oberthür*, Neues zu arbeitsvertraglichen Ausschlussfristen, ArbRB 2009, 181; *Preis/Roloff*, Die Inhaltskontrolle vertraglicher Ausschlussfristen, RdA 2005, 144; *Reinecke*, Die gerichtliche Kontrolle von Ausschlussfristen nach dem Schuldrechtsmodernisierungsgesetz, BB 2005, 378 und 1388; *Salamon/Hoppe*, Was ist noch regelbar? – Freiwilligkeitsvorbehalte, Schriftformklauseln, Ausschlussfristen, AuA 2012, 667; *Schöne*, Vertragliche Ausschlussfristen und AGB-Kontrolle, SAE 2009, 25; *Ulber*, Ausschlussfristen und zwingendes Gesetzesrecht, DB 2011, 1808; *Zahn*, Zweistufige Ausschlussfristen in Arbeitsverträgen, AE 2008, 169.

Ausschlussfristen finden sich in nahezu jedem Formulararbeitsvertrag. Sie sind eine Besonderheit des Arbeitsrechts und als solche auch nach der Schuldrechtsreform grundsätzlich zulässig geblieben.[92] Mit ihrer Hilfe wird die Durchsetzbarkeit der gegenseitigen Ansprüche aus dem Arbeitsverhältnis im Gegensatz zu den einschlägigen gesetzlichen Verjährungsbestimmungen zeitlich stark beschränkt, was der Rechtssicherheit und dem Rechtsfrieden im Arbeitsverhältnis dienen soll.

Neben **einfachen Ausschlussfristen**, die zur Vermeidung des Verfalls von Ansprüchen die schriftliche Geltendmachung derselben gegenüber der anderen Vertragspartei binnen einer bestimmten Frist ab Fälligkeit fordern, sehen **zweistufige Ausschlussfristen** anschließend an diesen Vorgang eine Obliegenheit vor, den bereits geltend gemachten Anspruch fristgebunden auch noch gerichtlich geltend zu machen, wenn er nach der ersten Stufe abgelehnt wurde oder die Geltendmachung ohne Antwort geblieben ist.

---

86 LAG Schleswig-Holstein, Urt. v. 24.9.2013 – 1 Sa 61/13, NZA-RR 2014, 10; LAG Berlin-Brandenburg, Urt. v. 24.11.2011 – 5 Sa 1524/11, ArbR 2012, 205; a.A. Sächsisches LAG, Urt. v. 12.7.2013 – 1 Sa 22/13, juris (Revision anhängig unter Az 5 AZR 708/13); LAG Hamm, Urt. v. 6.2.2013 – 3 Sa 1026/12, juris (Revision anhängig unter Az 5 AZR 311/13).
87 BAG, Urt. v. 6.9.2007 – 2 AZR 722/06, NZA 2008, 219.
88 BAG, Urt. v. 6.9.2007 – 2 AZR 722/06, NZA 2008, 219.
89 BAG, Urt. v. 6.9.2007 – 2 AZR 722/06, NZA 2008, 219.
90 BAG, Urt. v. 6.9.2007 – 2 AZR 722/06, NZA 2008, 219 m.w.N.
91 Allg. Auffassung, BAG, Urt. v. 19.12.1974 – 2 AZR 565/73, NJW 1975, 1531; HK/ArbR/*Schmitt*, § 1 KSchG Rn 3; APS/*Dörner/Vossen*, § 1 KSchG Rn 5; ErfK/*Oetker*, § 1 KSchG Rn 13 ff.; SSN/*Striegel*, Rn 625; BGH, Urt. v. 10.5.2010 – II ZR 70/09, NZA 2010, 889.
92 BAG, Urt. v. 28.9.2005 – 5 AZR 52/05, NZA 2006, 795.

40 Einseitige **Ausschlussfristen** in Formulararbeitsverträgen, die nur für den Arbeitnehmer zum Anspruchsverlust führen, widersprechen einer ausgewogenen Vertragsgestaltung und sind deshalb nach § 307 Abs. 1 S. 1 BGB unwirksam.[93]

41 Unter der Überschrift „Schlussbestimmungen" muss ein verständiger Arbeitnehmer bei einem ansonsten detailliert gegliederten Formulararbeitsvertrag nicht mit einer Klausel rechnen, durch die der Verfall von Ansprüchen bei nicht rechtzeitiger Geltendmachung herbeigeführt werden soll.[94] Es empfiehlt sich deshalb, Ausschlussfristen stets mit einer **separaten Überschrift** zu versehen und ggf. optisch hervorzuheben.

42 Anzugeben ist in der Ausschlussklausel der Zeitpunkt, zu dem die **Ausschlussfrist zu laufen beginnen** soll (üblicherweise mit dem Eintritt der Fälligkeit des Anspruchs). Fehlt diese Angabe, ist die Klausel intransparent und damit unwirksam.[95] Gegen das Transparenzgebot verstoßen auch Klauseln, die keinen ausdrücklichen Hinweis auf den **Verfall des Anspruchs als Rechtsfolge** der nicht fristgemäßen Geltendmachung beinhalten.[96]

43 Das BAG verlangt nicht, dass Ausschlussfristen explizite Ausnahmen in Bezug auf Schadensersatzansprüche vorsehen, die auf einer **vorsätzlichen oder grob fahrlässigen Pflichtverletzung** des Verwenders oder eines gesetzlichen Vertreters oder Erfüllungsgehilfen des Verwenders beruhen. Zwar sind vertragliche Ausschlussfristen in Bezug auf Ansprüche wegen vorsätzlichen Handelns des Schuldners gemäß § 202 Abs. 1 BGB generell unzulässig[97] und in Bezug auf Ansprüche wegen vorsätzlicher oder grob fahrlässiger Pflichtverletzung durch den Verwender oder seinen gesetzlichen Vertreter bzw. Erfüllungsgehilfen wegen § 309 Nr. 7b BGB zumindest umstritten.[98] Bei Fehlen anderweitiger Hinweise sind Ausschlussfristen dem BAG zufolge jedoch grundsätzlich so auszulegen, dass sie solche Fälle nicht erfassen, die durch zwingende gesetzliche Verbote oder Gebote geregelt sind. Eine Erstreckung auf solche Ansprüche sei von den Parteien regelmäßig nicht gewollt. Sind von der vertraglich vereinbarten Ausschlussklausel Schadensersatzansprüche nach § 309 Nr. 7b BGB nicht umfasst, so kommt es auf die Wirksamkeit der Klausel nach dieser Regelung nach Ansicht des BAG nicht an.[99]

44 **1. Einfache Ausschlussfristen.** Eine einzelvertragliche Ausschlussfrist, die die schriftliche Geltendmachung aller Ansprüche aus dem Arbeitsverhältnis innerhalb einer **Frist von weniger als drei Monaten** ab Fälligkeit verlangt, benachteiligt den Vertragspartner des Verwenders unangemessen und ist deshalb unwirksam.[100] Die Unwirksamkeit der Ausschlussklausel führt auch unter Berücksichtigung der Besonderheiten bei **Altverträgen** zu ihrem ersatzlosen Wegfall bei Aufrechterhaltung des Arbeitsvertrags im Übrigen. Die im Falle einer unwirksamen Ausschlussfrist einschlägige Verjährungsfrist von drei Jahren nach § 195 BGB ist nach Auffassung des BAG angemessen lang, um dem Bedürfnis der Parteien nach Rechtssicherheit und Rechtsklarheit zu genügen, sodass eine ergänzende Vertragsauslegung ausscheidet.[101]

45 Eine Klausel, die für den Beginn der Ausschlussfrist nicht die Fälligkeit der Ansprüche berücksichtigt, sondern allein auf die **Beendigung des Arbeitsverhältnisses** abstellt, benachteiligt den Arbeitnehmer unangemessen und ist deshalb gem. § 307 Abs. 1 S. 1 BGB unwirksam.[102] Eine solche Regelung ist mit dem in § 199 Abs. 1 Nr. 2 BGB zum Ausdruck kommenden Grundgedanken unvereinbar, wonach für den Beginn der Verjährungsfrist Voraussetzung ist, dass der Gläubiger von den anspruchsbegründenden Umständen Kenntnis erlangt oder ohne grobe Fahrlässigkeit erlangen müsste. Der Wertung des § 199 Abs. 1 Nr. 2 BGB ist in Ausschlussfristen deshalb dadurch Rechnung zu tragen, dass für den Fristbeginn (jedenfalls auch) die Fälligkeit der Ansprüche maßgebend ist.[103]

46 **2. Zweistufige Ausschlussfristen.** Sog. zweistufige oder doppelte Ausschlussfristen verlangen nach erfolgloser schriftlicher Geltendmachung (erste Stufe) die fristgebundene gerichtliche Geltendmachung des Anspruchs (zweite Stufe). Erfolglos ist die Geltendmachung, wenn der in Anspruch genommene Vertragspartner den Anspruch entweder ausdrücklich ablehnt oder auf die Inanspruchnahme binnen einer bestimmten Frist, die in der Klausel anzugeben ist, nicht reagiert. Auch für die zweite Stufe der Ausschlussfrist ist eine **Mindestfrist von drei Monaten** zu wahren.[104]

47 Ausschlussfristen, die eine Klageerhebung binnen einer bestimmten Frist verlangen, sind nach Ansicht das BAG regelmäßig dahingehend auszulegen, dass mit der nach Ausspruch einer Kündigung eingelegten Kündigungsschutzklage gleichzeitig das Erlöschen der vom Ausgang des Kündigungsrechtsstreits abhängigen **Annahmeverzugs-**

---

[93] BAG, Urt. v. 31.8.2005 – 5 AZR 545/04, NZA 2006, 324.
[94] BAG, Urt. v. 31.8.2005 – 5 AZR 545/04, NZA 2006, 324; Gleiches gilt für die Aufnahme unter der Überschrift „Beendigung des Arbeitsverhältnisses", vgl. LAG Köln, Urt. v. 22.6.2012 – 10 Sa 88/12, AE 2013, 12.
[95] LAG Hamm, Urt. v. 1.6.2012 – 13 Sa 1850/11, juris.
[96] BAG, Urt. v. 31.8.2005 – 5 AZR 545/04, NZA 2006, 324.
[97] BAG, Urt. v. 20.6.2013 – 8 AZR 280/12, NZA 2013, 1265.
[98] Die Vereinbarkeit von Ausschlussfristen mit § 309 Nr. 7b BGB bejahend BAG, Urt. v. 28.9.2005 – 5 AZR 52/05, NZA 2006, 149; a.A. BGH, Urt. v. 15.11.2006 – VIII ZR 3/06, BB 2007, 177; LAG Hamm, Urt. v. 25.9.2012 – 14 Sa 280/12, juris.
[99] BAG, Urt. v. 20.6.2013 – 8 AZR 280/12, NZA 2013, 1265.
[100] BAG, Urt. v. 28.11.2007 – 5 AZR 992/06, NZA 2008, 293; BAG, Urt. v. 28.9.2005 – 5 AZR 52/05, NZA 2006, 149; BAG, Urt. v. 25.5.2005 – 5 AZR 572/04, NZA 2005, 1111.
[101] BAG, Urt. v. 28.11.2007 – 5 AZR 992/06, NZA 2008, 293.
[102] BAG, Urt. v. 2.3.2006 – 5 AZR 511/05, NZA 2006, 783.
[103] BAG, Urt. v. 2.3.2006 – 5 AZR 511/05, NZA 2006, 783.
[104] BAG, Urt. v. 12.3.2008 – 10 AZR 152/07, NZA 2008, 699; BAG, Urt. v. 25.5.2005 – 5 AZR 572/04, NZA 2005, 1111.

ansprüche des Arbeitnehmers verhindert werden soll.[105] Die übliche Formulierung der zweiten Stufe einer doppelten Ausschlussfrist verdeutliche dem Arbeitnehmer nach allgemeinem Sprachgebrauch nur, dass ein Anspruch vor einem Gericht vorgebracht werden muss und eine außergerichtliche Geltendmachung nicht genügt. Wie bei der schriftlichen Geltendmachung könne der Arbeitnehmer davon ausgehen, dass die Erhebung einer Kündigungsschutzklage eine Geltendmachung von hiervon abhängigen Ansprüchen auf Annahmeverzugsvergütung beinhaltet, denn die Kündigungsschutzklage ist in der Regel nicht auf den Erhalt des Arbeitsplatzes beschränkt, sondern zugleich und gerade auch auf die Sicherung der Ansprüche gerichtet, die durch den Verlust der Arbeitsstelle möglicherweise verloren gehen. Von einem nicht rechtskundigen Arbeitnehmer könne nicht erwartet werden, dass er den prozessualen Begriff des Streitgegenstands und dessen Bedeutung kennt.[106]

Zweistufige Ausschlussfristen können **geteilt** werden.[107] Ist nur die zweite Stufe der Ausschlussfrist unwirksam, tangiert dies deshalb nicht zwangsläufig die erste Stufe, die nur die schriftliche Geltendmachung des Anspruchs verlangt. Umgekehrt setzt aber die zweite Stufe der Ausschlussfrist eine wirksame erste Stufe voraus, da andernfalls der Fristbeginn der zweiten Stufe der Ausschlussfrist nicht bestimmt werden kann.[108]

V. Befristung des Arbeitsverhältnisses, Altersgrenze

Literatur zur Befristung des Arbeitsverhältnisses, Altersgrenze:[109] *Bauer*, Tückisches Befristungsrecht, NZA 2011, 241; *ders.*, Befristung ohne Sachgrund – kein Meisterstück des Gesetzgebers!, FS Buchner, 2009, S. 30; *Hunold*, Rechtsprechung zu aktuellen Fragen des Befristungsrechts, NZA-RR 2013, 505; *Kramer*, Gestaltung einer Altersgrenze mit Beendigungsautomatik im Arbeitsvertrag, ArbR 2011, 551; *Löwisch*, Arbeitsrechtliche Fragen der Rente mit 67, ZTR 2011, 78; *Schiefer*, Befristete Arbeitsverträge: Hindernisse und Fallstricke – Die aktuelle Rechtsprechung, DB 2011, 1164 und 1220; *Worzalla*, Befristung von Arbeitsverhältnissen – noch Fragen?, FS Leinemann, 2006, S. 409

Nach der Rechtsprechung des BAG ist die Befristung des gesamten Arbeitsvertrags ausschließlich daraufhin zu überprüfen, ob sie durch einen **sachlichen Grund gemäß § 14 Abs. 1 TzBfG** gerechtfertigt ist. Damit scheidet eine Inhaltskontrolle nach §§ 307 ff. BGB aus.[110] Eine Interessenabwägung findet bei der Befristungskontrolle nach § 14 Abs. 1 TzBfG nicht statt.

Zu beachten sind allerdings die übrigen AGB-rechtlichen Vorschriften zu **überraschenden und mehrdeutigen Klauseln**, § 305c BGB. Wegen der weitreichenden wirtschaftlichen Folgen, die mit der Beendigung eines befristeten Arbeitsverhältnisses verbunden sind, muss die vom Arbeitgeber formulierte Befristungsabrede den Zeitpunkt der Beendigung des Arbeitsverhältnisses für den durchschnittlichen Arbeitnehmer hinreichend deutlich erkennen lassen. Wird eine Befristungsabrede getroffen, bei der das Arbeitsverhältnis **vor Ablauf der vereinbarten Zeitbefristung vorzeitig durch Eintritt einer oder mehrerer auflösenden Bedingungen enden** kann (Doppelbefristung), so ist die vorzeitige Beendigungsmöglichkeit im Vertragstext deshalb deutlich erkennbar hervorzuheben.[111] Eine Befristungsabrede, die im Vertrag unter dem Punkt „Entstehung des Arbeitsverhältnisses" anstatt unter dem ebenfalls vorhandenen Punkt „Beendigung des Arbeitsverhältnisses" aufgenommen wird, ist als überraschend gewertet worden.[112] Enthält der Arbeitsvertrag neben der Befristungsabrede weitere Regelungen, die nur dann einen Anwendungsbereich bekommen, wenn das Arbeitsverhältnis über den Befristungsablauf hinaus fortgesetzt würde, kann dies zumindest nach der vom LAG Berlin-Brandenburg vertretenen Ansicht die Intransparenz der Befristungsabrede zur Folge haben.[113]

Das Teilzeit- und Befristungsgesetz verlangt bei der Befristung eines Arbeitsvertrags weder eine **Vereinbarung noch die Angabe des Sachgrundes**.[114] Hier genügt es vielmehr, dass der Rechtfertigungsgrund nach § 14 Abs. 1 und 2 TzBfG für die Befristung bei Vertragsschluss vorliegt. Allerdings muss der **Endzeitpunkt der Befristung** eindeutig benannt sein, sei es durch Angabe eines Datums, sei es durch Angabe des Befristungszwecks.[115]

---

105 BAG, Urt. v. 19.5.2010 – 5 AZR 253/09, NZA 2010, 939; BAG, Urt. v. 19.3.2008 – 5 AZR 429/07, NZA 2008, 757. Die gegenläufige Rechtsprechung zu tariflichen zweistufigen Ausschlussfristen, bei denen nach bisheriger Auffassung des BAG eine gesonderte gerichtliche Geltendmachung der Annahmeverzugslohnansprüche erforderlich sein sollte, musste das BAG nach der Entscheidung des BVerfG vom 1.12.2010 (1 BvR 1682/07, NZA 2011, 354) aufgeben. Es lässt nun auch insoweit die Erhebung einer Bestandsschutzklage ausreichen, BAG, Urt. v. 19.9.2012 – 5 AZR 627/11, NZA 2013, 101; BAG, Urt. v. 19.9.2012 – 5 AZR 924/11, NZA 2013, 156.
106 BAG, Urt. v. 19.3.2008 – 5 AZR 429/07, NZA 2008, 757.
107 BAG, Urt. v. 12.3.2008 – 10 AZR 152/07, NZA 2008, 699.
108 BAG, Urt. v. 16.5.2012 – 5 AZR 251/11, NZA 2012, 971; HWK/*Gotthardt*, § 306 BGB Rn 3.
109 Im Folgenden sind nur Beiträge aufgeführt, die zu AGB-rechtlichen Gesichtspunkten der Befristung von Arbeitsverhältnissen Stellung nehmen.

110 BAG, Urt. v. 2.9.2009 – 7 AZR 233/08, NZA 2009, 1253; BAG, Urt. v. 27.7.2005 – 7 AZR 443/04, NZA 2006, 37.
111 BAG, Urt. v. 8.8.2007 – 7 AZR 605/06, DB 2008, 133; nach Ansicht des Hessischen LAG, Urt. v. 4.2.2013 – 16 Sa 709/12, LAGE § 305c BGB 2002 Nr. 7, kann auch eine einfache Befristungsabrede überraschend sein, wenn sie nicht drucktechnisch hervorgehoben wird.
112 LAG Berlin-Brandenburg, Urt. v. 15.1.2013 – 16 Sa 1829/12, NZA-RR 2013, 459.
113 LAG Berlin-Brandenburg, Urt. v. 15.1.2013 – 16 Sa 1829/12, NZA-RR 2013, 459, krit. *Hunold*, NZA-RR 2013, 459, 464.
114 BAG, Urt. v. 2.9.2009 – 7 AZR 233/08, NZA 2009, 1253; BAG, Urt. v. 23.6.2004 – 7 AZR 636/03, NZA 2004, 1333.
115 BAG, Urt. v. 2.9.2009 – 7 AZR 233/08, NZA 2009, 1253; ErfK/*Müller-Glöge*, § 14 TzBfG Rn 21; HK/ArbR/*Tillmanns*, § 14 TzBfG Rn 11.

52 Die **Grundsätze zum Widerrufsvorbehalt** lassen sich auf die Kontrolle der kalendermäßigen Befristung von Arbeitsbedingungen nicht übertragen.[116] Bei Widerrufsvorbehalten gibt erst die Auflistung der möglichen Gründe für den Arbeitnehmer ausreichenden Aufschluss darüber, unter welchen Voraussetzungen er mit dem Widerruf der Leistung zu rechnen hat. Bei einer kalendermäßigen Befristung ist dagegen klar, dass die vereinbarte Regelung mit Fristablauf ohne weitere Handlungen des Arbeitgebers endet, auch wenn der Befristungsgrund nicht im Arbeitsvertrag angegeben ist.[117]

53 Auch eine einzelvertragliche **Altersgrenze**, mit deren Erreichen das Arbeitsverhältnis enden soll, ist als Befristung des Arbeitsverhältnisses zu betrachten. Die Befristung auf das Erreichen des gesetzlichen Rentenalters ist wirksam, wenn der Arbeitnehmer nach dem Vertragsinhalt und der Vertragsdauer eine gesetzliche Altersrente jedenfalls erwerben kann.[118] Die Wirksamkeit der Befristung ist dabei nicht von der konkreten wirtschaftlichen Absicherung des Arbeitnehmers bei Erreichen der Altersgrenze abhängig.[119] In Allgemeinen Geschäftsbedingungen enthaltene Vereinbarungen, nach denen das Arbeitsverhältnis „auf unbestimmte Zeit" abgeschlossen wird, stehen der Wirksamkeit von in Betriebsvereinbarungen enthaltenen Altersgrenzen trotz des Günstigkeitsprinzips regelmäßig nicht entgegen. Das BAG legt die einzelvertragliche Abrede grundsätzlich als betriebsvereinbarungsoffen aus.[120]

54 Aufgrund der ab 2012 erfolgenden schrittweisen **Erhöhung der Regelaltersgrenze von 65 auf 67 Jahre** sind Klauseln problematisch, die nicht abstrakt auf die Regelaltersgrenze, sondern auf die Vollendung des 65. Lebensjahres als Endzeitpunkt verweisen. Zutreffend wird hierzu vorgeschlagen, solche Vereinbarungen als auf das Erreichen der Regelaltersgrenze geschlossen auszulegen.[121] Hierfür spricht, dass die frühere Regelaltersgrenze seit dem Jahre 1916 unverändert bei 65 Jahren lag und man deshalb jedenfalls für vor dem 1.1.2008 abgeschlossene Verträge von einem entsprechenden tatsächlichen gemeinsamen Willen der Vertragsparteien ausgehen kann.[122] Dagegen steht allerdings die bisherige Rechtsprechung des BAG, das unter Berufung auf das Schriftformerfordernis des § 14 Abs. 4 TzBfG verlangt, entweder den Beendigungstermin oder den zu erreichenden Zweck der Befristung schriftlich zu vereinbaren, damit das Ereignis, dessen Eintritt zur Beendigung des Arbeitsverhältnisses führen soll, „zweifelsfrei feststellbar" ist.[123] Die Rechtsprechung wird erst zu dieser Frage Stellung nehmen können, wenn die ersten Rechtsstreitigkeiten über Austritte nach dem neuen Rentenrecht zu entscheiden sind.

VI. Befristung von Arbeitsbedingungen

Literatur zur Befristung von Arbeitsbedingungen: Dzida, Die Befristung einzelner Arbeitsbedingungen – Eine Alternative zu Widerrufs- und Freiwilligkeitsvorbehalten?, ArbRB 2012, 286; *Geyer*, Die befristete Änderung einzelner Arbeitsbedingungen, FA 2004, 101; *Hohenstatt/Schramm*, Neue Gestaltungsmöglichkeiten zur Flexibilisierung der Arbeitszeit, NZA 2007, 238; *Leder*, Aktuelles zur Flexibilisierung von Arbeitsbedingungen, RdA 2010, 93; *Lunk/Leder*, Teilbefristungen – Neues Recht und alte Regeln?, NZA 2008, 504; *Maschmann*, Die Befristung einzelner Arbeitsbedingungen, RdA 2005, 212; *Moll*, AGB-Kontrolle von Änderungs- und Bestimmungsklauseln in Entgeltregelungen, FS ARGE Arbeitsrecht im DAV, 2006, S. 91; *Preis/Bender*, Die Befristung einzelner Arbeitsbedingungen – Kontrolle durch Gesetz oder Richterrecht?, NZA-RR 2005, 337; *Preis/Lindemann*, Änderungsvorbehalte – Das BAG durchschlägt den gordischen Knoten, NZA 2006, 632; *Schmalenberg*, Befristung von einzelnen Vertragsbedingungen, FS ARGE Arbeitsrecht im DAV, 2006, S. 155; *Schmitt-Rolfes*, Aus für befristete Übertragung von Führungspositionen?, AuA 2007, 647; *Schramm/Naber*, Wirksamkeitsanforderungen an die Befristung von einzelnen Vertragsbestandteilen, NZA 2009, 1318; *Willemsen/Jansen*, Die Befristung von Entgeltbestandteilen als Alternative zu Widerrufs- und Freiwilligkeitsvorbehalten, RdA 2010, 1; *Willemsen/Grau*, Alternative Instrumente zur Entgeltflexibilisierung im Standardarbeitsvertrag, NZA 2005, 1137

55 Neben der Befristung des Arbeitsverhältnisses insgesamt besteht grundsätzlich die Möglichkeit, einzelne Arbeitsbedingungen befristet zu ändern. Häufigster Anwendungsfall sind die vorübergehende Erhöhung der Arbeitszeit und die Übertragung höherwertiger Aufgaben.

56 Die Inhaltskontrolle nach § 307 BGB wird hierbei nicht durch die für die Befristung von Arbeitsverträgen geltenden Bestimmungen in §§ 14 ff. TzBfG verdrängt. Die Vorschriften des TzBfG sind auf die Befristung einzelner Arbeitsbedingungen nicht – auch nicht entsprechend – anwendbar.[124] Deshalb findet auch das in § 14 Abs. 4 TzBfG normierte

---

[116] BAG, Urt. v. 2.9.2009 – 7 AZR 233/08, NZA 2009, 1253; krit. DBD/*Bonin*, § 307 Rn 208; ErfK/*Preis*, §§ 305–310 BGB Rn 75.
[117] BAG, Urt. v. 2.9.2009 – 7 AZR 233/08, NZA 2009, 1253.
[118] BAG, Urt. v. 27.7.2005 – 7 AZR 443/04, NZA 2006, 37.
[119] BAG, Urt. v. 5.3.2013 – 1 AZR 417/12, NZA 2013, 916; BAG, Urt. v. 21.9.2011 – 7 AZR 134/10, NZA 2012, 271.
[120] BAG, Urt. v. 5.3.2013 – 1 AZR 417/12, NZA 2013, 916.
[121] ArbG Solingen, Urt. v. 14.11.2013 – 3 Ca 1041/13 lev, juris; ErfK/*Rolfs*, § 41 SGB VI Rn 10; KassKomm/*Gürtner*, § 41 SGB VI Rn 15; HBD/*Klattenhoff/Lang*, § 41 SGB VI Rn 14; ebenso HK/ArbR/*Zimmermann*, § 41 SGB VI Rn 6, und SSN/*Striegel*, Rn 267 f., allerdings unter unzutreffendem Verweis auf die Gesetzesbegründung zu § 41 SGB VI n.F.; zu einer entsprechenden Auslegung von Versorgungsordnungen vgl. BAG, Urt. v. 15.5.2012 – 3 AZR 11/10, NZA-RR 2012, 433.
[122] ErfK/*Rolfs*, § 41 SGB VI Rn 10.
[123] BAG, Urt. v. 21.12.2005 – 7 AZR 541/04, NZA 2006, 321.
[124] BAG, Urt. v. 18.6.2008 – 7 AZR 245/07; BAG, Urt. v. 14.11.2007 – 4 AZR 945/06, NZA-RR 2008, 358; BAG, Urt. v. 8.8.2007 – 7 AZR 855/06, NZA 2008, 229; BAG v. 18.1.2006 – 7 AZR 191/05, NZA 2007, 351; BAG, Urt. v. 27.7.2005 – 7 AZR 486/04, NZA 2006, 40; BAG, Urt. v. 14.1.2004 – 7 AZR 213/03, NZA 2004, 719; allerdings schließt dies nicht aus, dass einzelne, zur Befristungskontrolle aufgestellte Wertungen bei vergleichbaren Fallgestaltungen übertragen werden, so etwa die Grundsätze zum institutionellen Rechtsmissbrauch, LAG Baden-Württemberg, Urt. v. 17.6.2013 – 1 Sa 2/13, ArbR 2013, 479.

Schriftformgebot keine Anwendung, sodass eine entsprechende Vereinbarung auch mündlich getroffen werden kann.[125] Auch bei der Befristung von Arbeitsbedingungen müssen dafür vorliegende sachliche Gründe grundsätzlich nicht im Vertrag aufgeführt werden.[126] Im Unterschied zur Befristung des Arbeitsverhältnisses insgesamt unterliegt die Befristung einzelner Vertragsbedingungen der **Angemessenheitskontrolle** nach § 307 Abs. 1 BGB, die anhand einer umfassenden Berücksichtigung und Bewertung rechtlich anzuerkennender Interessen beider Vertragsparteien vorzunehmen ist.

Bei der **Befristung einer Arbeitszeiterhöhung** kann sich eine unangemessene Benachteiligung des Arbeitnehmers unmittelbar aus der Befristungsabrede ergeben.[127] Dabei sind Umstände, die die Befristung eines Arbeitsvertrags insgesamt nach § 14 Abs. 1 TzBfG rechtfertigen könnten, bei der Interessenabwägung zugunsten des Arbeitgebers zu berücksichtigen. Liegt z.B. der Befristung einer Arbeitszeiterhöhung ein Sachverhalt zugrunde, der die Befristung eines Arbeitsvertrags insgesamt rechtfertigen könnte, überwiegt in aller Regel das Interesse des Arbeitgebers an der nur befristeten Erhöhung der Arbeitszeit.[128] Dies gilt auch, wenn die Arbeitszeit um mehr als 25 % der unbefristet vereinbarten Arbeitszeit erhöht wird.[129] Umgekehrt ist eine befristete Erhöhung der Arbeitszeit in erheblichem Umfang (jedenfalls ab 50 %) in der Regel unangemessen, wenn nicht Umstände vorliegen, die auch die Gesamtbefristung eines gesonderten Arbeitsvertrags nach § 14 Abs. 1 TzBfG für die Arbeitszeiterhöhung rechtfertigen würden.[130] Nur bei Vorliegen außergewöhnlicher Umstände auf Seiten des Arbeitnehmers kann nach Ansicht des BAG in Ausnahmefällen eine andere Beurteilung in Betracht kommen.[131] Allein die **Ungewissheit über den künftigen Arbeitskräftebedarf** reicht nicht aus, um die Befristung einer Arbeitszeiterhöhung zu rechtfertigen, da diese Ungewissheit zum unternehmerischen Risiko gehört, das nicht auf die Arbeitnehmer verlagert werden kann.[132] Beruft der Arbeitgeber sich auf einen vorübergehenden Mehrbedarf, muss er ggf. darlegen und beweisen, dass der Anfall des Mehrbedarfs zum Vereinbarungszeitpunkt tatsächlich nur vorübergehend zu erwarten war.[133]

57

Auch die vorübergehende **befristete Übertragung höherwertiger Aufgaben** bei Zahlung einer entsprechend höheren Vergütung kann zulässig sein, wenn sie auf einem vorübergehend erhöhten Beschäftigungsbedarf beruht. Das BAG hat eine entsprechende Klausel vor dem Hintergrund des ohnehin bestehenden arbeitgeberseitigen Direktionsrechts nach § 106 GewO als angemessen beurteilt, weil ein nur vorübergehender Bedarf objektiv vorlag und die Dauer der höherwertigen Tätigkeit und damit der höheren Vergütung für den Arbeitnehmer vorhersehbar war, sodass er sich in seiner Lebensführung darauf einstellen konnte.[134]

58

Die befristete Gewährung zusätzlicher laufender Vergütung ist ihrer Konstruktion nach mit der Zahlung unter Widerrufsvorbehalt vergleichbar. Die Befristung setzt insofern einen sachlichen Grund voraus, der zur Wahrung der Transparenz auch im Arbeitsvertrag angegeben werden sollte. Angelehnt an die Rechtsprechung des BAG zur zulässigen Höhe widerruflicher Entgeltbestandteile sollte die Befristung nicht mehr als 25 % der Gesamtvergütung erfassen.[135]

59

VII. Bezugnahmeklauseln

Literatur zu Bezugnahmeklauseln: *Bauer/Günther*, Bezugnahmeklauseln bei Verbandswechsel und Betriebsübergang – Ein Irrgarten?, NZA 2008, 6; *Bayreuther*, Die AGB-Kontrolle der Tarifwechselklausel, FS Kreutz, 2010, S. 29; *ders.*, „Hinauskündigung" von Bezugnahmeklauseln im Arbeitsvertrag, DB 2007, 166; *Behrendt/Gaumann/Liebermann*, Zulässigkeit arbeitsvertraglicher Verweisungen auf das Beamtenrecht, ZTR 2007, 522; *Clemenz*, Arbeitsvertragliche Bezugnahme auf Tarifverträge – ein Paradigmenwechsel bei offenen Fragen, NZA 2007, 769; *Diehn*, AGB-Kontrolle von arbeitsrechtlichen Verweisungsklauseln, NZA 2004, 129; *Ernst*, Tarifverträge und ihre Transparenzkontrolle bei arbeitsvertraglichen dynamischen Globalverweisungen, NZA 2007, 1405; *Gaul*, Bezugnahmeklauseln – zwischen Inhaltskontrolle und Nachweisgesetz, ZfA 2003, 75; *Gaul/Ludwig*, Neues zu arbeitsvertraglichen Bezugnahmeklauseln – Fallstrick Änderungsvereinbarung und Bezugnahme auf mehrgliedrige Tarifverträge, ArbRB 2012, 283; *dies.*, Uneingeschränkte AGB-Kontrolle bei dynamischer Bezugnahme im Arbeitsvertrag bei arbeitgeberseitigen Regelungswerken, BB 2010, 55; *Gaul/Naumann*, Gestaltungsrisiken bei arbeitsvertraglicher Bezugnahme auf Tarifverträge, DB 2007, 2594; *Giesen*, Die Auslegung von Bezugnahmeklauseln im Konflikt um Tarifanwendung und Tarifvermeidung, ZfA 2010, 657; *ders.*, Bezugnahmeklauseln – Auslegung, Formulierung und Änderung, NZA 2006, 625; *Günther*, Arbeitsvertragliche Bezugnahmeklauseln auf dem Prüfstand, ZTR 2011, 203; *Hanau*, Die Rechtsprechung des BAG zur arbeitsvertraglichen Bezugnahme auf Tarifverträge, NZA 2005, 489; *Haußmann*, Tarifwechselklauseln in Arbeitsverträgen seit der Schuldrechtsreform („Neuverträgen"), DB 2013, 1359; *dies.*, Vorausschauende Vertragsgestaltung zur Ablösung nachwirkender Tarifverträge, ArbR 2010, 307; *dies.*, Tarifwechsel und Bezugnah-

---

125 BAG, Urt. v. 18.6.2008 – 7 AZR 245/07; BAG, Urt. v. 3.9.2003 – 7 AZR 106/03, NZA 2004, 255.
126 BAG, Urt. v. 2.9.2009 – 7 AZR 233/08, NZA 2009, 1253.
127 BAG, Urt. v. 18.6.2008 – 7 AZR 245/07.
128 BAG, Urt. v. 2.9.2009 – 7 AZR 233/08, NZA 2009, 1253; BAG, Urt. v. 18.6.2008 – 7 AZR 245/07; BAG, Urt. v. 8.8.2007 – 7 AZR 855/06, NZA 2008, 229.
129 Die zur Inhaltskontrolle einer Vereinbarung von Arbeit auf Abruf (§ 12 TzBfG) entwickelten Grundsätze (vgl. hierzu BAG, Urt. v. 7.12.2005 – 5 AZR 535/04, NZA 2006, 423) sind auf die Inhaltskontrolle der Befristung einer Arbeitszeiterhöhung nicht anwendbar, BAG, Urt. v. 8.8.2007 – 7 AZR 855/06, NZA 2008, 229.
130 BAG, Urt. v. 15.12.2011 – 7 AZR 394/10, NZA 2012, 674.
131 BAG, Urt. v. 18.6.2008 – 7 AZR 245/07; BAG, Urt. v. 8.8.2007 – 7 AZR 855/06, NZA 2008, 229.
132 BAG, Urt. v. 18.1.2006 – 7 AZR 191/05, NZA 2007, 351; BAG, Urt. v. 27.7.2005 – 7 AZR 486/04, NZA 2006, 40.
133 LAG Schleswig-Holstein, Urt. v. 10.4.2013 – 3 Sa 316/12, LAGE § 307 BGB 2002 Nr. 33b.
134 BAG, Urt. v. 14.11.2007 – 4 AZR 945/06, NZA-RR 2008, 358.
135 Vgl. MünchArbR/*Hexel*, § 25 Rn 47; ErfK/*Preis*, §§ 305–310 BGB Rn 76; *Hensler/Moll*, S. 59; weitergehend *Willemsen/Jansen*, RdA 2010, 1, 5 f.; *Dzida*, ArbRB 2012, 286, 288.

meklauseln, FS Schwerdtner, 2003, S. 89; *Heimann,* Leiharbeitnehmer mit Formulararbeitsvertrag – Verweisung auf die mehrgliedrigen christlichen (CGZP-) Tarifverträge 2010 – eine intransparente Überraschung!?, ArbuR 2012, 50; *Herrmann/Molle,* Neue Rechtsprechung des BAG zu Bezugnahmeklauseln auf mehrgliedrige Tarifverträge – oder: Welche Folgen hat die neue Rechtsprechung auf die Zeitarbeitsbranche?, BB 2013, 1781; *Höpfner,* Nochmals: Vertrauensschutz bei Änderung der Rechtsprechung zu arbeitsvertraglichen Bezugnahmeklauseln, NZA 2009, 420; *Holthausen,* Hinweise zur Gestaltung arbeitsvertraglicher Bezugnahmen, ArbR 2011, 29; *Hromadka,* Die ablösende Betriebsvereinbarung ist wieder da!, NZA 2013, 1061; *Jacobs,* Bezugnahmeklauseln als Stolpersteine beim Betriebsübergang – von den Schwierigkeiten einer Vereinheitlichung der Arbeitsbedingungen beim Erwerber, BB 2011, 2037; *Jordan/Bissels,* Gilt „der jeweils anwendbare Tarifvertrag in der jeweils gültigen Fassung" noch?, NZA 2010, 71; *Klebeck,* Unklarheiten bei arbeitsvertraglicher Bezugnahmeklausel, NZA 2006, 15; *Korinth,* Inhalts- und Transparenzkontrolle von arbeitsvertraglich in Bezug genommenen Tarifverträgen, ArbRB 2007, 21; *Lakies,* Die einzelvertraglich vereinbarte Anwendung von Tarifverträgen durch Bezugnahmeklauseln, ArbR 2014, 8; *Lützeler/Bissels,* Neue Risiken bei Bezugnahmeklauseln, AuA 2010, 342; *Möller/Welkoborsky,* Bezugnahmeklauseln unter Berücksichtigung des Wechsels vom BAT zum TVöD, NZA 2006, 1382; *Nicolai/Krois,* Zur Auslegung (vielleicht) unklarer Bezugnahmeklauseln, SAE 2007, 158; *Oetker,* Arbeitsvertragliche Bezugnahme auf Tarifverträge und AGB-Kontrolle, FS Wiedemann, 2002, S. 383; *Preis,* Probleme der Bezugnahme auf Allgemeine Arbeitsbedingungen und Betriebsvereinbarungen, NZA 2010, 361; *ders.,* Arbeitsvertragliche Verweisungen auf Tarifverträge, FS Wiedemann, 2002, S. 425; *Preis/Greiner,* Vertragsgestaltung bei Bezugnahmeklauseln nach der Rechtsprechungsänderung des BAG, NZA 2007, 1073; *Reichel,* Die Auslegung arbeitsvertraglicher Bezugnahmeklauseln bei überraschenden Tarifentwicklungen unter Berücksichtigung der Schuldrechtsreform, ArbuR 2003, 366; *Reinecke,* Vertragliche Bezugnahme auf Tarifverträge in der neueren Rechtsprechung des Bundesarbeitsgerichts, BB 2006, 2637; *Rieble/Schul,* Arbeitsvertragliche Bezugnahme auf Betriebsvereinbarungen, RdA 2006, 339; *Röller/Wißmann,* Tarifbindung und arbeitsvertragliche Bezugnahme, FS Küttner, 2006, S. 465; *Schaub,* Die individualvertragliche Bezugnahme auf Tarifvertragsrecht, PersV 2010, 95; *ders.,* Die individualvertragliche Bezugnahme auf Tarifvertragsrecht, FS Buchner, 2009, S. 787; *Schmitt-Rolfes,* Bezugnahmeklauseln: eine gefahrgeneigte Arbeit!, AuA 2008, 327; *ders.,* Unvorsichtigkeit kann teuer werden – neue Rechtsprechung zu Bezugnahmeklauseln, AuA 2007, 455; *Schrader,* Die arbeitsvertragliche Bezugnahme auf Tarifverträge, BB 2005, 714; *Schwarz,* Kleine dynamische Bezugnahmeklauseln – Abschied vom Tarifwechsel, BB 2010, 1021; *Stoffels/Bieder,* AGB-rechtliche Probleme der arbeitsvertraglichen Bezugnahme auf mehrgliedrige Zeitarbeitstarifverträge, RdA 2012, 27; *Thüsing/Lambrich,* AGB-Kontrolle arbeitsvertraglicher Bezugnahmeklauseln, NZA 2002, 1361

60 Mithilfe von Bezugnahmeklauseln wird die **Anwendung tarifvertraglicher Regelungen auf das Arbeitsverhältnis** sichergestellt, auch wenn eine unmittelbare Tarifbindung der Arbeitsvertragsparteien nicht besteht. Sie dienen insbesondere dazu, einheitliche Arbeitsbedingungen für tarifgebundene und nicht tarifgebundene Arbeitnehmer herzustellen. Neben der Bezugnahme auf Tarifwerke insgesamt (Globalverweisung) sind auch Verweise auf einzelne Abschnitte oder Bestimmungen eines Tarifvertrags möglich (z.B. „Es gelten die jeweiligen tariflichen Kündigungsfristen."). Verweisungen auf einschlägige Tarifverträge sind im Arbeitsleben als Gestaltungsinstrument so verbreitet, dass ihre Aufnahme in Formularverträge **nicht überraschend** ist.[136] Sie entsprechen einer üblichen Regelungstechnik im Arbeitsvertrag und dienen damit in der Regel den Interessen beider Parteien.[137]

61 Auch Verweise auf **andere Regelungswerke als Tarifverträge** sind weit verbreitet. Üblich sind Bezugnahmen insbesondere auf beamtenrechtliche Regelungen und auf allgemeine Arbeitsvertragsregelungen, z.B. der Verweis auf Bonusregelungen und Richtlinien zur Überlassung von Dienstwagen.

62 **1. Globalverweisung auf Tarifverträge.** Bei der arbeitsvertraglichen Bezugnahme auf Tarifverträge ist zwischen statischen und dynamischen Verweisen zu unterscheiden, wobei die dynamische Verweisung als „kleine" und „große" dynamische Verweisung ausgestaltet werden kann.[138]

63 Mit der **statischen Verweisung** wird die zum Zeitpunkt des Arbeitsvertragsschlusses geltende Fassung eines Tarifvertrags zum Vertragsgegenstand gemacht. Zukünftige Änderungen oder Ablösungen des Tarifvertrags haben kraft Bezugnahme keine Auswirkungen auf das Arbeitsverhältnis.

64 Mit einer **kleinen dynamischen Verweisung** wird die Anwendung eines bestimmten Tarifvertrags in seiner jeweils geltenden Fassung vereinbart. Auf diese Weise finden künftige Änderungen des Tarifvertrags Anwendung auf das Arbeitsverhältnis, ohne dass es hierzu einer Änderungsvereinbarung bedarf. Nach der ständigen Rechtsprechung des BAG ist bei fehlender Angabe einer konkret nach Datum bezeichneten Fassung des in Bezug genommenen Tarifvertrags regelmäßig anzunehmen, der Tarifvertrag solle in der jeweiligen Fassung gelten.[139]

65 Die sog. **große dynamische Verweisung** (auch „**Tarifwechselklausel**") erweitert die kleine dynamische Verweisung um ein Flexibilisierungselement hinsichtlich des anzuwendenden Tarifvertrags. Anstatt auf einen bestimmten Tarifvertrag zu verweisen, sieht sie die Anwendung des jeweils für das Arbeitsverhältnis betrieblich und persönlich einschlägigen Tarifvertrags vor. Auf diese Weise kann z.B. im Falle einer örtlichen Versetzung, aber auch im Falle eines Branchenwechsels nach einem Betriebsübergang die Anwendbarkeit des dann einschlägigen Tarifvertrags erreicht werden. Eine dynamische Verweisung auf das jeweils gültige Tarifrecht ist nicht unklar, weil die im Zeitpunkt der

---

136 BAG, Urt. v. 21.11.2012 – 4 AZR 85/11, NZA 2013, 512; BAG, Urt. v. 6.5.2009 – 10 AZR 390/08, NZA-RR 2009, 593; BAG, Urt. v. 11.2.2009 – 10 AZR 222/08, NZA 2009, 428.

137 BAG, Urt. v. 11.2.2009 – 10 AZR 222/08, NZA 2009, 42.

138 Zur Differenzierung zwischen den Klauseltypen und Auslegungsgrundsätzen vgl. ausführlich BAG, Urt. v. 29.8.2007 – 4 AZR 765/06, SAE 2008, 365.

139 BAG, Urt. v. 6.5.2009 – 10 AZR 390/08, NZA-RR 2009, 593; BAG, Urt. v. 17.1.2006 – 9 AZR 41/05, NZA 2006, 923.

jeweiligen Anwendung geltenden, in Bezug genommenen Regelungen bestimmbar sind. Eine solche Klausel verletzt daher das Transparenzgebot nach § 307 Abs. 1 S. 2 BGB nicht.[140] Nachdem das BAG den Grundsatz der Tarifeinheit zwischenzeitlich aufgegeben hat,[141] kann allerdings die Situation eintreten, dass bei fehlender Verbandsmitgliedschaft des Arbeitgebers mehrere Tarifverträge als einschlägig in Betracht kommen. Für diesen Fall sollten zusätzliche Kriterien in die Klausel aufgenommen werden, nach denen auch bei mehreren einschlägigen Tarifverträgen der anzuwendende eindeutig bestimmt werden kann, so z.B. durch Verweis auf das Spezialitätsprinzip.[142]

In Bezug genommene Tarifverträge unterliegen grundsätzlich nicht der AGB-rechtlichen Inhaltskontrolle.[143] Dies beruht darauf, dass die zwischen den Tarifvertragsparteien ausgehandelten Vereinbarungen die **Vermutung der Ausgewogenheit** in sich tragen (zum Bereichsausschluss für Tarifverträge siehe Rn 13).[144] Die Bezugnahmeklauseln selbst sind allerdings der Inhaltskontrolle nicht entzogen.[145] Geprüft wird dabei, ob der Verweis die Interessen beider Vertragspartner angemessen berücksichtigt. Soweit ein **einschlägiger Tarifvertrag** in Bezug genommen wird, wird die Angemessenheit der Bezugnahme wiederum vermutet.[146] Anders wird von der ganz überwiegenden Meinung die Bezugnahme auf **branchenfremde Tarifverträge** beurteilt, da diesen ggf. ganz andere ökonomische und betriebliche Bedingungen zugrunde liegen.[147] Ein solcher Verweis ist zudem, wird nicht ausdrücklich auf die Branchenfremdheit hingewiesen, für den Arbeitnehmer überraschend.[148]

66

Bleibt nach Auslegung der Verweisungsklausel unklar, ob eine statische oder eine dynamische Verweisung gewollt ist, ist nach der **Unklarheitenregel** des § 305c Abs. 2 BGB bei der **Verweisung auf Entgelttarifverträge** von einer dynamischen Verweisung auszugehen, da sich die Vergütung in Entgelttarifverträgen für den Arbeitnehmer in der Regel verbessert und nicht verschlechtert.[149] Dies gilt jedoch nicht für **Manteltarifverträge**, denn diese lassen sich aufgrund ihrer komplexen Gestaltung und ihrer Änderungsdynamik schlechthin nicht abstrakt als günstiger oder weniger günstig qualifizieren.[150] Besteht Unklarheit darüber, welcher Tarifvertrag in Bezug genommen werden sollte, ist die Unklarheitenregel nicht anwendbar, da ein Günstigkeitsvergleich auch hier nicht stattfinden kann.[151] Ggf. muss die dann bestehende Regelungslücke durch ergänzende Vertragsauslegung geschlossen werden.

67

Probleme bei der Auslegung dynamischer Bezugnahmeklauseln haben sich im Zusammenhang mit der **Ablösung des BAT** durch verschiedene andere Tarifwerke ergeben.[152] Ob ein Verweis auf den BAT impliziert, dass nach dessen Außerkrafttreten die an seine Stelle getretenen Tarifverträge des öffentlichen Dienstes (z.B. des TVöD oder des TV-L) oder der BAT in seiner letzten Fassung Anwendung finden sollen, ist durch Auslegung der jeweiligen Bezugnahmeklausel zu ermitteln. Für die Formulierung „Für das Dienstverhältnis gelten die Bestimmungen des BAT – Bund und Länder – in der jeweils gültigen Fassung." hat das BAG die Anwendbarkeit des TV-L bejaht, obwohl dieser keine Nachfolgeregelung des BAT ist.[153] Dies ergebe sich im Wege der ergänzenden Vertragsauslegung, da die Arbeitsvertragsparteien die jeweiligen Arbeitsbedingungen im öffentlichen Dienst – hier: der Landesbediensteten – zur Grundlage des Arbeitsvertrags machen wollten.

68

Die dynamische Bezugnahme auf tarifvertragliche Regelungen kann auch in Form einer **Gleichstellungsabrede** vereinbart werden, d.h. es soll die Gleichstellung nicht tarifgebundener mit tarifgebundenen Arbeitnehmern bezweckt werden. Durch eine Gleichstellungsabrede wird erreicht, dass die Fortgeltung der Dynamik den Fortbestand der Tarifgebundenheit beim Arbeitgeber voraussetzt. Die frühere Rechtsprechung nahm beim Fehlen anderweitiger Hinweise eine konkludente Gleichstellungsabrede an, wenn die Tarifverträge einer bestimmten Branche in ihrer jeweils gültigen Fassung in Bezug genommen wurden und der Arbeitgeber hinsichtlich dieser Tarifverträge tarifgebunden war.[154] Seit 2007 jedoch legt das BAG dynamische Verweisungen auf Tarifverträge nicht mehr als Gleichstellungsabreden aus, sondern geht von einer Weitergeltung der Dynamik auch nach dem Wegfall der Tarifbindung beim Arbeitgeber

69

---

140 BAG, Urt. v. 21.11.2012 – 4 AZR 85/11, NZA 2013, 512; BAG, Urt. v. 24.9.2008 – 6 AZR 76/07, NZA 2009, 154.
141 BAG, Urt. v. 7.7.2010 – 4 AZR 549/08, NZA 2010, 1068.
142 *Holthausen*, ArbR 2011, 29; HWK/*Henssler*, § 3 TVG Rn 32b.
143 BAG, Urt. v. 28.6.2007 – 6 AZR 750/06, NZA 2007, 1049.
144 Dies hat das BAG im Ergebnis ebenso für kirchliche Arbeitsvertragsregelungen angenommen, die von einer paritätisch besetzten „Arbeitsrechtlichen Kommission" vereinbart worden waren, vgl. BAG, Urt. v. 22.7.2010 – 6 AZR 847/07, BB 2011, 186.
145 BAG, Urt. v. 9.5.2007 – 4 AZR 319/06, DB 2008, 874.
146 BAG, Urt. v. 11.2.2009 – 10 AZR 222/08, NZA 2009, 42; BAG, Urt. v. 24.9.2008 – 6 AZR 76/07, NZA 2009, 154.
147 Offengelassen durch BAG, Urt. v. 28.6.2007 – 6 AZR 750/06, NZA 2007, 1049; BAG, Urt. v. 25.4.2007 – 10 AZR 634/06, NZA 2007, 2279; gegen eine Angemessenheitsgewähr SSN/*Niemann*, Rn 189; ErfK/*Preis*, §§ 305–310 BGB Rn 14; *Henssler/Moll*, S. 7; HWK/*Gotthardt*, § 307 BGB Rn 14; *Richardi*, NZA 2002, 1057, 1062; *Thüsing/Lambrich*, NZA 2002, 1361, 1362 m.w.N.; Schaub/*Linck*, § 35 Rn 21a.
148 SSN/*Striegel*, Rn 471; ErfK/*Preis*, §§ 305–310 BGB Rn 30; *Thüsing*, AGB-ArbR, Rn 194; DBD/*Däubler*, § 305c Rn 22; Schaub/*Linck*, § 35 Rn 25.
149 BAG, Urt. v. 9.11.2005 – 5 AZR 128/05, NZA 2006, 202.
150 BAG, Urt. v. 9.6.2010 – 4 AZR 839/09, BB 2010, 2692; BAG, Urt. v. 24.9.2008 – 6 AZR 76/07, NZA 2009, 154; ähnlich *Bayreuther*, NZA 2009, 935, 936.
151 BAG, Urt. v. 29.6.2011 - 5 AZR 186/10.
152 Vgl. BAG, Urt. v. 9.6.2010 – 5 AZR 637/09, BB 2010, 2692; Hessisches LAG, Urt. v. 3.9.2010 – 19 Sa 2011/09.
153 BAG, Urt. v. 16.6.2010 – 4 AZR 924/08, ZTR 2010, 642.
154 Vgl. BAG, Urt. v. 14.12.2005 – 4 AZR 536/04, NZA 2006, 607, m.w.N.

aus.[155] Nur für vor dem 1.1.2002 abgeschlossene und ab diesem Stichtag nicht mehr geänderte Altverträge bleibt es aus Gründen des Vertrauensschutzes bei der früheren Rechtsprechung. Dem steht es nach Ansicht des BAG nicht entgegen, dass nach Art. 229 § 5 S. 2 EGBGB auf Dauerschuldverhältnisse ab dem 1.1.2002 das BGB in der ab dann geltenden Fassung anzuwenden ist. Denn die Aufgabe der bisherigen Auslegungsregel sei nicht unmittelbar auf eine Änderung der materiellen Rechtslage zurückzuführen, sondern beruhe auf allgemeinen Grundsätzen der Vertragsauslegung.[156] Soll die Bezugnahme auf Tarifverträge in ab dem 1.1.2002 abgeschlossenen oder geänderten Vereinbarungen im Sinne einer Gleichstellungsabrede wirken, muss dies **ausdrücklich geregelt** werden. AGB-rechtlich ist eine solche Vereinbarung bei hinreichender Transparenz grundsätzlich unproblematisch.[157]

70 Eine Bezugnahmeklausel, die gleichzeitig auf mehrere selbstständige Tarifverträge (insbesondere **mehrgliedrige Tarifverträge** i.e.S.[158]) verweist, ist intransparent, wenn sie keine Kollisionsregel enthält, der sich entnehmen lässt, welches der in Bezug genommenen tariflichen Regelwerke bei sich widersprechenden Regelungen Vorrang haben soll. Das gilt auch, wenn bei der Vereinbarung der Klausel die tariflichen Regelwerke noch inhaltsgleich waren. Der Arbeitnehmer muss schon bei Vertragsschluss für die Dauer des Arbeitsverhältnisses erkennen können, was ggf. „auf ihn zukommt".[159]

71 **2. Verweisung auf beamtenrechtliche Bestimmungen.** Keine Bedenken bestehen auch bei der Bezugnahme auf beamtenrechtliche Regelungen, insbesondere wenn es sich nur um einzelne Arbeitsbedingungen handelt.[160] Auch hier besteht eine gewisse **Richtigkeits- oder Gerechtigkeitsgewähr** schon dadurch, dass der Gesetz- oder Verordnungsgeber als demokratische Institution Regelungen trifft, die die Interessen der betroffenen Beamten berücksichtigen.[161] Entschieden wurde dies freilich bislang nur für Berufsgruppen, in denen jedenfalls teilweise auch Beamte tätig sind.

72 **3. Verweis auf einzelne tarifvertragliche Bestimmungen.** Nur die Gesamtheit der Regelungen eines Tarifvertrags begründet grundsätzlich die Vermutung, dass die divergierenden Interessen der Arbeitsvertragsparteien angemessen ausgeglichen werden. Beschränkt sich die Inbezugnahme auf einzelne Vorschriften eines Tarifvertrags (**Einzelverweis**), entfällt deshalb die durch § 310 Abs. 4 S. 1 BGB erzeugte Privilegierung.[162] Die in Bezug genommenen Klauseln werden dann der AGB-rechtlichen Inhaltskontrolle unterzogen.

73 Ob dies auch gilt, wenn die tarifvertragliche Regelung abgrenzbare Sachbereiche vollständig übernommen hat (**Teilverweis**), ist umstritten.[163] Das BAG hat hierzu noch nicht abschließend entschieden, aber auf ein Urteil des BGH hingewiesen, in dem dieser grundsätzlich in jeder inhaltlichen Abweichung von der VOB/B einen Eingriff in deren Ausgewogenheit und damit eine Störung des von ihr beabsichtigten Interessenausgleichs sieht.[164] Ebenso zu beurteilen ist der gezielte **Ausschluss der Anwendung einzelner Tarifverträge** aus der Gesamtheit von Tarifwerken einer Branche.[165]

74 **4. Dynamische Verweisung auf vom Arbeitgeber formulierte Bestimmungen.** Klauseln, mit denen auf vom Arbeitgeber formulierte allgemeine Arbeitsbedingungen in der jeweiligen Fassung (**Jeweiligkeitsklauseln**) verwiesen wird, unterliegen den strengen AGB-rechtlichen Anforderungen an Änderungsvorbehalte.[166] Denn mit einer solchen Jeweiligkeitsklausel behält sich der Arbeitgeber implizit das Recht vor, eine versprochene Leistung, ähnlich wie im Falle eines Widerrufsvorbehalts, einseitig zu ändern oder von ihr abzuweichen.[167] Eine solche Abrede ist nach § 308 Nr. 4 BGB unwirksam, wenn nicht die Vereinbarung der Änderung oder Abweichung unter Berücksichtigung der Interessen des Arbeitgebers für den Arbeitnehmer zumutbar ist.

---

155 BAG, Urt. v. 18.4.2007 – 4 AZR 652/05, NZA 2007, 965; ausführlich Schaub/*Treber*, § 206 Rn 39 ff.; *Lakies*, Kap. 1 Rn 169 ff.
156 BAG, Urt. v. 14.12.2011 – 4 AZR 79/10, DB 2012, 1211.
157 Preis-AV/*Preis*, II V 40 Rn 58; Gestaltungsmuster bei *Lakies*, Kap. 1 Rn 178.
158 Zum Begriff BAG, Urt. v. 8.11.2006 – 4 AZR 590/05, NZA 2007, 576.
159 BAG, Urt. v. 13.3.2013 – 5 AZR 954/11, NZA 2013, 680.
160 BAG, Urt. v. 3.4.2007 – 9 AZR 867/06, NZA 2007, 1045; BAG, Urt. v. 14.3.2007 – 5 AZR 630/06, NZA 2008, 45; zulässig sind auch in Tarifverträgen enthaltene sog. Blankettverweisungen auf beamtenrechtliche Vorschriften, vgl. BAG, Urt. v. 16.10.2012 – 9 AZR 183/11, NZA 2013, 42.
161 BAG, Urt. v. 11.2.2009 – 10 AZR 222/08, NZA 2009, 428.
162 BAG, Urt. v. 6.5.2009 – 10 AZR 390/08, NZA-RR 2009, 593.
163 Für die Kontrollunterworfenheit SSN/*Niemann*, Rn 198 ff.; ErfK/*Preis*, §§ 305–310 BGB Rn 18 f.; DBD/*Däubler*, § 310 Rn 52; *Lakies*, Kap. 1 Rn 215 f.; *Thüsing*, AGB-ArbR, Rn 189; eine Angemessenheitsvermutung unter bestimmten Voraussetzungen erwägend *Henssler/Moll*, S. 6; *Bayreuther*, RdA 2003, 81, 91; *Gaul*, ZfA 2003, 75, 88 f.; HWK/*Henssler*, § 1 TVG Rn 90; MüKo/*Müller-Glöge*, § 611 BGB Rn 70; für die Kontrollfreiheit Schaub/*Linck*, § 35 Rn 21a.
164 BAG, Urt. v. 6.5.2009 – 10 AZR 390/08, NZA-RR 2009, 593 unter Verweis auf BGH, Urt. v. 22.1.2004 – VII ZR 419/02, NJW 2004, 1597.
165 Vgl. BAG, Urt. v. 9.5.2007 – 4 AZR 319/06, DB 2008, 874, zu einer Klausel, die eine Anwendung der einschlägigen Tarifverträge mit Ausnahme des Urlaubsgeldtarifvertrags vorsah.
166 BAG, Urt. v. 22.7.2010 – 6 AZR 847/07, BB 2011, 186; *Preis*, NZA 2010, 361, 362 f. (Jeweiligkeitsklausel als „Mega-Widerrufsvorbehalt").
167 BAG, Urt. v. 11.2.2009 – 10 AZR 222/08, NZA 2009, 428.

Bei der Angemessenheitskontrolle ist nicht auf die durch den Arbeitgeber tatsächlich herbeigeführten Änderungen abzustellen, sondern auf die Möglichkeiten, die ihm eine Klausel einräumt.[168] Dabei ist zu berücksichtigen, dass Verträge die Vertragsparteien grundsätzlich binden und nicht einseitig verändert werden können. Dynamische Bezugnahmeklauseln auf allgemeine, vom Arbeitgeber einseitig änderbare Regelungen sind deshalb nur zulässig, wenn sie den Änderungsspielraum, der dem Arbeitgeber verbleiben soll, von vornherein klar begrenzen. Eine wirksame pauschale Bezugnahme auf „Dienstwagenrichtlinien" oder eine „Arbeits- und Sozialordnung in der jeweiligen Fassung" ist deshalb praktisch kaum möglich.[169]

75

Anstelle der jeweiligen Fassung gilt im Falle einer unwirksamen dynamischen Verweisung die in Bezug genommene Regelung in der zum Zeitpunkt des Vertragsschlusses geltenden Fassung statisch fort.

76

5. Verweisung auf Betriebsvereinbarungen. Betriebsvereinbarungen gelten nach § 77 Abs. 4 S. 1 BetrVG unmittelbar und zwingend für die Arbeitsverhältnisse der vom Betriebsrat vertretenen Arbeitnehmer. Diese Regelung wird durch das Günstigkeitsprinzip ergänzt, d.h. günstigere einzelvertragliche Vereinbarungen gehen den belastenden Regelungen einer Betriebsvereinbarung vor. Die arbeitsvertragliche Inbezugnahme von Betriebsvereinbarungen hat daher regelmäßig nur deklaratorische Bedeutung.[170] Allerdings kann eine Bezugnahme auf Betriebsvereinbarungen in Form einer kollektiven Öffnungsklausel vereinbart werden, kraft derer die in Bezug genommene Betriebsvereinbarung auch dann Anwendung findet, wenn sie im Vergleich zur vertraglichen Regelung für den Arbeitnehmer ungünstiger ist.[171] Die **Betriebsvereinbarungsoffenheit** individualvertraglicher Vereinbarungen kann auch konkludent vereinbart werden.[172] Der 1. Senat des BAG geht neuerdings davon aus, dass eine konkludente Betriebsvereinbarungsoffenheit arbeitsvertraglicher Regelungen anzunehmen ist, wenn der Vertragsgegenstand in Allgemeinen Geschäftsbedingungen enthalten ist und einen kollektiven Bezug hat. Ein kollektiver Bezug liegt schon deshalb in aller Regel vor, weil Allgemeine Geschäftsbedingungen auf eine Vereinheitlichung der Regelungsgegenstände gerichtet sind. Demnach interpretiert der 1. Senat formularvertragliche Regelungen nach derzeitiger Rechtsprechung als regelmäßig betriebsvereinbarungsoffen. Dabei lässt er die Unklarheitenregel gemäß § 305c Abs. 2 BGB mangels erheblicher Zweifel am Auslegungsergebnis nicht zum Zuge kommen.[173] Ist eine Betriebsvereinbarungsoffenheit einzelner oder aller Vertragsgegenstände nicht gewünscht, sollte dies daher ausdrücklich arbeitsvertraglich geregelt werden.

77

Auch die Inbezugnahme von betrieblich oder persönlich **nicht einschlägigen Betriebsvereinbarungen** wird teilweise für möglich gehalten. Eine solche Bezugnahmeklausel kann jedoch überraschend sein.[174]

78

In Bezug genommene Betriebsvereinbarungen können das **Kontrollprivileg** gemäß § 310 Abs. 4 S. 1 und 3 BGB für sich in Anspruch nehmen.[175] Das gilt auch, wenn sie zu einer Verschlechterung der bisher geltenden vertraglichen Regelung führen.[176] Regelungen aus nicht einschlägigen Betriebsvereinbarungen unterliegen allerdings der AGB-Kontrolle, weil insoweit die Angemessenheitsvermutung nicht gilt.[177] Das Kontrollprivileg kann auch entfallen, wenn die Betriebsvereinbarung nicht insgesamt, sondern nur teilweise in Bezug genommen wird; vgl. insoweit die Ausführungen zur teilweisen Inbezugnahme von Tarifregelungen (siehe Rn 72 f.).

79

VIII. Bindungsklauseln (Stichtags- und Rückzahlungsklauseln)

Literatur zu Bindungsklauseln: *Albicker*, Neues zu Stichtagsklauseln – BAG erschwert Arbeitnehmerbindung, AuA 2012, 20; *Albicker/Wiesenecker*, Sonderzahlungen und Stichtagsklauseln in Betriebsvereinbarungen, BB 2008, 2631; *Annuß*, Arbeitsrechtliche Aspekte von Zielvereinbarungen in der Praxis, NZA 2007, 290; *Baeck/Winzer*, Neuere Entwicklungen im Arbeitsrecht – Stichtagsklauseln – was geht noch?, NZG 2012, 657; *Beitz*, Sonderzuwendung mit Mischcharakter – Stichtagsregelung in AGB, SAE 2013, 17; *Bittmann/Mujan*, Variable Vergütung, AuA 2010, 366; *Brühler*, Freiwilligkeitsvorbehalte bei Sonderzahlungen und entgeltrelevante Zielvereinbarungen in der Rechtsprechung des Zehnten Senats des Bundesarbeitsgerichts, JbArbR 46 (2009), 23; *Ege*, Programme für Aktienoptionen richtig umsetzen, AuA 2010, 574; *Fischer/Döring*, Variable Vergütung, AuA 2008, 684; *Freihube*, Neue Spielregeln für arbeitsvertragliche Vereinbarungen von Sonderzahlungen, DB 2008, 124; *Groeger*, Arbeitsvertragliche Vereinbarungen über Sondervergütungen, ArbRB 2010, 156; *Laber/Reinartz*, Flexibilität und Zielvereinbarung, ArbRB 2008, 125; *Lakies*, Neue Rechtsprechung zu Flexibilisierungsvarianten bei Sonderzuwendungen, ArbR 2013, 251; *ders.*, AGB-Kontrolle von Sonderzahlungen, ArbR 2012, 306; *Lindemann*, Die Zulässigkeit von Bindungsklauseln in der Rechtsprechung des BAG, ArbR 2012, 446; *Lingemann/*

---

168 BAG, Urt. v. 11.2.2009 – 10 AZR 222/08, NZA 2009, 428.
169 BAG, Urt. v. 11.2.2009 – 10 AZR 222/08, NZA 2009, 428: „Es gibt keine Möglichkeit, den Vertrag und die Jeweiligkeitsklausel so anzupassen, dass sie klar, verständlich, widerspruchsfrei, transparent und angemessen sind."; zum zulässigen dynamischen Verweis auf kirchliche Arbeitsvertragsrichtlinien siehe BAG, Urt. v. 26.9.2013 – 8 AZR 1013/12, EzA-SD 2014, Nr. 4, 7; BAG, Urt. v. 22.7.2010 – 6 AZR 847/07, BB 2011, 186.
170 *Preis*, NZA 2010, 361, 364 f.
171 BAG, Urt. v. 17.7.2012 – 1 AZR 476/11, NZA 2013, 338; ErfK/*Preis*, §§ 305–310 BGB Rn 19a.
172 BAG, Urt. v. 17.7.2012 – 1 AZR 476/11, NZA 2013, 338; *Worzalla*, NZA-Beil. 2006, 122, 131; a.A. noch BAG, Urt. v. 5.8.2009 – 10 AZR 483/08, NZA 2009, 1105.
173 BAG, Urt. v. 5.3.2013 – 1 AZR 417/12, NZA 2013, 916; vgl. auch *Hromadka*, NZA 2013, 1061.
174 *Rieble/Schul*, RdA 2006, 339, 347 f.
175 HK/ArbR/*Boemke/Ulrici*, § 310 BGB Rn 26; *Rieble/Schul*, RdA 2006, 339, 345.
176 BAG, Urt. v. 17.7.2012 – 1 AZR 476/11, NZA 2013, 338.
177 HK/ArbR/*Boemke/Ulrici*, § 310 BGB Rn 26; *Preis*, NZA 2010, 361, 365.

Gotham, Freiwilligkeits-, Stichtags- und Rückzahlungsregelungen bei Bonusvereinbarungen – was geht noch?, NZA 2008, 509; *Mestwerdt*, Feinjustierung oder Neuausrichtung? – Aktuelle Rechtsprechung des Bundesarbeitsgerichts zur vertraglichen Ausgestaltung von Sonderzahlungen, ArbR 2012, 547; *Mohnke*, Effektive Ausgestaltung von Zielvereinbarungen, AuA 2008, 343; *Oberthür/ Becke*, Drum prüfe, wer sich ewig bindet – Bindungsklauseln im Wandel der Rechtsprechung, ArbRB 2008, 215; *Otto/Walk*, Entgeltflexibilisierung als Weg aus der Krise, BB 2010, 373; *Reinecke*, Zum Grundsatz, dass verdienter Lohn nicht entzogen werden darf, FS Reuter, 2010, S. 779; *Reinfelder*, Leistungsgerechtes Entgelt – Gestaltung und Umgestaltung, NZA-Beil. 2014, 10; *Salamon*, Das Ende von Sonderzahlungen mit Mischcharakter?, NZA 2011, 1328; *ders.*, Mitarbeitersteuerung durch erfolgs- und bestandsabhängige Gestaltung von Vergütungsbestandteilen, NZA 2010, 314; *Scheuer/Nussbaum*, Flexible Mitarbeitervergütung, AuA Sonderbeil. 2008, 15; *Staake*, Verfall von Aktienoptionen bei Mitarbeiterbeteiligungsprogrammen, NJOZ 2010, 2494

80 Bindungsklauseln sind Vereinbarungen, die den Anspruch des Arbeitnehmers auf eine vom Arbeitgeber gewährte Sonderzahlung an den Bestand des Arbeitsverhältnisses zu einem bestimmten Zeitpunkt knüpfen.[178] Teilweise wird als zusätzliche Voraussetzung verlangt, dass das Arbeitsverhältnis zum Stichtag ungekündigt ist. Mit beiden Varianten soll nach dem Willen des Arbeitgebers die Betriebstreue des Arbeitnehmers belohnt werden. Dagegen ist das Interesse des Arbeitnehmers abzuwägen, seinen Arbeitsplatz innerhalb einer angemessenen Frist ohne finanzielle Einbußen wechseln zu können. An Sonderzahlungen anknüpfende Bindungsklauseln dürfen deshalb den Arbeitnehmer nicht in unzulässiger Weise in seiner durch Art. 12 GG garantierten Berufsfreiheit behindern. Insoweit unterliegen sie auch der AGB-rechtlichen Inhaltskontrolle.[179]

81 Die Zulässigkeit von Bindungsklauseln hängt maßgeblich davon ab, ob die Sonderzahlung eine Gegenleistung für die vom Arbeitnehmer geleistete Arbeit darstellen soll oder ob sie allein aus anderen Gründen gezahlt wird. Welcher **Leistungszweck** mit einer Sonderzahlung verfolgt wird, beurteilt das BAG anhand einer Auslegung der vertraglichen Regelung.[180] Die Bezeichnung der Leistung ist nicht entscheidend. So kann beispielsweise eine als „Weihnachtsgeld" bezeichnete Leistung je nach vertraglicher Ausgestaltung als Gegenleistung für die erbrachte Arbeitsleistung oder zur Honorierung von Betriebstreue erbracht werden. Maßgeblich kommt es darauf an, von welchen Voraussetzungen die Zahlung abhängig gemacht wird.[181] Ist etwa dem Grunde oder der Höhe nach davon abhängig, dass der Arbeitnehmer im Bezugszeitraum Arbeitsleistung erbracht hat, hat die Sonderzahlung in aller Regel Vergütungscharakter.[182] Für den Vergütungscharakter spricht es auch, wenn die Sonderzuwendung einen wesentlichen Anteil der Gesamtvergütung ausmacht. Fehlt es an eindeutigen Anhaltspunkten in der Regelung, wird der Vergütungscharakter vermutet.[183]

82 **1. Sonderzahlungen mit Vergütungscharakter.** Nach der Rechtsprechung des BAG sind formularvertragliche Bindungsklauseln immer dann unzulässig, wenn die Sonderzahlung als **Gegenleistung für die vom Arbeitnehmer geleistete Arbeit** erbracht wird und die Klausel beim Arbeitnehmer zu einem Zeitpunkt zum Wegfall der Leistung führt, zu dem er die vergütete Arbeitsleistung bereits erbracht hat. Das BAG sieht hierin einen Eingriff in das vertragliche Synallagma. Der Entzug bereits verdienten Entgelts sei mit der gesetzlichen Wertung des § 611 Abs. 1 BGB nicht vereinbar und beeinträchtige den Arbeitnehmer stets unangemessen in seiner durch Art. 12 Abs. 1 GG geschützten Freiheit zur selbstbestimmten Arbeitsplatzaufgabe. Auf die Dauer der Bindung kommt es dabei nicht an. Diese Grundsätze gelten nach der jüngeren Rechtsprechung gleichermaßen, wenn mit der Leistung neben dem Vergütungszweck zusätzlich noch weitere Zwecke verfolgt werden (**Sonderzahlung mit Mischcharakter**).[184] Unzulässig sind nicht nur Klauseln, die die Auszahlung der Leistung von dem Bestand des Arbeitsverhältnisses an einem Stichtag nach dem Ende des Zeitraums, in dem die Arbeitsleistung erbracht wurde abhängig machen.[185] Auch eine Klausel, die einen Stichtag innerhalb des Bezugszeitraums bestimmt, ist grundsätzlich unwirksam, wenn die Sonderzahlung auch die bis zum Stichtag bereits erbrachte Arbeitsleistung vergüten soll. Das BAG begründet dies damit, dass der Wert der Arbeitsleistung regelmäßig nicht von der reinen Verweildauer des Arbeitnehmers im Arbeitsverhältnis abhänge. Etwas anderes könne gelten, wenn die Arbeitsleistung gerade in einem bestimmten Zeitraum vor dem Stichtag besonderen Wert habe (z.B. bei Saisonbetrieben oder branchen- bzw. betriebsbedingten Besonderheiten).[186] Möglich ist auch, dass eine Sonderzahlung an bis zu bestimmten Zeitpunkten eintretende Unternehmenserfolge anknüpft; in diesen Fällen ist eine zu bestimmten Stichtagen erfolgende Betrachtung oftmals zweckmäßig und nicht zu beanstanden

---

178 Eine Differenzierung zwischen Stichtags- und Rückzahlungsklauseln ist seit der Schuldrechtsreform nicht mehr erforderlich, da die Interessenlage der Arbeitnehmer in beiden Fällen gleichartig ist, vgl. *Henssler/Moll*, S. 40.

179 BAG, Urt. v. 6.5.2009 – 10 AZR 443/08, NZA 2009, 783; BAG, Urt. v. 28.5.2008 – 10 AZR 351/07, NZA 2008, 1066; BAG, Urt. v. 24.10.2007 – 10 AZR 825/06, NZA 2008, 40.

180 Vgl. BAG, Urt. v. 18.1.2012 – 10 AZR 667/10, NZA 2012, 620; BAG, Urt. v. 24.10.1990 – 6 AZR 156/89, BB 1991, 695.

181 BAG, Urt. v. 18.1.2012 – 10 AZR 667/10, NZA 2012, 620.

182 Vgl. BAG, Urt. v. 14.11.2013 – 10 AZR 848/12, BB 2013, 2931.

183 BAG, Urt. v. 18.1.2012 – 10 AZR 667/10, NZA 2012, 620.; *Reinfelder*, NZA-Beil. 2014, 10, 14.

184 BAG, Urt. v. 18.1.2012 – 10 AZR 612/10, NZA 2012, 561; a.A. noch BAG, Urt. v. 28.3.2007 – 10 AZR 261/06, NZA 2007, 687.

185 BAG, Urt. v. 18.1.2012 – 10 AZR 612/10, NZA 2012, 561; zur Unwirksamkeit von entsprechenden Betriebsvereinbarungen vgl. BAG, Urt. v. 12.4.2011 – 1 AZR 412/09, NZA 2011, 989; BAG, Urt. v. 7.6.2011 – 1 AZR 807/09, NZA 2011, 1234.

186 BAG, Urt. v. 14.11.2013 – 10 AZR 848/12, BB 2013, 2931; zur Zulässigkeit einer vergleichbaren tariflichen Stichtagsregelung vgl. hingegen BAG, Urt. v. 12.12.2012 – 10 AZR 718/11, NZA 2013, 577.

(vgl. auch Rn 83).[187] Zu welchem Zeitpunkt die Vergütung (ggf. anteilig) verdient ist, ist durch Auslegung der Regelung zu ermitteln.[188]

Vergütungscharakter haben auch **erfolgsabhängige Sonderzahlungen**, wobei es grundsätzlich unerheblich ist, ob sie vom individuellen Erfolg des Arbeitnehmers, vom Unternehmenserfolg oder von einer Kombination aus beidem abhängen.[189] Eine Klausel, die den Anspruch auf eine solche Sonderzahlung von vornherein an das Bestehen des Arbeitsverhältnisses zum Ende des Geschäftsjahres knüpft, war nach bisheriger Rechtsprechung wirksam, wenn die Höhe des Bonus sich an dem Ergebnis im Geschäftsjahr und ggf. vereinbarten oder festgelegten Zielen orientierte, deren Erreichung erst mit Ablauf des jeweiligen Zeitraums festgestellt werden konnte. Der Wille der Arbeitsvertragsparteien, für den Anspruch auf den Bonus Jahresziele und nicht Tages-, Wochen- oder Monatsziele gemeinsam festzulegen, wurde vom BAG respektiert.[190] Daran scheint das BAG auch angesichts der neueren Rechtsprechung festzuhalten, nach der auch Stichtagsklauseln innerhalb des Bezugszeitraums einen unzulässigen Entzug von verdienter Vergütung bewirken können. Es sei oftmals zweckmäßig und nicht zu beanstanden, wenn eine Sonderzahlung, die an bis zu einem bestimmten Zeitpunkt eintretende Unternehmenserfolge anknüpft, auf den Bestand des Arbeitsverhältnisses zu diesem Zeitpunkt abstellt.[191]

Soweit Bindungsklauseln in Bezug auf Sonderzahlungen mit Vergütungscharakter überhaupt noch zulässig sind, dürfen sie die Auszahlung nicht vom **ungekündigten Bestand des Arbeitsverhältnisses** am Stichtag abhängig machen, ohne solche Kündigungen aus ihrem Anwendungsbereich auszunehmen, die vom Arbeitgeber ausgesprochen oder von ihm veranlasst wurden.[192] Andernfalls könnte der Arbeitgeber sich der Verbindlichkeit seines Leistungsversprechens, dessen verhaltenssteuernde Wirkung er für sich in Anspruch nimmt, eigenmächtig entziehen. Die Klausel muss deshalb so eingeschränkt formuliert werden, dass die Kündigung des Arbeitsverhältnisses dem Anspruch auf die Sonderzahlung nur dann entgegensteht, wenn der Arbeitnehmer sie zu vertreten hat. Zu berücksichtigen ist auch, dass Klauseln, die den Bestand des Arbeitsverhältnisses in ungekündigtem Zustand voraussetzen, zwangsläufig eine **Verlängerung der Bindungsdauer** bewirken, weil sich an den Stichtag noch der Ablauf der jeweils geltenden Kündigungsfrist anschließt.[193] Sofern dies zu einer Bindung des Arbeitnehmers über den Bezugszeitraum hinaus führt, ist die Regelung schon aus diesem Grund unwirksam.[194] Stellt eine Stichtagsklausel in unzulässiger Weise auf den ungekündigten Bestand des Arbeitsverhältnisses ab, ist sie nach der neueren Rechtsprechung des BAG auch nicht in dem Sinne teilbar, dass durch die Streichung des Wortes „ungekündigt" ein wirksamer Regelungsteil aufrechterhalten werden könnte.[195]

2. Sonderzahlungen ohne Vergütungscharakter. Stellen Sonderzahlungen **keine Gegenleistung für erbrachte Arbeitsleistung** dar, können Bindungsklauseln grundsätzlich zulässig sein. Zwar beeinträchtigen sie auch in diesem Fall die Berufsfreiheit des Arbeitnehmers. Diese Beeinträchtigung wiegt allerdings weniger schwer als bei einem Eingriff in das vertragliche Synallagma.[196] Daher kann die Auszahlung an die Voraussetzung geknüpft werden, dass das **Arbeitsverhältnis zum Auszahlungszeitpunkt** noch besteht.[197] In welchem Maße eine weitergehende Bindungsdauer zulässig ist, hängt von den Umständen im Einzelfall ab, insbesondere von der Höhe der Sonderzahlung (vgl. Rn 87). Macht die Sonderzahlung einen wesentlichen Anteil der Gesamtvergütung des Arbeitnehmers aus, handelt es sich ohnehin nach der Rechtsprechung des BAG um eine Gegenleistung für erbrachte Arbeitsleistung und nicht mehr um eine Zahlung mit Gratifikationscharakter.[198]

Endet das Arbeitsverhältnis vor dem Stichtag, so besteht, wenn nicht etwas anderes vereinbart ist oder eine entgegenstehende betriebliche Übung existiert, **kein Anspruch auf anteilige Auszahlung**.[199]

Eine Sonderzahlung ohne Vergütungscharakter kann vom **Bestehen des Arbeitsverhältnisses in ungekündigtem Zustand am Stichtag** jedenfalls dann abhängig gemacht werden, wenn sie auch im Hinblick auf die zukünftige Betriebstreue geleistet werden soll, was regelmäßig unterstellt werden kann. Der Arbeitnehmer wird in diesem Fall grundsätzlich nicht unangemessen dadurch benachteiligt, dass die Klausel nicht danach differenziert, ob er selbst oder der Arbeitgeber die Kündigung ausgesprochen hat bzw. in wessen Verantwortungsbereich der Grund für die Kündigung fällt. Die Sonderzahlung kann eine motivierende Wirkung nur bei Arbeitnehmern entfalten, die dem Betrieb noch einige Zeit angehören. Diese Wirkung wird aber nach Ausspruch einer betriebsbedingten Kündigung durch

---

187 BAG, Urt. v. 14.11.2013 – 10 AZR 848/12, BB 2013, 2931; BAG, Urt. v. 6.5.2009 – 10 AZR 443/08, NZA 2009, 783.
188 *Mestwerdt*, ArbR 2012, 547.
189 Vgl. BAG, Urt. v. 5.7.2011 – 1 AZR 94/10, ArbR 2011, 642.
190 BAG, Urt. v. 6.5.2009 – 10 AZR 443/08, NZA 2009, 783.
191 BAG, Urt. v. 14.11.2013 – 10 AZR 848/12, BB 2013, 2931.
192 BAG, Urt. v. 18.1.2012 – 10 AZR 667/10, NZA 2012, 620; *Lingemann*, ArbR 2012, 221.
193 Zu einem Fall, in dem das Arbeitsverhältnis zwar nur bis zum 1. April des Folgejahres ungekündigt bestanden haben musste, dies aber aufgrund der Kündigungsfrist von drei Monaten zum Quartalsende eine Beendigung des Arbeitsverhältnisses frühestens zum 30. September des Folgejahres ermöglicht hätte, vgl. BAG, Urt. v. 24.10.2007 – 10 AZR 825/06, NZA 2008, 40.
194 BAG, Urt. v. 14.11.2013 – 10 AZR 848/12, BB 2013, 2931.
195 BAG, Urt. v. 14.11.2013 – 10 AZR 848/12, BB 2013, 2931; a.A. noch BAG, Urt. v. 6.5.2009 – 10 AZR 443/08, NZA 2009, 783.
196 *Mestwerdt*, ArbR 2012, 547.
197 BAG, Urt. v. 18.1.2012 – 10 AZR 667/10, NZA 2012, 620.
198 BAG, Urt. v. 18.1.2012 – 10 AZR 667/10, NZA 2012, 620.
199 BAG, Urt. v. 10.12.2008 – 10 AZR 15/08, NZA 2009, 322.

den Arbeitgeber in gleicher Weise verfehlt wie bei einer vom Arbeitnehmer veranlassten Kündigung.[200] Allerdings kann nur eine wirksame Kündigung zum Anspruchsausschluss führen.[201] Zu beachten ist, dass die Anknüpfung an das ungekündigte Arbeitsverhältnis zwangsläufig eine **Verlängerung der Bindungsdauer** bewirkt, weil sich an den Stichtag noch die jeweilige Kündigungsfrist anschließt (vgl. Rn 84).

87 Die Frage der **zulässigen Bindungsdauer** wird auch relevant, wenn der Arbeitnehmer nach Auszahlung der Sonderzahlung zur **Rückzahlung** verpflichtet sein soll, wenn das Arbeitsverhältnis binnen einer bestimmten Frist gekündigt oder anderweitig beendet wird. Nach den vom BAG entwickelten Grundsätzen hängt die Dauer einer zulässigen Bindung über den Auszahlungszeitpunkt hinaus regelmäßig von der Höhe der Sonderzahlung ab.[202] Eine am Jahresende gezahlte Zuwendung, die über 100 EUR, aber unter einem Monatsbezug liegt, kann den Arbeitnehmer bis zum 31. März des Folgejahres binden. Nur wenn die Zuwendung einen Monatsbezug erreicht, ist eine Bindung des Arbeitnehmers über diesen Termin hinaus zulässig.[203] Eine Stichtagsregelung, die unabhängig von der Höhe der Leistung den Arbeitnehmer **bis zum 30. September des Folgejahres** bindet, ist zu weit gefasst und deshalb unwirksam.[204] Die Überschreitung dieser von der Rechtsprechung entwickelten Grenzwerte indiziert eine unangemessene Benachteiligung des Arbeitnehmers i.S.v. § 307 Abs. 1 BGB und führt damit zum Wegfall der Bindungsklausel.[205]

88 Bei der Angemessenheit einer Bindungsklausel ist außerdem die Höhe der Sonderzahlung im Verhältnis zur Gesamtvergütung zu beachten. Übersteigt die Sonderzahlung **25 % der Gesamtvergütung**, so würde eine Verknüpfung der Zahlung mit einer Bindungsklausel den Arbeitnehmer unangemessen benachteiligen, so das BAG unter Verweis auf seine zum Widerrufsvorbehalt entwickelten Grundsätze.[206] Zulässig wäre allerdings, die Bindung auf einen Teilbetrag zu beschränken, der 25 % der Gesamtvergütung nicht übersteigt.[207]

89 **3. Aktienoptionen.** Gewährt der Arbeitgeber seinen Führungskräften **Aktienoptionen** oder vergleichbare schuldrechtliche Nachbildungen („virtuelle Aktienoptionen"), unterliegen die Ausübungsbedingungen einer Inhaltskontrolle nach den §§ 305 ff. BGB. Bei dieser Inhaltskontrolle können die zu anderen Sondervergütungen entwickelten Grundsätze in Bezug auf Bindungsklauseln allerdings nicht uneingeschränkt herangezogen werden.[208] Im Gegensatz zu anderen Sondervergütungen haben Aktienoptionen einen ungleich größeren spekulativen Charakter.[209] Da der Arbeitnehmer daher stets mit dem Verlust der Werthaltigkeit seiner Optionsrechte rechnen muss, kann ein schutzwürdiges Vertrauen auf den Fortbestand dieses Vermögenswertes nur sehr eingeschränkt entstehen. Bloße Erwerbschancen genießen nicht den gleichen arbeitsrechtlichen Schutz wie gesicherte Vergütungsbestandteile.[210] Eine Anbindung der Befugnis zur Ausübung der Bezugsrechte an das Bestehen eines ungekündigten Arbeitsverhältnisses ist dem Arbeitnehmer deshalb eher zuzumuten als bei Sonderleistungen ohne oder mit geringerem spekulativem Charakter. Eine zeitliche Obergrenze der Wartezeit bei der Gewährung von Aktienoptionen hat der Gesetzgeber nicht festgelegt. Wenn aber eine Wartezeit von mindestens vier Jahren aus Gründen des Aktionärsschutzes (§ 193 Abs. 2 Nr. 4 AktG) wirksam ist, kann ein solcher Zeitraum nicht gleichzeitig aus Gründen des Arbeitnehmerschutzes unzulässig sein.[211] Insofern ist auch eine mehrjährige Bindung des bezugsberechtigten Arbeitnehmers bei einer aktienkursorientierten Vergütung zulässig.[212]

IX. Freistellung

Literatur zur Freistellung: *Bauer*, „Spielregeln" für die Freistellung von Arbeitnehmern, NZA 2007, 409; *Bronhofer*, Aus für Freistellungsklauseln?, AuA 2008, 20; *Fischer*, Die formularmäßige Abbedingung des Beschäftigungsanspruchs des Arbeitnehmers während der Kündigungsfrist, NZA 2004, 233; *Fröhlich*, Inhaltskontrolle bei arbeitsvertraglichem Freistellungsvorbehalt, ArbRB 2006, 84; *Fuhlrott/Balupuri-Beckmann*, Voraussetzungen und Folgen der Freistellung von der Arbeitspflicht, ArbR 2011, 392; *Hu-*

---

200 BAG, Urt. v. 18.1.2012 – 10 AZR 667/10, NZA 2012, 620.
201 BAG, Urt. v. 18.1.2012 – 10 AZR 667/10, NZA 2012, 620.
202 BAG, Urt. v. 28.5.2008 – 10 AZR 351/07, NZA 2008, 1066, BAG, Urt. v. 28.3.2007 – 10 AZR 261/06, NZA 2007, 687.
203 BAG, Urt. v. 24.10.2007 – 10 AZR 825/06, NZA 2008, 40; In einer älteren Entscheidung hat das BAG darüber hinaus als Maßstab der zulässigen Bindungsdauer berücksichtigt, wie viele „Kündigungsmöglichkeiten" der Arbeitnehmer durch die Bindung verliert. Diese Rechtsprechung knüpft an dem früheren Modell der Kündigung zum Quartalsende an, nach der nur vier Kündigungstermine pro Jahr üblich waren (§ 622 Abs. 1 BGB i.d.F. bis zum 14.10.1993). Es ist fraglich, ob sie angesichts der heute in § 622 BGB normierten Kündigungsfristen noch aufrechterhalten werden kann, so aber offenbar BAG, Urt. v. 24.10.2007 – 10 AZR 825/06, NZA 2008, 40, das unkritisch auf die Entscheidung vom 27.10.1978 (5 AZR 754/77, DB 1979, 898) Bezug nimmt und die entsprechende Passage zitiert.
204 BAG, Urt. v. 24.10.2007 – 10 AZR 825/06, NZA 2008, 40.
205 BAG, Urt. v. 6.5.2009 – 10 AZR 443/08, NZA 2009, 783.
206 BAG, Urt. v. 24.10.2007 – 10 AZR 825/06, NZA 2008, 40.
207 Vgl. *Henssler/Moll*, S. 41.
208 BAG, Urt. v. 28.5.2008 – 10 AZR 351/07, NZA 2008, 1066.
209 BAG, Urt. v. 28.5.2008 – 10 AZR 351/07, NZA 2008, 1066.
210 Vgl. hierzu ausführlich und mit weiterer Begründung BAG, Urt. v. 28.5.2008 – 10 AZR 351/07, NZA 2008, 1066.
211 In diesem Sinne auch das BAG, allerdings zur früheren Mindestwartezeit von zwei Jahren nach § 193 Abs. 2 Nr. 4 AktG a.F., BAG, Urt. v. 28.5.2008 – 10 AZR 351/07, NZA 2008, 1066.
212 Dabei wird überwiegend in Anlehnung an § 624 BGB eine Bindungsdauer von bis zu fünf Jahren für noch angemessen erachtet, vgl. BAG, Urt. v. 28.5.2008 – 10 AZR 351/07, NZA 2008, 1066, m.w.N.; *Küttner/Röller*, „Aktienoptionen" Rn 10; krit. zur fünfjährigen Bindungsdauer *Staake*, NJOZ 2010, 2494, 2499 f.

nold, Bezahlte Freistellung vertraglich regeln, AuA 2005, 712; *Kappenhagen*, Vertragsklauseln zur Freistellung des Arbeitnehmers nach Kündigung, FA 2007, 167; *Meyer*, Der Freistellungsvertrag, NZA 2011, 1249; *Mues*, Inhaltskontrolle von Freistellungsklauseln, ArbRB 2009, 214; *Ohlendorf/Salamon*, Freistellungsvorbehalte im Lichte des Schuldrechtsmodernisierungsgesetzes, NZA 2008, 856; *Stück*, Freistellungen im Spannungsfeld, AuA 2005, 704; *Ünsal*, Freistellung von der Arbeitspflicht, AuA 2013, 272

Ein Freistellungsvorbehalt soll dem Arbeitgeber das Recht einräumen, den Arbeitnehmer während des bestehenden Arbeitsverhältnisses bei Fortzahlung der Vergütung von der Arbeitspflicht freizustellen. Dagegen steht allerdings der Anspruch des Arbeitnehmers auf tatsächliche Beschäftigung.[213] **90**

Bis zum Inkrafttreten der Schuldrechtsreform hat das BAG eine Freistellung für zulässig gehalten, wenn der Beschäftigung des Arbeitnehmers betriebliche oder persönliche Gründe entgegenstehen und auf der anderen Seite der Arbeitnehmer kein besonderes, vorrangig berechtigtes Interesse an der tatsächlichen Beschäftigung hat.[214] Lagen diese Voraussetzungen vor, war die Freistellung unabhängig von einem vereinbarten Freistellungsvorbehalt zulässig. Dies gilt auch weiterhin. Daneben konnte das Recht zur Freistellung durch einen vereinbarten Freistellungsvorbehalt jedenfalls für den Zeitraum nach Ausspruch einer Kündigung erweitert werden. Die Freistellungsentscheidung wurde dann nur noch hinsichtlich Ihrer Billigkeit nach § 315 BGB beurteilt.[215] Seit dem 1.1.2002 wird die Zulässigkeit von Freistellungsklauseln vom ganz überwiegenden Teil der arbeitsrechtlichen Literatur und der Instanzrechtsprechung allerdings deutlich kritischer beurteilt. **91**

1. Vor Ausspruch einer Kündigung. Einschränkungslose Freistellungsklauseln, nach denen der Arbeitgeber ohne besonderen Grund die Freistellung anordnen kann, benachteiligen nach mittlerweile allgemeiner Ansicht den Arbeitnehmer unangemessen i.S.d. § 307 Abs. 1 BGB und sind deshalb unwirksam.[216] Eine Freistellungsklausel kann deshalb nur angemessen sein, wenn sie konkrete Gründe benennt, bei deren Vorliegen eine Freistellung zulässig sein soll. Als sachliche Gründe für eine einseitige Freistellung können etwa ein Wegfall der Vertrauensgrundlage, ein vorübergehender Auftragsmangel oder Bedenken hinsichtlich der Wahrung von Betriebsgeheimnissen angeführt werden.[217] **92**

2. Nach Ausspruch einer Kündigung. Ob eine allgemeine Freistellungsklausel, die dem Arbeitgeber das Recht einräumt, den Arbeitnehmer nach Ausspruch der Kündigung unter Fortzahlung der Vergütung von der Arbeitsleistung freizustellen, den Arbeitnehmer unangemessen benachteiligt und deshalb unwirksam ist, ist in der Rechtsprechung wie der arbeitsrechtlichen Literatur umstritten.[218] Welche Auffassung das BAG zu dieser Frage vertreten wird, ist nicht abzusehen. Bis dahin sollte der bisher übliche Freistellungsvorbehalt für den Lauf der Kündigungsfrist weiterhin in den Arbeitsvertrag aufgenommen werden. Er ist jedenfalls nicht schädlich, denn im Falle einer Unwirksamkeit steht der Arbeitgeber jedenfalls nicht schlechter da als ohne eine Freistellungsvereinbarung. Ihm bleibt dann immer noch die Möglichkeit, die Freistellung aufgrund der individuellen Abwägung der gegenseitigen Interessen auszusprechen. Zudem empfiehlt es sich, Freistellungsklauseln, ebenso wie für den Fall der Freistellung vor Ausspruch einer Kündigung, an das Vorliegen besonderer Gründe zu knüpfen, jedenfalls in ihren Umrissen bereits in der Klausel beschrieben werden sollten.[219] **93**

X. Freiwilligkeitsvorbehalte

Literatur zu Freiwilligkeitsvorbehalten: *Annuß*, Arbeitsrechtliche Aspekte von Zielvereinbarungen in der Praxis, NZA 2007, 290; *Bauer/Chwalisz*, Instrumente zur Entgeltflexibilisierung, ZfA 2007, 339; *Bauer/v.Medem*, Rettet den Freiwilligkeitsvorbehalt – oder schafft eine Alternative!, NZA 2012, 894; *Bayreuther*, Vorbehalte in der arbeitsrechtlichen Vertragsgestaltung – Wie viel Flexibilität soll das AGB-Recht zulassen?, ZfA 2011, 45; *ders.*, Freiwilligkeitsvorbehalte: Zulässig, aber überflüssig?, BB 2009, 102; *ders.*, Widerrufs-, Freiwilligkeits- und Anrechnungsvorbehalte – geklärte und ungeklärte Fragen der aktuellen Rechtsprechung des BAG zu arbeitsvertraglichen Vorbehalten, ZIP 2007, 2009; *Bieder*, Arbeitsvertragliche Gestaltungsspielräume zur Entgeltflexibilisierung, NZA 2007, 1135; *Brühler*, Freiwilligkeitsvorbehalte bei Sonderzahlungen und entgeltrelevante Zielvereinbarungen in der Rechtsprechung des Zehnten Senats des Bundesarbeitsgerichts, JbArbR 46 (2010), 23; *Diepold*, Freiwilligkeit und Widerruf – Sonderzahlungen

---

213 Zur Rechtsgrundlage des Beschäftigungsanspruchs BAG, Beschl. v. 27.2.1985 – GS 1/84, NZA 1985, 702.
214 BAG, Urt. v. 19.8.1976 – 3 AZR 173/75, NJW 1977, 215.
215 LAG Sachsen, Urt. v. 12.6.2003 – 2 Sa 715/02.
216 LAG Baden-Württemberg, Urt. v. 5.1.2007 – 7 Sa 93/06, NZA-RR 2007, 406; LAG München, Urt. v. 7.5.2003 – 5 Sa 297/03; ArbG Paderborn, Urt. v. 25.2.2011 – 3 Ca 1633/10; *Thüsing*, AGB-ArbR, Rn 307; *Lakies*, Kap. 5 Rn 233.
217 BAG, Beschl. v. 27.2.1985 – GS 1/84, NZA 1985, 702.
218 Für die Unwirksamkeit der Klausel: LAG Hamburg, Urt. v. 24.7.2013 – 5 SaGa 1/13, juris; Hessisches LAG, Urt. v. 20.3.2013 – 18 SaGa 175/13, AuA 2013, 609; ArbG München, Urt. v. 10.12.2008 – 39 Ga 245/08; ArbG Stuttgart, Urt. v. 18.3.2005 – 26 Ga 4/05; ArbG Berlin, Urt. v. 4.2.2005 – 9 Ga 1155/05, BB 2006, 559; ArbG Frankfurt/Main, Urt. v. 19.11.2003 – 2 Ga 251/03, NZA-RR 2004, 409; ErfK/*Preis*, § 611 Rn 570; *Lakies*, Kap. 5 Rn 236; *Fischer*, NZA 2004, 233, 236 f.; *Mues*, ArbRB 2009, 214, 215; für die Wirksamkeit der Klausel: LAG Hamburg, Urt. v. 22.10.2008 – 5 SaGa 5/08; Küttner/*Kania*, „Beschäftigungsanspruch" Rn 6; *Bauer*, NZA 2007, 409, 412; einschränkend auch LAG München, Urt. v. 7.5.2003 – 5 Sa 297/03; *Bronhofer*, AuA 2008, 20, 21; SSN/*Striegel*, Rn 528; *Fröhlich*, ArbRB 2006, 84, 86.
219 SSN/*Striegel*, Rn 531 unter Bezugnahme auf BAG, Urt. v. 21.1.2005 – 5 AZR 364/04, NZA 2005, 465; *Fröhlich*, ArbRB 2006, 84, 86; vgl. auch Hessisches LAG, Urt. v. 20.3.2013 – 18 SaGa 175/13, AuA 2013, 609.

wirksam regeln, AuA 2013, 85; *Fischer*, Der langsame Tod des Freiwilligkeitsvorbehalts, FA 2011, 42; *Franzen*, Inhaltskontrolle von Änderungsvorbehalten in Arbeitsverträgen, FS Zachert, 2010, S. 386; *Gaul*, Der Abschied vom Freiwilligkeitsvorbehalt, FS Hromadka, 2008, S. 99; *Grimm/Freh*, Freiwilligkeits- und Widerrufsvorbehalte – Wirksamkeitsanforderungen nach der aktuellen Rechtsprechung, ArbRB 2011, 285; *Hromadka*, Was bleibt vom vertraglichen Freiwilligkeitsvorbehalt?, DB 2012, 1037; *Hromadka/Schmitt-Rolfes*, Die AGB-Rechtsprechung zu Tätigkeit, Entgelt und Arbeitszeit, NJW 2007, 1317; *Jensen*, Arbeitsvertragsklauseln gegen betriebliche Übungen – Was geht noch?, NZA-RR 2011, 225; *Krause*, Freiwilligkeitsvorbehalte im Lichte von allgemeiner Rechtsgeschäftslehre und AGB-Kontrolle, FS Bauer, 2010, S. 577; *Kroeschell*, Die AGB-Kontrolle von Widerrufs- und Freiwilligkeitsvorbehalten, NZA 2008, 1393; *Lakies*, Neue Rechtsprechung zu Flexibilisierungsvarianten bei Sonderzuwendungen, ArbR 2013, 251; *ders.*, Das Ende des arbeitsvertraglichen Freiwilligkeitsvorbehalts und Alternativen, ArbR 2012, 469; *ders.*, AGB-Kontrolle von Sonderzahlungen, ArbR 2012, 306; *Leder*, Aktuelles zur Flexibilisierung von Arbeitsbedingungen, RdA 2010, 93; *Lembke*, Die Gestaltung von Vergütungsvereinbarungen, NJW 2010, 257; *Lingemann/Gotham*, Freiwillige Leistungen des Arbeitgebers – es gibt sie noch!, DB 2008, 2307; *dies.*, Freiwilligkeits-, Stichtags- und Rückzahlungsregelungen bei Bonusvereinbarungen – was geht noch?, NZA 2008, 509; *Löw*, Weihnachtsgeld, Boni & Co. – Neue Spielregeln für die Vertragsgestaltung, AuA 2012, 717; *Maaß*, Widerrufs- und Freiwilligkeitsvorbehalt – Welche Formulierung genügt dem Transparenzgebot?, ArbR 2011, 59; *Maties*, Freiwilligkeits- und Widerrufsvorbehalte in Arbeitsverträgen und bei der betrieblichen Übung, DB 2005, 2689; *Mestwerdt*, Feinjustierung oder Neuausrichtung? – Aktuelle Rechtsprechung des Bundesarbeitsgerichts zur vertraglichen Ausgestaltung von Sonderzahlungen, ArbR 2012, 547; *Moll*, AGB-Kontrolle von Änderungs- und Bestimmungsklauseln in Entgeltregelungen, FS ARGE Arbeitsrecht im DAV, 2006, S. 91; *Müller-Bonanni/Nimmerjahn*, Fallstricke bei der Formulierung von Freiwilligkeits- und Widerrufsvorbehalten, ArbRB 2008, 114; *Natzel*, Vorbehaltsklauseln – unter Vorbehalt zulässig, FA 2006, 365; *Niebling*, Formularmäßige Freiwilligkeitsvorbehalte im Arbeitsrecht – Kernfragen der AGB-Kontrolle im Arbeitsrecht, NJW 2013, 3011; *Otto/Walk*, Entgeltflexibilisierung als Weg aus der Krise, BB 2010, 373; *Preis*, Der langsame Tod der Freiwilligkeitsvorbehalte und die Grenzen betrieblicher Übung, NZA 2009, 281; *Preis/Genenger*, Betriebliche Übung, freiwillige Leistungen und rechtsgeschäftliche Bindung, JbArbR 47 (2010), 93; *Preis/Lindemann*, Änderungsvorbehalte – Das BAG durchschlägt den gordischen Knoten, NZA 2006, 632; *Preis/Sagan*, Wider die Wiederbelebung des Freiwilligkeitsvorbehalts!, NZA 2012, 1077; *dies.*, Der Freiwilligkeitsvorbehalt im Fadenkreuz der Rechtsgeschäftslehre – Chronik eines angekündigten Todes, NZA 2012, 697; *Raab*, Änderungskündigung, Widerrufsvorbehalt, Freiwilligkeitsvorbehalt und der Grundsatz „pacta sunt servanda", FS Birk, 2008, S. 659; *Reinecke*, Zur AGB-Kontrolle von Arbeitsentgeltvereinbarungen, BB 2008, 554; *Reinfelder*, Leistungsgerechtes Entgelt – Gestaltung und Umgestaltung, NZA-Beil. 2014, 10; *Reiserer*, Flexible Vergütungsmodelle, NZA 2007, 1249; *Salamon*, Die freiwillige Verpflichtung zur Gratifikationszahlung und die Divergenz zur Rechtsprechung und ergänzenden Vertragsauslegung durch BGH und BAG, NZA 2009, 1076; *ders.*, Rechtsfolgen des Zusammentreffens von Freiwilligkeitsvorbehalten und Gratifikationszweckvereinbarungen, NZA 2009, 656; *Salamon/Hoppe*, Was ist noch regelbar? – Freiwilligkeitsvorbehalte, Schriftformklauseln, Ausschlussfristen, AuA 2012, 667; *Schmiedl*, Freiwilligkeits- und Widerrufsvorbehalt – überkommene Rechtsinstitute?, NZA 2006, 1195; *Schmitt-Rolfes*, Präzisierung zum Freiwilligkeitsvorbehalt, AuA 2009, 391; *ders.*, Mehr Klarheit beim Freiwilligkeitsvorbehalt, AuA 2008, 647; *Schramm*, Die Zulässigkeit von Freiwilligkeitsvorbehalten in Arbeitsverträgen, NZA 2007, 1325; *Seel*, Freiwilligkeits- und Widerrufsvorbehalte im Arbeitsvertrag, MDR 2004, 1393; *Simshäuser*, Aktuelle BAG-Rechtsprechung zur Flexibilisierung von Entgeltbestandteilen, ArbuR 2011, 242; *Strick*, Freiwilligkeitsvorbehalt und Widerrufsvorbehalt – der Wille als Bedingung, NZA 2005, 723; *Urban*, Sondervergütung unter Freiwilligkeitsvorbehalt, ArbR 2010, 6; *Waltermann*, Freiwilligkeitsvorbehalt bei Sonderleistungen im vorformulierten Arbeitsvertrag, SAE 2009, 98; *Wiedemann*, Freiwillige Entgeltleistungen unter Vorbehalt, FS Buchner, 2009, S. 942; *Worzalla*, Der Freiwilligkeitsvorbehalt bei Sonderzahlungen, SAE 2012, 92

94 Das BAG erkennt Freiwilligkeitsvorbehalte in Bezug auf **Sonderzahlungen**, die einen Anspruch des Arbeitnehmers auf die Sonderzahlung bei wiederholter Zahlung von Anfang an nicht entstehen lassen, auch in Allgemeinen Geschäftsbedingungen grundsätzlich als zulässig an.[220] Ein solcher Freiwilligkeitsvorbehalt weicht nicht von § 611 Abs. 1 BGB ab und verstößt, sofern es sich um einen klar und verständlich formulierten Vorbehalt handelt, nicht gegen § 308 Nr. 4 BGB, da es bereits an einer versprochenen Leistung fehlt.[221]

95 Allerdings hat die Rechtsprechung die Zulässigkeit von vertraglichen Freiwilligkeitsvorbehalten im Laufe der Zeit an zunehmend engere Voraussetzungen geknüpft. Zuletzt hat der 10. Senat des BAG dann auch Bedenken geäußert, ob ein vertraglicher Freiwilligkeitsvorbehalt dauerhaft den Erklärungswert von Zahlungen erschüttern kann, die ohne jeden Vorbehalt und ohne Hinweis auf die vertragliche Regelung geleistet werden (der Entscheidung lag eine 20-jährige vorbehaltlose Zahlungspraxis zugrunde).[222] Infolge dessen ist davon auszugehen, dass das BAG **arbeitsvertragliche Freiwilligkeitsvorbehalte** als Instrument zum dauerhaften Ausschluss von Ansprüchen **nicht mehr anerkennt**. Der Arbeitgeber muss den Arbeitnehmer vielmehr bei jeder Auszahlung gesondert darauf hinweisen, dass die Leistung unter Freiwilligkeitsvorbehalt erfolgt.[223] Damit ist die Zweckmäßigkeit arbeitsvertraglicher Freiwilligkeitsvorbehalte mittlerweile grundlegend in Frage gestellt.

---

220 BAG, Urt. v. 20.1.2010 – 10 AZR 914/08, NZA 2010, 445; BAG, Urt. v. 18.3.2009 – 10 AZR 289/08, NZA 2009, 1366; BAG, Urt. v. 21.1.2009 – 10 AZR 221/08; BAG, Urt. v. 10.12.2008 – 10 AZR 1/08, NZA-RR 2009, 576; BAG, Urt. v. 30.7.2008 – 10 AZR 606/07, NZA 2008, 1173; krit. zur Annahme des BAG, dass formularvertragliche Freiwilligkeitsvorbehalte in Bezug auf künftige Leistungen überhaupt von Rechtsvorschriften abweichen und damit der Inhaltskontrolle unterliegen, *Niebling*, NJW 2013, 3011, 3012.

221 BAG, Urt. v. 20.1.2010 – 10 AZR 914/08, NZA 2010, 445; BAG, Urt. v. 18.3.2009 – 10 AZR 289/08, NZA 2009, 1366; BAG, Urt. v. 21.1.2009 – 10 AZR 221/08; BAG, Urt. v. 30.7.2008 – 10 AZR 606/07, NZA 2008, 1173.

222 BAG, Urt. v. 14.9.2011 – 10 AZR 526/10, NZA 2012, 81.

223 ErfK/*Preis*, §§ 305–310 BGB Rn 71; *Mestwerdt*, ArbR 2012, 547; *Lakies*, ArbR 2012, 306.

Bereits nach der bisherigen Rechtsprechung sind Freiwilligkeitsvorbehalte bei Sonderzahlungen, die einen **Rechts-** **96** **anspruch des Arbeitnehmers auf künftige Leistungen ausschließen** sollen, nur wirksam, wenn sie so klar und verständlich abgefasst sind, dass der Arbeitnehmer gemäß dem Sinn und Zweck des Transparenzgebots den Vertragsinhalt sachgerecht beurteilen und erkennen kann, dass er keinen Rechtsanspruch auf künftige Leistungen hat.[224] Dazu genügt nicht der Hinweis, dass die Leistung freiwillig und ohne rechtliche Verpflichtung erfolgt. Dieser kann auch so verstanden werden, dass der Arbeitgeber lediglich nicht durch Tarifvertrag, Betriebsvereinbarung oder Gesetz zur Leistung verpflichtet ist. Vielmehr muss darüber hinaus klargestellt werden, dass auch bei wiederholter Zahlung in Zukunft kein Rechtsanspruch begründet werden soll.[225]

Unwirksam ist ein vertraglicher Freiwilligkeitsvorbehalt, der **alle zukünftigen Leistungen unabhängig von ihrer** **97** **Art und ihrem Entstehen** erfasst („Auf sonstige, in diesem Vertrag nicht vereinbarte Leistungen erwirbt der Arbeitnehmer keinen Rechtsanspruch für die Zukunft."). Ein derart weit gefasster Freiwilligkeitsvorbehalt benachteiligt den Arbeitnehmer nach Ansicht des BAG unangemessen. Er bezieht in unzulässiger Weise auch laufende Leistungen ein (zur Unzulässigkeit des Freiwilligkeitsvorbehalts in Bezug auf laufendes Arbeitsentgelt vgl. Rn 102) und verstoße sowohl gegen den in § 305b BGB bestimmten Vorrang der Individualabrede als auch gegen den Rechtsgrundsatz, dass Verträge einzuhalten sind.[226] Daher muss ein vertraglicher Freiwilligkeitsvorbehalt ausdrücklich klarstellen, dass er sich nur auf bestimmte Arten von Sonderzahlungen bezieht und dass er einer Entstehung von Ansprüchen aufgrund künftiger ausdrücklicher oder konkludenter Individualabreden nicht entgegensteht. Es kann auch ausdrücklich klargestellt werden, dass damit das Entstehen einer betrieblichen Übung hinsichtlich bestimmter Sonderzahlungen ausgeschlossen werden soll.

Eine Sonderzahlung in beträchtlicher Höhe spricht für sich betrachtet nicht dagegen, einen künftigen Anspruch wirksam ausschließen zu können. Eine **Abgrenzung nach Prozentsätzen** der Jahresgesamtvergütung lässt sich nicht **98** rechtfertigen. Hier besteht ein entscheidender Unterschied zu der Zulässigkeit und der Ausübung von Widerrufsvorbehalten, die nur dann interessengerecht sind, wenn ihr Volumen unter einem Viertel des Jahresgesamteinkommens liegt.[227] Während bei Widerrufsvorbehalten ein Anspruch zunächst entsteht, aber wieder beseitigt werden kann, ist er im Falle eines Freiwilligkeitsvorbehalts nie entstanden. Es entspräche nach Auffassung des BAG nicht den Interessen der Arbeitsvertragsparteien, wenn der Arbeitgeber gehindert wäre, Sonderzahlungen ab einer bestimmten Höhe unter Freiwilligkeitsvorbehalt zu stellen.[228]

Auch wenn die freiwillig geleistete Sonderzahlung an den Unternehmenserfolg oder die individuellen Leistungen des **99** Arbeitnehmers anknüpft, können zukünftige Ansprüche wirksam ausgeschlossen werden. Der Arbeitgeber ist frei darin, den **Zweck von Sonderzahlungen** festzusetzen. Er kann auch freiwillige Sonderzahlungen erbringen, die an keine anderen Voraussetzungen gebunden sind als die reine Arbeitsleistung.[229] Im Umkehrschluss darf er die Sonderzahlung auch zweckbezogen, aber dennoch freiwillig gewähren.

Ein Freiwilligkeitsvorbehalt kann widersprüchlich i.S.d. § 307 Abs. 1 S. 2 BGB und damit im Ergebnis unwirksam **100** sein, wenn die unter den Freiwilligkeitsvorbehalt gestellte **Leistung dem Arbeitnehmer an anderer Stelle versprochen** wird. Eine Formulierung, nach der dem Arbeitnehmer eine Leistung „gezahlt" oder „gewährt" wird oder der Arbeitnehmer diese Leistung „erhält", spricht typischerweise für die Begründung eines Entgeltanspruchs. Sagt ein Arbeitgeber einem Arbeitnehmer in einem von ihm vorformulierten Anstellungsvertrag z.B. ausdrücklich zu, jedes Jahr ein Weihnachtsgeld in bestimmter Höhe zu zahlen („Sie erhalten ein jährliches Weihnachtsgeld in Höhe eines Bruttomonatsgehalts."), ist es widersprüchlich, wenn der Arbeitgeber die Zahlung des Weihnachtsgeldes in derselben oder in einer anderen Vertragsklausel an einen Freiwilligkeitsvorbehalt bindet.[230] Der unwirksame Freiwilligkeitsvorbehalt fällt dann ersatzlos weg.[231]

Dasselbe gilt, wenn **Freiwilligkeits- und Widerrufsvorbehalt miteinander kombiniert** werden („Die Sonderzah- **101** lung stellt eine freiwillige, jederzeit widerrufliche Leistung dar."). Der Widerruf einer Leistung durch den Arbeitgeber setzt den Anspruch des Arbeitnehmers auf die Leistung voraus. Hat der Arbeitnehmer keinen Anspruch auf die Leistung, ginge ein Widerruf der Leistung ins Leere. Die Kombination aus Freiwilligkeits- und Widerrufsvorbehalt ver-

---

224 BAG, Urt. v. 5.8.2009 – 10 AZR 483/08, NZA 2009, 1105; BAG, Urt. v. 18.3.2009 – 10 AZR 289/08, NZA 2009, 1366; BAG, Urt. v. 21.1.2009 – 10 AZR 219/08, NZA 2009, 310; BAG, Urt. v. 10.12.2008 – 10 AZR 1/08, NZA-RR 2009, 576; BAG, Urt. v. 30.7.2008 – 10 AZR 606/07, NZA 2008, 1173.
225 BAG, Urt. v 17.4.2013 – 10 AZR 281/12, NZA 2013, 787; BAG, Urt. v. 8.12.2010 – 10 AZR 671/09, NZA 2011, 628.
226 BAG, Urt. v. 14.9.2011 – 10 AZR 526/10, NZA 2012, 81.
227 BAG, Urt. v. 18.3.2009 – 10 AZR 289/08, NZA 2009, 1366; BAG, Urt. v. 11.10.2006 – 5 AZR 721/05, NZA 2007, 87.
228 BAG, Urt. v. 18.3.2009 – 10 AZR 289/08, NZA 2009, 1366.

229 BAG, Urt. v. 18.3.2009 – 10 AZR 289/08, NZA 2009, 1366; BAG, Urt. v. 30.7.2008 – 10 AZR 606/07, NZA 2008, 1173; differenzierend in Bezug auf laufende Leistungen BAG, Urt. v. 25.4.2007 – 5 AZR 627/06, NZA 2007, 853.
230 BAG, Urt. v. 20.2.2013 – 10 AZR 177/12, NZA 2013, 1015; BAG, Urt. v. 10.12.2008 – 10 AZR 1/08, NZA-RR 2009, 576; BAG, Urt. v. 30.7.2008 – 10 AZR 606/07, NZA 2008, 1173.
231 BAG, Urt. v. 20.2.2013 – 10 AZR 177/12, NZA 2013, 1015; BAG, Urt. v. 24.10.2007 – 10 AZR 825/06, NZA 2008, 40.

stößt deshalb gegen das Transparenzgebot des § 307 Abs. 1 S. 2 BGB und ist unwirksam.[232] Der unwirksame Freiwilligkeitsvorbehalt fällt in diesem Fall ersatzlos weg. Er ist nicht in einen Widerrufsvorbehalt umzudeuten.[233]

102 Ein vertraglich vereinbarter Ausschluss jeden Rechtsanspruchs bei **laufendem Arbeitsentgelt** benachteiligt den Arbeitnehmer nach Auffassung des BAG unangemessen.[234] Eine solche Vereinbarung widerspreche dem Zweck des Arbeitsvertrags, denn damit würde dem Arbeitgeber ermöglicht, vom Arbeitnehmer die vollständige Erbringung der geschuldeten Arbeitsleistung zu verlangen und gleichzeitig seinerseits einseitig die geschuldete Gegenleistung zu verringern. Dies gelte auch dann, wenn es sich bei den unter Vorbehalt stehenden Leistungen nicht um die eigentliche Grundvergütung, sondern um eine zusätzliche Abgeltung der Arbeitsleistung in Form einer Zulage handelt. Auch derartige Zulagen stellen laufendes Arbeitsentgelt dar, sind also in das vertragliche Gegenseitigkeitsverhältnis eingebundene Leistungen. Der Umfang der unter Freiwilligkeitsvorbehalt zugesagten Leistungen ist dabei unerheblich.[235]

XI. Geheimhaltungspflichten

Literatur zu Geheimhaltungspflichten: *Bartenbach*, Der Schutz von Betriebs- und Geschäftsgeheimnissen im Arbeitsleben, FS Küttner, 2006, S. 113; 225; *Hörl*, Persönliche Geheimhaltungsverpflichtung der Projektmitarbeiter, ITRB 2007, 47; *Lampenius*, Geheimhaltungsvereinbarungen mit entliehenen Softwareentwicklern im Spannungsfeld zwischen Arbeits-, AGB-, Wettbewerbs- und Urheberrecht, K&R 2012, 12; *Richters/Wodtke*, Schutz von Betriebsgeheimnissen aus Unternehmenssicht, NZA-RR 2003, 281; *Roth*, Geheimhaltungsklauseln in IT-Verträgen – Hinweise zur Ausgestaltung wesentlicher Regelungspunkte, ITRB 2011, 115; *Salger/Breitfeld*, Regelungen zum Schutz von betrieblichem Know-how, BB 2005, 154

103 Die Pflicht, Geschäfts- oder Betriebsgeheimnisse zu schützen und damit unbefugten Dritten nicht zugänglich zu machen, ist als arbeitsvertragliche Nebenpflicht anerkannt, die auch über die Beendigung des Arbeitsverhältnisses hinaus fortbesteht.[236] Der Verrat solchermaßen geschützter Informationen während des Beschäftigungsverhältnisses steht sogar gem. § 17 UWG unter Strafe. Die nachvertragliche Verschwiegenheitspflicht des Arbeitnehmers begründet für den Arbeitgeber allerdings regelmäßig keinen Anspruch auf Unterlassung von Wettbewerbshandlungen.[237]

104 **Betriebs- und Geschäftsgeheimnisse** in diesem Sinne sind Tatsachen, die im Zusammenhang mit einem Geschäftsbetrieb stehen, nicht offenkundig, sondern nur einem eng begrenzten Personenkreis bekannt sind und nach dem bekundeten Willen des Betriebsinhabers geheim gehalten werden sollen, wenn dieser an deren Geheimhaltung ein berechtigtes wirtschaftliches Interesse hat.[238] Soweit es um die Geheimhaltung solcher Tatsachen geht, ist aufgrund der gesetzlichen Regelung eine besondere vertragliche Vereinbarung nicht erforderlich. In der Praxis sollte allerdings darauf geachtet werden, schutzwürdige Informationen ausdrücklich als solche zu kennzeichnen, wenn die Schutzwürdigkeit nicht bereits offenkundig ist. Ein reiner Hinweis darauf, dass Betriebs- und Geschäftsgeheimnisse nicht offenbart werden dürfen, führt in der Praxis in der Regel zu keinerlei Mehrwert, weil der durchschnittliche Arbeitnehmer diese Begriffe nicht trennscharf verstehen kann. Man sollte deshalb sensible Informationen stets besonders kennzeichnen, um Missverständnisse auszuschließen.

105 Eine über die gesetzlichen Geheimhaltungspflichten hinausgehende Verpflichtung zur Wahrung der Vertraulichkeit muss nach der Rechtsprechung des BAG konkret und verständlich bezeichnet werden. Klauseln, die den Arbeitnehmer nach Beendigung des Beschäftigungsverhältnisses zur **Geheimhaltung sämtlicher Geschäftsvorgänge** verpflichten, sind deshalb unwirksam, weil sie faktisch jede Konkurrenztätigkeit des Arbeitnehmers unterbinden würden.[239] Es empfiehlt sich deshalb, die Geheimhaltungspflichten, soweit sie über Geschäfts- und Betriebsgeheimnisse hinausgehen sollen, der Sache nach explizit zu bezeichnen und ggf. eine zeitliche Beschränkung vorzusehen, die, angelehnt an die Rechtsgedanken der §§ 74 ff. HGB, eine Dauer von zwei Jahren nach Beendigung des Arbeitsverhältnisses nicht überschreitet.[240]

106 Die in vielen Arbeitsverträgen enthaltene Klausel, mit der der Arbeitnehmer verpflichtet werden soll, **Verschwiegenheit über die Höhe seiner Arbeitsvergütung** zu wahren, ist unwirksam. Denn Arbeitnehmer haben ein anzuerken-

---

232 BAG, Urt. v. 14.9.2011 – 10 AZR 526/10, NZA 2012, 81; BAG, Urt. v. 8.12.2010 – 10 AZR 671/09, NZA 2011, 628.
233 BAG, Urt. v. 30.7.2008 – 10 AZR 606/07, NZA 2008, 1173; BAG, Urt. v. 25.4.2007 – 5 AZR 627/06, NZA 2007, 853, das ausdrücklich darauf hinweist, dass BAG habe zwar in der Vergangenheit einen unzulässigen „Freiwilligkeitsvorbehalt" als nicht näher konkretisierten Widerrufsvorbehalt behandelt, was aber nach Inkrafttreten des § 308 Nr. 4 BGB nicht mehr möglich sei.
234 BAG, Urt. v. 25.4.2007 – 5 AZR 627/06, NZA 2007, 853.
235 BAG, Urt. v. 25.4.2007 – 5 AZR 627/06, NZA 2007, 853.
236 BAG, Urt. v. 16.9.1990 – 2 AZR 602/89; zur nachwirkenden Geheimhaltungspflicht auch ohne entsprechende Vereinbarung BAG, Urt. v. 16.3.1982 – 3 AZR 83/79, NJW 1983, 134; BAG, Urt. v. 24.11.1956 – 2 AZR 345/56, ArbuR 1956, 379.
237 BAG, Urt. v. 19.5.1998 – 9 AZR 394/97, NZA 1999, 200.
238 BAG, Beschl. v. 10.3.2009 – 1 ABR 87/07, NZA 2010, 180.
239 BAG, Urt. v. 19.5.1998 – 9 AZR 394/97, NZA 1999, 200.
240 Vgl. BAG, Urt. v. 19.5.1998 – 9 AZR 294/97, NZA 1999, 200; SSN/*Striegel*, Rn 795.

nendes Interesse daran, sich sowohl mit Kollegen als auch mit der ggf. zuständigen Gewerkschaft über die Höhe ihrer Vergütung auszutauschen.[241]

XII. Kündigungsfristen

Literatur zu Kündigungsfristen: *Junker/Amschler,* Vertragsstrafe bei arbeitsvertraglich verlängerter Kündigungsfrist in Allgemeinen Geschäftsbedingungen, SAE 2010, 165

Die **Verlängerung von Kündigungsfristen** ist im Arbeitsleben als Gestaltungsinstrument so verbreitet, dass ihre Aufnahme in Formularverträge nicht überraschend i.S.d. § 305c Abs. 1 BGB ist.[242] Aus § 622 Abs. 6 BGB folgt, dass die Arbeitsvertragsparteien eine längere als die in § 622 Abs. 1 BGB vorgesehene Kündigungsfrist vereinbaren dürfen. Allerdings darf für die Kündigung des Arbeitsverhältnisses durch den Arbeitnehmer keine längere Frist vereinbart werden als für die Kündigung durch den Arbeitgeber.[243] Zulässig ist deshalb eine Klausel, nach der das Arbeitsverhältnis beiderseits nur unter Einhaltung der für den Arbeitgeber gesetzlich geltenden Kündigungsfristen gekündigt werden kann.[244]

107

Bei der Beschäftigung einer Lehrerin an einer Privatschule hat das BAG eine beiderseitige formularmäßige Kündigungsfrist von zwei Monaten jeweils zum 31. Juli eines Jahres als zulässig angesehen. Es hat außerdem auf die Regelung des § 15 Abs. 4 TzBfG verwiesen, nach der eine vertragliche **Bindung von bis zu fünf Jahren** ohne die Möglichkeit einer zwischenzeitlichen ordentlichen Kündigung zulässig ist.[245] Der Nachteil der Kündigungsbeschränkung für den Arbeitnehmer werde durch den Vorteil ausgeglichen, dass er sich langfristig auf das Weiterbestehen seines Arbeitsvertrags einrichten kann, weil dieselbe Kündigungsfrist auch für den Arbeitgeber gilt. Die Verlängerung der Fristen für die Eigenkündigung des Arbeitnehmers auf das Maß der gesetzlichen Kündigungsfristen für Arbeitgeber stellt auch dann keine unangemessene Benachteiligung dar, wenn es sich um einen **Niedriglohn-Job** handelt.[246]

108

Die **Vereinbarung kürzerer als der gesetzlichen Kündigungsfristen** ist nur nach Maßgabe des § 622 Abs. 5 BGB zulässig. Danach können einzelvertraglich kürzere Kündigungsfristen nur vereinbart werden, wenn ein Arbeitnehmer über einen Zeitraum von nicht mehr als drei Monaten zur vorübergehenden Aushilfe eingestellt ist oder der Arbeitgeber in der Regel nicht mehr als 20 Arbeitnehmer beschäftigt und die Kündigungsfrist vier Wochen nicht unterschreitet.

109

XIII. Leistungsbestimmungsrechte bei Sonderzuwendungen

Literatur zu Leistungsbestimmungsrechten bei Sonderzuwendungen: *Hromadka/Schmitt-Rolfes,* Die AGB-Rechtsprechung zu Tätigkeit, Entgelt und Arbeitszeit, NJW 2007, 1777; *Fröhlich,* Zur Zulässigkeit der Kürzung von Bonuszahlungen – Wann erlaubt die aktuelle BAG-Rechtsprechung eine Verringerung des Bonuspools?, ArbRB 2012, 85; *Lakies,* Neue Rechtsprechung zu Flexibilisierungsvarianten bei Sonderzuwendungen, ArbR 2013, 251; *Lindemann,* Einseitige Leistungsbestimmungsrechte auf dem Prüfstand, ArbuR 2004, 201; *Löw/Kunz,* Variable Vergütung und Bonuszahlung – Aktuelle Rechtsprechung und Handlungsempfehlungen, AuA 2012, 103; *Moderegger,* Wie billig sind Zielvorgaben? – Arbeitgeber müssen bei der Festlegung von Zielen und Feststellung der Zielerreichung enge Grenzen beachten, ArbRB 2013, 222; *Reinfelder,* Leistungsgerechtes Entgelt – Gestaltung und Umgestaltung, NZA-Beil. 2014, 10; *Simon/Hidalgo/Koschker,* Flexibilisierung von Bonusregelungen – eine unlösbare Aufgabe?, NZA 2012, 1071

Der Arbeitgeber kann sich bei der formularvertraglichen Vereinbarung von Leistungen, zu deren Gewährung er nicht ohnehin verpflichtet ist, vorbehalten, über die tatsächliche Gewährung der Leistung bzw. deren Höhe nach seinem Ermessen zu entscheiden. Einen Anspruch auf die Leistung erwirbt der Arbeitnehmer in diesem Fall nur nach Maßgabe der getroffenen **Leistungsbestimmung**. Häufig verpflichtet sich der Arbeitgeber, seine Entscheidung über die Auszahlung und deren Höhe von bestimmten Faktoren abhängig zu machen (z.B. „Der Mitarbeiter erhält eine zusätzliche Vergütung, die unter Berücksichtigung der Ertragslage jährlich neu festgelegt wird."). Verbreitet sind solche Leistungsbestimmungsrechte vor allem in Bezug auf Boni sowie Gratifikationen. Eine gängige Variante ist es, dass sich der Arbeitgeber verpflichtet, im Rahmen seines Ermessens ein Bonusvolumen festzulegen, von dessen Höhe der individuelle Bonus der einzelnen Arbeitnehmer abhängt.[247] Übt der Arbeitgeber sein Leistungsbestim-

110

---

241 LAG Mecklenburg-Vorpommern, Urt. v. 21.10.2009 – 2 Sa 183/09, ArbuR 2010, 343; SSN/*Striegel,* Rn 196; differenzierend Preis-AV/*Rolfs,* II V 20 Rn 36 f.; *Ebeling,* jurisPR-ArbR 28/2010 Anm. 2; *Küttner/Kania,* „Verschwiegenheitspflicht" Rn 8, teilweise unter Bezugnahme auf BAG, Beschl. v. 26.2.1987 – 6 ABR 46/84, NZA 1988, 63, das die Veröffentlichung von Durchschnittsgehältern durch den Betriebsrat als rechtswidrig ansah; dieser Vorgang hat allerdings eine andere Qualität als die individuelle Weitergabe einzelner Gehaltsdaten durch Arbeitnehmer.
242 BAG, Urt. v. 28.5.2009 – 8 AZR 896/07, SAE 2010, 167.
243 BAG, Urt. v. 25.9.2008 – 8 AZR 717/07, NZA 2009, 370.
244 BAG, Urt. v. 28.5.2009 – 8 AZR 896/07, SAE 2010, 167.
245 BAG, Urt. v. 25.9.2008 – 8 AZR 717/07, NZA 2009, 370; entsprechend zur Zulässigkeit einer beiderseitigen Kündigungsfrist von 18 Monaten zum Monatsende ArbG Heilbronn, Urt. v. 8.5.2012 – 5 Ca 307/11, AuA 2012, 732.
246 BAG, Urt. v. 28.5.2009 – 8 AZR 896/07, SAE 2010, 167; a.A. LAG Sachsen-Anhalt, Urt. v. 22.8.2007 – 4 Sa 118/07.
247 Um eine einseitige Leistungsbestimmung i.S.d. § 315 BGB handelt es sich bei der Festlegung des Bonusvolumens allerdings nur, wenn damit zugleich abschließend über die Höhe des dem einzelnen Arbeitnehmer zustehenden Anspruchs entschieden wird. Ansonsten unterliegt die Höhe des individuellen Bonus einer weiteren Ermessensentscheidung des Arbeitgebers, vgl. BAG, Urt. v. 12.10.2011 – 10 AZR 746/10, NZA 2012, 450; BAG, Urt. v. 12.10.2011 – 10 AZR 649/10, NZA 2012, 464.

mungsrecht nicht bzw. nicht rechtzeitig aus oder entspricht seine Bestimmung nicht billigem Ermessen, kann der Arbeitnehmer nach § 315 Abs. 3 BGB eine Leistungsbestimmung durch das Gericht beantragen.

111 Im Vergleich zu anderen Klauseln, mit denen der Arbeitgeber eine Bindung in Bezug auf nicht geschuldete Sonderzuwendungen zu vermeiden versucht (insbesondere Freiwilligkeits- und Widerrufsvorbehalte), entscheidet das BAG im Rahmen der AGB-Kontrolle großzügig zugunsten der Wirksamkeit von Leistungsbestimmungsrechten. Ein Leistungsbestimmungsrecht stellt nach Ansicht des BAG keinen gemäß § 308 Nr. 4 BGB unzulässigen Änderungsvorbehalt dar, weil es keine Änderung der Leistung bewirkt, sondern ihre erstmalige Festlegung.[248] Es benachteiligt den Arbeitnehmer auch nicht unangemessen, da das Gesetz Leistungsbestimmungsrechte in § 315 BGB selbst vorsieht und damit ihre Vereinbarung gerade nicht i.S.v. § 307 Abs. 3 S. 1 BGB von Rechtsvorschriften abweicht.[249] Der für Widerrufsvorbehalte geltenden Flexibilisierungsgrenze von 25 % der Gesamtvergütung kommt bei der Vereinbarung von Leistungsbestimmungsrechten keine Bedeutung zu.[250]

112 Auch im Rahmen der Transparenzkontrolle von formularvertraglichen Leistungsbestimmungsrechten stellt das BAG keine hohen Anforderungen. Der Arbeitnehmer muss erkennen können, dass der Arbeitgeber über die Festsetzung der Sonderzahlung unter Abwägung der beiderseitigen Interessen zu entscheiden hat. Er muss der Klausel nicht entnehmen können, wie hoch die Zahlung letztlich ausfallen wird. Auch fordert das BAG nicht, dass die Klausel konkrete **Maßstäbe** für die vom Arbeitgeber zu treffende Ermessensentscheidung vorgibt.[251] Unschädlich ist es zudem, wenn der vom Arbeitgeber bei seiner Entscheidung zu beachtende Ermessensmaßstab nicht festgelegt ist. Die Entscheidung ist gemäß § 315 Abs. 1 BGB im Zweifel nach billigem Ermessen zu treffen. Da die Zusage einer ins Ermessen gestellten Sonderzahlung tatsächlich einen (bedingten) Anspruch begründet, ist es anders als bei der Vereinbarung eines Freiwilligkeitsvorbehalts (vgl. hierzu Rn 100) grundsätzlich unschädlich, wenn die Formulierung der Klausel den Eindruck einer festen Zusage der Leistung dem Grunde nach erweckt.[252] Eine unangemessene Benachteiligung kann sich allerdings daraus ergeben, dass die Regelung einerseits **spezifische Leistungsanreize für den Arbeitnehmer** setzt (z.B. durch Zielvorgaben), durch das Leistungsbestimmungsrecht aber zugleich die Entscheidung über die Zahlung allein vom Willen des Arbeitgebers abhängig gemacht wird.[253]

XIV. Nachvertragliches Wettbewerbsverbot

Literatur zum nachvertraglichen Wettbewerbsverbot: *Neighbour*, Wenn der Mitarbeiter fremdgeht – Update Wettbewerbsverbote, AuA 2011, 89; *Straube*, AGB-Kontrolle von nachvertraglichen Wettbewerbsverboten, BB 2013, 117

113 Auch nach der Schuldrechtsreform verbleibt es in Bezug auf nachvertragliche Wettbewerbsverbote bei der Inhalts- und Wirksamkeitskontrolle nach § 110 GewO, §§ 74 ff. HGB.[254] Für eine AGB-rechtliche Inhaltskontrolle bleibt daneben kaum Raum.[255] Auf eine Darstellung wird deshalb an dieser Stelle aus systematischen Gründen verzichtet.[256]

XV. Nebentätigkeit

Literatur zur Nebentätigkeit: *Fuhlrott/Fabritius*, Die Begrenzung von Nebentätigkeiten durch Wettbewerbsverbote, FA 2010, 194; *Gaul/Bonanni*, Die Nebentätigkeitsgenehmigung, ArbRB 2002, 284; *Gaul/Khanian*, Zulässigkeit und Grenzen arbeitsrechtlicher Regelungen zur Beschränkung von Nebentätigkeiten, MDR 2006, 68; *Kittner*, Der „volatile" Arbeitnehmer – Wettbewerb im und außerhalb des Arbeitsverhältnisses, BB 2011, 1013; *Kornbichler*, Nebentätigkeiten des Arbeitnehmers, AuA 2003, 16; *Lorenz*, Allgemeine und arbeitsvertragliche Beschränkung von Nebentätigkeiten, ArbRB 2008, 26; *Woerz/Klinkhammer*, Arbeitsrechtliche Regelungen zur Beschränkung von Nebentätigkeiten, ArbR 2012, 183

114 Arbeitnehmer haben als Ausfluss der in Art. 12 Abs. 1 GG garantierten Berufsfreiheit grundsätzlich das Recht, außerhalb eines bestehenden Arbeitsverhältnisses eine Nebentätigkeit auszuüben. Einschränkungen dieses Rechts ergeben sich, soweit die Nebentätigkeit berechtigte Interessen des Arbeitgebers aus dem Hauptarbeitsverhältnis verletzt. Solche Beeinträchtigungen liegen vor, wenn die **Nebentätigkeit sich negativ auf die Arbeitsleistung auswirkt**, sie zu einer Überschreitung der gesetzlich zulässigen Höchstarbeitszeiten nach dem ArbZG führt, die Genesung während einer krankheitsbedingten Arbeitsunfähigkeit behindert, gegen ein vertragliches Wettbewerbsverbot verstößt oder

---

248 BAG, Urt. v. 16.1.2013 – 10 AZR 26/12, NZA 2013, 1013.
249 BAG, Urt. v. 16.1.2013 – 10 AZR 26/12, NZA 2013, 1013; BAG, Urt. v. 29.8.2012 – 10 AZR 385/11, NZA 2013, 148.
250 LAG Baden-Württemberg, Urt. v. 14.1.2013 – 1 Sa 27/12, NZA-RR 2013, 118; LAG Hessen, Urt. v. 1.2.2010 – 7 Sa 923/09, NZA-RR 2010, 401; Simon/Hidalgo/Koschker, NZA 2012, 1071, 1074; a.A. Ulrici, jurisPR-ArbR 12/2011 Anm. 1.
251 BAG, Urt. v. 16.1.2013 – 10 AZR 26/12, NZA 2013, 1013; BAG, Urt. v. 29.8.2012 – 10 AZR 385/11, NZA 2013, 148; a.A. Simon/Hidalgo/Koschker, NZA 2012, 1071, 1072.
252 Unbedenklich ist beispielsweise die Formulierung: „Wir zahlen unseren Mitarbeitern eine Abschlussvergütung, deren Höhe in unserem Ermessen liegt.", vgl. BAG, Urt. v. 18.1.2012 – 10 AZR 670/10, NZA 2012, 499.
253 BAG, Urt. v. 16.1.2013 – 10 AZR 26/12, NZA 2013, 1013.
254 LAG Hamm, Urt. v. 14.4.2003 – 7 Sa 1881/02, NZA-RR 2003, 513.
255 *Henssler/Moll*, S. 109 f.; *Lakies*, Kap. 5 Rn 474; LAG Rheinland-Pfalz, Urt. v. 3.8.2012 – 9 SaGa 6/12, NZA 2013, 15; a.A. Schaub/*Linck*, § 35 Rn 83; zur Anwendung der Unklarheitenregel des § 305c Abs. 2 BGB auf nachtragliche Wettbewerbsverbote vgl. LAG Hamm, Urt. v. 23.3.2010 – 14 SaGa 68/09, NZA-RR 2010, 515; *Lakies*, Kap. 5 Rn 475.
256 Ausführlich hierzu *Bauer/Diller*, Wettbewerbsverbote, 5. Aufl. 2009; Preis-AV/*Stoffels*, II W 10; *Koch*, RdA 2006, 28 ff.; *Diller*, NZA 2005, 250 ff.; *Bauer/Diller*, NJW 2002, 1609 ff; *Straube*, BB 2013, 117.

den Ruf des Arbeitgebers in der Öffentlichkeit in hohem Maße zu schädigen vermag.[257] Ein besonderes Interesse des Arbeitgebers gegen die gleichzeitige Ausübung mehrerer geringfügiger Beschäftigungsverhältnisse ergibt sich außerdem aus § 8 Abs. 2 SGB IV.

Liegt einer der vorstehenden Gründe vor, kann der Arbeitgeber die Unterlassung der Nebentätigkeit bereits ohne ausdrückliches Nebentätigkeitsverbot verlangen. Eine Erweiterung des Nebentätigkeitsverbots durch formularvertragliche Vereinbarungen ist demgegenüber kaum möglich, sodass der Sinn einer entsprechenden Klausel i.d.R. darin erschöpft sein wird, die ohnehin geltende Rechtslage zu verdeutlichen.[258] Ausgehend von einem solchermaßen eingeschränkten Nebentätigkeitsverbot kann außerdem eine entsprechende **Anzeigepflicht** des Arbeitnehmers vereinbart werden. Dabei ist umstritten, ob eine Anzeigepflicht umfassend verlangt[259] oder nur eingeschränkt auf Nebentätigkeiten vereinbart werden kann, die eine Beeinträchtigung der Interessen des Arbeitgebers besorgen lassen.[260] Mit der bisherigen Argumentation des BAG, das dem Arbeitgeber ein berechtigtes Interesse daran zubilligt, selbst zu prüfen, ob eine Beeinträchtigung der betrieblichen Interessen vorliegt oder nicht,[261] sprechen die besseren Argumente für eine umfassende Anzeigepflicht jedenfalls für entgeltliche Nebentätigkeiten.

115

Ungeklärt ist bislang das rechtliche Schicksal der bisher von der Rechtsprechung gebilligten und weit verbreiteten **allgemeinen Nebentätigkeitsverbote mit Erlaubnisvorbehalt**.[262] Die überwiegende Meinung der arbeitsrechtlichen Literatur hält solche Regelungen nur noch für zulässig, wenn in der Klausel selbst ausdrücklich darauf hingewiesen wird, dass dem Arbeitnehmer ein Anspruch auf Erteilung der Erlaubnis zusteht, wenn die betrieblichen Interessen durch die Nebentätigkeit nicht beeinträchtigt sind.[263]

116

XVI. Pauschalierungsabreden

Literatur zu Pauschalierungsabreden: *Bauer/Arnold/Willemsen*, Überstunden und ihre Tücken, DB 2012, 1986; *Bissels/Haag*, Rückzahlung von Fortbildungskosten und pauschale Abgeltung von Überstunden – Aktuelle Rechtsprechung, ArbR 2011, 83; *Kleinebrink*, Vertragliche Regelungen zur Vergütung von Überstunden nach der Reform des Schuldrechts, ArbRB 2006, 21; *Lakies*, Die Vergütung von Überstunden und Mehrarbeit – materielle und prozessuale Probleme, ArbR 2013, 541; *Lindemann*, Entgeltpauschalierungsabreden für geleistete Überstunden, BB 2006, 826; *Salamon/Hoppe/Rogge*, Überstunden im Fokus der jüngeren Rechtsprechung, BB 2013, 1720; *Scheele*, Aktuelles zur Überstundenvergütung, NJW-Spezial 2012, 690; *Schmitt-Rolfes*, Überstundenvergütung, AuA 2012, 391; *Schramm/Kuhnke*, Neue Grundsätze des BAG zur Überstundenvergütung, NZA 2012, 127; *Seel*, Wirksamkeit von Überstundenregelungen in Formulararbeitsverträgen, DB 2005, 1330; *Spielberger*, Neue Spielregeln aus Erfurt, AuA 2012, 573; *Studt*, Überstunden im Blick, AuA 2003, 14; *Timner/Rajczak*, Mehrarbeit, Überstunden & Co., AuA 2011, 206; *Vogt/Gercke*, Pauschalabgeltung von Überstunden ist regelmäßig unwirksam, StBW 2013, 236

1. Überstundenvergütung. Die Klausel „Erforderliche Überstunden sind mit dem Monatsgehalt abgegolten." genügt nicht dem Transparenzgebot des § 307 Abs. 2 BGB, wenn sich der Umfang der ohne zusätzliche Vergütung zu leistenden Überstunden nicht hinreichend deutlich aus dem Arbeitsvertrag ergibt.[264] Zwar handelt es sich bei einer Überstundenpauschalierungsabrede grundsätzlich um die Vereinbarung einer Hauptleistungspflicht, die von der AGB-rechtlichen Inhaltskontrolle ausgenommen ist, § 307 Abs. 3 S. 1 BGB.[265] Bei der Bestimmung einer Hauptleistungspflicht muss aber erkennbar sein, welche Leistung konkret geschuldet ist; der Arbeitnehmer muss erkennen können, was „**auf ihn zukommt**".[266] Hierzu ist es erforderlich, anzugeben, welche Leistung der Arbeitnehmer im Rahmen der Pauschale maximal erbringen muss. Es ist deshalb zu empfehlen, das Kontingent der maximal geschuldeten Überstunden zu begrenzen und diesem von vornherein einen ausgewiesenen Teil der Vergütung gegenüberzustellen. Gleiches gilt für die Pauschalierung der Vergütung für Reisezeiten.[267] Vom BAG für wirksam gehalten wurde eine

117

---

257 SSN/*Niemann*, Rn 639 m.w.N.
258 SSN/*Niemann*, Rn 643; für die Unwirksamkeit eines pauschalen Nebentätigkeitsverbots nach neuem Schuldrecht LAG Rheinland-Pfalz, Urt. v. 29.4.2005 – 8 Sa 69/05; *Lorenz*, ArbRB 2008, 26, 28 m.w.N; eine arbeitsvertragliche Vereinbarung, nach der der Arbeitnehmer verpflichtet ist, seine ganze Arbeitskraft im Interesse des Arbeitgebers einzusetzen, begründet regelmäßig kein wirksames Nebentätigkeitsverbot, vgl. LAG Düsseldorf, Urt. v. 18.12.2012 – 8 Sa 1296/12, juris.
259 Preis-AV/*Rolfs*, II N 10 Rn 45 m.w.N.
260 SSN/*Niemann*, Rn 654; DBD/*Däubler*, Anhang zu § 307 Rn 61b.
261 BAG, Urt. v. 11.12.2001 – 9 AZR 464/00, NZA 2002, 965; BAG, Urt. v. 30.5.1996 – 6 AZR 537/95, NZA 1997, 145.
262 Zur Rechtslage vor der Schuldrechtsreform vgl. BAG, Urt. v. 11.12.2001 – 9 AZR 464/00, NZA 2002, 965.
263 Preis-AV/*Rolfs*, II N 10 Rn 29; DBD/*Däubler*, Anhang zu § 307 Rn 61b; *Lorenz*, ArbRB 2008, 26, 28 f.; a.A. SSN/*Niemann*, Rn 657; *Lakies*, Kap. 5 Rn 322, die ein Verbot mit Erlaubnisvorbehalt generell als unwirksam betrachten.
264 BAG, Urt. v. 1.9.2010 – 5 AZR 517/09, NZA 2011, 575; LAG Sachsen-Anhalt, Urt. v. 5.10.2010 – 6 Sa 63/10; a.A. jedenfalls für leitende Angestellte *Henssler/Moll*, S. 74; *Hümmerich/Reufels/Schiefer*, § 1 Rn 3091.
265 In Bezug auf eine „reine" Pauschalierungsklausel ohne Kombination mit einer Abrede zur Befugnis des Arbeitgebers zur Anordnung von Überstunden BAG, Urt. v. 16.5.2012 – 5 AZR 331/11, NZA 2012, 908; vgl. auch BAG, Urt. v. 17.10.2012 – 5 AZR 792/11, NZA 2013, 266; a.A. zur Kontrollfähigkeit von mit einer Anordnungsbefugnis „kombinierten" Pauschalklauseln ErfK/*Preis*, §§ 305–310 BGB Rn 91; LAG Hamm, Urt. v. 11.7.2007 – 6 Sa 410/07, AE 2007, 312.
266 BAG, Urt. v. 22.2.2012 – 5 AZR 765/10, NZA 2012, 861; BAG, Urt. v. 17.8.2011 – 5 AZR 406/10, NZA 2011, 1335; BAG, Urt. v. 1.9.2010 – 5 AZR 517/09, NZA 2011, 575.
267 BAG, Urt. v. 20.4.2011 – 5 AZR 200/10, NZA 2011, 917.

Abrede, nach der im monatlichen Grundgehalt die ersten 20 Überstunden „mit drin" waren.[268] Die Pauschalierungsabrede muss zu ihrer Wirksamkeit keine Aussage darüber treffen, unter welchen Voraussetzungen die zu vergütenden Überstunden zu leisten sind.[269] Enthält allerdings die Vereinbarung eine Befugnis des Arbeitgebers zur Anordnung von Überstunden, müssen die Voraussetzungen, unter denen Überstunden angeordnet werden können, hinreichend konkret umschrieben sein (vgl. Rn 139).[270]

118 Im Falle einer unwirksamen Überstundenpauschalierungsklausel können geleistete Überstunden zu vergüten sein. Anstelle der unwirksamen Pauschalierungsabrede tritt die gesetzliche Regelung des § 612 BGB, die eine **stillschweigende Vergütungsvereinbarung** in Höhe der üblichen Vergütung fingiert. Voraussetzung dafür ist jedoch, dass eine Vergütung der geleisteten Mehrarbeit den Umständen nach zu erwarten war (§ 612 Abs. 1 BGB). Dies ist in weiten Teilen des Arbeitslebens der Fall, insbesondere wenn im betreffenden Wirtschaftsbereich Tarifverträge für vergleichbare Arbeiten eine Überstundenvergütung vorsehen. Eine Vergütungserwartung fehlt hingegen regelmäßig bei Diensten höherer Art mit deutlich überdurchschnittlicher Vergütung (Überschreitung der Beitragsbemessungsgrenze in der gesetzlichen Rentenversicherung).[271] Gegen eine Vergütungserwartung spricht es auch, wenn der Arbeitnehmer neben einer arbeitszeitbezogenen Vergütung Provisionen in nicht unerheblichem Maße erhält.[272] Besteht eine objektive Vergütungserwartung, sind die Überstunden mit demselben Stundensatz zu vergüten wie die Regelarbeitszeit.

119 **2. Anlassbezogene Zuschläge.** Die Klausel „Im monatlichen Bruttoarbeitsentgelt sind **Zuschläge für Nacht-, Sonn- und Feiertagsarbeiten** enthalten." stellt nach Auffassung des BAG eine wirksame Pauschalierungsabrede dar, wenn nach den Vergütungsvereinbarungen berechnet werden kann, welcher Teil der Vergütung als pauschaler Zuschlag gezahlt werden soll.[273] Das BAG hat in diesem Fall ungewöhnlich großzügig zugunsten des Arbeitgebers entschieden. Angesichts der neuen, restriktiveren Rechtsprechung zu Überstundenpauschalierungsabreden sollte auch bei Nacht-, Sonntags- und Feiertagszuschlägen auf eine transparente Formulierung der Klausel geachtet werden, aus der der Arbeitnehmer erkennen kann, bis zu welchem Umfang Nacht- bzw. Sonn- oder Feiertagsarbeit von ihm geschuldet wird und welche zusätzliche Vergütung er hierfür erhält.

XVII. Rückzahlung von Fortbildungskosten

Literatur zur Rückzahlung von Fortbildungskosten: *Bissels/Haag,* Rückzahlung von Fortbildungskosten und pauschale Abgeltung von Überstunden – Aktuelle Rechtsprechung, ArbR 2011, 83; *Dorth,* Gestaltungsgrenzen bei Aus- und Fortbildungskosten betreffenden Rückzahlungsklauseln, RdA 2013, 287; *Düwell/Ebeling,* Rückzahlung von verauslagten Bildungsinvestitionen, DB 2008, 406; *Fuhlrott/Hoppe,* Rückzahlungsvereinbarungen, AuA 2011, 427; *Jesgarzewski,* Rückzahlungsvereinbarungen für Fortbildungskosten, BB 2011, 1594; *Kleinbrink,* Problembereiche bei der Gestaltung der Fortbildungsvereinbarung durch AGB, ArbRB 2006, 345; *Koch-Rust/Rosenreter,* Ausbildungsverträge bei praxisintegrierten dualen Studiengängen – Aktuelle Rechtsfragen unter besonderer Berücksichtigung der Bleibeverpflichtungen, NZA 2013, 879; *dies.,* Rechtliche Gestaltung der Praxisphase bei dualen Studiengängen, NJW 2009, 3005; *Lakies,* Betriebliche Weiterbildung und Rückzahlungsklauseln, ArbR 2012, 216; *ders.,* AGB-Kontrolle von Rückzahlungsvereinbarungen über Weiterbildungskosten, BB 2004, 1903; *Lingemann/Kiecza,* Rückzahlungsvereinbarungen bei Fortbildungskosten, ArbR 2009, 156; *Natzel,* AGB-Kontrolle von Klauseln zur Rückzahlung von Ausbildungskosten, SAE 2008, 277; *Rischar,* Arbeitsrechtliche Klauseln zur Rückzahlung von Fortbildungskosten, BB 2002, 2550; *Schmidt,* Die Beteiligung der Arbeitnehmer an den Kosten der beruflichen Bildung, NZA 2004, 1002; *Schönhöft,* Rückzahlungsverpflichtungen in Fortbildungsvereinbarungen, NZA-RR 2009, 625; *Schröder,* Rückzahlungsklauseln wirksam gestalten, AuA 2007, 108; *Steinigen,* Erstattung von Weiterbildungskosten – Transparenz einer Rückzahlungsklausel, ZTR 2013, 686; *Stück,* Rückzahlungsvereinbarungen für Fortbildungskosten – Was ist noch zulässig?, DStR 2008, 2020

120 AGB-Klauseln, nach denen sich ein Arbeitnehmer an den Kosten einer vom Arbeitgeber finanzierten Fortbildung zu beteiligen hat, soweit er die Fortbildung abbricht oder vor Ablauf bestimmter Fristen aus dem Arbeitsverhältnis ausscheidet, sind nur zulässig, wenn die Fortbildungsmaßnahme für den Arbeitnehmer von **geldwertem Vorteil** ist, sei es, dass der Arbeitnehmer bei seinem bisherigen Arbeitgeber durch die Fortbildung die Voraussetzungen für den Bezug einer höheren Vergütung erfüllt oder er die **erworbenen Kenntnisse auch anderweitig nutzen** kann.[274]

121 Stellt die Fortbildungsmaßnahme – jedenfalls auch – eine Investition im Interesse des Arbeitgebers dar, ist eine Rückzahlungsklausel außerdem nur interessengerecht, wenn dem Arbeitnehmer die Möglichkeit eingeräumt wird, **der Rückzahlungspflicht durch Betriebstreue zu entgehen**. Eine Klausel, die die Rückzahlung auch für den Fall vorsieht, dass der Arbeitgeber den Arbeitnehmer nach Abschluss der Fortbildung aus eigenem Entschluss nicht weiter

---

268 BAG, Urt. v.16.5.2012 – 5 AZR 331/11, NZA 2012, 908; zur Wirksamkeit einer Vereinbarung, nach der bei einer Wochenarbeitszeit von 40 Stunden zehn Überstunden pro Monat mit der vereinbarten Vergütung abgegolten sein sollten, LAG Hamm, Urt. v. 22.5.2012 – 19 Sa 1720/11, AuA 2013, 673.
269 BAG, Urt. v.16.5.2012 – 5 AZR 331/11, NZA 2012, 908.
270 BAG, Urt. v. 22.2.2012 – 5 AZR 765/10, NZA 2012, 861.
271 BAG, Urt. v. 22.2.2012 – 5 AZR 765/10, NZA 2012, 861; BAG, Urt. v. 17.8.2011 – 5 AZR 406/10, NZA 2011, 1335; vgl. auch BAG, Urt. v. 21.9.2011 – 5 AZR 629/10, NZA 2012, 145.
272 BAG, Urt. v. 27.6.2012 – 5 AZR 530/11, NZA 2012, 1147.
273 BAG, Urt. v. 31.8.2005 – 5 AZR 545/04, NZA 2006, 324.
274 BAG, Urt. v. 19.1.2011 – 3 AZR 621/08, DB 2011, 1338; BAG, Urt. v. 15.9.2009 – 3 AZR 173/08, NZA 2010, 342; BAG, Urt. v. 14.1.2009 – 3 AZR 900/07, NZA 2009, 666.

beschäftigt, ist deshalb unangemessen.²⁷⁵ Eine Ausnahme von der Rückzahlungspflicht muss deshalb explizit vorgesehen werden für die Fälle, dass der Arbeitgeber betriebsbedingt kündigt, die arbeitgeberseitige Kündigung auf Gründen beruht, die nicht mit einem vertragswidrigen Verhalten des Arbeitnehmers zusammenhängen, das Arbeitsverhältnis aufgrund einer Eigenkündigung des Arbeitnehmers endet, die durch Gründe aus der Sphäre des Arbeitgebers (mit)veranlasst wurde oder der Arbeitgeber nicht bereit und in der Lage ist, den Arbeitnehmer seiner Ausbildung entsprechend zu beschäftigen.²⁷⁶ Als zulässig hat das BAG eine Klausel bewertet, die die Rückzahlungspflicht vorsah, wenn der Arbeitnehmer „auf eigenen Wunsch oder aus seinem Verschulden" aus dem Arbeitsverhältnis ausscheidet.²⁷⁷

122 Soll ein **Arbeitsverhältnis erstmals im Anschluss an die Fortbildung begründet** werden, muss bereits bei Abschluss der Rückzahlungsvereinbarung zumindest rahmenmäßig bestimmt sein, dass und zu welchen Bedingungen der Arbeitnehmer später beim Arbeitgeber beschäftigt werden soll. Dazu gehören neben der Zusage, dem Arbeitnehmer nach Abschluss der Fortbildung einen Arbeitsplatz anzubieten, konkrete Angaben zum Beginn des Arbeitsverhältnisses, zu Art und zeitlichem Umfang der Beschäftigung und zur Höhe der Anfangsvergütung. Der Arbeitnehmer muss bereits bei Abschluss der Rückzahlungsvereinbarung wissen, welches Vertragsangebot er ggf. annehmen muss, um die vereinbarte Rückzahlungspflicht abzuwenden.²⁷⁸

123 Die **Vorteile der Fortbildung und die Dauer der Bindung müssen in einem angemessenen Verhältnis** zueinander stehen. Das ist in erster Linie nach der Dauer der Fortbildungsmaßnahme, aber auch anhand der Qualität der erworbenen Qualifikation zu beurteilen. Grundsätzlich gilt dabei: Bei einer Fortbildungsdauer bis zu einem Monat ohne Verpflichtung zur Arbeitsleistung unter Fortzahlung der Bezüge ist eine Bindungsdauer bis zu sechs Monaten zulässig, bei einer Fortbildungsdauer bis zu zwei Monaten eine einjährige Bindung, bei einer Fortbildungsdauer von drei bis vier Monaten eine zweijährige Bindung, bei einer Fortbildungsdauer von sechs Monaten bis zu einem Jahr keine längere Bindung als drei Jahre und bei einer mehr als zweijährigen Dauer eine Bindung von fünf Jahren.²⁷⁹ Abweichungen hiervon sind jedoch möglich. Eine verhältnismäßig lange Bindung kann auch bei kürzerer Ausbildung gerechtfertigt sein, wenn der Arbeitgeber ganz erhebliche Mittel aufwendet oder die Teilnahme an der Fortbildung dem Arbeitnehmer überdurchschnittlich große Vorteile bringt. Es geht nicht um **rechnerische Gesetzmäßigkeiten**, sondern um richterrechtlich entwickelte **Richtwerte**, die einzelfallbezogenen Abweichungen zugänglich sind.²⁸⁰ Unzulässig ist, die Bindungsfrist um die Dauer einer eventuellen Elternzeit zu verlängern.²⁸¹ Dies dürfte auch für andere Tatbestände gelten, in denen die gegenseitigen Leistungspflichten aus dem Arbeitsverhältnis aufgrund gesetzlicher Vorschriften suspendiert sind, das Arbeitsverhältnis selbst aber nicht beendet ist. Insbesondere bei längeren Bindungsfristen oder hohen Rückzahlungsbeträgen müssen Rückzahlungsklauseln zu ihrer Wirksamkeit in der Regel einen **ratierlichen Wegfall der Rückzahlungssumme** im Verlauf der Bindungsfrist vorsehen. Umstritten ist hierbei, ob eine grobe, etwa jährlich gestaffelte Minderung ausreichend ist oder ob es einer ausdifferenzierteren, etwa monatlichen Staffelung bedarf.²⁸²

124 Neben der Dauer der Entgeltfortzahlung können auch die übrigen Kosten berücksichtigt werden, die dem Arbeitgeber durch die Fortbildung entstanden sind, insbesondere von ihm getragene Teilnahmebeiträge. Diese sind entsprechend der Vergütung des betroffenen Arbeitnehmers in Bruttomonatsgehälter „umzurechnen".²⁸³ Erhält ein Arbeitnehmer beispielsweise ein Bruttomonatsgehalt von 3.000 EUR und hat der Arbeitgeber für die Fortbildung 6.000 EUR an Teilnahmebeiträgen übernommen, so sind der Dauer der bezahlten Freistellung zwei weitere Monate hinzuzurechnen und danach die zulässige Bindungsdauer zu berechnen.

125 Das BAG fordert mittlerweile, dass in der Rückzahlungsvereinbarung zur Wahrung des Transparenzgebots auch die **zurückzuzahlenden Fortbildungskosten dem Grunde und der Höhe nach** im Rahmen des Möglichen und Zumutbaren zu **beziffern** sind.²⁸⁴ Zwar könne vom Arbeitgeber nicht verlangt werden, die Kosten der Höhe nach exakt zu

---

275 BAG, Urt. v. 23.1.2007 – 9 AZR 482/06, NZA 2007, 748; ebenso BAG, Urt. v. 18.11.2008 – 3 AZR 192/07, NZA 2009, 435. In diesem Fall hatte der Arbeitgeber dem Arbeitnehmer ein sog. Duales Studium finanziert. Der Arbeitnehmer sollte zur Rückzahlung der Kosten dieses Studiums verpflichtet sein, wenn der Arbeitgeber ihm im Anschluss an das Studium kein Arbeitsvertragsangebot macht; ähnlich BAG, Urt. v. 18.3.2008 – 9 AZR 186/07, NZA 2008, 1004.

276 BAG, Urt. v. 28.5.2013 – 3 AZR 103/12, NZA 2013, 1419; BAG, Urt. v. 13.12.2011 – 3 AZR 791/09, NZA 2012, 738; BAG, Urt. v. 18.11.2008 – 3 AZR 192/07, NZA 2009, 435 m.w.N.; ähnlich bereits BAG, Urt. v. 23.1.2007 – 9 AZR 482/06, NZA 2007, 748; BAG, Urt. v. 11.4.2006 – 9 AZR 610/05, NZA 2006, 1042.

277 BAG, Urt. v. 19.1.2011 – 3 AZR 621/08, NZA 2012, 85.

278 BAG, Urt. v. 18.3.2008 – 9 AZR 186/07, NZA 2008, 1004.

279 BAG, Urt. v. 19.1.2011 – 3 AZR 621/08, DB 2011, 1338; BAG, Urt. v. 15.9.2009 – 3 AZR 173/08, NZA 2010, 342.

280 BAG, Urt. v. 15.9.2009 – 3 AZR 173/08, NZA 2010, 342; BAG, Urt. v. 14.1.2009 – 3 AZR 900/07, NZA 2009, 666.

281 LAG Niedersachsen, Urt. v. 11.5.2004 – 13 Sa 1765/03.

282 Das BAG hat in einer älteren Entscheidung eine jährliche Minderung bei einer dreijährigen Bindungsdauer für ausreichend gehalten, vgl. BAG, Urt. v. 23.4.1986 – 5 AZR 159/85, NZA 1986, 741; a.A. nunmehr LAG Hamm, Urt. v. 9.3.2012 – 7 Sa 1500/11, EWiR 2012, 589, das eine monatliche Staffelung fordert; vgl. auch ErfK/*Preis*, § 611 BGB Rn 443; Schaub/*Vogelsang*, § 176 Rn 31.

283 BAG, Urt. v. 14.1.2009 – 3 AZR 900/07, NZA 2009, 666.

284 BAG, Urt. v. 6.8.2013 – 9 AZR 442/12, NZA 2013, 1361; BAG, Urt. v. 21.8.2012 – 3 AZR 698/10, NZA 2012, 1428; diese Frage wurde zuvor lange offengelassen, vgl. zuletzt BAG, Urt. v. 15.9.2009 – 3 AZR 173/08, NZA 2010, 342.

beziffern. Der Arbeitnehmer müsse allerdings sein Rückzahlungsrisiko zumindest abschätzen können. Dazu seien Art und Berechnungsgrundlagen der ggf. zu erstattenden Kosten anzugeben. Die einzelnen Positionen, aus denen sich die Gesamtforderung zusammensetzen soll (z.b. Lehrgangsgebühren, Fahrt-, Unterbringungs- und Verpflegungskosten), seien genau zu bezeichnen, ebenso die Parameter zur Berechnung der einzelnen Positionen (z.b. Kilometerpauschale für Fahrtkosten, Tagessätze für Übernachtungs- und Verpflegungskosten).

126 In älteren Entscheidungen hat das BAG gefordert, die **Rückzahlungsvereinbarung müsse vor Beginn der Ausbildung abgeschlossen** werden, um den Arbeitnehmer auf alle mit einer solchen Vereinbarung verbundenen Folgen „klar und unmissverständlich hinzuweisen."[285] Dem hat sich der Großteil der Literatur angeschlossen.[286] Dem ist allerdings entgegenzuhalten, dass bei bereits begonnener Fortbildung ohne Rückzahlungsvereinbarung eine Drucksituation gerade nicht besteht. Denn lehnt der Arbeitnehmer in dieser Situation den Abschluss der Vereinbarung ab, bleibt es beim rechtlichen Status quo, in der Regel also der Kostentragung durch den Arbeitgeber ohne spätere Verpflichtung zur Rückzahlung.[287] Eine Rückzahlungsvereinbarung ist deshalb, soweit keine sonstigen, den Arbeitnehmer unangemessen benachteiligenden Umstände hinzutreten, auch nach Beginn der Fortbildung noch möglich.[288]

127 Ist die Rückzahlungsklausel unwirksam, hat der Arbeitgeber gegen den Arbeitnehmer in aller Regel auch **keinen Anspruch auf Rückzahlung der Fortbildungskosten nach §§ 812 ff. BGB**.[289]

128 Wird eine **zu lange Bindungsfrist** in die Klausel aufgenommen, ist sie insgesamt unwirksam und wird nicht etwa auf die gerade noch zulässige Bindungsfrist reduziert. Auch in diesem Fall entfällt also die Rückzahlungspflicht insgesamt.[290] Bemerkenswert sind allerdings die Ausführungen des BAG zum **Prognoserisiko** des Arbeitgebers bei der Bemessung des Bindungszeitraums in seiner Entscheidung vom 14.1.2009.[291] Zwar seien die Kriterien, nach denen die Zulässigkeit von Bindungsklauseln beurteilt wird, in ihren Grundstrukturen durch die Rechtsprechung festgelegt. In Einzelfällen sei jedoch Abweichungen möglich, etwa wenn die Fortbildung dem Arbeitnehmer ungewöhnlich große Vorteile bringt oder der Arbeitgeber gar erhebliche Mittel aufwendet. Es sei deshalb für den Arbeitgeber nicht immer voraussehbar, welche Bindungsdauer angemessen ist. Es sei unangemessen und würde den Interessen beider Arbeitsvertragsparteien nicht gerecht, dieses Prognoserisiko allein dem Arbeitgeber aufzuerlegen, wenn es für ihn objektiv schwierig war, die zulässige Bindungsdauer zu bestimmen. In diesem Fall soll die Lücke, die durch eine unwirksame Klausel entsteht, im Wege der **ergänzenden Vertragsauslegung** durch eine (noch) zulässige Bindungsdauer geschlossen werden.

129 Die vorstehenden Grundsätze gelten auch, wenn der Arbeitgeber dem Arbeitnehmer zur Finanzierung der Fortbildung ein **Darlehen** gewährt, dessen Rückzahlungsverpflichtung bei zukünftiger Betriebstreue ratenweise entfällt.[292] Eine solche Vereinbarung ist als Zusatzvereinbarung zum Arbeitsvertrag auszulegen; an sie sind dieselben Maßstäbe anzulegen wie an echte Rückzahlungsklauseln.[293]

XVIII. Salvatorische Klauseln

130 Salvatorische Klauseln sollen den Zweck erfüllen, unwirksame Vertragsbestandteile so weit wie möglich aufrecht zu erhalten und gleichzeitig die Gesamtnichtigkeit des Vertrags zu vermeiden.

131 Unwirksam ist eine salvatorische Klausel, soweit sie vorsieht, unwirksame Klauseln auf das gerade **noch zulässige Maß zu reduzieren** (Verbot der geltungserhaltenden Reduktion).[294]

132 Die Vereinbarung des **Vorrangs der Teil- vor der Gesamtnichtigkeit** entspricht im Gegensatz dazu auch ohne salvatorische Klausel der geltenden Rechtslage und ist deshalb zulässig, wenn auch überflüssig. Im Arbeitsvertragsrecht ist nach ständiger Rechtsprechung des BAG der eigentliche Auslegungsgrundsatz des § 139 BGB, nach dem im Fall einer Nichtigkeit einzelner Klauseln von der Gesamtnichtigkeit des Vertrags auszugehen ist, nicht anwendbar, wenn arbeitsvertragliche Regelungen zum Schutz des Arbeitnehmers korrigiert werden müssen. Bei Arbeitsverträgen entspreche dem Schutzzweck des Gesetzes eine Teilnichtigkeit i.d.R. besser als die Gesamtnichtigkeit des Arbeitsvertrags.[295] Dies entspricht auch der Regelung des § 306 Abs. 1 BGB für die Unwirksamkeit von AGB-Klauseln.

---

285 BAG, Urt. v. 9.12.1992 – 5 AZR 158/92; BAG, Urt. v. 19.3.1980 – 5 AZR 362/78, DB 1980, 1703.
286 ErfK/*Preis*, § 611 BGB Rn 436; HBD/*Natzel*, § 63 BBiG Rn 14; *Stück*, DStR 2008, 2020, 2021; SSN/*Suckow*, Rn 581; Schaub/*Vogelsang*, § 176 Rn 24.
287 Dies deutet auch das BAG an, vgl. BAG, Urt. v. 15.9.2009 – 3 AZR 173/08, NZA 2010, 342; siehe hierzu auch *Ebeling*, jurisPR-ArbR 11/2010 Anm. 4; *Henssler/Moll*, S. 51.
288 So auch LAG Hamm, Urt. v. 18.2.2009 – 2 Sa 1138/08, juris; *Thüsing*, AGB-ArbR, Rn 350; DBD/*Deinert*, § 307 Rn 126; Preis-AV/*Stoffels*, II A 120 Rn 9; *Schönhöft*, NZA-RR 2009, 625, 627; unter der Bedingung der Gewährung einer angemessenen Überlegungsfrist auch *Lakies*,

Kap. 5 Rn 356; offengelassen von BAG, Urt. v. 13.12.2011 – 3 AZR 791/09, NZA 2012, 1155.
289 BAG, Urt. v. 28.5.2013 – 3 AZR 103/12, NZA 2013, 1419; BAG, Urt. v. 21.8.2012 – 3 AZR 698/10, NZA 2012, 1428.
290 BAG, Urt. v. 15.9.2009 – 3 AZR 173/08, NZA 2010, 342.
291 BAG, Urt. v. 14.1.2009 – 3 AZR 900/07, NZA 2009, 666.
292 BAG, Urt. v. 18.11.2008 – 3 AZR 192/07, NZA 2009, 435; BAG, Urt. v. 18.3.2008 – 9 AZR 186/07, NZA 2008, 1004.
293 BAG, Urt. v. 23.1.2007 – 9 AZR 482/06, NZA 2007, 748.
294 Allg. Ansicht, vgl. *Lakies*, Kap. 5 Rn 393; ErfK/*Preis*, §§ 305–310 BGB Rn 95.
295 BAG, Urt. v. 9.9.1981 – 5 AZR 1182/79, NJW 1982, 461.

Für die Frage, ob bei unwirksamen Klauseln eine **ergänzende Vertragsauslegung** vorgenommen werden kann, spielt es praktisch keine Rolle, ob eine salvatorische Klausel vereinbart wurde oder nicht. Vor diesem Hintergrund können salvatorische Klauseln in Formulararbeitsverträgen keine rechtsgestaltende, sondern allenfalls eine **appellative Funktion** erfüllen.

XIX. Schriftformklauseln

Literatur zu Schriftformklauseln: *Bauer*, Doppelt hält nicht besser, BB 2009, 1588; *Berkowsky*, Kann eine doppelte Schriftformklausel den Eintritt einer betrieblichen Übung verhindern?, AA 2009, 78; *Bieder*, Zur Verwendung „qualifizierter" Schriftformklauseln in Formulararbeitsverträgen, SAE 2007, 379; *Bloching/Ortolf*, Schriftformklauseln in der Rechtsprechung von BGH und BAG, NJW 2009, 3393; *Böhm*, Vereinbarte Formerfordernisse im Arbeitsrecht, ArbRB 2008, 91; *Franzen*, Doppelte Schriftformklausel – Vorrang der Individualabreden nach § 305b BGB und betriebliche Übung, SAE 2009, 89; *Hromadka*, Schriftformklauseln in Arbeitsverträgen, DB 2004, 1261; *Jensen*, Arbeitsvertragsklauseln gegen betriebliche Übungen – Was geht noch?, NZA-RR 2011, 225; *Karlsfeld*, Doppelte Schriftformklauseln in AGB – seit dem 20.5.2008 nicht mehr möglich?, ArbRB 2008, 222; *Leder/Scheuermann*, Schriftformklauseln in Arbeitsverträgen – das Ende der betrieblichen Übung?, NZA 2008, 1222; *Lingemann/Gotham*, Doppelte Schriftformklausel – gar nicht einfach!, NJW 2009, 268; *Löw*, Die gewillkürte Schriftform im Arbeitsvertrag, MDR 2006, 12; *Roloff*, Vertragsänderungen und Schriftformklauseln, NZA 2004, 1191; *Salamon/Hoppe*, Was ist noch regelbar? – Freiwilligkeitsvorbehalte, Schriftformklauseln, Ausschlussfristen, AuA 2012, 667; *Schmitt-Rolfes*, Aus für Schriftformklauseln?, AuA 2008, 583; *Schramm/Kröpelin*, Neue Anforderungen an die arbeitsvertragliche Gestaltung von Schriftformklauseln, DB 2008, 2362

Zu differenzieren ist zwischen einfachen und doppelten Schriftformklauseln. Eine **einfache Schriftformklausel** sieht vor, dass Änderungen und Ergänzungen des Vertrags der Schriftform bedürfen. Eine solche Klausel verhindert allerdings weder das Entstehen einer betrieblichen Übung noch schließt sie individuelle mündliche Vereinbarungen wirksam aus. Denn die Arbeitsvertragsparteien können ein vereinbartes Schriftformerfordernis jederzeit schlüssig und formlos aufheben.[296] Das ist sogar dann möglich, wenn die Vertragsparteien bei ihrer mündlichen Abrede an die Schriftform überhaupt nicht gedacht haben.[297] Einfache Schriftformklauseln sind deshalb in Formulararbeitsverträgen nur geeignet, beim Arbeitnehmer den falschen Eindruck zu wecken, mündliche Zusagen des Arbeitgebers hätten keinen Wert. Einen wirksamen Regelungsgehalt haben sie nicht.[298]

Sog. **doppelte Schriftformklauseln** erstrecken das Formerfordernis im Unterschied zur einfachen Schriftformklausel explizit auch auf vereinbarte Ausnahmen vom Schriftformerfordernis selbst („Das Schriftformerfordernis gilt auch für den Verzicht auf das Schriftformerfordernis."). Eine doppelte Schriftformklausel kann, uneingeschränkt formuliert, beim Arbeitnehmer den Eindruck erwecken, jede spätere vom Vertrag abweichende mündliche Abrede sei gemäß § 125 S. 2 BGB nichtig. Das entspricht nicht der wahren Rechtslage. Denn gemäß § 305b BGB haben individuelle Vertragsabreden Vorrang vor Allgemeinen Geschäftsbedingungen, auch wenn sie mündlich erfolgen. Dieses Prinzip des Vorrangs (mündlicher) individueller Vertragsabreden setzt sich auch gegenüber doppelten Schriftformklauseln durch. Eine doppelte Schriftformklausel, die diese Rechtslage nicht korrekt darstellt, ist irreführend und benachteiligt den Arbeitnehmer deshalb unangemessen i.S.v. § 307 Abs. 1 BGB.[299] Eine solche Klausel sollte deshalb den ausdrücklichen Hinweis enthalten, dass das Schriftformerfordernis nicht für mündliche Individualvereinbarungen gilt.

Durch die doppelte Schriftformklausel kann allerdings verhindert werden, dass eine **betriebliche Übung** entsteht.[300] Denn der Vorrang von Individualabreden gemäß § 305b BGB erfasst grundsätzlich nicht betriebliche Übungen. Unter diesem Gesichtspunkt hält das BAG doppelte Schriftformklauseln grundsätzlich für zulässig, weil der Arbeitgeber ein anerkennenswertes Interesse daran habe, zu vermeiden, dass sein tatsächliches Verhalten ohne einen entsprechenden Rechtsbindungswillen zu einem vertraglichen Anspruch führt.[301]

Auf die **Unwirksamkeit** einer Schriftformklausel nach § 307 Abs. 1 BGB kann sich der Arbeitgeber als deren Verwender nicht **berufen**.[302]

XX. Überstundenanordnung/Arbeit auf Abruf

Literatur zu Überstundenanordnung/Arbeit auf Abruf: *Arnold*, Änderungsvorbehalte zur Arbeitszeitdauer, FS Löwisch, 2007, S. 1; *Bauer/Günther*, Heute lang, morgen kurz – Arbeitszeit nach Maß!, DB 2006, 950; *Feuerborn*, Die Flexibilisierung der Arbeit auf Abruf – Zur Neuinterpretation des § 12 Abs. 1 Satz 2 TzBfG durch das BAG, SAE 2007, 59; *Hohenstatt/Schramm*, Neue Gestaltungsmöglichkeiten zur Flexibilisierung der Arbeitszeit, NZA 2007, 238; *Kramer/Kiene*, Arbeit auf Abruf – Spielräume bei der vertraglichen Gestaltung, ArbR 2010, 233; *Lindemann*, Flexibilisierung der Arbeitszeit und ihre Grenzen, ArbR 2013, 561; *Reiserer*, Atmendes Entgelt, atmende Arbeitszeit, NZA-Beil. 2/2010, 39; *Salamon/Hoppe/Rogge*, Überstunden im Fokus der jüngeren Rechtsprechung, BB 2013, 1720; *Schmitt-Rolfes*, Bedarfsarbeit wieder erlaubt, AuA 2006, 319; *Stamm*, Arbeitszeitregelungen in Allgemeinen Geschäftsbedingungen: Reglementierung oder Flexibilisierung im Gefolge der Schuldrechtsreform?, RdA 2006, 288; *Tim-*

---

296 BAG, Urt. v. 20.5.2008 – 9 AZR 382/07, NZA 2008, 2035; BAG, Urt. v. 17.7.2007 – 9 AZR 819/06, NZA 2008, 118.
297 BAG, Urt. v. 20.5.2008 – 9 AZR 382/07, NZA 2008, 2035; BAG, Urt. v. 28.10.1987 – 5 AZR 518/85, NZA 1988, 425.
298 Vgl. SSN/*Striegel*, Rn 752.
299 BAG, Urt. v. 20.5.2008 – 9 AZR 382/07, NZA 2008, 1233.
300 BAG, Urt. v. 20.5.2008 – 9 AZR 382/07, NZA 2008, 1233; BAG, Urt. v. 24.6.2003 – 9 AZR 302/02, NZA 2003, 1145.
301 BAG, Urt. v. 20.5.2008 – 9 AZR 382/07, NZA 2008, 1233.
302 LAG Köln, Urt. v. 21.8.2013 – 11 Sa 171/13, AMK 2014, Nr. 1, 12; LAG Hamm, Urt. v. 2.7.2013 – 14 Sa 1706/12, ArbR 2013, 528.

ner/Rajczak, Mehrarbeit, Überstunden & Co., AuA 2011, 206; *Weth*, Das BAG auf neuen Pfaden – Bandbreitenregelungen in Arbeitsverträgen, FS Birk, 2008, S. 993; *Wisskirchen/Bissels*, Arbeiten, wenn Arbeit da ist – Möglichkeiten und Grenzen der Vereinbarungsbefugnis zur Lage der Arbeitszeit, NZA-Beil. 1/2006, 24

138 **1. Anordnung von Überstunden.** Eine Vereinbarung über die Möglichkeit der Anordnung von Überstunden soll dem Arbeitgeber das Recht einräumen, bei vorübergehendem zusätzlichem Arbeitsbedarf den Arbeitnehmer auch über das eigentlich vereinbarte Maß hinaus einzusetzen.[303] Die grundsätzliche Zulässigkeit solcher Anordnungsbefugnisklauseln wird nur sehr zurückhaltend problematisiert,[304] obwohl die – ggf. sehr kurzfristige – Anordnung von Überstunden nicht nur das vertragliche Gegenleistungsverhältnis verändert, nämlich den Umfang der Arbeitsleistung und die dafür geschuldete Vergütung erhöht, sondern die Freizeit des Arbeitnehmers beansprucht und damit in seine geschützte Privatsphäre eingreift.

139 Der Vorbehalt eines jederzeitigen Rechts des Arbeitgebers, Überstunden in beliebigem Umfang anzuordnen, benachteiligt nach hier vertretener Ansicht den Arbeitnehmer unangemessen und ist deshalb unwirksam.[305] Aufgrund des Transparenzgebots muss die Klausel mindestens klarstellen, in welchen Fällen Überstunden angeordnet werden können,[306] welche Mindestankündigungsfrist dabei einzuhalten ist[307] und bis zu welchem Umfang innerhalb eines bestimmten Zeitraums Überstunden geschuldet sind.[308] Dabei darf die vom BAG für den Fall der Arbeit auf Abruf entwickelte Höchstgrenze von 25 % der Gesamtarbeitszeit[309] nicht überschritten werden.[310]

140 Überstunden **ohne eine vertragliche Grundlage** können stets in Notfällen angeordnet werden, wenn unvorhergesehene Ereignisse eintreten und die Arbeit erforderlich ist, um Schaden vom Betrieb abzuwenden.[311]

141 **2. Arbeit auf Abruf.** Im Gegensatz zur Überstundenvereinbarung wird bei der Vereinbarung von Arbeit auf Abruf das Arbeitsverhältnis dadurch geprägt, dass der Arbeitgeber auch ohne auf Unregelmäßigkeiten oder Dringlichkeiten begründete Anlässe berechtigt ist, den Arbeitnehmer dem Bedarf entsprechend einzusetzen.[312]

142 § 12 Abs. 1 S. 2 TzBfG erfordert bei der Vereinbarung von Arbeit auf Abruf die **Festlegung einer Mindestdauer der wöchentlichen und der täglichen Arbeitszeit**. Die Arbeitsvertragsparteien können daneben wirksam vereinbaren, dass der Arbeitnehmer über die vertragliche Mindestarbeitszeit hinaus Arbeit auf Abruf leisten muss.[313]

143 Die vom Arbeitgeber abrufbare, **über die vereinbarte Mindestarbeitszeit hinausgehende Arbeitsleistung** darf nicht mehr als 25 % der vereinbarten wöchentlichen Mindestarbeitszeit betragen.[314] Das BAG hat zur Begründung dieser Höchstgrenze auf die Rechtsprechung zum höchstzulässigen widerruflichen Teil der Gesamtvergütung Bezug genommen (zum Widerrufsvorbehalt siehe Rn 184). Die Höchstgrenze von 25 % der vereinbarten wöchentlichen Mindestarbeitszeit schütze den Arbeitnehmer ausreichend vor Vereinbarungen, die nur eine geringe Mindestarbeitszeit und einen hohen variablen Arbeitszeitanteil vorsehen und so die Planungssicherheit des Arbeitnehmers in unangemessener Weise beeinträchtigen würden. Je geringer die vereinbarte wöchentliche Mindestarbeitszeit ist, desto geringer ist rechnerisch die einseitig vom Arbeitgeber abrufbare Arbeitsleistung des Arbeitnehmers. Will der Arbeitgeber ein relativ hohes Maß an Flexibilität, darf er mit dem Arbeitnehmer deshalb keine allzu niedrige Mindestarbeitszeit vereinbaren.[315]

144 Der Umfang der Mindestarbeitszeit muss sich ebenso wie die mögliche zusätzliche Inanspruchnahme durch Arbeit auf Abruf unmittelbar aus der Vereinbarung ergeben. Eine Klausel, mit der Arbeit auf Abruf „bis zur gesetzlich zulässigen Höhe" vereinbart ist, ist deshalb wegen Verstoßes gegen das Transparenzgebot unwirksam.[316]

145 Im Falle einer unwirksamen Vereinbarung von Arbeit auf Abruf ist der geschuldete (und zu vergütende) Arbeitsumfang durch Auslegung des Vertrags zu ermitteln. Im Zweifel kann dies im Wege der ergänzenden Vertragsauslegung dazu führen, dass die tatsächlich regelmäßig geleistete durchschnittliche Arbeitszeit zugrunde gelegt und um einen angemessenen Anteil an flexibler Abrufarbeitszeit erhöht bzw. reduziert wird.[317]

---

303 BAG, Urt. v. 21.11.2001 – 5 AZR 296/00, NZA 2002, 439.
304 Sehr zurückhaltend bspw. LAG Köln, Urt. v. 27.4.1999 – 13 Sa 1380/98, NZA 2000, 39; s. auch Hümmerich/Reufels/*Schiefer*, § 1 Rn 3072: „Haben die Parteien im Arbeitsvertrag eine Anordnungsbefugnis des Arbeitgebers vereinbart, ist der Arbeitgeber grundsätzlich jederzeit und ohne Einhaltung einer Ankündigungsfrist befugt, den Arbeitnehmer zur Leistung von Überstunden anzuweisen."
305 Ebenso *Weinmann/Schild*, Rn 121; HK/ArbR/*Boemke/Ulrici*, § 308 BGB Rn 39; DBD/*Bonin*, § 307 Rn 182.
306 Intransparent ist eine Befugnis zur Anordnung von Überstunden bei „betrieblichem Erfordernis" ohne nähere Konkretisierung, wann ein solches gegeben ist, vgl. BAG, Urt. v. 22.2.2012 – 5 AZR 765/10, NZA 2012, 861.
307 So auch HBD/*Boecken*, § 106 GewO Rn 56.

308 Siehe auch den Formulierungsvorschlag bei Hümmerich/Reufels/*Schiefer*, § 1 Rn 3097 A2.
309 BAG, Urt. v. 7.12.2005 – 5 AZR 535/04, NZA 2006, 423.
310 Ebenso HK/ArbR/*Boemke/Ulrici*, § 308 BGB Rn 39.
311 MünchArbR/*Reichold*, § 36 Rn 23.
312 BAG, Urt. v. 7.12.2005 – 5 AZR 535/04, NZA 2006, 423.
313 BAG, Urt. v. 7.12.2005 – 5 AZR 535/04, NZA 2006, 423; hierzu grds. krit. *Decruppe*, jurisPR-ArbR 46/2006 Anm. 6.
314 BAG, Urt. v. 7.12.2005 – 5 AZR 535/04, NZA 2006, 423.
315 BAG, Urt. v. 7.12.2005 – 5 AZR 535/04, NZA 2006, 423.
316 LAG München, Urt. v. 2.4.2008 – 11 Sa 917/07; SSN/*Striegel*, Rn 306.
317 BAG, Urt. v. 7.12.2005 – 5 AZR 535/04, NZA 2006, 423; LAG München, Urt. v. 2.4.2008 – 11 Sa 917/07.

XXI. Urlaub

Literatur zu Urlaub: *Gaul/Bonanni/Ludwig*, Urlaubsanspruch trotz Langzeiterkrankung – Handlungsbedarf für die betriebliche Praxis!, DB 2009, 1013; *Linck/Schütz*, Möglichkeiten und Grenzen der Vertragsgestaltung im Urlaubsrecht, FS Leinemann, 2006, S. 171; *Natzel*, Tilgungsbestimmung – Heilmittel im Urlaubsrecht?, NZA 2011, 77; *Oberthür*, Vertraglicher Zusatzurlaub – Gestaltungsspielräume sinnvoll nutzen, ArbRB 2009, 278; *Powietzka/Fallenstein*, Urlaubsklauseln in Arbeitsverträgen, NZA 2010, 673

146 Urlaubsregelungen in Formulararbeitsverträgen beschränken sich häufig auf Angaben über die Höhe des Urlaubsanspruchs.[318] Ein zusätzlicher Regelungsbedarf besteht erst seit der **„Schultz-Hoff"-Entscheidung** des EuGH vom 21.1.2009,[319] deren Grundsätze durch die „KHS"-Entscheidung vom 22.11.2011 weiter modifiziert wurden.[320] Danach verfällt der Urlaubsanspruch eines langzeiterkrankten Arbeitnehmers, den dieser aufgrund der Erkrankung nicht mehr im laufenden Urlaubsjahr in Anspruch nehmen kann, erst 15 Monate nach dem Ende des Urlaubsjahres.[321]

147 Während in Bezug auf den gesetzlichen Mindesturlaub die von der Rechtsprechung aufgestellten Übertragungsgrundsätze nicht zulasten des Arbeitnehmers beschränkt werden können, kann über den darüber hinaus gewährten vertraglichen Urlaubsanspruch disponiert werden.[322] Es ist deshalb möglich, **den Verfall des vertraglichen Urlaubsanspruchs** zum Jahresende oder zum 31. März des Folgejahres auch für den Fall einer Langzeiterkrankung zu vereinbaren. Ebenso kann bereits das Entstehen des vertraglichen Urlaubsanspruchs während des Zeitraums, in dem der Arbeitnehmer ohne Entgeltfortzahlungsanspruch arbeitsunfähig erkrankt ist, beschränkt oder ausgeschlossen werden.[323]

148 Da nach dieser Konstruktion zwischen gesetzlichem, ggf. tarifvertraglichem und vertraglichem Urlaub zu unterscheiden ist, muss bei der Urlaubsgewährung klargestellt werden, auf welchen Urlaubsanspruch der jeweilige Urlaubszeitraum angerechnet wird. Aus Arbeitgebersicht sollte stets zuerst der (im Krankheitsfall unbeschränkt übertragbare) gesetzliche Urlaubsanspruch gewährt werden. Dies kann durch eine entsprechende Tilgungsbestimmung bereits im Arbeitsvertrag festgelegt werden.[324] Es genügt aber auch ein ausdrücklicher Hinweis bei der Urlaubsgewährung selbst.

XXII. Versetzungen

Literatur zu Versetzungen: *Bayreuther*, Was schuldet der Arbeitnehmer? – Möglichkeiten und Grenzen einer vertraglichen Ausgestaltung der Leistungspflicht des Arbeitnehmers, NZA-Beil. 1/2006, 1; *Bonanni/Niklas*, Aktuelle Rechtsprechung zum Direktionsrecht, ArbRB 2008, 347; *Dzida/Schramm*, Versetzungsklauseln: mehr Flexibilität für den Arbeitgeber, mehr Kündigungsschutz für den Arbeitnehmer, DB 2007, 1221; *Fliss*, Die örtliche Versetzung, NZA-RR 2008, 225; *Hromadka*, Grenzen des Weisungsrechts – Zur Auslegung des § 106 GewO, NZA 2012, 233; *Hromadka/Schmitt-Rolfes*, Die AGB-Rechtsprechung zu Tätigkeit, Entgelt und Arbeitszeit, NJW 2007, 1777; *Hunold*, Die Rechtsprechung des BAG zur AGB-Kontrolle arbeitsvertraglicher Versetzungsklauseln, BB 2011, 693; *ders.*, AGB-Kontrolle einer Versetzungsklausel, NZA 2007, 19; *Kleinebrink*, Tätigkeitsklauseln in Formulararbeitsverträgen, ArbRB 2007, 57; *Kort*, Grenzen der arbeitgeberseitigen Änderung von Arbeitsbedingungen bei Versetzungen, FS Birk, 2008, S. 459; *Lakies*, Das Weisungsrecht des Arbeitgebers und Vertragsgestaltungsoptionen, ArbR 2013, 3; *Laskawy/Rehfeld*, Die Krux mit den Versetzungsklauseln im Arbeitsvertrag – Weniger ist mehr, AA 2012, 43; *Preis/Genenger*, Die unechte Direktionsrechtserweiterung, NZA 2008, 969; *Reinecke*, Weisungsrecht, Arbeitsvertrag und Arbeitsvertragskontrolle – Rechtsprechung des BAG nach der Schuldrechtsreform, NZA-RR 2013, 393; *Salamon/Fuhlrott*, Die Festlegung des Arbeitsplatzes als Vorfrage der AGB-Kontrolle, NZA 2011, 839; *Salamon/Hoppe*, Versetzungsklauseln – Vorsicht bei der Vertragsgestaltung, AuA 2012, 209; *Schöne*, Der Versetzungsvorbehalt in Formulararbeitsverträgen, SAE 2007, 370; *Seel*, Das Direktionsrecht des Arbeitgebers – Anforderungen an Versetzung und Änderungskündigung, MDR 2011, 901; *Wank*, Das Verhältnismäßigkeitsprinzip bei der betriebsbedingten Kündigung – Insbesondere Versetzung statt Kündigung, RdA 2012, 139; *Wisskirchen/Bissels*, Arbeiten, wenn Arbeit da ist – Möglichkeiten und Grenzen der Vereinbarungsbefugnis zur Lage der Arbeitszeit, NZA-Beil. 1/2006, 24; *Wolff/Conradi*, Flexibilität im Arbeitsvertrag, AuA Sonderbeil. 2008, 7

149 Versetzung ist die einseitig vom Arbeitgeber angeordnete Änderung des Arbeitsortes, der Lage der Arbeitszeit oder der Tätigkeit des Arbeitnehmers.[325] Eine Versetzung liegt aber nur dann vor, wenn mit ihr die **arbeitsvertraglichen Hauptleistungspflichten lediglich konkretisiert** werden.[326] Eine **Änderung der Hauptleistungspflichten** kann im Gegensatz dazu nur einvernehmlich oder im Wege einer Änderungskündigung erfolgen. Der gesetzliche Rahmen des Versetzungsrechts ergibt sich aus § 106 GewO, nach dem der Arbeitgeber Inhalt, Ort und Zeit der Arbeitsleistung nach billigem Ermessen näher bestimmen kann, soweit diese Arbeitsbedingungen nicht durch den Arbeitsvertrag, Bestimmungen einer Betriebsvereinbarung, eines anwendbaren Tarifvertrags oder gesetzliche Vorschriften festgelegt sind.

---

318 Vgl. SSN/*Striegel*, Rn 780; *Oberthür*, ArbRB 2009, 278, 278.
319 EuGH, Urt. v. 20.1.2009 – C-350/06/C-520/06, NZA 2009, 495.
320 EuGH, Urt. v. 22.11.2011 – C-214/10, NZA 2011, 1333.
321 Bestätigt durch BAG, Urt. v. 7.8.2012 – 9 AZR 353/10, NZA 2012, 1216; BAG, Urt. v. 24.3.2009 – 9 AZR 983/07, NZA 2009, 538.
322 BAG, Urt. v. 24.3.2009 – 9 AZR 983/07, NZA 2009, 538; vgl. auch BAG, Urt. v. 18.10.2011 – 9 AZR 303/10, NZA 2012, 143; HBD/*Düwell*, § 7 BUrlG Rn 53.
323 *Oberthür*, ArbRB 2009, 278, 279.
324 *Powietzka/Fallenstein*, NZA 2010, 673, 674 f.; krit. hierzu *Natzel*, NZA 2011, 77, 78, unter Verweis auf die „Einheitlichkeit des Urlaubsanspruchs".
325 *v.Hoyningen-Huene*, NZA 1993, 145, 145 m.w.N.; dies im Gegensatz zur betriebsverfassungsrechtlichen Definition in § 95 Abs. 3 BetrVG.
326 BAG, Urt. v. 9.5.2006 – 9 AZR 424/05, NZA 2007, 145.

150 Je allgemeiner die vom Arbeitnehmer zu leistenden Dienste im Arbeitsvertrag festgelegt sind, desto weiter geht deshalb die Befugnis des Arbeitgebers, dem Arbeitnehmer unterschiedliche Aufgaben im Wege des **Weisungsrechts** zuzuweisen.[327] Bei einer engen Bestimmung der Tätigkeit wird das Weisungsrecht hingegen eingeschränkt.[328] Dies gilt für alle Tatbestandsalternativen der Versetzung, also die örtliche, zeitliche und tätigkeitsbezogene Versetzung gleichermaßen (allerdings: zur örtlichen Versetzung vgl. Rn 157).

151 Die **Erweiterung des Weisungsrechts** über das gesetzliche Maß wird nur in wenigen Ausnahmefällen für zulässig gehalten.[329] Dies liegt daran, dass bereits die Gesetzeslage dem Arbeitgeber große Spielräume bei der Versetzung gewährt.

152 Eine vertragliche Versetzungsklausel hat allerdings auch dann ihre Berechtigung, wenn sie lediglich inhaltlich der gesetzlichen Regelung des § 106 GewO entspricht. Denn auf diese Weise kann, ist im Arbeitsvertrag z.B. ein bestimmter Arbeitsort vereinbart, die Versetzungsklausel das nach der gesetzlichen Konzeption bestehende **Weisungsrecht wiederherstellen**.[330] Einschränkende Vereinbarungen von Arbeitsort, Arbeitszeit und geschuldeter Tätigkeit können sich im Übrigen auch aus den tatsächlichen Umständen bei oder nach Vertragsschluss ergeben. Auch für diesen Fall ist eine klarstellende Regelung im Arbeitsvertrag sinnvoll, nach der es beim unbeschränkten Weisungsrecht des Arbeitgebers nach Maßgabe des § 106 GewO verbleiben soll. Entspricht die Versetzungsklausel – ggf. nach Auslegung – inhaltlich der **Regelung des § 106 S. 1 GewO**, so unterliegt sie nicht der AGB-Inhaltskontrolle.[331] Es muss allerdings aus der Formulierung erkennbar sein, dass sie nicht etwa das gesetzliche Direktionsrecht erweitern will.[332]

153 Aus Arbeitgebersicht ist es vor diesem Hintergrund zu empfehlen, im Arbeitsvertrag die Lage der Arbeitszeit und den Arbeitsort nicht anzugeben[333] und den Inhalt der geschuldeten Tätigkeit nur allgemein zu formulieren (z.B. „Sekretär/in" anstelle von „Sekretär/in der Geschäftsleitung"; „kaufmännische/r Angestellte/r" anstelle von „Sachbearbeiter/in Einkauf im Bereich Kleinprodukte"). Über eine entsprechende Versetzungsklausel kann darüber hinaus klarstellend das ungeschmälerte Direktionsrecht des Arbeitgebers nach § 106 GewO bestätigt werden.

154 Zu beachten ist allerdings, dass im Gegenzug der Arbeitnehmer für die von ihm abverlangte Flexibilität eine entsprechende **stärkere Sicherung seines Arbeitsverhältnisses** im Falle betriebsbedingter Kündigungen erhält. Durch eine weite Versetzungsklausel erweitert sich der Kreis der Sozialauswahl, in die die Arbeitnehmer auf allen in Frage kommenden alternativen Arbeitsplätzen einzubeziehen sind. Im Umfang der Versetzungsmöglichkeiten hat der Arbeitgeber außerdem zu prüfen, ob freie Arbeitsplätze zur Verfügung stehen.[334]

155 Erweist sich eine Versetzungsklausel im Rahmen der AGB-Kontrolle als unwirksam, fällt sie regelmäßig ersatzlos weg. Die Versetzungsmöglichkeit besteht in diesem Fall regelmäßig nur im Rahmen der vertraglich konkretisierten Hauptleistungspflichten. Bei vor dem 1.1.2002 abgeschlossenen Arbeitsverträgen kann jedoch die durch den Wegfall der Klausel entstehende Lücke ggf. im Wege der **ergänzenden Vertragsauslegung** geschlossen werden. Dabei ist zu ermitteln, welche Regelung die Parteien vereinbart hätten, wenn ihnen die Unwirksamkeit der Versetzungsklausel bekannt gewesen wäre.[335]

156 1. **Arbeitsort.** Aus § 106 GewO ergibt sich grundsätzlich ein **bundesweites Versetzungsrecht** des Arbeitgebers.[336] Eine nach wie vor weit verbreitete Auffassung in der Literatur geht dagegen von einer Beschränkung des Versetzungsrechts auf den **Einstellungsbetrieb** aus. Für die Versetzung an einen anderen Arbeitsort wäre dann eine ausdrückliche Vereinbarung erforderlich.[337] In jüngerer Zeit hat der 6. Senat des BAG zudem ausdrücklich offengelassen, ob an der bisherigen Rechtsprechung festgehalten wird, wonach bei fehlender Konkretisierung des Arbeitsortes ohne Verset-

---

327 BAG, Urt. v. 19.1.2011 – 10 AZR 738/09, NZA 2011, 631.
328 BAG, Urt. v. 25.8.2010 – 10 AZR 275/09, NZA 2010, 1355.
329 ErfK/*Preis*, §§ 305–310 BGB Rn 55a; *Henssler/Moll*, S. 62; SSN/*Suckow*, Rn 813 (örtliche Versetzung), Rn 818 (fachliche Versetzung).
330 BAG, Urt. v. 19.1.2011 – 10 AZR 738/09, NZA 2011, 631; BAG, Urt. v. 13.3.2007 – 9 AZR 433/06, NZA-RR 2008, 504.
331 BAG, Urt. v. 13.6.2012 –10 AZR 296/11, NZA 2012, 1154; BAG, Urt. v. 11.4.2006 – 9 AZR 557/05, NZA 2006, 1149.
332 BAG, Urt. v. 25.8.2010 – 10 AZR 275/09, NZA 2010, 1355; BAG, Urt. v. 13.3.2007 – 9 AZR 433/06, NZA-RR 2008, 504.
333 Vgl. aber § 2 Abs. 2 S. 2 Nr. 4 NachwG, nach dem im Arbeitsvertrag entweder der Arbeitsort anzugeben oder darauf hinzuweisen ist, dass der Arbeitnehmer an verschiedenen Orten beschäftigt werden kann.

334 Diese Kompensation beruht auf dem gesetzlichen Kündigungsschutzrecht und ist daher eine Besonderheit des Arbeitsrechtes, die im Rahmen der AGB-Kontrolle zu berücksichtigen ist, BAG, Urt. v. 13.3.2007 – 9 AZR 433/06, NZA-RR 2008; BAG, Urt. v. 11.4.2006 – 9 AZR 557/05, NZA 2006, 1149.
335 Hessisches LAG, Urt. v. 31.10.2008 – 10 Sa 2096/06, BB 2009, 1242.
336 *Fliss*, NZA-RR 2008, 225, 228; ErfK/*Preis*, § 106 GewO Rn 16.
337 So Küttner/*Poeche*, „Versetzung" Rn 5; ebenso HK/ArbR/*Becker*, § 106 GewO Rn 9; HBD/*Boecken*, § 106 GewO Rn 16; HWK/*Lembke*, § 106 GewO Rn 29; vgl. auch *Hromadka*, NZA 2012, 233, 238; differenzierend LAG Hamm, Urt. v. 11.12.2008 – 11 Sa 817/08, das die Auffassung vertritt, die „Versetzung in einen anderen Betrieb an einem anderen nur schwer erreichbaren Ort" sei nicht vom Direktionsrecht nach § 106 GewO gedeckt.

zungsklausel eine örtliche Versetzung in den Grenzen des Direktionsrechts zulässig ist.[338] Aus diesen Gründen ist derzeit vorsichtshalber zur ausdrücklichen Vereinbarung eines örtlichen Versetzungsrechts zu raten.

Eine Klausel, die dem Arbeitgeber das Recht einräumt, den Arbeitnehmer an einen anderen Arbeitsort zu versetzen, unterliegt einer Angemessenheitskontrolle nur dann, wenn der **Arbeitsort vertraglich festgelegt** ist. Ist ein bestimmter Arbeitsort nicht fixiert, findet eine Angemessenheitskontrolle des Versetzungsvorbehalts nicht statt, sofern dieser das gemäß § 106 GewO bestehende Versetzungsrecht nicht erweitert. Ob durch die vertragliche Nennung eines Arbeitsortes die Leistungspflicht des Arbeitnehmers auf diesen konkretisiert wird oder nicht, ist aufgrund einer Auslegung unter Berücksichtigung aller Umstände des Einzelfalls zu ermitteln. Dabei spricht bereits die Kombination eines bestimmten Arbeitsorts mit einem Versetzungsvorbehalt regelmäßig gegen eine vertragliche Festlegung, ebenso die Aufzählung alternativer Tätigkeitsinhalte oder -orte.[339] Im Ergebnis unterliegen örtliche Versetzungsklauseln daher auch bei vertraglicher Nennung des Arbeitsortes regelmäßig keiner Angemessenheitskontrolle.

157

Es ist nach Auffassung des BAG nicht zwingend notwendig, Ankündigungsfristen oder den zulässigen Entfernungsradius in örtliche Versetzungsklauseln aufzunehmen. § 106 GewO sowie entsprechende Versetzungsklauseln tragen dem im Arbeitsrecht bestehenden spezifischen **Anpassungs- und Flexibilisierungsbedürfnis** Rechnung. Festlegungen durch Vorgaben hinsichtlich der Regionen, des Entfernungsradius und der Mindestkündigungsfristen, um dem Arbeitnehmer Klarheit zu verschaffen, innerhalb welcher Grenzen und Fristen der Arbeitgeber von seiner örtlichen Versetzungsbefugnis Gebrauch machen will, sind nicht erforderlich.[340]

158

Die Wirksamkeit eines Vorbehalts, einen Arbeitnehmer ohne sein Einverständnis auch im **Ausland** einzusetzen, ist umstritten.[341] Ein solcher Vorbehalt wird in der Regel zulässig sein, wenn der Auslandseinsatz vorhersehbar oder sogar prägend für das Arbeitsverhältnis ist.[342] Es empfiehlt sich deshalb, den absehbaren Rahmen für eine Verwendung im Ausland bereits in der Versetzungsklausel zu umreißen.

159

Dass ein Arbeitnehmer sich im Laufe der Zeit bezüglich der Gestaltung seines persönlichen Umfeldes an der ausgeübten Tätigkeit und insbesondere am Ort seiner Arbeitsleistung ausrichtet, ist nur eine Folge der langjährigen Tätigkeit und begründet, ohne dass weitere Umstände hinzutreten, **keine Konkretisierung auf einen bestimmten Arbeitsort**. Auch aus dem Umstand, dass der Arbeitgeber auf sein Recht, den Arbeitnehmer örtlich zu versetzen, über einen längeren Zeitraum nicht hinweist, darf der Arbeitnehmer nicht den Schluss ziehen, der Arbeitgeber werde von seinem Recht keinen Gebrauch mehr machen.[343]

160

Die tatsächliche Entfernung zwischen altem und neuem Arbeitsort ist allerdings als Faktor im Rahmen der nach § 106 GewO erforderlichen **Ermessensausübung** zu berücksichtigen. Danach kann im Einzelfall eine Versetzung an einen weit entfernten Arbeitsort unbillig und damit unzulässig sein.[344]

161

2. Tätigkeit. Eine vorformulierte Zuweisungsklausel mit dem Inhalt, dass sich der Arbeitgeber vorbehält, einen Mitarbeiter entsprechend seinen Leistungen und Fähigkeiten mit einer anderen im Interesse des Unternehmens liegenden Tätigkeit zu betrauen, ist wirksam.[345] Das Versetzungsrecht des Arbeitgebers erstreckt sich grundsätzlich nur auf gleichwertige Tätigkeiten. Ob eine Tätigkeit als gleich oder als geringer zu bewerten ist, hängt von ihrer sozialen Beurteilung ab, also konkret von der Frage, ob die Versetzung von einem durchschnittlichen Mitglied der Belegschaft als Degradierung angesehen würde oder nicht.[346] Zu weitgehend und deshalb unwirksam ist eine Formulierung, die dem Arbeitgeber die Möglichkeit offen hält, dem Arbeitnehmer eine **geringerwertige Tätigkeit** zuzuweisen.[347] Deshalb sollte die Möglichkeit der fachlichen Versetzung ausdrücklich auf mindestens gleichwertige Tätigkeiten beschränkt werden.

162

---

338 BAG, Urt. v. 18.10.2012 – 6 AZR 86/11, ArbR 2012, 584; vgl. auch *Schmitt-Rolfes*, AuA 2013, 71.
339 BAG, Urt. v. 26.1.2012 – 2 AZR 102/11, NZA 2012, 856; BAG, Urt. v. 19.1.2011 – 10 AZR 738/09, NZA 2011, 631; vgl. auch BAG, Urt. v. 13.6.2012 – 10 AZR 296/11, NZA 2012, 1154.
340 BAG, Urt. v. 13.4.2010 – 9 AZR 36/09, DB 2010, 2805.
341 Wohl für die Wirksamkeit: DBD/*Bonin*, § 307 Rn 193; für die Unwirksamkeit: LAG Hamm, Urt. v. 11.12.2008 – 11 Sa 817/08; *Thüsing*, AGB-ArbR, Rn 249; wohl auch Preis-AV/*Preis*, II D 30 Rn 110 und II A 140 Rn 3.
342 Vgl. zur Versetzung einer bislang auf Teneriffa eingesetzten Reiseleiterin nach Mexiko LAG Düsseldorf, Urt. v. 17.12.2010 – 10 Sa 972/10, siehe auch *Thüsing*, AGB-ArbR, Rn 249.
343 BAG, Urt. v. 13.6.2012 – 10 AZR 296/11, NZA 2012, 1154; BAG, Urt. v. 13.3.2007 – 9 AZR 433/06, NZA-RR 2008.
344 Die Leistungsbestimmung nach billigem Ermessen verlangt eine Abwägung der wechselseitigen Interessen nach den verfassungsrechtlichen und gesetzlichen Wertentscheidungen, den allgemeinen Wertungsgrundsätzen der Verhältnismäßigkeit und Angemessenheit sowie der Verkehrssitte und Zumutbarkeit im Einzelfall. Hierzu gehören im Arbeitsrecht die Vorteile aus einer Regelung, die Risikoverteilung zwischen den Vertragsparteien, die beiderseitigen Bedürfnisse, außervertraglichen Vor- und Nachteile, Vermögens- und Einkommensverhältnisse sowie soziale Lebensverhältnisse wie familiäre Pflichten und Unterhaltsverpflichtungen, BAG, Urt. v. 13.4.2010 – 9 AZR 36/09, DB 2010, 2805; vgl. auch BAG, Urt. v. 25.8.2010 – 10 AZR 275/09, NZA 2010, 1355.
345 BAG, Urt. v. 13.3.2007 – 9 AZR 433/06, NZA-RR 2008.
346 Der Arbeitgeber kann u.U. allerdings aufgrund seiner Rücksichtnahmepflicht verpflichtet sein, dem Arbeitnehmer auch eine geringerwertige Tätigkeit zuzuweisen bzw. anzubieten, wenn dieser zur Erbringung der geschuldeten Leistung dauerhaft nicht mehr in der Lage ist und die Bereitschaft erkennen lässt, auch andere als die geschuldeten Tätigkeiten zu erbringen, BAG, Urt. v. 13.8.2009 – 6 AZR 330/08, NZA-RR 2010, 420.
347 BAG, Urt. v. 9.5.2006 – 9 AZR 424/05, NZA 2007, 145.

163 Daran anknüpfend darf die Versetzung nicht zu einer **Verringerung der Vergütung** führen. Auch dies sollte in der Klausel ausdrücklich festgehalten werden.

164 **3. Lage der Arbeitszeit.** Auch bezüglich der Lage der Arbeitszeit hat der Arbeitgeber bereits aufgrund der gesetzlichen Regelung ein umfassendes Weisungsrecht, das er nach billigem Ermessen ausüben kann.

165 Wollen die Vertragsparteien das Weisungsrecht des Arbeitgebers für die Arbeitszeitverteilung durch eine konstitutive Regelung einschränken, müssen hierfür besondere Anhaltspunkte bestehen. Das gilt auch für den Ausschluss gesetzlich und kollektivrechtlich erlaubter **Sonn- und Feiertagsarbeit**.[348] Der Umstand, dass ein Arbeitgeber und seine Rechtsvorgänger während der Dauer von 30 Jahren keine Sonn- und Feiertagsarbeit anordneten, schließt die Berechtigung des Arbeitgebers hierzu nicht aus. Eine Änderung der ursprünglich vereinbarten Rechte und Pflichten durch sog. **Konkretisierung** in einen einseitig nicht veränderlichen Vertragsinhalt tritt nicht allein dadurch ein, dass der Arbeitnehmer längere Zeit in derselben Weise eingesetzt wurde (z.B. bisher keine Sonn- und Feiertagsarbeit zu leisten hatte).[349]

166 Die Vereinbarung, wann die Arbeitsleistung zu erbringen ist, kann allerdings auch konkludent, also durch schlüssiges Verhalten geschlossen werden. Wird keine ausdrückliche Festlegung getroffen, kann angenommen werden, dass die Vertragsparteien von der **betrieblichen Arbeitszeitverteilung zur Zeit des Arbeitsvertragsschlusses** ausgehen.[350] Auch hier empfiehlt es sich deshalb, im Arbeitsvertrag durch Verweis auf § 106 GewO das **Versetzungsrecht des Arbeitgebers wiederherzustellen**.

167 **4. Konzernversetzung.** Umstritten ist die Zulässigkeit eines Vorbehalts, der den Arbeitgeber berechtigen soll, den Arbeitnehmer bei einer anderen Konzerngesellschaft einzusetzen. Ein **Arbeitgeberwechsel** kann aufgrund einer Versetzungsklausel nicht herbeigeführt werden.[351] Der Einsatz des Arbeitnehmers kann deshalb – je nach praktischer Umsetzung, insbesondere abhängig davon, wer dem Arbeitnehmer gegenüber das Weisungsrecht ausübt – nur im Wege der konzerninternen Arbeitnehmerüberlassung oder als Abordnung bzw. Entsendung erfolgen.[352] Hier bedarf es eines möglichst konkret gestalteten **Entsendungsvorbehalts**.[353] Vielfach wird hierzu gefordert, mindestens die in Betracht kommenden Unternehmen oder Betriebe in der Versetzungsklausel zu benennen.[354]

XXIII. Vertragsstrafen

Literatur zu Vertragsstrafen: *Bauer/Krieger*, AGB-Kontrolle und kein Ende – Weshalb sich Arbeitgeber nicht durch Vertragsstrafenvereinbarungen vor vertragswidrigem Verhalten von Arbeitnehmern schützen dürfen, SAE 2006, 11; *Brors*, „Neue" Probleme bei arbeitsvertraglichen Vertragsstrafenklauseln?, DB 2004, 1778; *Diller*, Vertragsstrafen bei Wettbewerbsverboten: was nun?, NZA 2008, 574; *Dollmann*, Vertragsstrafen in vorformulierten Arbeitsverträgen – Rechtsprechungsstand und Praxisfolgen, ArbRB 2004, 122; *Fuhlrott/Hoppe*, Vertragsstrafen – Vorsorge ist besser als Nachsorge, AuA 2012, 576; *Gaul/Tenbrock*, Neue Leitlinien des BAG zur Vertragsstrafenabrede im Formulararbeitsvertrag, ArbRB 2005, 303; *Günther/Nolde*, Vertragsstrafenklauseln bei Vertragsbruch – Angemessene und abschreckende Strafhöhe, NZA 2012, 62; *Haas/Fuhlrott*, Ein Plädoyer für mehr Flexibilität bei Vertragsstrafen, NZA-RR 2010, 1; *Hauck*, Die Vertragsstrafe im Arbeitsrecht im Lichte der Schuldrechtsreform, NZA 2006, 816; *Joost*, Vertragsstrafen im Arbeitsrecht, ZIP 2004, 1981; *Junker/Amschler*, Vertragsstrafe bei arbeitsvertraglich verlängerter Kündigungsfrist in Allgemeinen Geschäftsbedingungen, SAE 2010, 165; *v. Koppenfels*, Vertragsstrafen im Arbeitsrecht nach der Schuldrechtsmodernisierung, NZA 2002, 597; *Kramer*, Vertragsstrafenabreden und Inhaltskontrolle, AuA 2005, 155; *Krause*, Vertragsstrafen in der arbeitsrechtlichen Klauselkontrolle, FS Reuter, 2010, S. 627; *Leder/Morgenroth*, Die Vertragsstrafe im Formulararbeitsrecht, NZA 2002, 952; *Lingemann/Gottschalk*, Vertragsstrafengestaltung im Arbeitsrecht – ein kurzer Leitfaden, DStR 2011, 774; *Nicolai*, Die Gestaltung arbeitsvertraglicher Vertragsstrafenvereinbarungen, FA 2006, 76; *Niemann*, Vertragsbruch: Strafabreden in Formulararbeitsverträgen, RdA 2013, 92; *Payrhuber*, Aus der Praxis: Vertragsstrafenklauseln im Arbeitsvertrag, JuS 2009, 328; *Schöne*, Die Zulässigkeit von Vertragsstrafenabreden in Formulararbeitsverträgen, SAE 2006, 272; *Schramm*, Neue Herausforderungen bei der Gestaltung von Vertragsstrafenklauseln, NJW 2008, 1494; *Schwarz/Spielberger*, Vorsicht bei Vertragsstrafen, AuA 2008, 542; *Winter*, Wirksamkeits- und Angemessenheitskontrolle bei Vertragsstrafen im Formulararbeitsvertrag, BB 2010, 2757

168 Vertragsstrafen in Arbeitsverträgen dienen zum einen dazu, den Arbeitnehmer zu vertragsgemäßem Verhalten anzuhalten (**Präventivfunktion**). Zum anderen sind sie ein Instrument des Arbeitgebers, sich bei ansonsten schwer durchsetzbaren Schadensersatzansprüchen gegen Arbeitnehmer eine komfortablere Ausgangsposition zu schaffen und einen „Mindestschadensersatz" zu sichern (**Ausgleichsfunktion**). Häufigster Fall sind Vertragsstrafenabreden für den Fall des Nichtantritts oder der vorzeitigen vertragswidrigen Beendigung des Arbeitsverhältnisses. Denn in beiden Fällen ist ein konkreter Schaden auf Seiten des Arbeitgebers durch die vertragswidrige Arbeitsverweigerung in der Regel nur sehr schwer nachweisbar.[355]

169 Die Verwendung von Vertragsstrafen in Formularverträgen ist grundsätzlich nicht überraschend. Anders kann dies aber zu beurteilen sein, wenn die Klausel im Vertrag an ungewöhnlicher oder unerwarteter Stelle geregelt ist.[356]

---

348 BAG, Urt. v. 15.9.2009 – 9 AZR 757/08, NJW 2010, 394.
349 BAG, Urt. v. 15.9.2009 – 9 AZR 757/08, NJW 2010, 394.
350 Vgl. BAG, Urt. v. 15.9.2009 – 9 AZR 757/08, NJW 2010, 394.; BAG, Urt. v. 23.6.1992 – 1 AZR 57/92, NZA 1993, 89.
351 SSN/*Suckow*, Rn 825; Preis-AV/*Preis*, II D 30 Rn 212; *Lakies*, Kap. 5 Rn 276.
352 Vgl. hierzu Schaub/*Linck*, § 45 Rn 8 ff..
353 LAG Hamburg, Urt. v. 21.5.2008 – 5 Sa 82/07, juris.
354 DBD/*Bonin*, § 307 Rn 193a m.w.N.
355 Vgl. SSN/*Suckow*, Rn 834.
356 BAG, Urt. v. 14.8.2007 – 8 AZR 973/06, NZA 2008, 170.

Es empfiehlt sich daher die Aufnahme unter einer aussagekräftigen Überschrift oder eine drucktechnische Hervorhebung. Vertragsstrafenabreden unterliegen der Inhaltskontrolle nach § 307 BGB.[357] Dabei ist zum Schutz des Arbeitnehmers ein strenger Maßstab anzulegen.[358]

1. Verwirkungstatbestand. Zunächst muss eine Vertragsstrafenklausel **transparent formuliert**, also klar und verständlich gegliedert sein. Die Fälle, in denen die Vertragsstrafe verwirkt sein soll, müssen präzise beschrieben sein. Allgemeine Formulierungen wie die Vereinbarung einer Vertragsstrafe für alle beliebigen oder „gravierenden" Arbeitsvertragsverstöße reichen nicht aus.[359] Gleiches gilt für die Vereinbarung einer Vertragsstrafe für den Fall, dass der Arbeitnehmer den Arbeitgeber durch schuldhaftes vertragswidriges Verhalten **zu einer fristlosen Kündigung veranlasst**. Nach Auffassung des BAG wird der Interessenausgleich in diesem Fall in erster Linie durch die Möglichkeit der fristlosen Kündigung des Arbeitgebers herbeigeführt. Eine darüber hinausgehende Bestrafung des Arbeitnehmers durch die Vertragsstrafe kann nur durch Verletzung weiterer schutzwürdiger Interessen des Arbeitgebers (z.B. des Eigentums oder Vermögens) gerechtfertigt sein. Für eine Vertragsstrafe, die durch jegliches schuldhaftes vertragswidriges Verhalten des Arbeitnehmers, das den Arbeitgeber zur fristlosen Kündigung veranlasst, verwirkt wird, fehlt es am berechtigten Interesse des Arbeitgebers. Eine solche Abrede zielt auf die Absicherung aller vertraglichen Pflichten und enthält damit eine unangemessene „Übersicherung".[360]

170

Vertragsstrafen zur Sanktion bei **Nichtantritt** oder **vorzeitiger tatsächlicher Beendigung** des Arbeitsverhältnisses durch den Arbeitnehmer sind ein üblicher und grundsätzlich AGB-rechtlich nicht zu beanstandender Anwendungsfall von Vertragsstrafen.[361] Sie sind nicht nach § 309 Nr. 6 BGB generell unzulässig.[362] Damit hat das BAG unter Hinweis auf arbeitsrechtliche Besonderheiten i.S.d. § 310 Abs. 4 S. 2 BGB gegen den ausdrücklichen Gesetzeswortlaut entschieden.[363] Auch längere als in § 622 Abs. 1, 2 BGB vorgesehene, für beide Vertragsparteien gleiche Kündigungsfristen können durch Strafversprechen gesichert werden.[364]

171

Soll die Vertragsstrafe im Falle eines **Dauerverstoßes** für einen bestimmten Zeitraum (z.B. „für jeden Tag der Zuwiderhandlung") verwirkt sein, so ist auch dies nachvollziehbar in der Klausel darzustellen, sodass die verwirkte Strafe eindeutig berechnet werden kann. Dabei ist auch zu konkretisieren, was unter einem dauerhaften Verstoß – insbesondere in Abgrenzung zu einem einmaligen Verstoß – zu verstehen ist (z.B. Tätigkeiten für Konkurrenzunternehmen).[365]

172

Die Verwirkung einer Vertragsstrafe setzt stets ein **Verschulden des Arbeitnehmers** voraus, § 339 BGB. Hierauf sollte in der Vertragsstrafenklausel hingewiesen werden, auch wenn dies keine Wirksamkeitsvoraussetzung ist.[366]

173

2. Höhe der Vertragsstrafe. Die **Höhe der verwirkten Vertragsstrafe** muss für jeden Tatbestand genau bestimmt sein.[367] Sie kann auch in Abhängigkeit vom jeweiligen Bruttomonatsgehalt angegeben werden. Dies gilt ebenso für Vertragsstrafenhöchstgrenzen. Hier hat das BAG auch die Formulierung „das in der gesetzlichen Mindestkündigungsfrist ansonsten zu zahlende Arbeitsentgelt" ausreichen lassen.[368]

174

Ist die Vertragsstrafe zu hoch bemessen, kann dies den Arbeitnehmer unangemessen benachteiligen, § 307 Abs. 1 S. 1 BGB.[369] Als angemessen hat das BAG eine Vertragsstrafenklausel anerkannt, die im Falle einer vertragswidrigen vorzeitigen Beendigung des Arbeitsverhältnisses eine Vertragsstrafe in Höhe des in der jeweiligen Mindestkündigungsfrist **ansonsten zu zahlenden Arbeitsentgeltes** vorsah.[370] Bei einer derartigen Vertragsgestaltung und -praxis liege keine Übersicherung des Arbeitgebers vor. Dabei hat das BAG ausdrücklich klargestellt, dass es keine feste Höchstgrenze für eine Vertragsstrafe in Höhe eines Bruttomonatsentgeltes gibt.[371]

175

---

357 BAG, Urt. v. 28.5.2009 – 8 AZR 896/07, SAE 2010, 167; BAG, Urt. v. 4.3.2004 – 8 AZR 196/03, NZA 2004, 727.
358 BAG, Urt. v. 28.5.2009 – 8 AZR 896/07, SAE 2010, 167; BAG, Urt. v. 14.8.2007 – 8 AZR 973/06, NZA 2008, 170.
359 BAG, Urt. v. 18.8.2005 – 8 AZR 65/05, NZA 2006, 34; BAG, Urt. v. 21.4.2005 – 8 AZR 425/04, NZA 2005, 1053.
360 BAG, Urt. v. 21.4.2005 – 8 AZR 425/04, NZA 2005, 1053.
361 BAG, Urt. v. 28.5.2009 – 8 AZR 896/07, SAE 2010, 167; BAG, Urt. v. 18.12.2008 – 8 AZR 81/08, NZA-RR 2009, 519.
362 BAG, Urt. v. 18.12.2008 – 8 AZR 81/08, NZA-RR 2009, 519; BAG, Urt. v. 18.8.2005 – 8 AZR 65/05, NZA 2006, 34; BAG, Urt. v. 4.3.2004 – 8 AZR 196/03, NZA 2004, 727; s. auch BAG, Urt. v. 14.8.2007 – 8 AZR 973/06, NZA 2008, 170.
363 BAG, Urt. v. 28.5.2009 – 8 AZR 896/07, SAE 2010, 167; das BAG verweist in diesem Zusammenhang auf den Ausschluss der Vollstreckbarkeit der Arbeitsleistung in § 888 Abs. 3 ZPO, der eine besondere Bewertung der Nichterbringung der Arbeitsleistung durch den Arbeitnehmer rechtfertige; BAG, Urt. v. 18.12.2008 – 8 AZR 81/08, NZA-RR 2009, 519; BAG, Urt. v. 21.4.2005 – 8 AZR 425/04, NZA 2005, 1053.
364 BAG, Urt. v. 28.5.2009 – 8 AZR 896/07, SAE 2010, 167.
365 BAG, Urt. v. 14.8.2007 – 8 AZR 973/06, NZA 2008, 170.
366 BAG, Urt. v. 18.12.2008 – 8 AZR 81/08, NZA-RR 2009, 519.
367 BAG, Urt. v. 14.8.2007 – 8 AZR 973/06, NZA 2008, 170.
368 BAG, Urt. v. 28.5.2009 – 8 AZR 896/07, SAE 2010, 167.
369 BAG, Urt. v. 23.9.2010 – 8 AZR 897/08, NZA 2011, 89; BAG, Urt. v. 28.5.2009 – 8 AZR 896/07, SAE 2010, 167; BAG, Urt. v. 18.12.2008 – 8 AZR 81/08, NZA-RR 2009, 519; BAG, Urt. v. 4.3.2004 – 8 AZR 196/03, NZA 2004, 727.
370 BAG, Urt. v. 28.5.2009 – 8 AZR 896/07, SAE 2010, 167; BAG, Urt. v. 18.12.2008 – 8 AZR 81/08, NZA-RR 2009, 5198; BAG, Urt. v. 4.3.2004 – 8 AZR 196/03, NZA 2004, 727.
371 BAG, Urt. v. 28.5.2009 – 8 AZR 896/07, SAE 2010, 167; BAG, Urt. v. 25.9.2008 – 8 AZR 717/07, NZA 2009, 370.

176 Eine Vertragsstrafe, die **höher ist als die Arbeitsvergütung**, die für die Zeit zwischen einer vorzeitigen tatsächlichen Beendigung und dem rechtlich zulässigen Beendigungszeitpunkt zu zahlen wäre, ist nur ausnahmsweise zulässig. Dies kann dann der Fall sein, wenn das Sanktionsinteresse des Arbeitgebers den Wert der Arbeitsleistung, der sich in der Arbeitsvergütung bis zur vertraglich zulässigen Beendigung des Arbeitsverhältnisses dokumentiert, aufgrund besonderer Umstände typischerweise und generell übersteigt.[372]

177 Eine Herabsetzung der Vertragsstrafe gemäß § 343 BGB auf das angemessene Maß kommt nur bei wirksam vereinbarten Vertragsstrafen in Betracht.[373] Ist die Vertragsstrafenklausel wegen unangemessener Benachteiligung des Arbeitnehmers unwirksam, kann sie deshalb nicht geltungserhaltend auf das noch angemessene Maß reduziert werden, sondern entfällt ersatzlos.

XXIV. Widerrufsvorbehalte

Literatur zu Widerrufsvorbehalten: *Bauer/Chwalisz*, Instrumente zur Entgeltflexibilisierung, ZfA 2007, 339; *Bayreuther*, Vorbehalte in der arbeitsrechtlichen Vertragsgestaltung – Wie viel Flexibilität soll das AGB-Recht zulassen?, ZfA 2011, 45; *ders.*, Stellung und Entzug eines Dienstwagens samt dessen privater Nutzungsmöglichkeit – Anforderungen an die Ausformulierung der potentiellen Widerrufsgründe in einem Widerrufsvorbehalt, SAE 2011, 81; *ders.*, Widerrufs-, Freiwilligkeits- und Anrechnungsvorbehalte – geklärte und ungeklärte Fragen der aktuellen Rechtsprechung des BAG zu arbeitsvertraglichen Vorbehalten, ZIP 2007, 2009; *Bergwitz*, Zur Wirksamkeit von Widerrufsvorbehalten in Formulararbeitsverträgen, ArbuR 2005, 210; *Diekmann/Bieder*, Wirksamkeit von Widerrufsvorbehalten in Formulararbeitsverträgen bei der Gewährung freiwilliger Leistungen, DB 2005, 722; *Diepold*, Freiwilligkeit und Widerruf – Sonderzahlungen wirksam regeln, AuA 2013, 85; *Fröhlich*, Herausgabe des Dienstwagens bei Kündigung und Freistellung – Voraussetzungen für die wirksame Vertragsgestaltung, NJW 2005, 1759; *Gaul/Kaul*, Verschärfung der Rechtsprechung zum Widerrufsvorbehalt, BB 2011, 181; *Gaul/Naumann*, Widerrufs- und Anrechnungsvorbehalte im Lichte der AGB-Kontrolle, ArbRB 2005, 146; *Grimm/Freh*, Freiwilligkeits- und Widerrufsvorbehalte – Wirksamkeitsanforderungen nach der aktuellen Rechtsprechung, ArbRB 2011, 285; *Günther/Günther*, Widerrufsvorbehalt bei privater Dienstwagennutzung, ArbR 2011, 107; *Hromadka*, „Pacta sunt servanda" und „Gesetzesumgehung", FS Konzen, 2006, S. 321; *Hümmerich*, Widerrufsvorbehalte in Formulararbeitsverträgen, NJW 2005, 1759; *Hunold*, AGB-Kontrolle: Widerruf der Gestellung eines Dienstwagens, NZA 2010, 1276; *Kort*, Der Widerruf einer Gesamtzusage bei Bindung des Widerrufsvorbehalts an das Schicksal einer Kollektivvereinbarung, NZA 2005, 509; *Kroeschell*, Die AGB-Kontrolle von Widerrufs- und Freiwilligkeitsvorbehalten, NZA 2008, 1393; *Lakies*, Neue Rechtsprechung zu Flexibilisierungsvarianten bei Sonderzuwendungen, ArbR 2013, 251; *ders.*, Das Ende des arbeitsvertraglichen Freiwilligkeitsvorbehalts und Alternativen, ArbR 2012, 469; *ders.*, AGB-Kontrolle von Sonderzahlungen, ArbR 2012, 306; *Löw*, Weihnachtsgeld, Bonus & Co. – Neue Spielregeln für die Vertragsgestaltung, AuA 2012, 717; *Maaß*, Widerrufs- und Freiwilligkeitsvorbehalt – Welche Formulierung genügt dem Transparenzgebot?, ArbR 2011, 59; *Maties*, Freiwilligkeits- und Widerrufsvorbehalte in Arbeitsverträgen und bei der betrieblichen Übung, DB 2005, 2689; *Moll*, AGB-Kontrolle von Änderungs- und Bestimmungsklauseln in Entgeltregelungen, FS ARGE Arbeitsrecht im DAV, 2006, S. 91; *Mückl*, Die nachträgliche Gesetzeswidrigkeit von Widerrufsvorbehalten – Zur Anwendung der §§ 305 ff. BGB auf (Alt-)Arbeitsverträge, Jura 2005, 688; *Müller-Bonanni/Nimmerjahn*, Fallstricke bei der Formulierung von Freiwilligkeits- und Widerrufsvorbehalten, ArbRB 2008, 114; *Natzel*, Vorbehaltsklauseln – unter Vorbehalt zulässig, FA 2006, 365; *Preis*, Widerrufsvorbehalte auf dem höchstrichterlichen Prüfstand, NZA 2004, 1014; *Preis/Lindemann*, Änderungsvorbehalte – Das BAG durchschlägt den gordischen Knoten, NZA 2006, 632; *Raab*, Änderungskündigung, Widerrufsvorbehalt, Freiwilligkeitsvorbehalt und der Grundsatz „pacta sunt servanda", FS Birk, 2008, S. 659; *Reinfelder*, Leistungsgerechtes Entgelt – Gestaltung und Umgestaltung, NZA-Beil. 2014, 10; *Schimmelpfennig*, Inhaltskontrolle eines formularmäßigen Änderungsvorbehalts, NZA 2005, 603; *Schmiedl*, Freiwilligkeits- und Widerrufsvorbehalte – überkommene Rechtsinstitute?, NZA 2006, 1195; *Schmitt-Rolfes*, Widerruf aus wirtschaftlichen Gründen – Kommando zurück?, AuA 2010, 327; *ders.*, Widerruf der privaten Nutzung eines Dienstwagens, AuA 2007, 391; *Seel*, Arbeitsvertrag – Wirksamkeit eines Widerrufsvorbehalts, MDR 2005, 724; *ders.*, Freiwilligkeits- und Widerrufsvorbehalte im Arbeitsvertrag, MDR 2004, 1393; *Simshäuser*, Aktuelle BAG-Rechtsprechung zur Flexibilisierung von Vergütungsbestandteilen, ArbuR 2011, 242; *Strick*, Freiwilligkeitsvorbehalt und Widerrufsvorbehalt – Der Wille als Bedingung, NZA 2005, 723; *Willemsen/Grau*, Alternative Instrumente zur Entgeltflexibilisierung im Standardarbeitsvertrag, NZA 2005, 1137

178 Die Vereinbarung von Widerrufsvorbehalten in Arbeitsverträgen soll dem Arbeitgeber ermöglichen, einmal zugesagte Leistungen zu widerrufen, wenn sich die Rahmenbedingungen ändern, die zur früheren Zusage geführt haben. Bei der Gewährung von Leistungen unter Widerrufsvorbehalt erwächst dem Arbeitnehmer im Gegensatz zur Gewährung freiwilliger Leistungen (zum Freiwilligkeitsvorbehalt siehe Rn 94) ein vertraglicher Anspruch, der durch Ausübung des Widerrufsrechts wieder beseitigt werden soll. Für Widerrufsvorbehalte hat die Rechtsprechung deshalb deutlich engere Grenzen gesteckt als für Freiwilligkeitsvorbehalte. Denn durch den Widerruf wird dem Arbeitnehmer im Unterschied zur Nichtgewährung freiwilliger Leistungen ein bestehender Rechtsanspruch entzogen (zur Kombination einer Widerrufsklausel mit einem Freiwilligkeitsvorbehalt siehe Rn 101).

179 Das in einem Formulararbeitsvertrag vorbehaltene Recht des Arbeitgebers, von einer einmal versprochenen Leistung abzuweichen, ist nach § 308 Nr. 4 BGB nur wirksam, wenn der Vorbehalt unter Berücksichtigung der Interessen des

---

372 BAG, Urt. v. 18.12.2008 – 8 AZR 81/08, NZA 2009, 370; BAG, Urt. v. 4.3.2004 – 8 AZR 196/03, NZA 2004, 727; vgl. auch LAG Schleswig-Holstein, Urt. v. 28.2.2012 – 1 Sa 235 b/11, LAGE § 307 BGB 2002 Nr. 29, das eine Vertragsstrafe von zwei Bruttomonatsgehältern wegen vertragswidriger Beendigung des Arbeitsverhältnisses bei einer Kündigungsfrist von 30 Tagen angesichts der Umstände im Einzelfall – verantwortliche Position des Arbeitnehmers als Vertriebsleiter in einem kleinen Logistikunternehmen – für wirksam gehalten hat.

373 BAG, Urt. v. 18.12.2008 – 8 AZR 81/08, NZA 2009, 370; BAG, Urt. v. 4.3.2004 – 8 AZR 196/03, NZA 2004, 727.

Verwenders auch dem anderen Vertragsteil zumutbar ist. Dies ist nur der Fall, wenn es für den Widerruf einen **sachlichen Grund** gibt und dieser bereits in der Widerrufsklausel beschrieben ist. Der Sachgrund muss in der Klausel so beschrieben sein, dass der Arbeitnehmer erkennen kann, was ggf. auf ihn zukommt.[374]

Nach früherer Rechtsprechung des BAG ist dabei mindestens „**die Richtung anzugeben, aus der der Widerruf möglich sein soll** (wirtschaftliche Gründe, Leistung oder Verhalten des Arbeitnehmers)". Der Grad der Störung (wirtschaftliche Notlage des Unternehmens, negatives wirtschaftliches Ergebnis der Betriebsabteilung, nicht ausreichender Gewinn, Rückgang bzw. Nichterreichen der erwarteten wirtschaftlichen Entwicklung, unterdurchschnittliche Leistungen des Arbeitnehmers, schwerwiegende Pflichtverletzungen) muss konkretisiert werden, wenn der Arbeitgeber hierauf abstellen will und nicht schon allgemein auf die wirtschaftliche Entwicklung, die Leistung oder das Verhalten des Arbeitnehmers gestützte Gründe nach dem Umfang des Änderungsvorbehalts ausreichen und nach der Vertragsregelung auch ausreichen sollen.[375] 180

In einer neueren Entscheidung hat das BAG das **einfache Abstellen auf „wirtschaftliche Gründe" für nicht ausreichend** gehalten. Nicht jeder Grund, der wirtschaftliche Aspekte betrifft, sei ein anzuerkennender Sachgrund für den Entzug einer Leistung, im entschiedenen Fall der privaten Dienstwagennutzung.[376] Es empfiehlt sich deshalb, die Widerrufsgründe möglichst genau zu fassen und es nicht bei unpräzisen Umschreibungen zu belassen.[377] 181

Sind im Arbeitsvertrag oder der entsprechenden Nebenvereinbarung (z.B. in der Dienstwagenüberlassungsvereinbarung) keine sachlichen Gründe für den Widerruf angegeben, scheidet ein Widerruf schlechthin aus, wenn der Arbeitsvertrag nach dem 31.12.2001 abgeschlossen wurde. Für **Altfälle** hat das BAG in mehreren Fällen Widerrufsklauseln im Wege der ergänzenden Vertragsauslegung um die nicht angegebenen Widerrufsgründe ergänzt und in diesem Umfang die Wirksamkeit bestätigt.[378] 182

Das Widerrufsrecht muss außerdem wegen der unsicheren Entwicklung der Verhältnisse **als Instrument der Anpassung notwendig** sein.[379] Es genügt deshalb nicht, dass die Widerrufsregelung klar und verständlich ist, sondern sie darf den Vertragspartner darüber hinaus nicht unangemessen benachteiligen. Die Widerrufsklausel hat sich deshalb auf die Fälle zu beschränken, in denen ein anzuerkennender Sachgrund besteht, die einmal gewährte Leistung zu widerrufen.[380] 183

Steht die widerrufliche Leistung in einem **Gegenseitigkeitsverhältnis**, z.B. als Teil der laufenden Vergütung, so ist die Vereinbarung eines Widerrufsvorbehalts nur zulässig, soweit der widerrufliche Teil **weniger als 25 % des Gesamtverdienstes** beträgt und der einschlägige Tariflohn nicht unterschritten wird.[381] 184

Die Ausübung des Widerrufsrechts aufgrund einer wirksamen Widerrufsklausel unterliegt der **Billigkeitskontrolle** nach § 315 BGB. Unter diesem Aspekt ist auch die Frage zu betrachten, ob bei der Ausübung des Widerrufsrechts eine **Ankündigungsfrist** einzuhalten ist.[382] Ein Widerruf ist stets nur für die Zukunft zulässig, vor Erklärung des Widerrufs Geleistetes kann deshalb nicht zurückgefordert werden. 185

XXV. Zugangsfiktionen/Tatsachenerklärungen/fingierte Erklärungen

Literatur zu Zugangsfiktionen/Tatsachenerklärungen/fingierte Erklärungen: *Bachner*, Beerdigung 1. Klasse: Das BAG macht Schluss mit der gegenläufigen betrieblichen Übung, ArbR 2009, 201; *Bieder*, Die „gegenläufige" betriebliche Übung – neu entdecktes Phänomen des AGB-Rechts, DB 2009, 1929; *Bloching/Ortolf*, „Große" oder „kleine Übergangslösung" zur negativen betrieblichen Übung in Altfällen, NZA 2010, 1335; *Gotthardt*, Der Arbeitsvertrag auf dem AGB-rechtlichen Prüfstand, ZIP 2002, 277; *Laskawy/Rehfeld*, „Drum prüfe, wer sich einmal bindet" – Neue Rechtsprechung des BAG zur betrieblichen Übung, AA 2009, 201;

---

374 BAG, Urt. v. 13.4.2010 – 9 AZR 113/09, NZA-RR 2010, 457; BAG, Urt. v. 2.9.2009 – 7 AZR 233/08, NZA 2009, 1253; BAG, Urt. v. 5.8.2009 – 10 AZR 483/08, NZA 2009, 1105; BAG, Urt. v. 19.12.2006 – 9 AZR 294/06, NZA 2007, 809; BAG, Urt. v. 11.10.2006 – 5 AZR 721/05, NZA 2007, 87; BAG, Urt. v. 12.1.2005 – 5 AZR 364/04, NZA 2005, 465.
375 BAG, Urt. v. 11.10.2006 – 5 AZR 721/05, NZA 2007, 87; BAG, Urt. v. 12.1.2005 – 5 AZR 364/04, NZA 2005, 465.
376 BAG, Urt. v. 13.4.2010 – 9 AZR 113/09, NZA-RR 2010, 457; ausreichend ist hingegen eine Vereinbarung, nach der der Arbeitgeber das Recht zur Dienstwagennutzung widerrufen kann, wenn und solange der Pkw vom Arbeitnehmer für dienstliche Zwecke nicht benötigt wird (was insbesondere bei einer Freistellung im Anschluss an eine Kündigung der Fall ist), BAG, Urt. v. 21.3.2012 – 5 AZR 651/10, NZA 2012, 616.
377 Vgl. auch SSN/*Suckow*, Rn 914; weniger weitgehend *Reinfelder*, NZA-Beil. 2014, 10, 12, der es wohl für ausreichend hält, dass die Widerrufsmöglichkeit auf „sachliche" wirtschaftliche Gründe beschränkt wird.
378 BAG, Urt. v. 20.4.2011 – 5 AZR 191/10, NZA 2011, 796; BAG, Urt. v. 11.10.2006 – 5 AZR 721/05, NZA 2007, 87; BAG, Urt. v. 12.1.2005 – 5 AZR 364/04, NZA 2005, 465.
379 BAG, Urt. v. 13.4.2010 – 9 AZR 113/09, NZA-RR 2010, 457.
380 BAG, Urt. v. 13.4.2010 – 9 AZR 113/09, NZA-RR 2010, 457; BAG, Urt. v. 9.12.2006 – 9 AZR 294/06, NZA 2007, 809.
381 BAG, Urt. v. 11.10.2006 – 5 AZR 721/05, NZA 2007, 87; der zulässige Anteil erhöht sich auf bis zu 30 %, wenn die widerruflichen Leistungen auch als Ausgleich für Aufwendungen des Arbeitnehmers gewährt werden, die der Arbeitnehmer eigentlich selbst tragen müsste; vgl. auch BAG, Urt. v. 7.12.2005 – 5 AZR 535/04, NZA 2006, 423, zur Arbeit auf Abruf; zur 25-Prozent-Grenze beim Widerruf einer tarifvertraglichen Leistungszulage vgl. BAG, Urt. v. 7.7.2011 – 6 AZR 151/10.
382 BAG, Urt. v. 21.3.2012 – 5 AZR 651/10, NZA 2012, 616; BAG, Urt. v. 12.1.2005 – 5 AZR 364/04, NZA 2005, 465; *Bissels*, juris-PR ArbR 13/2011, Anm. 2; *Preis/Roloff*, ZfA 2007, 43, 85 f.; *Bauer/Chwalisz*, ZfA 2007, 339, 345 f.

Mauer, Zugangsfiktionen für Kündigungserklärungen in Arbeitsverträgen, DB 2002, 1442; *Moderegger*, Das „Aus" für die gegenläufige betriebliche Übung, ArbRB 2009, 239; *Schmitt-Rolfes*, Ende der gegenläufigen betrieblichen Übung, AuA 2009, 567; *Waltermann*, Aufgabe der Rechtsprechung zur gegenläufigen betrieblichen Übung, SAE 2010, 193

186 **1. Zugangsfiktionen.** Zugangsfiktionen und fingierte Erklärungen kommen in der Praxis der Arbeitsvertragsgestaltung in verschiedenen Gewändern daher. Mit einer weit verbreiteten Klausel wird den Arbeitnehmern auferlegt, Änderungen ihrer persönlichen Verhältnisse und damit auch Ihrer Postanschrift unverzüglich dem Arbeitgeber mitzuteilen. Nachteile aus der Verletzung dieser Pflicht sollen zu Lasten des Arbeitnehmers gehen, womit in der Hauptsache gemeint ist, dass zugangsbedürftige Erklärungen des Arbeitgebers wie z.B. Kündigungen bei Zustellung an die zuletzt genannte Adresse als zugegangen gelten sollen.[383] Solche Klauseln sind nach § 308 Nr. 6 BGB unwirksam, wenn es sich um Erklärungen „von besonderer Bedeutung" handelt, zu denen auch Kündigungen gehören.[384] Sie machen den Nachweis des konkreten Zugangs nicht obsolet. Dies gilt auch für Konstruktionen, mit denen allein eine Beweislastumkehr erreicht werden soll, also die Vermutung des Zugangs fingiert, dem Arbeitnehmer aber die Möglichkeit eingeräumt wird, den Nicht-Zugang zu beweisen.[385]

187 **2. Tatsachenerklärungen.** Ähnlich zu bewerten sind Klauseln, mit denen der Arbeitnehmer eine **Tatsache bestätigt** und dadurch eine eigentlich den Arbeitgeber treffende Beweislast auf den Arbeitnehmer abgewälzt werden soll. Ein typisches Beispiel hierfür ist die in den Schlussbestimmungen eines Arbeitsvertrags enthaltene Bestätigung, dass der Arbeitnehmer bei Unterzeichnung des Arbeitsvertrags eine Ausfertigung desselben erhalten hat.[386] Eine solche Klausel ist nach § 309 Nr. 12 BGB unwirksam, wenn sie nicht gesondert unterschrieben wird.[387] Dagegen bekräftigt die weit verbreitete Klausel „Mündliche Nebenabreden sind nicht getroffen." lediglich die ohnehin einer schriftlichen Vereinbarung innewohnende Vermutung der Vollständigkeit und Richtigkeit. Da sie deshalb nicht zu einer Verschiebung der Beweislast führt, ist sie AGB-rechtlich nicht zu beanstanden.[388]

188 **3. Fingierte Erklärungen.** Eine ähnliche Interessenlage liegt bei Vereinbarungen über fingierte Erklärungen vor. Tritt ein bestimmtes Ereignis ein, auf das der Arbeitnehmer nicht reagiert, soll nach diesen Klauseln eine bestimmte Rechtsfolge trotz des Schweigens des Arbeitnehmers eintreten. Bekanntester Anwendungsfall ist die bis vor einiger Zeit vom BAG noch anerkannte sog. **gegenläufige betriebliche Übung**. Bislang konnte ein Arbeitgeber Ansprüche der Arbeitnehmer, die allein auf betrieblicher Übung beruhten, durch eine dreijährige gegenläufige Übung wieder beseitigen.[389] Bestand beispielsweise ein Anspruch auf ein 13. Monatsgehalt aufgrund einer betrieblichen Übung, so entfiel dieser Anspruch wieder, wenn der Arbeitgeber die Leistung drei Jahre hintereinander unter einem ausdrücklichen Freiwilligkeitsvorbehalt auszahlte und die Arbeitnehmer dabei auf die Absicht hinwies, die bisherige betriebliche Übung zu beenden, die Arbeitnehmer dieser Absicht aber nicht ausdrücklich widersprachen.

189 Aufgrund der Anwendung der §§ 305 ff. BGB im Arbeitsrecht hat das BAG seine **ständige Rechtsprechung zur sog. gegenläufigen betrieblichen Übung aufgegeben.** Der Beseitigung von Ansprüchen durch eine gegenläufige betriebliche Übung steht das **Verbot fingierter Erklärungen** in § 308 Nr. 5 BGB entgegen.[390] Von dem als wesentliches Prinzip des Privatrechts anzusehenden Grundsatz, dass Schweigen in der Regel keine Willenserklärung ist, kann durch Allgemeine Geschäftsbedingungen nur in engen Grenzen abgewichen werden. § 308 Nr. 5 BGB verbietet den Arbeitsvertragsparteien zwar nicht, zu vereinbaren, dass das Schweigen des Arbeitnehmers zu einem Angebot des Arbeitgebers als Annahmeerklärung anzusehen ist. Die Vorschrift untersagt fingierte Erklärungen jedoch für den Fall, dass die drohende Fiktionswirkung dem Arbeitnehmer nicht hinreichend bewusst gemacht und ihm keine angemessene Frist zur Abgabe einer ausdrücklichen Erklärung eingeräumt wird.[391]

190 Soll eine an ein Schweigen geknüpfte Fiktionswirkung eintreten, muss der Arbeitgeber sich deshalb verpflichtet haben, den Arbeitnehmer bei Beginn der Frist auf die Bedeutung seines Schweigens besonders hinzuweisen. Schließlich muss dieser Hinweis auch tatsächlich und in einer Form erfolgen, die unter normalen Umständen die Kenntnisnahme verbürgt. Gibt der Arbeitgeber zwar tatsächlich den Hinweis, hat er sich aber dazu vertraglich nicht verpflichtet, tritt die Erklärungsfiktion nicht ein.[392] Der vom BAG abgesteckte Rahmen schließt damit zwar eine gegenläufige betrieb-

---

383 Vgl. hierzu auch SSN/*Suckow*, Rn 976.

384 Eine besondere Bedeutung in diesem Sinne ist immer dann anzunehmen, wenn an die Erklärung für den Vertragspartner nachteilige Rechtsfolgen geknüpft sind, vgl. *Henssler/Moll*, S. 91 m.w.N.

385 MüKo/*Wurmnest*, § 308 BGB Nr. 6 Rn 3; SSN/*Suckow*, Rn 972.

386 Eine entsprechende Pflicht des Arbeitgebers folgt aus § 2 Abs. 4 NachwG; für nachvertragliche Wettbewerbsverbote ist die Aushändigung einer schriftlichen Fassung an den Arbeitnehmer sogar Wirksamkeitsvoraussetzung, § 74 Abs. 1 HGB.

387 Beck'sches Formularbuch Arbeitsrecht/*Ubber*, 2. Aufl. 2009, A.II.1. Anm. 31; ähnlich auch *Henssler/Moll*, S. 94.

388 ErfK/*Preis*, §§ 305–310 BGB Rn 80; krit. *Lakies*, Kap. 5 Rn 197.

389 Vgl. BAG, Urt. v. 4.5.1999 – 10 AZR 290/98, NZA 1999, 1162; BAG, Urt. v. 26.3.1997 – 10 AZR 612/96, NZA 1997, 1007.

390 BAG, Urt. v. 18.3.2009 – 10 AZR 281/08, NZA 2009, 601; BAG, Urt. v. 25.11.2009 – 10 AZR 779/08, NZA 2010, 283.

391 BAG, Urt. v. 18.3.2009 – 10 AZR 281/08, NZA 2009, 601.

392 BAG, Urt. v. 18.3.2009 – 10 AZR 281/08, NZA 2009, 601.

liche Übung aus. Gleichzeitig gibt das BAG aber die Voraussetzungen vor, unter denen ein Schweigen des Arbeitnehmers als Reaktion auf eine Erklärung des Arbeitgebers mit einer bestimmten Rechtsfolge verbunden werden kann.[393]

Architektenverträge

Literatur zum Stichwort Architektenverträge: *Korbion/Mantscheff/Vygen*, HOAI, 8. Aufl. 2013; *Kuffer/Wirth* (Hrsg.), Handbuch des Fachanwalts Bau- und Architektenrecht, 4. Aufl. 2013; *Locher/Koeble/Frik*, Kommentar zur HOAI, 11. Aufl. 2012; *Nossek/Heiliger*, Vorsicht Stufe – Die Anwendung der HOAI auf Übergangsfälle bei Stufenverträgen, NJW 2014, 821; *Scholtissek*, Die Schwierigkeiten der Teilabnahme beim Architektenwerk, NZBau 2006, 623; *Werner/Pastor*, Der Bauprozess, 14. Aufl. 2013

A. Einleitung 191	C. Einzelne AGB in den verschiedenen Phasen des Architektenvertrags 210
I. Rechtsnatur des Architektenvertrags 191	I. Vertragsschluss 211
II. Prüfungsmaßstäbe für AGB in Architektenverträgen 193	II. Leistungserbringung 212
B. Wichtige Erscheinungsformen des Architektenvertrags und daran anknüpfende AGB 197	1. Architekt als Verwender 213
	2. Bauherr als Verwender 214
	III. Abnahme 215
I. Vorvertrag 198	IV. Honorar 216
II. Vorplanungsvertrag 201	V. Mängel und Verjährungsfristen .. 225
III. Stufenvertrag 202	VI. Urheberrecht 229
IV. Rahmenvertrag 206	VII. Kündigung 230
V. Optionsvertrag 208	VIII. Vollmachtsklauseln 232
VI. Hauptvertrag 209	

A. Einleitung

I. Rechtsnatur des Architektenvertrags

Der Architektenvertrag ist in der Regel ein Werkvertrag, in dessen Rahmen als Hauptleistung die Entstehung eines mangelfreien Bauwerks geschuldet ist.[394] Er wird nur ausnahmsweise als Dienstvertrag anzusehen sein, wenn etwa der Architekt sich nicht zur Herbeiführung eines bestimmten Erfolges, sondern zur wirtschaftlichen Beratung und technischen Betreuung bei einer beabsichtigten Errichtung eines Bauwerks verpflichtet, ein angestellter Architekt aufgrund seines Arbeitsvertrags Planungsleistungen oder ein Architekt als freier Mitarbeiter nur ergänzende Planungs- und Koordinierungsleistungen im Rahmen eines umfassenden Architektenvertrags seines Auftraggebers erbringt.[395]

191

AGB in Architektenverträgen unterliegen der Inhaltskontrolle der § 307 ff. BGB.[396] Es gilt für AGB in Architektenverträgen ebenso wie für AGB in anderen Verträgen, dass sich eine Unwirksamkeit nur zugunsten des Vertragspartners des Verwenders auswirkt.[397] Hat der Verwender lediglich für ihn nachteilige oder den Vertragspartner begünstigende Klauseln eingebracht, so bleiben diese wirksam, denn eine Inhaltskontrolle zugunsten des Verwenders ist unzulässig.[398] Die § 305 ff. BGB sind darüber hinaus nicht anwendbar, wenn sie im Rahmen der Vertragsverhandlungen ausgehandelt i.S.v. § 305 Abs. 1 S. 3 BGB sind.[399] Verlangen beide Vertragsparteien unabhängig voneinander die Einbeziehung derselben AGB in den Vertrag, so fehlt es ebenfalls an der für die Anwendung der § 305 ff. BGB notwendigen einseitigen Stellung der Vertragsbestimmungen durch einen Verwender.[400]

192

II. Prüfungsmaßstäbe für AGB in Architektenverträgen

AGB in Architektenverträgen müssen sich an der HOAI messen lassen. Während sich die Vergütungspflicht dem Grunde nach gemäß den zivilrechtlichen Vorschriften richtet,[401] ist die HOAI verbindliches Preisrecht und regelt die Vergütungspflicht der Höhe nach.[402] Sie bildet für Entgeltklauseln ein gesetzliches Leitbild, an dem abweichende Formularbestimmungen zu messen sind.[403] Die HOAI wurde zuletzt im Jahr 2013 novelliert[404] und erfuhr zahlreiche Änderungen, u.a. durch Überarbeitung der Leistungsbilder, die Erhöhung und Neubestimmung der Honorarsätze, Wiedereinführung des bis zur HOAI 2002 verwendeten Begriffs der „Grundleistung", Berücksichtigung des Umfangs

193

---

393 Zu verbleibenden Gestaltungsspielräumen und Anwendungsbeispielen vgl. Hümmerich/Reufels/*Schiefer*, § 1 Rn 1715 ff.
394 BGH NJW 1960, 431, 431; MüKo/*Busche*, § 631 Rn 198; v. Westphalen/*Motzke*, Architektenvertrag Rn 1; WLP/*Dammann*, Rn A 181; Werner/Pastor/*Werner*, Rn 672 ff.
395 Palandt/*Sprau*, vor § 631 Rn 17; Kuffer/Wirth/*Neumeister*, Kap. 10 Rn 39.
396 WLP/*Dammann*, Rn A 182.
397 BGH NJW-RR 1998, 594, 595; BGH NJW 1998, 2280, 2281; OLG Hamm, Urt. v. 19.10.2010 – 7 U 21/10 Rn 39

(nach juris); Palandt/*Grüneberg*, § 307 Rn 11; Korbion/Mantscheff/Vygen/*Wirth*, Einf. Rn 180.
398 Palandt/*Grüneberg*, § 307 Rn 11.
399 Palandt/*Grüneberg*, § 305 Rn 18.
400 Palandt/*Grüneberg*, § 305 Rn 13; LG Bayreuth – 23 O 271/95, BauR 2006, 139.
401 Palandt/*Sprau*, § 632 Rn 19.
402 Palandt/*Sprau*, § 632 Rn 19.
403 UBH/*Christensen*, Teil 2 (1) Rn 4.
404 BGBl I 2013, 2276..

Lexikon

194 der mitzuverarbeitenden Bausubstanz, tatbestandliche Neufassung von Umbauten i.S.v. § 2 Abs. 5 HOAI sowie die Neuregelung zur Honorierung von Planungsleistungen beim Bauen im Bestand.[405]

194 Klauseln in Architektenverträgen können nicht nur am Maßstab der §§ 305 ff. BGB geprüft werden. Sie können auch aufgrund eines Verstoßes gegen zwingende Regelungen der HOAI unwirksam sein, ohne dass es eines Rückgriffs auf eine weitere Rechtsfolgenanordnung bedürfte.[406] Tatbestände der HOAI, die diese Wirkung haben, sind solche, die einen Zugriff des Preisrechts auf den Vertragsschluss darstellen und zum Ausdruck bringen, dass bestimmte Abreden nicht getroffen werden „können".[407]

195 Stellen Klauseln einen Verstoß gegen Bestimmungen der HOAI dar, nach denen die Parteien eine bestimmte Vereinbarung nicht treffen „dürfen", so sind diese Regelungen der HOAI als Verbotsgesetze in Sinne des § 134 BGB anzusehen. Werden diese Vorschriften, wie etwa § 7 Abs. 4 S. 1 HOAI oder § 8 HOAI, missachtet, so stellt dies einen Verstoß gegen § 134 BGB in Verbindung mit der jeweiligen Vorschrift dar.[408]

196 An der Inhaltskontrolle der § 305 ff. BGB können Klauseln scheitern, wenn sie gegen honorarrechtliche Leitlinien der HOAI verstoßen, die nicht die Beschränkung der Vertragsfreiheit der Vertragspartner bezwecken.[409] Eine Inhaltskontrolle kommt parallel zu einem möglichen Verstoß gegen die HOAI selbst bzw. in Verbindung mit § 134 BGB in Betracht, da bei einer Verletzung bindender rechtlicher Vorgaben auch die Voraussetzungen von § 307 Abs. 3 S. 1 BGB erfüllt sind.[410]

B. Wichtige Erscheinungsformen des Architektenvertrags und daran anknüpfende AGB

197 Der Architektenvertrag kann in verschiedenen Erscheinungsformen geschlossen werden.[411]

I. Vorvertrag

198 Durch einen Vorvertrag verpflichten sich die Parteien, zukünftig einen Hauptvertrag mit einem vom Vorvertrag unterschiedlichen Vertragsgegenstand abzuschließen;[412] konkret vereinbaren Auftraggeber und Architekt, dass dem Architekten auf der Grundlage eines noch abzuschließenden Architektenvertrags der Auftrag für ein Bauvorhaben erteilt wird.[413] Häufig passiert dies in Form einer „Verpflichtungserklärung", in der sich der Auftraggeber gegenüber dem Architekten zur Beauftragung mit den Architektenleistungen eines Bauvorhabens verpflichtet.[414]

199 In Kombination mit Verpflichtungserklärungen werden oftmals auch als „Vollmacht" bezeichnete Beauftragungen des Architekten für die Erledigung der erforderlichen Verhandlungen mit den zuständigen Behörden und Stellen sowie den Nachbarn und Rückgriffe im Baugenehmigungsverfahren erteilt. Diese stellt eine Beauftragung der Leistungsphasen 1 bis 4 und damit einen regulären Architektenvertrag dar, da mit dem Umfang der übertragenen Leistungen die Leistungsphasen 1 bis 4 korrespondieren.[415] Der BGH und weitere Obergerichte haben jedenfalls bei Zusammentreffen der „Vollmacht" mit der „Verpflichtungserklärung" eine reguläre Beauftragung angenommen, weil damit eine über die Akquisitionsphase hinausgehende Fortentwicklung der Planungsidee verbunden sei.[416]

200 Für einen Vorvertrag gilt § 7 HOAI nicht.[417] Die Norm schreibt vor, dass die Honorarvereinbarung „bei Auftragserteilung" zu erfolgen hat, was erst im Zeitpunkt des Abschlusses des Hauptvertrags der Fall ist. Sollte gleichwohl kein Honorar zum Zeitpunkt des Vorvertragsschlusses vereinbart oder im Gegenteil eine Honorarvereinbarung zu diesem Zeitpunkt getroffen worden sein, kann daher bei Abschluss des Hauptvertrags eine abweichende Honorarvereinbarung getroffen werden.[418] Zu bedenken ist jedoch, dass ein Vertrag, der von den Parteien als reiner Vorvertrag geschlossen wurde, selten existiert; es kann sich aus der als „Vorvertrag" bezeichneten Vereinbarung bereits eine Teilauftragsvergabe ergeben.[419] Vorverträge können als Formularvertrag AGB enthalten und unterliegen dann der Inhaltskontrolle gemäß den §§ 307 ff. BGB.[420]

---

405 BR-Drucks 334/13, S. 1–3; zur Novelle 2013 siehe auch Fuchs/Berger/Seifert, NZBau 2013, 729.
406 v. Westphalen/Motzke, Architektenvertrag Rn 121.
407 v. Westphalen/Motzke, Architektenvertrag Rn 121; WLP/Dammann, Architektenvertrag Rn A 184.
408 WLP/Dammann, Architektenvertrag Rn A 184; Korbion/Mantscheff/Vygen/Vygen, § 7 HOAI Rn 88.
409 v. Westphalen/Motzke, Architektenvertrag Rn 124.
410 WLP/Dammann, Architektenvertrag Rn A 186a; UBH/Christensen, Teil 2 (1) Rn 4; v. Westphalen/Motzke, Architektenvertrag Rn 114 ff.; siehe auch BGH NJW-RR 2006, 597, 598.
411 Siehe v. Westphalen/Motzke, Architektenvertrag Rn 78 ff.; Korbion/Mantscheff/Vygen/Vygen, Einf. Rn 163 ff.
412 BGH NJW-RR 1992, 977; BGH NJW 1988, 1261; Palandt/Ellenberger, vor § 145 Rn 19; Staudinger/Bork, vor § 145–156 Rn 52, 53.
413 Korbion/Mantscheff/Vygen/Wirth, Einf. Rn 163.
414 Siehe Werner/Pastor/Werner, Rn 655; Locher/Koeble/Frik/Koeble, Einl. Rn 80; BGH NJW 1988, 1261; OLG Naumburg, Urt. v. 22.5.2005 – 11 U 247/01, Rn 55 ff. (nach juris).
415 Ebenso Werner/Pastor/Werner, Rn 658.
416 BGH NJW 1988, 1261; OLG Naumburg, Urt. v. 22.5.2005 – 11 U 247/01, Rn 73 (nach juris); OLG Düsseldorf, NZBau 2009, 457, 459.
417 v. Westphalen/Motzke, Architektenvertrag Rn 80; Korbion/Mantscheff/Vygen/Vygen, § 7 HOAI Rn 36.
418 v. Westphalen/Motzke, Architektenvertrag Rn 80; Korbion/Mantscheff/Vygen/Vygen, § 7 HOAI Rn 36.
419 Korbion/Mantscheff/Vygen/Wirth, Einf. Rn 164; BGH NJW 1988, 1261, 1262.
420 Siehe BGH NJW 1988, 1261.

II. Vorplanungsvertrag

In einem Vorplanungsvertrag werden dem Architekten als Vorvertrag die Leistungsphasen 1 (Grundlagenermittlung) und 2 (Vorplanung) übertragen und Honorarzone sowie Honorarsatz festgelegt.[421] Ein solcher Vorplanungsvertrag ermöglicht das gegenseitige „Kennenlernen" der Vertragsparteien.[422] Teils wird auch nur die Vorplanung (Leistungsphase 2) vereinbart, was aber notwendigerweise die Grundlagenermittlung (Leistungsphase 1) einschließt.[423] Folglich ist eine vom Auftraggeber gestellte Klausel, nach der der Architekt ausschließlich die Vergütung für Leistungsphase 2 erhält, wegen eines Verstoßes gegen § 307 Abs. 2 Nr. 1 BGB unwirksam.[424]

201

III. Stufenvertrag

Mit einem Stufenvertrag wird der Architekt jeweils für eine Leistungsstufe beauftragt.[425] Die Parteien schließen mehrere Einzelverträge jeweils für eine bestimmte Stufe ab,[426] wobei sich der Auftraggeber bereits im Rahmen eines Vorplanungsvertrags verpflichten kann, bei Realisierung des Projekts weitere Planungsaufgaben an den Architekten zu vergeben.[427] Für jede Stufe kann eine gesonderte Honorarvereinbarung getroffen werden.[428] Eine mehrstufige Abrechnung ist seit der HOAI 2009 nicht mehr vorgesehen. Maßgebliche Abrechnungsgrundlage für alle Leistungen bei der Flächen-, Objekt- und Fachplanung ist nur noch die Kostenberechnung bzw. ausnahmsweise die Kostenschätzung.

202

Bei mündlicher oder unklarer schriftlicher Beauftragung kann die Vereinbarung der Parteien als Stufenvertrag ausgelegt werden.[429] Es liegt kein Verstoß gegen § 305c Abs. 1 BGB dadurch vor, dass in den Stufenvertrag bereits eine Verpflichtung des Architekten zur weiteren Leistungserbringung auf schriftliche Mitteilung durch den Auftraggeber aufgenommen wird, da die Klausel nicht für den Architekten überraschend ist.[430]

203

Problematisch kann eine zu lange Bindung des Architekten an das Angebot im Stufenvertrag sein, dies kann jedenfalls einen Verstoß gegen § 307 Abs. 2 Nr. 1 BGB als überlange Annahmefrist zugunsten des Auftraggebers darstellen.[431] Einer Kündigung nach Ablauf der Annahmefrist bedarf es nicht.[432]

204

Schwierigkeiten ergeben sich bei der Abwicklung von Stufenverträgen, wenn zwischen der Beauftragung der ersten und dem Abruf weiterer Leistungsstufen durch den Auftraggeber eine Novellierung der HOAI erfolgt oder bereits erfolgte.[433]

205

IV. Rahmenvertrag

Ein Rahmenvertrag legt bestimmte Einzelheiten künftiger Verträge fest und eröffnet eine auf Dauer angelegte Geschäftsverbindung, begründet aber ohne entsprechende Bestimmungen keine Hauptpflicht zum Abschluss von Einzelverträgen.[434] Der Rahmenvertrag ist mangels Bestimmtheit der abzuschließenden Einzelverträge kein Vorvertrag, der Nichtabschluss eines Einzelvertrags kann aber eine Verletzung des Rahmenvertrags sein.[435] Diese kann einen Schadensersatzanspruch aus positiver Vertragsverletzung nach sich ziehen.[436] Ein Rahmenvertrag, der auf fortdauernde Werkleistungen gerichtet ist, soll bezüglich des Kündigungsrechts regelmäßig dem Dienstvertragsrecht unterfallen.[437]

206

Der Auftraggeber ist zum Schadensersatz verpflichtet, wenn er die Einzelbeauftragung ohne sachlichen Grund nach Erbringung der Leistungen der Planungsphase auf eigenes Risiko des Architekten ablehnt.[438] Aus diesem Grund sind Klauseln, die pauschal Schadensersatzforderungen des Architekten bei Projektrealisierungen ohne seine Beteiligung ausschließen, wegen Verstoßes gegen § 309 Nr. 7, 8 BGB unwirksam.[439]

207

---

421 Werner/Pastor/*Werner*, Rn 660; v. Westphalen/*Motzke*, Architektenvertrag Rn 81.
422 Kuffer/Wirth/*Neumeister*, Kap. 10 Rn 80.
423 OLG Düsseldorf, NJW-RR 1996, 470; v. Westphalen/ *Motzke*, Architektenvertrag Rn 81.
424 v. Westphalen/*Motzke*, Architektenvertrag Rn 81.
425 Werner/Pastor/*Werner*, Rn 694; v. Westphalen/*Motzke*, Architektenvertrag Rn 82.
426 Werner/Pastor/*Werner*, Rn 694; v. Westphalen/*Motzke*, Architektenvertrag Rn 82.
427 Kuffer/Wirth/*Neumeister*, Kap. 10 Rn 88; v. Westphalen/ *Motzke*, Architektenvertrag Rn 82.
428 Motzke/*Wolff*, § 4 HOAI (Zeitpunkt der schriftlichen Honorarvereinbarung und besondere Vertragstypen).
429 v. Westphalen/*Motzke*, Architektenvertrag Rn 89.
430 v. Westphalen/*Motzke*, Architektenvertrag Rn 83.
431 v. Westphalen/*Motzke*, Architektenvertrag Rn 84, der allerdings eine Bindungsfrist von 24 Monaten gegenüber der öffentlichen Hand als Auftraggeber wegen der Sachzwänge dieses besonderen Auftraggebers und der Dispositionsmöglichkeiten des Architekten als nicht unangemessene Benachteiligung ansieht.
432 v. Westphalen/*Motzke*, Architektenvertrag Rn 85.
433 *Nossek/Heiliger*, NJW 2014, 821, 822 f.
434 Staudinger/*Bork*, vor §§ 145–156 Rn 54; Locher/Koeble/ Frik/*Koeble*, Einl. Rn 81.
435 Palandt/*Ellenberger*, vor § 145 Rn 19.
436 BGH NJW-RR 1992, 977, 978; Staudinger/*Bork*, vor § 145–156 Rn 54; Korbion/Mantscheff/Vygen/*Wirth*, Einf. Rn 165; anders wohl Werner/Pastor/*Werner*, Rn 649, nach dessen Ansicht der Schadensersatzanspruch nach den für § 649 BGB geltenden Grundsätzen zu ermitteln sei.
437 OLG Celle, Urt. v. 19.3.2002 – 16 U 188/01 (nicht rechtskräftig, nach juris); Korbion/Mantscheff/Vygen/*Wirth*, Einf. Rn 166.
438 BGH NJW-RR 1992, 977, 978.
439 v. Westphalen/*Motzke*, Architektenvertrag Rn 92 f.

V. Optionsvertrag

208 Schließen Architekt und Auftraggeber einen Optionsvertrag, so vereinbaren sie meist, dass der Auftraggeber durch Ausübung eines Wahrnehmungs- oder Abrufrechts ein vom Architekten abgegebenes, bindendes Angebot annimmt und dieser tätig werden soll.[440] Je freier dabei das Optionsrecht des Auftraggebers ausgestaltet ist, desto schwächer ist die Bindung des Auftraggebers.[441] Im Zusammenhang mit einem Stufenvertrag wird im Optionsvertrag regelmäßig konsequent festgelegt, dass einzelne Leistungsteile erst nach sukzessiv erfolgten Abrufen zu erbringen sind.[442] Unwirksam ist im Zusammenhang mit Optionsverträgen eine Klausel, die den Abruf der Architektenleistungen bei erfolgreicher Finanzierung vorsieht, da dies wegen der Unbestimmtheit der Annahmefrist einen Verstoß gegen § 308 Abs. 1 Nr. 1 BGB darstellt.[443]

VI. Hauptvertrag

209 Werden sämtliche Leistungsphasen beauftragt, liegt ein sog. Vollarchitekturvertrag vor.[444] Werden lediglich Teile des gesamten Leistungsbildes übertragen, handelt es sich entsprechend um einen Teilarchitekturvertrag.[445]

C. Einzelne AGB in den verschiedenen Phasen des Architektenvertrags

210 Werden die AGB in Architektenverträgen untersucht, so gilt es zu unterscheiden: Vorformulierte Vertragsbedingungen können vom Architekten als Verwender gestellt werden, oft werden sie allerdings vom Bauherrn als Verwender gestellt.[446] Eine wesentliche Schwäche von AGB im Rahmen von Architektenverträgen liegt darin, dass häufig Regelungen getroffen werden, die nicht klar, sprachlich verständlich und durchschaubar aus der Sicht eines durchschnittlichen Bauherrn gestellt werden.[447] In solchen Fällen liegt ein Verstoß gegen das Transparenzgebot des § 307 BGB vor.

I. Vertragsschluss

211 Keine der Parteien darf formularmäßig festlegen, dass auch getrennte Unterschriften auf Angebot und Annahme ausreichen, denn dies stellt einen Verstoß gegen §§ 125, 126 BGB dar.[448]

II. Leistungserbringung

212 Bezüglich der Leistungserbringung durch den Architekten gilt es zwischen Klauseln des Architekten und solchen, die vom Bauherrn verwendet werden, zu unterscheiden.

213 **1. Architekt als Verwender.** Eine Klausel, die bestimmt, dass der von-Hundert-Satz einer Leistungsphase auch dann verdient ist, wenn nicht sämtliche Grundleistungen erbracht sind, verstößt gegen § 307 Abs. 2 Nr. 1 BGB. Sie widerspricht den Grundsätzen des § 8 Abs. 2 HOAI.[449] Bestimmen vom Architekten gestellte AGB, dass er im Falle von Gefahr im Verzug und bei nicht rechtzeitig zu erlangendem Einverständnis des Auftraggebers für diesen finanzielle Verpflichtungen eingehen darf, so ist dies zulässig und stellt keinen Verstoß gegen § 307 Abs. 2 BGB dar.[450]

214 **2. Bauherr als Verwender.** Nachtragsklauseln dergestalt, dass der Auftraggeber Nachtragsverpflichtungen gegenüber dem Architekten bei notwendigen Änderungen der Ausführungspläne seinerseits ausschließt, hat der BGH abgelehnt.[451] Leistungserweiternde Klauseln, die bestimmen, dass der Architekt über die übertragenen Leistungen hinaus auch unaufgefordert weitere Leistungen zu erbringen habe, wenn sie zur Sicherung des Erfolges erforderlich seien, sind zulässig, da der Architekt den Erfolg schuldet. Es darf allerdings nicht zusätzlich entgegen § 632 Abs. 2 BGB bestimmt werden, dass es ungeachtet der Zusatzleistungen beim Honorar für die Grundleistungen bleibt.[452]

III. Abnahme

215 Eine nicht weiter erläuterte Klausel, nach der die rechtsgeschäftliche Abnahme der Unternehmerleistungen dem Bauherrn obliegt, ist unklar.[453] Wird der Verjährungsbeginn gegenüber den gesetzlichen Bestimmungen durch die Vereinbarung einer Pflicht zur Teilabnahme vorverlegt, ist dies nach h.M. zulässig.[454] Eine solche Klausel muss jedoch

---

440 Staudinger/*Bork*, vor §§ 145–156 Rn 71; v. Westphalen/*Motzke*, Architektenvertrag Rn 94.
441 Korbion/Mantscheff/Vygen/*Wirth*, Einf. Rn 167; Kuffer/Wirth/*Neumeister*, Kap. 10 Rn 88.
442 Korbion/Mantscheff/Vygen/*Wirth*, Einf. Rn 167.
443 Siehe v. Westphalen/*Motzke*, Architektenvertrag Rn 95.
444 OLG Schleswig – 6 U 69/97, BauR 2001, 1268; Korbion/Mantscheff/Vygen/*Wirth*, Einf. Rn 146; v. Westphalen/*Motzke*, Architektenvertrag Rn 97.
445 v. Westphalen/*Motzke*, Architektenvertrag Rn 99.
446 Siehe WLP/*Dammann*, Architektenvertrag Rn A 187, A 196; UBH/*Christensen*, Teil 2 (1) Rn 1.
447 UBH/*Christensen*, Teil 2 (1) Rn 3.
448 v. Westphalen/*Motzke*, Architektenvertrag Rn 185.
449 v. Westphalen/*Motzke*, Architektenvertrag Rn 181.
450 WLP/*Dammann*, Architektenvertrag Rn A195; v. Westphalen/*Motzke*, Architektenvertrag Rn 346.
451 BGH NJW 2008, 285, 289.
452 v. Westphalen/*Motzke*, Architektenvertrag Rn 56.
453 UBH/*Christensen*, Teil 2 (1) Rn 3.
454 BGH – VII ZR 161/00, BauR 2001, 1928; Werner/Pastor/*Dölle*, Rn 2870; *Scholtissek*, NZBau 2006, 623, 624; KG, NZBau 2004, 337, 338; a.A. OLG Schleswig – 6 U 69/97, BauR 2001, 1286; OLG Sachsen-Anhalt – 12 U 63/98, BauR 2001, 1615; WLP/*Dammann*, Architektenvertrag Rn A 193; a.A. UBH/*Christensen*, Teil 2 (1) Rn 3.

unmissverständlich gefasst sein.[455] Eine Klausel, die die Fälligkeit der letzten Abschlagszahlung vom Eingang der amtlichen Gebrauchsabnahmebescheinigung beim Besteller/Bauherrn abhängig macht, stellt eine unangemessene Benachteiligung i.S.d. § 307 BGB dar und ist unzulässig.[456]

IV. Honorar

Klauseln, durch die eine von der HOAI wesentlich abweichende Struktur der Honorarbemessung vorgesehen wird oder durch die die Höchst- bzw. Mindesthonorare der HOAI unterschritten werden, verstoßen in der Regel gegen § 307 BGB. Grund hierfür ist, dass die Einhaltung des Mindestsatzes zu den Kernaussagen der HOAI gehört und die zwischenzeitliche Idee der freien Unterschreitung der Mindestsätze aufgegeben wurde.[457] Von den in § 15 Abs. 1 bis 3 HOAI vorgesehenen Zahlungsmodalitäten kann in AGB abgewichen werden; schon § 15 Abs. 4 HOAI öffnet die Möglichkeit zu anderslautenden Vereinbarungen zwischen Architekten und Auftraggebern.[458] Daher dürfte auch für die mit der Novelle 2013 eingeführte Verknüpfung der Fälligkeit des Honorars mit einer Abnahme der Leistung nicht anderes gelten. Sowohl ein in AGB vorgesehener Einbehalt von 10 Prozent der Gesamtvergütung durch den Auftraggeber nach Erbringung der Leistungen aus den Leistungsphasen 1 bis 8 als auch ein Einbehalt in Höhe von 5 Prozent von den berechtigten Abschlagszahlungsforderungen ohne Ablösungsmöglichkeit für den Architekten sind unwirksam.[459] Der Einbehalt in Höhe von 10 Prozent der Gesamtvergütung verstößt in diesem Fall gegen § 307 Abs. 2 Nr. 1 BGB i.V.m. §§ 15 Abs. 2, 34 Nr. 8 HOAI, der Einbehalt von 5 Prozent der berechtigten Abschlagszahlungen gegen § 307 BGB i.V.m. § 15 Abs. 2 HOAI. Ebenso liegt der Fall, wenn laut AGB eine Schlusszahlung für die Phasen 5 bis 9 erst fällig wird, wenn der Architekt sämtliche Leistungen aus dem Vertrag erfüllt hat, da der Architekt für einen Zeitraum von typischerweise fünf oder mehr Jahren 5 Prozent der für die Leistungsphase 5 bis 8 verdienten (vorläufigen) Vergütung nicht beanspruchen kann.[460]

216

Der Architekt darf sich in AGB keine übermäßig hohen, durch den Aufwand des Verwenders nicht gerechtfertigten und von Gegenansprüchen unabhängigen Abschlagszahlungen ausbedingen.[461] Dies verstößt gegen § 307 Abs. 2 Nr. 1 BGB.[462] Wirksam ist hingegen eine vom Architekten gestellte Klausel mit dem Inhalt, dass bei einer Beauftragung mit der Genehmigungsplanung auch die Leistungsphasen 1 bis 3 zusätzlich zu vergüten seien, weil diese Leistungsphasen der Sache nach bei einer Beauftragung mit der Leistungsphase 4 mit beauftragt sind.[463] Nach dem BGH ergibt sich dies zwar nicht daraus, dass die Leistungsphasen 1 bis 3 notwendigerweise zuvor ausgeführt sein müssen;[464] aus der Auslegung des Vertrags unter Hinzuziehung der HOAI als Auslegungshilfe und der Vertragsumstände ergibt sich aber zumeist, dass auch die Leistungen, die die HOAI als Leistungsphasen 1 bis 3 auffasst, geschuldet sind.[465]

217

Stellt der Auftraggeber eine Klausel, die die Honorierung bei Nichterbringung aller Leistungsphasen oder sämtlicher Grundleistungen bzw. wesentlicher Teile von Grundleistungen trotz Beauftragung mit allen Leistungsphasen nach § 8 Abs. 1, 2 HOAI vorsieht, so verstößt diese Klausel gegen §§ 307 Abs. 2, 309 Nr. 8 BGB. Begründet wird dies damit, dass sich der Anwendungsbereich der Norm auf die eingeschränkte Beauftragung beschränkt und dem Architekten das Recht auf Nachbesserung verweigert wird.[466] Nach der Rechtsprechung des BGH entfällt der Honoraranspruch nur dann, wenn der Tatbestand einer Regelung des allgemeinen Leistungsstörungsrechts des BGB oder des werkvertraglichen Gewährleistungsrechts erfüllt ist, die den Verlust oder die Minderung der Honorarforderung als Rechtsfolge vorsieht.[467]

218

Für die Abrechnung der Phasen 1 bis 8 kann mittels AGB eine Teilschlussrechnung nach vertragsgemäßer Erbringung dieser Leistungen vereinbart werden.[468] Auch ist es im Hinblick auf die Abweichungsmöglichkeit möglich, formularmäßig die Verpflichtung des Bauherrn, auf Anforderung des Architekten dem jeweiligen Leistungsstand entsprechende Abschlagszahlungen zu zahlen, festzuschreiben.[469]

219

---

455 BGH NJW-RR 2006, 1248; WLP/*Dammann*, Architektenvertrag Rn A 193.
456 BGH NJW 1981, 2351, 2355; Siebert/Eichberger/*Eichberger*, § 5 Rn 26; WLP/*Dammann*, Architektenvertrag Rn A 197.
457 UBH/*Christensen*, Teil 2 (1) Rn 4; v. Westphalen/*Motzke*, Architektenvertrag Rn 115; WLP/*Dammann*, Architektenvertrag Rn A 183.
458 OLG Düsseldorf NJW-RR 1995, 1361, 1363; Siehe WLP/*Dammann*, Architektenvertrag Rn A 188 (zu § 8 HOAI a.F.).
459 BGH NJW 1981, 2351, 2354; BGH NJW-RR 2006, 597, 599; Locher/Koeble/Frik/*Koeble*, § 15 HOAI Rn 115; Siebert/Eichberger/*Eichberger*, § 5 Rn 26; WLP/*Dammann*, Architektenvertrag Rn A 197; siehe auch v. Westphalen/ *Motzke*, Architektenvertrag Rn 226.

460 BGH NZBau 2006, 245, 247.
461 OLG Hamm NJW-RR 1989, 274, 275; Siebert/Eichberger/ *Eichberger*, § 5 Rn 26.
462 OLG Hamm NJW-RR 1989, 274, 275, zu § 9 AGBG.
463 v. Westphalen/*Motzke*, Architektenvertrag Rn 191; Locher/Koeble/Frik/*Koeble*, Einl. Rn 70.
464 BGH NJW 2008, 1880, 1881.
465 Siehe Locher/Koeble/Frik/*Koeble*, Einl. Rn 70.
466 v. Westphalen/*Motzke*, Architektenvertrag Rn 185; Locher/Koeble/Frik/*Koeble*, § 8 HOAI Rn 15.
467 BGH NJW 2004, 2588, 2589; BGH NJW-RR 2005, 318, 322; siehe Locher/Koeble/Frik/*Koeble*, § 8 HOAI Rn 15 ff.
468 v. Westphalen/*Motzke*, Architektenvertrag Rn 223.
469 v. Westphalen/*Motzke*, Architektenvertrag Rn 230.

220 Wird versucht, mittels einer Klausel, die die unverbindliche Beauftragung mit der Grundlagenermittlung und der Vorentwurfsermittlung vorsieht, eine Kostenlosigkeit der Leistungen des Architekten zu erreichen, so scheitert dies daran, dass hierzu eine ausdrückliche abweichende Vereinbarung oder besondere Umstände, die auf die Vereinbarung der Unentgeltlichkeit hindeuten, vorliegen müssen.[470] Der Ausschluss von Änderungsleistungen in AGB verstößt gegen § 307 Abs. 2 Nr. 1 BGB i.V.m. § 7 Abs. 3 HOAI.[471]

221 Das gesetzliche Leitbild für die Kündigung des Architektenvertrags bildet § 649 BGB. Soll durch AGB der Vergütungsanspruch des Architekten für den Fall der Kündigung des Vertrags ausgeschlossen werden, so widerspricht dies dem gesetzlichen Leitbild und ist damit unwirksam.[472]

222 Oft werden Klauseln zur Honoraranpassung bei Planungsänderungen oder Bauzeitverlängerungen in Architektenverträge aufgenommen.[473] Vereinbaren die Parteien, dass die Parteien bei einer nicht vom Architekten zu vertretenden Verzögerung über eine Mehrvergütung verhandeln müssen, stellt dies die Grundlage für einen klagbaren Zahlungsanspruch dar.[474] Dabei ist nach umstrittener Ansicht das Rechtsinstitut der Störung der Geschäftsgrundlage gem. § 313 BGB anzuwenden.[475]

223 Die häufig auftretende **Bauzeitverlängerung** stellt die Vertragsparteien oft vor die Frage einer Honoraranpassung. Architekt und Auftraggeber können jedoch angesichts dessen das Honorar nicht offenlassen, sondern müssen dem Umstand ggf. durch Zusatzvereinbarungen zur Überschreitung des Höchstsatzes oder jedenfalls durch Anhebung des Honorars bis zum Höchstsatz schon bei Auftragserteilung Rechnung tragen.[476] § 7 Abs. 5 HOAI verhindert, dass das Honorar offengelassen werden darf.[477] Ist im Vertrag zwar eine Regelbauzeit festgelegt, für den Fall der Überschreitung aber lediglich eine Pflicht zur Aushandlung einer Mehrvergütung vorgesehen, kann dies als Vertragsanpassungsanspruch wegen Wegfalls der Geschäftsgrundlage „Regelbauzeit" aufgefasst werden und ist zulässig, soweit die Klausel nicht über den Regelungsgehalt von § 313 BGB hinausgeht.[478]

224 Der Architekt ist an die Schlussrechnung gebunden, formularmäßige Nachforderungsrechte sind daher unzulässig.[479]

V. Mängel und Verjährungsfristen

225 Die fünfjährige Verjährungsfrist des § 634a Abs. 1 Nr. 2 BGB kann nicht durch AGB verkürzt werden. Eine Verkürzung der Frist mittels AGB gegenüber Verbrauchern verstößt gegen § 309 Nr. 8b ff BGB, gegenüber Unternehmern ist die Fristverkürzung unangemessen benachteiligend i.S.d. § 307 BGB.[480] Eine formularmäßige Verlängerung von Verjährungsfristen ist danach zu beurteilen, inwieweit sich die Verjährung nach der Klausel vom dispositiven Recht entfernt.[481] Eine formularmäßige Vereinbarung einer Teilabnahme ist nach h.M. zulässig.[482]

226 Nicht nur zeitlich, auch inhaltlich sind Klauseln zur Haftungsbeschränkung meist unwirksam. So verletzen Klauseln zur Haftungsbeschränkung bei grober Fahrlässigkeit regelmäßig § 309 Nr. 7b BGB.[483] Wird versucht, die Haftung des Architekten nachrangig hinter die Haftung Dritter zurücktreten zu lassen, stellt dies etwa einen Verstoß gegen § 309 Nr. 8b aa BGB dar.[484] Eine Klausel, die die vorrangige außergerichtliche Geltendmachung von Ansprüchen gegenüber Dritten vorschreibt, ist hingegen nicht zu beanstanden,[485] sie muss sich jedoch am Transparenzgebot des § 307 Abs. 1 S. 2 BGB messen lassen.[486] Will der Architekt seine Haftung auf erkannte Mängel beschränken und damit für verdeckte und nicht erkannte Mängel und ihre Folgen nicht haften, so steht dem § 307 BGB entgegen.[487] Eine solche

---

470 OLG Düsseldorf NJW-RR 1992, 1172; v. Westphalen/*Motzke*, Architektenvertrag Rn 77.
471 Werner/Pastor/*Werner*, Rn 1028.
472 Korbion/Mantscheff/Vygen/*Wirth*, Einf. Rn 181.
473 Vgl. hierzu Kuffer/Wirth/*Neumeister*, Kap. 10 Rn 168.
474 BGH NJW 2007, 3712, 3713; siehe auch v. Westphalen/*Motzke*, Architektenvertrag Rn 292.
475 BGH NJW-RR 2005, 322; Werner/Pastor/*Werner*, Rn 1032; OLG Düsseldorf, Urt. v. 13.5.1986 – 12 U 165/85, BauR 1986, 719; a.A. OLG Köln, Urt. v. 21.10.2004 – 20 U 98/03, BauR 2005, 582 (WGG nur im Falle einer bei Vertragsschluss nicht vorhersehbaren ungewöhnlichen Bauzeitverlängerung); LG Heidelberg, Urt. v. 4.5.1994 – 2 O 261/93, BauR 1994, 802.
476 BGH NJW-RR 2005, 322, 324; WLP/*Dammann*, Architektenvertrag Rn 189.
477 WLP/*Dammann*, Architektenvertrag Rn A 189.
478 BGH NJW-RR 2005, 322, 324; OLG Düsseldorf NZBau 2007, 109, 110; Werner/Pastor/*Werner*, Rn 1035 f.; WLP/*Dammann*, Architektenvertrag Rn A 189.
479 UBH/*Christensen*, Teil 2 (1) Rn 4; BGH NJW-RR 1986, 18, 19; BGH NJW-RR 1990, 725, 726.
480 UBH/*Christensen*, Teil 2 (1) Rn 5; WLP/*Dammann*, Architektenvertrag Rn A 192; BGH NJW 1981, 1510, 1511, zu § 9 AGBG und § 638 Abs. 1 BGB; BGH NJW 1999, 2434, zu § 9 AGBG und § 638 Abs. 1 BGB; Palandt/*Sprau*, § 634a BGB Rn 26; siehe auch Korbion/Mantscheff/Vygen/*Wirth*, Einf. Rn 185.
481 BGH NJW 2006, 47; BGH NJW 1990, 2065, 2065 f.; WLP/*Dammann*, § 309 Nr. 8b ff BGB Rn 36.
482 BGH – VII ZR 161/00, BauR 2001, 1928; Werner/Pastor/*Dölle*, Rn 2870; *Scholtissek*, NZBau 2006, 623, 624; KG, NZBau 2004, 337, 338; a.A. OLG Schleswig – 6 U 69/97, BauR 2001, 1286; OLG Sachsen-Anhalt – 12 U 63/98, BauR 2001, 1615; UBH/*Christensen*, Teil 2 (1) Rn 5.
483 Korbion/Mantscheff/Vygen/*Wirth*, Einf. Rn 182; siehe auch WLP/*Dammann*, Architektenvertrag Rn A 194; a.A. UBH/*Christensen*, Teil 2 (1) Rn 6.
484 Korbion/Mantscheff/Vygen/*Wirth*, Einf. Rn 182; Werner/Pastor/*Werner*, Rn 1032, 2734.
485 Werner/Pastor/*Werner*, Rn 2735.
486 Korbion/Mantscheff/Vygen/*Wirth*, Einf. Rn 182.
487 BGH NJW 2002, 749, 750; Korbion/Mantscheff/Vygen/*Wirth*, Einf. Rn 184.

Klausel enthält eine Haftungsfreizeichnung auch für den Fall, dass sich der Architekt der Aufdeckung von Mängeln bewusst verschließt und seine Verpflichtung zur Feststellung erkennbarer Mängel grob vernachlässigt.[488]

Auch quotenmäßige Haftungsbeschränkungen, bei denen der Architekt bei Inanspruchnahme für einen Sachschaden, für den auch ein Dritter einzutreten hat, nur in dem Umfang haften soll, in dem er im Verhältnis zum Dritten haftbar ist, sind unzulässig. Durch sie wird unzulässigerweise auf Dritte verwiesen und das Leitbild einer gesamtschuldnerischen Haftung zwischen Architekt und Unternehmer beseitigt; es würden Ergebnisse eines Regressprozesses zu Lasten des Geschädigten vorweggenommen.[489]

Der Architekt kann durch AGB festlegen, dass ihm bei Mängeln am Bauwerk die Schadensbeseitigung übertragen wird, denn hierdurch werden Mängelgewährleistungsrechte nicht ausgeschlossen, sondern es wird dem Architekten ein Recht auf Naturalrestitution durch Nachbesserung eingeräumt.[490] Eine entsprechende Klausel stellt daher keinen Verstoß gegen § 309 Nr. 8b bb BGB dar.[491]

VI. Urheberrecht

Auftraggeber versuchen teils, sich durch AGB uneingeschränkte Nutzungs-, Änderungs- und Nachbaurechte bezüglich der Planungsunterlagen des Architekten zu sichern. Dies widerspricht dem gesetzlichen Leitbild der §§ 14 Abs. 1, 39, 62 UrhG (Entstellungsverbot, Änderungsverbot) und verstößt damit gegen § 307 BGB.[492]

VII. Kündigung

Das Kündigungsrecht des Auftraggebers aus § 649 BGB kann grundsätzlich nicht durch AGB auf Kündigungen aus wichtigem Grund beschränkt werden.[493] Dies stellt einen Verstoß gegen § 307 BGB dar.[494] Sollen für den Kündigungsfall ersparte Aufwendungen auf 40 Prozent beschränkt werden, kann dies wirksam durch AGB erfolgen, solange nicht durch die Klausel konkludent der Eindruck erweckt wird, ein Gegenbeweis sei nicht zulässig (dann Verstoß gegen § 308 Nr. 5b BGB).[495] In der Klausel selbst muss allerdings die Möglichkeit des Gegenbeweises nicht explizit erwähnt werden.[496] Die Klausel muss die Möglichkeit anderweitigen Erwerbs berücksichtigen, um wirksam zu sein.[497] Wird die Anrechnungspflicht nach § 649 S. 2 BGB bei der Vergütungspauschale nicht berücksichtigt, ist die Klausel gemäß §§ 308 Nr. 7, 309 Nr. 5b BGB unwirksam.[498] Es darf durch AGB weder ein vollständiger Anspruch des Unternehmers auf den Lohn ungeachtet § 649 S. 2 BGB bestimmt werden noch darf bestimmt werden, dass der Unternehmer im Kündigungsfall gar keinen Anspruch auf Entlohnung hat.[499]

An dieser Rechtslage hat sich auch durch die Einführung des 649 S. 3 BGB[500] nichts geändert, eine Änderung der Darlegungs- und Beweislast hat sich daraus nicht ergeben.[501] Die Beweislast für Abzüge gemäß § 649 S. 2 Hs. 2 BGB trug nach alter Rechtslage grundsätzlich der Besteller.[502] Der Gesetzgeber wollte – in Ansehung der hierzu ergangenen Rechtsprechung – mit dieser Regelung den Schwierigkeiten des Unternehmers bei der Abrechnung abhelfen und den Unternehmer vor Zahlungsausfällen schützen.[503] Die Vermutung, die der Gesetzgeber deswegen in § 649 BGB eingefügt hat, kann daher nur zugunsten des Unternehmers, nicht jedoch zur Verschlechterung seiner Lage eingefügt worden sein. Es verbleibt daher bei der bisherigen Darlegungs- und Beweislast des Bestellers für die Abzüge gemäß § 649 S. 2 Hs. 2 BGB und der Vortragspflicht des Unternehmers/Architekten bezüglich eines höheren Betrags als der gesetzlich vermuteten Pauschale. Die Stellung der AGB mit pauschalen 40 Prozent an ersparten Aufwendungen ist unter den zuvor genannten, durch die Rechtsprechung festgelegten Voraussetzungen auch bei durch das FoSiG veränderter Rechtslage möglich.

VIII. Vollmachtsklauseln

Verwendet der Architekt eine Klausel, die ihn für den Fall von „Gefahr im Verzug" und „fehlender Gelegenheit, ein Einverständnis des Bauherrn rechtzeitig zu erlangen" zum Eingehen finanzieller Verpflichtungen ermächtigt, ist dies

---

488 BGH NJW 2002, 749, 750.
489 OLG München NJW-RR 1988, 337, 338; Korbion/Mantscheff/Vygen/*Wirth*, Einf. Rn 185.
490 OLG Hamm NJW-RR 1992, 467; Werner/Pastor/*Werner*, Rn 2720; v. Westphalen/*Motzke*, Architektenvertrag Rn 368.
491 Anders hingegen UBH/*Christensen*, Teil 2 (1) Rn 5.
492 LG Hannover – 18 O 384/05, IBR 2007, 620 (nicht rechtskräftig).
493 Kuffer/Wirth/*Neumeister*, Kap. 10 Rn 110.
494 BGH NJW 1999, 3261, 3262; OLG Düsseldorf NJW-RR 2000, 166, 167; UBH/*Christensen*, Teil 2 (1) Rn 7; WLP/*Dammann*, Architektenvertrag Rn 190; MüKo/*Busche*, § 649 Rn 38.
495 BGH NJW 1997, 259, 260; Werner/Pastor/*Werner*, Rn 1136; MüKo/*Busche*, § 649 Rn 38; WLP/*Dammann*, § 308 Nr. 7 BGB Rn 35a.
496 BGH NJW 1997, 259, 260.
497 OLG Düsseldorf NZBau 2002, 686, 689; Werner/Pastor/*Werner*, Rn 1137.
498 BGH NJW-RR 2001, 385, 386 zu §§ 10, 11 AGBG.
499 BGH NJW 1985, 631, 632.
500 Gesetz zur Sicherung von Werkunternehmeransprüchen und zur verbesserten Durchsetzung von Forderungen (Forderungssicherungsgesetz, FoSiG) vom 23.10.2008, BGBl I S. 2022.
501 So wohl auch Palandt/*Sprau*, § 649 Rn 11; Werner/Pastor/*Werner*, Rn 1132; Locher/Koeble/Frik/*Locher*, Einl. Rn 255.
502 BGH NJW-RR 2001, 385, 386; Palandt/*Sprau*, § 649 Rn 11.
503 BT-Drucks 16/511, 12, 17 f.

wirksam.[504] Darüber hinaus darf der Architekt nur in sehr begrenztem Umfang, etwa zum Führen von Verhandlungen im Rahmen des Baugenehmigungsverfahrens[505] oder zur Ablehnung von Zahlungen, die einer Schlusszahlung gleichstehen, bevollmächtigt werden.[506]

Arzt- und Krankenhaus-AGB

233 Eine **Einbeziehung** von AGB nach Vertragsschluss ist nur durch Individualabrede möglich. Grundsätzlich werden die AGB nur Bestandteil, wenn diese bei Vertragsschluss zugänglich gemacht werden. Exemplare an der Pforte oder in einem allgemeinen Broschürenwagen reichen nicht aus.

234 Auch bei Patienten, die in Notfällen eingeliefert werden kann auf die Einbeziehungsvoraussetzungen nicht verzichtet werden.

235 **Klauseln über die Höhe der Vergütung**[507] unterliegen dann der Inhaltskontrolle, wenn von der an sich einschlägigen Gebührenordnung abgewichen wird. So sind Abweichungen von der GOÄ nach § 307 Abs. 3 S. 1 kontrollfähig. Eine **rückwirkende Pflegesatzerhöhung** kann eine Nachzahlungspflicht nicht begründen.[508] Hilfsweise **Kostenübernahmeerklärungen für Kassenpatienten** sind dagegen wirksam;[509] der Patient kann jedoch u.U. mit Schadensersatzansprüchen aufrechnen, wenn der Arzt wusste, dass die gesetzliche Krankenkasse derartige Leistungen nicht erstattet. **Vorauszahlungsklauseln** in Krankenhausverträgen sind überraschend, jedenfalls aber nach § 307 BGB unwirksam.[510] Klauseln, wonach der **Aufnahmetag wie der Entlassungstag voll zu vergüten** sind, sind keinesfalls der Inhaltskontrolle entzogen,[511] denn eine volle Vergütung enthält auch die Essenskosten, die tatsächlich eingespart oder einem Nachfolgepatienten in Rechnung gestellt werden können. Es ist keine Rechtfertigung dafür vorhanden, dass die Klinik an den beiden Tagen doppelt abrechnet.

236 **Aufklärungsformulare** sollen für den Arzt das Aufklärungsgespräch belegen und notfalls auch beweisen. Erklärungen des Patienten, er sei umfassend aufgeklärt worden, verstoßen daher gegen § 309 Nr. 12 BGB. Der Arzt muss daher für einen ärztlichen Eingriff beweisen, dass er aufgeklärt hat. Zu Inhalt und Umfang ist auf die umfangreiche Rechtsprechung zu verweisen. Formularmäßige **Einwilligungen in Operationen**[512] oder die **Sektion**[513] sind daher rechtlich ohne Bedeutung.[514]

237 Auch ein **Verzicht in die Einsicht der Krankenunterlagen** kann überraschend sein, und ist auch nach § 307 BGB unwirksam.[515]

238 Auch formularmäßige Erklärungen über die **Entbindung von der Schweigepflicht**[516] sind überraschend, wenn diese bereits im Krankenhausvertrag enthalten sind, jedenfalls aber unwirksam nach § 309 Nr. 12 BGB.

239 Auf derartige **einseitige Erklärungen** ist das AGB-Recht gleichermaßen anwendbar; dies zeigt sich an § 309 Nr. 12 BGB, in dem sogar die Tatsachenbestätigung wie eine rechtsgeschäftliche Erklärung angesehen wird.

240 **Freizeichnungsklauseln** sind auch im Bereich von **Schönheitsoperationen** unwirksam; auch die Freizeichnung von leichter Fahrlässigkeit ist wegen bestehender Kardinalpflichten nicht möglich.[517]

241 Großzügiger ist die Beschränkung einer **Haftung für die Garderobe**[518] oder **ins Krankenhaus eingebrachte Sachen** zu sehen. Auch ein **Eigentumsübergang**[519] der zurückgelassenen Sachen soll bei Aufforderung zur Abholung nach 12 Wochen möglich sein.

242 **Beschränkungen der Kündigung** sind unzulässig, ebenso eine **Zahlungspflicht von 40 %**[520] bei vorzeitigem Beenden der Behandlung.

---

504 WLP/*Dammann*, Architektenvertrag Rn A 195; v. Westphalen/*Motzke*, Architektenvertrag Rn 346.
505 BGH NJW-RR 1988, 1261, 1262.
506 BGH NJW 1987, 775; siehe v. Westphalen/*Motzke*, Architektenvertrag Rn 345.
507 BGHZ 115, 395; *Schlund*, FS Trinkner, 1995, S. 337, 341.
508 BGHZ 105,160.
509 OLG Köln NJW-RR 2003, 1699.
510 Erman/*Roloff*, § 307 Rn 57.
511 So aber NJW 1999, 864; Erman/*Roloff*, § 307 Rn 57; UBH/*Christensen*, Teil 2 (18) Rn 3.
512 *Niebling*, MDR 1982, 193; *ders.*, MedR 1985, 262; *Bunte*, NJW 1986, 2354; *Jungbecker*, MedR 1990, 173; UBH/*Christensen*, Teil 2 Nr. (18) Rn 4; anders wohl *Gounalakis*,
NJW 1990, 753; allgemein zur Aufklärungspflicht: *Martis/Winkhart-Martis*, MDR 2011, 402.
513 LG Mainz VersR 1988, 725; *Giesen*, JR 1991, 203; Palandt/*Grüneberg*, § 307 Rn 121; anders BGH NJW 1990, 2314.
514 Die medizinischen Inhalte des Aufklärungsformulars sind dagegen nicht unbedeutend: BGH v. 28.1.2014 –VI ZR 143/13.
515 Palandt/*Grüneberg*, § 307 Rn 121.
516 *Hollmann*, NJW 1978, 2332; NJW 1979, 1923.
517 Näher: *Schlund*, FS Trinkner, 1995, S. 337, 348; zum Tierarzt: OLG Stuttgart VersR 1992, 979.
518 BGH NJW 1990, 764, 765.
519 BGH NJW 1990, 761; *Schlund*, FS Trinkner, 1995, S. 337, 355.
520 BGH NJW 1997, 259; BGH NJW 1999, 418 zur HOAI.

Eine **Vertreterklausel in einem Chefarztvertrag** muss die Vertretung auf unvorhergesehene Fälle beschränken und **243**
den Vertreter bestimmen;[521] eine Festschreibung des **Chefarzthonorars** auch bei Behandlung durch einen Stellvertreter kann nicht formularmäßig vereinbart werden.[522]

Die Krankenhausaufnahme und der ärztliche Behandlungsvertrag dürfen auch nicht in **zwei selbstständige Verträge** **244**
gespalten werden.[523]

Erklärungen, die **Hausordnung** sei verbindlich, scheitern zumeist an einer wirksamen Einbeziehung.[524] **Gerichts-** **245**
standsklauseln, die einschränkungslos den Sitz des Krankenhauses als Gerichtsstand bestimmen, verstoßen gegen
§ 38 ZPO.[525]

Aufrechnungsverbote

A. Allgemeines 246
B. Einzelheiten 247
   I. Beschränkungen der Aufrechnungsbefugnis 247
   II. Erweiterungen der Aufrechnungsbefugnis 251

A. Allgemeines

Gemäß § 387 BGB kann gegen gleichartige Forderungen mit fälligen Gegenforderungen aufgerechnet werden, so **246**
dass die Hauptforderung erlischt. Diese Aufrechnungsbefugnis kann individualvertraglich oder formularmäßig beschränkt, aber auch erweitert werden. Zu den Aufrechnungsverboten siehe auch die Kommentierung zu § 309
Nr. 3 BGB.

B. Einzelheiten

I. Beschränkungen der Aufrechnungsbefugnis

Die Aufrechnung hat zwei Funktionen, die in erster Linie den Interessen des Aufrechnenden dienen. Sie ist zum einen **247**
ein **Erfüllungssurrogat**; zum anderen ist die Aufrechnung ein der Zwangsvollstreckung ähnlicher, außergerichtlicher Zugriff auf die Gegenforderung, eine Forderungsdurchsetzung im Wege der Selbsthilfe,[526] die insbesondere
im Fall der Insolvenz des Aufrechnungsgegners von Bedeutung ist (**Sicherungs- und Vollstreckungsfunktion**).[527]
Andererseits hat der Aufrechnungsgegner ein Interesse an der Durchsetzung seiner Hauptforderung ohne Verzögerung, die insbesondere bei der Geltendmachung von bestrittenen Gegenforderungen eintreten kann.

Ein Verbot der Aufrechnung kann individualvertraglich vereinbart werden, sofern dem nicht gesetzliche Vorschriften **248**
entgegenstehen.[528] Formularmäßige Aufrechnungsverbote sind nur in den Grenzen der §§ 309 Nr. 3, 307 BGB wirksam. So verbietet § 309 Nr. 3 BGB den Ausschluss der Aufrechnung mit **unbestrittenen** oder **rechtskräftig festgestellten** Forderungen. Der Aufrechnungsausschluss ist zulässig, sofern die Klausel die beiden Ausnahmen ausdrücklich aufnimmt. Wird in der Klausel nur allgemein die Aufrechnung mit Gegenforderungen verboten, ist sie
insgesamt unwirksam (vgl. § 309 Nr. 3 Rn 13). Die Rechtsprechung hat derartige Klauseln aus Praktikabilitätsgründen
bisher jedoch anwenderfreundlich ausgelegt, um die harte Rechtsfolge der Unwirksamkeit zu vermeiden. Folgende
Konstellationen sind zu unterscheiden:

– Nimmt eine Klausel nur **unbestrittene Gegenforderungen** von dem Aufrechnungsverbot aus, so ist die Klausel **249**
  dahingehend auszulegen, dass auch rechtskräftige Gegenforderungen ausgenommen werden sollen.[529]
– Im umgekehrten Fall gilt dies nur eingeschränkt. Nimmt eine Klausel nur **rechtskräftige Gegenforderungen**
  aus, so sollen nach der Rechtsprechung jedenfalls dann auch unstreitige Forderungen ausgenommen sein,
  wenn die Klausel die Einschränkung enthalte, dass sie die Aufrechnung nur beschränken will, soweit dies gesetzlich zulässig ist.[530]
– Wird die Aufrechnung in einem Gerichtsverfahren geltend gemacht und besteht hinsichtlich dieser Forderung
  Entscheidungsreife, so ist die Aufrechnungsbeschränkung unter Berücksichtigung von Treu und Glauben nicht

---

521 BGH NJW 2008, 987; m.E. keine Lösung, wenn es so faktisch kaum zu Behandlungen durch den Chefarzt kommt; vgl. auch *Kubis*, NJW 1989, 1512; *Kubla*, NJW 2000, 841; *Spickhoff*, NJW 2002, 1758; *Miebach/Patt*, NJW 2000, 841.
522 OLG Stuttgart MedR 2002, 411 m. Anm. *Patt*; Erman/*Roloff*, § 307 Rn 57.
523 BGH NJW 1993, 779: § 305c Abs. 1 BGB; nicht die Spaltung ist hier das Problem, sondern eine Verschlechterung der Rechtsposition des Patienten; wird diese nicht tangiert, so liegt kein Verstoss gegen § 307 BGB vor; anders UBH/*Christensen*, Teil 2 Nr. (2) und (18): für Unwirksamkeit; vgl. jetzt § 630a BGB.
524 *Schlund*, FS Trinkner, 1995, S. 337, 347.
525 *Schlund*, FS Trinkner, 1995, S. 337, 351.
526 BGHZ 130, 76, 80.
527 Palandt/*Grüneberg*, § 387 Rn 1.
528 Palandt/*Grüneberg*, § 387 Rn 14.
529 BGH NJW 1989, 3215, 3216.
530 BGH NJW 2007, 3421, 3422.

zu beachten. Es führt dabei nicht zur Unwirksamkeit des Aufrechnungsausschlusses, wenn die Klausel lediglich unbestrittene und rechtskräftige Forderungen ausnimmt und den Fall der Entscheidungsreife nicht erwähnt.[531]

– Dieselben Erwägungen gelten für den Fall der **Insolvenz** des Aufrechnungsgegners. Unter Berücksichtigung von Treu und Glauben gilt ein formularmäßiges Aufrechnungsverbot nicht in der Insolvenz.[532] Diesen Sonderfall muss die Klausel nicht ausdrücklich ausnehmen, damit sie ihre ansonsten gegebene Wirksamkeit nicht verliert.[533]

250 Jedenfalls für Architektenverträge gilt Vorstehendes jedoch nicht. Der BGH hat die von einem Architekten verwandte Klausel „*Eine Aufrechnung gegen den Honoraranspruch ist nur mit einer unbestrittenen oder rechtskräftig festgestellten Forderung zulässig.*" als unwirksam eingestuft.[534] Nach seiner Auffassung liege insoweit eine unangemessene Benachteiligung des Bestellers vor, weil das Aufrechnungsverbot auch die in einem engen synallagmatischen Verhältnis zur Werklohnforderung stehenden Ersatzansprüche wegen Mängelbeseitigungskosten und Fertigstellungsmehrkosten umfasse. Ausdrücklich offengelassen hat der BGH die Frage, ob ein Ausschluss der Aufrechnung auch für nicht-synallagmatische Gegenforderungen unzulässig sei. Es bleibt abzuwarten, wie sich die Rechtsprechung insoweit entwickelt.

II. Erweiterungen der Aufrechnungsbefugnis

251 Erweiterungen der Aufrechnungsbefugnis kommen insbesondere im geschäftlichen Verkehr zwischen Unternehmern vor. Sofern derartige Regelungen formularmäßig vereinbart sind, sind sie nicht an § 309 Nr. 3 BGB zu messen, sondern an § 307 BGB. Einen häufigen Fall der Erweiterung der Aufrechnungsbefugnis stellen **Konzernverrechnungsklauseln** dar, mit denen das Erfordernis der Gegenseitigkeit abbedungen wird. Sie kommen in zwei Varianten vor: Zum einen kann der Verwender regeln, dass nicht nur er gegenüber Forderungen des Geschäftspartners aufrechnen darf, sondern auch die Unternehmen, die dem Konzern des Verwenders zuzurechnen sind. Zum anderen kann geregelt werden, dass der Verwender selbst mit Forderungen von konzernzugehörigen Unternehmen aufrechnen kann. Nach herrschender Meinung können derartige Konzernverrechnungsklauseln individualvertraglich wirksam vereinbart werden.[535]

252 Bei der formularmäßigen Verwendung gegenüber Verbrauchern sind Konzernverrechnungsklauseln unwirksam.[536] Über die Wirksamkeit derartiger Klauseln im geschäftlichen Verkehr besteht keine Einigkeit. Der BGH hat diese Frage bisher offengelassen.[537] Das OLG Frankfurt hat in einer Entscheidung aus dem Jahre 2003 eine Konzernverrechnungsklausel im geschäftlichen Verkehr für wirksam gehalten, wenn der Kreis der Forderungen klar umgrenzt sind und das einzige in Bezug genommene Unternehmen in die Vertragsbeziehungen der Parteien mit einbezogen ist.[538] Der wohl überwiegende Teil der Literatur hält diese Klauseln entweder generell für unwirksam,[539] oder jedenfalls dann, wenn sie pauschal die Aufrechnung mit Gegenforderungen konzernzugehöriger Unternehmen erlauben, ohne den Kreis der relevanten Unternehmen näher zu präzisieren.[540] Nicht überzeugend ist das in diesem Zusammenhang angeführte Argument, dass mit dem im Zuge der Schuldrechtsreform eingeführten gesetzlichen Verbot der Erstreckung des Eigentumsvorbehalts auf Forderungen von Konzernunternehmen in **§ 449 Abs. 3 BGB** sich Konzernverrechnungsklauseln nicht mehr halten ließen.[541] Beide Institute lassen sich nicht vergleichen, weil im Falle des Konzerneigentumsvorbehalts der Vertragspartner trotz Erfüllung der Verbindlichkeiten gegenüber dem Verwender Gefahr läuft, das Eigentum nicht zu erhalten, weil gegenüber anderen Konzernunternehmen noch Verbindlichkeiten bestehen, er also u.U. weit mehr als den Kaufpreis zahlen müsste, bevor er das Eigentum am Kaufgegenstand erhält. Die gesetzliche Anordnung der Nichtigkeit einer derartigen vertraglichen Bestimmung ist daher geboten. Die Gefahr der Überzahlung des Kaufpreises stellt sich bei Konzernverrechnungsklauseln indes nicht, da die gegenseitigen Forderungen erlöschen und dem Verwender gerade kein zusätzliches Druckmittel überlassen ist.[542]

253 Sachgerecht dürfte es sein, Konzernverrechnungsklauseln im geschäftlichen Verkehr dann als wirksam anzusehen, wenn sie die Unternehmen, mit deren Gegenforderungen aufgerechnet werden darf, konkret bezeichnen, der Kreis der einbezogenen Unternehmen nicht zu weit gezogen ist[543] und der Vertragspartner erkennen kann, welche Forderungen betroffen sein sollen. In einem derartigen Fall kann die Klausel kaum als überraschend i.S.v. § 305c Abs. 1

---

531 BGH NJW 2002, 2779.
532 BGH NJW 1984, 357.
533 WLP/*Dammann*, § 309 Nr. 3 Rn 42.
534 BGH NJW 2011, 1729.
535 BGH NJW 1981, 2257; Palandt/*Grüneberg*, § 387 Rn 22.
536 WLP/*Dammann*, Konzernverrechnungsklauseln K 16.
537 Vgl. BGH NJW 1981, 2257.
538 OLG Frankfurt NJW-RR 2004, 54, 56.
539 Palandt/*Grüneberg*, § 387 Rn 22; UBH/*Schäfer*, § 309 Nr. 3 Rn 12; v. Westphalen/*v. Westphalen*, Aufrechnungsklauseln Rn 18.
540 WLP/*Dammann*, Konzernverrechnungsklauseln K 18. Für die Wirksamkeit solcher Klauseln dagegen Staudinger/*Coester-Waltjen*, § 309 Nr. 3 Rn 14.
541 So aber UBH/*Schäfer*, § 309 Nr. 3 Rn 12; dahin tendierend *Stoffels*, AGB, Rn 855.
542 Ähnlich WLP/*Dammann*, Konzernverrechnungsklauseln K 19.
543 Vgl. OLG Köln NJW 2005, 1127, 1129. Der Entscheidung lag ein Fall zugrunde, in dem sich die möglichen Gegenforderungen nicht mehr überblicken ließen. So hätte der Verwender alle Forderungen der Bundesrepublik Deutschland und des Landes NRW sowie von weiteren Körperschaften aufrechnen können. Dass eine derartige weitreichende Aufrechnungsbefugnis unangemessen ist, liegt auf der Hand.

BGB angesehen werden. Wenn die von den Klauseln betroffenen Konzernunternehmen in die Vertragsbeziehungen der Parteien einbezogen sind, spricht dies entscheidend gegen die Unangemessenheit der Klausel.[544]

Im Falle der **Insolvenz** des Vertragspartners entfaltet die Konzernverrechnungsklausel jedoch **keine Wirkung**. Die Aufrechnung, die der Verwender nach Eröffnung des Insolvenzverfahrens gestützt auf eine Konzernverrechnungsklausel mit Forderungen von Konzernunternehmen gegen den Vertragspartner erklärt, ist analog § 96 Abs. 1 S. 2 InsO unwirksam.[545] § 94 InsO bezweckt zwar den Erhalt der bereits bei Eröffnung des Insolvenzverfahrens gegebenen Aufrechnungslage. Nach Auffassung des BGH ist dies bei einer auf die Konzernverrechnungsklausel gestützten Aufrechnung nicht der Fall, solange die Aufrechnung nicht erklärt worden ist, weil erst dann feststehe, welches der Konzernunternehmen von der Aufrechnungsmöglichkeit Gebrauch macht. Außerdem würde die Ausweitung der Aufrechnungsmöglichkeiten zu einer Schmälerung der Insolvenzmasse führen, was dem Grundgedanken der Insolvenzordnung, die Masse im Interesse der Gläubigergleichbehandlung zusammenzuhalten, widerspräche.[546] 254

Auktionsbedingungen

In Allgemeinen Geschäftsbedingungen, die ein Auktionshaus in den Versteigerungsbedingungen verwendet, ist folgende Klausel unwirksam: 255

„... *Gewährleistung, Haftung*

a) Der Käufer kann gegen das Auktionshaus keine Einwendungen oder Ansprüche wegen Sachmängeln erheben. [...]

b) Die Haftung des Auktionshauses auf Schadensersatz für Vermögensschäden, gleich aus welchem Rechtsgrund, ist ausgeschlossen, es sei denn, dem Auktionshaus fiele Vorsatz oder grobe Fahrlässigkeit zur Last ..."[547]

Die dem Kläger bei einer Auktion zugeschlagene Skulptur war (voraussichtlich) eine Fälschung. Diese war im Auktionskatalog wie folgt beschrieben: „Sitzender Buddha, Dhyan Asana, [...] China, Sui-Dynastie, 581–681[...] Museal! 3.800,00 EUR". Die Versteigerungsbedingungen des Beklagten enthielten die vorstehenden Bestimmungen. 256

Die Skulptur wurde dem Kläger für 20.295 EUR zugeschlagen. Er ließ sie später wegen aufgekommener Zweifel an der Echtheit von einem Privatsachverständigen mit dem Ergebnis untersuchen, dass die erhobenen Befunde gegen die Authentizität des Objekts sprächen. Nachdem der Kläger den Einlieferer erfolglos auf Kaufpreisrückzahlung in Anspruch genommen hatte, erklärte er gegenüber dem Beklagten den Rücktritt vom Kaufvertrag. Er beansprucht die Erstattung des gezahlten Kaufpreises und der angefallenen Gutachterkosten nebst Zinsen Zug um Zug gegen Rückgabe der Skulptur.

Der für das Kaufrecht zuständige VIII. Zivilsenat des BGH hat entschieden, dass der in Ziffer 7 der Versteigerungsbedingungen enthaltene Gewährleistungsausschluss unwirksam sei. 257

Eine auf einer Kunstauktion angebotene Skulptur, die im Auktionskatalog wie vorstehend wiedergegeben beschrieben worden ist, sei mangelhaft, wenn es sich nicht um ein aus der angegebenen Stilepoche stammendes Original, sondern um eine neuzeitliche Fälschung handelt. Ein aus der hier zu unterstellenden Unechtheit der Skulptur folgendes Rücktrittsrecht ist nicht durch Ziffer 7 der Versteigerungsbedingungen ausgeschlossen. Der dort geregelte Gewährleistungsausschluss verstöße gegen § 309 Nr. 7a BGB, wonach in Allgemeinen Geschäftsbedingungen ein Ausschluss oder eine Begrenzung der Haftung für Schäden aus der Verletzung des Lebens, des Körpers oder der Gesundheit, die auf einer fahrlässigen Pflichtverletzung des Verwenders beruhen, unwirksam sind. Denn der Gewährleistungsausschluss bezieht bereits nach seinem Wortlaut auch solche Ansprüche des Käufers gegen den Versteigerer aus Mängeln der ersteigerten Gegenstände unzulässig in seinen Geltungsbereich ein.

Dem zutreffenden Urteil kommt Bedeutung weit über den entschiedenen Fall hinaus zu. Haftungsausschlüsse können jedenfalls im B2C nicht mehr § 309 Nr. 7 BGB unerwähnt lassen; vielmehr sollte dieser Regelungsbereich ausdrücklich in der Haftungsbeschränkung erwähnt werden und die Haftungsbeschränkung sollte ausdrücklich diese Fallgruppen ausnehmen. 258

Automatenaufstellverträge

Literatur zum Stichwort Automatenaufstellverträge: *Bühler*, Brauerei- und Gaststättenrecht, 14. Aufl. 2014

A. Grundlagen 259	III. Grundlagen der Inhaltskontrolle 265
I. Anwendungsbereich 259	1. § 307 Abs. 2 Nr. 1 BGB 265
1. Sachlicher Anwendungsbereich 260	2. Transparenzgebot 267
2. Persönlicher Anwendungsbereich 261	3. Gesamtnichtigkeit 268
II. Einbeziehung und Auslegung 262	B. Einzelne Klauseln 272

---

544 Vgl. OLG Frankfurt NJW-RR 2004, 54, 56.
545 BGH NJW 2004, 3185 = BGHZ 160, 107; BGH NJW 2006, 3631; BGH NZG 2010, 194.
546 BGH NJW 2004, 3185 = BGHZ 160, 107; vgl. auch BGH ZIP 2009, 770.
547 BGH v. 9.10.2013 – VIII ZR 224/12.

I. Inhalt und Umfang des ausschließlichen
   Aufstellrechts 272
   1. § 307 Abs. 1 S. 1 BGB 272
   2. Typische Regelungen 274
      a) Auswahl der Automatenart bzw. des
         Automatentyps 274
      b) Austausch der Automaten 275
      c) Musikdarbietung 277
      d) Erweiterung 278
      e) Betriebspflicht, Spielbereitschaft und
         Öffnungszeiten 279
      f) Zutrittsrecht 280
      g) Service und Wartung 281
      h) Betriebsstörungen 282
      i) Reparatur und Instandsetzung 283
      j) Beschädigungen 284
      k) Versicherung 285
      l) Garantie einer ununterbrochenen
         ganzjährigen Nutzung 286
II. Dauer des Aufstellrechts 287
    1. § 309 Nr. 9a BGB 287
    2. § 307 Abs. 1 S. 1 BGB 288
    3. Laufzeiten 290
    4. Geltungserhaltende Reduktion 291
    5. Verlängerungsfiktionen 292
       a) Grundsatz 292
       b) Dauer 294
       c) Verlängerung bei Aufstellung eines neuen
          Musikautomaten 296
    6. Kündigungsfristen 297
    7. Fragen im Zusammenhang mit zugrunde
       liegenden Nutzungsverhältnissen 298
8. Laufzeitendivergenzen 299
III. Entgeltregelungen 300
     1. Nutzungsentgelt 300
     2. Wirteanteil 302
     3. Entgeltgarantie 304
     4. Abrechnungsklauseln 305
IV. Übertragungsrecht 306
    1. § 309 Nr. 10 BGB 306
    2. § 307 Abs. 1 S. 1 BGB 307
V. Nachfolgeklauseln 308
   1. Im Allgemeinen 308
   2. Gesamtschuldklausel 312
   3. Subsidiäre Ausfallhaftung sowie Bürgschafts-
      klausel 313
VI. Schadensersatzklauseln 314
    1. Schadensersatz 314
    2. Schadensersatzpauschalierungen 315
       a) Grundsatz 315
       b) §§ 307 Abs. 2 Nr. 1, 309 Nr. 5a BGB .. 316
VII. Vertragsstrafenklauseln 321
     1. § 307 Abs. 2 Nr. 1 BGB i.V.m. §§ 339 S. 1, 286
        Abs. 4 BGB 321
     2. § 307 Abs. 1 S. 1 BGB 322
        a) Grundlagen 322
        b) Kumulationsverbot 323
        c) Höhe 327
VIII. Kündigungsklauseln 336
      1. Schließung der Gaststätte 336
      2. Abräumrecht bei fehlender Rentabilität 337
      3. Negative Auskunft 338
      4. Insolvenz 339

A. Grundlagen

I. Anwendungsbereich

259 Zu AGB-rechtlichen Fragen im Zusammenhang mit Automatenaufstellverträgen ist eine vielfältige Rechtsprechung zu finden.[548]

260 **1. Sachlicher Anwendungsbereich.** Allein die Tatsache, dass der Gastwirt bzw. Spielhalleninhaber sich mit einer bestimmten – für unabdingbar erklärten – Klausel einverstanden erklärt, begründet keineswegs, dass er auch seine rechtsgeschäftliche Gestaltungsfreiheit eingesetzt hat. Denn die Risikoverteilung solcher Verträge ist oft einseitig zugunsten des AGB-Verwenders. Ungeachtet der Frage, ob der Betreiber Unternehmer ist, wird man berücksichtigen müssen, dass der AGB-Verwender den Automatenaufstellvertrag im Rahmen seiner eigenen unternehmerischen Tätigkeit abschließt, und dass dieser Kontrakt für den Betreiber lediglich eine **Nebenerwerbschance** darstellt. Im Ergebnis wird man die Voraussetzung einer Individualabrede gemäß **§ 305 Abs. 1 S. 3 BGB** nur zurückhaltend annehmen dürfen.

261 **2. Persönlicher Anwendungsbereich.** Automatenaufstellverträge unterliegen, wenn der Betriebsinhaber Unternehmer i.S.d. **§§ 310 Abs. 1 S. 1, 14 BGB** ist, der Inhaltskontrolle nach § 307 BGB. Die Klauselkataloge der §§ 308 und 309 BGB sind folglich in aller Regel nicht unmittelbar anwendbar (§ 310 Abs. 1 S. 1 BGB).

II. Einbeziehung und Auslegung

262 Bei manchen Automatenaufstellverträgen könnte es bereits an einer wirksamen Einbeziehung i.S.d. § 305c Abs. 1 BGB hinsichtlich formularmäßiger Bedingungen fehlen, die drucktechnisch so gestaltet sind, dass sie nur mit der Lupe und selbst dann nicht ohne Mühe zu lesen sind. Das soll auch dann gelten, wenn die fragliche Klausel sehr gebräuchlich ist und gegenüber einem Unternehmer verwendet wird.[549]

---

548 BGH NJW 1971, 505; NJW 1971, 1034; WM 1973, 388 = BB 1973, 496; BGHZ 63, 256 = NJW 1975, 163; NJW 1983, 159; BB 1983, 662; WuW/E BGH 2037; ZIP 1984, 841 = WM 1984, 663; ZIP 1984, 1093 = WM 1984, 1228; NJW 1985, 53; NJW-RR 1990, 1076. Zur Instanzrechtsprechung: OLG Düsseldorf MDR 1973, 224 = OLGZ 1973, 11; OLG Hamburg, Urt. v. 2.11. 1978 – 3 U 103/78; OLG Hamburg ZIP 1983, 588; OLG Celle NJW-RR 1988, 946; OLG Braunschweig VersR 1990, 426; OLG Düsseldorf BB 1994, 1739 = MDR 1994, 118; OLG Rostock BeckRS 2010, 27462; LG Ulm Münzautomaten-Recht (MAR) Januar 1987; LG Aachen NJW-RR 1987, 948; LG Essen MDR 1989, 996; LG Konstanz NJW-RR 2005, 991.

549 BGH ZIP 1986, 866 = WM 1986, 1005.

Bestimmungen, mit denen der Gastwirt redlicherweise nicht oder nicht an dieser Stelle des Formularvertrags rechnen konnte und musste und die daher aus diesen Gründen als **überraschend** (Rechtsgedanke des § 305c Abs. 1 BGB) anzusehen sind, werden von vornherein nicht Vertragsbestandteil.[550]

Für die **Auslegung** einer Klausel in einem Automatenaufstellvertrag ist maßgebend die Verständnismöglichkeit der Gastwirte als typischerweise an Geschäften dieser Art beteiligten Kunden.[551]

III. Grundlagen der Inhaltskontrolle

1. **§ 307 Abs. 2 Nr. 1 BGB.** Je stärker der Gerechtigkeitsgehalt der vom Gesetzgeber aufgestellten Dispositivnormen ist, ein desto strengerer Maßstab muss an die Vereinbarkeit von Abweichungen in AGB nach dem Grundsatz von Treu und Glauben angelegt werden.[552]

Soweit Klauseln in Rede stehen, welche ausschließlich mietvertraglichen Charakter aufweisen, wird man im Rahmen des § 307 Abs. 2 Nr. 1 BGB an die §§ 535 ff. BGB anknüpfen können.

2. **Transparenzgebot.** Zu etwaigen Zweifeln im Hinblick auf die Transparenz (§ 307 Abs. 1 S. 2 BGB) wird verwiesen.[553]

3. **Gesamtnichtigkeit.** Sind einzelne AGB-Klauseln eines Automatenaufstellvertrages aufgrund von §§ 305–310 BGB nicht einbezogen oder unwirksam, so kommt eine Nichtigkeit des ganzen Vertrages gemäß § 138 Abs. 1 BGB nicht in Betracht.[554] Vielmehr bleibt gemäß § 306 Abs. 1 BGB der Vertrag im Übrigen wirksam. Jedoch kann auch in diesem Falle der Vertrag im Ganzen unwirksam sein, wenn die Voraussetzungen des § 306 Abs. 3 BGB vorliegen.[555]

Entgegen der früheren Rechtsprechung kann in Fällen, in denen der Vertrag eine Vielzahl von unzulässigen Bedingungen enthält oder völlig unübersichtlich gestaltet ist, nicht von vornherein Gesamtunwirksamkeit des Vertrages angenommen werden. Denn dies hätte zur Folge, dass § 306 Abs. 1 BGB nicht eingreift. Es würde der gesetzlichen Risikoverteilung widersprechen, gerade dem Verwender, der ohne Rücksicht auf §§ 307–310 BGB eine Vielzahl unangemessener und unübersichtlicher Regelungen verwendet, durch Zubilligung der Gesamtunwirksamkeit zu erlauben, ohne die mit der Begrenzung nach § 306 Abs. 2 BGB verbundenen Gefahren vom Vertrag loszukommen.

Besteht bei Dauerschuldverhältnissen ein außerordentliches Kündigungsrecht (**§ 314 BGB**), so müssen die Parteien im Übrigen zunächst von dieser vertraglich vorgesehenen Lösungsmöglichkeit Gebrauch machen, sofern dadurch die Unzumutbarkeit entfällt. Eine Berufung auf die Unzumutbarkeit i.S.d. § 306 Abs. 3 BGB ist dann nicht möglich.[556]

Soweit bei Dauerschuldverhältnissen AGB-Klauseln, die dem Verwender ein Lösungsrecht einräumen, nicht Vertragsinhalt werden, reicht im Allgemeinen aus, dass von dem nicht abdingbaren Recht zur Kündigung aus wichtigem Grund (§ 314 BGB) Gebrauch gemacht werden kann. Anderes gilt freilich, wenn sich die Unzumutbarkeit i.S.v. § 306 Abs. 3 BGB nur durch eine – im Wege außerordentlicher Kündigung nicht mögliche – ex tunc-Nichtgeltung des Vertrages abwenden lässt. Grundsätzlich rechtfertigt die Unwirksamkeit einzelner oder auch einiger vertraglicher Regelungen nach dem Grundsatz des § 306 Abs. 3 BGB die Annahme einer Gesamtnichtigkeit noch nicht.[557]

B. Einzelne Klauseln

I. Inhalt und Umfang des ausschließlichen Aufstellrechts

1. **§ 307 Abs. 1 S. 1 BGB.** Entscheidend ist, dass der Aufsteller ein berechtigtes Interesse am rentablen Einsatz der regelmäßig recht teuren Geräte hat, was durch eine Ausschließlichkeitsbindung[558] tendenziell eher erreicht wird.[559] Bei der Interessenabwägung sind die beiderseitigen Interessen zu bilanzieren und zu balancieren. Dabei ist im Unterschied zum Getränkelieferungsvertrag auch die unterschiedliche Risikoverteilung zu berücksichtigen, die darin zum Ausdruck kommt, dass der Automatenaufsteller im Rahmen seines Unternehmens tätig wird und der Abschluss derartiger Verträge den eigentlichen Inhalt seiner unternehmerischen Tätigkeit ausmacht, während der Gastwirt oder sonstige Betreiber nur einen **Nebenerwerb** darstellt.[560] Weiter ist von Bedeutung, dass der Aufsteller sich in der Regel nicht an dem Risiko der Führung der Gaststätte beteiligt.[561]

Die Ausschließlichkeitsbindung des Gastwirts, also das ihn treffende Verbot, andere als die Automaten seines Vertragspartners in der Gaststätte aufzustellen, ist mit dem Wesen des Automatenaufstellvertrages fast notwendig verbunden, entspricht dem berechtigten Interesse des Aufstellers an einer **Amortisation** und einem Ertrag seiner – oft recht teuren – Geräte und ist daher grundsätzlich nicht zu beanstanden, solange sich eine Unbilligkeit nicht aus einer Verknüpfung mit einer anderen Vertragsbestimmung – wie etwa einem „**Abräumrecht**" des Aufstellers – ergibt.[562]

---

550 BGH DB 1960, 231 zu § 138 BGB.
551 BGH ZIP 1984, 1093 = WM 1984, 1228.
552 BGHZ 51, 55 = NJW 1969, 230.
553 *Bühler*, § 56 III 4 b Rn 5.197–5.199. m.w.N.
554 Eingehend *Bühler*, § 56 III 5 Rn 5.200–5.207. m.w.N.
555 Erman/*Roloff*, § 306 Rn 16.
556 UBH/*Schmidt*, § 306 Rn 44.

557 BGHZ 51, 55 = NJW 1969, 230.
558 *Bühler*, § 56 IV 2 Rn 5.209–5.213. m.w.N.
559 BGH NJW 1983, 159.
560 BGH MDR 1980, 50 = WM 1979, 918; NJW 1983, 159.
561 BGHZ 51, 55 = NJW 1969, 230.
562 BGH NJW 1983, 159.

274 **2. Typische Regelungen. a) Auswahl der Automatenart bzw. des Automatentyps.** Das von vornherein vereinbarte Recht des Aufstellers zur Auswahl des Automatentyps wird nicht beanstandet, sofern die Vertragsparteien sich über die Art der aufzustellenden Geräte geeinigt haben.[563] Nicht von § 307 Abs. 1 S. 1 BGB ist dagegen die Klausel gedeckt, dass sich der Automatenaufsteller das Recht vorbehält, die Automatenart – Musikautomat/Zigarettenautomat/Flipper etc. – selbst festzulegen (Bestimmungsvorbehalt).[564] Bedenklich ist eine Bestimmung, nach der es in das freie Belieben des Aufstellers gestellt ist, wie viele Geräte und welche Art von Geräten er aufstellen und welche Aufstellplätze er sich dafür aussuchen will.[565] Gleiches gilt für die Verknüpfung mit einem Abräumrecht.[566]

275 **b) Austausch der Automaten.** Ein Austausch der Geräte innerhalb der vereinbarten Automatenart – etwa Flipper gegen Flipper – darf stattfinden.[567] Das Recht des Aufstellers, die Geräte nach seinem Ermessen auszuwechseln (**Änderungsvorbehalt**), ist nicht als übermäßig schwerwiegende Beeinträchtigung der wirtschaftlichen Bewegungsfreiheit des Gastwirts angesehen worden,[568] solange nur die Klausel in dem Sinne ausgelegt werden kann, dass der Aufsteller jedes Gerät nur gegen ein gleichartiges auswechseln darf.[569]

276 Jede Ausschließlichkeitsbindung findet ihre Grenze dort, wo einzelne Geräte unrentabel sind (**Rentabilitätsklausel**).[570] Eine Klausel, die es dem Aufsteller erlaubt, bis zu zwei Spielautomaten mit Gewinnmöglichkeiten und darüber hinaus nach Bedarf Musikautomaten, Unterhaltungsautomaten und Billardgeräte aufzustellen (**Bedarfsklausel**), ist nicht zu beanstanden.[571] Unbedenklich ist auch eine Regelung, in der sich der Aufsteller verpflichtet, anstelle einer durchzuführenden Reparatur die Geräte auszutauschen (**Austauschklausel**), sofern dadurch die Geräteart – etwa Flipper gegen Flipper – nicht verändert wird.[572]

277 **c) Musikdarbietung.** Nicht zu rügen ist, dass der Gastwirt oder sonstige Betreiber, der Musikautomaten wünscht, aus diesen Automaten nur Musik darbieten darf.[573] Das mit der Aufstellung von Musikautomaten verknüpfte Verbot anderweitiger Musikdarbietungen hält für sich betrachtet der Inhaltskontrolle stand.[574]

278 **d) Erweiterung.** Klauseln, die die Ausschließlichkeit auch in Fällen der Veränderung, Erweiterung oder Verlegung der Gaststätte auf künftig konzessionierte Objekte und Räume erstrecken, halten einer Inhaltskontrolle jedenfalls dann nicht stand, wenn sie die Ausschließlichkeitsbindung auf Objekte erstreckt, die der Gastwirt oder sonstige Betreiber während der Laufzeit des konkreten Vertrags anderweitig erwirbt oder pachtet/mietet.[575] Keine Bedenken dürfte dagegen eine entsprechende „Statusklausel" dann auslösen, wenn sie lediglich Fallgruppen des Umbaus und wohl auch Anbaus sowie Änderungen des Konzepts erfasst.

279 **e) Betriebspflicht, Spielbereitschaft und Öffnungszeiten.** Wirksam ist die dem Gastwirt oder sonstigem Betreiber auferlegte Betriebspflicht, die Geräte während der gesamten Öffnungszeiten spielbereit eingeschaltet zu halten. Sie stellt noch keine unbillige Beeinträchtigung seines unternehmerischen Freiraums dar.[576]

280 **f) Zutrittsrecht.** Automatenaufstellverträge sehen oft das Recht des Aufstellers vor, die Gaststätte innerhalb der allgemeinen Öffnungszeiten zu betreten. Dafür bestehen sachliche Gründe, weil der Aufsteller Betriebsstörungen beseitigen muss sowie Geräte austauschen und Platten auswechseln darf.[577]

281 **g) Service und Wartung.** Es ist auch unbedenklich, den Gastwirt oder sonstigen Betreiber zur Durchführung von Service- und Wartungsarbeiten auf eigene Kosten zu verpflichten.

282 **h) Betriebsstörungen.** Wirksam ist die dem Gastwirt oder sonstigen Betreiber aufgelegte Pflicht, Störungen dem Aufsteller mitzuteilen.[578] Soweit der Aufsteller sich verpflichtet, etwa auftretende Betriebsstörungen an dem Automaten auf eigene Kosten zu beseitigen, bestehen gegen eine solche Klausel keine Bedenken; sie fügt sich in das Raster von § 535 Abs. 1 BGB.[579]

---

563 BGH MDR 1980, 50 = WM 1979, 918; NJW-RR 1990, 1076.
564 BGH MDR 1980, 50 = WM 1979, 918.
565 BGHZ 51, 55 = NJW 1969, 230.
566 BGH NJW 1983, 159.
567 BGH MDR 1980, 50 = WM 1979, 918; NJW 1983, 159; ZIP 1984, 841 = WM 1984, 663.
568 BGH NJW 1071, 1034; MDR 1980, 50 = WM 1979, 918; NJW 1983, 159; ZIP 1984, 841 = WM 1984, 663.
569 BGH NJW 1071, 1034; MDR 1980, 50 = WM 1979, 918; ZIP 1984, 841 = WM 1984, 663.
570 BGH NJW 1983, 159.
571 BGH NJW-RR 1990, 1076.
572 v. Westphalen/v. *Westphalen*, Automatenaufstellvertrag Rn 24.
573 BGH MDR 1980, 50 = WM 1979, 918; NJW 1983, 159; OLG Celle NJW-RR 1988, 946; LG Ulm Münzautomaten-Recht (MAR) Januar 1987.
574 BGHZ 51, 55 = NJW 1969, 230; NJW 1071, 1034; MDR 1980, 50 = WM 1979, 918; NJW 1983, 159.
575 BGHZ 51, 55 = NJW 1969, 230; ZIP 1982, 698 = WM 1982, 712; NJW 1983, 159; WuW/E BGH 2037; a.A. noch OLG Hamburg, Urt. v. 2.11.1978 – 3 U 103/78.
576 BGHZ 51, 55 = NJW 1969, 230; NJW 1971, 1034; MDR 1980, 50 = WM 1979, 918.
577 OLG Hamm NJW-RR 1991, 1526.
578 BGH NJW-RR 1990, 1076.
579 v. Westphalen/v. *Westphalen*, Automatenaufstellvertrag Rn 24.

i) Reparatur und Instandsetzung. Eine verschuldensunabhängige Haftung des Betriebsinhabers für Instandsetzungskosten dürfte gemäß §§ 307 Abs. 2 Nr. 1, 286 Abs. 4 BGB unwirksam sein. Reparaturkosten schuldet der Wirt also nur, wenn er vertreten muss, dass der Schädiger nicht ermittelt wird. Ohne eigenes Verschulden darf der Wirt nicht für Schäden an den Geräten haftbar gemacht werden.[580] **283**

j) Beschädigungen. Die Sachgefahr für die Automaten, z.B. für Diebstahl oder Beschädigung durch Gäste, kann nicht ohne Weiteres auf den Gastwirt übertragen werden, weil der Aufsteller die Bestimmung über den Aufstellort trifft und er das Risiko seiner Entscheidung tragen muss. Da es auf das Kriterium der Zumutbarkeit ankommt, ist es mit § 307 Abs. 2 Nr. 1 BGB unvereinbar, wenn eine Klausel die Haftung des Gastwirts für jegliche Drittbeschädigung einfordert.[581] Unbedenklich ist es folglich, den Wirt für alle die Beschädigungen aufkommen zu lassen, die er zu vertreten hat.[582] **284**

k) Versicherung. Unwirksam ist es, wenn der Aufsteller den Gastwirt oder sonstigen Betreiber verpflichtet, die Automaten gegen Brand- und Wasserschäden zu versichern.[583] Das gilt nicht minder für die Überwälzung der Kosten einer umfassenden Kaskoversicherung, weil der Aufsteller die Position des Eigentümers nicht inne hat und damit auch ein eigenes Sacherhaltungsinteresse wahrzunehmen verpflichtet ist.[584] Ebenfalls unwirksam sind Versicherungsklauseln, die den Gastwirt oder sonstigen Betreiber verpflichten, die aufgestellten Geräte im Rahmen einer Inventarversicherung als Fremdinventar zu versichern.[585] Ebenso wenig kann dem Gastwirt oder sonstigem Betreiber ohne Ersatz seiner Auslagen eine Versicherungspflicht auferlegt werden. Der Aufsteller hat im Regelfall mit seiner Vielzahl von Geräten bessere Möglichkeiten zur Versicherung als der Gastwirt oder sonstige Betreiber.[586] **285**

l) Garantie einer ununterbrochenen ganzjährigen Nutzung. Unwirksam ist die Garantie einer ununterbrochenen ganzjährigen Nutzung der aufgestellten Automaten mit der Ausnahme eines wöchentlichen Ruhetages, weil sie den Betriebsinhaber hindert, Betriebsferien zu machen.[587] **286**

II. Dauer des Aufstellrechts

1. § 309 Nr. 9a BGB. Entgegen Überschrift und Wortlaut ist die Bestimmung nicht auf typische **Dauerschuldverhältnisse** wie Automatenaufstellverträge anzuwenden.[588] **287**

2. § 307 Abs. 1 S. 1 BGB. Stets sind die Umstände des Einzelfalls maßgebend, insbesondere sind auch die jeweiligen Vertragsklauseln im Rahmen einer Gesamtbetrachtung zu bewerten. Vor einer schematischen Beurteilung der noch hinnehmbaren Laufzeit muss gewarnt werden. Die dem Gastwirt zumutbare Belastung – auch und gerade durch die Länge der vertraglichen Bindung – hängt immer nicht zuletzt von Art und Höhe der ihm zugute kommenden Gegenleistungen, so etwa von seinem Gewinnanteil (Wirteanteil), ab.[589] Je erheblicher die Leistungen des Automatenaufstellers sind, desto einschneidender können die in dem Formularvertrag vereinbarten Bedingungen des anderen Vertragspartners sein.[590] Die Zulässigkeit einer Laufzeit hängt aber grundsätzlich nicht davon ab, dass der Aufsteller dem Gastwirt im Zusammenhang mit dem Abschluss des Aufstellvertrags ein Darlehen einräumt.[591] Gewährt der Automatenaufsteller dem Gastwirt ein Darlehen, so ist regelmäßig vereinbart, dass der Gastwirt das Darlehen durch die Einspielergebnisse amortisiert. Ähnlich wie beim Getränkelieferungsvertrag besteht ein Äquivalenzverhältnis zwischen der Laufzeit des Automatenaufstellvertrags und der Dauer des Darlehensvertrags.[592] Die Bindungsfrist sollte in angemessenem **Verhältnis zur Tilgungszeit** der Darlehen stehen.[593] **288**

 289

3. Laufzeiten. Eine Erstlaufzeit von drei Jahren ist grundsätzlich nicht unangemessen.[594] Soweit das gewählte Darlehen durch die **Einspielergebnisse** des Automaten **amortisiert** werden soll, wird man eine Laufzeit von fünf Jahren als angemessen ansehen dürfen.[595] Gegen Laufzeiten von zehn Jahren hat die höchstrichterliche Rechtsprechung zwar zunächst Bedenken angemeldet,[596] sie schließlich aber doch mit der Begründung unbeanstandet gelassen, der Gastwirt habe sich bei Abschluss des Vertrags der damit verbundenen Entscheidung über den Charakter der Gaststätte bewusst sein müssen. Im Hinblick auf das langfristige Gewinninteresse des Aufstellers ist eine Vertragsdauer von zehn Jahren noch nicht unangemessen, wenn ein nicht unerhebliches Darlehen gewährt wird und der Gastwirt oder sonstige Betreiber überdurchschnittlich an den Einspielergebnissen beteiligt wird und solange nicht weitere belastende Klauseln hinzutreten.[597] **290**

---

580 BGH NJW 1983, 159.
581 v. Westphalen/v. Westphalen, Automatenaufstellvertrag Rn 25.
582 BGH NJW 1983, 159.
583 OLG Braunschweig VersR 1990, 426.
584 BGH NJW 1983, 159.
585 OLG Braunschweig VersR 1990, 426.
586 Bamberger/Roth/Ehlert, § 535 Rn 32.
587 BGHZ 51, 55 = NJW 1969, 230.
588 Erman/Roloff, § 309 Rn 125.
589 BGH ZIP 1984, 841 = WM 1984, 663.

590 BGH NJW 1983, 159.
591 BGH NJW-RR 1990, 1076.
592 BGH NJW 1983, 159; ZIP 1984, 841 = WM 1984, 663.
593 LG Konstanz NJW-RR 2005, 991.
594 BGH NJW-RR 1990, 1076; OLG Düsseldorf MDR 1973, 224 = OLGZ 1973, 11.
595 BGH MDR 1980, 50 = WM 1979, 918.
596 BGHZ 51, 55 = NJW 1969, 230; NJW 1983, 159.
597 BGHZ 51, 55 = NJW 1969, 230; NJW 1971, 1034; WM 1977, 112; NJW 1983, 159; ZIP 1984, 841 = WM 1984, 663.

291 **4. Geltungserhaltende Reduktion.** Eine unangemessene Formularvereinbarung über die Laufzeit eines Automatenaufstellvertrags hielt der BGH nach älteren Entscheidungen wiederholt mit angemessenem Kern aufrecht und ließ dabei offen, ob dies im Wege der geltungserhaltenden Reduktion oder der ergänzenden Vertragsauslegung geschehen konnte.[598] Dies dürfte aktuell nicht mehr möglich sein.

292 **5. Verlängerungsfiktionen. a) Grundsatz.** Grundsätzlich zulässig sind Verlängerungsklauseln, wonach sich der Vertrag nach Ablauf seiner Laufzeit automatisch verlängert.[599] Ähnlich wie eine Kündigungsklausel muss auch eine formularmäßige Verlängerungsklausel aber in angemessener Relation zur Erstlaufzeit stehen. Zu den umstrittenen Fragen der zeitlichen Grenzen siehe *v. Westphahlen*.[600] Sie birgt für den Gastwirt die Gefahr, dass er wegen der noch weit entfernt liegenden Zeit der Vertragsbeendigung den Kündigungstermin übersieht, während aufseiten des Automatenaufstellers, der alle sechs bis neun Monate die Geräte austauscht, kein Interesse erkennbar ist, das diese Gefahr für den Gastwirt rechtfertigen könnte.

293 Das Ausmaß der Vertragsverlängerung muss aber angemessen sein. Dabei ist § 309 Nr. 9b BGB die Wertung zu entnehmen, dass der Verlängerungszeitraum nur dann angemessen ist, wenn er nicht mehr als die Hälfte der Erstlaufzeit beträgt.[601]

294 **b) Dauer.** Eine **der Erstlaufzeit entsprechende Verlängerung** – also drei oder fünf Jahre – scheitert regelmäßig an § 307 Abs. 1 BGB. So ist die stillschweigende Verlängerung eines auf 66 Monate abgeschlossenen Vertrages um die gleiche Zeit unangemessen. Gerade wenn man davon ausgeht, dass der Automatenaufsteller kein berechtigtes Interesse daran hat, dass die Erstlaufzeit so bemessen wird, dass er in jedem Fall die Anschaffungskosten seines Gerätes durch die Einspielergebnisse amortisiert, ist i.S.v. § 307 Abs. 1 BGB nicht zu erkennen, dass der Gastwirt – im Rahmen einer Verlängerungsklausel – erneut so lange gebunden wird, wie dies der Erstlaufzeit entspricht.

295 Eine Verlängerungsklausel von maximal 12 (bis 18) Monaten wird man auch dann als nach § 307 Abs. 1 BGB angemessen bewerten können, wenn der Automatenaufsteller dem Gastwirt ein Darlehen gewährt, weil dessen Amortisation primär auf die Erstlaufzeit des Vertrages zugeschnitten ist.[602]

296 **c) Verlängerung bei Aufstellung eines neuen Musikautomaten.** Als **überraschend** (§ 305c Abs. 1 BGB) ist die Klausel anzusehen, nach der eine zehnjährige (neue) Vertragslaufzeit zu laufen beginnen soll, wenn der Klauselverwender auf Wunsch des Gastwirts einen neuen Musikautomaten aufstellt.[603] Die Klausel ist auch unangemessen (§ 307 Abs. 1 S. 1 BGB), weil an ein rein tatsächliches Verhalten – den Wunsch des Gastwirts nach Aufstellung eines neuen Musikautomaten – eine schwerwiegende Rechtsfolge – hier eine langjährige Vertragsverlängerung – angeknüpft wird (zu derartigen Erklärungsfiktionen vgl. auch § 308 Nr. 5 BGB).[604]

297 **6. Kündigungsfristen.** Das Erfordernis der Einhaltung einer Kündigungsfrist von drei Monaten für eine ordentliche Kündigung ist noch zulässig.[605] Die Klausel, dass sich der Vertrag um jeweils ein Jahr verlängere, wenn er nicht sechs Monate vor seinem Ablauf gekündigt werde, ist hingenommen worden.[606] Dagegen hat der BGH Kündigungsfristen von zwei oder gar zweieinhalb Jahren als völlig aus dem Rahmen fallend und durch keine beachtlichen Interessen des Aufstellers mehr gerechtfertigt für unwirksam erklärt.[607]

298 **7. Fragen im Zusammenhang mit zugrunde liegenden Nutzungsverhältnissen.** Schließt der Gastwirt einen Automatenaufstellvertrag mit einer Laufzeit, die länger ist als die des Gaststättenpachtvertrages, so rechtfertigt selbst der Umstand, dass der Automatenaufsteller von der kürzeren Laufzeit des Pachtvertrages unterrichtet ist, es nicht, den Automatenaufstellvertrag dahin auszulegen, dass er entgegen seinem klaren Wortlaut der Pachtvertragsdauer angepasst werden müsse.[608]

299 **8. Laufzeitdivergenzen.** Jedenfalls unzulässig dürfte es sein, wenn die Vertragsdauer die vorgesehene Tilgungszeit des Darlehens um mehr als das Doppelte überschreitet.[609]

III. Entgeltregelungen

300 **1. Nutzungsentgelt.** Ist z.B. das um eine wie auch immer gestaltete (zusätzliche) Gebühr erhöhte Entgelt für die Gebrauchsüberlassung/Nutzung unabhängig davon zu bezahlen, ob eine Reparatur/Wartung der Automaten erforderlich ist, dann liegt bereits darin eine Abweichung vom dispositiven Recht des § 535 Abs. 1 BGB, weil der Gastwirt

---

598 BGH ZIP 1982, 698 = WM 1982, 712; BB 1983, 662; NJW 1983, 159; ZIP 1984, 841 = WM 1984, 663.
599 *Bühler*, § 56 V 5 Rn 5.255–5.260. m.w.N.
600 v. Westphalen, A Rn 15.
601 WLP/*Dammann*, A 311.
602 v. Westphalen/*v.Westphalen*, Automatenaufstellvertrag Rn 15.
603 BGH ZIP 1984, 841 = WM 1984, 663.
604 BGH ZIP 1984, 841 = WM 1984, 663.
605 BGH NJW 1983, 159.
606 BGH WuW/E BGH 2037; ZIP 1991, 960 = WM 1991, 1558.
607 BGHZ 51, 55 = NJW 1969, 230; ZIP 1982, 698 = WM 1982, 712; NJW 1983, 159; ZIP 1984, 841 = WM 1984, 663.
608 BGH WM 1971, 273.
609 LG Konstanz NJW-RR 2005, 991.

oder sonstige Betreiber als Mieter in diesen Fällen zur Mietminderung gemäß § 536 BGB berechtigt wäre. Folglich verstößt eine solche Entgeltklausel gegen § 307 Abs. 2 Nr. 1 BGB und ist unwirksam.[610]

Dabei kommt es auf die jeweilige Klauselgestaltung an, weil es darum geht, eine i.S.v. § 307 Abs. 2 Nr. 1 BGB festzustellende unangemessene Benachteiligung des Gastwirts zu konkretisieren. Diese ist u.a. abhängig von der Stör- und Reparaturanfälligkeit der zur Verfügung gestellten Automaten sowie davon, innerhalb welcher Zeit der Aufsteller die Reparatur bzw. ein Ersatzgerät schuldet. Ist die Frist sehr kurz – etwa kürzer als eine Woche –, so mag der Ausschluss des Minderungsrechts des Gastwirts nach § 307 Abs. 2 Nr. 1 BGB akzeptabel erscheinen. Eine Frist von 30 Tagen ist jedoch allemal i.S.v. § 307 Abs. 2 Nr. 1 BGB unangemessen.[611] **301**

2. Wirteanteil. Die Entgeltregelung muss dem **Transparenzgebot** entsprechen. Das gilt vor allem auch dann, wenn es sich um Entgeltregelungen handelt, die inhaltlich auseinandergerissen und an verschiedenen Stellen verankert sind.[612] Gleiches gilt dann, wenn die Berechnung des Wirteanteils – z.B. Abzug des Amortisationsbetrags, der Vergütungssteuern und der GEMA-Gebühren, Ermittlung des Tagesdurchschnitts, Anwendung von Tabellen etc. – nur schwer verständlich ist, sodass der Gastwirt oder sonstige Betreiber die ihm zufließende Gewinn- und Renditechance nur mit großer Mühe – wenn überhaupt – kalkulieren kann.[613] **302**

Im Übrigen wird man nur mit Zurückhaltung einen relativ hohen Wirteanteil als entscheidend i.S.v. § 307 Abs. 1 S. 1 BGB dafür ansehen können, eine als unangemessen einzustufende Benachteiligung des Gastwirts zu **kompensieren**.[614] **303**

3. Entgeltgarantie. Garantieklauseln, die unabhängig vom tatsächlichen Einspielergebnis dem Aufsteller einen bestimmten Mindestbetrag sichern sollen, sind **überraschend** (§ 305c Abs. 1 BGB), sofern sie an versteckter Stelle im Vertrag stehen.[615] Die Kontrolle solcher Garantieklauseln wird nicht durch § 307 Abs. 3 BGB ausgeschlossen.[616] Es verstößt gegen **§ 307 Abs. 2 Nr. 1 BGB**, wenn zwischen Automatenaufsteller und Gastwirt oder sonstigem Betreiber eine Entgeltgarantie vereinbart wird.[617] Auch liegt regelmäßig ein Verstoß gegen den durch § 307 Abs. 2 Nr. 2 BGB geschützten Vertragszweck vor, wenn Einspielrisiken, vor allem die vom Wirt nicht zu vertretenden Ausfälle der Automaten oder durch Straßenbauarbeiten verursachte Unzugänglichkeiten der Gaststätte, auf den Wirt verlagert werden. Hier werden seine angemessene Gewinnbeteiligung und damit die Erreichung des Vertragszwecks gefährdet, wenn nicht vereitelt.[618] Eine Klausel, der zufolge der Gastwirt bestimmte Einspielergebnisse garantiert bzw. unabhängig vom Einspielergebnis einen bestimmten Mindestbetrag zu zahlen hat, verstößt auch gegen **§ 307 Abs. 1 S. 1 BGB**, weil sie den Gastwirt mit allen Unternehmerrisiken des Aufstellers belastet und damit dem von der Rechtsprechung formulierten Leitbild des Automatenaufstellvertrags widerspricht. Dies gilt insbesondere dann, wenn der Gastwirt auch für den Zeitraum das ungekürzte Entgelt schuldet, in dem Ausfallzeiten vorliegen, deren Ursache nicht vom Gastwirt oder sonstigen Betreiber zu vertreten ist, z.B. bei Vorliegen eines Ereignisses höherer Gewalt.[619] **304**

4. Abrechnungsklauseln. Die Entgeltabrechnung darf nicht im Ermessen des Aufstellers stehen. Unwirksam sind somit Abrechnungsklauseln, wonach der Aufsteller einseitig den Zeitraum für die jeweilige Abrechnung bestimmt.[620] **305**

IV. Übertragungsrecht

1. § 309 Nr. 10 BGB. Eine Verbrauchereigenschaft ist allenfalls bei **Eigentümererklärungen** oder Mithaftungserklärungen Dritter denkbar. § 309 Nr. 10 BGB gilt im Übrigen auch im **Unternehmerverkehr** (§ 310 Abs. 1 S. 2 BGB).[621] **306**

2. § 307 Abs. 1 S. 1 BGB. Im Zusammenhang mit einem auf mehrere Jahre abgeschlossenen Automatenaufstellvertrag, der neben mietvertraglichen Elementen auch personenbezogene Merkmale aufwies, führte der BGH aus, dass eine Vertragsübertragungsklausel ohne Widerspruchsrecht des Gastwirts unwirksam sei, weil dieser typischerweise ein besonderes Interesse daran habe, sich über die Zulässigkeit und Solvenz des neuen Vertragspartners Gewissheit zu verschaffen. Auch wurde die Einseitigkeit der Klausel zu Lasten des Gastwirts beanstandet.[622] **307**

V. Nachfolgeklauseln

1. Im Allgemeinen. Gegen eine Nachfolgeklausel[623] ergeben sich keine grundsätzlichen Wirksamkeitsbedenken.[624] Der BGH differenziert im Rahmen der Interessenabwägung zu Recht nicht zwischen Grundstückseigentü- **308**

---

610 OLG Hamburg ZIP 1983, 588.
611 BGH NJW 1983, 918.
612 BGH NJW 1983, 159.
613 BGH MDR 1980, 50 = WM 1979, 918; NJW 1993, 159.
614 BGH MDR 1980, 50 = WM 1979, 918.
615 OLG Hamburg NJW 1983, 1502.
616 OLG Hamburg NJW 1983, 1502.
617 OLG Hamburg NJW 1983, 1502.
618 OLG Hamburg NJW 1983, 1502.
619 OLG Hamburg NJW 1983, 1502.
620 BGH ZIP 1984, 841 = WM 1984, 663.
621 BGH NJW 1985, 54.
622 BGH NJW 1985, 54; NJW-RR 1990, 1076.
623 Eingehend hierzu *Bühler*, § 56 VIII Rn 5.284–5.300. m.w.N.
624 BGH WM 1973, 388 = BB 1973, 496; WM 1977, 112; MDR 1980, 50 = WM 1979, 918; NJW 1983, 159; ZIP 1984, 841 = WM 1984, 663; OLG Düsseldorf MDR 1973, 224 = OLGZ 1973, 11.

mern einerseits und Pächtern einer Gaststätte andererseits. Damit geht die aktuelle Rechtsprechung in bewusster Abweichung von früheren Entscheidungen,[625] nunmehr von einer gleichartigen Belastung für Eigentümer und Pächter aus.[626]

309 In Parallele zum Getränkelieferungsvertrag wird man fordern können, dass das Recht zur außerordentlichen Kündigung unberührt bleiben muss und die sonstige Vertragsgestaltung dem Gastwirt einen ausreichenden Freiheitsraum belässt, was vor allem auch die Möglichkeit einschließt, ohne Zustimmung des Aufstellers die Verpflichtungen auf einen Rechtsnachfolger übertragen zu können. Ist § 314 (insbesondere § 314 Abs. 1 S. 2) BGB materiell erfüllt, so läuft die Nachfolgeklausel faktisch ins Leere. Die Klausel muss ein solches Kündigungsrecht aus wichtigem Grund nicht ausdrücklich einräumen. Eine Nachfolgeklausel, die nur bei freiwilliger Überlassung der Gastwirtschaft an Dritte gelten will, ist dahin auszulegen, dass der Gastwirt oder sonstige Betreiber zur außerordentlichen Kündigung aus wichtigem Grund berechtigt bleiben soll, und deshalb wirksam.[627] Daher muss das Recht zur außerordentlichen Kündigung unberührt bleiben und die sonstige Vertragsgestaltung muss dem Gastwirt einen ausreichenden Freiheitsraum belassen, was vor allem die Möglichkeit einschließt, ohne Zustimmung des Aufstellers die Verpflichtungen auf einen Rechtsnachfolger übertragen zu können.

310 Die Wirksamkeit von Nachfolgeklauseln hängt weiter davon ab, dass der Wirt jedenfalls für den Fall entpflichtet wird, dass er die Gastwirtschaft infolge außergewöhnlicher und nicht in seinem **Risikobereich** fallender Umstände aufgibt.[628]

311 Eine **geltungserhaltende Reduktion** scheidet regelmäßig aus, es sei denn, die Klausel ist teilbar.[629] Die Unwirksamkeit einer Rechtsnachfolgeklausel berührt die Wirksamkeit des Vertrags im Übrigen nicht.

312 2. **Gesamtschuldklausel.** Eine Klausel, die den Gastwirt selbst dann gesamtschuldnerisch neben dem Nachfolger weiter haften lassen will, wenn der Vertragspartner der Nachfolge zugestimmt hat, ist für unwirksam erklärt worden.[630]

313 3. **Subsidiäre Ausfallhaftung sowie Bürgschaftsklausel.** Die vorstehend skizzierten Grundsätze (siehe oben Rn 308–312) sind auch insofern von Bedeutung.[631]

VI. Schadensersatzklauseln

314 1. **Schadensersatz.** Der **Zeitraum,** der für die Berechnung eines Schadensersatzes nach § 281 BGB vorzusehen ist, darf nicht im Belieben des Aufstellers stehen. Dabei kommt es auch hier entscheidend allein auf den Inhalt der Klausel an; in welchem Umfang der Klauselverwender von ihr Gebrauch macht, ist für die Beurteilung ihrer Wirksamkeit ohne Belang.[632]

315 2. **Schadensersatzpauschalierungen. a) Grundsatz.** Schadenspauschalierungsabreden sind auch in Automatenaufstellverträgen grundsätzlich zulässig.[633]

316 b) **§§ 307 Abs. 2 Nr. 1, 309 Nr. 5a BGB.** Im Hinblick auf § 309 Nr. 5a BGB ist der Aufsteller aber gemäß § 307 Abs. 2 Nr. 1 BGB gehalten, die geltend gemachten Schadenspauschalen nach der Art der jeweiligen Vertragsverletzung zu differenzieren. Differenziert die Klausel nicht nach den verschiedenen in Betracht kommenden Vertragsverletzungen des Gastwirts oder sonstigen Betreibers (sog. **Einheitspauschale**), so darf die Pauschale den typischerweise geringsten Schaden nicht übersteigen.[634]

317 Stets ist die **Zeitdauer** des jeweiligen – schuldhaften – Verstoßes in der Klausel zu berücksichtigen, weil eine abstrakt-generelle Bewertung der jeweiligen Schadenspauschale vorzunehmen ist. Ein Zeitraum von zwölf Monaten ist gemäß § 307 Abs. 2 Nr. 1 BGB unter Berücksichtigung von § 309 Nr. 5a BGB unwirksam. Auch mit § 307 Abs. 2 Nr. 1 BGB nicht vereinbar ist es, wenn sich der Aufsteller das Recht ausbedingt, die sechs Monate „auszuwählen" **(Auswahl der Abrechnungsmonate)**, welche ihm im Hinblick auf den geltend gemachten Schadensersatzanspruch besonders günstig sind.[635]

---

625 BGH WM 1973, 388 = BB 1973, 496; MDR 1980, 50 = WM 1979, 918.
626 BGH NJW 1983, 159.
627 BGH ZIP 1984, 841 = WM 1984, 663; a.A. noch NJW 1983, 159, wonach der Vertrag explizit eine Enthaftungsmöglichkeit vorsehen müsse.
628 BGH WM 1973, 388 = BB 1973, 496; WM 1977, 112; MDR 1980 50 = WM 1979, 918; NJW 1983, 159; ZIP 1984, 841 = WM 1984, 663; OLG Düsseldorf MDR 1973, 224 = OLGZ 1973, 11. Zu weiteren Einzelheiten vgl. *Bühler*, § 56 VIII 2 c Rn 6.228. m.w.N.
629 BGH ZIP 1984, 841 = WM 1984, 663.
630 BGH ZIP 1984, 841 = WM 1984, 663; Einzelheiten bei *Bühler*, § 56 VIII 3 Rn 5.297. m.w.N.
631 Einzelheiten bei *Bühler*, § 56 VII 4 und 5 Rn 5.298 f. m.w.N.
632 BGH NJW 1983, 159.
633 BGH NJW 1983, 159.
634 BGH NJW-RR 1990, 1076.
635 BGHZ 51, 55 = NJW 1969, 230; NJW 1970, 29; WM 1977, 112; MDR 1980, 50 = WM 1979, 918; NJW 1983, 159; NJW-RR 1990, 1076.

Unwirksam sind Schadensersatzpauschalierungen, die in einem Missverhältnis zur Höhe des **branchenüblichen Ge-** 318
winns stehen oder bei denen nicht auf die durchschnittlichen Einspielergebnisse abgestellt wird, sondern dem Aufsteller das Recht eingeräumt wird, den Schaden nach **Bruttoerlösen** zu bestimmen.[636]

Fehlt es an einer Differenzierung nach der Art der jeweiligen Vertragsverletzung, so ist eine Schadenspauschale des 319
Gastwirts in Höhe von **2.500,00 EUR/Vertragsverletzung** unangemessen.[637]

Unwirksam ist eine Schadenspauschale in Höhe von **70 %** des Bruttoerlöses.[638] Pauschalen von über **60 %** des Brutto- 320
erlöses sind ebenfalls unwirksam.[639] Das Gleiche gilt, wenn die Schadensersatzpauschale **35 %** bzw. **42 %** des Bruttoerlöses, der branchenübliche Gewinn jedoch selbst nur 30 % ausmacht.[640] Schadenspauschalierungen in Höhe von **30 %** des nach Abzug des Wirteanteils verbleibenden durchschnittlichen Einspielergebnisses stoßen dagegen auf keine Bedenken.[641] Soweit die Schadenspauschale unwirksam ist, muss der Aufsteller den konkret entstandenen Schaden nachweisen. Das Gericht kann jedoch eine **Schadensschätzung** (§ 287 ZPO) vornehmen und ist berechtigt, von einem Bruttoerlös von **30 %** auszugehen.[642]

VII. Vertragsstrafenklauseln

1. § 307 Abs. 2 Nr. 1 BGB i.V.m. §§ 339 S. 1, 286 Abs. 4 BGB. Eine Vertragsstrafenklausel[643] darf unabhängig von 321
der Höhe einer vorformulierten Vertragsstrafe nicht verschuldensunabhängig gestaltet sein.[644] Dabei ist nicht erforderlich, dass die vertragliche Regelung nach dem Wortlaut Verschulden voraussetzt. Ist sie jedoch so formuliert, dass die Vertragsstrafe vom Gastwirt nur verwirkt wird, wenn er die dafür maßgeblichen Gründe zu vertreten hat, dann wird an ein Verschulden des Verpflichteten angeknüpft. Eine verschuldensunabhängige Vertragsstrafe ist dann nicht zu erkennen.[645] Zwar kann das Verschuldenserfordernis durch AGB abbedungen werden, wenn bei dem betreffenden Vertragstyp gewichtige Gründe für eine verschuldensunabhängige Haftung vorliegen. Dies dürfte aber bei Automatenaufstellverträgen ausgeschlossen sein.[646] Soweit eine Vertragsstrafe gemäß § 307 Abs. 2 Nr. 1 BGB unwirksam ist, kommt eine Herabsetzung der Vertragsstrafe gemäß § 343 BGB auch im Unternehmerverkehr nicht in Betracht, und zwar unabhängig davon, ob der Gastwirt eingetragener Kaufmann war oder nicht.[647]

2. § 307 Abs. 1 S. 1 BGB. a) Grundlagen. Die von § 309 Nr. 6 BGB nicht erfassten Vertragsstrafentypen sind 322
nicht im Umkehrschluss generell als zulässig anzusehen. Vielmehr unterliegen sie auch im **Unternehmerverkehr** der Inhaltskontrolle nach § 307 BGB. Eine unangemessene Benachteiligung i.S.d. § 307 Abs. 1 S. 1 BGB[648] liegt vor, wenn der Verwender der Klausel missbräuchlich eigene Interessen auf Kosten des Vertragspartners durchzusetzen versucht, ohne die des Vertragspartners von vornherein hinreichend zu berücksichtigen. Dabei ist ein genereller Prüfungsmaßstab, eine von den Besonderheiten des Einzelfalls losgelöste, typisierende Betrachtungsweise, zugrunde zu legen.

b) Kumulationsverbot. Vereinzelt enthalten Automatenaufstellverträge Schadensersatz- und Vertragsstrafen- 323
klauseln nebeneinander. Dann ist die **Anrechnungs**pflicht nach §§ 340 Abs. 2, 341 Abs. 2 BGB zu beachten, unabhängig davon, ob Schadensersatz wegen Nichterfüllung oder wegen Schlechterfüllung verlangt wird. Folglich kann die Verpflichtung des Automatenaufstellers, sich auf seinen Schadensersatz wegen Nichterfüllung die aus gleichem Grunde vom Gastwirt verwirkte Vertragsstrafe anrechnen zu lassen (§ 340 Abs. 2 BGB), nicht durch AGB abbedungen werden.[649]

Das Verbot der Kumulation von Schadensersatz und Vertragsstrafe (§§ 340 Abs. 2, 341 Abs. 2 BGB) gilt ausnahms- 324
weise dann nicht, wenn hierfür ein anzuerkennendes Bedürfnis besteht. So im Geschäftsverkehr der Unternehmer bei Dauerschuldverhältnissen, insbesondere auch bei Automatenaufstellverträgen. Hier will der Verwender sich mit der Kumulation das Abschalten seiner und das Aufstellen fremder Automaten sicheRn Hier gibt es ebenso wie in den Bereichen des Wettbewerbsrechts sowie bei Patent- und Lizenzverletzungen ein anzuerkennendes Bedürfnis für die Kumulation von Schadensersatz- und Vertragsstrafenansprüchen, aber nur dann, wenn der Sicherungszweck für die Zukunft nicht entfallen ist.[650]

Wird in der Vertragsstrafenklausel etwa die Formulierung **„Darüber hinausgehende Schadensersatzansprüche des** 325
Aufstellers werden hierdurch nicht berührt." verwendet, so stimmt die Klausel mit der gesetzlichen Regelung

---

636 BGHZ 51, 55 = NJW 1969, 230; NJW 1970, 29; NJW 1983, 159; NJW-RR 1990, 1076.
637 BGH NJW-RR 1990, 1076.
638 BGH NJW 1983, 159.
639 BGH NJW-RR 1990, 1076.
640 BGH NJW-RR 1990, 1076.
641 BGH MDR 1980, 50 = WM 1979, 918; NJW 1983, 159; NJW-RR 1990, 1076.
642 BGH NJW-RR 1990, 1076.
643 Ausführlich *Bühler*, § 56 X Rn 5.134–5.334. m.w.N.
644 OLG Celle NJW-RR 1988, 946; OLG Rostock BeckRS 2010, 27462; LG Aachen NJW-RR 1987, 948.
645 OLG Rostock BeckRS 2010, 27462.
646 LG Aachen NJW-RR 1987, 948.
647 BGHZ 85, 305 = NJW 1983, 815; NJW-RR 1990, 1076.
648 BGH NJW-RR 1990, 1076; OLG Rostock BeckRS 2010, 27462.
649 BGH WM 1973, 388 = BB 1973, 496; BGHZ 63, 256 = NJW 1975, 163; ZIP 1984, 841 = WM 1984, 663; OLG Rostock BeckRS 2010, 27462.
650 BGH NJW 1985, 53.

überein. Denn steht dem Automatenaufsteller ein Anspruch auf Schadenersatz wegen Nichterfüllung zu, so kann er die verwirkte Strafe als Mindestbetrag des Schadens verlangen (§ 340 Abs. 2 S. 1 BGB). Nach § 340 Abs. 2 S. 2 BGB ist die Geltendmachung eines weiteren Schadens nicht ausgeschlossen. Hier ergibt die Auslegung, dass es an einer Kumulation von Schadenersatz wegen Nichterfüllung und Vertragsstrafenregelung fehlt.[651]

326 Streitig ist, ob eine Klausel, nach der die Strafe den Erfüllungsanspruch unberührt lässt, ohne Weiteres im Hinblick auf §§ 307 Abs. 2 Nr. 1, 340 Abs. 1 S. 1 BGB zulässig ist.[652]

327 **c) Höhe.** Von einer unangemessen hoch angesetzten Strafe, die die Unwirksamkeit zur Folge hat, ist auszugehen, wenn die Sanktion außer Verhältnis zum Gewicht des Vertragsverstoßes und dessen Folgen für den Vertragspartner steht. Dies ist dann der Fall, wenn die Höhe der Vertragsstrafe nicht an das Gewicht des Vertragsverstoßes anknüpft, wegen fortschreitender Dauer des vertragswidrigen Zustands kontinuierlich steigt und wenn weder eine zeitliche noch eine summenmäßige Beschränkung vorgesehen ist. Dann liegt die unangemessene Benachteiligung des Vertragsstrafenschuldners vor allem in der Gefahr, dass die ständig wachsende Vertragsstrafe seine eigenen Vertragsansprüche aufzehrt, außer Verhältnis zum möglichen Schaden des Vertragsstrafengläubigers gerät und dem Automatenaufsteller sogar eine von seinem Sachinteresse nicht mehr gedeckte Vermögensquelle eröffnen kann.[653]

328 Umgekehrt ist eine Vertragsstrafe nicht unangemessen hoch angesetzt, wenn sie mit dem von ihr verfolgten **Zwecken** in Übereinstimmung steht. Der Gesetzgeber hat die Vertragsstrafe mit einer doppelten Zielrichtung zugelassen. Zum einen soll sie als **Druckmittel** den Schuldner zur ordnungsgemäßen Erbringung der versprochenen Leistung anhalten. Zum anderen eröffnet sie dem Gläubiger im Verletzungsfall die Möglichkeit einer **erleichterten Schadloshaltung ohne Einzelnachweis.** Zur Verfolgung dieses Zwecks ist es sachgerecht und nicht unverhältnismäßig, wenn die Höhe der Strafe an den Umfang der geschuldeten Leistung anknüpft und durch ihn nach oben begrenzt wird. Schuldet der Gastwirt bei Verwirkung der Vertragsstrafe wirtschaftlich nicht mehr, als er bei gehöriger Erfüllung der übernommenen Verpflichtung an Leistung zu erbringen gehabt hätte, so bestehen hinsichtlich der Höhe keine Bedenken. Unwirksam wäre die vereinbarte Vertragsstrafenklausel nur, wenn die darin festgesetzte Pauschale den in den geregelten Fällen nach dem gewöhnlichen Lauf der Dinge zu erwartenden Schaden übersteigen würde (§§ 307 Abs. 2 Nr. 1, 309 Nr. 5a BGB).[654]

329 Knüpft die Vertragsstrafenklausel alleinig an die Verpflichtung zur Aufstellung der Automaten an und sanktioniert damit die Nichteinhaltung der übernommenen Betriebspflicht, so rekurriert sie auf eine **Hauptpflicht** des Gastwirts. Die Höhe der Vertragsstrafe findet ihr Äquivalent im **Gewicht des Vertragsverstoßes.** Zwar steigert die Vertragsstrafe sich mit der Dauer der Vertragsverletzung. Ist aber eine **summenmäßige Beschränkung** vorgesehen, etwa bemessen auf die Vertragslaufzeit, und steht der Höchstbetrag der Vertragsstrafe nicht außer Verhältnis zu dem, dem Aufsteller bei Nichtbetrieb der Automaten entstehenden Schaden und knüpft damit an den Umfang der von dem Gastwirt geschuldeten Leistung, seiner **Betriebspflicht**, an, so ergeben sich keine Wirksamkeitsbedenken.[655]

330 Von Bedeutung ist auch, ob der Aufsteller vertraglich die von ihm übernommene Pflicht, die Geräte dem Gastwirt zu überlassen und aufzustellen, an ein **Rentabilitätsminimum** geknüpft hat. Danach kann der Aufsteller die Geräte nach einer **Anzeigefrist** abräumen, wenn der Kasseninhalt der Geräte nicht das erforderliche Rentabilitätsminimum erreicht. Dieses ist bei den unterschiedlichen Gerätearten auf die jeweiligen vierwöchigen Nettoumsätze berechnet worden. Für die streitgegenständlichen Automaten ergab sich damit ein Mindestnettoumsatz von **50,00 EUR im Monat.** Diese Regelung verdeutlicht den **branchenüblichen Gewinn**, den der Aufsteller mit der Aufstellung der Geräte bei dem Gastwirt zu erzielen beabsichtigte, so daß darin der ihm entstehende Schaden bei Nichterfüllung des Vertrags als ein Minimum seinen Ausdruck findet.[656]

331 Soweit Ausschließlichkeitsvereinbarungen durch eine Vertragsstrafe abgesichert werden sollen, ist im Übrigen auch zu bedenken, dass die Höhe des eingetretenen Schadensersatzes entscheidend davon abhängig ist, ob die Vertragsverletzung zu **Beginn oder unmittelbar vor Auslaufen des Vertrags** verübt wird.[657]

Die Vertragsstrafe sollte so bemessen sein, dass sie tendenziell auch die Schäden adäquat widerspiegelt, welche unmittelbar vor Beendigung des Vertrags eintreten, weil und soweit der Gastwirt oder sonstige Betreiber die Ausschließlichkeitsverpflichtung verletzt. Eine **gestaffelte Vertragsstrafenregelung** ist angezeigt.[658]

332 Differenziert eine Vertragsstrafenklausel nicht nach den verschiedenen in Betracht kommenden Vertragsverletzungen des Gastwirts (**Einheitspauschale**), so darf die Pauschale den typischerweise geringsten Schaden nicht übersteigen.[659]

---

651 OLG Rostock BeckRS 2010, 27462.
652 Bedenken bei OLG Düsseldorf BB 1994, 1739 = MDR 1994, 118.
653 OLG Rostock BeckRS 2010, 27462.
654 BGH BB 1983, 662; NJW-RR 1990, 1076; OLG Rostock BeckRS 2010, 27462.
655 OLG Rostock BeckRS 2010, 27462.
656 OLG Rostock BeckRS 2010, 27462.
657 OLG Celle NJW-RR 1988, 946; LG Essen MDR 1989, 996.
658 LG Essen MDR 1989, 996.
659 BGH NJW-RR 1990, 1076; OLG Celle NJW-RR 1988, 946; LG Aachen NJW-RR 1987, 948.

Die Unwirksamkeit einer – überhöhten – Vertragsstrafe wird nicht dadurch **kompensiert**, dass sich auch der Aufsteller gegenüber dem Gastwirt in gleicher Weise verpflichtet.[660] **333**

Welche **absolute Grenze** für eine Vertragsstrafe anzusetzen ist, wenn der Gastwirt schuldhaft das ausschließliche Aufstellrecht verletzt, ist umstritten. Handelt es sich z.b. um die **Verletzung des Ausschließlichkeitsrechts**, so ist eine Vertragsstrafe in Höhe von 1.000,00 EUR für jeden Fall der Zuwiderhandlung nicht zu beanstanden.[661] Eine in einem Automatenaufstellvertrag vorgesehene Vertragsstrafe in Höhe von 1.500,00 EUR kann je nach den Umständen angemessen sein.[662] Vertragsstrafenklauseln für den **Verlust des Aufstellplatzes** oder sonstige Vertragsverstöße bis 2.500,00 EUR sind nicht gerechtfertigt.[663] **334**

Eine **geltungserhaltende Reduktion** findet nicht statt.[664] **335**

VIII. Kündigungsklauseln

1. Schließung der Gaststätte. Häufiger stellt sich die Frage der Wirksamkeit von Kündigungsklauseln.[665] Das dem Gastwirt zustehende außerordentliche Kündigungsrecht (§ 314 BGB), etwa bei von ihm nicht zu vertretender Schließung der Gaststätte, kann weder formularmäßig (§ 307 Abs. 2 Nr. 1 i.V.m. §§ 314, 543 BGB) noch individuell (§ 138 Abs. 1 BGB) ausgeschlossen oder eingeschränkt werden.[666] **336**

2. Abräumrecht bei fehlender Rentabilität. Ein jederzeitiges Abholungsrecht des Aufstellers bei Unrentabilität (**Rentabilitätsklausel**) ist als außerordentliches Kündigungsrecht stets unwirksam. Die Klausel ist wegen fehlender **Bestimmtheit** und **Transparenz** nach § 307 Abs. 1 S. 2 BGB zu beanstanden, weil der Gastwirt von sich aus überhaupt nicht in der Lage ist, die Rentabilität eines Automaten aufgrund des Textes der Klausel nachzuprüfen. Er ist aber auch mangels Kenntnis der Kosten und der Kalkulation des Aufstellers hierzu überhaupt nicht in der Lage, von sich aus – ohne Einholung eines Sachverständigengutachtens – zu ermitteln, unter welchen Voraussetzungen der Automatenaufsteller ein fristloses Kündigungsrecht für sich reklamiert.[667] Fehlende Transparenz ist auch dann zu bejahen, wenn die Rentabilitätsklausel auf „nicht ausreichende Einnahmen" abstellt.[668] Mangels hinreichender Bestimmtheit dürfte die Klausel jedenfalls dann unwirksam sein, wenn – wie häufig – lediglich auf ein „erforderliches Rentabilitätsminimum" abgestellt wird.[669] Gleiche Bedenken können sich gegen ein Abräumrecht des Aufstellers erheben im Hinblick auf die Formulierung „wenn der Kasseninhalt nicht das für den Aufsteller erforderliche Rentabilitätsminimum erreicht". Der Kunde kann die Erfüllung dieser Voraussetzungen kaum nachprüfen, der Aufsteller sie möglicherweise manipulieren.[670] Obwohl diese und die vorgenannte Klausel wegen der konkreten Umstände der Vertragsgestaltung gelegentlich unbeanstandet gelassen worden ist,[671] bestehen auch unabhängig von ihrer Formulierung im Einzelfall Bedenken.[672] Dies jedenfalls dann, wenn auch bei Abräumung der Geräte die Ausschließlichkeitsbindung des Gastwirts bestehen bleiben soll, sodass dieser Gefahr läuft, unversehens keine Geräte mehr zur Verfügung zu haben, ohne von anderen Automatenaufstellern zur Verfügung gestellte Geräte aufstellen zu können.[673] **337**

3. Negative Auskunft. Zu beachten sind § 305c Abs. 1 BGB und das **Transparenzgebot** des § 307 Abs. 1 S. 2 BGB. Daher sollte die Kündigungsbefugnis eindeutig geregelt werden. Mangels Bestimmtheit ist die Kündigungsbefugnis „bei ungünstigen Auskünften" unwirksam.[674] **338**

4. Insolvenz. Unbedenklich i.S.v. § 307 Abs. 2 Nr. 2 BGB ist ein fristloses Kündigungsrecht des Automatenaufstellers, wenn der Gastwirt oder sonstige Betreiber Insolvenz angemeldet hat.[675] **339**

---

660 OLG Celle NJW-RR 1988, 946.
661 BGH MDR 1980, 50 = WM 1980, 918.
662 BGH NJW-RR 1990, 1076; OLG Celle NJW-RR 1988, 946; LG Essen MDR 1989, 996; OLG Rostock BeckRS 2010, 27462.
663 BGH MDR 1980, 50 = WM 1980, 918; LG Aachen NJW-RR 1987, 948.
664 BGH NJW 2003, 1805.
665 Eingehend *Bühler*, § 56 XI Rn 5.335–5.343. m.w.N.
666 BGH NJW 1985, 53.
667 BGH BB 1983, 662; NJW 1982, 1693; NJW 1983, 159; ZIP 1984, 841 = WM 1984, 663; OLG Celle NJW-RR 1988, 946.
668 BGH NJW 1971, 1034; MDR 1980, 50 = WM 1980, 918; NJW 1983, 159; ZIP 1984, 841 = WM 1984, 663; OLG Celle NJW-RR 1988, 946.
669 OLG Celle NJW-RR 1988, 946.
670 BGH NJW 1983, 159; ZIP 1984, 841 = WM 1984, 663; OLG Celle NJW-RR 1988, 946.
671 BGH NJW 1971, 1034.
672 BGHZ 51, 55 = NJW 1969, 230; MDR 1980, 50 = WM 1980, 918; NJW 1983, 159.
673 BGH NJW 1983, 159; NJW-RR 1990, 1076 lässt die Frage offen.
674 BGH NJW 1985, 53.
675 BGH ZIP 1984, 841 = WM 1984, 663.

Autowaschanlagen

340 Eine **Haftung** für Vorsatz und grobe Fahrlässigkeit kann nicht ausgeschlossen werden,[676] § 309 Nr. 7b BGB. Überwiegend wird auch eine Freizeichnung für leichte Fahrlässigkeit für unwirksam gehalten.[677] Dem ist nicht zuzustimmen. Allerdings hat der Betreiber der Waschanlage insbesondere durch Hinweise und Hinweisschilder auf besondere Risiken, etwa einer Dachantenne hinzuweisen (eine Verletzung kann hier bereits grobe Fahrlässigkeit begründen). Ist dies jedoch erfolgt und stellen sich außergewöhnliche Umstände ein, auf die der Betreiber keinen Einfluss hat, so spricht nichts dagegen es beim Grundsatz zu belassen, dass die Haftung für leichte Fahrlässigkeit ausgeschlossen werden kann.

341 Unwirksam sind dagegen Klauseln, dass **Schäden sofort zu melden** sind andernfalls keinerlei Ersatz geleistet wird.[678]

Banken

Literatur zum Stichwort Banken: *Bunte*, AGB-Banken und Sonderbedingungen, 3. Aufl. 2011; *Schimansky/Bunte/Lwowski*, Bankrechts-Handbuch, 4. Aufl. 2011

A. Allgemeines 342	XII. Engelte 410
B. AGB Begriff, insbesondere „Stellen" der AGB, falls der andere Teil das Formularwerk des Verwenders wünscht? 345	XIII. Fakultativklausel 417
	XIV. Freigabeklausel 418
	XV. Geschäftsfähigkeit 419
C. Auslegung 351	XVI. Globalzession 420
I. Auslegung und Europarecht 351	XVII. Haftung 421
II. Auslegung und geltungserhaltende Reduktion .. 352	XVIII. Behaltensklauseln 422
III. Ergänzende Vertragsauslegung 353	XIX. Kontoauszug 423
IV. Umgehung 354	XX. Lastschriftklauseln 424
D. Inhaltskontrolle 355	XXI. Nichtabnahmeentschädigung 425
I. Verwendung gegenüber Verbrauchern und Unternehmern 355	XXII. Maklerprovision 426
	XXIII. Opt out-/Opt in-Erklärung 427
II. Transparenzgebot 359	XXIV. Pfandrecht 428
III. Summierungseffekt 364	XXV. Prämiensparvertrag 429
IV. Schranken der Inhaltskontrolle 365	XXVI. Preisanpassungsklauseln 430
E. Rechtsfolgen bei der Verwendung unwirksamer AGB 368	XXVII. Schiedsabreden 432
	XXVIII. Schriftformklausel 434
I. Abmahnung und Schadensersatz nach UKlaG ... 368	XXIX. Schufa-Klausel 436
II. Abmahnung und Schadensersatz nach UWG ... 369	XXX. Substitutionsklausel 437
F. Einzelklauseln 370	XXXI. Tilgungsbestimmung 438
I. Abschlussgebühr 370	XXXII. Umwandlung Oder-Konto 439
II. Abtretung(sanzeige) 371	XXXIII. Verbraucherkredit 440
III. Annahmeklauseln 372	XXXIV. Vertragsstrafen 441
IV. Aufrechnungsausschluss 373	XXXV. Vollmachtsklausel 442
V. Bankauskünfte 381	XXXVI. Wertstellungsklausel 443
VI. Überziehungszinsen 382	XXXVII. Widerruflichkeit des Überweisungsauftrags 444
VII. Bausparverträge 399	XXXVIII. Zinsklauseln 445
VIII. Bürgschaft 400	XXXIX. Zwangsvollstreckung 450
IX. Darlehen 405	G. Zur aktuellen Rechtsprechung 451
X. Darlehensvermittlungsverträge 408	H. Zusammenfassung 467
XI. EC-Karten und Scheckverkehr 409	

A. Allgemeines

342 Die Banken und Sparkassen-AGB wurden durch die umfassende Rechtsprechung vor allem des BGH in den letzten zehn Jahren weitgehend an das AGB-Recht bzw. die §§ 307 ff. BGB angepasst.[679]

---

[676] BGH NJW 2005, 422; Palandt/*Grüneberg*, § 307 Rn 63; OLG Düsseldorf BB 1980, 388; UBH/*Schmidt*, Teil 2 Nr. (4) Rn 1.
[677] BGH NJW 2005, 422; UBH/*Schmidt*, Teil 2 Nr. (4) Rn 1.
[678] KG NJW-RR 1991, 698; *Padeck*, VersR 1989, 533;UBH/ *Schmidt*, Teil 2 Nr. (4) Rn 2; Palandt/*Grüneberg*, § 307 Rn 63; v. Westphalen/*Kappus*, Klauselwerke Rn 13.

[679] Stand der AGB Banken: 1.11.2009; BGHZ 118, 126; Palandt/*Grüneberg*, § 307 Rn 63 ff.; UBH/*Fuchs*, Teil 4 (2); zur aktuellen Bankenrechtsprechung des BGH: *Wiechers*, WM 2011, 145; *Schlick*, WM 2011, 154; *Niebling*, MDR 2013, 1012.

343 Wesentlich ist zunächst, dass der Kunde der Bank i.d.R. als Verbraucher gegenübertritt.[680]

344 Obwohl die AGB der Banken und Sparkassen seit fast 35 Jahren Gegenstand der Inhaltskontrolle sind, haben die jüngsten Entscheidungen zu Zinsklauseln, Entgeltklauseln und Abschlussgebühren gezeigt, dass in Dogmatik und Wertung noch wenig Rechtssicherheit besteht.[681] Neben einem Überblick über den Status Quo soll auch versucht werden die Kriterien der Inhaltskontrolle etwas zu präzisieren. Die Bedingungen der Banken und Sparkassen sind zum 31.10.2009 neu gefasst worden; gleichwohl wurden auch Urteile zu den bisherigen Bedingungen zitiert, weil hierdurch zumeist auch durch die Klausel aufgeworfene Rechtsfragen erhellt und Schranken für die Klauseln aufgezeigt werden.

B. AGB Begriff, insbesondere „Stellen" der AGB, falls der andere Teil das Formularwerk des Verwenders wünscht?

345 Die Vereinbarung eines bestimmten Formulars[682] – auch bei Auswahlmöglichkeiten – führt nicht dazu, Bankenbedingungen dem AGB-Recht zu entziehen.

346 Dies gilt auch wenn die Bedingungen von einem Dritten (Verband u.a.) erstellt wurden. Nur in engen Sonderfällen führt eine Vorabeinigung der Parteien auf ein bestimmtes Formular dazu, dass die hierin enthaltenen Regelungen (nach Auffassung des VIII. Senats) keine AGB sind, da es am Merkmal des „Stellens" fehle. Voraussetzung ist jedoch, dass eine freie Entscheidung vorliegt, d.h. der andere Vertragsteil (hier: der Erwerber) muss in der Auswahl der in Betracht kommenden Texte frei sein und eine effektive Möglichkeit haben, den eigenen alternativen Text in die Verhandlungen einzubringen. Dies ist im Bankenbereich nicht der Fall.

347 Auch bei einzelnen Klauseln reicht es nicht, wenn diese besprochen werden und der Kunde erklärt, ich bin hiermit einverstanden. Für ein Aushandeln muss vielmehr Abänderungsbereitschaft erkennbar sein, der Verwender **muss den gesetzesfremden Kerngehalt ernsthaft zur Disposition** stellen.[683] Und auch hier ist es nicht ausreichend, wenn die Wahl zwischen zwei Alternativen angeboten wird, die beide gegen AGB-Recht verstoßen würden.

348 Das Merkmal des Stellens ist erfüllt, wenn eine Seite AGB in den Vertrag einbeziehen will. Dies reicht für die Einseitigkeit aus.

349 Das Einverständnis des Kunden ist nicht anders zu beurteilen als ein vor Unterzeichnung erklärtes Einverständnis mit den AGB, ja sogar mit einer vorformulierten Einverständniserklärung „Ich habe die AGB gelesen und bin hiermit einverstanden". Das Merkmal des Stellens wird hierdurch nicht beseitigt[684] und die Inhaltskontrolle ist weiterhin möglich.[685]

350 Nachdem im Verbrauchergeschäft der andere Teil auch darzulegen und notfalls zu beweisen hat, dass die Bedingungen gestellt wurden, wird er vielfach ohne Schutz bleiben, würde man die Rechtsprechung des VIII. Senats weiterführen und ausdehnen. Die Bank bräuchte sonst nur vorzutragen, der Kunde habe gewünscht, diese Bedingungen zu verwenden. Damit vermag die Einigung auf ein bestimmtes Formular unwirksame AGB jedoch nicht zu retten.

C. Auslegung

I. Auslegung und Europarecht

351 Die Mitgliedstaaten der EU sind berechtigt strengere Regeln zu missbräuchlichen Klauseln zu erlassen. Die Gerichte haben diese auch von Amts wegen zu berücksichtigen.[686] Auch in einem Prozess mit Bankkunde/Bank hat damit das

---

680 BGH v. 25.1.2011 – XI ZR351/08: Allgemeine Hinweise auf eine „selbstständige" Tätigkeit dieser Kläger bzw. der Tätigkeit der Kläger als „Installateur" bzw. „Handwerker" stehen einer Verbrauchereigenschaft schon deswegen nicht entgegen, weil Bank- und Börsengeschäfte, die der Pflege des eigenen Vermögens dienen, grundsätzlich nicht als berufliche oder gewerbliche Tätigkeit gelten (vgl. Senatsurteile v. 23.10.2001 – XI ZR 63/01, BGHZ 149, 80, 86 und v. 8.6.2010 – XI ZR 349/08, WM 2010, 2025 Rn 34; OLG Frankfurt, WM 2009, 718, 719; *Reithmann/Martiny/Mankowski*, Internationales Vertragsrecht, 7. Aufl., Rn 2351; Staudinger/*Magnus*, BGB [2002], Art. 29 EGBGB Rn 33).

681 Zuletzt *Niebling*, VuR 2011, 283; *ders.*, MDR 2013, 1012.

682 BGH v. 17.2.2010 – VIII ZR 67/09 (Volvo-Urteil), MDR 2010, 733 = NJW 2010, 1131 = DAR 2010, 326 m. Anm. *Lorenz*, S. 314 (zustimmend, aber widersprüchlich: die Klausel „gekauft wie besichtigt" wird auf S. 317 missbilligt, auf S. 318 für zulässig erachtet) kritisch: *Niebling*, NJ 2010,301; *ders.*, ZfS 2010, 482; zu den Auswirkungen im Mietrecht *Niebling*, ZMR 2010, 509; *Miethaner*, NJW 2010, 3121.

683 Palandt/*Grüneberg*, § 305 Rn 21; PWW/*Berger*, § 305 Rn 7; WLP/*Pfeiffer*, § 305 Rn 32; AK/*Kollmann*, § 305 Rn 11; HK/*Schulte-Nölke*: verlangen beide unabhängig voneinander die Einbeziehung derselben AGB, so sind die §§ 305 ff. nicht anwendbar.

684 Palandt/*Grüneberg*, § 305 Rn 19.

685 Richtig jurisPK-BGB/*Lapp*, § 305 Rn 15: auch kopierte Formularbücher können gestellt werden.

686 EuGH v. 3.6.2010 – C-484/08 m. Anm. *Niebling*, NJ 2010, 421 = RIW 2010, 873; EuGH v. 9.11.2010 – C-137/08, EuZW 2011, 27.

Gericht von Amts wegen unwirksame Bedingungen außer Acht zu lassen.[687] Im Klauselerinnerungsverfahren findet dagegen keine AGB-Kontrolle statt.[688]

II. Auslegung und geltungserhaltende Reduktion

352 Eine geltungserhaltende Reduktion überzogener Klauseln findet grundsätzlich auch im Bankrecht nicht statt.[689] Klauseln sind zunächst nach der kundenfeindlichsten (und zur Unwirksamkeit führenden) Auslegung zu beurteilen. Unklarheiten gehen zu Lasten der Bank. So sind etwa **formularmäßige Schiedsabreden** zunächst sorgfältig auch nach der Unklarheitenregelung des § 305c Abs. 2 BGB auszulegen.[690] Auch eine Schiedsabrede zwischen einem gewerblichen Terminsoptionsvermittler und einem Anleger muss nicht die streitgegenständlichen Ansprüche erfassen.[691]

III. Ergänzende Vertragsauslegung

353 Eine ergänzende Vertragsauslegung kann bei der Unwirksamkeit von AGB grundsätzlich nicht erfolgen, da hierdurch das Risiko der Verwendung ähnlich einer verbotenen geltungserhaltenden Reduktion teilweise auf den Vertragspartner verlängert würde.[692] Anders bei einer ergänzenden Auslegung, die sich **zugunsten** des Kunden auswirkt (siehe Stichwort „Zins- und Zinsberechnungsklauseln"). Auch bei Unwirksamkeit einer Preisanpassungsklausel bleibt der Vertrag i.Ü. wirksam.[693]

IV. Umgehung

354 Auch Umgehungstatbestände sind bei Bankenbedingungen sorgfältig zu prüfen.[694]

D. Inhaltskontrolle

I. Verwendung gegenüber Verbrauchern und Unternehmern

355 Fällt eine Klausel bei Verwendung gegenüber Verbrauchern unter § 309 BGB, so ist dies ein **Indiz** dafür, dass sie **auch im Falle der Verwendung gegenüber Unternehmern zu einer unangemessenen Benachteiligung führt**, es sei denn, sie kann wegen der besonderen Interessen und Bedürfnisse des unternehmerischen Geschäftsverkehrs ausnahmsweise als angemessen angesehen werden.[695]

356 Freizeichnungen für die Verletzung des Lebens, des Körpers und der Gesundheit sind auch im unternehmerischen Geschäftsverkehr unwirksam. Auch die Haftung für Vorsatz und grobe Fahrlässigkeit kann nicht ausgeschlossen werden.[696] Insoweit sind die Haftungsbedingungen der Bank dem AGB-Recht angepasst worden.

357 Führt ein Selbstständiger, etwa ein Rechtsanwalt, ein Kanzleikonto, so ist das Rechtsgeschäft objektiv in Ausübung der selbstständigen (oder gewerblichen) Tätigkeit abgeschlossen, § 14 BGB.[697] Insoweit liegt kein Verbrauchergeschäft vor. Gleiches gilt, wenn Anlagegelder vom Geschäftskonto gezahlt werden.[698] Im Übrigen ist der Kontoführungsvertrag grundsätzlich ein Verbrauchergeschäft, weil Bank- und Börsengeschäfte, die der Pflege des eigenen Vermögens dienen, grundsätzlich nicht als berufliche oder gewerbliche Tätigkeit gelten.[699]

358 Zum Teil wurde eine Reform (Liberalisierung) des AGB-Rechts im Unternehmensverkehr gefordert.[700] Dies ist abzulehnen, weil dann die Schere zum Verbraucher noch weiter aufklafft und der Vertragspartner eines Verbrauchers auf den Risiken und Kosten „sitzen bleibt".

II. Transparenzgebot

359 **Und-/Oder-Klausel:**[701] Die Formulierung mit „und/oder" verstößt grundsätzlich nicht gegen das Transparenzprinzip des § 307 Abs. 1 S. 2 BGB (siehe auch Stichwort „Transparenzgebot").[702]

---

687 EuGH v. 6.10.2009 – C-40/08 und v. 4.6.2009 – C-243/08 m. Anm. *Pfeiffer*, NJW 2009, 2369.
688 BGH v. 16.4.2009 – VII ZB 62/08.
689 BGH v. 11.3.2010 – III ZR 240/09.
690 BGH v. 8.2.2011 – XI 168/08.
691 Ausführlich und lesenswert: BGH v. 8.2.2011 – XI 168/0. Eine geltungserhaltende Reduktion kommt auch bei unwirksamen Klauseln zu Schönheitsreparaturen in Mietverträgen nicht in Betracht: BGH v. 31.8.2010 – VIII ZR 28/10.
692 Keine ergänzende Vertragsauslegung auch bei Preiserhöhungsklauseln: BGH v. 29.4.2008, KZR 2/07 (Gassondervertrag); zu Preiserhöhungsklauseln in Dauerschuldverhältnissen auch: BGH v. 21.9.2005 – VIII ZR 38/05, NJW-RR 2005, 1717; BGH v. 13.12.2006 – VIII ZR 25/06, NJW 2007, 1054; BGH v. 15.11.2007 – III ZR 247/06; hierzu zu Unrecht kritisch *v. Westphalen*, MDR 2008, 424.
693 BGH v. 13.1.2010 – VIII ZR 81/08.
694 *Strube*, AGB-Kontrolle von Leistungsentgelten und Preisanpassungsklauseln, in Anlegerschutz, 2011, S. 122.
695 BGH v. 19.9.2007 – VIII ZR 141/06 und BGHZ 90, 273, 278.
696 BGH v. 19.9.2007 – VIII ZR 141/06, S. 7 f.
697 BGH v. 30.9.2009 – VIII ZR 7/09, NJ 2010, 162 m. Anm. *Glasow; Schürnbrand*, JZ 2009, 133.
698 BGH v. 22.3.2011 – XI ZR 157/09.
699 BGH v. 22.3.2011 – XI ZR 157/09 (Schiedsklausel); BGH v. 22.3.2011 – XI ZR 278/09 (Schiedsklausel II); BGHZ 149, 80,86; BGH v. 8.6.2010 – XI ZR 349/08, WM 2010, 2025; BGH v. 25.1.2011 – XI ZR 350/08, WM 2011, 548.
700 *Berger*, NJW 2010, 465; *Dauner-Lieb/Axer*, ZIP 2010, 309; *Müller/Griebler/Pfeil*, BB 2009, 2658; *Kessler/Stomps*, BB 2009, 2666.
701 OLG Celle v. 30.10.2008 – 11 U 78/08.
702 Palandt/*Grüneberg*, § 307 Rn 16 ff.

„Wesentliche Vertragspflicht (Kardinalpflicht)":[703] Das OLG Celle hält den Hinweis auf eine nicht näher ausformulierte „wesentliche Vertragspflicht (Kardinalpflicht)" für unwirksam. Der Entscheidung ist nicht zu folgen. 360

Nachdem Unklarheiten zu Lasten des Verwenders gehen, sind die Interessen des anderen Teils ausreichend berücksichtigt.[704] 361

Auch bei Immobilienfondsbedingungen spielt das Transparenzgebot eine entscheidenden Rolle;[705] ebenso beim Anteilskauf.[706] 362

Die Frage, ob eine Gefahr der inhaltlichen Benachteiligung des Vertragspartners für die Unwirksamkeit einer intransparenten Klausel hinzukommen muss, lässt der BGH offen.[707] 363

III. Summierungseffekt

Klauseln, die für sich betrachtet noch zulässig sind, können im Zusammenhang mit anderen Klauseln unzulässig sein.[708] 364

IV. Schranken der Inhaltskontrolle

Gerade bei Banken-AGB stellt sich oft die Frage nach den Schranken der Inhaltskontrolle. Lange war streitig, ob etwa die Abschlussgebühr von 1 % der Bausparsumme verlangt werden kann.[709] Nunmehr hat der BGH zutreffend entschieden, dass die Klausel zwar einer Inhaltskontrolle unterliege, aber nicht zu beanstanden sei.[710] 365

Unzutreffend ist es jedoch, die Inhaltskontrolle bei der Überprüfung von Entgelten der Bank (generell) auszunehmen.[711] Entscheidend ist doch, ob kraft Gesetzes davon auszugehen ist, dass die Leistung der Bank unentgeltlich sein soll oder von dieser als Nebenpflicht (ohnehin) geschuldet wird. Wird die Bank zur Erfüllung eigener Pflichten oder für eigene Zwecke tätig, so kann hierfür ein Entgelt auch im Ergebnis nicht verlangt werden.[712] 366

Das maßgebliche Kriterium ist hierbei nicht, ob es sich um eine Preisabrede oder eine Preisnebenabrede handelt.[713] 367

E. Rechtsfolgen bei der Verwendung unwirksamer AGB

I. Abmahnung und Schadensersatz nach UKlaG

Der Verwender haftet bei der Verwendung unwirksamer AGB nach den Grundsätzen der **Verletzung von Nebenpflichten, c.i.c. bzw. pVV**;[714] die Verwendung unwirksamer AGB kann zugleich einen Wettbewerbsverstoß darstellen und abgemahnt werden.[715] Auch Dritte können in den Schutzbereich des Vertrags fallen und bei unwirksamen Bedingungen Schadensersatz gegen den Verwender geltend machen.[716] 368

---

703 OLG Celle v. 30.10.2008 – 11 U 78/08.
704 Ebenso: Palandt/*Grüneberg*, § 307 Rn 18; BGH NJW-RR 2005, 1496; ferner: Transparenzgebot in der Landpacht, BGH vom 23.4.2010 – LwZR 15/08; BGH v. 24.2.2010 – XII ZR 69/08; hierzu auch *Theesfeld*, NJ 2011, 133, 135; BGH v. 14.12.2010 – VIII ZR 143/10; BGH v. 23.2.2011 – XII ZR 101/09.
705 *Fehrenbach/Maetschke*, WM 2010, 1149.
706 BGH v. 8.12.2010 – VIII ZR 343/09, MDR 2011, 140.
707 Entgegen der h.M. ist dies abzulehnen; intransparente Klauseln sind i.d.R. geeignet, den Kunden von der Geltendmachung seiner Rechte abzuhalten.
708 BGH v. 9.12.2010 – VII ZR 7/10: (Vertragserfüllungsbürgschaft von 10 % der Auftragssumme plus Abschlagszahlungen müssen nur zu 90 % bezahlt werden); OLG Köln v. 22.7.2008 – 15 U 229/07; BGH v. 12.3.2014 – XII ZR 108/13; *Niebling*, BB 1992, 717.
709 Zulässig, LG Dortmund v. 15.5.2009 – 8 O 319/08; LG Hamburg v. 22.5.2009 – 324 O 777/08; LG Stuttgart v. 3.12.2009 – 2 U 30/09, MDR 2010, 705; OLG Hamm v. 1.2.2010 – 31 U 130/09, MDR 2010, 702; *Lentz*, BB 2010, 598; *Pieroth/Hartmann*, WM 2009, 677 (halten zu Unrecht eine Inhaltskontrolle für ausgeschlossen).
710 BGH v. 7.12.2010 – XI ZR 3/10, VuR 2011, 93 m. Anm. Niebling = BB 2011, 654 m. Anm. *Wagner/Wexler-Uhlich*

= ZIP 2011, 263 = WM 2011, 263; a.A. *Knops*, ZBB 2010, 479, 481: wohl für Unwirksamkeit; zu Unrecht gegen eine Inhaltskontrolle insoweit: *Stoffels*, Grundsatzfragen der AGB-Kontrolle, in Anlegerschutz, 2011, 100.
711 *Bunte*, AGB-Banken, Vorb. Rn 52, S. 50.; vgl. auch OLG Frankfurt v. 17.4.2013 – 23 U 50/12 (Revision wurde zurückgenommen); ausführlich, aber zu Unrecht kritisch: *Weber*, BKR 2013, 450.
712 BGH v. 7.6.2011 – XI ZR 388/10.
713 So aber wohl *Bunte*, AGB-Banken, Rn 54; zur Platzmietpauschale BGH v. 13.1.2011 – III ZR 78/10.
714 Palandt/*Grüneberg*, § 307 Rn 14; PWW/*Berger*, § 306 Rn 21; Erman/*Roloff*, § 306 Rn 19: Der Schadensersatzanspruch umfasst die Rückabwicklung erbrachter Leistungen wie auch die Aufwendungen für Beraterkosten; das schadensersatzpflichtige Verhalten könne auch darin liegen, dass der Verwender es pflichtwidrig unterlasse, über den Inhalt bestimmter AGB hinreichend aufzuklären; BGH NJW 1994, 2754; ähnlich PWW/*Berger*, § 306 Rn 23: Schadensersatz nach §§ 280, 311 Abs. 2 BGB unter Hinw. auf BGH NJW 1994, 2754.
715 BGH v. 31.3.2010 – I ZR 34/08; *Niebling*, IPRB 2010, 213; *Köhler*, NJW 2008, 177; OLG Frankfurt v. 4.7.2008 – 6 W 54/08.
716 BGH v. 21.7.2010 – XII ZR 189/08.

II. Abmahnung und Schadensersatz nach UWG

369 Das **Verhältnis UWG/AGB** wird weiter diskutiert.[717] Grundsätzlich stellt die Verwendung unwirksamer AGB einen Wettbewerbsverstoß dar. Mitbewerber können Ansprüche nach § 8 UWG geltend machen.[718]

F. Einzelklauseln
I. Abschlussgebühr

370 Die Zulässigkeit der Abschlussgebühr von 1 % der Bausparsumme[719] beim Abschluss von Bausparverträgen hat zunächst positiv bestätigt, dass die Abschlussgebühr der Inhaltskontrolle unterliegt.[720] Abschlussgebühren für Darlehensverträge u.a. sind gleichwohl unwirksam, weil sich die Rechtsprechung insoweit nicht übertragen lässt und nach dem Vertragszweck der Verdienst der Bank der Darlehenszins sein soll.

II. Abtretung(sanzeige)

371 Eine Klausel, nach der eine Abtretungsanzeige unter Verwendung eines vorgegebenen Formblatts des Schuldners erfolgen muss, ist nach § 307 BGB unwirksam.[721] Für die Ausfertigung einer Abtretungserklärung bei Grundpfandrechten kann eine geringe Gebühr vereinbart werden.[722]

III. Annahmeklauseln

372 Es verstößt gegen § 308 Nr. 1 BGB, wenn sich eine Hypothekenbank für die Annahme eines Darlehensantrags generell eine Frist von sechs Wochen einräumen lässt.[723] Dagegen hat der BGH eine Frist von einem Monat noch gebilligt.[724] Die Zusatzklausel, nach der zur Wahrung dieser Frist die Absendung der Annahmeerklärung mit der Post genügen soll, ist dagegen bedenklich.[725]

IV. Aufrechnungsausschluss

373 Die Begrenzung der Aufrechnung auf unbestrittene oder rechtskräftig festgestellte Forderungen (AGB Banken Nr. 4) ist bedenklich, weil es Fallgruppen gibt, in denen die Aufrechnung darüber hinaus zulässig ist: So bei entscheidungsreifen Forderungen, bei Gegenforderungen, die auf einer vorsätzlichen unerlaubten Handlung der Bank oder einer vorsätzlichen Vertragsverletzung der Bank beruhen, und bei Insolvenz der Bank.[726] Nach bisheriger Rechtsprechung mussten diese Fallgruppen jedoch nicht in die Klausel integriert werden, sondern stellen Fallgruppen einer unzulässigen Rechtsausübung einer wirksamen Klausel dar.[727]

374 Dies ist abzulehnen, denn der Kunde muss aus der Klausel heraus erkennen, wann er aufrechnen kann.

375 Die Grenzen einer zulässigen Aufrechnungsbeschränkung finden sich in § 320 BGB bzw. § 309 Nr. 2 BGB. Leistungsverweigerungsrechte dürfen nicht ausgeschlossen oder eingeschränkt werden. Leistungsverweigerungsrechte, die nach § 320 BGB nicht auf Geldforderungen beruhen sind daher privilegiert, solche die auf Geld beziehen (und aufgerechnet werden können) sind nach § 309 Nr. 3 benachteiligt.[728] Um dies wertungsgemäß auszugleichen konnte bei konnexen Forderungen die Aufrechnung nicht formularmäßig beschränkt werden. Dies hat der VII. Zivilsenat nun richtigerweise der Sache nach (wenn auch auf einen anderen Sachverhalt bezogen) bestätigt.[729]

376 In einer wirksamen Klausel für eine Aufrechnungsbeschränkung muss dies ausdrücklich und so transparent erläutert werden, dass der Kunde nicht davon abgehalten wird, die Aufrechnung zu erklären.

377 Fällt eine Klausel bei Verwendung gegenüber Verbrauchern unter § 309 BGB, so ist dies ein **Indiz** dafür, dass sie **auch im Falle der Verwendung gegenüber Unternehmern zu einer unangemessenen Benachteiligung führt**, es sei

---

717 *Tüngler/Ruess*, WRP 2009, 1336; auch *Wille*, GRUR 2009, 470; *Niebling*, NJ 2011, 89.
718 *Köhler*, NJW 2008, 177; Palandt/*Bassenge*, § 3 UKlaG; *Niebling*, IPRB 2010; 213; so kann es wettbewerbsrechlich nicht ausreichend sein, auf die Kostentragungspflicht des Verwenders bei Rücksendung der Ware (nach Widerruf) nur in den AGB hinzuweisen: OLG Hamm v. 2.3.2010 – 4 U 174/09 und 4 U 180/09.
719 Zulässig, LG Dortmund v. 15.5.2009 – 8 O 319/08; LG Hamburg v. 22.5.2009 – 324 O 777/08; OLG Stuttgart v 3.12.2009 – 2 U 30/09, MDR 2010, 705; OLG Hamm v. 1.2.2010 – 31 U 130/09, MDR 2010, 702; *Lentz*, BB 2010, 598; *Pieroth/Hartmann*, WM 2009, 677 (halten zu Unrecht eine Inhaltskontrolle für ausgeschlossen); gegen eine Inhaltskontrolle auch: *Stoffels*, Grundsatzfragen der AGB Kontrolle, in Anlegerschutz, 2011, S. 100.
720 BGH v. 7.12.2010 – XI ZR 3/10, VuR 2011, 93 m. Anm. *Niebling* = BB 2011, 654 m. Anm. *Wagner/Wexler-Uhlich* = ZIP 2011, 263 = WM 2011, 263; a.A. *Knops*, ZBB 2010, 479,481: wohl für Unwirksamkeit.
721 OLG Schleswig BB 2001, 61, 62.
722 OLG Frankfurt WM 1990, 2036; *Bunte*, AGB-Banken, Rn 287.
723 BGH NJW 1986, 1807.
724 BGH NJW 1988, 2106.
725 BGH NJW 1988, 2106.
726 Hierzu *Bunte*, AGB-Banken, Rn 135.
727 So noch *Bunte*, AGB-Banken, (Nr. 1) Rn 132.
728 Zutreffend Palandt/*Grüneberg*, § 309 Rn 20; PWW/*Berger*, § 309 Rn 19; jurisPK-BGB/*Lapp/Salamon*, § 309 Rn 35.
729 BGH v. 7.4.2011 – VII ZR 209/07 m. Anm. *Niebling*, ZMR 2011, 620.

denn, sie kann wegen der besonderen Interessen und Bedürfnisse des unternehmerischen Geschäftsverkehrs ausnahmsweise als angemessen angesehen werden.[730]

Auch § 309 Nr. 3 BGB wurde als konkrete Ausformung von § 307 Abs. 2 Nr. 1 BGB angesehen.[731] **378**

Die Auffassungen in Literatur[732] und Rechtsprechung,[733] ein der vorstehenden Klausel vergleichbarer Aufrechnungsausschluss sei zulässig, sind daher obsolet. Die Klausel muss auch bei Verwendung im B2B ausdrücklich eine Aufrechnung für konnexe Forderungen vorsehen. **379**

Ankündigungsklauseln (die Aufrechnung ist einen Monat vor Aufrechnung anzukündigen) verstoßen ohnehin gegen **380**
309 Nr. 3[734] bzw. § 307 BGB,[735] da hierin ebenfalls die Aufrechnung beschränkt wird und die Fälle einer zwingend erforderlichen sofortigen Aufrechnung (Insolvenzrisiken etc.) nicht aufgeführt werden.

V. Bankauskünfte

Für Bankauskünfte i.S.v. Nr. 2 der AGB kann eine Gebühr formularmäßig vereinbart werden.[736] **381**

VI. Überziehungszinsen

Streitfragen betreffen aktuell vor allem Überziehungszinsen: Obwohl die AGB der Banken und Sparkassen seit **382**
35 Jahren Gegenstand der Inhaltskontrolle sind, haben die jüngsten Entscheidungen zu Zinsklauseln, Entgeltklauseln und Abschlussgebühren gezeigt, dass die Bereinigung der unwirksamen Bedingungen offensichtlich ein langatmiger Prozess ist.[737] Hierbei fragt es sich, ob die zumeist hohen Zinsen für Überziehungen des Girokontos übersehen wurden. Die Politik will hier für mehr Transparenz sorgen und die Banken verpflichten, die Zinssätze zu veröffentlichen. Ob diese Zinsen nicht auch nach dem AGB-Recht beanstandet werden können, ist bislang nicht höchstrichterlich entschieden.

Ausgehandelte Bedingungen?: Ein Aushandeln der Bedingungen wird im B2C-Verträgen kaum in Betracht kommen. **383**
Hierfür muss Abänderungsbereitschaft erkennbar sein, der Verwender **muss den gesetzesfremden Kerngehalt ernsthaft zur Disposition** stellen (siehe auch § 305 Rn 65).[738]

Durch eine vorformulierte Einverständniserklärung „*Ich habe die AGB gelesen und bin hiermit einverstanden.*" wird **384**
das Merkmal des Stellens nicht beseitigt[739] und die Inhaltskontrolle ist weiterhin möglich.[740] Auch machen Leerräume in Musterverträgen oder Kästchen zum ankreuzen AGB[741] nicht zu Individualvereinbarungen. Auch das nachträgliche Ändern einer Klausel beseitigt nicht den AGB-Charakter.[742]

Bei Verbrauchergeschäften hat die Bank darzulegen und notfalls zu beweisen, dass die Bedingungen nicht gestellt **385**
wurden, § 310 Abs. 3 Nr. 1 BGB. Auch das **Schweigen auf Hinweise im Kontoauszug**, soweit dieser Hinweise auf Überziehungszinsen enthält, bestätigt die Einseitigkeit und erlaubt nicht den Schluss auf eine Individualvereinbarung.

Schranken der Inhaltskontrolle: Insbesondere bei Banken-AGB stellt sich die Frage nach den Schranken der In- **386**
haltskontrolle nach § 307 Abs. 3 S. 1 BGB. Lange war streitig, ob etwa die Abschlussgebühr von 1 % der Bausparsumme verlangt werden könne.[743] Hier hat der BGH zutreffend entschieden, dass die Klausel zwar einer Inhaltskontrolle unterliege, aber nicht zu beanstanden sei.[744]

Unzutreffend ist es jedoch, die Inhaltskontrolle bei der Überprüfung von Entgelten der Bank (generell) auszuneh- **387**
men.[745] Entscheidend ist doch, ob kraft Gesetzes davon auszugehen ist, dass die Leistung der Bank unentgeltlich

---

730 BGH v. 19.9.2007 – VIII ZR 141/06 und BGHZ 90, 273,278.
731 BGHZ 92, 316; BGH NJW 2007, 3421; zutreffend auch Palandt/*Grüneberg*, § 309 Rn 20; jurisPK-BGB/*Lapp/Salamon*, § 309 Rn 35.
732 Etwa: Lützenkirchen/*Leo*, Mietrecht, A Rn 346, 350 und Lützenkirchen/*Junker*, Mietrecht, D Rn 49 (jew. 4. Aufl. 2010).
733 BGH NJW 1984, 2405; OLG Düsseldorf WuM 1997, 428 und NZM 2005, 667.
734 A.A. BGH NJW 1995, 255 (sei nicht anwendbar).
735 Anders: nur bei unangemessen langer Frist, so Palandt/*Grüneberg*, § 309 Rn 18; UBH/*Christensen*, Teil 2 (22) Rn 26; wie hier: WLP*Dammann*, § 309 Nr. 3 Rn 19.
736 OLG Nürnberg WM 1996, 1624.
737 Literatur und Rspr. wurden bis Ende September 2013 ausgewertet; zur aktuellen Bankenrechtsprechung des BGH: *Wiechers*, WM 2013, 341; WM 2011, 145; *Schlick*, WM 2011, 154; *Niebling*, MDR 2013, 1012; *Billing*, WM 2013, 1777 und 1829; vgl. auch OLG Frankfurt v. 17.4.2013 – 23 U 50/12 (Revision wurde zurückgenommen).

738 Palandt/*Grüneberg*, § 305 Rn 21; PWW/*Berger*, § 305 Rn 12; WLP/*Pfeiffer*, § 305 Rn 30; Staudinger/*Schlosser*, § 305 Rn 44.
739 Palandt/*Grüneberg*, § 305 Rn 19.
740 Richtig jurisPK-BGB/*Lapp/Salamon*, § 305 Rn 15, auch kopierte Formularbücher können gestellt werden.
741 Vgl. BGH v. 20.6.2013 – VII ZR 82/12.
742 BGH v. 7.3.2013 – VII ZR 162/12.
743 Zulässig LG Dortmund v. 15.5.2009 – AZ 8 O 319/08; LG Hamburg v. 22.5.2009 – 324 O 777/08; OLG Stuttgart v. 3.12.2009 – 2 U 30/09, MDR 2010, 705; OLG Hamm v. 1.2.2010 – 31 U 130/09, MDR 2010, 702; Ring/Klingelhöfer/Niebling/*Niebling*, AGB-Recht in der anwaltlichen Praxis, 2. Aufl. 2009, § 8 Rn 18; *Lentz*, BB 2010, 598; *Pieroth/Hartmann*, WM 2009, 677 (halten zu Unrecht eine Inhaltskontrolle für ausgeschlossen).
744 BGH v. 7.12.2010 – XI ZR 3/10, VuR 2011, 93 m. Anm. *Niebling* = BB 2011, 654 m. Anm. *Wagner/Wexler-Uhlich* = ZIP 2011, 263 = WM 2011, 263; a.A. *Knops*, ZBB 2010, 479,481: wohl für Unwirksamkeit.
745 *Bunte*, AGB-Banken, Vorb. Rn 52, S. 50.

sein soll oder von dieser als Nebenpflicht (ohnehin) geschuldet wird. Wird die Bank zur Erfüllung eigener Pflichten oder für eigene Zwecke tätig, so kann hierfür ein Entgelt auch im Ergebnis nicht verlangt werden.[746] Klauseln, die Entgelte für Leistungen umfassen, die von der Bank nach dem Vertragszweck unentgeltlich zu erbringen sind, sind insgesamt unwirksam.[747]

388 Das maßgebliche Kriterium ist hierbei jedoch nicht, ob es sich um eine Preisabrede oder eine Preisnebenabrede handelt.[748] Hierunter können auch Kontoführungsgebühren fallen.[749] Zu Recht führt der BGH aus:

„Die Kontoführungsgebühr diene nicht der Abgeltung einer vertraglichen Gegenleistung oder einer zusätzlichen Sonderleistung der Bank. Diese führe das Darlehenskonto vielmehr ausschließlich zu eigenen buchhalterischen bzw. Abrechnungszwecken. Der Bankkunde hingegen, der seine regelmäßigen Zahlungspflichten üblicherweise dem Kreditvertrag oder einem eigenständigen Zins- und Tilgungsplan entnehmen könne, sei auf die Führung eines gesonderten Darlehenskontos durch das Kreditinstitut im Regelfall nicht angewiesen. Etwas anderes folge vorliegend auch nicht daraus, dass die Beklagte ihren Kunden am Ende eines Kalenderjahres eine Zins- und Saldenbestätigung zur Vorlage bei der Finanzverwaltung erteile. Hiermit lasse sich die angegriffene Gebühr allein schon deshalb nicht rechtfertigen, weil die Beklagte nach dem eindeutigen Wortlaut der streitigen Klausel das Entgelt nicht für die Erteilung der Jahresbescheinigung, sondern ausdrücklich zur Abgeltung der Kontoführung erhebe.

Der hiernach eröffneten Inhaltskontrolle halte die Klausel nicht stand. Klauseln, die es einem Kreditinstitut ermöglichen, Entgelte für Tätigkeiten zu erheben, die es – wie hier – im eigenen Interesse erbringt, halten nach ständiger Rechtsprechung des BGH der Inhaltskontrolle nach § 307 Abs. 1 BGB nicht stand, weil sie mit wesentlichen Grundgedanken der gesetzlichen Regelung, von der sie abweichen, nicht vereinbar sind und die Kunden entgegen den Geboten von Treu und Glauben unangemessen benachteiligen. Soweit in einzelnen Vorschriften des Preisordnungsrechts auch die Behandlung von Kontoführungsgebühren geregelt wird, folgt hieraus nichts anderes. Denn diese Vorschriften betreffen allein die formelle Art und Weise der Preisangabe im Verkehr, nicht aber die materielle Zulässigkeit einzelner Preisbestandteile."[750]

389 So kann eine monatliche Grundgebühr für die Führung eines Darlehenskontos nicht verlangt werden.[751] Bankenentgelte unterliegen der Inhaltskontrolle, wenn kraft Gesetzes ein solches Entgelt nicht geschuldet ist; Unwirksamkeit besteht insbesondere, wenn die Leistung, für die das Entgelt verlangt wird, ohnehin ohne (weitere) Kosten geschuldet wird oder im Interesse der Bank liegt.[752] Zu Recht unterwirft der BGH daher auch die Zins- und Entgeltklauseln beim P-Konto der Inhaltskontrolle.[753]

390 Bei Überziehungszinsen[754] ist dies jedoch nicht der Fall. Es liegen weder unzulässige Kontoführungsgebühren vor noch kann der Kunde redlicherweise erwarten, sein Konto zinsfrei überziehen zu können.

391 Es kommt daher darauf an, was die Bank kraft Gesetzes verlangen kann, wenn der Kunde das Konto überzieht. Dies ist nicht ein Zinssatz, der wie bei klassischen Darlehen einseitig von der Bank festgesetzt und dann vereinbart wird, sodass dieser der Inhaltskontrolle gerade nicht unterfällt. Vielmehr verletzt der Kunde die grundsätzliche Verpflichtung, sein Konto nicht debitorisch zu führen, und setzt so den Verzugsfall auch ohne Mahnung in Kraft. Selbst wenn Verzug nicht angenommen wird, so im Rahmen von §§ 504, 505 BGB, kann die Bank „erst recht" nicht mehr verlangen als im Verzugsfall.

392 Die Bank kann daher – jedenfalls nicht höhere – Verzugszinsen verlangen, wie diese gesetzlich geregelt sind. Diese Wertung ist heranzuziehen und ein Maßstab, der auch die Äquivalenz von Leistung und Gegenleistung des Girovertrages charakterisiert.

393 Damit kann die Bank bei einer Kontoüberziehung auch keine zusätzliche Gebühr (etwa 5 EUR) verlangen.[755] Die Überziehungszinsen unterliegen damit der Inhaltskontrolle, weil die Wertungen des Verzugsrechts einschließlich der Höhe der Verzugszinsen das Äquivalenzverhältnis näher bestimmen und beschränken. Dies deckt sich auch mit der redlichen Vertragserwartung des Kunden.

---

746 Zuletzt BGH v. 16.7.2013 – XI ZR 260/12 (P-Konto), ZIP 2013, 1809.
747 Zuletzt BGH v. 16.7.2013 – XI ZR 260/12 (P-Konto), ZIP 2013, 1809.
748 So aber wohl *Bunte*, AGB-Banken, Rn 54; zur Platzmietpauschale BGH v. 13.1.2011 – III ZR 78/10 und OLG Frankfurt v. 23.1.2013 – 17 U 54/12.
749 OLG Karlsruhe v. 8.2.2011 – 17 U 138/10, ZIP 2011, 460 = WM 2011, 782 = MDR 2011, 554; für Kontrollfreiheit: OLG Stuttgart v. 21.10.2010 – 2 U 30/10, ZIP 2011, 462, zu Recht aufgeboben durch BGH v. 7.6.2011 – XI ZR 388/10.
750 So die Pressemitteilung.
751 BGH v. 7.6.2011 – XI ZR 388/10.
752 BGH v. 8.5.2012 – XI ZR 61/11 m. Anm. *Weyand/Jacobs*, BB 2012, 1886; OLG Karlsruhe ZIP 2011, 951 (unwirksame Bearbeitungsgebühr beim Anschaffungsdarlehen).
753 BGH v. 16.7.2013, WM 2013, 1796 = ZIP 2013, 1809; hierzu auch *Niebling*, MDR 2013, 1012, 1017.
754 Zum Begriff *Jungmann*, in: Schimansky/Bunte/Lwowski, Bankrechts-Handbuch, § 81a Rn 106.
755 OLG Frankfurt v. 4.8.2010 – 23 U 157/09; WLP/*Pamp*, K 99: unzulässige Vertragsstrafe nach § 309 Nr. 6; nicht § 309 Nr. 5 BGB, allenfalls § 307 BGB, „soweit nicht ... die Kontrollfähigkeit ausgeschlossen ist", so Staudinger/*Coester-Waltjen*, § 309 Nr. 5 Rn 10.

Inhaltskontrolle: Nachdem die Inhaltskontrolle bei Überziehungszinsen eröffnet ist, und zwar unabhängig davon, ob eine eingeräumte (§ 504 BGB) oder eine geduldete Überziehung (§ 505 BGB) zugrunde liegt, sind die Verzugssätze Höchstgrenze der Überziehungszinsen. **394**

Im Verkehr mit Unternehmen gilt daher § 288 Abs. 2 BGB als Höchstgrenze, im Verkehr mit Verbrauchen §§ 288 Abs. 1, 497 Abs. 1 S. 1 BGB. 14 oder 15 % Überziehungszinsen sind daher derzeit unzulässig.[756] Die Grenze liegt derzeit (ab 1.7.2013) bei 4,62 % (B2C) bzw. 7,62 % bei Unternehmern (B2B). Wird hiergegen verstoßen, kann die Bank keine Zinsen verlangen. Dies wäre eine unzulässige geltungserhaltende Reduktion. Auch eine ergänzende Vertragsauslegung kommt nicht in Betracht, denn hierdurch würde das Verbot der geltungserhaltenden Reduktion umgangen.[757] **395**

Bei den Schranken der Inhaltskontrolle helfen Abgrenzungen wie Preisbestimmungen (keine Inhaltskontrolle) zu Preisnebenbestimmungen (Inhaltskontrolle möglich) nicht weiter. Die entscheidende Frage ist: Was würde ohne die beanstandete Klausel kraft Gesetzes gelten? Maßstab sind die Verzugsregelungen, das Äquivalenzprinzip[758] und die berechtigte Vertragserwartung des Bankkunden: Womit hat der Kunde redlicherweise zu rechnen? Ist die Inhaltskontrolle eröffnet, so sind die Konsequenzen der Klausel nach Vertragszweck und Vertragsnatur vor dem Hintergrund der beiderseitigen Interessen objektiv zu bestimmen. Die gesetzlichen Verzugszinssätze stellen hiernach die Höchstgrenzen wirksamer Klauseln dar.[759] **396**

Auch Klauseln über die Nacherstellung von Kontoauszügen können unwirksam sein,[760] ebenso Klauseln über Bearbeitungsentgelete für Privatkredite.[761] **397**

Weitergehend als hier vertreten (siehe Stichwort „Schriftformklauseln") hält der XI. Senat **Schriftformklauseln** im Bankenbereich für zulässig. So sollen **Einwände gegen den Rechnungsabschluss** auch formularmäßig schriftlich vereinbart werden können.[762] **398**

VII. Bausparverträge

Lange war streitig, ob die Abschlussgebühr von 1 % der Bausparsumme verlangt werden kann.[763] Nunmehr hat der BGH zutreffend entschieden, dass die Klausel zwar einer Inhaltskontrolle unterliege, aber nicht zu beanstanden sei.[764] Die Kosten der Wertermittlung des Beleihungsobjekts können jedoch nicht dem Kunden auferlegt werden.[765] **399**

VIII. Bürgschaft

Ein formularmäßiger Ausschluss aller Einreden des Hauptschuldners zu Lasten des **Bürgen** ist unwirksam.[766] Eine Formularklausel, die trotz Zahlung des Bürgen den Übergang der Rechte des Kreditinstituts gegen den Hauptschuldner bis zur vollständigen Befriedigung wegen des verbürgten Anspruchs aufschiebt, sodass bis dahin die Zahlungen nur als Sicherheit gelten, ist auch dann wirksam, wenn der – allein verbürgte – Anspruch des Kreditinstituts durch mehrere Bürgschaften voll gesichert ist.[767] Ein formularmäßiger Verzicht auf die Rechte aus § 776 BGB ist nach § 307 BGB unwirksam.[768] Die formularmäßige Ausweitung der Bürgenhaftung des GmbH-Geschäftsführers und -Gesellschafters ist grundsätzlich wirksam.[769] **400**

Eine formularmäßige weite Zweckerklärung, der zufolge die Bürgschaft für alle bestehenden, künftigen und bedingten Ansprüche der Bank aus der Geschäftsverbindung mit der Hauptschuldnerin gelten soll, ist auch dann regelmäßig unwirksam, wenn der Bürge eine juristische Person ist;[770] allerdings werden zukünftige Forderungen erfasst, wenn diese nach Grund und Umfang schon bei Vertragsschluss für den Bürgen klar erkennbar sind. **401**

---

756 Bis zu 14,75 % Zinsen zahlen Kunden, wenn sie ihr Girokonto überziehen, besonders bei Sparkassen in ländlichen Gebieten und bei kleinen Banken. Die Stiftung Warentest kritisiert das als „Abzocke".
757 Zu Recht BGH v. 31.7.2013 – VIII ZR 162/09 (Gasversorgung) Rn 61 ff.
758 Hierauf stellt der BGH auch bei der Entscheidung zum P-Konto ab, BGH v. 16.7.2013, WM 2013, 1796 = ZIP 2013, 1809; hierzu auch *Niebling*, MDR 2013, 1012, 1017.
759 *Niebling*, BKR 2013, 464.
760 BGH v. 17.12.2013 – XI ZR 66/13, „pro Auszug 15 EUR".
761 BGH v. 13.5.2014 – XI ZR 405/12 und XI ZR 170/13
762 BGH v. 28.1.2014 – XI ZR 424/12.
763 Zulässig LG Dortmund v. 15.5.2009 – 8 O 319/08; LG Hamburg v. 22.5.2009 – 324 O 777/08; OLG Stuttgart v. 3.12.2009 – 2 U 30/09, MDR 2010, 705; OLG Hamm v. 1.2.2010 – 31 U 130/09, MDR 2010, 702; Ring/Klingelhöfer/*Niebling*/*Niebling*, AGB-Recht in der anwaltlichen Praxis, 2. Aufl. 2009, § 8 Rn 18; *Lentz*, BB 2010, 598; *Pieroth/Hartmann*, WM 2009, 677 (halten zu Unrecht eine Inhaltskontrolle für ausgeschlossen).
764 BGH v. 7.12.2010 – XI ZR 3/10, VuR 2011, 93 m. Anm. *Niebling* = BB 2011, 654 m. Anm. *Wagner/Wexler-Uhlich* = ZIP 2011, 263 = WM 2011, 263; a.A. *Knops*, ZBB 2010, 479, 481: wohl für Unwirksamkeit.
765 LG Dortmund v. 27.1.2009 – 8 O 262/08; OLG Düsseldorf v. 5.11.2009 – I-6 U 17/09.
766 KG v. 12.11.2008 – 21 U 56/07; OLG Jena v. 17.11.2009 – 4 W 485/09, MDR 2010, 259. Verzicht auf § 770 Abs. 2 BGB unwirksam, wenn dieser sich auch auf unbestrittene oder rechtskräftig festgestellte Gegenforderungen bezieht.
767 BGH NJW 1987, 374; BGH BB 2001, 1224.
768 BGH BB 2000, 895; BGH BB 2001, 1375; anders noch BGH BB 1980, 1606; BGH BB 1995, 2004.
769 OLG Köln BB 2001, 2020.
770 BGH BB 2001, 1654.

402 Musste der Gläubiger einer formularmäßig verlängerten Bürgschaft wegen der bisherigen Gestaltung des Rechtsverhältnisses nicht mit einer – in der früheren Bürgschaftsurkunde enthaltenen – Haftungsausschlussklausel rechnen, entfällt der Überraschungscharakter der Klausel nicht schon durch die Verwendung des Fettdruckes.[771]

403 Der Auftragnehmer kann nicht formularmäßig zur Stellung einer Vertragserfüllungsbürgschaft auf erstes Anfordern verpflichtet werden.[772]

404 Auch ist die formularmäßige Verpflichtung des Hauptschuldners zur Stellung einer Vertragserfüllungsbürgschaft auf erstes Anfordern, die über 10 % der Auftragssumme liegt, nach § 307 BGB unwirksam.[773]

IX. Darlehen

405 Eine Klausel in Kreditbank-AGB, die bei vorzeitiger Beendigung des Darlehensvertrags einen Erstattungsanspruch bezüglich eines vereinbarten Disagio generell ausschließt, ist unwirksam.[774] Bei Anschaffungsdarlehen kann die Bank formularmäßig nicht **„2 % aus dem Darlehensbetrag, mindestens jedoch 50 EUR"** verlangen.[775] Eine monatliche Kontogebühr kann für ein Darlehenskonto nicht verlangt werden.[776]

406 Zu Recht führt der BGH aus:

„Die Kontoführungsgebühr diene nicht der Abgeltung einer vertraglichen Gegenleistung oder einer zusätzlichen Sonderleistung der Bank. Diese führe das Darlehenskonto vielmehr ausschließlich zu eigenen buchhalterischen bzw. Abrechnungszwecken. Der Bankkunde hingegen, der seine regelmäßigen Zahlungspflichten üblicherweise dem Kreditvertrag oder einem eigenständigen Zins- und Tilgungsplan entnehmen könne, sei auf die Führung eines gesonderten Darlehenskontos durch das Kreditinstitut im Regelfall nicht angewiesen. Etwas anderes folge vorliegend auch nicht daraus, dass die Beklagte ihren Kunden am Ende eines Kalenderjahres eine Zins- und Saldenbestätigung zur Vorlage bei der Finanzverwaltung erteile. Hiermit lasse sich die angegriffene Gebühr allein schon deshalb nicht rechtfertigen, weil die Beklagte nach dem eindeutigen Wortlaut der streitigen Klausel das Entgelt nicht für die Erteilung der Jahresbescheinigung, sondern ausdrücklich zur Abgeltung der Kontoführung erhebe.

Der hiernach eröffneten Inhaltskontrolle halte die Klausel nicht stand. Klauseln, die es einem Kreditinstitut ermöglichen, Entgelte für Tätigkeiten zu erheben, die es – wie hier – im eigenen Interesse erbringt, halten nach ständiger Rechtsprechung des BGH der Inhaltskontrolle nach § 307 Abs. 1 BGB nicht stand, weil sie mit wesentlichen Grundgedanken der gesetzlichen Regelung, von der sie abweichen, nicht vereinbar sind und die Kunden entgegen den Geboten von Treu und Glauben unangemessen benachteiligen. Soweit in einzelnen Vorschriften des Preisordnungsrechts auch die Behandlung von Kontoführungsgebühren geregelt wird, folgt hieraus nichts anderes. Denn diese Vorschriften betreffen allein die formelle Art und Weise der Preisangabe im Verkehr, nicht aber die materielle Zulässigkeit einzelner Preisbestandteile."[777]

407 Abtretungen von Darlehensforderungen auch an Nichtbanken werden vom BGH nicht beanstandet;[778] die Zulässigkeit kann damit auch formularmäßig vereinbart werden.

X. Darlehensvermittlungsverträge

408 Darlehensvermittlungsverträge sind zunächst anhand der gesetzlichen Bestimmungen, die zugunsten des Kunden zwingend sind, zu überprüfen, § 655e Abs. 1 BGB.

XI. EC-Karten und Scheckverkehr

409 Klauseln, nach denen die Bank für die Benachrichtigung über die Nichteinlösung von Schecks ein Entgelt verlangen kann, sind unwirksam.[779]

XII. Engelte

410 Sparkassenentgelte, die „nach Marktlage und Aufwand und billigem Ermessen" festgelegt werden, sind unwirksam.[780]

411 Auch Klauseln, die Entgelte für Leistungen umfassen, die von der Bank nach dem Vertragszweck unentgeltlich zu erbringen sind, sind insgesamt unwirksam.[781] Hierunter können auch Kontoführungsgebühren fallen.[782] Zusätzliche

---

771 BGH BB 2001, 2019.
772 OLG Dresden BB 2001, 1495.
773 OLG Dresden BB 2001, 1495.
774 BGH NJW 1990, 2250; vgl. auch *Placzek*, WM 2011, 1066.
775 OLG Karlsruhe v. 3.5.2011 – 17 U 192/10, BB 2011, 2132.
776 BGH v. 7.6.2011 – XI ZR 388/10.
777 So die Pressemitteilung.
778 BGH v. 19.4.2011 – XI ZR 256/10.
779 BGH BB 2001, 643; Zu den Bedingungen für EC-Karten und den Scheckverkehr: *Wand*, ZIP 1996, 214.
780 BGH v. 21.4.2009 – XI ZR 78/08 m. Anm. *Niebling*, NJ 2009, 333; siehe auch OLG Celle v. 2.2.2010, WM 2010, 355: zu Kosten der Wertermittlung: OLG Düsseldorf v. 5.11.2009 – I 6 U 17/9, WM 2010, 215.
781 OLG Nürnberg v. 29.1.2008 – 3 U 1887/07; BGH NJW 2001, 1419; zulässig bis zur Grenze der Sittenwidrigkeit: *Bunte*, AGB-Banken, Rn 287 unter Hinw. auf BGH WM 96, 1080.
782 OLG Karlsruhe v. 8.2.2011 – 17 U 138/10, ZIP 2011, 460 = WM 2011, 782 = MDR 2011, 554; für Kontrollfreiheit: OLG Stuttgart v. 21.10.2010 – 2 U 30/10, ZIP 2011, 462, aufgehoben durch BGH v. 7.6.2011 – XI ZR 388/10.

Kontoführungsgebühren beim P-Konto sind jedenfalls unzulässig.[783] Auch eine Sonderleistung von 40 EUR/h, mindestens 40 EUR für die Bearbeitung von Nachlassfällen, ist unwirksam.[784] Gebühren für die Bearbeitung von Krediten oder eines Kreditauftrags sind unwirksam, da diese Leistungen nach dem Vertragszweck unentgeltlich zu erbringen sind.[785] Neben erhöhten Zinsen kann bei einer Kontoüberziehung keine zusätzliche Gebühr (etwa 5 EUR) verlangt werden.[786]

Für die Einlösung ungedeckter Lastschriften kann kein Entgelt verlangt werden,[787] anders für die Einlösung nicht gedeckter Schecks und Wechsel.[788] **412**

Bankenentgelte unterliegen der Inhaltskontrolle wenn kraft Gesetzes ein solches Entgelt nicht geschuldet ist; Unwirksamkeit besteht insbesondere, wenn die Leistung, für die das Entgelt verlangt wird, ohnehin ohne (weitere) Kosten geschuldet wird oder im Interesse der Bank liegt.[789] Ebenfalls kann das Transparenzgebot verletzt sein.[790] **413**

Eine Klausel, dass eine Bank für jede erstellte Löschungsbewilligung eine Gebühr (150 DM) erhebt, bleibt auch dann, wenn sie im Konditionenteil des Darlehensvertrages enthalten ist, eine kontrollfähige Preisnebenabrede, die nach § 307 BGB unwirksam ist, weil sie von den wesentlichen Grundgedanken der gesetzlichen Regelung des Gesetzes abweicht und den Kunden in unangemessener Weise benachteiligt.[791] **414**

Entgelte für die Bearbeitung von Freistellungsaufträgen sind unwirksam.[792] **415**

Entgelte für die Bearbeitung von Pfändungen sind nach § 307 BGB unwirksam;[793] Gleiches gilt für Lastschriften.[794] Barein- und -auszahlungen am Bankschalter können nicht mit Kosten belastet werden.[795] Für die Kontoauflösung kann kein Entgelt verlangt werden.[796] Gebühren für die Bearbeitung von Krediten oder eines Kreditauftrags sind unwirksam, da diese Leistungen nach dem Vertragszweck unentgeltlich zu erbringen sind.[797] Dies kann auch nicht durch eine Auslagenklausel umgangen werden. Zwar entspricht Klausel Nr. 18 der Sparkassen bzw. Klausel Nr. 12 Abs. 6 der Banken weitgehend § 670 BGB,[798] diese ist jedoch geeignet, auch Leistungen vom Kunden vergütet zu verlangen, die nach dem Vertragszweck unentgeltlich zu erbringen sind.[799] **416**

XIII. Fakultativklausel

Die auf Überweisungsvordrucken formularmäßig eingeräumte Befugnis, den Überweisungsbetrag einem anderen Konto des Empfängers als dem angegebenen gutzuschreiben, verstößt gegen § 307 BGB und ist daher unwirksam.[800] Im beleggebundenen Überweisungsverkehr ist bei einem Widerspruch zwischen dem Namen des Empfängers und dem angegebenen Konto die Empfängerbezeichnung maßgebend. Die davon abweichende Regelung in Bankbedingungen verstößt gegen § 307 BGB.[801] **417**

XIV. Freigabeklausel

Freigabeklauseln sind nur dann geeignet, eine unangemessene Übersicherung bei formularmäßiger Globalzession zur Sicherung aller bestehenden und künftigen Ansprüche aus der Geschäftsverbindung zu verhindern, wenn sie durch eine zahlenmäßig bestimmte Deckungsgrenze konkretisiert werden und die Verpflichtung des Sicherungsnehmers enthalten, die überschießende Deckung freizugeben.[802] Soweit entsprechend einer Ersatzklausel im Formularvertrag bei Unwirksamkeit der Globalzession die Forderungen abgetreten sein sollen, die der Sicherungsgeber in von ihm einzureichenden Aufstellungen oder Meldungen angegeben hat, wird die Abtretung von der Unwirksamkeit wegen Übersicherung ergriffen, insbesondere dann, wenn eine Deckungsgrenze fehlt.[803] **418**

---

783 BGH v. 16.7.2013, WM 2013, 1796 = ZIP 2013, 1809; hierzu auch *Niebling*, MDR 2013, 1012, 1017.
784 BGH v 8.2.2011 – XI ZR 232/10 (Anerkenntnisurteil); vgl. auch *Bunte*, AGB-Banken, Rn 287 m.w.N.
785 OLG Bamberg v. 4.8.2010 – 3 U 78/10, ZIP 2011, 559; LG Karlsruhe v. 30.11.2009 – 10 O 554/09; anders LG Düsseldorf v. 6.10.2010 – 23 S 377/09, ZIP 2011, 564 und *Bunte*, AGB-Banken, Rn 287 unter Hinw. auf OLG Celle v. 2.2.2010, WM 2010, 355; OLG Karlsruhe v. 3.5.2011 – 17 U 192/10.
786 OLG Frankfurt v. 4.8.2010 – 23 U 157/09.
787 LG Dortmund v. 30.1.2009 – 8 O 201/08.
788 LG Dortmund v. 30.1.2009 – 8 O 201/08.
789 BGH v. 7.6.2011 – XI ZR 388/10.
790 *Knops*, ZBB 2010, 479, der jedoch zu Unrecht davon ausgeht, dass Preisabreden generell der Inhaltskontrolle unterliegen (S. 482 Fn 37).
791 OLG Köln BB 2002, 2078; *Bunte*, AGB-Banken, Rn 287.
792 BGHZ 136, 261; BVerfG NJW 2000, 3635; *Bunte*, AGB-Banken, Rn 287.
793 BGHZ 141, 380; BGH NJW 2000, 651; BGH NJW 2005, 1275; OLG Düsseldorf BB 1999, 124; BGH BB 1999, 1520 – Revision in gleicher Sache; BGH BB 2000, 169; *Bunte*, AGB-Banken, Rn 287 m.w.N.
794 BGH NJW 2005, 1645.
795 BGH WM 96, 1080; *Bunte*, AGB-Banken, Rn 287.
796 Wohl *Bunte*, AGB-Banken, Rn 287.
797 OLG Bamberg v. 4.8.2010 – 3 U 78/10, ZIP 2011, 559; anders LG Düsseldorf v. 6.10.2010 – 23 S 377/09, ZIP 2011, 564.
798 *Bunte*, AGB-Banken, Rn 300 (zu Nr. 12 der Banken-AGB).
799 BGH v. 16.7.2013, WM 2013, 1796 = ZIP 2013, 1809; hierzu auch *Niebling*, MDR 2013, 1012, 1017.
800 BGH NJW 1986, 2428.
801 BGH NJW 1990, 250.
802 BGH NJW 1990, 716; *Bunte*, AGB-Banken, Rn 59.
803 BGH NJW 1990, 716.

XV. Geschäftsfähigkeit

419 Eine Klausel in Banken AGB, die dem Kunden einem der von keinem der Beteiligten verschuldeten Schaden aus einem eintretenden Mangel in seiner eigenen Geschäftsfähigkeit in vollem Umfang aufbürdet, verstößt gegen § 307 BGB und ist unwirksam.[804]

XVI. Globalzession

420 Die formularmäßige Klausel der Globalzession erfasst auch abgetretene Ansprüche aus Leasingverträgen.[805]

XVII. Haftung

421 Klauseln von Kreditinstituten, nach denen das Institut bei aus technischen und betrieblichen Gründen erfolgten zeitweiligen Beschränkungen und Unterbrechungen des Zugangs zum Online-Service auch bei grobem Verschulden nicht haftet, verstoßen gegen § 309 Nr. 7 BGB.[806] An die Aufklärungspflicht der Bank bei hochkomplexen Anlageprodukten werden hohe Anforderungen gestellt.[807]

XVIII. Behaltensklauseln

422 Behaltensklauseln, wonach die Banken von den Emittenten erhaltene Vertriebsvergütungen behalten dürfen, sind grundsätzlich nicht zu beanstanden.[808]

XIX. Kontoauszug

423 Die Bank ist grundsätzlich verpflichtet, den Kunden über die Zahlungsvorgänge einmal monatlich zu informieren. Für die Erfüllung dieser Pflicht darf kein Entgelt verlangt werden. Auch wenn der Kunde einen Kontoauszug nicht innerhalb von einem Monat am Auszugsdrucker abholt, kann für die dann erfolgte Zusendung des Kontoauszugs kein Entgelt verlangt werden.[809]

XX. Lastschriftklauseln

424 Einzugsermächtigungen sind grundsätzlich zulässig.[810] Dagegen belastet das Abbuchungsverfahren den Kunden regelmäßig unangemessen. Bei dieser zweiten Art des Lastschriftverfahrens erteilt der Kunde seiner Bank den Auftrag im Sinne einer Generalweisung, Lastschriften des Gläubigers einzulösen; der Kunde kann diese Einlösung der Lastschrift nicht mehr rückgängig machen.[811] Es ist in AGB daher unwirksam.[812] Gibt der Verbraucher nur eine Willenserklärung gegenüber dem Verwender zum Bankeinzug ab, so liegt eine zulässige Lastschrift vor; wird eine Erklärung gegenüber der Bank verlangt, liegt eine unwirksame Klausel vor.[813] Zulässig ist eine Klausel, dass Einwendungen gegen die Lastschrift unverzüglich zu erheben sind.[814] Ebenso ist eine formularmäßige Entgeltpflicht bei ungedeckten Lastschriften ausgeschlossen.[815]

XXI. Nichtabnahmeentschädigung

425 Eine Nichtabnahmeentschädigung bis zu 4,5 % ist zulässig, wenn das Darlehen mit einem entsprechend hohen Disagio ausbezahlt werden soll.[816] Eine Nichtabnahmeentschädigung von 2 % ist generell wirksam, ebenso – jedenfalls bei Hypothekenbanken – eine solche von 3 %.[817] Klauseln über Verzugszinsen dürfen dem Darlehensnehmer nicht den Nachweis eines wesentlich geringeren Schadens abschneiden, § 309 Nr. 5b BGB. Ein ausdrücklicher Vorbehalt des Gegenbeweises ist hier nicht notwendig. Fraglich ist, ob der Verzugsschaden nur die Refinanzierungskosten oder auch den sonstigen Aufwand und einen angemessenen Gewinn umfasst.

XXII. Maklerprovision

426 Die Bank kann keine Maklerprovision für den freihändigen Verkauf eines Grundstücks verlangen, an dem sie dinglich gesichert ist.[818]

---

804 BGH DB 1991, 2077.
805 BGH v. 18.11.2008 – XI ZR 590/07.
806 BGH BB 2001, 326; hierzu *Bunte*, AGB-Banken, Rn 106.
807 BGH v. 22.3.2011 – XI ZR 33/10 (Swap), ZIP 2011, 756 m. Anm. *Klöhn*.
808 BGH v. 14.1.2014 – XI ZR 355/12.
809 Ebenso LG Frankfurt v. 8.4.2011 – 2–25 O 260/10, rkr.
810 BGH v. 13.12.2012 – IX ZR 1/12 (Händlereinkaufsfinanzierung); BGH v. 29.5.2008 – III ZR 330/07; *Bunte*, AGB-Banken, Rn 237; *Stoffels*, Grundsatzfragen der AGB Kontrolle, in Anlegerschutz, 2011, S. 91; *Dippel*, Das neue Zahlungsverkehrsrecht, in Anlegerschutz, 2011, S. 153.
811 Zur Beweislast beim Bereicherungsanspruch der Bank: BGH v. 22.2.2011 – XI ZR 261/09; BGH v. 1.3.2011 – XI ZR 320/09.
812 BGH v. 29.5.2008 – III ZR 330/07; zur Lastschrift bei Gaslieferverträgen: BGH v. 5.6.2013 – VIII ZR 131/12; *Bunte*, AGB-Banken, Rn 234.
813 Zulässig also: „Das Mitglied erteilt dem Studio bis auf Widerruf die Berechtigung, den Betrag per Bankeinzug monatlich abzubuchen." in einem Sportstudiovertrag.
814 BGH v. 26.10.2010 – XI ZR 562/07; BGH v. 20.7.2010 – XI ZR 236/07, WM 2010, 1547; BGH v. 25.1.2011 – XI ZR 171/09.
815 LG Dortmund v. 30.1.2009 – 8 O 201/08.
816 BGH NJW 1985, 1831.
817 BGH NJW 1990, 981.
818 BGH ZIP 1997, 1448.

Banken

XXIII. Opt out-/Opt in-Erklärung

Die Einwilligung, Werbung per SMS oder Mail zu erhalten, muss positiv durch Erklärung (Opt in) erklärt werden. Ein Kästchen zum Ankreuzen, wonach die Einwilligung nicht erteilt werden soll, reicht nicht aus.[819] Auch eine Opt in-Erklärung hat das OLG Köln beanstandet.[820]

427

XXIV. Pfandrecht

Zum Pfandrecht am Kundenguthaben: *Piekenbrock*.[821]

428

XXV. Prämiensparvertrag

Zum Prämiensparvertrag hat der BGH eine ergänzende Vertragsauslegung zugunsten des Kunden vorgenommen,[822] soweit die Zinsänderungsklausel unwirksam ist. **Zinsänderungsklauseln** bei Prämiensparverträgen unterliegen der Inhaltskontrolle und wurden in zwei Fällen vom BGH (zu Recht) beanstandet. Schwieriger war hier die Frage, wie die Lücke zu schließen war. Insoweit kam ausnahmsweise eine ergänzende Vertragsauslegung in Betracht durch Heranziehung von Zinssätzen, die dem konkreten Prämiensparvertrag möglichst nahe kamen.[823]

429

XXVI. Preisanpassungsklauseln

Preisanpassungsklauseln müssen transparent sein und den Verbraucher über das Maß möglicher Anpassung möglichst präzise informieren.[824]

430

Dies hat der BGH nun mehrfach, wenn auch in anderem Zusammenhang, entschieden.[825] Dies gilt entsprechend für Preisanpassungsklauseln und Zinsänderungsklauseln in Bankenbedingungen.

431

XXVII. Schiedsabreden

Formularmäßige Schiedsabreden sind zunächst sorgfältig auch nach der Unklarheitenregelung des § 305c Abs. 2 BGB auszulegen.[826] Auch eine Schiedsabrede zwischen einem gewerblichen Terminsoptionsvermittler und einem Anleger muss nicht die streitgegenständlichen Ansprüche erfassen.[827]

432

Nach § 37h WpHG sind Schiedsklauseln unwirksam, wenn die Beteiligten nicht Kaufleute, sondern Verbraucher sind.[828] Ggf. ist auch die Schriftform nach Art. II UNÜ zu wahren.[829] Bei einem Kontoführungsvertrag handelt es sich um einen Verbrauchervertrag, da die Pflege des eigenen Vermögens grundsätzlich nicht als berufliche oder gewerbliche Tätigkeit anzusehen ist.[830] Damit sind auch die Formvorschriften nach § 1031 Abs. 5 ZPO zu beachten.

433

XXVIII. Schriftformklausel

Auch doppelte Schriftformklauseln sind unwirksam, also selbst dann, wenn in AGB vereinbart wurde, dass Änderungen der Schriftformklausel wiederum nur schriftlich möglich sind.[831] Eine Schriftformklausel für Änderungen und Ergänzungen eines Wohnraummietvertrags gilt nicht für das Mieterhöhungsverlangen nach § 558a BGB.[832]

434

Zur Unwirksamkeit von Schriftformklauseln im Arbeitsrecht vgl. die Rechtsprechung des BAG.[833]

435

---

819 BGH v. 16.7.2008 – VIII ZR 348/06.
820 OLG Köln v. 29.4.2009 – 6 U 218/08, MDR 2010, 39.
821 WM 2009, 49 und OLG Koblenz v. 26.11.2009 – 2 U 300/09 (nur vertragstypische Bankleistungen werden vom Pfandrecht umfasst).
822 BGH v. 13.4.2010 – XI ZR 197/09, VuR 2010, 267 m. Anm. *Niebling* = BGH MDR 2010, 759 = WM 2010, 933 = MDR 2010, 933 (LS).
823 BGH v. 13.4.2010 – XI ZR 197/09, VuR 2010, 267; BGH v. 21.12.2010 – XI ZR 52/08.
824 Zu Gaslieferverträgen: BGH v. 15.7.2009 – VIII ZR 225/07, NJ 2009, 509 m. Anm. *Niebling*; Anm. *Zabel*, BB 2009, 2282; Anm. *Büdenbender*, NJW 2009, 3125; *Kessler/Schwedler*, BB 2010, 585; OLG Frankfurt v. 5.5.2009 – 11 U 61/07 (Kart); BGH v. 29.4.2008 – KZR 2/07; BGH v. 17.12.2008 – VIII ZR 274/06, WM 2009, 321; BGH v. 28.10.2009 – VIII ZR 320/07; BGH v. 26.1.2010 – VIII ZR 312/08; BGH v. 13.1.2010 – VIII ZR 81/08 (Vertrag bleibt i.Ü. wirksam); OLG Oldenburg v. 12.2.2010 – 6 U 164/09: kein einseitiges Preisanpassungsrecht bei Normsonderkundenverträgen; BGH v. 18.10.2009 – VIII ZR 320/07, MDR 2010, 67; *Strube*, AGB-Kontrolle von Leistungsentgelten und Preisanpassungsklauseln, in Anlegerschutz, 2011, S. 115.
825 BGH v. 24.3.2010 – VIII ZR 178/08 (HEL), MDR 2010, 681; BGH v. 24.3.2010 – VIII ZR 307/08, MDR 2010, 681, hier auch zur Einstellung der Gasversorgung bei Zahlungsverzug; BGH v. 27.1.2010 – VIII ZR 326/08, MDR 2010, 685; hierzu auch *Makert*, ZMR 2009, 898; BGH v. 14.7.2010 – VIII ZR 246/08; BGH v. 9.2.2011 – VIII ZR 295/09; vgl. auch BGH v. 9.2.2011 – VIII ZR 162/09 (Vorlage an den EuGH) m. Anm. *Zabel*, BB 2011, 719; BGH v. 24.4.2010 – VIII ZR 178/08; BGH v. 6.4.2011 – VIII ZR 273/09 und BGH v. 6.4.2011 – VIII ZR 66/09.
826 BGH v. 8.2.2011 – XI ZR 168/08, WM 2011, 650.
827 Ausführlich und lesenswert: BGH v. 8.2.2011 – XI ZR 168/08, WM 2011, 650.
828 BGH v. 22.3.2011 – XI ZR 157/09.
829 BGH v. 22.3.2011 – XI ZR 157/09; BGH v. 8.6.2010 – XI ZR 349/09, WM 2010, 2025 und XI ZR 41/09, WM 2010, 2032.
830 BGH v. 22.3.2011 – XI ZR 157/09 unter 22; BGH v. 22.3.2011 – XI ZR 278/09.
831 OLG Rostock v. 19.5.2009 – 3 U 16/09, MDR 2010, 22; BAG v. 20.5.2008 – 9 AZR 382/07.
832 BGH v. 10.11.2010 – VIII ZR 300/09.
833 BAG ZIP 2008, 2035.

XXIX. Schufa-Klausel

436 Die vormals übliche Klausel, nach der die kreditgebende Bank berechtigt ist, alle Daten des Kreditnehmers über die Aufnahme und Abwicklung des Kredits an ein Kreditinformationssystem zur Speicherung zu übermitteln, verstößt gegen § 307 BGB.[834]

XXX. Substitutionsklausel

437 Hiernach darf die Bank mit der Ausführung aller ihr übertragenen Geschäfte im eigenen Namen Dritte ganz oder teilweise beauftragen, wenn sie dies auch unter Abwägung der Interessen des Kunden für gerechtfertigt hält. Diese Klausel ist bedenklich, da nach der gesetzlichen Regelung der Beauftragte die Ausführung im Zweifel nicht einem Dritten übertragen darf und die Übertragungsvoraussetzungen nicht hinreichend transparent gemacht werden.[835]

XXXI. Tilgungsbestimmung

438 Der Gläubiger kann sich nicht eine Verrechnung nach billigem Ermessen vorbehalten, wenn dem Schuldner die Möglichkeit der Tilgungsbestimmung hierdurch genommen wird; § 366 BGB.[836] Tilgungsklauseln, die eine Verrechnung der Bank nach billigem Ermessen ermöglichen sollen, verstoßen gegen § 307 BGB.[837]

XXXII. Umwandlung Oder-Konto

439 Nach Auffassung des OLG Hamm[838] kann auch formularmäßig vorgesehen werden, dass durch einen Partner ein **Oder**-Konto in ein **Und**-Konto umgewandelt wird.

XXXIII. Verbraucherkredit

440 Zunächst sind die Bedingungen an den gesetzlichen Regelungen der §§ 491 ff. BGB zu messen. Soweit diese einen Regelungsspielraum eröffnen, etwa §§ 493 Abs. 3 S. 2, 500 Abs. 1 S. 2, 511 BGB, ist dies für Individualabreden unbedenklich; für AGB-Regelungen bleibt eine Prüfung nach §§ 307 ff. jedoch möglich, wenn die Klauseln von der kraft Gesetzes geltenden Rechtslage abweichen. Zu beachten ist hierbei auch das Umgehungsverbot nach § 511 S. 2 BGB für Individualabreden[839] und § 306a BGB für AGB. Gleiches gilt für Darlehensvermittlungsverträge nach 655e Abs. 1 BGB. Siehe auch Stichwort „Maklerverträge".

XXXIV. Vertragsstrafen

441 Vertragsstrafen können wirksam sein, wobei auch der Höhe wesentliche Bedeutung zukommt.[840] Auch Kunden, die bereits einen Dispokredit überzogen haben, dürfen nicht mit Zusatzkosten von 5 EUR für jede Überweisung belastet werden.[841]

XXXV. Vollmachtsklausel

442 Vollmachtsklauseln, wonach der erste und zweite Kreditnehmer für einen bestimmten Kredit die gesamtschuldnerische Haftung übernehmen und sich – bis auf schriftlichen Widerruf – gegenseitig zur Entgegennahme aller Erklärungen seitens der Bank sowie zur Beantragung von Stundungen und Laufzeitverlängerungen bevollmächtigen, verstoßen gegen § 307 BGB.[842] Die gegenseitige Bevollmächtigung der Kreditnehmer läuft dem gesetzgeberischen Leitbild der Einzelwirkung (§ 425 BGB) zuwider, ohne dass hierfür ein anerkennenswertes Bedürfnis besteht. Da mehrere gesamtschuldnerisch haftende Darlehensnehmer nicht in einem Gemeinschaftsverhältnis zueinander stehen, kann nach dem Grundsatz des § 425 BGB die Darlehensforderung nur gegenüber jedem gesondert fällig gestellt werden.[843] Eine AGB-Klausel, die diese Regelung abbedingt, ist im Zweifel unwirksam, § 307 BGB. Indem die Bank in ihren AGB die gegenseitige Bevollmächtigung der gesamtschuldnerisch haftenden Kreditnehmer zur Entgegennahme auch von Kündigungserklärungen vorsieht, versucht sie, entgegen § 425 BGB eine Gesamtwirkung zu erzielen, gleichzeitig aber die Rechtsfolge aus § 307 BGB zu vermeiden. Die Bank versucht hiermit, das Darlehen einem Kreditnehmer gegenüber fällig zu stellen, ohne dass dieser hiervon Kenntnis erlangt, wodurch der Grundsatz der Einzelwirkung unterlaufen wird. Darüber hinaus steht eine solche Klausel auch mit dem in § 309 Nr. 6 BGB enthaltenen Rechtsgedanken nicht im Einklang. Indem sie jeden Gesamtschuldner zum Empfangsbevollmächtigten des anderen macht, kommt

---

[834] BGH NJW 1986, 46; hierzu auch *Bunte*, AGB-Banken, Rn 97; *Bruckner*, in: Schimansky/Bunte/Lwowski, Bankrechts-Handbuch, § 41.

[835] *Koller*, ZIP 1985, 1243; anders Palandt/*Grüneberg*, § 307 Rn 64.

[836] OLG Karlsruhe v. 3.3.2010 – 13 U 81/09 zu einem Energieversorger.

[837] BGH BB 1999, 1132.

[838] OLG Hamm v. 27.1.2010 – 31 U 113/09.

[839] Hierzu *Bülow/Artz*, Verbraucherkreditrecht, 7. Aufl. 2011, § 511 Rn 19; Palandt/*Weidenkaff*, § 511 Rn 3; jurisPK-BGB/*Schwintowski*, § 511 Rn 4.

[840] BAG v. 23.9.2010 – 8 AZR 897/08; BAG v. 19.8.2010 – 8 AZR 645/09; BAG v. 18.12.2008 – 8 AZR 81/08.

[841] LG Frankfurt v. 13.5.2009 – 2–2 O 3/09; ferner zu Vertragsstrafen (Übersicht): *Derlin*, MDR 2009, 597; OLG Thüringen v. 26.11.2008 – 7 U 329/08; auch im Arbeitsrecht können Vertragsstrafen unwirksam sein, wie beispielsweise ein Bruttogehalt bei Vertragsverstoß während der Probezeit: LAG Baden Württemberg v. 13.6.2008 – 9 Sa 12/08.

[842] BGH NJW 1989, 2383.

[843] BGH NJW 1989, 2383.

sie in ihrer Wirkung zu Lasten des Vertretenen einer Zugangsfiktion gleich. Dies ist bei der Beurteilung im Rahmen des § 307 BGB mit zu berücksichtigen.[844] Eine formularmäßig uneingeschränkte Einzelvergütungsmacht nur zur Gesamtvertretung berechtigter BGB-Gesellschafter über ein Girokonto der Gesellschaft ermächtigt nicht zu Kreditaufnahmen oder -erweiterungen in unbeschränkter Höhe; hierzu bedarf es einer Spezialvollmacht.[845]

XXXVI. Wertstellungsklausel

Klauseln, wonach die Wertstellung für Bareinzahlungen erst am nächsten Tag erfolgen soll, sind vom BGH[846] verworfen worden. Der formularmäßige Zustimmungsvorbehalt der Bank zur Abtretung eines Grundschuldrückgewähranspruches ist jedenfalls dann wirksam, wenn die Grundschuldsicherheit nicht von dem Grundstückseigentümer gegeben wurde.[847] Bestellt der Sicherungsgeber eine Grundschuld zur Absicherung von Schulden eines Dritten, ist die Ausdehnung des Haftungsumfanges durch formularmäßige Zweckerklärung für „alle bestehenden und zukünftigen Verbindlichkeiten" des Dritten grundsätzlich insoweit überraschend, als sie über den Anlass des Sicherungsvertrags (z.B. Prolongation bestehender Wechselverbindlichkeiten) hinausgeht.[848]

443

XXXVII. Widerruflichkeit des Überweisungsauftrags

Auch der Ausschluss der Widerruflichkeit des Überweisungsauftrags verstößt gegen § 307 BGB.[849] Widerrufsvorbehalte sind i.Ü. nur wirksam, soweit die Widerrufsgründe transparent aufgelistet[850] und sachgerecht sind.

444

XXXVIII. Zinsklauseln

Zins(änderungs)klausel: Zum **Prämiensparvertrag** hat der BGH eine ergänzende Vertragsauslegung zugunsten des Kunden vorgenommen,[851] soweit die Zinsänderungsklausel unwirksam ist. Zinsänderungsklauseln bei Prämiensparverträgen unterliegen der Inhaltskontrolle und wurden in zwei Fällen vom BGH (zu Recht) beanstandet. Schwieriger war hier die Frage, wie die Lücke zu schließen war. Insoweit kam ausnahmsweise eine ergänzende Vertragsauslegung in Betracht durch Heranziehung von Zinssätzen, die dem konkreten Prämiensparvertrag möglichst nahe kamen.[852]

445

Der Vorbehalt der Zinsänderung beinhaltet lediglich eine Anpassung des Vertragszinses an kapitalmarktbedingte Änderungen der Refinanzierungskonditionen der Bank gem. § 315 BGB. In dieser Auslegung bestehen gegen die Klausel keine Bedenken.[853] Behält sich eine Bank das Recht vor, nach Ablauf einer Festzinsperiode die Vertragskonditionen (Verzinsung, Tilgung, neue Festzinsperiode, Jahresleistungen) neu festzusetzen, so hält diese AGB-Regelung der Inhaltskontrolle nach § 307 BGB nur stand, wenn sie dem Darlehensnehmer das Recht einräumt, den Vertrag zu kündigen.[854] Darf der Darlehensnehmer die Kündigung nur innerhalb von zwei Wochen nach Mitteilung der neuen Bedingungen erklären, so ist diese Beschränkung seines Kündigungsrechts unwirksam. Die Bank kann sich auch formularmäßig das Recht vorbehalten, sich von ihrem Darlehensversprechen zu lösen und eine Entschädigung für bereits entstandene Kosten und entgangenen Gewinn zu verlangen, wenn die Unfähigkeit des Darlehensnehmers zur Erfüllung seiner Verpflichtung bereits vor Ablauf der Annahmefrist feststeht.[855]

446

Zinsklauseln müssen das Zinsniveau während des Verzugs berücksichtigen.[856] Klauseln, die Ansprüche der Bank auf Überziehungsentgelte bei gekündigtem oder ungekündigtem Girovertrag vorsehen, können ebenfalls nach § 309 Nr. 5b BGB bzw. § 307 BGB (bei Kaufleuten) unwirksam sein.[857]

447

Zinsberechnungsklauseln wie „*Die in der Jahresleistung enthaltenen Zinsen werden jeweils nach dem Stand des Kapitals am Schluss des vergangenen Tilgungsjahres berechnet.*" sind trotz § 20 Abs. 2 Hypothekenbankgesetz unwirksam.[858]

448

Zinsanpassungsklauseln, die die Anpassungsparameter nicht mit der größtmöglichen Präzision angeben, verstoßen gegen § 307 BGB.[859]

449

---

844 BGH NJW 1989, 2383.
845 OLG Köln BB 2001, 2076.
846 BGHZ 106, 259 = BGH NJW 1989, 582 = DRSpr. 89, 319 m. Anm. *Niebling*; UBH/*Fuchs*, Teil 4 (2) Rn 53.
847 BGH NJW 1990, 1601.
848 BGH NJW 1990, 576.
849 NJW 1984, 2816.
850 BAG v. 13.4.2010 – 9 AZR 113/09; BAG v. 18.3.2009 – 10 AZR 289/08.
851 BGH v. 13.4.2010 – XI ZR 197/09, VuR 2010, 267 m. Anm. *Niebling* = MDR 2010, 759 = WM 2010, 933 = MDR 2010, 933 (LS).
852 BGH v. 13.4.2010 – XI ZR 197/09, VuR 2010, 267; BGH v. 21.12.2010 – XI ZR 52/08; BGH v. 21.12.2010 – XI ZR 52/08, BKR 2011, 125 = BB 2011, 977 m. Anm. *Niebling*.
853 BGH WM 1986, 156.
854 BGH NJW 1989, 1796.
855 BGH WM 1986, 156, 157.
856 BGH WM 1986, 1466.
857 *Kilimann*, NJW 1990, 1154.
858 BGH BB 1988, 2410; BGH NJW 1990, 2383; *Strube*, AGB-Kontrolle von Leistungsentgelten und Preisanpassungsklauseln, in Anlegerschutz, 2011, S. 115; OLG Stuttgart v. 21.5.2013 – 9 U 75/11 (Kontokorrentkredit).
859 BGHZ 180, 257 = NJW 2009, 2051; LG Dortmund BB 2001, 1269; LG Köln BB 2001, 1271; UBH/*Fuchs*, Teil 4 (2) Rn 54; zu Zinsänderungen der Sparkassen: *Bunte*, AGB-Banken, AGB-Sparkassen, Rn 575; *Strube*, AGB-Kontrolle von Leistungsentgelten und Preisanpassungsklauseln, in Anlegerschutz, 2011, S. 130.

XXXIX. Zwangsvollstreckung

450 Die Zwangsvollstreckung aus einer formularmäßigen Unterwerfungserklärung ist zwar grundsätzlich zulässig, der neue Grundschuldinhaber muss jedoch den Eintritt in den Sicherungsvertrag nach Maßgabe von § 727 Abs. 1 ZPO bereits im Klauselerteilungsverfahren nachweisen.[860]

G. Zur aktuellen Rechtsprechung

451 Klauseln, die Entgelte für Leistungen umfassen, die von der Bank nach dem Vertragszweck unentgeltlich zu erbringen sind, sind insgesamt unwirksam.[861] Zu Recht werden auch zusätzliche Bankenentgelte für ein P-Konto beanstandet.[862] Ebenso hat der BGH (zu Recht) auch die Auslagenersatzklausel der Sparkassen (Nr. 18) und Banken (Nr. 12 Abs. 6) verworfen;[863] diese ist nicht darauf begrenzt, welche Auslagen die Bank nach den Umständen für erforderlich halten konnte.

452 **Lastschriftklauseln:** Einzugsermächtigungen sind grundsätzlich zulässig. Dagegen belastet das Abbuchungsverfahren den Kunden regelmäßig unangemessen. Bei dieser zweiten Art des Lastschriftverfahrens erteilt der Kunde seiner Bank den Auftrag im Sinne einer Generalweisung, Lastschriften des Gläubigers einzulösen; der Kunde kann diese Einlösung der Lastschrift nicht mehr rückgängig machen. Es ist in AGB daher unwirksam.[864] Auch Entgeltklauseln für die Benachrichtigung des Kunden über die Nichteinlösung einer Einzugsermächtigungslastschrift sind auch auf der Grundlage des **neuen Zahlungsdiensterechts** unwirksam.[865] Zu Recht unterwirft der BGH diese Klausel der Inhaltskontrolle; sie ist unwirksam, weil die Sparkasse sich ein Entgelt für eine Tätigkeit ausbedingt, zu der die Sparkasse aufgrund der girovertraglichen Schutz- und Treuepflicht bzw. der auftragsrechtlichen Informationspflicht ohnehin verpflichtet ist. § 675o BGB gilt auch nicht entsprechend. Gibt der Verbraucher nur eine Willenserklärung gegenüber dem Verwender zum Bankeinzug ab, so liegt eine zulässige Lastschrift vor; wird eine Erklärung gegenüber der Bank verlangt, liegt eine unwirksame Klausel vor. Zulässig ist eine Klausel, dass Einwendungen gegen die Lastschrift unverzüglich zu erheben sind.

453 **Bankenentgelte** unterliegen der Inhaltskontrolle, wenn kraft Gesetzes ein solches Entgelt nicht geschuldet ist; Unwirksamkeit besteht insbesondere, wenn die Leistung, für die das Entgelt verlangt wird, ohnehin ohne (weitere) Kosten geschuldet wird oder im Interesse der Bank liegt. Ebenfalls kann das Transparenzgebot verletzt sein.[866] Die Regelungen zum **Online-Banking** sind nicht zu beanstanden.[867] Der Verbrauchergerichtsstand nach § 15 Abs. 1 Buchst. c EuGVVO gilt auch für Bankkredite.[868] Die Haftung des Karteninhabers bei missbräuchlicher Abhebung am Geldautomaten ist nach Auslegung der Haftungsklausel auf 50 EUR begrenzt.[869] **Pay when paid-Klauseln** sind dagegen unwirksam,[870] wenn nicht bereits überraschend. Die Frage der Wirksamkeit von Entgeltklauseln für die Bearbeitung von Privatkrediten war Gegenstand zahlreicher bei dem XI. Zivilsenat anhängiger Verfahren, wobei die Banken ihre Revisionen zurückgezogen haben; zur Rückzahlungsthematik findet demnächst mündliche Verhandlung beim BGH statt. Auch Überziehungszinsen sind nach AGB-Recht zu beanstanden.[871]

454 Engeltklauseln für das P-Konto sind nicht schlechthin unwirksam. Sie dürfen jedoch im Vergleich zum traditionellen Girokonto den Kunden nicht schlechter stellen. Andernfalls liegt ein Verstoß gegen § 307 Abs. 1 S. 1, Abs. 2 Nr. 1 BGB vor. Auch weitere Klauseln für das P-Konto können unwirksam sein, insbesondere wenn keine Rücksicht auf bereits abgeschlossene Vereinbarungen mit dem Bankkunden genommen wird, so die Bestimmung der Kontoführung auf Guthabenbasis, die Versagung einer Bank- oder Kreditkarte sowie die Bepreisung von Leistungen, die beim klassischen Girokonto unentgeltlich erbracht werden.[872]

455 Der klagende Verbraucherschutzverband verlangte Unterlassung verschiedener Klauseln im Zusammenhang mit dem P-Konto.

Die Bank weist in ihrem Preis- und Leistungsverzeichnis im Abschnitt „Preise für Dienstleistungen im standardisierten Geschäftsverkehr mit Privatkunden" für von ihr angebotene Girokontenarten („Kontopakete") mit jeweils unterschiedlichen Leistungsbestandteilen verschiedene Monatsgrundpreise aus, nämlich:

---

860 BGH v. 30.3.2010 – XI ZR 200/09.
861 OLG Nürnberg v. 29.1.2008 – 3 U 1887/07; BGH NJW 2001, 1419; BGH v. 16.7.2013, WM 2013, 1796 = ZIP 2013, 1809; hierzu auch *Niebling*, MDR 2013, 1012, 1017.
862 BGH v. 16.7.2013, WM 2013, 1796 = ZIP 2013, 1809; hierzu auch *Niebling*, MDR 2013, 1012, 1017;BGH v. 13.11.2012 – XI ZR 500/11 und XI ZR 145/12; OLG Frankfurt v. 28.3.2012 – 19 U 238/11; KG v. 29.9.2011 – 23 W 35/11; hierzu auch *Ahrens*, NJW-Spezial, 2011, 85.
863 BGH v. 8.5.2012 – XI ZR 61/11 und XI ZR 437/11; vgl. auch *Schmieder*, WM 2012, 2358.
864 BGH v. 29.5.2008 – III ZR 330/07; zu beachten ist jedoch die Änderung in den Bedingungen zum 1.8.2012.
865 BGH v. 22.5.2012 – XI ZR 290/11.
866 Zu Unrecht kritisch zur Rspr.: *Weber*, BKR 2013, 450; *Knops*, ZBB 2010, 479, der jedoch zu Unrecht davon ausgeht, dass Preisabreden generell der Inhaltskontrolle unterliegen (S. 482 Fn 37); Übersicht zu den Banken-AGB auch: *Niebling*, VuR 2010, 283; *Bunte*, in: Schimansky/Bunte/ Lwowski, Bankrechts-Handbuch, 2. Kapitel.
867 BGH v. 24.4.2012 – XI ZR 96/11 (kein Mitverschulden der Bank, wenn der Kunde gleichzeitig 10 TAN eingibt).
868 BGH v. 28.2.2012 – XI ZR 9/11.
869 BGH v. 29.11.2011 – XI ZR 370/10.
870 So LG Saarbrücken v. 7.11.2011 – 3 O 201/11.
871 *Niebling*, BKR 2013, 463.
872 BGH v. 16.7.2013 – XI ZR 216/12, WM 2013, 1796 = ZIP 2013, 1809; hierzu auch *Niebling*, MDR 2013, 1012, 1017.

1. „Das Junge Konto" – kostenlos
2. „… AktivKonto" – 4,99 EUR
3. „… PlusKonto" – 7,99 EUR
4. „… BestKonto" – 9,99 EUR

In der anschließenden Rubrik „Pfändungsschutzkonto" findet sich folgende Klausel:

„Es wird ein monatlicher Grundpreis von 8,99 EUR berechnet. … Die Kontoführung erfolgt grundsätzlich auf Guthabenbasis. … Die Ausgabe einer … Bank Card oder einer Kreditkarte sowie die Nutzung des Karten- und Dokumentenservices sind nicht möglich. … Die weiteren Leistungen entsprechen denen des … AktivKontos und sind der oben stehenden Übersicht zu entnehmen. Soweit Leistungen des … AktivKontos nicht in dessen monatlichem Grundpreis enthalten sind, werden für diese Leistungen gesondert ausgewiesene Preise auch beim Pfändungsschutzkonto gesondert berechnet."

Der Kläger beanstandet diese Regelungen zum P-Konto in vierfacher Hinsicht, nämlich

– den monatlichen Grundpreis von 8,99 EUR für die Führung des P-Kontos,
– die Bestimmung über die Kontoführung auf Guthabenbasis,
– die Klausel, wonach beim P-Konto die Ausgabe einer … Bank Card oder einer Kreditkarte sowie die Nutzung des Karten- und Dokumentenservices nicht möglich ist, sowie
– die beim P-Konto vorgesehene gesonderte Bepreisung von Leistungen, die nicht im monatlichen Grundpreis des … AktivKontos enthalten sind.

Alle vier streitigen Regelungen benachteiligen Bankkunden entgegen § 307 Abs. 1 S. 1, Abs. 2 Nr. 1 BGB und sind unwirksam:

Die Entgeltklausel über den monatlichen Grundpreis von 8,99 EUR unterliege nach § 307 Abs. 3 S. 1 BGB der Inhaltskontrolle. Es handelt sich nicht um eine kontrollfreie Preisabrede, weil das P-Konto keine besondere Kontoart mit selbstständigen Hauptleistungspflichten darstellt, sondern ein herkömmliches Girokonto ist, das aufgrund einer den Girovertrag ergänzenden Vereinbarung zwischen dem Kreditinstitut und dem Kunden „als Pfändungsschutzkonto geführt" werde (§ 850k Abs. 7 ZPO). Die Führung eines P-Kontos stelle auch keine zusätzliche, rechtlich nicht geregelte Sonderleistung der Bank dar; diese erfüllt vielmehr eine ihr durch § 850k Abs. 7 ZPO auferlegte gesetzliche Pflicht.

Der danach eröffneten Inhaltskontrolle halte die angegriffene Entgeltklausel nicht stand, weil die Berechnung eines zusätzlichen Entgelts für die Führung des Girokontos als P-Konto (mit einem gegenüber dem AktivKonto um 4 EUR höheren monatlichen Grundpreises) mit wesentlichen Grundgedanken von § 850k Abs. 7 ZPO nicht zu vereinbaren sei. Zwar müsse ein P-Konto weder kostenlos noch zwangsläufig zum Preis des günstigsten Kontomodells des betreffenden Kreditinstituts geführt werden. Der Aufwand für die Kontoführung, zu der das Kreditinstitut gesetzlich verpflichtet ist, dürfe aber nach dem Willen des Gesetzgebers nicht durch ein zusätzliches Entgelt gegenüber einem normalen Girokonto mit entsprechenden Leistungen auf den Kunden abgewälzt werden. Das ist jedoch bei der hier streitigen Klausel sowohl im Vergleich zum … AktivKonto als auch – unter Berücksichtigung der beim P-Konto gesondert entgeltpflichtigen Leistungen – im Vergleich zu den übrigen „Kontopaketen" der Fall.

Die darüber hinaus beanstandeten Klauseln über die Führung des P-Kontos auf Guthabenbasis sowie zu der beim P-Konto fehlenden Möglichkeit der Ausgabe einer … Bank Card oder einer Kreditkarte hielten ebenfalls nach § 307 Abs. 1 S. 1, Abs. 2 Nr. 1 BGB der Inhaltskontrolle nicht stand. Sie könnten bei der gebotenen „kundenfeindlichsten Auslegung" so verstanden werden, dass bei der Umwandlung eines bestehenden Girokontos in ein P-Konto die Berechtigung des Kunden zur Inanspruchnahme eines mit der Bank vereinbarten Dispositionskredits bzw. einer Überziehungsmöglichkeit oder zur Nutzung einer ihm zur Verfügung gestellten Debitkarte oder Kreditkarte automatisch – also ohne die insoweit von Rechts wegen erforderliche (wirksame) Kündigung der zugrunde liegenden Kreditvereinbarung oder des Kartenvertrages – entfallen würde. Ein solcher kündigungsunabhängiger „Beendigungsautomatismus" würde die Kunden der Beklagten ebenfalls entgegen den Geboten von Treu und Glauben unangemessen benachteiligen. Im Grundsatz die gleichen Erwägungen führten zur Unwirksamkeit auch der Bestimmung über die beim P-Konto fehlende Möglichkeit der Nutzung des Karten- und Dokumentenservices. Hier soll ebenfalls, soweit der Kunde aufgrund des von ihm bislang gewählten „Kontopakets" zur Inanspruchnahme dieser Leistung berechtigt war, anlässlich der Umwandlung in ein P-Konto der mit dem Kunden vereinbarte Vertragsinhalt automatisch zum Nachteil des Kontoinhabers verändert werden. Die Klausel über die dem … AktivKonto entsprechende gesonderte Berechnung von Leistungen schließlich sei unwirksam, weil sie für Inhaber anderer „Kontopakete" wiederum in unzulässiger Weise die Berechnung eines zusätzlichen Entgelts für die Führung des Girokontos als P-Konto zur Folge habe. Damit müssen die meisten Banken Ihre AGB zu P-Konten ändern.

Dem BGH ist zuzustimmen. Zwar enthält § 850k ZPO keinen ausdrücklichen Hinweis darauf, dass ein P-Konto für den Kunden nicht teurer sein darf, um den Kunden den Wechsel zu ermöglichen, kann jedoch mit dem BGH hieraus ein (weitgehendes) Verböserungsverbot hergeleitet werden. Zutreffend ist auch, dass dann unter Zugrundelegung dieser Auslegung und dieser Wertung eine Rechtslagendivergenz eröffnet ist, die hier zur Verwerfung der Klauseln führen muss. Offen ist jedoch die Frage, ob für **Neukunden** nicht etwa die Führung des Kontos auf Guthabensbasis und der Ausschluss von Bank- und Kreditkarten vorgeschrieben werden darf, denn hierdurch wird ja nicht in vorhandene Rechtspositionen eingegriffen. Damit würden aber sachlich zwei Arten von P-Konten geschaffen, ein solches für Neukunden (mit belastenden Bedingungen) und ein solches für bereits bestehende Bankkunden, die wechseln oder das P-Konto als Zusatzkonto wünschen. Nachdem insoweit keine „Gleichbehandlungspflichten" bestehen, wäre dies rechtlich wohl zulässig, allein die Praktikabilität aus Sicht der Bank dürfte hiergegen sprechen. Folgt man dem, so reicht zukünftig ein Zusatz „*Bestehende vertragliche Zusagen auf Kontoüberziehung oder der Verwendung von Bank- oder Kreditkarten bleiben bestehen ...*". Zulässig ist wohl auch, dass die Bank diese Vorteile im Rahmen (in den AGB aufgeführter) transparenter Gründe mit einer angemessenen Kündigungsfrist kündigen kann. Die „Fiktion" einer fristlosen Kündigung in den AGB bei Beantragung eines P-Kontos wäre wohl weiterhin unzulässig. Damit liegt das Urteil auf der Linie einer Vielzahl von Entscheidungen des BGH zu unzulässigen Banken-AGB.[873]

459   Die folgende dem Muster von Nr. 5 Abs. 1 AGB-Sparkassen nachgebildete Klausel einer Sparkasse ist bei Verwendung gegenüber Verbrauchern nach § 307 Abs. 1, Abs. 2 Nr. 1 BGB **unwirksam**:[874]

„Nach dem Tode des Kunden kann die Sparkasse zur Klärung der rechtsgeschäftlichen Berechtigung die Vorlegung eines Erbscheins, eines Testamentsvollstreckerzeugnisses oder ähnlicher gerichtlicher Zeugnisse verlangen; fremdsprachige Urkunden sind auf Verlangen der Sparkasse mit deutscher Übersetzung vorzulegen. Die Sparkasse kann auf die Vorlegung eines Erbscheins oder eines Testamentsvollstreckerzeugnisses verzichten, wenn ihr eine Ausfertigung oder eine beglaubigte Abschrift vom Testament oder Erbvertrag des Kunden sowie der Niederschrift über die zugehörige Eröffnungsverhandlung vorgelegt wird."

Im Rahmen einer Verbandsklage verlangt ein Verbraucherschutzverband **Unterlassung** der vorstehenden Klausel von der beklagten Sparkasse bei Verwendung gegenüber Verbrauchern.

460   Nachdem der Erbe sein Erbrecht auch anders als durch Erbschein nachweisen könne, ist die Klausel nicht rein deklaratorisch. Tatsächlich werde durch die Klausel ein Erbschein verlangt, obwohl der Nachweis des Erbrechts auch auf andere Art geführt werden könne.

Rechtsvorschriften i.S.v. § 307 Abs. 3 S. 1 BGB seinen auch allgemein anerkannte Rechtsgrundsätze, auch ungeschriebene Rechtsgrundsätze und Regeln des Richterrechts sowie die sich aus der Natur des Vertrages ergebenden Rechte und Pflichten.

Dem Verbraucher darf in der Klausel der gesetzlich mögliche Nachweis seines Erbrechts nicht durch Vorlage des Erbscheins abgeschnitten werden.

461   Auch das „kann" in der Klausel vermag diese nicht zu „retten", denn bei einem einseitigem Bestimmungsrecht sind alle Voraussetzungen für den Umgang konkret festzulegen. Daran fehlt es hier.

Zu Recht wendet sich der BGH gegen die vorherrschende Meinung in der Literatur, die derartige Klauseln gebilligt hat, weil die Sparkasse nach § 315 BGB eine gebundene Entscheidung zu treffen habe. Die Ersetzung des Begriffs „kann" durch „in der Regel" würde jedoch unerheblich sein, denn hierdurch wäre ebenfalls dem Transparenzgebot nicht genüge getan. Die Abweichung von der kraft Gesetzes geltenden Rechtslage indiziert den Verstoß; eine sachliche Rechtfertigung ist nicht ersichtlich.

462   **Wirksam** wäre wohl eine Klausel, wonach die Sparkasse die Vorlage eines **Erbschein**s verlangen kann, wenn nicht zweifelsfrei die Erbenstellung nachgewiesen werden kann.

463   Auch das OLG Frankfurt hat Entgeltklauseln der Banken beanstandet.[875]

Im Rahmen eines Verbandsverfahrens wurden wesentliche Klauseln in den Banken-AGB zu Bankenentgelten beanstandet. Nach § 307 Abs. 1 BGB sind folgende Klauseln in den Bank-AGB **unwirksam**:
- Reklamationsentgelt/Nachfrage/Nachforschung (soweit es sich nicht um einen nicht autorisierten, von der Bank nicht ausgeführten oder fehlerhaften Zahlungsvorgang handelt): pro Auftrag 25 EUR
- Kreditbearbeitung: Berechnung der Vorfälligkeitsentschädigung bei vorzeitiger Kredit(teil)rückzahlung während der Zinsbindung: pro Kredit 300 EUR, max. 600 EUR insgesamt
- Berechnung der Nichtabnahmeentschädigung bei Teil-/Nichtabnahme des Kredits: pro Kredit 300 EUR, max. 600 EUR insgesamt

464   Das Urteil liegt auf der Linie einer ganzen Reihe von BGH-Urteilen zu Banken-AGB. Zum einen sind diese Klauseln zumeist der Inhaltskontrolle unterworfen, weil kraft Gesetzes die Leistungen der Bank – als Nebenpflicht – ohnehin geschuldet werden, ohne dass hierfür ein Entgelt verlangt werden kann; zum anderen kann die eigene Verpflichtung der Bank nicht auf den Kunden abgewälzt werden. Es ist daher zu erwarten, dass der BGH das vorliegende Urteil in der Sache bestätigt.

---

873 Ausführlich *Niebling*, MDR, 2013, 1012.
874 BGH v. 8.10.2013 – XI ZR 401/12.
875 OLG Frankfurt v. 17.4.2013 – 23 U 50/12 (rechtskräftig nach Rücknahme der Revision).

Zuletzt wurde vom BGH die Entgeltklausel für die Nacherstellung von Kontoauszügen (*„pro Auszug 15 EUR"*) beanstandet.[876] **465**

Den Streitwert zur Überprüfung von Entgeltklauseln der Banken im Verbandsverfahren wird man i.d.R. mit 25.000 EUR festsetzen können.[877] **466**

H. Zusammenfassung

Überragende Bedeutung kommt bei Banken AGB dem Transparenzprinzip zu; die Beschreibung der Rechte und Pflichten des Kunden muss so genau und präzise erfolgen wie möglich. Bei den Schranken der Inhaltskontrolle helfen Abgrenzungen wie Preisbestimmungen (keine Inhaltskontrolle) zu Preisnebenbestimmungen (Inhaltskontrolle möglich) nicht weiter. Die entscheidende Frage ist: Was würde ohne die beanstandete Klausel kraft Gesetzes gelten? Bei Entgeltklauseln kann hier das Ergebnis auch sein, dass die Bank bestimmte Leistungen ohnehin zu erbringen hat und ein (zusätzliches) Entgelt nicht verlangen kann. Nach dem Vertragszweck eines Darlehens wird zumeist auch keine Abschlussgebühr verlangt werden können. Maßstab ist auch eine berechtigte Vertragserwartung: Womit hat der Kunde redlicherweise zu rechnen? Ist die Inhaltskontrolle eröffnet, so sind die Konsequenzen der Klausel nach Vertragszweck und Vertragsnatur vor dem Hintergrund der beiderseitigen Interessen objektiv zu bestimmen. Hier liegt die Rechtsfindung tatsächlich im Verfahren. Es würde jedoch auch nicht schaden, wenn der Gesetzgeber einige Grenzen festschreiben würde, wie dies im Verbraucherkreditrecht geschehen ist. **467**

Bausparkassen

In einem Bausparvertrag mit einem Verbraucher kann nicht vorgesehen werden, dass dieser mit allen **Kosten der Abwicklung** belastet wird; insbesondere darf die Wertermittlung des Beleihungsobjekts nicht auf den Kunden abgewälzt werden.[878] Die **Abschlussgebühr** von 1 % der Bausparsumme unterliegt zwar der Inhaltskontrolle, ist aber im Ergebnis nicht zu beanstanden.[879] Allein die Begründung des Urteils ist wenig einleuchtend: **468**

Die Inhaltskontrolle hängt nicht davon ab, ob die Bausparer mit der Abschlussgebühr eine vertraglich geschuldete Gegenleistung abgelten (so aber der BGH).[880] Was vertraglich geschuldet ist, ist nicht der Vergleichsmaßstab nach § 307 Abs. 3 S. 1 BGB. Vergleichsmaßstab ist, was kraft Gesetzes geschuldet ist. Auch Erwägungen, ob „unmittelbar" der Preis geregelt werde, führen nicht zu sachgerechten Ergebnissen und verkennen das Wesen der Inhaltskontrolle und deren Schranken. Richtig ist dagegen, dass die Zulässigkeit der Inhaltskontrolle nicht davon abhängt, ob dem Kunden das Entgelt bereits zum Zeitpunkt des Vertrags hinreichend klar vor Augen geführt wird.[881] Hierdurch wird nur das Transparenzgebot erfüllt, dessen Einhaltung bekanntlich nicht den Ausschluss der Inhaltskontrolle bewirkt! Auch die Erwägung, der Klauselverwender könne sein Preisgefüge grundsätzlich in mehrere Preisbestandteile aufspalten, führt nicht weiter und ist auch in dieser Allgemeinheit nicht richtig. So konnte die Stellplatzmiete neben der Vermittlungsprovision keinen Bestand haben.[882] Ebenfalls nicht gefolgt werden, kann der Auffassung des BGH, die Klausel diene der Umlegung der Vertriebskosten und sei deshalb unwirksam. Letztlich dienen alle Klauseln dazu, die Kostenlast zu reduzieren und Mittel für das Unternehmen zu sichern. Mit dieser Erwägung alleine ist wenig gewonnen. Dem Urteil ist im Ergebnis zuzustimmen, weil wesentliche Grundgedanken, von denen abgewichen wird nicht bestehen und die Klausel sogar besonders transparent ist. Eine Zahlung wird auch nicht für Leistungen verlangt, zu denen die Bausparkasse ohnehin (unentgeltlich) verpflichtet ist und kommt (dies wird unterstellt) der Gemeinschaft der Bausparer zugute. **469**

Der Bausparvertrag unterliegt i.Ü. zunächst der Prüfung nach dem Recht des Verbraucherdarlehens nach §§ 491 ff. BGB.[883] **470**

---

876 Zuletzt BGH v. 17.12.2013 – XI ZR 66/13 (Nacherstellung von Kontoauszügen).
877 BGH v. 10.12.2013 – XI ZR 405/12.
878 LG Dortmund v. 27.1.2009 – 8 O 262/08; LG Stuttgart WM 2007, 1930; UBH/*Fuchs*, Teil 4 (3) Rn 8, „kontrollfähig", jedoch die Wirksamkeit offenlassend.
879 BGH v. 7.12.2010 – XI ZR3/10, VuR 2011, 93 m. Anm. *Niebling* = BB 2011, 654 m. Anm. *Wagner/Wexler-Uhlich* = WM 2011,263 = ZIP 2011,263; a.A. noch *Lentz*, BB 2010, 598; *Pieroth/Hartmann*, WM 2009, 677; OLG Hamm v. 1.2.2010 – 31 U 130/09; OLG Stuttgart ZIP 2010, 74; UBH/*Fuchs*, Teil 4 (3) Rn 8; *Habersack*, WM 2008, 1857; kritisch dagegen: *Nobbe*, WM 2008, 185; *Knops*, ZBB 2010, 479, 491.
880 BGH v. 7.12.2010 – XI ZR3/10, VuR 2011, 93 m. Anm. *Niebling* = BB 2011, 654 m. Anm. *Wagner/Wexler-Uhlich* = WM 2011,263 = ZIP 2011,263; a.A. noch *Lentz*, BB 2010, 598; *Pieroth/Hartmann*, WM 2009, 677; OLG Hamm v. 1.2.2010 – 31 U 130/09; OLG Stuttgart ZIP 2010, 74; UBH/*Fuchs*, Teil 4 (3) Rn 8; *Habersack*, WM 2008, 1857; kritisch dagegen: *Nobbe*, WM 2008, 185; *Knops*, ZBB 2010, 479, 491.
881 So aber *Stoffels*, BKR 2010, 359; *Habersack*, WM 2008, 1857, 1860.
882 BGH v.13.1.2011 – III ZR 78/10.
883 Streitig, vgl. *Bülow/Artz*, Verbraucherkreditrecht, 7. Aufl. 2011, § 491 Rn 197c.

Bauträgerverträge

Literatur zum Stichwort Bauträgerverträge: *Bambring*, Schuldrechtsreform und Grundstückskaufvertrag, DNotZ 2001, 904; *Basty*, Der Bauträgervertrag, 7. Aufl. 2012, 284; *ders.*, Unzulässige Vermischung der Sicherungssysteme nach der Makler- und Bauträgerverordnung, LMK 2003, 185; *Basty*, Der Bauträgervertrag – Überblick unter Berücksichtigung der Schuldrechtsmodernisierung, ZWE 2002, 381; *Cremer/Wagner*, Zur Angemessenheit und Unangemessenheit von Bindungsfristen in notariellen Urkunden, NotBZ 2004, 331; *Derleder*, Der Bauträgervertrag nach der Schuldrechtsmodernisierung – Die Auswirkungen auf die Sachmängelgewährleistung, NZBau 2004, 237; *Hartung*, Vereinbarung der VOB/B als Ganzes – klarer, aber noch nicht ganz klar, NJW 2004, 2139; *Herrler*, Fälligkeit des Zahlungsanspruchs und Rückforderbarkeit geleisteter Zahlungen im Falle eines gegen § 3 MaBV verstoßenden Ratenplans, DNotZ 2007, 895; *Hertel*, Werkvertrag und Bauträgervertrag nach der Schuldrechtsreform, DNotZ 2002, 6; *Hildebrandt*, Die rechtliche Einordnung des Bauträgervertrages nach der Schuldrechtsmodernisierung: Kaufvertrag, ZfIR 2003, 489; *Hoffmann/Joneleit*, Veräußerung bebauter Grundstücke: Rückkehr zu dogmatischen Abgrenzungskriterien, NZBau 2003, 641; *Ingenstau/Korbion*, VOB, Teile A und B; 18. Aufl. 2013; *Kuffer/Wirth* (Hrsg.), Handbuch des Fachanwalts Bau- und Architektenrecht, 4. Aufl. 2013; *Litzenburger*, Das neue Schuldrecht und die Auswirkungen der Schuldrechtsreform auf Bauträgerverträge und andere aktuelle Fragen des Bauträgerrechts, NZBau 2003, 233; *Quack*, Erste Fragen zum neuen Werkvertragsrecht; Immobilien- & Baurecht IBR 2001, 705; *Schlünder/Scholz*, Notarielle Verträge über neue Häuser nach der AGBG-Novelle, ZfBR 1997, 55; *Thode*, Die wichtigsten Änderungen im BGB-Werkvertragsrecht; NZBau 2002, 360; *ders.*, Die Vormerkungslösung im Bauträgervertrag und die Gestaltungsrechte des Erwerbers, ZNotP 2004, 210; *ders.*, Die Rechtsprechung des BGH zum Bauträgervertrag in der Zeit vom Januar 2003 bis Februar 2005, ZNotP 2005, 162; *Volmer*, Klauselkontrolle am Beispiel der MaBV-Bürgschaft, ZfIR 2004, 460; *Wagner*, Wie rechtssicher ist die nachträgliche Absenkung des Verbraucherschutzes in Bauträgerverträgen?, BauR 2001, 1313

A. Einleitung 471	3. Anwendbarkeit der VOB/B auf Bauträgerverträge? 486
I. Begriff 471	B. Isolierte Inhaltskontrolle einzelner Regelungen in Bauträgerverträgen 490
II. Rechtsnatur 473	I. Vertragsschlussklauseln 490
1. Auswirkung des Schuldrechtsmodernisierungsgesetzes 474	II. Klauseln zu Abschlagszahlungen, Vorleistung und Kostenabwälzung 492
2. Auswirkung der Vorschriften zur Verjährung von Mängelansprüchen 475	III. Klauseln zu Gewährleistung und Abnahme 498
a) Der Vertragsschluss vor Errichtung des Baus 476	1. Klauseln zu Mängelansprüchen 498
b) Vertragsschluss nach Fertigstellung des Baus 479	2. Sonderfall: Abnahme des Gemeinschaftseigentums 502
III. Anwendbares Recht 481	IV. Vollmachtsklauseln 505
1. AGB-Recht 481	V. Sonstige Klauseln 507
2. Keine Inhaltskontrolle MaBV-konformer Gestaltungen von Abschlagszahlungen? 484	

A. Einleitung

I. Begriff

471 Im Rahmen eines Bauträgervertrags verpflichtet sich der Bauträger zur Planung und Errichtung eines Bauwerks in eigenem Namen für eigene oder fremde Rechnung, § 34c Abs. 1 S. 1 Nr. 4a GewO. Anschließend wird das Baugrundstück – üblicherweise schlüsselfertig – dem Erwerber übertragen.[884] Dies ist gleichzeitig der wesentliche Unterschied zum Bauvertrag. Der Bauträger verschafft dem Erwerber das Eigentum an dem Grundstück und Gebäude, während der Bauunternehmer ein Gebäude auf einem Grundstück errichtet, dessen Eigentum der Auftraggeber bereits innehat. Deshalb ist der Bauträgervertrag gemäß § 311b Abs. 1 S. 1 BGB auch beurkundungspflichtig,[885] was für den Bauvertrag grundsätzlich nicht gilt.[886]

472 In der Praxis existieren aus steuerlichen Gründen oder zur Vermeidung der Bauträgerhaftung sehr unterschiedliche Baumodelle.[887]

II. Rechtsnatur

473 Der Vertrag zwischen Bauträger und Erwerber ist ein Vertrag sui generis als typengemischter Vertrag, der neben werkvertraglichen auch kaufrechtliche Elemente und Bestandteile aus dem Geschäftsbesorgungsrecht enthält.[888] Denn neben dem das Grundstück betreffenden Kauf sind regelmäßig auch Organisations-, Architekten-, Ingenieur- und natürlich Bauleistungen Inhalt des Vertrags.

---

884 Kuffer/Wirth/*Kromik*, Kap. 5 Rn 2.
885 BGH NJW 1980, 41, 43.
886 Es sei denn, es besteht eine rechtliche Einheit zwischen Bauvertrag und Grundstückserwerbsvertrag: vgl. BGH BauR 1981, 67 = ZfBR 1985, 81: „miteinander stehen und fallen".
887 Palandt/*Sprau*, § 675 Rn 22; BGH NJW 1986, 925, 926.
888 BGH NJW 1986, 925, 926; Kuffer/Wirth/*Kromik*, Kap. 5 Rn 3.

Bauträgerverträge

1. Auswirkung des Schuldrechtsmodernisierungsgesetzes. Im Zusammenhang mit dem Recht vor Inkrafttreten des Schuldrechtsmodernisierungsgesetzes am 1.1.2002 wurde von der Rechtsprechung anfangs der kaufrechtliche Aspekt in den Vordergrund gestellt.[889] Angesichts der Gemengelage hatte sich jedoch zuletzt die Ansicht durchgesetzt, nach der eine reine Anwendung des Kauf- oder Werkrechts nicht zweckmäßig ist, aber zumindest die Errichtungsverpflichtung betreffend, das Werkvertragsrecht gilt.[890] **474**

2. Auswirkung der Vorschriften zur Verjährung von Mängelansprüchen. Die Schuldrechtsmodernisierung hat eine Harmonisierung des Rechts der Leistungsstörungen gebracht. Mit § 438 Abs. 1 Nr. 2a BGB wurde die Verjährung von Gewährleistungsansprüchen nach § 437 Nr. 1 und 3 BGB wegen eines Mangels bei einem Bauwerk auf fünf Jahre bestimmt. Damit ist die kaufvertragliche Verjährung nun der Verjährung im Werkvertragsrecht (§ 634a Abs. 1 Nr. 2 BGB) angeglichen. Dies hat die Diskussion um die Rechtsnatur des Bauträgervertrags wieder aufleben lassen, da so die Möglichkeit eröffnet worden ist, auf den Bauträgervertrag auch Kaufrecht anzuwenden.[891] Zweckmäßigerweise sind hier zwei Situationen zu unterscheiden: **475**

a) Der Vertragsschluss vor Errichtung des Baus. Zum Teil wird der Charakter des Bauträgervertrags als einheitlicher Vertrag betont. Es handele sich um einen reinen Kaufvertrag, da der Bauträger nur das fertige Bauwerk in Form des bebauten Grundstückes schulde und nicht das bereits erwähnte Bündel von Leistungen.[892] **476**

Dem wird entgegengehalten, dass das Werkvertragsrecht den bauspezifischen Besonderheiten des Bauträgervertrags besser gerecht werde und es keinen sachlichen Grund gebe, von der bisherigen Rechtsprechung abzuweichen. Vielmehr liege in der Bauerrichtungsverpflichtung klar eine werkvertragliche Prägung. Mithin sei ausschließlich Werkrecht anzuwenden, da der Bauträger das auf dem Grundstück zu errichtende Bauwerk zu verschaffen habe.[893] **477**

Sachgerecht erscheint es, weiterhin auf jeweils das Recht zurückzugreifen, in dem die Leistungsstörung liegt – also für die Bauerrichtung auf Werkrecht, für den Grundstückserwerb auf Kaufrecht.[894] Letzteres regelt zum Beispiel allein die Frage der Erschließungskosten (§ 436 BGB), während die Regelungen des Werkrechts im Hinblick auf die Bauverpflichtung sowohl den Interessen des Bauträgers als auch denen des Erwerbers Rechnung tragen.[895] Wie das Selbstvornahmerecht des § 637 BGB, das Wahlrecht des Unternehmers bezüglich der Mängelbeseitigung nach § 635 Abs. 1 BGB und nicht zuletzt die Abnahme gemäß § 640 BGB, die nicht mit der Übergabe im Kaufrecht vergleichbar ist,[896] zeigen, bestehen auch nach der Schuldrechtsmodernisierung noch maßgebliche Unterschiede zwischen Kauf- und Werkvertrag, die den Werkvertrag hier vorzugswürdig erscheinen lassen. **478**

b) Vertragsschluss nach Fertigstellung des Baus. Ist der Bau zum Zeitpunkt des Vertragsschlusses bereits vollständig fertiggestellt, weil es beispielsweise als Musterhaus[897] oder für den Veräußerer selbst errichtet worden ist, wird teilweise gefordert, alleine Kaufrecht anzuwenden.[898] Begründet wird dies damit, dass zu diesem Zeitpunkt nur noch die Mängelhaftung relevant sei und angesichts der Harmonisierung von Kauf- und Werkvertrag kein Grund bestünde, Werkvertragsrecht anzuwenden. Dem Vertragsinhalt entspräche jetzt vielmehr das Kaufrecht. **479**

Angesichts der gefestigten Rechtsprechung[899] zur Fallgruppe der bereits fertiggestellten Vorhaben ist jedoch von einer rein kaufvertraglichen Vertragsgestaltung abzuraten. Auch sprechen erhebliche Gründe für eine Beibehaltung des werkvertraglichen Regimes: Die einheitliche Behandlung sorgt dafür, dass bei Gesamtvorhaben nicht einige Erwerber nach Werkrecht beurteilt würden, für spätere Erwerber hingegen das Kaufrecht gälte. Durch eine förmliche Abnahme des Baus i.S.d. § 640 BGB ist schließlich auch der Beginn der Verjährung von Sekundäransprüchen sichergestellt. **480**

III. Anwendbares Recht

1. AGB-Recht. Vorformulierte Vertragsbedingungen in Bauträgerverträgen müssen die Anforderungen der §§ 305 ff. BGB erfüllen. Klauseln sind vorformuliert, wenn sie für eine mehrfache Verwendung schriftlich aufgezeichnet oder in sonstiger Weise fixiert sind.[900] Dabei genügt bereits die bloße Absicht mehrfacher Verwendung.[901] **481**

---

889 Für viele: RG Recht 1914, Nr. 2057; BGH MDR 1965, 674.
890 Vgl. BGH NJW 1985, 1551; BGHZ 108, 164, 167 f.
891 Vgl. *Basty*, ZWE 2002, 381, 383 ff.; Werner/Pastor/*Pastor*, Rn 1954.
892 *Litzenburger*, RNotZ 2002, 23, 24; *Bambring*, DNotZ 2001, 904, 906; *Hertel*, DNotZ 2002, 6, 18; *Hoffmann/Joneleit*, NZBau 2003, 641 ff.
893 *Quack*, IBR 2001, 705; *Wagner*, BauR 2004, 569; Werner/Pastor/*Pastor*, Rn 1954.
894 So auch *Basty*, Der Bauträgervertrag, Rn 8; WLP/*Dammann*, Bauträgervertrag Rn B 145; Palandt/*Sprau*, vor § 633 Rn 3; BGH NJW 1973, 1235; zur Mängelhaftung *Hertel*, DNotZ 2002, 6.
895 Insofern übereinstimmend mit Werner/Pastor/*Pastor*, Rn 1954; vgl. auch *Basty*, Der Bauträgervertrag, Rn 9 m.w.N.
896 Vgl. *Derleder*, DNotZ 2004, 237, 240 f.
897 Zur Rechtsnatur des Erwerbs eines Fertighauses siehe ausführlich Werner/Pastor/*Pastor*, Rn 1956 m.w.N.
898 So Palandt/*Sprau*, § 675 Rn 18; WLP/*Dammann*, Bauträgervertrag Rn B 145; *Ott*, NZBau 2003, 233, 238; *Hildebrandt*, ZfIR 2003, 489.
899 Zum „alten" Recht: BGH – VII ZR 257/03, ZfIR 2005, 134; BGH DNotZ 1998, 873; zum Recht nach Schuldrechtsmodernisierung: BGH, Urt. v. 26.4.2007 – VII ZR 210/05.
900 Statt vieler: BGH WM 2005, 1373.
901 BGH – VII ZR 31/03, ZfIR 2004, 641.

482 Alleine der Verwender kann sich nicht auf die Unwirksamkeit berufen.[902] Die §§ 305 ff. BGB sind ihrerseits im Lichte der Klauselrichtlinie 93/13/EG vom 5.4.1993 auszulegen,[903] die auch eigener Prüfungsmaßstab sein kann.[904]

483 Eine Vertragspartei muss die Vertragsbedingungen gestellt haben, § 305 Abs. 1 S. 1 BGB. Grundsätzlich sind die Voraussetzungen des § 305 Abs. 1 S. 1 BGB nicht erfüllt, wenn die Vertragsbedingungen von Dritten formuliert werden, was bei Bauträgerverträgen regelmäßig durch den Notar erfolgt.[905] Bei Verbraucherverträgen greift jedoch die Fiktion des § 310 Abs. 3 Nr. 1 BGB, auch wenn die Klausel vom Notar vorgeschlagen wurde.[906] Da Bauträger in aller Regel das Interesse haben, bezogen auf dasselbe Objekt keine inhaltlich wesentlich voneinander abweichenden Verträge zu haben, spricht zudem auch der erste Anschein dafür, dass AGB vorliegen und sie (zumindest mittelbar) vom Bauträger gestellt sind.[907] Die §§ 305 ff. BGB werden also im Regelfall anwendbar sein.

484 **2. Keine Inhaltskontrolle MaBV-konformer Gestaltungen von Abschlagszahlungen?** § 632a BGB bestimmt, dass Bauträger Abschlagszahlungen nur verlangen können, wenn sie der Hausbauverordnung[908] entsprechend vereinbart sind. Gemäß § 1 der Verordnung müssen die Anforderungen der MaBV[909] erfüllt werden.[910] Rechtsfolge einer Abweichung von § 3 Abs. 2 MaBV bzw. § 7 MaBV zu Lasten des Erwerbers ist, dass die gesamte Zahlungsvereinbarung nach § 12 MaBV i.V.m. § 134 BGB nichtig ist.[911] An ihre Stelle tritt die Regelung des § 641 Abs. 1 BGB.[912]

485 Umstritten ist die Frage, ob auch **Regelungen, die der MaBV entsprechen**, einer Inhaltskontrolle unterliegen. Nach einer Auffassung bestehen jedenfalls hinsichtlich der Vereinbarkeit der MaBV mit der Klauselrichtlinie durchgreifende Bedenken, da der Maßstab ein anderer sei als der des deutschen Rechts.[913] Nach Vorstellung des Rechtsausschusses solle es sich bei der MaBV „inhaltlich um eine vorweggenommene AGB-Kontrolle" handeln.[914] Daher vertritt die Gegenauffassung, dass vertragliche Regelungen, die der MaBV entsprechen, nicht an einer Inhaltskontrolle scheitern, da die Verordnungsinhalte gesetzlichen Leitbildcharakter haben.[915] Dies sieht auch der BGH so.[916]

486 **3. Anwendbarkeit der VOB/B auf Bauträgerverträge?** In der Praxis von Relevanz ist die umstrittene Frage, ob ein Bauträger seinem Vertrag mit dem Erwerber die **VOB/B als Ganzes** zugrunde legen kann.

487 Nach der in der Literatur herrschenden Meinung passt die VOB/B auf den Bauträgervertrag nicht.[917] Denn der Bauträger erbringt zumindest nicht nur und vor allem nicht überwiegend Bauleistungen im Sinne der VOB/B. Dies zeigt sich an den vom Bauträger u.a. zu erbringenden Architekten- und Ingenieurleistungen sowie anderer Leistungen im Zusammenhang mit dem Bau, z.B. Vorbereitungsmaßnahmen, die Einrichtung der Baustelle.

488 Der BGH hat zuletzt entschieden, dass die Klauseln der VOB/B jedenfalls im Falle von Verbraucherverträgen der Inhaltskontrolle nach §§ 307 ff. BGB unterliegen (vgl. dazu auch Stichwort VOB Rn 1846).[918] Im Übrigen stellt jede auch noch so geringe Abweichung von der VOB/B eine Störung des durch sie beabsichtigten Interessensausgleiches dar, sodass die Inhaltskontrolle eröffnet ist.[919]

489 Es lässt sich also festhalten, dass die VOB/B im Bauträgervertrag keine große Rolle spielen sollte. Die früher relevante Frage, ob durch Vereinbarung der Geltung des § 13 Abs. 4 VOB/B die Verjährung von Gewährleistungsansprüchen klauselartig auf vier Jahre verkürzt werden kann, stellt sich nach Aufhebung des letzten Halbsatzes des § 309 Nr. 8b ff BGB durch das FoSiG mit Wirkung vom 1.1.2009 im Übrigen auch nicht mehr.[920]

---

902 OLG Jena, Urt. v. 8.4.2004 – 1 U 603/03.
903 Palandt/*Grüneberg*, Überbl. vor § 305 Rn 9; EuGH NJW 2000, 2571 (Océano Grupo).
904 *Basty*, Der Bauträgervertrag, Rn 27 ff.
905 Palandt/*Grüneberg*, § 305 Rn 12; Kuffer/Wirth/*Kromik*, Kap. 5 Rn 7.
906 BGH NJW 1999, 2180.
907 BGHZ 118, 229, 238 ff.; BGH NJW 1985, 2477; *Schlünder/Scholz*, ZfBR 1997, 55; WLP/*Pfeiffer*, § 305 Rn 58; zu Drittklauseln vgl. auch *Basty*, Der Bauträgervertrag, Rn 23.
908 Verordnung über Abschlagszahlungen bei Bauträgerverträgen vom 23.5.2001 (BGBl I 2001, 981), die durch Art. 4 Nr. 1 des Gesetzes vom 23.10.2008 (BGBl I 2008, 2022) geändert worden ist.
909 Makler- und Bauträgerverordnung in der Fassung der Bekanntmachung vom 7.11.1990 (BGBl I 1990, 2479), die zuletzt durch Art. 2 der Verordnung vom 9.3.2010 (BGBl I. 2010, 264) geändert worden ist.
910 Palandt/*Sprau*, § 632a Rn 14; *Basty*, Der Bauträgervertrag, Rn 54.
911 BGHZ 146, 250 = NJW 2001, 818; BGHZ 171, 364 = NJW 2007, 1947.
912 BGHZ 146, 250 = NJW 2001, 818; bestätigt durch BGHZ 171, 346 = NJW 2007, 1947.
913 *Basty*, Der Bauträgervertrag, Rn 27 mit Hinweis auf EuGH, Urt. v. 1.4.2004 – C-237/02, DNotZ 2004, 767; *Volmer*, ZfIR 2004, 460; *Thode*, ZNotP 2004, 210; *Wagner*, BauR 2001, 1313.
914 Begründung des Rechtsausschusses BT-Drucks 14/2752, 14.
915 Der MaBV entsprechende Klauseln sind zwar der Inhaltskontrolle unterworfen, jedoch nach § 307 BGB nicht zu beanstanden, vgl., UBH/*Christensen*, Teil 2 (6) Rn 4; WLP/*Dammann*, Bauträgervertrag Rn B 140; *Häublein*, NZM 2003, 846; *Herrler*, DNotZ 2007, 895, 911 f.; Palandt/*Sprau*, § 632a Rn 14.
916 BGHZ 171, 364.
917 *Basty*, Der Bauträgervertrag, Rn 1113; WLP/*Dammann*, Bauträgervertrag Rn B 132; Werner/Pastor/*Werner*, Rn 1258; vgl. dazu eingehend Kuffer/Wirth/*Kromik*, Kap. 5 Rn 14 f.
918 BGH, Urt. v. 24.7.2008 – VII ZR 55/07; vgl. auch BGH, Urt. v. 10.5.2007 – VII ZR 226/05, BeckRS 2007, 10895.
919 BGH, Urt. v. 22.1.2004 – VII ZR 419/02, BGHZ 157, 346; hierzu: *Hartung*, NJW 2004, 2139.
920 Palandt/*Grüneberg*, § 309 Rn 83.

B. Isolierte Inhaltskontrolle einzelner Regelungen in Bauträgerverträgen
I. Vertragsschlussklauseln

Nach § 308 Nr. 1 BGB ist eine Bestimmung, durch die sich der Verwender unangemessen lange oder nicht hinreichend bestimmte **Fristen für die Annahme** oder Ablehnung eines Angebots oder die Erbringung einer Leistung vorbehält, unwirksam. Welche Frist angemessen ist, ist nach Inhalt und wirtschaftlicher Bedeutung des Vertrags unter Berücksichtigung der beiderseitigen Interessen und der Verkehrsanschauung zu entscheiden. Dies gilt auch für den Bauträgervertrag.[921] **490**

Müssen Finanzierungsfragen oder die Verfügbarkeit von Subunternehmern und Lieferanten geklärt werden, so ist eine vierwöchige Angebotsfrist zumutbar. Andernfalls dürfte die Bindungsfrist für die Annahme der Erwerbsanträge nicht länger als zwei Wochen sein.[922] Abweichendes muss individualvertraglich vereinbart werden. **491**

II. Klauseln zu Abschlagszahlungen, Vorleistung und Kostenabwälzung

MaBV konforme AGB-Klauseln zu **Abschlagszahlungen** sind wegen des gesetzlichen Leitbildcharakters des Verordnungsinhalts nach überwiegender Auffassung wirksam. Abweichungen sind somit nur in den Grenzen des § 3 bzw. des § 7 MaBV zulässig. **492**

Die Frage, ob eine **Vorleistungspflicht** in Form einer Klausel, nach der der gesamte Erwerbspreis nach Übergabe einer Sicherheit gemäß § 7 Abs. 1 S. 1 MaBV unabhängig vom Baufortschritt fällig wird, als missbräuchlich gemäß § 3 Abs. 1 der Klauselrichtlinie anzusehen ist, hat der BGH tendenziell verneinen wollen, jedoch dem EuGH vorgelegt. Der EuGH wies auf seine eingeschränkte Zuständigkeit zur Überprüfung missbräuchlicher Klauseln in Verbraucherverträgen hin und stellte fest, dass es Sache des nationalen Gerichts sei, eine Klausel als missbräuchlich i.S.d. Art. 3 Abs. 1 der Klauselrichtlinie zu qualifizieren.[923] Da anschließend die Revision zurückgenommen wurde, musste über die Wirksamkeit der Klausel nicht mehr entschieden werden. **493**

Ist der Vertragspartner des Bauträgers vorleistungspflichtig, läuft seine Einrede nach § 320 BGB ins Leere. Eine solche Klausel im Bauträgervertrag könnte gemäß § 309 Nr. 2a BGB unwirksam sein. Nach herrschender Meinung in der Literatur[924] und Rechtsprechung[925] sind reine **Vorleistungsklauseln**, die das Leistungsverweigerungsrecht nicht weiter beschränken, sondern lediglich die Vorleistungspflicht statuieren, jedoch nur an § 307 BGB zu messen. Die Unangemessenheit im Einzelfall kann sich aus dem Umfang oder Zeitpunkt der Vorleistungspflicht ergeben. **494**

Gemäß § 7 Abs. 1 MaBV ist bei Abweichung – zum Beispiel von den Zahlungsmodalitäten des § 3 Abs. 2 MaBV – das Stellen eines Bürgen erforderlich.[926] Hierbei handelt es sich um Aufwendungen für die Erfüllung eigener Pflichten, sodass die Kosten nicht formularvertraglich auf den Erwerber **abgewälzt** werden können, § 307 Abs. 2 Nr. 1 BGB.[927] Eine Klausel in einer Bürgschaft gem. § 7 MaBV i.V.m. § 2 Abs. 2 MaBV, nach der **Voraussetzung für die Inanspruchnahme** aus der Bürgschaft ist, dass die Fälligkeit und Höhe des Kaufpreisrückgewähranspruchs entweder durch ein rechtskräftiges Urteil, einen rechtskräftigen Vergleich oder durch eine übereinstimmende Erklärung von Erwerber und Veräußerer nachgewiesen werden, ist überraschend und wird nicht Vertragsbestandteil.[928] **495**

Auch ein **pauschalierter Schadensersatz** auf rückständige Abschlagszahlungen in Höhe von 10 % p.a. ist unzulässig.[929] **496**

Gleiches gilt nach einer Entscheidung des OLG München[930] für eine Klausel, nach der die **Auflassung erst nach vollständiger Kaufpreiszahlung** zu erfolgen hat. Schließlich ist es unangemessen, den Notar formularmäßig anzuweisen, „den Antrag auf **Umschreibung des Eigentums** erst dann zu stellen, wenn der in bar zu entrichtende Kaufpreis voll gezahlt ist."[931] **497**

III. Klauseln zu Gewährleistung und Abnahme
1. Klauseln zu Mängelansprüchen. Der Ausschluss der gesetzlichen Mängelhaftung aus § 634 BGB (bzw. § 437 BGB) ist gemäß § 309 Nr. 8b aa BGB unwirksam. Darüber hinaus darf der Bauträger die Mängelansprüche des Bestellers nicht dadurch beschränken, dass er klauselmäßig auf seine Subunternehmer verweist, sog. **Subsidiaritätsklausel**. Der wesentliche Vorteil des Bauträgermodells liegt für den Erwerber gerade darin, in dem Bauträger einen (einzigen) Ansprechpartner zu haben. Eine Subsidiaritätsklausel, die ihn verpflichtet, zunächst **gerichtlich** gegen die einzelnen **498**

---

921 OLG Dresden NotBZ 2004, 356, 357 m.w.N.; *Cremer/Wagner*, NotBZ 2004, 331; *Thode*, ZNotP 2005, 162.
922 So auch WLP/*Dammann*, Bauträgervertrag Rn B 136; für eine generelle Obergrenze von einem Monat: UBH/*Christensen*, Teil 2 (6) Rn 2.
923 EuGH, Urt. v. 1.4.2004 – Rs. C-237/02, Slg. 2004, I-3403 Tz. 25 = DNotZ 2004, 767 m. Anm. *Basty*.
924 So u.a. WLP/*Dammann*, § 309 Nr. 2 Rn 8 ff.; Palandt/*Grüneberg*, § 309 Rn 13.
925 BGH NJW 2006, 3134; BGH NJW 2010, 1449.
926 Die zu leistende Bürgschaft darf auch nicht dem Baufortschritt entsprechend reduziert werden: BGH NJW-RR 2003, 1171; hierzu: *Basty*, LMK 2003, 185.
927 LG Bremen NJW-RR 1994, 476; WLP/*Dammann*, Bauträgervertrag Rn B 143.
928 BGH NJW 2006, 3275.
929 OLG Düsseldorf – 23 U 78/02, BauR 2004, 514.
930 OLG München BauR 2008, 1011.
931 BGH NJW 2002, 140.

Subunternehmer vorzugehen, ist deshalb bereits gemäß § 309 Nr. 8b aa BGB unwirksam.[932] Durch eine solche Klausel würde der Erwerber gezwungen, die Baumängel den einzelnen Leistungsträgern zuzuordnen, was dem Laien meist nur unter Einschaltung eines Sachverständigen gelingen wird und selbst dann hohes Streitpotential birgt. Da sie dem Sinn und Zweck des Bauträgervertrags widerspricht, gilt die Unangemessenheit bereits auch für eine Klausel, die nach Abtretung der Mängelansprüche nur die **außergerichtliche** Inanspruchnahme Dritter verlangt, § 307 Abs. 2 Nr. 2 BGB.[933]

499 Seit der Schuldrechtsmodernisierung beträgt die **Verjährungsfrist** der Mängelansprüche nunmehr unabhängig von der dogmatischen Einordnung fünf Jahre (§§ 438 Abs. 1 Nr. 2, 634a Abs. 1 Nr. 2 BGB) und kann sowohl aufgrund der Struktur des Bauträgervertrags als auch aufgrund der Änderung des § 309 Nr. 8b ff BGB durch das FoSiG nicht mehr durch Vereinbarung der Geltung des § 13 VOB/B verkürzt werden. Eine Klausel, wonach die Verjährung mit der Übergabe der Eigentumswohnung an den Erwerber beginnt, ist unwirksam.[934] Auch die **Fiktion einer mangelfreien Abnahme** bei vorzeitiger Inbesitznahme des Objekts verstößt gegen § 309 Nr. 8b aa BGB.[935]

500 Die Beschränkung des **Kündigungsrecht** des Bestellers aus § 649 S. 1 BGB auf eine Kündigung aus wichtigem Grund kann im Bauträgervertrag wegen der Langfristigkeit des Vertragsverhältnisses unangemessen sein,[936] auch wenn sie im Einzelfall nicht zu beanstanden sein mag.[937]

501 Das **Rücktrittsrecht des Bestellers wegen eines Mangels** kann gemäß § 309 Nr. 8b bb BGB nicht ausgeschlossen werden. Da bei Bauträgerverträgen die Rückübertragung des Grundstücks als Rechtsfolge der Ausübung des Rücktrittsrechts möglich ist, ohne dass wirtschaftliche Werte vernichtet würden, greift die Ausnahme für „Bauleistungen" nach Sinn und Zweck der Regelung nicht.[938]

502 **2. Sonderfall: Abnahme des Gemeinschaftseigentums.** Eine vorformulierte Regelung im Bauträgervertrag, nach der die Abnahme des Gemeinschaftseigentums einer Wohnungseigentumsanlage **durch einen Sachverständigen** erfolgen soll, ist gemäß § 307 Abs. 1 BGB unwirksam, weil der Erwerber regelmäßig keinen Einfluss auf die Auswahl des Sachverständigen hat.[939] Dies hat zur Folge, dass die vom Sachverständigen erklärte Abnahme unwirksam ist (Folge: kein Gefahrübergang, kein Beginn des Laufes der Gewährleistungsfristen, keine Fälligkeit der Schlussrate nach § 3 Abs. 2 MaBV).

503 Wirksam hingegen ist eine Klausel, die es den Wohnungseigentümern erlaubt, drei Personen aus der Gemeinschaft mit ihrer **Vertretung bei der Abnahme** zu beauftragen.[940]

504 Im Übrigen beginnt die Gewährleistungsfrist für Mängel am Gemeinschaftseigentum erst mit Abnahme durch den letzten Erwerber zu laufen.[941]

IV. Vollmachtsklauseln

505 Im Gegensatz zum Baubetreuer, der gewerbsmäßig Bauvorhaben im fremden Namen auf fremde Rechnung realisiert, ist der Bauträger selbst Bauherr. Er kontrahiert unmittelbar mit den Handwerkern und soll das fertige Bauwerk an den Erwerber am Ende der Bauzeit schlüsselfertig übergeben. Eine Vollmachtsklausel im Bauträgervertrag ist deshalb bereits wegen des Vertragszwecks als **überraschend** i.S.v. § 305c Abs. 1 BGB anzusehen und wird nicht Vertragsbestandteil.[942]

506 Eine Vollmacht des Erwerbers, die es dem Bauträger erlaubt, die **Teilungserklärung** im Falle von Eigentumswohnungen zu ändern oder zu ergänzen, muss inhaltlich hinreichend genau sein, um dem grundbuchrechtlichen Bestimmtheitsgrundsatz zu entsprechen.[943] Bei der AGB-rechtlichen Vereinbarung einer solchen Vollmacht ist zudem zu beachten, dass es sich um einen Änderungsvorbehalt i.S.d. § 308 Nr. 4 BGB handelt.[944]

---

932 Gleiches gilt für eine Klausel, die die Gewährleistungsansprüche gegen den Bauträger unter gleichzeitiger Abtretung der Ansprüche gegen Baubeteiligten ausschließt: OLG Hamm BauR 1996, 722; Ingenstau/Korbion/*Korbion*, VOB, Anhang 2 Rn 341.
933 Unzulässige Einschränkung der Kardinalpflichten, vgl. BGH NJW 2002, 2470 = NZBau 2002, 495 zu § 9 Abs. 2 Nr. 2 AGBG.
934 BGH NJW-RR 2004, 949 = NZBau 2004, 435.
935 OLG Stuttgart NJW-RR 2007, 1614, 1616 zu § 11 Nr. 10f AGBG.
936 BGH NJW 1999, 3261, 3262 zu § 9f Abs. 2 Nr. 1 AGBG im Falle eine Bauvertrags; OLG Düsseldorf NJW-RR 2000, 166 für den Architektenvertrag.
937 BGH NJW 1986, 925, 926; MüKo/*Busche*, § 649 Rn 5; Palandt/*Sprau*, § 649 Rn 16; ausführlich: WLP/*Dammann*, 309 Nr. 8a Rn 21.
938 BGH NJW-RR 2007, 59 f. zu § 11 Nr. 10b AGBG im Anschluss an: BGH NJW 2006, 3275.
939 OLG München – 9 U 4149/08, NJW-Spezial 2009, 173 = BauR 2009, 1444.
940 OLG Nürnberg – 9 U 429/06, BeckRS 2010, 12542.
941 BGH NJW 1985, 1551; BGH NJW 1991, 2480.
942 Vgl. WLP/*Dammann*, Bauträgervertrag Rn B 150 unter anderem auch zu begrenzten Vollmachtsklauseln, wie etwa zur Bestellung von Grundpfandrechten, die zulässig sein sollen.
943 BayObLG NJW-RR 1995, 208; ausführlich *Basty*, Der Bauträgervertrag, Rn 194 ff. m.w.N. und Formulierungsvorschlag.
944 Vgl. zu den Anforderungen des § 308 Nr. 4 BGB ausführlich: *Basty*, Der Bauträgervertrag, Rn 200–203.

V. Sonstige Klauseln

Die **Vereinbarung eines Vorbehalts der Leistungsänderung** ist nur bei Zumutbarkeit der Änderung oder Ergänzung für den Erwerber zulässig, § 308 Nr. 4 BGB. Zweifel bei der Auslegung gehen zu Lasten des Verwenders, § 305c Abs. 2 BGB.[945] Die Klausel „Änderungen der Bauausführung, der Material- bzw. Baustoffauswahl, soweit sie gleichwertig sind, bleiben vorbehalten" ist beispielsweise unwirksam.[946] **507**

Zu einem Pauschalpreis zuzüglich **Erschließungskosten** gehören nicht gewöhnliche Bauleistungen wie Aushub und Verfüllen der Baugrube. Sie haben mit der eigentlichen Errichtung des Hauses nichts zu tun, ermöglichen eine nicht abzuschätzende Erhöhung des Pauschalpreises und stellen deshalb eine unangemessene Benachteiligung i.S.d. § 9 AGBG dar.[947] **508**

Gemäß § 3 Abs. 1 Nr. 1 MaBV darf der Bauträger Vermögenswerte des Erwerbers zur Ausführung des Auftrags erst entgegennehmen oder sich zu deren Verwendung ermächtigen lassen, wenn dem Bauträger keine **vertraglichen Rücktrittsrechte** eingeräumt sind.[948] § 308 Nr. 3 BGB ist bei der Formulierung der Rücktrittsklausel zu beachten. **509**

Die formularvertraglich aufgestellte Pflicht des Erwerbers, in einen **Wärmelieferungsvertrag** einzutreten, ist weder überraschend noch eine unangemessene Benachteiligung i.S.d. § 307 Abs. 1 S. 1 BGB.[949] **510**

Obligatorische **Schiedsgutachterklauseln** sind gemäß § 307 Abs. S. 1 BGB unwirksam, da sie den Rückgriff auf den staatlichen Rechtsschutz erschweren bzw. weitestgehend ausschließen.[950] Zulässig sind danach nur fakultative Schiedsgutachterklauseln oder Mediationsabreden.[951] **511**

Sind Verkaufsprospekte fehlerhaft, unvollständig oder irreführend, gelten die Grundsätze der **Prospekthaftung**, die zum Bauherrenmodell entwickelt wurden auch im Bauträgerrecht.[952] Für entsprechende Ansprüche des Erwerbers gilt die Verjährungsfrist des § 634a BGB.[953] **512**

Bauverträge

Literatur zum Stichwort Bauverträge: *Ingenstau/Korbion*, VOB, Teile A und B; 18. Aufl. 2013, vor VOB/B; *Glatzel/Hofmann/Frikell*, Unwirksame Bauvertragsklauseln, 11. Aufl. 2008, Anm. 2.2.3.1 ff.; *Markus/Kaiser/Kapellmann*, AGB-Handbuch Bauvertragsklauseln, 4. Aufl. 2014; *Werner/Pastor*, Der Bauprozess, 14. Aufl. 2012

A. Allgemeines 513	3. Stundenlohnarbeiten 523
B. VOB 514	III. Abnahme 524
C. Wirksamkeit einzelner Klauseln 515	IV. Mängelansprüche 528
I. Vergütung 515	V. Haftung 534
1. Einheitspreisvertrag 515	VI. Sicherheitsleistungen 538
2. Pauschalpreisvertrag 516	1. Sicherheitseinbehalt 538
3. Lohngleitklausel 517	2. Vertragserfüllungsbürgschaft 539
4. Preisgleitklausel 518	3. Gewährleistungsbürgschaft 541
5. Festpreisklausel 519	VII. Vertragsstrafe 543
II. Leistung 520	VIII. Kündigung durch Auftraggeber 545
1. Vorleistungsklausel 520	IX. Schlussrechnung 550
2. Leistungsänderung 521	X. Kostenübertragung auf Auftragnehmer 551

A. Allgemeines

Der Bauvertrag ist ein Werkvertrag i.S.d. § 631 BGB, der auf die Herstellung eines körperlichen Arbeitsergebnisses, das Bauwerk, ausgerichtet ist.[954] Dieser Vertrag regelt die Rechtsbeziehung zwischen Bauherrn und Bauunternehmer. Die Regelungen zum Werkvertrag stellen daher das gesetzliche Leitbild dar, an denen sich AGB messen lassen müssen. **513**

---

945 Sehr weitgehend: LG München BauR 2001, 1755; vgl. zu den Auswirkungen des Transparenzgebotes ausführlich *Kniffka*, ibr-online-Kommentar Bauvertragsrecht, Stand 26.5.2009, § 633 Rn 31; *Thode*, NZBau 2002, 360.
946 BGH NJW 2005, 3420: „triftiger Grund" nötig.
947 Vgl. BGH NJW 1984, 171.
948 Ein Verstoß gegen § 3 Abs. 1 Nr. 1 MaBV führt allerdings nach BGH NJW 1985, 438 nicht zur Unwirksamkeit der Rücktrittsklausel; WLP/*Dammann*, Bauträgervertrag Rn B 152–160; vgl. aber *Basty*, Der Bauträgervertrag, Rn 284, 289 unter Hinweis auf die neue Rechtsprechung zu den Rechtsfolgen eines Verstoßes gegen die MaBV: Es ist von der Unwirksamkeit des gesamten Zahlungsplans auszugehen.
949 OLG Düsseldorf RNotZ 2008, 24.
950 Vgl. BGHZ 115, 329; auch anwendbar auf Bauträgerrecht: OLG Düsseldorf BauR 1995, 559.
951 Anders in Verträgen zwischen Unternehmern: BGH – VII ZR 53/03, ZfIR 2004, 258.
952 Vgl. BGHZ 146, 250.
953 BGHZ 145, 121.
954 Palandt/*Sprau*, Einf. vor § 631 Rn 16.

B. VOB

514 Der Bauvertrag kann auf den Regelungen der VOB Teil B (VOB/B) beruhen bzw. diese einbeziehen. Hintergrund ist, dass die Regelungen der VOB/B als gesetzliche Ausgangsbasis die werkvertraglichen Bestimmungen in den §§ 631 ff. BGB haben.[955] Im Folgenden wird der Bauvertrag **ohne** Zugrundelegung der VOB/B behandelt.[956]

C. Wirksamkeit einzelner Klauseln

I. Vergütung

515 **1. Einheitspreisvertrag.** Klauseln zur Vereinbarung von Einheitspreisen sind in der Regel der Inhaltskontrolle entzogen, da es sich um Preisabreden gemäß § 307 Abs. 3 S. 1 BGB handelt.[957] Sie dürfen allerdings nicht die Berufung auf den Wegfall der Geschäftsgrundlage (§ 313 BGB) oder Ansprüche aus c. i. c. (§§ 311 Abs. 2, 241 Abs. 2 BGB) ausschließen.[958] Wird die Vereinbarung eines Einheitspreisvertrags mit der Bestimmung verbunden, dass auch bei einem Einheitspreis die Auftragssumme begrenzt ist, so ist solch eine Höchstpreisklausel überraschend i.S.d. § 305c Abs. 1 BGB und damit nicht Vertragsbestandteil.[959] Als unzulässig ist auch anzusehen, das dem Bauherrn beim Einheitspreisvertrag obliegende Risiko von Massenänderungen auf den Unternehmer zu übertragen. Zu begründen ist dies damit, dass die Vereinbarung einer Höchstpreisklausel bei einem Einheitspreisvertrag unzulässig ist und hier ebenfalls das Risiko von Massenänderungen auf den Unternehmer übertragen wird.[960]

516 **2. Pauschalpreisvertrag.** Bei Pauschalpreisverträgen ist typisch, dass nicht nach Einzelpositionen abgerechnet wird. Vielmehr wird für die zu erbringenden Leistungen insgesamt ein Preis festgelegt.[961] Klauseln, die eine nachträgliche Änderung des Pauschalpreises ermöglichen sollen, sind daher mit § 307 BGB nicht zu vereinbaren.[962] Komplettheitsklauseln zur Erbringung aller, für die vollständige Herstellung des Bauvorhabens notwendigen Leistungen in Detail-Pauschalpreisverträgen – Verträgen, bei denen ein Leistungsverzeichnis oder andere Unterlagen den Leistungsumfang festlegen[963] – sind dem Unternehmer nicht zumutbar.[964] Möglich ist allerdings auch bei einem Pauschalpreisvertrag die Vereinbarung, dass die durch den Auftragnehmer verschuldete Vertragsbeendigung eine Abrechnung in Anlehnung an § 649 S. 2 BGB nach sich zieht.[965]

517 **3. Lohngleitklausel.** Eine Lohngleitklausel in Form der sog. Bagatellklausel, nach der Mehr- oder Minderbeträge nur erstattet werden, soweit sie 0,5 Prozent der Abrechnungssumme überschreiten, meint eine Erstattung nur der die genannte Schwelle überschreitenden Mehrkosten und ist beim Einheitspreisvertrag zulässig.[966] Für den Bauherrn als Verwender ist eine solche Klausel auch beim Pauschalpreisvertrag zulässig.[967] Dies gilt, auch wenn es dem Pauschalpreischarakter des Vertrags zu widersprechen scheint, wenn der Auftraggeber damit das Kalkulationsrisiko des Auftragnehmers abmildert.[968]

518 **4. Preisgleitklausel.** Preisgleitklauseln müssen das vertragliche Äquivalenzverhältnis wahren und dürfen dem Verwender nicht lediglich die Möglichkeit geben, Gewinnschmälerungen zu vermeiden und zusätzlichen Gewinn zu erzielen.[969] Klauseln, nach denen die Preise freibleibend sind und der Unternehmer bei einer Steigerung von Material- und Rohstoffpreisen, Löhnen und Gehältern, Herstellungs- und Transportkosten berechtigt ist, die vom Tage der Lieferung gültigen Preise zu berechnen, beinhalten keine zeitliche Begrenzung und verstoßen damit gegen § 309 Nr. 1 BGB.[970]

519 **5. Festpreisklausel.** Festpreisklauseln sind nicht generell der AGB-Kontrolle entzogen.[971] Es können jedenfalls derartige Klauseln mit weiteren formularmäßigen Bestimmungen, die eine – höhenmäßig bestimmbare – Preiserhö-

---

955 Ingenstau/Korbion/*Keldungs*, VOB, Teile A und B, vor VOB/B Rn 1.
956 Auf die VOB, Teil B und die Wirksamkeit der hier aufgenommenen Regelungen wird unter dem Stichwort VOB eingegangen.
957 WLP/*Dammann*, Bauvertrag Rn B 186.
958 WLP/*Dammann*, Bauvertrag Rn B 189; offengelassen von BGH NJW 1993, 2738, 2739; siehe auch Glatzel/Hofmann/Frikell/*Hofmann*, Anm. 2.2.3.1 a).
959 Glatzel/Hofmann/Frikell/*Hofmann*, Anm. 2.2.3.1 c); Markus/Kaiser/Kapellmann/*Markus*, Rn 268; UBH/*Christensen*, Bauverträge Rn 11; WLP/*Dammann*, Bauvertrag Rn B 187; Werner/Pastor/*Werner*, Rn 1512; BGH NJW-RR 2005, 246.
960 WLP/*Dammann*, Bauvertrag Rn B 188; Glatzel/Hofmann/Frikell/*Hofmann*, Anm. 2.2.3.1 d), e); BGH NJW-RR 2005, 246 (246); siehe auch Werner/Pastor/*Werner*, Rn 1505.
961 Siehe WLP/*Dammann*, Bauvertrag Rn B 189.
962 WLP/*Dammann*, Bauvertrag Rn B 189.
963 Siehe Werner/Pastor/*Werner*, Rn 1528.
964 OLG Koblenz, NZBau 2010, 562, 564; Werner/Pastor/*Werner*, Rn 1538.
965 WLP/*Dammann*, Bauvertrag Rn B 189.
966 Glatzel/Hofmann/Frikell/*Hofmann*, Anm. 2.2.2.1 b), e); Markus/Kaiser/Kapellmann/*Markus*, Rn 267; WLP/*Dammann*, Bauvertrag Rn B 190; siehe auch Palandt/*Grüneberg*, § 307 Rn 76.
967 WLP/*Dammann*, Bauvertrag Rn B 190; Glatzel/Hofmann/Frikell/*Hofmann*, Anm. 2.2.2.1 b).
968 Siehe BGH NJW 2002, 442; Markus/Kaiser/Kapellmann/*Markus*, Rn 267.
969 BGH NJW 2008, 2172, 2173.
970 Markus/Kaiser/Kapellmann/*Markus*, Rn 260; BGH NJW 1985, 855, 856.
971 BGH NJW 1993, 2738, 2739.

hung vorsehen, verbunden werden. Voraussetzungen sind allerdings, dass etwa der Festpreis für einen bestimmten Baubeginn befristet ist und die Fristüberschreitung nicht durch den Bauherrn als Verwender verschuldet ist.[972] Es ist allerdings nicht möglich, Klauseln in Festpreisverträgen aufzunehmen, die zu einer versteckten Preiserhöhung führen, zum Beispiel durch Vorbehalte für die Preisvereinbarung in Bezug auf die Beschaffenheit des Hauses oder des Geländes.[973] Eine Festpreisbindung für die vereinbarten Einheits- und Pauschalpreise zu vereinbaren, die unabhängig von der Dauer der Arbeiten ist, widerspricht § 307 sowie § 310 Nr. 7 BGB.[974]

II. Leistung

1. Vorleistungsklausel. Mit Vorleistungsklauseln in den AGB von Unternehmern wird der Besteller verpflichtet, vor der Erbringung der Werkleistung durch den Unternehmer die Leistung ganz oder teilweise zu bezahlen. Dies ist nur zulässig, soweit nicht mehr als 5 Prozent der Auftragssumme vorzuleisten sind, da im Bauvertragsrecht grundsätzlich die Abschlagszahlungen mit dem Baufortschritt im Einklang stehen müssen.[975] Aus dem gleichen Grund ist auch eine vom Unternehmer gestellte Klausel, derzufolge der Bauherr vor Baubeginn eine unwiderrufliche und nicht durch Einwendungen beschränkbare, selbstschuldnerische Zahlungsgarantie vorzulegen hat, unwirksam.[976]

2. Leistungsänderung. Leistungsänderungen erweisen sich als unzulässig, wenn sie etwa ein Recht zugunsten des Bauherrn zur Reduzierung des Leistungsumfangs bei entsprechender Kürzung des Entgelts vorsehen, damit aber die Rechte aus § 649 S. 2 BGB – Ersatz des entgangenen Gewinns und Aufwendungsersatz – ausschließen.[977] Sie geben damit dem Bauherrn als Verwender die Möglichkeit, sich jederzeit und ohne festgelegten Grund vom Vertrag zu lösen.[978] Es ist allerdings gerade wegen der Anrechnung ersparter Aufwendungen in § 649 S. 2 BGB zulässig, in AGB einen Schadensersatzanspruch wegen entgangenen Gewinns auszuschließen, wenn ein gleichwertiger Ersatzauftrag angeboten wird.[979] Der Leistungsumfang wird unzulässig erweitert, wenn der Unternehmer formularmäßig mit ungewöhnlichen Zusatzleistungen, wie etwa der kostenlosen und zeitlich unbegrenzten Gerüstvorhaltung für andere Gewerke, belastet wird.[980] Dies widerspricht dem Prinzip von Leistung und Gegenleistung der §§ 320 ff. BGB, indem eine Partei zu einer völlig unbestimmten Leistung verpflichtet wird, ohne hierfür eine Gegenleistung zu erhalten.[981] Ebenso unzulässig sind Klauseln, nach denen der Unternehmer nicht beauftragte, aber zur Erfüllung der vertraglichen Leistungen notwendige Arbeiten ohne besondere Vergütung zu erbringen hat.[982]

Die Zulässigkeit von Klauseln, die bei einem vereinbarten Festpreis Nachforderungen jeglicher Art per se ausschließen oder nur bei schriftlichem Nachtrags- oder Zusatzauftrag zulassen, scheitert daran, dass damit auch unzulässigerweise die Vergütung für Zusatzarbeiten bzw. bereicherungsrechtliche Ansprüche oder solche aus Geschäftsführung ohne Auftrag ausgeschlossen sind.[983] Unwirksam sind auch Klauseln, nach denen jegliche Nachforderungen ausgeschlossen sind, wenn sie nicht auf schriftlichen Zusatz- und Nachtragsaufträgen des Auftraggebers beruhen.[984]

3. Stundenlohnarbeiten. Vertragliche Ansprüche bei Stundenlohnarbeiten und anderen Mehrarbeiten können nicht formularmäßig davon abhängig gemacht werden, dass zuvor eine ausdrückliche schriftliche Beauftragung erfolgt ist oder die Stundenlohnzettel spätestens am nächsten Tag der Bauleitung vorgelegt wurden.[985] Dies liegt daran, dass entsprechende Klauseln nicht zwischen verschiedenen Ansprüchen differenzieren und die schriftliche Vereinbarung als einzige Durchsetzungsmöglichkeit ansehen.

---

972 BGH NJW 1985, 2270; UBH/*Christensen*, Bauverträge Rn 4.
973 UBH/*Christensen*, Bauverträge Rn 4.
974 Markus/Kaiser/Kapellmann/*Markus*, Rn 250; OLG Frankfurt NZBau 2003, 566.
975 WLP/*Dammann*, Bauvertrag Rn B 166; Markus/Kaiser/Kapellmann/*Kaiser*, Rn 796; OLG Hamm NJW-RR 1989, 274, 275; siehe auch Glatzel/Hofmann/Frikell/*Frikell*, Anm. 2.16.1.2 j).
976 WLP/*Dammann*, Bauvertrag Rn B 166; BGH NJW 1993, 3264; siehe Glatzel/Hofmann/Frikell/*Frikell*, Anm. 2.16.1.2 e) sowie Markus/Kaiser/Kapellmann/*Kaiser*, Rn 773.
977 Glatzel/Hofmann/Frikell/*Hofmann*, Anm. 2.8.1.2 b); Markus/Kaiser/Kapellmann/*Kapellmann*, Rn 492; WLP/*Dammann*, Bauvertrag Rn B 193, B 194.
978 OLG München, Urt. v. 3.11.1983 – 6 U 1390/83, Rn 28, BB 1984, 1386, 1387.
979 Glatzel/Hofmann/Frikell/*Hofmann*, Anm. 2.8.1.2 a); OLG Koblenz NJW-RR 1992, 850, 851; siehe auch Werner/Pastor/*Werner*, Rn 1723.
980 UBH/*Christensen*, Bauverträge Rn 11; Glatzel/Hofmann/Frikell/*Hofmann*, Anm. 2.2.1.3.1.5 a), Markus/Kaiser/Kapellmann/*Markus*, Rn 240; Werner/Pastor/*Werner*, Rn 1448; Palandt/*Grüneberg*, § 307 Rn 75; OLG München NJW-RR 1987, 661, 662.
981 OLG München NJW-RR 1987, 661, 662.
982 Werner/Pastor/*Werner*, Rn 1486.
983 Markus/Kaiser/Kapellmann/*Markus*, Rn 255; UBH/*Christensen*, Bauverträge Rn 11; BGH NJW 2004, 502, 504; BGH NJW-RR 1997, 1513.
984 WLP/*Dammann*, Bauvertrag Rn B 195, BGH NJW 2004, 502, 504; BGH NJW-RR 2005, 246.
985 UBH/*Christensen*, Bauverträge Rn 11; Markus/Kaiser/Kapellmann/*Kaiser*, Rn 744; BGH NJW 2004, 502, 504 zu Mehrarbeiten; BGH NJW-RR 2005, 246 zu Mehrarbeiten; LG München, Urt. v. 14.2.1991 – 7 O 17146/90, zur vorherigen Vereinbarung von Stundenlohnarbeiten; OLG Düsseldorf, Urt. v. 4.7.2006 – I-21 U 149/05, Rn 28, zur Vorlagepflicht von Stundenlohnzetteln.

III. Abnahme

524 Die Vorverlegung des Abnahmezeitpunkts stellt prinzipiell, insbesondere bei Klauseln über Teilabnahmen, eine unangemessene Benachteiligung des Bauherrn dar.[986] Ein Auseinanderfallen von Abnahmewirkung und den in den §§ 640, 641, 634a BGB genannten Wirkungen – etwa bei Entkopplung des Beginns der Verjährung von Mängelansprüchen von der Abnahme – ist unzulässig.[987]

525 Verwendet der Bauherr eine Klausel, nach der die Werkleistung ohne Vorlage des ordnungsgemäßen Bautagebuches nicht als ordnungsgemäß erbracht gilt, widerspricht dies dem Leitbild des § 640 BGB, demzufolge die Abnahme nach vertragsgemäßer Herstellung des Werkes verlangt werden kann.[988] Aus dem gleichen Grund kann auch nicht formularmäßig die Abnahme erst zum Zeitpunkt einer Mängelfreiheitsbescheinigung, einer Bestätigung des Erwerbers oder der behördlichen Gesamtabnahme des Bauvorhabens vereinbart werden.[989] Der Zeitpunkt der Abnahme darf für den Unternehmer nicht ungewiss, das bedeutet nicht von ihm nicht beeinflussbar oder berechenbar, sein.[990]

526 Wirksam vereinbart werden kann hingegen das Erfordernis einer förmlichen Abnahme bei Ausschluss einer Abnahme durch Ingebrauchnahme, falls gleichzeitig die förmliche Abnahme nach angemessener Frist nach Fertigstellung der Leistung vereinbart wird.[991] Die Abnahmefiktion des § 640 Abs. 1 S. 3 BGB darf dabei jedoch nicht ausgeschlossen werden.[992] Es kann wirksam bestimmt werden, dass die Abnahmeerklärung schriftlich erfolgen muss.[993] Dies ist zwar umstritten.[994] Allerdings spricht für die Wirksamkeit, dass die allein durch Fristablauf nach § 640 Abs. 1 S. 3 BGB herbeigeführte Abnahme grundsätzlich nicht von einer Abnahmeerklärung abhängig ist.

527 Unwirksam ist eine Klausel, die den Bauherrn zur Verweigerung der Abnahme wegen unwesentlicher Mängel berechtigt. Eine solche Klausel widerspricht § 640 Abs. 1 S. 2 BGB.[995]

IV. Mängelansprüche

528 Mängelansprüche des Bauherrn können weder ausgeschlossen[996] noch auf Nacherfüllung beschränkt werden.[997] Eine formularmäßige Verkürzung der Frist für Mängelansprüche von fünf Jahren aus § 634a Abs. 1 Nr. 2 BGB ist unzulässig.[998]

529 Auch eine kurze Rügefrist für Mängel nach deren Erkennbarkeit, deren Ablauf die Gewährleistung ausschließen soll, ist sowohl Verbrauchern als auch Unternehmern gegenüber nicht formularmäßig aufzuerlegen.[999]

530 Wird die Verjährungsfrist für Mängelansprüche bei Arbeiten am Bauwerk – außer bezüglich eines Flachdachs[1000] – pauschal auf zehn Jahre oder für verdeckte Mängel auf 30 Jahre erweitert, so ist beides gleichermaßen mangels anerkennenswerten Interesses des Bauherrn an dieser Verlängerung unwirksam.[1001] Es ist möglich, den Verjährungsbeginn formularmäßig mit dem Tag der Schlussabnahme zu verbinden, da die genannte Klausel dem Leitbild der gesetzlichen Regelung im BGB, die keine Teilabnahmen vorsieht, entspricht.[1002]

531 Die formularmäßige Vereinbarung einer obligatorischen Schiedsgutachterklausel, der zufolge ein Gutachter verbindlich über das Vorhandensein von Mängeln befindet, kann wegen des damit verbundenen Ausschlusses von Einwendungen gegen die Richtigkeit des Gutachtens und weitgehendem Ausschluss des Rückgriffs auf den staatlichen

---

986 UBH/*Christensen*, Bauverträge Rn 5; Erman/*Roloff*, § 307 Rn 84; WLP/*Dammann*, Bauvertrag Rn B 175; Markus/Kaiser/Kapellmann/*Kapellmann*, Rn 601, 630; BGH NJW 1999, 2434.

987 Markus/Kaiser/Kapellmann/*Kapellmann*, Rn 604, 669–672; OLG Zweibrücken, Urt. v. 19.11.1991 – 8 U 132/90, BauR 1992, 770, 772.

988 Markus/Kaiser/Kapellmann/*Kapellmann*, Rn 616; LG Koblenz, Urt. v. 19.8.1994 – 8 O 685/93, IBR 1994, 461.

989 Markus/Kaiser/Kapellmann/*Kapellmann*, Rn 617, 618; BGH NJW 1989, 1602, 1603.

990 BGH NJW 1989, 1602, 1603.

991 Markus/Kaiser/Kapellmann/*Kapellmann*, Rn 623; BGH NJW 1996, 1346.

992 Glatzel/Hofmann/Frikell/*Hofmann*, Anm. 2.12.1.1. c); Markus/Kaiser/Kapellmann/*Kapellmann*, Rn 636; WLP/*Dammann*, Bauvertrag Rn 198.

993 Markus/Kaiser/Kapellmann/*Kapellmann*, Rn 628.

994 Für die Wirksamkeit der Klausel: Markus/Kaiser/Kapellmann/*Kapellmann*, Rn 628; Staudinger/*Jacoby/Peters*, § 640 Rn 51; BGH NJW-RR 1989, 625, 629; a.A. Glatzel/Hofmann/Frikell/*Hofmann*, Anm. 2.12.11.a).

995 Markus/Kaiser/Kapellmann/*Kapellmann*, Rn 635; Glatzel/Hofmann/Frikell/*Hofmann*, Anm. 2.12.1.1. j); Palandt/*Sprau*, § 640 Rn 14; OLG Rostock, Urt. v. 7.2.2005 – 3 U 43/04, IBR 2005, 670.

996 BGH NJW 1989, 2748, 2749; Markus/Kaiser/Kapellmann/*Markus*, Rn 648.

997 Glatzel/Hofmann/Frikell/*Hofmann*, Anm. 2.13.2.4 b); Markus/Kaiser/Kapellmann/*Markus*, Rn 649; BGH NJW 1991, 2630, 2632; OLG Zweibrücken NJW-RR 1995, 117, 118.

998 WLP/*Dammann*, Bauvertrag Rn B 171; UBH/*Christensen*, Bauverträge Rn 5.

999 UBH/*Christensen*, Bauverträge Rn 5; WLP/*Dammann*, Bauvertrag Rn B 172; Markus/Kaiser/Kapellmann/*Markus*, Rn 655; BGH NJW-RR 2005, 247, 248; BGH NJW 1985, 855, 858.

1000 Glatzel/Hofmann/Frikell/*Hofmann*, Anm. 2.12.1.3 g); Markus/Kaiser/Kapellmann/*Markus*, Rn 662; BGH NJW 1996, 2155, 2156.

1001 Markus/Kaiser/Kapellmann/*Markus*, Rn 663, 664; Glatzel/Hofmann/Frikell/*Hofmann*, Anm. 2.12.1.3 g).

1002 Markus/Kaiser/Kapellmann/*Markus*, Rn 674; BGH NJW-RR 1987, 851, 852.

Rechtsschutz nicht wirksam vereinbart werden.[1003] Bei Häusern ist ein Schiedsgutachten wegen der erheblichen Risiken bei der Feststellung von Mängeln per se unwirksam.[1004]

532 Klauseln, die bei jedem Mängelbeseitigungsverlangen einen Neubeginn der Verjährung vorsehen, können damit zu einer unbegrenzt langen Gewährleistungszeit führen und verstoßen gegen § 307 BGB.[1005] Ebenfalls unzulässig ist es, wenn der Bauherr sich bei Mängeln ein Minderungsrecht einräumen lässt, das von einer Nachbesserung unabhängig ist.[1006] Es darf zudem keine Unklarheit oder gar eine Wahlmöglichkeit bestehen, ob sich die Mängelansprüche nach dem BGB oder der VOB richten.[1007]

533 Schließlich ist der Bauherr angesichts der Regelung in § 641 Abs. 3 BGB nicht berechtigt, sich durch AGB einen Einbehalt von 5 Prozent der Abrechnungssumme bis zur Beseitigung aller Mängel einräumen zu lassen, da der Einbehalt weit über den Wert der Mängelbeseitigung hinausgehen kann und der Unternehmer damit unangemessen benachteiligt wird.[1008] Der Auftraggeber darf sich auch nicht ausbedingen, dass Zahlungen auf die Schlussrechnung nur bis zu 95 Prozent des Nettowertes geleistet werden, der Rest hingegen ablösbar ist durch eine kostenlose und befristete Mängelsicherungsbürgschaft mit Vorgabe der Befristung durch den Auftraggeber.[1009] Damit stünde die Laufzeit der Bürgschaft zum Nachteil des Unternehmers im Belieben des Bauherrn.[1010]

V. Haftung

534 Es ist zulässig, sich als Unternehmer formularmäßig von der Haftung für vom Bauherrn angestrebte steuerliche Effekte freizuzeichnen.[1011] Der Bauherr hingegen kann keine Klausel aufnehmen, nach der der Unternehmer Bedenken gegen die Pläne und das Leistungsverzeichnis noch vor Vertragsschluss[1012] mitzuteilen hat und nach Vertragsschluss mitgeteilte Bedenken ihn nicht berechtigen, Preise bzw. Leistungen für eine bedenkenfreie Leistungserbringung anzupassen.[1013]

535 Grundsätzlich als Verstoß gegen § 307 Abs. 2 Nr. 1 BGB zu werten ist die Vereinbarung einer verschuldensunabhängigen Haftung einer Partei,[1014] auch im Verhältnis zwischen Unternehmern.[1015] Das Mitverschulden des Bauherrn darf nicht formularmäßig ausgeschlossen werden.[1016] Insbesondere kann der Bauherr nicht bestimmen, dass ausschließlich der Bauunternehmer für Planungsfehler des Bauherrn haftet.[1017] Eine ähnliche Klausel ist unzulässig, nach der der Unternehmer die volle Gewähr dafür übernimmt, dass bei der Ausführung des Auftrages alle in Frage kommenden gesetzlichen, behördlichen, polizeilichen und berufsgenossenschaftlichen Vorschriften eingehalten werden und allein für alle durch Verstoß gegen die Vorschriften entstehenden Folgenschäden haftet sowie alle Schutzmaßnahmen zu veranlassen hat, die zur Sicherung fremden Eigentums, namentlich von Nachbargrundstücken und von öffentlichen Geh- und Fahrflächen sowie zur Abwendung von Unfällen erforderlich sind.[1018] Eine gemeinsame Haftung mehrerer Unternehmer für nicht aufklärbare Schäden kann nicht in AGB des Bauherrn festgelegt werden.[1019]

536 Bei Klauseln, die sich mit der Beseitigung von Bauschutt und der Säuberung der Baustelle durch den Unternehmer beschäftigen, ist zu bedenken, dass eine Mahnung des Unternehmers erforderlich ist, bevor Ansprüche gegen ihn geltend gemacht werden können.[1020] Es ist daher zulässig, den Unternehmer formularmäßig zur Beseitigung des Bauschutts – einer Nebenleistung – zu verpflichten und die kostenpflichtige Ersatzvornahme für den Fall einer erfolglosen Nachfristsetzung anzukündigen.[1021] Es ist jedoch unzulässig, in einer Klausel für den Fall nicht ordnungsgemäßer

---

1003 BGH NJW 1992, 433, 434; OLG Köln NJW-RR 2009, 159, 160; UBH/*Christensen*, Bauverträge Rn 5; WLP/*Hau*, Schiedsgutachtenklausel Rn S 28; Palandt/*Grüneberg*, § 307 Rn 130.
1004 BGH NJW 1992, 433, 434; Palandt/*Grüneberg*, § 307 Rn 130.
1005 UBH/*Christensen*, Bauverträge Rn 15.
1006 UBH/*Christensen*, Bauverträge Rn 15; Glatzel/Hofmann/Frikell/*Hofmann*, Anm. 2.13.1.4. d); Markus/Kaiser/Kapellmann/*Markus*, Rn 683; BGH NJW-RR 2004, 1022, 1022.
1007 Markus/Kaiser/Kapellmann/*Markus*, Rn 645–647; OLG Celle NJW-RR 1997, 82; BGH NJW 1986, 924, 925.
1008 Glatzel/Hofmann/Frikell/*Hofmann*, Anm. 2.13.1.4 h); Markus/Kaiser/Kapellmann/*Markus*, Rn 695; LG München, Urt. v. 25.4.1991 – 7 O 20842/90.
1009 Markus/Kaiser/Kapellmann/*Markus*, Rn 699; BGH NJW 2003, 2605, 2607.
1010 Siehe BGH NJW 2003, 2605, 2607.
1011 UBH/*Christensen*, Bauverträge Rn 5; WLP/*Dammann*, Bauvertrag Rn B 170; OLG Hamm NJW-RR 1989, 668.
1012 Für den Zeitraum **nach** Vertragsschluss ist dies möglich, siehe WLP/*Dammann*, Bauvertrag Rn B 204; OLG Karlsruhe, Urt. v. 22.7.1982 – 9 U 27/81, juris Rn 89.
1013 WLP/*Dammann*, Bauvertrag Rn B 200; OLG München NJW-RR 1986, 382.
1014 Glatzel/Hofmann/Frikell/*Hofmann*, Anm. 2.10.1.1 a); WLP/*Dammann*, Bauvertrag Rn B 201; Palandt/*Grüneberg*, § 307 Rn 96; BGH NJW 1991, 1886, 1887; BGH NJW 2006, 47, 49.
1015 WLP/*Dammann*, Bauvertrag Rn B 201; BGH NJW 2006, 47, 49.
1016 WLP/*Dammann*, Bauvertrag Rn B 202; WLP/*Dammann/Schmidt*, Handelsklauseln Rn H 46.
1017 Palandt/*Grüneberg*, § 307 Rn 75; WLP/*Dammann*, Bauvertrag B 204; OLG München NJW-RR 1986, 382.
1018 Glatzel/Hofmann/Frikell/*Hofmann*, Anm. 2.10.1.1 b); siehe auch Markus/Kaiser/Kapellmann/*Markus*, Rn 541.
1019 Markus/Kaiser/Kapellmann/*Markus*, Rn 539; WLP/*Dammann*, Bauvertrag Rn B 205; Glatzel/Hofmann/Frikell/*Hofmann*, Anm. 2.10.1.2 d, f).
1020 Glatzel/Hofmann/Frikell/*Hofmann*, Anm. 2.10.1.2 b).
1021 Markus/Kaiser/Kapellmann/*Markus*, Rn 335; Glatzel/Hofmann/Frikell/*Hofmann*, Anm. 2.10.1.2 a).

Säuberung der Baustelle für eine Kostenumlage pauschal 0,2 Prozent oder einen höheren Wert des Abrechnungspreises einzubehalten.[1022]

537 Der Unternehmer kann seine Haftung nicht auf nachweislich schuldhaft verursachte Schäden beschränken, weil damit entgegen § 309 Nr. 8b BGB die Haftung für verschuldensunabhängige Ansprüche wegen mangelhafter Leistung ausgeschlossen wird[1023] bzw. die Regelung eine Beweislastumkehr bewirkt und damit gegen §§ 307, 309 Nr. 12 BGB verstößt.[1024] Auch eine Beschränkung – gegenüber Verbrauchern wie zwischen Unternehmern – auf Ersatz nur bei Vorsatz und grober Fahrlässigkeit ist unwirksam, weil dadurch auch Körper- und Gesundheitsschäden ausgeschlossen werden und gegen §§ 309 Nr. 7a, 307 BGB verstoßen wird.[1025]

VI. Sicherheitsleistungen

538 **1. Sicherheitseinbehalt.** Ein Sicherheitseinbehalt in Höhe von 10 Prozent der Brutto-Auftragssumme bis zum Ablauf der Gewährleistungsfrist, ohne dass die Einzahlung auf ein Sperrkonto verlangt werden kann, ist unzulässig, weil der Unternehmer in diesem Fall das Insolvenzrisiko des Auftraggebers trägt.[1026] Für eine Klausel zum Sicherheitseinbehalt ist es zur zeitlichen Bestimmtheit ausreichend, wenn sich aus der Klausel hinreichend deutlich ergibt, dass die Bürgschaft, mit der der Einbehalt abgelöst werden kann, gerade die Gewährleistungsansprüche sichern soll.[1027]

539 **2. Vertragserfüllungsbürgschaft.** Im Rahmen einer Vertragserfüllungsbürgschaft ist es zulässig, hierzu eine selbstschuldnerische Bürgschaft in den AGB zu vereinbaren.[1028] Hingegen ist es unzulässig, den Verzicht auf die Einreden gemäß § 768 BGB zu fordern.[1029] Ebenso wenig kann die Einrede der Aufrechenbarkeit gemäß § 770 Abs. 2 BGB für unbestrittene oder rechtskräftig festgestellte Gegenforderungen ausgeschlagen werden.[1030] Wird eine Vertragserfüllungsbürgschaft über 5 Prozent mit einem Einbehalt von 5 Prozent zu einer Sicherheit für Gewährleistungsansprüche kombiniert und kann dies nur durch Stellung einer Bürgschaft auf erstes Anfordern um 5 Prozent reduziert werden, so ist dies in AGB unzulässig.[1031] Dem BGH zufolge ist es hingegen zulässig, wenn laut vom Auftraggeber gestellter Klausel der Unternehmer hierdurch eine unbefristete Bürgschaft in Höhe von 10 Prozent der Bruttoauftragssumme leistet, solange sichergestellt ist, dass der Auftraggeber nicht auch nach Ablauf der Gewährleistungsfrist neue Mängel geltend machen und sich aus der Bürgschaft befriedigen kann.[1032] Die Bürgschaft kann nicht als solche auf erstes Anfordern ausgestaltet werden.[1033]

540 Ebenfalls unzulässig ist es, vom Unternehmer die Stellung einer Vertragserfüllungsbürgschaft in Höhe von 10 Prozent zu fordern, wenn zusätzlich im Vertrag eine Auszahlung des Werklohns nur zu 90 Prozent festgelegt worden ist.[1034] Dies stellt eine Übersicherung des Auftraggebers dar.[1035] Unangemessen im Vorteil ist der Auftraggeber auch dann, wenn er sich formularmäßig eine Vertragserfüllungssicherheit von 10 Prozent der Auftragssumme und eine Gewährleistungssicherheit von 5 Prozent einräumen lässt, denn hier ist ein Nebeneinander beider Sicherungsmittel für die Zeit ab Abnahme bis zur Erfüllung sämtlicher bis zur Schlusszahlung erhobener Ansprüche möglich.[1036]

541 **3. Gewährleistungsbürgschaft.** Für den Bauherrn als Auftraggeber ist es unzulässig, einen zinslosen Bareinbehalt von 5 Prozent der Auftragssumme für die Dauer der Gewährleistungszeit einzubehalten, da dem Unternehmer kein angemessener Ausgleich für den Einbehalt geboten und er mit dem Insolvenzrisiko des Auftraggebers belastet wird.[1037] Auch ein Einbehalt von 5 Prozent, der durch eine kostenlose und befristete Gewährleistungsbürgschaft mit Vorgabe der Befristung durch den Verwender abgelöst werden kann, ist unzulässig, weil bei dieser Ausgestaltung der Bauherr als Verwender die Bürgschaft beliebig befristen kann und die Klausel keine Begrenzung dieses Bestimmungsrechts vorsieht.[1038]

1022 Glatzel/Hofmann/Frikell/*Hofmann*, Anm. 2.10.1.2 b); Markus/Kaiser/Kapellmann/*Markus*, Rn 334, 336.
1023 Markus/Kaiser/Kapellmann/*Markus*, Rn 555.
1024 Glatzel/Hofmann/Frikell/*Hofmann*, Anm. 2.10.1.3 b).
1025 Markus/Kaiser/Kapellmann/*Markus*, Rn 533; BGH NJW 2007, 3774, 3775; BGH NJW-RR 1989, 625, 626.
1026 Markus/Kaiser/Kapellmann/*Kaiser*, Rn 880; OLG München NJW-RR 1996, 534.
1027 WLP/*Dammann*, Bauvertrag Rn B 212; siehe auch Glatzel/Hofmann/Frikell/*Frikell*, Anm. 2.17.1.
1028 UBH/*Christensen*, Bauverträge Rn 18; BGH NJW 2010, 2272, 2274.
1029 Glatzel/Hofmann/Frikell/*Frikell*, Anm. 2.17.1. q); UBH/*Christensen*, Bauverträge Rn 18; BGH NJW 2009, 3422, 3423; OLG Köln NJW-RR 2008, 1340, 1341.
1030 Glatzel/Hofmann/Frikell/*Frikell*, Anm. 2.17.1. q); UBH/*Christensen*, Bauverträge Rn 18; OLG Jena, Urt. v. 17.11.2009 – 4 W 485/09, MDR 2010, 259.
1031 BGH NZBau 2011, 410, 412.
1032 WLP/*Dammann*, Bauvertrag Rn B 215; BGH NJW 2000, 1331, 1332; siehe auch Glatzel/Hofmann/Frikell/*Frikell*, Anm. 2.17.1. z); Markus/Kaiser/Kapellmann/*Kaiser*, Rn 868, 872; Werner/Pastor/*Pastor*, Rn 1648.
1033 BGH NJW 2002, 3098, 3099.
1034 BGH NJW 2011, 2125.
1035 BGH NJW 2011, 2125; siehe auch Markus/Kaiser/Kapellmann/*Kaiser*, Rn 871.
1036 Glatzel/Hofmann/Frikell/*Frikell*, Anm. 2.17.1. pp); OLG Dresden, Urt. v. 15.7.2008 – 12 U 781/08, IBR 2008, 577.
1037 Glatzel/Hofmann/Frikell/*Hofmann*, Anm. 2.13.1.4. h); WLP/*Dammann*, Bauvertrag Rn B 210; UBH/*Christensen*, Bauverträge Rn 18; BGH NJW 1997, 2598, 2599; BGH NJW 2004, 443.
1038 WLP/*Dammann*, Bauvertrag Rn B 212; BGH NJW 2003, 2605, 2607.

Bei einer Gewährleistungsbürgschaft ist es zulässig, eine selbstschuldnerische Bürgschaft in den AGB zu vereinbaren. Allerdings darf die Möglichkeit, diese abzulösen, nicht davon abhängig gemacht werden, dass keine wesentlichen Mängel vorliegen oder zunächst die Übergabe an den Bauherrn erfolgt sein muss.[1039] Wie bei der Vertragserfüllungsbürgschaft darf auch hier kein Verzicht auf die Rechte aus § 768 BGB verlangt werden.[1040] Außerdem ist es erforderlich, dass die Bürgschaft als „unbefristet, unwiderruflich und selbstschuldnerisch" und somit genau bezeichnet wird.[1041] Bei einer Gewährleistungsbürgschaft kann die Stellung einer Bürgschaft auf erstes Anfordern nicht in AGB verlangt werden.[1042]

VII. Vertragsstrafe

Eine Vertragsstrafe darf in Bauverträgen eine gewisse Höhe nicht überschreiten.[1043] Der BGH hat eine Obergrenze von 5 Prozent angenommen,[1044] bei größeren Bauvorhaben zunächst schon einen Höchstsatz von 10 Prozent akzeptiert,[1045] später diese Auffassung jedoch aufgegeben.[1046] Die maximale Tagessatzhöhe ist durch die Rechtsprechung ebenfalls auf einen Höchstbetrag festgelegt worden – die Vertragsstrafe darf maximal 0,3 Prozent der Auftragssumme betragen.[1047] Die Vereinbarung einer verschuldensunabhängigen Vertragsstrafe ist allenfalls für den Fall eines rechtfertigenden, hinreichend gewichtigen Grundes zulässig, weil dies von der Risikoverteilung des gesetzlichen Leitbildes abweicht.[1048] Grundsätzlich muss eine Vertragsstrafenklausel in einem BGB-Bauvertrag verschuldensabhängig und nach dem gesetzlichen Leitbild des § 339 BGB auch verzugsabhängig ausgestaltet sein.[1049] Daher kann etwa formularmäßig nicht bestimmt werden, dass die Vertragsstrafe anfällt, sobald der Auftragnehmer die vertraglich vereinbarten Fristen überschreitet.[1050] Gleichfalls nicht zulässig ist es für den Auftraggeber, in seinen AGB zu bestimmen, dass die Vertragsstrafe nicht hinfällig wird, wenn sich die ursprünglich geplanten Ausführungsfristen wesentlich ändern und ein völlig neuer Zeitplan aufgestellt werden muss, sondern die Vertragsstrafe vielmehr für die neuen Fristen und Termine weiter gilt.[1051]

Entspricht die Höhe der Vertragsstrafe für die Nichteinhaltung von verbindlich vereinbarten Zwischenterminen der Höhe der Vertragsstrafe für die Nichteinhaltung des Endtermins, ist sie unangemessen nach § 307 BGB.[1052] Der BGH hat ohne Beanstandung eine Klausel, der zufolge die Vertragsstrafe auch noch im Zusammenhang mit der Schlusszahlung geltend gemacht und von der Schlusszahlung abgezogen werden kann, in dem Sinne verstanden, dass der Auftraggeber die Vertragsstrafe spätestens mit der Schlusszahlung geltend machen muss.[1053] Eine Klausel, nach der die verwirkte Vertragsstrafe entgegen §§ 341 Abs. 2, 340 Abs. 2 BGB nicht auf einen parallel bestehenden Schadensersatzanspruch anzurechnen ist, ist unzulässig.[1054]

VIII. Kündigung durch Auftraggeber

Bei Bauverträgen ist es nicht möglich, in AGB des Unternehmers das freie Kündigungsrecht des Auftraggebers aus § 649 S. 1 BGB auszuschließen und auf eine Kündigung aus wichtigem Grund zu beschränken.[1055] Ebenfalls nicht auszuschließen ist das Recht zur außerordentlichen Kündigung gemäß § 649 BGB, da dies einen Verstoß gegen § 307 BGB darstellt.[1056]

Weiterhin ist es unzulässig, in AGB des Auftraggebers ein Kündigungsrecht unter Ausschluss von Schadensersatzansprüchen oder Einwendungen des Auftragnehmers für den Fall aufzunehmen, dass der Auftraggeber aus wichtigen

---

1039 UBH/*Christensen*, Bauverträge Rn 18; siehe auch WLP/*Dammann*, Bauvertrag Rn B 213.
1040 Markus/Kaiser/Kapellmann/*Kaiser*, Rn 898; BGH NJW 2001, 1857, 1858.
1041 WLP/*Dammann*, Bauvertrag Rn B 213 mit Verweis auf BGH NJW 2000, 1863, 1864.
1042 Glatzel/Hofmann/Frikell/*Frikell*, Anm. 2.17.1. d); WLP/*Dammann*, Bauvertrag Rn B 213; Markus/Kaiser/Kapellmann/*Kaiser*, Rn 885.
1043 Werner/Pastor/*Werner*, Rn 2562; Markus/Kaiser/Kapellmann/*Markus*, Rn 571; BGH NJW 2000, 2106, 2107; BGH NJW-RR 1989, 527.
1044 UBH/*Christensen*, Bauverträge Rn 16; Markus/Kaiser/Kapellmann/*Markus*, Rn 572; WLP/*Dammann*, Bauvertrag Rn B 233a; Glatzel/Hofmann/Frikell/*Hofmann*, Anm. 2.11.3 f); Werner/Pastor/*Werner*, Rn 2580; BGH NJW 2003, 1805, 1808.
1045 BGH NJW 2000, 2106, 2107; BGH NJW 1987, 380.
1046 BGH NJW 2003, 1805, 1808.
1047 Markus/Kaiser/Kapellmann/*Markus*, Rn 569, 570; Glatzel/Hofmann/Frikell/*Hofmann*, Anm. 2.11.3 g); WLP/*Dammann*, Bauvertrag Rn B 233b; BGH NJW 1976, 2259; siehe auch UBH/*Christensen*, Bauverträge Rn 16.
1048 WLP/*Dammann*, Bauvertrag Rn B 220; OLG Hamm NJW-RR 1997, 1042, 1043; siehe auch Werner/Pastor/*Werner*, Rn 2563.
1049 Markus/Kaiser/Kapellmann/*Markus*, Rn 578; Palandt/*Grüneberg*, § 307 Rn 75; BGH NJW 2002, 1274, 1275.
1050 Markus/Kaiser/Kapellmann/*Markus*, Rn 578; BGH NJW 2002, 1274, 1275.
1051 Markus/Kaiser/Kapellmann/*Markus*, Rn 588; Glatzel/Hofmann/Frikell/*Hofmann*, Anm. 2.11.1. c).
1052 WLP/*Dammann*, Bauvertrag Rn B 233f; UBH/*Christensen*, Bauverträge Rn 16; OLG Jena NJW-RR 2002, 1178, 1179 m. Verw. auf BGH NJW 1999, 1108, 1109; siehe auch Markus/Kaiser/Kapellmann/*Markus*, Rn 573, 576.
1053 BGH NJW-RR 2000, 1468.
1054 Markus/Kaiser/Kapellmann/*Markus*, Rn 589; BGH NJW 1985, 53, 56.
1055 Markus/Kaiser/Kapellmann/*Kapellmann*, Rn 475; WLP/*Dammann*, Bauvertrag Rn B 178; Glatzel/Hofmann/Frikell/*Hofmann*, Anm. 2.8.2.1. b); Staudinger/Peters/*Jacoby*, § 649 Rn 22; Werner/Pastor/*Werner*, Rn 1739; BGH NJW 1999, 3261, 3262.
1056 Markus/Kaiser/Kapellmann/*Kapellmann*, Rn 519; Werner/Pastor/*Werner*, Rn 1756; WLP/*Dammann*, Bauvertrag Rn B 182; BGH NJW 1999, 3261, 3262.

Gründen in Form von Rezession, Verschlechterung des Kapitalmarktes, stagnierendem Absatz von Eigentumswohnungen und Eigenheimen den Bau nicht beginnen oder weiterführen kann.[1057]

547 Den Maßstab für Pauschalierungsabreden gibt § 308 Nr. 7a BGB vor: Die Pauschale darf nicht unangemessen hoch sein.[1058] Eine formularmäßig festgelegte Pauschalierung des Vergütungsanspruchs des Unternehmers ist für Fertighausverträge durch die Rechtsprechung auf einen Bereich bis maximal 10 Prozent der Gesamtauftragssumme anerkannt worden.[1059] Die Pauschale für entgangenen Gewinn durch AGB des Auftraggebers darf nicht zu niedrig sein, das heißt nicht unter 5 Prozent.[1060] Der Gegenbeweis eines niedrigeren Schadens darf nicht abgeschnitten werden, eine entsprechende Klausel ohne die Möglichkeit eines Nachweises fehlenden Schadens verstößt gegen § 309 Nr. 5b BGB.[1061] Bei einer Pauschalierung ohne die Möglichkeit eines Gegenbeweises kann der Verwender nicht darüber hinaus eine höhere Vergütung fordern, da er sich nicht auf eine Unwirksamkeit der eigenen Klausel berufen kann, sondern an sie gebunden ist.[1062] Allerdings ist eine Klausel, nach der – vorbehaltlich im Einzelfall zu erbringender anderer Nachweise – eine Pauschale vereinbart ist, dahingehend auszulegen, dass der Verwender nur in einem Ausnahmefall eine über die Pauschale hinausgehende Vergütung beanspruchen will.[1063]

548 Für den Fall der Kündigung durch den Auftraggeber darf dieser nicht in AGB dem Unternehmer den Anspruch auf Erstattung des entgangenen Gewinns gemäß § 649 BGB nehmen.[1064]

549 Bei Teilkündigungen ist es unzulässig, dem Bauherrn das Recht einzuräumen, einzelne Positionen des Angebots zurückzuziehen, ganz zu streichen oder in den Massenansätzen zu vermindern, dabei aber dem Unternehmer die Möglichkeit zu nehmen, wegen der Minderleistungen Ersatzansprüche stellen zu können.[1065] Eine Kündigungsmöglichkeit bei Nichteinhaltung vertraglicher Fertigstellungsfristen oder einer Weigerung, auf Beanstandungen und Mängelanzeigen sofort zu reagieren, ist mit § 309 Nr. 4 BGB und § 307 BGB nicht zu vereinbaren.[1066]

IX. Schlussrechnung

550 § 16 Abs. 3 Nr. 2 VOB/B schließt Nachforderungen aus, wenn der Auftragnehmer über die Schlusszahlung schriftlich unterrichtet und auf die Ausschlusswirkung hingewiesen wurde. Wird eine entsprechende Klausel in einem BGB-Bauvertrag verwendet, so verstößt dies gegen § 307 BGB.[1067] Eine AGB-Klausel, die dem Verwender drei Monate für die Prüfung der Schlussrechnung einräumt und die Schlussrechnung erst einen Monat nach Prüfungsende fällig wird, stellt eine unberechtigte Zahlungsverzögerung dar und verstößt gegen § 307 BGB.[1068] Dem gesetzlichen Leitbild des § 641 Abs. 1 BGB zufolge hat die Zahlung des Werklohns mit der Abnahme zu erfolgen; formularmäßig kann daher nicht bestimmt werden, dass die Anweisung eines Restbetrags des Werklohns erst zwei Monate nach Schlussabnahme und Prüfung der Schlussrechnung erfolgen soll.[1069] Eine Klausel zur Verzinsungspflicht von Überzahlungen dürfte unwirksam sein,[1070] denn die Rückzahlung richtet sich nach Bereicherungsrecht und § 818 Abs. 1 BGB beschränkt die Herausgabepflicht nach ganz h.M. auf die tatsächlich gezogenen, nicht auf die unter normalen Umständen ziehbaren Nutzungen.[1071]

X. Kostenübertragung auf Auftragnehmer

551 Bei Klauseln zur Kostenbeteiligung ist zu prüfen, ob die Kostenlast nicht für eine vom Auftragnehmer zu erbringende Leistung besteht und daher gemäß § 307 Abs. 3 BGB nicht der Inhaltskontrolle unterliegt.[1072] Dies gilt etwa für die

---

1057 Glatzel/Hofmann/Frikell/*Hofmann*, Anm. 2.8.1.1. j); BGH NJW 1985, 631, 632.
1058 BGH NJW 2011, 1954, 1957; Markus/Kaiser/Kapellmann/*Kapellmann*, Rn 508; Palandt/*Sprau*, § 649 Rn 17.
1059 WLP/*Dammann*, Bauvertrag Rn B 180; Glatzel/Hofmann/Frikell/*Hofmann*, Anm. 2.8.2.2 a); BGH NJW 2006, 2551, 2552; OLG Düsseldorf NJW-RR 1995, 1392, 1393; OLG Düsseldorf NJOZ 2005, 2658, 2660.
1060 Werner/Pastor/*Werner*, Rn 1740.
1061 Glatzel/Hofmann/Frikell/*Hofmann*, Anm. 2.8.2.2 c); Werner/Pastor/*Werner*, Rn 1741; Markus/Kaiser/Kapellmann/*Kapellmann*, Rn 510; BGH NJW 1985, 632; siehe auch BGH NJW 2011, 1954, 1956.
1062 BGH NJW-RR 1998, 594, 595; BGH NJW 2000, 3498, 3499; Palandt/*Sprau*, § 649 Rn 17; a.A. WLP/*Dammann*, Bauvertrag Rn B 181.
1063 BGH NJW 2000, 3498, 3500; WLP/*Dammann*, Bauvertrag Rn B 181; Glatzel/Hofmann/Frikell/*Hofmann*, Anm. 2.8.2.2 e).
1064 Markus/Kaiser/Kapellmann/*Kapellmann*, Rn 489; UBH/*Christensen*, Bauverträge Rn 14; BGH NJW 1985, 631, 632.
1065 Glatzel/Hofmann/Frikell/*Hofmann*, Anm. 2.8.1.2. b); Markus/Kaiser/Kapellmann/*Kapellmann*, Rn 496, 497; OLG Düsseldorf NJW 1992, 216, 217; BGH NJW 1997, 1513.
1066 Glatzel/Hofmann/Frikell/*Hofmann*, Anm. 2.8.1.3. b); Markus/Kaiser/Kapellmann/*Kapellmann*, Rn 480; OLG Düsseldorf, Urt. v. 21.8.1984 – 21 U 42/84, BauR 1985, 452; OLG Köln NJW 1991, 301.
1067 Markus/Kaiser/Kapellmann/*Kaiser*, Rn 720; Glatzel/Hofmann/Frikell/*Frikell*, Anm. 2.16.4. c); Palandt/*Grüneberg*, § 307 Rn 75; BGH NJW 1985, 55, 56.
1068 OLG München NJW-RR 1990, 1358; zu verlängertem Zahlungsziel siehe OLG Köln NJW-RR 2006, 670; UBH/*Christensen*, Bauverträge Rn 17.
1069 UBH/*Christensen*, Bauverträge Rn 17; OLG Karlsruhe NJW-RR 1993, 1435; a.A. WLP/*Dammann*, Bauvertrag Rn B 192.
1070 BGH NJW 1988, 258; WLP/*Dammann*, Bauvertrag Rn B 191; a.A. UBH/*Christensen*, Bauverträge Rn 18.
1071 BGH NJW 1988, 258; siehe zum Nutzungsbegriff MüKo/*Schwab*, § 818 Rn 8; Staudinger/*Lorenz*, § 818 Rn 10.
1072 UBH/*Christensen*, Bauverträge Rn 11; Glatzel/Hofmann/Frikell/*Hofmann*, Anm. 2.2.1.4 und 2.10.1.2.

Beteiligung an Aufschließungs- und Nebenkosten,[1073] Bauwasser,[1074] und einer Bauwesenversicherung.[1075] Ein deutlich überhöhter Umlagebetrag kann allerdings im Falle einer Klausel, die unter § 307 Abs. 3 BGB fällt, gemäß § 305c Abs. 1 BGB unwirksam sein.[1076]

552 Zu solchen Klauseln, die unter § 307 Abs. 3 BGB fallen, gehört die Verpflichtung des Unternehmers, für die Verbrauchskosten und etwaige Kosten für Messgeräte und Zähler in Höhe von 1,2 Prozent des Endbetrags der Schlussrechnung aufzukommen.[1077] Unwirksam sind Klauseln, die dem Auftragnehmer anteilsmäßig Kosten für von ihm zu erbringende Leistungen wie z.B. die Abfallentsorgung[1078] auferlegen, weil ihm dadurch die Möglichkeit der Mängelbeseitigung genommen, dem Auftraggeber die notwendige Fristsetzung erspart bleibt und die Pauschale unabhängig auch im Fall gänzlich fehlenden Verursachungsbeitrages des Unternehmers zu zahlen ist.[1079]

553 Generell unzulässig ist es, formularmäßig dem Unternehmer Kosten aufzubürden, die von Dritten verursacht wurden.[1080] Die formularmäßige Übertragung der Kostenlast für Prüfgebühren, wie etwa für den TÜV, auf den Auftragnehmer scheitert regelmäßig an § 307 Abs. 1 S. 2 BGB wegen fehlender Kalkulierbarkeit der entstehenden Gebühren sowie daran, dass der Kostenübernahme durch den Auftragnehmer keine Leistung des Auftraggebers gegenübersteht.[1081]

Berufsausbildungsverträge

554 Der Berufsausbildungsvertrag ist im BBiG geregelt[1082] (insbesondere § 10 BBiG).

555 Für Einbeziehung und Inhaltskontrolle von Formularklauseln gelten zunächst die allgemeinen Grundsätze und die Hinweise zum Arbeitsrecht (siehe hierzu Stichwort „Arbeitsverträge").

556 Das BBiG stellt zunächst einen sehr engen Rahmen der vertraglichen Vereinbarung zur Verfügung, der nicht zu Lasten des Auszubildenden überschritten werden darf.

557 Insbesondere § 12 BBiG enthält einige nichtige Vertragsbindungsklauseln.

558 § 25 BBiG erklärt zudem die §§ 4 bis 26 BBiG für unabdingbar zu Lasten des Auszubildenden. Hierunter fallen auch die allgemeinen Grundsätze des Arbeitsrechts.[1083]

559 Für eine Inhaltskontrolle nach § 307 BGB ist daher nur Raum, soweit andere Sachverhalte betroffen sind. § 25 BBiG schließt eine Inhaltskontrolle nach AGB-Recht daher nicht aus. Insbesondere ist auch das Transparenzgebot aus § 307 Abs. 3 BGB zu beachten.

560 Vertragsmuster der IHKs schließen eine Inhaltskontrolle nicht aus, da sich diese der Ausbildungsbetrieb zu eigen macht.

561 **Beispiele:**

Nach § 307 BGB wäre unzulässig:
– ein Streikverbot[1084]

Nach dem BBiG wäre unzulässig:
– die Vereinbarung einer Vertragsstrafe zu Lasten des Auszubildenden, § 12 Abs. 2 Nr. 2 BBiG;
– der Ausschluss oder die Beschränkung von Schadensersatzansprüchen, § 12 Abs. 2 Nr. 3 BBiG;
– Weiterarbeitsklauseln nach der Zeit der Berufsausbildung, § 12 Abs. 1 BBiG;[1085]
– ein Verstoß gegen den Grundsatz der Gleichbehandlung.[1086]

1073 BGH NJW 1997, 135, 136.
1074 BGH NJW 1999, 3260; Markus/Kaiser/Kapellmann/*Markus*, Rn 332, WLP/*Dammann*, Bauvertrag Rn 234.
1075 Markus/Kaiser/Kapellmann/*Markus*, Rn 333; BGH NJW 2000, 3348; OLG Karlsruhe, Urt. v. 8.3.1994 – 8 U 46/93, BauR 1995, 113.
1076 Glatzel/Hofmann/Frikell/*Hofmann*, Anm. 2.2.1.4 f); Palandt/*Grüneberg*, § 305c Rn 3.
1077 BGH NJW 1999, 3260, 3261; Glatzel/Hofmann/Frikell/*Hofmann*, Anm. 2.2.1.4 b).
1078 BGH NZBau 2000, 466.
1079 BGH NJW 2000, 3348, 3349; OLG Stuttgart NJW-RR 1998, 312, 314; Markus/Kaiser/Kapellmann/*Markus*, Rn 334; UBH/*Christensen*, Bauverträge Rn 11; WLP/*Dammann*, Bauvertrag Rn B 224, 225; Glatzel/Hofmann/Frikell/*Hofmann*, Anm. 2.10.1.2 c), 2.2.1.4 c).
1080 WLP/*Dammann*, Bauvertrag Rn B 236; Werner/Pastor/*Werner*, Rn 1448; Palandt/*Grüneberg*, § 307 Rn 75; siehe auch Glatzel/Hofmann/Frikell/*Hofmann*, Anm. 2.10.1.2 d), h).
1081 Markus/Kaiser/Kapellmann/*Markus*, Rn 339; BGH NJW-RR 1997, 1513, 1514.
1082 Kommentare etwa von Benecke/Hergenröder, BBiG; Erfurter Kommentar/*Schlachter*, BBiG; Palandt/*Weidenkaff*, Einf. vor § 611 Rn 57.
1083 Erfurter Kommentar/*Schlachter*, § 25 BBiG Rn 1.
1084 Vgl. BAG v. 12.9.1984, AP GG Art. 9 Arbeitskampf; Erfurter Kommentar/*Schlachter*, § 10 BBiG Rn 11.
1085 Zu (tarif)vertraglichen Ansprüchen auf Übernahme: *Houben*, NZA 2011, 182.
1086 Vgl. §§ 4, 5 TzBfG; § 6 ff. AGG; § 612a BGB; Palandt/*Weidenkaff*, § 611 Rn 105 ff.; PWW/*Lingenmann*, § 611 Rn 49; BAG DB 2008, 130.

Bewachungsverträge

562 Nach der Verordnung über das Bewachungsgewerbe vom 1.6.1976[1087] ist dem Bewachungsgewerbe gestattet, die Haftung auf Versicherungsleistungen zu beschränken. Dies führt aber nicht dazu, dass abweichend von § 309 Nr. 7 BGB die Haftung auch bei grobem Verschulden von Erfüllungsgehilfen auf die Versicherungssumme beschränkt werden darf.[1088] Dies gilt auch für gewerbliche Unternehmer. Der nicht-gewerbliche Unternehmer kann im Falle einfacher Fahrlässigkeit die Haftung auf Ansprüche aus von ihm abgeschlossenen Versicherungsverträgen beschränken,[1089] sofern diese Verträge angemessenen Versicherungsschutz gewährleisten; pauschale Beschränkungen sind dagegen unzulässig.[1090] Klauseln, wonach die Ansprüche erlöschen, wenn diese nicht unverzüglich geltend gemacht werden, sind unwirksam.[1091] Dies gilt auch im kaufmännischen Verkehr.[1092]

563 Dagegen kann eine Ausschlussfrist von drei Monaten wirksam sein.[1093]

Bier- und Getränkelieferungsverträge

Literatur zum Stichwort Bier- und Getränkelieferungsverträge: *Bühler*, Brauerei- und Gaststättenrecht, 14. Aufl. 2014

A. Grundfragen 564	13. Erweiterung der Absatzstätte 615
I. Praktische Relevanz des AGB-Rechts 564	14. Lieferunmöglichkeit 616
II. Einbeziehung 565	15. Nichterreichen der vereinbarten Mengen ... 617
1. Sachlicher Anwendungsbereich 565	16. Nachlieferungsrecht 621
2. Persönlicher Anwendungsbereich 568	III. Koppelung mit Finanzierung oder Inventargestellung 622
3. Einbeziehung 571	1. Darlehensvorvertrag 622
III. Inhaltskontrolle 572	2. Nichterfüllung der Voraussetzungen der Darlehensgewährung aus vom Gastwirt nicht zu vertretenden Gründen 623
1. § 310 Abs. 1 S. 1 und 2 BGB 572	
2. § 309 BGB 573	
3. § 308 BGB 574	3. Laufzeitendivergenzen 624
4. § 307 BGB 575	IV. Lieferweg 625
5. Verhältnis zur Inhaltskontrolle nach § 138 Abs. 1 BGB 577	1. Anfängliche Benennung 625
	2. Änderungsvorbehalt 626
6. Grundlagen der Angemessenheitsprüfung 578	V. Preise 628
7. § 307 Abs. 1 S. 1 BGB 580	1. Grundsatz 628
a) Beurteilungsgrundsätze 580	2. Preisänderungsklauseln 629
b) Beurteilungszeitpunkt 581	a) Prüfungsumfang 629
c) Angemessenheitsprüfung 582	b) Inhaltskontrolle 630
B. Einzelne Klauseln 583	VI. Übertragungsrecht für den Getränkelieferanten ... 632
I. Inhalt und Umfang der Ausschließlichkeit 584	VII. Nachfolge auf Seiten des Gebundenen 636
1. Grundsatz 584	1. Einbeziehung und Transparenz 636
2. Änderungen der Ausschließlichkeit 585	2. Auslegung 637
3. Periodische Mindestabnahmemenge 586	3. Grundsätzliche Zulässigkeit 639
a) Individualabrede versus Klausel 586	4. Keine Differenzierung nach der Rechtsstellung des Gastwirts 640
b) Inhaltskontrolle 587	
4. Lieferung 590	5. Zulässigkeitsvoraussetzungen 641
5. Leistungen des Getränkelieferanten 591	6. Kündbarkeit 642
6. Absicherung 592	7. Anzeigepflicht 643
II. Laufzeit 593	8. Nachträgliche Trennung von Finanzierung und Bindung 644
1. Laufzeit und § 305 Abs. 1 BGB 593	
2. § 307 Abs. 3 BGB 594	9. Mithaftklauseln 645
3. § 309 Nr. 9a BGB 595	10. Bürgschaftsklauseln 648
4. § 307 Abs. 2 Nr. 1 BGB 596	11. Rechtsfolgen bei Verstoß 650
5. § 307 Abs. 1 S. 1 BGB 597	VIII. Schadensersatz 651
a) Beurteilungsgrundsätze 598	1. Haftung dem Grunde nach 651
b) Beurteilungskriterien 600	2. Schadensersatzpauschalierungen 657
c) Bewertung 603	a) Abgrenzung zur Vertragsstrafe 657
6. Zehnjahresgrenze und § 307 Abs. 1 S. 1 BGB 606	b) Inhaltskontrolle 660
7. Laufzeiten von mehr als zehn Jahren und § 307 Abs. 1 S. 1 BGB 607	IX. Vertragsstrafe 665
	1. § 307 Abs. 2 Nr. 1 BGB und Verschulden 665
8. Rückführung übermäßig langer AGB-Laufzeiten 608	2. § 307 Abs. 1 S. 1 BGB 666
9. Nachtrag 609	X. Fremdbezug 672
10. Vertragliche Neugestaltung 610	a) Auslegung 672
11. Verlängerungsoption 611	b) Einbeziehung 673
12. Verlängerung bei nicht rechtzeitiger Kündigung 612	c) Inhaltskontrolle 674

1087 BGBl I, S. 1341.
1088 Zutreffend Palandt/*Grüneberg*, § 307 Rn 77; WLP/*Stoffels*, B 312.
1089 OLG Düsseldorf VersR 1980, 1073.
1090 BGH NJW 1999, 1031.
1091 BGH NJW 1999, 1031.
1092 BGH NJW-RR 2000, 648.
1093 Zutreffend Palandt/*Grüneberg*, § 307 Rn 77; WLP/*Stoffels*, B 313.

4. Einstellung des Getränkebezuges 681	6. Abräumklausel 719
a) § 307 Abs. 2 Nr. 1 681	7. Teilkündigung 720
b) § 307 Abs. 1 S. 1 BGB 684	a) Einbeziehung 720
5. Verstoß gegen Rechtsnachfolgeklausel 687	b) Grundlagen der Inhaltskontrolle 721
6. Vorzeitige Darlehensrückzahlung 688	c) Inventarvorfinanzierung 722
X. Sanktionsklauseln bei Minderbezug 689	d) Minderbezug 723
1. AGB-Charakter 689	e) Geltungserhaltende Reduktion 725
2. Schadensersatz 691	XII. Verbraucherschutzrecht 726
a) Abgrenzung zur Vertragsstrafe 691	1. Vertragsklauseln 726
b) AGB-Charakter 692	2. Widerrufsbelehrung 730
c) Inhaltskontrolle 693	a) Hinweis auf Widerrufsrecht 730
3. Vertragsstrafe 698	b) Deutlichkeitsgebot und Transparenzgebot 731
4. Negative Umsatzpacht 699	XIII. Verträge im Verhältnis Brauerei – Getränkefach-
5. Anspruch sui generis 702	großhändler 732
6. These vom Anspruch auf Investitionskostenaus-	1. Einbeziehung und Auslegung 732
gleich 703	2. Inhaltskontrolle 734
7. Kumulative Sanktionen 704	a) Transparenzgebot 734
8. Vorbehalt der Gesamtmengenabrechnung bei	b) Unangemessenheit (§ 307 Abs. 1 S. 1 BGB) 735
Vertragsablauf 705	3. Ausgewählte Klauseln 736
9. Zinsregelungen 706	a) Ausschließlichkeitsverpflichtung 736
XI. Kündigungsklauseln 707	b) Laufzeit 737
1. AGB-Charakter und Einbeziehung 707	c) Mindestabnahmemenge 740
2. Grundlagen der Inhaltskontrolle 708	d) Nachfolgeklausel 741
a) § 307 Abs. 2 Nr. 1 BGB 708	e) Schadensersatzpauschalierungsklausel .. 742
aa) Verschulden 709	f) Vertragsstrafenklausel 743
bb) Nachfristsetzung mit Ablehnungs-	g) Mindermengenausgleichsklauseln 744
androhung oder Abmahnung 710	aa) Haftung dem Grunde nach 744
b) § 307 Abs. 1 S. 1 BGB 711	bb) Höhe 746
aa) Kündigungsgrund 711	h) Teilkündigungsklauseln 748
bb) Einseitige Berechtigung 712	XIV. Leergut 750
cc) Wesentlicher bzw. schwerwiegender	1. Saldenbestätigungen 750
Verstoß 713	2. Wiederbeschaffungswertklauseln 752
dd) Vertretenmüssen 714	a) Schranke des § 309 Nr. 5a BGB 752
3. Fremdbezug 715	b) Höhe 753
4. Minderbezug 716	c) Schranke des § 309 Nr. 5b BGB 754
5. Einstellung des Getränkebezuges 718	

A. Grundfragen

I. Praktische Relevanz des AGB-Rechts

Sieht man einmal von typischen Klauselregelungen, wie etwa Rechts- und Geschäftsnachfolge-, Schadensersatz-, Vertragsstrafen-, Ausgleichs- und Kündigungsklauseln im Besonderen oder ergänzenden Regelungen wie Schriftform-, Aufrechnungsverbots- oder Gerichtsstandsklauseln sowie Widerrufsbelehrungen im Allgemeinen ab, so finden sich nur wenige höchstrichterliche Entscheidungen, die Getränkelieferungsverträge auf ihre Vereinbarkeit mit den Vorschriften des AGB-Rechts zu prüfen hatten.[1094] Die häufig nicht veröffentlichte Instanzrechtsprechung ist dagegen ergiebiger.[1095]

564

[1094] BGH WM 1977, 641; NJW 1985, 2693; BGHZ 119, 283 = NJW 1993, 64; NJW 1998, 2286; BGHZ 147, 279 = NJW 2001, 2331.
[1095] Insbesondere OLG München MDR 1973, 761; OLG Nürnberg NJW 1973, 1974; OLG Frankfurt/M. NJW-RR 1988, 177; OLG Frankfurt/M. GRUR 1989, 71; KG NJW-RR 1989, 630; OLG Koblenz, Urt. v. 18.9.1990 – 3 U 1337/89; OLG Nürnberg, Urt. v. 23.9.1992 – 9 U 893/92; OLG Düsseldorf, Urt. v. 18.2.1994 – 16 U 91/93; OLG München OLGR 1995, 145; OLG Köln NJW-RR 1995, 1516; OLG München BB 1995, 329; OLG Hamm NJW-RR 1996, 46; OLG Düsseldorf MDR 1996, 465; OLG Karlsruhe, Urt. v. 6.2.1997 – 12 U 266/96; OLG Hamm, Urt. v. 8.6. 1998 – 31 U 4/98, rechtskräftig durch Nichtannahmebeschl. d. BGH v. 15.9.1999 – VIII ZR 333/98; OLG Zweibrücken OLGR 1998, 161, rechtskräftig durch Nichtannahmebeschl. d. BGH v. 15.12.1998 – VIII ZR 50/98; OLG Stuttgart, Urt. v. 18.3.1999 – 14 U 188/98; OLG Celle NJW-RR 1999, 1143; OLG Düsseldorf, Urt. v. 8.11.1999 – 1 U 42/99; OLG Karlsruhe MDR 2002, 445; OLG Nürnberg NJW-RR 2002, 917; OLG Koblenz NJOZ 2002, 837; OLG Köln NJW-RR 2007, 498; OLG Frankfurt/M., Urt. v. 30.11.2000 – 16 U 230/99, BGH – VIII ZR 5/01, Revisionsrücknahme; OLG Nürnberg, Urt. v. 29.6.2001 – 6 U 1762/00; OLG Schleswig MDR 2000, 1311; OLG Düsseldorf BeckRS 2001, 30213450; OLG Naumburg NJW-RR 2000, 720; OLG Hamm, Urt. v. 7.6.2002 – 29 U 88/01; OLG Hamm, Urt. v. 28.4.2003 – 5 U 6/03; OLG Düsseldorf, Urt. v. 28.5.2004 – 15 U 193/03 sowie 15 W 103/03; OLG Düsseldorf, Urt. v. 27.10.2004 – VI-U (Kart) 41/03; OLG Köln OLGReport Hamm 2007, 524 = BeckRS 2007, 04453; OLG Frankfurt/M. BeckRS 2007, 19024; OLG Köln BeckRS 2008, 09083; OLG Düsseldorf NZM 2008, 611 = OLGReport Hamm 2008, 211; OLG Zweibrücken, Urt. v. 6.7.2009 – 7 U 180/08; OLG Dresden, Urt. v. 29.10.2009 – 8 U 195/09; OLG Düsseldorf BeckRS 2012, 05469; OLG Köln BeckRS 2012, 15923; OLG Hamm, Urt. v. 10.5.2012 – I-22 U 203/11; OLG Oldenburg, Urt. v. 14.11.2012 – 5 U 56/11; OLG Köln BeckRS 2013, 07760; LG Berlin NJW-RR 1990, 820; LG Frankenthal, Urt. v. 4.2.1998 – 5 O 1238/96; LG Heidelberg NJW-RR 2007, 1552; LG Ulm, Urt. v. 26.8.2010 – 6 O. 162/09; LG Köln, Urt. v. 15.3.2011 – 21 O. 95/10; LG Ravensburg, Urt. v. 7.11.2011 – 6 O. 301/11; LG Berlin, Urt. v. 10.10.2012 – 10 O. 243/11; AG Ludwigslust BeckRS 2009, 11036.

II. Einbeziehung

565 **1. Sachlicher Anwendungsbereich.** Bei der Frage, ob Regelungen in Getränkelieferungsverträgen AGB-Charakter zukommt, sind die Voraussetzungen des § 305 Abs. 1 BGB zu prüfen. Abgrenzungsfragen ergeben sich insbesondere im Zusammenhang mit den Tatbestandsvoraussetzungen der Vorformulierung, des Vielzahlkriteriums und des Stellens bzw. Aushandelns. Zu denken ist an die Fallgruppen: Mustertexte, insbesondere Verbandsmuster, Vertragserstellungsprogramme, notarielle Vereinbarungen, Regelungsalternativen und ergänzungsbedürftige Regelungen.[1096]

566 Zwar mag der äußere Schein auf einen Formularvertrag hindeuten. Im Zusammenhang mit Getränkelieferungsverträgen erfolgt aber durchweg aus betriebswirtschaftlichen und rechtlichen Erwägungen eine längere Phase des Ver- bzw. Aushandelns der verschiedenen Aspekte der langjährigen Zusammenarbeit.[1097] Zu den zumeist individualvertraglich getroffenen Vereinbarungen gehören u.a. Regelungen hinsichtlich der Vertragspartner (Stellung, Haftung, Verantwortlichkeit etc.), der finanziellen und sonstigen Leistungen des Getränkelieferanten (Art, Höhe, Verzinsung, Rückführung etc.), Sicherheitsabsprachen (Art der Sicherheit, Sicherungsumfang, ggf. Freigabe, ergänzende Absprachen etc.), Inhalt und Umfang der Ausschließlichkeitsbindung (Objekt, räumliche Umschreibung der Bezugsverpflichtung, Sortiment, (Teil-)Ausschließlichkeit, Laufzeit, Neu- oder Anschlussregelung, vereinbarte Jahresmindestbezugsmenge etc.).[1098]

567 Für ein individuelles Aushandeln i.S.d. § 305 Abs. 1 S. 3 BGB bedarf es auch bei einer **Eigentümererklärung**,[1099] die dem äußeren Erscheinungsbild nach eine von dem Getränkelieferanten gestellte AGB ist, eines konkreten Vortrags des darlegungspflichtigen Getränkelieferanten.[1100]

568 **2. Persönlicher Anwendungsbereich.** Der als Vertragspartner des Getränkelieferanten (Brauerei, Getränkefachgroßhändler etc.) auftretende Gastwirt übt, selbst wenn er nicht im Handelsregister eingetragener **Kaufmann** ist, eine gewerbliche Tätigkeit aus und ist damit Unternehmer i.S.d. §§ 310 Abs. 1, 14 BGB.[1101] Ob § 310 Abs. 1 BGB auch anzuwenden ist, wenn der Vertragspartner durch den Abschluss eines Formularvertrags erstmals Kaufmann wird, kann im Hinblick auf einen zweiten Vertrag dahinstehen, wenn dieser erst abgeschlossen wurde, als der Gastwirt bereits seit rund zwei Jahren Betreiber des Objekts war.[1102]

569 Durch Abschluss eines Getränkelieferungsvertrags wird der Gastwirt – auch bei erstmaliger Tätigkeit – gewerblich tätig, sodass AGB-rechtlich § 14 BGB einschlägig ist und damit kein Verbrauchervertrag i.S.d. § 310 Abs. 3 vor Nr. 1 BGB vorliegt. Verträge eines **Existenzgründers**, die der erstmaligen Aufnahme unternehmerischer Tätigkeiten dienen, unterliegen daher nicht der vollen Inhaltskontrolle. AGB-rechtlich liegt daher Unternehmenhandeln vor.[1103]

570 Handelt es sich bei dem Getränkelieferungsvertrag dagegen um einen Vertrag mit einem nicht selbst bewirtschaftenden Hauseigentümer sowie Mithaftenden, etwa GmbH-Geschäftsführern oder GmbH-Gesellschaftern und damit Verbrauchern (§ 13 BGB), so beurteilt sich die AGB-rechtliche Inhaltskontrolle nach den §§ 307, 308 und 309 BGB.[1104]

571 **3. Einbeziehung.** Bestimmungen, mit denen der Gastwirt redlicherweise nicht oder nicht an dieser Stelle des Formularvertrags rechnen konnte und musste und die als **überraschend** anzusehen sind (Rechtsgedanke des § 305c Abs. 1 BGB) sind, werden von vornherein nicht Vertragsbestandteil.[1105]

III. Inhaltskontrolle

572 **1. § 310 Abs. 1 S. 1 und 2 BGB.** Gemäß § 310 Abs. 1 S. 1 BGB greifen für Getränkelieferungsverträge die Klauselkataloge der §§ 308, 309 BGB in aller Regel im Hinblick auf die Unternehmereigenschaft des Gastwirts (§ 14 BGB) nicht unmittelbar. Über § 310 Abs. 1 S. 2 BGB können jedoch die Wertungen der §§ 308, 309 BGB unter angemessener Berücksichtigung der im Unternehmerverkehr geltenden Gewohnheiten und Gebräuche im Rahmen der Generalklausel des § 307 Abs. 1 und Abs. 2 (Nr. 1 und 2) BGB Bedeutung erlangen.[1106]

573 **2. § 309 BGB.** Grundsätzlich anwendbar auf Getränkelieferungsverträge sind über § 307 Abs. 2 Nr. 1 BGB die Klauselverbote des § 309 Nr. 3, 4, 5a und 12 BGB. Andere Klauselverbote, wie etwa die des § 309 Nr. 2, 5b, 6, 9 und 10 BGB, finden dagegen im Unternehmer-/Existenzgründerverkehr im Hinblick auf die dort geltenden Gewohnheiten

---

1096 *Bühler*, § 3 IV Rn 1.84–1.109. m.w.N.
1097 Zu den Einzelheiten vgl. *Bühler*, § 9 III 1 Rn 2.66–2.70. m.w.N.
1098 OLG Frankfurt/M., Urt. v. 30.11.2000 – 16 U 230/99, BGH, VIII ZR 5/01, Revisionsrücknahme; OLG Karlsruhe MDR 2002, 445.
1099 Zu den verschiedenen praktisch relevanten Konstellationen von Eigentümererklärungen *Bühler*, § 35 I 2 Rn 2.2325. und § 35 III 2 Rn 2.2336–2.2341. m.w.N.
1100 OLG Köln NJW-RR 2007, 498; vgl. auch *Bühler*, § 35 V 1 Rn 2.2359. m.w.N.
1101 BGH NJW-RR 1993, 519; OLG Düsseldorf MDR 1996, 465. Vgl. hierzu ausführlich *Bühler*, § 4 I Rn 1.120–1.132. m.w.N.
1102 OLG Düsseldorf, Urt. v. 18.2.1994 – 16 U 91/93.
1103 *Bühler*, § 4 II Rn 1.133–1.136. m.w.N.
1104 *Bühler*, § 23 II 3 Rn 2.1090–2.1094. m.w.N.
1105 BGH DB 1960, 231, zu § 138 BGB. Zu Hauseigentümererklärungen vgl. *Bühler*, § 35 V 2 Rn 2.2360. m.w.N.
1106 BGHZ 147, 279 = NJW 2001, 2331. Ausführlich dazu *Bühler*, § 6 III Rn 1.178–1.185. m.w.N.

Bier- und Getränkelieferungsverträge

und Gebräuche keine Anwendung.[1107] Zwar ist dann die Prüfung des § 307 Abs. 1 BGB nicht gesperrt. Die Wertungen der speziellen Klauselverbote des § 309 BGB haben aber insofern weder indizielle noch mittelbare Bedeutung.

3. § 308 BGB. Die Klauselverbote des § 308 BGB sind in der Regel auf den unternehmerischen Verkehr übertragbar, weil in ihren Wertungsspielräumen die unternehmerischen Besonderheiten berücksichtigt werden können. Liegt ein Verstoß gegen § 308 BGB vor, so wird der Unternehmer gemäß § 307 Abs. 1 BGB unangemessen benachteiligt. Folglich dürfte den Klauselverboten des § 308 BGB eine **Indizfunktion** im Rahmen des § 307 Abs. 2 Nr. 1 BGB zukommen.[1108]

4. § 307 BGB. Formularmäßige Bezugsbindungen unterliegen der Inhaltskontrolle lediglich nach § 307 BGB,[1109] weil es sich bei Gastwirten und Getränkelieferanten um Unternehmer, vor allem um Kaufleute und sonstige Gewerbetreibende i.S.d. § 310 Abs. 1 S. 1 und 2 BGB handelt.[1110]

Bei **Eigentümererklärungen** scheidet eine Inhaltskontrolle nicht nach § 307 Abs. 3 S. 1 BGB aus, weil es kein gesetzliches Leitbild gibt, an dem der Vertrag gesondert gemessen werden könnte.[1111]

5. Verhältnis zur Inhaltskontrolle nach § 138 Abs. 1 BGB. Praktisch bedeutsam ist die Frage, wie sich die Inhaltskontrolle nach § 307 Abs. 1 BGB zu der nach § 138 Abs. 1 BGB verhält.[1112] Grundsätzlich sind beide Bestimmungen nebeneinander anwendbar.[1113] Allerdings stellt § 138 Abs. 1 BGB im objektiven Bereich höhere Anforderungen an die Feststellung der Nichtigkeit eines Vertrags als § 307 Abs. 1 BGB. Sittenwidrigkeit erfordert eine grobe Interessenverletzung von erheblicher Stärke und in der Regel subjektive Vorwerfbarkeit. Dagegen setzt § 307 BGB objektiv (nur) eine gegen Treu und Glauben verstoßende unangemessene Benachteiligung voraus und hat kein subjektives Tatbestandsmerkmal.[1114] Zudem verlangt § 307 BGB, wie sich aus dem Wort „unangemessen" ergibt, eine grobe Interessenverletzung von erheblicher Stärke.[1115] Die Wirksamkeitsschranke des § 138 (Abs. 1) BGB liegt somit erheblich höher als die des § 307 (Abs. 1) BGB.[1116] Sind die Voraussetzungen des § 307 Abs. 1 BGB nicht erfüllt, so ist § 138 Abs. 1 BGB erst recht nicht gegeben.[1117] Daher ist die Gefahr, an der Nichtigkeitshürde des § 307 BGB zu scheitern, eher gegeben, als dass die Nichtigkeitssanktion des § 138 Abs. 1 BGB eintritt. Im Übrigen sind in die Prüfung nach § 138 Abs. 1 BGB auch Klauseln einzubeziehen, die nach § 305c Abs. 1 BGB nicht Vertragsbestandteil geworden sind oder einer Inhaltskontrolle nach §§ 307–309 BGB nicht standhalten.[1118]

6. Grundlagen der Angemessenheitsprüfung. Nach der Generalklausel des § 307 Abs. 1 S, 1 BGB ist eine Bestimmung in AGB, in welcher der die Vertragsgestaltung für sich in Anspruch nehmende Getränkelieferant entgegen den Geboten von Treu und Glauben einseitig eigene Interessen auf Kosten des Vertragspartners – hier etwa des Gastwirts oder des Hauseigentümers – durchzusetzen sucht, ohne von vornherein auch dessen Belange hinreichend zu berücksichtigen, unangemessen, was zur Nichtigkeit der Klausel führt.[1119]

Die rechtliche Beurteilung des Getränkelieferungsvertrages richtet sich nach dem **Äquivalenzprinzip**. Einschränkungen der wirtschaftlichen Bewegungsfreiheit und damit der Selbstständigkeit des Gastwirts sind danach nur dann zulässig, wenn der Verpflichtung des Gastwirts zur Getränkeabnahme hinreichende Gegenleistungen des Bindenden gegenüberstehen. Die in der Übernahme der Getränkebezugsverpflichtung liegende Einschränkung der Vertragsfreiheit des Gastwirts ist somit nur zulässig, wenn Leistung und Gegenleistung in einem angemessenen Verhältnis stehen.[1120]

7. § 307 Abs. 1 S. 1 BGB. a) Beurteilungsgrundsätze. Im Rahmen der vorzunehmenden Interessenabwägung bedarf es einer umfassenden **Abwägung** der schutzwürdigen Interessen der beteiligten Parteien im Einzelfall.[1121] Von Bedeutung sind dabei[1122] **Inhalt, Motiv, Zweck** und **Gesamtcharakter** des Vertrags sowie die Umstände seines **Zustandekommens**.[1123] Abzustellen ist auf die konkrete **Ausgestaltung** des Vertrags in seinen einzelnen Bestimmun-

---

1107 BGH NJW 2003, 886, zu § 309 Nr. 9a BGB. Weitere Nachweise zu den verschiedenen Klauselverboten bei *Bühler*, § 6 III 3 c Rn 1.184. m.w.N.
1108 *Bühler*, § 6 III 4 Rn 1.185. m.w.N.
1109 Ausführlicher hierzu *Bühler*, § 6 IV Rn 1.186–1.190. m.w.N.
1110 *Bühler*, § 9 III 2 Rn 2.71. m.w.N.
1111 OLG Köln NJW-RR 2007, 498; vgl. auch *Bühler*, § 9 III 2 Rn 2.71. m.w.N.
1112 Eingehend hierzu *Bühler*, § 9 III 6 Rn 2.80–2.85. m.w.N.
1113 BGHZ 136, 347 = NJW 1997, 3372.
1114 BGH ZIP 1996, 957 = BB 1996, 1454.
1115 BGHZ 147, 279 = NJW 2001, 2331.
1116 BGHZ 147, 279 = NJW 2001, 2331; OLG Düsseldorf BeckRS 2005, 06685; OLG Düsseldorf BeckRS 2012, 05469; OLG Köln BeckRS 2012, 15923; OLG Oldenburg, Urt. v. 14.11.2012 – 5 U 56/11.
1117 BGHZ 147, 279 = NJW 2001, 2331; OLG Karlsruhe MDR 2002, 445.
1118 BGHZ 136, 347 = NJW 1997, 3327.
1119 BGH NJW 1997, 2598; BGH NJW 2003, 886; NJW 2010, 57.
1120 BGH NJW 1974, 2089; BGH NJW 1979, 865; BGH NJW-RR 1990, 816; BGH, Urt. v. 22.10.1997 – VIII ZR 149/96; BGH NJW 2001, 2331.
1121 BGHZ 143, 103 = NJW 2000, 1110; BGHZ 147, 279 = NJW 2001, 2331.
1122 Zu den Einzelheiten *Bühler*, § 6 VI 2 Rn 1.208–1.211. m.w.N.
1123 BGH NJW 1985, 2693; NJW 1993, 532; BGHZ 147, 279 = NJW 2001, 2331.

gen und insbesondere darauf, welcher Spielraum dem Gastwirt zur selbstständigen und flexiblen Unternehmensführung verbleibt.[1124] Bei dieser Abwägung ist der gesamte **Vertragsinhalt** unabhängig von seinem AGB-Charakter zu würdigen. Notwendig ist eine Gegenüberstellung der insgesamt begründeten gegenseitigen Rechte und Pflichten.[1125] Bei der Interessenabwägung ist auf Seiten des Getränkelieferanten insbesondere das Maß der **Investitionen** zu betrachten.[1126]

581 **b) Beurteilungszeitpunkt.** Abzustellen ist auf den Zeitpunkt des **Vertragsschlusses**. Maßgeblich sind die vorliegenden und erkennbaren Verhältnisse und Entwicklungen des konkreten Rechtsverhältnisses zu diesem Zeitpunkt, weil sich die Beteiligten auf die Wirksamkeit des Vertrags zu diesem Zeitpunkt einstellen können müssen.[1127]

582 **c) Angemessenheitsprüfung.** Für die Entscheidung über die Unangemessenheit einer Klausel kommt es nur auf deren Inhalt und nicht darauf an, ob der Berechtigte von der Klausel nicht in vollem Umfang **Gebrauch macht**[1128] oder **welche Auslegung er ihr im Streitverfahren geben** möchte.[1129] Da der Verwender die Klausel zur Regelung einer Vielzahl von Fällen in seine AGB aufgenommen hat, ist nicht auf die **Handhabung** und Auswirkung der Bestimmung im Einzelfall abzustellen. Maßgeblich ist allein, welche **Verfahrensmöglichkeiten** ihm die Bestimmung nach Wortlaut und Sinn erlaubt.[1130]

B. Einzelne Klauseln

583 Aus Raumgründen können hier nur ausgewählte Aspekte einer Angemessenheitsprüfung angesprochen werden.[1131]

I. Inhalt und Umfang der Ausschließlichkeit

584 **1. Grundsatz.** Gegen die Verpflichtung des Gastwirts, die Getränke ausschließlich über den Getränkelieferanten zu beziehen, bestehen grundsätzlich keine Bedenken. Ausgangspunkt ist die Überlegung, dass im Gaststättengewerbe Getränkelieferungsverträge mit auch langjähriger Bezugsbindung unter Einschluss einer Ausschließlichkeitsvereinbarung bekanntermaßen durchaus nicht unüblich sind. Sie bieten den Getränkelieferanten eine sichere Absatzmöglichkeit mit den sich daraus ergebenden vielfältigen Vorteilen und geben auch dem Abnehmer Sicherheit für den Geschäftsbetrieb und eröffnen ihm die Möglichkeit, bei Vertragsabschluss sonstige erhebliche, anderweitig nicht oder jedenfalls nicht zu diesen Konditionen erhältliche **Starthilfen** zu erlangen, ohne die eine Aufnahme des Geschäftsbetriebs häufig gar nicht in Betracht kommen würde. Deshalb bestehen gegen solche Vereinbarungen auch grundsätzlich keine Bedenken.[1132] Dies gilt auch für die Verpflichtung des Gastwirts, die in der Gaststätte benötigten Getränke beim Verpächter oder bei einem von diesem benannten Dritten zu beziehen. Eine solche Verpflichtung kann wirksam auch mittels Formularvertrags oder AGB übernommen werden.[1133]

585 **2. Änderungen der Ausschließlichkeit.** Enthalten Getränkelieferungsverträge Änderungsvorbehalte, so sind diese zunächst über §§ 310 Abs. 1 S. 2, 307 Abs. 2 Nr. 1, 308 Nr. 4 BGB auch im Unternehmerverkehr einer Angemessenheitskontrolle zu unterwerfen.[1134] Soweit die Klausel eine Zustimmungsfiktion enthält, bildet auch im Unternehmerverkehr § 308 Nr. 5 BGB über §§ 310 Abs. 1 S. 2, 307 Abs. 2 Nr. 1 BGB den richtigen Prüfungsmaßstab.[1135] Ggf. bedarf es einer Prüfung nach § 307 Abs. 1 S. 1 BGB.[1136]

586 **3. Periodische Mindestabnahmemenge. a) Individualabrede versus Klausel.** Da Mindestabnahmepflichten regelmäßig individualvertraglich vereinbart werden, kommt § 307 Abs. 1 BGB nur selten zur Anwendung.[1137] Zur Abgrenzung kann auf die reichhaltige Rechtsprechung verwiesen werden.[1138]

587 **b) Inhaltskontrolle.** Sind Mindestabnahmemengen ausnahmsweise formularmäßig vorgesehen, so ist § 307 BGB zu prüfen. Dann ist zu fragen, ob nicht eine nach § 307 Abs. 3 S. 2 BGB kontrollfreie Vergütungsabrede vorliegt. Insofern dürften verschiedene Sachverhalte zu unterscheiden sein.

1124 BGHZ 147, 279 = NJW 2001, 2331.
1125 BGHZ 143, 103 = NJW 2000, 1110; BGHZ 147, 279 = NJW 2001, 2331; NJW 2003, 886; BGHZ 153, 148 = NJW 2003, 1313; NJW-RR 2007, 818.
1126 BGHZ 147, 279 = NJW 2001, 2331; NJW 2003, 886.
1127 BGH ZIP 1984, 335 = WM 1984, 88; BGHZ 143, 103 = NJW 2000, 1110; BGHZ 147, 279 = NJW 2001, 2331; BGHZ 185, 133 = NJW 2010, 2041.
1128 BGHZ 82, 121; BGHZ 123, 83 = NJW 1993, 2369; BGHZ 124, 351 = NJW 1994, 1060.
1129 BGHZ 95, 362; vgl. hierzu *Bühler*, § 6 VI 6 c Rn 1.219. m.w.N.
1130 BGHZ 82, 238 = NJW 1982, 644; NJW 1983, 159; BGHZ 104, 292 = NJW 1988, 2888.

1131 Vgl. ausführlich *Bühler*, § 9 V-X Rn 2.98–2.194. m.w.N. zu der nicht selten parallelen Rechtsprechung im Zusammenhang mit § 138 BGB.
1132 BGH NJW 1997, 3304; BGHZ 147, 279 = NJW 2001, 2331; *Bühler*, § 9 II 1 Rn 2.64. m.w.N.
1133 Erman/*Dickersbach*, Vor § 581 Rn 41. Vgl. *Bühler*, § 36 I 5 b Rn 2.2414. m.w.N.
1134 Einzelheiten bei *Bühler*, § 9 III 5 a Rn 2.75. m.w.N.
1135 *Bühler*, § 9 III 5 b Rn 2.76 f. m.w.N.
1136 *Bühler*, § 9 III 5 b bb Rn 2.78 f. m.w.N. sowie § 9 X 3 c und d Rn 2.155 f. m.w.N.
1137 AG Ludwigslust BeckRS 2009, 11036.
1138 BGHZ 147, 279 = NJW 2001, 2331; OLG München BeckRS 1995, 04936; OLG Köln BeckRS 2012, 09081; OLG Frankfurt/M. BeckRS 2013, 12063.

588 Ist ausnahmsweise eine negative **Umsatzpacht** vereinbart, dann haben die Parteien die Pflicht zur Abnahme einer bestimmten Getränkemenge als Teil des Pachtvertrages mit der Zahlung des Pachtzinses in der Weise gekoppelt, dass sich bei Abnahme unterhalb einer vertraglich festgesetzten Menge der Pachtzins in Abhängigkeit zur Mindestabnahme erhöht. Dann bestehen weder nach § 138 Abs. 1 BGB noch nach § 307 BGB Bedenken.[1139] Eine solche Klausel unterliegt der Inhaltskontrolle nach § 307 BGB grundsätzlich nur dann, wenn es um die Koppelung von Abnahme und Pachtzins geht.[1140] Dagegen ist eine Kontrolle nach § 307 Abs. 3 S. 1 BGB vorbehaltlich des § 307 Abs. 3 S. 2 BGB ausgeschlossen, soweit es um die Höhe des Pachtzinses geht.[1141]

589 Anders dürfte zu entscheiden sein, wenn die Parteien von vorneherein einen Kaufvertrag geschlossen haben, aus dem sich der Umfang der Abnahmeverpflichtung bereits aus § 433 Abs. 2 BGB ergibt. Die Vereinbarung einer (Gesamt-)Mindestabnahmemenge als solcher ist dann bereits nach § 307 Abs. 3 S. 2 BGB einer AGB-Kontrolle entzogen. Im Übrigen würde es zur Bejahung einer Unangemessenheit nicht ausreichen, wenn der Getränkelieferant aufgrund seiner Geschäftserfahrung erkannt hat, dass der Kunde die Bezugsverpflichtung nicht erfüllen konnte, weil das Risiko einer entsprechenden Fehleinschätzung in den Risikobereich des Kunden fällt.[1142]

590 **4. Lieferung.** Der formularmäßige Vorbehalt, Produkte anderer Getränkelieferanten liefern zu dürfen, ist wirksam, wenn er auf extreme Ausnahmesituationen beschränkt ist.[1143] Problematisch wäre eine vorformulierte Klausel, wonach der Kunde bei Einstellung des Sudbetriebs ein an anderer Stelle gebrautes, vielleicht sogar anders heißendes Bier abnehmen muss.[1144]

591 **5. Leistungen des Getränkelieferanten.** Zu prüfen ist, welche Leistungen der Getränkelieferant nach dem Vertrag zu erbringen hat.[1145] Ist das höchstzulässige Maß einer Bezugsbindung zu würdigen, so kommt es auch auf den **Umfang** der Leistungen an.[1146] Da die Bindungen des Gastwirts um so weiter gehen dürfen, als die Leistungen des Getränkelieferanten reichen, ist bei der Zurverfügungstellung eines Darlehens von Bedeutung, zu welchem **Zinssatz** dieses gewährt wird. Liegt dieser beispielsweise deutlich unterhalb des allgemeinen (Zins-)Marktniveaus, so ist das bei der Wertung von Leistung und Gegenleistung zu berücksichtigen.[1147]

592 **6. Absicherung.** Von Bedeutung kann auch eine etwaige Absicherung einer Darlehensverbindlichkeit sein. Handelt es sich etwa um ein ungesichertes Darlehen oder um ein Darlehen, das lediglich durch eine **Sicherungsübereignung** von Gaststätteninventar abgesichert war, so sind engere Bindungen des Gastwirts an den Getränkelieferanten gerechtfertigt. Die Sicherungsübereignung von Gaststätteninventar stellt nämlich keine ausreichende Sicherung dar, weil dieses relativ rasch an Wert verliert, was auch durch die festgelegte **steuerliche Abschreibung** mit 0,84 % monatlich nicht ausgeglichen werden kann.[1148]

II. Laufzeit

593 **1. Laufzeit und § 305 Abs. 1 BGB.** Im Zusammenhang mit Getränkelieferungsverträgen bedarf es einer besonders sorgfältigen Prüfung im Einzelfall, ob eine Laufzeitregelung als AGB i.S.d. § 305 Abs. 1 BGB angesehen werden kann.[1149] Vor diesem Hintergrund ist es nur erklärlich, wenn gerade von häufiger mit Fragen des Getränkelieferungsvertrags befassten Gerichten festgestellt wird, es spreche eine tatsächliche Vermutung für ein individuelles Aushandeln der Laufzeit i.S.d. § 305 Abs. 1 S. 3 BGB.[1150] Auch mögen ungewöhnliche („krumme") Laufzeiten (konkret 11 Jahre und 10 Monate) und das maschinenschriftliche Einsetzen dieser Laufzeit für eine Individualabrede sprechen.[1151] Ergibt sich die Laufzeit erst mittelbar aus der vertraglich vereinbarten **Abschreibung** des gestellten Inventars und der Menge des bezogenen Bieres, so spricht dies ebenfalls gegen eine formularmäßige Laufzeitregelung.[1152] Ein Aushandeln der Laufzeit liegt dann nicht vor, wenn der Getränkelieferant die Laufzeit nachträglich in den vorgedruckten Vertragstext **maschinenschriftlich einsetzt** und den Vertrag dem Gastwirt zur Unterzeichnung zuschickt, ohne dass vorher über die Laufzeit gesprochen worden ist. Es fehlt dann eine Bereitschaft zur Verhandlung über den – von dem Getränkelieferanten einseitig festgelegten – Vertragsinhalt.[1153]

1139 BGHZ 109, 314 = NJW 1990, 567.
1140 Offengelassen in BGHZ 109, 314 = NJW 1990, 567.
1141 Offengelassen in BGHZ 109, 314 = NJW 1990, 567.
1142 LG Düsseldorf BeckRS 2011, 02756.
1143 OLG Koblenz NJOZ 2002, 837.
1144 BGH WM 1976, 508; OLG München MDR 1973, 761.
1145 Erman/*Roloff*, § 307 Rn 94. Zu Leistungen des Getränkelieferanten vgl. eingehend *Bühler*, § 9 V und VI Rn 2.98–2.120. m.w.N.
1146 BGH NJW 1985, 2328; BGHZ 147, 279 = NJW 2001, 2331.
1147 BGHZ 147, 279 = NJW 2001, 2331; OLG Düsseldorf, Urt. v. 8.11.1999 – 1 U 42/99.
1148 BGH NJW-RR 2001, 987; BGHZ 147, 279 = NJW 2001, 2331.
1149 OLG Karlsruhe, Urt. v. 4.3.1999 – 12 U 259/98, rechtskräftig durch Nichtannahmebeschl. d. BGH v. 7.10.1999 – VIII ZR 125/99; *Bühler*, § 10 III 1–3 Rn 2.293–2.303. m.w.N.
1150 OLG Frankfurt/M. GRUR 1989, 71.
1151 OLG Karlsruhe MDR 2002, 445.
1152 BGH, Urt. v. 22.10.1997 – VIII ZR 149/96.
1153 OLG Frankfurt/M. NJW-RR 1988, 177; OLG Karlsruhe, Urt. v. 4.3.1999 – 12 U 259/98, rechtskräftig durch Nichtannahmebeschl. d. BGH v. 7.10.1999 – VIII ZR 125/99; OLG Frankfurt/M., Urt. v. 30. 11. 2000 – 16 U 230/99, BGH – V ZR 5/01, Revisionsrücknahme; LG Heidelberg NJW-RR 2007, 1551.

594 **2. § 307 Abs. 3 BGB.** Sollte der AGB-Charakter einer Laufzeitregelung in einem Getränkelieferungsvertrag festgestellt werden können, so ist zu fragen, ob § 307 Abs. 3 BGB nicht einer Inhaltskontrolle entgegensteht. Nach hier vertretener Auffassung dürften Laufzeitregelungen bei Getränkelieferungsverträgen über § 307 Abs. 3 BGB einer Inhaltskontrolle entzogen sein.[1154]

595 **3. § 309 Nr. 9a BGB.** Die Zweijahreslaufzeitschranke des § 309 Nr. 9a BGB hat im Regelfall bei Getränkelieferungsverträgen keine praktische Bedeutung.[1155] Abreden über die Laufzeit des Vertrags sind regelmäßig **Individualabreden**, sodass der Verbotstatbestand von § 309 Nr. 9a BGB schon aus sachlichen Gründen (§ 305 Abs. 1 BGB) nicht herangezogen werden kann. Die AGB-rechtliche Inhaltskontrolle scheitert insofern in der Praxis weit überwiegend an der **Unternehmereigenschaft** der Gastwirte und Getränkehändler (§§ 310 Abs. 1 S. 1, 14 Abs. 1 BGB).[1156] Auch der Existenzgründer ist AGB-rechtlich Unternehmer.[1157] Der persönliche Anwendungsbereich des § 309 Nr. 9a BGB ist nur dann eröffnet, wenn Getränkelieferungsvereinbarungen mit Verbrauchern (§ 13 BGB) geschlossen werden. Zu denken ist an Verträge mit Hauseigentümern sowie Schuldübernahme oder -beitrittserklärungen von GmbH-Geschäftsführern, GmbH-Gesellschaftern, (Ehe-)Partnern und Familienangehörigen.[1158] Dann bedarf es allerdings einer besonders sorgfältigen Prüfung, ob die vorgenannten Personen überhaupt eine Verpflichtung zur Getränkeabnahme in eigener Person übernehmen.[1159]

596 **4. § 307 Abs. 2 Nr. 1 BGB.** Zu fragen ist, ob die Laufzeitgrenze des Art. 5 Abs. 1a VO Nr. 330/2010 im Rahmen des § 307 Abs. 2 Nr. 1 BGB Schranken ziehende Wirkung hat.[1160] Da sich die vereinbarte zehnjährige Laufzeit der Getränkebezugsverpflichtung im Rahmen der Höchstlaufzeiten des Art. 8 Abs. 1d VO Nr. 1984/83 hielt, konnte der BGH es dahinstehen lassen, ob der dort genannten Höchstlaufzeit Leitbildfunktion zukomme.[1161] Da die Laufzeit zumeist individuell vereinbart ist, kommt dem Meinungsstreit keine große praktische Bedeutung zu. Dies auch deshalb, weil es seit dem 1.6.2000 im europäischen Kartellrecht für Getränkelieferungsverträge keine speziellen Laufzeitschranken mehr gibt.

597 **5. § 307 Abs. 1 S. 1 BGB.** Bei formularmäßigen Festlegungen ist wegen §§ 310 Abs. 1, 14 Abs. 1 BGB § 307 BGB Prüfungsmaßstab.[1162] Zu betrachten ist die Laufzeit der Getränkebezugsverpflichtung einschließlich etwaiger verlängernder **Nachträge**[1163] sowie etwaiger zurechenbarer **Anschlussbindungen**.[1164]

598 **a) Beurteilungsgrundsätze.** Ob eine die Laufzeit eines Vertrages betreffende Klausel den Vertragspartner des Verwenders in diesem Sinne entgegen den Geboten von Treu und Glauben unangemessen benachteiligt, ist mit Hilfe einer **umfassenden Abwägung der schützenswürdigen Interessen beider Parteien im Einzelfall** festzustellen.[1165] Es bedarf einer Würdigung des Einzelfalls nach **Inhalt, Motiv** und **Zweck des Vertrages** sowie den **Umständen seines Zustandekommens**.[1166] Abzustellen ist auf die **konkrete Ausgestaltung des Vertrages** in seinen einzelnen Bestimmungen und insbesondere darauf, welcher Spielraum dem Gastwirt zur selbstständigen und flexiblen Unternehmensführung verbleibt.[1167]

599 Im Rahmen der Abwägung sind der Zweck und der **Gesamtcharakter** des jeweiligen Vertrages zu berücksichtigen.[1168] Bei dieser Abwägung sind nicht nur die auf Seiten des Verwenders getätigten **Investitionen**, sondern der **gesamte Vertragsinhalt** zu berücksichtigen. Notwendig ist eine Gegenüberstellung der insgesamt begründeten gegenseitigen **Rechte und Pflichten**.[1169] Zu betrachten ist die Laufzeit der Getränkebezugsverpflichtung einschließlich etwaiger verlängernder **Nachträge**[1170] sowie etwaiger zurechenbarer **Anschlussbindungen**.[1171] Maßgeblicher **Beurteilungszeitpunkt** ist der Zeitpunkt der Vornahme des Rechtsgeschäfts.[1172]

1154 Ausführlich *Bühler*, § 10 III 4 Rn 2.304–2.311. m.w.N.
1155 *Bühler*, § 10 III 5 Rn 2.312–2.320. m.w.N. sowie § 35 V 5 Rn 2.2363 f. m.w.N.
1156 BGH NJW 1985, 2693; BGHZ 147, 279 = NJW 2001, 2331; OLG Frankfurt/M. NJW-RR 1988, 177; OLG Koblenz NJOZ 2002, 837.
1157 BGHZ 162, 253 = NJW 2005, 1273.
1158 OLG Frankfurt/M. GRUR 1989, 71.
1159 Vgl. hierzu *Bühler*, § 22 II 2 b Rn 1.026, § 35 I 2 Rn 2.325, § 35 III 2 Rn 2.2336–2.2341. und § 35 VII 1 a Rn 2.2369–2.2371. m.w.N.
1160 Ausführlich hierzu *Bühler*, § 10 III 7 Rn 2.322–2.346. m.w.N.
1161 BGHZ 147, 279 = NJW 2001, 2331; BGHZ 143, 103 = NJW 2000, 1110, zu einem Tankstellenbelieferungsabkommen und Art. 12 Abs. 1c EG-VO Nr. 1984/83.
1162 Palandt/*Grüneberg*, § 307 Rn 78.
1163 OLG Frankfurt/M., Urt. v. 30.11.2000 – 16 U 230/99, BGH – VIII ZR 5/01, Revisionsrücknahme.
1164 OLG Düsseldorf, Urt. v. 27.10.2004 – VI-U (Kart) 41/03.
1165 BGHZ 143, 103 = NJW 2000, 1110; BGHZ 147, 279 = NJW 2001, 2331; BGH NJW-RR 2012, 626.
1166 BGH NJW 1985, 2693; BGH NJW 1993, 532; BGHZ 147, 279 = NJW 2001, 2331.
1167 BGH, Urt. v. 25.4.2001 – VIII ZR 135/00, BGHZ 147, 279 = NJW 2001, 2331.
1168 BGH NJW 1985, 2693; BGH NJW 1993, 532.
1169 BGHZ 143, 103 = NJW 2000, 1110; BGH NJW 2003, 886; BGH NJW-RR 2007, 818.
1170 OLG Frankfurt/M., Urt. v. 30.11.2000 – 16 U 230/99, BGH, VIII ZR 5/01, Revisionsrücknahme nach Nichtannahmebeschluss, der ausnahmsweise begründet worden ist.
1171 OLG Frankfurt/M., Urt. v. 30.11.2000 – 16 U 230/99, BGH, VIII ZR 5/01, Revisionsrücknahme; OLG Düsseldorf BeckRS 2005, 06685.
1172 BGHZ 147, 279 = NJW 2001, 2331.

b) Beurteilungskriterien. Zunächst ist der Umstand von Bedeutung, dass die Finanzierung des Gastwirts häufig dem Aufbau und der Fortführung der Gastwirtschaft dient. Es liegt dabei in der Natur der Sache und entspricht den legitimen Interessen der Getränkelieferanten an der Möglichkeit eines wirksamen Durchgreifens bei Leistungsstörungen, – insbesondere in Zeiten einer stärkeren **Fluktuation** im Gaststättengewerbe –, dass der Anfänger, dessen Leistungsfähigkeit und Vertragstreue dem Getränkelieferant noch nicht bekannt sind, u.U. mehr an Bindungen hinnehmen muss als ein bereits etablierter Gastwirt. Dann sind im Regelfall engere Bindungen des Gastwirts an den Getränkelieferanten gerechtfertigt. Es entspricht nicht nur praktischer Erfahrung, sondern auch richterlicher Einschätzung, dass eine große Mehrzahl der Gastwirtsdarlehen von Personen nachgefragt wird, denen es an der **Kreditwürdigkeit** fehlt.[1173] Die Dauer der zulässigen Bezugsbindung hängt wesentlich von dem sachlichen **Umfang der Bindung** ab.[1174]

600

Die Vereinbarung einer Mindestabnahmeverpflichtung stößt grundsätzlich auf keine Bedenken.[1175] Im Rahmen der Prüfung einer Laufzeitklausel stellt die vereinbarte **Mindestabnahmepflicht** von 4 000 hl und die Festsetzung der **Abnahmepreise** durch die Brauerei keine unzumutbare Benachteiligung des Gastwirts dar. Dies jedenfalls dann, wenn der Gastwirt zuvor bereits eine andere Gaststätte betrieben hatte, auf die im Vertrag ausdrücklich Bezug genommen worden war. Deshalb konnte davon ausgegangen werden, dass er die Absatzmöglichkeiten für die Gaststätte beurteilen konnte und sich nur auf einen erzielbaren Absatz eingelassen hatte.[1176]

601

Bei der Interessenabwägung ist auf Seiten des Getränkelieferanten insbesondere das Maß der **Investitionen** zu betrachten. Von besonderer, allerdings nicht allein maßgeblicher Bedeutung sind die finanziellen oder auch sonstigen geldwerten Leistungen, die der Ausschließlichkeitsbindung gegenüberstehen.[1177] Maßgeblich ist, welche Leistungen **vertraglich vereinbart** sind.[1178] Je größer die vertraglich vereinbarten Leistungen des Getränkelieferanten sind, desto einschneidender können im Einzelfall die Bindungen sein, die der Gastwirt im Interesse einer sachgerechten Risikobegrenzung auf Seiten des Getränkelieferanten hinnehmen muss.[1179] Die Dauer der zulässigen Bezugsbindung hängt wesentlich von der **Art** der zu erbringenden Leistungen ab.[1180]

602

c) Bewertung. Je größer die vertraglich vereinbarten Leistungen des Getränkelieferanten sind, desto einschneidender können im Einzelfall die Bindungen sein, die der Gastwirt im Interesse einer sachgerechten Risikobegrenzung auf Seiten des Getränkelieferanten hinnehmen muss.[1181] Positiv ist zu berücksichtigen, wenn der Getränkelieferant – wie in der Regel – mit seinen Leistungen in **Vorleistung** tritt und die Leistung des Bindenden während der Laufzeit des Getränkelieferungsvertrags amortisiert werden soll.[1182] Die höchstzulässige Dauer der Vertragslaufzeit ist demzufolge davon abhängig, welcher **Kapitalaufwand** dem die Vertragslaufzeit vorgebenden Vertragsteil für die Erfüllung dieses Vertrags entsteht. Hohe Entwicklungs- oder Vorhaltekosten, die sich nur bei längerer Vertragsdauer **amortisieren**, rechtfertigen daher regelmäßig eine längerfristige Bindung des anderen Teils an den Vertrag.[1183]

603

Da die Bindungen des Gastwirts um so weiter gehen dürfen, je weiter die Leistungen des Getränkelieferanten reichen, ist bei der Zurverfügungstellung eines Darlehens von Bedeutung, zu welchem **Zinssatz** dieses gewährt wird.[1184] Liegt dieser beispielsweise deutlich unterhalb des allgemeinen (Zins-)Marktniveaus, so ist dieser **Zinsvorteil** bei der Wertung von Leistung und Leistung zu berücksichtigen.[1185] Liegt der vereinbarte Zinssatz unter dem – damals – marktüblichen Zins, so ist er selbst dann als solcher unbedenklich, wenn eine Verzinsung von jährlich 8 % ausbedungen war.[1186]

604

Steht der Bezugspflicht als Gegenleistung eine **Vergütungsvorauszahlung** von 80.000,00 DM netto gegenüber, was einem längerfristigen unverzinslichen Darlehen entspricht, und kommen ein unstreitig „denkbar **niedriger Pachtzins**", eine **Festschreibung** desselben auf zehn Jahre und ein dem Gastwirt **günstiger Pachtzinsanpassungsmechanismus** – Erhöhung der Festpacht erst dann, wenn der Lebenshaltungskostenindex gegenüber dem Stand von Februar 2001 um mehr als 10 % gestiegen ist – hinzu, so kann das Unwirksamkeitsverdikt des § 307 Abs. 1 S. 1 BGB nicht angenommen werden.[1187] Zur **Absicherung** kann nach oben verwiesen werden (siehe oben Rn 592).

605

6. Zehnjahresgrenze und § 307 Abs. 1 S. 1 BGB. Eine AGB-Laufzeit in einem Getränkelieferungsvertrag über zehn Jahre[1188] benachteiligt den Gastwirt, der den Vertrag als Unternehmer i.S.d. §§ 310 Abs. 1, 14 Abs. 1 BGB abgeschlossen hatte, jedenfalls im Regelfall nicht unangemessen. Da dem Gastwirt im Zusammenhang mit einem derarti-

606

1173 BGHZ 147, 279 = NJW 2001, 2331.
1174 BGHZ 147, 279 = NJW 2001, 2331; OLG Karlsruhe MDR 2002, 445.
1175 BGHZ 147, 279 = NJW 2001, 2331; BGH NJW 2003, 886; OLG Düsseldorf BeckRS 2012, 05469.
1176 BGHZ 147, 279 = NJW 2001, 2331.
1177 BGHZ 147, 279 = NJW 2001, 2331.
1178 BGHZ 147, 279 = NJW 2001, 2331.
1179 BGHZ 147, 279 = NJW 2001, 2331; OLG Frankfurt/M., Urt. v. 30.11.2000 – 16 U 230/99; BGH, VIII ZR 5/01, Revisionsrücknahme; LG Heidelberg NJW-RR 2007, 1552.
1180 BGHZ 147, 279 = NJW 2001, 2331.
1181 BGHZ 143, 103 = NJW 2000, 1110; BGHZ 147, 279 = NJW 2001, 2331; BGH NJW 2003, 1313; BGH NJW 2003, 886; BGH NJW-RR 2006, 615; BGH NJW-RR 2012, 249 (Wärmelieferungsvertrag); OLG Frankfurt/M., Urt. v. 30.11.2000 – 16 U 230/99, BGH, VIII ZR 5/01, Revisionsrücknahme; OLG Oldenburg, Urt. v. 14.11.2012 – 5 U 56/11; LG Heidelberg NJW-RR 2007, 1552.
1182 BGHZ 147, 279 = NJW 2001, 2331.
1183 BGHZ 147, 279 = NJW 2001, 2331.
1184 OLG Oldenburg, Urt. v. 14.11.2012 – 5 U 56/11.
1185 OLG Düsseldorf, Urt. v. 8.11.1999 – 1 U 42/99.
1186 BGHZ 147, 279 = NJW 2001, 2331.
1187 OLG Nürnberg, Urt. v. 29.6.2001 – 6 U 1762/00.
1188 Eingehend *Bühler*, § 10 III 11 Rn 2.370–2.373. m.w.N.

gen Getränkelieferungsvertrag regelmäßig ein Darlehen zur Verfügung gestellt wird, das dem Aufbau und der Fortführung der Gastwirtschaft dient und das durch den kontinuierlichen Getränkebezug **amortisiert** wird, ist eine solche Bindung unter Berücksichtigung der im Unternehmerverkehr geltenden Gewohnheiten und Gebräuche (§ 310 Abs. 1 S. 2 Hs. 2 BGB) sowie der beiderseitigen Interessen und Bedürfnisse der Parteien hinzunehmen.[1189]

607 **7. Laufzeiten von mehr als zehn Jahren und § 307 Abs. 1 S. 1 BGB.** Auch insofern könnte der vom BGH nicht nur in der Grundsatzentscheidung zum Getränkelieferungsvertrag[1190] angesprochene **Amortisationsgedanke** fruchtbar gemacht werden und einer Unwirksamkeitsfeststellung entgegenstehen.[1191]

608 **8. Rückführung übermäßig langer AGB-Laufzeiten.** Eine gegen § 309 Nr. 9a BGB verstoßende Laufzeitregelung ist insgesamt nichtig und nicht nur insoweit unwirksam, als die Kündigung für mehr als zwei Jahre ausgeschlossen wird.[1192]

Eine übermäßig lange und gemäß § 307 Abs. 1 S. 1 BGB unwirksame Laufzeitklausel kann im Rahmen von § 306 Abs. 2 BGB **nicht** im Wege **ergänzender Vertragsauslegung** in eine wirksame – kürzere – umgewandelt werden. Eine teilweise Aufrechterhaltung einer unwirksamen Laufzeitklausel würde dem Ziel des AGB-Rechts zuwiderlaufen, auf einen angemessenen Inhalt der in der Praxis verwendeten oder empfohlenen AGB hinzuwirken und dem Kunden die Möglichkeit sachgerechter Informationen über die ihm aus dem vorformulierten Vertrag erwachsenen Rechte und Pflichten zu verschaffen. Sie liefe auf eine geltungserhaltende Reduktion hinaus. Eine nach § 307 Abs. 1 S. 1 BGB zu beanstandende Laufzeitklausel ist daher regelmäßig unwirksam und entfällt ersatzlos. Eine zu lange AGB-Vertragsdauer kann nicht gekürzt werden.[1193]

609 **9. Nachtrag.** Wird eine (zulässige) Getränkebezugsverpflichtung durch einen Nachtrag um weitere fünf Jahre und damit auf insgesamt 15 Jahre verlängert, so bestehen dann im Hinblick auf § 307 Abs. 1 S. 1 BGB Wirksamkeitsbedenken, wenn es sich um eine klauselartig formulierte Laufzeit handelt.[1194]

610 **10. Vertragliche Neugestaltung.** Wird im Rahmen einer vertraglichen Neugestaltung die ursprüngliche Bezugsdauer in der Weise faktisch vertraglich verlängert, dass sie nunmehr zwar ab der erstmaligen Begründung der Bezugspflicht, nicht aber ab dem Zeitpunkt der Vertragsänderung zehn Jahre überschreitet, so hat der Gastwirt jedenfalls die Möglichkeit gehabt, im Hinblick auf einen noch als angemessen anzusehenden Zeitraum eine erneute Entscheidung über seine Bindung zu treffen. Dann bestehen AGB-rechtlich keine Bedenken gegen die insgesamt den Zeitraum von zehn Jahren überschreitende Bezugsverpflichtung.[1195]

611 **11. Verlängerungsoption.** Entscheidend ist, ob eine über die Erstlaufzeit hinausgehende Bindung durch die Optionsklausel den Gebundenen unangemessen benachteiligt. Die mögliche Unangemessenheit der Verlängerungsoption besteht darin, dass Erst- und Verlängerungslaufzeit sich in ihrer Wirkung summieren. Wenn auch der BGH diese Frage letztlich im Streitfall unbeantwortet lässt, so stellt er eine unangemessene Benachteiligung im Hinblick darauf fest, dass der Bindende sich nicht zu Investitionen in nennenswertem Umfang verpflichtet hat. Das höchstzulässige Maß an Bezugsbindungen hängt nämlich davon ab, wie erheblich die Leistungen sind, die der bindende Teil nach dem Vertrag zu erbringen hat. Bei Dauerschuldverhältnissen, die nicht auf Warenabsatz gerichtet sind, ist die höchstzulässige Dauer der Vertragslaufzeit davon abhängig, welcher Kapitalaufwand dem die Laufzeit vorgebenden Vertragsteil für die Erfüllung des Vertrags entsteht (**Amortisationsgesichtspunkt**).[1196]

612 **12. Verlängerung bei nicht rechtzeitiger Kündigung.** Eine derartige Verlängerungsklausel[1197] verstößt nicht gegen § 308 Nr. 5 BGB. Sie enthält nämlich keine fingierte Erklärung des Kunden. Vielmehr beruht die Vertragsverlängerung bei nicht rechtzeitiger Kündigung auf der bereits bei Abschluss des Vertrags für diesen Fall getroffenen Vereinbarung.[1198]

1189 BGHZ 147, 279 = NJW 2001, 2331; ebenso die vorher bzw. später ergangene obergerichtliche Rechtsprechung, u.a. OLG Frankfurt/M., Urt. v. 30.11.2000 – 16 U 230/99; BGH – VIII ZR 5/01, Revisionsrücknahme; OLG Karlsruhe MDR 2002, 445; OLG Koblenz NJOZ 2002, 837; OLG Hamm, Urt. v. 28.4.2003 – 5 U 6/03; OLG Düsseldorf, Urt. v. 28.5.2004 – 15 U 193/03 sowie 15 W 103/03 (Bierverlagsvertrag); OLG Zweibrücken, Urt. v. 6.7.2009 – 7 U 180/08; OLG Düsseldorf BeckRS 2012, 05469; OLG Köln BeckRS 2012, 15923; OLG Oldenburg, Urt. v. 14.11.2012 – 5 U 56/11.
1190 BGHZ 147, 279 = NJW 2001, 2331; vgl. *Bühler*, § 10 III 12 Rn 2.374–2.380. m.w.N.
1191 OLG Karlsruhe MDR 2002, 445; OLG Koblenz NJOZ 2002, 837.

1192 BGH NJW 1982, 2309; BGHZ 120, 108 = NJW 1993, 326.
1193 BGHZ 143, 103 = NJW 2000, 1110; NJW-RR 2002, 1136; NJW-RR 2008, 818; a.A. noch für Getränkelieferungsverträge OLG Frankfurt/M., Urt. v. 30.11.2000 – 16 U 230/99; BGH – VIII ZR 5/01, Revisionsrücknahme; OLG Koblenz NJOZ 2002, 837 (§ 139 BGB analog).
1194 OLG Frankfurt/M., Urt. v. 30.11.2000 – 16 U 230/99; BGH, VIII ZR 5/01, Revisionsrücknahme; vgl. auch BGHZ 143, 103 = NJW 2000, 1110.
1195 AG Ludwigslust BeckRS 2009, 11036.
1196 BGHZ 143, 103 = NJW 2000, 1110.
1197 Vgl. hierzu ausführlich *Bühler*, § 11 I 4 Rn 2.394–2.401. m.w.N.
1198 BGH NJW 1997, 739; NJW 2010, 2942.

§ 309 Nr. 9 BGB ist selbst auf den Existenzgründer nicht unmittelbar anwendbar (§ 310 Abs. 1 S. 2 BGB). Anders dagegen bei Verbrauchern (§ 13 BGB), wie etwa Hauseigentümern, GmbH-Geschäftsführern oder GmbH-Gesellschaftern, (Ehe-)Partnern oder Familienangehörigen, die für eine Getränkebezugsverpflichtung mit entsprechender Verlängerungsklausel eine Mithaftungserklärung etwa im Rahmen eines Schuldbeitritts abgeben.[1199] **613**

Bei der in § 309 Nr. 9a BGB angeordneten Höchstlaufzeit von zwei Jahren und der Obergrenze von einem Jahr für Verlängerungen nach § 309 Nr. 9b BGB handelt es sich um eine gesetzgeberische Wertung, die auch in die Interessenabwägung im Rahmen des § 307 Abs. 1 S. 1 BGB einzubeziehen ist.[1200] Allerdings entspricht es allgemeiner Meinung, dass dieser Tatbestand nur in sehr engen Grenzen im Rahmen der Abwägung der beiderseitigen Interessen zu berücksichtigen ist. Dies schließt zwar nicht aus, dass eine Klausel, die nach ihrem Regelungsgehalt in den Anwendungsbereich des speziellen Klauselverbots fällt, dennoch aus besonderen, von der Verbotsnorm nicht erfassten Gründen nach der Generalklausel des § 307 Abs. 1 S. 1 BGB unwirksam sein kann. Dabei darf aber die gesetzgeberische Regelungsabsicht nicht „auf den Kopf gestellt werden". Die Einschränkung seiner Dispositionsfreiheit, die der Kunde aufgrund der Verlängerungsklausel hinnehmen muss, ist daher für sich allein kein hinreichender Grund, die Klausel nach der Generalklausel des § 307 Abs. 1 S. 1 BGB als unwirksam anzusehen.[1201] Dies führt zu der Feststellung, dass – Einheitlichkeit des (verlängerten) Vertrags vorausgesetzt – die formularmäßig zulässigen Höchstfristen nicht im Rahmen einer Verlängerungsklausel überschritten werden dürfen. Die Zehnjahresgrenze für AGB-Laufzeiten ist also insofern als Kappungsgrenze zu betrachten.[1202] **614**

13. Erweiterung der Absatzstätte. Eine Vertragsverlängerungsklausel für den Fall, dass die (Telekommunikations-)Anlage während der Vertragslaufzeit erweitert wird, genüge dem Transparenzgebot des § 307 Abs. 1 S. 2 BGB jedenfalls dann nicht, wenn keine Begrenzung nach dem Aufwandsvolumen der Erweiterung oder eine maximale Vertragslaufzeit vorgegeben sind.[1203] **615**

14. Lieferunmöglichkeit. Vertragsklauseln des Inhalts, dass sich die Laufzeit des Getränkelieferungsvertrages bei vorübergehendem Liefervermögen des Getränkelieferanten verlängert, sind nach § 307 Abs. 1 S. 1 BGB unangemessen und nichtig. Zwar kann vorgesehen werden, dass der Getränkelieferant bei vorübergehender Unmöglichkeit Erzeugnisse anderer Firmen liefern kann. Eine Verlängerung der Laufzeit darf damit aber nicht verbunden sein.[1204] **616**

15. Nichterreichen der vereinbarten Mengen. Im Zusammenhang mit dem Nichterreichen der vereinbarten Mengen können sich im Hinblick auf die unterschiedlichen Vertragskonstellationen, etwa Mengenvertrag oder vereinbarte periodische Mindestbezugsmenge, unterschiedliche Ansätze ergeben.[1205] Die nachfolgenden Hinweise sind daher nur exemplarisch zu verstehen. **617**

Wird die Gesamtabnahmemenge vor Ablauf der vereinbarten Laufzeit erreicht, so endet die Bezugsverpflichtung.[1206] Anders dürfte zu entscheiden sein, wenn die vertraglichen Regelungen ein Weiterlaufen der Bezugsverpflichtung bis zum definierten Vertragsende vorsehen. **618**

Soweit Getränkelieferungsverträge bestimmte Laufzeiten (**Zeitvertrag**) und gleichzeitig eine Verlängerung bis zur Abnahme einer bestimmten (Gesamt-) Abnahmemenge enthalten, bestehen bei AGB-Laufzeiten jedenfalls in den nach § 307 BGB geltenden Grenzen keine Bedenken hinsichtlich der Wirksamkeit der Ausschließlichkeitsabrede.[1207] Durch Koppelung der unkündbaren Bezugszeit mit einer Mindestabnahmemenge kann die Brauerei die zeitliche Begrenzung einer noch zulässigen Bezugsbindung nicht umgehen. So liegt es, wenn die festgelegte Mindestabnahmemenge innerhalb der die Grenzen der nach § 307 Abs. 1 S. 1 BGB ausschöpfenden Vertragslaufzeit von dem Gastwirt realistischerweise gar nicht abgenommen und abgesetzt werden kann.[1208] **619**

Wird dem Abnehmer ein **Kündigungsrecht** nach Ablauf der Höchstlaufzeit nur eingeräumt, falls eine bestimmte Gesamtmenge abgenommen ist, so dürfte auch dies gegen § 307 Abs. 1 S. 1 BGB verstoßen.[1209] **620**

16. Nachlieferungsrecht. Vertragsklauseln, nach denen sich die Getränkebezugsverpflichtung bei vorübergehender längerer Schließung der Absatzstätte um diesen Zeitraum verlängern soll, bedürfen einer differenzierten Betrachtung. Unbedenklich dürften sie dann sein, wenn der Verlängerungsgrund allein im Risikobereich des Gastwirts liegt und auch von ihm zu vertreten ist. Anderenfalls dürften die Kappungsgrenzen für AGB-Laufzeiten nach § 307 Abs. 1 **621**

1199 Bühler, § 10 III 5 b bb Rn 2.315. m.w.N.
1200 BGH NJW 1997, 739; BGHZ 153, 148 = NJW 2003, 1313; NJW 2010, 2942.
1201 BGH NJW 1997, 739.
1202 BGH NJW-RR 2008, 818.
1203 OLG Düsseldorf NJW-RR 2003, 1496.
1204 BGH NJW 1985, 2693; OLG Frankfurt/M., Urt. v. 30.11.2000 – 16 U 230/99, BGH, VIII ZR 5/01, Revisionsrücknahme.
1205 Ausführlich hierzu Bühler, § 11 II Rn 2.408–2.414. m.w.N.
1206 OLG Hamm, Urt. v. 8.6.1998 – 31 U 4/98, rechtskräftig durch Nichtannahmebeschl. d. BGH v. 15.9.1999 – VIII ZR 333/98: zehn Jahre, mindestens jedoch so lange, bis 3.700 hl bezogen worden waren; OLG Karlsruhe, Urt. v. 4.3.1999 – 12 U 259/98, rechtskräftig durch Nichtannahmebeschl. d. BGH v. 7.10.1999 – VIII ZR 125/99.
1207 Bühler, § 11 II 3 c Rn 2.412. m.w.N.
1208 BGH ZIP 1984, 335 = WM 1984, 88, zu § 138 BGB; NJW 1992, 2145; OLG Düsseldorf, Urt. v. 8.11.1999 – 1 U 42/99.
1209 BGH ZIP 1984, 335, zu § 138 BGB.

S. 1 BGB von in der Regel zehn Jahren greifen. Im Übrigen könnten entsprechende Regelungen unter dem Damoklesschwert unbefristeter Laufzeiten angreifbar sein.

III. Koppelung mit Finanzierung oder Inventargestellung

622 **1. Darlehensvorvertrag.** Hat sich in einem als Darlehensvorvertrag[1210] bezeichneten Vertrag der Getränkelieferant zu einer Darlehensgewährung bereit gefunden, so kann eine in diesem Vertrag enthaltene Klausel, nach der der Gastwirt unabhängig von der Inanspruchnahme dieses Darlehens eine Bezugsbindung eingeht, deswegen überraschend (§ 305c Abs. 1 BGB) sein, weil er zwar mit einer Gegenleistung für die Inanspruchnahme des Darlehens rechnen, nicht aber davon ausgehen muss, dass ihn die Bezugsbindung auch ohne Inanspruchnahme des Darlehens endgültig trifft. Im Übrigen war die Klausel auch deshalb überraschend, weil die Überschrift des Vertrags „Darlehensvorvertrag" nicht erkennen ließ, dass die Verpflichtung zum Getränkebezug wesentlicher Vertragsinhalt war.[1211]

623 **2. Nichterfüllung der Voraussetzungen der Darlehensgewährung aus vom Gastwirt nicht zu vertretenden Gründen.** Soll in einem Formularvertrag, nach dem der lang andauernden Verpflichtung zum Warenbezug als Gegenleistung die Gewährung eines – unter Umständen – zinslosen Darlehens gegenübersteht, die Bezugspflicht auch dann bestehen bleiben, wenn der Bezugsverpflichtete die Voraussetzungen für die Darlehensgewährung aus von ihm nicht zu vertretenden Gründen nicht zu erfüllen vermag,[1212] so verstößt eine derartige Regelung gegen das Äquivalenzprinzip (§ 307 Abs. 1 S. 1 BGB).[1213]

624 **3. Laufzeitdivergenzen.** Fraglich erscheint, ob und in welchem Umfang der Getränkelieferant von vornherein eine zeitliche Bindung festlegen kann, die bei normalerweise zu erwartendem Umsatz die Rückzahlung des Darlehens voraussichtlich übersteigen wird.[1214] Vorrangig kommt es auf die Äquivalenz von Leistung und Gegenleistung an.[1215] Geht eine Getränkebezugsverpflichtung über die vertraglich vereinbarte Darlehenslaufzeit hinaus, so bestehen jedenfalls dann wohl keine Bedenken hinsichtlich der Wirksamkeit der Bezugsverpflichtung, wenn diese zwei dreiviertel Jahre über den die Darlehenstilgung vertragsmäßig vorgesehenen Zeitraum hinausreicht,[1216] die Bezugsverpflichtung eine Dauer von zehn Jahren hat, während sich die Verpflichtung zur monatlichen Ratenzahlung lediglich über sieben Jahre hinzieht. Jedenfalls unzulässig dürfte es sein, wenn die Vertragsdauer die vorgesehene Tilgungszeit um mehr als das Doppelte überschreitet.[1217]

IV. Lieferweg

625 **1. Anfängliche Benennung.** Nur äußerst ausnahmsweise dürfte insofern der sachliche Anwendungsbereich des AGB-Rechts (§ 305 Abs. 1 BGB) eröffnet sein.[1218]

626 **2. Änderungsvorbehalt.** Eine überraschende Klausel wird bereits nach **§ 305c Abs. 1 BGB** nicht Vertragsbestandteil.[1219] Das Verbot von Änderungsvorbehalten[1220] nach **§ 308 Nr. 4 BGB** gilt nach §§ 310 Abs. 1, 307 Abs. 2 Nr. 1 BGB auch im **Unternehmerverkehr.**[1221] Das Transparenzgebot des **§ 307 Abs. 1 S. 2 BGB** ist zu beachten, wonach Leistungsbestimmungsrechte Anlass, Grundsatz und Grenzen der Ausübung festzulegen haben.[1222]

627 Einräumung und Ausgestaltung eines einseitigen Leistungsbestimmungsrechts unterliegen der Inhaltskontrolle nach **§§ 310 Abs. 1 S. 2, 307 Abs. 1 S. 1 BGB.**[1223] Die Einräumung eines Bestimmungsrechts stellt nämlich eine Abweichung von der gesetzlichen Regelung dar, dass Rechte und Pflichten einschließlich von Leistung und Gegenleistung nach § 311 Abs. 1 BGB grundsätzlich durch vertragliche Vereinbarungen festgelegt werden.

Im Rahmen der Angemessenheitsprüfung bedarf es allerdings einer besonders sorgfältigen Abwägung im Einzelfall, ob der Vorbehalt der Lieferantenänderung nicht hingenommen werden muss.

V. Preise

628 **1. Grundsatz.** Preis- und (Rück-)Vergütungsvereinbarungen sind gemäß § 307 Abs. 3 BGB dem kontrollfreien Bereich zuzuordnen.[1224] Sie unterliegen nicht der Angemessenheitskontrolle, sondern nur dem Transparenzgebot

---

1210 Eingehend zum Darlehensvorvertrag *Bühler*, § 39 IV 4 Rn 3.49 f. m.w.N.
1211 BGH NJW 1978, 1519; LG Heidelberg NJW-RR 2007, 1551.
1212 Vgl. hierzu *Bühler*, § 39 IV 5 Rn 3.51 f. m.w.N.
1213 BGH DB 1997, 90, 91 = WM 1997, 131; KG NJW-RR 1989; OLG Düsseldorf, Urt. v. 28.5.2004 – 15 U 193/03 sowie 15 W 103/03, für einen Vertrag zwischen Brauerei und Getränkefachgroßhändler; LG Heidelberg NJW-RR 2007, 1551; ebenso zum Tankstellenrecht BGH NJW-RR 1997, 304.
1214 Ausführlich hierzu *Bühler*, § 11 VII Rn 2.450–2.453. m.w.N.
1215 BGHZ 74, 293 = NJW 1979, 2150; OLG Hamm, Urt. v. 8.6.1998 – 31 U 4/98, rechtskräftig durch Nichtannahmebeschl. d. BGH v. 15.9.1999 – VIII ZR 333/98; OLG Hamm, Urt. v. 7.6.2002 – 29 U 88/01.
1216 OLG Düsseldorf, Urt. v. 8.11.1999 – 1 U 42/99.
1217 LG Konstanz NJW-RR 2005, 991, für einen Automatenaufstellvertrag.
1218 Siehe *Bühler*, § 12 II Rn 2.453. m.w.N.
1219 OLG Düsseldorf NJW-RR 2000, 1681.
1220 Ausführlich *Bühler*, § 12 III 3 Rn 2.460–2.468. m.w.N.
1221 BGH BeckRS 2009, 21148 = ZIP 2009, 1558.
1222 BGH NJW 2000, 651.
1223 BGHZ 81, 229 = NJW 1981, 2351; NJW 1983, 1854.
1224 BGH NJW 2010, 150; BGHZ 185, 96 = NJW 2010, 2789.

(§§ 307 Abs. 3 S. 2, Abs. 1 S. 2 BGB).[1225] Preisnebenabreden sind demgegenüber einer Inhaltskontrolle zugänglich, wie § 309 Nr. 1 BGB zeigt.

2. Preisänderungsklauseln. a) Prüfungsumfang. Preisänderungsklauseln unterliegen gemäß § 307 Abs. 3 S. 2 BGB der Inhaltskontrolle nach § 307 Abs. 1 S. 1 und 2 BGB, soweit sie nicht § 309 Nr. 1 BGB unterfallen.[1226]

b) Inhaltskontrolle. Im Zusammenhang mit Getränkelieferungsverträgen erfolgt eine Inhaltskontrolle[1227] von Preisänderungsklauseln über §§ 310 Abs. 1, 14 Abs. 1 BGB im Rahmen des § 307 Abs. 1 S. 1 BGB. Für diese Fälle hat der BGH formularmäßige Preisänderungsklauseln selbst dann passieren lassen, wenn in ihnen die Preiserhöhungsfaktoren nicht angegeben sind und dem Kunden ein Lösungsrecht für den Fall erheblicher Preissteigerungen nicht zugestanden war. Er stellte dabei das eine Mal auf die Gebräuche des Unternehmerverkehrs und die Besonderheiten des – dort geschlossenen – Werkvertrags,[1228] das andere Mal auf die Langfristigkeit des Bezugsvertrags, die gleich gelagerten und damit einer Festsetzung nicht wettbewerbsgerechter Preise entgegenwirkenden Interessen der Vertragsparteien, weiterhin die erheblichen Vorleistungen des Lieferanten – eines Mineralölunternehmens – und die Besonderheiten bei der Verwendung der Klausel im Unternehmerverkehr (Möglichkeit des sog. **seitengleichen Regresses**) ab.[1229] Eine in AGB enthaltene Preiserhöhungsklausel bei längerfristigen Verträgen mit einem Unternehmer ist daher nicht unwirksam nach § 307 BGB. Gerade die Fallgestaltungen der letztgenannten Entscheidungen lassen gewisse Ähnlichkeiten mit den bei Abschluss von Getränkelieferungsverträgen oft gegebenen Sachverhalten erkennen, wenn auch die zahlreichen stark fallbezogenen Gesichtspunkte vorschnelle Verallgemeinerungen nicht zulassen und die Entwicklung der höchstrichterlichen Rechtsprechung zu Preisanpassungsklauseln im Geschäftsverkehr zwischen Unternehmern kaum als abgeschlossen bezeichnet werden kann. So ist der BGH in seiner bisher letzten Entscheidung zu diesem Problemkreis in einem Fall, in dem die vorgenannten Besonderheiten der Vertragsgestaltung fehlten, auch für den unternehmerischen Geschäftsverkehr dabei geblieben, dass formularmäßige einseitige Leistungsänderungsrechte grundsätzlich nur wirksam sind, wenn die Klausel schwerwiegende Änderungsgründe nennt, also etwa die Preisänderungsfaktoren konkretisiert, und in ihren Voraussetzungen und Folgen erkennbar die Interessen des Vertragspartners angemessen berücksichtigt. Die Zulässigkeit einseitiger Preisänderungsrechte wird auch künftig nicht ohne Berücksichtigung des konkreten Vertrags, der typischen Interessen der Vertragschließenden und der die jeweilige Klausel begleitenden Regelung beurteilt werden können.[1230]

Ist eine Preisanpassungsklausel unwirksam, so ist damit zugleich ein darin enthaltenes einseitiges Leistungsbestimmungsrecht des Klauselverwenders entsprechend § 315 BGB ersatzlos entfallen.[1231]

VI. Übertragungsrecht für den Getränkelieferanten

Zunächst ist zu prüfen, ob das Recht des Getränkelieferanten zur Übertragung seiner Rechte auf einen Dritten in den sachlichen Anwendungsbereich des § 305 Abs. 1 BGB fällt.[1232] Wenn sich auch aus der äußeren Form des Vertragstextes sowie aus dem Umstand, dass der Geschäftsführer der beklagten Getränkelieferantin den Vertragstext zu einem Notartermin mitgebracht hatte, eine Vorformulierung ergibt, so steht damit aber noch nicht fest, dass die Rechtsnachfolgeklausel i.S.d. § 305 Abs. 1 S. 1 BGB für eine Vielzahl von Verträgen vorformuliert worden war. Ob dies der Fall ist, muss nämlich im Einzelfall unter Berücksichtigung aller Umstände geprüft werden. Der Umstand, dass die Klausel auch in einem weiteren, von den Parteien abgeschlossenen, später allerdings nicht durchgeführten Vertrag enthalten war, reicht hierfür nicht aus, weil die untere Grenze für eine Vielzahl von Verwendungsfällen jedenfalls nicht unter drei beabsichtigten Verwendungen anzusetzen ist.[1233]

Eine Verbrauchereigenschaft ist allenfalls bei Eigentümerbindungen oder Mithaftungserklärungen Dritter denkbar. Allerdings gilt **§ 309 Nr. 10 BGB** auch im **Unternehmerverkehr** (§ 310 Abs. 1 S. 2 BGB).[1234] Danach ist die Klausel nur wirksam, wenn der Nachfolger namentlich benannt wird oder wenn dem anderen Teil bei Eintritt des Nachfolgers ein Recht zur sofortigen Vertragsbeendigung eingeräumt wird. Der Getränkelieferungsvertrag gehört jedenfalls nicht zu den in dem speziellen Klauselverbot genannten Vertragstypen. Dies könnte allenfalls hinsichtlich der Darlehenskomponente anders zu beurteilen sein.

Bereits ein Umkehrschluss aus § 309 Nr. 10 BGB, der solche Klauseln gerade nicht allgemein, sondern nur dann missbilligt, wenn sie Kauf-, Dienst- oder Werkverträge betreffen und gegenüber Vertragspartnern verwandt werden, die keine Unternehmer sind, zeigt, dass formularmäßige Vertragsübertragungsklauseln gegenüber einem Unternehmer nicht generell eine unangemessene Benachteiligung darstellen. Generell bedarf es im Rahmen der **Interessenabwägung** einer Prüfung der jeweiligen typischen **Umstände des Einzelfalls**. Zugunsten des AGB-Verwenders ist das In-

---

1225 BGHZ 165, 12 = NJW 2006, 996.
1226 BGH NJW 2007, 1054; BGHZ 179, 186 = NJW 2009, 578.
1227 Ausführlich zur Inhaltskontrolle *Bühler*, § 13 III 5 Rn 2.499–2.505. m.w.N.
1228 BGHZ 92, 200.
1229 BGHZ 93, 252 = NJW 1985, 853.
1230 BGHZ 124, 351 = NJW 1994, 1060.
1231 BGH BeckRS 2010, 11959; BB 2011, 997, im Zusammenhang mit Zinsänderungsklauseln.
1232 Zum Übertragungsrecht vgl. ausführlich *Bühler*, § 14 III Rn 2.520–2.536. m.w.N.
1233 BGH NJW 1998, 2286.
1234 BGH NJW 1985, 54 (Automatenaufstellvertrag); NJW 1998, 2286; NJW 2010, 3708.

teresse an einer Bestandsübertragung zu beachten, zugunsten des AGB-Gegners das Interesse, sich über die Zuverlässigkeit und Solvenz des Übernehmers Gewissheit verschaffen zu können. Die Zulässigkeit einer nicht von § 309 Nr. 10 BGB gedeckten Vertragsübertragung ist daher zu bejahen, wenn ein berechtigtes Interesse auf Seiten des Verwenders besteht und die Interessen des Partners nicht (wesentlich) beeinträchtigt werden. Das Interesse des AGB-Verwenders ist höher zu bewerten, wenn der Vertrag eine besonders lange (verbleibende) Laufzeit hat und je stärker die Bindung des AGB-Gegners, z.B. durch eine langfristige Ausschließlichkeitsbindung ist. Eine solche Beeinträchtigung liegt z.B. auch vor, wenn sich der Vertragsinhalt aufgrund des Wechsels des Verwenders ändern würde.[1235]

635 Die Rechtsprechung zur Zulässigkeit von Übertragungsklauseln bei Getränkelieferungsverträgen ist nicht frei von Widersprüchen.[1236] Im Jahre 1998 entschied der BGH, dass ein formularmäßig vereinbartes generelles unbeschränktes Übertragungsrecht die Interessen des Gastwirts entgegen den Geboten von Treu und Glauben unangemessen benachteiligt und damit unwirksam ist, weil es Fälle des Rechtsübergangs auf einen anderen Getränkelieferanten einbezieht, bei denen sich die Durchführung des Getränkelieferungsvertrags inhaltlich entscheidend zum Nachteil des Gastwirts ändern würde. Mit der Vertragsklausel „Die Rechte und Pflichten gehen auf die jeweiligen Rechtsnachfolger über und werden von ihnen übernommen." werde dem Getränkelieferanten auch die Befugnis eingeräumt, die Rechte ohne jede Einschränkung auf einen Rechtsnachfolger zu übertragen, somit auch bei Einstellung des Braubetriebs, bei Verlegung der Braustelle oder bei Änderung der Biermarke. Jede inhaltlich entscheidende Veränderung der Vertragsdurchführung sei eine unangemessene Benachteiligung des Gastwirts. Sehe der Vertrag die Lieferung der Hauptbiermarke des Verwenders (ohne diese namentlich zu nennen) vor, so wäre dieser Inhalt bei einem anderen Verwender ein anderer. Räumt das Übertragungsrecht die Befugnis ein, die Rechte aus einem Getränkelieferungsvertrag unabhängig davon zu übertragen, ob hiermit ein Wechsel der Biersorte verbunden ist, so verstoße dies gegen § 307 Abs. 1 BGB.[1237] Auch diese Entscheidung ist umfassender Kritik ausgesetzt.[1238]

VII. Nachfolge auf Seiten des Gebundenen

636 **1. Einbeziehung und Transparenz.** Um die Einbeziehungshürde der Nichtigkeit wegen einer überraschenden Klausel (§ 305c Abs. 1 BGB) und eine Nichtigkeit wegen Intransparenz (§ 307 Abs. 1 S. 2 BGB) zu vermeiden, empfiehlt es sich, die Rechts- und Geschäftsnachfolge im Getränkelieferungsvertrag ausdrücklich zu regeln. Dadurch wird dem Kunden die Verpflichtung zur Übertragung deutlich vor Augen geführt. Auch wird er im Übrigen zu einem vertragsgemäßen Verhalten angehalten.

637 **2. Auslegung.** Enthält der Getränkelieferungsvertrag verschiedene Regelungen zur Rechtsnachfolge[1239], so scheitert eine Einbeziehung nach § 305c Abs. 2 BGB nur dann, wenn die Regelungen in ihrem Kernbereich unklar sind. Lässt sich den Klauseln mit ausreichender Deutlichkeit entnehmen, dass sich der Begriff „Rechtsnachfolger" auf eine Veräußerung, Verpachtung und Überlassung des Wirtschaftsbetriebs oder auf eine Rechtsnachfolge aus sonstigen Gründen bezieht, so bestehen keine Bedenken.[1240]

638 Zur Frage, ob eine Vereinbarung dahin zu verstehen ist, der Gastwirt habe die Verpflichtung übernommen, den ausschließlichen Bezug der Getränke über den Getränkelieferanten auch im Falle der **Veräußerung** des Gastronomieobjektes zu gewährleisten, hat das OLG Düsseldorf wie folgt Stellung genommen: Zunächst ist im Wege der Auslegung zu ermitteln, ob der Gastwirt verpflichtet ist, sicherzustellen, dass der Nachfolger auch den Getränkelieferungsvertrag übernimmt. Geht der Gastwirt gegenüber einem Getränkelieferanten die Verpflichtung ein, ausschließlich Getränke über den fraglichen Getränkelieferanten zu beziehen und auszuschenken bzw. ausschenken zu lassen, so erledigt sich diese Verpflichtung, wenn der Gastwirt die Absatzstätte veräußert. Der nicht selten verwendete Begriff „eintreten" ist unscharf und nach der Unklarheitenregel des § 305c Abs. 2 BGB gegen den Klauselverwender auszulegen. Der Gastwirt hat also nicht dafür zu sorgen, dass sich auch sein Nachfolger an die relevante Vereinbarung hält. Das gilt selbst dann, wenn es im Kopf der Vereinbarung heißt, die Abrede werde zwischen der Beklagten „bzw. deren Rechtsnachfolger" und der Klägerin „bzw. deren Rechtsnachfolger" getroffen. Denn angesichts der besonderen wirtschaftlichen Bedeutung einer Ausschließlichkeitsbindung kann dem Getränkelieferanten zugemutet werden, eine Verpflichtung des Gastwirts zur Erstreckung der Bindung auf seinen Nachfolger eindeutig klarzustellen.[1241]

639 **3. Grundsätzliche Zulässigkeit.** Der BGH hatte Nachfolgeklauseln zunächst als besonders drückend, wenn auch nicht schlechthin zu beanstanden bewertet,[1242] im Hinblick auf die Fluktuation im Gaststättengewerbe und die Gefahr

---

1235 BGH NJW 2010, 3708.
1236 BGH WM 1976, 508 = MDR 1976, 834; NJW 1985, 54 (Automatenaufstellvertrag); NJW 1985, 2693; NJW-RR 1990, 1076; zu Inhalt und Kritik *Bühler*, § 15 III 3 d Rn 940–944. m.w.N.
1237 BGH NJW 1998, 2286; OLG Karlsruhe, Urt. v. 6.2.1997 – 12 U 266/96.
1238 *Bühler*, § 14 III 4 b cc Rn 2.530–2.534. m.w.N.

1239 Ausführlich zur Gesamtproblematik *Bühler*, § 15 III Rn 2.550–2.578. m.w.N.
1240 OLG Celle NJW-RR 1999, 1143.
1241 OLG Düsseldorf BeckRS 2001, 30213450 = NJOZ 2003, 2554, rechtskräftig durch Nichtannahmebeschl. d. BGH v. 7.5.2003 – VIII ZR 271/01.
1242 BGH ZIP 1984, 335 = WM 1984, 88.

des Leerlaufens der Bezugsbindung bei Weiterübertragung der Gaststätte, sei es schuldrechtlich, sei es sachenrechtlich, aber für unverzichtbar gehalten.[1243] Letztlich entscheidend ist jedoch eine andere Überlegung. Durch die Nachfolgeklausel wird dem Gebundenen keine zusätzliche Belastung auferlegt. Ihre Verletzung löst auch keine weitergehenden Rechtsfolgen aus als die Nichterfüllung der eingegangenen Getränkebezugsverpflichtung. Vielmehr eröffnet sie dem Gebundenen die Möglichkeit, die Bezugsverpflichtung durch einen Dritten erfüllen zu können. Schon sehr früh hatte der der BGH nämlich erkannt, dass derartige Klauseln nur formal eine Pflicht des Gebundenen sind, ihn in Wirklichkeit jedoch begünstigen. Hat der Gastwirt nämlich das Recht, aus einem langjährigen (Miet-)Vertrag gegen die Stellung eines – hier – Ersatzmieters auszusteigen, so hat er nicht nur eine entsprechende Verpflichtung, sondern auch das Recht, dies zu tun und damit selbst aus dem (Miet-)Vertrag freizukommen.[1244] Gibt der Gastwirt die Gastwirtschaft auf, bevor der Getränkelieferungsvertrag sein Ende gefunden hat, so wird der Vertragspartner des Getränkelieferanten von seinen Bezugspflichten nach den allgemeinen Grundsätzen des schuldrechtlichen Leistungsstörungsrechts oft nicht befreit werden. In einem solchen Fall stellt die Nachfolgeklausel den Gastwirt nicht schlechter, als er ohne sie stünde. Seine Lage wird im Gegenteil jedenfalls dann verbessert, wenn der Getränkelieferant aufgrund der Klausel einen ihm präsentierten Nachfolger nicht – zumindest nicht ohne sachgerechte Gründe – ablehnen kann. Auf diese Weise erlangt der Gastwirt eine Befreiung von seinen Bezugspflichten, die er nach dem allgemeinen Schuldrecht nicht beanspruchen könnte. Für diesen Fall kann daher auch AGB-rechtlich gegen die Nachfolgeklausel ernstlich nichts eingewendet werden. In Wirklichkeit eröffnet eine Rechtsnachfolgeklausel dem Gebundenen die – sonst nicht gegebene – Möglichkeit, sich einer langfristig übernommenen Ausschließlichkeitsbindung durch eine wirksame Rechtsnachfolgegestaltung zu entledigen. Die Klausel, nach der der Gastwirt bei einer Veräußerung oder Überlassung der Gaststätte die Bezugsbindung auf einen Dritten zu übertragen hat, hält sonach grundsätzlich einer Inhaltskontrolle nach § 307 BGB stand.[1245]

4. Keine Differenzierung nach der Rechtsstellung des Gastwirts. Der BGH differenziert dabei im Rahmen der Interessenabwägung zu Recht nicht zwischen Grundstückseigentümern einerseits und Pächtern einer Gaststätte andererseits. Es gibt keinen Erfahrungssatz, dass die Verpflichtung zur Übertragung der Bezugsverpflichtung auf einen Geschäftsnachfolger für den Eigentümer besonders gravierend ist. Damit geht die aktuelle Rechtsprechung in bewusster Abweichung von früheren Entscheidungen,[1246] wonach die Belastung für den Pächter größer als für den Eigentümer sei, weil der Pächter für die Fortführung der Gaststätte nicht sorgen könne, nunmehr von einer gleichartigen Belastung für Eigentümer und Pächter aus. Auch wenn ein Geschäftsnachfolger in aller Regel an der Anpachtung eines bindungsfreien Gaststättenobjekts interessiert sei, um Finanzierungsmittel des Getränkelieferanten in Anspruch nehmen zu können, falle die Suche nach einem Pächter, der eine bestehende Bezugsbindung zu übernehmen bereit sei, dem Eigentümer des Grundstücks nicht schwerer als dem ausscheidenden Pächter.[1247]

640

5. Zulässigkeitsvoraussetzungen. Nachfolgeklauseln sind zulässig, soweit das Recht zur außerordentlichen Kündigung unberührt bleibt und die sonstige Vertragsgestaltung dem Gastwirt einen ausreichenden Freiheitsraum belässt, was vor allem auch die Möglichkeit einschließt, ohne Zustimmung des Getränkelieferanten die Verpflichtungen auf einen Rechtsnachfolger zu übertragen.[1248] Ist § 314 (insbesondere § 314 Abs. 1 S. 2) BGB materiell erfüllt, so läuft die Nachfolgeklausel faktisch ins Leere.

641

6. Kündbarkeit. Die Wirksamkeit der Nachfolgeklausel wird nicht dadurch in Frage gestellt, dass die Klausel ein solches Kündigungsrecht aus wichtigem Grund nicht ausdrücklich einräumt. Vielmehr besteht die Möglichkeit zur vorzeitigen Vertragsbeendigung auch dann, wenn eine vertragliche Regelung fehlt.[1249] Das aus § 314 BGB folgende Kündigungsrecht kann dem Gastwirt nicht in wirksamer Weise genommen werden, sofern ihm die weitere Erfüllung des Vertrages schlechterdings nicht mehr zugemutet werden kann.[1250]

642

7. Anzeigepflicht. Sieht die Rechtsnachfolgeklausel die Verpflichtung vor, eine beabsichtigte Veräußerung, Vermietung, Verpachtung oder sonstige Überlassung der Absatzstätte an andere Personen dem Getränkelieferanten schriftlich anzuzeigen, so bestehen keine Wirksamkeitsbedenken. Der Getränkelieferant hat ein berechtigtes Interesse daran, rechtzeitig über eine anstehende Rechts- oder Geschäftsnachfolge unterrichtet zu werden. Die Verpflichtung

643

1243 BGH WM 1977, 1012; NJW 1985, 2693; BGHZ 147, 279 = NJW 2001, 2331; OLG Köln NJW-RR 1995, 1516; LG Berlin NJW-RR 1990, 820.
1244 BGH NJW 1971, 505; NJW 1985, 2693; BGH, Urt. v. 22.10.1997 – VIII ZR 149/96; LG Köln, Urt. v. 3.7.2003 – 8 O. 315/02.
1245 BGH NJW-RR 2001, 987; BGHZ 147, 279 = NJW 2001, 2331.
1246 BGH WM 1973, 389; WM 1979, 920.
1247 BGH NJW 1983, 159 (Automatenaufstellvertrag); BGH ZIP 1984, 335 = WM 1984, 88.
1248 BGH WM 1973, 357 = BB 1973, 637; BGH NJW 1983, 159 (Automatenaufstellvertrag); BGH ZIP 1984, 335 = WM 1984, 88; NJW 1985, 2693; OLG Celle NJW-RR 1999, 1143.
1249 BGH ZIP 1984, 335 = WM 1984, 88; NJW 1985, 2693; BGHZ 147, 279 = NJW 2001, 2331; OLG Frankfurt/M. NJW-RR 1987, 1462; OLG Zweibrücken OLGReport 1998, 161, rechtskräftig durch Nichtannahmebeschl. d. BGH v. 15.12.1998 – VIII ZR 50/98.
1250 BGHZ 147, 279 = NJW 2001, 2331.

zur Anzeige der Nachfolge ist im Regelfall nicht als unangemessen i.S.v. § 307 Abs. 1 S. 1 BGB anzusehen.[1251] Insofern ist der Getränkelieferant nämlich berechtigt, die sich aus der Aufzwingung eines Nachfolgers ergebende Gefährdung seines Erfüllungsinteresses durch die Anordnung der fortbestehenden (Mit-)Haftung des ausscheidenden Gastwirts berechtigterweise auszugleichen.

644 **8. Nachträgliche Trennung von Finanzierung und Bindung.** Kann damit die Ausschließlichkeitsverpflichtung auf den Rechtsnachfolger wirksam übertragen werden, während die sonstigen (insbesondere Darlehens-)Verpflichtungen mangels Zustimmung des Getränkelieferanten beim Rechtsvorgänger verbleiben, so stellt sich die Frage der grundsätzlichen Trennbarkeit beider Teile des Getränkelieferungsvertrages.[1252] Der BGH bejaht diese Möglichkeit. Auch wenn die Gewährung des Darlehens und die Bezugsverpflichtung eine wirtschaftliche Einheit bilden und in der Regel in einem (gemischten) Vertrag zusammengefasst sind, so ist eine nachträgliche Trennung der zunächst zusammengefassten Vertragsteile und die Erfüllung des darlehens- und des bezugsrechtlichen Teils durch verschiedene Schuldner rechtlich zulässig. Beide Verpflichtungen können ohne Schwierigkeiten von verschiedenen Schuldnern erfüllt werden.[1253] Daran ändert auch die Tatsache nichts, dass die Bezugsverpflichtung eine Gegenleistung für die Bereitstellung und Gewährung des Darlehens darstellt und beide Leistungen eine wirtschaftliche Einheit bilden. Zwar bleibt dann weiterhin der bisherige Darlehensnehmer zur Rückzahlung verpflichtet, während der Gaststättenübernehmer nunmehr die Bezugsverpflichtung einzuhalten hat. Auch gehen die Vorstellungen der Vertragspartner mit Sicherheit dahin, dass das gewährte Darlehen, das dem Erwerb von Gaststätteneinrichtungen diente, in erster Linie aus den Erträgnissen der Gaststätte getilgt werden sollte. Andererseits dient schon allein die Übertragung der Bezugsverpflichtung den Interessen des bisherigen Gaststätteninhabers. Durch das Recht zur Übertragung seiner Bezugsverpflichtung wird ihm zumindest die – sonst nicht vorhandene – Möglichkeit eingeräumt, die Absatzstätte zu veräußern oder an Dritte zu überlassen, diese mit der Bezugspflicht zu belasten und sich bei dem Getränkelieferanten um eine völlige Entlassung aus seiner Bezugspflicht zu bemühen.[1254]

645 **9. Mithaftklauseln.** Vereinzelt finden sich Klauseln, nach denen der Gastwirt selbst dann weiter haften soll, wenn der Getränkelieferant der Nachfolge zugestimmt hat.[1255] Im Rahmen der Prüfung nach § 307 Abs. 1 S. 1 BGB bedarf es einer differenzierten Betrachtung.

646 Eine Inanspruchnahme des Gastwirts aus einer von seinem Nachfolger begründeten Verbindlichkeit ist jedoch rechtsmissbräuchlich, soweit der Getränkelieferant der Nachfolge zugestimmt oder seine **Zustimmung** in rechtsmissbräuchlicher Weise verweigert hat. Eine entsprechende Klausel wäre unwirksam.[1256]

647 Eine Klausel, die den Gastwirt selbst dann gesamtschuldnerisch neben dem Nachfolger weiter haften lassen will, wenn der Vertragspartner der Nachfolge zugestimmt hat, ist in einem Automatenaufstellvertrag für unwirksam erklärt worden.[1257] Rechtsnachfolgeklauseln mit Zustimmungsvorbehalt können auch in Getränkelieferungsverträgen formularmäßig nicht wirksam vereinbart werden, weil die tragenden Erwägungen der zitierten Entscheidung zum Automatenaufstellvertrag, auch insofern gelten. Gelingt die Verpflichtung des Nachfolgers, so darf der Verwender sich in diesem Fall nicht den ausscheidenden Wirt als Gesamtschuldner mit dem Übernehmer gemeinsam sichern.[1258]

648 **10. Bürgschaftsklauseln.** Seltener sind Nachfolgeklauseln, bei denen der bisherige Vertragspartner in unterschiedlichen Formen seine Stellung aufgibt und in die Position eines Bürgen einrückt. Eine Bürgschaftsklausel[1259] wird teilweise als überraschende Klausel i.S.d. **§ 305c Abs. 1 BGB** angesehen.[1260]

649 Ggf. ist die Unklarheitenregel des **§ 305c Abs. 2 BGB** zu prüfen.[1261] Zwar mag es Gründe geben, Bürgschaftsklauseln günstiger als Gesamtschuldnerklauseln zu beurteilen. Bei einer selbstschuldnerischen Bürgschaft unter Verzicht auf die Einrede der Vorausklage dürften aber die Unterschiede zur Gesamtschuldsituation eher zu vernachlässigen sein. Daher erscheint es angebracht, den diesseits vertretenen differenzierenden Ansatz auch insofern zugrunde zu legen.

650 **11. Rechtsfolgen bei Verstoß.** Die Unwirksamkeit einer Rechtsnachfolgeklausel berührt die Wirksamkeit des Vertrags im Übrigen nicht.[1262]

1251 BGHZ 147, 279 = NJW 2001, 2331 AG Ludwigslust BeckRS 2009, 11036.
1252 Ausführlich hierzu *Bühler*, § 16 IV 2 Rn 2.613–2.615. m.w.N.
1253 BGH NJW-RR 1993, 562; NJW-RR 2001, 987; OLG Düsseldorf, Urt. v. 28.5.2004 – 15 U 193/03 sowie 15 W 103/03.
1254 BGH NJW-RR 2001, 987.
1255 Eingehend hierzu *Bühler*, § 15 III 6 Rn 2.565–2.573. m.w.N.
1256 BGH NJW 1985, 53 (Automatenaufstellvertrag).
1257 BGH ZIP 1984, 841 = WM 1984, 663 (Automatenaufstellvertrag); vgl. auch den ausdrücklichen Hinweis in BGHZ 147, 279 = NJW 2001, 2331.
1258 OLG Schleswig MDR 2000, 1311; OLG Köln NJW-RR 1995, 1516.
1259 Vgl. hierzu *Bühler*, § 15 III 7 Rn 2.574–2.576. m.w.N.
1260 v. Westphalen/v. *Westphalen*, Bierlieferungsvertrag Rn 33, Automatenaufstellvertrag Rn 21.
1261 OLG Celle NJW-RR 1999, 1143; OLG Düsseldorf BeckRS 2001, 30213450.
1262 AG Ludwigslust BeckRS 2009, 11036.

VIII. Schadensersatz

1. Haftung dem Grunde nach. Auch in Getränkelieferungsverträgen scheitert eine Schadensersatzhaftung ohne **Verschulden**[1263] an § 307 Abs. 2 Nr. 1 BGB, weil sich ein Schadensersatzverlangen des Getränkelieferanten regelmäßig nur auf § 281 Abs. 1 BGB gründen lässt und das Verschuldenserfordernis zum gesetzlichen Leitbild dieser Vorschrift gehört (§§ 280 Abs. 1, 276 BGB).[1264] **651**

Da das Verschuldenserfordernis zum Kernbereich der Schadensersatzhaftung gehört, ist es auch nicht ausreichend, wenn die Klausel einen Nachweis fehlenden Verschuldens nicht **ausdrücklich** ausschließt.[1265] Höherrangige Interessen des Getränkelieferanten, die ausnahmsweise eine Abweichung von dem Verschuldenserfordernis rechtfertigen könnten, sind durchweg nicht anzunehmen.[1266] Daher genügt die Verwendung des Wortes „vertragswidrig" nicht. Diese Formulierung bezieht sich auf die Pflichtverletzung und nicht auf das Vertretenmüssen.[1267] **652**

Dem Getränkelieferanten ist es im Allgemeinen zuzumuten, entsprechend § 281 Abs. 1 BGB zu verfahren, die Obliegenheit zur **Mahnung** kann auch im Unternehmerverkehr nicht formularmäßig abgedungen werden (§§ 307 Abs. 2 Nr. 1, 309 Nr. 4 BGB).[1268] **653**

Gleiches gilt für das Erfordernis der **Nachfristsetzung**.[1269] **654**

Heißt es in einer Kündigungsklausel, dass die Kündigung nicht etwaige Schadensersatzansprüche beseitigt, so bestehen hinsichtlich der Bestimmtheit der Schadensersatzklausel allerdings letztlich keine Bedenken.[1270] **655**

Unangemessen i.S.d. § 307 Abs. 1 S. 1 BGB ist es, dass der Getränkelieferant die vertragswidrig bezogene Getränkemenge verbindlich festlegen darf, wenn es dem Gastwirt nicht binnen acht Tagen gelungen ist, hierzu beweiskräftige Angaben zu machen.[1271] **656**

2. Schadensersatzpauschalierungen. a) Abgrenzung zur Vertragsstrafe. Es bedarf ggf. sorgfältiger Prüfung, ob Schadensersatzpauschalierungen[1272] nicht tatsächlich verdeckte Vertragsstrafenversprechen enthalten.[1273] Während die Schadensersatzpauschalierung allein den Schadensbeweis ersparen soll, hat die Vertragsstrafe einen doppelten Zweck.[1274] Erstens besteht ihr Zweck darin, die Erfüllung der Hauptverbindlichkeit als „Druckmittel" zu sichern. Praktisch bedeutsam ist die Vertragsstrafe daher zur Abwehr von Fremd- und Minderbezügen. Sie soll dem Gläubiger zweitens im Falle einer Leistungsstörung den Schadensbeweis ersparen. Insofern besteht zur Schadensersatzpauschalierung Zweckidentität. Was gewollt ist, ist im Wege der **Auslegung** zu ermitteln. Der gewählte Wortlaut ist für das eine wie für das andere ein gewisses Indiz. So sprechen die Formulierungen „Schadensersatz", „entgangener Gewinn", „...-entschädigung" und ähnliche für eine Schadensersatzpauschale.[1275] Erfüllt eine Klausel beide Begriffe, so muss sie auch die Anforderungen von § 309 Nr. 5 und 6 BGB einhalten.[1276] **657**

Jedenfalls im **Unternehmerverkehr** dürfte eine Abgrenzung zwischen Vertragsstrafe einerseits und Schadensersatz andererseits zumeist nicht entscheidungserheblich sein, weil auch dort Vertragsstrafenregelungen grundsätzlich zulässig sind und für die Überprüfung nach § 307 Abs. 1 BGB dieselben Grundsätze anzulegen sind.[1277] **658**

Ist die Klausel weder als Schadenspauschale noch als Vertragsstrafe unwirksam, so ist nach § 305c Abs. 2 BGB im Zweifel von einer Schadenspauschale auszugehen, weil diese im Gegensatz zur Vertragsstrafe keinen neuen Anspruchsgrund schafft. Nach anderer Auffassung sei wegen § 305c Abs. 2 BGB im Zweifel von derjenigen Auslegung auszugehen, bei der die Klausel unwirksam ist.[1278] **659**

b) Inhaltskontrolle. Die – zweifache – Schranke des **§ 309 Nr. 5 BGB** gilt im **Unternehmerverkehr** entsprechend.[1279] Stets ist das Nichterfüllungsinteresse durch das Erfüllungsinteresse begrenzt, weil dem Getränkelieferan- **660**

1263 Ausführlich *Bühler*, § 17 II Rn 2.625–2.630. m.w.N.
1264 BGH NJW-RR 1996, 1394; OLG München OLGReport 1995, 145, das § 9 Abs. 1 AGBG anwendete; OLG Düsseldorf, Urt. v. 13.11.2009 – I-22 U 71/09.
1265 OLG Düsseldorf BeckRS 2012, 05469; OLG Köln BeckRS 2013, 07760; AG Ludwigslust BeckRS 2009, 11036.
1266 OLG Düsseldorf BeckRS 2012, 05469.
1267 A.A. LG Köln BeckRS 2012, 02826, Vorinstanz zu OLG Köln BeckRS 2012, 15923.
1268 BGH NJW 1986, 841; BGH NJW-RR 1991, 995; OLG Köln BeckRS 2013, 07760.
1269 BGH NJW 1986, 842; OLG Köln BeckRS 2013, 07760.
1270 BGH, Urt. v. 22.10.1997 – VIII ZR 149/96.
1271 OLG Koblenz NJOZ 2002, 837.
1272 Ausführlich hierzu *Bühler*, § 17 III Rn 2.632–2.653. m.w.N.
1273 BGHZ 63, 256 = WM 1975, 51 = NJW 1975, 163; OLG Karlsruhe, Urt. v. 4.3.1999 – 12 U 259/98, rechtskräftig durch Nichtannahmebeschl. d. BGH v. 7.10.1999 – VIII ZR 125/99; OLG Karlsruhe BeckRS 2001, 30212399; OLG Nürnberg NJW-RR 2002, 917; OLG Köln BeckRS 2007, 04453; OLG Frankfurt/M. BeckRS 2007, 19024; OLG Zweibrücken, Urt. v. 6.7.2009 – 7 U 180/08; OLG Düsseldorf BeckRS 2012, 05469; OLG Köln BeckRS 2013, 07760.
1274 OLG Nürnberg NJW-RR 2002, 917.
1275 OLG Karlsruhe OLGR 2000, 445; OLG Nürnberg NJW-RR 2002, 917; OLG Koblenz NJOZ 2002, 837; OLG Köln OLGReport Hamm 2007, 524 = BeckRS 2007, 04453.
1276 OLG Celle NJOZ 2004, 991.
1277 OLG Zweibrücken, Urt. v. 6.7.2009 – 7 U 180/08; v. Westphalen/v. *Westphalen*, Bierlieferungsvertrag Rn 26 zu Schadensersatzpauschalen und Rn 27 zu Vertragsstrafen.
1278 OLG Nürnberg NJW-RR 2002, 917.
1279 OLG Naumburg NJW-RR 2000, 720. Zu einem Fall der Nichteröffnung des persönlichen Anwendungsbereichs, weil der Beklagte als Unternehmer i.S.d. § 310 Abs. 1 BGB anzusehen war, vgl. OLG Koblenz NJOZ 2002, 837.

ten – auch im Rahmen von § 309 Nr. 5a BGB – nur das Recht zusteht, so gestellt zu werden, wie er stünde, wenn der Gastwirt ordnungsgemäß seine Abnahmepflichten erfüllt hätte.[1280] Die Schadenspauschale ist möglichst genau dem tatsächlich zu erwartenden Durchschnittsschaden anzupassen. Aus diesem Grund verbietet sich in der Regel eine **Einheitspauschale**. Wird sie dennoch vorgesehen, hat sie sich an dem niedrigsten in Betracht kommenden Durchschnittsschaden auszurichten.[1281]

661 Folgende **absoluten Beträge** sind im Zusammenhang mit Schadensersatzpauschalen für den entgangenen Gewinn pro hl Bier aus der Rechtsprechung als anerkannt zu berichten: „**40,00** DM/hl Fassbier und 5,00 DM je Kasten Flaschenbier",[1282] „**50 DM/hl**",[1283] „**80 DM/hl**",[1284] „**50,00 EUR/hl**"[1285] sowie „**60,00 EUR/hl**".[1286]

662 Als **prozentuale Schadensersatzpauschalen** sind in den letzten Jahren – zum Teil wiederholt – im Zusammenhang mit Schadensersatzpauschalen für den entgangenen Gewinn pro hl Bier für zulässig angesehen worden: „**20 %** des jeweiligen Einkaufspreises gemäß der jeweils gültigen Preisliste",[1287] „**25 %** des Brauereiabgabepreises",[1288] „**28 %** des jeweiligen ...-Abgabepreises (inklusive der jeweiligen Mehrwertsteuer)",[1289] „**30 %** Schadensersatz".[1290] Außerdem wurde über eine prozentuale Schadensersatzpauschale in Höhe von „**50 %** des jeweiligen Einzelhandels-Listenpreis für Fassbier der Sorte Pilsner" entschieden.[1291]

663 Die vorstehend berichteten absoluten und prozentualen Schadensersatzpauschalen für Bier dürften sich auf Biermischgetränke übertragen lassen, für alkoholfreie Getränke müssten sie naturgemäß deutlich niedriger angesetzt werden.[1292]

664 Auch im **Unternehmerverkehr** ist der Ausschluss des in § 309 Nr. 5b BGB[1293] genannten **Gegenbeweises** unangemessen und daher unwirksam.[1294] Nach **geltendem Recht** sind Schadensersatzpauschalierungen im Unternehmerverkehr jedenfalls dann nicht zu beanstanden, wenn dem Schädiger der Gegenbeweis eines nicht oder jedenfalls nicht in dieser Höhe entstandenen Schadens offenbleibt. Eine der Neufassung des § 309 Nr. 5b BGB entsprechende ausdrückliche Zulassung des Gegenbeweises ist also nicht erforderlich; es genügt, dass der Gegenbeweis nicht ausgeschlossen wird.[1295]

IX. Vertragsstrafe

665 **1. § 307 Abs. 2 Nr. 1 BGB und Verschulden.** Auch im Unternehmerverkehr kann eine verschuldensunabhängige Vertragsstrafe[1296] nur dann wirksam vereinbart werden, wenn gewichtige Umstände die Abweichung vom dispositiven Gesetzesrecht mit Recht und Billigkeit noch vereinbar erscheinen lassen, die Haftung des Vertragsstrafenschuldners also durch sachliche Gründe gerechtfertigt ist (§ 307 Abs. 2 Nr. 1 BGB i.V.m. §§ 339 S. 1, 286 Abs. 4 BGB).[1297] Eine Vertragsklausel des Inhalts, dass die Vertragsstrafe bei Einstellung des Getränkebezugs fällig wird ohne (ausdrücklichen) Hinweis auf das erforderliche Verschulden ist deshalb wegen Verstoßes gegen das gesetzliche Leitbild des Verschuldens (§ 307 Abs. 2 Nr. 1 BGB i.V.m. §§ 339 S. 1, 286 Abs. 4 BGB) unwirksam. Im Übrigen dürfte es bereits an einer wirksamen Einbeziehung i.S.d. § 305c Abs. 2 BGB fehlen.[1298] Zwar kann das Verschuldenserfordernis durch AGB abbedungen werden, wenn bei dem betreffenden Vertragstyp gewichtige Gründe für eine verschuldensunabhängige Haftung vorliegen.[1299] Diese Voraussetzung ist aber bei Getränkelieferungsverträgen nicht erfüllt.[1300] Als gewichtiges Verwenderinteresse genügt jedenfalls nicht schon das allgemeine Interesse an der Sicherung der Vertragserfüllung.[1301]

666 **2. § 307 Abs. 1 S. 1 BGB.** Im **Unternehmerverkehr** unterliegen Vertragsstrafenklauseln der Inhaltskontrolle gemäß § 307 BGB.[1302] Dabei ist allerdings die größere Geschäftsgewandtheit von Unternehmern zu berücksichtigen.[1303]

1280 OLG Köln BeckRS 2008, 09083.
1281 BGH NJW-RR 1990, 1076.
1282 OLG Koblenz NJOZ 2002, 837.
1283 OLG Düsseldorf, Urt. v. 8.11.1999 – 1 U 42/99; LG Frankenthal, Urt. v. 4.2.1998 – 5 O 1238/96.
1284 BGH NJW-RR 2001, 987 obiter dictum.
1285 OLG Frankfurt/M. BeckRS 2013, 12063.
1286 LG Berlin, Urt. v. 10.10.2012 – 10 O. 243/11; LG Magdeburg BeckRS 2013, 17770.
1287 OLG Celle NJW-RR 1999, 1143.
1288 BGHZ 109, 314 = NJW 1990, 567; OLG Nürnberg, Urt. v. 23.9.1992 – 9 U 893/92; OLG Hamm NJW-RR 1996, 46; OLG Köln OLGReport Hamm 2007, 524 = BeckRS 2007, 04453.
1289 OLG Stuttgart, Urt. v. 18.3.1999 – 13 U 188/98.
1290 OLG Karlsruhe MDR 2002, 445.
1291 OLG Frankfurt/M., Urt. v. 30.11.2000 – 16 U 230/99, BGH VIII ZR 5/01, Revisionsrücknahme.
1292 Martinek/Semler/Habermeier/Fohr/*Gödde*, § 52 Rn 189.
1293 Eingehend hierzu *Bühler*, § 17 V Rn 2.672–2.677. m.w.N.
1294 OLG Köln OLGReport Hamm 2007, 524 = BeckRS 2007, 04453.
1295 OLG Köln OLGReport Hamm 2007, 524 = BeckRS 2007, 04453.
1296 Ausführlich hierzu *Bühler*, § 17 V Rn 2.672–2.677. m.w.N.
1297 BGH WM 1984, 931 = DB 1984, 1673 (Gaststättenpachtvertrag).
1298 OLG Nürnberg NJW-RR 2002, 917, 918.
1299 BGH NJW 1985, 57 (Gaststättenpachtvertrag).
1300 OLG Nürnberg BeckRS 1992, 31335912; OLG Nürnberg NJW-RR 2002, 917; OLG Düsseldorf NZM 2008, 611 (Pacht- und Getränkelieferungsvertrag); OLG Oldenburg, Urt. v. 14.11.2012 – 5 U 56/11.
1301 OLG Nürnberg NJW-RR 2002, 917; OLG Düsseldorf NZM 2008, 611 = OLGReport Hamm 2008, 211.
1302 BGH WM 1980, 1309; BGHZ 119, 283 = NJW 1993, 64. Zu den Teilaspekten Transparenzgebot und Kumulationsverbot in diesem Zusammenhang vgl. *Bühler*, § 18 II 4 und 5 Rn 2.689–2.695. m.w.N.
1303 BT-Drucks 7/3919, 14.

667 Hinsichtlich der formularmäßigen Vereinbarung einer Vertragsstrafe für den Fall einer Verletzung der Ausschließlichkeitsbindung bestehen grundsätzlich keine Wirksamkeitsbedenken. Der Getränkelieferant hat das Recht, seine Rechte aus der Bezugsbindung des Kunden durch eine Vertragsstrafe abzusichern.[1304]

668 Nur vereinzelt enthalten Getränkelieferungsverträge Schadensersatz- und Vertragsstrafenklauseln nebeneinander. Dann ist die **Anrechnung**spflicht nach §§ 340 Abs. 2, 341 Abs. 2 BGB zu beachten, unabhängig davon, ob Schadensersatz wegen Nichterfüllung oder wegen Schlechterfüllung verlangt wird.[1305] Eine unzulässige Kumulation von Schadensersatzanspruch bei Minderabnahme und Vertragsstrafe bei Fremdbezug liegt jedenfalls dann nicht vor, wenn in der Vertragsstrafenregelung eine Anrechnung des geschuldeten Schadensersatzes vorgesehen ist.[1306]

669 Aus der **Höhe** einer Vertragsstrafe kann sich ihre Unangemessenheit ergeben. Zwar darf die Vertragsstrafe spürbar sein, um ihren Zweck als Druckmittel zu erfüllen. Sie darf aber nicht die wirtschaftliche Existenz des Vertragspartners gefährden oder in einer unangemessenen Relation zum Gewicht der Vertragsverletzung stehen.[1307] Auch unter dem Gesichtspunkt der **Verhältnismäßigkeit** begegnet die Vertragsstrafe jedenfalls dann keinen Bedenken, wenn sie den Gewinn bei vertragsgemäßem Verhalten übersteigt. Die Vertragsstrafe darf nämlich nicht der Schöpfung neuer Geldquellen des Verwenders dienen.[1308]

670 Eine vorformulierte, zu hoch bemessene Vertragsstrafe ist nichtig. Sie kann nicht nach den allein auf Individualvereinbarungen zugeschnittenen Regeln des § 343 Abs. 1 BGB herabgesetzt werden, weil dies eine der AGB-Kontrolle wesensfremde Berücksichtigung der konkreten Umstände des Einzelfalles erforderte.[1309] § 348 HGB schließt die Anwendbarkeit von § 343 BGB ohnehin aus.[1310] Eine **Herabsetzung nach § 343 BGB** kommt auch deshalb nicht in Betracht, weil diese eine grundsätzlich wirksame, nur für die konkrete Störung zu hohe Vertragsstrafenvereinbarung voraussetzt. Auch bestünde die Gefahr, dass das Gesetz leerlaufen würde.[1311]

671 Angesichts der für AGB-Bestimmungen gebotenen abstrakt-generellen Wirksamkeitskontrolle führt die zu weit gehende Regelung auch dann zur Nichtigkeit der gesamten Klausel, wenn in der konkreten Fallgestaltung die hohe Vertragsstrafe sogar angemessen sein könnte. Denn eine **geltungserhaltende Reduktion** auf das noch vertretbare Regelmaß lässt sich nicht durch eine sprachliche Trennung der Klausel herstellen und kommt im Übrigen nicht in Betracht.[1312]

672 **3. Fremdbezug. a) Auslegung.** Vertragsstrafenklauseln dienen insbesondere zur Abwehr eines Fremdbezuges.[1313] Ggf. bedarf es sorgfältiger Prüfung, ob eine (bloße) Schadenspauschale oder nicht tatsächlich ein verdecktes Vertragsstrafenversprechen vorliegt.[1314]

673 **b) Einbeziehung.** Zunächst sind insbesondere die Voraussetzungen des § 305 Abs. 1 S. 1 BGB[1315] sowie des § 305c Abs. 1 BGB zu prüfen.[1316]

674 **c) Inhaltskontrolle.** Auf den Verkehr zwischen Unternehmern kann die auf den Schutz des Verbrauchers zugeschnittene Vorschrift des § 309 Nr. 6 BGB nicht übertragen werden.[1317] Ob dies auch dann anzunehmen ist, wenn der Vertragspartner durch den Abschluss eines Formularvertrags erstmals Unternehmer wird (Existenzgründer), kann im Hinblick auf einen zweiten Vertrag dahinstehen, wenn dieser erst abgeschlossen wurde, als die Beklagten bereits seit rund zwei Jahren Gastwirte und Betreiber des Objektes waren.[1318] Bei Verträgen mit Verbrauchern (§ 13 BGB), insbesondere mit Hauseigentümern, müssen Vertragsstrafen individuell vereinbart werden. § 309 Nr. 6 BGB ist jedenfalls materiell dann nicht anwendbar, wenn der auslösende Grund allein in der Tatsache des vertragswidrigen Bezugs fremder Getränke, nicht aber in der Nichtabnahme der vertraglichen Menge liegt.[1319]

675 Eine Vertragsstrafenklausel darf auch insofern nicht verschuldensunabhängig gestaltet sein (§ 307 Abs. 2 Nr. 1 BGB i.V.m. §§ 339 S. 1, 286 Abs. 4 BGB).[1320]

1304 BGH WM 1977, 641; WM 1980, 1309; BGHZ 154, 171 = NJW 2003, 2158; OLG Nürnberg NJW 1973, 1974.
1305 BGHZ 63, 256 = NJW 1975, 163 (Automatenaufstellvertrag); BGH NJW 1985, 53 (Automatenaufstellvertrag).
1306 OLG Zweibrücken, Urt. v. 6.7.2009 – 7 U 180/08.
1307 BGHZ 119, 283 = NJW 1993, 64; OLG Nürnberg NJW-RR 2002, 917.
1308 BGHZ 119, 283 = NJW 1993, 64; OLG Nürnberg NJW-RR 2002, 917.
1309 OLG Nürnberg BeckRS 1992, 31335912; OLG Hamburg MDR 2000, 513.
1310 OLG Düsseldorf, Urt. v. 14.3.1984 – 11 U 6/84.
1311 BGH NJW 1983, 385; BGH NJW 2003, 1805; OLG Hamburg MDR 2000, 513.
1312 OLG Hamburg MDR 2000, 513.
1313 Ausführlich *Bühler*, § 18 III Rn 2.709–2.725. m.w.N.
1314 BGH WM 1980, 1309; OLG Karlsruhe BeckRS 2001, 30212399; OLG Frankfurt/M. BeckRS 2007, 19024; OLG Köln BeckRS 2013, 07760.
1315 OLG Düsseldorf, Urt. v. 28.5.2004 – 15 U 193/03 sowie 15 W 103/03.
1316 OLG Düsseldorf, Urt. v. 18.2.1994 – 16 U 91/93.
1317 OLG Karlsruhe, Urt. v. 4.3.1999 – 12 U 259/98, rechtskräftig durch Nichtannahmebeschl. d. BGH vom 7.10.1999 – VIII ZR 125/99; a.A. OLG München OLGReport 1995, 145.
1318 OLG Düsseldorf, Urt. v. 18.2.1994 – 16 U 91/93.
1319 BGH WM 1980, 1309.
1320 OLG Nürnberg NJW-RR 2002, 917; OLG Düsseldorf NZM 2008, 611; LG Aachen NJW-RR 1987, 948 (Automatenaufstellvertrag).

Lexikon

676 Die Vertragsstrafe muss nach Voraussetzungen und Inhalt dem Bestimmtheitsgebot entsprechen. Verstöße, die die Vertragsstrafe auslösen, müssen für den Betroffenen konkret aus den AGB erkennbar sein. Eine Klausel, die pauschal bestimmt, dass bei Nichteinhaltung des Vertrags eine Vertragsstrafe fällig ist, ist daher wegen Unbestimmtheit nach § 307 Abs. 1 S. 2 BGB unwirksam.[1321]

677 Eine Vertragsstrafenklausel ist im Hinblick auf **§ 307 Abs. 1 S. 1 BGB** dann nicht zu beanstanden, wenn sie den Getränkelieferanten für den Fall schützen soll, dass sich der Gastwirt durch **vorzeitige Rückzahlung** des von dem Getränkelieferanten gewährten Darlehens aus der Bezugsverpflichtung zu lösen versucht.[1322] Ein Bedürfnis für die **Kumulation** von Schadensersatz- und Vertragsstrafenansprüchen besteht allerdings im Geschäftsverkehr der Unternehmer bei Dauerschuldverhältnissen, insbesondere auch Getränkelieferungsverträgen. Hier will der Verwender sich mit der Kumulation gegen den Bezug fremder Getränke (Fremdbezug) sichern. Voraussetzung ist allerdings, dass der Sicherungszweck für die Zukunft nicht entfallen ist.[1323]

678 Eine Klausel, die bei einem (schuldhaften) Verstoß gegen eine zulässige Bezugs- und Ausschließlichkeitsbindung eine Vertragsstrafe vorsieht, ist grundsätzlich ebenfalls nicht nach § 307 BGB zu beanstanden. Ausschließlichkeitsbindungen sichern nämlich nicht nur die Abnahme der Leistung, sondern eine Wettbewerbsstellung. Dies gilt jedenfalls für den Fall der Sicherung einer Ausschließlichkeitsvereinbarung (Fremdbezug).[1324] Entscheidend ist hierbei, dass der Getränkelieferant in der Klausel eine Abstufung der Vertragsstrafe nach der jeweiligen Schwere der Vertragsverletzung vornimmt.[1325] Auch unter dem Gesichtspunkt der **Verhältnismäßigkeit** begegnet sie jedenfalls dann keinen Bedenken, wenn die Vertragsstrafe den Gewinn bei vertragsgemäßen Verhalten nicht übersteigt.[1326]

679 Folgende absolute Vertragsstrafenpauschalen sind als zulässig betrachtet worden: „**60 DM/hl**",[1327] „**50 DM/hl**",[1328] „**17,00 EUR (35,00 DM)/hl**".[1329]

680 Eine auf **30 %** des von der Brauerei festgesetzten Verkaufspreises (Brauereiabgabepreises) abzielende Vertragsstrafe ist angesichts der in dieser Branche üblichen – relativ hohen – Gewinnspannen nicht nach § 307 Abs. 1 S. 1 BGB zu beanstanden.[1330] In anderen Entscheidungen hat der BGH eine Konventionalstrafe in Höhe von **25 %** des für den Getränkebezug zu zahlenden Tagespreises unbeanstandet gelassen.[1331]

681 **4. Einstellung des Getränkebezuges. a) § 307 Abs. 2 Nr. 1.** Eine Vertragsklausel des Inhalts, dass die Vertragsstrafe bei Einstellung des Getränkebezugs fällig wird ohne (ausdrücklichen) Hinweis auf das erforderliche Verschulden, ist wegen Verstoßes gegen das gesetzliche **Leitbild des Verschuldens** (§ 307 Abs. 2 Nr. 1 BGB i.V.m. §§ 339 S. 1, 286 Abs. 4 BGB) unwirksam. Im Übrigen dürfte es bereits an einer wirksamen Einbeziehung i.S.d. § 305c Abs. 2 BGB fehlen.[1332]

682 Lässt sich ein Getränkelieferant im Getränkelieferungsvertrag für den Fall der Einstellung des Getränkebezuges formularmäßig eine verschuldensunabhängige Vertragsstrafe[1333] versprechen und behält er sich zudem das Recht vor, bei jeder Einstellung des Getränkebezuges in das Miet-/Pachtverhältnis des Gastwirts mit einem Dritten einzutreten, so könnte er zum einen in das Pachtverhältnis eintreten und zum anderen daneben eine je nach noch offener Laufzeit u.U. hohe Vertragsstrafe fordern, ohne dass er sich eventuelle Vorteile aus der weiteren Unterverpachtung anrechnen lassen müsste. Dies verstößt gegen § 307 Abs. 2 Nr. 1, Abs. 1 S. 1 BGB.[1334]

683 Eine einseitige Belastung des Gastwirts wird auch nicht dadurch aufgehoben, dass der **Nachweis eines geringeren Schadens** nicht ausgeschlossen ist. Das bei einer Schadenspauschalierung erhebliche Argument – vgl. **§§ 307 Abs. 2 Nr. 1, 309 Nr. 5b BGB** – spielt bei der Vertragsstrafe keine Rolle, weil dieser Einwand der Vertragsstrafe nicht entgegengesetzt werden kann. Eine unverhältnismäßige Vertragsstrafe kann, soweit es sich beim Schuldner nicht um einen Kaufmann (§ 348 HGB) handelt, nur gem. § 343 Abs. 1 BGB auf einen angemessenen Betrag herabgesetzt werden. Bei der Beurteilung der Angemessenheit ist der dem Gläubiger entstandene Schaden ein Gesichtspunkt neben weiteren, wie z.B. Verschulden und wirtschaftliche Lage des Schuldners. Dass der Nichtausschluss eines Gesichtspunkts, der möglicherweise im Zusammenhang mit anderen zu einer Herabsetzung der Vertragsstrafe führt, keinen Ausgleich für die unangemessene Benachteiligung darstellt, bedarf keiner weiteren Erörterung.[1335]

1321 OLG Karlsruhe, Urt. v. 4.3.1999 – 12 U 259/98, rechtskräftig durch Nichtannahmebeschl. d. BGH v. 7.10.1999 – VIII ZR 125/99.
1322 OLG Düsseldorf, Urt. v. 18.2.1994 – 16 U 91/93; OLG Nürnberg NJW-RR 2002, 917.
1323 BGH WM 1980, 1309.
1324 BGH WM 1980, 1309; BGHZ 119, 283 = NJW 1993, 64.
1325 LG Berlin NJW-RR 1990, 820.
1326 OLG Nürnberg NJW-RR 2002, 917.
1327 OLG Zweibrücken, Urt. v. 15.1.1998 – 4 U 213/96, OLG-Report 1998, 161, rechtskräftig durch Nichtannahmebeschl. des BGH v. 15.12.1998 – VIII ZR 50/98.
1328 OLG München OLGReport 1995, 145.
1329 BGHZ 119, 283 = NJW 1993, 64.
1330 BGH NJW 1989, 1669; OLG Zweibrücken, Urt. v. 6.7.2009 – 7 U 180/08 zur Schadenspauschale.
1331 BGH WM 1977, 641; NJW 1990, 567; OLG Schleswig, Urt. v. 7.1.2000 – 11 U 204/98; OLG Nürnberg NJW-RR 2002, 917; vgl. im Übrigen OLG Köln NJW-RR 1995, 1516.
1332 OLG Nürnberg NJW-RR 2002, 917.
1333 Konkret in Höhe von 30 % des Verkaufspreises der noch abzunehmenden Getränkemenge.
1334 OLG Nürnberg NJW-RR 2002, 917.
1335 OLG Nürnberg NJW-RR 2002, 917.

b) § 307 Abs. 1 S. 1 BGB. Auch unter dem Gesichtspunkt der **Verhältnismäßigkeit** begegnet eine Vertragsstrafenklausel jedenfalls dann keinen Bedenken, wenn die Vertragsstrafe den **Gewinn bei vertragsgemäßen Verhalten nicht übersteigt.**[1336] **684**

Eine auf **30 %** des von der Brauerei festgesetzten Verkaufspreises (Brauereiabgabepreises) abzielende Vertragsstrafe ist angesichts der in dieser Branche üblichen – relativ hohen – Gewinnspannen nicht nach § 307 Abs. 1 S. 1 BGB zu beanstanden.[1337] Entgegen gelegentlichen Missdeutungen in der Literatur hat das OLG Nürnberg nicht eine Pauschale in Höhe von 30 % für unwirksam erklärt, sondern vielmehr die verschuldensunabhängige Entstehung einer solchen Vertragsstrafe. Dass die streitgegenständliche Schadenspauschale in Höhe von 30 % des Verkaufspreises den der Brauerei tatsächlich entstandenen Schaden, maßgeblich den entgangenen Gewinn, wesentlich übersteigen würde, ist nicht ersichtlich gewesen. Eine solche Spanne ist vor dem Hintergrund der vom BGH für den entsprechenden Schadensersatzanspruch anerkannten Berechnungsgrundsätze, keineswegs unüblich und unangemessen i.S.d. § 307 Abs. 1 S. 1 BGB.[1338] **685**

Eine **geltungserhaltende Reduktion** ist auch im Unternehmerverkehr unzulässig. Eine vorformulierte, zu hoch bemessene Vertragsstrafe ist daher nichtig. Sie kann nicht nach den allein auf Individualvereinbarungen zugeschnittenen Regeln des § 343 BGB herabgesetzt werden, weil diese eine der AGB-Kontrolle wesensfremde Berücksichtigung der konkreten Umstände des Einzelfalles erforderte.[1339] **686**

5. Verstoß gegen Rechtsnachfolgeklausel. Trifft den bisherigen Betreiber die – wirksame – Verpflichtung zur Übertragung der Ausschließlichkeitsregelung hinsichtlich des Getränkebezugs auf einen Rechtsnachfolger und hat er diesem eine solche nicht rechtlich wirksam auferlegt, so kann ein auf den pauschalen Mindestschaden gerichteter Vertragsstrafenanspruch gem. **§ 307 Abs. 2 Nr. 1 BGB** nicht bestehen, weil er, ebenso wie ein etwaiger Schadensersatzanspruch statt der Leistung, abweichend vom gesetzlichen Leitbild des Verschuldens nach § 286 Abs. 4 BGB **verschuldensabhängig** gestaltet sein muss.[1340] **687**

6. Vorzeitige Darlehensrückzahlung. Eine Vertragsstrafenklausel ist im Hinblick auf § 307 Abs. 1 S. 1 BGB dann nicht zu beanstanden, wenn sie den Getränkelieferanten für den Fall schützen soll, dass sich der Gastwirt durch vorzeitige Rückzahlung des von dem Getränkelieferanten gewährten Darlehens aus der Bezugsverpflichtung zu lösen versucht.[1341] **688**

X. Sanktionsklauseln bei Minderbezug

1. AGB-Charakter. Sanktionsklauseln für den Fall eines Minderbezuges haben große praktische Bedeutung.[1342] Für eine AGB sprechen zumeist der abstrakte Inhalt und das äußere Erscheinungsbild der Regelung.[1343] Dagegen handelt es sich bei einer vorformulierten Regelung einer „Pachtentschädigung" in Höhe von 25 % der nicht erreichten Abnahme an Bier durch den Pächtergastwirt um eine **unselbstständige Ergänzung** und damit um eine AGB-Klausel.[1344] Zur Subsumtion unter **§ 305 Abs. 1 S. 1 BGB** bei Verwendung eines gedruckten Formulars, das ersichtlich für eine Vielzahl von Verträgen i.S.d. § 305 Abs. 1 S. 1 BGB bestimmt und von dem Getränkelieferanten gestellt worden war, vgl. auch die Entscheidung des OLG Nürnberg vom 25.2.1992.[1345] **689**

Genauerer Prüfung bedarf die Frage, ob ein **„Aushandeln"** i.S.d. § 305 Abs. 1 S. 3 BGB vorliegt. Daran dürfte es zumeist fehlen.[1346] Das OLG Düsseldorf verneinte dies in einer Entscheidung im Jahre 2009 für eine Malusregelung folgenden Inhalts: „*Wird diese Mindestbezugsmenge um 15 % jährlich, erstmals nach Ablauf von zwei Vertragsjahren, unterschritten, so zahlt die ... zur Ausgleichung der Differenz zwischen Mindestbezugsmenge und tatsächlich bezogener Hektolitermenge an ... eine Entschädigung von netto 50,00 DM pro hl Differenz.*"[1347] Dass dem Gastwirt bei der Wahl der Biermarke eine Wahlfreiheit eingeräumt wird, lässt den Charakter als AGB-Klausel unberührt. Dies schon deswegen, weil Inhalt und Rechtsfolge dieser Vorschrift von der Auswahl der Biermarke unberührt bleiben. **690**

1336 OLG Nürnberg NJW-RR 2002, 917.
1337 OLG Nürnberg NJW-RR 2002, 917.
1338 OLG Zweibrücken, Urt. v. 6.7.2009 – 7 U 180/08.
1339 OLG Nürnberg NJW-RR 2002, 917.
1340 BGH NJW 1993, 721; BGH NJW 1993, 1786 (Handelsvertretervertrag); OLG Düsseldorf, Urt. v. 18.2.1994 – 16 U 91/93.
1341 OLG Düsseldorf, Urt. v. 18.2.1994 – 16 U 91/93.
1342 Eingehend hierzu *Bühler*, § 19 Rn 2.732–2.885. m.w.N.
1343 OLG Köln BeckRS 2012, 09081; OLG Düsseldorf BeckRS 2012, 05469 (Schadensersatz); insofern zutreffend LG Köln, Urt. v. 20.11.2006 – 20 O. 118/06 (Investitionskostenausgleich); OLG Oldenburg, Urt. v. 14.11.2012 – 5 U 56/11; LG Ravensburg, Urt. v. 7.11.2011 – 6 O. 301/11.
1344 BGHZ 109, 314 = NJW 1990, 567.
1345 OLG Nürnberg BeckRS 1992, 31335912.
1346 OLG Karlsruhe, Urt. v. 4.3.1999 – 12 U 259/98, rechtskräftig durch Nichtannahmebeschl. d. BGH v. 7.10.1999 – VIII ZR 125/99; OLG Frankfurt/M., Urt. v. 30.11.2000 – 16 U 230/99, BGH, VIII ZR 5/01, Revisionsrücknahme; OLG Köln BeckRS 2007, 04453; OLG Frankfurt/M. BeckRS 2007, 19024; OLG Düsseldorf BeckRS 2012, 05469; OLG Köln BeckRS 2015, 15923 lässt offen.
1347 OLG Düsseldorf BeckRS 2012, 05469; ebenso bereits OLG Düsseldorf, Urt. v. 28.5.2004 – 15 U 193/03 sowie 15 W 103/03 (Vertrag Brauerei-Getränkefachgroßhändler).

Abgesehen davon führt die Einräumung von Wahlmöglichkeiten nur zu einer Klausel mit verschiedenen vorgegebenen Inhalten, ohne an der Eigenschaft als AGB irgendetwas zu ändern.[1348]

691 **2. Schadensersatz. a) Abgrenzung zur Vertragsstrafe.** Wie stets erfolgt die Abgrenzung von Vertragsstrafen- und Schadensersatzklauseln im Wege der Auslegung.[1349] Die Formulierungen „Schadensersatz", „entgangener Gewinn", „… entschädigung" und ähnliche sprechen für eine Pauschale. Gleiches dürfte wohl auch für eine hl-bezogene Pauschalierung gelten, etwa „… EUR/hl", gelten.[1350] Nennt die Klausel die Voraussetzungen des Anspruchs, so ist dies ein Indiz für eine Vertragsstrafe.[1351] Geht die Regelung von einem anderweitig geregelten Rechtsgrund aus, so spricht viel dafür, dass es sich um eine Schadenspauschalierung handelt.[1352] Einen anderen Weg beschreitet das OLG Nürnberg, indem es die Abgrenzungsschwierigkeiten zwischen Vertragsstrafen und Schadensersatzpauschalierungen bei nicht eindeutiger Formulierung der Klausel dem Verwender anlastet und gemäß § 305c Abs. 2 BGB zu Lasten des Verwenders von der Vertragsstrafe ausgeht.[1353]

692 **b) AGB-Charakter.** Durchweg dürfte es sich bei der Ausgleichsregelung um eine AGB-Klausel i.S.d. § 305 Abs. 1 S. 1 BGB handeln.[1354]

693 **c) Inhaltskontrolle.** Der Klauselverwender wird gut daran tun, eine formularmäßige Schadensersatzpauschale wegen Minderbezugs **nicht verschuldensunabhängig** auszugestalten. Haben die Vertragsparteien eine periodische Mindestbezugsmenge bzw. eine Gesamtmindestbezugsmenge vereinbart, so stellt die Nichtabnahme dieser Menge eine Pflichtverletzung dar. Diese Pflichtverletzung ist dem Gastwirt nur dann zuzurechnen, wenn er die Minderabnahme zu vertreten hat. § 280 Abs. 1 S. 2 BGB enthält zwar insofern eine Erleichterung der Darlegungs- und Beweislast zugunsten des Getränkelieferanten. Die Vorschrift dispensiert aber nicht Regelungen über eine verschuldensunabhängige Haftung. Verschuldensunabhängige Schadensersatzregelungen halten einer Inhaltskontrolle nach § 307 Abs. 2 Nr. 1 BGB nicht stand.[1355]

694 Ein Verstoß gegen § 307 Abs. 1 (S. 1 und/oder S. 2) BGB kann dann vorliegen, wenn die Sanktionen für den Fall der Nicht-/Schlechterfüllung des Getränkelieferungsvertrags (Schadensersatz, Vertragsstrafe, Kündigung) so ausgestaltet sind, dass sie zwar nicht tatsächlich, aber theoretisch **kumulativ** geltend gemacht werden könnten. Zu denken ist etwa auch an die Formulierung „*Weitergehende Schadenersatzansprüche bleiben vorbehalten.*"[1356] Die kumulative Anwendung von Klauseln, die Schadensersatz wegen Minderabnahme und pauschalierten Schadensersatz beinhalten, ist wegen unangemessener Benachteiligung unwirksam.[1357]

695 Unangemessen ist es, dass der Getränkelieferant die vertragswidrig bezogene Biermenge verbindlich festlegen darf, wenn es dem Gastwirt nicht binnen acht Tagen gelungen ist, hierzu beweiskräftige Angaben zu machen.[1358]

696 Inhalt und Umfang einer Schadensersatzklausel sollten **bestimmbar** sein (**§ 307 Abs. 1 S. 2 BGB**).[1359]

697 Eine nichtige Mindermengenausgleichsregelung ist nicht wichtig genug, als dass allein ihre mögliche Unwirksamkeit die Rechtsgültigkeit des Getränkelieferungsvertrags in seiner Gesamtheit beeinflussen könnte.[1360] Zu weiteren Fragen in diesem Zusammenhang muss verwiesen werden.[1361]

698 **3. Vertragsstrafe.** Eine Klausel, die bei einem (schuldhaften) Verstoß gegen eine zulässige Bezugs- und Ausschließlichkeitsbindung eine Vertragsstrafe[1362] vorsieht, ist grundsätzlich ebenfalls nicht nach § 307 BGB zu bean-

---

1348 BGH NJW 1996, 1676; OLG Köln BeckRS 2013, 07760.
1349 *Bühler*, § 19 III 1 Rn 2.745 f. m.w.N.
1350 OLG Karlsruhe MDR 2002, 445; OLG Nürnberg, Urt. v. 6.5.2004 – 13 U 52/04; OLG Zweibrücken, Urt. v. 6.7.2009 – 7 U 180/08; OLG Düsseldorf, Urt. v. 13.11.2009 – I-22 U 71/09.
1351 OLG Karlsruhe MDR 2002, 445.
1352 OLG Karlsruhe MDR 2002, 445; OLG Düsseldorf, Urt. v. 13.11.2009 – I-22 U 71/09.
1353 OLG Nürnberg, Urt. v. 6.5.2004 – 13 U 52/04.
1354 OLG Karlsruhe, Urt. v. 4.3.1999 – 12 U 259/98, rechtskräftig durch Nichtannahmebeschl. d. BGH v. 7.10.1999 – VIII ZR 125/99; OLG Düsseldorf, Urt. v. 28.5.2004 – 15 U 193/03 sowie 15 W 103/03 (Vertrag Brauerei-Getränkefachgroßhändler); OLG Köln BeckRS 2007; OLG Oldenburg, Urt. v. 14.11.2012 – 5 U 56/11 m.w.N.
1355 OLG München BeckRS 1995, 04936; OLG Frankfurt/M. BeckRS 2007, 19024; OLG Düsseldorf BeckRS 2012, 05469; OLG Oldenburg, Urt. v. 14.11.2012 – 5 U 56/11;
OLG Frankfurt/M. BeckRS 2013, 12063; AG Ludwigslust BeckRS 2009, 11036.
1356 OLG Düsseldorf, Urt. v. 16.1.2004 – I-14 U 156/03, rechtskräftig durch (Nichtzulassungs-)Beschl. d. BGH v. 19.10.2005 – VIII ZR 53/04; OLG Frankfurt/M. BeckRS 2007, 19024. Zur möglichen Kumulation von Ausfallentschädigung, Recht auf Vertragsverlängerung und Recht zur Teilkündigung OLG Düsseldorf, Urt. v. 28.5.2004 – 15 U 193/03 sowie 15 W 103/03.
1357 OLG Frankfurt/M. BeckRS 2007, 19024.
1358 OLG Koblenz NJOZ 2002, 837.
1359 BGH, Urt. v. 22.10.1997 – VIII ZR 149/96; OLG Karlsruhe, Urt. v. 4.3.1999 – 12 U 259/98, rechtskräftig durch Nichtannahmebeschl. d. BGH v. 7.10.1999 – VIII ZR 125/99.
1360 OLG Koblenz NJOZ 2002, 837; AG Ludwigslust BeckRS 2009, 11036.
1361 Siehe *Bühler*, § 19 III 6–9 Rn 2.752–2.762. m.w.N.
1362 Zu weiteren Fragen in diesem Zusammenhang *Bühler*, § 19 IV Rn 2.763–2.778. m.w.N.

standen. Ausschließlichkeitsbindungen sichern nämlich nicht nur die Abnahme der Leistung, sondern auch eine Wettbewerbsstellung. Dies gilt auch zur Sicherung einer Mindestabnahmepflicht.[1363]

4. Negative Umsatzpacht. Wird die Berechnungsgrundlage zwischen den Parteien individuell vereinbart und maschinenschriftlich in dem ansonsten vorgedruckten Vertragstext eingesetzt, so liegt keine Formularklausel vor.[1364] Die Erhöhung des Pachtzinses bei Minderabnahme unterliegt der Inhaltskontrolle nach § 307 BGB grundsätzlich nur, soweit es die Koppelung von Abnahme und Pachtzins betrifft. Dagegen ist eine Kontrolle nach § 307 Abs. 3 S. 1 BGB vorbehaltlich des § 307 Abs. 3 S. 2 BGB ausgeschlossen, soweit es um die Höhe des Pachtzinses geht.[1365] Im Hinblick auf § 307 Abs. 1 S. 1 BGB sah der BGH keine Wirksamkeitsbedenken.[1366] Immerhin deutete der BGH an, dass die Auferlegung einer unangemessen hohen Pflicht zur Mindestabnahme gegen § 307 BGB verstoßen könne.[1367] Er prüfte diese Frage aber nicht eingehend. Ebenfalls ohne Stellungnahme blieb die **Höhe** der Pachtentschädigung mit 25 % des jeweiligen Listenpreises für einen hl „P-Exportbier".[1368]

5. Anspruch sui generis. Die h.M. lehnt diesen Ansatz aus verschiedenen Gründen zu Recht ab.[1369]

6. These vom Anspruch auf Investitionskostenausgleich. Gleichfalls abzulehnen ist die These vom Investitionskostenausgleich.[1370]

7. Kumulative Sanktionen. Soweit Mindermengenausgleichsklauseln in ein umfassendes Sanktionensystem eingebettet sind, bedarf es ebenfalls einer kritischen Würdigung.[1371]

8. Vorbehalt der Gesamtmengenabrechnung bei Vertragsablauf. Zu Fragen in diesem Zusammenhang kann verwiesen werden.[1372]

9. Zinsregelungen. Zum Thema der Nachverzinsung muss ebenfalls verwiesen werden.[1373] Wirksamkeitsbedenken äußerte das OLG Koblenz in folgendem Fall: Danach hatte der Gastwirt im Falle einer zu geringen Bierabnahme Zinsen nicht nur auf den – mangels ausreichender Abnahme – nicht ordnungsgemäß getilgten Darlehensteil, sondern auch auf den Darlehenssaldo insgesamt zu zahlen (**Nachverzinsung**), wobei sogar noch rückwirkend Zinsen anfallen sollten.[1374] Zur Frage, ob bereits ein einmaliger Verstoß gegen die Abnahmeverpflichtung eine Zinsanpassung für die gesamte Restlaufzeit des Darlehens auszulösen vermag (**Zinsanpassung**), kann verwiesen werden.[1375]

XI. Kündigungsklauseln

1. AGB-Charakter und Einbeziehung. Zum AGB-Charakter einer Kündigungsklausel kann verwiesen werden.[1376] Um nicht an der Einbeziehungshürde des § 305c Abs. 1 BGB zu scheitern, sollten Kündigungsgründe nicht unter der Überschrift „Schadensersatz" aufgeführt werden und umgekehrt.[1377] Zu beachten sind weiter § 305c Abs. 2 BGB und das Transparenzgebot des § 307 Abs. 1 S. 2 BGB. Daher sollte die **Kündigungsbefugnis** eindeutig geregelt werden. Mangels Bestimmtheit ist die Kündigungsbefugnis „bei ungünstigen Auskünften" unwirksam.[1378]

2. Grundlagen der Inhaltskontrolle. a) § 307 Abs. 2 Nr. 1 BGB. Da Darlehens- und Getränkelieferungsverträge ein Dauerschuldverhältnis begründen, ist § 314 BGB als Vergleichsmaßstab heranzuziehen. Jede Abweichung stellt nach § 307 Abs. 2 Nr. 1 BGB einen Verstoß gegen das gesetzliche **Leitbild des § 314 BGB** dar.[1379]

aa) Verschulden. Formularmäßig ist es auch durch § 307 Abs. 2 Nr. 1 BGB nicht geboten, dass der Getränkelieferant die für die außerordentliche Kündigung erforderlichen Tatbestandsvoraussetzungen unter Beachtung der Tatbestandselemente der §§ 281, 323 BGB formuliert.[1380]

bb) Nachfristsetzung mit Ablehnungsandrohung oder Abmahnung. Bei Verletzung vertraglicher Pflichten darf formularmäßig gem. §§ 307 Abs. 2 Nr. 1, 314 Abs. 2 S. 1 BGB nicht auf das Erfordernis einer vorherigen erfolglosen Abmahnung oder den Ablauf einer zur Abhilfe bestimmten Frist verzichtet werden.[1381] Hintergrund hierfür ist,

---

1363 BGHZ 109, 314 = NJW 1990, 567, im Ergebnis aber abgelehnt; OLG Nürnberg NJW-RR 2002, 917.
1364 BGHZ 109, 314 = NJW 1990, 567.
1365 BGH WM 1998, 1289; offengelassen in BGHZ 109, 314 = NJW 1990, 567-
1366 Ebenso LG Köln BeckRS 2012, 02826, Vorinstanz zu OLG Köln BeckRS 2012, 15923, allerdings ohne Begründung.
1367 BGHZ 109, 314 = NJW 1990, 567; vgl. auch OLG Köln BeckRS 2013, 07760.
1368 BGHZ 109, 314 = NJW 1990, 567.
1369 Ausführlich *Bühler*, § 19 VI Rn 2.792–2.830. m.w.N.
1370 Eingehend hierzu *Bühler*, § 19 VII Rn 2.831–2.853. m.w.N.
1371 *Bühler*, § 19 VIII Rn 2.854–2.865. m.w.N.
1372 *Bühler*, § 19 IX Rn 2.866–2.881. m.w.N.
1373 *Bühler*, § 19 X Rn 2.882–2.885. m.w.N.
1374 OLG Koblenz NJOZ 2002, 837.
1375 OLG München OLGReport 1995, 145.
1376 OLG Zweibrücken, Urt. v. 6.7.2009 – 7 U 180/08.
1377 Martinek/Semler/Habermeier/Flohr/*Gödde*, Vertriebsrecht, § 52 Rn 46.
1378 BGH NJW 1985, 53 (Automatenaufstellvertrag).
1379 OLG Oldenburg, Urt. v. 14.11.2012 – 5 U 56/11; LG Heidelberg NJW-RR 2007, 1551.
1380 OLG München NJW-RR 2009, 57.
1381 BGH NJW-RR 2003, 928; OLG Oldenburg, Urt. v. 14.11.2012 – 5 U 56/11 m.w.N.

dass dem Schuldner in der Regel eine zweite Chance zur Beseitigung der Pflichtverletzung gewährt werden soll. So auch § 323 Abs. 1 BGB für den Fall des Rücktritts und § 281 BGB für den Fall des Schadensersatzes statt der Leistung.

711 **b) § 307 Abs. 1 S. 1 BGB. aa) Kündigungsgrund.** Behält der Getränkelieferant sich vor, den Vertrag mit dem Gastwirt unter bestimmten Voraussetzungen zu kündigen, belastet dies den Gastwirt jedenfalls nicht über Gebühr. Die Kündigungsgründe heben überwiegend auf eine wesentliche Änderung der Verhältnisse ab, die die Belange des Getränkelieferanten nicht unerheblich berühren, und sind deshalb durchweg sachgerecht.

712 **bb) Einseitige Berechtigung.** Darin, dass in einem **Gaststättenpachtvertrag** den Verpächtern, nicht aber den Pächtern, zum Teil über die gesetzlichen Gründe hinausgehende Auflösungsgründe zugebilligt wurden, lag kein Verstoß gegen § 138 Abs. 1 BGB.[1382]

713 **cc) Wesentlicher bzw. schwerwiegender Verstoß.** Sowohl gem. § 138 Abs. 1 BGB als auch nach § 307 BGB berechtigen nur wesentliche oder schwerwiegende Vertragsverstöße zur fristlosen Kündigung.[1383] Diese Einschränkung der Kündigungsbefugnis muss sich aus der Kündigungsregelung selbst ergeben.[1384] Einmalige Verstöße dürfen daher nicht sanktioniert werden.[1385]

714 **dd) Vertretenmüssen.** Im Hinblick auf die noch zu erörternde Frage, welche Auswirkungen die Kündigung der Leistungen, insbesondere des Darlehens, auf die Getränkebezugsverpflichtung hat, scheint es angezeigt, die Befugnis zur außerordentlichen Kündigung des Getränkelieferungsvertrages durch den Getränkelieferanten unter die Voraussetzung zu stellen, dass der Kunde die Kündigung zu vertreten hat. Damit wird auch dem von der Rechtsprechung aufgestellten Erfordernis eines wesentlichen bzw. schwerwiegenden Verstoßes gegen die vertragliche Verpflichtung Rechnung getragen.

715 **3. Fremdbezug.** Klauseln, die eine sofortige Fälligstellung des Restdarlehens bei schuldhaftem Fremdbezug anordnen, dürften jedenfalls dann unbedenklich sein, wenn sie einer Auslegung im Sinne einer Beschränkung auf Vertragsverletzungen von einigem Gewicht, die die Durchführung des Vertrages gefährden, zugänglich sind.[1386]
Zur Wirksamkeit einer Kündigungsklausel für den Fall des Fremdbezugs kann verwiesen werden.[1387]

716 **4. Minderbezug.** Vereinbart werden kann das Recht, das Darlehen anteilig zu kündigen (**Leistungsanpassung**), wenn die festgelegte Jahresmindestabnahmemenge um mehr als 20 % unterschritten wird. Auch diese Regelung dient dem berechtigten Interesse des Getränkelieferanten an einer Absicherung des Darlehens und hält einer Inhaltskontrolle nach § 307 BGB stand.[1388]

717 Viele Darlehens- und Getränkelieferungsverträge enthalten wegen der großen praktischen Bedeutung des Minderbezuges ein entsprechendes ausdrückliches Kündigungsrecht. Bei Unterschreitung der vereinbarten periodischen, insbesondere jährlichen, Mindestabnahmemenge ist der Getränkelieferant berechtigt, das Tilgungs- oder Abschreibungsdarlehen, ggf. auch den gewährten Zuschuss, mit einer bestimmten Frist zu einem bestimmten Zeitpunkt unter Verzicht auf seine Lieferrechte zu kündigen und die Restvaluten zur sofortigen Rückzahlung fällig zu stellen.[1389]

718 **5. Einstellung des Getränkebezuges.** Soweit ein **Zuschuss** in voller Höhe bei Verletzung des Getränkelieferungsvertrages vom Gastwirt zurückgefordert wird, liegt darin eine nach § 307 Abs. 2 Nr. 1 (i.V.m. § 309 Nr. 5 und 6) BGB zu beanstandende unangemessene Benachteiligung, wenn und soweit eine solche Regelung als Vertragsstrafe zu qualifizieren ist.[1390] Nach dem Wortlaut der Klausel gaben auch nur geringe Verstöße gegen den Vertrag das Recht, den gesamten Zuschuss zurückzufordern. So hätte beispielsweise die Einstellung des Getränkebezuges kurz vor Ende der Laufzeit genügt. Darin sah das Gericht eine unangemessene Benachteiligung.

719 **6. Abräumklausel.** Die Formularklausel in einem Getränkelieferungsvertrag, die es dem Getränkelieferanten gestattet, bei Vertragsverletzungen des Gastwirts auch ohne Kündigung des Vertrags die Rückgabe des leihweise überlassenen Gaststätteninventars zu verlangen (Abräumklausel),[1391] hält der Inhaltskontrolle nach § 307 Abs. 1 BGB nicht stand.[1392] Die vorstehend vom BGH geäußerten Bedenken dürften allerdings einer Regelung nicht entgegenstehen, nach der die Bezugsverpflichtung (Ausschließlichkeit) nach erklärter Kündigung erst dann endet, wenn der Ge-

---

1382 OLG Hamm, Urt. v. 8.6.1998 – 31 U 4/98, rechtskräftig durch Nichtannahmebeschl. d. BGH v. 15.9.1999 – VIII ZR 333/98.
1383 BGH NJW 1970, 2243; BGH NJW 1972, 1459; BGH ZIP 1984, 335; BGH NJW 1992, 2145; OLG Düsseldorf BeckRS 2005, 06685; OLG Oldenburg, Urt. v. 14.11.2012 – 5 U 56/11; LG Berlin NJW-RR 1990, 820.
1384 BGH WM 1973, 1360; BGH NJW 1985, 2693.
1385 OLG Oldenburg, Urt. v. 14.11.2012 – 5 U 56/11.
1386 Zu dieser Auslegungsmöglichkeit BGH NJW 1985, 320, betreffend Ziff. 15 der im Möbelhandel verwendeten AGB.
1387 OLG München BB 1995, 329.
1388 OLG Düsseldorf BeckRS 2005, 06685.
1389 Zu den Einzelfragen wird auf *Bühler*, § 40 V 4–7 Rn 3.150–3.158. m.w.N. verwiesen.
1390 LG Berlin NJW-RR 1990, 820.
1391 Ausführlich dazu *Bühler*, § 40 IX 2 Rn 3.199–3.202. m.w.N.
1392 BGH NJW 1985, 2693; OLG Nürnberg NJW-RR 2002, 917.

tränkelieferant das leihweise überlassene Inventar vollständig zurückerhalten hat. Dem Getränkelieferanten kann nämlich nicht zugemutet werden, mit ansehen zu müssen, wie Mitbewerber von ihm unter Nutzung des vom Getränkelieferanten vorfinanzierten Inventars Absätze und damit Gewinne tätigen. Ist der Getränkelieferant aus wichtigem Grund zur Kündigung seiner Leistung berechtigt, bleibt der Gastwirt jedenfalls so lange an die vereinbarte Getränkebezugsverpflichtung gebunden, als er nicht die ihm erbrachten Vorleistungen vollständig zurückgewährt hat. Anderenfalls könnte dem Gastwirt der Einwand rechtsmissbräuchlichen Verhaltens entgegengehalten werden. Der Getränkelieferant würde nämlich rechtlos gestellt, wenn er bei schuldhaftem Verhalten des Gastwirts sein Recht zur Kündigung der Inventarleihe nur bei einem gleichzeitigen Verzicht auf seine weitergehenden Rechte aus dem Vertrag, insbesondere aus der Getränkebezugsverpflichtung, ausüben könnte.[1393]

7. Teilkündigung. a) Einbeziehung. Bei der Formulierung von Teilkündigungsklauseln[1394] ist auf eine klare Formulierung der Alternative Teilkündigung Wert zu legen. Der häufige Einschub – „auch teilweise" – ist unklar und geht gemäß § 305c Abs. 2 BGB zu Lasten des Verwenders.

b) Grundlagen der Inhaltskontrolle. Im Rahmen der Inhaltskontrolle nach § 307 Abs. 1 S. 1 BGB[1395] ist das **Äquivalenzprinzip** von Bedeutung. Dagegen wird verstoßen, wenn infolge einer von dem Getränkelieferanten erklärten (Teil-)Kündigung die Leistung desselben vorzeitig zurückzugewähren wäre, ohne dass sich die Bezugsbindung, sei es zeitlich, sei es mengenmäßig, änderte. Im Ergebnis würde dann der Bezugsbindung keine Gegenleistung mehr gegenüberstehen, was zu einer Störung des zwischen Leistungsgewährung und Bezugsverpflichtung bestehenden Äquivalenzinteresses führte.[1396] Die Verpflichtung zur vorzeitigen Rückzahlung des Darlehens nach Kündigung bzw. Teilkündigung hält nur dann einer Inhaltskontrolle nach § 307 Abs. 1 S. 1 BGB stand, wenn sich an der Bezugsbindung des Gastwirts zeitlich oder bezüglich der Menge etwas ändert.[1397] Mit gleicher Argumentation ließe sich die Auffassung vertreten, dass keine Wirksamkeitsbedenken gegen eine Kündigungsklausel bestehen, nach der der Getränkelieferant den Gastwirt nach berechtigter Kündigung aus wichtigem Grund solange an der Getränkebezugsverpflichtung festhalten kann, bis jener das zur Sicherung des Darlehens übereignete Gaststätteninventar vollständig zurückgegeben hat bzw. eine aktive Verwertung durch den Getränkelieferanten noch nicht abgeschlossen ist.[1398]

c) Inventarvorfinanzierung. Finanziert der Getränkelieferant Inventar unter Eigentumsvorbehalt vor (§ 449 Abs. 1 BGB, ggf. i.V.m. § 507 BGB) und macht er nach Rücktritt bzw. Kündigung (§ 449 Abs. 2 BGB bzw. § 508 BGB) sein Herausgabeverlangen geltend, so dürften die vorstehend skizzierten Bedenken gegen eine Fortdauer der Getränkebezugsverpflichtung ebenfalls bestehen. Anders ist wiederum zu entscheiden, wenn der Getränkelieferant – sei es in der Kündigungs-/Rücktrittsregelung, sei es in der Kündigungs-/Rücktrittserklärung – zwar Herausgabe verlangt, das Erlöschen der Getränkebezugsverpflichtung aber auf den Fall der vollständigen Rückgabe der vorfinanzierten Gegenstände hinausgeschoben ist. Dies dürfte bei Kündigungs-/Rücktrittserklärungen im Zweifel anzunehmen sein (§§ 157, 133 BGB). Bei entsprechenden vertraglichen Regelungen dürfte einer entsprechenden Auslegung allerdings § 305c Abs. 2 BGB entgegenstehen.

d) Minderbezug. Gelegentlich finden sich (vertragliche) Teilkündigungsklauseln, nach denen Verstöße gegen die (Mindest-)Abnahmeverpflichtung den Getränkelieferanten berechtigen sollen, unter unveränderter Fortgeltung der Bezugsbindung die gewährte Leistung (leihweise Inventargestellung, Darlehen etc.) vollständig oder auch nur teilweise zurückzufordern. Fraglich ist, ob solche Regelungen Bestand haben können. Insofern kann verwiesen werden.[1399]

Gemäß § 139 BGB beschränkt sich die Unwirksamkeit allerdings auf die betreffende Vertragsregelung und erfasst nicht den Vertrag im Ganzen.[1400] Etwas anderes ergebe sich – äußerst ausnahmsweise – nur dann, wenn die Getränkebezugsverpflichtung durch eine berechtigte Kündigung (§ 314 BGB) seitens des Gastwirts entfallen sei.[1401]

1393 BGHZ 147, 279 = NJW 2001, 2331, zur Situation bei Darlehensgewährung.
1394 Zu dieser umstrittenen Problematik mit vielen Teilaspekten vgl. *Bühler*, § 40 X Rn 3.203–3.230. m.w.N.
1395 *Bühler*, § 40 X 5 Rn 3.209–3.215. m.w.N.
1396 BGH NJW 1972, 1459; BGHZ 147, 279 = NJW 2001, 2331; KG NJW-RR 1989, 630; Düsseldorf, Urt. v. 28.5.2004 – 15 U 193/03 sowie 15 W 103/03, für einen Vertrag zwischen Brauerei und Getränkefachgroßhändler; OLG Zweibrücken, Urt. v. 6.7.2009 – 7 U 180/08; OLG Dresden, Urt. v. 29.10.2009 – 8 U 195/09; LG Heidelberg NJW-RR 2007, 1551; zu weiteren Fragen in diesem Zusammenhang *Bühler*, § 2 III 4 Rn 1149. m.w.N.
1397 KG NJW-RR 1989, 630; OLG Düsseldorf, Urt. v. 28.5.2004 – 15 U 193/03 sowie 15 W 103/03 (Biervertragsvertrag); OLG Düsseldorf BeckRS 2005, 06685; OLG Zweibrücken, Urt. v. 6.7.2009 – 7 U 180/08; OLG Dresden, Urt. v. 29.10.2009 – 8 U 195/09; LG Heidelberg NJW-RR 2007, 1551.
1398 BGHZ 147, 279 = NJW 2001, 2331.
1399 Eingehend *Bühler*, § 40 X 6 b bb Rn 3.219–3.221. m.w.N.
1400 OLG Koblenz NJOZ 2002, 837; OLG Düsseldorf, Urt. v. 28.5.2004 – 15 U 193/03 sowie 15 W 103/03.
1401 OLG Koblenz NJOZ 2002, 837; OLG Düsseldorf, Urt. v. 28.5.2004 – 15 U 193/03 sowie 15 W 103/03.

725 **e) Geltungserhaltende Reduktion.** Umstritten ist, ob bei Unwirksamkeit der Teilkündigungsregelung eine Aufrechterhaltung – sei es über § 139 BGB analog, sei es nach den Grundsätzen der geltungserhaltenden Reduktion – möglich ist.[1402]

XII. Verbraucherschutzrecht

726 **1. Vertragsklauseln.** Eine vorformulierte Klausel, durch die sich der Unternehmer vom Verbraucher bestätigen lässt, dass das Darlehen für eine bereits ausgeübte gewerbliche (oder selbstständige berufliche) Tätigkeit bestimmt sein soll (**Bestätigungsklauseln**), ist wegen Verstoßes gegen § 309 Nr. 12 S. 1b BGB unwirksam.[1403]

727 Hinsichtlich einer Vertragsklausel des Inhalts, dass die Leistungen des Getränkelieferanten erst nach Ablauf der Widerrufsfrist erbracht werden (**Leistungsvorbehalt**), bestehen keine Bedenken. Sie ist bei Getränkelieferungsverträgen üblich. Ihre Zulässigkeit ergibt sich aus § 308 Nr. 1 Hs. 2 BGB.[1404]

728 Wird gegen ein Gesetz verstoßen, das einen Vertragspartner vor bestimmten nachteiligen Klauseln schützen soll, so beschränkt sich die Nichtigkeit nach dem Zweck der Verbotsnorm auf die verbotene Klausel, so allgemein für die Unwirksamkeit von Klauseln in AGB § 306 BGB. Wird gegen andere gesetzliche Schutzvorschriften, z.B. Verbraucherschutzvorschriften, verstoßen, so bleibt das Rechtsgeschäft gleichfalls unter Wegfall der nichtigen Bestimmung wirksam.[1405]

729 Ggf. gibt die **salvatorische Klausel** nur wieder, was kraft Gesetzes für vorformulierte Vertragsregelungen gemäß § 306 Abs. 1 BGB ohnehin gilt. Auf Vertragsbestimmungen, die den Leistungsumfang – hier Bezugsverpflichtung – festlegen, kann sie nicht angewandt werden, wenn der nichtige Teil eines Vertrags dem übrigen Teil des Rechtsgeschäfts den Boden entzieht. Das ist dann der Fall, wenn die widerrufene Bezugsverpflichtung nicht ersetzt werden kann.[1406]

730 **2. Widerrufsbelehrung. a) Hinweis auf Widerrufsrecht.** Bei dem Hinweis auf das Widerrufsrecht handelt es sich nicht lediglich um eine für den Vertragsinhalt bedeutungslose Belehrung. Vielmehr ist er Teil des gedruckten Textes und damit **vorformuliert** i.S.d. § 305 Abs. 1 S. 1 BGB. Der Vertragspartner dürfe annehmen, er schließe ein Geschäft ab, das er widerrufen kann. Dies unabhängig davon, ob der konkrete Vertrag nach den gesetzlichen Bestimmungen widerruflich ist. Zumeist wird er die gesetzlichen Widerrufsregeln gar nicht kennen, sodass er auch keinen Bezug zu diesen herstellen wird. Der vom Unternehmer vorformulierte Text ist nach der Empfängersicht zu interpretieren. Unklarheiten gehen gemäß § 305c Abs. 2 BGB zu Lasten des Verwenders. Nach dem Empfängerhorizont wird somit mit einer – auch irrtümlichen – Widerrufsbelehrung ein vertragliches Widerrufsrecht begründet.[1407]

731 **b) Deutlichkeitsgebot und Transparenzgebot.** Enthält eine Widerrufsbelehrung keinen ausreichenden Hinweis auf den Beginn der Widerrufsfrist und trägt sie damit nicht den gesetzlichen Anforderungen Rechnung, die an eine Belehrung gestellt werden (Art. 246 Abs. 3 S. 3 Nr. 4 EGBGB), so begründet die formularmäßige Verwendung der nicht den Anforderungen des Gesetzes entsprechenden Belehrung die Gefahr der Irreführung des Verbrauchers und benachteiligt diese unangemessen (§ 307 Abs. 1 S. 2 BGB).[1408] Das Deutlichkeitsgebot des Art. 246 Abs. 3 S. 2 EGBGB findet auch seinen Niederschlag im Transparenzgebot des § 307 Abs. 1 S. 2 BGB.[1409] Unnötig komplizierte oder gar fehlerhafte Belehrungen (hier Informationen) sind zu vermeiden. Auch dies folgt aus dem Transparenzgebot des § 307 Abs. 1 S. 2 BGB.[1410]

XIII. Verträge im Verhältnis Brauerei – Getränkefachgroßhändler

732 **1. Einbeziehung und Auslegung.** Zur Prüfung der Voraussetzungen des **§ 305 Abs. 1 S. 1 BGB** kann auf das Urteil des OLG Düsseldorf vom 28.5.2004 verwiesen werden.[1411] Haben die Parteien die Vertragsbedingungen zuvor über einen längeren Zeitraum hinweg im Einzelnen ausgehandelt (**§ 305 Abs. 1 S. 3 BGB**), so scheidet eine Inhaltskontrolle nach den AGB-Bestimmungen aus.[1412]

733 Zur Unklarheitenregelung des **§ 305c Abs. 2 BGB** nimmt das OLG Düsseldorf in der Entscheidung vom 28.5.2004 ebenfalls Stellung.[1413])

1402 Bejahend KG NJW-RR 1989, 630; ablehnend OLG Düsseldorf, Urt. v. 28.5.2004 – 15 U 193/03 sowie 15 W 103/03 (Bierverlagsvertrag); LG Heidelberg NJW-RR 2007, 1551.
1403 Bühler, § 23 I 14 a Rn 2.1081. m.w.N.
1404 Bühler, § 26 IX 3 a bb Rn 2.1593. m.w.N.
1405 BGH ZIP 1992, 933 = WM 1992, 391, zu der Frage, ob die Bestimmung des § 306 Abs. 1 BGB nach dem VerbrKrG widerrufene Willenserklärungen überhaupt erfasst und nicht jedenfalls dann unanwendbar ist, wenn anderenfalls § 139 BGB zum Nachteil des Kunden verdrängt und damit der Schutzzweck des § 306 Abs. 1 BGB gefährdet würde; vgl. im Übrigen BGHZ 128, 156.
1406 OLG Düsseldorf ZMR 2001, 102.
1407 BGH NJW 2010, 989; ausführlich Bühler, § 23 V 4 a Rn 2.1254. m.w.N.
1408 BGH NJW 2010, 989.
1409 BGH NJW 2011, 1061.
1410 BGH NJW 2002, 3396; NJW 2010, 989.
1411 OLG Düsseldorf, Urt. v. 28.5.2004 – 15 U 193/03.
1412 OLG Köln, Urt. v. 12.7.2000 – 5 U 164/94, rechtskräftig durch Nichtannahmebeschl. d. BGH v. 17.9.2001 – VIII ZR 345/00. Anders aber in der Entscheidung OLG Düsseldorf, Urt. v. 28.5.2004 – 15 U 193/03 sowie 15 W 103/03.
1413 OLG Düsseldorf, Urt. v. 28.5.2004 – 15 U 193/03 sowie 15 W 103/03.

2. Inhaltskontrolle. a) Transparenzgebot. Ein Verstoß gegen das Transparenzgebot liegt nicht vor, wenn die Rechte und Pflichten des Getränkefachgroßhändlers eindeutig und verständlich dargestellt sind und sich dieser bei Vertragsschluss hinreichend über die rechtliche Tragweite der Vertragsbedingungen klar werden konnte.[1414] Dies gilt umso mehr, als im Unternehmerverkehr die Anforderungen an die Formulierungsstringenz und die Transparenz einer Regelung nicht so hoch sind wie bei Verträgen mit Verbrauchern.[1415] **734**

b) Unangemessenheit (§ 307 Abs. 1 S. 1 BGB). Das **Äquivalenzverhältnis** ist auch insofern zu beachten.[1416] **735**

3. Ausgewählte Klauseln. a) Ausschließlichkeitsverpflichtung. Zwar verlangt das Transparenzgebot (§ 307 Abs. 1 S. 2 BGB) zur Vermeidung einer unangemessenen Benachteiligung, dass die vertraglichen Bestimmungen klar und verständlich sind, insbesondere der Verwender die Rechte und Pflichten seines Vertragspartners in den AGB möglichst klar, einfach und präzise darstellt. Auch muss die Klausel wirtschaftliche Nachteile und Belastungen für einen durchschnittlichen Vertragspartner insoweit erkennen lassen, wie dies nach den Umständen gefordert wird. Insofern äußert das OLG Hamm in einem Urt. v. 10.5.2012 aber zu Recht keine Bedenken.[1417] **736**

b) Laufzeit. Laufzeiten von **fünf**[1418] bzw. **zehn** Jahren[1419] sind zulässig. **737**

Unzulässig ist eine **Verlängerung der Laufzeit** eines Getränkelieferungsvertrages für den Fall des Nichterreichens der vereinbarten periodischen (Mindest-)Abnahmemenge.[1420] **738**

Soll in einem Formularvertrag, nach dem der lang andauernden Verpflichtung zum Warenbezug als Leistung die Gewährung eines – u.U. – zinslosen Darlehens gegenübersteht, die Bezugspflicht auch dann bestehen bleiben, wenn der Bezugsverpflichtete die **Voraussetzungen für die Darlehensgewährung** aus von ihm nicht zu vertretenden Gründen nicht zu erfüllen vermag, so verstößt eine derartige Regelung gegen das Äquivalenzprinzip und ist nach § 307 Abs. 1 S. 1 BGB unwirksam.[1421] **739**

c) Mindestabnahmemenge. Die formularmäßige Festlegung von Mindestabnahmemengen und Bezugspflichten ist auch nach § 307 BGB grundsätzlich nicht zu beanstanden.[1422] **740**

d) Nachfolgeklauseln. Ebenfalls nicht auf Bedenken stößt das **nachträgliche Auseinanderfallen von Schuldner der Darlehensverpflichtung und Schuldner der Getränkeabnahmeverpflichtung**, etwa im Rahmen des Vollzuges einer Rechtsnachfolgeklausel.[1423] In der Entscheidung auch zur Auslegung als **Vertragsübernahme**. **741**

e) Schadensersatzpauschalierungsklauseln. Gegen eine Pauschalierung auf **60,00 EUR/hl** wurde nichts erinnert.[1424] Ein zulässiges Bestreiten mit Nichtwissen gemäß § 138 Abs. 4 ZPO scheidet von vornherein aus, soweit es um den von der Brauerei behaupteten Abgabepreis an den Getränkefachgroßhandel geht. Als ehemaliger Getränkefachgroßhändler, über den zudem die Getränkelieferungen an die streitgegenständliche Absatzstätte zumindest zeitweise erfolgt sind, hätte der in Anspruch Genommene ggf. einen hiervon abweichenden Wert benennen können.[1425] **742**

f) Vertragsstrafenklausel. Hinsichtlich einer Vertragsstrafenregelung für den Fall des **Fremdbezug**es bedarf es zunächst der Feststellung, ob überhaupt eine AGB i.S.d. **§ 305 Abs. 1 BGB** vorliegt.[1426] **743**

g) Mindermengenausgleichsklauseln. aa) Haftung dem Grunde nach. Unwirksam ist eine **verschuldensunabhängige** Verpflichtung zur Zahlung eines **Deckungsausgleichs**betrages bei Minderbezug.[1427] Sollte die Ausgleichsregelung im Ergebnis darauf hinauslaufen, dass der Getränkefachgroßhändler insbesondere **verschuldensunabhängig** und auch ohne **Möglichkeit des Gegenbeweises** gleichsam garantieartig in Anspruch genommen werden könnte, so muss eine Klauselnichtigkeit nach §§ 307 Abs. 2 Nr. 1, 309 Nr. 5a und/oder 5b, 309 Nr. 6, 339 S. 1 BGB geprüft werden.[1428] **744**

1414 OLG Hamm, Urt. v. 10.5.2012 – I-22 U 203/11.
1415 OLG Düsseldorf, Urt. v. 28.5.2004 – 15 U 193/03 sowie 15 W 103/03.
1416 OLG Düsseldorf, Urt. v. 28.5.2004 – 15 U 193/03 sowie 15 W 103/03.
1417 OLG Hamm, Urt. v. 10.5.2012 – I-22 U 203/11.
1418 OLG Köln, Urt. v. 12.7.2000 – 5 U 164/94, rechtskräftig durch Nichtannahmebeschl. d. BGH v. 17.9.2001 – VIII ZR 345/00.
1419 OLG Düsseldorf, Urt. v. 28.5.2004 – 15 U 193/03 sowie 15 W 103/03.
1420 OLG Düsseldorf, Urt. v. 28.5.2004 – 15 U 193/03 sowie 15 W 103/03.
1421 OLG Düsseldorf, Urt. v. 28.5.2004 – 15 U 193/03 sowie 15 W 103/03.
1422 BGH, Urt. v. 13.7.2004 – KZR 10/03, GRUR 2005, 62.
1423 OLG Düsseldorf, Urt. v. 28.5.2004 – 15 U 193/03 sowie 15 W 103/03.
1424 OLG Hamm, Urt. v. 10.5.2012 – I-22 U 203/11.
1425 OLG Hamm, Urt. v. 10.5.2012 – I-22 U 203/11.
1426 OLG Düsseldorf, Urt. v. 28.5.2004 – 15 U 193/03 sowie 15 W 103/03.
1427 OLG Naumburg, Urt. v. 7.9.1995 – 2 U 6/93, rechtskräftig durch Nichtannahmebeschl. d. BGH v. 3.7.1996 – VIII ZR 281/95; OLG Düsseldorf, Urt. v. 19.1.1999 – U (Kart) 17/98, rechtskräftig durch Nichtannahmebeschl. d. BGH v. 22.3.2000 – VIII ZR 60/99, sowie hierzu BGH BeckRS 1999, 30066756; OLG Düsseldorf, Urt. v. 28.5.2004 – 15 U 193/03 sowie 15 W 103/03.
1428 OLG Naumburg, Urt. v. 7.9.1995 – 2 U 6/93, rechtskräftig durch Nichtannahmebeschl. d. BGH v. 3.7.1996 – VIII ZR 281/95.

745 Dadurch wird indes die Wirksamkeit des Vertrages im Ganzen nicht berührt. Dies jedenfalls dann, wenn die Parteien ausdrücklich vereinbart haben, dass die Unwirksamkeit einzelner Vertragsbestimmungen die Gültigkeit des Vertragswerkes im Übrigen unberührt lassen soll. Erkenntnisse, dass diese (**salvatorische**) **Klausel** einschränkend gemeint war und sie nach dem Willen der Parteien nicht den Fall umfassen soll, lagen nicht vor.[1429]

746 **bb) Höhe.** Gegen die Höhe des vereinbarten Deckungsausgleichsbetrages (**Pauschalierung** im Umfang von **20 %** des an die Brauerei zu zahlenden Einkaufspreises) wurde nichts erinnert.[1430]

747 Unangemessen ist eine **Kumulation** von Sanktionen bei Unterschreitung der jährlichen Mindestabnahmemenge, konkret eine Ausfallentschädigung in Höhe von 15,00 EUR nicht abgenommenen hl, das Recht zur Teilkündigung des Darlehens sowie eine Verlängerung der Abnahmeverpflichtung bis zum Erreichen der Gesamtmindestabnahmemenge.[1431] Dort auch zur Auslegung des Begriffs der „**Entschädigung**".

748 **h) Teilkündigungsklauseln.** Bedenken wurden ebenfalls geäußert hinsichtlich einer Teilkündigung der Finanzierung bei Fortbestand der Bindung.[1432]

749 Bei Unwirksamkeit der Teilkündigungsklausel wurde eine Aufrechterhaltung des Vertrages im Übrigen – sei es über § 139 BGB analog, sei es nach den Grundsätzen der geltungserhaltenden Reduktion – bejaht.[1433]

XIV. Leergut

750 **1. Saldenbestätigungen.** Entsprechende Klauseln weisen AGB-rechtliche Probleme auf.[1434] Die darin enthaltene Erklärungsfiktion i.S.d. **§ 308 Nr. 5 BGB** ist auch im Unternehmerverkehr (§ 310 Abs. 1 S. 1 und 2 BGB) zu beachten.[1435] Die Frist zum Widerspruch gegen den mitgeteilten Kontokorrentsaldo von acht Tagen ist im Anbetracht des Bedürfnisses der Brauerei nach möglichst kurzfristiger Klärung der Verhältnisse durchaus als angemessen anzusehen. Zwar fehlt die nach § 308 Nr. 5b BGB grundsätzlich im Falle einer klauselmäßig vereinbarten Erklärungsfiktion aufzunehmende Verpflichtung des Verwenders zur Erteilung eines gesonderten Hinweises auf die möglichen Folgen einer widerspruchslosen Entgegennahme. Ein solcher Hinweis ist aber entbehrlich, denn es kann davon ausgegangen werden, dass in dem entsprechenden Geschäftszweig (Getränkebranche), in dem sowohl die klagende Brauerei als auch die beklagten Getränkefachgroßhändler tätig sind, die Verwendung derartiger Erklärungsfiktionen als bekannt vorausgesetzt werden kann. Dies ergibt sich bereits aus den von den Parteien in Bezug genommenen Entscheidungen,[1436] die beide eine ähnliche Vertragsgestaltung zum Gegenstand hatten. Auch in diesen Fällen enthielten die dort von den Getränkelieferanten verwendeten branchentypischen AGB vergleichbare Erklärungsfiktionen hinsichtlich des Leergutsaldos.[1437]

751 Gegen die Saldenbestätigungsklausel ist auch im Hinblick auf **§ 307 Abs. 1 S. 1 BGB** nichts zu erinnern, weil ein sachlich anzuerkennendes Bedürfnis der Brauerei an deren Verwendung besteht. Der Brauerei wird es bei der großen Zahl des ständig im Umlauf befindlichen Leerguts sowie der bei jeder Lieferung erfolgten Änderung des Leergutsaldos ohne Verwendung einer derartigen Erklärungsfiktion nur sehr schwer, wenn nicht gar unmöglich sein, im Bestreitensfall die Entwicklung eines solchen Leergutsaldos von Beginn der Geschäftsbeziehung an lückenlos durch Darstellung sämtlicher Bewegungen dieses Kontos darzulegen und ggf. zu beweisen. Praktikabel ist allein die Abrechnung des Leerguts im hier praktizierten Wege, die nicht zuletzt auch im Interesse der Kunden der Brauerei, denen das Leergut kostenfrei überlassen wird, erfolgt. Aus diesem Grunde bestehen gegen die Wirksamkeit der Vertragsklausel letztendlich keine durchgreifenden Bedenken, denn der Schwerpunkt bei der Inhaltskontrolle im Hinblick auf Erklärungsfiktionen im Unternehmerverkehr sollte grundsätzlich nicht bei der Einhaltung der formalen Kriterien des § 308 Nr. 5 BGB, sondern bei der materiellen Überprüfung liegen, ob an der Fiktion angesichts ihrer Anknüpfungspunkte und Rechtsfragen ein sachlich anzuerkennendes Interesse des Verwenders besteht.[1438] Dies auch vor dem Hintergrund, dass dem Schweigen im Rechtsverkehr unter Kaufleuten auch in einer Anzahl von gesetzlich ausdrücklich geregelten Fällen eine andere Bedeutung beigemessen wird, als dies im nichtkaufmännischen Verkehr der Fall ist.

752 **2. Wiederbeschaffungswertklauseln. a) Schranke des § 309 Nr. 5a BGB.** Die Zulässigkeit von Klauseln in Allgemeinen Geschäftsbedingungen der Getränkelieferanten, wonach für nicht zurückgegebenes Leergut dessen Wiederbeschaffungswert bzw. ein prozentualer Anteil hiervon als Ersatz zu zahlen ist, ist seit langem umstritten.

1429 OLG Düsseldorf, Urt. v. 19.1.1999 – U (Kart) 17/98, rechtskräftig durch Nichtannahmebeschl. d. BGH v. 22.3.2000 – VIII ZR 60/99.
1430 OLG Düsseldorf, Urt. v. 19.1.1999 – U (Kart) 17/98, rechtskräftig durch Nichtannahmebeschl. d. BGH v. 22.3.2000 – VIII ZR 60/99.
1431 OLG Düsseldorf, Urt. v. 28.5.2004 – 15 U 193/03 sowie 15 W 103/03.
1432 OLG Düsseldorf, Urt. v. 28.5.2004 – 15 U 193/03 sowie 15 W 103/03.
1433 OLG Düsseldorf, Urt. v. 28.5.2004 – 15 U 193/03 sowie 15 W 103/03.
1434 Eingehend zur AGB-Problematik von Leergutklauseln Bühler, § 55 VIII Rn 5.143–5.173. m.w.N.
1435 BGHZ 177, 69 = NJW 2008, 3348; OLG Köln, Urt. v. 30.9.1998 – 5 U 106/98; a.A. noch OLG Düsseldorf, Urt. v. 29.7.1994 – 21 U 219/93.
1436 OLG Karlsruhe NJW-RR 1988, 370; OLG Köln NJW-RR 1988, 373.
1437 OLG Köln, Urt. v. 30.9.1998 – 5 U 106/98.
1438 OLG Köln, Urt. v. 30.9.1998 – 5 U 106/98.

Im Rahmen der Vorteilsaufgleichung (Abzug neu für alt) werden in der Rechtsprechung unterschiedlich hohe Abschläge als erforderlich angesehen.[1439] Eine unzulässige Bereicherung ist auch dann anzunehmen, wenn Pfand, Mietzins und Kaufpreis für Leergut gezahlt werden müssen.[1440]

b) Höhe. Nur selten gelingt es Getränkelieferanten, zur Höhe des Schadens konkret vorzutragen. Dann ist an die Möglichkeit der Schätzung nach § 287 Abs. 1 ZPO zu denken.[1441]

c) Schranke des § 309 Nr. 5b BGB. Auch bei Vereinbarung eines pauschalierten Schadensersatzes ist dem Schuldner der Nachweis eines geringeren Schadens zuzulassen.[1442]

Bürgschaft

A. Einleitung	755	V. Bürgschaft auf erstes Anfordern	797
B. Forderungsumfang	758	VI. Verzicht auf Schadensersatzansprüche	799
I. Weite Sicherungszweckerklärung	758	VII. Verzicht auf Anzeigepflicht bei Zeitbürgschaft (§ 777 BGB)	800
1. Verstoß gegen § 305c BGB	759	VIII. Verzicht auf das Kündigungsrecht	801
2. Verstoß gegen § 307 BGB	764	D. Regressbeschränkungen	802
II. Erstreckung auf Nebenforderungen	778	I. Ausschluss der Legalzession (§ 774 Abs. 1 S. 1 BGB)	802
III. Erweiterung der Bürgenhaftung durch andere Sicherheiten	780	II. Ausschluss der Gesamtschuldnerschaft bei Mitbürgen (§ 769 BGB)	804
IV. Begrenzung der Bürgenhaftung	782	III. Verzicht auf die Einrede der Sicherheitenaufgabe (§ 776 BGB)	807
C. Einwendungsverzichtserklärungen	783	E. Bürgschaftsverträge im Baugewerbe	809
I. Verzicht auf die Einreden des Hauptschuldners (§ 768 Abs. 1 S. 1 BGB)	784	I. Gewährleistungsbürgschaft	809
II. Verzicht auf die Einrede der Anfechtbarkeit (§ 770 Abs. 1 BGB)	792	II. Vertragserfüllungsbürgschaft	816
III. Verzicht auf die Einrede der Aufrechenbarkeit (§ 770 Abs. 2 BGB)	793	III. MaBV-Bürgschaft	820
IV. Verzicht auf die Einrede der Vorausklage (§ 771 S. 1 BGB)	795		

A. Einleitung

Die Bürgschaft zählt zur Absicherung von Bankkrediten und im Baugewerbe trotz mittlerweile zahlreicher funktional gleichartiger **Personalsicherheiten**, wie dem Garantievertrag oder der Patronatserklärung, zu den in der Praxis meistverwendeten Sicherungsmitteln. Ein Bürge übernimmt gegenüber einem Gläubiger eines Dritten die Verpflichtung, für dessen Schuld einzustehen (vgl. § 765 BGB), und damit das Insolvenzrisiko.[1443] Er begründet eine **eigene Verbindlichkeit** gegenüber dem Gläubiger.[1444] Daher darf der Bürge nicht zugleich Hauptschuldner sein, während Gläubiger der gesicherten Forderung und Bürgschaftsgläubiger personenidentisch sein müssen.[1445] Grundlage der **einseitigen Leistungsverpflichtung** ist ein Bürgschaftsvertrag zwischen diesen beiden Parteien oder dem Bürgen und einer vom Hauptschuldner und Gläubiger verschiedenen dritten Person zugunsten des Gläubigers.[1446] Erforderlich zur Begründung der Bürgenhaftung ist ein Vertragsschluss gemäß §§ 145 ff. BGB.

Inhalt und Grenzen des Bürgschaftsvertrags sind in den **dispositiven Vorschriften der §§ 765 ff. BGB** geregelt. Aus §§ 767, 768 und 770 BGB folgt, dass die Bürgschaftsforderung nur im Umfang der Gläubigerforderung gegenüber dem Hauptschuldner besteht. Eine Vereinbarung, wonach die Bürgschaft nicht von Entstehen, Bestand und Höhe der Hauptschuld abhängig sein soll, führt dazu, dass keine Bürgschaft mehr vorliegt.[1447] Von den §§ 765 ff. BGB abweichende Vereinbarungen sind damit zwar in Individualvereinbarungen zulässig, soweit dadurch aber die Abhängigkeit der Bürgenhaftung vom Bestand der Hauptschuld (Akzessorietät) aufgelöst wird, ändern sie den Rechts-

---

1439 OLG Karlsruhe NJW-RR 1988, 370 (20 %); OLG Köln NJW-RR 1988, 373 (50 %); OLG Düsseldorf, Urt. v. 29.7.1994 – 21 U 219/93 (50 %); OLG Braunschweig NJW-RR 1996, 566 (50 %); verneinend LG Nürnberg-Fürth, Urt. v. 8.1.1991 – 2 HK O. 1184/90.
1440 LG Köln MDR 1987, 672.
1441 *Bühler*, § 55 VIII 9 a bb Rn 5.172. m.w.N.
1442 OLG Köln NJW-RR 1988, 373.
1443 Staudinger/*Horn*, Vor §§ 765–778 Rn 65.
1444 Vgl. zu Bedeutung, Art und Wesen der Bürgschaft ausführlich Derleder/Knops/Bamberger/*Knops*, § 25 Rn 1 und 2.
1445 BGHZ 95, 88, 93 = WM 1985, 1172; BGHZ 115, 177, 182 = WM 1991, 1869; BGHZ 163, 59, 63 = WM 2005, 1171.
1446 BGHZ 115, 177 = WM 1991, 1869; BGH WM 2001, 1772; Palandt/*Sprau*, Einf. 3 vor §§ 765 ff.
1447 Derleder/Knops/Bamberger/*Knops*, § 25 Rn 14; Staudinger/*Horn*, Vor §§ 765–778 Rn 66.

charakter des Sicherungsmittels. Sie sind nur bis zur Grenze des Rechtsmissbrauchs zulässig.[1448] Der **Akzessorietätsgrundsatz** wird daher als **Leitbild des Bürgschaftsvertrags** bezeichnet.[1449]

757 Der Abschluss eines Bürgschaftsvertrags bei „Massengeschäften" insbesondere in der Bankpraxis erfolgt regelmäßig unter Verwendung von **Bürgschaftsformularen**, die dem **Anwendungsbereich der §§ 305 ff. BGB unterfallen**.[1450] Dies gilt bei Beteiligung einer Bank unabhängig davon, ob die Bank als Gläubiger der Hauptforderung oder selbst als Bürge auftritt.[1451] Der Versuch des Verwenders sich der Inhaltskontrolle mit der Behauptung zu entziehen, die Bestimmungen seien gemäß § 305 Abs. 1 S. 3 BGB individuell ausgehandelt, wird in der Regel bei banküblichen Bürgschaften scheitern.[1452] Denn hierzu müsste er den Nachweis erbringen, dass er den Kerngehalt der Vertragsbedingungen ernsthaft zur Disposition gestellt hat, der Vertragspartner die reale Möglichkeit zur Änderung einzelner Vertragsbedingungen hatte und sich dies in dem endgültigen Vertragstext auch niedergeschlagen hat.[1453] Der für Bürgschaftsformulare **typische Ausschluss von Einwendungen** in den Vertragsbedingungen, spricht aber nahezu immer für das Vorliegen von Allgemeinen Geschäftsbedingungen.[1454] Die **Einbeziehung der AGB** erfolgt bei Bürgschaftsverträgen mit der Unterschrift unter den Vertrag, wenn sämtliche die Bürgschaft betreffende Regelungen in der Vertragsurkunde enthalten sind.[1455] Das Vorliegen der weiteren Voraussetzungen nach § 305 Abs. 2 BGB wird dann unterstellt.[1456]

B. Forderungsumfang

I. Weite Sicherungszweckerklärung

758 Aus der Rechtsnatur der Bürgschaft als akzessorisches Sicherungsmittel folgt, dass jedem Bürgschaftsvertrag eine Sicherungszweckerklärung zugrunde liegt. Mit ihr wird der Umfang der Hauptschuld festgelegt, dessen Bestand gemäß § 767 Abs. 1 S. 1 BGB für den Umfang der Bürgenhaftung maßgebend ist. Die Bürgschaft kann gemäß § 765 Abs. 2 BGB für eine künftige oder bedingte Verbindlichkeit übernommen und erst nach Abschluss des Bürgschaftsvertrags begründet werden. Entsprechend dem **Bestimmtheitsgrundsatz** muss die Bürgschaft nur die Schuld, für die gebürgt werden soll, individuell bestimmbar bezeichnen.[1457] Die Bestimmung des Umfangs der Bürgenhaftung ist eine Leistungsbeschreibung und damit grundsätzlich gemäß § 307 Abs. 3 BGB der Inhaltskontrolle entzogen.[1458] Auch Leistungsbeschreibungen unterliegen allerdings der Einbeziehungskontrolle nach § 305c BGB und dem Transparenzgebot gemäß § 307 Abs. 1 S. 3 i.V.m. Abs. 2 S. 2 BGB.[1459] Sog. **Globalbürgschaften**, die ohne zeitliche und betragsmäßige Beschränkung für alle bestehenden und künftigen, bedingten oder befristeten Forderungen aus einer Geschäftsverbindung über den Anlass der Verbindlichkeit hinaus übernommen werden, sind daher nur in Individualvereinbarungen zulässig.[1460] Ein Wechsel in der Person des Hauptschuldners indessen kann auch in AGB vereinbart werden, soweit die Haftung unberührt bleibt.[1461] Die Hauptforderung darf der Höhe nach nicht erweitert werden.[1462]

759 **1. Verstoß gegen § 305c BGB.** Formularmäßige Sicherungszweckerklärungen, die den Haftungsumfang **auf alle bestehenden** und bzw. oder **künftige Forderungen erstrecken**, sind nach inzwischen gefestigter Rechtsprechung des BGH überraschend i.S.d. § 305c Abs. 1 BGB.[1463] Seit einer Entscheidung des BGH aus dem Jahr 1994[1464] ist

---

1448 BGHZ 147, 99 = WM 2001, 947; BGH NJW 1993, 1918.
1449 BGHZ 130, 19, 32 = WM 1995, 1397; BGHZ 132, 6, 8 = WM 1996, 436; BGHZ 137, 153, 155 = WM 1998, 67; BGHZ 142, 213, 215 = WM 1999, 1761; BGHZ 143, 95, 96 = WM 2000, 64; BGHZ 153, 293, 296 = WM 2003, 669; BGHZ 156, 302, 310 = WM 2003, 2379; BGH WM 1996, 766, 768; BGH WM 1996, 1391, 1392; BGH WM 1997, 1045, 1047; BGH WM 1998, 1675; BGH WM 1998, 2186, 2187; BGH WM 2000, 764, 765; BGH WM 2001, 1517, 1518; BGH WM 2001, 1575; BGH WM 2002, 436, 438; BGH WM 2002, 919, 920; BGH WM 2003, 2379, 2383. Kritisch *Förster*, WM 2010, 1677, 1678.
1450 MüKo/*Wurmnest*, § 307 Rn 252.
1451 UBH/*Fuchs*, Teil 2 (9) Rn 23.
1452 BGH WM 2004, 718; *Karst*, NJW 2004, 2059, 2061; *v. Westphalen*, BB 2003, 116, 117; *ders.*, ZIP 2004, 1433, 1439.
1453 BGHZ 150, 299, 302 = WM 2002, 1415 = NJW 2002, 2388; BGHZ 153, 311, 321 = WM 2003, 870 = NJW 2003 1805.
1454 OLG München, NJW-RR 2008, 1342; *Fischer*, WM 2005, 529, 539.
1455 *Bülow*, Recht der Kreditsicherheiten, Rn 909.
1456 BGH WM 1994, 2274.
1457 BGH NJW 2000, 1563.
1458 Staudinger/*Horn*, § 765 Rn 25; WLP/*Schmidt*, Klauseln B Rn 359.
1459 Siehe hierzu *Dähn*, ZBB 2000, 61; *Horn*, ZIP 1997, 525; *Kuntz*, AcP 209 (2009), 242; *Masuch*, BB 1998, 2590; *Nobbe*, BKR 2002, 747; *Reich/Schmitz*, NJW 1995, 2533; *Reich*, NJW 1995, 1857; *Reinicke/Tiedtke*, DB 1995, 2301; *Rösler/Fischer*, BKR 2006, 50; *Schmitz-Herscheidt*, ZIP 1997, 1140; *Seidel/Brink*, DB 1997, 1961; *Tiedtke*, ZIP 1998, 449; *ders.*, ZIP 1994, 1237; *Trapp*, ZIP 1997, 1279.
1460 BGHZ 130, 19, 22 = WM 1995, 1397 = NJW 1995, 2553.
1461 *Bülow*, Recht der Kreditsicherheiten, Rn 922.
1462 BGH NJW 1993, 1917.
1463 So noch zu § 3 AGBG a.F. BGHZ 126, 174, 176 = WM 1994, 1242; BGHZ 130, 19, 27 = WM 1995, 1397; BGHZ 137, 153, 155 = WM 1998, 67; BGHZ 142, 213, 215 = WM 1999, 1761; BGHZ 143, 95, 102 = WM 2000, 64; BGHZ 151, 374, 377 = WM 2002, 1836; BGHZ 153, 293, 297 = WM 2003, 669; BGHZ 156, 302, 310 = WM 2003, 2379; BGH ZIP 1995, 1888; BGH WM 1995, 2180, 2181; BGH WM 1996, 436; BGH WM 1996, 766, 769; BGH WM 1996, 1391, 1392; BGH WM 1997, 1045, 1047; BGH WM 2001, 1775; BGH WM 2002, 436, 438; BGH WM 2002, 919, 920; BGH WM 2003, 2379, 2383.
1464 BGHZ 126, 174, 176 = WM 1994, 1242.

eine formularmäßige Sicherungszweckerklärung über den Anlass der Verbindlichkeit hinaus grundsätzlich unwirksam (sog. **Anlassrechtsprechung**).[1465] Dies gilt unabhängig davon, ob dem Bestimmtheitserfordernis ausreichend Rechnung getragen wurde.[1466] Denn der Bürge übernimmt regelmäßig die Haftung aus Anlass einer konkreten Forderung. Mit einer Klausel, die seine Haftung auf Verbindlichkeiten erstreckt, die ihm nicht bekannt oder noch nicht entstanden sind, braucht der Bürge nicht zu rechnen.[1467]

Für eine **Höchstbetragsbürgschaft**, mit der der Bürge seine Haftung auf den in der Bürgschaftsurkunde genannten Betrag beschränkt, gilt dies entsprechend.[1468] Durch die Festlegung eines Höchstbetrags will der Bürge sein Risiko reduzieren und nicht erweitern.[1469] Die Vereinbarung eines Höchstbetrags schützt den Bürgen davor, wegen einer Forderung in Anspruch genommen zu werden, die er gar nicht kennt, sodass er nicht weniger schutzwürdig ist als bei einer betragsmäßig unbegrenzten Bürgschaft.[1470]

760

Der überraschende Charakter einer Bestimmung entfällt nach Auffassung des V. Zivilsenats des BGH, wenn sie inhaltlich so **klar und verständlich formuliert** und **drucktechnisch derart hervorgehoben** wurde, dass von ihr Kenntnis genommen werden kann.[1471] Für die weite Sicherungszweckabrede gilt dies nicht.[1472] Allein durch ein drucktechnisches Hervorheben kann der im Übrigen ungewöhnliche Charakter einer Klausel nicht geheilt werden, wenn eine Bestimmung in Formularverträgen eine weitreichende Änderung des aufgrund der konkreten Umstände des Vertragsschlusses erwarteten Vertragsinhalts bewirkt.[1473] Hierfür spricht auch die einleitende Formulierung „insbesondere" in § 305c Abs. 1 BGB. Das äußere Erscheinungsbild einer inhaltlich überraschenden Klausel kann schließlich nicht zum Vorteil des Verwenders gereichen. Daran ändert der Umstand nichts, dass sich weite Sicherungszweckerklärungen seit Jahrzehnten in zahlreichen Bürgschaftsverträgen finden.[1474] Die Üblichkeit einer Klausel kann nicht ihre Unwirksamkeit heilen. Unter Zugrundelegung des bei § 305c Abs. 1 BGB maßgeblichen **subjektiven Prüfungsmaßstabs** kann nur die tatsächliche Kenntnis des Bürgen über Bedeutung und Reichweite einer Klausel ihren Überraschungscharakter beseitigen.

761

Dagegen entfällt der **Überraschungscharakter**, wenn der Bürge mit einer Haftung für Verbindlichkeiten **rechnet**, die über den Anlass der Bürgschaft hinausgehen, mit der Folge, dass dann ausnahmsweise eine weite Sicherungszweckerklärung wirksam ist.[1475] Dasselbe gilt für den Fall, dass der Bürge sich **überhaupt keine Vorstellungen** über eine bestimmte Verbindlichkeit bei Übernahme der Bürgschaft gemacht hat.[1476] Ein **individueller Hinweis** auf den Haftungsumfang kann den Überraschungscharakter einer formularmäßigen Haftungserweiterung in einem Bürgschaftsvertrag aufheben.[1477] Die Beweislast hierfür trägt der Verwender der Klausel.[1478]

762

Nicht zu beanstanden ist eine Sicherungszweckerklärung, die die Haftung neben vertraglichen Ansprüchen auf **bereicherungsrechtliche Ansprüche** des Gläubigers gegen den Hauptschuldner erstreckt, da der Bürge, der sich für eine Darlehensvaluta verbürgt, damit rechnen muss, dass er auch bei Nichtigkeit des Vertrags haftet.[1479]

763

2. Verstoß gegen § 307 BGB. Soweit eine formularmäßige Sicherungszweckerklärung die Bürgenhaftung auf alle bestehenden oder künftigen Forderungen erstreckt, ist neben der Anwendung von § 305c BGB die **Inhaltskontrolle gemäß § 307 Abs. 3 BGB eröffnet**. § 765 Abs. 1 BGB bezeichnet als vertragstypische Pflicht der Bürgschaft die Einstandspflicht des Bürgen für die Erfüllung der Verbindlichkeit des Dritten. Der Gesetzgeber geht also zunächst davon aus, dass die Bürgschaft der Absicherung einer Forderung dient. Damit steht außer Frage, dass die Inhaltskontrolle gemäß § 307 Abs. 1 und 2 BGB bei einer darüber hinausgehenden Sicherungsabrede eröffnet ist, weil die Haftungserweiterung auf mehrere Forderungen zumindest eine die gesetzliche Regelung **ergänzende Regelung i.S.d § 307 Abs. 3 S. 1 Alt. 2 BGB** beinhaltet.

764

Praktische Bedeutung hat dies, weil ein Hinweis auf die Reichweite einer Sicherungszweckerklärung den Überraschungscharakter einer Klausel und damit die Anwendung von § 305c Abs. 1 BGB ausschließen kann, nicht aber von § 307 BGB.[1480] Im Gegensatz zu § 305c Abs. 1 BGB ist bei der Inhaltskontrolle nach § 307 BGB ein **objektiver**

765

1465 BGHZ 130, 19, 26 = WM 1995, 1397; BGHZ 142, 213, 216 = WM 1999, 1761 = NJW 1999, 3195 (Prolongationskredit); BGHZ 151, 374, 377 = WM 2002, 1836 = NJW 2002, 3167 (gesamte Geschäftsverbindung); BGHZ 153, 293, 297 = WM 2003, 669 = NJW 2003, 1521 (Kontokorrentkredit); BGH WM 2002, 436 = NJW 2002, 956 (Tilgungsdarlehen und Kontokorrentkredit).
1466 Palandt/*Sprau*, § 765 Rn 20.
1467 BGH WM 1994, 784, 785. Siehe hierzu aus der Literatur: Derleder/Knops/Bamberger/*Knops*, § 25 Rn 23; *Reinicke/Tiedtke*, DB 1995, 2301; *Rösler/Fischer*, BKR 2006, 50, 52.
1468 BGHZ 151, 374, 377 = WM 2002, 1836; BGH WM 1996, 766, 769; OLG Rostock, WM 1995, 1533, 1535.
1469 *Tiedtke*, ZIP 1998, 449.
1470 *Nobbe*, BKR 2002, 747, 751.
1471 BGHZ 130, 150, 155 = WM 1995, 1632.
1472 OLG Karlsruhe, WM 1993, 787, 788.
1473 So allgemein für AGB: BGHZ 131, 55, 59 = WM 1995, 2133; BGH WM 1999, 203, 206 = NJW 1987, 1636; BGH NJW 1994, 1656, 1657; BGH NJW 1981, 117, 118.
1474 *Nobbe*, BKR 2002, 747, 749. Anders sieht die Rechtsprechung dies für Zweckerklärungen bei Sicherungsgrundschulden (vgl. BGH WM 2000, 1328).
1475 BGHZ 130, 19, 28 = WM 1995, 1397; *Rösler/Fischer*, BKR 2006, 50, 52.
1476 BGHZ 132, 6, 8 = WM 1996, 436.
1477 BGHZ 126, 174, 180 = WM 1994, 1242; siehe hierzu auch *Rösler/Fischer*, BKR 2006, 50, 52.
1478 BGHZ 126, 174, 180 = WM 1994, 1242.
1479 BGH WM 1992, 125, 127; BGH WM 2001, 950, 951.
1480 *Nobbe*, BKR 2002, 747, 750.

Maßstab anzuwenden.[1481] Entscheidend ist das objektive Bestehen einer Anlassverbindlichkeit für die Übernahme der Bürgschaft.[1482] Auf die Vorstellungen des Bürgen kommt es nicht an.[1483] Eine weite Sicherungszweckerklärung ist gemäß § 307 BGB unabhängig davon unwirksam, ob der Bürge die Reichweite seiner Erklärung erkannt hat, wenn sie Forderungen erfasst, die **objektiv nicht Anlass der Bürgschaftsübernahme** waren.[1484] Dies gilt vor allem, wenn die Bürgschaft zu einer Haftung für Forderungen führt, die selbst oder in Kombination mit der Anlassforderung der Höhe nach über das zwischen dem Hauptschuldner und dem Gläubiger **vereinbarte Kreditlimit** hinausgehen.[1485] Es besteht in diesem Fall die Gefahr, dass trotz Tilgung aller bestehenden Ansprüche des Gläubigers die Bürgschaft wieder auflebt.[1486] Soweit eine **Höchstbetragsbürgschaft** vereinbart wurde, gilt nichts anderes.[1487] Auch hier kann eine Haftung begründet sein, obwohl zwischenzeitlich alle Forderungen getilgt wurden.[1488]

766 Die **Haftung für Umschuldungskredite** im Rahmen einer weiten Sicherungszweckerklärung kann nicht formularmäßig vereinbart werden.[1489] Ob tatsächlich eine Schuldumschaffung oder nur eine – in Allgemeinen Geschäftsbedingungen unter Umständen zulässige – Vertragsänderung gewollt war, ist im Einzelfall durch Auslegung zu ermitteln.[1490] Ist eine Tilgungsaussetzung und eine Umbuchung auf ein anderes Konto vereinbart oder wird ein Kontokorrentkredit in einen Tilgungskredit umgewandelt, ist nur von einer Vertragsänderung auszugehen, die nicht mit dem Verlust anderer Sicherheiten verbunden ist, sodass eine in Bezug hierauf vorformulierte Haftungserweiterung zulässig ist.[1491] Sobald aber die **Identität der ursprünglichen Forderung** durch die Vertragsänderung verloren geht, kann für diese Forderung keine Haftungserweiterung mehr vereinbart werden.[1492]

767 Eine formularmäßige Sicherungszweckerklärung, die den Haftungsumfang auf **alle bestehenden Forderungen** unabhängig davon erstreckt, ob sie Anlass der Haftungsübernahme waren, wird in Literatur[1493] und Rechtsprechung[1494] auch bei Fehlen des Überraschungscharakters als **Verstoß gegen das Transparenzgebot** des § 307 Abs. 1 S. 2 BGB gewertet. Durch eine weite Zweckerklärung wird dem Bürgen die Reichweite seiner Haftung verschleiert, sodass die Bestimmung nicht mehr klar und verständlich ist.[1495] Bereits aus diesem Grund beinhaltet sie gemäß § 307 Abs. 1 S. 1 BGB eine entgegen den Geboten von Treu und Glauben unangemessene Benachteiligung des Bürgen.[1496] Werden die Forderungen, auf die sich die Bürgenhaftung neben der Anlassforderung bezieht, **einzeln aufgezählt**, ist indessen dem Transparenzgebot genüge getan.[1497]

768 Mit einer formularmäßigen Bestimmung, durch die die Haftung auch auf **alle künftige Forderungen** des Gläubigers erstreckt wird, verstößt der Verwender gegen § 307 Abs. 2 Nr. 1 BGB, da mit ihr von dem in **§ 767 Abs. 1 S. 3 BGB** niedergelegten **Verbot der Fremddisposition** abgewichen wird.[1498] Danach wird durch ein Rechtsgeschäft, das der Hauptschuldner nach Übernahme der Bürgschaft abschließt, die Verpflichtung des Bürgen nicht erweitert (**Bestandsakzessorietät**). Der Gesetzgeber wollte zum Schutz des Bürgen seine Haftung für Verbindlichkeiten verhindern, auf deren Entstehung er keinen Einfluss mehr hat.[1499] Eine unbegrenzte, nicht mehr kalkulierbare Haftungserweiterung stünde im offenen Widerspruch zum **Leitbild des Bürgschaftsvertrags**.[1500] Der Bürge würde nicht nur für einen höheren Betrag haften als denjenigen, der Anlass der Bürgschaftsübernahme war, sondern auch für Verbindlichkeiten

---

1481 BGHZ 142, 213, 218 = WM 1999, 1761.
1482 BGHZ 142, 213, 218 = WM 1999, 1761.
1483 BGHZ 130, 19, 33 = WM 1995, 1397; BGHZ 132, 6, 9 = WM 1996, 436; *Nobbe*, BKR 2002, 747, 751; a.A. *Dähn*, ZBB 2000, 61, 64; *Trapp*, ZIP 1997, 1279, 1281; *Horn*, ZIP 1997, 525, 529.
1484 BGHZ 130, 19 = WM 1995, 1397 = NJW 1995, 2553, 2556; BGH WM 1996, 766 = NJW 1996, 1470, 1472; BGH WM 1998, 1675 = NJW 1998, 2815, 2816.
1485 BGHZ 130, 19, 29 = WM 1995, 1397; BGHZ 132, 6, 9 = WM 1996, 436; BGHZ 142, 213, 215 = WM 1999, 1761; BGHZ 143, 95, 97 = WM 2000, 64; BGHZ 151, 374, 379 = WM 2002, 1836; BGH WM 1996, 766, 768; BGH WM 1996, 1391, 1392; BGH WM 1998, 1675; BGH WM 2002, 436, 438.
1486 BGHZ 143, 95, 96 = WM 2000, 64; BGH WM 1996, 766, 769; BGH WM 1996, 1391, 1392; BGH WM 1998, 1675; BGH WM 2002, 919, 920; a.A. *Reinike/Tiedtke*, DB 1995, 2301, 2307.
1487 BGH WM 2002, 436, 438 = NJW 2002, 956; BGHZ 156, 302, 310 = WM 2003, 2379, 2382 = NJW 2004, 161.
1488 BGH NJW 1996, 2369, 2370.
1489 BGHZ 130, 19, 34 = NJW 1995, 2553.
1490 *Nobbe*, BKR 2002, 747, 757.
1491 BGHZ 131, 228, 231 = NJW 1996, 725; BGH NJW 1999, 3708, 3709; BGH NJW 2000, 1566, 1567; BGH NJW 2000, 2580, 2581.
1492 *Rösler/Fischer*, BKR 2006, 50, 54.
1493 MüKo/*Habersack*, § 765 Rn 73; *Nobbe*, BKR 2002, 747, 752; KreditrechtKomm/*Nobbe*, § 765 Rn 129.
1494 BGHZ 143, 95, 99 = WM 2000, 64.
1495 BGHZ 143, 95, 99 = WM 2000, 64; BGH WM 2000, 764, 765; BGH WM 2001, 1775.
1496 *Nobbe*, BKR 2002, 747, 752.
1497 *Nobbe*, BKR 2002, 747, 753; a.A. *Tiedtke*, NJW 2001, 1015, 1028.
1498 BGHZ 130, 19, 32 = WM 1995, 1397; BGHZ 132, 6, 8 = WM 1996, 436; BGHZ 137, 153, 155 = WM 1998, 67; BGHZ 142, 213, 215 = WM 1999, 1761; BGHZ 143, 95, 96 = WM 2000, 64; BGHZ 153, 293, 296 = WM 2003, 669; BGHZ 156, 302, 310 = WM 2003, 2379; BGH 1996, 766, 768; BGH WM 1996, 1391, 1392; BGH WM 1997, 1045, 1047; BGH WM 1998, 1675; BGH WM 1998, 2186, 2187; BGH WM 2000, 764, 765; BGH WM 2001, 1517, 1518; BGH WM 2001, 1575; BGH WM 2002, 436, 438; BGH WM 2002, 919, 920; BGH WM 2003, 2379, 2383. Siehe hierzu statt vieler: *Billing*, WM 2007, 245, 250.
1499 *Grüneberg*, WM Sonderheft Nr. 2 zu Heft 43/2010, 10.
1500 Kritisch dazu, ob überhaupt von einem allgemeinen „Leitbild" der Bürgschaft gesprochen werden kann: *Förster*, WM 2010, 1677, 1678.

mit anderer Tilgungsdauer und Besicherung.[1501] Dagegen spricht nicht, dass der Gesetzgeber eine Haftungsübernahme für künftige Forderungen in § 765 Abs. 2 BGB ausdrücklich erlaubt hat. Denn diese Vorschrift verzichtet nicht auf die Bestimmtheit der abzusichernden Hauptforderung, sondern fordert ebenso eine Begrenzung der Bürgenhaftung wie § 767 Abs. 1 S. 3 BGB.[1502] In den Haftungsumfang einer Bürgschaft können daher künftige Forderungen im Wege einer formularmäßigen Sicherungszweckerklärung nur dann einbezogen werden, wenn sie in **überschaubarer und abgrenzbarer Art und Weise** bezeichnet und vom Anlass der Bürgschaftsübernahme erfasst sind.[1503]

Eine formularmäßige **Tilgungsänderungsbestimmung** bzw. die Ermächtigung zu einer Tilgungsänderung, wonach ein Darlehen nicht mehr in monatlichen Raten, sondern am Ende der Darlehenslaufzeit in einer Summe zu tilgen ist, stellt ebenfalls eine unwirksame Erweiterung der Bürgenhaftung i.S.v. § 767 Abs. 1 S. 3 BGB dar und führt zu einer unangemessenen Benachteiligung des Bürgen.[1504] Eine solche Maßnahme führt wie die **Stundung** zu einer Verlängerung der Bürgenhaftung.[1505]

769

Ausnahmsweise zulässig ist eine weite Sicherungszweckerklärung, wenn künftige Forderungen, die nach ihrem Grund und Umfang individualisierbar sind, ausdrücklich in die Haftung einbezogen werden, und der Bürge aufgrund einer Erklärung des Gläubigers oder aus eigener Kenntnis hiervon weiß, sodass er das eingegangene Risiko erkennen konnte.[1506] In einem solchen Fall muss der Bürge auch mit einer Prolongation rechnen, sodass ihre Einbeziehung in die Sicherungszweckerklärung nicht gegen § 307 BGB verstößt.[1507] Dies ist etwa bei sog. befristeten **Roll-over-Kontokorrent- und Tilgungskrediten** der Fall.[1508]

770

Bürgschaftserklärungen von **Kaufleuten und juristischen Personen** unterliegen denselben Voraussetzungen.[1509] Eine von einer GmbH abgegebene weite Sicherungszweckerklärung für alle Kredite eines Alleingesellschafters ist ebenso unwirksam wie die eines privaten Bürgen.[1510] Weite Sicherungszweckerklärungen zur Absicherung der Hauptforderungen gegen eine juristische Person können nur wirksam sein, wenn es sich bei dem Bürgen um **Geschäftsführer oder Alleingesellschafter der Hauptschuldnerin** handelt.[1511] Nur bei diesen Personen fehlt der Überraschungscharakter und es entfällt die Schutzbedürftigkeit, da der Bürge selbst in der Hand hat, die Entwicklung der Verbindlichkeiten der Gesellschaft als Hauptschuldner und damit seinen eigenen Haftungsumfang zu beeinflussen. Dies gilt nicht für Nur-Geschäftsführer, **Minderheitsaktionäre und Kommanditisten**. Sie haben keine Einflussmöglichkeiten auf das von ihnen zu tragende Risiko nach dem Gesellschafterbeschluss eine Verbindlichkeit eingehen müssen.[1512] Für sie ist eine weite Sicherungszweckerklärung weder verhinder- noch kalkulierbar.[1513] Eine weite Sicherungszweckerklärung ist daher nur wirksam, wenn eine Geschäftsführungsbefugnis vorliegt.[1514]

771

Bei **Bürgschaftserklärungen von Banken und Versicherungen gegen Entgelt** ist der Bürge ausnahmsweise nicht schutzwürdig, da die Bürgschaftsübernahme zu seinem **typischen Geschäftsbetrieb** gehört und die Avalprovision einen gewissen Ausgleich für das übernommene Risiko schafft.[1515]

772

Rechtsfolge einer unwirksamen Sicherungszweckerklärung soll nach der Rechtsprechung nicht die Unwirksamkeit der gesamten Bürgschaftserklärung sein, sondern eine **Haftungsbeschränkung auf die Anlassverbindlichkeit**.[1516] Im Übrigen soll der Bürgschaftsvertrag mit dem Inhalt wirksam sein, den er bei Vertragsschluss hatte.[1517] Da es an einer gesetzlichen Regelung fehle, die an die Stelle der unwirksamen Sicherungszweckerklärung treten könne, müsse die entstandene Lücke nach Auffassung der Rechtsprechung im Wege der **ergänzenden Vertragsauslegung** geschlossen werden.[1518] Der Inhalt der Sicherungsabrede richte sich gemäß § 306 BGB nach den gesetzlichen Vorschriften, zu denen auch die §§ 133, 157 BGB, die die Grundlage der ergänzenden Vertragsauslegung bilden, gehören. Die hierzu erforderliche Abwägung der beiderseitigen Interessen führe regelmäßig dazu, dass sich die Haftung des Bürgen

773

[1501] BGH NJW 2000, 1470, 1472.
[1502] Im Ergebnis ebenso *Nobbe*, BKR 2002, 747, 750.
[1503] Derleder/Knops/Bamberger/*Knops*, § 25 Rn 26.
[1504] BGHZ 137, 153, 158 = NJW 1998, 450; BGH WM 2000, 1141 = NJW 2000, 2580.
[1505] *Rösler/Fischer*, BKR 2006, 50, 55.
[1506] BGHZ 142, 213, 219 = WM 1999, 1761 = NJW 1999, 3195; BGH WM 2001, 1517, 1518; BGH WM 2002, 919, 920; BGH WM 2002, 2367, 2369 = NJW 2003, 61.
[1507] BGH WM 2002, 919, 921.
[1508] Siehe hierzu *Nobbe*, BKR 2002, 747, 752.
[1509] *Rösler/Fischer*, BKR 2006, 50, 53; *Nobbe*, BKR 2002, 747, 751.
[1510] BGHZ 151, 374, 378 = WM 2002, 1836 = NJW 2002, 3167.
[1511] BGHZ 143, 95, 100 = WM 2000, 64; BGHZ 151, 374, 378 = WM 2002, 1836 = NJW 2002, 3167; BGHZ 153, 293, 297 = WM 2003, 669 = NJW 2003, 1521; BGH WM 2004, 121, 122; BGH WM 2009, 213, 215 = NJW 2009, 437; BGH WM 2009, 1798, 1799 = NJW 2009, 2883.
[1512] BGHZ 142, 213, 216 = WM 1999, 1761; BGH NJW 1999, 3708, 3709.
[1513] OLG Köln, WM 2002, 1389, 1390; Derleder/Knops/Bamberger/*Knops*, § 25 Rn 28; *Nobbe*, BKR 2002, 747, 754; *Horn*, ZIP 2001, 93, 96.
[1514] BGHZ 142, 213, 216 = WM 1999, 1761.
[1515] BGHZ 126, 174, 177 = WM 1994, 1242 = NJW 1994, 2145; BGH WM 1998, 2186 m. Anm. Grunewald; WM 2001, 1517, 1518; a.A. *Förster*, WM 2010, 1677, 1680.
[1516] BGHZ 137, 153, 156 = WM 1998, 67; BGHZ 143, 95, 97 = WM 2000, 64; BGHZ 151, 374, 378 = WM 2002, 1836 = NJW 2002, 3167; BGHZ 153, 293, 297 = WM 2003, 669 = NJW 2003, 1521; BGHZ 2003, 1563, 1566; BGH WM 2004, 121, 122; BGHZ 165, 12, 27 = WM 2006, 585, 590 = NJW 2006, 969; BGH WM 2009, 213, 215 = NJW 2009, 437; BGH WM 2009, 1180, 1183.
[1517] BGHZ 142, 213, 219 = WM 1999, 1761.
[1518] BGHZ 137, 153, 156 = WM 1998, 67.

auf die Verbindlichkeit beschränke, die Anlass der Bürgschaftsübernahme gewesen sei.[1519] Es wäre unbillig und widerspräche der Zielsetzung der Vorschriften über Allgemeinen Geschäftsbedingungen, dem Kunden einen Vorteil zu belassen, der das Vertragsgefüge einseitig zu seinen Gunsten verschiebt.[1520] Zudem habe der Bürge auch **kein schutzwürdiges Interesse am vollständigen Wegfall** seiner Haftung.[1521]

774 Bei der Übernahme einer Bürgschaft zur Absicherung eines **limitierten Kontokorrentkredits** haftet auch nach dieser Rechtsprechung der Bürge nur in Höhe des vereinbarten Kreditlimits im Zeitpunkt der Bürgschaftsübernahme,[1522] nicht jedoch für eine **spätere Erhöhung** des Kreditlimits,[1523] Laufzeitverlängerungen[1524] oder eine Überschreitung des Kreditlimits.[1525] Bei **unlimitierten Kontokorrentkrediten** soll nur eine Haftung in Höhe des Kreditsaldos bei Abschluss des Bürgschaftsvertrags bestehen.[1526] Übliche **Zinsänderungen** hingegen sollen von der Bürgenhaftung erfasst sein.[1527] Der Haftungsumfang einer Bürgschaft für die **Rückforderung einer staatlichen Subvention**, die im Wege eines Verwaltungsakts geltend gemacht wird, beschränkt sich bei einer unwirksamen weiten Sicherungszweckerklärung auf Erstattungsansprüche, die durch eine im Einflussbereich des Zuwendungsempfängers begründeten Aufhebung des Zuwendungsbescheids entstanden sind.[1528]

775 In der Literatur finden sich zu dieser Rechtsfolge zu Recht **kritische Stimmen**.[1529] Für eine ergänzende Vertragsauslegung ist entgegen der vom BGH vertretenen Auffassung kein Raum. Die Rechtsfolge einer unwirksamen Klausel ist in § 306 BGB abschließend geregelt. § 306 Abs. 2 BGB bestimmt ausdrücklich, dass sich der Inhalt des Vertrags nach den gesetzlichen Bestimmungen richtet, wenn eine Bestimmung nicht Vertragsbestandteil geworden oder unwirksam ist. Eine **geltungserhaltende Reduktion** der Vertragsbestimmung auf ihren wirksamen Teil ist unzulässig. Aus diesem Grund hat der BGH mittlerweile seine ursprünglich vertretene Auffassung der Haftung für die Anlassverbindlichkeit und übrige Verbindlichkeiten aufgegeben.[1530] Die Rechtfertigung für eine ergänzende Vertragsauslegung, es fehle an einem schutzwürdigen Interesse des Bürgen, ihn von der Haftung ganz zu befreien,[1531] steht aber ebenso deutlich im Widerspruch zur Gesetzesdogmatik. Die Sicherungszweckerklärung ist der wesentliche Vertragsbestandteil des Bürgschaftsvertrags und kann bereits aus diesem Grund einer ergänzenden Vertragsauslegung nicht zugänglich sein.[1532]

776 Berücksichtigt man, dass i.S.d. § 305c Abs. 1 BGB überraschende Sicherungsabreden zugleich einen Verstoß gegen den Bestimmtheitsgrundsatz beinhalten,[1533] so ist eine weite Sicherungszweckerklärung mit dem Fall einer unbestimmten Hauptleistungspflicht vergleichbar. Dann aber kann für eine ergänzende Vertragsauslegung, die nur bei einer ungewollten Vertragslücke heranzuziehen ist, kein Raum sein. Wird bewusst eine weite Sicherungszweckerklärung in den Bürgschaftsvertrag aufgenommen, kann **keine ungewollte Vertragslücke** angenommen werden. § 306 Abs. 3 BGB sieht zwar vor, dass die Unwirksamkeit des ganzen Vertrags nur in Betracht kommt, wenn das Festhalten am Vertrag auch nach Ergänzung der durch die Unwirksamkeit einer vertraglichen Bestimmung entstandenen Lücke durch gesetzliche Vorschriften zu einer unzumutbaren Härte führt. Fehlt es an einer gesetzlichen Regelung, die zur Schließung der entstandenen Lücke geeignet ist, so kann § 306 Abs. 3 BGB keine Wertung entnommen werden. Es muss der logische Schluss gezogen werden, dass zwar nicht die Unwirksamkeit der Sicherungszweckerklärung, wohl aber das Fehlen einer salvatorischen Regelung für diesen Fall zur Nichtigkeit des Bürgschaftsvertrags führen muss. Andernfalls bliebe die Verwendung unwirksamer Allgemeiner Geschäftsbedingungen sanktionslos.

777 Für **Gewährleistungsbürgschaften** hat der BGH[1534] anerkannt, dass die Grundsätze zur ergänzenden Vertragsauslegung nicht anwendbar sind (siehe Rn 809 ff.).

II. Erstreckung auf Nebenforderungen

778 Gemäß § 767 Abs. 1 BGB ist für die Bürgenhaftung nur der Bestand der Hauptverbindlichkeit maßgeblich. Eine Haftung für **Nebenansprüche**, wie z.B. Zinsen, Provisionen und Kosten des mit dem Hauptschuldner geschlossenen Vertrags, wurde vom Gesetzgeber nicht vorgesehen. Grundsätzlich ist eine formularmäßige Erstreckung der Bürgenhaftung auf Nebenforderungen jedoch möglich.[1535] Dies gilt nach Auffassung des BGH in Abkehr zu seiner früheren Rechtsprechung[1536] aber nicht im Falle einer **Höchstbetragsbürgschaft** für eine Erstreckungsklausel über den ver-

---

1519 BGHZ 137, 153, 156 = WM 1998, 67.
1520 BGHZ 137, 153, 156 = WM 1998, 67.
1521 So *Nobbe*, BKR 2002, 747, 755.
1522 BGHZ 130, 19, 34 = WM 1995, 1397; BGH NJW 1999, 3708, 3709. *Derleder/Beining*, ZBB 2001, 1, 3 verweisen allerdings darauf, dass dies nicht gelten kann, wenn das Kreditlimit erst Jahre später ausgeschöpft wird.
1523 BGH WM 1995, 2180.
1524 BGH WM 2002, 919, 920.
1525 BGHZ 151, 374, 378 = WM 2002, 1836 = NJW 2002, 3167.
1526 *Nobbe*, BKR 2002, 747, 756.
1527 BGH NJW 2000, 2580, 2481.
1528 BGH WM 2009, 1180, 1183.
1529 Derleder/Knops/Bamberger/*Knops*, § 25 Rn 31f; *Reich/Schmitz*, NJW 1995, 2533 f.; *Tiedtke*, NJW 2001, 1015, 1026; *ders.*, NJW 2003, 1359, 1364.
1530 So noch BGHZ 130, 19, 32 = WM 1995, 1397. Hierzu *Reich/Schmitz*, NJW 1995, 2533; *Schmitz-Herscheid*, ZIP 1997, 1140.
1531 So *Nobbe*, BKR 2002, 747, 755.
1532 UBH/*Schmidt*, § 6 Rn 13b.
1533 *Reich/Schmitz*, NJW 1995, 2533.
1534 BGH WM 2005, 268.
1535 UBH/*Fuchs*, Teil 2 (9) Rn 7.
1536 BGH WM 1978, 10, 11; BGHZ 77, 256, 258 = NJW 1980, 2131; BGH WM 1984, 198, 199; BGH WM 1994, 1064, 1068.

einbarten Höchstbetrag hinaus.[1537] Sie widerspricht dem Leitbild des § 767 Abs. 1 S. 3 BGB.[1538] Wird ein Höchstbetrag vereinbart, so soll dadurch das Haftungsrisiko vermindert werden. Der Bürge macht mit der Begrenzung seiner Haftung auf einen bestimmten Betrag deutlich, dass er nicht bereit ist, über diesen Betrag hinaus für die Schuld eines anderen einzustehen.[1539] § 767 Abs. 1 S. 2 BGB erweitert zwar die Bürgenhaftung auf solche Nebenforderungen des Gläubigers gegen den Hauptschuldner, die ihm aufgrund einer Kündigung oder Rechtsverfolgung entstanden sind, die Vorschrift gilt aber nur für eine reguläre, nicht summenmäßig beschränkte Bürgschaft i.S.d. § 765 BGB.[1540] Darüber hinaus liegt ein **Verstoß gegen das Transparenzgebot** gemäß § 307 Abs. 1 BGB vor, da eine solche „versteckte" Haftungserweiterung für den Bürgen überraschend ist, soweit der Bürge nicht über die weitreichenden Folgen einer solchen Klausel aufgeklärt wurde.[1541] Insbesondere dann, wenn das Bürgschaftsformular mit dem Wort „Höchstbetragsbürgschaft" übertitelt ist, verbindet der Bürge damit die sichere Erwartung, dass es nicht entgegen dem Wortsinn zu einer praktisch unbegrenzten Erhöhung des Höchstbetrags kommen kann, sodass einer solchen Erhöhungsklausel ein erheblicher Überrumpelungseffekt beizumessen ist.[1542] Sie widerspricht der Erwartung des Bürgen nur ein begrenztes Risiko zu übernehmen.[1543]

Für **Zinserhöhungsklauseln,** die bei einer Höchstbetragsbürgschaft keine über den Höchstbetrag hinausgehende Haftung entfalten bzw. bei allen übrigen Bürgschaften gilt dies nicht.[1544] Sie können auch für den Fall, dass eine weite Zweckerklärung unwirksam ist, aufgrund einer ergänzenden Vertragsauslegung Zinsänderungen umfassen, die dazu dienen, den Zinssatz der Hauptschuld den wechselnden Refinanzierungsmöglichkeiten nach oben oder unten in marktkonformer Weise anzupassen.[1545]

III. Erweiterung der Bürgenhaftung durch andere Sicherheiten

Eine Klausel, mit der der Bürge verpflichtet wird, die Haftung aus der **Bürgschaft durch Stellung weiterer „genehmer" Sicherheiten abzusichern**, ist unzulässig.[1546] Der Bürge sichert gemäß § 765 Abs. 1 BGB die Hauptschuld persönlich ab. Er braucht erst dann Mittel aufzuwenden, wenn die Bürgschuld fällig ist. Verlangt der Gläubiger darüber hinaus für seine Schuld eine Sicherheit zu leisten, stellt dies eine erhebliche Abweichung zum Leitbild der Bürgschaft dar. Es handelt sich um eine sachfremde Regelung und damit nicht nur um eine überraschende Klausel i.S.d. § 305c Abs. 1 BGB, sondern es werden die Interessen des Bürgen unangemessen beeinträchtigt i.S.d. § 307 BGB.[1547] Eine Klausel etwa, die ein **Pfandrecht an Vermögensgegenständen des Bürgen** zur Sicherung einer noch nicht fälligen Bürgschuld begründet, kann nicht wirksam in Allgemeinen Geschäftsbedingungen vereinbart werden.

Etwas anders gilt für Klauseln, die eine Besicherung der Bürgschuld ab Fälligkeit verlangen, wie etwa Nr. 13 Abs. 1 S. 2 **AGB-Banken**.[1548] Hierdurch wird keine abstrakte Bürgschuld besichert, sondern eine sich bereits konkretisierte.[1549] Dann aber widerspricht die Verpflichtung zur Stellung einer Sicherheit nicht dem Leitbild des Bürgschaftsvertrags. Nr. 14 Abs. 2 S. 2 AGB-Banken und Nr. 21 Abs. 3 S. 2 AGB-Sparkassen, die das Pfandrecht an Werten jeder Art, die im bankmäßigen Geschäftsverkehr durch den Kunden oder durch Dritte für seine Rechnung in ihren Besitz oder ihre sonstige Verfügungsmacht gelangen, und die Sicherungsabtretung von Forderungen des Kunden gegen Dritte regeln, sind wirksam.[1550] Das Pfandrecht sichert zwar auch Ansprüche der Sparkasse oder Bank gegen Dritte ab, für deren Erfüllung der Kunde persönlich haftet, also auch Forderungen gegen den Bürgen. Allerdings bestimmt Nr. 14 Abs. 2 S. 3 AGB-Banken, dass Ansprüche gegen Kunden aus von diesen für Dritte übernommenen Bürgschaften erst ab deren Fälligkeit gesichert werden und stellt damit einen angemessenen Interessenausgleich her.

IV. Begrenzung der Bürgenhaftung

In der Praxis sind Konstellationen bekannt, in denen zugunsten des Bürgen die Bürgenhaftung eingeschränkt wird. Hierzu zählt etwa die Vereinbarung in Allgemeinen Geschäftsbedingungen, wonach **Zahlungen des Bürgen nur als Sicherheit** dienen sollen. Folgt man der Auffassung, wonach der Bürge seine Aufwendungen gegenüber dem Hauptschuldner für erforderlich halten durfte, auch wenn sie keine Erfüllungswirkung hatten, so steht dem Bürgen aus dem Innenverhältnis ein Aufwendungsersatzanspruch aus § 670 BGB zu.[1551] Der Hauptschuldner wäre sowohl

---

1537 BGHZ 151, 374, 381 = NJW 2002, 3167 = WM 2002, 1836. So schon früher das Schrifttum: *Pape*, NJW 1996, 887, 890; *Heinrichs*, NJW 1996, 1381, 1386; *Derleder/Beining*, ZBB 2001, 1, 6 und auch instanzliche Gerichte: u.a. OLG Nürnberg, NJW 1991, 232, 233; OLG Hamm, WM 1995, 1872, 1874.
1538 BGHZ 151, 374, 381 = NJW 2002, 3167 = WM 2002, 1836; Vgl. hierzu *Nobbe*, BKR 2002, 747, 752.
1539 BGHZ 151, 374, 381 = NJW 2002, 1836 = NJW 2002, 3167; BGH WM 2003, 2379, 2383 = NJW 2004, 161.
1540 *Grüneberg*, WM Sonderheft Nr. 2 zu Heft 43/2010, 11.
1541 OLG Hamm, WM 1995, 1872, 1874; OLG Stuttgart, ZIP 1996, 1508, 1510; *Tiedtke*, ZIP 1995, 521, 523; *Pape*, NJW 1996, 887, 890.
1542 OLG Hamm, WM 1995, 1872, 1874.
1543 UBH/*Fuchs*, Teil 2 (9) Rn 7.
1544 Hierzu vgl. *Pape*, WiB 1996, 340.
1545 BGH WM 2000, 1141 = NJW 2000, 2580.
1546 BGHZ 92, 295, 302 = NJW 1985, 45.
1547 UBH/*Fuchs*, Teil 2 (9) Rn 16.
1548 Derleder/Knops/Bamberger/*Caspar*, § 3 Rn 79.
1549 UBH/*Fuchs*, Teil 2 (9) Rn 16.
1550 Allerdings erfassen diese Vorschriften nach ihrem eindeutigen Wortlaut keine Bankbürgschaften. Für diese findet sich lediglich Nr. 14 Abs. 2 S. 1 AGB-Banken mit der Folge Anwendung, dass das Pfandrecht bereits bei Übernahme der Bürgschaft entsteht. Vgl. LG Chemnitz, Urt. v. 8.3.2013 – 7 O 1815/11.
1551 So OLG Köln, WM 1989, 1883, 1886.

dem Rückgriffsanspruch des Bürgen als auch dem Anspruch des Gläubigers auf Erfüllung der Hauptverbindlichkeit ausgesetzt.[1552] Dies würde einen unzulässigen Vertrag zulasten Dritter darstellen und damit zwar eine Benachteiligung des Hauptschuldners bedeuten, nicht jedoch gemäß § 307 BGB zur Unwirksamkeit der Vereinbarung führen. Schließlich erhält der Gläubiger die durch den Bürgen abgesicherte Liquidität und ist erst zur Rückzahlung verpflichtet, wenn er seinerseits Befriedigung der Hauptforderung erlangt hat. Damit sind die Interessen des Hauptschuldners angemessen berücksichtigt. Die Vereinbarung zwischen Hauptschuldner und Bürgen im Innenverhältnis ist dann aber im Wege der ergänzenden Vertragsauslegung so auszulegen, dass der Bürge ausnahmsweise keinen Regress nehmen können soll, wenn seine Zahlungen keine Erfüllungswirkung haben. Ohnehin findet mangels Erfüllungswirkung ein gesetzlicher Forderungsübergang gemäß § 774 Abs. 1 BGB nicht statt, sodass eine doppelte Inanspruchnahme des Hauptschuldners nicht zu befürchten ist.

C. Einwendungsverzichtserklärungen

783 Der Bürge kann sich gegen die Inanspruchnahme aus der Bürgschaft nach den §§ 768 BGB (Einrede des Bürgen), § 770 BGB (Einrede der Anfechtbarkeit und der Aufrechenbarkeit) und § 771 BGB (Einrede der Vorausklage) wehren. Hierbei handelt es sich um dispositive Vorschriften, sodass eine Verzichtserklärung grundsätzlich möglich ist.[1553] Durch einen Verzicht auf die dem Bürgen nach dem dispositiven Gesetzesrecht zustehende Einwendungen erreicht der Gläubiger regelmäßig eine gegenüber den gesetzlichen Regelungen vereinfachte Rechtsdurchsetzung. Diese Möglichkeit des Gläubigers, seine Rechtsposition zu verbessern, ist bei in Formularverträgen vorformulierten Verzichtserklärungen jedoch von der Rechtsprechung erheblich eingeschränkt worden, wenn letztlich eine **Annäherung zum gesetzlich nicht geregelten Garantievertrag** stattfindet, dem regelmäßig ein erhöhtes Missbrauchsrisiko anhaftet.[1554] Soweit ein formularmäßiger Einwendungsverzicht gegen §§ 307 ff. BGB verstößt, hat dies gemäß § 306 BGB allein die Unwirksamkeit der Verzichtsklausel zur Folge. Ist allerdings der Einwendungsverzicht Bestandteil der Sicherungsabrede mit dem Hauptschuldner, ist die **Rechtsfolge** mangels geltungserhaltender Reduktion die Unwirksamkeit der gesamten Sicherungsabrede.[1555] Auf die Unwirksamkeit einer der Bürgschaft zugrunde liegenden Sicherungsabrede kann sich der Bürge gemäß § 768 Abs. 1 S. 1 BGB, wonach der Bürge alle dem Hauptschuldner zustehenden Einreden geltend machen kann, berufen und die Leistung verweigern.[1556]

I. Verzicht auf die Einreden des Hauptschuldners (§ 768 Abs. 1 S. 1 BGB)

784 § 768 Abs. 1 S. 1 BGB bezweckt, dass der Bürge im Ergebnis nicht strenger haftet als der Hauptschuldner selbst. Ein **umfassender formularmäßiger Verzicht** hierauf kann nicht vereinbart werden.[1557] § 768 Abs. 1 S. 1 BGB bekräftigt die in § 765 und § 767 Abs. 1 S. 3 BGB verankerte allgemeine Akzessorietät der Bürgschaft zur Schuld des Hauptschuldners und damit das in Abgrenzung zur Garantie und Mithaftungsübernahme charakteristische Merkmal der Bürgschaft. Der Bürge würde bei einem Verzicht strenger haften als der Hauptschuldner selbst. Eine derart weitreichende Haftung ist von einem Bürgen aber regelmäßig nicht beabsichtigt und mit wesentlichen Grundgedanken der gesetzlichen Regelung i.S.d. § 307 Abs. 2 Nr. 1 BGB nicht vereinbar.[1558] Denn dadurch würde die Bürgschaft **rechtsdogmatisch in eine Garantie verwandelt** werden.[1559] Für eine Klausel, wonach ein **Anerkenntnis** des Hauptschuldners auch zu Lasten des Bürgen wirken soll, gilt dasselbe.[1560] Hierdurch würde eine Garantiehaftung des Bürgen bewirkt.

785 Soweit die Geltendmachung **einzelner Einreden ausgeschlossen** wird, muss jeweils im Einzelfall geprüft werden, ob dadurch die Akzessorietät der Bürgenhaftung betroffen ist. Führt ein formularmäßiger Verzicht zu einer von der Hauptverbindlichkeit unabhängigen Haftung des Bürgen, kann auch der Ausschluss einer bestimmten Einrede die allgemeine Akzessorietät aushebeln und damit eine unangemessene Benachteiligung i.S.d. § 307 BGB begründen.[1561] Ein formularmäßiger Verzicht auf Einreden, die den Bestand der Hauptverbindlichkeit betreffen, wie etwa die **Einrede der fehlenden Fälligkeit**,[1562] ist unwirksam.

1552 Palandt/*Sprau*, § 774 Rn 7; *Reinicke/Tiedtke*, JZ 1990, 327, 329.
1553 Vorsicht ist geboten, wenn der Bürge nicht die deutsche Staatsbürgerschaft besitzt. Handelt es sich bei dem Bürgen um einen Verbraucher, können die Regelungen des Internationalen Privatrechts eine freie Rechtswahl ausschließen und zum Anwendungsvorrang einer ausländischen Rechtsordnung führen (vgl. insb. Art. 6 Abs. 2 S. 2 Rom-I-VO). Soweit ein türkischer Staatsbürger eine Bürgschaft als Verbraucher übernimmt, ist zu prüfen, ob das türkische Obligationsgesetzbuch zur Anwendbarkeit kommt. Nach seiner Neufassung im Jahre 2012 kann der Bürge einen Einwendungsverzicht danach nicht mehr wirksam erklären.
1554 Siehe hierzu *Förster*, WM 2010, 1677, 1679.
1555 LG München I, Urt. v. 2.12.2013 – 24 O 16912/13.

1556 KG Berlin, Urt. v. 6.8.2013 – 7 U 210/11.
1557 BGH NJW 2001, 1857; BGH NJW 2009, 3422 = WM 2009, 1643; MüKo/*Habersack*, § 768 Rn 3; KreditrechtsKomm/*Nobbe*, § 768 Rn 6; UBH/*Fuchs*, Teil 2 (9) Rn 8.
1558 BGH WM 2002, 2278, 2280 = NJW 2003, 59; BGHZ 181, 278, 282 = WM 2009, 1643 = NJW 2009, 3422.
1559 *Förster*, WM 2010, 1677, 1678.
1560 MüKo/*Habersack*, § 768 Rn 3; a.A. OLG München, WM 2006, 684, 686.
1561 UBH/*Fuchs*, Teil 2 (9) Rn 8. Der BGH hat dies bislang noch offengelassen, vgl. BGH NJW 2009, 1664, 1666.
1562 OLG Düsseldorf, WM 1984, 1185, 1186; OLG Düsseldorf, NJW-RR 1996, 620, 621.

786 Gleiches gilt für einen Verzicht auf die **Einrede der Verjährung der Hauptforderung** vor dessen Fälligkeit.[1563] Ebenfalls unwirksam ist eine Klausel, wonach die Verjährung der Forderung gegen den Bürgen verlängert wird, indem etwa eine Hemmung oder der Neubeginn der Verjährung der Hauptschuld bewirkt wird. Dies wäre zum Beispiel der Fall, wenn ein Anerkenntnis des Hauptschuldners auch für und gegen den Bürgen wirken würde. Eine hierauf gerichtete Klausel verstößt gegen das in § 768 Abs. 2 BGB zum Ausdruck kommende Verbot der Fremddisposition und ist gemäß § 307 Abs. 2 Nr. 2 BGB unwirksam.[1564]

787 Der BGH hält es für zulässig, wenn die Fälligkeit einer selbstschuldnerischen Bürgschaft durch eine vorformulierte Klausel im Bürgschaftsvertrag von einer Leistungsaufforderung der Bank abhängig gemacht wird mit der Folge, dass erst dadurch die Verjährungsfrist zu laufen beginnt.[1565] Eine **formularmäßige Fälligkeitsvereinbarung** bewirkt, dass der Verjährungsbeginn der Bürgenschuld hinaus geschoben wird. Dies könnte zur Folge haben, dass die Hauptforderung schon verjährt ist, während die Bürgenforderung noch verlangt werden kann. Denn die Klausel trennt die Fälligkeit der Hauptforderung von der Bürgenforderung. Das OLG Frankfurt[1566] hält eine solche Klausel daher für überraschend gemäß § 305c Abs. 1 BGB.[1567] Der **Verjährungsbeginn** würde von der Inanspruchnahme des Bürgen abhängig gemacht werden und dem gesetzlichen Leitbild der Bürgschaft widersprechen. Anders sieht es das OLG Dresden.[1568] Die Bürgschaftsforderung werde – so die Auffassung des Gerichts – nach der neueren Rechtsprechung des BGH mit der Kündigung der Hauptschuld fällig, wenn in dem Bürgschaftsvertrag kein abweichender Fälligkeitszeitpunkt geregelt wurde.[1569] Da anerkannt sei, dass der Eintritt der Fälligkeit von einem Ereignis abhängig gemacht werden kann, insbesondere von der Bestimmung durch den Gläubiger oder einen Dritten, sei eine Fälligkeitsregelung in Allgemeinen Geschäftsbedingungen eines Bürgschaftsvertrags weder überraschend gemäß § 305c Abs. 1 BGB noch verstoße sie gegen § 307 BGB.

788 Richtig ist zwar, dass der Anspruch aus der Bürgschaft selbstständig verjährt[1570] und auch ein abweichender Fälligkeitszeitpunkt vereinbart werden kann,[1571] allerdings ging es in dem vom OLG Dresden zu entscheidendem Sachverhalt um eine **selbstschuldnerische Bürgschaft** mit der Besonderheit, dass nach der Klausel die Bank den Hauptschuldner zunächst erfolglos in Anspruch genommen haben muss. Hierauf hat das OLG Dresden in den Urteilsgründen abgestellt. Das Erfordernis einer vorherigen Inanspruchnahme des Hauptschuldners ist möglicherweise geeignet, einen **Interessenausgleich** im Falle einer selbstschuldnerischen Bürgschaft herzustellen, sodass eine unangemessene Benachteiligung i.S.d. § 307 Abs. 1 BGB in diesem Fall nicht besteht. In den Fällen, in denen ohnehin eine Pflicht zur vorherigen Inanspruchnahme des Hauptschuldners besteht, kann dies aber nicht als Argument für die Wirksamkeit der Klausel bemüht werden. Eine formularmäßige Fälligkeitsvereinbarung, mit der der Verjährungsbeginn in das Ermessen des Gläubigers gestellt wird, ohne einen etwaigen Ausgleich zu schaffen, ist gemäß § 307 Abs. 1 BGB unwirksam. Sie beinhaltet einen – wenn auch nur bedingten – Verzicht auf die Einrede der Verjährung. Zudem läuft eine solche Regelung der gesetzlichen Wertung des § 202 Abs. 2 BGB zumindest seit der Schuldrechtsreform zuwider. Hiernach kann die Verjährungsfrist auf höchstens 30 Jahre verlängert werden. Werden aber in den gesamten AGB keine Vorkehrungen dagegen getroffen, sondern wird gestattet, dass durch Hinausschieben der Fälligkeit die Verjährung insgesamt auf mehr als 30 Jahre verlängert wird, so ist darin zweifelsohne eine unangemessene Benachteiligung zu sehen.[1572] Das OLG München hält zumindest für Bürgschaftsverträge zwischen Unternehmern eine **Verlängerung der Verjährung** von drei auf fünf Jahre für zulässig.[1573] Eine solche Verlängerung halte sich im Rahmen der gesetzlichen Vorgabe der wirtschaftlich vergleichbaren Nachhaftung eines ausscheidenden Kommanditisten i.S.d. § 160 Abs. 1 S. 1 HGB. Überzeugender dürfte indessen die Auffassung sein, dass es auch bei Verträgen zwischen Unternehmern an einem berechtigten Interesse für eine Verjährungsverlängerung fehlt, da der Gläubiger schließlich gleichzeitig gegen den Bürgen und den Hauptschuldner Klage erheben kann. Das Risiko des Bürgen, mit etwaigen Prozesskosten belastet zu werden, kann er durch Individualvereinbarung über eine Verjährungsverlängerung auch noch zu diesem Zeitpunkt abwenden.[1574]

789 Formularmäßige **Beschränkung auf rechtskräftige oder unbestrittene Einreden** des Hauptschuldners sind gemäß § 307 Abs. 1 BGB unwirksam. Die Unwirksamkeit wird nicht dadurch umgangen, dass dem Bürgen **einzelne Einreden belassen** werden. Ob im Streitfall die jeweilige Einrede tatsächlich vom Verzicht erfasst ist, ließe sich nur schwer feststellen, sodass der Bürge Gefahr läuft, einer strengeren Haftung ausgesetzt zu sein, als er bei Vertrags-

---

[1563] MüKo/*Habersack*, § 768 Rn 3; *Tiedtke*, EWiR 2008, 13, 14.
[1564] OLG Saarbrücken, Urt. v. 21.2.2008 – 8 U 109/07 – 30.
[1565] BGH NJW 2013, 1803 m. Anm. *Peters*, NJW 2013, 2942; *Meier*, VuR 2013, 299. A.A. OLG München, WM 2012, 1768. Zu beachten ist allerdings, dass sich das Urteil des BGH auf einen Formularvertrag vor der Schuldrechtsreform bezog, sodass die Vorschrift des § 202 BGB nicht galt.
[1566] OLG Frankfurt/M. WM 2007, 1369. Vgl. auch OLG Frankfurt/M., Urt. v. 22.7.2010 – 15 U 198/09; in diesem Fall hatte das Gericht allerdings keine Entscheidung über die Wirksamkeit der Klausel getroffen, da es durch Auslegung zu dem Ergebnis kam, dass mit der Klausel keine Fälligkeitsregelung getroffen worden sei.
[1567] A.A. OLG München WM 2006, 1813, 1814 und WM 2012, 1768, 1770.
[1568] OLG Dresden, WM 2011, 65 (n.rkr.).
[1569] BGH WM 2008, 2165 = NJW 2009, 587.
[1570] Palandt/*Sprau*, § 765 Rn 26.
[1571] BGHZ 175, 161 = NJW 2008, 1729.
[1572] So auch OLG München WM 2012, 1768.
[1573] OLG München WM 2012, 1768, 1770.
[1574] WLP/*Schmidt*, Klauseln B Rn 381.

schluss erwartet hat.[1575] Der Bürge müsste bei Wirksamkeit einer solchen Klausel außerdem beweisen, dass die jeweilige Einrede nicht vom Ausschluss erfasst ist.[1576] Schon hierin läge eine unangemessene Benachteiligung des Bürgen i.S.d. § 307 BGB, da er sich ohne eine solche unzulässige Einschränkung auf jede Einrede des Hauptschuldners berufen kann. Eine Beweislastumkehr ist auch nicht durch das Interesse des Gläubigers an einer schnellen Rechtsdurchsetzung gerechtfertigt. Dieses Interesse hat hinter der Schutzbedürftigkeit des Bürgen zurück zu treten.

790 Ein von § 768 Abs. 2 BGB abweichender formularmäßiger Verzicht des Bürgen auf **Einreden des Hauptschuldners, auf die dieser selbst verzichtet hat**, ist in Allgemeinen Geschäftsbedingungen unzulässig.[1577] Der Bürge soll eine Einrede nicht dadurch verlieren, dass der Hauptschuldner auf sie verzichtet hat. Zweck des § 768 Abs. 2 BGB ist es, die Haftung des Bürgen auf das ihm bei Vertragsschluss bestehende Haftungsrisiko zu beschränken und zu verhindern, dass der Hauptschuldner zum Nachteil des Bürgen das Haftungsrisiko erhöhen kann.

791 **Rechtsfolge** eines unwirksamen formularmäßigen Einwendungsverzichts ist die Unwirksamkeit der Verzichtserklärung. Der Bürgschaftsvertrag bleibt gemäß § 306 Abs. 1 BGB im Übrigen wirksam. Etwas anders gilt für **Gewährleistungsbürgschaften**. Der formularmäßige Ausschluss des § 768 BGB in einer Gewährleistungsbürgschaft führt zu ihrer gesamten Unwirksamkeit.[1578] Eine Gewährleistungsbürgschaft, die einen formularmäßigen Ausschluss sämtlicher Einreden des § 768 BGB vorsieht, benachteiligt nicht nur den Bürgen, sondern auch den Auftragnehmer unangemessen, weil dieser dem Bürgen gemäß § 670 BGB die Aufwendungen zu erstatten hat, die der Bürge für erforderlich halten durfte. Damit aber würde dem Auftragnehmer der Verlust sämtlicher Einreden aus dem Hauptvertrag drohen.

II. Verzicht auf die Einrede der Anfechtbarkeit (§ 770 Abs. 1 BGB)

792 Gemäß § 770 Abs. 1 BGB kann der Bürge die Leistung verweigern, wenn der Schuldner das der Hauptschuld zugrunde liegende Rechtsgeschäft nach den §§ 119 ff. BGB anfechten kann. Damit ist auch diese Vorschrift Ausdruck des Akzessorietätsgrundsatzes und dient dem Schutz des Bürgen vor einer übermäßigen Inanspruchnahme. Dennoch lässt die Rechtsprechung einen pauschalen Verzicht auf die Einrede der Anfechtbarkeit zu.[1579] Zur Begründung wird darauf verwiesen, dass die Einrede der Anfechtbarkeit die Akzessorietät der Bürgschaft nicht unmittelbar berührt, sondern dem Bürgen nur ein Gestaltungsrecht nehme, dem wegen der kurzen Anfechtungsfrist des § 121 Abs. 1 S. 1 BGB nur wenig Bedeutung zukomme. Soweit eine Anfechtung gemäß § 123 BGB wegen arglistiger Täuschung in Betracht komme, bleibe dem Bürgen schließlich die Arglisteinrede über §§ 768 Abs. 1 S. 1 i.V.m. 853 BGB.[1580] In der Literatur wird ein pauschaler formularmäßiger Verzicht auf die Einrede der Anfechtbarkeit für unwirksam gehalten.[1581]

III. Verzicht auf die Einrede der Aufrechenbarkeit (§ 770 Abs. 2 BGB)

793 Gemäß § 770 Abs. 2 BGB steht dem Bürgen ein Leistungsverweigerungsrecht zu, soweit der Gläubiger gegen eine Forderung des Hauptschuldner aufrechnen kann. Die Vorschrift gibt dem Bürgen allerdings keine eigene Aufrechnungsbefugnis. Für den Fall, dass er an den Gläubiger zahlt, kann er die Leistung nicht gemäß § 812 BGB zurückverlangen.[1582] Die Vorschrift verstärkt aber das in § 771 BGB verankerte **Subsidiaritätsprinzip**. Der Bürge soll nur haften, wenn der Gläubiger keine Befriedigung beim Hauptschuldner erlangen kann. Erst seit dem Jahr 2003 sieht auch der BGH in einem umfassenden Verzicht auf die Einrede der Aufrechenbarkeit einen Verstoß gegen § 307 BGB.[1583] Zuvor hatte er die Auffassung vertreten, dass § 770 Abs. 2 BGB dem Bürgen nur eine verletzliche Rechtsposition gebe, da die Einrede vollständig vom Verhalten des Gläubigers und des Hauptschuldners abhängig sei.[1584] In diesem Fall aber sei der Bürge nicht schutzwürdig, wohingegen die Bank ein schutzwürdiges Interesse habe, da sie möglicherweise mit ungesicherten Forderungen aufrechnen möchte. Der BGH hat seine Rechtsprechung jedoch korrigiert.[1585] Ein Verzicht auf die Einrede aus § 770 Abs. 2 BGB würde der in **§ 309 Nr. 3 BGB verankerten Wertung** widersprechen, die auch in Ansehung des Bürgschaftsvertrags gelten muss.[1586] Danach ist eine Bestimmung in Allgemeinen Geschäftsbedingungen unwirksam, durch die dem Vertragspartner des Verwenders die Befugnis genommen wird, mit einer unbestrittenen oder rechtskräftig festgestellten Forderung aufzurechnen.[1587] Dies hat zur Folge, dass auch eine vorformulierte Sicherungsabrede zwischen Gläubiger und Hauptschuldner, wonach etwa ein Gewährleistungseinbehalt durch eine Bürgschaft abgelöst werden kann, in der der Bürge auf die Einrede der Aufrechenbarkeit

---

1575 Für den Fall einer nicht eindeutigen Formulierung: OLG Köln, NJW-RR 2008, 1340, 1341.
1576 Förster, WM 2010, 1677, 1680.
1577 Tiedtke/Holthusen, WM 2007, 93.
1578 BGHZ 181, 278, 285 = WM 2009, 1643 = NJW 2009, 3422.
1579 BGHZ 95, 350, 356 = NJW 1986, 43, 44; OLG Hamburg, WM 1984, 255, 256; a.A. MüKo/Wurmnest, § 307 Rn 252.
1580 BGHZ 95, 350 = WM 1985, 1307 = NJW 1986, 43, 45.
1581 Reinicke/Tiedtke, Bürgschaftsrecht, Rn 602; dies., Kreditsicherung Rn 567; Tiedtke, JZ 2006, 940, 948; MüKo/Wurmnest, § 307 Rn 252; Bamberger/Roth/Schmidt, § 307 Rn 85.
1582 KreditrechtKomm/Nobbe, § 770 Rn 15.
1583 BGHZ 153, 293, 298 = WM 2003, 669 = NJW 2003, 1521. Bis dahin hielt der BGH eine solche Klausel für zulässig, vgl. BGHZ 95, 350, 359 ff = WM 1985, 1307; BGH WM 1986, 95, 97.
1584 BGHZ 95, 350, 355 = WM 1985, 1370 = NJW 1986, 43.
1585 BGHZ 153, 293, 298 = WM 2003, 669 = NJW 2003, 1521.
1586 So auch BGHZ 153, 293, 298 = WM 2003, 669 = NJW 2003, 1521; BGHZ 156, 302, 310 = WM 2003, 2379, 2383 = NJW 2004, 161; BGH WM 2004, 720, 722 = NJW 2004, 2232.
1587 Förster, WM 2010, 1677, 1681.

vollumfänglich verzichten muss, unwirksam ist, mit der Folge, dass sich der Bürge gemäß § 768 Abs. 1 S. 1 BGB darauf berufen kann.[1588]

Rechtsfolge einer umfassenden formularmäßigen Verzichtserklärung ist ihre vollständige Unwirksamkeit.[1589] Das **Verbot der geltungserhaltenden Reduktion** lässt eine teilweise Aufrechterhaltung nicht zu. Der Ausschluss ist selbst dann insgesamt unwirksam, wenn im konkreten Fall die Gegenforderung weder unbestritten noch rechtskräftig festgestellt ist.[1590]

IV. Verzicht auf die Einrede der Vorausklage (§ 771 S. 1 BGB)

Die Einrede der Vorausklage gemäß § 771 S. 1 BGB gewährt dem Bürgen eine **dilatorische Einrede**. Der Bürge kann verlangen, dass der Gläubiger vor seiner Inanspruchnahme einen erfolglosen Vollstreckungsversuch gegen den Hauptschuldner unternommen hat. Dabei genügt ein einziger Vollstreckungsversuch. Es schadet nicht, wenn der Hauptschuldner zwischenzeitlich wieder neue Zugriffsobjekte erlangt hat.[1591] Damit ist die Vorschrift Ausdruck der Subsidiarität der Bürgenhaftung. § 773 Abs. 1 Nr. 1 BGB erlaubt allerdings ausdrücklich, dass der Bürge sich **als Selbstschuldner verbürgt** und damit auf die Einrede der Vorausklage verzichtet. Einzige Wirksamkeitsvoraussetzung ist gemäß § 766 S. 1 BGB, dass die Verzichtserklärung der Schriftform genügt.[1592] Ein solcher Ausschluss kann daher auch in Allgemeinen Geschäftsbedingungen i.S.d. § 305 BGB wirksam vereinbart werden.[1593] Die Bezeichnung einer formularmäßigen Bürgschaft als „selbstschuldnerisch" genügt in der Regel dem **Transparenzgebot** des § 307 Abs. 1 S. 2 BGB.[1594]

Soweit eine Bürgschaft als **Ausfallbürgschaft** bezeichnet wird, muss der Bürge indessen nicht damit rechnen, dass es sich dabei um eine selbstschuldnerische Bürgschaft handeln soll.[1595] In diesem Fall ist der Verzicht auf die Einrede der Vorausklage überraschend i.S.d. § 305c Abs. 1 BGB. Die in der Literatur vertretene Auffassung, wonach der Verbraucher, dem eine solche Klausel nicht geläufig ist, in allen anderen Fällen nicht schutzwürdig sein soll, weil angesichts des Gesetzeswortlauts die Klausel klar und unmissverständlich sei,[1596] überzeugt nicht. Es ist immer im **Einzelfall** zu prüfen, ob der Verzicht auf die Einrede der Vorausklage dem Transparenzgebot des § 307 Abs. 1 S. 2 BGB gerecht wird. Eine Unterwerfungserklärung unter die sofortige Zwangsvollstreckung oder die Übernahme einer Zahlungsverpflichtung zu einem bestimmten Zeitpunkt dürften jedoch den darin enthaltenen Verzicht auf die Einrede der Vorausklage ausreichend klar und verständlich erkennen lassen.[1597]

V. Bürgschaft auf erstes Anfordern

Ist eine **Bürgschaft auf erstes Anfordern** vereinbart, so braucht der Gläubiger bei Inanspruchnahme des Bürgen nicht die Schlüssigkeit der Hauptforderung darlegen. Er muss nur die urkundlich vorgeschriebenen Voraussetzungen erfüllen. Der Bürge ist bei seiner Inanspruchnahme durch den Gläubiger **mit allen Einwendungen ausgeschlossen**.[1598] Mit ihrer Geltendmachung ist er auf den Rückforderungsprozess gemäß § 812 BGB verwiesen.[1599] Die Sicherungsrechte des Auftraggebers werden über sein anerkennenswertes Sicherungsinteresse bei unzureichender Vertragserfüllung erheblich ausgedehnt.[1600] Eine Bürgschaft auf erstes Anfordern geht damit über die Funktion eines Sicherungsmittels hinaus und kann grundsätzlich **nicht in Allgemeinen Geschäftsbedingungen vereinbart** werden.[1601]

Die Bürgschaft auf erstes Anfordern räumt dem Gläubiger die Möglichkeit ein, sich **Liquidität** zu verschaffen, da der Gläubiger den Bürgen unabhängig vom Eintritt des Sicherungsfalles in Anspruch nehmen kann. Hierin liegt eine unangemessene Benachteiligung i.S.d. § 307 Abs. 2 Nr. 1 BGB. Eine Liquiditätsverschaffung zu Lasten des Bürgen ist nicht mit dem in § 768 BGB verankerten Grundgedanken der subsidiären Haftung des Bürgen zu vereinbaren. Überdies ist der Hauptschuldner gemäß § 670 bzw. § 774 BGB dem Bürgen im Falle seiner Inanspruchnahme zum Ersatz der dem Bürgen dadurch entstandenen Aufwendungen verpflichtet. Bei einer Bürgschaft auf erstes Anfordern kann diese Verpflichtung schon vor Fälligkeit eintreten. Dem Hauptschuldner soll seine Liquidität aber erhalten bleiben, wenn ihm die Möglichkeit gegeben wird, statt Bargeld zu hinterlegen, eine Bürgschaft beizubringen.[1602] Schließlich wird bei einer

---

1588 KG Berlin, Urt. v. 6.8.2013 – 7 U 210/11.
1589 BGHZ 153, 293, 298 = WM 2003, 669 = NJW 2003, 1521, 1522.
1590 BGHZ 153, 293, 298 = WM 2003, 669 = NJW 2003, 1521, 1522.
1591 Palandt/*Sprau*, § 771 Rn 1.
1592 BGH WM 1968, 1200; MüKo/*Habersack*, § 773 Rn 3.
1593 BGHZ 95, 350, 361 = WM 1985, 1307; BGH WM 2001, 1330, 1333; Staudinger/*Horn*, § 773 Rn 3; Bamberger/Roth/*Rohe*, § 773 Rn 2.
1594 BGH WM 2001, 1330, 1333; MüKo/*Habersack*, § 773 Rn 3.
1595 BGH WM 1998, 976, 979.
1596 So KreditrechtKomm/*Nobbe*, § 773 Rn 5: *„Wenn einem Verbraucher die Bedeutung einer solchen eindeutigen Klausel nicht geläufig ist, mag er nachfragen"*.
1597 Vgl. MüKo/*Habersack*, § 773 Rn 3; Staudinger/*Horn*, § 773 Rn 2.
1598 BGH NJW 1994, 380; BGH WM 1999, 895 = NJW 1999, 2361, 2362; BGHZ 147, 99, 102 = WM 2001, 947 = NJW 2001, 1857; BGH WM 2002, 743.
1599 BGHZ 143, 381; BGH WM 2003, 969 = NJW 2003, 2231.
1600 BGHZ 150, 299, 303 = NJW 2002, 2388 = WM 2002, 1415.
1601 BGH WM 1999, 895, 899; BGH WM 2002, 2498, 2499; BGH WM 2008, 999; Bydlinski, WM 1991, 257, 260.
1602 So *Förster*, WM 2010, 1677, 1682.

Bürgschaft auf erstes Anfordern das **Insolvenzrisiko des Auftraggebers** auf den Bürgen übertragen, weil er erst in einem Rückforderungsprozess eine ungerechtfertigte Inanspruchnahme rügen kann. Diese weitreichende Haftung darf dem Bürgen nicht in Allgemeinen Geschäftsbedingungen untergeschoben werden. Aber auch für den Fall, dass **individualvertraglich eine Bürgschaft auf erstes Anfordern** vereinbart wurde, können die Einreden aus § 768 BGB nicht formularmäßig ausgeschlossen werden.[1603] Etwas anders gilt nur für den Fall, dass eine Bürgschaft von einem Kreditinstitut oder einer sonstigen Person übernommen wird, die **Bürgschaften gewerbsmäßig** übernehmen.[1604]

VI. Verzicht auf Schadensersatzansprüche

799 Die Geltendmachung von **Schadensersatzansprüchen wegen Verletzung von Aufklärungspflichten** aus dem Bürgschaftsvertrag kann in einem Formularvertrag nicht ausgeschlossen werden. Eine formularmäßige Freizeichnung von Aufklärungs- und Informationspflichten gegenüber dem Bürgen ist gemäß § 307 BGB unwirksam.[1605] Grundsätzlich obliegen dem Gläubiger zwar keine Hinweis- oder Aufklärungspflichten über das mit der Bürgschaftsübernahme verbundene Risiko.[1606] Verbürgt sich allerdings der Bürge für sämtliche Forderungen des Gläubigers gegen den Hauptschuldner aus einer Geschäftsbeziehung, so ist der Gläubiger gegenüber dem Hauptschuldner der geeignetere Ansprechpartner, wenn der Bürge über die Hauptschuld und damit über seine Haftung eine Information erlangen möchte.[1607] Eine **überraschende Inanspruchnahme** würde auch dem Interesse des Gläubigers entgegenstehen, da dann das Risiko erhöht würde, seine Forderung gegen den Bürgen nicht ohne Weiteres durchsetzen zu können. Eine entsprechende Aufklärungspflicht ergibt sich damit aus dem Rücksichtnahmegebot des § 241 Abs. 2 BGB und zählt zu den vertraglichen Nebenpflichten des Bürgschaftsvertrags. Wann eine solche Aufklärungspflicht besteht, bleibt eine Frage des Einzelfalls. Erhebliche Veränderungen in der Höhe der Hauptforderung etwa sind dem Bürgen zumindest bei der Übernahme der Bürgenhaftung für künftige Kredite des Hauptschuldners bzw. einer Erhöhung des Kreditrahmens mitzuteilen, damit dieser seine Liquidität entsprechend anpassen kann. Ist der Bürge in der Lage, sich die benötigten Informationen auch anderweitig zu beschaffen, so dürfte eine Aufklärungspflicht abzulehnen sein.[1608]

VII. Verzicht auf Anzeigepflicht bei Zeitbürgschaft (§ 777 BGB)

800 Gemäß § 777 Abs. 1 S. 1 BGB wird der Bürge bei einer zeitlich begrenzten Bürgschaft von seiner Leistungspflicht mit Ablauf der vereinbarten Vertragslaufzeit frei, wenn der Gläubiger vor dieser Zeit nicht die Forderung gemäß § 772 BGB beitreibt und dies dem Bürgen unverzüglich anzeigt. Ein formularmäßiger Verzicht auf die Anzeigepflicht mit der Folge, dass der Bürge keine Kenntnis von der Inanspruchnahme vor Ablauf der Bürgschaft erlangt und dennoch zur Zahlung verpflichtet bleibt, ist überraschend i.S.d. § 305c Abs. 1 BGB. Die zeitlich begrenzte Bürgschaft würde zu einer unbegrenzten Bürgschaft werden und stünde im Widerspruch zu dem Interesse des Bürgen, durch eine Befristung sein Risiko zeitlich zu begrenzen.[1609]

VIII. Verzicht auf das Kündigungsrecht

801 Soweit eine Bürgschaft unbefristet ist, steht dem Bürgen bei einer Kreditbürgschaft ebenso wie bei anderen Dauerschuldverhältnissen ein Kündigungsrecht zu.[1610] Hiervon kann in Allgemeinen Geschäftsbedingungen nicht abgewichen werden.[1611] Es kann aber eine **angemessene Kündigungsfrist** in Allgemeinen Geschäftsbedingungen bestimmt werden. Im Falle einer Kündigung wird dadurch eine unbefristete Kündigung nicht zu einer Zeitbürgschaft. Die Bürgenhaftung bleibt in Höhe der im Zeitpunkt der Kündigung bestehenden Hauptforderung bestehen.[1612] Die **Kündigung aus wichtigem Grund** gemäß § 314 BGB ist nicht abdingbar.[1613]

D. Regressbeschränkungen

I. Ausschluss der Legalzession (§ 774 Abs. 1 S. 1 BGB)

802 Gemäß § 774 Abs. 1 S. 1 BGB findet bei Befriedigung des Gläubigers durch den Bürgen ein gesetzlicher Forderungsübergang statt (cessio legis). Das bedeutet, dass die Forderung des Gläubigers gegen den Hauptschuldner nicht gemäß § 362 Abs. 1 BGB erlischt, sondern auf den Bürgen übergeht. Soweit in einer Formularbürgschaft vereinbart wird, dass der gesetzliche **Forderungsübergang erst für den Fall der vollständigen Befriedigung** des Gläubigers erfolgen soll, ist eine unangemessene Benachteiligung des Bürgen i.S.d. § 307 Abs. 1 BGB darin nicht zu sehen, wenn die Bürgschaft sämtliche Ansprüche aus der Geschäftsverbindung mit dem Hauptschuldner sichert.[1614] In diesem Fall

---

1603 BGH WM 2003, 969 = NJW 2003, 2231.
1604 BGHZ 151, 229, 231.
1605 So auch OLG Düsseldorf, NJW-RR 1996, 620, 621.
1606 Derleder/Knops/Bamberger/*Knops*, § 25 Rn 77; UBH/*Fuchs*, Teil 2 (9) Rn 15.
1607 UBH/*Fuchs*, Teil 2 (9) Rn 15.
1608 UBH/*Fuchs*, Teil 2 (9) Rn 15.
1609 BGH NJW 2004, 2232 = WM 2004, 720; a.A. *Tiedtke*, NJW 2005, 2498, 2501, der eine solche Klausel für unwirksam gemäß § 307 BGB hält.
1610 BGH NJW 1985, 3007; BGH NJW 1986, 252, 253; BGH NJW 1986, 2308, 2309; BGH NJW-RR 1993, 944, 945.
1611 UBH/*Fuchs*, Teil 2 (9) Rn 18.
1612 BGH NJW 1985, 3007.
1613 UBH/*Fuchs*, Teil 2 (9) Rn 18.
1614 KreditrechtKomm/*Nobbe*, § 774 Rn 7; UBH/*Fuchs*, Teil 2 (9) Rn 13; a.A. *Fischer*, WM 1998, 1705, 1713.

überwiegt das Interesse des Gläubigers, dass ihm die Inanspruchnahme des Hauptschuldners nicht durch konkurrierende Rückgriffsansprüche des Bürgen erschwert wird.[1615] Dem Bürgen bleibt der Anspruch aus § 670 BGB auf Aufwendungsersatz gegen den Hauptschuldner erhalten. Ausgeschlossen werden allein die Rechte aus dem mit dem Forderungsübergang verbundenen Übergang der unter Umständen erst nach Abschluss des Bürgschaftsvertrags begründeten Sicherungs-, Vorzugs- und Nebenrechte Dritter gemäß §§ 412, 401 BGB. Dies erscheint im Hinblick auf Sinn und Zweck der Bürgschaftsübernahme auch noch angemessen. Mit einer Bürgschaftsübernahme soll das Insolvenzrisiko des Hauptschuldners auf den Bürgen verlagert werden. Die Klausel verbessert diese Stellung des Gläubigers in noch zulässigem Umfang, indem sie verhindert, dass der Bürge möglicherweise vom Gläubiger später benötigte Sicherheiten zugreift.[1616] Selbst dann, wenn weitere Bürgschaften bestellt wurden, ist keine wirkliche Verschlechterung der Rechtsposition des Bürgen zu erkennen und das Interesse der Bank überwiegt.[1617] Für den Fall einer missbräuchlichen Regressverhinderung bleibt dem Bürgen die Möglichkeit sich über einen **Schadensersatzanspruch** schadlos zu halten.[1618]

Ein **umfassender Ausschluss des gesetzlichen Forderungsübergangs** verstößt gegen § 307 Abs. 2 Nr. 1 BGB, da der Forderungsübergang zu den wesentlichen Grundpfeilern der Bürgschaft gehört.[1619] Er würde im Falle der Gläubigerbefriedigung den **Verlust aller Sicherungs-, Vorzugs- und Nebenrechte** für den Bürgen bedeuten. Dem Bürgen bleibt zwar auch dann der Anspruch auf Aufwendungsersatz gemäß § 670 BGB gegenüber dem Hauptschuldner erhalten, sodass auf den ersten Blick der Eindruck entsteht, der gesetzliche Forderungsübergang habe keinen eigenen wirtschaftlichen Wert. Soweit aber keine Globalbürgschaft vorliegt, führt eine solche Klausel zu einer erheblichen **Erhöhung des Ausfallrisikos** beim Bürgen.[1620] Das Interesse des Gläubigers an einer über die Bürgschaft hinausgehenden Absicherung der Hauptforderung steht nicht mehr in einem sachlichen Zusammenhang mit dem Abschluss des Bürgschaftsvertrags.

803

II. Ausschluss der Gesamtschuldnerschaft bei Mitbürgen (§ 769 BGB)

Gemäß § 769 BGB haften mehrere Bürgen einer Hauptforderung gegenüber dem Gläubiger entsprechend § 774 Abs. 2 BGB als Gesamtschuldner gemäß § 426 BGB. Dies gilt auch, wenn sie sich nicht gemeinschaftlich i.S.d. § 421 BGB verbürgt haben. Der BGH hält eine Klausel für wirksam, wonach diese Regelung und damit die gesamtschuldnerische Haftung von Mitbürgen ausgeschlossen werden.[1621] Dies hat zur Folge, dass jeder Bürge unabhängig von anderen Bürgschaften abweichend von § 769 BGB in Form der sog. „**Nebenbürgschaft**" haftet. Allerdings vertritt der BGH die Auffassung, dass die Haftung der Bürgen bei Auslegung der Klausel gemäß § 305c Abs. 2 BGB nur im Außenverhältnis ausgeschlossen ist. Im Innenverhältnis bleibe die gesamtschuldnerische Haftung bestehen, sodass im Ergebnis § 426 BGB nicht ausgeschlossen werde.[1622] Ähnlich sah es jüngst das Brandenburgische OLG.[1623] Ein Ausschluss des § 769 BGB führe nicht automatisch dazu, dass ein Ausgleich zwischen mehreren Bürgen, die sich für dieselbe Verbindlichkeit verbürgt haben, nicht stattfindet. Die Ausgleichspflicht unter Mitbürgen entstehe bereits mit Begründung des Gesamtschuldverhältnisses und nicht erst mit der Leistung eines Gesamtschuldners an den Gläubiger. Die Rechte und Pflichten aus dieser Rechtsbeziehung zwischen den Mitbürgen würden nicht allein durch die vom Gläubiger einem Mitbürgen gewährte Haftungsbefreiung oder -begrenzung berührt.

804

Diese Rechtsprechung kann nach der hier vertretenen Auffassung nur schwer überzeugen, denn die Klausel macht nur Sinn, wenn durch sie § 426 BGB auch im Innenverhältnis ausgeschlossen sein soll. Für einen trotz objektiven Bestehens einer Gesamtschuldnerschaft in Allgemeinen Geschäftsbedingungen vereinbarten Ausschluss des § 426 BGB, fehlt es aber an einem **überwiegenden sachlichen Interesse** des Gläubigers. Bei einer Höchstbetragsbürgschaft ist der bis zum Höchstbetrag bereits in Anspruch genommene Bürge von einer weiteren Haftung befreit und kann bei dem anderen Bürgen über § 426 i.V.m. § 769 BGB Regress nehmen. Dadurch wird das Insolvenzrisiko des anderen Bürgen erhöht. Um sein Insolvenzrisiko zu minimieren, könnte der Gläubiger sämtliche Bürgen ebenso zeitgleich in Anspruch nehmen. Die Gefahr einer **kumulativen Haftung** besteht wegen § 422 BGB nicht. Der Gläubiger muss von vornherein seine Ansprüche gegen die Bürgen beziffern und kann insgesamt lediglich den gesicherten Betrag verlangen. Ein vollständiger Ausschluss des § 426 BGB führt damit zu einer unangemessene Benachteiligung i.S.d. § 307 Abs. 1 i.V.m. Abs. 2 Nr. 1 BGB. Die Anwendbarkeit des § 426 BGB ist also in solchen Fällen nicht dadurch begründet, dass sie durch die Klausel nicht ausgeschlossen wurde, sondern weil die Klausel unangemessen und damit unwirksam ist.[1624]

805

1615 BGHZ 92, 374, 382 = NJW 1985, 614; BGH WM 1986, 95, 97 = NJW 1986, 928, 930; KreditrechtKomm/*Nobbe*, § 774 Rn 7; UBH/*Fuchs*, Teil 2 (9) Rn 13.
1616 BGHZ 92, 374, 382 = WM 1984, 1630; BGH WM 2001, 1060, 1064.
1617 BGH WM 2001, 1060, 1064.
1618 UBH/*Fuchs*, Teil 2 (9) Rn 13.
1619 BGHZ 92, 374, 382 = WM 1984, 1630; OLG Köln, WM 1989, 1883, 1885; a.A. *Förster*, WM 2010 1677, 1681.

1620 MüKo/*Habersack*, § 774 Rn 5; KreditrechtKomm/*Nobbe*, § 774 Rn 9.
1621 BGHZ 88, 185 = NJW 1983, 2442.
1622 BGHZ 88, 185 = NJW 1983, 2442.
1623 Brandenburgisches OLG, Urt. v. 22.5.2013 – 4 U 59/12.
1624 So jedoch nur für den Fall einer gemeinschaftlichen Übernahme: UBH/*Fuchs*, Teil 2 (9) Rn 14.

806 Eine Klausel in einem Bürgschaftsvertrag, wonach eine gesamtschuldnerische Haftung der Mitbürgen nur eintreten soll, wenn sie sich **gemeinschaftlich in einer Urkunde** verbürgt haben, ist gemäß § 307 Abs. 2 Nr. 1 BGB unwirksam.[1625] Auch sie dient dazu eine kumulative Haftung zu erzwingen. Wie sich aber das Verhältnis von zwei oder mehr Bürgschaften untereinander darstellt, kann nicht davon abhängig gemacht werden, wie viele Bürgschaftsurkunden errichtet werden, sondern wird durch das tatsächliche Verhältnis der Bürgen zueinander bestimmt.[1626] Hierfür streitet auch die Regelung des § 426 BGB, die nur dann eine Abweichung von der darin vorgesehenen Ausgleichspflicht zulässt, wenn etwas anderes bestimmt ist. Gemeint ist damit zwar neben einer gesetzlichen auch eine vertragliche Bestimmung, jedoch nur im Innenverhältnis der Gesamtschuldner.[1627]

III. Verzicht auf die Einrede der Sicherheitenaufgabe (§ 776 BGB)

807 Gibt der Gläubiger eine ihm zur Sicherung der Hauptforderung eingeräumte Sicherheit auf, so wird er gemäß § 776 S. 1 BGB insoweit frei, als er aus diesem Recht gemäß § 774 BGB einen Ausgleich hätte verlangen können. Ein formularmäßiger Ausschluss der Leistungsbefreiung für den Fall der Sicherheitenaufgabe stellt eine unangemessene Benachteiligung des Bürgen dar und ist gemäß § 307 Abs. 1 BGB unwirksam.[1628] Oftmals liegt die Insolvenz des Hauptschuldners nicht fern, wenn es zu einer Inanspruchnahme des Bürgen kommt, sodass Sicherheiten anderer Sicherungsgeber wegen des gesetzlichen Forderungsübergangs in § 774 BGB regelmäßig die einzige Möglichkeit des Bürgen sind, sich zumindest teilweise im Regresswege schadlos zu halten.[1629] Ein Verzicht auf seine Einrede aus § 776 BGB würde damit das **Insolvenzrisiko** trotz weiterer Sicherungsgeber und der im Innenverhältnis grundsätzlich vorgesehen anteiligen Haftung der Sicherungsgeber untereinander vollständig auf den Bürgen verlagern.

808 Etwas anderes gilt für **Bürgschaften zugunsten einer Bank**. Hier dient der Ausschluss von § 776 BGB dazu, die finanzielle Bewegungsfreiheit der Bank und ihrer Kunden zu erhalten. In diesem Fall geht es nicht um eine Verlagerung des Insolvenzrisikos, sodass in dieser Konstellation ausnahmsweise keine Unwirksamkeit gemäß § 307 Abs. 1 BGB anzunehmen ist.[1630]

E. Bürgschaftsverträge im Baugewerbe

I. Gewährleistungsbürgschaft

809 Mit einer Gewährleistungsbürgschaft werden Mängelgewährleistungsansprüche des Auftraggebers besichert. Gemäß § 17 Nr. 3 VOB/B hat der Auftragnehmer die Wahl unter den verschiedenen Sicherungsmitteln und kann das eine durch ein anderes ersetzen. Nach der Rechtsprechung des BGH ist es zulässig, in den Allgemeinen Geschäftsbedingungen eines Bauvertrags eine **Verpflichtung zur Bestellung einer unbefristeten, unwiderruflichen und selbstschuldnerischen Bürgschaft** zur Sicherung der Gewährleistungsansprüche des Auftraggebers wahlweise neben einem Werklohneinbehalt zu vereinbaren.[1631] Eine solche AGB-mäßige Vereinbarung räume dem Auftragnehmer die Wahl ein, für einen bestimmten Zeitraum auf seinen restlichen Werklohn zu verzichten und damit Zinsverluste hinzunehmen und das Insolvenzrisiko des Auftraggebers zu tragen, oder eine Bürgschaft zu stellen und unter Einschränkung seiner Kreditlinie nur mit Avalzinsen hierfür belastet zu werden. Das berechtigte Sicherungsinteresse überwiege gegenüber den mit der Stellung einer Bürgschaft verbundenen Nachteilen für den Auftragnehmer.[1632] Dies soll auch dann gelten, wenn die Bürgschaft das einzige Sicherungsmittel sein soll.[1633]

810 So hat der BGH beispielsweise entschieden, dass eine formularmäßige Vereinbarung wirksam ist, wonach ein **Einfamilienfertighausanbieter** in Verträgen mit privaten Bauherren die Vorlage einer unbefristeten, selbstschuldnerischen Bürgschaft eines Kreditinstituts in Höhe der geschuldeten Gesamtvergütung zur Absicherung aller sich aus dem Vertrag ergebenden Zahlungsverpflichtungen des Bauherrn auch schon acht Wochen vor dem vorgesehenen Baubeginn verlangt.[1634] Gegenüber den übrigen Finanzierungskosten falle die damit verbundene Kostenbelastung des Bauherrn in Form der Avalprovision des Kreditinstituts nicht entscheidend ins Gewicht. Die abzusichernden Risiken seien dagegen für den Fertighausanbieter nicht unwesentlich.

811 Soweit eine Gewährleistungsbürgschaft in den Allgemeinen Geschäftsbedingungen eines Bauvertrages verlangt wird, ist dies nicht zu beanstanden. Wird allerdings ein Bareinbehalt vom Werklohn i.H.v. 5 % vereinbart und sehen die Allgemeinen Geschäftsbedingungen des Auftraggebers vor, dass dem Auftragnehmer **ein Ablöserecht nur gegen Stellung einer Bürgschaft auf erstes Anfordern** zusteht, liegt darin eine unangemessene Benachteiligung i.S.d. § 307 BGB.[1635] Es fehlt an einem angemessenen Ausgleich für den Gewährleistungseinbehalt.[1636] Das Gesetz sieht

---

1625 OLG Celle, NJW-RR 1990, 1006.
1626 OLG Celle, NJW-RR 1990, 1006.
1627 Palandt/*Grüneberg*, § 426 Rn 8.
1628 BGH WM 2003, 2379, 2382 = NJW 2004, 161; *Tiedtke*, JZ 2006, 940, 949.
1629 *Förster*, WM 2010, 1677, 1681.
1630 BGHZ 78, 137 = WM 1980, 1255 = NJW 1981, 748; BGHZ 95, 350 = WM 1985, 1307 = NJW 1986, 43, 45.
1631 BGHZ 157, 29, 31 = WM 2004, 96 = NJW 2004, 443; BGH WM 2004, 718, 720.
1632 BGHZ 157, 29, 31 = WM 2004, 96 = NJW 2004, 443.
1633 BGH WM 2004, 718, 720.
1634 BGH WM 2010, 1215 = NJW 2010, 2272.
1635 BGHZ 136, 27 = BauR 1997, 829; BGHZ 147, 99, 105 = WM 2001, 947 = NJW 2001, 1857; BGH WM 2005, 268, 269; BGH WM 2007, 1625.
1636 BGHZ 147, 99, 105 = WM 2001, 947 = NJW 2001, 1857.

in § 641 BGB vor, dass die volle Vergütung grundsätzlich nur bei Abnahme zu entrichten und im Zweifel zu verzinsen ist. Wird eine Sicherung der Gewährleistungsansprüche verlangt, ist dies zwar ein schutzwürdiges Interesse und damit zulässig. Eine vom Gesetz abweichende Vereinbarung in Allgemeinen Geschäftsbedingungen ist aber nur zulässig, wenn die Interessen beider Vertragspartner ausreichend berücksichtigt werden. Dies ist bei einer formularmäßigen Kumulation der Sicherungsrechte in diesem Umfang nicht mehr der Fall.

Wird ein **Sicherheitseinbehalt für einen bestimmten Zeitraum**[1637] vereinbart, kann diese Regelung einem berechtigten Interesse des Auftraggebers dienen. Hierfür ist dem Auftragnehmer aber ein angemessener Ausgleich zuzugestehen. Ein Austauschrecht, das allein zur Ablösung des Gewährleistungseinbehalts durch eine Bürgschaft auf erstes Anfordern berechtigt, erfüllt diese Voraussetzung nicht. Liquiditäts- und Verzinsungsinteressen des Auftragnehmers werden nicht angemessen berücksichtigt. Mit einer Bürgschaft auf erstes Anfordern werden dem Gläubiger, ohne dass er den Anspruch schlüssig darlegen muss, sofort liquide Mittel zugeführt, wenn er den Bürgschaftsfall für eingetreten erklärt. Der Auftragnehmer, dem dadurch Liquidität entzogen wird, kann seine Einwendungen in der Regel nur in einem langjährigen Rückforderungsprozess geltend machen. Während dieser Zeit hat er das Bonitätsrisiko des Auftraggebers zu tragen. Die Ablösung durch eine Bürgschaft auf erstes Anfordern geht damit deutlich über die Notwendigkeit hinaus, etwaige Gewährleistungsansprüche zu sichern.[1638] 812

Die Wirksamkeit einer Austauschklausel, die allein eine Bürgschaft auf erstes Anfordern als zulässiges Austauschmittel ansieht, wird auch nicht dadurch hergestellt, dass der **Einbehalt auf Verlangen des Auftragnehmers auf ein Sperrkonto** eingezahlt werden muss.[1639] Dadurch lässt sich zwar das Problem umgehen, dass der Auftragnehmer das Bonitätsrisiko allein trägt und der Betrag unverzinst bleibt. Auch dann aber wird dem Auftragnehmer durch den Einbehalt Liquidität entzogen, ohne dass er die Möglichkeit hat, diese Liquidität wieder an sich zu ziehen, obwohl dem Interesse des Auftraggebers mit einer normalen Bürgschaft ausreichend Rechnung getragen würde.[1640] Eine entsprechende Klausel ist in Allgemeinen Geschäftsbedingungen eines **öffentlichen Auftraggebers** ebenfalls unwirksam gemäß § 307 BGB.[1641] 813

Sofern vereinbart wird, dass die Ablösung durch eine einfache selbstschuldnerische Bürgschaft zulässig sein soll, kann die Ablösung nicht zusätzlich vom **Ausbleiben wesentlicher Mängel abhängig** gemacht werden.[1642] 814

Ist eine Klausel in einem Bauvertrag betreffend die Gewährleistungsbürgschaft unwirksam, **entfällt die Verpflichtung zur Stellung einer Bürgschaft** gemäß § 306 Abs. 1 BGB vollumfänglich. Eine solche Klausel kann **nicht im Wege einer ergänzenden Vertragsauslegung** in der Weise aufrecht erhalten werden, dass der Auftragnehmer berechtigt sein soll, den Sicherheitseinbehalt durch eine selbstschuldnerische, unbefristete Bürgschaft abzulösen.[1643] Die Folge ist allerdings nicht die Unwirksamkeit einer bereits gestellten Bürgschaft. Dem Bürgen stehen nur gemäß § 768 Abs. 1 S. 1 BGB die Einwendungen des Schuldners aus der Sicherungsabrede mit dem Gläubiger zu. Ist die Verpflichtung zur Stellung einer Gewährleistungsbürgschaft in den Allgemeinen Geschäftsbedingungen eines Bauvertrags nicht wirksam, kann sich auch der Bürge gegenüber dem Gläubiger darauf berufen.[1644] Soweit der Bürge auf erstes Anfordern die Bürgschaftssumme an den Gläubiger in diesem Fall gezahlt hat, steht ihm ein Rückforderungsanspruch zu.[1645] 815

II. Vertragserfüllungsbürgschaft

Für die Vertragserfüllungsbürgschaft gelten andere Grundsätze als bei der AGB-Prüfung einer Gewährleistungsbürgschaft.[1646] In der Literatur[1647] und von einigen instanzlichen Gerichten[1648] wird die Auffassung vertreten, die Gesamtgestaltung der Sicherungsvereinbarung, mit der eine selbstschuldnerische Bürgschaft und der Verzicht des Bürgen auf die Einrede nach § 768 BGB gefordert werden, sei als **konzeptionelle Einheit** mit der Folge der **Unwirksamkeit der Verpflichtung insgesamt** zu verstehen, wenn eine garantieähnliche Haftung des Bürgen verwirklicht werden soll. Dagegen vertritt der BGH die Auffassung, dass anders als bei der Kombination einer Klausel, die eine Verpflichtung zur Stellung einer Bürgschaft auf erstes Anfordern zur Ablösung eines Bareinbehalts verlangt und damit als Ausgleich für eben diesen Bareinbehalt gedacht war, dem Verlangen einer selbstschuldnerischen, unbefristeten Bürgschaft und dem Einredenverzicht kein solches einheitliches Konzept zugrunde liege.[1649] Diese Regelungen seien nicht untrennbar miteinander verknüpft. Denn letztlich komme es dem Auftraggeber bei einer derartigen Sicherungsvereinbarung in erster Linie darauf an, eine Bürgschaft zur Sicherung der Vertragserfüllung zu erhalten. Der dadurch lückenhafte Vertrag sei ergänzend dahin auszulegen, dass die Bürgschaft in eine unbefristete, **selbst-** 816

1637 In dem vom BGH zu entscheidenden Fall war ein Sicherheitseinbehalt von fünf Jahren vorgesehen (vgl. BGHZ 136, 27 = NJW 1997, 2598).
1638 BGHZ 136, 27 = NJW 1997, 2598.
1639 BGH WM 2007, 1625.
1640 BGH WM 2007, 1625.
1641 BGH WM 2005, 268.
1642 BGHZ 157, 29, 32 = WM 2004, 96 = NJW 2004, 443.
1643 BGHZ 147, 99, 105; BGH WM 2005, 268.
1644 BGHZ 107, 210, 214; BGHZ 143, 381, 384; BGHZ 147, 99, 102.
1645 BGH BauR 2001, 109, 111, BGH WM 2002, 2498.
1646 BGHZ 179, 374, 381 = WM 2009, 643 = NJW 2009, 1664; BGHZ 181, 278, 289 = WM 2009, 1643 = NJW 2009, 3422; BGH WM 2005, 268, 269.
1647 *Hildebrandt*, BauR 2007, 210.
1648 LG Hamburg, Urt. v. 3.3.2006 – 420 O 75/04; LG Wiesbaden, Urt. v. 21.3.200 – 11 O 70/07.
1649 BGH WM 2005, 268, 270.

schuldnerische Bürgschaft umzudeuten** sei, wobei jedoch eine **ergänzende Vertragsauslegung** mit diesem Inhalt nur für Verträge in Betracht komme, die nach Bekanntwerden dieser Entscheidung in den beteiligten Verkehrskreisen abgeschlossen wurden.[1650]

817 Aus einer Bürgschaft können keine Rechte geltend gemacht werden, wenn die ihr zugrunde liegende in den Allgemeinen Geschäftsbedingungen eines Bauvertrags enthaltene Sicherungsvereinbarung bestimmt, dass **eine Bürgschaft nach dem Muster des Auftraggebers** vorzulegen ist.[1651] Eine entsprechende Regelung kann so verstanden werden, dass eine bei Kaufleuten im Baurecht nicht unübliche Bürgschaft auf erstes Anfordern gemeint ist. Damit aber verstößt eine solche Vertragsklausel gegen das Transparenzgebot gemäß § 307 Abs. 1 S. 2 BGB und zwar unabhängig davon, ob der Auftraggeber wirklich eine Bürgschaft auf erstes Anfordern verlangt. Es stellt ferner eine unangemessene Benachteiligung dar, wenn eine Vertragserfüllungsbürgschaft trotz Abnahme nach § 640 BGB noch beim Auftraggeber verbleiben soll, bis dieser die vorbehaltlose Schlusszahlung geleistet hat.[1652]

818 Wird in einem Bauträgervertrag die Geltung der **VOB/B vereinbart**, so gilt gemäß § 17 Abs. 4 S. 3 VOB/B, dass eine Bürgschaft auf erstes Anfordern nicht verlangt werden kann. Eine dennoch in einer Klausel verlangte Bürgschaft auf erstes Anfordern ist daher nicht geschuldet.[1653]

819 In einem Bauvertrag kann formularmäßig verlangt werden, dass neben der Stellung einer Bürgschaft die Einräumung eines **Werkunternehmerpfandrechts** verlangt wird.[1654] Eine Klausel, wonach der Bauherr verpflichtet ist, eine Bürgschaft zur Absicherung aller sich aus dem Vertrag gegebenen Zahlungsverpflichtungen beizubringen, ohne auf das Werkunternehmerpfandrecht zu verzichten, ist wirksam. Zwar folgt daraus, dass die Avalprovision für die Bankbürgschaft anders als bei Anwendung des § 648a Abs. 3 BGB dem Besteller auferlegt wird. Auch kann der Werkunternehmer neben der Bürgschaft eine Sicherungshypothek verlangen, was gemäß § 648a Abs. 4 BGB für die dort geregelte Sicherheit nicht der Fall ist. Dies stellt jedoch keine abweichende Vereinbarung von einer gesetzlichen Regelung dar, da es sich bei § 648a BGB nicht um eine „gesetzliche Regelung" i.S.v. § 307 Abs. 2 Nr. 1 BGB handelt. Denn diese gemäß § 648a Abs. 7 BGB zwingenden Regeln sind auf vertragliche Sicherungsabreden nicht anwendbar und können somit keine Leitbildfunktion entfalten.[1655]

III. MaBV-Bürgschaft

820 Die Makler- und Bauträgerverordnung (MaBV) stellt im deutschen Zivilrecht eine sondergesetzliche Regelung für den Kauf von noch zu erbauenden Immobilien dar. Der Erwerber ist danach entgegen § 641 BGB zur Vorleistung verpflichtet. Hiervon ist er gemäß § 7 Abs. 1 S. 1 MaBV nur befreit, wenn er stattdessen eine Bürgschaft zur Sicherung aller etwaigen Ansprüche des Auftraggebers auf Rückgewähr oder Auszahlung seiner vermögenswerte leistet. Die Bürgschaft soll sicherstellen, dass der Auftraggeber im Falle einer nicht oder nicht wie geschuldet erbrachten Leistung des Bauträgers seine Vorleistung zurückerhält (**Vorauszahlungsbürgschaft**). Dabei muss es sich um eine Bürgschaft durch eine Körperschaft des öffentlichen Rechts, eines Kreditinstituts oder eines Versicherungsunternehmens handeln.

821 Die AGB-mäßige Zulässigkeit der Vereinbarung einer Verpflichtung zu einer von § 641 BGB abweichenden Vorauszahlungsbürgschaft hat der BGH bejaht.[1656] Er hatte die Frage, ob die Vorauszahlungsbürgschaft nach § 7 MaBV gegen Art. 3 Abs. 1 der **Richtlinie 93/13/EWG** verstößt, verneint. Der EuGH, dem diese Frage zur Entscheidung nach Art. 234 EGV vorgelegt worden war, hatte zwar eine Beeinträchtigung der Verbraucherinteressen grundsätzlich bejaht, aber die Beantwortung der Frage, ob eine ungerechtfertigte und erhebliche Beeinträchtigung im Einzelfall vorliegt, an den BGH zurückverwiesen.[1657] Nach Auffassung des BGH aber ist eine ungerechtfertigte erhebliche Beeinträchtigung der Verbraucherinteressen wohl nicht zu bejahen.[1658]

822 Allgemeine Geschäftsbedingungen einer MaBV-Bürgschaft **unterliegen den §§ 305 ff BGB**. Zu berücksichtigen ist zunächst, dass die Bürgschaft nach § 7 MaBV **selbstschuldnerisch** sein muss. Die §§ 771, 773 Nr. 1 BGB sind regelmäßig in MaBV-Bürgschaften ausgeschlossen. Enthält eine MaBV-Bürgschaft eine Klausel, wonach vor Inanspruchnahme aus der Bürgschaft für den Fall, dass sich der Veräußerer und Erwerber nicht einig sind, die **Fälligkeit und Höhe des Kaufpreisrückgewähranspruchs** durch ein rechtskräftiges Urteil, einen rechtskräftigen Vergleich oder durch eine übereinstimmende Erklärung von Erwerber und Veräußerer nachgewiesen werden muss, so stellt dies eine überraschende Regelung gemäß § 305c Abs. 1 BGB dar.[1659] Der Erwerber darf bei der typischerweise als selbstschuldnerisch ausgestalteten MaBV-Bürgschaft erwarten, dass die Geltendmachung der Ansprüche gegenüber dem Bürgen gerade nicht davon abhängt, dass er zunächst gegen den Hauptschuldner vorgeht.

1650 BGHZ 151, 229 = NJW 2002, 3098 = WM 2002, 1876.
1651 A.A. BGH WM 2004, 718, der darin lediglich die Vereinbarung sehen will, dass die Bürgschaft in Anlehnung an § 17 Nr. 4 S. 2 VOB/B nach Vorschrift des Auftraggebers auszustellen ist. Der Auftraggeber werde nicht berechtigt, die Sicherungsabrede durch das Muster zu ändern.
1652 BGH NJW 2011, 2195 = WM 2011, 1125.
1653 BGH WM 2007, 1714, 1715.
1654 UBH/*Fuchs*, Teil 2 (9) Rn 16.
1655 BGH NJW 2010, 2272, 2274 = WM 2010, 1215.
1656 BGH WM 2002, 1506.
1657 EuGH WM 2004, 989, siehe hierzu *Fischer*, WM 2003, 1.
1658 BGH WM 2002, 1506.
1659 BGHZ 169, 1, 15 = WM 2006, 1901 = NJW 2006, 3275.

Wird in einer Klausel als Voraussetzung der Inanspruchnahme des Bürgen geregelt, dass der Erwerber **vorher auf seinen Anspruch gegenüber der Bank aus der Pfandfreigabeverpflichtung** verzichtet hat, liegt eine unangemessene Benachteiligung und damit ein Verstoß gegen § 307 Abs. 1 BGB vor.[1660] Bei Wirksamkeit der Klausel liefe der Erwerber Gefahr, seinen Anspruch auf Rückzahlung des Kaufpreises im Fall einer nicht oder nicht wie geschuldet erbrachten Vertragsleistung nicht durchsetzen zu können. Denn ohne sicher sein zu können, ob sein Verlangen auf Rückabwicklung des Vertrages Erfolg hat, wäre er dazu verpflichtet, auf die Pfandfreigabeerklärung zu verzichten. Letztlich führt eine solche Klausel zu einer Vorleistungspflicht des Erwerbers hinsichtlich der Pfandfreigabeerklärung.

823

Neben den §§ 307 ff. BGB ist eine MaBV-Bürgschaft auch am **Maßstab des § 12 MaBV** zu messen. § 12 MaBV verbietet dem Gewerbetreibenden, seine Verpflichtungen nach den §§ 2 bis 8 MaBV auszuschließen oder zu beschränken. Ein Verstoß gegen § 3 Abs. 2 MaBV hat die Nichtigkeit der Klausel gemäß § 134 BGB zur Folge. Wird etwa in den Allgemeinen Geschäftsbedingungen einer MaBV-Bürgschaft vereinbart, dass die Bürgschaft für den Erwerber bei dem amtierenden Notar verwahrt wird, so verstößt dies gegen § 2 Abs. 4 S. 3 i.V.m. § 7 Abs. 1 S. 2 MaBV, wonach die Bürgschaftsurkunde dem Auftraggeber auszuhändigen ist.[1661] Allein dann, wenn sich aus der Vereinbarung ergibt, dass der Notar die Bürgschaftsurkunde für diesen treuhänderisch verwahrt und auf Verlangen nur an diesen herausgeben muss, wäre die Verwahrung durch den Notar einer Aushändigung gleichzustellen und damit eine Abweichung zu § 2 Abs. 4 S. 3 i.V.m. § 7 Abs. 1 S. 2 MaBV zulässig. Nur so wäre sichergestellt, dass ihm die Rechtsposition des Hinterlegers gebührt und nicht dem Bauträger.[1662]

824

Eigentumsvorbehalt

A. Allgemeines 825
I. Entstehen eines Eigentumsvorbehalts 825
II. Formen des Eigentumsvorbehalts 828
B. Einzelfälle 832

A. Allgemeines

I. Entstehen eines Eigentumsvorbehalts

Der Eigentumsvorbehalt ist im kaufmännischen und nichtkaufmännischen Geschäftsverkehr ein übliches Mittel zur Sicherung der Lieferung, wenn der Verkäufer in Vorleistung tritt. Die Vereinbarung ist in der Regel schuldrechtlicher Natur. Der Lieferant behält sich das Eigentum an den Waren bis zur vollständigen Zahlung des Kaufpreises vor (§ 449 BGB). Im Geschäftsverkehr sind neben dem gesetzlich geregelten Fall des einfachen Eigentumsvorbehalts diverse Verlängerungs- und Erweiterungsformen üblich.

825

Fehlt eine (wirksame) schuldrechtliche Vereinbarung – sei es, weil der Lieferant keine Eigentumsvorbehaltsklausel in seinen AGB verwendet, sei es, weil eine entsprechende Regelung aufgrund **kollidierender AGB** nicht vereinbart wurde – kann sich der Eigentumsvorbehalt auch durch einseitige Erklärung des Lieferanten auf sachenrechtlicher Ebene ergeben. Zwar hat der Käufer bei fehlender vertraglicher Grundlage einen Anspruch auf unbedingte Eigentumsverschaffung, die Erfüllung dieses Anspruchs hängt aber von der dinglichen Einigung ab. Fehlt die vertragliche Vereinbarung des Eigentumsvorbehalts, so entsteht dieser dinglich, wenn dem Käufer spätestens im **Zeitpunkt der Übergabe der Ware** die Erklärung zugeht, dass der Lieferant nur bedingt übereignen möchte. Dies ist auch dann der Fall, wenn der Eigentumsvorbehalt in den AGB des Lieferanten enthalten ist[1663] und der Käufer die zumutbare Möglichkeit hatte, hiervon Kenntnis zu nehmen.[1664] Gleiches gilt, wenn dem Käufer aufgrund einer dauernden Geschäftsbeziehung bekannt war, dass der Lieferant nur aufschiebend bedingt übereignen möchte.[1665] In diesen Fällen findet trotz fehlender vertraglicher Grundlage eine Übereignung nur unter der aufschiebenden Bedingung der Kaufpreiszahlung statt.

826

Die Lieferung von Waren unter Eigentumsvorbehalt kann auch einem Handelsbrauch i.S.d. § 346 HGB entsprechen, sodass dann nur eine Pflicht zur bedingten Eigentumsverschaffung besteht.[1666] Eine allgemeine Abwehrklausel in den AGB des Käufers ändert hieran nichts, da die „Vereinbarung" des Eigentumsvorbehalts gerade nicht (nur) durch die AGB des Lieferanten geschieht. Schließen die AGB des Käufers den Eigentumsvorbehalt explizit aus, bleibt es bei der Pflicht zur unbedingten Eigentumsübertragung. Eine Vereinbarung des Eigentumsvorbehalts kraft Handelsbrauch dürfte allerdings eher selten anzunehmen sein.[1667]

827

1660 BGHZ 169, 1, 16 = WM 2006, 1901 = NJW 2006, 3275.
1661 BGH WM 2007, 545, 546 = NJW 2007, 1360.
1662 *Grüneberg*, WM Sonderbeilage 2/2010, 24.
1663 BGH VIZ 2000, 498, 499.
1664 BGH NJW 1979, 213, 214.
1665 BGH NJW 1982, 1751.
1666 BGH NJW-RR 2004, 555, 556.
1667 OLG Hamm NJW-RR 1993, 1444 f.; MüKo/*Westermann*, § 449 Rn 15.

II. Formen des Eigentumsvorbehalts

828 Die gebräuchlichste Form ist der **einfache Eigentumsvorbehalt**, § 449 BGB. Der Verkäufer überträgt dem Käufer das Eigentum an der Ware unter der aufschiebenden Bedingung (§ 158 BGB) der vollständigen Kaufpreiszahlung. Der Käufer erwirbt ein Anwartschaftsrecht, welches mit vollständiger Zahlung automatisch zum Vollrecht erstarkt.

829 Beim **erweiterten Eigentumsvorbehalt** steht die Eigentumsübertragung unter der Bedingung der vollständigen Zahlung aller dem Verkäufer gegen den Käufer zustehenden offenen Forderungen aus der Geschäftsbeziehung.[1668] Die früher verwendete Sonderform des sog. Konzernvorbehalts, nach welchem das Eigentum erst nach Begleichung offener Forderungen Dritter, insbesondere von Konzerngesellschaften des Verkäufers, übergehen sollte, ist mittlerweile gem. § 449 Abs. 3 BGB ausdrücklich unwirksam.[1669] Für einen wirksamen erweiterten Eigentumsvorbehalt ist zwingend eine wirksame schuldrechtliche Vereinbarung notwendig.[1670] Bei kollidierenden AGB oder einer vom Käufer verwendeten Abwehrklausel setzt sich daher allenfalls der einfache Eigentumsvorbehalt durch.

830 Der **verlängerte Eigentumsvorbehalt** dient der Sicherung bei Verkauf oder Verarbeitung der Ware.[1671] Der Verkäufer lässt sich die Forderungen aus der Weiterveräußerung im Voraus abtreten oder bestimmt, dass anstelle seiner dann verarbeiteten Ware das neue Produkt treten soll. Eine Unterart des verlängerten Eigentumsvorbehalts ist die **Verarbeitungsklausel**. Für den Fall der Verarbeitung der Ware lässt sich der Verkäufer die Stellung des Herstellers gem. § 950 BGB einräumen und erwirbt so Eigentum bzw. Miteigentum in Höhe des Werts der von ihm gelieferten Ware an der neuen Sache.[1672]

831 Beim **weitergeleiteten Eigentumsvorbehalt** verpflichtet der Verkäufer den Käufer, die Ware nur unter Eigentumsvorbehalt weiterzuverkaufen bzw. seinen Käufer auf den bestehenden Eigentumsvorbehalt hinzuweisen (und so zumindest einen gutgläubigen Erwerb des Letztkäufers zu verhindern).[1673]

B. Einzelfälle

832 Die Zulässigkeit des einfachen Eigentumsvorbehalts in AGB des Verkäufers ist allgemein anerkannt.[1674] Dieser ist ein angemessener Ausgleich für die aus dem Zahlungsaufschub resultierende Vorleistungspflicht des Käufers und das hierdurch entstehende Risiko.

833 Umgekehrt kommt es im **unternehmerischen Geschäftsverkehr** vor, dass der Käufer den Eigentumsvorbehalt des Lieferanten ausschließt. Der Ausschluss kann explizit („ein Eigentumsvorbehalt des Lieferanten wird nicht anerkannt" oder „der Besteller wird mit Übergabe der Ware Eigentümer"), aber auch durch eine allgemeine Abwehrklausel erfolgen. In beiden Fällen fehlt es an einer wirksamen schuldrechtlichen Vereinbarung des Eigentumsvorbehalts. Verwendet der Lieferant dagegen AGB mit einer Eigentumsvorbehaltsklausel und der Käufer eine Abwehrklausel oder einen expliziten Ausschluss des Eigentumsvorbehalts, so kommen die Grundsätze der widersprechenden AGB (siehe § 305 Rn 96) zur Anwendung, sodass dispositives Gesetzesrecht und damit die Pflicht zur unbedingten Übereignung gilt.

834 Der Vorbehaltskäufer unterliegt von Gesetzes wegen (§§ 241 Abs. 2, 242 BGB) der **Pflicht zum pfleglichen Umgang** mit der Kaufsache,[1675] sodass Klauseln, welche diese Pflichten konkretisieren, regelmäßig unbedenklich sind.[1676] Auch klauselmäßige Verpflichtungen zur Instandhaltung und Versicherung oder Mitteilungspflichten bei Zugriff Dritter mittels Zwangsvollstreckungsmaßnahmen sind regelmäßig wirksam, solange sie zumutbar sind und Treu und Glauben entsprechen.[1677] Unwirksam sind Klauseln, die dem Käufer den Gebrauch der Ware untersagen, da sie dem Vertragszweck widersprechen und den Käufer unangemessen benachteiligen.[1678]

835 Häufig sehen Eigentumsvorbehaltsklauseln ein **Rücknahmerecht** des Verkäufers bei einfachen Vertragsverstößen (z.B. Zahlungsverzug) vor. In mit Verbrauchern abgeschlossenen Verträgen ist eine solche Klausel wegen unangemessener Benachteiligung unwirksam.[1679] Nichts anderes dürfte aber auch im unternehmerischen Geschäftsverkehr gelten, da § 449 Abs. 2 BGB vorsieht, dass für die Geltendmachung des Eigentumsvorbehalts ein Rücktritt vom Vertrag notwendig ist.[1680] Eine Abweichung hiervon dürfte schon deshalb unangemessen sein, weil Sinn und Zweck des Eigentumsvorbehalts die Absicherung der Vorleistungspflicht des Verkäufers und damit ein Warenkredit für den Käufer ist. Ein Rücknahmerecht bei gleichzeitigem Festhalten am Vertrag würde aber zum Gegenteil, nämlich einer Vorleistungspflicht des Käufers führen. Wirksam sind Klauseln, welche die Regelung des § 449 Abs. 2 BGB wieder-

---

1668 MüKo/*Westermann*, § 449 Rn 81.
1669 MüKo/*Westermann*, § 449 Rn 85.
1670 BGH NJW 1985, 1838, 1839 f.; WM 1986, 643; UBH/*Schmidt*, Sicherungsklauseln Rn 4, 14.
1671 Erman/*Grunewald*, § 449 Rn 43.
1672 MüKo/*Füller*, § 950 Rn 27.
1673 Erman/*Grunewald*, § 449 Rn 68.
1674 Palandt/*Grüneberg*, § 307 Rn 85; UBH/*Schmidt*, Sicherungsklauseln Rn 2.
1675 WLP/*Dammann*, Eigentumsvorbehalt Rn E 26.
1676 BGH ZIP 1984, 1485, 1492.
1677 WLP/*Dammann*, Eigentumsvorbehalt Rn E 27.
1678 OLG Oldenburg NJW-RR 1992, 1527.
1679 BGH NJW-RR 2008, 818, 821 (zu Verträgen mit Verbrauchern); WLP/*Dammann*, Eigentumsvorbehalt Rn E 31; Palandt/*Grüneberg*, § 307 Rn 85.
1680 A.A. MüKo/*Westermann*, § 449 Rn 38 wegen des Sicherungsinteresses des Verkäufers.

geben und eine Rücknahme der Ware nach Rücktritt zulassen. Ebenfalls wirksam sind Klauseln, nach denen die Rücknahme der Ware einen Rücktritt darstellt, wobei dann auch die Voraussetzungen des § 323 BGB vorliegen müssen.

Im unternehmerischen Geschäftsverkehr ist ein erweiterter Eigentumsvorbehalt üblich und rechtlich unbedenklich, wenn mit Ausgleich des zugunsten des Verkäufers bestehenden Saldos der Eigentumsvorbehalt erlischt.[1681] Unwirksam ist eine Klausel, die den Eigentumsvorbehalt auch auf alle zukünftigen Forderungen des Verkäufers ausweitet, was zu einem „Wiederaufleben" des Eigentumsvorbehalts nach vorzeitigem Ausgleich der offenen Forderungen führen würde.[1682] Im Geschäftsverkehr mit Verbrauchern dürfte diese Form des Eigentumsvorbehalts unwirksam sein;[1683] in der Praxis dürfte eine solche Klausel mangels dauerhafter Geschäftsbeziehung nur selten sinnvoll sein. **836**

Ein verlängerter Eigentumsvorbehalt ist ebenfalls im unternehmerischen Geschäftsverkehr üblich und bildet einen angemessenen Ausgleich zwischen den Sicherungsinteressen des Verkäufers und dem Interesse des Käufers an einer gewinnbringenden Verwendung der Ware. An der grundsätzlichen Wirksamkeit bestehen daher keine Zweifel.[1684] Der Käufer ist ermächtigt, die Waren zumindest im ordnungsgemäßen Geschäftsverkehr weiter zu veräußern, außerdem darf er die Kaufpreisforderung gegen seine eigenen Käufer einziehen. Gestattet die Klausel den **jederzeitigen Widerruf** der Einziehungsermächtigung durch den Verkäufer, ist sie unwirksam, da der Widerruf nur bei Vertragsverletzung durch den Käufer erfolgen darf.[1685] **837**

Die Vereinbarung des verlängerten Eigentumsvorbehalts in AGB setzt eine wirksame schuldrechtliche Vereinbarung voraus.[1686] Die Unterform der Verarbeitungsklausel ist im unternehmerischen Geschäftsverkehr üblich und wirksam.[1687] **838**

Zumindest dann, wenn der weitergeleitete Eigentumsvorbehalt mit dem erweiterten Eigentumsvorbehalt kombiniert wird oder sich aus den vertraglichen Absprachen zwischen Verkäufer und Käufer ergibt, dass der Käufer zur Weiterveräußerung der Ware berechtigt ist, ist der weitergeleitete Eigentumsvorbehalt unwirksam. Denn da der Letztkäufer selbst den Eigentumsübergang gar nicht beeinflussen kann, sondern auf die ordnungsgemäße Vertragserfüllung des Erstkäufers angewiesen ist, wird er sich auf einen solchen Kauf nicht einlassen; die Ware wird daher unverkäuflich, sodass die Klausel einen Verstoß gegen § 307 Abs. 2 Nr. 2 BGB darstellt.[1688] **839**

Einkaufsbedingungen

Literatur zum Stichwort Einkaufsbedingungen: *de Lousanoff*, Neues zur Wirksamkeit des Eigentumsvorbehaltes bei kollidierenden Allgemeinen Geschäftsbedingungen, NJW 1985, 2921; *Seggewiße*, Das Kaufmännische Abtretungsverbot und seine Rechtsfolgen, NJW 2008, 3256; *Thamm/Möffert*, Die Mängelrüge im Handelsverkehr im Lichte jüngster Rechtsprechung, NJW 2004, 2710; *v. Westphalen*, Allgemeine Einkaufsbedingungen, 5. Aufl. 2009

A. Allgemeines	840	D. Mängelhaftung	849
B. Abwehrklauseln/Ausschluss des Eigentumsvorbehalts	842	E. Sublieferanten	854
C. Abtretungsverbote	846	F. Zahlungsbedingungen	855

A. Allgemeines

Bereits aus dem Verwendungszweck von Einkaufsbedingungen folgt, dass diese lediglich im unternehmerischen Geschäftsverkehr eingesetzt werden. Unternehmen verwenden Einkaufsbedingungen, um sich gegenüber ihren Lieferanten oder anderen Vertragspartnern, von denen sie Leistungen in Anspruch nehmen, eine vorteilhafte Rechtsposition zu verschaffen. Bei den Lieferanten und sonstigen Vertragspartnern der AGB-Verwender handelt es sich ebenfalls ausschließlich um Unternehmer i.S.v. § 14 BGB, sodass die Inhaltskontrolle von Einkaufsbedingungen stets über § 307 BGB erfolgt. **840**

Im Verhältnis zu anderen Bereichen, in denen AGB verwendet werden, sind zu Einkaufsbedingungen nur relativ wenige Gerichtsentscheidungen ergangen. So ist z.B. für die Inhaltskontrolle von Klauseln zur Mängelhaftung in Einkaufsbedingungen nach Inkrafttreten des Schuldrechtsmodernisierungsgesetzes bislang allein das Urteil des BGH vom 5.10.2005[1689] bekannt geworden, in dem sich der BGH mit diversen Klauseln in den Einkaufsbedingungen einer Baumarktkette auseinander setzt. Nach Ansicht von *Christensen*[1690] sollen die wenigen streitigen Entscheidungen in **841**

1681 BGH NJW 1978, 632.
1682 BGH NJW 2001, 292, 297.
1683 OLG Frankfurt NJW 1981, 130; OLG Koblenz NJW-RR 1989, 1459, 1460.
1684 BGH NJW 1985, 1836, 1837; NJW 1989, 895, 896 f.
1685 UBH/*Schmidt*, Sicherungsklauseln Rn 11.
1686 BGH NJW 1985, 1838, 1839; WM 1986, 643; UBH/*Schmidt*, Sicherungsklauseln Rn 4, 14.
1687 BGHZ 46, 117; WLP/*Dammann*, Eigentumsvorbehalt Rn E 59.
1688 Vgl. hierzu BGH NJW 1991, 2285, 2286.
1689 BGH, Urt. v. 5.10.2005 – VIII ZR 16/05, NJW 2006, 47.
1690 UBH/*Christensen*, Teil 2, Einkaufsbedingungen Rn 1; siehe auch *v. Westphalen*, Allgemeine Einkaufsbedingungen, S. 1.

diesem Bereich darauf beruhen, dass sich die Vertragsparteien im Regelfall arrangieren, weil sie meistens auch zukünftig aufeinander angewiesen sind. Dadurch werde der AGB-Verwender dazu veranlasst, sich nicht auf seine AGB zu berufen.[1691] Die Einschätzung von *Christensen* unterstellt ein gegenseitiges Abhängigkeitsverhältnis, das in der Praxis häufig nicht gegeben ist und die Nachfragemacht der großen Einzelhandelsketten außer Acht lässt.[1692] Insbesondere Hersteller und Lieferanten von austauschbaren Produkten sind darauf angewiesen, dass sie bei den marktstarken Einzelhandelsketten gelistet werden. Sie laufen Gefahr, dass ihr zeitlich befristetes Vertragsverhältnis mit der Einzelhandelskette[1693] nicht fortgesetzt wird, wenn sie das Unternehmen verklagen und bei dieser Gelegenheit die Wirksamkeit der Einkaufsbedingungen in Frage stellen.[1694]

B. Abwehrklauseln/Ausschluss des Eigentumsvorbehalts

842 Einkaufsbedingungen enthalten nahezu immer Abwehrklauseln, durch die der AGB-Verwender die Anwendbarkeit entgegenstehender Liefer- und Verkaufsbedingungen seiner Vertragspartner ausschließen will. Es gilt auch insoweit der Grundsatz, dass – wenn beide Vertragsparteien in ihren AGB Abwehrklauseln verwenden – die widersprechenden und ergänzenden AGB-Klauseln des jeweils anderen Vertragspartners nicht Vertragsbestandteil werden[1695] (siehe auch § 305 Rn 98). Nach dem Prinzip der Kongruenzgeltung werden nur die übereinstimmenden AGB-Klauseln beider Vertragspartner Vertragsbestandteil.[1696]

843 Anders verhält es sich jedoch mit Abwehrklauseln in Einkaufsbedingungen, durch die ein Eigentumsvorbehalt des Lieferanten ausgeschlossen werden soll. Klauseln, die sich gegen einen einfachen Eigentumsvorbehalt richten, verstoßen in der Regel gegen § 307 BGB (a.A. wohl *Eckhoff*, siehe Stichwort „Eigentumsvorbehalt", Rn 833). Derartige Ausschlüsse sind nur unter der Voraussetzung zulässig, dass der Käufer ein berechtigtes Interesse an dem Ausschluss hat, z.B. weil er von zahlreichen Lieferanten Waren bezieht und eine getrennte Lagerung dieser Waren wegen der damit verbundenen Kosten vernünftigerweise nicht verlangt werden kann.[1697] Der BGH hat unter diesem Gesichtspunkt den Ausschluss eines einfachen Eigentumsvorbehalts in den Einkaufsbedingungen eines Supermarktes bejaht, die Wirksamkeit solcher Ausschlüsse aber ansonsten ausdrücklich offengelassen.[1698]

844 Darüber hinaus setzt sich ein einfacher Eigentumsvorbehalt des Verkäufers selbst bei einer Kollision mit anders lautenden Einkaufsbedingungen sachenrechtlich durch. Nach ständiger Rechtsprechung des BGH ist ein einfacher Eigentumsvorbehalt in den Lieferbedingungen des Verkäufers bei der Auslegung seiner sachenrechtlichen Willenserklärungen auch in den Fällen mit zu berücksichtigen, in denen die Lieferbedingungen nicht Vertragsinhalt werden oder die Eigentumsvorbehaltsklausel unwirksam ist, sofern dem Käufer bekannt ist, dass der Lieferant die Ware nur unter Eigentumsvorbehalt verkaufen will.[1699] Einer entsprechenden Kenntnis des Käufers ist es gleichzustellen, wenn der Käufer in zumutbarer Weise von dem Eigentumsvorbehalt Kenntnis nehmen kann.[1700] Die Kenntnis des Käufers bewirkt, dass die nach § 929 S. 1 BGB erforderliche Einigung in Bezug auf den Eigentumsübergang nicht zustande kommt. Mit anderen Worten: Der Eigentumsübergang wird durch die einseitige Erklärung des Verkäufers ausgeschlossen (anders *Eckhoff*, siehe Stichwort „Eigentumsvorbehalt", Rn 833).[1701]

845 Dagegen sind Klauseln, durch die ein erweiterter oder verlängerter Eigentumsvorbehalt des Lieferanten ausgeschlossen werden soll, AGB-rechtlich unbedenklich.[1702] Sie setzen sich gegenüber dem erweiterten oder verlängerten Eigentumsvorbehalt durch. Mit einem solchen Ausschluss entfällt aber auch die Ermächtigung des Käufers zur Weiter-

---

1691 UBH/*Christensen*, Teil 2, Einkaufsbedingungen Rn 1.
1692 Das Bundeskartellamt leitete bspw. im Februar 2011 eine Sektoruntersuchung im Bereich des Lebensmitteleinzelhandels ein, um den Beschaffungsmarkt in diesem Bereich zu untersuchen. 85 % des deutschen Absatzmarktes im Lebensmitteleinzelhandel werden von vier Handelsunternehmen gehalten. Mit Auskunftsbeschlüssen an knapp 200 Lebensmittelhersteller leitete das Bundeskartellamt im Juni 2012 die zweite Ermittlungsphase der Sektoruntersuchung ein; siehe Pressemeldungen des Bundeskartellamtes vom 12.6.2012 und 16.9.2011, abrufbar im Internet unter http://www.bundeskartellamt.de.
1693 In der Regel werden derartige Verträge mit einer Laufzeit von 12 bis 24 Monaten geschlossen.
1694 Dementsprechend geht auch *v. Westphalen*, Allgemeine Einkaufsbedingungen, S. 1 zu Recht davon aus, dass der wirtschaftliche und rechtliche Einfluss auf Seiten des Einkäufers liegt, der Lieferant fügt sich.
1695 BGH, Urt. v. 24.10.2000 – X ZR 42/99, NJW-RR 2001, 484; Palandt/*Grüneberg*, § 305 Rn 54.

1696 BGH, Urt. v. 26.6.1991 – VIII ZR 231/90, NJW 1991, 2633; *de Lousanoff*, NJW 1985, 2921, 2924; Palandt/*Grüneberg*, § 305 Rn 54; WLP/*Pfeiffer*, § 305 Rn 142.
1697 Vgl. Erman/*Roloff*, § 307 Rn 105; vom Ergebnis her ebenso v. Westphalen/*v. Westphalen*, Einkaufsbedingungen Rn 67.
1698 BGH, Urt. v. 29.10.1980 – VIII ZR 262/79, NJW 1981, 280, 281; siehe auch BGH, Urt. v. 5.5.1982 – VIII ZR 162/81, NJW 1982, 1751.
1699 BGH, Urt. v. 5.5.1982 – VIII ZR 162/81, NJW 1982, 1751; BGH, Urt. v. 30.3.1988 – VIII ZR 340/86, BGHZ 104, 129, 137 = NJW 1988, 1774, 1776 m.w.N.; UBH/*Schmidt*, Teil 3, Sicherungsklauseln Rn 4.
1700 BGH, Urt. v. 3.2.1982 – VIII ZR 316/80, NJW 1982, 1749, 1750; siehe auch BGH, Urt. v. 5.5.1982 – VIII ZR 162/81, NJW 1982, 1751.
1701 Dazu *de Lousanoff*, NJW 1985, 2921, 2925; Bamberger/Roth/*Kindl*, § 929 Rn 59; Palandt/*Grüneberg*, § 305 Rn 55.
1702 BGH, Urt. v. 20.3.1985 – VIII ZR 327/83, NJW 1985, 1838, 1840; *de Lousanoff*, NJW 1985, 2921, 2925; Ring/Klingelhöfer/*Ring*, § 4 Rn 132; Palandt/*Grüneberg*, § 305 Rn 55.

veräußerung der Ware im ordentlichen Geschäftsgang.[1703] Das bedeutet, die Vorbehaltsware darf bei einem Ausschluss des erweiterten oder verlängerten Eigentumsvorbehalts erst dann veräußert werden, wenn der Käufer den Kaufpreis vollständig an den Lieferanten gezahlt hat.

C. Abtretungsverbote

Zu den typischen Klauseln in Einkaufsbedingungen zählen auch Abtretungsverbote. Sie sollen zugunsten des AGB-Verwenders eine klare und übersichtliche Vertragsabwicklung sicherstellen, indem sie verhindern, dass ihm eine im Voraus unübersehbare Anzahl von Gläubigern entgegentritt.[1704] Da insoweit ein berechtigtes Interesse des AGB-Verwenders besteht, die Abtretbarkeit der gegen ihn gerichteten Forderungen zu beschränken oder auszuschließen, sind Abtretungsverbote in AGB grundsätzlich zulässig.[1705] Dies soll trotz der Regelung des § 354a HGB auch im kaufmännischen Geschäftsverkehr gelten. Obwohl § 354a HGB vorsieht, dass Abtretungen trotz Vereinbarung eines Abtretungsverbots gleichwohl wirksam und hiervon abweichende Vereinbarungen unwirksam sind, führt dies nach einer verbreiteten Meinung nicht zur Unzulässigkeit eines in AGB enthaltenen Abtretungsverbots.[1706] Für diese Auffassung spricht, dass § 399 BGB Abtretungsverbote ausdrücklich zulässt und § 354a HGB zunächst vom Bestehen eines solchen Abtretungsverbots ausgeht.[1707] Das Abtretungsverbot verstößt somit nicht gegen § 307 BGB, doch kann es aufgrund der Anwendbarkeit des § 354a HGB keine Wirkung entfalten.[1708]

846

Ein Abtretungsverbot ist nur dann nach § 307 Abs. 1 S. 1 BGB unwirksam, wenn ein schützenswertes Interesse des Verwenders an diesem nicht besteht oder die berechtigten Belange des Vertragspartners an einer freien Abtretbarkeit der Forderung die entgegenstehenden Interessen des Verwenders überwiegen.[1709] Allein die Vereitelung der Sicherung eines Lieferanten im Rahmen eines verlängerten Eigentumsvorbehalts durch ein Abtretungsverbot reicht aber für die Annahme überwiegender schutzwürdiger Belange des Vertragspartners nicht aus.[1710] Demgegenüber kann sich jedoch aus einer Kollision des Abtretungsverbots mit dem Interesse des Vertragspartners, die dem Verbot unterliegende Forderung zu Refinanzierungszwecken einzusetzen, eine unangemessene Benachteiligung und insofern eine Unwirksamkeit der Abtretungsverbotsklausel nach § 307 Abs. 1 S. 1 BGB ergeben.[1711]

847

Macht der AGB-Verwender die Wirksamkeit der Abtretung einer gegen ihn gerichteten Forderung von seiner Zustimmung abhängig, darf er diese später nicht unbillig verweigern.[1712]

848

D. Mängelhaftung

Klauseln in Einkaufsbedingungen, durch die die Mängelhaftung des Verkäufers zugunsten des AGB-Verwenders erweitert werden soll, werden regelmäßig mit den wesentlichen Grundgedanken der gesetzlichen Regelung, von der sie abweichen, nicht zu vereinbaren seien und somit gegen § 307 Abs. 1 S. 1 und Abs. 2 Nr. 1 BGB verstoßen. Dies gilt z.B. für die in Einkaufsbedingungen enthaltene Vermutung, dass Mängel, die innerhalb von 12 Monaten nach Gefahrübergang auftreten, bereits zum Zeitpunkt des Gefahrübergangs vorhanden waren.[1713] Gleiches gilt, wenn sich der AGB-Verwender das Recht vorbehalten will, etwaige Mängel auf Kosten des Lieferanten ohne vorherige Fristsetzung selbst zu beseitigen oder Ersatz zu beschaffen.[1714]

849

Ebenso sind AGB-Klauseln unwirksam, die dem Lieferanten eine verschuldensunabhängige Haftung aufbürden wollen.[1715] Dementsprechend können Schadensersatzansprüche gegen den Lieferanten, sofern dieser nicht ausnahms-

850

1703 BGH, Urt. v. 18.6.1986 – VIII ZR 165/85, NJW-RR 1986, 1378; zustimmend Erman/*Roloff*, § 307 Rn 109; Ring/Klingelhöfer/*Ring*, § 4 Rn 134.
1704 BGH, Urt. v. 30.10.1990 – IX ZR 239/89, NJW-RR 1991, 763 m.w.N.
1705 BGH, Urt. v. 13.7.2006 – VII ZR 51/05, NJW 2006, 3486, 3487; BGH, Urt. v. 30.10.1990 – IX ZR 239/89, NJW-RR 1991, 763 m.w.N.; Bamberger/Roth/*Rohe*, § 399 Rn 16; Erman/*Westermann*, § 399 Rn 1; vom Ergebnis her ebenso MüKo/*G. Roth*, § 399 Rn 34; kritisch Staudinger/*Coester* (2013), § 307 Rn 353 ff.
1706 Ebenroth/Boujong/Joost/Strohn/*Wagner*, § 354a HGB Rn 22; Koller/Roth/Morck/*Roth*, § 354a Rn 1; Palandt/*Grüneberg*, § 399 Rn 10; WLP/*Dammann*, Klauseln A 28; differenzierend v. Westphalen/*v. Westphalen*, Abtretungsausschluss Rn 11; soweit sich einzelne Autoren in diesem Zusammenhang auf das Urteil des BGH v. 13.7.2006 – VII ZR 51/05, NJW 2006, 3486 berufen, übersehen sie offenbar, dass sich der BGH in dieser Entscheidung mit einem formularmäßigen Abtretungsverbot auseinandergesetzt hat, auf das § 354a HGB keine Anwendung fand.
1707 Siehe auch UBH/*Schmidt*, Teil 3, Abtretungsausschluss Rn 3; *Seggewiße*, NJW 2008, 3256, 3257 f.; generell kritisch in Bezug auf die Wirksamkeit schuldrechtlicher Abtretungsverbote bei Anwendbarkeit des § 354a HGB MüKo-HGB/*Schmidt*, § 354a Rn 32.
1708 Ähnlich für vertragliche Abtretungsverbote außerhalb des AGB-rechtlichen Bereichs Staudinger/*Busche*, § 399 Rn 70 m.w.N.
1709 BGH, Urt. v. 13.7.2006 – VII ZR 51/05, NJW 2006, 3486, 3487; BGH, Urt. v. 15.6.1989 – VII ZR 205/88, NJW 1989, 2750; UBH/*Schmidt*, Teil 3, Abtretungsausschluss Rn 4.
1710 BGH, Urt. v. 13.7.2006 – VII ZR 51/05, NJW 2006, 3486, 3487; WLP/*Dammann*, Klauseln A 28.
1711 BGH Urt. v. 13.7.2006 – VII ZR 51/05, NJW 2006, 3486, 3487; UBH/*Schmidt*, Teil 3, Abtretungsausschluss Rn 4;
1712 BGH, Urt. v. 25.11.1999 – VII ZR 22/99, NJW-RR 2000, 1220, 1221 m.w.N.
1713 BGH, Urt. v. 5.10.2005 – VIII ZR 16/05, NJW 2006, 47, 49; Palandt/*Grüneberg*, § 307 Rn 88.
1714 BGH, Urt. v. 5.10.2005 – VIII ZR 16/05, NJW 2006, 47, 49.
1715 BGH, Urt. v. 5.10.2005 – VIII ZR 16/05, NJW 2006, 47, 49 f.; v. Westphalen/*v. Westphalen*, Einkaufsbedingungen Rn 42.

weise eine vertragliche Beschaffenheitsgarantie für die Freiheit von Rechtsmängeln übernommen hat, wegen unverschuldeter Rechtsmängel oder wegen der fehlenden Freiheit des Liefergegenstandes von Rechten Dritter in Einkaufsbedingungen nicht wirksam begründet werden.[1716] Vor diesem Hintergrund ist es auch bedenklich, wenn in Einkaufsbedingungen festgelegt wird, dass der Vertragspartner des AGB-Verwenders Beschaffenheitsgarantien übernimmt. Derartige Klauseln führen zu einer verschuldensunabhängigen Haftung des Lieferanten, die durch AGB eben nicht begründet werden kann.[1717] Zwar hat der BGH bereits 1988 ein Garantieversprechen in den Ausschreibungsbedingungen für ein Bauvorhaben als unwirksam nach § 307 BGB (damals: 9 AGBG) angesehen, doch hat er in seiner Entscheidung ausdrücklich offengelassen, ob derartige Erklärungen in AGB überhaupt wirksam vereinbart werden können.[1718] Inzwischen hat der BGH entschieden, dass auch „eine generelle Regelung in AGB, nach der der Verkäufer für die vereinbarte Beschaffenheit der Kaufsache eine Garantie übernimmt," den Verkäufer unangemessen benachteiligt, weil sie ihn dem Risiko einer unübersehbaren Schadensersatzhaftung aussetzt.[1719] Wie bereits ausgeführt, muss aber jede Garantieverpflichtung, die dem Vertragspartner in AGB auferlegt wird, aufgrund der damit verbundenen verschuldensunabhängigen Haftung an § 307 BGB scheitern, selbst wenn sie sich nur auf einzelne Beschaffenheitsmerkmale bezieht.[1720] Benötigt der AGB-Verwender aus guten Gründen eine Garantie seines Lieferanten für bestimmte Beschaffenheitsmerkmale der Kaufgegenstandes, muss er sich diese individualvertraglich einräumen lassen.

851 Des Weiteren sind Klauseln unwirksam, die dem AGB-Verwender das Recht zubilligen, sich im Fall einer Verletzung von gewerblichen Schutzrechten diese auf Kosten des Lieferanten von dem Inhaber der Schutzrechte zu beschaffen.[1721] Gleiches gilt, wenn sich der AGB-Verwender Rückgriffsansprüche wegen mangelhafteter Ware nach §§ 478, 479 BGB auch dann vorbehält, wenn es sich nicht um einen Verbrauchsgüterkauf handelt.[1722]

852 Zulässig ist es, die Verjährungsfrist für Mängelansprüche in Einkaufsbedingungen von 24 Monaten auf 36 Monate zu verlängern.[1723] Der BGH hat sich insoweit von seiner Rechtsprechung vor Inkrafttreten des Schuldrechtsmodernisierungsgesetzes abgegrenzt, nach der eine Verlängerung der sechsmonatigen Verjährungsfrist des § 477 Abs. 1 Nr. 1 BGB a.F. auf drei Jahre als mit den wesentlichen Grundgedanken der damaligen gesetzlichen Regelung unvereinbar angesehen wurde.[1724] Angesichts der Tatsache, dass nunmehr bereits die gesetzliche Verjährungsfrist für Ansprüche aus Mängelhaftung zwei Jahre beträgt (§ 438 Abs. 1 Nr. 3 BGB) und sich auch die gesetzliche Regelverjährung nach § 195 BGB auf drei Jahre beläuft, ist diese Entwicklung der BGH-Rechtsprechung begrüßenswert. Eine Verlängerung der Verjährungsfrist für Mängelansprüche bei Vorliegen von Rechtsmängeln auf zehn Jahre ist dagegen unwirksam nach § 307 Abs. 2 Nr. 1, Abs. 1 S. 1 BGB.[1725] Gleichfalls unzulässig sind AGB-Klauseln, nach denen die Verjährungsfrist neu beginnen soll, wenn der Lieferant im Rahmen der Nacherfüllung (§ 439 BGB) neue oder nachgebesserte Teile liefert.[1726]

853 Die für Kaufleute im Zusammenhang mit der Mängelhaftung bedeutsame Untersuchungs- und Rügepflicht des § 377 HGB kann in Einkaufsbedingungen zumindest bezüglich offen erkennbarer Mängel nicht wirksam ausgeschlossen werden.[1727] Auch für versteckte Mängel wird ein Ausschluss der Rügefrist nach Entdeckung der Mängel gegen § 307 BGB verstoßen.[1728] Behält sich der AGB-Verwender unverhältnismäßig lange Rügefristen vor, so scheitern derartige Klauseln ebenfalls an § 307 Abs. 2 Nr. 1 BGB.[1729] Zweifelhaft ist jedoch, ab wann eine Rügefrist in AGB als unverhältnismäßig lang anzusehen ist. Bereits außerhalb des AGB-Rechts wird die Frage, innerhalb welcher Frist der Käufer Mängel rügen muss, um seiner Obliegenheit zur unverzüglichen Rüge nach § 377 HGB nachzukommen, uneinheitlich beantwortet.[1730] Letztlich müssen insoweit stets die Umstände des jeweiligen Einzelfalls berücksichtigt werden.[1731] Nach h.M. ist jedenfalls bei offen erkennbaren Mängeln eine Rüge binnen einer Frist von ein bis zwei Tagen nach Ablieferung erforderlich.[1732] Eine Verlängerung dieser Frist in Einkaufsbedingungen auf zwei Wo-

---

1716 BGH, Urt. v. 5.10.2005 – VIII ZR 16/05, NJW 2006, 47, 49; Palandt/*Grüneberg*, § 307 Rn 88.
1717 Ebenso WLP/*Dammann*, Klauseln E 112; differenzierend v. Westphalen/*v. Westphalen*, Einkaufsbedingungen Rn 47.
1718 BGH, Urt. v. 23.6.1988 – VII ZR 117/87, NJW 1988, 2536, 2537.
1719 BGH, Urt. v. 5.10.2005 – VIII ZR 16/05, NJW 2006, 47, 50.
1720 Ebenso WLP/*Dammann*, Klauseln E 112.
1721 BGH, Urt. v. 5.10.2005 – VIII ZR 16/05, NJW 2006, 47, 51.
1722 BGH, Urt. v. 5.10.2005 – VIII ZR 16/05, NJW 2006, 47, 50; Palandt/*Grüneberg*, § 307 Rn 88.
1723 BGH, Urt. v. 5.10.2005 – VIII ZR 16/05, NJW 2006, 47f.; WLP/*Dammann*, Klauseln E 106; UBH/*Christensen*, Teil 2, Einkaufsbedingungen Rn 6.
1724 BGH, Urt. v. 17.1.1990 – VIII ZR 292/88, NJW 1990, 2065.
1725 BGH, Urt. v. 5.10.2005 – VIII ZR 16/05, NJW 2006, 47, 50; v. Westphalen, Allgemeine Einkaufsbedingungen, S. 184; UBH/*Christensen*, Teil 2, Einkaufsbedingungen Rn 6.
1726 BGH, Urt. v. 5.10.2005 – VIII ZR 16/05, NJW 2006, 47, 48; UBH/*Christensen*, Teil 2, Einkaufsbedingungen Rn 6.
1727 BGH, Urt. v. 19.6.1991 – VIII ZR 149/90, NJW 1991, 2633, 2634; Baumbach/*Hopt*, § 377 Rn 59; MüKo/*Wurmnest*, § 307 Rn 83; WLP/*Dammann*, § 309 Nr. 8b ee Rn 81; UBH/*Christensen*, Teil 2, Einkaufsbedingungen Rn 8.
1728 Ebenroth/Boujong/Joost/Strohn/*Müller*, § 377 HGB Rn 239.
1729 v. Westphalen/*v. Westphalen*, Einkaufsbedingungen Rn 30.
1730 Einen Überblick über die unterschiedliche Entscheidungspraxis der Oberlandesgerichte geben Thamm/Möffert, NJW 2004, 2710.
1731 Thamm/*Möffert*, NJW 2004, 2710.
1732 OLG Koblenz, Urt. v. 24.6.2004 – 2 U 39/04, NJW-RR 2004, 1553; Ebenroth/Boujong/Joost/Strohn/*Müller*, § 377 HGB Rn 110; Baumbach/*Hopt*, § 377 Rn 35; MüKo-HGB/*Grunewald*, § 377 Rn 61 m.w.N.

chen wird entgegen einer verbreiteten Ansicht im Schrifttum[1733] im Regelfall unzulässig sein. Sie wäre mit den wesentlichen Grundgedanken des § 377 HGB („unverzügliche Anzeige des Mangels") nicht zu vereinbaren und würde insoweit das berechtigte Interesse des Verkäufers, schnellstmöglich über etwaige Mängel informiert zu werden,[1734] außer Acht lassen. Unter diesem Gesichtspunkt kann die Rügefrist von ein bis zwei Tagen in AGB nur unwesentlich verlängert werden.[1735] Sofern im Einzelfall keine besonderen Umstände vorliegen, die eine längere Frist rechtfertigen, wird eine Verlängerung der Rügefrist für offen erkennbare Mängel auf drei bis vier Tage gerade noch angemessen sein.[1736] Da versteckte Mängel nach ihrer Entdeckung ebenfalls unverzüglich gerügt werden müssen (§ 377 Abs. 3 HGB), kann diesbezüglich eine längere Rügefrist in AGB – nach Entdeckung des Mangels – nur akzeptiert werden, wenn der AGB-Verwender zusätzlich Zeit benötigt, um seine Mängelrüge hinreichend zu substantiieren.

E. Sublieferanten

Die Klausel „*Der Lieferant ist verpflichtet, uns auf Anforderung seine Vorlieferanten mitzuteilen und diese durch uns genehmigen zu lassen sowie deren Qualifikation nachzuweisen.*" verstößt gegen § 307 Abs. 1 Nr. 1 BGB.[1737] Eine derartige Klauselgestaltung lässt sich auch unter dem Gesichtspunkt der Qualitätssicherung und des vermeintlichen Risikos einer Insolvenz des Vorlieferanten nicht rechtfertigen.[1738]   854

F. Zahlungsbedingungen

Den Möglichkeiten des AGB-Verwenders, sich durch eine für ihn günstige Ausgestaltung der Zahlungsbedingungen Vorteile zu verschaffen, sind ebenfalls begrenzt. Die Vereinbarung eines Skontoabzuges von 2 % bei Zahlung innerhalb von 14 Tagen dürfte aber in jedem Fall zulässig sein.[1739] Klauseln, in denen Skontofristen von 45 Tagen oder mehr vorgesehen sind, scheitern dagegen an § 307 Abs. 2 Nr. 1 BGB.[1740] Etwas anderes kann nur gelten, wenn derartige Zahlungsbedingungen ausnahmsweise branchentypisch sind.[1741] AGB-rechtlich zu beanstanden ist auch eine Zahlungsfrist von 90 Tagen[1742] oder Meistbegünstigungsklauseln, durch die der Lieferant verpflichtet wird, dem AGB-Verwender sämtliche günstigeren Konditionen seiner übrigen Abnehmer einzuräumen.[1743]   855

Einwilligungserklärungen: Opt in/Opt out

Die Einwilligung[1744] in Telefonwerbung kann nicht durch eine Erklärung erfolgen, der Kunde solle ein Kästchen ankreuzen, wenn er die Einwilligung nicht erteilen wolle (Opt out-Erklärung).[1745] Gegenüber Verbrauchern hält auch das OLG Köln[1746] eine Opt in-Erklärung für unwirksam; der BGH hat hierüber noch nicht entschieden.   856

Einwilligungserklärungen im Rahmen von Gewinnspielbedingungen über „weitere interessante Angebote" telefonisch informiert zu werden, verstoßen neben dem AGB-rechtlichen Transparenzgebot auch gegen § 4 Nr. 5 UWG[1747] (und können abgemahnt werden).   857

Erfüllungsort-Klauseln

Klauseln, die den Erfüllungsort abweichend von der gesetzlichen Regelung bestimmen wollen, sind im nicht-kaufmännischen Verkehr bereits durch § 29 Abs. 2 ZPO unwirksam. Klauseln über den Erfüllungsort sind unter Kaufleu-   858

1733 WLP/*Dammann*, § 309 Nr. 8b ee Rn 82; *Baumbach/Hopt*, § 377 Rn 59; ebenfalls für zwei Wochen, wenn auf Seiten des Käufers ein entsprechendes Schutzbedürfnis gegeben ist, Erman/*Roloff*, § 307 Rn 129.
1734 BGH, Urt. v. 19.6.1991 – VIII ZR 149/90, NJW 1991, 2633, 2634.
1735 Ebenso MüKo-HGB/*Grunewald*, § 377 Rn 123.
1736 Ebenroth/Boujong/Joost/Strohn/*Müller*, § 377 HGB Rn 328; UBH/*Christensen*, Teil 2, Einkaufsbedingungen Rn 8 geht für den Regelfall von einer Obergrenze von fünf Tagen aus; ebenso v. Westphalen/v. *Westphalen*, Einkaufsbedingungen Rn 30, der allerdings darauf hinweist, dass auch kürzere Fristen, z.B. bei der Lieferung von Lebensmitteln, erforderlich sein könnten.
1737 BGH, Urt. v. 5.10.2005 – VIII ZR 16/05, NJW 2006, 47, 51; WLP/*Dammann*, Klauseln E 119; Palandt/*Grüneberg*, § 307 Rn 88.
1738 BGH, Urt. v. 5.10.2005 – VIII ZR 16/05, NJW 2006, 47, 51.

1739 Siehe auch v. *Westphalen*, Allgemeine Einkaufsbedingungen, S. 51 f.; UBH/*Christensen*, Teil 2, Einkaufsbedingungen Rn 4 sieht auch einen Abzug von 3 % als zulässig an.
1740 v. *Westphalen*, Allgemeine Einkaufsbedingungen, S. 52.
1741 v. *Westphalen*, Allgemeine Einkaufsbedingungen, S. 52.
1742 OLG Köln, Urt. v. 1.2.2006 – 11 W 5/06, NJW-RR 2006, 670; UBH/*Christensen*, Teil 2, Einkaufsbedingungen Rn 4.
1743 BGH, Beschl. v. 27.1.1981 – KVR 4/80, NJW 1981, 2052, 2053 ff. (Verstoß gegen § 15 GWB a.F.); Palandt/*Grüneberg*, § 307 Rn 88; UBH/*Christensen*, Teil 2, Einkaufsbedingungen Rn 4; WLP/*Dammann*, Klauseln E 117.
1744 Dass auch rechtsgeschäftsähnliche Erklärungen dem AGB-Recht unterfallen, ist unstreitig: UBH/*Ulmer/Habersack*, § 305 Rn 17; BGH NJW 1990, 2314; *Niebling*, MDR 2005, 194; *Stoffels*, AGB, Rn 114.
1745 BGH GRUR 2008, 1010 (Payback); BGH v. 14.4.2011 – I ZR 38/10.
1746 OLG Köln v. 29.4.2009 – 6 U 218/08; OLG Hamm WRP 2011, 941.
1747 BGH v. 14.4.2011 – I ZR 50/09, WRP 2011, 863.

ten nach § 38 Abs. 1 ZPO, § 269 BGB grundsätzlich zulässig. Unwirksam sind die Klauseln nach § 307 BGB lediglich dann, wenn der Erfüllungsort ohne unmittelbaren Bezug zu dem Handelsgeschäft ist, so die Vereinbarung eines ausländischen Erfüllungsortes oder Gerichtsstandes, wenn keine Vertragspartei ihren Sitz in diesem Land hat.[1748]

859 Gerichtsstandsklauseln und Klauseln über den Erfüllungsort sind wertungsmäßig nach den gleichen Grundsätzen zu behandeln.[1749]

860 Schwierigkeiten bestehen jedoch vielfach darin, den richtigen Erfüllungsort zu bestimmen. So hat der BGH den Erfüllungsort für **Ansprüche nach der EU-Fluggastrechteverordnung** bei einem Flug von Deutschland außerhalb der EU (von Frankfurt nach New York) am Abflugort festgesetzt (Art. 5 Nr. 1b, 2. Spiegelstrich der EU-Zuständigkeits-VO).[1750]

861 Der Erfüllungsort der Nachbesserung richtet sich nach den jeweiligen Umständen im Einzelfall. Hierzu gehören die Ortsgebundenheit der Kaufsache und die Art der vorzunehmenden Leistung sowie das Ausmaß der Unannehmlichkeiten, welche die Nacherfüllung für den Käufer mit sich bringen würde. Nach Art. 3 Abs. 3 der Verkaufsgüterkaufrichtlinie muss die Nacherfüllung ohne erhebliche Unannehmlichkeiten für den Käufer und Verbraucher möglich sein. Beim Kauf eines Campinganhängers kann der Firmensitz des Verkäufers Erfüllungsort sein, da hier geschultes Fachpersonal und Werkstatttechnik vorhanden ist.[1751] Der Käufer musste den Anhänger daher zum Firmensitz bringen; ohne dies bestand kein Recht zum Rücktritt vom Kaufvertrag.

Franchise

Literatur zum Stichwort Franchise: *Baumbach/Lauterbach/Albers/Hartmann,* ZPO, 72. Aufl. 2014; *Böhner,* Zivilrechtliche und kartellrechtliche Ansprüche wegen Vorenthaltung von Einkaufsvorteilen in Franchiseverhältnissen, WRP 2006, 1089; *Böhner,* Recht zur außerordentlichen Kündigung des McDonald's-Franchisevertrags, NJW 1985, 2811; *Ebenroth/Boujong/Joost/Strohn,* HGB, Bd. 1, 2. Aufl. 2008; *Erdmann,* Die Laufzeit von Franchise-Verträgen im Lichte des AGB-Gesetzes, BB 1992, 795; *Flohr,* Franchisevertrag, 4. Aufl. 2010; *Flohr,* Der Franchise-Vertrag-Überlegungen vor dem Hintergrund der Apollo-Optik Entscheidung des BGH, DStR 2004, 93; *Flohr,* Die Anwendbarkeit des § 89b HGB auf den Ausgleichsanspruch des Franchise-Nehmers bei Beendigung des Franchise-Vertrages, DStR 1998, 572; *Flohr,* Aktuelle Tendenzen im Franchise-Recht, BB 2006, 389; *Giesler,* Franchiseverträge, 2000; *Giesler/Nauschütt,* Franchiserecht, 2. Aufl. 2007; *Hanefeld/Wittinghofer,* Schiedsklauseln in Allgemeinen Geschäftsbedingungen, SchiedsVZ 2005, 217; *Holtz,* Die Prospekthaftung im Franchiserecht, ZVertriebsR 2014, 23; *Höpfner,* Kündigungsschutz und Ausgleichsansprüche des Franchise-Nehmers bei Beendigung von Franchise-Verträgen, 1996; *Liesegang,* Die Bedeutung des AGB-Gesetzes für Franchiseverträge, BB 1991, 2381; *Metzlaff,* Praxishandbuch Franchising, 2003; *Oetker,* HGB, 3. Aufl. 2013; *Pfaff/Osterrieth,* Lizenzverträge, 3. Aufl. 2010; *Prasse,* Entwicklungen im Rechts des Franchisevertrages, ZGS 2005, 379; *Schultze/Pautke/Wagener,* Vertikal-GVO Praxiskommentar, 3. Aufl. 2011; *Staub,* HGB, 5. Aufl. 2008; *Stoffels,* Laufzeitkontrolle von Franchiseverträgen, DB 2004, 1871; *Skaupy,* Zu den Begriffen „Franchise", „Franchisevereinbarung" und „Franchising", NJW 1992, 1785; *Wiedemann,* Handbuch des Kartellrechts, 2. Aufl. 2008

A. Allgemeines 862
  I. Der Begriff und das Wesen des Franchise 862
  II. Franchise-Formen 863
  III. Formularvertrag 866
  IV. Parteien 867
  V. Abgrenzungen 869
  VI. Analoge Anwendung des Handelsvertreterrechts . 873
  VII. Vorvertragliche Aufklärungspflicht 877
  VIII. Kontrollfreie Klauseln 878
  IX. Sittenwidrigkeit 879
B. Typische Klauseln 880
  I. Auslegungsgrundsätze 881
  II. Regelungen, die das Subordinationsverhältnis von Franchisegeber und Franchisenehmer ausgestalten 882
    1. Richtlinienbindungen und Einbeziehung der Franchisehandbücher 883
    2. Warenbezugsverpflichtungen, Bezugsbindungen und Preisbindungen 886
    3. Kontrollrechte 888
    4. Änderungsvorbehalte 889
    5. Belieferungspreise 890
    6. Weitergabe von Einkaufsvorteilen (Kick-Backs) 891
  III. Laufzeit- und Kündigungsbestimmungen 892
    1. Laufzeiten 893
    2. Kündigung 896
    3. Rücknahmepflicht 899
  IV. Wettbewerbs- und Exklusivitätsregelungen 902
    1. Nebentätigkeits- und Wettbewerbsverbote 905
    2. Vertragsstrafe 908
  V. Haftungsbestimmungen 909
  VI. Weitere AGB-typische Klauseln 912
    1. Schriftformklauseln 913
    2. Rechtswahl- und Gerichtsstandklauseln 915
    3. Schiedsklauseln 917
C. Berücksichtigung AGB-rechtlicher Besonderheiten anderer Vertragstypen 918

[1748] OLG Karlsruhe NJW 1982, 1950; AK/*Kollmann,* § 307 Rn 61.
[1749] UBH/*Schmidt,* Teil 3 (4) Rn 4.
[1750] BGH v. 18.1.2011 – X ZR 71/10; vgl. auch EuGH v. 25.2.2010, NJW 2010, 1059; BGH v. 19.10.2010 – VIII ZR 34/09; Palandt/*Sprau,* vor § 631 Rn 17e.
[1751] BGH v. 13.4.2011 – VIII ZR 220/10.

Franchise

A. Allgemeines

I. Der Begriff und das Wesen des Franchise

Infolge der Pronuptia-Entscheidung[1752] hatte die Kommission im Jahr 1988 (siehe hierzu Rn 902 f.) eine eigene Franchise[1753]-GVO[1754] erlassen.[1755] In dieser wurden Franchisevereinbarungen an bestimmte Mindestvertragsbestandteile wie die „Benutzung eines gemeinsamen Namens oder Zeichens" oder die „Mitteilung von Know-how durch den Franchisegeber an den Franchisenehmer" angeknüpft.[1756] Mit Außerkrafttreten der Franchise-GVO im Jahr 1999 entfiel bis auf Weiteres diese bis dahin einzige Legaldefinition des Begriffs „Franchise". Dieser bezeichnet in der Sache eine vertikal-kooperative Vertriebsform;[1757] Franchisesysteme zeichnen sich typischerweise dadurch aus, dass eine Vielzahl von Franchisenehmern im Rahmen eines stark vereinheitlichten Auftritts als eng angebundene Vertriebspartner des Franchisegebers fungieren. Es liegt daher in der Natur der Sache, dass es sich bei Franchiseverträgen fast ausnahmslos um standardisierte Verträge handelt, die dem AGB-Recht unterliegen. Sie gehören nicht zu den im deutschen Recht gesetzlich typisierten Verträgen, sondern sind als Typenkombinationsverträge mit Elementen des Lizenz-, Dienst-, Werk-, Kauf- sowie Geschäftsbesorgungsvertrags[1758] zu charakterisieren, wobei ein Schwerpunkt bei der Geschäftsbesorgung liegt. Franchiseverträge begründen Dauerschuldverhältnisse mit starker persönlicher Bindung, auch wenn die Parteien als rechtlich selbstständige Unternehmer operieren. Sie sind typischerweise als Rahmenverträge ausgestaltet, die geprägt sind von gegenseitiger Interessenwahrung, bei hoher wirtschaftlicher Bedeutung für beide Seiten.[1759] Mit dem Franchisevertrag erhält der Franchisenehmer Nutzungsrechte an einer Reihe gewerblicher Schutzrechte (z.B. Markenrechte, Patentrechte, Know-how, Gebrauchs- oder Geschmacksmusterrechte).[1760] Charakteristisch für das Franchising ist die Verwendung eines gemeinsamen Zeichens, Namens, Symbols oder Kennzeichens durch alle Franchisenehmer desselben Franchisegebers.[1761]

862

II. Franchise-Formen

Nach der Art des Systems[1762] werden drei Franchising-Modelle unterschieden: **Subordinationsfranchising**, **Partnerschaftsfranchising** und **Masterfranchising**. Bei Letzterem wird dem Masterfranchisenehmer durch den Masterfranchisegeber das Recht gewährt, weiteren Franchisenehmern Unterlizenzen einzuräumen,[1763] Masterfranchising ist also ein mehrstufiges Franchise-System.[1764] Zwischen Masterfranchisegeber und Masterfranchisenehmer werden die Verträge oftmals individuell ausgehandelt, sodass das AGB-Recht eine insofern untergeordnete oder sogar keine Rolle spielt. Die im Verhältnis zwischen dem Masterfranchisenehmer und den Unterfranchisenehmer geschlossenen Verträge entsprechen wiederum typischerweise Subordinationsfranchiseverträgen.

863

Das Subordinationsfranchising ist als „Weiterentwicklung des Vertragshändlervertriebs"[1765] von einem Über- und Unterordnungsverhältnis zwischen Franchisegeber und Franchisenehmer geprägt. Demgegenüber steht beim Partnerschaftsfranchising der gegenseitige Austausch und eine gemeinsame Ausarbeitung des Systems im Vordergrund. Partnerschaftsfranchising fällt insofern aus dem klassischen Vertriebsrecht heraus,[1766] auch die Bedeutung der AGB-Vorschriften ist für das Partnerschaftsfranchising geringer.

864

Im Mittelpunkt dieser AGB-rechtlichen Betrachtung steht daher das Subordinationsfranchising, welches aufgrund der darin verkörperten Über- und Unterordnungsverhältnisse besonders AGB-sensibel ist.[1767] Das Subordinationsfranchising ist auch die in der Praxis deutlich häufigere Form.[1768] Wenn also im Folgenden von Franchiseverträgen die Rede ist, sind damit grundsätzlich Subordinationsfranchiseverträge gemeint.

865

III. Formularvertrag

Franchiseverträge sind, wie gesagt, typischerweise darauf ausgelegt, mit einer Vielzahl von Franchisenehmern geschlossen zu werden. Es handelt sich somit praktisch ausnahmslos um Formularverträge i.S.v. § 305 Abs. 1 BGB.[1769]

866

1752 EuGH NJW 1986, 1415.
1753 Der Begriff „Franchise" stammt ursprünglich aus dem Französischen und wird wohl am treffendsten mit „Gebührenfreiheit" übersetzt. Im englischen Sprachraum verstand man darunter eine Art „Konzession". „Franchising" wurde dann in den USA zum Überbegriff für Vertriebssysteme, vgl. *Giesler*, Franchiseverträge, Rn 1 ff. In den USA liegen auch die Ursprünge des modernen Franchisings, das in Deutschland vor allem seit den 80er Jahren zunehmend Verbreitung fand, vgl. *Flohr*, Franchisevertrag, S. 1 ff.
1754 Verordnung (EWG) Nr. 4087/88 v. 28.12.1988.
1755 Martinek/*Martinek/Habermeier*, Handbuch VertriebsR, § 28 Rn 18.
1756 Vgl. Art. 1 Verordnung (EWG) Nr. 4087/88.
1757 *Liesegang*, BB 1991, 2381.
1758 *Prasse*, ZGS 2005, 379.
1759 *Giesler*, Franchiseverträge, Rn 55.
1760 UBH/*Schmidt*, Teil 2 (13) Franchiseverträge Rn 3.
1761 *Skaupy*, NJW 1992, 1785, 1786.
1762 Staub/*Emde*, vor § 84 Rn 348; eine Kategorisierung ist auch möglich nach der Art der vertriebenen Produkte: Waren-/Produktionsfranchising, Vertriebsfranchising oder Dienstleistungsfranchising, vgl. Metzlaff/*Skaupy*, § 3 Rn 1 ff.
1763 Pfaff/Osterrieth/*Metzlaff*, Rn 1062; Röhricht-HGB/*Giesler*, Franchising Rn 9.
1764 Röhricht-HGB/*Giesler*, Franchising Rn 9.
1765 Staub/*Emde*, vor § 84 Rn 348; Martinek/*Martinek*, Handbuch VertriebsR, § 4 Rn 52.
1766 Staub/*Emde*, vor § 84 Rn 348.
1767 Ausführlich zum Partnerschaftsfranchising vgl. Martinek/*Martinek/Habermeier*, Handbuch VertriebsR, § 26 Rn 24.
1768 UBH/*Schmidt*, Teil 2 (13) Franchiseverträge Rn 3.
1769 Giesler/Nauschütt/*Giesler*, Kapitel 9 Rn 7.

Bedeutsam sind die AGB-Vorschriften vor allem für Vertragsklauseln, mit denen dispositive Regelungen abbedungen werden. In den Vertrag mit einbezogen sind zumeist auch Franchisehandbücher, Richtlinien und andere Regelungen außerhalb des eigentlichen Formularvertrags.[1770] Vor Vertragsschluss muss der Franchisenehmer daher die Möglichkeit – und genügend Zeit – gehabt haben, Einblick in die Handbücher etc. zu nehmen.[1771] Um das Know-how des Franchisegebers zu schützen, müssen diese Vertragsunterlagen jedoch nicht mit dem Formularvertrag ausgehändigt werden.[1772]

IV. Parteien

867 Der **Franchisegeber** ist Unternehmer. Seine Hauptleistungspflichten bestehen vor allem in der **Systemintegration** und der **Betriebsförderung**.[1773] Franchisetypische Pflichten sind dabei vor allem eine besondere Treuepflicht mit dem Gebot der Rücksichtnahme auf die Interessen des Franchisenehmers, die Einräumung des Franchise mit der Gebrauchsgewährung, Unterstützung des Franchisenehmers und Schutz vor Konkurrenten.[1774]

868 Die Hauptleistungspflichten des **Franchisenehmers** bestehen typischerweise in der **Gebührenzahlung** (z.B. einmalige Anschlussgebühr und laufende Franchisegebühren), in der **Absatzförderung** sowie in der Betriebsführung und Systemanwendung.[1775] Beim Abschluss eines formularmäßigen Franchisevertrags wird der Franchisenehmer grundsätzlich durch das AGB-Recht geschützt,[1776] es ist aber nicht unumstritten, welche AGB-rechtlichen Vorschriften der §§ 305 ff. BGB im Einzelnen zur Anwendung kommen. Häufig sind Franchisenehmer nämlich **Existenzgründer**, also **Verbraucher**, die zu **Unternehmern** werden, sodass sich die Frage stellt, inwieweit die §§ 308 und 309 BGB gelten. Der BGH hat mit Urt. v. 24.2.2005[1777] entschieden, dass bei Rechtsgeschäften mit Existenzgründern kein Verbraucherhandeln vorliegt. Zur Begründung verweist er in seiner Entscheidung auch auf den Umkehrschluss aus § 507 BGB a.F. (§ 512 BGB n.F.). Dort hat der Gesetzgeber Existenzgründer für Darlehensverträge mit Verbrauchern gleichgestellt. Dies bedeutet aber auch, dass Existenzgründer eben gerade nicht generell mit Verbrauchern gleichzustellen sind, eine solche ausdrückliche Regelung fehlt in den §§ 305–310 BGB.[1778] Diese BGH-Rechtsprechung wird in der Literatur kritisiert.[1779] Dabei werden vor allem die geschäftliche Unerfahrenheit und die daraus folgende Schutzbedürftigkeit des Existenzgründers als Argumente für eine Verbrauchereigenschaft oder zumindest einen verbraucherähnlichen Schutz angeführt. Der Schutz des Existenzgründers als Unternehmer ist allerdings in vielen Punkten ohnehin nur unwesentlich geringer als der des Verbrauchers, da über § 307 Abs. 1 und 2 BGB die Wertungen der §§ 308, 309 BGB Anwendung finden. Im Rahmen von § 307 BGB ist immer eine Interessenabwägung vorzunehmen. Der Franchisegeber hat zumeist ein Interesse an einer straffen Organisation des Franchisesystems mit umfassenden Kontroll-, Weisungs- und Informationsmöglichkeiten.[1780] Der Franchisenehmer hingegen will möglichst selbstständig agieren und frei unternehmerisch tätig sein.[1781] Diese teils kollidierenden Interessen sind gegeneinander abzuwägen.

V. Abgrenzungen

869 Franchising ist seit dem Wegfall der Franchise-GVO weder legaldefiniert (siehe oben Rn 862) noch gesetzlich typisiert; es stellt sich somit hinsichtlich seiner materiell-rechtlichen Einordnung prinzipiell die Frage der Abgrenzung zu anderen Vertragsarten, insbesondere solchen, durch die ebenfalls der Absatz von Produkten oder die Erbringung von Dienstleistungen geregelt wird.[1782] Diese Abgrenzung ist auch unter AGB-rechtlichen Gesichtspunkten von Interesse:

870 So sind Franchiseverträge nach der herrschenden Meinung[1783] nicht als **Gesellschaftsverträge,** welche gemäß § 310 Abs. 4 BGB nicht der AGB-Kontrolle unterliegen würden, einzuordnen.[1784] Durch den Abschluss des Franchisevertrags beteiligt sich der Franchisenehmer nicht am Franchiseunternehmen selbst.

871 Eine Abgrenzung zu **Arbeitsverträgen** ist insofern relevant, als sich die Frage stellen kann, ob ein Franchisenehmer nicht die Position eines Arbeitnehmers – oder zumindest eine arbeitnehmerähnliche Stellung – hat.[1785] Der BGH hat diese Frage in seinem Beschl. v. 16.10.2002[1786] behandelt: Der Franchisenehmer ist demnach nur in Ausnahmefällen als Arbeitnehmer anzusehen.[1787] Er ist grundsätzlich selbstständiger Unternehmer, da er seine Tätigkeit im Wesent-

---

1770 BGH NJW 1985, 1894, 1895; Giesler/Nauschütt/*Giesler*, Kapitel 9 Rn 11.
1771 Giesler/Nauschütt/*Giesler*, Kapitel 9 Rn 11.
1772 Giesler/Nauschütt/*Giesler*, Kapitel 9 Rn 11.
1773 Giesler/Nauschütt/*Giesler*, Kapitel 9 Rn 23.
1774 Ebenroth/Boujong/Joost/Strohn/*Löwisch*, § 84 Rn 108.
1775 Giesler/Güntzel/*Güntzel*, Vermarktungs- und Vertriebsverträge, S. 236.
1776 Martinek/*Martinek*/Habermeier, Handbuch VertriebsR, § 27 Rn 28.
1777 BGH NJW 2005, 1273; so auch EuGH Rs. C-269/95.
1778 Giesler/*Giesler*/Güntzel, VertriebsR, § 4 Rn 312.
1779 Beispielhaft: Martinek/*Martinek*/Habermeier, Handbuch VertriebsR, § 27 Rn 29; MüKo/*Micklitz*, § 13 Rn 54.
1780 *Liesegang*, BB 1991, 2381.
1781 Palandt/*Weidenkaff*, vor § 581 Rn 22.
1782 *Flohr*, Franchisevertrag, S. 27.
1783 Palandt/*Weidenkaff*, vor § 581 Rn 22; *Giesler*, Franchiseverträge, Rn 43; *Prasse*, ZGS 2005, 379.
1784 Giesler/Nauschütt/*Giesler*, Kapitel 9 Rn 17.
1785 *Flohr*, BB 2006, 389, 390.
1786 BGH NJW-RR 2003, 277, 279.
1787 MüKo/*Harke*, § 581 Rn 19; BGH NJW 1999, 218; BAG NJW 1997, 2973; der Franchisenehmer ist nur dann arbeitnehmerähnlich schutzbedürftig, wenn er wirtschaftlich vom Franchisegeber abhängig und in seiner sozialen Stellung einem Arbeitnehmer vergleichbar ist.

lichen frei gestalten und seine Arbeitszeiten selbst bestimmen kann. An der typischen Weisungsgebundenheit des Arbeitnehmers fehlt es.[1788]

Vom **Handelsvertreter** unterscheidet sich der Franchisenehmer schon dadurch, dass er im eigenen Namen und auf eigene Rechnung tätig ist.[1789] **872**

VI. Analoge Anwendung des Handelsvertreterrechts

Gleichwohl nimmt das Handelsvertreterrecht eine gewichtige Rolle bei der AGB-rechtlichen Beurteilung von Franchiseverträgen ein. Die analoge Anwendung bestimmter Handelsvertretervorschriften auf den Franchisenehmer ist geboten, da das Verhältnis zwischen Franchisegeber und Franchisenehmer – trotz der o.g. Abgrenzung – wesentliche Ähnlichkeiten mit dem Handelsvertreterverhältnis aufweist. So ist in der Rechtsprechung[1790] anerkannt, dass § 90a HGB analog auf den Franchisenehmer anzuwenden ist. **873**

Nach der herrschenden Ansicht in der Literatur[1791] gilt Gleiches für den Ausgleichsanspruch nach **§ 89b HGB analog**. Die analoge Anwendung des § 89b HGB auf Vertragshändler ist – unter bestimmten Voraussetzungen – in Rechtsprechung und Literatur anerkannt.[1792] Vor dem Hintergrund, dass das Subordinationsfranchising, wie eingangs angesprochen, in gewisser Weise eine Weiterentwicklung des Vertragshändlervertriebs darstellt,[1793] ist die grundsätzliche Möglichkeit der analogen Anwendung des § 89b HGB auf Franchiseverträge folgerichtig. **874**

Der Ausgleichsanspruch nach § 89b Abs. 1 HGB analog ist auf Wertausgleich für den vom Franchisenehmer geworbenen Kundenstamm gerichtet, der dem Franchisegeber als nutzbares betriebswirtschaftliches Aktivum überlassen wird.[1794] Es kann sich somit das Problem ergeben, unter welchen Voraussetzungen Geschäftsbeziehungen mit neuen Kunden als „durch den Franchisenehmer begründet" i.S.d. § 89b Abs. 1 HGB anzusehen sind; die Frage kann in Fällen franchise-typischer Formen der Kundenwerbung, bei denen der Systemzentrale z.B. durch zentral geschaltete Hotlines oftmals eine starke Stellung zukommt, besondere Schwierigkeiten aufwerfen. Grundsätzlich setzt die Einordnung als „Kundenstamm" aber grundsätzlich voraus, dass mit dem neuen Kunden ein „qualifizierter geschäftlicher Kontakt" begründet wurde.[1795] Ein solcher dürfte regelmäßig noch nicht durch bloße Kontaktaufnahme, wie z.B. über eine zentrale Hotline, angenommen werden, sondern erst, wenn sich daraus eine tatsächlich „gelebte" Geschäftsbeziehung entwickelt; insofern kann ein maßgeblicher Beitrag des Franchisenehmers zu bejahen sein. Klauseln, in denen z.B. über eine Hotline geworbene Kunden bei der Berechnung des Ausgleichsanspruchs unberücksichtigt bleiben sollen, dürften daher regelmäßig unwirksam sein, da sie gegen § 89b Abs. 4 HGB verstoßen. Letztlich wird es insofern aber auf eine Einzelfallbetrachtung ankommen. **875**

Der Ausgleichsanspruch des Franchisenehmers bemisst sich dann nach einer üblichen Handelsvertreterprovision, die sich nach § 87b HGB bestimmt, nicht nach der Handelsspanne des Franchisenehmers.[1796] Der Ausgleichsanspruch kann gemäß § 89b Abs. 4 HGB nicht abbedungen werden, weder individualvertraglich noch – erst Recht – durch AGB. Regelmäßig unwirksam sind daher Klauseln, nach denen dem Franchisenehmer z.B. bei einer Veräußerung des Geschäftsbetriebs kein Ausgleichsanspruch zustehen soll; das Verbot des § 89b Abs. 4 HGB erfasst alle von der gesetzlichen Regelung zum Nachteil des Franchisenehmers abweichenden Vereinbarungen.[1797] **876**

VII. Vorvertragliche Aufklärungspflicht

Eine zentrale Rolle bei der Beurteilung der Wirksamkeit von Franchiseverträgen nimmt regelmäßig auch die Pflicht des Franchisegebers ein, den Franchisenehmer bereits vor Vertragsschluss richtig und vollständig über die **Rentabilität des Systems** zu informieren.[1798] Keinesfalls heißt dies, dass der Franchisegeber vor Vertragsschluss den Erfolg des Franchisesystems zu garantieren hat.[1799] Der Franchisegeber darf sein System im Vorfeld allerdings nicht erfolgreicher darstellen, als es tatsächlich ist.[1800] **877**

VIII. Kontrollfreie Klauseln

Klauseln, die Art und Umfang der Hauptleistungspflichten unmittelbar regeln, sind von einer Inhaltskontrolle ausgenommen.[1801] Bei Franchiseverträgen sind dies typischerweise **Preisvereinbarungen** und **Leistungsbeschreibungen**.[1802] Die Frage, ob sich Leistung und Gegenleistung entsprechen, unterliegt nicht der AGB-Prüfung.[1803] Leis- **878**

1788 BGH NJW-RR 2003, 277, 280.
1789 v. Westphalen/*v. Westphalen*, Franchising Rn 5.
1790 BGH WM 1987, 512; BGH NJW 1997, 3304; BGH DB 2002, 1992.
1791 Metzlaff/*PourRafsendjani*, § 6 Rn 19; *Flohr*, DStR 1998, 572; a.A. *Höpfner*, Kündigungsschutz und Ausgleichsansprüche des Franchise-Nehmers bei Beendigung von Franchise-Verträgen, 1997, S. 155 ff.
1792 BGH NJW 2000, 1413; LG Frankfurt v. 19.11.1999 – 8 O 28/99.
1793 Staub/*Emde*, vor § 84 Rn 348; Martinek/*Martinek*; Handbuch VertriebsR, § 4 Rn 52.
1794 Martinek/*Martinek/Habermeier*, Handbuch VertriebsR, § 29 Rn 85.
1795 Oetker/*Busche*, § 89b Rn 9.
1796 *Flohr*, DStR 1998, 572, 573.
1797 Baumbach/Hopt/*Hopt*, § 89b Rn 71.
1798 OLG München NJW 1994, 667.
1799 *Flohr*, DStR 2004, 93.
1800 OLG München NJW 1994, 667.
1801 UBH/*Fuchs*, § 307 Rn 37.
1802 Giesler/Nauschütt/*Giesler*, Kapitel 9 Rn 22; Giesler/*Giesler/Güntzel*, VertriebsR, § 4 Rn 305.
1803 Giesler/*Giesler/Güntzel*, VertriebsR, § 4 Rn 305.

tungsmodifizierende Klauseln hingegen sind der AGB-Kontrolle unterworfen,[1804] da diese ihrem Ansatz zufolge Klauseln darstellen, die das Hauptleistungsversprechen einschränken, verändern oder aushöhlen.[1805] Ebenfalls kontrollfrei sind Preisvereinbarungen über die einmalige Anschlussgebühr und die laufenden Franchisegebühren.[1806]

IX. Sittenwidrigkeit

879 Insbesondere vor dem Hintergrund der Kontrollfreiheit bestimmter Inhalte sollte im Anschluss an die AGB-Kontrolle vorsorglich auch stets eine „Sittenwidrigkeitsprüfung" erfolgen. Grundsätzlich ist die Sittenwidrigkeit immer in einer Gesamtschau des Vertrags zu beurteilen. Es gibt drei typische Fälle, in denen ein Franchisevertrag als sittenwidrig angesehen wird: Missverhältnis von Leistung und Gegenleistung, Knebelung und Täuschung.[1807] So kann z.B. die weitreichende Einschränkung der unternehmerischen Freiheit des Franchisenehmers, wenn er gleichzeitig das alleinige wirtschaftliche Risiko trägt, zur Sittenwidrigkeit des Vertrags führen.[1808]

B. Typische Klauseln

880 Die Behandlung AGB-relevanter Franchisevertrags-Klauseln im Schrifttum orientiert sich häufig an der typischen Abfolge möglicherweise problematischer Klauseln in den Verträgen.[1809] Für die Betrachtung typischer Problemfelder sei hier – der Übersichtlichkeit halber – eine Kategorisierung der Klauseln in folgende Gruppen vorgeschlagen: Regelungen, die das Subordinationsverhältnis von Franchisegeber und Franchisenehmer betreffen und näher ausgestalten, Wettbewerbs- und Exklusivitätsklauseln, Laufzeit- und Kündigungsbestimmungen, Haftungs- und Gewährleistungsbestimmungen sowie sonstige AGB-typische Klauseln, die die Grundzüge des Vertrags regeln. Die folgende Darstellung folgt dieser Einteilung.

I. Auslegungsgrundsätze

881 Vor der Betrachtung der einzelnen Kategorien seien zunächst allgemeine Auslegungsgrundsätze aufgezeigt, die bei der AGB-Kontrolle von Franchiseverträgen zu berücksichtigen sind. Als wesenhaft für das Vertragsverhältnis ist die **Eingliederung des Franchisenehmers in das Vertriebssystem** des Franchisegebers und die **Sicherung der Identität und Integrität des Franchisesystems** zu berücksichtigen; soweit subordinative Bindungen diesem Zwecken dienen, sind sie oftmals auch zulässig.[1810] Stets zu beachten ist aber zugleich seit der **Apollo-Optik-Entscheidung** des BGH[1811] der aus § 305c Abs. 2 BGB folgende **Grundsatz der kundenfreundlichsten Auslegung**. Wenn also zwei Auslegungsmöglichkeiten in Betracht kommen, dann ist zwingend die kundenfreundlichste – also diejenige, die den Franchisenehmer am wenigsten in seinen Freiheiten beeinträchtigt – zu wählen.[1812] Die Prüfung hat dann aus der Sicht eines verständigen und redlichen Franchisenehmers zu erfolgen.[1813]

II. Regelungen, die das Subordinationsverhältnis von Franchisegeber und Franchisenehmer ausgestalten

882 Franchisetypisch sind vertragliche Bestimmungen, die das ausgeprägte Über- und Unterordnungsverhältnis zwischen Franchisegeber und Franchisenehmer näher ausgestalten, nämlich Richtlinienbindungen, Bezugsbindungen und Kontrollrechte. AGB-rechtlich miteinander zu vereinbaren sind in solchen Klauseln immer die Interessen des Franchisegebers an Qualitätssicherung und Systemintegration mit dem Interesse des Franchisenehmers an seiner freien wirtschaftlichen Betätigung.

883 **1. Richtlinienbindungen und Einbeziehung der Franchisehandbücher.** Richtlinien werden grundsätzlich wirksam in den Vertrag einbezogen, wenn sie in Handbüchern oder sonstigen Beschreibungen niedergelegt sind und in der Vertragsurkunde Bezug auf sie genommen wird.[1814]

884 Inhaltlich sind Richtlinien im Grundsatz insoweit nicht zu beanstanden, als sie für gleichbleibende Qualität und einheitliches Auftreten am Markt erforderlich sind. Verhaltensrichtlinien sind oft kontrollfreie Leistungsbeschreibungen, d.h. sie unterliegen keiner Inhaltskontrolle.[1815] Dies gilt z.B. für Gebietszuweisungen, Anleitungen zur Ausgestaltung des Verkaufslokals, der Warenlager und Transportmittel, Beschreibungen zum Einsatz von Werbemitteln und der Art und Weise der Fertigung oder der Erbringung der Dienstleistungen und eine Beschreibung der Zusammensetzung.[1816] Für die Angemessenheit solcher Richtlinien spricht zumeist, dass diese ebenfalls dem vom Franchise-

---

1804 Giesler/Nauschütt/*Giesler*, Kapitel 9 Rn 24.
1805 UBH/*Fuchs*, § 307 Rn 51.
1806 MüKo/*Wurmnest*, § 307 Rn 16.
1807 Vgl. Metzlaff/*Becker*, § 11 Rn 159 ff.;*Giesler*, Franchiseverträge, Rn 46 ff.
1808 LG Bochum v. 28.4.1999 – 6 O 54/02 (Studienkreis I).
1809 So z.B.: Giesler/Nauschütt/*Nauschütt*, Kapitel 9 Rn 46 ff.; Metzlaff/*Erdmann*, § 17 Rn 43 ff.; UBH/*Schmidt*, Teil 2 (13) Franchiseverträge Rn 8 ff.

1810 *Liesegang*, BB 1991, 2381, 2382; Martinek/*Martinek/Habermeier*, Handbuch VertriebsR, § 27 Rn 37.
1811 BGH NJW-RR 2003, 1635.
1812 BGH NJW-RR 2003, 1635.
1813 *Flohr*, BB 2006, 389, 395.
1814 *Liesegang*, BB 1991, 2381, 2382; Palandt/*Weidenkaff*, vor § 581 Rn 23.
1815 Röhricht-HGB/*Giesler*, Franchising Rn 75.
1816 Giesler/Nauschütt/*Giesler*, Kapitel 9 Rn 25.

nehmer verfolgten Zweck dienen.[1817] Wenn Richtlinien allerdings einseitig die Interessen des Franchisegebers bevorzugen, können sie gegen § 307 Abs. 1 BGB verstoßen.[1818]

Einseitig vom Franchisegeber verordnete Richtlinienänderungen unterliegen der strikten Kontrolle nach § 307 Abs. 1 BGB. Der Franchisegeber muss erhebliche, anerkennenswerte Gründe für eine Änderung haben und die Interessen und Belange des Franchisenehmers müssen ausreichend berücksichtigt werden.[1819] **885**

2. Warenbezugsverpflichtungen, Bezugsbindungen und Preisbindungen. Warenbezugsverpflichtungen sind grundsätzlich zulässig, wenn sie der Qualitätssicherung dienen. Die Vereinbarung einer Mindestqualität für Produkte und Dienstleistungen hält daher einer Kontrolle nach § 307 Abs. 1 BGB grundsätzlich stand.[1820] **886**

Problematischer könnten jedoch Bezugsbindungen sein. Vor dem Hintergrund des § 307 Abs. 1 BGB ist entscheidend, ob eine Bezugsbindung zur Wahrung der Interessen des Franchisegebers erforderlich ist. So vereinbaren die Parteien grundsätzlich, dass der Franchisenehmer die abzusetzenden Produkte über den Franchisegeber oder die im System gelisteten Lieferanten beziehen muss.[1821] Diese Regelung ist zulässig, solange sie den Schutz des Know-hows des Franchisegebers und die Sicherung einer einheitlichen Qualität bezweckt. Die stets zulässige Alternative zu Bezugsbindungen sind Kontroll- und Überwachungssysteme, die der Überprüfung des stets gleichbleibenden Qualitätsniveaus dienen sollen. Es ist daher immer eine Entscheidung im Einzelfall erforderlich. Allerdings spricht viel dafür, Bezugsbindungen zumeist als wirksam anzusehen, da alternative Kontroll- und Überwachungssysteme sehr aufwendig sein dürften.[1822] Vor diesem Hintergrund können selbst Ausschließlichkeitsbindungen zulässig sein.[1823]

Da Preisbindungen gegen § 1 GWB verstoßen, sind diese grundsätzlich unzulässig, wenn der Franchisenehmer das wirtschaftliche Risiko des Unternehmens alleine trägt.[1824] Der Franchisenehmer muss das Recht haben, seine Verkaufspreise oder die Preise seiner Dienstleistungen selbst zu bestimmen, Höchstpreise dürfen vom Franchisegeber allerdings vorgeschrieben werden.[1825] **887**

3. Kontrollrechte. Kontrollrechte wie **Einsichtsrechte**, **Berichtspflichten** und **Weisungsrechte** bedürfen immer eines sachlichen Grundes.[1826] Kontrollrechte des Franchisegebers sind meistens nicht zu beanstanden, da sie fast immer der Absatzförderungspflicht des Franchisenehmers dienen.[1827] Auch die Berechnung der Franchisegebühren sowie der Schutz des Franchisekonzepts, der Marke und des Know-hows sind anerkannte sachliche Gründe.[1828] Zumeist unproblematisch sind auch Kontrollrechte, die die Einhaltung angemessener Verhaltensrichtlinien sicherstellen sollen.[1829] Unwirksam sein können z.B. Klauseln, die übermäßig enge Einzelanweisungen hinsichtlich der Sortimentspolitik enthalten. Die unternehmerische Freiheit des Franchisenehmers kann zu sehr eingeschränkt werden, wenn er durch derartige Vorgaben de facto eine arbeitnehmergleiche Stellung bekleidet.[1830] **888**

4. Änderungsvorbehalte. Oft sind Änderungsvorbehalte zugunsten des Franchisegebers vorgesehen. Danach kann der Franchisegeber vertragliche Leistungen einseitig modifizieren. Diese können das zu vertreibende Produkt, das Vertragsgebiet oder die allgemeine Geschäftsabwicklung betreffen.[1831] Zu unterscheiden ist, ob die Änderungsvorbehalte individuelle Rechtspositionen des Franchisenehmers oder allgemeine Fragen der Gestaltung des Systems betreffen.[1832] Änderungsvorbehalte, die das Vertragsgebiet des Franchisenehmers betreffen, sind nur dann mit § 307 Abs. 1 BGB vereinbar, wenn Voraussetzungen und Umfang des Änderungsvorbehalts ausreichend konkretisiert sind.[1833] Änderungsvorbehalte müssen aber generell möglich sein, um es dem Franchisegeber während der Laufzeit zu ermöglichen, sein Franchisesystem wettbewerbsfähig zu halten. Danach unterliegt der Franchisenehmer der Verpflichtung, die vom Franchisegeber vorgegebenen Änderungen umzusetzen. **889**

5. Belieferungspreise. In vielen Franchisesystemen, die den Vertrieb von Waren oder die Belieferung des Franchisenehmers mit Halbfertig-Produkten oder Rohstoffen zum Gegenstand haben, ist die Möglichkeit einer einseitigen Festlegung der Abgabepreise vom Franchisegeber an den Franchisenehmer vorgesehen. Dies kann insbesondere bei Alleinbezugsverpflichtungen des Franchisenehmers die Frage der Wirksamkeit entsprechender Klauseln aufwerfen. Aufgrund der Preisbildungsfreiheit und des Gedankens der gleichlautenden Interessen dürfte eine solche Regelung jedoch – auch bei Alleinbezugsvereinbarungen – zulässig sein und keine unbillige Benachteiligung des gebundenen Franchisenehmers darstellen, solange die Grenze der Sittenwidrigkeit nicht erreicht ist.[1834] **890**

1817 Röhricht-HGB/*Giesler*, Franchising Rn 75.
1818 *Böhner*, NJW 1985, 2811, 2812; v. Westphalen/*v. Westphalen*, Franchising Rn 32.
1819 v. Westphalen/*v. Westphalen*, Franchising Rn 33.
1820 v. Westphalen/*v. Westphalen*, Franchising Rn 29.
1821 *Flohr*, Franchisevertrag, § 13 S. 187.
1822 v. Westphalen/*v. Westphalen*, Franchising Rn 29.
1823 EuGH NJW 1986, 1415, 1416.
1824 *Flohr*, BB 2006, 389, 396.
1825 *Flohr*, Franchisevertrag, § 13 S. 193 ff.
1826 *Giesler*, Franchiseverträge, Rn 91.
1827 v. Westphalen/*v. Westphalen*, Franchising Rn 34.
1828 *Giesler*, Franchiseverträge, Rn 91.
1829 Röhricht-HGB/*Giesler*, Franchising Rn 76.
1830 Röhricht-HGB/*Giesler*, Franchising Rn 79.
1831 *Liesegang*, BB 1991, 2381, 2383.
1832 *Liesegang*, BB 1991, 2381, 2383.
1833 Metzlaff/*Erdmann*, § 17 Rn 63.
1834 Vgl.OLG Düsseldorf BeckRS 2008, 04897: In jenem Fall war die einseitige Festsetzung der Belieferungspreise durch den Franchisegeber zulässig.

891 **6. Weitergabe von Einkaufsvorteilen (Kick-Backs).** In den letzten Jahren musste sich der BGH mehrfach mit der Frage befassen, ob Einkaufsvorteile (z.B. Rückvergütungen von Herstellern und Systemlieferanten) vom Franchisegeber an den Franchisenehmer weitergegeben werden müssen;[1835] eine solche Pflicht wäre dann durch AGB nicht abdingbar. Mit dem **Sixt-Urteil**[1836] hat der BGH jedoch klargestellt, dass es im deutschen Recht keinen Grundsatz gibt, nach dem Boni, Skonti und Werbekostenzuschüsse generell an den Franchisenehmer auszukehren sind. Diskutiert wurde, ob sich eine solche Verpflichtung möglicherweise aus § 20 GWB ergibt, wenn die nicht vollständige Weitergabe von Einkaufsvorteilen mit einer hundertprozentigen Bezugsbindung verbunden war.[1837] Auch dieser Ansicht ist der BGH mit Beschl. v. 11.11.2008[1838] entgegengetreten. Natürlich kann eine Weitergabe von Kick-Backs vertraglich vereinbart werden. Insbesondere ist hier der Grundsatz der kundenfreundlichsten Auslegung zu beachten.[1839] So ergibt sich aus der **Apollo-Entscheidung**, dass, wenn im Vertrag derartige Einkaufvorteile erwähnt sind, der Franchisenehmer im Zweifel davon ausgehen darf, dass ihm diese auch zu Gute kommen.

III. Laufzeit- und Kündigungsbestimmungen

892 Franchising ist typischerweise auf langfristige Zusammenarbeit ausgerichtet.[1840] In der Regel werden die Verträge über eine Erstlaufzeit von zehn Jahren abgeschlossen.[1841] Deshalb spielen Laufzeit- und Kündigungsklauseln als eigene Kategorie eine wichtige Rolle in Franchiseverträgen.

893 **1. Laufzeiten.** Franchiseverträge werden grundsätzlich für eine bestimmte Zeit abgeschlossen. Keine Ausstrahlungswirkung entfaltet § 309 Nr. 9 BGB.[1842] Bei Franchiseverträgen geht es nicht vordergründig um die regelmäßige Leistung von Waren oder die regelmäßige Erbringung von Dienst- oder Werkleistungen, vielmehr geht es um ein Bündel von Leistungen im Rahmen eines Leistungskatalogs.[1843]

894 Entscheidend bei der Begutachtung der Erstlaufzeiten ist, ob sich die **Investitionen des Franchisenehmers** innerhalb der Vertragslaufzeit **amortisieren**.[1844] So wird grundsätzlich eine Laufzeit von zehn Jahren als angemessen angesehen.[1845] Langzeitige Laufzeitbindungen können den Franchisenehmer belasten, sofern sich während der Vertragszeit die wirtschaftliche Situation ändert.[1846] Bisher gibt es keine BGH-Entscheidung zur maximal zulässigen Laufzeit von Franchiseverträgen. Die Entscheidung über die Zulässigkeit der Laufzeit muss im Einzelfall getroffen werden, so kann ausnahmsweise sogar eine 20-jährige Laufzeit akzeptabel sein.[1847] Die schutzwürdigen Interessen der Parteien sind gegeneinander abzuwägen. Für die Praxis kann man folgende Formel festhalten: Je geringer die vom Franchisenehmer getätigte Investition, desto kürzer sind die nicht zu beanstandenden Laufzeiten. Je größer die getätigte Investition, desto länger sind die nicht zu beanstandenden Laufzeiten.[1848]

895 Verlängerungsklauseln sind grundsätzlich möglich, müssen allerdings deutlich unter der Erstlaufzeit des Vertrags liegen, da das Amortisierungsinteresse des Franchisegebers nach Ablauf der ursprünglichen Laufzeit regelmäßig geringer ist als bei Eintritt in das Franchiseverhältnis; bei einer Erstlaufzeit von zehn Jahren wird beispielsweise eine Verlängerungsklausel über drei Jahre als zulässig angesehen.[1849]

896 **2. Kündigung.** Eine starre Regel für die Mindestdauer der **ordentlichen Kündigungsfrist** lässt sich bei Franchise-Verträgen nicht aufstellen. In der Praxis finden sich oft Kündigungsfristen von einem Jahr; im Schrifttum wird vertreten, eine Frist von mindestens einem Jahr sei als Richtwert für eine angemessene Regelung anzusehen.[1850] Darüber hinaus verlangen andere Stimmen in der Literatur, ebenfalls von einer grundsätzlich unerlässlichen Mindestkündigungsfrist von einem Jahr ausgehend,[1851] die Ausrichtung der Kündigungsfrist an der aktuellen Vertragslaufzeit, so dass der Franchisegeber als AGB-Verwender im Ergebnis verpflichtet sei, eine gestaffelte Kündigungsfrist vorzusehen; dabei könne im Einzelfall die Mindestkündigungsfrist von einem Jahr auch unterschritten werden, z.B. wenn die „Entry Fee" oder die auf Veranlassung des Franchisegebers durchzuführenden Investitionen sehr gering ausfallen. Im Ergebnis spricht viel für diese differenzierende Sichtweise: Abhängig von den erforderlichen Investitionen des Franchisenehmers und anderen Faktoren (etwa laufenden Kosten für Mitarbeiter oder Miete) kommt im Einzelfall durchaus eine Kündigungsfrist von weniger als einem Jahr in Betracht, in anderen Fällen mag hingegen sogar eine Kündigungsfrist von zwölf Monaten als sehr kurz erscheinen. Letzlich hat sich die angemessene Kündigungsfrist an der typischerweise zu erwartenden Umstellungszeit für den Franchisenehmer zu orientieren, wobei die typische Ein-Jahres-Frist als grobe Richtschnur dienen kann.[1852]

1835 BGH NJW-RR 2006, 776; BGH NJW-RR 2003, 1635; BGH BB 1999, 860; BGH NJW-RR 2003, 1624.
1836 BGH BB 1999, 860.
1837 *Böhner*, WRP 2006, 1089, 1094; „Praktiker"-Beschluss des Bundeskartellamts – B 9–149/04.
1838 BGH NJW 2009, 1753.
1839 *Flohr*, BB 2006, 389, 395.
1840 *Erdmann*, BB 1992, 795.
1841 *Flohr*, BB 2006, 389, 399.
1842 Palandt/*Grüneberg*, § 309 Rn 86.
1843 *Stoffels*, DB 2004, 1871.
1844 BGH NJW 2000, 1110; *Flohr*, BB 2006, 395.
1845 *Erdmann*, BB 1992, 797.
1846 *Stoffels*, DB 2004, 1871.
1847 Röhricht-HGB/*Giesler*, Franchising Rn 109.
1848 *Stoffels*, DB 2004, 1871, 1874.
1849 v. Westphalen/*v. Westphalen*, Franchising Rn 36.
1850 UBH/*Schmidt*, Teil 2 (13) Franchiseverträge Rn 9.
1851 v. Westphalen/*v. Westphalen*, Franchising Rn 37.
1852 So im Ergebnis auch Metzlaff/*Becker*, § 11 Rn 47 ff.

Für Verstöße, die geeignet sind, das Vertrauensverhältnis zwischen den Parteien nachhaltig zu stören, kann wirksam ein **fristloses Kündigungsrecht** vorgesehen werden. Es muss dafür ein wichtiger Grund vorliegen.[1853] Angelehnt an § 314 BGB wird regelmäßig eine vorherige Abmahnung erforderlich sein.

Eine Klausel, nach der eine **außerordentliche Kündigung** ohne Vorliegen eines wichtigen Grundes möglich sein soll, wäre unwirksam.[1854] Es stellt sich somit die Frage, inwieweit Sonderkündigungsrechte in Franchiseverträgen überhaupt vereinbart werden können. Dies hat der BGH in der Citroën-Händler-Entscheidung vom 13.7.2004[1855] entschieden. Das Recht des Franchisegebers zur außerordentlichen Kündigung ist demnach gegeben, wenn die Voraussetzungen für das Eintreten des Kündigungsrechts auf einer Pflichtverletzung des Franchisenehmers beruhen.

3. Rücknahmepflicht. Aus der nachvertraglichen Treuepflicht ergibt sich die Rücknahmepflicht des Franchisegebers, insbesondere wenn der Franchisenehmer zur Unterhaltung eines Warenlagers vertraglich verpflichtet war und nach Vertragsende nicht berechtigt ist, die vom Franchisegeber hergestellten oder gehandelten Produkte zu vertreiben.[1856] Die Rücknahmepflicht kann dann nicht ausgeschlossen werden, dies würde gegen § 307 Abs. 1 BGB verstoßen.

Für den Fall, dass der Franchisegeber den Vertrag rechtmäßig fristlos kündigt, gilt die Rücknahmepflicht nicht.[1857]

Praktische Schwierigkeiten bereitet oftmals die Frage, wie die Rücknahmepflicht im Vertrag näher auszugestalten ist. Für die Vertragspraxis empfiehlt es sich in diesem Zusammenhang dringend, die Voraussetzungen und konkreten Rechtsfolgen einer Rücknahmeverpflichtung möglichst präzise zu erfassen,[1858] also z.B. zu regeln, zu welchem Preis der Franchisenehmer den Warenbestand zurückzukaufen hat. Grundsätzlich zulässig ist insoweit ein Abzug vom Einkaufspreis zur Abgeltung eines möglicherweise eingetretenen Wertverlustes; das zulässige Maß eines solchen Abzugs ist einzelfallabhängig, eine absolute Grenze hat die Rechtsprechung bislang nicht gesetzt.[1859]

IV. Wettbewerbs- und Exklusivitätsregelungen

Von grundsätzlicher Bedeutung im Zusammenhang mit Wettbewerbs- und Exklusivitätsregelungen ist die **Pronuptia-Entscheidung des EuGH**.[1860] Danach stellen Klauseln, die zum Schutz des Know-hows oder der Identität der Vertriebsorganisation unerlässlich sind, keine Wettbewerbsbeschränkungen dar.[1861] Bestimmungen, die den Schutz des Know-hows oder der Identität der Vertriebsorganisation zwar nicht unerlässlich sind, können den Wettbewerb jedoch durchaus beschränken.[1862] Verpflichtungen, die dem Franchisenehmer ein exklusives Vertriebsrecht einräumen oder eine exklusive Gebietszuweisung absichern, sind nach dem EuGH hingegen grundsätzlich wettbewerbsbeschränkend (und damit freistellungsbedürftig).

Seit Außerkrafttreten der Franchise-GVO[1863] (siehen oben Rn 862) richtet sich eine mögliche Freistellung nach der **Gruppenfreistellungsverordnung für vertikale Vertriebsvereinbarungen (Vertikal-GVO)**,[1864] die über § 2 GWB direkt Anwendung findet und somit auch bei der AGB-rechtlichen Beurteilung von Wettbewerbs- und Exklusivitätsklauseln berücksichtigt werden muss.[1865] Franchisesysteme sind im Rahmen der Vertikal-GVO an den gleichen kartellrechtlichen Regelungen zu messen, denen auch andere Vertriebsmodelle unterworfen sind.[1866]

Der BGH hat in seinem Urt. v. 24.9.2002[1867] entschieden, dass eine kartellnichtige Regelung zur Gesamtnichtigkeit des Franchisevertrags führen kann, es sei denn, der Vertrag wäre auch ohne die nichtige Klausel abgeschlossen worden. Grundsätzlich ist eine Klausel nach § 307 Abs. 2 Nr. 1 BGB unwirksam, wenn sie gegen ein kartellrechtliches Verbot verstößt.[1868] Aber auch eine nicht kartellrechtswidrige Klausel kann eine unangemessene Benachteiligung darstellen.[1869]

1853 BGH NJW 1985, 1894.
1854 *Flohr*, BB 2006, 389, 397.
1855 BGH MDR 2005, 437.
1856 Giesler/Nauschütt/*Giesler*, Kapitel 9 Rn 96.
1857 v. Westphalen/*v. Westphalen*, Vertragshändlervertrag Rn 56.
1858 v. Westphalen/*v. Westphalen*, Vertragshändlervertrag Rn 57.
1859 UBH/*Ulmer/Schäfer*, Teil 2 (36) Vertragshändlerverträge Rn 36.
1860 EuGH NJW 1986, 1415; die Entscheidung ist zum Vertriebsfranchising ergangen.
1861 *Schultze/Pautke/Wagener*, Art. 4 lit. b Rn 676.
1862 EuGH NJW 1986, 1415, 1416.
1863 Verordnung (EWG) Nr. 4087/88 der Kommission v. 28.12.1988; derartige Gruppenfreistellungsverordnungen (GVO) waren nach dem damals geltenden Gemeinschaftsrecht (Art. 5 EWGV, dem entspricht heute Art. 288 AEUV) vorgesehen; sie standardisieren für alle erfassten Fälle eine verbindliche Freistellung, vgl. Martinek/*Habermeier*, Handbuch VertriebsR, § 36 Rn 46, indem wettbewerbsbeschränkende Vereinbarungen i.S.d. Art. 85 Abs. 3 EWGV (heute Art. 101 Abs. 3 AEUV) vom Kartellverbot ausgenommen sind. In diesem Sinne wurden durch die Franchise-GVO unter den darin definierten Voraussetzungen gewisse Gruppen von wettbewerbsbeschränkenden Vereinbarungen in Franchiseverträgen vom grundsätzlichen Kartellverbot gemäß Art. 85 Abs. 1 EWGV (heute Art. 101 Abs. 1 AEUV) freigestellt.
1864 Verordnung (EG) Nr. 2790/99 der Kommission v. 22.12.1999.
1865 Martinek/*Martinek/Habermeier*, Handbuch VertriebsR, § 28 Rn 25.
1866 *Schultze/Pautke/Wagener*, Art. 4 lit. b Rn 667.
1867 BGH NJW 2003, 347.
1868 v. Westphalen/*v. Westphalen*, Vertragshändlervertrag Rn 14.
1869 Röhricht-HGB/*Giesler*, Franchising Rn 76.

905 **1. Nebentätigkeits- und Wettbewerbsverbote.** Ein **Nebentätigkeitsverbot** ist grundsätzlich mit § 307 BGB vereinbar, wenn der Vertrag dem Franchisenehmer objektiv eine wirtschaftliche Vollexistenz ermöglicht.[1870]

906 Sowohl **vertragliche** als auch **nachvertragliche Wettbewerbsverbote** sind grundsätzlich zulässig. Während der Dauer des Vertrags darf ein Wettbewerbsverbot die Dauer von fünf Jahren grundsätzlich nicht überschreiten; dies folgt aus Art. 5a Vertikal-GVO. Dem Franchisenehmer auferlegte Wettbewerbsverbote stellen jedoch dann schon keine Wettbewerbsbeschränkung i.S.d. Art. 101 Abs. 1 AEUV dar, wenn sie notwendig sind, um das Franchisesystem zu schützen.[1871] Der Franchisegeber muss in der Lage sein, dem Franchisenehmer sein Know-how zu vermitteln und ihm die für die Anwendung seiner Methode erforderliche Unterstützung zukommen zu lassen, ohne Gefahr zu laufen, dass dieses Know-how und diese Unterstützung – sei es auch nur mittelbar – Konkurrenten zugute kommt.[1872] Unter dieser Voraussetzung sind daher Wettbewerbsverbote, die für die gesamte Laufzeit des Franchisevertrages und für einen angemessenen Zeitraum nach Vertragsbeendigung geregelt sind, in Franchiseverträgen regelmäßig zulässig und nicht auf die Dauer von fünf Jahren beschränkt.

907 § 90a HGB findet auf Franchiseverträge analoge Anwendung. Danach ist der Franchisegeber verpflichtet, dem Franchisenehmer für die Dauer der Wettbewerbsbeschränkung eine angemessene Entschädigung (Karenzentschädigung) zu zahlen.

908 **2. Vertragsstrafe.** Auch für Vertragsstrafenklauseln besteht keine gefestigte Rechtsprechung. Die Vereinbarung einer Vertragsstrafe ist grundsätzlich zulässig. Regelmäßig werden Vertragsstrafen für die Verletzung des Geheimhaltungsgebots und des Wettbewerbsverbots vereinbart.

V. Haftungsbestimmungen

909 In Franchiseverträgen finden sich zumeist **Haftungsfreizeichnungs- und Haftungsbegrenzungsklauseln**.

910 Der Franchisegeber kann die **Haftung für leichte Fahrlässigkeit** ausschließen. Haftungsfreizeichnungs- oder Haftungsbegrenzungsklauseln, die die Haftung des Franchisegebers auf **vorsätzliches und grob fahrlässiges Verhalten** beschränken, verstoßen allerdings gegen § 307 BGB, da insofern die Wertung des § 309 Nr. 7 BGB greift, wonach eine solche Beschränkung in AGB unwirksam ist.[1873]

911 Es wird diskutiert, ob der Franchisegeber gegenüber dem Franchisenehmer möglicherweise für die kommerzielle Verwertbarkeit seines Franchisesystems haftet.[1874] Eine solche Klausel dürfte allerdings unwirksam sein, da der wirtschaftliche Erfolg des Franchisesystems nun einmal auch vom Franchisenehmer abhängt. Auch eine **Prospekthaftung** des Franchisegebers besteht grundsätzlich nicht, da der Franchisenehmer seine Entscheidung nicht wie ein Kapitalanleger anhand eines Verkaufsprospekts trifft, sondern über zahlreiche weitere Informationen verfügt.[1875] Überdies ist der Franchisenehmer in Hinblick auf die weitreichende Aufklärungspflicht des Franchisegebers bereits ausreichend geschützt und kann bei Verletzung dieser Pflicht ggf. Ansprüche aus culpa in contrahendo gemäß §§ 280 Abs. 1, 311 Abs. 2, 241 Abs. 2 BGB geltend machen.[1876]

VI. Weitere AGB-typische Klauseln

912 Auch Standardklauseln, wie sie typischerweise zu grundlegenden Fragen des Vertrages – wie Schriftform, Gerichtsstand, Rechtswahl und Schiedsgericht – aufgenommen werden, können in Franchiseverträgen mit Problemen verbunden sein, insbesondere vor dem Hintergrund, dass der Franchisenehmer oftmals Existenzgründer ist.

913 **1. Schriftformklauseln.** Bis zum 31.12.1998 galt für Franchiseverträge das kartellrechtliche Schriftformerfordernis gemäß § 34 GWB a.F. Ein Verstoß gegen dieses Erfordernis führte zur Nichtigkeit des gesamten Vertrags gemäß § 134 BGB. Seit der Kartellrechtsnovelle vom 1.1.1999 gilt das Schriftformerfordernis nicht mehr.[1877]

914 Der BGH hat mit seiner Entscheidung vom 20.5.2003[1878] klargestellt, dass sich der Verwender des Franchisevertrags nicht auf die **Formnichtigkeit** des Vertrags berufen kann, wenn er laufende Vorteile durch den Vertrag hatte und er den Vertrag über einen längeren Zeitraum erfüllt hat.[1879]

915 **2. Rechtswahl- und Gerichtsstandklauseln.** Haben Franchisegeber und Franchisenehmer ihren Sitz nicht in dem gleichen Land, sind **Rechtswahlklauseln** grundsätzlich nicht zu beanstanden.[1880] Haben die Parteien eine Rechtswahl nicht vereinbart, gilt gemäß Art. 4 Abs. 1 lit. e) Rom I-Verordnung das Recht des Landes des Franchise-

---

1870 *Liesegang*, BB 1991, 2381, 2385.
1871 Wiedemann/*Seeliger*, § 10 Rn 191; EuGH NJW 1986, 1415, 1416.
1872 Wiedemann/*Seeliger*, § 10 Rn 191; EuGH NJW 1986, 1415, 1416.
1873 *Liesegang*, BB 1991, 2381, 2385.
1874 *Liesegang*, BB 1991, 2381, 2385.
1875 OLG München BB 2001, 1759; vertiefend auch: *Holtz*, ZVertriebsR 2014, 23.
1876 *Holtz*, ZVertriebsR 2014, 23, 26 f.
1877 Für Verträge, die bis zum 31.12.1998 geschlossen wurden, gilt das kartellrechtliche Schriftformerfordernis allerdings weiter.
1878 BGH BB 2003, 2254.
1879 *Flohr*, DStR 2004, 93, 95.
1880 Giesler/Nauschütt/*Giesler*, Kapitel 9 Rn 101.

nehmers. Gegen § 307 BGB verstößt es allerdings regelmäßig, wenn zwischen inländischen Vertragspartnern ausländisches Recht vereinbart wird.[1881]

Gerichtsstandsvereinbarungen sind nach § 38 ZPO grundsätzlich möglich. Allerdings ist die Anwendbarkeit des § 38 ZPO für den Fall, dass es sich beim Franchisenehmer um einen Existenzgründer handelt, umstritten. Die im Schrifttum herrschende Auffassung[1882] geht dahin, dass Verträge mit Existenzgründern keine Gerichtsstandsklauseln enthalten dürfen, da § 38 ZPO von der bereits bestehenden Kaufmannseigenschaft ausgehe.[1883] Nach der Gegenauffassung reicht für die Anwendbarkeit des § 38 ZPO aus, dass die Vereinbarung im Stadium der Begründung der Unternehmereigenschaft abgeschlossen wird.[1884] Vor dem Hintergrund der Grundsatzentscheidung des BGH[1885] zur Einordnung von Existenzgründern überzeugt die Gegenauffassung, da Existenzgründer grundsätzlich nicht mit Verbrauchern gleichgestellt werden sollen.

916

3. Schiedsklauseln. Schiedsklauseln sind in Franchiseverträgen gängig.[1886] Sie können zwischen Unternehmern grundsätzlich durch einfache, auch stillschweigende Bezugnahme auf die AGB in den Vertrag einbezogen werden,[1887] § 305 Abs. 2 BGB findet insofern keine Anwendung. Die Formwirksamkeit der Schiedsvereinbarung unterliegt allerdings den strengeren Voraussetzungen des § 1031 ZPO, wobei § 1031 Abs. 5 ZPO auch bei Existenzgründern keine Anwendung findet.[1888] Im unternehmerischen Verkehr sind Schiedsklauseln grundsätzlich nicht als überraschend i.S.v. § 305c BGB anzusehen. Obwohl Schiedsklauseln typisch sind und im Prinzip ohnehin vertraglich durch AGB vereinbart werden können, finden sich in der Praxis in Franchiseverträgen nicht selten unwirksame Schiedsklauseln; dies liegt dann zumeist daran, dass Schiedsklauseln nicht wirksam in den Vertrag einbezogen wurden, ergibt sich also typischerweise nicht aus einer spezifisch franchiserechtlichen Problemstellung.

917

C. Berücksichtigung AGB-rechtlicher Besonderheiten anderer Vertragstypen

Da Franchiseverträge, wie eingangs ausgeführt, typischerweise Elemente des Lizenz-, Dienst-, Werk-, Kauf- sowie Geschäftsbesorgungsvertrags in sich vereinen und – insbesondere – das Absatzmittlungsverhältnis zwischen Franchisegeber und Franchisenehmer Parallelen mit Handelsvertreter- und Vertragshändlerverträgen aufweist, empfiehlt sich bei der Prüfung von Franchiseverträgen grundsätzlich auch die Berücksichtigung der zu jenen Vertragstypen vorhandenen Rechtsprechung und Literatur.

918

Freizeichnungsklauseln

Literatur zum Stichwort Freizeichnungsklauseln: *Berger/Kleine*, AGB-Gestaltung und Transparenzgebot – Beispiele aus der jüngeren BGH-Rechtsprechung zum unternehmerischen Geschäftsverkehr, NJW 2007, 3526; *Kappus*, BGH „succurit ignoranti" – Transparenz des „Kardinalpflichten"-Begriffs im Unternehmerverkehr, NJW 2006, 15; *Kollmann*, AGB – Nicht nur theoretische Probleme (in) der Praxis, NJOZ 2011, 625; *Matthiesen*, Arbeitsvertragliche Ausschlussfristen und das Klauselverbot des § 309 Nr. 7 BGB, NZA 2007, 361; *Ostendorf*, Zur Wirksamkeit von Haftungsbeschränkungen in Standardverträgen nach der jüngeren Rechtsprechung des BGH – Auswirkungen auf die Vertragsgestaltung, ZGS 2006, 222; *v. Westphalen*, AGB-Recht im Jahr 2005, NJW 2006, 2228

A. Allgemeines 919	II. Transparenzgebot (§ 307 Abs. 1 S. 2 BGB) 934
B. Die Klauselverbote des § 309 Nr. 7 BGB 921	1. Kardinalpflichten 934
C. Inhaltskontrolle nach § 307 BGB (einfache Fahrlässigkeit) 924	2. Vertragstypisch vorhersehbarer Schaden 938
	D. Verkehr zwischen Unternehmern 939
I. Unangemessene Benachteiligung wegen der Verletzung wesentlicher Vertragspflichten (§ 307 Abs. 2 Nr. 2 BGB) 924	I. Die Klauselverbote des § 309 Nr. 7 BGB 939
	1. Indizwirkung des § 309 Nr. 7 BGB 939
1. Wesentliche Vertragspflichten 924	2. Körperschäden (§ 309 Nr. 7a BGB) 940
2. Begrenzung auf den vertragstypisch vorhersehbaren Schaden 928	3. Grobes Verschulden (§ 309 Nr. 7b BGB) 941
	II. Einfache Fahrlässigkeit (§ 307 BGB) 943

A. Allgemeines

AGB-Klauseln, mit denen sich der Verwender von seiner Haftung gegenüber der Verwendergegenseite freizeichnen will, unterliegen einer Inhaltskontrolle nach § 309 Nr. 7 und § 307 BGB. Hinsichtlich der von § 309 Nr. 7 BGB erfassten Klauselverbote unterscheidet der Gesetzgeber zwischen Haftungsausschlüssen und Haftungsbegrenzungen.

919

1881 Giesler/Nauschütt/*Giesler*, Kapitel 9 Rn 101.
1882 Zöller/*Vollkommer*, § 38 Rn 19; Musielak-ZPO/*Heinrich*, § 38 Rn 11; a.A. *Baumbach u.a.*, § 38 Rn 17.
1883 OLG Köln NJW-RR 1992, 571.
1884 OLG Düsseldorf NJW 1998, 2980; OLG Schleswig SchlHA 2010, 119.
1885 BGH NJW 2005, 1273.
1886 v. Westphalen/*v. Westphalen*, Franchising Rn 49.
1887 *Hanefeld/Wittinghofer*, SchiedsVZ 2005, 218, 219.
1888 BGH NJW 2005, 1273.

Allerdings werden beide Arten der Haftungsfreizeichnung im Anwendungsbereich dieser Vorschrift verboten (siehe die Kommentierung zu § 309 Nr. 7).

920 Ein Haftungsausschluss liegt vor, wenn der Anspruchsgrund ausgeschlossen und somit die Entstehung des Anspruchs verhindert wird.[1889] Dagegen lässt eine Haftungsbegrenzung die Entstehung des Anspruchs dem Grunde nach unberührt und beschränkt lediglich den Umfang der Haftung.[1890] Neben Klauseln, die einen Haftungsausschluss oder eine Haftungsbegrenzung vorsehen, sind auch solche Klauseln einer Inhaltskontrolle zu unterziehen, die aufgrund ihres Regelungsgehalts eine indirekte Haftungsfreizeichnung bewirken (sog. „mittelbare Haftungsbegrenzungen").[1891] Dies ist z.B. der Fall, wenn vertragliche Leistungspflichten in AGB beschränkt oder ausgeschlossen werden[1892] (siehe § 309 Nr. 7 Rn 14).

B. Die Klauselverbote des § 309 Nr. 7 BGB

921 § 309 Nr. 7a BGB verbietet jegliche Haftungsfreizeichnung für sog. „Körperschäden" (Verletzung des Lebens, des Körpers oder der Gesundheit), die auf einer schuldhaften Pflichtverletzung des Verwenders, seiner gesetzlichen Vertreter oder Erfüllungsgehilfen beruhen. Ebenso wie in § 309 Nr. 7b BGB werden vorsätzliche Pflichtverletzungen durch den Verwender selbst im Klauselverbot nicht ausdrücklich genannt. Die diesbezügliche Haftung des Verwenders kann bereits nach § 276 Abs. 3 BGB nicht abbedungen werden.

922 Nach § 309 Nr. 7b BGB sind Haftungsausschlüsse und -begrenzungen bezüglich sonstiger Schäden unwirksam, wenn sich der Verwender von seinem eigenen groben Verschulden (Vorsatz oder grobe Fahrlässigkeit) oder dem groben Verschulden seiner gesetzlichen Vertreter oder Erfüllungsgehilfen freizeichnen will. Formularmäßige Haftungsfreizeichnungen für einfache Fahrlässigkeit fallen daher nicht in den Anwendungsbereich des § 309 Nr. 7b BGB. Sie unterliegen jedoch einer Inhaltskontrolle nach § 307 BGB und sind nur in engen Grenzen zulässig (siehe hierzu Rn 924 ff.).

923 § 309 Nr. 7 BGB gilt für alle Arten von Pflichtverletzungen[1893] und ist auf Ansprüche aus unerlaubter Handlung zumindest entsprechend anwendbar.[1894] Die Vorschrift verbietet jegliche Art von Haftungsausschlüssen oder -begrenzungen.[1895] Daraus folgt, dass die Haftung für Vorsatz und grobe Fahrlässigkeit sowie die Haftung für Körperschäden, die auf einfacher Fahrlässigkeit beruhen, weder vollständig ausgeschlossen noch betragsmäßig begrenzt werden kann. Ebenso unzulässig ist der Ausschluss der Schadensersatzpflicht für bestimmte Schäden. Hinsichtlich weiterer Einzelheiten siehe die Kommentierung zu § 309 Nr. 7.

C. Inhaltskontrolle nach § 307 BGB (einfache Fahrlässigkeit)

I. Unangemessene Benachteiligung wegen der Verletzung wesentlicher Vertragspflichten (§ 307 Abs. 2 Nr. 2 BGB)

924 **1. Wesentliche Vertragspflichten.** Haftungsfreizeichnungen für Pflichtverletzungen, die auf einfacher Fahrlässigkeit beruhen, werden – mit Ausnahme der Freizeichnung für die schuldhafte Verursachung von Körperschäden – nicht vom Klauselverbot des § 309 Nr. 7 BGB erfasst. Ihre Zulässigkeit beurteilt sich nach § 307 BGB. Danach sind Haftungsfreizeichnungen unwirksam, wenn sie die Verwendergegenseite entgegen den Geboten von Treu und Glauben unangemessen benachteiligen.

925 Nach ständiger Rechtsprechung des BGH ist von einer unangemessenen Benachteiligung der Verwendergegenseite dann auszugehen, wenn der Klauselverwender seine Haftung für die schuldhafte Verletzung wesentlicher Vertragspflichten ausschließt oder dergestalt beschränkt, dass dadurch die Erreichung des Vertragszwecks gefährdet wird (§ 307 Abs. 2 Nr. 2 BGB).[1896] Neben dem in der Praxis gelegentlich anzutreffenden Begriff „vertragswesentliche Pflichten" werden die wesentlichen Vertragspflichten in Rechtsprechung und Schrifttum auch häufig als „Kardinal-

---

1889 Palandt/*Grüneberg*, § 309 Rn 41; *Matthiesen*, NZA 2007, 361, 362 m.w.N.
1890 Palandt/*Grüneberg*, § 309 Rn 42.
1891 Staudinger/*Coester*, § 307 Rn 435; Ring/Klingelhöfer/*Klingelhöfer*, § 5 Rn 111.
1892 v. Westphalen/*v. Westphalen*, Freizeichnungs- und Haftungsbegrenzungsklauseln Rn 114.
1893 So bereits die Erläuterungen zum Gesetzentwurf der Fraktionen von SPD und BÜNDNIS 90/DIE GRÜNEN, BT-Drucks 14/6040, S. 156 f.; siehe auch Bamberger/Roth/*Becker*, § 309 Nr. 7 Rn 3; Staudinger/*Coester-Waltjen*, § 309 Nr. 7 Rn 4 m.w.N.
1894 BGH, Urt. v. 12.3.1987 – VII ZR 37/86, NJW 1987, 1931, 1938; BGH, Urt. v. 15.2.1995 – VIII ZR 93/94, NJW 1995, 1488, 1489; Erman/*Roloff*, § 309 Rn 64; MüKo/*Wurmnest*, § 309 Nr. 7 Rn 9; für eine direkte Anwendbarkeit der Vorschrift Bamberger/Roth/*Becker*, § 309 Nr. 7 Rn 4; WLP/*Dammann*, § 309 Nr. 7 Rn 14 ff; Palandt/*Grüneberg*, § 309 Nr. 40; Staudinger/*Coester-Waltjen*, § 309 Nr. 7 Rn 4; a.A. Ring/Klingelhöfer/*Klingelhöfer*, § 5 Rn 104.
1895 BGH, Urt. v. 14.7.1987 – X ZR 38/86, NJW 1987, 2818, 2820.
1896 BGH, Urt. v. 11.11.1992 – VIII ZR 238/91, NJW 1993, 335; BGH, Urt. v. 9.11.1989 – IX ZR 269/87, NJW 1990, 761, 764; BGH, Urt. v. 23.2.1984 – VII ZR 274/82, NJW 1985, 3016, 3017; BGH, Urt. v. 19.4.1978 – VIII ZR 39/77, NJW 1978, 1430, 1431.

pflichten" bezeichnet.[1897] Die Frage, inwieweit diese Begrifflichkeiten dem Transparenzgebot des § 307 Abs. 1 S. 2 BGB genügen, ist heftig umstritten (siehe hierzu Rn 934 ff.).[1898]

926 Als wesentliche Vertragspflichten bzw. Kardinalpflichten sieht der BGH solche Pflichten an, deren Erfüllung die ordnungsgemäße Vertragsdurchführung erst ermöglicht und auf deren Einhaltung der Vertragspartner vertraut und auch vertrauen darf.[1899] Dabei sind die im Gegenseitigkeitsverhältnis stehenden Hauptpflichten eines Vertrags stets als wesentliche Vertragspflichten i.S.d. § 307 Abs. 2 Nr. 2 BGB anzusehen.[1900] Aber auch Nebenleistungspflichten, wie z.B. die Pflicht des Reiseveranstalters, seine Kunden ungefragt über die Einreisebestimmungen zu unterrichten,[1901] oder die Obhutspflicht des Krankenhausträgers über die von Patienten eingebrachten Sachen[1902] können vertragswesentliche Pflichten begründen.

927 Ein vollständiger Ausschluss der Haftung für die Verletzung wesentlicher Vertragspflichten verstößt bereits bei einfacher Fahrlässigkeit gegen § 307 Abs. 2 Nr. 2 BGB.[1903] Der Verwender kann sich in AGB von seiner Haftung für einfache Fahrlässigkeit nur freizeichnen, wenn keine wesentlichen Vertragspflichten und keine Körperschäden betroffen sind. In diesem Fall können auch Haftungsbegrenzungen jeglicher Art wirksam vereinbart werden.

928 **2. Begrenzung auf den vertragstypisch vorhersehbaren Schaden.** Zwar kann die Haftung für die fahrlässige Verletzung von vertragswesentlichen Pflichten nicht vollständig ausgeschlossen werden. Es besteht jedoch die Möglichkeit, die Ersatzpflicht in diesem Fall auf den vertragstypisch vorhersehbaren Schaden zu begrenzen.[1904]

929 Eine Definition für den vertragstypisch vorhersehbaren Schaden existiert nicht. Es ist aber davon auszugehen, dass der vertragstypisch vorhersehbare Schaden über den Durchschnittsschaden hinausgehen kann.[1905] Lediglich atypische Schäden[1906] bzw. ungewöhnliche Schadenskonstellationen[1907] sind einer formularmäßigen Freizeichnung zugänglich. Fraglich ist jedoch, wann eine derartig ungewöhnliche Schadenskonstellation vorliegt. Selbst der BGH räumt ein, dass im Einzelfall nicht immer ganz einfach feststellbar sein wird, ob mit dem Eintritt eines bestimmten Schadens zu rechnen war.[1908] Die Praxis verdeutlicht dies. Während beispielsweise die Beschädigung eines Fahrzeuges der Oberklasse noch einen vertragstypisch vorhersehbaren Schaden eines Garagenbetreibers darstellen soll, wird dies für die Beschädigung eines extrem teuren TV-Übertragungswagens verneint.[1909] Gegen diese Differenzierung ist einzuwenden, dass die Rechte des Kunden im Fall des TV-Übertragungswagens derart ausgehöhlt werden, dass die Erreichung des Vertragszwecks – nämlich die sichere Unterstellung/Aufbewahrung eines Pkws in einer Garage – gefährdet wäre (§ 307 Abs. 2 Nr. 2 BGB). Sofern der Garagenbetreiber ein derartiges Risiko nicht übernehmen möchte, so ist zu überlegen, den Vertragszweck einzugrenzen und beispielsweise Garagenstellplätze für Pkws bis zu einem bestimmten Verkehrswert anzubieten.[1910]

930 Soweit in der Praxis Klauseln verwendet werden, die die Haftung für bestimmte Schäden (z.B. Nutzungs- oder Produktionsausfall) ausschließen oder die Haftung der Höhe nach begrenzen, halten diese Klauseln einer Inhaltskontrolle nach § 307 BGB in der Regel nicht stand.

931 Haftungsausschlüsse in Bezug auf bestimmte Schadensarten werden bereits daran scheitern, dass der vertragstypisch vorhersehbare Schaden nach höchstrichterlicher Rechtsprechung grundsätzlich auch mittelbare Schäden oder Folge-

---

1897 BGH, Urt. v. 15.9.2005 – I ZR 58/03, NJW-RR 2006, 267, 268; BGH, Urt. v. 1.2.2005 – X ZR 10/04, NJW 2005, 1774; OLG Köln, Urt. v. 21.3.1997 – 19 U 215/96, NJW-RR 1998, 1274; siehe nur Bamberger/Roth/*Becker*, § 309 Nr. 7 Rn 21; Erman/*Roloff*, § 309 Rn 72, Palandt/*Grüneberg*, § 309 Rn 48.
1898 Dazu BGH, Urt. v. 20.7.2005 – VIII ZR 121/04, BGHZ 164, 11 = NJW-RR 2005, 1496 („Honda-Urteil"); *Berger/Kleine*, NJW 2007, 3526, 3527; *Kappus*, NJW 2006, 15; *Kollmann*, NJOZ 2011, 625, 626 f.; *Ostendorf*, ZGS 2006, 222; v. *Westphalen*, NJW 2006, 2228, 2232.
1899 Siehe nur BGH, Urt. v. 20.7.2005 – VIII ZR 121/04, BGHZ 164, 11, 36 = NJW-RR 2005, 1496, 1505 m.w.N.
1900 BGH, Beschl. v. 24.10.2001 – VIII ARZ 1/01, NJW 2002, 673, 675 m.w.N.; Staudinger/*Coester*, § 307 Rn 273 m.w.N.
1901 BGH, Urt. v. 17.1.1985 – VII ZR 375/83, NJW 1985, 1165, 1166.
1902 BGH, Urt. v. 9.11.1989 – IX ZR 269/87, NJW 1990, 761, 765.
1903 BGH, Urt. v. 11.11.1992 – VIII ZR 238/91, NJW 1993, 335; BGH, Urt. v. 9.11.1989 – IX ZR 269/87, NJW 1990, 761, 764; BGH, Urt. v. 23.2.1984 – VII ZR 274/82, NJW 1985, 3016, 3017; BGH, Urt. v. 19.4.1978 – VIII ZR 39/77, NJW 1978, 1430, 1431.
1904 BGH, Urt. v. 27.9.2000 – VIII ZR 155/99, NJW 2001, 292, 302; BGH, Urt. v. 11.11.1992 – VIII ZR 238/91, NJW 1993, 335; BGH, Urt. v. 23.2.1984 – VII ZR 274/82, NJW 1985, 3016, 3018.
1905 UBH/*Christensen*, § 309 Nr. 7 Rn 39; a.A. MüKo/*Wurmnest*, § 309 Nr. 7 Rn 30.
1906 BGH, Urt. v. 18.7.2012 – VIII ZR 337/11, NJW 2013, 291, 295; v. Westphalen/v. Westphalen, Freizeichnungs- und Haftungsbegrenzungsklauseln Rn 124 spricht von „nicht vorhersehbaren Exzessrisiken".
1907 UBH/*Christensen*, § 309 Nr. 7 Rn 39.
1908 BGH, Urt. v. 18.7.2012 – VIII ZR 337/11, NJW 2013, 291, 296.
1909 UBH/*Christensen*, § 309 Nr. 7 Rn 39. Ein anderes Beispiel findet sich bei MüKo/*Wurmnest*, § 309 Nr. 7 Rn 30: Danach müsse der Chemischreiniger nicht für den Totalschaden eines kostbaren Orientteppichs einstehen („Luxusrisiko").
1910 Siehe auch OLG München, Urt. v. 2.3.1994 – 7 U 5918/93, NJW-RR 1994, 742. Das Gericht hielt eine Haftungsbeschränkung auf 100.000 DM für Werttransporte für unwirksam, wenn der Wert des zu befördernden Gutes vertraglich nicht begrenzt ist.

schäden erfasst, wie z.B. den Nutzungsausfall wegen Reparaturarbeiten am Pkw oder die Kosten der Schadensermittlung.[1911] Unzulässig sind deshalb insbesondere Bestimmungen, die die Haftung des Klauselverwenders auf den unmittelbaren Schaden begrenzen[1912] oder die Ersatzpflicht für entgangenen Gewinn ausschließen.[1913]

932 Hingegen besteht zwar die Möglichkeit, die Haftung für die fahrlässige Verletzung von wesentlichen Vertragspflichten der Höhe nach zu beschränken. Da solche betragsmäßigen Haftungsbegrenzungen geeignet sind, die Rechte des Kunden derart auszuhöhlen, dass der Vertragszweck gefährdet sein kann (§ 307 Abs. 2 Nr. 2 BGB), sind diese aber nach gefestigter Rechtsprechung des BGH nur wirksam, wenn die Höchstsumme den vertragstypisch vorsehbaren Schaden abdeckt.[1914] Dies ist beispielsweise nicht der Fall bei einer Haftungsbegrenzung auf 5 % des Warenwertes bei einem Werftvertrag[1915] oder bei einer Haftungsbeschränkung auf das Sechsfache des monatlichen Lagerentgeltes in einem Lagervertrag.[1916] Die Begrenzung des Verzugsschadens auf 5 % des Kaufpreises soll jedoch zulässig sein, da der Käufer es selbst in der Hand habe, die Zeitdauer des Verzugs und damit die Höhe des Verzugsschadens gering zu halten, indem er dem Verkäufer zeitgleich mit der den Schuldnerverzug begründenden Mahnung eine Frist setzt, um sich nach Ablauf der Frist alsbald vom Vertrag zu lösen.[1917]

933 Angesichts des Risikos, das mit betragsmäßigen Haftungsbegrenzungen verbunden ist, verbleibt für eine rechtssichere Klauselgestaltung nur die Möglichkeit, die Haftung des Klauselverwenders auf den vertragstypisch vorsehbaren Schaden zu begrenzen. Dies birgt allerdings sowohl für den Klauselverwender als auch für seinen Vertragspartner die Gefahr, dass nicht eindeutig abgeschätzt werden kann, welche Schadenspositionen nun tatsächlich unter den Begriff des vertragstypischen vorsehbaren Schadens fallen (siehe hierzu Rn 938).

II. Transparenzgebot (§ 307 Abs. 1 S. 2 BGB)

934 **1. Kardinalpflichten.** Wie jede AGB-Klausel muss auch eine Freizeichnungsklausel klar und verständlich sein, um nicht gegen das Transparenzgebot des § 307 Abs. 1 S. 2 BGB zu verstoßen.[1918] Seit seiner Entscheidung vom 20.7.2005 („Honda-Urteil")[1919] geht der BGH von einem solchen Verstoß aus, wenn in einer Haftungsklausel der Begriff „Kardinalpflichten" verwendet und nicht zumindest abstrakt umschrieben wird.[1920] Der BGH ist der Meinung, dass es sich bei dem Begriff „Kardinalpflichten" um einen in der Gesetzessprache unbekannten Begriff handelt, der von der Rechtsprechung verwendet und konkretisiert wird. Von dem Vertragspartner des Klauselverwenders könne nicht erwartet werden, dass dieser als juristischer Laie den Inhalt dieser Rechtsprechung kenne. Daher könne dieser auch nicht erfassen, was mit dem Begriff „Kardinalpflichten" gemeint ist.[1921]

935 Zwar ist es nach Ansicht des BGH nicht erforderlich, dass die für den jeweiligen Vertragstypus wesentlichen Vertragspflichten in einer Haftungsfreizeichnungsklausel konkret aufgezählt oder Regelbeispiele genannt werden, doch bedarf es dann einer abstrakten Erläuterung des Begriffs der Kardinalpflichten, wie sie von der Rechtsprechung definiert werden.[1922]

936 Im Schrifttum ist das Urteil des BGH vom 20.7.2005 auf massive Kritik gestoßen,[1923] soweit es die Verwendung von Freizeichnungsklauseln im unternehmerischen Geschäftsverkehr betrifft. Denn der BGH unterstellt, dass der Begriff der Kardinalpflichten auch einem Unternehmer nicht geläufig ist.[1924] Für den Geschäftsverkehr mit Verbrauchern kann in der Tat von einem Verstoß gegen das Transparenzgebot ausgegangen werden. Es ist aber zu bezweifeln, dass

---

1911 BGH, Urt. v. 30.11.2004 – X ZR 133/03, NJW 2005, 422, 424; BGH, Urt. v. 29.11.1988 – X ZR 112/87, NJW-RR 1989, 953; a.A. wohl LG Hamburg, Urt. v. 2.7.1999 – 303 O 100/99, NJW-RR 2000, 653, 654 (Einbeziehung mittelbarer Folgen des Verlusts eines Einschreibebriefes würde zu unabsehbaren Haftungsrisiken führen).
1912 v. Westphalen/v. Westphalen, Freizeichnungs- und Haftungsbegrenzungsklauseln Rn 123.
1913 *Ostendorf*, ZGS 2006, 222, 225: Nutzungs- bzw. Betriebsausfallschäden sind im Grundsatz immer vorsehbar.
1914 BGH, Urt. v. 25.2.1998 – VIII ZR 276/96, NJW 1998, 1640, 1644; BGH, Urt. v. 11.11.1992 – VIII ZR 238/91, NJW 1993, 335. Etwas anderes gilt allerdings, wenn sich die Haftungshöchstsumme am jeweiligen Leitbild einer gesetzlichen Haftungsbeschränkung orientiert, OLG München, Urt. v. 28.1.1998 – 15 U 4067/96, NJW-RR 1999, 1358 (dreifacher Reisepreis i.S.d. § 651h BGB); BGH, Urt. v. 25.2.1998 – VIII ZR 276/96, NJW 1998, 1640, 1644 (Haftungsbegrenzung des Elektrizitätsversorgungsunternehmens gegenüber seinen Tarifkunden auf jeweils 2.500 EUR – § 6 Abs. 1 S. 1 AVBEltV).
1915 BGH, Urt. v. 29.11.1988 – X ZR 112/87, NJW-RR 1989, 953, 955.
1916 BGH, Urt. v. 19.1.1984 – VII ZR 220/82, NJW 1984, 1350, 1351.
1917 BGH, Urt. v. 27.9.2000 – VIII ZR 155/99, NJW 2001, 292, 295. Dagegen reicht der für den Nichterfüllungsschaden angesetzte Höchstbetrag von 10 % des vereinbarten Kaufpreises nicht aus, um den vertragstypischen, vorsehbaren Schaden zu decken.
1918 Dazu Staudinger/*Coester*, § 307 Rn 442 m.w.N.
1919 BGH, Urt. v. 20.7.2005 – VIII ZR 121/04, BGHZ 164, 11 = NJW-RR 2005, 1496.
1920 Bestätigt durch BGH, Urt. v. 18.7.2012 – VIII ZR 337/11, NJW 2013, 291, 296.
1921 BGH, Urt. v. 18.7.2012 – VIII ZR 337/11, NJW 2013, 291, 296; BGH, Urt. v. 20.7.2005 – VIII ZR 121/04, BGHZ 164, 11, 36 = NJW-RR 2005, 1496, 1505.
1922 BGH, Urt. v. 20.7.2005 – VIII ZR 121/04, BGHZ 164, 11, 36 = NJW-RR 2005, 1496, 1505.
1923 Siehe nur *Berger/Kleine*, NJW 2007, 3526, 3527; *Kappus*, NJW 2006, 15; *Kollmann*, NJOZ 2011, 625, 626 f.; *Ostendorf*, ZGS 2006, 222; *v. Westphalen*, NJW 2006, 2228, 2232.
1924 BGH, Urt. v. 20.7.2005 – VIII ZR 121/04, BGHZ 164, 11, 36 = NJW-RR 2005, 1496, 1505 bezeichnet den durchschnittlichen Händler als „juristischen Laien".

die abstrakte Erläuterung des Begriffs der Kardinalpflichten gemäß der in der Rechtsprechung gebräuchlichen Definition für den Verbraucher klarer und verständlicher ist.[1925] Dennoch sollten die wesentlichen Vertragspflichten bzw. die Kardinalpflichten bei der Klauselgestaltung gemäß den Vorgaben des BGH abstrakt erläutert werden, da eine hiervon abweichende Klauselgestaltung stets Gefahr läuft, einer gerichtlichen Inhaltskontrolle nicht standzuhalten.[1926] Selbst der Begriff der wesentlichen Vertragspflichten ist zwischenzeitlich vom OLG Celle[1927] als intransparent beurteilt worden, obwohl der Gesetzgeber in § 307 Abs. 2 Nr. 2 BGB eine nahezu gleichlautende Formulierung verwendet.

Vor dem Hintergrund, dass auch eine abstrakte Umschreibung der wesentlichen Vertragspflichten in der Haftungsklausel mit dem Transparenzgebot des § 307 Abs. 1 S. 2 BGB kollidieren könnte, wird vereinzelt vorgeschlagen, die Haftungsfreizeichnung auf konkret benannte „unwesentliche" Einzelpflichten zu beschränken.[1928] Eine entsprechende Vorgehensweise birgt allerdings den Nachteil, dass der Haftungsausschluss ausschließlich für die in der Vertragsregelung bezeichneten „unwesentlichen" Einzelpflichten gelten würde. Für die vom Klauselverfasser nicht bedachten Fälle würde der Klauselverwender weiterhin haften. Zudem dürfte im Regelfall ein gewisses Restrisiko nicht auszuschließen sein, dass – angesichts der sehr weit gefassten Definition der wesentlichen Vertragspflichten – ein Gericht zu der Auffassung gelangen könnte, dass der konkrete Haftungsausschluss doch noch eine wesentliche Vertragspflicht erfasst.

937

2. Vertragstypisch vorhersehbarer Schaden. Es dürfte auch hinsichtlich des Begriffs des vertragstypisch vorhersehbaren Schadens zu bezweifeln sein, dass dieser klar und verständlich i.S.v. § 307 Abs. 1 S. 2 BGB ist.[1929] Nicht nur der rechtsunkundige Laie, sondern auch Richter und Rechtsanwälte werden die Frage, ob eine bestimmte Schadensposition vertragstypisch vorhersehbar ist oder nicht, in vielen Fällen nicht eindeutig beantworten können (siehe auch Rn 929). Dennoch führt dies nach Auffassung des BGH nicht zur Unklarheit einer AGB-Klausel, in der dieser Begriff verwendet wird. Der BGH begründet seine Ansicht damit, dass die Frage, ob es sich im Einzelfall um einen vertragstypisch vorhersehbaren Schaden handelt, nicht vom Klauselverwender, sondern im Streitfall vom angerufenen Gericht zu beurteilen ist.[1930]

938

D. Verkehr zwischen Unternehmern

I. Die Klauselverbote des § 309 Nr. 7 BGB

1. Indizwirkung des § 309 Nr. 7 BGB. Im Geschäftsverkehr mit Unternehmern finden die Klauselverbote des § 309 Nr. 7 BGB keine unmittelbare Anwendung (§ 310 Abs. 1 S. 1 BGB). Haftungsklauseln unterliegen lediglich der Inhaltskontrolle nach § 307 BGB. Dabei ist auf die im Handelsverkehr geltenden Gewohnheiten und Bräuche angemessen Rücksicht zu nehmen (§ 310 Abs. 1 S. 2 BGB). Allerdings misst der BGH insoweit § 309 Nr. 7 BGB Indizwirkung bei, als dass ein Verstoß gegen diese Vorschrift auch im Falle der Verwendung gegenüber Unternehmern zu einer unangemessenen Benachteiligung nach § 307 BGB führt, es sei denn, der Verstoß kann wegen der besonderen Interessen und Bedürfnisse des unternehmerischen Geschäftsverkehrs ausnahmsweise als angemessen angesehen werden.[1931]

939

2. Körperschäden (§ 309 Nr. 7a BGB). Vor diesem Hintergrund hat der BGH einen umfassende Haftungsausschluss für Körperschäden (§ 309 Nr. 7a BGB) auch im Geschäftsverkehr zwischen Unternehmern wegen unangemessener Benachteiligung der Verwendergegenseite nach § 307 Abs. 1 i.V.m. Abs. 2 Nr. 2 BGB für unwirksam erachtet[1932] (siehe hierzu § 309 Nr. 7 Rn 29 f.). Im Ergebnis findet damit der Rechtsgedanke des § 309 Nr. 7a BGB zumindest mittelbar über § 307 BGB uneingeschränkte Anwendung im unternehmerischen Geschäftsverkehr.

940

3. Grobes Verschulden (§ 309 Nr. 7b BGB). Dem Klauselverbot des § 309 Nr. 7b BGB misst der BGH im unternehmerischen Geschäftsverkehr ebenfalls grundlegende Bedeutung bei. Seiner Meinung nach ist ein vollständiger Ausschluss der Haftung für Vorsatz und grobe Fahrlässigkeit für sonstige Schäden auch gegenüber einem Unternehmer unzulässig.[1933] Allerdings hat der BGH dabei ausdrücklich offengelassen, inwieweit eine Haftungsbegrenzung für grobe Fahrlässigkeit zulässig ist.[1934]

941

[1925] Selbst für den unternehmerischen Geschäftsverkehr dürfte die abstrakte Beschreibung der Kardinalpflichten intransparent sein, ebenso *Kappus*, NJW 2006, 15, 17; *Kollmann*, NJOZ 2011, 625, 627; *v. Westphalen*, NJW 2006, 2228, 2232.
[1926] Ähnlich *Ostendorf*, ZGS 2006, 222, 223.
[1927] OLG Celle, Urt. v. 30.10.2008 – 11 U 78/08, BB 2009, 129 m. abl. Anm. *Ayad*.
[1928] UBH/*Christensen*, § 309 Nr. 7 Rn 40.
[1929] Ebenso *Langer*, WM 2006, 1233, 1235.
[1930] BGH, Urt. v. 18.7.2012 – VIII ZR 337/11, NJW 2013, 291, 296.
[1931] BGH, Urt. v. 19.9.2007 – VIII ZR 141/06, NJW 2007, 3774, 3775; zustimmend Bamberger/Roth/*Becker*, § 309 Nr. 7 Rn 46; UBH/*Christensen*, § 309 Nr. 7 Rn 43; differenzierend WLP/*Dammann*, § 309 Nr. 7 Rn 135.
[1932] BGH, Urt. v. 19.9.2007 – VIII ZR 141/06, NJW 2007, 3774, 3775.
[1933] BGH, Urt. v. 19.9.2007 – VIII ZR 141/06, NJW 2007, 3774, 3775; so bereits OLG Hamm, Urt. v. 17.2.1999 – 30 U 77/98, NZM 1999, 804, 806; zustimmend Palandt/*Grüneberg*, § 309 Rn 55; UBH/*Christensen*, § 309 Rn 43; v. Westphalen/*v. Westphalen*, Freizeichnungs- und Haftungsbegrenzungsklauseln Rn 38.
[1934] BGH, Urt. v. 19.9.2007 – VIII ZR 141/06, NJW 2007, 3774, 3775.

942 Die höchstrichterliche Rechtsprechung bewertete bereits vor dem Urteil vom 19.9.2007 formularmäßige Haftungsbegrenzungen für vorsätzliches oder grob fahrlässiges Verhalten des Verwenders, seiner Organe oder leitenden Angestellten als unwirksam.[1935] Insofern reduziert sich die Frage darauf, in welchem Umfang die Haftung für einfache, nicht leitende Erfüllungsgehilfen begrenzt werden kann. Das Schrifttum beurteilt diese Frage uneinheitlich. Verschiedentlich wird die Ansicht vertreten, eine Haftungsbegrenzung der Höhe nach für vorsätzlich oder grob fahrlässig begangene Pflichtverletzungen durch einfache, nicht leitende Erfüllungsgehilfen sei auch im Unternehmerverkehr unwirksam.[1936] Eine andere Meinung geht davon aus, dass die Haftung zumindest für grob fahrlässige Pflichtverletzungen einfacher, nicht leitender Erfüllungsgehilfen auf den vertragstypisch vorhersehbaren Schaden begrenzt werden könne.[1937] Teilweise wird eine entsprechende Haftungsbegrenzung sogar bei vorsätzlichem Verhalten für zulässig erachtet.[1938] Der letztgenannten Ansicht ist zuzustimmen, da einer solchen Haftungsbegrenzung weder zwingende gesetzliche Regelungen noch Vorgaben der bisherigen Rechtsprechung entgegenstehen und die Freizeichnung den besonderen Interessen und Bedürfnissen des unternehmerischen Geschäftsverkehrs entspricht (siehe hierzu § 309 Nr. 7 Rn 35 ff.).

II. Einfache Fahrlässigkeit (§ 307 BGB)

943 Für Haftungsklauseln außerhalb des Anwendungsbereichs des § 309 Nr. 7 BGB – also für die Haftungsfreizeichnung für einfache Fahrlässigkeit, soweit keine Körperschäden betroffen sind – gelten im unternehmerischen Geschäftsverkehr im Prinzip die gleichen Anforderungen und Einschränkungen, die bei Freizeichnungsklauseln im Verkehr mit Verbrauchern zu beachten sind.

944 Die Klauseln unterliegen einer Inhaltskontrolle nach § 307 BGB. Nach höchstrichterlicher Rechtsprechung kann der Verwender seine Haftung für die Verletzung wesentlicher Vertragspflichten nicht ausschließen.[1939] Bei der Ausgestaltung von Freizeichnungsklauseln ist das Transparenzgebot (§ 307 Abs. 1 S. 2 BGB) zu beachten, sodass eine abstrakte Erläuterung des Begriffs der wesentlichen Vertragspflichten bzw. Kardinalpflichten erfolgen muss.[1940] Eine Haftungsbegrenzung für den Fall, dass wesentliche Vertragspflichten verletzt werden, ist auch im unternehmerischen Geschäftsverkehr nur auf den vertragstypisch vorhersehbaren Schaden zulässig.[1941] (Zu weiteren Einzelheiten siehe oben Rn 928 ff.)

Garantie

945 Fügt der Hersteller seinen Produkten bestimmte Garantiekarten bei, die der Fachhändler an den Kunden weiterreicht, so können diese Garantiebestimmungen dann unwirksam sein, wenn der Käufer sie als Beschränkung seiner Mängelansprüche gegen den Verkäufer verstehen und von der Durchsetzung dieser ihm zustehenden Rechte abgehalten werden kann.[1942] Der Fachhändler muss daher strikt zwischen den Gewährleistungsansprüchen einerseits und den Ansprüchen aus der Garantie andererseits unterscheiden. Letztere lassen die Gewährleistungsansprüche gegen den Verkäufer völlig unberührt und dürfen keinen gegenteiligen Eindruck erwecken. Aus dem für AGB geltenden Transparenzgebot folgt, dass die Rechtsposition des Vertragspartners nicht unklar geregelt sein darf. Vor allem in der Zeit nach Beendigung eines Automobilhändlervertrags stellt sich immer wieder die Frage, ob Kundendienstleistungen an Fahrzeugen einer bestimmten Marke (die noch in die Garantie fallen) nun von einem freien Händler erbracht werden können. Dies ist etwas anderes, als die Erbringung der Garantieleistung selber, die autorisierte Händler durchführen können. Nur wenn Kundendienstleistungen für einen Garantiefall ursächlich waren, etwa weil diese mangelhaft durchgeführt wurden, können hierdurch Garantieansprüche beseitigt werden.

946 In den Garantiebedingungen der Hersteller und Importeure wird meist darauf hingewiesen, dass der Garantieanspruch des Kunden entfällt, wenn ein nicht autorisierter Händler Kundendienstleistungen erbringt. Dies verstößt richtigerweise gegen § 307 BGB, denn es kommt darauf an, ob die Kundendienstleistung fachgerecht ausgeführt wurde

---

1935 BGH, Urt. v. 21.1.1999 – III ZR 289/97, NJW 1999, 1031, 1032; BGH, Urt. v. 4.6.1987 – I ZR 159/86, NJW-RR 1987, 1252, 1253; BGH, Urt. v. 2.12.1977 – I ZR 29/76, NJW 1978, 1918.
1936 Koch, WM 2002, 2173, 2178; UBH/Christensen, § 309 Nr. 7 Rn 46; so wohl auch MüKo/Wurmnest, § 309 Nr. 7 Rn 36.
1937 v. Westphalen/v. Westphalen, Freizeichnungs- und Haftungsbegrenzungsklauseln Rn 39; WLP/Dammann, § 309 Nr. 7 Rn 264.
1938 So Erman/Roloff, § 309 Rn 78.
1939 BGH, Urt. v. 20.7.2005 – VIII ZR 121/04, BGHZ 164, 11, 36 = NJW-RR 2005, 1496, 1505; BGH, Urt. v. 5.12.1995 – X ZR 14/93, NJW-RR 1996, 1783, 1788; BGH, Urt. v. 11.11.1992 – VIII ZR 238/91, NJW 1993, 335 m.w.N.
1940 BGH, Urt. v. 20.7.2005 – VIII ZR 121/04, BGHZ 164, 11, 36 = NJW-RR 2005, 1496, 1505.
1941 BGH, Urt. v. 5.12.1995 – X ZR 14/93, NJW-RR 1996, 1783, 1788; dies wird im Schrifttum zu Recht, insbesondere auch unter vergleichender Betrachtung mit anderen Rechtsordnungen, als unzureichend erachtet: Berger/Kleine, BB 2007, 2137, 2138; Ostendorf, ZGS 2006, 222, 226; Brachert/Dietzel, ZGS 2005, 441.
1942 BGH NJW 1988, 1726; BGH NJW-RR 1991, 1031; UBH/Christensen, Teil 3 (3) Rn 2; zur „Ankaufgarantie" im Leasing BGH v. 9.4.2014 – VIII ZR 404/12.

und nicht darauf, wer diese Leistungen erbringt. Anderenfalls würde der Wettbewerb spürbar beeinträchtigt.[1943] Verpflichtungen zur Zahlung auf erstes Anfordern können unwirksam sein.[1944]

Wird die Garantie davon abhängig gemacht, dass der Kunde Inspektionsarbeiten durchführen lässt, die Garantie jedoch auch dann ausgeschlossen wird, wenn die Nichtdurchführung der Arbeiten keinen Einfluss auf den Garantiefall hatte, so ist dies unwirksam.[1945] Gewährt ein Hersteller jedoch eine weitere Garantie, etwa die Durchrostungsgarantie, so kann die Garantie nach Auffassung des BGH daran geknüpft werden, dass eine regelmäßige Wartung in Vertragswerkstätten erfolgt.[1946]

Im Einzelnen: Nach dem neuesten Urteil des BGH gilt Folgendes:

Reparatur und Inspektionen bei freien Händlern lassen Ansprüche aus der Garantie nicht ohne Weiteres entfallen, wenn für die Garantie ein Entgelt gewährt wurde. Bei einem entgeltlichen Garantievertrag (Anschlussgarantie) ist eine Klausel unwirksam, die vorsieht, dass Garantieansprüche entfallen, wenn die Wartungen bei netzfremden Werkstätten durchgeführt werden.[1947]

Beim Kauf von Neu- oder Gebrauchtfahrzeugen in Deutschland und anderen Mitgliedstaaten der EU hat der Käufer Mängelansprüche, falls das Fahrzeug einen Fehler aufweist. Es macht hierbei zunächst keinen Unterschied, ob das Fahrzeug beim autorisierten Händler oder einem freien Autohaus, ob das Fahrzeug für den privaten oder geschäftlichen Verkehr erworben wird und ob eine Garantie gewährt wird. Neben diesem gesetzlichen verschuldens- unabhängigen Anspruch, der mit der Schuldrechtsmodernisierung als Pflichtverletzung und besonderer Fall der Nichterfüllung ausgestaltet ist, gibt es die vertraglich eingeräumte Garantie, deren Laufzeit in aller Regel über die Verjährung der Mängelansprüche,[1948] hinausreicht, als Zusage des Herstellers[1949] oder eines selbstständigen Garantiegebers gegenüber dem Kunden.

Kann eine Garantie z.B. davon abhängig gemacht werden, dass alle Wartungen nur in autorisierten Werkstätten der betreffenden Marke durchgeführt werden und ein Öl-Wechsel in einem freien Autohaus alle Ansprüche aus der Garantie entfallen lässt? Was ist, wenn selbst die Vertragswerkstatt für die Reparatur billigere aber qualitativ gleichwertige Ersatzteile verwendet, statt wie vom Hersteller vorgeschrieben Originalteile? Macht der Kunde Mängelansprüche geltend, kann dann der Händler einwenden, die Garantiebedingungen seien nicht eingehalten worden? Ist in Garantie-AGB die Einhaltung von Service- und Wartungsintervallen eine Voraussetzung der Ansprüche aus der Garantie und wird eine Wartung nicht ausgeführt, entfallen dann die Ansprüche aus der Garantie?[1950]

Der Kläger kaufte einen Saab („Saab-Urteil") mit entgeltlicher Anschlussgarantie, nachdem die Serviceinspektion unterblieben war, verlangte Saab die Reparaturkosten einer späteren Mängelbeseitigung; auf die Ursächlichkeit der unterlassenen Reparatur für den späteren Schaden komme es nicht an.

Nach dem BGH sind die Garantievoraussetzungen und -bedingungen der Wartung bei einem autorisierten Händler und der Bestätigung der Wartung im Serviceheft unwirksam. Eine Inhaltskontrolle finde statt, da die berechtigte Vertragserwartung an den Inhalt der Garantie des Kunden eine Rechtslagendivergenz begründe. Bei Zahlung eines Entgelts für die Garantie werde der Kunde daher durch Bedingungen unangemessen benachteiligt, die eine Garantieleistung von der blossen Durchführung von Inspektionen zudem in bestimmten Betrieben abhängig macht, ohne die Ursächlichkeit des Schadens durch die Unterlassung der Inspektion oder durch Fehler einer freien Werkstatt zu berücksichtigen.

Hierzu ist Folgendes auszuführen: Wer ein Neufahrzeug kauft, erhält ein Garantieheft in dem die Bedingungen der Garantiezusage enthalten sind. Vielfach wird auch beim Gebrauchtwagenkauf eine Garantiezusage erteilt, um so einen Anreiz zu schaffen bei einem Händler – und nicht auf dem privatem Markt – einen Gebrauchtwagen zu kaufen.[1951]

Die Garantiebedingungen sehen i.d.R. vor, dass während der Garantiezeit alle Inspektionen bei einem autorisierten Händler der betreffenden Marke durchzuführen sind und hierbei nur Original-Ersatzteile verwendet werden dürfen.

Da die Garantie eine freiwillige Leistung ist, die zu tragen der Hersteller oder ein drittes Unternehmen als Garantiegeber nicht verpflichtet ist, können Garantiebedingungen oberflächig betrachtet nicht gegen das AGB-Recht[1952] ver-

---

1943 Zu den Fragen von Garantie und Gewährleistung beim Fahrzeugkauf: *Niebling*, DAR 1999, 441; *ders.*, MDR 2002, 853 und ZVertriebsR 2014, 161; *Abeling*, ZGS 2010, 66; *Bydlinski*, JZ 2008, 309.
1944 BGH NJW 2002, 3627; *v. Westphalen*, ZIP 2004, 1433.
1945 BGH v. 17.10.2008 – VIII ZR 251/06, DAR 2008, 20, m. zust. Anm. *Niebling*.
1946 BGH v. 12.12.2007 – VIII ZR 187/06, DAR 2008, 141 m. abl. Anm. *Niebling*.
1947 BGH v. 6.7.2011 – VIII ZR 293/10.
1948 Die für alle in der EU gekauften Verbrauchsgüter ab Januar 2000 zwei Jahre beträgt.
1949 Der meist nicht Vertragspartner ist (anders Niederlassungen oder Handelsvertreter verkaufen).
1950 Hierzu BGH v. 17.10.2007 – VIII ZR 251/06, DAR 2007, 22.
1951 Allgemein: *Mischke*, BB 1995, 1093; *Niebling*, DAR 1999, 441; Ring/Klinghöfer/Niebling/*Niebling*, AGB-Recht in der anwaltlichen Praxis, 2. Aufl. 2009, § 8 Rn 42, Stichwort „Garantie"; zum „Vertragsschluss durch Werbung": OLG Frankfurt v. 8.7.2009 – 4 U 85/08, BB 2009, 2225.
1952 So noch im Ansatz *Stoffels*, AGB, Rn 440; zur Entwicklung des AGB-Rechts vgl. die Übersichtsaufsätze *Niebling*, NJ 2011, 177; *v. Westphalen*, NJW 2011, 2098; zu Fragen von Garantiebedingungen: *Niebling*, DAR 1999, 441; *ders.*, MDR 2002, 853; *Bydlinski*, JZ 2008, 309; *Abeling*, ZGS 2010, 66.

stoßen, denn diese weichen von einem gesetzlichem Leitbild nicht zu Lasten des Kunden ab. Ein solches enthalten auch nicht die §§ 443 ff. BGB, die erstmals das Institut der Garantie geregelt haben.

956 Vielfach ist die Trennung Mängelhaftung einerseits, Garantie andererseits jedoch durchbrochen: Garantiebedingungen können insbesondere **dann unwirksam** sein, **wenn der Käufer sie als Beschränkung seiner Mängelansprüche (Gewährleistungsansprüche) gegen den Verkäufer verstehen und von der Durchsetzung dieser ihm zustehenden Rechte abgehalten werden kann.**[1953] Nur wenn die Ansprüche aus der Garantie sich vollständig mit Mängelansprüchen decken und nur zugunsten des Kunden darüber hinausgehen, kann der Mängelanspruch in eine ausschließlich gewährte Garantie integriert werden. Soweit die gesetzliche Mängelhaftung nach dem AGB-Recht ausgeschlossen oder beschränkt werden kann, kann auch eine Exklusivität der Garantie vorgegeben werden.

957 Die Ansprüche aus der Garantie sind als Garantiezusage beim Garantiegeber, dem Hersteller oder einem Dritten notfalls einzuklagen.[1954] Dieser kann jedoch sein Vertriebsnetz, die eigenen Vertragshändler, verpflichten, diese Leistungen gegenüber den Kunden zu erbringen (natürlich bei angemessener Vergütung). Unmittelbare Ansprüche des Kunden gegenüber dem Kfz-Händler sind damit jedoch nicht verbunden.[1955]

958 Bei einer entgeltlichen Garantie sind zwar die Leistungen (wie auch der Preis) selber von der Inhaltskontrolle ausgenommen.[1956] **Erwecken die Bedingungen jedoch den Eindruck, keine Ansprüche gegen den Garantiegeber zu besitzen, obwohl** nicht gegen Vertragspflichten verstoßen wird oder die Verletzung von Vertragspflichten oder Obliegenheiten (Wartungsintervalle einzuhalten) auch dann den Anspruch ausschließen soll, wenn dieser Verstoß für den Mangel und den Garantiefall nicht relevant ist, so sind diese nach dem jüngsten Urteil des BGH[1957] unwirksam.

959 Seit der GVO 1475/95, der Gruppenfreistellungsverordnung für den Vertrieb von Kraftfahrzeugen, und den nachfolgenden GVOs 1400/2000[1958] und zuletzt 461/2010 v. 27.5.2010[1959] besteht kein Zweifel, dass der autorisierte Händler[1960] Ersatzteile auch von Dritten beziehen kann. Der Hersteller hat lediglich die Möglichkeit, die Qualität dieser Ersatzteile zu überprüfen, um die Sicherheit und Zufriedenheit der Kunden zu gewährleisten. Bei Instandsetzung und Instandhaltung muss der Händler keine Originalteile verwenden, wenn diese qualitativ gleichwertig sind. Der Hersteller kann von seinen Händlern jedoch verlangen, und dies in den entsprechenden Händlerverträgen festschreiben, dass vor der Reparatur auf die Verwendung anderer Teile hingewiesen oder nach Reparatur konkret anzugeben ist, wo und zu welchem Zweck Ersatzteile Dritter verwendet wurden.

Anders im Rahmen von Garantie, Mängelansprüchen, unentgeltlichem Kundendienst und Rückrufaktionen: Hier kann der Hersteller seine Händler verpflichten, nur Ersatzteile seines Vertragsprogramms oder ihnen entsprechende Teile zu verwenden.

960 Ist die Verwendung eines Nicht-Originalteiles durch den Händler für einen weiteren Garantiefall nicht ursächlich, so bleibt der Garantieanspruch sowohl des Kunden wie auch der Erstattungsanspruch des Händlers gegenüber dem Hersteller bestehen und kann auch durch AGB nicht ausgeschlossen werden, § 307 BGB.[1961] Dies ist genau der Gedanke der neuen AGB-Rechtsprechung zu den Serviceintervallen.

961 Die Gruppenfreistellungsverordnungen für den Kfz-Vertrieb haben zunehmend den Wettbewerb auch bezüglich der Fahrzeugteile gestärkt. Jede Werkstatt kann jedoch Wartungs- und Instandsetzungsarbeiten auch für eine andere Marke erbringen, ohne dass hierdurch der Garantieanspruch entfallen darf.[1962]

962 Der Verbraucher hat einen Anspruch darauf, Kundendienst und Garantiearbeiten von jedem beliebigen Unternehmen des Vertriebsnetzes[1963] durchführen zu lassen, auch wenn das Auto in einem anderem Mitgliedstaat der EU gekauft wurde. Nimmt der Kunde jedoch ein freies Autohaus in Anspruch, so muss er nicht nur die Arbeiten selbst bezahlen, der Hersteller kann in seinen Garantiebedingungen auch festlegen, dass er danach keine Garantieleistungen mehr trägt, es sei denn, die Reparatur ist gar nicht ursächlich für den weiteren Garantiefall (s.o.). Dies ist auch wegen des Transparenzgebotes in § 307 Abs. 1 S. 2 BGB in den Garantiebedingungen klarzustellen. Setzt die Garantie daher voraus, dass Wartungen regelmäßig durch autorisierte Händler erbracht wurden, so **muss klargestellt werden**, dass

---

1953 BGH NJW 1988, 1726.
1954 Wer Garantiegeber ist, ist durch Auslegung zu ermitteln: BGH v. 29.1.2003 – VIII ZR 300/02.
1955 OLG Stuttgart DAR 2008, 478 m. Anm. *Niebling*.
1956 § 307 Abs. 3 S. 1 BGB.
1957 BGH v. 6.7.2011, bereits BGH DAR 2007, 22.
1958 Hierzu *Niebling*, Vertragshändlerrecht im Automobilvertrieb, 3. Aufl. 2006; *ders.*, Zur Entwicklung im Automobilvertrieb, WRP 2007, 1426.
1959 Hierzu *Niebling*, Vertragshändlerrecht im Automobilvertrieb, 4. Aufl. 2009; *ders.* Zur Entwicklung im Automobilvertrieb, WRP 2010, 1454.
1960 Insoweit als Erfüllungsgehilfe des Herstellers, *Thume*, Vertriebsrecht 2009, II Rn 71.
1961 BGH NJW 1994, 1060, 1066 (Daihatsu) zu § 9 Abs. 2 BGB.
1962 Dies übersieht *Weiß*, in: Calliess/Ruffert, EUV/AEUV, 4. Aufl. 2011, Art. 101 AEUV Rn 212; anders auch Langen/Bunte/*Nolte*, Kartellrecht, Fallgruppen zu Art. 81, Rn 983, der nur die Entscheidung des BGH v. 12.12.2007 – VIII ZR 187/06 erwähnt; bereits in der Tendenz wie hier: *Ensthaler/Funk/Stopper*, Handbuch des Automobilvertriebsrechts, 2003, Teil C Rn 279.
1963 Wozu auch die zugelassene Werkstatt gehört: *Niebling*, DAR 2005, 188.

Garantie

Wartungen bei freien Autohäusern dem Garantieanspruch dann nicht entgegenstehen, wenn sie **sachgerecht ausgeführt oder nicht ursächlich für den Garantiefall** wurden.[1964] Dem trägt auch ein Hinweis in den Garantiebedingungen nicht Rechnung, in dem lediglich der Hinweis: *„... ist grundsätzlich beim autorisierten Vertragshändler durchzuführen"* enthalten ist. Es ist kein Grund ersichtlich, weshalb bei Durchführung z.B. eines Ölwechsels in einem freien Werkstattbetrieb der Anspruch aus der Garantie entfallen soll. Möglicherweise kann dem Kunden zwar dann die Beweislast in AGB auferlegt werden, dass die qualitativen Leistungen der Werkstatt denen eines autorisierten Betriebes entsprochen hätten oder der Mangel auch bei Wartung durch den autorisierten Betrieb entstanden wäre, ein genereller Ausschluss der Garantie ist jedoch nicht möglich.

Das vorliegende Urteil ist vor dem Hintergrund der **bisherigen Rechtsprechung des BGH** zu sehen:

1. Das BGH-Urteil „Reparaturkostengarantie" (BGH v. 17.10.2007 – VIII ZR 251/06)   **963**

Der Leitsatz[1965] des BGH lautet wie folgt:

„Eine Klausel in einem vom Garantiegeber formularmäßig verwendeten Gebrauchtwagengarantievertrag, die für den Fall, dass der Garantienehmer die vom Fahrzeughersteller vorgeschriebenen oder empfohlenen Wartungs-, Inspektions- und Pflegearbeiten nicht durchführen lässt, die Leistungspflicht des Garantiegebers unabhängig von der Ursächlichkeit für den eingetretenen Schaden ausschließt, ist wegen unangemessener Benachteiligung des Kunden unwirksam."

Es ist zunächst nicht einfach, die Frage einer kontrollfreien, da leistungsregelnden Klausel nach § 307 Abs. 3 S. 1 BGB   **964** abzuhaken. Der Garantiegeber hat ja zunächst kein vergleichbares Gerechtigkeitsvorbild im Gesetz. § 443 BGB schreibt nicht vor, was genau Leistung des Garantiegebers ist, wenn nichts vereinbart wird.[1966] § 477 BGB gilt nur für den Verbrauchsgüterkauf, mit Regelungen zur Transparenz und eher äußeren Bedingungen, nicht aber zur Leistung selber.

Vergleichsmaßstab i.S.v. § 307 Abs. 3 S. 1 BGB kann ferner sein: das Äquivalenzprinzip, die Natur des Vertrags und   **965** die berechtigte Vertragserwartung.[1967] Insoweit ist die Begründung, dass zuvor gegebene Leistungsversprechen werde durch die Obliegenheiten zur Wartung eingeschränkt noch nicht ausreichend, die Inhaltskontrolle zu bejahen. Ob „positiv" oder als Ausnahme „negativ" formuliert wird, kann im Grundsatz keinen Unterschied machen. Diese Überlegungen zielen eher in Richtung widersprüchlicher Bestimmungen in AGB: insoweit gilt die kundenfeindlichste Auslegung, aber dieser Ansatz passt hier nicht. Es geht nicht um zwei widersprüchliche Klauseln, sondern um eine (zudem intransparente) Leistungsbeschreibung. Der Vertrag selber ist auch nicht Rückgriffsnorm i.S.v. § 307 Abs. 3 S. 1 BGB. **Systematisch richtig ist wohl der Ansatz, dass die berechtigte Vertragserwartung einen Ausschluss der Hauptleistung Garantie dann nicht erwarten würde, wenn die vorformulierten Voraussetzungen (möglicherweise) keinen Einfluss auf den Garantiefall und das Vorliegen von Mängeln haben.** Dann kommt es auch nicht auf die positiv oder negativ gefasste Formulierung an. Die unterlassene Wartung ist nicht relevant für den Mangel.

Dies hat den Vorteil, dass auch ohne Verstoß gegen das Transparenzgebot in § 307 Abs. 1 S. 2 BGB, bei dem es schein-   **966** bar nicht auf die Kontrollfähigkeit ankommt,[1968] eine Inhaltskontrolle durchgreift. Erfolgt z.B. die Übertragung der Beweislast auf den Kunden (der Mangel wäre auch bei Einhaltung der Service-Intervalle entstanden) durch eine transparente Klausel, so wäre diese gleichwohl der Inhaltskontrolle zu unterwerfen und wäre im Ergebnis mit dem BGH grundsätzlich nicht zu beanstanden sein. Eine gesonderte Vergütung für die Garantie ist dem Urteil nicht zu entnehmen. Dem Urteil ist daher beizupflichten.

2. Das BGH-Urteil „Mercedes" (BGH v. 12.12.2007 – VIII ZR 187/06)   **967**

Der Leitsatz[1969] lautet hier wir folgt:

„Gewährt ein Fahrzeughersteller Neuwagenkäufern zusätzlich zu den gesetzlichen Gewährleistungsrechten formularmäßig eine Garantie für die Haltbarkeit des Fahrzeugs (hier: Durchrostungsgarantie), liegt eine unangemessene Benachteiligung der Kunden (§ 307 Abs. 1 BGB) nicht darin, dass der Hersteller die Leistungen aus der Garantie zum Zweck der Kundenbindung von der regelmäßigen Wartung des Fahrzeugs in seinen Vertragswerkstätten abhängig macht."

Während im Urt. v. 17.10.2007 eine Wartungsklausel gegen § 307 BGB verstieß, soll diese im vorliegenden Urteil   **968** AGB-konform sein.

1964 Bereits *Niebling*, WPR 2005, 717, 719 (auch zu Wettbewerbsverzerrungen durch den Ausschluss freier Autohäuser).
1965 DAR 2008, 22 m. Anm. *Niebling*; ferner: BGH v. 24.4.1991 – VIII ZR 180/90, NJW-RR 1991, 1013.
1966 Ausführlich: AK/-*Büdenbender*, § 443; Bamberger/Roth-*Faust*, § 443.
1967 *Niebling*, Die Schranken der Inhaltskontrolle nach § 8 AGBG; *ders.*, WM 1992, 845; Palandt-*Grüneberg*, § 307 Rn 41; AK/*Kollmann*, § 307 Rn 42 ff.; zutreffend OLG Nürnberg NJW 1997, 2186; WLP/*Dammann*, G 21; ähnlich v. Westphalen/*v.Westphalen*, Garantieklauseln Rn 21.
1968 § 307 Abs. 3 S. 2 BGB.
1969 DAR 2008, 141 m. Anm. *Niebling*; PWW/*Schmidt*, § 443 Rn 17.

969 Die beiden Urteile vom Oktober und vom Dezember unterscheiden sich zunächst dadurch, dass in der Entscheidung vom 17.10.2007
- keine Identität der Garantiegeber vorlag, Verkäufer und Garantiegeber fallen also auseinander,
- die Garantie ausgeschlossen sein sollte, wenn bestimmte vorgeschriebene Wartungen nicht ausgeführt wurden,
- die Inhaltskontrolle nach AGB-Recht erfolgt, da eine Einschränkung des Leistungsversprechens vorliege,
- eine Verletzung dieser Wartungsobliegenheit auch dann zu einem Ausschluss führt, wenn diese für den Schaden gar nicht ursächlich war.

Die Klausel sei deshalb unwirksam.

Anders in der Entscheidung vom 12.12.2007:
- Verkäufer und Garantiegeber sind identisch.
- Die Garantie entfällt, wenn Wartungen nicht bei autorisierten Betrieben durchgeführt wird.
- Ob eine Inhaltskontrolle erfolgen könne, bleibt offen, da die Klausel wirksam sei.
- Werden die Wartungen nicht in der autorisierten Werkstatt durchgeführt, entfällt der Anspruch aus der Garantie.
- Es handelt sich um einen Neuwagenkauf.

Die Klausel sei daher wirksam.

970 Welches ist der sachliche Unterschied? Der BGH führt selber als Rechtfertigung einer anderen Beurteilung an: „Dies rechtfertigt sich durch das legitime Interesse des Beklagten, als Fahrzeughersteller eine Kundenbindung an ihr Vertriebsnetz zu erreichen".

Dies ist wenig verständlich: Die Aussage, der Daimler-Kunde solle seine Wartungen bei Daimler ausführen lassen, hat nämlich **rechtlich** keinen Bestand.

971 Nach Art. 4 Ziffer 2 GVO 1400/2000 darf der Zugang zu Wartungsarbeiten freier Werkstätten nicht erschwert werden. Nach der GVO sollen Garantieansprüche auch nur dann entfallen können, wenn Wartungsarbeiten bei unabhängigen Werkstätten den Garantiefall verursacht oder verschärft haben.[1970] Wörtlich heißt es hierzu im Leitfaden:

„Wenn ein Verbraucher sein Fahrzeug während des Garantiezeitraumes des Herstellers von einer unabhängigen Werkstatt instand setzen oder warten lässt, kann die Gewährleistung verloren gehen, <u>falls die durchgeführten Arbeiten fehlerhaft sind</u>. Eine allgemeine Verpflichtung zur Wartung oder Instandsetzung des Autos innerhalb des zugelassenen Netzes während eines solchen Zeitraums würde jedoch die Verbraucher <u>ihres Rechtes</u> berauben, <u>sich für die Wartung oder Instandsetzung ihres Fahrzeuges in einer unabhängigen Werkstatt zu entscheiden</u>, und würde diese Werkstätten insbesondere im Falle einer „erweiterten Gewährleistung" an einem wirksamen Wettbewerb mit dem zugelassenen Netz hindern"[1971] *(Unterstreichungen durch den Verfasser).*

972 Ob der Kunde Wartung (Ölwechsel) in einem freien Autohaus durchführen lässt oder bei einem autorisiertem Betrieb, spielt bei der Durchrostung wirklich keine Rolle. Die Ursächlichkeit des „Fremdgehens" liegt daher hier fern.

973 Eine Garantie (unabhängig ob diese durch den Hersteller selber oder einen Dritten gewährt wird) kann also nicht davon abhängig gemacht werden, dass alle Wartungen nur in autorisierten Werkstätten der betreffenden Marke durchgeführt werden, sodass ein Ölwechsel in einem freien Autohaus alle Ansprüche aus der Garantie entfallen lässt.

974 Auch die Frage einer kontrollfreien da leistungsregelnden Klausel nach § 307 Abs. 3 S. 1 BGB ist abzuhaken: Systematisch richtig ist wohl der Ansatz, dass die berechtigte Vertragserwartung einen Ausschluss der Hauptleistung Garantie dann nicht erwarten würde, wenn die vorformulierten Voraussetzungen (möglicherweise) keinen Einfluss auf den Garantiefall und das Vorliegen von Mängeln haben. Die unterlassene Wartung ist nicht relevant für den Mangel und den Garantiefall.[1972] Vergleichbarer Gerechtigkeitsgehalt ist zudem die GVO, die wie ausgeführt, keinen generellen Leistungsausschluss (für ein „Fremdgehen") erlaubt. Auch das Kriterium des Neuwagenkaufs (im Gegensatz zum Gebrauchtwagenkauf) führt hier nicht weiter. Ein gesondertes Entgelt für die Garantie wird hier ebenfalls nicht bezahlt. Kurzum: das Urteil ist abzulehnen.[1973]

975 3. Das BGH-Urteil „Gebrauchtwagengarantie" (BGH v. 14.10. 2009 – VIII ZR 354/08)

Der Leitsatz lautet:

„Eine Klausel in einem formularmäßig abgeschlossenen Gebrauchtwagengarantievertrag, nach der die Fälligkeit der versprochenen Garantieleistung von der Vorlage einer Rechnung über die bereits durchgeführte Reparatur abhängt, ist wegen unangemessener Benachteiligung des Käufers/Garantienehmers unwirksam. Dasselbe gilt für eine Klausel, die dem Käufer/Garantienehmer die Obliegenheit auferlegt, vom Fahrzeughersteller empfohlene Wartungsarbeiten ausschließlich in der Werkstatt des Verkäufers durchzuführen und im Falle der Unzumutbarkeit eine Genehmigung („Freigabe") des Verkäufers einzuholen."

1970 *Niebling*, Vertragshändlerrecht im Automobilvertrieb, 4. Aufl. 2009, Rn 599.
1971 Frage 37 des Leitfadens, abgedruckt bei *Niebling*, DAR 2008, 141, 177.
1972 *Niebling*, DAR 2008, 24.
1973 Anders: UBH/*Christensen*, Teil 3 (3) Rn 4. „akzeptabel" und „berechtigtes Interesse, die Kunden zu binden", anders, wenn Dritte Garantiegeber sind (so Rn 5).

Garantie

Das Urteil liegt damit auf der Linie des ersten Urteils „Reparaturkostengarantie". Hier wurde ebenfalls die Garantie nicht durch gesonderte Vergütung ausgewiesen, jedenfalls ist dies dem Urteil nicht zu entnehmen. **976**

4. Das BGH-Urteil „Saab" (BGH v. 6.7.2011 – VIII ZR 293/10, ZIP 2011, 1719) **977**

Die Garantievoraussetzungen und -bedingungen der Wartung bei einem autorisierten Händler und der Bestätigung der Wartung im Serviceheft sind bereits nach dem ersten Urteil des BGH unwirksam. Gleichwohl wird nun die Voraussetzung aufgestellt, dass dies nur gelte, wenn die Garantie gegen Zahlung eines zusätzlichen Entgeltes erworben wurde.

Dies ist nicht nachzuvollziehen, da Garantiekosten üblicherweise in den Kaufpreis/Abgabepreis eingerechnet und im Preis einkalkuliert sind. Sachlich kann es keinen Unterschied machen, ob die Garantie offen gegen Zahlung eines Entgelts gewährt wird oder das Entgelt bereits einkalkuliert wurde. **978**

Bekanntlich sind auch AGB-Klauseln unabhängig von der Entgeltfrage zu beurteilen; ein niedriges Entgelt ist daher kein Argument, eine unwirksame Klausel „zu retten". Das „Preisargument" ist nach AGB-Recht unbeachtlich.[1974] **979**

Auch die Frage, ob ein Neuwagenkauf oder ein Gebrauchtwagenkauf vorliegt ist unbeachtlich, dies zeigt sich insbesondere bei Tageszulassungen und Kurzzulassungen, die vertriebsrechtlich einen Pkw nicht zum Gebrauchtfahrzeug machen, der Pkw ist daher ein Neufahrzeug; kaufrechtlich aber den Pkw zum Gebrauchtfahrzeug herabstufen können. Der BGH ist allerdings hierbei sehr großzügig und geht grundsätzlich von einen Neufahrzeug aus: **980**

„*Tageszulassungen sind eine besondere Form des Neuwagengeschäfts. Der Kunde erwirbt auch in diesen Fällen ein fabrikneues Fahrzeug (ebenso u.a. MüKoBGB/Westermann; a.A. Reinking/Eggert, Der Autokauf, 8. Aufl., Rn 203; OLG Dresden, NJW 1999, 1036). Die kurzfristige Zulassung auf den Händler dient, anders als bei sogenannten Vorführwagen, nicht der Nutzung des Fahrzeugs*".[1975]

Auch die kartellrechtlichen Erwägungen, der Kunde könne Wartungsleistungen überall – also auch bei nicht autorisierten Partnern – durchführen lassen, ohne dass dies garantieschädlich ist, differenzieren nicht danach, ob das Entgelt der Garantie offen oder versteckt ausgewiesen wird. Ebenso ist die Verwendung von Originalersatzteilen bei der Wartung eine Wettbewerbsbeschränkung, da selbst Händlerbetriebe Identteile verwenden dürfen; zudem hätten sogar freie Autohäuser und Werkstätten die Möglichkeit Original-Ersatzteile vom Hersteller oder Händler zu beziehen.[1976] **981**

Gerade wenn man die berechtigte Vertragserwartung des Kunden an Garantieleistungen als Kontrollmaßstab nach § 307 Abs. 3 S. 1 BGB heranzieht,[1977] so sind Differenzierungen nach Neu- oder Gebrauchtfahrzeugen, nach gesonderten oder integrierten Kosten (oder Preisnachlässen, wenn keine zusätzliche Garantie in Anspruch genommen wird) nicht verständlich. Dem Urteil ist daher nur teilweise beizupflichten. **982**

Die aufgezeigten Urteile des VIII. Senats liegen daher nicht auf einer Linie. Die Kriterien für eine Differenzierung sind weder aufgezeigt noch ersichtlich. Auch wettbewerbs- und kartellrechtlich liegen Wertungswidersprüche vor, für die sachliche Gründe nicht bestehen. **983**

Weder die (offene) Entgeltlichkeit noch die Neuwageneigenschaft entscheiden über die Wirksamkeit der Garantieklauseln. Abgrenzungskriterien sind nicht örtlich, (wo wurden die Inspektionen durchgeführt, im autorisierten oder freien Betrieb?), sondern sachlich zu bestimmen (wurde der Schaden bei der Inspektion im freien Autohaus verursacht?). Insoweit differenziert auch die berechtigte Erwartung des Kunden an die Garantieleistung nicht. **984**

Auch Angaben zur Garantie und zur Durchführung von Garantiearbeiten dürfen nicht irreführen.[1978] **985**

Wettbewerbsrechtlich ist es nicht erforderlich, die Bedingungen der Garantie bereits **in der Werbung** im Einzelnen aufzuführen.[1979] **986**

Sowohl bei einer selbstständigen Garantie wie auch bei einer unselbstständigen Garantie gelten jedoch die besonderen Transparenzerfordernisse des § 477 Abs. 1 und 2 BGB. Die Klägerin vertrieb im entschiedenen Fall Fotoartikel und wendet sich gegen ein Kaufangebot der Beklagten bei eBay, in dem nur die Laufzeit einer Garantie enthalten ist.[1980] Die Beklagte bot eine Digitalkamera zum Kauf an. In der Beschreibung der Kamera heißt es „24 Monate Herstellergarantie"; weitere Angaben zur Garantie waren nicht enthalten. **987**

1974 Interessanterweise hatte *Robert Fischer* (der spätere Präsident des BGH) bereits 1957 das Preisargument abgelehnt: „Die Auffassung, dass rechtlich unbillige Bedingungen mit Rücksicht auf eine Verminderung des Preises anerkannt werden können, kann auf keinen Fall gebilligt werden" (*Fischer*, BB 1957, 485, Abdruck auch in 50 Jahre BB, S. 66).
1975 BGH v. 12.1.2005 – VIII ZR 109/04.
1976 BGH v. 30.3.2011 – KZR 6/09, WRP 2011, 909 (MAN) m. Anm. *Niebling* = BB 2011, 1610 m. Anm. *Bechtold* = BB 2011, 1363 m. Anm. *Schultze/Oest*.
1977 So zu Recht der BGH in Ziffer 14 d.U.
1978 Kein Direktanspruch: OLG Stuttgart DAR 2008, 478 (m. Anm. *Niebling*); *Niebling*, DAR 2008, 22–24 (unangemessene Reparaturgarantieklausel, Anm. zu BGH v. 17.10.07 – VIII ZR 251/06); *ders.*, DAR 2008, 141 (Herstellergarantie, Anm. zu BGH v. 12.12.07 – VIII ZR 187/06); *Timme*, MDR 2011, 825.
1979 BGH v. 14.4.2011 – I ZR 133/09, MDR 2011, 870; BGH v. 5.12.2012 – I ZR 88/11.
1980 BGH v. 5.12.2012 – I ZR 88/11.

Lexikon

988 Der BGH verlangt beim Verkaufsangebot mit dem Angebot einer Herstellergarantie die in § 477 Abs. 1 BGB aufgeführten Angaben. Eine solche Erklärung verlange den Hinweis auf die gesetzlichen Rechte des Verbrauchers. Diese muss auch den Hinweis enthalten, dass diese Rechte durch die Garantie nicht eingeschränkt werden (§ 477 Abs. 1 S. 2 Nr. 1 BGB). Ebenso sind alle wesentlichen Angaben aufzuführen zum Inhalt der Garantie und alle wesentlichen Angaben, die für die Geltendmachung der Garantie erforderlich sind, insbesondere die Dauer und der räumliche Geltungsbereich des Garantieschutzes sowie Name und Anschrift des Garantiegebers (§ 477 Abs. 1 S. 2 Nr. 2 BGB). Diese Bestimmungen setzen die Vorschrift des Art. 6 Abs. 2 der Richtlinie 1999/44/EG zu bestimmten Aspekten des Verbrauchsgüterkaufs und der Garantien für Verbrauchsgüter in das deutsche Recht um. Unter den Begriff der Garantieerklärung fallen dabei nur Willenserklärungen, die zum Abschluss eines Kaufvertrags (unselbstständige Garantie) oder eines eigenständigen Garantievertrags führen, nicht dagegen die Werbung, die den Verbraucher lediglich zur Bestellung auffordert und in diesem Zusammenhang eine Garantie ankündigt, ohne sie bereits rechtsverbindlich zu versprechen.

989 Ein solches Angebot hat der BGH hier angenommen. Es liege keine invitatio ad offerendum vor. Unerheblich sei auch, ob eine unselbstständige oder eine selbstständige Garantie vorliege. Ebenfalls bejaht der BGH eine geschäftliche Handlung i.s.v. § 2 Abs. 1 Nr. 1 UWG, dies auch dann, wenn Garantiegeber ein Dritter ist, weil die Beklagte zugunsten ihres eigenen Unternehmens handelt.

990 Dem Urteil kommt weit über den entschiedenen Fall hinaus Bedeutung zu. Zum einen übergeht der I. Zivilsenat die Frage, ob die Garantiebestimmung als AGB anzusehen ist. Dies ist jedoch unzweifelhaft und neben der wettbewerblichen Komponente der Fall; auch hierbei kommt es nicht darauf an, ob der Verwender den Garantievertrag im eigenen Namen schließen will. Zum anderen verstößt die Garantieklausel gegen das AGB-rechtliche Transparenzgebot, das in § 477 BGB näher ausformuliert ist. Damit können jedoch auch Verbraucherverbände derartige Klauseln nach dem UKlaG abmahnen. Fraglich könnte sein, ob eBay selber abgemahnt werden kann, denn durch derartige Klauseln wird „sehenden Auges" ein Gesetzesverstoß zugelassen. eBay ist jedoch nicht AGB-Verwender und könnte allenfalls nach Wettbewerbsrecht abgemahnt werden. In Sachen Google hat der BGH einen Wettbewerbsverstoß bei persönlichkeitsverletzenden Suchergänzungsvorschlägen bejaht.[1981] Wenn eine Internet Plattform jedoch gesetzeswidrige AGB des Nutzers zulässt, kann diese ebenfalls auf Unterlassung in Anspruch genommen werden, zumindest wenn sie dies unschwer erkennen kann oder (wie hier) höchstrichterliche Rechtsprechung vorliegt. Die Verletzung zumutbarer Prüfpflichten ist ein Haftungstatbestand. Derartige Fragen sind „Neuland" und werden zunehmend die Gerichte beschäftigen.[1982]

991 Die Klausel „*Voraussetzung für jegliche Garantieansprüche ist, dass der Käufer/Garantienehmer (...) an dem Kraftfahrzeug die vom Hersteller vorgeschriebenen oder empfohlenen Wartungs-, Inspektions- und Pflegearbeiten beim Verkäufer/Garantiegeber oder in einer vom Hersteller anerkannten Vertragswerkstatt durchführen lässt (...)*" ist jedenfalls bei der entgeltlichen Gebrauchtwagengarantie im B2C unwirksam.[1983]

992 Der BGH hat sich in dieser Entscheidung mit der Wirksamkeit einer Klausel in einer Gebrauchtwagen-Garantie befasst, die die Garantieansprüche des Käufers an die Durchführung der Wartungs-, Inspektions- und Pflegearbeiten in der Werkstatt des Verkäufers/Garantiegebers oder eine vom Hersteller anerkannten Vertragswerkstatt knüpft.

993 Der Kläger macht gegen die Beklagte Ansprüche aus einer Gebrauchtwagen-Garantie geltend. Der Kläger kaufte von einem Autohaus im November 2009 einen Gebrauchtwagen „inkl. 1 Jahr Gebrauchtwagen-Garantie gemäß Bestimmungen der Car-Garantie".

Die vom Kläger und Verkäufer unterzeichnete Garantievereinbarung lautet: „*Der Käufer erhält vom Verkäufer eine Garantie, deren Inhalt sich aus dieser Garantievereinbarung (...) und aus den beiliegenden (...) Garantiebedingungen ergibt. Diese Garantie ist durch die [Beklagte] versichert.*"

In § 4 Buchst. a der maßgeblichen Garantiebedingungen heißt es u.a.: „*Voraussetzung für jegliche Garantieansprüche ist, dass der Käufer/Garantienehmer (...) an dem Kraftfahrzeug die vom Hersteller vorgeschriebenen oder empfohlenen Wartungs-, Inspektions- und Pflegearbeiten beim Verkäufer/Garantiegeber oder in einer vom Hersteller anerkannten Vertragswerkstatt durchführen lässt (...).*"

Unter § 6 Nr. 3 der Garantiebedingungen ist geregelt: „*Der Käufer/Garantienehmer ist berechtigt, alle Rechte aus der versicherten Garantie im eigenen Namen unmittelbar gegenüber der [Beklagten] geltend zu machen. Im Hinblick darauf verpflichtet sich der Käufer/Garantienehmer, stets vorrangig die [Beklagte] in Anspruch zu nehmen.*"

Im April 2010 ließ der Kläger den vierten Kundendienst an dem Fahrzeug in einer freien Werkstatt durchführen. Im Juli 2010 blieb das Fahrzeug infolge eines Defekts der Ölpumpe liegen. Ein vom Kläger eingeholter Kostenvoranschlag für eine Fahrzeugreparatur belief sich auf 16.063,03 EUR. Der Kläger ließ das Fahrzeug zunächst nicht reparieren.

[1981] BGH v. 14.5.2013 – VI ZR 269/12.
[1982] In der Sache auch BGH v. 5.12.2012 – I ZR 88/11.
[1983] BGH v. 25.9.2013 – VIII ZR 206/12.

Mit seiner Klage hat der Kläger von der Beklagten zunächst Zahlung von 10.000 EUR nebst Zinsen und vorgerichtlichen Anwaltskosten begehrt. Das Landgericht hat die Klage abgewiesen. Auf die Berufung des Klägers hat das Oberlandesgericht die Beklagte zur Zahlung von 3.279,58 EUR nebst Zinsen und vorgerichtlichen Anwaltskosten verurteilt, nachdem der Kläger nach erfolgter Reparatur seinen Anspruch nur noch in dieser Höhe verfolgt hat. **994**

Die vom Berufungsgericht zugelassene Revision der Beklagten hatte keinen Erfolg. Der u.a. für das Kaufrecht zuständige VIII. Zivilsenat des BGH hat entschieden, dass die Regelung in § 4 Buchst. 1 der Garantiebedingungen gemäß § 307 Abs. 1 S. 1 BGB unwirksam sei. **995**

Die Anspruchsvoraussetzung, nach der Voraussetzung für jegliche Garantieansprüche ist, dass der Käufer/Garantienehmer an dem Kraftfahrzeug die vom Hersteller vorgeschriebenen oder empfohlenen Wartungs-, Inspektions- und Pflegearbeiten beim Verkäufer/Garantiegeber oder in einer vom Hersteller anerkannten Vertragswerkstatt durchführen lässt, sei nicht gemäß § 307 Abs. 3 S. 1 BGB einer AGB-rechtlichen Inhaltskontrolle entzogen. Denn bei einer Wartungsklausel handelt es sich jedenfalls dann um eine die Leistungsabrede lediglich ergänzende und damit der Inhaltskontrolle unterliegende Regelung, wenn die Garantie – wie vorliegend – nur gegen Zahlung eines dafür zu entrichtenden Entgelts zu erlangen war.

Das Berufungsgericht habe auch den Kaufvertrag zwischen dem Kläger und dem Verkäufer des Gebrauchtwagens rechtsfehlerfrei dahin ausgelegt, dass der Kläger die Garantie entgeltlich erlangt hat. Es hat zur Begründung seiner Auslegung auf die Rechnung des Verkäufers verwiesen, nach welcher der Kläger den Gebrauchtwagen „inklusive 1 Jahr Gebrauchtwagen-Garantie" zum Gesamtpreis von 10.490 EUR erworben hat. Der Umstand, dass die Rechnung keine Aufschlüsselung des Gesamtpreises nach den Kaufpreisanteilen für das Fahrzeug und die Garantie enthält, nötigt nicht zu einer anderen Beurteilung. Es sei unerheblich, wie hoch das Entgelt für das Fahrzeug einerseits und die Garantie andererseits ist, wenn die Auslegung des Kaufvertrags – wie hier – ergibt, dass sich der Gesamtkaufpreis auf beides bezieht. Denn die Kontrollfähigkeit der Wartungsklausel hängt nur von der Entgeltlichkeit der Garantie, nicht von der Höhe des auf sie entfallenden Entgelts ab. **996**

Wie der Senat bereits entschieden hat, sei eine Klausel in einem vom Garantiegeber formularmäßig verwendeten Gebrauchtwagen-Garantievertrag wegen unangemessener Benachteiligung des Kunden unwirksam (§ 307 Abs. 1 S. 1 BGB), wenn sie die Leistungspflicht des Garantiegebers für den Fall, dass der Garantienehmer die vom Fahrzeughersteller vorgeschriebenen oder empfohlenen Wartungs-, Inspektions- und Pflegearbeiten nicht durchführen lässt, unabhängig davon ausschließt, ob die Säumnis des Garantienehmers mit seiner Wartungsobliegenheit für den eingetretenen Schaden ursächlich geworden ist. Dies trifft auf die hier vorliegende Bestimmung in § 4 Buchst. a der Garantiebedingungen zu. **997**

Rechtsfolgen: Der Kunde kann daher für Inspektionen die Werkstatt seines Vertrauens frei wählen und muss nicht eine Werkstatt oder einen Händlerbetrieb des Vertriebsnetzes wählen. **998**

Praxistipp: Unklar ist die Rechtslage jedoch, wenn nicht zusätzlich eine Garantie „eingekauft" wird.

Mängelansprüche und Garantie sind grundsätzlich voneinander unabhängig. Während der Verkäufer seine Gewährleistung/Mängelhaftung auch in AGB nur nach bestimmten Kriterien begrenzen kann, ist die Garantie als freiwillige Leistung in ihren Bedingungen an sich AGB-fest; sie konnte sogar von der Inanspruchnahme netzzugehöriger Händler oder Werkstätten in der EU abhängig gemacht werden. Reparatur und Inspektionen bei freien Händlern lassen Ansprüche aus der Garantie jedoch nicht ohne Weiteres entfallen. Und die Voraussetzung, bestimmte Wartungsintervalle einzuhalten, ist allenfalls dann relevant, wenn der Schaden bei Einhaltung der Intervalle entfallen oder reduziert wäre. Jedoch: Warum soll dies nur gelten, wenn für die Garantie ein Entgelt gewährt wurde?[1984] **999**

Nachdem jedoch die Garantie in jedem Fall in den Kaufpreis eingerechnet ist, überzeugt die Differenzierung des BGH nicht. Ob der BGH hieran zukünftig festhalten wird, ist fraglich. **1000**

Gerichtsstandsklauseln

A. Bedeutung 1001
B. Nationaler Rechtsverkehr 1003
  I. Verwendung gegenüber Nichtkaufleuten 1004
  II. Verwendung zwischen Kaufleuten 1008
    1. Überraschende Klauseln gemäß § 305c BGB 1009
    2. Unangemessene Klauseln gemäß § 307 BGB 1010
C. Internationaler Rechtsverkehr 1013
  I. Art. 23 EuGVVO 1016
    1. Vereinbarung 1017
    2. Formvorschriften 1019
  II. Internationale Gerichtsstandsvereinbarungen außerhalb Art. 23 EuGVVO 1023

[1984] Ausführlich *Niebling*, NZV 2011, 521 und ZVertriebsR 2014, 161.

Lexikon

A. Bedeutung

1001 Unter dem Gerichtsstand wird grundsätzlich die örtliche Zuständigkeit der Gerichte verstanden.[1985] Die örtliche Zuständigkeit wird durch gesetzliche Regelungen bestimmt, wobei stets auf die Person abzustellen ist, die verklagt wird. Für Zivilprozesse bestimmt § 12 ZPO, dass das Gericht, bei der eine Person ihren allgemeinen Gerichtsstand hat, für alle gegen sie zu erhebenden Klagen zuständig ist, sofern nicht ein ausschließlicher Gerichtsstand bestimmt ist. Den allgemeinen Gerichtsstand von natürlichen Personen bestimmt § 13 ZPO: sie sind am Gericht ihres Wohnsitzes zu verklagen, juristische Personen haben gemäß § 17 ZPO ihren allgemeinen Gerichtsstand an ihrem Sitz, sie sind am dortigen Gericht zu verklagen.[1986] Den gesetzlichen Regelungen des Gerichtstands liegen nicht nur Zweckmäßigkeitserwägungen zugrunde, es handelt sich vielmehr um Regelungen mit erheblichem Gerechtigkeitsgehalt, die einen wesentlichen Grundgedanken des Prozessrechts enthalten.[1987] Der Kläger kann Zeitpunkt und Art des „Angriffs" bestimmen. Dem Beklagten ist es daher nicht zuzumuten, den ihm unter Umständen aufgezwungenen Prozess unter zusätzlichen Erschwerungen an einem auswärtigen Ort führen zu müssen.[1988]

1002 Vereinbarungen über den Gerichtsstand haben daher große praktische Bedeutung. Um die Interessen der Beklagten zu schützen, schränken die gesetzlichen Regelungen die Zulässigkeit von Gerichtsstandsvereinbarungen ein. So bestimmt § 38 Abs. 1 ZPO, dass nur Kaufleute, juristische Personen des öffentlichen Rechts oder öffentlich-rechtliche Sondervermögen vorprozessual Gerichtsstandsvereinbarungen treffen können; in gleicher Weise wird die Möglichkeit zuständigkeitsbegründender Vereinbarungen über den Erfüllungsort durch § 29 Abs. 2 ZPO begrenzt. Weitere Einschränkungen ergeben sich aus den Bestimmungen über die ausschließlichen Gerichtsstände, etwa § 29a (Miet- und Pachtverhältnisse über Räume), § 29c Abs. 1 S. 2 (Haustürgeschäfte) und § 689 Abs. 2 ZPO (Mahnverfahren) sowie § 26 FernUSG (Fernunterrichtsverträge) oder § 215 Abs. 1 S. 2 VVG (Versicherungsverträge). Bei internationalen Sachverhalten sind neben § 38 Abs. 2 ZPO insbesondere Art. 23 EuGVVO[1989] und auch Art. 23 des Lugano-Übereinkommens von 2007 zu beachten.

B. Nationaler Rechtsverkehr

1003 Die Regelungen zum nationalen Rechtsverkehr greifen in Fällen mit reinem Inlandsbezug ein, etwa wenn zwei Inländer in einem im Inland zu erfüllenden Kaufvertrag eine Gerichtsstandsklausel individualvertraglich oder formularmäßig vereinbaren. Hat bei einem derartigen Vertrag eine Vertragspartei keinen allgemeinen Gerichtsstand im Inland, handelt es sich um einen Fall des internationalen Rechtsverkehrs.

I. Verwendung gegenüber Nichtkaufleuten

1004 **Vor Entstehung einer Streitigkeit** sind Vereinbarungen über die örtliche oder sachliche Zuständigkeit von Gerichten durch Nichtkaufleute gemäß § 38 Abs. 1 ZPO unzulässig. Dabei spielt es keine Rolle, ob die Gerichtsstandsvereinbarung individualvertraglich oder formularmäßig getroffen wird. Das Verbot des § 38 Abs. 1 ZPO gilt sowohl für Vereinbarungen über die Begründung einer Gerichtszuständigkeit (**Prorogation**) als auch für die Beseitigung eines sich aus den gesetzlichen Regelungen ergebenden Gerichtsstands (**Derogation**).

1005 Obwohl sich das Verbot von Gerichtsstandsvereinbarungen schon aus § 38 ZPO ergibt, bleibt die Anwendung der Regelungen zu den Allgemeinen Geschäftsbedingungen §§ 305 – 310 BGB zulässig.[1990] Dafür spricht nicht nur das Schutzbedürfnis des Verbrauchers, der sich durch eine unzulässige Gerichtsstandsklausel von der Durchsetzung seiner Rechte abhalten lassen könnte, sondern auch das Bedürfnis, im Wege des Unterlassungsklageverfahrens gegen unzulässige Gerichtsstandsklauseln vorzugehen.[1991]

1006 Unwirksam nach § 307 Abs. 2 Nr. 1 BGB sind auch Gerichtsstandsklauseln mit salvatorischem Charakter, etwa mit dem Zusatz „soweit gesetzlich zulässig" oder „soweit nicht zwingendes Recht entgegensteht". Der rechtsunkundige Verwendungsgegner, der grundsätzlich nicht weiß, was „gesetzlich zulässig" ist, wird damit unangemessen benachteiligt. Ausreichend ist, dass der Anschein erweckt wird, dass eine wirksame Gerichtsstandsklausel getroffen sein könnte, weil hierdurch ein entfernt wohnender Vertragspartner in Unkenntnis der gesetzlichen Vorschriften von

---

1985 Der Sprachgebrauch der ZPO ist uneinheitlich, da in einigen Vorschriften mit dem Begriff „Gerichtsstand" auch die sachliche Zuständigkeit erfasst wird, etwa in § 40 Abs. 2 S. 1 ZPO.

1986 Daneben existieren noch Regelungen zu den besonderen Gerichtsständen, die für jeweils bestimmte Arten von Klagen gelten (etwa §§ 20–34 ZPO). Bei einem als ausschließlich bezeichneten Gerichtsstand gilt nur dieser für die Bestimmung der örtlichen Zuständigkeit. Im Übrigen kann bei mehreren zulässigen Gerichtsständen gemäß § 35 ZPO einer ausgewählt werden.

1987 Zöller/*Vollkommer*, § 12 Rn 2.

1988 Zöller/*Vollkommer*, § 12 Rn 2.

1989 Ab dem 10.1.2015: Art. 25 mit teilweise anderem Regelungsgehalt. Die VO (EG) Nr. 44//2001 tritt am 9.1.2015 außer Kraft und wird ab dem nachfolgenden Tag ersetzt durch die Neufassung VO (EU) Nr. 1215/2012 v. 12.12.2012 (ABl EU Nr. L 351 v. 20.12.2012).

1990 WLP/*Hau*, G 144; MüKo/*Wurmnest*, § 307 Rn 240; UBH/ *Schmidt*, Gerichtsstandsklauseln Rn 1; a.A. Staudinger/ *Coester*, § 307 Rn 472.

1991 BGH NJW 1983, 1320; BGH NJW 1987, 2867; WLP/*Hau*, G 144.

der Verfolgung seiner Rechte abgehalten werden könnte[1992] (im unternehmerischen Geschäftsverkehr dürften derartige salvatorisch ergänzte Gerichtsstandsklauseln jedoch ausnahmsweise wirksam sein, da sie dort auch ohne diese Einschränkung als wirksam angesehen werden, wenn sie unterschiedslos gegenüber Nichtkaufleuten und Kaufleuten verwandt werden, siehe Rn 1012). Überdies verstößt eine solche Klausel bereits gegen das Transparenz- und Bestimmtheitsgebot des § 307 Abs. 1 BGB.[1993]

Nach Entstehung einer Streitigkeit ist gemäß § 38 Abs. 3 Nr. 1 ZPO auch Nichtkaufleuten erlaubt, eine Vereinbarung über die Zuständigkeit eines Gerichts zu treffen. Formularmäßig wird dies aber kaum praktikabel sein, so dass sich die Frage der Anwendung von Allgemeinen Geschäftsbedingungen insoweit nicht stellt. **1007**

II. Verwendung zwischen Kaufleuten

Im unternehmerischen Geschäftsverkehr sind Gerichtsstandsvereinbarungen gemäß § 38 Abs. 1 ZPO zulässig. Hierzu befugt sind demnach Kaufleute, juristische Personen des öffentlichen Rechts oder öffentlich-rechtliche Sondervermögen. Diese Voraussetzung muss bei beiden Parteien der Gerichtsstandsvereinbarung vorliegen. Nicht zu den Kaufleuten zählen die Kleingewerbebetreibenden, Kannkaufleute und Landwirte gemäß §§ 1 Abs. 2, 2 und 3 HGB, sofern sie nicht im Handelsregister eingetragen sind. Mit der h.M. sind auch Freiberufler ausgenommen.[1994] Mittlerweile besteht zwar bei vielen Freiberuflern die Möglichkeit, ihren Beruf nicht nur in der Rechtsform einer Personengesellschaft, sondern auch in Form einer Kapitalgesellschaft auszuüben, etwa in Rechtsanwaltsgesellschaften gemäß § 59c BRAO. Diese Gesellschaften sind als Formkaufleute (§ 6 HGB) daher befugt, gemäß § 38 Abs. 1 ZPO Gerichtsstandsvereinbarungen zu treffen. Dennoch ist dies auch unter Berücksichtigung des Gleichbehandlungsgrundsatzes in Art. 3 GG kein Grund, den Anwendungsbereich des § 38 Abs. 1 ZPO auf sämtliche Freiberufler auszuweiten.[1995] Mit der Gründung einer Kapitalgesellschaft, die organisatorisch und rechtlich aufwendig sein kann, haben sich Freiberufler entschieden, ihre Tätigkeit in einer gewerblichen Rechtsform auszuüben, für die andere Rechtsregeln gelten. Derartige Gesellschaften sind nicht vergleichbar mit vielen Einzelpraxen in den unterschiedlichsten freiberuflichen Bereichen, die in ihrem Schutzbedürfnis Verbrauchern nahekommen oder gleichstehen können. Obwohl im kaufmännischen Geschäftsverkehr Gerichtsstandsklauseln bei Geschäften jeder Art „weithin üblich, weit verbreitet und in aller Regel nicht zu beanstanden sind",[1996] können sie wegen Verstoßes gegen § 305c Abs. 1 oder § 307 BGB unwirksam sein. **1008**

1. Überraschende Klauseln gemäß § 305c BGB. Für die Einstufung einer Klausel als **überraschend** i.S.d. § 305c BGB müssen besondere Umstände vorliegen, etwa wenn ein Kunde an der im Bestellformular für die Eintragung der Käuferdaten vorgesehenen Stelle einen Aufkleber mit großgedruckten Firmendaten anbringt, der im unteren Teil auch noch kleingedruckte Geschäftsbedingungen wie eine Gerichtsstandsklausel zu seinen Gunsten enthält.[1997] Eine unzulässige Überraschung kann auch vorliegen, wenn für beide Parteien ein gemeinsamer gesetzlicher Gerichtsstand besteht und der Verwender einen nicht mit diesem übereinstimmenden Gerichtsstand wählt und dieser keine Bezüge zu dem Vertrag und seiner Durchführung hat[1998] oder dem Verwender die freie Gerichtswahl eingeräumt werden soll.[1999] Wird formularmäßig deutsches Recht vereinbart, kann die Vereinbarung eines ausländischen Gerichtsstands gegen § 305c BGB verstoßen.[2000] **1009**

2. Unangemessene Klauseln gemäß § 307 BGB. Gerichtsstandsklauseln unterliegen auch der Angemessenheitskontrolle des § 307 BGB. Sie verstoßen dann nicht gegen diese Vorschrift, wenn für sie ein **berechtigtes Interesse besteht oder ein entsprechender Handelsbrauch** zugrunde liegt.[2001] In gleicher Weise sind Erfüllungsortvereinbarungen zu beurteilen, die den Gerichtsstand verändern.[2002] Zulässig ist etwa die formularmäßige Vereinbarung der Zuständigkeit des Gerichts am Ort der Hauptniederlassung des Verwenders.[2003] Dies gilt auch für den Kanzleiort seines Rechtsanwalts,[2004] es sei denn, dass dies wegen der örtlichen Lage der Parteien und dem fehlenden Bezug zum Vertrag ungewöhnlich und dem Vertragsgegner nicht zuzumuten ist.[2005] **1010**

1992 OLG Hamm DB 1983, 1304, 1307; v. Westphalen/*Thüsing*, Gerichtsstandsklauseln Rn 9; vgl. auch *Stoffels*, AGB, Rn 625.
1993 *Stoffels*, AGB, Rn 626.
1994 UBH/*Schmidt*, Gerichtsstandsklauseln Rn 1; *Thomas/Putzo*, § 38 Rn 10.
1995 So aber Zöller/*Vollkommer*, § 38 Rn 18.
1996 Vgl. OLG Düsseldorf NJW-RR 1989, 1330.
1997 OLG Düsseldorf NJW-RR 1989, 1330; MüKo/*Wurmnest*, § 307 Rn 241.
1998 OLG Köln ZIP 1989, 1069; vgl. auch WLP/*Hau*, G 145.

1999 Nach Auffassung des OLG Karlsruhe DB 1974, 184 fehlt es bereits an der hinreichenden Bestimmtheit einer derartigen Vereinbarung.
2000 OLG Düsseldorf NJW-RR 1988, 1260, 1261.
2001 *Stoffels*, AGB, Rn 1053; UBH/*Schmidt*, Gerichtsstandklauseln Rn 4; WLP/*Hau*, G 149.
2002 UBH/*Schmidt*, Gerichtsstandsklauseln Rn 4.
2003 OLG Köln VersR 1976, 537; MüKo/*Wurmnest*, § 307 Rn 241.
2004 LG Bielefeld MDR 1977, 672; MüKo/*Wurmnest*, § 307, Rn 241; a.A. Staudinger/*Coester*, § 307 Rn 475.
2005 OLG Hamburg NJW-RR 1999, 1506, 1507; *Stoffels*, AGB, Rn 1053.

Lexikon

1011 Für Gerichtsstandsklauseln, die unabhängig vom Streitwert die **Zuständigkeit eines Amtsgerichts** begründen sollen, besteht kein berechtigtes Interesse.[2006] Zwar besteht auch bei Berufungsurteilen der Landgerichte die Möglichkeit, die Revisionsinstanz anzurufen (§§ 542, 543 ZPO). Amtsrichter unterliegen jedoch einer weit höheren Fallbelastung als Richter am Landgericht, sodass sie allein schon aus Zeitgründen nicht in der Lage sind, sich größeren Prozessen mit derselben Sorgfalt zu widmen wie Richter am Landgericht. Bei Landgerichtsprozessen ist zudem in vielen Sachgebieten ohnehin noch gemäß § 348 Abs. 1 S. 2 Nr. 2 ZPO die aus drei Richtern bestehende Zivilkammer zuständig, etwa bei Streitigkeiten über Presseangelegenheiten, Bank- und Finanzgeschäften, Bau- und Architektenverträgen etc. Die Geschäftsverteilungspläne der Landgerichte tragen dem in aller Regel Rechnung und ermöglichen den einzelnen Kammern eine Spezialisierung, indem bestimmte Sachbereiche einer Kammer allein zugewiesen werden. Darüber hinaus besteht bei originärer Einzelrichterzuständigkeit gemäß § 348 Abs. 3 ZPO die Möglichkeit, den Fall der Kammer zur Entscheidung zu übertragen, wenn die Sache besondere Schwierigkeiten tatsächlicher oder rechtlicher Art aufweist oder sie grundsätzliche Bedeutung hat. Nicht zuletzt ist auf die Zuständigkeit der Kammern für Handelssachen gemäß § 93 ff. GVG hinzuweisen. Diese gesetzlichen Regelungen dienen der Sicherstellung einer Rechtsprechungsqualität beim Landgericht, die es beim Amtsgericht nicht geben kann. Es ist unrealistisch, einem pragmatisch entscheidenden Amtsrichter etwa einen komplizierten Bauprozess mit einem Streitwert in dreistelliger Millionenhöhe übertragen zu wollen.

1012 Werden Gerichtsstandsklauseln unterschiedslos im kaufmännischen und nicht kaufmännischen Geschäftsverkehr verwandt, bleiben sie gegenüber Kaufleuten wirksam.[2007] Im Unterlassungsklageverfahren können derartige Klauseln indes für unwirksam erklärt werden.[2008]

C. Internationaler Rechtsverkehr

1013 Gerichtsstandsklauseln mit Auslandsbezug regeln nicht nur die örtliche Zuständigkeit, sondern gleichzeitig auch die **internationale Zuständigkeit**, d.h. die Frage, welche Gerichte eines Landes zuständig sind. Innerhalb der Europäischen Union wird die Zulässigkeit von Gerichtsstandsvereinbarungen geregelt in **Art. 23 EuGVVO** (Verordnung (EG) Nr. 44/2001 vom 22.12.2000 des Rates über die gerichtliche Zuständigkeit und die Anerkennung und Vollstreckung von Entscheidungen in Zivil- und Handelssachen). Danach ist bei Fällen mit Auslandsbezug Art. 23 EuGVVO anwendbar, wenn eine der Parteien ihren Wohnsitz in einem Mitgliedsstaat hat und die Parteien ein Gericht oder die Gerichte eines Mitgliedsstaates für zuständig erklärt haben. Art. 23 EuGVVO geht § 38 ZPO vor.[2009] Art. 23 EuGVVO gilt indes bei Auslandsfällen nicht, wenn keine der Parteien ihren Wohnsitz in einem der Mitgliedsstaaten hat und dennoch ein Gericht eines Mitgliedsstaates den Rechtsstreit entscheiden soll. Wird in einem solchen Fall ein deutsches Gericht angerufen, hat es seine Zuständigkeit gemäß § 38 ZPO zu prüfen.

1014 Die EuGVVO ist am 1.3.2002 in den Mitgliedsstaaten in Kraft getreten (nicht in Dänemark, Art. 1 Abs. 3 EuGVVO) und löst das bis dahin geltende Brüsseler EWG-Übereinkommen von 1968 (**GVÜ**) ab. Die dortigen Regelungen in Art. 17 GVÜ entsprechen im Wesentlichen dem Art. 23 EuGVVO, sodass die bisherige Rechtsprechung hierzu anwendbar bleibt. Ergänzt wird die EuGVVO durch das am 30.10.2007 zwischen der Europäischen Union und Dänemark, Island, Norwegen und der Schweiz geschlossene und am 1.1.2010 in Kraft[2010] getretene **revidierte Lugano Übereinkommen** (auch: **Lugano II-Übereinkommen**), das weitgehend gleichlautende Regelungen enthält.[2011]

1015 Gemäß Art. 67 EuGVVO gehen Zuständigkeitsregelungen der Europäischen Gemeinschaft in **besonderen Sachbereichen** der EuGVVO vor. Das gleiche gilt gemäß Art. 71 EuGVVO für völkerrechtliche Verträge über besondere Rechtsgebiete, etwa Art. 32 des Warschauer Abkommens (internationaler Lufttransport) oder Art. 31 CMR (grenzüberschreitender Straßengütertransport).[2012]

I. Art. 23 EuGVVO

1016 Innerhalb seines Anwendungsbereiches verdrängt Art. 23 EuGVVO das nationale Recht als lex specialis. Von daher ist ein Rückgriff auf § 38 ZPO für die Bestimmung der Gerichtszuständigkeit ausgeschlossen. Dies gilt auch für eine Missbrauchskontrolle gemäß § 307 BGB.[2013] Die Frage, ob die Vertragsparteien sich auf ein Gericht eines Mitgliedstaates geeinigt haben, ist allein anhand § 23 EuGVVO zu prüfen. Es muss folglich eine **Vereinbarung** der Parteien über die Zuständigkeit eines Gerichts eines Mitgliedslandes vorliegen und diese muss den **Formvorschriften** der Re-

---

2006 A.A. WLP/*Hau*, G 150; MüKo/*Wurmnest*, § 307 Rn 244.
2007 OLG Frankfurt BB 1998, 2230; UBH/*Schmidt*, Gerichtsstandsklauseln Rn 5; *Stoffels*, AGB, Rn 1054; Palandt/*Grüneberg*, § 307 Rn 93; MüKo/*Wurmnest*, § 307 Rn 244; a.A. Staudinger/*Coester*, § 307 Rn 472; v. Westphalen/*Thüsing*, Gerichtsstandsklauseln Rn 19.
2008 BGH NJW 1983, 1320.
2009 Zöller/*Vollkommer*, § 38 Rn 24.

2010 In der Schweiz ist es am 1.1.2011 in Kraft getreten, in Island am 1.5.2011 (ABl EU Nr. L 138 v. 26.5.2011, S. 1).
2011 Das revidierte Lugano-Übereinkommen von 2007 ersetzt das Lugano-Übereinkommen von 1988.
2012 *Geimer/Schütze*, Art. 23 Rn 67, 68; MüKo/*Wurmnest*, § 307 Rn 245.
2013 OLG Hamburg NJW 2004, 3126; *Geimer/Schütze*, Art. 23 Rn 72; MüKo/*Wurmnest*, § 307 Rn 246; *Stoffels*, AGB, Rn 1059; Staudinger/*Coester*, § 307 Rn 470a.

gelung entsprechen. Eine derartige Vereinbarung kann auch formularmäßig erfolgen. Gleichwohl erfolgt keine eigene Einbeziehungskontrolle nach §§ 305, 305c BGB.[2014]

1. Vereinbarung. Nach Auffassung des EuGH hat das angerufene Gericht zu prüfen, ob die seine Zuständigkeit begründende Klausel **tatsächlich Gegenstand einer Willenseinigung zwischen den Parteien** war, die klar zum Ausdruck gekommen ist. Die Formerfordernisse des Art. 23 EuGVVO sollen gewährleisten, dass die Einigung zwischen den Parteien tatsächlich feststeht.[2015] Damit werden Konsens und Form miteinander vermengt.[2016] Die Literatur spricht deswegen von „unauflösbarer Einheit" von Form und Konsens.[2017]

Nach zutreffender Auffassung enthält Art. 23 EuGVVO hinsichtlich der für Vertragsschlüsse relevanten Aspekte wie Rechts- und Geschäftsfähigkeit oder Vertretungsmacht und die Rechtsfolgen von Willensmängeln keine eigenen Regelungen, so dass diese Fragen nach dem materiellen Recht zu beurteilen sind, das nach IPR maßgebend ist (Vertragsstatut).[2018]

2. Formvorschriften. Gerichtsstandsvereinbarungen können gemäß Art. 23 EuGVVO geschlossen werden:
- **schriftlich** oder **mündlich mit schriftlicher Bestätigung** (sog. halbschriftlich);
- in einer Form, welche den **Gepflogenheiten** entspricht, die zwischen den Parteien entstanden sind, oder
- im internationalen Handel in einer Form, die einem **Handelsbrauch** entspricht.

Das Erfordernis der Schriftlichkeit dient der **Sicherstellung der Feststellung einer Willenseinigung** über die Gerichtsstandsabrede. Sind daher Gerichtsstandsvereinbarungen in AGB auf der Rückseite einer von beiden Parteien unterzeichneten Vertragsurkunde abgedruckt, genügt dieses nicht für die Einhaltung des Erfordernisses der Schriftlichkeit gemäß Art. 23 EuGVVO.[2019] Dem Erfordernis ist nur dann Rechnung getragen, wenn der von beiden Parteien unterzeichnete **Vertragstext auf diese allgemeinen Geschäftsbedingungen ausdrücklich Bezug nimmt.**[2020] Hierbei ist nicht erforderlich, dass die Allgemeinen Geschäftsbedingungen Bestandteil der unterzeichneten Vertragsurkunde sein müssen.[2021] Es genügt in einem Fall, indem die Vertragsurkunde auf ein früheres Angebot verweist, dass dieses Angebot deutlich auf die allgemeinen Geschäftsbedingungen hinweist und der andere Vertragsteil die die allgemeinen Geschäftsbedingungen enthaltene Gerichtsstandsklausel auch erhalten hatte.[2022] Keine Willenseinigung konnte der EuGH auch in dem Fall feststellen, wenn ein Vertragsschluss mündlich vereinbart wird und der Verkäufer hierbei auf seine nicht vorliegenden Allgemeinen Geschäftsbedingungen hinweist und dem Käufer im Anschluss hieran den Vertragsschluss schriftlich bestätigt unter Beifügung seiner Allgemeinen Geschäftsbedingungen. Nach Ansicht des EuGH kann hier nicht unterstellt werden, dass der Käufer mit den Allgemeinen Geschäftsbedingungen und der darin enthaltenen Gerichtsstandsklausel einverstanden war.[2023]

Von dem Erfordernis der Sicherstellung einer Willenseinigung gewähren Art. 23b und 23c EuGVVO Erleichterungen im Hinblick auf bestehende Gepflogenheiten der Geschäftspartner und auf Handelsbräuche. So würde nach Auffassung des EuGH im Rahmen laufender Geschäftsbeziehungen ein Bestreiten der Vereinbarung einer Gerichtsstandsabrede gegen Treu und Glauben verstoßen, wenn die Geschäftspartner mündlich die Geltung der Allgemeinen Geschäftsbedingungen vereinbaren und der Empfänger der Allgemeinen Geschäftsbedingungen nach ihrer Übersendung nicht widerspricht.[2024]

Wird in der Verhandlung- und Vertragssprache auf den Einbezug von Allgemeinen Geschäftsbedingungen hingewiesen und ist der Vertragspartner damit einverstanden, können Allgemeine Geschäftsbedingungen auch **in einer anderen Sprache** einbezogen werden.[2025]

II. Internationale Gerichtsstandsvereinbarungen außerhalb Art. 23 EuGVVO

Bei internationalen Gerichtsstandsvereinbarungen, die nicht in den Anwendungsbereich des Art. 23 EuGVVO (oder des revidierten Lugano-Übereinkommens) fallen, richtet sich die Frage des Zustandekommens der Vereinbarung nach dem nationalen Recht, das durch IPR ermittelt wird (lex causae) und die Frage der prozessualen Zulässigkeit nach dem Recht des Prozessorts (lex fori).[2026] Ist für beide Bereiche deutsches Recht maßgebend, gelten für formularmäßig vereinbarte Gerichtsklauseln die §§ 305–310 BGB für den vertraglichen Einbezug sowie unter anderem § 38 ZPO in prozessualer Hinsicht. Gemäß § 38 Abs. 2 ZPO sind vorprozessual getroffene Gerichtsstandsvereinbarungen zulässig, wenn auch nur eine Partei keinen Wohnsitz im Inland hat.

2014 *Stoffels*, AGB, Rn 1064.
2015 EuGH v. 14.12.1976 – Rs 24/76, NJW 1977, 494; *Geimer/Schütze*, Art. 23 Rn 77.
2016 *Geimer/Schütze*, Art. 23 Rn 76.
2017 *Geimer/Schütze*, Art. 23 Rn 76.
2018 *Geimer/Schütze*. Art. 23 Rn 82.
2019 EuGH v. 14.12.1976 – Rs 24/76, NJW 1977, 494.
2020 EuGH v. 14.12.1976 – Rs 24/76, NJW 1977, 494.
2021 *Stoffels*, AGB, Rn 1066.
2022 EuGH v. 14.12.1976 – Rs 24/76, NJW 1977, 494.
2023 EuGH v. 14.12.1976 – Rs 25/76, NJW 1977, 494.
2024 EuGH v. 14.12.1976 – Rs 25/76, NJW 1977, 495.
2025 OLG Hamm NJW-RR 1995, 188; v. Westphalen/*Thüsing*, Gerichtsstandsklauseln Rn 28; *Stoffels*, AGB, Rn 1067.
2026 WLP/*Hau*, G 181.

Geschäftsraummiete

- A. Allgemeines 1024
- B. Einzelfälle 1025
  - I. Abbuchung 1025
  - II. Abtretung Untermietzins 1026
  - III. Aufrechnung 1027
  - IV. Aufrechnung und Zurückbehaltung 1029
  - V. Aufrechnungsverbot 1030
  - VI. Ausschluss der Vermieterhaftung für einfache Fahrlässigkeit 1031
  - VII. Behördliche Erlaubnis 1032
  - VIII. Betriebskosten 1033
  - IX. Betriebskostenverteilungsschlüssel 1037
  - X. Betriebspflicht 1038
  - XI. Erhaltungspflicht 1039
  - XII. Fertigstellungsrisiko 1040
  - XIII. Fläche 1041
  - XIV. Garantiehaftung 1042
  - XV. Gemeinschaftsflächen 1045
  - XVI. Gewährleistung für Mängel 1046
  - XVII. Haftung 1049
  - XVIII. Instandhaltung 1050
  - XIX. Kaution 1052
  - XX. Kündigungsregelungen ... 1056
  - XXI. Sonderkündigungsrecht 1058
  - XXII. Kollision mieterseits gestellter Vertragsverlängerungs- und Optionsklausel 1059
  - XXIII. Konkurrenzschutz 1060
  - XXIV. Lastschrifteinzug 1061
  - XXV. Mietminderung 1062
  - XXVI. Mietanpassung 1067
  - XXVII. Mietzahlung 1068
  - XXVIII. Minderung 1069
  - XXIX. Nebenabrede/Schriftform ... 1073
  - XXX. Rechtzeitigkeitsklausel 1074
  - XXXI. Salvatorische Klausel 1075
  - XXXII. Schriftform 1076
  - XXXIII. Schuldmitübernahme 1081
  - XXXIV. Sicherungsabtretung einer Untermietforderung . 1082
  - XXXV. Teppichboden 1083
  - XXXVI. Übergabe 1084
  - XXXVII. Übergabetermin 1085
  - XXXVIII. Umsatzmiete 1086
  - XXXIX. Untervermietung 1087
  - XL. Vertragsstrafe 1088
  - XLI. Vertragsübertragung 1090
  - XLII. Verwaltungskosten 1091
  - XLIII. Vorrang der Individualabrede 1092
  - XLIV. Werbegemeinschaft 1093
  - XLV. Zurückbehaltung 1094
  - XLVI. Zurückbehaltungsrecht 1095

A. Allgemeines

1024 Der Verwender hat bei Geschäftsraummietverträgen einen wesentlich größeren Gestaltungsspielraum als bei Wohnraummietverträgen. Allerdings geht die Rechtsprechung immer häufiger davon aus, dass dem Gewerberaummieter ein ähnlicher Schutz wie dem Wohnraummieter gewährt wird.[2027]

B. Einzelfälle

I. Abbuchung

1025 Überwiegend wird die Wirksamkeit von Formularklauseln zur Erteilung eines Abbuchungsauftrags bzw. der Teilnahme am Abbuchungsverfahren abgelehnt.[2028]

II. Abtretung Untermietzins

1026 Streitig ist, ob die Vorausabtretung von Ansprüchen des Untervermieters an seinen Vermieter formularmäßig wirksam ist.[2029] Siehe dazu auch „Sicherungsabtretung einer Untermietforderung" (vgl. Rn 1082.)

Die Klausel *„Der Mieter tritt dem Vermieter schon jetzt für den Fall der Untervermietung die ihm gegen den Untermieter zustehenden Forderungen nebst Pfandrecht in Höhe der Mietforderung des Vermieters zur Sicherheit ab."* ist nach anderer Meinung, allerdings zu Wohnraum, unwirksam.[2030]

III. Aufrechnung

1027 Ein ausnahmsloser Ausschluss der Aufrechnung ist unwirksam.[2031]

Eine Beschränkung der Aufrechnungsbefugnis auf unbestrittene oder rechtskräftig festgestellte Forderungen ist zulässig[2032] und wirkt über das Mietende hinaus.[2033]

2027 Siehe hierzu *Harz*, Handbuch des Fachanwalts Miet- und Wohnungseigentumsrecht, Kap. 15 Rn 2 ff.
2028 BGH NJW 2010, 1275; OLG Brandenburg NJW RR 2002, 1640; siehe auch OLG Koblenz NJW RR 1994, 689; OLG Düsseldorf DB 1996, 2610.
2029 Dafür OLG Düsseldorf v. 6.3.2008 – 24 U 181/07, NZM 2009, 360; dagegen OLG Hamburg ZMR 1999, 328.
2030 OLG Celle – 2 U 200/88, WuM 1990, 103; BGH – VIII ZR 38/90, WuM 1991, 381.
2031 BGH NJW 1985, 319.
2032 BGH NJW 1986, 1757; BGH ZMR 1993, 320; OLG Düsseldorf ZMR 1997, 466; OLG Düsseldorf NJOZ 2006, 2981.
2033 OLG Düsseldorf v. 27.10.1994 – 10 U 76/93, NJW-RR 1995, 850.

Minderungsausschluss und Aufrechnungsverbot können formularmäßig vereinbart werden, solange Bereicherungsansprüche des Mieters wegen vorhandener Mängel nicht ausgeschlossen werden (siehe dazu auch Stichwort „Aufrechnungsverbote").[2034]

1028

IV. Aufrechnung und Zurückbehaltung

Formularvertragliche Regelungen müssen § 309 Nr. 2 und 3, § 307 Abs. 2 BGB entsprechen,[2035] insbesondere dürfen Bereicherungsansprüche wegen vorhandener Mängel nicht ausgeschlossen werden.[2036] Die Aufrechnung und Zurückbehaltung darf von einer einmonatigen Ankündigungsfrist abhängig gemacht werden.[2037] Sie darf auch davon abhängig gemacht werden, dass dem Vermieter ausreichend Gelegenheit zur Mängelbeseitigung eingeräumt wurde.[2038]

1029

Die Klausel „*Die Ausübung des Zurückbehaltungsrechts oder einer Aufrechnung gegenüber dem Mietzins ist nur mit einer unstreitigen oder rechtskräftig festgestellten Gegenforderung zulässig.*" umfasst nicht eine entscheidungsreife Gegenforderung (siehe dazu auch Stichwort „Aufrechnungsverbote").[2039]

V. Aufrechnungsverbot

Wenn die den Anspruch auf Rückzahlung von Nebenkostenvorauszahlungen begründenden Tatsachen unstreitig sind, steht der Aufrechnung des Mieters ein formularvertragliches Aufrechnungsverbot nicht entgegen.[2040]

1030

VI. Ausschluss der Vermieterhaftung für einfache Fahrlässigkeit

Streitig ist, ob formularmäßig die Vermieterhaftung für einfache Fahrlässigkeit für nach Vertragsabschluss entstandene, vom Vermieter zu vertretende Mängel **ausgeschlossen** werden kann.[2041] Für die Beurteilung der Frage kommt es darauf an, ob die Pflicht, von der sich der Vermieter freizeichnet, eine sog. Kardinalpflicht ist. Hier ist allenfalls eine Haftungsfreizeichnung für vertragsuntypische und daher praktisch nicht vorhersehbare Schäden zulässig. Es muss darauf abgestellt werden, ob der Haftungsausschluss sich auch auf vertragstypische Schadensrisiken erstreckt, deren Vermeidung nach dem Vertragszweck unbedingt geboten ist.[2042] Siehe auch die Rechtsprechung des BGH zu Wohnraum (vgl. auch Rn 1042 ff., 1050).[2043]

1031

VII. Behördliche Erlaubnis

Die Klausel in einem Formularvertrag über die Vermietung einer Gaststätte, der Mieter habe die für den Betrieb des Mietobjekts erforderliche behördliche Erlaubnis auf seine Kosten und sein Risiko beizubringen, ist unwirksam.[2044] Das Risiko des Fehlens einer behördlichen Erlaubnis kann dem Mieter nicht für objektbezogene Genehmigungen auferlegt werden.[2045]

1032

VIII. Betriebskosten

Die Umlage ist nicht auf den Katalog der in § 2 BetrKV genannten Kosten begrenzt.[2046] „Sonstige Betriebskosten" müssen definiert werden.[2047]

1033

Sofern sich nicht unmittelbar aus dem Text der vertraglichen Regelung ergibt, welche Kosten erfasst sind, ist für alle Betriebskosten eine Aufschlüsselung oder ein Höchstbetrag erforderlich.

Unwirksam ist die vollständige Abwälzung von „Kosten für Hausmeister/Betriebsabteilung";[2048] hier fehlt es schon an einer klaren inhaltlich bestimmten Vereinbarung.[2049] Eine pauschale Abwälzung „der Nebenkosten" reicht für eine wirksame Übernahme der Kosten durch den Mieter nicht aus.[2050]

1034

Die nicht näher aufgeschlüsselten Kosten für „Centermanagement" oder „Hausmeister" oder „Versicherungen" sind intransparent, die Umlegung ist unwirksam.[2051] Dies gilt nicht für Kosten der Verwaltung, dieser Begriff ist klar.[2052] Kosten der „Wartung und Instandhaltung aller technischen Einrichtungen einschließlich der Kosten des Betriebs" können nicht wirksam umgelegt werden, wenn sie der Höhe nach nicht begrenzt sind.[2053]

2034 OLG Düsseldorf v. 31.5.2005 – 24 U 12/05, MDR 2005, 1045.
2035 OLG Düsseldorf ZMR 1999, 23, 24; OLG Köln WuM 1998, 23.
2036 OLG Düsseldorf MDR 2005, 1045.
2037 OLG Frankfurt NZM 2005, 359; OLG Rostock ZMR 2000, 294.
2038 OLG Celle ZMR 1998, 272.
2039 OLG Düsseldorf v. 1.10.2009 – 10 U 58/09, BeckRS 2009, 28073.
2040 OLG Düsseldorf v. 8.5.2008 – 10 U 8/08, ZMR 2008, 890.
2041 Dafür OLG Stuttgart NJW 1989, 2226; OLG Hamburg ZMR 1985, 236; dagegen BGH v. 24.10.2001 – VIII ARZ 1/01, NJW 2002, 673 ff. zu Wohnraum.
2042 BGH NJW 1993, 335.
2043 BGH NJW 2002, 673 m.w.N.
2044 BGH – VIII ZR 232/87, NJW 1988, 2664.
2045 BGH ZMR 2008, 274.
2046 OLG München ZMR 1997, 233.
2047 BGH WuM 2007, 198.
2048 OLG Düsseldorf v. 10.5.2007 – I-24 U 204/206.
2049 BGH ZMR 2006, 849 ff.
2050 BGH ZMR 2005, 844.
2051 BGH v. 26.9.2012 – XII ZR 112/10, IMR 2013, 16.
2052 BGH v. 26.9.2012 – XII ZR 112/10, IMR 2013, 16, 17.
2053 BGH v. 29.9.2012 – XII ZR 112/10, IMR 2013, 16, 17.

1035 Die Abrechnungsfrist kann nicht zu Lasten des Vermieters durch vom Mieter gestellte AGB verkürzt werden.[2054]

1036 Wirksam ist die Vereinbarung, dass der Vermieter nach erfolgter Nebenkostenabrechnung die Höhe der Nebenkostenvorauszahlungen durch einseitige Erklärung anpassen darf.[2055]

IX. Betriebskostenverteilungsschlüssel

1037 Eine Vertragsklausel, nach der der Vermieter berechtigt ist, den Verteilungsschlüssel für die Betriebskosten auch im laufenden Jahr einseitig zu ändern, ist unwirksam.[2056]

X. Betriebspflicht

1038 Die formularvertragliche Vereinbarung einer Betriebspflicht im Geschäftsraummietvertrag ist wirksam.[2057] Sie kann auch in Kombination mit Sortimentsbindung und Ausschluss von Konkurrenzschutz erfolgen.[2058] Unwirksam ist das Verbot einer nur zeitweisen Schließung einzelner Ladengeschäfte (z.B. Mittagspause) abweichend von den allgemeinen Öffnungszeiten eines Einkaufszentrums.[2059]

XI. Erhaltungspflicht

1039 Die Erhaltungspflicht kann auf den Mieter soweit überbürdet werden, solange damit kein vollständiger Übergang der Sachgefahr verbunden ist und dies nicht zu einem unkalkulierbaren Kostenrisiko für den Mieter führt.

Für gemeinschaftliche Flächen und Anlagen muss eine Beschränkung der Kostentragung der Höhe nach erfolgen.[2060]

XII. Fertigstellungsrisiko

1040 Die generelle Abwälzung des Fertigstellungsrisikos auf den Mieter ist unwirksam.[2061]

XIII. Fläche

1041 Zur Flächenvereinbarung siehe die Rechtsprechung des BGH sowie die eingehende Darstellung bei *Pauly*.[2062]

XIV. Garantiehaftung

1042 Der Ausschluss der Garantiehaftung für anfängliche Mängel der Mietsache ist wirksam.[2063] Ein Überraschungseffekt i.S.v. § 305c BGB kann sich aus der Stellung der Klausel im Gesamtwerk ergeben, insbesondere wenn diese in einem systematischen Zusammenhang steht, in dem der Vertragspartner sie nicht erwarten musste.[2064] Ein Ausschluss der Garantiehaftung für anfängliche Mängel kann wirksam nicht unter der Überschrift „Aufrechnung/Zurückbehaltung" geregelt werden.

1043 Die Klausel „*Der Vermieter leistet keine Gewähr dafür, dass die gemieteten Räume den in Frage kommenden technischen Anforderungen sowie den behördlichen und anderen Vorschriften entsprechen. Der Mieter hat behördliche Auflagen auf eigene Kosten zu erfüllen.*" ist als Allgemeine Geschäftsbedingungen unwirksam.[2065]

1044 Die Klausel „*Für Veränderungen an der Mietsache oder Störungen in ihrer Benutzbarkeit infolge höherer Gewalt oder sonstiger Umstände, die die Vermieterin nicht zu vertreten hat, kann die Mieterin weder die Miete mindern noch ein Zurückbehaltungsrecht ausüben noch Schadensersatz verlangen.*" ist so auszulegen, dass sie die Haftung der Vermieterin für anfängliche Mängel der Mietsache nicht ausschließt.[2066]

XV. Gemeinschaftsflächen

1045 Die Benutzung von Gemeinschaftsflächen darf nicht ausgeschlossen werden, wenn damit weder eine Belästigung noch eine Gefährdung einhergeht.[2067]

XVI. Gewährleistung für Mängel

1046 Möglich ist der formularmäßige Gewährleistungsausschluss für anfängliche Mängel auch bei eventueller gesundheitsgefährdender Schadstoffbelastung der Mieträume.[2068]

1047 Wirksam ist die Klausel „*Der Vermieter haftet nicht für Schäden, die dem Mieter an den ihm gehörenden Waren und Einrichtungsgegenständen entstehen, gleichgültig welcher Art, Herkunft, Dauer und welchen Umfangs die Einwirkungen sind, es sei denn, dass der Vermieter den Schaden vorsätzlich oder grob fahrlässig herbeigeführt hat*".[2069]

2054 OLG Jena v. 4.7.2012 – 7 U 48/12, IMR 2013, 23.
2055 BGH v. 5.2.2014 – XII ZR 65/13, IMR 2014, 154.
2056 OLG Rostock v. 23.10.2008 – 3 U 123/07, ZMR 2009, 527.
2057 BGH XII ZR 221/90, ZMR 1993, 57, 59; BGH NJW-RR 1992, 1032; OLG Düsseldorf ZMR 1999, 171.
2058 BGH v. 3.3.2010 – XII ZR 131/08, NZM 2010, 361.
2059 KG v. 28.1.2013 – 8 W 5/13, NZM 2013, 731.
2060 BGH v. 6.4.2005 – XII ZR 158/01, NJW-RR 2006, 84.
2061 OLG Brandenburg v. 4.7.2012 – 7 U 204/11, IMR 2012, 411 (für Wohnraum).
2062 BGH NZM 2001, 234; BGH ZMR 2000, 508, 513; *Pauly*, ZMR 2006, 665.
2063 BGH NZM 2002, 784; siehe auch *Mehrings*, NZM 2009, 386.
2064 BGH NZM 2010, 123.
2065 BGH ZMR 2008, 274 f.
2066 OLG Karlsruhe v. 31.5.2006 – 1 U 214/05, ZMR 2009, 33.
2067 BGH ZMR 2007, 180.
2068 BGH v. 3.7.2002 – XII ZR 327/00, ZMR 2002, 899.
2069 OLG Koblenz v. 30.3.1999 – 3 U 1317/98, NZM 2000, 622.

Eine Klausel, wonach äußere Einwirkungen durch Dritte, wie z.b. Verkehrsumleitungen, Aufgrabungen, Straßensperren, Geräusch-, Geruchs- und Staubbelastungen o.Ä. unabhängig vom Ausmaß keinen Fehler des Mietgegenstands begründen, sofern sie nicht vom Vermieter infolge Vorsatzes oder grober Fahrlässigkeit zu vertreten sind, ist unwirksam.[2070]

XVII. Haftung

Formularmäßig unwirksam ist, dass der Vermieter sich davon freizeichnet, dass die Geschäftsräume den behördlichen Vorschriften entsprechen und der Mieter behördliche Auflagen auf eigene Kosten zu erfüllen habe.[2071] Wenn die Gründe für die Versagung der Genehmigung ausschließlich auf Lage oder Beschaffenheit des Mietobjekts beruhen, kann die Haftung dem Mieter hierfür nicht formularmäßig aufgebürdet werden.[2072]

Der Verwender kann sich nicht von solchen Pflichten freizeichnen, deren Erfüllung die ordnungsgemäße Durchführung des Vertrags überhaupt erst ermöglicht und auf deren Erfüllung der andere Teil vertraut.[2073] Der formularmäßige Ausschluss jeglicher Haftung des Vermieters für Dritte würde gegen § 307 Abs. 1 und 2 BGB verstoßen.[2074] Nicht möglich ist die formularmäßige Haftungsbeschränkung des Vermieters auf Vorsatz und grobe Fahrlässigkeit bei nicht rechtzeitiger Fertigstellung von Gewerberäumen, da die pünktliche Übergabe der Mietsache zu den Kernpflichten des Vermieters zählt.[2075]

XVIII. Instandhaltung

Vermieterseits besteht ein erhebliches Interesse an einer Übertragung dieser Pflichten auf den Mieter, dies gehört zu den „Kernthemen des gewerblichen Mietrechts".[2076] Schäden vor Mietbeginn sind auszuklammern, die Begrenzung der Pflichten auf den Mietgebrauch und die vom Mieter innegehaltene Mietfläche ist ebenso erforderlich wie eine finanzielle Obergrenze für die Kostenbelastung des Mieters, um zu einer wirksamen Klausel zu gelangen.[2077]

Klauseln über „vorbeugende" Instandhaltungs- und „nachträgliche" Instandsetzungskosten können bei der Geschäftsraummiete in größerem Umfang als bei der Wohnraummiete auf den Mieter abgewälzt werden.[2078] Die **Instandhaltungspflicht** umfasst auch die zum vertragsgemäßen Gebrauch erforderlichen Schönheitsreparaturen.[2079] Unwirksam sind jedoch Vereinbarungen, durch die die Instandhaltungspflicht generell auf den Mieter abgewälzt wird und dadurch der Mieter mit einem unübersehbaren Risiko belastet wird.[2080] Die Klausel zur Instandhaltung an „Dach und Fach" bezeichnet als Mangelbeseitigungsklausel alle Arbeiten, die der Erhaltung des Gebäudes in seinem Substanzwert dienen, die Abgrenzung in Einzelfällen ist schwierig.[2081] Die Wirksamkeit der Dach- und Fachklausel ist fraglich.[2082] Die formularmäßige Auferlegung der Instandhaltung und Instandsetzung gemeinschaftlich genutzter Flächen und Anlagen auf den Mieter ohne Beschränkung auf die Höhe ist formularvertraglich unzulässig.[2083] Instandhaltungsvereinbarungen werden eng ausgelegt. Regelmäßig soll erforderlich sein, dass sie sich auf die Schäden erstrecken, die dem Mietgebrauch oder der Risikosphäre des Mieters zuzuordnen sind.[2084] Die Belange des Mieters müssen berücksichtigt sein und ein angemessener Ausgleich gewährt werden.[2085] Der Zustand der Miträume bei Mietbeginn ist relevant.[2086]

Anders als bei der Wohnraummiete kann sowohl eine Vornahmepflicht als auch eine Kostentragungspflicht vereinbart werden.[2087] In der Literatur wird eine Kostenbegrenzung auf 10 % der Jahresmiete diskutiert.[2088] Hinsichtlich Schäden außerhalb des Gebrauchsrisikos siehe die Ausführungen in *Bub/Treier*.[2089]

XIX. Kaution

Formularmäßig kann die Fälligkeit der Kaution vor Übergabe vereinbart werden.[2090] Die Höhe der Kaution kann auch formularmäßig drei Monate übersteigen.[2091] Zur Vereinbarung i.H.v. sechs Monatsmieten siehe die hierzu ergangene Rechtsprechung.[2092]

2070 KG v. 12.11.2007 – 8 U 194/06, NJW-RR 2008, 1042.
2071 LG Berlin v. 28.8.2001 – 64 S 107/01, NZM 2002, 787; OLG Düsseldorf ZMR 1992, 446.
2072 LG Berlin v. 28.8.2001 – 64 S 107/01, NZM 2002, 787; OLG Dresden NJW-RR 1997, 395.
2073 BGH NJW 1993, 335.
2074 BayObLG ZMR 1985, 93.
2075 OLG Düsseldorf DWW 1993, 197 ff.
2076 *Neuhaus*, ZAP 2014, Fach 4 S. 1595 ff.
2077 Ausführliche Darstellung *Neuhaus*, ZAP 2014, Fach 4 S. 1595 ff.
2078 BGH ZMR 1987, 257, 259; ZMR 2002, 735, 738 m.w.N.
2079 BGH NJW 1985, 480.
2080 OLG Dresden NJW-RR 1997, 395; OLG Naumburg ZMR 2000, 383 f.
2081 OLG Brandenburg ZMR 2009, 841; OLG Hamm ZMR 1988, 260 f.; OLG Hamburg MDR 1967, 845.
2082 *Strauch*, NZM 2011, 392, 394.
2083 BGH ZMR 2005, 844 ff.; siehe dazu auch *Hoff*, ZMR 2006, 415.
2084 BGH NJW-RR 1987, 906.
2085 BGH NJW 2001, 2331.
2086 *Dose*, NZM 2009, 381.
2087 Siehe *Harz/Schmid*, ZMR 1999, 593.
2088 *Wolf/Eckert/Ball*, Handbuch des gewerblichen Miet-, Pacht- und Leasingrechts, 7. Aufl., Rn 407 (in der 9. Aufl. wird diese Grenze nicht mehr genannt).
2089 *Bub/Treier*, Handbuch der Geschäfts- und Wohnraummiete, 3. Aufl., II Rn 1325 ff.
2090 KG v. 21.1.2008 – 12 W 90/07, NJOZ 2008, 3011.
2091 OLG Brandenburg v. 4.9.2006 – 3 U 78/06, ZMR 2006, 853.
2092 OLG Düsseldorf v. 28.5.2009 – 10 U 2/09, IMR 2010, 97.

1053 Formularvertraglich möglich ist, eine Kautionsvereinbarung in Höhe der siebenfachen Nettomiete bei längerem Gewerbemietverhältnis zu vereinbaren. Etwas anderes gilt nur dann, wenn die Kautionsabrede schikanös außerhalb eines nachvollziehbaren Sicherungsinteresses des Vermieters festgesetzt ist.[2093]

1054 Die Stellung einer Kautionsbürgschaft auf **erstes Anfordern** darf formularmäßig gefordert werden. Dem steht nicht entgegen, dass der Vermieter zugleich berechtigt sein soll, sich während der Mietzeit aus der Kaution zu befriedigen und Wiederauffüllung zu verlangen.[2094] Die formularmäßige Abbedingung der Rechte des Bürgen gemäß § 770 Abs. 2 BGB ist unwirksam, wenn die Gegenforderung des Hauptschuldners unbestritten ist oder rechtskräftig festgestellt wird.[2095]

1055 Unwirksam ist, die Forthaftung des Veräußerers gemäß § 566a Abs. 2 BGB auszuschließen.[2096]

XX. Kündigungsregelungen

1056 Die Kündigungsrechte für außerordentliche Kündigungen können formularmäßig erweitert werden, sofern § 307 BGB beachtet ist.

Die Klausel, die den Verpächter zur fristlosen Kündigung berechtigt, „wenn der Pächter mit der Zahlung **einer** Pachtzinsrate ganz oder teilweise länger als einen Monat nach Zahlungsaufforderung trotz schriftlicher Mahnung im Rückstand ist", ist unwirksam.[2097]

1057 Zu Ungunsten des Mieters kann die Regelung des § 543 Abs. 2 S. 1 Nr. 3 BGB nicht abbedungen werden.[2098] Hinsichtlich weiterer Einzelfälle siehe die entsprechenden Ausführungen in der Literatur.[2099]

XXI. Sonderkündigungsrecht

1058 Wirksam ist, in einem langfristigen Gewerbemietvertrag ein vorzeitiges Sonderkündigungsrecht mit der Folge unterschiedlich langer Bindung der Vertragsparteien an die Vertragszeit zu vereinbaren.[2100]

XXII. Kollision mieterseits gestellter Vertragsverlängerungs- und Optionsklausel

1059 Die **Unklarheitenregel** findet auch bei mieterseits gestellten Vertragsbedingungen Anwendung.[2101]

XXIII. Konkurrenzschutz

1060 Die Klausel „*Konkurrenz- und Sortimentsschutz ist ausgeschlossen.*" ist wirksam,[2102] ebenso „*Die Vertragsschließenden sind sich darüber einig, dass die Vermieterin nicht verpflichtet ist, dem Mieter Konkurrenz- oder Sortimentsschutz irgendwelcher Art zu gewähren.*".[2103] Zum nachvertraglichen Konkurrenzverbot siehe die Entscheidung des OLG Düsseldorf.[2104] Die Rechtsprechung stellt immer auf den konkreten Einzelfall ab, wenn geprüft wird, ob ein Verstoß gegen den Konkurrenzschutz vorliegt.[2105]

XXIV. Lastschrifteinzug

1061 Der Mieter kann am Lastschriftverfahren durch formularmäßige Erteilung einer Einzugsermächtigung teilnehmen.[2106] Dies soll auch für das SEPA-Basis-Lastschriftmandat gelten.[2107]

XXV. Mietminderung

1062 Grundsätzlich kann das Minderungsrecht formularmäßig eingeschränkt werden.[2108] Nicht wirksam ist jedoch der vollständige Ausschluss der Gewährleistungsrechte und der endgültige Ausschluss der Minderung.[2109] Kardinalpflichten, insbesondere die Pflicht des Vermieters, dem Mieter die Mietsache zu einem im vertragsgemäßen Gebrauch geeigneten Zustand zur Verfügung zu stellen und diesen Zustand zu erhalten, dürfen nicht ausgeschlossen werden, es sei denn, dies wird beschränkt auf vertragsuntypische und nicht vorhersehbare Schäden.

Das Rückforderungsrecht des Mieters nach § 812 BGB muss erhalten bleiben.[2110]

[2093] OLG Brandenburg v. 27.9.2006 – 3 U 78/06, NZM 2007, 402.
[2094] OLG Karlsruhe v. 2.7.2004 – 1 U 12/04, NZM 2004, 742.
[2095] BGH NJW 2003, 1521; KG ZMR 2006, 524 ff.
[2096] BGH v. 23.1.2013 – VIII ZR 143/12, NZM 2013, 230 (zu Wohnraum).
[2097] BGH VIII ZR 71/86, NJW 1987, 2506.
[2098] BGH NJW 2001, 3480, 3482; siehe auch BGH ZMR 2009, 19 ff.
[2099] *Harz/Schmid*, ZAP 2010, Fach 4 S. 1335 ff.
[2100] BGH v. 30.5.2001 – XII ZR 273/98, NZM 2001, 854.
[2101] BGH v. 14.2.2005 – XII ZR 241/03, NJW-RR 2006, 337.
[2102] OLG Düsseldorf – 10 U 165/91, ZMR 1992, 445 ff.
[2103] OLG Hamburg – 4 U 237/85, ZMR 1987, 94.
[2104] OLG Düsseldorf ZMR 2000, 451.
[2105] BGH v. 10.10.2012 – XII ZR 117/10, IMR 2012, 502; KG v. 2.9.2013 – 12 U 101/12, IMR 2013, 504.
[2106] BGH v. 23.1.2003 – 3 ZR 54/02, NJW 2003, 1237; BGH NJW 1996, 988.
[2107] *Horst*, NZM 2012, 337, 339.
[2108] BGH NJW-RR 1993, 519 ff.; BGH NJW 1984, 2404, OLG Köln v. 13.8.2012 – 1 U 49/12, IMR 2012, 507.
[2109] BGH v. 23.4.2008 – XII ZR 62/06, NZM 2008, 609.
[2110] BGH v. 12.3.2008 – XII ZR 147/05, NJW 2008, 2254; OLG Düsseldorf MDR 2005, 1045, a.A. OLG Köln v. 25.10.2013 – 1 U 19/13.

Zur Mietminderung wegen Umweltfehlern, hier Bauarbeiten auf dem Nachbargrundstück, siehe die Entscheidung des OLG Hamburg und des Kammergerichts.[2111] **1063**

Das Mietminderungsrecht des Mieters kann bei vorsätzlichem oder grob fahrlässigem Verzug des Vermieters mit der Mängelbeseitigung nicht wirksam eingeschränkt werden, wenn sich dies im Einzelfall auf Mängel erstreckt, deren Vermeidung durch den Vertragszweck unbedingt geboten ist (Kardinalpflicht).[2112] **1064**

Die Vertragsklausel muss dem Mieter eine Möglichkeit belassen, das Gleichgewicht zwischen Leistung und Gegenleistung wiederherzustellen.[2113]

Die Ankündigungsfrist von einem Monat für den Mieter ist zulässig.[2114]

Zum Minderungsrechtsausschluss siehe auch die dazu ergangene Rechtsprechung (vgl. auch Rn 1069).[2115] **1065**

Die Verpflichtung, den aus der Mietminderung streitigen Betrag auf einem Notaranderkonto zu hinterlegen, soll wirksam sein.[2116] **1066**

XXVI. Mietanpassung

Eine Mietanpassungsklausel unterliegt dem Transparenzgebot und muss Zeitpunkt und Anlass der Mietänderung hinreichend deutlich zum Ausdruck bringen.[2117] **1067**

XXVII. Mietzahlung

Unwirksam ist die Klausel, die den Mieter verpflichtet, die Miete bis zur Herstellung des vertragsgemäßen Zustands *vollständig geräumt, renoviert und ohne Schäden, wobei der natürliche Verschleiß ausgenommen bleibt,* zu zahlen.[2118] **1068**

XXVIII. Minderung

Unwirksam ist der völlige **Ausschluss** der Mietminderung infolge äußerer Einwirkungen.[2119] Bei positiver Kenntnis des Mieters von bevorstehenden äußeren Einwirkungen wird der Ausschluss in der Literatur als wirksam angesehen.[2120] Siehe zur Zugangsbehinderung durch hoheitliche Straßenbauarbeiten die Rechtsprechung des OLG Düsseldorf.[2121] **1069**

Zur Kenntnis des Mieters bei Abschluss des Mietvertrags von Bauarbeiten und der Auswirkung auf die Mietminderung siehe die Entscheidung des BGH.[2122]

Wirksam ist die Klausel „*Eine nicht ausdrücklich vom Vermieter zugestandene oder rechtskräftig bestätigte Mietminderung darf der Mieter nur vornehmen, wenn in Höhe des Minderungsbetrags zugleich eine Hinterlegung bei der Justizkasse eines Deutschen Gerichts durch ihn erfolgt*".[2123] **1070**

Unwirksam ist die Klausel zum Ausschluss der Mietminderung, wenn die Minderung durch Umstände bedingt ist, die der Vermieter nicht zu vertreten hat, z.B. Verkehrsumleitung, Straßensperrung, Bauarbeiten in der Nachbarschaft usw., da hier ein vollständiger Minderungsausschluss vorliegt und dem Mieter nicht die Möglichkeit der Rückforderung der Miete gemäß § 812 BGB bleibt.[2124] **1071**

Wirksam ist die Klausel „*Eine Aufrechnung ist lediglich mit unstreitigen oder rechtskräftig festgestellten Gegenforderungen zulässig.*". Auch die Klausel „*Eine Minderung ist nur dann zulässig, wenn die Minderung von der Vermieterseite aus anerkannt, mithin unstreitig oder dem Grunde und der Höhe nach rechtskräftig festgestellt ist.*" ist wirksam.[2125] **1072**

Ein formularmäßig wirksamer Ausschluss der Geltendmachung der Minderung durch Abzug von der Miete gilt über die rechtliche Beendigung des Mietvertrags und die Rückgabe der Mietsache hinaus fort (siehe auch Rn 1062 ff.).[2126]

XXIX. Nebenabrede/Schriftform

Nachträgliche mündliche Individualvereinbarungen haben Vorrang vor Schriftformklauseln (siehe auch Rn 1076 ff.).[2127] **1073**

2111 OLG Hamburg v. 2.4.2003 – 4 U 57/01, ZMR 2004, 432; KG NJW-RR 2008, 1042.
2112 OLG Naumburg v. 12.8.1999 – 2 U (Hs) 34/98, NZM 2000, 1183.
2113 OLG München ZMR 1987, 16; LG Hamburg NZM 2004, 948.
2114 OLG Koblenz IBRRS 535538.
2115 KG v. 14.2.2002 – 8 U 8204/00, NJW-RR 2002, 948; BGH v. 4.2.2009 – VIII ZR 66/08, NJW 2009, 1491; OLG Düsseldorf v. 31.5.2005 – 124 U 12/05.
2116 KG MDR 2013, 1338.
2117 BGH v. 27.6.2012 – XII ZR 93/10, IMR 2012, 369; BGH v. 9.5.2012 – XII ZR 79/10, NZM 2012, 457.
2118 OLG Düsseldorf v. 28.5.2002 – 24 U 133/01, NZM 2002, 742.
2119 KG v. 12.11.2007 – 8 U 194/06.
2120 *Blank*, WuM 2012, 175.
2121 OLG Düsseldorf NZM 1998, 481.
2122 BGH NZM 2003, 718.
2123 KG v. 16.3.2009 – 8 U 112/08, NJOZ 2010, 148.
2124 BGH v. 23.4.2008 – XII ZR 62/06, NZM 2008, 609.
2125 OLG Düsseldorf v. 8.6.2006 – 10 U 159/05, NJOZ 2006, 2981.
2126 OLG Hamm v. 11.2.1998 – 30 U 70/97.
2127 BGH v. 21.9.2005 – XII ZR 312/02, NJW 2006, 138.

XXX. Rechtzeitigkeitsklausel

1074 Eine formularmäßige Rechtzeitigkeitsklausel, die bestimmt, dass es für die Zahlung des Mietzinses auf die Rechtzeitigkeit des Eingangs beim Vermieter ankommt, begegnet keinen Bedenken.[2128]

XXXI. Salvatorische Klausel

1075 Eine allgemeine salvatorische Klausel (Erhaltungs- und Ersetzungsklausel) verpflichtet die Vertragsparteien nicht zur Nachholung nicht gewahrter Schriftform.[2129]

Die auch formularmäßig unbedenkliche Erhaltungsklausel kann von einer ggf. zugleich vereinbarten AGB-rechtlich bedenklichen Ersetzungsklausel inhaltlich getrennt werden.[2130] Sie ist aus sich heraus verständlich und wirksam.[2131]

Hinsichtlich weiterführender Erläuterungen siehe Stichwort „Salvatorische Klauseln".

XXXII. Schriftform

1076 Eine Mietvertragskündigung (kein Hinweis, ob formularmäßige Klausel) durch Telefax im Urlaub ist trotz Einschreibeabrede wirksam.[2132]

1077 Nachträgliche mündliche Individualvereinbarungen gehen Schriftformklauseln vor.[2133] Ein mündlicher Mietaufhebungsvertrag ist trotz Schriftformklausel wirksam.[2134]

Formularmäßig wirksam kann vereinbart werden: *„Die Vertragsparteien verpflichten sich gegenseitig, jederzeit alle Handlungen vorzunehmen und Erklärungen abzugeben, die erforderlich sind, um dem Schriftformerfordernis insbesondere im Zusammenhang mit dem Abschluss von Nachtrags- und Ergänzungsverträgen Genüge zu tun, und bis dahin den Mietvertrag nicht unter Berufung auf die Nichteinhaltung der Schriftform vorzeitig zu kündigen".*[2135] Diese Verpflichtung soll jedoch nicht auf den Grundstückserwerber übergehen.[2136] Die Vereinbarung einer sog. „Schriftformvorsorgeklausel" ist auch formularvertraglich wirksam.[2137]

1078 Zur Wahrung der Schriftform bei fehlerhafter Bezeichnung des Mieters siehe die Entscheidung des OLG Hamm.[2138]

1079 Die fehlende Beifügung von Skizzen ohne rechtsgeschäftlichen Erklärungswert beeinträchtigt die Einhaltung der Schriftform nicht.[2139]

Die formularmäßige Bindefrist für die Vertragsannahme von über einem Monat in einem Vertrag über ein noch zu errichtendes Einkaufszentrum ist angemessen. Unschädlich ist auch, wenn vom Anbietenden die Annahmefristen nur in Begleitschreiben, nicht in den Urkunden des Mietvertrags selbst enthalten sind.[2140]

Eine im Vertrag enthaltene Schriftformklausel hindert die Parteien nicht, das Mietverhältnis formlos wirksam fortzusetzen.[2141]

1080 Unwirksam ist eine Schriftformklausel, die bestimmt, dass eine Abweichung von der Schriftformklausel gleichfalls der Schriftform bedarf.[2142]

Zur **doppelten Schriftform** siehe die Entscheidungen des OLG Rostock[2143] und OLG Frankfurt.[2144]

XXXIII. Schuldmitübernahme

1081 Die Schuldmitübernahme des vorherigen Mieters für die Verpflichtungen des Nachmieters ist durch Formularklausel zulässig, wenn diese nicht über die eigene Verpflichtung des vorherigen Mieters hinsichtlich Laufzeit und Miethöhe hinausgeht.[2145]

XXXIV. Sicherungsabtretung einer Untermietforderung

1082 Die Wirksamkeit der Vorausabtretung einer Untermietforderung ist streitig; teilweise wird die Wirksamkeit der Abtretung des Untermietzinses in Höhe der Miete abgelehnt, wegen mangelnder Bestimmtheit[2146] teilweise bejaht.[2147] Die Abtretung künftiger Forderungen ist grundsätzlich zulässig.[2148]

2128 BGH v. 24.6.1998 – XII ZR 195/96, NJW 1998, 2664.
2129 BGH v. 25.7.2007 – XII ZR 143/05.
2130 BGH ZMR 2005, 691.
2131 BGHZ 145, 203, 212 zu Kfz-Handel.
2132 BGH v. 21.1.2004 – XII ZR 214/00.
2133 BGH v. 21.9.2005 – XII ZR 312/02, NJW 2006, 138.
2134 OLG Düsseldorf v. 5.4.2001 – 10 U 36/00, NZM 2001, 591.
2135 KG v. 13.12.2006 – 8 U 51/06, NZM 2007, 402.
2136 BGH v. 22.1.2014 – XII ZR 68/10, NJW 2014, 1087.
2137 OLG Hamm v. 26.6.2013 – 30 U 82/12, IMR 2013, 329.
2138 OLG Hamm v. 11.3.1998 – 33 U 89/97, NZM 1998, 720.
2139 OLG Hamm v. 11.3.1998 – 33 U 89/97, NZM 1998, 720.
2140 KG v. 27.3.2006 – 8 U 57/05, NZM 2007, 86.
2141 BGH v. 8.10.2008 – XII ZR 66/06.
2142 OLG Rostock v. 19.5.2009 – 3 U 16/09, BeckRS 2009, 20683.
2143 OLG Rostock v. 19.5.2009 – 3 U 16/09, BeckRS 2009, 20683.
2144 OLG Frankfurt v. 18.3.2013 – 2 U 179/12, IMR 2013, 330.
2145 OLG Düsseldorf NJW-RR 1994, 1015, entschieden zu Fernschreibanlage.
2146 OLG Hamburg v. 10.12.1997 – 4 U 98/97, ZMR 1999, 328.
2147 OLG Düsseldorf v. 6.3.2008, NZM 2009, 360 ff.
2148 BGH NJW-RR 2005, 1408.

XXXV. Teppichboden

Streitig ist, ob dem Mieter formularvertraglich aufgelegt werden kann, Teppichboden zu erneuern.[2149] Die Grundreinigung des Teppichbodens ist Teil der Schönheitsreparaturverpflichtung, nicht aber der Austausch.[2150]

1083

XXXVI. Übergabe

Formularmäßig möglich ist, zu vereinbaren, den Anspruch des Mieters auf Übergabe der Räume von der vollständigen Bezahlung der ersten Miete abhängig zu machen.[2151]

1084

XXXVII. Übergabetermin

Schadensersatzansprüche des Gewerberaummieters wegen Nichteinhaltens des Übergabetermins durch den Vermieter können formularvertraglich auf Vorsatz oder grobe Fahrlässigkeit beschränkt werden.[2152]

1085

XXXVIII. Umsatzmiete

Die Vereinbarung über eine Umsatzmiete kann formularvertraglich erfolgen.[2153]

1086

XXXIX. Untervermietung

Höchstrichterlich noch nicht abschließend geklärt ist, wieweit die Untervermietung durch Allgemeine Geschäftsbedingungen eingeschränkt werden kann. Der Ausschluss des Sonderkündigungsrechts des Mieters bei Verweigerung der Erlaubnis zur Untervermietung ist unwirksam, wenn eine Untervermietung nach der Vertragsgestaltung nicht ausgeschlossen ist, aber der Vermieter die erforderliche Erlaubnis nach Belieben verweigern kann.[2154] Möglich ist, zu vereinbaren „*Ohne Zustimmung der Vermieterin darf die Mieterin die Mietsache weder ganz noch teilweise untervermieten oder ihren Gebrauch Dritten in anderer Weise überlassen, insbesondere darf die Mietsache nicht zu einem Zweck benutzt werden, der den Interessen der Vermieterin entgegensteht*",[2155] wenn die Untervermietung andernfalls dazu führen würde, dass der Vermieter einen seiner weiteren Mieter als Untermieter an die Hauptmieterin verlieren würde. Das Sonderkündigungsrecht darf nicht ausgeschlossen werden, wenn Untervermietung im Vertrag nicht generell untersagt ist.[2156]

1087

XL. Vertragsstrafe

Die Vereinbarung ist zulässig. § 555 BGB gilt nicht für Geschäftsraummietverhältnisse, § 309 Nr. 6 BGB ist zugunsten eines Unternehmers nicht anwendbar. Die Vertragsstrafe muss in einem angemessenen Verhältnis zur Schwere des mit ihr geahndeten Verstoßes stehen.[2157] Die Festlegung eines Höchstbetrages ist nicht erforderlich. Unwirksam ist die Klausel in einem Gaststättenpachtvertrag, dass bei Zuwiderhandlung gegen eine Getränkebezugsverpflichtung eine Vertragsstrafe verwirkt ist, ohne dass es auf Verschulden ankommt.[2158] Unwirksam ist die Klausel „*Bei Nichteinhaltung des Vertrages wird eine Konventionalstrafe von DM 10.000,00 vereinbart*".[2159]

1088

Zur Sicherung einer Betriebspflicht kann eine Vertragsstrafe von 10 % der Monatsmiete für jeden Tag der Verletzung der Betriebspflicht nicht wirksam vereinbart werden.[2160]

1089

XLI. Vertragsübertragung

Die formularmäßige Klausel, die dem Verwender das Recht einräumt, seine vertragliche Stellung als Vermieter jederzeit auf eine andere Person zu übertragen, impliziert nicht per se eine unangemessene Benachteiligung. Es kommt auf die Umstände des Einzelfalls an.[2161]

1090

XLII. Verwaltungskosten

Verwaltungskosten können formularvertraglich umgelegt werden,[2162] dies darf jedoch nicht an unauffälliger Stelle erfolgen.[2163] Möglich ist, die Umlage von Verwaltungskosten unter den „sonstigen Betriebskosten" zu vereinbaren,

1091

2149 OLG Düsseldorf NJW-RR 1989, 663; OLG Stuttgart NJW-RR 1995, 1101; OLG Düsseldorf v. 1.10.2009 – I-10 U 58/09.
2150 BGH NZM 2009, 126 zu Wohnraum.
2151 OLG Düsseldorf v. 20.12.2001 – 10 U 145/00, NZM 2002, 563.
2152 OLG Düsseldorf 14.1.2008 – 24 U 95/07, NZM 2008, 893.
2153 OLG Brandenburg v. 23.3.2011 – 3 U 171/10, IMR 2011, 184.
2154 BGH XII ZR 172/94, NJW 1995, 2034; a.A. OLG Düsseldorf WuM 1994, 467 f.; BGH NJW 1987, 1692.
2155 OLG Düsseldorf v. 17.2.2005 – 10 U 144/04, NZM 2005, 421.
2156 BGH NJW 1995, 2034.
2157 BGH v. 12.3.2003 – XII ZR 18/00, ZMR 2003, 647.
2158 OLG Düsseldorf v. 8.6.2007 – I 24 U 207/06, MDR 2008, 136.
2159 OLG Hamburg v. 6.1.1988 – 4 U 36/87, ZMR 1988, 264.
2160 OLG Naumburg v. 26.7.2012 – 9 U 38/12, ZMR 2013, 36.
2161 BGH v. 9.6.2010 – XII ZR 17/08, NZM 2010, 705.
2162 OLG Hamburg ZMR 2003, 180.
2163 OLG Köln v. 18.1.2008, NZM 2008, 366; OLG Köln ZMR 2007, 39.

dies ist nicht überraschend i.S.v. § 305c BGB.[2164] Kosten der kaufmännischen und technischen Hausverwaltung können formularmäßig vereinbart werden.[2165]

XLIII. Vorrang der Individualabrede

1092 Zum Vorrang der Individualabrede siehe die entsprechende Entscheidung des OLG Düsseldorf.[2166]

XLIV. Werbegemeinschaft

1093 Die Höhe der Beiträge zu einer Werbegemeinschaft muss durch eine Höchstgrenze eingeschränkt werden.[2167] Zur Beitritts- und Beitragspflicht in einer Werbegemeinschaft siehe die hierzu weiter ergangenen Entscheidungen.[2168]

XLV. Zurückbehaltung

1094 Die Klausel „*Die Zurückbehaltung von Mietbeträgen bzw. Mietteilbeträgen sowie von Nebenkostenvorauszahlungen sowie die Aufrechnung mit Forderungen, soweit diese nicht vom Vermieter anerkannt oder rechtskräftig festgestellt werden, ist unzulässig.*" schränkt das Minderungsrecht des Mieters nicht ein.[2169]

XLVI. Zurückbehaltungsrecht

1095 Wirksam ist die Einschränkung der Ausübung des Zurückbehaltungsrechts auf die Fälle unstreitiger oder rechtskräftig festgestellter Forderungen.[2170]

Grundschulddarlehen

A. Einleitung 1096
B. Sicherungszweckerklärung 1099
   I. Überraschungscharakter gemäß § 305c Abs. 1 BGB 1100
II. Inhaltskontrolle gemäß § 307 BGB 1110
III. Vollstreckungsunterwerfungserklärung 1115
IV. Bedingungen über den Rückgewähranspruch 1121

A. Einleitung

1096 Bei einem Grundschulddarlehen handelt es sich um ein Darlehen, dessen Rückzahlung durch eine Grundschuld abgesichert ist. Nach der **Legaldefinition** des Gesetzgebers in § 1191 BGB liegt eine Grundschuld vor, wenn ein Grundstück in der Weise belastet wird, dass an denjenigen, zu dessen Gunsten die Belastung erfolgt, eine bestimmte Geldsumme aus dem Grundstück zu zahlen ist. Es handelt sich um ein **dingliches Grundstücksrecht**, aufgrund dessen der Eigentümer zur Befriedigung der abgesicherten Gläubigerforderung die Zwangsvollstreckung in sein Grundstück gemäß § 1192 i.V.m. § 1147 BGB dulden muss.[2171] Sicherungsgeber kann dabei sowohl der Schuldner selbst als auch ein Dritter sein. Anders als die Hypothek ist die **Grundschuld nicht akzessorisch** und damit vom Bestand der Hauptforderung unabhängig.[2172] Sie ist auch dann noch wirksam, wenn ihr keine zu sichernde Forderung mehr zugrunde liegt. Soweit die Grundschuld der Absicherung eines Darlehens dienen soll (Sicherungsgrundschuld), kann eine Verknüpfung nur über eine **schuldrechtliche Sicherungsabrede** hergestellt werden.[2173] Erst der Sicherungsvertrag stellt sicher, dass im Falle der Befriedigung des Gläubigers durch den Schuldner der Gläubiger verpflichtet ist, die als Sicherheit erhaltene Grundschuld wieder an den Sicherungsgeber herauszugeben (**schuldrechtlicher Freigabeanspruch**). Daneben enthält der Sicherungsvertrag üblicherweise Regelungen insbesondere über Voraussetzungen und Art und Weise der Sicherheitenverwertung bzw. -freigabe.

1097 Die §§ 305 ff. BGB sind zwar grundsätzlich auch auf dingliche Verfügungsgeschäfte anwendbar. Sowohl die materiell-rechtliche Einigung nach § 873 BGB über die Grundschuldbestellung als auch die Bewilligung nach § 19 GBO können Allgemeine Geschäftsbedingungen i.S.d. § 305 BGB enthalten.[2174] Die Grundschuldbestellungsurkunde unterliegt damit grundsätzlich der AGB-Kontrolle,[2175] für die jedoch wegen des zwingenden Charakters der auf die **dingliche Grundschuldbestellung** anwendbaren Vorschriften der §§ 1191 ff. BGB kaum Raum bleibt. In der AGB-Praxis bei Grundschulddarlehen ist daher regelmäßig nur der Sicherungsvertrag Gegenstand der richterlichen Prü-

---

2164 OLG Köln v. 18.1.2008 – 1 U 40/07, NZM 2008 366; siehe aber auch OLG Köln v. 24.6.2008 – 22 U 131/07, NZM 2008, 806.
2165 BGH v. 9.12.2009 – XII ZR 109/08, NJW 2010, 671.
2166 OLG Düsseldorf v. 1.6.2006 – 10 U 1/06, ZMR 2007, 35.
2167 BGH NJW 2006, 3057.
2168 OLG Hamburg ZMR 2004, 509 ff.; BGH NJW 2000, 1714, 1717; BGH NJW 2006, 3057.
2169 OLG Düsseldorf v. 7.1.1999 – 10 U 195/97, NZM 1999, 1006.
2170 BGH v. 15.12.2010 – XII ZR 132/09, NJW 2011, 514; siehe auch BGH NJW 1992, 575, 577; OLG Düsseldorf MDR 2005, 1045.
2171 MüKo/*Eickmann*, § 1191 Rn 1; Palandt/*Bassenge*, § 1191 Rn 1.
2172 Palandt/*Bassenge*, § 1191 Rn 1; vgl. zur Bedeutung der Akzessorietät: MüKo/*Eickmann*, § 1191 Rn 11.
2173 Palandt/*Bassenge*, § 1191 Rn 13.
2174 WLP/*Pamp*, Klauseln G 211.
2175 BGH WM 1991, 758.

fung, und zwar insbesondere die darin enthaltene Sicherungszweckerklärung.[2176] Die **Beweislast** für die Einbeziehung einer Sicherungszweckerklärung trägt nach allgemeinen Grundsätzen gemäß § 305 BGB der Gläubiger.[2177] Der Darlehensvertrag selbst richtet sich nach den §§ 488 ff. BGB. Soweit es sich um einen entgeltlichen Darlehensvertrag zwischen einem Verbraucher und einem Unternehmer handelt, sind die gemäß § 511 BGB zwingend ausgestalteten Vorschriften über Verbraucherdarlehensverträge der §§ 491 ff BGB anwendbar, sodass der Spielraum, der dem Verwender von Allgemeinen Geschäftsbedingungen gegenüber einem Verbraucher i.S.d. § 13 BGB bei ihrer Gestaltung zur Verfügung steht, auch bei Grundschulddarlehensverträgen erheblich eingeschränkt ist. Zu beachten ist aber, dass **§ 503 BGB** für alle **Immobiliardarlehensverträge**[2178] einschließlich der Grundschulddarlehen Sonderregelungen enthält. Die Vorschrift ersetzt seit der Verbraucherkreditrechtsreform,[2179] die am 11.6.2010 in Kraft getreten ist, die Regelung des § 497 Abs. 4 BGB a.F., geht aber noch über ihren Regelungsgehalt hinaus.[2180] Soweit es um die AGB-Kontrolle hinsichtlich der darlehensbezogenen Vertragsbedingungen geht, gelten daher die Ausführungen zu Darlehensverträgen für Immobiliardarlehensverträge mit folgender Einschränkung: Klauseln in Grundschulddarlehen sind gemäß § 503 Abs. 1 BGB nicht an §§ 497 Abs. 2 und 3 S. 1, 2, 4 und 5 sowie an §§ 499, 500 und 502 BGB zu messen. Damit können z.b. bei Grundschulddarlehen von sonstigen Verbraucherdarlehensverträgen abweichende Verzugs- und Kündigungsbedingungen in Allgemeine Geschäftsbedingungen aufgenommen werden.

Von der Rechtsprechung bislang nicht aufgegriffen wurde das Zusammenspiel von § 503 BGB und § 306 BGB. Soweit der Anwendungsbereich des § 503 BGB eröffnet ist, ist der Darlehensgeber teilweise von den zwingenden Vorschriften für Verbraucherdarlehensverträge befreit. Voraussetzung dafür ist, dass das Darlehen zu Bedingungen erfolgte, die für grundpfandrechtlich abgesicherte Verträge und deren Zwischenfinanzierung üblich sind. Zu diesen Bedingungen zählen neben den Zinskonditionen die Allgemeinen Geschäftsbedingungen, die dem Darlehensvertrag zugrunde liegen.[2181] Soweit die Bedingungen nicht „üblich" sind, findet die Ausnahmeregelung des § 503 BGB unabhängig davon, ob sie begünstigend oder benachteiligend ist, keine Anwendung. Das zwingende Verbraucherdarlehensrecht ist in diesem Fall uneingeschränkt auf Immobiliardarlehensverträge anwendbar, da Abweichungen von der gesetzlichen Regelung störungsgeeigneter sind.[2182] Bei Immobiliardarlehensverträgen kommt daher der **Prüfung von Allgemeinen Geschäftsbedingungen eine Doppelfunktion** zu. Ist eine Klausel gemäß § 305c BGB nicht Vertragsbestandteil geworden oder nach § 307 BGB unwirksam, bestimmt zwar § 306 BGB, dass der Vertrag im Übrigen wirksam bleibt. Allerdings stellt sich dann die Frage, ob es sich noch um einen Immobiliardarlehensvertrag zu „üblichen Bedingungen" handelt. Nur dann nämlich wäre der Vertrag teilweise von den zwingenden Verbraucherdarlehensvorschriften befreit.[2183]

1098

B. Sicherungszweckerklärung

In der Kreditpraxis werden bei Abschluss von Grundschulddarlehen ebenso wie bei einer Bürgschaft regelmäßig **formularmäßige Zweckerklärungen** verwendet, sodass die Ausführungen hierzu entsprechend für die Sicherungszweckerklärung einer Sicherungsgrundschuld – wenn auch mit einigen Ausnahmen – gelten (siehe Stichwort „Bürgschaft, Rn 764). Anders als der Bürge muss der Grundschuldgläubiger allerdings nicht den Verlust künftigen Vermögens befürchten, da seine **Haftung auf das Grundstück beschränkt** ist, wenn er nicht neben der Grundschuld auch die Haftung mit seinem persönlichen Vermögen erklärt hat.[2184]

1099

I. Überraschungscharakter gemäß § 305c Abs. 1 BGB

Soweit **persönlicher Schuldner und Sicherungsgeber identisch** sind, ist für den Sicherungsgeber überschaubar, in welcher Höhe er mit seinem Grundstück haftet. Eine weite Sicherungszweckerklärung ist in diesem Fall grundsätzlich nicht überraschend i.s.v. § 305c Abs. 1 BGB.[2185] Es ist aber auch grundsätzlich zulässig, die Haftung auf **alle künf-**

1100

2176 Im Bankgewerbe wird sie als Sicherungszweckbestimmungserklärung bezeichnet.
2177 KreditrechtKomm/*Joswig*, vor §§ 1113–1203 Rn 35.
2178 Auch Realkredit- oder Immobilienkreditverträge genannt.
2179 Vgl. Gesetz zur Umsetzung der Verbraucherkreditrichtlinie, des zivilrechtlichen Teils der Zahlungsdiensterichtlinie sowie zur Neuordnung der Vorschriften über das Widerrufs- und Rückgaberecht (VerbrKredRLUG) vom 29.7.2009, BGBl I 2009, S. 2355.
2180 Damit ist der deutsche Gesetzgeber über die Vorgaben der Verbraucherkreditrichtlinie (Richtlinie 2008/48/EG des Europäischen Parlaments und des Rates vom 23.4.2008 über Verbraucherkreditverträge und zur Aufhebung der Richtlinie 87/102/EWG des Rates, ABl EG v. 22.5.2008, Nr. L133, S. 66) hinausgegangen, die Immobiliardarlehensverträge gemäß Art. 2 Abs. 2 Buchst. a) ausdrücklich von ihrem Anwendungsbereich ausnimmt.

2181 Bülow/Artz/*Bülow*, Verbraucherkreditrecht, § 503 Rn 14.
2182 Bülow/Artz/*Bülow*, Verbraucherkreditrecht, § 503 Rn 14.
2183 Die Konsequenz kann hier nur skizziert werden. Würde man zu dem Ergebnis kommen, dass § 503 BGB bei Vorliegen unwirksamer Allgemeiner Geschäftsbedingungen nicht eingreift, so hätte der Darlehensnehmer auch bei einem Immobiliardarlehensvertrag ein Recht zur vorzeitigen Darlehensrückzahlung gemäß § 500 Abs. 2 BGB und der Darlehensgeber nur einen Anspruch auf Vorfälligkeitsentschädigung bis zur Kappungsgrenze des § 502 BGB.
2184 MüKo/*Wurmnest*, § 307 Rn 228.
2185 So BGHZ 101, 29, 32 = WM 1987, 802; BGH NJW 1997, 2677; BGH WM 1996, 2233, 2234; BGH WM 2005, 1076, 1078; UBH/*Schmidt*, Teil 3 (10) Rn 29; kritisch *Knops*, ZIP 2006, 1965, 1971.

tigen Forderungen des Sicherungsnehmers gegen den Sicherungsgeber zu erstrecken.[2186] War der **Anlass** für die Grundschuldbestellung eine konkrete Schuld des Sicherungsgebers, so verstößt jedoch eine weite Sicherungszweckerklärung gegen § 305c Abs. 1 BGB, wenn alle bestehenden und künftigen Forderungen auch gegen einen Dritten einbezogen werden.[2187] Zudem übernimmt der Sicherungsgeber in der Praxis häufig zugleich die **persönliche Haftung**.[2188] Während die Forderungserstreckung auf künftige Forderungen den Sicherungszweck erweitert, führt die persönliche Haftungsübernahme nicht zu einer Erweiterung des Sicherungszwecks hinsichtlich der Grundschuld.[2189] Die Haftungssumme wird hierdurch nicht verdoppelt, da die Erklärung regelmäßig so auszulegen ist, dass die persönliche Haftungsübernahme an die Inhaberschaft der Grundschuld gekoppelt ist.[2190] Nur wenn eine von der Inhaberschaft an der Grundschuld unabhängige Haftung begründet würde, wäre im Falle der Weiterübertragung der Grundschuld die Gefahr einer doppelten, unter Umständen sogar mehrfachen Inanspruchnahme gegeben. Eine Ausnahme hierzu gilt, wenn die persönliche Haftungsübernahme mit der Unterwerfung unter die sofortige Zwangsvollstreckung verbunden ist (siehe hierzu Rn 1115).

1101 Ist der **Sicherungsgeber nicht der persönliche Schuldner**, ist eine Sicherungszweckerklärung, wonach die Grundschuld auch solche über den Anlass der Grundschuldbestellung (Anlasskredit) hinausgehende Forderungen eines Dritten absichert, als überraschend i.S.v. § 305c Abs. 1 BGB eingestuft worden (**Anlassrechtsprechung**).[2191] Bei der Frage, was der Anlass der Sicherheitenbestellung war, soll es auf den Zeitpunkt der Zweckerklärung ankommen, wenn diese zeitlich nach der Grundschuldbestellung erfolgt ist.[2192] Das gilt auch, wenn der Dritte der **Ehegatte** des Sicherungsgebers ist.[2193] Aber auch dann, wenn der Dritte selbst Sicherungsgeber ist, kann eine über den Anlass der Grundschuldbestellung hinausgehende Sicherungszweckerklärung überraschen. Bestellen etwa **Miteigentümer** eines Grundstücks aus Anlass der Sicherung bestimmter gemeinsamer Verbindlichkeiten eine Grundschuld, ist die formularmäßige Sicherungsabrede, wonach die Grundschuld am eigenen Miteigentumsanteil auch alle bestehenden und künftigen Verbindlichkeiten des anderen Miteigentümers sichert, regelmäßig als überraschend einzustufen.[2194] Dies gilt gleichfalls, wenn die Miteigentümer an dem Grundstück Eheleute sind.[2195] Die familiäre Bindung ändert am Überraschungscharakter einer über den Anlass der Sicherheitenbestellung hinausgehenden Haftung nichts. Ebenso verhält es sich bei einer entsprechend weiten Zweckerklärung einer **Gesellschaft bürgerlichen Rechts**. Soll die von einer GbR eingeräumte Grundschuld auch sonstige private Darlehen der Gesellschafter sichern, ist dies für die GbR überraschend.[2196] Unwirksam ist in einem Formularvertrag die **gegenseitige Ermächtigung** mehrerer Sicherungsgeber die Sicherungsabrede zu erweitern.[2197] Daher sind **Nachfolgeklauseln** unwirksam, die die Schuld eines neuen Geschäftsinhabers in die Haftung einbeziehen.[2198]

1102 Darauf, ob das **Darlehen zweckgebunden** ist, kommt es nicht an. Eine formularmäßige Zweckerklärung, die den Sicherungszweck über den durch den Anlass des Geschäfts bestimmten Rahmen hinaus in einem nicht zu erwartenden Ausmaß erweitert, ist unabhängig davon überraschend, ob das zu sichernde Darlehen zweckgebunden ist.[2199] Der überraschende Charakter entfällt, wenn das Risiko künftiger von der Grundschuldhaftung erfasster Kreditaufnahmen durch den Schuldner für den Sicherungsgeber berechenbar und vermeidbar ist.[2200] Dies ist etwa dann der Fall, wenn Anlass der Sicherung eine fremde Schuld aus laufender Rechnung (**Kontokorrentkrediten**) war.[2201] In diesem Fall dient die Grundschuld nicht der Sicherung eines bestimmten Kredits oder Kreditverhältnisses, sodass es an einem konkreten „Anlass" fehlt.[2202] Die Namen aller Schuldner, deren Verbindlichkeiten der Sicherungsnehmer gesichert haben möchte, müssen in das Formular indessen nicht eingetragen werden.[2203]

1103 Soweit eine Sicherungszweckerklärung auf bereits **bestehende konkrete Forderungen erstreckt** wird, die nicht Anlass der Grundschuldbestellung gewesen sind, kommt es auf den Einzelfall an.[2204] Eine solche Erstreckung darf nach den konkreten Umständen und Verhältnissen, insbesondere nach dem äußeren Erscheinungsbild nicht so ungewöhnlich sein, dass der Vertragspartner mit ihr nicht zu rechnen braucht. Ein der Klausel innewohnender Überrumplungs-

---

2186 BGH NJW 1987, 2228.
2187 Palandt/*Bassenge*, § 1191 Rn 44.
2188 BGHZ 99, 274 = NJW 1987, 904; BGH WM 1990, 1927 = NJW 1991, 286; BGH WM 1992, 132 = NJW 1992, 971; BGH WM 2003, 64, 65 = NJW 2003, 885; BGH WM 2006, 87, 88.
2189 BGHZ 98, 256, 259 = NJW 1987, 319; UBH/*Schmidt*, Teil 3 (10) Rn 32.
2190 BGH ZIP 1992, 104, 105; BGH WM 1999, 1616.
2191 BGHZ 102, 152, 159 = WM 1988, 12; BGHZ 103, 72, 80 = WM 1988, 446; BGHZ 109, 197, 201 = WM 1989, 1926; BGH WM 1991, 60, 61; BGH WM 1992, 563; BGH WM 1995, 790; BGH WM 1995, 1663; BGHZ 131, 55, 60 = WM 1995, 2133; BGH WM 2000, 1328 = BGH WM 2001, 455 = NJW 2001, 1416; BGH WM 2002, 1117.
2192 BGH ZIP 1995, 727, 728.
2193 BGHZ 126, 174, 177; BGH WM 1999, 685, 686; BGH WM 2000, 1328; Palandt/*Bassenge*, § 1191 Rn 44.

2194 BGH WM 2002, 1117 = NJW 2002, 2710.
2195 BGHZ 106, 19; BGH NJW 1997, 2320, 2321; BGH NJW 1997, 2677.
2196 BGHZ 102, 52 = NJW 1988, 558.
2197 BGHZ 103, 72 = NJW 1988, 1375.
2198 UBH/*Schmidt*, Teil 3 (10) Rn 31.
2199 BGHZ 106, 19 = NJW 1989, 831; BGH WM 1992, 563, 564 = NJW 1992, 1822.
2200 BGHZ 100, 82, 84 = NJW 1987, 1885.
2201 BGHZ 100, 82, 84 = BGH NJW 1987, 1885; BGH WM 1987, 584 = NJW 1987, 946, 947.
2202 UBH/*Schmidt*, Teil 3 (10) Rn 28.
2203 BGHZ 102, 152 = NJW 1988, 558; BGH WM 1992, 563, 564 = NJW 1992, 1822.
2204 Zugelassen z.B. in BGH WM 2000, 1328 = NJW 2000, 2675.

effekt ist anzunehmen, wenn der Klauselinhalt bzw. ihre Bedeutung von den Erwartungen des Vertragspartners deutlich abweicht und dieser vernünftigerweise nicht mit einer solchen Erstreckung zu rechnen braucht. In der Rechtsprechung ist zum Beispiel anerkannt, dass die Erstreckung der Sicherungszweckerklärung auf Forderungen aus einer früheren Darlehensgewährung wirksam sein kann, wenn zwischen ihr und der Grundschuldbestellung mit formularmäßiger Zweckerklärung ein **unmittelbarer zeitlicher und sachlicher Zusammenhang** besteht.[2205] Eine neun bis zehn Monate nach Darlehensgewährung zusammen mit der Grundschuldbestellung formularmäßig getroffene Sicherungsvereinbarung etwa ist nach Auffassung des BGH noch nicht überraschend.[2206]

Nicht als überraschend eingestuft werden weite Sicherungszweckerklärungen, wenn eine **persönliche und wirtschaftliche Verflechtung von Eigentümer und Dritten** dies rechtfertigt.[2207] Das gilt aber nur dann, wenn diese so eng miteinander verbunden sind, dass das Risiko für den Sicherungsgeber ebenso kalkulierbar ist, wie für den Hauptschuldner.[2208] Der Sicherungsgeber muss in der Lage sein, auf die Begründung neuer Verbindlichkeiten des Hauptschuldners Einfluss zu nehmen, und die **Einflussnahme muss rechtlich abgesichert** sein.[2209] Es genügt nicht, wenn es sich bei dem Dritten um den Ehepartner[2210] oder einen Miteigentümer[2211] handelt und nur tatsächlich die Möglichkeit besteht auf die Begründung neuer Verbindlichkeiten durch den Hauptschuldner Einfluss zu nehmen.[2212] **1104**

Weite Sicherungszweckerklärungen, die etwa **Geschäftsführer und Allein- oder Mehrheitsgesellschafter** abgeben und die maßgeblichen Einfluss auf die Art und Höhe der gesicherten Geschäftsverbindlichkeiten der Gesellschaft haben, sind daher nicht unwirksam. Diese werden anders als **Minderheitsgesellschafter** von einer weiten Zweckerklärung in Allgemeinen Geschäftsbedingungen nicht überrascht, da sie weitere Kreditaufnahmen verhindern können.[2213] Weiten Sicherungszweckerklärungen von **Geschäftsführern und Vorstandsmitgliedern** juristischer Personen dürfte ebenfalls, zumindest soweit diese vertretungsberechtigt sind, kein Überraschungseffekt innewohnen. Nicht überraschend ist eine weite Sicherungszweckerklärung ferner auch, wenn es sich bei dem Sicherungsgeber um ein **mit Kreditgeschäften vertrautes Unternehmen** handelt.[2214] **1105**

Für die Frage, ob eine weite Sicherungszweckerklärung überhaupt überraschend i.S.d. § 305c Abs. 1 BGB ist, trägt der Sicherungsgeber die **Beweislast**.[2215] Er muss beweisen, dass der von ihm behauptete Anlasskredit tatsächlich Anlass für die Grundschuldbestellung gewesen ist.[2216] Ein **individueller Hinweis** auf die Rechtsfolgen einer weiten Zweckerklärung kann den Überraschungs- und Überrumplungseffekt ausschließen.[2217] Hierfür trägt nach allgemeinen Beweisgrundsätzen der Sicherungsnehmer die Beweislast, da es sich um einen für ihn günstigen Umstand handelt.[2218] **1106**

Sind im Laufe der Zeit für eine Grundschuld **mehrere Zweckerklärungen** abgegeben worden, so muss die Frage des zeitlichen und sachlichen Zusammenhangs mit einer bestimmten Darlehensgewährung für jede Zweckerklärung gesondert geprüft werden.[2219] Je größer der zeitliche Abstand zwischen der Darlehensgewährung und den für eine Grundschuld abgegebenen neuen formularmäßigen Zweckerklärungen ist, desto wahrscheinlicher ist es, dass der ursprüngliche, auf die Absicherung eines bestimmten Darlehens gerichtete Sicherungszweck durch einen anderen ersetzt oder erweitert worden ist.[2220] Der BGH hat bei der Prüfung einer neuen Zweckerklärung nach zwei Jahren und acht Monaten nach der Grundschuldbestellung nur noch auf den Anlass für die jüngste Sicherungsabrede und der ihr zugrunde liegenden Darlehensgewährung abgestellt.[2221] Die formularmäßige Ausdehnung auf alle bestehenden und künftigen Verbindlichkeiten eines Dritten bei Bestellung einer Grundschuld aus Anlass einer bestimmten Kreditaufnahme soll nicht überraschend sein, wenn die Grundschuld abgetreten wurde und zwischen der ursprünglichen **Abtretung** der Grundschuld und der neuen Zweckerklärung etwa sieben Jahre liegen.[2222] **1107**

Möglich ist es zudem, eine weite Zweckerklärung durch eine engere Zweckerklärung **später noch zu ergänzen**. Zugelassen hat der BGH[2223] eine Sicherungszweckerklärung, mit der die ursprüngliche Absicherung aller Forderungen aus der bankmäßigen Geschäftsverbindung einer Sparkasse auf die Forderung einer Bausparkasse zur Absicherung **1108**

2205 BGH WM 1995, 790 = NJW 1995, 1674.
2206 BGH WM 1996, 2233, 2234.
2207 KreditrechtKomm/*Joswig*, vor §§ 1113–1203 Rn 38; MüKo/*Wurmnest*, § 307 Rn 228.
2208 BGH BGHZ 100, 82, 86 = WM 1987, 586; BGH WM 1992, 563, 564 = NJW 1992, 1822.
2209 BGH WM 1992, 563, 565; BGH WM 2001, 455 = NJW 2001, 1416.
2210 BGHZ 109, 19, 24 = WM 1989, 88; BGH WM 1992, 563, 564 = NJW 1992, 1822; BGHZ 126, 174, 177 = NJW 1994, 2145; BGH WM 1999, 685, 686; BGH WM 2000, 1328 = NJW 2000, 2675; BGH WM 2001, 455, 456 = NJW 2001, 1416.
2211 BGH WM 2002, 1117 = NJW 2002, 2710.
2212 BGH WM 1992, 563, 565 = NJW 1992, 1822; BGH WM 2001, 455 = NJW 2001, 1416.
2213 BGH WM 2001, 455 = NJW 2001, 1416, unter Verweis darauf, dass diese für die Sicherungszweckerklärung einer Bürgschaft geltende Auffassung auch auf die Sicherungszweckerklärung bei einer Grundschuldbestellung übertragbar ist.
2214 BGHZ 100, 82, 85 = WM 1987, 586; BGH WM 1991, 1748, 1750 = NJW 1991, 3141.
2215 BGH WM 1995, 790 = NJW 1995, 1674.
2216 BGH WM 1996, 2233, 2234.
2217 BGHZ 131, 55, 59 = WM 1995, 2133, 2134; BGH WM 1997, 1615 = NJW 1997, 2677.
2218 BGHZ 109, 197 = NJW 1990, 576; BGH WM 1992, 563, 565 = NJW 1992, 1822.
2219 BGH WM 1995, 790 = NJW 1995, 1674.
2220 BGH WM 2001, 455 = NJW 2001, 1416.
2221 BGH WM 1992, 1648, 1649 = NJW 1993, 465.
2222 BGH WM 2001, 455 = NJW 2001, 1416.
2223 BGH WM 2008, 602.

eines Bauspardarlehens erstreckt wurde. Nach dem Wortlaut sei die „weite Zweckerklärung" aus dem ersten Darlehensvertrag durch eine „enge Zweckerklärung" ergänzt worden, die das gewährte Bauspardarlehen in die ursprüngliche Zweckvereinbarung einbeziehe. Derartige Erweiterungen des Sicherungszwecks seien üblich und angemessen.

1109 Tilgungsvereinbarungen lassen die Wirksamkeit der Sicherungsabrede unberührt.[2224] Der Sicherungsgeber kann vom Sicherungsnehmer weder erwarten, dass dieser dem Schuldner keine weiteren Kredite mehr gewährt, noch, dass er bei der Verrechnung von Teilleistungen des Schuldners seine eigenen Interessen hinter denen des Sicherungsgebers zurückstellt. Soweit eine zwischen den Kreditvertragsparteien vereinbarte Tilgungsreihenfolge dem Sicherungsgeber Vorteile bringt, kann er sich jedoch ohne Weiteres darauf berufen. Eine Bestimmung in AGB allerdings, wonach Zahlungen als auf die Forderung und nicht auf die Grundschuld erbracht gelten, damit die Grundschuld bestehen bleibt und zur Absicherung neuer Forderungen herangezogen werden kann, verstößt gegen § 308 Nr. 5 BGB.[2225] Das Recht zur Tilgungsbestimmung steht dem Eigentümer zu, sodass der Eigentümer zwar verpflichtet werden kann, zunächst nur auf die Forderung zu zahlen, eine Fiktion in diesem Sinne aber scheidet aus.[2226]

II. Inhaltskontrolle gemäß § 307 BGB

1110 In Literatur und Rechtsprechung ist umstritten, ob die Inhaltskontrolle für weite Sicherungszweckerklärungen bei Grundschulden eröffnet ist. Inhalt und Umfang einer schuldrechtlichen Zweckbindungserklärung sind gesetzlich nicht festgelegt. Sie unterliegen weitestgehend der freien Vereinbarung. Es gibt – anders als etwa für die Bürgschaft in § 767 Abs. 1 S. 3 BGB (siehe dazu Stichwort „Bürgschaft", Rn 768) – **kein gesetzliches Leitbild**.[2227] Die Rechtsprechung vertritt daher die Auffassung, dass Sicherungszweckerklärungen gemäß § 307 Abs. 3 BGB der Inhaltskontrolle entzogen sind und **§ 305c Abs. 1 BGB alleiniger Prüfungsmaßstab** ist.[2228]

1111 Diese Auffassung überzeugt nicht. Der sich aus der Sicherungsabrede ergebende Freigabeanspruch für den Fall der Gläubigerbefriedigung kann nicht abdingbar sein.[2229] Jeder Vertrag über die Bestellung einer Sicherheit begründet auch ohne ausdrückliche Vereinbarung ein Treuhandverhältnis. Der Freigabeanspruch ergibt sich bei einer Auslegung des Sicherungsvertrags gemäß §§ 133, 157 BGB aus dem **fiduziarischen Charakter von Sicherungsrechtsgeschäften** und der Interessenlage der Vertragsparteien.[2230] Soweit Sicherheiten nicht nur vorübergehend nicht mehr benötigt werden, also eine endgültige Übersicherung vorliegt, ist ihr weiteres Verbleiben beim Sicherungsnehmer ungerechtfertigt. Es ist aber anerkannt, dass **allgemeine Rechtsgrundsätze** und die aus einer ergänzenden Vertragsauslegung resultierenden Pflichten und Rechte durchaus als Kontrollmaßstab gemäß § 307 Abs. 3 BGB heranzuziehen sind.[2231] Das vom BGH[2232] herangezogene Argument, der Grundschuldschuldner sei weniger **schutzwürdig** als ein Bürge, weil seine Haftung auf sein Grundstück und damit auf sein gegenwärtiges Vermögen beschränkt sei, rechtfertigt keinen Ausschluss der Inhaltskontrolle.[2233] Der Grundschuldschuldner könnte sogar doppelt in Anspruch genommen werden.[2234] Ferner bestimmt die durch das Risikobegrenzungsgesetz[2235] neu eingefügte Vorschrift des **§ 1192 Abs. 1a BGB**, dass für den Fall eines Grundschulderwerbs der Eigentümer Einreden, die ihm aufgrund des Sicherungsvertrags mit dem bisherigen Gläubiger gegen die Grundschuld zustehen oder sich aus dem Sicherungsvertrag ergeben, auch dem Erwerber entgegensetzen kann. Hierbei aber handelt es sich durchaus um eine **gesetzliche Regelung** i.S.d. § 307 Abs. 3 S. 1 BGB, sodass die Sicherungsabrede im Rahmen einer Grundschuldbestellung nicht von der Inhaltskontrolle der §§ 307 ff. BGB ausgenommen werden darf.[2236]

1112 Schließlich hat der BGH eine Klausel, durch die der Eigentümer, der nicht zugleich der persönlich haftende Schuldner ist, in der Grundschuldbestellungsurkunde **auch die persönliche Haftung** für die gesicherten Forderungen übernimmt, gemäß § 307 Abs. 2 Nr. 1 BGB (bzw. § 9 Abs. 2 Nr. 1 AGBG) als unwirksam angesehen.[2237] Bei der Übernahme der persönlichen Haftung handelt es sich um ein **abstraktes Schuldversprechen** i.S.v. § 780 BGB. Der Gläubiger braucht weder die Darlehensauszahlung noch das Bestehen des Darlehensrückzahlungsanspruchs zu beweisen, sondern es bleibt dem Schuldner überlassen, im Rahmen der Einrede aus § 821 BGB ihr Nichtbestehen zu beweisen. Für sich genommen ist eine solche Vereinbarung in AGB zwar nicht gemäß § 309 Nr. 12 BGB unwirksam, da sich die Beweislastumkehr aus der Wahl eines gesetzlichen Rechtsinstituts ergibt, soweit aber die Übernahme mit einer Grundschuldbestellung verknüpft wird, steht die Übernahme der persönlichen Haftung im Widerspruch zum Charak-

---

2224 BGH WM 1993, 1078 = NJW 1993, 2043, 2044.
2225 WLP/*Pamp*, Klauseln G 220.
2226 BGH NJW 1976, 2132, 2133.
2227 BGH WM 2002, 1117; *Kuntz*, AcP 209, 242, 272; Palandt/*Bassenge* § 1191 Rn 44; a.A. *Reinike/Tiedtke*, Kreditsicherung, Rn 1189.
2228 BGHZ 100, 82, 84 = WM 1987, 586; BGH WM 1991, 1748, 1750; BGH ZIP 1997, 1229; BGH WM 1996, 2233; BGH NJW 1997, 2677; BGH WM 2002, 1117; ebenso Palandt/*Bassenge*, § 1191 Rn 44; Bamberger/Roth/*Rohe*, § 1192 Rn 118; Erman/*Wenzel*, § 1191 Rn 32.
2229 BGHZ 137, 212 = WM 1998, 227; KreditrechtKomm/*Joswig*, vor §§ 1113–1203 Rn 43.
2230 BGHZ 124, 371, 375 ff.; BGHZ 124, 380, 384 ff. m.w.N.; BGHZ 133, 25, 30; BGH WM 1997, 1197, 1199; BGHZ 137, 212 = WM 1998, 227.
2231 MüKo/*Eickmann*, § 1191 Rn 40.
2232 BGH NJW 1997, 2677 = WM 1997, 1615.
2233 So auch Staudinger/*Coester*, § 307 Rn 334; MüKo/*Eickmann*, § 1191 Rn 40; *Tiedtke*, ZIP 1997, 1949, 1951; Staudinger/*Wolfsteiner*, vor §§ 1191 ff Rn 43.
2234 *Tiedtke*, ZIP 1997, 1949, 1951.
2235 Gesetz zur Begrenzung der mit Finanzinvestitionen verbundenen Risiken vom 12.8.2008, BGBl I 2008, S. 1666.
2236 KreditrechtKomm/*Joswig*, vor §§ 1113–1203 Rn 43.
2237 BGHZ 114, 9, 13 = WM 1991, 758.

ter der Grundschuld. Diese in dogmatischer Hinsicht hinkende Begründung macht aber deutlich, dass auch der BGH schon 1991 dazu tendiert hat, den Begriff der „Rechtsvorschriften" in § 307 Abs. 3 BGB weit auszulegen.

Neben einem Verstoß gegen § 305c Abs. 1 BGB kommt bei einer weiten Sicherungszweckabrede daher auch ein **Verstoß gegen § 307 Abs. 1 BGB** in Betracht. Hierfür streitet schließlich § 310 Abs. 3 Nr. 3 BGB, wonach vertragsbegleitende Umstände bei der Frage, ob eine Bestimmung in den Allgemeinen Geschäftsbedingungen bei Verbraucherverträgen eine unangemessene Benachteiligung beinhaltet, heranzuziehen sind. Dazu zählt eine **Überrumplungssituation**.[2238] Eine vorformulierte weite Sicherungszweckerklärung ist regelmäßig das Ergebnis von Vertragsverhandlungen, bei denen ein erhebliches Ungleichgewicht in der Verhandlungsstärke der Vertragsparteien der Regelfall war. Eine Überrumplungssituation begründet eine unangemessene Benachteiligung i.S.d. § 307 Abs. 1 BGB und zwar auch dann, wenn auf die Reichweite der Erklärung individuell hingewiesen wurde. § 305c Abs. 1 BGB ist nicht einschlägig.[2239] Soweit der Sicherungsgeber eine fremde Schuld sichert, ist eine weite Sicherungszweckerklärung über den Anlass der Sicherheitenbestellung hinaus vertragszweckwidrig i.S.d. § 307 Abs. 2 Nr. 2 BGB und stellt ein erhebliches Risiko dar.[2240] Dies gilt nur nicht, wenn es sich bei dem Sicherungsgeber um ein **mit Kreditgeschäften vertrautes Unternehmen** handelt. Gemäß § 310 Abs. 1 S. 2 BGB ist bei der Anwendung von § 307 BGB auf Allgemeine Geschäftsbedingungen, die gegenüber Unternehmen verwendet werden, auf die im jeweiligen Handelsverkehr geltenden Gewohnheiten und Gebräuche angemessene Rücksicht zu nehmen.

Rechtsfolge einer unwirksamen Sicherungszweckerklärung ist, dass ebenso wie im Rahmen einer Bürgschaftsübernahme an ihre Stelle eine im Wege der ergänzenden Vertragsauslegung zu ermittelnde Zweckerklärung tritt, die auf die Forderung, die Anlass der Grundschuldbestellung war, beschränkt ist (**Anlassrechtsprechung**).[2241] Insoweit gelten die zur Bürgschaft erfolgten Ausführungen entsprechend (siehe Stichwort „Bürgschaft", Rn 759, 765). Für den Fall, dass die Sicherungszweckerklärung die Forderungen Dritter einbezieht, ist sie nur insoweit unwirksam.[2242] Erklärt der Gläubiger, er werde die Grundschuld nur freigeben, wenn der Sicherungsgeber eine Verpflichtung erfüllt, die nicht Gegenstand der Sicherungsabrede ist, etwa weil die formularmäßige Vereinbarung über den Anlass der Bürgschaftsübernahme hinausgeht und damit insoweit unwirksam ist, verletzt er zudem eine Nebenpflicht aus dem Sicherungsvertrag und macht sich u.U. nach § 280 Abs. 1 BGB schadensersatzpflichtig.[2243]

III. Vollstreckungsunterwerfungserklärung

In den von der Kreditrechtspraxis verwendeten Grundschuldformularen findet sich regelmäßig eine Erklärung gemäß § 800 ZPO, mit der sich der Eigentümer (Sicherungsgeber) der **sofortigen Zwangsvollstreckung** unterwirft. Damit ist der dingliche Anspruch des Gläubigers gegen den Eigentümer aus der Grundschuld sofort durchsetzbar. Der Gläubiger braucht nicht zuerst die Duldung der Zwangsvollstreckung gemäß § 1147 BGB zu verlangen und ggf. hierauf Klage erheben. Er verschafft sich vielmehr durch eine einseitige Erklärung des Eigentümers einen dinglichen Titel und damit eine **vollstreckbare Urkunde** gemäß § 794 Abs. 1 Nr. 5 ZPO, die nur prozessrechtlichen Grundsätzen folgt.[2244] Die Erklärung ist nicht auf eine Änderung der materiellen Rechtslage gerichtet und hat daher keine materiell-rechtlichen Auswirkungen.[2245] Da das Gesetz selbst in § 800 BGB dies als eine Möglichkeit vorsieht, ist eine **dingliche Unterwerfungsklausel** in Allgemeinen Geschäftsbedingungen unabhängig davon zulässig, ob Eigentümer und persönlicher Schuldner identisch sind.[2246]

Ein Verstoß gegen § 305c Abs. 1 BGB scheidet bereits deswegen aus, weil der Sicherungsgeber aufgrund der notariellen Beurkundung und der damit einhergehenden Belehrung sowie der in der Regel **drucktechnischen hervorgehobenen** Gestaltung der Vollstreckungserklärung nicht überrascht wird. Etwas anders gilt nur dann, wenn sie an unerwarteter Stelle im Vertrag „versteckt" wird.[2247] Auch ein Verstoß gegen § 307 BGB etwa wegen einer Änderung der **Beweislast** kommt nicht in Betracht.[2248] Die Beweislast ist allein durch die materielle Rechtslage vorgegeben. Nach allgemeinen Regeln muss der Gläubiger in einem Rückforderungsprozess ebenso wie bei einer Klage auf die Leistung die anspruchsbegründenden Tatsachen darlegen und beweisen. Bedenklich dürfte entgegen der Auffassung des BGH[2249] eine Unterwerfungserklärung aber sein, wenn sie zugleich einen **Nachweisverzicht** hinsichtlich der Fälligkeit der Forderung enthält.[2250]

2238 MüKo/*Eickmann*, § 1191 Rn 39; a.A. *Kuntz*, AcP 209, 242, 273.
2239 KreditrechtKomm/*Joswig*, vor §§ 1113–1203 Rn 44; MüKo/*Eickmann*, § 1191 Rn 39.
2240 UBH/*Schmidt*, Teil 3 (10) Rn 29.
2241 BGHZ 131, 55, 60 = WM 1995, 2133, 2135 zur Bürgschaft.
2242 BGH WM 2002, 1117 = NJW 2002, 2710.
2243 OLG Karlsruhe WM 2013, 1072.
2244 BGHZ 108, 372, 375 = NJW 1990, 258; BGH WM 1981, 189; BGH WM 1985, 545 = NJW 1985, 2423; BGH WM 1996, 1735 = NJW 1996, 2792; BGH WM 2003, 2375 = NJW 2004, 62; BGH WM 1996, 1735 = NJW 1996, 2792.
2245 BGHZ 108, 372, 376 = NJW 1990, 258.
2246 BGHZ 114, 9 = WM 1991, 758; BGHZ 147, 203 = WM 2001, 1035 = NJW 2001, 2096.
2247 BGH WM 2006, 87, 88.
2248 BGHZ 147, 203 = WM 2001, 1035 = NJW 2001, 2096.
2249 BGH WM 2001, 2352 = NJW 2002, 138.
2250 MüKo/*Wurmnest*, § 307 Rn 228. Die Unwirksamkeit eines solchen Verzichts muss im Verfahren nach § 732 ZPO geltend gemacht werden (BGH NJW 2012, 1734).

1117 Problematisch sind formularmäßige Vollstreckbarkeitserklärungen, wenn sie mit Klauseln verbunden werden, mit denen sich der Sicherungsgeber der **Zwangsvollstreckung in sein sonstiges Vermögen** unterwirft.[2251] Vereinbaren Gläubiger und Schuldner, dass sich der Schuldner hinsichtlich der Höhe des Darlehens, der Zinsen und Nebenleistungen der sofortigen Zwangsvollstreckung in sein gesamtes persönliches Vermögen unterwirft, so handelt es sich um ein abstraktes Schuldversprechen i.S.d. §§ 780, 781 BGB, dass gemäß § 794 Abs. 1 Nr. 5 ZPO ein vollstreckbarer Titel ist. Die Unterwerfungserklärung hinsichtlich der persönlichen Haftung unterliegt ebenso wie diejenige in Ansehung der dinglichen Haftung der Inhaltskontrolle der §§ 307 ff. BGB. In beiden Fällen wird die sofortige Fälligkeit der Forderung bewirkt, womit materiell-rechtliche Rechtsfolgen verbunden sind.[2252] Soweit der **persönliche Schuldner zugleich Eigentümer** ist, wird nach ständiger Rechtsprechung ein Verstoß gegen § 307 Abs. 1 BGB abgelehnt.[2253] Denn der Anspruch aus der Grundschuld und derjenige aus dem abstrakten Schuldversprechen können nur alternativ geltend gemacht werden.[2254] Die Wahl, welcher Anspruch geltend gemacht wird, steht dem Gläubiger zu.[2255] Sind Schuldner und Eigentümer identisch, wird nur der **Sicherungswert** der Grundschuld erhöht.[2256] Da der Gläubiger mit Hilfe des Schuldversprechens nicht mehr verlangen kann als die gesicherte Forderung, sah die jüngere Rechtsprechung keine Anhaltspunkte dafür, eine oder beide Erklärungen als überraschend i.S.d. § 305c Abs. 1 BGB bzw. in ihr eine unangemessene Benachteiligung i.S.d. § 307 BGB zu sehen.[2257]

1118 Eine vorformulierte **Vollmachtserteilung** zur Abgabe einer Unterwerfungserklärung in der Grundschuldbestellungsurkunde ist immer ungewöhnlich und für den durchschnittlich geschäftserfahrenen Kunden überraschend i.S.d. § 305c Abs. 1 BGB.[2258] Folgt man der Auffassung des BGH,[2259] ist der Überraschungseffekt der dinglichen Unterwerfungserklärung deswegen nicht gegeben, weil ihr regelmäßig eine notarielle Belehrung über die Bedeutung der Klausel vorangegangen ist. Damit kommt es für die Frage nach einem Überraschungseffekt maßgeblich darauf an, ob der beurkundende Notar sowohl über die Tragweite der Übernahme als auch über die persönliche Haftung belehrt hat.

1119 Vor dem Hintergrund zahlreicher **Kreditverkäufe** im Rahmen der Finanzkrise hat das LG Hamburg im Klauselerteilungsverfahren eine Titelumschreibung abgelehnt, weil unter Berücksichtigung der mit Kreditverkäufen verbundenen Nachteile die formularmäßige Vollstreckungsunterwerfungserklärung für den Grundschuldschuldner unwirksam sei.[2260] Dieses Urteil wurde aufgehoben.[2261] Der BGH hat in einem Urteil aus dem Jahr 2010 festgestellt, dass eine formularmäßige Vollstreckungserklärung für sämtliche Grundschuldansprüche unabhängig von ihrer Bindung an den Sicherungszweck wirksam ist.[2262] Selbst dann, wenn die Bank die Darlehensforderung nebst Grundschuld frei an beliebige Dritte abtreten kann, stelle die formularmäßige Unterwerfung unter die sofortige Zwangsvollstreckung keine unangemessene Benachteiligung des Darlehensnehmers i.S.d. § 307 Abs. 1 BGB dar.[2263] Es existiere keine gesetzlich normierte Verpflichtung, dass ein Erkenntnisverfahren einer Vollstreckung vorausgehen muss. Dies ergebe sich aus dem Nebeneinander der Zwangsvollstreckung aus Urteilen gemäß § 704 ZPO und aus vollstreckbaren notariellen Urkunden gemäß § 794 Abs. 1 Nr. 5 ZPO. Durch die Möglichkeit der sofortigen Zwangsvollstreckung könne der Gläubiger das Insolvenzrisiko des Schuldners reduzieren. Sein hierauf gerichtetes Interesse sei auch gerechtfertigt, und dem Schutz des Schuldners sei durch die Möglichkeit vollstreckungsrechtlicher Rechtsbehelfe ausreichend Rechnung getragen.[2264] Die freie Abtretbarkeit von Darlehensforderungen sei ebenso erforderlich, da der Gläubiger ein berechtigtes Interesse habe, sich zu refinanzieren, Kreditrisiken zu verlagern oder sein Eigenkapital zu entlasten. Auch der durch das Risikobegrenzungsgesetz[2265] neu eingefügte § 799a ZPO geht von der Wirksamkeit solcher Vollstreckungsunterwerfungserklärungen aus, da er ausdrücklich die Möglichkeit der sofortigen Zwangsvollstreckung aus der vollstreckbaren Urkunde für einen anderen als den dort genannten Gläubiger vorsieht.[2266] Allerdings ist nach jüngst bestätigter Rechtsprechung des BGH die Unterwerfungserklärung gemäß

2251 *Joswig*, ZflR 2003, 533.
2252 BGHZ 99, 274, 282 = WM 1987, 228, 229; BGH WM 2001, 2352 = NJW 2002, 138; BGH WM 2003, 64 = NJW 2003, 885; BGHZ 177, 345 = WM 2008, 1679; kritisch: *Habersack*, NJW 2008, 3173, 3174.
2253 BGHZ 114, 9 = WM 1991, 758; BGH WM 1992, 132 = NJW 1992, 971; OLG Hamm WM 1998, 1230; OLG Braunschweig WM 1998, 1232.
2254 BGH WM 1999, 1616.
2255 A.A. *Derleder*, ZIP 2009, 2221.
2256 BGH WM 1997, 1242 = NJW 1997, 2233; BGHZ 147, 203 = WM 2001, 1035; *Clemente*, ZflR 2004, 497.
2257 Jüngst: BGH WM 2003, 2376 = NJW 2004, 62; BGHZ 177, 345 = WM 2008, 1679; BGHZ 177, 345 = WM 2008, 1679. Allerdings hatte der BGH in einem Beschl. v. 16.4.2009, WM 2009, 846 = BKR 2009, 333 m. Anm. *Bredow/Vogel*, diese Frage überraschend offengelassen.
2258 OLG Koblenz VuR 2002, 205 = WM 2003, 1228.
2259 BGHZ 99, 274 = NJW 1987, 904, 906; BGH NJW 2003, 885 für den Fall, dass eine Notariatsangestellte bevollmächtigt worden war.
2260 LG Hamburg, WM 2008, 1450 = BKR 2008, 338 m. Anm. *Koser*; diese Auffassung teilt *Schimansky*, WM 2008, 1049, 1051.
2261 BGH WM 2009, 846 = BKR 2009, 333 m. Anm. *Bredow/Vogel*.
2262 BGH WM 2010, 1022 = NJW 2010, 2041 m. Anm. *Lehleiter/Hoppe*, BKR 2010, 238 und *Freckmann*, BKR 2010, 275.
2263 BGH WM 2010, 1022 = NJW 2010, 2041 in Anlehnung an BGHZ 99, 274 = NJW 1987, 904 und BGHZ 177, 345 = WM 2008, 1679.
2264 BGH WM 2010, 1022 = NJW 2010, 2041.
2265 Gesetz zur Begrenzung der mit Finanzinvestitionen verbundenen Risiken vom 12.8.2008, BGBl I 2008, S. 1666.
2266 Insoweit bleibt jedoch abzuwarten, ob der Gesetzgeber – um Kreditverkäufen entgegen zu wirken – nicht doch eine Ergänzung der Neuregelung anstrebt. Vgl. KreditrechtKomm/*Joswig*, vor §§ 1113–1203 Rn 48.

§ 305c Abs. 2 BGB dahingehend auszulegen, dass nur Ansprüche aus einer treuhänderischen Grundschuld tituliert sind.[2267] Der Erwerber muss in diesem Fall seinen Eintritt in den Sicherungsfall nachweisen.[2268] Dies erfordert den **Eintritt in den Sicherungsvertrag**. Der Abtretung allein kann ein Fortbestand der treuhänderischen Bindung nicht entnommen werden.[2269] Die Prüfung, ob eine derartige Rechtsnachfolge eingetreten ist, erfolgt im Klauselerteilungverfahren.[2270]

Ist der **Eigentümer nicht der persönliche Schuldner**, wird bereits in der formularmäßigen Übernahme der persönlichen Haftung des Sicherungsgebers ein Verstoß gegen § 307 Abs. 1 BGB[2271] bzw. § 305c Abs. 1 BGB[2272] angenommen.

1120

IV. Bedingungen über den Rückgewähranspruch

Der sich aus der Sicherungsabrede ergebende Freigabeanspruch für den Fall der Gläubigerbefriedigung ist nicht abdingbar.[2273] Freigabeklauseln sind daher gemäß § 305c Abs. 2 BGB so auszulegen, dass ein Rückgewähranspruch bei jedweder Erledigung des Sicherungszwecks entsteht und nicht nur bei Erlöschen der Forderung.[2274] Auch ein Ausschluss des Rückgewähranspruchs für den Fall, dass der Sicherungsgeber wegen einer Zwangsversteigerung **nicht mehr der Eigentümer** ist, verstößt gegen § 307 Abs. 1 BGB.[2275] Da es jedoch möglich ist, die Erfüllung des Rückgewähranspruchs ebenso durch seine Abtretung an sich oder einen Dritten zu verlangen wie durch Löschung und Verzicht, ist es denkbar, die Erfüllung des Anspruchs auf eine der Alternativen zu beschränken. Im Falle der Zwangsversteigerung, wenn das Eigentum an dem belasteten Grundstück wechselt und das **Grundpfandrecht in das geringste Gebot** mit der Folge des Erlöschens der Grundschuld gemäß § 52 Abs. 1 S. 1 ZVG fällt, ist eine Erfüllung durch Verzicht oder Löschung allerdings nicht mehr möglich. Eine Klausel, wonach für den Fall, dass die persönliche Forderung nicht zur Entstehung gelangt oder erlischt, nur ein Anspruch auf Löschung oder Verzicht und **kein Übertragungsanspruch** zusteht, verstößt gegen § 307 Abs. 1 BGB, wenn die Geltung dieser Klausel nicht für den Fall ausgeschlossen ist, dass im Zeitpunkt der Rückgewähr das Eigentum an dem belasteten Grundstück durch Zuschlag in der Zwangsversteigerung gewechselt hat.[2276] Im Übrigen hindert eine solche Klausel die **Revalutierung der Grundschuld**, sodass bereits aus diesem Grund eine unangemessene Benachteiligung des Sicherungsgebers i.S.d. § 307 Abs. 1 BGB durch eine entsprechende Klausel anzunehmen ist.[2277] Ein berechtigtes Interesse des Gläubigers an einer solchen Vereinbarung besteht nicht.

1121

Möglich soll es nach der Rechtsprechung sein, eine Abtretung des Rückübertragungsanspruchs in AGB als Vorausabtretung zu vereinbaren.[2278] Diese Rechtsprechung ist nur schwer nachzuvollziehen, da es bei Vereinbarung einer Vorausabtretung letztlich zu einer erweiterten Haftung des Eigentümers kommt, die für diesen überraschend gemäß § 305c Abs. 1 BGB sein dürfte.[2279] Soweit es um die Abtretung des Rückgewähranspruchs an einen Dritten geht, kann die Abtretung unter einen **formularmäßigen Zustimmungsvorbehalt** der Bank gestellt werden. Dieser ist aber nur dann wirksam, wenn die Grundschuld nicht von dem Eigentümer bestellt wurde.[2280] Die Sicherungsabrede braucht keine Freigabeklausel zu enthalten.[2281] Ist der Eigentümer der Sicherungsgeber, so muss er im Falle einer Veräußerung die Möglichkeit haben, auch den Rückgewähranspruch zu übertragen, andernfalls würde ihm die Veräußerung ohne sachlich gerechtfertigten Grund erheblich erschwert.

1122

Ob eine Klausel wirksam ist, wonach die Bank nicht verpflichtet ist, bei einem **Zwangsvollstreckungsverfahren** die Grundschuld mit einem ihre schuldrechtlichen Ansprüche übersteigenden Betrag geltend zu machen oder sogar ganz oder teilweise auf die Grundschuld oder auf einen an ihre Stelle getretenen Geldbetrag zu verzichten und zwar auch bei Verwertung der Grundschuld außerhalb eines Zwangsversteigerungsverfahrens, hat der BGH offengelassen.[2282] Er hat hierzu lediglich festgestellt, dass für den Fall, dass der Grundstückserwerber eine in der Zwangs- oder Teilungsversteigerung bestehen gebliebene Grundschuld ablösen will, der Gläubiger aufgrund des durch die Sicherungsabrede begründeten Treuhandverhältnisses mit dem persönlichen Schuldner zur Verwertung der Grundschuld in der Weise verpflichtet ist, dass dieser von der persönlichen Schuld vollständig befreit wird.[2283]

1123

2267 So schon BGH NJW 2010, 2041 = WM 2010, 1022, bestätigt durch BGH NJW 2012, 2354.
2268 BGH NJW 2010, 2041 = WM 2010, 1022; vgl. hierzu *Clemente*, ZfIR 2010, 441; *Kesseler*, WM 2011, 486.
2269 BGH NJW 2012, 2354.
2270 BGH NJW 2010, 2041 = WM 2010, 1022 (XI. Zivilsenat). A.A. BGH NJW 2011, 2803 (VII. Zivilsenat), der die Auffasung vertritt, der Schuldner könne den Einwand der mangelnden treuhänderischen Bindung nur mit einer Klage nach § 768 ZPO geltend machen.
2271 So BGH NJW 1991, 1677.
2272 So OLG Oldenburg, WM 1991, 221.
2273 BGHZ 137, 212 = WM 1998, 227; KreditrechtKomm/*Joswig*, vor §§ 1113–1203 Rn 43, 50.
2274 Vgl. BGH NJW 1984, 169.
2275 BGHZ 106, 375, 380 = NJW 1989, 1349.
2276 BGH WM 1989, 490.
2277 MüKo/*Eikmann*, § 1191 Rn 131; Staudinger/*Wolfsteiner*, vor §§ 1191 ff. Rn 157; differenzierend *Clemente*, Recht der Sicherungsgrundschuld, 4. Aufl., Rn 579.
2278 BGH NJW 1985, 800, 802; BGH NJW 1990, 1177.
2279 So auch *Reithmann*, WM 1990, 1985, 1986.
2280 BGHZ 110, 241 = NJW 1990, 1601.
2281 BGHZ 137, 212 = WM 1998, 227.
2282 BGH WM 2011, 596.
2283 BGH WM 2011, 596.

1124 Weitergehende Pflichten im Hinblick auf zur Zeit der Ablösung nicht valutierte Grundschuldzinsen treffen nach Auffassung des BGH den Grundschuldgläubiger nicht. Die Vorinstanz hatte eine solche Klausel wegen eines Verstoßes gegen § 305c Abs. 1 BGB für unwirksam gehalten.[2284] Sie schließe die **Pflicht der Bank zur Geltendmachung von Grundschuldzinsen** auch für den Fall aus, dass die Bank hierbei vorsätzlich oder grob fahrlässig handelt.[2285] Eine solche Bestimmung sei für den Sicherungsgeber überraschend. Die Nichtgeltendmachung von Grundschuldzinsen führe lediglich zu einer Begünstigung fremder, nachrangiger Gläubiger zum Nachteil des Sicherungsgebers. Angesichts des zwischen ihnen durch die Grundschuldbestellung in Verbindung mit den jeweiligen Zweckbestimmungserklärungen begründeten Treuhandverhältnisses gebe es aber kein berechtigtes Interesse des Gläubigers. Selbst wenn man der Klausel ihren Überraschungscharakter absprechen wolle, verstoße die Klausel gegen **§ 309 Nr. 7b BGB**, weil sie eine Freizeichnung für die Haftung aus positiver Vertragsverletzung wegen Nichterfüllung der Interessenwahrungspflicht enthalte.

1125 Für die Erteilung einer Löschungsbewilligung oder einer löschungsfähigen Quittung kann in AGB kein Entgelt vereinbart werden. Eine derartige kontrollfähige **Preisnebenabrede** verstößt gegen § 307 BGB. Aus § 1192 Abs. 1 i.V.m. § 1144 BGB ist der Gläubiger zur Herausgabe der Urkunden, die zur Löschung erforderlich sind, gesetzlich verpflichtet. Die Vereinbarung einer Vergütung in AGB für gesetzlich geschuldete Leistungen ist nach ständiger Rechtsprechung unwirksam, wenn im Gesetz eine Vergütung nicht vorgesehen ist.[2286] §§ 369 und 897 BGB bestimmen nur, dass der Schuldner lediglich die Kosten hierfür trägt, nicht aber, dass ein Entgelt verlangt werden darf.

Handelsvertreter

Literatur zum Stichwort Handelsvertreter: *Bälz*, Der Ausschluss des Ausgleichsanspruchs in internationalen Handelsvertreterverträgen, NJW 2003, 1559; *Büchel/v. Rechenberg*, Handbuch des Fachanwalts Handels- und Gesellschaftsrecht, 2. Aufl. 2011; *Budde*, Das Ende der Einstandszahlung im Handelsvertreterrecht, DB 2005, 2177; *Ebenroth/Boujong/Joost/Strohn*, HGB, 2. Aufl. 2008; *Emde*, Handelsvertreterrecht – Relevante Vorschriften bei nationalen und internationalen Verträgen, MDR 2002, 190; *Emde*, Vertriebsverträge – Wirksame und Unwirksame AGB-Klauseln, MDR 2007, 994; *Ensthaler*, HGB, 7. Aufl. 2007; *Flohr/Wauschkuhn*, Kommentar zum Vertriebsrecht, 2014; *Hagemeister*, Die Abdingbarkeit des Ausgleichsanspruchs bei ausländischen Handelsvertretern und Vertragshändlern, RIW 2006, 498; *Hepting/Detzer*, Die Abdingbarkeit des Ausgleichsanspruchs ausländischer Handelsvertreter und Vertragshändler, insbesondere durch Allgemeine Geschäftsbedingungen, RIW 1998, 337; *Kindler*, Neues deutsches Handelsvertreterrecht aufgrund der EG-Richtlinie, RIW 1990, 358; *Koller/Roth/Morck*, HGB, 7. Aufl. 2011; *Küstner/Thume*, Handbuch des gesamten Außendienstrechts, Band 1, Das Recht des Handelsvertreters (ohne Ausgleichsanspruch), 4. Aufl. 2012; *Küstner/Thume*, Handbuch des gesamten Außendienstrechts, Band 2, Der Ausgleichsanspruch des Handelsvertreters, 9. Aufl. 2014; *von Mangoldt/Klein/Starck*, Kommentar zum Grundgesetz, Band I, 6. Aufl. 2010; *Mankowski*, Der Ausgleichsanspruch des international tätigen Handelsvertreters, MDR 2002, 1352; *Preis/Stoffels*, Die Inhaltskontrolle der Verträge selbstständiger und unselbstständiger Handelsvertreter, ZHR 160 (1996), 442; *Reithmann/Martiny*, Internationales Vertragsrecht, 7. Aufl. 2010; *Schmidt*, Vertragsfreiheit und Handelsvertreterrichtlinie, ZHR 156 (1992), 512; *Staudinger*, Die ungeschriebenen kollisionsrechtlichen Regelungsgebote der Handelsvertreter-, Haustürwiderrufs- und Produkthaftungsrichtlinie, NJW 2001, 1974; *Thume*, Der Provisionsanspruch des Handelsvertreters: Grenzen der Vertragsgestaltung, BB 2012, 975; *Westphal*, Provisionskollision durch Zusammenwirken mehrerer Handelsvertreter für einen Geschäftsabschluss, BB 1991, 2027; *Westphal*, Einstandszahlungen des Handelsvertreters, MDR 2005, 421; *Graf v. Westphalen*, Handelsvertreterrecht und AGB-Gesetz (I), DB 1984, 2335; *Graf v. Westphalen*, Handelsvertreterrecht und AGB-Gesetz (II), DB 1984, 2392; *Wauschkuhn/Fröhlich*, Der nachvertragliche Provisionsanspruch des Handelsvertreters, BB 2010, 524

A. Einführung 1126	B. Einzelfälle 1141
I. Rechtsrahmen der AGB-Kontrolle im Handelsvertreterrecht 1126	I. Einstandszahlung 1141
1. Sachlicher Anwendungsbereich 1126	II. Änderungsvorbehalt zugunsten des Verwenders .. 1144
2. Persönlicher Anwendungsbereich 1129	1. Vertragsgebiet 1145
a) Der unternehmerische Handelsvertreter (§ 84 HGB) 1129	2. Kundenkreis 1148
b) Unselbstständige Vertriebsmittler 1131	3. Produkte 1150
c) Handelsvertreter im Nebenberuf (§ 92b HGB) 1132	4. Provision 1152
d) Handelsvertreter außerhalb EG/EWiR (§ 92c Abs. 1 HGB) 1133	III. Provision 1154
II. Allgemeine Bestimmungen des AGB-Rechts in ihrer Anwendung auf Handelsvertreter 1134	1. Vermittlungsprovision 1154
1. Objektive Auslegung 1134	a) Beschränkungen bei bloßer Mitursächlichkeit 1154
2. Transparenz 1135	b) Ausschluss der Bezirksvertreterprovision . 1155
3. Unwirksame Klauseln – Rechtsfolgen 1139	c) Provisionsanspruch erst bei Ausführung des Geschäfts durch den Dritten 1157
	2. Folgeprovision 1161
	3. Überhangprovision 1162
	4. Provisionen für nachvertragliche Geschäfte ... 1165

2284 OLG München WM 2010, 1459.
2285 Der BGH lehnt in der Berufungsinstanz eine solche Pflicht zur Geltendmachung von Grundschuldzinsen ab, vgl. BGH WM 2011, 596.
2286 BGHZ 114, 330, 383 = NJW 1991, 1953; BGHZ 124, 254, 256 = NJW 1994, 318; BGH NJW 1996, 2032 = WM 1996, 1080, 1082.

5. Nichtleistung des Kunden 1167	IX. Nachvertragliche Wettbewerbsabreden 1189
6. Sonstige Schmälerungen der Einkünfte des Handelsvertreters 1168	X. Geheimhaltung 1190
	XI. Vertragsstrafe 1191
IV. Abrechnung 1171	C. Verträge mit Handelsvertretern außerhalb EU und EWR 1194
V. Verjährung 1172	I. Maßstab der Inhaltskontrolle 1194
VI. Kündigung 1177	II. Einzelfälle 1199
1. Kündigungsfrist 1177	1. Ausgleichsanspruch 1199
2. Kündigungsgründe 1180	2. Nachvertragliches Wettbewerbsverbot 1201
VII. Wegfall der Exklusivität 1184	3. Kündigungsfristen 1203
VIII. Freistellung 1188	

A. Einführung

I. Rechtsrahmen der AGB-Kontrolle im Handelsvertreterrecht

1. Sachlicher Anwendungsbereich. Gegenstand der AGB-Kontrolle im Handelsvertreterrecht ist die Frage, ob **1126** und inwieweit von dispositiven Vorschriften des in §§ 84–92c HGB geregelten Handelsvertreterrechts abgewichen werden kann. Das Handelsvertreterrecht ist weithin zumindest zugunsten des Handelsvertreters **zwingend**.[2287] Soweit vertragliche Bestimmungen eines Handelsvertretervertrags gegen solche zwingenden Vorschriften verstoßen, sind sie nichtig (§ 134 BGB), gleichgültig ob sie individualvertraglich oder AGB-mäßig vereinbart sind. Ob sie gegen zwingende Vorschriften verstoßen, ist durch Auslegung zu ermitteln. Dabei ist § 305c Abs. 2 BGB zu beachten, wonach Zweifel bei der Auslegung Allgemeiner Geschäftsbedingungen zu Lasten des Verwenders gehen. Das ist in der Praxis zumeist – aber keineswegs immer – der Prinzipal. Ferner ist abweichend von den allgemeinen Auslegungsregeln das sog. „Verbot teleologischer Reduktion" von Bedeutung (siehe unten Rn 1139).

Soweit AGB gegen zwingendes Recht verstoßen, sind sie gemäß § 134 BGB nichtig. Wenn sie vom Prinzipal gestellt **1127** sind und gegen zwingende Vorschriften der §§ 84 ff. HGB verstoßen, werden sie in aller Regel auch „die Gegenseite" (den Handelsvertreter) unangemessen benachteiligen (§ 307 Abs. 1 BGB) und eröffnen daher den nach § 3 UKlaG berechtigten Stellen den Weg zu Unterlassungsklagen gemäß § 1UKlaG. Das gilt auch, wenn im Vertrag ein Handelsvertreter unrichtigerweise entgegen der Verkehrsauffassung als „Handelsvertreter im Nebenberuf" bezeichnet wird (§ 92b Abs. 2, 3 HGB).[2288] Im Übrigen stellen sich insoweit keine AGB-rechtlichen Fragen mehr. Eine zusätzliche Prüfung, ob die Regelung die Gegenseite „unangemessen benachteiligt" (§ 307 Abs. 1 BGB), erübrigt sich. Allerdings begründet der BGH verschiedentlich die Unwirksamkeit einer AGB-Klausel damit, dass die in ihr enthaltene Regelung gegen zwingendes Recht verstoße und deshalb „unangemessen" sei.[2289]

Der AGB-rechtlichen **Inhaltskontrolle** sind solche Bestimmungen entzogen, die lediglich **Leistung und Gegenleis- 1128 tung** im Verhältnis zwischen Prinzipal und Handelsvertreter regeln; denn insoweit handelt es sich nicht um Bestimmungen, die von Rechtsvorschriften abweichen oder diese ergänzen (vgl. § 307 Abs. 3 S. 1 BGB). Das AGB-Recht dient nicht der Preiskontrolle, weshalb die Höhe der vereinbarten Provision nicht kontrollfähig ist. Andererseits unterliegen aber **Preisnebenabreden** sehr wohl der AGB-Kontrolle.[2290] Zudem sind im Hinblick auf Preisnebenabreden, wie beispielsweise die Fälligkeit der Provision wiederum zwingende Regelungen der §§ 84 ff. HGB zu berücksichtigen. Weiterhin gilt das **Transparenzgebot** (siehe unten Rn 1135 ff.) auch für unmittelbare Leistungsbeschreibungen.

2. Persönlicher Anwendungsbereich. a) Der unternehmerische Handelsvertreter (§ 84 HGB). Handels- **1129** vertreter i.S.d. § 84 HGB ist, wer als **selbstständiger Gewerbetreibender** ständig mit der Vermittlung oder dem Abschluss von Geschäften für einen Dritten betraut ist. Auf solche Handelsvertreter (§ 310 Abs. 1 S. 1 BGB) finden die §§ 305 Abs. 2 und 3, 308 und 309 BGB grundsätzlich keine Anwendung. Etwas anderes soll nach teilweise vertretener Ansicht für sozial schutzbedürftige Einfirmenvertreter gelten.[2291] Diese Ansicht ist abzulehnen.[2292] Eine solche Auslegung findet weder in §§ 14, 310 Abs. 1 BGB eine Stütze noch in Art. 2c der Richtlinie 93/13 EWG des Rates über missbräuchliche Klauseln in Verbraucherverträgen.[2293] Durch § 310 Abs. 1 BGB soll der unternehmerische Geschäftsverkehr gerade von den starren Verboten der §§ 308, 309 BGB frei gehalten werden, ohne dass es auf den Um-

---

[2287] Vgl. §§ 85 S. 2; 86 Abs. 1, 2; 86a Abs. 1, 2; 86b Abs. 1; § 87a Abs. 1 S. 3; 87 a Abs. 2, 3, 4; 87c Abs. 1; 88a; 89 Abs. 1, 2; 89a; 89b Abs. 1–3; 90a Abs. 1–3 HGB.
[2288] BGH 18.4.2007 – VIII ZR 117/06 Rn 14.
[2289] Z.B. BGH 25.9.2002 – VIII ZR 253/99 Rn 131, BGHZ 152, 121; BGH 29.3.1995 – VIII ZR 102/94 Rn 30, BGHZ 129, 186.
[2290] BGH 12.5.2004 – VIII ZR 159/03 Rn 18 (Regelung über Bemessungsgrundlage für Provision ist kontrollfähige Preisnebenabrede); BGH 25.9.2002 – VIII ZR 253/99 Ls.

2, BGHZ 152, 121 (Abrede über die Aufteilung der Gesamtprovision auf einzelne verwaltende und werbende Tätigkeit); BGH 2.10.1981 – I ZR 201/79 (Ausschluss eines Rückzahlungsanspruchs für Vertragsschlussgebühr bei Kündigung noch während der Probezeit).
[2291] UBH/*Schmidt*, Handelsvertreterverträge Rn 1.
[2292] OLG Oldenburg 27.4.1989 – 1 U 256/88 Rn 9; *Preis/Stoffels*, ZHR 160 (1996), 442, 454 f.; WLP/*Dammann*, H 116.
[2293] ABl Nr. L 95 v. 21.4.1993, S. 29.

fang der unternehmerischen Tätigkeit des Vertragspartners des Klauselverwenders (die „andere Vertragspartei" i.S.v. § 305 Abs. 1 S. 2 BGB) ankommt.

1130 § 310 Abs. 1 BGB gilt auch dann, wenn der Abschluss des Handelsvertretervertrags der **Existenzgründung** des Handelsvertreters dient.[2294] Entsprechend richtet sich auch gegenüber Existenzgründern die Einbeziehung von AGB nicht nach den strengen Regeln des § 305 Abs. 2 BGB und finden auch die §§ 308, 309 BGB keine Anwendung. Dies wird auch durch die Rechtsprechung des EuGH zum EuGVÜ gestützt.[2295] Dass Unternehmer i.S.d. §§ 14, 310 Abs. 1 BGB auch ist, wer zum Zwecke der Existenzgründung Verträge abschließt, ergibt sich zudem im Umkehrschluss aus § 512 BGB, der bei Existenzgründungsdarlehen bis zu 50.000 EUR Existenzgründer Verbrauchern gleich stellt.

1131 b) **Unselbstständige Vertriebsmittler.** Auf Personen, die ohne selbstständig zu sein, ständig mit der Vermittlung oder dem Abschluss von Geschäften für einen Unternehmer betraut sind, finden die §§ 84 ff. HGB keine Anwendung. Solche unselbstständigen Vertriebsmittler sind Arbeitnehmer. Entsprechend kommen die §§ 308, 309 BGB zur Anwendung. Allerdings sind gemäß § 310 Abs. 4 S. 2 BGB die im Arbeitsrecht geltenden Besonderheiten zu berücksichtigen. Maßgeblich für die Einordnung als selbstständiger Handelsvertreter oder unselbstständiger Vertriebsmittler ist nach der Rechtsprechung eine alle Einzelumstände umfassende Gesamtbetrachtung.[2296] § 84 Abs. 1 S. 2 HGB stellt darauf ab, ob der Handelsvertreter im Wesentlichen frei ist, seine Tätigkeit zu gestalten und seine Arbeitszeit zu bestimmen. Daneben ist nach der Rechtsprechung für die Einordnung als selbstständiger Handelsvertreter weiterhin entscheidend, dass dieser nur eingeschränkt weisungsgebunden ist und eigenes unternehmerisches Risiko trägt.[2297] Eine den tatsächlichen Gegebenheiten widersprechende vertragliche Einordnung ist AGB-rechtlich unwirksam.[2298]

1132 c) **Handelsvertreter im Nebenberuf (§ 92b HGB).** Auf den Handelsvertreter im Nebenberuf finden unter anderem §§ 89, 89b HGB keine Anwendung (§ 92b Abs. 1 HGB). Es gelten die beschränkt dispositiven Kündigungsfristen des § 92b Abs. 1 S. 2 HGB. Allerdings ist eine Klausel, wonach eine Vertragskündigung nach einer Laufzeit von drei Jahren nur mit einer Frist von zwölf Monaten zum Ende eines Kalenderjahres zulässig ist, unwirksam.[2299] Dem Handelsvertreter im Nebenberuf steht kein Ausgleichsanspruch zu. Der Anspruch auf einen angemessenen Vorschuss (§ 87a Abs. 1 S. 2 HGB) kann ausgeschlossen werden. Ob eine Handelsvertretertätigkeit im Haupt- oder im Nebenberuf vorliegt, richtet sich allein nach der Verkehrsauffassung.[2300] Eine AGB-Klausel, die den Handelsvertreter zum Handelsvertreter im Nebenberuf herabstuft, ist ebenso wie eine individualvertragliche Regelung unwirksam, wenn diese Einstufung mit der Verkehrsanschauung nicht übereinstimmt. Die Unwirksamkeit kann mit der Verbandsklage geltend gemacht werden.[2301]

1133 d) **Handelsvertreter außerhalb EG/EWiR (§ 92c Abs. 1 HGB).** Haben Handelsvertreter ihre Tätigkeit außerhalb des Gebiets der Europäischen Gemeinschaft oder der anderen Mitgliedstaaten des Europäischen Wirtschaftsraumes[2302] auszuüben, so kann von allen Vorschriften der §§ 84–92b HGB abgewichen werden (siehe hierzu Rn 1194 ff.).

II. Allgemeine Bestimmungen des AGB-Rechts in ihrer Anwendung auf Handelsvertreter

1134 1. **Objektive Auslegung.** AGB sind „nach ihrem objektiven Inhalt und typischen Sinn so auszulegen, wie sie von verständigen und redlichen Vertragspartnern unter Abwägung der Interessen der normalerweise beteiligten Verkehrskreise verstanden werden".[2303] Entstehungsgeschichte oder individuelle oder einzelfallbezogene Umstände des Vertragsschlusses sind grundsätzlich nicht zu berücksichtigen.[2304] Auszugehen ist vom Wortlaut. Der Grundsatz beiderseitiger Interessengerechtigkeit ist zu beachten. Verbleibende Zweifel gehen zu Lasten des Verwenders (§ 305c Abs. 2 BGB). „Völlig fern liegende" Auslegungsmöglichkeiten haben außer Betracht zu bleiben.[2305] Verbleiben **mehrere Auslegungsmöglichkeiten**, so gilt:

(1) Ist die Bestimmung bei **allen** in Betracht kommenden Auslegungsmöglichkeiten **wirksam**, so ist sie im Sinne der Auslegung zu verstehen, die die Rechtsstellung der anderen Vertragspartei am wenigsten beeinträchtigt. Erlaubt beispielsweise ein vom Prinzipal gestelltes nachvertragliches Wettbewerbsverbot mehrere Auslegungen, unter denen es Bestand hat, so ist diejenige Auslegung maßgeblich, nach der das Wettbewerbsverbot für einen mög-

---

2294 BGH 24.2.2005 – III ZB 36/04 Rn 8, BGHZ 162, 253; OLG Oldenburg 27.4.1989 – 1 U 256/88 Rn 9; WLP/*Dammann*, H 116; UBH/*Schmidt*, Handelsvertreterverträge Rn 1; Flohr/Wauschkuhn/*Billing*, § 84 Rn 61; a.A. v. Westphalen/*v. Westphalen*, Handelsvertretervertrag Rn 5.
2295 EuGH 3.7.1997 – C-269/95.
2296 BGH 20.1.1964 – VII ZR 204/62; BAG 16.7.1997 – 5 AZB 29/96 Rn 26.
2297 BGH 4.3.1998 – VIII ZB 25/97 Rn 5; BAG 20.8.2003 – 5 AZR 610/02 Rn 16.
2298 WLP/*Dammann*, H 119; v. Westphalen/*v. Westphalen*, Handelsvertretervertrag Rn 6.
2299 BGH 21.3.2013 – VII ZR 224/12 Ls. 1.
2300 § 92 Abs. 3 HGB.
2301 BGH 18.4.2007 – VIII ZR 117/06 Rn 14 m.w.N.
2302 Island, Norwegen, Liechtenstein, vgl. Bekanntmachung vom 16.12.1993 über das Inkrafttreten des EWR-Ausführungsgesetzes (BGBl I 1993 S. 512) und des Gesetzes zur Anpassung des EWR-Ausführungsgesetzes (BGBl I 1993 S. 1666), BGBl I 1993, S. 2436.
2303 So die von der Rechtsprechung ständig verwandte Formel, vgl. BGH 29.4.2008 – KZR 2/07 (Erdgassondervertrag) Ls. 3 und Rn 18, 19, BGHZ 176, 244 m.N. aus Rechtsprechung und Literatur.
2304 Palandt/*Grüneberg*, § 305c Rn 16.
2305 So schon BGH 10.5.1994 – XI ZR 65/93 Rn 18.

lichst kleinen geografischen und sachlichen Bereich gilt. Das ist die in einem solchen Fall „zu Lasten des Verwenders" gehende Auslegung, die von § 305c Abs. 2 BGB gefordert wird.

(2) Ist die Bestimmung hingegen bei **einer** der in Betracht kommenden Auslegungen **unwirksam**, so ist ein Verständnis der Klausel in dem die Unwirksamkeit begründenden Sinn die zu Lasten des Verwenders gehende Auslegung. Ist beispielsweise das vorerwähnte Wettbewerbsverbot bei enger Auslegung wirksam, bei weiter Auslegung jedoch unwirksam, so wird es „zu Lasten" des Prinzipals ausgelegt, wenn man es im weiten Sinn versteht; denn in diesem Fall ist es unwirksam und begründet keine Einschränkungen für den Handelsvertreter. Die weite Auslegung, die dem Handelsvertreter nach ihrem Wortlaut die stärksten Beschränkungen auferlegt, ist nicht notwendigerweise „kundenfeindlich". In Wirklichkeit mag sie ihn begünstigen, weil die weite Auslegung das Wettbewerbsverbot gänzlich zu Fall bringt,[2306] während eine enge Auslegung das Wettbewerbsverbot in wenigstens eingeschränktem Umfang halten würde.

2. Transparenz. AGB müssen „klar und verständlich" sein. Erfüllen sie das Transparenzgebot nicht, können sie schon deshalb die andere Vertragspartei unangemessen benachteiligen und sind dann unwirksam (§ 307 Abs. 1 S. 2 BGB). Die Klausel muss die wirtschaftlichen Nachteile und Belastungen, die sich daraus für die andere Vertragspartei ergeben, soweit erkennen lassen, „wie dies nach den Umständen gefordert werden kann".[2307] Der durchschnittliche Vertragspartner des Verwenders muss ohne Einholung von Rechtsrat die ihn benachteiligenden Wirkungen einer Klausel erkennen können.[2308] Der Umstand, dass ein AGB-mäßiger Hauptvertrag 33 Anlagen enthält, stellt freilich noch nicht per se eine Verletzung des Transparenzgebotes dar.[2309] Auf die Frage, ob eine dem Transparenzgebot nicht entsprechende Klausel die andere Vertragspartei inhaltlich unangemessen beeinträchtigt, kommt es dann nicht mehr an.[2310] Maßgeblich ist der Verständnishorizont der durchschnittlichen Gegenpartei des Verwenders. 1135

Im Übrigen ist die Abgrenzung der Fälle intransparenter Klauseln von den Fällen, in denen Klauseln **mehrdeutig** und deshalb in dem für den Verwender nachteiligsten Sinn zu verstehen sind, nicht immer ganz scharf zu treffen. Im Ergebnis ist dies auch nur relevant, wenn alle in Betracht kommenden Auslegungen zur Wirksamkeit einer Klausel führen würden: In solchen Fällen wird die Mehrdeutigkeit einer Klausel als solche deren **Intransparenz** begründen. 1136

Im Einzelfall kann streitig sein, ob eine AGB-Bestimmung hinreichend klar und deutlich ist. Die Umschreibungen der Rechtsprechung können nur Anhaltspunkte geben. Übertreibungen sind zu vermeiden. Es reicht nicht, dass durch eine vielleicht spitzfindige Auslegung Zweifel aufgeworfen werden: 1137

„*Die Unklarheitenregel kommt [...] nicht schon dann zur Anwendung, wenn Streit über die Auslegung besteht. Voraussetzung ist vielmehr, dass nach Ausschöpfung der in Betracht kommenden Auslegungsmethoden ein nicht behebbarer Zweifel bleibt und mindestens zwei Auslegungen rechtlich vertretbar sind.*"[2311]

Unmittelbare Preisabreden unterliegen der AGB-rechtlichen Inhaltskontrolle nicht. Das betrifft insbesondere die Provisionssätze, aber auch die Höhe der Einstandsgebühr, die der Handelsvertreter häufig als Gegenleistung für die Überlassung eines eingeführten Vertretungsbezirks zahlen muss.[2312] Das Transparenzgebot gilt aber auch insoweit. Deshalb können Provisionsabreden unwirksam sein, wenn sie nicht hinreichend verständlich sind oder wenn sie in sich widersprüchlich oder lückenhaft sind. 1138

3. Unwirksame Klauseln – Rechtsfolgen. Eine intransparente oder inhaltlich unangemessene AGB-Klausel ist unwirksam (§ 307 Abs. 1 BGB). Es ist nicht möglich, eine unangemessene Klausel durch einschränkende Auslegung auf den Inhalt zurückzuführen, mit dem sie noch wirksam wäre. (**Verbot der „teleologischen Reduktion"** von **AGB**).[2313] Der Verwender soll das Risiko dafür tragen, dass eine von ihm verwandte AGB-Klausel, die die Rechte der anderen Vertragspartei beeinträchtigt, von den Gerichten für unwirksam erklärt wird. Er wird dadurch dazu angehalten, Klauseln zu verwenden, die die Rechtsstellung der anderen Vertragspartei nicht übermäßig schmälern.[2314] Eine unzulässige geltungserhaltende Reduktion liegt allerdings nicht vor, wenn eine Klausel gegenständlich teilbar ist und nur ein Teil der Klausel eine unangemessene Benachteiligung der anderen Vertragspartei bewirkt, während der andere Teil der Klausel nicht zu beanstanden ist.[2315] 1139

2306 BGH 29.4.2008 – KZR 2/07 (Erdgassondervertrag) Ls. 3 und Rn 18, 19, BGHZ 176, 244.
2307 BGH 8.10.1997 – IV ZR 220, 96 Rn 34, BGHZ 136, 394.
2308 OLG Köln 19.12.2001 – 19 U 130/01 Rn 16.
2309 Vgl. den Fall LG Darmstadt 13.8.2009 – 27 O 142/09.
2310 BGH 8.10.1997 – IV ZR 220/96 Rn 34, BGHZ 136, 394 unter Fortführung von BGH 24.11.1988 – III ZR 188/87 Rn 25 ff., BGHZ 106, 42.
2311 BGH 19.3.1987 – I ZR 166/85 Rn 22.
2312 BGH 9.12.1992 – VIII ZR 23/92 Rn 9 ff.; anders aber noch die Vorinstanz OLG Stuttgart 9.1.1992 – 7 U 121/92; wie BGH OLG Hamburg 12.2.2009 – 6 U 60/08 Rn 128.

2313 Ständige Rechtsprechung, vgl. BGH 23.1.2003 – VII ZR 210/01 Rn 56, BGHZ 153, 311; 21.10.2009 – VIII ZR 286/07 Rn 28.
2314 BAG 25.5.2005 – 5 AZR 572/04 Rn 34.
2315 Ständige Rechtsprechung, BGH 18.5.1995 – IX ZR 108/94 Rn 40, BGHZ 130, 19 zum Kreditsicherungsrecht; 21.10.2009 – VIII ZR 286/07 Rn 28; BGH 12.3.1992 – I ZR 117/90 Rn 14 für die Vereinbarung eines wichtigen Kündigungsgrundes (§ 89a HGB), die hinsichtlich der Kündigung wirksam war, aber den Ausgleichsanspruch nicht gemäß § 89b Abs. 3 Nr. 2 HGB ausschloss.

1140 Teilbarkeit in diesem Sinn hat der BGH verneint, für eine Provisionsausschlussklausel, die Überhangprovisionen des Handelsvertreters nach ihrem Wortlaut und Sinn auch in Fällen ausschloss, in denen dies von Gesetzes wegen nicht möglich ist, vgl. § 87a Abs. 5 HGB.[2316]

B. Einzelfälle
I. Einstandszahlung

1141 Eine Vereinbarung, wonach ein Handelsvertreter für die Einräumung eines Vertriebsrechts eine Zahlung an den Unternehmer zu leisten hat, ist grundsätzlich rechtmäßig.[2317] Vielfach wird einschränkend gefordert, dass dies nur dann gelte, wenn der Handelsvertreter dafür einen gewichtigen Vorteil erlange.[2318] Solche gewichtigen Vorteile können, müssen aber nicht, darin bestehen, dass die überlassenen Kunden für Zwecke der Ausgleichsberechnung als vom Handelsvertreter geworbene Kunden gelten, eine besonders lange Vertragsdauer oder eine besonders hohe Provision vorgesehen sind.[2319] Das ist jedoch keine Frage der AGB-Kontrolle. Vereinbarungen zu Einstandszahlungen sind nach dem BGH **kontrollfreie Preisabreden**.[2320] Vielmehr wird diese Einschränkung teilweise aus § 138 BGB abgeleitet,[2321] zum Teil aus dem Verbot des § 89b Abs. 4 HGB, zum Nachteil des Handelsvertreters von § 89b Abs. 1 bis Abs. 3 HGB abzuweichen.[2322]

1142 Geht der Handelsvertretervertrag für die Parteien überraschend früh zu Ende, bevor die Einstandszahlung amortisiert ist, muss deren anteilige Rückzahlung sichergestellt sein.[2323] Dies kann sich aus einer ergänzenden Auslegung des Handelsvertretervertrags ergeben.[2324] Bei einer AGB-mäßig vereinbarten Einstandszahlung ist es in einem solchen Fall zweifelhaft, ob hier im Wege der ergänzenden Vertragsauslegung die Regelungslücke geschlossen werden kann oder nicht aufgrund von Intransparenz vielmehr die Unwirksamkeit der gesamten Regelung droht.[2325]

1143 Gegen eine Verrechnung der Einstandszahlung mit dem späteren Ausgleichsanspruch bestehen AGB-rechtlich keine Bedenken.[2326] Eine unzulässige Umgehung von § 89b HGB ist es jedoch, wenn die Verrechnung der einzige Zweck der Regelung ist. Das kann darin zum Ausdruck kommen, dass vom Prinzipal mit der gestundeten Einstandszahlung lediglich gegen einen etwaigen Ausgleichsanspruch aufgerechnet werden darf, ein sich etwa zugunsten des Prinzipals ergebender Saldo aber nicht vom Handelsvertreter zu zahlen ist.[2327]

II. Änderungsvorbehalt zugunsten des Verwenders

1144 Handelsvertreterverträge sind zumeist auf eine längerfristige Zusammenarbeit angelegt. Entsprechend kann sich im Laufe der Vertragsdauer das Bedürfnis ergeben, den Vertrag geänderten Gegebenheiten anzupassen. Insbesondere der Unternehmer, der sich geänderten Kundenwünschen und/oder dem Bedürfnis zu einer Anpassung der Vertriebsstruktur gegenübersieht, hat in gewissem Umfang ein legitimes Interesse an der Möglichkeit einseitiger Änderung. Solche Änderungsvorbehalte sind in AGB nicht uneingeschränkt möglich, wie sich aus § 308 Nr. 4 BGB ergibt, dessen Grundgedanke über § 307 BGB auch im unternehmerischen Verkehr zum Tragen kommt.[2328] Ein **freies**, an keine Voraussetzungen gebundenes einseitiges **Änderungsrecht**, ist **unwirksam**.[2329] Gewisse Änderungsvorbehalte können jedoch auch AGB-mäßig vereinbart werden.

2316 BGH 21.10.2009 – VIII ZR 286/07 Rn 28: „Einen im Hinblick auf § 87a Abs. 3 S. 1 HGB zulässigen Inhalt könnten die verwandten Klauseln nur durch Erweiterung um einen Ausnahmetatbestand erlangen, der der zwingenden gesetzlichen Vorschrift Rechnung trägt. Dies kommt aber einer geltungserhaltenden Reduktion gleich", ebenso bereits BGH 10.12.1997 –VIII ZR 107/97 Rn 21 für die Beschränkung des Anspruchs auf Überhangprovisionen.
2317 BGH 24.2.1983 – I ZR 14/81 Rn 15; OLG Koblenz 22.3.2007 – 6 U 1313/06 Rn 40; *Emde*, VertriebsR, § 89b Rn 336; MüKo-HGB/*v. Hoyningen-Huene*, § 89b Rn 203.
2318 OLG Saarbrücken 38.8.2013 – 1U161/12 Rn 13; *Emde*, VertriebsR, § 89b Rn 336; 338; MüKo-HGB/*v. Hoyningen-Huene*, § 89b Rn 204.
2319 OLG Saarbrücken 38.8.2013 – 1U161/12 Rn 13 m.w.N.; *Emde*, VertriebsR, § 89b Rn 338; MüKo-HGB/*v. Hoyningen-Huene*, § 89b Rn 204; Küstner/*Thume*, Band 2, Kapitel III Rn 20; Ensthaler/*Genzow*, § 89b Rn 62.
2320 BGH 9.12.1992 – VIII ZR 23/92 Rn 11 ff.; ebenso OLG Hamburg 12.2.2009 – 6 U 60/08 Rn 128; zuvor OLG Koblenz 18.7.2001 – 1 U 1352/98; a.A. MüKo-HGB/*v. Hoyningen-Huene*, § 89b Rn 205; *Westphal*, MDR 2005, 421, 423; v. Westphalen/*v. Westphalen*, Handelsvertretervertrag Rn 68; Ebenroth/Boujong/Joost/Strohn/*Löwisch*, § 89b Rn 14.
2321 LG Karlsruhe 16.9.1988 – 4 O 214/88; *Budde*, DB 2005, 2177, 2181.
2322 BGH 24.2.1983 – I ZR 14/81 Rn 15.
2323 *Emde*, VertriebsR, § 89b Rn 343; Küstner/*Thume*, Band 2, Kapitel III Rn 33 ff.
2324 BGH 10.5.1984 – I ZR 36/82 Rn 15 ff.
2325 Zur grundsätzlichen Zulässigkeit der ergänzenden Vertragsauslegung bei anfänglicher Lückenhaftigkeit von AGB UBH/*Schmidt*, § 306 Rn 31.
2326 BGH 9.12.1992 – VIII ZR 23/92; OLG Hamburg 18.5.2009 – 9 U 162/08 (insoweit Revision nicht zugelassen, vgl. BGH 19.1.2011 – VIII ZR 149/09 Rn 11).
2327 Büchel/v. Rechenberg/*Loycke*, 2. Kapitel Rn 101.
2328 OLG München 6.2.2008–7U 3993/07 Rn 47; UBH/*Schmidt*, § 308 Nr. 4 Rn 12; MüKo/*Wurmnest*,§ 308 Nr. 4 Rn 13.
2329 BGH 26.11.1984 – VIII ZR 214/83 Rn 7, BGHZ 93, 29; UBH/*Schmidt*, § 308 Nr. 4 Rn 12; *Preis/Stoffels*, ZHR 160 (1996), 442, 476 f.

Im Einzelnen:

1. Vertragsgebiet. Ein Recht des Unternehmers, einseitig das dem Vertriebsmittler zugewiesene Vertragsgebiet zu ändern, insbesondere auch dieses zu verkleinern, wird in der Praxis weniger für Handelsvertreter als für Vertragshändler diskutiert. Die für Vertragshändler gewonnenen Erkenntnisse sind aber auch für Handelsvertreterverträge anwendbar. Von Teilen der Literatur wird ein solcher Änderungsvorbehalt zugunsten des Herstellers für grundsätzlich unwirksam gehalten.[2330] Der BGH hat dagegen in mehreren Entscheidungen zu Vertragshändlerverträgen lediglich sehr strenge Anforderungen an solche Änderungsvorbehalte gestellt. Nach der gefestigten Rechtsprechung des BGH muss die Klausel konkret schwerwiegende Gründe aufführen, in denen eine einseitige Gebietsänderung zulässig ist, und weiterhin sicherstellen, dass die Interessen des Händlers angemessen berücksichtigt werden, insbesondere ihm ein angemessener Ausgleich für den Gebietsverlust gewährt wird.[2331] Die Angabe pauschaler Gründe für Änderungen, wie beispielsweise „aus Gründen der Marktabdeckung" oder „zur Sicherung des Marktanteils", ist nicht ausreichend.[2332] Weiterhin ist bei der Gestaltung einer Änderungsvorbehaltsklausel klarzustellen, dass dem Handelsvertreter hinsichtlich der Kunden, die durch die Gebietsänderung wegfallen, ein Ausgleichsanspruch (§ 89b HGB) zusteht.[2333]

1145

Ob dem Handelsvertreter neben dem zu gewährenden Ausgleichsanspruch noch eine zusätzliche Entschädigung zu gewähren ist, wie dies für den Vertragshändler teilweise gefordert wird,[2334] ist umstritten. Soweit der Handelsvertreter die Möglichkeit verliert, weiterhin mit den von ihm geworbenen Kunden im wegfallenden Gebiet Geschäfte zu vermitteln und Provisionen zu verdienen, gewährt ihm § 89b HGB einen Ausgleich. Damit ist der Handelsvertreter aber noch nicht angemessen entschädigt, wenn der Prinzipal von einem Änderungsvorbehalt während der Laufzeit eines für einen festen Zeitraum abgeschlossenen Handelsvertretervertrags Gebrauch macht: Der Handelsvertreter verliert in einem solchen Fall die Möglichkeit, in dem weggefallenen Gebiet neue Kunden zu werben und aus Geschäften mit ihnen Provisionen zu verdienen. Die in einem einseitigen Änderungsrecht liegende Abweichung von dem das Vertragsrecht beherrschenden Grundsatz der Bindung beider Vertragspartner ist bei dieser Sachlage nur gerechtfertigt, wenn der Handelsvertreter auch insoweit eine Entschädigung erhält.[2335]

1146

Weiterhin muss eine angemessene Ankündigungsfrist für die Änderung vorgesehen werden.[2336] Ausreichend dürfte hier eine Orientierung an den Kündigungsfristen des § 89 HGB sein. Gründe, warum dem Handelsvertreter eine längere Frist zur Umstellung als bei einer – wesentlich gravierenderen – Vollbeendigung eingeräumt werden muss, sind nicht ersichtlich.

1147

2. Kundenkreis. Die vorstehenden Ausführungen gelten entsprechend, wenn dem Handelsvertreter kein regional abgegrenztes Vertragsgebiet, sondern bestimmte Kunden zugewiesen sind. Ein hinreichend gewichtiger einen Änderungsvorbehalt tragender Grund wäre es, dass ein Kunde verlangt, zukünftig direkt vom Unternehmer[2337] oder einem anderen Handelsvertreter betreut zu werden, der beispielsweise bereits ein anderes verbundenes Unternehmen betreut. In einer solchen Situation ist es dem Unternehmer nicht zumutbar, sich – auf die Gefahr des Verlusts des Kunden hin – dessen Wunsch zu widersetzen. So hat auch der BGH den Vorbehalt eines Rechts zur Direktbelieferung in einem exklusiven Vertragshändlervertrag für zulässig erachtet, wenn hierfür eine angemessene Kompensation gewährt wird.[2338]

1148

Hiervon zu unterscheiden ist die Situation, dass der Unternehmer seine **Vertriebsstrategie** ändert und beispielsweise nur noch an Groß- nicht aber an Einzelhändler im Vertragsgebiet verkauft.[2339] In diesen Fällen sind keine besonderen Voraussetzungen für die Ausübung des Änderungsvorbehalts erforderlich, vielmehr ist dies Ausfluss der unternehmerischen Entscheidungsfreiheit. Ein diesbezüglicher Vorbehalt ist daher auch AGB-rechtlich nicht zu beanstanden. Allerdings ist wiederum eine entsprechende rechtzeitige Information des Handelsvertreters als Ausfluss des § 86a HGB erforderlich,[2340] die im Hinblick auf das Transparenzgebot auch in der Änderungsvorbehaltsklausel auszuformulieren ist.

1149

2330 *Emde*, BB 2000, 60, 62; Ebenroth/Boujong/Joost/Strohn/ *Löwisch*, § 89 Rn 20 für AGB.
2331 BGH 21.12.1983 – VIII ZR 195/82 Ls. 1, BGHZ 89, 206; BGH 25.5.1988 – VIII ZR 360/86 Rn 64; BGH 6.10.1999 – VIII ZR 125/98 Rn 28, BGHZ 142, 358.
2332 BGH 21.12.1983 – VIII ZR 195/82 Rn 15, BGHZ 89, 206; BGH 25.5.1988 – VIII ZR 360/86 Rn 68; *Preis/Stoffels*, ZHR 160 (1996), 442, 477.
2333 BGH 6.10.1999 – VIII ZR 125/98, BGHZ 142, 358; vgl. den Formulierungsvorschlag von *Semler* in: Münchener Vertragshandbuch, I.3 Rn 7.
2334 *Emde*, MDR 2007, 994, 1000.
2335 BGH 21.12.1983 – VIII ZR 195/82 Rn 13, BGHZ 89, 206.
2336 BGH 25.5.1988 – VIII ZR 360/86 Rn 64; MüKo-HGB/ *v. Hoyningen-Huene*, § 86a Rn 14.
2337 OLG Düsseldorf 21.6.2013 – 16 U 172/12 Rn 49.
2338 BGH 20.7.2005 – VIII ZR 121/04 Ls. 3 Rn 9, BGHZ 164, 11; so auch *Emde*, VertriebsR, Vor § 84 Rn 43, der aber eine konkrete Vorgabe zur Berechnung der Kompensation in der Klausel fordert.
2339 BGHZ 9.11.1967 – VII ZR 40/65 Ls. 1, BGHZ 49, 39; MüKo-HGB/*v. Hoyningen-Huene*, § 86a Rn 35.
2340 MüKo-HGB/*v. Hoyningen-Huene*, § 86a Rn 35; *Emde*, VertriebsR, § 86a Rn 58; Ebenroth/Boujong/Joost/Strohn/ *Löwisch*, § 86a Rn 23.

1150 **3. Produkte.** Bei Änderungsvorbehalten hinsichtlich der Produkte, für die dem Handelsvertreter ein Vertriebsrecht eingeräumt wurde, ist zu unterscheiden. Der Unternehmer kann jederzeit die Produktion von bestimmten Waren einstellen oder diese verändern.[2341] Es ist nichts dagegen einzuwenden, wenn dieses Recht vertraglich festgeschrieben wird. Dies gilt entsprechend bei der Einstellung des Vertriebs eines Produkts im Vertragsgebiet des Handelsvertreters. Beides ist grundsätzlich Ausfluss der Entscheidungsfreiheit des Unternehmers, begründet aber eine Verpflichtung, den Handelsvertreter rechtzeitig zu informieren.[2342] Allerdings besteht im Hinblick auf die berechtigten Interessen des Unternehmers entsprechende Änderungen, wie etwa Modellwechsel, möglichst spät zu kommunizieren, keine Notwendigkeit, starre Fristen vorzusehen.[2343]

1151 Anders ist die Situation jedoch zu beurteilen, wenn der Unternehmer sich das Recht vorbehalten will, das Produkt zukünftig selbst oder durch Dritte im Vertragsgebiet des Handelsvertreters zu vertreiben und deshalb das Produkt aus dem Vertriebsrecht des Handelsvertreters „herauszunehmen". Hierbei handelt es sich um einen einseitigen Eingriff in das aufgrund des Handelsvertretervertrags eingeräumte Vertriebsrecht, für den die vorstehend (siehe Rn 1145 ff.) dargestellten Grundsätze der Gebiets- und Kundenkreisänderung entsprechend gelten.

1152 **4. Provision.** Änderungsvorbehalte hinsichtlich der Höhe der Provision berühren das Äquivalenzinteresse der Parteien besonders stark. Teilweise wird die Zulässigkeit eines solchen Änderungsvorbehalts in AGB generell verneint.[2344] Ein so weitgehender Ausschluss einseitiger Änderungsvorbehalte ist aber nicht interessengemäß. Vielmehr muss ein derartiger Änderungsvorbehalt unter ähnlich engen Beschränkungen wie bei Gebiets- und Kundenkreisbeschränkungen zulässig sein, um die für einen erfolgreichen Vertrieb erforderliche Flexibilität zu wahren.[2345]

1153 Eine besondere Ausprägung der Provisionsänderung ist die Beteiligung des Handelsvertreters an Preisnachlässen. Eine solche Regelung ist jedenfalls dann AGB-mäßig zulässig, wenn sie auf Ausnahmefälle beschränkt ist und die Beteiligung des Handelsvertreters auch dem Umfang nach klar begrenzt.[2346] In der Praxis findet sich häufig die Vereinbarung, dass dem Handelsvertreter mindestens die Hälfte der vollen Provision verbleiben muss. Für die Zulässigkeit einer solchen Klausel spricht, dass es dem Unternehmer grundsätzlich freisteht, ein Geschäft gar nicht abzuschließen, mit der Folge, dass dem Handelsvertreter gar keine Provision zusteht. Mithin ist es ein milderes Mittel, diesen an der Kürzung angemessen zu beteiligen, sofern die Klausel hinreichend transparent ist.[2347]

III. Provision

1154 **1. Vermittlungsprovision. a) Beschränkungen bei bloßer Mitursächlichkeit.** Gemäß § 87 Abs. 1 HGB erhält der Handelsvertreter eine Provision für vom Unternehmer abgeschlossene Geschäfte, die auf seine Tätigkeit zurückzuführen sind. Ausreichend ist Mitursächlichkeit,[2348] auch wenn der Unternehmer selbst und/oder Dritte, z.B. andere Handelsvertreter, ebenfalls zum Abschluss beigetragen haben.[2349] Allerdings ist § 87 HGB dispositiv.[2350] Es wird aber teilweise in Zweifel gezogen, dass ein AGB-mäßiger Ausschluss der Provision für den Fall, dass der Beitrag des Handelsvertreters zum Abschluss des Geschäfts lediglich mitursächlich war, nach § 307 Abs. 2 Nr. 1 BGB zulässig ist.[2351] Soweit sich die einzelnen Mitwirkungsphasen des Vertragsabschlusses, wie beispielsweise die Vermittlung des Kundenkontakts und die Führung der Vertragsverhandlungen, klar voneinander abgrenzen lassen, ist aber nicht ersichtlich, warum eine Regelung, die an unterschiedliche Verursachungsbeiträge einen unterschiedlichen (Teil-)Provisionsanspruch knüpft, eine unbillige Benachteiligung darstellen soll. Eine Abweichung von wesentlichen Grundgedanken des § 87 Abs. 1 HGB ist darin nicht zu erkennen, sofern nicht der Anspruch ausgeschlossen, sondern lediglich die Anforderungen an sein Entstehen differenziert festgelegt werden. Anderenfalls hätte der Unternehmer keine Möglichkeit der Mehrfachzahlung bei Tätigwerden von mehreren Handelsvertretern vorzubeugen, die ohne besondere Regelung alle einen vollen Anspruch hätten.[2352] Daher ist eine solche Regelung, so sie ausreichend transparent gestaltet ist, auch in AGB wirksam.

2341 BGH 26.11.1984 – VIII ZR 214/83 Rn 46, BGHZ 93, 29; MüKo-HGB/*v. Hoyningen-Huene*, § 86a Rn 27.
2342 MüKo-HGB/*v. Hoyningen-Huene*, § 86a Rn 35.
2343 BGH 26.11.1984 – VIII ZR 214/83 Rn 50, BGHZ 93, 29.
2344 v. Westphalen/*v. Westphalen*, Handelsvertretervertrag Rn 32; Ebenroth/Boujong/Joost/Strohn/*Löwisch*, § 87b Rn 9.
2345 WLP/*Dammann*, H 126; UBH/*Schmidt*, Handelsvertreterverträge Rn 4.
2346 UBH/*Schmidt*, Handelsvertreterverträge Rn 4; a.A. v. Westphalen/v. *Westphalen*, Handelsvertretervertrag Rn 35.
2347 Für eine grundsätzliche Zulässigkeit einer solchen Regelung auch BGH 17.10.1991 – I ZR 248/89 Rn 16; ähnlich WLP/*Dammann*, H 126; a.A. v. Westphalen/*v. Westphalen*, Handelsvertretervertrag Rn 35.

2348 BGH 5.4.2006 – VIII ZR 384/04 Rn 19; MüKo-HGB/ *v. Hoyningen-Huene*, § 87 Rn 32; *Emde*, VertriebsR, § 87 Rn 77.
2349 Ebenroth/Boujong/Joost/Strohn/*Löwisch*, § 87 Rn 19; Flohr/Wauschkuhn/*Fröhlich*, § 87 Rn 35 f.
2350 BGH 10.12.1997 – VIII ZR 107/97 Rn 18; *Baumbach/ Hopt*, § 87 Rn 48; a.A. vor dem Hintergrund der Richtlinie 93/13/EWG *Schmidt*, ZHR 156 (1992), 512, 519.
2351 v. Westphalen/*v. Westphalen*, Handelsvertretervertrag Rn 31; kritisch auch Ebenroth/Boujong/Joost/Strohn/*Löwisch*, § 87 Rn 60.
2352 MüKo-HGB/*v. Hoyningen-Huene*, § 87 Rn 53; *Emde*, VertriebsR, § 87 Rn 150; Ebenroth/Boujong/Joost/Strohn/*Löwisch*, § 87 Rn 34; *Westphal*, BB 1991, 2027.

b) Ausschluss der Bezirksvertreterprovision. Das Gesetz gewährt erheblichen Spielraum für die Bestimmung der provisionspflichtigen Geschäfte (§ 87 HGB). Jedoch ergibt sich aus dem Umstand, dass eine Norm abdingbar ist, nicht, dass dies auch durch AGB ohne Weiteres möglich ist.[2353] Vielmehr ist umgekehrt eine vom Gesetz abweichende oder diese ergänzende Regelung durch AGB nur möglich, soweit die Norm dispositiv ist. Dass jede Abweichung von dispositiven Normen, die sich zum Nachteil des Handelsvertreters auswirkt, unwirksam wäre, trifft allerdings nicht zu.[2354] 1155

Individualvertraglich kann, wie der BGH jüngst bestätigt hat, ohne Weiteres vereinbart werden, dass ein Bezirksvertreter entgegen § 87 Abs. 2 HGB Provision nur für von ihm selbst vermittelte Geschäfte erhält, nicht aber für Geschäfte, die der Unternehmer in diesem Bezirk unmittelbar abschließt (**Ausschluss der Bezirksvertreterprovision**).[2355] Eine AGB-mäßige Vereinbarung dieser Art hielt das OLG Karlsruhe jedoch für überraschend und stellte hohe Anforderungen an deren Transparenz.[2356] 1156

c) Provisionsanspruch erst bei Ausführung des Geschäfts durch den Dritten. § 87a Abs. 1 S. 1 HGB, wonach dem Handelsvertreter die Provision zusteht, wenn und soweit der Unternehmer das Geschäft ausgeführt hat, ist gemäß § 87a Abs. 1 S. 2 HGB dispositiv.[2357] Daher kann individualvertraglich vereinbart werden, dass der Provisionsanspruch des Handelsvertreters erst endgültig verdient ist, wenn der **Dritte das Geschäft ausgeführt**, insbesondere also den Kaufpreis bezahlt hat. Dies hat aber, egal ob individualvertraglich oder in AGB vereinbart, zur Folge, dass der Handelsvertreter mit Ausführung des Geschäfts durch den Prinzipal Anspruch auf einen Vorschuss hat. 1157

Trotz einer solchen Abrede steht allerdings dem Handelsvertreter die Provision zu, wenn der Dritte deshalb nicht leistet (zahlt), weil der Prinzipal seine Vertragspflichten nicht erfüllt hat, z.B. im Falle einer mangelhaften Lieferung oder sonstiger in seine Risikosphäre fallender Umstände.[2358] Diese Bestimmung ist zum Schutz des Handelsvertreters zwingend und kann weder individualvertraglich noch AGB-mäßig abbedungen werden (§ 87a Abs. 2 Hs. 1, Abs. 3 HGB). 1158

Auch eine **AGB-mäßige** Vereinbarung, durch die die unbedingte Entstehung des Provisionsanspruchs an die Ausführung des Geschäfts durch den Dritten geknüpft wird, erscheint grundsätzlich unbedenklich. Der Handelsvertreter wird durch den unabdingbaren Anspruch auf einen **angemessenen Provisionsvorschuss** bei Ausführung des Geschäfts durch den Unternehmer (§ 87a Abs. 2 S. 2 HGB) ausreichend geschützt. Die Regelung muss aber hinreichend eng sein: Wenn sie die Auslegung erlaubt, dass der Provisionsanspruch des Handelsvertreters auch dann entfallen soll, wenn dies nach § 87a Abs. 3 HGB gerade nicht der Fall ist, verstößt sie gegen zwingendes Recht und ist deshalb insgesamt unwirksam (siehe hierzu Rn 1163). 1159

In einem **Untervertreterverhältnis** können die Parteien zwar individualvertraglich vereinbaren, dass der Untervertreter Provision für ein Geschäft nur dann erhält, wenn der Hauptvertreter seinerseits Provision von seinem Auftraggeber erhalten hat, § 87a Abs. 1 S. 1 HGB. Der Anspruch des Untervertreters auf Provision entsteht aber auch bei einer solchen Abrede, wenn der Dritte die Ausführung des Geschäftes (Zahlung) aus Gründen verweigert, die in der Risikosphäre des Lieferanten liegen.[2359] Eine entsprechende Regelung können Haupt- und Untervertreter auch AGB-mäßig treffen. Die Klausel darf aber nicht auch den Fall erfassen, dass der Auftraggeber (Lieferant) dem Hauptvertreter keine Provision zahlt, obwohl er dem Hauptvertreter gegenüber zur Zahlung verpflichtet ist, ohne selbst eine Leistung des Dritten (Kunden) erhalten zu haben. Das ist zum Beispiel der Fall, wenn der vom Untervertreter geworbene Kunde gegenüber dem Auftraggeber (Lieferant) zur Verweigerung seiner Leistung berechtigt ist, weil der Auftraggeber (Lieferant) seine vertraglichen Verpflichtungen gegenüber dem Kunden nicht erfüllt hat. Der Hauptvertreter hat in einem solchen Fall gleichwohl Anspruch auf Provision gegen den Auftraggeber (Lieferanten) gemäß § 87a Abs. 3 HGB und der Untervertreter hat einen Provisionsanspruch gegen den Hauptvertreter. Der Handelsvertreter trägt das Risiko mit, dass der Kunde seine Vertragspflichten gegenüber dem Prinzipal oder – im Falle einer Untervertretung – gegenüber dem Auftraggeber (Lieferant) erfüllt, nicht aber dafür, dass der Auftraggeber/Lieferant seinen Verpflichtungen nachkommt.[2360] 1160

2. Folgeprovision. Über die Tätigkeitsprovision hinaus sieht § 87 Abs. 1 S. 1 HGB auch einen Provisionsanspruch für Folgegeschäfte vor. Dieser Anspruch besteht nach dem Gesetz nur für den Handelsvertreter, nicht aber für den Versicherungs- und Bausparkassenvertreter. Die Norm ist dispositiv[2361] und kann auch durch AGB abbedungen werden,[2362] da sie Teil der Vergütungsabrede ist, die als solche einer AGB-Kontrolle entzogen ist. 1161

3. Überhangprovision. Der Handelsvertreter hat von Gesetzes wegen Anspruch auf Provision für Geschäfte, die **während** der Dauer des Handelsvertreterverhältnisses **abgeschlossen** werden, § 87 Abs. 1 HGB. Das gilt auch, wenn 1162

2353 OLG München 17.12.2008 – 7 U 4025/08 Rn 36.
2354 So aber *Thume*, BB 2012, 975, 979; dagegen auch *Emde*, MDR 2007, 994, 995.
2355 BGH 24.4.2014 – VII ZR 163/13.
2356 OLG Karlsruhe 10.5.2005 – 8 U 242/04 Rn 66.
2357 *Emde*, VertriebsR, § 87a Rn 28.

2358 BGH 5.3.2008 – VIII ZR 31/07 Ls. 1, 2.
2359 BGH 5.3.2008 – VIII ZR 31/07 Ls. 2.
2360 OLG München 17.12.2008 – 7 U 4025/08 Rn 35 f.
2361 Röhricht-HGB/*Thume*, § 87 Rn 14; *Emde*, VertriebsR, § 87 Rn 91.
2362 *Emde*, VertriebsR, § 87 Rn 14.

die Geschäfte erst **nach** Beendigung des Handelsvertreterverhältnisses **ausgeführt** werden (sog. „**Überhangprovisionen**"). Der Anspruch auf Überhangprovisionen kann individualvertraglich ausgeschlossen oder beschränkt werden.[2363] Ob das auch AGB-mäßig möglich ist, wurde vom BGH bislang nicht entschieden,[2364] ist aber zu bejahen.[2365] Zum einen kann man den Ausschluss von Überhangprovisionen als Preisabrede verstehen. Zum anderen findet der Ausschluss von Überhangprovisionen Berücksichtigung im Rahmen der Ermittlung des Ausgleichsanspruchs, und zwar nicht nur bei der Bestimmung des Höchstbetrags,[2366] sondern auch bei der Bestimmung des Rohausgleichs. Im AGB-mäßigen Ausschluss von Überhangprovisionen liegt daher nicht per se eine unbillige Beeinträchtigung des Handelsvertreters.

1163 Ein **AGB-mäßiger** Ausschluss von **Überhangprovisionen** ist aber jedenfalls unwirksam, wenn er nach seinem Wortlaut auch Fälle erfasst, in denen der Provisionsanspruch des Handelsvertreters gemäß § 87a HGB nicht ausgeschlossen werden kann. Der BGH hat dies bei folgender AGB-Klausel angenommen:

„Für Verträge, die während der Vertragszeit abgeschlossen werden, die aber erst nach Vertragsbeendigung ausgeführt werden, erhält der Handelsvertreter Provision nur dann, wenn die Ausführung des Auftrages innerhalb von 6 Monaten nach Ausscheiden des Handelsvertreters erfolgt."[2367]

Die Klausel steht in Widerspruch zu § 87a Abs. 3 S. 1 HGB, der gemäß § 87a Abs. 5 HGB zwingend ist. Denn der Ausschluss greift nach dem Wortlaut der Klausel ohne Rücksicht darauf, ob die Verspätung vom Prinzipal zu vertreten ist. Vertragswidriges Verhalten des Prinzipals geht aber nicht zu Lasten des Handelsvertreters wie sich aus § 87a Abs. 2 S. 1 HGB ergibt. Überdies steht die Klausel auch im Widerspruch zu § 87a Abs. 1 S. 3 HGB: Danach hat der Handelsvertreter zwingend Anspruch auf Provision jedenfalls **sobald** und **soweit** der **Dritte** das **Geschäft ausgeführt** hat.

1164 Unwirksam ist auch folgende den Anspruch des Handelsvertreters auf **Überhangprovision** betreffende AGB-Klausel:

„Die Handelsvertretung hat Anspruch auf Provision für Umsätze, die [der Prinzipal] während des Bestehens des Handelsvertreterverhältnisses mit den durch die Handelsvertretung gewonnenen Kunden erzielt. Der Anspruch auf Provision endet mit der Beendigung des Handelsvertreterverhältnisses."[2368]

Die Klausel ist unwirksam, weil sie den Anspruch auf Überhangprovisionen auch in Fällen ausschließt, in denen der Prinzipal Umsätze aus von ihm zu vertretenden Gründen nicht oder erst verspätet erzielt, weil er sich gegenüber dem Dritten vertragswidrig verhalten hat. Das verstößt gegen die zwingende Bestimmung des § 87a Abs. 3 HGB, wonach der Provisionsanspruch nicht dadurch beeinträchtigt werden kann, dass der Prinzipal aus von ihm zu vertretenden Gründen das provisionspflichtige Geschäft nicht oder nicht wie abgeschlossen ausführt.[2369]

1165 **4. Provisionen für nachvertragliche Geschäfte.** Der Handelsvertreter hat von Gesetzes wegen neben dem Anspruch auf Überhangprovisionen (vgl. Rn 1162) Anspruch auf Provision für bestimmte erst nach Beendigung des Handelsvertretervertrages abgeschlossene Geschäfte gemäß § 87 Abs. 3 HGB (sog. „**nachvertragliche Provisionen**"). Dieser Anspruch auf nachvertragliche Provisionen ist individualvertraglich abdingbar.[2370] In der Praxis finden sich neben einem völligen Ausschluss vor allem Regelungen, durch die der Zeitraum bestimmt wird, innerhalb dessen das provisionspflichtige Geschäft abgeschlossen werden muss, z.B. sechs Monate nach Beendigung des Handelsvertreterverhältnisses. Wenn dieser Zeitraum „angemessen" ist, hat die vertragliche Bestimmung nur deklaratorischen Charakter. Wird der Zeitraum gegenüber dem nach Gesetz „angemessenen" Zeitraum abgekürzt, liegt eine konstitutive Begrenzung vor.

1166 Wie Überhangprovisionen können auch nachvertragliche Provisionen in AGB in gewissem Umfang ausgeschlossen oder beschränkt werden.[2371] Auch hier ist zu berücksichtigen, dass ein Ausschluss der nachvertraglichen Provisionen tendenziell zu einer Erhöhung des Ausgleichsanspruchs führt,[2372] sodass insoweit keine unbillige Benachteiligung vorliegt. Der Ausschluss nachvertraglicher Provisionen darf aber nicht auch Fälle erfassen, in denen der Handelsvertreter zwingend einen Anspruch auf Provision hat. Dazu gehören Überschreitungen des provisionspflichtigen Zeitraums, die der Prinzipal zu vertreten hat oder die Fälle, für die § 87a Abs. 2 Hs. 1, Abs. 3 HGB zwingend das Entstehen der Provision vorschreibt oder den Wegfall ausschließt. Regelungen, unter welchen Voraussetzungen „feststeht", dass

---

2363 BGH 21.10.2009 – VIII ZR 286/07 Rn 18, allgemeine Auffassung, vgl. die Nachweise a.a.O.
2364 Ausdrücklich offengelassen von BGH 10.12.1997 – VIII ZR 107/97 Rn 19 unter Aufführung der dies bejahenden Literatur und erneut in BGH 21.10.2009 – VIII ZR 286/07 Rn 21.
2365 So auch: Flohr/Wauschkuhn/*Fröhlich*, § 87 Rn 69; MüKo-HGB/*v. Hoyningen-Huene*, § 87 Rn 64.
2366 BGH 23.10.1996 – VIII ZR 16/96 Rn 9 ff., BGHZ 133, 391.
2367 So der Fall BGH 10.12.1997 – VIII ZR 107/97.

2368 BGH 21.10.2009 – VIII ZR 286/07.
2369 BGH 21.10.2009 – VIII ZR 286/07 Rn 18, 19.
2370 Begründung des Regierungsentwurfs BT-Drucks 11/3077, S. 8; MüKo-HGB/*v. Hoyningen-Huene*, § 87 Rn 115; *Baumbach*/Hopt, § 87 Rn 48; Röhricht-HGB/*Thume*, § 87 Rn 38.
2371 Ebenroth/Boujong/Joost/Strohn/*Löwisch*, § 87 Rn 60; Wauschkuhn/*Fröhlich*, BB 2010, 524, 528 f; Flohr/Wauschkuhn/*Fröhlich*, § 87 Rn 126.
2372 BAG 20.8.1996 – 9 AZR 471/95; Wauschkuhn/*Fröhlich*, BB 2010, 524, 529.

der Dritte nicht leistet, können individualvertraglich und daher auch AGB-rechtlich nur deklaratorisch getroffen werden im Sinne des gemeinsamen, aber letztlich unverbindlichen Verständnisses der Parteien bei Vertragsschluss.

5. Nichtleistung des Kunden. Gemäß § 87a Abs. 2 HGB entfällt der Provisionsanspruch, wenn feststeht, dass der Kunde nicht leistet,[2373] und bereits erhaltene Provisionen sind zurückzuerstatten. Um in einem solchen Fall unnötige Kosten für Vollstreckungsmaßnahmen gegen den Kunden zu vermeiden, sehen Handelsvertreterverträge oftmals vor, dass der Unternehmer nicht oder zumindest in bestimmten Konstellationen nicht verpflichtet ist, Provisionsansprüche gerichtlich durchzusetzen. Das ist individualvertraglich und AGB-mäßig unbedenklich, wenn davon keine anderen Fälle erfasst werden als solche, die ohnehin von § 87a Abs. 2 HGB erfasst werden. Insoweit handelt es sich lediglich um eine **deklaratorische Verdeutlichung**, nicht aber um eine Abweichung von der gesetzlichen Regel. Eine wegen § 87a Abs. 5 HGB unwirksame konstitutive Abweichung läge dagegen in einer Vereinbarung, nach der der Prinzipal ganz generell zur gerichtlichen Durchsetzung nicht verpflichtet ist.[2374]

1167

6. Sonstige Schmälerungen der Einkünfte des Handelsvertreters. Das LAG Hamm hielt eine AGB-mäßige „**Malusklausel**" für einen unangemessenen Eingriff in die Rechte des Außendienstmitarbeiters. Bei Verfehlung des vorgegebenen Absatzzieles sollte der Außendienstmitarbeiter in dem der Entscheidung zugrunde liegenden Fall ein Zwölftel des Jahreseinkommens an den Arbeitgeber zahlen.[2375] Diese Regelung verstieß nach Auffassung des Gerichts gegen die für das Dienstvertragsrecht grundlegende Regel, dass der Dienstverpflichtete nicht für den Erfolg seiner Tätigkeit einzustehen hat. Dies dürfte auf den Handelsvertretervertrag übertragbar sein, da auch der Handelsvertreter nach § 86 Abs. 1 HGB nur ein Bemühen und keinen konkreten Erfolg schuldet. Hinzu kam im konkreten Fall, dass der „Malus" unabhängig davon war, ob die Zielverfehlung dem Außendienstmitarbeiter anzulasten war oder zum Beispiel auf einer von ihm nicht zu beeinflussenden Marktentwicklung beruhte. Umgekehrt ist es allerdings nicht beanstandet worden, dass eine **Bonuszahlung** von einem vom Handelsvertreter selbst vermittelten Basisprovisionsumsatz abhängig gemacht worden war, ohne dass es darauf angekommen wäre, aus welchen Gründen er die Umsatzschwelle nicht erreichte.[2376] Das OLG München hielt auch die weitere Voraussetzung für unbedenklich, dass nämlich der Bonusanspruch ein im Zeitpunkt von dessen Fälligkeit ungekündigtes Vertragsverhältnis erforderte.[2377]

1168

Ein Tankstellenpächter wird unangemessen benachteiligt, wenn er AGB-mäßig verpflichtet wird, seinen Tagesumsatz sofort an die Verpächterin (Mineralölgesellschaft) auch dann abzuführen, wenn er dem Kunden Umsätze kreditiert und somit noch gar nicht vereinnahmt hat. Es **widerstrebt** dem **Leitbild** des Handelsvertreters, wenn er auf diese Weise vertraglich angehalten wird, den Prinzipal **vorzufinanzieren**. Das gilt selbst dann, wenn die Verpächterin Kreditierungen zwar vertraglich untersagt, tatsächlich aber nicht nur geduldet, sondern sogar gefördert hat.[2378]

1169

Die in Vertragshändlerverhältnissen häufigen Regelungen über die **Rücknahme** von **Vertragswaren** durch den Lieferanten bei Beendigung des Vertriebsvertrags können auch in Handelsvertreterbeziehungen relevant werden. Viele Handelsvertreter verkaufen Waren aus dem Sortiment ihres Prinzipals auch im eigenen Namen und auf eigene Rechnung. Es verstößt gegen § 307 Abs. 1 BGB, wenn der Lieferant bei der Rücknahme originalverpackter Waren, die nicht älter als 3 Jahre sind, einen Abschlag von 25 % auf den Kaufpreis zur pauschalen Deckung seiner Rücknahmekosten vereinbart, falls diese in Wirklichkeit deutlich darunter liegen. Eine Zurückführung des vereinbarten Abschlags auf einen angemessenen Abschlag von z.B. 10 %[2379] scheitert am Verbot geltungserhaltender Reduktion von AGB-Klauseln.[2380]

1170

IV. Abrechnung

Der Unternehmer hat gegenüber dem Handelsvertreter über die Provisionen gemäß § 87c Abs. 1 HGB monatlich abzurechnen. Dieser Abrechnungszeitraum kann auf maximal drei Monate verlängert werden. Im Interesse einer schnellen Klärung finden sich häufig Regelungen, wonach der Handelsvertreter einer Abrechnung innerhalb einer bestimmten Frist zu widersprechen habe und diese andernfalls als anerkannt gelte. Eine solche Ausschlussregelung ist nichtig.[2381] Spezifische AGB-rechtliche Fragen stellen sich insoweit nicht. Lediglich die Auswirkungen einer allgemeinen Verkürzung der Verjährungsfrist (auch) für Ansprüche des Handelsvertreters können AGB-rechtlich relevant sein (siehe hierzu Rn 1172 ff.).

1171

V. Verjährung

Das HGB enthält keine besonderen Regelungen mehr für die Verjährung von Ansprüchen aus Handelsvertreterverhältnissen. Es gelten also die allgemeinen Vorschriften (§§ 194–213 BGB). § 88 HGB, der bis 14.12.2004 eine vier-

1172

2373 Ergänze „ohne dass der Unternehmer die Nichtleistung zu vertreten hat", vgl. BGH 5.3.2008 – VIII ZR 31/07 Rn 12; *Emde*, VertriebsR, § 87a Rn 58 (allg. Auffassung).
2374 *Emde*, VertriebsR, § 87a Rn 47; Ebenroth/Boujong/Joost/Strohn/*Löwisch*, § 87a Rn 25.
2375 LAG Hamm 25.11.2010 – 17 Sa 1185/10.
2376 OLG München 17.12.2008 – 7 U 4025/08 Ls. 3 und Rn 41.
2377 OLG München 17.12.2008 – 7 U 4025/08 Ls. 3 und Rn 41.
2378 BGH 8.11.2005 – KZR 18/04 Rn 10; KG 21.5.2007 – 23 U 87/05 Rn 41 ff.
2379 BGH 25.5.1988 – VIII ZR 360/86 Rn 76.
2380 BGH 23.11.1994 – VIII ZR 254/93 Rn 29, BGH Z 128, 67.
2381 BGH 20.9.2006 – VIII ZR 100/05 Ls. 1, Rn 21 ff.

jährige Verjährungsfrist vorsah, ist aufgehoben.[2382] Das bedeutet aber nicht, dass die Rechtsprechung zum Schutz des Handelsvertreters, die unter dem alten § 88 HGB entwickelt wurde, gegenstandslos geworden wäre. Der Gesetzgeber wollte das Verjährungsrecht vereinheitlichen, nicht aber die Rechtsstellung der Handelsvertreter verschlechtern.

1173 Daher ist die vertragliche **Abkürzung** der gesetzlichen Verjährungsfristen individualvertraglich und AGB-mäßig möglich, wenn die Abkürzung „bei Wahrung des Grundsatzes der Gleichbehandlung von Handelsvertreter und Unternehmer" einem „billigenswerten Interesse zumindest einer Partei entspricht".[2383]

1174 Die Rechtsprechung hat sich mehrfach mit der Abkürzung der Verjährungsfrist für **Provisionsansprüche** und **Provisionsnebenansprüche**, insbesondere für den **Buchauszugsanspruch** des Handelsvertreters befasst. Die vertragliche Abkürzung der Verjährungsfrist trägt einem an sich billigenswerten Interesse der Parteien im kaufmännischen Verkehr Rechnung, rasch Klarheit über ihre Rechtsbeziehungen zu schaffen. Solche Abreden sind aber jedenfalls AGB-mäßig unwirksam, wenn unter der verkürzten Verjährungsfrist Provisionsansprüche des Handelsvertreters verjähren können,

– ohne dass der Handelsvertreter angemessene Zeit zur Geltendmachung seiner Ansprüche hatte,[2384] oder
– wenn sie verjähren können, bevor der Handelsvertreter von ihrer Entstehung Kenntnis erlangt hat (oder hätte erlangen können, wenn er nicht grob fahrlässig gehandelt hätte),[2385] oder
– wenn die Verjährung nach dem Wortlaut der Klausel vor der Fälligkeit der Ansprüche des Handelsvertreters eintreten kann.

1175 § 199 BGB verlangt für den Beginn der Verjährung grundsätzlich Fälligkeit eines Anspruchs und Kenntnis des Gläubigers (der grob fahrlässige Unkenntnis gleich gestellt ist). Dieser gesetzlichen Regelung kommt Leitbildfunktion zu. Eine Abweichung hiervon ist eine unangemessene Benachteiligung des anderen Vertragsteiles.[2386]

1176 Ob allerdings der Beginn der Verjährung des Anspruchs auf Buchauszug, wie das OLG Oldenburg meint, nicht bereits mit der Erteilung der Abrechnung für den betreffenden Zeitraum, sondern für jedes einzelne Geschäft erst dann eintritt, wenn dem Handelsvertreter eine vollständige und abschließende Abrechnung über das jeweilige einzelne Geschäft erteilt worden ist,[2387] erscheint zweifelhaft. Dies hätte nämlich zur Folge, dass der Anspruch auf Buchauszug immer erst nach zehn Jahren verjährt, was nicht gewollt sein kann. So hatte der BGH zum alten Recht ausgeführt, dass „[…] oft erst nach Auflösung des Vertragsverhältnisses […] die Rechte aus § 87c HGB geltend gemacht [werden] […], [den Prinzipal] vor einer Nachholung für einen allzu lange zurückliegenden Zeitraum […] die Verjährungsvorschrift des § 88 HGB schützt".[2388] Würde man der Auslegung des OLG Oldenburg folgen, wäre seit der Streichung des § 88 HGB durch das Gesetz zur Anpassung der Verjährungsvorschriften an das Gesetz zur Modernisierung des Schuldrechts dieser Schutz des Prinzipals abhanden gekommen. Entsprechend dürfte aber zumindest eine Regelung, die den Beginn der Verjährung des Anspruchs auf Buchauszug an die Erteilung der Abrechnung anknüpft, AGB-rechtlich nicht zu beanstanden sein.

VI. Kündigung

1177 1. **Kündigungsfrist.** Die in § 89 Abs. 1 HGB vorgesehenen Kündigungsfristen, können gemäß § 89 Abs. 2 HGB **verlängert** werden. Erfolgt die Verlängerung AGB-mäßig, so muss sich die Regelung inhaltlich an § 307 BGB messen lassen.

1178 Eine Verlängerung der Kündigungsfrist auf 12 Monate zum 31. März eines jeden Jahres durch eine vom Prinzipal gestellte AGB-Klausel ist weder überraschend (§ 305c Abs. 1 BGB) noch beeinträchtigt sie den Handelsvertreter unangemessen (§ 307 Abs. 2 Nr. 1 HGB).[2389]

1179 Dagegen stellt die AGB-mäßige Verlängerung der gesetzlichen Kündigungsfrist von **einem** Monat für einen Handelsvertreter im Nebenberuf (§ 92b Abs. 1 HGB) auf **12 Monate** zum **Ende** eines **Kalenderjahres** eine unangemessene Beeinträchtigung des nebenberuflich tätigen Handelsvertreters dar.[2390]

1180 2. **Kündigungsgründe.** Handelsvertreterverträge können wie andere Dauerschuldverhältnisse jederzeit **aus wichtigem Grund** gekündigt werden. Die Frage, ob ein bestimmter Umstand ein **wichtiger, vom Handelsvertreter zu**

2382 Art. 9 des Gesetzes v. 9.12.2004, BGBl I 2004, S. 3214.
2383 So die Formel des BGH, vgl. BGH 10.5.1990 – I ZR 175/88 Ls.; BGH 3.4.1996 – VIII ZR 3/95 Rn 52 ff.
2384 Verkürzung der Verjährungsfrist für Anspruch auf Erteilung eines Buchauszugs auf lediglich **ein** Jahr ab Fälligkeit in AGB unangemessen (§ 307 Abs. 2 Nr. 1 BGB), OLG München, 3.11.2010 – 7 U 3083/10 Rn 15.
2385 BGH 3.4.1996 – VIII ZR 3/95 Rn 54; einschränkend allerdings OLG München 12.12.2007 – 7 U 3750/07 Rn 64, weil es „angesichts der konkreten Vertragsgestaltung und der geübten Praxis" ausgeschlossen" sei, dass der Handelsvertreter von der Entstehung des Anspruchs innerhalb der Verjährungsfrist keine Kenntnis erhielt.
2386 OLG Köln 16.4.2010 – 19 U 142/09 Rn 56.
2387 OLG Oldenburg 4.4.2011 – 13 U 27/10.
2388 BGH LM § 87c HGB Nr. 3.
2389 OLG München 29.7.2010 – 23 U 5643/09 Rn 46.
2390 BGH 21.3.2013 – VII ZR 224/12 Rn 17, BGHZ 197,100; OLG Celle 9.6.2005 – 11 U 110/05 unter Hinweis darauf, dass dies weit über die gesetzliche Kündigungsfrist für hauptberufliche Handelsvertreter hinausgehe (sechs Monate, § 89 Abs. 1 HGB); a.A. OLG Oldenburg 24.7.2012 – 13 U 13/12 Rn 38, nach dem Willen des Gesetzgebers bedürfe der Handelsvertreter im Nebenberuf eines geringeren Schutzes, als ein hauptberuflicher.

vertretender Grund ist, hat große wirtschaftliche Bedeutung. Kündigt der Prinzipal wegen eines wichtigen Grundes, den der Handelsvertreter zu vertreten hat, **entfällt der Ausgleichsanspruch** des Handelsvertreters (§ 89b Abs. 3 Nr. 2 HGB). Häufig entsteht Streit, ob ein Umstand, auf den der Prinzipal die Kündigung stützt, ein wichtiger Grund in diesem Sinne ist. Die Parteien haben ein Interesse an vertraglicher Klarstellung. Auch wird sich der Prinzipal in manchen Fällen zur Kündigung nur entschließen, wenn er sich hinreichend sicher ist, dass der Grund, aus dem er kündigt, ein „wichtiger Grund" und damit der Ausgleichsanspruch gemäß § 89b Abs. 3 Nr. 2 HGB ausgeschlossen ist.

Es ist anerkannt, dass die Parteien vertraglich näher bestimmen können, was in ihrem Verhältnis ein wichtiger Grund für eine außerordentliche Kündigung sein soll.[2391]

Aber auch wenn sie eine solche Bestimmung getroffen haben, kann die Auslegung ergeben, dass ein unter deren Wortlaut fallender Umstand ganz geringfügig ist und vom Sinn der Klausel nicht erfasst wird.[2392]

Das OLG Braunschweig hatte keine Bedenken gegen eine AGB-Klausel in einem Kfz-Händlervertrag, nach der der Lieferant zur fristlosen Kündigung des Vertrags berechtigt sein sollte, wenn über das Vermögen des Kfz-Händlers auf dessen eigenen Antrag das Insolvenzverfahren eröffnet wurde.[2393] Unabhängig davon, dass nur vor dem Hintergrund der jüngsten Entscheidung des BGH[2394] zur Insolvenzfestigkeit solcher Klauseln Zweifeln an deren Wirksamkeit bestehen, folgt daraus auch bei Wirksamkeit nicht zwingend der Wegfall des Ausgleichsanspruchs, denn § 89b Abs. 3 Nr. 2 HGB verlangt, dass der Handelsvertreter den wichtigen Grund schuldhaft gesetzt hat.[2395]

VII. Wegfall der Exklusivität

Bislang nicht entschieden ist die Frage, ob AGB-mäßig an die Verfehlung des Mindestumsatzes ein Wegfall der dem Handelsvertreter gewährten Exklusivität geknüpft werden kann. Teilweise wird vertreten, dass die Vorgabe eines Mindestumsatzes und ein an dessen Nichterreichen – gleich ob vom Handelsvertreter zu vertreten oder nicht – anknüpfendes außerordentliches Kündigungsrecht unwirksam sei, weil der Handelsvertreter nach dem Gesetz nur ein Bemühen schuldet.[2396] Aus der Bemühenspflicht hat die Rechtsprechung zwar geschlossen, dass nur die andauernde Vernachlässigung der Bemühenspflicht, nicht aber ein bloßes Nachlassen eine außerordentliche Kündigung rechtfertigen kann.[2397] Soweit aber der Umsatzrückgang auf einer Pflichtverletzung des Handelsvertreters beruht, kann dies nach der Rechtsprechung des BGH grundsätzlich einen wichtigen Kündigungsgrund darstellen.[2398]

Für Vertragshändler hat der BGH entschieden, dass eine Klausel, die eine außerordentliche Kündigung im Falle der Verfehlung des Mindestumsatzes auch dann gestattet, wenn der Händler sich nach besten Kräften bemüht hat, den Mindestumsatz aber aus von ihm nicht zu vertretenden Gründen verfehlt, unwirksam ist.[2399] Hieraus kann aber im Umkehrschluss gefolgert werden, dass jedenfalls eine Kündigungsklausel, die die außerordentliche Kündigung wegen Verfehlung der Umsatzziele grundsätzlich ermöglicht, aber ausschließt, wenn sie auf nicht vom Handelsvertreter zu vertretenden Gründen beruht, zulässig ist.

Entsprechend sollte es auch AGB-rechtlich zulässig sein, die Exklusivität bei Umsatzzielverfehlung automatisch entfallen zu lassen, sofern sie nicht auf Umständen beruht, die der Handelsvertreter nicht zu vertreten hat. Es besteht ein legitimes Interesse des Prinzipals, nicht auf einen möglicherweise langen Zeitraum exklusiv an einen Handelsvertreter gebunden zu sein, der die vereinbarten Umsatzziele nicht erreicht.

Ein weiterer Umstand, der aus Sicht des Unternehmers den Wegfall einer etwa gewährten Exklusivität wünschenswert macht, ist der Ausspruch der Kündigung. Das gilt gleichermaßen für die Kündigung durch den Handelsvertreter wie durch den Prinzipal. Regelmäßig wird die Motivation des Handelsvertreters mit Ausspruch der Kündigung nachlassen. Je länger die Kündigungsfrist ist, umso problematischer ist dies für den Unternehmer und auch für seinen potentiellen neuen Vertriebspartner. Diese Interessen des Unternehmers sind schützenswert. Eine AGB-mäßige Berücksichtigung ist angemessen.

VIII. Freistellung

Oftmals hat der Unternehmer bei gekündigtem Handelsvertretervertrag ein Interesse, einen weiteren Kontakt des gekündigten Handelsvertreters mit Kunden während der laufenden Kündigungsfrist zu unterbinden. Dies kann durch eine Freistellung bewirkt werden. Das Recht hierzu muss sich der Unternehmer aber vertraglich vorbehalten. Anderenfalls stellt sie eine Vertragsverletzung des Unternehmers dar, die den Handelsvertreter unter Umständen seinerseits

---

2391 BGH 12.3.1992 – I ZR 117/90 Rn 14; BGH 7.7.1988 – I ZR 78/87 Rn 11, 12.
2392 BGH 10.11.2010 – VIII ZR 327/09 Rn 22 (ganz geringfügiger Verstoß gegen vertraglich vereinbartes Wettbewerbsverbot).
2393 Beschl. v. 6.3.2009 – 2 U 29/09 Ls. 1; ebenso OLG München 24.11.2004 – 7 U 1518/04 Ls. 1.
2394 BGH 15. 11. 2012 – IX ZR 169/11.
2395 Vgl. OLG München 24.11.2004 – 7 U 1518/04 Rn 33; BGH 12.3.1992 – I ZR 117/90.
2396 v. Westphalen/*v. Westphalen*, Handelsvertretervertrag Rn 58; ebenfalls pauschal für Unwirksamkeit solcher Klauseln UBH/*Schmidt*, Handelsvertreterverträge Rn 3; *Emde*, VertriebsR, Vor § 84 Rn 42.
2397 OLG Stuttgart 9.6.1960 – I ZR 13/60 Ls. 1.
2398 BGH 18.2.1982 – I ZR 20/80 Rn 15.
2399 BGH 13.7.2004 – KZR 10/03 Rn 85 ff.; OLG Koblenz 22.4.2010 – 2 U 352/09 Rn 28.

zur außerordentlichen Kündigung berechtigen kann.[2400] Fraglich ist, wie hoch die dem Handelsvertreter für diese Zeit zustehende Vergütung sein muss. Der BGH hält eine Freistellungsklausel, wonach der Handelsvertreter für den Freistellungszeitraum eine Entschädigung in Höhe der zuletzt durchschnittlich erzielten monatlichen Provision erhält für AGB-rechtlich zulässig.[2401] Umstritten ist aber, ob die zu zahlende Entschädigung auf einen niedrigeren Betrag als die durchschnittliche Provision der vergangenen 12 Monate beschränkt werden kann.[2402] Die Frage ist für den Regelfall zu verneinen: Die Freistellung als solche ist bereits ein schwerwiegender Eingriff in die gegenseitige vertragliche Bindung von Prinzipal und Handelsvertreter. Wenn sie auch noch mit Einkommensschmälerungen verbunden würde, wäre die Äquivalenz der Leistungen der Vertragsparteien übermäßig beeinträchtigt.

IX. Nachvertragliche Wettbewerbsabreden

1189 Nachvertragliche Beschränkungen des Handelsvertreters können individualvertraglich oder AGB-mäßig vereinbart werden. In keinem Fall dürfen sie inhaltlich über die Schranken des § 90a Abs. 1 S. 2 HGB hinausgehen. Anders als dies im Falle einer individualvertraglich getroffenen Vereinbarung vom BGH nunmehr vertreten wird,[2403] scheidet eine geltungserhaltende Reduktion bei einem nachvertraglichen Wettbewerbsverbot in einem Standardvertrag jedoch aus. Das Risiko, eine zu weit gehende und damit unwirksame Wettbewerbsabrede zu treffen, sollte den Parteien nicht erspart bleiben.

X. Geheimhaltung

1190 Grundsätzlich unterfällt der Handelsvertreter – auch hinsichtlich der Zeit nach Beendigung des Handelsvertretervertrags – gemäß § 90 HGB einer Geheimhaltungsverpflichtung. Häufig finden sich in Handelsvertreterverträgen aber auch ausdrückliche Geheimhaltungsverpflichtungen zu Lasten des Handelsvertreters. Diese dürfen allerdings nicht dazu führen, dass der Handelsvertreter über § 90 HGB hinaus daran gehindert ist, Kundendaten zu nutzen.[2404] Redlich erworbene Kenntnisse dürfen auch bei späterer Wettbewerbstätigkeit genutzt werden. Das gilt insbesondere von Kundendaten, die sich der Handelsvertreter gemerkt hat oder die er aufgrund seiner Kenntnisse unschwer ermitteln kann.[2405] Ein Verbot, diese Daten weiter zu verwenden, stellt eine nachvertragliche Beschränkung des Handelsvertreters dar, die über den nach § 90a HGB zulässigen Umfang nachvertraglicher Wettbewerbsabreden hinausgeht. Sie ist jedenfalls unangemessen (§ 307 Abs. 2 BGB), zumal sie sogar das Grundrecht auf freie Berufsausübung (Art. 12 Abs. 1 GG) beeinträchtigt.

XI. Vertragsstrafe

1191 Vertragsstrafen (§§ 339 ff. BGB) sind ein anerkanntes Instrument zur Sanktionierung von Vertragsverstößen auch in Handelsvertreterverhältnissen. Die häufigsten Fälle sind Verstöße des Handelsvertreters

– gegen das aus dem Interessenwahrungsgebot fließende Verbot, dem Prinzipal während der Dauer des Handelsvertreterverhältnisses Konkurrenz zu machen;
– gegen ein besonders vereinbartes nachvertragliches Wettbewerbsverbot;
– gegen das Verbot, während der Laufzeit des Handelsvertretervertrags andere Handelsvertreter des Prinzipals abzuwerben;
– gegen die Verpflichtung, bei Vertragsende Unterlagen des Prinzipals herauszugeben, aber auch eigene Aufzeichnungen des Handelsvertreters namentlich über die Kunden, die er für den Unternehmer betreut hat.

1192 AGB-rechtliche Schranken ergeben sich in folgender Hinsicht:
– Die Vertragsstrafe darf nur dann verwirkt sein, wenn der Handelsvertreter den Vertragsverstoß schuldhaft begangen hat.[2406] Eine Beweislastverteilung dahin, dass sich der Handelsvertreter entlasten muss, ist im Hinblick darauf, dass § 339 BGB auf die Regelungen des Verzugs verweist, welche dem Schuldner ebenfalls den Entlastungsbeweis aufbürden, als AGB-rechtlich zulässig anzusehen.
– Die Vertragsstrafe darf nicht übermäßig sein. Das ist der Fall, wenn sie in keinem angemessenen Verhältnis zum Gewicht des Verstoßes und zu den Folgen für den Vertragspartner steht.[2407] Die Vertragsstrafe kann aber auch wegen ihrer absoluten Höhe den Handelsvertreter unangemessen benachteiligen, wenn sie im Falle ihrer Verwirkung zu einer existenzbedrohenden Belastung für den Handelsvertreter wird.[2408] Übermäßig und gemäß § 307

2400 Ebenroth/Boujong/Joost/Strohn/*Löwisch*, § 89 Rn 31.
2401 BGH 29.3.1995 – VIII ZR 102/94 Ls. 1, BGHZ 129, 186.
2402 So Ebenroth/Boujong/Joost/Strohn/*Löwisch*, § 89 Rn 31; a.A. *Emde*, VertriebsR, § 89 Rn 53, der einen vollständigen Ausgleich der finanziellen Nachteile fordert.
2403 BGH 25.10.2012 – VII ZR 56/11 Ls. 2.
2404 OLG Koblenz 24.7.1986 – 6 U 604/86; MüKo-HGB/ *v. Hoyningen-Huene*, § 90 Rn 31.
2405 BGH 26.2.2009 – I ZR 28/06 Rn 25.
2406 BGH 21.3.2013– VII ZR 224/12 Rn 23, BGHZ 197, 100.

2407 BGH 3.4.1998 – V ZR 6/97 Rn 25 (Unangemessenheit verneinend hinsichtlich einer Vertragsstrafe für den Fall, dass der Schuldner einer ihm gegenüber der Treuhandanstalt/ Bundesanstalt für vereinigungsbedingte Sonderaufgaben obliegenden Investitionsverpflichtung und zur Schaffung von Arbeitsplätzen nicht nachkam).
2408 Zu beidem LAG Hamm 3.11.2006 – 7 Sa 1232/06 (Vertragsstrafe vereinbart von 25.000 EUR zu Lasten eines als Handelsvertreter zu qualifizierenden Vermögensberaters für jeden dem Prinzipal ausgespannten Kunden); so auch: LG Erfurt 1.6.2011 – 10 O 1247/10.

Abs. 2 Nr. 1 BGB unwirksam ist auch eine Vertragsstrafe, in der der Schuldner uneingeschränkt auf die Einrede des Fortsetzungszusammenhangs verzichtet.[2409]

Gerade bei Streitigkeiten über Vertragsstrafen hat die Rechtsprechung immer wieder herausgestellt, dass eine Herabsetzung des AGB-mäßig übernommenen Vertragsstrafeversprechens im Wege einer teleologischen Reduktion auf ein tolerierbares Maß ausgeschlossen ist. Vielmehr ist die Vertragsstrafenklausel unwirksam.[2410] Eine richterliche Herabsetzung der Vertragsstrafe gemäß § 343 BGB ist – unabhängig von dessen Unanwendbarkeit im kaufmännischen Verkehr (§ 348 HGB) – ausgeschlossen. § 343 BGB setzt eine wirksame Vertragsstrafenvereinbarung voraus, woran es bei Unangemessenheit i.S.v. § 307 Abs. 2 Nr. 1 BGB fehlt. Anders ist der Fall jedoch, wenn die Festsetzung der Höhe der Vertragsstrafe in das Ermessen der sie geltend machenden Partei gestellt ist, was eine Überprüfung durch ein Gericht eröffnet, sodass sich keine unbillige Benachteiligung ergeben kann.[2411] Die Überprüfbarkeit sollte aber unter Transparenzgesichtspunkten klargestellt werden. **1193**

C. Verträge mit Handelsvertretern außerhalb EU und EWR

I. Maßstab der Inhaltskontrolle

Gemäß § 92c Abs. 1 HGB kann im Verhältnis zu Handelsvertretern, die ihren Tätigkeitsbereich außerhalb der EU und der weiteren Staaten des EWR haben (Island, Norwegen, Liechtenstein), von allen Bestimmungen der §§ 84–92b HGB abgewichen werden. Sie stehen also zur Disposition der Parteien. § 92c HGB findet nur Anwendung, wenn der Handelsvertretervertrag deutschem Sachrecht unterliegt. In diesem Fall gelten grundsätzlich auch §§ 305 ff. BGB. **1194**

Es bestehen keine Bedenken, Abweichungen von den §§ 84–92b HGB bei Handelsvertretern, die ihren Tätigkeitsbereich außerhalb der EU und der weiteren Staaten des EWR haben, grundsätzlich auch AGB-mäßig zuzulassen. §§ 84 ff. HGB wurden vom Gesetzgeber auf die von ihm als „Normalfall" angesehene Situation zugeschnitten, dass Prinzipal und Handelsvertreter im Inland tätig sind. Sie passen nach Auffassung des Gesetzgebers nicht ohne Weiteres auf die Verhältnisse im Ausland.[2412] Außerdem löste der deutsche Gesetzgeber durch § 85 Abs. 2 HGB a.F. (jetzt § 92c HGB) auch einen Interessenkonflikt zwischen deutschen exportorientierten Unternehmen und ihren Handelsvertretern in Drittstaaten zugunsten der deutschen Unternehmen. Beide Zwecke würden verfehlt, wenn man AGB-mäßige Abreden, die die durch § 92c HGB eingeräumte Dispositionsfreiheit nutzen, im Regelfall für unwirksam hielte. **1195**

Die §§ 84–92b HGB können auch nicht zum Maßstab für eine Unangemessenheitskontrolle gemäß § 307 Abs. 2 Nr. 2 BGB gemacht werden. Der deutsche Gesetzgeber hat durch § 92c Abs. 1 HGB gerade zum Ausdruck gebracht, dass er den deutschen Prinzipal im Verhältnis zu seinen in Drittstaaten tätigen Handelsvertretern nicht zwingend den Beschränkungen der §§ 84–92b HGB unterwerfen will. Dem liefe es zuwider, wenn man deren Regelungsgehalt auf dem Umweg über die notwendige Berücksichtigung ihrer „wesentlichen Grundgedanken" (§ 307 Abs. 2 Nr. 1 BGB) wieder einführen würde. Das wäre gerade im internationalen Rechtsverkehr nachteilig, wo wortgetreue Rechtsklarheit eine noch größere Rolle spielt, als in nationalen Rechtsbeziehungen zwischen Vertragsparteien, die mit dem anwendbaren heimischen Recht vertraut sind. **1196**

Unberührt bleibt freilich die Inhaltskontrolle nach sonstigen Vorschriften des deutschen Rechts, die die Vertragsfreiheit beschränken, wie zum Beispiel das Verbot von Knebelverträgen (§ 138 BGB).[2413] **1197**

Unberührt bleiben auch die besonderen Regeln über AGB-mäßig vereinbarte Wettbewerbsbeschränkungen und Vertragsstrafen zu deren Absicherung. Insoweit kommt auch eine Kontrolle durch das nationale Kartellrecht des Drittstaates in Betracht, in dem der Handelsvertreter seine Tätigkeit auszuüben hat. Sollte die dem Handelsvertreter auferlegte Wettbewerbsbeschränkung über den sich aus der Interessenwahrnehmungspflicht (§ 86 HGB) oder § 90a HGB (nachvertraglicher Wettbewerbsbeschränkung) gesetzten Rahmen hinausgehen und den Handel zwischen Mitgliedstaaten der EWG beeinträchtigen, können diese Einschränkungen des Handelsvertreters auch gegen Art. 101 AEUV verstoßen. **1198**

II. Einzelfälle

1. Ausgleichsanspruch. Hinsichtlich der Möglichkeit den Ausgleichsanspruch gemäß § 89b HGB gegenüber Handelsvertretern auszuschließen, die ihren Tätigkeitsbereich außerhalb der EU und des EWR haben, wird teilweise vertreten, dass dies AGB-rechtlich nur möglich sei, wenn der Ausschluss nach dem Recht des Einsatzlandes zulässig **1199**

2409 BGH 10.12.1992 – I ZR 186/90 Ls. 4, BGHZ 121, 13 für eine strafbewehrte wettbewerbsrechtliche Unterlassungserklärung; OLG Köln 15.6. 2010 – 19 U 53/10 Rn 4 für das strafbewehrte Verbot, keine anderen Handelsvertreter des Prinzipals abzuwerben.
2410 BGH 18.11.1982 – VII ZR 305/81 Rn 32, BGHZ 85, 305; BGH 12.3.1981 – VII ZR 293/79 Rn 17.
2411 Staudinger/*Rieble* (Neubearbeitung 2009), § 339 Rn 126.
2412 BT-Drucks 1/3856 v. 15.11.1952, S. 18 zur Vorgängerbestimmung in § 85 Abs. 2 HGB in der v. 1.12.1953 bis zur Novelle 1990, BGBl 1990 I, S. 1910, geltenden Fassung.
2413 Zutreffend *Emde*, VertriebsR, § 92c Rn 25.

ist.[2414] Dies kann bei Anwendbarkeit deutschen Rechts, was Voraussetzung ist, dass überhaupt eine Inhaltskontrolle nach § 307 BGB stattfindet, nicht überzeugen.[2415] Die Frage, ob sich eventuell ein zwingender Ausgleichsanspruch des Tätigkeitslandes gegenüber dem deutschen Recht durchsetzt, ist soweit deutsche Gerichte zur Entscheidung berufen sind, eine Frage des Art. 9 Abs. 3 Rom I-VO.[2416] Hier ist aber jeweils im Einzelfall im Hinblick auf das konkret in Rede stehende Recht des Staates, in dem der Handelsvertreter tätig werden soll, zu entscheiden, ob dieses als Eingriffsnorm i.S.d. Art. 9 Abs. 1 und 3 Rom I-VO zu qualifizieren ist, ob die materiell-rechtlichen Voraussetzungen der betreffenden ausländischen Norm erfüllt sind und welche Folgerungen das deutsche Gericht daraus zieht.

1200 Teilweise wird bei der Beurteilung gemäß § 307 BGB auch darauf abgestellt, ob ein Ausgleichsanspruch im Tätigkeitsland branchenüblich ist.[2417] Allerdings überzeugt auch dies nicht, da die Branchenüblichkeit umgekehrt auch nicht geeignet ist, die Ablehnung einer unbilligen Benachteiligung zu begründen, sofern diese nicht zum Handelsbrauch erwachsen ist, wie sich aus § 310 Abs. 1 S. 2 BGB ergibt.[2418] Entsprechend ist mit dem OLG München[2419] davon auszugehen, dass der Ausgleichsanspruch des Handelsvertreters, der außerhalb der EU und des EWR tätig ist, auch in AGB wirksam abdingbar ist.[2420]

1201 **2. Nachvertragliches Wettbewerbsverbot.** Entsprechend den vorstehenden Ausführungen zum Ausschluss des Ausgleichsanspruchs kann auch der Anspruch auf Karenzentschädigung nach § 90a Abs. 1 HGB im Verhältnis zu einem Handelsvertreter, der außerhalb der EU und des EWR tätig ist, auch in AGB wirksam ausgeschlossen werden.[2421] Darauf, ob das ausländische Recht am Tätigkeitsort eine zwingende Karenzentschädigung kennt, kommt es wiederum nur im Rahmen des Art. 9 Abs. 3 Rom I-VO an.

1202 Teilweise wird aber bereits gegen einen individualvertraglichen Ausschluss der Karenzentschädigung gestützt auf eine Entscheidung des BAG[2422] zu § 75b S. 1 HGB angeführt, dass diese wegen Verstoß gegen Art. 12 Abs. 1 GG unwirksam sei.[2423] Hiergegen spricht zunächst, dass der Handelsvertreter als selbstständiger Gewerbetreibender anders als ein Handlungsgehilfe nur eines geringeren Schutzes bedarf.[2424] Weiterhin ist zu berücksichtigen, dass in einer Vielzahl von Fällen Art. 12 Abs. 1 GG in den Fallkonstellationen des § 92c HGB gar nicht einschlägig ist. Art. 12 Abs. 1 GG gewährt das Grundrecht der Berufsfreiheit deutschen Staatsbürgern. Ausländer und Staatenlose können sich mithin lediglich auf die Garantie des Art. 2 Abs. 1 GG berufen.[2425] Zu Lasten von Ausländern und Staatenlosen können daher in stärkerem Maße öffentliche Interessen, wie die in der Gesetzesbegründung zu § 92c HGB angeführte Förderung der deutschen Exportwirtschaft, durchgesetzt werden.[2426] Dies gilt entsprechend bei juristischen Personen, die ihren Schwerpunkt im Ausland haben und/oder von Ausländern beherrscht werden.[2427] Daher ist ein entsprechender Ausschluss der Karenzentschädigung gegenüber Handelsvertretern, die außerhalb der EU und des EWR tätig sind, jedenfalls sofern diese keine Deutschen im Sinne des Grundgesetzes und auch nicht EU-Bürger sind, AGB-rechtlich wirksam.[2428]

1203 **3. Kündigungsfristen.** Grundsätzlich kann nach der hier vertretenen Ansicht gegenüber Handelsvertretern, die außerhalb der EU und des EWR tätig sind, auch von den Kündigungsfristen des § 89 HGB abgewichen werden. Allerdings ist eine Regelung, wonach der Unternehmer den Vertrag jederzeit kündigen kann eine unbillige Benachteiligung i.S.d. § 307 BGB und somit unwirksam.[2429] Gegen eine Kündigungsfrist von einem Monat ist hingegen nichts einzuwenden, wobei aber im Hinblick auf § 307 BGB der Grundsatz der Fristenparität als verallgemeinerungsfähiger Rechtsgedanke zu beachten ist.[2430] Die Kündigungsfrist darf daher für den Prinzipal nicht kürzer sein als für den Handelsvertreter.

2414 WLP/*Dammann*, H 141; UBH/*Schmidt*, Handelsvertreterverträge Rn 11.
2415 OLG München 11.1.2002 – 23 U 4416/01 Rn 23 ff.; *Mankowski*, MDR 2002, 1352, 1354; *Hagemeister*, RIW 2006, 498, 501; MüKo-HGB/*v. Hoyningen-Huene*, § 92c Rn 16.
2416 Reithmann/Martiny/*Freitag*, Rn 637; a.A. *Koller/Roth/Morck*, § 92 Rn 4.
2417 *v. Westphalen*, Handelsvertretervertrag Rn 76.
2418 Für eine weitere Auslegung des § 310 Abs. 1 S. 2 BGB aber *Müller/Giebeler/Pfeil*, BB 2009, 2658; kritisch *v. Westphalen*, BB 2010, 195, 199 f.
2419 OLG München 20.11.2002 – 7 U 5609/01 Rn 50 ff.
2420 Ebenroth/Boujong/Joost/Strohn/*Löwisch*, § 92c Rn 16; Ensthaler/*Genzow*, § 92c Rn 8; MüKo-HGB/*v. Hoyningen-Huene*, § 92c Rn 16; Martinek/Semler/Habermeier/Flohr/*Semler*, § 20 Rn 102; *Mankowski*, MDR 2002, 1352, 1354 f.; *Hagemeister*, RIW 2006, 498, 500 f.; *Bälz*, NJW 2003, 1559, 1560 f.; *Wauschkuhn/Meese*, RIW 2002, 301, 304; einschränkend *Hepting/Detzer*, RIW 1989, 337, 340 ff.; *Emde*, VertriebsR, § 92c Rn 22; Flohr/*Wauschkuhn/Teichmann*, § 92c Rn 35; a.A. WLP/*Dammann*, H 141; UBH/*Schmidt*, Handelsvertreterverträge Rn 11.
2421 *v. Westphalen/v. Westphalen*, Handelsvertretervertrag Rn 76.
2422 BAG 16.10.1980 – 3 AZR 202/79, BAGE 34, 220.
2423 *Wengler*, ZHR 146 (1982), 30, 42 ff.; *Emde*, VertriebsR, § 92c Rn 21.
2424 MüKo-HGB/*v. Hoyningen-Huene*, § 92c Rn 18.
2425 BVerfG NJW 1988, 2290, 2291.
2426 v. Mangoldt/Klein/Starck/*Manssen*, Art. 12 Abs. 1 Rn 266.
2427 v. Mangoldt/Klein/Starck/*Manssen*, Art. 12 Abs. 1 Rn 272.
2428 *v. Westphalen/v. Westphalen*, Handelsvertretervertrag Rn 76.
2429 *Emde*, VertriebsR, § 92c Rn 24 und § 89 Rn 78.
2430 BGH 12.2.2003 – VIII ZR 284/01 Rn 10 noch zu § 88 HGB; WLP/*Dammann*, H 142; UBH/*Schmidt*, Handelsvertreterverträge Rn 7.

„Höhere Gewalt"-Klausel

A. Übersicht

Der Begriff der **„höheren Gewalt"** wird vom Gesetz in verschiedenen Regelungskreisen verwandt. Im Haftungsrecht taucht er vergleichsweise oft auf; er dient hier dem Ausschluss der Haftung in bestimmten Fällen, so etwa in § 651j BGB (Reiserecht), in § 701 BGB (Gastwirtshaftung), § 7 Abs. 2 StVG (Halterhaftung), § 4 Umwelthaftungsgesetz und § 1 Abs. 2 HaftpflichtG. Daneben verwendet das Gesetz den Begriff der höheren Gewalt etwa in den Fällen, in denen es um die Hemmung der Verjährung gemäß § 206 BGB geht oder um die Versäumung von Anfechtungsfristen, § 1600b Abs. 5 BGB. Aufgrund der unterschiedlichen Regelungszwecke wird der Begriff der höheren Gewalt in den jeweiligen Regelungskreisen unterschiedlich definiert. Im **Haftungsrecht,** speziell im Haftpflichtrecht, wird von der Rechtsprechung höhere Gewalt angenommen, bei einem „betriebsfremden, von außen durch elementare Naturkräfte oder durch Handlungen dritter Personen herbeigeführten Ereignis, das nach menschlicher Einsicht und Erfahrung unvorhersehbar ist, mit wirtschaftlich erträglichen Mitteln auch durch die äußerste nach der Sachlage vernünftigerweise zu erwartende Sorgfalt nicht verhütet oder unschädlich gemacht werden kann und auch nicht wegen seiner Betriebshäufigkeit vom Betriebsunternehmer in Kauf zu nehmen ist."[2431] Es muss sich also um ein **Ereignis von außen** handeln, **unvorhersehbar**, trotz Beachtung zumutbarer Sorgfalt **unvermeidbar** sowie **außergewöhnlich** sein. Beispiele sind etwa Kriege, Reaktorunfälle und terroristische Anschläge sowie Naturkatastrophen. Von der Höhere-Gewalt-Klausel werden nur Streiks in Drittbetrieben erfasst, nicht dagegen Streiks im eigenen Betrieb des Verwenders, da sie naturgemäß zu dessen betrieblichem Risiko gehören.[2432]

Geht es dagegen um die Frage, ob ein Gläubiger durch höhere Gewalt an der Rechtsverfolgung gehindert war und deswegen die Verjährung gehemmt war oder ob eine Partei durch höhere Gewalt Fristen versäumt hat, wird das subjektive Element des Begriffs betont. So setzt die Rechtsprechung bei der Frage der Verjährungshemmung gemäß § 206 BGB und bei Vorschriften über Fristversäumnisse höhere Gewalt mit dem Begriff des **unabwendbaren Zufalls** i.S.d. § 233 ZPO a.F. gleich. Danach muss das Hindernis auf Ereignissen beruhen, die auch durch die äußerste, billigerweise zu erwartende Sorgfalt nicht verhütet werden konnten; schon das geringste Verschulden schließt höhere Gewalt aus.[2433]

Obwohl die Mehrzahl der Regelungen in Allgemeinen Geschäftsbedingungen höhere Gewalt im Zusammenhang mit Haftungsfragen betreffen, kommen mitunter auch Regelungen der Hemmung der Verjährung oder von Fristen vor. Je nach Regelungsgegenstand hat sich daher die Auslegung der entsprechenden Vertragsbestimmungen an der von der Rechtsprechung zugrunde gelegten Definition der höheren Gewalt zu orientieren.

Verwender setzen haftungsrechtliche „Höhere Gewalt"-Klauseln häufig ein, um sich beim Eintritt von höherer Gewalt von eigenen Verpflichtungen gegenüber ihren Vertragspartnern freizuzeichnen (**Freizeichnungsklauseln**). So wird etwa der Ausschluss von Schadensersatz- und Aufwendungsersatzansprüchen des Vertragspartners geregelt, aber auch der Ausschluss von eigenen Leistungspflichten im Falle der höheren Gewalt. Zum anderen versuchen Verwender durch „Höhere Gewalt"-Klauseln formularmäßig **haftungsbegründende Klauseln** für den Vertragspartner zu schaffen, die eine Haftung des Vertragspartners unabhängig von einer zu vertretenden Handlung auch in den Fällen höherer Gewalt vorsehen. Haftungsrechtliche „Höhere Gewalt"-Klauseln unterliegen inhaltlich der Kontrolle nach § 307 BGB. Je nach Regelungsgegenstand können sie auch zusätzlich an § 308 Nr. 3 BGB zu messen sein, wenn sie ein Rücktrittsrecht regeln, oder an § 309 Nr. 7 und Nr. 8 BGB, wenn sie die Haftung des Verwenders ausschließen oder begrenzen.

B. „Höhere Gewalt" – Klauseln im Einzelnen

Im Falle höherer Gewalt scheidet eine Haftung in der Regel aus. Dies spricht daher zunächst dafür, Klauseln, die den Verwender im Falle von höherer Gewalt von **Lieferpflichten** oder einer **Schadensersatzhaftung freistellen**, als wirksam anzusehen, da sie nur die gesetzliche Wertung wiedergeben und damit kontrollfrei gemäß § 307 Abs. 3 BGB sind.[2434] Der Leistungsschuldner wird gemäß § 275 BGB von seiner Lieferpflicht frei; sekundäre Schadensersatzansprüche greifen nur bei Verschulden ein. Dennoch kann es durch derartige Klauseln zu einer nicht mehr angemessenen Risikoverteilung zwischen den Vertragspartnern kommen. Gemäß § 311 Abs. 2 BGB haftet der Leistungsschuldner bei anfänglicher Unmöglichkeit, wenn er die Unmöglichkeit kannte. Bei gegenseitigen Verträgen entfällt bei Unmöglichkeit der Anspruch auf die Gegenleistung. Auch besteht im Verzugsfall gemäß § 287 S. 2

2431 RGZ 171, 104; BGHZ 7, 338, 339 = NJW 1953, 184; BGH NZV 2004, 395; BGH NJW-RR 2008, 335, 336; ähnlich für den Reisevertrag BGHZ 100, 185, 188: „Höhere Gewalt i.S.d. § 651j BGB als einer haftungsrechtlichen Bestimmung ist ein von außen kommendes, keinen betrieblichen Zusammenhang aufweisendes, auch durch äußerste vernünftigerweise zu erwartende Sorgfalt nicht abwendbares Ereignis."

2432 WLP/*Schmidt,* A 162; UBH/*Schmidt,* Teil 3, Arbeitskampfklauseln Rn 3.

2433 BGH NJW 1982, 96, 97; BGH NJW 1997, 3164.

2434 Vgl. Staudinger/*Coester,* § 307 Rn 431.

BGB eine Haftung für Zufall. Freizeichnungsklauseln, die den Eindruck erwecken, dass sie diese gesetzlichen Wertungen nicht berücksichtigen, sind gemäß § 307 BGB unwirksam.[2435] So ist nach der Rechtsprechung bei einem **Fitnessvertrag** eine Klausel, nach der sowohl Ersatzstunden als auch Schadensersatz ausgeschlossen wurden, wenn es dem Studio aus nicht zu vertretenden Gründen unmöglich wird, die Leistung zu erbringen, jedenfalls dann unwirksam, wenn die Beitragspflicht entgegen § 323 BGB bestehen bleibt.[2436] Eine Freizeichnung von Ansprüchen aus culpa in contrahendo bedeutet einen nachträglichen Verzicht, da der Anspruch bereits entstanden sein kann, wenn die AGB Vertragsinhalt werden. Ohne deutlichen Hinweis hierauf ist eine derartige Klausel stets unwirksam.[2437] Gewähren „Höhere Gewalt"-Klauseln ein **Rücktrittsrecht**, sind sie wirksam, wenn sie nur beim Eingreifen des § 275 BGB gelten sollen; gelten sie allerdings auch für nur vorübergehende Leistungshindernisse, sind sie unwirksam.[2438] Dies gilt auch für die Fälle, in denen die Klausel bei nicht vom Verwender zu vertretenden Umständen wie Streik und Aussperrung ein Rücktrittsrecht gewährt.[2439] Diese Ereignisse sind naturgemäß zeitlich begrenzt. Wird das außerordentliche Kündigungsrecht des Vertragspartners für den Fall von Lieferstörungen durch höhere Gewalt im Dauerschuldverhältnis ausgeschlossen, ist diese Klausel unangemessen und gemäß § 307 BGB daher unwirksam.[2440] Regelt der Verwender, dass der Vertragspartner auch in Fällen höherer Gewalt gegenüber dem Verwender haftet, verstößt die Klausel in der Regel gegen § 307 Abs. 2 Nr. 1 BGB, weil sie mit dem gesetzlichen Verschuldensprinzip nicht vereinbar ist.[2441]

IATA-Beförderungsbedingungen

A. Allgemeines 1208
B. Ansprüche bei Flugunfällen, Flugausfällen, Verspätungen 1216
  I. Flugunfälle 1217
    1. Anwendbares Recht 1218
    2. Gerichtsstand 1220
    3. Richtige Beklagte 1221
    4. Schadenssummen 1222
  II. Flugausfälle und Verzögerungen 1225
  III. Verlust von Reisegepäck 1234
  IV. Änderung der FluggastVO 1235

A. Allgemeines

1208 Die inländischen ABB Flugpassage/Beförderungsbedingungen entsprechen im Wesentlichen der IATA-Empfehlung 1013. Sofern der Luftfrachtführer keine Verantwortung für das Erreichen von Anschlüssen übernehmen will, verstößt dies gegen § 309 Nr. 7b und Nr. 8 BGB.[2442]

1209 Eine Bestimmung, wonach einseitig Flugpläne und Zwischenlandungspunkte geändert, andere Luftfrachtführer mit der Beförderung betraut oder anderes Fluggerät eingesetzt werden kann, verstößt gegen § 308 Nr. 4 BGB.[2443]

1210 Eine Freizeichnungsklausel, wonach sich der Verwender das Recht ausbedingt, ohne Ankündigung einen Flug abzusagen oder zu ändern, „wenn es die Umstände erfordern", verstößt gegen § 307 BGB.

1211 Die Formularbestimmung, wonach die Haftung des Luftfrachtführers für solche Schäden ausgeschlossen ist, die dem Fluggast durch Inanspruchnahme einer vom Luftfrachtführer vermittelten Unterkunft entstehen, verstößt gegen § 309 Nr. 7b und Nr. 8 BGB.[2444]

1212 Die Klausel *„Bei der Beförderung von Personen sowie von aufgegebenem Gepäck ist der Luftfrachtführer zum Schadensersatz nur dann verpflichtet, wenn ihm nachweislich Fahrlässigkeit zur Last fällt."* verstößt gegen § 309 Nr. 12 BGB, denn hier wird dem Fluggast die Beweislast für Umstände auferlegt, die im Verantwortungsbereich des Verwenders liegen.[2445]

1213 Die Klausel, wonach der Luftfrachtführer gegenüber einem Fahrgast für Tod, Körperverletzung oder Gesundheitsbeschädigung seine Haftung auf 250.000 Goldfranken oder deren Gegenwert beschränkt, verstößt gegen § 309 Nr. 7a BGB.[2446]

1214 Eine Klausel, wonach der Reisende bei einem nach Anmeldeschluss erklärten Rücktritt vom Flug, Ersatz für Aufwendungen und Auslagen in Höhe des vollen Flugpreises zu zahlen hat, ist gemäß § 309 Nr. 5b i.V.m. § 308 Nr. 7b BGB unwirksam.[2447] Der Unternehmer muss sich in einem solchen Falle mit einer angemessenen Vergütung für bereits erbrachte Leistungen und dem Ersatz etwaiger Auslagen begnügen.

2435 Vgl. Staudinger/*Coester*, § 307 Rn 431.
2436 OLG Hamm NJW-RR 1992, 242, 243.
2437 OLG Koblenz NJW-RR 1993, 1078, 1080.
2438 OLG Frankfurt MMR 2006, 325, 326; v. Westphalen/ *Thüsing*, Höhere Gewalt Rn 24; WLP/*Dammann*, § 308 Nr. 3 Rn 35.
2439 BGH NJW 1985, 855, 857.
2440 BGH NJW 1986, 3134.
2441 Staudinger/*Coester*, § 307 Rn 431.
2442 BGH NJW 1983, 1322.
2443 BGH NJW 1983, 1322.
2444 BGH NJW 1983, 1322.
2445 BGH NJW 1983, 1322.
2446 BGH NJW 1983, 1322.
2447 BGH NJW 1985, 633.

IATA-Beförderungsbedingungen

Auch nach der VO 261/2004 steht dem Fluggast nicht ohne Weiteres ein Anspruch auf Schadensersatz zu, wenn wegen Verspätung der Zubringerflug nicht erreicht werden kann.[2448] Ansprüche kommen jedoch wegen Verzugs in Betracht, wenn das Luftverkehrsunternehmen die Verspätung verschuldet hat und dem Fahrgast hierdurch ein Schaden entsteht. Ein formularmäßiger genereller Ausschluss für Schäden aus verpassten Anschlussflügen ist daher nicht möglich.

1215

B. Ansprüche bei Flugunfällen, Flugausfällen, Verspätungen

Zu den Ansprüchen bei Flugunfällen, Flugausfällen und Verspätungen gilt im Übrigen Folgendes:[2449] Die Rechtslage bei Flugunfällen, Flugausfällen und Verzögerungen ist oft unklar. Im Folgenden soll versucht werden, das Thema näher auszuleuchten. Zuletzt hatten sowohl der Streik der Lufthansa wie auch die Vulkanausbrüche in Island 2010 und im Mai 2011 sowie Mitte Juni 2011 in Chile Fragen der Entschädigung aufgeworfen.

1216

I. Flugunfälle

Die Zahl der Flugzeugkatastrophen scheint sich erhöht zu haben, trotzdem werden die rechtlichen Fragen wenig erörtert und bleiben Spezialisten vorbehalten. Derzeit sind etwa 390.000 Luftfahrzeuge registriert von denen nur etwa 10.000 klassische Passagierjets sind. Allgemein gilt das Flugzeug als das sicherste Transportmittel. Trotzdem hat insbesondere der Absturz der Concorde vor elf Jahren[2450] das Thema der Entschädigung der Angehörigen bei Flugunfällen aufgeworfen.

1217

1. Anwendbares Recht. Mit dem Fluggast selber bestehen vertragliche Beziehungen zum Reiseveranstalter, nicht aber zur Fluglinie. Nach dem Warschauer Abkommen bzw. ab 2004 dem Montrealer Abkommen (MÜ) und der VO 2027/97[2451] haftet jedoch der Transportführer für Tod, Körperverletzung oder sonstige Gesundheitsschädigung nur bis maximal 100.000 Sonderziehungsrechten (SDR) des Internationalen Währungsfonds (entspricht 110.000 EUR) je Anspruchsteller, Gerichtskosten eingeschlossen. Dies ist ein Fall der Gefährdungshaftung, auf Verschulden kommt es nicht an. Ebenfalls besteht ein Vorschussanspruch auf einen Teilbetrag.[2452] Der Anspruch geht auf die Erben und Angehörigen im Todesfalle über. Eine höhere Haftung kommt bei grober Fahrlässigkeit des Transportführers in Betracht; hier sind diese Obergrenzen aufgehoben und der Anspruch kann weit darüber hinausgehen. Damit haftet das Luftfahrtunternehmen für **vermutetes Verschulden** in unbegrenzter Höhe. Einer über 100.000 SDR hinausgehenden Haftung kann das Luftfahrtunternehmen also nur durch den Nachweis fehlenden Verschuldens entgehen. Das Warschauer Abkommen von 1929 sollte die noch junge Luftfahrtbranche vor allzu großen Schadenersatzforderungen schützen und zugleich den Passagieren ermöglichen, einerseits zu zahlbaren Tarifen zu fliegen, andererseits grundsätzlich angemessene Entschädigung zu erlangen. 1952 musste jedoch erstmals eine Fluggesellschaft – genauer deren Versicherer – nach einem Gerichtsurteil mehr zahlen als der Flugschein auswies. Dies deshalb, weil nachgewiesen werden konnte, dass die Maschine schlecht gewartet war. Eine Entschädigung von 165.000 $ wurde gewährt. Diese Summen waren Grund für viele amerikanische Kanzleien sich zu spezialisieren. Um eine adäquate Deckung durch die Versicherung zu garantieren, wurden hierdurch ausgelöst die Versicherungssummen und Beiträge massiv erhöht. Versicherungspolicen mit 225 Mio. Dollar Deckung für Kasko und bis zu 2 Mrd. Dollar für Haftpflicht wurden abgeschlossen. Anzusetzen war hierbei der Neupreis einer Boeing 747 mit etwa 200 Millionen Dollar. Für den Fall einer Katastrophe wurden Passagier- und andere Haftpflichtansprüche hinzugesetzt. Die Luftfahrtbranche – Fluggesellschaften, Hersteller, Flughäfen – verlangt deshalb Deckungen mit entsprechend hohen Policenlimiten. 1994 erreichte der Luftfahrtversicherungsmarkt ein Prämienvolumen von ungefähr 5 Mrd. Dollar; derzeit liegt er etwa beim doppelten Volumen.

1218

In den letzten zehn Jahren schwankte die Schadenlast der Luftfahrtversicherung zwischen 500 Mio. und 2 Mrd. Dollar jährlich. Die Explosion vom 4.11.2010 führte zu Entschädigungszahlungen von Rolls-Royce an Qantas von 70 Mio. EUR.[2453]

Wesentlich für die Versicherungsbedingungen ist auch das zur Anwendung gelangende Recht: Auf Binnenflügen gilt jenes des entsprechenden Landes, auf internationalen Flügen gilt aufgrund der Warschauer Konvention im Grundsatz das Limit von 100.000 SDR.

1219

2448 BGH v. 28.5.2009 – Xa ZR 113/08.
2449 *Niebling*, NJ 2011, 272.
2450 Erst im Dezember 2010 hat ein französisches Strafgericht die US-Fluggesellschaft Continental zu einer Geldstrafe verurteilt, da eine Mitschuld festgestellt wurde; Continental musste ferner eine Mio. EUR Schadensersatz an den Concorde Betreiber Air France zahlen (beim Start fuhr die Concorde über ein Lammenteil, das eine Continental Maschine verloren hatte).
2451 *Tonner*, VuR 2011, 203; Übersicht auch bei PWW/*Deppenkemper*, § 651a Rn 41; *Janköster*, Fluggastrechte im internationalen Luftverkehr, 2009 (nicht mehr durchweg aktuell).
2452 Am 29.7.2009 ist das neue FahrgastrechteG in Kraft getreten. Bei einem Eisenbahnunfall ist diese Vorschusspflicht nun gesetzlich verankert worden und beträgt mindestens 21.000 EUR. Bei Tötung darf kein Mitgliedstaat der EU mehr weniger als 200.000 EUR festschreiben; hierzu etwa *Tonner*, VuR 2009, 209.
2453 SZ v. 22.6.2011, das RR-Triebwerk explodierte kurz nach dem Start der australischen Fluglinie Quantas in Singapur; der Vergleich auf 70 Mio. EUR erfolgte in Sydney.

1220 **2. Gerichtsstand.** Bei einem internationalen Flug reicht es für eine Klage in den USA aus, dass der Geschädigte oder Getötete hier geschäftlich tätig war oder einen weiteren Wohnsitz unterhielt. Dies ist relevant, weil in den USA die höchsten Entschädigungen bezahlt werden.

1221 **3. Richtige Beklagte.** Die Fluggesellschaft aber auch die Versicherung, die überwiegend in Anspruch genommen wird, sind richtige Beklagte.

1222 **4. Schadenssummen.** Bei einem der schwersten Unglücke der zivilen Luftfahrt auf dem Flughafen Los Rodeos auf Teneriffa sind am 27.3.1977 zwei Boeing 747 mit zusammen 637 Passagieren kollidiert. Die Entschädigungskosten lagen bei 72 Mio. Dollar, zu jener Zeit der größte Schadenfall in der Luftfahrt.

Bei dem Attentat auf den Panam-Jumbo, der am 21.12.1988 über dem schottischen Dorf Lockerbie abstürzte, verurteilte das Gericht Panam wegen grober Fahrlässigkeit, weil der Jumbo-Jet mit einem unbegleiteten Gepäckstück an Bord gestartet war über das 100.000 SDR Limit pro Passagier hinaus mit bis zu 20 Mio. Dollar pro Passagier/Angehöriger.[2454] Hier lag das Policenlimite bei 750 Mio. Dollar, was noch einzuhalten war.

1223 Bei der Höhe der Haftungssumme sind zu berücksichtigen: hypothetische Einkünfte, auch was Studenten „später" hätten erzielen können, entgangene Geschäfte, „pain and suffering" der Absturzopfer, wobei für die Rechtsprechung unter anderem die Zeit bis zum Aufprall am Boden entscheidend ist.

1224 Die Entwicklung zu massiven und steigenden Schadenersatzforderungen hat dazu geführt, dass 28 große Fluggesellschaften die Limite pro Passagier auf 200.000 Dollar erhöht haben. Im Übrigen liegt das Limit derzeit bei etwa 140.000 US-Dollar oder 110.000 EUR. Weitergehende Ansprüche sind denkbar und die Fluggesellschaft/Versicherung hat nachzuweisen, dass sie alle vernünftigen Maßnahmen getroffen hat, den Unfall zu vermeiden oder es unmöglich war, derartige Maßnahmen zu ergreifen oder es der Verantwortung Dritter zuzurechnen ist, die den Schaden ausgelöst haben. Insbesondere wenn sich ein Flugzeugwrack nicht auffinden lässt, wie (zunächst) bei dem Absturz im Atlantik (AIR FRANCE 447), wird die Versicherung den Entlastungsnachweis nicht führen können. In den USA wird daher pro Person mit Ersatzansprüchen von 1,5 Mio. bis 2 Mio. EUR gerechnet. Dies ist seit dem Absturz der Concorde vor zehn Jahren eine weitgehend konstante Größe. Die Ansprüche verjähren in zwei Jahren.[2455]

II. Flugausfälle und Verzögerungen

1225 Bei Flugverspätungen hat der BGH die Rechtsprechung des EuGH[2456] bestätigt, wonach nach der Fluggast-VO Nr. 261/2004 bei Flugverspätung Ausgleichsansprüche bestehen können.[2457] Die Art. 5, 6 und 7 dieser VO sind dahin gehend auszulegen, dass Fluggäste im Hinblick auf verspätete Flüge nicht anders behandelt werden können wie Fluggäste annullierter Flüge. Art. 7 dieser VO ist daher in beiden Fällen anwendbar und gewährt einen Ausgleichsanspruch und Anspruch auf Entschädigung. Hierbei wird ein Zeitverlust von (mindestens) drei Stunden als wesentlich und als Voraussetzung des Ausgleichs vorausgesetzt. Der BGH hatte jüngst Ausgleichsansprüche gewährt bei 20 Stunden,[2458] 23 Stunden[2459] bzw. 40 Stunden[2460] Verspätung.

1226 Bei **außergewöhnlichen Umständen** darf die Ausgleichszahlung jedoch abgelehnt werden. Dies ist nicht allein deshalb der Fall, weil technische Probleme bestehen.[2461]

1227 Wenn jedoch die technischen Probleme auf Vorkommnisse zurückzuführen sind, die nicht Teil der normalen Ausübung der Tätigkeit des betroffenen Luftfahrtunternehmens sind und von ihm tatsächlich nicht zu beherrschen sind, können solche außergewöhnlichen Umstände bejaht werden. Beispiel: versteckte Fabrikationsfehler, Sabotageakte, etc.[2462] Auch Annullierungen von Flügen wegen Flugasche aus Vulkanausbrüchen (Fall Island April/Mai 2010 und

---

2454 Zum Absturz der Concorde am 25.7.2000 in Paris (113 Tote) sind bis heute nicht alle Fragen aufgearbeitet, jedoch wurden an die Opferangehörigen 173 Mio. EUR bezahlt (etwa 1,5 Mio. EUR pro Opfer).

2455 Vgl. auch BGH v. 10.12.2009 – Xa ZR 61/09; Spezialisierte Rechtsanwälte in den USA verlangen von den Hinterbliebenen weder eine Vorauszahlung noch sonst eine Vergütung. Lediglich im Entschädigungsfall wird ein bestimmter Prozentsatz der eingegangenen Versicherungszahlung einbehalten. Derartige Vereinbarungen sind jedenfalls nach US-Recht zulässig. Nach deutschem Recht gilt § 4a RVG mit engeren Voraussetzungen: etwa Göttlich/Mümmler/*Schons*, RVG, 3. Aufl. 2010, Stichwort „Erfolgshonorar".

2456 EuGH v. 19.11.2009 – C-402/07 und C-432/07, NJ 2010, 68; *Kasten*, VuR 2011, 215.

2457 BGH v. 18.2.2010 – Xa ZR 95/06; auch BGH v. 12.11.2009 – Xa ZR 76/07, DAR 2010, 86; hierzu auch *Giesberts/Kleve*, NZV 2010, 273; *Schmid/Hopperdietzel*, NJW 2010, 1905.

2458 BGH v. 18.2.2010 – Xa ZR 166/07.

2459 BGH v. 18.2.2010 – Xa ZR 106/06.

2460 BGH v. 18.2.2010 – Xa ZR 164/07.

2461 BGH v. 12.11.2009 – Xa ZR 76/07; BGH v. 18.2.2010 – Xa ZR 95/06, hierzu auch *Kummer*, DAR 2010, 181, 184 und DAR 2011, 241, 243.

2462 EuGH v. 22.12.2008 – C-549/07.

IATA-Beförderungsbedingungen

Mai 2011) fallen grundsätzlich hierunter.[2463] Bei Nebel kann eine Haftung wegen Flugannullierung ausgeschlossen sein.[2464] Winterliches Glatteis u.a. sind dagegen nur ausnahmsweise höhere Gewalt.[2465] Stornierungen durch Kunden allein aufgrund des Verdachts (etwa wegen der Flugasche) einen Flug oder Anschlussflug nicht durchführen zu können sind nicht möglich; hierzu bedarf es einer überwiegenden Wahrscheinlichkeit, die es für den konkreten Kunden unzumutbar erscheinen lässt den Flug anzutreten.

Bei zwei Stunden Verspätung gewährt die VO Ansprüche auf Betreuungsleistungen wie Telefonate, Getränke, Mahlzeiten und ggf. auch eine Übernachtung. Diese Wartezeit gilt für Flüge bis 1.500 Kilometer. Bei Flügen von 1.500 bis 3.500 Kilometer gibt es Ansprüche auf Unterstützung nach drei Stunden Wartezeit, ab 3.500 Kilometer erst nach vier Stunden Wartezeit. Ab fünf Stunden Wartezeit kann Erstattung des Flugpreises inklusive Steuern und Gebühren verlangt werden. Ausgleichszahlungen wegen großer Verspätung gewährt das LG Frankfurt nur bei Abflug- und zusätzlich Ankunftsverspätung von mindestens drei Stunden.[2466] Die Rechtslage bei Anschlussflügen ist wenig überschaubar. Bei Annullierung des in der EU startenden Zubringerfluges können unabhängig vom Ziel Ausgleichsansprüche bestehen, sofern es sich um einen direkten unmittelbaren Anschlussflug handelt.[2467]   **1228**

Streiks wertet die Lufthansa wie „außergewöhnliche Umstände" und lehnt eine Entschädigung ab. Dies dürfte für zulässige und verhältnismäßige Arbeitskämpfe zutreffen.[2468]   **1229**

Die Ansprüche nach der VO **verjähren** nicht entsprechend der Regelung des Montrealer Übereinkommens in zwei Jahren; vielmehr ist das deutsche Sachrecht anwendbar.[2469]   **1230**

Ob die Fluggesellschaft auch für Fehler des Reiseveranstalters einzustehen hat ist strittig; richtigerweise ist dies analog Art. 13 der VO zu bejahen.[2470]   **1231**

Gerichtsstand für die Geltendmachung von Ausgleichszahlungen ist nach Wahl des Fluggastes das Gericht des Abflugortes oder des Ankunftortes, Art. 5 Nr. 1 lit b 2. Gedankenstrich bzw. Analogie zu § 29 ZPO.[2471] Das Luftfahrtunternehmen schuldet auch nach § 280 Abs. 1 S. 1 BGB Schadensersatz, wenn es gegen die Verpflichtung aus Art. 8 Abs. 1 der VO verstößt.[2472]   **1232**

Bei einer **Pauschalreise** kann wegen Sperrung des Luftraumes und damit verursachter Verzögerung des Fluges um ein bis zwei Tage jedenfalls bei einer zweiwöchigen Urlaubsreise der Vertrag nicht gekündigt werden; allerdings ist eine anteilige Minderung verschuldensunabhängig möglich.   **1233**

III. Verlust von Reisegepäck

Nach dem jüngsten Urteil des EuGH ist die Haftung bei Verlust von Reisegepäck auf 1.134 EUR je Reisenden begrenzt. Dieser Betrag umfasst sowohl materielle wie immaterielle Schäden.[2473] Etwas anderes kann nur dann gelten, wenn der Reisende bei der Übergabe des Reisegepäcks an das Luftfahrtunternehmen das Interesse an der Ablieferung am Bestimmungsort betragsmäßig angegeben und den hierfür verlangten Zuschlag entrichtet hat. Der Anspruch nach Art. 17 Abs. 2 S. 1 MÜ steht nicht nur demjenigen Reisenden zu, der die Aufgabe seines Gepäcks durch einen Gepäckschein nach Art. 3 Abs. 3 MÜ dokumentieren kann. Da der Gepäckschein als Legitimationspapier nach § 808 BGB nicht den Anspruch auf Herausgabe des aufgegebenen Gepäcks verbrieft, kann auch die Geltendmachung des Ersatz-   **1234**

2463 Es wurden hier (2010) über 100 Flüge gestrichen; an einem Tag fielen 60 % der Flüge aus; eine neue mögliche Aschewolke wird grundsätzlich nicht als Rücktrittsgrund für einen anstehenden Flug angesehen; eine gute Übersicht gab das BMJ im Newsletter vom 21.4.2010; eindeutig gilt dies für Flugverbote, die von der DFS (deutsche Flugsicherung) angeordnet wurden; darüber hinaus können jedoch Fluggesellschaften auch eigene Entscheidungen treffen, wobei ein weites Ermessen zugebilligt werden kann, da die Sicherheit Vorrang hat (vgl. auch BGH v. 25.3.2010 – Xa ZR 96/09); das AG Rostock, VuR 2011, 229 bestätigt einen Mangel und befürwortet eine Minderung, lehnt aber Schadensersatz ab.
2464 BGH v. 25.3.2010 – Xa ZR 96/09; BGH v. 14.10.2010 – Xa ZR 15/10.
2465 Teilweise fielen im Winter 2010/11 tageweise 10–50 % aller Flüge in Frankfurt und München aus.
2466 LG Frankfurt VuR 2011, 230.
2467 BGH v. 14.10.2010 – Xa ZR 15/10; hierzu ausführlich *Kummer*, DAR 2011, 241, unter Hinw. darauf, dass derzeit zwei Revisionen zu diesen Fragen beim BGH vorliegen.
2468 Anders wohl WLP/*Stoffels*, A 162, der generell Streik im Unternehmen selber dem Betriebsrisiko des Verwenders zuweisen möchte; ausführlich *Niebling* in: Ring/Klingelhöfer/Niebling, AGB-Recht in der anwaltlichen Praxis,

2. Aufl. 2009, § 8 „Höhere Gewalt"; vgl. auch PWW/*Deppenkemper*, § 651j Rn 6; Palandt/*Sprau*, § 651j Rn 3; jurisPK-BGB/*Keller*, § 651j Rn 11.
2469 BGH v. 10.12.2009 – Xa ZR 61/09; hierzu auch *Kummer*, DAR 2010, 181, 184; Nach Art. 12 Abs. 1 ROM I gilt grundsätzlich das Recht des Staates, in dem sich die beförderte Person überwiegend aufhält, sofern sich in diesem Staat der Abflug- wie auch der Ankunftsort befindet, ansonsten gilt das Recht des Staates, in dem das Luftverkehrsunternehmen seinen Sitz hat; hierzu jurisPK-BGB/*Ringe*, Art. 5 Rom I-VO Rn 29 ff.; PWW/*Remien*, Art. 5 Rom I Rn 6.
2470 *Kummer*, DAR 2010, 181.
2471 EuGH v. 9.7.2009 – C-204/08, NJW 2009, 2801 = EuZW 2009, 569; BGH v. 18.1.2011 – X ZR 71/10, NJW 2011, 2056; zum Gerichtsstand bei Internet Vertragsanbahnung EuGH v. 7.12.2010 – C 585/08 und C 144/09; BGH v. 18.1.2011 – X ZR 71/10, VuR 2011, 228; *Kummer*, DAR 2011, 243; *Tonner*, VuR 2011, 201; *Kasten*, VuR 2011, 215; *Ruzik*, NJW 2011, 2019.
2472 BGH v. 25.3.2010 – Xa ZR 96/09, NJW-RR 2010, 1641.
2473 EuGH v. 6.5.2010 – C-63/09, EuZW 2010, 459 und BGH v. 15.3.2011 – X ZR 99/10, VuR 2011, 226; vgl. auch HK/*Niehuus*, BGB § 651h Rn 11; *Kasten*, VuR 2011, 215.

anspruchs bei Verlust des Gepäcks nicht an die Vorlage des Gepäckscheins geknüpft werden.[2474] Der Anspruch nach Art. 17 Abs. 2 S. 1 MÜ steht daher auch einem Reisenden zu, der ihm gehörende Gegenstände in einem Gepäckstück eines Mitreisenden in die Obhut des Luftfrachtführers gegeben hat.[2475] Die Haftungshöchstgrenze nach Art. 22 MÜ gilt hierbei **je Reisenden** (derjenige, der Gepäck aufgibt zusätzlich zum materiell Berechtigten).

IV. Änderung der FluggastVO

1235 Mit einer Änderung der FluggastVO 261/2004 ist zu rechnen. Verbesserungen für den Verbraucher im Bereich Haftungsbeschränkungen und Flugplanänderungen sind zu erwarten.[2476] Auf weitere Fahrgastrechte-Verordnungen ist hinzuweisen.[2477]

IT- und EDV-Verträge

Literatur zum Stichwort IT- und EDV-Verträge: *Brox*, Allgemeiner Teil des BGB, 37. Aufl. 2013; *Ernst*, Vertragsgestaltung im Internet, 2003; *Haupt/Hagemann*, Internetrecht, 9. Aufl. 2007; *Härting*, Internetrecht, 5. Aufl. 2014; *Härting*, Anm. z. BGH III ZR 63/07 v. 11.10.2007 – Unwirksame Preis- und Leistungsanpassungsklausel in AGB eines Internetserviceproviders, BB 2007, 2648; *Härting*, E-Mail und Telekommunikationsgeheimnis, CR 2007, 311; *Härting*, Providerverträge und Telekommunikationsgeheimnis, ITRB 2007, 242; *Härting/Schätzle*, Transparenzgebot und Inhaltskontrolle für soziale Netzwerke, ITRB 2011, 41; *Härting/Schirmbacher*, Haftungsausschlüsse durch Online-Anbieter – Anmerkung zum Postbank-Urteil, StuB 2001, 573; *Hilber/Rabus*, Zur Frage der vertragstypologischen Einordnung des Internet-System-Vertrages als Werkvertrag und der Zulässigkeit der formularmäßigen Vereinbarung von Vorleistungspflichten, CR 2010, 331; *Hoeren*, Allgemeine Geschäftsbedingungen bei Internet- und Softwareverträgen, 2008; *Hoeren/Sieber/Holznagel*, Handbuch Multimedia-Recht, Stand: 36. Ergänzungslieferung 2013; *Horn*, Verbraucherschutz bei Internetgeschäften, MMR 2002, 209; *Koehler*, Allgemeine Geschäftsbedingungen im Internet, MMR 1998, 289; *Köhler*, Die Rechte des Verbrauchers beim Teleshopping (TV-Shopping, Internet-Shopping), NJW 1998, 185; *Leupold/Glossner*, Münchener Anwaltshandbuch IT-Recht, 3. Aufl. 2013(zit.: MAH IT-Recht/*Bearbeiter*); *Löhning*, Die Einbeziehung von AGB bei Internet-Geschäften, NJW 1997, 1688; *Mehrings*, Verbraucherschutz im Cyberlaw: Zur Einbeziehung von AGB im Internet, BB 1998, 2373; *Moritz*, Quo vadis elektronischer Geschäftsverkehr?, CR 2000, 61; *Nägele/Jacobs*, Rechtsfragen des Cloud Computing, ZUM 2010, 281; *Pohle/Ammann*, Über den Wolken ... – Chancen und Risiken des Cloud Computing, CR 2009, 273; *Redeker*, IT-Recht, 5. Aufl. 2012; *Schirmbacher*, Kommentar zu BGH III ZR 79/09 vom 4.3.2010 – Internet-System-Vertrag, „Unmittelbare Folgen für die AGB-Gestaltung bei Provider-Verträgen", BB 2010, 1051; *Schneider*, Handbuch des EDV-Rechts, 4. Aufl. 2009; *Schumacher*, Wirksamkeit von typischen Klauseln in Softwareüberlassungsverträgen, VR 2000, 641, 643; *Spindler*, Vertragsrecht der Internetprovider, 2. Aufl. 2004; *Spindler*, Haftungsklauseln in Provider-Verträgen, CR 1999, 626; *Waldenberger*, Grenzen des Verbraucherschutzes beim Abschluß von Verträgen im Internet, BB 1996, 2365;

A. Einführung 1236	2. Andere Online-Verträge 1262
B. Internet 1237	a) Internet-Versandhandel 1262
I. Einbeziehung 1238	b) Flugreisen 1264
1. Ausdrücklicher Hinweis auf die AGB (§ 305 Abs. 2 Nr. 1 BGB) 1239	c) Musikdownload 1265
	C. EDV-Recht 1266
2. Möglichkeit der zumutbaren Kenntnisnahme (§ 305 Abs. 2 Nr. 2 BGB) 1241	I. Einbeziehung 1266
3. Zustimmung (§ 305 Abs. 2 letzter Hs. BGB) .. 1246	1. Schutzhüllenverträge (Shrink-Wrap-Agreements) 1266
II. Inhaltskontrolle 1250	2. ENTER-Vereinbarungen 1268
1. Providerverträge 1250	II. Inhaltskontrolle 1270
a) Erreichbarkeitsklausel 1250	1. Aufspaltungsverbot 1270
b) Einseitige Leistungsänderung 1252	2. Zweiterwerberklausel 1271
c) Einseitige Preisanpassung 1255	3. CPU-Klausel 1272
d) Fingierte Erklärungen 1257	4. Vertragsstrafe 1273
e) Ungleiche Kündigungsfristen 1258	5. Leasingvertrag 1274
f) Vorauszahlungsklauseln 1259	6. Erschöpfung 1275
g) Ausschluss des Kündigungsrechts 1260	7. Cloud Computing 1276
h) Einsatz von Filter-Software 1261	8. Service-Level-Agreements 1279

A. Einführung

1236 Internetgeschäfte sind Massengeschäfte und daher ohne den Einsatz Allgemeiner Geschäftsbedingungen undenkbar. Auch der Vertrieb von Software ist heutzutage auf der Basis von Individualverträgen nicht mehr vorstellbar.

2474 BGH v. 15.3.2011 – X ZR 99/10.
2475 BGH v. 15.3.2011 – X ZR 99/10.
2476 Siehe VuR 2011, Heft 6 unter II.

2477 Fahrgastrechte bei Bus- (VO EU 181/2011) und Schiffsreisen (VO EU Nr. 1177/2010), hierzu *Kasten*, VuR 2011, 215.

B. Internet

Wird ein Vertrag über das Internet geschlossen, gelten spezifische Anforderungen an eine Einbeziehung Allgemeiner Geschäftsbedingungen. Typische Klauseln in Online-Verträgen werfen typische Fragen der Inhaltskontrolle auf. **1237**

I. Einbeziehung

Um Allgemeine Geschäftsbedingungen in einen Vertrag einbeziehen zu können, muss der Vertragspartner gemäß § 305 Abs. 2 BGB nicht nur auf die Geschäftsbedingungen ausdrücklich hingewiesen werden. Ihm muss auch eine zumutbare Möglichkeit der Kenntnisnahme gegeben sein, und er muss sich mit den Geschäftsbedingungen einverstanden erklären. **1238**

1. Ausdrücklicher Hinweis auf die AGB (§ 305 Abs. 2 Nr. 1 BGB). Für einen Hinweis auf Allgemeine Geschäftsbedingungen genügt grundsätzlich ein **Hyperlink**.[2478] Voraussetzung dafür ist jedoch, dass er sich an einer Stelle befindet, die der Kunde nicht übersehen kann. Befindet sich der Link lediglich auf der Startseite einer umfangreichen Website, nicht jedoch auf der Seite mit dem Bestellbutton, reicht dies nicht aus, um den Anforderungen des § 305 Abs. 2 Nr. 1 BGB zu genügen.[2479] Da die Hinweispflicht „bei Vertragsschluss" besteht, ist eine zeitliche und räumliche Nähe zu der tatsächlichen Bestellung notwendig.[2480] **1239**

„Ausdrücklich" i.S.d. § 305 Abs. 2 Nr. 1 BGB ist ein Hinweis, wenn der Hyperlink von einem Durchschnittskunden auch bei flüchtiger Betrachtung der Website nicht zu übersehen und er darüber hinaus klar als Hinweis auf verbindliche Vertragsbestimmungen formuliert ist.[2481] Ist der Hinweis dagegen auf einer unübersichtlichen Internetseite – etwa zwischen einer Vielzahl anderer Hyperlinks – versteckt, fehlt es an einer „Ausdrücklichkeit" des Hinweises i.S.d. § 305 Abs. 2 Nr. 1 BGB.[2482] Dasselbe gilt, wenn verschiedene AGB ins Internet gestellt werden und es unklar ist, welche davon für den zu schließenden Vertrag einschlägig sein sollten,[2483] oder wenn der Hinweis insofern unklar oder missverständlich ist, als dass ein Hyperlink auf einer deutschsprachigen Internetseite mit fremdsprachiger Bezeichnung, z.B. „Terms of Payment", verwendet wird.[2484] **1240**

2. Möglichkeit der zumutbaren Kenntnisnahme (§ 305 Abs. 2 Nr. 2 BGB). Für § 305 Abs. 2 Nr. 2 BGB genügt es, wenn die Geschäftsbedingungen durch **Anklicken** des Wortes „AGB" auf der Bestellseite aufgerufen und ausgedruckt werden können.[2485] Die Verwendung von Links gehört zum alltäglichen Einmaleins des Internet.[2486] Verwender von AGB können daher davon ausgehen, dass Verbraucher, die sich für ihre Bestellung des Internets bedienen, mit solchen Links ohne Weiteres umgehen können.[2487] **1241**

Früher wurde die Auffassung vertreten, dass die Geschäftsbedingungen ohne Anstrengung lesbar und übersichtlich gestaltet sein müssen. Dementsprechend waren die Anforderungen an **Schriftgrößen** bzw. **Scrollleisten**[2488] für die Einbeziehung von AGB von maßgeblicher Bedeutung. Spätestens seit der Normierung des **Transparenzgebotes** in § 307 Abs. 1 S. 2 BGB im Jahr 2002 ist dies überholt. Die Einbeziehung von AGB ist ausschließlich an den formalen Gesichtspunkten, die in § 305 Abs. 2 BGB zusammengefasst sind, zu messen. Verstöße gegen das Transparenzgebot führen nicht zur Unzumutbarkeit der Kenntnisnahme, sondern zur Unwirksamkeit der betreffenden Klauseln gemäß § 307 Abs. 1 S. 2 BGB.[2489] **1242**

Für eine wirksame Einbeziehung reicht es nicht aus, wenn die AGB des Betreibers eines Internetportals auf die Reisebedingungen des jeweiligen Veranstalters verweisen, ohne dass diese selbst im Rahmen der AGB direkt abrufbar sind. Auch das bloße Angebot, die AGB zu übersenden, genügt nicht.[2490] **1243**

Wird ein Vertrag offline geschlossen, so stellt sich zunehmend die Frage, ob dem Vertragspartner zumutbar ist, sich auf die im Internet abrufbaren AGB verweisen zu lassen. Dafür sprechen sowohl die weite Verbreitung von Internet- **1244**

2478 Palandt/*Grüneberg*, § 305 Rn 36; *Ernst*, Vertragsgestaltung im Internet, Rn 189; *Härting*, Internetrecht, Rn 599; *Härting/Schätzle*, ITRB 2011, 40, 41; *Mehrings*, BB 1998, 2373, 2378; OLG Hamm v. 14.12.2000, NJW 2001, 1142; LG Bielefeld v. 30.10.1991, NJW-RR 1992, 955; LG Essen v. 13.2.2003, MMR 2004, 49; LG Münster v. 21.1.2000, DB 2000, 663, 664; für Btx: AG Kassel v. 16.2.1990, NJW-RR 1991, 1146, 1147.
2479 *Ernst*, Vertragsgestaltung im Internet, Rn 190; *Moritz*, CR 2000, 61, 64.
2480 *Härting*, Internetrecht, Rn 600.
2481 Palandt/*Grüneberg*, § 305 Rn 36; UBH/*Ulmer*, § 305 Rn 135b, 149a; *Horn*, MMR 2002, 209; *Koehler*, MMR 1998, 289, 291; *Köhler*, NJW 1998, 185, 189; *Moritz*, CR 2000, 61, 64; LG Bielefeld v. 30.10.1991, NJW-RR 1992, 955; LG Osnabrück v. 10.11.1995, CR 1996, 227, 228; AG Kassel v. 16.2.1990, NJW-RR 1991, 1146, 1147.
2482 *Härting*, Internetrecht, Rn 602; *Löhnig*, NJW 1997, 1688, 1689; OLG Hamburg v. 13.6.2002, MMR 2002, 677.
2483 Palandt/*Grüneberg*, § 305 Rn 36.
2484 *Härting*, Internetrecht, Rn 603; WLP/*Lindacher*, Rn 40 f.; a.A. UBH/*Ulmer*, Anh. § 305 Rn 14.
2485 *Härting*, Internetrecht, Rn 608; Vgl. OLG Hamburg v. 13.6.2002, WM 2003, 581, 583; OLG Hamm v. 14.12.2000, ZIP 2001, 291, 292; MüKo/*Basedow*, § 305 Rn 69; jurisPK-BGB/*Lapp*, § 305 Rn 44; Palandt/*Grüneberg*, § 305 Rn 36; *Ernst*, VuR 1997, 259, 261; *Waldenberger*, BB 1996, 2365, 2368.
2486 BGH v. 14.6.2006, NJW 2006, 2976, 297.
2487 BGH v. 14.6.2006, NJW 2006, 2976.
2488 A.A. *Haupt/Hagemann*, Internetrecht, Rn 72 (Schriftgröße oberhalb 10 pt, schwarz).
2489 *Härting*, Internetrecht, Rn 612.
2490 *Härting*, Internetrecht, Rn 609; LG Dortmund v. 15.7.2010 – 8 O 352/09, Rn 14.

anschlüssen wie auch die Bequemlichkeit für den Verbraucher, am heimischen Bildschirm das „Kleingedruckte" in aller Ruhe studieren zu können. Die Zumutbarkeit i.S.v. § 305 Abs. 2 Nr. 2 BGB ist somit zumindest dann zu bejahen, wenn bei einem **Offline-Vertragsschluss** auf die genaue Fundstelle der AGB im Netz hingewiesen wird.[2491]

1245 Werden für die Teilnahme an einem Gewinnspiel im Rundfunk „Teilnahmebedingungen" verwendet, reicht es für die Einbeziehung von Vertragsklauseln in den Spielvertrag gemäß § 305 Abs. 2 BGB aus, wenn im Radio ein Hinweis auf die Internetpräsenz des Senders gegeben wird und die „Teilnahmebedingungen" dort aufgerufen und ausgedruckt werden können.[2492] In der heutigen Lebenswirklichkeit verfügen die allermeisten Haushalte über einen Internetanschluss oder jedenfalls eine Möglichkeit des schnellen Zugangs über ein Mobilfunkgerät, Internetcafés oder den Arbeitsplatzrechner. Eine Kenntnisnahme von Geschäftsbedingungen über das Internet ist daher zumutbar.[2493]

1246 **3. Zustimmung (§ 305 Abs. 2 letzter Hs. BGB).** Nach § 305 Abs. 2 BGB bedarf es zur Einbeziehung der Geschäftsbedingungen in den Vertrag des – ausdrücklichen oder stillschweigenden[2494] – Einverständnisses des Verbrauchers.

1247 Eine ausdrückliche Zustimmung liegt vor, wenn dem Verbraucher eine Möglichkeit gegeben wird, auf der Bestellseite vor der Absendung der Bestellung einen **Button** anzuklicken mit einer vorformulierten Erklärung seines Einverständnisses.

1248 Für ein stillschweigendes Einverständnis des Kunden mit den AGB reicht es regelmäßig aus, wenn eine Bestellung über eine Website erfolgt, die den Anforderungen des § 305 Abs. 2 Nr. 1 und 2 BGB genügt.[2495] Wenn der Kunde auf der Website hinreichend auf die AGB hingewiesen wird und die zumutbare Möglichkeit der Kenntnisnahme hat, ist seine Bestellung als konkludentes Einverständnis mit den AGB zu verstehen (§§ 133, 157 BGB).

1249 Weit verbreitet sind Klauseln wie „*Ich habe die AGB gelesen und verstanden und bin mit ihrer Geltung einverstanden.*", die die Kenntnisnahme bestätigen sollen. Solche Klauseln sind jedoch gemäß § 309 Nr. 12b BGB unwirksam.[2496]

II. Inhaltskontrolle

1250 **1. Providerverträge. a) Erreichbarkeitsklauseln.** In Providerverträgen finden sich oft Haftungsbeschränkungen für **Netzausfälle**. Die AGB enthalten dann beispielsweise den Satz, dass für Funktionsausfälle keine Haftung übernommen wird oder eine Regelung, der zufolge lediglich eine Erreichbarkeit des Internet (Access Provider) oder des Internetservice (z.B. Online-Banking) zu einem bestimmten Prozentsatz (z.B. 98 %) geschuldet wird.

1251 Wie der BGH in seinem Postbank-Urteil[2497] entschieden hat, verstoßen derartige Klauseln regelmäßig gegen § 309 Nr. 7 BGB.[2498] Die Aufnahme einer solchen Klausel in die AGB erscheint zumeist auch nicht notwendig. Solange der Provider ausreichend Zugangskapazitäten geschaffen und der Internetzugriff nicht aus Gründen scheitert, die der Provider zu verantworten hat, entfällt mangels einer Pflichtverletzung und eines Verschuldens jegliche Haftung. Die wenigen Fälle, in denen Zugangsschwierigkeiten tatsächlich aus dem Verantwortungsbereich des Access Providers stammen, lassen sich durch eine allgemeine Beschränkung der Haftung des Providers auf grobe Fahrlässigkeit im Rahmen des gemäß § 309 Nr. 7 BGB auffangen.[2499]

1252 **b) Einseitige Leistungsänderung.** Access Provider haben ein Interesse daran, die Vertragsbeziehungen zu den Kunden möglichst flexibel auszugestalten und **Leistungsänderungen** kurzfristig zu ermöglichen.[2500] Schon im Hinblick auf die sich ständig verändernden technischen Gegebenheiten sind Klauseln über einseitige Änderungsbefugnisse grundsätzlich zulässig. Die Anpassungsvoraussetzungen bedürfen zwar der Konkretisierung. Je komplexer und dynamischer der betroffene Markt jedoch ist, desto weniger streng sind die Anforderungen an die Formulierung.[2501]

1253 Aus dem **Transparenzgebot** (§ 307 Abs. 1 S. 2 BGB) lässt sich ableiten, dass es weder ausreicht, Änderungsklauseln unter den schlichten Vorbehalt der Zumutbarkeit zu stellen,[2502] noch eine Leistungsänderung bereits dann zuzulassen, wenn für die Änderung ein „triftiger" Grund vorliegt. Es bedarf der konkreten Benennung von Gründen, die den An-

---

2491 *Härting*, Internetrecht, Rn 610.
2492 LG Hannover v. 30.3.2009, MMR 2009, 870 (Ls.).
2493 A.A. AG Meldorf v. 15.9.2009, CR 2010, 725.
2494 Vgl. Palandt/*Grüneberg*, § 305 Rn 41; *Brox*, AT, Rn 228.
2495 *Ernst*, Vertragsgestaltung im Internet, Rn 184; *Löhnig*, NJW 1997, 1688, 1689; OLG Hamburg v. 13.6.2002, MMR 2002, 677.
2496 Palandt/*Grüneberg*, § 305 Rn 108; *Härting*, Internetrecht, Rn 617; BGH v. 28.3.1996, NJW 1996, 1819; LG München I v. 14.8.2003, CR 2004, 221, 224.
2497 BGH v. 12.12.2000, MMR 2001, 225 m. Anm. *Struck* = K&R 2001, 217 m. Anm. *Härting*; vgl. auch *Härting/Schirmbacher*, StuB 2001, 573.
2498 LG Karlsruhe v. 12.1.2007, CR 2007, 396, 397; *Spindler* 1999, 628, 629.; a.A. *Hoeren*, AGB bei Internet- und Softwareverträgen, E-Commerce-Verträge, Rn 11.
2499 Vgl. Spindler/*Spindler*, Vertragsrecht der Internetprovider, Teil IV Rn 93; *Spindler*, CR 1999, 626, 631.
2500 Vgl. *Härting*, BB 2007, 2648; BGH v. 11.10.2007, MMR 2008, 36 = BB 2007, 2644.
2501 BGH v. 11.10.2007, MMR 2008, 36, 38; vgl. auch BGH v. 3.6.1998, NJW 1998, 3114, 3116.
2502 BGH v. 11.10.2007, MMR 2008, 36, 38; vgl. auch Erman/*Roloff*, § 308 Rn 33; UBH/*Schmidt*, § 308 Nr. 4 Rn 9 m.w.N.

bieter zu einer Leistungsänderung berechtigen sollen.[2503] Der Vertragsgestalter muss das Kriterium der Zumutbarkeit (§ 308 Nr. 4 BGB) mit Leben erfüllen und triftige Gründe[2504] konkret formulieren, die den Anbieter zur einseitigen Änderung von Vertragskonditionen berechtigen.[2505]

1254 Unzumutbar und daher nach § 308 Nr. 4 BGB unwirksam ist eine Klausel, nach der der DSL-Provider lediglich die am Wohnort des Kunden maximal mögliche Bandbreite bereit stellen muss.[2506] Dasselbe gilt für eine Klausel, die die angebotene Bandbreite als „Maximalbandbreite" bezeichnet und dies in den Geschäftsbedingungen dahingehend „konkretisiert" dass eine bestimmte Zugangsbandbreite und Übertragungszeit nicht geschuldet wird.[2507]

1255 c) **Einseitige Preisanpassung.** Auch **Preisanpassungsklauseln** unterliegen – als Preisnebenabreden – der Inhaltskontrolle nach § 307 Abs. 2 BGB.[2508] Sie sind keineswegs per se unwirksam (vgl. § 309 Nr. 1 BGB) und können sogar im Interesse des Kunden liegen, da der Anbieter seine Preise ohne übermäßige Risikozuschläge kalkulieren kann, wenn er vertraglich zur Erhöhung von Preisen berechtigt ist.[2509] Die Anpassungsbefugnis muss allerdings nach Auffassung des BGH so formuliert werden, dass sie sich auf nachträgliche Kostenerhöhungen beschränkt und die Erzielung eines „zusätzlichen Gewinns" ausschließt.[2510]

1256 Eine unangemessene Benachteiligung gemäß 307 Abs. 1 S. 1 BGB ist bei einer Klausel zu bejahen, die bereits bei einmaliger, minimaler Überschreitung des Datentransfervolumens den automatischen Wechsel des Kunden in eine höhere Tarifstufe vorsieht.[2511]

1257 d) **Fingierte Erklärungen.** Vertragsänderungen lassen sich auch durch **fingierte Erklärungen** bewirken. Eine Klausel, die das Schweigen des Kunden auf die Mitteilung von Änderungen als Zustimmung gelten lässt, ist grundsätzlich wirksam, wenn dem Kunden eine angemessene Widerspruchsfrist eingeräumt wird (vgl. § 308 Nr. 5 BGB). Allerdings ist die Grenze des Zulässigen (§ 307 Abs. 1 S. 1 BGB) überschritten, wenn es um Änderungen geht, die sich auf die vertraglichen Hauptleistungspflichten erstrecken.[2512] Gestalterisch stellt sich die Aufgabe, die Zustimmungsfiktion so zu formulieren, dass sie sich eindeutig (§ 307 Abs. 1 S. 2 BGB) nur auf Nebenpflichten beziehen.[2513]

1258 e) **Ungleiche Kündigungsfristen.** Eine Klausel in einem Providervertrag, die für den Provider eine kürzere Kündigungsfrist vorsieht als für den Kunden, benachteiligt den Kunden unangemessen gemäß § 307 Abs. 1 S. 1 BGB. Es mag zwar im nachvollziehbaren Interesse des Providers liegen, durch kurze Kündigungsfristen die Möglichkeit zu haben, seine Kundenverpflichtungen im Rahmen der technischen Kapazitäten und Ressourcen zu halten. Dies kann jedoch keine Ungleichheit der Kündigungsfristen rechtfertigen.[2514]

1259 f) **Vorauszahlungsklauseln.** Bei einem Internet-System-Vertrag stellt eine Vorleistungspflicht des Kunden im Normalfall keine unangemessene Benachteiligung dar. Dies gilt jedenfalls, wenn der Anbieter bereits zu Beginn der Vertragslaufzeit die Website zu erstellen und einzurichten sowie die Abrufbarkeit der Website im Internet herbeizuführen hat. In einem solchen Fall hat der Anbieter ein **berechtigtes Interesse** daran, mit der Bezahlung des Entgelts nicht lange Zeit oder gar bis zum Ende der Vertragslaufzeit warten zu müssen. Zudem kann dem Anbieter die Zahlung kleiner monatlicher Ratenbeträge einen nicht unerheblichen buchhalterischen Aufwand bereiten und sich eine monatliche Ratenzahlung aus seiner nachvollziehbaren Sicht deshalb als unpraktikabel erweisen.[2515] Wenn die Vorauszahlung etwa ein Drittel der vereinbarten Gesamtvergütung beträgt, werden zudem die Druckmittel des Kunden für die Durchsetzung seines Anspruchs auf vertragsgerechte Erfüllung nur in einem verhältnismäßig geringen Umfang beeinträchtigt.[2516]

1260 g) **Ausschluss des Kündigungsrechts.** Bei einem Internet-System-Vertrag mit einer Laufzeit von drei oder vier Jahren sind Klauseln unwirksam, die das ordentliche Kündigungsrecht des Kunden (**§ 649 S. 1 BGB**) ausschließen.[2517] Zwar ist nachvollziehbar, dass der Provider sich durch eine entsprechende Vertragsgestaltung die Rentabilität seiner Anfangsinvestitionen sichern möchte. Dies ist indes bereits durch die gesetzliche Regelung des § 649 S. 2 BGB ausreichend gewährleistet.[2518]

2503 BGH v. 11.10.2007, MMR 2008, 36, 37.
2504 Vgl. BGH v. 23.6.2005, NJW 2005, 3420, 3421.
2505 LG Düsseldorf v. 28.12.2011 – 12 O 501/10; *Härting*, BB 2007, 2648, 2649.
2506 LG Düsseldorf v. 28.12.2011 – 12 O 501/10, Rn 22 f.; AG Fürth v. 7.5.2009, MMR 2009, 872 (Ls.).
2507 A.A. AG Oldenburg v. 16.3.2010, MMR 2010, 497, 498.
2508 BGH v. 21.9.2005, NJW-RR 2005, 1717.
2509 *Härting*, BB 2007, 2648, 2648.
2510 BGH v. 11.10.2007, MMR 2008, 36, 37; BGH v. 13.12.2006, NJW 2007, 1054, 1055.
2511 OLG Koblenz v. 30.9.2010, MMR 2010, 817 = VuR 2011, 65.
2512 BGH v. 11.10.2007, MMR 2008, 36, 38.
2513 *Härting*, BB 2007, 2648, 2649.
2514 OLG Koblenz v. 30.9.2010, MMR 2010, 816 = VuR 2011, 65.
2515 BGH v. 4.3.2010, CR 2010, 327, 330 m. Anm. *Hilber/Rabus* = BB 2010, 1047, 1050 m. Anm. *Schirmbacher*.
2516 Vgl. LG Düsseldorf v. 9.9.2009, MMR 2010, 243.; LG Düsseldorf v. 2.12.2005 – 22 S 115/05.
2517 BGH v. 27.1.2011, NJW 2011, 915; BGH v. 24.3.2011 – VII ZR 133/10.
2518 LG Schweinfurt v. 9.7.2010, MIR 2010, Dok. 121.

Bereits eine Einschränkung des ordentlichen Kündigungsrechts des Kunden führt zur Unwirksamkeit der Klausel.[2519] Das freie Kündigungsrecht gemäß § 649 S. 1 BGB ist allerdings nicht eingeschränkt, wenn in einem Vertrag eine feste Laufzeit vereinbart und eine ausdrückliche Regelung für das außerordentliche Kündigungsrecht des Kunden getroffen wird.[2520]

1261 h) **Einsatz von Filter-Software.** Klauseln über den Ausschluss der Beförderung von Spam- und Viren-Mails halten einer Inhaltskontrolle nach § 307 BGB stand. Das **Ausfiltern von Mails**, die den Empfänger schädigen oder belästigen können, stellt keine unangemessene Benachteiligung des Kunden dar. Der Provider hat ein schutzwürdiges Interesse daran, keinen Tatbeitrag zu rechtswidrigen Handlungen zu leisten.[2521]

1262 2. **Andere Online-Verträge.** a) **Internet-Versandhandel.** Verwendet ein Internet-Versandhändler eine Klausel, wonach der Vertrag wahlweise durch schriftliche Bestätigung des Auftrags (E-Mail, Fax, Brief) oder durch Versenden der Ware zu Stande kommt, so ist die Klausel nach § **308 Nr. 1 BGB** unwirksam. Mit Hilfe einer solchen Klausel behält sich nämlich der Verwender eine nicht hinreichend bestimmte Frist für die Annahme oder Ablehnung eines Angebots vor.[2522]

1263 Ähnliches gilt nach Auffassung des OLG Bremen bei einer Klausel wonach die Lieferfrist, „in der Regel 1–2 Werktage" bei Versand über ein bestimmtes Unternehmen beträgt. Damit bleibe unklar, was bei einem anderweitigen Versand gelte und was unter einem „Regelfall" zu verstehen sei. Es fehle an einer hinreichenden Bestimmtheit gemäß § 308 Nr. 1 BGB.[2523]

1264 b) **Flugreisen.** Eine Klausel, die aus den Gründen der „erhöhten Sicherheits- und Verwaltungskosten" die Möglichkeit einer Bargeldzahlung für online gebuchte Flugreisen ausschließt, stellt keine unangemessene Benachteiligung des Kunden gemäß § 307 Abs. 1 S. 1 BGB dar. Die bargeldlose Zahlung entspricht im Internet dem Normalfall, und ein Reiseanbieter hat ein anerkennenswertes Interesse an möglichst rationellen Betriebsabläufen. Dagegen liegt in unterschiedlichen Gebühren für die Zahlung mit Kredit- und Geldkarten ein Verstoß gegen § 307 Abs. 1 S. 1 BGB vor, da es an einem nachvollziehbaren Grund für die Unterscheidung fehlt.[2524]

1265 c) **Musikdownload.** Eine Klausel in den AGB eines Musikdownloadportals, die es verbietet, die heruntergeladenen Musikdateien weiter zu vertreiben, weiterzugeben, zu übertragen und unterzulizenzieren, stellt keine unangemessene Benachteiligung des Kunden dar. Es fehlt bereits an einer Benachteiligung, da sich das Verbot bereits aus den §§ 16 und 17 UrhG ergibt.[2525]

C. EDV-Recht

I. Einbeziehung

1266 1. **Schutzhüllenverträge (Shrink-Wrap-Agreements).** Um unmittelbare Vereinbarungen mit dem Anwender schließen zu können, werden in der Softwareindustrie immer noch Schutzhüllenverträge eingesetzt. Der Hersteller schweißt Nutzungsbedingungen in die Schutzhüllen ein, in die die Datenträger verpackt sind.

1267 In einem Aufreißen der Schutzhülle kann kein Vertragsschluss gesehen werden, weil dem Kunden das entsprechende **Erklärungsbewusstsein** fehlt.[2526] Das Aufreißen der Hülle stellt eine Handlung dar, die unmittelbar nur den Sinn hat, ein Hindernis für die Nutzung der Software zu beseitigen.[2527] Dass der Kunde dabei mit dem Bewusstsein handelt, eine rechtsgeschäftliche Erklärung abzugeben, liegt fern. Da es bereits an einem Vertragsschluss fehlt, kommt es auch nicht zu einer Einbeziehung der Nutzungsbedingungen nach § 305 Abs. 2 BGB.

1268 2. **ENTER-Vereinbarungen.** Die ENTER-Vereinbarungen sind die moderne Variante der Schutzhüllenverträge. Beim erstmaligen Laden einer Software wird der Nutzer per **Bildschirmanzeige** aufgefordert, den ihm bislang unbekannten Nutzungsbedingungen zuzustimmen.[2528]

1269 Bei einer ENTER-Vereinbarung steht das Erklärungsbewusstsein des Nutzers außer Frage. Er wird ausdrücklich zur Zustimmung aufgefordert, sodass ihm deutlich bewusst gemacht wird, dass es um die Abgabe einer rechtsgeschäftlichen Erklärung geht. Wenn die Voraussetzungen des § 305 Abs. 2 Nr. 2 BGB erfüllt sind, kann es keinen Zweifel an einer Einbeziehung geben. Ob und inwieweit die Nutzungsbedingungen schuldrechtliche und dingliche Wirkungen entfalten,[2529] ist eine Frage des Einzelfalls.

2519 *Härting*, Internetrecht, Rn 688.
2520 BGH v. 27.1.2011 – VII ZR 133/10 Rn 16.
2521 *Härting*, ITRB 2007, 242, 243; *Härting*, CR 2007, 311, 314.
2522 LG Leipzig v. 4.2.2010, MMR 2010, 751.
2523 OLG Bremen v. 8.9.2009, CR 2010, 533.
2524 BGH v. 20.5.2010, CR 2010, 674.
2525 LG Berlin v. 17.7.2009, MMR 2010, 46.
2526 *Redeker*, IT-Recht, Rn 579.
2527 v. Westphalen/*Hoeren*, Teil: Klauselwerke, IT-Verträge Rn 209.
2528 Vgl. *Redeker*, IT-Recht, Rn 576.
2529 Vgl. *Redeker*, IT-Recht, Rn 580.

II. Inhaltskontrolle

1. Aufspaltungsverbot. Nach Auffassung des LG Mannheim fehlt es an einer unangemessenen Benachteiligung des Kunden bei einem Aufspaltungsverbot in den AGB eines Softwareüberlassungsvertrags. Ein solches Aufspaltungsverbot, das dem Nutzer nur eine vollständige Weitergabe der erworbenen Software gestattet, weiche von wesentlichen Grundgedanken des Urheberrechts nicht ab und verstoße insbesondere nicht gegen den Erschöpfungsgrundsatz (§ 69c Nr. 3 S. 2 UrhG).[2530]

1270

2. Zweiterwerberklausel. An einer unangemessenen Benachteiligung des Vertragspartners fehlt es auch bei einer Klausel in einem Vertrag über die Überlassung hochwertiger Software, nach der ein Zweiterwerber der Software die vertraglichen Bedingungen übernehmen muss, zu denen der Ersterwerber die Nutzungsrechte erworben hat.[2531]

1271

3. CPU-Klausel. CPU-Klauseln, die die Verwendung einer zeitlich begrenzt überlassenen Software auf einem im Vergleich zum vertraglich vereinbarten Rechner leistungsstärkeren Rechner oder auf weiteren Rechnern von der Vereinbarung über die Zahlung einer zusätzlichen Vergütung abhängig machen, benachteiligen den Vertragspartner nach Auffassung des BGH nicht unangemessen. Der BGH hat dies mit dem Missbrauchsrisiko begründet, das den CPU-Klauseln zugrunde liegt.[2532]

1272

4. Vertragsstrafe. Eine Vertragsstrafeklausel, nach der der Anwender bei verspäteter Rückgabe des Computerprogramms eine Vertragsstrafe in Höhe der zwölffachen monatlichen Nutzungsgebühr zu zahlen hatte, ist unter Hinweis auf das Missbrauchsrisiko als wirksam beurteilt worden.[2533]

1273

5. Leasingvertrag. In den AGB eines Leasinggebers zu einem Leasingvertrag über die Überlassung, Anpassung und Implementierung einer Branchensoftware hält eine Klausel der Inhaltskontrolle nach § 307 Abs. 1 S. 1 BGB nicht stand, die die Leasinggesellschaft berechtigt vom Vertrag zurückzutreten, wenn die Software „bis zum spätesten Fertigstellungszeitpunkt nicht ordnungsgemäß erstellt und von dem Kunden abgenommen" wurde oder „zuvor – gleich aus welchen Gründen – gescheitert ist", da dies zu einem Rücktrittsrecht auch für den Fall führen würde, dass die Leasinggesellschaft selbst oder der Lieferant (als Erfüllungsgehilfe gemäß § 278 BGB) den Grund des Rücktritts zu vertreten hätte.[2534]

1274

6. Erschöpfung. Der EuGH hat kürzlich entschieden, dass das Verbreitungsrecht eines Urheberrechtsinhabers an der Kopie eines Computerprogramms erschöpft ist, wenn der Inhaber des Urheberrechts gegen Zahlung eines Entgelts, das es ihm ermöglichen soll, eine dem wirtschaftlichen Wert der Kopie des ihm gehörenden Werkes entsprechende Vergütung zu erzielen, auch das Recht eingeräumt erhält, diese Kopie ohne zeitliche Begrenzung zu nutzen.[2535] Daraufhin versuchten einige großen Softwarehersteller, mit Hilfe von AGB die „ungünstige" Rechtsprechung zu ihrem Besten zu modifizieren, indem sie in ihre Verträge Weiterveräußerungsverbote und Zustimmungsklauseln aufnahmen. Dem trat das LG Hamburg entgegen, das beide Klauseln für unwirksam erachtet hat.[2536] Die angegriffenen Klauseln verstoßen gegen § 307 Abs. 1, Abs. 2 Nr. 1 BGB, denn sie benachteiligen die Vertragspartner unangemessen, indem sie von der gesetzlichen Regelung des § 69c Nr. 3, S. 2 UrhG abweichen und mit deren Grundgedanken nicht vereinbar sind.[2537]

1275

7. Cloud Computing. Cloud Computing ist eine Form der IT-Nutzung, die immer weiter vordringt. Dabei handelt es sich nicht um eine neue Technologie, sondern um eine neue Art und Weise der Bereitstellung von Speicherplatz und/oder Software.[2538] Cloud Computing-Verträge haben im Wesentlichen einen mietvertraglichen Charakter.[2539]

AGB in mietvertraglichen Softwareüberlassungsverträgen sind grundsätzlich weniger strengen Einschränkungen ausgesetzt als AGB, die mit einer dauerhaften Überlassung von Software verbunden sind.[2540] Ein vertragliches Weitergabe- oder Untervermietungsverbot der Software bzw. des Speicherplatzes ist – anders als beim Softwarekauf (vgl. Rn 1275) – möglich.[2541] Ebenso sollen Klauseln zulässig sein, die den Mieter verpflichten, einen Hardwarewechsel beim Vermieter anzuzeigen.[2542]

1276

2530 LG Mannheim v. 22.12.2009, MMR 2010, 323.
2531 OLG Frankfurt v. 22.6.2010, MMR 2010, 681.
2532 BGH v. 24.10.2002, GRUR 200, 416.
2533 MüKo/*Wurmnest*, § 307 Rn 121; LG Lüneburg v. 3.6.1988, NJW 1988, 2476.
2534 BGH v. 29.10.2008, MMR 2009, 101.
2535 EuGH GRUR 2012, 904 (UsedSoft/Oracle).
2536 LG Hamburg MMR 2014, 102, 103 f.
2537 LG Hamburg MMR 2014, 102, 103.
2538 MAH IT-Recht/*von dem Bussche/Schelinski*, Teil 1 Rn 24; *Nägele/Jacobs*, ZUM 2010, 281, 281 f.
2539 Vgl. MAH IT-Recht/*von dem Bussche/Schelinski*, Teil 1 Rn 118; MAH IT-Recht/*Stögmüller*, Teil 4 Rn 10.
2540 MAH IT-Recht/*von dem Bussche/Schelinski*, Teil 1 Rn 359.
2541 MAH IT-Recht/*von dem Bussche/Schelinski*, Teil 1 Rn 360.
2542 MAH IT-Recht/*von dem Bussche/Schelinski*, Teil 1 Rn 360.

1277 Ein vollständiger Ausschluss der Mängelgewährleistungsrechte ist wegen Verstoßes gegen § 307 Abs. 2 Nr. 2 BGB unzulässig. Ebenso wenig kann das außerordentliche Kündigungsrecht aus wichtigem Grund abbedungen werden.[2543] Ausgeschlossen werden kann hingegen das Mietminderungsrecht bei Mängeln aus § 536 Abs. 1, 2 BGB.[2544]

1278 Bei der Beendigung des Vertrages kann der Nutzer der Cloud ein Interesse an der Herausgabe aller Daten haben, die sich zu diesem Zeitpunkt in der Cloud befinden. Empfehlenswert ist es daher, eine Klausel in die AGB aufzunehmen, in der die Herausgabe der Daten nach dem Vertragsende geregelt wird. Gerade mit Blick auf mögliche bestehende Löschungspflichten des Cloudanbieters sollte insbesondere festgehalten werden, wie lange die vom Nutzer in der Cloud abgelegten Daten nach Beendigung des Vertrags gespeichert werden.[2545] Dabei kann dem Nutzer die Möglichkeit eingeräumt werden, vor der Löschung der Daten durch den Anbieter sie eine gewisse Zeit nach dem Vertragsende noch in der Cloud zu sichern; eine solche Klausel sollte in AGB deutlich hervorgehoben werden.[2546]

1279 **8. Service-Level-Agreements.** Insbesondere bei komplexerer Software wird man in umfangreichen Vereinbarungen klarstellen müssen, welche Leistung die Software genau zu erbringen hat, wie sie verfügbar ist und bleibt, wie die Leistungserfüllung gemessen wird und welche Folgen ein Verfehlen der Leistungsziele hat.[2547] Es handelt sich dabei um spezielle Service-Level-Agreements, in denen es um Entgeltminderung, aber auch um Vertragsstrafen und ein Kündigungsrecht des Kunden gehen kann.[2548]

1280 Besonders vorteilhaft sind Service-Level-Agreements für den Diensteanbieter, der sonst verpflichtet sein wird, die geschuldeten Programme ohne Störungen regelmäßig zur Verfügung zu halten und im Rahmen des Üblichen Leistungen zu erbringen.[2549]

Service-Level-Agreements sind als Verfügbarkeitsregeln im Rahmen von AGB meist problematisch, da sie eine Beschränkung der Haftung des Diensteanbieters bezwecken.[2550]

Kfz-Miete

1281 Bei der Anmeldung eines Kfz wird vielfach gegen Zahlung eines zusätzlichen Entgelts eine Haftungsfreistellung gewährt. Eine Klausel, wonach der Mieter trotz Vereinbarung einer Haftungsbefreiung in voller Höhe für den gesamten Schaden haftet, wenn er den Schaden grob fahrlässig oder vorsätzlich herbeigeführt hat oder gegen seine formularmäßig auferlegte Verpflichtung verstoßen würde, das Fahrzeug nur persönlich zu nutzen, ist unwirksam.[2551]

1282 Der gewerbliche Vermieter von Kfz, der dem Mieter gegen Zahlung eines Entgelts nach Art einer Versicherungsprämie bei Unfallschäden Haftungsfreistellung ohne Selbstbeteiligung verspricht, ist gehalten, diese Haftungsbefreiung nach dem Leitbild der Kaskoversicherung auszugestalten. Hiernach muss der Regelung des § 2 Abs. 2b AKB Rechnung getragen werden.[2552] Die Leistungspflicht des Versicherers entfällt demnach gegenüber dem Versicherungsnehmer nicht, wenn dieser sein Fahrzeug einem Dritten überlässt.[2553] Weder der Vertragspartner noch der fahrende Dritte haften daher, sofern der Unfall nicht grob fahrlässig verschuldet worden ist. Im Übrigen schließt die Haftungsfreistellung auch Wertminderung und Mietausfall ein.[2554] Die dem Vermieter obliegende Beweislast für das Verschulden kann nicht auf den Mieter abgewälzt werden, § 309 Nr. 12 BGB.[2555] Wird in den AGB die dem Mieter eines Kfz gegen Zahlung eines zusätzlichen Entgelts gewährte Haftungsfreistellung jedoch davon abhängig gemacht, dass er bei Unfällen die Polizei hinzuzieht, liegt hierin keine unangemessene Benachteiligung des Mieters.[2556]

1283 Selbstverständlich kann der Vermieter seine Haftung für grobes Verschulden oder die Verletzung von Kardinalpflichten nicht ausschließen.[2557] Unwirksam ist auch die Verpflichtung, den Vermieter von allen Ansprüchen freizustellen.[2558]

1284 Eine Klausel, nach der die Verjährungsfrist des § 548 BGB hinausgeschoben werden soll, verstößt gegen § 307 BGB.[2559] Auch die Verpflichtung, während der Reparaturzeit die volle Miete weiter zu entrichten, ist unwirksam.[2560]

2543 So auch *Schneider*, EDV-Recht, Teil J Rn 452.
2544 *Schneider*, EDV-Recht, Teil J Rn 452.
2545 MAH IT-Recht/*von dem Bussche/Schelinski*, Teil 1 Rn 398.
2546 MAH IT-Recht/*von dem Bussche/Schelinski*, Teil 1 Rn 398.
2547 Hoeren/Sieber/Holznagel/*Redeker*, Multimedia-Recht, Teil 12 Rn 405.
2548 Hoeren/Sieber/Holznagel/*Redeker*, Multimedia-Recht, Teil 12 Rn 405.
2549 Vgl. Hoeren/Sieber/Holznagel/*Redeker*, Multimedia-Recht, Teil 12 Rn 406.
2550 Hoeren/Sieber/Holznagel/*Redeker*, Multimedia-Recht, Teil 12 Rn 406; *Pohle/Ammann*, CR 2009, 273, 275 f.; a.A. *Wicker*, MMR 2012, 783, 787.
2551 BGH NJW 1981, 1211.
2552 BGH NJW 2009, 2881.
2553 BGH NJW 1981, 1211.
2554 BGH NJW 1981, 1211; BGH NJW 1982, 987; BGH AGBE IV, § 9, Nr. 2.
2555 BGHZ 65, 118.
2556 BGH NJW 1982, 167; OLG Stuttgart VersR 1988, 98.
2557 OLG Hamburg NJW-RR 1989, 881; Palandt/*Grüneberg*, § 307 Rn 118.
2558 OLG Frankfurt DB 1982, 948; zum Umfang der Freistellungspflicht grundsätzlich: BGH v. 15.12.2010 – VIII ZR 86/09.
2559 BGH NJW 1984, 289; BGH NJW 1986, 1609; OLG Karlsruhe NJW-RR 1992, 244.
2560 A.A. OLG Zweibrücken VersR 1981, 962; Palandt/*Grüneberg*, § 307 Rn 118.

Hat etwa ein Dritter (oder der Vermieter) das Fahrzeug beschädigt, kann der Vermieter keinen Mietzins verlangen, denn seine Pflicht ist es, den Mietwagen zur Verfügung zu stellen. Diese Konstellation ist aber von der Klausel (untrennbar) umfasst.

Kfz-Verkauf

A. Allgemeines 1285
B. Neuwagenkauf 1295
  I. Der Verkäufer ist Kaufmann, der Käufer Verbraucher (B2C) 1295
  II. Der Verkäufer ist Kaufmann, ebenso der Käufer (B2B) 1299
C. Gebrauchtwagenkauf 1301
  I. Der Verkäufer ist Kaufmann, der Käufer Verbraucher (B2C) 1301
  II. Der Verkäufer ist Kaufmann, ebenso der Käufer (B2B) 1304
  III. Der Verkäufer ist Verbraucher, ebenso der Käufer (C2C) 1306
  IV. Ergänzend Folgendes: Neuwagen-AGB 1310

A. Allgemeines

Es sind zunächst zu unterscheiden: Verkauf von Neufahrzeugen vom Verkauf von Gebrauchtfahrzeugen und sodann unternehmensbezogener Rechtsverkehr und der Verkauf an Private. **1285**

Das jüngste Urteil des BGH zur Anwendung des AGB-Rechts bei Vereinbarung eines bestimmten Formulars[2561] könnte den Pkw-Verkauf weitgehend dem AGB-Recht entziehen. **1286**

Sachverhalt: Die Parteien, beides keine Unternehmer, haben telefonisch die Verwendung eines bestimmten Formulars vereinbart, das der Beklagte Pkw-Verkäufer bereits griffbereit hatte. Dieses war von einem Dritten (hier einer Versicherung) erstellt. Es enthielt Regelungen, die an sich gegen AGB-Recht verstoßen. **1287**

Sicherlich kann bei Verträgen zwischen Privatleuten ein Formular vereinbart werden, das von einem Dritten erstellt wurde. Einigen sich die Parteien vorab auf dieses Formular, so sind die hierin enthaltenen Regelungen nach Auffassung des VIII. Senats keine AGB, da es am Merkmal des „Stellens" fehle. Voraussetzung ist jedoch: Es muss eine freie Entscheidung vorliegen, d.h. der andere Vertragsteil (hier: der Erwerber) muss in der Auswahl der in Betracht kommenden Texte frei sein und eine effektive Möglichkeit haben, den eigenen alternativen Text in die Verhandlungen einzubringen. Die Rechtsprechung hat einen richtigen Ansatz: Vereinbaren zwei erfahrene Parteien z.B. in Kenntnis der VOB/B unabhängig voneinander deren Anwendung, so fehlt es am Merkmal des Stellens und die Bedingungen (z.B. VOB/B) unterliegen nicht der Inhaltskontrolle.[2562] Gleichwohl ist diese Rechtsprechung des VIII. Senats kritisch zu hinterfragen:[2563] Das Merkmal des **Stellens** in § 305 BGB ist im Zusammenhang zu sehen mit dem Erfordernis, dass der andere Teil mit den AGB **einverstanden** sein muss, 305 Abs. 2 BGB. Kommt der Kaufinteressent also zum Verkäufer, der ihm das Formular über einen Pkw-Kaufvertrag vorlegt, und erklärt, er sei hiermit einverstanden, so dürfte niemand am AGB-Charakter des Formulars in Frage stellen. Auch bei einzelnen Klauseln reicht es nicht, wenn diese besprochen werden und der Mietinteressent erklärt „Ich bin hiermit einverstanden". Für ein Aushandeln muss vielmehr Abänderungsbereitschaft erkennbar sein, der Verwender **muss den gesetzesfremden Kerngehalt ernsthaft zur Disposition stellen.**[2564] Und auch hier ist es nicht ausreichend, wenn die Wahl zwischen zwei Alternativen angeboten wird, die beide gegen AGB-Recht verstoßen würden. **1288**

Das Merkmal des Stellens ist erfüllt, wenn eine Seite AGB in den Vertrag einbeziehen will. Dies reicht für die Einseitigkeit aus. Dies ist auch erfüllt, wenn der Verwender AGB einbeziehen möchte, unabhängig davon, ob diese selber erstellt wurden oder ein Dritter diese entworfen hat[2565] (was bei Privatleuten fast immer der Fall sein wird). Das Merkmal des Stellens entfällt nur dann, wenn der andere Teil die Bedingungen auch kennt und unabhängig vom Vorschlag des Verwenders deren Einbeziehung wünscht. Beide Bedingungen lagen hier (soweit erkennbar) nicht vor. **1289**

Das Einverständnis des Kunden ist nicht anders zu beurteilen als ein vor Unterzeichnung erklärtes Einverständnis mit den AGB, ja sogar mit einer vorformulierten Einverständniserklärung „Ich habe die AGB gelesen und bin hiermit einverstanden". **1290**

Das Merkmal des Stellens wird hierdurch nicht beseitigt[2566] und die Inhaltskontrolle ist weiterhin möglich.[2567] **1291**

2561 BGH v. 17.2.2010 – VIII ZR 67/09 (Volvo-Urteil).
2562 Palandt/*Grüneberg*, § 305 Rn 13; *Niebling*, BauR 1981, 227; jurisPK-BGB/*Lapp*, § 305 Rn 22; Bamberger/Roth/*Becker*, § 305 Rn 25.
2563 Bereits *Niebling*, zfs 2010, 482; *Lorenz*, DAR 2010, 314; UBH/*Christensen*, Teil 2 (17) Rn 14.
2564 Palandt/*Grüneberg*, § 305 Rn 20; PWW/*Berger*, BGB, § 305 Rn 7; WLP/*Pfeiffer*, § 305 Rn 32; AK/*Kollmann*, § 305 Rn 11; HK/*Schulte-Nölke*: verlangen beide unabhängig voneinander die Einbeziehung derselben AGB, so sind die §§ 305 ff. BGB nicht anwendbar.
2565 Bamberger/Roth/*Becker*, § 305 Rn 25: „Unerheblich ist, ob der Verwender die Vertragsbedingungen selber entworfen hat".
2566 Palandt/Grüneberg, § 305 Rn 19.
2567 Richtig jurisPK-BGB/*Lapp/Salamon*, § 305 Rn 15, auch kopierte Formularbücher können gestellt werden.

1292 Nachdem im Verbrauchergeschäft der andere Teil auch darzulegen und notfalls zu beweisen hat, dass die Bedingungen gestellt wurden, wird er vielfach ohne Schutz bleiben. Der Vertragspartner, dem die Rolle des Verwenders zukommen soll, braucht dann nur vorzutragen, der andere Teil habe gewünscht, diese Bedingungen zu verwenden. Insoweit werden die Instanzgerichte auch abschließend entscheiden und eine Korrektur durch den BGH ist bei den Sachfragen nicht mehr möglich.

1293 Trotz neuer BGH-Rechtsprechung vermag das „Telefonat am Vortag" und die Einigung auf ein bestimmtes Formular unwirksame AGB nicht zu retten.

1294 Werden gängige Formulare oder Klauseln benutzt, so kommt es nicht darauf an, ob der Verkäufer diese zur mehrfachen Verwendung nutzen möchte; es reicht hier ein Verwendungsfall, um die §§ 305 ff. BGB, insbesondere auch die Inhaltskontrolle, anzuwenden.[2568]

B. Neuwagenkauf

I. Der Verkäufer ist Kaufmann, der Käufer Verbraucher (B2C)

1295 Eine umfassende Freizeichnung ist hier nicht möglich. Insbesondere kann die Haftung für Körper- und Gesundheitsschäden und für sonstige Schäden bei grobem Verschulden nicht ausgeschlossen werden, § 309 Nr. 7a BGB.[2569]

1296 Bezüglich der Frage, wann ein Mangel vorliegt, gibt es eine umfangreiche Kasuistik.[2570] Zuletzt hatte der BGH zu Recht einen Mangel bejaht, wenn das Fahrzeug in einer anderen Farbe geliefert wird.[2571]

1297 Rechte bei Mängeln ergeben sich aus § 437 BGB. Beim Verbrauchsgüterkauf, § 474 BGB, ist bereits in Individualabreden eine Grenze in § 475 BGB gezogen. Hinzuweisen ist darauf, dass der Käufer auch nach Rücktritt vom Kaufvertrag einen Anspruch auf Ersatz des Nutzungsausfallschadens hat.[2572] Schadenspauschalierungen wegen Nichtabnahme des Fahrzeugs sind grundsätzlich zulässig.[2573] Die Tageszulassung macht aus einem Neuwagen grundsätzlich einen Gebrauchtwagen.[2574]

1298 Werden eigene Teile des Käufers in das Auto eingebaut (CD-Spieler), so ist die Rechtsprechung des EuGH zu beachten, wonach bei B2C-Verträgen auch die Ein- und Ausbaukosten vom Verkäufer zu tragen sind.[2575] Diese Rechtsprechung geht zwar davon aus, dass die verkauften Waren eingebaut werden, sie gilt aber auch, wenn in verkaufte Waren Waren des Käufers eingebaut werden.

II. Der Verkäufer ist Kaufmann, ebenso der Käufer (B2B)

1299 Eine umfassende Freizeichnung ist auch hier nicht möglich. Insbesondere kann die Haftung für Körper- und Gesundheitsschäden und für sonstige Schäden bei grobem Verschulden nicht ausgeschlossen werden, § 309 Nr. 7a BGB.[2576]

1300 Diese Wertungen aus dem Verkehr mit Verbrauchern gelten hier entsprechend über § 307 BGB. Nach dem BGH ist der Verstoß gegen § 309 BGB ein Indiz dafür, dass auch im Falle der Verwendung gegenüber Unternehmern eine unangemessene Benachteiligung vorliegt, es sei denn, wegen der besonderen Interessen und Bedürfnisse des unternehmerischen Geschäftsverkehrs können die Bedingungen ausnahmsweise als angemessen angesehen werden.[2577]

C. Gebrauchtwagenkauf

I. Der Verkäufer ist Kaufmann, der Käufer Verbraucher (B2C)

1301 Eine umfassende Freizeichnung ist auch hier nicht möglich. Insbesondere kann die Haftung für Körper- und Gesundheitsschäden und für sonstige Schäden bei grobem Verschulden nicht ausgeschlossen werden, § 309 Nr. 7a BGB.[2578]

1302 Bezüglich der Frage, wann ein Mangel vorliegt gibt es auch hier eine umfangreiche Kasuistik.[2579] Rechte bei Mängeln ergeben sich aus § 437 BGB. Beim Verbrauchsgüterkauf, § 474 BGB, ist bereits in Individualabreden eine Grenze in § 475 BGB gezogen. Ein Verbrauchsgüterkauf kann auch beim Verkauf gebrauchter Pkw vorliegen. Ausnahme: Es liegt eine Versteigerung vor, § 474 Abs. 1 S. 2 BGB.

1303 Ein Rechtsanwalt kann, muss aber nicht Verbraucher sein.[2580]

2568 BGH NJW 2010, 1131; BAG NJW 2010, 550; Palandt/*Grüneberg*, § 305 Rn 9.
2569 BGH v. 19.9.2007 – VIII ZR 141/06.
2570 Etwa Palandt/*Weidenkaff*, § 434 Rn 71; zur Lieferung eines Pkw in anderer Farbe: BGH v. 17.2.2010 – VIII ZR 70/07 (erhebliche Pflichtverletzung bejaht).
2571 BGH v. 17.2.2010 – VIII ZR 70/07: statt Le Mans Blue Metallic wird schwarz geliefert; dies ist auch eine erhebliche Pflichtverletzung i.S.v. § 323 Abs. 5 BGB.
2572 BGH v. 14.4.2010 – VIII 145/09.
2573 BGH v. 14.4.2010 – VIII 123/09.
2574 BGH v. 14.1.2010 – I ZR 4/08; BGH v. 12.1.2005 – VIII ZR 109/04; auch nach dem Verkauf darf der Händler keine Tageszulassung auf sich vornehmen: LG Bonn v. 13.11.2009 – 2 O 225/09.
2575 EuGH v. 16.6.2011 – C-65/09 und C-87/09.
2576 BGH v. 19.9.2007 – VIII ZR 141/06.
2577 Bereits BGHZ 90, 273, 278.
2578 BGH v. 19.9.2007 – VIII ZR 141/06.
2579 Etwa Palandt/*Weidenkaff*, § 434 Rn 72.
2580 BGH v. 30.9.2009 – VIII ZR 7/09; *Niebling*, NJ 2009, 491, 492.

II. Der Verkäufer ist Kaufmann, ebenso der Käufer (B2B)

Eine umfassende Freizeichnung ist auch hier nicht möglich. Insbesondere kann die Haftung für Körper- und Gesundheitsschäden und für sonstige Schäden bei grobem Verschulden nicht ausgeschlossen werden, § 309 Nr. 7a BGB.[2581] **1304**

Diese Wertungen aus dem Verkehr mit Verbrauchern gelten hier entsprechend über § 307 BGB. Nach dem BGH ist der Verstoß gegen § 309 BGB ein Indiz dafür, dass auch im Falle der Verwendung gegenüber Unternehmern eine unangemessene Benachteiligung vorliegt, es sei denn, sie kann wegen der besonderen Interessen und Bedürfnisse des unternehmerischen Geschäftsverkehrs ausnahmsweise als angemessen angesehen werden.[2582] **1305**

III. Der Verkäufer ist Verbraucher, ebenso der Käufer (C2C)

Nur hierauf bezieht sich die neue Rechtsprechung des BGH! **1306**

Eine umfassende Freizeichnung ist an sich auch hier nicht möglich. Insbesondere kann die Haftung für Körper- und Gesundheitsschäden und für sonstige Schäden bei grobem Verschulden nicht ausgeschlossen werden, § 309 Nr. 7a BGB.[2583] **1307**

Ein Verbrauchsgüterkauf nach § 474 BGB liegt nicht vor, da hiernach der Kauf von einem Unternehmer erfolgen muss.[2584] **1308**

Es wäre wenig nachvollziehbar, könnten diese unwirksamen Klauseln in einem Mustervertrag Bestand haben, wenn sich die Parteien vorab telefonisch (zudem: ohne die Klauseln zu kennen) auf das Formular einigen würden. Soll hierdurch tatsächlich der Käuferschutz entfallen? Grundsätzlich muss auch im Geschäft unter Privaten das AGB-Recht eingehalten werden. **1309**

IV. Ergänzend Folgendes: Neuwagen-AGB

Obwohl an der Erstellung der Neuwagen-Verkaufsbedingungen verschiedene Verbände beteiligt waren, hat diese der BGH weitgehend für unwirksam angesehen.[2585] Inzwischen liegt eine neue Konditionsempfehlung vor, die den §§ 305 ff. BGB standhalten dürfte.[2586] **1310**

Die sog. Tagespreisklausel, wonach bei Vereinbarung eines Liefertermins von mehr als vier Monaten der am Tag der Lieferung gültige Preis des Verkäufers gelten soll, ist gegenüber einem Nichtkaufmann unwirksam.[2587] Nach Auffassung des BGH ist die Lücke aufgrund Unwirksamkeit dieser Klausel im Wege ergänzender Vertragsauslegung zu schließen, mit der Folge, dass der Käufer zwar grundsätzlich zur Zahlung des bei Auslieferung des Fahrzeugs gültigen Listenpreises verpflichtet sei, soweit dieser Preis einer nach billigem Ermessen zu treffenden Leistungsbestimmung durch den Verkäufer entspricht, dem Käufer dagegen ein Rücktrittsrecht eingeräumt werden muss, wenn die Preiserhöhung den Anstieg der allgemeinen Lebenshaltungskosten in der Zeit zwischen Bestellung und Auslieferung nicht unerheblich übersteigt.[2588] Die früher vorgesehene Umsatzsteuerklausel (Mehrwertsteuer) verstieß gegen § 309 Nr. 1 BGB (vormals § 11 Nr. 1 AGBG). Die Klausel, wonach Liefertermine und Lieferfristen, die sowohl verbindlich wie unverbindlich vereinbart werden können, in jedem Falle schriftlich anzugeben sind, verstößt nicht gegen § 307 bzw. § 308 Nr. 1 BGB.[2589] Die Klausel „*Der Käufer kann sechs Wochen nach Überschreitung eines unverbindlichen Liefertermins oder einer unverbindlichen Lieferzeit den Verkäufer schriftlich auffordern, binnen angemessener Frist zu liefern. Mit Mahnung kommt der Verkäufer in Verzug.*" verstößt nicht gegen § 308 Nr. 1 BGB und ist auch nach § 307 BGB wirksam.[2590] Die Klausel „*Verzugszinsen werden mit 2 % p.a. über dem Diskontsatz der Deutschen Bundesbank berechnet, jeweils zuzüglich Mehrwertsteuer. Sie sind höher oder niedriger anzusetzen, wenn der Verkäufer eine Belastung mit einem höheren Zinssatz oder der Käufer eine geringere Belastung nachweist.*" ist auch im Hinblick auf § 309 Nr. 5 BGB wirksam.[2591] Die Klausel, wonach der Käufer an Stelle der Nachbesserung Wandlung oder Minderung verlangen kann, sofern der Fehler nicht beseitigt werden kann oder für den Käufer weitere Nachbesserungsversuche unzumutbar sind, verstößt schon deshalb gegen § 309 Nr. 10b BGB, weil die Begriffe nicht entsprechend § 309 Nr. 10b BGB erläutert sind (siehe auch Stichwort „Transparenzgebot").[2592] Auch in Klammern gesetzte Erläuterungen dieser Begriffe machen die Klausel allenfalls unter dem Gesichtspunkt unwirksam, dass der Begriff des Fehlschlagens nicht zutreffend erläutert wird (Gewährleistung). Um einen „grauen Markt" zu verhindern, ist auch die Klausel eines Kfz-Händlers wirksam, wonach die Vertragsrechte an Dritte abzutreten oder das gekaufte Neufahrzeug vor dessen Zulassung an einen Wiederverkäufer zu veräußern, ausgeschlossen werden.[2593] Auch kann der Kfz- **1311**

2581 BGH v. 19.9.2007 – VIII ZR 141/06.
2582 Bereits BGHZ 90, 273, 278.
2583 BGH v. 19.9.2007 – VIII ZR 141/06.
2584 Zu Verbrauchsgüterkauf und Auktion/Versteigerung: BGH v. 24.2.2010 – VIII ZR 71/09.
2585 BGH BB 2001, 588 = NJW 2001, 292; ausführlich *Koch*, MDR 2003, 661; auch *Thamm*, BB 2001, 589.
2586 *Koch*, MDR 2003, 661; v. *Westphalen*, DAR 2006, 620; *Himmelreich/Andreae/Teigelack*, AutoKaufRecht, 4. Aufl. 2011, § 1, Abdruck bei § 29.
2587 BGH NJW 1982, 331.
2588 BGH NJW 1984, 1177; zu Recht kritisch: *Trinkner/Löwe*, BB 1984, 486.
2589 BGH NJW 1982, 331, 333.
2590 BGH NJW 1982, 331, 333.
2591 BGH NJW 1982, 331, 333.
2592 BGH NJW 1982, 331, 333
2593 BGH NJW 1981, 117; zum Begriff Fabrikneuheit: BGH MDR 2004, 209 m. Anm. *Niebling*, BGH-Report 2003, 1195; BGH NJW 2005, 1422.

Verkäufer die Zulassung auf den Namen des Käufers fordern und sich für den Fall des Zuwiderhandelns ein Rücktrittsrecht vorbehalten.[2594] Eine Klausel, die bei Nichtabnahme des Fahrzeugs (nach Ablauf bestimmter Fristen) 15 % des Verkaufspreises als Entschädigung ohne Nachweis fordert, verstößt nicht gegen § 309 Nr. 5b BGB, da sie die Möglichkeit offenlässt, im konkreten Fall nachzuweisen, es sei ein geringerer Schaden entstanden.[2595] Eine vierwöchige Bindung des Käufers an sein Vertragsangebot ist nicht unangemessen.[2596] Unwirksam ist auch eine werkstattgebundene Durchrostungsgarantie.[2597]

1312 **Gebrauchtwagen-AGB:** Die Annahmefristen müssen § 308 Nr. 1 BGB entsprechen. Bei Gebrauchtwagen wird i.d.R. zehn Tage als Obergrenze anerkannt.[2598] Der Nichterfüllungsschaden nach § 309 Nr. 5 BGB darf 10 % nicht übersteigen.[2599]

1313 Klauseln, dass vor Schadensersatz Nacherfüllung verlangt werden muss, sind deklaratorisch und nicht zu beanstanden.[2600]

1314 **Formulierung:**

Die Klausel „*Das Kraftfahrzeug wird unter Ausschluss der Sachmängelhaftung verkauft. Dies gilt nicht im Falle von Vorsatz oder grober Fahrlässigkeit oder der Verletzung von Leben, Körper und Gesundheit; es gilt auch nicht bei der Zusicherung oder dem arglistigen Verschweigen bestimmter Eigenschaften bezüglich dieser Eigenschaften oder der Gewährung einer Garantie.*" dürfte der Inhaltskontrolle auch im C2C-Geschäft noch standhalten.[2601]

1315 Übergibt der Kunde seinen Pkw einem gewerblichen Autohändler im Vermittlungsauftrag, und soll dieser hierfür eine Provision im Verkaufsfall erhalten, so unterliegt eine **Platzmietpauschale** der Inhaltskontrolle und ist unwirksam.[2602]

1316 Die Haftung eines Dritten, etwa eines Sachverständigen aus § 280 Abs. 1, § 311 Abs. 2 Nr. 1, Abs. 3, § 241 Abs. 2 BGB (c.i.c.), der für den Verkäufer tätig wird, geht nicht weiter als die Haftung des Verkäufers selber.[2603] Auch die Gewährleistung einschränkende AGB können so die Haftung des Dritten beschränken.

Kita- und Betreuungsverträge

A. Allgemeines 1317
B. Einzelheiten 1319
 I. Laufzeit und Kündigung 1319
 II. Vorauszahlung und Darlehen 1323
 III. Probezeit 1325
 IV. Aufnahme in einen Trägerverein ... 1326
 V. Zahlung während der Ferien, während der Schließung u.a. 1327
VI. Betreungskosten 1328
VII. Bearbeitungskosten 1329
VIII. Haftung 1330
IX. Kaution 1331
X. Lastschriftklauseln 1332
XI. Zusammenfassung und Ausblick ... 1333

A. Allgemeines

1317 Kindertagesstätten werden mehr und mehr bedeutsam: Sie werden öffentlich-rechtlich[2604] stärker gefördert, um Familien eine Erwerbstätigkeit für beide Elternteile zu ermöglichen. Zudem besteht überwiegend nicht mehr eine negative Einschätzung, das Kind vor dem 3. Lebensjahr einer Tagesstätte anzuvertrauen.

1318 Die Situation der Kitas ist jedoch oft so, dass zu viele Bewerber auf einen Platz fallen und nicht alle Bewerber aufgenommen werden können. Dies führt dazu, dass auch die Preise oder Preisnebenbestimmungen angehoben werden. Eine Durchsicht einer Vielzahl von Kita-Verträgen hat leider ergeben, dass das AGB-Recht hier offensichtlich unbekannt ist und selten solch auffällige Bedingungen gegenüber Verbrauchern zu finden sind.

B. Einzelheiten

I. Laufzeit und Kündigung

1319 Verträge mit **Laufzeiten** von einem Jahr und fehlender Kündigungsmöglichkeit für diesen Zeitraum verstoßen gegen § 307 BGB.

2594 BGH NJW 1982, 178.
2595 BGH NJW 1982, 2316; kritisch UBH/*Christensen*, Teil 2 (17) Rn 19.
2596 BGH NJW 1990, 1784.
2597 BGH DAR 2008, 141 m. Anm. *Niebling* = NJW 2008, 843; vgl. auch BGH DAR 2008, 20 m. Anm. *Niebling* (Reparturgarantieklausel).
2598 OLG Köln NJW-RR 1993, 1404.
2599 BGH NJW 2010, 2122; Palandt/*Grüneberg*, § 309 Rn 28.

2600 BGH v. 12.1.2011 – VIII ZR 346/09.
2601 Vgl. auch BGH v. 2.11.2010 – VIII ZR 287/09 (zum Verkauf eines Grundstücks: BGH v. 12.11.2010 – V ZR 181/09.
2602 BGH v. 13.1.2011 – III ZR 78/10 (Platzmietpauschale).
2603 BGH v. 12.1.2011 – VIII ZR 346/09.
2604 Zu beachten sind auch die Kita-Gesetze der Länder; der Vertrag mit den Eltern unterliegt daggen dem Zivilrecht; *Niebling*, MDR 2009,1022.

Zum einen müssen Verträge auf derartiger Vertrauensbasis mit Ablauf von zwei Monaten **ordentlich kündbar** sein.[2605] Die Möglichkeit zur **außerordentlichen** Kündigung muss erwähnt werden, damit nicht der Eindruck erweckt wird, Kündigungen ohne Einhaltung einer Frist seien generell nicht möglich. Zum anderen muss auch die Folge der Vertragsbeendigung so geregelt werden, dass bei neuer Besetzung des Platzes eine Fortzahlung der Vergütung, die bis zu zwei Monate möglich ist, abzüglich entfallender Anteile wie Essen, Fahrkarten, Eintrittspreise etc., im Umfang der neuen Besetzung entfällt. Die außerordentliche Kündigung erfolgt nach § 626 BGB und nicht nach § 627 BGB, da die Dienste nicht höherer Art i.S.d. Bestimmung sind.

1320

Ein Vertrag mit unzulässig langer Laufzeit wird nicht etwa auf eine Laufzeit von zwei Monaten **geltungserhaltend** reduziert.[2606] Vielmehr greift dispositives Recht ein: Was gilt ohne die Laufzeitvereinbarung? Das dispositive Recht sieht in § 620 Abs. 2 BGB beim Dienstvertrag, dessen Regeln hier entsprechend gelten, vor, dass Verträge mit monatlicher Vergütung bis zum 15. des Monats auf das Monatsende gekündigt werden können, § 621 Nr. 3 BGB. Zutreffend der BGH: „Der Verwender einer unzulässigen Formularbestimmung muss sich ... mit der ihm ungünstigsten Regelung begnügen, die der ersatzlose Wegfall der von ihm verwendeten unzulässigen AGB zur Folge hat".[2607] Damit gilt § 621 Nr. 3 BGB.

1321

Eine Regelung, die Kündigung müsse die Kita **durch Unterschrift und Stempel** bestätigen, ist ebenfalls unwirksam, § 309 Nr. 13 BGB.

1322

II. Vorauszahlung und Darlehen

Oft wird versucht, mit der Anmeldung eine **Vorauszahlung** zu verlangen, die sich auf ein bis zwei Monatsbeiträge beläuft. Hierbei wird erklärt: „*Bei Nichtantritt des Platzes verfällt die Vorauszahlung.*" Dies ist unzulässig nach § 307 BGB: Wenn etwa im Mai für einen Platz im September angemeldet wird, die Eltern jedoch im Juni absagen, so kann nicht eine Vergütung verlangt werden, wenn die Kündigungsfrist von maximal zwei Monaten eingehalten ist oder der Platz anderweitig besetzt wird. Die Klausel muss daher die **Ausnahmen** vorsehen: „*Dies gilt nicht, wenn die Absage zwei Monate vor Beginn der beabsichtigten Betreuung erfolgt oder der Platz anderweitig besetzt werden kann.*" Ebenso muss der zu zahlende Monatsbeitrag (maximal ein Monatsbeitrag) um Essenskosten u.a. reduziert sein.

1323

Auch die formularmäßige Vereinbarung eines **Darlehens über 1,5 Monatsgebühren** ist unzulässig. Kraft Gesetzes schulden die Eltern der Kita nicht den Abschluss eines Darlehensvertrags, es sind hier die Grenzen der Kaution wie nachstehend einzuhalten.

1324

III. Probezeit

Da Kinder oft eine Kita nicht annehmen, dürfen Eltern nicht durch übermäßigen Druck zur Fortsetzung des Betreuungsverhältnisses gezwungen werden. Insoweit ist eine Probezeit vorzusehen von zwei Monaten, innerhalb derer jederzeit gekündigt werden kann und eine Kündigungsfrist nicht einzuhalten ist. Die Vergütung ist dann bis zur Vertragsbeendigung zu berechnen. Überzahlungen wie auch Aufnahmegebühren etc. sind voll zu erstatten.

1325

IV. Aufnahme in einen Trägerverein

Zwar können die Bedingungen vorsehen, dass ein Betreuungsvertrag nur zustande kommt, wenn die Eltern auch dem Trägerverein beitreten. In diesem Fall sind formularmäßige Aufnahmegebühren in den Verein jedoch keine der Inhaltskontrolle nach § 307 Abs. 3 S. 1 BGB entzogene Klauseln, da kraft Gesetzes solch ein Beitritt nicht geschuldet wird. Da es sich um verdeckte zusätzliche Kosten der monatlichen Betreuung handelt, sind diese Kosten grundsätzlich zurückzuzahlen.

1326

V. Zahlung während der Ferien, während der Schließung u.a.

Eine Zahlungspflicht während der Ferien könnte sich dadurch rechtfertigen lassen, dass auch die Betreuer und Betreuerinnen wie auch die Mietsache zu bezahlen sind. Nachdem jedoch keine Essenskosten u.a. anfallen, kann dieser Anteil nicht verlangt werden, wenn die Kita geschlossen ist. Dem wird der Einwand entgegengehalten, dass der Monatsbeitrag eine Mischkalkulation darstelle und ohne Ferien sehr viel höher liegen würde. Dies mag für eine langfristige Betreuung zutreffen, nicht jedoch für die Situation „ein Monat Betreuung, zwei Monate Ferien, dann Vertragsbeendigung". Insoweit sind Klauseln über eine kurze Vertragsbeziehung grundsätzlich unabdingbar; bei einer Kündigungsfrist von maximal zwei Monaten erscheint eine Differenzierung im monatlichen Betreuungspreis dagegen nicht erforderlich.[2608]

1327

2605 Bei einem Schulungsvertrag zur Persönlichkeitsentwicklung hat das OLG Celle eine viermonatige Frist zugrunde gelegt: OLGZ 93, 367.

2606 BGH NJW 2000, 1110 = BB 2000, 323; zutreffend Palandt/*Grüneberg*, § 309 Rn 89; AK/*Kollmann*, § 309 Rn 187; anders die bisherige Rechtsprechung zu Individualvereinbarungen: AK/*Faust*, § 139 Rn 27 zu Bierlieferungsverträgen.

2607 BGH BB 2000, 323, 326.

2608 Anders der Schüler beim Direktunterricht, dieser soll während der Schulferien generell nicht zur Fortentrichtung des Entgelts verpflichtet sein: OLG Frankfurt NJW-RR 1992, 1207; LG Nürnberg NJW RR 2001, 1349; Palandt/*Grüneberg*, § 307, 154; Erman/*Roloff*, § 307 Rn 167; *Kappus*, AGB-Klauseln, Rn 21.

VI. Betreuungskosten

1328 Die Betreuungskosten selber unterliegen nicht der Inhaltskontrolle, § 307 Abs. 3 S. 1 BGB. Dagegen sind Preisanpassungen wegen „erhöhter Kosten", der „Marktlage", „gestiegener Ausgaben" u.a. unwirksam;[2609] es gilt dann der bisherige Betrag. Eine Erhöhung der Kosten muss für die Eltern transparent und kalkulierbar sein.

VII. Bearbeitungskosten

1329 Bei Aufnahme des Kindes soll vielfach eine Bearbeitungsgebühr (z.T. von 450 EUR, z.T. von einem Monatsbeitrag) bezahlt werden, die bei Kündigung innerhalb von drei Monaten vor beabsichtigtem Eintritt des Kindes verfällt. Dies verstößt gegen § 307 BGB. Die Klausel muss zumindest die Ausnahmen vorsehen: *„Dies gilt nicht, wenn die Absage zwei Monate vor Beginn der beabsichtigten Betreuung erfolgt oder der Platz anderweitig besetzt werden kann. Er mindert sich entsprechend, wenn der Platz nur anteilig (etwa die Hälfte des beabsichtigten Eintrittsmonats) besetzt wird, weil eine vollständige Belegung nicht möglich war."*

VIII. Haftung

1330 Freizeichnungen für die Verletzung des Lebens, des Körpers und der Gesundheit sind auch bei leichter Fahrlässigkeit unwirksam. Es liegt hier der klassische Fall von Kardinalpflichten (Betreuung und Sorge) vor. Natürlich kann auch die Haftung für Vorsatz und grobe Fahrlässigkeit nicht ausgeschlossen werden.[2610] Verbrüht sich etwa ein Kind mit heißem Tee, weil die Teekanne nicht beaufsichtigt wurde, so kann sich die Kita nicht auf einen Haftungsausschluss berufen.

IX. Kaution

1331 Die Vereinbarung einer Kaution von bis zu zwei Monatsbeiträgen (ohne Essenskosten u.a.) erscheint zulässig, sofern diese wie im Mietrecht verzinst wird (analog § 551 Abs. 3 BGB). Eine Klausel *„ist unverzinst eine Kaution zu stellen"* ist insgesamt unwirksam, sodass an sich keine Kaution gestellt werden muss. Den Eltern steht zudem ein Zurückbehaltungsrecht zu, wenn kein insolvenzfestes Anderkonto benannt wird.[2611] Wegen unterschiedlicher Risiken und Interessen gilt § 551 Abs. 1 (drei Monatsmieten) nicht analog.

X. Lastschriftklauseln

1332 Einzugsermächtigungen sind grundsätzlich zulässig (siehe auch Stichwort „Banken").[2612] Dagegen belastet das Abbuchungsverfahren den Kunden regelmäßig unangemessen. Bei dieser zweiten Art des Lastschriftverfahrens erteilt der Kunde seiner Bank den Auftrag im Sinne einer Generalweisung, Lastschriften des Gläubigers einzulösen. Der Kunde kann diese Einlösung der Lastschrift nicht mehr rückgängig machen. Es ist in AGB daher unwirksam.[2613] Gibt der Verbraucher nur eine Willenserklärung gegenüber dem Verwender zum Bankeinzug ab, so liegt eine zulässige Lastschrift vor; wird eine Erklärung gegenüber der Bank verlangt, liegt eine unwirksame Klausel vor.[2614]

XI. Zusammenfassung und Ausblick

1333 Kita-Verträge weisen oft viele unwirksame Bedingungen auf, die nicht in Frage gestellt werden, da die Eltern auf den Platz angewiesen sind. Gleichwohl sind Abmahnungen nach dem UKlaG möglich. Ebenso können Ansprüche der Eltern nach Beendigung des Betreuungsvertrags auf die Kitas zukommen. Die Gemeinden können und sollten Betriebserlaubnisse und Zuschüsse an ausgewogene AGB knüpfen.

Kreditkarten- und Zahlungsdiensteverträge

A. Allgemeines

1334 Bei dem Vertrag zwischen dem Kreditkartenherausgeber und dem Karteninhaber handelt es sich um einen entgeltlichen Geschäftsbesorgungsvertrag nach § 675 BGB, durch den sich der Herausgeber gegen Zahlung einer Vergütung verpflichtet, die Verbindlichkeiten des Kreditkarteninhabers bei den Vertragsunternehmen zu tilgen.[2615] Inzwischen sind die Zahlungsdienste in den §§ 675c bis 676c BGB geregelt und greifen für Ausführungen des Zahlungsdienste[2616] ab dem 31.10.2009, Art. 229 § 22 EGBGB. Die neuen Vorschriften gelten für Unternehmer wie auch für Verbraucher als Zahlende oder Zahlungsempfänger. § 675e BGB lässt jedoch Abweichungen für den Zahlungsdienstnutzer, der

---

2609 BGH Sparkassenentscheidung v. 21.4.2009 – XI ZR 55/08 und XI ZR 78/08, NJ 2009, 333 m. Anm. *Niebling* = NJW 2009, 2051.
2610 BGH v. 19.9.2007 – VIII ZR 141/06, S. 7 u. 8; OLG München NJW-RR 1995, 1467.
2611 BGH v. 13.10.2010 – VIII ZR 98/10.
2612 BGH v. 29.5.2008 – III ZR 330/07.
2613 BGH v. 29.5.2008 – III ZR 330/07.
2614 Zulässig also: „Das Mitglied erteilt dem Studio bis auf Widerruf die Berechtigung, den Betrag per Bankeinzug monatlich abzubuchen." in einem Sportstudiovertrag.
2615 BGH NJW 1984, 2460.
2616 Zu den Grundlagen Palandt/*Sprau*, Einf. vor § 675c, zum europarechtlichen Hintergrund dort Rn 10; *Grundmann*, WM 2009, 1109, 1159; *Kulke*, VuR 2009 12, 373.

nicht Verbraucher ist zu, § 675e Abs. 3 BGB. Werden diese Vereinbarungen in AGB getroffen, so sind gleichwohl die §§ 305 ff. BGB anwendbar und eine Inhaltskontrolle nach § 307 BGB wird nicht ausgeschlossen (siehe auch Stichwort „Banken").[2617] § 675c Abs. 1 BGB stellt klar, dass bei einem Vertrag, der die Erbringung von Zahlungsdiensten zum Inhalt hat, das Recht der Geschäftsbesorgung nach §§ 663, 665 bis 670 und 672 bis 674 BGB Anwendung findet, soweit keine Spezialvorschriften im neuen Recht bestehen. Der Zahlungsdienstevertrag ist in § 675f Abs. 2 BGB definiert. Hierunter fällt auch der Kreditkartenvertrag.[2618] In diesem Zusammenhang verwendete AGB müssen daher zunächst am neuen Recht geprüft werden; wird hiergegen nicht verstoßen, so kann eine Einbeziehungs- und Inhaltskontrolle nach AGB-Recht erfolgen.

B. Einzelfragen

Nach § 675d Abs. 3 S. 2 BGB muss das Entgelt für die Unterrichtung des Nutzers angemessen sein. Damit wird der Preis selber der Inhaltskontrolle unterworfen. Wird also der Preis individuell unangemessen vereinbart, kann das Gericht diesen so reduzieren, dass er noch angemessen ist. Wird der Preis dagegen in AGB festgeschrieben, was der Regelfall sein wird, so schließt § 675d Abs. 3 S. 2 BGB eine Inhaltskontrolle nicht aus, weil die „Angemessenheit" selber zu einer ausdrücklichen Wertung des Gesetzes wird. Damit gilt auch das Verbot der geltungserhaltenden Reduktion und die Entgeltklausel entfällt ersatzlos. Die Bank kann keine Vergütung für die Unterrichtung verlangen, wenn das Entgelt hierfür nicht angemessen war.

1335

Eine vergleichbare Regelung findet sich in § 675f Abs. 4 S. 2 Hs. 2 BGB: Das für die Dienste vereinbarte Entgelt muss angemessen und an den tatsächlichen Kosten des Zahlungsdienstleisters ausgerichtet sein. Insoweit gelten die vorstehenden Ausführungen entsprechend.

1336

§ 675e Abs. 1 BGB lässt grundsätzlich abweichende Vereinbarungen zu, soweit diese nicht zum Nachteil des Zahlungsdienstnutzers erfolgen. Dies kann auch in AGB vereinbart werden, wobei ein Nachteil schon darin liegen kann, dass die Klauseln geeignet sind, den Kunden von der Geltendmachung seiner Rechte abzuhalten und seine Rechte verschleiern. Ebenso ist das Transparenzgebot einzuhalten und ein Verstoß hiergegen führt zur Anwendung der kraft Gesetzes bestehenden Regelung. Was zulässig vereinbart werden kann – etwa § 675x Abs. 2 oder 3 BGB –, spielt dann keine Rolle und ist unbeachtlich.

1337

C. Altfälle

Bestimmen die AGB des Kreditkartenherausgebers, dass der Inhaber dem Herausgeber alle Zahlungen zu erstatten hat, die der Herausgeber aufgrund der vom Inhaber unterzeichneten Belastungsbelege geleistet hat, so kann der Herausgeber seine Ansprüche nur geltend machen, wenn ihnen Zahlungen an die Vertragsunternehmen unterzeichnete Belastungsbelege zugrunde lagen. Fehlt die Unterschrift des Kunden oder ist diese gefälscht, so liegt kein Auftrag vor, es kann daher auch kein Aufwendungsersatzanspruch des Herausgebers entstehen.[2619] Da die Erteilung eines Auftrags Anspruchsvoraussetzung für den Erstattungsanspruch ist, trägt der Herausgeber die Beweislast für die Echtheit der Unterschrift des Karteninhabers auf den Belastungsbelegen, somit das Fälschungsrisiko.[2620] Dieses Risiko der Fälschung von Belastungsbelegen durch Bedienstete der Vertragsunternehmen, denen die Kreditkarte bestimmungsgemäß ausgehändigt worden ist, kann durch Allgemeine Geschäftsbedingungen nicht auf den Kreditkarteninhaber abgewälzt werden.[2621] Eine Pflicht des Kreditkarteninhabers, die monatlichen Abrechnungen alsbald nach Eingang zu prüfen, greift jedenfalls nicht für den Fall, dass dieser während einer lang dauernden Geschäftsreise nicht in der Lage war, eine Prüfung vorzunehmen.[2622] Da die Kreditkarte insbesondere für den geschäftlichen Reiseverkehr verwendet wird, dürfte eine zu weit gefasste Klausel, wonach der Inhaber die Abrechnungen alsbald nach Eingang zu prüfen hat, unwirksam sein (geltungserhaltende Reduktion), sodass es auf die Frage, ob der Karteninhaber eine Geschäftsreise durchgeführt hat,[2623] nicht ankommen kann. Wirksam ist dagegen die Klausel, dass bei Überschreitung eines Betrages von 300 EUR eine Zahlungsverpflichtung nur dann entsteht, wenn das Vertragsunternehmen die Genehmigung der Kreditkartenorganisation eingeholt hat.[2624] Nach der Rechtsprechung des OLG München[2625] kann bei einer Firmenbetriebskarte neben dem Arbeitgeber auch der Arbeitnehmer für von ihm in Anspruch genommene Leistungen zur Haftung gezogen werden.

1338

[2617] So wohl auch Palandt/*Sprau*, § 675e Rn 1; zu den aktuellen AGB etwa *Baumbach/Hopt*, Anh 8, 8a; *Niebling*, VuR 2011, 283.
[2618] Palandt/*Sprau*, § 675 Rn 41 ff.
[2619] BGH NJW 1984, 2460.
[2620] BGH NJW 1984, 2460.
[2621] BGH NJW 1984, 2460.
[2622] BGH NJW 1984, 2460.
[2623] Entgegen dem BGH NJW 1984, 2460.
[2624] LG Düsseldorf NJW 1984, 2475.
[2625] NJW-RR 1988, 1076.

Laufzeit

A. Allgemeines

1339 Die Laufzeit von Verträgen unterliegt unterschiedlichen Regelungen, abhängig davon, ob der unternehmerische oder der verbraucherbezogene Bereich berührt ist.

1340 Letzterer ist in § 309 Nr. 9 BGB teilweise für bestimmte Dauerschuldverhältnisse geregelt; für außerhalb dieses Bereichs liegende Dauerschuldverhältnisse im privaten Rechtsverkehr wie auch Dauerschuldverhältnisse im unternehmerischen Bereich bleibt der Rückgriff auf § 307 BGB erhalten.

B. Gerechtigkeitsgehalt der GVOs

1341 Die Vertikal-GVO sieht derzeit grundsätzlich eine Laufzeit bis zu fünf Jahren vor. Auch wenn diese GVO nur beschränkt anwendbar ist, kommt der Wertung des EU-Gesetzgebers gleichwohl eine Bedeutung zu mit der Folge, dass diese Wertung in der Inhaltskontrolle nach dem AGB-Recht zu beachten ist. Verstößt in einem Bezugsvertrag die Laufzeitregelung gegen die Schirm-GVO, weil sie über fünf Jahre hinausgeht, so ist diese Klausel unwirksam und erfasst den gesamten Vertrag nach den Grundsätzen von § 139 BGB. Eine geltungserhaltende Reduktion auf einen Fünf-Jahres-Vertrag kommt nicht in Betracht, weil so die Sanktion aus Art. 101 Abs. 1 AEUV leer liefe.[2626]

1342 In einem solchen Vertrag über den Bezug von Schmierstoffen hat der BGH nun eine Revision nicht angenommen und das Urteil des OLG München bestätigt: eine Bezugsbindung über fünf Jahre wurde zu Recht nach § 307 BGB als unwirksam angesehen.[2627]

1343 Ein Vertrag mit unzulässig langer Laufzeit wird nicht etwa auf eine Laufzeit von fünf Jahren geltungserhaltend reduziert.[2628] Vielmehr greift dispositives Recht ein: Was gilt ohne die Laufzeitvereinbarung?

1344 Ohne Laufzeitregelung wäre der Vertrag auf einen einmaligen Austausch gerichtet; es läge kein Dauerschuldverhältnis vor, sondern ein (einmaliger) Austauschvertrag. Da es für einen solchen Austauschvertrag an der Festlegung der essentialia negotii fehlt, ist solch ein Vertrag insgesamt nichtig.[2629]

1345 Eine ergänzende Vertragsauslegung kann bei der Unwirksamkeit von AGB grundsätzlich nicht erfolgen, da hierdurch das Risiko der Verwendung ähnlich einer verbotenen geltungserhaltenden Reduktion teilweise auf den Vertragspartner verlängert würde.[2630]

1346 Die Einräumung von Kündigungsmöglichkeiten[2631] sieht das dispositive Recht nur im Falle von § 620 Abs. 2 BGB beim Dienstvertrag vor. Dies ist mangels vergleichbarer Rechtslage nicht (auch nicht analog) anwendbar bei Bezugsverträgen. Der Rumpfvertrag ist letztlich hier nicht ergänzbar. Zutreffend der BGH: „Der Verwender einer unzulässigen Formularbestimmung muss sich ... mit der ihm ungünstigsten Regelung begnügen, die der ersatzlose Wegfall der von ihm verwendeten unzulässigen AGB zur Folge hat."[2632]

1347 Von der geltungserhaltenden Reduktion ist die bei **Teilbarkeit einer Klausel** mögliche Streichung eines Teils der Klausel zu unterscheiden. Ist etwa ein Klammerzusatz unklar, so kann nur der Klammerzusatz gestrichen werden.[2633] Eine Teilbarkeit ist hier jedoch nicht gegeben.

1348 Langfristige Laufzeitklauseln können bei ausreichender Kompensation noch wirksam sein: Bei einer Kaufpreisverbilligung von 50 % kann eine 20-jährige Verpflichtung, das Grundstück zu nutzen, noch wirksam sein.[2634]

2626 Niebling, MDR 2008, 841 und MDR 2011, 141; Zutreffend Palandt/*Grüneberg*, § 309 Rn 96; offenlassend BGH NJW 2000, 1110; Erman/*Roloff*, vor § 307–309 Rn 14, weist zu Recht darauf hin, dass die kartellrechtliche Kontrolle neben der AGB-Kontrolle steht (so etwa auch bei den Kfz Neuwagenbedingungen: BGH NJW 2001, 292).

2627 BGH v. 31.8.2010 – VIII ZR 193/08 zu OLG München v. 19.6.2010 – U (K) 4252/07; hierzu Niebling, MDR 2011, 151; a.A. PWW/*Berger*, § 309 Rn 86 (bis zu zehn Jahren zulässig).

2628 BGH NJW 2000, 1110 = BB 2000, 323; zutreffend Palandt/*Grüneberg*, § 309 Rn 96; AK/*Kollmann*, § 309 Rn 187; anders die bisherige Rechtsprechung zu Individualvereinbarungen: AK/*Faust*, § 139 Rn 27 zu Bierlieferungsverträgen.

2629 So auch OLG München v. 19.6.2010 – U (K) 4252/07 (die Nichzulassungsbeschwerde wurde zurückgewiesen), hierzu Niebling, MDR 2011, 141.

2630 Keine ergänzende Vertragsauslegung auch bei Preiserhöhungsklauseln: BGH v. 29.4.2008, KZR 2/07 Gassonnenvertrag; zu Preiserhöhungsklauseln in Dauerschuldverhältnissen auch: BGH v. 21.9.2005 – VIII ZR 38/05, NJW-RR 2005, 1717; BGH v. 13.12.2006 – VIII ZR 25/06, NJW 2007, 1054; BGH v. 15.11.2007 – III ZR 247/06; hierzu Unrecht kritisch v. Westphalen, MDR 2008, 424.

2631 So etwa Erman/*Roloff*, § 309 Rn 131: Das Dauerschuldverhältnis sei als unbefristet anzusehen und durch ergänzende Vertragsauslegung wird ein ordentliches Kündigungsrecht angenommen, ähnlich PWW/*Berger*, § 309 Rn 84.

2632 BGH v. 17.11.1999 – VIII ZR 326/97, BB 2000, 326.

2633 BGH v. 18.4.2007 – VIII ZR 117/06, Seite 21 d.U.

2634 BGH v. 16.4.2010 – V ZR 175/09, vgl. MDR 2011, 141.

Laufzeitregelungen sind kontrollfähig, weil ohne diese kein Dauerschuldverhältnis oder ein solches mit bestimmten Kündigungsfristen bestehen würde. Die Kündigung eines Unterrichtsvertrags nur mit fünfmonatiger Kündigungsfrist zum Semesterende verstößt gegen § 309 Nr. 9 BGB.[2635]

1349

Zum Kündigungsverzicht bei der Studentenwohnung ist der Rechtsprechung des BGH nicht uneingeschränkt zu folgen:[2636] Einen Kündigungsverzicht von zwei oder gar vier Jahren hält der Senat grundsätzlich für möglich,[2637] bei einem studentischen Mieter jedoch für unangemessen. Ein Kündigungsausschluss im Mietvertrag darf gerechnet vom Zeitpunkt des Vertragsschlusses vier Jahre jedoch nicht überschreiten.[2638] Überschreitet der Kündigungsverzicht diesen Zeitraum, so kann die Klausel nicht geltungserhaltend reduziert werden.[2639] Natürlich kann im Rahmen des AGB-Rechts danach differenziert werden, ob Verbraucher oder Gewerbetreibende Vertragspartner sind. Ebenfalls kann die Art des Rechtsgeschäfts wie auch die Art der Ware (neu oder gebraucht) eine Rolle spielen. Ob der Vertragspartner Rentner, Student, Arbeiter oder Akademiker, Inländer oder Ausländer ist, ist jedoch nach den Wertungen des AGB-Rechts nicht relevant. Im Verbandsverfahren könnte ja auch nicht beantragt werden, die Klausel bei Verwendung gegenüber Studenten für unwirksam zu erklären. In diesen Fällen gibt es die Möglichkeit, die Berufung auf eine generell wirksame Klausel als Verstoß gegen § 242 BGB anzusehen.[2640]

1350

Ein Zeitmietvertrag ist grundsätzlich nach **§ 575 BGB** unwirksam, § 575 Abs. 4 BGB.

1351

Richtigerweise ist die Befristung bereits nach dieser Bestimmung unwirksam, da der Kündigungsausschluss einem Zeitmietvertrag gleichsteht.[2641]

1352

Auch die Ausführungen des BGH zu **§ 573c BGB** überzeugen nicht; ein Kündigungsverzicht von zwei Jahren ist eine gegenüber § 573c BGB nachteilige Vereinbarung. Das Wesen der Inhaltskontrolle ist es ja gerade, zwei Rechtslagen zu vergleichen: jene der Klausel zu jener, die kraft Gesetzes besteht.

1353

Kraft Gesetzes besteht jedoch § 573c BGB und der Grundsatz, dass sich der Mieter vor zwei Jahren aus dem Mietverhältnis lösen kann. Hier liegt die richtige Lösung des Falles. Gegen die formularmäßige Vereinbarung einer Vertragslaufzeit bis zu fünf Jahren bestehen keine Bedenken, zumal typischerweise der Mieter in Ort und Mietsache erheblich investiert und darauf vertrauen will, nicht kurzfristig die Mietsache räumen zu müssen. Ein längerer Vertrag – u.U. bis auf Lebenszeit – kann nur durch Individualabrede geschlossen werden, § 544 BGB. Die Gegenauffassung hält auch formularmäßig einen 30-jährigen Kündigungsverzicht für möglich, da dies § 544 BGB ja gerade voraussetze.[2642] Hierbei wird übersehen, dass „Erlaubnisnormen" für den Rechtslagenvergleich nach § 307 Abs. 3 S. 1 BGB keine Rolle spielen und nur Gestaltungsfreiheit für Individualabsprachen schaffen.[2643]

1354

Das Dauerschuldverhältnis ist zwar nicht legal definiert, jedoch bestimmt § 314 BGB, dass Dauerschuldverhältnisse aus wichtigem Grund kündbar sind. Dies hatte die Rechtsprechung schon vor Übernahme dieses Grundsatzes ins Gesetz herausgearbeitet.[2644] Dauerschuldverhältnisse werden auch in § 308 Nr. 3 und § 309 Nr. 1 und 9 BGB in Bezug genommen. Eine Legaldefinition findet sich jedoch auch insoweit nicht, da § 309 Nr. 9 BGB nur einige Dauerschuldverhältnisse auswählt. Bei vereinbarter regelmäßiger Lieferung von Waren oder der regelmäßigen Erbringung von Dienst- und Werkleistungen ist eine längere Laufzeit von zwei Jahren unzulässig. Dauerschuldverhältnisse sind darüber hinaus Miete, Pacht, Leihe, Darlehen, Dienstverträge, Verwahrung, Gesellschaft, Versicherungsvertrag, Franchise, Handelsvertretervertrag, Vertragshändlervertrag, Geschäftsbesorgungsvertrag u.v.m.[2645] Der Mietvertrag fällt jedoch nicht unter § 309 Nr. 9 BGB.[2646]

1355

Ratenlieferverträge mit Verbrauchern sind in § 510 BGB geregelt. Hier gilt insbesondere Schriftform und ein Widerrufsrecht nach § 355 BGB. § 309 Nr. 9 BGB findet bei § 510 Abs. 1 Nr. 1 (Teillieferungsverträge[2647]) keine Anwendung, wohl aber § 307 BGB.

1356

Die Laufzeit eines **Mietvertrags für Verbrauchserfassungsgeräte** in Rechtsverkehr mit Verbrauchern von zehn Jahren ist jedenfalls unangemessen.[2648]

1357

2635 BGHZ 127, 41; BGH NJW 1997, 1849; BGH ZIP 2003, 407; KG v. 20.3.2009 – 9 W 49/09 (Privatschule); *Niebling*, MDR 2008, 841.
2636 BGH v. 15.7.2010 – VIII ZR 307/09, ZMR 2010, 94 m. Anm. *Niebling*; vgl. auch BGH v. 8.12.2010 – VIII ZR 86/10, MDR 2011, 151: Kündigungsausschluss für mehr als vier Jahre unwirksam.
2637 Bis vier Jahre, wenn sich der Vermieter ebenso bindet: BGH NJW 2005, 1574; Palandt/*Weidenkaff*, § 573c Rn 3; Bis fünf Jahre: PWW/*Riecke*, § 575 Rn 22; sogar weitergehend *Blank*, ZMR 2002, 797.
2638 BGH v. 8.12.2010 – VIII ZR 86/10, MDR 2011, 151: Kündigungsausschluss für mehr als vier Jahre unwirksam; bestätigt durch BGH v. 2.3.2011 – VIII ZR 163/10 (Kündigung kann nach Ablauf von vier Jahren erklärt werden).
2639 BGH v. 8.12.2010 – VIII ZR 86/10.
2640 Palandt/*Grüneberg*, § 307 Rn 17.
2641 Nach bisheriger Auffassung waren formularmäßige Laufzeiten bis zu fünf Jahren jedoch zulässig; PWW/*Riecke*, § 575 Rn 22.
2642 *Hinz*, NZM 2003, 659; Schmidt-Futterer/*Lammel*, Mietrecht, 11. Aufl. 2013, § 544 Rn 10.
2643 Palandt/*Grüneberg*, § 307 Rn 66; *Niebling*, WM 1992, 845; WLP/*Wolf*, § 307 Rn 338.
2644 Palandt/*Grüneberg*, § 314 Rn 2; ein Umzug stellt jedoch keinen wichtigen Grund dar: BGH v. 11.11.2010 – III ZR 57/10, MDR 2011, 148.
2645 Palandt/*Grüneberg*, § 314 Rn 2, 4.
2646 PWW/*Riecke*, § 575 Rn 22; Palandt/*Grüneberg*, § 309 Rn 86.
2647 *Bülow/Artz*, Verbraucherkreditrecht, § 510 Rn 29.
2648 BGH v. 19.12.2007 – XII ZR 61/05.

Lexikon

1358 **Formularmäßige Kündigungsbeschränkungen in Mietverträgen** über Wohnraum sind nicht nur bei Studenten sondern allgemein dann unwirksam, wenn die ordentliche Kündigungsfrist faktisch ausgeschlossen oder entgegen §§ 575, 573c BGB verlängert wird. Nach altem Recht waren Verlängerungsklauseln für jeweils fünf Jahre AGB-fest.[2649] Nur durch Individualabsprache kann ein Kündigungsverzicht vereinbart werden. Im Mietvertrag über Gewerberaum kann formularmäßig eine Befristung bzw. ein Kündigungsverzicht von fünf Jahren vereinbart werden.

1359 **Internet System Vertrag**: Ein Vertrag über die Erstellung von Internetseiten und das „Hosten" auf Website und Mailbox kann jederzeit nach § 649 BGB gekündigt werden.[2650] Klauseln über die Laufzeit des Vertrags und Hinweise, dass dieser jederzeit aus wichtigem Grund gekündigt werden könne, stehen dem nicht entgegen. **Laufzeitklauseln** schließen hiernach nicht das Kündigungsrecht nach § 649 S. 1 BGB aus.[2651]

1360 Der BGH lässt offen, ob § 649 BGB formularmäßig ausgeschlossen werden kann (was hier nicht geschehen ist). Dies ist zu verneinen bei langfristigen Verträgen; § 649 BGB ist bereits eine die beidseitigen Interessen angemessen berücksichtigende Regelung mit ausgeprägtem Gerechtigkeitsgehalt. Eine Rechtfertigung, hiervon in AGB abzuweichen, besteht nicht.[2652] Gleiches gilt für die Vergütungsregelung.[2653]

1361 **Laufzeitklauseln in Mobilfunkverträgen** können ebenfalls gegen § 307 BGB verstoßen.[2654]

1362 Laufzeitklauseln. die an den **Insolvenzantrag oder die Insolvenzeröffnung** anknüpfen, sind wie Lösungsklauseln nach § 119 InsO unwirksam.[2655]

Leasing

A. Allgemeines 1363	III. Kündigung des Leasingvertrags und Kündigungs-
B. Einzelfälle 1365	folgen 1369
I. Vertragsschluss 1365	IV. Außerordentliche Kündigung 1372
II. Haftung für Mängel 1367	V. Leistungsstörung 1374
	VI. Gefahrtragung 1375

A. Allgemeines

1363 Der typische Fall des **Leasings** ist das **Finanzierungsleasing**. Dessen Hauptfunktion ist die Finanzierung der Anschaffung des Leasingobjekts, welches dem Leasingnehmer zur Nutzung überlassen wird.[2656] Der Finanzierungsleasingvertrag ist dadurch gekennzeichnet, dass „der Leasingnehmer für die Amortisation der vom Leasinggeber für die Anschaffung der Leasingsache gemachten Aufwendungen und Kosten einzustehen hat".[2657] Der Leasinggeber finanziert also den Kaufpreis des Leasingobjekts und erhält im Gegenzug Ratenzahlungen vom Leasingnehmer. Auch wenn aufgrund der Rechtsprechung des BGH[2658] auf Finanzierungsleasingverträge hauptsächlich Mietrecht angewendet wird, sind leasingrechtliche Besonderheiten zu beachten, denn es „muss bei einer Inhaltskontrolle jeweils das Eigengepräge des Leasingvertrags unter sachgerechter Bewertung der von den Parteien typischerweise verfolgten Interessen berücksichtigt werden".[2659] Aus diesem Grunde sind teils weite Abweichungen zum gesetzlichen Mietrecht möglich. Der Leasingnehmer übernimmt typischerweise die **Sach- und Preisgefahr** des Leasingobjekts (siehe Rn 1375) und verzichtet gegen Abtretung der kaufrechtlichen Mängelansprüche des Leasinggebers gegen den Lieferanten auf eigene mietrechtliche Mängelansprüche gegen den Leasinggeber.[2660] Charakteristisch für das Finanzierungsleasing ist das **Dreiecksverhältnis** zwischen Leasingnehmer, Leasinggeber und Lieferanten des Leasingobjekts. Vertragsbeziehungen bestehen hier zum einen zwischen Leasinggeber und Hersteller bzw. Händler (in der Regel Kauf- oder Werklieferungsvertrag) und zum anderen zwischen Leasinggeber und Leasingnehmer.[2661] Dieses Dreiecksverhältnis ist auch dann gegeben, wenn als Leasinggeber eine mit dem Hersteller verbundene, aber rechtlich selbstständige Gesellschaft auftritt (sog. Hersteller-/Händlerleasing). Es kann aber Konstellationen ohne Dreiecksverhältnis geben, wenn der Hersteller bzw. Händler auch zeitgleich Leasinggeber ist.

1364 Beim **Operatingleasing** werden Investitionsgüter zur Absatzförderung überlassen, meist für eine kurze Zeit oder auf unbestimmte Zeit, jedoch mit einem jederzeitigen Kündigungsrecht des Leasingnehmers nach Ablauf einer kurzen Grundmietdauer.[2662] Nach ganz überwiegender Ansicht stellt ein Operatingleasingvertrag einen einfachen Mietver-

---

2649 BGH v. 23.6.2010 – VIII ZR 230/09, NJW 2010, 3431.
2650 BGH v. 27.1.2011 – VII ZR 133/10.
2651 BGH v. 24.3.2011 – VII ZR 111/10 (gleichlautend mit VII ZR 134/10, VII ZR 135/10, VII ZR 146/10, VII ZR 167/10 v. 24.3.2011).
2652 Siehe auch BGH NJW 1999, 3261.
2653 Palandt/*Sprau*, § 649 Rn 17; HK/*Ebert*, § 649 Rn 11; jurisPK-BGB/*Diep*, § 649 Rn 9.
2654 BGH v. 9.6.2011 – III ZR 157/10 (Prepaidkarten).

2655 BGH v. 15.11.2012 – IX ZR 169/11.
2656 WLP/*Stoffels*, Leasingverträge Rn L 24.
2657 BGH NJW 1995, 1019, 1021; Rechtsausschuss des Bundestags: BT-Drucks 11/8274, 21.
2658 BGH NJW 2009, 575, 577; NJW 1990, 3016, 3017.
2659 BGH NJW 1990, 3016, 3017.
2660 WLP/*Stoffels*, Leasingverträge Rn L 27.
2661 WLP/*Stoffels*, Leasingverträge Rn L 25.
2662 BGH NJW 1990, 1785, 1788; NJW 1998, 1637, 1639.

trag nach § 535 BGB dar.[2663] Die Abgrenzung erfolgt nach dem BGH danach, ob der Leasinggeber die **Vollamortisation** seiner Anschaffungskosten durch eine einmalige Zurverfügungstellung an einen Leasingnehmer – dann Finanzierungsleasing – oder durch mehrmalige Zurverfügungstellung an verschiedene Leasingnehmer – dann Operatingleasing – erreichen will.[2664] Wenn im Folgenden von Leasing gesprochen wird, ist das Fianzierungsleasing gemeint.

B. Einzelfälle

I. Vertragsschluss

In der Regel sucht der spätere Leasingnehmer das zu leasende Objekt selbst aus und schließt auch den Kaufvertrag mit dem Lieferanten ab. Erst im Anschluss erfolgt die Einschaltung des Leasinggebers, was für den Leasingnehmer das Risiko beinhaltet, dass kein **Eintritt** des Leasinggebers in den Kaufvertrag erfolgt.[2665] Dieses Risiko kann durch die Vereinbarung einer entsprechenden **Leasingfinanzierungsklausel** umgangen werden, die den Liefervertrag mit dem Leasingvertrag verknüpft, sodass die Parteien den Liefervertrag unter der auflösenden Bedingung des Nichtzustandekommens des Leasingvertrags abschließen.[2666] Nach Antragstellung durch den potentiellen Leasingnehmer überprüft der Leasinggeber die übermittelten und entscheidungserheblichen Daten, wie etwa die Bonität des Antragstellers. Um sich hierbei ein ausreichendes Zeitfenster zu sichern, beinhalten die AGB im Antragsformular von Leasinggebern mitunter eine Klausel, wonach der Antragsteller für eine bestimmte Zeit an sein Angebot gebunden sein soll. Solche Klauseln sind zwischen Unternehmern an § 307 Abs. 2 Nr. 1 BGB und gegenüber einem Verbraucher an § 308 Nr. 1 BGB zu prüfen.[2667] Eine Annahmefrist von zwei Monaten wurde von der Rechtsprechung als zu lang und daher als unwirksam beurteilt.[2668] Ebenfalls gem. § 307 Abs. 2 Nr. 1 BGB unwirksam ist eine Klausel, die den vorigen Verzicht des (Verbraucher-)Leasingnehmers auf den Zugang der Annahme seines Leasingangebots durch den Leasinggeber bestimmt.[2669] Zulässig dürfte wohl eine Annahmefrist von einem Monat sein.[2670]

1365

Eine Klausel, die den Leasingnehmer dazu verpflichtet, die Leasingsache auch tatsächlich abzunehmen und den ordnungsgemäßen Empfang dem Leasinggeber zu bestätigen, ist mit § 307 BGB vereinbar. Dies folgt aus dem Umstand, dass der Leasinggeber meist keine Lagermöglichkeiten hat und selbst gegenüber dem Lieferanten zur Abnahme verpflichtet sein wird.[2671] Solche **Übernahmebestätigungen** legen oft einen Zeitpunkt der Invollzugsetzung des Leasingvertrags fest. Dies dient auch der Bestimmung der Fälligkeit der Leasingraten und ist zulässig.[2672] Zudem ist die Übernahmebestätigung Quittung i.S.d. § 368 BGB,[2673] allerdings nicht Schuldanerkenntnis nach § 781 BGB.[2674]

1366

II. Haftung für Mängel

Für den Leasingvertrag typisch ist der Ausschluss der mietvertraglichen Haftung für Mängel durch den Leasinggeber, verbunden mit der Abtretung seiner kaufrechtlichen Mängelansprüche gegen den Lieferanten der Leasingsache an den Leasingnehmer. Diese **„leasingtypische Abtretungskonstruktion"** ist durch den BGH im Rechtsverkehr mit Unternehmern und auch Verbrauchern als AGB-rechtlich zulässig qualifiziert worden.[2675] Erforderlich ist eine unbedingte, vorbehaltlose und endgültige Abtretung der kaufvertraglichen Mängelansprüche, wovon z.B. dann nicht auszugehen ist, wenn der Leasinggeber sich die eigene Rechtsverfolgung vorbehält.[2676] Auch ein Widerrufsvorbehalt bezüglich der Rechteübertragung ist nur für den Fall möglich, dass der Leasingnehmer seinen Verpflichtungen aus dem Leasingvertrag nicht nachkommt.[2677] Anderenfalls ist der Haftungsausschluss unwirksam; an dessen Stelle tritt dann dispositives Gesetzesrecht, also mietvertraglichen Regelungen in §§ 536 ff. BGB. Der Leasingvertrag bleibt ansonsten unberührt.[2678]

1367

Bei Wirksamkeit von Abtretung und Haftungsausschluss des Leasinggebers kann der Leasingnehmer nur **Nacherfüllung, Schadensersatz oder Rücktritt** aus abgetretenem Recht gegenüber dem Lieferanten geltend machen. Die sich hieraus ergebenden Rechtsfolgen treten im Verhältnis Lieferant und Leasinggeber ein (z.B. der Austausch des Leasinggutes im Rahmen einer Nachlieferung). Aus Praktikabilitätsgründen wird der Leasinggeber den Lieferanten anweisen entsprechende Handlungen unmittelbar im Verhältnis zum Leasingnehmer vorzunehmen.

1368

2663 MüKo/*Koch*, Finanzierungsleasing Rn 5; WLP/*Stoffels*, Leasingverträge Rn L 39; v. Westphalen/*v. Westphalen*, Leasing Rn 13.
2664 BGH NJW 1998, 1637, 1639.
2665 WLP/*Stoffels*, Leasingverträge Rn L 60 f.
2666 MüKo/*Koch*, Finanzierungsleasing Rn 41; BGH NJW-RR 1990, 1009, 1011.
2667 WLP/*Stoffels*, Leasingverträge Rn L 59.
2668 OLG Hamm NJW-RR, 1986, 927, 928.
2669 OLG Düsseldorf NJW-RR 2003, 126, 127.
2670 WLP/*Stoffels*, Leasingverträge Rn L 59 m.w.N.

2671 WLP/*Stoffels*, Leasingverträge Rn L 74.
2672 BGH BB 1993, 1036; WLP/*Stoffels*, Leasingverträge Rn L 75.
2673 v. Westphalen/*v. Westphalen*, Leasing Rn 64.
2674 WLP/*Stoffels*, Leasingverträge Rn L 76.
2675 BGH NJW 1982, 105, 106; NJW 1985, 1547, 1549; NJW 1986, 1744.
2676 BGH NJW 1987, 1072, 1073; NJW 1988, 2465, 2467; NJW-RR 2003, 51, 52.
2677 OLG Rostock NJW-RR 2002, 1712, 1713.
2678 BGH NJW 1990, 314, 315 ff.

III. Kündigung des Leasingvertrags und Kündigungsfolgen

1369 Ist nichts Anderweitiges vereinbart, hat der Leasingnehmer nach Vertragsbeendigung durch eine **ordentliche Kündigung** die **Pflicht zur Rückgabe** der Leasingsache. Diese Pflicht wird in der Praxis regelmäßig als Bringschuld ausgestaltet sein; das Transportrisiko und die -kosten trägt – AGB-rechtlich zulässig – demnach der Leasingnehmer.[2679]

1370 Da der Leasinggeber mit dem Finanzierungsleasingvertrag eine Vollamortisation anstrebt, wird bei einer ordentlichen Kündigung (oder einem Aufhebungsvertrag, der nicht im Verantwortungsbereich des Leasinggebers liegt)[2680] noch vor Ablauf der Grundlaufzeit in der Regel vertraglich eine **Abschlusszahlung** vorgesehen sein, um die entstehende Amortisationslücke zu schließen. Dies erkennt der BGH selbst dann an, wenn der Leasingvertrag gar keine entsprechende oder eine unwirksame Klausel beinhaltet. Grund ist die beim Leasingvertrag als Finanzierungsgeschäft typische und damit vertragsimmanente Funktion der Ausgleichszahlung, die nicht nur ein Entgelt für die Gebrauchsüberlassung darstellt, sondern auch den Anschaffungs- und Finanzierungsaufwand nebst Gewinn amortisieren soll.[2681]

1371 Bei **Teilamortisationsverträgen** ergibt sich vor allem eine Unterscheidung danach, auf welche Weise die nach Kündigung entstehende Deckungslücke geschlossen wird, um eine Vollamortisation zu erreichen.[2682] Eine Alternative ist, dass der Leasingnehmer sich im Leasingvertrag bereits dazu verpflichtet, die Leasingsache zu erwerben, sollte es nach Ablauf der Grundmietzeit zu keiner Verlängerung kommen.[2683] Aufgrund des Vollamortisationsprinzips wird man eine solche Regelung in AGB als zulässig erachten müssen.[2684] Statt des Erwerbs der Leasingsache, können die Parteien auch eine mit der Kündigung fällig werdende Abschlusszahlung vereinbaren.[2685] Bei der Berechnung der Höhe der Abschlusszahlung sind zur Vermeidung der Nichtigkeit der Abrechnungsklausel das Transparenzgebot und das Verbot unangemessener Benachteiligung des Vertragspartners zu beachten, § 307 BGB. Eine etwaige Unwirksamkeit hat jedoch keine Auswirkung auf den Zahlungsanspruch selbst, sondern nur auf die vorgesehene Berechnung,[2686] an die Stelle der Abrechnungsklausel tritt der leasingtypische Amortisationsanspruch.[2687] Der Leasingnehmer hat dem Leasinggeber dann unter Berücksichtigung aller ersparten Kosten eine konkret zu berechnende Abschlusszahlung zu leisten.[2688] Beim Kfz-Leasing wird die Abschlusszahlung oft klauselmäßig dadurch ersetzt, dass dem Leasinggeber der Verkaufserlös der Leasingsache zukommt und der Leasingnehmer insoweit eine Garantie für einen bestimmten Restwert übernimmt. Diese Vorgehensweise ist AGB-rechtlich unbedenklich.[2689]

IV. Außerordentliche Kündigung

1372 Eine **außerordentliche Kündigung** des Leasingvertrags ist nach § 314 BGB bei Vorliegen eines wichtigen Grundes möglich. Will der Leasinggeber die wesentliche Verschlechterung der Vermögensverhältnisse des Leasingnehmers als Kündigungsgrund ausreichen lassen, muss dies an den Umstand anknüpfen, dass die Durchsetzbarkeit des Anspruchs auf Zahlung der Leasingraten konkret und gravierend gefährdet ist.[2690] Ausreichend im unternehmerischen Geschäftsverkehr ist etwa eine Klausel, die eine außerordentliche Kündigung bei Zwangsvollstreckungsmaßnahmen in das Vermögen des Leasingnehmers zumindest bei Investitionsgütern von hohem Wert gestattet.[2691] Weiterhin sind häufig Klauseln anzutreffen, die dem Leasinggeber das Recht zur fristlosen Kündigung einräumen, wenn der Leasingnehmer die Leasingsache vertragswidrig gebraucht, sie also vor allem vernachlässigt oder unbefugt Dritten überlässt.[2692] Wirksamkeitsvoraussetzung einer Klausel, die ein Kündigungsrecht wegen vertragswidrigen Gebrauchs einräumt, ist, dass diese die Voraussetzungen des § 543 Abs. 3 BGB berücksichtigt, also der Kündigung eine Abmahnung vorausgehen muss und der vertragswidrige Gebrauch die Rechte des Leasinggebers erheblich verletzt.[2693] Eine solche Klausel ist gegenüber Verbrauchern und auch Unternehmern nur mit § 307 Abs. 2 Nr. 1 BGB vereinbar, wenn sie die Tatbestandsvoraussetzungen des § 543 Abs. 3 BGB respektiert.[2694]

1373 Liegt der Grund für die außerordentliche Kündigung in der Sphäre des Leasingnehmers, steht dem Leasinggeber ein Anspruch auf **Schadensersatz** zu, der auf den Ersatz des Erfüllungsinteresses gerichtet ist.[2695] Der Leasinggeber kann den Betrag verlangen, der ihm bei erwarteter Abwicklung des Leasingvertrags bis zum Ablauf der unkündbaren Grundlaufzeit, abzüglich ersparter Aufwendungen und entstandener Vorteile, zugeflossen wäre.[2696] Unwirksam ist eine Klausel daher bereits dann, wenn sie laufzeitabhängige und damit ersparte Aufwendungen nicht berücksichtigt.[2697]

2679 BGH NJW 1982, 1747, 1748.
2680 OLG Düsseldorf OLG-Report NRW 2001, 401, 403.
2681 BGH NJW 1985, 2253, 2256; NJW 1986, 1746, 1747.
2682 WLP/*Stoffels*, Leasingverträge Rn L 147.
2683 WLP/*Stoffels*, Leasingverträge Rn L 148.
2684 MüKo/*Koch*, Finanzierungsleasing Rn 126; WLP/*Stoffels*, Leasingverträge Rn L 148.
2685 WLP/*Stoffels*, Leasingverträge Rn L 149; v. Westphalen/v. Westphalen, Leasing Rn 177.
2686 WLP/*Stoffels*, Leasingverträge Rn L 153.
2687 BGH NJW 1986, 1746, 1747; NJW 1987, 842, 843.
2688 WLP/*Stoffels*, Leasingverträge Rn L 153.
2689 BGH NJW 2001, 2165, 2166.
2690 WLP/*Stoffels*, Leasingverträge Rn L 166.
2691 BGH NJW 1984, 871, 872.
2692 WLP/*Stoffels*, Leasingverträge Rn L 167.
2693 v. Westphalen/v. Westphalen, Leasing Rn 222.
2694 v. Westphalen/v. Westphalen, Leasing Rn 222.
2695 BGH NJW 1984, 2687; NJW 1991, 221, 222; NJW 2002, 2713, 2714.
2696 BGH NJW 1985, 1539, 1544.
2697 BGH NJW 1995, 954; NJW 2004, 2823, 2824.

V. Leistungsstörung

1374 Eine Klausel, wonach der Leasinggeber für eine Nichtlieferung oder verspätete Lieferung durch den Lieferanten insgesamt nicht haftet, ist gem. § 307 BGB unwirksam.[2698] Grund ist die Hauptpflicht des Leasinggebers dem Leasingnehmer die Leasingsache zum Gebrauch zu überlassen.[2699] Ist der Leasingnehmer Unternehmer, so dürfte aber eine Klausel wirksam sein, nach der der Leasinggeber dem Leasingnehmer seine Ansprüche gegen den Lieferanten abtritt.[2700]

VI. Gefahrtragung

1375 Die formularmäßige Abwälzung der **Sach- und Preisgefahr** auf den Leasingnehmer ist grundsätzlich zulässig.[2701] Bei zufälliger Verschlechterung oder zufälligem Untergang bleibt er zur Zahlung der Leasingraten verpflichtet und kann keine Neulieferung verlangen. Grund ist, dass der Leasinggeber die Leasingsache im überwiegenden Interesse des Leasingnehmers erwirbt und dieser als Nutzer des Leasingobjekts einem Käufer gleicht. Der Leasingnehmer könne seinerseits eine Versicherung abschließen, um das Risiko aufzufangen.[2702] Voraussetzung für die Wirksamkeit einer solchen Klausel ist aber, dass sich das Leasingobjekt im Zeitpunkt der Verschlechterung bzw. des Untergangs im Einflussbereich des Leasingnehmers befunden hat.[2703] Dies ist nicht der Fall, wenn der Leasingnehmer berechtigt oder verpflichtet ist, das Leasingobjekt einem Dritten zu übergeben, z.B. wegen Reparaturarbeiten. Dann greift die gesetzliche Regelung des § 326 Abs. 1 BGB.[2704]

1376 Jedenfalls beim **Kraftfahrzeugleasing** muss für eine wirksame Übertragung der Sach- und Preisgefahr auf den Leasingnehmer diesem auch für den Fall einer erheblichen Verschlechterung oder des Untergangs des Fahrzeugs ein kurzfristiges Kündigungsrecht oder gleichwertiges Lösungsrecht eingeräumt werden.[2705] Der BGH hat auch ein mit der Ausgleichszahlung verbundenes Lösungsrecht als ausreichend anerkannt.[2706] Diese Rechtsprechung gilt sowohl für Neu- als auch Gebrauchtfahrzeuge; bei letzteren muss zumindest ein solches Kündigungsrecht bis zum Ablauf des dritten Jahres nach der Erstzulassung für den Fall der erheblichen Verschlechterung oder des Untergangs eingeräumt werden.[2707] Die Grenze zur Annahme der **Erheblichkeit** einer Beschädigung liegt laut dem Bundesgerichtshof hierbei nicht erst bei einem Reparaturkostenaufwand der mehr als 80 % des Zeitwerts beträgt.[2708] Für den Fall der Ausübung des Kündigungsrechts hat der Leasingnehmer dem Leasinggeber die volle Amortisation der aufgewandten Kosten zu ersetzen.[2709] Als unangemessen hat der BGH eine Klausel beurteilt, wonach der Leasingnehmer bei Verlust der Leasingsache zur sofortigen Zahlung aller noch ausstehenden und nicht abgezinsten Leasingraten verpflichtet werden soll und der in den Folgeraten einkalkulierte Gewinn beansprucht wird.[2710] Die Klausel, wonach der Leasingnehmer nach der Kündigung wegen Verlusts des Leasingfahrzeugs dem Leasinggeber den Zeitwert oder den Restvertragswert in Höhe seines nicht amortisierten Aufwands schuldet, wobei der höhere Wert maßgeblich sein soll, ist wirksam.[2711] Diese Grundsätze gelten laut dem BGH nur für Kraftfahrzeugleasingverträge, da die besonderen Umstände eines solchen Geschäfts mit dem Erfordernis eines kurzfristigen Kündigungsrechts in dieser Art bei anderen Leasinggütern nicht vorliegen würden. Insbesondere liege das Interesse des Leasingnehmers eines Kfz, ein neues Fahrzeug zu fahren und vor der Gefahr versteckter Schäden und Reparaturausfallzeiten geschützt zu sein, in anderen Fällen nicht vor.[2712]

1377 Die Übertragung der Sach- und Preisgefahr wird in der Praxis oftmals mit einer **Versicherungspflicht** verknüpft. Der Leasingnehmer muss dann die Leasingsache gegen Beschädigung, Verlust und Untergang versichern.[2713] Gegenüber einer solchen Klausel bestehen keine Bedenken, solange sich die abzuschließende Versicherung im üblichen Rahmen bewegt.[2714]

2698 Tendenziell BGH NJW 1982, 105, 106; NJW 1986, 179, 180; ausdrücklich OLG Hamm DB 1980, 393, 394; OLG Koblenz WM 1984, 1259.
2699 UBH/*Schmidt*, Leasingverträge Rn 5; WLP/*Stoffels*, Leasingverträge Rn L 89.
2700 So auch WLP/*Stoffels*, Leasingverträge Rn L 90; offengelassen in BGH NJW 1993, 122, 124.
2701 BGH NJW 1987, 377, 378; NJW 1996, 1888 f. (in der zitierten Rechtsprechung war die Abwälzung zwar unwirksam, jedoch wird die Möglichkeit für grundsätzlich zulässig erachtet).
2702 BGH NJW 1988, 198, 200.
2703 WLP/*Stoffels*, Leasingverträge Rn L 94.
2704 BGH NJW 1985, 1535, 1537; WLP/*Stoffels*, Leasingverträge Rn L 94.
2705 BGH NJW 2004, 1041, 1042; NJW 2007, 290, 292; WLP/*Stoffels*, Leasingverträge Rn L 96.
2706 BGH NJW 1998, 3270, 3271; WLP/*Stoffels*, Leasingverträge Rn L 96.
2707 BGH NJW 1998, 3270, 3271; WLP/*Stoffels*, Leasingverträge Rn L 96.
2708 BGH NJW 1998, 2284, 2285; WLP/*Stoffels*, Leasingverträge Rn L 96.
2709 BGH NJW 2004, 1041, 1042; NJW 2007, 290, 292; WLP/*Stoffels*, Leasingverträge Rn L 96.
2710 BGH NJW 1988, 198, 200; WLP/*Stoffels*, Leasingverträge Rn L 96.
2711 BGH NJW 2007, 290, 292; WLP/*Stoffels*, Leasingverträge Rn L 96.
2712 BGH NJW 1988, 198, 200; WLP/*Stoffels*, Leasingverträge Rn L 97; a.A. v. Westphalen/*v. Westphalen*, Leasing Rn 165, der sich für die Übertragung dieser Grundsätze auf andere Leasingtypen ausspricht.
2713 WLP/*Stoffels*, Leasingverträge Rn L 98; v. Westphalen/*v. Westphalen*, Leasing Rn 166.
2714 MüKo/*Koch*, Finanzierungsleasing Rn 92; UBH/*Schmidt*, Leasingverträge Rn 17.

1378 Sowohl die Instandhaltung als auch die Instandsetzung werden in der Regel dem Leasingnehmer auferlegt. Unter **Instandhaltung** wird die Erhaltung der Leasingsache in einem ordnungsgemäßen und funktionsfähigen Zustand verstanden. Die **Instandsetzung** betrifft die Beseitigung entstandener Schäden auf Kosten des Leasingnehmers. Sollte eine Instandsetzung aufgrund des Ausmaßes der Verschlechterung nicht mehr möglich oder wirtschaftlich nicht mehr angemessen sein, wird der Vertrag vorsehen, dass der Leasingnehmer auf seine Kosten eine Ersatzsache erwirbt, die zur Leasingsache wird.[2715] Solche Klauseln sind als zulässig einzustufen, weil sie dem berechtigten Werterhaltungs- und Sicherungsinteresse des Leasinggebers entsprechen.[2716]

1379 Ein **Ausschluss der Untervermietung** durch den Leasingnehmer in den AGB ist unbedenklich. Hierfür spricht, dass der Leasinggeber ein Interesse daran hat, nicht mit dem Leasingnehmer auf dem Markt konkurrieren zu müssen.[2717]

1380 Wirksam ist eine Bestimmung, nach der der Leasingnehmer für die Dauer der **verzögerten oder unterbliebenen Rückgabe** der Leasingsache nach Vertragsende zur **Fortzahlung** der Leasingraten verpflichtet bleibt, soweit die Klausel ausdrücklich auf die Vorenthaltung der Leasingsache abstellt.[2718]

1381 Da Leasingverträge eine langfristige Beziehung begründen, sehen viele Vertragswerke **Anpassungsklauseln** vor, die eine einseitige Änderung des Leasingentgelts ermöglichen sollen und die anhand von § 307 BGB zu bewerten sind.[2719] Sowohl gegenüber einem Verbraucher als auch gegenüber einem Unternehmer müssen die Klauseln erkennbar die Interessen des Leasingnehmers angemessen berücksichtigen und dem Transparenzgebot genügen, um wirksam zu sein.[2720] Eine **Preisanpassungsklausel** ist nur wirksam, wenn sie auf die konkreten Kostensteigerungen begrenzt ist, sie darf keine zusätzliche Gewinnmöglichkeit für den Klauselverwender eröffnen.[2721] Ferner muss der Leasingnehmer den Umfang der möglichen Erhöhung bereits bei Vertragsschluss aus der Klauselformulierung entnehmen können.[2722]

Leistungsbestimmungsrechte und Leistungsvorbehalt

A. Grundsätzliches zum Leistungsbestimmungsrecht (§ 315 BGB) 1382
B. Einschränkungen von einseitigen Leistungsbestimmungsklauseln durch den BGH anhand von § 307 Abs. 1 BGB 1385
C. Bestimmung von Leistungsfristen (§ 308 Nr. 1 BGB) 1388
   I. Anwendbarkeit 1389
   II. Leistungsfrist und unangemessene Länge der Frist 1390
   III. Bestimmtheitsgebot 1394
   IV. Widerrufsrecht und Rückgabevorbehalt gemäß §§ 355, 356 BGB 1397
   V. Rechtsfolge der Unwirksamkeit 1398
   VI. RL 93/13/EWG und RL 2000/35/EG 1399
   VII. B2B-Verkehr 1400
D. Änderungsvorbehalte (§ 308 Nr. 4 BGB) 1401
   I. Anwendbarkeit 1402
   II. Leistung des Verwenders und Zumutbarkeit der Änderung 1403
   III. Beweislast 1408
   IV. RL 93/13/EWG 1409
   V. Rechtsfolgen 1410
   VI. B2B-Verkehr 1411
E. Kurzfristige Preiserhöhungen (§ 309 Nr. 1 BGB) 1412
   I. Anwendbarkeit 1413
   II. Frist von vier Monaten 1414
   III. RL 93/13/EWG 1416
   IV. Rechtsfolgen 1417
   V. B2B-Verkehr 1419
F. Leistungsvorbehalte 1420
   I. Anwendbarkeit 1421
   II. Wirksame Vereinbarung von Leistungsvorbehalten 1423
G. Sonstiges 1427

A. Grundsätzliches zum Leistungsbestimmungsrecht (§ 315 BGB)

1382 Einseitige Leistungsbestimmungsrechte sind häufig eingesetzte Instrumentarien, die in der Regel dazu dienen, einen Vertrag (nachträglich) praktischen Erfordernissen anzupassen. Neben Inhalt und Umfang der Leistung sind auch Regelungen an der Tagesordnung, die einer Partei erlauben, z.B. den Leistungsinhalt, den Leistungsort oder die Leistungszeit einseitig festzusetzen. Insbesondere bei Waren, die nur eingeschränkt lieferbar oder tagesaktuellen Preisentwicklungen unterworfen sind, dienen solche Leistungsbestimmungsrechte dazu, die sich aus diesen Schwankungen ergebende **Bedürfnisse nach Flexibilität** – trotz Abschluss eines bindenden Vertrags – zu erhalten. Trotz eines in diesen Fällen vorliegenden berechtigten Interesses an Flexibilität müssen in AGB dennoch stets Leistung und Gegenleistung ausreichend „bestimmt oder wenigstens bestimmbar"[2723] sein. Es ist unzulässig, über die Abwälzung konkreter Kostensteigerung hinaus den zunächst vereinbarten Preis ohne jede Begrenzung anheben zu können und hierdurch einen zusätzlichen Gewinn erzielen zu können.[2724]

2715 WLP/*Stoffels*, Leasingverträge Rn L 101 f.
2716 WLP/*Stoffels*, Leasingverträge Rn L 103.
2717 BGH NJW 1990, 3016, 3018.
2718 BGH WM 2004, 1187, 1190; WM 2005, 1332, 1333.
2719 WLP/*Stoffels*, Leasingverträge Rn L 81.

2720 v. Westphalen/*v. Westphalen*, Leasing Rn 84.
2721 BGH MDR 1990, 44, 45.
2722 BGH WM 1987, 289.
2723 Palandt/*Grüneberg*, § 315 Rn 1.
2724 BGH NJW-RR 2005, 1717.

Leistungsbestimmungsrechte und Leistungsvorbehalt

Dass die Vereinbarung einseitiger Leistungsbestimmungsrechte grundsätzlich zulässig ist, zeigt bereits ein Blick in § 315 BGB. Dieser regelt, dass die einseitige Bestimmung der Leistung durch eine Partei – unter **Einschränkung durch das Kriterium des „billigen Ermessens"** – zulässig ist. So hat der BGH zuletzt die Klausel „*X prüft nach Ablauf von jeweils drei Jahren, ob das Nutzungsentgelt noch ortsüblich oder sonst angemessen ist. Bei Änderung setzt er den zusätzlich oder weniger zu zahlenden Betrag nach billigem Ermessen (§ 315 BGB) fest.*" für wirksam erachtet, da durch den Bezug auf die Ortsüblichkeit und auf § 315 BGB ein ausreichend konkreter Anknüpfungspunkt angegeben sei.[2725] Unzulässig sind allerdings z.b. die folgenden Klauseln: „*Der Verwender ist berechtigt, den Preis zu ändern, wenn Preisänderungen durch die Vorlieferanten erfolgen. Änderungen des Preises werden dem Kunden mitgeteilt.*";[2726] „*Der Verwender behält sich das Recht vor, den Inhalt dieser AGB oder der jeweiligen Leistungsbeschreibungen/Preislisten und sonstige Sondervereinbarungen anzupassen, soweit dies dem Kunden zumutbar ist.*"[2727]

1383

Sollen einseitige Leistungsbestimmungsrechte in AGB vereinbart werden, unterfallen diese Regelungen zusätzlich der Inhaltskontrolle der §§ 307 ff. BGB. Für die Ausübungskontrolle bleibt § 315 BGB anwendbar.[2728]
Das bedeutet, dass die tatsächliche Ausübung des Rechts zur Bestimmung der Leistung durch eine Partei nach § 315 Abs. 3 BGB nur dann für die andere Partei bindend ist, wenn sie der Billigkeit entspricht, d.h. den Interessen beider Parteien gerecht wird und sich an dem orientiert, was in vergleichbaren Verträgen „üblich" ist.[2729] Entspricht eine einseitig vorgenommene Bestimmung des Leistungsgegenstands nicht der Billigkeit oder wird die Vornahme der (Leistungs-)Bestimmung verzögert, so wird das Bestimmungsrecht gemäß § 315 Abs. 3 S. 2 BGB durch das zuständige Gericht ersetzt.
In der Praxis wird bei der Vereinbarung einseitiger Leistungsbestimmungsrechte folglich eine zweistufige Prüfung vorgenommen. Während zunächst die Klausel **abstrakt** der Inhaltskontrolle der § 307 ff. BGB unterworfen wird (siehe Rn 1385 ff.), erfolgt eine zusätzliche **konkrete Billigkeitskontrolle** bei Ausübung des Leistungsbestimmungsrechts anhand von § 315 BGB.

1384

B. Einschränkungen von einseitigen Leistungsbestimmungsklauseln durch den BGH anhand von § 307 Abs. 1 BGB

Der BGH hat in diversen Urteilen[2730] grundsätzliche Kriterien festgelegt, anhand derer eine allgemeine Inhaltskontrolle von Leistungsbestimmungsrechten in AGB zu erfolgen hat. Dabei ist stets zu beachten, dass die Vereinbarung solcher einseitiger Rechte nur dann in AGB erfolgen kann, wenn die Partei, der ein solches Bestimmungsrecht zukommen soll, ein **berechtigtes Interesse** hat, die Leistung einseitig zu bestimmen und zusätzlich zum Anlass, den Voraussetzungen und der Inhalt des Leistungsbestimmungsrechts bereits konkret in den AGB dargelegt werden.[2731]

1385

Als Maßstab ist grundsätzlich zu beachten, dass auch bei einseitigen Anpassungs-, Änderungs- oder Bestimmungsklauseln das **vertragliche Äquivalenzverhältnis** (soweit möglich) gewahrt werden muss und dem Verwender nicht die Möglichkeit gegeben werden darf, z.B. über die Abwälzung konkreter Kostensteigerungen hinaus, einen zusätzlichen Gewinn zu erzielen.[2732]

1386

Es besteht also in der Regel, z.B. bei Preisanpassungsklauseln, das Interesse des Verwenders, das Risiko zu minimieren, dass durch eine Erhöhung der Kosten während der Laufzeit des Vertrags das Verhältnis von Leistung und Gegenleistung aufgehoben oder verschoben wird und es dadurch zu Gewinneinbußen des Verwenders kommt. Auf der Gegenseite muss der Vertragspartner davor geschützt werden, dass der Verwender etwaige Erhöhungen seiner Kosten, die schon zum Zeitpunkt des Vertragsschlusses klar und damit kalkulierbar waren, erst nachträglich einführt und so „verschleiert", dass der Vertragspartner eigentlich schon anfänglich einen höheren Preis zu zahlen hat. Sind diese gegenseitigen Belange angemessen berücksichtigt, ist die einseitige Leistungsbestimmungsklausel – vorbehaltlich der unten (siehe Rn 1388 ff., 1401 ff., 1412 ff.) dargestellten, zusätzlichen Schranken der §§ 308 und 309 BGB – in der Regel nicht zu beanstanden.[2733]

Neben der AGB-rechtlichen Unwirksamkeit können einseitige Leistungsbestimmungsrechte und insbesondere Preisanpassungsklauseln auch nach den §§ 1 ff. **PrkG** (**Preisklauselgesetz**) unwirksam sein. § 1 PrkG regelt in seinem Grundanwendungsfall ein Verbot von vertraglichen Klauseln, nach denen der Betrag von Geldschulden unmittelbar und selbsttätig durch den Preis oder Wert von anderen Gütern oder Leistungen bestimmt wird, die mit den vereinbarten Gütern oder Leistungen nicht vergleichbar sind. Ob ein Verstoß gegen § 1 PrkG unmittelbar auch zu einer unange-

1387

2725 BGH v. 27.6.2012 – XII ZR 93/10.
2726 OLG Köln v. 13.1.2006 – 6 U 148/05.
2727 OLG Frankfurt v. 8.2.2007 – 1 U 184/06.
2728 BAG NJW 2005, 1820; Palandt/*Grüneberg*, § 315 Rn 3.
2729 Palandt/*Grüneberg*, § 315 Rn 10; BGH 41, 271; BAG NZA 2005, 359; BGH NJW 1966, 539; BGH NJW-RR 2007, 56.
2730 BGH NJW 2004, 1588; BGH NJW 2010, 1742; BGH NJW 2010, 993; BGHZ 97, 212 = NJW 1986, 1803; BGHZ 118, 126 = NJW 1992, 1751; BGH NJW 2003, 507.
2731 Palandt/*Grüneberg*, § 307 Rn 112; BGH NJW 1994, 1063.
2732 BGHZ 158, 149 = NJW 2004, 1588 m.w.N.
2733 BGH NJW 2008, 2172; BGH NJW 2007, 1054; BGH NJW-RR 2005, 1717; BGH NJW 1990, 115; BGHZ 93, 252; OLG Bremen ZIP 2008, 28; OLG Köln OLGR 2006, 341.

messenen Benachteiligung des Vertragspartners i.S.v. § 307 BGB führt, wie dies bei Verstößen gegen andere gesetzliche Bestimmungen anerkannt ist,[2734] ist umstritten.[2735] Ein Verstoß gegen das Preisklauselgesetz kann jedoch zumindest Indiz für eine Unwirksamkeit der Klausel sein. Zudem eröffnet ein solcher Verstoß dem Vertragspartner die Möglichkeit, die Klausel gem. § 8 PrkG durch ein Gericht für unwirksam erklären zu lassen.

Liegt kein Verstoß gegen das Preisklauselgesetz vor, hindert dies nach herrschender Meinung jedoch nicht daran, eine zusätzliche Prüfung anhand der §§ 307 ff. BGB vorzunehmen.[2736]

C. Bestimmung von Leistungsfristen (§ 308 Nr. 1 BGB)

1388 Einen Unterpunkt zu den vorstehenden Ausführungen zu einseitigen Leistungsbestimmungsrechten bildet die in § 308 Nr. 1 BGB geregelte Möglichkeit der **einseitigen Bestimmung von Leistungsfristen** in AGB. Gemäß § 308 Nr. 1 BGB sind AGB-Klauseln unwirksam, mit deren Hilfe der Verwender für die Erbringung seiner geschuldeten Leistung eine unangemessen lange oder nicht hinreichend bestimmte Frist einseitig festsetzen kann.[2737] Die Vorschrift soll verhindern, dass der Vertragspartner erst nach Ablauf einer unangemessen langen Frist den Verwender wegen Nichterbringung der Leistung in Verzug setzen und damit die Voraussetzung für Schadensersatz nach den §§ 280 ff. BGB oder für einen Rücktritt vom Vertrag gemäß § 323 BGB schaffen kann.

I. Anwendbarkeit

1389 § 308 Nr. 1 BGB ist grundsätzlich auf Verträge aller Art anwendbar. § 310 Abs. 2, Abs. 4 BGB schränkt die Anwendung von § 308 BGB für Verträge ein, die Elektrizitäts-, Gas-, Fernwärme- und Wasserversorgungsunternehmer mit Sonderabnehmern über die Lieferung von elektrischer Energie, Gas, Fernwärme und Wasser abschließen. Auf andere Verträge – insbesondere auf Arbeitsverträge und Verträge zwischen Unternehmern – ist § 308 Nr. 1 BGB nur entsprechend und unter Berücksichtigung der in diesen Rechtsgebieten geltenden Besonderheiten anzuwenden.[2738]

II. Leistungsfrist und unangemessene Länge der Frist

1390 Als Leistungsfrist i.S.v. § 308 Nr. 1 BGB sind alle Fristen zu verstehen, die nach dem Inhalt der AGB verstreichen müssen, bevor die Leistung fällig wird und deren Ablauf Voraussetzung dafür ist, dass der Vertragspartner den Verwender in **Verzug** setzen kann.[2739] Wenn zwischen den Parteien keine Absprache getroffen wird, gilt § 271 BGB. Eine Leistungsfrist i.S.v. § 308 Nr. 1 liegt unabhängig davon vor, ob diese unmittelbar die Fälligkeit der Leistung regelt oder dies nur mittelbar dadurch geschieht, dass eine bestimmte Voraussetzung für die Fälligkeit der Leistung nach hinten verschoben werden kann.[2740] § 308 Nr. 1 wird auf **Leistungsfristen jeglicher Art**, z.B. auch auf Fristenregelungen bezüglich der Abnahmeverpflichtung des Klauselverwenders nach § 640 BGB[2741] angewandt.

1391 Zur Vereinbarung längerer als gesetzlich vorgeschriebener Fristen ist der Klauselverwender nur berechtigt, wenn diese längere Frist nicht „unangemessen" ist. Zur Bestimmung der **Unangemessenheit** einer Leistungsfrist können keine pauschalen Aussagen in Tagen, Wochen oder Monaten getroffen werden. Vielmehr bemisst sich die Angemessenheit einer Leistungsfrist in jedem Einzelfall gesondert anhand der jeweils geschuldeten Leistung[2742] und ist letztlich eine Wertungsfrage.[2743]

Als Richtschnur kann aber der Grundsatz herangezogen werden, dass die Vereinbarung von Leistungsfristen einen sachlichen Hintergrund haben und zudem argumentativ begründbar sein muss. Erscheint die Vereinbarung einer Leistungsfrist hingegen willkürlich und bürdet dem Gegenüber eine Unsicherheit auf, die objektiv nicht erforderlich ist, liegt eine Unwirksamkeit der Klausel stets nahe.[2744] Die Rechtsprechung hat in zwei aktuellen Fällen, in denen es um die klauselmäßige Vereinbarung von Leistungs- und Annahmefristen in notariell beurkundeten Eigentumswohnungskaufverträgen ging, sowohl eine Frist von zehn Wochen[2745] als auch eine Frist von vier Wochen[2746] für unwirksam erachtet. Im Kfz-Neuwagengeschäft sind Leistungsfristen von sechs Wochen zulässig,[2747] bei Einbauküchen ist eine Frist von drei Wochen zulässig, eine doppelt so lange Frist dagegen unwirksam.[2748]

1392 Für die Beurteilung der Unangemessenheit ist nicht nur die mittels AGB eingeräumte Frist heranzuziehen, sondern grundsätzlich „die **gesamte Zeitspanne** zu berücksichtigen, die zwischen dem Eintritt der Fälligkeit nach den gesetzlichen Vorschriften und dem durch AGB festgelegten oder zu bestimmenden Fälligkeitseintritt liegt".[2749] Wird also

---

2734 BGH GRUR 2005, 62 m.w.N.
2735 BGH v. 24.3.2010 – VIII ZR 178/08, NJW 2010, 2789.
2736 WLP/*Dammann*, § 309 Nr. 1 Rn 47; UBH/*Fuchs*, § 309 Nr. 1 Rn 8; Staudinger/*Coester-Waltjen*, § 309 Nr. 1 Rn 6; Staudinger/*Schmidt*, Neubearb. 1997, vor §§ 244 ff. Rn D 171; Schmidt/*Räntsch*, NJW 1998, 3166.
2737 Palandt/*Grüneberg*, § 308 Rn 6.
2738 Palandt/*Grüneberg*, § 310 Rn 2 ff.
2739 UBH/*Schmidt*, § 308 Nr. 1 Rn 17 ff.
2740 WLP/*Dammann*, § 308 Nr. 1 Rn 32; BGH NJW 1989, 1602; BGH NJW 1997, 394.
2741 BGH 107, 78; BGH NJW 1997, 394.
2742 UBH/*Schmidt*, § 308 Nr. 1 Rn 22; WLP/*Dammann*, § 308 Nr. 1 Rn 38.
2743 UBH/*Schmidt*, § 308 Nr. 1 Rn 11.
2744 WLP/*Dammann*, § 308 Nr. 1 Rn 38.
2745 OLG Dresden v. 26.6.2003 – 19 U 512/03, RNotZ 2004, 500.
2746 BGH v. 11.6.2010 – V ZR 85/09, NZM 2010, 587.
2747 BGH NJW 2001, 292.
2748 BGH NJW 2007, 1198; OLG Hamm NJW-RR 1987, 315.
2749 WLP/*Dammann*, § 308 Nr. 1 Rn 44.

Leistungsbestimmungsrechte und Leistungsvorbehalt

ein Vertrag z.B. am 1.8. geschlossen und als Liefertermin der 1.11. vereinbart sowie weiterhin bestimmt, dass der Vertragspartner erst nach Ablauf einer weiteren Überziehungsfrist von zwei Monaten vom Vertrag zurücktreten kann, müssen beide Fristen zusammengerechnet und überprüft werden. Diese Zusammenrechnung findet auch dann statt, wenn der Liefertermin mittels Individualabrede vereinbart und nur die Zusatzfrist durch die AGB festgelegt worden ist.[2750] In diesem Fall kann auch schon die Überziehungsfrist für sich betrachtet unwirksam sein.[2751] Nicht anwendbar ist § 308 Nr. 1, wenn der Leistungszeitpunkt nur durch Individualabrede vereinbart wurde.

Von Leistungsfristen zu unterscheiden sind **Leistungsvorbehalte**, die nicht nur die Fälligkeit der Leistung regeln, sondern die Leistungspflicht als solche einschränken (z.B.: „Selbstbelieferung vorbehalten"). Sie sind am Maßstab von § 308 Nr. 3 und nicht von Nr. 1 zu messen (vgl. Rn 1642 ff.). 1393

III. Bestimmtheitsgebot

Zusätzlich zur Angemessenheit der Länge der Leistungsfrist ist erforderlich, dass die Frist für den Vertragspartner auch – in der Regel kalendermäßig – **bestimmbar** ist, um diesem zumindest die Möglichkeit zu geben, sich auf längere Leistungsfristen einzustellen.[2752] Maßgeblich für die Beurteilung der Frage, ob eine Klausel ausreichend „bestimmt" ist, ist folglich, ob ein „Durchschnittskunde ohne Schwierigkeiten und ohne rechtliche Beratung sowie ohne gerichtliche Entscheidung die Fristdauer feststellen kann".[2753] 1394

Dieses Bestimmtheitserfordernis ist insbesondere dann nicht gewahrt, wenn der Beginn oder das Ende der Frist von einem Ereignis abhängig gemacht wird, auf das der Klauselverwender Einfluss hat (so z.B. von Mitwirkungshandlungen des Verwenders oder der Übersendung einer schriftlichen Annahmeerklärung).[2754] Derartige Klauseln sind nicht nur zu unbestimmt, sie benachteiligen den Vertragspartner auch unangemessen, da sie dem Verwender – begrenzt durch den Tatbestand des Missbrauchs – ermöglichen, die Leistungsfrist auf unbestimmte Zeit hinaus zu schieben.[2755] 1395

Die Vereinbarung einer „Lieferung erst nach Selbstbelieferung"[2756] oder auch einer „Lieferzeit 8 Wochen von Aufmaß"[2757] ist daher von den Gerichten mangels ausreichender Bestimmtheit der Klausel zu Recht für unwirksam erklärt worden. Auch bei relativ kurzen Fristen bzw. Zeitspannen, die eigentlich keine gravierende Belastung für den Vertragspartner darstellen, kann eine Unwirksamkeit der Klausel wegen zu unbestimmter Formulierung in Betracht kommen. Der Vorbehalt „Voraussichtliche Versanddauer: 1–3 Werktage" ist erst jüngst durch das OLG Bremen[2758] aus diesem Grund für unwirksam erklärt worden. 1396

Die Klauseln „Angaben über die Lieferfrist sind unverbindlich, soweit nicht ausnahmsweise der Liefertermin verbindlich zugesagt wurde" und „Angegebene Lieferfristen stellen nur einen Richtwert dar und gelten daher nur annähernd vereinbart (Zirka-Fristen)" sind gleichermaßen unwirksam, weshalb das OLG Hamm den Klauselverwender im Ergebnis wegen Verstoßes gegen § 4 Nr. 11 UWG zur Unterlassung verurteilt hat.[2759]

IV. Widerrufsrecht und Rückgabevorbehalt gemäß §§ 355, 356 BGB

Eine Ausnahme macht § 308 Nr. 1 Hs. 2 für den klauselmäßigen Vorbehalt, die Leistung erst nach Ablauf von gesetzliche **Widerrufs- und Rückgabefristen** zu erbringen. Derartige Klauseln sind nach der eindeutigen Wertung des Gesetzgebers – auch nach § 307 BGB – nicht zu beanstanden.[2760] 1397

V. Rechtsfolge der Unwirksamkeit

Als Folge der Unwirksamkeit einer Klausel über Leistungsfristen kommt die gesetzliche Regelung des § 271 BGB zur Anwendung (vgl. § 306 Abs. 2 BGB). Danach ist die Leistung, wenn sich nicht aus den Umständen des Vertrags etwas anderes ergibt, im Zweifel sofort fällig. Die Unwirksamkeit einer Klausel oder eines Klauselteils berechtigt die Gerichte hingegen nicht, die Fristdauer auf ein angemessenes Maß zu kürzen.[2761] 1398

VI. RL 93/13/EWG und RL 2000/35/EG

Der in dem Anhang zu Art. 3 Abs. 3 der Richtlinie 93/13/EWG aufgeführte Katalog unwirksamer bzw. missbräuchlicher Klauseln zu Leistungsbestimmungsrechten hat im Rechtsraum der Bundesrepublik Deutschland keine unmittelbare Wirkung, da die Richtlinie vom deutschen Gesetzgeber in den § 307 ff. BGB umgesetzt worden ist. Sie enthält (ebenso wie die Richtlinie 200/35/EG) jedoch Beispiele und Anhaltspunkte dafür, welche Klauseln als unwirksam 1399

2750 OLG Köln NJW-RR 2001, 198; BGH NJW 1983, 1320; WLP/*Dammann*, § 308 Nr. 1 Rn 44.
2751 BGH NJW 1983, 1320.
2752 Palandt/*Grüneberg*, § 308 Rn 8; BGH NJW 1985, 856.
2753 OLG Köln NJW-RR 2001, 198; BGH NJW 1985, 856; BGH NJW 1989, 1603; WLP/*Dammann*, § 308 Nr. 1 Rn 50; Palandt/*Grüneberg*, § 308 Rn 8.
2754 WLP/*Dammann*, § 308 Nr. 1 Rn 52; Palandt/*Grüneberg*, § 308 Rn 8.
2755 BGH NJW 1985, 855; WLP/*Dammann*, § 308 Nr. 1 Rn 52; BGH NJW 1989, 1602.
2756 OLG Köln BB 1982, 638.
2757 OLG Stuttgart NJW 1981, 1105.
2758 OLG Bremen v. 5.10.2012 – 2 U 49/12, BeckRS 2012, 23327.
2759 OLG Hamm v. 18.9.2012 – I-4 U 105/12, BeckRS 2012, 25508.
2760 Palandt/*Grüneberg*, § 308 Rn 9; UBH/*Schmidt*, § 308 Nr. 1 Rn 28.
2761 WLP/*Dammann*, § 308 Nr. 1 Rn 52; BGH NJW 1984, 48.

angesehen werden können. Insbesondere bei Auslegungsfragen, z.B. bei der Einordnung einer Frist als unangemessen lang, können daher die vorgenannten Richtlinien als Kriterium herangezogen werden.[2762] Dies wird von den Gerichten auch regelmäßig umgesetzt.

VII. B2B-Verkehr

1400 Auf den Geschäftsverkehr zwischen Unternehmen (B2B-Verkehr) sind die vorgenannten Maßstäbe nicht uneingeschränkt zu übertragen. Die von den §§ 308 und 309 BGB vorgegebenen Maßstäbe im B2C-Verkehr entwickeln nach der „Gleichschritt-Rechtsprechung" des BGH[2763] jedoch auch Indizwirkung für den B2B-Verkehr.

Abweichungen von den gesetzlichen Vorgaben sind damit ebenfalls – unter der Einschränkung der Berücksichtigung der Besonderheiten des Unternehmerverkehrs (§ 310 Abs. 1 S. 2 BGB) – nur zulässig, wenn sie den Vertragspartner nicht unangemessen benachteiligen und ein sachlicher Grund vorliegt. Aufgrund der häufig komplexen Lieferbeziehungen kann es im unternehmerischen Verkehr hingegen angemessen sein, dem Verwender von AGB Sicherheiten zuzugestehen und die Vereinbarung längerer Fristen zuzulassen.

Insbesondere ist es im B2B-Verkehr zulässig, auf **handelsübliche Lieferfristenklauseln** abzustellen, wenn es einen solchen Brauch in dem Geschäftsbereich der Beteiligten gibt.[2764] Auch im unternehmerischen Verkehr darf der Vertragspartner jedoch nicht unangemessen benachteiligt werden, sodass nur Fristen wirksam sind, die aufgrund der Besonderheiten des Geschäfts erforderlich und angemessen sind.[2765] Dem reibungslosen und verlässlichen Ablauf der Geschäftsbeziehung ist im Zweifel – auch im B2B-Verkehr – Vorrang zu gewähren.[2766]

D. Änderungsvorbehalte (§ 308 Nr. 4 BGB)

1401 Einen weiteren Unterfall des Leistungsbestimmungsrechts bilden die sog. Änderungsvorbehalte, bei denen dem Klauselverwender das Recht eingeräumt wird, den vertraglich vereinbarten Leistungsgegenstand nachträglich **einseitig abzuändern** Da mit einem solchen **Änderungsvorbehalt** unter Umständen nicht nur einzelne Leistungsmodalitäten (wie z.B. Lieferfristen etc.) geändert werden können, sondern im Einzelfall ein gänzlich anderer Gegenstand geliefert werden kann oder erhebliche Abweichungen von der vertraglich vereinbarten Liefermenge oder Qualität zulässig sind, sind Änderungsvorbehalte (ähnlich wie Rücktrittsvorbehalte nach § 308 Nr. 3 BGB) besonders kritisch zu beurteilen.[2767]

I. Anwendbarkeit

1402 Die Vorschrift des § 308 Nr. 4 BGB gilt, mit Ausnahme der in § 310 Abs. 2 und 4 BGB genannten Verträge, für alle Schuldverhältnisse inklusive Arbeitsverträgen (vgl. § 310 Abs. 4 BGB) und insbesondere auch – im Gegensatz zu § 308 Nr. 3 BGB – für Dauerschuldverhältnisse.[2768]

II. Leistung des Verwenders und Zumutbarkeit der Änderung

1403 Grundsätzlich greift die Vorschrift des § 308 Nr. 4 BGB nur ein, wenn die Leistung des Verwenders geändert werden soll, nicht bei Änderungen der Leistung des Vertragspartners.[2769] Der Begriff der Leistung erfasst dabei sämtliche Pflichten aus dem Vertrag, also **Haupt- und Nebenleistungspflichten.**[2770] Ebenfalls unter das Tatbestandsmerkmal der Leistung fallen vertraglich vereinbarte Schutzpflichten oder besondere Leistungsmodalitäten, wie z.B. Lieferorte und Anlieferungszeiten.[2771] Auch der Vorbehalt der „Änderung der Haus- und Garagenordnung" in einem Mietvertrag, fällt unter § 308 Nr. 4 BGB und ist – mangels Bestimmtheit sowie Angaben von konkreten Voraussetzungen – unwirksam.[2772]

1404 Die Änderung der vertraglich vereinbarten Leistung ist grundsätzlich nur zulässig bzw. ein klauselmäßiger Änderungsvorbehalt ist nur wirksam, wenn dieser für den Vertragspartner **zumutbar** ist.[2773] Es hat daher eine Abwägung zu erfolgen, die sich anhand der berechtigten Interessen des Verwenders und des Vertragspartners bemisst.[2774] Ein berechtigter Grund des Verwenders an der Vereinbarung eines Änderungsvorbehalts muss sich daher zwingend in einer hinreichend konkretisierten Formulierung in der Klausel wiederfinden.[2775]

2762 UBH/*Schmidt*, § 308 Nr. 1 Rn 5.
2763 BGH v. 19.9.2007 – VIII ZR 141/06, BGH NJW 2007, 3774.
2764 UBH/*Schmidt*, § 308 Nr. 1 Rn 30.
2765 WLP/*Dammann*, § 308 Nr. 1 Rn 62 ff.; Palandt/*Grüneberg*, § 308 Rn 10.
2766 BGH NJW 2008, 1148.
2767 WLP/*Dammann*, § 308 Nr. 4 Rn 1; Palandt/*Grüneberg*, § 308 Rn 24.
2768 WLP/*Dammann*, § 308 Nr. 4 Rn 4; Palandt/*Grüneberg*, § 308 Rn 24.
2769 WLP/*Dammann*, § 308 Nr. 4 Rn 7.
2770 UBH/*Schmidt*, § 308 Nr. 4 Rn 4.
2771 WLP/*Dammann*, § 308 Nr. 4 Rn 8 f.; OLG Frankfurt NJW-RR 2001, 914.
2772 AG Emmendingen v. 24.6.2013 – 3 C 38/13, BeckRS 2013, 11223.
2773 BGH NJW-RR 2007, 1684.
2774 BGH NJW 2005, 3420; Palandt/*Grüneberg*, § 308 Rn 25.
2775 Palandt/*Grüneberg*, § 308 Rn 25; BGH NJW 2005, 3420; BGH NJW-RR 2008, 134; WLP/*Dammann*, § 308 Nr. 4 Rn 22; UBH/*Schmidt*, § 308 Nr. 4 Rn 9.

Auch der **Umfang und die Voraussetzungen für die Änderung** müssen für den Vertragspartner aus der Klausel erkennbar werden. Eine Klausel, die ohne Angabe eines Grundes und ohne Bezugnahme auf die konkreten Voraussetzungen der Erhöhung bestimmter Preise alleine darauf abstellt, dass der Verwender seine Preise jederzeit erhöhen darf, wenn „dies für den Kunden zumutbar ist",[2776] verstößt daher gegen § 308 Nr. 4 BGB. Wie im Geschäftsverkehr zwischen Unternehmern kann jedoch auch gegenüber Verbrauchern „das Abstellen auf handelsübliche Abweichungen" wirksam sein.[2777]

Klauseln, die es dem Verwender erlauben, „die Listenpreise für Vertragswaren jederzeit neu festzusetzen"[2778] oder „eine preislich und qualitativ gleichwertige Ware zu liefern"[2779] sind unwirksam, da kein sachlich gerechtfertigter Grund für das einseitige Leistungsbestimmungsrecht erkennbar ist. Auch scheitert eine solche Klauselgestaltung am AGB-rechtlichen Transparenzgebot. Der Verfall von Bonuspunkten eines Rabattprogramms „binnen 6 Monaten nach Zugang der Kündigung" ist als einseitige Vertragsgestaltung ebenfalls unwirksam.[2780]

1405

„Die Einwilligung zu einer automatischen Installation von Updates verstößt gegen § 308 Nr. 4 BGB, da dieser Änderungsvorbehalt ohne Rücksicht darauf vereinbart wurde, ob er für einen Verbraucher zumutbar ist. Gleiches gilt für den Vorbehalt, die Leistungen ganz oder teilweise einzustellen".[2781]

Eine Preisanpassungsklausel bzw. ein Änderungsvorbehalt in Reiseverträgen, nach dem sich der Reiseveranstalter vorbehält, „die ausgeschriebenen und mit der Buchung bestätigten Preise im Falle der Erhöhung der Beförderungskosten oder der Abgaben für bestimmte Leistungen, wie Hafen- oder Flughafengebühren oder einer Änderung der für die betreffende Reise geltende Wechselkurse in dem Umfang zu ändern, wie sich deren Erhöhung pro Person bzw. pro Sitzplatz auf den Reiseplatz auswirkt",[2782] verstößt ebenfalls gegen § 308 Nr. 4 und das Transparenzgebot des § 307 Abs. 1 S. 2 BGB, weil in einer Preiserhöhungsklausel in Reiseverträgen zumindest klargestellt sein muss, welcher Preis Grundlage für die Forderung nach einem erhöhten Reisepreis ist. Zudem ist in der Regel erforderlich, dass ein Preis auch nach unten angepasst wird, wenn die angegebenen Kosten entsprechend sinken.

1406

Aktuell hat der BGH in einem Urteil eine ganze Reihe von Preisanpassungsklauseln für wirksam erachtet.[2783] Vorsicht ist jedoch insoweit geboten, als sich die diesbezügliche Argumentation zumindest teilweise an vertragsspezifischen Kriterien orientiert (im BGH-Fall ging es um ein mietähnliches Dauerschuldverhältnis). Die dort aufgestellten Kriterien können also nicht ohne Weiteres auf andere Vertragsarten übertragen werden.

Gleiches gilt für eine Klausel mit einem Änderungsvorbehalt „für den Fall, dass wider Erwarten trotz rechtzeitiger Disposition aus vom Händler nicht zu vertretenden Gründen die bestellte Ware nicht verfügbar ist".[2784]

Grundsätzlich fallen auch **geringfügige Änderungen** unter § 308 Nr. 4, da es für dessen Anwendbarkeit – ohne Berücksichtigung der Intensität – lediglich auf die Frage ankommt, ob eine Änderung der vertraglich vereinbarten Leistung vorgenommen werden kann oder nicht. Die Frage der „Geringfügigkeit" wird allerdings bei der Beurteilung der Zumutbarkeit berücksichtigt und kann dazu führen, dass der Vertragspartner geringfügige Änderungen hinnehmen muss. Die Pflicht zur Hinnahme geringfügiger Änderungen kann sich nur direkt aus § 307 Abs. 3 S. 1 BGB ergeben, wenn der Vertragspartner bereits nach § 242 BGB zur Hinnahme der Änderung verpflichtet wäre.[2785]

1407

III. Beweislast

Aufgrund des Wortlauts von § 308 Nr. 4 BGB („wenn nicht") trägt die Beweislast für die Zumutbarkeit des Änderungsvorbehalts der Klauselverwender.[2786]

1408

IV. RL 93/13/EWG

Zu den Auswirkungen der Richtlinie 93/13/EWG auf klauselmäßige Änderungsvorbehalte und insbesondere deren Auslegung vgl. oben (siehe Rn 1399).

1409

V. Rechtsfolgen

Als Folge der Unwirksamkeit einer Änderungsvorbehaltsklausel nach § 308 Nr. 4 schuldet der Verwender die vertraglich vereinbarte Leistung, ohne dass Änderungen dieses Leistungsgegenstands vorgenommen werden dürfen.[2787]

1410

Die wirksame Änderungsvorbehaltsklausel gewährt dem Verwender ein Leistungsbestimmungsrecht, das er jedoch zusätzlich gemäß **§ 315** im Einzelfall nur nach „billigem Ermessen" ausüben darf.[2788] Dies bedeutet, dass trotz der

---

2776 BGH v. 11.10.2007 – III ZR 63/07, NJW 2008, 365; BGHZ 82, 24; BGH v. 8.2.2007 – 1 U 184/06, NJOZ 2007, 1767.
2777 BGH NJW 1987, 886.
2778 OLG Bremen v. 5.10.2006 – 2 U 47/066.
2779 BGH NJW 2005, 3567; so auch OLG Köln v. 13.1.2006 – 6 U 148/05, OLGR Hamm 2006, 341.
2780 BGH v. 28.1.2010 – Xa ZR 37/09 = NJW 2010, 2046.
2781 LG Frankfurt v. 6.6.2013 – 2/24 O 246/12, LSK 2013, 340553.
2782 BGH v. 19.11.2002 – X ZR 243/01 = NJW 2003, 507.
2783 BGH v. 27.6.2012 – XII ZR 93/10, BeckRS 2012, 16299.
2784 OLG Frankfurt v. 10.11.2005 – 1 O 127/05, MMR 2006, 325.
2785 WLP/*Dammann*, § 308 Nr. 4 Rn 12.
2786 Palandt/*Grüneberg*, § 308 Rn 25; BGH NJW 2008, 360.
2787 UBH/*Schmidt*, § 308 Nr. 4 Rn 11.
2788 WLP/*Dammann*, § 308 Nr. 4 Rn 52–59.

grundsätzlichen Zumutbarkeit und mithin Zulässigkeit der Klausel im Einzelfall die tatsächliche Ausübung der wirksamen Änderungsvorbehaltsklausel noch am Maßstab des „billigen Ermessens" scheitern kann.[2789]

VI. B2B-Verkehr

1411 Auch im unternehmerischen Verkehr kommt der Grundgedanke von § 308 Nr. 4 BGB- freilich im Rahmen der allgemeinen Inhaltskontrolle nach § 307 Abs. 2 – und die dazu für den B2C-Verkehr ergangene Rechtsprechung zumindest entsprechend zur Anwendung.[2790] Es besteht jedoch die Möglichkeit, Änderungsvorbehalte z.B. im Hinblick auf Ausführung, Qualität, Menge oder Gewicht zu vereinbaren, wenn diese handelsüblich sind;[2791] dann unter Umständen auch ohne die Angabe eines besonderen Grundes.[2792] Auch bei Dauerschuldverhältnissen kann eine Anpassung an sich ändernde Bedingungen mittels AGB wirksam sein.[2793] Unwirksam sind hingegen auch im B2B-Verkehr Regelungen, die dem Verwender das Recht einräumen, die Handelsspanne, Rabatte oder Boni zu ändern[2794] oder seinen Gewinn nachträglich zu steigern,[2795] also wie im B2C-Verkehr Regelungen, die den Vertragspartner unangemessen benachteiligen.[2796]

E. Kurzfristige Preiserhöhungen (§ 309 Nr. 1 BGB)

1412 Die Vorschrift des § 309 Nr. 1 verbietet die klauselmäßige Vereinbarung von sog. kurzfristigen Preiserhöhungen in Verträgen mit einer Laufzeit von maximal vier Monaten ausnahmslos, ohne dass es auf einen sachlichen Grund für die Erhöhung ankommt.[2797]

I. Anwendbarkeit

1413 Das Verbot von § 309 Nr. 1 BGB wird auf alle Verträge mit Ausnahme von Dauerschuldverhältnissen[2798] angewandt. Mit Leistungen sind nicht nur Dienstleistungen, sondern auch sonstige Vertragsleistungen wie Werkleistungen oder Geschäftsbesorgungen gemeint. Unter den Begriff der **„Waren und Leistungen"** fällt somit eine Vielzahl von Vertragsleistungen.[2799]

Die Anwendbarkeit von § 309 Nr. 1 BGB ist darüber hinaus auf Verträge beschränkt, die eine festgelegte oder zumindest fest bestimmbare Preisgestaltung beinhalten und eine Laufzeit von vier Monaten nicht überschreiten. Die Vorschrift bezieht zudem nur **reine Preiserhöhungsklauseln,** in denen tatsächlich das vereinbarte Entgelt erhöht wird, in das Verbot ein, sodass sämtliche sonstige Preisanpassungsklauseln (z.B. bei faktischen Erhöhungen durch Verringerung der Leistung) nicht nach § 309 Nr. 1 BGB, sondern nach § 308 Nr. 4 BGB (vgl. Rn 1401 ff.) oder § 307 BGB zu beurteilen sind.[2800]

Im Einzelfall können – entgegen § 310 Abs. 2 BGB – auch Preisanpassungsklauseln in einem Vertrag zwischen Lieferanten und Abnehmern von Fernwärme anhand der §§ 307 ff. überprüft werden.[2801]

II. Frist von vier Monaten

1414 Das Klauselverbot erfasst nach seinem eindeutigen Wortlaut nur solche Verträge, bei denen die geschuldete **Hauptleistung binnen vier Monaten** zu erbringen ist.[2802] Diese Frist muss sich aus den maßgeblichen Vertragsinhalten nach dem Kalender ermitteln lassen. Sie beginnt mit dem beiderseitigen Vertragsschluss und endet in dem Zeitpunkt, in dem die Leistung nach dem Inhalt des Vertrags spätestens zu erbringen ist. Eine tatsächliche spätere Lieferung macht die Klausel nicht nachträglich wirksam bzw. führt nicht zu einer Unanwendbarkeit von § 309 Nr. 1 BGB. Entscheidend ist allein die vertragliche Ausgestaltung.[2803]

1415 Die Wirksamkeit von Fristen, die von vornherein länger als vier Monate ausgestaltet sind, wird anhand von § 308 Nr. 4 BGB beurteilt[2804] (vgl. Rn 1401 ff.). Für Dauerschuldverhältnisse, die ausdrücklich aus dem Anwendungsbereich von § 309 Nr. 1 BGB ausgenommen sind, wird die Wirksamkeit von Preiserhöhungsklauseln im Rahmen der allgemeinen Inhaltskontrolle nach § 307 Abs. 2 BGB überprüft.[2805]

2789 Beck'scher Online Kommentar/*Becker*, Stand 2014, § 308 Nr. 4 Rn 36.
2790 Palandt/*Grüneberg*, § 308 Rn 26; BGH NJW-RR 2009, 458.
2791 BGHZ 93, 47; Palandt/*Grüneberg*, § 308 Rn 26; UBH/*Schmidt*, § 308 Nr. 4 Rn 12.
2792 BGHZ 92, 203; BGHZ 93, 256.
2793 BGHZ 93, 47.
2794 BGHZ 124, 362.
2795 BGH NJW-RR 2005, 1717.
2796 BGH v. 19.9.2007 – VIII ZR 141/06, BGH NJW 2007, 3774.

2797 Palandt/*Grüneberg*, § 309 Rn 5; BGH NJW 1980, 2133.
2798 BGH NJW-RR 1986, 212; OLG Köln ZIP 1999, 21.
2799 Beck'scher Online-Kommentar/*Becker*, Stand 2014, § 309 Nr. 1 Rn 6.
2800 UBH/*Schmidt*, § 309 Nr. 1 Rn 18.
2801 BGH v. 6.4.2011 – VIII ZR 273/09.
2802 Palandt/*Grüneberg*, § 309 Rn 4.
2803 Palandt-Grüneberg, § 309 Rn 4; WLP/*Dammann*, § 309 Nr. 1 Rn 65.
2804 WLP/*Dammann*, § 309 Nr. 1 Rn 63.
2805 BGHZ 94, 335 = NJW1985, 2270.

III. RL 93/13/EWG

Da auch § 309 Nr. 1 BGB – was Art. 8 der Richtlinie zulässt – strenger ist als Nr. 1l des Anhangs zu Art. 3 Abs. 3 der Richtlinie, der lediglich Preiserhöhungsklauseln untersagt, die dem Verbraucher kein Lösungsrecht für den Fall einräumen, dass „der Endpreis im Verhältnis zu dem Preis, der bei Vertragsschluss vereinbart wurde, zu hoch ist", besteht kein Bedürfnis nach einer richtlinienkonformen Auslegung von § 309 Nr. 1 BGB. § 309 Nr. 1 BGB verbietet – mit Ausnahme von Dauerschuldverhältnissen – in den ersten vier Monaten nach Vertragsschluss **Preiserhöhungen jeglicher Art**. Bei Preiserhöhungen nach Ablauf von vier Monaten und bei Klauseln, die aus dem Anwendungsbereich von § 309 Nr. 1 BGB ausgenommen sind, werden die Vorgaben der Richtlinie durch die Rechtsprechung im Rahmen der Inhaltskontrolle des § 307 Abs. 2 umgesetzt.[2806]

1416

IV. Rechtsfolgen

Die Unwirksamkeit einer Klausel nach § 309 Nr. 1 BGB führt dazu, dass die Preiserhöhungsklausel nicht einschlägig und allein der ursprünglich vereinbarte Preis für den Vertrag maßgeblich ist.[2807]

1417

Aufgrund des in § 306 Abs. 2 BGB normierten Verbots der geltungserhaltenden Reduktion kann eine unwirksame Klausel nicht in der Form teilweise aufrechterhalten werden, dass diese auf ein zulässiges Maß begrenzt wird.[2808] Ein Verstoß gegen § 309 Nr. 1 BGB führt vielmehr dazu, dass die gesetzlichen Vorschriften zur Anwendung kommen. Hier besteht unter Umständen die Möglichkeit, unter Anwendung der §§ 612 Abs. 2 bzw. § 632 Abs. 2 BGB eine **taxmäßige Vergütung** als für das Vertragsverhältnis maßgeblich anzusehen, wenn sich aus dem Vertrag Anhaltspunkte dafür ergeben, dass beide Parteien davon ausgegangen sind, dass ein vereinbarter Preis nur vorläufig sein sollte oder in dem Vertrag kein fester Preis vereinbart worden ist.[2809]

1418

V. B2B-Verkehr

Im Geschäftsverkehr zwischen Unternehmen gilt das strikte Verbot des § 309 Nr. 1 BGB nur eingeschränkt.[2810] Insbesondere die Vereinbarung handelsüblicher sog. **„Umsatzsteuergleitklauseln"**[2811] ist im unternehmerischen Verkehr zulässig, da der Vertragspartner hierdurch wegen der üblicherweise bestehenden Möglichkeit zum Vorsteuerabzug nach § 15 UStG nicht belastet wird.[2812] Die sonstigen Schranken des § 307 BGB gelten hingegen auch im unternehmerischen Verkehr unter Berücksichtigung der besonderen Gepflogenheiten. Zu berücksichtigen ist z.B., dass Unternehmen die Möglichkeit haben, Preissteigerungen an ihre Kunden weiterzugeben, und daher nicht so stark belastet sind wie der einzelne Verbraucher.[2813]

1419

Zusammenfassend dürfen Preisänderungsklauseln daher auch im B2B-Verkehr aufgrund des Maßstabs von § 307 BGB dem Klauselverwender nicht ermöglichen, seinen Gewinn nachträglich **auf Kosten des Vertragspartners** zu erhöhen und diesen unangemessen zu benachteiligen, was allerdings in der Regel nicht der Fall ist, wenn dieser in der Lage ist, die erhöhten Preise weiter zu geben[2814] oder wenn die Preiserhöhung auf am Markt durchgesetzte Preise beschränkt wird.[2815]

F. Leistungsvorbehalte

Leistungsvorbehalte können grundsätzlich zwei unterschiedliche Regelungsinhalte haben. Zum einen existieren Leistungsvorbehalte, die lediglich die Fälligkeit der vertraglich geschuldeten Leistung nach hinten verschieben. Die Wirksamkeit solcher Klauseln wird nach § 308 Nr. 1 BGB beurteilt. Zum anderen existieren „echte" Leistungsvorbehalte, die es dem Verwender erlauben sollen, sich vollständig von seiner Leistungspflicht zu befreien und daher nach Maßgabe von § 308 Nr. 3 BGB zu beurteilen sind.[2816]

1420

I. Anwendbarkeit

Zur Anwendbarkeit im Falle der Beurteilung einer Klausel nach § 308 Nr. 1 BGB vgl. oben (siehe Rn 1388).

1421

Zur Anwendbarkeit im Falle der Beurteilung einer Klausel nach § 308 Nr. 3 BGB vgl. unten (siehe Rn 1642 f.).

1422

2806 BGHZ 82, 21 = NJW 1982, 331; BGHZ 94, 335 = NJW 1985, 2270.
2807 MüKo/*Wurmnest*, § 309 Nr. 1 Rn 31.
2808 BGH ZIP 1984, 328; *Kötz*, BB 1982, 645; *Bechtold*, BB 1983, 1638.
2809 BGHZ 90, 69 = NJW 1984, 1177.
2810 WLP/*Dammann*, § 309 Nr. 1 Rn 161; UBH/*Fuchs*, § 309 Nr. 1 Rn 45 f.; MüKo/*Wurmnest*, § 309 Nr. 1 Rn 32; Palandt/*Grüneberg*, § 309 Rn 7.
2811 Palandt/*Grüneberg*, § 309 Rn 7.
2812 WLP/*Dammann*, § 309 Nr. 1 Rn 171.
2813 BGHZ 92, 200 = NJW 1985, 426, 427; BGHZ 93, 252, 261 = NJW 1985, 853.
2814 WLP/*Dammann*, § 309 Nr. 1 Rn 163 ff.; UBH/*Fuchs*, § 309 Nr. 1 Rn 47.
2815 Palandt/*Grüneberg*, § 309 Rn 9.
2816 Abgrenzung im Einzelnen streitig: vgl. BGH NJW 1959, 481; WLP/*Dammann*, § 308 Nr. 1 Rn 35; BGH NJW 2007, 1198; UBH/*Schmidt*, § 308 Nr. 1 Rn 10 m.w.N.; a.A.: Staudinger/*Coester-Waltjen*, § 308 Nr. 1 Rn 3.

II. Wirksame Vereinbarung von Leistungsvorbehalten

1423 Die sog. „echten" Leistungsvorbehalte sind in der Regel im unternehmerischen Geschäftsverkehr zu finden und regeln durch die Aufnahme von üblichen Formulierungen wie „freibleibend", „Zwischenverkauf vorbehalten" oder „Selbstbelieferung"[2817] die dem Verwender zustehende Möglichkeit, durch das vorbehaltene Geschäft von der Pflicht zur Leistung im Verhältnis zu seinem Vertragspartner frei zu werden. Die Vereinbarung eines solchen „echten" Leistungsvorbehalts kommt einem Rücktrittsvorbehalt sehr nahe und ist daher nach herrschender Ansicht[2818] nur unter den gleichen (strengen) Voraussetzungen zulässig. Die Klausel muss folglich einen hinreichenden **sachlichen Grund** für den Vorbehalt enthalten, der den beiderseitigen Interessen der Vertragsparteien angemessen Rechnung trägt und insbesondere für den Vertragspartner erkennen lässt, unter welchen konkreten Voraussetzungen der vereinbarte Vorbehalt zum Tragen kommt (vgl. Rn 1647–1650).

1424 **Sonstige Leistungsvorbehalte**, die es dem Verwender lediglich ermöglichen sollen, die Erbringung seiner Leistung, also deren Fälligkeit, hinauszuzögern, so z.b. durch die Formulierung „Lieferzeit vorbehalten" oder „Lieferzeit kann angemessen verlängert werden", sind an § 308 Nr. 1 BGB zu messen.[2819] Die mittels der Klausel eingeräumte Frist muss daher auch hier angemessen sein, was im Zweifel einer Abwägung der beiderseitigen Interessen bedarf. Zudem muss sich aus den Vorgaben der Klausel berechnen lassen (Bestimmtheit), wie lange die gewährte Frist im Einzelnen ist (vgl. oben Rn 1388–1393).

1425 Die Klausel „Bestellungen nehmen wir teilweise durch schriftliche Auftragsbestätigung (E-Mail, Fax, Brief) oder durch Warenübersendung an"[2820] verstößt gegen §§ 307, 308 Nr. 1 BGB und ist unzulässig, da die Klausel keine für den Vertragspartner bestimmbare Frist für die Annahme bzw. Ablehnung des Vertragsangebots und die anschließende Leistung enthält und der Verwender damit die Möglichkeit hat, das Angebot auch noch zu einem Zeitpunkt anzunehmen, zu dem der Kunde mit einer Annahme nicht mehr rechnen muss (vgl. §§ 147 ff. BGB). Ebenfalls unwirksam, da zu unbestimmt, ist eine Klausel, die festschreibt, dass die „Lieferzeit in der Regel ein bis zwei Tage bei DHL-Versand betrage",[2821] auch kann die grundsätzliche „Unverbindlichkeit von Lieferfristen" nicht wirksam vereinbart werden.[2822]

1426 Wirksam kann hingegen die Klausel „die Lieferung erfolgt in der Regel sofort nach Zahlungseingang"[2823] sein, da die Formulierung „in der Regel" lediglich bedeutet, dass nicht immer vollständig gewährleistet werden kann, dass die Versendung sofort erfolgt. Hiermit rechnet der verständige Verbraucher ohnehin, dem bewusst ist, dass es im Geschäftsverkehr fast unvermeidlich zu vereinzelten Verzögerungen kommen kann. Der Verwender dieser AGB-Klausel muss daher regelmäßig sofort liefern und kann nur dann, wenn vereinzelt unvorhergesehene Schwierigkeiten auftreten, eine etwaige Verzögerung unter Berufung auf die Klausel rechtfertigen.

G. Sonstiges

1427 Bei der AGB-rechtlichen Beurteilung von **Leistungsbestimmungsrechten und Leistungsvorbehalten** sind neben den Vorgaben der §§ 308, 309 BGB auch die grundsätzlichen Vorgaben, wie z.B. das Verbot **überraschender Klauseln** (§ 305b BGB) und die sich aus dem **Transparenzgebot** des § 307 Abs. 1 S. 2 BGB ergebenden Schranken zu beachten. Dies gilt sowohl für den Geschäftsverkehr mit Verbrauchern (B2C) als auch im unternehmerischen Verkehr (B2B), § 310 Abs. 1 BGB. Im Hinblick auf die größere Geschäftserfahrung und Geschäftsgewandtheit sowie die Möglichkeit zur Kostenweitergabe sind im B2B-Verkehr jedoch geringere Anforderungen zu stellen.

1428 So können im unternehmerischen Verkehr z.B. Preisklauseln gerechtfertigt sein, wenn die Interessen des Verwenders und seines Vertragspartners aufgrund der besonderen Wettbewerbssituation gleichgerichtet sind.[2824] Dies kann z.B. im Verhältnis von Hersteller und Zwischenhändler hinsichtlich der Durchsetzung nachfrageoptimierter Marktpreise der Fall sein, wenn der beiderseitige wirtschaftliche Erfolg davon abhängt.[2825] Eine Preiserhöhungsklausel ist demnach z.B. erst unzulässig, wenn dadurch die Möglichkeit des Weiterverkaufs erheblich eingeschränkt wird, was z.B. dann nicht der Fall ist, wenn „dem Vertrag nach der Abnahmemenge gestaffelte Preise zugrunde liegen und der Vertragspartner die Mehrbelastung durch Reduzierung der Abnahmemenge auffangen kann".[2826]

2817 BGH NJW 1983, 1321.
2818 Palandt/*Grüneberg*, § 308 Rn 16; BGH NJW 2005, 3420; BGH NJW-RR 2008, 134; WLP/*Dammann*, § 308 Nr. 4 Rn 22; UBH/*Schmidt*, § 308 Nr. 4 Rn 9.
2819 UBH/*Schmidt*, § 308 Nr. 1 Rn 20 und § 308 Nr. 3 Rn 7; WLP/*Dammann*, § 308 Nr. 1 Rn 35.
2820 LG Leipzig v. 4.2.2010 – 8 O 1799/09.
2821 OLG Bremen v. 8.9.2009 – 2 W 55/09, MMR 2010, 26.
2822 OLG Frankfurt v. 10.11.2005 – I O 127/05, MMR 2006, 325.
2823 LG Hamburg v. 12.11.2008 – 312 O 733/08, MMR 2009, 871; vgl. aber die gegenteilige Ansicht des KG v. 3.4.2007 – 5 W 73/2007, das die Formulierung „in der Regel" generell für zu unbestimmt hält.
2824 WLP/*Dammann*, § 309 Nr. 1 Rn 63; UBH/*Schäfer*, § 309 Nr. 1 Rn 20.
2825 Beck'scher Online Kommentar/*Becker*, Stand 2014, § 309 Nr. 1, Rn 37; vgl. dazu auch BGHZ 93, 252, 259 = NJW 1985, 853; ersteres für Vertragshändlervertrag der Kfz-Branche, BGH NJW-RR 2005, 1496.
2826 BGHZ 92, 200 = NJW 1985, 426; Palandt/*Grüneberg*, § 309 Rn 9.

Auch sonstige Leistungsbestimmungsrechte, wie z.B. die klauselmäßige Ausweitung von Leistungsfristen, dürfen den Vertragspartner nicht überraschen („keine Handelsüblichkeit") und müssen aufgrund des Bestimmtheits- und Transparenzgebots bereits von sich aus dem Vertragspartner ermöglichen, die Gründe für die längere Lieferfrist festzustellen und deren Länge hinreichend sicher zu bemessen. **1429**

Leistungsverweigerungsrechte

A. Leistungsverweigerungsrechte (§ 309 Nr. 2 BGB) 1430
I. Anwendbarkeit 1432
II. § 309 Nr. 2a BGB: Ausschluss oder Einschränkung von Leistungsverweigerungsrechten nach § 320 BGB 1433
III. § 309 Nr. 2b BGB: Ausschluss oder Einschränkung von Zurückbehaltungsrechten nach § 273 BGB ... 1438
IV. RL 93/13/EWG 1442
V. Rechtsfolgen 1443
VI. B2B-Verkehr 1445
B. Sonstiges 1448

A. Leistungsverweigerungsrechte (§ 309 Nr. 2 BGB)

In § 309 Nr. 2 BGB wird zum Zwecke der Sicherung von vertraglich vereinbarter **Leistung und Gegenleistung** (**Äquivalenz**) geregelt, dass eine AGB-Klausel, welche ein bestehendes Leistungsverweigerungsrecht des Vertragspartners (Nr. 2a) oder ein bestehendes Zurückbehaltungsrecht (Nr. 2b) einschränkt, grundsätzlich unwirksam ist. **1430**

Durch Aufnahme dieses Klauselverbots soll gewährleistet werden, dass die gesetzlich in § 320 BGB normierten Leistungsverweigerungsrechte bzw. die in § 273 BGB geregelten Zurückbehaltungsrechte des Vertragspartners gewahrt werden und die gemeinsamen Interessen der Vertragsparteien bei der Durchführung des Vertrags in einem angemessenen Ausgleich stehen.[2827] **1431**

I. Anwendbarkeit

§ 309 Nr. 2 BGB ist grundsätzlich auf alle vertraglichen Verhältnisse anwendbar und garantiert daher einen umfassenden Schutz vor unzulässigen Ausschlüssen bzw. Einschränkungen von Leistungsverweigerungs- und Zurückbehaltungsrechten. Arbeitsrechtliche Besonderheiten, die vorliegend gemäß § 310 Abs. 4 BGB bei der Anwendung von § 309 Nr. 2 BGB zu berücksichtigen wären, sind nur schwer vorstellbar.[2828] **1432**

II. § 309 Nr. 2a BGB: Ausschluss oder Einschränkung von Leistungsverweigerungsrechten nach § 320 BGB

In § 309 Nr. 2a BGB wird ausdrücklich bestimmt, dass ein Ausschluss oder die Einschränkung des gesetzlichen **Leistungsverweigerungsrechts** nach § 320 BGB mittels einer AGB-Klausel unzulässig ist. Nach herrschender Ansicht gilt dieses Verbot ebenso für die Beschränkung oder den Ausschluss des Leistungsverweigerungsrechts nach § 348 S. 2 BGB, welcher auf § 320 BGB verweist.[2829] **1433**

Ebenso wird nach überwiegender Ansicht auch eine analoge Anwendung von § 309 Nr. 2a BGB auf das werkvertragliche Leistungsverweigerungsrecht gemäß § 641 Abs. 3 BGB vorgenommen.[2830] **1434**

Durch die Regelung des § 309 Nr. 2a BGB soll gewährleistet werden, dass die im Gegenseitigkeitsverhältnis stehenden Hauptleistungspflichten der Vertragsparteien erhalten bleiben und nicht einseitig durch die Verwendung entsprechender Ausschluss- oder Einschränkungstatbestände in Allgemeinen Geschäftsbedingungen ausgehöhlt werden. Häufigster Anwendungsbereich sind hier die Gewährleistungsrechte im Kauf- und Werkvertrag, die grundsätzlich dazu führen, dass dem Vertragspartner bis zur Behebung der Mängel (z.B. im Wege der Nacherfüllung) ein Leistungsverweigerungsrecht zusteht. Diese Rechte dürfen mittels AGB-Klauseln nicht eingeschränkt werden, da ansonsten grundsätzlich die Gefahr besteht, dass insbesondere Verbraucher davon abgehalten werden, die ihnen gesetzlich zustehenden Gewährleistungsansprüche in vollem Umfang geltend zu machen. **1435**

Aus diesem Grund umfasst § 309 Nr. 2a BGB nicht nur den vollständigen Ausschluss von Leistungsverweigerungsrechten, sondern verbietet auch deren Einschränkung, z.B. durch Klauseln, die das Recht des Vertragspartners auf anerkannte Mängel oder die voraussichtlichen Kosten der Nachbesserung[2831] beschränken wollen. Auch solche Klauseln sind gemäß § 309 Nr. 2a BGB unwirksam.[2832] **1436**

2827 BGH NJW 1975, 165; UBH/*Schäfer*, § 309 Nr. 2 Rn 1.
2828 WLP/*Dammann*, § 309 Nr. 2 Rn 1 f.
2829 Staudinger/*Coester-Waltjen*, § 309 Nr. 2 Rn 2.
2830 Palandt/*Grüneberg*, § 309 Rn 14; WLP/*Dammann*, § 309 Nr. 2 Rn 3; UBH/*Schäfer*, § 309 Nr. 2 Rn 11.
2831 Palandt/*Grüneberg*, § 309 Rn 12.
2832 BGH NJW 1992, 2160.

Ebenso unwirksam sind Klauseln, die es dem Verwender generell erlauben, seine Leistungsfrist bei Nichtzahlung nach hinten zu verschieben. Da eine solche Klausel den Fall etwaig bestehender Leistungsverweigerungsrechte nicht berücksichtigt, kann diese dazu führen, dass Leistungsverweigerungsrechte (faktisch) ausgeschlossen sind.[2833]

1437 Abzugrenzen von der unzulässigen Beschränkung oder dem unzulässigen Ausschluss von Leistungsverweigerungsrechten sind Klauseln oder sonstige vertragliche Abreden, die eine **Vorleistungspflicht** eines Vertragspartners statuieren. Eine solche Vorleistungspflicht führt dazu, dass in Bezug auf diese Vorleistung das Äquivalenzprinzip gewahrt ist. Dies schließt jedoch nicht aus, dass auch solche Vorleistungsklauseln aufgrund der allgemeinen Grundsätze zur Wirksamkeit von AGB-Klauseln und im Rahmen der allgemeinen Inhaltskontrolle gemäß § 307 BGB unzulässig sein können.[2834]

III. § 309 Nr. 2b BGB: Ausschluss oder Einschränkung von Zurückbehaltungsrechten nach § 273 BGB

1438 § 309 Nr. 2 BGB erklärt solche Klauseln in einem Vertrag für unwirksam, die ein dem Vertragspartner zustehendes **Zurückbehaltungsrecht**, welches auf demselben Vertragsverhältnis beruht, ausschließen oder einschränken. Auch hier gilt, dass § 309 Nr. 2 BGB nur insoweit zur Anwendung kommt, als tatsächlich ein Zurückbehaltungsrecht besteht. § 309 Nr. 2 BGB gilt neben dem Zurückbehaltungsrecht aus § 273 BGB nach herrschender Meinung entsprechend auch für weitere gesetzliche Zurückbehaltungsrechte, wie z.B. § 321 Abs. 1 S. 1, § 770, § 438 Abs. 4 und 5, § 634a Abs. 4 und 5 BGB.[2835]

1439 Darüber hinaus besteht jedoch die Einschränkung, dass nur solche Zurückbehaltungsrechte von dem Klauselverbot des § 309 Nr. 2 BGB betroffen sind, die auch aus **demselben Vertragsverhältnis** stammen. Hierbei wird der Begriff des „selben Vertragsverhältnisses" jedoch relativ weit ausgelegt, sodass dem Vertragsverhältnis vorangegangene Schuldverhältnisse i.S.v. § 311 Abs. 2 BGB ebenso aus „demselben Vertragsverhältnis" stammen, wie dies z.B. auch bei bestehenden Teilleistungen aus einem Sukzessiv-Lieferertrag oder bei sonstigen Leistungsbeziehungen im Rahmen von Dauerschuldverhältnissen der Fall ist.[2836]

1440 Die bestehenden Zurückbehaltungsrechte gemäß §§ 1000, 1160 und § 1161 BGB können problemlos ausgeschlossen werden, da auf diese § 309 Nr. 2 BGB nicht angewandt wird. Es handelt sich nicht um vertragliche Zurückbehaltungsrechte.[2837]

1441 Unwirksam sind hingegen insbesondere Klauseln, die den Vertragspartner faktisch daran hindern, ein etwaig bestehendes Zurückbehaltungsrecht geltend zu machen, wie z.B. die Klausel: „Der Sonderpreis ist nur gültig bei vollständiger Zahlung am Tag der Lieferung und Rechnungsstellung, bei späterer oder unvollständiger Zahlung ist der Sonderpreis ungültig".[2838]

IV. RL 93/13/EWG

1442 Aus der vorgenannten Richtlinie ergeben sich in Bezug auf das in § 309 Nr. 2 BGB geregelte Verbot des Ausschlusses von Leistungsverweigerungsrechten und Zurückbehaltungsrechten keine Besonderheiten. Da die deutschen Vorschriften über die Vorgaben der einschlägigen EU-Richtlinie hinausgehen und dem Verbraucher einen noch weitergehenden Schutz zusichern, ist eine richtlinienkonforme Auslegung von § 309 Nr. 2 BGB nicht erforderlich.

V. Rechtsfolgen

1443 Verstößt eine Klausel gegen § 309 Nr. 2 BGB, so ist diese unwirksam und wird ersatzlos gestrichen, da eine Reduzierung der Klausel auf einen gerade noch zulässigen Inhalt im Wege der geltungserhaltenden Reduktion nicht zulässig ist.[2839]

1444 Als Folge der Unwirksamkeit bestimmt § 306 Abs. 2 BGB, dass die gesetzlichen Vorschriften zur Anwendung kommen. Im Falle der Unwirksamkeit einer Klausel nach § 309 Nr. 2 BGB verbleibt es mithin bei der gesetzlichen Systematik in Bezug auf den Umfang und die Voraussetzungen von Leistungsbestimmungsrechten (§ 320 BGB) und Zurückbehaltungsrechten (§ 273 BGB).

VI. B2B-Verkehr

1445 Auch § 309 Nr. 2 BGB ist eine Norm, die eindeutig auf den Verbraucherschutz zurückzuführen ist und daher auf den Geschäftsverkehr zwischen Unternehmen – zumindest nach der früher ergangenen BGH-Rechtsprechung – nicht un-

---

[2833] OLG Brandenburg v. 8.7.2007 – 7 U 193/06, VuR 2007, 475.
[2834] BGH NJW 2006, 3134; BGH NJW 2001, 292; Palandt/Grüneberg, § 309 Rn 13; WLP/Dammann, § 309 Nr. 2 Rn 11; UBH/Schäfer, § 309 Nr. 2 Rn 12; vgl. aber auch a.A. BGH NJW 1984, 852 (zu §§ 9, 11 Nr. 2 AGBG) und OLG Karlsruhe v. 19.4.2001 – 4 U 83/00, MittBayNot 2001, 478.
[2835] WLP/Dammann, § 309 Nr. 2 Rn 31–33 m.w.N.
[2836] Staudinger/Coester-Waltjen, § 309 Nr. 2 Rn 1 ff.
[2837] WLP/Dammann, § 309 Nr. 2 Rn 34–36.
[2838] LG Darmstadt v. 6.4.2011 – 25 S 162/10.
[2839] WLP/Dammann, § 309 Nr. 2 Rn 62–69; BGH NJW 1986, 3199.

mittelbar übertragbar ist. Die wohl (noch) herrschende Meinung vertritt daher die Ansicht, dass § 309 Nr. 2 BGB auch im Rahmen der allgemeinen Inhaltskontrolle gemäß § 307 BGB **keine oder eine nur sehr eingeschränkte Indizwirkung** für den Geschäftsverkehr zwischen Unternehmern bieten kann.[2840] Ob diese Tendenz in Anbetracht der neueren Rechtsprechung, insbesondere der „Gleichschritt-Rechtsprechung" des BGH,[2841] aufrechterhalten bleiben kann, ist mehr als fraglich.

Als Begründung für die (noch) herrschende Ansicht wird angeführt, dass der Unternehmer grundsätzlich „geschäftsgewandter und geschäftserfahrener" ist und daher nicht des gleichen Schutzes bedarf wie dies bei der Einschränkung oder des Ausschlusses dieser Rechte im Geschäftsverkehr mit einem Verbraucher der Fall ist.[2842] Die Aufnahme etwaiger Klauseln kann daher in der Regel, sofern ein berechtigter Grund dafür besteht, im unternehmerischen Geschäftsverkehr unproblematisch erfolgen, wenn sie angemessen ist und den Vertragspartner – als Unternehmer – nicht unangemessen benachteiligt. **1446**

Eine Ausnahme macht der BGH jedoch insoweit, als dass das Zurückbehaltungsrecht im kaufmännischen Verkehr für unbestrittenen oder rechtskräftig festgestellte Gegenansprüchen **ausgeschlossen** wird. Eine solche Klausel ist auch im unternehmerischen Geschäftsverkehr unzulässig.[2843] Eine **Beschränkung** der Möglichkeit zur Geltendmachung von Zurückbehaltungsrechten auf solche Forderung ist im unternehmerischen Verkehr hingegen zulässig.[2844] Für Vorleistungsklauseln muss auch im B2B-Verkehr ein sachlicher Grund bestehen.[2845] **1447**

B. Sonstiges

§ 309 Nr. 2 BGB macht die § 320 und § 273 BGB wegen ihrer „Sicherungs- und Druckfunktion"[2846] zu mittels AGB nicht abdingbaren Schutzmechanismen. Damit bleiben anderweitige Einschränkungen, wie z.B. die Vereinbarung einer Vorleistungspflicht oder Regelungen über Gegenansprüche, die nicht unter § 273 und § 320 BGB fallen in den Schranken des § 307 BGB, also bei sachlicher Angemessenheit und unter Beachtung des Verbots überraschender Klausel und des Transparenzgebots zulässig.[2847] **1448**

Nach seinem eindeutigen Wortlaut verbietet § 309 Nr. 2 BGB lediglich, dass Leistungsverweigerungs- oder Zurückbehaltungsrechte des Vertragspartners ausgeschlossen oder eingeschränkt werden. Die **Erweiterung** dieser Rechte zugunsten des Klauselverwenders wird hingegen nicht von § 309 Nr. 2 BGB umfasst, sondern deren Zulässigkeit bemisst sich allein nach Maßgabe der allgemeinen Inhaltskontrolle von § 307 BGB.[2848] **1449**

Während eine Erweiterung auf bedingte oder befristete Ansprüche in der Regel unwirksam ist,[2849] können die Rechte des Verwenders zulässigerweise auf Ansprüche aus unerlaubter Handlung[2850] oder anderer konnexer Forderungen[2851] erweitert werden.

Maklerverträge

A. Allgemeines 1450
B. Die Bedingungen im Einzelnen 1454
   I. Einzelklauseln 1457
   II. Alleinauftrag 1461
   III. Auftragsdauer 1464
   IV. Auftragspflichten des Maklers 1465
V. Auftragspflichten des Auftraggebers 1466
VI. Aufwendungsersatz 1468
VII. Vorzeitige Kündigung durch den Auftraggeber ... 1470
C. Sonstige Fragen 1473
D. Sonderregelungen 1475

A. Allgemeines

Die Vermittlung oder der Nachweis von Wohnraum oder Grundstücken erfolgt zumeist in zwei verschiedenen Formen: entweder dem Makleralleinauftrag oder dem klassischen Maklervertrag, wie er im Grundsatz in § 652 BGB geregelt ist. Der alleinbeauftragte Makler ist abweichend von § 652 BGB verpflichtet, in angemessener Weise tätig zu werden.[2852] Gleichwohl ist auch diese Form trotz Tätigkeitspflicht des Maklers nach § 307 BGB am gesetzlichen Leitbild des Maklervertrags der §§ 652 f. BGB zu messen. Klauseln, die eine Vergütung ohne Rücksicht auf den Erfolg vorsehen, entsprechen diesem Leitbild nicht und sind deshalb unwirksam. Nach dem Leitbild der §§ 652 f. BGB ist der Maklervertrag jederzeit vom Auftraggeber frei widerruflich und verbietet nicht die Inanspruchnahme einer anderen **1450**

2840 UBH/*Schäfer*, § 309 Nr. 2 Rn 20; BGH NJW 1985, 319; Palandt/*Grüneberg*, § 309 Rn 16.
2841 BGH v. 19.9.2007 – VIII ZR 141/06, BGH NJW 2007, 3774.
2842 WLP/*Dammann*, § 309 Nr. 2 Rn 70.
2843 BGH NJW-RR 2005, 919; BGHZ 115, 327.
2844 OLG Celle v. 11.11.2010 – 11 U 133/10, NJW-Spezial 2010, 750.
2845 BGH NJW 2010, 1449.
2846 Jauernig/*Stadler*, § 309 Rn 3.
2847 Str. BGH NJW 2002, 141 m.w.N.
2848 WLP/*Dammann*, § 309 Nr. 2 Rn 62–69.
2849 BGH NJW 1991, 2559.
2850 BGH NJW 1985, 849.
2851 BGH NJW 1991, 2559.
2852 BGH NJW 1985, 2477, 2478; *Fischer*, NZM 2011, 529.

Lexikon

Vermittlung oder ein Eigengeschäft des Auftraggebers. Es ist daher unzulässig, wenn der Makler seinen Auftraggeber in AGB soweit binden will, dass der Kunde im Rahmen eines Alleinauftrags kein Eigengeschäft abschließen darf, ohne provisionspflichtig zu werden.[2853]

1451 Erst recht ist es unzulässig, dem Auftraggeber ein Eigengeschäft schlechthin zu untersagen. Umstritten ist, ob ein Makleralleinauftrag allein durch die AGB-Klauseln begründet werden kann.[2854] Eine Klausel, dass der Auftraggeber sämtliche Interessenten an den Makler verweisen müsse (Verweisungsklausel) oder eigene Verhandlungen mit Darlehensgebern (Interessenten) nur unter Hinzuziehung des Maklers führen darf, andernfalls eine angemessene Vergütung geschuldet wird (Zuziehungsklausel), wird vom BGH nach § 307 BGB verworfen.[2855] Eine Bindungsfrist des Kunden bei einem Makleralleinauftrag von sechs Monaten ist in der Regel angemessen. Zielt der Alleinauftrag dagegen auf die bloße Vermietung, werden vielfach Bindungsfristen bis vier Monate für angemessen gehalten. Für den Bereich des Gesetzes zur Regelung der Wohnungsvermittlung wird nach § 4 dieses Gesetzes gebilligt, wenn zwischen Makler und Auftraggeber bei Nichterfüllung von vertraglichen Verpflichtungen eine Vertragsstrafe auf 10 % des nach § 2 Abs. 1 vereinbarten Entgelts, höchstens auf 50 EUR, vereinbart wird. Im Übrigen greift § 309 Nr. 6 BGB ein. Selbstverständlich kann in AGB-Klauseln auch nicht das Erfordernis der Ursächlichkeit der Maklerleistung nach § 652 Abs. 1 BGB abedungen werden.[2856] Eine Klausel darf auch nicht den Maklerprovision für den Fall vorsehen, dass der Hauptvertrag wirksam angefochten wird. Nur in dem Fall, dass der Vertrag einvernehmlich aufgehoben wird, bleibt der Provisionsanspruch bestehen, derartige Klauseln wären als deklaratorische Klauseln wirksam.

1452 Folgegeschäftsklauseln, wonach der Makler auch für solche weiteren Geschäfte eine Provision erhalten soll, die sich aus dem von ihm vermittelten Geschäftsabschluss ergeben, verstoßen gegen § 307 BGB, wohl auch gegen § 305c Abs. 1 BGB.[2857] Vorkenntnisklauseln, wonach sich der Auftraggeber formularmäßig verpflichtet, die Kenntnis eines Objekts innerhalb einer bestimmten Frist mitzuteilen, verstoßen gegen § 307 bzw. § 309 Nr. 12 BGB, da sie darauf abzielen, dem Auftraggeber die Berufung auf die fehlende Kausalität der Maklertätigkeit abzuschneiden. Klauseln über pauschale Aufwandsentschädigung sind in der Regel unwirksam.[2858] § 652 Abs. 2 BGB sieht zwar für Individualabreden die Vereinbarung von Aufwendungsersatz als zulässig an. In AGB kann dies jedoch nicht in gleichem Umfang gelten.

1453 Bei der umstrittenen Frage, ob in AGB Aufwendungsersatz nach § 652 Abs. 2 BGB vereinbart werden kann, vertritt etwa *Fischer* die Auffassung, dies sei auch ohne Nachweis konkreter Kosten bis 10 % der Provision möglich.[2859] Auch wenn man dem nicht folgt, weil § 652 Abs. 2 BGB auf individualvertragliche Absprachen zugeschnitten ist und damit keine billigende Wertung (Freibrief) für AGB enthält, können wohl umgekehrt Klauseln, die Ersatz für **konkrete Aufwendungen** (ohne Zeit[2860] und allgemeine Geschäftsunkosten) bis zu 10 % eines möglichen Provisionsanspruchs vorsehen, gebilligt werden.[2861] Kommt ein (zu vermittelnder) Vertrag nicht zustande, so wäre es auch bedenklich, wenn der Makler 10 % der Provision vom interesselosen Kunden (eines untätigen Maklers?) und zusätzlich eine volle Provision (plus Aufwendungen?) vom möglicherweise kurz danach den Vertrag schließenden Kunden erhalten würde.

B. Die Bedingungen im Einzelnen

1454 Der Makler hat zunächst im Rahmen von Kundenanfragen auf seine AGB hinzuweisen. Dies kann im Internet erfolgen, soweit dort die Vermittlung beworben wird, aber auch bei Kontakt über Post, Fax und Telefon.[2862]

1455 Ohne Verwendung von AGB würde das Gesetz gelten, was im Einzelfall weniger Vorteile für den Makler bietet als eine individuelle Vereinbarung oder die Vereinbarung von Geschäftsbedingungen (AGB).

1456 Bei **individuellen Absprachen** bestehen am meisten Freiräume für eine Vereinbarung. Hierbei können besonders weitgehend auch die Interessen nur eines Vertragsteils berücksichtigt werden, weil alle Regelungen ausgehandelt sind und im Verhältnis zu Preis und Leistung nach dem Willen der Parteien „passen". So sind individualvertraglich Vorkenntnisvereinbarungen zulässig,[2863] in Geschäftsbedingungen bestehen jedoch erhebliche Bedenken gegen entsprechende Klauseln.[2864] Bei **Geschäftsbedingungen** gibt es diese „Richtigkeitsgewähr" einer individuellen Vereinbarung nicht. Das Gesetz verbietet daher Geschäftsbedingungen u.a. auch dann, wenn individuelle Vereinbarungen

---

2853 BGH NJW 1985, 2477, 2478; OLG Schleswig NJW 1990, 394.
2854 *Löwe/v. Westphalen*, Bd. III, Nr. 49.1 Rn 5: nur Individualabrede; UBH/*Ulmer/Hensen*, Anh. §§ 9 bis 11 Rn 487: auch in AGB möglich, sofern drucktechnisch besonders hervorgehoben.
2855 BGH NJW 1984, 360.
2856 BGH NJW 1967, 1225, 1226.
2857 BGH NJW 1973, 990.
2858 OLG Stuttgart NJW-RR 1986, 275; OLG Hamburg NJW 1983, 1502; str.
2859 *Fischer*, Maklerrecht, 2010, S. 85, 96; *ders.*, NZM 2011, 529.
2860 PWW/*Fehrenbacher*, § 652 Rn 64.
2861 Vgl. BGHZ 99, 374, unzulässig reine Prozentsätze.
2862 Soweit der Vertragsschluss schon am Telefon erfolgen soll, muss auf die AGB hingewiesen werden, andernfalls gilt nur das Gesetz oder es erfolgt eine nachträgliche Einigung über die Geltung der AGB; vgl. Palandt/*Grüneberg*, § 305 Rn 37; vgl. auch *Niebling*, ZMR 2008, 183; *Hösker*, VersR 2011, 29.
2863 Palandt/*Sprau*, § 652 Rn 67.
2864 AK/*Wichert*, § 652 Rn 200.

noch möglich gewesen wären.²⁸⁶⁵ Insbesondere dürfen AGB nicht überraschend²⁸⁶⁶ sein und den Kunden entgegen den Geboten von Treu und Glauben benachteiligen. Hierzu gibt es eine umfangreiche Rechtsprechung, die zudem fortlaufend in Bewegung ist. Daher muss der Verwender von AGB diese immer wieder an die Rechtsprechung anpassen und sich informieren, ob sich hier etwas ändert.

I. Einzelklauseln

„*Das Angebot ist nur für Sie bestimmt und daher vertraulich zu behandeln; bei Weitergabe an Dritte entsteht Haftung für die Provision.*" Natürlich darf die Weitergabe an Dritte ausgeschlossen werden, sodass ein Verstoß hiergegen zu Schadensersatzansprüchen führt. Wenn der Begünstigte jedoch nicht das Objekt kauft (oder mietet), entsteht keine Haftung auf die Provision. Dies stellt die Klausel nicht ausreichend klar. 1457

Besser: „*Das Angebot ist nur für Sie bestimmt und daher vertraulich zu behandeln; bei Weitergabe an einen Dritten, der den Hauptvertrag abschließt, haften Sie für die Provision.*"²⁸⁶⁷

„*Alle Mietpreise zuzüglich Nebenkosten (NK) und Kaution.*" **Besser:** „*Angaben zur Miete betreffen nur den Mietzins und nicht Nebenkosten und Kaution, die zusätzlich zu entrichten sind.*" 1458

Wirksam: 1459

- „*Maklerprovision (zu zahlen durch den Käufer/Mieter bei Zustandekommen eines Miet- bzw. Kaufvertrags durch Nachweis und/oder Vermittlung): Miete: 2 Monatsmieten netto; Kauf: 3 % der Kaufsumme; jeweils zuzüglich gesetzlicher Mehrwertsteuer.*"
- „*Bei Verhandlungen mit dem Eigentümer oder bei Besichtigung des Objekts ist auf das Angebot unserer Firma Bezug zu nehmen.*"
- „*Das Zustandekommen eines Vertrages ist unserer Firma sofort und unverzüglich schriftlich mitzuteilen.*"
- „*Unser Angebot ist als freibleibend und unverbindlich zu betrachten.*" Aber besser: Im Anschreiben festzuhalten: „*... erhalten Sie freibleibend unser Angebot.*"
- „*Alle Angaben beruhen auf den Angaben des Vermieters/Eigentümers, die wir in dessen Namen an Sie weiterleiten.*"

Unwirksam: 1460

- „*Das Objekt gilt als unbekannt und nachgewiesen, sofern nicht innerhalb 7 Tagen schriftlich Widerspruch erfolgt.*"²⁸⁶⁸
  Besser: „*Ist das Objekt bereits bekannt oder nachgewiesen, so haben Sie uns unverzüglich hierauf hinzuweisen.*"
- „*Erfüllungsort ist Starnberg, Gerichtsstand ist München. Nach der ZPO und dem AGB Recht kann dies nur unter Kaufleuten vereinbart werden.*"²⁸⁶⁹
  Besser: „*Im kaufmännischen Geschäftsverkehr ist Erfüllungsort Starnberg und Gerichtsstand das Amtsgericht Starnberg oder das Landgericht München II.*"
- Klauseln, wonach auch bei erheblicher Abweichung des tatsächlichen Kaufpreises vom angebotenen Kaufpreis die Maklerprovison zu zahlen sei.²⁸⁷⁰

Insoweit darf die Klausel auch nicht den Eindruck erwecken, dass in diesem Fall eine Maklerprovision entsteht. Umgekehrt brauchen die Makler-AGB solche Fälle auch nicht ausdrücklich auszunehmen, da es sich um sehr atypische Ausnahmen handelt.

II. Alleinauftrag

Da insbesondere der Alleinauftrag immer wieder die Gerichte beschäftigt, ist es sinnvoll, die Vertragsbedingungen sowie eventuelle Zusätze schriftlich zu vereinbaren. Stellt sich allerdings heraus, dass eine z.B. handschriftlich eingefügte Regelung²⁸⁷¹ in anderen Fällen ebenfalls in dieser Fassung und mit diesem Inhalt eingefügt wurde, so wird davon auszugehen sein, dass keine individuelle Absprache, sondern eine AGB vorliegt. Individualabsprachen sind daher an sich auf besondere Fallkonstellationen zu beschränken, also auf Situationen, die nicht in die klassische Alleinbeauftragung fallen. 1461

Formulierung: „*Abweichend von den AGB vereinbaren die Parteien wegen der Besonderheit der Sachlage kraft Individualvereinbarung Folgendes: ...*"

Insbesondere dürfen AGB auch hier nicht überraschend sein und den Auftraggeber entgegen den Geboten von Treu und Glauben benachteiligen. Hierzu gibt es eine umfangreiche Rechtsprechung, die zudem fortlaufend in Bewegung ist.²⁸⁷² Leider muss man also als Verwender von AGB diese immer wieder an die Rechtsprechung anpassen, falls sich hier etwas ändert. 1462

2865 *Niebling*, Allgemeine Geschäftsbedingungen, 13 ff.
2866 § 305c Abs. 1 BGB.
2867 Vgl. AK/*Wichert*, § 652 Rn 203.
2868 Vgl. AK/*Wichert*, § 652 Rn 200; BGH NJW 1976, 2345, 2346.
2869 § 38 ZPO; Musielak-ZPO/*Heinrich*, § 38 Rn 12.
2870 BGH v. 6.2.2014 – III ZR 131/13 (50 % Abweichung).
2871 Palandt/*Grüneberg*, § 305 Rn 12, 18 ff.
2872 Palandt/*Sprau*, § 652 Rn 73 ff.; PWW/*Fehrenbacher*, § 652 Rn 31.

1463 **Maklerauftrag wirksam:**
„*Der Auftraggeber beauftragt den Makler zum Nachweis von Kaufinteressenten bzw. zur Vermittlung eines Kaufabschlusses über das Auftragsobjekt.*"

III. Auftragsdauer

1464 „*Dieser Auftrag läuft vom 00. Monat 2012 bis zum 00. Monat 2012. Wird er nicht unter einer Monatsfrist gekündigt, verlängert er sich stillschweigend jeweils um drei Monate.*" Tendenz: Obergrenze wohl ein Jahr.[2873] Wichtig jedoch anzufügen: „*Das Recht zur Kündigung aus wichtigem Grund wird hierdurch nicht berührt.*" Dieses Recht besteht, wenn der Makler nachhaltig gegen Pflichten des Vertrags verstößt oder über einen längeren Zeitraum untätig bleibt.

IV. Auftragspflichten des Maklers

1465 „*Der Makler verpflichtet sich,*
- *diesen Maklerauftrag fachgerecht, nachhaltig und unter Ausnutzung aller sich ergebenden Abschlusschancen zu bearbeiten,*
- *den Auftraggeber über die Durchsetzbarkeit seiner Preisforderungen und sonstigen Angebotsbedingungen nach bestem Wissen und Gewissen aufzuklären.*" Keine Bedenken.

V. Auftragspflichten des Auftraggebers

1466 − „*Der Auftraggeber ist demgegenüber verpflichtet, während der Auftragslaufzeit keine Maklerdienste Dritter in Bezug auf das Auftragsobjekt in Anspruch zu nehmen.*" Zulässig.[2874]
Vorsicht: Das Recht, sich selbst um den Abschluss zu bemühen, bleibt hierdurch jedoch bestehen. Es besteht also kein Verbot von Eigengeschäften oder des Direktverkaufs. Anderes kann nur individuell vereinbart werden.
− „*eventuelle Interessenten und Dritte an die XY Makler GmbH zur Weiterbearbeitung zu verweisen.*"
Vorsicht: Das Recht, sich selbst um den Abschluss zu bemühen, bleibt beim Alleinauftrag bestehen. Es besteht also kein Verbot von Eigengeschäften oder des Direktverkaufs. Anderes kann nur individuell vereinbart werden (qualifizierter Alleinauftrag). In AGB hat die Rechtsprechung[2875] derartige Klauseln/AGB beanstandet.
− „*zur Übernahme der Käufer-Courtage in Höhe von 3,0 % zuzüglich gesetzlich gültiger MwSt., wenn der Vertragsabschluss durch den Auftraggeber selbst herbeigeführt wird.*"
Vorsicht: Das Recht, sich selbst um den Abschluss zu bemühen, bleibt beim Alleinauftrag bestehen. Es besteht also kein Verbot von Eigengeschäften oder des Direktverkaufs.[2876] Anderes kann nur individuell vereinbart werden (qualifizierter Alleinauftrag).

1467 **Individualvertraglich** könnte vereinbart werden*: „Der Auftraggeber wird eventuelle Interessenten und Dritte an die XY GmbH zur Weiterbearbeitung verweisen. Verstößt der Auftraggeber hiergegen, so hat dieser den hieraus entstehenden Schaden, begrenzt auf eine Käufer Courtage in Höhe von 3,0 % zuzüglich gesetzlich gültiger MwSt., an die XY GmbH zu zahlen*".

− „*... sowie dem Makler alle Angaben vollständig und richtig zu machen, die er für die Durchführung dieses Auftrags benötigt.*" Keine Bedenken.

VI. Aufwendungsersatz

1468 „*Die Erstattung der Inseratskosten durch den Auftraggeber bei Kündigung, Auslauf des Auftrags oder wenn der Auftraggeber seine Verkaufsabsicht während der Auftragslaufzeit aufgibt, gilt auf Nachweis vereinbart. Ein weiterer Ersatz des Sach- und Zeitaufwands wie Porto-, Telefon-, Reise- und Pkw-Kosten wird nicht vereinbart.*" Besser: „*Im Falle der Kündigung durch den Auftraggeber, bei sonstiger Vertragsbeendigung oder Aufgabe der Verkaufsabsicht während der Laufzeit des Auftrags sind die Aufwendungen des Maklers für Inseratkosten zu ersetzen.*[2877] *Ferner sind für Porto-, Telefon-, Reise- und Pkw-Aufwendungen monatlich pauschal 50 EUR (maximal 300 EUR) sowie für die Exposé-Erstellung 100 EUR nebst gesetzlicher MWSt zu zahlen, es sei denn, der Auftraggeber weist geringere Kosten nach.*"

1469 Ein „Tätigkeitsentgelt für die Reservierung" unterliegt der Inhaltskontrolle und ist nach § 307 BGB unwirksam.[2878] Wird über den konkreten Aufwand ein pauschaler Aufwendungsersatz formularmäßig vereinbart, so verstößt dies gegen § 307 BGB.[2879]

2873 Vgl. AK/*Wichert*, § 652 Rn 192; Palandt/*Sprau*, § 652 Rn 76; keine geltungserhaltende Reduktion überlanger Bindung möglich, sondern jederzeitiges Kündigungsrecht a.A. PWW/*Fehrenbacher*, § 652 Rn 32.
2874 Palandt/*Sprau*, § 652 Rn 75.
2875 BGH NJW-RR 1999, 998.
2876 Palandt/*Sprau*, § 652 Rn 82; BGHZ 60, 377.
2877 AK/*Wichert*, § 652 Rn 184; BGHZ 99, 374, 383; Palandt/*Sprau*, § 652 Rn 87.
2878 BGH v. 23.9.2010 – III ZR 21/10.
2879 AG Erkelenz v. 13.11.2008 – 15 C 357/07; *Fischer*, Maklerrecht, S. 80.

VII. Vorzeitige Kündigung durch den Auftraggeber

„Der Auftraggeber kann den Maklerauftrag vorzeitig kündigen, wenn der Makler nach vorheriger schriftlicher Abmahnung gegen seine Tätigkeitspflicht (Ziffer ...) verstoßen hat. Das Recht zur Kündigung aus wichtigem Grund bleibt für beide Seiten unberührt." Keine Bedenken. **1470**

Vorsicht: Unter der Überschrift „Salvatorische Klausel" wäre die Schriftformklausel überraschend und unwirksam. Auch wenn generell Schriftformklauseln weit verbreitet sind, werden diese auch in der Rechtsprechung zu Recht beanstandet und als unwirksam eingestuft,[2880] denn die Parteien können ihren Vertrag natürlich auch mündlich ändern. **1471**

Mit dem Auftraggeber können z.B. folgende Leistungen vereinbart werden: **1472**

- *„Das Beschaffen professioneller, fotografischer Aufnahmen und das Erneuern bzw. Vervielfältigen aller Pläne und Zeichnungen Ihres Hauses/Grundstücks, soweit notwendig."*
- *„Das Ausarbeiten eines verkaufsgerechten, ausführlichen und ansprechenden, bebilderten Exposés und dessen entsprechende Vervielfältigung."*
- *„Das Anbieten des Objektes an vorgemerkte Kunden."*
- *„Versenden von Verkaufsunterlagen an vorgemerkte Kunden und sonstige Interessenten."*
- *„Durchführung von Besichtigungen nach vorheriger terminlicher Absprache mit Ihnen."*
- *„Das Verhandeln mit Kaufinteressenten und deren persönliche Betreuung, insbesondere vor und nach der Besichtigung."*
- *„Durchführung von Werbemaßnahmen, wie z.B. Inserate in den einschlägigen Printmedien, diskrete Platzierung in ausgesuchten Immobilienportalen (Internet)."*
- *„Unterrichtung über die Verkaufsaktivitäten und deren Ergebnisse."*
- *„Das Informieren über die Bonität sowie das Einholen von bankbestätigten Kapitalnachweisen und/oder Finanzierungszusagen des Kaufentschlossenen."*
- *„Vorbereitung des notariellen Kaufvertrags."*
- *„Übergabe der verkauften Immobilie."*

C. Sonstige Fragen

Der **Ehegatte**, der den Maklervertrag nicht abgeschlossen hat, haftet nicht nach § 1357 BGB.[2881] Klauseln, die den Ehegatten unabhängig davon, ob dieser den Vertrag mit dem Makler abgeschlossen hat, mit verpflichten, weichen daher wesentlich von der gesetzlichen Regelung ab und sind nach § 307 BGB unwirksam. **1473**

Eine Vertretung von Gläubigern in Vollstreckungsverfahren und der **Zwangsversteigerung** ist dem Makler schon nach § 79 Abs. 2 ZPO nicht gestattet und kann auch nicht in AGB vorgesehen werden.[2882] **1474**

D. Sonderregelungen

Für die **Darlehensvermittlung** ist § 655a zu beachten.[2883] Ebenso kann es sich bei einem Verbraucherdarlehen, das im Zusammenhang mit einem Restschuldversicherungsvertrag abgeschlossen wurde um ein verbundenes Geschäft i.S.v. § 358 BGB handeln. Dies ist der Fall, wenn das Darlehen ganz oder teilweise der Finanzierung des anderen Vertrags dient und beide Verträge eine wirtschaftliche Einheit bilden.[2884] Der Widerruf des Darlehensvertrags führt dann dazu, dass auch der Restschuldversicherungsvertrag in dem Umfang rückabzuwickeln ist, wie das Darlehen dem verbundenen Vertrag dient.[2885] **1475**

Auch eine Schiedsabrede zwischen einem **gewerblichen Terminsoptionsvermittler** und einem Anleger muss nicht die streitgegenständlichen Ansprüche erfassen.[2886] Formularmäßige Schiedsabreden sind zunächst sorgfältig auch nach der Unklarheitenregelung des § 305c Abs. 2 BGB auszulegen.[2887] **1476**

Die **Ehevermittlung** ist in § 656 BGB geregelt. **1477**

Für den **Versicherungsmakler** gelten die §§ 59 ff. VVG[2888] und § 34d GewO.[2889] **1478**

2880 Palandt/*Grüneberg*, § 305b Rn 5; BGH NJW 2006, 138.
2881 OLG Oldenburg MDR 2010, 1265.
2882 BGH v. 20.1.2011 – I ZR 122/09.
2883 Hierzu: *Bülow/Artz*, Verbraucherkreditrecht, 7. Aufl. 2011, § 655a, zur Darlehensvermittlung im Reisegewerbe Rn 15; PWW/*Nobbe*, § 655a ff.; zur Aufklärungspflicht über Provisionen: BGH v. 3.3.2011 – III ZR 170/10.
2884 BGH v. 18.1.2011 – XI ZR 356/09.
2885 BGH v. 18.1.2011 – XI ZR 356/09; siehe auch BGH v. 11.1.2011 – XI ZR 327/08; BGH v. 11.1.2011 – XI ZR 357/08, WM 2011,397.
2886 Ausführlich und lesenswert: BGH v. 8.2.2011 – XI 168/08.
2887 BGH v. 8.2.2011 – XI 168/08.
2888 Hierzu etwa *Münkel* in: Rüffer/Halbach/Schimikowski, VVG, 2. Aufl. 2011, § 69 ff. VVG; die Beschränkung der Vollmacht des Vertreters durch AVB ist bereits unwirksam nach § 72 VVG; zu Schriftformklauseln *Münkel* in: Rüffer/Halbach/Schimikowski, VVG, § 72 Rn 12 ff., der zu Recht darauf hinweist, dass Schriftformklauseln nicht § 72 VVG aushebeln dürfen.
2889 Hierzu Palandt/*Sprau*, Einf. v. § 652 Rn 19; Koller/Roth/Morck/*Roth*, Vor § 84 Rn 1 und § 93 Rn 21, zu den AGB Rn 43; MüKo-HGB/*v.Hoyningen-Huene*, § 93 Rn 86 ff.; BGH v. 3.3.2011 – III ZR 330/09.

Lexikon

1479 Der **Handelsmakler** unterliegt §§ 93 ff. HGB und subsidiär §§ 652 ff. BGB.[2890]

1480 Der **Reisevermittler** wird in § 651k Abs. 3 S. 4 und Abs. 4 BGB aufgeführt.[2891]

1481 **Vermittlungsverträge bei Teilzeitwohnrechten** (§ 481 BGB) sind in § 481b Abs. 1 BGB geregelt; dieser Unterfall des Maklervertrags bedarf insbesondere der Schriftform, § 484 Abs. 1 BGB. Auch für diese Vermittlungsverträge besteht zwingend ein Widerrufsrecht[2892] Das UKlaG hat in § 2 Abs. 2 Nr. 1d die Unterlassungsansprüche wegen verbraucherschutzwidriger Praktiken ausdrücklich auch auf Teilzeit-Wohnrechteverträge und Vermittlungsverträge erstreckt.[2893]

1482 Ob das Einbringen der Bedingungen durch einen Makler generell zur Nichtanwendung der §§ 305 ff. BGB führt, ist zweifelhaft und zu verneinen.[2894] Bedient sich eine Versicherung eines Maklers, so sind auch von diesem konzipierte Bedingungen als von der Versicherung gestellt anzusehen.[2895]

Mängelhaftung

A. Allgemeines	1483	II. Werkvertragsrecht	1486
B. Einzelfälle	1484	III. Mietrecht	1487
I. Kaufvertragsrecht	1484	IV. Reiserecht	1488

A. Allgemeines

1483 Die Zulässigkeit einer Beschränkung oder eines Ausschlusses der Mängelhaftung durch den Verwender ist an §§ 309 Nr. 7 und 8b, 307 BGB zu bewerten. Die Mängelrechte dürfen weder komplett ausgeschlossen noch durch die Haftung Dritter ersetzt werden, eine Beschränkung auf ein Nacherfüllungsrecht ist nur zulässig, wenn Rücktritt und Minderung subsidiär anwendbar sind. Das Nacherfüllungsrecht selbst darf weder durch Auferlegung von Kosten für den Vertragspartner noch durch eine Vorleistungspflicht beschränkt werden. Auch eine zeitliche Einschränkung der Mängelrechte ist nur unter bestimmten Voraussetzungen möglich.

Die einer AGB-Prüfung unterliegenden Regelungskomplexe zur Mängelhaftung finden sich im Schuldrecht für das Kauf-, Werk-, Miet- und Reisevertragsrecht.

B. Einzelfälle

I. Kaufvertragsrecht

1484 Im Kaufrecht muss vor allem zwischen dem **Kauf gebrauchter und neuer Sachen differenziert** werden, da der Regelungsbereich des § 309 Nr. 8b aa–ff BGB nur für neue Sachen Anwendung findet. Unabhängig von den Wirksamkeitsvoraussetzungen des § 309 Nr. 8b aa–ff BGB sind auf Mängelansprüche im Falle des **Verbrauchsgüterkaufs** sowohl neuer als auch gebrauchter Sachen §§ 474, 475 BGB anwendbar, weswegen der Anwendungsbereich des § 309 Nr. 8b BGB an Bedeutung verloren hat.[2896] Wird bei einem Verbrauchsgüterkauf der Anspruch des Käufers auf Nacherfüllung abbedungen oder eingeschränkt, so ergibt sich die Unwirksamkeit dieser Regelung bereits aus § 475 Abs. 1 BGB und nicht erst aus § 309 Nr. 8b aa oder cc BGB.[2897] § 309 Nr. 8b BGB ist im Kaufrecht daher lediglich bedeutsam für neu hergestellte unbewegliche Sachen (etwa Grundstücke mit Neubauten)[2898] oder für Verträge, an denen nur Verbraucher beteiligt sind oder in denen die AGB von einem Verbraucher gegenüber einem Unternehmer gestellt werden (die Verwendung von AGB durch Verbraucher kommt in der Praxis eher selten vor, z.B. bei der Verwendung von Musterkaufverträgen bei privaten Gebrauchtwagenverkäufen oder bei Internetauktionen).

1485 Einer der Hauptanwendungsbereiche für Klauseln außerhalb des Anwendungsbereichs des § 309 Nr. 8b BGB dürfte der Gebrauchtwagenkauf sein (siehe dazu Stichwort „Kfz-Verkauf", Rn 1301 ff.). Aber auch darüber hinaus sind außerhalb des Verbrauchsgüterkaufs und dem Anwendungsbereich des § 309 Nr. 8b BGB für eine wirksame Beschränkung von Mängelrechten strenge Voraussetzungen einzuhalten. Da gemäß § 437 Nr. 3 BGB auch der Schadensersatzanspruch ein Mängelrecht ist, sind Klauseln, welche die Mängelrechte einschränken oder ausschließen sollen, insbesondere anhand von § 309 Nr. 7 BGB zu prüfen, der die Untergrenze für die Freizeichnung von der Mängelhaf-

---

2890 Vgl. die HGB-Kommentierungen, etwa Heidel/Schall/*Thomale*, § 93 ff., insbesondere Rn 60 ff.; Koller/Roth/Morck/*Roth*, § 93 ff., insbesondere Rn 43; MüKo-HGB/*v.Hoyningen-Huene*, § 93 Rn 86–95.
2891 Diese sind kartellrechtlich als eigene Unternehmen anzusehen: EuGH Slg. 1987, 3801, hierzu *Weiß* in: Calliess/Ruffert, EUV/AEUV, 4. Aufl. 2011, Art. 101 Rn 38.
2892 PWW/*Schmid*, § 481 BGB.
2893 Übersicht auch bei Palandt/*Weidenkaff*, § 481 und Einf. hierzu.
2894 Wohl weitergehend BGH v. 25.5.2011 – IV ZR 117/09.
2895 So für das Mietrecht zu Recht BGH v. 14.12.2010 – VIII ZR 143/10.
2896 WLP/*Dammann*, vor § 309 Nr. 8b Rn 2.
2897 v. Westphalen/*Lehmann-Richter*, Mängelrechte in Kauf- und Werkverträgen Rn 3.
2898 UBH/*Christensen*, § 309 Nr. 8 Rn 19.

tung niederlegt.[2899] In der Praxis tauchen gerade beim Verkauf gebrauchter Sachen, aber auch bei dem Verkauf neuer Sachen von einem Verbraucher an einen Verbraucher Klauseln wie „Gekauft wie gesehen", „Verkauf unter Ausschluss jeder Gewährleistung" etc. auf, die an § 309 Nr. 7 BGB scheitern und unwirksam sind.[2900] Einer Prüfung hält nur eine Klausel stand, die generell Schadens- und Aufwendungsersatzansprüche ausklammert und der gesetzlichen Haftung unterstellt oder der Regelung des § 309 Nr. 7 BGB Rechnung trägt, also die Haftung für die schuldhafte Verletzung von Leben, Körper und Gesundheit sowie die Haftung wegen Vorsatz oder grober Fahrlässigkeit ausdrücklich und transparent unberührt lässt.[2901] In diesem Zusammenhang werden in der Praxis oftmals Verjährungsklauseln vernachlässigt und sehen insgesamt für Mängelansprüche eine kürzere als die gesetzliche Verjährungsfrist vor. Verjährungsverkürzungen stellen aber ebenfalls eine Haftungsbeschränkung dar, so dass auch bei solchen Klauseln die vorgenannten Ausnahmen ausdrücklich aufgeführt werden müssen.[2902] Gleiches dürfte auch für die Fälle der Verletzung von wesentlichen Vertragspflichten gelten, in denen die Haftung lediglich auf den typischerweise entstehenden Schaden beschränkt werden, aber nicht ausgeschlossen oder anderweitig eingeschränkt werden kann.[2903] Über § 307 BGB gelten diese Wertungen auch im **unternehmerischen Verkehr**.[2904]

II. Werkvertragsrecht

Die Anwendbarkeit des § 309 Nr. 8b BGB hat auch im Werkrecht stark an Bedeutung verloren, da über § 651 BGB für Werklieferungsverträge die Regelungen zum Verbrauchsgüterkauf zur Anwendung kommen. Daher ist eine Prüfung anhand von § 309 Nr. 8b BGB nur bei einem Stellen durch einen Verbraucher (was nur selten vorkommen wird) und bei Werkleistungen, die nicht die Lieferung einer Sache zum Gegenstand haben (z.B. Reparatur- und Wartungsverträge)[2905] möglich. Grundsätzlich gelten hier die gleichen Vorgaben wie im Kaufrecht; insbesondere müssen Klauseln auch hier die Vorgaben des § 309 Nr. 7 BGB berücksichtigen.[2906] Auch hier gilt das Gleiche für den unternehmerischen Verkehr.[2907]

1486

III. Mietrecht

Auf die mietvertragliche Haftung wegen Mängeln findet § 309 Nr. 8b BGB keine Anwendung.[2908] Klauseln, welche die Mängelrechte des Mieters gemäß §§ 536 ff. BGB betreffen, sind daher an §§ 307, 309 Nr. 7 BGB zu messen. Auch hier ist wieder zu berücksichtigen, dass entsprechende Klauseln die Haftung für schuldhafte Verletzungen von Leben, Körper oder Gesundheit sowie vorsätzliches und grob fahrlässiges Verhalten ausdrücklich nicht einschränken. Diese Grundsätze müssen sowohl bei Wohn- als auch bei Geschäftsraummietverhältnissen sowie bei Mietverträgen über bewegliche Gegenstände beachtet werden.

1487

IV. Reiserecht

Auf Reiseverträge findet § 309 Nr. 8b BGB zumindest entsprechend Anwendung.[2909] Dies folgt daraus, dass es sich bei dem Reisevertrag um einen Vertrag handelt, der aus dem Werkvertrag entwickelt wurde.[2910]

1488

Mehrwertsteuer/Umsatzsteuer

Die Klausel „*Änderungen des Umsatzsteuersatzes berechtigen beide Teile zur entsprechenden Preisanpassung*" verstößt gegen § 309 Nr. 1 i.V.m. § 306 a BGB.[2911]

1489

Zu beachten ist, dass die Nichtangabe von Endpreisen einen Wettbewerbsverstoß darstellt, der abgemahnt werden kann.[2912]

1490

Der Minderwertausgleich im Leasingrecht ist ohne Umsatzsteuer zu berechnen; entgegenstehende Klauseln sind zugleich nach § 307 BGB unwirksam.[2913] Sie können auch nach dem UKlaG abgemahnt werden.

1491

2899 UBH/*Christensen*, § 309 Nr. 7 Rn 32.
2900 BGH NJW 2007, 759; BGH NJW 2007, 3774, 3775.
2901 *Lorenz*, DAR 6/2010, 314, 317.
2902 BGH NJW-RR 2008, 1129, 1134; NJW 2007, 674.
2903 v. Westphalen/v. *Westphalen*, Freizeichnungs- und Haftungsbegrenzungsklauseln Rn 31 ff.
2904 UBH/*Christensen*, § 309 Nr. 8 Rn 19.
2905 UBH/*Christensen*, § 309 Nr. 8 Rn 19.
2906 WLP/*Dammann*, § 309 Nr. 7 Rn 4–9.
2907 BGH NJW-RR 1998, 1426, 1429; UBH/*Christensen*, § 309 Nr. 7 Rn 47.

2908 OLG Frankfurt NJW-RR 1987, 656, 657; WLP/*Dammann*, vor § 309 Nr. 8 Rn 21.
2909 WLP/*Dammann*, vor § 309 Nr. 8b Rn 20 f.; a.A. UBH/*Christensen*, § 309 Nr. 8 Rn 27, danach sind §§ 651 ff. BGB leges speciales.
2910 WLP/*Dammann*, vor § 309 Nr. 8b Rn 20 f.
2911 BGH NJW 1980, 2133; NJW 1981, 979.
2912 BGH v. 29.4.2010 – I ZR 99/08 (Gebrauchtfahrzeuge).
2913 BGH v. 18.5.2011 – VIII ZR 260/10.

Mietverträge

A. Allgemeines

1492 Die Gestaltungsmöglichkeit der Parteien ist bei der Geschäftsraummiete noch wesentlich größer als bei der Wohnraummiete. Allerdings ist festzustellen, dass die neuere höchstrichterliche Rechtsprechung dazu neigt, den Schutz des Gewerberaummieters zu stärken und dem des Wohnraummieters anzupassen. Zahlreiche Vorschriften der §§ 535 ff. BGB sind insbesondere für Wohnraummietverhältnisse zwingend, sodass schon eine individualvertragliche Abweichung zum Nachteil des Mieters unwirksam ist. Zur formularvertraglichen Abweichung hat sich sowohl für Wohnraum- als auch Geschäftsraummietverhältnisse eine reiche Kasuistik entwickelt. Zu Einzelfällen vgl. die Stichworte „Geschäftsraummiete", „Schönheitsreparaturen" und „Wohnraummiete". Um Tendenzen der Rechtsprechung zu erkennen, empfiehlt es sich, bei ähnlichen Fragen zu anderen Schuldverhältnissen ergangene Entscheidungen heranzuziehen.[2914]

B. Die Relevanz des Klauselkatalogs des § 309 BGB für Mietverträge

1493 § 309 BGB konkretisiert die Generalklausel des § 307 Abs. 2 BGB. Sie betrifft Klauseln, die mit wesentlichen Grundgedanken der Rechtsordnung nicht vereinbar sind oder eine Einschränkung vertraglicher Rechte und Pflichten bewirken, sodass bei der Prüfungsreihenfolge zunächst die Verbote des § 309 BGB (ohne richterliche Wertungsmöglichkeit) herangezogen werden, danach erst die Verbote des § 308 BGB, die einer richterlichen Wertungsmöglichkeit unterworfen sind (zu Einzelheiten siehe die Kommentierung zu § 307).

1494 Die Relevanz der Vorschriften des § 309 BGB für Mietverträge stellt sich wie folgt dar:

Das Verbot kurzfristiger Preiserhöhungen i.S.v. § 309 Nr. 1 BGB hat Relevanz nur für ganz kurzfristige Mietverträge, wie z.B. über Hotelzimmer, Messezimmer oder ähnliche auf kurzzeitige Überlassung gerichtete Verträge,[2915] da die Vorschrift auf Dauerschuldverhältnisse, insbesondere Miet-, Pacht- und sonstige Gebrauchsüberlassungsverträge, nicht angewandt wird.

1495 Gemäß § 309 Nr. 2 BGB sind Leistungsverweigerungsrechte i.S.v. § 320 BGB und § 273 BGB einer Änderung oder Einschränkung durch Allgemeine Geschäftsbedingungen zulasten des Vertragspartners des Verwenders entzogen. Im Geschäftsverkehr zwischen Unternehmern können die Vorschriften der Allgemeinen Geschäftsbedingungen abbedungen werden. Dies gilt in Anlehnung an § 309 Nr. 2 BGB nicht, soweit die der Geltendmachung des Zurückbehaltungsrechts zugrunde liegenden Gegenforderungen unbestritten oder rechtskräftig festgestellt sind.[2916] Eine diesbezügliche geltungserhaltende Reduktion ist unzulässig.[2917]

1496 Wenn durch Allgemeine Geschäftsbedingungen eine Vorleistungspflicht begründet wird, ist nicht § 309 Nr. 2a BGB, sondern die Generalklausel des § 307 BGB Grundlage der Inhaltskontrolle.[2918]

1497 Das in § 309 Nr. 3 BGB verankerte Aufrechnungsverbot hat für Wohnraummietverhältnisse keine Relevanz, da § 556b Abs. 2 BGB dem entgegensteht. Bei Geschäftsraummietverhältnissen ist das Verbot, mit unbestrittenen oder rechtskräftig festgestellten Gegenforderungen aufzurechnen, unwirksam.[2919] Gleiches gilt für die Mietbürgschaft.[2920]

1498 Einer Änderung durch AGB entzogen ist das Erfordernis zur Mahnung und Fristsetzung. Dieses Verbot darf nicht umgangen werden (§ 309 Nr. 4 BGB).

1499 § 309 Nr. 5 BGB schränkt die Pauschalierung von Schadensersatzansprüchen ein. § 309 Nr. 5b BGB gestattet Pauschalierungen nur, wenn im anderen Teil ausdrücklich der Nachweis gestattet ist, ein Schaden oder eine Wertminderung sei überhaupt nicht entstanden oder wesentlich niedriger als die Pauschale.[2921] Für sonstige Pauschalen wie z.B. Betriebskostenpauschalen gilt die Vorschrift nicht.[2922]

1500 Vertragsstrafen i.S.v. § 309 Nr. 6 BGB haben für Wohnraummietverhältnisse keine Relevanz, da § 555 BGB die Vereinbarung verbietet. Die Verbraucherschutzrichtlinie 93/13/EWG gilt auch für Vertragsstrafen in Mietverträgen.[2923]

Für Geschäftsraummietverhältnisse hat sich eine umfangreiche Rechtsprechung entwickelt. Zu Einzelfällen vgl. Stichwort „Vertragsstrafen".

1501 Das in § 309 Nr. 7 BGB enthaltene Verbot des Haftungsausschlusses bei Verletzung von Leben, Gesundheit und bei grobem Verschulden betrifft den Anspruch gegen den Verwender. Dies hat besondere Relevanz bei der Formulierung von Haftungseinschränkungsklauseln für Kardinalpflichten des Vermieters. Daher sollten diese Klauseln inhaltlich

---

2914 *Niebling*, ZMR 2010, 510
2915 Palandt/*Grüneberg*, § 309 Rn 6.
2916 OLG Hamburg WuM 1998, 152.
2917 BGH ZMR 1993, 320, 321.
2918 BGH NJW 2001, 292, 294.
2919 BGH WPM 1978, 629.
2920 KG ZMR 2006, 524 ff.
2921 BGH NJW 2006, 1056.
2922 *Schmid*, Miet- und Wohnungsrecht (MieWo), § 309 BGB Rn 14.
2923 EuGH v. 30.5.2013 – C-488/11, IMR 2013, 272.

und sprachlich so getrennt werden, dass für Schäden, die aus einer Verletzung des Lebens, des Körpers und der Gesundheit resultieren, auch die Haftung für einfache Fahrlässigkeit umfasst ist und nur für sonstige Schäden die Haftung auf Vorsatz und grobe Fahrlässigkeit beschränkt wird. Für den Verwender ist zu empfehlen, diese Trennung auch bei Klauseln vorzunehmen, die die Folgen bei der Verletzung sonstiger Pflichten regeln.

§ 309 Nr. 7b BGB regelt neben dem Verbot des Haftungsausschlusses auch das Verbot der Haftungsbegrenzung und hat besondere Relevanz für Klauseln, die den Ausschluss bestimmter Schäden regeln oder z.B. der Verkürzung von Verjährungsfristen dienen.[2924] **1502**

Nach § 309 Nr. 8a BGB kann das Recht des Vertragspartners, sich wegen einer vom Verwender zu vertretenden Pflichtverletzung vom Vertrag zu lösen, weder beschränkt noch vollständig ausgeschlossen werden. Der Begriff „Lösung vom Vertrag" ist weit zu fassen, insbesondere werden Rücktritts- und Kündigungsrechte umfasst.[2925] **1503**

§ 309 Nr. 8b BGB hat keine Relevanz für Wohn- und Gewerbemietverhältnisse. **1504**

§ 309 Nr. 9 BGB ist bei Mietverhältnissen nur dann relevant, wenn es sich um Werk- oder Dienstmietverhältnisse handelt und das dienstvertragliche Element überwiegt.[2926] **1505**

§ 309 Nr. 10 BGB findet auf Mietverträge keine Anwendung. **1506**

Die in § 309 Nr. 11 BGB enthaltene Klarstellung, dass ein Vertreter nur für den Vertretenen die Willenserklärung abgeben soll, gilt dann nicht, wenn der Vertreter auch selbst Vertragspartner werden will, z.B. als Mitmieter. **1507**

Nach § 309 Nr. 12 BGB darf eine Veränderung der Beweislastregeln zum Nachteil des Vertragspartners nicht erfolgen, insbesondere darf dem Mieter nicht die Beweislast dafür auferlegt werden, dass ihn Verschulden nicht trifft.[2927] **1508**

Das Verbot des § 309 Nr. 13 BGB hat im Mietrecht besondere Relevanz für den Zugang von Erklärungen, da in Mietverträgen häufig besondere Anforderungen an die Form des Zugangs von Erklärungen gestellt werden. Nicht verlangt werden darf, dass Erklärungen durch eingeschriebenen Brief, Telegramm, Fernschreiben bzw. Telefax abgegeben werden oder bestimmte Formulare zu benutzen sind.[2928] **1509**

C. Besonderheiten des Klauselkatalogs gemäß § 308 BGB für Mietverträge

Sofern Klauseln die Hürde des § 309 BGB genommen haben, ist anhand von § 308 BGB im Einzelfall richterlich zu prüfen, ob eine unangemessene Benachteiligung gegeben ist und hieraus deren Unwirksamkeit folgt. Zu Einzelheiten siehe die Kommentierung zu § 308. **1510**

Die Regelung des § 308 Nr. 1 BGB zu Annahme- und Leistungsfristen hat besondere Relevanz für Verlängerungsklauseln und Optionen, insbesondere wenn die Optionsfrist nicht individualvertraglich, sondern durch Allgemeine Geschäftsbedingungen festgelegt ist. **1511**

Nach § 308 Nr. 1 BGB darf der Verwender sich nicht unangemessen lange oder nicht hinreichend bestimmte Fristen für Annahme oder Ablehnung eines Angebots oder Erbringung seiner Leistung vorbehalten.

Die Vorschrift betrifft nur vom Verwender gesetzte Annahmefristen, nicht dagegen die mit dem Fristablauf verbundene Fiktion der Annahme oder Ablehnung des Vertragsangebots.

Die Angemessenheit der Frist bestimmt sich nach Inhalt und wirtschaftlicher Bedeutung des Vertrags sowie der allgemeinen Verkehrsanschauung.[2929]

Die Regelung des § 308 Nr. 2 BGB zur Nachfrist ist bei Vereinbarungen anzuwenden, durch die der Verwender dem Schuldner eine unangemessene Nachfrist setzt. Die Unangemessenheit wird aufgrund einer Interessenabwägung und unter Auslegung des Sinns der Nachfrist geprüft. Auch auf die Fristen der §§ 281, 323 BGB findet sie Anwendung. Üblicherweise ist eine Nachfrist von zwei Wochen angemessen, es kommt jedoch auf den Einzelfall an.[2930] **1512**

Die Vorschrift findet auch bei Gewerbemietverträgen Anwendung.[2931]

Der Rücktrittsvorbehalt des § 308 Nr. 3 BGB findet auf Dauerschuldverhältnisse keine Anwendung und gilt daher nicht für auf längere Zeit angelegte Miet- und Pachtverträge. **1513**

Der Grundgedanke der Vorschrift des § 308 Nr. 4 BGB findet auf Gewerbemietverträge Anwendung.[2932] Fragen der aufgrund einer Interessenabwägung zu prüfenden Zumutbarkeit sind äußerst umstritten.[2933] Der Vorbehalt eines einseitigen Leistungsänderungsrechts ist unwirksam, wenn er zu einer wesentlichen Veränderung des Leistungsgefüges führen kann.[2934] **1514**

2924 BGH WPM 1989, 1521.
2925 *Schmid*, Miet- und Wohnungsrecht (MieWo), § 309 BGB Rn 30.
2926 BGH WuM 1986, 56.
2927 OLG Frankfurt WuM 1992, 56, 61; OLG München WuM 1989, 128 ff.
2928 OLG Naumburg WuM 2000, 117 f., entschieden zu § 9 AGBG.
2929 Hierzu BGH NJW 2010, 1518; *Ehrich/Pleister*, ZMR 2009, 818.
2930 *Lützenkirchen*, NZM 1998, 558.
2931 Palandt/*Grüneberg*, § 308 Rn 13a.
2932 Palandt/*Grüneberg*, § 308 Rn 24.
2933 Vgl. Palandt/*Grüneberg*, § 308 BGB Rn 23.
2934 OLG Celle ZMR 1996, 209 ff.

1515 § 308 Nr. 5 BGB soll verhindern, dass der Vertragspartner des Verwenders durch Erklärungsfiktionen mit Rechtsfolgen überrascht wird, die er weder wollte noch auf die er sich einstellen konnte. Allerdings findet die Regelung nur Anwendung für rechtsgeschäftliche Erklärungen im Rahmen der Vertragsdurchführung, nicht beim Zustandekommen des Vertrags.[2935] Eine Frist von einem Monat ist bei einer Anerkenntnisfiktion zu kurz.[2936]

1516 § 308 Nr. 6 BGB erfasst Zugangsfiktionen. Das in dieser Regelung enthaltene Verbot gilt für Erklärungen von besonderer Bedeutung, mithin alle Erklärungen, die für den Vertragspartner mit nachteiligen Folgen verbunden sind, wie z.B. Kündigungen,[2937] Mahnungen und Nachfristsetzungen.[2938] Zu den Bevollmächtigungsklauseln siehe Einzelfälle im Stichwort „Vollmachtsklauseln".

1517 § 308 Nr. 7a und 7b BGB regeln, dass Vertragsklauseln unwirksam sind, wenn das vereinbarte Entgelt für den Fall der Vertragsauflösung unangemessen hoch ist. Als Anhaltspunkt dient der dem Verwender bei Vertragsauflösung zustehende Betrag.[2939] § 308 Nr. 7 BGB gilt auch im Bereich des Gewerbemietrechts.[2940]

1518 Die Regelung über die Nichtverfügbarkeit der Leistung in § 308 Nr. 8 BGB findet auf Miet- und Pachtverträge keine Anwendung.

Möbel-AGB

1519 Im Möbelhandel verwendete AGB sind immer wieder als unangemessen aufgefallen.[2941]

1520 Insbesondere sind folgende Klauseln für **unwirksam** erklärt worden:
– „Die Angaben über den Liefertermin werden nach Möglichkeit eingehalten; sie sind jedoch nur annähernd und können vom Verkäufer bis zu drei Monaten überschritten werden."
Verstoß gegen § 308 Nr. 1 BGB.[2942]
– „Betriebsstörungen jeder Art, insbesondere in den Lieferwerken und sonstige Umstände irgendwelcher Art, welche die Lieferung ohne Verschulden des Verkäufers verzögern, unmöglich machen oder erheblich verteuern, befreien den Verkäufer von der Lieferverpflichtung unter Ausschluss von Schadensersatzansprüchen."
Verstoß gegen § 308 Nr. 3 BGB (Höhere Gewalt-Klauseln).
– „Der Verkäufer ist befugt, die Einbauküche vor dem vereinbarten Termin zu liefern."
Unwirksam.[2943]
– „Bei Nichtbelieferung des Verkäufers durch Lieferanten steht beiden Parteien das Recht zu, vom Vertrag, soweit er sich auf nichtlieferbare Gegenstände bezieht, zurückzutreten."
Verstoß gegen §§ 308 Nr. 3, 307 BGB.
– „Bei Nichteinhaltung der Zahlungsbedingungen werden Verzugszinsen in Höhe von vier Prozent über dem Bundesbank-Diskontsatz erhoben, mindestens 7,5 % p.a."
Verstoß gegen § 308 Nr. 5b BGB.
– „Der Verkäufer hat in diesen Fällen (d.h. bei Nichterfüllung der Zahlungsverpflichtungen und bei Abnahmeverweigerung durch den Käufer) auch das Recht, vom Vertrag zurückzutreten."
Verstoß gegen § 308 Nr. 4 BGB.
– „Gerichtsstand für beide Teile hinsichtlich einer sich aus dem Geschäft ergebenden Rechte und Pflichten ist Düsseldorf."
Verstoß gegen § 38 ZPO, der auch im Verbandsverfahren nach dem UKlaG (Verbandsverfahren) untersagt werden kann.

1521 Die Klausel „Bei Zahlungsverzug werden je angefangene Woche ein Aufschlag von 0,25 % des Rechnungsbetrages erhoben." verstößt weder gegen § 309 Nr. 5b noch gegen § 307 BGB.[2944]

1522 Die Klausel „Vereinbarungen, Zusicherungen oder Änderungen sind nur in schriftlicher Form gültig." verstößt gegen § 307 BGB, weil sie individuellen Erklärungen der Vertragsparteien schlechthin entgegen § 305b BGB jede Wirksamkeit abspricht.[2945]

1523 Eine Klauselgestaltung, die dem Verwender die Gelegenheit eröffnet, begründete Ansprüche unter Hinweis auf eine in der Sache nicht oder nicht stets zutreffende Darstellung der Rechtslage abzuwehren, verstößt generell gegen § 307.

1524 Die Klausel „Bei Abnahmeverzug des Käufers ist der Verkäufer nach einer angemessenen Nachfristsetzung verbunden mit einer Ablehnungsandrohung berechtigt, Schadensersatz in Höhe von 25 % der Kaufsumme des Bestellscheins zu verlangen." verstößt gegen § 305 Nr. 5b BGB.

2935 OLG Düsseldorf NJW 2005, 1515, Entscheidung erging zu Kaufvertrag.
2936 BGH MDR 1999, 933; OLG Düsseldorf ZMR 2000, 453, 454 m. Anm. *Schmid*.
2937 BayObLG NJW 1980, 2818.
2938 Palandt/*Grüneberg*, § 308 Rn 33.
2939 BGH NJW 1991, 2764.
2940 Palandt/*Grüneberg*, § 308 Rn 41.
2941 Hierzu auch Palandt/*Grüneberg*, § 307 Rn 106; UBH/ *Christensen*, Teil 2 (17) Rn 21; WLP/*Dammann*, M 151.
2942 BGH NJW 1983, 1320.
2943 BGH NJW 2007, 1198.
2944 BGH NJW 1985, 320.
2945 BGH NJW 1985, 320.

Die Fälligkeit des Kaufpreises kann nicht von der Bereitstellungsanzeige abhängig gemacht werden.[2946]   **1525**

Die Vereinbarung des Gerichtsstandes „für das Mahnverfahren" darf nicht gegen die zwingende Bestimmung des § 689 Abs. 2 S. 1 i.V.m. § 40 Abs. 2 ZPO verstoßen.   **1526**

Der BGH hat ferner über folgende Klauseln befunden: **1527**

- *„Für alle Gegenstände gilt eine Nachlieferfrist von vier Wochen gem. § 326 BGB."*
  Verstoß gegen § 308 Nr. 2 BGB.
- *„Die Lagerung der gekauften Möbel wird nach Ablauf des vereinbarten Liefertermins auf die Gefahr des Käufers einen Monat lang kostenlos übernommen."*
  Verstoß gegen § 307 BGB.
- *„Der Käufer kann an die bestellten Waren qualitative Ansprüche nur in einer Höhe stellen, wie sie billigerweise oder handelsüblich bei Waren in der Preislage in der bestellten gestellt werden können."*
  Kein Verstoß gegen § 307 BGB, da die Maßstäbe der Billigkeit und Handelsüblichkeit hierbei berücksichtigt werden können.
  Dagegen ist die Klausel, dass die Gewährleistung sich nicht auf handelsübliche Farb- und Maserungsabweichungen bei Holzoberflächen sowie nicht auf handelsübliche Abweichungen bei Textilien in der Ausführung gegenüber Stoffmustern, insbesondere im Farbton, erstrecke, unwirksam.[2947]
- *„Wird dem Käufer nachträglich Ratenzahlung bewilligt, wird die gesamte Restforderung fällig, wenn der Käufer mit mindestens zwei aufeinander folgenden Raten ganz oder teilweise in Verzug ist."*
  Vom BGH nicht beanstandet.[2948]
- *„Mahnkosten gehen zu Lasten des Käufers und werden mit 3 EUR zuzüglich Portoauslagen je Mahnschreiben belastet."*
  Verstoß gegen § 309 Nr. 4.[2949]
- *„Bei gerichtlicher Beitreibung sind die zusätzlich entstehenden Bearbeitungskosten mit 10 EUR zu vergüten."*
  Verstoß gegen § 307.[2950]
- *„Der Verkäufer kann in schriftlicher Erklärung vom Vertrag zurücktreten, wenn der Käufer unrichtige oder unvollständige Angaben über seine Person oder über die seine Kreditwürdigkeit bedingenden Tatsachen gemacht hat."*
  Verstoß gegen § 308 Nr. 3 BGB, soweit dem Verkäufer ein Rücktrittsrecht ohne Einschränkungen für den Fall zugestanden wird, dass der Käufer unrichtige Angaben über seine Person gemacht hat.
- Eine sachliche Rechtfertigung für ein Rücktrittsrecht ist dagegen zu bejahen, wenn der Kunde falsche Angaben über seine Kreditwürdigkeit macht.[2951]
- *„Der Verkäufer kann in schriftlicher Erklärung vom Vertrag zurücktreten, wenn der Käufer den vorstehenden Verpflichtungen zuwiderhandelt, insbesondere die Anzeigepflicht verletzt."*
  Wirksam, soweit die Pflichten, die dem Käufer auferlegt werden, z.B. das Vorbehaltseigentum des Verkäufers zu wahren und die Waren sorgfältig zu behandeln, wirksam sind.[2952]
- *„Der Verkäufer ist berechtigt, für die infolge des Vertrages gemachten Aufwendungen sowie als Ersatz für alle nicht durch den vertragsgemäßen Gebrauch hervorgerufenen Beschädigungen und als Vergütung für die Gebrauchsüberlassung und die inzwischen eingetretene Wertminderung den entsprechenden Betrag von den eingezahlten Raten einzubehalten oder – falls der Betrag der gezahlten Ratenzahlungen nicht ausreicht – über diesen hinaus vom Käufer zu fordern."*
  Verstoß gegen § 307 BGB.
- Eine Klausel, wonach für die Gebrauchsüberlassung jeweils ein bestimmter Vom-Hundertsatz zu erstatten ist, verstößt dann gegen § 307 BGB, wenn hiermit nicht der Wert des tatsächlich erfolgten Gebrauchs und die konkret festzustellende Wertminderung berücksichtigt werden.[2953]
- Auch Nachbesserungsklauseln können unwirksam sein: Eine beklagte Möbelhändlerin verwandte beim Verkauf neuer Möbel ein Formular „Kaufbestätigung und Rechnung", das dem Käufer nach Nr. 2 der AGB bei mangelhafter Lieferung ein Recht auf Nachbesserung einräumte. Herabsetzung des Kaufpreises konnte der Kunde nach Nr. 3 der AGB nicht verlangen. Auf die Klage einer Verbraucherzentrale hin hat der BGH die AGB-Klauseln als Einheit und mit § 309 BGB (früher § 11 Nr. 10b AGBG) unvereinbar angesehen. Eine Beschränkung auf Nachbesserung (jetzt: Nacherfüllung) liege schon dann vor, wenn dem Käufer in den AGB zwar ein Recht auf Nachbesserung eingeräumt werde, der Zusammenhang dieser Klausel mit einer anderen über den Ausschluss der Kaufpreisminderung vom nicht rechtskundigen Käufer aber so verstanden werden könne, dass er **lediglich** ein Recht auf Nachbesserung habe. Dies gelte jedenfalls für die Beurteilung im Verbandsverfahren nach dem UKlaG (frü-

---

2946 BGH NJW 2007, 1198.
2947 BGH NJW-RR 1989, 193.
2948 BGH NJW 2007, 1198.
2949 BGH NJW 2007, 1198.
2950 BGH NJW 2007, 1198.
2951 BGH NJW 2007, 1198.
2952 BGH NJW 2007, 1198.
2953 BGH NJW 2007, 1198, jetzt insbesondere das VerbrKrG.

her: § 13 AGBG).²⁹⁵⁴ Schadensersatzansprüche können nicht bei berechtigter Abnahmeverweigerung des Käufers entstehen.²⁹⁵⁵ Werden Möbel eingebaut, so ist die Rechtsprechung des EuGH zu beachten, wonach bei B2C-Verträgen auch die Ein- und Ausbaukosten vom Verkäufer zu tragen sind.²⁹⁵⁶

– Die AGB eines Online-Shops eines Möbelhauses, wonach dieses nur die rechtzeitige und ordnungsgemässe Ablieferung der Waren an das Transportunternehmen schulde und für Verzögerungen des Transportunternehmens nicht verantwortlich sei, verstösst gegen § 307 Abs. 1 und 2 und § 309 Nr. 7 BGB.²⁹⁵⁷

Partnerschafts- und Heiratsvermittlung

1528 Beim Eheanbahnungsvertrag ist zu unterscheiden zwischen solchen Verträgen, die auf eine Anbahnungstätigkeit zielen und solchen, die selbst auf Herbeiführung der Ehe gerichtet sind. Der BGH spricht im ersten Fall von einem Eheanbahnungsdienstvertrag, im zweiten Fall von einem Ehemaklervertrag.²⁹⁵⁸

1529 Auf Eheanbahnungsdienstverträge findet § 656 BGB entsprechende Anwendung, sodass grundsätzlich eine Verbindlichkeit nicht begründet wird, das aufgrund eines Versprechens Geleistete jedoch nicht zurückgefordert werden kann. Gleiches gilt für Partnervermittlungsverträge.²⁹⁵⁹

1530 Zumeist sind die Verträge als Dienstverträge ausgestaltet.²⁹⁶⁰ Heiratsvermittler verlangen daher zumeist Vorauszahlung der Vergütung, was nicht gegen § 309 Nr. 2 BGB verstößt, da – nach Auffassung des BGH – andernfalls den Eheanbahnungsinstituten die wirtschaftliche Grundlage entzogen würde.²⁹⁶¹

1531 Eine Klausel, nach der das im Voraus entrichtete Entgelt „in keinem Fall" zurückgezahlt wird, verstößt gegen § 308 Nr. 7 BGB, da die Klausel auch den Fall umfasst, dass der Auftraggeber von dem ihm vertraglich eingeräumten Kündigungsrecht zulässigerweise Gebrauch macht. Vergleichbare Regelungen können auch gegen § 628 Abs. 1 BGB verstoßen.²⁹⁶² Die Klausel würde auch dann eingreifen, wenn der Kunde durch vertragswidriges Verhalten des Instituts Grund zur Kündigung haben würde (geltungserhaltende Reduktion).

1532 Auch die Vereinbarung einer erfolgsunabhängigen Vergütung bei Eheanbahnungsverträgen ist nicht generell zu beanstanden.²⁹⁶³

1533 Gehaltsabtretungsklauseln zur Begleichung des Ehemaklerlohnes sind nach § 307 BGB unwirksam.²⁹⁶⁴

1534 Das Recht des Kunden, den Vertrag nach §§ 627, 626 BGB zu kündigen, kann nicht ausgeschlossen werden.²⁹⁶⁵ In Laufzeitklauseln ist auf diese Kündigungsmöglichkeit hinzuweisen, andernfalls erwecken diese den Eindruck, der Kunde könne sich während der Laufzeit nicht vom Vertrag lösen.²⁹⁶⁶ Bei Rückabwicklung des Vertrags ist § 628 BGB zu beachten, d.h. es besteht ein Anspruch des Kunden auf Rückzahlung der vorausgezahlten Monatsbeiträge sowie eines Teils der Grund- und Aufnahmebeiträge.²⁹⁶⁷

1535 Die Klausel in der eine Rechtspflicht des Instituts zum Tätigwerden vor Zahlung der Vergütung ausgeschlossen wird, ist als deklaratorische Klausel wirksam.²⁹⁶⁸

1536 AGB eines Partnerschaftsvermittlers, welche die mit den Kunden geschlossenen Verträge als Werkverträge hinstellen und die gesamte Vergütung noch vor Bekanntgabe der Adressen Partnerschaftswilliger fällig stellen, sind nach § 307 BGB unwirksam.²⁹⁶⁹

1537 Der Prüfungsmaßstab für die Angemessenheit der Vergütung für Anlauf- und Allgemeinkosten richtet sich danach, was ohne die Klausel geschuldet sein würde.²⁹⁷⁰

Pauschalierter Schadensersatz

1538 Schadenspauschalen in Verträgen dienen dem Zweck, dem Gläubiger den Nachweis seines Schadens zu erleichtern, wenn der Schuldner eine Pflichtverletzung begangen hat. Das Bedürfnis des Gläubigers, seine Beweislage in solchen Fällen zu verbessern, wird von der Rechtsprechung bereits seit langem anerkannt.²⁹⁷¹ Steht fest, dass der Schuldner dem Grunde nach zum Schadensersatz verpflichtet ist, können Schadenspauschalen außerdem dazu beitragen, Aus-

---

2954 BGH NJW-RR 1990, 1141.
2955 OLG München NJW-RR 2004, 212.
2956 EuGH v. 16.6.2011 – C-65/09 und C-87/09.
2957 BGH v. 6.11.2013 – VIII ZR 353/12.
2958 BGH NJW 1983, 2817.
2959 BGH NJW 1990, 2550.
2960 BGH NJW 2010, 150; UBH/*Christensen*, Teil 2 (23) Rn 1.
2961 BGH NJW 1983, 2817, 2189.
2962 BGHZ 106, 341, BGH NJW 1999, 276; OLG München NJW-RR 1992, 1205.
2963 BGH NJW 1983, 2819.
2964 *Loddenkemper*, NJW 1984, 161.
2965 BGHZ 106, 341, BGH NJW 1999, 276; 1987, 2808; 1989, 1479; UBH/*Christensen*, Teil 2 (23) Rn 5.
2966 BGH NJW 2010, 150; Palandt/*Grüneberg*, § 307 Rn 84.
2967 BGH NJW 1983, 2817; Aufnahmegebühren dürfen 20 % der Gesamtvergütung nicht überschreiten, hierzu: UBH/*Christensen*, Teil 2 (23) Rn 6.
2968 BGH NJW 1986, 927, 928.
2969 OLG Hamburg NJW 1986, 325.
2970 BGH VersR 1991, 1380 zu § 10 Nr. 7.
2971 BGH, Urt. v. 8.10.1969 – VIII ZR 20/68, NJW 1970, 29, 32; BGH, Urt. v. 16.6.1982 – VIII ZR 89/81, NJW 1982, 2316, 2317.

einandersetzungen über die Schadenshöhe zu vermeiden.[2972] Aus diesen Gründen ist die Pauschalierung von Schadensersatz in AGB grundsätzlich nicht zu beanstanden; es sei denn, der Verwender verfolgt mit der Klauselgestaltung das Ziel, einen überhöhten Schaden geltend zu machen, um sich so auf Kosten seines Kunden zu bereichern.[2973] Der Gesetzgeber hat vorformulierte Schadenspauschalen deshalb einer Inhaltskontrolle nach § 309 Nr. 5 BGB unterworfen. Danach ist die Pauschalierung von Schadensersatzansprüchen in AGB unzulässig, wenn die Pauschale den nach dem gewöhnlichen Lauf der Dinge zu erwartenden Schaden übersteigt oder dem Schuldner nicht ausdrücklich den Nachweis gestattet, ein Schaden sei überhaupt nicht oder nur in geringer Höhe entstanden. Dabei stellt die Vorschrift nicht nur auf Schadenspauschalen, sondern ausdrücklich auch auf Wertminderungspauschalen ab. Zu weiteren Einzelheiten siehe die Kommentierung zu § 309 Nr. 5.

Das Klauselverbot des § 309 Nr. 5 BGB ist über §§ 307, 310 Abs. 1 BGB auch im Geschäftsverkehr zwischen Unternehmern grundsätzlich anwendbar.[2974] Lediglich der ausdrücklichen Zulassung des Gegenbeweises, die in § 309 Nr. 5b BGB als Wirksamkeitsvoraussetzung für eine Schadenspauschalierung vorgesehen ist, bedarf es im unternehmerischen Geschäftsverkehr nicht. Diesbezüglich ist es ausreichend, wenn der Gegenbeweis nicht ausgeschlossen wird.[2975] **1539**

Prämien- und Preisanpassung

Solche Klauseln und Vorbehalte unterliegen wie Leistungsanpassungsklauseln und Leistungsvorbehalte der Inhaltskontrolle und sind nach § 307 BGB zu überprüfen.[2976] **1540**

Bezieht sich die Klausel dagegen (auch) auf Waren und Leistungen, die innerhalb von vier Monaten nach Vertragsschluss geliefert oder erbracht werden sollen, so folgt die Unwirksamkeit bereits aus § 309 Nr. 1 BGB. **1541**

Klauseln, die eine Preiserhöhung nach freiem Belieben gestatten, sind unwirksam.[2977] **1542**

Die bei Überschreitung einer Leistungsfrist eröffnete Vergütungsänderung muss nach § 307 BGB dem Äquivalenzprinzip als der Vorstellung beider Parteien von der Gleichwertigkeit ihrer Leistungen entsprechen.[2978] Es ist daher unzulässig, wenn über die Abwälzung der konkreten Kostensteigerungen (etwa Lohn- und Materialkosten) hinaus die vereinbarte Festpreisvergütung ohne jede Begrenzung einseitig angehoben werden kann, etwa um einen zusätzlichen Gewinn zu erzielen.[2979] **1543**

Eine Klausel, wonach bei Überschreitung des Festpreistermins der Gesamtpreis um den Prozentsatz zu erhöhen ist, zu dem der Unternehmer entsprechende Bauwerke im Zeitpunkt des Baubeginns nach der dann gültigen Preisliste anbietet, verstößt daher gegen § 307 BGB. **1544**

Auch eine Klausel in einem Krankenhausaufnahmevertrag, die den Anschein erweckt, als sei eine rückwirkende Erhöhung des Pflegesatzes stets wirksam, verstößt gegen § 307 BGB, da § 19 Abs. 2 S. 2 BPflV gegen den Grundsatz der Gesetzmäßigkeit der Verwaltung verstößt.[2980] **1545**

Zinsklauseln, die eine Anpassung an kapitalmarktbedingte Änderungen der Refinanzierungsbedingungen ermöglichen, halten einer Inhaltskontrolle stand.[2981] **1546**

Unter Kaufleuten ist ein Preisbestimmungsrecht des Unternehmers, das nicht mit einem folgenlosen Lösungsrecht des Bestellers gekoppelt ist, nicht zu beanstanden, wenn der vom Unternehmer bestimmte Preis den Anstieg der allgemeinen Lebenshaltungskosten in der Zeit zwischen Bestellung und Abruf der Werkleistung nicht unerheblich übersteigt.[2982] **1547**

Im kaufmännischen Verkehr sind daher die jeweiligen Besonderheiten sorgfältig zu berücksichtigen und anhand der typischen Interessen der Vertragschließenden zu würdigen.[2983] **1548**

Eine nach § 307 BGB unwirksame Preisanpassungsklausel kann unter den Voraussetzungen der ergänzenden Vertragsauslegung dazu führen, dass Preise nur im Rahmen einer tatsächlichen Kostensteigerung an den Kunden weitergegeben werden dürfen.[2984] **1549**

2972 UBH/*Fuchs*, § 309 Nr. 5 Rn 3; WLP/*Dammann*, § 309 Nr. 5 Rn 1.
2973 MüKo/*Wurmnest*, § 309 Nr. 5 Rn 2; UBH/*Fuchs*, § 309 Nr. 5 Rn 4.
2974 BGH, Urt. v. 12.1.1994 – VIII ZR 165/92, NJW 1994, 1060, 1068; Bamberger/Roth/*Becker*, § 309 Nr. 5 Rn 39f.; Erman/*Roloff*, § 309 Rn 51; MüKo/*Wurmnest*, § 309 Nr. 5 Rn 27; Palandt/*Grüneberg*, § 309 Rn 32; jeweils m.w.N.
2975 BGH, Urt. v. 20.3.2003 – I ZR 225/00, NJW-RR 2003, 1056, 1059; Bamberger/Roth/*Becker*, § 309 Nr. 5 Rn 41; Staudinger/*Coester-Waltjen*, § 309 Nr. 5 Rn 26 m.w.N.
2976 Kontrollfreiheit: BGH NJW 1990, 115; gerichtlich zu Recht überprüfbar: LG Köln v. 19.11.2008 – 26 O 125/07: Preisnebenvereinbarungen sind überprüfbar, sofern dispositives Recht sie ersetzen kann; *Niebling*, ZMR 2013, 20.
2977 BGH NJW 1985, 856; BGH NJW 1986, 3135.
2978 BGH NJW 1985, 2270.
2979 BGH NJW 1990, 115, 116.
2980 BGH NJW 1988, 2951.
2981 BGH NJW 1986, 1803.
2982 BGH NJW 1985, 426.
2983 BGH NJW 1985, 853.
2984 BGH NJW 1990, 115, 116.

1550 Preiserhöhungen für Waren oder Leistungen, die innerhalb von vier Monaten nach Vertragsabschluss geliefert oder erbracht werden sollen, verstoßen im nicht-kaufmännischen Verkehr gegen § 309 Nr. 1 BGB. Im Übrigen gilt hier die Inhaltskontrolle nach § 307 BGB (Prämienanpassungsklauseln, Preisanpassungsklauseln und Preisvorbehalte). § 309 Nr. 1 BGB greift jedoch nicht ein bei Waren oder Leistungen, die im Rahmen von Dauerschuldverhältnissen geliefert oder erbracht werden. Das Klauselverbot greift auch ein, wenn die Leistungszeit vertraglich nicht bestimmt ist und daher die Leistung nach § 271 BGB sofort fällig ist. Die Frist berechnet sich vom Zustandekommen des Vertrages, nicht dagegen vom Datum der Unterzeichnung des Vertragsangebotes.[2985]

1551 Die Überwälzung von Kosten und Lohnerhöhungen, die dem Risikobereich des Verwenders zuzuweisen sind, ist demnach ebenfalls unwirksam.[2986]

1552 Unter den Begriff des Dauerschuldverhältnisses fallen auch Abonnementverträge,[2987] Sukzessivlieferungsverträge,[2988] Bezugsverträge wie der Bierlieferungsvertrag und Wiederkehrschuldverhältnisse. Die Ausnahme nach dem GWB betrifft Verkehrsträger, nicht jedoch Reiseveranstalter.[2989] Für den kaufmännischen Verkehr gilt § 307 BGB mit Zurückhaltung.

1553 Auch Preisanpassungsklauseln in Gasversorgungsverträgen können unwirksam sein,[2990] wenn sie nicht klar und verständlich den Umfang möglicher Änderungen festschreiben. Gleiches gilt für Stromlieferverträge.[2991]

1554 Auch **Zinsänderungsklauseln** unterliegen der Inhaltskontrolle und müssen ein Mindestmaß an Kontrollierbarkeit möglicher Zinsänderungen enthalten,[2992] § 308 Nr. 4 BGB. Die umfangreiche Rechtsprechung hierzu (siehe Stichwort „Zins- und Zinsberechnungsklauseln") gilt daher auch vorliegend. Denkbar ist hier eine ergänzende Vertragsauslegung, nicht aber eine einseitige Ermessensausübung der Bank. Orientierung können die Zinsen für vergleichbare langfristige Spareinlagen sein.

Preisargument

1555 Der Verwender kann die Unwirksamkeit von AGB nicht dadurch rechtfertigen, dass diese der niedrigen Preiskalkulation dienten.[2993] Ein hoher Preis führt weder zu einem Summierungseffekt,[2994] noch kann ein niedriger Preis die Unwirksamkeit anderer Klauseln kompensieren.

1556 Da die Kunden im Übrigen nicht die jeweiligen AGB vergleichen, würde das Preisargument daher auch zu einem wesentlichen Transparenzverlust (Transparenzverbot) führen.

1557 Im Übrigen ist sowohl abstrakt wie auch konkret nicht nachzuweisen, dass die Preisgestaltung von der Gestaltung der AGB abhängig ist. Die Rechtsprechung hat daher zu Recht das Preisargument verworfen.[2995] Dies dürfte sich auch für Verbraucherverträge durch § 310 Abs. 3 Nr. 3 BGB nicht ändern.

1558 Einigen sich die Parteien auf ein bestimmtes Formular im Sinne der Volvo-Entscheidung (siehe § 305 Rn 42, 46), weil der Verwender erklärt, er reduziere den Preis (die Miete etc.) wenn der andere Teil ein bestimmtes Formular akzeptiere, so unterliegt das vereinbarte Muster in vollem Umfang dem AGB-Recht. Der Preisnachlass ändert nichts daran, dass die Bedingungen gestellt sind.

Qualitätssicherungsvereinbarungen

1559 Qualitätssicherungsvereinbarungen nehmen zu Recht eine essentielle Stelle im Spannungsverhältnis Recht und Politik eines jeden Unternehmens ein.[2996] Europäische Firmen werden im internationalen Wettbewerb nur bestehen, wenn diese auf Qualität statt auf Masse setzen. Damit ist Qualität ein Wettbewerbsparameter, der im engen Zusammenhang mit den Begriffen „Marktpositionierung" und „Standortfaktor" steht.

2985 OLG Frankfurt DB 1981, 884.
2986 BGH NJW 1985, 856; Höhere Gewalt-Klauseln.
2987 BGH NJW 1980, 2518.
2988 BGH NJW-RR 1986, 212.
2989 OLG Frankfurt NJW 1982, 2199.
2990 BGH v. 14.5.2014 – VIII ZR 114/13, VIII ZR 116/13; BGH v. 31.7.2013 – VIII ZR 162/09; BGH v. 17.12.2008 – VIII ZR 274/06; BGH v. 29.4.2008 – KZR 2/07; OLG Frankfurt v. 5.5.2009 – 11 U 61/07 (Kart.); *Säcker/Mengering*, BB 2013,1856; *Zabel*, BB 2013, 1875.
2991 BGH v. 15.1.2014 – VIII ZR 80/13; BGH v. 26.9.2012 – VIII ZR 279/11 (zur ergänzenden Vertragsauslegung etwa: BGH v. 23.1.2013 – VIII ZR 52/12, VIII ZR 80/13, VIII ZR 305/11 und VIII ZR 306/11); BGH v. 17.10.2012 – VIII ZR 292/11 (keine Anwendung von § 315 Abs. 3 BGB) m. Anm. *Niebling*, NJ 2014, 29, 30.
2992 BGH v. 13.4.2010 – XI ZR 197/09 m. Anm. *Niebling*, VuR 2010, 267; BGH v. 21.12.2010 – XI ZR 52/08.
2993 Bereits *Fischer*, BB 1957, 481, 485: „Die Auffassung, dass rechtlich unbillige Bedingungen mit Rücksicht auf eine Verminderung des Preises anerkannt werden können, kann auf keinen Fall gebilligt werden."
2994 Zum Summierungseffekt zuletzt BGH v. 12.3.2014 – XII ZR 108/13.
2995 BGHZ 22, 98; 77, 131; OLG Karlsruhe NJW-RR 1989, 243.
2996 Hierzu *Lenz*, Produkthaftung, 2014, § 3 Rn 123, § 5 Rn 11; Röhricht-HGB/*Laschet*, S. 2318; Palandt/*Grüneberg*, § 307 Rn 122.

Qualitätssicherungsvereinbarungen

In einem zunehmend globalen Wettbewerb werden die den Kauf bestimmenden Parameter wie Preis und Leistung, Qualität, Haltbarkeit, Garantie, Design und anderes nur beschränkt zu beeinflussen sein. Qualität alleine reicht aber keinesfalls aus, um im internationalen Wettbewerb zu bestehen, vielmehr kommt auch dem Zeitmoment entscheidende Bedeutung zu.

Auszugehen ist von folgender **Lieferantenkette**: Hersteller – Lieferant/Systemlieferant – Lieferant – Komponentenhersteller.

In all diesen Verhältnissen kommen Qualitätssicherungsvereinbarungen in Betracht, die dazu dienen, höchstmögliche Qualität in kürzestmöglicher Zeit zu ermöglichen.

Qualitätssicherungsvereinbarungen sollen einerseits präventiv eine größtmögliche Qualität des fertigen Produktes gewährleisten, andererseits aber auch im Krisen- und Haftungsfall für Transparenz und Ausgewogenheit in der Abwicklung sorgen.Qualitätssicherungsvereinbarungen stehen jedoch auch für Schwierigkeiten, Verantwortungsbereiche abzugrenzen: Was hätte der Lieferant erkennen und mitteilen müssen, was der Hersteller?

Wichtig ist daher, dass in den Verträgen **Hersteller/Lieferant** präzise die Verantwortung abgegrenzt wird, dass Kostenfragen klar geregelt und der Prozess des Zusammenarbeitens z.B. beim simultaneous engeneering transparent wird.

Die Bedeutung von Allgemeinen Geschäftsbedingungen ist in diesen Vereinbarungen immens.Werden diese Formularvereinbarungen **nicht inhaltlich zur Disposition gestellt**, mit der Bereitschaft, diese möglicherweise auch abzuändern, so liegen zweifelsohne Allgemeine Geschäftsbedingungen vor.Wird dagegen ein Muster als Diskussionsgrundlage besprochen und werden **alle Passagen inhaltlich zur Disposition gestellt** wie auch einige Passagen inhaltlich zugunsten des Lieferanten **abgeändert**, so liegt eine Individualabrede nahe, d.h. die Schutzbestimmungen zu Allgemeinen Geschäftsbedingungen finden dann keine Anwendung.

Wie § 307 Abs. 3 S. 1 BGB deutlich macht, fallen Bestimmungen über den Preis und die Leistung selber nicht in den Bereich der Inhaltskontrolle, denn hierfür besitzt das dispositive Recht kein Gerechtigkeitsgehalt. Vereinbarungen über eine versteckte Preiserhöhung und Zusatzkosten unterliegen dagegen uneingeschränkt der Inhaltskontrolle.

Obliegenheiten des Lieferanten, z.B. zur Dokumentation, können jedoch unschwer in Qualitätssicherungsvereinbarungen festgeschrieben werden, ohne hierfür ein gesondertes Entgelt festzuschreiben. **Zusatzleistungen** können jedoch überraschend sein nach § 305c Abs. 1 BGB: Insbesondere wenn an versteckter Stelle zeit- und kostenaufwändige Arbeiten des Lieferanten gefordert werden, die mit der allgemeinen Vergütung abgegolten sein soll, kann eine Überraschung vorliegen, mit der Folge, dass diese Klausel nicht Vertragsbestandteil wird.

Eine unangemessene Verteilung der Äquivalenz von Leistung und Gegenleistung (Äquivalenzprinzip) führt nicht zu überraschenden Klauseln, sondern kann ausnahmsweise zu einer unangemessenen Benachteiligung nach § 307 BGB führen.

Der Inhaltskontrolle unterliegen auch Regelungen,
- die eine Haftung des Lieferanten vorsehen, obwohl dieser nicht den Mangel oder Fehler verursacht hat, hieran kein Verschulden trifft oder der Hersteller trotz zumutbarer Aufklärung des Lieferanten an der risikoreichen Konstruktion festhalten wollte;
- wonach der Lieferant den Hersteller von produktspezifischen Entwicklungsleistungen vollständig entlasten soll;
- wenn der Hersteller sein besonderes Wissen zu Risiken und Gefahren dem Lieferanten nicht zur Verfügung stellt, um diesen so unter Haftungsdruck zu nehmen;
- wonach der Lieferant nach aussen voll haftet, auch wenn im Innenverhältnis ein Haftungsanteil des Herstellers besteht;
- die den Hersteller befreien sollen von eigenen Pflichten wie Überwachung des Lieferanten, Erstbemusterung, Überprüfung von Auditierung und Zertifizierung, sowie notwendiger Kommunikation und Erfahrungsaustausch.

Im Grundsatz unbedenklich sind demgegenüber folgende Regelungen:
- Anforderungen an das Lieferanten-Qualitätsmanagementsystem
- Abgrenzung der qualitätsbezogenen Verantwortlichkeiten
- Definition der Schnittstellen zwischen Kunden und Lieferanten
- Festlegung der gegenseitigen Informationspflichten
- Berechtigung des Kunden zu bestimmten Audits
- Dokumentation der Q-Daten, Aufbewahrungszeiten, Berichtswesen
- Festlegung des Produktionsprozess- und Produktfreigabeverfahrens
- Maßnahmen zur Fehlervermeidung/-erkennung/-behebung
- Festlegung gemeinsamer Qualitätsergebnisse
- Vereinbarung zur Anlieferqualität und zur Produktzuverlässigkeit
- Abstimmung von Prüfungen und Prüfverfahren
- Identifikation und Produktrückverfolgbarkeit
- Anforderungen an das Lieferanten-Umweltmanagementsystem

1569 Die Abgrenzung von unangemessenen Klauseln zu wirksamen und gerechtfertigten Klauseln ist jedoch nicht immer einfach. Auch übliche Klauseln können unangemessen sein. Werden nur die einseitigen Interessen eines Vertragspartners berücksichtigt, so ist dies ein Indiz der Unangemessenheit und des Verstoßes gegen Treu und Glauben.

1570 Hervorzuheben sind folgende Regelungen:
- **Formularmäßige Zusicherungen:** Diese verstoßen im Regelfall als Überraschungsklausel gegen § 305c BGB und werden so nicht Vertragsbestandteil – anders, wenn bestimmte (sachgerechte) Zusicherungen im Vertragstext hervorgehoben erscheinen und nicht übersehen werden können bzw. gesondert unterzeichnet werden.
- **Einzelvertragliche Zusicherungen:** Individuelle vertragliche Zusicherungen sind grundsätzlich zulässig, insbesondere wenn bestimmte Qualitätsstandards zugesichert werden sollen.
- **Pflicht zur unverzüglichen Rüge:** Diese besteht nach § 377 HGB für den Hersteller. Wird die Rüge nicht erhoben, können sämtliche Mängelansprüche des Herstellers entfallen. Ein formularmäßiger vollständiger Verzicht auf diese Rüge verstößt gegen § 307 BGB und ist unwirksam. Individualvertraglich kann dagegen ein solcher Verzicht vereinbart werden. Zulässig – auch in AGB – ist demgegenüber eine Regelung, wonach die Rügefrist angemessen verlängert wird, sich auf Transportschäden oder äußerlich erkennbare Schäden bezieht u.a.

1571 Zu ungenau ist wohl die Formulierung: *„Die vom Hersteller angenommenen Produkte werden im Rahmen eines ordnungsgemäßen Geschäftsganges in Stichprobenverfahren geprüft. Dabei erkennbare Mängel sind innerhalb von 6 Wochen, verborgene Mängel innerhalb von 12 Monaten nach Wareneingang schriftlich zu rügen."*

1572 Nach den gleichen Grundsätzen ist das Abbedingen der Verpflichtung zur Wareneingangskontrolle zu behandeln: Da die Untersuchungspflicht dazu dient, der Obliegenheit des Käufers zur unverzüglichen Mängelrüge nachzukommen (siehe oben), ist ein formularmäßiges Abbedingen der Untersuchungspflicht des Herstellers nach § 307 BGB unwirksam. Ein funktionierendes QM-System erlaubt dagegen die Verringerung von Umfang und Tiefe der Eingangsuntersuchung, insbesondere wenn bestimmte Eigenschaften zulässigerweise vom Lieferanten garantiert werden (= Garantieversprechen des Lieferanten) oder dieser vor der Lieferung seine Ware wesentlich besser und präziser untersuchen kann.

Auch insoweit hat der Hersteller jedoch eine Identprüfung vorzunehmen und die Ware auf offenkundige Mängel (z.B. Verpackungsschäden, Umfang der Lieferung) zu untersuchen.

1573 Der **Lieferant** wird versuchen, sich möglichst alle Produktionsschritte freizeichnen und die Verwendungstauglichkeit seiner Produkte bestätigen zu lassen.

Der **Hersteller** wird dem Lieferanten möglichst detaillierte Hinweise zur Verwendung seines Produktes in der neuen Einheit geben und versuchen, sich möglichst schriftlich die Verwendungstauglichkeit für das System bestätigen zu lassen.

1574 Eine unzulässige formularmäßige Bestimmung, die inhaltlich zu weit geht, kann nicht auf einen noch zulässigen Kern reduziert werden. Die Klausel ist daher insgesamt unwirksam und es gilt das Gesetz. Die Frage, was noch hätte wirksam vereinbart werden können, spielt also keine Rolle (Verbot der geltungserhaltenden Reduktion).

1575 Qualitätssicherungsvereinbarungen dienen dazu, einen möglichst hohen Qualitätsstandard nachhaltig zu sichern. Neben dem Ergebnis fehlerfreier Ware ist hierbei auch der Prozess Teil der Vereinbarung und ein Vertragsverstoß liegt auch vor, wenn Verfahrensregelungen verletzt werden. Deshalb ist auch eine klare Trennung der Verantwortungsbereiche notwendig. Für Mängel der Ware bleibt im Grundsatz der Lieferant verantwortlich, je mehr Vorgaben der Auftraggeber jedoch macht, desto eher ist eine Mitverantwortung für hieraus entstehende (oder zu verhütende) Mängel zu bejahen.

Rechtsanwalts-AGB

A. Einleitung 1576
B. Vergütung 1577
C. Haftungsbegrenzung 1581
D. Weitere Abreden 1584

A. Einleitung

1576 Mit der Beauftragung eines Rechtsanwalts kommt in der Regel ein entgeltlicher Dienstvertrag zustande, der eine Geschäftsbesorgung zum Gegenstand hat (§§ 611, 675 BGB).[2997] Ausnahmsweise kann der Tätigkeit auch ein Werkvertrag zugrunde liegen, etwa bei der Erstellung eines Gutachtens oder Vertrags.[2998] Die Verwendung von allgemeinen Mandatsbedingungen ist in der Rechtsanwaltschaft eher selten. Vergütungsvereinbarungen, Haftungsbegrenzungsvereinbarungen und auch Vollmachten sind jedoch zumeist vorformuliert und stellen daher Allgemeine Geschäftsbedingungen dar. Die Berufsausübung von Rechtsanwälten unterliegt verschiedenen Regelungen, vor allem der Bun-

---

[2997] Palandt/*Sprau*, § 675 Rn 23.
[2998] BGH NJW 1965, 106; BGH NJW 1996, 661.

desrechtsanwaltsordnung (BRAO), zuletzt geändert durch Art. 7 des Gesetzes vom 10.10.2013,[2999] dem Rechtsanwaltsvergütungsgesetz (RVG), zuletzt geändert durch Art. 5 des Gesetzes vom 10.10.2013,[3000] und der Berufsordnung für Rechtsanwälte (BORA), derzeit in der Fassung vom 1.3.2011. Bei grenzüberschreitender Tätigkeit sind auch die Berufsregeln der Rechtsanwälte der Europäischen Gemeinschaft (CCBE-Berufsregeln) zu beachten.[3001] Eine Verletzung der berufsrechtlichen Regelungen ist ein Indiz für die Unangemessenheit bei der Inhaltskontrolle von Allgemeinen Geschäftsbedingungen gemäß § 307 BGB.[3002]

B. Vergütung

Die Vergütung von Rechtsanwälten richtet sich nach dem hierzu erlassenen RVG. Gemäß § 3a RVG kann eine höhere Vergütung als die gesetzlich vorgesehene vereinbart werden. Die Vergütungsvereinbarung bedarf der Textform. Sie muss als Vergütungsvereinbarung oder in vergleichbarer Weise bezeichnet werden, von anderen Vereinbarungen mit Ausnahme der Auftragserteilung deutlich abgesetzt sein und darf nicht in der Vollmacht enthalten sein. Außerdem hat sie einen Hinweis darauf zu enthalten, dass die gegnerische Partei, ein Verfahrensbeteiligter oder die Staatskasse im Falle der Kostenerstattung regelmäßig nicht mehr als die gesetzliche Vergütung erstatten muss (§ 3a Abs. 1 RVG). Entspricht die Vergütungsvereinbarung den gesetzlichen Vorgaben, unterliegt sie hinsichtlich der **Vergütungshöhe** wegen § 307 Abs. 3 BGB grundsätzlich nicht der Inhaltskontrolle.[3003] Das RVG beinhaltet hinsichtlich der Überprüfung der Angemessenheit der Vergütung eigene Rechtsregeln; danach kann gemäß § 3a Abs. 2 RVG eine vereinbarte Vergütung in einem Rechtsstreit auf den angemessenen Betrag bis zur Höhe der gesetzlichen Vergütung herabgesetzt werden. Eine Überprüfung der Angemessenheit der Vergütung nach § 307 BGB ist daher nicht erforderlich und findet nicht statt.[3004] Dementsprechend hat der BGH in jüngeren Urteilen (die noch zur seinerzeitigen BRAGO ergingen) die Überprüfung der **Angemessenheit der Vergütungshöhe** ausschließlich anhand des § 3 Abs. 3 BRAGO a.F. (§ 3a Abs. 2 RVG) vorgenommen und nicht anhand § 307 BGB.[3005] Maßstab für die Prüfung der Angemessenheit der Vergütung ist § 242 BGB; insoweit ist zu prüfen, ob sich das Festhalten an der getroffenen Vereinbarung unter Berücksichtigung der gesamten Umstände des Einzelfalls als „unzumutbar und als ein unerträgliches Ergebnis" darstellt. Hierbei kommt es nicht darauf an, ob die vereinbarte Vergütung angemessen ist; durch Urteil kann also nicht einfach die angemessene Vergütung bestimmt werden. Maßgebend ist vielmehr für die Frage der Herabsetzung der Vergütung nach § 3 Abs. 3 BRAGO a.F. (§ 3a Abs. 2 RVG), ob „ein krasses, evidentes Missverhältnis zwischen der anwaltlichen Leistung und ihrer Vergütung gegeben ist."[3006] Aufgehoben hat der BGH etwa eine Entscheidung des OLG Düsseldorf, das den vereinbarten Stundensatz eines Strafverteidigers in einer Wirtschaftsstrafsache von 230,00 EUR wegen Unangemessenheit auf 180,00 EUR herabgesetzt hatte.[3007] Das OLG Koblenz hält einen Stundensatz von „bis zu 250,00 EUR" für einen Strafverteidiger noch für angemessen; das OLG München hat einen Stundensatz eines im Wirtschaftsrecht tätigen Rechtsanwalts von 260,00 EUR für angemessen erklärt.[3008] Der BGH betonte in einer Entscheidung vom 4.2.2010, dass die Vereinbarung eines Zeithonorars von 987,00 DM (ca. 505,00 EUR) nicht ohne Weiteres die Schwelle der Unangemessenheit überschreite.[3009] Erkläre ein Mandant sein Einverständnis mit in Großkanzleien üblichen Stundensätzen, könne er nicht nachträglich unter dem Gesichtspunkt der Unangemessenheit eine Reduzierung auf einen Betrag verlangen, wie er für einen nicht besonders erfahrenen Einzelanwalt angemessen sein mag.[3010] Im weiteren Verfahrensgang hat das OLG Frankfurt diesen Stundensatz als angemessen angesehen.[3011]

1577

Bei Vergütungsansprüchen von **Strafverteidigern** hat der BGH die Regel aufgestellt, dass die Vereinbarung einer Vergütung, die mehr als das **Fünffache der gesetzlichen Höchstgebühren** beträgt, eine tatsächliche Vermutung dafür enthalte, dass sie unangemessen hoch und das Mäßigungsgebot des § 3 Abs. 3 BRAGO a.F. verletzt sei.[3012] Die **Vermutung** einer unangemessen hohen Vergütung konnte bisher nur dadurch entkräftet werden, wenn der Rechtsanwalt „ganz ungewöhnliche, geradezu extreme einzelfallbezogene Umstände" darlegt, die es möglich erscheinen lassen, bei Abwägung aller für die Herabsetzungsentscheidung maßgeblichen Gesichtspunkte die Vergütung nicht als unangemessen hoch anzusehen.[3013] Diese strenge Hürde war in der Praxis kaum zu überwinden. Das Bundesverfassungsgericht hat dem einen Riegel vorgeschoben und eine entsprechende Instanzenentscheidung wegen Eingriff in

1578

2999 BGBl I S. 3786.
3000 BGBl I S. 3799.
3001 Die aktuellen CCBE-Berufsregeln haben die Fassung v. 19.5.2006. Da § 29 Abs. 1 BORA indes mittels einer statischen Verweisung auf die Geltung der CCBE-Berufsregeln in der Fassung v. 28.11.1998 verweist, gilt derzeit noch die ältere Fassung, vgl. Hennsler/Prütting/*Offermann-Burckart*, § 29 BORA Rn 26 ff.
3002 OLG Hamburg NJW 1968, 302; 303; WLP/*Stoffels*, R 1; *Bunte*, NJW 1981, 2657, 2658.
3003 OLG Düsseldorf NJW-RR 2007, 129, 130; OLG Düsseldorf NJOZ 2010, 1490, 1491; WLP/*Stoffels*, R 3; *Bunte*, NJW 1981, 2657, 2658.
3004 WLP/*Stoffels*, R 3.
3005 BGH NJW 2010, 1364; BGH NJW 2011, 63, 64.
3006 BGH NJW 2010, 1364; BGH NJW 2011, 63, 64.
3007 BGH NJW 2011, 63, 64.
3008 OLG München AnwBl 2010, 719.
3009 BGH NJW 2010, 1364. In dieser Entscheidung weist der Senat auf ein früheres Urteil hin, in dem er einen Stundensatz von 500,00 EUR nicht beanstandet hatte (vgl. BGHZ 174, 186 = NJW 2008, 1307).
3010 BGH NJW 2010, 1364.
3011 OLG Frankfurt AnwBl 2011, 300.
3012 BGHZ 162, 98 = BGH NJW 2005, 2142; bestätigt durch BGH NJW 2010, 1364.
3013 BGHZ 162, 98 = BGH NJW 2005, 2142.

die Berufsfreiheit des Rechtsanwalts aufgehoben.[3014] Das Bundesverfassungsgericht betonte hierbei, dass der in einer vertraglichen Vereinbarung zum Ausdruck gebrachte übereinstimmende Wille der Vertragsparteien im Grundsatz auf einen sachgerechten Interessenausgleich schließen lasse, der grundsätzlich zu respektieren sei.[3015] Unter dem Eindruck des Verfassungsgerichtsurteils hat der BGH die Möglichkeit der Widerlegung der Vermutung der Unangemessenheit erleichtert. Nunmehr genügt es, wenn dem Anwalt der Nachweis gelingt, dass die vereinbarte Vergütung unter Berücksichtigung aller konkreten Umstände im Einzelfall angemessen ist, wobei im Einzelnen die in § 14 Abs. 1 RVG genannten Umstände berücksichtigt werden können.[3016]

1579 Formularmäßige Regelungen der **Entstehung** und **Fälligkeit** des Vergütungsanspruchs unterliegen anders als die Vergütungsabrede der Inhaltskontrolle gemäß § 307 Abs. 1 BGB.[3017] So stellen **Zeittaktklauseln** Nebenabreden zur Vergütungsvereinbarung dar; die Beurteilung ihrer Wirksamkeit richtet sich daher nach § 307 Abs. 1 BGB.[3018] Hinsichtlich der Frage der Zulässigkeit von Zeittaktklauseln in Vergütungsvereinbarungen gibt es noch keine höchstrichterliche Entscheidung.[3019] Nach Auffassung des OLG Schleswig sind Zeittaktklauseln von 15 Minuten wirksam.[3020] Das OLG Schleswig verweist in diesem Zusammenhang auf § 13 StBGebV, der für gewisse Tätigkeiten eines Steuerberaters sogar eine Zeittaktklausel für jede angefangene halbe Stunde vorsieht. Anders sieht das der als nicht beraterfreundlich bekannte 24. Zivilsenat des OLG Düsseldorf. Er hält Zeittaktklauseln für unwirksam, nach der „jede angefangene Viertelstunde zur Abrechnung gelangt."[3021] Der zugrunde liegende Ansatz dieser Rechtsprechung ist jedoch verfehlt. Das OLG Düsseldorf unterstellt, dass bei jeder Abrechnung einer einzelnen 15 Minuteneinheit lediglich ein Minimum von einer Minute oder einigen Sekunden an Tätigkeit entfaltet worden ist und der Rest der 15 Minuteneinheit „aufwandsloses Zeithonorar" darstelle. Das ist nicht realistisch. Jedes noch so kurze Telefongespräch mit Mandanten oder mit Verhandlungsgegnern erfordert eine gewisse Vor- und Nachbereitung, sodass eine Sekundentätigkeit nicht vorkommen dürfte. In der Praxis wird bei der Zeiterfassung die Tätigkeit eines Anwalts für einen Mandanten ohnehin pro Tag zusammengefasst. Inzwischen hat der für anwaltliche Gebührenrechtsstreitigkeiten zuständige Senat des OLG Düsseldorf klargestellt, dass Klauseln, die eine einmalige Aufrundung des letzten 15 Minutenblocks eines Tages erlauben, zulässig sind.[3022] Solange die Zulässigkeit von Zeittaktklauseln höchstrichterlich nicht geklärt ist, ist für die Praxis zu empfehlen, auf die Verwendung derartiger Klauseln zu verzichten oder jedenfalls möglichst kurze Zeittaktklauseln (sechs oder zehn Minuten) zu vereinbaren und eine Aufrundung allenfalls für die letzte Zeittakteinheit des Arbeitstags zuzulassen. Unabhängig davon ist bei der **zeitlichen Erfassung** der anwaltlichen Tätigkeit (in sog. timesheets) größte Sorgfalt anzuwenden. Für den angefallenen zeitlichen Aufwand seiner Tätigkeit ist der Rechtsanwalt beweispflichtig.[3023] Die in einem Rechtsstreit über die Vergütung gebotene Substantiierung erfordert eine schlüssige Darlegung der geltend gemachten Stunden dahingehend, dass über pauschale Angaben hinaus die während des abgerechneten Zeitintervalls getroffenen Maßnahmen konkret und in nachprüfbarer Weise dargelegt werden.[3024] Teilweise zu weitgehend sind allerdings die Anforderungen, die das OLG Frankfurt in seinem Urt. v. 12.1.2011 stellt.[3025] So sei bei der Berechnung einer 15 Minuteneinheit die Angabe „Mehrere Telefonate mit Mandantin" nicht ausreichend, weil Anlass und Inhalt der Telefonate nicht angegeben seien.[3026] Allgemeine Angaben wie „Literatur- und Rechtsprechungsrecherche" oder „Durchsicht der Unterlagen" genügen der Substantiierungslast indes regelmäßig nicht.

1580 Nicht selten sind formularmäßige **Unkostenpauschalen** für Telefon, Telefax und Fotokopien Bestandteil einer Vergütungsvereinbarung. Sie können einen Festbetrag benennen oder sich nach einem prozentualen Anteil am Gesamthonorar bemessen. Auch soweit Unkostenpauschalen den tatsächlichen Aufwand moderat überschreiten, dürften sie zulässig sein, da sie letztlich nur Teil der vereinbarten Vergütung sind.[3027] Zulässig dürften etwa Unkostenpauschalen in Höhe von 3 % am Gesamthonorar sein. Unrealistisch hohe Unkostenpauschalen scheitern jedoch als überraschende Klauseln an § 305c Abs. 1 BGB. Ein uneingeschränktes formularmäßiges **Aufrechnungsverbot** ist gegenüber Verbrauchern gemäß § 309 Nr. 3 BGB und im Geschäftsverkehr gemäß § 307 BGB unwirksam.[3028]

3014 BVerfG NJW-RR 2010, 259.
3015 BVerfG NJW-RR 2010, 259, 260.
3016 BGH NJW 2010, 1364 Tz 49; im Anschluss hieran erging das Berufungsurteil des OLG Frankfurt, AnwBl 2011, 300, das diese Rechtsprechung übernommen hat.
3017 WLP/*Stoffels*, R 4.
3018 OLG Düsseldorf NJW-RR 2007, 129, 130.
3019 Zuletzt noch offengelassen von BGH NJW 2011, 63, 65.
3020 OLG Schleswig AnwBl 2009, 554.
3021 OLG Düsseldorf NJW-RR 2007, 129, 130 (nicht aufgehoben durch BGH AnwBl 2009, 554 mit dem Hinw. auf den Einzelfallcharakter der Entscheidung); OLG Düsseldorf NJOZ 2010, 1490 = AnwBl 2010, 296 (aufgehoben durch BGH NJW 2011, 63, wobei die Frage der Wirksamkeit der Zeittaktklausel offengelassen wurde).
3022 OLG Düsseldorf MDR 2011, 760.
3023 BGH NJW 2010, 1364.
3024 OLG Karlsruhe NJW-RR 2001, 854; BGH NJW 2010, 1364.
3025 OLG Frankfurt AnwBl 2011, 300.
3026 OLG Frankfurt AnwBl 2011, 300.
3027 A.A. v. Westphalen/*Furmans*, Rechtsanwälte Rn 26.
3028 BGH NJW-RR 1986, 1281; WLP/*Stoffels*, R 4.

C. Haftungsbegrenzung

Gemäß § 51 Abs. 1 BRAO sind Rechtsanwälte verpflichtet, eine Berufshaftpflichtversicherung zur Deckung der sich aus ihrer Berufstätigkeit ergebenden Haftpflichtgefahren für Vermögensschäden abzuschließen und die Versicherung während der Dauer ihrer Zulassung aufrechtzuerhalten. Die Mindestversicherungssumme für jeden Versicherungsfall beträgt gemäß § 51 Abs. 4 BRAO 250.000,00 EUR. Für Rechtsanwaltsgesellschaften hat der Gesetzgeber in § 59j Abs. 2 BRAO die Mindestversicherungssumme auf 2.500.000,00 EUR festgesetzt. **1581**

Ausgehend von den Regelungen zur Berufshaftpflichtversicherung gestattet § 52 BRAO Rechtsanwälten die **formularvertragliche Begrenzung der Haftung** für einfache Fahrlässigkeit auf den vierfachen Betrag der Mindestversicherungssumme, wenn insoweit Versicherungsschutz besteht. Rechtsanwälte können daher ihre Haftung für einfache Fahrlässigkeit auf den Betrag von 1.000.000,00 EUR begrenzen. Bei Rechtsanwaltsgesellschaften liegt die Haftungsgrenze bei 10.000.000,00 EUR. Bei § 52 BRAO handelt es sich um eine „kontrollfreie Erlaubnisnorm", die §§ 307, 309 Nr. 7, 8a BGB vorgeht.[3029] Entspricht die formularmäßige Haftungsbegrenzung den Anforderungen des § 52 BRAO, findet eine Inhaltskontrolle insoweit nicht statt.[3030] **1582**

Ein **Haftungsausschluss** kann nicht wirksam vereinbart werden; er wäre wegen Verstoßes gegen § 309 Nr. 7 BGB bzw. § 307 Abs. 1 BGB unwirksam. Dies gilt auch für eine Klausel, die die Haftung für die Beratung im **ausländischen Recht** ausschließt. Hat ein Rechtsanwalt in einem ausländischen Recht keine ausreichenden Kenntnisse, sollte er gegenüber dem Mandanten klarstellen, dass er nicht im ausländischen Recht berät und die Hinzuziehung eines Anwalts aus der entsprechenden Jurisdiktion empfehlen. Entsprechende formularmäßige Klauseln dürften im Regelfall weder gemäß § 307 Abs. 1 BGB unangemessen noch überraschend i.S.v. § 305c BGB sein. Die verbreiteten Klauseln wie „**Keine Haftung für telefonische Auskünfte**" oder „Telefonische Auskünfte und Erklärungen des Rechtsanwalts sind nur bei schriftlicher Bestätigung verbindlich" sind bei bestehendem Anwaltsvertrag wegen § 309 Nr. 7 BGB unwirksam.[3031] Außerhalb eines Anwaltsvertrags ist ein Haftungsausschluss gemäß § 675 Abs. 2 BGB zulässig.[3032] **1583**

D. Weitere Abreden

Die **Regelverjährung** von **drei Jahren** kann bei Ansprüchen gegen Rechtsanwälte nicht auf ein oder zwei Jahre abgekürzt werden.[3033] Das Urteil des BGH vom 30.10.1985, in dem eine Verkürzung der Verjährungsfrist auf zwei Jahre nicht beanstandet worden ist,[3034] ist überholt, da in dem Urteil entscheidend auf den Lauf der sekundären Verjährungsfrist abgestellt wurde, die noch nicht abgelaufen war. Die Grundsätze der Sekundärhaftung sind jedoch nicht mehr anzuwenden.[3035] Fragen der Anwaltshaftung sind in der Regel sehr kompliziert und aufwendig zu prüfen. Eine Abkürzung der Verjährungsfrist in diesem Bereich wäre nicht angemessen. § 50 Abs. 2 BRAO bestimmt, dass der Rechtsanwalt **Handakten** auf die Dauer von fünf Jahren aufzubewahren hat. Diese Verpflichtung erlischt schon vor Beendigung des vorgenannten Zeitraums, wenn der Rechtsanwalt den Auftraggeber aufgefordert hat, die Handakten in Empfang zu nehmen und der Auftraggeber dieser Aufforderung binnen sechs Monaten, nachdem er sie erhalten hat, nicht nachgekommen ist. Verkürzungen dieser Fristen sind unzulässig und wegen Verstoßes gegen § 307 Abs. 1 BGB unwirksam.[3036] **1584**

Rechtswahl-AGB

A. Einleitung 1585
B. Kollisionsrechtliche Regelung je nach Datum des Vertragsabschlusses 1586

I. Verträge mit Vertragsabschluss bis 17.12.2009 ... 1586
II. Verträge mit Vertragsabschluss nach dem 17.12.2009 1589

A. Einleitung

Eine Rechtswahl kann auch in AGB erfolgen. Die Rechtswahlklausel ist jedoch losgelöst von den übrigen vertraglichen Regelungen zu betrachten. In Abgrenzung zum Hauptvertrag wird die Rechtswahl in Form kollisionsrechtlicher Verweisung als Verweisungsvertrag bezeichnet. Die Prüfung einer Rechtswahl – auch in AGB – stellt eine kollisionsrechtliche Frage dar, die Fragen des Hauptvertrages vorgelagert sein muss. Maßgebend ist hierbei zunächst das Inter- **1585**

[3029] WLP/*Stoffels*, R 7; a.A. *Vollkommer/Greger/Heinemann*, § 23 Rn 26, die eine Haftungsbegrenzung nur dann als wirksam ansehen, wenn sie klarstellt, dass die Haftung für Lebens-, Körper- und Gesundheitsschäden gemäß § 309 Nr. 7 BGB unbeschränkt ist.
[3030] WLP/*Stoffels*, R 7.
[3031] Vgl. WLP/*Stoffels*, R 11.
[3032] *Bunte*, NJW 1981, 2657, 2659; WLP/*Stoffels*, R 11.
[3033] UBH/*Schmidt* (10. Aufl.), Anh. § 310 BGB Rn 639; a.A. wohl WLP/*Stoffels*, R 15.
[3034] BGH NJW-RR 1986, 1281.
[3035] BGH VersR 2009, 651; *Henssler/Prütting*, § 51a BRAO Rn 84.
[3036] WLP/*Stoffels*, R 20; *Bunte*, NJW 1981, 2657, 2661.

nationale Privatrecht (IPR) der lex fori, in Deutschland die ROM I-Verordnung (ROM I).[3037] Sie ersetzt seit 18.12.2009 die Art. 27 ff. EGBGB a.F. sowie das EVÜ. Hintergrund der Verordnung war u.a., die Umsetzung des Kollisionsrechts in den einzelnen Mitgliedstaaten zu vereinheitlichen. ROM I ist als Verordnung in den EU Mitgliedstaaten außer Dänemark[3038] unmittelbar geltendes Recht. Für Verträge, die bis 17.12.2009 geschlossen wurden, gelten weiterhin die mit ROM I weggefallenen Art. 27 ff. EGBGB a.F. Es sind folglich je nach Datum des Vertragsschlusses zwei unterschiedliche kollisionsrechtliche Regelungen zu betrachten. ROM I berührt nicht die Anwendung von Art. 46b EGBGB,[3039] Art. 23 ROM I.[3040] Art. 46b EGBGB ist sowohl für Alt- als auch Neuverträge mit Abschluss ab 18.12.2009 anzuwenden.

B. Kollisionsrechtliche Regelung je nach Datum des Vertragsabschlusses

I. Verträge mit Vertragsabschluss bis 17.12.2009

1586 Es gelten die damaligen Art. 27 ff. EGBGB a.F. Diese sehen das Prinzip freier Rechtswahl vor. Das bedeutet jedoch nicht, dass die grundsätzlich freie Wahl uneingeschränkt im Wege von AGB erfolgen kann.[3041] Für die Frage, ob die AGB insgesamt wirksam in den Vertrag miteinbezogen wurden, bleibt es bei der Beurteilung nach den §§ 305 ff. BGB, insb. auch bei der Wertung gemäß § 305c BGB. Die Beurteilung des Zustandekommens und der Wirksamkeit der Rechtswahlklausel selbst erfolgt nach dem in der Klausel bestimmten Recht, Art. 27 Abs. 4, 31 Abs. 1 EGBGB a.F. Eine Inhaltskontrolle nach den §§ 305 ff. BGB erfolgt nur, soweit auf deutsches Recht verwiesen wird. Anderenfalls erfolgt die Prüfung nach dem jeweiligen ausländischen Recht. Die Rechtswahl der Parteien führt dazu, dass dem Kläger der durch zwingende Bestimmungen des deutschen Rechts gewährte Schutz entzogen wird.

1587 Besonderheiten gelten für Verbraucherverträge, Art. 29 Abs. 1 EGBGB a.F.[3042] Die Rechtswahl darf nicht dazu führen, dass dem Verbraucher der rechtliche Schutz entzogen wird, der ihm durch zwingende gesetzliche Regelungen des Staates, in welchem er seinen gewöhnlichen Aufenthalt hat, zustehen würde. Die Prüfung beinhaltet folglich einen Günstigkeitsvergleich. Soweit sich eine Benachteiligung ergeben würde, finden unter den in Art. 29 EGBGB a.F. genannten Voraussetzungen die gesetzlichen Regelungen des Staates des gewöhnlichen Aufenthalts des Verbrauchers Anwendung. Zu diesen gesetzlichen Regelungen gehören alle durch Parteivereinbarung nicht abdingbaren Vorschriften, die geeignet sind und dazu bestimmt sind, einem Verbraucher Schutz gegenüber dem anderen Vertragspartner zu gewähren.[3043] Ist der gewöhnliche Aufenthalt in Deutschland, so finden – soweit der Günstigkeitsvergleich eine Benachteiligung des Verbrauchers ergibt – die §§ 305 ff. BGB zur Inhaltskontrolle Anwendung, auch bei wirksamer Vereinbarung ausländischen Rechts.[3044]

Art. 46b EGBGB steht dem nicht entgegen.[3045] Bei der Überprüfung einzelner Klauseln, welche für sich genommen keinen Verbrauchervertrag darstellen, wie beispielsweise auch eine Rechtswahlklausel, erfolgt dennoch eine Überprüfung analog Art. 29 Abs. 1 EGBGB a.F., wenn ansonsten mit dem Verbraucherschutz nicht zu vereinbarende Regelungen zur Anwendung kommen würden.

1588 Für reine Inlandsverträge gilt Art. 27 Abs. 3 EGBGB a.F. Es ist das inländische zwingende Recht anwendbar, wenn sowohl Verbraucher als auch Unternehmer der inländischen Rechtsordnung angehören. Bei deutschen Inlandsverträgen sind somit die §§ 305 ff. BGB anzuwenden.

II. Verträge mit Vertragsabschluss nach dem 17.12.2009

1589 ROM I setzt gemäß Art. 3 ROM I den Grundsatz der freien Rechtswahl fort. Dies gilt grundsätzlich – jedoch mit Einschränkungen – auch bei Verbraucherverträgen, Art 6 ROM I.

1590 Die Rechtswahl kann ausdrücklich oder stillschweigend durch konkludentes Verhalten erfolgen, Art 3 Abs. 1 ROM I. Auch die Rechtswahl in AGB ist möglich,[3046] grundsätzlich auch konkludent. Sie kann sich insbesondere aus dem

---

3037 Verordnung (EG) Nr. 593/2008 des Europäischen Parlaments und des Rates über das auf vertragliche Schuldverhältnisse anzuwendende Recht (Rom I) v. 17.6.2008 (ABl EU Nr. L 177, S. 6; ber. 2009 Nr. L 309, S. 87).
3038 Palandt/*Thorn*, Art. I, Vorbem. Rn 2; für Großbritannien siehe ABl EU Nr. L 10, S. 22.
3039 Ehemals Art. 29a EGBGB, geringfügig geändert in Art. 46b EGBGB überführt.
3040 Ausnahme Art. 7 ROM I.
3041 UHB/*Schmidt*, Teil 3 (7) Rn 4.
3042 Der BGH bejaht zudem in seinem Urt. v. 22.3.2011 – XI ZR 197/08, S. 9, Beck RS 2011, 18693, in Bezug auf Art. 29 Abs. 1 EGBGB eine analoge Anwendung bei einzelnen Klauseln, welche für sich genommen grundsätzlich keinen Verbrauchervertrag darstellen würden, im genannten Fall hinsichtlich einer Schiedsklausel mit Rechtswahl.

3043 BGH, Urt. v. 25.1.2005 – XI ZR 78/04, S. 7, Beck RS 2005, 01958; dort zitiert Staudinger/*Magnus*, (Bearb. 2002) Art. 29 EGBGB Rn 102; MüKo/*Martiny*, 3. Aufl., Art. 29 EGBGB Rn 35; Erman/*Hohloch*, 11. Aufl., Art. 29 EGBGB Rn 17; Soergel/*v. Hoffmann*, 12. Aufl., Art. 29 EGBGB Rn 29.
3044 BGH, Urt. v. 25.1.2005 – XI ZR 78/04, S. 7, Beck RS 2005, 01958.
3045 UBH/*Schmidt*, Teil 3 (7) Rn 3; *Heiss,* RabelsZ 65 (2001), 634, 637 ff., a.A. v. Westphalen/*Thüsing*, Rechtswahlklauseln, Rn 23.
3046 v. Westphalen/*Thüsing*, Rechtswahlklauseln Rn 6; MüKo/*Spellenberg*, Art. 31 EGBGB Rn 21; PWW/*Brödermann/Wegen*, Art. 3 Rn 7; Staudinger/*Coester*, § 307 Rn 561.

Inhalt der AGB ergeben, soweit diese erkennbar auf eine bestimmte nationale Rechtsordnung ausgerichtet sind. Häufig finden sich Ansatzpunkte hierfür in Gerichtsstands- oder Schiedsklauseln. Bei der Rechtswahl in AGB stellt sich zunächst die Frage der wirksamen Einbeziehung. Bei der Prüfung der wirksamen Einbeziehung gelten grundsätzlich die Vorschriften desjenigen Rechts, welches in der Rechtswahlklausel gewählt wird, dem Vertragsstatut,[3047] Art. 10 Abs. 1 ROM I, in der Regel folglich das Recht des Verwenders der AGB. Die Prüfung der wirksamen Einbeziehung der Rechtswahl nach dem gewählten Recht greift der Rechtswahl gewissermaßen vor. Denn deren Einbeziehung wird ja zunächst nach genau diesem Recht geprüft. Dieser „Vorgriff" ist jedoch durch die Regelung in Art. 10 I ROM I vom europäischen Gesetzgeber gewollt vorgesehen. Bei Kaufverträgen im internationalen Wirtschaftsverkehr muss darauf geachtet werden, ob ein Mitgliedstaat des UN-Kaufrechts beteiligt ist. Dieses sieht eigene Vorschriften zur Einbeziehung von AGB vor.

1591 Abweichend ist die Frage zu beurteilen, wenn der Vertragspartner den AGB des Verwenders ausdrücklich widerspricht. Hier muss mangels entsprechender Verweisungsvereinbarung bereits die Rechtswahl abgelehnt werden und es erfolgt eine objektive Anknüpfung.[3048] Nach den dann maßgebenden Kollisionsnormen ist zu bestimmen, welches Recht zur Anwendung kommt.[3049]

1592 Problematisch ist die Frage nach dem Recht zur Prüfung der wirksamen Einbeziehung jedoch insbesondere bei Widerspruch gegen die AGB des Verwenders bzw. die Rechtswahlklausel des Verwenders durch Verweis auf eigene AGB durch den Kunden mit abweichender Rechtswahlklausel oder einem Widerspruch, welcher sich konkludent aus dem Kontext bzw. Inhalt der betreffenden abweichenden AGB ergibt. Folgt man der im deutschen Recht geltenden Lösung zu kollidierenden AGB, so würden die sich widersprechenden Klauseln nicht Vertragsinhalt; eine objektive Anknüpfung wäre ebenfalls die Folge. In anderen Rechtsordnungen gilt jedoch noch immer die Theorie des letzten Wortes, d.h. diejenigen AGB, welchen nicht mehr seitens des anderen Vertragspartners widersprochen wird, gelten. Bei Anwendung dieser Theorie wäre die Rechtswahl dem taktischen AGB-Verwender noch im Nachhinein möglich. Aus diesem Grund ist es vorzuziehen, auch hier die Einbeziehung der Rechtswahl und damit dem wirksamen Verweisungsvertrag abzulehnen mit der Folge der objektiven Anknüpfung.[3050]

1593 Bei der Wahl deutschen Rechts gelten damit auch hier die Einbeziehungsvoraussetzungen der §§ 305 ff. BGB. So kann eine versteckte Rechtswahlklausel etwa unter einer Überschrift, unter der man diese Bestimmung nicht vermutet, als überraschend angesehen werden.[3051] Es liegt dann bereits keine Rechtswahl vor.

1594 Eine Inhaltskontrolle der Rechtswahl findet nach wirksamer Einbeziehung nicht statt. Art. 3 Abs. 1, 10 Abs. 1 ROM I regeln die freie Rechtswahl mit der Folge, dass das gewählte Recht – auch wenn es nachteilig ist – zur Anwendung kommt.[3052] Der BGH fordert jedoch uneingeschränkt die Einhaltung des Transparenzgebots.[3053] Einschränkungen sind zudem in Art. 3 Abs. 3, 4, Art. 6 Abs. 2 und Art. 10 Abs. 2 ROM I geregelt.

1595 Bei Verbraucherverträgen i.S.v. Art. 6 ROM I ist abweichend zu sonstigen Verträgen besonders zu differenzieren. Verbraucherverträge liegen vor, wenn eine natürliche Person zu einem nicht gewerblichen oder beruflichen Zweck einen Vertrag mit einem Unternehmer schließt, welcher im Rahmen seiner beruflichen oder gewerblichen Tätigkeit handelt. Für diese Verträge kann sich nach der neuen Regelung, trotz Geltung ausländischen Rechts, ebenfalls das Recht am gewöhnlichen Aufenthalt des Verbrauchers und damit auch das AGB-Recht durchsetzen. Voraussetzung ist, dass der Unternehmer seine Tätigkeit in dem Staat ausübt, in welchem der Verbraucher seinen gewöhnlichen Aufenthalt hat oder dass er seine Tätigkeit unter anderem auf diesen Staat richtet, Art. 6 Abs. 1 ROM I. Eine Rechtswahl kann zwar dennoch erfolgen, Art. 6 Abs. 2 S. 1 ROM I. Diese Rechtswahl ist jedoch dann eingeschränkt, wenn dem Verbraucher der Schutz entzogen würde, der kraft Gesetz ohne Rechtswahl gelten würde, Art. 6 Abs. 2 S. 2 ROM I. Dies bezieht sich auch auf die Einbeziehungs- und Inhaltskontrolle nach AGB-Recht. Es besteht nicht nur die Einrede der fehlenden Zustimmung nach Art 10 Abs. 2 ROM I, die Nichteinbeziehung aufgrund Überraschung ist bereits durch das Gericht von Amts wegen zu beachten. Im Übrigen gilt auch § 310 Abs. 3 BGB.

1596 Ergänzend zu Art. 6 ROM I gilt für Verbraucher der Schutz gemäß der Regelung in Art 46b Abs. 1 EGBGB.[3054] Art 46b EGBGB kommt nur zur Anwendung, soweit der Günstigkeitsvergleich nach Art 6 ROM I nicht bereits den richtlinienkonformen Verbraucherschutz sicherstellt. Soweit der Anwendungsbereich eröffnet ist, gelten bei einem Vertrag, welcher aufgrund einer Rechtswahl nicht dem Recht eines Mitgliedstaats der EU oder eines anderen Vertragsstaats des Abkommens über den Europäischen Wirtschaftsraum unterliegt, dieser jedoch einen engen Zusammenhang zu einem Mitgliedstaat aufweist, dennoch die Bestimmungen zur Umsetzung der Verbraucherschutzrichtlinien, Art. 46b Abs. 1 EGBGB.[3055] Die Voraussetzungen für das Vorliegen eines engen Zusammenhangs sind in

---

[3047] Staudinger/*Coester*, § 307 Rn 561a; Staudinger/*Magnus*, Art. 3 ROM I Rn 63.
[3048] MüKo/*Wurmnest*, § 307 Rn 232.
[3049] Siehe auch v. Westphalen/*Thüsing*, Rechtswahlklauseln Rn 14,
[3050] Kritisch differenziert hierzu MüKo/*Wurmnest*, § 307 Rn 232 m.w.N.
[3051] Anders UBH/*Schmidt*, Teil 3 (7) Rn 11.
[3052] Ferrari/Kieninger/Mankowski/*Ferrari*, Internationales Vertragsrecht, VO (EG) 593 Art. 10 Rn 36.
[3053] BGH RIW 2013, 309 Rn 36 ff.
[3054] BT-Drucks 14/2658, 50, Palandt/*Thorn*, Art. 6 ROM I Rn 2.
[3055] Etwa jurisPK-BGB/*Limbach*, Art. 46b EGBGB Rn 3 ff.

Art. 46b Abs. 2 EGBGB geregelt. Besteht damit ein enger Zusammenhang mit Deutschland, so finden die §§ 305 ff. Anwendung.[3056]

1597 Eine Einschränkung der freien Rechtswahl enthält zudem Art. 3 Abs. 3 ROM I für den Fall, dass ein Sachverhalt mit allen Elementen in einem Staat verortet ist, die Rechtswahl jedoch dien Anwendung des Rechts eines anderen Staates vorsieht. In diesem Fall ist zwingendes Recht, d.h. Regelungen, von welchen nicht durch Vereinbarung abgewichen werden darf, dennoch angewendet werden müssen. In Deutschland gehören hierzu auch die §§ 305 ff. BGB.[3057]

1598 Art. 10 Abs. 2 ROM I enthält eine Sonderanknüpfung für das Zustandekommen der Einigung über den Vertragsschluss. Soweit die Anwendung des ausländischen Rechts nach den Umständen des Einzelfalls nicht gerechtfertigt ist, kann eine Partei sich darauf berufen, dass sie nach ihrem Heimatrecht der Rechtswahlklausel nicht zugestimmt hat. Hier kommt die Wertung des § 305c BGB, der Unwirksamkeit überraschender Klauseln, bei der Beurteilung zum Tragen.[3058]

Reinigung

1599 Die wesentlichen und weit verbreiteten **AGB Textilreinigung** sind gemäß § 307 Abs. 1 S. 1 BGB **unwirksam**.[3059]
Natürlich besteht bei Reinigungen das Interesse, die Haftung zu begrenzen; ob dies jedoch durch die jahrelang übliche Klausel möglich war, wonach der 15-fache Reinigungspreis zugrunde gelegt werden kann, erschien seit langem höchst fraglich.

Der Bundesverband der Verbraucherzentralen beanstandet nach dem UKlaG mit Erfolg die jahrelang üblichen und weit verbreiteten Reinigungsbedingungen der Textilindustrie.

1600 Die durch den beklagten Textilreinigungsverband verfassten „Lieferungsbedingungen des deutschen Textilreinigungsgewerbes" wurden als „Konditionenempfehlung" beim Bundeskartellamt angemeldet und im Amtsblatt veröffentlicht. In Nr. 5 der Bedingungen sind folgende Regelungen zur Haftungsgrenze enthalten:

„Der Textilreiniger haftet für den Verlust des Reinigungsgutes unbegrenzt in Höhe des Zeitwertes.

Für Bearbeitungsschäden haftet der Textilreiniger nur bei Vorsatz oder grober Fahrlässigkeit unbegrenzt in Höhe des Zeitwertes.

Ansonsten ist die Haftung auf das 15fache des Bearbeitungspreises begrenzt.

Achtung:

Unsere Haftung kann auf das 15fache des Bearbeitungspreises begrenzt sein (siehe Nr. 5 AGB). Sie können aber unbegrenzte Haftung in Höhe des Zeitwertes, z.B. durch Abschluss einer Versicherung, vereinbaren."

1601 Der klagende Bundesverband der Verbraucherzentralen und Verbraucherverbände hielt diese Regelungen gemäß §§ 307 ff. BGB für unwirksam und nahm den Beklagten deshalb gemäß § 1 UKlaG auf Unterlassung der Empfehlung dieser Bedingungen für die Einbeziehung in Verträge über die Reinigung von Textilien mit Verbrauchern in Anspruch. Die Klage war in allen drei Instanzen erfolgreich.

1602 Der BGH führt aus, dass die ersten beiden Sätze der Klausel wegen Verstoßes gegen § 309 Nr. 7b BGB unwirksam seien, weil sie die Haftung des Reinigungsbetriebes für vorsätzlich oder grob fahrlässig verursachte Schäden am Reinigungsgut auf den Zeitwert beschränken. Dies könne jedoch so verstanden werden, dass der Zeitwert geringer ist als der Wiederbeschaffungswert, der an sich auszugleichen ist.

Die Klausel, die bei leicht fahrlässiger Beschädigung des Reinigungsgutes die Höhe der Haftung auf das 15-fache des Reinigungspreises beschränkt, benachteilige den Kunden entgegen den Geboten von Treu und Glauben unangemessen und sei nach § 307 Abs. 1 S. 1 BGB unwirksam. Der Reinigungspreis stelle keinen tauglichen Maßstab für die Begrenzung der Haftung dar, weil er zu der möglichen Schadenshöhe in keinerlei Relation stehe. Die Möglichkeit des Abschlusses einer vom Kunden zu bezahlenden Versicherung stelle keine ausreichende Kompensation dar, weil die Klausel nicht sicherzustellen vermöge, dass der Reiniger den Kunden hierauf in jedem erforderlichen Fall ausdrücklich mündlich hinweise.

1603 Bei **Unwirksamkeit der Haftungsbeschränkung** haftet der Textilreiniger in voller Höhe. Keine Reinigung kann sich nach diesem Urteil mehr auf ihre AGB berufen, um die Haftung zu begrenzen. Ob hierzu § 11 UKlaG analog heranzuziehen ist, mag dahinstehen, denn kein Gericht würde hier das Urteil des BGH in Frage stellen. Das Urteil war längst überfällig, da derartige Klausel jahrzehntelang und erkennbar unwirksam auf dem Markt waren und für Verwunderung sorgten. Die Bereinigungsfunktion des AGB-Rechts hat hier also recht spät gegriffen, und dies trotz Verbandsverfahren. Als „Konditionenempfehlung" bleibt daher nur eine allgemeine Haftungsbegrenzung, wie diese auch aus Werkverträgen bekannt ist. Da Beklagte der Verband war, kann weiterhin jede Reinigung **abgemahnt** werden, die

---

3056 UBH/*Schmidt*, Teil 3 (7) Rn 12.
3057 Siehe auch Staudinger/*Coester*, § 307 Rn 561b.
3058 UBH/*Schmidt*, Teil 3 (7) Rn 11.
3059 BGH v. 4.7.2013 – VII ZR 249/12.

ihre Bedingungen nicht geändert hat. Gerichte haben die Unwirksamkeit von AGB im Individualprozess sogar von Amts wegen zu beachten,[3060] daher ist § 11 UKlaG eine an sich überflüssige Regelung.

Auch in anderen Bereichen, etwa dem Versicherungsrecht, wird es wohl kaum möglich sein, die Einstandspflicht an den Versicherungsbeitrag zu knüpfen. Sollten zukünftig Formulare Verwendung finden mit zwei Optionen (zwei Kästchen zum Ankreuzen: billig ohne Versicherung und teuer mit Versicherung), so kann dies zulässig sein.

Reiseverträge

Für den Reisevertrag, wonach der Reiseveranstalter verpflichtet ist, dem Reisenden eine Gesamtheit von Reiseleistungen zu erbringen, gelten die §§ 651a bis 651l BGB, von denen nicht zum Nachteil des Reisenden abgewichen werden kann (§ 651m BGB). Reise-AGB sind daher zunächst an den genannten Bestimmungen zu überprüfen. Die Inhaltskontrolle nach §§ 305 ff. BGB wird hierdurch jedoch nicht ausgeschlossen, da die Bestimmungen §§ 651a ff. nur die äußersten Wirksamkeitsgrenzen aufzeigen.[3061]

A. Einbeziehung

Eine **Verkürzung der Verjährungsfrist** wegen Reisemängeln ist unwirksam, wenn die **Reisebedingungen nur im Katalog des Reisebüros** abgedruckt sind.[3062]

Darüber hinaus ist die **BGB-InfoV** zu beachten, die Reisebedingungen müssen hiernach dem Reisenden vor Vertragsschluss vollständig übermittelt werden, § 6 Abs. 3 BGB-InfoV. Eine Übergabe im Zusammenhang mit der Buchung ist hierbei ausreichend. Die Einbeziehung nach § 305 BGB wird daher an zusätzliche Anforderungen geknüpft.

B. Inhaltskontrolle

Der BGH hatte 1987 über Fälligkeit, Leistungsumfang und Schadensersatzbegrenzungsklauseln grundsätzlich zu entscheiden. Hiernach gilt Folgendes: Die Klausel, dass nach Leistung einer Anzahlung auf den Reisepreis nach Vertragsschluss „*weitere Zahlungen zu den vereinbarten Terminen, die Restzahlungen spätestens bei der Aushändigung oder Zusendung der Reiseunterlagen fällig werden*", ist nach § 307 BGB unwirksam.

Gleiches gilt für die Klausel: „*Der Umfang der vertraglichen Leistungen ergibt sich aus der Leistungsbeschreibung des Reiseveranstalters unter Berücksichtigung der Landesüblichkeit sowie aus den hierauf Bezug nehmenden Angaben in der Reisebestätigung.*" Wesentlicher Grund hierfür ist, dass dem Kunden das Risiko einer Zahlungsunfähigkeit des Veranstalters vor und während der Reise aufgebürdet wird. Dem Reisekunden könnte eine über die mit Vertragsschluss zu entrichtende verhältnismäßig geringe Anzahlung hinausgehende Leistung nur dann abverlangt werden, soweit dem Kunden **hinreichende Sicherheiten** gegeben werden. Dies ist nicht bei jeden „Reiseunterlagen" der Fall. Die Klausel über die „Landesüblichkeit" genügt dem Erfordernis nach Transparenz nicht und ist geeignet, den Reisekunden von der Geltendmachung von **Mängelrügen** abzuhalten, die sich auch aus Angaben aus dem Reiseprospekt ergeben können.

Eine **Beschränkung der Haftung** des Reiseveranstalters für sämtliche vertragliche Schadensersatzansprüche auf den **dreifachen Reisepreis** entsprechend § 651h Abs. 1 BGB ist auch in Allgemeinen Reisebedingungen zulässig.[3063] Sie muss jedoch klarstellen, dass dies nicht für Schadensersatzansprüche aus unerlaubter Handlung gilt. Eine Klausel, wonach eine Umbuchung oder ein Rücktritt des Kunden als Neuanmeldung gilt, ist eine unzulässige **Erklärungsfiktion** nach § 308 Nr. 5 BGB.[3064] Der Reiseveranstalter hat den Reisenden bei Buchung einer Auslandsreise grundsätzlich ungefragt über die im jeweiligen Durchreise- oder Zielland geltenden **Einreisebestimmungen** zu unterrichten. Er kann sich durch AGB nicht von seiner Haftung freizeichnen, die aus einer Verletzung dieser Pflicht folgt, § 307 BGB.[3065] Die in einer Quittung enthaltene Klausel, dass der Reisende mit der Unterschrift von Ansprüchen gegen den Veranstalter oder das Reisebüro bezüglich der Unterbringung und sämtlicher durch den Leistungsträger erbrachter Leistung absehe, ist nach § 307 BGB unwirksam.[3066]

Auch in Klauseln kann die Empfangszuständigkeit vom Reisebüro nicht ausgeschlossen oder beschränkt werden.[3067] Soweit der Verwender als eigener Veranstalter (etwa im Ferienhauskatalog) auftritt, kann eine sog. Vermittlerklausel keine Relevanz erlangen, und zwar auch dann, wenn nur eine einzelne Reiseleistung gebucht ist, und so die reiseve-

---

3060 Zuletzt EuGH v.30.5.2013 – C-488/11, NJW 2013, 2579.
3061 Übersicht *Schulz/Bergmann*, VuR 2011, 208,209; *Staudinger/Schürmann*, NJW 2010, 2771; UBH/*Schmidt*, Teil 2 (26) Rn 2; WLP/*Schmidt*, R 33.
3062 BGH v. 26.2.2009 – Xa ZR 141/07, NJW 2009, 1486 m. Anm. *Niebling*, NJ 2009, 244; dagegen ist die Klausel „Änderungen und Irrtümer vorbehalten" im Katalog grundsätzlich nicht zu beanstanden: BGH MDR 2009, 556 m. Anm. *Niebling*.
3063 BGHZ 100, 157 = NJW 1987, 1931; UBH/*Schmidt*, Teil 2 (26) Rn 14; WLP/*Schmidt*, R 78.
3064 OLG Hamburg NJW 1985, 3030.
3065 BGH NJW 1985, 1665.
3066 LG Frankfurt NJW 1983, 233.
3067 LG Frankfurt NJW-RR 1987, 745; OLG München NJW-RR 187, 493.

traglichen Bestimmungen des § 651h BGB (hier: § 651h Abs. 2 BGB) dem Wortlaut nach keine Anwendung finden. § 651h Abs. 2 BGB gilt hier jedoch entsprechend.[3068] Der Reiseveranstalter kann in seinen AGB auch nicht verlangen, dass der Reisende Ansprüche nach den §§ 651c–651f BGB (Abhilfe, Minderung, Kündigung und Schadensersatz) innerhalb eines Monats nach vertraglich vorgesehener Beendigung der Reise ihm gegenüber schriftlich geltend zu machen hat.[3069] Hiermit wird von § 651g BGB abgewichen, wonach eine **formlose Anzeige der Ansprüche möglich** ist.

1612 Die Frage, wem gegenüber die Mängel zu rügen sind, ist kontrovers. Zum Teil wird die Mängelrüge gegenüber der Reiseleitung am Urlaubsort für ausreichend gehalten, zum Teil wird jedoch auch verlangt, dass der Reisende seine Ansprüche nach Beendigung der Reise noch einmal gegenüber dem Reiseveranstalter geltend zu machen hat.[3070] Hat der Reisende unterwegs oder am Urlaubsort gegenüber dem Vertreter des Reiseveranstalters Mängel der Reise im Einzelnen gerügt, so genügt es jedoch, wenn er unter Hinweis auf diese früheren Beanstandungen Ansprüche gemäß § 651g Abs. 1 BGB geltend macht, ohne die Beanstandungen im Einzelnen zu wiederholen.[3071] Eine Klausel, wonach der Reisende, wenn weder die örtliche Reiseleitung noch eine Kontaktadresse erreichbar sind, ausnahmslos verpflichtet ist, eine Mängelanzeige oder ein Abhilfeverlangen an die Zentrale des Reiseveranstalters zu richten, verstößt gegen § 307 BGB.[3072] Die Ausdehnung der sechsmonatigen Verjährungsfrist auf „alle Ansprüche aus dem Reisevertrag" ist unwirksam.[3073] Nunmehr gilt eine Verjährungsfrist von 2 Jahren; § 651g Abs. 2 BGB.

1613 Eine **Preisanpassungsklausel**, wonach bei vier Monate vor Reisebeginn gebuchten Reisen bei unvorhersehbaren Preiserhöhungen der Leistungsträger der Reisepreis bis zu 10 % erhöht werden kann, ist unwirksam. Unwirksam ist auch die Klausel, dass das Rücktrittsrecht des Reisenden erst dann besteht, wenn die Preiserhöhung 10 % übersteigt. Die Klausel, die ein Reiseunternehmen seinen Kunden bei der Überlassung von Ferienwohnungen oder Ferienhäusern stellt, und wonach eine von den Kunden bezahlte **Kaution** erst innerhalb von 2 Wochen nach Abreise zurückerstattet wird, falls der Kunde an Haus oder Inventar keinen Schaden angerichtet hat, verstößt gegen § 307 BGB.[3074] **Leistungsänderungsvorbehalte** sind an § 308 Nr. 4 BGB zu messen. Unzulässig sind zeitliche Änderungen und Abweichungen, die die Qualität der Reise beeinträchtigen können.[3075] Ein **Rücktrittsvorbehalt**, wenn eine bestimmte Mindestteilnehmerzahl nicht erreicht wird, ist nach § 308 Nr. 3 BGB unwirksam. Hierauf hat der Kunde keinen Einfluss und es ist dann Sache des Reiseveranstalters, das Anliegen des Kunden als (bedingte) Option auszugestalten.[3076] Der **Rücktritt des Reisenden** ist in § 651i Abs. 1 BGB geregelt. Stornopauschalen in Prozentsätzen des Reisepreises sind grundsätzlich nicht zu beanstanden; Pauschalen von 100 EUR oder 200 EUR sind dagegen unzulässig.[3077]

1614 Eine Bindung an **„vorläufige Flugzeiten"** ist unzulässig.[3078]

1615 **Vermittlerklauseln** sind zunächst an § 651a Abs. 2 BGB zu messen. Bei Erbringung nur **einer** Reiseleistung gilt nur § 307 BGB,[3079] wobei die Wertungen des § 651a Abs. 2 BGB im Rahmen der Inhaltskontrolle gleichermaßen greifen.[3080]

1616 Ein Provisionsanspruch für den Reisevermittler bei Absage der Reise wegen **Nichterreichens einer vorausgesetzten Mindestteilnehmerzahl** besteht grundsätzlich nicht. Ein Reisevermittler hat keinen Anspruch auf Handelsvertreterprovision, wenn der Reiseveranstalter die Reise absagt, weil die dem Kunden mitgeteilte Mindestteilnehmerzahl nicht erreicht worden ist. Hat der Unternehmer im Reisevertrag einen wirksamen Rücktrittsvorbehalt vereinbart und erklärt er wegen des Nichterreichens der Mindestteilnehmerzahl den Rücktritt, liegt die Nichtausführung des Vertrags nicht in seinem Risikobereich.[3081]

1617 Bei **Ausschlussfristen für die Geltendmachung von Mängeln** ist zu beachten: Ein Abhilfeverlangen nach § 651c BGB ist nicht identisch mit einer Geltendmachung der Ansprüche nach §§ 651c bis 651f BGB. Zur Begründung kann jedoch hierauf verwiesen werden.[3082] Klauseln, nach denen die Ausschlussfrist des § 651g BGB über den Wortlaut der Bestimmung auch Ansprüche aus § 280 Abs. 1, § 311, § 241 BGB oder deliktische wie auch bereicherungsrechtliche Ansprüche umfasst, sind unwirksam.[3083] Etwa (unwirksam): *„Sämtliche Ansprüche sind innerhalb eines Monats geltend zu machen."*

3068 BGH NJW 1985, 906.
3069 BGH NJW 1984, 1752.
3070 Nachweise in BGH NJW 1984, 1752; BGH NJW 1989, 2750, 2752.
3071 Palandt/*Sprau*, § 651g Rn 2; Nachweise in BGH NJW 1984, 1752; BGH NJW 1989, 2750, 2752.
3072 BGH NJW 1989, 2750.
3073 OLG München NJW-RR 1987, 493; a.A. LG Frankfurt NJW 1982, 1538.
3074 BGH NJW 1990, 317.
3075 Ähnlich UBH/*Schmidt*, Teil 2 (26) Rn 6; WLP/*Schmidt*, R 52.
3076 Anders UBH/*Schmidt*, Teil 2 (26) Rn 8; WLP/*Schmidt*, R 63.
3077 AG Bonn NJW-RR 2010, 782.
3078 BGH v. 10.12.2013 – X ZR 24/13.
3079 BGH NJW 1985, 906; BGH NJW 1992, 3158; siehe auch BGH NJW 1990, 317.
3080 Bei Bereitstellung einer Ferienwohnung wendet der BGH Reisevertragsrecht direkt an, was zu keinen anderen Ergebnissen führt.
3081 BGH v. 23.1.2014 – VII ZR 168/13.
3082 BGHZ 90, 363 = NJW 1984, 1752; UBH/*Schmidt*, Teil 2 (26) Rn 19.
3083 HK/*Ebert*, § 651g Rn 2; Palandt/*Sprau*, § 651g Rn 1; UBH/*Schmidt*, Teil 2 (26) Rn 19; WLP/*Schmidt*, R 52; Palandt/*Grüneberg*, § 307 Rn 125; BGH NJW 2004, 2965, 3777.

Verjährungsklauseln müssen ebenfalls klar den Anspruch bezeichnen. Die Ansprüche nach §§ 651c bis 651f BGB verjähren grundsätzlich in zwei Jahren. Eine Abkürzung auf ein Jahr ist im Rahmen von § 651m Abs. 1 BGB möglich. Die Verletzung von Leben, Körper und Gesundheit, § 309 Nr. 7a BGB, wie auch grobes Verschulden, § 309 Nr. 7b BGB, müssen jedoch ausgenommen werden.[3084] Gleiches gilt für die Verletzung von wesentlichen Vertragspflichten.[3085] Verjährungsverkürzungen auf ein Jahr „für vertragliche Ansprüche" werden als wirksam angesehen.[3086] Dies ist abzulehnen, da der Kunde vertragliche Ansprüche gleichsetzt mit Ansprüchen aus dem Reisevertrag und die Klausel geeignet ist, diesen von der Geltendmachung auch von Ansprüchen wegen Leben, Körper und Gesundheit oder Verletzung von Kardinalpflichten abzuhalten.

1618

Zunehmend wird auch bei Reiseverträgen **EU-Recht** zu beachten sein:

1619

Die Rechtsvorschriften der einzelnen Mitgliedstaaten über Pauschalreisen wiesen zahlreiche Unterschiede auf, was zu Hindernissen der Dienstleistungsfreiheit und zu Wettbewerbsverzerrungen zwischen den in den verschiedenen Mitgliedstaaten ansässigen Reiseveranstaltern führte. Weiterhin wurden die Verbraucher eines Mitgliedstaates aufgrund unterschiedlicher Vorschriften über den Verbraucherschutz davon abgeschreckt, Pauschalreisen in einem anderen Mitgliedstaat zu buchen. Diese Hindernisse sollen durch eine einheitliche Regelung beseitigt werden.

Nach der EG-Richtlinie 90/314 des Rates vom 13.6.1990[3087] ist eine „Pauschalreise" die im Voraus festgelegte Verbindung von mindestens zwei Dienstleistungen (Beförderung, Unterbringung, andere touristische Dienstleistungen, die nicht Nebenleistungen von Beförderung oder Unterbringung sind und einen beträchtlichen Teil der Gesamtleistung ausmachen). Art. 3 der Richtlinie verpflichtet den Reiseveranstalter und/oder Vermittler, sicherzustellen, dass die Beschreibungen der von ihnen veranstalteten oder angebotenen Pauschalreisen keine irreführenden Angaben enthalten und dass die dem Verbraucher zur Verfügung gestellten Reiseprospekte klare und genaue Informationen erteilen.

1620

Alle Bedingungen des Vertrags werden schriftlich oder in einer anderen dem Verbraucher zugänglichen Form festgelegt und sind ihm vor Vertragsschluss zu übermitteln, Art. 4 II b. Ist der Verbraucher daran gehindert, die Pauschalreise anzutreten, kann er unter bestimmten Voraussetzungen seine Buchung auf einen Dritten übertragen, Art. 4 III. Gemäß Art. 4 IV dürfen die vertraglich festgelegten Preise grundsätzlich nicht geändert werden. Etwas anderes gilt nur dann, wenn der Vertrag die Möglichkeit einer Preiserhöhung oder -senkung ausdrücklich vorsieht. Im Falle einer Preisänderung oder einer Änderung eines anderen wesentlichen Vertragsbestandteils hat der Verbraucher die Möglichkeit, von dem Vertrag zurückzutreten, Art. 4 V. Storniert der Veranstalter die Reise vor dem vereinbarten Abreisetag – ohne dass ihn hierfür Verschulden trifft –, stehen dem Verbraucher Ansprüche gegen den Veranstalter auf Teilnahme an einer gleichwertigen oder höherwertigen anderen Pauschalreise, an einer Reise geringer Qualität gegen Erstattung der Differenz oder auf schnellstmögliche Erstattung aller von ihm aufgrund des Vertrags gezahlten Beträge zu, Art. 4 VI.

1621

Eine Entschädigungspflicht des Veranstalters kann auch entstehen, wenn dem Verbraucher nach Antritt der Reise ein erheblicher Teil der vertraglich vereinbarten Leistungen nicht erbracht wird oder falls der Veranstalter feststellt, dass er einen Teil dieser Leistungen nicht erbringen kann. Er muss aber auch Vorkehrungen treffen, damit die Reise weiter durchgeführt werden kann. Können solche Vorkehrungen nicht getroffen werden oder werden diese vom Verbraucher aus triftigen Gründen nicht akzeptiert, sorgt der Veranstalter für eine Beförderungsmöglichkeit, mit der der Verbraucher zum Ort der Abreise oder an einen anderen vereinbarten Ort zurückkehren kann, Art. 4 VII. Schließlich haften der Veranstalter und/oder der Vermittler bei Verschulden wegen Nicht- oder Schlechterfüllung und für die daraus entstandenen Schäden. Die Mitgliedstaaten können aber zulassen, dass die Entschädigung gemäß den internationalen Übereinkommen beschränkt wird. Bei anderen Schäden als Körperschäden soll es auch möglich sein, die Haftung im Pauschalreisevertrag zu beschränken, Art. 5 I und II.

1622

Der Verbraucher muss jeden Mangel, den er feststellt, dem Leistungsträger sowie dem Veranstalter und/oder dem Vermittler anzeigen. Auf diese Verpflichtung muss im Vertrag klar und deutlich hingewiesen werden, Art. 5 IV. Der Reiseveranstalter muss Sicherheiten für den Fall der Zahlungsunfähigkeit oder des Konkurses nachweisen, damit die Erstattung gezahlter Beträge und die Rückreise des Verbrauchers gewährleistet sind, Art. 7. Diese Richtlinie sollte von den Mitgliedstaaten bis zum 31.12.1992 in nationales Recht umgesetzt werden, Art. 9. Dies ist in Deutschland geschehen.

1623

Das Reisevertragsrecht wurde durch die **Schuldrechtsreform** nochmals geändert. Beanstandet wurden von der Rechtsprechung zuletzt Klauseln, dass Eigenleistungen zu Fremdleistungen erklärt wurden,[3088] sowie die Ausdehnung von § 651g BGB auf deliktische Ansprüche.[3089]

1624

3084 UBH/*Schmidt*, Teil 2 (26) Rn 21.
3085 Allerdings nicht erwähnt von UBH/*Schmidt*, Teil 2 (26) Rn 21; BGH NJW 2009, 1486.
3086 Palandt/*Grüneberg*, § 307 Rn 126; OLG Frankfurt NJW-RR 2003, 348.

3087 ABl Nr. L 158 v. 23.6.1990, S. 59.
3088 BGH NJW 2004, 681 = BGHZ 119,166; Palandt/*Grüneberg*, § 307 Rn 139.
3089 BGH NJW 2004, 2965; BGH NJW 2004, 3777; aber auch OLG Frankfurt NJW 2003, 348.

C. Weitere Hinweise

1625 Zur Freizeichnung bei der **Verspätung von Anschlussflügen** liegt inzwischen umfangreiche Rechtsprechung des BGH vor (siehe auch Stichwort „IATA-Beförderungsbedingungen").[3090]

1626 Eine Klausel **„Überkreuzbuchen"** ist in AGB unzulässig, soweit dem Fahrgast teilweise die Weiterbeförderung versagt wird, weil er Teile seines Hin- oder Rückflugs nicht nutzt.[3091]

1627 Klauseln im Zusammenhang mit § 651k BGB zur Absicherung der Zahlungsunfähigkeit und **Insolvenz des Reiseveranstalters** sind unwirksam, sofern diese der Höhe nach begrenzt werden oder auf solche Zahlungen beschränken, die binnen bestimmter Frist vor Reisebeginn erfolgen.[3092]

Reparaturbedingungen

1628 Klauseln in Kfz-Reparaturbedingungen *„Die Durchführung nicht vereinbarter Arbeiten bedarf der vorherigen Zustimmung des Auftraggebers, es sei denn, der Auftraggeber ist nicht kurzfristig erreichbar, die Arbeiten sind notwendig, und der Auftragspreis erhöht sich hierdurch bei Aufträgen bis zu 250 EUR um nicht mehr als 20 % und bei Aufträgen über 250 EUR um nicht mehr als 15 %."* verstoßen gegen § 308 Nr. 4 BGB.[3093]

1629 Auch eine Klausel, die ihrem Wortlaut nach vorschreibt, beim Bestreiten des Vorliegens eines (gewährleistungspflichtigen) Mangels durch den Auftragnehmer sei die Schiedsstelle des Kfz-Handwerks anzurufen, und den Eindruck erweckt, deren Entscheidung sei endgültig und der **Rechtsweg** sei **ausgeschlossen**, benachteiligt den Auftraggeber unangemessen i.S.d. § 307 BGB.[3094]

1630 Die Klausel *„Ansprüche bestehen nicht wegen eines Schadens, der dadurch entstanden ist, dass der Auftraggeber den Mangel dem Auftragnehmer nicht unverzüglich nach Feststellung schriftlich angezeigt und genau bezeichnet hat oder der Auftragsgegenstand dem Auftragnehmer nicht unverzüglich nach Feststellung eines Mangels zugestellt worden ist oder die von dem Mangel betroffenen Teile des Auftragsgegenstandes inzwischen auf Veranlassung des Auftraggebers von einer anderen Werkstatt oder in eigener Regie des Auftraggebers verändert oder instand gesetzt worden sind."* verstößt ebenfalls gegen § 307 BGB.[3095]

1631 Auch Klauseln, die den Eindruck erwecken, die **Haftung** sei auch bei grober Fahrlässigkeit auf die Gestellung eines Ersatzfahrzeugs beschränkt, verstoßen gegen § 309 Nr. 7 BGB.

1632 Gleiches gilt für die Klausel, die zum Ausdruck bringt, dass der Auftragnehmer für **Schäden und Verluste** nur haftet, wenn ein zusätzlicher Wageninhalt ausdrücklich in Verwahrung genommen ist.[3096]

1633 **Haftungsbegrenzungen bei einfacher Fahrlässigkeit** werden als zulässig angesehen.[3097] Dem ist nicht zuzustimmen. Es kommt auf die Reparatur selber und den konkreten Auftrag an. Soweit wesentliche Vertragspflichten betroffen sind, kommt auch eine Haftungsbegrenzung nicht in Betracht.

1634 Dagegen soll eine Klausel wirksam sein, nach der das **vertragliche Pfandrecht** auch wegen Forderungen aus früher durchgeführten Arbeiten und dergleichen geltend gemacht werden kann, soweit sie mit dem Auftragsgegenstand in Zusammenhang stehen, und zwar auch bei Verwendung unter Nichtkaufleuten.[3098]

1635 Klauseln über „angemessene" **Vorleistungspflichten** des Kunden, grundsätzlich auch über Abschlagszahlungen, werden zu Recht als Verstoß gegen § 307 BGB angesehen.[3099] Halten sich diese im Rahmen von § 632a Abs. 1 BGB, so bestehen auch AGB-rechtlich keine Bedenken.

1636 Eine Klausel, wonach **Kostenvoranschläge**, die nicht zur Erledigung der Reparatur führen, mit einer Bearbeitungsgebühr berechnet werden, verstößt gegen § 307 BGB.[3100] Erforderlich ist, dass der Kunde vor Vereinbarung einer Kostenvoranschlagsfertigung auf die möglichen „Bearbeitungsgebühren" ausdrücklich und unmissverständlich hingewiesen wird.[3101]

1637 Klauseln, die bei einer aus Gründen zu hoher Kosten oder schwieriger Ersatzteilbeschaffung abgebrochenen Reparatur zur Vergütungspflicht führen, verstoßen gegen § 307 BGB.[3102]

1638 Die Klausel *„Fahrzeiten gelten als Arbeitszeiten."* verstößt gegen § 307 BGB.[3103]

3090 BGH v. 28.5.2009 – Xa ZR 113/08.
3091 OLG Frankfurt v. 18.12.2008 – 16 U 76/08.
3092 BGH v. 28.3.2001 – IV ZR 19/00.
3093 BGH NJW 1987, 2818.
3094 BGH NJW 1987, 2818.
3095 BGH NJW 1987, 2818.
3096 BGH NJW 1987, 2818.
3097 Palandt/*Grüneberg*, § 307 Rn 127; WLP/*Dammann*, R 123: im Rahmen vorhersehbarer Schäden und im angemessenen Verhältnis zum Schadensrisiko.
3098 BGHZ 101, 307 = NJW 1987, 2818; UBH/*Christensen*, Teil 2 (27) Rn 7; str.
3099 WLP/*Dammann*, R 106; UBH/*Christensen*, Teil 2 (27) Rn 4.
3100 BGH NJW 1982, 765.
3101 BGH NJW 1982, 765.
3102 UBH/*Christensen*, Teil 2 (27) Rn 5; *Köhler*, NJW 1985, 945; WLP/*Dammann*, R 108.
3103 BGH NJW 1984, 2160; anders: UBH/*Christensen*, Teil 2 (37) Rn 3; WLP/*Dammann*, R 108.

1639 Auch die Klausel, dass „angefangene Stunden voll berechnet" werden, verstößt gegen § 307 BGB,[3104] ebenso die Bestimmung, wonach der Unternehmer das Wahlrecht hat, ob er **neue Teile oder Austauschteile** einbauen will.[3105]

1640 Der Haftungsausschluss in den Dock- und Reparaturbedingungen einer Seeschiffswerft auch für durch schwerwiegendes Verschulden einfacher Erfüllungsgehilfen verursachte Schäden, die im Schiff anlässlich der an diesem auszuführenden Werftarbeiten entstehen, hält mit Rücksicht auf branchentypische Besonderheiten eines Werftwerkvertrags und die im Geschäftsverkehr zwischen Schiffseigner und Werftunternehmer bestehende Branchenübung der Inhaltskontrolle des § 307 BGB stand.[3106] Diese Entscheidung ist auf andere Bereiche sicher nicht ohne Weiteres übertragbar und kann keinesfalls im nicht-kaufmännischen Verkehr Beachtung finden.

1641 **Ausschlussfristen** für die Beanstandung der Rechnung sind grundsätzlich unwirksam nach § 307 BGB, denn der Kunde kann hierdurch von der Geltendmachung berechtigter Ansprüche innerhalb der Verjährungsfrist abgehalten werden.[3107]

Rücktrittsvorbehalte

A. Rücktrittsvorbehalte (Grundsatz des § 308 Nr. 3 BGB) 1642
  I. Anwendbarkeit 1643
  II. Grundsätzliches 1645
  III. Bestimmtheitsgebot und sachlicher Grund 1647
  IV. Besonderheiten einzelner Verträge (z.B. Dauerschuldverhältnisse) 1651
  V. RL 93/13/EWG 1652
  VI. Rechtsfolgen bei Unwirksamkeit 1653
  VII. B2B-Verkehr 1656
B. Auswirkungen des § 308 Nr. 8 BGB 1658
  I. Ergänzungen zu § 308 Nr. 3 BGB; insbesondere unverzügliche Hinweispflicht 1658
  II. Rechtsfolgen der Unwirksamkeit 1659
  III. B2B-Verkehr 1660
C. Sonstiges 1661

A. Rücktrittsvorbehalte (Grundsatz des § 308 Nr. 3 BGB)

1642 Ein Rücktrittsvorbehalt i.S.v. § 308 Nr. 3 BGB liegt immer dann vor, wenn durch AGB auch noch nach erfolgtem Vertragsschluss die Möglichkeit eingeräumt werden soll, einseitig eine nachträgliche Lösung vom Vertrag durchzuführen. Ein Rücktrittsvorbehalt kann – aufgrund der grundsätzlichen Bindungswirkung von Vertragsschlüssen – nur wirksam vereinbart werden, wenn gemäß § 308 Nr. 3 BGB in der Klausel hinreichend begründet ist, für welchen Fall ein solches **Lösungsrecht** vom Vertrag vereinbart wird und sich bereits aus der Klausel deutlich ergibt, dass ein **sachlich gerechtfertigter Grund** für die Aufnahme in den Vertrag gegeben ist.[3108] In Ergänzung zu den Vorschriften des § 308 Nr. 1, 2 und 7 BGB dient auch § 308 Nr. 3 BGB dem Schutz des Interesses der Parteien an der ordnungsgemäßen Durchführung eines geschlossenen Vertrags („pacta sunt servanda") und schränkt daher die Möglichkeit zum Vorbehalt eines einseitigen Lösungsrechts mittels AGB deutlich ein.[3109]

I. Anwendbarkeit

1643 § 308 Nr. 3 BGB ist grundsätzlich auf alle Arten von Verträgen anwendbar.[3110] Eine Ausnahme macht § 308 Nr. 3 BGB selbst, indem die Norm im zweiten Halbsatz die Anwendung auf Dauerschuldverhältnisse ausschließt. Die Wertungen des § 308 Nr. 3 BGB sowie der RL 93/13/EWG können jedoch innerhalb der Prüfung der Konformität einer entsprechenden AGB-Klausel in Dauerschuldverhältnissen nach § 307 BGB zumindest als Leitbild berücksichtigt werden.[3111] Berücksichtigt werden muss im Rahmen von **Dauerschuldverhältnissen** jedoch stets, dass bei entsprechend langfristigen Verträgen häufig eine Situation eintritt, bei der es gerechtfertigt und angemessen ist, den Vertrag aufzulösen oder zumindest anzupassen.[3112] Ein solches Interesse kann dann auch schon in AGB abgebildet werden.

1644 Zusätzlich aus dem Anwendungsbereich ausgenommen sind die in § 310 Abs. 2 und 4 BGB aufgeführten Verträge, insbesondere Verträge der Elektrizitäts-, Gas-, Fernwärme- und Wasserversorgungsunternehmen über die Versorgung von Sonderabnehmern mit elektrischer Energie, Gas, Fernwärme und Wasser aus dem Versorgungsnetz. Bei Arbeitsverträgen sind die im Arbeitsrecht geltenden Besonderheiten (vgl. § 310 Abs. 4 S. 2 BGB) zu beachten. Wegen der im Arbeitsrecht insbesondere geltenden Besonderheiten zur Vertragsbeendigung (Kündigung) hat § 308 Nr. 3 BGB dort jedoch – mit Ausnahme von Vorverträgen[3113] – keinen Anwendungsbereich.[3114]

3104 Wohl auch UBH/*Christensen*, Teil 2 (27) Rn 5; WLP/*Dammann*, R 108.
3105 OLG Frankfurt ZIP 1983, 702.
3106 BGH NJW 1988, 1785.
3107 Anders: WLP/*Dammann*, R 109; Palandt/*Grüneberg*, § 307 Rn 128; Erman/*Roloff*, § 307 Rn 154.
3108 BAG NZA 2006, 539.
3109 UBH/*Schmidt*, § 308 Nr. 3 Rn 1 ff.; Palandt/*Grüneberg*, § 308 Rn 16.
3110 WLP/*Dammann*, § 308 Nr. 3 Rn 2.
3111 UBH/*Schmidt*, § 308 Nr. 3 Rn 2b.
3112 Beck'scher Online-Kommentar/*Becker*, Stand 2014, § 308 Nr. 3 Rn 36.
3113 BAG v. 27.7.2005 – 7 AZR 488/04, NZA 2006, 539.
3114 WLP/*Dammann*, § 308 Nr. 3 Rn 109.

II. Grundsätzliches

1645 Bereits § 346 Abs. 1 BGB ermöglicht den Parteien eines Vertrags nach seinem eindeutigen Wortlaut grundsätzlich, sich den Rücktritt vom Vertrag vorzubehalten. Eine Einschränkung erfährt diese Möglichkeit für den Bereich der AGB-Klausel, also der **einseitig gestellten Rücktrittsvorbehalte**. Das Verbot soll beim Vertragsschluss unter Einsatz von AGB gewährleisten, dass die Bindung an einen einmal geschlossenen Vertrag nicht einseitig ausgehebelt wird[3115] und zudem insbesondere faktisch **einseitige Bindungen** an einen Vertrag verhindern, die dadurch entstehen, dass sich der AGB-Verwender (zahlreiche) Lösungsmöglichkeiten vorbehält, während diese dem Vertragspartner nicht zustehen.

§ 308 Nr. 3 BGB bietet für den Vertragspartner im Zusammenspiel mit anderen Klauselverboten – wie z.B. § 308 Nr. 1 BGB und dem darin enthaltenen Verbot unangemessen langer Annahmefristen – die Gewähr dafür, sich auf die Beständigkeit eines geschlossenen Vertrags – außerhalb der gesetzlich verankerten Möglichkeiten – verlassen zu können. „Auch wird durch § 308 Nr. 3 BGB verhindert, dass die Freizeichnungsverbote des § 309 Nr. 7 und 8 BGB dadurch umgangen werden, dass der Klauselverwender statt einer Einschränkung seiner Haftung direkt die der Haftung zugrundeliegende Leistungspflicht aufhebt".[3116]

1646 Auch sonstige Lösungsrechte – wie das vertraglich statuierte Recht auf Anfechtung oder Widerruf etc. – können unter § 308 Nr. 3 BGB fallen,[3117] nicht jedoch ein Vertrag, der unter einer aufschiebenden Bedingung geschlossen worden ist.[3118]

III. Bestimmtheitsgebot und sachlicher Grund

1647 Nach allgemeiner Meinung müssen **Rücktritts- oder sonstige Befreiungsgründe**, wie z.B. Kündigungs-, Widerrufs- oder Anfechtungsrechte, in einer AGB-Klausel so bestimmt angegeben werden, dass der Vertragspartner ohne Schwierigkeiten feststellen kann, wann der Verwender sich vom Vertrag lösen darf.[3119] Hierzu bedarf es der Angabe eines sachlich gerechtfertigten Grundes für das Lösungsrecht. Nicht ausreichend ist, dass in der Klausel das Lösungsrecht lediglich abstrakt unter den Vorbehalt eines „sachlichen Grundes" gestellt wird, da der Vertragspartner nicht erkennen kann, wann ein solcher Grund vorliegt.[3120] Auch ein Rücktrittsvorbehalt für den Fall von „Betriebsstörungen jeder Art und sonstigen Umständen jeder Art" oder für den Fall, dass ein Rücktritt „notwendig" wird, ist zu unbestimmt und daher unwirksam.[3121]

1648 Auch die Vereinbarung von sog. **Selbstbelieferungsklauseln** wird nach Maßgabe von § 308 Nr. 3 BGB geprüft, da diese dem Verwender ermöglichen, einseitig und unter Ausschluss des Vertragspartners die vertraglich geschuldete Leistung von einem Dritten zu beziehen und damit die Leistungsmöglichkeit des Vertragspartners zu vereiteln. Der Vorbehalt einer solchen Selbstbelieferung ist daher nur in AGB nur zulässig, wenn die Klausel die Voraussetzungen und die Gründe für einen solchen Vorbehalt konkret benennt (vgl. die Besonderheiten im unternehmerischen Verkehr, siehe hierzu Rn 1656). In der Regel kann ein Selbstbelieferungsrecht in AGB nur zulässigerweise vereinbart werden, wenn der Verwender – ohne dass er dies zu vertreten hat – von seinem Lieferanten vertragswidrig nicht beliefert wird und daher ein kongruentes Deckungsgeschäft abschließen muss.[3122] Der Vorbehalt muss jedoch in jedem Fall hinreichend klar formuliert werden (nicht ausreichend bspw.: „nicht rechtzeitige Belieferung durch Zulieferer").[3123] Es muss zudem klar erkennbar sein, dass der Selbstbelieferungsvorbehalt nicht uneingeschränkt gilt, sondern auf Abschluss eben dieses konkreten Deckungsgeschäfts bezogen sein muss.[3124]

1649 Der Selbstbelieferungsvorbehalt ist zudem nur zulässig, wenn auch die zusätzlichen Anforderungen von § 308 Nr. 8 BGB, insbesondere die darin aufgeführten Informationspflichten, erfüllt sind (vgl. hierzu Rn 1658).

1650 Auch die in den §§ 323, 326 Abs. 4 und 346 BGB vorausgesetzten Erfordernisse einer schuldhaften Pflichtverletzung und einer erfolglosen Abmahnung vor Ausübung des Rücktrittsrechts dürfen nicht ohne sachlichen Grund mittels AGB übergangen werden.

Unwirksam ist daher eine Klausel, die es einer Fluggesellschaft ermöglicht, „bei Nichtvorlage der Kreditkarte, mit der die Reise bezahlt wurde, dem Kunden den Antritt der Reise zu verweigern" und diesem lediglich die Möglichkeit einräumt, „in diesem Fall ein neues Ticket gegen Bargeld oder Vorlage einer anderen Karte vor Ort zu erwerben".[3125] Auch die Klausel, die vorsieht, dass der Verwender, „wenn der Käufer nach Ablauf einer ihm vom Verkäufer gesetzten angemessenen Frist die Abnahme verweigert oder vorher ausdrücklich erklärt, nicht abnehmen zu wollen, vom

---

3115 Palandt/*Grüneberg*, § 308 Rn 16; WLP/*Dammann*, § 308 Nr. 3 Rn 1.
3116 Beck'scher Online-Kommentar/*Becker*, Stand 2014, § 308 Nr. 3 Rn 1; WLP/*Dammann*, § 308 Nr. 3 Rn 38; MüKo/*Wurmnest*, § 308 Nr. 3 Rn 1; UBH/*Schmidt*, § 308 Nr. 3 Rn 2b.
3117 BAG NZA 2006, 539; Palandt/*Grüneberg*, § 308 Rn 16.
3118 BGH v. 8.12.2010 – VIII ZR 343/09, GWR 2011, 93.
3119 BGH NJW 1983, 1320; UBH/*Schmidt*, § 308 Nr. 3 Rn 1 ff.
3120 OLG Köln NJW-RR 1998, 926.
3121 BGH NJW 1983, 1320; Beck'scher Online-Kommentar/*Becker*, Stand 2014, § 308 Nr. 3 Rn 6.
3122 v. Westphalen/ v. Westphalen, Rücktrittsvorbehalt Rn 14; BGH NJW 1983, 1320; BGH NJW 1968, 1085; BGH NJW 1985, 738; BGH WM 1990, 107; BGH NJW-RR 1992, 611; BGH NJW 1994, 1060.
3123 BGH NJW 1985, 855.
3124 v. Westphalen/*v. Westphalen*, Einkaufsbedingungen Rn 12.
3125 LG Frankfurt v. 27.1.2011 – 2-24 O 142/10.

Vertrag zurücktreten und/oder Schadensersatz statt der Leistung verlangen kann",[3126] ist wegen Verstoßes gegen § 308 Nr. 3 BGB unwirksam.

IV. Besonderheiten einzelner Verträge (z.B. Dauerschuldverhältnisse)

§ 308 Nr. 3 BGB gilt nicht für Dauerschuldverhältnisse (vgl. hierzu Rn 1643) wie z.B. Versicherungs- oder Darlehensverträge, bei denen die Vertragsdurchführung bereits begonnen hat.[3127] Den Dauerschuldverhältnissen gleichgestellt werden Sukzessivlieferverhältnisse und sonstige Schuldverhältnisse, die wiederkehrende Leistungen zum Inhalt haben.[3128]

1651

V. RL 93/13/EWG

In Bezug auf das Zusammenspiel von § 308 Nr. 3 BGB und der Richtlinie 93/13/EWG ergeben sich aufgrund des nahezu deckungsgleichen Inhalts keine Besonderheiten. Auch im Rahmen der Richtlinie gilt, dass im Zweifel der Beispielkatalog für eine richtlinienkonforme Auslegung herangezogen werden kann. Die Tatsache, dass die Richtlinie in lit f) des Anhangs zu Art. 3 Abs. 3 den Anwendungsbereich entgegen § 308 Nr. 3 BGB auch auf Dauerschuldverhältnisse ausdehnt, führt zu keinem anderen Ergebnis, da eine wirksame AGB-Kontrolle von Dauerschuldverhältnissen in Deutschland über die Heranziehung des § 308 Nr. 3 BGB im Rahmen der allgemeinen Inhaltskontrolle des § 307 BGB mit ähnlichen Ergebnisse erreicht wird.

1652

VI. Rechtsfolgen bei Unwirksamkeit

Sofern eine der vorgenannten Voraussetzungen – sachlicher Grund und hinreichend konkrete Angabe dieses Grundes in der Klausel – für die Wirksamkeit eines Rücktrittsvorbehalts nicht vorliegt, ist die Klausel unwirksam. Folge der Unwirksamkeit ist, dass der Vertragspartner an den Vertrag gebunden bleibt und – trotz der Ausübung des (unwirksamen) Rechts – weiterhin uneingeschränkt leistungspflichtig ist.

1653

Sind in einer Klausel mehrere voneinander teilbare Rücktrittsvorbehaltsrechte enthalten und ist nur eines davon unwirksam, bleiben die restlichen (wirksamen) Regelungen von dessen Unwirksamkeit in der Regel unberührt.[3129]

1654

Wird von einem unwirksamen Rücktrittsvorbehalt Gebrauch gemacht, so kann darin eine ernsthafte und endgültige Leistungsverweigerung i.S.d. §§ 281 Abs. 2, 286 Abs. 2 Nr. 3, 323 Abs. 2 Nr. 1 BGB liegen, die entsprechende Schadensersatz- und Verzugsfolgen hat.[3130]

1655

VII. B2B-Verkehr

§ 308 Nr. 3 BGB wird zwar auf den B2B-Verkehr nicht unmittelbar angewendet (vgl. § 310 Abs. 1 BGB), jedoch auch bei Verträgen zwischen Unternehmen im Rahmen der allgemeinen Inhaltskontrolle nach § 307 BGB berücksichtigt.[3131] Unwirksam ist gemäß § 307 BGB – aufgrund des Vertrauens auf eine zuverlässige Erfüllung von Verträgen – auch im B2B-Verkehr ein „allgemeiner Rücktrittsvorbehalt"[3132] oder ein Rücktrittsvorbehalt, der auch bei einem Verschulden des Klauselverwenders eingreift.[3133]

1656

Die Möglichkeit wirksame Rücktrittsvorbehalte zu vereinbaren, wird von der Rechtsprechung jedoch insbesondere dann großzügiger beurteilt, wenn ein entsprechender Handelsbrauch (§ 346 HGB) besteht. Auch im unternehmerischen Geschäftsverkehr bedarf die Aufnahme eines Rücktrittsvorbehalts jedoch regelmäßig der Angabe eines sachlichen Grunds, dieser ist allerdings bei den üblichen Selbstbelieferungs- und Lieferfähigkeitsklauseln im unternehmerischen Geschäftsverkehr in der Regel unproblematisch gegeben.[3134]

1657

B. Auswirkungen des § 308 Nr. 8 BGB

I. Ergänzungen zu § 308 Nr. 3 BGB; insbesondere unverzügliche Hinweispflicht

Ergänzend zu den zuvor (vgl. Rn 1642 ff.) dargestellten Wirksamkeitsvoraussetzungen verlangt § 308 Nr. 8 BGB zudem, dass der Verwender bei einem Vorbehalt aufgrund der Nichtverfügbarkeit der Leistung dazu verpflichtet ist, seinen Vertragspartner unverzüglich über die Nichtverfügbarkeit zu informieren und Gegenleistungen des Vertragspartners unverzüglich zu erstatten („Informationspflicht").

1658

II. Rechtsfolgen der Unwirksamkeit

Die Voraussetzungen von § 308 Nr. 3 und Nr. 8 BGB ergänzen sich,[3135] sodass im Falle eines klauselmäßig vereinbarten Lösungsrechts für den Fall der Nichtverfügbarkeit einer Leistung das Vorliegen eines sachlichen Grunds nicht mehr geprüft werden muss, wenn bereits die **Informations- und Erstattungspflicht aus § 308 Nr. 8 BGB** in der

1659

3126 OLG München v. 9.10.2003 – 29 U 2983/03, NJW-RR 2004, 791.
3127 BGH NJW 2005, 3641; BGH NJW 2009, 575; UBH/Schmitt, § 308 Nr. 3 Rn 17.
3128 UBH/Schmitt, § 308 Nr. 3 Rn 17; BT-Drucks 7/5422, 7.
3129 BGH ZIP 1981, 1338; BGH NJW 1985, 320.
3130 UBH/Schmitt, § 308 Nr. 3 Rn 16.
3131 BGH v. 19.9.2007 – VIII ZR 141/06, NJW 2007, 3774.
3132 OLG Köln NJW-RR 1998, 926.
3133 BGH v. 29.10.2008 – VIII ZR 258/07, NJW 2009, 575.
3134 UBH/Schmitt, § 308 Nr. 3 Rn 18.
3135 UBH/Schmitt, § 308 Nr. 3 Rn 16a.

Klausel fehlt.³¹³⁶ Dabei ist unerheblich, ob im jeweiligen Einzelfall tatsächlich eine solche unverzügliche Unterrichtung erfolgt ist und Gegenleistungen unverzüglich erstattet worden sind.³¹³⁷ Anknüpfungspunkt für die Unwirksamkeit ist allein die Tatsache, ob eine entsprechende **Pflicht in der Klausel niedergelegt** ist.

III. B2B-Verkehr

1660 § 308 Nr. 8 BGB ist ebenso wie § 308 Nr. 3 BGB gemäß § 310 Abs. 1 BGB nicht unmittelbar auf den Geschäftsverkehr zwischen Unternehmen übertragbar. Während die Wertung des § 308 Nr. 3 BGB jedoch zumindest entsprechend auch im B2B-Verkehr angewandt wird, ist § 308 Nr. 8 BGB auf den Vertrag zwischen Verbrauchern ausgerichtet und mithin auch nicht über § 307 BGB als Indiz heranzuziehen.³¹³⁸

C. Sonstiges

1661 Auch eine an sich ordnungsgemäße Rücktrittsvorbehaltsklausel, die den Anforderungen der §§ 308 Nr. 3 und Nr. 8 BGB im Hinblick auf die Bestimmtheit der Klausel und den dargestellten sachlichen Grund gerecht wird, kann nach den allgemeinen Grundsätzen von § 307 BGB unwirksam sein, wenn sie den Vertragspartner unangemessen benachteiligt, gegen das **Transparenzgebot** verstößt oder eine „überraschende Klausel" darstellt. So ist z.B. eine Klausel unwirksam, die den Vertragspartner verpflichtet, „die Ware im Falle eines Rücktritts in der Originalverpackung zurückzusenden"³¹³⁹ oder dem Vertragspartner auferlegt, auch im Falle eines Rücktritts wegen vom Verwender verschuldeter Mängel Nutzungsersatz zu leisten.³¹⁴⁰

Salvatorische Klauseln

1662 Vielfach findet sich in den AGB die Formulierung, dass die Einschränkung nur „soweit gesetzlich zulässig" gelte. Hierbei handelt es sich nicht um eine deklaratorische Klausel, da der Zusatz geeignet ist, die Grundsätze der geltungserhaltenden Reduktion zu unterlaufen, und den Kunden so möglicherweise von der Geltendmachung seiner Ansprüche abhalten kann. Fest steht auch, dass durch derartige Zusätze die ansonsten bestehende Unwirksamkeit von Klauseln nicht zu heilen ist.³¹⁴¹ Es spricht vieles dafür, derartige Klauseln als Verstoß gegen das Transparenzgebot i.S.d. § 307 Abs. 1 S. 2 BGB für unwirksam zu erachten (str.). Außerhalb der AGB-Kontrolle sind salvatorische Klauseln grundsätzlich wirksam; sie verkehren lediglich die Vermutung der Gesamtnichtigkeit (§ 139 BGB) in ihr Gegenteil.³¹⁴²

1663 Eine geltungserhaltende Reduktion ist unzulässig.³¹⁴³ Im Einzelfall hat der BGH jedoch Ausnahmen zugelassen. So soll bei einer kartellrechtlich unzulässigen Abgrenzungsvereinbarung das Verbot nicht gelten³¹⁴⁴ und auch eine ergänzende Vertragsauslegung in Betracht kommen. Dies sollte jedoch nur außerhalb des AGB-Rechts gelten.

Schiedsabreden

1664 Formularmäßige Schiedsabreden sind zunächst sorgfältig auch nach der Unklarheitenregelung des § 305c Abs. 2 BGB auszulegen.³¹⁴⁵ Auch eine Schiedsabrede zwischen einem gewerblichen Terminsoptionsvermittler und einem Anleger muss nicht die streitgegenständlichen Ansprüche erfassen.³¹⁴⁶

1665 Nach § 37h WpHG sind Schiedsklauseln unwirksam, wenn die Beteiligten nicht Kaufleute sondern Verbraucher sind.³¹⁴⁷ Ggf. ist auch die Schriftform nach Art. II UNÜ zu wahren.³¹⁴⁸ Bei einem Kontoführungsvertrag handelt es sich um einen Verbrauchervertrag, da die Pflege des eigenen Vermögens grundsätzlich nicht als berufliche oder gewerbliche Tätigkeit anzusehen ist.³¹⁴⁹ Damit sind auch die Formvorschriften nach § 1031 Abs. 5 ZPO zu beachten. Eine Schiedsvereinbarung ist formunwirksam, wenn diese § 1031 Abs. 5 ZPO nicht entspricht; dies gilt auch, wenn

---

3136 UBH/*Schmidt*, § 308 Nr. 8 Rn 3.
3137 Palandt/*Grüneberg*, § 308 Rn 46; UBH/*Schmidt*, § 308 Nr. 8 Rn 7.
3138 Vgl. dazu bereits die Gesetzesbegründung zu § 10 Nr. 8 AGBG, BT-Drucks 14/2658, 51; UBH/*Schmidt*, § 308 Nr. 8 Rn 8.
3139 OLG Frankfurt v. 10.11.2005 – 1 U 127/05, MMR 2006, 325.
3140 EuGH v. 17. 4. 2008 – C-404/06, NJW 2008, 1433.
3141 BGH NJW 1985, 623, 627 für das Verbandsverfahren; BGH NJW 1987, 1815, 1817; BGH ZIP 1991, 1362, 1365 für das Inzidentverfahren.
3142 BGH BB 1995, 2549.
3143 BGHZ 86, 297; BGHZ 114, 342; BGHZ 120, 122; st. Rspr.
3144 BGH v. 7.12.2010 – KZR 71/08 Rn 51, jedoch ohne sich mit dem AGB-Recht auseinanderzusetzen.
3145 BGH v. 8.2.2011 – XI 168/08, WM 2011, 650; ausführlich v. *Westphalen*, ZIP 2013, 2184 und *Herresthal*, ZIP 2014,345.
3146 Ausführlich und lesenswert: BGH v. 8.2.2011 – XI 168/08, WM 2011, 650.
3147 BGH v. 22.3.2011 – XI ZR 157/09.
3148 BGH v. 22.3.2011 – XI ZR 157/09; BGH v. 22.3.2011 – XI ZR 278/09; BGH v. 8.6.2010 – XI ZR 349/09, WM 2010, 2025 und BGH v. 8.6.2010 – XI ZR 41/09, WM 2010, 2032.
3149 BGH v. 22.3.2011 – XI ZR 157/09 unter 22.

sich der Verbraucher hierauf beruft.[3150] Damit bleiben die staatlichen Gerichte auch dann zuständig, wenn der Verbraucher sich auf die vorformulierte (unwirksame) Schiedsvereinbarung beruft.

Bei einer individualvertraglichen Schiedsabrede ist eine ergänzende Vertragsauslegung möglich; bei formularmäßigen Klauseln entfällt die Klausel dagegen insgesamt,[3151] da die engen Voraussetzungen, unter denen ausnahmsweise eine ergänzende Vertragsauslegung möglich ist,[3152] nicht gegeben sind.

Schönheitsreparaturen

A. Allgemeines 1666
B. Wohnraum 1668
  I. Abgeltungsklausel 1668
  II. Allgemeines 1673
  III. Anfangsrenovierung 1674
  IV. Ausführungsart 1675
  V. Bedarfsklauseln 1683
  VI. Bereicherungsanspruch 1684
  VII. Endrenovierung 1685
  VIII. Fachhandwerker 1689
  IX. Folgen unwirksamer Schönheitsreparaturklauseln 1690
  X. Fristen und Fristenpläne 1691
  XI. Isolierte Individualvereinbarung 1696
  XII. Klausel-Kombinationen/Summierungseffekt 1698
    1. Anfangsrenovierung und laufende Renovierung 1700
    2. Flexibler Fristenplan und Endrenovierung 1701
    3. Laufende Schönheitsreparaturen und unbedingte Endrenovierung 1702
  XIII. Mieterhöhung wegen fehlgeschlagener Abwälzung der Kosten auf den Mieter 1704
    1. Preisgebundener Wohnraum 1704
    2. Preisfreier Wohnraum 1705
  XIV. Trennbarkeit einzelner Verpflichtungen/ Blue-pencil-Test 1706
  XV. Umfang der Arbeiten 1707
  XVI. Unrenovierte Wohnung 1709
  XVII. Vertrauensschutz 1710
  XVIII. Vornahmeklausel 1711
  XIX. Zerstörung der Arbeiten durch Umbauarbeiten des Vermieters 1712
C. Geschäftsraum 1713
  I. Abdingbarkeit und Übertragung auf den Mieter .. 1713
  II. Abgeltungsklausel 1717
  III. Anfangsrenovierung 1718
  IV. Ausführungsart 1719
  V. Bedarfsklauseln 1720
  VI. Endrenovierung 1721
  VII. Fachbetrieb 1724
  VIII. Fristen und Fristenpläne 1725
  IX. Summierungseffekt 1730
  X. Umbau des Mietobjekts 1733

A. Allgemeines

Schönheitsreparaturen sind gemäß § 535 Abs. 1 S. 2 BGB Aufgabe des Vermieters. Die Abwälzung auf den Mieter ist grundsätzlich zulässig, erfolgt aber fast immer durch Formularklauseln.[3153] Wie *Beyer*[3154] ausführt, ergeben sich hieraus drei Grundsätze, auf denen die BGH-Rechtsprechung basiert: zum einen gilt das gesetzliche Leitbild der Renovierung nach Bedarf uneingeschränkt auch bei Übertragung der Renovierungslast auf den Mieter, zum anderen wird die vom Mieter übernommene Verpflichtung zur Durchführung der Schönheitsreparaturen als Teil seiner Gegenleistung für Überlassung der Räume gesehen (Entgelttheorie) und jede formularmäßige Schönheitsreparaturklausel muss an den strengen Maßstäben des AGB-Rechts gemessen werden. Zutreffend weist *Beyer* darauf hin, dass der Klauselkontrolle gemäß §§ 305 ff. BGB zentrale Bedeutung zukommt, insbesondere anhand der Kriterien „unangemessene Benachteiligung", „Transparenzgebot" und „Auslegungsgrundsätze" (zur Definition siehe Rn 1673, 1707).

1666

Wichtige obergerichtliche Entscheidungen der äußerst umfangreichen Kasuistik sind nachfolgend dargestellt.

1667

B. Wohnraum

I. Abgeltungsklausel

Wirksam ist die Abgeltungsklausel, wenn sie den Vorgaben des BGH[3155] entspricht, insbesondere der Kostenvoranschlag nicht verbindlich ist, Fristen und Prozentsätze dem Üblichen entsprechen, nicht starr sind[3156] und Selbstvornahme durch den Mieter möglich ist.[3157] Die Berechnung der Quote muss transparent sein.[3158] Eine formularmäßige Quotenabgeltungsklausel in einem Wohnraummietvertrag, die zur Berechnung der Abgeltungsquote die Regelung vorsieht „*Berechnungsgrundlage ist der Kostenvoranschlag eines vom Vermieter auszuwählenden Malerfachgeschäfts*", ist gemäß § 307 Abs. 1 S. 1 BGB unwirksam, da sie mehrdeutig ist und nicht den eindeutigen Schluss da-

1668

3150 BGH v. 19.5.2011 – II ZR 16/11; BGH v. 22.3.2011 – XI ZR 278/09.
3151 BGH v. 14.7.2011 – III ZB 70/10.
3152 BGH v. 7.6.2011 – VIII ZR 333/10.
3153 Ausführliche Darstellung s. *Eisenschmid*, WuM 2010, 459.
3154 NJW 2008, 2065.
3155 BGH v. 6.7.1988 – VIII ARZ 1/88; NJW 1988, 2790; BGH v. 7.3.2007 – VIII ZR 247/05, NZM 2007, 355 ff.
3156 BGH v. 18.10.2006 – VIII ZR 52/06, ZMR 2007, 28.
3157 BGH v. 26.5.2004 – VIII ZR 77/03, ZMR 2004, 659 zur Wahlmöglichkeit des Mieters.
3158 BGH v. 26.9.2007 – VIII ZR 143/09, WuM 2007, 684.

1669 Zur Wirksamkeit von Quotenabgeltungsklauseln hat der BGH einen Hinweisbeschluss erlassen, der auf eine mögliche Rechtsprechungsänderung hindeutet. In diesem Beschluss äußert der BGH Bedenken, ob eine Quotenabgeltungsklausel bei unrenoviert oder renovierungsbedürftig überlassener Wohnung der Inhaltskontrolle nach § 307 Abs. 1 BGB standhält, selbst dann, wenn die Klausel den Erhaltungszustand der Wohnung in der Weise berücksichtigt, dass bei der Berechnung der Quote der Zeitraum entscheidend ist, nach dem bei einer hypothetischen Fortsetzung des Mietverhältnisses aufgrund des Wohnverhaltens des Mieters voraussichtlich Renovierungsbedarf bestünde.[3160]

1670 Zur Kombination mit weiteren Pflichten siehe unten XII. „Summierungseffekt" (vgl. Rn 1698 ff.).

1671 Eine unwirksame Quotenabgeltungsklausel berührt die Wirksamkeit einer Renovierungs- oder Vornahmeklausel nicht.[3161]

1672 Die Abgeltungsklausel, dass der Mieter verpflichtet ist, bei seinem Auszug noch nicht fällige (angelaufene) Renovierungsintervalle zeitanteilig zu entschädigen, ist unwirksam (siehe auch unten VII. „Endrenovierung", vgl. Rn 1685).[3162]

II. Allgemeines

1673 Wirksam ist die Klausel „*Der Mieter trägt die Schönheitsreparaturen*".[3163] Hinsichtlich der Klausel, „*Der Mieter trägt die Kosten der Schönheitsreparaturen*", die wirksam sein soll,[3164] hat *Langenberg*[3165] wegen der abweichenden Rechtsprechung des BGH zu den Pflichten des Mieters bei Kleinreparaturen Bedenken zur Wirksamkeit.

III. Anfangsrenovierung

1674 Anfangsrenovierungen werden überwiegend für unwirksam gehalten.[3166] Zu Lösungsmöglichkeiten siehe die Ausführungen von *Lehmann-Richter*.[3167]

IV. Ausführungsart

1675 Klauseln, die den Mieter auch während der Mietzeit generell zu einer vorgegebenen Dekoration verpflichten, sind unwirksam, wenn kein anerkennenswertes Interesse des Vermieters hierfür erkennbar ist.[3168] Dies wird zunehmend auch für die **Renovierung bei Auszug** angenommen.

1676 Die formularvertragliche Klausel zur Abwälzung der Schönheitsreparaturen mit weichen Fristen und die gleichzeitige Verpflichtung, die Mietsache im bezugsfertigen Zustand bei Vertragsende zurückzugeben, ist wirksam.[3169]

1677 Die Farbvorgabe „Weiß" ist für die laufenden Schönheitsreparaturen[3170] ebenso wie für die Auszugsdekoration des Mieters unwirksam.[3171] „Auch wenn der Mieter die Wohnung bei Mietbeginn mit einem neuen weißen Anstrich übernommen hat, benachteiligt ihn eine Farbwahlklausel nur dann nicht unangemessen, wenn sie ausschließlich für den Zeitpunkt der Rückgabe Geltung beansprucht und dem Mieter noch einen gewissen Spielraum lässt."[3172]

1678 Die Formulierung „*ausführen zu lassen*" benachteiligt den Mieter unangemessen und ist unwirksam.[3173]

1679 Unwirksam ist die formularmäßige Verpflichtung des Mieters, Decken und Oberwände während der Mietzeit zu „weißen".[3174]

1680 Die Klausel „*Schönheitsreparaturen sind in neutralen, hellen deckenden Farben und Tapeten auszuführen*" ist unwirksam.[3175]

1681 Die Verpflichtung des Mieters zur Entfernung von Tapeten bei Mietende ist unwirksam.[3176]

1682 Das Erfordernis der Zustimmung des Vermieters, von der „bisherigen Ausführungsart" abzuweichen, macht die Klausel unwirksam.[3177] Hieran ändert sich auch nichts, wenn die Klausel das Zustimmungserfordernis nur für erhebliche Abweichungen vorsieht, sofern ein anerkennenswertes Interesse des Vermieters für eine derartige Einschränkung des Gestaltungsfreiraums des Mieters fehlt.[3178] Dies gilt auch, wenn die Verpflichtung zur Ausführung und die inhaltliche Ausgestaltung in zwei verschiedenen Klauseln enthalten sind.[3179]

3159 BGH v. 29.5.2013 – VIII ZR 285/12.
3160 BGH v. 22.1.2014 – VIII ZR 352/12.
3161 BGH v. 18.11.2008 – VIII ZR 73/08, WuM 2009, 36; s. auch BGH NZM 2006, 924, NZM 2007, 879, NZM 2008, 363.
3162 BGH v. 5.3.2008 – VIII ZR 95/07, NZM 2008, 363.
3163 OLG Karlsruhe WuM 1992, 349.
3164 BGH v. 14.7.2004 – VIII ZR 339/03, NZM 2004, 734.
3165 *Langenberg*, Schönheitsreparaturen, Instandsetzung und Rückbau, 4. Aufl. 2011, Rn 46 ff.
3166 BGH NJW 1988, 2790, WuM 1987, 306.
3167 *Lehmann-Richter*, NZM 2005, 691.
3168 BGH v. 14.12.2010 – VIII ZR 143/10 m.w.N.
3169 BGH v. 12.3.2014 – XII ZR 108/13.
3170 BGH v. 20.1.2010 – VIII ZR 50/09, NZM 2010, 236.
3171 BGH v. 14.12.2010 – VIII ZR 198/10, NJW 2011, 514.
3172 BGH v. 22.2.2012 – VIII ZR 205/11, NJW 2012, 1280.
3173 BGH v. 9.6.2010 – VIII ZR 294/09.
3174 BGH v. 23.9.2009 – VIII ZR 344/08, NJW 2009, 3716; BGH v. 21.9.2011 – VIII ZR 47/11.
3175 BGH v. 18.6.2008 – VIII ZR 224/07, WuM 2008, 472.
3176 BGH v. 5.4.2006 – VIII ZR 109/05, MDR 2006, 1217, zur Kombination mit „starrer" Frist für Schönheitsreparatur BGH v. 5.4.2006 – VIII ZR 152/05, NJW 2006, 2115.
3177 BGH v. 28.3.2007 – VIII ZR 199/06, WuM 2007, 259.
3178 BGH v. 11.9.2012 – VIII ZR 237/11, WuM 2012, 662.
3179 BGH v. 22.9.2004 – VIII ZR 360/03, ZMR 2005, 34.

V. Bedarfsklauseln

Bedarfsklauseln können wirksam sein.[3180] **1683**

VI. Bereicherungsanspruch

Der Mieter, der aufgrund einer unwirksamen Schönheitsreparaturklausel Arbeiten durchführt, hat einen Anspruch nach bereicherungsrechtlichen Grundsätzen.[3181] Bei Zahlung eines Abgeltungsbetrages für nicht durchgeführte Schönheitsreparaturen durch den Mieter aufgrund einer unwirksamen Schönheitsreparaturklausel unterliegt der Bereicherungsanspruch des Mieters der kurzen Verjährung gemäß § 548 Abs. 2 BGB.[3182] **1684**

VII. Endrenovierung

Wirksam ist die bedingte Endrenovierungsverpflichtung, dass die während des Mietverhältnisses fällig gewordenen – wirksam auferlegten – Schönheitsreparaturen bei Ende des Mietverhältnisses nachzuholen sind.[3183] **1685**

Unbedingte Endrenovierungsverpflichtungen sind unwirksam.[3184] Siehe dazu auch unten XI. „Isolierte Individualvereinbarung" (vgl. Rn 1696). **1686**

Eine Endrenovierungsverpflichtung, nach der der Mieter unabhängig vom Zustand der Wohnung und vom Zeitpunkt der Vornahme der letzten Schönheitsreparaturen die Wohnung renoviert zu übergeben hat, ist unwirksam, auch wenn er nicht zu laufenden Schönheitsreparaturen verpflichtet war.[3185] **1687**

Wirksam ist, den Mieter zu verpflichten, im Falle der Beendigung des Mietverhältnisses vor Ablauf der Fristen zur Ausführung von Schönheitsreparaturen eine zeitanteilige Kostenbeteiligung zu tragen, wenn ihm die Wahl zwischen der Zahlung und einer fachgerechten Renovierung überlassen bleibt.[3186] **1688**

VIII. Fachhandwerker

Die Wirksamkeit der Fachhandwerker-Klausel lehnt das OLG Stuttgart ab.[3187] Siehe zu dem Begriff „fachmännisch" die Ausführungen bei *Langenberg*.[3188] **1689**

IX. Folgen unwirksamer Schönheitsreparaturklauseln

Eine ergänzende Vertragsauslegung bei den Folgen unwirksamer Schönheitsreparaturklauseln ist nicht geboten..[3189] Siehe dazu auch VI. „Bereicherungsanspruch" (vgl. Rn 1684), XIII. „Mieterhöhung" (vgl. Rn 1704 f.) und XVII. „Vertrauensschutz" (vgl. Rn 1710). **1690**

X. Fristen und Fristenpläne

Werden unwirksame Fristen oder Fristenpläne vereinbart, ist die gesamte Schönheitsreparaturverpflichtung unwirksam.[3190] Siehe auch XIV. „Trennbarkeit" (vgl. Rn 1706). **1691**

Beim Begriff „regelmäßig" ist inzwischen durch den BGH entschieden worden, dass kein starrer Fristenplan vorliegt.[3191] **1692**

Bei Verwendung des Begriffs „mindestens" liegt eine unwirksame starre Frist vor.[3192] **1693**

Ein starrer Fristenplan ist unwirksam.[3193] Es kommt auf den Renovierungsbedarf an.[3194]

Weiche Renovierungsfristen sind wirksam.[3195] Auch die Abweichung in Fristenplänen durch Formulierungen, wie „im Allgemeinen",[3196] „normalerweise", „grundsätzlich" oder „in der Regel"[3197] sollen wirksam sein,[3198] ebenso die Vereinbarung „nach Grad der Abnutzung"[3199] oder „üblicherweise".[3200] **1694**

Die Regelfristen des Mustermietvertrags 1976 werden als zu kurz angesehen.[3201] Zu kurze Fristen führen zur Unwirksamkeit der Klausel.[3202] Auch die Bezugnahme auf die „üblichen" Fristen ist unwirksam.[3203] **1695**

3180 *Langenberg*, Schönheitsreparaturen, Instandsetzung und Rückbau, 4. Aufl. 2011, Rn 264 ff.
3181 BGH v. 27.5.2009 – VIII ZR 302/07, WuM 2009, 395.
3182 BGH v. 20.6.2012 – VIII ZR 12/12.
3183 BGH v. 18.10.2006 – VIII ZR 52/06, NZM 2006, 924; BGH v. 25.6.2003 – VIII ZR 335/02, NJW 2003, 3192.
3184 BGH v. 12.9.2007 – VIII ZR 316/06, WuM 2007, 682; WuM 1987, 306; BGH NJW 2003, 3192.
3185 BGH v. 12.9.2007 – VIII ZR 316/06, NZM 2007, 921.
3186 BGH v. 26.5.2004 – VIII ZR 77/03, NJW 2004, 3042; BGH NJW 1988, 2790.
3187 WuM 1993, 528.
3188 *Langenberg*, Schönheitsreparaturen, Instandsetzung und Rückbau, 4. Aufl. 2011, Rn 27 ff.
3189 BGH v. 28.6.2006 – VIII ZR 124/05.
3190 BGH v. 23.6.2004 – VIII ZR 361/03, ZMR 2004, 736 zu Küche.
3191 BGH v. 20.3.2012 – VIII ZR 192/11.
3192 BGH v. 23.6.2004 – VIII ZR 361/03, „wenn erforderlich, mindestens aber …", ZMR 2004, 736.
3193 BGH v. 5.4.2006 – VIII ZR 106/05, NJW 2006, 2113.
3194 BGH v. 23.6.2004 – VIII ZR 361/03, ZMR 2004, 736.
3195 *Langenberg*, Schönheitsreparaturen, Instandsetzung und Rückbau, 4. Aufl. 2011, Rn 264 ff.
3196 KG v. 22.5.2008 – 8 U 205/07, NZM 2008, 643.
3197 BGH v. 5.4.2006 – VIII ZR 163/05, WuM 2006, 306.
3198 BGH v. 23.6.2004 – VIII ZR 230/03, NZM 2004, 497.
3199 BGH v. 9.3.2005 – III ZR 17/04, NZM 2005, 376; s. auch BGH WuM 2005, 716; WuM 2004, 333.
3200 BGH v. 22.10.2008 – VIII ZR 283/07, WuM 2008, 722.
3201 *Beyer*, NJW 2008, 2065.
3202 BGH v. 28.6.2006 – VIII ZR 124/05, WuM 2006, 513.
3203 BGH v. 5.4.2006 – VIII ZR 106/05, NJW 2006, 2113.

XI. Isolierte Individualvereinbarung

1696 Wenn formularvertraglich starre Fristen zur Durchführung der laufenden Schönheitsreparaturen in Kombination mit einer Endrenovierung durch den Mieter vereinbart wurden, ist gleichwohl die später bei Einzug im Übergabeprotokoll individuell vereinbarte Übernahme der Endrenovierungspflicht durch den Mieter wirksam. Diese Individualvereinbarung unterliegt nicht der Inhaltskontrolle nach § 307 Abs. 1 S. 1 BGB.[3204] „Kommt es infolge von Einwänden des Mieters gegenüber einer vom Vermieter vorformulierten Mietvertragsbedingung zu einer Textänderung, die sich im Rahmen einer unselbstständigen Ergänzung hält, die also keine Änderung des wesentlichen Inhalts der Klausel bewirkt, ist der Charakter der Klausel als Allgemeine Geschäftsbedingung nicht in Frage gestellt und liegt damit keine die AGB-Kontrolle ausschließende Individualabrede i.S.v. §§ 305 Abs. 1 S. 3, 305 b BGB vor. Das gilt auch gegenüber einem juristisch ausgebildeten Mieter (hier: Richter)."[3205]

1697 „Eine Individualvereinbarung kann Renovierungspflichten der ausziehenden Mieter begründen, auch wenn der Vermieter rechtskräftig zur Unterlassung von Reparaturverlangen verurteilt worden ist. Voraussetzung ist, dass die Mieter die Reparaturverpflichtung freiwillig übernehmen – in der Kenntnis, dass sie es nicht kraft Gesetzes oder kraft Vertrags müssen."[3206]

XII. Klausel-Kombinationen/Summierungseffekt

1698 Aus dem Zusammenwirken zweier Formularklauseln kann sich ein Summierungseffekt mit der Folge einer unwirksamen Endrenovierungsklausel ergeben.[3207]

1699 Für sich genommen jeweils unbedenkliche Klauseln, die aber inhaltlich zusammengehören, können in ihrer Gesamtwirkung zu einer unangemessenen Benachteiligung führen.[3208] Dies gilt auch, wenn eine Formularklausel mit einer Individualvereinbarung zusammentrifft.[3209]

1700 **1. Anfangsrenovierung und laufende Renovierung.** Anfangs- und laufende Renovierungspflichten sind in der Regel unwirksam, können bei Ausgleichszahlungspflicht des Vermieters aber wirksam sein.[3210]

Die Vereinbarung benachteiligt den Mieter und ist unwirksam, auch wenn eine der Pflichten individualvertraglich vereinbart wurde.[3211]

1701 **2. Flexibler Fristenplan und Endrenovierung.** Eine Mietvertragsklausel zur Tragung von Schönheitsreparaturen durch den Mieter, deren schlichte Abwälzung flankiert wird mit einer Fußnote *„Im Allgemeinen werden Schönheitsreparaturen in den Mieträumen in folgenden Zeitabständen erforderlich sein: in Küchen, Bädern und Duschen alle 3 Jahre, in Wohn- und Schlafräumen, Fluren, Dielen und Toiletten alle 5 Jahre, in anderen Nebenräumen alle 7 Jahre"*, und kombiniert ist mit der weiteren Klausel *„Hat der Mieter die Schönheitsreparaturen übernommen, so hat er spätestens bis Ende des Mietverhältnisses alle bis dahin je nach dem Grad der Abnutzung oder Beschädigung erforderlichen Arbeiten durchzuführen, soweit nicht der neue Mieter sie auf seine Kosten – ohne Berücksichtigung im Mietpreis – übernimmt oder dem Vermieter die Kosten erstattet. ..."*, hält der Inhaltskontrolle nach § 9 AGBG (§ 307 BGB) stand.[3212]

1702 **3. Laufende Schönheitsreparaturen und unbedingte Endrenovierung.** Turnusmäßige Schönheitsreparaturen können dem Mieter nicht zugleich mit einer unbedingten Endrenovierungsverpflichtung auferlegt werden.[3213]

1703 Bei starren Fristen für die laufenden Schönheitsreparaturen („alle ... Jahre") und der unbedingten Endrenovierungspflicht („spätestens nachzuholen") ist die Regelung unwirksam.[3214]

XIII. Mieterhöhung wegen fehlgeschlagener Abwälzung der Kosten auf den Mieter

1704 **1. Preisgebundener Wohnraum.** Der Vermieter von öffentlich gefördertem, preisgebundenem Wohnraum ist berechtigt, die Kostenmiete einseitig um den Zuschlag gemäß § 28 Abs. 4 der II. Berechnungsverordnung zu erhöhen, sofern die im Mietvertrag enthaltene Schönheitsreparaturklausel zur Abwälzung auf den Mieter unwirksam ist;[3215] dies gilt auch bei einer vom Mieter durchgeführten, vom Vermieter nicht veranlassten Anfangsrenovierung.[3216]

1705 **2. Preisfreier Wohnraum.** Eine entsprechende Erhöhung ist dem Vermieter von preisfreiem Wohnraum nicht gestattet.[3217] Ebenso wurde für eine aus der Preisbindung entlassene Wohnung entschieden: „Ein in der Grundmiete ei-

---

3204 BGH v. 14.1.2009 – VIII ZR 71/08, NZM 2009, 233; s. auch BGH NZM 2006, 623.
3205 BGH v. 5.3.2013 – VIII ZR 137/12, NZM 2013, 307.
3206 OLG Düsseldorf v. 6.12.2011 – 6 W 210/11, IMR 2012, 274.
3207 BGH v. 14.5.2003 – VIII ZR 308/02, WuM 2003, 436; BGH v. 25.6.2003 – VIII ZR 335/02, WuM 2003, 561.
3208 BGH WuM 2004, 660.
3209 BGH v. 5.4.2006 – VIII ZR 163/2005, WuM 2006, 306.
3210 BGH WuM 1987, 306; WuM 1988, 294.
3211 BGH v. 14.1.2009 – VIII ZR 71/08, WuM 2009, 173; BGH v. 5.4.2006 – VIII ZR 163/2005, WuM 2006, 306.
3212 BGH v. 28.4.2004 – VIII ZR 230/03, WuM 2004, 497.
3213 BGH v. 25.6.2003 – VIII ZR 335/02, NJW 2003, 3192.
3214 BGH v. 28.6.2006 – VIII ZR 124/05, NZM 2006, 691.
3215 BGH v. 24.3.2010 – VIII ZR 177/09, NJW 2010, 1590.
3216 BGH v. 12.12.2012 – VIII ZR 181/12.
3217 BGH v. 9.7.2008 – VIII ZR 181/07, NJW 2008, 2840; s. auch BGH v. 11.2.2009 – VIII ZR 118/07, WuM 2009, 240; a.A. OLG Karlsruhe NZM 2007, 481.

ner preisgebundenen Wohnung enthaltener Kostenansatz für Schönheitsreparaturen i.S.v. § 28 Abs. 4 der II. Berechnungsverordnung berechtigt einen zur Durchführung der Schönheitsreparaturen verpflichteten Vermieter nicht, nach Entlassung der Wohnung aus der Preisbindung die nunmehr als „Marktmiete" geschuldete Grundmiete über die im Mietspiegel ausgewiesene ortsübliche Vergleichsmiete hinaus um einen Zuschlag für Schönheitsreparaturen zu erhöhen."[3218]

XIV. Trennbarkeit einzelner Verpflichtungen/Blue-pencil-Test

Werden dem Mieter die Pflichten zur Durchführung der Schönheitsreparaturen insgesamt auferlegt, so sind sie hinsichtlich der zeitlichen Modalitäten, der Ausführungsart oder des gegenständlichen Umfangs nicht trennbar. Die Klausel ist unwirksam, wenn auch nur einer der o.g. Punkte zu einer Benachteiligung des Mieters führt.[3219]

1706

XV. Umfang der Arbeiten

Formularvertraglich kann dem Mieter von Wohnraum nicht auferlegt werden, andere Arbeiten durchzuführen, als die in § 28 Abs. 4 S. 3 der II. Berechnungsverordnung genannten Arbeiten.[3220]

1707

Der **Außenanstrich von Türen und Fenstern** sowie das **Abziehen und Wiederherstellen der Parkettversiegelung** fallen nicht unter die Definition des § 28 Abs. 4 S. 3 der II. Berechnungsverordnung. Weitergehende Arbeiten können daher nicht vereinbart werden. Die Klausel ist insgesamt unwirksam.[3221] Der BGH hat die folgende Regelung in einer vermieterseits gestellten Allgemeinen Geschäftsbedingung für unwirksam erklärt: *„Parkett und Holzfußboden sind nach zehn Jahren zu versiegeln, sofern dies die Gesetzeslage bzw. die Rechtsprechung erlauben, was nach heutigem Stand nicht der Fall ist, sodass der Mieter die Versiegelung momentan auch nicht schuldet."* Folge ist die Unwirksamkeit der gesamten Schönheitsreparaturklausel.[3222]

1708

Die formularvertragliche **Erweiterung** des o.a. skizzierten Umfangs der Arbeiten, lehnt der BGH als unwirksam ab, wenn keine angemessene Kompensationsregelung enthalten ist.[3223]

Die Reinigung des **Teppichbodens** ist vom Mieter bei Wirksamkeit der Schönheitsreparaturübertragung durchzuführen.[3224] Das Ölen von Holzfußböden soll umfasst sein, nicht aber das Abschleifen von Parkett.[3225]

XVI. Unrenovierte Wohnung

Trotz Überlassung einer unrenovierten Wohnung können die laufenden Schönheitsreparaturen dem Mieter auferlegt werden, wenn die Fristen erst mit Anfang des Mietverhältnisses zu laufen beginnen.[3226]

1709

Wirksam ist auch, dass der Mieter unverzüglich je nach Grad der Abnutzung oder Beschädigung erforderliche Arbeiten durchführen soll und kein starrer Fristenplan vereinbart ist.[3227]

XVII. Vertrauensschutz

Dem Verwender unwirksamer Allgemeiner Geschäftsbedingungen, die sich aufgrund einer Änderung der höchstrichterlichen Rechtsprechung als unwirksam erwiesen haben, wird kein Vertrauensschutz zugebilligt.[3228]

1710

XVIII. Vornahmeklausel

Vornahmeklauseln, die als solche wirksam sind, werden nicht unwirksam, weil die Mietwohnung bei Mietbeginn unrenoviert war. Flexible Renovierungsfristen sind auch bei unrenoviert überlassenen Wohnungen wirksam.[3229]

1711

XIX. Zerstörung der Arbeiten durch Umbauarbeiten des Vermieters

Der Mieter ist zur Ausgleichszahlung an den Vermieter verpflichtet, wenn eine vom Vermieter geplante Umbaumaßnahme mieterseits durchgeführte und wirksam vereinbarte Schönheitsreparaturen wieder zerstören würde.[3230]

1712

3218 BGH v. 9.11.2011 – VIII ZR 87/11, NJW 2012, 145.
3219 BGH v. 13.1.2010 – VIII ZR 48/09, NJW 2010, 674; s. auch BGH v. 18.2.2009 – VIII ZR 210/08, ZMR 2010, 261; ZMR 2007, 28; ZMR 2007, 538; BGH ZMR 2005, 34; BGH WuM 2004, 473; BGH WuM 2003, 495.
3220 BGH v. 13.1.2010 – VIII ZR 48/09, NJW 2010, 674; BGH v. 5.3.2008 – VIII ZR 37/07, WuM 2008, 213.
3221 BGH v. 13.1.2010 – VIII ZR 48/09, NJW 2010, 674; s. auch BGH v. 18.2.2009 – VIII ZR 210/08, WuM 2009, 286 a.A. wohl noch BGH v. 6.10.2004 – VIII ZR 215/03, WuM 2004, 664.
3222 BGH v. 5.3.2013 – VIII ZR 137/12, NZM 2013, 307.
3223 BGH v. 10.2.2010 – VIII ZR 222/09, WuM 2010, 231.
3224 *Langenberg*, Schönheitsreparaturen, Instandsetzung und Rückbau, 4. Aufl. 2011, Rn 3 ff. m.w.N.
3225 *Langenberg*, Schönheitsreparaturen, Instandsetzung und Rückbau, 4. Aufl. 2011, Rn 3 ff. m.w.N.; *Kinne*, NZM 2000, 212.
3226 BGH v. 20.10.2004 – VIII ZR 378/03, WuM 2005, 50.
3227 BGH v. 9.3.2005 – VIII ZR 17/04, WuM 2005, 243.
3228 BGH v. 5.3.2008 – VIII ZR 95/07, NZM 2008, 363; s. auch BGH NJW 1996, 924.
3229 BGH v. 28.4.2004 – VIII ZR 230/03, NZM 2004, 497; NZM 2005, 58.
3230 BGH v. 20.10.2004 – VIII ZR 378/03, WuM 2005, 50; BGH v. 25.6.1980 – VIII ZR 260/79, WuM 1980, 241.

C. Geschäftsraum

I. Abdingbarkeit und Übertragung auf den Mieter

1713 Die Regelungen des § 535 BGB können sowohl individual- als auch formularvertraglich abgedungen werden.[3231] Die Gestaltungsfreiheit des Vermieters ist wesentlich größer als bei Wohnraum,[3232] allerdings geht der BGH bei Formularklauseln zunehmend von ähnlicher Schutzbedürftigkeit des Gewerberaummieters aus.[3233]

1714 Ohne Vereinbarung im Vertrag wird zur Definition des Begriffs § 28 Abs. 4 II. Berechnungsverordnung herangezogen, wonach Schönheitsreparaturen nur das Tapezieren, Anstreichen oder Kalken der Wände und Decken, das Streichen der Fußböden, Heizkörper, einschließlich Heizrohre, der Innentüren sowie der Fenster und Außentüren von innen umfassen. Zur Erneuerung von Böden siehe die Rechtsprechung der OLG Hamm und Düsseldorf;[3234] zum Teppichboden siehe die Rechtsprechung des BGH.[3235]

1715 Ist der Mietvertrag im Hinblick auf den räumlichen Umfang der Renovierungspflicht nicht eindeutig (hier: Einbeziehung von Treppenhäusern und Keller), ist der Umfang durch Auslegung zu ermitteln, hierfür können auch Regelungen zum Wohnraummietrecht herangezogen werden.[3236]

1716 Wirksam ist „Der Mieter wird Schönheitsreparaturen nach den Erfordernissen der Praxis vornehmen"; die Klausel belastet den Mieter mit der Renovierungspflicht und stellt nicht lediglich den Vermieter von dieser Pflicht frei.[3237]

II. Abgeltungsklausel

1717 Die Vereinbarung ist grundsätzlich möglich.[3238]

III. Anfangsrenovierung

1718 Für die Wirksamkeit der Klausel „die erstmaligen Renovierungsarbeiten sind innerhalb von … Monaten nach Vertragsbeginn durchzuführen", kommt es auf den Zustand des Objekts und einer Abwägung der beiderseitigen Interessen an.[3239] Überwiegend wird die singuläre Klausel zur Anfangsrenovierung für wirksam gehalten.[3240]

IV. Ausführungsart

1719 Unwirksam ist eine Vereinbarung, nach der der Mieter nur mit Zustimmung des Wohnungsunternehmens von der bisherigen Ausführungsart abweichen darf[3241] oder die ihm das Recht zur Selbstvornahme nimmt.[3242]

V. Bedarfsklauseln

1720 Unwirksam ist, den Mieter zu verpflichten, auch die durch Zufall erforderlich werdenden Schönheitsreparaturen zu tragen.[3243]

VI. Endrenovierung

1721 Die Verpflichtung zur mieterseitigen Schlussrenovierung soll vereinbar sein,[3244] so auch der BGH[3245] wenn eine Individualvereinbarung vorliegt.

Die Unwirksamkeit der Schönheitsreparaturklausel entzieht der vertraglichen Pflicht des Mieters zur Rückgabe der Mieträume in bezugsfertigem Zustand die Grundlage.[3246]

1722 Eine unbedingte Endrenovierungsklausel ist unwirksam.[3247] Wirksam soll die Klausel aber bei Übergabe eines renovierten Mietobjekts sein.[3248]

1723 Die Vorgabe der Rückgabe in bezugsgeeignetem oder bezugsfertigem Zustand ist wirksam.[3249]

VII. Fachbetrieb

1724 Die Verpflichtung, einen Meisterbetrieb zu beauftragen, ist wirksam.[3250]

3231 KG GuT 2004, 122; OLG Naumburg WuM 2000, 241.
3232 OLG Düsseldorf v. 16.4.2002 – 24 U 199/01, WuM 2002, 481.
3233 BGH v. 8.10.2008 – XII ZR 84/06, ZMR 2009, 110 ff.; BGH v. 6.4.2005 – XII ZR 308/02, NJW 2005, 2006 f.
3234 OLG Hamm ZMR 1991, 219; OLG Düsseldorf GuT 2008, 204; NJW-RR 1989, 663.
3235 BGH v. 8.10.2008 – XII ZR 15/07, WuM 2009, 225.
3236 KG v. 15.12.2008 – 12 U 176/07, ZMR 2009, 608 ff.
3237 OLG Düsseldorf v. 8.6.2006 – 24 U 166/05, IMR 2007, 112.
3238 BGH v. 26.5.2004 – VIII ZR 77/03, NJW 2004, 3042 zu Wohnraum.
3239 S. BGH WuM 1987, 315; *Langenberg*, Schönheitsreparaturen, Instandsetzung und Rückbau, 4. Aufl. 2011, Rn 121 ff.
3240 *Langenberg*, Schönheitsreparaturen, Instandsetzung und Rückbau, 4. Aufl. 2011, Rn 121 ff. m.w.N.
3241 KG v. 17.5.2010 – 8 U 17/10, NJW 2011, 1084.
3242 OLG Düsseldorf v. 9.12.2010 – 10 U 66/10, IMR 2011, 97.
3243 LG Berlin WuM 1993, 261, 262.
3244 OLG Celle v. 7.5.2003 – 2 U 200/02, NZM 2003, 599.
3245 BGH v. 18.3.2009 – XII ZR 200/06, ZMR 2009, 672 ff.
3246 OLG Düsseldorf v. 8.6.2006 – 24 U 166/05, IMR 2007, 112.
3247 BGH v. 6.4.2005 – XII ZR 308/02, NZM 2005, 504.
3248 *Langenberg*, Schönheitsreparaturen, Instandsetzung und Rückbau, 4. Aufl. 2011, Rn 224 ff.
3249 OLG Düsseldorf v. 3.3.1994 – 10 U 133/93, WuM 1994, 323.
3250 BGH NJW 1983, 446.

VIII. Fristen und Fristenpläne

Renovierungsfristen können kürzer sein als bei Wohnräumen (Gaststätte: ein Jahr);[3251] bei fehlender Vereinbarung eines Fristenplans sollen Wohnraumfristen gelten.[3252] **1725**

Die Rechtsprechung zum starren Fristenplan bei formularmäßiger Vereinbarung soll auch für das Gewerbemietrecht gelten.[3253] **1726**

Unwirksam ist die Übertragung der Schönheitsreparaturen, wenn der Mieter unabhängig von dem Erhaltungszustand der Räume zur Renovierung nach Ablauf starrer Fristen verpflichtet werden soll.[3254] Zur Wohnraummiete siehe die Rechtsprechung des BGH.[3255] **1727**

Die Formularklausel in einem Mietvertrag über gewerbliche Räume (hier: zum Betrieb einer Schilder- und Gravurwerkstatt) *„Die Schönheitsreparaturen sind ab Mietbeginn in den gewerblich oder freiberuflich genutzten Räumen spätestens nach vier Jahren und in sonstigen Räumlichkeiten/Nebenräumlichkeiten/Balkonen/Loggien nach sieben Jahren auszuführen bzw. ausführen zu lassen."* enthält einen starren Fristenplan und ist unwirksam.[3256] **1728**

Ein starrer Fristenplan benachteiligt den Mieter unangemessen.[3257] Starre Fristen sind unwirksam, weil die Renovierung eines nicht renovierungsbedürftigen Gewerberaums sinnlos ist.[3258] **1729**

IX. Summierungseffekt

Beim sog. Summierungseffekt ist der BGH großzügig.[3259] Eine eventuelle Unwirksamkeit hat nur die Unwirksamkeit der Formularklausel, nicht aber auch die der Individualvereinbarung zur Folge, da diese nicht der Inhaltskontrolle des § 307 BGB unterliegt.[3260] **1730**

Der Summierungseffekt (Kombination von formularmäßiger Endrenovierungsklausel mit einer Formularklausel über turnusmäßig vorzunehmende Schönheitsreparaturen) führt auch im Gewerberaummietrecht zur Unwirksamkeit beider Formularklauseln.[3261] **1731**

In Formularmietverträgen führt die Verpflichtung des Mieters, neben der Durchführung der laufenden Schönheitsreparaturen, die Mietsache bei Beendigung des Mietverhältnisses renoviert zurückzugeben, zu einer zusätzlichen Verschärfung zu Lasten des Mieters und ist unwirksam.[3262] Zur Erneuerung des Teppichbodens bei Mietende in Individualabrede bei im Übrigen formularmäßiger Renovierungspflicht siehe die a.A. des BGH.[3263] **1732**

Unangemessen ist die Aufbürdung der Renovierungspflicht bei Beginn, im laufenden Mietverhältnis und bei Auszug.[3264]

Die Verpflichtung zur Anfangsrenovierung und unbedingten Schlussrenovierung ist unwirksam,[3265] ebenso die Pflicht zur Durchführung laufender Schönheitsreparaturen mit der Endrenovierungspflicht.[3266]

X. Umbau des Mietobjekts

Bei vermieterseits geplanten Umbauarbeiten und damit verbundener Zerstörung der mieterseits durchgeführten Schönheitsreparaturen, steht dem Vermieter ein Ausgleich in Geld zu.[3267] Sofern der Mieter die Schönheitsreparaturen in Eigenarbeiten oder durch Bekannte durchgeführt hätte, schuldet er nur Materialkosten und einen Betrag, den er für deren Arbeitsleistung hätte aufwenden müssen; wenn der Mieter nicht erfüllungsbereit war, schuldet er den zur Ersatzvornahme erforderlichen Betrag. „Der Zahlungsanspruch des Vermieters entsteht, sobald der Mieter von der Absicht des Vermieters, die Mieträume umzubauen, Kenntnis erlangt, und wird nicht dadurch ausgeschlossen, dass der Mieter in Kenntnis der Umbauabsichten des Vermieters vor Rückgabe renoviert oder sich zur Renovierung nach dem Umbau bereit erklärt."[3268] **1733**

3251 BGH NJW 1983, 446.
3252 KG v. 29.3.2004 – 8 U 286/03, ZMR 2004, 578.
3253 BGH v. 8.10.2008 – XII ZR 84/06, NZM 2008, 890 zu OLG Düsseldorf, Urt. v. 4. 5. 2006 – 10 U 174/05, NZM 2006, 462; OLG München v. 22.9.2006 – 19 U 2964/06, IMR 2007, 182.
3254 BGH v. 8.10.2008 – XII ZR 84/06; s. auch BGH v. 6.4.2005 – XII ZR 308/02, NZM 2005, 504.
3255 BGH NZM 2004, 653 m.w.N.
3256 OLG Düsseldorf v. 14.12.2006 – 24 U 113/06, IMR 2007, 251.
3257 OLG Düsseldorf v. 18.1.2007 – 10 U 102/06, NZM 2007, 215.
3258 OLG München v. 22.9.2006 – 19 U 2964/06, IMR 2007, 182.
3259 BGH v. 18.3.2009 – XII ZR 200/06, ZMR 2009, 672.
3260 BGH ZMR 2009, 358 zu Wohnraum; BGH ZMR 2009, 672, 674.
3261 BGH v. 6.4.2005 – XII ZR 308/02, NJW 2005, 2006 ff.; NJW 2003, 2234, 2235 zu Wohnraum.
3262 BGH NJW 2005, 2006 ff.; OLG Düsseldorf v. 14.6.2006 – 24 U 113/06, ZMR 2007, 251.
3263 BGH ZMR 2009, 672.
3264 KG GE 1986, 1167.
3265 BGH v. 6.4.2005 – XII ZR 308/02, NZM 2005, 504.
3266 BGH v. 5.4.2006 – VIII ZR 163/05, NZM 2006, 623.
3267 BGH v. 5.6.2002 – XII ZR 220/09, WuM 2002, 484.
3268 OLG Koblenz v. 12.4.2013 – 10 U 832/12, IMR 2013, 290.

Schriftformklauseln

1734 Mit der Schriftformklausel[3269] beabsichtigt der Verwender, die Wirksamkeit der von ihm oder seinen Beschäftigten mündlich gegebenen Erklärungen bei oder nach Vertragsschluss seiner Einstandspflicht zu entziehen oder diese zu beschränken. Im Gesetzgebungsverfahren war zunächst vorgesehen, die Verwendung von Schriftformklauseln im nicht-kaufmännischen Rechtsverkehr schlechthin für unwirksam zu erklären. Im Verlauf der Gesetzesberatung hat man dies jedoch fallen gelassen, da derartige Klauseln gesetzlich nicht schlechthin verboten werden sollten, denn sie könnten zur Klarheit im Rechtsverkehr und auch im Interesse des Kunden zur Erleichterung des Beweises wichtiger Vertragsabreden beitragen. Die Rechtsprechung folgert hieraus, dass nicht von der generellen Unwirksamkeit derartiger Klauseln ausgegangen werden könne.[3270] Dieser von der Rechtsprechung vorgenommene Differenzierungsversuch ist in vielen Punkten unscharf. Gleichwohl sollen einige wesentliche Gesichtspunkte hervorgehoben werden:

1735 Im **Individualverfahren** kommt es auf die Wirksamkeit der Schriftformklausel mit Blick auf § 307 BGB wegen § 305b BGB (Vorrang der Individualabrede) zumeist nicht an: Liegt eine wirksame Individualvereinbarung vor, so kann diese durch eine Schriftformklausel nach § 305b BGB nicht ausgehöhlt werden. Bestimmt somit eine Klausel, dass jede Ergänzung des Vertrags der Schriftform bedürfe und auf dieses Erfordernis nur durch schriftliche Erklärung verzichtet werden kann,[3271] so hat gleichwohl eine Individualabrede mit dem Vertragspartner oder einem hierzu bevollmächtigten Vertreter, auch wenn diese mündlich erfolgt ist, Vorrang.[3272] Auch die Klausel „*Mündliche Nebenabreden sind nicht getroffen.*" lässt dem AGB-Kunden den Beweis einer gegenteiligen Absprache offen.[3273] Schriftformklauseln können auch im Übrigen gegen zwingende gesetzliche Vorschriften verstoßen. Ein Reiseveranstalter kann daher nicht verlangen, dass jedwede Beanstandungen binnen vier Wochen nach Rückkehr schriftlich bei der Reiseveranstalterin geltend zu machen sind (§ 651g Abs. 1 S. 1 BGB).[3274] Es kann dagegen zulässig sein, wenn der Verwender bei Vertragsschluss, optisch besonders hervorgehoben, die Vertretungsmacht solcher Personen einschränkt oder deren Handeln von einer schriftlichen Bestätigung abhängig macht, die sich auf Vereinbarungen vor und bei Aufnahme der Bestellung bezieht.[3275] So ist es beispielsweise zulässig, wenn vor Erteilung des Reparaturauftrages deutlich darauf hingewiesen wird, dass die von der Annahmestelle angegebene und gar auf dem Abholschein vermerkte Reparaturzeit nur unverbindlich ist und der Bestätigung durch die Werkstattleitung bedarf, um verbindlich zu werden.[3276] Die Klausel „*Reparaturzeiten sind nur verbindlich, wenn sie schriftlich bestätigt werden.*" stellt dies nicht ausreichend klar und ist so als gegen § 307 BGB verstoßender Vorbehalt anzusehen.[3277]

1736 Im **Verbandsverfahren** soll der Rechtsverkehr allgemein von der Verwendung unzulässiger Klauseln freigehalten werden.[3278] Es kommt hier nicht darauf an, ob die Klausel konkret gegen § 305b BGB verstoßen würde und zu einer tatsächlichen Benachteiligung führt.[3279] Eine Klausel ist im Verbandsverfahren bereits dann zu beanstanden, wenn die Klauselgestaltung dem Verwender die Gelegenheit eröffnet, begründete Ansprüche unter Hinweis auf eine in der Sache nicht – stets – zutreffende Darstellung der Rechtslage in seinen AGB abzuwehren.[3280] Da jede Klausel, die der Inhaltskontrolle unterliegt (Kontrollfreiheit), geeignet ist, den Kunden von der Geltendmachung gesetzlicher Ansprüche abzuhalten, muss hierin zusätzlich eine unangemessene Benachteiligung des Kunden liegen. Die Klausel in einem Ein-Mann-Betrieb, dass **mündliche Nebenabreden** nur nach schriftlicher Bestätigung des Auftragnehmers Gültigkeit haben, verstößt jedoch gegen § 307 BGB, da die Klausel **allein** dazu dient, eine getroffene Individualabrede inhaltlich auszuhöhlen.[3281] Auch die Klausel „*Reparaturzeiten sind nur verbindlich, wenn sie schriftlich bestätigt werden.*" ist unwirksam, da sie zu weit gefasst ist. Der Kunde muss ausdrücklich bei Vertragsschluss, etwa durch einen unübersehbaren Aushang auf eine Begrenzung der erteilten Handlungsvollmacht des Personals hingewiesen werden.[3282] Daher ist auch die Klausel „*Vereinbarungen, Zusicherungen oder Änderungen sind nur in schriftlicher Form gültig*" unwirksam.[3283] Auch die Klausel „*Vereinbarungen der Parteien, die einen der in diesem Vertrag geregelten Gegenstände betreffen und Änderungen, Ergänzungen … oder Streichungen sind nur wirksam, wenn sie in einer schriftlichen Vereinbarung bestätigt werden.*" ist unwirksam.[3284] Demgemäß muss auch die Klausel „*Mündliche Abmachungen haben ohne schriftliche Bestätigung der Firma keine Gültigkeit.*" als Verstoß gegen § 307 angesehen werden, und zwar schon deshalb, weil hiernach auch **nach Vertragsschluss** getroffene mündliche Abmachungen zwi-

---

3269 Siehe auch § 305b; Palandt/*Grüneberg*, § 305 Rn 5; UBH/*Schmidt*, Teil 3 (9); WLP/*Dammann*, S 71; *Roloff*, NZA 2004, 1191; *Bloching/Ortolf*, NJW 2009, 3393; *Lingemann/Gotham*, NJW 2009, 268.
3270 BGH NJW 1982, 331, 333; BGH NJW 1983, 1853; BGH BB 1999, 2372.
3271 „Doppelte Schriftformklausel": unwirksam BAG NJW 2009, 316; OLG Rostock NJW 2009 3376; UBH/*Schmidt*, Teil 3 (9) Rn 1.
3272 BGH NJW 1986, 3131, 3132 (Bürgschaftsvertrag).
3273 BGH NJW 1981, 922; BGH NJW 1985, 2329, 2331; BGH BB 1999, 2372.
3274 BGH NJW 1984, 1752.
3275 BGH NJW 1985, 321, 322.
3276 BGH NJW 1982, 1389, 1390.
3277 BGH NJW 1982, 1389; BGH NJW 1983, 1853; BGH NJW 1986, 3132.
3278 BGH NJW 1983, 1853; st. Rspr.
3279 OLG Karlsruhe NJW 1981, 405, 406.
3280 BGH NJW 1985, 320, 322 (Transparenzgebot).
3281 BGH NJW 1983, 1853.
3282 BGH NJW 1982, 1389, 1390.
3283 BGH NJW 1985, 320, 322.
3284 BGH NJW 1985, 623, 630.

schen dem Kunden und zur Vertretung des Verwenders berechtigten Personen ohne schriftliche Bestätigung keine Gültigkeit haben.[3285] Der Verwender könnte seine Belange dadurch wahren, dass auf dem Auftragsformular hinreichend deutlich der Hinweis aufgebracht wird, dass dem Außendienstmitarbeiter die Befugnis fehlt, zusätzliche Nebenabreden zu treffen.[3286] Die Klausel müsste sich dann jedoch auf mündliche Zusagen nicht bevollmächtigter Personen oder Personen beziehen, deren Erklärungen sich der Verwender aus anderen Gründen nicht zurechnen lassen muss.[3287] Dagegen hat der BGH folgende Klauseln gebilligt: *„Liefertermine, Lieferfristen, die verbindlich oder unverbindlich vereinbart werden können, sind schriftlich anzugeben."*, sofern auf der Vorderseite des Bestellscheins unmittelbar unter der Unterschrift des Bestellers eine Spalte vorgesehen ist, in der Lieferzeit bzw. Liefertermin einzutragen waren und zudem in zwei hierfür vorgesehenen Feldern anzukreuzen war, ob die Frist unverbindlich oder verbindlich sein soll. Mit Blick auf diese besonders ausgestaltete Transparenz der Klausel hat der BGH hier Einwendungen nicht erhoben.[3288] Zu weit dürfte dagegen die Billigung der Klausel gehen, dass mündliche Nebenabreden nicht getroffen seien.[3289] Es wurde zwar bereits darauf hingewiesen, dass diese Klausel dem Kunden den Gegenbeweis offenlasse. Die Klausel bietet dem Verwender jedoch sicherlich Gelegenheit, den Vertragspartner von der Durchsetzung begründeter Rechte abzuhalten.[3290]

Auch Klauseln, wonach Angaben bei Vertragsschluss keine zugesicherten Eigenschaften sein sollen oder der schriftlichen Bestätigung bedürfen, sind i.d.R. schon wegen Vorrangs der Individualabrede nach § 305b BGB unwirksam.[3291] Die Klausel *„Änderungen oder Ergänzungen bedürfen der Schriftform."* verstößt gegen § 307 BGB und ist unwirksam.[3292] Auch in jüngster Zeit betont der BGH, dass Schriftformklauseln nicht schlechthin nach § 307 BGB unwirksam sind. Ihre Wirksamkeit hängt von der Ausgestaltung und dem Anwendungsbereich der konkreten Klausel ab. Unwirksam ist eine Schriftformklausel, wenn sie dazu dient, insbesondere nach Vertragsschluss getroffene Individualvereinbarungen zu unterlaufen, indem sie beim anderen Vertragsteil den Eindruck erweckt, eine (lediglich) mündliche Abrede sei nichtig.[3293] Unwirksam ist auch die Klausel *„Sämtliche Vereinbarungen sind schriftlich niederzulegen. Dies gilt auch für nachträgliche Vertragsänderungen."*[3294]

Vollständigkeitsklauseln, etwa *„Mündliche Nebenabreden bestehen nicht."*, werden überwiegend für wirksam gehalten.[3295] Demgegenüber ist auch diese Klauselfassung geeignet, den Kunden von der Geltendmachung berechtigter Rechte abzuhalten; es besteht beim Kunden zumindest der Eindruck, dass ein Argument „Sie haben doch gesagt" erst gar nicht erhoben wird und der Gesprächsinhalt keine Rolle spiele.

Die Differenzierung der h.M.,[3296] es komme darauf an, ob diese Klauseln eine unwiderrufliche Vermutung begründen wollen (dann unwirksam) oder lediglich die Vermutung der Vollständigkeit und Richtigkeit des Vertrages wiedergeben (dann wirksam), ist nicht praktikabel; zudem kommt es auf die kundenfeindlichste Auslegung an. Eine Klausel ist erst dann wirksam, wenn diese ausdrücklich den Hinweis enthält, dass (nachgewiesene) mündliche Absprachen hierdurch nicht ausgeschlossen werden.

Wohl weitergehend hält der XI. Senat Schriftformklauseln im Bankenbereich für zulässig. So sollen Einwände gegen den Rechnungsabschluss auch formularmäßig schriftlich vereinbart werden können.[3297]

Der Verwender **muss sich ggf. an einer unwirksamen Schriftformklausel festhalten lassen**. Der BGH hat dies jedoch verneint hinsichtlich eines Mieterhöhungsverlangens nach § 558a BGB. Insoweit schade die Schriftformklausel nicht, wenn i.Ü. die Voraussetzungen der §§ 558a, 126b und 127 Abs. 2 BGB vorliegen,[3298] zumal die Parteien ja noch nachträglich Beurkundung verlangen könnten. Hierbei wird jedoch übersehen, dass der Mieter bei einer Schriftformklausel das Mieterhöhungsverlangen zu Recht unbeachtet lassen konnte.[3299]

Stimmen Schriftformklauseln überein mit der anwendbaren gesetzlichen Regelung, etwa § 492 Abs. 1 BGB, so unterliegen sie als **deklaratorische Klauseln** nicht der Einbeziehungs- und Inhaltskontrolle; es liegen insoweit keine AGB vor (siehe § 307 Rn 26 ff.).

Auf Zugang einer schriftlichen Annahmeerklärung kann nach § 151 Abs. 1 BGB auch formularmäßig verzichtet werden.[3300] § 492 Abs. 3 S. 1 BGB, der Anspruch auf Aushändigung der Urkunde über den Abschluss des Vertrages, bleibt jedoch beim Verbraucherkredit bestehen.

Sieht das Gesetz Schriftform vor, so sind auch die AGB ausdrücklich in den Vertrag aufzunehmen, ein bloßer Hinweis hierauf genügt nicht.[3301] Der Vertrag ist sonst unwirksam, §§ 126, 134 BGB.

3285 BGH NJW 1986, 1807, 1810.
3286 BGH NJW 1986, 1807, 1811.
3287 OLG Karlsruhe NJW 1981, 405, 406.
3288 BGH NJW 1982, 331, 333.
3289 So BGH NJW 1985, 2329; BB 1999, 2372.
3290 BGH NJW 1986, 1809, 1811; BGH NJW 1985, 320, 322; BGH NJW 1988, 1726, 1728.
3291 Vgl. *Wagner*, DB 1991, 2325.
3292 BGH BB 1995, 724 = NJW 1995, 1488.
3293 BGH NJW 1995, 1488; BGH NJW 2001, 292.
3294 BGH NJW 2001, 292.
3295 UBH/*Schmidt*, Teil 3 (9) Rn 15; BGH ZIP 1999, 1887.
3296 Palandt/*Grüneberg*, § 305b Rn 5.
3297 BGH v. 28.1.2014 – XI ZR 424/12.
3298 BGH v. 10.11.2010 – VIII ZR 300/09.
3299 Zu Schriftformklauseln in Mietverträgen: *Emmerich*, FS Roth, 2011, S. 103.
3300 *Bülow/Artz*, Verbraucherkreditrecht, 7. Aufl. 2011, § 492 Rn 35.
3301 *Bülow/Artz*, Verbraucherkreditrecht, 7. Aufl. 2011, § 492 Rn 53.

1745 Formularmäßige Schriftformklauseln können auch den Vertrag selber erfassen; es gelten dann §§ 127, 134 BGB mit der Maßgabe, dass sich der Kunde auf die Unwirksamkeit des Vertrags berufen kann, nicht der Verwender. Auch Heilungsklauseln, wonach der andere Teil verpflichtet ist, an der Nachholung der fehlenden gesetzlich erforderlichen Schriftform mitzuwirken, sind nach §§ 550, 307 BGB unwirksam.[3302]

Schufa-Klauseln

1746 Die Klausel eines Kreditvertrags, wonach die Bank berechtigt ist, alle Daten des Kreditnehmers über die Aufnahme und Abwicklung des Kredites an ein Kreditinformationssystem zur Speicherung zu übermitteln („Schufa-Klausel"), verstößt gegen § 307 BGB. Der BGH tritt zu Recht der Auffassung entgegen, die Klausel entspreche lediglich § 34 Abs. 1 BDSG über die dort vorgesehene Benachrichtigung des Kreditnehmers über die Speicherung seiner Daten. Die Klausel enthält vielmehr eine Erklärung über die Berechtigung der Bank zu dieser Übermittlung und gewährt der Bank das uneingeschränkte Recht auch ohne Interessenabwägung im Einzelfall, alle Daten des Kreditnehmers über Aufnahme und Abwicklung eines Kredits zur Speicherung zu übermitteln. Notwendig ist jedoch, dass die übermittelnde Bank Aussagekraft und Berechtigung einer bestimmten Einzelmitteilung unter sorgfältiger Interessenabwägung prüft und außerdem das Kreditinformationssystem so organisiert ist, dass die gespeicherten Daten insgesamt ein möglichst vollständiges, aktuelles Bild der Kreditwürdigkeit bieten und die Weitergabe sich auf Anschlussnehmer beschränkt, die ein berechtigtes Interesse haben, über die Kreditwürdigkeit eines Betroffenen unterrichtet zu werden.[3303] Gegen die neugefassten „Schufa-Klauseln" bestehen keine Bedenken.[3304]

Schwarzfahrer

1747 Das „erhöhte Beförderungsentgelt" für „Schwarzfahrer" beruht zumeist auf einer Rechtsverordnung,[3305] sodass § 309 Nr. 6 BGB – Vertragsstrafe – nicht eingreift. In privatrechtlichen Beförderungsbedingungen scheitert die Einbeziehung der Vertragsstrafenregelung bereits daran, dass der Fahrgast bewusst keinen Vertrag abschließen will. Vielfach wird jedoch hier argumentiert, dass ein Vertragsabschluss aufgrund faktisch-sozialtypischen oder konkludenten Verhaltens vorliege, sodass der Einbeziehung nach § 305 BGB nichts im Wege steht.[3306] § 305a Nr. 1 BGB greift nicht ein, da der „Schwarzfahrer" gerade nicht mit der Geltung der AGB einverstanden ist. Hat dagegen der Fahrgast versehentlich einen Fahrschein nicht gelöst, liegt Zahlungsverzug gemäß § 284 BGB vor, sodass § 309 Nr. 6 BGB anwendbar ist. Das „erhöhte Beförderungsentgelt" wäre dann unzulässig.[3307] Privatrechtlich vereinbarte „erhöhte Beförderungsentgelte" sind auch insoweit unwirksam, als hiernach Minderjährige ebenfalls und generell verpflichtet werden, obwohl sie nach der gesetzlichen Regelung nur in Ausnahmefällen verpflichtet werden können,[3308] §§ 107 ff. BGB.[3309] Die Höhe der Vertragsstrafe unterliegt grundsätzlich nicht der Inhaltskontrolle.[3310]

Ski- und Pistenverträge

1748 Durch einen Ski- und Pistenvertrag wird der Skifahrer berechtigt, Lifte und Gondeln zeitlich oder durch die Anzahl der Nutzungen begrenzt zu benutzen und Ski- oder, falls vereinbart, auch Schlittenfahrten auf einer im Rahmen der Zumutbarkeit präparierten und verkehrssicheren Piste durchzuführen. Es handelt sich um eine Kombination von Beförderungs- und Nutzungsvertrag.

1749 In den AGB wird vielfach die **Übertragung der Liftkarte auf Dritte** ausgeschlossen und hierfür eine **Vertragsstrafe** ausbedungen.

1750 Dies ist ein Abtretungsausschluss, der nach § 399 BGB zwar in Individualvereinbarungen nicht zu beanstanden ist, in AGB jedoch der Inhaltskontrolle unterliegt, da kraft Gesetzes eine Übertragung möglich ist, § 307 Abs. 3 BGB. Zudem handelt es sich ebenso wie eine Eintrittskarte um ein Inhaberpapier nach § 807 BGB („kleine Inhaberpapiere"). Ein sachlicher Grund, einer Übertragung auf einen Dritten, etwa den anderen Ehegatten (bei abwechselnder Kindesbetreuung während des Skifahrens), zu widersprechen, ist nicht ersichtlich. Damit widersprechen derartige Abtre-

---

[3302] BGH v. 30.4.2014 – XII ZR 146/12.
[3303] BGH NJW 1986, 46.
[3304] Vgl. BGH NJW 2003, 1237; ohne Stellungnahme WLP/Pamp, B 14.
[3305] UBH/*Ulmer/Schäfer*, § 305a Rn 9; WLP/*Dammann*, B 254; *Trittel*, BB 1980, 497.
[3306] LG Ravensburg NJW 1977, 684.
[3307] *Löwe/v. Westphalen*, AGBG, § 11 Nr. 6 Rn 31.
[3308] *Bartl*, BB 1978, 1446; *Hensen*, BB 1979, 499; *Trittel*, BB 1980, 497; *Hennecke*, DÖV 1980, 884; *Harder*, NJW 1990, 857; *Weth*, JuS 1998, 800.
[3309] AG Mühlheim a. d. Ruhr NJW-RR 1989, 175; UBH/*Fuchs*, § 309 Nr. 6 Rn 23.
[3310] Vgl. BGH v. 13.11.2013 – I ZR 77/12 m. Anm. *Niebling*, GRUR 2014, 589.

tungs- und Übertragungsverbote § 307 Abs. 2 BGB[3311] und hieran anknüpfende Vertragsstrafen sind unwirksam.[3312] Gleiches dürfte für Konzerttickets gelten, die nach den AGB verfallen sollen, verlasse der Inhaber das Konzertgelände (den Konzertsaal).

Skonto und Rabatt

Das Skonto ist eine insbesondere im Kaufrecht gebräuchliche Handelsklausel mit dem Inhalt, dass bei pünktlicher Zahlung (z.b. innerhalb von 14 Tagen) ein Abzug gemacht werden kann.[3313] Durch die Gewährung eines Skontos wird die Leistung gestundet. Hiervon muss die Frage getrennt werden, ob ein Vorschuss zu zahlen ist. Skonto und Vorschussabrede stehen nicht im Widerspruch. Der Rabatt ist dagegen ein Nachlass des Unternehmers auf den Preis, den er allgemein ankündigt und fordert. Die Existenz zweier Preise, des Normalpreises und des reduzierten Preises ist demnach Voraussetzung, um von einem Rabatt sprechen zu können. Derartige Klauseln unterliegen grundsätzlich nicht der Inhaltskontrolle. Die Kontrollfähigkeit derartiger Klauseln ist jedoch erreicht, wenn mittels einer Skonto- oder Rabattklausel zur (gesetzlich nicht vorgesehenen) Vorleistung angehalten werden soll, andernfalls der zu zahlende Preis sehr viel höher liegt. Auch kann die Verknüpfung einer Rabattverfallklausel an die nicht gehörige Erfüllung der Zahlung als Vereinbarung einer Vertragsstrafe zu werten sein.[3314] Wirksam ist dagegen eine Skontoklausel von „*3 % Barzahlung innerhalb 14 Tagen*". Die Klausel „*Die vereinbarten Nettopreise gelten nur, wenn Zahlung spätestens bei Lieferung in bar, per Scheck oder durch Lastschrift erfolgt; andernfalls erhöht sich der Nettopreis um 3 % für Skontoverlust.*" ist jedoch nach § 307 BGB unwirksam.[3315] Der Grund hierfür liegt darin, dass die Klausel dem Kunden die Überprüfung der Ware auf Fehler abschneiden will.[3316]

1751

Sportverträge

Literatur zum Stichwort Sportverträge: *Adolphsen/Nolte/Lehner/Gerlinger* (Hrsg.), Sportrecht in der Praxis, 2012; *Dittrich*, Unwirksame Allgemeine Geschäftsbedingungen von Sportstudios, VuR 1999, 25; *Eickmann*, Allgemeine Geschäftsbedingungen und freiwillige Gerichtsbarkeit, Rpfleger 1978, 1; *Heermann*, Die Geltung von Verbandssatzungen gegenüber mittelbaren Mitgliedern und Nichtmitgliedern, NZG 1999, 325; *Korff*, Wirksamkeit von Freistellungs- und Ausschlussklauseln in Fußballtrainerverträgen – Zugleich eine Besprechung des Urteils ArbG Paderborn vom 25.2.2010 – 3 Ca 1633/10, CaS 2011, 345; *ders.*, Freistellungsregelungen und Ausschlussklauseln in Profitrainerverträgen im Lichte der AGB-Kontrolle – Zugleich eine Besprechung des Urteils LAG Hamm vom 11.10.2011 – 14 Sa 543/11, CaS 2012, 212; *ders.*, Insolvenz- und Lösungsklauseln im professionellen Mannschaftssport, 2012; *ders.*, Sportrecht, 2014; *ders.*, Anmerkung zu LG Koblenz vom 19.12.2013 – 3 O 205/13, VuR 2014, 159; *Nolte/Horst* (Hrsg.), Handbuch Sportrecht, 2009; *Fritzweiler/Pfister/Summerer* (Hrsg.), Praxishandbuch Sportrecht, 2. Aufl. 2007

A. Sportliche Regelwerke und Allgemeine Geschäftsbedingungen 1752	2. Automatische Verlängerungen 1761
B. Allgemeine Geschäftsbedingungen im Sportarbeitsrecht 1755	3. Kündigungsklauseln 1763
I. Allgemeines 1755	a) Ordentliche Kündigung 1763
II. Freistellungsregelungen in Profitrainerverträgen .. 1757	b) Außerordentliche Kündigung 1766
III. Ausschlussklauseln 1758	III. Entgeltklauseln 1768
C. Fitnessstudioverträge 1759	IV. Haftungsklauseln 1771
I. Rechtsnatur 1759	V. Verzehrklauseln 1775
II. Vertragslaufzeitenklauseln 1760	VI. Sonstiges 1776
1. Erstlaufzeit 1760	D. Public Viewing und Allgemeine Geschäftsbedingungen 1780

A. Sportliche Regelwerke und Allgemeine Geschäftsbedingungen

Sportvereine und -verbände haben die sich aus der Vereinigungsfreiheit gemäß Art. 9 Abs. 1 GG ergebende Befugnis, für ihre Mitglieder verbindliches Recht zu setzen.[3317] Die Vereinigungsfreiheit beinhaltet demnach insbesondere auch das Satzungsrecht, d.h. das Recht zur Schaffung eigener Regelungen durch die Vereine und Verbände.[3318] Durch

1752

[3311] Wohl auch Palandt/*Sprau*, § 807 Rn 3; *Ensthaler/Zeck*, NJW 2005, 3389; *Bach*, JR 2007, 137; *Neunhöfer/Schmidt*, SpuRt 2010, 5 (zu Bundesligakarten); unklar, ob nur für Individualvereinbarungen oder auch für AGB anders: jurisPK-BGB/*Pour Rafsendjani*, § 807 Rn 12; unwirksam bei berechtigtem Interesse: Erman/*Heckelmann/Wilhelmi*, § 807 Rn 5, *Gutzeit*, BB 2007, 113, 118; OLG Hamburg NJW 2005, 3003; ohne Stellungnahme AK/*Siller*, § 807 Rn 2.

[3312] Datenschutzrechtlich ist wohl auch das Fotografieren der Nutzer, um diese bei weiteren Nutzungen der Karte abzugleichen, unzulässig.

[3313] BGH NJW 1981, 1959.

[3314] OLG Hamm ZIP 1980, 1102.

[3315] LG Hannover AGBE II § 11 Nr. 11.

[3316] Vgl. auch BGH NJW 1996, 1346; OLG Frankfurt NJW-RR 1988, 1485.

[3317] Vgl. Sportrecht in der Praxis/*Adolphsen/Hoefer/Nolte*, Rn 132 f.

[3318] *Scholz*, in: Maunz/Dürig, Kommentar zum GG, Stand 70. EL 2013, Art. 9 Rn 84.

die Satzung wird das innere Leben der Vereinigungen durch Normen geregelt.[3319] Allerdings geschieht die Setzung des Rechts als private Normgeber nicht im rechtsfreien Raum.[3320] Eine schrankenlose Rechtsetzung ist weder von Art. 9 Abs. 1 GG noch von der allgemeinen Handlungsfreiheit gemäß Art. 2 Abs. 1 GG erlaubt. Ebenso wie staatliches Recht müssen sich die Vereins- und Verbandsnormenwerke an formellen und materiellen Rechtmäßigkeitskriterien messen lassen.[3321]

1753 Es stellt sich daher die Frage nach der Anwendbarkeit der AGB-Bestimmungen gemäß §§ 305 ff. BGB auf Vereins- und Verbandssatzungen und die von diesen abgeleiteten Nebenordnungen. In der Literatur wird von einzelnen Vertretern geltend gemacht, dass Regelungen in Satzungen oder Nebenordnungen als Allgemeine Geschäftsbedingungen anzusehen sind und demnach unmittelbar und direkt der Inhaltskontrolle unterliegen.[3322] Dem kann jedoch nicht gefolgt werden. Richtigerweise muss § 310 Abs. 4 BGB,[3323] der normiert, dass die Regelungen der Allgemeinen Geschäftsbedingungen in §§ 305–310 BGB u.a. keine Anwendung auf Verträge des Gesellschaftsrechts finden, extensiv ausgelegt und daher so verstanden werden, dass die Anwendung auch im Verhältnis der Vereinigung zum Mitglied ausscheidet.[3324] Dies liegt darin begründet, dass dieses Verhältnis keine Austauschbeziehung mit grundsätzlich entgegengesetzten Interessen darstellt, sondern eine Organisation gemeinsamer Zweckverfolgung und die Ordnung mitgliedschaftlicher Beziehungen. Es handelt sich also auch bei den Vereins- und Verbandssatzungen um gesellschaftsrechtlich einzuordnende Verträge.[3325] Für diese passen die §§ 305–310 BGB nicht. Dies ist auch die Ansicht des BGH, der im sog. Reiter-Fall eine Anwendung des AGB-Rechts im Hinblick auf sportliche Regelwerke verneint hat.[3326]

1754 Auch wenn die Vorschriften über die Allgemeinen Geschäftsbedingungen keine Anwendung finden, so besteht doch Einigkeit in der Rechtsprechung[3327] und der herrschenden Literaturmeinung,[3328] dass Satzungsbestimmungen einer richterlichen Kontrolle unterworfen sind. Eine Satzung und die von ihr abgeleiteten Nebenordnungen können daher nur wirksam angewendet werden, sofern sie von der Autonomie und Ordnungsgewalt der Vereinigung umfasst sind; mithin innerhalb der allgemein für die Rechtsausübung bestehenden Grenzen. Damit findet zivilrechtlich eine Kontrolle anhand der §§ 134, 138, 242, 826 BGB statt.

B. Allgemeine Geschäftsbedingungen im Sportarbeitsrecht

I. Allgemeines

1755 Die Anwendbarkeit von Allgemeinen Geschäftsbedingungen im Sportarbeitsrecht bedingt zunächst den Abschluss von Arbeitsverträgen. Diese werden vor allem zwischen Sportklubs als Arbeitgebern und professionellen Sportlern und Trainern im Mannschaftssport als Arbeitnehmern geschlossen.

1756 Im Bereich des professionellen Sports wird bisweilen die Sinnhaftigkeit der Anwendung der Regelungen der §§ 305 ff. BGB auf die Arbeitsverträge mit Sportlern bezweifelt, was damit begründet wird, dass die Sportler nicht mit „normalen" Arbeitnehmern zu vergleichen seien. Es wird dabei darauf abgestellt, dass sie grundsätzlich eine sich aus ihrem Spezialistentum ergebende stärkere Verhandlungsposition gegenüber den Arbeitgebern, den Sportklubs, hätten. Dies kann aber nicht überzeugen. Eine solche Differenzierung sieht das Gesetz schon gar nicht vor. Außerdem greift die Argumentation zu kurz, da diese starke Verhandlungsposition bei wenigen Spitzensportlern wirklich gegeben sein mag, dies aber keineswegs auf die breite Masse der professionellen Sportler zutrifft.[3329]

Entsprechend haben sich die Arbeitsgerichte seit der Öffnung des Rechts der Allgemeinen Geschäftsbedingungen durch das Inkrafttreten des Schuldrechtsmodernisierungsgesetzes am 1.1.2002 für Arbeitsverträge (unter Berücksichtigung der Besonderheiten gemäß § 310 Abs. 4 BGB) verstärkt mit vertraglichen Klauseln unter diesem Gesichtspunkt aus der Sphäre des Sports auseinandersetzen müssen. Es sind hierbei stets die Besonderheiten des professionellen Sports zu berücksichtigen.

II. Freistellungsregelungen in Profitrainerverträgen

1757 Gängige Praxis in der Gestaltung von Arbeitsverträge mit Sporttrainern im Profisport ist eine Klausel, die dem Sportklub als Arbeitgeber das Recht einräumt, den Trainer jederzeit von der Erbringung seiner Arbeitspflicht freizustellen, mit der Konsequenz, dass dieser ab dem Zeitpunkt der Freistellung keine Punktprämien oder sonstige Vergütungen erhalten soll. Solche Klauselgestaltungen bedürfen stets deswegen besonderer Aufmerksamkeit, weil sie den aus Art. 1 und 2 GG abgeleiteten Beschäftigungsanspruch beeinträchtigen. Freistellungsklauseln, die dem Sportklub

---

3319 *Korff*, Insolvenz- und Lösungsklauseln im professionellen Mannschaftssport, S. 130.
3320 Handbuch Sportrecht/*Schimke/Eilers*, S. 97.
3321 Vgl. Sportrecht in der Praxis/*Adolphsen/Hoefer/Nolte*, Rn 166.
3322 Praxishandbuch Sportrecht/*Summerer*, Teil 2 Rn 312 ff.; *Eickmann*, Rpfleger 1978, 1, 6.
3323 Bis zum 1.1.2002 fand sich eine entsprechende Regelung in § 23 Abs. 1 AGBG.
3324 *Korff*, Insolvenz- und Lösungsklauseln im professionellen Mannschaftssport, S. 133.
3325 Vgl. Sportrecht in der Praxis/*Adolphsen/Hoefer/Nolte*, Rn 174; *Heermann*, NZG 1999, 325, 328; Palandt/*Grüneberg*, § 310 Rn 50.
3326 BGH NJW 1995, 583.
3327 BGH NJW 1995, 583.
3328 Staudinger/*Weick*, § 25 Rn 19; MüKo/*Reuter*, § 25 Rn 30.
3329 Siehe *Korff*, Sportrecht, S. 47 f.

das Recht geben, den Trainer von seiner Arbeitspflicht freizustellen und hieran für diesen finanziell negative Konsequenzen knüpfen, müssen sich daher auch im professionellen Sport an § 307 Abs. 2 BGB und der hierzu ergangenen Rechtsprechung messen lassen, nach der der widerrufliche Teil am Gesamtverdienst bei unter 30 % liegen muss, damit eine solche Klausel wirksam sein kann.[3330]

III. Ausschlussklauseln

Ebenfalls werden häufig Ausschlussklauseln normiert, nach der die beiderseitigen Ansprüche aus dem Arbeitsvertrag innerhalb einer bestimmten Zeit nach Fälligkeit geltend zu machen sind. Im Falle der nicht rechtzeitigen Geltendmachung sollen die Ansprüche erloschen sein. Solche Ausschlussklauseln werden zum Teil als partiell nichtig i.S.d. § 139 BGB angesehen, nämlich nur insoweit, wie die Ansprüche wegen Vorsatzes gemäß § 202 Abs. 1 BGB betroffen sind.[3331] Dies überzeugt jedoch nicht. Eine solche geltungserhaltende Reduktion sieht das AGB-Recht gerade nicht vor. Zudem darf die Verjährung derartiger Ansprüche nach § 202 Abs. 1 BGB nicht im Voraus durch Rechtsgeschäft erleichtert bzw. erlassen werden. Deswegen liegt in einer solchen undifferenziert gestalteten Ausschlussklausel eine unangemessene Benachteiligung des Vertragspartners gemäß § 307 Abs. 1 BGB.[3332]

1758

C. Fitnessstudioverträge

I. Rechtsnatur

Als Fitnessstudio- oder auch Sportstudioverträge versteht man die zwischen einem Fitnessstudio und einem Verbraucher geschlossenen Verträge. Die Verträge sind grundsätzlich als Mietverträge zu qualifizieren, wenn wesentlicher Inhalt das Zurverfügungstellen der Fitnessgeräte und die Nutzung der Räumlichkeiten des Fitnessstudios ist.[3333] Auch eine Einweisung hinsichtlich der Geräte durch Mitarbeiter des Fitnessstudios ändert nichts daran, diese stellen lediglich eine vertragliche Nebenleistung dar.[3334] Anders ist dies jedoch, wenn die Betreuung der Kunden stärker in den Mittelpunkt gerückt wird, beispielsweise durch Anbieten von Sportkursen oder Betreuung beim Gerätetraining. In diesen Fällen liegen typengemischte Verträge vor, die neben den mietvertraglichen auch dienstvertragliche Elemente enthalten.[3335] Die von den Fitnessstudios verwendeten Formularverträge sind unter vielen Gesichtspunkten wiederholt Gegenstand von gerichtlichen Auseinandersetzungen gewesen.

1759

II. Vertragslaufzeitenklauseln

1. Erstlaufzeit. Die meisten Fitnessstudioverträge werden zunächst für eine bestimmte Grundlaufzeit abgeschlossen. Zu messen sind die Laufzeitenklauseln an § 307 BGB. Die Gerichte haben in der Vergangenheit die Frage nach der zulässigen zeitlichen Länge von Grundlaufzeiten sehr unterschiedlich entschieden. Nunmehr hat der BGH die Zulässigkeit einer formularmäßigen Vertragsbedingung, die eine Erstlaufzeit des Vertrages von 24 Monaten vorsieht, grundsätzlich als nach § 307 Abs. 1 BGB gegeben angesehen.[3336] Eine solche Frist wird vielfach jedoch als zu lang angesehen. So haben verschiedene Gerichte geurteilt, dass eine Erstlaufzeit von sechs Monaten zulässig vereinbart werden kann.[3337] Weitere Gerichte sehen eine darüber hinausgehende Erstlaufzeit als unangemessen und damit unzulässig an.[3338] Auch in der Literatur wird diese Ansicht vertreten und damit begründet, dass der Fitnessstudiovertrag eine spürbare finanzielle Belastung darstelle und dass der Kunde über einen Zeitraum von sechs Monaten auch kaum planen könne, sowohl hinsichtlich der ihm zur Verfügung stehenden Freizeit als auch seiner körperlichen Konstitution.[3339] Dazu komme, dass der Unternehmer kein besonderes und berechtigtes Interesse an einer längeren Erstlaufzeit habe.[3340] Andere Meinungen nehmen mit gleichen Argumenten die Erstlaufzeit von einem Jahr als zulässig an.[3341] Richtigerweise ist die vom BGH als zulässig angesehene Erstlaufzeit von 24 Monaten nicht mit § 307 BGB zu vereinbaren. Es spricht vieles dafür, ein Jahr als Maximum anzusehen, weil hiermit sowohl der dargelegten Interessen des Sportlers als auch des Sportstudios an einer längerfristigen Bindung berücksichtigt werden. Allerdings steht zu befürchten, dass angesichts der BGH-Rechtsprechung vermehrt Instanzgerichte eine Zulässigkeit von 24 Monaten bejahen werden. In der anwaltlichen Beratung sollte daher immer auf die bestehende Uneinigkeit in der Rechtsprechung der verschiedenen Gerichte und das dadurch bestehende Risiko hingewiesen werden.

1760

3330 Vgl. BAG NJW 2005, 1820; ArbG Paderborn, Urt. v. 25.2.2011 – 3 Ca 1633/10; hierzu *Korff*, CaS 2011, 345.
3331 BAG NZA 2006, 149; BAG NZA 2005, 1111; ArbG Paderborn, Urt. v. 25.2.2011 – 3 Ca 1633/10.
3332 So auch LAG Hamm v. 11.12.2011 – 14 Sa 543/11; hierzu *Korff*, CaS, 2012, 212.
3333 BGH v. 8.2.2012 – XII ZR 42/10.
3334 Vgl. OLG Frankfurt OLGR 1995, 38, 39 m.w.N.; a.A. OLG Hamm NJW-RR 1992, 242, 243.
3335 Vgl. v. Westphalen/*v. Westphalen*, Fitness- und Sportstudiovertrag Rn 1; UBH/*Christensen*, Sportstudiovertrag Rn 1; WLP/*Dammann*, Fitnessstudiovertrag Rn F 21.
3336 BGH v. 8.2.2012 – XII ZR 42/10.
3337 OLG Celle NJW-RR 1995, 370, 371; OLG Hamm NJW-RR 1992, 243; LG Saarbrücken NJW-RR 1990, 890.
3338 LG Mönchengladbach NJW-RR 2004, 416; AG Brandenburg NJOZ 2003, 3374, 3375; AG Langen NJW-RR 1995, 823.
3339 WLP/*Dammann*, Fitnessstudiovertrag Rn F 25; v. Westphalen/*v. Westphalen*, Fitness- und Sportstudiovertrag Rn 10.
3340 WLP/*Dammann*, Fitnessstudiovertrag Rn F 25.
3341 UBH/*Christensen*, Sportstudiovertrag Rn 4.

1761 **2. Automatische Verlängerungen.** In den Allgemeinen Geschäftsbedingungen von Fitnessstudioverträgen ist sehr häufig geregelt, dass sich der Vertrag um einen bestimmten Zeitraum verlängert, wenn er nicht gekündigt wird. Der BGH hat eine Verlängerung um sechs Monate bei einem Monatsbeitrag bis zu 50 EUR für grundsätzlich angemessen und damit zulässig angesehen und dies auf § 309 Nr. 9b BGB gestützt.[3342] Richtigerweise sind solche automatischen Verlängerungsklauseln aber an § 307 BGB zu messen. Jedoch ist auch nach dieser Norm eine automatische sechsmonatige Verlängerung in aller Regel zulässig. Eine Ausnahme kann dann bestehen, wenn die Erstlaufzeit recht kurz ist.[3343] Denn in diesen Fällen müsste der Kunde schon kurz nach Vertragsbeginn wieder kündigen, womit er typischerweise nicht rechnet.[3344] Eine automatische Verlängerung über eine halbes Jahr hinaus wird zu Recht sehr kritisch gesehen,[3345] allerdings scheint der BGH eine solche grundsätzlich noch für angemessen zu halten.[3346]

1762 Rechtsfolge der Unwirksamkeit hinsichtlich einer automatischen Verlängerungsklausel ist das Ende des Fitnessvertrages nach der ursprünglich vereinbarten Grundlaufzeit. Angesichts der bestehenden Ansichten ist zwar richtigerweise von einer Unwirksamkeit bei einer automatischen Verlängerung von mehr als sechs Monaten auszugehen. Um Rechtssicherheit zu erlangen, sollte man trotzdem auch in einem solchen Fall die Kündigung zum Ende der Grundlaufzeit erklären.

1763 **3. Kündigungsklauseln. a) Ordentliche Kündigung.** Ein Fitnessvertrag kann während der **Grundlaufzeit** nicht ordentlich gekündigt werden. Eine ordentliche Kündigung kommt nur in den Fällen in Betracht, in denen die Grundlaufzeit, die Verlängerungszeit oder die Kündigungsfrist unwirksam ist oder wenn der Vertrag auf unbestimmte Zeit geschlossen worden ist.

1764 Regelmäßig wird eine Kündigungsfrist von **drei Monaten** als angemessen gemäß § 307 BGB erachtet.[3347] Eine kürzere Frist kann sich dann ergeben, wenn die **Erstlaufzeit** des Vertrages kurz ist, um das kurz nach dem Vertragsschluss notwendige Kündigen zu vermeiden, mit dem der Kunde regelmäßig und typischerweise nicht rechnet. Eine Unterlaufung der Kündigungsfrist ist auch in einer Klauselgestaltung zu erblicken, die eine Kündigung nur zum Quartalsende zulässt. Eine solche Gestaltung ist daher nicht zulässig.[3348]

1765 Sofern in den Allgemeinen Geschäftsbedingungen verlangt wird, dass die Kündigung per **Einschreiben** erfolgen muss, liegt hierin eine nicht gerechtfertigte Erschwernis der Kündigung. Eine entsprechende Klausel ist nicht zulässig.

1766 **b) Außerordentliche Kündigung.** Eine Kündigung kann zudem immer dann wirksam erklärt werden, wenn ein wichtiger Grund vorliegt. Ein Ausschluss in den Allgemeinen Geschäftsbedingungen ist nicht möglich. Ein **wichtiger Grund** liegt immer dann vor, wenn dem Kündigenden die Fortsetzung des Vertrages bis zur vereinbarten Beendigung unter Abwägung aller Interessen nicht mehr zugemutet werden kann. Hierbei müssen stets die Umstände des Einzelfalles abgewogen werden. Wichtige Gründe, die zur außerordentlichen Kündigung berechtigen, sind beispielsweise Schwangerschaft und längere ernsthafte Erkrankung. Hinsichtlich der Schwangerschaft enthalten die Allgemeinen Geschäftsbedingungen von vielen Fitnessstudioverträgen eine Regelung, die vorsieht, dass die Mitgliedschaft für ein Jahr ruht. Eine solche Klausel ist jedoch, entgegen einer in der Literatur verbreiteten Ansicht,[3349] unwirksam, da sie den Interessen einer Schwangeren nicht gerecht wird.[3350] Gleiches muss auch bei langfristigen Erkrankungen gelten, bei denen regelmäßig gerade nicht klar bestimmbar ist, wann der vorherige Gesundheitszustand wieder hergestellt ist.

1767 Zum Teil existieren auch Regelungen, die für den Fall einer Schwangerschaft oder von längeren Erkrankungen festlegen, dass für die Dauer der durch sie eingetretenen **Ruhezeit** des Vertrages eine **automatische Vertragsverlängerung** eintritt. Solche Klauselgestaltungen sind grundsätzlich unwirksam.[3351] Für den Nachweis des wichtigen Grundes darf von den Fitnessstudios ein ärztliches Attest als Nachweis verlangt werden. Es muss dabei jedoch nur die dauerhafte Sportunfähigkeit vom Arzt attestiert werden. Über die konkrete Art der Erkrankung müssen im Attest keine Angaben enthalten sein; sofern Allgemeine Geschäftsbedingungen Entsprechendes verlangen, sind sie unwirksam.

3342 BGH NJW 1997, 739, 740.
3343 v. Westphalen/*v. Westphalen*, Fitness- und Sportstudiovertrag Rn 12, der bei einer Erstlaufzeit eine automatische Verlängerung um drei Monate für die zulässige Obergrenze hält.
3344 Vgl. LG Hamburg DB 1987, 1482.
3345 WLP/*Dammann*, Fitnessstudiovertrag Rn F 26; v. Westphalen/*v. Westphalen*, Fitness- und Sportstudiovertrag Rn 12.
3346 BGH NJW 1997, 739, 740.

3347 UBH/*Christensen*, Sportstudiovertrag Rn 4; WLP/*Dammann*, Fitnessstudiovertrag Rn F 27; LG Hamburg DB 1987, 1482; a.A. OLG Hamm NJW-RR 1992, 444.
3348 UBH/*Christensen*, Sportstudiovertrag Rn 4.
3349 WLP/*Dammann*, Fitnessstudiovertrag Rn F 28; v. Westphalen/*v. Westphalen*, Fitness- und Sportstudiovertrag Rn. 5.
3350 LG Koblenz v. 19.12.2013 – 3 O 205/13; siehe auch *Dittrich*, VuR 1999, 25, 26.
3351 Siehe hierzu auch LG Nürnberg-Fürth v. 28.10.2003 – 7 O 6637/03; AG Itzehoe NJW-RR 2000, 1507.

III. Entgeltklauseln

Obwohl § 537 BGB nach der zutreffenden Ansicht des BGH auf Fitnessstudioverträge keine Anwendung findet,[3352] sind Klauseln in den Allgemeinen Geschäftsbedingungen eines Fitnessstudios zulässig, in denen eine Entgeltfortzahlung für den Fall geregelt ist, dass der Kunde das Studio nicht nutzt, weil er **vorübergehend verhindert** war oder weil Umstände, deren Beeinflussung in seiner Machtsphäre liegen, ihn von dem Besuch des Sportstudios abgehalten haben.[3353] Unangemessen sind demgegenüber Klauseln, die bei vom Kunden **nicht zu beeinflussenden Umständen**, die eine Nutzung des Fitnessstudios unmöglich machen, eine dauerhafte Entgeltzahlung regeln.[3354] **1768**

Entgeltfortzahlungsklauseln für Zeiten, in denen das Fitnessstudio aus beim Verwender liegenden Gründen nicht genutzt werden kann, sind ebenfalls unzulässig. Beispiele hierfür sind Sommerpausen, in denen das Fitnessstudio nicht geöffnet hat,[3355] oder dem Kunden erteilte Hausverbote.[3356] **1769**

Entgeltklauseln, durch die eine **Vorleistungspflicht des Kunden** für die **komplette** Vertragslaufzeit begründet werden sollen, sind richtigerweise nicht zulässig.[3357] Hierin liegt erstens eine unangemessene Belastung des Kunden hinsichtlich des Insolvenzrisikos des Fitnessstudios. Zudem verliert der Kunde durch eine solche Klausel jedes vertragliche Druckmittel. Zulässig ist jedoch eine formularmäßige Vereinbarung der **monatlichen** Vorauszahlung der Beiträge.[3358] **1770**

IV. Haftungsklauseln

Wenn sich ein Sportler beim Training verletzt oder wird ihm währenddessen die Kleidung etc. gestohlen, so kann er normalerweise vom Fitnessstudio Schadensersatz verlangen. Dem versuchen viele Betreiber dadurch vorzubeugen, dass sie ihre Haftung in den Allgemeinen Geschäftsbedingungen beschränken oder sogar ausschließen. Solche die Haftung ausschließenden und beschränkenden Klauseln müssen an den §§ 309 Nr. 7, 307 BGB gemessen werden. **1771**

Unzulässig sind danach Klauseln, in denen die Haftung für Verletzung und Schäden des Fitnessstudiokunden vollständig ausgeschlossen wird bzw. auf den Rahmen der abgeschlossenen Haftpflichtversicherung begrenzt werden soll.[3359] **1772**

Auch Klauselgestaltungen, nach denen die Benutzung der Sport- und Fitnessgeräte „**auf eigene Gefahr**" erfolgt, sind unzulässig. Hierdurch wird der Eindruck erweckt, dass das verwendende Fitnessstudio auch im Falle einer Verletzung seiner Verkehrssicherungspflichten nicht hafte, worin ein Verstoß gegen §§ 309 Nr. 7, 307 BGB liegt.[3360] Da die Pflicht zur Gewährleistung der Verkehrssicherheit des Fitnessstudios, insbesondere der Geräte inklusive der Einweisung in die korrekte Benutzung, eine Kardinalpflicht darstellt, kann diesbezüglich ein Ausschluss für einfache Fahrlässigkeit in den Allgemeinen Geschäftsbedingungen nicht wirksam erfolgen.[3361] Somit haftet das Fitnessstudio auf jeden Fall dann, wenn Trainingsgeräte nicht richtig gewartet werden und sich deshalb ein Sportler verletzt. Es ist aber die in § 536a BGB normierte Haftung für anfängliche Mängel ausschließbar, an denen den Verwender kein Verschulden trifft.[3362] **1773**

Ein kompletter Haftungsausschluss hinsichtlich mitgebrachter Sachen hat die Unwirksamkeit der Klausel gemäß § 309 Nr. 7 BGB zur Folge.[3363] Es ist aber möglich, dass durch eine entsprechende Klauselgestaltung die Haftung für mitgebrachte Sachen des Sportlers auf Vorsatz und grobe Fahrlässigkeit beschränkt wird.[3364] **1774**

V. Verzehrklauseln

Häufig finden sich in Fitnessstudioverträgen Klauseln, die den Sportlern verbieten, zum Training eigene Getränke und Speisen mitzubringen. Hintergedanke solcher Regelungen ist, dass die Sportler ausschließlich die zumeist teuren Produkte erwerben und konsumieren sollen, die das Fitnessstudio anbietet. Ein solches formularvertraglich geregeltes Verbot benachteiligt die Kunden allerdings unangemessen i.S.d. § 307 BGB, weil es ihnen unzumutbar ist, ihren durch die sportliche Betätigung erhöhten Flüssigkeitsbedarf nur durch vom Studio verkaufte Produkte stillen zu können.[3365] Auch ein Verzicht auf Zunahme von Nahrung ist angesichts sich daraus ergebender gesundheitlicher Risiken für den Sportler nicht zumutbar. Der Schutz des Verwenders an der Nutzung einer hauseigenen Gastronomie ist zudem nur in **1775**

3352 BGH NJW 1997, 739, 740.
3353 WLP/*Dammann*, Fitnessstudiovertrag Rn F 28.
3354 BGH NJW 1997, 193, 195, siehe auch LG Cottbus VuR 1999, 136.
3355 OLG Frankfurt NJW-RR 1989, 633; OLG Hamm NJW-RR 1992, 243; OLG Stuttgart NJW-RR 1988, 1082; LG Köln NJW-RR 1988, 1084; *Dittrich*, VuR 1999, 25.
3356 LG Stade VuR 1999, 172.
3357 UBH/*Christensen*, Sportstudiovertrag Rn 2.
3358 Vgl. BGHZ 126, 124 = NJW 1994, 2019.
3359 v. Westphalen/*v. Westphalen*, Fitness- und Sportstudiovertrag Rn. 16 ff.

3360 OLG Koblenz NJW-RR 1990, 501; differenzierend v. Westphalen/*v. Westphalen*, Fitness- und Sportstudiovertrag Rn 17.
3361 OLG München NJW-RR 1995, 1467; OLG Hamm NJW-RR 1992, 243; OLG Düsseldorf NJW-RR 1992, 55; OLG Stuttgart NJW-RR 1987, 1082.
3362 WLP/*Dammann*, Fitnessstudiovertrag Rn F 29.
3363 OLG Düsseldorf NJW-RR 1992, 55, 56. LG Frankfurt VuR 1998, 205.
3364 WLP/*Dammann*, Fitnessstudiovertrag Rn F 29; v. Westphalen/*v. Westphalen*, Fitness- und Sportstudiovertrag Rn 19.
3365 Vgl. OLG Brandenburg NJW-RR 2004, 273; LG Stade v. 29.10.1998 – 4 O 35/97.

sehr geringem Maße schutzwürdig.[3366] Sofern der Verwender Regelungen getroffen hat, durch welche die Sicherheit aller Sportler gewährleistet werden sollen, wie z.B. das Verbot der Mitnahme von Glasflaschen in den Gerätebereich, so liegt hierin kein Verstoß gegen § 307 BGB, weil hier das schutzwürdige Interesse des Studiobetreibers überwiegt.

VI. Sonstiges

1776 Sofern in den Allgemeinen Geschäftsbedingungen geregelt ist, dass das Fitnessstudio oder Teile davon zur Sicherheit der Sportler mit Kameras überwacht und sogar eine Speicherung dieser Aufnahmen vorgenommen wird, verstößt diese Klausel gegen § 307 BGB. Die durch die Allgemeinen Geschäftsbedingungen normierte Zustimmung der Mitglieder ist unwirksam. Das LG Koblenz hat entsprechend geurteilt und dies damit begründet, dass in solch einer Überwachung und Speicherung eine Verletzung des allgemeinen Persönlichkeitsrechts der Studiobesucher liege.[3367]

1777 Klauseln, wonach der Kunde erklärt, in guter körperlicher Verfassung zu sein, sind nach § 309 Nr. 12b BGB nicht zulässig. Sie bergen die Gefahr, dass durch sie die Beweislage des Kunden, der von dem Verwender nicht korrekt oder genügend beraten worden ist und den Anforderungen des Trainings nicht zu genügen vermag bzw. hierbei Schäden erleidet, verschlechtert wird.[3368] Zulässig ist hingegen eine Klausel, nach der der Sportler erklärt, an keinen ansteckenden Krankheiten zu leiden.[3369]

1778 Unzulässig nach § 307 BGB ist ebenfalls eine Klausel in den Allgemeinen Geschäftsbedingungen, in der geregelt wird, dass für minderjährige Nichtmitglieder die Begleitperson die Verantwortung übernimmt.[3370]

1779 Auch Klauseln, nach denen sich das Fitnessstudio vorbehält, innerhalb einer Großstadt seinen Standort zu verändern, sind nicht zulässig.[3371] Gleiches gilt für den Vorbehalt, die Trainings- und Öffnungszeiten des Studios wesentlich zu verändern.[3372]

D. Public Viewing und Allgemeine Geschäftsbedingungen

1780 Public Viewing hat sich in Deutschland seit der Fußballweltmeisterschaft 2006 etabliert. Insbesondere Sportgroßereignisse wie Fußballwelt- und -europameisterschaften, aber auch das Finale der Champions League und Veranstaltungen anderer Sportarten werden auf Großleinwänden an öffentlichen Plätzen oder in Gaststätten, Fußballstadien etc. gezeigt. Um die eigenen Interessen zu wahren, haben die veranstaltenden Sportverbände eigene Regelwerke für die Public Viewing-Veranstaltungen erlassen. Die Geltung dieser Regelwerke kommt nur dann in Betracht, wenn ein Lizenzvertrag zwischen dem Veranstalter und dem Sportverband abgeschlossen wird. Ein solcher Lizenzvertrag muss dann abgeschlossen werden, wenn es sich um ein kommerzielles Public Viewing handelt, also ein Eintrittsgeld verlangt wird. Keine Public Viewing-Lizenz der Sportverbände wird benötigt, wenn für den Zutritt zum Public Viewing kein Eintrittsgeld verlangt wird und die Speisen und Getränke zu den üblichen Preisen verkauft werden. Zwar ist dies in den Public Viewing-Regelwerken der Verbände zum Teil anders geregelt, die einschlägige Norm des § 87 Abs. 1 Nr. 3 UrhG steht jedoch einer solchen Verpflichtung entgegen.

1781 Die Public Viewing-Regelwerke sehen zumeist Regelungen vor, dass eine Sponsorenbindung die Veranstaltung zu einem kommerziellen Public Viewing macht, für das eine entgeltliche Lizenz beantragt werden muss. Sofern kein Lizenzvertrag abgeschlossen worden ist, liegen hierin auch keine Allgemeinen Geschäftsbedingungen. Diese Klausel greift nur, sofern ein Lizenzvertrag abgeschlossen worden ist.

1782 Sofern ein Public Viewing-Veranstalter und ein Sportverband eine Lizenzvereinbarung getroffen haben, stellt das Public Viewing-Regelwerk Allgemeine Geschäftsbedingungen gemäß § 305 Abs. 1 S. 1 und 2 BGB dar, das sich am AGB-Recht messen lassen muss.

Steuerberater-AGB

A. Allgemeines 1783
B. Vergütung 1785
C. Haftungsbegrenzung 1787
D. Verjährung 1788
E. Kündigung 1790

3366 WLP/*Dammann*, Fitnessstudiovertrag Rn F 30–40.
3367 LG Koblenz v. 19.12.2013 – 3 O 205/13, siehe hierzu *Korff*, VuR 2014, 159 f.
3368 BGH NJW-RR 1989, 815; siehe auch LG Hamburg NJW-RR 1987, 687; *Dittrich*, VuR 1999, 25, 26; UBH/*Christensen*, Sportstudiovertrag Rn 5.
3369 OLG Hamm NJW-RR 1987, 947; anders aber OLG Stuttgart NJW-RR 1988, 1082.
3370 WLP/*Dammann*, Fitnessstudiovertrag Rn F 29; anders jedoch OLG Düsseldorf NJW-RR 1992, 55, 56.
3371 OLG Frankfurt NJW-RR 2001, 914; *Dittrich*, VuR 1999, 25, 26.
3372 LG Frankfurt VuR 1998, 205.

A. Allgemeines

Bei Steuerberaterverträgen handelt es sich regelmäßig um Dienstverträge, die eine Geschäftsbesorgung zum Gegenstand haben (§§ 611, 675 BGB).[3373] Dies gilt nach ständiger Rechtsprechung des BGH insbesondere auch für die Beauftragung bzgl. der Erledigung aller Steuersachen, selbst wenn diese die Erstellung der Jahresabschlüsse und der Steuererklärungen beinhalten.[3374] Sind jedoch bestimmte Jahresabschlüsse oder Steuererklärungen aufgrund eines Einzelauftrags zu erstellen, handelt es sich um einen Werkvertrag mit Geschäftsbesorgungscharakter.[3375] Dies gilt auch für die Anfertigung von Gutachten, Erteilung von Auskünften oder die Durchführung von Abschlussprüfungen.[3376] Nach Auffassung einiger Obergerichte können jedoch im Rahmen der Beauftragung zur Erledigung aller Steuersachen hinsichtlich abgrenzbarer Tätigkeitsbereiche, wie die Erstellung von Jahresabschlüssen und Steuererklärungen, werkvertragliche Vorschriften Anwendung finden. So sei trotz eines allgemeinen dienstvertraglichen Beratungsauftrags dem Steuerberater bei Vorliegen von Mängeln zunächst die Möglichkeit der Nachbesserung einzuräumen, verbunden mit Fristsetzung und Ablehnungsandrohung (gemäß der bis zum 1.1.2002 geltenden Fassung des § 634 BGB).[3377]

1783

Die Verwendung von allgemeinen Mandatsbedingungen ist bei Steuerberatern nicht selten anzutreffen. Verbreitet sind die Mandatsbedingungen des Verlages des wissenschaftlichen Instituts der Steuerberater GmbH (DWS-Verlag), derzeit in der Fassung von Dezember 2012. Die Berufsausübung von Steuerberatern unterliegt berufsspezifischen Regelungen, insbesondere dem Steuerberatungsgesetz (StBerG) i.d.F. vom 4.11.1975,[3378] der Verordnung zur Durchführung der Vorschriften über Steuerberater, Steuerbevollmächtigte und Steuerberatungsgesellschaften (DVStB) vom 12.11.1979[3379] sowie der von der Bundessteuerberaterkammer herausgegebenen Berufsordnung (BOStB), derzeit in der Fassung vom 8.9.2010 (in Kraft getreten am 1.1.2011). Die Kommentierung zum Stichwort „Rechtsanwalts-AGB" (siehe Rn 1576 ff.) kann ergänzend herangezogen werden.

1784

B. Vergütung

Hinsichtlich der Vergütung sind Steuerberater und Steuerbevollmächtigte gemäß § 64 Abs. 1 StBerG an eine Gebührenordnung gebunden. Diese Steuerberatergebührenverordnung (StBGebV) wurde vom Bundesministerium der Finanzen am 17.12.1981 erlassen (BGBl I, 1442) und zuletzt geändert durch Gesetz vom 11.12.2012 (BGBl I, 2637). Gemäß § 4 Abs. 1 StBGebV kann der Steuerberater aus einer Vereinbarung eine höhere als die gesetzliche Vergütung nur fordern, wenn die Erklärung des Auftraggebers schriftlich abgegeben und nicht in der Vollmacht enthalten ist. Eine unter Berücksichtigung aller Umstände unangemessene Vergütung kann im Rechtsstreit gemäß § 4 Abs. 2 StBGebV auf den angemessenen Betrag bis zur Höhe der sich aus der Steuerberatergebührenverordnung ergebenden Vergütung herabgesetzt werden. Da die Steuerberatervergütungsverordnung eigene Regelungen zur Herabsetzung von unangemessenen Vergütungen hat, findet eine Inhaltskontrolle der Vergütungshöhe gemäß § 307 Abs. 2 BGB nicht statt.[3380]

1785

In dem Dienstvertrag eines **freien Mitarbeiters** kann die Honorierung nicht davon abhängig gemacht werden, dass von ihm betreute Kunden dem Dienstherrn die vereinbarte Vergütung bezahlt haben.[3381] Gemäß § 64 Abs. 2 StBerG ist die **Abtretung** von Gebührenforderungen an andere Steuerberater auch ohne Zustimmung der Mandanten zulässig. Daraus folgt allerdings nicht die generelle Zulässigkeit eines gewerblichen Inkassos oder Factorings durch Steuerberater hinsichtlich dieser Forderungen; eine derartige Tätigkeit ist vielmehr mit den Berufspflichten eines Steuerberaters, insbesondere wegen der Pflicht zur Verschwiegenheit, nicht vereinbar.[3382]

1786

C. Haftungsbegrenzung

Gemäß § 67 StBerG und § 51 DVStB müssen selbstständige Steuerberater gegen die sich aus ihrer Berufstätigkeit ergebenden Haftpflichtgefahren angemessen versichert sein. § 52 DVStB bestimmt als Mindestversicherungssumme für den einzelnen Versicherungsfall 250.000,00 EUR und als Mindestbetrag für eine vereinbarte Jahreshöchstleistung 1.000.000,00 EUR. Auf der Grundlage dieser Pflichtversicherung können Steuerberater gemäß § 67a StBerG ihre Haftung für fahrlässig verursachte Schäden formularmäßig auf den Betrag von 1.000.000,00 EUR begrenzen, wenn insoweit Versicherungsschutz besteht. Rechtsanwälte können ihre Haftung auf diesem Wege nur für einfache

1787

3373 BGH WM 1988, 763, 764; BGH NJW 2002, 1571; BGH NJW-RR 2006, 1490; OLG Koblenz VersR 2004, 389; Palandt/*Sprau*, § 675 Rn 26.
3374 BGH NJW 2002, 1571; BGH NJW-RR 2006, 1490.
3375 BGHZ 115, 382 = BGH NJW 1992, 307; BGH NJW-RR 2006, 1490.
3376 Vgl. BGH NJW 2000, 1107; BGH NJW 2002, 1571; BGH NJW-RR 2006, 1490; v. Westphalen/*Furmans*, Steuerberater Rn 3 ff.
3377 OLG Düsseldorf VersR 2002, 721; OLG Koblenz VersR 2004, 389; offengelassen von BGH NJW-RR 2006, 1490.
3378 BGBl I S. 735; zuletzt geändert durch Gesetz v. 31.8.2013 (BGBl I S. 3533).
3379 BGBl I S. 1922; zuletzt geändert durch Verordnung v. 15.7.2013 (BGBl I S. 2386).
3380 Ebenso WLP/*Stoffels*, R 6.
3381 BGH NJW-RR 1996, 1009.
3382 VG Neustadt a.d. Weinstraße DStR 2011, 1051.

Fahrlässigkeit beschränken. Steuerberater können dagegen ihre Haftung formularmäßig auch für grobe Fahrlässigkeit ausschließen;[3383] dies ist vom Gesetzgeber gewollt. Der Bundesrat hatte im Gesetzgebungsverfahren vorgeschlagen, die formularmäßige Haftungsbeschränkung auf Fälle einfacher Fahrlässigkeit zu beschränken. Die Bundesregierung wies diesen Vorschlag zurück mit der Begründung, dass die Pflicht zur Versicherung in Höhe der vierfachen Mindestversicherungssumme eine Abweichung von § 11 Nr. 7 AGB rechtfertige, wonach eine Haftungsbegrenzung für grobe Fahrlässigkeit nicht möglich sei.[3384]

D. Verjährung

1788 Eine formularmäßige **Verkürzung** der **dreijährigen Regelverjährungsfrist** für Ansprüche gegen Steuerberater dürfte unwirksam sein.[3385] Unwirksam sind insbesondere Regelungen, die eine dreijährige oder kürzere Verjährungsfrist vorsehen und dabei bestimmen, dass die Verjährung mit der Entstehung des Anspruchs beginnen soll. Dies weicht wesentlich von der gesetzlichen Leitbildregelung in § 199 BGB ab, nach der der Beginn der Regelverjährung nicht nur von objektiven Voraussetzungen (Anspruchsentstehung) abhängig ist, sondern auch von subjektiven (Kenntnis oder grob fahrlässige Unkenntnis). Die Allgemeinen Auftragsbedingungen für Steuerberater vom DWS-Verlag sehen in Ziffer 5 Abs. 4 folgende Verjährungsregelung vor:

„*Soweit ein Schadensersatzanspruch des Auftraggebers kraft Gesetzes nicht einer kürzeren Verjährungsfrist unterliegt, verjährt er a) in drei Jahren von dem Zeitpunkt an, in dem der Anspruch entstanden ist, und der Auftraggeber von den den Anspruch begründenden Umständen und der Person des Schuldners Kenntnis erlangt oder ohne grobe Fahrlässigkeit erlangen müsste, b) ohne Rücksicht auf die Kenntnis oder grob fahrlässige Unkenntnis in fünf Jahren von seiner Entstehung an und c) ohne Rücksicht auf seine Entstehung und die Kenntnis oder grob fahrlässige Unkenntnis in zehn Jahren von der Begehung der Handlung, der Pflichtverletzung oder dem sonstigen den Schaden auslösenden Ereignis an. Maßgeblich ist die früher endende Frist.*"

Abgezielt wird damit auf eine Verkürzung der objektiven Fristen des § 199 Abs. 2 und 3 BGB. Für Schadensersatzansprüche im Zusammenhang mit steuerlichen Sachverhalten, bei denen die Schadensentstehung erst viele Jahre nach Mandatsende, etwa nach einer Betriebsprüfung über vergangene Geschäftsjahre, offenbar werden kann, sind die in den Auftragsbedingungen genannten fünf- bzw. zehnjährigen Fristen unangemessen kurz, zumal sie aufgrund der Maßgeblichkeit der kürzeren Verjährungsfrist zu einer Verkürzung der sich nach objektiven und subjektiven Merkmalen bestimmenden dreijährigen Regel-Verjährungsfrist führen können.[3386] Auch dürfte ein Verstoß gegen § 309 Nr. 7 BGB vorliegen. Ziffer 5 Abs. 4 der Allgemeinen Auftragsbedingungen ist daher unwirksam.[3387]

1789 Aus den gleichen Erwägungen sind die in den **Wirtschaftsprüferbedingungen** häufig verwendeten **Ausschlussfristen** unwirksam, die etwa Folgendes regeln:

„*Ein Schadensersatzanspruch kann nur innerhalb einer Ausschlussfrist von einem Jahr geltend gemacht werden, nachdem der Anspruchsberechtigte von dem Schaden und von dem anspruchsbegründenden Ereignis Kenntnis erlangt hat, spätestens aber innerhalb von fünf Jahren nach dem anspruchsbegründenden Ereignis*".[3388]

E. Kündigung

1790 Mit der Steuerberatertätigkeit werden Dienste höherer Art i.S.v. § 627 BGB geschuldet. Aus diesem Grunde kann das in § 627 BGB vorgesehene Recht zur **außerordentlichen fristlosen Kündigung** durch Allgemeine Geschäftsbedingungen grundsätzlich nicht ausgeschlossen werden.[3389] Unwirksam ist daher eine Klausel, die lediglich eine Kündigung des Steuerberatervertrags mit einer Frist von drei Monaten zum Schluss eines Kalendervierteljahres zulässt.[3390] Eine unzulässige Erschwerung des außerordentlichen Kündigungsrechts nach § 627 BGB stellt eine Klausel dar, die die Ausübung des außerordentlichen Kündigungsrechts von der Zahlung einer Schadenspauschale in Höhe von 50 % des zukünftigen Honorars abhängig macht.[3391] Wird bei einem einheitlichen Steuerberatervertrag hinsichtlich eines Teilbereiches der Steuerberatertätigkeit im Wege einer Zusatzvereinbarung eine jährliche **Pauschalvergütung** vereinbart und bestimmt, dass sich die Zusatzvereinbarung jeweils um ein Jahr verlängert, wenn sie nicht drei Monate vor Vertragsende gekündigt wird, ist diese Abrede wegen Verstoßes gegen § 307 Abs. 2 BGB unwirksam mit der Folge, dass der gesamte Steuerberatervertrag fristlos gekündigt werden kann.[3392]

3383 Ebenso WLP/*Stoffels*, R 7; *Busse*, DStR 1995, 660; *Reiff*, AnwBl 1997, 3; a.A. UBH/*Hensen* (10. Aufl.), Anh. § 310 Rn 818, der eine Haftungsbegrenzung auch für grobe Fahrlässigkeit bei wesentlichen Vertragspflichten für unwirksam hält.
3384 BT-Drucks 12/6753, 29 u. 33.
3385 Palandt/*Grüneberg*, § 307 Rn 134; v. Westphalen/ *Furmans*, Steuerberater Rn 97.
3386 Vgl. v. Westphalen/*Furmans*, Steuerberater Rn 97.
3387 Ebenso v. Westphalen/*Furmans*, Steuerberater Rn 97.
3388 OLG Düsseldorf WM 2009, 1907; ebenso WLP/*Stoffels*, R 16; vgl. auch v. Westphalen/*Furmans*, Steuerberater Rn 97.
3389 BGH NJW 2010, 1520; OLG Koblenz NJW 1990, 3153; WLP/*Stoffels*, R 18.
3390 OLG Frankfurt OLGR 1995, 12.
3391 OLG Braunschweig DStRE 2000, 278.
3392 BGH NJW 2010, 1520.

Subunternehmerverträge

A. Einleitung	1791	V. Mängelansprüche	1801
I. Begriff und Rechtsnatur	1791	VI. Zahlung	1803
II. VOB und BGB	1793	VII. Haftung	1804
B. Wirksamkeit einzelner Klauseln	1794	VIII. Sicherheitsleistungen	1805
I. Vertragsschluss	1794	IX. Vertragsstrafe	1808
II. Vergütung	1796	X. Kündigung durch Generalunternehmer	1809
III. Leistung	1798	XI. Kosten- und Risikoübertragung auf den Auftragnehmer	1811
IV. Abnahme	1799		

A. Einleitung

I. Begriff und Rechtsnatur

Mit einem Subunternehmervertrag beauftragt der Generalunternehmer einen dritten Unternehmer, den Nach- oder Subunternehmer, mit der Erbringung von Leistungen, die der Generalunternehmer gegenüber dem Bauherrn schuldet.[3393] Der Subunternehmer oder auch Nachunternehmer steht nur mit dem Generalunternehmer in einem Vertragsverhältnis, mit dem Bauherrn tritt er nicht in rechtliche Beziehungen.[3394]

Bei dem Subunternehmervertrag handelt es sich um einen Werkvertrag i.S.d. § 631 BGB.[3395]

II. VOB und BGB

Subunternehmerverträge können unter Einbeziehung der VOB/B oder aber ohne eine solche Einbeziehung abgeschlossen werden. In letzterem Fall ist lediglich das BGB-Werkvertragsrecht auf den Vertrag anwendbar.[3396] Das Abweichen einer Klausel von der VOB/B führt dazu, dass die einzelnen VOB/B-Bestimmungen auf ihre AGB-rechtliche Zulässigkeit nach § 307 ff. BGB überprüft werden können (siehe dazu auch das Stichwort „VOB").[3397]

B. Wirksamkeit einzelner Klauseln

I. Vertragsschluss

Der Subunternehmervertrag wird als selbstständiger Vertrag zwischen dem Generalunternehmer und dem Unternehmer geschlossen.[3398] Der Unternehmer verpflichtet sich hiermit, jedenfalls einen Teil der vom Generalunternehmer gegenüber dem Bauherrn geschuldeten Bauleistungen zu erbringen.[3399] Der Subunternehmer ist aus Sicht des Bauherrn Erfüllungsgehilfe des Generalunternehmers.[3400] Klauseln, die die Zustimmung des Bauherrn zur Drittvergabe der Leistungen durch den Generalunternehmer beinhalten, sind AGB-rechtlich und aus Sicht der VOB/B nicht zu beanstanden.[3401]

Wenngleich die Vereinbarung einer unangemessen langen Bindefrist an das Angebot für den potentiellen Auftragnehmer gegen § 307 BGB verstößt, ist eine Bindefrist von bis zu 30 bis 50 Tagen bei Subunternehmerverträgen als akzeptabel anzusehen.[3402] Umgekehrt kann eine viermonatige, möglicherweise auch schon eine einmonatige Annahmefrist des Bauunternehmers nicht formularmäßig wirksam festgelegt werden.[3403]

II. Vergütung

Die Wirksamkeit von Leistungserweiterungsklauseln, die die nachträgliche Vergrößerung des Leistungsumfangs ermöglichen wollen, hängt davon ab, ob einseitig angeordnete Leistungsänderungen oder Zusatzleistungen des Subunternehmers ohne entsprechende Vergütung erbracht werden sollen.[3404]

Der Vertrag zwischen dem Bauherrn und dem Generalunternehmer sowie der Vertrag zwischen dem Generalunternehmer und dem Subunternehmer sind eigenständige Verträge. Nach dem Grundsatz des § 320 BGB hat ein Gleich-

---

3393 Siehe Palandt/*Sprau*, § 631 Rn 9a.
3394 Werner/Pastor/*Werner*, Rn 1315; v. Westphalen/*Motzke*, Subunternehmervertrag Rn 1.
3395 Palandt/*Sprau*, § 631 Rn 9a; v. Westphalen/*Motzke*, Subunternehmervertrag Rn 15.
3396 v. Westphalen/*Motzke*, Subunternehmervertrag Rn 37.
3397 BGH NJW 2004, 1597, 1597; *Möller*, ZfBR 2005, 119, 120; v. Westphalen/*Motzke*, Subunternehmervertrag Rn 46.
3398 Ingenstau/Korbion/*Korbion*, VOB, Teile A und B, Anhang 2, Rn 127.
3399 Werner/Pastor/*Werner*, Rn 1323; siehe v. Westphalen/*Motzke*, Subunternehmervertrag Rn 28, 29.
3400 Werner/Pastor/*Werner*, Rn 1318; BGH NJW 1976, 516; Ingenstau/Korbion/*Korbion*, Anhang 2, Rn 131.
3401 Ingenstau/Korbion/*Oppler*, § 4 Abs. 8 VOB/B Rn 9; v. Westphalen/*Motzke*, Subunternehmervertrag Rn 58.
3402 UBH/*Christensen*, Bauverträge Rn 9 (zwei Monate); v. Westphalen/*Motzke*, Subunternehmervertrag Rn 64, 65 (zwischen 30 und 50 Tagen); OLG Düsseldorf, Urt. v. 9.7.1999 – 12 U 91/98, BauR 1999, 1288.
3403 WLP/*Dammann*, Subunternehmervertrag Rn S 280.
3404 v. Westphalen/*Motzke*, Subunternehmervertrag Rn 108; UBH/*Christensen*, Bauverträge Rn 11; siehe auch WLP/*Dammann*, § 308 Nr. 4 Rn 72a.

gewicht von Leistung und Gegenleistung zu herrschen.[3405] Eine formularmäßige Bedingung von Lohnzahlungen an den Subunternehmer durch die Zahlung an den Generalunternehmer seitens des Bauherrn steht daher im Widerspruch zu § 307 BGB.[3406]

III. Leistung

1798 Oftmals wird versucht, dem Subunternehmer mittels AGB Prüf- und Mitteilungspflichten aufzuerlegen. Solche Klauseln stellen einen Verstoß gegen § 307 BGB dar, wenn mit ihnen dem Subunternehmer ohne Entgelt Leistungen aufgebürdet werden, die nach Gewerbe- und Gewerkeüblichkeit (VOB/C) nicht dem Kreis der Nebenleistungen angehören; dies gilt für den BGB- wie auch für den VOB/B-Subunternehmervertrag.[3407]

IV. Abnahme

1799 Ein hervorzuhebender Problemkreis von Subunternehmerverträgen ist das Auseinanderfallen von Abnahmezeitpunkten der Subunternehmerleistungen einerseits und der Abnahme durch den Bauherrn gegenüber dem Generalunternehmer andererseits. In diesem Zusammenhang sind Klauseln unwirksam, denen zufolge für die Subunternehmerleistungen die Abnahmewirkungen erst dann eintreten sollen, wenn die Gesamtabnahme durch den Bauherrn erfolgt.[3408] Es ist allenfalls möglich, bei Vorliegen eines besonderen Interesses – etwa wenn die Subunternehmerleistung nur zusammen mit der eines anderen Subunternehmers beurteilt werden kann oder auch, wenn ein besonderes Interesse an der Synchronisation der eigenen Gewährleistungsfristen des Generalunternehmers mit denen des Subunternehmers vorliegt[3409] – die Abnahme der Subunternehmerleistungen um vier bis sechs Wochen hinauszuschieben.[3410] Individualvertraglich kann eine Vereinbarung zur Gesamtabnahme zwischen dem Generalunternehmer und dem Subunternehmer vereinbart werden und dies durchaus auch durch schlüssig erklärtes Einverständnis.[3411]

1800 Die Abnahme durch Ingebrauchnahme auszuschließen und dem Generalunternehmer zugleich das Recht vorzubehalten, ohne Nennung einer Frist einen Termin für die Abnahme durch seinen Bauleiter zu bestimmen, ist nicht mit § 307 BGB zu vereinbaren.[3412]

V. Mängelansprüche

1801 Eine Verlängerung der Verjährungsfristen des § 634a BGB in AGB des Generalunternehmers ist möglich, wenn er ein berechtigtes Interesse an der Verlängerung hat.[3413] Der BGH spricht in diesem Zusammenhang von „erheblichen Belangen des Verwenders", die die Fristverlängerung erfordern müssen.[3414] Unbestimmt i.S.v. § 307 Abs. 1 BGB ist es, wenn versucht wird, die Gewährleistungsfrist des Subunternehmers jeweils einen Monat nach Ablauf der Gewährleistungsfrist des Generalunternehmers gegenüber dem Bauherrn bzw. zu einem gewissen maximalen Enddatum enden zu lassen.[3415] Die Verjährungsfrist für Mängelansprüche des Generalunternehmers gegen den Subunternehmer für Arbeiten am Bauwerk auf fünf Jahre und vier Wochen in AGB festzulegen, stellt keine unangemessene Benachteiligung des Subunternehmers dar und ist zulässig.[3416] Möglich ist eine formularmäßige Verlängerung der Gewährleistungsfrist aus § 13 Abs. 4 VOB/B auf fünf Jahre.[3417]

1802 Der Generalunternehmer kann nicht bestimmen, dass im Gewährleistungsfall sofort eine Nachbesserung durch ihn selbst oder Dritte zulässig ist, denn dem Subunternehmer steht das Recht zur Nachbesserung aus § 635 BGB zu.[3418]

VI. Zahlung

1803 Gegen § 307 BGB verstößt eine Klausel, die die Schlusszahlung an den Subunternehmer erst zwei Monate nach der Schlussrechnungsprüfung vorsieht, denn sie widerspricht der gesetzlichen Regelung des § 641 BGB.[3419] Dies gilt umso mehr, als § 641 Abs. 2 BGB eine Durchgriffsfälligkeit festlegt und den Werklohn des Subunternehmers auch

---

3405 v. Westphalen/*Motzke*, Subunternehmervertrag Rn 148.
3406 Werner/Pastor/*Werner*, Rn 1325, 1413; UBH/*Christensen*, Bauverträge Rn 17; WLP/*Dammann*, Subunternehmervertrag Rn S 286; v. Westphalen/*Motzke*, Subunternehmervertrag Rn 148; BGH NJW-RR 1996, 1009, 1010.
3407 v. Westphalen/*Motzke*, Subunternehmervertrag Rn 114.
3408 Markus/Kaiser/Kapellmann/*Kapellmann*, Rn 612; UBH/*Christensen*, Bauverträge Rn 15, 17; WLP/*Dammann*, Subunternehmerverträge Rn S 295; v. Westphalen/*Motzke*, Subunternehmervertrag Rn 125; BGH NJW 1997, 394, 395; BGH NJW 1989, 1602, 1603; OLG Düsseldorf NJW-RR 1994, 1298.
3409 WLP/*Dammann*, Subunternehmerverträge Rn S 294.
3410 Markus/Kaiser/Kapellmann/*Kapellmann*, Rn 613; v. Westphalen/*Motzke*, Subunternehmervertrag Rn 125; WLP/*Dammann*, Subunternehmerverträge Rn S 296; BGH NJW 1989, 1602, 1603.
3411 v. Westphalen/*Motzke*, Subunternehmervertrag Rn 130; BGH NJW-RR 1991, 914; siehe auch UBH/*Christensen*, Bauverträge Rn 15.
3412 WLP/*Dammann*, Subunternehmerverträge Rn S 295; BGH NJW 1996, 1346.
3413 MüKo/*Busche*, § 634a Rn 63; BGH NJW 1996, 2155.
3414 BGH NJW 1996, 2155; Palandt/*Sprau*, § 634a Rn 26.
3415 Glatzel/Hofmann/Frikell/*Hofmann*, Anm. 2.13.1.3 j); v. Westphalen/*Motzke*, Subunternehmervertrag Rn 162; Markus/Kaiser/Kapellmann/*Markus*, Rn 661.
3416 Markus/Kaiser/Kapellmann/*Markus*, Rn 660; OLG Düsseldorf NJW 1994, 1298.
3417 UBH/*Christensen*, Bauverträge Rn 15; BGH NJW 1989, 1602, 1604.
3418 WLP/*Dammann*, Subunternehmerverträge Rn S 293; Glatzel/Hofmann/Frikell/*Hofmann*, Anm. 2.8.1.3 c); v. Westphalen/*Motzke*, Subunternehmervertrag Rn 163.
3419 OLG Karlsruhe NJW-RR 1993, 1435.

ohne Abnahme bei Freistellung durch den Unternehmer im Fall von Zahlungen des Bauherrn für den Leistungsbereich fällig werden lässt.[3420] Diese Durchgriffsfälligkeit kann nur individualvertraglich, nicht aber in AGB abbedungen werden.[3421]

VII. Haftung

Die Leistungen von Vorunternehmern fallen nicht in den Leistungs- und Verantwortungsbereich des Subunternehmers. Deshalb sind haftungserweiternde Klauseln unzulässig, nach denen der Subunternehmer bei Verletzung von Prüf- und Mitteilungspflichten bezüglich Vorunternehmerleistungen auch deren Mängel zu beseitigen hat.[3422] Wie bei Bauverträgen ohne nachgeschaltete Subunternehmer ist es unzulässig, im Fall nicht aufklärbarer Schäden alle Subunternehmer hierfür haften zu lassen.[3423]

1804

VIII. Sicherheitsleistungen

Während in AGB des Generalunternehmers wegen fehlender Identität von Besteller und Grundstückseigentümer der Verzicht des Subunternehmers auf sein Recht auf Stellung einer Sicherungshypothek gemäß § 648 BGB wirksam vereinbart werden kann,[3424] gilt dies nicht für einen formularmäßigen Verzicht auf das Recht auf Stellung einer Bauhandwerkersicherung gemäß § 648a BGB.[3425]

1805

Sicherheitseinbehalte können formularmäßig durch den Generalunternehmer vorgesehen werden, dürfen jedoch die Höhe von 5 Prozent nicht überschreiten.[3426]

1806

Darüber hinaus sind vom Verwender festgelegte Einbehalte von 5 Prozent der Auftragssumme für die Dauer der Gewährleistungsfrist unwirksam, wenn der Einbehalt nur gegen Stellung einer Bürgschaft auf erstes Anfordern ablösbar ist.[3427] Die Bürgschaft auf erstes Anfordern zur Ablösung einer Erfüllungssicherheit ist auch dann unzulässig, wenn der Auftragnehmer wahlweise die Sicherheit durch Hinterlegung leisten kann.[3428]

1807

IX. Vertragsstrafe

Klauseln, mit denen der Generalunternehmer eine Vertragsstrafenregelung auch auf neu vereinbarte Vertragstermine erweitert, sind nicht mit § 307 BGB zu vereinbaren.[3429] Die Differenz zwischen der anfallenden Vertragsstrafe des Generalunternehmers gegenüber dem Bauherrn und der niedrigeren Vertragsstrafe des – den Anwendungsfall der Vertragsstrafe auslösenden – Subunternehmers kann der Generalunternehmer (nach Festlegung in seinen AGB) als Schadensersatzanspruch wegen schuldhafter Verzögerung auf der Grundlage von § 6 Abs. 6 VOB/B bzw. §§ 280 Abs. 2, 286 BGB geltend machen.[3430] Der Generalunternehmer kann allerdings eine unwirksam mit dem Bauherrn vereinbarte Vertragsstrafe nicht auf den Subunternehmer abwälzen.[3431]

1808

X. Kündigung durch Generalunternehmer

Es ist zulässig, in den AGB des Generalunternehmers die Kündigung des Bauherrn aus wichtigem Grund zum Anlass einer Kündigung des Subunternehmervertrags zu machen, allerdings kann dem Subunternehmer der Vergütungsanspruch aus § 649 BGB bzw. § 8 Abs. 1 Nr. 2 VOB/B nur dann gleichzeitig versagt werden, wenn er den wichtigen Grund zur Kündigung gegeben hat.[3432]

1809

Nach dem BGH ist es dem Generalunternehmer nicht möglich, ein jederzeitiges Rücktrittsrecht vom Subunternehmervertrag für die Fälle höherer Gewalt oder der anderweitigen oder ausbleibenden Realisierung durch den Bauherrn

1810

3420 Werner/Pastor/*Werner*, Rn 1792, 1796.
3421 Palandt/*Sprau*, § 641 Rn 10; Werner/Pastor/*Werner*, Rn 1792,1796.
3422 WLP/*Dammann*, Subunternehmerverträge Rn S 298; siehe auch UBH/*Christensen*, Bauverträge Rn 10; v. Westphalen/*Motzke*, Subunternehmervertrag Rn 164; OLG München NJW-RR 1988, 20.
3423 v. Westphalen/*Motzke*, Subunternehmervertrag Rn 1170; siehe Glatzel/Hofmann/Frikell/*Hofmann*, Anm. 2.10.1.2. d), f); Markus/Kaiser/Kapellmann/*Markus*, Rn 539; WLP/ *Dammann*, Bauvertrag Rn B 205; WLP/*Dammann*, Subunternehmerverträge Rn S 298.
3424 v. Westphalen/*Motzke*, Subunternehmervertrag Rn 157.
3425 Siehe § 648a Abs. 7 BGB; UBH/*Christensen*, Bauverträge Rn 18; v. Westphalen/*Motzke*, Subunternehmervertrag Rn 158; Palandt/*Sprau*, § 648aRn 4.
3426 Glatzel/Hofmann/Frikell/*Frikell*, Anm. 2.17.1. n); v. Westphalen/*Motzke*, Subunternehmervertrag Rn 166; OLG München, Urt. v. 16.7.2013 – 9 U 5194/12.

3427 Glatzel/Hofmann/Frikell/*Frikell*, Anm. 2.17.1. a); v. Westphalen/*Motzke*, Subunternehmervertrag Rn 167, 168; OLG München NJW-RR 1992, 218; BGH NJW 1997, 2598, 2599.
3428 BGH NJW-RR 2008, 830, 831.
3429 v. Westphalen/*Motzke*, Subunternehmervertrag Rn 122; BGH NJW 1993, 2674; OLG Naumburg, Urt. v. 21.12.1998 – 2 U 21/98, BauR 2000, 919.
3430 v. Westphalen/*Motzke*, Subunternehmervertrag Rn 174; BGH NZBau 2000, 195; BGH NJW 1998, 1493, 1494.
3431 UBH/*Christensen*, Bauverträge Rn 16; OLG Düsseldorf, Urt. v. 9.9.2003 – 23 U 98/02, IBR 2005, 8.
3432 UBH/*Christensen*, Bauverträge Rn 14; v. Westphalen/*Motzke*, Subunternehmervertrag Rn 140; BGH NJW 1985, 631, 632; siehe auch WLP/*Dammann*, Subunternehmerverträge Rn S 300.

festzuschreiben, auch wenn dem Subunternehmer ein Vergütungsanspruch für die bereits ausgeführten Arbeiten sowie bei Nachweis auch darüber hinausgehender Aufwendungsersatz zugestanden wird.[3433]

XI. Kosten- und Risikoübertragung auf den Auftragnehmer

1811 Als allgemeine Leitlinie darf gelten, dass dem Subunternehmer nicht einseitig ein vom Generalunternehmer zu tragendes Risiko aufgebürdet werden darf, wozu insbesondere Zufallsrisiken zählen.[3434] Es ist unzulässig und verstößt gegen § 307 Abs. 2 Nr. 1 BGB, formularmäßig dem Subunternehmer den Einwand des Preis- und Kalkulationsirrtums zu nehmen.[3435]

1812 Heißt es in vom Generalunternehmer gestellten Klauseln, der Auftragnehmer habe sich vor Angebotsabgabe die Baustelle angesehen und sich über alle preisrelevanten Umstände informiert, so ist dies unzulässig. Die Klausel belastet den Subunternehmer beweislaständernd mit der Nachweispflicht, ihn treffe kein Mitverschulden, weil ihm – entgegen seiner Erklärung – die örtlichen Verhältnisse nicht bekannt gewesen seien.[3436] Nur wenn durch eine Bestätigungsklausel oder Ortsbesichtigungsklausel lediglich Tatsachenbestätigungen festgehalten werden, die die bestehende Beweislastverteilung wiedergeben, sind derartige Klauseln zulässig.[3437] Das gleiche Schicksal teilen Klauseln, die dem Unternehmer die Haftung für Umstände, die nach Vertragsschluss auftreten können, auferlegen, denn sie wirken leistungserweiternd.[3438]

1813 Formularmäßige Verbindungen von Bestätigungs-, Besichtigungs- oder Informationsklauseln mit weiteren Risikoverlagerungen verstoßen auch bei VOB-Bauverträgen gegen § 307 Abs. 2 Nr. 1 BGB.[3439] Dieses Schicksal teilen Bedenken- und Hinweisklauseln, nach denen der Subunternehmer dem Generalunternehmer gegenüber durch Übernahme des Planungsrisikos allein für Fehler im Planungs- bzw. Ausschreibungsstadium haften soll.[3440]

1814 Auch die für sonstige Bauverträge geltenden Grundsätze zu Umlageklauseln bezüglich Nebenkosten, Bauwasser, Bauwesenversicherung gelten bei Subunternehmerverträgen, sodass die genannten Umlageklauseln bei angemessener Höhe des Umlagebetrags gemäß § 307 Abs. 3 BGB nicht der Inhaltskontrolle unterliegen.[3441] Schuttbeseitigungsklauseln, die eine Umlage der Schuttbeseitigungskosten festschreiben, scheitern daran, dass dem Subunternehmer die Möglichkeit genommen wird, den Schutt selbst zu beseitigen und er ggf. trotz fehlender Schuttproduktion die Umlage zahlen muss.[3442]

1815 Schiedsgutachterklauseln sind nach h.M. unzulässig, wenn der Gutachter verbindlich und unter Ausschluss des staatlichen Rechtsschutzes über das Vorhandensein von Mängeln befindet.[3443]

Tankstellenstationärverträge

Literatur zum Stichwort Tankstellenstationärverträge: *Brüggemann/Gucht*, Mineralölerzeugnisse und sonstige Produkte im Tankstellenvertrieb, in: Martinek/Semler/Habermeier/Flohr, Handbuch des Vertriebsrechts, 3. Aufl. 2010; *Ebenroth/Boujong/Joost/Strohn*, HGB, 2. Aufl. 2008; *Steinhauer*, Aktuelles Tankstellenrecht, BB 2009, 2386; *Steinhauer*, BB-Rechtsprechungsreport zum Tankstellenrecht 2011, BB 2012, 526; *Wittmann*, Zum Ausgleichsanspruch eines Tankstellenpächters, BB 1963, 1457

3433 BGH NJW 1995, 526, 527; Markus/Kaiser/Kapellmann/*Kapellmann*, Rn 486; Glatzel/Hofmann/Frikell/*Hofmann*, Anm. 2.8.1.1. e); a.A. v. Westphalen/*Motzke*, Subunternehmervertrag Rn 144, der ein Rücktrittsrecht des Generalunternehmers mit Vergütungsanspruch für den Subunternehmer nach den Grundsätzen des § 645 BGB für möglich hält.
3434 WLP/*Dammann*, Subunternehmervertrag Rn S 278, S 299; OLG Karlsruhe NJW-RR 1993, 1435.
3435 v. Westphalen/*Motzke*, Subunternehmervertrag Rn 84; WLP/*Dammann*, Vertragsabschlussklauseln Rn V 268; BGH NJW 1983, 1671, 1672.
3436 Glatzel/Hofmann/Frikell/*Hofmann*, Anm. 2.2.1.2. c); OLG Frankfurt NJW-RR 1986, 245, 246.
3437 Siehe Glatzel/Hofmann/Frikell/*Hofmann*, Anm. 2.1.2; v. Westphalen/*Motzke*, Subunternehmervertrag Rn 87, 88.
3438 v. Westphalen/*Motzke*, Subunternehmervertrag Rn 89.
3439 v. Westphalen/*Motzke*, Subunternehmervertrag Rn 91; BGH NJW-RR 1997, 1513.
3440 Markus/Kaiser/Kapellmann/*Markus*, Rn 210; v. Westphalen/*Motzke*, Subunternehmervertrag Rn 115; Glatzel/Hofmann/Frikell/*Hofmann*, Anm. 2.2.1.1 a).

3441 Glatzel/Hofmann/Frikell/*Hofmann*, Anm. 2.1.1.4 a); v. Westphalen/*Motzke*, Subunternehmervertrag Rn 171; siehe UBH/*Christensen*, Bauverträge Rn 11; Glatzel/Hofmann/Frikell/*Hofmann*, Anm. 2.2.1.4 und 2.10.1.2; a.A. bzgl. Bauwesenversicherung; WLP/*Dammann*, Subunternehmerverträge Rn S 289.
3442 Glatzel/Hofmann/Frikell/*Hofmann*, Anm. 2.1.1.4 c); v. Westphalen/*Motzke*, Subunternehmervertrag Rn 171; WLP/*Dammann*, Subunternehmerverträge Rn S 289; BGH NZBau 2000, 466.
3443 WLP/*Hau*, Schiedsgutachterklausel Rn S 24; UBH/*Christensen*, Bauverträge Rn 5; WLP/*Hau*, Schiedsgutachtenklausel Rn S 28; Palandt/*Grüneberg*, § 307 Rn 130; BGH NJW 1992, 433, 434; OLG Köln NJW-RR 2009, 159, 160; a.A. bezüglich Subunternehmerverträgen UBH/*Christensen*, Bauverträge Rn 14; v. Westphalen/*Motzke*, Subunternehmervertrag Rn 172; der eine abweichende Situation durch das Gegenüberstehen von Fachleuten beim Subunternehmervertrag gegeben sieht.

Tankstellenstationärverträge

A. Allgemeines/Abgrenzungsfragen/Systematik ... 1816
B. Einzelne typische Regelungen 1819
   I. Tankstellenbetreiber als Handelsvertreter im Nebenberuf 1819
   II. Angebotsbindungsfrist für Abschluss des Tankstellenstationärvertrags 1820
   III. Provision 1821
   IV. Betreiberpflicht 1822
   V. Wettbewerbsverbot 1823
   VI. Corporate Identity, Kassensoftware 1825
   VII. Abrechnung 1827
   VIII. Kundenkarten 1830
   IX. Laufzeit 1832
   X. Ausgleichsanspruch 1834
   XI. Betriebsübergang 1836

A. Allgemeines/Abgrenzungsfragen/Systematik

Das Vertragswerk, das das Verhältnis zwischen Tankstellenbetreiber und Mineralölgesellschaft regelt, wird oftmals als Tankstellenvertrag, Tankstellenverwaltervertrag oder Tankstellenstationärvertrag bezeichnet. Grundsätzlich lassen sich zwei Konstellationen unterscheiden. Zum einen gibt es Tankstellenbetreiber, die selbst Eigentümer der Tankstelle sind oder diese auf Grundlage eines Nutzungsrechts mit einem Dritten betreiben, zum anderen solche, die die gesamte Tankstellenanlage von der Mineralölgesellschaft gepachtet haben.[3444] Je nachdem enthält der Tankstellenstationärvertrag auch pachtvertragliche Elemente.   **1816**

Was den Vertrieb von Kraftstoffen betrifft, ist der Tankstellenpächter, soweit er selbstständig ist, Handelsvertreter.[3445] Entsprechend sind in der jüngeren Vergangenheit die Mehrzahl der Entscheidungen des BGH zu den §§ 84 ff. HGB, insbesondere auch zum Ausgleichsanspruch des Tankstellenbetreibers ergangen. Auch die Vorlagefrage des LG Hamburg, die in Folge der Entscheidung des EuGH[3446] zur Änderung des § 89b HGB zum 5.8.2009 geführt hat, betraf einen Tankstellenpächter. Entsprechend sind bei der Gestaltung von Tankstellenstationärverträgen, soweit es um den Vertrieb von Kraftstoffen im Namen und auf Rechnung der Mineralölgesellschaft geht, diejenigen Beschränkungen zu berücksichtigen, die sich für sämtliche Handelsvertreterverträge ergeben (vgl. oben Rn 1126 ff.).   **1817**

Neben dem Vertrieb von Mineralölprodukten ist in den letzten Jahren der Bereich des Shop-Geschäfts bei Tankstellen immer stärker in den Vordergrund gerückt. Hier vertreibt der Tankstellenbetreiber je nach Mineralölgesellschaft Produkte, vornehmlich aus dem Bereich des Lebensmitteleinzelhandels, zumeist im eigenen Namen und auf eigene Rechnung (zu Vertragshändlerverträgen siehe Rn 2084 ff.; zu Franchise siehe Rn 862 ff.),[3447] teilweise aber auch als Handelsvertreter.[3448] Der Umfang der Eingliederung in die Absatzorganisation variiert hier von Mineralölgesellschaft zu Mineralölgesellschaft. Soweit neben dem Shop-Geschäft zusätzlich noch eine Lotto-Annahmestelle betrieben wird, liegt hier wiederum ein Handelsvertretervertrag im Verhältnis zur Lotto-Gesellschaft vor.[3449]   **1818**

B. Einzelne typische Regelungen

I. Tankstellenbetreiber als Handelsvertreter im Nebenberuf

Der BGH hat in einem Tankstellenstationärvertrag, der neben dem Betrieb der Tankstelle den Betrieb eines Shops im Eigengeschäft vorsah, eine Klausel, die den Betrieb der Tankstelle als Handelsvertretertätigkeit im Nebenberuf qualifizierte, als nach § 307 BGB unwirksam erachtet.[3450] Die Regelung diente im Ergebnis dazu, einen Ausgleichsanspruch des Tankstellenbetreibers für das Mineralölgeschäft auszuschließen. Begründet hat der BGH die Unwirksamkeit unter anderem damit, dass das Vertriebskonzept des Mineralölunternehmens, das eben einen Mineralölvertrieb als Handelsvertreter in Kombination mit einem Shop-Geschäft im eigenen Namen und auf eigene Rechnung vorsah, von der Verkehrsanschauung als Einheit betrachtet wird und daher nicht aufgespalten werden könne.[3451] Vielmehr sei – so der BGH – für die Beurteilung, ob es sich um ein Nebengeschäft i.S.d. § 92b HGB handele auf das Tankgeschäft mit dem Shop-Geschäft als Einheit abzustellen.[3452] Offen bleibt, wie dies zu behandeln ist, wenn zwei Verträge mit zwei separaten Gesellschaften auf Seiten des Mineralölkonzerns abgeschlossen werden.[3453]   **1819**

II. Angebotsbindungsfrist für Abschluss des Tankstellenstationärvertrags

Da der Abschluss eines Tankstellenstationärvertrags zumeist mit der Einräumung eines Kredits durch das Mineralölunternehmen verbunden ist (vgl. Rn 1829), ist der Abschluss des Tankstellenstationärvertrags dem Abschluss eines   **1820**

3444 Martinek/Semler/Habermeier/Flohr/*Brüggemann/Gucht*, § 49 Rn 14; MüKo/*Häublein*, Allgemeine Vorschriften für Mietverhältnis, Vorbem. Rn 32.
3445 BGH NJW 1985, 862; Martinek/Semler/Habermeier/Flohr/*Brüggemann/Gucht*, § 49 Rn 14; *Steinhauer*, BB 2009, 2386; *Wittmann*, BB 1963, 1457.
3446 EuGH v. 26.3.2009 – C-348/07, DStR 2009, 759.
3447 *Steinhauer*, BB 2009, 2386.
3448 Vgl. den Sachverhalt, der den beiden Entscheidungen BGH v. 19.1.2011 – VIII ZR 149/09 und VIII ZR 168/09 zugrunde liegt.
3449 BGH v. 22.6.1972 – VII ZR 36/71, BGHZ 59, 87 = NJW 1972, 1662.
3450 BGH v. 18.4.2007 – VIII ZR 117/06 Ls. 1, NJW-RR 2007, 1286; zustimmend *Döpfner*, EWiR 2008, 17 f.
3451 BGH v. 18.4.2007 – VIII ZR 117/06 Rn 19, NJW-RR 2007, 1286, 1288.
3452 BGH v. 18.4.2007 – VIII ZR 117/06 Rn 20 f., NJW-RR 2007, 1286, 1288.
3453 *Thume*, BB 2007, 1750, 1751 f.

Kreditvertrags vergleichbar. Daher ist eine einmonatige Bindung des Tankstellenbetreibers an sein Angebot auf Abschluss des Tankstellenstationärvertrags nicht unangemessen, da das Mineralölunternehmen Zeit zur Bonitätsprüfung benötigt.[3454]

III. Provision

1821 Anders als sonst bei Handelsvertreterverträgen üblich, erhält der Tankstellenbetreiber oftmals eine ausschließlich von der abgesetzten Menge und nicht vom erzielten Umsatz abhängige Vergütung. Da § 87b HGB grundsätzlich dispositiv ist,[3455] bestehen auch gegen eine AGB-rechtliche Vereinbarung keine Bedenken,[3456] zumal der Tankstellenbetreiber hierdurch gerade von den Risiken schwankender Preise entlastet wird.[3457]

IV. Betreiberpflicht

1822 Wesentlich für das Mineralölunternehmen ist, dass der Tankstellenbetreiber die Tankstelle zu marktadäquaten Zeiten offen hält, diese in einem sauberen und funktionsfähigen Zustand hält und durch frühzeitige Disposition und Lagerhaltung einen reibungslosen Ablauf gewährleistet. All diese Pflichten, die oftmals ausführlich in den Tankstellenstationärverträgen ausgeführt sind, sind Ausfluss der umfassenden Interessenwahrungspflicht des § 86 Abs. 1 HGB, sodass keine grundsätzlichen Bedenken gegen eine solche Regelung bestehen. Allerdings ist zu berücksichtigen, dass sofern der Tankstellenpächter nicht mehr im Wesentlichen frei ist, seine Tätigkeit zu gestalten und seine Arbeitszeit zu bestimmen, das Merkmal der Selbstständigkeit entfallen könnte.[3458]

V. Wettbewerbsverbot

1823 Regelmäßig enthalten Tankstellenstationärverträge Wettbewerbsverbote, die es dem Tankstellenbetreiber untersagen, Wettbewerbsprodukte zu denen des Mineralölunternehmens zu vertreiben und/oder in einem bestimmten Umkreis eine Tankstelle für ein anderes Mineralölunternehmen zu betreiben. Grundsätzlich unterliegt der Handelsvertreter als Ausfluss der Treuepflicht des § 86 Abs. 1 HGB während der Laufzeit des Vertrags einem Wettbewerbsverbot.[3459] Insoweit bestehen gegen eine solche Klausel, die das § 86 Abs. 1 HGB zu entnehmende Wettbewerbsverbot nicht übermäßig ausweitet, keine durchgreifenden Bedenken.

1824 Unter kartellrechtlichen Gesichtspunkten ist allerdings zu berücksichtigen, dass Wettbewerbsverbote nur insoweit zulässig sind, als der Tankstellenbetreiber ein echter Handelsvertreter ist und somit als wirtschaftliche Einheit mit dem Mineralölunternehmer betrachtet werden kann. Dies ist dann der Fall, wenn der Tankstellenbetreiber keine wesentlichen finanziellen und kommerziellen Risiken zu tragen hat.[3460] Entsprechend ist bei der Gestaltung der Wettbewerbsverbote zu berücksichtigen, dass der Tankstellenbetreiber bezüglich der Verträge, die er im Namen des Mineralölunternehmers abschließt, bezüglich marktspezifischer Investitionen für diesen Tätigkeitsbereich und bezüglich anderer Tätigkeiten, die das Mineralölunternehmen für denselben sachlich relevanten Markt als erforderlich erachtet, keine oder nur unbedeutende Risiken trägt.[3461] Soweit dem Tankstellenbetreiber bestimmte Aufgaben und/oder Investitionen auferlegt werden, sollte ihm zumindest ein finanzieller Ausgleich gewährt werden.[3462]

VI. Corporate Identity, Kassensoftware

1825 Wesentlich beim Betrieb der Tankstelle ist aus Sicht der Mineralölunternehmen die Corporate Identity. So sind die Tankstellen der großen Mineralölkonzerne bereits an den Farben zu unterscheiden. Dies setzt sich oftmals in der Gestaltung des Shops und der Bekleidung der Tankstellenmitarbeiter fort. Diese Corporate Identity dient nicht zuletzt der Kundenbindung.[3463] Entsprechende Vorgaben sind im Rahmen von Franchisesystemen üblich und werden auch wohl überwiegend als zulässig betrachtet, soweit sie nicht zu einer Knebelung des Tankstellenbetreibers führen.[3464]

1826 Regelmäßig sind die Tankstellenbetreiber weiterhin verpflichtet und zumeist auch darauf angewiesen, eine vom Mineralölunternehmen vorgegebene Kassensoftware zu verwenden. Gegen die Pflicht zur Verwendung einer solchen Software bestehen keine Bedenken. Fraglich ist allerdings, ob das Mineralölunternehmen für die Überlassung eine Vergütung verlangen kann. Der BGH hat in seiner Entscheidung vom 4.5.2011 klargestellt, dass vertriebsspezifische

---

3454 KG Berlin v. 26.3.2007 – 23 U 7/06; Staudinger/*Coester-Waltjen*, § 308 Nr. 1 Rn 11.
3455 *Emde*, VertriebsR, § 87b Rn 5; MüKo-HGB/*v.Hoyningen-Huene*, § 87b Rn 45; Ebenroth/Boujong/Joost/Strohn/*Löwisch*, § 87b Rn 33.
3456 Kritisch aber Ebenroth/Boujong/Joost/Strohn/*Löwisch*, § 87 Rn 60, der § 87 HGB eine Leitbildfunktion entnehmen will.
3457 Martinek/Semler/Habermeier/Flohr/*Brüggemann/Gucht*, § 49 Rn 17.
3458 Vgl. zum Merkmal der Arbeitszeitgestaltung BAG v. 20.8. 2003 – 5 AZR 610/02, NZA 2004, 39; ausführlich *Emde*, VertriebsR, § 84 Rn 18 ff.

3459 BGH v. 18.6.1964 – VII ZR 254/62 Rn 22, BGHZ 42, 59; BGH v. 25.11.1998 – VIII ZR 221/97 Rn 23, NJW 1999, 946, 947.
3460 EuGH v. 14.12.2006 – C-217/05 Rn 46 ff., GRUR 2007, 437, 440; Leitlinien der Kommission für vertikale Beschränkungen, ABl EG 2010 C 130/01 Rn 12 ff.
3461 Leitlinien der Kommission für vertikale Beschränkungen, ABl EG 2010 C 130/01 Rn 15.
3462 Steinhauer, BB 2009, 2386, 2387.
3463 Martinek/Semler/Habermeier/Flohr/*Brüggemann/Gucht*, § 49 Rn 19.
3464 Giesler/*Kroll*, VertriebsR, § 4 Rn 238; *Emde*, VertriebsR, Vor § 84 Rn 43.

Software vom Prinzipal gemäß § 86a Abs. 1 HGB kostenfrei zur Verfügung zu stellen ist.[3465] Soweit die Kassensoftware für die Erfassung von Tank- und Zahlungsvorgängen erforderlich ist, muss man mithin davon ausgehen, dass eine Vergütungspflicht für die Überlassung der Kassensoftware unwirksam ist.[3466]

VII. Abrechnung

1827 Die Abrechnung der vom Tankstellenbetreiber im Namen und auf Rechnung des Mineralölunternehmens verkauften Kraftstoffe erfolgt regelmäßig über elektronische Abrechnungssysteme (vgl. Rn 1826). Die vereinnahmten Zahlungen sind hierbei auf gesonderten Konten zu verbuchen. Auch die Verpflichtung, die eingezogenen Beträge auf ein Treuhandkonto einzuzahlen ist AGB-rechtlich zulässig.[3467] Demgegenüber hält der BGH eine Klausel für unwirksam, die es dem Mineralölunternehmen erlaubt, im Lastschriftverfahren von diesem Konto Abschlagszahlungen auch für solche Verkaufserlöse abzubuchen, die der Tankstellenbetreiber im Zeitpunkt der Abbuchung noch gar nicht vereinnahmt hatte, etwa bei Zahlung mit Kundenkarte und monatlicher Abrechnung.[3468] Hierdurch würde dem Tankstellenbetreiber die Vorfinanzierung solcher Beträge auferlegt, was eine unbillige Benachteiligung darstellt.[3469] Ähnlich hat das KG Berlin zu einer Klausel entschieden, wonach der Tankstellenbetreiber verpflichtet ist, Tagesumsätze aus dem Kraftstoffgeschäft, auch wenn er sie noch nicht vereinnahmt hat, an das Mineralölunternehmen abzuführen.[3470] Weiterhin hat das KG Berlin in einem anderen Fall eine Klausel, die es dem Mineralölunternehmen ermöglicht, die Verkaufseinrichtung für das Agenturgeschäft ohne vorherige Abmahnung zu sperren, wenn der Tankstellenbetreiber der täglichen Einzahlungspflicht nicht nachkommt, im konkreten Fall für unwirksam erachtet.[3471]

1828 Weiterhin hat der BGH eine Klausel, die den Tankstellenbetreiber dazu verpflichtet, am Abbuchungsauftragsverfahren teilzunehmen, für unwirksam erklärt.[3472] Die AGB des Mineralölunternehmens sahen vor, dass der Tankstellenbetreiber verpflichtet ist, ein Sonderkonto für die Zahlungsabwicklung mit dem Mineralölunternehmen zu eröffnen, das der Abrechnung sowohl des Mineralölgeschäfts als auch des im Eigengeschäft betriebenen Shop-Geschäfts dient. Zusätzlich bestand die Verpflichtung zur Teilnahme am Lastschriftverfahren in Form des Abbuchungsauftragsverfahrens. Hierin sah der BGH eine unbillige Benachteiligung, da der Tankstellenbetreiber der Einlösung der Lastschrift, anders als im Einzugsermächtigungsverfahren, nicht widersprechen kann.[3473] Ausdrücklich offengelassen hat der BGH, ob der Sachverhalt anders zu beurteilen wäre, wenn ausschließlich die Erlöse aus dem Vertrieb der Kraftstoffe als Handelsvertreter auf dem Konto gebucht wären.[3474] Da eine Klausel, die den Tankstellenbetreiber zur Einzahlung dieser Erlöse auf ein Treuhandkonto verpflichtet zulässig ist,[3475] müsste dies auch hinsichtlich einer Verpflichtung zur Teilnahme am Lastschriftverfahren in Form des Abbuchungsauftragsverfahrens gelten.

1829 Für die häufig ebenfalls im Namen und auf Rechnung des Mineralölunternehmens vertriebenen sonstigen Mineralölprodukte, wie beispielsweise Motorenöle, bei denen keine automatische Mengenkontrolle, wie bei den Kraftstoffen stattfindet, räumen die Mineralölkonzerne den Tankstellenbetreibern häufig einen sog. Agenturkredit ein. Dieser Agenturkredit stellt allerdings nach Ansicht des Bundesgerichtshofs, da der Tankstellenbetreiber als Handelsvertreter tätig ist, kein Darlehen dar, sondern lediglich eine spezielle Form der Abrechnung.[3476] Entsprechend hat der BGH auch eine Klausel für zulässig erachtet, die dem Mineralölunternehmen eine jederzeitige einseitige Anpassung dieses Agenturkredits ermöglicht.[3477]

VIII. Kundenkarten

1830 Die Ausgabe von Kundenkarten ist ein wesentlicher Baustein der Kundenbindungsprogramme der Mineralölunternehmen. Häufig gibt nicht das Mineralölunternehmen selbst diese Kundenkarten aus, sondern ermächtigt den Tankstellenbetreiber hierzu. Somit stellt sich die Frage der Verteilung des Ausfallrisikos, wenn der Kunde mit der Kundenkarte vom Tankstellenbetreiber im Namen und auf Rechnung des Mineralölkonzerns bezogenen Kraftstoff bezahlt und ihm ein Zahlungsziel, etwa bei monatlicher Abrechnung, eingeräumt ist. Eine Vorfinanzierungspflicht des Tankstellenbetreibers hält der BGH, wie ausgeführt, für AGB-rechtlich unwirksam.[3478]

1831 Grundsätzlich kann vereinbart werden, dass der Tankstellenbetreiber eine Delkrederehaftung übernimmt.[3479] Allerdings würde dies einen zwingenden Anspruch auf Delkredereprovision gemäß § 86b Abs. 1 HGB auslösen. Soweit der

---

3465 BGH v. 4.5.2011 – VIII ZR 11/10, NJW 2011, 2423.
3466 *Steinhauer*, BB 2011, 526, 528.
3467 OLG Hamburg v. 1.10.2001 – 4U 234/00 Rn 35 ff., JR 2002, 238 m. Anm. *Olzen*.
3468 BGH v. 8.11.2005 – KZR 18/04 Rn 7, NJW-RR 2006, 339.
3469 BGH v. 8.11.2005 – KZR 18/04 Rn 8, NJW-RR 2006, 339, 340; zustimmend *Hensen*, EWiR 2006, 129 f.
3470 KG Berlin v. 21.5.2007 – 23 U 87/05 Rn 38 ff., EWiR 2007, 591 m. Anm. *Döpfer*.
3471 KG Berlin v. 26.3.2007 – 23 U 7/06.
3472 BGH v. 14.10.2009 – VIII ZR 96/07 Rn 14, NJW 2010, 1275, 1276.
3473 BGH v. 14.10.2009 – VIII ZR 96/07 Rn 17 f., NJW 2010, 1275, 1276.
3474 BGH v. 14.10.2009 – VIII ZR 96/07 Rn 20, NJW 2010, 1275, 1277.
3475 OLG Hamburg v. 1.10.2004 – 4U 234/00 Rn 35 ff., JR 2002, 238 m. Anm. *Olzen*.
3476 BGH v. 18.4.2007 – VIII ZR 117/06 Rn 38, NJW-RR 2007, 1286, 1290.
3477 BGH v. 18.4.2007 – VIII ZR 117/06 Rn 39, NJW-RR 2007, 1286, 1290.
3478 BGH v. 8.11.2005 – KZR 18/04 Rn 7 f., NJW-RR 2006, 339, 340.
3479 *Steinhauer*, BB 2009, 2386, 2387.

Tankstellenbetreiber mit dem Inkasso beauftragt ist, hat er zudem zusätzlich Anspruch auf eine Inkassoprovision gemäß § 87 Abs. 4 HGB. Der Anspruch auf Inkassoprovision kann individualvertraglich ausgeschlossen werden.[3480] Dies empfiehlt sich auch, da diese beim Tankstellenbetreiber anders als in sonstigen Fällen vom BGH nicht als Verwaltungsprovision angesehen wird.[3481] Allerdings ist bisher noch nicht geklärt, ob auch ein AGB-mäßiger Ausschluss zulässig ist.

IX. Laufzeit

1832 Aufgrund der im Zusammenhang mit der Einrichtung eines Tankstellenbetriebs nicht unerheblichen Investitionskosten haben Tankstellenstationärverträge häufig eine von § 89 HGB abweichende deutlich längere Mindestlaufzeit und/oder längere Kündigungsfristen. Der BGH hat mehrfach entschieden, dass eine Vertragsbindung von zehn oder mehr als zehn Jahren allerdings voraussetzt, dass das Mineralölunternehmen nach dem Vertrag erhebliches Kapital langfristig einsetzt und nur bei einer entsprechend langfristigen Bindung des Tankstellenbetreibers eine Amortisation erzielt.[3482] Dies kann sowohl durch Direktinvestitionen in die Tankstellenanlage oder die Gewährung von Darlehen erfolgen.[3483]

1833 Eine Regelung, die ein Sonderkündigungsrecht des Mineralunternehmens für den Fall vorsieht, dass das Vertragsverhältnis zwischen dem Grundstückseigentümer und dem Mineralölunternehmen endet, ist unwirksam.[3484] Insbesondere ein in diesem Fall etwa bestehender Ausgleichsanspruch ist nicht geeignet, einen Ausgleich für den Tankstellenbetreiber zu schaffen, und rechtfertigt daher keine andere Beurteilung.

X. Ausgleichsanspruch

1834 Nach der ständigen Rechtsprechung des BGH hat der Tankstellenbetreiber für das von ihm als Handelsvertreter betriebene Kraftstoffgeschäft einen Ausgleichsanspruch gemäß § 89b HGB, und zwar auch bei der Selbstbedienungstankstelle.[3485] Gemäß § 89b Abs. 4 S. 1 HGB ist der dem Tankstellenpächter zustehende Ausgleichsanspruch zwingend. Eine Beschränkung desselben im Tankstellenstationärvertrag indiziert eine unbillige Benachteiligung i.S.d. § 307 BGB.[3486]

1835 Für die Ermittlung des Ausgleichsanspruchs wird vom BGH auch nach der Änderung des § 89b HGB zum 5.8.2009 nur der Anteil der für werbende Tätigkeit bezahlten Provision herangezogen.[3487] Allerdings hat der BGH eine Klausel in einem Tankstellenstationärvertrag, wonach pauschal 50 % der Provision auf die verwaltende Tätigkeit entfallen, für unwirksam gehalten.[3488] Der BGH hat weiter ausgeführt, dass es erforderlich sei, die einzelnen Tätigkeiten und die darauf entfallenden Provisionsanteile genau aufzuführen.[3489] Hierbei ist zu berücksichtigen, dass der BGH die werbende Tätigkeit beim Tankstellenbetreiber sehr weit fast, sodass beispielsweise auch Lagerung und Auslieferung und auch das Inkasso darunter fallen.[3490] Das LG Hamburg hat in einzelnen Entscheidungen überhaupt keinen Abzug für verwaltende Tätigkeit zugelassen.[3491] Jedenfalls eine Klausel, die einzelnen auch für den Tankstellenbetreiber nicht als werbend zu qualifizierenden Tätigkeiten einen angemessenen Provisionsanteil zuweist, dürfte allerdings nicht zu beanstanden sein.[3492]

3480 Röhricht-HGB/*Thume*, § 87 Rn 42; Koller/Roth/Morck/*Roth*, § 87 Rn 17.
3481 BGH v. 10.7.2002 – VIII ZR 58/00 Rn 48 f., NJW-RR 2002, 1548, 1552 f.
3482 BGH v. 11.1.2006 – VIII ZR 396/03 Rn 11, NJW-RR 2006, 615 f.; BGH v. 3.11.1999 – VIII ZR 269/98 Rn 35, BGHZ 143, 104 = NJW 2000, 1110, 1113.
3483 Martinek/Semler/Habermeier/Flohr/*Brüggemann/Gucht*, § 49 Rn 33.
3484 KG Berlin v. 26.3.2007 – 23 U 7/06.
3485 BGH v. 29.11.1984 – I ZR 149/82 Rn 12, NJW 1985, 862; BGH v. 10.7.2002 – VIII ZR 58/00, NJW-RR 2002, 1548; BGH v. 25.9.2002 – VIII ZR 253/99 Rn 31, BGHZ 152, 121 = NJW 2003, 290, 293; BGH v. 11.11.2009 – VIII ZR 249/08 Rn 14, IHR 2010, 154, 156, siehe bereits *Wittmann*, BB 1963, 1457; zum im eigenen Namen und auf eigene Rechnung betriebenen Shop-Geschäft vgl. BGH v. 22.10.2003 – VIII ZR 6/03, NJW-RR 2004, 898.
3486 BGH v. 25.9.2002 – VIII ZR 253/99 Rn 31, BGHZ 152, 121 = NJW 2003, 290, 293.

3487 BGH v. 11.11.2009 – VIII ZR 249/08 Rn 17, IHR 2010, 154, 157; a.A. LG München I v. 17.2.2010 – 15 HKO 2192/03, IHR 2010, 169 f.; *Emde*, DStR 2009, 1478, 1482; *ders.*, BB 2009, 2714, 2718.
3488 BGH v. 25.9.2002 – VIII ZR 253/99 Rn 31 ff., BGHZ 152,121 = NJW 2003, 290, 293; BGH v. 10.7.2002 – VIII ZR 58/00 Rn 37 ff., NJW-RR 2002, 1548, 1551.
3489 BGH v. 25.9.2002 – VIII ZR 253/99 Rn 36, BHGZ 152, 121 = NJW 2003, 290, 293.
3490 BGH v. 6.8.1997 – VIII ZR 150/96 Rn 42, NJW 1998, 66, 69; BGH v. 10.7.2002 – VIII ZR 58/00 Rn 48, NJW-RR 2002, 1548, 1553.
3491 LG Hamburg v. 15.2.2007 – 413 O 86/04 Rn 33; LG Hamburg v. 28.2.2008 – 413 O 95/07 Rn 43 f.; zustimmend *Emde*, BB 2009, 2714, 2718.
3492 Vgl. BGH v. 21.4.2010 – VIII ZR 108/09 Rn 14, NJW-RR 2010, 1550, 1552, der den durch das Berufungsgericht auf 10 % geschätzten Verwaltungsanteil in Hinblick auf die dem Tankstellenbetreiber auferlegten Buchführungsaufgaben nicht beanstandet hat.

XI. Betriebsübergang

Ein Wechsel des Tankstellenbetreibers, der die Tankstelle vom Mineralölunternehmen pachtet, stellt einen Betriebsübergang gemäß § 613a BGB dar.[3493] Entsprechend versuchen die Mineralölunternehmen im Hinblick auf den drohenden Übergang von Arbeitsverhältnissen auf den neuen Pächter Vorsorge zu treffen. Der BGH hat allerdings eine Klausel, wonach der Tankstellenbetreiber verpflichtet ist, bei Beendigung des Vertrags die mit Familienmitgliedern eingegangenen Arbeitsverhältnisse auf seine Kosten zu beenden oder, sofern dies nicht geschieht, den Nachfolger von Kosten frei zu halten, für AGB-rechtlich unwirksam erklärt.[3494]

1836

Transparenzgebot

Treu und Glauben verpflichten den Verwender von AGB, die Rechte und Pflichten seines Vertragspartners möglichst klar und durchschaubar darzustellen (siehe auch Stichwort „Zins- und Zinsberechnungsklauseln" sowie § 307 Rn 25).[3495] Das Erfordernis der transparenten Gestaltung von AGB fand sich jedoch im AGBG selbst nicht, es wurde erst mit der Schuldrechtsmodernisierung in § 307 Abs. 1 S. 2 BGB legal definiert. Nach dem Transparenzgebot kann sich eine unangemessene Benachteiligung des Kunden auch daraus ergeben, dass die AGB-Bestimmung nicht klar und verständlich ist. Eine inhaltliche Änderung gegenüber dem bisherigen Rechtszustand ist hiermit nicht eingetreten, lediglich die inhaltliche Herleitung des Transparenzgebots ist damit eindeutig kraft Gesetzes geregelt. Nur hierdurch konnte der „Transparenzfunktion" des neuen Gesetzes Rechnung getragen werden. Dies, wie auch die umfangreiche Rechtsprechung zum Transparenzgebot, war Anlass für den Gesetzgeber, bei der Schuldrechtsnovelle das Transparenzgebot in § 307 Abs. 1 S. 2 BGB ausdrücklich zu verankern.

1837

Nicht jeder Verstoß gegen das „Transparenzgebot" führt zur Unwirksamkeit von Vertragsbestimmungen. Rechtsfolge ist vielfach auch nur, dass AGB nicht Vertragsbestandteil werden oder zu Lasten des Verwenders wirken. Man muss hierbei Folgendes unterscheiden:

1838

Für die Einbeziehung setzt insbesondere § 305 Abs. 2 BGB spezielle **Transparenzerfordernisse** voraus. Der Verwender muss den Kunden ausdrücklich darauf hinweisen, dass der Vertrag unter Zugrundelegung der AGB abgeschlossen werden soll, dem Kunden muss die Möglichkeit verschafft werden, in zumutbarer Weise vom Inhalt der AGB Kenntnis zu nehmen, d.h. die AGB müssen für den Durchschnittskunden mühelos lesbar sein[3496] und ein Mindestmaß an Übersichtlichkeit aufweisen. Ferner müssen die Klauseln zumindest im Kernbereich verständlich sein.

1839

Klauseln, die nicht nur in den Randzonen, sondern auch **in ihrem Kernbereich unklar** und unverständlich sind, sind unwirksam.[3497] Die Gefahr einer inhaltlichen Benachteiligung des Vertragspartners ist kein selbstständiges Tatbestandsmerkmal,[3498] diese wird ohnehin durch die Verwendung einer intransparenten Klausel indiziert.

1840

Auch eine Bestimmung in einem formularmäßigen **Bauvertrag**, wonach Gewährleistung und Haftung des Unternehmers sich nach der VOB/B bzw. BGB richten und bei unterschiedlicher Auffassung jeweils die günstigere für den Bauherrn gilt, ist unwirksam.[3499] Im Rahmen von **Automatenaufstellverträgen** ist eine Klausel, wonach der Aufsteller zum Austausch oder zur Abräumung eines oder mehrerer Geräte binnen einer Anzeigefrist von einer Woche berechtigt ist, falls das oder die Geräte eine ausreichende Einnahme nicht einspielen, ohne dass der Ausstellungsvertrag hierdurch berührt würde, gänzlich unbestimmt und daher unwirksam.[3500] Das OLG Stuttgart hat eine im Kernbereich unklare Klausel auch angenommen, wonach für nicht ausdrücklich geregelte Fragen die VOB gelte.[3501] Auch sog. **Salvatorische Klauseln** verstoßen gegen das Verständlichkeitsgebot des § 305 Abs. 2 BGB, zumindest dann, wenn eine klare und unzweideutige Fassung möglich und zumutbar ist.[3502] Das Verständnis deutschsprachiger AGB kann zwar für **Ausländer** mit erheblichen Schwierigkeiten verbunden sein, der Verwender ist jedoch gleichwohl nicht verpflichtet, eine Übersetzung zur Verfügung zu stellen, sofern sich die Parteien der deutschen Sprache in ihren rechtsgeschäftlichen Beziehungen bedienen.[3503] Notfalls muss der Kunde selbst vor Vertragsschluss die erforderliche Übersetzung beschaffen und muss andernfalls den nicht zur Kenntnis genommenen Text der AGB gegen sich gelten lassen.[3504]

1841

Gegen das Transparenzgebot verstoßende Klauseln können auch als überraschende Klauseln nach § 305c BGB angesehen werden, etwa wenn **Regelungsinhalte in den jeweiligen AGB nicht zu der Überschrift** passen und der Kunde im Zusammenhang mit den jeweiligen Regelungskomplexen der AGB nicht mit einer gänzlich anders gelagerten Re-

1842

3493 BGH v. 4.7.1985 – IX ZR 172/84 Rn 9, NJW 1985, 2643; BAG v. 25.2.1981 – 5 AZR 991/78 Rn 14 f., BAGE 35, 104 = NJW 1981, 2212; Martinek/Semler/Habermeier/Flohr/Brüggemann/Gucht, § 49 Rn 58.
3494 BGH v. 23.3.2006 – III ZR 102/05 Rn 16 f., NJW 2006, 1792, 1793, vgl. hierzu Schreiner, EWiR 2006, 749.
3495 BGH BB 1988, 2410, 2412; BGH BB 1990, 1656 = NJW 1990, 2383; UBH/Fuchs, § 307 Rn 10; Palandt/Grüneberg, § 307 Rn 20; PWW/Berger, § 307 Rn 13, Beispiele Rn 17; Überblick auch bei Heinrichs, FS Trinkner, 1995, S. 157.
3496 BGH NJW 1983, 2773.
3497 OLG Hamburg NJW-RR 1986, 1440.
3498 Offenlassend BGH v. 23.2.2011 – XII ZR 101/09.
3499 BGH NJW 1986, 924.
3500 BGH NJW 1985, 53, 55.
3501 NJW-RR 1988, 787.
3502 OLG Stuttgart NJW 1981, 1105, 1106.
3503 BGH NJW 1983, 1489.
3504 BGH NJW 1983, 1489.

gelung rechnen musste. So kann umgekehrt der Überraschungseffekt nach § 305c Abs. 1 BGB durch einen entsprechend deutlichen Hinweis entfallen:[3505] Ist eine Klausel lediglich „im Randbereich" unklar und sind mindestens zwei Auslegungen rechtlich vertretbar,[3506] so gehen diese Unklarheiten nach § 305c Abs. 2 BGB zu Lasten des Verwenders. Es gilt dann die dem Kunden günstigere Auslegungsmöglichkeit (Unklarheiten bei der Auslegung von AGB).

1843 Der Verstoß gegen das Transparenzgebot liegt vielfach darin, dass bestimmte Klauseln hervorgehoben werden, durch andere Klauseln der **Anwendungsbereich** derselben jedoch wieder **ausgehöhlt oder zumindest „vernebelt" werden soll**. Unwirksam ist daher eine Klausel in einem Formularvertrag über den Erwerb eines noch zu errichtenden Hauses, wenn für das gesamte Objekt ein Pauschalpreis vereinbart ist und in einem Katalog zusätzlich anfallende „Aufschließungskosten", die mit der eigentlichen Errichtung des Hauses nichts zu tun haben (Aushub und Verfüllung der Baugrube) einbezogen werden. Eine derartige Regelung benachteiligt wegen der unredlich versteckten, der Höhe nach **nicht abzuschätzenden Erhöhung des vereinbarten Pauschalpreises**[3507] den Auftraggeber nach § 307 Abs. 1 S. 2 BGB unangemessen.

1844 In der **Zinsberechnungsklausel**-Entscheidung hat der BGH eine AGB-Regelung als Verstoß gegen das Transparenzgebot gemäß § 307 angesehen, nach der die in der gleich bleibenden Jahresleistung enthaltenen Zinsen jeweils nach dem Stand des Kapitals am Schluss des vergangenen Tilgungsjahres berechnet werden, wenn erst in einer gesonderten späteren Klausel vierteljährliche Teilleistungen vorgesehen sind und der effektive Jahreszins oder die Gesamtbelastung im Vertrag nicht angegeben werden.[3508]

1845 **Wertstellungsklauseln**, wonach Girokonten bei Auszahlungen sofort belastet werden konnten, Einzahlungen jedoch erst am folgenden „Banktag" gutgeschrieben wurden, hat der BGH für Bareinzahlungen als Verstoß gegen das Transparenzgebot verworfen.[3509]

1846 Auch **Garantiebedingungen** können den Eindruck erwecken, dass der Käufer hierdurch in der Geltendmachung seiner Gewährleistungsansprüche gegen den Verkäufer beschränkt wird. Auch insoweit darf die Rechtsposition des Vertragspartners nicht unklar geregelt sein. Eine Klausel, die die Rechtslage unzutreffend darstellt und auf diese Weise dem Verwender die Möglichkeit eröffnet, begründete Ansprüche unter Hinweis auf die Klauselgestaltung abzuwehren, verstößt gegen das Transparenzgebot und damit gegen § 307 BGB.[3510] Bereits die Klauselfassung muss der Gefahr vorbeugen, dass der Kunde von der Durchsetzung bestehender Rechte abgehalten wird.[3511] Für die Beurteilung von AGB ist dabei die Verständnismöglichkeit des rechtlich nicht vorgebildeten Durchschnittskunden maßgebend.[3512]

1847 Zu Transparenzerfordernissen bei **Schriftformklauseln** siehe dort. Da der Rechtsverkehr auch von „Scheinbindungen" freigehalten werden soll, die jede rechtlich unwirksame oder unerhebliche Klausel tatsächlich herzustellen vermag, kommt es nicht darauf an, ob durch AGB in die durch **besondere** Abrede errungene Rechtsstellung des Kunden wirksam eingegriffen wird. Entscheidend ist, ob dies dem Vertragspartner durch die Vertragsgestaltung klar wird oder diese geeignet ist, dass der Kunde vermeintlich einschlägige Klauseln gegen sich gelten lässt.[3513] Gerade weil erfahrungsgemäß viele Verbraucher sich durch eine ihnen entgegengehaltene Klausel von vornherein von dem Versuch abhalten lassen, die ihnen zustehenden Rechte durchzusetzen, hat der Gesetzgeber mit dem UKlaG[3514] die Möglichkeit geschaffen, schon bereits im Vorfeld der gerichtlichen Auseinandersetzung eine unwirksam erscheinende Klausel zu überprüfen.[3515] Das Transparenzgebot als Bestandteil von § 307 BGB ist daher auch im Verbandsverfahren des **UKlaG** Prüfungsmaßstab.[3516]

1848 Die Schriftformklausel, Liefertermine und Lieferfristen seien **schriftlich anzugeben**, legt zumindest die Möglichkeit nahe, dass ein Käufer mit seinem Vorbringen, ihm sei mündlich ein Lieferzeitpunkt – verbindlich oder unverbindlich – zugesagt worden, von dem Verwender unter Hinweis auf diese Klausel zurückgewiesen wird.[3517]

1849 Zuletzt wurde eine Vielzahl von Klauseln in der **kapitalbildenden Lebensversicherung** (ALB) nicht von der Inhaltskontrolle ausgenommen und wegen Intransparenz als unwirksam angesehen.[3518]

1850 Im **unternehmerischen Rechtsverkehr** kann das Transparenzgebot nicht mit gleicher Strenge Anwendung finden.[3519]

1851 Gleichwohl: Das Transparenzgebot verpflichtet auch hier den Vertragspartner, die AGB möglichst klar, einfach und übersichtlich zu gestalten.[3520]

3505 BGH DB 1986, 2377; BGH NJW 1981, 117, 118.
3506 BGH NJW 1984, 1818.
3507 BGH NJW 1984, 171.
3508 BGH BB 1988, 2410.
3509 BGH BB 1989, 243 m. Anm. *Niebling*, DRspr 1989, 321.
3510 BGH NJW 1988, 1726, 1728; BGH NJW 1989, 2750.
3511 BGH NJW 1988, 1726, 1728; *Bühler*, Rn 284.
3512 BGH NJW 1988, 1726; BGH NJW 1989, 2750, 2752; BGH BB 1990, 1656.
3513 BGH NJW 1987, 1931, 1936.
3514 Bisher: §§ 13 ff. AGBG.
3515 BGH NJW 1981, 867, 868.
3516 OLG Hamburg ZIP 1990, 982 (nicht rechtskr.) = EWiR § 13 AGBG, 3/90, 945 m. Anm. *Niebling*, bestätigt durch BGH ZIP 1991, 1474, BB 1996, 763, 764.
3517 BGH NJW 1982, 331, 333.
3518 BGH v. 9.5.2001 – IV ZR 121/00 (IV ZR 138/99), BB 2001, 1427; zu „Kardinalpflichten": BGH NJW-RR 2005, 1496 m. Anm. *Kappus*, NJW 2006,15.
3519 BGH v. 21.7.2010 – XII ZR 189/98.
3520 BGH v. 5.12.2012 – I ZR 23/11 Rn 35; BGH v. 21.7.2010 – XII ZR 189/98; BGH NJW 2008, 1438; Palandt/*Grüneberg*, § 307 Rn 21; Erman/*Roloff*, § 307 Rn 18; PWW/*Berger*, § 307 Rn 14; AK/*Kollmann*, § 307 Rn 15 ff.; jurisPK-BGB/*Lapp/Salamon*, § 307 Rn 70.

Zulässig ist es auch, auf andere Rechtsnormen zu verweisen.[3521] Dies gilt auch, wenn eine dynamische Verweisung vorliegt und das jeweilige Recht gelten soll. Der Regelungsgehalt der Klausel darf sich jedoch nicht erst aus der in Bezug genommenen Vorschrift ergeben. Eine kundenbelastende Wirkung muss jedoch klar erkennbar sein und der Kunde darf nicht von der Durchsetzung seiner Rechte abgehalten werden.

Aktuelle Urteile:
- **Und-/Oder-Klausel:**[3522] Die Formulierung mit „und/oder" verstößt grundsätzlich nicht gegen das Transparenzprinzip des § 307 Abs. 1 S. 2 BGB.[3523]
- **„Wesentliche Vertragspflicht (Kardinalpflicht)":**[3524] Das OLG Celle hält den Hinweis auf eine nicht näher ausformulierte „wesentliche Vertragspflicht (Kardinalpflicht)" für unwirksam. Der Entscheidung ist nicht zu folgen. Nachdem Unklarheiten zu Lasten des Verwenders gehen, sind die Interessen des anderen Teils ausreichend berücksichtigt.[3525]
  Mit dem **Transparenzgebot in der Landpacht** setzt sich der BGH mit Urt. v. 23.4.2010 auseinander.[3526]
- Die **formularmäßige Umlage der Verwaltungskosten bei der Gewerberaummiete** unter Hinweis auf die II. BerechnungsVO verstößt nicht gegen das Transparenzgebot,[3527] anders die Umlage von Kosten des „Center-Managements".[3528]

Auch bei **Immobilienfondsbedingungen** spielt das Transparenzgebot eine entscheidende Rolle.[3529]

Wohnflächenangaben in Mietverträgen, die sachlich als **unverbindlich** bezeichnet werden, verstoßen gegen das Transparenzgebot.[3530]

Die Wohnungsgröße ist für den Mieter zum einen Vergleichsmaßstab für die Angemessenheit oder Wettbewerbsfähigkeit der Miete; sie ist auch von Bedeutung für die Abrechnung von Nebenkosten nach § 556a BGB und bei Mieterhöhungen.[3531]

Oft ist eine genaue Berechnung schwierig, weil Erker, Dachschrägen, Wintergärten, (Dach-)Terrassen, Balkone, Treppenpodeste u.v.m. tatsächliche und ggf. auch rechtliche Schwierigkeiten der Wohnflächenberechnung aufweisen.

Insoweit erscheint die bisherige Rechtsprechung des BGH, dass Abweichungen von bis zu 10 % grundsätzlich nicht zur Mietminderung berechtigen, unabhängig davon, ob die Angaben mit oder ohne „ca." versehen sind, sachgerecht zu sein.[3532]

Hiervon weicht die vorliegende Bestimmung im Mietvertrag ab, da über die „Ca."-Angabe hinaus die Unverbindlichkeit der Angabe umschrieben wird.

Damit bleiben die falschen qm-Angaben sankionslos hinsichtlich einer Minderung; hinsichtlich der Abrechnung der Nebenkosten kann jedoch der Anspruch, die tatsächliche Wohnfläche nach § 556a Abs. 1 BGB zugrunde zu legen, nicht verloren sein.

Bezüglich der Minderung gibt es also zwei Fallgruppen: die qm-Angabe mit oder ohne „ca." einerseits und die Konstellation einer ergänzenden Klausel, dass die Angabe unverbindlich und nicht zur Festlegung des Mietgegenstandes erfolge, andererseits.

Hiergegen bestehen Bedenken: Verkauft ein Autohändler einen Pkw mit einer Angabe über die Leistung KW, den Verbrauch, den km-Stand, so haftet er hierfür. Eine Klausel, diese Angaben seien unverbindlich und dienten nur der Konkretisierung oder weiteren Festlegung der Kaufsache, wäre nach § 307 Abs. 2, Abs. 1 BGB unwirksam.[3533]

Auch beim Verkauf einer Eigentumswohnung oder eines Wohnhauses können die Angaben zu Trittschall, Materialien und Wohnfläche nicht sanktionslos durch einen Klauselzusatz der Unverbindlichkeit entkräftet werden.

3521 BGH v. 14.1.2014 – XI ZR 355/12 (Behaltensklausel); vgl. aber auch BGH v. 8.5.2013 – IV ZR 84/12.
3522 OLG Celle v. 30.10.2008 – 11 U 78/08.
3523 Allgemein hierzu: Ring/Klingelhöfer/Niebling/*Niebling*, AGB-Recht in der anwaltlichen Praxis, 2006, § 7 Stichwort „Transparenzgebot"; Palandt/*Grüneberg*, § 307 Rn 16 ff.
3524 OLG Celle v. 30.10.2008 – 11 U 78/08; ebenso: Palandt/*Grüneberg*, § 307 Rn 22; in der Sache auch BGH NJW-RR 2005, 1496.
3525 Ebenso: Palandt/*Grüneberg*, § 307 Rn 18; BGH NJW-RR 2005, 1496.
3526 BGH v. 23.4.2010 – LwZR 15/08.
3527 BGH v. 24.2.2010 – XII ZR 69/08.
3528 BGH v. 3.8.2011 – XII ZR 205/09 (Umlage „Center-Management").
3529 *Fehrenbach/Maetschke*, WM 2010, 1149.
3530 Anders BGH v. 10.11.2010 – VIII ZR 306/09 („keine Minderung bei ausdrücklichem Hinweis auf fehlende Verbindlichkeit der angegebenen Wohnungsgröße"), ZMR 2011, 205 m. Anm. *Niebling*.
3531 § 558 Abs. 2 BGB: „vergleichbarer Größe".
3532 Etwa BGH NJW 2009, 2295; gilt auch bei der Geschäftsraummiete: BGH NJW 2005, 2152; Palandt/*Weidenkaff*, § 536 Rn 22; PWW/*Feldhahn*, § 536 Rn 9; Staudinger/*Emmerich*, Eckpfeiler 2011 O Rn 55; *Lützenkirchen*, Mietrecht, 4. Aufl. 2010, F 52; jurisPK-BGB/*Münch*, § 536 Rn 87.
3533 Die Klausel *„soweit bekannt"* wurde sogar als Zusicherung angesehen: BGH NJW 98, 2207; auch unbestimmte Liefer- und Leistungsfristen verstoßen gegen § 308 Nr. 1 BGB; *„Vereinbarte oder erklärte Lieferfristen sind unverbindlich"* ist hiernach unwirksam (Erman/*Roloff*, § 308 Nr. 1 Rn 9).

1864 Letztlich wird hierdurch das Transparenzgebot verletzt: Der Klauselgestalter kann nicht einerseits einen verkaufs-(vermietungs-)fördernden Eindruck schaffen, diesen dann aber sogleich als unverbindlich entkräften,[3534] insbesondere, wenn dies wie hier durch die Angabe eines „Kommawertes" („ca. 54,78 qm") erfolgt – anders nur, wenn der Mietvertrag die Klausel enthält: *„Die Wohnfläche liegt zwischen 40 und 50 qm."*

1865 Bei der relevanten Klausel handelt es sich nicht nur um eine Information, die im Mietvertrag erteilt wird, sondern um eine AGB i.S.v. § 305 BGB. Hierauf hat der BGH in anderem Zusammenhang zutreffend hingewiesen.[3535] Der Klauselverwender hat jedoch sogar bei Klauseln, die der Inhaltskontrolle entzogen sind, § 307 Abs. 3 S. 2 BGB, das Transparenzgebot nach § 307 Abs. 1 S. 2 BGB zu beachten. Er kann nicht einerseits (exakte) Angaben über die Wohnfläche machen, andererseits diese als unverbindlich und nicht zur Mietminderung tauglich erklären. Allenfalls ein Abweichen von 10 % kann (auch) hier zugebilligt werden. Ebenfalls muss der Mieter aus der Wohnfläche ersehen können, welche Betriebskosten auf ihn zukommen[3536] und welche Belastungen damit ungefähr für ihn verbunden sind, ebenso, welche vergleichbaren Wohnungen bei Mieterhöhungen herangezogen werden können u.v.m. Kurzum: Es kann nicht angehen, „mit Angaben zu prahlen" und diese dann in AGB als unverbindlich abzutun.

1866 Ferner: Zum **Transparenzgebot in Anteilskaufverträgen** vergleiche die Rechtsprechung des BGH.[3537]

1867 Auch in der **Rechtsschutzversicherung** können Klauseln gegen das Transparenzgebot verstoßen, so die bisherige Effektenklausel,[3538] wonach Rechtsschutz nicht bestehen soll für die Wahrnehmung rechtlicher Interessen in ursächlichem Zusammenhang mit der Anschaffung oder Veräußerung von Effekten.

1868 Auch eine Klausel, bei Schönheitsreparaturen sei nicht ohne vorherige Zustimmung des Vermieters von einer „üblichen Ausführungsart" abzuweichen, ist (zudem) intransparent.[3539]

1869 Auch die **Abschlussgebühr beim Bausparvertrag** verstößt nicht gegen das Transparenzgebot (siehe Stichwort „Bausparkassen").[3540] Hierbei kommt es nicht darauf an, ob die internen Berechnungsgrundlagen für die Höhe (1 %) nachvollziehbar sind; entscheidend ist, ob die Regelung selber für den Kunden klar und verständlich ist.

1870 Beim **Carsharing-Vertrag** verstößt eine Klausel, die im Schadensfall eine Haftung des Vertragspartners in Höhe des vereinbarten Selbstbehalts vorsieht, gegen das Transparenzgebot.[3541]

1871 Preisanpassungsklauseln in **Fernwärmelieferverträgen**:[3542] Das Transparenzgebot nach § 307 Abs. 1 S. 2 BGB verlangt, dass der Kunde den Umfang der auf ihn zukommenden Preissteigerungen aus der Formulierung der Klausel erkennen und die Berechtigung einer vom Klauselverwender vorgenommenen Erhöhung an der Klausel selber messen kann.

1872 Bei pauschalierten Regelungen zu **§ 649 BGB** ist das Transparenzgebot besonders zu beachten.[3543] Insbesondere sind die Berechnungsgrößen anzugeben.

1873 Zum Transparenzgebot in **Mobilfunkverträgen** siehe die BGH-Entscheidung vom 9.6.2011.[3544]

1874 **Transparenzgebote in anderen gesetzlichen Bestimmungen**: Transparenzgebote in anderen gesetzlichen Bestimmungen gibt es zahlreich. Diese können alleine zu einer Verschärfung des AGB-rechtlichen Transparenzgebots führen, nicht jedoch zu einer Reduzierung des Transparenzniveaus. Einwilligungserklärungen im Rahmen von Gewinnspielbedingungen, über „weitere interessante Angebote" telefonisch informiert zu werden, verstoßen neben dem AGB-rechtlichen Transparenzgebot auch gegen § 4 Nr. 5 UWG.[3545]

1875 Auch in **Verträgen mit der GEMA** kommt dem Transparenzgebot besondere Bedeutung zu.[3546]

Transportrecht

Literatur zum Stichwort Transportrecht: *Bahnsen*, AGB-Kontrolle bei den ADSp, TR 2010, 19; *Basedow*, Die Tragweite des zwingenden Rechts im neuen deutschen Gütertransportrecht, TR 1998, 58; *Bästlein/Bästlein*, Einbeziehung von Haftungsbegrenzungsklauseln in Transportverträge, TR 2002, 61; *Brandner/Kummer*, Verbraucherschutz im neuen Transportrecht, Gedächtnisschrift für J.G. Helm 2001, S. 13; *Hartenstein*, Haftungsfragen im Budapester Binnenschifffahrtsübereinkommen (CMNI), TR 2012, 441; *Herber*, Die IOC-Klausel: Ein Ärgernis der Kautelarpraxis, TR 1990, 147; *Herber*, Transportrechtsreformgesetz und AGB-Kontrolle, TR 1998, 344; *Heuer*, Die ADSp nach dem Ableben der Speditionsversicherung gemäß Ziffer 29 ADSp, TR 2003, 1; *Heuer*,

---

3534 Anders bei der bloßen Ca.-Angabe, die nicht gegen das Transparenzgebot verstößt (ebenso zu § 308 Nr. 1: Palandt/Grüneberg, § 308 Rn 8, 9).
3535 BGH v. 23.2.2010 – VIII ZR 199/09.
3536 BGH v. 23.2.2010 – VIII ZR 199/09.
3537 BGH v. 8.12.2010 – VIII ZR 343/09.
3538 BGH v. 8.5.2013 – IV ZR 84/12 und IV ZR 174/12; vgl. aber auch BGH v. 8.5.2013 – IV ZR 233/11.
3539 BGH v. 14.12.2010 – VIII ZR 143/10.
3540 Insoweit zutreffend: BGH v. 7.12.2010 – XI ZR 3/10, VuR 2011, 93 m. Anm. *Niebling*.
3541 BGH v. 23.2.2011 – XII ZR 101/09.
3542 BGH v. 6.4.2011 – VIII ZR 66/09 Ziff. 33; BGH v. 6.4.2011 – VIII ZR 273/09 (soweit die §§ 307 ff. BGB überhaupt anwendbar sind).
3543 BGH v. 5.5.2011 – VII ZR 181/10.
3544 BGH v. 9.6.2011 – III ZR 157/10.
3545 BGH v. 14.4.2011 – I ZR 50/09; hierzu auch *Köhler*, WRP 2011, 1023; ferner zum Transparenzgebot im UWG: BGH v. 17.3.2011 – I ZR 81/09.
3546 BGH v. 5.12.2012 – I ZR 23/11.

Haftungsbegrenzungen und deren Durchbrechung nach den ADSp 2003, TR 2004, 114; *Koller*, Transportrecht, Kommentar, 8. Aufl. 2013; *Koller*, ADSp 99 – Bedenken gegen Einbeziehung und Wirksamkeit nach AGBG, TR 2000, 1; *Koller*, Nochmals: Einbeziehung der ADSp in Transportverträge, TR 2001, 319; *Koller*, Abreden über die Qualität von Beförderungen im Lichte des § 449 Abs. 2 HGB, TR 2006, 265; *Koller*, Die Vereinbarung der Ausführungsart im Werkvertrags- und Transportrecht, TR 2007, 221; *Mittelhammer*, Leitfaden für den Praktiker zum Umzugsrecht, TR 2011, 139; *Ramming*, Die Erfordernisse der §§ 449 Abs. 1 und 2 HGB etc. und ihre Einordnung als formelle bzw. materielle Wirksamkeitsvoraussetzungen, TR 2009, 200; *Ramming*, Probleme des § 449 Abs. 1 und 2 HGB, insbesondere Leistungsbeschreibungen, TR 2010, 397; *Schindler*, Neue Vertragsbedingungen für den Güterkraftverkehrs-, Speditions- und Logistikunternehmer (VBGL), TR 2003, 194; *P. Schmidt*, Formalisierte Einbeziehung der ADSp? – Überlegungen zu § 449 HGB, TR 2011, 398; *Starosta*, Zur Auslegung und Reichweite der Ziffer 23.3 ADSp, TR 2003, 55; *Thonfeld*, Nochmals: Zur Reichweite von Ziffer 23.3 ADSp 2003, TR 2003, 237; *Thume*, Grobes Verschulden und Mitverschulden – Quo vadis BGH?, TR 2006, 365; *Thume*, Vereinbarungen über die Qualität des Transports und deren Auswirkungen auf die zwingende Haftung gemäß § 425 ff. HGB und Art. 17 ff. CMR, TR 2012, 426; *Valder*, AGB-Kontrolle im Lagerrecht, TR 2010, 27; *Valder*, AGB-Recht in Logistikverträgen, TR 2013, 133

A. Allgemeines 1876	G. Eisenbahnfrachtrecht 1926
B. Frachtrecht des HGB 1877	I. National 1926
I. Briefe 1878	II. International 1927
II. Verbraucher als Absender 1879	H. Luftfrachtrecht nach dem Montrealer
III. Unternehmer als Absender: Abweichungen in AGB 1882	Übereinkommen 1930
IV. Unternehmer als Absender: Abweichungen in Einzelvereinbarungen 1885	I. Transport zu Wasser 1936
	I. Seefrachtrecht (Seehandelsrecht) 1936
V. Abweichung von Bestimmungen außerhalb des Katalogs 1888	II. Binnenschifffahrt 1939
	J. Speditionsrecht des HGB 1942
VI. Sonderregelung: Verjährung 1891	K. Lagerrecht des HGB 1948
C. Beförderung von Umzugsgut (§§ 451 bis 451h HGB) 1892	L. ADSp 1952
	I. Allgemeines 1952
D. Multimodaler Transport (§§ 452 bis 452d HGB) 1897	II. Geltungsbereich 1956
E. Brief- und Paketdienste 1902	III. Einbeziehung kraft stillschweigender Unterwerfung? 1958
I. Briefe und briefähnliche Sendungen 1902	IV. Inhaltskontrolle 1960
II. Paketdienste 1910	V. Unwirksamkeit einzelner Klauseln 1964
1. Allgemeines (Deutsche Post AG, DHL) 1910	VI. Rechtsprechung zu einzelnen Klauseln ... 1965
2. Andere Paketdienste 1917	M. VBGL 1968
3. Wertdeklarationen 1918	I. Allgemeines 1968
4. Verbotsgüter 1919	II. Zu einzelnen Klauseln 1972
F. Frachtrecht nach CMR 1922	

A. Allgemeines

Das Transportrecht verwirklicht den Schutz des Kunden vor unangemessenen Vertragsklauseln primär nicht durch eine Inhaltskontrolle gemäß §§ 307 ff. BGB, sondern indem es festlegt, welche gesetzlichen Bestimmungen überhaupt der Abänderung durch AGB (und durch Einzelvereinbarung) zugänglich sind. Soweit eine Abänderung durch AGB möglich ist, unterliegen diese aber der Inhaltskontrolle.

1876

B. Frachtrecht des HGB

Hier findet sich in § 449 HGB die zentrale Vorschrift, die in einem abgestuften System Abweichungen vom Gesetz gestattet oder ausschließt. Die Einzelheiten sind jedoch im Gesetz zur Reform des Seehandelsrechts[3547] mit Wirkung ab 21.4.2013 vielfach geändert worden.

1877

I. Briefe

Für Briefe und briefähnliche Sendungen besteht volle Vertragsfreiheit (vgl. unten Rn 1902 ff.). Für alle anderen Sendungen (Güter) gilt Folgendes:

1878

II. Verbraucher als Absender

Abweichungen sind weder durch AGB noch durch Einzelvereinbarung zulässig, soweit der Absender ein Verbraucher ist und die in § 449 Abs. 1 S. 1 HGB genannten Bestimmungen zu dessen Nachteil abbedungen werden sollen (§ 449 Abs. 3 HGB).

1879

Dabei meint das Gesetz mit dem Absender stets den Vertragspartner des Frachtführers. Dies ist nicht zwangsläufig die Person, bei der sich das Gut zum Zeitpunkt des Vertragsschlusses oder zu Beginn des Transports befindet. Vielmehr kann auch der Empfänger in diesem Sinne Absender sein, insbesondere beim Abholauftrag. Ansonsten ist der Empfänger, also die Person, der das Gut nach dem Transport abgeliefert werden soll, nicht Vertragspartei, sodass es auf seine Verbrauchereigenschaft nicht ankommt. Der Empfänger hat nach überwiegender Auffassung die Rechtsstellung

1880

3547 BGBl I 2013, 835.

des Dritten gemäß §§ 328 ff. BGB,[3548] doch gilt vorrangig Frachtrecht, etwa § 421 HGB. Insbesondere besteht bei Beschädigung, Verlust oder verspäteter Ablieferung des Guts der Schadensersatzanspruch gemäß § 421 Abs. 1 S. 2 HGB.

1881 Die in § 449 Abs. 1 S. 1 HGB genannten Bestimmungen stellen mithin halbzwingendes Recht zugunsten von Verbrauchern als Absendern dar.[3549]

Dagegen soll es generell zulässig sein, das Haftungsrisiko des Frachtführers auch gegenüber dem Verbraucher als Kunden dadurch zu vermindern, dass Ersterem bestimmte primäre Leistungspflichten erlassen werden.[3550] Sicher zulässig ist es, auch mit einem Verbraucher die im HGB vorgesehenen Abreden (z.B. § 427 Abs. 1 Nr. 1: Beförderung mit offenem Lkw) zu treffen, die sich dann auch auf die Haftung des Frachtführers zum Nachteil des Kunden auswirken.

III. Unternehmer als Absender: Abweichungen in AGB

1882 Ist der Absender kein Verbraucher, so sind Abweichungen durch AGB hinsichtlich der Entschädigung für den Verlust oder die Beschädigung des Guts zulässig, aber nur in dem Umfang, den § 449 Abs. 2 S. 1 HGB vorgibt.

Dies sind Abweichungen zum Nachteil des Frachtführers.[3551] Dies sind ferner Abweichungen zum Nachteil des Absenders, aber nur, wenn sie die Höhe der vom Frachtführer wegen Verlustes oder Beschädigung des Gutes zu leistenden Entschädigung betreffen und sich im Rahmen des § 449 Abs. 2 S. 1 Nr. 1 HGB halten (sog. Korridorlösung); doch muss der Verwender „in geeigneter Weise" darauf hinweisen, dass die AGB einen anderen als den gesetzlich vorgesehenen Betrag vorsehen. Die früher erforderliche drucktechnische Hervorhebung wird seit 21.4.2013 nicht mehr verlangt; es können deshalb auch Aushänge, Hinweise in der Korrespondenz und sogar mündliche und telefonische Hinweise genügen.[3552] Letzteres schließt im Regelungsbereich des § 449 Abs. 2 S. 1 HGB eine stillschweigende Einbeziehung von Klauseln aus AGB, insbesondere aus den ADSp, in den Vertrag aus.[3553] Insgesamt knüpft der Regelungsbereich an die gewöhnliche Höchsthaftung des Frachtführers gemäß § 431 Abs. 1 und 2 HGB an. Daraus ergibt sich, dass eine solche Regelung in AGB für den Fall qualifizierten Verschuldens (§ 435 HGB) nicht getroffen werden kann. Soweit AGB nach dem Rechtszustand vor der Transportrechtsreform zwecks Abgrenzung von „Vorsatz oder grober Fahrlässigkeit" sprechen, sind diese für später abgeschlossene Verträge unbedenklich als qualifiziertes Verschulden i.S.v. § 435 HGB zu verstehen.[3554]

1883 Eine Inhaltskontrolle scheidet hier aus. Dies bei § 449 Abs. 2 S. 2 Nr. 2 HGB naturgemäß und bei § 449 Abs. 2 S. 2 Nr. 1 HGB deshalb, weil Regelungen innerhalb des Korridors nicht als unangemessen anzusehen sind.[3555] Auch § 305c Abs. 1 BGB kommt nicht in Betracht, da die Klauseln wegen des verlangten Hinweises nie überraschend sein können.[3556] Anwendbar bleiben aber die Einbeziehungsvorschriften der §§ 305b, 305c Abs. 2 und 306 BGB.[3557]

1884 Natürlich sind in diesem Rahmen auch Abweichungen durch Einzelvereinbarung möglich („auch" in § 449 Abs. 2 S. 1 HGB).

Ist der Absender kein Verbraucher, so sind Abweichungen durch AGB auch hinsichtlich der Höhe der Entschädigung zulässig, die der Absender bei Verletzung der Pflichten aus § 414 BGB (etwa ungenügende Verpackung, unrichtiger oder unvollständiger Frachtbrief, unterlassene Mitteilung über die Gefährlichkeit des Gutes) schuldet. Dies ergibt sich aus § 449 Abs. 2 S. 2 HGB.

IV. Unternehmer als Absender: Abweichungen in Einzelvereinbarungen

1885 Abweichungen durch Einzelvereinbarung, nicht aber durch AGB, sind gegenüber Unternehmern bezüglich der in § 449 Abs. 1 S. 1 HGB aufgezählten Gesetzesbestimmungen zulässig.

1886 Einzelvereinbarungen (nach dem Wortlaut des Gesetzes eine „Vereinbarung ..., die im einzelnen ausgehandelt wird") in diesem Sinne schließen Rahmenvereinbarungen ein („auch wenn sie für eine Mehrzahl von gleichartigen Verträgen zwischen denselben Vertragsparteien getroffen wird") und sind alle, bei denen beide Parteien die Möglichkeit gehabt haben, auf den konkreten Regelungsgehalt Einfluss zu nehmen.[3558] An eine Vorformulierung, zumal für eine Vielzahl von Verträgen, hat der Gesetzgeber bewusst nicht angeknüpft, weil dies im elektronischen Zeitalter problematisch sein könnte.[3559] Das Gesetz bewegt sich aber durchaus innerhalb der Terminologie zum AGBG und zu §§ 305 ff. BGB.[3560]

3548 MüKo-HGB/*Czerwenka*, § 407 Rn 90 ff.
3549 Einzelheiten zu den betroffenen Gesetzesbestimmungen, insbesondere zu § 414 HGB: *Koller*, Transportrecht, § 449 HGB Rn 7 ff.
3550 *Koller*, Transportrecht, § 449 Rn 7.
3551 MüKo-HGB/*C.Schmidt*, § 449 Rn 6.
3552 *Koller*, Transportrecht, § 449 Rn 57.
3553 *Koller*, Transportrecht, vor Ziffer 1 ADSp Rn 14 zur Einbeziehung durch Verkehrssitte; ebenso zur früher erforderlichen drucktechnisch deutlichen Gestaltung BGH TR 2003, 119 m. Anm. *Herber*.

3554 BGH TR 2004, 399.
3555 *Koller*, TR 2000, 1, 5 aufgrund der amtlichen Begründung, aber sehr bestritten.
3556 *Koller*, Transportrecht, § 449 Rn 60.
3557 *Koller*, Transportrecht, § 449 Rn 60.
3558 MüKo-HGB/*C.Schmidt*, § 449 Rn 16.
3559 *Koller*, Transportrecht, § 449 HGB Rn 34.
3560 BGH TR 2006, 171, 172 f.; zum Aushandeln im Einzelnen *Koller*, Transportrecht, § 449 HGB Rn 35 ff.

Einzelvereinbarungen liegen nicht vor, wenn der Frachtführer Frachtverträge in mehreren Varianten anbietet, aber für alle seine AGB gelten sollen.³⁵⁶¹ **1887**

V. Abweichung von Bestimmungen außerhalb des Katalogs

Abweichungen durch AGB und durch Einzelvereinbarungen kommen hinsichtlich der gesetzlichen Bestimmungen in Betracht, die in § 449 Abs. 1 S. 1 HGB nicht genannt sind, und zwar sowohl gegenüber Unternehmern als auch gegenüber Verbrauchern. **1888**

Diese Bestimmungen sind schlechthin dispositiv. Beispiele sind das freie Kündigungsrecht des Absenders (§ 415 HGB entsprechend § 649 BGB) und der Anspruch des Frachtführers auf Standgeld (§ 412 Abs. 3 HGB) und Fautfracht bei Nichteinhaltung der Ladezeit durch den Absender (§§ 417 Abs. 2, 415 Abs. 2 Nr. 3 HGB). Entsprechende AGB unterliegen der Inhaltskontrolle. Unangemessen und unwirksam ist danach eine Klausel, wonach Standzeiten des Frachtführers nicht extra vergütet werden. Der Anspruch aus § 412 Abs. 3 HGB kann nicht rundweg ausgeschlossen werden.³⁵⁶² **1889**

Es ist aber jeweils streng zu prüfen, ob die AGB die in § 449 Abs. 1 S. 1 HGB genannten Materien wirklich nicht berühren. Deshalb kann der Absender auf die sog. Schnittstellenkontrolle nur durch Einzelvereinbarung verzichten, denn dies schränkt wesentliche Sorgfaltsanforderungen an den Frachtführer und damit auch dessen Haftung ein.³⁵⁶³ Ebenso wird es für unzulässig angesehen, die in § 449 Abs. 1 S. 1 HGB aufgeführten Vorschriften dadurch auszuhebeln, dass die Parteien den Beförderungsvertrag insgesamt als normalen Werkvertrag oder als Miet- und Dienstverschaffungsvertrag qualifizieren.³⁵⁶⁴ **1890**

VI. Sonderregelung: Verjährung

Hier besteht eine Sonderregelung in § 439 Abs. 4 HGB. Danach ist die gesetzliche Frist nach beiden Seiten nur durch Individualvereinbarung abzuändern, soweit es Schadensersatzansprüche wegen Verlustes oder Beschädigung des Gutes oder wegen Überschreitung der Lieferfrist betrifft. Dies gilt für alle Kunden, Verbraucher wie Unternehmer. **1891**

Dies betrifft freilich nur Vereinbarungen, die bei Abschluss des Vertrags oder jedenfalls vor Eintritt des Schadens getroffen werden. Dagegen gelten für Vereinbarungen nach Eintritt des Schadens die allgemeinen Regeln des Zivilrechts, etwa Hemmungsregelungen oder Einredeverzichte.³⁵⁶⁵

C. Beförderung von Umzugsgut (§§ 451 bis 451h HGB)

Hier regelt § 451h HGB, von welchen gesetzlichen Bestimmungen durch AGB oder Einzelvereinbarung abgewichen werden darf. Auch diese Vorschrift ist durch das Gesetz zur Reform des Seehandelsrechts³⁵⁶⁶ mit Wirkung ab 21.4.2013 geändert worden. **1892**

Nach § 451h Abs. 1 HGB ist zum Nachteil des Verbrauchers als Absender eine Abweichung von den Haftungsvorschriften des Unterabschnitts unzulässig; dies sind die §§ 451d–451g HGB.³⁵⁶⁷ Ebenso wenig sind danach Abweichungen von den §§ 407–449 HGB zulässig, soweit diese die Haftung des Frachtführers regeln; dies sind die §§ 413 Abs. 2, 422 Abs. 3, 425, 426, 428, 429, 430, 431 Abs. 3, 432–437 und 438 Abs. 3–5 HGB.³⁵⁶⁸ All diese Vorschriften sind mithin zugunsten der Verbraucher halb zwingend. Die CMR kommt hier nicht in Betracht, da sie nach ihrem Art. 1 Abs. 4 lit. c nicht für die Beförderung von Umzugsgut gilt. Zugunsten der Verbraucher sind Abweichungen sowohl durch Einzelvertrag als auch durch AGB möglich.³⁵⁶⁹ Es ist nicht vornherein ausgeschlossen, dass auch ein Verbraucher bei den Vertragsverhandlungen eine nicht im Einzelnen ausgehandelte Regelung durchsetzt. **1893**

Nach § 451h Abs. 2 S. 1 HGB kann „in allen anderen Fällen" nur durch Einzel- oder Rahmenvertrag, aber nicht durch AGB von den genannten Vorschriften abgewichen werden. Gemeint sind die Fälle, in denen der Kunde kein Verbraucher ist. **1894**

In einem Ausnahmefall ist eine abweichende Regelung durch AGB möglich.³⁵⁷⁰ Dies betrifft die Höhe der Entschädigung, die der Frachtführer nach § 451e HGB für den Verlust oder die Beschädigung des Umzugsgutes und der Absender (Verbraucher) nach § 414 HGB leisten müssen. § 451e HGB setzt Erstere auf höchstens 620,00 EUR pro m³ des erforderlichen Laderaumes fest; die entsprechende Haftungsbegrenzung für den Absender (früher § 451c HGB) ist seit 21.4.2013 weggefallen. Der vom Frachtführer zu leistende Betrag kann durch AGB nach oben oder unten ver- **1895**

3561 OLG Hamburg NJW-RR 2004, 1038, 1039.
3562 BGH TR 2010, 432; dies muss aber nicht gegen AGB sprechen, die dem Frachtführer das Standgeld nur teilweise oder unter bestimmten Voraussetzungen belassen, vgl. *Pokrant*, TR 2011, 49, 51.
3563 BGH TR 2006, 169; TR 2006, 171; TR 2008, 163 Rn 40; krit. *Koller* TR 2006, 265 und *Ramming* TR 2010, 397, 413 f.
3564 *Koller*, Transportrecht, § 449 HGB Rn 7.
3565 Allgemeine Meinung; *Koller*, Transportrecht, § 439 HGB Rn 52 f.; MüKo-HGB/*Herber/Eckardt*, § 439 Rn 35.
3566 BGBl I 2013, 835.
3567 *Koller*, Transportrecht, § 451h HGB Rn 2.
3568 Ebenroth/Boujong/Joost/Strohn/*Heublein*, 2. Aufl., § 451h HGB Rn 2.
3569 MüKo-HGB/*Andresen*, § 451h Rn 6.
3570 § 451h Abs. 2 S. 2 und 3 HGB.

ändert werden, doch muss der Verwender darauf „in geeigneter Weise", nicht mehr aber drucktechnisch hervorgehoben (siehe auch oben Rn 1882), hinweisen, dass sie einen anderen als den gesetzlich vorgesehenen Betrag vorsehen. Der vom Absender zu leistende Betrag kann durch AGB der Höhe nach beschränkt werden.

1896 Nicht angesprochen sind in § 451h HGB Abweichungen von den frachtrechtlichen Vorschriften außerhalb der Haftungsregelungen, insbesondere vom beiderseitigen „Leistungsprogramm". Hier sind folglich Abweichungen durch AGB sowie durch Einzelvereinbarung, zugunsten und zu Lasten von Verbrauchern und Unternehmern als Absendern zulässig. Die AGB unterliegen jedoch der Inhaltskontrolle nach allgemeinen Regeln.

D. Multimodaler Transport (§§ 452 bis 452d HGB)

1897 Hier regelt § 452d HGB die Abdingbarkeit der gesetzlichen Vorschriften.

1898 Nach § 452d Abs. 1 S. 1 HGB kann § 438 HGB (Schadensanzeige und Verjährung) durch Einzel- oder Rahmenvertrag, aber nicht durch AGB abgeändert werden. Unerheblich ist, ob der Abnehmer Verbraucher ist und zu wessen Gunsten vom Gesetz abgewichen wird.

1899 Nach § 452d Abs. 1 S. 2 HGB kann von den übrigen Regelungen der §§ 452–452c HGB nur abgewichen werden, soweit die Vorschriften, auf die darin Bezug genommen wird, dies zulassen. Dies wird im Allgemeinen so verstanden, dass abweichende Regelungen nur in Einzel- oder Rahmenverträgen möglich sind, soweit die in Bezug genommene Regelung dies verlangt, aber auch Abweichungen durch AGB möglich sind, soweit die in Bezug genommene Regelung dies gestattet.[3571] Soweit also auf § 449 Abs. 2 S. 1 HGB verwiesen wird, setzt eine Abweichung von den dort genannten Vorschriften eine Einzel- oder Rahmenvereinbarung voraus. Die Vereinbarung einer anderen Entschädigung im Korridor des § 449 Abs. 2 S. 2 HGB oder in Höhe eines für den Verwender ungünstigeren Betrages soll allerdings auch im multimodalen Verkehr durch AGB möglich sein.[3572] AGB reichen auch aus, soweit die von § 452a HGB berufenen Vorschriften außerhalb der §§ 407–449 HGB Abweichungen durch AGB gestatten, etwa das Seefrachtrecht außerhalb der Haftung aus dem Konnossement.[3573] Soweit auf die CMR verwiesen wird, ist zu beachten, dass diese grundsätzlich beiderseits zwingendes Recht enthält (siehe unten Rn 1922).

1900 Ausnahmsweise sind nach § 452d Abs. 2 HGB abweichende Vereinbarungen durch AGB zulässig. Dies betrifft aber nur § 452a HGB, wonach sich die Haftung bei bekanntem Schadensort nach den Rechtsvorschriften bestimmt, die auf einen Vertrag über eine Beförderung auf der Teilstrecke anzuwenden wären, in der der Schadensort liegt. Die Parteien können durch AGB nur vereinbaren, dass sich die Haftung (des Frachtführers und des Absenders, etwa aus § 414 HGB) nach den §§ 407–449 HGB richtet, wenn der Schaden auf irgendeiner Teilstrecke oder auf einer bestimmten im Vertrag genannten Teilstrecke eintritt.

1901 Soweit nach den Ausführungen in den beiden vorangehenden Absätzen Vereinbarungen durch AGB möglich sind, unterliegen diese der Inhaltskontrolle nach §§ 307 ff. BGB.

E. Brief- und Paketdienste

I. Briefe und briefähnliche Sendungen

1902 Briefe sind adressierte schriftliche Mitteilungen.[3574] Briefähnliche Sendungen sind den Briefen verwandte Sendungen wie Infopost, Postwurfsendungen, Zeitungen, Zeitschriften und Päckchen,[3575] nicht Pakete.

1903 Ihre Beförderung unterfällt grundsätzlich dem Frachtrecht (arg. § 449 Abs. 1 und Abs. 2 S. 1 HGB). Für den internationalen Verkehr gilt der Weltpostvertrag, der über seine Transformierung in innerstaatliches Recht unmittelbar auf den Vertrag zwischen der Deutschen Post AG und den Kunden einwirkt.[3576] Im Übrigen gelten die §§ 407–450 HGB.[3577] Das Postgesetz enthält keine frachtrechtlichen Sondernormen.[3578] Die PUDLV[3579] definiert insoweit das Mindestangebot an Postdienstleistungen, das zu einem erschwinglichen Preis flächendeckend und in bestimmter Qualität erbracht werden muss. Die PDLV[3580] regelt als besondere Pflichten der Postdienstleister gegenüber ihren Kunden die Nichtdiskriminierung, den Kontrahierungszwang, die Veröffentlichung von Kundeninformationen, die Abholung von Postsendungen beim Kunden und beim Postdienstleister (Aufbewahrungsfristen), die Rücksendung, Nachsendung, Lagerung sowie die Verjährung; ihre Vorschriften sind zugunsten der Kunden zwingend (§ 1 Abs. 2 PDLV). Die hoheitliche Tätigkeit der Post im Brief- und Paketdienst[3581] ist Geschichte.

[3571] *Koller*, Transportrecht, § 452d HGB Rn 3; MüKo-HGB/*Andresen*, § 452d Rn 4.
[3572] MüKo-HGB/*Herber*, § 452d Rn 10.
[3573] MüKo-HGB/*Herber*, § 452d Rn 29.
[3574] § 4 Nr. 2 S. 1 PostG, BGBl I 1997, 3294; abweichende Definition in § 1 Abs. 1 Nr. 1 AGB Brief National der Deutschen Post AG.
[3575] BT-Drucks 13/8445, 86; abweichende Definition in § 1 Abs. 1 Nr. 2 AGB Brief National der Deutschen Post AG.
[3576] BGHZ 153, 327, 332 f.; MüKo-HGB/*Teutsch*, Posttransport Rn 38.
[3577] BGHZ 149, 337, 350.
[3578] MüKo-HGB/*Czerwenka*, § 407 HGB Rn 51.
[3579] Vom 15.12.1999 auf der Grundlage von § 4 Abs. 2 PostG; BGBl I 1999, 2418.
[3580] Vom 24.8.2001 zur Umsetzung der Richtlinie 97/67 EG; BGBl I 2001, 2178.
[3581] BGHZ 16, 111, 112.

Auf diesem Gebiet ist generell eine Regelung durch AGB zulässig (arg. § 449 Abs. 1 und Abs. 2 S. 1 HGB). Der Grund für diese umfassende Vertragsfreiheit liegt darin, dass es sich um ein Massengeschäft handelt.[3582] Im Hinblick darauf braucht die Deutsche Post AG auch keine Schnittstellenkontrollen durchzuführen, auch nicht für Einschreibbriefe.[3583] 1904

Für die Inhaltskontrolle solcher AGB gelten die §§ 307 ff. BGB. 1905

Die Deutsche Post AG hat auf dieser Grundlage die „AGB Brief National"[3584] und auf der Grundlage des – inzwischen schon wieder mehrfach geänderten – Weltpostvertrags in der Fassung von Bukarest 1999[3585] die „AGB Brief International"[3586] geschaffen. Sie werden gemäß § 305a Nr. 2a BGB auch in Beförderungsverträge einbezogen, die durch den Einwurf in einen Briefkasten zustande kommen, wenn der Absender mit ihrer Geltung einverstanden ist, was aus praktischen Gründen konkludent angenommen werden muss,[3587] und dies auch angenommen werden darf, da es sich um jeweils ad hoc zustande kommende Verträge mit einmaliger Leistung des Verwenders ohne Dauerbindung des Kunden handelt,[3588] und wenn weiter die Bedingungen im Amtsblatt veröffentlicht worden sind, was bei der Deutschen Post AG geschehen ist, und sie in den Geschäftsstellen des Verwenders bereitgehalten werden, was bei der Deutschen Post AG der Fall ist.[3589] 1906

Für den Inlandsdienst beschränkt Ziffer 6 der AGB Brief National die Haftung der Post. Der Höchstsatz liegt für Übergabe-Einschreiben bei 25,00 EUR, für Einwurf-Einschreiben bei 20,00 EUR; jedenfalls erstere Höchstgrenze ist wirksam.[3590] Für gewöhnliche Briefe sind keine Höchstbeträge vorgesehen. Die Kommentarliteratur verweist auf die gesetzliche Regelung.[3591] Da auch das PostG insoweit keine Regelung trifft und die Briefbeförderung grundsätzlich unter das Frachtrecht des HGB fällt, sind dies die §§ 429–431 HGB. Allerdings erwächst dem Absender aus dem Verlust eines Briefs grundsätzlich kein Schaden, wie auch ein Brief in der Regel keinen wirtschaftlichen Wert hat.[3592] Für Express-Briefe im Inland gelten nicht die AGB Brief National, sondern die AGB Paket-Express National (siehe hierzu Rn 1912 ff.). 1907

Für den internationalen Verkehr beschränkt Ziffer 6 der AGB Brief International die Haftung der Post für Einschreibbriefe auf 30 SZR. Für Wertsendungen wird Art. 34 Nr. 5.1 des Weltpostvertrags, wonach die Entschädigung grundsätzlich der Wertangabe entspricht, als unmittelbare gesetzliche Regelung angesehen.[3593] Einfache Briefe fallen unter Ziffer 6 Abs. 4 der AGB Brief International, wonach eine Haftung der Deutschen Post AG ausgeschlossen ist, soweit nicht zwingende gesetzliche Regelungen entgegenstehen; dies entspricht Art. 34 des Weltpostvertrags, der für den Verlust und die Beschädigung einfacher Briefe keine Entschädigung vorsieht. 1908

Neben der Deutschen Post AG sind seit 1.1.2008 andere Unternehmer ohne jede Einschränkung zur Beförderung von Briefen und adressierten Katalogen zugelassen (§ 51 PostG), zur Beförderung von anderen briefähnlichen Sendungen ohnehin. Sie haben ihre eigenen Regelwerke. 1909

II. Paketdienste

1. Allgemeines (Deutsche Post AG, DHL). Auch hier gilt für den internationalen Verkehr der Weltpostvertrag, der seit 1999 auch den Paketdienst regelt.[3594] Dem Postpaketübereinkommen[3595] gehört Deutschland seit 2002 nicht mehr an.[3596] 1910

Im Übrigen gilt das Frachtrecht des HGB. Eine Privilegierung wie nach § 449 Abs. 1 und Abs. 2 S. 1 HGB für Briefsendungen besteht dabei nicht, auch wenn das Unternehmen die Paketbeförderung „massenweise" betreibt.[3597] 1911

Bei der Deutschen Post AG (Handelsmarke DHL) existieren wiederum AGB Paket-Express National[3598] und AGB Paket International.[3599] Erstere gelten auch für die Beförderung von Expressbriefen im Inland. Ihre Einbeziehung in den Vertrag richtet sich nach § 305 BGB. 305a BGB gilt nicht, da solche Sendungen am Schalter oder dem Abholer übergeben zu werden pflegen.[3600] 1912

Die AGB Paket-Express National nennen in Ziffer 2 Abs. 2 die Verbotsgüter. Nach Ziffer 2 Abs. 1 muss der Absender vor Abschluss des Beförderungsvertrags erklären, ob die Sendung Verbotsgüter enthält. Anderseits erklärt DHL grundsätzlich keine solchen zu befördern; letzteres gilt nach Ziffer 2 Abs. 3 auch dann, wenn der Absender auf die Tatsache des Verbotsguts hinweist. In Ziffer 6 Abs. 1 S. 2 schließt DHL die Haftung für Schäden im Zusammenhang mit der Beförderung von Verbotsgütern aus. Zur Wirksamkeit dieser Klauseln siehe die Ausführungen unten (siehe Rn 1919 ff.). 1913

3582 MüKo-HGB/*C.Schmidt*, § 449 Rn 3.
3583 BGH TR 2007, 348.
3584 Abgedr. bei MüKo-HGB/*Teutsch*, Posttransport Rn 18.
3585 BGBl II 2002, 1446.
3586 Abgedr. bei MüKo-HGB/*Teutsch*, Posttransport Rn 107.
3587 MüKo/*Basedow*, § 305a Rn 3; aus verkehrstypischem Verhalten nach UBH/*Ulmer*, § 305a Rn 4.
3588 UBH/*Schäfer*, Teil 2 (14) Gütertransportverträge Rn 13.
3589 MüKo-HGB/*Teutsch*, Posttransport Rn 19, 116.
3590 BGH TR 2006, 348, 349; TR 2007, 464, 465.
3591 MüKo-HGB/*Teutsch*, Posttransport Rn 16.

3592 BGHZ 149, 337, 349.
3593 BGHZ 153, 327.
3594 MüKo-HGB/*Teutsch*, Posttransport Rn 80.
3595 Dazu BGH TR 2003, 238; TR 2005, 307; TR 2006, 468.
3596 MüKo-HGB/*Teutsch*, Posttransport Rn 80.
3597 BGH TR 2006, 171, 174 aufgrund von BT-Drucks 13/8445, 86.
3598 Abgedr. bei MüKo-HGB/*Teutsch*, Posttransport Rn 28.
3599 Abgedr. bei MüKo-HGB/*Teutsch*, Posttransport Rn 115.
3600 MüKo-HGB/*Teutsch*, Posttransport Rn 29, 116.

1914 Für den internationalen Verkehr nennen die AGB Paket International in Ziffer 2 Abs. 2 die Verbotsgüter („ausgeschlossene Güter"). In Ziffer 3 behält sich DHL allerdings die Möglichkeit vor, diese trotz grundsätzlicher Ablehnung gegen ein besonderes Entgelt zu befördern.

1915 Die AGB Paket-Express National regeln die Haftung von DHL auch im Übrigen in Ziffer 6. Sie ist grundsätzlich auf die gesetzlichen Haftungshöchstbeträge beschränkt, also auf 8,33 SZR pro Kilogramm gemäß § 431 Abs. 1 HGB. Nach Ziffer 6 Abs. 3 S. 1 wird sich DHL aber auf diese Haftungsbegrenzung bei Verlust, Beschädigung und sonstiger schuldhafter Pflichtverletzung nicht berufen, wenn der Schaden 500,00 EUR nicht übersteigt.

1916 Auch die AGB Paket International regeln die Haftung von DHL in Ziffer 6. Nach Ziffer 6 Abs. 2 S. 3 haftet DHL nicht für die Verbotsgüter. Die Wirksamkeit dieser Klauseln ist nachstehend dargestellt (siehe unten Rn 1919 ff.). Nach Ziffer 6 Abs. 3 Nr. 1 ist die Haftung für gewöhnliche Pakete auf 40 SZR pro Stück zuzüglich 4,5 SZR pro Kilogramm beschränkt.

1917 **2. Andere Paketdienste.** Andere Paketdienste haben andere AGB. Insoweit kann für gewöhnliche Fahrlässigkeit (unter dem in § 435 HGB definierten Niveau) kein Haftungsausschluss, wohl aber eine Haftungsbeschränkung vereinbart werden.[3601] Dabei hat der BGH im Jahre 1991 einen Betrag von 44,45 DM pro Kilogramm für ausreichend gehalten,[3602] da der Paketdienst nur Pakete bis 25 kg beförderte und die Versendung von Gütern von besonderem Wert ausgeschlossen war. Die Entscheidung ist also nicht ohne Weiteres auf andere Paketdienste übertragbar. Der Kunde kann nicht auf Schnittstellenkontrollen verzichten, wohl aber auf deren Dokumentation.[3603] Eine Verjährungsfrist von acht Monaten für alle Ansprüche des Kunden ist zu kurz, wenn sie bereits mit der Übergabe des Pakets an den Paketdienst zu laufen beginnt.[3604]

1918 **3. Wertdeklarationen.** Wirksam ist eine Klausel, wonach der Frachtführer nur bei einer Wertdeklaration über die Höchstbeträge gemäß AGB hinaus haftet.[3605] Zudem liegt ein Mitverschulden des Absenders vor, wenn er von der Wertdeklaration absieht, obwohl er weiß oder hätte erkennen können, dass der Frachtführer das Paket bei richtiger Wertangabe sorgfältiger behandelt.[3606] Es wiegt umso schwerer, je höher der Wert des nicht deklarierten Guts ist.[3607] Weiterhin kommt ein Mitverschulden wegen unterlassenen Hinweises auf einen besonders hohen Schaden in Betracht, sofern dieser etwa über dem zehnfachen Haftungshöchstbetrag liegt.[3608] Dies ist der Haftungshöchstbetrag nach dem Regelwerk des Verwenders, wenn er unter dem in § 431 Abs. 1 HGB liegt; wenn das Regelwerk des Verwenders keinen Haftungshöchstbetrag vorsieht, so ist es der des § 431 Abs. 1 HGB.[3609] In allen Fällen ist dieses Mitverschulden auch gegenüber qualifiziertem Verschulden des Frachtführers i.S.v. § 435 HGB zu berücksichtigen.[3610]

1919 **4. Verbotsgüter.** Es handelt sich um Güter, von denen der Frachtführer in seinen AGB erklärt, sie nicht befördern zu wollen. Regelmäßig sind es wertvolle Güter. Vielfach enthalten die AGB auch eine Wertgrenze.

1920 Problematisch ist hier die Einbeziehung der AGB in den Vertrag. Das Verbot in den AGB kann sich ja erst entfalten, wenn der Vertrag geschlossen worden ist. Indessen behält sich der Frachtführer insoweit vielfach ein Anfechtungsrecht vor, ebenso schließt er vielfach die Haftung aus. Dies führt zu der Konsequenz, dass die Verbotsklausel dem Vertragsschluss selbst nicht im Wege steht. Nach dem BGH[3611] kommt darüber hinaus ein wirksamer Frachtvertrag durch schlüssiges Verhalten zustande, nämlich durch die Übernahme des Verbotsguts am Schalter. Da es sich bis hier um eine reine Transportausschlussklausel handelt, ist sie auch gemäß Art. 41 Abs. 1 S. 1 CMR unwirksam, wenn der Transport diesem Regime untersteht.[3612]

1921 Klauseln, mit denen der Frachtführer seine Haftung für die Beförderung von Verbotsgütern ausschließen will, verstoßen gegen § 449 Abs. 2 S. 1 HGB und sind deshalb unwirksam, sodass der Frachtführer aus dem zustande gekommenen Vertrag auch nach den gesetzlichen Regeln haftet.[3613] Der Absender muss sich aber ein erhebliches Mitverschulden entgegenhalten lassen,[3614] das sogar den vollständigen Ausschluss der Frachtführerhaftung bewirken kann,[3615] und zwar selbst bei qualifiziertem Verschulden des Frachtführers i.S.v. § 435 HGB.[3616] Dies gilt auch dann, wenn sich der Frachtführer in den AGB die Entscheidung darüber vorbehält, ob er solches Gut zurückweist oder zur Beförderung annimmt. Allerdings ist die CMR insgesamt in den Grenzen des ohne sie geltenden Rechts abdingbar, wo sie nicht nach ihren Art. 1 und 2, sondern aufgrund einer Parteivereinbarung gilt.[3617]

3601 UBH/*Schäfer*, Teil 2, (14) Gütertransportverträge Rn 14.
3602 BGH NJW-RR 1991, 570.
3603 BGH TR 2002, 306.
3604 BGH NJW-RR 1991, 570, 573.
3605 BGH TR 2006, 116, 118; TR 2006, 205, 207; TR 2006, 212, 213.
3606 BGH TR 2006, 116, 118; TR 2006, 205, 207; TR 2006, 212, 213; TR 2008, 113 Rn 41.
3607 BGH TR 2006, 169; TR 2008, 163 Rn 57.
3608 BGH TR 2006, 208, 209; TR 2007, 163 Rn 52; TR 2008, 117 Rn 40; TR 2008, 122 Rn 33.
3609 BGH TR 2010, 189.
3610 BGH TR 2003, 467, 471; TR 2008, 163 Rn 42; TR 2008, 117 Ls. 2; TR 2008, 403 Rn 13.
3611 TR 2006, 254; TR 2007, 405 Rn 20 ff.
3612 BGH TR 2010, 77 Rn 20.
3613 BGH TR 2007, 161, 164; TR 2008, 164, 166.
3614 BGH TR 2006, 254; TR 2006, 345, 347.
3615 BGH TR 2006, 448; TR 2006, 345, 347; TR 2008, 362, 364; TR 2010, 143 Rn 19.
3616 BGH TR 2007, 164.
3617 BGH TR 2013, 290.

F. Frachtrecht nach CMR

Nach ihrem Artikel 41 Abs. 1 S. 1 ist die CMR grundsätzlich unabdingbar. Dies gilt auch, soweit sie auf nationales Recht verweist, das seinerseits dispositiv ist.[3618] Betroffen sind AGB sowie Einzelvereinbarungen, zugunsten und zu Lasten von Verbrauchern und Unternehmern. Wo die CMR abbedungen werden kann, dies durch AGB geschieht und deutsches materielles Recht anwendbar ist, unterliegen die AGB der Inhaltskontrolle nach §§ 307 ff. BGB. **1922**

Unabdingbar sind hiernach etwa die Haftungsbefreiungen des Frachtführers gemäß Art. 17 Abs. 2 und 4 CMR, Voraussetzungen und Rechtsfolgen der dem Vorsatz nach Art. 29 CMR gleichgestellten Fahrlässigkeit und die Verjährung nach Art. 32 und Art. 39 Abs. 4 S. 2 CMR. Nach ausdrücklicher Vorschrift (Art. 41 Abs. 2 CMR) sind Vereinbarungen nichtig, in denen sich der Frachtführer die Ansprüche aus der Versicherung des Guts abtreten lässt oder die die Beweislast verschieben. **1923**

Abdingbar sind zunächst die Vorschriften, bei denen die CMR dies ausdrücklich vorsieht. Insbesondere können nach Art. 40 CMR mehrere aufeinanderfolgende Frachtführer Abweichungen von den Artikeln 37 (Regress) und 38 (Insolvenzausgleich) vereinbaren. Nach Art. 33 CMR können die Parteien die Entscheidung durch Schiedsgericht vorsehen, wenn dieses die CMR anzuwenden hat. Nach Art. 24 CMR kann der Absender durch einen zu vereinbarenden Frachtzuschlag und Angabe im Frachtbrief erreichen, dass dieser Wert anstelle des niedrigeren Höchstbetrags aus Art. 23 CMR für die Entschädigung maßgebend ist; eine Erhöhung des Höchstbetrags ohne diese Modalität und jede Herabsetzung sind aber ausgeschlossen. In gleicher Weise kann der Absender nach Art. 26 CMR durch Zahlung eines zu vereinbarenden Frachtzuschlags und Angabe eines besonderen Interesses an der Lieferung im Frachtbrief erreichen, dass über den Höchstbetrag nach Art. 23 CMR hinaus sein weiterer bewiesener Schaden bis zur Höhe des angegebenen Interesses zu ersetzen ist; der Ersatz eines solchen Schadens ohne diese Modalitäten ist demgegenüber ausgeschlossen. **1924**

Regelungen in AGB und Einzelverträgen können indessen auch zu Materien getroffen werden, die in der CMR gar nicht geregelt sind.[3619] Nach Art. 41 Abs. 1 S. 1 CMR sind zwar auch Vereinbarungen unzulässig, die nur mittelbar von der CMR abweichen. Dies gilt insbesondere für eine Erweiterung oder Beschränkung der primären Leistungspflichten der Parteien. Zulässig sind demnach aber etwa Vereinbarungen dahin, dass bestimmte Güter vom Transport ausgeschlossen sind,[3620] auf welche Art und Weise der Transport auszuführen ist, z.B. Verladepflicht, Pflicht zur Überprüfung der Verladung, Art des Fahrzeugs, zu befahrende Strecke, militärische Escorte, Zahl oder Qualität der Fahrer,[3621] Geschwindigkeit der Beförderung, Sicherung des Lkw während des Abstellens,[3622] oder welche Partei zu verpacken, zu beladen, zu verstauen und zu entladen hat,[3623] welche Strecke der Frachtführer zu nehmen und von welchen Zwischenstationen er Meldung zu machen hat, welche Papiere außer den in Art. 11 CMR genannten die Sendung begleiten und wie damit zu verfahren ist.[3624] Die Vereinbarung von reduzierten Obhutspflichten des Frachtführers ist allerdings auch im Rahmen der CMR unzulässig.[3625] **1925**

G. Eisenbahnfrachtrecht

I. National

Für die Beförderung von Gütern mit der Eisenbahn im Inland gelten die §§ 407–450 HGB.[3626] Die Deutsche Bahn AG hat dazu Allgemeine Leistungsbedingungen (ALB) formuliert.[3627] Die EVO gilt seit der Transportrechtsreform für den Güterverkehr nicht mehr. **1926**

II. International

Es gilt das COTIF.[3628] Das eigentliche Frachtrecht findet man in zwei Anhängen hierzu, nämlich dem Anhang B (CIM, Allgemeines Frachtrecht) und dem Anhang C (RID, Gefahrgutrecht). **1927**

Die CIM gilt nach ihrem Art. 1 § 1 S. 1 für jeden Vertrag über die entgeltliche Beförderung von Gütern auf der Schiene, wenn der Ort der Übernahme des Guts zur Beförderung und der für die Ablieferung vorgesehene Ort in zwei verschiedenen Mitgliedstaaten liegen. Sie gilt nach ihrem Art. 1 § 2 auch, wenn der Ort der Übernahme des Guts zur Beförderung und der für die Ablieferung vorgesehene Ort in zwei verschiedenen Staaten liegen, von denen nur einer Mitgliedstaat ist, und die Parteien des Vertrags vereinbaren, dass der Vertrag der CIM unterliegt. Die Staaten können **1928**

3618 Ebenroth/Boujong/Joost/Strohn/*Bahnsen*, Art. 41 CMR Rn 3.
3619 MüKo-HGB/*Jesser-Huß*, Art. 41 CMR Rn 8; *Koller*, Transportrecht, Art. 41 CMR Rn 1.
3620 BGH TR 2010, 76.
3621 BGH TR 2005, 311: deutscher Fahrer für Transport nach Moskau.
3622 *Koller*, Transportrecht, Art. 41 CMR Rn 1 Fn 16.
3623 MüKo-HGB/*Jesser-Huß*, Art. 41 CMR Rn 8.
3624 MüKo-HGB/*Jesser-Huß*, Art. 41 CMR Rn 8.
3625 A.A. *Koller*, Transportrecht, Art. 41 CMR Rn 1.
3626 § 407 Abs. 3 S. 1 Nr. 1 HGB; MüKo-HGB/*Czerwenka*, § 407 Rn 111.
3627 Diese sind bei *Koller*, Transportrecht (ALB DB Cargo) abgedr. und kommentiert.
3628 Letzte Fassung Vilnius 1999, von Deutschland ratifiziert; abgedr. in BGBl II 2002, 2140; in Kraft ab 1.7.2006.

dem Abkommen auch nur mit Wirkung für bestimmte Bahnstrecken beitreten.[3629] Ergänzend gilt Landesrecht (Art. 8 § 2 COTIF), nämlich das Recht des Staates, in dem der Berechtigte seinen Anspruch geltend macht, einschließlich der Kollisionsnormen (Art. 8 § 3 COTIF), und damit in Deutschland auch Art. 28 Abs. 4 EGBGB[3630] bzw. Art. 5 Abs. 1 und 3 der Rom I-Verordnung. Vorrangig sind indessen spezielle Verweisungen, die sich vereinzelt in der CIM finden (etwa Art. 22 § 5 für den Notverkauf von Gütern).

1929 Die CIM ist beiderseits zwingend.[3631] Eine Ausnahme gilt dort, wo sie ausdrücklich abweichende Regelungen zulässt (Art. 5 S. 1 CIM); der einzige Fall dieser Art ist die Erweiterung (!) der Haftung des Frachtführers (Art. 5 S. 3 CIM). Vereinbarungen können natürlich auch dort getroffen werden, wo die CIM den Gegenstand überhaupt nicht regelt. Alle diese Vereinbarungen können auch durch AGB getroffen werden und unterliegen dann der Inhaltskontrolle.

H. Luftfrachtrecht nach dem Montrealer Übereinkommen

1930 Das MÜ gilt nach seinem Art. 1 für die internationale Beförderung von Gütern; das ist eine solche, bei der Abgangsort und Bestimmungsort in den Vertragsstaaten liegen. Es ist unerheblich, ob dazwischen eine Unterbrechung der Beförderung oder ein Flugzeugwechsel stattfindet; sie kann auch dann als einheitliche Leistung vereinbart werden, wenn sie von mehreren aufeinanderfolgenden Luftfrachtführern auszuführen ist. Das MÜ gilt nicht, sofern entweder Abgangsort oder Bestimmungsort oder beide außerhalb der Vertragsstaaten liegen. Es gilt auch nicht, wenn beide im selben Vertragsstaat, insbesondere in Deutschland, liegen. In diesen Fällen gilt, soweit deutsches materielles Recht anzuwenden ist, das Frachtrecht des HGB.

1931 Nach Art. 27 MÜ ist der Luftfrachtführer nicht gehindert, Vertragsbedingungen festzulegen, die dem MÜ nicht widersprechen. Dieses ist also grundsätzlich zwingend, insbesondere was die Haftung der Luftfrachtführer gemäß Art. 26 und 47 MÜ betrifft.[3632] Art. 27 MÜ gestattet dem Luftfrachtführer weiterhin (zu seinen Ungunsten) auf Einwendungen zu verzichten, die ihm nach dem MÜ zur Verfügung stünden. Dies sind etwa Haftungsausschlussgründe gemäß Art. 18 Abs. 2 MÜ, das Mitverschulden gemäß Art. 20 MÜ, die Präklusion gemäß Art. 31 MÜ und der Ablauf der Ausschlussfrist gemäß Art. 35 MÜ.[3633] Diese Vereinbarungen können auch durch AGB getroffen werden.

1932 Das MÜ regelt indessen das Luftfrachtrecht nicht abschließend. Es regelt etwa nicht die Verjährung, soweit nicht die Ausschlussfrist des Art. 35 MÜ reicht.[3634] Es ist umstritten, ob insoweit deutsches Frachtrecht über § 449 HGB hinaus abbedungen werden kann.[3635]

1933 In der Praxis begegnen Regelwerke, die auf den „Cargo Services Conference Resolutions – Recommended Practice 1601" der IATA beruhen. Dazu gehören die ABB der Lufthansa Cargo AG.[3636]

1934 Die Einbeziehung solcher Regelwerke in den Frachtvertrag regelt sich, wo deutsches materielles Recht anzuwenden ist, nach §§ 305 ff. BGB. Sie wird überdies nach Art. 11 Abs. 1 MÜ widerlegbar vermutet, wenn die Regelwerke im Frachtbrief „niedergelegt" sind, wozu eine bloße Verweisung trotz des englischen Textes „mentioned therein" nicht ausreichen soll.[3637]

1935 Die Inhaltskontrolle bei diesen Regelwerken richtet sich nach §§ 307 ff. BGB. Höchstrichterliche Rechtsprechung zu den ABB Cargo ist seit Ratifizierung des MÜ nicht bekannt geworden. Gegen einzelne Klauseln in den ABB bestehen Bedenken.[3638] Mit den ABB der Lufthansa für die Personen- und Gepäckbeförderung hat sich der BGH zweimal befasst.[3639]

I. Transport zu Wasser

I. Seefrachtrecht (Seehandelsrecht)

1936 Dieses ist seit 21.4.2013[3640] in den §§ 481–535 HGB geregelt. Seefrachtrecht ist auch anzuwenden, wenn der Frachtvertrag die Beförderung des Gutes ohne Umladung sowohl auf Binnen- als auch auf Seegewässern zum Gegenstand hat und entweder ein Konnossement ausgestellt oder die auf Seegewässern zurückzulegende Strecke die größere ist (§ 450 HGB).

1937 Im Seefrachtrecht ist streng zwischen dem Frachtvertrag und dem Konnossement zu unterscheiden. Ersterer regelt das Rechtsverhältnis zwischen dem Befrachter (Absender) und dem Verfrachter (§ 481 HGB). Letzteres ist für das Rechtsverhältnis zwischen dem Verfrachter und dem Empfänger des Gutes maßgebend (§ 519 HGB). Es handelt

---

3629 Art. 1 § 6 CIM, so etwa Estland und die Ukraine; vgl. MüKo-HGB/*Freise*, Art. 1 CIM Rn 22.
3630 MüKo-HGB/*Freise*, Art. 5 CIM Rn 11.
3631 Art. 10 § 1 COTIF; MüKo-HGB/*Freise*, Internationales Eisenbahntransportrecht, Einleitung Rn 36.
3632 MüKo-HGB/*Ruhwedel*, Art. 27 MÜ Rn 3.
3633 MüKo-HGB/*Ruhwedel*, Art. 27 MÜ Rn 8; *Koller*, Transportrecht, Art. 27 MÜ Rn 1.
3634 MüKo-HGB/*Ruhwedel*, Art. 35 MÜ Rn 5.
3635 *Koller*, Transportrecht, Art. 27 MÜ Rn 1.
3636 Abgedr. bei MüKo-HGB/*Ruhwedel* im Anhang nach Art. 57 MÜ.
3637 MüKo-HGB/*Ruhwedel*, Art. 11 MÜ Rn 16.
3638 WLP/*Schmidt*, Klauseln Rn L233 ff.
3639 BGHZ 86, 284 = NJW 1987, 1322 m. Anm. *Bunte*; BGH NJW 2007, 997.
3640 Gesetz zur Reform des Seehandelsrechts, BGBl I 2013, 835.

sich dabei um ein vom Verfrachter ausgestelltes Wertpapier (Traditionspapier, § 524 HGB), das eine Empfangsbescheinigung und eine Auslieferungsverpflichtung gegenüber dem legitimierten Inhaber des Konnossements enthält.[3641] Frachtvertrag und Konnossement stellen mithin zwei völlig verschiedene Rechtsverhältnisse dar,[3642] wenngleich im Einzelfall der Befrachter auch legitimierter Inhaber des Konnossements sein kann.

Im Verhältnis zwischen Verfrachter und Befrachter kann von den Vorschriften der §§ 498–511 HGB über die Haftung wegen Verlustes oder Beschädigung des Gutes nur durch Individual- oder Rahmenvereinbarung abgewichen werden (§ 512 Abs. 1 HGB). Dies betrifft auch die Haftungshöchstbeträge (§ 504 HGB: höherer Betrag aus 666,67 SZR per Stück oder 2 SZR pro kg Rohgewicht). AGB kommen insoweit nicht in Betracht. Ausnahmsweise (§ 512 Abs. 2 HGB) kann jedoch durch AGB bestimmt werden, dass der Verfrachter ein Verschulden seiner Leute und der Schiffsbesatzung nicht zu vertreten hat, wenn der Schaden durch ein Verhalten bei der Führung oder der sonstigen Bedienung des Schiffes, nicht jedoch bei der Durchführung von Maßnahmen, die überwiegend im Interesse der Ladung getroffen wurden, oder durch Feuer oder Explosion am Ort des Schiffes entstanden ist; auch können die Haftungshöchstbeträge hinaufgesetzt werden. Im Übrigen können durch AGB Vereinbarungen getroffen werden, die von den §§ 481–497 HGB abweichen, etwa im Hinblick auf die Schadensersatzpflicht des Befrachters (§ 488 HGB) oder dessen Rechte bei säumiger Abladung (§ 490 HGB).1664

Grundsätzlich dieselbe Regelung gilt im Verhältnis zwischen dem Verfrachter und dem Inhaber eines Konnossements (§ 525 HGB). Insbesondere erfordert auch hier eine Abweichung von Vorschriften über die Haftung wegen Verlustes oder Beschädigung des Gutes eine Individual- oder Rahmenvereinbarung. Dasselbe gilt für eine abweichende Regelung der konnossementsspezifischen Haftungstatbestände in §§ 520 Abs. 2, 521 Abs. 4 und 523 HGB. Nach § 525 S. 2 HGB kann sich jedoch der Verfrachter auf eine Bestimmung im Konnossement, die von den in Satz 1 genannten Haftungsvorschriften zu Lasten des aus dem Konnossement Berechtigten abweicht, nicht gegenüber einem im Konnossement benannten Empfänger, an den das Konnossement begeben wurde, sowie gegenüber einem Dritten, dem das Konnossement übertragen wurde, berufen. Diese Regelung berücksichtigt, dass ein Dritter aus dem Konnossement nicht entnehmen kann, ob die darin enthaltene Beschränkung individuell ausgehandelt wurde, und will auf diese Weise die Umlauffähigkeit des Konnossements erhalten.[3643] Auch hier sind außerhalb der Haftungsvorschriften abweichende Vereinbarungen möglich; werden sie in AGB getroffen, so unterliegen sie der Inhaltskontrolle nach §§ 307 ff. BGB. Zum alten Seehandelsrecht existiert insoweit eine reichhaltige Rechtsprechung.[3644] Unwirksam war und ist die sog. IOC-Klausel, die den Reeder als Verfrachter benennt, wenn das Konnossement aufgrund einer Einzelvereinbarung den Zeitcharterer als Verfrachter ausweist.[3645]

II. Binnenschifffahrt

National ist das Frachtrecht der Binnenschifffahrt in § 26 BinSchG geregelt, der auf die §§ 407–452d HGB verweist. Damit gelten auch für AGB in diesem Bereich die oben gemachten Ausführungen (siehe Rn 1877 ff.). Zu beachten ist indessen, dass Schiffseigner (§ 4 Abs. 1 BinSchG), Charterer und Ausrüster des Schiffes (§ 5c Abs. 1 Nr. 1 BinSchG) ihre Haftung nach § 5d Abs. 1 BinSchG auf die in §§ 5e–5k BinSchG näher bezeichneten Höchstbeträge beschränken können. Dies gilt auch für Frachtverträge, die die genannten Personen abgeschlossen haben,[3646] wobei unter Sachschäden wegen des Verlustes oder der Beschädigung von Sachen i.S.v. § 4 Abs. 3 Nr. 1 BinSchG auch solche an beförderten Gütern zu verstehen sind.[3647]

Für die internationale Güterbeförderung in der Binnenschifffahrt existiert die CMNI.[3648] Sie gilt nach ihrem Art. 2 Abs. 1 S. 1 für alle Frachtverträge, nach denen der Ladehafen oder Übernahmeort einerseits und der Löschhafen oder Ablieferungsort andererseits in zwei verschiedenen Staaten liegen, von denen mindestens einer dem Abkommen beigetreten ist. Mit dieser Maßgabe gilt die CMNI insbesondere auch für die Beförderung auf Rhein und Donau; insoweit sind auch keine Vorbehalte der Unterzeichnerstaaten zulässig (Art. 30 Abs. 1 CMNI, denn diese Flüsse unterliegen einem internationalen Schifffahrtsregime). Für den Fall der Beförderung von Gütern ohne Umladung sowohl auf Binnen- als auch auf Seegewässern enthält Art. 2 Abs. 2 CMNI eine Abgrenzung, die § 450 HGB a.F. entspricht.

Inwieweit die Bestimmungen des Abkommens dispositiv sind, regelt Art. 25 CMNI. Hiernach sind Abreden, selbstverständlich auch solche aus AGB, nichtig, wenn sie den Zweck haben, die Haftung des Frachtführers, des ausführenden Frachtführers, ihrer Bediensteten oder Beauftragten nach diesem Übereinkommen auszuschließen oder zu beschränken, die Beweislast für diese Haftung umzukehren oder die Anzeige- und Verjährungsfristen nach Art. 23 und 24 CMR zu verkürzen. Nichtig sind ebenfalls Abreden mit dem Zweck, dem Frachtführer Ansprüche aus der Versicherung der Güter abzutreten. Nichtig sind schließlich Vereinbarungen mit dem Zweck, die Haftung des Frachtführers, des ausführenden Frachtführers, ihrer Bediensteten oder Beauftragten nach diesem Übereinkommen zu erhöhen.

3641 *Rabe*, vor § 642 HGB a.F. Rn 4.
3642 BGH NJW-RR 1992, 483, 484; WLP/*Schmidt*, Klauseln Rn K1; *Rabe*, § 644 HGB a.F. Rn 13.
3643 Amtliche Begründung, TR 2012, 234.
3644 Einzelheiten bei WLP/*Schmidt*, Klauseln Rn K2–K10.
3645 BGH TR 1990, 163; TR 1991, 243; TR 2007, 119.

3646 § 4 Abs. 1 S. 2 BinSchG; vgl. *Rabe*, nach § 486 HGB; LondonHBÜ 1976 Art. 2 Rn 7 ff.
3647 *Koller*, Transportrecht, § 4 BinSchG Rn 3; vgl. *Rabe*, nach § 486 HGB; LondonHBÜ 1976 Art. 2 Rn 7 ff.
3648 Budapest 2000, von Deutschland ratifiziert im Jahre 2007, abgedr. in BGBl II 2007, 298.

Dies zielt insbesondere auf die Haftungshöchstbeträge gemäß Art. 20 Abs. 1 CMNI, doch lässt Art. 20 Abs. 4 deren Erhöhung durch ausdrückliche Vereinbarung oder ausdrückliche Angabe eines höheren Wertes im Frachtbrief zu. Dies wiederum schließt eine Erhöhung der Höchstbeträge durch AGB aus. Ausdrücklich zugelassen sind nach Art. 25 Abs. 2 CMNI Bestimmungen, die festlegen, dass der Frachtführer oder der ausführende Frachtführer nicht für Schäden aus bestimmten Ursachen haften; insoweit soll, wenn die Vereinbarung durch AGB getroffen ist, auch eine Inhaltskontrolle nicht mehr möglich sein.[3649] Im Übrigen ist die CMNI dispositiv,[3650] und entsprechende AGB sind der Inhaltskontrolle unterworfen.

J. Speditionsrecht des HGB

1942 Die zentrale Vorschrift ist hier § 466 HGB. Sie ist in ähnlicher Weise abgestuft wie § 449 HGB (siehe oben Rn 1877 ff.). Auch hier haben sich durch das Gesetz zur Reform des Seehandelsrechts[3651] Änderungen mit Wirkung ab 21.4.2013 ergeben.

1943 Demnach besteht für Briefe und briefähnliche Sendungen ebenfalls volle Vertragsfreiheit. Für alle anderen Güter gilt Folgendes:

Abweichungen sind weder durch AGB noch durch Einzelvertrag zulässig, wenn Versender ein Verbraucher ist und die §§ 455 Abs. 2 und 3 (Schadensersatzpflicht des Versenders), 461 Abs. 1 (Haftung des Spediteurs für Verlust oder Beschädigung des in seiner Obhut befindlichen Guts einschließlich in Bezug genommener frachtrechtlicher Vorschriften), 462 (Haftung des Spediteurs für seine Leute und Erfüllungsgehilfen) und 463 (Verjährung, anders als nach § 439 HGB) zum Nachteil des Verbrauchers abbedungen werden sollen. Diese Normen sind also zugunsten des Verbrauchers als Versenders halbzwingend. Nicht hierher gehört § 461 Abs. 3 HGB, was früher umstritten war.[3652] Ein Konflikt mit den ADSp kann nicht eintreten, da diese nur gegenüber Unternehmern gelten. Versender in diesem Sinne ist ebenso wie Absender beim Frachtvertrag (siehe oben Rn 1880) der Vertragspartner des Spediteurs; es kann sich auch um den Empfänger des Gutes handeln.[3653]

1944 Ist der Versender kein Verbraucher, so sind Abweichungen durch AGB hinsichtlich der Haftung des Spediteurs für den Verlust oder die Beschädigung des Guts zulässig, aber nur in dem Umfang, den § 466 Abs. 2 HGB vorgibt. Dies entspricht in allem dem § 449 Abs. 2 HGB (siehe oben Rn 1882 ff.). Zulässig sind also Abweichungen zum Nachteil des Spediteurs, ferner Abweichungen hinsichtlich der Höchstbeträge der Entschädigung im gleichen Umfang und unter den gleichen Voraussetzungen wie beim Frachtführer. Ebenso kann die vom Versender gemäß § 455 Abs. 2 und 3 HGB zu leistende Entschädigung der Höhe nach beschränkt werden. Eine Inhaltskontrolle scheidet insoweit aus. Natürlich sind auch Abweichungen durch Einzelvertrag möglich.

1945 Nur durch Einzel- oder Rahmenvereinbarung, nicht durch AGB kann von den §§ 455 Abs. 2 und 3, 461 Abs. 1, 462 und 463 HGB abgewichen werden, wenn Versender ein Unternehmer ist. Dies ergibt sich aus § 466 Abs. 1 HGB und gilt unabhängig davon, zu wessen Gunsten abgewichen werden soll.[3654]

1946 Ist der Versender kein Verbraucher und haftet der Spediteur aufgrund Selbsteintritts, Fixkostenspedition oder Beförderung in Sammelladung wie ein Frachtführer, so ist das hierdurch berufene Frachtrecht insoweit durch AGB oder Einzelvereinbarung abdingbar, als es seinerseits nach frachtrechtlichen Regeln abbedungen werden kann (siehe hierzu Rn 1882 ff.). Das ist der Sinn des § 466 Abs. 3 HGB,[3655] der damit den Gleichlauf von Speditions- und Frachtrecht auch insoweit sicherstellt.

1947 Von den in § 466 Abs. 1 HGB nicht genannten Vorschriften kann durch AGB oder Einzelvertrag abgewichen werden,[3656] unabhängig davon, ob der Versender ein Verbraucher oder ein Unternehmer ist und zu wessen Gunsten abgewichen wird. Abdingbar sind insbesondere die §§ 456, 457, 458 S. 1, 459 S. 2, 460 Abs. 1 S. 1, 460 Abs. 2 S. 2, 461 Abs. 2, 461 Abs. 3, 464 und 465 HGB. Abdingbar ist bei §§ 459–461 HGB auch das Recht des Spediteurs zur Ausübung des Selbsteintritts, zur Vereinbarung fixer Kosten und zur Beförderung in Sammelladung, ebenso die entsprechenden Vergütungsregelungen.[3657] Solche AGB unterliegen der Inhaltskontrolle.

K. Lagerrecht des HGB

1948 Hier findet sich die Vorschrift über die Dispositivität in § 475h HGB. Soweit die Vorschrift darauf abstellt, dass der Einlagerer Verbraucher ist, kommt dies in der Praxis vor allem bei der Einlagerung von Heirats- und Umzugsgut vor.

1949 Danach kann nicht zum Nachteil des Verbrauchers von § 475a HGB abgewichen werden, der die Verjährung regelt. § 475a HGB verweist indessen weiter auf § 439 Abs. 4 HGB, der seinerseits eine Änderung durch Einzel- oder Rahmenvereinbarung nach beiden Seiten gestattet. Die Literatur löst diese Gemengelage dahin auf, dass die Verjährung

---

3649 MüKo-HGB/*Otte*, Art. 25 CMNI Rn 42; *Koller*, Transportrecht, Art. 25 CMNI Rn 1.
3650 MüKo-HGB/*Otte*, Art. 25 CMNI Rn 5.
3651 BGBl I 2013, 835.
3652 BGBl I 2013, 835.
3653 MüKo-HGB/*Bydlinski*, § 453 Rn 32.
3654 MüKo-HGB/*Bydlinski*, § 466 Rn 9.
3655 MüKo-HGB/*Bydlinski*, § 466 Rn 11.
3656 MüKo-HGB/*Bydlinski*, § 466 Rn 26.
3657 *Koller*, Transportrecht, § 466 HGB Rn 9.

im Lagergeschäft mit Verbrauchern überhaupt nicht,[3658] mit Unternehmern dagegen auch durch AGB[3659] abgeändert werden kann.

Des Weiteren kann, wenn der Einlagerer ein Verbraucher ist, nicht zu dessen Nachteil von § 475e Abs. 3 HGB abgewichen werden. Die Vorschrift begründet die Haftung des Lagerhalters gegenüber dem rechtmäßigen Besitzer des Lagerscheins für den Schaden, der daraus entsteht, dass er das Gut ausgeliefert hat, ohne sich den Lagerschein zurückgeben zu lassen oder ohne einen Abschreibungsvermerk einzutragen. **1950**

Alle übrigen Vorschriften des Lagerrechts sind dispositiv, grundsätzlich auch zu Ungunsten des Verbrauchers und durch AGB, welche freilich der Inhaltskontrolle unterliegen. Indessen bleibt zu beachten, dass der Verbraucher als Einlagerer Erleichterungen hinsichtlich seiner Pflichten zur Verpackung, Kennzeichnung und zum Hinweis auf gefährliches Gut (§ 468 Abs. 2 HGB) und seiner Haftung für die Nichterfüllung solcher Pflichten (§ 468 Abs. 4 HGB) genießt und ferner einen Rechtsanspruch darauf hat, dass der Lagerhalter ihn auf die Möglichkeit der Versicherung des Guts aufmerksam macht (§ 472 Abs. 1 S. 2 HGB). AGB, die diese Rechtspositionen des Verbrauchers beeinträchtigen, dürften der Inhaltskontrolle aus § 307 BGB nicht standhalten. **1951**

L. ADSp

I. Allgemeines

Die ADSp existieren seit der Transportrechtsreform in Fassungen von 1999, 2002 und 2003. Letztere wird hier zugrunde gelegt. **1952**

Es handelt sich um AGB, grundsätzlich mit allen Konsequenzen. Sie sind insbesondere unwirksam, wo das Gesetz AGB-fest ist. Im Übrigen unterliegen sie der Inhaltskontrolle. Wo das Gesetz für abweichende AGB eine besondere Hervorhebung in drucktechnisch deutlicher Gestaltung verlangt (§§ 449 Abs. 2 S. 1 Nr. 1 und 466 Abs. 2 S. 1 Nr. 1 HGB), gilt dies auch für die ADSp.[3660] Dies hat zur Konsequenz, dass entweder derart gedruckte AGB dem Kunden vorliegen müssen oder ihm die Klausel positiv bekannt sein muss.[3661] Auch gilt der Vorrang der Individualvereinbarung. **1953**

Die ADSp haben indessen die Besonderheit, nicht allein von den Spediteuren entwickelt worden zu sein, sondern im Zusammenhang mit Verbänden ihrer Kunden, der sog. verladenden Wirtschaft, nämlich dem Bundesverband der Deutschen Industrie, dem Bundesverband des Deutschen Groß- und Außenhandels, dem Deutschen Industrie- und Handelskammertag und dem Hauptverband des Deutschen Einzelhandels (vgl. die Präambel zu den ADSp). Dies hatte nach bisheriger Rechtsprechung Rückwirkungen auf die Inhaltskontrolle und auf die Einbeziehung in den Einzelvertrag. Indessen war schon für die ADSp 1999 nicht mehr festzustellen, dass alle Verbände beider Seiten daran mitgewirkt hätten.[3662] **1954**

ADSp sind kein Handelsbrauch.[3663] Dies muss jetzt schon deshalb ausgeschlossen werden, weil es neuerdings ein konkurrierendes Klauselwerk in Gestalt der VBGL gibt (siehe hierzu Rn 1968 ff.). **1955**

II. Geltungsbereich

Nach ihrer Ziffer 2.1 gelten die ADSp für sog. Verkehrsverträge über alle Arten von Tätigkeiten, gleichgültig, ob sie Speditions-, Fracht-, Lager- oder sonstige üblicherweise zum Speditionsgewerbe gehörende Geschäfte betreffen. Hierzu zählen auch speditionsübliche logistische Leistungen, wenn diese mit der Beförderung oder Lagerung von Gütern im Zusammenhang stehen. Frachtverträge sind unabhängig davon einbezogen, welchem frachtrechtlichen Regime (HGB, CMR, MÜ usw.) sie unterstehen.[3664] Auf der anderen Seite legen sich die ADSp gemäß ihrer Ziffer 2.4 keine Geltung gegenüber Verbrauchern bei. Indessen entscheidet allemal die Einbeziehung der ADSp in den konkreten Vertrag. Durch Einzelvereinbarung können sie auch in Verträge einbezogen werden, die nicht in ihren persönlichen oder sachlichen Geltungsbereich fallen.[3665] **1956**

Aus Ziffer 2.1 ADSp folgt auch, dass dieses Klauselwerk abweichend vom HGB als Spediteure alle Unternehmer bezeichnet, die in einer der dort genannten Branchen tätig sind. **1957**

III. Einbeziehung kraft stillschweigender Unterwerfung?

Der BGH hat bis zur Transportrechtsreform angenommen, dass eine Einbeziehung der ADSp ohne Weiteres als stillschweigend vereinbart anzunehmen ist, wenn jemand in vertragliche Beziehungen zu einem Spediteur tritt, der seinen Geschäften die ADSp zugrunde zu legen pflegt, und er dies weiß oder wissen muss, es sei denn, die Geltung der ADSp **1958**

3658 MüKo-HGB/*Frantzioch*, § 475a Rn 23.
3659 MüKo-HGB/*Frantzioch*, § 475a Rn 24; *Koller*, Transportrecht, § 475a HGB Rn 4; insoweit jedoch bestritten.
3660 *Koller*, Transportrecht, vor Ziffer 1 ADSp Rn 14; MüKo-HGB/*Bahnsen*, vor ADSp Rn 10; UBH/*Schäfer*, Teil 2, (14) Gütertransportverträge Rn 3.
3661 BGH TR 2003, 72, 73.
3662 BGH TR 2003, 119, 120.
3663 *Koller*, Transportrecht, vor Ziffer 1 ADSp Rn 1; MüKo-HGB/*Bahnsen*, vor ADSp Rn 4.
3664 BGH TR 2002, 36.
3665 MüKo-HGB/*Bahnsen*, vor ADSp Rn 20.

sei ausdrücklich ausgeschlossen.[3666] Dies sollte bei Anwendbarkeit deutschen materiellen Rechts auch gegenüber ausländischen Auftraggebern gelten, wenn sie der Branche angehörten.[3667] Im Verkehr mit branchenfremden Ausländern hat die Rechtsprechung dagegen besondere Einbeziehungshinweise verlangt.[3668]

1959 Aus der Zeit nach der Transportrechtsreform ist keine solche Entscheidung des BGH mehr belegt, aber auch keine solche, worin er diese Rechtsprechung ausdrücklich aufgegeben hätte. Eine Reihe von Instanzgerichten hält an dieser Rechtsprechung nach wie vor fest.[3669] Die Literatur ist gespalten.[3670] Allerdings hat der BGH entschieden, dass im Hinblick auf die drucktechnischen Anforderungen des § 449 Abs. 2 S. 2 Nr. 1 HGB a.F. (jetzt Satz 1, wonach ein Hinweis „in geeigneter Weise" genügt; siehe hierzu Rn 1882) eine stillschweigende Einbeziehung von Ziffer 23.1.1 ADSp 1999, der die Haftung des Spediteurs auf 10 DM je kg Rohgewicht beschränkte, in den Frachtvertrag nicht in Betracht kommt. Er führt auch nicht mehr die Rechtsprechung[3671] fort, wonach sich der Spediteur selbst bei der Verletzung von Kardinalpflichten und vorsatzgleichem Verschulden von der Haftung für einfache Angestellte freizeichnen konnte.[3672] In diesem Zusammenhang hebt der BGH auch hervor, dass an der Ausarbeitung der ADSp 1999 keineswegs mehr alle Verbände beider Seiten beteiligt waren.[3673]

Andererseits hat er für die Einbeziehung der ADSp einen besonders hervorgehobenen Hinweis in den AGB des Unternehmers ausreichen lassen, wonach er seine Dienstleistungen allein aufgrund der ADSp erbringt.[3674] Sie gelten dann auch mit Vorrang vor dem einschlägigen Gesetz (dort MÜ).

IV. Inhaltskontrolle

1960 Hier ist auf einige Besonderheiten hinzuweisen:

Zunächst findet keine Inhaltskontrolle statt, wenn die Einbeziehung der ADSp in den Vertrag nachweislich dem Willen beider Parteien entspricht, sodass sie nicht mehr von einer Partei der anderen „gestellt" sind. Dies folgt schon aus § 305 Abs. 1 S. 1 BGB,[3675] ist aber in dieser Branche besonders häufig.[3676]

1961 Zum anderen hat nach der Rechtsprechung vor der Transportrechtsreform der Umstand, dass die ADSp auf einem Konsens zwischen den Spediteuren und der verladenden Wirtschaft beruhen, eine Einschränkung der Inhaltskontrolle bewirkt. Sie bestand darin, dass die einzelne Klausel nicht jeweils isoliert für sich, sondern nur mit Blick auf das gesamte Klauselwerk einschließlich des Haftungs- und Versicherungssystems zu prüfen war.[3677] Da dieser Konsens jedenfalls seit den ADSp 1999 nicht mehr besteht,[3678] ist auch diese Einschränkung der Inhaltskontrolle fragwürdig geworden. Der BGH ist jedenfalls seit der Transportrechtsreform nicht mehr darauf zurückgekommen. Bei der anderen „fertig bereitliegenden Rechtsordnung" in Gestalt der VOB/B[3679] geht die Rechtsprechung inzwischen dahin, dass sie nicht als Ganzes vereinbart ist, wenn sie inhaltlich nicht vollständig übernommen wird[3680] und selbst dann ihre einzelnen Klauseln im Verhältnis zu Verbrauchern einer Inhaltskontrolle unterliegen.[3681]

1962 Die Inhaltskontrolle selbst richtet sich nach § 307 BGB. Da sich die ADSp keine Geltung gegenüber Verbrauchern beilegen, scheidet wegen § 310 Abs. 1 S. 1 BGB eine Inhaltskontrolle in unmittelbarer Anwendung der §§ 308 und 309 BGB aus. Anwendbar bleibt indessen § 305c BGB.

1963 Aus der Mitwirkung der beteiligten Verkehrskreise hat sich für den BGH auch ergeben, dass das Verbot der geltungserhaltenden Reduktion (auch gegenüber Unternehmern) nicht in gleicher Weise wie sonst greift.[3682] Die Entscheidung bezieht sich auf § 51b S. 2 ADSp vor der Transportrechtsreform.[3683] Auch ihre weitere Anwendbarkeit ist fraglich.[3684]

V. Unwirksamkeit einzelner Klauseln

1964
- 3.1: Fragwürdig[3685]
- 3.8: Unwirksam;[3686] zumindest bedenklich, da intransparent[3687]
- 9.1: Unwirksam wegen Widerspruchs zu Ziffer 1 ADSp[3688]
- 9.2: Unwirksam, da nicht nur bei Gefahr im Verzug anwendbar[3689]

3666 BGHZ 1, 83, 85; BGHZ 9, 1, 3 und 6; BGHZ 12, 136, 142; BGHZ 17, 1, 2.
3667 BGH NJW 1973, 2154; VersR 1981, 975.
3668 BGH NJW 1976, 2075; BGH NJW 1981, 1905, 1906.
3669 Nachweise bei *Koller*, Transportrecht, vor Ziffer 1 ADSp Rn 11 und Fn 28.
3670 Nachweise bei MüKo-HGB/*Bahnsen*, vor ADSp Rn 12 Fn 15.
3671 BGH NJW 1982, 1820.
3672 BGH TR 2006, 38.
3673 BGH TR 2003, 119, 120.
3674 BGH TR 2011, 80; dazu *Vyvers*, TR 2012, 22.
3675 UBH/*Ulmer/Habersack*, § 305 Rn 29.
3676 MüKo-HGB/*Bahnsen*, vor ADSp Rn 3.
3677 BGHZ 127, 275, 281.
3678 BGH TR 2003, 119, 120.
3679 BGHZ 113, 55, 57.
3680 BGHZ 157, 346.
3681 BGHZ 178, 1.
3682 BGH NJW 1995, 3117 = TR 1996, 34 = BGHZ 129, 345.
3683 Ebenso BGHZ 129, 323, 327 zu § 26 AGNB.
3684 Dafür MüKo-HGB/*Bahnsen*, vor ADSp Rn 19.
3685 WLP/*Schmidt*, Klauseln Rn A75.
3686 UBH/*Schäfer*, Teil 2, (14) Gütertransportverträge Rn 5.
3687 WLP/*Schmidt*, Klauseln Rn A75.
3688 UBH/*Schäfer*, Teil 2, (14) Gütertransportverträge Rn 5; WLP/*Schmidt*, Klauseln Rn A81; *Koller*, Transportrecht, Ziffer 9 ADSp Rn 4.
3689 WLP/*Schmidt*, Klauseln Rn A81.

- 9.3: Unwirksam, wenn dahin zu verstehen, dass auch bei wichtigem Grund ein Widerruf möglich ist[3690]
- 12.1: Problematisch, soweit der Spediteur Ersatz seiner Aufwendungen verlangen und auch dann zurücktreten kann, wenn der Auftrag schon zum großen Teil ausgeführt ist[3691]
- 12.3: S. 1 Hs. 2 unwirksam,[3692] da unangemessen i.S.v. § 307 BGB[3693]
- 15.1: Bedenklich[3694]
- 15.3: Bedenklich wegen weiter und undifferenzierter Fassung[3695]
- 15.6: Bedenklich[3696] oder sogar unwirksam[3697]
- 15.7: Unwirksam, da danach der Spediteur praktisch zur außerordentlichen Kündigung ohne wichtigen Grund befugt ist[3698]
- 16.1: Unwirksam wegen Unklarheit[3699]
- 16.4: Unwirksam, da Provision ohne Gegenleistung[3700]
- 18.1: Unangemessen, weil der Spediteur die Fälligkeit einseitig durch bloße Rechnungsstellung vorverlegen und dadurch sogar eine Vorleistungspflicht des Kunden begründen kann; eventuell aber geltungserhaltende Reduktion[3701]
- 19: Wirksam bei geltungserhaltender Reduktion;[3702] Ziffer 19 ADSp 1999 hat der Bundesgerichtshof uneingeschränkt als wirksam angesehen[3703]
- 20.2: Unwirksam, da zu unbestimmt[3704]
- 20.5: Unwirksam[3705]
- 21.2: Angemessen, wenn als widerlegliche Vermutung auszulegen,[3706] problematisch aber insoweit, als der Spediteur das Recht haben soll, Versicherungen zu zeichnen, die auf einen Regress gegen ihn selbst verzichten, was aber wohl verbreitete Praxis ist;[3707] oder sogar unwirksam, da zu unbestimmt[3708]
- 22.1: Unwirksam, da intransparent und unangemessen[3709]
- 22.4.2: Unwirksam gemäß § 307 BGB;[3710] eventuell aber geltungserhaltende Reduktion[3711]
- 22.4.3: ebenso[3712]
- 22.4.4: ebenso[3713]
- 23.1: Wird in der Literatur als bedenklich angesehen,[3714] doch hält nach dem BGH jedenfalls Ziffer 23.1.3 wegen des Vorbildes in § 449 Abs. 2 S. 2 (jetzt S. 1) Nr. 1 HGB der Inhaltskontrolle stand[3715]
- 23.3: Bedenklich[3716]
- 23.4: Unwirksam gemäß 307 BGB[3717]
- 24.4: Sehr fragwürdig[3718]
- 25.2: Unwirksam,[3719] zumindest bedenklich[3720]
- 27.1 Problematisch, da zu wenig bestimmt hinsichtlich „vertragswesentlicher Pflichten" (siehe hierzu auch Rn 1966)
- 27.2: Unwirksam bei Vorsatz wegen Abweichung von § 435 HGB,[3721] aber fraglich, wo die Abweichung liegen soll;[3722] nach dem BGH wirksam als Verzicht des Unternehmers auf die Haftungshöchstbeträge in Ziffer 23.1 ADSp oder die in Betracht kommende gesetzliche Regelung (dort: MÜ).[3723]

3690 WLP/*Schmidt*, Klauseln Rn A81.
3691 MüKo-HGB/*Bahnsen*, vor ADSp. Rn 113, 115.
3692 UBH/*Schäfer*, Teil 2, (14) Gütertransportverträge Rn 5.
3693 WLP/*Schmidt*, Klauseln Rn A84; *Koller*, Transportrecht, Ziffer 12 ADSp Rn 14; MüKo-HGB/*Bahnsen*, vor ADSp Rn 113, 115.
3694 WLP/*Schmidt*, Klauseln Rn A87.
3695 WLP/*Schmidt*, Klauseln Rn A87.
3696 OLG Köln ZIP 2007, 159; WLP/*Schmidt*, Klauseln Rn A87.
3697 *Koller*, Transportrecht, Ziffer 15 ADSp Rn 7.
3698 WLP/*Schmidt*, Klauseln Rn A87.
3699 UBH/*Schäfer*, Teil 2, (14) Gütertransportverträge Rn 6.
3700 UBH/*Schäfer*, Teil 2, (14) Gütertransportverträge Rn 6; WLP/*Schmidt*, Klauseln Rn A88.
3701 *Koller*, Transportrecht, Ziffer 18 ADSp Rn 2.
3702 *Koller*, Transportrecht Ziffer 19 ADSp Rn 3.
3703 BGH TR 2006, 361; TR 2007, 375.
3704 UBH/*Schäfer*, Teil 2, (14) Gütertransportverträge Rn 6; WLP/*Schmidt*, Klauseln Rn A92.
3705 UBH/*Schäfer*, Teil 2, (14) Gütertransportverträge Rn 6, WLP/*Schmidt*, Klauseln Rn A92.
3706 *Koller*, Transportrecht, Ziffer 21 ADSp Rn 7.
3707 *Koller*, Transportrecht, Ziffer 21 ADSp Rn 10.
3708 WLP/*Schmidt*, Klauseln Rn A93.
3709 WLP/*Schmidt*, Klauseln Rn A94.
3710 *Koller*, Transportrecht, Ziffer 25 ADSp Rn 8.
3711 MüKo-HGB/*Bahnsen*, vor ADSp Rn 182.
3712 *Koller*, Transportrecht, Ziffer 25 ADSp Rn 9; MüKo-HGB/*Bahnsen*, vor ADSp Rn 188.
3713 *Koller*, Transportrecht, Ziffer 25 ADSp Rn 11 ff.; MüKo-HGB/*Bahnsen*, vor ADSp Rn 188.
3714 WLP/*Schmidt*, Klauseln Rn A97.
3715 BGH TR 2013, 437.
3716 WLP/*Schmidt*, Klauseln Rn A97; unwirksam, da von der Intransparenz der Ziffer 27.1 infiziert, vgl. UBH/*Schäfer*, Teil 2, (14) Gütertransportverträge Rn 7.
3717 *Koller*, Transportrecht, Ziffer 23 ADSp, Rn 23; insbesondere wegen Einschränkung der Haftung für Körperschäden, vgl. MüKo-HGB/*Bahnsen*, vor ADSp Rn 216.
3718 *Koller*, Transportrecht, Ziffer 24 ADSp Rn 10 oder sogar unwirksam, MüKo-HGB/*Bahnsen*, vor ADSp Rn 229.
3719 *Koller*, Transportrecht, Ziffer 25 ADSp Rn 2 bis 5; UBH/*Schäfer*, Teil 2, (14) Gütertransportverträge Rn 8; WLP/*Schmidt*, Klauseln Rn A99.
3720 MüKo-HGB/*Bahnsen*, vor ADSp Rn 237.
3721 *Koller*, Transportrecht, Ziffer 27 ADSp Rn 18.
3722 Keine Bedenken bei WLP/*Schmidt*, Klauseln Rn A99 und bei MüKo-HGB/*Bahnsen*, vor ADSp Rn 269–271.
3723 BGH TR 2011, 80 und TR 2011, 220; dazu *Vyvers*, TR 2012, 22.

VI. Rechtsprechung zu einzelnen Klauseln

1965 7.1.1: Der Spediteur, der die ordnungsgemäße Schnittstellenkontrolle unterlässt, handelt leichtfertig i.S.v. § 435 HGB und kann sich nicht mehr auf die gesetzlichen Haftungsbeschränkungen berufen.[3724] Stichproben reichen bei hinreichender Kontrolldichte, sind aber zu dokumentieren.[3725] Die Verpflichtung des Spediteurs zu Schnittstellenkontrollen kann nur durch Einzelvereinbarung ausgeschlossen werden.[3726]

1966 27.1: Wegen Verstoßes gegen das Verständlichkeitsgebot ist eine Klausel in AGB eines Kfz-Herstellers unwirksam, wonach er den Händlern nur für den aus einer vorsätzlichen oder grob fahrlässigen Vertragsverletzung resultierenden Schaden haften will, soweit es sich nicht um die Haftung für die Verletzung von Kardinalpflichten handelt; dem durchschnittlichen Händler erschließt sich nicht, was mit „Kardinalpflichten" gemeint ist.[3727]
Zwischen diesen und den „vertragswesentlichen Pflichten" in Ziffer 27.1 ADSp besteht indessen kein sachlicher Unterschied. Zwar lautet die Klausel seit 2003 dahin, dass der Spediteur nicht mehr generell freigestellt werden soll, wenn der Schaden durch die Verletzung vertragswesentlicher Pflichten verursacht ist; dies wird durch das dritte „oder" bewirkt. Für Schäden aus anderer Ursache soll es aber bei der Differenzierung zwischen den verschiedenen Schuldformen und zwischen leitenden und einfachen Angestellten verbleiben. Die „vertragswesentlichen Pflichten" sind somit nach wie vor ein zentraler Begriff für die genannte Haftung des Spediteurs. Der Kunde mag sich darunter leichter etwas vorstellen können als unter „Kardinalpflichten". Trotzdem muss zu deren Definition auf die Rechtsprechung zurückgegriffen werden; auch besteht Streit über Einzelheiten.[3728] Dem BGH würde eine abstrakte Erläuterung des Begriffs in den AGB auch ohne deren abschließende Aufzählung genügen;[3729] auch eine solche liefern die ADSp aber nicht.
Frühere Fassungen der Klausel hatten einen Ausschluss der Haftung des Spediteurs für die Verletzung auch von wesentlichen Vertragspflichten ergeben, falls diese von einfachen Angestellten begangen worden waren. Dies hatte der BGH in den ADSp vor 1998 wegen ihrer Besonderheit als von den beteiligten Verkehrskreisen ausgehandelter Rechtsordnung gebilligt,[3730] für die Fassung von 1999 jedoch nicht mehr.[3731]

1967 27.2: Hiernach haftet der Spediteur bei qualifiziertem Verschulden unbeschränkt. Sind die ADSp mit Vorrang vor dem MÜ vereinbart, was möglich ist,[3732] so kann sich der Spediteur nicht auf die Haftungshöchstgrenzen nach Art. 22 Abs. 3 S. 1 MÜ berufen, denn diese Bestimmung gehört wegen der Bezugnahme hierauf in Ziffer 23.1.1 ADSp zu den „vorstehenden Haftungsbegrenzungen" i.S.v. Ziffer 27 ADSp.[3733]

M. VBGL

I. Allgemeines

1968 Bei den Vertragsbedingungen für den Güterkraftverkehrs- und Logistikunternehmer handelt es sich um ein Klauselwerk, das vom Bundesverband Güterkraftverkehr Logistik und Entsorgung (BGL) e.V. geschaffen worden ist.[3734] Sie begreifen sich als Alternative zu den ADSp insbesondere für mittelständische Unternehmen auf beiden Seiten.[3735] Von einer Mitwirkung der versendenden Wirtschaft ist aber nichts bekannt.

1969 Die VBGL stellen AGB i.S.v. § 305 BGB dar. Sie unterliegen der Inhaltskontrolle nach § 307 BGB. Ihre Einbeziehung in den Vertrag richtet sich nach den allgemeinen Regeln. Als Handelsbrauch können sie nicht angesehen werden.

1970 Nach ihrem § 1 Abs. 1 gelten sie für Unternehmer, die als Frachtführer im gewerblichen Straßengüterverkehr Frachtverträge schließen, als Spediteure Speditionsverträge mit Selbsteintritt zu festen Beförderungskosten und über Sammelladung sowie Lagerverträge schließen oder als Logistikunternehmer Dienstleistungen erbringen, die mit der Beförderung oder Lagerung von Gütern im Zusammenhang stehen. Andererseits gelten sie nicht für Verträge mit Verbrauchern. Wie bei den ADSp kommt es indessen immer auf die Einbeziehung in den konkreten Vertrag an, wobei es auch vorkommen kann, dass die Vertragsparteien nicht zu denen des persönlichen Geltungsbereichs gehören.

1971 Nach dem Vorspruch zu § 11 VBGL verstehen diese als Spediteur – abweichend vom HGB und auch abweichend von den ADSp – den Unternehmer im Speditions-, Logistik- und Lagergeschäft, ausgenommen die Speditionsverträge mit Selbsteintritt des Spediteurs.

[3724] BGH TR 2004, 309; TR 2006, 345; TR 2006, 171.
[3725] BGH 2002, 306, 309; TR 2003, 255, 257.
[3726] BGH TR 2006, 171, 173.
[3727] BGH NJW-RR 2005, 1496, 1505 sub X 2.
[3728] *Koller*, Transportrecht, Ziffer 27 ADSp Rn 6a.
[3729] NJW-RR 2005, 1496, 1505/1506 sub X 2 b.
[3730] NJW 1982, 1820.
[3731] TR 2006, 39.
[3732] BGH TR 2011, 80 Rn 32.
[3733] BGH TR 2011, 80.
[3734] Letzte Fassung, abgedr. u.a. bei *Koller*, Transportrecht, 8. Aufl.
[3735] *Schindler*, TR 1999, 194, 197.

II. Zu einzelnen Klauseln

- § 2: Größtenteils unwirksam, da zu weit gefasst und undifferenziert[3736]
- § 3: Insgesamt bedenklich[3737]
- § 3 Abs. 2 S. 2: Wirksam „im Licht der §§ 419 Abs. 1, 414 Abs. 1, 2 HGB"[3738]
- § 4 Abs. 2: Unwirksam wegen Verstoßes gegen zwingende Haftungsbestimmungen des HGB und § 254 BGB[3739]
- § 6 Abs. 4: Unangemessen wegen Abweichung von § 419 HGB, soweit dem Frachtführer das Ermessen eingeräumt wird, die Verzögerung als Ablieferungshindernis zu betrachten[3740]
- § 14 Abs. 1: Wie Ziffer 3.1 ADSp (siehe Rn 1964)
- § 14 Abs. 6: Wie Ziffer 3.8 ADSp (siehe Rn 1964)
- § 15 Abs. 3: Wie Ziffer 5.3 ADSp (siehe Rn 1964)
- § 17 Abs. 1 Nr. 1: Wie Ziffer 7.1.1 ADSp (siehe Rn 1964)
- § 19: Wie Ziffer 9.1–9.3 ADSp (siehe Rn 1964)
- § 22 Abs. 5: Wie Ziffer 12.3 ADSp (siehe Rn 1964)
- § 24 Abs. 1: Wie Ziffer 15.1 ADSp (siehe Rn 1964)
- § 24 Abs. 3: Wie Ziffer 15.3 ADSp (siehe Rn 1964)
- § 24 Abs. 6: Wie Ziffer 15.6 ADSp (siehe Rn 1964)
- § 24 Abs. 7: Wie Ziffer 15.7 ADSp (siehe Rn 1964)
- § 27: Unwirksam wegen mehrfacher Abweichung von zwingenden Bestimmungen des HGB[3741]
- § 28 Abs. 1: Wie Ziffer 22.1 ADSp (siehe Rn 1964)
- § 28 Abs. 4 Nr. 2: Wie Ziffer 22.4.2 ADSp (siehe Rn 1964)
- § 28 Abs. 4 Nr. 3: Wie Ziffer 22.4.3 ADSp (siehe Rn 1964)
- § 28 Abs. 4 Nr. 4: Wie Ziffer 22.4.4 ADSp (siehe Rn 1964)
- § 29 Abs. 1: Wie Ziffer 23.1 ADSp (siehe Rn 1964)
- § 29 Abs. 3 S. 3: Bedenklich[3742]
- § 29 Abs. 4: Fragwürdig[3743]
- § 30 Abs. 1: Wie Ziffer 24.1 ADSp (siehe Rn 1964)
- § 30 Abs. 3: Fragwürdig[3744]
- § 31 Nr. 1: Wie Ziffer 27.1 ADSp (siehe Rn 1964)
- § 32: Unangemessen, soweit dem Versicherer des Auftraggebers sogar bei Verletzung von Kardinalpflichten durch den Logistik-Unternehmer Schadensersatzansprüche gegen diesen abgeschnitten werden[3745]
- § 43: Unwirksam als salvatorische Klausel wie stets bei AGB, soweit hierauf und nicht auf individualvertragliche Abreden zu beziehen.[3746]

UN-Kaufrecht (CISG)

Literatur zum Stichwort UN-Kaufrecht (CISG): *Bamberger/Roth*, Beck'scher Online-Kommentar zum BGB, Stand: 1.2.2014, Edition: 31 (zit.: BeckOK/*Bearbeiter*); CISG Advisory Council Opinion No. 13 „Inclusion of Standard Terms under the CISG"; *Koch*, Wider den formularmäßigen Ausschluss des UN-Kaufrechts, NJW 2000, 910; *Ferrari/Kieninger/Mankowski/Otte/Saenger/Schulze/Staudinger*, Internationales Vertragsrecht, Rom I-VO, CISG, CMR, FactÜ, 2. Aufl. 2012; *Kröll/Mistelis/Viscasillas*, UN-Convention on the International Sales of Goods (CISG), 2011; *Magnus*, Das UN-Kaufrecht – aktuelle Entwicklungen, ZEuP 2013, 111; *ders.*, Das UN-Kaufrecht – bereit für die nächste Dekade, ZEuP 2010, 881; *ders.*, Das UN-Kaufrecht: stete Weiterentwicklung der Praxis, ZEuP 2008, 318; *Piltz*, Internationales Kaufrecht, 2. Aufl. 2008; *ders.*, Neue Entwicklungen im UN-Kaufrecht, NJW 2013, 2567; *ders.*, Praktische Handreichung für die Gestaltung internationaler Kaufverträge – Vorteile des UN-Kaufrechts gegenüber nationalem Recht, NJW 2012, 3061; *ders.*, Neue Entwicklungen im UN-Kaufrecht, NJW 2011, 2261; *ders.*, Neue Entwicklungen im UN-Kaufrecht, NJW 2003, 2056; *Schlechtriem/Schwenzer*, Kommentar zum Einheitlichen UN-Kaufrecht, 6. Aufl. 2013; *Schmidt-Kessel*, Einbeziehung von Allgemeinen Geschäftsbedingungen unter UN-Kaufrecht, NJW 2002, 3444; UNCITRAL, Digest of Case Law on the United Nations Convention on Contracts for the International Sale of Goods, 2012 Edition; UNCITRAL Case Law (CLOUT), abrufbar unter http://www.uncitral.org/uncitral/en/case_law.html (zit.: CISG-online, Fall Nr.)

I. Einführung 1973	3. Ausschluss des CISG 1979
II. Anwendungsbereich 1976	III. Allgemeine Geschäftsbedingungen 1981
1. Sachlicher Anwendungsbereich 1976	1. Einbeziehung Allgemeiner Geschäftsbedingungen 1981
2. Räumlicher/persönlicher Anwendungsbereich 1977	a) Übersendung 1985

[3736] *Koller*, Transportrecht, § 2 VBGL Rn 6–8; WLP/*Schmidt*, Klauseln Rn A78.
[3737] WLP/*Schmidt*, Klauseln Rn A78.
[3738] *Koller,* Transportrecht, § 3 VBGL Rn 2.
[3739] *Koller*, Transportrecht, § 4 VBGL Rn 2.
[3740] *Koller*, Transportrecht, § 6 VBGL Rn 6.
[3741] *Koller*, Transportrecht, § 27 VBGL Rn 2.
[3742] *Koller*, Transportrecht, § 29 VBGL Rn 10.
[3743] *Koller*, Transportrecht, § 29 VBGL Rn 8.
[3744] *Koller*, Transportrecht, § 30 VBGL Rn 2.
[3745] *Koller*, Transportrecht, § 32 VBGL Rn 4.
[3746] *Koller*, Transportrecht, § 43 VBGL Rn 1; WLP/*Schmidt*, Klauseln Rn A106.

b) Anderweitiges Zugänglichmachen 1986	4. Auslegung Allgemeiner Geschäftsbedingungen .. 1993
2. Überraschende Klauseln 1991	5. Kollidierende AGB („battle of forms") 1994
3. Vorrang der Individualabrede 1992	6. Inhaltskontrolle von Klauseln 1997

I. Einführung

1973 Das Übereinkommen der Vereinten Nationen über Verträge über den internationalen Warenkauf vom 11.4.1980,[3747] kurz auch als UN-Kaufrecht bzw. als CISG (United Nations Convention on Contracts for the International Sale of Goods) bezeichnet, ist ein **internationales Übereinkommen** zwischen mittlerweile **81 Vertragsstaaten**.[3748] In Deutschland ist das UN-Kaufrecht am 1.1.1991 in Kraft getreten.[3749] Das CISG ist **Bestandteil des deutschen Rechts und Spezialgesetz für den internationalen Warenkauf**; es geht dem unvereinheitlichten deutschen Kaufrecht vor.[3750]

1974 Das UN-Kaufrecht hat gerade für den Außenhandel der Bundesrepublik Deutschland einen überragenden Stellenwert und stellt die international bedeutendste Konvention auf dem Gebiet der **Vereinheitlichung des Privatrechts** dar.[3751] Praktisch alle Exportverträge und die weit überwiegende Zahl der Importverträge beurteilen sich aus deutscher Sicht primär nach dem UN-Kaufrecht.[3752] Über 75 % des internationalen Handels erfolgen mit Vertragsstaaten.[3753] Aufgrund seiner klaren, verständlichen, widerspruchsfreien und rechtspolitisch einleuchtenden Regeln[3754] war das UN-Kaufrecht darüber hinaus in zahlreichen Regelungsbereichen **Vorbild für die deutsche Schuldrechtsreform**.[3755]

1975 Gleichwohl wird das UN-Kaufrecht in der Praxis häufig reflexartig und formularmäßig ausgeschlossen. Eine **kritische, einzelfallbezogene Auseinandersetzung** der Vor- und Nachteile gegenüber dem nationalen Recht findet nicht statt.[3756] Dies mag damit zu tun haben, dass sich weder Unternehmer noch deren anwaltliche Berater mit den Besonderheiten des UN-Kaufrechts auseinandersetzen wollen und stattdessen – getreu dem Motto „the devil you know is better than the devil you do not know" – auf die ihnen vertrauter scheinenden Regeln des BGB und HGB zurückgreifen.[3757]

II. Anwendungsbereich

1. Sachlicher Anwendungsbereich

1976 Das UN-Kaufrecht ist gemäß Art. 1 Abs. 1 CISG auf **Kaufverträge über bewegliche Sachen**[3758] anwendbar. Eine Ausnahme besteht bei Sachen, die für den persönlichen Gebrauch bestimmt sind, wobei es auf die Kenntnis des Verkäufers ankommt (Art. 2 lit. a CISG). Auf die Bezeichnung des Vertrages kommt es hingegen nicht an.[3759] Nach Art. 3 Abs. 1 CISG stehen **Verträge über die Lieferung herzustellender oder zu erzeugender Ware** den Kaufverträgen gleich, es sei denn, der Besteller hat einen wesentlichen Teil der für die Herstellung oder Erzeugung notwendigen Stoffe selbst zur Verfügung zu stellen. Verträge, bei denen der überwiegende Teil der Pflichten der Partei, welche die Ware liefert, in der Ausführung von Arbeiten oder anderen Dienstleistungen besteht, sind ebenfalls nicht vom UN-Kaufrecht erfasst, Art. 3 Abs. 2 CISG.

2. Räumlicher/persönlicher Anwendungsbereich

1977 Die Vertragsparteien müssen ihre Niederlassung (vgl. zum Begriff auch Art. 10 CISG) in verschiedenen Staaten haben, wobei es sich entweder um **Vertragsstaaten** des Übereinkommens handeln muss (Art. 1 Abs. 1 lit. a CISG) oder die Regeln des internationalen Privatrechts zur Anwendung des **Rechts eines Vertragsstaates** (Art. 1 Abs. 1 lit.b CISG) führen müssen. Letzteres gilt nicht, wenn der Staat, dessen Recht gelten soll, von der in Art. 95 CISG vorgesehenen Möglichkeit Gebrauch gemacht hat, die Anwendungsvoraussetzungen des Art. 1 Abs. 1 lit.b CISG für unverbindlich zu erklären. Dies betrifft nur wenige Staaten, u.a. aber die USA und China.[3760] In diesem Fall ist nicht das UN-Kaufrecht, sondern das nationale Kaufrecht dieses Staates anzuwenden.[3761]

1978 Soweit keine (oder keine wirksame) Rechtswahl getroffen wird, unterfallen alle **Exportgeschäfte** eines deutschen Unternehmers über Art. 1 Abs. 1 lit.b CISG i.V.m. Art. 4 Abs. 1 lit. a Rom I-Verordnung[3762] dem UN-Kaufrecht.

[3747] Übereinkommen der Vereinten Nationen über Verträge über den internationalen Warenkauf v. 11.4.1980 (BGBl 1989 II S. 588).
[3748] Der aktuelle Stand ist abrufbar unter http://www.uncitral.org/uncitral/en/uncitral_texts/sale_goods/1980CISG_status.html (zuletzt abgerufen am 21.8.2014).
[3749] BGBl II 1990 S. 586.
[3750] BGH v. 25.11.1998 – VIII ZR 259/97, NJW 1999, 1259.
[3751] BeckOK/*Saenger*, CISG, Präambel Rn 1; UNCITRAL, Digest, Introduction S. 9.
[3752] *Piltz*, NJW 2013, 2567.
[3753] UNCITRAL, Digest, Introduction S. 9.
[3754] UNCITRAL, Digest, Introduction S. 9.
[3755] Siehe Begründung in BT-Drs 14/6040, S. 86.
[3756] Vgl. *Piltz*, NJW 2012, 3061; *ders.*, NJW 2011, 2261.
[3757] *Koch*, NJW 2000, 910.
[3758] Zum Umfang und Auslegung des Begriffs: UNCITRAL, Digest, Art. 1 Rn 29.
[3759] UNCITRAL, Digest, Art. 1 Rn 21.
[3760] Ein Liste der Staaten, von der in der Art. 95 CISG vorgesehenen Möglichkeit Gebrauch gemacht haben, ist abrufbar unter http://www.uncitral.org/uncitral/en/uncitral_texts/sale_goods/1980CISG_status.html (zuletzt abgerufen am 21.8.2014).
[3761] UBH/*Schmidt*, Anh. § 305 BGB Rn 8.
[3762] Verordnung (EG) Nr. 593/2008 des Europäischen Parlaments und des Rates vom 17.6.2008 über das auf vertragliche Schuldverhältnisse anzuwendende Recht (Rom I).

3. Ausschluss des CISG

Soweit die vorgenannten Anwendungsvoraussetzungen erfüllt sind, gilt das UN-Kaufrecht automatisch. Es ist **von Amts wegen anzuwenden**.

Allerdings spielt auch im UN-Kaufrecht der **Grundsatz der Vertragsfreiheit** eine maßgebliche Rolle.[3763] Aus diesem Grund sind nach Art. 6 CISG sowohl die **Abbedingung** einzelner Bestimmungen als auch der vollständige **Ausschluss** (ausdrücklich oder stillschweigend) möglich,[3764] was dann zur Anwendung des, nach dem internationalen Privatrecht berufenen, nationalen Rechts führt. Jedoch reicht es für einen stillschweigenden Ausschluss nicht aus, dass sich die Parteien in einem Prozess (infolge Verkennung der Rechtslage) nicht auf die Anwendung des CISG berufen.[3765] Der Ausschluss kann auch durch eine AGB-Klausel erfolgen, soweit die AGB wirksam in den Vertrag einbezogen worden sind.[3766]

III. Allgemeine Geschäftsbedingungen
1. Einbeziehung Allgemeiner Geschäftsbedingungen

Das UN-Kaufrecht enthält keine besonderen Voraussetzungen für die Einbeziehung von AGB in einen Vertrag.[3767] Vielmehr richtet sich die Einbeziehung nach Art. **14 ff. CISG** unter Berücksichtigung der Auslegungsregeln des Art. **8 CISG**.[3768] Ein Rückgriff auf das nach internationalem Privatrecht im Einzelfall zu bestimmende nationale Recht (z.B. § 305 BGB) ist hingegen abzulehnen.[3769]

Grundsätzlich ist durch **Auslegung** zu ermitteln, ob die AGB nach dem Willen des Anbietenden Bestandteil des Angebots sein sollen. Hierbei ist nach Art. 8 Abs. 2 CISG auf den **objektiven Empfängerhorizont** abzustellen. Soweit sich die Geltung der AGB nicht aus internationalen Gepflogenheiten und Gebräuchen i.S.d. Art. 8 Abs. 3 CISG ergibt, setzt dies einen **ausdrücklichen oder stillschweigenden Hinweis** voraus.[3770]

Die Frage, ob sich aus Art. 8 CISG eine allgemeine Übersendungsobliegenheit für den Verwender von AGB entnehmen lässt oder ob (wie nach uneinheitlichem deutschen Recht für den Geschäftsverkehr zwischen Unternehmern) auch ein Verweis auf die nicht übersandten Bedingungen ausreichen kann, wird unterschiedlich beantwortet.[3771]

Die Rechtsprechung[3772] und der überwiegende Teil der Literatur[3773] gehen von einer **Übersendungsobliegenheit** aus, wonach der Verwender dem Vertragspartner den Text seiner AGB unaufgefordert übersenden oder sonst zugänglich machen muss.[3774] Eines der Hauptargumente ist die Besonderheit des internationalen Geschäftsverkehrs. Eine Erkundigungsobliegenheit des Vertragspartners stellt hingegen keine Möglichkeit der zumutbaren Kenntnisnahme dar.[3775] Aus diesem Grund wird sogar vertreten, diese Übersendungsobliegenheit allgemein auf den internationalen Geschäftsverkehr zu übertragen, auch wenn der Vertrag nicht dem UN-Kaufrecht unterliegt, es sei denn, die Verwendung von AGB ist branchenüblich.[3776]

a) Übersendung. In der Praxis genügt es, wenn die AGB unmittelbar in der **Angebotserklärung** selbst enthalten sind, z.B. wenn das Angebotsschreiben auf seiner Vorderseite einen **deutlichen Hinweis**[3777] auf die AGB aufweist, die auf der Rückseite aufgedruckt sind.[3778] Dies setzt natürlich voraus, dass auch die Rückseite (bei der Übersendung per Fax) dem Vertragspartner übermittelt wird. Bei einem per **E-Mail** unterbreiteten Angebot genügt es, wenn die

---

3763 UNCITRAL, Digest, Art. 6 Rn 3.
3764 *Magnus*, ZEuP 2010, 881, 892; UNCITRAL, Digest, Art. 6 Rn 2 sowie Rn 7 ff.
3765 OLG Hamm v. 2.4.2009 – 28 U 107/08; OLG Stuttgart v. 31.3.2008 – 6 U 220/07; *Magnus*, ZEuP 2013, 111, 120 ff.; UNCITRAL, Digest, Art. 6 Rn 14.
3766 UNCITRAL, Digest, Art. 6 Rn 7.
3767 Schlechtriem/Schwenzer/*Schmidt-Kessel*, Art. 8 Rn 52; Schlechtriem/Schwenzer/*Schroeter*, Art. 14 Rn 33.
3768 BGH v. 31.10.2001 – VIII ZR 60/01, NJW 2002, 370; OLG Düsseldorf v. 21.4.2004 – I-15 U 88/03, 15 U 88/03; Schlechtriem/Schwenzer/*Schroeter*, Art. 14 Rn 33; Kröll/Mistelis/Viscasillas/*Ferrari*, Art. 14 Rn 38; UNCITRAL, Digest, Art. 4 Rn 10 und Art. 8 Rn 31.
3769 BGH v. 31.10.2001 – VIII ZR 60/01, NJW 2002, 370 m.w.N; OLG Naumburg v. 13.2.2013 – 12 U 153/12, NJOZ 2013, 1764; OLG Jena v. 10.11.2010 – 7 U 303/10; MüKo/*Gruber*, Art. 14 CISG Rn 27; Schlechtriem/*Schroeter*, Art. 14 Rn 33.
3770 UBH/*Schmidt*, Anh. § 305 BGB Rn 12; Schlechtriem/Schwenzer/*Schmidt-Kessel*, Art. 8 Rn 52; Ferrari/*Saenger*, Art. 8 Rn 6; MüKo/*Gruber*, Art. 14 CISG Rn 28.
3771 Schlechtriem/Schwenzer/*Schmidt-Kessel*, Art. 8 Rn 53; UBH/*Schmidt*, Anh. § 305 BGB Rn 12; CISG Advisory Council Opinion No. 13, Rule 2.
3772 BGH v. 31.10.2001 – VIII ZR 60/01, NJW 2002, 370; OLG Naumburg v. 13.2.2013 – 12 U 153/12, NJOZ 2013, 1764; OLG Jena v. 10.11.2010 – 7 U 303/10; OLG Celle v. 24.7.2009 – 13 W 48/09; OLG Oldenburg v. 20.12.2007 – 8 U 138/07.
3773 Schlechtriem/Schwenzer/*Schroeter*, Art. 14 Rn 40 ff.; *Piltz*, Internationales Kaufrecht, Rn 3–82 ff.; *ders.*, NJW 2003, 2056; Kröll/Mistelis/Viscasillas/*Ferrari*, Art. 14 Rn 39; *Magnus*, ZEuP 2008, 318, 325; a.A. Schlechtriem/Schwenzer/*Schmidt-Kessel*, Art. 8 Rn 53a; *ders.*, NJW 2002, 3444.
3774 Vgl. auch UNCITRAL, Digest, Art. 8 Rn 31.
3775 OLG Jena v. 10.11.2010 – 7 U 303/10.
3776 UBH/*Schmidt*, Anh. § 305 BGB Rn 12; a.A. Schlechtriem/Schwenzer/*Schmidt-Kessel*, Art. 8 Rn 53a.
3777 Cour d'appel Paris v. 13.12.1995 (ISEA Industrie v. Lu), CISG-online, Fall Nr. 203; *Magnus*, ZEuP 2013, 111, 124.
3778 Kröll/Mistelis/Viscasillas/*Ferrari*, Art. 14 Rn 40; Schlechtriem/Schwenzer/*Schroeter*, Art. 14 Rn 44.

AGB der E-Mail als Anhang (attachment) beigefügt sind, z.B. als PDF-Datei.[3779] Nicht ausreichend ist hingegen das bloße Angebot des AGB-Verwenders, den Text der AGB auf Wunsch dem Vertragspartner kostenlos zur Verfügung zu stellen.[3780]

1986 b) **Anderweitiges Zugänglichmachen.** Bei einem **Vertragsschluss unter Anwesenden** reicht es aus, wenn die AGB dem Vertragspartner übergeben werden oder aber im Geschäftslokal ausliegen und der Vertragspartner Gelegenheit hat, sie zu lesen.[3781]

1987 Bei **Vertragsabschlüssen über das Internet** können die AGB über einen Link auf der Internetseite, die das Vertragsangebot enthält, unmittelbar zugänglich gemacht werden.[3782] Die **Beweislast** für die Auffindbarkeit der AGB sowie deren technische Abruf- und Ausdruckbarkeit trifft den AGB-Verwender. Empfehlenswert erscheint es daher, sich die erfolgte Kenntnisnahme der AGB durch das Anklicken eines Bestätigungsfeldes (sog. „Click-wrap") nachweisbar bestätigen zu lassen.[3783]

1988 Sofern der Vertragsschluss nicht über das Internet, sondern über **andere Kommunikationsmittel** (mündlich, schriftlich, Telefax etc.) erfolgt, reicht die Abrufbarkeit der AGB im Internet nicht aus, um der Kenntnisverschaffungsobliegenheit des Verwenders zu genügen.[3784]

1989 In **laufenden Geschäftsbeziehungen** zwischen zwei Parteien kann es zur Kenntnisverschaffung ausreichen, dass die AGB dem Vertragspartner bereits in der Vergangenheit zugänglich gemacht wurden.[3785] Dies setzt zunächst voraus, dass die AGB in die zurückliegenden Kaufverträge tatsächlich wirksam einbezogen worden waren. Darüber hinaus spielen für die Einbeziehung im Einzelfall auch die Anzahl der Geschäfte und deren zeitlicher Abstand eine Rolle.

1990 Sind die Bedingungen in einer Sprache abgefasst, die dem Erklärungsempfänger nicht verständlich und auch nicht **Vertragssprache** ist, kann dies die Kenntnisnahme unzumutbar machen und ebenfalls die Einbeziehung hindern.[3786] Dasselbe gilt in der Regel für einen fremdsprachigen Hinweis (z.B. in deutscher Sprache) auf AGB, wenn es sich nicht um die Vertragssprache handelt und die verwendete Sprache dem Empfänger nicht verständlich ist.[3787] Eine Ausnahme besteht, wenn der Vertragspartner ausdrücklich sein Einverständnis mit den (fremdsprachigen) AGB erklärt.[3788]

2. Überraschende Klauseln

1991 Umstritten ist, ob die Kontrolle überraschender AGB-Klauseln die Einbeziehung[3789] oder materiell deren Gültigkeit[3790] betrifft. Nach der zweiten Ansicht hätte dies zur Folge, dass die Kontrolle überraschender Klauseln nicht dem UN-Kaufrecht unterliegt (vgl. Art. 4 S. 2 lit. a CISG), sondern nach dem nationalen Recht (§ 305c Abs. 1 BGB) zu erfolgen hat. In der Praxis dürften beide Ansichten häufig zum gleichen Ergebnis führen.

3. Vorrang der Individualabrede

1992 Auch im UN-Kaufrecht gilt der Grundsatz des Vorrangs der Individualabrede.[3791] Dies entspricht auch Art. 2.1.21 der UNIDROIT-Grundregeln für internationale Handelsverträge (Principles of International Commercial Contracts – PICC).

4. Auslegung Allgemeiner Geschäftsbedingungen

1993 Die Auslegung von wirksam einbezogenen AGB richtet sich nach den allgemeinen Regeln des UN-Kaufrechts.[3792] Besondere Bedeutung erlangt dabei die international weit verbreitete Regel, dass unklare Erklärungen **contra proferentem**, mithin zu Lasten des Verwenders auszulegen sind (vgl. § 305c Abs. 2 BGB).[3793]

3779 Federal District Court California v. 21.1.2010 (Golden Valley Grape Juice and Wine, LLC v. Centriys Corporation/Centriys Corporation v. Separator Technology Solutions Pty Ltd, abrufbar unter http://cisgw3.law.pace.edu/cases/100121u1.html); Schlechtriem/Schwenzer/*Schroeter*, Art. 14 Rn 44.
3780 Schlechtriem/Schwenzer/*Schroeter*, Art. 14 Rn 55.
3781 Schlechtriem/Schwenzer/*Schroeter*, Art. 14 Rn 48.
3782 *Magnus*, ZEuP 2013, 111, 124; *Piltz*, Internationales Kaufrecht, Rn 3–85; Schlechtriem/Schwenzer/*Schroeter*, Art. 14 Rn 49.
3783 Schlechtriem/Schwenzer/*Schroeter*, Art. 14 Rn 49.
3784 Schlechtriem/Schwenzer/*Schroeter*, Art. 14 Rn 50.
3785 Kröll/Mistelis/Viscasillas/*Ferrari*, Art. 14 Rn 40; Schlechtriem/Schwenzer/*Schroeter*, Art. 14 Rn 51.
3786 UNCITRAL, Digest, Art. 8 Rn 32 ff.
3787 OLG Hamm v. 6.12.2005 – 19 U 120/05; OLG Düsseldorf v. 21.4.2004 – I-15 U 88/03, 15 U 88/03; Schlechtriem/Schwenzer/*Schmidt-Kessel*, Art. 8 Rn 54a; *Piltz*, Internationales Kaufrecht, Rn 3–86; UBH/*Schmidt*, Anh. § 305 Rn 16, wonach es ausreicht, wenn die AGB bzw. der Hinweis in einer „Weltsprache" erfolgen.
3788 UBH/*Schmidt*, Anh. § 305 Rn 16.
3789 LG Landshut v. 12.6.2008 – 43 O 1748/07; Schlechtriem/Schwenzer/*Schmidt-Kessel*, Art. 8 Rn 57; CISG Advisory Council Opinion No. 13, Rule 7 Rn 7.2.
3790 Schlechtriem/Schwenzer/*Schroeter*, Art. 14 Rn 35; Ferrari/*Saenger*, Art. 4 Rn 23; MüKo/*Benicke*, Art. 4 Rn 5; *Piltz*, Internationales Kaufrecht, Rn 3–91; OLG Düsseldorf v. 21.4.2004 – I-15 U 88/03, 15 U 88/03.
3791 Schlechtriem/Schwenzer/*Schmidt-Kessel*, Art. 8 Rn 58.
3792 Schlechtriem/Schwenzer/*Schmidt-Kessel*, Art. 8 Rn 59; *Piltz*, Internationales Kaufrecht, Rn 3–90.
3793 OLG Stuttgart v. 31.3.2008 – 6 U 220/07, wonach die Regel „contra proferentem" gleichermaßen bei Anwendung des BGB wie des CISG (Art. 8 Abs. 2 CISG) gilt; Schlechtriem/Schwenzer/*Schmidt-Kessel*, Art. 8 Rn 47.

5. Kollidierende AGB („battle of forms")

Das UN-Kaufrecht enthält keine besonderen Regelungen für „battle of forms".[3794] Da die Sachfrage aber zweifelsfrei in den Regelungsbereich des UN-Kaufrechts fällt, muss das Problem kollidierender Geschäftsbedingungen nach Maßgabe des Art. 19 CISG gelöst werden.[3795]

Nach der **Theorie des letzten Wortes („last shot rule")** sollen diejenigen AGB Bestandteil des Vertrages werden, auf die zuletzt unwidersprochen verwiesen worden ist.[3796] Diese Theorie ist auch in der Rechtsprechung angewandt worden.[3797] Dabei werden die unterschiedlichsten Verhaltensweisen des jeweiligen Antragsgegners als konkludente Annahme der zuletzt übersandten AGB gewertet.[3798] Diese Theorie folgt zwar einer strikten Interpretation von Art. 19 CISG, führt aber häufig zu unbegründeten, zufälligen Ergebnissen und damit zur Rechtsunsicherheit für die Beteiligten.[3799]

Nach der wohl herrschenden Meinung ist hingegen die **Restgültigkeitstheorie („knock out rule")** anzuwenden.[3800] Dies entspricht auch den UNIDROIT-Grundregeln für internationale Handelsverträge sowie dem US-amerikanischen Uniform Commercial Code (UCC).[3801] Der Vertrag kommt trotz kollidierender AGB zustande. Soweit sich einzelne Klauseln widersprechen, werden sie nicht Vertragsbestandteil und es gilt die gesetzliche Regelung (d.h. das UN-Kaufrecht und außerhalb seines Anwendungsbereichs das nach IPR maßgebliche Recht).[3802] Diese Lösung scheint vorzugswürdig, weil sie eine verlässliche, rechtssichere Basis für die Vertragsparteien bietet.

6. Inhaltskontrolle von Klauseln

Die Inhaltskontrolle von Klauseln richtet sich nicht nach UN-Kaufrecht, Art. 4 S. 2 lit. a CISG. Diese Frage ist vielmehr nach den Regeln des **kollisionsrechtlich anwendbaren Rechts** zu beurteilen.[3803] Soweit deutsches Recht Anwendung findet, gelten die §§ 307–309 BGB.[3804]

Umstritten ist jedoch, welcher **Maßstab bei der Inhaltskontrolle** anzuwenden ist. Soweit vereinzelt die Auffassung vertreten wird, Prüfungsmaßstab sei das unvereinheitlichte, nationale Recht, ist dies m.E. eindeutig abzulehnen. Denn dies würde dem Vorrang des UN-Kaufrechts gegenüber dem jeweiligen nationalen Recht klar widersprechen. Außerdem wären die internationalen Gepflogenheiten und Gebräuche nicht hinreichend berücksichtigt. Zu Recht weist *Koch* darauf hin, dass auch die mit dem UN-Kaufrecht angestrebte Rechtsvereinheitlichung zumindest im Hinblick auf Formularverträge gefährdet wäre.[3805]

Die herrschende Meinung in der Literatur[3806] sowie die Rechtsprechung[3807] gehen zu Recht davon aus, dass im Rahmen der Inhaltskontrolle des § 307 BGB die **Wertungen des UN-Kaufrechts** und nicht des nationalen Rechts zu berücksichtigen sind. Konsequenterweise formuliert *Piltz*, dass „bei der inhaltlichen Kontrolle von AGB-Klauseln, die die Regeln des UN-Kaufrechts modifizieren, in besonderem Maße den Wertungen Rechnung zu tragen [ist], die in den Bestimmungen des UN-Kaufrechts Niederschlag gefunden haben bzw. dem UN-Kaufrecht zugrunde liegen."[3808]

Für die **Lückenfüllung** bei Nichteinbeziehung oder Unwirksamkeit von AGB ist § 306 Abs. 2 BGB maßgeblich. Jedoch ist auch hier in erster Linie auf das UN-Kaufrecht einschließlich seiner Ergänzungen nach Art. 7 Abs. 2 CISG zurückzugreifen.[3809]

3794 UNCITRAL, Digest, Art. 19 Rn 6 ff.
3795 Schlechtriem/Schwenzer/*Schroeter*, Art. 19 Rn 21; Kröll/Mistelis/Viscasillas/*Ferrari*, Art. 19 Rn 14.
3796 Kröll/Mistelis/Viscasillas/*Ferrari*, Art. 19 Rn 15.
3797 UNCITRAL, Digest, Art. 19 Rn 6 m.w.N.
3798 Schlechtriem/Schwenzer/*Schroeter*, Art. 19 Rn 22.
3799 *Magnus*, ZEuP 2008, 318, 326; CISG Advisory Council Opinion No. 13, Rule 10.
3800 CISG Advisory Council Opinion No. 13, Rule 10 Rn 10.6.
3801 Vgl. Art. 2.1.22 der UNIDROIT-Grundregeln für internationale Handelsverträge sowie § 2–207 Abs. 3 Uniform Commercial Code.
3802 BGH v. 9.1.2002 – VIII ZR 304/00, NJW 2002, 1651; OLG Frankfurt v. 26.6.2006 – 26 Sch 28/05; OLG Düsseldorf v. 25.7.2003 – 17 U 22/03 (abrufbar unter http://cisgw3.law.pace.edu/cases/030725g1.html); Schlechtriem/Schwenzer/*Schroeter*, Art. 19 Rn 23 und 25.
3803 OLG Jena v. 10.11.2010 – 7 U 303/10; Kröll/Mistelis/Viscasillas/*Ferrari*, Art. 14 Rn 42; Schlechtriem/Schwenzer/*Ferrari*, Art. 4 Rn 20; Ferrari/*Saenger*, Art. 4 Rn 23; MüKo/*Westermann*, Art. 4 Rn 6; UNCITRAL, Digest, Art. 4 Rn 10 und Art. 18 Rn 11.
3804 UBH/*Schmidt*, Anh. § 305 Rn 10.
3805 *Koch*, NJW 2000, 910.
3806 UBH/*Schmidt*, Anh. § 305 Rn 10; UBH/*Fuchs*, § 307 Rn 225; UBH/*Christensen*, § 309 Nr. 7 Rn 48 sowie § 309 Nr. 8 Rn 70; Schlechtriem/Schwenzer/*Ferrari*, Art. 4 Rn 20; Kröll/Mistelis/Viscasillas/*Djordjevic*, Art. 4 Rn 25; Kröll/Mistelis/Viscasillas/*Ferrari*, Art. 14 Rn 42; Ferrari/*Saenger*, Art. 4 Rn 23; MüKo/*Westermann*, Art. 4 Rn 3 a.E. und Rn 6; BeckOK/*Saenger*, Art. 4 Rn 22 a.E.; *Koch*, NJW 2000, 910.
3807 OLG Düsseldorf v. 21.4.2004 – I-15 U 88/03, 15 U 88/03; OGH v. 7.9.2000 – 8 Ob 22/00v, CISG-online, Fall Nr. 428; OLG Linz v. 23.3.2005 – 6 R 200/04f (abrufbar unter http://cisgw3.law.pace.edu/cases/050323a3.html).
3808 *Piltz*, Internationales Kaufrecht, Rn 2–153 und Rn 3–91.
3809 UBH/*Schmidt*, Anh. § 305 Rn 10; MüKo/*Westermann*, Art. 4 Rn 6.

Unterrichtsverträge

2001 Im Rahmen der Unterrichtsverträge müssen zwei Typen auseinander gehalten werden: der **Direktunterricht** (z.B. Internat, Tagesschule, Erwachsenenbildung, Musikschule, Fahrschule etc.) und der **Fernunterricht**. Für Letzteren besteht eine spezielle Gesetzesgrundlage, das Fernunterrichtsschutzgesetz (FernUSG). Dieses Gesetz ist auf Direktunterrichtsverträge nicht anzuwenden.[3810]

2002 Das FernUSG enthält zwingende Regelungen, die weder durch Individualvereinbarung noch durch AGB abgeändert werden können. Ob und in welchem Umfang diese Regelungen als Wertungen bei der Inhaltskontrolle nach § 307 BGB für den Direktunterricht herangezogen werden können, hängt davon ab, ob beim konkreten Vertragstyp eine vergleichbare Interessenlage besteht.[3811]

2003 Im Rahmen von Fernunterrichtsverträgen ist das Maß der **Vorauszahlung** der Unterrichtsvergütung auf das Entgelt für drei Monate beschränkt (§ 2 Abs. 2 FernUSG). Nach § 307 BGB dürfte dies auch die Obergrenze sein, um im Rahmen von Direktunterrichtsverträgen Vorauszahlungen formularmäßig zu vereinbaren. Ob dieser Zeitraum angemessen[3812] ist oder generell eine Vorschusszahlung auszuscheiden hat,[3813] ist jedoch eine Frage des Vertragstyps in seiner generellen Ausgestaltung. Bestehen mietvertragliche Elemente (Internat), wird man wohl einen Vorschuss von drei Monatsentgelten zu billigen haben; bei Fahrschule[3814] oder Fitness ist dagegen eine Vorschussleistung generell ausgeschlossen.

2004 Klauseln, die es ermöglichen, über die Abwälzung der Kostensteigerung hinaus den vereinbarten Preis ohne jede Begrenzung einseitig anzuheben – **Preisänderungsvorbehalte** – verstoßen in jedem Fall gegen § 307 BGB.[3815] Erforderlich ist eine möglichst transparente Erhöhungsregelung verbunden mit einem Kündigungsrecht des Schülers.[3816]

2005 Unerheblich ist es hierbei, ob Erhöhungsfaktoren bereits vorhersehbar waren und hätten in den Preis einkalkuliert werden können.[3817]

2006 Überwiegend wird vertreten, dass während der Ferien oder Schulschließungen nicht der volle (Unterrichts-)Beitrag oder überhaupt kein Beitrag verlangt werden kann.[3818]

2007 Eine **Zahlungspflicht während der Ferien** könnte sich dadurch rechtfertigen lassen, dass auch die Lehrer, Lehrerinnen, Betreuer und Betreuerinnen wie auch die Mietsache zu bezahlen sind. Nachdem jedoch keine Essenskosten u.a. anfallen, kann dieser Anteil nicht verlangt werden, wenn die Einrichtung geschlossen ist. Dem wird der Einwand entgegengehalten, dass der Monatsbeitrag eine Mischkalkulation darstelle und ohne Ferien sehr viel höher liegen würde. Dies mag für eine langfristige Betreuung zutreffen, nicht jedoch für die Situation „ein Monat Betreuung, zwei Monate Ferien, dann Vertragsbeendigung". Insoweit sind Klauseln über eine kurze Vertragsbeziehung grundsätzlich unabdingbar; bei einer Kündigungsfrist von maximal zwei Monaten erscheint eine Differenzierung im monatlichen Betreuungspreis dagegen nicht erforderlich.[3819]

2008 Für die **Kündigungsmöglichkeit** formularmäßig abgeschlossener Internatsverträge gilt Folgendes: § 5 FernUSG sieht zwar für den Schüler eine unabdingbare Kündigungsmöglichkeit vor. Diese Bestimmung ist auf Direktunterrichtsverträge jedoch weder unmittelbar noch entsprechend anwendbar.[3820] Eine allgemeine Regel für angemessene Laufzeit, die an der Generalklausel des § 307 BGB zu messen ist, lässt sich hier nicht festlegen.[3821] Eine Kündigungsmöglichkeit nach § 627 BGB (die grundsätzlich nicht abdingbar wäre) besteht nicht, da der Verpflichtete in einem dauernden Dienstverhältnis mit festen Bezügen steht. Ein dauerndes Dienstverhältnis, was die Anwendbarkeit des § 627 BGB ausschließt, kann bereits durch einen auf ein Jahr abgeschlossenen Dienstvertrag begründet werden, wenn es sich um die Verpflichtung für ständige und langfristige Aufgaben handelt und beide Vertragsteile von der Möglichkeit und Zweckmäßigkeit einer Verlängerung ausgehen.[3822] Ein Recht zur außerordentlichen Kündigung besteht jedoch nach § 626 BGB, sofern ein wichtiger Grund zur vorzeitigen Vertragskündigung besteht. Hierbei können jedoch keine Gründe geltend gemacht werden, die im Risikobereich des Kündigenden liegen.[3823] Insbesondere zählen die Fehleinschätzung der Fähigkeiten und die Bereitschaft des Schülers, die Trennung vom Elternhaus zu bewältigen und sich in die Internatsgemeinschaft einzufügen, zu dem Verantwortungsbereich der Eltern.[3824] Eine formular-

---

[3810] BGH NJW 1984, 1531, 1532; BGH NJW 1985, 2585, 2586.
[3811] Ebenso UBH/*Schmidt*, Teil 2 (33) Rn 1; WLP/*Stoffels*, Rn U6.
[3812] So ebenso UBH/*Schmidt*, Teil 2 (33) Rn 1; Staudinger/*Coester*, § 307 Rn 637; v. Westphalen/*Kappus*, Direktunterricht Rn 19.
[3813] So Palandt/*Grüneberg*, § 307 Rn 138; OLG Frankfurt NJW-RR 1992, 1207; OLG Celle NJW-RR 1995, 1465.
[3814] Hierzu wohl ebenso WLP/*Stoffels*, Rn U4.
[3815] BGH NJW 1985, 855, 856.
[3816] BGH NJW 1985, 856; Palandt/*Grüneberg*, § 307 Rn 138.
[3817] Anders Palandt/*Grüneberg*, § 307 Rn 138; Dörner, NJW 1979, 248.
[3818] OLG Frankfurt NJW 1992, 1207; Palandt/*Grüneberg*, § 307 Rn 138.
[3819] Anders der Schüler beim Direktunterricht, dieser soll während der Schulferien generell nicht zur Fortentrichtung des Entgelts verpflichtet sein: OLG Frankfurt NJW-RR 1992, 1207; LG Nürnberg NJW RR 2001, 1349; Palandt/*Grüneberg*, § 307 Rn 138; Erman/*Roloff*, § 307 Rn 167; *Kappus*, AGB-Klauseln, Rn 21.
[3820] BGH NJW 1984, 1531; BGH NJW 1985, 2585.
[3821] BGH NJW 1984, 1531; BGH NJW 1985, 2585.
[3822] BGH NJW 1984, 1531; BGH NJW 1985, 2585.
[3823] BGH NJW 1985, 2585, 2586.
[3824] BGH NJW 1985, 2585, 2586.

mäßige Beschränkung der Kündigungsmöglichkeit auf das Schuljahresende verstößt jedoch gegen § 307 BGB.[3825] Wesentlicher Grund hierfür ist, dass sich gerade in dieser Zeit herausstellen soll, ob das Kind die Anforderungen und die Umstellung verkraftet. Maßgeblich und Obergrenze einer Bindung ist daher das Schulhalbjahr.[3826] Auch der Schulträger kann mit zweimonatiger Frist zum Schulhalbjahr kündigen.[3827]

Fehlt eine Regelung zur **Vertragsbeendigung im ersten Jahr**, so ist nach dem BGH eine ergänzende Vertragsauslegung durchzuführen mit der Folge, dass im ersten Jahr der Vertragsbindung ein zusätzliches ordentliches Kündigungsrecht der Vertragspartner des Schul- und Internatsvertrags zuzulassen ist, nach einem Zeitraum, der lang genug ist, um verfrühtes Resignieren des Kindes, andererseits aber auch voreiliges elterliches Nachgeben zu verhindern.[3828] Demgemäß sei auch eine unwirksame Kündigungsregelung zu ersetzen. Bei Fitnessverträgen ist eine Vertragsbindung von 18 Monaten jedenfalls unwirksam; auch hier ist dem Kursteilnehmer eine Probezeit zuzubilligen, die maximal bei sechs Monaten liegen sollte.[3829]

Diese Formulierung des BGH ist jedoch missverständlich: Entscheidend ist die Natur des Vertrags und der Vertragszweck. Hiernach ist erforderlich das Festlegen eines Zeitraums, der lang genug ist, um verfrühtes Resignieren des Kindes, andererseits aber auch voreiliges elterliches Nachgeben zu verhindern. Insoweit kann es erforderlich sein, ein Sonderkündigungsrecht während einer **Probezeit** einzuräumen.

Verträge, die eine feste **Laufzeit** vorgeben, müssen dieses Sonderkündigungsrecht ausdrücklich einräumen. Auch Laufzeiten, die sich im Rahmen von § 309 Nr. 9a BGB halten (zwei Jahre), können nach § 307 BGB unwirksam sein. So ist beim **Fahrschulvertrag** insgesamt eine feste Laufzeit unangemessen; ein **Fitnessvertrag** darf eine Obergrenze von sechs Monaten nicht überschreiten.[3830]

Verfallklauseln

Sie liegen vor, wenn unter bestimmten aufgeführten Umständen der Kunde seiner Rechte unmittelbar verlustig gehen soll oder dieser verpflichtet wird, seine Rechte zu übertragen oder auf diese zu verzichten. So sind im Leasingvertrag Klauseln unwirksam, wonach der Leasinggeber bei fristloser Kündigung wegen Zahlungsverzugs des Leasingnehmers berechtigt ist, die Leasingsache zurückzunehmen und sofort alle künftigen Leasingraten zu fordern. Hiermit wird gegen das Äquivalenzprinzip unter Nichtberücksichtigung der Vorteilsausgleichung verstoßen,[3831] wobei die Unwirksamkeit auch dann besteht, wenn der Leasingnehmer bei sofortiger Zahlung aller rückständigen und künftigen Raten die Sache wiedererlangt.[3832] Zudem können Verfallklauseln auch Beschränkungen der Haftung und sonstiger Rechte des Kunden darstellen und insoweit gegen die Klauselkataloge oder die Generalklausel verstoßen.

Verjährung

A. Bedeutung 2013
B. Inhaltskontrolle gemäß § 307 BGB 2017
I. Erleichterungen der Verjährung 2018
II. Erschwerungen der Verjährung 2020
C. Geltung im unternehmerischen Geschäftsverkehr 2021

A. Bedeutung

Das Recht, von einem anderen ein Tun oder Unterlassen zu verlangen (Anspruch), unterliegt gemäß § 194 Abs. 1 BGB der Verjährung. Nach deren Eintritt ist der Schuldner gemäß § 214 Abs. 1 BGB berechtigt, die Leistung zu verweigern; die Verjährung führt daher faktisch zu einem Untergang des Anspruchs. Durch das im Jahre 2001 erlassene Schuldrechtsmodernisierungsgesetz wurde das Recht der Verjährung grundlegend neugestaltet. Bisher betrug die regelmäßige Verjährungsfrist 30 Jahre; der Beginn der Verjährungsfrist bestimmte sich nur nach objektiven Kriterien, insbesondere nach der Entstehung des Anspruchs. Durch das Schuldrechtsmodernisierungsgesetz wurde die regelmäßige Verjährungsfrist auf drei Jahre herabgesetzt (§ 199 BGB). Dafür richtet sich der Beginn dieser Verjährungsfrist nunmehr nach **objektiven und subjektiven Kriterien**: Die Frist beginnt gemäß § 199 Abs. 1 BGB mit dem Schluss des Jahres zu laufen, in dem der Anspruch entstanden ist **und** der Gläubiger von den den Anspruch begründenden Umständen und der Person des Schuldners Kenntnis erlangt oder ohne grobe Fahrlässigkeit erlangen müsste. Die Unkenntnis von Anspruchsumständen oder vom Schuldner kann daher den Eintritt der Verjährung über den Zeitraum von drei Jahren ab Anspruchsentstehung weit hinauszögern. Der Beginn der Verjährungsfrist von Ansprüchen, die

---

3825 BGH NJW 1985, 2585, 2586.
3826 BGH NJW 1985, 2585, 2586; Palandt/*Grüneberg*, § 307 Rn 138; für Verkürzung bei besonderen Schultypen: OLG Celle OLGZ 1993, 367.
3827 BGH NJW 2008, 1064; OLG Schleswig NJW-RR 2010, 703.
3828 BGH NJW 1985, 2585, 2587.
3829 Vgl. LG Frankfurt NJW 1985, 1717; AG Dülmen NJW 1985, 1718; a.A. LG Hamburg NJW 1986, 282.
3830 Vgl. BGH NJW 1997, 739.
3831 BGH NJW 1982, 870.
3832 BGH NJW 1982, 870.

nicht der regelmäßigen Verjährung unterliegen, ist dagegen objektiv bestimmt; die Verjährungsfrist beginnt gemäß § 200 BGB grundsätzlich mit der Entstehung des Anspruchs. So verjähren etwa in zehn Jahren Rechte an einem Grundstück und in 30 Jahren rechtskräftig festgestellte Ansprüche (§§ 196, 197 BGB).

2014 Nach bisherigem Recht waren vertraglich vereinbarte Erschwerungen des Verjährungseintritts – von besonderen Ausnahmeregelungen abgesehen[3833] – wegen § 225 BGB a.F. unzulässig. Nunmehr sind Vereinbarungen über die Verjährung, also **Erleichterungen des Verjährungseintritts** und **Erschwerungen** grundsätzlich zulässig.[3834] Dies ergibt sich im Umkehrschluss aus § 202 BGB, da diese Vorschrift Regelungen zu Verjährungserleichterungen und -erschwerungen enthält, ihre Zulässigkeit also voraussetzt. Vereinbarungen über die Verjährung können individualvertraglich und formularmäßig getroffen werden. Dabei sind spezialgesetzliche Grenzen zu beachten. So kann gemäß **§ 202 Abs. 1 BGB** die Verjährung bei Haftung wegen Vorsatzes nicht im Voraus erleichtert werden. Eine Erleichterung der Verjährung kann nicht nur durch simple Verkürzung der Verjährungsfrist erreicht werden, sondern auch durch die Vorverlegung des Verjährungsbeginns oder durch Einschränkung der Hemmungstatbestände. Im Verbrauchsgüterkauf kann gemäß **§ 475 Abs. 2 BGB** – vor Mitteilung des Mangels an den Unternehmer – die Verjährungsfrist für Mängelansprüche beim Kauf von neuen Sachen nicht auf weniger als zwei Jahre abgekürzt werden, bei gebrauchten Sachen auf nicht weniger als ein Jahr. **§ 478 Abs. 4 BGB** schränkt Erleichterungen der Verjährung im unternehmerischen Verkehr ein, um die Regressmöglichkeit des Unternehmers gegen den Lieferanten bei Mängeln zu schützen. Bei Reiseverträgen verjähren Mängelansprüche gemäß § 651g Abs. 2 BGB in zwei Jahren. Diese Frist kann gemäß **§ 651m S. 2 BGB** vor Mitteilung eines Reisemangels nicht auf unter ein Jahr abgekürzt werden. Erschwerungen des Verjährungseintritts durch Verlängerung der Verjährungsfrist auf über 30 Jahre sind gemäß § 202 Abs. 2 BGB unzulässig.

2015 Werden Vereinbarungen über die Verjährung von Mängelansprüchen bei Kauf- und Werkverträgen formularmäßig getroffen, ist **§ 309 Nr. 8b ff. BGB** zu beachten. Danach dürfen die in §§ 438 Abs. 1 Nr. 2, 634a Abs. 1 Nr. 2 BGB vorgesehene fünfjährige Verjährungsfrist für Mängel an Bauwerken Erleichterungen der Verjährung nicht vereinbart werden. Bei anderen kauf- und werkvertraglichen Mängeln muss eine Mindestfrist für die Verjährung von einem Jahr beachtet werden. Ergänzend ist für die Inhaltskontrolle § 307 BGB heranzuziehen. Im unternehmerischen Geschäftsverkehr gilt insoweit gemäß § 310 Abs. 1 S. 3 BGB die Sonderregelung, dass bei Verträgen, die die Vergabe- und Vertragsordnung für Bauleistungen Teil B (VOB/B) in der jeweils aktuellen Fassung vollständig und unverändert einbezogen haben, keine Inhaltskontrolle von einzelnen Bestimmungen gemäß § 307 BGB erfolgt.

2016 Gemäß **§ 309 Nr. 7a und 7b BGB** kann nicht formularmäßig die Haftung für die Verletzung von Leben, Körper und Gesundheit sowie für grobes Verschulden ausgeschlossen werden. Nach zutreffender Auffassung stellt die Verkürzung der Verjährungsfrist von derartigen **Schadensersatzansprüchen** einen unzulässigen Haftungsausschluss dar. Sofern daher formularmäßig eine Verkürzung der Verjährungsfrist auch für Schadensersatzansprüche vereinbart ist, und nicht ausdrücklich der Anwendungsbereich des § 309 Nr. 7a und 7b BGB ausgenommen wird, ist eine derartige Klausel unwirksam.[3835]

B. Inhaltskontrolle gemäß § 307 BGB

2017 Die Verjährung dient insbesondere bei vertraglichen Ansprüchen der Sicherheit des Rechtsverkehrs und dem Rechtsfrieden.[3836] Nach einer bestimmten Zeit soll die Ungewissheit über das Bestehen und die Durchsetzbarkeit eines Anspruchs beendet sein.[3837] Die gesetzlichen Vorschriften zur Verjährung sind daher nicht reine Zweckmäßigkeitsregelungen, sie haben einen hohen Gerechtigkeitsgehalt.[3838] Ihnen kommt daher nach zutreffender Auffassung im Rahmen der Inhaltskontrolle gemäß § 307 BGB eine **Ordnungs- und Leitbildfunktion** zu.[3839] Andererseits hat der Gesetzgeber in diesem Bereich nunmehr auch den Grundsatz der Vertragsfreiheit betont, in dem er auch Vereinbarungen über die Erschwerung der Verjährung zulässt. Als zentraler **Abwägungsgrundsatz** kann aufgestellt werden, dass Klauseln, die die in den Verjährungsregelungen zum Ausdruck kommende gesetzgeberische Wertung nicht mehr angemessen berücksichtigen, in der Regel gemäß § 307 BGB unwirksam sind.[3840] Die Abwägung der Interessen von Verwender und Vertragspartner kann dabei nicht schematisch erfolgen; je nach Art des Vertrags und des Anspruchs wird die Gewichtung der Interessen unterschiedlich ausfallen müssen.[3841] Auf Seiten des Gläubigers ist zu berück-

---

3833 Etwa in § 477 Abs. 1 S. 2 BGB a.F.
3834 Staudinger/*Coester*, § 307 Rn 645; Palandt/*Ellenberger*, § 202 Rn 1; UBH/*Christensen*, Verjährungsklauseln Rn 1.
3835 BGH NJW 2007, 674; 675; BGH NJW-RR 2008, 1129; BGH NJW 2009, 1486, 1487; BGH NJW-RR 2009, 1416; BGH NJW 2013, 2584; UBH/*Christensen*, Verjährungsklauseln Rn 2; *Stoffels*, AGB, Rn 952.
3836 Ring/Klingelhöfer/Niebling/*Niebling*, AGB-Recht in der anwaltlichen Praxis, 2. Aufl. 2009, § 8 Rn 107.

3837 BT-Drucks 14/6040, 100.
3838 BGH NJW 1986, 1608, 1609.
3839 Vgl. Diskussionsentwurf eines Schuldrechtsmodernisierungsgesetzes vom 4.8.2000 (BMJ), S. 272; Palandt/*Ellenberger*, § 202 Rn 13; Bamberger/Roth/*Becker*, § 307 Rn 57; Staudinger/*Coester*, § 307 Rn 653.
3840 BGH NJW 2006, 47, 48; Palandt/*Ellenberger*, § 202 Rn 13; WLP/*Dammann*, § 309 Nr. 8b ff. Rn 33.
3841 Palandt/*Ellenberger*, § 202 Rn 13.

sichtigen, dass ihm eine **faire Chance zur Durchsetzung seiner Ansprüche** bleiben muss.[3842] Auf Seiten des Verwenders können **berechtigte Interessen** für die Verwendung einer Klausel sprechen, etwa wenn er durch eine Verkürzung der Verjährungsfrist eine drohende Beweisnot nach Ablauf der handelsrechtlichen Aufbewahrungsfristen verhindern möchte.[3843]

I. Erleichterungen der Verjährung

Eine Erleichterung der Verjährung kann nicht nur durch simple Verkürzung der Verjährungsfrist erreicht werden, sondern auch durch die Vorverlegung des Verjährungsbeginns oder durch Einschränkung der Hemmungstatbestände. Für eine Verkürzung der in **§§ 438 Abs. 1 Nr. 3, 634a Abs. 1 Nr. 3 BGB** geregelten **Verjährungsfristen** für Mängelansprüche auf **weniger als ein Jahr** dürfte angesichts der vom Gesetzgeber in § 309 Nr. 8b ff. und § 475 Abs. 2 BGB festgelegten Untergrenze **kein berechtigtes Interesse** bestehen.[3844] Die Verlängerung der bisher sehr kurzen Gewährleistungsfristen war in der Zusammenschau der Gesamtregelung ein zentrales Anliegen des Gesetzgebers.[3845] Ebenso kann die fünfjährige Gewährleistungsfrist in **§§ 438 Abs. 1 Nr. 2, 634a Abs. 1 Nr. 2 BGB** nicht auf drei Jahre oder sogar sechs Monate abgekürzt werden, da sich Baumängel erfahrungsgemäß erst viel später zeigen können.[3846] Die dreißigjährige Verjährungsfrist in **§ 438 Abs. 1 Nr. 1 BGB** kann zwar moderat abgekürzt werden, nicht jedoch auf ein Jahr.[3847]

Ausschlussfristen haben eine ähnliche Wirkung wie Verjährungsfristen. Die Überprüfung ihrer Wirksamkeit richtet sich jedoch vorrangig nach der Regelung des § 307 BGB.[3848] So hat die Rechtsprechung die Gültigkeitsbefristung von **Prepaid-Telefonkarten** auf drei Jahre[3849] wegen Verstoßes gegen das Äquivalenzprinzip für unwirksam angesehen. Allerdings ist nicht jede zeitliche Begrenzung der Gültigkeitsdauer von vornherein eine nicht hinnehmbare Verletzung des Äquivalenzprinzips. So sind etwa **staatliche Lotterieausspielungen** auf schnelle Durchführung und Abwicklung angelegt. Eine **Ausschlussfrist von 13 Wochen** für die gerichtliche Geltendmachung von Ansprüchen ist weder überraschend noch benachteiligt sie den Spielteilnehmer entgegen den Geboten von Treu und Glauben unangemessen.[3850] Auch bei einem Krankenhausträger besteht ein berechtigtes Interesse an einer schnellen Klärung von Ansprüchen bei einem Verlust von Gegenständen nach Beendigung der Behandlung. Der BGH hat etwa eine in einem Krankenhausbehandlungsvertrag enthaltene Ausschlussklausel für Ansprüche von Patienten wegen **Verlustes von Wertsachen** als wirksam angesehen, wenn die Wertsachen nicht innerhalb von 12 Wochen nach Aufforderung abgeholt werden.[3851] Eine formularmäßige Vereinbarung, dass beim Werkvertrag die **Verjährung** statt mit der Abnahme schon **mit der Übergabe beginnt**, ist unwirksam, weil insoweit von dem gesetzlichen Leitbild des Verjährungsbeginns beim Werkvertrag abgewichen wird.[3852]

II. Erschwerungen der Verjährung

Die Verjährungsfrist des **§ 548 BGB** kann formularmäßig nicht von sechs Monaten auf drei Jahre verlängert werden.[3853] Nicht umsonst hat der Gesetzgeber mit der Beibehaltung der kurzen Verjährungsfrist die Rechtsfriedensfunktion dieser Vorschrift betont. Drei Jahre nach dem Auszug aus einer Wohnung dürfte ein Mieter regelmäßig in Beweisschwierigkeiten geraten. Die kurze Dauer der Verjährungsfrist gehört zum Leitbild der mietrechtlichen Vorschriften.[3854] Andererseits gibt es durchaus berechtigte Interessen eines Vermieters an einer verlängerten Verjährungsfrist. So kann es einem Autovermieter nach einem Unfall in nicht seltenen Fällen Mühe bereiten, innerhalb von sechs Monaten den Sachverhalt durch Einsicht in die Polizeiakte und Erstellung eines Sachverständigengutachten so weit aufzuklären, um belastbar entscheiden zu können, ob etwaige Ansprüche gerichtlich verfolgt werden sollen. Eine Verlängerung der Verjährungsfrist des § 548 BGB auf bis zu einem Jahr ist daher durchaus sinnvoll und angemessen, um den Vermieter von bloß verjährungsunterbrechenden Klagen abzuhalten.[3855] Unzulässig ist es jedoch, in den Allgemeinen Geschäftsbedingungen eines Autovermieters zu vereinbaren, dass der Eintritt der Verjährung so lange gehemmt ist, bis der Vermieter Einsicht in die Polizeiakte genommen hat.[3856] Hierdurch wird der Mieter unangemessen benachteiligt, weil der Beginn der Verjährung von einem Verhalten des Vermieters abhängt und der Mieter hiervon

---

3842 BT-Drucks 14/6040, 95; BGH NJW 2006, 47, 48; Staudinger/*Coester*, § 307 Rn 651; UBH/*Christensen*, Verjährungsklauseln Rn 3.
3843 UBH/*Christensen*, Verjährungsklauseln Rn 3.
3844 *Stoffels*, AGB, Rn 951; weitergehend Staudinger/*Coester*, § 307 Rn 654: Verkürzung auf sechs Monate in Ausnahmefällen zulässig.
3845 Staudinger/*Coester*, § 307 Rn 654.
3846 BGHZ 90, 273, 277 = BGH NJW 1984, 1750; Staudinger/*Coester*, § 309 Rn 655.
3847 Staudinger/*Coester*, § 307 Rn 656.
3848 Staudinger/*Coester*, § 307 Rn 660.
3849 BGH NJW 2001, 2635; vgl. auch OLG Köln JR 2004, 328.
3850 BGH NJW 1991, 1745.
3851 BGH NJW 1990, 761, 764.
3852 BGH NJW-RR 2004, 949, 951; Palandt/*Ellenberger*, § 202 Rn 15.
3853 *Gramlich*, Mietrecht, § 548 Ziffer 6; Blank/*Börstinghaus*, § 548 Rn 63; Schmidt-Futterer/*Streyl*, § 548 Rn 62; a.A. Palandt/*Ellenberger*, § 202 Rn 14.
3854 Schmidt-Futterer/*Streyl*, § 548 Rn 62, str.
3855 Ebenso Schmidt-Futterer/*Streyl*, § 548 Rn 62; enger LG Dortmund BeckRS 2010, 16983: Eine Verlängerung komme nur in einem Ausnahmefall in Betracht, etwa dem Verwender nicht in zumutbarer Zeit möglich ist, sich über Bestand und Umfang des Anspruchs Kenntnis zu verschaffen.
3856 BGH NJW 1986, 1608, 1609; Palandt/*Ellenberger*, § 202 Rn 14.

nichts erfährt, sodass er über den Lauf der Verjährung im Ungewissen ist. Unzumutbar ist eine derartige Klausel auch in den Fällen, in denen das Hinausschieben des Verjährungsbeginns durch die Einsichtnahme in Polizeiakten zeitlich nicht begrenzt ist.[3857] Eine Verlängerung der Verjährung um sechs Monate ist zulässig, sofern insgesamt ein Jahr nicht überschritten wird.[3858] Die Verlängerung der in § 634a Abs. 1 Nr. 2 BGB geregelten Verjährungsfrist für Baumängel an **Flachdächern** von fünf auf zehn Jahre ist wirksam.[3859] Schon der historische Gesetzgeber hatte die Frist von fünf Jahren für die werkvertragliche Gewährleistung nicht als Höchstfrist angesehen, da er in § 638 Abs. 2 BGB a.F. eine Verlängerung zugelassen hat. Für bestimmte moderne Bautechniken und Baustoffe ist die Fünfjahresfrist verhältnismäßig kurz.[3860] Ausführungs- und Planungsmängel an Flachdächern treten häufig erst fünf Jahre nach Abnahme auf, sodass für die Verlängerung der Verjährungsfrist ein erhöhtes und anerkennenswertes Bedürfnis besteht.[3861]

C. Geltung im unternehmerischen Geschäftsverkehr

2021 Auch im unternehmerischen Geschäftsverkehr gelten grundsätzlich die Abwägungsprinzipien, wie sie oben unter B. dargestellt sind (siehe Rn 2017). Wirksam ist daher eine Verlängerung der Verjährungsfrist für **Mängelansprüche** gegenüber Lieferanten von **zwei auf drei Jahre**. Dies stellt keine so weite Abweichung von der gesetzlichen Regelung dar, dass sie mit ihren wesentlichen Grundgedanken nicht zu vereinbaren wäre.[3862] Unwirksam ist jedoch eine Klausel, nach der Ansprüche eines Käufers wegen **Rechtsmängeln** erst **zehn Jahre** nach Lieferung verjähren.[3863] Gemäß § 438 Abs. 1 Nr. 3 BGB verjähren Ansprüche wegen Rechtsmängeln bei Kauf beweglicher Sachen in zwei Jahren. Eine Verlängerung der Verjährungsfrist um das Fünffache ist mit dem wesentlichen Grundgedanken der gesetzlichen Verjährungsregelung nicht mehr zu vereinbaren.[3864] Dieselbe Wertung ist bei einer Klausel gerechtfertigt, wenn **bei jeder Nachbesserung bzw. -lieferung** die **Verjährung neu beginnen** soll.[3865] Nach der gesetzlichen Regelung in § 212 BGB tritt der Neubeginn der Verjährung nur bei einem Anerkenntnis des Schuldners oder einer vorgenommenen oder beantragten gerichtlichen oder behördlichen Vollstreckungshandlung ein.

Verlagsverträge

2022 Grundlegend ist ein aktuelles BGH-Urteil zu Übersetzerhonoraren,[3866] wobei es im Ansatz nicht darauf ankommt, ob AGB vorliegen oder eine Individualabrede getroffen wurde.

2023 Der u.a. für das Urheberrecht zuständige I. Zivilsenat des BGH hat hier seine Rechtsprechung zur angemessenen Honorierung von Übersetzern bestätigt und fortgeführt.

2024 Folgender Sachverhalt lag dem zugrunde: Der klagende Übersetzer hatte sich gegenüber dem beklagten Verlag im Oktober 2002 zur Übersetzung eines Sachbuchs aus dem Englischen ins Deutsche verpflichtet. Er räumte dem Verlag umfassende Nutzungsrechte an seiner Übersetzung ein. Dafür erhielt er das vereinbarte Honorar von 19 EUR für jede Seite des übersetzten Textes. Darüber hinaus war ihm für den Fall, dass mehr als 15.000 Exemplare der Hardcover-Ausgabe verkauft werden, ein zusätzliches Honorar von 0,5 % des Nettoladenverkaufspreises zugesagt. An den Erlösen des Verlags aus der Vergabe von Taschenbuch- und Buchgemeinschaftslizenzen war er nach dem Vertrag mit 5 % des Nettoverlagsanteils zu beteiligen.

2025 Nach der seit Juli 2002 geltenden Regelung im Urheberrechtsgesetz kann der Urheber – dazu zählt auch der Übersetzer – für die Einräumung von Nutzungsrechten zwar grundsätzlich nur die vereinbarte Vergütung verlangen. Ist die vereinbarte Vergütung jedoch nicht angemessen, kann er von seinem Vertragspartner die Einwilligung in eine entsprechende Vertragsanpassung verlangen.

§ 32 UrhG Angemessene Vergütung

(1) Der Urheber hat für die Einräumung von Nutzungsrechten und die Erlaubnis zur Werknutzung Anspruch auf die vertraglich vereinbarte Vergütung. Ist die Höhe der Vergütung nicht bestimmt, gilt die angemessene Vergütung als vereinbart. Soweit die vereinbarte Vergütung nicht angemessen ist, kann der Urheber von seinem Vertragspartner die Einwilligung in die Änderung des Vertrages verlangen, durch die dem Urheber die angemessene Vergütung gewährt wird.

2026 Auf die Revision des Klägers hat der BGH die Entscheidungen der Vorinstanzen aufgehoben und dem Kläger eine weitergehende Vergütung zugesprochen.

3857 BGH NJW 1994, 1788; 1789; OLG Stuttgart NJW-RR 2002, 1254.
3858 OLG Stuttgart NJW-RR 2002, 1254.
3859 BGH NJW 1996, 2155, 2156; Palandt/*Ellenberger*, § 202 Rn 14.
3860 BGHZ 90, 273, 277 = BGH NJW 1984, 1750.
3861 BGH NJW 1986, 1608, 1609.
3862 BGH NJW 2006, 47.
3863 BGH NJW 2006, 47.
3864 BGH NJW 2006, 47, 50.
3865 BGH NJW 2006, 47, 48; Staudinger/*Coester*, § 307 Rn 669.
3866 BGH v. 20.1.2011 – I ZR 19/09 (Destructive Emotions); ferner BGH v. 7.10.2009 – I ZR 38/07, BGHZ 182, 337 (Talking to Addison).

Hiernach hat der Übersetzer eines belletristischen Werkes oder Sachbuches, dem für die zeitlich unbeschränkte und inhaltlich umfassende Einräumung sämtlicher Nutzungsrechte an seiner Übersetzung lediglich ein für sich genommen übliches und angemessenes Seitenhonorar als Garantiehonorar zugesagt ist, daneben ab einer bestimmten Auflagenhöhe einen Anspruch darauf, am Erlös der verkauften Bücher prozentual beteiligt zu werden. Diese zusätzliche Erfolgsbeteiligung setzt bei einer verkauften Auflage von 5.000 Exemplaren des übersetzten Werkes ein und beträgt normalerweise bei Hardcover-Ausgaben 0,8 % und bei Taschenbüchern 0,4 % des Nettoladenverkaufspreises. Der BGH hat nunmehr klargestellt, dass die zusätzliche Vergütung bei einer Erstverwertung als Hardcover-Ausgabe und einer Zweitverwertung als Taschenbuchausgabe jeweils erst ab dem 5000. verkauften Exemplar der jeweiligen Ausgabe zu zahlen ist. Er hat ferner deutlich gemacht, dass nur ein Seitenhonorar, das außerhalb der Bandbreite von Seitenhonoraren liegt, die im Einzelfall als üblich und angemessen anzusehen sein können, eine Erhöhung oder Verringerung des Prozentsatzes der zusätzlichen Vergütung rechtfertigen kann.

Der BGH hat ferner entschieden, dass ein solcher Übersetzer eine angemessene Beteiligung an Erlösen beanspruchen kann, die der Verlag dadurch erzielt, dass er Dritten das Recht zur Nutzung des übersetzten Werkes einräumt oder überträgt. Dazu gehören etwa die wirtschaftlich bedeutsamen Erlöse des Verlags aus der Vergabe von Lizenzen für Taschenbuchausgaben des Werkes. Der BGH hat – abweichend von seiner früheren Rechtsprechung – entschieden, dass dem Übersetzer grundsätzlich eine Beteiligung in Höhe von einem Fünftel der Beteiligung des Autors des fremdsprachigen Werkes an diesen Erlösen zusteht.

§ 32 UrhG bezieht sich grundsätzlich auf einen der Inhaltskontrolle entzogenen Bereich und ist vergleichbar mit § 612 Abs. 2 und § 632 Abs. 2 BGB. Insoweit kann lediglich das Transparenzgebot verletzt sein, sofern nicht die Unklarheit im Rahmen der Auslegung zugunsten des Autors aufgelöst werden kann. Auch eine intransparente ist daher wie eine formularmäßig unangemessene Vergütung zunächst nach § 32 UrhG anzupassen.

Aus der Entscheidung kann auch entnommen werden, dass Klauseln die an der Bezahlung nach Seitenzahlen anknüpfen ebenso wirksam sind wie solche, die einen bestimmten Prozentsatz des Nettoladenverkaufspreises heranziehen. Nicht gegen das Transparenzgebot verstoßen auch Klauseln, die bei Lizenzen am Erlös des Vertrags anknüpfen, sofern keine andere prüfbare Berechnung möglich ist.

Generell am Nettoladenverkaufspreises anzusetzen ist formularmäßig nicht möglich, da der Autor keinen Einfluss auf den Rabatt hat, den der Verlag den Buchhandlungen einräumt sodass es dem Autor kaum möglich sein wird, seine Vergütung abzuschätzen oder nachzuprüfen.

Der BGH hat seine Rechtsprechung zu Übersetzerhonoraren bestätigt und ausgeweitet.[3867]

Versicherungsverträge

Literatur zum Stichwort Versicherungsverträge: *Prölss/Martin*, Versicherungsvertragsgesetz, Kommentar, 28. Aufl. 2010; *Römer/Langheid*, Versicherungsvertragsgesetz, 4. Aufl. 2014; *Rüffer/Halbach/Schimikowski*, Versicherungsvertragsgesetz, Handkommentar, 2. Aufl. 2011 (zit.: HK-VVG/*Bearbeiter*).

A. Grundsätzliches 2033	V. Transparenzgebot 2067
B. Sonderfall: Primärarztklausel im	VI. Schranken der Inhaltskontrolle 2070
Krankenversicherungsvertrag 2060	VII. Unangemessene Benachteiligung? 2071
I. Status quo 2060	VIII. Keine geltungserhaltende Reduktion, keine
II. Versicherungsbedingungen als AGB 2062	ergänzende Vertragsauslegung 2079
III. Auslegung 2064	IX. Ergebnis 2083
IV. Überraschende Klauseln? 2065	

A. Grundsätzliches

Die Versicherungswirtschaft gehört historisch betrachtet zu den ersten Verwendern von AGB.[3868] Eine Vielzahl verschiedener Bedingungswerke haben sich zwischenzeitlich entwickelt,[3869] etwa die Allgemeinen Rechtsschutzbedingungen, die Allgemeinen Versicherungsbedingungen für die Haftpflichtversicherung, die besonderen Bedingungen und Risikobeschreibungen für die Privathaftpflichtversicherung, die Bedingungen der Transportversicherung, die Allgemeinen Versicherungsbedingungen der Kapitalversicherung auf den Todesfall und die Allgemeinen Bedingungen für die Kraftfahrversicherung, die freilich wegen der Allgemeinverbindlicherklärung nach § 4 Abs. 1 S. 1 PflVG eine Sonderstellung einnehmen.

[3867] BGH v. 20.1.2011 – I ZR 133/08, I ZR 19/09, I ZR 20/09, I ZR 49/09, I ZR 78/08; BGH v. 7.4.2011 – I ZR 19/08 und I ZR 20/09.

[3868] WLP/*Reiff*, V 61; UBH/*Schmidt*, Teil 4 (7) Rn 1.

[3869] Übersicht bei *Langheid/Müller-Frank*, NJW 2011, 355.

Lexikon

2034 Der **AGB-Charakter** der Allgemeinen Versicherungsbedingungen (AVB) ist nicht mehr streitig.[3870] Zur Begründung wurde bisher auf § 23 Abs. 3 AGBG verwiesen, wonach ein Versicherungsvertrag den von der zuständigen Behörde genehmigten AGB der Versicherer auch dann unterliegt, wenn die in § 2 Abs. 1 Nr. 1 und 2 AGBG bezeichneten Erfordernisse nicht eingehalten sind. Dies ist durch die Schuldrechtsmodernisierung entfallen, jedoch folgt die Anwendung der §§ 305 ff. BGB nunmehr aus § 309 Nr. 9c BGB, der eine Ausnahme für Versicherungsverträge enthält. Auch Antragsvordrucke unterfallen dem Begriff der AGB.[3871] Die aufsichtsrechtliche Genehmigung (§ 5 Abs. 3 Nr. 2 VAG) berührt weder die Frage, ob AGB vorliegen, noch die Frage der Überraschung (Überraschungsklauseln) sowie der Inhaltskontrolle.[3872]

2035 **Auslegung:** Versicherungsbedingungen sind so auszulegen, wie ein durchschnittlicher Versicherungsnehmer ohne versicherungsrechtliche Spezialkenntnisse diese bei verständiger Würdigung, aufmerksamer Durchsicht und Berücksichtigung des erkennbaren Sinnzusammenhangs verstehen muss.[3873] Lücken im Versicherungsschutz müssen dem Versicherungsnehmer hinreichend verdeutlicht werden.[3874]

2036 **Deklaratorische AVB** (deklaratorische Klauseln) unterliegen nicht der Inhaltskontrolle und sind richtigerweise auch nicht als AGB anzusehen. Solche deklaratorischen AVB liegen jedoch nur vor, wenn die gleiche Rechtslage bereits kraft Gesetzes besteht. I.Ü. unterliegen Versicherungsbedingungen der Inhaltskontrolle.[3875] Dies gilt unabhängig davon, ob es sich um risikoabgrenzende Klauseln oder um verhüllte Obliegenheiten handelt.[3876] Klauseln, die § 81 VVG in der Fahrzeugvollversicherung wiedergeben, sind trotz Unklarheiten der Regelung[3877] deklaratorisch.

2037 Im Rahmen der Inhaltskontrolle stellt sich zunächst die Frage nach der **Kontrollfreiheit**. Hiernach ist die Leistungsbeschreibung als Risikobeschreibung dann der Inhaltskontrolle entzogen, wenn sich ein hinreichend konkretisierbarer Vergleichsmaßstab mit Gerechtigkeitsgehalt nicht feststellen lässt. Auf das ausdrückliche Bestehen einer gesetzlichen Parallelvorschrift kommt es hierbei jedoch nicht an.[3878] Die Inhaltskontrolle hängt nicht davon ab, ob die sog. primäre oder sekundäre Risikobegrenzung durch die Klausel betroffen wird, sondern davon, ob etwa durch die berechtigte Vertragserwartung des Versicherungsnehmers[3879] eine andere Rechtslage begründet würde.

2038 Insbesondere unterliegen auch **Prämienanpassungsklauseln** der Inhaltskontrolle.

2039 **Verlängerungsklauseln** können nicht als deklaratorische Klauseln angesehen werden, da die Verlängerung des Versicherungsverhältnisses nach § 8 VVG nicht kraft Gesetzes eintritt.[3880]

2040 Dem **Transparenzprinzip** kommt bei der Inhaltskontrolle von AVB besondere Bedeutung zu; einem durchschnittlichen Versicherungsnehmer müssen hiernach die mit der Klausel verbundenen Risiken und Belastungen wie auch wirtschaftlichen Folgen soweit erkennbar sein, wie dies nach den Umständen gefordert werden kann.[3881]

2041 Klauseln, die etwa auf juristische Begriffe wie „grobe Fahrlässigkeit" abstellen und diese lediglich wiederholen, ohne diese im Einzelnen zu erläutern, verstoßen nicht alleine deshalb gegen das Transparenzprinzip.[3882]

2042 Dagegen ist bei einem Versicherungsverhältnis auf unbestimmte Zeit eine Klausel, wonach das Versicherungsverhältnis von beiden Teilen nur für den Schluss der laufenden Versicherungsperiode gekündigt werden kann, mit Blick auf § 8 Abs. 2 S. 1 VVG deklaratorisch. Auch eine Klausel, wonach der Versicherer von der Verpflichtung zur Leistung frei ist, wenn der Anspruch auf die Leistung nicht innerhalb von sechs Monaten gerichtlich geltend gemacht wird, ist als deklaratorisch anzusehen, wenn in den AVB auch die Belehrung enthalten ist, dass diese Frist erst beginnt, nachdem der Versicherer dem Versicherungsnehmer gegenüber den erhobenen Anspruch unter Angabe der mit dem Ablauf der Frist verbundenen Rechtsfolge schriftlich abgelehnt hat. Ohne diesen Zusatz erweckt die Klausel den Eindruck, dass der Versicherer von der Leistung auch dann frei wird, wenn er seinen Hinweisobliegenheiten nach § 12 Abs. 3 S. 2 VVG nicht nachgekommen ist. Dies könnte den Versicherungsnehmer jedoch von der Geltendmachung berechtigter Ansprüche abhalten.[3883] Die Klausel *„Der Versicherer kann den Versicherungsvertrag zum Schluss eines jeden Versicherungsjahres mit einer Frist von drei Monaten kündigen, in den besonderen Bedingungen kann dieses Kündigungsrecht des Versicherers beschränkt werden."* verstößt im Rahmen einer **Krankentagegeld-**

3870 BGH VersR 1982, 482, 483; HK-VVG/*Brömmelmeyer*, Einl. Rn 60 ff.
3871 BGH VersR 1982, 841.
3872 *Prölss/Martin*, Vorbem. § 6, 6 B c, 6 C; Palandt/*Grüneberg*, § 307 Rn 156.
3873 BGH v. 23.6.1993 – IV ZR 135/92, BGHZ 123,83; BGH v. 25.5.2011 – IV ZR 59/09 (zu § 5 Abs. 3 lit b ARG 2000); BGH v. 20.7.2011 – IV ZR 75/09 (Notarversicherung); HK-VVG/*Brömmelmeyer*, Einl. Rn 70 ff.
3874 BGH v. 25.5.2011 – IV ZR 59/09 (zu § 5 Abs. 3 lit b ARG 2000).
3875 BGHZ 111, 197; Palandt/*Grüneberg*, § 307 Rn 156.
3876 Zur Abgrenzung BGH v. 18.5.2011 – IV ZR 165/09.
3877 Hierzu: BGH v. 22.6.2011 – IV ZR 225/10 (Trunkenheitsfahrt).
3878 BGH v. 20.7.2011 – IV ZR 75/09 (Notar-Haftpflicht); BGH NJW 1986, 928 (Bürgschaft).
3879 Vgl. BGH NJW-RR 2007, 1628; BGH VersR 2009, 769; Palandt/*Grüneberg*, § 307 Rn 140; UBH/*Schmidt*, Teil 4 (7) Rn 7; WLP/*Reiff*, V 156; BGH BB 1989, 243 m. Anm. *Niebling*, DRspr 1989, 321 (Wertstellungsklausel).
3880 A.A. *Schirmer/Martin*, Symposion 80 Jahre VVG, S. 296.
3881 BGH NJW 2010, 294; BGH NJW-RR 2010, 99; UBH/*Schmidt*, Teil 4 (7) Rn 16; WLP/*Reiff*, V 184.
3882 Vgl. BGH v. 10.5.2011 – VI ZR 196/10.
3883 BGH NJW 1988, 1726.

versicherung gegen § 307 BGB.[3884] Die Klausel stimmt nicht mit § 8 Abs. 2 VVG überein, da diese im Anwendungsbereich zu weit ist und mit dem Wesen der Krankenversicherung nicht vereinbart werden kann.[3885]
Bei der Prüfung der Unangemessenheit ist grundsätzlich auf die Interessen des Vertragsgegners abzustellen; **Drittinteressen** haben grundsätzlich unberücksichtigt zu bleiben. Ist der Vertragsgegner (etwa die Notarkammer) jedoch zum Abschluss der Vertrauensschadensversicherung verpflichtet, so sind auch die Interessen der Geschädigten zu berücksichtigen, die nicht Vertragspartner sind.[3886]

Gleiches gilt für die **Krankheitskostenversicherung**, nicht dagegen für die **Krankenhaustagegeldversicherung**.[3887] Diese Versicherungen sind für die soziale Absicherung des Versicherungsnehmers nicht zwingend erforderlich. Der private Versicherer ist auch nicht verpflichtet, seinen Versicherungsnehmern die gleichen Bedingungen anzubieten wie die Sozialversicherung. Die **Kurkostenversicherung** ist dagegen eine Krankheitskostenversicherung, bei der die Vereinbarung eines ordentlichen Kündigungsrechts des Versicherers jedenfalls dann der Inhaltskontrolle standhält, wenn es auf einen Zeitraum von drei Jahren beschränkt wird.[3888] **2043**

Nach § 61 VVG ist der Versicherer von der Verpflichtung zur Leistung frei, wenn der Versicherungsnehmer den Versicherungsfall vorsätzlich oder durch grobe Fahrlässigkeit herbeiführt. Es handelt sich hierbei um einen sog. subjektiven **Risikoausschluss**,[3889] sodass Klauseln, die unter Beachtung des Anwendungsbereichs dieser Bestimmung den Risikoausschluss übernehmen, als deklaratorische Klausel nicht der Inhaltskontrolle unterliegen.[3890] Derartige Klauseln unterliegen jedoch dann der Inhaltskontrolle, wenn die Leistungsfreiheit an einfache Fahrlässigkeit anknüpft. **2044**

Die Rechtsprechung weicht vielfach von der AGB-Systematik ab und hält insbesondere bei Obliegenheitsverletzungen nur ein Berufen auf eine bestimmte Klausel für unzulässig, anstatt zu fordern, dass die Klausel diese Ausnahmen transparent aufführt.

Nach der sog. **Relevanzrechtsprechung** des IV. Senats kann sich der Versicherer nur dann gemäß § 6 Abs. 3 S. 1 VVG a.F. auf Leistungsfreiheit wegen einer vorsätzlichen folgenlosen Obliegenheitsverletzung berufen, wenn diese generell geeignet war, die Interessen des Versicherers ernsthaft zu gefährden, und dem Versicherungsnehmer ein erhebliches Verschulden zur Last fiel.[3891] Die Leistungsfreiheit setzt weiter voraus, dass der Versicherer den Versicherungsnehmer vorher deutlich über den Anspruchsverlust belehrt hat, der ihm bei vorsätzlich falschen Angaben droht.[3892] Falsche Angaben können daher nicht generell zum Ausschluss der Versicherungsleistung führen, sondern nur dann, wenn diese für die Leistungspflicht relevant sind. Die Klausel

„Der Versicherungsnehmer ist verpflichtet, alle Angaben wahrheitsgemäß und vollständig zu machen. Bewusst unwahre oder unvollständige Angaben führen zum Verlust des Versicherungsschutzes auch dann, wenn dem Versicherer daraus keinerlei Nachteile entstehen. Der Versicherungsschutz kann selbst dann entfallen, wenn der Versicherungsnehmer die Beantwortung der Fragen des Versicherers nur verzögert."

wird gleichwohl vom BGH noch gebilligt, was schwer nachzuvollziehen ist.[3893]

In der **Transportversicherung** findet keine Genehmigung statt (§ 5 Abs. 6 VAG). Auch besondere Bedingungen unterfallen den §§ 305 ff. BGB, wenn sie die Begriffsmerkmale des § 305 Abs. 1 BGB erfüllen, insbesondere wenn sie für eine Mehrzahl besonderer Risiken vorgesehen sind.[3894] Dies gilt auch für vorformulierte Erklärungen in Antragsvordrucken, wenn sie den Versicherungsnehmer gegenüber der gesetzlichen Regelung belasten, wie etwa eine **sechswöchige Bindung an den Antrag** in der **Kranken- und Lebensversicherung**,[3895] die Erklärung zum Beginn des Versicherungsschutzes,[3896] wobei der BGH eine Wartezeit von sechs Monaten in den meisten Versicherungszweigen als üblich und zulässig bezeichnet. Die Einbeziehung von AVB in den Vertrag setzt auch bei genehmigten AVB das Einverständnis des Versicherungsnehmers voraus, § 305 Abs. 2 BGB. Es entscheidet der Zugang der Genehmigung vor dem Versicherungsvertrag.[3897] Ob widerspruchsloser Vertragsschluss als Einverständnis mit den AVB zu werten ist, ist zumindest zweifelhaft.[3898] **2045**

Einige Klauseln in der **Geld- und Werttransportversicherung** hat der BGH nicht als unklar i.S.v. § 305c BGB angesehen.[3899] Ob das Einbringen der Bedingungen durch einen Makler generell zur Nichtanwendung der §§ 305 ff. **2046**

3884 BGH NJW 1983, 2632.
3885 Im Ergebnis auch BGH 1983, 2632.
3886 BGH v. 20.7.2011 – IV ZR 75/09.
3887 BGH BB 1987, 511.
3888 BGH VersR 1983, 850.
3889 BGH VersR 1986, 696; zur Abgrenzung zu verhüllten Obliegenheiten: BGH v. 14.5.2014 – IV ZR 288/12.
3890 *Prölss/Martin*, § 61 Rn 2.
3891 BGH v. 10.11.2010 – IV ZR 122/09, VersR 2011, 369 Rn 16; BGH v. 6.7.2011 – IV ZR 108/07 (Anzahl von Pkw-Schlüsseln); BGH v. 4.5.2009 – IV ZR 62/07, VersR 2009, 968 Rn 9; BGH v. 28.2.2007 – IV ZR 331/05, VersR 2007, 785 Rn 15; BGH v. 7.7.2004 – IV ZR 265/03, VersR 2004, 1117 unter 3; BGH v. 21.1.1998 – IV ZR 10/97, VersR 1998, 447 unter 2 b; BGH v. 7.12.1983 – IVa ZR 231/81, VersR 1984, 228, 229; jeweils m.w.N.
3892 BGH v. 4.5.2009 – IV ZR 62/07, VersR 2009, 968; BGH v. 28.2.2007 – IV ZR 152/05, VersR 2007, 683 Rn 2; BGH v. 21.1.1998 – IV ZR 10/97, VersR 1998, 447 unter 2 c; jeweils m.w.N.
3893 BGH v. 22.6.2011 – IV ZR 174/09.
3894 BGH VersR 1968, 762.
3895 OLG Frankfurt VersR 1983, 528, 529; OLG Hamm VersR 1986, 82.
3896 BGH NJW-RR 1988, 819, 820.
3897 BGH VersR 1986, 672.
3898 Vgl. OLG Frankfurt NJW-RR 1986, 1035.
3899 BGH v. 25.5.2011 – IV ZR 117/09.

BGB führt, ist jedoch zweifelhaft und zu verneinen.[3900] Bedient sich eine Versicherung eines Maklers, so sind auch von diesem konzipierte Bedingungen als von der Versicherung gestellt anzusehen.

2047 **Überraschende Klauseln** liegen etwa vor, wenn im Rahmen einer gebündelten Versicherung eine Verminderung der Versicherungssumme durch Schadenszahlungen im Hinblick auf die Verwirklichung sämtlicher Risiken vorgesehen ist.[3901] Nicht überraschend ist etwa die Klausel, wonach der Versicherungsnehmer verpflichtet ist, eine weitere Krankentagegeldversicherung nur mit Einwilligung des Versicherers abzuschließen,[3902] ebenso der Ausschluss vorsehbarer Schäden in der Bauwesenversicherung,[3903] Wartezeiten von sechs Monaten in den meisten Versicherungszweigen,[3904] das Erfordernis einer schriftlichen Zusage der Gewährung von Krankenhaustagegeld,[3905] die Beschränkung der Leistungsdauer für psychische Krankheiten in der Krankentagegeldversicherung,[3906] die Beschränkung auf 30 Sitzungen für psychotherapeutische Behandlungen in der privaten Krankenversicherung,[3907] der Ausschluss von Film- und Fotoapparaten in unbeaufsichtigt abgestellten Kfz.[3908] Klauseln über **Bedingungsänderungen** sind nicht von vornherein überraschend oder unwirksam.[3909]

2048 Unwirksam sind Klauseln nach § 307 BGB beispielsweise dann, wenn dem Versicherungsnehmer die **Kosten eines sachverständigen Gutachtens** aufgebürdet werden, zu dessen Zuziehung dieser verpflichtet ist.[3910] Bedenklich ist auch die Klausel, wonach der Versicherungsnehmer beweisen muss, dass das **Reisegepäck** während der unversicherten Nachtstunden gestohlen wurde.[3911] Auch eine Klausel eines **Reparaturversicherer**s, wonach bei Inanspruchnahme einer Anschaffungshilfe zwangsläufig die neue Sache versichert ist, ist unwirksam.[3912]

2049 Unzulässig sind auch Klauseln, wonach die Absendung eines **eingeschriebenen Briefes** vorausgesetzt wird (§ 309 Nr. 16 BGB).

2050 Die Regelung der **Laufzeit** bei Versicherungsverhältnissen unterliegt nicht den Schranken des § 310 Abs. 4 BGB, da Versicherungsverträge nicht als Dienstleistungsverträge in diesem Sinne angesehen werden können.[3913] Dies schließt jedoch eine Inhaltskontrolle der Laufzeit nach § 307 BGB nicht aus.[3914] In der **Rechtsschutzversicherung** kann eine Fünf-Jahres-Laufzeitklausel unwirksam sein,[3915] ebenso bei der Reparaturkostenversicherung.[3916] Die Bedingungsanpassungsklausel nach § 10 ARB 94 verstößt gegen § 307 BGB,[3917] die fünfjährige Befristung eines **Unfallversicherungsvertrags** verstößt dagegen nicht gegen § 307 Abs. 1 BGB.[3918] Die Obliegenheit, die Rechtsverfolgungskosten gering zu halten in § 17 **ARB 2000** war unwirksam.[3919] Die Wirksamkeit der entsprechenden Regelung in den **ARB 2010** – § 17 Abs. 1c) bb) – ist dagegen umstritten.[3920] Der Grundsatz der freien Anwaltswahl darf nicht spürbar beeinträchtigt werden.[3921] Dies hat der EuGH nunmehr auch klargestellt.[3922] Da § 82 VVG nicht so weit geht wie § 17 Abs. 1c) bb) ARB 2010, liegt keine deklaratorische Bedingung vor.[3923] Bedenklich ist, dass der Versicherungsnehmer generell nur einen Teil der Ansprüche einklagen soll[3924] und andere Gerichtsverfahren abzuwarten hat.[3925]

Auch in der Rechtsschutzversicherung können Klauseln gegen das Transparenzgebot verstossen, so die bisherige Effektenklausel,[3926] wonach Rechtsschutz nicht bestehen soll für die Wahrnehmung rechtlicher Interessen in ursächlichem Zusammenhang mit der Anschaffung oder Veräußerung von Effekten.

Bei der **Vollkaskoversicherung** darf bei grober Fahrlässigkeit oder im Falle einer Trunkenheitsfahrt nicht generell der Anspruch versagt werden.[3927]

3900 Wohl weitergehend BGH v. 25.5.2011 – IV ZR 117/09.
3901 BGH VersR 1985, 129.
3902 BGHZ 79, 6.
3903 BGH VersR 1983, 821.
3904 BGH NJW-RR 1988, 819, 820.
3905 LG Kempten VersR 1986, 758.
3906 OLG Bremen VersR 1985, 957.
3907 BGH BB 1999, 1239.
3908 LG Hamburg VersR 1984, 930.
3909 HK-VVG/*Brömmelmeyer*, Einl. Rn 89 ff.
3910 BGHZ 83, 169.
3911 LG München VersR 1983, 923; vgl. auch *Nies*, VersR 1983, 977; AG Charlottenburg VersR 1985, 156; LG Frankfurt VersR 1984, 32; zur groben Fahrlässigkeit und der Beweislast hierfür: BGH v.25.5.2011 – IV ZR 151/09.
3912 BGH VersR 1986, 908.
3913 UBH/*Schmidt*, Teil 4 (7) Rn 17.
3914 BGH NJW 1986, 243.
3915 OLG München BB 1996, 291; grundsätzlich kann die Selbstvertretung des Rechtsanwalts in eigener Sache nicht ausgeschlossen werden: BGH v. 10.11.2010 – IV ZR 188/08, NJW 2011, 235; ob § 5 Abs. 3b der ARB 2000 gegen das Transparenzgebot verstößt, ist strittig: dafür: LG Hagen v. 23.3.2007 – 1 S 136/06, dagegen: AG Wiesbaden VuR 2011, 116; hierzu BGH v. 25.5.2011 – IV ZR 59/09 (zu § 5 Abs. 3 lit b ARG 2000); zu den neuen ARB auch *Cornelius-Winkler*, r+s 2011, 141, *Bauer*, NJW 2011, 1415; *Buschbell/Hering*, Handbuch Rechtsschutzversicherung, 5. Aufl. 2011; *Hering*, zfs 2011, 306; zu Vergleichsklauseln: *Obarowski*, NJW 2011, 2014.
3916 BGH BB 1995, 2131.
3917 BGH BB 1999, 1183.
3918 BGH BB 1996, 293; vgl. auch *Grimm*, AUB, 5. Aufl. 2011.
3919 BGH v. 15.7.2009 – IV ZR 352/07.
3920 Für Unwirksamkeit: *Lensing*, VuR 2011, 290, anders *Cornelius-Winkler*, r+s 2011, 141; hierzu auch HK-VVG/ *Münkel*, § 17 Rn 9 ff. ARB.
3921 Weitergehend und abzulehnen: BGH v. 4.12.2013 – IV ZR 215/12.
3922 EuGH v. 7.11.2013 – C-442/12 (Sneller); zutreffend auch OLG Bamberg v. 20.6.2012 – 3 U 236/11, NJW 2014, 656.
3923 Ebenso *Lensing*, VuR 2011, 290, 291.
3924 Ebenso HK-VVG/*Münkel*, § 17 Rn 15 ARB.
3925 Tendenziell auch HK-VVG/*Münkel*, § 17 Rn 14 ARB.
3926 BGH v. 8.5.2013 – IV ZR 84/12 und IV ZR 174/12; vgl. aber auch BGH v. 8.5.2013 – IV ZR 233/11.
3927 BGH v. 22.6.2011 – IV ZR 225/10 (Trunkenheitsfahrt).

In der **Krankenhaustagegeldversicherung** ist eine Klausel wirksam, wonach eine weitere Versicherung dieser Art nur mit Einwilligung des ersten Versicherers abgeschlossen werden darf und dieser nach Maßgabe des § 6 Abs. 1 VVG von seiner Leistungspflicht frei wird, wenn er sein Kündigungsrecht innerhalb eines Monats nach Bekanntwerden der weiteren Versicherung ausübt.[3928] Unwirksam ist in der **Hausratversicherung** die klauselmäßig begründete Obliegenheit des Versicherungsnehmers, „Türen, Fenster und alle sonstigen Öffnungen der Wohnung ordnungsgemäß verschlossen zu halten", solange sich niemand in der Wohnung aufhält.[3929] Ausschlussfristen für die Anzeige der Berufsunfähigkeit in einer Berufsunfähigkeitszusatzversicherung sind grundsätzlich nicht zu beanstanden.[3930]

Eine Vielzahl von AGB in der **kapitalbildenden Lebensversicherung** sind unwirksam: Insbesondere müssen für den Versicherungsnehmer transparent die wirtschaftlichen Nachteile erkennbar sein, die er bei einer Kündigung des Versicherungsvertrags oder einer Beitragsfreistellung in Kauf nehmen muss.[3931] Klauseln über Rückkaufwerte, den Stornoabzug und die Zillmerung[3932] sind vom BGH zurecht beanstandet worden.[3933] Hierbei wird zugunsten des Kunden auf die ergänzende Vertragsauslegung zurückgegriffen.[3934] Gleiches gilt für die Kosten für den Vertragsabschluss und etwaigen Provisionen für den Agenten. Für den Versicherungsnehmer müssen auch hier die wirtschaftlichen Nachteile transparent erkennbar sein. Die Klausel über die Überschussermittlung und -beteiligung wurde dagegen nicht beanstandet. Auch Klauseln in der **Kaskoversicherung** können intransparent sein.[3935]

2052

In der **Feuerversicherung** hilft zumeist schon die Auslegung der AVB.[3936]

2053

Zu beachten ist die Novellierung des VVG: Hier enthält Art. 1 Abs. 3 EGGVG Möglichkeiten zur **Anpassung der AVB**.

2054

Europarecht: Die Berücksichtigung des Kriteriums **Geschlecht als Faktor für die Bewertung von Versicherungsrisiken** scheidet nach der EuGH-Rechtsprechung aus.[3937]

2055

Nachdem die Versicherungsbedingungen als AGB anzusehen sind, wird man auch den Ausführungen der großen Kammer des EuGH einen vergleichbaren Gerechtigkeitsgehalt zumessen müssen, an dem die Klauseln zukünftig gemessen werden. Die unzulässige Differenzierung ist dann eine den gesetzlichen Regeln zuwiderlaufende Bedingung i.S.v. § 307 BGB. Hinzukommen muss jedoch, dass gerade der Vertragspartner des Verwenders hierdurch benachteiligt wird. Neben dem Verbandsverfahren, in dem die Bedingungen objektiv und in kundenfeindlichster Auslegung zugrunde gelegt werden, wird es daher vor allem weibliche Kläger geben, falls die Versicherungswirtschaft nicht anpasst. Auswirkungen wird das Urteil in allen Versicherungsbranchen haben, die eine geschlechtsspezifische Unterscheidung beinhalten.

2056

Ferner: Zur **Sozienklausel** in der **Steuerberater-Haftpflichtversicherung**;[3938] zur **Haftpflicht der Rechtsanwälte, Patentanwälte**[3939] **und Notare**;[3940] zu § 132 Abs. 1 VVG;[3941] zur **AUB**;[3942] zur Frage, ob **§ 4 Ziffer 2 AVB** einer Einstandspflicht des Vertrauensschadensversicherers und damit einer Vorleistungspflicht entgegensteht.[3943]

2057

Bei der **Warenkreditversicherung** unterliegen Verrechnungsklauseln der Inhaltskontrolle und sind zu beanstanden, soweit pauschal die älteste Forderung in Bezug genommen wird.[3944]

2058

Bedingungen einer **Ratenschutz-Arbeitsunfähigkeitsversicherung** hat der BGH gebilligt.[3945] Unbeanstandet geblieben sind auch Bedingungen der AVB Wohngebäudeversicherung.[3946]

2059

B. Sonderfall: Primärarztklausel im Krankenversicherungsvertrag

I. Status quo

In der Krankenversicherung ist insbesondere die Primärarztklausel zu beanstanden: Wer unmittelbar und ohne Überweisung durch einen Primärarzt (i.d.R. einen Allgemeinarzt) einen Facharzt aufsucht, muss in vielen Tarifen damit rechnen, dass die Kosten des Facharztes nur zu 80 % getragen werden. Dies ist AGB-rechtlich jedoch unzulässig.[3947]

2060

3928 BGH NJW 1990, 767.
3929 BGH BB 1990, 1445.
3930 BGH BB 1999, 1729.
3931 BGH v. 9.5.2001 – IV ZR 121/00 und IV ZR 138/99, BB 2001, 1427; OLG Hamburg VuR 2011, 107 m. Anm. *Pilz*; LG Stuttgart VuR 2011, 108 m. Anm. *Pilz*.
3932 Insbesondere BGH v. 26.6.2013 – IV ZR 39/10.
3933 BGH v. 17.10.2012 – IV ZR 202/10.
3934 BGH v. 11.9.2013 – IV ZR 17/13.
3935 OLG Saarbrücken r+s 2005, 14.
3936 BGH v. 19.6.2013 – IV ZR 228/12.
3937 EuGH v. 1.3.2011 – C-236/09.
3938 BGH v. 18.5.2011 – IV ZR 168/09.

3939 BGH v. 21.7.2011 – IV ZR 42/10 und IV ZR 43/10 (Sozienklausel wirksam); BGH v. 26.3.2014 – IV ZR 422/12: 1.1. AHB 2008 nicht intransparent.
3940 BGH v. 20.7.2011 – IV ZR 75/09 (kein Ausschluss für mittelbare Schäden).
3941 BGH v. 18.5.2011 – IV ZR 165/09.
3942 *Grimm*, AUB, 5. Aufl. 2011.
3943 BGH v. 20.7.2011 – IV ZR 209/10; BGH v. 20.7.2011 – IV ZR 180/10.
3944 BGH v. 22.1.2014 – IV ZR 343/12 und IV ZR 344/12.
3945 BGH v. 11.9.2013 – IV ZR 303/12.
3946 BGH v. 11.9.2013 – IV ZR 259/12.
3947 Das Thema ist jedoch bislang unbehandelt.

2061 Viele private Krankenversicherungen bieten Versicherungsschutz mit sog. Primärarzttarifen an, die oft etwas günstiger liegen als alternative Tarife. Typische Klauseln lauten etwa wie folgt:

„*Der versicherten Person steht die Wahl unter den Ärzten und Zahnärzten frei, die zur vertragsärztlichen bzw. -zahnärztlichen Versorgung in der gesetzlichen Krankenversicherung zugelassen sind (Vertragsärzte bzw. Vertragszahnärzte).*[3948]
(Erstattung) Ambulante Heilbehandlung:
Ambulante Heilbehandlung durch Ärzte zu 100 %. Wird die Erstbehandlung nicht durch einen Primärarzt (Facharzt für Allgemeinmedizin/praktischer Arzt, Internist ohne Schwerpunktbezeichnung, der an der hausärztlichen Versorgung teilnimmt, Facharzt für Frauenheilkunde, für Augenheilkunde oder für Kinderheilkunde) durchgeführt, reduziert sich die Erstattung auf 80 %."[3949]

Gleiches soll für die Erstattung von Arznei- und Verbandmitteln gelten.

II. Versicherungsbedingungen als AGB

2062 Unzweifelhaft handelt es sich bei den vorstehenden Bedingungen um AGB i.S.v. § 305 BGB.[3950] Diese werden auch einer Vielzahl von Verträgen zugrunde gelegt. Die Genehmigung oder die Zustimmung von Aufsichtsbehörden hat hierauf keinen Einfluss. Für die Einbeziehung gelten die allgemeinen Regeln. Für ein Aushandeln muss Abänderungsbereitschaft erkennbar sein, der Verwender **muss den gesetzesfremden Kerngehalt ernsthaft zur Disposition** stellen.[3951] Hierbei ist es nicht ausreichend, wenn die Wahl zwischen zwei Alternativen angeboten wird. Jeder Tarif muss daher für sich ausgehandelt werden; es reicht nicht, dass alternative Versicherungstarife bestehen.[3952]

2063 Auch eine vorformulierte Einverständniserklärung „*Ich habe die AGB gelesen und bin hiermit einverstanden*" beseitigt das Merkmal des Stellens nicht[3953] und die Inhaltskontrolle ist weiterhin möglich.[3954]

III. Auslegung

2064 Die Auslegung von Versicherungsbedingungen hat aus sich heraus zu erfolgen ohne vergleichbare Betrachtung zu anderen Versicherungsbedingungen, die dem Versicherungsnehmer regelmäßig auch gar nicht bekannt sind. Ebenso hat die Entstehungsgeschichte der Bedingungen unberücksichtigt zu bleiben.[3955] Nach gefestigter Rechtsprechung des IV. Senats sind Allgemeine Versicherungsbedingungen so auszulegen, „wie ein durchschnittlicher Versicherungsnehmer sie bei verständiger Würdigung, aufmerksamer Durchsicht und Berücksichtigung des erkennbaren Sinnzusammenhangs verstehen muss". Dabei komme es auf die Verständnismöglichkeiten eines Versicherungsnehmers ohne versicherungsrechtliche Spezialkenntnisse und damit auch auf seine Interessen an.[3956] Ob dies mit dem Grundsatz der kundenfeindlichsten Auslegung im AGB-Recht in Übereinstimmung steht, erscheint jedoch zweifelhaft. Die Frage mag hier jedoch dahinstehen.

IV. Überraschende Klauseln?

2065 Eine Einbeziehung von „versteckten" Klauseln, wenn eine Klausel nach der drucktechnischen Gestaltung so unauffällig in das Gesamtbild eingefügt wird, dass sie vom Vertragspartner des Verwenders dort nicht vermutet wird, lehnt der BGH zu Recht ab:[3957]

„*Überraschend ist eine Klausel nur, wenn sie eine Regelung enthält, die von den Erwartungen des typischerweise damit konfrontierten Versicherungsnehmers in einer Art und Weise deutlich abweicht, mit der er nach den Umständen vernünftigerweise nicht zu rechnen braucht (Senatsurteile vom 21.7.2011 – IV ZR 42/10, VersR 2011, 1257 Rn 16; vom 30.9.2009 – IV ZR 47/09, VersR 2009, 1622 Rn 13 m.w.N.). Der ungewöhnliche äußere Zuschnitt einer Klausel und ihre Unterbringung an unerwarteter Stelle können die Bestimmung zu einer ungewöhnlichen und damit überraschenden Klausel machen (BGH, Urteile vom 26.7.2012 – VII ZR 262/11, NJW-RR 2012, 1261 Rn 10; vom*

3948 So die Musterbedingungen, vgl. auch BGH v. 18.2.2009 – IV ZR 11/07.
3949 So etwa die Hanse Merkur-Bedingungen.
3950 Zu ähnlichen Klauseln: BGH v. 18.2.2009 – IV ZR 11/07; zur Lebensversicherung: BGH v. 17.10.2012 – IV ZR 202/10; zur Rechtsschutzversicherung: EuGH v. 7.11.2013 – C-442/12; bedenklich: BGH v. 4.12.2013 – IV ZR 215/12; zu den ARB 2012 *van Bühren*, BRAK-Mitt. 2013, 255.
3951 Palandt/*Grüneberg*, § 305 Rn 21; PWW/*Berger*, § 305 Rn 7; WLP/*Pfeiffer*, § 305 Rn 32; NK/*Kollmann*, § 305 Rn 11; HK/*Schulte-Nölke*, § 305 Rn 5: Verlangen beide unabhängig voneinander die Einbeziehung derselben AGB, so sind die §§ 305 ff. BGB nicht anwendbar.
3952 Anders Staudinger/*Coester*, § 307 Rn 138 für Individualvereinbarung; anders UBH/*Fuchs*, § 307 Rn 148: Vorzugswürdig sei es, dies im Rahmen der Unangemessenheitsprüfung zu berücksichtigen (offenlassend jedoch, wann eine Kompensation erfolgen soll).
3953 Palandt/*Grüneberg*, § 305 Rn 19.
3954 Richtig jurisPK-BGB/*Lapp/Salamon*, § 305 Rn 15: auch kopierte Formularbücher können gestellt werden; ferner *Niebling*, ZfS 2010, 482; zu den Auswirkungen im Mietrecht *Niebling*, ZMR 2010, 509.
3955 BGH v. 15.12.2010 – IV ZR 24/10.
3956 Zuletzt BGH v. 22.1.2014 – IV ZR 233/12 (Anrechnungsklausel); BGH v. 22.1.2014 – IV ZR 201/13; BGH v. 22.1.2014 – IV ZR 127/12.
3957 BGH v. 26.7.2012 – VII ZR 262/11, NJ 2012, 433 m. Anm. *Niebling*.

21.7.2010 – XII ZR 189/08, NJW 2010, 3152 Rn 27; vom 17.5.1982 – VII ZR 316/81, BGHZ 84, 109 unter 2 a). Dabei kommt es allerdings nicht darauf an, an welcher Stelle des Klauselwerks die entsprechende Klausel steht, weil alle Bestimmungen grundsätzlich gleich bedeutsam sind und nicht durch die Platzierung einer Vorschrift im Klauselwerk auf deren Bedeutung geschlossen werden kann. Aus der Stellung der Klausel kann sich ein Überraschungseffekt vielmehr dann ergeben, wenn diese in einem systematischen Zusammenhang steht, in dem der Vertragspartner sie nicht zu erwarten braucht (BGH, Urteile vom 21.7.2010 a.a.O.; vom 9.12.2009 – XII ZR 109/08, BGHZ 183, 299 Rn 16 f.)."[3958]

Dies wird man vorliegend beides i.d.R. verneinen können, allerdings wird dem Versicherten zugemutet, erkennen zu können, wann der Internist an der hausärztlichen Versorgung teilnimmt. Nachdem sich dies ändern kann und zudem unklar ist, ob die faktische Teilnahme oder die generelle Bereitschaft hierzu zählt, greift insoweit die Auslegung, die den Kunden am wenigsten belastet.[3959] 2066

V. Transparenzgebot

Der Vertragspartner des Klauselverwenders, hier der Krankenversicherte, darf nicht von der Durchsetzung bestehender Rechte abgehalten werden.[3960] Auch in Versicherungsbedingungen kommt dem Transparenzgebot (siehe auch Stichwort „Transparenzgebot") daher große Bedeutung zu.[3961] 2067

Die Frage, ob eine Gefahr der inhaltlichen Benachteiligung des Vertragspartners für die Unwirksamkeit einer intransparenten Klausel hinzukommen muss, lässt der BGH offen.[3962] Eine Abgrenzung des Transparenzgebotes zur Frage der Überraschung konnte der BGH[3963] bei einem missverständlichen Inhaltsverzeichnis offenlassen. 2068

Leistungsbestimmende oder -ausschliessende Klauseln in der Rechtsschutzversicherung hat der BGH als intransparent beanstandet, wenn nicht präzise der Umfang angegeben wird.[3964] Der durchschnittliche Versicherungsnehmer könne nicht klar erkennen, welche Geschäfte von dem Ausschluss erfasst seien. Weder der Begriff „Effekte" noch der Begriff „Grundsätze der Prospekthaftung" sei ein fest umrissener Begriff der Rechtssprache. Dies wird man vorliegend jedoch nicht annehmen können. 2069

VI. Schranken der Inhaltskontrolle

Durch die Inhaltskontrolle soll der Verwender auf die kraft Gesetzes bestehende Rechtslage verwiesen werden, wenn er deren Wertungen missachtet. Es ist daher ein Rechtslagenvergleich anzustellen, was ohne die Primärarztklausel gelten würde. Insoweit würde hier die freie Arztwahl Vergleichsmaßstab sein. Diese ist zudem hier auch im Grundsatz vereinbart; lediglich von diesem Grundsatz wird eine Beschränkung in den Klauseln vorformuliert. Die Primärarztklausel unterliegt daher der AGB-rechtlichen Inhaltskontrolle.[3965] 2070

VII. Unangemessene Benachteiligung?

Für viele Fallkonstellationen dürfte ein unangemessenes Benachteiligen des Kunden nicht angenommen werden. Erforderlich ist jedoch, dass die Klausel auch für alle wesentlichen Fallkonstellationen an § 307 BGB Bestand hat. Dies ist jedoch nicht der Fall: 2071

Das direkte Aufsuchen eines Orthopäden nach voraussichtlichem Bänderriss im Ellenbogenbereich ist sachgerecht. Ein Allgemeinarzt hätte keine entsprechende Untersuchung durchführen können. Hierdurch würden nur zusätzliche Kosten entstehen und zusätzlicher Zeitaufwand für den Patienten. Niemand würde auch auf den Gedanken kommen, bei plötzlicher Sehschwäche oder Verletzungen im Auge den Allgemeinarzt aufzusuchen. 2072

Die Klausel ist aber auch unwirksam, weil nicht verlangt werden kann, dass der Primärarzt eine Behandlung („Erstbehandlung") durchführt. Er ist ja gerade kein Spezialist und dem Versicherten kann keine Obliegenheit auferlegt werden, einen Behandlungsunerfahrenen eine Behandlung durchführen zu lassen. Der Allgemeinarzt kann ja oft nicht einmal eine zutreffende Diagnose stellen. Allgemein wird man auch die Aufklärungspflichten wie auch die Sorgfaltspflichten eines Facharztes kritischer beurteilen als bei einem Allgemeinarzt; auf diese gesteigerten Pflichten hat der Patient jedoch im Bedarfsfall einen Anspruch. 2073

Ebenso kann die Inanspruchnahme des Facharztes, der kein Primärarzt ist, aufgrund Dringlichkeit erforderlich sein. Die AGB sehen hierfür jedoch gerade keine Ausnahme vor. So muss es auch möglich sein, sofort einen Chirurgen aufzusuchen, wenn ein Unfall dies dringend erfordert. Auch für Vorsorgeuntersuchungen, etwa gegen Darmkrebs, 2074

3958 BGH v. 5.12.2012 – IV ZR 110/10 und 111/10.
3959 Offengelassen in BGH v. 18.2.2009 – IV ZR 11/07.
3960 BGH v. 8.11.2012 – VII ZR 191/12; *Fehrenbach/Maetschke*, WM 2010, 1149; BAG v. 21.6.2011 – 9 AZR 236/10 Rn 43; BAG v. 17.8.2011 – 5 AZR 406/10 (Pauschalabgeltung von Überstunden); BAG v. 14.9.2011 – 10 AZR 526/10 (Freiwilligkeitsvorbehalt-Sonderzahlung in Kombination mit einem Widerrufsvorbehalt).
3961 BGH v. 11.9.2013 – IV ZR 303/12, zur Auslegung von AVB auch BGH v.11.9.2013 – IV ZR 259/12.
3962 Entgegen der h.M. (etwa Jauernig/*Stadler*, § 307 Rn 6) ist dies abzulehnen; intransparente Klauseln sind i.d.R. geeignet, den Kunden von der Geltendmachung seiner Rechte abzuhalten.
3963 BGH v. 20.6.2012 – IV ZR 39/11.
3964 BGH v. 8.5.2013 – IV ZR 84/12 und IV ZR 174/12 (Rechtsschutzversicherung).
3965 Im Ergebnis zutreffend BGH v. 18.2.2009 – IV ZR 11/07.

muss es möglich sein, direkt einen Facharzt (hier: Gastroenterologen) aufzusuchen. Neben den genannten Fachärzten für Frauenheilkunde, für Augenheilkunde oder für Kinderheilkunde gibt es daher weitere, die der Patient unmittelbar aufsuchen kann.

2075 Zudem: Steht aufgrund der Behandlung durch den Facharzt fest, dass der Primärarzt hätte überweisen müssen, kann eine pauschale Kürzung nicht erfolgen. Die Klausel kommt sonst einer reinen Sanktion gleich, die dazu dient, der Versicherung 20 % der Kosten zu ersparen. Auch diese Fallgruppe wird in der Klausel nicht ausgenommen.

2076 Entgegen dem BGH[3966] kommt es nicht darauf an, „ob mit der Einschränkung der Leistung der Vertrag „ausgehöhlt" werden kann und damit in Bezug auf das zu versichernde Risiko zwecklos wird". Der BGH übersieht, dass die Klausel selber wesentliche Fallgruppen erfasst, die den Versicherungsnehmer unangemessen benachteiligen.

Ebenso können nicht pauschal die notwendigen Medikamente gekürzt werden.

2077 Der Hinweis auf einen günstigeren Tarif bei Primärarztklauseln ist als „Preisargument" unerheblich;[3967] siehe auch Stichwort „Preisargument (vgl. Rn 1555) unter Hinweis auf *Fischer*.[3968] Auch im Verbandsverfahren kann es nicht darauf ankommen, welche anderen (möglicherweise durchgängig wirksamen) Verträge die Versicherung anbietet.[3969] Jeder Vertrag muss für sich auch in den AGB angemessen sein. Auch bei einer Verbandsklage kann nicht die Frage gestellt werden „Ist etwa dem Kunden ein alternatives Versicherungsangebot gemacht worden und vermag dies zu kompensieren?". Jeder Tarif muss grundsätzlich für sich betrachtet werden und die hierin verwendeten Klauseln müssen angemessen sein. Eine Kompensation durch andere Klauseln innerhalb des Vertrages ist nicht ersichtlich (siehe auch Vor § 307 Rn 46).[3970]

2078 Zur europarechtlichen Frage der freien Arztwahl ist auf die Rechtsprechung zu Rechtsanwälten hinzuweisen. Insoweit betont der EuGH das Recht auf freie Anwaltswahl auch bei Masseschäden.[3971] Auch mittelbare Beschränkungen der Anwaltswahl sind unwirksam, wenn kein sachlicher Grund hierfür spricht.[3972] Aufgrund der grundsätzlich freien Tarifwahl dürfte bei der Primärarztklausel jedoch kein Verstoß vorliegen.

VIII. Keine geltungserhaltende Reduktion, keine ergänzende Vertragsauslegung

2079 Die Klausel kann auch nicht auf einen zulässigen Inhalt geltungserhaltend reduziert werden und ist insgesamt unwirksam.[3973] Hierbei kommt es auch nicht darauf an, ob grundsätzlich ein berechtigtes Interesse der Krankenversicherung besteht, dass der Versicherungsnehmer nicht zugleich den Facharzt aufsucht,[3974] denn die Klausel geht weit über die anzuerkennenden Fälle hinaus. Unerheblich ist es auch, ob die Versicherung in AGB ihre Ersatzleistung generell auf nur 80 % reduzieren dürfte, was im Grundsatz wie eine Eigenbeteiligungsklausel möglich wäre. Der Vertrag bleibt i.Ü. wirksam.[3975]

2080 Eine ergänzende Vertragsauslegung kann bei der Unwirksamkeit von AGB grundsätzlich nicht erfolgen, da hierdurch das Risiko der Verwendung ähnlich einer verbotenen geltungserhaltenden Reduktion teilweise auf den Vertragspartner verlagert würde.[3976] Eine Ausnahme macht der BGH nur für eng begrenzte Sonderfälle:[3977]

§ 306 Abs. 2 BGB schließt nach ständiger Rechtsprechung des BGH eine ergänzende Vertragsauslegung nicht aus, weil es sich bei den Bestimmungen der §§ 157, 133 BGB, in denen die ergänzende Vertragsauslegung ihre Grundlage hat, um gesetzliche Vorschriften i.S.d. § 306 Abs. 2 BGB handelt. Jedoch muss auch bei einer ergänzenden Vertragsauslegung die Entscheidung des Gesetzgebers beachtet werden, den Vertrag grundsätzlich mit dem aus den Normen des dispositiven Gesetzesrechts, welche der ergänzenden Vertragsauslegung vorgehen, ergebenden Inhalt aufrecht zu erhalten. Diese kommt daher nur in Betracht, wenn sich die mit dem Wegfall einer unwirksamen Klausel entstehende Lücke nicht durch dispositives Gesetzesrecht füllen lässt und dies zu einem Ergebnis führt, das den bei-

---

3966 BGH v. 18.2.2009 – IV ZR 11/07.
3967 Vgl. Staudinger/*Coester*, § 307 Rn 129 ff.; Palandt/*Grüneberg*, § 307 Rn 18.
3968 *Fischer*, BB 1957, 481,485; unklar insoweit BGH v. 6.12.2002 – V ZR 220/02.
3969 Hierzu *Niebling*, MDR 2012, 1071.
3970 Hierzu allgemein *Niebling*, BB 1992, 717; Staudinger/*Coester*, § 307 Rn 124; UBH/*Fuchs*, § 307 Rn 151.
3971 EuGH v. 10.9.2009 – C-199/08.
3972 Anders LG Bamberg (nicht rkr.) v. 8.11.2011 – 1 O 336/10 (Bonus bei RA aus dem Kreis des Versicherers); richtig: OLG München v. 22.9.2011 – 29 U 1360/11.
3973 BGH v. 31.8.2010 – VIII ZR 28/10; BGH v. 27.9.2013 – V ZR 52/12; BGH v. 17.12.2013 – XI ZR 66/13 (Nacherstellung von Kontoauszügen).
3974 BGH v. 22.1.2014 – IV ZR 233/12 Rn 22, 28 (Anrechnungsklausel).
3975 BGH v. 13.1.2010 – VIII ZR 81/08.

3976 Keine ergänzende Vertragsauslegung auch bei Preiserhöhungsklauseln: BGH v. 29.4.2008 – KZR 2/07 (Gassondervertrag); zu Preiserhöhungsklauseln in Dauerschuldverhältnissen auch: BGH v. 21.9.2005 – VIII ZR 38/05, NJW-RR 2005, 1717; BGH v. 13.12.2006 – VIII ZR 25/06, NJW 2007, 1054; BGH v. 15.11.2007 – III ZR 247/06; hierzu zu Unrecht krit. *v. Westphalen,* MDR 2008, 424; zum Arbeitsrecht: BAG v. 21.6.2011 – 9 AZR 236/10 Rn 49 ff.; BAG v. 20.4.2011 – 5 AZR 191/10, 193/10, 196/10, 192/10, 194/10 (Widerrufsvorbehalt für eine Zulage).
3977 BGH v. 14.3.2012 – XII ZR 44/10 und BGH v. 11.10.2011 – VI ZR 19/08; BGH v. 14.3.2012 – VIII ZR 113/11 ((Norm-)Sonderkundenvertrag); vgl. auch BGH v. 14.3.2012 – VIII ZR 93/11; BGH v. 10.7.2013 – VIII ZR 388/12, ZMR 2013, 952, m. Anm. *Niebling,* ZMR 2013, 953.

derseitigen Interessen nicht mehr in vertretbarer Weise Rechnung trägt, sondern das Vertragsgefüge einseitig zugunsten des Kunden verschiebt.[3978]

In Verbraucherverträgen kann die ergänzende Vertragsauslegung zudem zu einem Verstoß gegen die Klauselrichtlinie führen.[3979] **2081**

Auch eine Teilbarkeit der Klausel liegt nicht vor. Für die Teilbarkeit der Klausel legen BGH wie BAG den **Blue Pencil-Test** zugrunde: Ist nach Streichung des unwirksamen Teils der übrige noch verständlich?[3980] Liegen inhaltlich voneinander trennbare, einzeln aus sich heraus verständliche Regelungen vor? Nur diese können Gegenstand einer gesonderten Wirksamkeitsprüfung sein.[3981] Entgeltklauseln sind dagegen i.d.R. nicht trennbar.[3982] Auch der Zusatz zur Erstattung von Arznei- und Verbandmitteln ist nicht trennbar. **2082**

IX. Ergebnis

Die Primärarztklausel ist unwirksam. Die Tarifwahl führt weder zu einem Aushandeln der Klausel noch zu einer Kompensation der Unangemessenheit. Die Krankenversicherung hat generell die Kosten des Facharztes zu tragen, soweit dessen Inanspruchnahme erforderlich war. **2083**

Vertragshändlerverträge

A. Allgemeines 2084
B. Kartellrechtliche Auswirkungen 2089
C. Zivilrechtliche Auswirkungen 2091
D. Investitionsersatz 2095
E. Ausgleichsanspruch 2096
F. Einzelheiten zu Vertragsklauseln 2099
  I. Ordentliche Kündigung 2099
  II. Pkw-Abnahmen 2100
  III. Dienstleistungen/Schulungen 2101
  IV. Testgeräte 2102
V. Verbot Neuwagenvertrieb 2103
VI. Verbot der Zweitmarke 2105
VII. Rücknahme Ersatzteile 2114
VIII. Anspruch auf Servicepartner-Vertrag 2115
IX. Rabattänderungen 2116
X. Gerichtsstand 2117
XI. Werkstattverträge 2118
XII. Fristlose Kündigung 2128
XIII. Wettbewerbsverbote nach Vertragsende 2130
XIV. Händler im Ausland 2131

A. Allgemeines

Der Vertragshändlervertrag ist ein Rahmenvertrag, durch den sich der Vertragshändler verpflichtet, vom Hersteller oder Zwischenhändler angebotene Markenware im eigenen Namen und auf eigene Rechnung aufgrund einzelner Kaufverträge zu beziehen und weiter zu vertreiben.[3983] Hierbei ist der Vertragshändler in die Vertriebsorganisation des Herstellers eingegliedert und insbesondere berechtigt, die Ausstattungs- und Zeichenrechte des Herstellers zu benutzen. Derartige Verträge sind etwa im Kfz-Vertrieb weit verbreitet und unterliegen Schranken zumeist nicht nur aus den §§ 305 ff. BGB, sondern auch aus dem nationalen und internationalen Wettbewerbs- und Kartellrecht. Aus dem Bereich des Handelsrechts ist insbesondere § 89b HGB entsprechend anwendbar, wonach der Vertragshändler bei Beendigung der Verträge unter bestimmten Voraussetzungen einen Ausgleichsanspruch besitzt. Die entsprechende Anwendung dieser Bestimmung kommt jedoch nur in Betracht, wenn der Vertragshändler in die Absatzorganisation des Herstellers eingegliedert und verpflichtet ist, seinen Kundenstamm dem Hersteller zu überlassen.[3984] Ist § 89b HGB entsprechend anwendbar, so kann der Anspruch nicht im Voraus ausgeschlossen werden.[3985] Im Kartellrecht ist insbesondere auf § 20 Abs. 1 GWB hinzuweisen, wonach eine unbillige Behinderung und ungerechtfertigte Verschiedenbehandlung (Diskriminierung) unzulässig ist, wenn der Hersteller eine marktbeherrschende Stellung besitzt. § 34 GWB a.F. enthielt Schriftformerfordernisse für Vertragshändlerverträge, d.h. Vertragshändlerverträge waren schriftlich abzufassen. Dies ist nun nicht mehr erforderlich, da § 34 GWB entfallen ist. Gleiches gilt für etwaige Zusatzabreden. Ein Verstoß hiergegen stellt die Wirksamkeit des ganzen Vertrags in Frage. Dieses Schriftformgebot ist jedoch nunmehr entfallen. Jeder Teil kann jedoch verlangen, dass die Vereinbarung schriftlich erfolgt, § 85 HGB analog. Wegen § 14 GWB a.F. waren Preisbindungen unzulässig. Diese Bestimmung ist ersatzlos entfallen, jedoch hat die Kfz-GVO in Art. 4 Abs. 1a Grenzen aufgezeigt, die auch AGB-rechtlich einzuhalten sind: Der Händler muss berechtigt sein, den Verkaufspreis selber festzusetzen. Zulässig sind unverbindliche Preisempfehlungen des Herstellers wie auch Höchstpreisfestsetzungen.[3986] Dagegen kann der Hersteller unverbindliche Preisempfehlungen dem Vertrags- **2084**

[3978] BGH v.11.9 2013 – IV ZR 17/13; BGH v. 15.1.2014 – VIII ZR 80/13 (Stromlieferungsvertrag).
[3979] *Erm*, JR 2013, 543; zuletzt BGH v. 15.1.2014 – VIII ZR 80/13 (Stromlieferungsvertrag).
[3980] BAG v. 21.6.2011 – 9 AZR 236/10 Rn 47; BAG v. 14.9.2011 – 10 AZR 526/10 (Freiwilligkeitsvorbehalt Sonderzahlung) Rn 26 ff.
[3981] BGH v. 10.10.2013 – III ZR 325/12.
[3982] BGH v. 17.12.2013 – XI ZR 66/13 (Kontoauszüge).
[3983] UBH/*Ulmer/Schäfer*, Teil 2 (36) Rn 3.
[3984] BGH NJW 1983, 2878; BGH v. 16.2.2011 – VIII ZR 226/07; *Niebling*, WRP 2002, 310, *ders.*, WRP 2005, 717; *ders.*, WRP 2009, 153; *ders.*, WRP 2010, 1454.
[3985] BGH NJW 1984, 2101, 2102; BGH NJW 1985, 3076.
[3986] Hierzu *Vogel* in: Loewenheim/Meesen/Riesenkampf, Art. 4 Kfz-GVO Rn 35.

händler an die Hand geben, § 22 (bisher: § 38a) GWB. Ein bloßes Abweichen von diesen Preislisten über 3 % stellt noch keinen Verstoß gegen §§ 3, 4 Nr. 4 und 5 UWG dar, vielmehr ist entscheidend, was der Vertragshändler üblicherweise für Preise verlangt.[3987]

2085 Im Bereich des europäischen Kartellrechts ist die Gruppenfreistellung von Vertriebs- und Kundendienstvereinbarungen über Kraftfahrzeuge (GVO1400/2002) einzuhalten, um die Nichtigkeitssanktion aus Art. 101 AEUV (bisher § 81 EG-Vertrag) zu vermeiden. Vereinbarungen, wonach der Händler zu Abnahmen, Lagerhaltung, Garantie und Kundendienst, zur Teilnahme an Werbeaktionen u.a. verpflichtet ist, sind auch in Formularverträgen wirksam. Sie konkretisieren vielfach nur die ohnehin bestehende Pflicht zur Vertriebsförderung und zur Interessenwahrnehmung des Herstellers. Vielfach sind diese Klauseln jedoch deshalb unwirksam, weil sie gänzlich unbestimmt sind oder dem Hersteller ein unbegrenztes Ermessen einräumen. Der Hersteller muss dagegen den Vertrieb konkurrierender Erzeugnisse durch den Händler, so die Übernahme einer Zweitvertretung, dulden, sofern der Händler hierfür sachlich gerechtfertigte Gründe nachweist. Bezugsbedingungen für Ersatzteile können dann vorgesehen werden, wenn die konkurrierenden Teile nicht den Qualitätsstandards der Originalteile entsprechen. Anderes gilt nur für die Verwendung von Teilen bei Gewährleistungs-, Garantie- oder Kulanzarbeiten auf Kosten des Herstellers.[3988] Klauseln, wonach der Fortbestand des Vertrags von der Eigentums- oder Geschäftsführungssituation im Unternehmen des Vertragshändlers abhängig gemacht wird, wurden wegen der vertraglichen Vertrauensbeziehung gebilligt. Der Hersteller konnte sich auch das Recht ausbedingen, bei Lieferengpässen die verfügbare Produktion anteilig auf verschiedene Vertragshändler aufzuteilen oder neue Bestellungen nur eingeschränkt anzunehmen.[3989] Der Hersteller konnte sich auch das Recht vorbehalten, Bestellungen über auslaufende Modelle abzulehnen. Er musste jedoch dem Vertragshändler die Modelländerung rechtzeitig mitteilen. Klauseln, wonach der Hersteller zur Belieferung des Händlers auch ohne Bestellung berechtigt ist, konnten allenfalls bei bestehendem Remissionsrecht Bestand haben.[3990] Übernahm der Hersteller unmittelbar gegenüber dem Kunden des Vertragshändlers eine Herstellergarantie, so wurden hieraus vertragliche Beziehungen zwischen dem Kunden und dem Vertragshändler nicht tangiert (siehe auch Stichwort „Garantie").[3991] Gleichwohl hat der BGH eine Klausel, nach der der Hersteller die von ihr übernommene Gewährleistung und Garantie jederzeit ändern könne, **soweit dies aus Wettbewerbs- oder wirtschaftlichen Gründen als zweckmäßig erscheint**, als Verstoß gegen § 307 BGB angesehen, da die Begriffe zu unbestimmt und nicht nachprüfbar seien.[3992] Die Klausel stellte das Änderungsrecht im praktischen Ergebnis zur freien Disposition des Herstellers. Nicht die bloße Änderung der Garantie war daher unwirksam, unwirksam ist lediglich die Befugnis des Herstellers, die vom Vertragshändler übernommene Gewährleistungspflichten zu ändern, ohne diesen Änderungsvorbehalt zu konkretisieren.

2086 Kündigungsfristen unter einem Jahr verstießen gegen § 307 BGB bzw. Art. 5 Abs. 2 Nr. 2 VO 123/85.[3993] Aufgrund nachvertraglicher Treuepflicht kann sich ein Anspruch des Vertragshändlers gegen den Hersteller auf Rücknahme des Waren- und Ersatzteillagers ergeben. Dies kann formularmäßig zumindest insoweit ausgeschlossen werden, als hierdurch das Risiko für fehldisponierte Einkäufe oder Absatzfehler des Vertragshändlers auf den Hersteller abgewälzt werden soll. Klauseln sind daher nicht zu beanstanden, die die Rücknahmepflicht des Herstellers auf solche nicht gebrauchten Waren und Teile beschränkt, die der Händler aufgrund seiner vertraglichen Absatzförderungspflichten oder aufgrund entsprechender Veranlassung durch den Hersteller bezogen hat.[3994] Eine Rückkauf-Klausel darf eine Entschädigung des Händlers durch bindende Lieferverträge nicht ausschließen;[3995] Teilkündigungsklauseln dürfen die Geltendmachung von Ausgleichsansprüchen analog § 89b HGB nicht erschweren. Verstöße gegen die GVO können auch nach AGB-Recht sanktioniert werden, wenn diese Ausdruck der Angemessenheit des Vertrags sind.[3996] Bisher galt das Kfz-GVO 1400/2002, die einschneidende Änderungen bewirkt hatte.[3997] Außerhalb des Kfz-Vertriebs galt die „Schirm-GVO".[3998]

2087 Diese Kfz-GVO galt jedoch nur bis zum 31.5.2010. Gleiches galt für die Schirm-GVO. Die GVO war unmittelbar geltendes Recht und die Vertriebsverträge mussten sich auch an der GVO unmittelbar messen lassen. So gab es klare Kündigungsschutzbestimmungen und Händlerverträge konnten nur mit einer Frist von zwei Jahren gekündigt werden. Zudem war eine AGB-rechtliche Kontrolle der Händlerverträge unschwer möglich, da die Wertungen der GVO einen Gerechtigkeitsgehalt enthielten, an dem die Formularklauseln zu messen waren. Abweichungen hiervon bedurften einer Rechtfertigung.

3987 BGH NJW 1985, 2950.
3988 So bereits in der ersten GVO: Art. 4 Abs. 1 Nr. 7 VO (EWG) 123/85; zum Teil weitergehend BGH NJW 1982, 46.
3989 UBH/*Ulmer/Schäfer*, Teil 2 (36) Rn 25.
3990 Vgl. BGH NJW 1982, 644 für Presseerzeugnisse.
3991 BGH NJW 1985, 623, 626
3992 BGH NJW 1985, 623, 627.
3993 Löwe/v. Westphalen/Trinkner/*v. Westphalen*, Großkommentar AGBG Bd. 3, Vertragshändlerverträge Rn 23 für „mindestens zwei Jahre"; *Pfeffer*, NJW 1985, 1241, 1247.
3994 OLG Frankfurt WM 1986, 139, 141.

3995 BGH BB 2000, 326.
3996 Einzelheiten bei *Niebling*, Vertragshändlerrecht, Das neue Automobil-Vertriebsrecht 1999; *ders.*, Das Recht des Automobilvertriebs, 1996; *ders.*, GRUR 2000, 19; *ders.*, DAR 2000, 97; BGH v. 13.7.2004, GRUR 2005, 62; *Niebling*, NJ 2013,1012.
3997 Ausführlich *Niebling*, Vertragshändlerrecht, 3. Aufl. 2006, 1 ff.; *ders.*, WRP 2012, 1361; *ders.*, NJ 2013,1012.
3998 VO Nr. 2790/1999 v. 22.12.1999, Abdruck bei *Niebling*, Mustervertäge für Handelsvertreter, Händler und Franchisepartner, 3. Aufl. 2005.

Aktuell ist die Kfz GVO wesentlich reduziert und eine neue Vertikal-GVO verabschiedet worden; diese soll nun auch langfristig die Kfz-Händler aufzufangen versuchen.[3999]

B. Kartellrechtliche Auswirkungen

Nach dem „System der Legalausnahmen" kommt der GVO keine Freistellungsfunktion mehr nach Art. 101 AEUV (bisher § 81 EG-Vertrag) zu. Die GVO wird nun zu einer Ermessensbindung der Kommission. Eine Unzulässigkeit von Einzelklauseln aus kartellrechtlichen Gründen kann nicht mehr unmittelbar und ausschließlich aus einer GVO abgeleitet werden. Dieses System der Legalausnahmen bedeutet, dass die Wettbewerbsbehörden aber auch die Gerichte nicht nur Art. 101 AEUV Abs. 1 und Art. 102 AEUV (bisher § 82 EG-Vertrag) unmittelbar anwenden können, sondern auch Art. 101 AEUV Abs. 3 (bisher § 81 EG-Vertrag Abs. 3). Damit sind Einzelfreistellung wie auch Gruppenfreistellung nicht mehr zwingend notwendig, um einen Wettbewerbsverstoß festzustellen oder abzulehnen. Soweit die Voraussetzungen von Art. 101 AEUV Abs. 3 erfüllt sind, liegt (unabhängig von einer Freistellung) kein Wettbewerbsverbot vor, Art. 1 Abs. 2 VO 1/2003.[4000]

Dagegen hält die Kommission bei Einhaltung der GVO eine kartellrechtliche Unzulässigkeit für ausgeschlossen: Gruppenfreistellungsverordnungen schaffen für bestimmte Kategorien von Vereinbarungen eine Art „sicheren Hafen", indem sie die Vertragsparteien von der Verpflichtung entbinden, diese Vereinbarungen einzeln darauf zu überprüfen, ob sie gegen EU-Wettbewerbsregeln (Art. 101 AEUV, bisher § 81 EG-Vertrag) verstoßen.[4001]

C. Zivilrechtliche Auswirkungen

Bisher kam sowohl der Kfz-GVO wie auch der Vertikal-GVO eine **Leitbildfunktion** zu. Diese Wertungen flossen insbesondere in die Beurteilung nach dem AGB-Recht ein: § 307 Abs. 3 BGB verlangt einen Vergleich der Rechtslagen. Die formularmäßige Vereinbarung ist zu vergleichen mit der Regelung, wie sie ohne Vereinbarung bestehen würde. Insoweit besaß die GVO einen „vergleichbaren Gerechtigkeitsgehalt" für eine Rechtslagendivergenz, sie enthält Wertungen über die Natur des Händlervertrags und Aussagen zum Vertragszweck. Auch neuen GVOs wird diese Leitbildfunktion weiterhin zukommen.[4002]

Werden die alten Händlerverträge mit Auslaufen der Kfz-GVO unwirksam? Nach dem System der Legalausnahmen wird nicht jeder Händlervertrag unwirksam, wenn die GVO ausläuft. Dies ist nur anzunehmen, wenn ein Verstoß gegen EU-Recht in Betracht kommt, insbesondere wenn die Schwelle von voraussichtlich 30 % des Marktanteils überschritten wird. Dann gibt es auch keine Verpflichtung, den Vertrag an die neue (Schirm-)GVO anzupassen.[4003]

Nach derzeitiger Rechtslage können die Verträge jedoch mit Ein- oder Zweijahresfrist gekündigt werden. Auch eine Änderungskündigung ist möglich, wonach diese Kündigung erfolgt in Verbindung mit dem Angebot eines neuen Händlervertrags. Hierbei ist die Kündigung mit zweijähriger Beendigungsfrist der Regelfall und Ausnahmen für eine Umstrukturierung des Vertriebsnetzes, die eine einjährige Kündigungsfrist ermöglichen, sind besonders zu rechtfertigen.

Mit Vertragsende besteht grundsätzlich auch kein Anspruch auf Rücknahme von Ersatzteilen, wenn der Vertrag als Servicevertrag fortgeführt wird.[4004] Dies kann formularmäßig nicht ausgeschlossen werden. Nachdem Belieferungsansprüche diskriminierter Händler aus Art. 101 AEUV denkbar sind,[4005] besteht unter dem Gesichtspunkt der Gleichbehandlung auch ein Anspruch auf Abschluss eines Servicepartner-Vertrags. Derzeit können Händlerverträge nicht als Franchiseverträge geregelt werden. Dazu ist die Kfz-GVO exklusiv und Franchiseverträge unterfallen bereits derzeit der Schirm-GVO. Mit Wegfall der Kfz-GVO ist dies jedoch wiederum möglich. Damit wären etwa auch Laufzeiten der Verträge von bis zu fünf Jahren zu vereinbaren.

D. Investitionsersatz

Wer auf Veranlassung des Herstellers oder Importeurs investiert und die Investition nach Vertragsende nicht oder nicht mehr in vollem Umfang nutzen kann, hat einen Anspruch auf angemessene Entschädigung.[4006] Investitions-

---

3999 *Niebling*, NJ 2009, 194; *ders.*, WRP 2010, 1454; *Malec/v.Bodungen*, BB 2010, 2383.
4000 Vgl. etwa *Bunte*, Kartellrecht, 2. Aufl. 2008, S. 102 ff.
4001 Die Stellungnahme wurde von der Kommission ins Internet gestellt: http://ec.europa.eu/competition/sectors/motorvehicles/news.html; ausführlich auch der 16 Seiten Bericht der Kommission.
4002 Tendenziell auch BGH BB 2005, 2208; BGH WRP 2004, 1378; *Emde*, VertriebsR, Vor § 84 Rn 30; einschränkend UBH/*Ulmer/Schäfer*, Teil 2 (36) Rn 13: „Indizwirkung"; ablehnend: Heidel/Schall/*Prasse*, HGB, 2011, Anh. Franchiserecht Rn 46 (statt Art. 103 müsste es auch heißen Art. 101 AEUV).
4003 Nur Letztes hatte der BGH für die jetzige GVO und vor der Verordnung Nr. 1/2003 verneint: BGH v. 8.5.2007 – KZR 14/04.
4004 BGH v. 18.6.2008 – VIII ZR 154/06, MDR 2008, 1026; auch *Emde*, MDR 2007, 994, 999.
4005 *Rheinländer*, GRUR 2007, 383.
4006 Zuletzt *Creutzig*, NJW 2002, 3430; *Ensthaler/Gresmann-Nuissl/Stopper*, DB 2003, 257 (entgegen der Überschrift dieses Beitrags geht es hier jedoch nicht um „drittbestimmte" Investitionen, sondern um solche, die vom Hersteller oder Importeur veranlasst wurden); *Ensthaler/Funk/Stopper*, Handbuch des Automobilvertriebsrechts, 2003, S. 183 ff.; *Niebling*, Vertragshändlerrecht, 4. Aufl., Rn 125.

E. Ausgleichsanspruch

2096 Bei Beendigung des Automobil-Händlervertrags bestehen i.d.R. Ausgleichsansprüche analog § 89b HGB.[4009] Die Relevanz des Ausgleichsanspruchs ist sehr hoch. Zum einen sind in den letzten Jahren auch leistungsstarke Händler gekündigt worden, die einen großen Kundenstamm[4010] aufgebaut hatten, der für den Hersteller (Importeur) von großem Vorteil ist, hingegen der Händler den Kundenstamm meist nicht selbst uneingeschränkt weiter nutzen kann. Da Ausgleichsansprüche sehr werthaltig sein können, umgekehrt die gesetzliche Regelung vielerlei Fragen offenlässt sowie den Gesichtspunkt der Billigkeit in den Vordergrund rückt, hat sich eine umfangreiche Kasuistik zu den Fragen des Ausgleichsanspruchs entwickelt. Auch dies wird nicht in einer GVO geregelt werden.[4011] Insoweit kommt den Regelungen im HGB, die entsprechend anwendbar sein können (wie § 89b HGB, nicht aber § 89 HGB, soweit Investitionen getätigt werden müssen), eine Leitbildfunktion auch für Vertragshändler zu.[4012]

2097 Das Angebot eines Servicevertrags im Anschluss an einen vom Hersteller gekündigten Händlervertrag ist dagegen für das Bestehen von Ausgleichsansprüchen irrelevant. Der gekündigte Händler kann daher den neuen Vertrag ablehnen, ohne hierdurch Ausgleichsansprüche zu verlieren. Diese Ablehnung steht einer Eigenkündigung nicht gleich.[4013] Der anschließende Werkstattvertrag kann jedoch die Ausgleichsansprüche reduzieren.[4014] Einer Eigenkündigung – mit der Folge eines Entfalls des Anspruchs – steht gleich, wenn die Parteien auf die Einhaltung der Kündigungsfrist verzichten und zugleich keine einvernehmliche Vertragsbeendigung vereinbart wird.[4015] Natürlich kann der Ausgleichsanspruch auch nicht formularmäßig abbedungen werden.[4016] Die Klausel „*Der Händler ist nicht verpflichtet, Kundendaten an den Hersteller zu übermitteln*" ist dann nicht relevant, wenn sich der Hersteller über Einsichtsrechte, Meldepflichten, Gewährleistungs- und Kontaktprogramme alle wesentlichen Kundendaten beschafft. Klauseln, dass ein bestimmter Prozentsatz der Provisionen auf die verwaltende Tätigkeit entfällt, verstoßen bereits gegen § 89b Abs. 4 HGB.[4017] Für die Aufnahme einer Konkurrenztätigkeit während oder nach Abschluss des Vertrags kann jedoch ein Billigkeitsabzug vereinbart werden.[4018]

2098 Für Versicherungs- und Bausparkassenvertreter gilt § 89b Abs. 5 HGB.[4019]

F. Einzelheiten zu Vertragsklauseln

I. Ordentliche Kündigung

Nachdem der Rechtsschutz gegen eine ordentliche Kündigung in Vertriebsverträgen sehr beschränkt ist, stellt sich hier (Beispiel Kfz-Vertrieb) zumeist nur die Frage, ob eine zweijährige oder eine einjährige Frist einzuhalten ist.[4020] Hierbei ist die Kündigung mit zweijähriger Beendigungsfrist der Regelfall und Ausnahmen für eine Umstrukturierung des Vertriebsnetzes, die eine einjährige Kündigungsfrist ermöglichen, sind besonders zu rechtfertigen.

II. Pkw-Abnahmen

Nachdem die Abnahmemenge von vielerlei Faktoren abhängig ist, wird diese nicht mehr vertraglich festgelegt. Eine pauschale formularmäßige Festlegung, auch als Mindestabnahmemenge, wäre auch nach § 307 BGB unwirksam.[4021]

III. Dienstleistungen/Schulungen

Kosten für Schulungen können nicht verlangt werden, wenn keine Verpflichtung bestand, diese Schulungen wahrzunehmen. Hierbei kommt dem Status als selbstständiger Vertragshändler oder Servicepartner besondere Bedeutung zu. Nachdem der Händler das Insolvenzrisiko trägt, muss diesem ein Kernbereich an wirtschaftlich relevanten Entscheidungen verbleiben können.

IV. Testgeräte

Auch bei der Anschaffung von Testgeräten steht dem Händler ein weites Ermessen zu. Kann auch ohne ein bestimmtes Testgerät sachgerecht repariert werden, sind Erwerbsverpflichtungen oder gar Kündigungen aus dem Grund fehlender Anschaffung unwirksam.

V. Verbot Neuwagenvertrieb

Das OLG Thüringen[4022] ist der Auffassung: Aus der GVO 1400/2002 lässt sich ein Verbot, Neuwagenverkäufe durchzuführen, nicht herleiten. Das Recht zur Vermittlung wurde bislang nicht in Frage gestellt, der Verkauf von Neufahrzeugen ist dagegen objektiv eine Durchbrechung des selektiven Vertriebs.[4023]

Der Sache nach hat auch der BGH im Urteil „Schwarzhandel mit Bundesligakarten" Grenzen gezogen und bei einem Einkauf der Karten von Privat einen Wettbewerbsverstoß zu Recht abgelehnt.[4024] Soweit der Hersteller kartellrechtlich jedoch zum selektiven Vertrieb berechtigt ist, kann dies auch formularmäßig mit dem Händler vereinbart werden.

VI. Verbot der Zweitmarke

Nach der bisherigen GVO war ein Verbot, eine Zweitmarke zu vertreiben nicht von der GVO freigestellt und damit grundsätzlich kartellrechtlich problematisch. In der neuen GVO wird diese Frage offengelassen.

Im Leitfaden der Kommission ist hierzu Folgendes ausgeführt:

5. Was ändert sich für Kfz-Händler, die konkurrierende Marken vertreiben („Mehrmarkenhändler")?

Die alten Regeln trugen wenig zur Förderung des Mehrmarkenhandels bei. Dieser ist weiterhin von der Größe der Vertriebsunternehmen und ihrem Standort abhängig, so dass der Mehrmarkenhandel vor allem in entlegenen Gebieten und innerhalb großer Vertriebsgruppen mit Nachfragemacht erfolgt.

Außerdem reagierten die Kfz-Hersteller auf die Gefahren, die ein verbreiteter Mehrmarkenhandel für die Markenidentität und das Firmenimage bergen kann, indem sie von den Händlern höhere Investitionen (z.B. in die Trennung der Marken und die Präsentation) verlangten. Zudem gingen sie dazu über, sich in geringerem Umfang an den Investitionskosten der Händler zu beteiligen. Nach den bisherigen Regeln mussten die Kfz-Hersteller (die in den Genuss der Gruppenfreistellung kommen wollten) ihren Händlern erlauben, die Marken von mindestens zwei konkurrierenden Herstellern in einem Ausstellungsraum zu verkaufen.

Die oben beschriebenen Entwicklungen führten zu einem allgemeinen Anstieg der Vertriebskosten um schätzungsweise 20 % zum Nachteil der Kfz-Händler und der Verbraucher.

Die neuen Regeln verschaffen den Kfz-Herstellern mehr Spielraum bei der Organisation ihrer Netze und bieten ihnen insbesondere die Möglichkeit, für ein ausgewogenes Verhältnis zwischen Markenzwang und Mehrmarkenhandel zu sorgen.

4020 BGH v. 20.10.2010 – VIII ZR 13/09, VIII ZR 21/08, VIII ZR 22/08 m. Anm. *Niebling*, WRP 2011, 244; OLG Köln v. 7.12.2007 – 19 U 59/07: plausible Darlegung der Umstrukturierung für eine einjährige Kündigungsfrist notwendig; LAG Rheinland-Pfalz v. 31.1.2008 – 9 Sa 416/07: Kündigung per Telefax ist unwirksam.

4021 *Niebling*, WRP 2010, 631; *Walz*, Das Kartellrecht des Automobilvertriebs, 2005, S. 308; anders UBH/*Ulmer/Schäfer*, Teil 2 (36) Rn 25.

4022 OLG Thüringen v. 25.6.2008 – 2 U 21/08.

4023 Vgl. auch BGH v. 11.9.2008 – I ZR 74/06 (Bundesligakarten).

4024 BGH v. 11.9.2008 – I ZR 74/06 m. Anm. *Frobenius*, NJW 2009, 1509.

Die Kommission hat einige Schutzmechanismen vorgesehen, um den Vertrieb kleinerer Marken zu gewährleisten: Erstens fallen Hersteller, die Markenzwang ausüben, nur dann unter die Gruppenfreistellung, wenn ihr Anteil auf dem nationalen Markt höchstens 30 % beträgt.

Zweitens gilt die Gruppenfreistellungsverordnung nicht für Hersteller, die länger als fünf Jahre Markenzwang ausüben. Die Händler müssen die Möglichkeit haben, diese Bindung nach fünf Jahren zu beenden.

Drittens fallen Vereinbarungen mit Markenzwang, die speziell darauf ausgerichtet sind, neue Marktteilnehmer oder bislang im Mehrmarkenhandel vertriebene kleinere Marken auszuschließen, nicht unter die Gruppenfreistellung.

Viertens können die Wettbewerbsbehörden einzelnen Kfz-Herstellern den Rechtsvorteil der Gruppenfreistellung entziehen, wenn die weit verbreitete Anwendung von Markenzwang dazu führt, dass konkurrierende Marken vom Markt ausgeschlossen werden.

Fünftens kann die Kommission, wenn Vereinbarungen mit Markenzwang mehr als 50 % eines Marktes abdecken, durch eine Verordnung festlegen, dass Vereinbarungen mit entsprechenden Klauseln nicht unter die Gruppenfreistellung fallen.

2107 Die GVO soll ein sicherer Hafen sein; hierin wird nur aufgenommen, wer kartellrechtliche Spielregeln einhält und nicht zu mächtig ist.

2108 Markenzwang, also die Bedingungen, nur eine Marke zu vertreiben, geht nur innerhalb der GVO, also wenn die Beteiligten unter 30 % Marktanteil liegen.

2109 Darüber (über 30 %) besteht eine Gefahr für den Wettbewerb, also kein Genuss der GVO und „offene See"; das Vorgehen ist dann an Art. 101 AEUV zu überprüfen (Tendenz: kritisch).

2110 Auch bei Marktanteilen unter 30 % darf Markenzwang jedoch nur ausgeübt werden für eine Zeitdauer von fünf Jahren.

2111 Kurzum: Bei großer Marktmacht bedarf es des Korrektivs mehrerer Marken; bei kleinen Marktanteilen kann eine Exklusivmarke vorgegeben werden. Insgesamt ist diese Rückkehr zum Markenzwang befremdlich.[4025]

2112 Diese Differenzierung nach Marktanteilen ist dem AGB-Recht fremd. Auch wenn in der Klausel selber eine solche Differenzierung vorgenommen wird, wäre diese nicht transparent, da gerade die Bestimmung der Marktanteile zu komplex ist, um die Rechtslage klar und eindeutig zu umschreiben. Dies spricht dafür, dass Klauseln, die vom Grundsatz der Zulässigkeit des Vertriebs einer Zweitmarke abweichen, generell vom wesentlichen Grundgedanken der gesetzlichen Regelung verstoßen. Denn das Vertragshändlerrecht schließt den Vertrieb unterschiedlicher Marken nicht aus.

2113 Damit verstößt das formularmäßige Verbot, eine Zweitmarke zu vertreiben, gegen § 307 Abs. 2 Nr. 1 und Nr. 2 BGB.

VII. Rücknahme Ersatzteile

2114 Dieser Anspruch besteht auch, wenn der Vertrag als Servicevertrag fortgeführt wird.[4026] Formularmäßig darf dies nicht ausgeschlossen werden.

VIII. Anspruch auf Servicepartner-Vertrag

2115 Belieferungsansprüche diskriminierter Händler aus Art. 101 Abs. 2 AEUV (ex: Art. 81 Abs. 2 EGV) sind denkbar,[4027] ebenso solche auf Abschluss eines Servicepartner-Vertrags. Formularmäßig darf nicht generell im Händlervertrag geregelt werden „Mit Beendigung dieses Händlervertrags besteht auch kein Anspruch auf Servicevertrag."

IX. Rabattänderungen

2116 Rabattänderungsklauseln unterliegen dem AGB-Recht. Einseitige Änderungsvorbehalte des Herstellers, die Handelsspanne beliebig und ohne einschränkende Gründe ändern zu können, verstoßen gegen § 307 BGB.[4028] Ebenso wenig kann formularmäßig festgesetzt werden, dass der Verkaufspreis am Tag der Rechnungsstellung gilt.[4029] Der BGH hat zu Recht mit Urt. v. 10.6.2008 Zinsänderungsklauseln der Inhaltskontrolle unterworfen und beanstandet.[4030] Auch Preisnebenabreden sind überprüfbar.[4031]

4025 Markenzwang dürfte dann auch gelten bei gekündigten Händlern: OLG Köln v. 21.3.1994 – 12 U 189/93, WiB 1995, 16 m. krit. Anm. *Niebling*; vgl. auch *Prasse,* BB 2010, 1481.

4026 BGH v. 18.6.2008 – VIII ZR 154/06, MDR 2008, 1026; BGH v. 18.7.2007 – VIII ZR 227/06; auch *Emde,* MDR 2007, 994, 999.

4027 *Rheinländer,* GRUR 2007, 383; *Niebling,* WRP 2011, 244; jedenfalls anders für den Fall MAN BGH v. 30.5.2011 – KZR 6/09, WRP 2011, 909 m. Anm. *Niebling.*

4028 OLG Düsseldorf v. 1.10.2008 – VI U (Kart) 3/08; *Emde,* MDR 2007, 994, 997; zu Preisanpassungsklauseln *v. Westphalen,* MDR 2008, 424.

4029 OLG Düsseldorf v. 1.10.2008 – VI U (Kart) 5/08.

4030 BGH v. 10.6.2008 – XI ZR 211/07; nicht zustimmen kann ich insoweit der Anwendung der ergänzenden Vertragsauslegung; anders der VIII. Senat, der die ergänzende Vertragsauslegung nicht (mehr) heranzieht und zu Recht für das Verbandsverfahren nach § 1 UKlaG generell ausschließt: BGH v. 13.12.2006 – VIII ZR 25/06 (Flüssiggasbelieferungsvertrag); zu Preiserhöhungsklauseln BGH v. 29.4.2008 – KZR 2/07: unwirksam, wenn sie das Äquivalenzverhältnis nicht wahren und nur einseitig Erhöhungen weitergeben können, nicht auch gesunkene Gestehungskosten.

4031 LG Köln v. 19.11.2008 – 26 O 125/07, sofern dispositives Recht an Stelle der Bestimmung treten kann.

X. Gerichtsstand

Grundsätzlich ist Gerichtsstand der Sitz des Herstellers.[4032] Der Hersteller handelt treuwidrig, wenn er sich auf eine Gerichtsstandsklausel beruft, die seinen früheren Sitz als Gerichtsstand erklärt. Das OLG Koblenz hat nach EuGVVO erkannt: Bei einer vertragsgemäßen Tätigkeit des Vertragshändlers in mehreren Mitgliedstaaten kommt es auf den Schwerpunkt der Dienstleistung an. Dort sei der Sitz des Handelsvertreters.[4033] Nachdem Vertragsgebiet für den Automobilhändler die EU ist, könnte dies dazu führen, den Gerichtsstand des Händlers auch vor Gerichtsstandsvereinbarungen durchgreifen zu lassen. Eine formularmäßige Gerichtsstandsvereinbarung darf daher nicht gegen das EuGVVO verstoßen und muss bei Tätigkeit des Partners in mehreren Mitgliedstaaten dem Händler die Wahl lassen. 2117

XI. Werkstattverträge

Der BGH wendet hier die gleichen Grundsätze bei Kündigungen durch den Hersteller an wie bei Vertragshändlern. Dem kann nicht gefolgt werden: In drei Urteilen hat sich der BGH mit der Strukturkündigung von Autohäusern befasst, wobei zwei Händlerbetriebe und eine Werkstatt den sonst gleichlautenden Urteilen zugrunde lagen.[4034] 2118

Hinsichtlich der Händler erleichtert der BGH die Kündigungsmöglichkeit von zwei Jahren auf ein Jahr. Dies ist bedenklich, weil der BGH die Grenzen zwischen bindender Tatsachenfeststellung durch das Oberlandesgericht und Revisibilität verwischt und auch noch fehlerhafte Gesichtspunkte einbezieht wie die Frage, ob nach Vertragsende Ausgleich analog § 89b HGB gezahlt werden muss; dies hat nun wirklich nichts damit zu tun, ob sich die „Notwendigkeit ergibt, das Vertriebsnetz insgesamt oder zu einem wesentlichen Teil umzustrukturieren". 2119

Der eigentliche „Fehltritt" des BGH ist die Gleichschaltung der Händlerkündigung mit der Kündigung einer Werkstatt.[4035] 2120

Die Werkstatt besitzt keine Verkaufsrechte für Neufahrzeuge und soll den Service an Fahrzeugen der betreffenden Marke sicherstellen. Sie ist deshalb auch berechtigt, die Marke zu verwenden und hiermit zu werben, kann jedoch auch verpflichtet werden, den Qualitätsanforderungen der Marke gerecht zu werden und notwendiges Werkzeug bereitzuhalten.[4036] 2121

Die Kommission geht auch davon aus, dass nur eine qualitative Selektion bei der Aufnahme als Werkstatt durchgeführt werden kann.[4037] 2122

Ein Kontrahierungszwang kommt damit für freie Werkstätten oder ausgeschiedene (gekündigte) Händler in Betracht, die einen autorisierten Servicevertrag mit dem Hersteller schließen wollen. 2123

Das OLG München[4038] nahm sogar einen weitergehenden Kontrahierungszwang an, der BGH hat einen Kontrahierungszwang jedoch im konreten Fall abgelehnt.[4039] 2124

Wenn jedoch eine qualitative Selektion bei der Aufnahme als Werkstatt einzig zugelassener Differenzierungspunkt ist, so kann nicht eine Kündigung möglich sein, die gerade keine qualitativen Gesichtspunkte der Werkstatt bemängelt, sondern den Vertrieb insgesamt neu strukturieren möchte. 2125

Sachlich führt dies dazu, dass eine Werkstatt nur aus wichtigem Grund gekündigt werden kann. 2126

Die anderslautenden AGB sind daher nach § 307 BGB unwirksam, denn diese ermöglichen die ordentliche Kündigung einer Werkstatt, ohne dass qualitative Mängel der Werkstatt vorliegen müssen. 2127

XII. Fristlose Kündigung

Auch formularmäßig können wichtige Gründe für eine fristlose Vertragsbeendigung in engen Grenzen näher ausformuliert werden.[4040] Nach der Rechtsprechung des BGH schließt dies jedoch nicht aus, etwa bei Wettbewerbsverstößen, die so geringfügig sind, dass sie das Vertrauensverhältnis zwischen Unternehmer und Handelsvertreter bei verständiger Würdigung nicht – zumindest nicht ohne vorherige Abmahnung – grundlegend schädigen die Kündigung als unwirksam anzusehen.[4041] Dies wirft jedoch die Frage auf, ob nicht bereits in der Kündigungsklausel diese Einschrän- 2128

4032 KG v. 31.1.2008 – 2 AR 63/07 für Ausgleichsansprüche.
4033 OLG Koblenz v. 13.3.2008 – 6 U 947/08; OLG Düsseldorf NJW-RR 2008, 223; ablehnend Zöller/Vollkommer, § 29 „Handelsvertretervertrag".
4034 BGH v. 20.10.2010 – VIII ZR 13/09 (Nissan-Werkstatt); BGH v. 20.10.2010 – VIII ZR 21/08 (Nissan-Händler); BGH v. 20.10.2010 – VIII ZR 22/08 (Nissan-Händler), WRP 2011, 244 m. Anm. Niebling.
4035 Wobei ja der I. Senat Werkstatt und Händler wettbewerbsrechtlich säuberlich trennt: BGH v. 17.3.2011 – I ZR 170/08 m. Beitrag hierzu Niebling, WRP 2011, Heft 11.
4036 Zu Werkstattverträgen: Niebling, DAR 2006, 188.
4037 Langen/Bunte/Nolte, Kartellrecht, Fallgruppen Art. 81 Rn 834; Niebling, Vertragshändlerrecht im Automobilvertrieb, 4. Aufl. 2009, Rn 65; weitergehend sogar Enthaler/ Gesmann-Nuissl, BB 2009, 618, 622 und BB 2005, 1749, 1757; Creutzig, BB 2002, 2134.
4038 OLG München v. 8.1.2009 – U (K) 1501/08, BB 2009, 518 m. Anm. Schultze/Spenner, BB 2009, 521; beim BGH sind die Revisionen BGH KZR 6/09 und BGH KZR 7/09 entschieden worden (siehe nachfolgende Fn), Enchelmaier in: Mäsch, Kartellrecht, 2010, Rn 49 zu Art. 2 GVO-VV; Emde, VertriebsR, Vor § 84 HGB Rn 264; Rheinländler, GRUR 2007, 383.
4039 MAN: BGH v. 30.5.2011 – KZR 6/09, WRP 2011, 909 m. Anm. Niebling; Bechtold, BB 2011, 1619; Schultze/Oest, BB 2011, 1363; Ensthaler, NJW 2011, 2701.
4040 BGH v. 10.11.2010 – VIII ZR 327/09; vgl. auch Ayad, BB 2011, 528.
4041 BGH v. 10.11.2010 – VIII ZR 327/09.

kung enthalten sein muss. Der BGH hat diese Frage nicht gestellt, möglicherweise, weil auch unklar war, ob in dem Sachverhalt eine Formularbestimmung zugrunde lag. Richtigerweise ist jedoch bereits in der Kündigungsklausel, die ja einen essentiellen und den schwerst dankbaren Eingriff in das Vertragsgefüge ermöglichen soll, die Einschränkung aufzunehmen: Bei geringfügigen Verstößen gegen Vertragspflichten, die das Vertrauensverhältnis zwischen den Parteien nicht grundlegend schädigen, ist eine fristlose Kündigung erst nach Abmahnung möglich.[4042]

2129 Eine Klausel *„Die fristlose Kündigung lässt Ausgleichsansprüche analog § 89b HGB entfallen."* ist unwirksam, da das Merkmal des Verschuldens in § 89b HGB wie auch das Erfordernis, dass zwischen schuldhaftem Verhalten und Kündigung ein Ursachenzusammenhang bestehen muss,[4043] missachtet wird.

XIII. Wettbewerbsverbote nach Vertragsende

2130 Einem (ausgeschiedenen) Händler kann formularmäßig nicht verboten werden, nach Vertragsende eine andere Marke zu vertreiben, einen Werkstattvertrag zu schließen oder (zeitweise) jeden Wettbewerb zu unterlassen, § 307 BGB.[4044] Dies folgt aus der Natur des Vertragshändlervertrags, die wesentlich stärker von einer unternehmerischen Eigenständigkeit[4045] geprägt wird als dies aus Handelsvertreterverhältnissen bekannt ist. Bereits während des Vertragsverhältnisses sind Verbote, eine Zweitmarke zu vertreiben, nach bisheriger GVO unzulässig gewesen und sind heute nach AGB-Recht zu beanstanden (siehe oben Rn 2113). Das AGB-Recht geht deshalb über § 90a HGB hinaus, der grundsätzlich auf Vertragshändlerverträge entsprechend anwendbar ist.

XIV. Händler im Ausland

2131 Viele Hersteller vereinbaren mit ihren Händlern außerhalb der EU die Geltung deutschen Rechts.[4046] Damit gelten jedoch wegen der Parallelität von deutschem und EU-Kartellrecht auch Art. 101 AEUV und die Gruppenfreistellungen, die die Art. 101 AEUV konkretisieren sollen. Nach den bisherigen Kfz-GVO war daher eine Kündigungsfrist ausländischer Händler von zwei Jahren einzuhalten. Auch im Ergebnis ist dies sachgerecht, da die Vereinbarung deutschen Rechts den Händler im Ausland so stellen sollte wie einen Inlandshändler, § 305c Abs. 2 BGB.

2132 Es gelten daher auch die maßgeblichen Kündigungsfristen und Grundsätze zu Investitionsersatz und Ausgleichsanspruch. Allerdings ist hierbei § 92c HGB zu beachten, der einen Ausschluss von Ausgleichsansprüchen zulässt. Durch Individualvereinbarungen kann daher der Ausgleichsanspruch auch vor Beendigung des Vertrags ausgeschlossen werden. Der Ausschluss in AGB ist dagegen abzulehnen, da die vergleichbare gesetzliche Regelung nach § 307 BGB einen (werthaltigen) Ausgleichsanspruch gewährt und dieser Regelung auch ein wesentlicher Gerechtigkeitsgehalt zukommt.[4047] Auf § 92c HGB kann für diesen Rechtslagenvergleich nicht abgestellt werden, da diese Bestimmung nicht kraft Gesetzes gilt. Eine Klausel, mit Vertragsende sind alle Ansprüche ausgeschlossen, ist ohnehin unwirksam, da hierin auch Ansprüche auf Schadensersatz ausgeschlossen werden, die auf Vorsatz und grober Fahrlässigkeit beruhen, oder Personenschäden. In diesem Fall entfällt der Ausschluss daher insgesamt, § 307 BGB, und kann nicht etwa für § 92c HGB (geltungserhaltend) aufrechterhalten werden. Damit kommen dann in jedem Fall Ausgleichsansprüche in Betracht.

2133 Auch der formularmäßige **Ausschluss von Teilerücknahmen** bei Vertragsende, von Investitionsersatz oder Vergabe eines Werkstattvertrags[4048] verstößt gegen § 307 BGB.

2134 Ohne Vereinbarung ist **Gerichtsstand** für die Lieferung i.d.R. der Erfüllungsort beim Händler, für die Kaufpreisforderung dagegen der Sitz des Herstellers.[4049]

Vertragsstrafen

Literatur zum Stichwort Vertragsstrafen: *Diller*, Nachvertragliche Wettbewerbsverbote und AGB-Recht, NZA 2005, 250; *Hauck*, Die Vertragsstrafe im Arbeitsrecht im Lichte der Schuldrechtsreform, NZA 2006, 816; *v. Koppenfels*, Vertragsstrafen im Arbeitsrecht nach der Schuldrechtsmodernisierung, NZA 2002, 598; *Staudinger*, BGB, §§ 328 bis 345, Neubearbeitung 2009; *Staudinger*, BGB, § 611, Neubearbeitung 2011; *Thüsing*, Was sind die Besonderheiten des Arbeitsrechts?, NZA 2002, 591

4042 Zur Insolvenz: *Wagner/Wexler-Uhlich*, BB 2011, 519.
4043 BGH v. 16.2.2011 – VIII ZR 226/07.
4044 Anders *Emde*, VertriebsR, Vor § 84 HGB Rn 326, im Einzelnen: Wettbewerbsverbote.
4045 Im Zusammenhang mit Investitionsersatzansprüchen wird ja immer wieder die Eigenständigkeit der Entscheidung des Händlers hervorgehoben (*Niebling*, Vertragshändlerrecht, Rn 262).
4046 *Niebling*, WRP 2010, 1454, 1458.

4047 Ausführlich *Emde*, VertriebsR, Vor § 92 HGB Rn 21; für Ausschluss auch in AGB: OLG München v. 11.1.2002 – 23 U 4416/01, RIW 2002, 319; Martinek/Semler/*van der Moolen*, Handbuch des Vertriebsrechts, 3. Aufl. 2010, § 24 Rn 63; Oetker/*Busche*, HGB, 2009, § 92c Rn 7; Baumbach/Hopt/*Hopt*, § 92c Rn 6.
4048 Auch dieser Anspruch kommt bei Vereinbarung deutschen Rechts in Betracht.
4049 BGH v. 23.6.2010 – VIII ZR 135/08; EuGH NJW 2010, 1049.

Vertragsstrafen

A. Allgemeines 2135	e) Ausschluss der Schadenspauschalierung .. 2151
I. Begriff und Zweck der „Vertragsstrafe" 2135	f) Verschuldensabhängigkeit 2152
1. Begriff 2135	g) Hinreichende Bestimmtheit 2154
2. Zweck 2137	2. Vertragsstrafeklauseln in Arbeitsverträgen 2155
II. Gesetzliche Schranken 2138	a) Allgemeines 2155
III. Abgrenzung 2143	b) Die Rechtsprechung des Bundesarbeits-
B. Klauselverbote des § 309 Nr. 6 BGB 2145	gerichts 2156
C. Inhaltskontrolle nach § 307 BGB 2146	II. Verkehr zwischen Unternehmern 2160
I. Geschäftsverkehr mit Verbrauchern 2146	1. Allgemeines 2160
1. Kriterien zur Inhaltskontrolle 2146	2. Angemessene Höhe der Vertragsstrafe 2161
a) Prüfungsmaßstab 2146	3. Kumulationsverbot 2166
b) Angemessene Höhe der Vertragsstrafe 2148	4. Verschuldensabhängigkeit 2167
c) Kumulationsverbot 2149	5. Vertragsstrafenvorbehalt 2168
d) Vertragsstrafenvorbehalt 2150	

A. Allgemeines

I. Begriff und Zweck der „Vertragsstrafe"

1. Begriff. Der BGH hat den Begriff der Vertragsstrafe in anschaulicher Weise wie folgt definiert: „Unter einer Vertragsstrafe wird das Versprechen einer Zahlung (§ 339 BGB) oder einer anderen Leistung (§ 342 BGB) durch den Schuldner verstanden für den Fall, dass dieser eine Verbindlichkeit nicht oder in nicht gehöriger Weise, insbesondere nicht rechtzeitig (§ 341 BGB) erfüllt".[4050] Mit dieser Definition stellt der BGH auf das unselbstständige Strafversprechen ab, das in den §§ 339 ff. BGB geregelt ist. Es dient der Sicherung einer Hauptverbindlichkeit und ist von ihr abhängig (akzessorisch).[4051] Als Hauptverbindlichkeit kommen auch vertragliche Nebenpflichten oder gesetzliche Pflichten in Betracht.[4052] **2135**

Vom unselbstständigen Strafversprechen unterscheidet sich das selbstständige Strafversprechen nach § 343 Abs. 2 BGB, das für den Fall versprochen wird, dass der Schuldner eine von ihm an sich nicht geschuldete Handlung vornimmt oder dass er eine Handlung unterlässt, zu der er nicht verpflichtet ist.[4053] Im Gegensatz zum unselbstständigen Strafversprechen ist das selbstständige Strafversprechen nicht akzessorisch. **2136**

2. Zweck. Die Vertragsstrafe hat eine Doppelfunktion. Vorrangig dient sie dem Zweck, Druck auf den Vertragspartner auszuüben, um die Erfüllung der vertraglich geschuldeten Leistung zu sichern.[4054] Darüber hinaus soll sie dem Gläubiger aber auch eine erleichterte Schadloshaltung ohne Einzelnachweis ermöglichen.[4055] Insofern enthält jede Vertragsstrafe neben der Erfolgssicherung auch ein schadensersatzrechtliches Moment.[4056] **2137**

II. Gesetzliche Schranken

Zum Schutz des Schuldners vor überhöhten Vertragsstrafeforderungen sieht § 343 BGB vor, dass unverhältnismäßig hohe Vertragsstrafen durch Urteil herabgesetzt werden können. Diese Vorschrift findet auf Vertragsstrafeversprechen, die von Kaufleuten im Betrieb ihres Handelsgewerbes abgegeben werden, allerdings keine Anwendung (§ 348 HGB). **2138**

Erhebliche Risiken für den Schuldner ergeben sich insbesondere aus der Verwendung formularmäßiger Vertragsstrafeklauseln, da sie den AGB-Verwender in die Lage versetzen, seine Vertragspartner in unangemessener Weise zu benachteiligen.[4057] Vertragsstrafen können unabhängig vom Eintritt eines tatsächlichen Schadens geltend gemacht werden und verschaffen dem Klauselverwender dadurch die Möglichkeit, sich auf Kosten seiner Vertragspartner ungerechtfertigt zu bereichern.[4058] Ferner können Vertragsstrafeversprechen bewirken, dass der Vertragspartner zu unwirtschaftlichen Handlungen veranlasst wird, um die Zahlung der Vertragsstrafe zu vermeiden.[4059] Zwar konnte sich die Forderung nach einem generellen Verbot von Vertragsstrafeklauseln im Geschäftsverkehr mit Verbrauchern **2139**

4050 Vgl. BGH, Urt. v. 14.10.2009 – VIII ZR 272/08, NJW 2010, 859, 860.
4051 Bamberger/Roth/*Janoschek*, § 339 Rn 3; Palandt/*Grüneberg*, § 339 Rn 13.
4052 BGH, Urt. v. 28.1.1993 – I ZR 294/90, NJW 1993, 1786, 1787; Bamberger/Roth/*Janoschek*, § 339 Rn 3 m.w.N.
4053 Dazu MüKo/*Gottwald*, § 343 Rn 23 f.; v. Westphalen/*Thüsing*, Vertragsstrafe Rn 2 m.w.N.
4054 BGH, Urt. v. 25.11.1982 – III ZR 92/81, NJW 1983, 1542; BGH, Urt. v. 16.11.1967 – VIII ZR 81/65, NJW 1968, 149, 150; UBH/*Fuchs*, § 309 Nr. 5 Rn 11; v. Westphalen/*Thüsing*, Vertragsstrafe Rn 3.
4055 BGH, Urt. v. 18.11.1982 – VII ZR 305/81, NJW 1983, 385, 387; BGH, Urt. v. 28.1.1993 – I ZR 294/90, NJW 1993, 1786, 1787 f.; OLG Düsseldorf, Beschl. v. 8.6.2007 – 24 U 207/06, NZM 2008, 611; OLG Nürnberg, Urt. v. 5.2.2002 – 1 U 2314/01; NJW-RR 2002, 917; Palandt/*Grüneberg*, § 276 Rn 26; Staudinger/*Coester-Waltjen*, § 309 Nr. 5 Rn 3; UBH/*Fuchs*, § 309 Nr. 5 Rn 11.
4056 Vgl. BGH, Urt. v. 27.11.1974 – VIII ZR 9/73, NJW 1975, 163, 164; BGH, Urt. v. 18.11.1982 – VII ZR 305/81, NJW 1983, 385, 387.
4057 Siehe nur UBH/*Fuchs*, § 309 Nr. 6 Rn 2 f.; MüKo/*Wurmnest*, § 309 Nr. 6 Rn 1; Palandt/*Grüneberg*, § 309 Nr. 6 Rn 33.
4058 Erman/*Roloff*, § 309 Rn 53.
4059 MüKo/*Wurmnest*, § 309 Nr. 6 Rn 1; zustimmend UBH/*Fuchs*, § 309 Nr. 6 Rn 2.

im Gesetzgebungsverfahren nicht durchsetzen,[4060] doch verbietet § 309 Nr. 6 BGB die Verwendung von Vertragsstrafeklauseln gegenüber Verbrauchern für bestimmte, im Gesetz ausdrücklich genannte Fallkonstellationen (siehe hierzu Rn 2145 und die Kommentierung zu § 309 Nr. 6).

2140 Neben § 309 Nr. 6 BGB bestehen weitere spezialgesetzliche Verbots- oder Gebotsnormen, welche individualvertragliche oder formularmäßige Vertragsstrafevereinbarungen entweder untersagen oder deren mögliche wirksame Ausgestaltung beschränken. Beschränkungen enthalten beispielsweise § 10 GasGVV und § 10 StromGVV für Energielieferverträge mit Haushaltskunden sowie § 23 AVBFernwärmeV und § 23 AVBWasserV für Vertragsverhältnisse über Wärme- bzw. Wasserlieferungen. Nach § 555 BGB sind Vereinbarungen unwirksam, durch die dem Mieter eine Vertragsstrafe auferlegt wird. Eine ähnliche Regelung enthält § 2 Abs. 5 Nr. 1 FernUSG für Fernunterrichtsverträge. Danach sind Vertragsstrafen zu Lasten des Teilnehmers unwirksam. § 12 Abs. 2 Nr. 2 BBiG sieht vor, dass Vertragsstrafen in Berufsausbildungsverträgen nichtig sind.

2141 AGB-Klauseln, die den vorgenannten Vorschriften zuwiderlaufen, verstoßen gegen § 307 Abs. 1 S. 1 und Abs. 2 Nr. 1 BGB. Auch ansonsten unterliegen Vertragsstrafeklauseln im Geschäftsverkehr mit Verbrauchern, die nicht vom Klauselverbot des § 309 Nr. 6 BGB erfasst werden, einer Inhaltskontrolle nach § 307 BGB.[4061] Dies ist insbesondere für Vertragsstrafeklauseln in Arbeitsverträgen von Bedeutung, die vom BAG nach § 307 BGB beurteilt werden[4062] (vgl. hierzu Rn 2155 ff.).

2142 Anders als bei Verbrauchern kann die Verwendung von Vertragsstrafeklauseln gegenüber Unternehmern durchaus sinnvoll sein, da Vertragsstrafen ein wirksames Mittel darstellen, den Vertragspartner zur Erfüllung seiner Vertragspflichten anzuhalten und dem AGB-Verwender den Schadensnachweis zu ersparen.[4063] Insbesondere zur Absicherung von Unterlassungsverpflichtungen, wie z.B. im Wettbewerbsrecht oder im Rahmen von Vertraulichkeitsvereinbarungen, bieten meist nur Vertragsstrafen einen hinreichenden Schutz.[4064] § 309 Nr. 6 BGB findet deshalb im Geschäftsverkehr mit Unternehmern keine Anwendung.[4065] Gleichwohl besteht auch im unternehmerischen Geschäftsverkehr die Gefahr, dass Vertragsstrafeklauseln missbräuchlich eingesetzt werden. Insofern ist die Wirksamkeit von Vertragsstrafeklauseln in diesem Bereich an § 307 BGB zu messen[4066] (siehe hierzu Rn 2160 ff.).

III. Abgrenzung

2143 Im Hinblick auf die unterschiedlichen Klauselverbote der §§ 309 Nr. 5 und 309 Nr. 6 BGB ist insbesondere die Abgrenzung zwischen pauschaliertem Schadensersatz und Vertragsstrafen von Bedeutung. Diesbezüglich ist mit der h.M. vorrangig auf die Funktion der jeweils zu beurteilenden Klausel abzustellen.[4067] Wird die Regelung in erster Linie als Druckmittel eingesetzt, um den Vertragspartner anzuhalten, seine Vertragspflichten zu erfüllen, ist von einer Vertragsstrafe auszugehen (ausführlich vgl. hierzu § 309 Nr. 5 Rn 6 ff.).

2144 Zur Abgrenzung zwischen Vertragsstrafeversprechen und Verfall- oder Verwirkungsklauseln sowie Garantieversprechen (siehe § 309 Nr. 6 Rn 8 f.).

B. Klauselverbote des § 309 Nr. 6 BGB

2145 Nach § 309 Nr. 6 BGB sind Vertragsstrafeklauseln unwirksam, wenn sie für den Fall der Nichtabnahme oder der verspäteten Abnahme der Leistung, des Zahlungsverzugs oder für den Fall, dass sich der Vertragspartner des Klauselverwenders vom Vertrag löst, in AGB vereinbart werden. Zu weiteren Einzelheiten siehe die Kommentierung zu § 309 Nr. 6.

C. Inhaltskontrolle nach § 307 BGB

I. Geschäftsverkehr mit Verbrauchern

2146 **1. Kriterien zur Inhaltskontrolle. a) Prüfungsmaßstab.** Soweit formularmäßige Vertragsstrafeversprechen nicht dem Anwendungsbereich von § 309 Nr. 6 BGB unterfallen, unterliegen sie der Inhaltskontrolle nach § 307 BGB. Eine unangemessene Benachteiligung im Sinne dieser Vorschrift liegt vor, wenn der Klauselverwender missbräuchlich eigene Interessen auf Kosten des Vertragspartners durchzusetzen versucht, ohne die des Vertragspartners

---

4060 Dazu UBH/*Fuchs*, § 309 Nr. 6 Rn 3; siehe auch WLP/*Dammann*, § 309 Nr. 6 Rn 1–9.
4061 MüKo/*Wurmnest*, § 309 Nr. 6 Rn 7; Staudinger/*Coester-Waltjen*, § 309 Nr. 6 Rn 22 ff.; UBH/*Fuchs*, § 309 Nr. 6 Rn 12.
4062 Siehe nur BAG, Urt. v. 4.3.2004 – 8 AZR 196/03, NZA 2004, 727; BAG, Urt. v. 28.5.2009 – 8 AZR 896/07, AP Nr. 6 zu § 306 BGB.
4063 Baumbach/Hopt, § 348 Rn 5; MüKo/*Wurmnest*, § 309 Nr. 6 Rn 16; WLP/*Dammann*, § 309 Nr. 6 Rn 101.
4064 Siehe auch Baumbach/Hopt, § 348 Rn 5.
4065 Ebenroth/Boujong/Joost/Strohn/*Joost*, § 348 HGB Rn 27; Palandt/*Grüneberg*, § 309 Nr. 6 Rn 38; UBH/*Fuchs*, § 309 Nr. 6 Rn 35; WLP/*Dammann*, § 309 Nr. 6 Rn 100.
4066 BGH, Urt. v. 29.2.1984 – VIII ZR 350/82, NJW 1985, 53, 56; Ebenroth/Boujong/Joost/Strohn/*Joost*, § 348 HGB Rn 27 m.w.N.
4067 BGH, Urt. v. 25.11.1982 – III ZR 92/81, NJW 1983, 1542; BGH, Urt. v. 16.11.1967 – VIII ZR 81/65, NJW 1968, 149, 150; Erman/*Roloff*, § 309 Rn 42; Palandt/*Grüneberg*, § 276 Rn 26; UBH/*Fuchs*, § 309 Nr. 5 Rn 11.

von vornherein hinreichend zu berücksichtigen. Dies bestimmt sich grundsätzlich anhand eines von den Besonderheiten des Einzelfalls losgelösten, generellen Prüfungsmaßstabs unter Zugrundelegung einer typisierenden Betrachtungsweise.[4068]

2147 Die Wirksamkeit von Vertragsstrafeklauseln, die gegenüber Verbrauchern verwendet werden, ist anhand folgender Kriterien zu beurteilen:

2148 **b) Angemessene Höhe der Vertragsstrafe.** Eine Vertragsstrafe ist unangemessen hoch angesetzt und damit nach § 307 Abs. 1 S. 1 BGB unwirksam, wenn die Sanktion außer Verhältnis zum Gewicht des Vertragsverstoßes und zu dessen Folgen für den Vertragspartner steht. Mit § 307 Abs. 1 S. 1 BGB unvereinbar ist daher, wenn für eine Vielzahl möglicher Verletzungen eine einheitlich hohe Strafe ohne Rücksicht auf die Art und Schwere des Verletzungsfalls, Verschuldensausmaßes und Schadensumfangs vorgesehen ist.[4069] Eine absolute Obergrenze für zulässige Vertragsstrafen gibt es nicht. Der im Bereich des unternehmerischen Verkehrs entwickelte Gedanke, die Vertragsstrafe dürfe den Gewinn bzw. den Verdienst des Schuldners nicht aufzehren, lässt sich auf Strafversprechen von Verbrauchern in der Regel nicht übertragen. Doch stellt die ausbedungene Vertragsstrafe eine für die absehbare Zukunft existenzgefährdende Größenordnung dar, wird sie die den Bereich eines gegenüber Verbrauchern zulässigen Druckmittels regelmäßig übersteigen.[4070] Bei sich im Lauf der Zeit und bei wiederholter Pflichtverletzung summierenden Vertragsstrafen wird daher in aller Regel die Angabe einer Obergrenze erforderlich sein.

2149 **c) Kumulationsverbot.** Die Klausel muss vorsehen, dass eine vom Schuldner verwirkte und an den Gläubiger gezahlte Vertragsstrafe im Einklang mit §§ 340 Abs. 2, 341 Abs. 2 BGB auf Schadensersatzansprüche des Gläubigers anzurechnen ist, da sie andernfalls eine unangemessene Benachteiligung des Vertragspartners nach § 307 Abs. 2 Nr. 1 BGB darstellt.[4071]

2150 **d) Vertragsstrafenvorbehalt.** Nach § 341 Abs. 3 BGB ist der Gläubiger bei Erfüllungsannahme – etwa der Annahme der Zahlung des Schuldners auf die Schlussrechnung – zur Geltendmachung der Vertragsstrafe nur berechtigt, wenn er sich das Recht hierzu bei der Erfüllungsannahme vorbehält. Eine Klausel, durch welche der Schuldner auf einen solchen Vertragsstrafenvorbehalt verzichtet, ist nach § 307 BGB unwirksam.[4072]

2151 **e) Ausschluss der Schadenspauschalierung.** Eine unangemessene Benachteiligung des Schuldners durch eine Vertragsstrafeklausel wird in der Regel anzunehmen sein, wenn es dem Gläubiger möglich ist, seine Schadensersatzansprüche stattdessen zu pauschalieren.[4073]

2152 **f) Verschuldensabhängigkeit.** Bei einer verschuldensunabhängigen Verwirkung einer Vertragsstrafe liegt wegen der Abweichung vom gesetzlichen Leitbild des § 339 BGB grundsätzlich eine unangemessene Benachteiligung des Schuldners mit der Folge der Unwirksamkeitsvermutung nach § 307 Abs. 2 Nr. 1 BGB vor. Die Wirksamkeit der formularmäßigen Vereinbarung verschuldensunabhängiger Vertragsstrafen ist nur in Ausnahmefällen bei Vorliegen eines besonderen Bedürfnisses des Klauselverwenders gegeben.[4074] Kein solcher Ausnahmefall wird z.B. für Webhosting-AGB durch die Gefahr einer illegalen Verwendung der vom Verwender zur Verfügung gestellten Software und damit einhergehenden Urheberrechtsverstößen begründet.[4075]

2153 Kann eine Vertragsstrafe nur verschuldensabhängig wirksam vereinbart werden, sollte das Verschuldenserfordernis in gegenüber Verbrauchern gestellten Vertragsstrafeklauseln ausdrücklich aufgenommen sein. Zwar dürfte eine formularmäßige Vertragsstrafenabrede, die ein Verschulden des Schuldners nicht erwähnt (klassisch „*für jeden Fall der Zuwiderhandlung*"), regelmäßig dahin zu verstehen sein, dass das Verschuldenserfordernis als gesetzliches Leitbild vorausgesetzt wird.[4076] Doch hat z.B. das OLG Koblenz eine entsprechende Klausel als verschuldensunabhängige

---

4068 MüKo/*Basedow*, § 310 Rn 77 ff., auch zum Streitstand, inwieweit bei Verbraucherverträgen zusätzlich eine individuell-konkrete Betrachtungsweise vorzunehmen ist.
4069 OLG Hamburg, Urt. v. 29.7.1999 – 3 U 171/98, ZUM-RD 1999, 497, 499 f.
4070 Siehe OLG Hamburg, Urt. v. 29.7.1999 – 3 U 171/98, ZUM-RD 1999, 497, 500 zu einem strafbewehrten Kopierverbot für Lernvideos in Unterrichtsverträgen mit Privatpersonen.
4071 WLP/*Dammann*, § 309 Nr. 6 Rn 64; Staudinger/*Coester-Waltjen*, § 309 Nr. 6 Rn 23; v. Westphalen/*Thüsing*, Vertragsstrafe Rn 29.
4072 BGH, Urt. v. 18.11.1982 – VII ZR 305/81, NJW 1983, 385, 386 f.; OLG Düsseldorf, Urt. v. 30.6.2000 – 22 U 209/99, NJW-RR 2001, 1387, 1389.
4073 BGH, Urt. v. 21.11.1991 – I ZR 87/90, NJW 1992, 1096, 1097.
4074 BGH, Urt. v. 24.4.1991 – VIII ZR 180/90, NJW-RR 1991, 1013, 1015. Ebenso v. Westphalen/*Thüsing*, Vertragsstrafe Rn 23; – einschränkend – Staudinger/*Coester-Waltjen*, § 309 Nr. 6 Rn 26: „zumindest beim Nichtkaufmann". Zum Verschuldensprinzip bei der Vertragsstrafe grundsätzlich Staudinger/*Rieble*, § 339 Rn 313 ff.; siehe im Übrigen Staudinger/*Coester-Waltjen*, § 309 Nr. 6 Rn 26 m.w.N.
4075 OLG Koblenz, Urt. v. 30.9.2010 – 2 U 1388/09, MMR 2010, 815, 816.
4076 So auch – allerdings für Fälle ohne Verbraucherbeteiligung – OLG Köln, Urt. v. 30.3.2007 – 6 U 207/06, NJOZ 2008, 184, 185; OLG Rostock, Urt. v. 8.3.2004 – 3 U 118/03, NZM 2004, 460, 461; OLG Celle, Urt. v. 25.9.1987 – 2 U 267/86, NJW-RR 1988, 946, 947.

Vertragsstrafenabrede ausgelegt und damit im Hinblick auf § 339 S. 2 BGB für unwirksam erachtet.[4077] Ob die im Fall unterstellte Verwendung gegenüber einem Verbraucher hierfür entscheidend war, ist aus der Entscheidung nicht ersichtlich.

2154 g) **Hinreichende Bestimmtheit.** Die die Verwirkung der Vertragsstrafe auslösenden Tatbestände müssen für den Schuldner aus dem Klauselinhalt konkret erkennbar sein.[4078]

2155 2. **Vertragsstrafeklauseln in Arbeitsverträgen. a) Allgemeines.** In Arbeitsverträgen werden Vertragsstrafen vor allem für den Fall vereinbart, dass der Arbeitnehmer seine Arbeitspflicht schuldhaft nicht erfüllt, etwa durch Nichtantritt der Arbeit oder Nichteinhaltung der (gesetzlichen oder längeren vereinbarten[4079]) Kündigungsfrist.[4080] Vertragsstrafen können aber auch zur Sicherung einer sonstigen Verhaltenspflicht eingesetzt werden, so z.B. bei Verletzung von Rechtsgütern des Arbeitgebers oder zur Absicherung eines Wettbewerbsverbots oder einer Verschwiegenheitspflicht. Die arbeitsrechtlichen Bestimmungen verbieten Vereinbarungen über Vertragsstrafen lediglich bei Auszubildenden und ähnlichen Personen, §§ 12 Abs. 2 Nr. 2, 26 BBiG.

2156 b) **Die Rechtsprechung des Bundesarbeitsgerichts.** Bei der Inhaltskontrolle von Vertragsstrafeklauseln in vorformulierten Arbeitsverträgen sind stets die im Arbeitsrecht geltenden Besonderheiten angemessen zu berücksichtigen (§ 310 Abs. 4 S. 2 BGB), zu denen das BAG auch tatsächliche Besonderheiten des Arbeitslebens (denkbar sind Üblichkeit einer Klausel, Beweisschwierigkeiten hinsichtlich der Schadenshöhe bei Vertragsbruch u.Ä.) zählt.[4081] Vor diesem Hintergrund zieht das BAG nicht § 309 Nr. 6 BGB als Prüfungsmaßstab für die Wirksamkeit von Vertragsstrafeklauseln heran. Zunächst wäre § 309 Nr. 6 BGB bei Arbeitsverträgen sowieso nur in Bezug auf solche Vertragsstrafen einschlägig, die für den Fall versprochen werden, dass sich der Arbeitnehmer vom Vertrag löst.[4082] Andere arbeitsrechtliche Vertragsstrafeklauseln werden hingegen nicht vom Klauselverbot des § 309 Nr. 6 BGB erfasst.[4083] Überdies findet § 309 Nr. 6 BGB nach ständiger Rechtsprechung des BAG wegen der im Arbeitsrecht geltenden Besonderheiten auch auf die zuerst genannte Fallgruppe keine Anwendung.[4084] Als im Arbeitsrecht geltende Besonderheit i.S.d. § 310 Abs. 4 S. 2 BGB ist insoweit anzusehen, dass die – grundsätzlich höchstpersönlich zu erbringende – Arbeitsleistung eine wegen § 888 Abs. 3 ZPO nicht vollstreckbare Handlung darstellt. Im Gegensatz zu anderen Gläubigern fehlt dem Arbeitgeber demnach die Möglichkeit, den durch die vereinbarte Vertragsstrafe abgesicherten vertraglichen Primäranspruch, die Leistung der Arbeit, durchzusetzen.

2157 Die im Arbeitsrecht geltenden Besonderheiten stehen aber einer Inhaltskontrolle von Vertragsstrafeklauseln in formularmäßigen Arbeitsverträgen nach § 307 Abs. 1 S. 1 BGB grundsätzlichen nicht entgegen.[4085] Danach sind Vertragsstrafeklauseln in Formulararbeitsverträgen unwirksam, wenn sie den Arbeitnehmer entgegen Treu und Glauben unangemessen benachteiligen. Unangemessen ist jede Beeinträchtigung eines rechtlich anerkannten Interesses des Arbeitnehmers, die nicht durch begründete und billigenswerte Interessen des Arbeitgebers gerechtfertigt oder durch gleichwertige Vorteile ausgeglichen wird.[4086] Nach § 310 Abs. 3 Nr. 3 BGB sind auch die den Vertragsschluss begleitenden Umstände bei der Beurteilung der unangemessenen Benachteiligung zu berücksichtigen.[4087] Regelmäßig unzulässig wird eine von den gesetzlichen Leitbildern wie dem Verschuldenserfordernis (§ 339 BGB) und Verbot der Kumulierung von Vertragsstrafe und Schadensersatz (§ 340 Abs. 2 BGB) abweichende Bestimmung sein.[4088] Sichert die Vertragsstrafe das typischerweise berechtigte Bedürfnis des Arbeitgebers, eine arbeitsvertragswidrige und schuldhafte Nichtaufnahme oder Beendigung der Arbeitstätigkeit seitens des Arbeitnehmers zu vermeiden, ist eine entspre-

---

4077 OLG Koblenz, Urt. v. 30.9.2010 – 2 U 1388/09, MMR 2010, 815, 816; der BGH hat die Beschwerde gegen die Nichtzulassung der Revision als unzulässig verworfen: BGH, Beschl. v. 8.9.2011 – III ZR 229/10.
4078 Staudinger/*Coester-Waltjen*, § 309 Nr. 6 Rn 25; WLP/*Dammann*, § 309 Nr. 6 Rn 63; UBH/*Fuchs*, § 309 Nr. 6 Rn 27.
4079 BAG, Urt. v. 25.9.2008 – 8 AZR 717/07, NZA 2009, 370.
4080 Seltene Beispiele für vom BAG nicht beanstandete Klauseln in BAG, Urt. v. 19.8.2010 – 8 AZR 645/09, AP Nr. 49 zu § 307 BGB und BAG, Urt. v. 28.5.2009 – 8 AZR 896/07, AP Nr. 6 zu § 306 BGB.
4081 BAG, Urt. v. 25.5.2005 – 5 AZR 572/04, NZA 2005, 1111 = AP BGB § 310 Nr. 1 (m. insoweit krit. Anm. *Preis/Franz*); BAG, Urt. v. 1.3.2006 – 5 AZR 363/05, NZA 2006, 746; noch offengelassen in BAG, Urt. v. 4.3.2004 – 8 AZR 196/03, NZA 2004, 727; a.A. *Thüsing*, NZA 2002, 591, 592; v. Westphalen/*Thüsing*, ArbeitsverträgeRn 108 f. m.w.N.
4082 Für einen weiten Lösungsbegriff BAG, Urt. v. 4.3.2004 – 8 AZR 196/03, NZA 2004, 727 m.w.N.

4083 BAG, Urt. v. 21.4.2005 – 8 AZR 425/04, NZA 2005, 1053; BAG, Urt. v. 18.8.2005 – 8 AZR 65/05, NZA 2006, 34; v. Westphalen/*Thüsing*, ArbeitsverträgeRn 429; a.A. (aus § 309 Nr. 6 BGB ein generelles Vertragsstrafenverbot im Arbeitsrecht ableitend) v. *Koppenfels*, NZA 2002, 598, 602.
4084 Grundlegend BAG, Urt. v. 4.3.2004 – 8 AZR 196/03, NZA 2004, 727; BAG, Urt. v. 28.5.2009 – 8 AZR 896/07, AP Nr. 6 zu § 306 BGB; zustimmend Staudinger/*Richardi/Fischinger*, § 611 Rn 725; i.E. ebenso v. Westphalen/*Thüsing*, ArbeitsverträgeRn 428.
4085 BAG, Urt. v. 4.3.2004 – 8 AZR 196/03, NZA 2004, 727; BAG, Urt. v. 25.9.2008 – 8 AZR 717/07, NZA 2009, 370; a.A. für der Sicherung eines Wettbewerbsverbotes dienende Vertragsstrafeklauseln *Diller*, NZA 2005, 250, 254.
4086 BAG, Urt. v. 4.3.2004 – 8 AZR 196/03, NZA 2004, 727; BAG, Urt. v. 21.4.2005 – 8 AZR 425/04, NZA 2005, 1053; BAG, Urt. v. 18.8.2005 – 8 AZR 65/05, NZA 2006, 34.
4087 BAG, Urt. v. 25.9.2008 – 8 AZR 717/07, NZA 2009, 370.
4088 Vgl. *Hauck*, NZA 2006, 816, 818.

chende Abrede grundsätzlich nicht unangemessen.[4089] Etwas anderes gilt, wenn das sanktionierte Verhalten typischerweise zu keinem Schaden oder nur zu einem völlig unerheblichen Schaden des Arbeitgebers führt, die Vertragsstrafeklausel also allein oder vorrangig der Bereicherung des Arbeitgebers dient.[4090]

2158 Eine unangemessene Benachteiligung kann auch durch die Höhe der vereinbarten Vertragsstrafe begründet sein, etwa wenn die Strafe zum Gewicht der Pflichtverletzung oder zur Höhe des zu erwartenden Schadens in keinem vernünftigen Verhältnis steht. Eine generelle, absolute Höchstgrenze von einem Monatsgehalt besteht zwar nicht.[4091] Sanktioniert die Vertragsstrafe aber eine arbeitsvertragswidrige und schuldhafte Nichtaufnahme oder Beendigung der Arbeitstätigkeit seitens des Arbeitnehmers, wird die vereinbarte Vertragsstrafe das Arbeitsentgelt während der Kündigungsfrist im Normalfall nicht übersteigen dürfen.[4092] Ungewöhnliche, ein besonderes Sanktionsinteresse des Arbeitgebers begründende Umstände können aber im Einzelfall eine höhere Vertragsstrafe angemessen erscheinen lassen.[4093] Bei der Sanktionierung von Verstößen gegen ein Wettbewerbsverbot hielt das BAG eine Klausel für unzulässig, die eine Vertragsstrafe in Höhe des ein- bis dreifachen Monatsgehalts je Wettbewerbsverstoß vorsah und nach der die genaue Höhe der Strafe vom Arbeitgeber nach der Schwere des Verstoßes festgelegt werden konnte.[4094] Die unangemessene Benachteiligung führt nach § 307 Abs. 1 BGB ohne Weiteres zur Unwirksamkeit der Klausel; die Herabsetzung einer überhöhten Strafe nach § 343 Abs. 1 BGB oder im Wege einer geltungserhaltende Reduktion ist nicht möglich.[4095]

2159 Um dem Transparenzgebot des § 307 Abs. 1 S. 2 BGB zu genügen, müssen sowohl die tatbestandlichen Voraussetzungen als auch die Art und Höhe der Vertragsstrafe im Rahmen des rechtlich und tatsächlich Zumutbaren so klar und präzise beschrieben sein, dass sich der Arbeitnehmer in seinem Verhalten darauf einstellen kann. Bei der Beurteilung dessen ist nicht auf den flüchtigen Betrachter, sondern auf den aufmerksamen und sorgfältigen Teilnehmer am Wirtschaftsverkehr abzustellen.[4096] Die Vertragsstrafenabrede verletzt das Bestimmtheitsgebot, wenn sie vermeidbare Unklarheiten und Spielräume enthält.[4097] Globale, sich schlechterdings auf alle arbeitsvertraglichen Pflichten erstreckende Strafversprechen (z.B. „schuldhaft vertragswidriges Verhalten") verstoßen danach gegen das Transparenzgebot, wobei das BAG den durch eine Beispielaufzählung hinreichend konkretisierten Begriff eines „gravierenden Vertragsverstoßes" nicht beanstandet hat.[4098] Unschädlich soll auch sein, wenn die Vertragsstrafeklausel keinen Hinweis auf das Verschuldungserfordernis enthalte, da sich dieses bereits aus der Verwendung des juristischen Fachbegriffes „Vertragsstrafe" ergebe.[4099]

II. Verkehr zwischen Unternehmern

2160 **1. Allgemeines.** Im unternehmerischen Geschäftsverkehr findet § 309 Nr. 6 BGB gemäß § 310 Abs. 1 S. 1 BGB keine Anwendung.[4100] § 309 Nr. 6 BGB ist insoweit auch keine Indizwirkung beizumessen.[4101] Die Wirksamkeitsprüfung von Vertragsstrafeklauseln erfolgt daher ausschließlich nach § 307 BGB. Die Angemessenheitskontrolle nach § 307 BGB hat dabei nach einer generalisierenden Betrachtungsweise zu erfolgen. Demnach müssen sich Vertragsbedingungen über Vertragsstrafen daran messen lassen, ob sie generell und typischerweise in derartigen Verträgen, für die sie vorformuliert werden, angemessen sind. Im Vordergrund einer Vertragsstrafenkontrolle nach § 307 Abs. 1 S. 1 BGB stehen insbesondere die Angemessenheit der Höhe einer Vertragsstrafe, die Beachtung des Kumulationsverbots, die Zulässigkeit der eventuellen Verschuldensunabhängigkeit einer Vertragsstrafe im Einzelfall sowie die Unzulässigkeit eines Verzicht auf den Vertragsstrafenvorbehalt nach § 341 Abs. 3 BGB.

2161 **2. Angemessene Höhe der Vertragsstrafe.** Auch unter Berücksichtigung des legitimen Interesses des unternehmerischen Klauselverwenders, die ordnungsgemäße Vertragserfüllung mit einem wirksamen Druckmittel zu sanktionieren, muss eine Verhältnismäßigkeit zwischen der Höhe der Vertragsstrafe und der durch diese sanktionierten

---

4089 BAG, Urt. v. 4.3.2004 – 8 AZR 196/03, NZA 2004, 727; BAG, Urt. v. 25.9.2008 – 8 AZR 717/07, NZA 2009, 370 m.w.N.
4090 Ebenso v. Westphalen/*Thüsing*, Arbeitsverträge Rn 431.
4091 BAG, Urt. v. 25.9.2008 – 8 AZR 717/07, NZA 2009, 370.
4092 BAG, Urt. v. 25.9.2008 – 8 AZR 717/07, NZA 2009, 370 (drei Monatsgehälter bei vereinbarter Kündigungsfrist von zwei Monaten mit einem einmaligen Kündigungstermin pro Jahr); BAG, Urt. v. 4.3.2004 – 8 AZR 196/03, NZA 2004, 727 (ein Monatsgehalt bei Kündigungsfrist – während der Probezeit – von zwei Wochen).
4093 BAG, Urt. v. 18.12.2008 – 8 AZR 81/08, NZA-RR 2009, 519.
4094 BAG, Urt. v. 18.8.2005 – 8 AZR 65/05, NZA 2006, 34.
4095 BAG, Urt. v. 4.3.2004 – 8 AZR 196/03, NZA 2004, 727; BAG, Urt. v. 18.12.2008 – 8 AZR 81/08, NZA-RR 2009, 519.
4096 BAG, Urt. v. 28.5.2009 – 8 AZR 896/07, AP Nr. 6 zu § 306 BGB; BAG, Urt. v. 19.8.2010 – 8 AZR 645/09, AP Nr. 49 zu § 307 BGB.
4097 BAG, Urt. v. 18.12.2008 – 8 AZR 81/08, NZA-RR 2009, 519; BAG, Urt. v. 19.8.2010 – 8 AZR 645/09, AP Nr. 49 zu § 307 BGB.
4098 BAG, Urt. v. 18.8.2005 – 8 AZR 65/05, NZA 2006, 34.
4099 BAG, Urt. v. 18.12.2008 – 8 AZR 81/08, NZA-RR 2009, 519; BAG, Urt. v. 19.8.2010 – 8 AZR 645/09, AP Nr. 49 zu § 307 BGB.
4100 So auch ausdrücklich BGH, Urt. v. 12.3.2003 – XII ZR 18/00, NZM 2003, 476, 479.
4101 UBH/*Fuchs*, § 309 Nr. 6 Rn 35; WLP/*Dammann*, § 309 Nr. 6 Rn 101; Staudinger/*Rieble*, § 339 Rn 91.

Pflichtverletzung des Schuldners sowie der wirtschaftlichen Folgen einer Vertragsstrafe für diesen bestehen.[4102] Die Schöpfung neuer, vom Sachinteresse des Verwenders losgelöster Geldforderungen ist nicht Sinn der Vertragsstrafe.[4103] Eine solch unwirksame Übersicherung ist z.B. anzunehmen, wenn die Vertragsstrafe den Wert des durch die strafbewehrte Pflicht geschützten Gegenstands ganz erheblich übersteigt[4104] oder die Verletzung einer Nebenpflicht mit einer Strafe belegt wird, die erheblich über dem eigentlichen Leistungsinteresse liegt.[4105]

2162 Die unangemessene Benachteiligung kann sich auch daraus ergeben, dass für eine Vielzahl möglicher Verletzungen eine einheitlich hohe Strafe ohne Differenzierung nach Art, Schwere und Dauer des Verletzungsfalls vorgesehen ist.[4106]

2163 Einen wirtschaftlich nicht mehr vertretbaren Druck sieht die Rechtsprechung auf einen Schuldner außerdem dann als ausgeübt an, wenn durch die Verwirkung der Vertragsstrafe dessen Verdienst bzw. Gewinn vollständig aufgezehrt würde. So stellt beispielsweise die in einem vorformulierten Vertragshändlervertrag vereinbarte Vertragsstrafe eine unangemessene Benachteiligung des Vertragshändlers dar, wenn sie nahezu dessen gesamten Jahresverdienst aus der Absatzmittlung von Neufahrzeugen ohne Rücksicht auf ein Verschulden, eine Abmahnung, die Auswirkungen und den Zeitraum der Pflichtverletzung umfasst.[4107] Ähnliche Entscheidungen sind zu Bierlieferungs-, Automatenaufstell- und Tankstellenpachtverträgen ergangen.[4108]

2164 Richtet sich – wie bei Bauverträgen häufig – die Höhe der Vertragsstrafe nach einem bestimmten Prozentsatz der Auftragssumme je Arbeitstag, muss die Abrede aus den soeben dargestellten Gründen – unabhängig vom Umfang des Auftrags – eine Begrenzung nach oben aufweisen.[4109] Der entsprechende Hinweis in einer Fußnote genügt für die Vereinbarung einer Obergrenze nicht.[4110] Im Übrigen muss entscheidend darauf abgestellt werden, welche Sachverhalte die jeweilige Strafklausel erfasst.[4111] In AGB-Bauverträgen hat der BGH einerseits Tagessätze von 0,1 %, 0,2 % und 0,3 % bei einer Obergrenze der Vertragsstrafe von 10 % der Auftragssumme für zulässig erachtet,[4112] andererseits Tagessätze von 0,5 % des Gesamtauftragswerts ungeachtet einer Obergrenze als unwirksam angesehen.[4113] Während der BGH bei diesen Verträgen lange Zeit eine Obergrenze von 10 % der Auftragssumme unbeanstandet gelassen hat, sieht er den Auftragnehmer nunmehr durch den Verlust von über 5 % seines Vergütungsanspruchs typischerweise als unangemessen belastet an.[4114] Bei im Verzugsfall an Kalendertage anknüpfenden Einsatzvertragsstrafen ist zu berücksichtigen, dass diese bezogen auf Arbeitstage (Montag bis Freitag) oder Werktage (Montag bis Samstag) tatsächlich nochmals höher ausfallen.[4115]

2165 Ist dagegen im Rahmen von AGB-Gebrauchsüberlassungsverträgen, wie z.B. gewerblichen Mietverträgen, die Pflicht zur fortlaufenden Gebrauchsgewährung strafbewehrt, hält der BGH eine Obergrenze für nicht erforderlich, weil das Druckmittel, als das die Vertragsstrafe legitimerweise dienen soll, sonst entscheidend entwertet würde.[4116] Danach genügt hier eine angemessene Relation zwischen den Auswirkungen des Vertragsverstoßes und der Höhe der Vertragsstrafe.

4102 BGH, Urt. v. 30.5.2012 – IV ZR 87/11, NJW 2012, 2577; BGH, Urt. v. 7.5.1997 – VIII ZR 349/96 NJW 1997, 3233, 3234; OLG Naumburg, Urt. v. 26.7.2012 – 9 U 38/12, NJW 2012, 3587, 3589.

4103 BGH, Urt. v. 23.1.2003 – VII ZR 210/01, NJW 2003, 1805, 1808; BGH, Urt. v. 18.11.1982 – VII ZR 305/81, BGHZ, 85, 305, 312 f. = NJW 1983, 385, 387.

4104 OLG Celle, Urt. v. 28.11.2012 – 9 U 77/12, NJW-RR 2013, 887, 888 f. (Vertragsstrafe in Höhe von 25.000 EUR, wenn im Adresshandel die Einwilligungserklärung des Adressinhabers nicht binnen 24 Stunden geliefert wird. Das Entgelt für die Verwendung der Adresse belief sich auf 0,15 EUR); OLG Celle, Urt. v. 28.1.2009 – 3 U 186/08, NJOZ 2009, 4287, 4290 (hier das 20-Fache des Wertes).

4105 OLG Naumburg, Urt. v. 26.7.2012 – 9 U 38/12, NJW 2012, 3587, 3589 (Vertragsstrafe in Höhe der 2,5-fachen Miete für den Verstoß gegen die Betriebspflicht bei einem Ladenlokal).

4106 Siehe z.B. OLG Düsseldorf, Beschl. v. 8.6.2007 – 24 U 207/06, NZM 2008, 611, 612; OLG Celle, Urt. v. 25.9.1987 – 2 U 267/86, NJW-RR 1988, 946, 947.

4107 BGH, Urt. v. 12.1.1994 – VIII ZR 165/92, NJW 1994, 1060, 1064.

4108 Z.B. BGH, Urt. v. 21.3.1990 – VIII ZR 196/89, NJW-RR 1990, 1076, 1077 (Automatenaufstellvertrag); OLG Nürnberg, Urt. v. 5.2.2002 – 1 U 2314/01, NJW-RR 2002, 917, 918 (Bierlieferungsvertrag); KG, Urt. v. 26.3.2007 – 23 U 7/06, BeckRS 2009, 88471 (Tankstellenpachtvertrag).

4109 BGH, Urt. v. 22.10.1987 – VII ZR 167/86, NJW-RR 1988, 146; BGH, Urt. v. 19.1.1989 – VII ZR 348/87, NJW-RR 1989, 527, 527 f.

4110 BGH, Beschl. v. 24.2.2005 – VII ZR 340/03, BauR 2005, 1015, 1016.

4111 So auch BGH, Urt. v. 18.11.1982 – VII ZR 305/81, BGHZ 85, 305, 312 = NJW 1983, 385, 387.

4112 BGH, Urt. v. 25.9.1986 – VII ZR 276/84, NJW 1987, 380 (0,1 %); BGH, Urt. v. 18.1.2001 – VII ZR 238/00, NJW-RR 2001, 738, 738 f. (0,2 %); BGH, Urt. v. 14.1.1999 – VII ZR 73/98, NJW 1999, 1108 f. (0,3 %); bestätigt durch BGH, Urt. v. 6.12.2007 – VII ZR 28/07, NJW-RR 2008, 615, 616.

4113 BGH, Urt. v. 20.1.2000 – VII ZR 46/98, NJW 2000, 2106, 2107; bestätigt z.B. in BGH, Urt. v. 7.3.2002 – VII ZR 41/01, NJW 2002, 2322, 2323 und BGH, Urt. v. 17.1.2002 – VII ZR 198/00, NJW-RR 2002, 806, 807.

4114 BGH, Urt. v. 23.1.2003 – VII ZR 210/01, BGHZ 153, 311, 324 = NJW 2003, 1805, 1808 unter ausdrücklicher Aufgabe von BGH, Urt. v. 25.9.1986 – VII ZR 276/84, BauR 1987, 92, 98; kritisch z.B. *v. Gehlen*, NJW 2003, 2961, 2962 f.

4115 Siehe BGH, Urt. v. 18.1.2001 – VII ZR 238/00, NJW-RR 2001, 738, 738 f. (0,2 %/Kalendertag = 0,28 %/Arbeitstag); BGH, Urt. v. 6.12.2007 – VII ZR 28/07, NJW-RR 2008, 615, 616 (0,3 %/Werktag = 0,36 %/Arbeitstag).

4116 BGH, Urt. v. 12.3.2003 – XII ZR 18/00, BGHZ 154, 171, 184 f. = NZM 2003, 476, 479. Siehe dazu auch v. Westphalen/*Thüsing*, Vertragsstrafe Rn 19.

3. Kumulationsverbot. Auch im unternehmerischen Geschäftsverkehr muss bei der formularmäßigen Vereinbarung von Vertragsstrafeversprechen das Verbot der Kumulation von Vertragsstrafe und Schadensersatz (§§ 340 Abs. 2, 341 Abs. 2 BGB) beachtet werden.[4117]

2166

4. Verschuldensabhängigkeit. Das Erfordernis einer verschuldensabhängigen Gestaltung von Vertragsstrafeklauseln besteht grundsätzlich auch im unternehmerischen Geschäftsverkehr.[4118] Allerdings kann bei gewichtigen Interessen des Verwenders im Ausnahmefall ein formularmäßiges verschuldensunabhängiges Vertragsstrafeversprechen des Schuldners zulässig sein.[4119] Der BGH hat beispielsweise verschuldensunabhängig ausgestaltete Vertragsstrafeklauseln zur Absicherung der Investitions- und Weiterbeschäftigungszusagen in den Privatisierungsverträgen der Treuhandanstalt als wirksam erachtet.[4120] Sofern das Verschuldenserfordernis nicht ausdrücklich abbedungen ist, ist eine Vertragsstrafeklausel auch ohne ausdrückliche Erwähnung im Sinne einer verschuldensabhängigen Vertragsstrafe zu verstehen.[4121] Nicht ausräumbare Unklarheiten gehen freilich zu Lasten des Verwenders (§ 305c Abs. 2 BGB).[4122]

2167

5. Vertragsstrafenvorbehalt. Nach § 341 Abs. 3 BGB ist der Gläubiger bei Erfüllungsannahme – etwa der Annahme der Zahlung des Schuldners auf die Schlussrechnung – zur Geltendmachung der Vertragsstrafe nur berechtigt, wenn er sich das Recht hierzu bei der Erfüllungsannahme vorbehält. Eine Klausel, durch welche der Schuldner auf einen solchen Vertragsstrafenvorbehalt verzichtet, ist nach § 307 BGB unwirksam.[4123] Jedoch kann der Zeitpunkt, bis zu dem der Vorbehalt erklärt werden muss, hinausgeschoben[4124] und der Vorbehalt kann seinerseits formularmäßig erklärt werden.[4125]

2168

VOB

Literatur zum Stichwort VOB: *Ganten/Jansen/Voit*, Beck'scher VOB-Kommentar, 3. Aufl. 2013; *Glatzel/Hofmann/Frikell*, Unwirksame Bauvertragsklauseln, 11. Aufl. 2008; *Ingenstau/Korbion*, VOB Kommentar, 18. Aufl. 2013; *Kapellmann/Messerschmidt*, VOB Teile A und B, 4. Aufl. 2013; *Kniffka*, ibr-online-Kommentar Bauvertragsrecht, Stand: 29.3.2013; *Kutschker*, Die Gesamtabwägung der VOB/B nach AGB-Gesetz und EG-Verbraucherschutzrichtlinie, 1998; *Leinemann*, VOB/B, 5. Aufl. 2013; *Markus/Kaiser/Kapellmann*, AGB-Handbuch Bauvertragsklauseln, 4. Aufl. 2014; *Möller*, VOB/B als Ganzes nur ohne jede vertragliche Abweichung – Konsequenzen für die baurechtliche Beratung, ZfBR 2005, 119; *Oberhauser*, „Verdient" die VOB/B 2002 die Privilegierung durch das BGB?, Jahrbuch Baurecht 2003, S. 1; *Schmidt*, Die dynamische Verweisung des Forderungssicherungsgesetzes auf die VOB/B und ihre verfassungsrechtliche Bewertung, ZfBR 2009, 113; *Thode*, Nachträge wegen gestörten Bauablaufs im VOB/B-Vertrag – Eine kritische Bestandsaufnahme, ZfBR 2004, 214; *Vogel/Vogel*, Die VOB/C und das AGB-Gesetz – terra incognita, BauR 2000, 345

A. Einleitung	2169	II. Rechtsprechung	2182
I. Bedeutung	2169	III. Stellungnahme	2184
II. Rechtsnatur der VOB/B	2171	**D. Isolierte Inhaltskontrolle einzelner Regelungen**	2188
III. VOB/B als Allgemeine Geschäftsbedingungen	2175	I. Grundsätzliches	2188
B. Einbeziehung der VOB/C	2178	II. Art und Umfang der Leistung (§ 1 VOB/B)	2189
C. Privilegierung der VOB/B	2180	1. § 1 Abs. 3 VOB/B	2189
I. Rechtslage	2181	2. § 1 Abs. 4 S. 1 VOB/B	2191

4117 Grundlegend BGHZ 63, 256, 258, 260 = NJW 1975, 163, 164 f.; zuletzt etwa BGH, Urt. v. 24.6.2009 – VIII ZR 332/07, NJW-RR 2009, 1404, 1405. Ebenso Staudinger/*Coester-Waltjen*, § 309 Nr. 6 Rn 28; v. Westphalen/*Thüsing*, Vertragsstrafe Rn 29, jeweils m.w.N.

4118 Siehe z.B. BGH, Urt. v. 21.3.2013 – VII ZR 224/12, NJW 2013, 2111, 2113; BGH, Urt. v. 20.3.2003 – I ZR 225/00, NJW-RR 2003, 1056, 1060; OLG Oldenburg, Urt. v. 30.9.2004 – 8 U 86/01, NJOZ 2005, 897, 901 (allerdings unter verfehlter Berufung auf BGH, Urt. v. 16.7.1998 – VII ZR 9/97, NJW 1998, 3488, 3489); ebenso v. Westphalen/*Thüsing*, Vertragsstrafe Rn 23.

4119 BGH, Urt. v. 26.5.1999 – VIII ZR 102/98, NJW 1999, 2660, 2662 f.; a.A. Staudinger/*Rieble*, § 339 Rn 103 und 316 f.

4120 BGH, Urt. v. 29.9.1999 – VIII ZR 256/98, VIZ 1999, 746, 747. Siehe auch BGH, Urt. v. 28.9.1978 – II ZR 10/77, NJW 1979, 105, 106 f. für sog. Straffrachtklauseln in Konnossementsbedingungen unter besonderer Berücksichtigung der Umstände im Seefrachtverkehr.

4121 Ebenso OLG Köln, Urt. v. 30.3.2007 – 6 U 207/06, NJOZ 2008, 184, 185; OLG Rostock, Urt. v. 8.3.2004 – 3 U 118/03, NZM 2004, 460, 461; OLG Celle, Urt. v. 25.9.1987 – 2 U 267/86, NJW-RR 1988, 946, 947; a.A. OLG Nürnberg, Urt. v. 5.2.2002 – 1 U 2314/01, NJW-RR 2002, 917, 917 f.; ebenso – allerdings bei einem Verbraucher als Verwender – OLG Koblenz, Urt. v. 30.9.2010 – 2 U 1388/09, MMR 2010, 815, 816. In BGH, Urt. v. 26.5.1999 – VIII ZR 102/98, NJW 1999, 2660, 2662 f. und OLG Hamm, Beschl. v. 25.8.2003 – 35 W 15/03, NJW-RR 2004, 58, 59 ist ein Verschuldenserfordernis aus weiteren Tatbestandsmerkmalen der Vertragsstrafenabrede hergeleitet worden.

4122 Siehe dazu auch BGH, Urt. v. 21.3.2013 – VII ZR 224/12, NJW 2013, 2111, 2113 (Vertragsstrafeversprechen in einem Handelsvertretervertrag).

4123 BGH, Urt. v. 18.11.1982 – VII ZR 305/81, NJW 1983, 385, 386 f.; OLG Düsseldorf, Urt. v. 30.6.2000 – 22 U 209/99, NJW-RR 2001, 1387, 1389; WLP/*Dammann*, § 309 Nr. 6 Rn 65; a.A. Staudinger/*Rieble*, § 341 Rn 14 f.

4124 BGH, Urt. v. 12.10.1978 – VII ZR 139/75, NJW 1979, 212, 213.

4125 BGH, Urt. v. 25.9.1986 – VII ZR 276/84, NJW 1987, 380, 380 f.; Staudinger/*Coester-Waltjen*, § 309 Nr. 6 Rn 23.

III. Vergütung (§ 2 VOB/B) 2193	VII. Mängelansprüche (§ 13 VOB/B) 2210
1. § 2 Abs. 5 S. 1 VOB/B 2193	1. § 13 Abs. 4 VOB/B 2210
2. § 2 Abs. 6 VOB/B 2196	2. § 13 Abs. 5 VOB/B 2214
3. § 2 Abs. 8 Nr. 1 VOB/B 2199	VIII. Stundenlohnarbeiten (§ 15 VOB/B) 2215
4. § 2 Abs. 10 VOB/B 2201	IX. Zahlung (§ 16 VOB/B) 2217
IV. Ausführung (§ 4 VOB/B) 2202	1. § 16 Abs. 1 VOB/B 2217
1. § 4 Abs. 7 S. 3 i.V.m. § 8 Abs. 3 VOB/B 2202	2. § 16 Abs. 3 Nr. 2–5 VOB/B 2219
2. § 4 Abs. 8 Nr. 1 S. 1 – 3 VOB/B 2203	3. § 16 Abs. 6 VOB/B 2222
V. Verteilung der Gefahr (§ 7 VOB/B) 2205	X. Streitigkeiten (§ 18 VOB/B) 2226
VI. Abnahme (§ 12 VOB/B) 2207	

A. Einleitung

I. Bedeutung

2169 Die Abkürzung VOB steht für die Vergabe- und Vertragsordnung für Bauleistungen und ist ein im Bundesanzeiger veröffentlichtes, durch den Deutschen Vergabe- und Vertragsausschuss für Bauleistungen (DVA) geschaffenes dreiteiliges Klauselwerk. In dem Teil A (VOB/A) mit der Bezeichnung „Allgemeine Bestimmungen für die Vergabe von Bauleistungen" werden die Anforderungen bei Ausschreibungen, mithin der Vergabe von Bauleistungen durch einen öffentlichen Auftraggeber festgelegt. Teil B (VOB/B) befasst sich mit den „Allgemeinen Bestimmungen für die Ausführung von Bauleistungen". Der letzte Teil C (VOB/C) enthält sog. „Allgemeine technische Vertragsbedingungen für Bauleistungen".[4126]

2170 Die vorherige Fassung der Vergabe- und Vertragsordnung für Bauleistungen vom 31.7.2009 (VOB/B 2009) wurde durch die VOB Teil B Ausgabe 2012 vom 26.7.2012[4127] abgelöst.

II. Rechtsnatur der VOB/B

2171 Bei der VOB/B handelt es sich nicht um eine Rechtsnorm.[4128] Die Rechtsnormqualität kommt der VOB/B auch nicht über die Bezugnahme auf die Regelung des § 8 Abs. 3 VOB/A zu.[4129] Dies beruht darauf, dass die VOB/B nicht vom Gesetzgeber[4130] geschaffen wurde bzw. wird, sondern vielmehr von dritter Seite, dem Deutschen Vergabe- und Vertragsausschuss für Bauleistungen (DVA), formuliert wird. Dabei handelt es sich bei dem DVA um einen rechtsfähigen Verein, welcher sowohl Auftraggeber- als auch Auftragnehmerinteressen, nicht jedoch Verbraucherinteressen ausreichend berücksichtigt.[4131]

2172 Insoweit muss die VOB/B von den Vertragsparteien verbindlich vereinbart werden, um ihre Geltung herbeizuführen.[4132]

2173 Als überholt ist die Auffassung anzusehen, die VOB/B sei sog. Gewohnheitsrecht.[4133] Um als Verkehrssitte in Betracht zu kommen, müsste die VOB/B ohne ausdrückliche Parteivereinbarung freiwillig befolgt werden. Die Tatsache, dass in einer Vielzahl von Verträgen die Regelungen der VOB/B Anwendung finden, ist lediglich auf einen wiederholten rechtsgeschäftlichen Verpflichtungswillen zurückzuführen.[4134]

2174 Für die Annahme eines Handelsbrauchs unter Kaufleuten gemäß § 346 HGB fehlt es an einer allgemeinen Gültigkeit im Sinne längerer und anerkannter Übung.[4135] Die längere und anerkannte Übung ist insbesondere deshalb nicht gegeben, da im seltensten Falle die VOB/B insgesamt, d.h. ohne Abänderung ihrer Regelungen, vereinbart wird. Darüber hinaus muss Berücksichtigung finden, dass in den vergangenen Jahren die VOB/B selbst immer wieder inhaltlich umfassend geändert wurde.[4136]

4126 VOB Teil C Allgemeine Technische Vorschriften für Bauleistungen in der Fassung des Einführungserlasses des BMVBS vom 1.2.2005, bestehend aus den „Allgemeinen Regelungen für Bauarbeiten jeder Art (DIN 18299)" und diversen Allgemeinen Technischen Vertragsbestimmungen (ATV) für einzelne Gewerke (DIN 18300 ff.).
4127 Bundesanzeiger AT 13.7.2012 B3.
4128 BGH BauR 1992, 221 (zur VOB/A); WLP/*Dammann*, VOB/B Rn V 402.
4129 Vgl. Kapellmann/Messerschmidt/*v. Rintelen*, VOB/B, Einleitung Rn 39.
4130 Anders früher KG, Urt. v. 27.11.2000 – 26 U 10521/99, BauR 2001, 1591, das nunmehr die VOB/B auch als Werk Allgemeiner Geschäftsbedingungen sieht; vgl. KG, Urt. v. 15.2.2007 – 23 U 12/06, IBR 2007, 295.
4131 Palandt/*Sprau*, § 631 Rn 28; WLP/*Dammann*, VOB/B Rn V 402.

4132 Kapellmann/Messerschmidt/*v.Rintelen*, VOB/B, Einleitung Rn 38.
4133 So *Oberhauser*, Jahrbuch Baurecht 2003, 3, 7.
4134 Kapellmann/Messerschmidt/*v.Rintelen*, VOB/B, Einleitung Rn 40.
4135 Ingenstau/Korbion/*Kratzenberg/Leupertz*, Einleitung Rn 58; vgl. zu den Schätzungen, in wie viele Bauverträge die VOB/B einbezogen wird: *Kutschker*, Die Gesamtabwägung der VOB/B nach AGB-Gesetz und EG-Verbraucherschutzrichtlinie, 1998.
4136 Kapellmann/Messerschmidt/*v. Rintelen*, VOB/B, Einleitung Rn 40; Beck'scher VOB-Kommentar/*Sacher*, VOB/B, Einleitung Rn 99;*Kutschker*, Die Gesamtabwägung der VOB/B nach dem AGB-Gesetz und EG-Verbraucherschutzrichtlinie, S. 140 ff.

III. VOB/B als Allgemeine Geschäftsbedingungen

Für die Frage, ob es sich bei den Regelungen der VOB/B um Allgemeine Geschäftsbedingungen handelt, müssen die Voraussetzungen des § 305 Abs. 1 S. 1 BGB herangezogen werden. Ohne Zweifel handelt es sich bei den Regelungen der VOB/B um Vertragsbedingungen.[4137] Ebenso sind die Regelungen der VOB/B für eine Vielzahl von Verträgen vorformuliert.[4138] Dabei ist wesentlich, dass dies für jede einzelne VOB/B-Regelung gilt, d.h. die Voraussetzungen des § 305 Abs. 1 S. 1 BGB auch dann erfüllt sind, wenn nur einzelne Bestimmungen der VOB/B in einen Vertrag einbezogen werden.[4139] Hinsichtlich der zweiten Tatbestandsvoraussetzung des § 305 Abs. 1 S. 1 BGB ist zu differenzieren: Sofern die VOB oder einzelne ihrer Regelungen von einer Vertragspartei der anderen „gestellt" werden, ist diese Anforderung erfüllt. In der Regel wird bei einem Bauvertrag eine der Vertragsparteien der anderen ihre Vertragsbedingungen stellen. So geht bereits die VOB/A davon aus, dass der Auftraggeber dem Auftragnehmer Vertragsbedingungen und so auch die Regelungen der VOB/B zur Grundlage seines Bauvertrags erklärt.

2175

Allerdings darf nicht übersehen werden, dass darüber hinaus auch in der Praxis VOB/B-Regelungen im Einzelnen ausgehandelt werden. In diesem Falle wurden die Regelungen nicht von einer Vertragspartei einseitig gestellt. Insofern haben diese ausgehandelten Regelungen nicht mehr die Qualität von Allgemeinen Geschäftsbedingungen.[4140] Dieses Vorgehen dürfte jedoch in der bauvertraglichen Praxis eher als selten eingestuft werden können. In der Regel wird der Auftraggeber, sowohl die öffentliche Hand als auch der Unternehmer, die Vertragsbedingungen stellen. Anderenfalls ist ein Vergleich der ihm vorgelegten Angebote kaum möglich. Des Weiteren ist jedoch denkbar, dass die VOB von beiden Vertragsparteien in Unternehmerverträgen vorgesehen wird. Auch in diesem Falle wäre das Kriterium, dass die VOB/B von einer Vertragspartei der anderen gestellt wurde, nicht erfüllt.[4141] Bei Verbraucherverträgen hat der Gesetzgeber die Einordnung in § 310 Abs. 3 Nr. 1 BGB geregelt: Die VOB gilt als vom Verwender gestellt, es sei denn, sie ist vom Verbraucher in den Vertrag eingeführt worden.[4142]

2176

Zuletzt wäre an die Einbeziehung der VOB/B auf Vorschlag eines Dritten, z.B. eines Notars zu denken. In diesem Falle ist das Merkmal des „Stellens" von keiner der Vertragsparteien umgesetzt worden; eine Inhaltskontrolle nach den Maßstäben der Allgemeinen Geschäftsbedingungen kommt damit nicht zu Zuge.

2177

B. Einbeziehung der VOB/C

Für die Frage, inwieweit die VOB/C in den Bauvertrag einbezogen wurde, ist an § 1 Abs. 1 S. 1 VOB/B anzuknüpfen. Diese Regelung sieht vor, dass die auszuführende Leistung nach Art und Umfang durch den Vertrag bestimmt wird. Der sich daran anschließende S. 2 derselben Regelung sieht vor, dass die Allgemeinen Technischen Vertragsbedingungen für Bauleistungen (VOB/C) als Bestandteil des Vertrags gelten. Ebenso wie bei der VOB/B ist für die Qualifizierung der VOB/C als Allgemeine Geschäftsbedingungen entscheidend, ob sie von einer Partei gestellt werden.[4143]

2178

Für eine Einbeziehung in Verträge mit der öffentlichen Hand sowie mit Unternehmern genügt die Regelung des § 1 Abs. 1 S. 2 VOB/B nach dem Willen des Gesetzgebers, der in § 310 Abs. 1 S. 3 BGB Verträge unter Einbeziehung der VOB/B privilegiert. Anders verhält sich die Einbeziehung der VOB/C gegenüber Verbrauchern.[4144] Gegenüber Verbrauchern müssen die Voraussetzungen des § 305 Abs. 2 BGB erfüllt sein. Des Weiteren muss innerhalb der in der VOB/C enthaltenen Regelungen unterschieden werden, einzelne Regelungen stellen allgemein anerkannte Regeln der Technik dar. Die Geltung dieser Regelungen kann ohne Grund nach als Verkehrssitte eingestuft werden, was bedeutet, dass sie auch ohne ausdrückliche Einbeziehung zum Gegenstand des Vertrags werden.[4145] Eine ausdrückliche Einbeziehung ist für diese, als Verkehrssitte einzustufenden Regeln in den Vertrag nicht als erforderlich zu betrachten. Demgegenüber kommt anderen Regeln, wie z.B. den Vorschriften zur Vergütung (Ziffer 4) sowie zu dem Aufmaß und der Abrechnung (Ziffer 5) keine Einbeziehung über § 1 Abs. 2 Nr. 5 VOB/B zu.[4146]

2179

4137 MüKo/*Wurmnest*, § 307 Rn 142.
4138 Ganz überwiegende Auffassung, vgl. MüKo/*Busche*, § 631 Rn 152; Kapellmann/Messerschmidt/*v. Rintelen*, VOB/B, Einleitung Rn 44; ebenso BGH, Urt. v. 24.7.2008 – VII ZR 55/07, BauR 2008, 1603.
4139 Markus/Kaiser/Kapellmann/*Markus*, AGB-Handbuch Bauvertragsklauseln, Rn 46 m.w.N.
4140 Palandt/*Grüneberg*, § 310 Rn 13; UBH/*Ulmer/Schäfer*, § 310 Rn 72.
4141 Vgl. BGH, Urt. v. 17.2.2010 – VIII ZR 67/09, IBR 2010, 253; WLP/*Pfeiffer*, § 305 Rn 31 f.
4142 Vgl. dazu Markus/Kaiser/Kapellmann/*Markus*, AGB-Handbuch Bauvertragsklauseln, Rn 52; BGH IBR 2008, 557.
4143 Vgl. dazu Kapellmann/Messerschmidt/*v. Rintelen*, VOB/B, § 1 Rn 22.
4144 WLP/*Dammann*, VOB/B Rn V 407.
4145 Zur Unterscheidung ausführlicher: Kapellmann/Messerschmidt/*v. Rintelen*, VOB/B, § 1 Rn 22 f.
4146 Hierzu UBH/*Christensen*, Teil 4 (9) VOB/B Rn 2; *Vogel/Vogel*, BauR 2000, 345.

C. Privilegierung der VOB/B

2180 Der Aspekt, ob und inwieweit die Regelungen der VOB/B eine Privilegierung erfahren sollen, war jahrelang umstritten und zog eine Reihe von Urteilen des BGH nach sich. Zwischenzeitlich ist die Rechtslage seit der Einführung des Forderungssicherungsgesetzes[4147] weitgehend geklärt.

I. Rechtslage

2181 Die ursprünglich im AGBG enthaltenen Befreiungen von der Inhaltskontrolle für zwei Regelungen der VOB/B, zu § 12 Nr. 5 Abs. 2 VOB/B sowie zu § 13 Nr. 4 VOB/B, wurden im Zuge des Schuldrechtsmodernisierungsgesetzes[4148] in § 308 Nr. 5 und § 305 Nr. 8b ff BGB übernommen. Hinsichtlich dieser als Ausnahme gekennzeichneten Tatbestände war der Gesetzgeber der Auffassung, es lägen insgesamt ausgewogene Gesamtregelungen vor.[4149] Mit den durch das Forderungssicherungsgesetz geänderten BGB-Vorschriften kam es auch zu einer Klarstellung der Inhaltskontrolle betreffend die VOB/B. Diese Privilegierungsregelung für die VOB/B zum 1.1.2009 in § 310 Abs. 1 S. 3 sieht eine Ausnahme für den unternehmerischen Geschäftsverkehr vor.[4150] Gegenüber Unternehmen i.S.d. § 14 BGB, juristischen Personen des öffentlichen Rechts und Sondervermögen des öffentlichen Rechts wird mit § 310 Abs. 1 S. 3 BGB die gesamte VOB/B in der jeweils zum Zeitpunkt des Vertragsschlusses geltenden Fassung einer Inhaltskontrolle entzogen. Voraussetzung ist jedoch, dass die Regeln der VOB/B ohne inhaltliche Abweichungen insgesamt in den Vertrag einbezogen werden.[4151] Die Inhaltskontrolle der VOB/B als Ganzes bleibt dennoch möglich.[4152] Diese Privilegierung bezieht sich ausdrücklich nicht auf Verträge, in denen ein Verbraucher Vertragspartner des Verwenders ist.

II. Rechtsprechung

2182 Die Entscheidung des Gesetzgebers, eine Privilegierung der VOB/B ausschließlich für den unternehmerischen Geschäftsverkehr vorzusehen, und diese Privilegierung an die Verwendung der VOB/B als Ganzes zu knüpfen, basiert weitestgehend auf der Rechtsprechung des BGH. Ursprünglich sollte die VOB/B im Grundsatz der Inhaltskontrolle nach § 307 BGB unterliegen. Die Rechtsprechung betonte, es komme darauf an, dass die VOB/B „im Kern" Vertragsgrundlage geblieben sei.[4153] Insofern berücksichtigte die Rechtsprechung, ob ein Eingriff in den „Kernbereich" der VOB/B vorliege.[4154]

2183 Erst nach Inkrafttreten des Schuldrechtsmodernisierungsgesetzes am 1.1.2002 und der Überleitung der Regelungen des AGBG in das BGB änderte der BGH seine bis dahin gültige Rechtsprechung. Mit der Grundsatzentscheidung vom 22.1.2004[4155] verließ der BGH die bis dahin vertretene Argumentationslinie und stellte fest, dass jede inhaltliche Abweichung von der VOB/B dazu führt, dass die VOB/B nicht mehr als Ganzes vereinbart ist. Damit hat der BGH nicht nur die Anforderungen an die Einbeziehung der VOB/B „als Ganzes" erhöht, sondern er ließ offen, ob überhaupt noch ein Sonderstatus für die Regelungen der VOB/B mit Blick auf die Inhaltskontrolle angenommen werden kann.[4156]

III. Stellungnahme

2184 Die aktuelle Fassung des § 310 BGB berücksichtigt diese zuvor dargestellte neuere Rechtsprechung des BGH zur Reichweite der Privilegierung.[4157]

2185 Es stellt sich hier demnach die Frage, wann keine VOB/B ohne inhaltliche Abweichung vorliegt. In der Regel sind bei Bauverträgen, die eine Anwendung der VOB/B vorsehen, diese Regelungen unter sprachlicher Änderung enthalten. Es ist daher erforderlich, zu untersuchen, inwieweit aufgrund der sprachlichen Modifikation auch eine Änderung des Inhalts der einzelnen VOB/B-Regelung vorliegt. Allein aufgrund der Tatsache, dass die entsprechende VOB/B-Regelung den Vertragsparteien eine abweichende sprachliche Gestaltung ermöglicht, kann nicht geschlossen werden, dass keinesfalls eine inhaltliche Modifikation der eigentlichen VOB/B-Regelung gegeben ist.[4158]

2186 Insgesamt erscheint der zunächst vom BGH[4159] aufgegriffene Kompensationsgedanke, wonach nachteilige Regelungen durch vorteilhafte für die jeweilige Verwenderseite ausgeglichen werden können, nachvollziehbar. Zum einen lässt sich dies mit der Besetzung des Schaffungsorgans, dem Deutschen Vergabe- und Vertragsausschuss für Bauleistungen (DVA), begründen. Die Zusammensetzung des DVA, möglichst paritätische Vertretung der Auftraggeber- und Auftragnehmerinteressen, lässt diese Argumentation zu.

4147 FoSiG, am 1.1.2009 in Kraft getreten.
4148 SMG, BT-Drucks 14/6040, 154.
4149 Vgl. hierzu BT-Drucks 7/3919, 42; hierzu auch Glatzel/Hofmann/Frikell/*Frikell*, Unwirksame Bauvertragsklauseln, S. 35.
4150 UBH/*Christensen*, Teil 4 (9) VOB/B Rn 5.
4151 Markus/Kaiser/Kapellmann/*Markus*, AGB-Handbuch Bauvertragsklauseln, Rn 56.
4152 Glatzel/Hofmann/Frikell/*Frikell*, Unwirksame Bauvertragsklauseln, S. 36.
4153 BGH NJW 1983, 816, 818; vgl. dazu auch *Möller*, ZfBR 2005, 119, 120.
4154 BGH NJW 1993, 2738, 2739.
4155 BGH NJW 2004, 1597, 1597.
4156 BGH, Urt. v. 22.1.2004 – VII ZR 419/02, NJW 2004, 1597.
4157 Vgl. dazu UBH/*Christensen*, § 310 BGB Rn 7.
4158 OLG Brandburg, Urt. v. 8.11.2007 – 12 U 30/07, IBR 2008, 320.
4159 BGH NJW 2004, 1597.

Darüber hinaus wird der Kompensationsgedanke immer wieder auf die Probe gestellt, indem die VOB/B sich einer ständigen Weiterentwicklung ausgesetzt sieht. Dies berücksichtigt die gesetzliche Regelung des § 310 BGB dahin gehend, dass die Privilegierung ausschließlich gilt, wenn dem Bauvertrag die jeweils aktuelle Fassung zugrunde gelegt wird. Es wird mithin davon ausgegangen, dass die jeweilige Fassung zum Zeitpunkt ihres Inkrafttretens als ausgewogen eingeordnet werden kann. Mittels Änderungen des materiellen Rechts kann die VOB/B diese Ausgewogenheit verlieren. Aus diesem Grunde kann die Privilegierung der VOB/B nur dann möglich sein, sofern jeweils die Anpassungen an Gesetzesnovellierungen Beachtung finden können.[4160]

2187

D. Isolierte Inhaltskontrolle einzelner Regelungen

I. Grundsätzliches

Die Privilegierung von VOB/B kommt nur in Verträgen mit Verbrauchern zum Tragen oder in dem Fall, dass sie im unternehmerischen Geschäftsverkehr nicht vollständig, d.h. unverändert, vereinbart wurde. Die Vereinbarung der VOB/B in einem Bauvertrag wird allerdings selten ohne jegliche Veränderung erfolgen. Insoweit unterliegt auch die Mehrzahl der auf Unternehmerseite abgeschlossenen Verträge hinsichtlich der Einzelbestimmungen einer Inhaltskontrolle. Entscheidend ist jedoch auch hierbei, welche Vertragspartei Verwender der VOB/B ist. Die Privilegierung der VOB/B tritt – wie erwähnt – nur ein, wenn etwaige nachteilige Regelungen von der benachteiligten Partei selbst in den Vertrag eingeführt wurden.[4161]

2188

II. Art und Umfang der Leistung (§ 1 VOB/B)

1. § 1 Abs. 3 VOB/B. Der Auftraggeber hat gemäß § 1 Abs. 3 VOB/B das Recht, einseitig den Bauentwurf zu ändern oder zu erweitern. Darin ist ein vertraglich vereinbartes Leistungsbestimmungsrecht zu sehen.[4162]

2189

Anders als es die allgemeine vertragsrechtlichen Grundsätze vorsehen, kann der Auftraggeber hier **einseitig** durch empfangsbedürftige Willenserklärung den Leistungsinhalt des Vertrags ändern.[4163] Im Ergebnis wird § 1 Abs. 3 VOB/B auch bei einer isolierten Inhaltskontrolle als wirksam anzusehen sein.[4164] Die teilweise gegen die Wirksamkeit angeführte, fehlende Zumutbarkeitseinschränkung ist im Wortlaut des § 1 Abs. 3 VOB/B gerade nicht enthalten.[4165] Eine Grenze für die Anordnungsmöglichkeit des Auftraggebers wird an der Stelle sein, an der die Anordnung für die Auftragnehmer unzumutbar wird.[4166] Allerdings kann eine Änderung der Leistung gemäß § 1 Abs. 3 VOB/B nur dann vorliegen, wenn die Art und der Umfang der vertraglich vereinbarten Leistung nicht grundlegend geändert werden, sodass eine andere Leistung als die vertraglich Vereinbarte vorliegt.[4167]

2190

2. § 1 Abs. 4 S. 1 VOB/B. Diese Regelung sieht vor, dass es zu den vertraglich vereinbarten Pflichten des Auftragnehmers gehört, nicht vereinbarte Leistungen, welche jedoch zur Ausführung der vertraglichen Leistung erforderlich sind, mit auszuführen, sofern dies der Auftraggeber verlangt. Eine Einschränkung besteht für den Fall, dass der Betrieb des Auftragnehmers auf derartige zusätzliche Leistungen nicht eingerichtet ist.

2191

Damit sieht § 1 Abs. 4 S. 1 ein einseitiges Leistungsbestimmungsrecht ähnlich § 315 BGB vor.[4168] § 1 Abs. 4 S. 1 VOB/B hält einer isolierten Inhaltskontrolle stand.[4169] Anders würde sich die rechtliche Einschätzung darstellen, sofern eine Vertragsbedingung den Auftragnehmer schlechthin auf bloßes Verlangen des Auftraggebers verpflichtet, im gleichen Vertrag Zusatzleistungen zu erbringen. Hier läge ein Verstoß gegen § 308 Nr. 4, 307 BGB vor.[4170] In diesem Falle müsste der Auftragnehmer auch dann Zusatzleistungen erbringen, wenn sein Betrieb nicht darauf eingerichtet wäre.

2192

III. Vergütung (§ 2 VOB/B)

1. § 2 Abs. 5 S. 1 VOB/B. Nach § 2 Abs. 5 S. 1 VOB/B ist ein neuer Preis unter Berücksichtigung der Mehr- oder Minderkosten dann zu vereinbaren, wenn durch Änderung des Bauentwurfs oder andere Anordnungen des Auftraggebers die Grundlagen des Preises für eine im Vertrag vorgesehene Leistung geändert werden.

2193

Diese Regelung hält auch einer uneingeschränkten Inhaltskontrolle nach überwiegender Auffassung stand.[4171] Die Rechtsprechung[4172] hat keine Bedenken gegen die Wirksamkeit von § 2 Abs. 5 VOB/B angemeldet. Der BGH sah

2194

4160 Vgl. zu den verfassungsrechtlichen Einwänden gegen die dynamische Verweisung *Schmidt*, ZfBR 2009, 113 ff.
4161 UBH/*Christensen*, Teil 4 (9) VOB/B Rn 10.
4162 BGH, Urt. v. 27.11.2003 – VII ZR 346/01, BauR 2004, 495; dazu auch *Thode*, ZfBR 2004, 214, 215.
4163 Ingenstau/Korbion/*Keldungs*, VOB/B, § 1 Abs. 3 Rn 1.
4164 BGH NJW 1996, 1346, 1347; BGH NJW 2004, 502; BGH IBR 2007, 250; Bedenken meldet *Kniffka*, ibr-online-Kommentar Baurecht, Rn 454 an, m.w.N.
4165 Ingenstau/Korbion/*Keldungs*, VOB/B, § 1 Abs. 3 Rn 15.
4166 So OLG Hamm IBR 2001, 1594.
4167 Vgl. ausführlich zur Abgrenzung des § 1 Abs. 3 zu § 1 Abs. 4 VOB/B: Kapellmann/Messerschmidt/*v. Rinteln*, VOB/B, § 1 Rn 60 ff.
4168 BGH NJW 1996, 1346; BGH IBR 2004, 495.
4169 BGH NJW 1996, 1346, 1347; WLP/*Dammann*, VOB/B Rn V 423.
4170 Vgl. Ingenstau/Korbion/*Keldungs*, VOB/B, § 1 Abs. 4 Rn 7.
4171 UBH/*Christensen*, Teil 4 (9) VOB/B Rn 11; Palandt/*Grüneberg*, § 307 Rn 144.
4172 BGH NJW 1996, 1346, 1347.

hierin lediglich einen Modus für die Vereinbarung des neuen Preises bei Änderungsanordnungen des Auftraggebers. Dabei seien grundsätzlich die alten Preise zum Ausgangspunkt für die Neuberechnungen des Preises zu machen. Dem Auftragnehmer verblieben etwaige Vorteile aus seiner ursprünglichen Kalkulation.

2195 Nach allgemeiner Auffassung ist daher die Klausel nicht als unangemessen zu bezeichnen.[4173]

2196 **2. § 2 Abs. 6 VOB/B.** Der Auftragnehmer hat gemäß § 2 Abs. 6 Nr. 1 S. 1 VOB/B Anspruch auf besondere Vergütung, sofern eine im Vertrag nicht vorgesehene Leistung gefordert wird. Der Auftragnehmer muss jedoch den Anspruch dem Auftraggeber nach § 2 Abs. 6 Nr. 1 S. 2 VOB/B ankündigen, bevor er mit der Ausführung der Leistung beginnt.

2197 Nach der Rechtsprechung des BGH stellt die Ankündigung des zusätzlichen Vergütungsanspruchs grundsätzlich eine Voraussetzung für den Vergütungsanspruch dar. Allerdings ist bei der Auslegung der Klausel entscheidend, ob der Besteller schutzwürdig ist. Der BGH geht von einem Verlust des Vergütungsanspruches für eine zusätzliche Leistung dann nicht aus, sofern die Ankündigung im konkreten Fall zum Schutz des Bestellers entbehrlich war und daher ohne Funktion ist oder wenn ihre Versäumung ausnahmsweise entschuldigt ist.[4174] Diese Interpretation des BGH wird teilweise mit Blick auf die Auslegungsregeln für Allgemeine Geschäftsbedingungen als kritisch angesehen.[4175]

2198 Die Regelung des § 2 Abs. 6 Nr. 1 VOB/B wird insgesamt wegen der Abweichung von der gesetzlichen Vermutung einer Vergütungspflicht für Mehrleistungen gemäß § 632 BGB auch nach der Auslegung des Bundesgerichtshofs grundsätzlich für nicht unbedenklich erachtet, sofern die VOB/B vom Auftraggeber gestellt wurde.[4176] Im Ergebnis wird zum heutigen Zeitpunkt allerdings überwiegend unter Berücksichtigung der Rechtsprechung des BGH kein Verstoß des § 2 Abs. 6 Nr. 1 S. 2 der VOB/B gegen § 307 mehr angenommen.[4177]

2199 **3. § 2 Abs. 8 Nr. 1 VOB/B.** § 2 Abs. 8 Nr. 1 S. 1 VOB/B legt fest, dass Leistungen, die der Auftragnehmer ohne Auftrag oder unter eigenmächtiger Abweichung vom Auftrag ausführt, nicht vergütet werden. Eine Ausnahme ist in § 2 Abs. 8 Nr. 2 S. 1 VOB/B aufgenommen für den Fall, dass der Auftraggeber solche Leistungen nachträglich anerkennt. Ferner steht dem Auftragnehmer eine Vergütung gemäß § 2 Abs. 8 Nr. 2 S. 2 VOB/B auch dann zu, wenn die Leistungen für die Erfüllung des Vertrags notwendig waren, dem mutmaßlichen Willen des Auftraggebers entsprachen und ihm unverzüglich angezeigt wurden.

2200 Im Falle einer isolierten Inhaltskontrolle ist § 2 Abs. 8 Nr. 1 S. 1 VOB/B dann nicht zu beanstanden, sofern eine unverzügliche Anzeige als Anspruchsvoraussetzung[4178] für den neben § 2 Abs. 8 VOB/B möglichen Anspruch aus Geschäftsführung ohne Auftrag nicht erfolgt. Nach der Rechtsprechung des BGH rechtfertigt das Interesse des Auftraggebers an einer frühzeitigen Aufklärung zwar die Anzeigepflicht, nicht jedoch die Versagung gesetzlicher Ansprüche.[4179] Mit der Forderung nach einer Anzeigepflicht auch für einen Anspruch aus Geschäftsführung ohne Auftrag nach den Vorschriften des BGB wären die gesetzlichen Ansprüche für zusätzliche und geänderte Ansprüche insgesamt ausgeschlossen.[4180]

2201 **4. § 2 Abs. 10 VOB/B.** Gemäß § 2 Abs. 10 VOB/B werden Stundenlohnarbeiten nur vergütet, wenn sie als solche vor ihrem Beginn ausdrücklich vereinbart worden sind (§ 15 VOB/B). Bei isolierter Inhaltskontrolle ist diese Regelung gemäß § 307 Abs. 1 S. 1, S. 2 BGB als unwirksam einzustufen.[4181] Begründet wird diese Auffassung zu Recht damit, dass man nach dem Wortlaut nicht erkennen kann, dass eine nachträgliche Vergütungsvereinbarung durchaus Ansprüche des Auftragnehmers begründen kann.[4182]

IV. Ausführung (§ 4 VOB/B)

2202 **1. § 4 Abs. 7 S. 3 i.V.m. § 8 Abs. 3 VOB/B.** Im Falle einer isolierten Inhaltskontrolle werden die §§ 4 Abs. 7, 8 Abs. 3 VOB/B als unwirksam anzusehen sein, da sie auch nach der Schuldrechtsreform eine Nachfristsetzung mit Kündigungsandrohung für die Kündigung bei Mängeln vor Abnahme erfordern. Demgegenüber ist nach dem BGB eine solche Ablehnungsandrohung grundsätzlich nicht mehr erforderlich.[4183]

4173 Dazu kommen auch kritische Stimmen wie WLP/*Dammann*, VOB/B Rn V 426.
4174 BGH NJW 1996, 2158, 2159 (zu § 9 AGBG); OLG Düsseldorf IBR 2005, 2.
4175 UBH/*Christensen*, Teil 4 (9) VOB/B Rn 11; Kniffka/*Jansen/v. Rintelen*, ibr-online-Kommentar Bauvertragsrecht, Stand: 29.9.2013, § 631 BGB Rn 887 ff.
4176 UBH/*Christensen*, Teil 4 (9) VOB/B Rn 11.
4177 Kniffka/*Jansen/v. Rintelen*, ibr-online-Kommentar Bauvertragsrecht, Stand: 29.9.2013, § 631 BGB Rn 888; WLP/*Dammann*, VOB/B Rn V 427.
4178 So BGH NJW-RR 2004, 880; BGH NJW 1991, 1812, 1813 siehe dazu auch Leinemann/*Leinemann/Hilgers*, VOB/B, § 2 Rn 625.
4179 BGH NJW 1991, 1812, 1814; WLP/*Dammann*, VOB/B Rn V 429.
4180 BGH NJW 2004, 502, 504.
4181 UBH/*Christensen*; Teil 4 (9) VOB/B Rn 11; so auch OLG Schleswig IBR 2005, 414 sowie WLP/*Dammann*, VOB/B Rn V431.
4182 Siehe hierzu Leinemann/*Hilgers*, VOB/B, § 2 Rn 662; BGH IBR 2004, 125.
4183 UBH/*Christensen*, Teil 4 (9) VOB/B Rn 11.

2. § 4 Abs. 8 Nr. 1 S. 1 – 3 VOB/B. Gemäß § 4 Abs. 8 Nr. 1 S. 1 VOB/B hat der Auftragnehmer die Leistungen im 2203
eigenen Betrieb auszuführen. S. 2 derselben Regelung sieht allerdings vor, dass der Auftragnehmer mit schriftlicher
Zustimmung des Auftraggebers die Leistung an Nachunternehmer übertragen darf.

Die Regelung nach § 4 Abs. 8 Nr. 1 VOB/B zur Erbringung der Leistung im eigenen Betrieb entspricht dem Gebot der 2204
Selbstausführung. Die VOB/B geht davon aus, dass der Auftragnehmer selbst die von ihm übernommenen Leistungen
ausführt, wobei alle Personen eingeschlossen sind, die der Auftragnehmer in seinem Betrieb beschäftigt.[4184] Abweichend
von der Eigenleistungsverpflichtung des Auftragnehmers ermöglicht § 4 Abs. 8 Nr. 1 S. 2 und 3 VOB/B Ausnahmen.
Diese Ausnahmen beziehen sich auf die Weitervergabe der übernommenen Leistungen an Nachunternehmer.
In Frage zu stellen wird hier im Ergebnis nur die Weitergabe der gesamten vertraglichen Bauleistung sein. Es ist hierbei
umstritten, ob es dem Sinn der VOB/B entspricht, den gesamten Leistungsumfang von Nachunternehmern erbringen
zu lassen. Richtigerweise wird man keinen Widerspruch bei Übertragung der Leistungen des gesamten Leistungsumfangs
auf Nachunternehmer sehen können, da dies nicht dem gesetzlichen Werkvertragsrecht widerspricht.[4185]

V. Verteilung der Gefahr (§ 7 VOB/B)

Gemäß § 7 Abs. 1 VOB/B wird dem Auftragnehmer ein Anspruch nach § 6 Abs. 5 VOB/B für den Fall zugestanden, 2205
dass die ganz oder teilweise ausgeführte Leistung vor Abnahme durch höhere Gewalt, Krieg, Aufruhr oder andere
objektiv unabwendbare, vom Auftragnehmer nicht zu vertretende Umstände beschädigt oder zerstört wird. In diesem
Falle kann der Auftragnehmer nach § 6 Abs. 5 VOB/B die ausgeführten Leistungen nach den Vertragspreisen abrechnen
und außerdem erhält er die Kosten vergütet, die bereits entstanden und in den Vertragspreisen des nicht ausgeführten
Teils der Leistung enthalten sind. Ein darüber hinaus gehender Ersatzanspruch besteht nach § 7 Abs. 1 Hs. 2
VOB/B zugunsten des Auftragnehmers nicht.

Anders als nach § 644 Abs. 1 S. 1 BGB erhält damit der Auftragnehmer gemäß § 7 VOB/B in den dargestellten Fällen 2206
eine Teilvergütung. Mithin ist die VOB/B-Regelung auftragnehmerfreundlicher als die gesetzliche Bestimmung des
§ 644 BGB. Aus diesem Grunde ist strittig, ob hierin eine unangemessene Benachteiligung der gesetzlichen Rechtsposition
des Auftraggebers mit Folge einer Nichtigkeit bei isolierter Inhaltsprüfung nach §§ 305 ff. BGB zu sehen
ist.[4186] Zutreffenderweise wird man die Vorverlagerung des Gefahrübergangs auf die in § 7 VOB/B genannten Fälle
nicht als unangemessene Benachteiligung des Auftraggebers[4187] sehen können. Hintergrund für diese Auffassung ist
zum einen die Rechtsprechung des BGH,[4188] der § 7 VOB/B restriktiv auslegt. Zum anderen hat sich die Gesetzeslage
zwischenzeitlich an die Regelung der VOB/B angenähert.[4189]

VI. Abnahme (§ 12 VOB/B)

Innerhalb der Regelungen zur Abnahme ist auf § 12 Abs. 5 Nr. 1 VOB/B einzugehen. Danach gilt die Leistung als 2207
abgenommen mit Ablauf von zwölf Werktagen nach schriftlicher Mitteilung über die Fertigstellung der Leistung,
wenn keine Abnahme verlangt wird.

Im Falle einer isolierten Inhaltskontrolle der einzelnen VOB/B Bestimmung verstößt § 12 Abs. 5 VOB/B gegen § 308 2208
Nr. 5 BGB. Danach ist eine vorformulierte Vertragsklausel unwirksam, wenn eine Erklärung des Vertragspartners des
Verwenders bei Vornahme oder Unterlassen einer bestimmten Handlung als abgegeben oder nicht abgegeben gilt.

Die Regelung des § 12 Abs. 5 VOB/B ist mithin dann unwirksam, wenn sie vom Auftragnehmer gestellt wird und der 2209
Vertragspartner ein Verbraucher ist.[4190] Der Klausel stehen keine Wirksamkeitsbedenken gegenüber, wenn sie nicht
vom Auftragnehmer, sondern vom Auftraggeber gestellt wird.[4191]

VII. Mängelansprüche (§ 13 VOB/B)

1. § 13 Abs. 4 VOB/B. In § 13 Abs. 4 Nr. 1 VOB/B wird bestimmt, dass, sofern für Mängelansprüche keine Verjährungsfrist 2210
im Vertrag vereinbart ist, diese für Bauwerke vier Jahre, für andere Werke, deren Erfolg in der Herstellung,
Wartung oder Veränderung einer Sache besteht, und für die vom Feuer berührten Teile von Feuerungsanlagen
zwei Jahre beträgt. Zudem legt § 13 Abs. 4 Nr. 1 S. 2 VOB/B fest, dass die Verjährungsfrist für feuerberührte und
abgasdämmende Teile von industriellen Feuerungsanlagen ein Jahr beträgt.

Die VOB/B unterscheidet mithin die Verjährungsfristen für Bauwerke – sinnvollerweise – nach der Art des Werkes. 2211

Betrachtet man die vierjährige Verjährungsfrist für Bauwerke, ist festzustellen, dass diese Frist bereits von der gesetzlichen 2212
Vorgabe gemäß § 634a Abs. 1 Nr. 2 BGB abweicht, wonach Mängelansprüche bei einem Bauwerk in fünf Jahren
verjähren. Sollte die VOB/B nicht als Ganzes vereinbart sein, so hält § 13 Abs. 4 Nr. 1 VOB/B im Hinblick auf die

---

[4184] Ingenstau/Korbion/*Oppler*, VOB/B, § 4 Abs. 8 Rn 2.
[4185] So auch Ingenstau/Korbion/*Oppler*, VOB/B, § 4 Abs. 8 Rn 9; a.A. hierzu: WLP/*Dammann*, Anh. § 310 Rn 436.
[4186] Vgl. dazu Kapellmann/Messerschmidt/*Lederer,* VOB/B, § 7 Rn 8; WLP/*Dammann*, VOB/B Rn V 443.
[4187] Auch nicht des privaten Auftraggebers, was WLP/*Dammann*, VOB/B Rn V 443 beanstandet.
[4188] Vgl. BGH „Schürmann/Hagedorn" II, BauR 1997, 1221, 1223.
[4189] So richtigerweise auch Kapellmann/Messerschmidt/*Lederer*, VOB/B, § 7 Rn 7 f.; vgl. auch Ingenstau/Korbion/*Oppler*, VOB/B, § 7 Abs. 1–3 Rn 2.
[4190] Leinemann/*Jansen*, VOB/B, § 12 Rn 113.
[4191] WLP/*Dammann*, VOB/B Rn V 450.

Verjährungsfrist für Bauwerke bereits § 309 Nr. 8b BGB nicht stand. Die Unwirksamkeit nach § 309 Nr. 8b ff BGB gilt bei der Anwendung der Regelung gegenüber Verbrauchern.[4192] Gegenüber Unternehmern ist die Verkürzung der Verjährungsfrist nach § 634a Abs. 1 Nr. 2 BGB auf vier Jahre gemäß § 307 BGB unwirksam.[4193] Mithin hat auch die Verlängerung der Verjährungsfrist durch die VOB/B 2002 von zuvor zwei Jahren auf vier Jahre für Bauwerke zu keiner anderweitigen rechtlichen Wertung geführt.[4194]

2213 Demgegenüber führt die Reduzierung der Verjährungsfrist bei Werken, deren Erfolg in der Herstellung, Wartung oder Veränderung einer Sache besteht, auf zwei Jahre nicht zu Wirksamkeitsbedenken. Der Grund hierfür liegt darin, dass § 634a Abs. 1 Nr. 1 BGB bereits vorsieht, dass die Verjährungsfrist nach dispositivem Recht zwei Jahre beträgt.

2214 **2. § 13 Abs. 5 VOB/B.** § 13 Abs. 5 Nr. 1 S. 1 VOB/B legt fest, dass der Auftragnehmer verpflichtet ist, alle während der Ausführungsfrist hervortretenden Mängel, die auf vertragswidrige Leistung zurückzuführen sind, auf seine Kosten zu beseitigen, wenn es der Auftraggeber vor Ablauf der Frist schriftlich vereinbart. Überwiegend wird die Regelung zum schriftlichen Beseitigungsverlangen als unkritisch angesehen.[4195] Dies gilt unabhängig davon, ob der Auftraggeber oder Auftragnehmer Verwender der Regelung des § 13 Abs. 5 Nr. 1 S. 1 VOB/B ist.[4196]

VIII. Stundenlohnarbeiten (§ 15 VOB/B)

2215 Für die Einreichung der Stundenlohnzettel bestimmt § 15 Abs. 3 S. 5 VOB/B, dass nicht fristgemäß zurückgegebene Stundenlohnzettel als anerkannt gelten. Es handelt sich dabei nicht um eine widerlegliche Vermutung, sondern um die Fiktion einer Willenserklärung des Auftraggebers, welche die Wirkung eines deklaratorischen Schuldanerkenntnisses entfaltet.[4197]

2216 Die Berufung auf die Anerkenntnisfunktion ist bei fehlender Vereinbarung der VOB/B als Ganzes wegen § 308 Abs. 5 BGB unwirksam.[4198]

IX. Zahlung (§ 16 VOB/B)

2217 **1. § 16 Abs. 1 VOB/B.** Bereits die Regelung, dass Abschlagszahlungen auf Antrag in möglichst kurzen Zeitabständen oder zu den vereinbarten Zeitpunkten zu gewähren sind, und zwar in Höhe des Wertes der jeweils angewiesenen vertragsgemäßen Leistungen einschließlich des ausgewiesenen, darauf entfallenen Umsatzsteuerbetrags, wurde vor der Neufassung des § 632a BGB durch das Forderungssicherungsgesetz zum 1.1.2009 in seiner Wirksamkeit bei isolierter Inhaltskontrolle in Zweifel gestellt.[4199]

2218 Die Regelung wich früher von § 632a BGB ab. Die Neufassung des § 632a BGB nimmt im weiten Umfang die bisherigen Tatbestandsmerkmale auf. Im Grundsatz soll sich die gesetzliche Regelung zu Abschlagszahlungen an dem Vorbild des § 16 Abs. 1 VOB/B orientieren.[4200] Anders als in der bisherigen Regelung stellt § 632a BGB nun nicht mehr für Abschlagszahlungen auf „in sich abgeschlossene Teile des Werks", sondern auf den Wertzuwachs ab, welchen der Auftraggeber durch die Leistung des Auftragnehmers erhalten hat.[4201] Insoweit sind die Bedenken gegen die Wirksamkeit des § 16 Abs. 1 VOB/B im Falle einer isolierten Inhaltskontrolle entfallen.

2219 **2. § 16 Abs. 3 Nr. 2–5 VOB/B.** Hier wird die Fälligkeit und der Verjährungsbeginn bezüglich der Schlussrechnungsforderung wie folgt festgelegt: Der Anspruch auf die Schlusszahlung wird alsbald nach Prüfung und Feststellung der vom Auftragnehmer vorgelegten Schlussrechnung fällig, spätestens innerhalb von zwei Monaten nach Zugang.

2220 Die Regelungen zur vorbehaltlosen Annahme der Schlusszahlung sehen in § 16 Abs. 3 Nr. 2 VOB/B vor, dass Nachforderungen ausgeschlossen sind, wenn der Auftragnehmer über die Schlusszahlung schriftlich unterrichtet wurde und auf die Ausschlusswirkung hingewiesen wurde. Darüber hinaus bestimmt § 16 Abs. 3 Nr. 3 VOB/B, dass es der Schlusszahlung gleichsteht, wenn der Auftraggeber unter Hinweis auf geleistete Zahlungen weitere Zahlungen endgültig und schriftlich ablehnt. Nach § 16 Abs. 3 Nr. 4 VOB/B werden auch früher gestellte, aber unerledigte Forderungen ausgeschlossen, wenn sie nicht nochmals vorbehalten werden. Die Frist für den Ausschluss legt § 16 Abs. 3 Nr. 5 VOB/B mit 24 Werktagen nach Zugang der Mitteilung gemäß § 16 Abs. 3 Nr. 2 und 3 VOB/B fest.

2221 Bei isolierter Betrachtung verstoßen die zuvor wiedergegebenen Regelungen des § 16 Abs. 3 Nr. 2–5 VOB/B gegen § 307 BGB.[4202] Die entsprechende Entscheidung des BGH[4203] hat weiterhin insoweit Gültigkeit, als weder durch die

---

4192 Vgl. WLP/*Dammann*, VOB/B Rn V 453; BGH NJW 1986, 315, 316.
4193 BGH NJW 1999, 2434; Palandt/*Sprau*, § 634a Rn 26.
4194 UBH/*Christensen*, Teil 4 (9) VOB/B Rn 13.
4195 So UBH/*Christensen*, Teil 4 (9) VOB/B Rn 13; *Weyer*, NZBau 2003, 521, 522; a.A. *Tempel*, NZBau 2002, 532, 534.
4196 Siehe dazu ausführlich WLP/*Dammann*, VOB/B Rn V 454 ff.
4197 Vgl. Leinemann/*Schoofs*, VOB/B, § 15 Rn 56.
4198 Siehe dazu Heiermann/Riedl/Rusam/*Heiermann*, VOB/B, § 15 Rn 33; Leinemann/*Schoofs*, VOB/B, § 15 Rn 56; BGBl I 2008, 2022.
4199 UBH/*Christensen*, Teil 4 (9) VOB/B Rn 13.
4200 Vgl. Kapellmann/Messerschmidt/*Messerschmidt*, VOB/B, § 16 Rn 17; *Leinemann*, NJW 2008, 3745.
4201 Kapellmann/Messerschmidt/*Messerschmidt*, VOB/B, § 16 Rn 6.
4202 Kapellmann/Messerschmidt/*Messerschmidt*, VOB/B, § 16 Rn 212.
4203 BGH NJW 1998, 2053, 2054.

VOB/B 2002 noch durch deren Folgefassungen von 2006 und 2009 der Grund für die Unwirksamkeit behoben wurde: Der BGH stellte darauf ab, dass die Ausschlussregelung nach § 16 Abs. 3 Nr. 2–5 VOB/B erheblich von dem Grundgedanken des dispositiven Rechts abweichen, wonach der Vergütungsanspruch nur durch Leistung zu tilgen ist, soweit die Geltendmachung nicht ausnahmsweise verjährt oder verwirkt ist.[4204]

3. § 16 Abs. 6 VOB/B. Nach dieser Regelung ist der Auftraggeber berechtigt, zur Erfüllung seiner Zahlungsverpflichtungen aus den vorherigen Regelungen des § 16 VOB/B Zahlungen an Gläubiger des Auftragnehmers zu leisten, soweit sie an der Ausführung der vertraglichen Leistung des Auftraggebers aufgrund eines mit diesem abgeschlossenen Dienst- oder Werkvertrag beteiligt sind, wegen Zahlungsverzug des Auftragnehmers die Fortsetzung ihrer Leistung zurecht verweigern und die Direktzahlung die Fortsetzung der Leistung sicherstellen soll. § 16 Abs. 6 S. 2 VOB/B legt darüber hinaus fest, dass der Auftragnehmer verpflichtet ist, sich auf Verlangen des Auftraggebers innerhalb einer von diesem gesetzten Frist darüber zu erklären, ob und inwieweit er die Forderungen seiner Gläubiger anerkennt. Für den Fall, dass diese Erklärung nicht rechtzeitig abgegeben wird, gelten die Voraussetzungen für die Direktzahlung als anerkannt. 2222

Aufgrund der Rechtsprechung des BGH, der die Fassung der VOB/B vor Inkrafttreten der VOB 2002 als nicht wirksam ansah,[4205] wurde § 16 Abs. 6 VOB/B mit der VOB 2002 teilweise neu gefasst. Der BGH hatte in seiner Rechtsprechung darauf hingewiesen, dass der Auftraggeber nur von seiner eigenen Zahlungspflicht an den Auftragnehmer befreit werden kann, wenn der Auftragnehmer zuvor den Dritten zur Empfangnahme der Zahlung ermächtigt hat.[4206] 2223

Die Fassung des § 16 Abs. 6 VOB/B vor Inkrafttreten der VOB 2002 legte fest, dass die Zahlung an den Nachunternehmer des Auftragnehmers schon dann erfolgen kann, wenn der Auftragnehmer sich mit eigenen Zahlungen gegenüber dem Nachunternehmer in Verzug befindet. Mithin fehlte es an der Voraussetzung, dass der Nachunternehmer wegen Zahlungsverzugs des Auftragnehmers die Fortsetzung seiner Arbeiten am Bauvorhaben verweigert und deshalb nur durch die Direktzahlung eine Weiterführung der Leistungen sichergestellt werden kann.[4207] Mit der VOB 2002 wurde die Fassung des § 16 Abs. 6 VOB/B dahingehend geändert, dass für die Zahlung an einen Nachunternehmer folgende Voraussetzungen vorliegen müssen: Der Auftragnehmer muss mit seinen Zahlungen im Verzug sein; der Nachunternehmer muss aus diesem Grunde die Fortsetzung seiner Leistungen zurecht verweigern und zuletzt muss die Direktzahlung des Auftraggebers dazu dienen, die Fortsetzung der Leistung durch den Nachunternehmer am Bauvorhaben sicherzustellen. 2224

Die Änderung des § 16 Abs. 6 VOB/B durch die VOB 2002 wurde mit der VOB 2009 nicht inhaltlich berührt. Aus diesem Grunde sind weiterhin die Anforderungen des BGH berücksichtigt; ein Verstoß gegen die §§ 305 ff. BGB liegt damit nicht mehr vor.[4208] 2225

X. Streitigkeiten (§ 18 VOB/B)

Gemäß § 18 Abs. 5 VOB/B berechtigen Streitfälle den Auftragnehmer nicht, die Arbeiten einzustellen. 2226

Nach überwiegender Auffassung begegnet diese Regelung keinen Inhaltsbedenken nach den §§ 305 ff. BGB.[4209] Eine unangemessene Benachteiligung kann schon deshalb nicht vorliegen, da den Vertragsparteien weiterhin die nach der VOB/B oder den gesetzlichen Regelungen vorgesehenen Leistungsverweigerungsrechte zustehen.[4210] 2227

Vollmachtsklauseln

A. Übersicht

In Allgemeinen Geschäftsbedingungen kommen Vollmachtsklauseln in zwei Varianten vor. Einmal kann der Verwender zum eigenen Vorteil regeln, dass der Vertragspartner Vollmachten erteilt (**vollmachtserteilende Klauseln**); zum anderen kann der Verwender regeln, dass gesetzlich oder rechtsgeschäftlich erteilte Vollmachten – die in der Regel seinen Bereich betreffen – beschränkt werden (**vollmachtsbeschränkende Klauseln**). Obwohl Vollmachten durch einseitige rechtsgeschäftliche Erklärungen erteilt werden, stellen sie nach herrschender Meinung Vertragsbedingungen i.S.d. § 305 Abs. 1 BGB dar.[4211] Dies gilt entgegen einiger Stimmen in der Literatur[4212] auch für vollmachtsbeschränkende Klauseln. Es ist nicht zutreffend, dass der Verwender mit vollmachtsbeschränkenden Klauseln lediglich seine eigene rechtsgeschäftliche Gestaltungsfreiheit in Anspruch nehme; in den hier relevanten Fällen greift 2228

4204 BGH NJW 1998, 2053, 2054.
4205 BGH NJW 1990, 2384.
4206 BGH NJW 1990, 2384.
4207 Vgl. dazu Kapellmann/Messerschmidt/*Messerschmidt*, VOB/B, § 16 Rn 337.
4208 So auch Kapellmann/Messerschmidt/*Messerschmidt*, VOB/B, § 16 Rn 359; einschränkend hierzu Leinemann/*Leinemann*, VOB/B, § 16 Rn 266.
4209 BGH, BauR 1996, 1346; Leinemann/*Franz*, VOB/B, § 18 Rn 82; BGH, BauR 1996, 1346.
4210 Leinemann/*Franz*, VOB/B, § 18 Rn 80; Kapellmann/Messerschmidt/*Merkens*, VOB/B, § 18 Rn 41.
4211 BGH NJW 1987, 2011; Staudinger/*Coester*, § 307 Rn 681; Palandt/*Grüneberg*, § 305 Rn 5; UBH/*Schmidt*, Vollmachtsklauseln Rn 1.
4212 *Stoffels*, AGB, Rn 115.

er regelmäßig in die Rechtsposition des Vertragspartners ein, so dass die Anwendung des Rechts der Allgemeinen Geschäftsbedingungen gerechtfertigt ist.[4213] Allgemeine Geschäftsbedingungen sind allerdings dann nicht anzuwenden, wenn der Verwender lediglich eine gesetzlich eingeräumte Vollmacht ohne Änderung nachvollzieht (deklaratorische Klauseln).

2229 Es versteht sich, dass insbesondere vollmachtserteilende Klauseln für den Vertragspartner äußerst nachteilige Folgen haben können; er könnte mit Hilfe der Allgemeinen Geschäftsbedingungen rechtsgeschäftlich gebunden werden, ohne dass dies seinem Willen entspräche. Vollmachtsklauseln sind daher in der Regel kritisch zu würdigen; sie unterliegen der allgemeinen Inhaltskontrolle nach § 307 Abs. 1 S. 1 BGB. Danach sind sie unwirksam, wenn sie den Vertragspartner des Verwenders entgegen den Geboten von Treu und Glauben unangemessen benachteiligen. Darüber hinaus sind Vollmachtsklauseln, die nach den Umständen, insbesondere nach dem Erscheinungsbild des Vertrages, so ungewöhnlich sind, dass der Vertragspartner des Verwenders mit ihnen nicht zu rechnen brauchte, gemäß § 305c BGB als überraschende Klauseln unwirksam. So ist etwa eine Klausel i.S.d. § 305c BGB überraschend und daher unwirksam, die eine gegenseitige Bevollmächtigung von Ehegatten vorsieht, zu Lasten des Gemeinschaftskontos unbeschränkt Verbindlichkeiten einzugehen.[4214] Überraschend ist auch eine Klausel in einem Vertrag über die schlüsselfertige Errichtung eines Hauses zu einem Festpreis, die es dem Generalübernehmer erlaubt, Aufträge im Namen des Bauherrn zu erteilen.[4215] Ist der Vertragspartner indes überhaupt nicht berechtigt, Vollmachten zu erteilen, etwa für einen Dritten, kann dies auch nicht durch Allgemeine Geschäftsbedingungen bewirkt werden. Derartige Regelungen lösen schon nach allgemeinen Vertragsgrundsätzen keine Rechtsfolgen aus.[4216] Dies gilt auch für Regelungen, nach denen der Vertragspartner erklärt, dass er von einem Dritten bevollmächtigt ist.[4217] Derartige Erklärungen haben keine vollmachtsbegründende Wirkung.

B. Vollmachtserteilende Klauseln

2230 Vertragsklauseln, mit denen der Verwender regelt, dass der Vertragspartner Vollmachten erteilt, müssen insbesondere der Inhaltskontrolle gemäß § 307 Abs. 1 S. 1 BGB standhalten, sie dürfen den Vertragspartner nicht unangemessen benachteiligen. Die von Einzelfallentscheidungen geprägte Rechtsprechung hat bisher hinsichtlich der Frage der Angemessenheit noch keinen allgemeinen Maßstab bestimmt. Folgende **Grundsätze** lassen sich aufstellen: Soweit vollmachtserteilende Klauseln der Durchführung des Vertrages dienen und hierfür geeignet und erforderlich sind, sind sie in der Regel angemessen. Soweit durch sie jedoch der Vertragspartner zusätzlichen Verpflichtungen oder Belastungen ausgesetzt werden kann, sind sie in der Regel nicht angemessen.[4218] Je nach Vertragstyp sind allerdings Modifikationen dieser Grundsätze angezeigt.

2231 So ist bei der Verwendung von Allgemeinen Geschäftsbedingungen gegenüber Gesamtschuldnern bei der Prüfung der Angemessenheit von Klauseln die in § 425 BGB bestimmte gesetzgeberische Wertung zu beachten, wonach alle anderen Tatsachen als Erfüllung, Erlass und Gläubigerverzug nur bei dem Gesamtschuldner relevant sind, bei dem sie vorliegen (Grundsatz der Einzelwirkung). Gegen diesen Grundsatz der Einzelwirkung verstoßend und daher unangemessen sind Klauseln, mit denen sich Gesamtschuldner gegenseitig zur Entgegennahme aller Erklärungen einschließlich von Kündigungen bevollmächtigen.[4219] Im **Mietrecht** unterliegen die Klauseln jedoch einer anderen Bewertung, weil davon ausgegangen werden kann, dass vom Vermieter übermittelte Erklärungen stets alle Mieter erreichen. Wenn ein Mieter auszieht, hat er es selbst in der Hand, den Mietvertrag oder jedenfalls die Bevollmächtigung zu beenden. So können sich in einem Mietvertrag mehrere Mieter gegenseitig zum Empfang von Willenserklärungen des Vermieters bevollmächtigen. Dass dies auch für den Empfang von Kündigungen gilt, hat der BGH ausdrücklich bestätigt.[4220] Die gegenseitige Bevollmächtigung zur Abgabe von Willenserklärungen ist jedoch unwirksam.[4221] Eine dem **Baubetreuer** erteilte Vollmacht, Bauverträge im Namen des Bauherrn zu vergeben, ist vertragstypisch und daher wirksam.[4222] Die Bevollmächtigung eines Händlers, den bei einem Neuwagenkauf in Zahlung genommenen **gebrauchten Pkw** im Namen des Neuwagenkäufers zu verkaufen, ist wirksam.[4223] Unzulässig ist jedoch eine Klausel, die es dem Händler unter Befreiung von § 181 BGB erlaubt, das Fahrzeug zum vereinbarten Mindestpreis selbst anzukaufen, sofern nicht der etwaige Mehrerlös nach dem Vertrag als Provision vereinbart ist.[4224] Bei **Bankgeschäften** ist eine Klausel gemäß § 307 Abs. 1 BGB unwirksam, durch die sich Kontoinhaber gegenseitig zur weiteren Kreditaufnahme bevollmächtigen.[4225] Bei derartigen Klauseln geht es dem Verwender nur darum, sich einen weiteren

---

[4213] BGH NJW 1999, 1633, 1635; BGH NJW 2011, 139; v. Westphalen/*v. Westphalen*, Vollmachtsklauseln Rn 9; Palandt/*Grüneberg*, § 305 Rn 6; MüKo/*Basedow*, § 305 Rn 11; vgl. auch Erman/*Roloff*, § 305 Rn 6.
[4214] BGH NJW 1991, 923.
[4215] BGH NJW-RR 2002, 1312.
[4216] UBH/*Schmidt*, Vollmachtklauseln Rn 1.
[4217] Staudinger/*Coester*, § 307 Rn 682.
[4218] Vgl. WLP/*Dammann*, V 475; UBH/*Schmidt*, Vollmachtsklauseln Rn 2.
[4219] BGH NJW 1989, 2383.
[4220] BGH NJW 1997, 3437.
[4221] OLG Frankfurt NJW-RR 1992, 396.
[4222] OLG München NJW 1984, 63.
[4223] WLP/*Dammann*, V 487.
[4224] OLG Stuttgart NJW-RR 1988, 891.
[4225] BGH NJW 1991, 924 (Oder-Konto); vgl. auch BGH NJW 1989, 2383 (Ratenkredit).

Schuldner zu verschaffen; auf der anderen Seite wird den Kontoinhabern ein unkalkulierbares Haftungsrisiko aufgebürdet. Werden durch Allgemeine Geschäftsbedingungen jedoch nur Überziehungen durch jeden Kontoinhaber im „banküblichen Rahmen" gestattet, etwa begrenzt auf drei Monatsgehälter, sind sie wirksam.[4226] Räumt bei einer Kontoeröffnung ein Ehegatte dem anderen im Wege der Einzelvollmacht die Befugnis zur Kontoüberziehung und Kreditaufnahme ein und entspricht dies dem Willen des Kontoinhabers und dem Zweck des Bankkontos, das zur Führung eines gemeinsamen Betriebes der Eheleute genutzt wird, ist dies nach zutreffender Auffassung des OLG Oldenburg wirksam.[4227]

C. Vollmachtsbeschränkende Klauseln

Bei vollmachtsbeschränkenden Klauseln geht es darum, dass der Verwender versucht, durch Allgemeine Geschäftsbedingungen rechtsgeschäftlich oder gesetzlich eingeräumte Vollmachten, die seinen Rechtskreis betreffen, zu beschränken. So können die gemäß §§ 69, 71 VVG bestehenden gesetzlichen Vollmachten eines **Versicherungsagenten** nicht formularmäßig ausgeschlossen werden (§ 72 VVG). Unabhängig von der Frage, ob es sich bei § 56 HGB um eine gesetzlich eingeräumte Vertretungsmacht handelt, können Regelungen in Allgemeinen Geschäftsbedingungen die Wirkung des **§ 56 HGB** nicht aufheben.[4228] Nach dieser Norm gelten Angestellte zu Verkäufen und Empfangnahmen ermächtigt, die in einem derartigen Laden oder Warenlager gewöhnlich geschehen. Das Vertrauen des Kunden in die Bevollmächtigung kann jedoch durch einen deutlich sichtbaren Aushang in den Geschäftsräumen zerstört werden. Bei der **Handlungsvollmacht** gemäß **§ 54 HGB** handelt es sich zwar um eine rechtsgeschäftlich erteilte Vollmacht, der Umfang der Bevollmächtigung ist jedoch durch das Gesetz in § 54 Abs. 1 HGB zunächst vorgegeben. Gemäß § 54 Abs. 3 HGB sind zwar Beschränkungen zulässig, dem Vertragspartner gegenüber gelten diese jedoch nur, wenn er sie gekannt hat oder kennen musste. Wegen der gesetzlich bestimmten Reichweite der Bevollmächtigung, die das Vertrauen des Rechtsverkehrs schützen will, sind Vollmachtsbeschränkungen in Allgemeinen Geschäftsbedingungen grundsätzlich unangemessen.[4229] Dieselbe Wertung gilt auch bei den Instituten der Anscheins- und Duldungsvollmacht.[4230] Wer den Rechtsschein einer Bevollmächtigung in zurechenbarer Weise dadurch setzt, dass er einen Dritten als Bevollmächtigten agieren lässt, kann sich daraus ergebenden Rechtsschein einer Bevollmächtigung in der Regel nicht durch Allgemeine Geschäftsbedingungen beseitigen.

2232

Wertsicherungs- und Preisklauseln

Bei Dauerschuldverhältnissen sollen wiederkehrende Geldschulden gegen den Kaufpreisverlust oder gegen Fremdwährungsschulden abgesichert werden.[4231]

2233

Eine Kopplung kann hierbei an Waren oder an einen Preisindex erfolgen, sie kann unmittelbar zu einer Anpassung führen oder eine Verpflichtung der Parteien zur Anpassung begründen.

2234

Hierbei ist das Preisklauselgesetz zu beachten. Es löst § 3 S. 2 WährG ab. Eine Genehmigung für Preisklauseln ist hiernach nicht mehr erforderlich.

2235

Unwirksam sind etwa Klauseln (Gleitklauseln), die an dem Preis oder Wert von Waren anknüpfen, die mit den vereinbarten Gütern nicht vergleichbar sind, § 1 Abs. 1 PrKG.

2236

Zulässig sind hiernach: Leistungsvorbehaltsklauseln, Spannungsklauseln und Kostenelementeklauseln sowie Klauseln, die lediglich zu einer Ermäßigung der Geldschuld führen sollen.

2237

Die Unwirksamkeit nach dem Preisklauselgesetz tritt nur für die Zukunft ab Rechtskraft eines feststellenden Urteils ein, § 8 PrKG.

2238

Auch zulässige Klauseln können gegen § 307 BGB verstoßen.[4232]

2239

Klauseln, die das bei Vertragsschluss bestehende Äquivalenzprinzip lediglich wahren, sind jedoch nicht zu beanstanden.[4233]

2240

Hiervon abweichende Spannungsklauseln sind i.d.R. unwirksam.[4234] Die Unwirksamkeit kann nur ausnahmsweise durch ein Lösungsrecht kompensiert werden.[4235]

2241

Gegen § 307 BGB verstoßende Klauseln sind bereits wegen Verstoßes gegen zwingendes Recht unwirksam und lösen Schadensersatzansprüche nach § 280 Abs. 1 BGB aus.

2242

4226 OLG Köln WM 1999, 1003.
4227 OLG Oldenburg NJW-RR 1996, 1201.
4228 Vgl. OLG Stuttgart BB 1984, 2218; UBH/*Schmidt*, Vollmachtsklauseln Rn 8; Palandt/*Grüneberg*, § 307 Rn 147.
4229 BGH NJW 1982, 1390; UBH/*Schmidt*, Vollmachtsklauseln Rn 8.
4230 OLG Stuttgart BB 1984, 2218; UBH/*Schmidt*, Vollmachtsklauseln Rn 8.

4231 jurisPK-BGB/*Toussaint*, § 244 Rn 54.
4232 jurisPK-BGB/*Toussaint*, § 244 Rn 59.
4233 BGH v. 21.4.2009 – XI ZR 78/08.
4234 BGH v. 24.3.2010 – VIII ZR 178/08 und VIII ZR 304/08.
4235 BGH v. 15.7.2009 – VIII ZR 225/07, BGHZ 182, 59; BGH v. 27.10.2010 – VIII ZR 326/08; jurisPK-BGB/*Toussaint*, § 244 Rn 61.

Wertstellungsklauseln

2243 Die Wertstellungsklausel der Banken und Sparkassen, wonach die Wertstellung von Bareinzahlungen auf dem Girokonto einen (Bank-)Arbeitstag nach der Einzahlung vorgenommen wird, verstößt gegen § 307 BGB.[4236] Der BGH bescheinigt dieser Klausel mangelnde Transparenz und Unbilligkeit. Als „Preisnebenabrede" ist die Klausel auch nicht der Inhaltskontrolle nach § 307 Abs. 3 BGB entzogen (Kontrollfreiheit). Da bereits durch die Bareinzahlungen auf das Konto – nicht erst mit der Gutschrift oder der Wertstellung – Forderungsrechte des Kunden gegen die Bank entstehen, wird dem Kunden eine Zinspflicht für einen in Wahrheit nicht bestehenden Schuldsaldo auferlegt. Damit weicht die Klausel vom Gerechtigkeitsgehalt der kraft Gesetzes bestehenden Rechtslage erheblich ab. Die Üblichkeit der Klausel kann die Unangemessenheit hier nicht ausräumen.

2244 Im Bereich der Zahlungsdienste ist nunmehr auch § 675f BGB zu beachten. Hiergegen verstoßende Klauseln sind bereits wegen Verstoßes gegen zwingendes Recht unwirksam und lösen Schadensersatzansprüche nach § 280 Abs. 1 BGB aus. Die Haftungsbegrenzung nach § 675z S. 2 BGB greift nicht ein, da der Zahlungsdienstleister des Zahlungsempfängers bei der Gutschrift keinen Zahlungsauftrag ausführt.[4237] Eine Übernahme der Regelung des § 675z S. 2 BGB verstößt gegen § 307 BGB.

Wohnraummiete

A. Allgemeines 2245	XVII. Kündigungsfristen 2265
B. Einzelfälle 2247	XVIII. Mahnkosten 2266
I. Aufrechnung 2247	XIX. Mehrheit von Mietern – Empfangsvollmacht ... 2267
II. Aufrechnung und Vorfälligkeit 2248	XX. Miete Wohnraum (preisgebunden) 2268
III. Aufzug 2249	XXI. Mitbenutzung und Abstellen von Gegenständen auf Gemeinschaftsflächen (Kinderwagen, Rollstühle, Rollatoren, Fahrräder, Auslage von Zeitschriften) 2269
IV. Besichtigung 2250	
V. Bestätigungsklausel 2251	
VI. Betriebskosten 2252	XXII. Parabolantennen 2270
VII. Dübel 2253	XXIII. Kleinreparaturklauseln 2271
VIII. Einzugsermächtigung 2254	XXIV. Räum- und Streupflicht 2272
IX. Elektrizitätsversorgung 2255	XXV. Rohrverstopfung 2273
X. Haftungsausschluss 2256	XXVI. Schlüssel 2274
XI. Hausordnung 2257	XXVII. Schönheitsreparaturen 2275
XII. Haustierhaltung 2258	XXVIII. Staffelmiete 2276
XIII. Heizpflicht 2259	XXIX. Teppichboden 2277
XIV. Kaution 2260	XXX. Untervermietung – Schriftform 2278
XV. Kombination von Vorauszahlungsklausel mit Aufrechnungsbeschränkung in Altmietverträgen 2261	XXXI. Verlängerung des Mietverhältnisses 2279
XVI. Kündigungsausschluss 2262	XXXII. Verlängerungsklausel 2280
1. Beidseitiger Ausschluss 2262	XXXIII. Vertragsverlängerung 2281
2. Einseitiger Ausschluss zu Lasten des Mieters 2263	XXXIV. Verzicht auf ordentliche Kündigung 2282
	XXXV. Vorzeitige Vertragsbeendigung 2283

A. Allgemeines

2245 Zahlreiche zwingende Vorschriften schränken den Gestaltungsspielraum in Mietverträgen ein, von den Regelungen der §§ 535 ff. BGB zu Lasten des Wohnraummieters abzuweichen, wie z.B. §§ 536 Abs. 4, 536d, 543 i.V.m. 569 Abs. 5, 551 Abs. 4, 553 Abs. 4, 554 Abs. 4, 556 Abs. 4, 556a Abs. 3, 557 Abs. 3, 557a Abs. 3, 557b Abs. 3, 558 Abs. 6, 558a Abs. 5, 558b Abs. 4, 559 Abs. 3, 559a Abs. 5, 559b Abs. 3, 560 Abs. 6, 561 Abs. 2, 563 Abs. 5, 565 Abs. 3, 569 Abs. 5, 573 Abs. 4, 577 Abs. 5, 577a Abs. 3 BGB zeigen.

2246 Eine reiche Kasuistik hat sich insbesondere zu Gebrauchsrechten, Gewährleistung und Haftung sowie zu den Schönheitsreparaturen entwickelt.[4238] Bei den Einzelfällen wurde vorrangig die obergerichtliche Rechtsprechung berücksichtigt.

B. Einzelfälle

I. Aufrechnung

2247 Durch § 556b Abs. 2 BGB sind der Aufrechnung enge Grenzen der Abdingbarkeit gesetzt, unbestrittene oder rechtskräftig festgestellte Forderungen müssen ausgenommen sein (§ 309 Nr. 3 BGB). Eine Beschränkung auf rechtskräftige Forderungen oder solche, zu denen der Vermieter seine Zustimmung erteilt, ist unwirksam.[4239]

[4236] BGH NJW 1989, 582.
[4237] Ebenso Palandt/*Sprau*, § 675t Rn 1, anders *Grundmann*, WM 2009, 1117.
[4238] Siehe auch *Lützenkirchen*, Anwalts-Handbuch Mietrecht, 4. Aufl. 2010, A Rn 199.
[4239] BGH v. 27.6.2007 – XII ZR 54/05, ZMR 2007, 854.

II. Aufrechnung und Vorfälligkeit

Bei vor dem 1.9.2001 geschlossenen Mietverträgen war die Vorfälligkeitsklausel als solche wirksam,[4240] wurde und wird jedoch durch die gleichzeitige Kombination mit einer unzulässigen Aufrechnungseinschränkung unwirksam.[4241] Bei Neuverträgen ist die Kombination zulässig, wenn §§ 309 Nr. 2, 3; 307 BGB beachtet sind, da § 556b Abs. 1 BGB die Vorfälligkeit der Miete bestimmt. (Siehe auch Rn 2261.)

2248

III. Aufzug

Der Mieter einer Erdgeschosswohnung kann formularvertraglich an den Kosten für den Aufzug beteiligt werden.[4242] Eine zeitliche Begrenzung der Betriebszeit[4243] ist ebenso unzulässig, wie eine weitgehende Haftungsbeschränkung des Vermieters[4244] oder die Beteiligung des Mieters an Kosten des Aufzugs in einem anderen Gebäudeteil.[4245]

2249

IV. Besichtigung

Wirksam ist die Vereinbarung zur Besichtigung „während der üblichen Tageszeit".[4246] Das LG München II[4247] hält die Klausel, dass dem Vermieter das Betreten der Mietsache zur Prüfung ihres Zustands in angemessenem Abstand nach rechtzeitiger Ankündigung zusteht, für unwirksam.[4248]

2250

V. Bestätigungsklausel

Als Bestätigungsklausel unwirksam ist „Der Mieter hat die Wohnung eingehend besichtigt".[4249]

2251

VI. Betriebskosten

Den Gestaltungsspielraum zu Lasten des Mieters schränken §§ 556 Abs. 4 und 556a Abs. 3 BGB ein. Dies gilt für die Vereinbarung umzulegender Kosten, die Erhöhungsmöglichkeiten und die Abrechnung. Schon vor der Mietrechtsreform waren die Änderungsmöglichkeiten gering.[4250]

2252

Formularvertraglich kann wirksam nicht vereinbart werden, dass die Umlegung auch der verbrauchsunabhängigen Bestandteile der Kosten der Wasserversorgung nach dem jeweiligen Wasserverbrauch erfolgt.[4251]

Ein Mieter, dem die anteiligen Kosten der jährlichen Wartung einer Gastherme durch einen vom Vermieter gestellten Formularmietvertrag auferlegt wurden, ist auch bei einer fehlenden Obergrenze für den Umlagebetrag nicht unangemessen benachteiligt.[4252]

VII. Dübel

Die Klausel „Bei Beendigung des Mietverhältnisses ist der Mieter verpflichtet, Dübeleinsätze zu entfernen, Löcher ordnungsgemäß und unkenntlich zu verschließen, etwa durchbohrte Kacheln durch gleichartige zu ersetzen" ist unwirksam.[4253]

2253

VIII. Einzugsermächtigung

Unwirksam ist es, den Mieter zur Erfüllung der Einzugsermächtigung zu verpflichten.[4254] Wirksam ist jedoch die Erteilung einer Einzugsermächtigung ohne die vorgenannte Einschränkung.[4255]

2254

IX. Elektrizitätsversorgung

Eine Formularklausel, nach der der Mieter in der Wohnung Haushaltsmaschinen nur im Rahmen der Kapazität der vorhandenen Installationen aufstellen darf, ist unwirksam, da sie eine vollständige Freizeichnung des Vermieters für den Zustand der elektrischen Anlage vorsieht.[4256]

2255

X. Haftungsausschluss

Die verschuldensunabhängige Haftung des Vermieters für anfängliche Sachmängel (Garantiehaftung) kann durch Wohnraum-Formularmietvertrag ausgeschlossen werden.[4257]

2256

4240 BGH WuM 1995, 28, 29 m.w.N.
4241 BGH WuM 1995, 28 ff.; *Schmid/Harz*, Fachanwaltskommentar Mietrecht, 4. Aufl. 2014, § 556b BGB Rn 12 ff.
4242 BGH v. 20.9.2006 – VIII ZR 103/06, NZM 2006, 895.
4243 LG Berlin WuM 1992, 599; OLG Frankfurt WuM 1992, 56.
4244 OLG Celle WuM 1990, 106.
4245 BGH v. 8.4.2009 – VIII ZR 128/09, ZMR 2009, 675.
4246 OLG Frankfurt v. 26.6.2009 – 24 U 242/08.
4247 LG München II v. 11.7.2008 – 12 S 1118/08, NJW-RR 2009, 376.
4248 Siehe auch OLG Celle WuM 1994, 886, 892.
4249 OLG Frankfurt – 6 U 108/90 WuM 1992, 56.
4250 BGH – VIII ZR 10/92, WuM 1993, 109; OLG Karlsruhe – 3 ReMiet 1/93, WuM 1993, 257; OLG Frankfurt – 6 U 108/90, WuM 1992, 56, 57; OLG Celle – 2 U 200/88, WuM 1990, 103.
4251 OLG Dresden v. 25.6.2009 – 8 U 402/09, WuM 2010, 158.
4252 BGH v. 7.11.2012 – VIII ZR 119/12.
4253 BGH – VIII ZR 10/92, WuM 1993, 109; OLG Frankfurt – 6 U 108/90, WuM 1992, 56.
4254 OLG Brandenburg v. 12.5.2004 – 7 U 165/03, ZMR 2004, 745.
4255 BGH NZM 2003, 367.
4256 BGH v. 10.2.2010 – VIII ZR 343/08, NZM 2010, 356.
4257 BGH – XII ZR 46/90, WuM 1992, 316.

Unwirksam ist die Klausel „*Führt ein Mangel des Mietobjekts zu Sach- oder Vermögensschäden, so haftet der Vermieter gegenüber dem Mieter (...) für diese Schäden – auch aus unerlaubter Handlung – nur bei Vorsatz oder grober Fahrlässigkeit*".[4258]

Zu weiteren Haftungsausschlussklauseln siehe die hierzu ergangenen gerichtlichen Entscheidungen.[4259]

XI. Hausordnung

2257 Die Klausel „*Die anliegende Hausordnung ist Bestandteil dieses Vertrags*" ist unwirksam.[4260]

XII. Haustierhaltung

2258 Die Klausel „*Jede Tierhaltung, insbesondere von Hunden und Katzen mit Ausnahme von Ziervögeln und Zierfischen, bedarf der Zustimmung des Vermieters*" ist unwirksam. Erforderlich ist, soweit es sich nicht um Kleintiere handelt, dass eine umfassende Abwägung der Interessen des Vermieters und des Mieters möglich sein muss.[4261] Eine mietvertragliche Klausel, die das Halten von Haustieren ausnahmslos verbietet, ist unwirksam. Kleintiere, die in geschlossenen Behältnissen gehalten werden, müssen vom Zustimmungsvorbehalt ausgenommen werden.[4262] Siehe zur Hundehaltung auch die Rechtsprechung des LG Köln.[4263] Eine Klausel, die die Genehmigung des Vermieters in dessen freies Ermessen stellt und dessen Ausübung an keine überprüfbaren Beurteilungsvoraussetzungen gebunden ist, hält einer Inhaltskontrolle nicht stand. Der BGH hat hierzu entschieden, dass die Verpflichtung in Allgemeinen Geschäftsbedingungen eines Mietvertrages, „keine Hunde und Katzen zu halten", den Mieter unangemessen benachteiligt und daher unwirksam ist gemäß § 307 BGB.[4264]

XIII. Heizpflicht

2259 Unwirksam ist, zu vereinbaren „*Eine Temperatur von mindestens 20° C für die Zeit von 7.00 bis 22.00 Uhr in den vom Mieter hauptsächlich benutzten Räumen gilt als vertragsgemäß*",[4265] **ebenso wie** „*Die Beheizung kann nicht verlangt werden bei Störungen, höherer Gewalt, behördlichen Anordnungen oder bei sonstiger Unmöglichkeit der Leistung (z.B. Brennstoffknappheit)*"[4266] **oder** „*Die dem Tagesaufenthalt dienenden Räume werden während der Heizperiode (1. Oktober bis 30. April) in der Zeit von 9 bis 22 Uhr mit einer Temperatur von mindestens 20° C beheizt. Für die sonstigen Räume genügt eine angemessene, der technischen Anlage entsprechende Erwärmung*" **und** „*Auch außerhalb der o.g. Periode ist der Vermieter berechtigt, aber nicht verpflichtet, zu heizen*".[4267]

XIV. Kaution

2260 § 551 Abs. 4 BGB setzt enge Grenzen zur Abdingbarkeit, mehr als drei Nettomieten können nicht verlangt werden. Bei unwirksamer Fälligkeitsklausel (Raten) bleibt die Kautionsabrede als solche wirksam.[4268]

Ein Ausschluss der Haftung des Veräußerers eines vermieteten Grundstücks gegenüber dem Mieter auf Rückzahlung der Kaution, für den Fall, dass der Mieter die Kaution vom Erwerber nicht zurückbekommen kann (§ 566a S. 2 BGB), muss im Mietvertrag eindeutig vereinbart werden.[4269]

XV. Kombination von Vorauszahlungsklausel mit Aufrechnungsbeschränkung in Altmietverträgen

2261 Eine Mietvorauszahlungsklausel im Altmietvertrag (vor dem 1.9.2001 geschlossen) bleibt wirksam, wenn zugleich formularmietvertraglich das Minderungsrecht des Mieters nicht ausgeschlossen ist und die Kürzung der Miete innerhalb von ein oder zwei Folgemonaten möglich ist.[4270]

Bei einer unwirksamen Beschränkung des Minderungsrechts und der damit einhergehenden Unwirksamkeit der Vorfälligkeitsregelung bleibt es im Altvertrag bei der Fälligkeit der Miete gemäß § 551 BGB a.F.[4271]

4258 BGH v. 24.10.2001 – VIII ARZ 1/01, NJW 2002, 673.
4259 BGH – VIII ZR 38/90, NJW 1991, 1750, 1752 f.; OLG Celle – 2 U 200/88, WuM 1990, 103 ff.; OLG Koblenz NJW-RR 1997, 331; OLG Stuttgart – REMiet 1/84, WuM 1984, 187; BayObLG – REMiet 8/83, RES IV, 36 ff.; OLG Düsseldorf – 10 U 137/94, WuM 1995, 435, 436; OLG Hamburg – 4 U 25/91, WuM 1991, 328.
4260 BGH – VIII ZR 38/90, WuM 1991, 381; OLG Celle – 2 U 200/88 – WuM 1990, 103; siehe auch OLG Celle WuM 1990, 103, 106.
4261 BGH v. 14.11.2007 – VIII ZR 340/06; BGH NJW 2008, 218.
4262 BGH NJW 1993, 1061.
4263 LG Köln v. 4.2.2010 – 6 S 269/09.
4264 BGH v. 20.3.2013 – VIII ZR 168/12.
4265 BGH – VIII ZR 38/90 – NJW 1991, 1750, 1753; OLG Celle – 2 U 200/88, WuM 1990, 103.
4266 OLG Frankfurt – 6 U 108/90, WuM 1992, 56; LG Frankfurt – 2/13 O 474/89, WuM 1990, 271.
4267 OLG Frankfurt 6 U 108/90, WuM 1992, 56; LG Frankfurt – 2/13 O 474/89, WuM 1990, 271.
4268 BGH v. 30.6.2004 – VIII ZR 243/03, WuM 2004, 473.
4269 BGH v. 23.1.2013 – VIII ZR 143/12.
4270 BGH v. 14.11.2007 – VIII ZR 337/06, WuM 2008, 152.
4271 BGH v. 4.2.2009 – VIII ZR 66/08, NJW 2009, 1491.

XVI. Kündigungsausschluss

1. Beidseitiger Ausschluss. Grundsätzlich kann ein **beidseitiger** zeitlich begrenzter Kündigungsausschluss in einem Formularmietvertrag vereinbart werden.[4272] So ist ein formularmäßiger, beidseitiger Kündigungsverzicht für sechs Monate ab Mietvertragsbeginn wirksam.[4273] Auch ein formularmäßiger, beidseitiger Ausschluss des Kündigungsrechts für ein bis zwei Jahre stellt keine unangemessene Benachteiligung des Mieters dar. Wirksam ist in einem Wohnraummietvertrag ein beidseitiger Kündigungsrechtsausschluss innerhalb der ersten zwei Jahre nach Vertragsabschluss.[4274] Wirksam ist grundsätzlich ein beidseitiger, formularmäßiger Kündigungsverzicht, wenn er über nicht mehr als vier Jahre geschlossen wird. Ein für die Dauer von fünf Jahren geschlossener Verzicht ist insgesamt unwirksam.[4275] Der Zeitraum von vier Jahren, gerechnet vom Vertragsschluss bis zum Zeitpunkt der erstmaligen Beendigungsmöglichkeit durch den Mieter darf vier Jahre nicht überschreiten, andernfalls ist der Verzicht unwirksam.[4276] Bei gleichzeitiger Vereinbarung einer Staffelmietabrede ist der Kündigungsverzicht wirksam für die Dauer bis zu vier Jahren, unwirksam, wenn er den Zeitraum von vier Jahren übersteigt.[4277] Ein auf fünf Jahre abgeschlossener formularmäßiger Kündigungsverzicht mit Staffelmietabrede kann infolge des Verbots der geltungserhaltenden Reduktion nicht auf die noch zulässige Zeit zurückgeführt werden.[4278]

2262

2. Einseitiger Ausschluss zu Lasten des Mieters. Wirksam ist der **einseitige** Verzicht bis zu vier Jahren, in Verbindung mit einer Staffelmiete.[4279] Die Dauer des Verzichts darf nicht mehr als vier Jahre seit Abschluss der Staffelmietvereinbarung betragen.[4280] Der einseitige befristete Verzicht des Mieters auf sein gesetzliches Kündigungsrecht (hier 60 Monate)[4281] kann nur individuell vereinbart werden. Folgende formularvertragliche Klausel hat der BGH bei einem ab 1.11.2007 auf unbestimmte Zeit geschlossenen Wohnraummietvertrag mit Staffelmietvereinbarung als wirksam erachtet: *„Die Parteien verzichten wechselseitig für die Dauer von drei Jahren auf ihr Recht zur Kündigung. Eine Kündigung ist erstmalig nach Ablauf eines Zeitraums von drei Jahren mit der gesetzlichen Frist zulässig, also ab dem 30.10.2010 zum 1.1.2011 möglich!"*[4282]

2263

Unwirksam ist der einseitige, allein den Mieter belastende Kündigungsrechtsausschluss außerhalb einer Staffelmietvereinbarung, auch wenn er nur für die Dauer von einem Jahr abgeschlossen wurde.[4283] **Unwirksam** ist ein Kündigungsausschluss in einem Formularmietvertrag über Wohnraum im Studentenwohnheim.[4284]

2264

XVII. Kündigungsfristen

Formularmäßig vereinbarte Kündigungsfristen in Altmietverträgen, die die gesetzliche Regelung des § 565 Abs. 2 BGB a.F. sinngemäß wiedergeben, binden die Vertragsparteien.[4285]

2265

XVIII. Mahnkosten

Die formularmäßige Mahnkostenklausel muss dem Mieter gestatten, dass er nachweist, ein Schaden sei überhaupt nicht oder nicht in Höhe des Pauschbetrags entstanden.[4286]

2266

XIX. Mehrheit von Mietern – Empfangsvollmacht

Die Klausel *„Erklärungen, deren Wirkung die Mieter berührt, müssen von oder gegenüber allen Mietern abgegeben werden. Die Mieter bevollmächtigen sich jedoch gegenseitig zur Entgegennahme (...) solcher Erklärungen. Diese Vollmacht gilt auch für die Entgegennahme von Kündigungen, jedoch nicht für Mietaufhebungsverträge."* ist wirksam.[4287]

2267

XX. Miete Wohnraum (preisgebunden)

Wirksam ist die Klausel *„Bei preisgebundenem Wohnraum gilt die jeweils gesetzlich zulässige Miete als vertraglich vereinbart".*[4288]

2268

4272 BGH v. 30.6.2004 – VIII ZR 379/03, NJW 2004, 3117, zum Ganzen *Börstinghaus*, NZM 2011, 187.
4273 OLG Brandenburg v. 12.5.2004 – 7 U 165/03, NZM 2004, 905.
4274 BGH v. 30.6.2004 – VIII ZR 379/03, NJW 2004, 3117.
4275 BGH v. 6.4.2005 – VIII ZR 27/04, NJW 2005, 1574.
4276 BGH v. 8.12.2010 – VIII ZR 86/10, NJW 2011, 597.
4277 BGH v. 25.1.2006 – VIII ZR 3/05, ZMR 2006, 270; BGH v. 23.11.2005 – VIII ZR 154/04, NZM 2006, 256; zur individualvertraglichen Vereinbarung und der Überschreitung des Zeitraums BGH v. 14.6.2006 – VIII ZR 257/04, ZMR 2006, 682.
4278 BGH v. 25.1.2006 – VIII ZR 3/05.
4279 BGH v. 12.11.2008 – VIII ZR 270/07, NJW 2009, 353; BGH v. 21.2.2006 – ZA 14/05, BeckRS 2006, 3215.
4280 BGH v. 23.11.2005 – VIII ZR 154/04, NJW 2006, 1056.
4281 BGH v. 22.12.2003 – VIII ZR 81/03, NZM 2004, 216.
4282 BGH v. 23.11.2011 – VIII ZR 120/11.
4283 BGH v. 19.11.2008 – VIII ZR 30/08, NZM 2009, 153.
4284 BGH v. 15.7.2009 – VIII ZR 307/08, NZM 2009, 779.
4285 BGH v. 12.11.2003 – VIII ZR 31/03.
4286 BGH v. 23.11.2005 – VIII ZR 154/04.
4287 BGH v. 10.9.1997 – VIII ARZ 1/97, NZM 1998, 22.
4288 BGH v. 5.11.2003 – VIII ZR 10/03, NZM 2004, 93.

XXI. Mitbenutzung und Abstellen von Gegenständen auf Gemeinschaftsflächen (Kinderwagen, Rollstühle, Rollatoren, Fahrräder, Auslage von Zeitschriften)

2269 Das Ermöglichen des Abstellens von Kinderwagen u.a. im Treppenhaus ist Teil der Gebrauchsgewährungsverpflichtung des Vermieters[4289] und kann formularmäßig pauschal nicht eingeschränkt werden, es kommt auf den Einzelfall an. Siehe zur Tagesmutter die Rechtsprechung des LG Hamburg.[4290]

XXII. Parabolantennen

2270 Ein generelles Parabolantennen-Verbot ist formularvertraglich nicht wirksam.[4291]

XXIII. Kleinreparaturklauseln

2271 Formularmäßige Reparaturklauseln zur Kostentragung sind nur wirksam, wenn sie gegenständlich und betragsmäßig beschränkt sind.[4292] Vornahmeklauseln sind unwirksam.[4293]

XXIV. Räum- und Streupflicht

2272 Die wirksame Übertragung der Räum- und Streupflicht auf den Mieter eines Mehrfamilienhauses bedarf einer klaren und eindeutigen Vereinbarung, die die Ausschaltung von Gefahren zuverlässig sicherstellt. Diese Voraussetzung ist nicht erfüllt, sofern lediglich ein sog. „Schneeräumplan" aufgestellt und in den Briefkasten der Mieter eingeworfen wird. Darüber hinaus muss der Vermieter die Einhaltung eines solchen Plans überwachen.[4294]

XXV. Rohrverstopfung

2273 Die Klausel, nach der bei Kanal- oder Leitungsverstopfungen im Haus und Nichtermittlung des Verursachers, allen Mietern anteilig die Kosten der Schadensbehebung auferlegt werden sollen, ist unwirksam.[4295]

XXVI. Schlüssel

2274 Unwirksam ist die Klausel, die dem Mieter ohne Rücksicht auf verschuldensabhängige Haftung die Folgen für die fehlende Rückgabe der Schlüssel nach Beendigung des Mietverhältnisses auferlegt.[4296]

Formularvertraglich kann den Mieter die Haftung für die Folgen des Unterbleibens der Rückgabe der Schlüssel nach Beendigung des Mietverhältnisses nicht auferlegt werden.[4297]

XXVII. Schönheitsreparaturen

2275 Ausführungen zu Schönheitsreparaturen sind unter dem Stichwort „Schönheitsreparaturen" zu finden.

XXVIII. Staffelmiete

2276 Die Vereinbarung einer Staffelmiete unterliegt nicht der AGB-rechtlichen Kontrolle, weil sie die Höhe der zu zahlenden Miete unmittelbar festlegt. Formularvertraglich konnte eine Staffelmiete nicht über mehr als zehn Jahre vereinbart werden (zzt. der Geltung des MHG).[4298] Sieht eine Staffelmietvereinbarung für die ersten zehn Jahre die jeweilige Miete bzw. die jeweilige Erhöhung in einem Geldbetrag vor, ist aber für die nachfolgenden Jahre nur ein Prozentsatz angegeben, führt dies dennoch nicht zur gesamten Unwirksamkeit der Klausel, sondern lediglich zur Unwirksamkeit für die Jahre ohne konkreten Geldbetrag.[4299]

XXIX. Teppichboden

2277 Die Klausel, dass der Mieter sich verpflichtet, Teppichböden auf seine Kosten bei Auszug von einer Fachfirma reinigen zu lassen, ist hinsichtlich der Regelung, diese Arbeiten „durch Fachhandwerker ausführen zu lassen" bzw. „von einer Fachfirma reinigen zu lassen", unwirksam.[4300]

XXX. Untervermietung – Schriftform

2278 Die Klausel „*Der Mieter ist ohne ausdrückliche schriftliche Einwilligung des Vermieters weder zu einer Untervermietung noch zu einer sonstigen Gebrauchsüberlassung an Dritte berechtigt, ausgenommen an besuchsweise sich aufhaltende Personen*" ist insoweit unwirksam, als in dieser Klausel die Worte „ohne ausdrückliche schriftliche Einwilligung" enthalten sind.[4301]

4289 BGH v. 10.11.2006 – V ZR 46/06, NZM 2007, 37.
4290 LG Hamburg WuM 1992, 188; AG Flensburg WuM 1996, 613; AG Hanau WuM 1989, 366.
4291 BGH v. 16.5.2007 – VIII ZR 207/04, NJW-RR 2007, 1243.
4292 BGH NJW 1989, 2247; NJW 1992, 1792.
4293 BGH WuM 1991, 381.
4294 OLG Hamm v. 21.12.2012 – 9 U 38/12.
4295 OLG Hamm – 4 ReMiet 10/81, WuM 1982, 201.
4296 OLG Brandenburg v. 12.5.2004 – 7 U 165/03.
4297 OLG Brandenburg v. 12.5.2004 – 7 U 165/03.
4298 BGH v. 7.7.2009 – VIII ZR 140/08, WuM 2009, 587.
4299 BGH v. 15.2.2012 – VIII ZR 197/11, NZM 2012, 416.
4300 OLG Stuttgart – 8 REMiet 2/92, ZMR 1993, 513 ff.
4301 BGH – VIII ZR 38/90, NJW 1991, 1750, 1752; so auch OLG Frankfurt – 6 U 108/90, WuM 1992, 56, 57.

XXXI. Verlängerung des Mietverhältnisses

Gegen das Transparenzgebot verstößt es nicht, wenn zur Verlängerung des Mietverhältnisses nur auf die Vorschrift des § 545 BGB verwiesen wird.[4302]

2279

XXXII. Verlängerungsklausel

In einem vor der Mietrechtsreform abgeschlossenen Mietvertrag, der ursprünglich auf fünf Jahre abgeschlossen war, ist die Verlängerungsklausel *„Wird das Mietverhältnis nicht auf den als Endtermin vorgesehenen Tag unter Einhaltung der gesetzlichen Kündigungsfrist gekündigt, so verlängert es sich jedes Mal um fünf Jahre"* wirksam.[4303]

2280

XXXIII. Vertragsverlängerung

Die Formularklausel eines Mietvertrages über ein am 1.9.2001 bestehendes Mietverhältnis auf bestimmte Zeit, nach der sich das Mietverhältnis jeweils um einen bestimmten Zeitraum verlängert, sofern es nicht gekündigt wird, bleibt wirksam.[4304]

2281

XXXIV. Verzicht auf ordentliche Kündigung

Formularmäßig ist der Verzicht auf eine ordentliche Kündigung für die Dauer von sechs Monaten ab Mietvertragsbeginn wirksam.[4305] Siehe aber auch oben XVI. „Kündigungsausschluss" (siehe Rn 2262).

2282

XXXV. Vorzeitige Vertragsbeendigung

Unwirksam ist zu vereinbaren, dass bei vorzeitiger einverständlicher Beendigung des Mietverhältnisses auf Wunsch des Mieters als pauschale Abgeltung der Kosten der vorzeitigen Vertragsbeendigung eine Monatskaltmiete an den Vermieter gezahlt wird.[4306]

2283

Wohn- und Betreuungsverträge

Der Wohn- und Betreuungsvertrag ist nicht mehr im HeimG, sondern im **Gesetz zur Regelung von Verträgen über Wohnraum mit Pflege- oder Betreuungsleistungen (Wohn- und Betreuungsvertragsgesetz – WBVG)** geregelt.[4307] Diese Bestimmungen sind für den Verbraucher zwingend, § 16 WBVG. Es ist seit dem 1.10.2009 in Kraft.

2284

Nach § 17 WBVG gilt folgende Überleitung:

2285

(1) Auf Heimverträge im Sinne des § 5 Absatz 1 Satz 1 des Heimgesetzes, die vor dem 1.10.2009 geschlossen worden sind, sind bis zum 30.4.2010 die §§ 5 bis 9 und 14 Absatz 2 Nummer 4, Absatz 4, 7 und 8 des Heimgesetzes in ihrer bis zum 30.9.2009 geltenden Fassung anzuwenden. Ab dem 1.5.2010 richten sich die Rechte und Pflichten aus den in Satz 1 genannten Verträgen nach diesem Gesetz. Der Unternehmer hat den Verbraucher vor der erforderlichen schriftlichen Anpassung eines Vertrags in entsprechender Anwendung des § 3 zu informieren.

(2) Auf die bis zum 30.9.2009 geschlossenen Verträge, die keine Heimverträge im Sinne des § 5 Absatz 1 Satz 1 des Heimgesetzes sind, ist dieses Gesetz nicht anzuwenden.

Zum **Anwendungsbereich** sind die **§§ 1 und 2 WBVG** einschlägig:

2286

§ 1

(1) Dieses Gesetz ist anzuwenden auf einen Vertrag zwischen einem Unternehmer und einem volljährigen Verbraucher, in dem sich der Unternehmer zur Überlassung von Wohnraum und zur Erbringung von Pflege- oder Betreuungsleistungen verpflichtet, die der Bewältigung eines durch Alter, Pflegebedürftigkeit oder Behinderung bedingten Hilfebedarfs dienen. Unerheblich ist, ob die Pflege- oder Betreuungsleistungen nach den vertraglichen Vereinbarungen vom Unternehmer zur Verfügung gestellt oder vorgehalten werden. Das Gesetz ist nicht anzuwenden, wenn der Vertrag neben der Überlassung von Wohnraum ausschließlich die Erbringung von allgemeinen Unterstützungsleistungen wie die Vermittlung von Pflege- oder Betreuungsleistungen, Leistungen der hauswirtschaftlichen Versorgung oder Notrufdienste zum Gegenstand hat.

(2) Dieses Gesetz ist entsprechend anzuwenden, wenn die vom Unternehmer geschuldeten Leistungen Gegenstand verschiedener Verträge sind und

1. der Bestand des Vertrags über die Überlassung von Wohnraum von dem Bestand des Vertrags über die Erbringung von Pflege- oder Betreuungsleistungen abhängig ist,

---

[4302] OLG Rostock v. 29.5.2006, NZM 2006, 584 a.A. OLG Schleswig NJW 1995, 2858; BGH NJW 1991, 1750 zu § 568 BGB a.F.
[4303] BGH v. 23.6.2010 – VIII ZR 230/09, NZM 2010, 693.
[4304] BGH v. 12.3.2008 – VIII ZR 71/07, NZM 2008, 362.
[4305] OLG Brandenburg v. 12.5.2004 – 7 U 165/03, NZM 2004, 905.
[4306] OLG Karlsruhe v. 15.2.2000 – 3 REMiet 1/99, NZM 2000, 708.
[4307] Wohn- und Betreuungsvertragsgesetz vom 29.7.2009 (BGBl I S. 2319); siehe hierzu *Gassner/Richter*, Kommentar Wohn- und Betreuungsvertragsgesetz, (angekündigt für 2014) *Möwisch/Hons*, Der Heimvertrag, 2. Aufl. 2010; Palandt/*Weidenkaff*, WBVG.

> 2. der Verbraucher an dem Vertrag über die Überlassung von Wohnraum nach den vertraglichen Vereinbarungen nicht unabhängig von dem Vertrag über die Erbringung von Pflege- oder Betreuungsleistungen festhalten kann oder
> 3. der Unternehmer den Abschluss des Vertrags über die Überlassung von Wohnraum von dem Abschluss des Vertrags über die Erbringung von Pflege- oder Betreuungsleistungen tatsächlich abhängig macht.
>
> Dies gilt auch, wenn in den Fällen des Satzes 1 die Leistungen von verschiedenen Unternehmern geschuldet werden, es sei denn, diese sind nicht rechtlich oder wirtschaftlich miteinander verbunden.
>
> § 2
>
> Dieses Gesetz ist nicht anzuwenden auf Verträge über
> 1. Leistungen der Krankenhäuser, Vorsorge- oder Rehabilitationseinrichtungen im Sinne des § 107 des Fünften Buches Sozialgesetzbuch,
> 2. Leistungen der Internate der Berufsbildungs- und Berufsförderungswerke,
> 3. Leistungen im Sinne des § 41 des Achten Buches Sozialgesetzbuch,
> 4. Leistungen, die im Rahmen von Kur- oder Erholungsaufenthalten erbracht werden.
>
> (1) Der Unternehmer hat den Verbraucher rechtzeitig vor Abgabe von dessen Vertragserklärung in Textform und in leicht verständlicher Sprache über sein allgemeines Leistungsangebot und über den wesentlichen Inhalt seiner für den Verbraucher in Betracht kommenden Leistungen zu informieren.
>
> (2) Zur Information des Unternehmers über sein allgemeines Leistungsangebot gehört die Darstellung
> 1. der Ausstattung und Lage des Gebäudes, in dem sich der Wohnraum befindet, sowie der dem gemeinschaftlichen Gebrauch dienenden Anlagen und Einrichtungen, zu denen der Verbraucher Zugang hat, und gegebenenfalls ihrer Nutzungsbedingungen,
> 2. der darin enthaltenen Leistungen nach Art, Inhalt und Umfang,
> 3. der Ergebnisse der Qualitätsprüfungen, soweit sie nach § 115 Absatz 1a Satz 1 des Elften Buches Sozialgesetzbuch oder nach landesrechtlichen Vorschriften zu veröffentlichen sind.
>
> (3) Zur Information über die für den Verbraucher in Betracht kommenden Leistungen gehört die Darstellung
> 1. des Wohnraums, der Pflege- oder Betreuungsleistungen, gegebenenfalls der Verpflegung als Teil der Betreuungsleistungen sowie der einzelnen weiteren Leistungen nach Art, Inhalt und Umfang,
> 2. des den Pflege- oder Betreuungsleistungen zugrunde liegenden Leistungskonzepts,
> 3. der für die in Nummer 1 benannten Leistungen jeweils zu zahlenden Entgelte, der nach § 82 Absatz 3 und 4 des Elften Buches Sozialgesetzbuch gesondert berechenbaren Investitionskosten sowie des Gesamtentgelts,
> 4. der Voraussetzungen für mögliche Leistungs- und Entgeltveränderungen,
> 5. des Umfangs und der Folgen eines Ausschlusses der Angebotspflicht nach § 8 Absatz 4, wenn ein solcher Ausschluss vereinbart werden soll.
>
> Die Darstellung nach Satz 1 Nummer 5 muss in hervorgehobener Form erfolgen.
>
> (4) Erfüllt der Unternehmer seine Informationspflichten nach den Absätzen 1 bis 3 nicht, ist § 6 Absatz 2 Satz 2 und 3 entsprechend anzuwenden. Weitergehende zivilrechtliche Ansprüche des Verbrauchers bleiben unberührt.
>
> (5) Die sich aus anderen Gesetzen ergebenden Informationspflichten bleiben unberührt.

2287 § 3 WBVG sieht bestimmte **Informationsgebote** vor. § 4 WBVG bezieht sich auf die **Vertragsdauer.** § 6 WBVG sieht **Schriftform** vor.

2288 Zudem hat der Unternehmer dem Verbraucher eine Ausfertigung des Vertrags auszuhändigen.

2289 Wird der Vertrag nicht in schriftlicher Form geschlossen, sind zu Lasten des Verbrauchers von den gesetzlichen Regelungen abweichende Vereinbarungen unwirksam, auch wenn sie durch andere Vorschriften dieses Gesetzes zugelassen werden; im Übrigen bleibt der Vertrag wirksam. Der Verbraucher kann den Vertrag jederzeit ohne Einhaltung einer Frist kündigen. Ist der schriftliche Vertragsschluss im Interesse des Verbrauchers unterblieben, insbesondere weil zum Zeitpunkt des Vertragsschlusses beim Verbraucher Gründe vorlagen, die ihn an der schriftlichen Abgabe seiner Vertragserklärung hinderten, muss der schriftliche Vertragsschluss unverzüglich nachgeholt werden.

2290 Der Vertrag muss mindestens enthalten: die Leistungen des Unternehmers nach Art, Inhalt und Umfang einzeln beschreiben, die für diese Leistungen jeweils zu zahlenden Entgelte, getrennt nach Überlassung des Wohnraums, Pflege- oder Betreuungsleistungen, ggf. Verpflegung als Teil der Betreuungsleistungen sowie der einzelnen weiteren Leistungen, die nach § 82 Abs. 3 und 4 SGB XI gesondert berechenbaren Investitionskosten und das Gesamtentgelt angeben, die Informationen des Unternehmers nach § 3 WBVG als Vertragsgrundlage benennen und mögliche Abweichungen von den vorvertraglichen Informationen gesondert kenntlich machen.

2291 **Leistungspflichten des Unternehmers** sind in § 7 WBVG aufgeführt.

2292 Ansprüche auf **Vertragsanpassung** enthält § 8 WBVG:

> (1) Ändert sich der Pflege- oder Betreuungsbedarf des Verbrauchers, muss der Unternehmer eine entsprechende Anpassung der Leistungen anbieten. Der Verbraucher kann das Angebot auch teilweise annehmen. Die Leistungspflicht des Unternehmers und das vom Verbraucher zu zahlende angemessene Entgelt erhöhen oder verringern sich in dem Umfang, in dem der Verbraucher das Angebot angenommen hat.

(2) In Verträgen mit Verbrauchern, die Leistungen nach dem Elften Buch Sozialgesetzbuch in Anspruch nehmen oder denen Hilfe in Einrichtungen nach dem Zwölften Buch Sozialgesetzbuch gewährt wird, ist der Unternehmer berechtigt, bei einer Änderung des Pflege- oder Betreuungsbedarfs des Verbrauchers den Vertrag nach Maßgabe des Absatzes 1 Satz 3 durch einseitige Erklärung anzupassen. Absatz 3 ist entsprechend anzuwenden.

(3) Der Unternehmer hat das Angebot zur Anpassung des Vertrags dem Verbraucher durch Gegenüberstellung der bisherigen und der angebotenen Leistungen sowie der dafür jeweils zu entrichtenden Entgelte schriftlich darzustellen und zu begründen.

(4) Der Unternehmer kann die Pflicht, eine Anpassung anzubieten, durch gesonderte Vereinbarung mit dem Verbraucher bei Vertragsschluss ganz oder teilweise ausschließen. Der Ausschluss ist nur wirksam, soweit der Unternehmer unter Berücksichtigung des dem Vertrag zugrunde gelegten Leistungskonzepts daran ein berechtigtes Interesse hat und dieses in der Vereinbarung begründet. Die Belange behinderter Menschen sind besonders zu berücksichtigen. Die Vereinbarung bedarf zu ihrer Wirksamkeit der Schriftform; die elektronische Form ist ausgeschlossen.

Wesentlich ist auch **§ 9 WBVG** zur **Entgelterhöhung bei Änderung der Berechnungsgrundlage**: 2293

(1) Der Unternehmer kann eine Erhöhung des Entgelts verlangen, wenn sich die bisherige Berechnungsgrundlage verändert. Neben dem erhöhten Entgelt muss auch die Erhöhung selbst angemessen sein. Satz 2 gilt nicht für die in § 7 Absatz 2 Satz 2 und 3 genannten Fälle. Entgelterhöhungen aufgrund von Investitionsaufwendungen sind nur zulässig, soweit sie nach der Art des Betriebs notwendig sind und nicht durch öffentliche Förderung gedeckt werden.

(2) Der Unternehmer hat dem Verbraucher die beabsichtigte Erhöhung des Entgelts schriftlich mitzuteilen und zu begründen. Aus der Mitteilung muss der Zeitpunkt hervorgehen, zu dem der Unternehmer die Erhöhung des Entgelts verlangt. In der Begründung muss er unter Angabe des Umlagemaßstabs die Positionen benennen, für die sich durch die veränderte Berechnungsgrundlage Kostensteigerungen ergeben, und die bisherigen Entgeltbestandteile den vorgesehenen neuen Entgeltbestandteilen gegenüberstellen. Der Verbraucher schuldet das erhöhte Entgelt frühestens vier Wochen nach Zugang des hinreichend begründeten Erhöhungsverlangens. Der Verbraucher muss rechtzeitig Gelegenheit erhalten, die Angaben des Unternehmers durch Einsichtnahme in die Kalkulationsunterlagen zu überprüfen.

Gleichwohl ist es hiernach erforderlich, im Betreuungsvertrag auf die Erhöhungsmöglichkeiten hinzuweisen. Zudem gilt hier insbesondere das Transparenzgebot bei Formularverträgen. Die Rechtsprechung zu Preisänderungsklauseln findet (zusätzlich) Anwendung. 2294

Mängelansprüche sind in **§ 10 WBVG** geregelt: 2295

(1) Erbringt der Unternehmer die vertraglichen Leistungen ganz oder teilweise nicht oder weisen sie nicht unerhebliche Mängel auf, kann der Verbraucher unbeschadet weitergehender zivilrechtlicher Ansprüche bis zu sechs Monate rückwirkend eine angemessene Kürzung des vereinbarten Entgelts verlangen.

(2) Zeigt sich während der Vertragsdauer ein Mangel des Wohnraums oder wird eine Maßnahme zum Schutz des Wohnraums gegen eine nicht vorgesehene Gefahr erforderlich, so hat der Verbraucher dies dem Unternehmer unverzüglich anzuzeigen.

(3) Soweit der Unternehmer infolge einer schuldhaften Unterlassung der Anzeige nach Absatz 2 nicht Abhilfe schaffen konnte, ist der Verbraucher nicht berechtigt, sein Kürzungsrecht nach Absatz 1 geltend zu machen.

(4) Absatz 1 ist nicht anzuwenden, soweit nach § 115 Absatz 3 des Elften Buches Sozialgesetzbuch wegen desselben Sachverhalts ein Kürzungsbetrag vereinbart oder festgesetzt worden ist.

(5) Bei Verbrauchern, denen Hilfe in Einrichtungen nach dem Zwölften Buch Sozialgesetzbuch gewährt wird, steht der Kürzungsbetrag nach Absatz 1 bis zur Höhe der erbrachten Leistungen vorrangig dem Träger der Sozialhilfe zu. Verbrauchern, die Leistungen nach dem Elften Buch Sozialgesetzbuch in Anspruch nehmen, steht der Kürzungsbetrag bis zur Höhe ihres Eigenanteils selbst zu; ein überschießender Betrag ist an die Pflegekasse auszuzahlen.

Das **Kündigungsrecht des Verbrauchers** ist in **§ 11 WBVG** geregelt: 2296

(1) Der Verbraucher kann den Vertrag spätestens am dritten Werktag eines Kalendermonats zum Ablauf desselben Monats schriftlich kündigen. Bei einer Erhöhung des Entgelts ist eine Kündigung jederzeit zu dem Zeitpunkt möglich, zu dem der Unternehmer die Erhöhung des Entgelts verlangt. In den Fällen des § 1 Absatz 2 Satz 1 Nummer 1 und 2 kann der Verbraucher nur alle Verträge einheitlich kündigen. Bei Verträgen im Sinne des § 1 Absatz 2 Satz 2 hat der Verbraucher die Kündigung dann gegenüber allen Unternehmern zu erklären.

(2) Innerhalb von zwei Wochen nach Beginn des Vertragsverhältnisses kann der Verbraucher jederzeit ohne Einhaltung einer Frist kündigen. Wird dem Verbraucher erst nach Beginn des Vertragsverhältnisses eine Ausfertigung des Vertrags ausgehändigt, kann der Verbraucher auch noch bis zum Ablauf von zwei Wochen nach der Aushändigung kündigen.

(3) Der Verbraucher kann den Vertrag aus wichtigem Grund jederzeit ohne Einhaltung einer Kündigungsfrist kündigen, wenn ihm die Fortsetzung des Vertrags bis zum Ablauf der Kündigungsfrist nicht zuzumuten ist.

(4) Die Absätze 2 und 3 sind in den Fällen des § 1 Absatz 2 auf jeden der Verträge gesondert anzuwenden. Kann der Verbraucher hiernach einen Vertrag kündigen, ist er auch zur Kündigung der anderen Verträge berechtigt. Er hat

dann die Kündigung einheitlich für alle Verträge und zu demselben Zeitpunkt zu erklären. Bei Verträgen im Sinne des § 1 Absatz 2 Satz 2 hat der Verbraucher die Kündigung gegenüber allen Unternehmern zu erklären.

(5) Kündigt der Unternehmer in den Fällen des § 1 Absatz 2 einen Vertrag, kann der Verbraucher zu demselben Zeitpunkt alle anderen Verträge kündigen. Die Kündigung muss unverzüglich nach Zugang der Kündigungserklärung des Unternehmers erfolgen. Absatz 4 Satz 3 und 4 ist entsprechend anzuwenden.

2297 Der **Unternehmer** kann nach **§ 12 WBVG** nur aus wichtigem Grund **kündigen**:

(1) Der Unternehmer kann den Vertrag nur aus wichtigem Grund kündigen. Die Kündigung bedarf der Schriftform und ist zu begründen. Ein wichtiger Grund liegt insbesondere vor, wenn

1. *der Unternehmer den Betrieb einstellt, wesentlich einschränkt oder in seiner Art verändert und die Fortsetzung des Vertrags für den Unternehmer eine unzumutbare Härte bedeuten würde,*
2. *der Unternehmer eine fachgerechte Pflege- oder Betreuungsleistung nicht erbringen kann, weil*
   a) *der Verbraucher eine vom Unternehmer angebotene Anpassung der Leistungen nach § 8 Absatz 1 nicht annimmt oder*
   b) *der Unternehmer eine Anpassung der Leistungen aufgrund eines Ausschlusses nach § 8 Absatz 4 nicht anbietet und dem Unternehmer deshalb ein Festhalten an dem Vertrag nicht zumutbar ist,*
3. *der Verbraucher seine vertraglichen Pflichten schuldhaft so gröblich verletzt, dass dem Unternehmer die Fortsetzung des Vertrags nicht mehr zugemutet werden kann, oder*
4. *der Verbraucher*
   a) *für zwei aufeinander folgende Termine mit der Entrichtung des Entgelts oder eines Teils des Entgelts, der das Entgelt für einen Monat übersteigt, im Verzug ist oder*
   b) *in einem Zeitraum, der sich über mehr als zwei Termine erstreckt, mit der Entrichtung des Entgelts in Höhe eines Betrags in Verzug gekommen ist, der das Entgelt für zwei Monate erreicht.*

Eine Kündigung des Vertrags zum Zwecke der Erhöhung des Entgelts ist ausgeschlossen.

(2) Der Unternehmer kann aus dem Grund des Absatzes 1 Satz 3 Nummer 2 Buchstabe a nur kündigen, wenn er zuvor dem Verbraucher gegenüber sein Angebot nach § 8 Absatz 1 Satz 1 unter Bestimmung einer angemessenen Annahmefrist und unter Hinweis auf die beabsichtigte Kündigung erneuert hat und der Kündigungsgrund durch eine Annahme des Verbrauchers im Sinne des § 8 Absatz 1 Satz 2 nicht entfallen ist.

(3) Der Unternehmer kann aus dem Grund des Absatzes 1 Satz 3 Nummer 4 nur kündigen, wenn er zuvor dem Verbraucher unter Hinweis auf die beabsichtigte Kündigung erfolglos eine angemessene Zahlungsfrist gesetzt hat. Ist der Verbraucher in den Fällen des Absatzes 1 Satz 3 Nummer 4 mit der Entrichtung des Entgelts für die Überlassung von Wohnraum in Rückstand geraten, ist die Kündigung ausgeschlossen, wenn der Unternehmer vorher befriedigt wird. Die Kündigung wird unwirksam, wenn der Unternehmer bis zum Ablauf von zwei Monaten nach Eintritt der Rechtshängigkeit des Räumungsanspruchs hinsichtlich des fälligen Entgelts befriedigt wird oder eine öffentliche Stelle sich zur Befriedigung verpflichtet.

(4) In den Fällen des Absatzes 1 Satz 3 Nummer 2 bis 4 kann der Unternehmer den Vertrag ohne Einhaltung einer Frist kündigen. Im Übrigen ist eine Kündigung bis zum dritten Werktag eines Kalendermonats zum Ablauf des nächsten Monats zulässig.

(5) Die Absätze 1 bis 4 sind in den Fällen des § 1 Absatz 2 auf jeden der Verträge gesondert anzuwenden. Der Unternehmer kann in den Fällen des § 1 Absatz 2 einen Vertrag auch dann kündigen, wenn ein anderer Vertrag gekündigt wird und ihm deshalb ein Festhalten an dem Vertrag unter Berücksichtigung der berechtigten Interessen des Verbrauchers nicht zumutbar ist. Er kann sein Kündigungsrecht nur unverzüglich nach Kenntnis von der Kündigung des anderen Vertrags ausüben. Dies gilt unabhängig davon, ob die Kündigung des anderen Vertrags durch ihn, einen anderen Unternehmer oder durch den Verbraucher erfolgt ist.

2298 Bedeutsam ist nun auch **§ 14 WBVG (Sicherheitsleistungen)**:

(1) Der Unternehmer kann von dem Verbraucher Sicherheiten für die Erfüllung seiner Pflichten aus dem Vertrag verlangen, wenn dies im Vertrag vereinbart ist. Die Sicherheiten dürfen das Doppelte des auf einen Monat entfallenden Entgelts nicht übersteigen. Auf Verlangen des Verbrauchers können die Sicherheiten auch durch eine Garantie oder ein sonstiges Zahlungsversprechen eines im Geltungsbereich dieses Gesetzes zum Geschäftsbetrieb befugten Kreditinstituts oder Kreditversicherers oder einer öffentlich-rechtlichen Körperschaft geleistet werden.

(2) In den Fällen des § 1 Absatz 2 gilt Absatz 1 mit der Maßgabe, dass der Unternehmer von dem Verbraucher für die Erfüllung seiner Pflichten aus dem Vertrag nur Sicherheiten verlangen kann, soweit der Vertrag die Überlassung von Wohnraum betrifft.

(3) Ist als Sicherheit eine Geldsumme bereitzustellen, so kann diese in drei gleichen monatlichen Teilleistungen erbracht werden. Die erste Teilleistung ist zu Beginn des Vertragsverhältnisses fällig. Der Unternehmer hat die Geldsumme von seinem Vermögen getrennt für jeden Verbraucher einzeln bei einem Kreditinstitut zu dem für Spareinlagen mit dreimonatiger Kündigungsfrist marktüblichen Zinssatz anzulegen. Die Zinsen stehen, auch soweit ein höherer Zinssatz erzielt wird, dem Verbraucher zu und erhöhen die Sicherheit.

(4) *Von Verbrauchern, die Leistungen nach den §§ 42 und 43 des Elften Buches Sozialgesetzbuch in Anspruch nehmen, oder Verbrauchern, denen Hilfe in Einrichtungen nach dem Zwölften Buch Sozialgesetzbuch gewährt wird, kann der Unternehmer keine Sicherheiten nach Absatz 1 verlangen. Von Verbrauchern, die Leistungen im Sinne des § 36 Absatz 1 Satz 1 des Elften Buches Sozialgesetzbuch in Anspruch nehmen, kann der Unternehmer nur für die Erfüllung der die Überlassung von Wohnraum betreffenden Pflichten aus dem Vertrag Sicherheiten verlangen.*

Neben diesen zwingenden gesetzlichen Regelungen ist eine Inhaltskontrolle nach AGB-Recht nicht ausgeschlossen. **2299**

Zins- und Zinsberechnungsklauseln

A. Inhaltskontrolle 2300
B. Im Einzelnen 2302
I. Zinsberechnungsklausel 2302
II. Lohngleitklauseln 2314

A. Inhaltskontrolle

Klauseln über reguläre und vorzeitige Fälligkeit, Stundungsvergütungen,[4308] Verzugs-, Fälligkeits- und Vorfälligkeitszinsen,[4309] Klauseln über die Zinsberechnung,[4310] Bereitstellungszinsen, Wechselspesen, Bearbeitungs-, Überweisungs- und Abbuchungskosten unterliegen der Inhaltskontrolle. Klauseln über Verzugszinsen in Höhe von 4 % über dem Diskontsatz der Deutschen Bundesbank können gegen § 309 Nr. 12b BGB verstoßen.[4311] Bereitstellungszinsen von 0,25 % pro Monat werden dagegen als zulässig erachtet.[4312] Dagegen ist die Entscheidung des BGH, in einem Kreditvertrag könnten bei Stundung von Teilbeträgen 21 % Jahreszinsen berechnet werden,[4313] unter dem Gesichtspunkt des § 307 zweifelhaft. Der Kreditnehmer wird nämlich vielfach übersehen, welche Belastungen ihn im Falle der Stundung erwarten. Die bloße Klausel über die Festlegung der Zinshöhe unterliegt dagegen nicht der Inhaltskontrolle.[4314] **2300**

Auch **Zinsänderungsklauseln** und **Zinsanpassungsklauseln** unterliegen der Inhaltskontrolle (primär nach § 308 Nr. 4 BGB) und müssen ein Mindestmaß an Kontrollierbarkeit möglicher Zinsänderungen enthalten.[4315] Denkbar ist hier eine ergänzende Vertragsauslegung, nicht aber eine einseitige Ermessensausübung der Bank. Orientierung können die Zinsen für vergleichbare langfristige Spareinlagen sein. **2301**

B. Im Einzelnen

I. Zinsberechnungsklausel

Bereits 1988 hatte der III. Senat des BGH eine Regelung in Bank-AGB wegen Verstoßes gegen das Transparenzgebot für unwirksam erklärt, weil darin für den Durchschnittskunden nicht hinreichend deutlich wurde, dass auch für Darlehensbeträge, die – durch vierteljährliche Zahlungen – bereits getilgt waren, noch bis zum Jahresende Zinsen berechnet wurden.[4316] 1990 hat der XI. Senat diese Rechtsprechung fortgeführt. Anders als im früheren Fall waren hier die beiden Regelungen, aus deren Zusammenhang sich die zinserhöhende Wirkung ergibt, nicht in zwei räumlich getrennte, gesondert bezifferte AGB-Absätze aufgenommen, sondern unter einer Ziffer in zwei aufeinander folgenden Sätzen nebeneinander gestellt worden. Auch diese Kauselfassung hat der BGH verworfen, weil es dem Durchschnittskunden Mühe bereite, zwischen den beiden Sätzen einen inneren Zusammenhang herzustellen und den ihn benachteiligenden Sinn der Regelung zu erkennen. Demgemäß wurden die Bedingungen angepasst. Auch in Altverträgen kann sich die Bank nicht mehr auf die unzulässigen Klauseln berufen.[4317] **2302**

Unwirksame Zinsänderungsklauseln in Prämiensparverträgen führen nicht zur Anwendung der §§ 316, 315 Abs. 1 BGB, vielmehr ist die Lücke von den Umständen des Einzelfalles losgelöst im Wege der ergänzenden Vertragsauslegung zu schließen. **2303**

Die Leitsätze des BGH:[4318] **2304**

a) Die Formularklausel „die Sparkasse zahlt neben dem jeweils gültigen Zinssatz für S-Versicherungseinlagen ...", ist wirksam, soweit sie die Vereinbarung eines variablen Zinses enthält, weil es sich dabei um eine gemäß § 307 Abs. 3 S. 1 BGB der Klauselkontrolle nicht unterliegende Preisregelung der Parteien handelt. Sie ist aber in Bezug

---

4308 BGH NJW 1986, 46, 48.
4309 BGH NJW 1986, 376.
4310 BGH NJW 1989, 2222.
4311 OLG Hamm NJW-RR 1986, 1179.
4312 BGH WM 1986, 577, 579.
4313 BGH NJW 1986, 48.
4314 BGH NJW 1986, 928; BGH NJW 1986, 2564.
4315 BGH NJW 1988, 696; BGH v. 13.4.2010 – XI ZR 197/09 m. Anm. *Niebling*, VuR 2010, 267; BGH v. 21.12.2010 – XI ZR 52/08.
4316 BGH NJW 1989, 222; *Niebling*, ZIP 1987, 1433.
4317 BGH NJW 1990, 2383.
4318 BGH v. 13.4.2010 – XI ZR 197/09 m. Anm. *Niebling*, VuR 2010, 267; grundsätzlich auch *Ellenberger*, FS Hopt, 2010, S. 1753.

auf die Ausgestaltung der Variabilität nach § 308 Nr. 4 BGB unwirksam, weil sie nicht das erforderliche Mindestmaß an Kalkulierbarkeit möglicher Zinsänderungen aufweist.

b) *Die durch die (teilweise) Unwirksamkeit der Zinsänderungsklausel entstandene Lücke im Vertrag ist durch ergänzende Vertragsauslegung (§§ 133, 157 BGB) zu schließen; ein einseitiges Leistungsbestimmungsrecht des Bankkunden nach § 316 BGB kommt ebenso wenig in Betracht wie ein einseitiges Leistungsbestimmungsrecht der Bank nach § 315 Abs. 1 BGB.*

c) *Das Gericht hat die maßgeblichen Änderungsparameter selbst zu bestimmen, wobei in sachlicher Hinsicht (insbesondere Bindung an einen aussagekräftigen Referenzzins) und in zeitlicher Hinsicht (Dauer der Zinsperiode) präzise Parameter zu wählen sind, die dem Erfordernis der Vorhersehbarkeit und Kontrollierbarkeit von Zinsänderungen genügen.*

d) *Die vom Berufungsgericht vorgenommene ergänzende Vertragsauslegung unterliegt der selbstständigen und uneingeschränkten Nachprüfung durch das Revisionsgericht, weil formularmäßige Zinsänderungsklauseln typische Vereinbarungen sind, bei deren Unwirksamkeit im Interesse der Rechtssicherheit eine allgemeinverbindliche ergänzende Vertragsauslegung unabhängig von den Besonderheiten des konkreten Einzelfalls sachlich geboten ist.*

2305 Das Urteil ist zwar im Ergebnis zu begrüßen, die Begründung ist jedoch bedenklich. Es liegt keine Kontrollfreiheit der Klausel vor, wonach „der jeweils gültige Zinssatz für S-Versicherungseinlagen..." zu zahlen sei.

2306 Für die Frage der „Schranken der Inhaltskontrolle" nach § 307 Abs. 3 S. 1 BGB muss die Klausel mit der ohne diese Klausel geltenden Rechtslage verglichen werden (Rechtslagenvergleich). Da zumindest nach dem Wortlaut der Klausel auch eine anfängliche bei Vertragsschluss vereinbarte gute Verzinsung beliebig reduziert werden kann, wird durch diese Sparkassen-AGB die Gesetzeslage gerade nicht korrekt und transparent wiedergegeben.

2307 Die mangelnde Kalkulierbarkeit der Klausel ist gerade das Argument, die Inhaltskontrolle zu bejahen. Eine Trennung zwischen der Vereinbarung eines variablen Zinssatzes und der konkreten Ausgestaltung der Klausel ist mangels trennbarer Klauselbestandteile nicht möglich.

2308 Auch die bisherige Rechtsprechung des XI. Senats lässt eine solche Aufspaltung und Freistellung eines (unselbstständigen) Klauselbestandteiles nicht zu: Der BGH[4319] hatte bekanntlich Folgendes entschieden:

Die dem Muster von Nr. 17 Abs. 2 S. 1 AGB-Sparkassen nachgebildete Klausel einer Sparkasse

„Soweit nichts anderes vereinbart ist, werden die Entgelte im Privat- und Geschäftskundenbereich von der Sparkasse unter Berücksichtigung der Marktlage (z.B. Veränderung des allgemeinen Zinsniveaus) und des Aufwandes nach gemäss § 315 BGB nachprüfbarem billigen Ermessen festgelegt und geändert"

ist im Bankverkehr mit Verbrauchern nach § 307 Abs. 1 und § 307 Abs. 2 Nr. 1 BGB unwirksam.

Die Klausel regelt nicht nur, wie die Entgelte der Sparkassen festgelegt werden, sondern auch, ob Entgelte erhoben werden. Sie ermöglicht es der Sparkasse Entgelte für Tätigkeiten festzusetzen, zu deren Erbringung sie schon von Gesetzes wegen oder aufgrund einer vertraglichen Nebenpflicht verpflichtet ist oder die sie im eigenen Interesse vornimmt. Ein solches Entgeltfestsetzungsrecht von Kreditinstituten ist nach ständiger Rechtsprechung des BGH mit wesentlichen Grundgedanken der gesetzlichen Regelung von der sie abweicht, nicht vereinbar und benachteiligt den Kunden unangemessen.

Das in der Klausel enthaltene einseitige Preisänderungsrecht benachteiligt die Sparkassenkunden deswegen unangemessen, weil die Änderungsvoraussetzungen unklar sind und die Klausel keine eindeutige Pflicht der Sparkasse zur Herabsetzung der Entgelte bei sinkenden Kosten enthält und es der Sparkasse damit ermöglicht, das ursprünglich vereinbarte vertragliche Äquivalenzverhältnis zu ihren Gunsten zu verändern.

<u>*Das gilt ebenso für das in der Klausel enthaltene Zinsänderungsrecht. Auch Zinsanpassungsklauseln im Kreditgeschäft von Kreditinstituten müssen den allgemeinen Anforderungen an Preisanpassungsklauseln genügen (Aufgabe von BGHZ 97, 212).*</u> *(Unterstreichung durch den Verfasser)*

2309 Dies besagt zutreffend, dass Zinsanpassungsklauseln (als untrennbare Einheit) der Inhaltskontrolle unterliegen und den Grundsätzen der Preisanpassungsklauseln[4320] unterfallen.

2310 Hintergrund ist folgender: Der Kernbereich von Preisen und Leistungen ist nach dem AGB-Recht von der Inhaltskontrolle ausgenommen, weil es hierzu zumeist keinen vergleichbaren Gerechtigkeitsgehalt gibt und es grundsätzlich Sache der Parteien ist, hierüber zu befinden. Anders, wenn „kraft Gesetzes" bestimmte Leistungen nur innerhalb eines bestimmten Rahmens oder auch als Nebenpflicht zum Vertrag unentgeltlich zu erbringen sind. Dann weicht die Klausel von der kraft Gesetzes bestehenden Rechtslage ab (Rechtslagendivergenz). Änderungsrechte für Entgelte und Zinsen unterliegen dagegen deshalb der Inhaltskontrolle, weil ohne diese keine Änderung „kraft Gesetzes" erfolgen würde. Hier stellt sich die Frage der klaren und vorhersehbaren Änderbarkeit und der Einhaltung des Äquivalenzverhältnisses: durch Änderungsklauseln darf sich der Verwender nicht nachträglich Vorteile verschaffen. Zinsänderungsklauseln und Preisänderungsklauseln stehen insoweit wertungsgemäß gleich.

4319 BGH v. 21.4.2009 – XI ZR 78/08 (m. Anm. *Niebling*, NJ 2009, 333).

4320 Hierzu zuletzt: BGH v. 6.4.2011 – VIII ZR 273/09 und VIII ZR 66/09.

2311 Insoweit greift auch die Rechtsprechung zu Fernwärmelieferverträgen:[4321] Das Transparenzgebot nach § 307 Abs. 1 S. 2 BGB verlangt, dass der Kunde den Umfang der auf ihn zukommenden Preissteigerungen aus der Formulierung der Klausel erkennen und die Berechtigung einer vom Klauselverwender vorgenommenen Erhöhung an der Klausel selber messen kann.

2312 Obwohl Anpassungsklauseln nicht generell unwirksam sind, ist die vorliegende Klausel unwirksam, weil sie dem Verwender ermöglicht, die Zinsen beliebig festzulegen und die anfängliche „Vertrags-Äquivalenz" nicht sichergestellt ist. Die Anforderungen an Zinsanpassungsklauseln sind sehr hoch, sie müssen klar und eindeutig den Anknüpfungspunkt erkennen lassen. Unbestimmte (Rechts-)Begriffe wie „Marktlage" und „Aufwand" sind nicht geeignet, eine hinreichende Beschränkung zu gewährleisten.

2313 Der Entscheidung ist damit nur im Ergebnis zuzustimmen. Der BGH hat seine Rechtsprechung durch ein zweites Urteil fortgesetzt und bestätigt.[4322]

II. Lohngleitklauseln

2314 Vgl. die Rechtsprechung des BGH.[4323] Generell unterliegen **Bankenentgelte** der Inhaltskontrolle wenn kraft Gesetzes ein solches Entgelt nicht geschuldet ist. Unwirksamkeit besteht insbesondere, wenn die Leistung, für die das Entgelt verlangt wird, ohnehin ohne (weitere) Kosten geschuldet wird oder im Interesse der Bank liegt. Ebenfalls kann das Transparenzgebot verletzt sein (siehe auch Stichwort „Banken").[4324]

Zugangserfordernisse

2315 Klauseln, wonach eine Erklärung des Verwenders von besonderer Bedeutung dem anderen Vertragsteil als zugegangen gilt, sind im nicht-kaufmännischen Verkehr nach § 308 Nr. 6 BGB unwirksam. Hierin wird auch der Verzicht auf den Zugang der Erklärung und die Begründung einer widerleglichen Vermutung des Zugangs erfasst.[4325]

2316 Erklärungen von besonderer Bedeutung sind solche, die für den Empfänger mit nachteiligen Rechtsfolgen verbunden sind, etwa die Kündigung,[4326] Mahnung,[4327] Ablehnungsandrohung nach Fristsetzung sowie Genehmigung.[4328] Nicht erfasst werden jedoch die Tagesauszüge der Banken,[4329] anders dagegen die Rechnungsabschlüsse.[4330] Für den kaufmännischen Verkehr wird sich das gleiche Ergebnis zumeist über §§ 307, 310 BGB herleiten lassen.

4321 BGH v. 6.4.2011 – VIII ZR 66/09 Ziffer 33.
4322 BGH v. 21.12.2010 – XI ZR 52/08, BKR 2011, 125 = BB 2011, 977 m. Anm. *Niebling*.
4323 BGH v. 9.12.2010 – VII ZR 189/08.
4324 Siehe *Niebling*, VuR 2011, 289; *Knops*, ZBB 2010, 479, der jedoch zu Unrecht davon ausgeht, dass Preisabreden generell der Inhaltskontrolle unterliegen (S. 482 Fn 37).
4325 *Kanzleiter*, DNotZ 1988, 498.
4326 BayObLG NJW 1980, 2818.
4327 OLG Stuttgart BB 1979, 909.
4328 LG Koblenz DNotZ 1988, 496.
4329 BGHZ 73, 209.
4330 BGH NJW 1985, 2699; OLG Düsseldorf NJW-RR 1988, 105, str.

Stichwortverzeichnis

Abgabefiktion § 308 Nr. 6, 12
Abnahme
– Bauvertrag L, 524
– Subunternehmervertrag L, 1799
– verspätete § 309 Nr. 6, 11
– Vertragsstrafe § 309 Nr. 6, 11
– VOB/B L, 2207
Abräumrecht L, 337
Abrede, individuelle § 305b, 13
– Bestätigungsschreiben, kaufmännisches § 305b, 19
– Zusätze/Streichungen § 305b, 17
Abschlagszahlungen L, 492
Abschlussvertreter § 309 Nr. 11, 1
Abtretung
– Abtretungsverbote L, 846
– Banken L, 371
– Einkaufsbedingungen L, 846
– Sicherungsabtretung Untermietforderung L, 1082
– Untermietzins L, 1026
Abwahl CISG § 305c, 40, *siehe auch UN-Kaufrecht*
ADSp L, 1952
– Einbeziehung durch Unterwerfung L, 1958
– Geltungsbereich L, 1956
– Inhaltskontrolle L, 1960
– Klauseln, unwirksame L, 1964
– Rechtsprechung L, 1965
AGB-Richtlinie L, 1399; RL, 1; § 305b, 51
– Bedeutung RL, 1
– Hinweise RL, 3
– Leistungsverweigerungsrechte L, 1442
– Preiserhöhungen, kurzfristige L, 1416
– Rücktrittsvorbehalte L, 1652
– Text RL, 13
Alleinauftrag L, 1461
Ambulanter Pflegedienst L, 1
Analogie vor §§ 305–310, 21
Änderungsvorbehalt L, 1401; § 308 Nr. 4, 1; § 305, 12
– Anwendbarkeit L, 1402
– Anwendungsbereich § 308 Nr. 4, 6
– Ausgangslage § 308 Nr. 4, 1
– Beweislast L, 1408
– Bier-/Getränkelieferungsvertrag L, 626
– Franchise L, 889
– Leistung Verwender L, 1403
– Rechtsfolge § 308 Nr. 4, 5
– Unternehmer L, 1411; § 308 Nr. 4, 21
– Zumutbarkeit § 308 Nr. 4, 13
– Zumutbarkeit Änderung L, 1403
– Zweck § 308 Nr. 4, 1
Anfechtung L, 792; vor § 307, 23
Annahme-/Leistungsfristen § 308 Nr. 1–1b, 1
– Annahmefristen § 308 Nr. 1–1b, 7, 15
– Annahmefristen, nicht hinreichend bestimmte § 308 Nr. 1–1b, 19

– Annahmefristen, unangemessen lange § 308 Nr. 1–1b, 15
– Annahmeklausel L, 372
– Bauunternehmer § 308 Nr. 1–1b, 30
– EG-Richtlinien § 308 Nr. 1–1b, 37
– Erwägungen, gesetzgeberische § 308 Nr. 1–1b, 3
– Fristen, betroffene § 308 Nr. 1–1b, 7
– Geltungsbereich § 308 Nr. 1–1b, 4
– Inhalt Regelung § 308 Nr. 1–1b, 2
– Kriterien § 310 § 308 Nr. 1–1b, 4
– Leistungsfristen § 308 Nr. 1–1b, 12, 23
– Leistungsfristen, nicht hinreichend bestimmte § 308 Nr. 1–1b, 27
– Leistungsfristen, unangemessen lange § 308 Nr. 1–1b, 23
– Rechtsfolge § 308 Nr. 1–1b, 32
– Rücktritts-/Widerrufsfristen § 308 Nr. 1–1b, 33
– Subunternehmer § 308 Nr. 1–1b, 30
– Unterwerfung vor Vertragsschluss § 308 Nr. 1–1b, 11
– Vertragsarten § 308 Nr. 1–1b, 6
– Wertung § 308 Nr. 1–1b, 15
– zu kurze § 308 Nr. 1–1b, 36
Anpassungsklausel L, 1381
Anrechnungsvorbehalte L, 24
Anwendungsbereich § 305, 1
– Änderungs-/Irrtumsvorbehalt § 305, 12
– Änderungsvorbehalt § 308 Nr. 4, 6
– Arbeitsrecht § 305, 5
– Arztformulare § 305, 23
– Aushandeln § 305, 65
– Aushändigung AGB § 305, 86
– Bereichsausnahme § 310 Abs. 4, 1
– Bestätigungsschreiben, kaufmännisches § 305, 97
– Bier-/Getränkelieferungsvertrag L, 565
– Einmalklauseln § 305, 7
– Einverständnis Kunde § 305, 94
– Einzelfragen § 305, 10
– Erklärung, einseitige § 305, 9
– Gemeinschaftsordnungen nach WEG § 305, 31
– Genehmigung/Empfehlung, behördliche § 305, 29
– Geschäftsverbindung, laufende § 305, 100
– Handbücher § 305, 26
– nach Vertragsschluss § 305, 95
– Nebenabreden, mündliche § 305, 24
– Nichteinbeziehung/Unwirksamkeit *siehe dort*
– öffentliche Hand § 305, 30
– Person, juristische öR § 310 Abs. 1, 8
– persönlicher § 305, 4
– Preis-/Leistungsbestimmungsrechte § 305, 22
– Preisausschreiben § 305, 32
– Rechtsgeschäft Ausländer im Inland § 305, 85
– sachlicher § 305, 5
– Schriftgröße § 305, 89

Stichwortverzeichnis

- Sondervermögen, öffentlich-rechtliche § 310 Abs. 1, 8
- Stellen von Bedingungen § 305, 42
- Tatsachenbestätigungen § 305, 21
- Teilungserklärung § 305, 31
- Transparenzgebot § 305, 82, 90
- Turnierausschreibungen § 305, 32
- Überlegungen, gesetzgeberische § 310 Abs. 1, 4
- Umfang § 305, 89
- Unternehmer § 310 Abs. 1, 5
- Unterscheidung Haupt-/Nebenleistungsklausel § 305, 20
- Verbrauchervertrag § 310 Abs. 3, 1; § 305, 6
- Vereinbarungen, prozessuale § 305, 27
- Verhältnis zu anderen Vorschriften vor §§ 305–310, 20
- Verkehr, unternehmerischer § 310 Abs. 1, 9
- Versorgungsverträge § 310 Abs. 2, 1
- Verträge, sachenrechtliche § 305, 19
- Vertragsbedingungen § 305, 10
- Vertragsschluss, fernmündlicher § 305, 84
- Vielzahl § 305, 37
- VOB/B § 310 Abs. 1, 14
- Vorformulierung § 305, 33
- Vorrang Individualabrede § 305b, 7
- Zwangsvollstreckungsunterwerfung § 305, 28
- § 310 Abs. 1 § 310 Abs. 1, 1
- § 310 Abs. 2 § 310 Abs. 2, 1
- § 310 Abs. 3 § 310 Abs. 3, 1
- § 310 Abs. 4 § 310 Abs. 4, 1

Anzeigepflicht L, 800

Äquivalenzprinzip § 307, 11
- Erwartungen Kunde § 307, 17
- Fernwärme § 307, 11
- Leistungsvorbehalte § 307, 17
- Nachbewertungsklausel § 307, 12
- Preisänderungs-/Preisanpassungsrechte § 307, 11, 14, 42
- Strom-/Gasversorgung § 307, 11, 14, 42
- Überziehungsentgelt § 307, 13
- Verfallklauseln § 307, 17
- Vorkasseklauseln § 307, 17
- Wertstellungsklauseln § 307, 17
- Zeittaktklausel § 307, 16

Arbeitnehmerhaftung L, 27

Arbeitsvertrag L, 6; § 305, 5
- Abgrenzung zum Franchisevertrag L, 871
- Altersgrenze L, 49
- Anrechnungsvorbehalte L, 24
- Arbeit auf Abruf L, 141
- Arbeitnehmerhaftung L, 27
- Arbeitszeiterhöhung L, 57
- Ausbildungsvertrag L, 554
- Ausgleichs-/Abgeltungsklauseln L, 32
- Ausschlussfristen L, 38
- Ausschlussfristen, einfache L, 44
- Ausschlussfristen, zweistufige L, 46
- Befristung L, 49
- Befristung, Arbeitsbedingungen L, 55
- Bereichsausschluss L, 13
- Besonderheiten, arbeitsrechtliche L, 16
- Bezugnahmeklauseln L, 60
- Bezugnahmeklauseln, beamtenrechtliche Bestimmung L, 71, 72
- Bezugnahmeklauseln, Betriebsvereinbarung L, 77
- Bezugnahmeklauseln, dynamische L, 74
- Bezugnahmeklauseln, Tarifvertrag L, 62
- Bindungsklauseln L, 80
- Blue-Pencil-Test L, 20
- Einzelarbeitsvertrag § 310 Abs. 4, 14
- Einzelarbeitsvertrag, Berücksichtigung Besonderheiten § 310 Abs. 4, 16
- Einzelarbeitsvertrag, Geltung/Nichtgeltung von Vorschriften § 310 Abs. 4, 17
- Erklärungen, fingierte L, 188
- Freistellung L, 90
- Freistellung nach Kündigung L, 93
- Freistellung vor Kündigung L, 92
- Freiwilligkeitsvorbehalte L, 94
- Geheimhaltungspflichten L, 103
- Geheimhaltungspflichten, alle Geschäftsvorgänge L, 105
- Geheimhaltungspflichten, Arbeitsvergütung L, 106
- Geheimhaltungspflichten, Betriebs-/Geschäftsgeheimnisse L, 104
- Klageverzicht L, 36
- Klauselkatalog L, 24
- Klauseln, salvatorische L, 130
- Kündigungsfrist L, 107
- Lohngleitklauseln L, 2314
- Mankohaftung L, 30
- Nebentätigkeit L, 114
- Pauschalierungsabreden L, 117
- Rechtsfolgen Unwirksamkeit L, 19
- Reduktion, geltungserhaltende L, 19
- Rückzahlung Fortbildungskosten L, 120
- Schadensersatzpauschalierung L, 29
- Schriftformklauseln L, 134, 434
- Sonderzuwendungen L, 110
- Stichtags-/Rückzahlungsklauseln L, 80
- Tatsachenerklärungen L, 187
- Übergangsregelungen L, 11
- Überstundenanordnung L, 138
- Überstundenvergütung L, 117
- Urlaub L, 146
- Verbrauchervertrag L, 14
- Versetzung L, 149
- Versetzung, Arbeitsort L, 156
- Versetzung, Konzernversetzung L, 167
- Versetzung, Lage Arbeitszeit L, 164
- Versetzung, Tätigkeit L, 162
- Vertragsauslegung, ergänzende L, 21
- Vertragsstrafen L, 168, 2155; § 309 Nr. 6, 10

Stichwortverzeichnis

- Vertragsstrafen, Höhe L, 174
- Vertragsstrafen, Verwirkungstatbestand L, 170
- Wettbewerbsverbot, nachvertragliches L, 113
- Widerrufsvorbehalte L, 178
- Zugangsfiktion L, 186
- Zuschläge, anlassbezogene L, 119

Architektenvertrag L, 191; § 309 Nr. 8b, 24
- Abnahme L, 215
- AGB, einzelne L, 210
- Architekt als Verwender L, 213
- Bauherr als Verwender L, 214
- Erscheinungsform L, 197
- Hauptvertrag L, 209
- Honorar L, 216
- Kündigungsvertrag L, 230
- Leistungserbringung L, 212
- Mängel L, 225
- Optionsvertrag L, 208
- Prüfungsmaßstab L, 193
- Rahmenvertrag L, 206
- Rechtsnatur L, 191
- Stufenvertrag L, 202
- Urheberrecht L, 229
- Verjährungsfristen L, 225
- Vertragsschluss L, 211
- Vollmachtsklausel L, 232
- Vorplanungsvertrag L, 201
- Vorvertrag L, 198

Arzt/Krankenhaus L, 233
- Arztformulare § 305, 23
- Aufklärungsformular L, 236
- Aufspaltung Verträge L, 244
- Chefarztvertrag L, 243
- Einbeziehung L, 233
- Einsichtsverzicht Krankenakte L, 237
- Freizeichnungsklauseln L, 240
- Gerichtsstandsklauseln L, 245
- Hausordnung L, 245
- Kündigung L, 242
- Schönheitsoperation L, 240
- Schweigepflichtentbindung L, 238
- Vergütung L, 235

Aufklärungsformular L, 236
Aufrechnungsverbote L, 246, 373, 1027, 2248; § 309 Nr. 3, 1
- Aufrechenbarkeit L, 793
- Banken L, 373
- Befugnis § 309 Nr. 3, 5
- Befugnis, Ausschluss § 309 Nr. 3, 13
- Befugnis, Beschränkung L, 247
- Befugnis, Erweiterung L, 251
- Bürgschaft L, 793
- Entscheidungsreife § 309 Nr. 3, 11
- Forderung, unbestrittene/rechtskräftig festgestellte § 309 Nr. 3, 7
- Inhalt § 309 Nr. 3, 4
- Inhaltskontrolle vor § 307, 31

- Insolvenz L, 254
- Konzernverrechnungsklauseln L, 251
- Rechtsfolge § 309 Nr. 3, 15
- Unternehmer § 309 Nr. 3, 16
- Verhältnis zu anderen Vorschriften § 309 Nr. 3, 2
- Verhältnis zu Leistungsverweigerungsrecht § 309 Nr. 2, 5
- Verhältnis zu § 242 BGB § 309 Nr. 3, 2
- Verhältnis zu § 309 Nr. 2 BGB § 309 Nr. 3, 3

Aufspaltung
- Arzt/Krankenhaus L, 244
- Aufspaltungsverbot L, 1270
- EDV-Recht L, 1270
- Verträge L, 244

Auftragsdauer L, 1464
Aufwendungsersatz L, 1468
Auktionsbedingungen L, 255
Ausbildungsvertrag L, 554
Ausgleichs-/Abgeltungsklauseln L, 32
Ausgleichsanspruch L, 1834
Aushandeln § 305, 65
- Branchenüblichkeit § 305, 70
- Darlegungs-/Beweislast § 305, 72
- Handelsbrauch § 305, 71

Aushändigung AGB § 305, 86
Ausländer L, 1841
Auslegung
- Automatenaufstellverträge L, 262
- Banken L, 351
- Bier-/Getränkelieferungsvertrag L, 672
- Handelsvertreter-AGB L, 1134
- Individualabrede § 305b, 4, 22
- Versicherungsverträge L, 2035

Ausschluss Vertragslösungsrecht § 309 Nr. 8a, 1
- Anwendungsbereich/-voraussetzungen § 309 Nr. 8a, 2
- Einzelfälle § 309 Nr. 8a, 9
- Kausalerfordernis § 309 Nr. 8a, 3
- Unternehmer § 309 Nr. 8a, 8
- Verhältnis zu anderen Vorschriften § 309 Nr. 8a, 5

Ausschlussfrist L, 1641; § 309 Nr. 8b, 19
Automatenaufstellverträge L, 259
- Abrechnung L, 305
- Anwendungsbereich L, 259
- Austausch Automat L, 275
- Austauschklausel L, 276
- Automatenart/-typ L, 274
- Bedarfsklausel L, 276
- Beschädigungen L, 284
- Betriebspflicht L, 279
- Betriebsstörungen L, 282
- Bürgschaftsklausel L, 313
- Dauer Aufstellrecht L, 287
- Einbeziehung/Auslegung L, 262
- Entgeltgarantie L, 304
- Entgeltregelungen L, 300
- Erweiterung L, 278

Stichwortverzeichnis

- Gesamtnichtigkeit L, 268
- Gesamtschuldklausel L, 312
- Inhalt/Umfang Aufstellrecht L, 272
- Inhaltskontrolle L, 265
- Klauseln, einzelne L, 272
- Klauseln, mietvertragliche L, 266
- Kündigung L, 336
- Kündigung, Abräumrecht L, 337
- Kündigung, Erklärungsfristen L, 297
- Kündigung, Insolvenz L, 339
- Kündigung, negative Auskunft L, 338
- Kündigung, Schließung Gaststätte L, 336
- Laufzeiten L, 290, 299
- Musikdarbietung L, 277
- Nachfolgeklauseln L, 308
- Nutzungsentgelt L, 300
- Nutzungsgarantie L, 286
- Öffnungszeiten L, 279
- Reduktion, geltungserhaltende L, 335
- Rentabilitätsklausel L, 276
- Reparatur/Instandsetzung L, 283
- Service/Wartung L, 281
- Spielbereitschaft L, 279
- Transparenzgebot L, 267, 302, 1841
- Übertragungsrecht L, 306
- Verlängerungsfiktion L, 292
- Verlängerungsfiktion, neuer Automat L, 296
- Versicherung L, 285
- Vertragsstrafe L, 321
- Vertragsstrafe, geltungserhaltende Reduktion L, 335
- Vertragsstrafe, Höhe L, 327
- Vertragsstrafe, Kumulationsverbot L, 323
- Wirteanteil L, 302
- Zutrittsrecht L, 280

Autowaschanlagen L, 340

Banken L, 342; § 305, 77
- Abschlussgebühr L, 370
- Abtretungsanzeige L, 371
- AGB-Begriff L, 345
- Annahmeklausel L, 372
- Aufrechnungsausschluss L, 373
- Auskünfte L, 381
- Auslegung L, 351
- Bausparkassen L, 468
- Bausparverträge L, 399
- Bürgschaft L, 400, 755
- Darlehen L, 405
- Darlehensvermittlungsvertrag L, 408, 440
- EC-Karten L, 409
- Einzelklauseln L, 370
- Entgelte L, 415, 2314
- Europarecht L, 351
- Fakultativklausel L, 417
- Freigabeklausel L, 418
- Geschäftsfähigkeit L, 419

- Globalzession L, 420
- Haftung L, 421
- Immobilienfondsbedingungen L, 362
- Inhaltskontrolle L, 355
- Kontoauszug L, 423
- Lastschriftklauseln L, 424
- Maklerprovision L, 426
- Nichtabnahmeentschädigung L, 425
- Opt in/Opt out L, 427
- Pfandrecht L, 428
- Prämiensparvertrag L, 429, 445
- Preisanpassungsklauseln L, 430
- Rechtsfolgen L, 368
- Reduktion, geltungserhaltende L, 351
- Scheckvertrag L, 409
- Schiedsabreden L, 432
- Schriftformklauseln L, 434
- Schufa-Klauseln L, 436
- Substitutionsklausel L, 437
- Summierungseffekt L, 364
- Tilgungsbestimmung L, 438
- Transparenzgebot L, 359
- Überweisungsauftrag L, 444
- Überziehungszinsen L, 382
- Umgehung L, 354
- Umwandlung Oder-Konto L, 439
- Verbraucherkredit L, 440
- Vertragsauslegung, ergänzende L, 353
- Vertragsstrafen L, 441
- Verwendung L, 355
- Vollmachtsklauseln L, 442, 2231
- Wertstellungsklausel L, 443, 2243
- Zins(änderungs)klausel L, 445
- Zusammenfassung L, 467
- Zwangsvollstreckung L, 450

Baubetreuer L, 2231
Bausparvertrag L, 399, 468, 1869
Bauträgervertrag L, 471
- Abnahme Gemeinschaftseigentum L, 502
- Abschlagszahlungen L, 484, 492
- Auswirkung SchRModG L, 474
- Begriff L, 471
- Erschließungskosten L, 508
- Klauseln, sonstige L, 507
- Kostenabwälzung L, 495
- Kündigung L, 500
- Leistungsänderung L, 507
- MaBV L, 484
- Mängelansprüche L, 475, 498
- nach Fertigstellung Bau L, 479
- Prospekthaftung L, 512
- Recht, anwendbares L, 481
- Rechtsnatur L, 473
- Regelungen, einzelne L, 490
- Rücktrittsrecht L, 509
- Schiedsgutachterklausel L, 511
- Vertragsschlussklauseln L, 490

554

Stichwortverzeichnis

- VOB/B L, 486
- Vollmachtsklauseln L, 505
- vor Errichtung Bau L, 476
- Vorleistung L, 493
- Wärmelieferungsvertrag L, 510

Bauunternehmer § 308 Nr. 1–1b, 30
Bauvertrag L, 513; § 309 Nr. 8b, 24
- Abnahme L, 524
- Bürgschaft L, 809
- Einheitspreisvertrag L, 515
- Festpreisklausel L, 519
- Gewährleistungsbürgschaft L, 541
- Haftung L, 534
- Klauseln, einzelne L, 515
- Kostenübertragung auf Auftraggeber L, 551
- Kündigung L, 545
- Leistung L, 520
- Leistungsänderung L, 521
- Lohngleitklausel L, 517
- Mängelansprüche L, 528
- Pauschalpreisvertrag L, 516
- Preisgleitklausel L, 518
- Schadensersatzansprüche § 309 Nr. 5, 21
- Schlussrechnung L, 550
- Sicherheitseinbehalt L, 538
- Sicherheitsleistungen L, 538
- Stundenlohnarbeiten L, 523
- Subunternehmervertrag L, 1791
- Transparenzgebot L, 1841
- Vergütung L, 515
- Vertragserfüllungsbürgschaft L, 539
- Vertragsstrafe L, 543
- VOB L, 514
- Vorleistungsklausel L, 520; § 309 Nr. 2, 21

Beförderungsbedingungen § 305a, 6
Begleitumstände § 310 Abs. 3, 26
Belieferungspreise L, 890
Bereichsausnahme § 310 Abs. 4, 1
- Einzelarbeitsvertrag § 310 Abs. 4, 14
- Erb-/Familien-/Gesellschaftsrecht § 310 Abs. 4, 4
- Tarifverträge, Betriebs-/Dienstvereinbarung § 310 Abs. 4, 10

Berufsausbildungsvertrag L, 554
Beschaffenheitsvereinbarung § 305b, 29
Bestätigungsklausel § 305b, 46
Bestätigungsschreiben, kaufmännisches § 305, 97; § 305b, 19
Bestimmtheit
- Annahmefristen § 308 Nr. 1–1b, 15
- Bestimmtheitsgebot § 308 Nr. 3, 20
- Leistungsbestimmungsrecht L, 1394
- Leistungsfristen § 308 Nr. 1–1b, 15
- Nachfrist § 308 Nr. 2, 16

Betreuungsvertrag siehe Kita-/Betreuungsvertrag, siehe Wohn-/Betreuungsvertrag
Betriebskosten L, 1033
Betriebsübergang L, 1836

Bewachungsvertrag L, 562
Bezugnahmeklauseln L, 60
Bezugsbindung L, 886
Bier-/Getränkelieferungsvertrag L, 564
- Abräumklausel L, 719
- Absicherung L, 592
- Angemessenheitsprüfung L, 578
- Anwendungsbereich L, 565
- Auslegung L, 672
- Einbeziehung L, 565
- Gesamtschuldklauseln L, 645
- Getränkefachgroßhändler L, 732
- Inhalt/Umfang Ausschließlichkeit L, 584
- Inhaltskontrolle L, 572, 674
- Inventarvorfinanzierung L, 722
- Klauseln, einzelne L, 584
- Koppelung L, 622
- Kündigung, nicht rechtzeitige L, 612
- Kündigungsklauseln L, 707
- Kündigungsklauseln, Abmahnung L, 710
- Kündigungsklauseln, einseitige Berechtigung L, 712
- Kündigungsklauseln, Fremdbezug L, 715
- Kündigungsklauseln, Kündigungsgrund L, 711
- Kündigungsklauseln, Minderbezug L, 716
- Kündigungsklauseln, Nachfristsetzung L, 710
- Kündigungsklauseln, schwerwiegender Verstoß L, 713
- Kündigungsklauseln, Teilkündigung L, 720
- Kündigungsklauseln, Verschulden L, 709
- Kündigungsklauseln, Vertretenmüssen L, 714
- Laufzeit L, 593
- Laufzeit, Beurteilungsgrundsätze L, 598
- Laufzeit, Beurteilungskriterien L, 600
- Laufzeit, Bewertung L, 603
- Laufzeit, länger als 10 Jahre L, 607
- Laufzeit, Lieferunmöglichkeit L, 616
- Laufzeit, Nachtrag L, 609
- Laufzeit, nicht rechtzeitige Kündigung L, 612
- Laufzeit, übermäßig lange L, 608
- Laufzeit, Verlängerungsoption L, 611
- Laufzeit, vertragliche Neugestaltung L, 610
- Laufzeit, Zehnjahresgrenze L, 606
- Leergut, Saldenbestätigungsklausel L, 750
- Leergut, Wiederbeschaffungswertklausel L, 752
- Leistungen Getränkelieferant L, 591
- Lieferung L, 590
- Lieferweg L, 625
- Lieferweg, Änderungsvorbehalt L, 626
- Lieferweg, einseitige Benennung L, 625
- Mengenverträge L, 617
- Mindestabnahmemenge L, 586
- Mindestbezugsmenge L, 617
- Mithaftklauseln L, 645, *siehe auch Gesamtschuldklauseln*
- Nachfolge bei Gebundenen L, 636
- Nachlieferungsrecht L, 621

Stichwortverzeichnis

- Negative Umsatzpacht L, 699
- Preisänderungsklauseln L, 629
- Preise L, 628
- Reduktion, geltungserhaltende L, 725
- Sanktionsklauseln, Fremdbezug L, 672
- Sanktionsklauseln, Minderbezug L, 689
- Schadensersatz L, 651, 691
- Schadensersatzpauschalierung L, 657
- Übertragungsrecht Lieferant L, 632
- Verbraucherschutzrecht L, 726
- Vertragsklauseln L, 726
- Vertragsstrafe L, 665, 672, 698
- Widerrufsbelehrung L, 730
- Zuschuss, Rückforderung L, 718

Bindungsklauseln L, 80
Binnenschifffahrt L, 1939
Blue-Pencil-Test L, 20
Branchenüblichkeit § 305, 70
Brief-/Paketdienste L, 1902
- ADSp L, 1952
- Binnenschifffahrt L, 1939
- Briefe L, 1902
- Deutsche Post AG/DHL L, 1910
- Eisenbahnfrachtrecht L, 1926
- Frachtrecht nach CMR L, 1922
- Lagerrecht L, 1948
- Luftfrachtrecht L, 1930
- Montrealer Übereinkommen L, 1930
- Paketdienste L, 1910
- Seefrachtrecht/Seehandelsrecht L, 1936
- Sendungen, briefähnliche L, 1902
- Speditionsrecht L, 1942
- Transport zu Wasser L, 1936
- VBGL L, 1968
- Verbotsgüter L, 1919
- Wertdeklaration L, 1918

Bürgschaft L, 400, 755
- Anfechtungsrecht L, 792
- Anfordern, erstes L, 797
- Anzeigepflicht L, 800
- Aufrechenbarkeit L, 793
- Ausschluss Legalzession L, 802
- Automatenaufstellverträge L, 313
- Baugewerbe L, 809
- Bürgschaftsklausel L, 313
- Einrede Vorausklage L, 795
- Einreden Hauptschuldner L, 784
- Einwendungsverzichtserklärungen L, 784
- Forderungsumfang L, 758
- Gesamtschuldnerschaft L, 804
- Gewährleistungsbürgschaft L, 541, 809
- Haftungsbegrenzung L, 782
- Kündigung L, 801
- MaBV-Bürgschaft L, 820
- Nebenforderungen L, 778
- Regressbeschränkungen L, 802
- Schadensersatzansprüche L, 799
- Sicherheiten, andere L, 780
- Sicherheitenaufgabe L, 807
- Sicherungszweckerklärung L, 758
- Vertragserfüllungsbürgschaft L, 539, 816
- Zeitbürgschaft L, 800

Chefarztvertrag L, 243
CISG *siehe UN-Kaufrecht*
Corporate Identity L, 1825
CPU-Klauseln L, 1272

Darlegungs-/Beweislast § 309 Nr. 12, 1; § 305, 101; § 305c, 13
- Abgrenzung zu anderen Vorschriften § 309 Nr. 12, 4
- Abgrenzung zu anderen Vorschriften, Mahnung/Fristsetzung § 309 Nr. 12, 5
- Abgrenzung zu anderen Vorschriften, Vertragsstrafe § 309 Nr. 12, 5
- Änderung § 309 Nr. 12, 7
- Änderung, Änderungsvorbehalt L, 1408
- Änderung, Begriff § 309 Nr. 12, 8
- Änderung, Beweislastverteilung § 309 Nr. 12, 9
- Änderung, zum Nachteil des Vertragspartners § 309 Nr. 12, 16
- Aushandeln § 305, 72
- Ausnahme § 309 Nr. 12, 25
- Bedeutung § 309 Nr. 12, 1
- Beweislastumkehr § 309 Nr. 5, 12
- Empfangsbekenntnis § 309 Nr. 12, 25
- Lösungsrechte § 308 Nr. 3, 30
- Rechtsfolge § 309 Nr. 12, 28
- Reduktion, teleologische § 309 Nr. 12, 18
- Regelbeispiel § 309 Nr. 12, 19
- Regelungsgehalt § 309 Nr. 12, 7
- Schadensersatzansprüche § 309 Nr. 5, 30
- Schadensersatzansprüche, Pauschalierung § 309 Nr. 5, 12
- Schiedsgutachterabrede § 309 Nr. 12, 17
- Schuldanerkenntnis § 309 Nr. 12, 15
- Schuldversprechen, abstraktes § 309 Nr. 12, 15
- Unternehmer § 309 Nr. 12, 27
- Vermutung, gesetzliche § 309 Nr. 12, 11
- Vollstreckungsunterwerfungsklauseln § 309 Nr. 12, 15
- Vorformulierung § 305, 36
- Vorrang Individualabrede § 305b, 50

Darlehen L, 405
- Kita-/Betreuungsvertrag L, 1323
- Schadensersatzansprüche § 309 Nr. 5, 22
- Vermittlungsvertrag L, 408, 440

Dauerschuldverhältnisse § 308 Nr. 3, 25
- Automatenaufstellverträge L, 287
- Bierliefervertrag § 309 Nr. 9, 6
- DSL-Anschluss § 309 Nr. 9, 6
- Laufzeit § 309 Nr. 9, 1
- Preiserhöhungen, kurzfristige § 309 Nr. 1, 13

Stichwortverzeichnis

– sonstige § 309 Nr. 9, 7
– Sukzessivliefervertrag § 309 Nr. 9, 6
– Zeitschriftenbezug § 309 Nr. 9, 6
Deutsche Post AG/DHL L, 1910
Dienstvertrag L, 1786
Dritter § 309 Nr. 10, 15

eBay-Kaufvertrag § 309 Nr. 2, 22
EDV-Recht L, 1266
– Aufspaltungsverbot L, 1270
– Cloud Computing L, 1276
– CPU-Klauseln L, 1272
– Einbeziehung L, 1266
– ENTER-Vereinbarung L, 1268
– Erschöpfungsgrundsatz L, 1275
– gebrauchte Software L, 1275
– Inhaltskontrolle L, 1270
– Leasingvertrag L, 1274
– Schutzhüllenverträge L, 1266
– Service-Level-Agreements L, 1279
– Shrink-Wrap-Agreements L, 1266
– Used-Soft L, 1275
– Vertragsstrafe L, 1273
EDV-Verträge L, 1236
EG-Verbraucherrichtlinie § 309 Nr. 11, 22
– Lösungsrechte § 308 Nr. 3, 31
– Nachfrist § 308 Nr. 2, 18
– Wechsel Vertragspartner § 309 Nr. 10, 19
Eigentumsvorbehalt L, 825
– Einkaufsbedingungen L, 843
– Einzelfälle L, 832
– Entstehen L, 825
– erweiterter L, 829, 836
– Formen L, 828
– Geschäftsverkehr L, 833
– Rücknahmerecht L, 835
– verlängerter L, 830, 837
– weitergeleiteter L, 831, 839
– Zulässigkeit L, 832
Einbeziehung vor §§ 305–310, 19
– ADSp L, 1958
– Arzt/Krankenhaus L, 233
– Automatenaufstellverträge L, 262
– Beförderungsbedingungen § 305a, 6
– Befreiung zusätzliche Erfordernisse § 305a, 1
– Bier-/Getränkelieferungsvertrag L, 565
– EDV-Recht L, 1266
– Post-/Telekommunikationsdienstleistungen § 305a, 8
– Reisevertrag L, 1606
– Verkehrstarife § 305a, 6
– VOB/B L, 2178
– Zugausfall (EVO) § 305a, 7
Einheitspreisvertrag L, 515
Einkaufsbedingungen L, 840
– Abtretungsverbote L, 846
– Abwehrklauseln L, 842

– Eigentumsvorbehalt L, 843
– Mängelhaftung L, 849
– Sublieferanten L, 854
– Zahlungsbedingungen L, 855
Einmalbedingungen § 310 Abs. 3, 18
Einmalklauseln § 305, 7, 38; § 305c, 10
Einrede Vorausklage L, 795
Einsichtsverzicht Krankenakte L, 237
Eintritt in Vertrag § 309 Nr. 10, 11
Eintrittskarten § 309 Nr. 2, 22
Einverständnis Kunde § 305, 94
Einwendungsverzichtserklärungen L, 784
Einwilligungserklärungen L, 856
Eisenbahnfrachtrecht L, 1926
Empfangsbevollmächtigungen § 308 Nr. 6, 14
Energieversorger *siehe Versorgungsverträge*
ENTER-Vereinbarung L, 1268
Entgelte § 305b, 35
Erb-/Familien-/Gesellschaftsrecht § 310 Abs. 4, 4
– Vertrag, erbrechtlicher § 310 Abs. 4, 4
– Vertrag, familienrechtlicher § 310 Abs. 4, 6
– Vertrag, gesellschaftsrechtlicher § 310 Abs. 4, 7
Erfüllungsgehilfe § 309 Nr. 7, 10
Erfüllungsort-Klauseln L, 858
Erklärungen, einseitige § 305, 9
Erklärungen, fingierte § 308 Nr. 5, 1
– Anwendungsbereich/-voraussetzungen § 308 Nr. 5, 2
– Arbeitsvertrag L, 188
– Einzelfälle § 308 Nr. 5, 20
– Geltung ggü. Unternehmern § 308 Nr. 5, 19
– Handelsvertretervertrag § 308 Nr. 5, 20
– Internet L, 1257
– Kontoauszüge/-abschlüsse § 308 Nr. 5, 20
– Mobilfunkvertrag § 308 Nr. 5, 20
– Rechtsfolge § 308 Nr. 5, 18
– Übung, betriebliche § 308 Nr. 5, 20
– Verhältnis zu anderen Vorschriften § 308 Nr. 5, 16
– Wirksamkeitsvoraussetzungen § 308 Nr. 5, 10
Erschließungskosten L, 508
Erschöpfungsgrundsatz
– Software L, 1275
Erwartungen Kunde § 307, 17
EuGVVO L, 1016
Exklusivitätsregelungen L, 902

Fahrlässigkeit, einfache L, 924, 943; § 309 Nr. 7, 23, 38
Fahrtickets § 309 Nr. 2, 22
Fakultativklausel L, 417
Fälligkeitsklauseln vor § 307, 45
Fernabsatz § 305, 77
Fernunterricht § 305, 77
Fernwärme L, 1871; § 307, 11, *siehe auch Versorgungsverträge*
Fertighausvertrag § 309 Nr. 2, 21
Festpreisklausel L, 519

Fitnessstudiovertrag L, 1759
– automatische Verlängerung L, 1761
– Entgeltklauseln L, 1768
– Gesundheitsklauseln L, 1777
– Haftungsklauseln L, 1771
– Kameraüberwachung L, 1776
– Kündigung, außerordentliche L, 1766
– Kündigung, ordentliche L, 1763
– Minderjährige L, 1778
– Öffnungszeiten L, 1779
– Standortänderung L, 1779
– Trainingszeiten L, 1779
– Vertragslaufzeiten L, 1760
– Verzehrklauseln L, 1775
Flachdächer L, 2020
Flugrecht L, 1208, 1264
Fortbildungskosten L, 120
Frachtrecht nach CMR L, 1922
Franchise L, 862
– Abgrenzungen L, 869
– Änderungsvorbehalte L, 889
– Aufklärungspflicht, vorvertragliche L, 877
– Auslegungsgrundsätze L, 881
– Begriff L, 862
– Belieferungspreise L, 890
– Bezugsbindung L, 886
– Einbeziehung Handbuch L, 883
– Exklusivitätsregelungen L, 902
– Formen L, 863
– Formularvertrag L, 866
– Gerichtsstandsklausel L, 916
– Haftung L, 909
– Handelsvertreterrecht L, 873
– Kick-Backs/Einkaufsvorteile L, 891
– Klauseln, kontrollfreie L, 878
– Klauseln, typische L, 880
– Kontrollrechte L, 888
– Kündigung L, 896
– Laufzeit L, 893
– Nebentätigkeit L, 905
– Parteien L, 867
– Preisbindung L, 886
– Rechtswahlklausel L, 915
– Richtlinienbindung L, 883
– Rücknahmepflicht L, 899
– Schiedsklausel L, 917
– Schriftformklauseln L, 913
– Sittenwidrigkeit L, 879
– Subordinationsregelungen L, 882
– Vertikal-GVO L, 903
– Vertragsstrafe L, 908
– Vertragstypen, andere L, 918
– Warenbezugsverpflichtung L, 886
– Wettbewerbsregelungen L, 902
– Wettbewerbsverbote L, 905
Freigabeklausel L, 418
Freistellung L, 90

Freiwilligkeitsvorbehalte L, 94
Freizeichnungsklauseln *siehe Haftungsausschluss*
Frist L, 1414
Fristsetzung *siehe Mahnung/Fristsetzung*

Garantie L, 945
Garantiehaftung L, 1042
Garantieregelungen L, 286, 304; § 309 Nr. 6, 9; § 307, 39, *siehe auch Mängelansprüche*
Gebrauchtwagenkauf L, 1301, 1312
– Unternehmer an Unternehmer L, 1304
– Unternehmer an Verbraucher L, 1301
– Verbraucher an Verbraucher L, 1306
Gefahrtragung L, 1375
Geheimhaltungspflichten L, 94
Gemeinschaftsordnungen nach WEG § 305, 31
Genehmigung/Empfehlung, behördliche § 305, 29
Gerechtigkeitsgehalt § 307, 21
Gerichtsstandsklauseln L, 1001
– Art. 23 EuGVVO L, 1016
– Arzt/Krankenhaus L, 245
– außerhalb Art. 23 EuGVVO L, 1023
– Bedeutung L, 1001
– Formvorschriften L, 1019
– Franchise L, 916
– Klauseln, überraschende L, 1009
– Klauseln, unangemessene L, 1010
– Nichtkaufleute L, 1004
– Pro-/Derogation L, 1004
– Rechtsverkehr, internationaler L, 1013
– Rechtsverkehr, nationaler L, 1003
– Unternehmer L, 1008
– Vereinbarung L, 1017
– Vertragshändlervertrag L, 2117, 2134
Gesamtschuldklauseln
– Automatenaufstellverträge L, 312
– Bier-/Getränkelieferungsvertrag L, 645
– Bürgschaftsklauseln L, 648
– Zustimmung, erklärte L, 646
– Zustimmungsvorbehalt L, 647
Gesamtschuldnerschaft L, 804
Geschäftsfähigkeit L, 419
Geschäftsraummiete L, 1024
– Abbuchung L, 1025
– Abrechnungsfrist L, 1035
– Abtretung Untermietzins L, 1026
– Aufrechnung L, 1027
– Betriebskosten L, 1033
– Betriebskosten, Verteilungsschlüssel L, 1037
– Betriebspflicht L, 1038
– Einzelfälle L, 1025
– Erhaltungspflicht L, 1039
– Erhöhung der Vorauszahlungen L, 1036
– Erlaubnis, behördliche L, 1032
– Fertigstellungsrisiko L, 1040
– Fläche L, 1041
– Garantiehaftung L, 1042

Stichwortverzeichnis

- Gemeinschaftsflächen L, 1045
- Haftung L, 1049
- Haftungsausschluss Vermieter L, 1031
- Instandhaltung, Instandsetzung L, 1050
- Kaution L, 1052
- Klausel, salvatorische L, 1075
- Kollision L, 1059
- Konkurrenzschutz L, 1060
- Kündigung L, 1056
- Lastschrifteinzug L, 1061
- Mängelansprüche L, 1046
- Mietanpassung L, 1067
- Mietminderung L, 1062
- Mietzahlung L, 1068
- Minderung L, 1069
- Nebenabrede/Schriftform L, 1073
- Rechtzeitigkeitsklausel L, 1074
- Schönheitsreparaturen L, 1713
- Schriftform L, 1076
- Schuldmitübernahme L, 1081
- Sicherungsabtretung Untermietforderung L, 1082
- Sonderkündigungsrecht L, 1058
- Teppichboden L, 1083
- Übergabe L, 1084
- Übergabetermin L, 1085
- Umsatzmiete L, 1086
- Untervermietung L, 1087
- Vertragsstrafe L, 1088
- Vertragsübertragung L, 1090
- Verwaltungskosten L, 1091
- Vorrang Individualabrede L, 1092
- Werbegemeinschaft L, 1093
- Zurückbehaltung L, 1029, 1094

Geschäftsverbindung, laufende § 305, 100
Geschäftsverkehr, elektronischer § 305, 77
Gesellschaftsvertrag L, 870
Gewährleistungsausschluss
- Cloud Computing L, 1276

Gewährleistungsbürgschaft L, 809
Globalzession L, 420
Grund, sachlich gerechtfertigter § 308 Nr. 3, 7
Grundschulddarlehen L, 1096
Gruppenfreistellungsverordnung L, 903, 1341; § 309 Nr. 9, 11; vor § 307, 25

Haftung Abschlussvertreter § 309 Nr. 11, 1
- EG-Verbraucherrichtlinie § 309 Nr. 11, 22
- Einstandspflicht § 309 Nr. 11, 5
- Erklärung, ausdrückliche/gesonderte § 309 Nr. 11, 11
- Geschäftsverkehr, unternehmerischer § 309 Nr. 11, 16
- Haftung, eigene § 309 Nr. 11, 5
- Inhalt § 309 Nr. 11, 1
- Rechtsfolge § 309 Nr. 11, 15
- Überlegungen, gesetzgeberische § 309 Nr. 11, 4

- Vertreter § 309 Nr. 11, 5
- Vertreter ohne Vertretungsmacht § 309 Nr. 11, 17

Haftungsausschluss L, 919; § 309 Nr. 7, 1; § 305b, 32
- Abschlussvertreter *siehe Haftung Abschlussvertreter*
- Anwendungsbereich § 309 Nr. 7, 3
- Arzt/Krankenhaus L, 240
- Ausnahmen § 309 Nr. 7, 19
- Banken L, 421
- Bauvertrag L, 534
- Beförderungsbestimmungen § 309 Nr. 7, 19
- Erfüllungsgehilfe § 309 Nr. 7, 10
- Fahrlässigkeit, einfache L, 924, 943; § 309 Nr. 7, 23, 38
- Franchise L, 909
- Freizeichnungsklauseln L, 919
- Geschäftsraummiete L, 1049
- Höhere-Gewalt-Klausel L, 1207
- Indizwirkung § 309 BGB § 309 Nr. 7, 27
- Kardinalpflichten L, 934
- Kita-/Betreuungsvertrag L, 1330
- Körperschäden L, 940; § 309 Nr. 7, 7, 29
- Leasing L, 1367
- Lotterie-/Ausspielverträge § 309 Nr. 7, 22
- Schaden, vorhersehbarer L, 938
- Schadensbegrenzung L, 928
- Subunternehmervertrag L, 1804
- Transparenzgebot L, 934
- Unternehmer L, 939; § 309 Nr. 7, 27
- Verletzung Vertragspflicht, wesentliche L, 924
- Vermieter Geschäftsraum L, 1031
- Verschulden, grobes L, 941; § 309 Nr. 7, 9, 31
- Vertreter, gesetzlicher § 309 Nr. 7, 10

Haftungsbegrenzung § 305c, 45
- Bürgschaft L, 782
- KfZ-Reparaturbedingungen L, 1630
- Rechtsanwalts-AGB L, 1581
- Steuerberater-AGB L, 1787

Handbücher § 305, 26
Handelsbrauch § 305, 71
Handelsmakler L, 1479
Handelsvertreter L, 1126; § 308 Nr. 5, 20
- Abgrenzung zum Franchisenehmer L, 872
- Abrechnung L, 1171
- Änderungsvorbehalt L, 1144
- Ausgleichsanspruch L, 1199
- Auslegung, objektive L, 1134
- außerhalb EG/EWiR L, 1133, 1194
- Einstandszahlung L, 1141
- Freistellung L, 1188
- Geheimhaltung L, 1190
- im Nebenberuf L, 1819
- Klausel, unwirksame L, 1139
- Kundenkreis L, 1148
- Kündigung L, 1177, 1203
- nachvertragliche Provisionen L, 1165
- nebenberuflicher L, 1132

559

Stichwortverzeichnis

- Produkte L, 1150
- Provision L, 1152
- Provision, Ausführung Geschäft durch Dritten L, 1157
- Provision, Bonus-/Malusregelung L, 1168
- Provision, Folgeprovision L, 1161
- Provision, Haftungsbeschränkung L, 1154
- Provision, nachvertragliche Geschäfte L, 1165
- Provision, Nichtleistung Kunde L, 1167
- Provision, Provisionsausschluss L, 1155
- Provision, Schmälerungen Einkünfte L, 1168
- Provision, Überhangprovision L, 1162
- Provision, Untervertreterverhältnis L, 1160
- Provision, Vermittlungsprovision L, 1154
- Rechtsrahmen AGB-Kontrolle L, 1126
- Rechtsrahmen AGB-Kontrolle, persönlicher Anwendungsbereich L, 1129
- Rechtsrahmen AGB-Kontrolle, sachlicher Anwendungsbereich L, 1126
- Reduktion, teleologische L, 1139
- Transparenz L, 1135
- unternehmerischer L, 1129
- Verjährung L, 1172
- Vertragsgebiet L, 1145
- Vertragsstrafe L, 1191
- Vertriebsstrategie L, 1149
- Vertriebsvermittler L, 1131
- Wegfall Exklusivität L, 1184
- Wettbewerbsabreden L, 1189
- Wettbewerbsverbot, nachvertragliches L, 1201

Handlungsvollmacht L, 2232
Härte, unzumutbare § 306, 46
Hauptleistungspflicht § 305b, 27
Hauptvertrag L, 209
Hausordnung L, 245
Hausverwaltungskosten § 305c, 47
Heiratsvermittlung L, 1528; § 309 Nr. 2, 22
Historie vor §§ 305–310, 14
Höhere-Gewalt-Klausel L, 1204

IATA-Beförderungsbedingungen L, 1208
Immobilienfonds L, 1854
Individualabrede UKlaG, 20
Inhaltskontrolle vor §§ 305–310, 19; vor § 307, 1; § 307, 1
- ADSp L, 1960
- Angemessenheitsprüfung L, 582
- Äquivalenzprinzip § 307, 11
- Automatenaufstellverträge L, 265
- Banken L, 355
- Bedingungen, divergierende § 310 Abs. 2, 9
- Bedingungen, konforme § 310 Abs. 2, 6
- Beurteilungsgrundsätze L, 580
- Beurteilungsmaßstab § 307, 1
- Beurteilungszeitpunkt L, 581; § 307, 3
- Bier-/Getränkelieferungsvertrag L, 572, 674
- deklaratorische Klauseln § 307, 31

- Dritte § 307, 4
- EDV-Recht L, 1270
- Erlaubnisnormen § 307, 35
- Garantieregelungen § 307, 39
- Grundschulddarlehen L, 1110
- Handelsvertreter außerhalb EG/EWiR L, 1194
- Historie vor § 307, 14
- Internet L, 1250
- isolierte L, 2188
- Klauseln, kontrollfreie § 307, 41
- Klauseln, salvatorische vor § 307, 52
- Klauseln, sonstige prüffähige § 307, 40
- Laufzeitregelungen § 307, 39
- Maßstab L, 1194
- nach § 138 BGB L, 577
- Preisänderungsklauseln L, 629
- Preiserhöhungen, kurzfristige § 309 Nr. 1, 16
- Prüfreihenfolge § 307, 5
- Prüfungsmaßstab L, 2146
- Rechtsfolge Verstoß vor § 307, 27
- Rechtsfolge Verstoß, Aufrechnungsverbot vor § 307, 31
- Rechtsfolge Verstoß, ergänzende Vertragsauslegung vor § 307, 32
- Rechtsfolge Verstoß, geltungserhaltende Reduktion vor § 307, 28, 42
- Rechtsfolge Verstoß, Kaltwasserentscheidung vor § 307, 40
- Rechtslagenvergleich § 307, 7
- Rechtsqualität Normen § 307, 8
- Reisevertrag L, 1608
- Schadensersatzpauschalierung L, 657
- Schadensersatzpflicht vor § 307, 53
- scheinbar deklaratorische Klauseln § 307, 33
- Schranken § 307, 26
- Schranken, Banken L, 365
- Schutz Vertragspartner § 307, 4
- Sicherungszweckerklärung L, 1110
- Systematik vor § 307, 1
- Teilbarkeit vor § 307, 42
- Transparenzgebot *siehe dort*
- Unterlassungsanspruch nach UKlaG vor § 307, 58
- Verhältnis zu anderen Rechtsnormen vor § 307, 16
- Verhältnis zu anderen Rechtsnormen, Anfechtung vor § 307, 23
- Verhältnis zu anderen Rechtsnormen, Kartellrecht vor § 307, 25
- Verhältnis zu anderen Rechtsnormen, Klauselkataloge vor § 307, 16
- Verhältnis zu anderen Rechtsnormen, UWG vor § 307, 24
- Verhältnis zu anderen Rechtsnormen, § 134 BGB vor § 307, 17
- Verhältnis zu anderen Rechtsnormen, § 138 BGB vor § 307, 18
- Verhältnis zu anderen Rechtsnormen, § 242 BGB vor § 307, 19

- Verjährung L, 2017
- Versorgungsverträge § 310 Abs. 2, 6
- Vertragsstrafe L, 2146; § 309 Nr. 6, 15
- VOB L, 2188
- Würdigung Gesamtumstände vor § 307, 47
- Zins-/Zinsberechnungsklausel L, 2300

Instandhaltung L, 1050, *siehe auch Schönheitsreparaturen*

Internet L, 1236
- Einsatz von Filter-Software L, 1261
- Erklärungen, fingierte L, 1257
- Erschöpfungsgrundsatz L, 1275
- Flugreisen L, 1264
- Hinweis, ausdrücklicher L, 1239
- Hyperlink L, 1239
- (Hyper-)Linkkette L, 1241
- Inhaltskontrolle L, 1250
- Kenntnisnahme, zumutbare L, 1241
- Kündigungsfristen L, 1258
- Kündigungsrecht L, 1260
- Leistungsänderung, einseitige L, 1252
- Musikdownload L, 1265
- Preisanpassung L, 1255
- Providerverträge L, 1250
- Transparenzgebot L, 1253
- Versandhandel L, 1262
- Vertrag L, 1359
- Vorauszahlungsklauseln L, 1259
- Zustimmung L, 1246

IT-/EDV-Verträge L, 1236, *siehe auch EDV-Recht, siehe auch Internet*

Kaltwasserentscheidung § 307, 32
Kartellrecht § 309 Nr. 9, 11; vor § 307, 25
Kaufvertrag L, 1484
Kaution
- Geschäftsraummiete L, 1052
- Kautionsklausel vor § 307, 45
- Kita-/Betreuungsvertrag L, 1331

Kenntnisfiktion § 308 Nr. 6, 12
KfZ-Miete L, 1281; § 309 Nr. 5, 26
KfZ-Reparaturbedingungen L, 1628
- Arbeiten, nicht vereinbarte L, 1628
- Ausschlussfristen L, 1641
- Haftungsbegrenzung L, 1630
- Kostenvoranschlag L, 1636
- Pfandrecht, vertragliches L, 1634
- Rechtsweg ausgeschlossen L, 1629
- Vorleistungspflichten L, 1635

KfZ-Verkauf L, 1285
KfZ-Vertrag L, 1285
- Gebrauchtwagenkauf L, 1301
- Neuwagenkauf L, 1295
- Platzmietpauschale L, 1315
- Schadensersatzansprüche § 309 Nr. 5, 23
- Verbot Neuwagenvertrieb L, 2103

- Verbot Zweitmarke L, 2105
- Werkstattvertrag L, 2118

Kick-Backs/Einkaufsvorteile L, 891
Kita-/Betreuungsvertrag L, 1317
- Ausblick L, 1333
- Bearbeitungskosten L, 1329
- Betreuungskosten L, 1328
- Darlehen L, 1323
- Ferien/Schließung L, 1327
- Haftung L, 1330
- Kaution L, 1331
- Kündigung L, 1319
- Lastschriftklauseln L, 1332
- Laufzeit L, 1319
- Probezeit L, 1325
- Trägerverein L, 1326
- Vorauszahlung L, 1323

Klagebefugnis UKlaG, 23
Klageverzicht L, 36
Klauselkatalog L, 24, 1510; § 308 Nr. 1–1b, 1; § 309 Nr. 1, 1; § 309 Nr. 9, 1
- Annahme-/Leistungsfristen § 308 Nr. 1–1b, 1
- Aufrechnungsverbot § 309 Nr. 3, 1
- Ausschluss Vertragslösungsrecht § 309 Nr. 8a, 1
- Beweislast § 309 Nr. 12, 1
- Erklärungen, fingierte § 308 Nr. 5, 1
- Haftung Abschlussvertreter § 309 Nr. 11, 1
- Leistungsverweigerungsrechte § 309 Nr. 2, 1
- Lösungsrechte § 308 Nr. 3, 1
- Mahnung/Fristsetzung § 309 Nr. 4, 1
- Mängel § 309 Nr. 8b, 1
- Mietvertrag L, 1493
- Nachfrist § 308 Nr. 2, 1
- Nichtverfügbarkeit Leistung § 308 Nr. 8, 1
- Preiserhöhungen, kurzfristige § 309 Nr. 1, 1
- Rückabwicklung Verträge § 308 Nr. 7, 1
- Schriftform/Zugangserfordernisse § 309 Nr. 13, 1
- Wechsel Vertragspartner § 309 Nr. 10, 1
- Zugangsfiktion § 308 Nr. 6, 1
- § 308 Nr. 4 § 308 Nr. 4, 1

Klauseln, salvatorische L, 1662; § 306, 27
- Arbeitsvertrag L, 130
- Inhaltskontrolle vor § 307, 52
- Transparenzgebot L, 1841

Klauseln, überraschende § 305c, 1
- Auslegung § 305c, 23
- Darlegungs-/Beweislast § 305c, 13
- Einmalklausel § 305c, 10
- Gerichtsstandsklauseln L, 1009
- Leistungsbestimmungsrecht L, 1427
- Prüfungsschritte § 305c, 7
- Rechtsbegriffe, juristische § 305c, 32
- Unterlassungsverfahren § 305c, 12
- Versicherungsverträge L, 2047; § 305c, 26

Klauseln, unangemessene L, 1010
Klauselteile, abtrennbare § 306, 16

Stichwortverzeichnis

Kollision L, 1059
Konnexität § 309 Nr. 2, 3
Kontoauszüge/-abschlüsse L, 423; § 308 Nr. 5, 20
Kontrollrechte L, 888
Koppelung
- Darlehensvorvertrag L, 622
- Finanzierung L, 622
- Laufzeitdivergenzen L, 624

Körperschäden *siehe Haftungsausschluss*
Kostenabwälzung L, 495
Kreditkartenvertrag L, 1334
Kumulationsverbot L, 2149
Kundenkarten L, 1830
Kündigung
- Arzt/Krankenhaus L, 242
- Ausschluss Vertragslösungsrecht *siehe dort*
- außerordentliche L, 1372
- Automatenaufstellverträge L, 336
- Bauträgervertrag L, 500
- Bauvertrag L, 545
- Bier-/Getränkelieferungsvertrag L, 612
- Bürgschaft L, 801
- Franchise L, 896
- Freistellung L, 90
- Fristen L, 1203, 1258
- Geschäftsraummiete L, 1056
- Geschäftsraummiete, Sonderkündigungsrecht L, 1058
- Handelsvertreter L, 1177, 1203
- Internet L, 1258, 1260
- Kita-/Betreuungsvertrag L, 1319
- Kündigungsfrist L, 107
- Kündigungsvertrag L, 230
- Leasing L, 1369
- Maklervertrag L, 1470
- Steuerberater-AGB L, 1790
- Subunternehmervertrag L, 1809
- Unterrichtsverträge L, 2008
- Vertragshändlervertrag L, 2099, 2128
- Verzicht L, 2282
- Wohn-/Betreuungsvertrag L, 2296
- Wohnraummiete L, 2263

Lagerrecht L, 1948
Lastschriftklauseln
- Banken L, 424
- Kita-/Betreuungsvertrag L, 1332

Laufzeit L, 1339
- B2B-Verhältnisse § 309 Nr. 9, 10
- B2C-Verhältnisse § 309 Nr. 9, 3
- Bierliefervertrag § 309 Nr. 9, 6
- Dauerschuldverhältnisse § 309 Nr. 9, 1
- DSL-Anschluss § 309 Nr. 9, 6
- Franchise L, 893
- Gerechtigkeitsgehalt GVO L, 1341
- Gruppenfreistellungsverordnung § 309 Nr. 9, 11
- Internet-System-Vertrag L, 1359
- Kita-/Betreuungsvertrag L, 1319
- Laufzeitklausel § 305c, 46
- Laufzeitregelungen § 307, 39
- Mietverträge L, 1357
- Mobilfunkvertrag L, 1361
- Rabattberechtigung § 309 Nr. 9, 9
- Ratenlieferverträge L, 1356
- Regelungsgehalt § 309 Nr. 9, 3
- sonstige § 309 Nr. 9, 7
- Sukzessivliefervertrag § 309 Nr. 9, 6
- Tankstellenstationärverträge L, 1832
- Zeitschriftenbezug § 309 Nr. 9, 6

Leasing L, 1363
- Anpassungsklausel L, 1381
- EDV-Recht L, 1274
- Einzelfälle L, 1365
- Gefahrtragung L, 1375
- Haftung Mängel L, 1367
- Kündigung L, 1369
- Kündigung, außerordentliche L, 1372
- Leistungsstörung L, 1374
- Teilamortisationsvertrag L, 1371
- Vertragsschluss L, 1365

Lebensversicherung L, 2052
Legalzession L, 802
Leistungsänderung
- Bauträgervertrag L, 507
- Bauvertrag L, 521
- Internet L, 1252
- Leistungsänderungsvorbehalte L, 1613

Leistungsbeschreibung L, 878
Leistungsbestimmungsrecht L, 1382
- Änderungsvorbehalt L, 1401
- Anwendbarkeit L, 1389
- Bestimmtheitsgebot L, 1394
- Einschränkungen L, 1385
- Grundsätzliches L, 1382
- Klauseln, überraschende L, 1427
- Leistungsfrist L, 1388
- Leistungsfrist, unangemessene L, 1390
- Leistungsvorbehalte L, 1420
- Preiserhöhungen, kurzfristige L, 1412
- Rechtsfolge Unwirksamkeit L, 1398
- RL 2000/35EG L, 1399
- RL 93/13/EWG L, 1399
- Rückgabevorbehalt L, 1397
- Transparenzgebot L, 1427
- Unternehmer L, 1400
- Widerrufsrecht L, 1397

Leistungsfrist L, 1388
Leistungsstörung L, 1374
Leistungsverweigerungsrechte L, 1430; § 309 Nr. 2, 1
- Anwendbarkeit L, 1432
- Aufrechnungsverbot § 309 Nr. 3, 3

- Ausschluss/Einschränkung § 309 Nr. 2, 9
- Ausschluss/Einschränkung, nach § 273 BGB L, 1438
- Ausschluss/Einschränkung, nach § 320 BGB L, 1433
- Erweiterung L, 1449
- Gegenforderung, vollwirksame/fällige § 309 Nr. 2, 13
- Gegenseitigkeitsverhältnis § 309 Nr. 2, 12
- Konnexität § 309 Nr. 2, 3
- Recht nach § 320 BGB § 309 Nr. 2, 10
- Recht Vertragspartner § 309 Nr. 2, 15
- Rechtsfolgen L, 1443; § 309 Nr. 2, 27
- RL 93/13/EWG L, 1442
- Unternehmer L, 1445; § 309 Nr. 2, 28
- Verhältnis zu anderen Vorschriften § 309 Nr. 2, 5
- Vertrag, gegenseitiger § 309 Nr. 2, 11
- Vertragstreue § 309 Nr. 2, 14
- Vorleistungsklauseln § 309 Nr. 2, 17
- Vorleistungspflicht L, 1437
- Zurückbehaltungsrecht § 309 Nr. 2, 23

Leistungsvorbehalte L, 1382, 1420; § 307, 17
- Anwendbarkeit L, 1421
- Leistungsvorbehalts-/Kostendeckungsklauseln § 309 Nr. 1, 21
- Vereinbarung, wirksame L, 1423

Lieferfristen § 305b, 31

Lohngleitklausel L, 517

Lösungsrechte § 308 Nr. 3, 1
- Angabe im Vertrag § 308 Nr. 3, 19
- Anwendungsbereich § 308 Nr. 3, 3
- Ausnahme § 308 Nr. 3, 25
- Bereich, unternehmerischer § 308 Nr. 3, 32
- Bestimmtheitsgebot § 308 Nr. 3, 20
- Darlegungs-/Beweislast § 308 Nr. 3, 30
- Dauerschuldverhältnisse § 308 Nr. 3, 25
- Dauerschuldverhältnisse, Anwendungsfälle § 308 Nr. 3, 26
- Dauerschuldverhältnisse, gesetzgeberischer Grund § 308 Nr. 3, 25
- EG-Verbraucherrichtlinie § 308 Nr. 3, 31
- Erschwernis Kunde § 308 Nr. 3, 22
- Grund, sachlich gerechtfertigter § 308 Nr. 3, 7
- Inhalt § 308 Nr. 3, 1
- Interessenabwägung § 308 Nr. 3, 7
- Kreditunwürdigkeit Kunde § 308 Nr. 3, 15
- Leistungshindernisse Verwender § 308 Nr. 3, 10
- Lösungsklauseln § 305b, 26
- Modifikation gesetzlicher Lösungsrechte § 308 Nr. 3, 21
- Nichtverfügbarkeit Leistung § 308 Nr. 3, 23
- Rechtsfolgen § 308 Nr. 3, 28
- Sonderfälle § 308 Nr. 3, 21
- Überlegungen, gesetzgeberische § 308 Nr. 3, 2
- Verhältnis zu § 305b BGB § 308 Nr. 3, 24
- vertragswidriges Verhalten des Kunden § 308 Nr. 3, 13
- Wechsel Vertragspartner § 309 Nr. 10, 16

Lotterie-/Ausspielverträge L, 2019; § 309 Nr. 7, 22; § 305, 32

Lückenfüllung § 306, 34

Luftfrachtrecht L, 1930

MaBV-Bürgschaft L, 820

Mahnung/Fristsetzung § 309 Nr. 4, 1
- Abbedingen § 309 Nr. 4, 7
- Bedeutung § 309 Nr. 4, 1
- Beweislast § 309 Nr. 12, 5
- Freistellung § 309 Nr. 4, 9
- Inhalt § 309 Nr. 4, 5
- Mahnkosten § 309 Nr. 5, 24
- Obliegenheit zur Fristsetzung § 309 Nr. 4, 10, 14
- Obliegenheit zur Mahnung § 309 Nr. 4, 6, 13
- Rechtsfolgen § 309 Nr. 4, 11
- Unternehmer § 309 Nr. 4, 12

Makler-/Bauträgerverordnung L, 484

Maklervertrag L, 1450
- Absprachen, individuelle L, 1456
- Alleinauftrag L, 1461
- Auftragsdauer L, 1464
- Auftragspflicht, Auftraggeber L, 1466
- Auftragspflicht, Makler L, 1465
- Aufwendungsersatz L, 1468
- Darlehensvermittlung L, 1475
- Ehegattenhaftung L, 1473
- Ehevermittlung L, 1477
- Handelsmakler L, 1479
- Klauseln, einzelne L, 1457
- Kündigung L, 1470
- Maklerprovision L, 426
- Reisevermittler L, 1480
- Schadensersatzansprüche § 309 Nr. 5, 25
- Sonderregelungen L, 1475
- Teilzeitwohnrechte L, 1481
- Terminsoptionsvermittler L, 1479
- Versicherungsmakler L, 1478
- Weitergabe Angebot L, 1457
- Zwangsversteigerung L, 1474

Mängelansprüche L, 1483; § 309 Nr. 8b, 1
- Architektenvertrag L, 225
- Aufwendungen bei Nacherfüllung § 309 Nr. 8b, 13
- Aufwendungen bei Nacherfüllung, Unternehmer § 309 Nr. 8b, 14
- Ausschluss/Verweisung auf Dritte § 309 Nr. 8b, 6
- Ausschluss/Verweisung auf Dritte, Unternehmer § 309 Nr. 8b, 10
- Ausschlussfrist § 309 Nr. 8b, 19
- Ausschlussfrist, Unternehmer § 309 Nr. 8b, 22
- Bauträgervertrag L, 475, 498
- Bauvertrag L, 528

Stichwortverzeichnis

- Beschränkung auf Nacherfüllung § 309 Nr. 8b, 11
- Beschränkung auf Nacherfüllung, Unternehmer § 309 Nr. 8b, 12
- Einkaufsbedingungen L, 849
- Erleichterung Verjährung § 309 Nr. 8b, 23
- Erleichterung Verjährung, Beispiele § 309 Nr. 8b, 24
- Erleichterung Verjährung, Unternehmer § 309 Nr. 8b, 25
- Geschäftsraummiete L, 1046, 1069
- Kaufvertrag L, 1484
- Mietrecht L, 1487
- Reiserecht L, 1488
- Subunternehmervertrag L, 1801
- Verjährung L, 2021
- VOB/B L, 2210
- Werkvertrag L, 1486
- Wohn-/Betreuungsvertrag L, 2295

Mängelhaftung *siehe Mängelansprüche*
Mankohaftung L, 30
Mehrwertsteuer L, 1489
Mengenverträge L, 617
Mietfahrzeug § 309 Nr. 5, 26
Mietvertrag L, 1492

- Automatenaufstellverträge L, 266
- Betriebskosten L, 1033
- Geschäftsraummiete L, 1024, 1713
- Kfz-Miete L, 1281
- Klauselkatalog § 308 L, 1510
- Klauselkatalog § 309 L, 1493
- Mängelhaftung L, 1487
- Mieterhöhung L, 1704
- Mietminderung L, 1062
- Schönheitsreparaturen L, 1666
- Transparenzgebot L, 1855, 1868
- Vollmachtsklauseln L, 2231
- Vorleistungsklauseln § 309 Nr. 2, 22

Mindestabnahmemenge L, 586
Mitarbeiter, freier L, 1786
Möbelhandel L, 1519; § 309 Nr. 5, 27
Mobilfunkvertrag L, 1361; § 308 Nr. 5, 20
Montrealer Übereinkommen L, 1930
Musikdownload L, 1265

Nachbewertungsklausel § 307, 12
Nacherfüllung
- Aufwendungen § 309 Nr. 8b, 13
- Beschränkung § 309 Nr. 8b, 11
- Vorenthalten § 309 Nr. 8b, 16

Nachfolgeklauseln L, 308
Nachfrist § 308 Nr. 2, 1
- Anliegen, gesetzgeberisches § 308 Nr. 2, 3
- Bier-/Getränkelieferungsvertrag L, 621
- EG-Verbraucherrichtlinie § 308 Nr. 2, 18
- Geltungsbereich § 308 Nr. 2, 4
- Inhalt § 308 Nr. 2, 1
- Klauseln § 308 Nr. 2, 6

- Klauseln, typische § 308 Nr. 2, 10
- Nachlieferungsrecht L, 621
- nicht hinreichend bestimmte § 308 Nr. 2, 16
- Rechtsfolgen § 308 Nr. 2, 17
- Rechtsfristen § 308 Nr. 2, 5
- unangemessen lange § 308 Nr. 2, 11
- unangemessen lange, Abwägung § 308 Nr. 2, 13
- unangemessen lange, Beispiele § 308 Nr. 2, 14
- unangemessen lange, Definition § 308 Nr. 2, 11

Nebenabreden, mündliche § 305, 24
Nebenforderungen L, 778
Nebenleistungen § 305b, 38
Nebentätigkeit L, 114, 905
Neuwagenkauf L, 1295, 1310
- Unternehmer an Unternehmer L, 1299
- Unternehmer an Verbraucher L, 1295

Nichtabnahme L, 425; § 309 Nr. 6, 11
Nichteinbeziehung/Unwirksamkeit § 306, 1
- Anwendungsbereich § 306, 5
- Ausnahmen, weitere § 306, 23
- EG-Verbraucherrichtlinie § 306, 53
- Ersetzung Klausel § 306, 26
- Härte, unzumutbare § 306, 46
- Inhalt § 306, 1
- Klausel, salvatorische § 306, 27
- Klauselteile, abtrennbare § 306, 16
- Klauselteile, abtrennbare, Beispiele § 306, 21
- Klauselteile, abtrennbare, Trennung § 306, 17
- Klauselteile, abtrennbare, verständlicher/sinnvoller Klauselrest § 306, 19
- Lückenfüllung § 306, 34
- Nichteinbeziehung, einzelne Klauseln § 306, 12
- Nichteinbeziehung, ganzer Vertrag § 306, 7
- Rechtsfolgen § 306, 33
- Rechtsfolgen, ergänzende Vertragsauslegung § 306, 39
- Rechtsfolgen, ersatzlose Streichung § 306, 37
- Rechtsfolgen, Grundsatz § 306, 33
- Rechtsfolgen, Lückenfüllung § 306, 34
- Rechtsfolgen, Unwirksamkeit des Gesamtvertrags § 306, 46
- Reduktion, geltungserhaltende § 306, 14
- Regelungsgehalt § 306, 7
- Überlegungen, gesetzgeberische § 306, 3
- Verbandsklage § 306, 52
- Vertragsauslegung, ergänzende § 306, 39
- Vertragstorso § 306, 51
- Vertrauensschutz § 306, 32

Nichtverfügbarkeit Leistung § 308 Nr. 8, 1
- Anwendungsbereich/-voraussetzungen § 308 Nr. 8, 2
- Einzelfälle § 308 Nr. 8, 8
- Geltung ggü. Unternehmern § 308 Nr. 8, 7
- Verhältnis zu anderen Vorschriften § 308 Nr. 8, 5
- Vorrats-/Selbstbelieferungsklauseln § 308 Nr. 8, 8

Nutzungsentgelt L, 300

Öffentliche Hand § 305, 30
Opt in/Opt out L, 427, 856
Optionsvertrag L, 208

Paketdienst *siehe Brief-/Paketdienste*
Partnerschaftsvermittlung L, 1528
Pauschalpreisvertrag L, 516
Person, juristische öR § 310 Abs. 1, 8
Pfandrecht L, 428
Pflegedienst-Vertrag, ambulanter L, 1
Post-/Telekommunikationsdienstleistungen § 305a, 8
Prämienanpassungsklauseln L, 1540, 2038
Prämiensparvertrag L, 429, 445
Preis-/Leistungsbestimmungsrechte § 305, 22
Preisänderungs-/Preisanpassungsrechte L, 430, 1540, 1613; § 307, 11, 14, 42
– Banken L, 430
– Bier-/Getränkelieferungsvertrag L, 629
– Inhaltskontrolle L, 629
– Internet L, 1255
– Preisänderungsvorbehalt L, 2004
– Preiserhöhungen, kurzfristige *siehe dort*
– Preisklauseln L, 2233
– Prüfungsumfang L, 629
– Reisevertrag L, 1613
– Unterrichtsverträge L, 2004
– Wohn-/Betreuungsvertrag L, 2293
Preisangabenverordnung (PAngV) § 309 Nr. 1, 5
Preisargument L, 1555
Preisausschreiben *siehe Lotterie-/Ausspielverträge*
Preisbindung L, 886
Preiserhöhungen, kurzfristige L, 1412; § 309 Nr. 1, 1
– Anwendbarkeit L, 1413
– Bedeutung § 309 Nr. 1, 3
– Bestimmung Entgelterhöhung § 309 Nr. 1, 10
– Dauerschuldverhältnisse § 309 Nr. 1, 13
– Energieversorger § 309 Nr. 1, 21
– Inhalt § 309 Nr. 1, 7
– Inhaltskontrolle § 309 Nr. 1, 16
– Leistungsvorbehalts-/Kostendeckungsklauseln § 309 Nr. 1, 21
– Lösungsrecht § 309 Nr. 1, 19
– Preisangabenverordnung (PAngV) § 309 Nr. 1, 5
– Preisgleitklausel L, 518
– Rechtsfolgen L, 1417; § 309 Nr. 1, 15
– RL 93/13/EWG L, 1416
– Tagespreisklausel § 309 Nr. 1, 20
– Transparenzgebot § 309 Nr. 1, 18, 22
– Umsatzsteuergleitklauseln L, 1419
– Unternehmer L, 1419; § 309 Nr. 1, 22
– Vertrag, entgeltlicher § 309 Nr. 1, 8
– Vertrag, langfristiger § 309 Nr. 1, 16
– Viermonatsfrist L, 1414; § 309 Nr. 1, 12
– Waren/Leistungen § 309 Nr. 1, 9
Preisvereinbarung L, 878
Prepaid-Telefonkarten L, 2019

Privatautonomie vor §§ 305–310, 1
Probezeit L, 1325
Prospekthaftung L, 512
Providerverträge L, 1250
Provision L, 1152, 1821
Public Viewing L, 1780

Qualitätssicherungsvereinbarungen L, 1559

Rabatt L, 1751, 2116
Rahmenvertrag L, 206
Rechtsanwalts-AGB L, 1576
– Abreden, weitere L, 1584
– Haftungsbegrenzung L, 1581
– Recht, ausländisches L, 1583
– Telefonauskünfte L, 1583
– Vergütung L, 1577
– Vergütung, Angemessenheit L, 1577
– Vergütung, Aufrechnungsverbot L, 1580
– Vergütung, Entstehung L, 1579
– Vergütung, Fälligkeit L, 1579
– Vergütung, Strafverteidiger L, 1578
– Vergütung, Unkostenpauschale L, 1580
– Vergütung, zeitliche Erfassung L, 1579
– Vergütung, Zeittaktklausel § 307, 16
– Verjährung L, 1584
Rechtsfolgen L, 1443
Rechtsgeschäft Ausländer im Inland § 305, 85
Rechtsqualität Normen § 307, 8
Rechtsverkehr, internationaler L, 1013
Rechtsverkehr, nationaler L, 1003
Rechtswahl L, 1585
– Einbeziehung der Rechtswahlklausel L, 1590
– Inhaltskontrolle L, 1594
– Inlandsfall L, 1597
– kollidierende AGB L, 1592
– Rechtswahlklausel L, 915
– Regelung bis 17.12.2009 L, 1586
– Regelung nach 17.12.2009 L, 1589
– Sonderanknüpfung Recht des gewöhnlichen Aufenthalts L, 1598
– Verbraucherschutz für besondere Gebiete L, 1596
– Verbraucherverträge L, 1595
– Widerspruch des Kunden L, 1591
Rechtzeitigkeitsklausel L, 1074
Reduktion, geltungserhaltende L, 19; § 306, 14
– Automatenaufstellverträge L, 335
– Bier-/Getränkelieferungsvertrag L, 725
– Inhaltskontrolle vor § 307, 28, 42
– Klauseln, salvatorische L, 1662
– Unterlassungsklagengesetz UKlaG, 18
Regressbeschränkungen L, 802
Reinigung L, 1599
Reisevertrag L, 1488, 1605
– BGB-InfoV L, 1607
– Einbeziehung L, 1606
– EU-Recht L, 1619

565

Stichwortverzeichnis

- Haftungsbeschränkung L, 1610
- Inhaltskontrolle L, 1608
- Insolvenz L, 1627
- Leistungsänderungsvorbehalte L, 1613
- Mängelausschlussfristen L, 1617
- Preisanpassungsklausel L, 1613
- Reisevermittler L, 1480
- Rücktrittsvorbehalt L, 1613
- Schuldrechtsreform L, 1624
- Überkreuzbuchen L, 1626
- Verjährungsfrist L, 1606
- Verjährungsklauseln L, 1618
- Verspätung Anschlussflüge L, 1625
- Vorleistungsklauseln § 309 Nr. 2, 21
- Zuständigkeit Mängelrüge L, 1611

Renovierung L, 1666, *siehe auch Schönheitsreparaturen, siehe auch Mietvertrag*
Richtlinie 2000/35/EG L, 1399
Richtlinie 2011/83/EU § 305b, 52
Richtlinie 93/13/EWG *siehe AGB-Richtlinie*
Richtlinienbindung L, 883
Rückabwicklung Verträge § 308 Nr. 7, 1
- Anwendungsbereich/-voraussetzungen § 308 Nr. 7, 2
- Einzelfälle § 308 Nr. 7, 7
- Geltung ggü. Unternehmern § 308 Nr. 7, 6

Rückgabevorbehalt L, 1397
Rücklastschrift § 309 Nr. 5, 28
Rücknahmepflicht L, 899
Rücktritts-/Widerrufsfristen § 308 Nr. 1–1b, 33
Rücktrittsvorbehalte L, 1642
- Anwendbarkeit L, 1643
- Bauträgervertrag L, 509
- Bestimmtheitsgebot L, 1647
- Dauerschuldverhältnisse L, 1651
- Grund, sachlicher L, 1647
- Höhere-Gewalt-Klausel L, 1207
- Informationspflicht L, 1658
- Rechtsfolgen Unwirksamkeit L, 1653, 1659
- Reisevertrag L, 1613
- RL 93/13/EWG L, 1652
- Selbstbelieferungsklausel L, 1648
- Transparenzgebot L, 1661
- Unternehmer L, 1656, 1660

Schadensbegrenzung L, 928
Schadensersatzansprüche vor § 307, 53
- Abschneiden Nachweis § 309 Nr. 5, 33
- Anwendungsbereich § 309 Nr. 5, 13
- Arbeitsvertrag L, 29
- Automatenaufstellverträge L, 314
- Bier-/Getränkelieferungsvertrag L, 651, 691
- Bürgschaft, Verzicht L, 799
- Darlegungs-/Beweislast § 309 Nr. 5, 12, 30
- Einzelfälle § 309 Nr. 5, 20
- Pauschale, überhöhte § 309 Nr. 5, 15
- Pauschalierung § 309 Nr. 5, 1

- Schadenspauschalierung L, 29, 314, 315, 657, 1538, 2151; § 309 Nr. 5, 15
- Schadenspauschalierung, prozentuale Pauschale L, 319, 320
- Unternehmer § 309 Nr. 5, 35
- Verhältnis zu anderen Vorschriften § 309 Nr. 5, 4
- Vertragsstrafe L, 2151; § 309 Nr. 6, 2
- Wertminderung § 309 Nr. 5, 13, 19
- Zweck § 309 Nr. 5, 1

Schiedsabrede L, 432, 1664; § 309 Nr. 12, 17; § 305c, 44
- Bauträgervertrag L, 511
- Franchise L, 917

Schneebeseitigungsvertrag § 309 Nr. 2, 21
Schönheitsoperation L, 240
Schönheitsreparaturen L, 1666; vor § 307, 44
- Abdingbarkeit/Übertragung auf Mieter L, 1713
- Abgeltungsklausel L, 1668, 1717
- Anfangsrenovierung L, 1674, 1700, 1718
- Ausführungsart L, 1675, 1719
- Bedarfsklauseln L, 1683, 1720
- Bereicherungsanspruch L, 1684
- Endrenovierung L, 1685, 1701, 1721
- Fachbetrieb L, 1724
- Fachhandwerker L, 1689
- Folgen unwirksamer L, 1690
- Fristen L, 1691, 1725
- Fristenplan L, 1691, 1701, 1725
- Geschäftsraummiete L, 1713
- Individualvereinbarung, isolierte L, 1696
- Klausel-Kombinationen L, 1698
- laufende L, 1702
- laufende Renovierung L, 1700
- Summierungseffekt L, 1698, 1730
- Trennbarkeit Verpflichtungen L, 1706
- Umbauarbeiten des Vermieters L, 1712, 1733
- Umfang Arbeiten L, 1707
- Vertrauensschutz L, 1710
- Vornahmeklausel L, 1711
- Wohnraum L, 1668
- Wohnraum, preisfreier L, 1705
- Wohnraum, preisgebundener L, 1704
- Wohnung, unrenovierte L, 1709

Schriftformklauseln L, 1076, 1734; § 309 Nr. 13, 1; § 305b, 40
- Arbeitsrecht L, 434
- Arbeitsvertrag L, 134
- Banken L, 434
- doppelte § 305b, 42
- einfache § 305b, 40
- Form Anzeige/Erklärung § 309 Nr. 13, 11
- Franchise L, 913
- Geschäftsraummiete L, 1073
- Individualverfahren L, 1735
- Klauseln, deklaratorische L, 1742
- Nebenabreden, mündliche L, 1736
- Rechtsfolgen Unwirksamkeit L, 1741

- Rechtsverkehr, unternehmerischer § 309 Nr. 13, 15
- Schriftform, vorgeschriebene L, 1744
- Schriftformerfordernisse § 309 Nr. 13, 2
- Untervermietung L, 2278
- Verbandsverfahren L, 1736
- Vollständigkeitsklauseln L, 1738
- Zugang § 309 Nr. 13, 12

Schriftgröße § 305, 89
Schufa-Klauseln L, 436, 1746
Schuldanerkenntnis § 309 Nr. 12, 15
Schuldversprechen, abstraktes § 309 Nr. 12, 15
Schutzhüllenverträge L, 1266
Schwarzfahrer L, 1747
Schweigepflichtentbindung L, 238
Seefrachtrecht/Seehandelsrecht L, 1936
Shrink-Wrap-Agreements L, 1266
Sicherheitsleistungen
- Bauvertrag L, 538
- Subunternehmervertrag L, 1805
- Vorleistungsklauseln § 309 Nr. 2, 21
- Wohn-/Betreuungsvertrag L, 2298

Sicherungszweckerklärung L, 1099
- Bedingungen Rückgewähranspruch L, 1121
- Inhaltskontrolle nach § 307 BGB L, 1110
- Überraschungscharakter L, 1100
- Vollstreckungsunterwerfungserklärung L, 1115
- weite, L, 758
- weite, Verstoß gegen § 305c BGB L, 759
- weite, Verstoß gegen § 307 BGB L, 764

Sittenwidrigkeit L, 879
Ski-/Pistenvertrag L, 1748
Skonto L, 1751
Software
- Erschöpfungsgrundsatz L, 1275, *siehe auch EDV-Recht*

Sondervermögen, öffentlich-rechtliches § 310 Abs. 1, 8
Speditionsrecht L, 1942
Sportstudiovertrag L, 1759, *siehe auch Fitnessstudiovertrag*
Sportvertrag L, 1752
- Fitnessstudiovertrag *siehe dort*
- Profitrainervertrag L, 1757
- Public Viewing L, 1780
- Sportarbeitsrecht L, 1755
- Sportarbeitsrecht, Ausschlussklauseln L, 1758

Stellen von Bedingungen § 305, 42
Steuerberater-AGB L, 1783
- Haftungsbegrenzung L, 1787
- Kündigung L, 1790
- Mitarbeiter, freier L, 1786
- Sozialklausel L, 2057
- Vergütung L, 1785
- Verjährung L, 1788
- Wirtschaftsprüfer-AGB L, 1789

Stichtags-/Rückzahlungsklauseln L, 80

Strafversprechen § 309 Nr. 6, 5
Strafverteidiger L, 1578
Streichung, ersatzlose § 306, 37
Strom-/Gasversorgung § 307, 11, 14, 42, *siehe auch Versorgungsverträge*
Stufenvertrag L, 202
Stundenlohnarbeiten L, 523
Sublieferanten L, 854
Subsidiaritätsklausel L, 498
Substitutionsklausel L, 437
Subunternehmervertrag L, 1791; § 308 Nr. 1–1b, 30
- Abnahme L, 1799
- Begriff L, 1791
- Haftung L, 1804
- Kosten-/Risikoübertragung L, 1811
- Kündigung L, 1809
- Leistung L, 1798
- Mängelansprüche L, 1801
- Rechtsnatur L, 1791
- Schiedsgutachterklausel L, 1815
- Sicherheitsleistungen L, 1805
- Vergütung L, 1796
- Vertragsschluss L, 1794
- Vertragsstrafe L, 1808
- VOB L, 1793
- Zahlung L, 1803

Summierungseffekt L, 364

Tagespreisklausel § 309 Nr. 1, 20
Tankstellenstationärverträge L, 1816
- Abgrenzungsfragen L, 1816
- Abrechnung L, 1827
- Angebotsbindungsfrist L, 1820
- Ausgleichsanspruch L, 1834
- Betreiberpflicht L, 1822
- Betriebsübergang L, 1836
- Corporate Identity L, 1825
- Handelsvertreter im Nebenberuf L, 1819
- Kassensoftware L, 1826
- Kundenkarten L, 1830
- Kundenkarten, Vorfinanzierungspflicht L, 1830
- Lastschriftverfahren L, 1827
- Laufzeit L, 1832
- Provision L, 1821
- Sonderkündigungsrecht L, 1832
- Systematik L, 1816
- Wettbewerbsverbot L, 1823

Tarifverträge, Betriebs-/Dienstvereinbarung § 310 Abs. 4, 10
Tatsachenbestätigungen § 305, 21
Tatsachenerklärungen L, 187
Teilamortisationsvertrag L, 1371
Teilbarkeit vor § 307, 42
Teilungserklärung § 305, 31
Teilzeitwohnrecht L, 1481
Telefonbucheintrag § 309 Nr. 2, 22
Tilgungsbestimmung L, 438

Trägerverein L, 1326
Transparenzgebot L, 1837; § 305, 82, 90
– Angabe im Vertrag § 308 Nr. 3, 19
– Anwendungsbereich § 305, 82, 90
– Ausländer L, 1841
– Automatenaufstellverträge L, 267, 302, 1841
– Bausparvertrag L, 1869
– Bauvertrag L, 1841
– Bestimmungen, andere L, 1874
– Carsharing-Vertrag L, 1870
– Erfordernisse L, 1839
– Fernwärmeliefervertrag L, 1871
– Freizeichnungsklauseln L, 934
– Garantiebedingungen L, 1846
– GEMA L, 1875
– Gerechtigkeitsgehalt § 307, 21
– Grundgedanken, wesentliche § 307, 21
– Handelsvertreter L, 1135
– Immobilienfonds L, 1854
– Inhaltskontrolle vor § 307, 11; § 307, 8, 18
– Internet L, 1253
– Kardinalpflicht L, 360, 934
– Klausel, salvatorische L, 1841
– Lebensversicherung, kapitalbildende L, 1849
– Leistungsbestimmungsrecht L, 1427
– Mietvertrag L, 1855, 1868
– Mobilfunkverträge L, 1873
– Preiserhöhungen, kurzfristige § 309 Nr. 1, 18, 22
– Rechtsprechung L, 1853
– Rechtsschutzversicherung L, 1867
– Rücktrittsvorbehalte L, 1661
– Schriftformklauseln L, 1847
– Und-/Oder-Klausel L, 359
– Unternehmer L, 1850
– Versicherungsverträge L, 2040
– Wertstellungsklauseln L, 1845
– Wohnungsanteil L, 1866
– Zinsberechnungsklausel L, 1844
Transportrecht L, 1876
– Absender Unternehmer L, 1882
– Absender Verbraucher L, 1879
– Abweichung von Bestimmungen L, 1888
– Brief-/Paketdienste L, 1902
– Briefe L, 1878
– Einzelvereinbarungen L, 1885
– Frachtrecht HGB L, 1877
– Transport, multimodaler L, 1897
– Transportversicherung L, 2045
– Umzugsgut L, 1892
– Verjährung L, 1891
– Versicherungsverträge L, 2045
Turnierausschreibungen § 305, 32

Überraschung L, 1100
Überweisungsauftrag L, 444
Überziehungsentgelt § 307, 13
Übung, betriebliche § 308 Nr. 5, 20

Umfang § 305, 89
Umgehungsverbot § 306a, 1
– Bedeutung, praktische § 306a, 4
– Entstehungsgeschichte § 306a, 1
– Gestaltungen § 306a, 5
– Handlungen Dritter § 306a, 12
– Individualprozess § 306a, 13
– Konsequenzen, praktische § 306a, 13
– Tatbestandsvoraussetzungen § 306a, 5
– „umgangen werden" § 306a, 10
– Verbandsprozess § 306a, 16
– Vorschriften dieses Abschnitts § 306a, 9
– Zweck § 306a, 3
Umsatzsteuer L, 1489
– Preiserhöhungen, kurzfristige L, 1419
– Umsatzsteuergleitklauseln L, 1419
Umwandlung Oder-Konto L, 439
Umzugsgut L, 1892
UN-Kaufrecht L, 1973
– AGB, anderweitiges Zugänglichmachen L, 1986
– AGB, Auslegung L, 1993
– AGB, Einbeziehung L, 1981
– AGB, Inhaltskontrolle L, 1997
– AGB, kollidierende L, 1994
– AGB, Sprache L, 1990
– AGB, Übersendung L, 1985
– Anwendungsbereich, räumlicher/persönlicher L, 1977
– Anwendungsbereich, sachlicher L, 1976
– Ausschluss L, 1979
– Individualabrede, Vorrang L, 1992
– Klauseln, überraschende L, 1991
Unklarheitenregelung § 305c, 1, 34
– Abwahl CISG § 305c, 40
– Auslegung zu Lasten Verwender § 305c, 36
– Haftungsbegrenzung § 305c, 45
– Hausverwaltungskosten § 305c, 47
– Laufzeitklausel § 305c, 46
– Schiedsabrede § 305c, 44
Unterlassungsanspruch vor § 307, 58
Unterlassungsklagengesetz vor § 307, 58; UKlaG, 1
– Banken L, 368
– Gericht, zuständiges UKlaG, 31
– Individualabrede UKlaG, 20
– Klageantrag UKlaG, 26
– Klagebefugnis UKlaG, 23
– Reduktion UKlaG, 18
– Registrierung UKlaG, 49
– Streitverkündung UKlaG, 35
– Streitwert UKlaG, 45
– Unterlassungsanspruch UKlaG, 9
– Urteilsformel UKlaG, 36
– Verfahren UKlaG, 26
– Veröffentlichung UKlaG, 46
– Verwendung, erste § 305, 40
– Widerruf UKlaG, 9

Stichwortverzeichnis

- Wiederholungsgefahr § 305, 40; UKlaG, 15
- Wirkung UKlaG, 41

Unternehmer § 310 Abs. 1, 5
- Änderungsvorbehalt L, 1411; § 308 Nr. 4, 21
- Freizeichnungsklauseln L, 939
- Gerichtsstandsklauseln L, 1008
- Handelsbräuche § 310 Abs. 1, 13
- Leistungsbestimmungsrecht L, 1400
- Leistungsverweigerungsrechte L, 1445
- Preiserhöhungen, kurzfristige L, 1419
- Rücktrittsvorbehalte L, 1656
- Schadensersatzansprüche § 309 Nr. 5, 35
- Transparenzgebot L, 1850
- Verjährung L, 2021
- Vertragsstrafe L, 2161; § 309 Nr. 6, 16
- Vorschriften, anwendbare § 310 Abs. 1, 12
- Vorschriften, unanwendbare § 310 Abs. 1, 9

Unterrichtsverträge L, 2001
- Direktunterricht L, 2001
- Fahrschulvertrag L, 2011
- Fernunterricht L, 2001
- Fitnessvertrag L, 2011
- Kündigung L, 2008
- Laufzeit L, 2011
- Preisänderungsvorbehalt L, 2004
- Vorauszahlung L, 2003

Unterscheidung Haupt-/Nebenleistungsklausel § 305, 20

Urheberrechtsschutz § 305, 104

Urlaub L, 146

UWG L, 369

VBGL L, 1968

Verbandsklage § 305b, 49; § 305c, 12; § 306a, 16

Verbot mit/ohne Wertungsmöglichkeit *siehe Klauselkatalog*

Verbraucherrechterichtlinie § 305b, 52

Verbraucherverträge L, 440; § 310 Abs. 3, 1; § 305, 6
- Absicht Verwendung § 310 Abs. 3, 18
- Arbeitsvertrag L, 14
- Aushandeln § 310 Abs. 3, 16
- Berücksichtigung Begleitumstände § 310 Abs. 3, 26
- Berücksichtigung Begleitumstände, Beispiele § 310 Abs. 3, 29
- Berücksichtigung Begleitumstände, Inhalt § 310 Abs. 3, 26
- Berücksichtigung Begleitumstände, zweistufige Prüfung § 310 Abs. 3, 28
- Bier-/Getränkelieferungsvertrag L, 726
- Einfluss auf Inhalt § 310 Abs. 3, 21
- Einführung durch Verbraucher § 310 Abs. 3, 14
- Einmalbedingungen § 310 Abs. 3, 18
- Einzelverträge, vorformulierte § 310 Abs. 3, 18
- Preiserhöhungen, kurzfristige § 309 Nr. 1, 16
- Rechtsfolge § 310 Abs. 3, 25
- Stellen Vertragsklausel § 310 Abs. 3, 7

- Verbraucherkredit L, 440
- Verbraucherschutzrecht L, 726
- Verträge, langfristige § 309 Nr. 1, 16

Vereinbarungen, prozessuale § 305, 27

Verfall-/Verwirkungsklauseln L, 2012; § 309 Nr. 6, 8; § 307, 17

Vergütung
- Arzt/Krankenhaus L, 235
- Bauvertrag L, 515
- Rechtsanwalt L, 1577
- Schadensersatzansprüche § 309 Nr. 5, 4
- VOB L, 2193

Verjährung L, 225, 499, 2013; § 305b, 33
- Ausschlussfrist L, 2019
- Bedeutung L, 2013
- Erleichterung/Erschwerung L, 2018
- Flachdächer L, 2020
- Handelsvertreter L, 1172
- Inhaltskontrolle L, 2017
- Lotterieausspielung L, 2019
- Mängelansprüche L, 2021
- Prepaid-Telefonkarten L, 2019
- Rechtsanwalts-AGB L, 1584
- Reisevertrag L, 1618
- Steuerberater-AGB L, 1788
- Transportrecht L, 1891
- Unternehmer L, 2021

Verkehrstarife § 305a, 6

Verlagsvertrag L, 2022

Vermutung, gesetzliche § 309 Nr. 12, 11

Versandhandel L, 1262

Verschulden, grobes L, 941

Versicherungsverträge L, 2033; § 305, 78
- Anpassung AVB L, 2054
- Auslegung L, 2035
- AVB L, 2036
- Feuerversicherung L, 2053
- Geld-/Werttransportversicherung L, 2046
- Hausrat L, 2051
- Kasko L, 2052
- Klausel, überraschende L, 2047; § 305c, 26
- Krankenhaustagegeld L, 2043, 2051
- Krankentagegeld L, 2042
- Krankenversicherung L, 2043, 2060
- Kriterium Geschlecht L, 2055
- Kurkostenversicherung L, 2043
- Laufzeit L, 2050
- Lebensversicherung L, 2052
- Prämienanpassungsklauseln L, 2038
- Rechtsschutz L, 2050
- Reisegepäck L, 2048
- Reparaturversicherer L, 2048
- Risikoausschluss L, 2044
- Sozialklausel L, 2057
- Transparenzgebot L, 2040
- Transportversicherung L, 2045
- Unfallversicherung L, 2050

Stichwortverzeichnis

- Verlängerungsklauseln L, 2039
- Versicherungsmakler L, 1478
- Versicherungsrecht § 305b, 47
- Vollkasko L, 2050
- Warenkreditversicherung L, 2058
- Wohngebäudeversicherung L, 2059

Versorgungsverträge § 310 Abs. 2, 1
- Anwendungsbereich § 310 Abs. 2, 4
- Energieversorger § 309 Nr. 1, 21
- Fernwärme L, 1871; § 307, 11
- Inhalt § 310 Abs. 2, 2
- Inhaltskontrolle bei Divergenz § 310 Abs. 2, 9
- Inhaltskontrolle bei Konformität § 310 Abs. 2, 6
- Sonderabnehmer § 310 Abs. 2, 5
- Strom-/Gasversorgung § 307, 11, 14, 42
- Überlegungen, gesetzgeberische § 310 Abs. 2, 2

Versteigerervertrag § 309 Nr. 2, 22

Vertikal-GVO L, 903

Verträge
- Bauträgervertrag L, 490
- gegenseitige § 309 Nr. 2, 11
- langfristige § 309 Nr. 1, 16
- sachenrechtliche § 305, 19
- Vertragsschluss, fernmündlicher § 305, 84
- Vertragstorso § 306, 51

Vertragsauslegung, ergänzende L, 21; vor § 307, 32; § 306, 39

Vertragsbedingungen § 305, 10

Vertragserfüllungsbürgschaft L, 816

Vertragshändlervertrag L, 2084
- Anspruch auf Servicepartner-Vertrag L, 2115
- Ausgleichsanspruch L, 2096
- Ausschluss Teilrücknahme L, 2133
- Auswirkungen, kartellrechtliche L, 2089
- Auswirkungen, zivilrechtliche L, 2091
- Dienstleistungen L, 2101
- Gerichtsstand L, 2117, 2134
- Händler im Ausland L, 2131
- Investitionsersatz L, 2095
- Klauseln, einzelne L, 2099
- Kündigung L, 2099, 2128
- Pkw-Abnahmen L, 2100
- Rabattänderung L, 2116
- Rücknahme Ersatzteile L, 2114
- Schulungen L, 2101
- Testgeräte L, 2102
- Verbot Neuwagenvertrieb L, 2103
- Verbot Zweitmarke L, 2105
- Werkstattverträge L, 2118
- Wettbewerbsverbot L, 2130

Vertragsstrafe L, 321, 2135; § 309 Nr. 6, 1
- Abgrenzung L, 2143; § 309 Nr. 6, 2
- Abnahme, verspätete § 309 Nr. 6, 11
- Anwendungsbereich § 309 Nr. 6, 5
- Arbeitsvertrag L, 168, 2155; § 309 Nr. 6, 10
- Banken L, 441
- Bauvertrag L, 543
- Bedeutung Verbot § 309 Nr. 6, 1
- Begriff L, 2135
- Bestimmtheit, hinreichende L, 2154
- Beweislast § 309 Nr. 12, 5
- Bier-/Getränkelieferungsvertrag L, 665, 672, 698
- EDV-Recht L, 1273
- Erscheinungsformen, verwandte § 309 Nr. 6, 5
- Fallgruppen § 309 Nr. 6, 11
- Franchise L, 908
- Garantieversprechen § 309 Nr. 6, 9
- Geschäftsraummiete L, 1088
- Handelsvertreter L, 1191
- Höhe, angemessene L, 2148, 2161
- Inhaltskontrolle L, 2146; § 309 Nr. 6, 15
- Klauselverbote L, 2145
- Kumulationsverbot L, 2149, 2166
- Lösung vom Vertrag § 309 Nr. 6, 14
- Nichtabnahme § 309 Nr. 6, 11
- Schadenspauschalierung L, 2151; § 309 Nr. 5, 6
- Schranken, gesetzliche L, 2138
- Ski-/Pistenvertrag L, 1749
- Strafversprechen § 309 Nr. 6, 5
- Subunternehmervertrag L, 1808
- Unternehmer L, 2160; § 309 Nr. 6, 16
- Verbraucher L, 2146
- Verfall-/Verwirkungsklausel § 309 Nr. 6, 8
- Verschuldensabhängigkeit L, 2152, 2167
- Vertragsstrafenverbot L, 2150
- Vorbehalt L, 2168
- Zahlungsverzug § 309 Nr. 6, 12
- Zweck L, 2137

Vertrauensschutz § 306, 32

Vertreter § 309 Nr. 7, 10; § 309 Nr. 11, 1

Vertriebsvermittler L, 1131

Verzugszinsen § 309 Nr. 5, 29

Viermonatsfrist § 309 Nr. 1, 12

VOB L, 2169
- Art/Umfang Leistung L, 2189
- Bauvertrag L, 514
- Bedeutung L, 2169
- Inhaltskontrolle, isolierte L, 2188
- Rechtslage L, 2181
- Rechtsprechung L, 2182
- Subunternehmervertrag L, 1793

VOB/B § 310 Abs. 1, 14
- Abnahme L, 2207
- als AGB L, 2175
- Ausführung L, 2202
- Bauträgervertrag L, 486
- Einbeziehung L, 2178
- Mängelansprüche L, 2210
- Rechtsnatur L, 2171
- Streitigkeiten L, 2226
- Stundenlohnarbeiten L, 2215
- Vergütung L, 2193

Stichwortverzeichnis

- Verteilung Gefahr L, 2205
- Zahlung L, 2217

Vollmachtsklauseln L, 2228
- Banken L, 442, 2231
- Baubetreuer L, 2231
- Bauträgervertrag L, 505
- Handlungsvollmacht L, 2232
- Klauseln, vollmachtsbeschränkende L, 2232
- Klauseln, vollmachtserteilende L, 2230
- Mietrecht L, 2231
- Versicherungsagenten L, 2232

Vollständigkeitsklausel § 305b, 45

Vollstreckungsunterwerfungsklauseln L, 1115; § 309 Nr. 12, 15

Vorauszahlung
- Kita-/Betreuungsvertrag L, 1323
- Unterrichtsverträge L, 2003

Vorformulierung § 305, 33
- Darlegungs-/Beweislast § 305, 36
- Einfügung, handschriftliche § 305, 34
- Kästchen § 305, 35
- Leerräume § 305, 35
- Stempel § 305, 34

Vorkasseklauseln § 307, 17

Vorleistungsklauseln § 309 Nr. 2, 17
- Anwendbarkeit § 309 Nr. 2 § 309 Nr. 2, 18
- Bauträgervertrag L, 493
- Bauvertrag L, 520; § 309 Nr. 2, 21
- eBay-Kaufvertrag § 309 Nr. 2, 22
- Eintrittskarten § 309 Nr. 2, 22
- Fahrtickets § 309 Nr. 2, 22
- Fertighausvertrag § 309 Nr. 2, 21
- Heiratsvermittlungsvertrag § 309 Nr. 2, 22
- Mietvertrag § 309 Nr. 2, 22
- Reisevertrag § 309 Nr. 2, 21
- Schneebeseitigungsvertrag § 309 Nr. 2, 21
- Sicherheitszahlung § 309 Nr. 2, 21
- Telefonbucheintrag § 309 Nr. 2, 22
- Versteigerervertrag § 309 Nr. 2, 22
- Werkvertrag § 309 Nr. 2, 21
- Wirksamkeit § 309 Nr. 2, 20

Vorplanungsvertrag L, 201

Vorrang Individualabrede § 305b, 1
- Abrede, individuelle § 305b, 13
- Abweichungen Verwender § 305b, 48
- Änderung Hauptleistungspflicht § 305b, 27
- Anwendungsbereich § 305b, 7
- Anwendungsbereich, nach Art der AGB § 305b, 8
- Anwendungsbereich, nach Art der Beteiligten § 305b, 7
- Anwendungsbereich, nach Art der Individualerklärung § 305b, 9
- Auslegung Individualabrede § 305b, 4
- Beschaffenheitsvereinbarungen § 305b, 29
- Bestätigungsklausel § 305b, 46
- Darlegungs-/Beweislast § 305b, 50
- Entgelte § 305b, 35

- Haftung § 305b, 32
- Inhalt § 305b, 1
- Lieferfristen § 305b, 31
- Lösungsklauseln § 305b, 26
- Nebenleistungen § 305b, 38
- Richtlinie 93/13/EWG § 305b, 51
- Schriftformklausel § 305b, 40
- Sinn/Zweck § 305b, 6
- Sonderprobleme § 305b, 40
- Sonstiges § 305b, 34, 39
- Verbandsklage § 305b, 49
- Verhältnis zu anderen Vorschriften § 305b, 12
- Verjährung § 305b, 33
- Versicherungsrecht § 305b, 47
- Vollständigkeitsklausel § 305b, 45
- Widersprüche in Regelungen § 305b, 20
- Widersprüche in Regelungen, anhand Auslegung § 305b, 22
- Widersprüche in Regelungen, Beispiele § 305b, 26
- Widersprüche in Regelungen, unerhebliche Faktoren § 305b, 25

Vorrats-/Selbstbelieferungsklauseln § 308 Nr. 8, 8

Vorvertrag L, 198

Warenbezugsverpflichtung L, 886

Wärmelieferungsvertrag L, 510

Wechsel Vertragspartner § 309 Nr. 10, 1
- Angabe Dritter § 309 Nr. 10, 15
- Anwendungsbereich § 309 Nr. 10, 5
- Ausnahmen § 309 Nr. 10, 14
- Beweislast § 309 Nr. 10, 18
- EG-Verbraucherrichtlinie § 309 Nr. 10, 19
- Eintritt in Vertrag § 309 Nr. 10, 11
- Inhalt § 309 Nr. 10, 1
- Lösungsrecht Kunde § 309 Nr. 10, 16
- nach Art der Kunden § 309 Nr. 10, 5
- nach Art der Verträge § 309 Nr. 10, 8
- Rechtsfolgen § 309 Nr. 10, 17
- Überlegungen, gesetzgeberische § 309 Nr. 10, 2

Werkvertrag L, 1486
- Beweislast § 309 Nr. 12, 26
- Vorleistungsklauseln § 309 Nr. 2, 21
- Werkstattvertrag L, 2118

Wertsicherungsklauseln L, 2233

Wertstellungsklauseln L, 443, 2243; § 307, 17

Wettbewerbsabreden L, 1189

Wettbewerbsregelungen L, 902

Wettbewerbsverbote
- Franchise L, 905
- nachvertragliche L, 113, 1201
- Tankstellenstationärverträge L, 1823
- Vertragshändlervertrag L, 2130

Widerrufsrecht L, 1397

Widerrufsvorbehalte L, 178

Wiederholungsgefahr § 305, 40; UKlaG, 15

Wirtschaftsprüfer-AGB L, 1789

571

Stichwortverzeichnis

Wohn-/Betreuungsvertrag L, 2284
- Anspruch auf Vertragsanpassung L, 2292
- Kündigungsrecht L, 2296
- Leistungspflichten L, 2291
- Mängelansprüche L, 2295
- Mindestinhalt L, 2290
- Preisanpassung L, 2293
- Sicherheitsleistungen L, 2298

Wohnraummiete L, 2245
- Aufrechnung L, 2247
- Aufrechnungsverbote L, 2248
- Aufzug L, 2249
- Besichtigung L, 2250
- Bestätigungsklausel L, 2251
- Betriebskosten L, 2252
- Dübel L, 2253
- Einzelfälle L, 2247
- Einzugsermächtigung L, 2254
- Elektrizitätsversorgung L, 2255
- Empfangsvollmacht L, 1632
- Gemeinschaftsflächen, Abstellen von Gegenständen L, 2269
- Haftungsausschluss L, 2256
- Hausordnung L, 2257
- Haustierhaltung L, 2258
- Heizpflicht L, 2259
- Kaution L, 2260
- Kleinreparaturklauseln L, 2271
- Kombination von Klauseln L, 2261
- Kündigungsausschluss L, 2263
- Kündigungsausschluss, beidseitiger L, 2262
- Kündigungsausschluss, einseitiger L, 2263, 2264
- Kündigungsfristen L, 2265
- Kündigungsverzicht L, 2264
- Mahnkosten L, 2266
- Mehrheit Mieter L, 2267
- Parabolantennen L, 2270
- Räum- und Streupflicht L, 2272
- Rohrverstopfung L, 2273
- Schlüssel L, 2274
- Schönheitsreparaturen L, 1668, 2275, *siehe auch dort*
- Staffelmiete L, 2262, 2263, 2276
- Teppichboden L, 2277
- Untervermietung L, 2278
- Verlängerung L, 2279
- Verlängerungsklausel L, 2280
- Vertragsbeendigung, vorzeitige L, 2283
- Vertragsverlängerung L, 2281
- Vorfälligkeit L, 2248
- Wohnraum, preisgebundener L, 2268

Wohnungsanteil L, 1866
Würdigung Gesamtumstände vor § 307, 47

Zahlung L, 2217
Zahlungsbedingungen L, 855
Zahlungsdienstevertrag L, 1334
Zahlungsverzug § 309 Nr. 6, 12
Zeitbürgschaft L, 800
Zeittaktklausel § 307, 16
Zins-/Zinsberechnungsklausel L, 1844, 2300
- Banken L, 445
- Bankentgelte L, 2314
- Inhaltskontrolle L, 2300
- Lohngleitklauseln L, 2314
- Transparenzgebot L, 1844
- unwirksame L, 2303
- Zins(änderungs)klausel L, 445

Zugang L, 2315; § 309 Nr. 13, 1
- Form Anzeige/Erklärung § 309 Nr. 13, 11
- Rechtsverkehr, unternehmerischer § 309 Nr. 13, 15
- Schriftformerfordernisse § 309 Nr. 13, 2

Zugangsfiktion § 308 Nr. 6, 1
- Abgabefiktion § 308 Nr. 6, 12
- Anwendungsbereich § 308 Nr. 6, 1
- Arbeitsvertrag L, 186
- Ausnahmen § 308 Nr. 6, 12
- Bedeutung, besondere § 308 Nr. 6, 15
- Empfangsbevollmächtigungen § 308 Nr. 6, 14
- Erklärung Verwender § 308 Nr. 6, 7
- Geschäftsverkehr, unternehmerischer § 308 Nr. 6, 19
- Inhalt § 308 Nr. 6, 6
- Kenntnisfiktion § 308 Nr. 6, 12
- Rechtsfolgen § 308 Nr. 6, 18
- Zugangsvermutung § 308 Nr. 6, 10

Zugausfall (EVO) § 305a, 7
Zumutbarkeit § 308 Nr. 4, 13
Zurückbehaltungsrecht § 309 Nr. 2, 23
- aus § 273 BGB § 309 Nr. 2, 24
- Ausschluss/Einschränkung § 309 Nr. 2, 26
- Geschäftsraummiete L, 1094
- Kunde § 309 Nr. 2, 25
- Rechtsfolge § 309 Nr. 2, 27
- Unternehmer § 309 Nr. 2, 28

Zusätze/Streichungen § 305b, 17
Zwangsvollstreckung L, 450; § 305, 28

iAnwaltVerlag

Alle wichtigen Bücher des Deutschen Anwaltverlags jetzt auch im ePUB-Format auf **anwaltverlag.de**

Diese digitale Fachbibliothek kann mehr.

Das Deutsche Anwalt Office Premium bietet Fachwissen, Formulare und Seminare.

Ausführliche Informationen finden Sie unter: www.haufe.de/daop

Oder rufen Sie uns einfach an:
0800 72 34 252 (kostenlos)

Gebührenrecht

Gebührenabrechnung kinderleicht – 2. KostRMoG inklusive!

AnwaltKommentar RVG
Hrsg. von RA Norbert Schneider
und RiOLG a.D. Hans-Joachim Wolf
7. Auflage 2014, 3.400 Seiten,
gebunden, 159,00 €
ISBN 978-3-8240-1244-2

Mehr Honorar? Kein Problem –
mit dem neuen AnwaltKommentar RVG!

Das 2. KostRMoG hat gravierende Änderungen in der Gebührenabrechnung gebracht, größtenteils zu Ihren Gunsten. Verschaffen Sie sich daher mit der aktuellen Neuauflage des bewährten „AnwaltKommentar RVG" den erforderlichen Durchblick beim reformierten Gebührenrecht. Die 7. Auflage der Gebührenrechtsspezialisten Schneider/Wolf bietet Ihnen alles, was Sie brauchen, um optimal nach neuem Recht abzurechnen.

Die umfassenden Änderungen der Neuauflage sind u.a.:

- Einarbeitung des 2. KostRMoG
- Einarbeitung des Gesetzes zur Änderung des Prozesskostenhilfe- und Beratungshilferechts
- Einarbeitung des Gesetzes zur Reform der Sachaufklärung in der Zwangsvollstreckung
- Einarbeitung der aktuellen Rechtsprechung
- Zwei neue renommierte Autoren verstärken das kompetente Autorenteam: RA und FA für Arbeitsrecht und für Sozialrecht Martin Schafhausen sowie RAin und FAin für Familienrecht Lotte Thiel

Bestellen Sie im Buchhandel oder beim Verlag:
Telefon 02 28 9 19 11 -0 · Fax 02 28 9 19 11 -23
www.anwaltverlag.de · info@anwaltverlag.de

perfekt beraten

AnwaltFormulare

AnwaltFormulare – über 1.000 Muster, Checklisten und Formulare!

AnwaltFormulare
Von RA und FA für Steuerrecht
Dr. Thomas Heidel,
RA und FA für Arbeitsrecht
Dr. Stephan Pauly und RAin und
FAin für Insolvenzrecht Angelika
Wimmer-Amend
8. Auflage 2014, ca. 3.000 Seiten,
gebunden, mit CD-ROM,
Subskriptionspreis (bis 3 Monate
nach Erscheinen) ca. 149,00 €,
danach ca. 169,00 €
ISBN 978-3-8240-1338-8
Erscheint Dezember 2014

Bestellen Sie im Buchhandel oder beim Verlag:
Telefon 02 28 9 19 11 -0 · Fax 02 28 9 19 11 -23
www.anwaltverlag.de · info@anwaltverlag.de

Der perfekte Einstieg in praktisch jedes Rechtsgebiet

Das bereits in 8. Auflage erscheinende Standardwerk „AnwaltFormulare" bietet Ihnen **in 57 Kapiteln** vom Aktienrecht bis zur Zwangsvollstreckung einen Einstieg in jedes denkbare Tätigkeitsgebiet, und zwar nicht nur für die klassischen forensischen Gebiete, sondern auch für die wachsende Anzahl von Bereichen, in denen Sie (nur) beratend oder rechtsgestaltend tätig sind.

Über 1.000 Muster, Checklisten und Formulare vermitteln Ihnen schnell benötigtes Wissen, konkrete Handlungsanweisungen helfen bei der tatsächlichen Umsetzung. Dabei ist das Formularbuch dem Ablauf der Mandatsbearbeitung folgend aufgebaut.

Neben der aktuellen Rechtsprechung sind in die Neuauflage u.a. folgende **Gesetzesänderungen** eingearbeitet:

- Gesetz zur Umsetzung der Verbraucherrechterichtlinie und zur Änderung des Gesetzes zur Regelung der Wohnungsvermittlung
- Zehnte Verordnung zur Änderung der Fahrerlaubnis-Verordnung und anderer straßenverkehrsrechtlicher Vorschriften („Punktereform")
- Gesetz zur Verkürzung des Restschuldbefreiungsverfahrens und zur Stärkung der Gläubigerrechte (Reform der Verbraucherentschuldung)
- Mietrechtsänderungsgesetz
- Gesetz zur Reform der elterlichen Sorge nicht miteinander verheirateter Eltern
- 2. Kostenrechtsmodernisierungsgesetz
- Verordnung zur Änderung der Zwangsvollstreckungsformular-Verordnung
- Achtes Gesetz zur Änderung des Gesetzes gegen Wettbewerbsbeschränkungen
- HOAI 2013

perfekt beraten